·sgids

bruin, donkerbruin, sjokoladebruin, lig-
oruin, vaalbruin, goudbruin, koperkleurig,
brons, gebrons, goudbrons, blas, kakie, ka-
kiekleurig, molbruin, terra-cotta, taankleu-
·ig, tanig, barnsteenkleurig, roesbruin,
oeskleurig, rooibruin, oker
ooi, bloedrooi, vuurrooi, fluweelrooi, gra-
aatrooi, tamatierooi, skarlaken, skarla-
enrooi, karmyn, karmynrooi, henna,
lonkerrooi, karmosyn, karmosynrooi, pur-
oerrooi, steenkleurig, koperrooi, ligrooi,
loesend, blosend, rooskleurig, ligroos, in-
arnaat, wynkleurig, vermiljoen, koraal,
oraalrooi, rosé, rosig, pienk, cerise, pers,
ooipers, persrooi, heliotroop, magenta,
iolet, indigo, purper, mauve, roesrooi
ont, swartbont, witbont, rooibont, . . .,
ermelynbont, perlemoen, perlemoer, pe-
er-en-sout, peper-en-soutkleurig, geruit,
pikkel, gespikkel(d), bespikkel, skilder-
ont, skimmel, blouskimmel
w. kleur 267, ligte kleur, donker kleur, pas-
elkleur, effe kleur, skutkleur, lentekleur
wart kleur, swartheid, roetkleur, teerkleur
aal kleur, vaalheid, vaalte, askleur, muis-
leur, grondkleur, granietkleur, klipkleur,
rys kleur, silwergrys kleur, metaalkleur,
sterkleur, loodkleur, staalkleur, silwer-
leur, nikkelkleur
it kleur, witheid, pêrelkleur, ivoorkleur,
alkkleur, roomkleur, sjampanjekleur,
oeierkleur, sandkleur, porseleinkleur, was-
leur, waterkleur
lou kleur, blouheid, bloute, hemelkleur,
uur, opaal, skemerkleur
roen kleur, groenheid, olyfkleur
el kleur, geelheid, kanariekleur, botter-
eur, kaaskleur, mostertkleur, saffraan-
eur, appelkooskleur, perskekleur,
moenkleur, nartjiekleur, heuningkleur,
rfskleur
uin kleur, bruinheid, houtkleur, koffie-
eur, kakaokleur, kakiekleur, kaneelkleur,
staiingkleur, beskuitkleur, goudkleur, ko-
rkleur, bronskleur, modderkleur, terra--
ttakleur, strooikleur, taankleur, roeskleur
oi kleur, rooiheid, bloedkleur, kersie-
eur, proteakleur, wynkleur, pruimkleur,
eiskleur, lewerkleur, rooskleur, salmkleur

Stippels word gebruik om aan te dui dat daar meer dergelike vorme is

Kruisverwysing na 'n ander tesourusartikel wat ook die betrokke woord of uitdrukking behandel

'n Dubbele koppelteken word gebruik aan die einde van 'n reël om aan te dui dat die betrokke woord met 'n koppelteken gespel word

·ir meer inligting

GROOT TESOURUS VAN AFRIKAANS

GROOT TESOURUS VAN AFRIKAANS

L.G. DE STADLER

met die medewerking van

Amanda de Stadler

SOUTHERN
BOEKUITGEWERS

ISBN 1 86812 478 9

Eerste uitgawe, eerste druk 1994

Uitgegee deur
Southern Boekuitgewers (Edms.) Bpk.
Posbus 3103, Halfweghuis, 1685

Omslagontwerp deur Abdul Amien, Kaapstad
Geset in 8 op 8 pt Times Roman
deur Kohler Carton & Print (Natal)
Gedruk en gebind deur
Nasionale Boekdrukkers Parow

Voorwoord

'n Projek van hierdie omvang kan nie afgehandel word sonder die hulp en ondersteuning van 'n beduidende aantal partye nie. Daarom bedank ek graag:

- die Universiteit van Stellenbosch vir navorsingsassistensie en 'n rekenaarstelsel, in die besonder prof. Walter Claassen, wat met die nodige begrip en leiding toegesien het dat my rekenaarstelsel opgegradeer is toe dit nodig geword het;
- my kollegas in die Departement Afrikaans en Nederlands, mense wat altyd met hulle belangstelling, aanmoediging en raad byderhand was, in die besonder Johan Combrink, Fritz Ponelis, Rufus Gouws en Ilse Feinauer;
- mevv. Alida Burger en Hannie van der Merwe, vir hulle uitstekende ondersteuning met die groot hoeveelheid datatikwerk;
- die afdeling Informasietegnologie van die Universiteit van Stellenbosch vir raad en bystand met die rekenaarmatige verwerking van die data;
- prof. Ian Cloete en mnr. Piet Theron van die Departement Rekenaarwetenskap, Universiteit van Stellenbosch, vir hulle gewaardeerde hulp met die verwerking van die indeks;
- mnr. Egon Sonnenschein van Nettex S.A. en dr. Wynand Coetzer van Datafusion vir navorsingstoekennings waarsonder ek die werk nie sou kon afhandel nie;
- my uitgewers, in die besonder mnre. Basil van Rooyen en Erroll Marx, vir hulle vertroue in die projek en vir hulle ondersteuning die afgelope vyf jaar;
- mev. Marina Pearson vir werklik uitmuntende proefleeswerk;
- my gesin, vir hulle begrip, veral gedurende die laaste ses maande van die projek; en, les bes,
- my medewerker, Amanda de Stadler, sonder wie se hulp hierdie projek totaal onmoontlik sou gewees het.

LEON DE STADLER
Stellenbosch

Inhoud

Klassifikasieplan			ix
Inleiding			xxvii
1. Algemene betrekkinge (0 - 236)	A.	Bestaan (0 - 5)	1
	B.	Betreklikheid (6 - 14)	2
	C.	Oorsaaklikheid (15 - 18)	7
	D.	Orde (19 - 36)	8
	E.	Tyd (37 - 60)	15
	F.	Ruimte (61-101)	22
	G.	Hoeveelheid (102 - 117)	37
	H.	Berekening (118 - 139)	42
	I.	Verandering (140 - 144)	49
	J.	Beweging (145 - 236)	51
2. Die stoflike wêreld (237 - 501)	A.	Skepping, lewe en dood (237 - 253)	83
	B.	Materie (254 - 430)	91
	C.	Eienskappe van die stof (431 - 492)	157
	D.	Sintuiglike waarneming (493 - 501)	175
3. Die verstand (502 - 577)	A.	Verstandelike vermoëns (502 - 512)	177
	B.	Geestesarbeid (513 - 538)	182
	C.	Uitdrukking van die gedagte (539 - 577)	195
4. Die wil (578 - 609)	A.	Kenmerke van die wil (578 - 583)	226
	B.	Wilsdade (584 - 587)	229
	C.	Uitoefening van die wil (588 - 602)	231
	D.	Wederkerige wilsdaad (603 - 609)	241
5. Handeling (610 - 685)	A.	Eienskappe van die handeling (610 - 628)	243
	B.	Middel (629 - 636)	255
	C.	Doel (637 - 639)	259
	D.	Die handeling (640 - 685)	260
6. Ekonomiese lewe (686 - 712)	A.	Besit (686 - 690)	290
	B.	Gebruik (691 - 712)	293
7. Gevoelens (713 - 786)	A.	Gevoelslewe (713 - 715)	307
	B.	Vreugde en droefheid (716 - 723)	311
	C.	Vermaak (724 - 742)	317
	D.	Skoonheid (743 - 764)	323
	E.	Hoop en wanhoop (765 - 766)	337
	F.	Moed en vrees (767 - 770)	338
	G.	Gramskap en sagmoedigheid (771 - 772)	341
	H.	Liefde en haat (773 - 786)	342

8. Gemeenskap (787 - 809)	A.	Sosiale lewe (787 - 795)	351
	B.	Sosiale stand (796 - 800)	357
	C.	Reg en geregtigheid (801 - 809)	358
9. Moraal (810 - 835)	A.	Gewete (810 - 824)	362
	B.	Gedragsbeoordeling (825 - 835)	370
10. Godsdiens (836 - 855)	A.	Die bonatuurlike (836 - 839)	376
	B.	Godsdiensbeoefening (840 - 853)	377
	C.	Godsdienste (854 - 855)	383
Indeks			385

Klassifikasieplan

1. ALGEMENE BETREKKINGE

A. Bestaan

0. Ontstaan
1. Bestaan — 2. Nie-bestaan
3. Bestaanswyse
4. Selfstandigheid — 5. Ondergeskiktheid

B. Betreklikheid

6. Betrekking — 7. Betrekkingloosheid
8. Dieselfde — 9. Verskillend
10. Harmonie — 11. Disharmonie
12. Eenvormigheid — 13. Verskeidenheid
14. Navolging

C. Oorsaaklikheid

15. Oorsaak — 16. Gevolg
17. Noodsaak — 18. Toeval

D. Orde

a. Orde vs. wanorde

19. Orde — 20. Wanorde

b. Volgorde

21. Opeenvolging
22. Kontinuïteit — 23. Onderbreking
24. Dit wat voorafgaan — 25. Dit wat volg
26. Begeleiding
27. Begin — 28. Einde
29. Middel

c. Rangskikking

30. Ondergeskik
31. Soort — 32. Enkeling
33. Samehorigheid — 34. Vreemdheid
35. Reëlmaat — 36. Onreëlmatigheid

E. Tyd

a. Tyd in die algemeen

37. Tydruimte
38. Tydgebruik — 39. Tydverlies
40. Langdurig — 41. Kortstondig
42. Altyd — 43. Nooit

b. Tydordening

44. Gebeure in tyd
45. Geskiedenis
46. Vroeër — 47. Later
48. Gelyktydig
49. Hede — 50. Verlede
51. Toekoms

52. Ouderdom

53. Nuut en jonk | 54. Oud

c. Herhaling in tyd

55. Dikwels | 56. Selde

d. Tydoordeel

57. Vroeg | 58. Laat

59. Geleë | 60. Ongeleë

F. Ruimte

61. Plek

62. Grensloosheid | 63. Begrensdheid

64. Aanwesigheid | 65. Afwesigheid

66. Plasing

67. Verplasing

68. Ver | 69. Naby

70. Houding

71. Regop | 72. Plat

73. Skuins

74. Op | 75. Onder

76. Bo, bokant, boontoe | 77. Onder, onderkant, ondertoe

78. Parallel

79. Dwars

80. Buite | 81. Binne

82. Rondom

83. In die middel

84. Houer

85. Voor | 86. Agter

87. Aan die kant

88. Posisie

89. Blyplek

90. Gemeenskap

91. Gebou

92. Deftige, belangrike of groot gebou | 93. Armoedige gebou

94. Dele van 'n gebou

95. Huisraad

96. Slaapplek

97. Bou | 98. Afbreek

99. Messel

100. Boumateriaal

101. Bouersgereedskap

G. Hoeveelheid

a. Volstrekte hoeveelheid

102. Hoeveelheid

103. Min | 104. Baie

b. Betreklike hoeveelheid

105. Gelyk
106. Ongelyk
107. Meer
108. Minder

c. Deel en geheel

109. Alles
110. Niks
111. Geheel
112. Deel
113. Enkelvoudig
114. Saamgesteld

d. Te veel en te min

115. Genoeg
116. Te veel
117. Te min

H. Berekening

a. Meting

118. Vergelyking
119. Teenstelling
120. Onderskeid
121. Verwarring
122. Bereken
123. Meet
124. Weeg
125. Tel
126. Skat
127. Tydbepaling
128. Chronometer
129. Bepaaldheid van die berekening
130. Onbepaaldheid van die berekening
131. Munt

b. Wiskundige berekening

132. Wiskunde
133. Getalle
134. Getalstelsel
135. Verhouding
136. Eweredigheid
137. Bewerking
138. Algebra
139. Meetkunde

I. Verandering

140. Verandering
141. Behoud
142. Veranderlikheid
143. Bestendigheid
144. Plaasvervanging

J. Beweging

a. Beweging in die algemeen

145. Beweging
146. Beweginloosheid
147. Rigting
148. Van koers gaan
149. Pad
150. Vorentoe
151. Agtertoe
152. Verbybeweeg
153. Deurbeweeg

154. Vryf
155. Deurboor
156. Bo-oor beweeg
157. Onderdeur beweeg
158. Opstyg
159. Neerdaal
160. Omring
161. Bedek
162. Ontbloot
163. Draai
164. Reëlmatige beweging
165. Onreëlmatige beweging
166. Nader beweeg
167. Wegbeweeg
168. Saamkom
169. Skei
170. Saambring
171. Verwyder
172. Vasmaak
173. Losmaak
174. Meng
175. Insit
176. Uithaal
177. Oopgaan
178. Toegaan
179. Glad maak
180. Ongelyk maak
181. Stoot teen
182. Slaan
183. Gryp
184. Afbreek
185. Sny
186. Maal
187. Reis
188. Aankom
189. Wegbly
190. Vertrek
191. Laat kom
192. Laat gaan
193. Ophou
194. Vervoer
195. Deurgaan
196. Poswese
197. Te voet gaan
198. Strompel
199. Spring
200. Vorentoe
201. Agteruit
202. Voor beweeg
203. Agterna kom
204. Aangaan by
205. Weggaan van
206. Ingaan
207. Uitgaan
208. Verbygaan
209. Oorgaan
210. Onderdeurgaan
211. Opgaan
212. Afgaan
213. Rondgaan
214. Dryf
215. Swem
216. Ry
217. Motorry
218. Fietsry
219. Perdry
220. Treinry

221. Vaar
222. Vlieg
223. Stuur

b. Modaliteit van die beweging
224. Snelheid
225. Vinnig — 226. Stadig
227. Werp
228. Vinnig beweeg — 229. Stadig beweeg

c. Vervoermiddel
230. Rytuig
231. Tuig
232. Fiets
233. Motorvoertuig
234. Spoorweë
235. Skeepvaart
236. Lugvaart

2. DIE STOFLIKE WÊRELD

A. Skepping, lewe en dood

237. Voortbring — 238. Vernietig
239. Voortplant
240. Genealogie
241. Familie
242. Ouers — 243. Kinders
244. Broer — 245. Suster
246. Oom en tante
247. Neef, niggie
248. Huwelik
249. Lewe — 250. Dood
251. In die lewe roep — 252. Doodmaak
253. Begrafnis

B. Materie

a. Stof
254. Stof
255. Natuurkunde
256. Skeikunde
257. Meganika
258. Hidroulika
259. Aërografie
260. Warmteleer
261. Magnetisme
262. Elektrisiteit
263. Rekenaar
264. Radio en televisie
265. Telegraaf en telefoon
266. Akoestiek

267. Optika
268. Fotografie en film

b. Heelal
269. Heelal
270. Hemelliggaam
271. Kosmografie
272. Aarde
273. Geografie
274. Geologie
275. Mynwese
276. Vasteland
277. Berg 278. Vallei
279. Moeras 280. Woestyn
281. Eiland
282. Kus
283. See
284. Bron
285. Meer
286. Rivier
287. Vloei
288. Waterstelsel
289. Klimaat
290. Wind
291. Wolk
292. Neerslag
293. Onweer
294. Weerkunde

c. Nie-lewende dinge
295. Delfstof
296. Nie-metaal
297. Metaal
298. Steen
299. Brandstof
300. Sout
301. Metaalverwerking
302. Smid
303. Steengroef
304. Steenbakkery
305. Pottebakkery
306. Diamantslypery
307. Rubber en plastiek
308. Been
309. Glasbereiding
310. Vlegwerk
311. Weefsel
312. Spin
313. Weef

314. Leer
315. Papier
316. Hout

d. Planteryk
317. Fisiologie
318. Plant
319. Wortel
320. Stam
321. Blaar
322. Blom
323. Vrug
324. Plantlewe
325. Plantkunde
326. Oerplant
327. Tallusplant
328. Mosplant
329. Varing
330. Naaksadige
331. Boom
332. Struik
333. Rankplant
334. Blomplant
335. Bolplant
336. Vetplant
337. Veldplant
338. Gras
339. Riet
340. Krui
341. Waterplant
342. Gifplant
343. Genesende plant
344. Onkruid
345. Plantkwekery
346. Landbougrond
347. Landbou
348. Blomkwekery
349. Bosbou
350. Vrugteverbouing
351. Groenteverbouing
352. Graanverbouing
353. Vlasteelt
354. Plaas
355. Landbougereedskap
356. Landbouwetenskap

e. Diereryk
357. Dier
358. Dierkunde
359. Eensellige dier
360. Spons
361. Insek
362. Skaaldier
363. Waterdier
364. Reptiel
365. Voël
366. Soogdier
367. Oerdier
368. Diereteelt
369. Veeteelt
370. Voëlteelt
371. Suiwelbereiding
372. Vissery
373. Jag

f. Mensheid
374. Mens
375. Man 376. Vrou

g. Liggaam
377. Liggaam
378. Senuwee
379. Spier
380. Gebeente
381. Huid
382. Haar
383. Nael
384. Kop
385. Skedel
386. Gesig
387. Oog
388. Oor
389. Neus
390. Mond
391. Tand
392. Romp
393. Nek en skouer
394. Bors
395. Buik
396. Rug
397. Ledemaat
398. Asemhalingsorgaan
399. Organe van die bloedsomloop
400. Bloed
401. Spysverteringskanaal

402. Afskeidingsorgaan
403. Voortplantingsorgaan
404. Asemhaling
405. Bloedsomloop
406. Eet
407. Drink
408. Spysvertering
409. Afskeiding en uitskeiding
410. Slaap

h. Liggaamstoestand

411. Gesond — 412. Siek
413. Verskillende siektes
414. Geneeskunde
415. Geneesmiddel
416. Medikus
417. Hospitaal

i. Voedsel

418. Maaltyd
419. Voedselbereiding
420. Voedsel
421. Vleis
422. Seekos
423. Slagter
424. Brood
425. Bakker
426. Kossoort, dis
427. Drank
428. Drankbereiding
429. Eetplek, kroeg
430. Rook

C. Eienskappe van die stof

a. Dimensie

431. Afmeting
432. Groot — 433. Klein
434. Breed — 435. Smal
436. Hoog — 437. Laag
438. Vorm
439. Punt
440. Skerp — 441. Stomp
442. Lyn
443. Reglynig — 444. Krom
445. Oppervlak
446. Rond — 447. Hoekig
448. Gelyk — 449. Ongelyk
450. Volume

b. Natuurkundige eienskappe

451. Lig — 452. Swaar
453. Dig — 454. Nie dig nie
455. Hard — 456. Sag
457. Onbreekbaar — 458. Breekbaar
459. Vaste stof — 460. Vloeistof
461. Gas
462. Halfvloeibare stof
463. Nat — 464. Droog
465. Warm — 466. Koud
467. Aansteek — 468. Blus
469. Verwarmingstoestel
470. Smaak
471. Smaaklik, lekker — 472. Smaakloos, sleg
473. Reuk
474. Welriekend — 475. Onwelriekend
476. Geluid — 477. Stilte
478. Welluidend — 479. Disharmonies
480. Dowwe klank — 481. Skerp klank
482. Menslike geluid
483. Voëlgeluid
484. Diergeluid
485. Lig — 486. Duisternis
487. Ligbron
488. Deurskynend — 489. Ondeurskynend
490. Kleur — 491. Kleurloosheid
492. Kleure

D. Sintuiglike waarneming

493. Gevoeligheid — 494. Gevoelloosheid
495. Tassin
496. Smaak
497. Reuk
498. Gehoor
499. Sien
500. Sigbaarheid — 501. Onsigbaarheid

3. DIE VERSTAND

A. Verstandelike vermoëns

502. Verstand — 503. Onverstandigheid
504. Geestelike gesondheid — 505. Verstandstoornis
506. Belangstelling — 507. Gebrek aan belangstelling
508. Aandag — 509. Onoplettendheid
510. Herinner — 511. Vergeet
512. Verbeelding

B. Geestesarbeid

513. Gedagte
514. Wysbegeerte
515. Wetenskap

516. Soek 517. Vind
518. Glo 519. Twyfel
520. Verwag 521. Verras wees
522. Redeneer
523. Logies redeneer 524. Onlogies redeneer
525. Bewys 526. Weerlê
527. Oordeel
528. Bevestig 529. Ontken
530. Voorbehou
531. Saamstem 532. Betwis
533. Verstaan 534. Nie verstaan nie
535. Weet 536. Nie weet nie
537. Waarheid 538. Dwaling

C. Uitdrukking van die gedagte

539. Kommunikeer 540. Geheim hou
541. Betekenisvolheid 542. Betekenisloosheid
543. Duidelik 544. Onduidelik
545. Natuurlike teken 546. Kunsmatige teken
547. Simboliek
548. Praat 549. Stilbly
550. Noem
551. Meedeel
552. Vertel
553. Behandel
554. Aanspreek
555. Vra 556. Antwoord
557. Diskussie
558. Redevoering
559. Opvoeding en onderwys
560. Skoolgaan
561. Studeer
562. Lees
563. Skryf
564. Skryfbehoeftes
565. Skryfkuns
566. Drukkuns
567. Boek
568. Perswese
569. Taal
570. Taalwetenskap
571. Skrif
572. Uitspraak
573. Woordeskat
574. Woordkategorie
575. Woordvorming

576. Sinsbou
577. Betekenis

4. DIE WIL

A. Kenmerke van die wil

578. Vrywillig | 579. Gedwonge
580. Graag | 581. Teësinnig
582. Wilskrag | 583. Willoosheid

B. Wilsdade

584. Kies | 585. Verwerp
586. Beslis | 587. Aarsel

C. Uitoefening van die wil

a. Gesag

588. Gesag hê | 589. Dien
590. Bestuur
591. Gesaghebber | 592. Ondergeskikte
593. Vryheid | 594. Onvryheid

b. Aard van gesagsuitoefening

595. Streng | 596. Inskiklik
597. Gehoorsaam | 598. Ongehoorsaam

c. Uitoefening van gesag

599. Gesag uitoefen | 600. Onder bevel staan
601. Toestemming gee | 602. Verbied

D. Wederkerige wilsdaad

603. Voorstel
604. Versoek | 605. Aanvaar
606. Weier
607. Beloof
608. Jou woord hou | 609. Jou woord verbreek

5. HANDELING

A. Eienskappe van die handeling

610. Ywerig | 611. Lui
612. Noukeurig | 613. Onnoukeurig
614. Bekwaam | 615. Onbekwaam
616. Magtig | 617. Magteloos
618. Kragtig
619. Kalm
620. Belangrik | 621. Onbelangrik
622. Goed | 623. Sleg
624. Gemiddeld
625. Sterk | 626. Swak
627. Skoon | 628. Vuil

B. Middel

629. Gebruik
630. Werktuig
631. Nodig — 632. Onnodig
633. Nuttig — 634. Nutteloos
635. Skadelik — 636. Onskadelik

C. Doel

637. Doelgerigtheid
638. Aanmoedig — 639. Ontmoedig

D. Die handeling

a. Voorbereiding

640. Voorbereid — 641. Onvoorbereid
642. Beproef — 643. Onbeproef

b. Handelwyse

644. Handelwyse
645. Handel — 646. Nie handel nie
647. Voortgaan — 648. Onderbreek
649. Begin met — 650. Voltooi
651. Toesien — 652. Versuim
653. Maklik handel — 654. Moeilik handel
655. Veilig — 656. Gevaarlik
657. Herhaal
658. Beroep
659. Aanstelling
660. Ontslag
661. Vermoei — 662. Rus

c. Wedersydse handeling

663. Meedoen — 664. Terugstaan
665. Byeenkom
666. Verhinder
667. Stryd — 668. Vrede
669. Aanval — 670. Verdedig
671. Verdedigingsmiddel
672. Weermag
673. Manskap
674. Militêre uitrusting
675. Bewapening
676. Vuurwapen
677. Skiet
678. Ander wapens
679. Mobilisering
680. Militêre aksie

d. Resultaat

681. Resultaat

682. Slaag | 683. Misluk
684. Oorwin | 685. Verloor

6. EKONOMIESE LEWE

A. Besit

686. Aanwins | 687. Verlies
688. Besit
689. Ryk | 690. Arm

B. Gebruik

691. Spandeer | 692. Spaar
693. Gee | 694. Neem
695. Steel
696. Ontvang | 697. Verloor
698. Behou
699. Leen
700. Bank
701. Handel
702. Beurs
703. Boekhou
704. Koop | 705. Verkoop
706. Verhuur
707. Handelsaak
708. Betaal
709. Betaalmiddel
710. Kosteloosheid | 711. Skuld
712. Belasting

7. GEVOELENS

A. Gevoelslewe

713. Gevoel
714. Gevoelig | 715. Gevoelloos

B. Vreugde en droefheid

716. Genot | 717. Lyding
718. Bly | 719. Hartseer
720. Tevrede | 721. Ontevrede
722. Snaaks | 723. Ernstig

C. Vermaak

724. Vermaak | 725. Verveling
726. Spel en sport
727. Sportwedstryd
728. Balsporte
729. Atletiek
730. Gimnastiek
731. Gevegsport
732. Watersport
733. Lugsport
734. Perdesport

735. Fietsry
736. Skaatssport
737. Motorsport
738. Biljart en snoeker
739. Geselskapspele
740. Kaartspel
741. Kinderspel
742. Dans

D. Skoonheid

743. Mooi — 744. Lelik
745. Versier
746. Toilet
747. Kunssmaak — 748. Gebrek aan smaak
749. Kuns
750. Letterkunde
751. Digkuns
752. Toneel- en rolprentkuns
753. Musiek
754. Komposisie
755. Uitvoering
756. Musiekinstrument
757. Sang
758. Beeldende kunste
759. Tekenkuns
760. Skilderkuns
761. Graveerkuns
762. Inlegwerk
763. Beeldhoukuns
764. Boukuns

E. Hoop en wanhoop

765. Hoop — 766. Wanhoop

F. Moed en vrees

767. Moed — 768. Vrees
769. Vertroue — 770. Wantroue

G. Gramskap en sagmoedigheid

771. Gramskap — 772. Sagmoedigheid

H. Liefde en haat

773. Begeerte — 774. Onverskilligheid
775. Weersin
776. Liefde — 777. Haat
778. Goedaardigheid — 779. Boosaardigheid
780. Hulpbetoon
781. Dankbaarheid — 782. Ondankbaarheid

783. Vergifnis
784. Wraaksug
785. Hoogmoed
786. Nederigheid

8. GEMEENSKAP

A. Sosiale lewe

787. Samelewing
788. Beskawing
789. Onbeskaafdheid
790. Sosiale betrekking
791. Sosiaal
792. Asosiaal
793. Fees
794. Sosiale struktuur
795. Staatkundige struktuur

B. Sosiale stand

796. Stand
797. Adelstand
798. Lae stand
799. Beroemd
800. Onbekend

C. Reg en geregtigheid

801. Wet
802. Wette gehoorsaam
803. Wette oortree
804. Regverdig
805. Onregverdig
806. Wettig
807. Onwettig
808. Regswese
809. Regsgeding

9. MORAAL

A. Gewete

810. Gedrag
811. Gewete
812. Goeie gedrag
813. Swak gedrag
814. Eerlik
815. Oneerlik
816. Getrouheid
817. Ontrouheid
818. Bedrieg
819. Eerbaar
820. Oneerbaar
821. Onskuldig
822. Skuldig
823. Berou
824. Onboetvaardigheid

B. Gedragsbeoordeling

825. Beoordeling
826. Goedkeur
827. Afkeur
828. Vlei
829. Beledig
830. Eerbiedig
831. Bespot
832. Beskuldig
833. Verontskuldig
834. Beloon
835. Bestraf

10. GODSDIENS

A. Die bonatuurlike

836. Bonatuurlik
837. God
838. Gees
839. Hiernamaals

B. Godsdiens-beoefening

840. Godsdiens
841. Leer
842. Geloof
843. Ongeloof
844. Bygeloof
845. Godsvrug
846. Goddeloosheid
847. Gebed
848. Erediens
849. Prediking
850. Sakrament
851. Christelike fees
852. Geestelike
853. Kerkgebou

C. Godsdienste

854. Godsdienste
855. Gode

Inleiding

Die aard en die gebruik van 'n tesourus

(*Gebruiksleiding* word aangebied in paragraaf 4 op bl. ix.)

1. Die tesourus as woordeboektipe[1]

Die meeste woordeboekgebruikers kom in aanraking met veral twee soorte woordeboeke, nl. eentalige verklarende woordeboeke en tweetalige vertalende woordeboeke. Die meeste woordeboeke in hierdie twee kategorieë word gekenmerk deur die alfabetiese aanbod van die leksikografiese materiaal, 'n ordeningsbeginsel wat uiteraard 'n belangrike hulpmiddel is wanneer die inligting in die betrokke woordeboeke ontsluit moet word.

Daar kan egter met sekerheid beweer word dat sulke woordeboeke nie beskou moet word as getroue weergawes van die woordeskat van 'n taal nie. 'n Woordeskat (ook leksikon genoem) – en die Afrikaanse woordeskat is hier geen uitsondering nie – vertoon naamlik 'n bepaalde struktuur waarbinne die verskillende leksikale items op grond van veral hulle betekenisse met mekaar saamhang. Verskillende soorte verhoudings kan binne hierdie struktuur onderskei word, waaronder veral die volgende vier:

a. Sinonimie, die verhouding tussen twee woorde waarvan die betekenisse min of meer dieselfde is, soos in die geval van *gierigheid, behaagsug* en *hebsug.*

b. Teenoorgesteldheid, die verhouding wat bestaan tussen twee woorde waarvan die betekenisse in opposisie tot mekaar staan, soos in die geval van *liefde* en *haat.*

c. Hiponimie, die verhouding tussen 'n superordinate term (oorkoepelende term) en daardie terme wat as subordinate (of hiponieme) dien. Dit is die verhouding wat bestaan tussen 'n woord soos *dier* en sy subordinate of hiponieme *bees, skaap, koedoe, springbok, leeu, renoster, olifant,* ens.

d. Die deel-geheel-verhouding (meronimie), 'n verhouding wat bestaan tussen woorde soos *voertuig* en *stuurwiel.*

Daar is uiteraard ook ander besondere verhoudings wat aandag verdien in 'n woordeboek. Een wat in hierdie woordeboek opval is die verhouding tussen 'n handelingswoord en die persoonsvorme wat daarop betrekking het, byvoorbeeld die verhouding tussen die woord *bedrieg* en die persoonsvorme *bedrieër, Judas, swendelaar, onderkruiper,* ens.

In alfabetiese woordeboeke kry hierdie verhoudings nie altyd die aandag wat hulle verdien nie, want in hierdie woordeboeke word die verhouding tussen 'n leksikale item en ander items met 'n verwante betekenis dikwels verswyg. In sommige definisies in verklarende woordeboeke vind 'n mens weliswaar verwysings na sinonieme, teenoorgesteldes of superordinate terme, en dit is inderdaad in die meeste gevalle hierdie woordeboeke se verklaarde doel om aan sulke verhoudings reg te laat geskied, maar dit is nie hierdie woordeboeke se verklaarde

[1] In hierdie inleiding het ek dankbaar gebruik gemaak van die uitstekende oorsigtelike rubriek van Carla Marello wat verskyn in die toonaangewende *Dictionaries: An International Encyclopedia of Lexicography* onder redaksie van Hausmann, Reichmann, Wiegand en Zgusta (Walter de Gruyter, Berlyn, New York).

doel om sulke verhoudings op die voorgrond te plaas nie. In 'n tesourus word die struktuur van die woordeskat en die besondere verhoudings wat bestaan tussen die leksikale items in daardie woordeskat egter wel op die voorgrond geplaas en moet die woordeboekgebruiker dus verwag om inligting te kry oor die sinonieme, teenoorgesteldes, hiponieme of superordinate van 'n bepaalde woord.

Die woord *tesourus* is afgelei van 'n Griekse woord wat "skat" of "skatkis" beteken. Die naam tesourus is aanvanklik aan verskillende soorte woordeboeke toegeken, of hulle nou 'n alfabetiese of tematiese ordening gehad het of nie. Die meer beperkte betekenis van hierdie term het egter sy beslag gekry met die verskyning van die *Thesaurus of English Words and Phrases* van Peter Mark Roget (1852).

Wat dan is hierdie meer beperkte betekenis van die term? 'n Tesourus is 'n woordeboek waarin die leksikale items gerangskik word met inagneming van hulle verhouding tot bepaalde konsepte of konsepkategorieë, maar ook met inagneming van hulle onderlinge betekenisverhoudings. Ons ken byvoorbeeld die konsep *grens* en hierdie konsep word op die een of ander manier verwoord in woorde soos *grens, natuurlike grens, politieke grens, geografiese grens, taalgrens, grensskeiding, kant, buitelyn, lyn, lyndraad, heining, omheining, paalheining, struikheining, grensdraad, veiligheidsheining, keerheining, houtheining, draadheining, heiningdraad, steekdraad, muur, grensmuur, skeidingsmuur, steenmuur, partisie, spandraad, perk, limiet, skeiding, skeidslyn, skeidsmuur, skot, grensgebied, sone, soom, grenslyn, grenslinie, landpale, landsgrens, staatsgrens, veiligheidsgrens, barrikade, skans, skanspale, verskansing, buffer, buffersone, kordon* (raadpleeg artikel 63). Deur hierdie items bymekaar op te neem in die tesourus kan die woordeboekmaker nou rekenskap gee van die besondere verbande wat daar tussen hierdie items bestaan.

Verskillende soorte tesouri kan onderskei word:

a. Kumulatiewe tesouri: In hierdie tesouri word woorde onder 'n bepaalde kernbegrip ('n konsepbenaming soos **Genot**, **Geloof**, **Oorsaak**) gerangskik sonder om ook betekenisverklarings vir hulle aan te bied. Hierdie tesourus is 'n voorbeeld van 'n kumulatiewe tesourus. Kumulatiewe tesouri kom veral tot hulle reg as hulle saam met 'n goeie verklarende woordeboek ingespan word.

b. Verklarende tesouri: 'n Verklarende tesourus het dieselfde breë ordening as 'n kumulatiewe tesourus, maar met dié verskil dat daar ook betekenisverklarings vir die woorde of uitdrukkings aangebied word. Verklarende tesouri het egter dié nadeel dat hulle om praktiese redes net 'n gedeelte van die woordeskat kan behandel. Dink maar net wat die omvang van hierdie tesourus sou wees indien alle inskrywings ook van 'n betekenisverklaring voorsien moes word.

c. Vertalende tesouri: 'n Vertalende tesourus bied weer in plaas van 'n betekenisbeskrywing 'n vertaalekwivalent aan vir 'n woord binne sy konsepkategorie. Ook hierdie tesouri behandel slegs 'n gedeelte van die woordeskat om dieselfde praktiese redes wat in b. genoem is. Die taalgidse wat aan reisigers verkoop word, is dikwels goeie voorbeelde van vertalende tesouri.

2. Die funksies van 'n tesourus

Die tesourus het 'n besondere plek in die woordeboekfamilie, 'n plek wat ten beste waardeer kan word met verwysing na die funksies van 'n tesourus.

Sekerlik die belangrikste funksie van 'n tesourus is om die regte woord vir die regte konteks te suggereer. Dis nie net skrywers wat soms soek na presies die regte woord in 'n bepaalde

konteks nie. Dikwels moet iemand 'n brief, 'n verslag, 'n uiteensetting, 'n vraestel of miskien selfs 'n boek skryf en dan bevind so 'n persoon hom of haar in die posisie dat die regte woord hom of haar bly ontwyk. Dit is hier waar 'n goeie tesourus sy staal moet wys, want die gebruiker kan hulp kry deur dan die konsep waaroor dit gaan of 'n min of meer geskikte woord na te slaan. Die tesourus sal dan al die woorde wat ter sake is, lys en sodoende die soektog na die regte woord vergemaklik. Dit help dus die taalgebruiker om nie net daardie woord wat hy dalk reeds ken weer in herinnering te roep nie, maar wil ook die aandag vestig op 'n ander woord of uitdrukking wat dalk net daardie graad of twee beter verstaan sal word, wat 'n bepaalde gedagte net 'n bietjie beter raakvat, of wat stilisties net daardie ietsie beter is. Dit is daarom nie vreemd dat Brouwers sy Nederlandse tesourus *Het Juiste Woord* genoem het nie. Die tesourus wil dus op sy eie besondere wyse effektiewe kommunikasie tussen mense bevorder, 'n rol wat in die inligtingsera waarin die mens hom tans bevind, ongelooflik belangrik geword het.

Daar is egter ook ander, meer besondere funksies wat tesouri kan vervul. Hulle help die skrywer om die stilisties lastige herhaling van 'n bepaalde woord te vermy deur die aandag te vestig op ander woorde wat min of meer dieselfde betekenis oordra. Hulle staan sodoende ook in diens van die uitbreiding van die woordeskat van 'n taalgebruiker. Omdat sommige tesouri, soos hierdie een, tematies gerangskik is, verskaf hulle totale terminologieë vir bepaalde onderwerpe. Om maar een voorbeeld te noem: kinders moet dikwels opstelle skryf oor bepaalde onderwerpe en kan dan deur so 'n onderwerp (bv. sport, die liefde of godsdiens) na te slaan 'n uitgebreide terminologie oor daardie onderwerp aangebied kry. Dit geld uiteraard nie net vir opstelle nie. En uiteindelik kan die tesourus ook 'n hulpmiddel wees vir die blokkiesraaiselverslaafdes onder ons!

3. Hoe het hierdie tesourus tot stand gekom?

Hoewel 'n kumulatiewe tesourus soos hierdie een nie betekenisverklarings vir die afsonderlike woorde of uitdrukkings gee nie, word daar tog op 'n besondere wyse rekenskap gegee van die betekenisse van die woorde of uitdrukkings. Deur byvoorbeeld 'n woord soos *nugter* te lys onder **10 Harmonie; 407 Drink; 504 Geestelike gesondheid** en **513 Gedagte** word daar iets te kenne gegee oor sy betekenis, o.a. die feit dat hierdie woord meer as een betekenis kan hê, nl. een wat betrekking het op die drinkhandeling en een wat betrekking het op die uitdrukking van 'n gedagte. Die eerste ding waarvan die tesourusmaker hom dus moet vergewis, is die veelheid van betekenis wat 'n groot deel van die woorde in die woordeskat het, want dit sal beteken dat 'n woord maar alte dikwels op meer as een plek in die tesourus opgeneem moet word. 'n Mens sou kon sê dat 'n volmaakte tesourus se omvang (d.w.s. die aantal inskrywings in daardie tesourus) die som moet wees van die aantal woorde of uitdrukkings in die taal vermenigvuldig met die aantal betekenisse wat daardie woorde of uitdrukkings kan hê. Neem daarby nog die feit dat hoewel 'n woord dalk net een betekenis het, daardie woord nog steeds op meer as een plek in die tesourus opgeneem moet word omdat dit betrekking het op meer as een konseptuele kategorie in die tesourus. Die woord *haat* wat verskyn in **775 Weersin** en in **777 Haat** is so 'n geval.

Teen hierdie agtergrond is daar toe met twee Afrikaanse verklarende woordeboeke as basis 'n rekenaardatabasis geskep waarin 'n beduidende persentasie van die Afrikaanse woordeskat opgeneem is met inagneming van die veelheid van betekenis van die woorde in die woordeskat. Die konseptuele sisteem op grond waarvan hierdie indeling gemaak is, was aanvanklik dié van Brouwers se *Het Juiste Woord.* Hoewel daar met groot waardering van Brouwers as naslaanbron gebruik gemaak is, is sy konseptuele sisteem mettertyd ingrypend verander, sodat

die Afrikaanse tesourus spog met 'n sisteem van sy eie. Om maar een opvallende verskil te noem: sommige tesouri, soos dié van Brouwers en Roget, heg skynbaar 'n besondere waarde aan die getal 1 000, want hulle het albei 1 000 konseptuele kategorieë. Die Afrikaanse tesourus het 855 sulke kategorieë.

Met die hulp van die rekenaarsisteem kon daar uiteindelik vasgestel word dat hierdie tesourus nagenoeg 120 000 inskrywings bevat.

4. Die organisasie van die tesourus: gebruiksleiding

'n Kumulatiewe tesourus soos hierdie een bevat gewoonlik drie opvallende dele:

a. 'n Uiteensetting van die konseptuele raamwerk waarin die gebruiker 'n opsomming kry van die verskillende konsepkategorieë wat in die tesourus behandel word. Hierdie uiteensetting dien ook as inhoudsopgawe in hierdie tesourus. Bo-aan elke bladsy word, naas die bladsynommer, ook 'n verwysing gegee na die kategorie of kategorieë wat op daardie bladsy voorkom sodat die gebruiker maklik 'n kategorie kan naslaan. Daar word ook 'n verkorte uiteensetting van die konseptuele raamwerk aangebied om 'n oorsig oor die sisteem te gee.

b. Die tweede deel van die woordeboek, wat sekerlik as die hart van die woordeboek beskou kan word, is die tesourusgedeelte self, waar die woordeskat onder bepaalde konsephoofde georden staan. Hierdie konsephoof met die inligting wat daarop volg, staan bekend as 'n tesourusartikel (of kortweg artikel).

c. Die derde gedeelte van die tesourus is die indeks. In die indeks word 'n beduidende persentasie van die materiaal wat in die tesourusgedeelte voorkom, alfabeties gerangskik met verwysings na die konsepkategorie waar die betrokke woord of uitdrukking aangetref kan word. Die indeks is 'n belangrike hulpmiddel wanneer 'n gebruiker 'n bepaalde woord vinnig wil naslaan ten einde 'n sinoniem of ander aanverwante woord op te spoor.

'n Tipiese tesourusartikel in die TESOURUSGEDEELTE sien soos volg daar uit (slegs gedeeltes van die voorbeeldartikel word hier afgedruk):

773. Begeerte

s.nw. ***begeerte,*** 'n brandende begeerte, hartsbegeerte, sielsbegeerte, aandrang, begerigheid, behoefte, sin, sinnigheid, wil, verlange, hartsverlange, sielsverlange, heimwee, wens, hartewens, desideratum, wenslikheid, graagte, hunkering, gehunker, soeke, . . .; gierigheid, behaagsug, hebsug, heerssug, bejag, winsbejag, benyding, gulsigheid, vraatsug
voldoening, vervulling, versadiging, ingenomenheid, tevredenheid
aantrekking, aantrekkingskrag, prikkel, aantreklikheid, gesogtheid, . . . verlokking, verloklikheid; lokmiddel, aanloksel, trekpleister, attraksie, magneet, mag
hoogvlieër, hongerige

b.nw. ***begerig,*** die ene begeerte, langgehoopte, verwagte, langverwagte, behoeftig, aangetrokke, geneig, gretig, gretiglik, goedgretig, begerig, . . .
ingenome 720, tevrede 720, voldaan, vervul(d), versadig
aanloklik, aantreklik, begeerlik, gesog, bekoorlik, onweerstaanbaar, benydenswaardig, beny(d)baar, verleidelik, verleidend, verlokkend, verloklik, betowerend, behaaglik, gewens, wenslik

ww. ***begeer,*** wens, hoop, verlang, verwag, . . .

bw. graag, gretiglik, vuriglik, hartstogtelik, hopelik

uitdr. sin in iets of iemand hê; dit laat jou mond water; trek in iets hê; bek lek en stert swaai; . . .

Die eerste opvallende kenmerk van so 'n artikel is die indeling van die woorde of uitdrukkings in terme van hulle woordsoortelikheid. Die volgorde waarin die **WOORDSOORTE** voorkom, is ook relevant: as daar geoordeel word dat die konsep waarom dit gaan 'n selfstandige (naamwoordelike) konsep is, word die selfstandige naamwoorde eerste aangebied, gevolg deur die byvoeglike naamwoorde, werkwoorde, ens. As daar geoordeel word dat 'n mens te make het met 'n werkwoordelike konsep, verskyn die werkwoorde eerste, gevolg deur die bywoorde, selfstandige naamwoorde en byvoeglike naamwoorde, en as die konsep 'n kenmerkkonsep is, verskyn die byvoeglike naamwoorde eerste, gevolg deur die selfstandige naamwoorde, bywoorde en werkwoorde. Die selfstandige naamwoorde, werkwoorde, byvoeglike naamwoorde en bywoorde kan beskou word as die hoofkategorieë in die woordeskat. Waar dit gerade is, word daar egter ook rekenskap gegee van ander kategorieë, soos uitdrukkings, voorsetsels, lidwoorde, telwoorde en tussenwerpsels.

Binne elke woordsoortartikel is daar ook 'n besondere organisasie. So 'n paragraaf kan naamlik 'n aantal kleiner paragrawe bevat wat betrekking het op die feit dat 'n bepaalde konsep semantiese onderverdelings toon. In die paragraaf by **Begeerte** moet 'n mens byvoorbeeld onderskei tussen begeerte, vervulling van die begeerte, veroorsaking van die begeerte en die persoon wat begeer. Elkeen van hierdie betekenisonderskeidings word dan in 'n afsonderlike paragraaf behandel. Hierdie subparagrawe word duidelik gemerk deur die eerste woord ***vet kursief*** te druk.

Die woorde of uitdrukkings in 'n artikel word normaalweg geskei deur 'n **KOMMA**. In twee gevalle word daar van 'n kommapunt gebruik gemaak. Soms is daar binne 'n subartikel sprake van fyner betekenisonderskeidings, soos in die geval van *begeerte*, 'n woord wat kan verwys na positiewe of negatiewe begeerte. Hierdie fyner onderskeidings word deur **KOMMAPUNTE** van mekaar geskei. Die kommapunt word egter ook gebruik om uitdrukkings van mekaar te skei. Die rede hiervoor is eenvoudig dat 'n uitdrukking self 'n komma kan bevat, sodat die gebruik van 'n komma as skeidingsmeganisme verwarrend kan wees.

In die tesourusartikel kom daar dikwels inligting tussen **HAKIES** voor. Daar is drie inligtingstipes wat op dié manier aangebied word. Soms verskyn daar inligting tussen hakies wat *kursief* gedruk is. Hierdie inligting kan ten beste gekarakteriseer word as sg. gebruiksetikette. In die paragraaf **775 Weersin** word die uitdrukking *gatvol wees* opgeneem met die etiket (*plat*). Hierdie etikette waarsku die gebruiker dat 'n bepaalde woord of uitdrukking se gebruik beperk is tot bepaalde taalgebruiksituasies of kontekste. Etikette wat voorkom waarsku byvoorbeeld teen die verouderdheid van 'n uitdrukking (*veroud.*), die informaliteit van 'n woord of uitdrukking (*geselst.*) of die ongewoonheid van 'n woord of uitdrukking (*ong.*). 'n Lys van hierdie etikette verskyn hier onder.

Soms word daar ook **BETEKENIS- OF GEBRUIKSLEIDING TUSSEN HAKIES** aangebied, soos in die geval van *friseer* (hare) (in **746 Toilet**), waar aangedui word dat die woord *friseer* verwys na 'n handeling wat betrekking het op (die versorging van) hare, of in die geval van *afknyp* ('n skoot -) (in **677 Skiet**), waar die konteks waarin die werkwoord *afknyp* gebruik word, aangedui word. Hierdie inligting word tot die minimum beperk en word nie kursief gedruk nie.

In daardie gevalle waar spellingvariante voorkom, word daar ook gebruik gemaak van hakies, soos in *beny(d)baar* wat met of sonder die *d* gespel kan word.

Soos in die voorbeeld hier bo gesien kan word (bv. *tevrede 720*), word daar soms **KRUISVERWYSINGS** in 'n paragraaf aangetref in die vorm van die syfer van die paragraaf waarna verwys word. Daarmee word aangedui dat 'n bepaalde woord ook in ander paragrawe verskyn. Die gebruiker word aangemoedig om hierdie kruisverwysings op te volg, veral omdat daar

dikwels in so 'n paragraaf meer inligting aangetref word as in die een wat die kruisverwysing bevat. Die verwysing *720* by die woord *tevrede* lei die gebruiker byvoorbeeld na artikel **720 Tevrede**, waar 'n hele klomp woorde wat betrekking het op tevredenheid aangebied word.

Soms word daar aan die einde van 'n reël gebruik gemaak van 'n DUBBELE KOPPELTEKEN (- -). Daarmee word aangedui dat die woord nie bloot aan die einde van die reël afgebreek is nie, maar dat dit inderdaad met 'n koppelteken gespel moet word.

Die INDEKS het die volgende formaat:

kaskara 415
kaskenade
716 Genot
722 Snaaks
kasmier 311
kasplank 316
kasplant
318 Plant
374 Mens
kasregister
125 Tel
137 Bewerking
688 Besit
703 Boekhou
707 Handelsaak

In die indeks word 'n beduidende deel van die woordeskat wat in die tesourusgedeelte voorkom, opgeneem met verwysings na die artikels waarin die betrokke woord of uitdrukking voorkom. Die indeks verskaf dus 'n meganisme waarmee 'n bepaalde woord maklik en vinnig opgespoor kan word. **Sekere inskrywings word nie in die indeks opgeneem nie**, waaronder die uitdrukkings, sommige afleidings asook gevalle van meerfunksionaliteit. Met lg. word verwys na die verskynsel dat 'n woord in meer as een woordsoortelike funksie kan optree, byvoorbeeld *boer* wat as selfstandige naamwoord en as werkwoord funksioneer. In so 'n geval sal *boer* net een keer in die indeks opgeneem word sonder enige aanduiding van sy woordsoortelikheid. Sommige afleidings word nie in die indeks opgeneem nie. Iemand wat dus *kastrering* wil naslaan, sal dié woord nie in die indeks kry nie. Deur egter *kastreer* na te slaan, wat wel in die indeks opgeneem is, word die gebruiker gelei na die artikel wat *kastrering* bevat. Net so word nie alle samestellings opgeneem nie. Die gebruiker sal byvoorbeeld nie die woord *saalknop* in die indeks kry nie. Wanneer die woord *saal* egter nageslaan word, word die woord *saalknop* wel aangetref onder daardie woorde wat verwys na die onderdele van 'n saal.

Opsomming van die vernaamste konvensies en afkortings wat in die tesourus gebruik word

Etikette (tussen hakies en kursief gedruk):

Angl.	Anglistiese taal, Anglisisme
Eng.	Engels
fig.	figuurlik
geselst.	geselstaal (minder formele omgangstaal)
gewest.	gewestelike of streektaal
kindert.	kindertaal
minder juis	'n bekende vorm, maar minder aanvaarbaar
mv.	meervoud; hierdie vorm word slegs in die meervoud gebruik

neg.	negatiewe konnotasie
ong.	ongewoon
plat	plat of kru taal (bv. by vloekwoorde)
skerts.	skertsend
uitspr.	uitspraak
veroud.	verouderd
sleng.	slengtaal
kwetsend	woorde wat maklik aanstoot kan gee

Leestekenkonvensies

komma (,)	Skei die inskrywings in 'n tesourusparagraaf.
kommapunt (;)	Skei fyner betekenisonderskeidings binne 'n tesourusparagraaf; skei uitdrukkings.
dubbele koppelteken (- -)	Word gebruik aan die einde van 'n reël om aan te dui dat die betrokke woord met 'n koppelteken gespel word.
stippels (. . .)	Word gebruik om aan te dui dat daar meer dergelike vorme is.

Ander afkortings

b.nw.	byvoeglike naamwoord
bw.	bywoord
lw.	lidwoord
s.nw.	selfstandige naamwoord
telw.	telwoord
tw.	tussenwerpsel
uitdr.	uitdrukking
voegw.	voegwoord
voors.	voorsetsel of agtersetsel
woorddeel	woorddeel, soos 'n voor- of agtervoegsel
ww.	werkwoord

1
Algemene betrekkinge

A. BESTAAN

0. Ontstaan

s.nw. begin 27, oerbegin, ontstaan, oorsprong, skepping, wording, totstandkoming, genese, genesis, alfa; skepper, skepsel, maaksel, antropogenese, produsent; skeppingsdag; sluiting, rede; ontstaansgeskiedenis; skeppingsvermoë, skeppingskrag, produksie

ww. begin, ontstaan, origineer, skep, tot stand bring, tot stand kom, maak, voortbring, produseer, vorm, konstrueer, in die lewe roep, geboorte skenk aan, baar, stig, teweegbring, veroorsaak, gestalte gee aan, verwesenlik

b.nw. skeppend, generatief, produktief, vormend, konstruktief

1. Bestaan

s.nw. ***bestaan,*** eksistensie, lewe, aanwesigheid, realiteit, syn, wese, id, materialisme, ekheid
werklikheid, feit, gegewe, realiteit, realisme, korealiteit, objektiwiteit, wesenlikheid, historisiteit, aktualiteit
ding, saak, voorwerp, objek, stuk, wese, aansyn, eksemplaar, feit, goeters, anderding, dinges, daadsaak
bestaansrede, bestaansgrond
ek, jy, ons, julle, jul, u, hy, sy, dit, hulle, hul, julle-goed (*geselst.*), hulle-goed (*geselst.*)

b.nw. werklik, wesenlik, wesentlik, aanwesig, bestaande, feitelik, reëel, voorwerplik, baarlik, bestaanbaar, daadwerklik, eintlik, fakties, grondig, aktueel, effektief, heersend, histories, korporeel, lewendig, materieel, objektief, realisties, pragmaties, saaklik, so 'n, moontlik

bw. in werklikheid, in feite, inderdaad, de facto, ipso facto, metterdaad, per se, sowaar

ww. ***bestaan,*** eksisteer, gaan, in iets geleë wees, in stand bly
wees, leef, lewe, lewend wees, vegeteer, uitmaak, val, vorm, sit, strek, setel

uitdr. alle dinge gelyk synde; dit so synde

tw. ja-nee

2. Nie-bestaan

s.nw. ***skyn,*** skynwerklikheid, hersenskim, skynbeeld, nie-syn, nie-bestaan, skyngoed, fiksie, verbeelding, onwerklikheid, niet, gebrek, denkbeeld, gedaante, skim, skorting
vernis, formalisme, uiterlik, uiterlike, skyn, aanskyn, gedaante, voorkoms, vorm, buitekant, houding, naam, uithangbord, skilpadvere
voorwendsel, oëverblindery, pretensie, vals indruk, valsheid
sweem, skadu, spoor

b.nw. ***denkbeeldig,*** onwerklik, onwesenlik, fiktief, nie-bestaande, hersenskimmig, irreëel, ideëel, ingebeeld, oënskynlik, skynbaar, blykbaar, waarskynlik, vermoedelik, kamma, aangeleerd, moontlik
vals, valslik, wesenloos, fantasties, uitwendig

bw. nie, nie meer nie, op die oog af, op verre na nie, in teorie, pro forma

ww. skyn, blyk, deurgaan vir, die skyn wek, hou, lyk, skort, toon, uitsien, voordoen, voordoen as, voorkom

voors. sonder

woorddeel kwasi-

uitdr. in naam; pro forma; die skyn hê van; na die skyn van; onder die dekmantel van; onder die skyn van; skyn bedrieg; die skyn aanneem; 'n rol speel; dis nie almal apostels wat wandelstokke dra nie; die verste berge lyk altyd die blouste; die verste gras is die groenste; dit lyk of botter nie in haar mond kan smelt nie; 'n brawe Hendrik/Maria; jy dink jy het 'n engel aan die kop (of vlerk), maar jy't 'n duiwel aan die stert; dis nie alles goud wat blink nie

3. Bestaanswyse

b.nw. tipies, kenmerkend, kensketsend, tiperend, tekenend, eiesoortig, eie, inherent, karakteristiek, dusdanig, natuurlik, aangebore, erflik, doodnatuurlik, geaard, gebore, geskape, ingebore, ingeskape, natuurgetrou, ongekunsteld, algemeen, eienaardig, idiosinkraties

s.nw. ***kenmerk,*** eienskap, attribuut, karaktertrek, cachet, kasjet, hoofkenmerk, distinktiewe kenmerk, onderskeidende kenmerk, onderskeidingsteken, karakteristiek, karakteristieke eienskap, grondtrek, grondeienskap, kenteken, eienaardigheid, idiosinkrasie, eiesoortigheid
karakter, karaktertrek, karaktereienskap, trek, eienskap, geaardheid, gesteldheid, hoedanigheid, natuur, gees, trek, stempel, disposisie, allooi, wyse, bestaanswyse, modaliteit, kwaliteit, stoffasie, aktualiteit, allure, analoog, analogon, inslag
tipe, tiep, soort, grondvorm, prototipe, klas, kategorie, groep, tipering, tipologie, eksemplaar, monster, model, voorbeeld, spesie, subdivisie, onderafdeling, natuurstaat
menswees, karakter, inbors, stoffasie, habitus, individualiteit, persoonlikheid, familietrek, erflikheid, herediteit, fenotipe, grafologie, volksaard, volkseie, volkskarakter, sielstoestand

ww. ***karakteriseer,*** teken, tipeer, prototipeer, klassifiseer, kategoriseer, modelleer, toeskryf, toeskrywe
aard, gee, ten grondslag lê, in sy aard wees

bw. besonder, hoedanig, uiteraard, as sodanig, dusdanig

woorddeel natuur-

uitdr. uit die aard van die saak; 'n trek van sy karakter; iets met moedersmelk inkry; aardjie na sy vaartjie wees; die appel val nie ver van die boom nie; uit goeie hout gekap; so die kind, so die man; wys van watter stoffasie jy gemaak is; nóg vis nóg vlees

4. Selfstandigheid

b.nw. selfstandig, selfstandiglik, outonoom, onafhanklik; substansieel, substantief, intrinsiek, essensieel, primêr, fundamenteel, gebiedend, noodsaaklik; oorspronklik, absoluut

s.nw. selfstandigheid, substans, substansie, outonomie, essensie, intrinsiekheid, wese, entiteit, geheel, skepsel, kreatuur, gedoente, lewende wese, menslike wese, bonatuurlike wese, persoon, gedierte, dierasie, ding, saak

ww. staan, bestaan, noodsaak, op sy eie staan

bw. alte

uitdr. op jou eie pote staan

5. Ondergeskiktheid

b.nw. ondergeskik, bykomstig, onselfstandig, afhanklik, losstaande, ekstra, addisioneel, bykomend, bybehorend; van ondergeskikte belang, minder belangrik, onbelangrik, toevallig, insidenteel, terloops

s.nw. ***ondergeskiktheid,*** bykomstigheid, aanhangsel, addendum, departement, afdeling, onderafdeling, divisie, seksie, afhanklike, onselfstandigheid, onderdeel, onderdeeltjie, deel, deeltjie, segment, komponent, konstituent, konstituerende deel, gedeelte, stuk, stukkie, brok, brokdeel, brokkie, sny, snit, porsie, snipper, knipsel, snoeisel, splinter, skerf, fraksie, breuk, breukdeel, ekstra, toevoeging
onbelangrikheid, toevalligheid, terloopsheid
omstandigheid, omstandighede, toestand, gesteldheid, kondisie, posisie, situasie, staat, stand, konjunktuur, agtergrond, status, substraat, syn, toestand, rompslomp

ww. ondergeskik stel, ondergeskik maak, behoort tot, behoort aan, toevoeg, bystel; in 'n bepaalde toestand verkeer, in 'n bepaalde toestand bring, in 'n bepaalde toestand stel, die agtergrond skets, status verleen aan; deursit, sit, vaar

uitdr. in casu; na gelang van omstandighede; met verloop van sake

B. BETREKLIKHEID

6. Betrekking

b.nw. betreklik, betrokke, relatief, samehangend, verwant, verweef, aanverwant, aangeslote, aangesluit, inherent, koherent, verbonde; direk, regstreeks, onmiddellik, absoluut, respektief, samehangend, tersaaklik; herleibaar, indirek, relatief, sydelings; wedersyds, weersyds, wederkerig, samelopend, verwikkeld, korrelatief; verenig, geallieer(d), saamgesnoer, verbind, saamgevoeg,

saamgebind, verbonde; eerstehands, tweedehands, derdehands

bw. dienooreenkomstig, insake, dienaangaande, betreffende, desbetreffend, hieraan, hiermee, hieromtrent, hierteen, hiervan, apropos, as 't ware, so, synersyds

s.nw. betrekking, betreklikheid, verhouding, relasie, samehang, verband, verbintenis, verbondenheid, assosiasie, vereniging; betrokkene, draad, verwantskap, kohesie, konteks, tersaaklikheid, gelang, korrelaat, korrelasie, opsig; relatiwiteit, relatiwiteitsbeginsel, relatiwiteitsteorie, toepassing, verbandverhouding; wederkerigheid, sameloop, sameloop van omstandighede, verwikkeldheid, verweefdheid, interafhanklikheid, afhanklikheid, konneksie, lotsverbondenheid; gemeenskap, kohort, kommunikasie, konneksie; ondersoort, ratio, heenwysing

ww. berus, betref, verband hou, slaan, betrek, heenwys, aangaan, aansluit, korreleer, raak, saamhang, dui, inwikkel, in verband bring met, konnekteer, saamkoppel, saamlees, skakel, toepas; verweef, verwikkel, saamloop, relativeer, verbind, konnekteer; kommunikeer, traak, deel hê aan, iets gemeen hê met

voors. in verband met, jeens, met betrekking tot, ter sake, na, ná, ooreenkomstig, rakende, teenoor, volgens

voegw. aangaande, afgesien van, belangende, betreffende, blykens, desbetreffende, hoeseer

uitdr. dit slaan op iets (anders); op stel en sprong; ter sake

7. Betrekkingloosheid en vreemdheid

b.nw. onsamehangend, abrup, teenstrydig, inkonsekwent, onkonsekwent, onlogies, stelselloos, onvoorspelbaar, onseker, sonder struktuur, sonder samehang, los, losstaande, onberekenbaar, arbitrêr, onseker, onstabiel, verdwaal(d), verward; vreemd, onbekend, wildvreemd; vreemdsoortig, surrealisties, uitheems, oneie, eksoties, sonderling, eienaardig, verbasend, eksentriek, snaaks, ongewoon, buitengewoon, anderste, bisar, absurd, wonderlik, fantasties; abnormaal, bonatuurlik, onaards, okkult; onverklaarbaar, onverstaanbaar, onbegryplik

s.nw. onsamehangendheid, abruptheid, teenstrydigheid, inkonsekwentheid, onkonsekwentheid, gebrek aan samehang, gebrek aan logika, onvoorspelbaarheid, onsekerheid, struktuurloosheid, gebrek aan struktuur, stelselloosheid, losheid, onvastheid, verwardheid; vreemde, vreemdheid, onbekendheid, onbekende; vreemdsoortigheid, surrealisme, eksotiesheid, ongewoonheid, sonderlingheid, eienaardigheid, verbasing, eksentrisiteit; abnormaliteit, onaardsheid, okkult; onverklaarbaarheid, onverstaanbaarheid, onbegryplikheid

ww. buite iets staan, die verband verbreek, niks met iets te make hê nie, nie klop nie, jou vrymaak van

8. Dieselfde

b.nw. dieselfde, selfde, eenders, eners, dergelik, eensoortig, gelyk, van dieselfde soort, soortgelyk, gelyksoortig, uniform, ekwivalent, identies, identiek, eenselwig, gelykgestel(d), ekwivalent, gelykwaardig, gelykop, gelykvormig, eenvormig, gelykblywend, gelykluidend, gelykklinkend, eendersklinkend, eensklinkend, eendersluidend, enersluidend, eensluidend, gelykmatig, analoog, homoloog, pro rata, toutologies; eenstemmig, eenparig, eendersdenkend, enersdenkend, gelykdenkend, eensgesind, gelykgesind, konformisties, ooreenkomstig, ooreenstemmend, kongruent, homosentries, verteenwoordigend, tipies, tiperend, verwant, aanverwant; eenders, eners, op dieselfde manier; simmetries, proporsioneel, bilateraal, gebalanseer(d), reëlmatig, gereeld, egalig, aanhoudend, voortdurend, georden(d), ordelik, stelselmatig, sistematies, konstant, onveranderlik, vas, blywend, permanent, konsekwent, samehangend, standhoudend, stabiel, ooreenstemmend, eweredig, ewematig, eenvormig, ewewigtig, harmonieus

bw. gelykelik, insgelyks, eweneens, eweseer, net so, net soos, alkant selfkant, allerweë, asmede, ibid, ibidem, idem, uitgeknip; gelykweg, ook, in dieselfde mate, ooreen

s.nw. dieselfde, een en dieselfde, identiteit, eendersheid, gelykheid, eenvormigheid, gelykvormigheid, uniformiteit, ekwivalensie, ekwivalent, gelykwaardigheid, identifikasie, identiesheid, identiekheid, analogie, standhoudendheid, standhouding; konformasie, konformiteit, eenstemmigheid, kon-

sensus, eensgesindheid, akkoord, vergelyk, eenparigheid, vereenselwiging, affiniteit; eweredigheid, gelykmatigheid, verwantskap, tipe, tipologie, tipering, eenselwigheid; self, sigself, synsgelyke, diesulke(s), homoloog; simmetrie, ooreenkoms, verwantskap, aanverwantskap, ooreenstemming, kongruensie, eweredigheid, ewematigheid, ewemaat, proporsie, proporsionaliteit, balans, reëlmaat, reëlmatigheid, harmonie; gelyke, weerga, alter ego, teenhanger, teëhanger, eksemplaar, eweknie, maat, portuur, dubbelganger, spieëlbeeld, ewebeeld, gelykenis, genoot, deelgenoot, soortgenoot, verwant

ww. ooreenstem, ooreenkom, kongrueer, ooreenslaan, aard, naby kom, gelykmaak, gelyksit; vereenselwig, identifiseer, konformeer, konform, verenig, meegaan, saamstem, saamgaan, akkoord gaan, aansluit, inval; verteenwoordig, balanseer, standhou, op dieselfde neerkom, tipeer; eenders lyk, eenders klink, eenders voel, eenders dink

voors. na, ná

woorddeel homo-, mede-, iso-, newe-, -self

voegw. desgelyks, insgelyks, soos, of, nes

uitdr. hy is uitgeknip sy pa; na analogie van; op dieselfde lees skoei; trek na iemand; voëls van eenderse vere; 'n aardjie na sy vaartjie; 'n baas maak 'n plaas; dis soos vinkel en koljander, die een is soos die ander; dis so lank as wat dit breed is; in duplo; oor een kam skeer; op dieselfde lees geskoei wees; op mekaar lyk soos twee druppels water; alkant selfkant; in die donker is alle katte grou; dis peper en sout; onder een sambreel boer

9. Verskillend of teenoorgesteld

b.nw. ***verskillend,*** ander, anders, andersoortig, onderskeibaar, gedifferensieerd, onderskeidend, onderskeie, ongelyk, ongelyksoortig, ongelykmatig, ongelykvormig, sonderling, uiteenlopend, afwykend, divergerend, heterogeen, heteromorf, inkongruent, asimmetries

teenoorgesteld, omgekeerd, teëgesteld, teengesteld, teenstrydig, strydig, botsend, onversoenbaar, uiteenlopend, agterstevoor, onderstebo, retrograde, bipolêr, diametraal, kontrêr, onbestaanbaar, aweregs

bw. respektiewelik, respektieflik, wel, andersom, andersyds, binne(n)stebuite, ditsy, hierteenoor

s.nw. ***verskil,*** verskillendheid, onderskeid, onderskeiding, andersheid, andersoortigheid, eienaardigheid, sonderlingheid, ongelykheid, ongelyksoortigheid, ongelykmatigheid, uiteenlopendheid, verskeidenheid, variasie, verandering, heterogeniteit, gedifferensieerdheid, differensiasie, diverse, pluralisme, afwyking, afwykendheid, diskrepansie, teenstrydigheid, divergensie, inkongruensie, hemelsbreë verskil, afstand, marge, verkeerdheid

teenoorgesteldheid, opposisie, teendeel, teenvoeter, teenbeeld, teëbeeld, onverenigbaarheid, onversoenbaarheid, uiteenlopendheid, antitese, antitesis, inversie, invert, kontras, oorkant, teenspraak, teëspraak, antoniem; stryd, opposisie, teenkanting, meningsverskil

ww. ***verskil,*** stem nie ooreen nie, hemelsbreed verskil, afwyk, uiteenloop, varieer, fluktueer, verander, differensieer, divergeer, nie kongrueer nie, onderskei, kontrasteer, afsteek

stel teenoor, stry teen, in stryd wees met, bots met, teenspreek, teenwerk, polariseer, staan teenoor, indruis teen, teëgaan, teengaan, stry, twis, ontken, misken, teenstaan, weerlê

woorddeel hetero-, anti-, kontra-

voors. daarteenoor, oorkant, versus

voegw. daarenteë, daarenteen, inteendeel, maar

uitdr. soos dag en nag verskil; in stryd met; in teenstryd met; strydig met; front maak teen

10. Harmonie

b.nw. ***ooreenstemmend,*** ooreenkomstig, gelyk, eenders, eners, dieselfde, ooreenstemmend, kongruent, eenselwig, eensoortig, egalig, gelykvormig, uniform, eendersklinkend, enersklinkend, gelykluidend, gelykklinkend, konform, konformisties, konsekwent, gebalanseer(d), eweredig, ewewigtig, onderskeidelik, proporsioneel, simmetries, homoloog, harmonies, verenigbaar, verwant; gelykwaardig, gelyk

eens, eensgesind, gelykgesind, eenstemmig, eenparig, eendragtig, eendragtiglik, een-

dersdenkend, harmonies, saamhorig, samehorig, solidêr, unaniem
gelykmatig, ewewigtig, gebalanseer(d), stabiel, gelykmoedig, rustig, kalm, selfbeheers, onversteurbaar, onverstoorbaar, onberoerd, koel, bedaard, selfverseker(d), koelkop, nugter, sober, verstandig

bw. paarsgewys, pro rata, sonder teenstem, asof uit een mond, deur konsensus

ww. harmonieer, ooreenstem, in harmonie wees, konformeer, kongrueer, korrespondeer, ooreenbring, ooreenkom, rym, saamgaan, saamstem, strook, sweem, verenig, aansluit, adapteer, aanvul, akkordeer, beantwoord aan, op mekaar afgestem wees, bymekaar hoort

s.nw. ***ooreenkoms,*** ooreenstemming, kongruensie, harmonie, harmoniëring, gelykheid, eweredigheid, gebalanseerdheid, gelykenis, analoog, ewewig, eenvormigheid, eendersheid, gelykheid, gelykvormigheid, uniformiteit, konformiteit, konformasie, konformis, konkordansie, konsekwentheid, konsekwensie, proporsie, proporsionaliteit, balans, gebalanseerdheid, raakpunt, raakvlak, simmetrie, skaal, stel, verenigbaarheid, vereniging, verwantskap, aanverwantskap, gelyksoortigheid, affiliasie, betrekking
punt van ooreenkoms, akkoord, eensgesindheid, eenstemmigheid, eenparigheid, gelykgesindheid, harmonie, saamhorigheid, samehorigheid, samewerking, eendrag, konsensus, solidariteit
gelykwaardigheid, pariteit, gelykstandigheid; egalisme, egalitarisme
gelykmatigheid, ewewig, ewewigtigheid, balans, gebalanseerdheid, gelykmoedigheid, rustigheid, kalmte, selfbeheersing, onversteurbaarheid, onverstoorbaarheid, bedaardheid, selfversekering, selfversekerdheid, nugterheid, soberheid, verstand, verstandigheid

voors. in ooreenstemming met

voegw. soos, à la

uitdr. een van sin wees; onder een kombers slaap; op dieselfde lees geskoei wees; soort soek soort; voëls van eenderse vere; pro rata; 'n treffende gelykenis

11. Disharmonie

b.nw. ***teenstrydig,*** strydig, weersprekend, verskillend, disharmonies, onharmonies, diskrepant, uiteenlopend, veelsoortig, disproporsioneel, dissonant, asimmetries, oneweredig, onpaar, afwykend, divergerend, mismaak, wanskape, eienaardig, sleg, ongerymd, inadekwaat, ambivalent, inkonsekwent, onsamehangend, arbitrêr, onlogies, illogies, alogies, verward, verwarrend, deurmekaar, onberekenbaar, stelselloos, onvoorspelbaar, onverwant, onseker, wisselend, onstabiel, twyfelagtig
in opposisie, uiteenlopend, strydend, teenstrydig, strydig, tweestrydig, botsend, ongelyk, ongelyksoortig, verskillend, nie eenders nie, onversoenbaar, onverenigbaar, uiteenlopend, onenig
ongebalanseer(d), onstabiel, labiel, emosioneel, onewewigtig, redeloos, mal, getik, sinneloos, onvoorspelbaar, wispelturig, huiwerig, verward, deurmekaar, twyfelend, vertwyfeld, weifelend, aarselend, besluiteloos, onseker, verdwaal, onverstandig, onredelik, geteister, skril

bw. selfs

ww. afwyk, nie rym nie, divergeer, wissel, verskil, bots, kontrasteer, skreeu teen, vloek teen, mank gaan aan, afsteek; ontwrig, die ewewig versteur

s.nw. ***disharmonie,*** teenstrydigheid, strydigheid, asimmetrie, ambivalentheid, ambivalensie, diskrepansie, disproporsie, stelselloosheid, dissonansie, uiteenlopendheid, veelsoortigheid, wanbalans, wanklank, oneweredigheid, divergensie, mismaaktheid, inkonsekwentheid, wanskapenheid, eienaardigheid, afwyking, ongerymdheid, inadekwaatheid, gebrek aan samehang, onsamehangendheid, verwarring, onvoorspelbaarheid, wisseling, onsekerheid, twyfelagtigheid, variasie, onverwantheid
opposisie, teenoorgesteldheid, teenhanger, teëhanger, teenstelling, teëstelling, verskil, ongelykheid, ongelyksoortigheid, onderskeid, andersheid, kontras, onversoenbaarheid, onverenigbaarheid, uiteenlopendheid
ongebalanseerdheid, gebrek aan stabiliteit, labiliteit, emosionaliteit, onewewigtigheid, redeloosheid, onvoorspelbaarheid, wispelturigheid, onredelikheid, huiwering, huiwerigheid, verwarring, verwardheid,

vertwyfeling, weifeling, aarseling, besluiteloosheid, onsekerheid, dispuut, onenigheid, twis, geskil, argument, stryery, bakleiery

uitdr. 'n stok in die wiel steek; 'n stokkie voor steek

12. Eenvormigheid

b.nw. eenvormig, gelykvormig, eenders, altyd dieselfde, gelyk, gelyksoortig, gelykmatig, konformisties, konform, homogeen, homoloog, sigomorf, uniform; bestendig, standvastig, gelykblywend, konstant, onveranderlik; onversteurbaar, onverstoorbaar, gelykmatig, gelykmoedig, ewewigtig, flegmaties; monotoon, eentonig

s.nw. eenvormigheid, gelykvormigheid, eendersheid, gelykheid, gelyksoortigheid, gelykmatigheid, homogeniteit, homoloog, konformasie, konformering, konformiteit, konformis, monotoon, nivellering, uniformiteit, duplikaat; onversteurbaarheid, gelykmatigheid, ewewigtigheid; eentonigheid, monotoon

voors. na, ná

ww. gelykstel, assimileer, dupliseer, homogeniseer, nivelleer, konform, konformeer

13. Verskeidenheid

b.nw. verskillend, gevarieer(d), uiteenlopend, ongelyksoortig, afsonderlik, allerhande, allerlei, divers, afwisselend, genuanseer(d), geskakeer(d), bont, heterogeen, onderskeie, beiderlei, tweërlei, drieërlei, velerlei, veelsoortig, veelvuldig, veelvoudig, talryk, ontelbaar, wisselvallig

s.nw. verskeidenheid, afwisseling, diversiteit, diverse, heterogeniteit, gevarieerdheid, nuanse, nuansering, geskakeerdheid, skakering, ongelyksoortigheid, uiteenlopendheid, varia, variasie, bontheid, allerlei, klompe, hope, alles, van alles en nog wat, lappieskombers, laslapkombers, lappiesdeken, laskombers; wisselvalligheid, deurmekaarspul, hutspot

woorddeel hetero-

ww. afwissel, varieer, verander, anders lyk, alterneer, wissel, fluktueer, nuanseer, skakeer, diversifiseer

telw. verskeie, menige

14. Navolging

ww. ***navolg,*** volg, nastreef, nastrewe, nadoen, agternadoen, sy voorbeeld volg, gehoorsaam, najaag

naboots, nadoen, agternadoen, na-aap, namaak, imiteer, naklink, napraat, nafluit, naskilder, naskryf, naskrywe, nateken, natou, afteken, bind, heenwys, oorneem, simuleer, uitlig, voordoen, inkorporeer, analoog wees aan

lei, leiding neem, leiding gee, voorgaan, voorloop, voorpraat, voorsê, begelei, geleide doen, saamvoer, saamneem, die pad aanwys, die weg wys

volg, naloop, agternaloop, agtervolg, agternasit, agternakruip, agternasnel

b.nw. navolgbaar, navolgenswaardig, voorbeeldig, volgend, navolgend; aanliggend, nagemaak; volgsaam, aapagtig, aperig, na-aperig, nabootsend, simulerend; onnavolgbaar

s.nw. ***navolging,*** volging, agternalopery, nabootsing, afskaduwing, nastrewing, derivasie, heenwysing, afskynsel, na-apery, na-aping, apery, nagemaaktheid, simulering, simulasie; agtervolging, volging; leiding, inisiatief, leidinggewing, voorbeeldigheid, navolgbaarheid, onnavolgbaarheid; vervalsing, plagiaat, pastiche

navolger, volgeling, volger, beeldenaar; leier, leidster, leidsman, leidsvrou, leidspersoon, aanvoerder, voorganger, voorloper, gids, monitor, herder, herderin; nabootser, naskrywer, nastrewer, na-aper; vervalser, plagiaris

beeld, afbeelding, spieëlbeeld, afskaduwing, afskynsel, ewebeeld, afgietsel, replika, afskrif, afdruk, beeltenis, naklank, duplikaat, faksimilee, fotokopie, geval; namaaksel, imitasie, imitasiediamant, imitasieleer, imitasieporselein, namaakblom, syblom, namaakvrug, namaking, simulant, skadubeeld, skadu, skaduwee, vervalsing, voorbeeld

voors. volgens, na analogie van

uitdr. die voorbeeld stel; in iemand se voetspore volg; jou spieël aan iemand; op dieselfde lees geskoei wees

C. OORSAAKLIKHEID

15. Oorsaak

s.nw. ***oorsaaklikheid,*** oorsaak, aanleiding, aanleidende oorsaak, kousaliteit, oorsaaklike verband, aanleidende omstandighede, grondoorsaak, grond, hoofgrond, rasionaal, bestaansgrond, rede, beweegrede, bestaansrede, motief, aanloop, agtergrond, provokasie, ratio, prikkel, stimulus, dryfveer, spoorslag, faktor, skuld, sleutel, stempel, agent, agens, kiem, saad, embrio, suurdeeg, toedoen, vader, verwekking, invloed, voedingsbodem, voortbrenging, wortel, teelaarde, agtergrond, oorsprong, bron, bronaar, begin, geboorte, aanvang
veroorsaking, verwekking, aanstigting, provokasie, invloed

ww. veroorsaak, verwek, wek, opwek, instigeer, teweegbring, teweeg bring, laat plaasvind, laat gebeur, ontlok, lok, uitlok, aanstig, aanrig, begin, laat begin, op tou sit, aan die gang sit, bewerk, help, aanhelp, meebring, stig, saai, aansteek, formeer, aanleiding gee, beïnvloed, berus, opskop, soek, doen, bydra tot, lei tot; bewerkstellig, laat ontstaan, tot stand bring, tot stand laat kom; aanmoedig, stimuleer, inspireer, aanhits, opsweep, beïnvloed, indoktrineer

b.nw. oorsaaklik, kousaal, aanleidend, grondliggend, retrospektief, terugwerkend, redegewend, oorspronklik, afhanklik, afkomstig, herkomstig, aansteeklik, inchoatief, inkohatief

bw. daarvandaan, dientengevolge, hierdeur, hierom, hieroor, immers, naamlik, inderdaad, sowaar, tog, vandaar, vanwaar, waarom, waarvan, waarvolgens, waarvoor, uit hoofde van, om die rede, eo ipso

voors. daarvoor, kragtens, van, vanweë, waaroor, weens, op basis van, op grond van, derhalwe, kragtens, inaggenome, met inagneming van

voegw. aangesien, daar (aangesien), daarom, derhalwe, deurdat, mitsdien, noudat, omdat, omrede, oordat, vermits, waarom, want, weshalwe (*ong.*)

uitdr. deur jou eie toedoen; uit hoofde van; waar daar 'n rokie trek, is daar 'n vuurtjie; klein oorsake het soms groot gevolge

16. Gevolg

s.nw. ***gevolg,*** uitkoms, uitwerking, inwerking, konsekwensie, konklusie, reaksie, respons, refleks, vrug, resultaat, eindresultaat, uitslag, uitvloeisel, voortvloeisel, vrug, reaksie, effek, newe-effek, inwerking, uiteinde, afloop, nadraai, nasleep, uitspruitsel, invloed, trefkrag, trefwydte, denouement, afleiding, implikasie
werking, nawerking, effek, newe-effek, bestemming, ontstaan, proses, verloop
die onmiddellike gevolg, die uiteindelike gevolg, die onvermydelike gevolg, die regstreekse gevolg
nadraai, nasleep, naweë, naspel, ramifikasie, reperkussie, stert, stertjie, weerslag, terugsetting, terugslag, einde, end, eindpunt, grens, uiteinde, einde van die storie, slot

ww. ***volg,*** volg uit, berus op, steun op, spruit, voortspruit, voortvloei uit, vloei uit, wortel, is gewortel in, is gegrond op, is afkomstig van, toeskryf aan, ontstaan, inwerk, aankom, aanrig, ontlok, ontspruit, reageer, resulteer, ten grondslag lê
afloop, uitloop op, uitkom op, uitdraai, besorg, berokken, afgee, afvoer, baar, uitval, verloop, eindig, werk, uitwerk, tot gevolg hê, laat
'n nadraai hê, 'n bittere nasmaak laat, allerhande ramifikasies hê, reperkussies hê, daar is 'n stert/stertjie daaraan, terugsit, berokken, uitdraai, afgee, uitval
toeskryf, toeskrywe, aflei

b.nw. gevolglik, gegrond, afkomstig, voortvloeiend, resulterend, afgelei, voortspruitend, voortvloeiend, reaksionêr, refleksief

bw. daarom, daarvandaan, hiervoor, ingevolge, bygevolg

voors. as gevolg van, daartoe, oor, na aanleiding van, waartoe, hiertoe, daartoe, waarvoor, hiervoor, daaruit, waaruit, in aansluiting by, aansluitend by

voegw. dus, nademaal, omrede, oor, sodat

uitdr. met goeie gevolg; geen oorsaak sonder gevolg nie; in goeie aarde val; die vrugte pluk; met vrug; die vrug op jou arbeid; wie kaats, moet die bal verwag; soos jy jou bed maak, so sal jy gaan slaap; laat sy bloed op ons en ons kinders kom; die wortel van die kwaad; dit het jy (nou) daarvan; die kwaad loon sy meester; wat jy saai, sal jy maai; 'n

muis met 'n stertjie; klein oorsake het soms groot gevolge

17. Noodsaak

b.nw. noodsaaklik, absoluut noodsaaklik, essensieel, onmisbaar, dwingend, nodig, broodnodig, dringend nodig, baie nodig, allernodigs, onontbeerlik, gebiedend, dringend, verpligtend, noodwendig, onafwendbaar, onontkombaar, onvermydelik, onvermy(d)baar, naarstiglik, onherroeplik, absoluut, urgent, belangrik, lewensbelangrik, allerbelangrik(s), vitaal, kritiek, wesenlik, fundamenteel, primêr, grondliggend, onderliggend, basies, primitief, grondliggend, belangrikste, vernaamste, primordiaal

s.nw. ***noodsaak,*** noodsaaklikheid, essensie, nodigheid, dringendheid, stipulering, stipulasie, vereiste, eis, voorvereiste, dwingendheid, verpligting, moet, voorwaarde, voorvereiste, noodwendigheid, onafwendbaarheid, onvermydelikheid, onherroeplikheid, onontkombaarheid, onontbeerlikheid, beginsel, urgensie

voorwaarde, bepaling, voorskrif, stipulasie, neerlegging, eis, vereiste, voorvereiste, kondisie, voorbehoud, voorbehoudsbepaling, reël, regulasie, verordening, wet, gebod, kwalifikasie, noodsaaklikheid, beperking, dwang, druk

ww. noodsaak, dring, noop, noodsaaklik maak, meebring, bestem, voorbestem, voorbeskik, aandryf, beslis; destineer, doem; noodsaak, stipuleer, eis, vereis, opeis, afeis, aandring, dwing, afdwing, met dwang teweegbring, verplig, forseer, dryf; gebied, beveel, gelas; hoef, moet, sal, behoort

bw. noodsaaklikerwys, in die eerste plek, in die begin, om mee te begin, bowe(n)al

voegw. solank

uitdr. iemand se band aandraai; iemand die duimskroef aansit; jouself geweld aandoen; iets in iemand se keel afdruk; in 'n keurslyf wees; die mes op iemand se keel sit; die strop om iemand se nek sit; die wet van die Meders en die Perse

18. Toeval

b.nw. toevallig, doodtoevallig, heeltemal toevallig, kasueel, lukraak, aksidenteel, onvoorsien, onvoorsiens, onvoorsienbaar, onverwags, onbeplan(d), onbedoel(d), terloops

s.nw. ***toeval,*** toevalligheid, onvoorsienbaarheid, onbeplandheid, kans, sameloop, 'n sameloop van omstandighede, meewerking, kasualiteit, terloopsheid

kans, ongeluk, dobbelaar, dobbelary, dobbelkoors, dobbelspel, dobbelsteen, dobbelstuk, inset, koppel, koppeltoto, lotery, loting, staatslotery, verloting, uitloting, obligasiehouer, teerling, tombola, totalisator, trekking, weddenskap, wedder, wedgeld, woekerpot

kasualiteit, kasualisme, kasualistiek

bw. sommer, somaar, toevalligerwys, by toeval, by geval, per ongeluk, terloops, met 'n gelukskoot, met 'n gelukslag

ww. ***aan die toeval oorlaat,*** die lot werp, deur die lot beslis

dobbel, insit, loot, uitloot, val, verloot, wed

uitdr. meer geluk as wysheid; op goeie geluk af; uit die bloute

D. ORDE

a. Orde vs. wanorde

19. Orde

s.nw. ***orde,*** ordening, ordelikheid, rangskikking, klassering, aankleding, sisteem, sistematiek, sistematisering, patroon, patroonmatigheid, reëlmaat, reëlmatigheid, beskikking, grondbeginsel

organisasie, ordening, reëling, reëlings, skifting, aankleding, organisasietalent, organisasievermoë, organiseerder, organisator, opruiming, wegruiming; regularisasie, regularisering, regulering, regulasie, reguleerder

taksonomie, klassifikasie, indeling, kategorie, klas, soort, tipe, groep, groepering, afdeling, familie, orde, spesie, versameling, stratifikasie, struktuur

rang, rangorde, klas, vlak, plek, posisie, stand, orde, niveau, gradering

b.nw. ordelik, georden(d), ordeliewend, sistematies, alfabeties, reëlmatig, stelselmatig, metodies, planmatig, agtermekaar, reg gerangskik, getabuleer(d), geskeduleer(d), konstant, standhoudend, standvastig, beginselvas, onveranderlik, gereeld, geroetineer(d), georganiseer(d), organisatories, gedissiplineer(d), getrou, haaks, metodies,

rangskikkend, reëlbaar, reguleerbaar, struktureel, taksonomies, versorg, netjies; konsekwent, logies, samehangend, samehorig, konstant

ww. ***orden,*** organiseer, in orde bring, inrig, rangskik, sistematiseer, skik, beskik, opmaak, reël, reguleer, beskik, beplan, verdeel

klassifiseer, orden, rangskik, indeel, klas, klasseer, groepeer, gradeer, sorteer, uitsorteer, katalogiseer, alfabetiseer, tabuleer, tabelleer, liasseer, kodifiseer, normaliseer, struktureer, stratifiseer, reguleer, regulariseer

opruim, beredder, bereg, bêre, wegbêre

orde soek, ontleed, navors, ondersoek, oplos, ontwar, ontrafel, dissekteer, ophelder, insig kry, verduidelik, teregbring, teregkom

bw. in orde, in goeie orde, in die haak

voegw. waarvolgens

uitdr. binne (die) perke bly; die goeie orde bewaar; in toom hou; aan (die) kant maak

20. Wanorde

s.nw. ***wanorde,*** wanordelikheid, chaos, ordeloosheid, warboel, verwarring, konfusie, 'n Babelse verwarring, harwar, geharwar, desorganisasie, disorganisasie, gebrek aan orde, deurmekaarspul, deurmekaar spul, fiasko, debakel, affêre, gemors, steurnis, stoornis, verstrooiing, pandemonium, onsamehangendheid, onreëlmatigheid, ongereeldheid, ongedissiplineerdheid, roesemoes, rompslomp, gedoente, baaierd, trapsel, verstrengeling, vertroebeling, verhaspeling, wirwar, gewirwar, harlaboerla, dolliwarie, dikkedensie

wanordelike menigte, Babel, boel, horde, roesemoes, baaierd

moeilikheid, moles, moleste, omgekraptheid, dikkedensie, beroering, paniek, geskarrel, onstigtelikheid, oproer, oproerigheid, pandemonium, wetteloosheid, anargie, bandeloosheid, wanorde, chaos, mêlée, rebellie, rewolusie, deurmekaarspul, debakel, fiasko, ineenstorting, val, ondergang, hekseketel, heksesabbat, doolhof

gemors, paperas, rommel, rommelary, rommelhoop, rommelstrooier, rommelwerf, gedoente, koekerasie, tjou-tjou, getjou-tjou, getimmerte, timmerasie

b.nw. ordeloos, onordelik, wanordelik, chaoties, ongeorden(d), deurmekaar, onsistematies, ongeroetineerd, ongedissiplineer(d), onreëlmatig, aangelap, aangenaai, verwikkeld, onderstebo, verward, verwarrend, skots, konfoes, verfoes(de), verwaai(d), ongereeld; oproerig, roerig, rumoerig, raserig, lawaaierig, onbeheerbaar, onbedwingbaar, onregeerbaar, anargisties, wetteloos, beginselloos, onstigtelik, ongeseglik, onhebbelik, ongedissiplineerd, stout; ontredder(d), oorstuur(s), ontwrig; rommelig, rommelrig, onnet, omgekrap, morsig; inkonsekwent, onlogies, illogies, onsamehangend, verward

ww. verwar, verward maak, in verwarring bring, ontwrig, desorganiseer, disorganiseer, omvergooi, omverwerp, fnuik, kortwiek, ondermyn, ondergraaf, ondergrawe, frustreer, teenwerk, teëwerk, befoeter, omkrap, verbrou, verknoei, bederf, beskadig, bekonkel, verfoes, befomfaai, verfomfaai, befonkfaai, verfonkfaai, verstrengel, vertroebel, verhaspel, vervleg, verwikkel, deurmekaar krap, beduiwel, bedonder (*plat*), omwiel; verwar, oorhoops raak, wanorde heers, verstrengel

bw. holderstebolder, kriskras, oorhoop(s), in wanorde, in die war, onderstebo, in ('n) warboel, sonder orde

uitdr. alles is oorboord; amok maak; deur die wind; dit lê skots en skeef; in beroering bring; in die war; in die war stuur; in rep en roer; op sy kop; 'n spraakverwarring van Babel; 'n Babelse verwarring; hot en haar; rond en bont; sy boeke deurmekaar krap; alles op hol ja/maak; op hol wees/raak; die kluts kwyt wees; my kompas staan stil; in die middel van die wêreld wees; onklaar trap; daar is geen tou aan vas te knoop nie; uit die veld slaan; van jou wysie af wees/bring

b. VOLGORDE

21. Opeenvolging

s.nw. ***opeenvolging,*** volgorde, ordening, skakeling, aaneenskakeling, ketting, progressie, rangskikking, indeks, register, serie, reeks, volgreeks, string, lys, rits, lyn, tou, ry, trein, verbinding, kettingreaksie, laag, skakel, volgnommer

reeks, volgreeks, rol, opgawe, inventaris, konkordansie, gids, katalogus, rooster

rang 19, ranglys, rangorde; beurt, wagtou, waglys, ordelys

gelid, marsjeerorde, staporde, aantreeorde; stoet, kavalkade, ry, tou, kordon, laning, plantry

stel, versameling, reeks, volgreeks, vervolgreeks, paar, pak, kolleksie, groep, band, album
verloop, gang, voortgang, loop, beloop, vordering, ontwikkeling; chronologie, tydsvolgorde, tydsorde, georden in tyd, ordening

b.nw. opeenvolgend, konsekutief, rangskikkend, ordelik, agtermekaar, gerangskik, gesorteer, volgende, daaropvolgende, hoeveelste, laagsgewys, navolgend, trapsgewys(e), georden(d), gelys; chronologies, kronologies, tydsordelik, tydrekenkundig, opeenvolgend, agtereenvolgens, agtereenvolgend; samehangend, konsekwent

ww. rangskik, orden, sorteer, volg, opeenvolg, skakel, aaneenskakel, verbind, aaneenheg, las, aanmekaarlas, 'n ketting maak, inry(e), inryg, insnoer, koördineer, lys, tou, toustaan, aan die beurt kom

bw. agter, bo(bowe), opmekaar, opmekaaraanvolgend, agtereenvolgens, agter mekaar, agtermekaar, na mekaar, namekaar, in volgorde, na tydsvolgorde, volgens tydsvolgorde, een vir een, op die ry af, om die beurt, al om die ander dag/week/maand, keer op keer, alternatiewelik, afwisselend

voors. agter, naas, om

telw. hoeveelste, soveelste, eerste, tweede, derde, . . . tiende, elfde, twaalfde, . . . twintigste, dertigste, . . . honderdste, tweehonderdste, . . . duisendste, tweeduisendste, . . . miljoenste

uitdr. moenie die dag voor die aand prys nie

22. Kontinuïteit

s.nw. kontinuïteit, kontinuasie, voortsetting, reëlmaat, reëlmatigheid, duur, duurte, voortduring, tydsduur, aanhoudendheid, voortbestaan, voortduring, voortgang, vervolg, voortstryding, aaneenskakeling, toekoms, geleidelikheid

b.nw. kontinu, durend, voortdurend, aaneenlopend, kronies, chronies, gedurig, langdurig, slepend, aanhoudend, onafgebroke, onophoudelik, sonder ophou, aanmekaar, onverpoos, deurlopend, verder; geleidelik, langsaam, langsamerhand, gaandeweg, reëlmatig, stap vir stap, gradueel; gedurig, daagliks, daeliks, weekliks, maandeliks, jaarliks; gewoonlik, habitueel; wederkerend, terugkerend, herhaaldelik voorkomend

ww. kontinueer, duur, voortduur, voortgaan, aangaan, aanhou, volhou, voortsit, aan die gang bly, verder gaan, voortbeweeg, voortstap, aanstap, voortdrentel, voortsleep, voortwoeker, aaneenskakel, voortskry, voortbestaan, in stand bly, voortleef, voortlewe, bly lewe, bly werk, bly sit, . . ., verder lewe, verder werk, . . ., voortbeur, aanbeur, vasbyt (*geselst.*)

bw. gedurig, by voortduring, herhaaldelik, aan, aaneen, aanmekaar, altyd, altyddeur, almaardeur, dwarsdeur, dikwels, baiemaal, baie maal, baiekeer, baie keer, baie kere, meermale, menigmaal, telkens, telkemale, keer op keer, oor en oor, verder, vervolgens, voorts

uitdr. oor 'n boeg; dag in en dag uit; jaar in en jaar uit; 'n hond uit 'n bos gesels/kuier/praat/speel; een streek/stryk deur; een stuk deur; aan een stuk; tot die perde horings kry

23. Onderbreking

s.nw. onderbreking, vertraging, gaping, lakune, hiaat, hiatus, leegte, leemte; reses, verposing, pouse, teepouse, verdaging, rustyd, blaaskans, vakansie, rus; uitstel, opskorting, verdaging, moratorium

b.nw. onderbroke, diskontinu, afwisselend, beurtelings, steurend

ww. onderbreek, vertraag, pouseer, rus, uitstel, temporiseer, tot later verskuif, in reses gaan, laat oorstaan, opskort, verdaag, verbreek, steur, stoor, versteur, verstoor, beëindig, stopsit, laat ophou

uitdr. op die lange baan skuif; tyd wen; van uitstel kom afstel

24. Dit wat voorafgaan

b.nw. voorafgaande, vorige, voorgaande, aprioristies, preliminêr, voorop, voorste, vorige, voorgenoemde, eersgenoemde; voorlopige

bw. a priori, voor, vooraan, vooraf, vooruit, voorlopig, by voorbaat

ww. voorafgaan, voorgaan, vooruitgaan, vooruitloop, antisipeer, verwag, gaan, 'n voorsprong hê, voorkom, vooruitkom, voorloop, voorsny, inhaal, presedeer, lei

s.nw. leier, leidster, voorloper, voorganger, voorryer, voortou

voors. voor, voorafgaande aan

25. Dit wat volg

b.nw. volgend, daaropvolgend, agtereenvolgend, nuut, onderstaande, suksessief, aankomende, antisipatories; aankomende, aanstaande, eerskomende, eersvolgende, op hande synde, naderende, komende, op hande, toekomstige

bw. agter, agteraan, agtereen, agtereenvolgens, agterna, daarna, waarna, naderhand, vervolgens, toe, a posteriori, na agter

ww. volg, volgende kom, kom na, later kom, navolg, opvolg; naloop, agtervolg, agternasit, jaag, ja, jae; naloop, agternakom, agternaloop, agternakruip, agternastap

s.nw. agtervolging, opvolging, navolging, volging, suksessie, vervolg; gevolg, sleep, stert, vervolgdeel, vervolgstuk, volgstuk; agtervolging, vervolging, heksejag, inkwisisie; opvolger, volger, naloper, navolger, volgeling, agterhoede

voors. na, agter

uitdr. op iemand se hakke sit; op iemand se spoor (wees); iemand soos 'n skaduwee volg; in iemand se kielsog/kielwater vaar; die opkomende/opgaande son aanbid; die agterhoede dek

26. Begeleiding

b.nw. gesamentlik, kollektief, kommunaal, meegaande, gepaard, gepaardgaande, gemeenskaplik, afhanklik, newegaande

bw. mee, saam, cum

ww. saamgaan, vergesel, vergesel gaan van, begelei, chaperonneer, meegaan, geselskap hou, aansluit by; bring, neem, laat saamgaan, saambring, saamneem, meeneem, meesleep, saamsleep, wegbring, wegneem, naderbring, inbring, inlei, binnelei, uitneem, uitlei; gepaardgaan met, hand aan hand gaan, saamgaan met; saambly, saambondel, saamdrom, saamdoen, saamknoei, saamdraf, saamdring, saamhardloop, saamstuur, saamloop, meeloop, saamry, saamreis, saamvlieg

s.nw. begeleiding, geselskap, chaperone, gemeenskap, gesel, gesellin, geselskapsdame, kollektiwiteit, metgesel, metgesellin, toggenoot, begeleier, begeleidster, satelliet

voors. met

woorddeel mede-, meta-, saam-

uitdr. in gemeenskap; tred hou met; uitgeleide doen

27. Begin

b.nw. ***aanvanklik,*** oorspronklik, origineel, aangevange, inisieel, inisiaal, allereers, beginnend, begonne, ingaande, primêr, primitief, primordiaal, elementêr, basies, prinsipieel, nuut, nuwerig, nuterig, nuwerwets, voorlopig, voorop, vroeg, inkohatief, inchoatief

gebore, herkomstig, pasgebore, embrionaal

s.nw. ***begin,*** oerbegin, aanvang, aanhef, inleiding, introduksie, begintyd, konsepsie, aanvangstadium, aanvangsgedeelte, aanvangsdeel, aanloop, beginpunt, beginplek, aanvoorslag

ontstaan 0, ontstaantyd, herkoms, geboorte, wieg, bakermat, bron, bronaar, kiem, saad, wortel, embrio

wording, skepping, genese, genesis, ontstaanswyse, oorsprong, opkoms, grondlegging, grondlêer, grondlegger, grondslag, grondvesting

primitiwiteit, oorspronklikheid, originaliteit

voorgaande, voorspel, prelude, preludium, oorsaak, oorsprong, ingang, ingangsdatum, inisiatief, inset, intog, intrapslag, intrede, nuwigheid, teelaarde, uitgangspunt, vertrekpunt, aanknopingspunt, vooraand

beginner, nuweling, rekruut, eerstejaar, nuwe lid, neofiet, oningewyde, groentjie, gawie

bw. eers, eerste, eerstens, in die eerste plek, in die begin, ten aanvang, om mee te begin, vereers, vir eers, vroeg-vroeg, aan die vooraand; pas, sedert, sedertdien, sindsdien, van meet af aan, uit die staanspoor, van toe af, van toe af aan

ww. ***begin,*** 'n aanvang neem, aanbreek, breek, daag, te voorskyn kom, ontstaan, opkom, aanvang, aanpak, aanvat, aanknoop, wegspring, wegval, insout, intrap, intree, introduseer, inval, invoer, kiem, ontkiem, ontluik, ontpop, ontspring, ontspruit, verrys, word, aanknoop, aan die gang kom

laat begin, grondves, inlui, insit, inisieer, 'n begin maak, aanvoor, aanknoop, aanvang, aanpak, open, onderneem, oprig, aanlê, stig,

op tou sit, in die lewe roep, van stapel stuur, aan die gang sit, aan die gang kry, aan die werk kry, die eerste stap doen, ontketen

voors. van, vanaf, sedert, sinds, vanuit

woorddeel grond-, natuur-, ontwerp-

voegw. vandat

uitdr. aan die werk tyg; die baan open; die bal aan die rol sit; die weg tot iets baan; dit is nog in wording; aanstaltes maak; iewers gebore en getoë wees; in jou kinderskoene staan; terminus a quo; die wortel van die kwaad; die alfa (en die omega); die baan open; waar 'n begin is, is 'n end; nuwe besems vee skoon; verag nie die dag van klein dinge nie; in die dop; nog maar die eerste hoepel; 'n klip aan die rol sit; eers kruip, dan loop; jou voet in die stiebeuel kry/sit

28. Einde

b.nw. laaste, allerlaaste, agterste, heel agter, heel laaste, die verste na agter; finaal, uiteindelik, klaar, heeltemal klaar, uit en gedaan, verby, voorlaaste, afsluitend, beëindigend, eindigend; vervalle, oud, terminaal, verganklik, vervalle

s.nw. ***einde,*** end, eindpunt, grens, allerlaaste, besluit, beëindiging, (die alfa en) die omega, doodsklok, doodsnik, slot, sluiting, afsluiting, laaste gedeelte, uiteinde, afloop, einde van die storie

beëindiging, afsluiting, staking, afstelling, opheffing

sluitingsdatum, sluitingstyd, sperdatum, afsluiting, verdaging, reses

stert, end, terminus, uitgang

verganklikheid, vervallenheid, vervaltyd, verwering, ondergang, uitwissing, dood, sterwe, sterfte, heengaan, uitvaart, oorlye, oorlyde, afsterwe, sterwensuur

klimaks, ontknoping, hoogtepunt, toppunt, kulminasie, akme, apogeum, finale, grand finale, slotgedeelte, eindronde

afskeid, vertrek, afreis, skeiding, groet, afskeidsgroet, afskeidswoord, vaarwel

resultaat, gevolg, uiteinde, nadraai, uitwerking, nawerking, nasleep, afloop, uitvloeisel

bw. uit en en gedaan, verby, op, uit, volkome, ten slotte, ten besluite, ter afsluiting, laastens, as slot, ter beëindiging, ter afronding, afsluitend, klaarpraat, laastelik, ten slotte, tot slot, eindelik, uiteindelik, verlaas (vir laas), oplaas, einde ten laaste, ten einde laaste, met verloop van tyd, op die ou end, op die lange duur, vir oulaas, tot

ww. ***eindig,*** ten einde loop, afloop, die einde bereik, tot 'n einde kom, besluit, ophou, klaarmaak, uitskei, end kry, sluit, verdaag, staak, afstel, tot stilstand kom, uitkom, uitgaan, verlaat, uitloop, uitgaan, verstryk, verval, uitlui, verbygaan, uitsterf, uitsterwe, afsterf, afsterwe, vergaan, verweer

beëindig, suspendeer, termineer, klaarmaak, voltooi, voleindig, afsluit, eindig, afeindig, 'n einde maak aan, stop, stopsit, staak

voegw. totdat

uitdr. op sy laaste; jou laaste asem uitblaas; per slot van rekening; sy dae is getel; terminus ad quem; tot op die laaste; 'n kêrel afsê; end/einde goed, alles goed; die laaste loodjies weeg die swaarste; jy kan maar jou testament laat maak; sy swanesang sing

29. Middel

b.nw. sentraal, middelste, gesentreer, sentries, sentripetaal, middelpuntsoekend, middelpuntvliedend, homosentries

s.nw. middel, sentrum, middelpunt, middeldeel, kern, nukleus, hart, spil, kernpunt; verloop, gang, loop, beloop, voortgang, vordering, ontwikkeling

bw. in die middel, naby die middel, halwerweë, halfpad, halfweg

ww. in die middel staan, sentreer, sentraliseer; voortgaan, verloop, vorder, ontwikkel

c. RANGSKIKKING

30. Ondergeskik

b.nw. ***ondergeskik,*** onderskikkend, sekondêr, hiërargies; ondergeskik, bybehorend, van ondergeskikte belang, minder belangrik, onbelangrik, toevallig, insidenteel, terloops

afhanklik, interafhanklik, onselfstandig; onderhorig, onderworpe, junior, minder belangrik, laer

subordinerend, gesubordineerd; minderwaardig, inferieur, swak, minder, laer

kategoriaal, kategoraal, trapsgewys(e)

s.nw. ***ondergeskiktheid,*** hiërargie, orde, rang, rangorde, ranglys, ladder, onderafdeling, rangskikking, rubriek, trap, vertakking

afhanklikheid, interafhanklikheid, onselfstandigheid

kategorie, klas, klassering, orde, afdeling, deel, onderdeel, hoofafdeling, subkategorie, subafdeling, onderafdeling, rubriek, divisie, subdivisie; vertakking, tak, divisie, afdeling, kompanjie
onderhorigheid, onderworpenheid, onderhorige, assistent, streep (rang); minderwaardigheid, inferioriteit, onbelangrikheid
bw. onderworpe, onderhewig
ww. ondergeskik maak, orden, rangskik, verdeel, kategoriseer, klassifiseer, klas, klasseer, vertak; onderwerp, dissiplineer, buig; onderwerp aan, buig, gehoorsaam, onderdanig wees, swig, die hoof buig, toegee, oorgee
voors. onder, in plaas van
uitdr. (altyd) tweede viool speel; voor iemand kruip; iemand die voet op die nek hou; onder die pantoffelregering staan; altyd die minste wees

31. Soort

s.nw. ***soort,*** hoofsoort ondersoort, tussensoort, eiesoortigheid, soortgenoot, tipe, hooftipe, subtipe, kategorie, subkategorie, klas, genre, geslag, geslagstipe, genotipe, genus, ras, familie, groep, orde, indeling, variëteit, kaliber, aard, tipering
algemeenheid, veralgemening, generalisering, kollektiwiteit, katolisiteit, agglomeraat, gemeengoed, universaliteit, verbreidheid, verbreiding, wydverspreidheid, alombekendheid
b.nw. ***soortlik,*** soortelik, tipies, tiperend, kenmerkend, karakteristiek, eiesoortig, tekenend, kensketsend
algemeen, generies, generiek, universeel, heersend, gemeen, gemiddeld, gewoon, alledaags, ongeslagtelik, alsydig, katoliek, kollektief, gemeenskaplik, verbrei, verbreid, wydversprei(d), wydvoorkomend, veelvoorkomend, alombekend, alomteenwoordig
ww. tipeer, klassifiseer, groepeer, indeel; veralgemeen, generaliseer, van toepassing maak, verbrei
bw. oral, sonder uitsondering
telw. aller
uitdr. oor dieselfde kam skeer; vinkel en koljander, die een is soos die ander; soort soek soort

32. Enkeling

s.nw. ***enkeling,*** eenling, lid, individu, indiwidu, individualis, indiwidualis, individualiteit, indiwidualiteit, individualisme, indiwidualisme, alleenloper, partikularis, spesifisiteit, spesialiteit, spesialis, spesialisasie; persoon, personasie, mens, kop, hoof, siel, gees, karakter, skepsel, kreatuur; objek, subjek, voorwerp, saak, eenheid, artikel, item, wese, ding, ieder, iedereen, 'n ieder en 'n elk
ek, ego, superego, ekheid, die ek, self, hoof, persoonlikheid, subjektiwiteit
besonderheid, detail, spesialiteit, gegewe, een-heid
b.nw. afsonderlik, enkel, diskreet, individueel, individualisties, geïsoleer(d), hoofdelik, opsigselfstaande, partikulier, persoonlik, privaat, respektief, spesiaal, spesifiek, subjektief
bw. respektiewelik, respektieflik, in besonderhede, in detail
ww. individualiseer, spesialiseer, spesifiseer, detailleer, in besonderhede beskryf, besonderhede verstrek, details verstrek, isoleer, afsonder, verpersoonlik

33. Samehorigheid

s.nw. ***samehorigheid,*** saamhorigheid, samehorigheidsgevoel, inkorporasie, insluiting, kohesie, gemeenskap, gemeenskaplikheid, gemeenskapsbelang, gemeenskapsin, korpsgees, groep, portuur, portuurgroep, rubrisering; gelyksoortigheid, homogeniteit, soort, spesie; samelewing, maatskappy, gemeenskap, nasie, volk, land, gemenebes, kultuurgroep, ras, stam; groepvorming, kliekerigheid; samehorigheid, eenparigheid, eensgesindheid, eenstemmigheid, solidariteit, gehegtheid, verknogtheid; sortering, klassifikasie, klassering, inkorporering
klas 31, kategorie 31
bekendheid 535
b.nw. samehorig, saamhorig, inbegrepe, begrepe, inbegryp, ingeslote, inklusief; soortgelyk, gelyksoortig, homogeen, inherent, implisiet; eens, eensgesind, eenstemmig, eenparig, solidêr, geheg, verknog, een van gees; gesorteer, geklassifiseer(d), geïnkorporeer; bekend 535
ww. saamhoort, behoort, hoort, ressorteer, inpas, tuishoort, deel uitmaak van, pas by,

reken tot, begryp, ressorteer, val; sorteer, klassifiseer, klasseer, impliseer, inkorporeer, insluit, opneem, rubriseer; groep(e) vorm, byeenkom, saamleef, saamkoek, kliek, saamkliek

bw. inkluis, inklusief

uitdr. dit is nommerpas; te pas kom; van pas kom; hulle is voëls van eenderse vere; soort soek soort

34. Vreemdheid

s.nw. ***vreemdheid,*** vreemdigheid, vreemde, vreemdsoortigheid, onbekendheid, eksklusiwiteit, raarheid, rarigheid, rariteit, onaardsheid, snaaksheid, snaaksigheid, sonderlingheid, eksentriekheid, besondersheid, ongewoonheid, buitengewoonheid, bizarheid, abnormaliteit, uitsluiting

vreemdeling, vreemde, onbekende, uitgeworpene, buitelander, uitlander, immigrant, nuweling

b.nw. ***vreemd,*** wildvreemd, onbekend, eksklusief, uitgesluit, uitsluitend, abnormaal, besonder, besonders, sonderling, eksentriek, ongewoon, snaaks, buitengewoon, bizar, raar, uitheems, volksvreemd, andervolks (*ong.*), oneie, eksoties, snaaks, snaakserig, anderste(r) (*geselst.*), uitgeslote, uitgesonder(d), uitgeweke, buitelands, uitlands, uitsluitlik

abnormaal, afwykend, subnormaal, bonatuurlik, onverklaarbaar, onverstaanbaar, onbegryplik, onaards, okkult

ww. vreemd wees aan, uitsluit, uitsonder, nêrens te pas kom nie

bw. anders, besonder, besonderlik, besonders, uitsluitenderwys

voors. met uitsluiting van, met die uitsondering van

voegw. behoudens, hetsy, of, buiten, behalwe

uitdr. 'n vreemdeling in Jerusalem; van g'n Adam se kant nie ken nie; onbekend maak onbemind

35. Reëlmaat

s.nw. ***reëlmaat,*** reëlmatigheid, organisasie, gereeldheid, konsekwentheid, konstantheid, normaliteit, simmetrie, ooreenkoms, ooreenstemming, eweredigheid, ewematigheid, ewemaat, balans, stabiliteit, regularisasie, regularisering, regulering, gewoonte, module, spektrum, standaardisasie, standaardmaat, toonbeeld, tradisie, voorbeeld, voorbeeldigheid, paradigma, ritme, ritmiek

reël, beginsel, formule, grondbeginsel, grondreël, grondvorm, voorbeeld, figuur, werktekening, model, skaal, skaalmodel, toonbeeld, sjabloon, kanon (-s), formulier, voorskrif, kriterium, sisteem, sistematiek, stelreël, stelsel, vuisreël, wet; norm, maatstaf, standaard, standaardmaat, peil, riglyn, kriterium, rigsnoer, presedent, prototiep, prototipe, oorspronklike

b.nw. ***reëlmatig,*** gereeld, geset (op gesette tye), alledaags, ordinêr, gebruiklik, simmetries, gemeen, getrou, voorbeeldig, gewoon, gewoond, habitueel, normaal, gebruiklik, kanoniek, normatief, oorspronklik, prototipies, reguleerbaar, konsekwent, eweredig, paradigmaties, sistematies, ritmies, tradisioneel, tradisievas, usueel, daagliks, daeliks, daags(e), aanhoudend, onophoudelik, ononderbroke, onafgebroke, aanmekaar, gedurig, kontinu, aaneen, deurgaande, geleidelik, voorskriftelik, ordening

vervelend, vervelig, doodvervelig, eenselwig, afgesaag, langdradig, eentonig, sieldodend, dooierig

ww. ***reël,*** sistematiseer, organiseer, in orde bring, orden, skik, rangskik, klassifiseer, reguleer, regulariseer, standaardiseer, normeer, modelleer, sjabloneer

verveel, vervelend vind

bw. gewoonlik, normaalweg, normaliter, volgens die reël, in die reël, onder andere, onder meer, meestal, meesal, in die algemeen, oor die algemeen, algemeen gesproke, deurgaans, sonder ophou, sonder rus, in die geheel

woorddeel model-

uitdr. 'n voorbeeld stel; klopdisselboom verloop; dit gebeur klokslag

36. Onreëlmatigheid

s.nw. ***onreëlmatigheid,*** reëlloosheid, anomalie, afwyking, deviasie, paradoks, abnormaliteit, raarheid, rarigheid, rariteit, verbeelding, verbelentheid, verborgenheid, verdigsel, seldsaamheid, snaaksigheid, wetteloosheid

uitsonderlikheid, uitsondering, uitsonde-

ringsgeval, besondersheid, sonderlingheid, rariteit, rarigheid, seldsaamheid, unikum, verwrongenheid, voorbehoud, eienaardigheid, snaaksigheid, vreemde, vreemdheid, vreemdigheid, vreemdsoortigheid, kriewelkrappers, uitsonderingstoestand, nuwigheid, wonder, wonderbaarlikheid, wonderdaad, wonderland, wonderlikheid, wonderwerk, klug, klugspel, komieklikheid, onnatuurlikheid, eksentrisiteit

vreemde saak, verskynsel, fenomeen, mirakel, rariteit, rarigheid, iets raars, iets ongewoons, iets besonders, snaaksigheid, rara avis, gedaante, dierasie, gevaarte, gedoente, godswonder, kreasie, nuwigheid, potsierlikheid, verskyning, verskyningsvorm, kuriositeit, rarigheid, eksentriekeling, spook, gees

b.nw. ***onreëlmatig,*** reëlloos, teennatuurlik, eienaardig, paradoksaal, abnormaal, seldsaam, buitengewoon, uitsonderlik, eksepsioneel, uitgesonderd, uitgeslote, uniek, besonder, besonders, spesiaal, uitheems, uitsonderlik, adventief, ongewoon, ongekend, merkwaardig, raar, onkonvensioneel, revolusionêr, rewolusionêr, wonderbaar, wonderbaarlik, wonderlik, prikkelend, stimulerend, wetteloos

snaaks, snaakserig, koddig, komieklik, komies, klugtig, potsierlik, bizar; sonderling, raar, ongewoon, eksentriek, opvallend, opmerklik, opsigtelik, opsigtig, fabelagtig, fabuleus, fantasties, toweragtig, ekstravagant, legendaries, nuut, nuwerig, nuterig, nuwerwets, ongehoord, ongekend, ongemeen, vergesog, vreemd, vreemdsoortig, gewronge, bomenslik, bowemenslik, duisendkoppig, onnatuurlik

ww. afwyk, afdwaal, die draad verloor, uitsonder, by (hoë) uitsondering voorkom, 'n uitsondering maak

bw. anders, besonderlik, besonders, faikonta (*sleng*), by uitsondering, sonder reëlmaat, gewoonlik

voors. benewens, newens, uitgenome, met uitsondering van, behalwe, buiten, uitgesonderd

uitdr. dis nou weer te sê; uit die toon val; geen reël sonder 'n uitsondering nie; die uitsondering bewys/bevestig die reël; uit die band spring; in die lug sweef; op een na

E. TYD

a. TYD IN DIE ALGEMEEN

37. Tydruimte

s.nw. ***tyd,*** tydruimte, tydsbestek, bestek, duur, tydsduur, voortduring, tydsgewrig, tydstip, span, tydspan, tydperk, tydvak, era, periode, termyn, septennaat, stadium, tydjie, ruk, rukkie, tyd(s)verloop, tydkring, siklus, tydsiklus, fase, sessie, stadium, tydgleuf, punt, punt in tyd, tydpunt, voorstadium, tussenstadium, oorgang, oorgangstydperk, tussentyd, intermissie, interval, tydinterval, periode, poos (pose), verposing, pouse, verloop, tydverloop, wyl(e), verstryking, verwering, tydverwering, skiktyd, skof

tydeenhede, sekonde, minuut, halfminuut, uur, stonde, halfuur, kwartier, eenuur, tweeuur, twee-uur, drieuur, drie-uur, . . .; dag, halfdag, oggend, voordag, voormiddag, middaguur, agtermiddag, vroegmiddag, laatmiddag, aand, vroegaand, laataand, skemertyd, skemeraand, skemerte, rooidag, Maandag, Dinsdag, Woensdag, Kleinsaterdag, Donderdag, Vrydag, Saterdag, Sondag, rusdag, daglig, daglumier; looptyd, ontbyttyd, etenstyd, teetyd; maand, jaar, jaargety, halfjaar, semester, kwartaal, dekade, eeu, halfeeu, jaarhonderd, jaarduisend, millenium, jaartelling; seisoen, seisoensverandering, seisoenswisseling, lente, voorjaar, vroeglente, laatlente, somer, vroegsomer, laatsomer, herfs, najaar, vroegherfs, laatherfs, winter, vroegwinter, laatwinter, lentetyd, somertyd, herfstyd, wintertyd, lenteseisoen, somerseisoen, herfsseisoen, winterseisoen, bloeityd, reënseisoen, kwartaal, semester

b.nw. tydig, tydelik, tydsaam, chronologies, kronologies, daaropvolgende, siklies, voortdurend, verbygaande, verstreke, verstryk, verstrykte; uurliks, daagliks, negedaags, weekliks, halfweekliks, maandeliks, tweemaandeliks, jaarliks, halfjaarliks, tweejaarliks, jaaroud, seisoenaal, septennaal, sesjarig

ww. duur, voortduur, voortgaan, aanskuif, aangaan, aanhou, in beslag neem, omgaan, verbygaan, oorgaan, afloop, uitloop, verstryk, verval, verweer, verloop, verbysnel, vlieg, omvlieg, voortduur, situeer, wissel

bw. daar, daarop, daarvandaan, dikwels, interim, bedags, soggens, smiddae, smiddags,

saans, sesuur, sewenuur, sewe-uur, toe, uit, wanneer, jaar in en jaar uit, op gesette tye, op 'n gegewe oomblik, buitenstyds, in die tussentyd, so pas, sopas, te eniger tyd, te bekwamer tyd, te(r) gelegener tyd, tot nou toe, van tyd tot tyd, 'n tyd lank, te(n) alle tye, op tyd, in geen tyd nie

voors. voor, na, tydens, daarvoor, daarna, ten tyde van

voegw. voordat, nadat, toe, wanneer, as

uitdr. by wyle; die tyd gaan verby; die tyd staan nie stil nie; jou tyd afwag; jouself nie die tyd gun nie; sy tyd was goed; verlore tyd inhaal; voor my tyd; te syner tyd; daar is 'n tyd om te kom en 'n tyd om te gaan; die tyd uitkoop; die hoogste tyd; dis hoog tyd; die tyd is die beste heelmeester; kom tyd, kom raad; tyd is geld; die gees van die tyd; die tye het verander; met die tyd saamgaan; sonder verlet; 'n teken van die tye

38. Tydgebruik

s.nw. ***tydreëling,*** tydgebruik, tydverdryf, tydbesparing, grasie, skiktyd, tydkorting, tydbestuur, tydsbeperking, limiet, valbyl, spertyd, keertyd, tydvermorsing, tydgebrek ***tydverbruik,*** leeftyd, bedtyd, slaaptyd, slapenstyd, vraetyd, etenstyd, teetyd, studietyd, reaksietyd, werktyd, vakansietyd, verloftyd, proeftyd, jagtyd, saaityd, vertrektyd, bloktyd, kerktyd, oefentyd, looptyd, paartyd, vaartyd, kantoortyd, leestyd, hervormingstyd, beseringstyd, speeltyd, ampstyd, parstyd

b.nw. blywend

bw. betyds, tydig

ww. deurbring, gebruik, tyd bestee, tyd spaar, woeker met jou tyd, tyd wen, slyt, tyd mors, tyd in beslag neem, tyd beset, jou die tyd gun, tyd vind

uitdr. die tyd uitkoop; die tyd verdryf; 'n tydjie afsonder; jou dae slyt; die tyd vlieg

39. Tydverlies

s.nw. tydverlies, tydverkwisting, tydverknoeiing, tydverkwanseling, tydvermorsing, tydverspilling

b.nw. beset, vergote, verkwistend, verkwisterig, verlore, talmend

ww. tyd verloor, verspil, talm, verdryf, verdrywe, verknoei, verkwansel, verkwis, verluier, vermors, verpraat, verslaap, verslyt, versnipper, verspeel, vertreursel, lanterfanter, beusel, verbeusel, verdroom

uitdr. die kans is verkyk/verkeke; die tyd verdryf; die tyd verkwis

40. Langdurig

b.nw. langdurig, lank, aanhoudend, voortdurend, isochroon, isokroon, isochronies, isokronies, kontinu, langdurend, geruime, ononderbroke, onafgebroke, onophoudelik, ewig, ewigdurend, altyddurend, herhaaldelik, chronies, kronies, slepend, blywend, bestendig, konsistent, konstant, langjarig, langerig, langgerek, hardnekkig; langdradig, eindeloos, sonder einde, ewig, ewigdurend, ewiglik, omslagtig, uitgerek, te uitvoerig, onnodig lank, te lank, hopeloos te lank, knaend, tydrowend; daelank, meerdaags, driedaags, vierdaags, . . ., wekelank, maandelank, jarelank, honderdjarig, duisendjarig, eeuelank, daagliks, maandeliks, jaarliks

bw. aanmekaar, aaneen, sonder ophou, sonder rus, sonder onderbreking, gedurig, aldeur, alklaps, dwarsdeur, altyd, nog altyd, nog steeds, sonder einde, die godganse dag/maand/jaar, heeltyd, mettertyd, op die duur, nog, pal, uitentreure, vir ewig, tot in der ewigheid

s.nw. duur, tydsduur, langdurigheid, voortduring, kontinuïteit, aanhoudendheid, bestendigheid, blywendheid, infiniteit, isochronisme, isokronisme, prolongasie

ww. duur, 'n ewigheid duur, voortduur, voortgaan, voortsleep, aanhou, aangaan, bestendig, bly, verleng, prolongeer, rek, uitrek; wag, afwag, verwag, uitstel, geduldig wees

voors. in, op

uitdr. ad infinitum; by voortduring; jou gat afwag (*plat*); lang trane huil; met verdrag; oor 'n boeg; tot in lengte van dae; tot die perde horings kry

41. Kortstondig

b.nw. kort, kortstondig, oombliklik, blitsig, vinnig, blitsvinnig, gou, vlug, haastig, vlietend, vlugtig, vinnig, haastig, kortaf, momentaan, momenteel, onverhoeds, pront, skielik, skierlik, tentatief, tydelik, vervloë, voorlopig, temporêr, provisioneel, deeltyds; verganklik, kortstondig, aards, bederfbaar

bw. kortweg, gou, gou-gou, baie gou, inderhaas, kort van duur, van korte duur, onverhoeds, onverwags, onvoorsiens, oornag, opeens, voorasnog, ad interim, in afwagting, plots, plotseling, eensklaps, skielik, oombliklik, onmiddellik, in 'n oogwink, in een oogopslag, in 'n kits, in 'n japtrap, in 'n kort tydjie, binne sekondes/minute/ure, spoedig, pro tempore

s.nw. kortstondigheid, verkorting, tydstip, rukkie, tydjie, japtrap, kits, moment, oogwenk, oogwink, oomblik, vlugtigheid, bietjie, gouigheid, handomdraai, handomswaai, handomkeer, heen-en-weertjie, poos (pose), posie, rukkie, seepbel, sekonde, temporeel, tussentyds, semipermanent, verganklikheid, onvastheid, onsekerheid, eendagsvlieg

ww. verkort

uitdr. die tande van die tyd; 'n blou Maandag

42. Altyd

b.nw. vas, blywend, chronies, kronies, aanhoudend, ewig, ewigdurend, altyddurend, permanent, bestendig, deurlopend, perpetuerend, dik, duursaam, gedurig, getrou, herhaaldelik, konstant, konsistent, onsterflik, onverganklik, permanent, tydloos, tydeloos

bw. altyd, altyddeur, heeltyd, alewig, aldae, aldag, aljimmers, alklaps, almaardeur, gedurig, onafgebroke, almelewe, altoos, immer, immermeer, steeds, perpetuum mobile, in perpetuum, vir ewig, vir ewig en altyd, te alle tye, dag na dag, dag en nag, week na week, maand na maand, jaar na jaar

s.nw. blywendheid, duur, voortdurendheid, ewigheid, tydloosheid, permanensie, konsistensie, konstantheid, onverganklikheid, ontsterflikheid, permanensie, verewiging

ww. bly, perpetueer, verewig, bestendig, in stand hou

uitdr. ou stryk; deur dik en dun; vir goed; te pas en te onpas

43. Nooit

bw. nooit, nimmer, nooit meer, nimmermeer, nooit ofte nimmer, so nimmer as te nooit, op geen tydstip nie, glad nie, geensins (nie)

uitdr. nie in die verste verte nie; as die perde horings kry; as die hoenders tande kry; as dassie stert kry

b. TYDORDENING

44. Gebeure in tyd

ww. ***gebeur,*** plaasvind, voorval, geskied, afspeel, voordoen, voorkom, uitbars, uitbreek, kom, opkom, vertoon, deurgaan, herhaal; wedervaar, oorkom, opdoen, tref, bejeën
nie gebeur nie, uitbly, agterweë bly

s.nw. gebeurtenis, gebeure, geskiedenis, 'n bladsy uit die geskiedenis, wêreldgebeurtenis, voorval, insident, episode, okkasie, geleentheid, verrigtinge, verwikkeling, verskynsel; petalje, uitbarsting, uitbreking; ervaring, ondervinding, wedervaring; toneel, drama, scène, skouspel, epog, kroniek, wondergebeurtenis, tafereel, spektakel, affêre, petalje, opskudding, neukery, gesig, tragedie, tragikomedie, treurspel, tribulasie, komedie, spektakel, ligpunt, spul, spulletjie, avontuur; gang, loop, voorspel, intermezzo, peripetie, keerpunt, kringloop, randverskynsel, toedrag, toedrag van sake; feit, fait accompli, voldonge feit, feitemateriaal, data; anachronisme, anakronisme

b.nw. gebeurlik, gebeurtenisvol, avontuurlik, dramaties, gaande, veelbewoë

45. Geskiedenis

s.nw. ***geskiedenis,*** geskiedskrywing, geskiedeniswetenskap, historie, historiografie, geskiedenisfilosofie, diachronie, diakronie; bronnestudie, geskiedenisboek, gedenkrol, jaarboek, register, kroniek, argief, argivale bronne; geskiedenis, geskiedverhaal, annale, storie, verhaal, relaas, kroniek; algemene geskiedenis, Afrikageskiedenis, Suid-Afrikaanse geskiedenis, Europese geskiedenis, . . ., vaderlandse geskiedenis, wêreldgeskiedenis, wordingsgeskiedenis, moderne geskiedenis, kultuurgeskiedenis, kerkgeskiedenis, politieke geskiedenis, handelsgeskiedenis, oorlogsgeskiedenis, krygsgeskiedenis; historisiteit, historisme, oudheid, verlede
geskiedkundige, geskiedskrywer, historikus, historioloog, historiograaf, kroniekskrywer, kerkhistorikus, kultuurhistorikus
verloop, tydrekening, chronologie, kronologie, geskiedenis, verhaal, storie, hoofstuk, 'n hoofstuk in die geskiedenis, tyd, tydtafel, anachronisme, anakronisme, metachronisme, metakronisme, parachronisme, parakronisme, verlede, voortyd, voorge-

skiedenis, periode, oertyd, oertydperk, voorwêreld, steentydperk, bronstydperk, ystertydperk, middeleeue, ag(t)tiende eeu, industriële tydperk, tegnologiese tydperk, tegnologiese era, inligtingsera, atoomtydperk, wêreldsbeloop, wordingsgeskiedenis

b.nw. geskiedkundig, histories, prehistories, verlede, middeleeus, ag(t)tiende-eeus, . . ., diachronies, diakronies, chronologies, kronologies, tydgebonde

bw. toe, toentertyd, destyds, daardie dae/jare/tyd, vroeër, vroeërjare, in die verlede, lank gelede, in die ou dae, vanmelewe, vanmelewe se dae/jare/tyd, diederdae, diederjare, diedertyd

voors. uit

uitdr. die tye het verander; van ouds; 'n teken van die tye; vergange se dae; toeka se dae; iemand se seël lig

46. Vroeër

b.nw. vroeër, vervloë, vroeg, vorige, voorafgaande, voorgaande, vroegtydig, voortydig; vroeg 57

s.nw. prioriteit, agtergrond, daeraad, dageraad, voortyd

ww. voorafgaan, voorgaan, vooruitloop, antisipeer, bespoedig, antedateer

bw. ***vantevore,*** tevore, vroeër, in die verlede, anderdag, 'n tydjie gelede, vroeër dae, vroeër se dae, vroeër tyd, toe, eenmaal, eenkeer, eenslag, lank gelede, in daardie tyd, doerdie tyd (*geselst.*), doerdie dae (*geselst.*), destyds, indertyd, toentertyd, toeka se dae, in die ou dae, in die ou tyd, in daardie dae, in dié tyd, in dié dae, die dae van weleer, die jaar toet, vanslewe, toenmalig, toenmaals, eens, reeds

so pas, sopas, nou pas, nou, nou-net, nounou, uit die staanspoor, voor, vooraf, voormaals, vooruit, voor die tyd, voor die bestemde tyd, by voorbaat, om mee te begin

voors. voor, vroeër as

voegw. aleer, alvorens, binne, bo(bowe), voordat

uitdr. die bobbejaan agter die bult gaan haal; die tyd vooruitloop; voor dag en dou

47. Later

b.nw. later, daaropvolgende, nagenoemde, verder, volgende, komende, toekomstige; laat 58

s.nw. vervolg, die volgende dag, die volgende maand, die volgende jaar

ww. volg, opeenvolg, later kom, later doen, nadateer

bw. ***hierna,*** daarna, nadese, vervolgens, in die vervolg, nou, nou-net, netnou, netnoumaartjies, 'n bietjie later, vorentoe, vervolgens, voorts, in die vervolg, verder, later, na verloop van tyd, nog, naderhand, gaandeweg, algaande, langsamerhand

mettertyd, met verloop van tyd, allengs, te(r) geleëner tyd, te(r) gelegener tyd, ter bekwamer tyd, te syner tyd, uiteindelik, oplaas, geleidelik, vroeër of later

voors. na, ná, volgens

voegw. nadat, na, sodra

uitdr. dit sal die tyd leer; op langelaas

48. Gelyktydig

b.nw. gelyktydig, gelyk, gesinchroniseer(d), gesinkroniseer(d), sinchronies, sinkronies, sinchroon, sinkroon, sinchronisties, sinkronisties, samelopend, samevallend, gelyklopend, simultaan, intyds (rekenaar), kontemporêr, tydgenootlik

s.nw. gelyktydigheid, sameloop, simultaniteit, sinchronisme, sinkronisme, sinchronisasie, sinkronisasie, koïnsidensie, tydgenoot, jaargenoot

ww. saamloop, saamval, sinchroniseer, sinkroniseer

bw. gedurende, gelyktydig, saam, tesaam, tesame, in 'n koor, gelyk, tegelyk, tegelykertyd, terselfdertyd, intussen, meteen, onder, intussen, ondertussen, ook, selfs, solank, intussen, tewens, tussendeur, tussenin, asmede, inmiddels

voors. met, tydens, ten tyde van

voegw. metdat, solank, terwyl, onderwyl, gedurende die tyd dat, met dat, waar

uitdr. twee vlieë in een klap; 'n sameloop van omstandighede

49. Hede

b.nw. ***teenwoordig,*** teenswoordig, huidig, hedendaags, regstreeks, oombliklik, direk, summier, onmiddellik, nuut, vars, paraat

aktueel, kontemporêr, eietyds, hedendaags, heersend, tersaaklik, modern, nuwerwets, byderwets, modieus, vars, nuut, onlangs

s.nw. hede, die huidige, bestaande, oomblik; aktualiteit, lopende sake

bw. nou, op die oomblik, op die huidige oomblik, op hierdie tydstip, in hierdie stadium, vir die huidige, hede, resent, nog, tans, teenswoordig, deesdae, hedendaags, deser dae, vandag, vanoggend, vanmôre, vanmore, vanmiddag, vanaand, vannag, die dag van vandag, vandag se dae, vandag se tyd, vandeesweek, vandeesmaand, hierdie jaar, hierdie eeu, in hierdie tyd, in hierdie dae, nou se dae, tot dusver, tot nou toe; dadelik, nou, nou dadelik, onverwyld, onmiddellik, sonder versuim, sonder meer, subiet, terstond, summier, op die daad; nounet, nounou, netnou (kyk ook **50** en **51**)
van onmiddellike belang, nou van belang, vandag van belang, ter sake

uitdr. nou of nooit

50. Verlede

b.nw. verlede, voorverlede, verstreke, afgeloop, afgelope, laas, laaste, gewese, laaslede, voormalig, toenmalig, vorige, vroeër, vroeg, oud, oeroud, outyds, regressief, resent, onlangs, vergaan, vergange, onheuglik, verstryk, verstreke, voorwêreldlik(s)

s.nw. verlede, die gryse verlede, geskiedenis, die dae/tye van weleer, die ou dae, oertyd, oudheid, begin, oerbegin, die voorgaande, die afgelope week/maand/jaar, resentheid, ultimo, verloop, vooraand, voortyd, voorwêreld, onheuglike tye, relik, relikwie, reliek

bw. nounet, nou-nou, netnou, nou nou, pas, so pas, sopas, sojuis, flus, flussies, kort gelede, 'n klein rukkie gelede, 'n klein/kort rukkie terug/gelede, so-ewe, vaneffe, so-effe, onlangs, kortendag, kortlings, voorheen, tevore, vantevore, laas, laaslede, voorlaas, weleer, reeds, alreeds, terug, om, verby; gister, die dag vantevore, eergister, eereergister, naaseergister, gisteroggend, gistermôre, gistermore, gistermiddag, gisteraand, gisternag, verlede week, verlede maand, verlede jaar; destyds, lank gelede, lankal, hoeka, toeka, indertyd, toentertyd, toendertyd, vanmelewe, vans(e)lewe, van ouds, van oudsher, vergange, diederdae, diederjare, diedertyd; asnog, dusver, tot dusver

ww. agterbly, agter die rug wees, agter ons lê, tot die verlede behoort, uitdiep, verjaar, verloop, verstryk, verval, dagteken, had

woorddeel om-, oud-, eks-

voors. daarop, voor, om

uitdr. van ouds; toeka se dae; vergange se dae

51. Toekoms

b.nw. toekomstig, toekomend, aankomende, aanstaande, eerskomende, eersvolgende, ophandesynde, naderende, later, imminent, afsienbaar, amper, naasvolgend, naby, nader, daagliks, daeliks, onmiddellik, oombliklik, spoedig, direk, staande, summier, verder, vooruitgeskowe, jongslede, futuristies, nuut, toekomsgerig, vooruitstrewend, afwagtend, dreigend

s.nw. toekoms, afwagting, toekomsblik, scenario, visie, toekomsvisie, toekomsmusiek, toekomsbeeld, toekomsperspektief, toekomsplan, toekomsdroom, kristalbal, voorspelling, kristalkyker, moontlikheid, vergesig, verskiet, prognose, voordatering, direktheid; futurologie, toekomskunde, futuroloog; die dag van môre, volgende week, volgende maand, volgende jaar, die week hierna, die jaar daarop, die dae wat kom

ww. nader, kom, op hande wees, in aantog wees, voor die deur staan, afwag, daag, bly, dateer, dreig, voordateer

bw. aanstons, aans, agterna, binnekort, amper, binne afsienbare tyd, dadelik, onverwyld, dan, nou-nou, netnou, nou nou, flus, flussies, haas, môre, more, môre-oormôre, more-oormore, oormôre, oormore, ooroormôre, ooroormore, naasoormôre, naasoormore, nader, naderby, naderhand, later, ophande, straks, strakkies, subiet, sonder meer, sonder uitstel, by die eerste beste geleentheid, binne 'n ommesientjie, terstond, voortaan, voorts, weldra, welhaas, adato, in futurum

woorddeel pre-, voor-

voors. na

voegw. sodra

uitdr. een van die dae; in 'n kits; met een oogopslag; op die daad; op staande voet; op stel en sprong; sonder verwyl; sy woorde was nog nie koud nie; uit wans uit; die tyd sal leer

52. Ouderdom

s.nw. ouderdom, leeftyd, ouderdomsgrens, leeftydsgrens, generasie, jaar, jaargenoot, jaartal, biometrie; kleuterjare, kinderjare,

junior, minderjarigheid, minoriteit, jeug, jeugjare, jonkheid, meerderjarigheid, middeljare, middeljarigheid, senior, senioriteit, ouderdom, oudheid, oudag, bejaardheid, pensioenjare, hoë leeftyd; baba, tjokker, kleuter, kleintjie, puber, adolessent, jongeling, tiener, twintiger, veertiger, middeljarige, sestiger, veteraan, ou mens, oumens, oupa, ouma, gryskop, ringkop

b.nw. jarig, gelykjarig, minderjarig, tienderjarig, junior, meerderjarig, middeljarig, jonk, oud, bejaard, tweejarig, driejarig, vierjarig, . . .

woorddeel dertiger-, -jarig

53. Nuut en jonk

b.nw. ***nuut,*** nuwerig, nuterig, so goed soos nuut, eerstehands, splinternuut, spiksplinternuut, kraaknuut, winkelnuut, vonkelnuut, jonk, kontemporêr, modern, hipermodern, ultramodern, modernisties, nuwerwets, sjiek, modieus, nieumodies, byderwets, hedendaags, jongste, resent, aktueel, innoverend, kontemporêr, neutvars, oorspronklik, resent, revolusionêr, rewolusionêr, vars, fleurig, kersvars, kersvers, neutvars, verfrissend, fris, skoon, suiwer, onbesoedel; hernieubaar, hernubaar, hernieude, hernude, vernieude, vernude, vernieubaar, vernubaar

jonk, klein, infantiel, piepjong, piepjonk, opgeskote, jeugdig, jongerig, bloedjonk, bogterig, junior, minderjarig, onmondig, oorjarig, onvolwasse, baardloos; dagoud, driedagoud, maandoud, voorskools, tweejarig, tienjarig, veertienjarig, twintigjarig, mondig, onmondig, prille, pueriel; kinderlik, kinderagtig, vormbaar, ryp, onryp, beïnvloedbaar, kwesbaar

s.nw. ***nuutheid,*** nuutjie, iets nuuts, nuwigheid, opkikkering, mode, modegier, modegril, vernuwer, vernuwing, resentheid, aktualiteit, hernuwing, herskepper, hervatting, innovasie, modernisasie, nieuligter, novum; nuutskepping, neologisme; oorspronklikheid, oorspronklike

kind, boorling, saad, afstammeling, nakomeling, nasaat; kleintjie, kleingoed, broedsel, gebroedsel, bloedjie, baba, babatjie, pienkvoet, proefbuisbaba, babadogtertjie, babaseuntjie, suigling, suigeling, laatlammetjie, kleuter, peuter, pikkie, skoolkind; seuntjie, mannetjie, penkop, seun, seunskind, knaap, knapie; meisietjie, dogtertjie, dogter, meisiekind, dogterkind; kêskuiken, tjokker, tjokkertjie, snuiter, bogsnuiter, bogkind, uittandkind, snotneus, snuffie; kinderdae, kindsdae, kindertyd, kinderjare, kleintyd

jonkheid, jeug, die opkomende geslag, fleur, die lente van die lewe, jeugjare, jongelingsjare, minoriteit, jongelingskap, tienderjarige, juveniel, juvenilisme; verjonging, verfrissing, verjongingskuur

jeugfases, kleuterfase, kleuterjare, peuterfase, prepuberteit, puberteit, puberteitsjare, adolessensie, mondigheid, onmondigheid, onrypheid, pueriliteit, rypwordingsjare; vormbaarheid, kinderlikheid, pueriliteit, infantilisme, kinderagtigheid, beïnvloedbaarheid

jeug, jongmens, jeugdige, tiener, puber, adolessent, snotkop, jongere, jonggoed, skoolkind, skolier, student; seun, knaap, jongman, jonkman, kêrel, jongetjie, jongkêrel, jongman, vent, ventjie; meisie, meisiekind, jongmeisie, jongvrou, jonkvrou, juffer, juffertjie, juffie, juffrou, mejuffrou, jongnooi, jongnoi, noientjie, nooientjie, noi, nooi, bakvissie

ww. vernuwe, vernieu, hernuwe, hernieu, opfris, opkikker, verfris, verjong, herskep, omskep, moderniseer, modifiseer, herontwerp, transformeer, metamorfoseer, restoureer, opknap, hervorm, hersien

woorddeel neo-, nuut-, her-

uitdr. die tyd vooruit wees; daar is niks nuuts onder die son nie; (nog) in sy kinderskoene staan; van kindsbeen af; van kleins af; nie ou bene maak nie; nog nat agter die ore; nog nie droog agter die ore nie; nog nie oud of koud wees nie; op en wakker wees

54. Oud

b.nw. ***oud,*** stokoud, ouerig, konvensioneel, onoorspronklik, horingoud, oeroud, antiek, antikwaries, argaïes, beenoud, aloue, beleë, uitgegroei, gevorderd, gewese, afgetree, halfslyt, herfsagtig, herfstelik, paleolities, prehistories, voorhistories; outyds, ou(d)modies, uitgedien(d), anachronisties, anakronisties, obsoleet

waardeloos, onbruikbaar, nutteloos; tweedehands, afgeleef, gaar, stukkend, gedaan,

verslete, voos, muf, vermuf, lendelam, obsoleet, onheuglik, verrimpel(d); afgeslete, holrug, geyk, verslete; argeologies
bejaard, oud, gevorderd, gewese, grys, senior, hoogbejaard, stokoud, horingoud, afgeleef, kinds, seniel, tagtigjarig, honderdjarig,. . ., verrimpel, verrimpeld, bedaag (*ong.*)

s.nw. ***ouderdom,*** oudheid, antiek, antikwaar, antikwariaat, antikwiteit, antikiteit, argeologie, argetipe, ark, beleënheid, fossiel, museumstuk; waardeloosheid, onbruikbaarheid, nutteloosheid, afgeleefdheid, voosheid, mufheid, versletenheid
bejaardheid, ouderdom, oudheid, oudag, grysheid, leeftyd, hoë leeftyd, gevorderde leeftyd, die herfs van die lewe, die winter van die lewe, nadae, pruiketyd, rustyd, pensioentyd; veroudering, seniliteit, kindsheid, verrimpeldheid, verrimpeling, verstywing
ou mens, oumens, bejaarde, die ouer generasie, afgetredene, doyen, grysaard, gryskop, grysheid, landsvader, ringkop, ou man, oubaas, oupa, grootvader, stamvader, aartsvader, patriarg, oupagrootjie, 'n man van sy jare, paai (*ong.*), ou ballie, ouvrou, ou vrou, ouma, oumagrootjie, grootmoeder, stammoeder, matriarg, 'n vrou van haar jare, verswakte, veteraan, sestiger, tagtiger, fossiel; ouetehuis, oumanne(te)huis
oudheidkunde, gerontologie, gerontoloog, bejaardesorg; argeologie, paleologie, fossiel, koproliet, antikwaar, oudheidkenner, oudheidkundige

ww. verouder, verkrimp, verkwyn, verstyf, verstywe

bw. in onbruik, van ouds

woorddeel oer-, paleo-

uitdr. 'n ou bok lus nog jong/groen blare; 'n ou perd lus ook nog groen voer; 'n ou viool kan ook nuwe liedjies speel; 'n ou boom word nie maklik verplant nie; die tande van die tyd; met die een been/voet in die graf; 'n hele paar kruisies agter die rug hê; nie vandag se kind nie; uit Noag se ark; uit die ark; uit die ou/oude doos

c. Herhaling in tyd

55. Dikwels

bw. dikwels, van tyd tot tyd, herhaaldelik, deurentyd, deurgaans, altyddeur, baie, baie keer, baiekeer, baie maal, baiemaal, male sonder tal, meermaal, meermale, meestendeels, meestentyds, mees(t)al, menigmaal, menigmale, oor en oor, weer en weer, kort-kort, keer op keer, taks, telkens, telkemaal, telkemale, op gesette tye, van dag tot dag, jaar in en jaar uit, alledaags, andermaal, deurheen, veel, veelal, gewoonlik, wederom, weer

b.nw. herhaaldelik, frekwent, gedurig, aanhoudend, gereeld, gestadig, periodiek, periodies, reëlmatig, vas, alledaags, siklies, asiklies, bereid, getrou, daagliks, daeliks, weekliks, maandeliks, kwartaalliks, sesmaandeliks, halfjaarliks, jaarliks, sesjarig, tagtigvoudig, . . ., veelvuldig

s.nw. herhaling, frekwensie, reëlmaat, reëlmatigheid, gereeldheid, gestadig(d)heid, gewoonte, kringloop, siklus, rekapitulasie, periodisiteit

ww. herhaal, rekapituleer

woorddeel her-

uitdr. skering en inslag; taks om taks

56. Selde

bw. selde, soms, somtyds, by tye, selde indien ooit, selde of nooit, nie dikwels nie, af en toe, by uitsondering, in sommige gevalle, in enkele gevalle, van tyd tot tyd, met rukke en stote, met onderbrekings, met tussenpose(s), ooit, tussenbei, tussendeur, weleens

b.nw. ongereeld, sporadies, weinig, min, baie min, aperiodiek, intermitterend, onreëlmatig; seldsaam, dun gesaai, skaars, uitsonderlik

s.nw. skaarste, seldsaamheid, ongereeldheid, merkwaardigheid, rariteit, onreëlmatigheid

uitdr. dan en wan; so elke skrikkeljaar; te hooi en te gras; so skaars soos hoendertande; jou lyf skaars hou; dun gesaai wees; 'n wit raaf

d. Tydoordeel

57. Vroeg

b.nw. vroeg, vroegtydig, betyds, pront, stip, stiptelik, tydig, antisiperend, afwagtend; voorlik, prematuur, voortydig, voorbarig, ontydig

bw. ***douvoordag,*** intyds, vroeg-vroeg, voor die tyd, nie laat nie, vroegdag, vroegoggend, vroegmôre, vroegmore, voor sonop, voor dagbreek, met dagbreek, voor hanekraai,

teen die oggend, in die oggend, in die môre, in die more, smôrens, smorens vroegmiddag, vroegaand
betyds, eerder, ruim betyds, voor dit te laat is
s.nw. vroegheid, vroegtydigheid, tydigheid, antisipasie, daeraad, dageraad, daglig, stiptheid, verhaasting, ontydigheid, voorbarigheid, prematuurheid
ww. verhaas, vervroeg, voorgaan, antisipeer
uitdr. die môrestond het goud in die mond; met die hoenders opstaan/gaan slaap; by hanekraai; hoe vroeër hoe beter; niemand gaan voor sy tyd dood nie

58. Laat
b.nw. laat, later, laterig, te laat, baie laat, ontydig, vertraag
bw. laat, na die bestemde tyd, oor die tyd, nie betyds nie, nie stip nie, ter elfder ure, agter, ver heen
s.nw. laatte, latenstyd, agterstand, grens, tyd(s)grens, limiet, tyd(s)limiet, laatkommer, agteros, ontydigheid
ww. uitstel, tot later skuif, verskuif, temporiseer, laat kom, tyd verspeel
uitdr. mosterd na die maal; op die nippertjie; 'n kans laat verbygaan/verkyk; die son trek al water; te laat vir jou eie begrafnis wees; die tyd is verlore; die saak is verlore; dit is hoog tyd; dit is die hoogste tyd; die hond in die pot kry; agter die net vis; die put demp wanneer die kalf verdrink is; op die lange baan skuif; moenie uitstel tot môre wat jy vandag kan besôre; van uitstel kom afstel

59. Geleë
b.nw. geleë, gepas, okkasioneel, opportuun, paslik, passend, voeglik, voegsaam, welkom, gerieflik, geskik, gunstig, juis
bw. geleë, by geleentheid, ter gelegener/geleëner tyd, te bekwamer tyd, te eniger tyd, op die regte tyd/tydstip/oomblik, van pas, vanpas, welkom
s.nw. geleentheid, geleënheid, kans, beurt, okkasie, paslikheid, gerief, seisoen
ww. dit goed tref, die geleentheid waarneem/gebruik/soek, jou tyd/oomblik afwag, in die geleentheid stel
uitdr. te pas en te onpas; kom asof jy geroep is

60. Ongeleë
b.nw. ongeleë, ontydig, ongepas, onvanpas, onwelkom, voorlik, importuun, prematuur, voorbarig
s.nw. importuniteit, ongeleentheid, ongeleënheid, ontydigheid
uitdr. te pas en te onpas; tydig en ontydig

F. RUIMTE

61. Plek
s.nw. ***plek,*** ruimte, area, sone, sektor, spasie, punt, terrein, perk, perseel, erf, hoekerf, watererf, pansteelerf, lap, strook, domein, dominium, gebied, sleutelgebied, gewes, geweste, wêreld, toneel, grondgebied, kontrei, lug, hemel, uitspansel, lugruim, land, aarde, terra, terra firma, bodem, grond, aardbodem, landskap, eiland, eilandgroep, delta, rivierdelta, meergebied, kusstrook, kusgebied, strand, veld, berg, berggebied, streek, landstreek, territorium, ryk; land, landstreek, provinsie, graafskap, distrik, omgewing, kontrei, platteland, hinterland, area, stad, stadsgebied, stedelike gebied, stadsgeweste, gemeente, dorp, voorstad, bodorp, onderdorp, dorpsgrond, dorpswyk, dorpsplek, buurt, wyk, plein, binneplein, forum (plein), esplanade, sentrum, buitewyk, gehug, gramadoelas, grammadoelas, hartland; standplaas, smaldeel, verblyfplek, blyplek, woonplek, tuiste, huis, heiligdom, kleim, vastrapplek, bewaarplek, bewaarplaas, werkplek, staanplek, sitplek, rusplek, lêplek, kuierplek, boerplek, café-chantant, speelplek, speelruimte, oord, ressort, ringsressort, plaas, plaasruimte, plaaswerf; gesig, hoek, holte, kant, binneruim, binneruimte, binnekant, buitekant, seekant, straatkant, skoot
milieu, ruimte, leefruimte, lewenskring, area, domein, forum, gebied, geleentheid, gesig, heiligdom, ryk, situasie
ruimtelik gesteldheid, ruimtelike ordening, terreingesteldheid, stadsuitleg, dorpsuitleg, ligging, lokaliteit, landelikheid, omgewingsleer, regionalisme, ruimteverhoudinge, landskapsargiktektuur, landskapsargitek, streekontwikkeling, stadsbeplanning, stadsbeplanner, ekologie, ekosisteem, ekosfeer, natuurbewaring

b.nw. ruimtelik, territoriaal, plekgebonde, lokaal, gewestelik, landelik, plattelands, provinsiaal, regionaal, regionalisties, adventief, dominiaal; geleë, geplaas, aangelê, gebou, opgerig; stedelik, voorstedelik, dorps, kleindorps, gemeentelik, sentraal, perifeer, periferaal

ww. wees, geleë wees, lê, bevind, beslaan, inneem, bedek, bevat, in beslag neem; plaas, sit, aanlê, bou, oprig, soneer, regionaliseer

bw. hier, alhier, hierso, hier te lande, ter plaatse, daar, aldaar, daarso, doer, (hier/daar) te vinde, ginds, op hierdie/daardie plek, elders, êrens, onderaan, bo-op, bo-oor, aan die kant, aan die rand, op die rand, rond, waar, waarso, waaromtrent

voors. op, bo-op, onder, onderdeur, benede, onderkant, voor, agter, teen, teenoor, tussen, by, langs, langsaan, naby, in, binne, oor, oorkant, bo-oor, anderkant, deur, rondom, daarteë, daarvoor

voegw. alwaar, waar

62. Grensloosheid

b.nw. grensloos, grenseloos, onbegrens, onbepaald, onbeperk, oneindig, eindeloos, onmeetbaar, onbepaalbaar, onpeilbaar, onmeetlik, onnoembaar, onnoemlik, onvoorsienbaar, onoorsienbaar; groot 432, groterig, majestueus, immens, omvangryk, onafsienbaar, rekbaar, ruim, uitgebrei(d), uitgestrek, wyd, wyduitgestrek, wydversprei(d), wydvertak, wêreldwyd, landwyd, landswyd, wêreldomvattend; leeg, leërig

s.nw. grensloosheid, onbegrensdheid, onbeperktheid, uitgestrektheid, uitgebreidheid, grootheid 432, groot skaal, ruimte, ruimheid, oneindigheid, onmeetlikheid, onbepaalbaarheid, onpeilbaarheid, onafsienbaarheid, infiniteit, rekbaarheid, rekking; grootte, omvang, omvangrykheid, immensiteit, ruimheid, ruimte, wydte, afstand, uitbreiding

bw. oral(s), alom, sonder grense, van oord tot oord, in alle oorde, op alle plekke, op groot skaal, op wêreldskaal, die wêreld oor, nêrens, niewers

ww. sprei, strek, ontplooi, uithou, uitslaan, span, uitspan, strek, uitstrek, deurkruis, reik, loop, rek, uitbrei, toeneem, aanwas

uitdr. ad infinitum; links en regs; van voor tot agter; wyd en syd; om elke hoek en draai; so wyd soos die Heer se genade

63. Begrensdheid

b.nw. ***begrens,*** skerpomlyn, afgesluit, ingesluit, ingeslote, ingeperk, ingehok, afgemerk, beperk, eindig, bepaald, beslote
insulêr, bekrompe, krenterig, nougeset, nousiende; klemmend, inhiberend, beperkend

s.nw. ***grens,*** natuurlike grens, politieke grens, geografiese grens, taalgrens, staatsgrens, grensskeiding, kant, buitelyn, lyn, paal, hoekpaal, grensskeiding, lyndraad, heining, omheining, paalheining, struikheining, grensdraad, veiligheidsheining, keerheining, houtheining, draadheining, heiningdraad, steekdraad, muur, grensmuur, skeidingsmuur, steenmuur, partisie, spandraad, perk, limiet, skeiding, skeidslyn, skeidsmuur, skot, grensgebied, sone, soom, grenslyn, grenslinie, landpale, landsgrens, staatsgrens, veiligheidsgrens, barrikade, skans, skanspale, verskansing, buffer, buffersone, afgeslote ruimte, kordon; begrensing, omgrensing, beperking, inperking, afbakening, bepaling, grensreëling, grensverandering, grenswysiging, grensuitbreiding, delimitasie, demarkasie, lokalisering, grenskonflik, grensgeskil
skeiding, skeidslyn, perk, beperking, uiterste, eindpunt, limiet; grensdorp, grenspos, grensplaas, grensrivier, riviergrens, grenshoek; boonste grens, onderste grens, oosgrens, noordgrens,. . ., oostergrens, westergrens, noordergrens,. . .; begrensdheid, beperktheid, bepaaldheid, geringheid, afsienbaarheid

ww. ***grens,*** begrens, omgrens, omhein, omlyn, omspan, afgrens, afkamp, omskans, omvleuel, afpen, afperk, afskerm, afskort, afsteek, afmerk, soneer, toekamp, afpaal, aflyn, afbaken, afmeet, bepaal, die grense aandui, die grense reël, beperk, delimiteer, demarkeer, afsluit, insluit, omraster
afsluit, belemmer, beperk, aan bande lê, in die wiele ry, inperk, inhok, inkamp, inkerker, inkluister, inkort, inkrimp, knot, kortwiek, insluit, vasvang, interneer, omring, omsingel, inhibeer

voors. tot, tot aan, ten aanskoue van

voegw. in soverre, sover

uitdr. aan bande lê; iemand lyn slaan; paal en perk stel; die wieke kort; iemand kniehalter; sy vlerke knip

64. Aanwesigheid

b.nw. aanwesig, teenwoordig, geleë, gesitueer(d), posisioneel, beset, beskikbaar, voorhande, alomteenwoordig, woonagtig, gehuisves, gedomisilieer(d), gestasioneer, woonbaar, inwonend, nie-inwonend

s.nw. ***aanwesigheid,*** teenwoordigheid, samekoms, saamwees, bywoning, presensie, alomteenwoordigheid, besetting, beskikbaarheid; spreekure, spreektyd, verblyf, verblyftyd
ligging, lê, plek, posisie, punt, kol, omgewing, lokaliteit, stelling, stand, situasie, kommune, onderdak, onderkome, adres, domisilie, huisvesting, huis, woning, residensie, woonplek, verblyf, verblyfplek, standplaas, haard, oord, veiligheidsoord, perseel, terrein, buurt, wyk, woongebied, gebied, streek, area
vestiging, besetting, intrek, domisilie, bewoning, huisvastheid, huisvesting, behuising, nedersetting, bewoning, inwoning, huisverskaffing, woningnood, woningskaarste, woningtekort, woningvraagstuk, verstedeliking, kampeerdery, kampering, oorwintering
aanwesige, aanwesige persoon, gehoor, opkoms, toeskouer, toehoorder, toekyker, omstander, publiek, Jan Publiek
bewoner, inwoner, huisbewoner, huisgenoot, huishen, huishoender, huissitter, intrekker, krotbewoner, plakker, eilandbewoner, grotbewoner, troglodiet, tentbewoner, dorpsbewoner, dorpsmens, dorpeling, dorpenaar, stad(s)bewoner, stadsmens, stedeling, stadsjapie, kamermaat, landbewoner, landrot, landsman, plattelander, nedersetter, nomade, oewerbewoner, omstander, sieletal, steppebewoner, woestynbewoner, woltoon, wêreldbewoner, grensbewoner, westerling, oosterling, suiderling, noorderling

bw. hier, daar, op daardie plek, op jou pos, in daardie plek, byderhand, naby, by, voorhande, daarlangs, daarlanges, oorkant, anderkant, tuis

ww. ***aanwesig wees,*** teenwoordig wees, bevind, verkeer, vertoef, verwyl, saam wees, saamkom, bywoon, skuil, uithang, rondhang
lê, setel, sit, staan, stasioneer, jou plek inneem, stelling inneem, posisioneer, lokaliseer, situeer
vestig, beset, betrek, bewoon, huisves, inneem, installeer, intrek, jou intrek neem, nesskop, verstedelik
woon, resideer, woonagtig wees (te), bewoon, betrek, bly, hou, agterbly, loseer, tuisgaan, inwoon, plak, kamp, kampeer, leef, lewe, saambly, saamhok, saamleef, oorwinter, oornag, vernag

voors. by, in die aanwesigheid van, in die teenwoordigheid van, ten aanhore van, ten aanskoue van

uitdr. met Jan Tuisbly se karretjie ry; 'n dak bo jou hoof hê; Oos, wes, tuis bes; jou huis is waar jou hart is

65. Afwesigheid

b.nw. afwesig, opsent, uithuisig, uitstedig, leeg, oop, onbeset, vakant, onbewoonbaar, onbewoon(d), verlate

s.nw. afwesigheid, absensie, absenteïsme, absentisme, uithuisigheid, uitstedigheid, ontstentenis, gemis, leegte; afwesige, swerfling, swerweling

bw. weg, elders, skoonveld, uit, in absentia, by verstek

ww. wegbly, absenteer, ontbreek, skort, ontvolk, oophou, ooplaat, oopstaan, oopval, open, opskuif, opskuiwe, weggaan, dros, swerf, swerwe, uitbly, uitgaan, uitslaap, verlaat, versuim, vrylaat, beneem, inruim, skuil, skuilgaan, skuilhou

voors. sonder, by afwesigheid van, by ontstentenis van, by gebrek aan

uitdr. skitter deur jou afwesigheid; uit die oog wees/hou; uit die oog uit die hart

66. Plasing

ww. plaas, neerplaas, sit, neersit, lê, neerlê, gooi, neergooi, situeer, stel, terugplaas, terugsit, wegsit, weglê, aanlê, uitlê, plant, verplaas, versit, verlê, verskuif, opskuif, skik

s.nw. plasing, situering, aanleg, uitleg, nedersetting, verplasing, verskuiwing, neerlegging, misplaastheid

b.nw. geplaas, neergesit, gesitueer(d), misplaas

67. Verplasing

ww. verplaas, skuif, skuiwe, verskuif, verskuiwe, aanskuif, wegskuif, beweeg, op 'n ander plek sit, versit, oorplaas, oorsit, oortrek, terugstoot, omruil, omsit, oordra, oorgaan, trek, uitstoot, uitwyk, wegbeweeg, verhuis, wegtrek, van woonplek verander, jou hervestig, vertrek, verkas, wegloop, dros, verdwyn, weggaan, wegraak, verlê, verdring, uitstoot, wegstoot, opsy stoot, verplant, uitplant, versak, versteek, wegsteek, verstel, vervoer, karwei, bring, neem, stuur, wegbring, wegneem, wegstuur, oorbring, oorneem, oorstuur, vertrek, vlug, instroom, immigreer, emigreer, migreer, deporteer, verban, uitban, uitsit

bw. daarvandaan

s.nw. ***verplasing,*** oorplasing, vertrek, trek, verskuiwing, verhuising, verplanting, oorplanting, omsetting, oorsetting, mutasie, permutasie, telekinese, uitwyking, uitgewekene, verdringing, verstoting, verstoteling, verlegging, versakking, verstelling, versteller

migrasie, transmigrasie, volksverhuising, landverhuising, landverhuiser, trek, trekker, trekvolk, trekgroep, trekkerslewe, vlug, vlugteling, vlugtelingkamp, nomade, nomadestam, instroming, instromingsbeheer, immigrasie, immigrant, immigrasiebeampte, immigrasiebeleid, emigrasie, emigrant, uitstroming, deportasie, massadeportasie, verbanning, uitsetting

b.nw. verplaasbaar, verplaas(te), verskuifbaar, verstelbaar, vooruitgeskowe, verlê, verleg, verstote, verdronge, nomadies, uitgeweke, gedeporteer, verban(ne)

68. Ver

bw. ver, eenkant, weg, van heinde en ver(re), wyd en syd, van ver af, ver weg, gunter, verderaan, verderop, verder weg, buite bereik, op 'n veilige afstand

b.nw. ver, veraf, verder, kilometers ver, myle ver, afgeleë, verafgeleë, verwyder(d), afgesonder(d), verlate, onbereikbaar, verlore, verskuil, vreemd; lank, lang, wyd, diep

s.nw. afstand, distansie, 'n ver pad, 'n lang pad, 'n lang skof, verte, verheid, onbereikbaarheid, uithoek, ekstreem, verskiet, heinde, hoogte, wydte, trek, verlatenheid, afgesonderdheid, afsondering, kloof, verwydering, verwyderdheid, skeiding; gehoorafstand, trefafstand, slaanafstand, gooiafstand, reisafstand

ww. jou afstand hou, op 'n afstand bly, verwyder, buite bereik bly, afsonder

voors. verby

uitdr. so ver verwyder soos die ooste van die weste; in die gramadoelas

69. Naby

b.nw. naby, nabygeleë, nader, aaneengesluit, aaneengeslote, naburig, omliggend, aangrensend, aanliggend, halfweg, naasliggend, naasgeleë, nabygeleë, naaste, bereikbaar; hierdie

s.nw. nabyheid, bereik, bereikbaarheid, omstreke, omtrek, naburigheid, proksimiteit, hanetree, hanetreetjie, koëksistensie, aanraking, kontak, reikwydte; buurskap, nabuurskap, bure, buurman, buurvrou, buurskapverhouding

bw. naby, naderby, naasaan, dig, digby, kortby, vlakby, binne stapafstand, binne loopafstand, binne bereik, (net) om die hoek, voor die deur, hier, alhier, in hierdie geweste, amper, halfpad, hieromtrent, omstreeks, daarnaas, hiernaas, daarteen, hierteen, teenaan, opeen, byeen, raaklings, rakelings, stryks, styf teen mekaar, ruggelings

ww. nader, naderkom, naderloop, naderskuif, nader tree, aansluit, grens, kom, raak, binne bereik wees

voors. naby, onder, teen, teenaan, tot teenaan, tot

uitdr. 'n hanetree ver; 'n klipgooi ver; net anderkant/agter die bult; voor die deur staan; op hande wees

70. Houding

s.nw. houding, liggaamshouding, postuur, figuur, pose, gestalte, stand, posisie, plasing

ww. 'n houding aanneem, 'n houding inneem, 'n posisie inneem, neig, poseer

71. Regop

b.nw. ***regop,*** kersregop, penregop, orent, penorent, kiertsregop, staande, regopstaande, regstandig, vertikaal, gespits, steil, loodreg

styf, onbuigsaam, onbuigbaar, stram, hard

s.nw. vertikaliteit, steilheid, laaistok, paal, staander, stander, styfheid, stramheid

bw. op, orent, penorent, penregop, wydsbeen, skrylings

ww. staan, opstaan, oprys, herrys, staanmaak, staande hou, staande bly, jou ewewig bewaar, oprig, regopsit, regop sit, regop plaas, regsit, steier

uitdr. dit lyk of hy 'n laaistok ingesluk het; ysterklou in die grond slaan

72. Plat

b.nw. plat, laag, vlak, horisontaal, ineengerol, lêerig, onderstebo, uitgestrek

s.nw. platheid, lê, lêer, lêerigheid, uitgestrektheid, vlakte, laagte, waterpas

bw. op die grond, plat op die grond, plat op die aarde, op die vloer, plat op die vloer, op die bodem, agteroor

ww. lê, platlê, neerlê, neervly, omhou, omlê, oplê, uitstrek

woorddeel om-

uitdr. so plat soos 'n pannekoek; op die naat van sy rug lê; met Moeder Aarde kennis maak

73. Skuins

b.nw. skuins, skeef, gebuig, geboë, krom, skuinslopend, glooiend, skotig, steil, afdraand, aflopend, oplopend

s.nw. skuinste, skuinstehoek, afskuinsing, hang, helling, hellinghoogte, hellingrigting, hellingsafwyking, hellingsfout, hellingshoek, hellingsverskil, glooiing, glooiingshoek, inklinasie, afdraand, opdraand, afloop, hang, berghang, heuwelhang, bult, skuinssy, steilheid, steilte, val, neiging, skeefte

bw. vooroor, daarteë

ww. hel, oorhang, oorhel, vooroor hel, afhel, afskuins, afloop, ineenloop, neig, oorneig, afneig, opneig, terugbuig, leun, oorleun, buk, vooroorbuk, buig, oorbuig, skeef buig, duik, skeef loop, skeef sit, skeef lê, skeef kyk, skeef trek, afwyk

74. Op

voors. op, daarop, hierop, waarop, bo-op, agterop, voorop, buite-op, oor, daaroor, hieroor, waaroor, te

bw. bo(bowe), opeen, opmekaar, oorheen, oormekaar, oorsee, op die oppervlak, op die kas, op die bed, op die grond, . . .

ww. opstaan, rus, steun, plaasneem, sit, hurk, op jou hurke sit, kniel, deursit, kruis, neerbuig, neerbuk, neerkniel, opbring, oplê, . . ., rank, rys, setel, superponeer, versit, oorhang, uithang

b.nw. gesete, sittend, regop, bogronds

s.nw. kruin, laag, rus, ruspunt, sit, sitplek, neersitplek, bokant, top, oppervlak

woorddeel oor-

75. Onder

voors. onder, daaronder, hieronder, waaronder, onderdeur

bw. hieronder, omlaag, onder, onderdeur, onderlangs

ww. steun, ondersteun, stut, dra, onderskraag, skraag, ophou, opdruk, kniel, knik, nestel, onderskuif, onderskuiwe, opkom, piekel, rugsteun, sweef, swewe, teëhou, tors, versterk

b.nw. onderste, ondergronds, onderliggend, draagbaar, lasdraend, ondersteunend

s.nw. ***stut,*** onderstut, stutwerk, lasdraer, basis, fondament, fondasie, voet, pilaar, balk, lasdraende balk, skraag, steun, steunpunt, substraat, steunbalk, mik, bodem, grond, grondslag, grondvlak, laag, onderbou, onderent, ondergrond, onderlaag, onderstel, ondersteuning, ophouding; draer, draagband, draaghout (drahout), juk, jukskei, draagriem, drariem, stoel, draagstoel, palankyn, drastok, driebeen, driepoot
drag, draspanning, dravlak, dra(ag)krag, vrag

woorddeel onder-

76. Bo, bokant, boontoe

voors. bo, hierbo, daarbo, waarbo, bo-aan, boaan, bo-in, oor, hieroor, daaroor, waaroor

b.nw. boonste, bokantse, bokantste, bolangs, uitstekend, hoog, oorhoofs, senitaal

s.nw. bokant, bo-ent, apogee, boonste deel, boonste gedeelte, bobou, bostuk, oppervlak, vlak, blad, rug, kop, kopstuk, kroon, kruin, senit, top, portretlys, kanteling, superstruktuur, bostruktuur, topstruktuur

bw. bo, bo-aan, boaan, boontoe, opwaarts, na bo, na boontoe, hemelwaarts, in die lug op, aan die bokant

ww. ophang, hang, verhang, oophang, oorwelf, suspendeer, deurhang, uitsteek, bobly, domineer

77. Onder, onderkant, ondertoe

voors. onder, waaronder, benede, onderkant, hierbenede, daarbenede, onderaan, onderin, onderom, onderuit, onderdeur

b.nw. onderkants(t)e, onderlang(e)s, onderste

s.nw. onderkant, onderbou, onderste deel, onderste gedeelte, ondersy, onderlaag, onderent, ondereinde, onderstel, voetstuk, basis, infrastruktuur, substraat, fondament, bodem, grondvlak, grondlaag, wortel; hangband, hanglus, onderbos, onderdak, onderdeur, onderken, onderkin, onderlaken, onderstam, onderstroom, ondertoon, onderwêreld

bw. onder, aan die onderkant, onderkant, benede, ondertoe, na onder, na benede

ww. hang, afhang, neerhang, oophang, daal, neerhaal, afhou, onderhou, omlaaghou, val, tuimel, afval, neerval, na onder val, neerstort, aftuimel, afdonder (*plat*), neerdonder (*plat*), afmoer (*plat*)

78. Parallel

b.nw. parallel, ewewydig, gelyk, gelyklopend, ewematig, gebalanseer(d)

s.nw. parallel, parallellie, parallelisme, parallelogram, ewewydigheid, gebalanseerdheid, gelykheid

ww. parallel loop

bw. langs, oorlangs, langs mekaar

voors. langs

79. Dwars

b.nw. dwars, gekruis, kruiselings, kruisgewys, oordwars, oorhoeks, oorkruis, sydelings, oplopend, snydend, diagonaal, transversaal, skuins, skuinslopend, skeef

s.nw. dwarste, dwarslyn, dwarssnee, dwarssnit, kruis, kruising, snyding, snypunt, snyvlak, interseksie; dwarsbalk, kruisbalk, dwarsboog, dwarsfluit, dwarsgalery, dwarsgang, dwarshelling, dwarshou, dwarshout, dwarslat, dwarspaal, dwarsstraat,. . ., kabelkruis, hakekruis, motorkruising

bw. dwarsoor, skuinsoor, kruiselings, in die dwarste

ww. kruis, oorkruis, sny

80. Buite

bw. buite, uit, van buite, buite-om, buitenshuis, buitelands, buitenslands, buitentoe, buitetoe, na buite

b.nw. uitwendig, uiterlik, buitenste, uitstaande, uitwaarts, oppervlakkig, ekstern, ekstraterritoriaal, buitelands, uitheems, eksoties

s.nw. buitekant, eksterieur, oppervlak, uiterlik, uiterlike, opelug, buitelug, vreemdeling, vreemdelingskap; buiteband, buiteblad, buitegebou, buitekamer, buiteveld, . . .

ww. buitelaat, buite werp, uitgaan, uithaal, uitlaat, uitgooi, uitboender, uitstaan, uitsteek, uittroon, uitborrel, uitsleep, uitklim, uitvlieg, . . .

voors. buite, buite-op, hierbuite, daarbuite, waarbuite, van buite af, uit, vanuit

woorddeel buite-, ekstra-, uit-, ex-

uitdr. in die vreemde; in die vrye; uit die vreemde; in vitro

81. Binne

bw. binne, binnedeur, binnekant, binne(n)ste, binne-in, hierbinne, tussenin, voorin, van eie bodem

b.nw. binnekants(t)e, ingewortel(d), ingekanker, inwendig, binnemuurs, binnenshuis, inheems, inlands, innerlik, intern, intrinsiek, immanent, indigeen, outochtoon, binnelands, vaderlands, ingelas

s.nw. binnekant, immanensie, inheemsheid, inlander, interieur, interkalasie, invoeging, kern, ruimte, skoot, spasie, tussending, wand, wese, wesenstrek

ww. binnebly, inbly, binnekom, inkom, binnegaan, ingaan, binnetree, na binne gaan, binnetoe gaan, binneloop, inloop, indring, insit, binnebring, inbring, binnestuur, instuur, inskakel, inburger, interkaleer, interponeer, uitvoer

voors. in, binne, binne-in, tussen

woorddeel binne-, in-, intra-

uitdr. in vivo

82. Rondom

bw. rondom, hieromheen, omheen, rondomtalie

b.nw. omliggend, omlyn, skerpomlyn, omringend, kringsgewys, gerand, omrand, perifeer, periferaal, periferies, marginaal, aangrensend, nabygeleë

s.nw. kring, sirkel, sirkelvorm, sirkelomtrek, kringlyn, ring, band, hoepel, rol, klos, spoel, wiel, skyf, gordel, krans, buitelyn, sfeer, bol; grens, kant, kordon, periferie, rand, binnerand, buiterand, strook, soom, omtrek, buitelyn, ribbeling, skouer, lys, portretlys, raam, skutting, marge, rooilyn, oewer; omgewing, omstreke, kontrei, distrik, omtrek, buurt; omstanders; omwenteling, rewolusie, ronde, rondte, rondgang

ww. omring, omsingel, omsluit, kring, omkring, 'n kring/kringe trek, omgrens, begrens, omskans, ommuur, omhein, omspan, omgord, insluit, omgeef, omgewe, omsoom, omlys, afrand, afrandsel, omlê, omvat, omvleuel, enkapsuleer, rondgaan, saamval

voors. om, rondom

83. In die middel

bw. in die middel, midde-in

b.nw. middelste, sentraal, sentries, intermediêr, konsentries, omvattend, siklies; middelpuntsoekend, sentripetaal, middelpuntvliedend, sentrifugaal

s.nw. middel, middelgedeelte, middelstuk, middelsegment, middellyn, middelpunt, sentrum, spil, kern, binnekern, nukleus, kernpunt, sentrale punt, as, hart, hartlyn, instellingspunt, inhoud, inhoudsmaat, inhoudsopgawe, brandpunt, hoofpunt, vernaamste punt, siklus

ww. sentreer, inhê, inhou, behels, bevat, hou, gaan, interponeer, meet, omvat, spasieer, vervat

voors. onder, waaronder

voegw. binne

woorddeel inter-

uitdr. in medias res

84. Houer

s.nw.

1. Houers

houer, ontvanger, behouering, kapsule

2. Vloeistofhouers

balie, drinkbak, suipbak, drom, druktenk, duig, halfaam, alfaam, karba, konka, melkvat, mosbalie, oliebak, tenk, watertenk, opgaartenk, voorraadtenk, vergaarbak, paraffienblik, petrolblik, petroltenk, puts, samowar, stukvat, trapbalie, trog, urn, vaatjie, vuilwaterbak, waterbak, reënbak, vat, wynvat, wyntenk, wynkan

3. Kiste, kaste, kartonne en ander groot houers

houer, staalhouer, kis, krat, trommel, staaltrommel, doos, karton, kartondoos, boks, kartonhouer, kartonverpakking; tas, koffer, reistas, reiskoffer, skeepskoffer, valies, kleretas, hoededoos, aktetas, briewetas, handtas, handkoffer, oornagtas, smuktassie, hoededoos, trommel, reistrommel; kis, kas, negosiekas, negosiekis, paraffienkis, teekis, teekas, seepkis, houtkis, kanferkis, ysterkis, seemanskis, skeepskis, wakis, naaldwerkmandjie, naaidoos, naaikissie, skryn, doodkis, doodskis; skuit, varktrog, vuilgoedbak, vuurhoutjiedosie, druiwekissie, foedraal, gat, bagasiebak, koolbak, krip, kroes

4. Sakke

sak, goiingsak, papiersak, plastieksak, inkoopsak, kardoes, papierkardoes, lemoensakkie, naaisakkie, sandsak, sachet, kleresak, wasgoedsak; sak, handsak, aandsak, inkoopsak, drasak, bladsak, skouersak, grabbelsak, tas, bagasietas, koffer, bagasiekoffer, handtas, briewetas, aktetas, portefeulje, kleresak, rugsak, knapsak, beurs, beursie, knipbeurs, nootbeurs, moffietas (*geselst.*)

5. Mandjies

mandjie, winkelmandjie, rottangmandjie, piekniekmandjie, kosmandjie, ballasmandjie, kanaster, druiwemandjie, prullemandjie, seroet, skepelmandjie, in-mandjie, uit-mandjie, snippermandjie, wasmandjie, wasgoedmandjie, korf

6. Potte, bakke, skottels

pot, blik, blikkie, soutpot, peperpot, souspot, strooppot, heuningpot, suikerpot; lympot, teerpot, teerputs, verfpot, salfpot

kastrol, vlekvrye staalkastrol, waterlose kastrol, pot, pappot, soppot, koker, drukkastrol, drukpot, stoompot, stoomkoker, dubbelkoker, oondskottel, oondbak, kasserol, pan, vetpan, stoompan, koekpan, wafelpan, braaipan, elektriese braaipan, afdruipbak, eierkoker

bak, oondbak, vuurvaste bak, bakkie, blik, blikkantien, kom, kommetjie, kookblik, sar

diensblik, kosblik, koekblik, koektrommel, koekvaatjie, soutkom, soutvaatjie, skepbak, spoelbak, spoelkom, teeblik, waskom, wasskottel, wasstel
skottel, oondbak, oondskottel, opskepskottel, vleiskottel, visskottel, slaaibak, botterbak, botterbakkie, tertbak, mikrogolfoondskottel, verbruiningsbak, verbruiningskottel, porseleinbak, porseleinware, blikskottel
blompot, kruik, martavaan, vaas, glasvaas, glashouer, siervaas, blomvaas, amfora, planthouer
7. Borde
bord, grootbord, ontbytbord, visbord, kleinbordjie, sopbord, diepbord, poedingbord, poedingbak, dessertbord, papbord, opskepbord, skepbord, koekbord, koekbordjie, vrugtebordjie, eierkelkie
8. Koppies en bekers
koppie, piering, teekoppie, koffiekoppie, beker, koffiebeker, bierbeker, drinkkan, kantien, kommetjie, koffiekommetjie
9. Flesse, kanne en bottels
fles, fiool, kraffie, karaf, waterkraffie, waterkruik, wynkraffie, korffles, medisynefles, retort, sifon, stopfles, termosfles, veldfles, wynfles, inmaakfles
kan, koffiekan, teekan, koffiepot, teepot, konfoor, koffiekonfoor, tes, tessie, skinkbeker, skinkkan, melkkan, oliekan, petrolkan, wynkan
ketel, waterketel, koffieketel, teeketel, elektriese ketel, fluitketel, hekseketel
bottel, koeldrankbottel, koffiebottel, wynbottel, bababottel, suigbottel
beker, wasbeker, melkbeker, lampetbeker, tantalusbeker
10. Glase
glas, drinkglas, wynglas, sjerrieglas, sjampanjeglas, likeurglas, koeldrankglas, bierglas, drinkbeker, bierbeker, bokaal, kelk, kelkie, roemer (wynglas), maanglas, melkglas, waterglas, wynglas, wynkelkie
11. Emmers
emmer, melkemmer, slopemmer, dopemmer, houtemmer, skepemmer, toiletemmer, vuilgoedemmer, vuilwateremmer
12. Dele van houers
bek, swikgat, tap, tapgat, tuit, deksel, doppie, skroefdop, kurk, kurkprop, stolp, draagriem, drariem, handvatsel, hingsel, oor, hoekbeslag, bek, vyselstamper, ysterbeslag

b.nw. bodemloos

ww. behouer, ingooi, inskep, inmaak, keer, oortap, vaat, fles

85. Voor

bw. voor, hier voor, hiervoor, daar voor, daarvoor, aan die voorkant, voorop, voorin, voorlangs, vooraan, haarnaasvoor, haarvoor, hiervoor, hotnaasvoor, naasvoor, regoor, hierteenoor, verby, van voor af, vooroor

b.nw. voorste, frontaal, teenoorgeleë, teenoorstaande

s.nw. voorkant, voorpunt, punt, voorspits, spits, front, neus, vooraansig, haarvoor, hotvoor, kopkant, hoof, voorsprong

ww. lei, voorhou, voorsteek, voorspan, voortrek, . . .

voors. voor, teenoor, regoorteenoor, verby

woorddeel pre-, verby-

voegw. voordat, voor, eerdat, eer, alvorens

uitdr. op die voorgrond; die voortou neem

86. Agter

bw. agter, agteraan, agterin, agterlangs, agterom, agteroor, agterop, hotagter, haaragter, naasagter, hotnaasagter, haarnaasagter, hieragter, daaragter, waaragter, verby; na, agterna, na agter, van agter af, rugwaarts, agtertoe

b.nw. agterste, agteraf, agterkants(t)e

s.nw. agterkant, keersy, rug, rugkant, rugsy, ommesy, verso, versosy, end, ent, einde, agterent, agtergrond, agterste, gekommitteerde, hotagter, haaragter, agterlyn, agterplaas

ww. agterstel, uitsak

voors. agter, na

woorddeel na-, verby-

87. Aan die kant

bw. langsaan, daarlangs, daarlanges, hierlangs, hierlanges, naasaan, naasmekaar, langs mekaar, teenaan, styf teenaan, sy aan sy, alkant, allersyds, beidersyds, tersy(de), waarnaas, waarteen

b.nw. aangrensend, naasliggend, naasgeleë, naburig, binnewaarts, driekantig, duskant/ deuskant, dwarsweg, kollateraal, links, lin-

kerkants(t)e, regs, regterkants(t)e, alsydig; sydelings, sywaarts, lateraal, multilateraal, bilateraal; eensydig, tweesydig, driesydig, . . .; transkontinentaal, transatlanties

s.nw. sy, kant, sykant, teensy, teenkant, weerskante, flank, linkerkant, regterkant, hotkant, haarkant, bakboord, stuurboord, naasmekaarstelling, oorsy, weersy

ww. inry(e), inryg, inskuif, inskuiwe

voors. langs, langsaan, naas, naasaan, vlak langs, teenaan, neffens, besyde, diekant, verby

woorddeel juksta-, para-, trans-

uitdr. aan my sy staan

88. Posisie

s.nw. posisie, plek, ligging, lokaliteit, punt, standplaas, stasie, plasing, oriëntasie, adres, radiopeiling, windkant, windstreek, winterreëngebied, winterreënvalgebied, somerreëngebied, somerreënvalgebied; streek, windstreek, hemelstreek; noorde, noordekant, noorderbreedte, noord(e)punt, suide, suidekant, suidhoek, suidooste, suidpunt, suidsuidooste, suidsuidweste, weste, westerkim, ooste, oosterkim

b.nw. posisioneel, austraal, meridionaal, oksidentaal, noordelik, noordoostelik, noordnoordoostelik, noordwestelik, westelik, oostelik, suidelik, Westers, Oosters

ww. oriënteer

bw. in dié posisie, allerweë, alom, anderkant, daar, daarheen, hier, hierheen, daarvandaan, hiervandaan, waarvandaan, oorkant, iewers; noord, noordnoordoos, noordnoordwes, noordoos, oos, oostelik, ooswaarts, suid, suidoos, suidsuidoos, suidsuidwes, suidwes, benoorde, besuide

voors. oorkant, op, te, ter, in, ten noorde van, ten ooste van

uitdr. in situ; oor berg en dal; rond en bont soek; ter plaatse; ter see; ter wêreld; van hier tot daar; van huis tot huis; wyd en syd

89. Blyplek

s.nw. ***blyplek,*** verblyf, akkommodasie, heenkome, behuising, verblyfplek, verblyfplaas, standplaas, tuiste, kaia, huis, woning, residensie, apartement, domicilium, domisilie, houplek, somerverblyf, winterkwartier

huis, woning, woonerf, herehuis, herewoning, villa, kasteel, paleis, landhuis, dorpshuis, kothuis, skakelhuis, apartement, woonstel, dupleks, maisonnet, solderwoning, motorwoning, houthuis, hut, huthuis, houthut, rondawel, arbeidershuis, pondok, kaia, kroek, plakkershuis, plakkershut, plakkerskuiling, karavaan, tent; ampswoning, dienswoning; hotel, motel, herberg, jeugherberg, losieshuis, pension, koshuis, hostel, oornagverblyf, tyddeel, tyddeelverblyf, kamp, kampeerterrein, karavaanpark, tentkamp, tentdorp; dorp, stad, voorstad, buurt, woonbuurt, fabrieksdorp, fabriekstad, grond, haardstede; inrigting, versorgingsoord, tehuis, verpleegstersteshuis, ouetehuis, hospice, hospies hospitium,

habitat, duiwehok, hok, hokkie, hondehok, kamp, klipkraal, konynhok, kooi, kou, kraaines, kraal, miernes, miershoop, molsgat, mosselbank, gat, muisgat, nes, oesterbank, oesterbed, voëlhokkie, voëlkou, voëlnes, wolfhok

b.nw. dakloos, herbergsaam, residensieel

ww. bly, hou, laer (laer trek); inkamp, uitkamp, nesskop, nestel, tuismaak, akkommodeer

bw. tuis, by die huis

uitdr. huis en haard; eie haard is goud waard; oos, wes, tuis bes; al is 'n huis ook hoe arm, hy dek warm

90. Gemeenskap

s.nw. ***gemeenskap,*** gemeente, samelewing, maatskappy, publiek, burgery, bevolking, groepsgebied, landelikheid

stad, metropolis, metropool, wêreldstad, moederstad, hoofstad, handelstad, hawestad, universiteitstad, industriestad, fabriekstad, susterstad, vrystad; middestad, binnestad, stadskern, voorstad, stadsbeeld, stadsgebied, buurt, woonbuurt, winkelbuurt, nywerheidsgebied, stadsmuur, tentoonstellingsterrein, wyk, stadswyk, blok, agterbuurt, gehug, ghetto, krot(te)buurt, krotgebied, slum, slumbuurt, gopse, straat, weg, singel, rylaan, boulevard; stadsbevolking, stedelike bevolking, stadsbewoner, stedeling, stadsmens, stadsjapie; stadsbeplanning, stadsbeplanner, stadsvernuwing, verstedeliking

dorp, boerdorp, plattelandse dorp, grens-

dorp, randdorp, vissersdorp, blikkiesdorp, reservaat, setlaarsdorp, stranddorp, streekdorp, universiteitsdorp, stat; bodorp, onderdorp, agterbuurt, gehug, ghetto, krot(te)buurt, krotgebied, slum, slumbuurt, gopse, dorpswyk, blok, tentoonstellingsterrein, straat, weg, singel, rylaan, boulevard; dorpsbevolking, dorpsbewoner, dorpeling, dorpsmens, dorpsjapie
gebied, omgewing, distrik, streek, landstreek, provinsie, land, tuisland, selfregerende gebied; ontvolking

b.nw. stedelik, metropolitaans, hoofstedelik, voorstedelik, halfstedelik, omstedelik, dorpagtig, dorps, arkadies, landelik, plattelands, regionaal, provinsiaal, provinsialisties, plaaslik, interstedelik, interprovinsiaal, interregionaal

ww. verstedelik

91. Gebou

s.nw. ***gebou,*** aanleg, bouwerk, konstruksie, montasiewoning, montasiegebou, tydelike gebou, hoogbou, kompleks, geboukompleks, enkelverdieping, enkelverdiepinggebou, dubbelverdieping, dubbelverdiepinggebou, tweeverdiepinggebou, drieverdiepinggebou, . . ., toringgebou, wolkekrabber, aanbousel, timmerasie, kasarm, getimmerte; woning, huis, woonhuis, opstal, woonstel, woonstelgebou, woonstelblok, woonstelkompleks, 'n blok woonstelle, kantoor, hoofgebou, kantoorgebou, stadsgebou, fabriek, sygebou, buitegebou, stadion, paviljoen, pawiljoen, sportkompleks, klub, klubhuis, stasie, stasiegebou, lughawegebou, skool, skoolgebou, universiteitsgebou, regeringsgebou, staatswoning, poskantoor, landdroskantoor, hof, drosdy, kerk, kerkgebou, kerkhuis, katedraal, hallekerk, kapel, klooster, kloostergebou, tempel, sinagoge, moskee, panteon, hospitaal, hospitaalkompleks, mediese sentrum, kliniek, winkel, winkelgebou, winkelkompleks, museum, operagebou, konsertgebou, stadskouburg, odeon, teater, televisiestasie, bioskoop, bioskoopgebou, bioskoopsaal, bioskoopkompleks, kinema, lokaal, saal, vergadersaal, danssaal, feeslokaal, stadsaal, basiliek, basilika, blokhuis, hotel, hotelgebou, hotelkompleks, restaurant, restourant, losieshuis, gastehuis, kafee, café-chantant, casino, hoerhuis, vesting, sitadel, waghuis, barak, loods, hangar, skuur, voorraadskuur, goedereloods, vragloods
woning, huis, woonhuis, opstal, plaashuis, familiewoning, huurhuis, pastorie, gewelhuis, hoekhuis, kapstylhuis, kliphuis, rietdakhuis, houthuis, verdiepinghuis, dubbelverdieping, dubbelverdiepinghuis, tweekamerwoonstel, eenmanswoonstel, chalet, dorpshuis, troshuis(e), dupleks, kothuis, maisonnet, rondawel, rotonde, skakelhuis, somerhuis, strandhuis, somerhuisie, huisie, hut, huthuis, hok, arbeiderswoning, kaia, boomhuis, tuinhuis, pophuis, spookhuis, woonwa, woonwapark

b.nw. huislik, aangebou

92. Deftige, belangrike of groot gebou

s.nw. ***paleis,*** somerpaleis, praalpaleis, kasteel, praalwoning, herehuis, herewoning, villa, chalet, staatswoning, luukse woning, opstal, plaasopstal, lushof
parlementsgebou, hoofgebou, kantoorgebou, skoolgebou, universiteitsgebou, buro, regeringsgebou, basiliek, basilika, hof, hofgebou, staatswoning, kerk, kerkgebou, katedraal, vesting, sitadel; prestigebou, besienswaardigheid
wolkekrabber, toringgebou, kompleks, geboukompleks, dubbelverdieping, tweeverdiepinggebou, woonstelgebou, woonstelblok, woonstelkompleks, 'n blok woonstelle, fabriek, fabrieksgebou, aanleg, fabrieksaanleg

b.nw. weelderig, luuksueus, luuks, glansryk, majestueus, manjifiek, indrukwekkend, weelderig toegerus, duur; belangrik, besienswaardig; groot, reusagtig, massief, kolossaal

93. Armoedige gebou

s.nw. huisie, bouval, murasie, getimmerte, timmerasie, kasarm, bouvallige huis, armoedige huis, arbeiderswoning, hut, houthut, houthuis, berghut, hok, hokkie, kaia, kroek, krot, pondok, opslaangebou, plakkershut, plakkerskuiling, sel, skerm, skuiling, hool, gat, grot, skuur, lapa, tent, tentdak, tentdoek, woonwa, iglo, korbeelhuis, korbeelhut, karbeelhuis, hartbeeshuis

b.nw. armoedig, agterlik, arig, verwaarloos, bouvallig, krotterig, pondokkerig, gopserig

94. Dele van 'n gebou

s.nw. abattoir, afkoelkamer, amfiteater, dodesel, dwarsgalery, donkerkamer, gehoorsaal, hofsaal, kantien, kiosk, klaskamer, klokhuis, kloktoring, kloostergang, konsertsaal, koorgalery, leessaal, monsterkamer, navraagkantoor, navraekantoor, ontvangkamer, opslagruimte, ouditorium, parterre, personeelkamer, pagode, praalkamer, retirade, ruim, ruskamer, saal, siekeboeg, skag, skatkamer, skip (kerk), suite, taallaboratorium, televisieateljee, tikkamer, toneelsolder, tribune, triforium, verhoog, vertoonkamer, wagkamer, wandelgang, wandelhal

1. Algemene konstruksie

konstruksie, raamwerk, houtraamwerk, steenkonstruksie, betonkonstruksie, staalkonstruksie, muurkonstruksie, dakkonstruksie, fondament, fondasie, betonfondament, strookfondament, geraamte, bo-- ent, bobou, bowebou, onderbou, bygebou, balk, dwarsbalk, krombalk, spar, staaf, steun, steunarm, steunbalk, stut, stutbalk, stutpaal, styl, heipaal, juk, latei, betonlatei, gording, grondlyn, riolering, rioleringstelsel, riool, rioolpyp, spoelriolering, rooster, timmerasie, voglaag, toevoerpyp

verdieping, eerste verdieping, tweede verdieping, . . ., grondverdieping, grondvlak, grondvloer, kelderverdieping, benedeverdieping, boonste verdieping, tussenverdieping, mezzanine

boustyl, Kaaps-Hollandse boustyl, moderne boustyl, Spaanse boustyl, Adamboustyl, . . .

2. Aansig

aangesig, aanskyn, agteraansig, dagkant, fasade, flank, front, frontispies, vooraansig, voorwerk

3. Vertrek

vertrek, kamer, afdeling, anneks, arkade, alkoof, huiskamer, nis

sitkamer, voorhuis, voorkamer, bedsitkamer, sitslaapkamer

leefkamer, woonkamer, woonvertrek, gesinskamer, voorkamer, speelkamer, leeskamer, rookkamer, biljartkamer, dakkamer, solderkamer

eetkamer, nis, ontbythoekie, onthaalvertrek, verversingskamer, verversingslokaal

werkkamer, studeerkamer, kantoor, kombuis, spens, spoelkombuis, waskamer, strykkamer, naaldwerkkamer, salon, opwasplek, musiekkamer

slaapkamer, hoofslaapkamer, sitslaapkamer, bedsitkamer, dubbelkamer, enkelkamer, gastekamer, vrykamer, vryslaapkamer, stoepkamer, solderkamer, seunskamer, ramhok, dogterskamer, aantrekkamer, garderobe, kleedkamer, bediendekamer, dakkamer

toilet, gastetoilet, latrine, spoellatrine, spoelretirade, urinaal, privaat, gemakshuisie, kleinhuisie, kakhuis (*plat*), kleedkamer, toiletkamer, bad(s)kamer, stort, stortkamer

portaal, garderobe, voorportaal, ingang, ingangsportaal, binneportaal, buiteportaal, hal, voorhal, vestibule, foyer, galery, alkoof, trappehuis, trapportaal, portiek, nis, aula, propileë

gang, dwarsgang, korridor, kruisgang

pakkamer, spens, ingeboude kas, instapkas, pakplek, pakruimte, bêrehokkie, bêreplek, bergplek, bewaarkamer, bewaarplaas, atrium, attiek, solder, soldering, solderkamer, bosolder, paksolder, kelder, keldertjie, kelderverdieping, wynkelder, yskelder

stoep, voorstoep, agterstoep, stoepkamer

buitegebou, voorhof, binnehof, aula, patio, buiteportaal, garage, waenhuis, buitehuisie

4. Dak

dak, daktipe, spitsdak, staandak, geweldak, koepeldak, keëldak, kieldak, kloofspaandak, m-dak, wolwe-entdak, saaldak, bobeukdak, hanebalkdak, leidak, afgevlakte betondak, asbesdak, sinkdak, pandak, rietdak, grasdak, skilddak, halfsaaldak, tentdak, skuifdak, afdak, dakprieel, velarium, veranda, pergola, prieel, druiweprieel

dakkonstruksie, nok, hoeknok, vors (nok), kiel, dakkiel, apeks, dakvors, dakhelling, daklas, dakruimte, knaklas

dakkap, kap, skuifkap, kapstyl, Belfastdakkap, gording, dakgording, dakrib, rib, ribbewerk, ribstuk, drastuk, kapbalk, drabalk, betonbalk, breëflensbalk, spanbalk, brugbalk, dwarsbalk, hanebalk, kruppelbalk, nokbalk, moerbalk, ruiterbalk, steunbalk skraagbalk, skraaghout, hangstyl, spant

dakrand, daklys, dakrandlaag, druplys drupsteen, hoeklys, oorsteek, oorstek windveer

dakbedekking, pan, dakpan, nokpan, ge golfde dakpan, anderhalfpan, plaat, dak

plaat, asbesplaat, hoekplaat, teël, dakteël, sementteël, daklei, lei, asbeslei, noklei, dekgras, dakriet, dekriet, riet, wolwe-ent
gewel, dakgewel, halsgewel, topgewel, trapgewel, wolfneusgewel, blinde gewel, Kaaps-- Hollandse gewel
gewelf, koepel, koepelgewelf, bolgewelf, keëlgewelf, koepelgewelf, koniese gewelf, kroongewelf, keldergewelf, kruisgewelf, tongewelf, kruisboog, ogief, pendentief, verwelf, verwulf
geut, ringgeut, stortgeut, bakgeut, metaalgeut, houtgeut, plasiekgeut, kielgeut, V-geut
plafon, hangplafon, kapplafon, kofferplafon, oopbalkplafon, tussenplafon, vals plafon, asbesplafon, houtplafon, rietplafon, kasset (plafon)

5. Pilaar

pilaar, hoekpilaar, pilaarkap, pilaarkop, abakus, kolom, kannelure, voluut, kariatide (pilaar), pilaarvoet, pilaarkrag, pilaster, pyler, suil, argitraaf, suilegalery, suilegang, suilekolonnade, kolonnade, gegroefde suil, suilvoet, atlant, campanile, drasuil, galmgat, hollys, minaret, monoliet, naald, obelisk, peristyl, tamboer, telamon, toring, kyktoring, toringspits, toringtop, trans

6. Muur en afskorting

muur, binnemuur, buitemuur, tussenmuur, kamermuur, holmuur, trapmuur, steenmuur, siersteenmuur, kleimuur, houtmuur, eensteenmuur, halfsteenmuur, anderhalfsteenmuur, kopmuur, moerbalkmuur, ankermuur, steunmuur, stutmuur, blinde muur, brandmuur, gewelmuur, hangmuur, heuningkoekmuur, tuinmuur, vestingmuur, vestingwal, skeidingsmuur, skeidsmuur, afskortingsmuur, afskorting, basis, beer, beskot, dra(ag)steen, fondament, fondasie, fundasie, galmbord, hoeksteen, hoekstut, muuranker, steunbeer, steunboog, kanteel, karbeel, kiel, klamp, koplaag, korbeel, kraagsteen, kroonlys, latei, houtlatei, joggellatei, betonlatei, kliplatei, skouerlatei, lys, paneel, penant, skuiwergat, sluitsteen, streklaag, stryklaag, tussenskot

7. Boog

agterboog, agtergewel, blinde boog, brugboog, rondboog, spaarboog, spitsboog, eenvoudige gewelf, hoefboog, Moorse boog, omgekeerde boog, omgekeerde gewelf, valsboog, Venesiaanse boog, binnewelf, bog, gewelf, gewelfhoek, gewelveld, timpaan

8. Deur

deur, huisdeur, agterdeur, voordeur, sydeur, sifdeur, gaasdeur, binnedeur, buitedeur, branddeur, middeldeur, onderdeur, bodeur, paneeldeur, kamerdeur, dwergdeur, pantserdeur, draaideur, skuifdeur, swaaideur, voudeur, Venesiaanse deur, togdeur, houtdeur, metaaldeur, glasdeur, hortjiesdeur, fineerdeur, traliedeur, valdeur, dubbeldeur, gangdeur, kanteldeur, klapdeur, portfisiedeur, vals deur, garagedeur, motorhuisdeur, luik, solderluik, ingang, ingangspoort, bek
deurkosyn, kosyn, binnedeurkosyn, binnekosyn, kokerkosyn, deurpos, deurstyl, bolig, deurklopper, drempel, drumpel, fronton (deur), keldergat, pantserglas, pos, deurpos, raam, skarnier, deurskarnier, deurklopper, uitkykgaatjie, veiligheidsglas, deurgrendel, skuif, skuifie, slot, blokslot, Yaleslot, skuifslot, hangslot, kombinasieslot, sleutelslot, sleutel

9. Venster

venster, kamervenster, kombuisvenster, balkonvenster, . . ., boogvenster, blinde venster, noordvenster, Venesiaanse venster, dakvenster, fronton (venster), kantelvenster, koepelvenster, komvenster, kykvenster, mosaïekvenster, skuifluik, skuifvenster, skuifraamvenster, roosvenster, tralievenster, trekvenster, winkelvenster
vensterraam, raam, vensterkosyn, kosyn, pos, vensterpos, roei, kantelraam, skuifraam, swaairaam, knipraam, arm, vensterruit, ruit, ruitglas, spieëlruit, mikaruit, mosaïekruit, glas-in-lood, vensterlood, veiligheidsglas, pantserglas, skarnier, vensterskarnier, skuif, vensterknip, vensterhaak, vensterluik, valluik, dienluik, vensterbank, vensterbankhoogte, vensterbanklys, vensterlys, venstertralie, vensterbeskot, hortjie, valhortjies, bolig

10. Vloer

vloer, sementvloer, kleivloer, misvloer, mosaïekvloer, parket, parketvloer, soldervloer, asfaltvloer, houtvloer, inlegvloer, koepelvloer, hangvloer, baan; vloerbedekking, vloerhoogte, vloerlyn, vloerafwerking, vloerblad, vloermat, vloerplank, vloerteël

11. Kaggel en skoorsteen

kaggel, skoorsteen, smeulstoof, losstaande kaggel, heksagonale kaggel, braaikaggel, bomantel, mantel, skoorsteenmantel

12. Balkon en trap
balkon, balustrade, bordes, agtertrap, betontrap, binnetrap, brandtrap, soldertrap, solderleer, stoeptrap, wenteltrap, oopspilwenteltrap, paralleltrappie, paralleltreetjie, draaitrap; oorloop, reling, roltrap, soffiet, soffietbeplakking, syleuning, trap, trapleuning, trapoorgang, trappie, tree, veiligheidsreling, traliebalk, traliestruktuur, traliewerk, traphelling, traphoogte, traphuis, trapmuur, vrydraende trap
13. Versiering
versiering, binne(ns)huise versiering, binneinrigting, binnewerk, interieur, akroterion, akroterium, atlant, bel, beslag, houtbeskot, paneelwerk, kraallys, kruisblom, maaswerk, eenvoudige kroonlys, fries, frieslys, friespaneel, gewellys, slingerlys, steunbeeld, telamon, traseerwerk, triglief, verfwerk, muurbedekking, muurbekleding, muurpapier, voorwerkklip, wandskildery, wandteks, sierlaag, pleister, sierpleister
14. Buitekant
agterplaas, afrit, oprit, bindpaaltjie (heining), binnehof, binneplaas, binneplein, aula, badplaas, daktuin, terras, hek, tuinhek, motorhek, smoelneuker, smoelslaner, klaphek, konsertinahek, hoekpaal, hoekstut, plaveisel, voetpad, voetpaadjie, tuinpaadjie, wasgoeddraad
15. Vaste toebehore
blinder, blinding, rolblinding, skuifblinding, Florentynse blinder, hortjie, hortjie(s)blinder, gordynspoor, gordynstok, handwasbak, waskom, opwasbak, bad, bidet, handdoekreëling, toilet, latrine, bril en klap (toilet), stortbad, urinaal, urinoir, watertoilet, toiletpapierhouer, medisynekas, muurkas, hangkas, sluitkas, kabinet, kloset, kluis, rak, kombuisrak, tenk, watertenk, warmwatertenk, silinder, warmwatersilinder, geiser, kraan, waterkraan, stopkraan, warmwaterkraan, deurgrendel, deurklopper, klopper, diefwering, diefdraad, diewetralies, haan, vuur(h)erd, steenkoolbrander, haard, haardrand, haardstede, herd, kaggelmantel, kooktoestel, portretlys, prentelys, rolluik, rostrum, skragie, voetlys, voetstuk

b.nw. blind (blinde venster, muur, ens.), gelykvloers, ogivaal

95. Huisraad

s.nw.
1. Ameublement
ameublement, meublement, meubelment, meubilering, binne-inrigting, binnehuisversiering, goed, huisraad, inrigting, interieur, kraallys, meubel, poot, houtmeubels, rietmeubels, rottangmeubels, stapelmeubel, stoffering, vertoonstuk
2. Lamp
elektriese lamp, olielamp, gaslamp, hanglamp, muurlamp, staanlamp, skemerlamp, leeslamp, leeslig(gie), studeerlamp, studeertafellamp, bedliggie, bedlamp, staander, stander
3. Kas, kis en rak
kas, muurkas, ingeboude kas, losstaande kas, sluitkas, klerekas, hangkas, laaikas, spieëlkas, kombuiskas, kruidenierskas, spenskas, negosiekas, besemkas, armoire, kommode, hoekkas, kabinet, buffet, drankbuffet, drankkabinet, badkamerkas, medisynekas, medisynekissie, vertoonkas, uitstalkas, rak, kosrak, klererak, boekrak, hoederak, glaskas, glaskas, hanger, hangertjie, hoedestander, kapstok, kis, klerehanger, klerestander, naaidoos, naaikissie, nagkassie, negosiekis, oorlosiekas, penantkassie, porseleinkas, rakkas, skryn, skuiflaai, tonteldoos, vak, vakkie
4. Stoel en bank
stoel, gestoelte, sitkamerstoel, gastestoel, kombuisstoel, stapelstoel, leunstoel, gemakstoel, skommelstoel, studeerkamerstoel, draaistoel, kantoorstoel, houtstoel, rietstoel, rottangstoel, riempiestoel, riempiesmatstoel, voustoel, wipstoel, klapstoel, opklapstoel, taboeret, slonsstoel, strandstoel, dekstoel, tuinstoel, veldstoel, rolstoel
bank, bankie, rusbank, sitkamerbank, sofa, divan, diwan, chaise longue, ottoman, opklapbank, dwarsbank, tuinbank, voetbankie, skabel
poot, sitplek, stoelmat, sitkussing, arm, armleuning, stoelleuning, rug, rugleuning, stoelrug, sport, kruk, stoelbekleedsel, stoelkleed, stoelkleedjie, antimakassar, voetkussing
5. Bed
bed, enkelbed, dubbelbed, alkoofbed, babbeljoentjie, baldakyn, bedstyl, divan, diwan, dubbeldekkerbed, kapbed, katel,

klapbed, kooi, opklapbed, rolbed, sponde, springveer, verebed, verekombers, voubed, beddegoed, kooigoed, bedsprei, kombers, wolkombers, deken, muskietnet, muskietgaas

6. Tafel

tafel, eetkamertafel, etenstafel, opklaptafel, klaptafel, afslaantafel, skuiftafel, uitskuiftafel, laaitafel, kombuistafel, teetafel, teetrollie, dientafel, opdientafel, dranktafel, sytafel, kaptafel, skudtafel, badkamertafel, toilettafel, slaapkamertafel, spieëltafel, kleedtafel, skryftafel, studeertafel, buro, skryfburo, kantoortafel, werktafel, bank, werkbank, wastafel, opwastafel, penanttafeltjie, bokkietafel, basaartafel, voutafel, kampeertafel

tafelpoot, poot, blad, tafelblad, skuifblad, uitskuifblad, opklapblad

7. Breek- en messegoed

breekgoed, servies, eetservies, skottelgoed, porselein, porseleinware, bord, klein bordjie, slaaibord, diepbord, sopbord, papbord, ontbytbord, koekbord(jie), dessertbord, poedingbord, koppie, teekoppie, koffiekoppie, piering, skottel, vleisskottel, diepbak, oondbak, opdienbak, opdienskottel, vuurvaste skottel, oondvaste skottel, glas, drinkglas, waterglas, koeldrankglas, wynglas, wynkelkie, witwynglas, rooiwynglas, sjerrieglas, sjampanjeglas, brandewynglas, whiskyglas, bierglas, bierbeker, gobelin, beker, melkbeker, roombeker, waterbeker, sousbeker, souskom, kraffie, wynkraffie, kelk, eierkelkie, teegoed, teeservies, teestel, teepot, koffiepot, samowar, suikerpot, suikerstrooier, teesiffie, souspotjie, soutpot, soutpotjie, soutstrooier, peperpot, sout-en-peperstelletjie, skinkbord

messegoed, servies, silwer, silwerservies, mes, dessertmes, vismes, kombuismes, broodmes, vleismes, voorsnyer, voorsnystel, slagtersmes, groentemes, vrugtemes, knipmes, paddaslagter, herneuter, vurk, visvurk, dessertvurk, slaaivurk, koekvurkie, roostervurk, lepel, soplepel, paplepel, houtlepel, dessertlepel, poedinglepel, suikerlepel, teelepel, slaailepel, skeplepel, opskeplepel, roerlepel, souslepel, suikerlepeltjie, koekafdrukker, neut(e)kraker, rasper, kaasrasper, groenterasper

pot, kastrol, waterlose kastrol, drukpot, soppot, pan, braaipan, roosterpan, eierpan, vergiet, vergiettes, koekpan, wafelpan, wafelyster, oblietjiepan, oblietjieyster

8. Kombuistoerusting

stoof, elektriese stoof, houtstoof, koolstoof, kolestoof, smeulstoof, glasbladstoof, oond, ooghoogteoond, roosteroond, konveksieoond, mikrogolfoond, gasstoof, gasoond, gasstel, plaat, kookplaat, spiraalplaat, rooster, roosterplaat, spit, draaispit, haardyster, oondstok, vuurtang, yskas, koelkas, vrieskas, diepvries, wasmasjien, dubbelbaliewasmasjien, outomatiese wasmasjien, wasbalie, skottelgoedwasmasjien, droër, toldroër, poleerder, stofsuier, waskom, wasplank, wasstel, potskuurder, afdroogdoek, dienwaentjie, teewaentjie, rolwaentjie, menger, koekmenger, voedselproseseerder, koffiemeul, koffiefiltreerder, besem, stoffer, dweil, mop, skoep, skop, skoppie, skuimspaan, spaan, teemus(sie), warmwaterbottel, warmwaterfles

9. Linne

linne, huislinne, laken, onderlaken, bolaken, sloop, doilie, bekerlappie, kraaldoekie, kleedjie, makassar(lappie), rabat, kombers, deken, sprei, bedsprei, reisdeken, skotteldoek, tafeldoek, tafelkleed, tafelkleedjie, tafellaken, tafelloper, teekleedjie, servet, lapservet, valletjie, velkaros, velkombers

10. Mat

mat, riempiesmat, rietmat, rubbermat, tapyt, persiese mat, persiese tapyt, kelim, tapytband, traploper, voetmat, voetveeg, volvloermat, volvloertapyt, wandtapyt, ondervelt

11. Versiering

amfora, drapeersel, drapering, kwispedoor, lys, oplegsel, penantspieël, spieël, spoegbak, staanklok, toiletspieël, toiletstel, wapenbord, vuurskerm

12. Vensterversiering

gordyn, skuifgordyn, ophaalgordyn, valgordyn, Romeinse gordyn, blinding, vensterblinding, sonblinding, hortjie(s)blinding, hortjie(s)blinder, hortjiesgordyn, hortjie, drapeersel, gordynhaak, gordynkap, gordynring, haardskerm, kap, markies, muskietgaas, muskietnet, oordak, rolgordyn, skerm

ww. meubeleer, meubileer, aanklee, dek, opdis, afdek, skink, drapeer, inboedel, inrig, rangskik, klee(d), stoffeer

b.nw. drapeerbaar, drietandig, lendelam, breekbaar, wasbaar, versier, verguld, versilwer

96. Slaapplek

s.nw. ***bed,*** kooi, ledekant, hemel, hemelbed, katel, ysterkatel, ysterbed, ysterbedjie, enkelbed, dubbelbed, stapelbed, dubbeldekkerbed, waterbed, veldbed, voubed, kampbed, hangmat, kermisbed, slaapbank, kinderbed, kinderbedjie, kinderkatel, jongelingsbed, wieg, popbed; bedkas, bedkassie, nagtafel, pot, pispot (*plat*), koos (*plat*)
matras, binneveermatras, springveermatras, sponsmatras, donsmatras, verematras, klapperhaarmatras, opblaasmatras, strooimatras, springmatras, matrasgoed
beddegoed, kooigoed, kombers, enkelbedkombers, dubbelbedkombers, wolkombers, donskombers, duvet, deken, beddeken, reisdeken, lappiesdeken, lappieskombers, laskombers, laslapkombers, velkombers, karos, velkaros, laken, lakengoed, onderlaken, bolaken, somerlaken, winterlaken, enkelbedlaken, dubbelbedlaken, kussing, sloop, sprei, bedsprei, slaapsak, warmpan, warmwaterbottel, warmwatersak, waterketel, waterkraffie, waterkruik

ww. opmaak, oortrek, lug, aftrek

97. Bou

ww. bou, bebou, oprig, 'n gebou aanneem, konstrueer, herbou, rekonstrueer, optrek, opslaan, opbou, inbou, aanbou, aanlas, aanmekaartimmer, verbou, verbreek, uitslaan, aanpleister, aanstryk, afskuins, afskuur, afwit, bepleister, welf, welwe, oorkoepel, bewapen (beton), blok, inkas, messel, vasmessel, inmessel, toemessel, toebou, kap, vaskap, inkap, aanmekaarkap, knoeibou, inlaat, padbou, plak, plavei, straat, bestraat, set, teël, toebou, afkant, traseer, uitbou, vestig, dek, klop, ommuur, bedraad, rioleer, profileer, renoveer, restoureer, saag, afsaag, uitsaag, spyker, vasspyker, aanmekaarspyker, timmer, uitgrawe, uitgroef, uitguts, uitkap, uitkeep, uitlaat

s.nw. ***bouwerk,*** bouery, oprigting, woningbou, bousel, uitbousel, verbouing, verbreking, sloping, afbreking, konstruksie, konstruksielas, toetslas, rekonstruksie, renovasie, restourasie, aanbouing, aanbousel, herbouing, konstruksiewerk, raamwerk, bobou, bowebou, hoogbou, afwerking, afgeskerpte rand, afgeskuinste rand, afskuinsing, binnehuisargitektuur, uitgrawing, uitgrawingswerk, messelwerk, muurbekisting, pleisterwerk, pleister, pleistering, fynpleister, betonwerk, bewapening, betonbewapening, binnewerk, inrigting, verfwerk, blaar (verfwerk), skotwerk, skrynwerk, teëlwerk, loodgieterswerk, riolering, trasering, steier, steierbalk, steierpaal, steierplank, steierwerk, boulyn, bouperseel, bouterrein, bouregulasie, boukoste
bouer, vakman, vakleerling, voorman, boukontrakteur, kontrakteur, subkontrakteur, bouaannemer, aannemer, huisbouer, meesterbouer, eienaarbouer, konstrukteur, knoeibouer, bouersfirma, bouaannemersfirma, kontrakteursfirma, argitek, binnenshuise argitek, landskapsargitek, tekenaar, ingenieur, bourekenaar, kosteberekenaar, bestekopnemer, bou-inspekteur, huisskilder, messelaar, handlanger, teëllêer, teëlaar, skrynwerker, timmerman, trapbouer, elektrisiën, loodgieter, traseerder, padmaker, padwerker, plaveier
bouplan, plan, huisplan, terreinplan, argiteksplan, argitekstekening, ontwerptekening, sketsplan, grondplan, bestek, bestekopnemer, bestekopmaker, bloudruk, bo-aansig, gipsmodel

b.nw. argitektonies, bebou, behuis, rekonstruktief, tegnies

98. Afbreek

ww. afbreek, sloop, platslaan, platstoot, inplof, gelykmaak, met die grond gelykmaak, aftakel, rinneweer, ruïneer, saboteer

s.nw. afbraak, sloping, sloopwerk, sloper, rinnewasie, rinneweerder, sabotasie, saboteur, ruïne, murasie, puin, puinhoop, afvalmateriaal, sloophamer

99. Messel

ww. messel, stene lê, inmessel, vasmessel, toemessel, pleister, afpleister, toepleister, bepleister, bestryk, kalk, blus (kalk), bekis, traseer, inkas, rofkas, sement aanmaak, voeg

s.nw. messelwerk, haaksklipmesselwerk, paneelmesselwerk, messelaar, steenmesselaar, pleisteraar, sement, dagha, mortel, messelaarmortel, pleister, klei, grond, bougrond,

flodder, kalklaag, afwerklaag, koplaag, rollaag, kruisverband, messel, grintspat, grintspatpleister, righoek, rigsnoer, rofkas, rooilyn, skraaghout, stuc(co)werk, stukadoor, traseerder, trasering, troffel, verband, voeg, voegwerk, windbarsie, fondament

100. Boumateriaal

s.nw. steen, baksteen, siersteen, klinker, klinkersteen, kraagsteen, kleisteen, rousteen, holsteen, houtsteen, plaveiklinker, vloersteen, tiggelsteen (*ong.*), steenvorm, teël, asfaltteël, muurteël, badkamerteël, kombuisteël, vloerteël, terra-cottateël, beton, konkreet, aangemaakte beton, pantserbeton, slingerbeton, gasbeton, gewapende beton, sement, dagha, daghasement, afvaldagha, kalkdagha, kalksement, kalkpleister, asbessement, korrelbeton, lugdagha, lugsement, maer beton, maer dagha, fyndagha, trae sement, pleisterdagha, pleistersement, messelkalk, messelklei, gips, kalkgips, gruis, aaneengesmelte gruis, sand, bousand, pleisterdoek, pleistergaas, skroef, ysterskroef, houtskroef, tapskroef, timmerhout, wapeningstaal, bewapeningstaal, ysterdraad, asbesplaat, golfasbesplaat, riffelplaat, sink, sinkplaat, stucco, bekisting, verf, glansverf, kontrakteursverf, vernis, harpuisvernis, barnsteenvernis, witkalk, isolasiemateriaal, mastiek, mastik, terrazzo, tras, dakgording, dakkap, daklêer, dakpan, dakrib, dakspuier, dekgras, drabalk, drasuil, hardebord, houtpaal, fassie, fassieplank, bestek, hoeveelheidslys, bestekopnemer, hoeveelheidsopnemer, bourekenaar, kosterekenaar

101. Bouersgereedskap

s.nw. bouersgereedskap, messelgereedskap, skrynwerkersgereedskap, houtwerkgereedskap, handgereedskap, betonmenger, sementmenger, beurtmenger, mengdrom, mengblad, sementmengblad, daghamengblad, gietgeut, graaf, skopgraaf, graafmasjien, grondverskuiwingsmasjinerie, troffel, messeltroffel, vormstryktroffel, voegtroffel, pleistertroffel, messellyn, messelpen, sementbak, sementbord, pleisterbord, pleisterplank, gietlood, paslood, rei, reihout, afwerkgereedskap, waterpas, riglyn, teodoliet, steiering, stellasie, steierwerk, steier, bousteier, steierstruktuur, paal, steierbok, bok, hyskraan, boukraan, hysmasjien, stamper, kalkbrander, kalkoond, kalkput, koevoet, hamer, dryfhamer, disselnekhamer, voorhamer, beitel, sementbeitel, klipbeitel, vloerbeitel, warmbeitel, bikbeitel, gutsbeitel, boor, handboor, omslag, omslagboor, elektriese boor, boormasjien, hamerboor, afkantboor, eendebekboor, skroewedraaier, omslagskroewedraaier, tang, krombektang, eendebektang, skaaf, bankskaaf, handskaaf, ysterskaaf, saag, handsaag, elektriese saag, ystersaag, dolsaag, kettingsaag, boksaag, draaibank, winkelhaak, klamp, klampskroef, kwas, stopmes

G. HOEVEELHEID

a. VOLSTREKTE HOEVEELHEID

102. Hoeveelheid

s.nw. ***hoeveelheid,*** getal, desimale getal, afgeronde getal, afronding, gelyke getal, ongelyke getal, onewe getal, breuk, breukgetal, breukdeel, gedeelte, aantal, tal, talsterkte, getalsterkte, kwantiteit, telbaarheid, som, stel, hoegrootheid, maat, meetbaarheid, inhoud, inhoudsmaat, kwota, porsie, dosis, ruimtemaat, ruimte-inhoud, volume, massa, greep, stuk, stukkie, homp, trapsel, treksel
besondere hoeveelheid, 'n menigte, menigeen, 'n trop, 'n spul, 'n handvol, 'n wavrag, 'n rits, 'n paar, 'n tweetal, duo, beide, albei, drietal, trio, triade, triargie, trits, viertal, veertigtal, . . ., 'n stuk of tien, 'n stuk of twintig, . . ., tweevoud, veertigvoud, . . ., halfaam, alfaam, bottel, halfbottel, emmer, halfemmer, koppie, halfkoppie, lepel, halflepel, duisend, miljoen, halfmiljoen, rol, sak, sakvol, skep, sluk, sopie, stapel, dodetal, sterftesyfer

b.nw. numeriek, kwantitatief, telbaar, sesvoudig, negevoudig, honderdvoudig, . . ., tiendubbeld, onderskeie, troepsgewys, twaalfdaags, verskillend, afgerond

ww. tel, aftel, optel, bymekaartel, saamtel, reken, bereken, aftrek, vermenigvuldig, maal, deel, verdeel, verminder, vermeerder, bytel, desimaliseer, afrond, rantsoeneer, doseer, hou

bw. getalsgewys, paarsgewys, twee-twee, driedrie, . . ., in drieë, in viere, . . ., min of meer,

meer of min, in hoë mate, enigermate, dermate, hoeseer, ietwat, in hoever(re), partykeer, partymaal, so, sodanig, vry, tot 'n sekere punt, by benadering, ensovoorts, en so meer, wat dies meer sy, by die dag, by die maand, by die jaar

voors. tot

tw. een, twee drie, vier, . . ., al, alle, almal, elk(e), party, sommige, verskeie, baie, menige, soveel, hoeveel

uitdr. soos hare op 'n hond; gesaai lê; 'n mag der menigte; soos die sand van die see; geld soos bossies; geld soos water verdien; te kort skiet; soos die swart van my nael; net genoeg vir 'n hol tand; die vleispotte van Egipte

103. Min

b.nw. min, minder, minimaal, veels te min, bloedmin, bloedweinig, bietjie, gering, infinitesimaal, skraps, skraal, skamel, karig, gebrekkig, klein, knap, smalletjies, onvoldoende, ontoereikend, amper niks, niks, alleenstaande, arm, armoedig, bedroef, beskeie, bespotlik, bitter, dunnetjies, gematig(d), matig, spaarsaam, seldsaam, skaars, sober, swak, alleen, alleenstaande

s.nw. ***'n bietjie,*** 'n klein bietjie, minheid, minderheid, weinigheid, geringheid, kleinigheid, aks, minimum, matigheid, matiging, moderasie, soberheid, beperking, rantsoenering, kontinensie, beskeidenheid, iets, ietsie, karigheid, gebrek, skamelheid, skaarste, skraalte, seldsaamheid

klein hoeveelheid, grein(tjie), griesel(tjie), kriesel(tjie), handjievol (handjiesvol), handvol, snars, snarsie, sprank, sprankie, sweem, sweempie, hap, happie, klompie, knippie, knipsel, knypie, skeppie, skeut, skeutjie, korrel, korreltjie, krummel, druppel, mondjie, mondjievol, lek, leksel, lekseltjie, raps, rapsie, sikkepit, duit, sommetjie, sprankie, spulletjie, sweem, tikkie, tikseltjie, titseltjie, katspoegie, wies(i)ewasie, bloedgeld

bw. bietjie, bietjie-bietjie, bietjie vir bietjie, in geringe mate, ten minste, op sy minste, effe, effens, effentjies, lig, liggies, allermins, druppelgewyse, drupsgewyse, drup-drup, grootliks, man-alleen, nouliks, ternouernood

ww. minder maak, verminder, verdeel, aftrek, reduseer, verlaag, minimaliseer, rantsoeneer, beperk, besnoei, verklein, halveer; minder word, afneem, daal, sak, krimp

telw. min, weinig, enkele

uitdr. so skaars soos hoendertande; soos die swart van my nael; te kort skiet; net genoeg vir 'n hol tand

104. Baie

b.nw. baie, nie min nie, heelwat, talryk, talloos, oorvloedig, legio, volop, menige, menigerlei, honderdvoudig, duisenderlei, duisendvoudig, menigvuldig, meervoudig, veelvoudig, veelvuldig, veels te veel, te veel om op te noem, velerlei, rojaal, kwistig, oordadig, spandabel, uitspattig, buitensporig, ruim, ruimskoots, ryk, ryklik, aanmerklik, aansienlik, aardig, hooglopend; geweldig baie, massaal, ontelbaar, onmeetbaar, onmeetlik, onberekenbaar, onnoembaar, onnoemlik, onuitputlik, allemagtig, fameus, grenseloos, grensloos, kolossaal, mateloos, nameloos, oneindig, onhebbelik, ontsaglik, absoluut, groots, hoog, hemelhoog, hewig, hels, groot, grootskaals, grootskeeps; besonder, besonders, bomenslik, bowemenslik, danig, deerlik, diep, dik, dubbel, dubbeld, fel, flink, gedug, gekonsentreerd, gelaai, geweldig, ontsettend, goed, groterig, heel, hele, intens, intensief, kliphard, kniediep, oorstallig, pront, radikaal, rasend, sat, spesiaal, sterk, stewig, straf, uitbundig, verhewe, verregaande

s.nw. ***talrykheid,*** veelheid, meervoud, menigte, magdom, klomp, duisternis, oormaat, oordaad, konsentrasie, massa, wavrag, miernes, oneindigheid, onmeetlikheid, vermenigvuldiging, gros, berg, rits, reën, oorskot, oorstroming, skool, spul, swerm, swetterjoel, swetrioel, wemeling, wriemeling, toevloed, trop, wolk, boel, kaboedel, kaboel, boksendais, kwinteljoen

mensemassa, skare, massa, optog, massa-optog, leër, leërskaar, leërskare, legioen, see, maalstroom, toestroming, konsentrasie, wemeling, miriade (*ong.*), norring (*ong.*), drukte, oormag, gepeupel, volk, volkrykheid, nasie

rojaliteit, oordaad, spandabelrigheid, kwistigheid, buitensporigheid, uitspattigheid, vettigheid

bw. baie, baiekeer, baie keer, baiemaal, baie maal, uiters, heeltemal, tot en met, dubbel en dwars, hoogs, alte, alteveel, besonder, besonders, besonderlik, bitterlik, derjare, nogal, seer, so, soseer, veel, des te meer, meer en meer, op sy meeste, op sy allermeeste, op sy beste, op sy allerbeste, oor ***in die hoogste mate,*** met 'n hoë graad, aansienlik, danig, volop, driftig, volslae, besonder, intens, intensief, gedug, hewig, fel, vinnig, bitter, lelik, geweldig, met alle geweld, rasend, bomenslik, skandalig, barbaars, enorm, verdomp, ten seerste, uiters, hoogs, uitermate, vreeslik, verskriklik, skromelik, ongenadig, ontsettend, allerverskrikliks, onberekenbaar, oneindig, eindeloos, ongelooflik, iets ysliks, oorweldigend, vrek, bliksems (*plat*), moers (*plat*), fokken (*plat*), verduiwels (*plat*), hels (*plat*), heluit (*plat*)

ww. vermenigvuldig, vermeerder, verdubbel, aanteel, krioel, wemel, wriemel, oordóén, oorstelp, oorstroom, opskud, reën, swerm, toestroom, vul, kraak

telw. baie, talle, derduisende, duisend, heelwat, veel, verskeie

woorddeel hoog-, mega-, megalo-, oor-, super-, veel-

uitdr. male sonder tal; ad infinitum; en masse; te kus en te keur; die weduwee se kruik; in 'n japtrap; jou 'n boggel eet; Kretie en Pletie; met alle geweld; soos sand aan die see; ten seerste; tot oor die ore; 'n hele mondvol; 'n trop geld; opkom soos paddastoele; aanteel soos konyne; soos hare op 'n hond se rug; die land van melk en heuning; langs die vleispotte van Egipte sit

b. Betreklike hoeveelheid

105. Gelyk

b.nw. gelyk, gelykwaardig, eenders, eners, dieselfde, selfde, einste, ooreenstemmend, ooreenkomstig, gelyksoortig, soortgelyk, eenvormig, eensluidend, eendersluidend, enersluidend, gelykluidend, eenselwig, identiek, identies, versoenbaar, isochroon, isokroon, isochronies, isokronies, gebalanseer(d), geyk, half

bw. gelyklik, gelykelik, in 'n gelyke mate, eweveel, ewemin, net so veel, net so min, eenders

s.nw. gelykheid, soortgelykheid, gelyksoortigheid, homogeniteit, ooreenstemming, ooreenstemmendheid, eenvormigheid, eendersheid, identiekheid, identiteit, gelykvormigheid, ooreenkoms, uniformiteit, gelykmatigheid, ewematigheid, ewewig, ekwilibrium, isochronisme, isokronisme, gladheid, helfte, halfte

ww. gelykmaak, in ewewig bring, in ooreenstemming bring, pareer, ewenaar, teen mekaar opweeg

uitdr. vinkel en koljander; dis vinkel en koljander, die een is soos die ander; so lank as wat dit breed is

106. Ongelyk

b.nw. ongelyk, verskillend, teenstrydig, onversoenbaar

s.nw. ongelykheid, verskil, verskillendheid, andersheid, teenstrydigheid, onversoenbaarheid

bw. anders

ww. verskil

107. Meer

b.nw. meer, meerder(e), meeste, allermeeste, allergrootste, . . ., maksimaal, menige, menigerlei, aanvullend, addisioneel, bykomend, ekstra, oorbelas, toegevoeg, toenemend, inkrementeel, dubbel, dubbeld, duwweld, driedubbeld, vierdubbeld, drievoudig, tienvoudig, . . ., ingeslote, oorwegend, oorweënd, ruim, supplementêr, taamlik

s.nw. ***meerderheid,*** die grootste gros, meerderheidsgroep, meerderheidsparty, maksimum, piek, ekstreem, paroksisme, merendeel, miriade, ruimheid

vermeerdering, styging, toename, toeneming, eskalasie, amplifikasie, bevolkingsontploffing, reproduksie, aanwas, toeslag, uitbreiding, oorbelasting, verbreding, verbreiding, verdubbeling, verhoging, vermenigvuldiging, verruiming, aanwins, proliferasie, inkrement

toevoeging, byvoeging, aanvulling, aanvulsel, addisie, assumpsie (toevoeging), supplement, aanhangsel, addendum, bylae, byvoegsel

bw. asmede, bo(we), bowendien, daarbenewens, hierbenewens, hierby, hiermee, hoog-

stens, meer, meermaal, meermale, mees, nog, tegelyk, uiters, verreweg, voor, hoe langer hoe meer, des te meer, eens soveel, soveel te meer, meer en meer

ww. vermeerder, toeneem, aangroei, aanswel, eskaleer, verdubbel, vermenigvuldig, aanvul, verdriedubbel, . . ., verviervoudig, . . ., vergroot, verhoog, verruim, belaai, oorbelaai, groei, ophoop, oploop, redupliseer, reproduseer, aanwas, ingroei, insluit, intensiveer, invoeg, byvoeg, supplementeer, klim, styg, verbreed, verdiep

voors. in, newens, benewens, bo(bowe), daarenbowe

woorddeel meer-, oor-

108. Minder

b.nw. minder, minimaal, miniskuul, minste, kort, beperk, reduseerbaar, restriktief, begrens, gewoonweg, sinopties, slytend, summier

s.nw. ***minderheid,*** minimum, minoriteit, minste, beperking, beperktheid, restriksie, drempel

vermindering, besnoeiing, beperking, aftrekking, inkorting, rantsoen, rantsoenering, reduksie

afname, slytasie, slyting, verflouing, verlaging, verslapping

bw. minstens, ten minste, op sy minste, louter, altans, slegs, alleen, enkel en alleen, managalleen, blootweg, kortliks, baster, skaars, tewens, kortom, eindelik, ten slotte

ww. verminder, beperk, besnoei, snoei, begrens, afkry, aftrek, afbring, inkort, verlaag, rantsoeneer, reduseer, matig, verlig, versag, verslap, minimaliseer; afgaan, afneem, eb, daal, inkrimp, afvloei, leegloop, sak, slink, slyt, taan, val, verflou

woorddeel onder-

c. Deel en geheel

109. Alles

b.nw. heel, geheel, algeheel, totaal, algenoegsaam, allesomvattend, alomvattend, vol, gelykvol, propvol, stampvol, stikvol, tjokvol, tot barstens toe vol, gevul(d), heel, hele, volledig, volkome, kompleet, volmaak, perfek

s.nw. alles, almal, iedereen, altwee, al twee, die hele kaboedel, die hele kaboel, die hele sissewinkel, gevuldheid, invulling, invulsel, santekraam, totaal, volheid, volte

bw. altesaam, altesame, heeltemal, al, volkome, geheel en al, ten volle, in alle opsigte, totaal, volslae, absoluut

ww. vul, volmaak, volpomp, volstop, . . ., invul, vervul, drenk, prop, inprop, opprop, opstop, stop, toesit, toestop

telw. al(le), elk(e), albei, al drie, . . .

uitdr. deur die bank; die alfa en die omega; die hele boksendais; glad en al; huidjie en muitjie; Jan, Piet en Klaas; Jan en alleman; kant en wal; Kretie en Pletie; met man en muis; tot oorlopens toe vol; op-en-top; tot barstens toe; tot die laaste sent; van stukkie tot brokkie; voor die voet

110. Niks

b.nw. blanko, leeg, leërig, dolleeg, gedaan, hol, holklinkend, hollerig, uitgeput, vakant, vry

s.nw. niks, geen greintjie, geen duit, niemand, geen lewende siel, nul, geen steek nie, vakuum, leegte, holheid, holligheid, lediging, nullyn, nulstreep, uitputting; fokkol (*plat*)

bw. blank, op, niemandal (*ong.*), nie die minste nie

ww. ledig, leegloop, leegmaak, leegstaan, . . ., opraak, ruim, uitput, uitraak, uitgooi, uitpomp, uitsuig, uitsuie, . . ., vrylaat

voors. sonder

telw. geen, nul

voegw. nóg . . . nóg

woorddeel op-

uitdr. geen siertjie nie; in vacuo; geen jota (of tittel); kind nog kraai hê; nie kop of stert van iets uitmaak nie; daar kom boontjies van; daar sal kaiings van kom; geen kat se kans nie; nie 'n klap werd nie; net so min as die man in die maan; geen steek nie; nie 'n vingerbreedte afwyk/toegee nie

111. Geheel

s.nw. ***eenheid,*** geheel, aggregaat, ensemble, totaal, individu, indiwidu, totaliteit, vervollediging, geïntegreerdheid, integrasie, volledigheid, volmaaktheid, volmaakte, vervolmaking

slotsom, oorsig, samevatting, kompendium, sinopsis, sintese, kwintessens, opsomming, gevolgtrekking

b.nw. heel, hele, gans, ganske, totaal, onverdeel(d), geïntegreer(d), volkome, volledig, volmaak, volslae, volstrek, heelhuids, finaal, globaal, integraal, integrerend, kompleet, landswyd, lank-uit, ongeskonde, pandemies, puur, radikaal, samehangend, sinteties, totalitêr, vol, voltallig

ww. heel, heelmaak, voltooi, konstrueer, opbou, saamstel, saamflans, saambind, saamvoeg, . . ., vervolledig, vervolmaak, rekonstitueer, resumeer, saamvat, opsom

bw. heeltemal, geheel, geheel en al, allesins, glattendal, ten enemale, in alle opsigte, in toto, kompleet, opsluit, op-en-top, per slot van rekening, skoon, volledigheidshalwe, voluit, dwarsdeur, sonder voorbehoud, ten volle

woorddeel heel-, pan-, saam-

uitdr. in extenso; in summa; met geur en kleur; (met) pens en pootjies; van A tot Z; van kop tot toon/tone

112. Deel

s.nw. ***deel,*** deeltjie, partikel, driedelig, sesdelig, . . ., gedeelte, voorste gedeelte, agterste gedeelte, middelste gedeelte, afdeling, komponent, hoofdeel, onderdeel, konstituent, part, toebehoorsel, toebehore(ns), onderverdeling, afdeling, module, bestanddeel, grondbestanddeel, ingrediënt, grondstof, boustof, boumateriaal, stuk, stukkie, fragment, fraksie, geleding, segment, segmentasie, seksie, sektor, besonderheid, besonderhede, hoofsaak, aspek, detail, faset, komplement, aandeel, leeueaandeel, hoeveelheid, kwota, klomp, meerderheid, minderheid, minoriteit, helfte, halfte, halwe, regterhelfte, linkerhelfte, regterkant, linkerkant, regtervleuel, linkervleuel, . . ., kwart, agste, . . ., paaiement, lid, lidmaat, spanlid, spanmaat, bloed (nuwe, ou bloed in 'n span), wederhelfte, moot, strook, hap, porsie, grein, korrel, krummel, klont, kluit, klodder, knipsel, skerf, skilfer, spaander, flarde, flardes, flenter, flenters, flerts, fraiing, rafel, toiing, toiinkie, uitskot, afval

verdeling, onderverdeling, geleding, geleedheid, skeiding, halvering, partisie, splitsing, uittreksel, versplintering, verbrokkeling

b.nw. gedeeltelik, geleed, vierdelig, vyfdelig, tiendelig, honderddelig, . . ., modulêr, gesegmenteer(d), segmentaal, aspektueel, fragmentaries, gedetailleer(d), half, halfweg, komplementêr, korrelrig, krummelrig, skilferagtig, skilferig, klonterig, kluiterig, toiingrig, relatief, gradueel, rudimentêr, segmentvormig, sentesimaal, tienpotig, isomeer, isomeries; deelbaar, verdeelbaar, splitsbaar, skeibaar

ww. deel, verdeel, opdeel, splits, split, segmenteer, skei, halveer, gelykop verdeel, indeel, herindeel, onderverdeel, versnipper, versplinter, verbrokkel, aftak, atomiseer, gradueer, uittrek

bw. deels, ten dele, deelsgewys, grotendeels, merendeels, onder andere, klompiesgewyse, paaiementsgewys(e), stukgewys(e), met stukkies en brokkies, stuk-stuk, stukkie vir stukkie, andersyds, origens, owerigens, verreweg, wyders, enersyds . . . andersyds, aan die een kant . . . aan die ander kant

voors. daarvan

woorddeel deel-, semi-, demi-, -delig, -voudig

uitdr. met geur en kleur

113. Enkelvoudig

b.nw. enkelvoudig, eenvoudig, ongekompliseerd, haploïed, homogeen, eenarmig, eensydig, . . ., allenig

s.nw. enkelvoudigheid, eenheid, eenvoud, eenvoudigheid, ongekompliseerdheid, homogeniteit, vereenvoudiging

bw. net, opsy

ww. vereenvoudig, homogeniseer

114. Saamgesteld

b.nw. saamgestel(d), samegestel(d), meerdelig, driedelig, . . ., veelvlakkig, vertak, driehoofdig, drieledig, . . ., drievoudig, . . ., meervoudig, gelaag, gregaries, heterogeen, hibridies, tweedubbel(d), tweeduwwel(d), . . ., tweeslagtig, . . ., vyfvoetig, . . ., kompleks, gekompliseer(d), ingewikkel(d), dubbelsinnig, bymekaar

s.nw. samestelling, saamgesteldheid, heterogeniteit, meerdeligheid, driedeligheid, . . ., netwerk, samestel, kompleks, kompleksiteit, besonderhede, dualisme, dubbelheid, gekompliseerdheid, ingewikkeldheid, dubbelsinnigheid

ww. bestaan, saamstel, bou, inmekaarsit, bymekaarvoeg, saamvoeg, byeenvoeg

woorddeel dubbel-

d. Te veel en te min

115. Genoeg

b.nw. genoeg, oorgenoeg, genoegsaam, alleen, toereikend, voldoende, adekwaat, ruimskoots, volop

s.nw. toereikendheid, balans, voldoendheid, adekwaatheid

ww. volstaan, rondkom, toereik, uitkom, daarlaat, binne perke bly

tw. so ja!

uitdr. met iets volstaan; wat genoeg is, is genoeg; genoeg is oorvloed

116. Te veel

b.nw. te veel, te baie, oorgenoeg, oorvloedig, oorbodig, oorvolledig, oormatig, oortollig, orig, oorblywend, oordrewe, oordrywend, oordadig, buitensporig, resterend, swart, volop

s.nw. ***oorvloed,*** oormaat, oormatigheid, oorbodigheid, oortolligheid, overdaad, oordaad, vermorsing, weelde, oorontwikkeling, oorgewig, . . ., boel
surplus, oorblyfsel, oormaat, oorproduksie, oorskiet, res, residu, restant, oordrywing, oorvrag, toeslag, wrak

bw. gans, gansegaar, te, ultra, oor

ww. oorproduseer, oorwoeker, oorvoed, . . ., oorbly, oordryf, oordrywe, te buite gaan, ooreis, oorhê, oorhou, oorlaat, oorskiet, opblaas, swelg, toevloei, vergeet

woorddeel hiper-, oor-, ultra-

uitdr. die perke oorskry; jou oorhoeks werk; jou teë drink/eet aan; swelg in oorvloed; te breed aanvoor; te ver gaan; 'n bietjie/baie meer afbyt as wat jy kan kou

117. Te min

b.nw. te min, weinig, kort, ondervoorsien, onvoldoende, ontoereikend, ongenoegsaam, skamel, gebrekkig

s.nw. tekort 687, 690, gebrek, ondervoorsiening, ontoereikendheid, bietjie, gaping, agterstand, hiaat, leegte, leemte, lakune, skamelheid, voedselskaarste, waternood, waterskaarste, suurstofgebrek, gemis

ww. ontbreek, skort, te kort kom, te kort skiet, tekortskiet, te kort doen

H. BEREKENING

a. Meting

118. Vergelyking

s.nw. vergelyking, vergelykbaarheid, betrekking, komparatief, parallel, standaard, ooreenkoms, verskil, teenstelling, teëstelling, variëteit, konfrontasie

b.nw. vergelykbaar, vergelykend, parallel, voorbeeldeloos, ooreenkomstig, verskillend

ww. vergelyk, opweeg, konfronteer, deurstaan, 'n vergelyking tref

bw. so, sowel, vergelykenderwys

voors. naas, teen, teenoor, in vergelyking met, vergeleke met, vergeleke by, met betrekking tot, in teenstelling met, in stryd met

woorddeel olie-, parallel-

uitdr. dis vinkel en koljander (die een is soos die ander)

119. Teenstelling

s.nw. teenstelling, pool, opposisie, kontras, onverenigbaarheid, onversoenbaarheid, teenstrydigheid, teenoorgesteldheid 9

b.nw. teenstellend, teenoorgesteld, onverenigbaar, onversoenbaar, teenstrydig, uniek

ww. stel teenoor, kontrasteer, opponeer

bw. daarenteë, daarenteen

voors. teenoor, daarteenoor

woorddeel para-

uitdr. sonder weerga

120. Onderskeid

s.nw. onderskeid 9, onderskeiding, kontras, herkenning, herkenbaarheid, identifikasie, diskriminasie

b.nw. onderskeidelik, onderskeidend, onderskeibaar, herkenbaar, kenbaar, identifiseerbaar, identifiserend, respektief

ww. onderskei, herken, uitken, uitwys, eien, identifiseer, diskrimineer, kontrasteer

bw. respektiewelik, respektieflik

voors. ter onderskeiding van

uitdr. die skape van die bokke skei

121. Verwarring

s.nw. ***verwarring,*** chaos, ordeloosheid, deurmekaarspul, wanorde, wanordelikheid, warboel, pandemonium, gemors, knoeiery, knoeiwerk, knoeispul
anargie, chaos, wanorde, wanordelikheid, bandeloosheid, wetteloosheid, pandemonium, opskudding, rumoer, oproer, rebellie, rewolusie, revolusie, verskrikking, malheid
twyfel, verwarring, verwardheid, onsekerheid, tweestryd, verbasing, verdwaasdheid, ontreddering, duisternis

b.nw. verwarrend, chaoties, deurmekaar, ordeloos, wanordelik; bandeloos, wetteloos, anargisties, rewolusionêr, revolusionêr; vertwyfeld, verward, ontredder(d), onseker, verbaas, verdwaas

ww. verwar, verdwaas

uitdr. 'n Babelse verwarring; 'n miernes oopskop

122. Bereken

ww. bereken, reken, uitwerk, uitreken, vooruitreken, voorreken, verreken, bepaal, vooruitbepaal, tel, aftel, optel, aftrek, maal, deel, verdeel, onderverdeel, die vierkantswortel trek, meet, afmeet, opmeet, uitmeet, syfer, uitsyfer, versyfer, besyfer, raam, beraam, bepaal, vasstel, afpeil, afsteek, begroot, afpaar, trek, skat, raai; beloop, bedra, uitmaak; standaardiseer, justeer, yk

s.nw. ***berekening,*** meting, afmeting, bepaling, verdeling, onderverdeling, versyfering, gradering, rekene, raming, beraming, skatting, oogskatting, waarskynlikheidsrekening, begroting, biometrie, graadverdeling, snelheidstoets, rekenfout, rekenkunde; syfer, syfers, statistiek, graad
maat, metrieke maat, gewigsmaat, lengtemaat, ondermaat, oormaat, goudwaarde, oogmaat, gradiënt
rekenaar, sakrekenaar, optelmasjien, abakus, telraam, rekenlat, rekenliniaal, rekenmasjien, rekenboek, rekenraam, skuifliniaal, skuifpasser, meetinstrument, maatband, maatlint, maatlyn, meter, meteropnemer
standaardisasie, standaard, standaardomskrywing, nullyn, nulstreep, yking, justering, yker, ykmeester, ykgewig, proefgewig, standaardmaat, ykmaat, ykgereedskap, ykwese

b.nw. berekenbaar, rekenkundig, bepaalbaar, telbaar, verdeelbaar, meetbaar, geskat(te), begroot, begrote, metriek, geyk(te), gestandaardiseer(d)(e)

123. Meet

ww. meet, afmeet, opmeet, uitmeet, nameet, peil, afpeil, aftree, kalibreer, afjaart, grond, vasstel, 'n maatstaf aanlê, justeer, landmeet, opneem, doseer, metriseer

bw. afgemete, grootliks

s.nw. ***meting,*** afmeting, opmeting, uitmeting, hoekmeting, bepaling, opname, peil, peiling, kalibrasie, vasstelling, afstandsbediening, graad, gradasie, kriterium, justering, dieptemeting, lengtemeting, afstandsmeting, gewigsmeting, massameting, volumemeting, . . ., dieptebepaling, lengtebepaling, gewigsbepaling, . . ., landmetery, landmeting, skaalverdeling, hellingbepaling, bloedtelling; meetkunde, landmeetkunde, landmeter, meteropnemer, metrologie, metrologies, hidrometrie, oudiometrie, biometrie; opmetingsafdeling, opmetingsdiens
maat, metrieke maat, Britse maat, maateenheid, standaard, maatstaf, formaat, kaliber, standaardmaat, standaardgrootte, standaardlengte, standaardbreedte, . . ., metrikasie, metrisering, herhalingsdesimaal, hoeveelheidsnaam
lengte, afstand, breedte, lengte-eenheid, mikron, millimeter, sentimeter, desimeter, meter, kilometer, dekameter, hektometer, duim, voet, voetmaat, jaart, myl, seemyl, roede, furlong, hand, stapel, kabellengte, steenworp
diepte, vaam, vadem, watervlak
oppervlakte, vierkante voet, vierkante meter, . . ., acre, acrevoet, akker, hektaar, morg, morgvoet, landmaat, grootsirkel, folioformaat, A3-formaat, skryfblokformaat
volume, inhoud, massa, gewig, ons, pond, ton, milligram, sentigram, gram, kilogram, dekagram, hektogram, koringmaat, sak, mud, mudsak, boesel, skepel, skepelmandjie, gallon, gelling, milliliter, liter, desiliter, kiloliter, dekaliter, hektoliter, dosis, alfaam, dopmaat, okshoof, anker, fles
krag, krageenheid, arbeidseenheid, kilogramkrag, gram-sentimeter, gram-sentimetergrootte, newton, perdekrag
energie, watt, kilowatt, hektowatt, mega-

watt, joule
elektrisiteit, ohm, milli-ampère, ampère, ampèregetal, kilowatt, volt, millivolt, kilovolt, voltampère, farad, gauss, henry
tyd, sekonde, uur, parsek; myl per uur, kilometer per uur, mach, knoop
desibel, bel (geluidsterkte), foon, herz, megaherz
ligeenheid, kerskrag, kers, kerssterkte, diopter, stilb (helderheid), dioptrie
warmte-eenheid, graad, Celsius-graad, Fahrenheit-graad, kalorie, kilokalorie, pascal, kilopascal, baar, millibaar, kilobaar, kelvin, curie (radioaktiwiteit)
meetinstrument, meter; lengtemeter, liniaal, skuifliniaal, duimstok, maatstok, meetband, maatlyn, maatband, meetketting, meetkoord, meetlint, meetlood, meetlyn, meetsnoer, meetlat, meetstok, meetwiel, hoekmeter, afstand(s)meter, tageometer, tagimeter, siklometer, telemeter, tellurometer, landmetersketting, meetketting; hoogtemeter, altimeter, hipsometer, skietlood, helling(s)meter, klinometer; dieptemeter, dieplood, meetlood, peillood, peilstok, sinklood; maatemmer, maatfles, maatglas, doseerlepel, doseerspuit; digtheidsmeter, densimeter, dilatometer; stralingsmeter, bolometer; spoedmeter, tagometer, gatsometer, machmeter; ligmeter, fotometer; termostaat, koorspen(netjie); skaal, hidrometer; ammeter, aërostaat, gasmeter, graadnet, oudiometer, radar, radarinstellasie, radarstasie, radartoestel, sensor, skaal, spanningsmeter, stoommeter, waterpas, werplood, wys(t)er; metingstelsel, c.g.s.--stelsel, metrieke stelsel, Britse stelsel

b.nw. afgemete, metriek, onmeetbaar, peilloos, rasionaal, telemetries, termies

woorddeel milli-, senti-, deka-, kilo-, hekto-, mega-, termo-, hidro-, teli-, alti-

124. Weeg

ww. weeg, inweeg, oorweeg, afweeg, deurslaan, wik

s.nw. ***gewig,*** standaardgewig, teengewig, gewigsgrens, massa, soortlike gewig, soortlike massa, tarra, watermassa, weegbalans, balans, weging, weegbaarheid, gewigloosheid, leeggewig; barologie, gewigsleer
weegskaal, skaal, trekskaal, veerskaal, kombuisskaal, babaskaal, weegbrug, weeghaak, unster, weegstoel; balk, hand, hefboom, juk, gewig, gewiggie, skrupel, wyser
gewigsmaat, gewigseenheid, milligram, gram, kilogram, dekagram, ons, fynons, pond, ton, registerton, kwintaal, sentenaar, grein, avoirdupois, grammolekule, honderdponder, dooi(e)gewig, skaal, karaat, denier, talent

b.nw. weegbaar, onweegbaar, gewigloos, kwintaal

uitdr. in die weegskaal wees

125. Tel

ww. tel, aftel, optel, uittel, bytel, saamtel, natel, meetel, reken, bereken, uitreken, omreken, meereken, nareken, voorreken, verreken, syfer, nasyfer, kodeer, interpreteer, invoer, justeer, kompileer, vertaal

s.nw. getal, veranderlike, telling, rekening, berekening, omrekening, syfering, versyfering, kodering, grootheid; teller, telapparaat, telmasjien, rekenaar, rekenmasjien, telraam, abakus, kasregister

b.nw. getel(d), ongetel(d), telbaar, ontelbaar, talloos

126. Skat

ww. skat, takseer, beraam, raam, reken, bepaal, opmaak, begroot, prys, waardeer, ag, evalueer, kos, indekseer, raai, gis, vermoed, dink

bw. ongeveer, omtrent, by benadering, na beraming, na skatting, na wat vermoed word, plus-minus, min of meer, amper, ampertjies, so te sê, net-net, bykans, byna, byna--byna, naastenby, nagenoeg, sowat, 'n rapsie minder/meer as, om en by

s.nw. ***skatting,*** berekening, benadering, beraming, raming, appresiasie, taks, taksering, taksasie, taksateur, indeksering, waardasie, waardebepaling, waardering, waardeerder, kosteraming, kosterekenaar, raai, raaiwerk, gissing
waarde, geld(s)waarde, inruilwaarde, verkoopwaarde, sigwaarde, markwaarde, klandisiewaarde, duurte, relatiewe waarde, persent, persentasie; prys, kosprys, fabrieksprys, groothandelprys, kleinhandelprys, winkelprys, markprys, inkoopprys, koopprys, koopsom, verkoopprys, verkoopsom, tarief, voorkeurtarief, insetprys,

insitprys, rigprys, topprys, lopende prys, markprys, lopende koers, markkoers, billike prys, fantasieprys, intekenprys, kontrakprys, katalogus, pryslys, prysnotasie, prysnotering, pryskoers, prysbevriesing, prysverskil, minimum, maksimum, limiet; mark, prysbepaling, tarieweoorlog, tribuut

b.nw. skatbaar, persentueel, duur, goedkoop

voors. na aan, teen

woorddeel naas-

uitdr. iemand/iets na waarde skat; waarde aan iets heg; waar jou skat is, daar sal jou hart wees

127. Tydbepaling

s.nw. tyd, tydperk, tydvak, tydkring, tydbepaling, tydmeting, tydaanwysing, tydreëling, tydrekening, Juliaanse tydrekening, chronologie, kronologie, chronometrie, kronometrie, datering, voordatering, dagen-nagewening, klokslag, datum, aanvangsdatum, sluitingsdatum, sperdatum, fotoperiode, fotoperiodisme, sekonde, minuut, uur, tienuur, twaalfuur, . . ., dag, Maandag, Dinsdag, Woensdag, . . ., dagbreek, dageraad, daeraad, daglengte, daglumier, môre, more, oggend, middag, voormiddag, middagbreedte, noen, namiddag, aand, nag, voornag, nanag, sonsondergang, spitstyd, spitsuur, skemeruur, skemeraand, skemerdag, skemertyd, slaaptyd, slapenstyd, week, naweek, maand, skrikkelmaand, Januarie, Februarie, Maart, . . ., jaar, jaartelling, kalenderjaar, skrikkeljaar, leerjaar, akademiese jaar, skooljaar, kerkjaar, jaarkring, jaartal, jaarwisseling, Oujaar, Nuwejaar, Kerstyd, Kersfees, Paastyd, Paasfees, Paasnaweek, ultimo, kwartaal, semester, trimester, dekade, desennium, jaarhonderd, jaarduisend, lente, somer, herfs, winter, somerdag, someraand, somermaand, somermôre, somermore, someroggend, somertyd, winterdag, . . ., sonsirkel, sportseisoen, ***almanak,*** muurkalender, sakalmanak, skeurkalender, verjaardagkalender, kantooralmanak, staanalmanak, tydtafel, getytafel, tydkaart, idus; tydhouer, tydopnemer

b.nw. chronies, kronies, chronologies, kronologies, daags(e), daglange, dagoud, weekoud, jaaroud, somers, daagliks, daeliks, weekliks, maandeliks, jaarliks, halfdaagliks, halfweekliks, halfjaarliks, vroeg, laat, sewedaags, sesmaandeliks, sewejaarliks, sewejarig, Juliaanse

ww. dateer, postdateer, terugdateer, voordateer, dagteken, klok, verjaar

bw. voor, agter, oordag, oornag, sononder, sonop, teen sononder, teen volgende maand, anno, anno Domini, vandag, vanmôre, vanmore, vanoggend, vanmiddag, vanaand, môre, more, oormôre, oormore, oor-oormôre, ooroormore, gister, eergister, naaseergister, smôrens, smorens, smiddae, vroegaand, snags, vandeesweek, vandeesmaand, vanjaar, volgende jaar, verlede jaar, ante meridiem, post meridiem, na ete, om agtuur, . . ., teen sesuur, teen ses, . . .

lw. deser

voors. op, teen, voor, na, gedurende, tydens, in die loop van, met ingang van

uitdr. die son staan laag; die son trek water; klokslag vyfuur; . . .; voor my tyd; in die vroegte; met die hoenders gaan slaap

128. Chronometer

s.nw. horlosie, oorlosie, polshorlosie, kwartshorlosie, digitale horlosie, elektriese horlosie, outomatiese horlosie, kombuishorlosie, radiumhorlosie, sakhorlosie, sakoorlosie, slaghorlosie, slagoorlosie, uurglas, uurwerk, tik-tak, wekker, radiowekker, chronometer, kronometer, chronometrie, kronometrie, chronograaf, kronograaf, chronoskoop, kronoskoop, stophorlosie, klok, staanhorlosie, hangklok, toringklok, koekoekklok, sonnewyser, sandlopertjie; sekondewys(t)er, minuutwys(t)er, uurwys(t)er, datumwyser, horlosieketting, oorlosieketting, horlosieveer, oorlosieveer, pendule, slagveer, slagwerk, slinger, snekrat (horlosie), spiraalveer, tandrat, tandwiel, voorwerk, wys(t)er, wys(t)erplaat, anker, balans, glas, horlosieglas, oorlosieglas, klokkas, klokslag, klokstoel; horlosiemaker

b.nw. chronometries, kronometries

ww. gaan, staan, loop, opwen, opwin, voorloop, tyd verloor, tyd wen, tik, tik-tak, lui, wek

129. Bepaaldheid van die berekening

b.nw. bepaald, duidelik, omlyn, reg, korrek, akkuraat, juis, presies, noukeurig, raak, aksenawel, vasgestel(d), gedetermineer(d), ge-

wis, klinkend, minisieus, nimlik, pront, sekuur, skerp, spesifiek, stip, treffend, bestem, volledig, voltallig

s.nw. bepaaldheid, duidelikheid, akkuraatheid, juistheid, presiesheid, presisie, noukeurigheid, gegewe, meesterplan, vastheid; bepaling, vasstelling, omskrywing, beslissing, spesifikasie, stipulasie, stipulering, definisie, berekening, vooruitbepaling; hierdie, daardie, dieselfde, ek, jy, u, hy, sy, dit, ons, julle, hulle, myne, joune, syne, hare, ons s'n, julle s'n, hulle s'n

bw. apropos, juistement, kompleet, nou, duidelikheidshalwe, heeltemal, op die sekonde, op die minuut, ten nouste, met die volle totaal

ww. bepaal, vasstel, omskryf, neerlê, beslis, spesifiseer, stipuleer, definieer, bereken, vestig, vooruitbepaal, destineer

lw. die

uitdr. gewis en seker; volgens die letter van die wet

130. Onbepaaldheid van die berekening

b.nw. onbepaald, vaag, onseker, onduidelik, onhelder, onakkuraat, inakkuraat, benaderd, geskat(te), onbekend 7, algemeen, flou, globaal, half, klein, moontlik, verwarrend, dubbelsinnig, onlogies, illogies, misleidend, ongedefinieer(d), verkeerd, foutief

s.nw. vaagheid, onduidelikheid, onsekerheid, onbekendheid, onnoukeurigheid, onakkuraatheid, grensgeval, randgeval, fout; ieder, iemand, iets, wie

bw. omtrent, ongeveer, rofweg, om en by, grofweg, byna, amper, hittete, feitlik (byna), nouliks, by benadering, naaste(n)by, nagenoeg, ruweg, so te sê, sowat, min of meer, nerfskeel, net-net, omstreeks, pas, stryks, vervas, voetstoots, vrywel

ww. afneem, kortkom, ontbreek, te kort skiet

lw. 'n

uitdr. op ('n) nerf na; op die kantjie af; 'n ieder en 'n elk; 'n stuk of tien; dit was so hittete; dit was naelskraap

131. Munt

s.nw. ***munt,*** muntstuk, munteenheid, muntgeld, geld, kontant, kontantgeld, kleingeld, koper, kopergeld, pasgeld, pasmunt

geldstuk, muntstuk, munt, goudstuk, kopkant, kruis, legende, muntstempel, omskrif, randskrif, kabelrand

geldstelsel, muntstelsel, munteenheid, geldeenheid, geldstandaard, goudstandaard, muntwaarde, inflasie, deflasie, goudreserwe, koers, goudvoorraad, goudprys, defleksie, devaluasie, deviesgeld, geldvoorraad, geldomloop, geldsirkulasie, gesigswaarde

geldsoort, muntspesie; ghienie, oortjie, oulap, pennie, penning, stuiwer, trippens; papiergeld, geldnoot, noot, banknoot, biljet; geldmunt, goudstuk, silwermunt, silwerstuk, nikkelmunt, kopergeld, koperstuk; groot geld, kleingeld, sakgeld, spandeergeld, los geld

munt, muntmeester, pasmunt, muntgereedskap, muntmateriaal, proefmunt

numismatiek, numismatikus, penningkunde, muntkunde

geldeenheid,[1] afghani (Afghanistan); cordoba (Nicaragua); daalder, riksdaalder, gulden (Nederland); dinar (Algerië); dollar; dragme (Griekeland); dubbeltjie; duit; dukaat; escudo (Portugal); floryn (Holland); frank; halfkroon; kroon (Noorweë); kwacha (Malawi); lek (Albanië); lew, lev (Bulgarye); lire (Italië); mark, markka (Finland); mark, pfennig (Duitsland); peseta, duro, escudo, reaal (Spanje); peso (Argentinië); peso (Colombië); piaster, peso, centavo (Mexiko); pond, sjieling; rand, sent; roebel, kopek (Rusland); roepee (Ceylon); sikkel; skelling; sol (Peru); solidus; spesie; stater; sterling; tael, renminbi, jao, jau, fen (China); talent; yen (Japan); zloty (Pole)

b.nw. gemunt, ongemunt, inflasionêr, inflasionisties, kontant, monetêr, numerêr, numismaties, penningkundig, baar (geld), gangbaar

ww. munt, 'n munt slaan, in omloop bring, demonetiseer, devalueer, revalueer, wissel, afstempel

b. Wiskundige berekening

132. Wiskunde

s.nw. wiskunde, matesis, rekenkunde, hoofrekene, hoofrekening. hoofrekenkunde, proefrekene, handelsrekene, infinitesimaal-

---

[1] Die klem val hier op die name van geldeenhede. Waar nodig, word die name van lande waar hierdie eenhede voorkom vermeld. Hierdie inligting maak egter geen aanspraak op volledigheid nie.

rekene, integraalrekene, suiwer wiskunde, toegepaste wiskunde, calculus, getalleleer, getalleteorie, kansleer, versamelingsleer, statistiek, wiskundige statistiek, meetkunde, geometrie, stelkunde, algebra; wiskundige, matematikus, rekenkundige, rekenmeester, statistikus, meetkundige, stelkundige

b.nw. wiskundig, matematies, rekenkundig, algebraïes, meetkundig, geometries

ww. reken, interpoleer, kollasioneer, reduseer

133. Getalle

telw. nul, nulpunt, zero, een, twee, drie, . . ., tien, twaalf, dertien, veertien, . . ., neëntien, negentien, twintig, dertig, veertig, . . ., neëntig, negentig, honderd, eenhonderd, honderd-en-een, honderd en een, tweehonderd, tweehonderd-drie-en-twintig, tweehonderd drie en twintig, duisend, eenduisend, tweeduisend, tweeduisendeenhonderd, . . ., honderdduisend, eenhonderdduisend, tweehonderdduisend, . . ., miljoen, eenmiljoen, tweemiljoen, . . ., biljoen, miljard, triljoen, kwadriljoen, kwinteljoen; eerste, tweede, derde, vierde, . . ., neënde, negende, elfde, twaalfde, . . ., twintigste, dertigste, . . ., neëntigste, negentigste, honderdste; agste, kwart, half, driekwart, een derde, drie agstes, . . .; twaalf, dosyn, ses, halfdosyn, honderd-vier-en-veertig, honderd vier en veertig, gros, sewe, die volmaakte getal, dertien, die ongelukkige getal, astronomiese getal; beide, albei, al drie, al, elk; sommige, party, min, baie

s.nw. ***getal,*** syfer, syfergetal, integer, hoofgetal, kardinaal, aantal, getal(s)waarde, numeriese waarde, heelgetal, gelyke getal, ronde getal, ongelyke getal, afgeronde getal, afgeronde syfer, desimale getal, desimale syfer, konstante, grondgetal, atoomgetal, priemgetal, reduksie, reduksiegetal, reduksietafel, hoeveelheid, totaal, groottotaal, res, resgetal; tweetal, drietal, twintigtal, honderdtal, . . ., tweevoud, drievoud, bis, dosyn, gros, reeks, grootheid

nommer, getal, getalteken, tafelnommer, telefoonnommer, straatnommer, . . .

heelgetal, heeltal, getal, faktor, integer, veelvoud, drievoud, viervoud, grootste gemene deler, dubbeltal, ondeelbare getal

breuk, breukgetal, gewone breuk, noemer, teller, aks, desimale syfer, halwe, half, driekwart, een derde, drie agstes, . . .

ledetal, sieletal, stemmetal, dodetal, oktaangetal, trillingsgetal, toeretal, toeretelling

b.nw. numeries, ordinaal, kardinaal, positief, reëel, rond, ewe, gelyk, onewe, ongelyk, romeins, sentesimaal, isomeries, statisties; heel, heeltallig, afgerond, dubbel, veelvoudig, tweevoudig, viervoudig, viertallig, vyftallig; gebroke, half, anderhalf

ww. tel, afrond, benader, vereenvoudig, isomeriseer

bw. tweedens, twee-twee

woorddeel mono-, bi-, desi-, senti-, hepta-

134. Getalstelsel

s.nw. getalstelsel, skaal, viertallige stelsel, vyftallige stelsel, . . ., desimalisasie, desimaalstelsel, desimaalteken, desimaalpunt, desimale punt, getal(s)waarde, radiks, skaal, hoofgetalle, ranggetalle

b.nw. binêr, vierdelig, viertallig, desimaal

135. Verhouding

s.nw. verhouding, betrekking, gelyke verhouding, gelykheid, identiteit, ongelykheid, verskil, omgekeerde verhouding, ratio, verband, eweredigheid

b.nw. betreklik, gelyk, identies, dieselfde, ongelyk, verskillend, eweredig

ww. in verhouding bring, in verhouding stel, gelykmaak

bw. na verhouding, in verhouding tot

136. Eweredigheid

s.nw. eweredigheid 8, 10, rekenkundige eweredigheid, omgekeerde eweredigheid, reël, reëlmaat, reëlmatigheid

b.nw. eweredig, omgekeerd eweredig, reëlmatig

137. Bewerking

s.nw. ***bewerking,*** hoofbewerking, berekening, rekene, hoofrekene, hoofrekening, hoofrekenkunde, herleiding, vereenvoudiging, veralgemening, wiskundige reël, wiskundige wet, aksioma, aksioom, werkstuk, probleem, vraagstuk, som, wiskundesom, oplossing, resultaat, antwoord, algoritme, mantisse, modulus, wiskundige algoritme,

algoritmiese metode, statistiek, gelykteken-herleiding, statistikus, teken, is-gelyk-aanteken, plusteken, minusteken, maalteken, vermenigvuldigteken, vermenigvuldigingsteken, deelteken, ongelykteken, wiskundige simbool, wiskundige veranderlike, funksie, veranderlike
optelling, addisie, vermeerdering, som, optelsom, optelkolom, somtotaal, totaalbedrag, optelfout, optelmasjien, kasregister
aftrekking, aftrekgetal, aftrektal, minteken, minusteken, aftreksom, verskil, verskilsyfer, verskilgetal, res, resgetal, oorskot
vermenigvuldiging, multiplikasie, maal, maalteken, vermenigvuldigteken, vermenigvuldigingsteken, maalsom, vermenigvuldigsom, vermenigvuldigingsom, faktor, keer, produk, tafel, veelvoud, vermenigvuldigingstafel
deling, deelsom, deeltal, deelteken, deler, kwosiënt, res, resgetal, benadering, afronding
vergelyking, vergelykbaarheid, vergelykbare elemente, vergelykbare vorme, vergelyking met wortelvorm, gelykheid, identiteit, vergelyking van die eerste, tweede,... graad, magsvergelyking, vierdemagsvergelyking, vierkantsvergelyking, eksponensiële vergelyking
mag, graad, magsaanwyser, eksponent, vierkant, kwadraat, kubieke getal, die eerste, tweede, derde,... mag, verheffing, magsverheffing, wortel, logaritme, logaritmetafel, koëffisiënt, eksponent
wortel, radiks, grondtal, grondgetal, wortelvorm, wortelgrootheid, wortelgetal, vierkantswortel, derdemag, derdemagswortel, wortelteken, wortelmagwyser, worteltrekking, wortel van vergelyking, wortelvoorwaarde
versameling, versamelingsleer, versamelingsteorie, eindige versameling, leë versameling, divergensie, divergerende versameling, alternerende versameling, versamelingsfunksie
grens, grenswaarde, limiet, eindigheid, oneindigheid, eindige grens, oneindige grens
b.nw. rekenkundig, algoritmies, logaritmies, statisties, herleibaar, plus, min, minus, veelvoudig, driedelig, skerp, vergelykbaar, vergelykend, vergelykenderwys, eindig, oneindig, leeg, divergerend, versamelingsteoreties
ww. bestaan, herlei, reken, vereenvoudig, optel, saamtel, tel, vermeerder, afneem, aftel, aftrek, verminder, verskil, maal, multipliseer, vermenigvuldig, deel, benader, afrond, gradueer, halveer, verhef, tot die eerste, tweede, derde,... mag verhef, die wortel trek, vergelyk, 'n vergelyking oplos, divergeer, interpoleer

138. Algebra

s.nw. ***algebra,*** stelkunde, algebraïese sisteem, algebraïese uitbreiding, algebraïese variëteit, algebraïsering, algebraïese getalle, algebraïese bewerking, vektoralgebra, calculus, modulus, faktor, kombinasie, kombinasieleer, permutasie, stelling, term, veelterm, veranderlike, reikwydte
algebraïese simbole, letters van die alfabet, alfabetletters, groter as, kleiner as, gelyk aan, ongelyk aan, gewone hakie, binneste hakie, buitenste hakie, minusteken, plusteken, plusminusteken, maalteken
b.nw. algebraïes, aritmeties, binomi(n)aal, binomies, gelyknamig, gelyksoortig, stelkundig
ww. reken

139. Meetkunde

s.nw. ***meetkunde,*** geometrie, ruimtemeetkunde, stereometrie, analitiese meetkunde, meetkunde van krommes, driehoeksmeting, triangulasie, trigonometrie
meetkundige begrippe, aksioma, aksioom, stelling, meetkundige stelling, hulpstelling, bewys, teorema, teken, meting, hoekmeting, driehoeksmeting, sinus, tangens, kotangens, kosinus, gelykheid, kongruensie; hoek, hoekpunt, skerphoek, reghoek, apeks, spitshoek, oksigoon, duikhoek, stomphoek, binnehoek, buitehoek, insidensiehoek, invalshoek, komplementêre hoek, komplement; lyn, hoeklyn, halveerlyn, puntelyn, raaklyn, mediaan, mediaanlyn, hoogte, hoogtelyn, apotema, sy, sy van 'n driehoek, reghoeksy, skuinssy, hipotenusa, katete, as, asimptoot, basis, bisektriks, heliks, kruis, kruispunt, parallel, parallelle lyn, transversaal, kromme, kromming, perimeter, ruimte, ruimtemaat; omtrek, sirkelomtrek, radius, aksieradius, straal, aksiestraal, straalhoek, deursnee, diameter, middellyn, periferie, raaklyn, raakpunt, radiaal,

koorde, segment, segmentasie, sekans, sektor, senterhaak, sikloïde, siklus, konus; punt, puntjie, hoekpunt, raakpunt, snypunt, hoogtepunt, swaartepunt, apogee; as, lyn, parabool, hiperbool, koördinaatstelsel, ko--ordinaatstelsel, koördinaat, ko-ordinaat, ordinaat, perspektief, projeksie, projeksievlak, projeksielyn, projeksietekening, rushoekspiraal
meetkundige instrumente, passer, paster, skuifpasser, diktepasser, holpasser, krompasser, goniometer, graadboog, gradeboog, hoekmeter, tekendriehoek, tekenhaak, winkelhaak; meetkundige
meetkundige figure, figuur, konstruksie, oppervlakte, parallel, ruimte, keëlvlak
driehoek, boltweehoek, boldriehoek, vierhoek, reghoek, romboïde, rombus, ruit, ruitpatroon, parallelogram, trapesium, trapesoïde, deltoïde, vyfhoek, pentagoon, verhoudingsvyfhoek, heksagoon, sewehoek, heptagoon, ag(t)hoek, oktagoon, oktogoon, twaalfhoek, dodekagoon, veelhoek, poligoon
sirkel, sirkelvorm, halfsirkel, grootsirkel, snysirkel, gelyke sirkel, konsentriese sirkels, prisma, keël, bol, sfeer, sferoïde, silinder
pentagram, heptagram, . . ., vierkant, vyfkant, seskant, . . .
veelvlak, vyfvlak, pentaëder, sesvlak, heksaëder, sewevlak, heptaëder, . . ., prisma, romboëder, gelykte, helling, hellingsvlak, keëlvlak, raakvlak, snyvlak, x-koördinaat, y-koördinaat

b.nw. meetkundig, bilateraal, aksiaal, diagonaal, diametraal, gelyk, gelyksydig, gelykbenig, gelykstandig, ongelyksydig, parallel, kongruent, ooreenkomstig, konstruktief, omgekeerd, trigonometries, tangensieel, trapesoïed, hoeks, supplementêr, kromlynig, sirkelvormig, sikloïed, siklies, asiklies, sferies, sferoïdaal, sferoïed, perifeer, periferaal, periferies, segmentaal, segmentvormig, sentraal, sentripetaal, gelykhoekig, veelhoekig, skerphoekig, driehoekig, vierhoekig, . . ., rombies, romboïdaal, pentagonaal, heksagonaal, oktogonaal, . . ., pentagrammaties, heptagrammaties, . . ., veelvlakkig, vyfvlakkig, pentaëdries, sesvlakkig, heksaëdries, . . ., prismaties, romboëdries, vierkantig, vyfkantig, . . ., viervlakkig, vyfvlakkig, . . ., diametraal, tweedimensioneel, driedimensioneel, driedimensionaal, parabolies, hiperbolies, perspektiwies

ww. meet, trek, 'n sirkel trek, afsteek, konstrueer, beskryf, beskrywe, 'n hoek bepaal, projekteer, arseer, kongrueer, oreer, sentreer

I. VERANDERING

140. Verandering

ww. ***hervorm,*** vernuwe, modifiseer, herskep, herstruktureer, herbou, verbou, ombou, uitbrei, omskep, omtower, transformeer, omkeer, omstel, omvorm, vervorm, modifiseer, herontwerp, omwerk, verander, wysig, amendeer, emendeer, verbeter, hersien, verwerk, verfyn, aanpas, afwissel, herlei, kanselleer, transponeer, omdraai, omkeer, omslaan, omspring, omswaai, omdop, omskakel, omwissel, deflekteer, verbaster, verplaas, verhoog, verlaag, vernou,verleng, verkort, verbreed, reduseer
verander, van gedaante verander, aanpas, word, geraak, kenter, kink, groei, ontwikkel, evoleer, muteer, metamorfoseer, afwissel, varieer, fermenteer, ryp word, draai, omdraai, omkeer, omsit, omslaan, omspring, omswaai, wegdraai, ontpop, ontaard, verword

bw. andersins, daarnatoe, mutatis mutandis, met die nodige verandering, met die nodige wysiging

s.nw. ***verandering,*** aanpassing, vormverandering, groei, ontwikkeling, ontwikkelingsgang, draai, swaai, swenk, gedaanteverwisseling, omswaai, wysiging, modifikasie, amendement, emendasie, verbetering, hersiening, verfyning, omkeer, ommekeer, inversie, metamorfose, metamorfisme, transformasie, wending, wendingspunt, keerpunt, kentering, omwenteling, omwisseling, mutasie, mutasieleer, mutasieteorie, permutasie, transmutasie, oorgang, transposisie, wisseling, afwisseling, variasie, verbastering, verwording, omsetting, omskepping, herskepping, herskepper, herbouing, herbouer, herstrukturering, herontwerp, vervorming, hergeboorte, wedergeboorte, regenerasie, hervorming, vernuwing, hervormingstyd, hervormer, hemelbestormer, revolusie, rewolusie, omverwerping, revolusionêr, rewolusionêr, tegnologiese revolusie, opkoms,

voortgang, progressie, progressiwiteit, agteruitgang, regressie, regressiwiteit, destabilisasie, kansellasie, komplikasie, kataklisme, kriewelkrappers, verhoging, verlaging, vernouing, verbreding, verlenging, verkorting, reduksie, vermindering, vermeerdering

b.nw. ***veranderd,*** veranderbaar, metamorf(ies), beweeglik, progressief, regressief, wedergebore, herbore, herskape

veranderlik, groeiend, ontwikkelend, dinamies, veranderend, wisselend, afwisselend

uitdr. die bakens versit; die borde (bordjies) verhang; die rolle omkeer; iets oor 'n ander boeg gooi; 'n ander deuntjie sing; van die os op die esel; dit gee die saak 'n ander aansien; dit gee die saak 'n ander kleur; nuwe here, nuwe wette; nuwe besems vee skoon; 'n ander liedjie sing; ('n) regsomkeer maak; 'n manteldraaier wees; 'n draadsitter wees; alles wil maak en breek; 'n ander toon aanslaan; vandag is nie gister nie

141. Behoud

ww. behou, bly, behoue bly, nie verander nie, standhou, steekhou, standhoudend wees, standvastig wees, leef, lewe, voortgaan, voortduur, aanhou, aanhou werk, aanhou speel, . . ., voortbestaan, volhard; handhaaf, die status quo handhaaf, bewaar, bevries, berus, bind, hooghou, onderhou, oorhou, ophou, stereotipeer, duur

s.nw. behoud, status quo, voortduring, handhawing, handhawer, bewaring, bewaarder, houvermoë, standhoudendheid, standhouding, instandhouding, berusting, katalisator, konservator, konserwatisme, starheid

b.nw. onveranderd, onveranderlik, blywend, standhoudend, steekhoudend, voortdurend, hou(d)baar, invariant, katalities, onverbiddelik, konserwatief, behoudend, star, verstok

uitdr. daar val nie aan te torring nie; in statu quo; voet by stuk hou; die wet van die Meders en die Perse

142. Veranderlikheid

b.nw. veranderlik, los, variabel, wisselend, afwisselend, veranderbaar, uitwisselbaar, allomorf, beweeglik, wordende, onseker, onberekenbaar, onvas, onstabiel, instabiel, kameleonties, onstandvastig, wankelrig, wiebelrig, wikkelrig, lendelam, lamlendig, prekêr, onstewig, onbestendig, wisselvallig, ambulant, balsturig, grillig, labiel, ontplofbaar, temperamenteel, onvoorspelbaar, emosioneel, wispelturig, ongedurig, ongestadig, aflosbaar

s.nw. veranderlikheid, variabiliteit, variëteit, veranderlike, onvastheid, onbestendigheid, onstandvastigheid, onsekerheid, wisseling, uitwisseling, wisselvalligheid, oorgangstoestand, labiliteit, ongestadigheid, ongedurigheid, grilligheid, wispelturigheid, emosionaliteit, onvoorspelbaarheid

ww. verander, wissel, uitwissel, aflos, varieer, wikkel, wiebel

uitdr. soos 'n voël op 'n tak; soos die weer wees; daar is 'n tyd om te kom en 'n tyd om te gaan

143. Bestendigheid

b.nw. bestendig, onveranderlik, onveranderbaar, konstant, permanent, invariabel, stereotiep, stabiel, vas, geanker, veranker, gevestig, gewortel, konstante, onvernietigbaar, onverbreekbaar, onverbreeklik, onwankelbaar, onherroeplik, onwrikbaar, betroubaar, getrou, hondegetrou, volhardend, standvastig, paalvas, rotsvas, tradisievas, strak, voldonge

s.nw. konstante, permanensie, onveranderlikheid, onveranderbaarheid, invariabiliteit, vastheid, stereotiep, stereotipe, bestendigheid, stabilisasie, stabiliteit, vastigheid, sekerheid, getrouheid, standvastigheid, onwankelbaarheid, onherroeplikheid, onwrikbaarheid, rotsvastheid, tradisie, volharding

bw. altyd, almaardeur, altoos

ww. bestendig, bestendig maak, stabiliseer, veranker, bevestig, permanent maak, permanensie verseker, permanensie gee, stereotipeer, vestig, tot stand bring, grond, bind, bewaar, vasstaan, volhard, aanhou

144. Plaasvervanging

ww. vervang, substitueer, uitruil, iemand/iets se plek inneem, verteenwoordig, deputeer, waarneem, instaan vir, wissel, uitwissel,

verwissel, aflos, ruil, verruil, omruil, verplaas, onderskuif, onderskuiwe, vernieu, vernuwe, inboet, inval; verdring, verdryf, uitwerk, onderkruip

s.nw. plaasvervanging, vervanging, substitusie, plaasvervanger, substituut, verteenwoordiging, representasie, verteenwoordiger, gedeputeerde, ruil, ruiling, wisseling, uitwisseling, verwisseling, surrogaat, ekwivalent, vervangingsmiddel, vernuwing, waarneming, waarnemer, woordvoerder

b.nw. vervangbaar, vervangend, subsidiêr, waarnemend, deputerend, verteenwoordigend, plaasvervangend, ruilbaar, uitruilbaar, wisselbaar, uitwisselbaar, vernieubaar, vernubaar, vernieude, vernude

voors. in plaas van, in stede van, in (die) naam van, te, teen, voor, namens, ter wille van

uitdr. in loco parentis; in nomine

J. BEWEGING

a. Beweging in die algemeen

145. Beweging

ww. beweeg, in beweging kom, aan die gang kom, voortbeweeg, inbeweeg, uitbeweeg, wegbeweeg, ombeweeg, rondbeweeg, kom, nader, naderkom, aankom, gaan, roer, verroer, rits, rondrits, moveer, staan, rondstaan, kruip, rondkruip, sluip, rondsluip, loop, rondloop, slenter, drentel, tou, treil, marsjeer, hardloop, draf, skiet, oor die aarde skiet, vloei, stroom, seil, swem, vaar, spring, rondspring, huppel, huppelspring, klim, klouter, val, styg, daal, neerdaal, rol, waai, swaai, inswaai, wegswaai, rondswaai, . . ., kring, sirkuleer, saai, stadig beweeg, ongelyk beweeg, hink, hinkepink, hortel; in beweging bring, beweeg, maneuvreer, aktiveer, innerveer, aan die gang hou, bring, neem, laat kom, stuur, sleep, insleep, wegsleep, rondsleep, . . ., trek, intrek, wegtrek, rondtrek, . . ., stoot, instoot, wegstoot, rondstoot, . . ., stu, voortstu, dryf, drywe, du, voortdu, ruk, inruk, wegruk, rondruk, . . ., skuif, inskuif, wegskuif, rondskuif, . . ., versit, verplaas

s.nw. beweging, skynbeweging, aksie, aktiwiteit, motoriek, mobiliteit, beweeglikheid, beweegbaarheid, liggaamsbeweging, armbeweging, handbeweging, kopbeweging, kniebeweging, dinamiek, dinamika, beweegkrag, krag, dryfkrag, trekkrag, stukrag, innervasie, maksimum snelheid, roering, lopery, stanery, . . ., gekruip, gedrentel, . . ., swaai, trek, trekking, stoot, stuwing, skuif, ruk, rukkerigheid, rukking, sirkulasie, vaart; tuig, voertuig 230, vaartuig 230, vervoermiddel, ryding, rytuig, transportmiddel

b.nw. bewegend, selfbewegend, beweeglik, beweegbaar, mobiel, aktief, kineties, motories, gaande, roerend, rukkerig, hortend, horterig, stuwend, duwend, peristalties

uitdr. holderstebolder; hotterstebles; rooimiere hê; van bakboord na stuurboord stuur; hot en haar

146. Beweginloosheid

ww. ***staan,*** stilstaan, stilsit, stillê, bly staan, bly sit, bly lê, roerloos bly staan, . . ., anker, lamlê, rondstaan, rus, stagneer, vasslaan, verstar

tot stilstand kom, rem, rem(me) aanslaan, vassteek, kloue in die grond steek, tot stilstand bring, basta, stop, stopsit, stuit, hou, ophou, inhou, teëhou, immobiliseer, aanhou, stilhou, indam, anker, markeer, stelp, tot bedaring bring

s.nw. ***beweginloosheid,*** onbeweeglikheid, roerloosheid, stilstand, inaktiwiteit, immobiliteit, stagnasie, verstarring, pouse, rus, stagnering, stilte, stramheid, styfheid, styfte, vastheid, vastigheid

remming, stilstand, stremming, bedaring, oponthoud, stop, noodstop; rem, voetrem, traprem, handrem, remskoen, stoplig, stopplek, stopsein, stopstraat, stopstreep, stopteken

b.nw. ***beweginloos,*** onbeweeglik, roerloos, immobiel, stil, doodstil, stokstil, botstil, leweloos, stilstaande, stasionêr, staties, onversetlik, onaktief, dadeloos, sedentêr

kalm, ongesteurd, ongestoord, rustig, vredig, bedaard, vreedsaam; lam, stram, strammerig, styf, vas, boeglam, houtpopperig

tw. stop, hanou, hokaai, honou, hookhaai, hook, ho

uitdr. geen ooglid verroer nie; soos 'n soutpilaar staan; tot rus kom; in jou vier spore vassteek; viervoet vassteek; die pas markeer; op moeilikhede stuit

147. Rigting

b.nw. gerig, rigtingvas, koersvas, rigtinghoudend, koershoudend, koersgerig, rigtinggewend, rigtingbepalend, selfrigtend, reguit, reglynig, longitudinaal, dwars, oustraal, suidelik, oostelik, noordelik, westelik, noordoostelik, . . ., westelik; rigtingloos, koersloos

s.nw. ***rigting,*** kompasrigting, koers, lugkoers, grondkoers, . . ., koerslyn, roete, hoofroete, reisroete, handelsroete, skeepvaartroete, . . ., baan, kring, lyn, oriëntasie, oriëntering, oriëntasiepunt, vaart, beloop, wending, dwarste, dwarsbeweging, teenstroom, teenstroomtendensie, windrigting; rigtingvastheid, koersvastheid, rigtingverandering, koersverandering

rigtingwyser, rigtingaanwyser, padwys(t)er, padkaart, roetekaart, wegwyser, reisplan, reisprogram, gidsplan, baken, rigtingbaken, koersbaken, magneetnaald, pyl, windkous, windvaan, windwyser, kompas, radiokompas, poolster; gids, geleide, gidshond, leier, leidster, leidsman, leidsvrou, leidspersoon, toerleier, toerleidster, toergids

pad 149, weg, reisweg, kanaal, skeepvaartkanaal, waterweg, waterloop, verbindingskanaal, toevoerkanaal, afvoerkanaal, . . ., geul, vaargeul, vaarwater, baan, leiding, kanalisering, grondleiding, leibaan, pyp, pypleiding, tweeduimpyp, T-pyp, vuilwaterpyp, waterslang, buis, gang, geut, flens, hewel, tregter, tregtermond, opening, uitloop

bw. heen, herwaarts, derwaarts, hierheen, hiernatoe, hiervandaan, hierlangs, daarheen, daarnatoe, daarvandaan, daarlangs, soheen, soheentoe, soontoe, solangs, solanges, waarheen, waarna, waarnatoe, waarvandaan, waarlangs, agtertoe, vorentoe, langs, agterlangs, voorlangs, langs die kant, langs die kant langs, beidersyds, voordeur, agterdeur, dwarsdeur, regdeur, reguit, reëlreg, voorwaarts, terugwaarts, agterwaarts, opwaarts, afwaarts, benedewaarts, huiswaarts, seewaarts, stadwaarts, ooswaarts, noordwaarts, . . ., noordoos, noordnoordoos, suid, suidoos, suidsuidoos, . . ., in 'n noordelike rigting, in 'n suidelike rigting, . . ., stroomop, stroomaf, haar, hot, andersom, rond

ww. 'n rigting inslaan, 'n koers inslaan, 'n koers kies, rigting hou, koers hou, koershou, op koers bly, die spoor hou, die spoor volg, gelykrig, die stewe wend, gaan, gooi, hou, reghou, rig, aanstuur op, afstuur op, volg, tendeer, teregkom, tonnel, vestig, styg, daal; rig, lei, gelei, oplei, aflei, rondlei, begelei, geleide doen, voorloop, op die spoor hou, die pad wys, die weg wys, aan die hand neem, op die spoor hou, stuur, voer, wys, rigting aandui, koers aandui, teregbring, teregwys, vestig, saamgaan, meegaan, saamloop, saamry, . . ., roeteer, herroeteer

voors. in, oor, deur, om, teen, in . . . in, uit . . . uit, teen . . . af, in . . . af

uitdr. her en der; hot en haar; herwaarts en derwaarts

148. Van koers gaan

b.nw. rigtingloos, krom, labirinties, verdwaal(d), verlore, die spoor byster, afgedwaal, verdool, verdoold, misleidend, wendbaar

s.nw. koersverandering, wending, draai, dwaalweg, dwaalspoor, verandering, variasie, verkeerde koers, deviasiehoek, draaispil, omkeer, ommekeer, kentering

bw. sywaarts, links, regs, linksom, regsom

ww. van koers gaan, draai, afdraai, uitdraai, omdraai, swaai, uitswaai, omswaai, swenk, uitswenk, rigting verloor, koers verloor, jou rigting kwyt wees, jou koers kwyt wees, dwaal, verdwaal, verlore raak, wegraak, verdool, van die pad afraak, die pad verloor, afdwaal, afkeer, wyk, uitwyk, afwyk, verspoor, gier, keer, ontspoor, ontstam, rondslinger, slinger, varieer; van koers dwing, afwend, keer, wegkeer, afkeer, voorkeer, weglei, aflei, mislei

uitdr. die spoor byster raak; die koers kwyt raak; 'n verkeerde koers inslaan

149. Pad

s.nw. ***pad,*** hoofpad, grootpad, nasionale pad, deurpad, dwarspad, kruispad, verbindingspad, sypad, dubbelpad, tolpad, kortpad, kronkelpad, ompad, uitdraaipad, kringpad, wisselpad, verbypad, slingerpad, uitsigpad, plaaspad, transportpad, trekpad, straat, hoofstraat, dorpstraat, dwarsstraat, kruisstraat, voorstraat, agterstraat, winkelstraat, weg, hoofweg, snelweg, toegangsweg, deurweg, omweg, tussenweg, uitweg, verbin-

dingsweg, kringweg, kruisweg, oorweg, verkeersweg, waterweg, laan, dorpslaan, rylaan, singel, steeg, allee, cul de sac, deurtog, fietspad, pas, boulevard, promenade, tonnel, 'n blinde hoogte, wapad, woestynweg, roete, hoofroete, vervoerroete, handelsroete
padnetwerk, straatnetwerk, straatnet, padvervoernetwerk, verkeersnet, verkeersnetwerk, infrastruktuur, verkeersaar, verkeersagent, verkeersreëling, verkeersknoop, verkeerslig, verkeerslyn, verkeersmiddel, verkeersoutomaat
teerpad, teerstraat, sementpad, betonpad, steenpad, grondpad, gruispad, sandpad, hardepad, hobbelpad, sinkplaatpad
voetpad, paadjie, sypaadjie, promenade, wandelpad, wandelpaadjie, voetslaanpad, staproete, drentelpaadjie, duikweg, laning, laninkie
aansluiting, kruising, kruispunt, kruispad, kruisweg, interseksie, oorgang, oorloop, eiland, klawerbrug, verkeerseiland, wisselaar, verkeerswisselaar, verkeerslig, driesprong, vurk, T-aansluiting, verspringende aansluiting, skuinsaansluiting, Y-aansluiting, voetgangeroorgang, sebraoorgang, sebrastrepe, skolierpatrollie, inrit, keerweer, oprit, oprylaan, omleiding, brug, oorbrug, tonnel
dele van 'n pad, baan, rybaan, oppervlak, ryvlak, ryweg, binnebaan, drif, dubbelspoor, hek, helling, opdraand, opdraande, interseksie, klawerbrug, knik, maanhaar, noute, omleiding, oorgang, oorloop, padskouer, rug, skamppaal, skouer, randsteen, sypaadjie, fietspad, slaggat, spiraaldraai, spoor, straatbordjie, knikspoor, straatrand, s-draai, tweesprong, vaalstreep, boggel, vaartboggel, veeoorgang, valboom, vurk, tonnel, toegangstonnel
brug, padbrug, voertuigbrug, oorbrug, spoorbrug, spoorwegbrug, spooroorgang, vaste brug, spoelbrug, hoogwaterbrug, laagwaterbrug, ponton, pontonbrug, drywende brug, viaduk, enkelspanbrug, balkbrug, boogbrug, kabelbrug, rolbrug, hefbrug, hysbrug, ophaalbrug, kettingbrug, klawerbrug, wipbrug, valbrug, draaibrug, swaaibrug, hangbrug, laaibrug, oorgang, oorspanning, landhoof, pier, wandelpier, voetgangerbrug, voetgangeroorgang; pyler, pilaar, pilaarfondament, pylerfondament, landhoof, spanning, spanwydte, steg, syleuning, balans, hoof, dek, borswering
padteken 215, reëlingsteken, padwys(t)er, roetewys(t)er, roetebord, straatbordjie, katoog, sperstreep, versperder, stopteken, gevaarteken, verbodteken, snelheidsteken
padbou, padaanleg, asfalt, baanbed, bestrating, deurgrawing, kei, klawerblad, lapbestrating, padmaker, padskraper, padwerker

b.nw. begaanbaar, onbegaanbaar, gebaan, onpassabel, oorhoofs, blind

ww. loop, lei na, aansluit, deurloop, deursteek, doodloop; baan, teer, aanlê, macadamiseer, straat, uitstraat, bestraat, padbou, uitry, oorbrug, oorspan, oorwelf; reël, beheer, tot stilstand bring

150. Vorentoe

ww. vorentoe beweeg 200, vorentoe gaan, vorentoe loop,. . ., vooruitbeweeg, vooruitgaan, vooruitry,. . ., voortgaan, voortbeweeg, voortyl, voortsleep, voortsluip,. . ., aangaan, aanloop, aanstoot, aanskuif, beur, hardloop, opdring, opdruk, opdryf, opdrywe, opdwing, voortruk; aandryf, aanja(ag), voorstoot, voortsleep, voortstu

bw. voort, vooruit, vorentoe

s.nw. beweging, voortbeweging, jakkalsdraffie, kronkelgang, kronkelloop, mars

b.nw. voorwaarts

151. Agtertoe

ww. agtertoe beweeg 201, terugbeweeg, teruggaan, terugtree, terugdraai, terugskuif, terugstroom, terugstuit, terugvloei, agteruitbeweeg, agteruitgaan, retireer, deins, terugdeins, nably, ruim, weerkaats, weerklink; agteruitstoot, agteruitskuif, terugstoot, terugdring, terugdwing, wegstoot, wegdwing

bw. agteruit, agtertoe, terug, agterwaarts, rugwaarts, ruggelings, agterom, agteroor

s.nw. agteruitbeweging, agteruitgang, kreeftegang, retoer, retoerreis, retoerrit, weerkaatser, weerkaatsing, weerklank, weeromstuit, weerslag

b.nw. agterwaarts, retrogressief, ruggelings, retrograde, teruggaande, omgekeerd

152. Verbybeweeg

ww. verbybeweeg, verbygaan, verbyloop, verbyskuif, . . ., passeer, rol, aanrol, skuif, skuiwe, aanskuif, aanskuiwe, afskuif, af-

skuiwe, inskuif, inskuiwe, uitskuif, uitskuiwe, glip, afglip, gly, afgly, skeer, sleep, insleep, skuur, ontskiet, sleur, slier, slip, vryf, vrywe; verbylaat, verbyskuif, deurskuif, nadersleep, wegsleep, wegrol

bw. langs, hierlangs, daarlangs, waarlangs, verby, oor

s.nw. verbygang, roller, sleep, glybaan, glyplank

b.nw. glipperig, glyerig, rollende, seepglad

voors. langs, verby

uitdr. heen en weer

153. Deurbeweeg

ww. deurbeweeg, deurdring, 'n pad baan deur, deurtrek, deurbars, deurstap, deurloop, deurhardloop, deurry, deurkruip, deurkom, deurgaan, deursak, deursteek, deurstraal, deursyfer, deursyg, deurval, . . ., sif, syg; deurlaat, deurstoot, deursteek, deurstuur, deurvoer, dring, dryf, drywe, infiltreer, perkoleer, boor, sif, filtreer, syg

bw. deur, deurheen, hierdeur, daardeur, waardeur, binnedeur, buitedeur, dwarsdeur, regdeur

s.nw. deurdringing, indringing, deurdringbaarheid, penetrasie, permeabiliteit, infiltrasie, perkolasie, perkolering, sifting, siftery, sifsel; filter, sandfilter, waterfilter, swembadfilter, . . ., filtreermasjien, filtreerder, filtreerkan, filtreerdoek, sygdoek, filtreerpapier, sifon, perkolator, perkoleerder, perkoleermasjien, koffieperkoleerder, sif, sifter, sifmasjien, teesif, teesiffie, sandsif, grondsif, meelsif, trilsif, sifdoek

b.nw. deurdringbaar, permeabel, sifonies; ondeurdringbaar, dig, toe 453, syferdig, waterdig, weerbestand

154. Vryf

ww. vryf, vrywe, bevryf, invryf, deurvryf, aanvryf, smeer, insmeer, invet, streel, bestreel, betas, kielie, stryk, bestryk, aanstryk, skaaf, afskaaf, afskawe, glad skaaf, skraap, afskraap, skrap, skrop, skuur, afskuur, rasper, krap, bekrap, uitkrap, kras, bekras, skram, slyp, slyt, stywe, vee(g), uitvee, wis, uitwis, wegvaag, vly, aanvly, vyl, gladvyl, lek, belek, aflek, skoonlek, pars, woel, peuter, afpeuter, knaag, knibbel, knabbel, afslyt, erodeer, wroet, klou

s.nw. wrywing, streling, betasting, veeg, gekrap, geskuur, friksie, gekrabbel, krappery, instryk, lek, lekkery, gelek, woelery, gewoel, woelsug, gepeuter; skraper, skuurpapier, rasper, krapper, krapmes, vyl, skaaf, parslap, parsyster; skraapsel, skaafsel, smeersel, vylsel

b.nw. strelend, krapperig, gekrap, gevryf, geskuur, verslete, geslyt, klouerig, woelerig

155. Deurboor

ww. deurboor, boor, steek, deursteek, insteek, voorsteek, deurkry, dril, penetreer, perforeer, pik, pons, priem, prik, rysmier, speerpunt, zits

bw. dwarsdeur

s.nw. steek, prik, speld(e)prik, priem, penetrant, penetrasie, perforasie; boor, boormasjien, boorgereedskap, handboor, houtboor, staalboor, elektriese boor, drilboor, drukboor, hamerboor, klopboor, fretboor, krukboor, spiraalboor, swikboor, tapboor, omslag, omslagboor, verstelboor, waterboor, olieboor, perforeermasjien, els, naai-els; speld, kopspeld, koppiespeld, doekspeld, hoedespeld, veiligheidspeld, naald, perforeernaald, naainaald, naald, steek, kartelmoer, spyker, houtspyker, staalspyker, drukspyker, kopspyker, tanding, boorpunt, krasser

b.nw. deurboor, deurborend, geperforeer(d), gesteek, geprik, gepriem, priemend, deurpriemend

uitdr. deur murg en been gaan

156. Bo-oor beweeg

ww. oorkom, oorgaan 209, oorspan, oorbrug, oorspring, oorstap, oorsteek, oorwelf, skeer, oorvleuel, na die ander kant beweeg, bo-oor beweeg

bw. oor, oorheen, bo-oor, hieroor, daaroor, oor land, oor see, via

s.nw. brug, motorbrug, hangbrug, voetbrug, voetgangerbrug, treinbrug, oorstapsteen

voors. dwarsoor

woorddeel oor-

157. Onderdeur beweeg

ww. onderdeur beweeg 210, seil, kruip, onderhou

voegw. onderdeur, daaronder, hieronder, benede

158. Opstyg

ww. opgaan 211, boontoe gaan, opkom, bokom, opstyg, styg, bestyg, uitstyg, klim, opklim, uitklim, klouter, opklouter, beklim, rys, oprys, verrys, herrys, opskuif, opskuiwe, stuif, stuiwe, opstuif, opstuiwe, opswaai, opdryf, opdrywe, opbruis, opraap, verhef, oprank, opruk, opslaan, optrek, opvaar, opvoer, wip, opwip, bobly; hef, verhef, eleveer, hys, opbring, opdwing, opdring, opdruk, opdomkrag, ophef, oplig, optel, opraap, opja(ag), opjae, opgooi, ophaal, opklap, opskuif, opskuiwe, oprig, omhooglig

bw. omhoog, boontoe, na bo, opwaarts, hemelwaarts, bultop, bergop

s.nw. styging, opstyging, stygellips, stygsnelheid, klim, klimvermoë, opligting, heffing, verheffing, elevasie, opwelling, verrysenis; hyser (hystoestel), hystoestel, hyskraan, kraan, bokkraan, kraanarm, kraanbaan, kraanbalk, kraanwa, wenas, windas, domkrag, vurkhyser, hyser (hysbak), hysbak, mynhyser, hysbakbestuurder, hysbakkoker, hysbakskag, hyserbediener, hyserkuil, hyserput, hyserman, hyserskag, hefboom, katrol, takeling, takelwerk, takel, takelaar, takelblok, koevoet, rol, woer-woer

b.nw. hemelwaarts, opgaande, opkomende, opwaarts, verrese, gradueel

woorddeel op-

159. Neerdaal

ww. daal, neerdaal, neerkom, neersak, neerslaan, neerstort, reën, slipstort, neerstryk, sak, neersak, neersyg, uitsak, sink, neersink, afdaal, afkom, afgaan 212, afkronkel, afloop, afry, afklim, afklouter, afkruip, . . ., glip, gly, afgly, afsak, val, afval, aftuimel, afdonder, afbliksem, afduiwel, uitval, struikel, instort, intuimel, inval, insak, insink, kalwe, kalwer, duikel, grondvat, ineensak, ineensink, versak, versink, wegsak, wegval, ondergaan, omval, kantel, omkantel, omslaan, omdop, omtuimel, swik, omkap, omlê, uitval, uitgly, uitglip, kenter; neerhaal, neerlaat, neerlê, neersit, neertrek, afbring, afstuur, afgooi, afsmyt, afdra, afhys, aflaat, afskud, afsleep, afstoot, aftrek, aftel, omgooi, omsmyt, omkantel, omkeer, omklits, omhou, omklink, omruk, omtrek, omstoot, omloop, omkry, inplof, omvergooi, omverhaal, omverstoot, omverwerp, onderkry, plaas, pootjie, rol, toesak

bw. af, neer, om, in, uit, omlaag, omver, ondertoe, vooroor, agteroor, winduit

s.nw. val, daling, sakking, versakking, versinking, versonkenheid, insakking, insinking, storting, neerslag, tuimeling, neerstorting, intuimeling, ineenstorting, omkanteling, duikeling; skuinste, afloop, helling, afdraand, afsakking; gladdigheid, gladheid, glyerigheid, wipperigheid

b.nw. glad, gladderig, glipperig, glyerig, versonke, wipperig

woorddeel af-, in-, neer-

uitdr. bene in die lug lê; iemand onder stof loop; in die stof byt; met die grond kennis maak; met die aarde kennis maak; vier stewels in die lug lê; grond koop; soos 'n os neerslaan; hard met moeder Aarde kennis maak

160. Omring

ww. omring, omsingel, omsluit, omhein, ommuur, omskans, afskerm, omlys, omsoom, omkant, omspan, omstrengel, omsit, lys, inlys, raam, omraam, rand, insluit, profileer, draai, hoepel, inkluister, insit, omvat, omvleuel, ringeleer, grens, begrens, afgrens, afsluit, afsny, keer, vaskeer, vasvang, afsonder, inperk, beleër, omhul, omgewe, omhels, toepak, toestaan

bw. rondom, om, omheen, hieromheen

s.nw. omringing, omsingeling, omsluiting, inperking, heining, omheining, doringdraadheining, paaltjieheining, houtheining, plantheining, skans, omskansing, skerm, afskerming, lys, omlysting, lysting, grens, begrensing, dorpsgrens, landsgrens, doringdraadkamp, draad, paalheining, raam, portretraam, profiel, rand, raster, rasterwerk

b.nw. begrens, ingeslote, geraam(d)

woorddeel om-

161. Bedek

ww. ***bedek,*** dek, toemaak, toedek, toedraai, toegooi, toegroei, toerol, toesmeer, toestop, toetrek, toeval, toewaai, toehou, dighou, hul, omhul, omswagtel, omspan, omwimpel, klee(d), omklee(d), oordek, oorstroom, oortrek, pak, pantser, sluier, versluier, sluit, toebou, bedelwe, inbaker, inkalwer, inkap-

sel, inpak, inwikkel, omdraai, omsit, omslaan, verpak, bêre, voer, wikkel, omsluier, kamoefleer, masker, maskeer, wegsteek, versteek, verberg, verskuil; verbloem, verberg, geheim hou, wegsteek, dighou
bestrooi, besaai, bepoeier, beplant, begroei, bestuif, bestuiwe
afwerk, verf, doodverf, vernis, lak, beplak, verguld, versilwer, verchroom, verlood, vernikkel, uitvoer, lambriseer, lamelleer, lamineer, maskeer, oorblaas, omfloers, behang, beslaan

s.nw. ***bedekking,*** dekking, oordekking, oordekte, toedekking, digting, digtingsmateriaal, dekgoed, dekdoek, deklaag, omhulling, omhulsel, integument (*ong.*), verpakking, involusie, voering, waas, wikkeling, windsel, kapsule, karos, kartonverpakking, karton, doos, kartondoos, boks, kas, houer, behouering, kokon, kombers, pantser, laerhulsel, lambrisering, lamellering, laminering, lampkap, doilie, lap, materiaal, klap, flap, oorklap, sambreel, laag, skil, vel, sluier, masker, camouflage, kamoeflage, kamoeflering, geheim, geheimhouding
deksel, skroefdeksel, dop, doppie, skroefdop, kafdoppie, prop, skroefprop, stolp, klep, skuifklep, sluier, sluitstuk, klap, flap, klapdeksel, valdeur, valluik, blad, plaat, foelie, gaas, omhulsel, huls, hulsel, plakpapier, oortrekpapier, oortreksel, omslag, pakgaring, paklinne, pakpapier, pakriem, paktou, oortreksel, foedraal, tjalie, seil, teerseil, grondseil, swagtel (*ong.*), koewerdoer (*veroud.*), koewertuur (*veroud.*), deklaag, dekriet
bekleding, bekleedsel, kleding, klerasie 745, klere, kleedjie
beskot, beslag, skort, afskorting, paneel, houtpaneel, paneelwerk, versilwering, verf, onderlaag, vernis, muurbedekking, muurpapier, muurtapyt, behangsel, muurbehangsel

b.nw. bedek, oordek, oortrek, behang, beklee(d), bepoeier, beverf, . . ., geverf, gepoeier, geplak, . . ., vol, waserig, wasig, gemasker(d), gesluier, versluier(d), gekamoefleer

woorddeel be-, ge-

uitdr. onder die sluier van die nag; so dig soos 'n bottel brandewyn; iets toesmeer

162. Ontbloot

ww. ontbloot, blootlê, blootstel, blootgee, blootstaan, sigbaar maak, sigbaar word, laat sien, wys, uitwys, aandui, aantoon, toon, vertoon, ten toon stel, uitstal, ooplaat, ooptrek, oopskop, ooplê, ontklee(d), oopmaak, ooppak, oopskroef, oopsny, . . ., uitpak, uithaal, uitlaai, skil, afskil, dop, afdop, peul, denudeer, put; openbaar, openbaar maak, publiek maak, bekend maak, bekendmaak, aan die lig bring, onthul, ontmasker, aan die lig kom, laat blyk, uitlaat, verklap, uitlap, klik, verklik, verraai, uitblaker, uitsaai, uitsend, demonstreer, manifesteer

s.nw. ontbloting, blootstelling, blootlegging, sigbaarheid, deteksie, vertoning, tentoonstelling, uitstalling, ontkleding, naaktheid, kaalheid, kaalte, naakloper, kaalloper, kaalnaeler, kaalholler, kaalbeen, kaalrug, kaalgat; openbaarmaking, bekendmaking, bekendstelling, onthulling, ontmaskering, ontsluiering, openheid, bekendheid, onverbloemdheid, baarheid, blatantheid, flagrantheid, klaarblyklikheid

b.nw. ontbloot, bloot, onbedek, blootgestel, sigbaar, ongeklee, sonder klere, naak, nakend, poedelnaak, poedelnakend, moedernaak, moedernakend, kaal, kaalkop, kaalhoofdig, kaalbas, kaalgat, gedekolleteerd, openbaar, bekend, oop, onverbloem, onvermom, gestroop, baar, blatant, flagrant, klaarblyklik

woorddeel ont-, oop-

uitdr. in Adamsgewaad; in Evasgewaad; in Adamspak; in Adamskleed; in paradyskleed; jou mond/bek verbypraat; die aap uit die mou laat; met die (hele) mandjie patats uitkom/vorendag kom; iets aan die groot klok hang

163. Draai

ww. draai, vrydraai, ronddraai, inmekaardraai, vasdraai, losdraai, oopdraai, toedraai, doldraai ('n moer -), omdraai, omswaai, omsit, indraai, inswaai, opdraai, afdraai, terugdraai, terugswaai, uitdraai, uitswaai, wentel, roteer, swaai, swenk, tol, rondtol, rol, rondrol, maal, rondmaal, slinger, rondslinger, wen, opwen, opwin, afwen, wring, verwring, verdraai, werwel, wiel, wiel(i)ewaai, dol, dolf, gier, kink, kinkel, kronkel, krul, skarnier, spiraal

bw. om, hierom, daarom, terug, waarom, rond, spiraalsgewyse

s.nw. ***draai,*** draaibeweging, draaiing, jakkalsdraai, wye draai, skerp draai, Kaapse draai, spiraaldraai, spil, draaipunt, draaias, draaispil, draailas, spiraallas, rotasie, wenteling, omwenteling, aswenteling, wenteling, wentelas, wentelbaan, wentelsnelheid, wentelspoed, winding, windsel, swagtel, wringing, wringkrag, wrywingskrag, kontorsie, swaai, swier, spiraal, kromming, kronkel, kronkeling, bog, krul, kinkel, kink, knik, verdraaidheid, verdraaiing, verwringing, kentering, verandering; draaier, draaiwerk, draaiboor; draaideur, draaihek, draaistoel, draaitrap, draaibrug, draaistel
wiel, motorwiel, wawiel, karwiel, skyfwiel, speekwiel, rat, tandrat, tandwiel, kamrat, kamwiel, spil, spoel, slinger, swingel, rol, roller, rolletjie
as, hoofas, vooras, agteras, motoras, wa-as, skroefas, spil, draaispil, spoel, bog, draagpunt, draagtap, dratap, klos, knik, koeëllaar, krans, laer, naaf, wielnaaf, naafband, naafbus, naafdop, naafvoering, velling

b.nw. draaiend, draaibaar, verdraai(d), regsdraaiend, rollend, wringend, aksiaal, deksiotroop

164. Reëlmatige beweging

ww. reëlmatig beweeg, balanseer, golf, dein, onduleer, unduleer, kronkel, krinkel, kartel, krink, swaai, ossilleer, slinger, skommel, wieg, sol, waggel, wikkel, wiegel, roer, omroer, wankel, swymel, trippel, trap, hobbel, huppel, skuifel, waai, wapper, wuif, skud, vibreer, beef, bewe, bibber, ril, tril, rittel, rittel en bewe, sidder, sidder en bewe, die ritteltit(s) kry, die bewerasie kry, flikker, fladder, wapper, dartel, slier, wrik, beier, bengel, dreun, dawer

bw. heen en weer, weer en weer, oor en oor, almaardeur, aanmekaar, aanhoudend, op en af, kwing-kwang

s.nw. reëlmatige beweging, reëlmaat, reëlmatigheid, golf, golwing, deining, ondulasie, undulasie, kronkel, kronkeling, krinkel, krinkeling, kartel, karteling, waggelgang, wiegeling, wipperigheid, hobbelry, skuifeling, geskuifel, swaai, swaaislag, ossillasie, ossillering, slingerslag, slingerbeweging, skommeling, vibrasie, siddering, bewing, bewerasie, bibbering, rilling, ritteltits, trilling, slag (bv. van 'n horlosie), flikkering, fladdering, gefladder, geklapper, dreuning, dreungeluid, dawering

b.nw. reëlmatig, deinend, golwend, kronkelrig, lendelam, sidderend, sigsag, skuifelend, bewerig, bewend, bibberend, skommelrig, skommelend, trillerig, trillend, wankel, wankelrig, wankelend, wiebelrig, wipperig, flikkerend, dreunend, dawerend, periodiek, herhaaldelik, herhalend

woorddeel ge-, -end, -ing, -rig

165. Onreëlmatige beweging

ww. werskaf, wemel, kriewel, rusteloos wees, kriebel, krioel, leef, lewe, swerm, maal, warrel, dwarrel, fladder, wapper, grawe, wurm, inwurm, vroetel, peuter, rondpeuter, futsel, wroet, swaai, waai, wuif, ossilleer, woel, rondwoel, rondtas, omwoel, vaswoel, wriemel, wiebel, wiegel, wikkel, dril, spartel, spook, haspel, rol, rondrol, heen en weer beweeg, maal, rondmaal, rondtrap, kopspeel, kwispel, ruk, pluk, stamp, skud, rammel, friemel, slinger, aanslinger, rondslinger, spring, rondspring, op en af spring, stommel, swenk, dans, ronddans, dartel, huppel, hop, hobbel, bokspring, wip, beef, bewe, bibber, dril, ruk, bengel

s.nw. onreëlmatige beweging, onreëlmatigheid, beweeglikheid, werskaffery, gedoente, woeling, gewoel, stadsgewoel, wemeling, wriemeling, maling, warreling, dwarreling, gedwarrel, gedraai, gedraaiery, gedrentel, gedrentelry, wiegeling, wikkelry, gewikkel, drillery, drilsel, drel, drelsel, swaai, swenk, swenking, ossillasie, ossillering, rusteloosheid, onrustigheid, onrus, ongedurigheid, woelsug, onstuimigheid, woestheid, gevroetel, vroetelry, sparteling, gefladder, bewerasie, bewing, bibberasie, spasma, trilling, ruk, rukking, rukkerigheid, geruk, rukkery, stamp, rammeling, turbulensie, huppelry, boksprong, dans, wuiwing, geruis, geraas, lawaai, rumoer, roes(e)moes, geroesemoes, gedreun, gedruis, herrie, miernes, warboel, pandemonium; woelwater, woelgees, vroetelkous, kriewelkop, kriewelkous; verkeer, verkeersknoop, stadsverkeer, kongestie, piekuur, spitsuur

b.nw. onreëlmatig, beweeglik, aperiodies, aperiodiek, lewendig, lewend, woelerig,

woelig, woelsiek, woelsugtig, rusteloos, onrustig, kriewelrig, kriebelrig, iewerig, ongedurig, driftig, doldriftig, onstuimig, turbulent, trillend, rukkerig, stamperig, stoterig, spasmodies, wikkelrig, wiebelrig, drillerig, bewend, bewerig, bibberend, malkop, onbesuis, dansend, dartelend, speels, wild, woes, wuiwend, lawaaierig, rumoerig

uitdr. miere hê; miere in jou gat/hol hê (*plat*); met horte en stote; met rukke en stote; op spelde sit; nie 'n enkele minuut stilsit nie

166. Nader beweeg

ww. ***nader,*** naderbeweeg, naderkom, aankom, kom, tegemoetkom, teëkom, teenkom, nadergaan, tegemoetgaan, afpyl, nabykom, afkom op, aantref, tref; benader, afkom op, betrek, bekruip, besluip, bevlieg, bevlie(ë), naderbring, aanbring, aantree, aandra, nadertrek, aanhaal, aantrek, haal, inhaal, intrek, aansleep, insleep, inbring, binnetrek, inpalm, suig, suie

ontmoet, raakloop, saamkom, teëkom, teenkom, tegemoet loop, iemand op die lyf loop, in aanraking kom, aansluit by, vind, kry, aantref, tref, opspoor, optel, bymekaar kom

bw. nader, tegemoet

s.nw. nadering, aantrekking, aantrekkingskrag, suiging, suigkrag, attraksie, ontmoeting

b.nw. naderend, aankomende, sentripetaal, middelpuntsoekend, aantreklik, aangetrokke

voors. na . . . toe, tot, tot by, tot voor

167. Wegbeweeg

ww. wegbeweeg, weggaan, gaan, wegloop, weghardloop, wegdryf, wegswem, . . ., heengaan, padgee, wyk, wegwyk, koers kry, koerskry, koers vat, koersvat, verdwyn, loop, waai, trap, skoert, vertrek, verkas, laat spat, laat spaander, ry, afgaan, afreis, in die pad val, trek, verhuis, wegtrek, verplaas word, migreer, immigreer, emigreer, vlug, op die vlug slaan, weghol, weghardloop, wegdraai, afdraai, wegwend, wend, uiteengaan, verlaat, uiteengroei, afsplits, afwyk, afraak, diffundeer, verstrooi, verstuif, verstuiwe; verwyder, wegneem, skei

bw. weg, hiervan, van hier af, hiervandaan, daarvandaan, vanmekaar, waarvan, heen, uitwaarts

s.nw. weggaan, wegbeweging, vertrek, aftog, heenreis, afreis, vlug, verhuising, verplasing, migrasie, immigrasie, emigrasie, vlug, afdraai, wending, diffusie, verstrooiing, boksprong, bokkesprong, verstuiwing; verwydering, skeiding

b.nw. diffuus, sentrifugaal, middelpuntvliedend, verstrooi, verstrooid

uitdr. opsy staan; die wyk neem; op die vlug slaan; jou uit die voete maak; maak dat jy wegkom; die hasepad kies

168. Saamkom

ww. ***saamkom,*** bymekaarkom, byeenkom, groepeer, klassifiseer, vergader, kongregeer, saamgaan, saambring, saamloop, saambly, saamdring, saamtrek, versamel, verenig, aansluit by, laer, laer trek, skaar, saamdrom, bondel, bol, kliek, saamkliek, konvergeer, saampak, saambondel, saamkoek, saamstroom, saamhou, saamval, saamsmelt, saamkleef, aankleef, aanmekaarkoek, aangroei, koppel, toepak, toesak, toedam, toestroom, aansluit, amalgameer, integreer, afpaar, jamboreer, ontmoet, swerm, afvloei, toevloei

sit, vassit, verbind, heg, plak, kleef, vaskleef, aankleef, aanmekaarkleef, koek, saamkoek, smelt, versmelt, saamsmelt, ineensmelt, ineenvloei, saamvloei, meng

bw. saam, tesaam, tesame, groepsgewyse, en bloc, byeen, bymekaar, hieraan, langs mekaar, opmekaar, hand aan hand, sy aan sy, skouer aan skouer

s.nw. ***samekoms,*** vergadering, kongregasie, konferensie, optog, stoet, prosessie, samedromming, heerskaar, heirleer, heirskare, horde, kavalkade, rendez-vous, skare, skaar, massa, toeloop, toestroming, garde, gelid, geledere, gebroeders, groep, groepering, stroom, toestroming, toevloed, samedromming, kliekery, saamkliekery, koekery, saamkoekery, troep, batiljon, kolonne, kompanie, kompanjie, afdeling, vereniging, assosiasie, genootskap, deelgenootskap, organisasie, sakeonderneming, vennootskap, maatskappy, koöperasie, ko-operasie, klub, orde, gemeenskap, klas, kategorie, horde, swerm, skool, trop, kudde, bende

versameling, prosessie, groep, groepering, groepsverband, groepvorming, klas, klassifikasie, knooppunt, kollektiwiteit, kom-

patibiliteit, kongestie, konglomeraat, konglomerasie, samesmelting, amalgamasie, integrasie, konvergensie, samesyn, stapel, stawel, stel, stelsel, stroom, toestroming, toevloed, toevloeiing
aanpaksel, neerslag, laag, presipitaat, afsetting, besinksel, agglomeraat, aggregasie, akkumulasie, agglutinasie, konglomeraat, konglomerasie, beslag (aanpaksel), organisme, pak, pakket, pakkie, sameraapsel, samesmelting, stapel, stawel, kluster, klos, tros, hoop, berg, bos, sak, bondel, bundel, stel
versamelplek, versamelgebied, versamelpunt, bymekaarkomplek, vergaderplek, vergaderlokaal, vergadersaal, saal, lokaal, kamer, vertrek, teater, ouditorium, konferensietafel, konferensiekamer, konferensiesentrum, rendez-vous, aggregasie, akkumulasie, laer, skatkamer, skool, sentrum, depot, ruimte, area, gebou

b.nw. verenig, herenig, verenigbaar, gegroepeer, gebundel, gebondel, saamgebondel, geklassifiseer(d), geamalgameer(d), geïntegreer(d), geakkumuleer(d), gekonsentreer(d), kliekerig, kollektief, saamgepak, saamgehok, koöperatiet, ko-operatief

169. Skei

ww. skei, uiteengaan, uitmekaargaan, uiteenloop, uiteenval, uiteenvlieg, uiteenbars, uitmekaarbars, uiteendryf, uiteenspat, uitmekaarspat, . . ., versprei, distribueer, uitdeel, verdeel, uitreik, verstrooi, wegskeur, afsonder, disintegreer, desintegreer, verbrokkel, kraak, splyt, meegee, spat, in duie stort

bw. uiteen, uitmekaar, vaneen

s.nw. skeiding, skeier, splitsing, splyting, verbrokkeling, verspreiding, distribusie, verdeling, verstrooiing, afsondering, disintegrasie, kraak, skeur, skeuring

b.nw. apart, geskei, afsonderlik, los, onverenig, onverenigbaar, sentrifugaal, versprei(d), verstrooi(d), sporadies, gekraak, gevurk, geskeur

uitdr. hulle paadjies skei

170. Saambring

ww. ***saambring,*** bymekaarbring, byeenroep, saamroep, saamtrek, saamsleep, byeenbring, saamvoeg, bytrek, byhaal, aantrek, groepeer, klassifiseer, verenig, herenig, unieer, unifiseer, laat saamsmelt, tot een maak, inskakel, intrek, betrek, opvorder, insleep, inbring, werf, opeendring, opeendryf, opeenjaag, opeenpak, opeenskuif, konsentreer, sentraliseer, konsolideer, kombineer, amalgameer, assosieer, paar, afpaar, vergaar, vergader, versamel, insamel, bymekaarmaak, inoes, kollekteer, invorder, opvang, absorbeer, opeenhoop, opraap, saamraap, rondbring, saamdra, saamstel, saamhok, saampers, ophaal, opslaan, laai
pak, saampak, stapel, stawel, opstapel, bondel, bundel, saambondel, saambundel, strengel, bank, bondel, hok, indeel, insamel, versamel, vergaar, vergader, kollekteer, berg, opbêre, opberg, opgaar, ophoop, oppot, bymekaarmaak, akkumuleer
kleef, aankleef, vasmaak, vasbind, aanmekaarbind, bind, knoop, verbind, inbind, konnekteer, voeg, saamvoeg, aanvoeg, aaneenvoeg, invoeg, sjor

bw. saam, tesaam, tesame

s.nw. ***versameling,*** seëlversameling, boekeversameling, prenteversameling, . . ., groepering, groepvorming, vereniging, aaneenskakeling, verbondenheid, verbinding, unifikasie, hereniging, inskakeling, inkorporasie, seleksie, keur, keuse, opsie, potpourri, mengelmoes, allegaartjie, verskeidenheid, allerlei, insameling, opbrengs, opbrings, voortbrengsel, voortbringsel, produksie, kolleksie, akkumulasie, ophoping, konsentrasie, massa, agglomeraat, agglomerasie, aggregaat, aggregasie, kombinasie, komposisie, samestelling, stel, konjunksie, verbinding, konneksie, knoop, raamwerk, sentralisasie; eenheid, kohesie, samehorigheid; afdeling, vereniging, assosiasie, genootskap, deelgenootskap, organisasie, maatskappy, stigting, instituut, klub, groep, groepering, eenheid, klas, kategorie; hoop, pak, vrag, stapel, stawel, bondel, bundel, mengsel, klomp; aantrekking, attraksie, aantrekkingskrag, jukstaposisie
versamelaar, kollektant, stapelaar
versamelplek, pakplek, pakkamer, pakhuis, bêreplek, bergplek, opslagplek, opberging, opgaarbattery, opslagbak, depot, voorradedepot, opslagdepot, opslagruimte, skuur, voorradeskuur, opslagskuur, magasyn, loods, stoor, entrepot, bewaarplek

b.nw. onafskeidbaar, onafskeidelik, verenig, herenig, saamgevoeg, gegroepeer, verbindend, verbonde, kompositories, komposisioneel, gesentraliseer(d), gekonsolideer(d), gekonsentreer(d), inherent, uniaal, assosiatief, kollektief, akkumulatief, konjunktief, selektief, kohesief, samehorig

171. Verwyder

ww. ***verwyder,*** afbreek, losbreek, afhaal, afdraai, afhaak, uithaak, afkam, afklop, afkrap, afskuur, afpluk, afskei, afskeur, afskil, afsny, uitsny, afsteek, aftik, aftrap, aftrek, afwas, uitweek, uitwas, afspoel, afwerp, afkry, afneem, afpel, afskep, afskud, afskuif, afskuiwe, afkrummel; stroop, wegneem, ontneem, beneem, beroof, plunder, kaalpluk, kaalplunder, leegplunder, buit, steel

wegneem, vat, neem, lig, verwyder, verdring, wegbring, wegstuur, wegwerk, elimineer, wegtrek, wegkry, weggooi, wegwerp, wegvee, wegvaag, weglaat, supprimeer, afhaal, weghaal, afsleep, afsonder, ostraseer, kastigeer, uithaal, uitkaf, uitskiet, ontwortel, uitwis; konfiskeer, afneem, wegneem, onteien, beslag lê op, in beslag neem, verbeurd verklaar, terugvorder, sekwestreer, likwideer, in geregtelike bewaring plaas, onder geregtelike bestuur plaas, nasionaliseer, vervreem, opeis

van mekaar skei, ban, demonteer, ontbind, ontkoppel, ontdoen, ontkool, ontworstel, separeer, afstaan, uitsluit, vermy, afsonder, ontwyk, ontduik, eenkant hou

s.nw. ***verwydering,*** verdringing, eliminasie, wegwerping, verwerping, ontworteling, sny, snit, disjunksie; onteiening, konfiskasie, beslaglegging, sekwestrasie, likwidasie, nasionalisasie, vervreemding; stroping, ontneming, plundering, roof, diefstal

skeiding, skeibaarheid, apartheid, segregasie, afsonderlikheid, afsondering, separasie, ontbinding, ontbindbaarheid, ontkoppeling, afskeiding, afsondering, afstand, ostrasisme, uitsluiting, uitskakeling, dispersie, vermyding, ontwyking, ontduiking

b.nw. skeibaar, afsonderlik, los, apart, geskei, verwyder(d), gesegregeer, disjunktief, disjunk(te), verdronge, vermy(d)baar, besonders

woorddeel af-, ont-

uitdr. die skape van die bokke skei; die kaf van die koring skei; iemand uit die saal lig; uit die weg ruim

172. Vasmaak

ww. ***vasmaak,*** vassit, aansit, aanmekaarsit, verenig, bevestig, aanbring, skakel, aanmekaarskakel, . . ., aaneenbind, aaneenskakel, aanskakel, vasdruk, vaspen, vasstamp, aanlap, aanlas, aanlym, aanslaan, . . ., aanvoeg, invoeg, saamflans, inmekaarflans, inmekaarpas, inmekaarsit, koppel, saamkoppel, saamvoeg, saamsmee, konnekteer, bylas, voeg, toevoeg, byvoeg, bymekaarvoeg, saamsmelt, saamgroei, sementeer, sjor, span, aansluit; verenig, kombineer, saamstel, byeenbring, saambring, snoer, saamsnoer, annekseer, amalgameer, saamsmelt, inkorporeer, assosieer, integreer, assimileer, konsolideer, absorbeer, een word, inlyf; saamgooi, meng, vermeng, versny; vassit, kleef, vaskleef, aankleef, vasraak

bind, vasbind, saambind, aanmekaarbind, inbind, verbind, ombind, ingord, heg, vasheg, aanmekaarheg, aanheg, saamheg, vastrek, vaswoel, knoop, vasknoop, aanmekaarknoop, aanknoop, saamknoop, vasknyp, ryg, vasryg, aanmekaarryg, ketting, vasketting, aanmekaarketting, speld, vasspeld, aanmekaarspeld, kram, vaskram, aanmekaarkram, slaan, vasslaan, aanmekaarslaan, vasklop, spyker, vasspyker, aanmekaarspyker, klink, vasklink, aanmekaarklink, beklink, skroef, vasskroef, aanmekaarskroef, bout, vasbout, aanmekaarbout, vasdraai, aandraai, klamp, vasklamp, aanklamp, gord, aangord, vasgord, gespe, vasgespe, haak, aanhaak, vashaak, inhaak, vaslê, attasjeer, las, aanlas, aanmekaarlas, aaneenlas, inlas, aanmekaarvoeg, aaneenvoeg, saamvoeg, splits (toue), strik, vasstrik, string, agglutineer, soldeer, vassoldeer, spalk, aanmekaarspalk, span, weef, vasweef, aanlap, vaswerk, aanwerk, aanmekaarwerk, vasnaai, aannaai, aanmekaarnaai, inweef, verweef

plak, vasplak, aanmekaarplak, opeenplak, toeplak, aanplak, pleister, vaspleister, aanpleister, aanmekaarpleister, smeer, aansmeer, toesmeer, lym, vaslym, aanmekaarlym, aanlym, saamlym

bw. aaneen, inmekaar, opeen, blokvas

s.nw. ***aansluiting,*** saamsnoering, vereniging, samekoppeling, sementering, skakel, skakeling, aanknoping, aanknopingspunt, verbinding, verband, verbintenis, sameflansing, inlassing; assimilasie, eenwording, inlywing, samesmelting, aansluiting, inkorporasie, inkorporering, absorpsie, absorbering, konsolidasie, konsolidering

binding, verbinding, saambinding, bindsel, samevoeging, skakeling, aaneenskakeling, aansluiting, aaneensluiting, aaneenvoeging, samevoeging, saamsnoering, aaneensnoering, aanvoegsel, konneksie, konjunksie, saamflansing, aaneenryging, koppeling, aaneenkoppeling, hegting, aaneenhegting

hegting, hegplek, hegpunt, aanhegting, aanhegtingspunt, binding, knoop, knooppunt, strikknoop, wurgknoop, las, lasplek, laspunt, skroeflas, skroeftap, lakwerklas, naat, naatjie, voeg, skakel, string, stringel, sloer, snoer; knoop, skuifknoop, seemansknoop, kniehalterslag, strikknoop, stingelknoop, glyknoop, steek, kruissteek, kettingsteek, breisteek, steeksteek, soomsteek, rygsteek

hegmiddel, hegsel, hegstuk, hegting, tou, bindtou, geskenktou, garing, gare, bindgaring, bindgare, riem, jukriem, kniehalter, koord, wurgkoord, raffia, raffiatou, ketting, ankerketting, gordel, gespe, strik, strop, kruisband(e), draad, staaldraad, draadanker, anker, hoekanker; koppeling, kruiskoppeling, koppelarm, koppelpen, koppelrat, koppelstang, koppelstok, koppelstuk, klink, knip, haak, motorhaak, sluitring, solusiespanhaak, spanpaal, woelhout, woeljuk, woelketting, woelpen; knoop, mousknoop, broeksknoop, rits, ritssluiter, hakie-en-ogie, mansjetknoop, mansjetskakel; spyker, draadspyker, hegspyker, dikkopspyker, blinde spyker, duimspyker, skroef, staalskroef, houtskroef, dikkopskroef, tapskroef, skroefdraad, klinknael, bout, lasbout, moerbout, naafbout, oogbout, skroefbout, tap(s)bout, klinkbout, krambout, borgbout, jukbout, veerbout, moer, skroefmoer, sluitmoer, teenmoer, kartelmoer, klemmoer, borgmoer, dopmoer, krie(moer), karie, kroonmoer, drukknoop, duimdrukker, naald, speld, haakspeld, knipspeld, kop(pie)speld, skuifspeld, skotnael, knewel, splitpen, splytpen, spy, spie, waster, wasser; hegapparaat, hegarm, sleutel, moersleutel, skuifsleutel, soksleutel, dopsleutel, klamp, klem, klink, skroewedraaier, skroefdraaier, soldeerlamp, tang, tangsleutel

kleefmiddel, kleefpasta, hegmiddel, kleefstof, gom, papiergom, houtgom, wondergom, lym, houtlym, rubberlym, hars, gluten, sement, slaksement

b.nw. aaneengeslote, saamgesnoer, verenig(d), geskakel, verbonde, verbandhoudend, saamgeflans; geassimileer, ingelyf, aaneengeslote, aangesluit, geïnkorporeer, geabsorbeer; verbind, saamgebind, saamgevoeg, aaneengeskakel, aaneengeslote, vasgewerk, aaneengewerk, gekonnekteer(d), konjunktief, saamgeflans, aaneengeryg, aaneengevleg, gekoppel, geketting, vasgeketting; geheg, vasgeheg, gebind, vasgebind, verbind, geknoop, gestrik, vasgeskroef, vasgespyker, vasgesteek, gehaak, vasgehaak, geryg, vasgeryg, gekoppel, geplak, vasgeplak, gegom, vasgegom, gelym, vasgelym; klewerig, klouerig, lasbaar, onlosmaaklik, verbindend, verenig, onlosmaaklik verbonde, fiksatief, immanent

173. Losmaak

ww. ***losmaak,*** loskoppel, ontkoppel, uitmekaarmaak, uitmekaarhaal, demonteer, verdeel, ontrafel, uitrafel, torring, lostorring, uitmekaartorring, ontwar, uitpluis, breek, losbreek, uitmekaarbreek, afskei, stukkend breek, afpluk, uitmekaarpluk, uitpluk, sloop, aftakel, afbreek, skeur, skei, atomiseer, verstuif, verstuiwe, afbind, afbyt, afdraai, uitdraai, afhaak, afkook, afkoppel, afpel, afreën, afreent, afskakel, afskroef, afskroewe, afsnoer, afstel, afwaai

losgaan, breek, uitmekaarbreek, uitmekaarspat, stukkend breek, stukkend spat, disintegreer, meegee, skeur, skei, afskei; losgaan, losraak, loskom, losruk, losskud, losskiet, losspring, los staan, loshang

ontbind, ontknoop, uiteendryf, uiteenjaag, verdeel, strooi, verstrooi, sprei, versprei, distribueer, uitsaai, uitskakel, uitskuif; loslaat, bevry, vrymaak, vrystel, laat gaan, laat loop; losbreek, uitbreek, loskom, ontsnap, wegkom, wegbreek, skei, afskei, afstand doen van, bedank, jou bedanking indien

bw. uitmekaar

s.nw. losmaking, ontkoppeling, verdeling, disjunksie, ontrafeling, ontwarring, loslating, ontknoping, skeiding, skeuring, afbraak, afbreking, sloping, aftakeling, vernietiging; ontbinding, ontknoping, afskeiding, afgeskeidene, afgeskeidenheid, verdeling, verspreiding, distribusie, verstrooiing; loslating, bevryding, vrymaking, ontsnapping, skeiding, bedanking

b.nw. los, onvas, gebreek, gedemonteer, uitmekaargehaal, uitmekaargebreek, . . ., gesloop, afgetakel, afgebreek, . . ., gedisintegreer(d), ontbind, verstrooi(d), vry, geskei, losliggend, disjunk, disjunktief, skeibaar, versprei(d)

174. Meng

ww. ***meng,*** vermeng, deurmekaarmeng, deurmekaarmaak, roer, deurmekaarroer, deurmekaargooi, deurstrengel, deursuur, deurvleg, deurwerk, omwerk, omwiel, saamgooi, versmelt, vervleg, verweef, deurweef, verwerk, verwikkel, saamrol, inwerk; inmekaargroei, inmekaarloop, inmekaarvloei, koek, vervloei, verwaai

roer, omroer, deurmekaarroer, meng, saammeng, vermeng, aanmaak, aanmeng, klits, klop, knee, knie, versny

kombineer, verenig, amalgameer, inkorporeer, konsolideer, integreer, saamvoeg, inskakel, ineenskakel, bymekaarbring, assimileer, saamsmelt

sosialiseer, meng, sosiaal verkeer, saamwoon, saamleef, kohabiteer, saamgroei; kruis, verbaster, vermeng, hibridiseer

bw. gemiddeld, ineen, inmekaar

s.nw. ***mengsel,*** mengeling, vermenging, versmelting, vervlegting, fusie, vervloeiing, verwaaiing, konglomeraat, amalgaam, potpouri, mosaïek, verskeidenheid, versameling, aggregaat, massa, hoop, ophoping, agglomeraat, mengelmoes, allegaartjie, hutspot, prut, pulp, rommel, rommelary, sameraapsel, sameskraapsel, deurmekaarspul, deurmekaar spul, bontspul, santekraam, tjou-tjou, versnyding, verwerking

menger, mengmasjien, koekmenger, klitser, voedselverwerker, mengbak, betonmenger, roerlepel, roerspaan

kombinasie, samesmelting, amalgamasie, inkorporasie, inkorporering, konsolidasie, assimilasie, integrasie

b.nw. gemeng(d), vervleg, geroer, roerbaar, vervloeiende, verwaai(d), verweef(d), verwikkeld, deursnede, deurspek, integrerend, konsoliderend

woorddeel mengel-

uitdr. van alles en nog wat

175. Insit

ww. insit, insteek, inbring, binnebring, inhaal, inlaat, binnelaat, instuur, binnestuur, insend, intrek, binnetrek, insleep, binnesleep, inlepel, inploeg, insmokkel, instoot, inhou, binnehou, absorbeer, verswelg, berg, verpak, wegbêre, weglê, wegsit, kelder, opbêre, opberg, oppot, pak, inpak, toepak, stoor, inbed, insuie, insuig, invoer, resorbeer, skep, steek, stop, suig, suie, bygooi, doop, drink, inkry, indien; inkom 206, binnekom, ingaan 206, binnegaan, inloop, binneloop, instap, binnestap, binnetree, inval, binneval, inskiet, inskuif, inskuiwe, instroom, binnestroom, ingraaf, ingrawe, infiltreer, indring, binnedring, indraai, ingroei

bw. binne, in, binnetoe, binnewaarts, na binne

s.nw. invoer, berging, opberging, verpakking, absorpsie, resorpsie, insluiting, bergplek, skuur, stoor; inkoms, binnekoms, ingang, binnevaart, instroming, infiltrasie, invloei, toevloei

b.nw. intrekbaar, intrusief, absorberend, resorberend

voors. in

woorddeel in-

176. Uithaal

ww. ***uithaal,*** uitbring, uitneem, uitstuur, uittrek, uitpluk, uitgooi, uitboender, uitdra, uitkry, uitlaat, uitlig, uitpak, uitpik, opdiep, graaf, opgraaf, opgrawe, uitgraaf, uitgrawe, opvis, tap, uittap, hewel, lek, uitlek, skep, uitskep, uitblaas, uithaak, uithol, uitkaf, uitkap, uitknikker, uitkrap, uitpik, uitrol, uitsend, uitsit, uitskop, uitskuif, uitsny, uitsteek, uitstoot, uitstort, uitstrooi, afvoer, ontruim, evakueer, leegmaak, ledig, leegpomp, leegskep

uitgaan 207, uitkom 207, uitraak, na buite kom, te voorskyn kom, verskyn, uittrek,

uitrol, uitloop, uitstap, uitwikkel, . . ., verlaat, heengaan, leegloop

bw. uit, buitentoe, na buite, uitwaarts

s.nw. uitgang, uitlaat, uitlaatgat, klep, uitlaatklep, poort, uitlaatpoort, afvoerpyp, uitlaatpyp; uitgang, uittog, eksodus, uitvloeiing, uitstorting, lediging, lekkasie, lek; opgrawing, uitgrawing, uitsnyding, uitwinning, uitskuiwing, uitsnyding, ontruiming, evakuasie, uitsetting, uitsettingsbevel

b.nw. uithaalbaar, uitgehaal, uitskuifbaar, uitgeskuif, afgevoer, uitgelaat, uitlaatbaar, lekkend, getrokke, verhewe

woorddeel uit-, leeg-, ont-

177. Oopgaan

ww. ***oopstaan,*** oop wees, ooplê, oophang, oopbly, open, oopgaan, oopval, oopspring, oopslaan, gaap, spalk, oopspalk, sper, oopsper

oopmaak, ontbloot, wys, sigbaar maak, blootlê, blootstel, onthul, open, oopstel, oopkry, oophou, ooplaat, oopbreek, oopdraai, oopruk, oopskuif, oopstoot, ooptrek, oopslaan, oopsluit, oopsny, oopspalk, kloof, klowe, lek, oopdraai, ontkurk, ontplooi, ontsluit, ontvou, skeur, groef, uitlug, uitslaan

s.nw. opening, uitgang, ingang, deur, venster, gaping, gat, krater, kier, kloof, gleuf, groef, spleet, skeur, skreef, mond, poort, hap, hiaat, lakune, leemte, holte, kykgat, lek, lekkasie, lekplek, lekkery, maas, nippel, oog, oopte, ponsgat, poortdeurtjie, porie, porositeit, put, spalk, vernouing; kurktrekker, botteloopmaker, blikoopmaker, bliksnyer, blikskêr; blootlegging, blootstelling, ontbloting, ontsluiting, ontplooiing, onthulling

b.nw. oop, geopen, oopgemaak, wawyd oop, ontsluit, ontgrendel, toeganklik, ondig, ongekurk, gaterig, gapend, oopgewerk; ontbloot, blootgestel, onthul

178. Toegaan

ww. ***toegaan,*** sluit (toegaan), toeraak, toe bly, op slot wees, toeklap, toeval, toeslaan, toegroei, verstop

toemaak, bedek, toedek, sluit (toemaak), afsluit, toetrek, die deur aan trek, toedruk, toeskuif, toeslaan, toegooi, toewerk, verseël, seël, toebind, afbind, toedraai, verpak, toespyker, toestrik, toegespe, toeryg, opryg, toeplak, lak, toeprop, prop, toestop, opstop, stop, toesmeer, toebuig, toedig, afdig, verdig, dig maak, toeskroef, kurk, afklap, bedelf, bedelwe, befloers, begrawe, begraaf, belê, beslaan, inbaker, inkapsel, knoop, krul, afkeer, aantrek, snoer, demp

sluit, toesluit, afsluit, uitsluit, ineensluit, inkerker, insluit, interneer, op slot hou, opsluit, toegrendel, toeknip, grendel

versper, sper, stop, barrikadeer, blokkeer, afsluit, toemaak, toegang belet, deurgang belet, ontoeganklik maak, belemmer, ommuur, omhein

s.nw. ***sluiting,*** sluitingsuur, verstopping

versperring, padversperring, afsluiting, versperder, afsluiter, barrikade, grens, draad, doringdraad, draadversperring, versperringsdraad, muur, heining, draadheining, paalheining, staketsel, tralie, tralieheining, traliewerk, deur, hek, hekkie, heksluiter, hekwagter, doringdraadhek, plaashek, smoelneuker, smoelslaner, tuinhek, draaihek, traliehek, sperboom, sluitboom, afsluitboom, draaiboom, hinderpaal, sperketting, grendel, werwel, klap, klink, knip, knippie, valknip, veiligheidsknip, vensterknip, klamp, knoop, roef, beskot, skot, oorslag, skermplaat, rooster, sluitring, stopsel, verpakking, prop, kurk, kurkprop, swik, swikprop, klep, afsluitklep, valklep, kraan, stopkraan, afsluitkraan, waterkraan, tampon, tap

slot, deurslot, hangslot, beuelslot, dekselslot, kasslot, klinkslot, knipslot, kodeslot, kombinasieslot, nagslot, veerslot, veiligheidslot, deurketting, slotmakery; baard (slot), bajonetsluiting, beuel, slothaak, slotkram, plaat, slotplaat, veer, springveer, tuimelaar, grendel, tong, sleutelgat, sleutelskild; sleutel, toegangsleutel, voordeursleutel, motorsleutel, knipsleutel, kontaksleutel, sleutelbord, sleutelbos, sleutelring, splitsring, passe-partout

b.nw. toe, bottoe, pottoe, toeërig, toegemaak, geblokkeer(d), gesluit, geslote, toegesluit, selfsluitend, dig, waterdig, reëndig, lugdig, rookdig, stoomdig, begrens, ommuur, omhein, toegegooi, toegegroei, toegedraai, toegeknoop, toegepak, toegetrek, getralie, bedolwe, hermeties, toe, nou, nousluitend

uitdr. agter slot en grendel

179. Glad maak

ww. glad maak, gladmaak, gelykmaak, afwerk, stryk, gladstryk, vryf, gladvryf, oopvryf, skaaf, gladskaaf, gladskawe, gelykskaaf, gelykskawe, afskaaf, afskawe, afwerk, skuur, gladskuur, gelykskuur, afskuur, oopvou, uitvou, ontrimpel, ontvou, uitrol, afrol, uitslaan, uitklop, duikklop

s.nw. ***gelykmaking,*** afwerking, strykwerk, strykery, skaafwerk, skawery, skuurwerk, skuurdery, ontvouing, duikklopwerk, duikklopper

skaaf, skaafmasjien, skuurder, skuurmasjien, skuurpapier, duikklophamer, strykyster, yster, stoomstrykyster

b.nw. gelyk, glad, egalig, vlak

uitdr. so glad/gelyk soos 'n spieël

180. Ongelyk maak

ww. vou, omvou, invou, uitvou, toevou, saamvou, deurvou, dubbelvou, inwikkel, plooi, beplooi, omplooi, gladplooi, inslaan, omslaan, kartel, golf, kronkel, keep, inkeep, kerf, inkerf, rimpel, verrimpel, frommel, verfrommel, kreukel, verkreukel, skrompel, verskrompel, flap, buig, verbuig, verkrom, verfomfaai

s.nw. vou, kartel, karteling, golf, golwing, haargolwing, keep, inkeping, kerf, inkerwing, rimpel, rimpeling, plooi, beplooidheid, broekplooi, rokplooi, rygplooi, flap, buig, buiging, kromming, frommel, kreukel, kreuk, verskrompeling

b.nw. gevou, omgevou, ingevou, . . ., voubaar, dubbel, dubbeld, duwweld, gerimpel(d), geplooi, beplooi(d), gekreukel, verkreukel, kreukelrig, kreukeltraag, kreukelvry, rimpelig, rimpelrig, golwend, gegolf, gekartel, verfrommel, opgefrommel, geduik, ingeduik

181. Stoot teen

ww. ***raak,*** tref, aanraak, beur, knyp, aandring, aanleun, pulseer

druk, afdruk, opdruk, wegdruk, deurdruk, aandruk, toedruk, vasdruk 183, vaspen, vasval, neerdruk, onderdruk, saamdruk, platdruk, pers, inpers, saampers, uitpers, stoot, opstoot, afstoot, omstoot, omverstoot, terugstoot, stu, du, voortdu, 'n hupstootjie gee, stamp, vasstamp, pulseer, pomp, por, bots, bons, aanbons, skuif, opskuif, afskuif, in skuif, inmekaarskuif, verplaas, beur, dring kneus, knyp 183, raak, vasry, omry, raakry slaan 182, inslaan, skopslaan, aanslaan moker, voeter, klop, vasklop, hamer, kap tik, tref, skop teen, vasskop, knyp, afknyp knip, afknip, bons, trap, vertrap, tree, ver tree, hak, ram, skok, skud, rammel, ruk

bw. rakelings, skrylings, teenaan, hierteen daarteen, waarteen

s.nw. ***aanraking,*** druk, drukking, samedruk king, saampersing, samepersing, impetus raakvlak, raking, vertrapping, vertreding aanslag, aanstoot, aandrang, aanslag

slag, vuisslag, mokerslag, hamerslag, hou kaphou, vuishou, slaanhou, dryfhou, haal treffer, voltreffer, stamp, stampery, ge stamp, gestampery, stamphou, stoot, ge stoot, gestotery, stootjie, hupstootjie, stoot krag, gehamer, gekap, kappery, ge kappery, perkussie, pulsasie, skop, geskop skoppery, geskoppery, hoefslag, trap, ver trapping, tree, impuls, skok, skokgolf, tik tikkie, tikslag

hamer, klouhamer, bolhamer, dryfhamer klinkhamer, klinknaelhamer, kliphamer klophamer, blokhamer, rubberhamer smidshamer, duikklophamer, voorhamer vyfpondhamer, vleishamer, hamersteel hamerkop, hamerklou, byl, dryfyster, klop per, pomp, buffer, stamper, stampblok drukker, drukmetode

b.nw. gestamp, raak, botsend, rakelings, raak lings, skokvas, skokbestand, skrams, te rugstotend, verplaasbaar, verplaas(te)

voors. aan, teen, teenaan

uitdr. teen iets stuit

182. Slaan

ww. ***iets slaan,*** slaan, omslaan, inslaan, in hamer, oopslaan, inmekaarslaan, neerkap neervel, omklink, tamboer, timmer, toe dien, uitdryf, uitdrywe, uithamer, uitklop vasslaan, verspaander, wegslaan, aankap aanslaan, aantik, afpiets, afslaan, beuk, haal hamer, kap, skop, terugkaats

iemand slaan, slaan, houe toedien, terug slaan, inmekaarslaan, blaker, moker, foeter neuk, opdons, opneuk (*plat*), donder (*plat*) opdonder (*plat*), opfok (*plat*), peper, inlê timmer, klap, klits, klop, kneus, kwint, piets lamslaan, uitknikker, uitkwint, uitslaan

bles, blits, boender, boks, karnuffel, kasty, mishandel, neerkap, neervel, omslaan, omklink, oopslaan, pomp, takel, toetakel, bydam, sambok, gesel, striem, wiks
dreig, bedreig, intimideer, waarsku
straf, bestraf, slaan, pak gee, klop, slae gee, 'n drag slae gee, lyfstraf toedien/oplê, gesel, martel, tug, tugtig, afransel, uittrap, skel, uitskel, kasty, roskam, hokslaan, inja, injaag, touspring

s.nw. ***slag,*** stamp, stoot, dwarshou, gehamer, haal, hamerhou, hamerslag, swaardslag, sweepslag, handslag, klop
hou, vuishou, vuisslag, klap, haal, handslag, handtastelikheid, mishandeling, mokerhou, mokerslag, nekslag, oorklap, oorkonkel, veeg, oorveeg, opneuker, opstopper, skop, skoppery, slae, pak, pak slae, tameletjie (pak slae); slaanmerk, haal, streep
slaanding, lat, rottang, plak, sweep, sweepstok, voorslag, voorslagriempie, peits, rysweep, horssweep, karsweep, langsweep, karwats, roede, sambok, riem, taboes, gesel, kinderbeul, houtlepel

uitdr. bont en blou slaan; deur die weerlig getref; die lat inlê; die sweep gee; iemand 'n bloedneus slaan; iemand 'n blou oog slaan; maer bokke dip; onder die besemstok steek; op sy tabernakel gee/speel; op sy baadjie kry/gee; jou hand teen iemand lig; rottangolie gee; iemand moker; 'n voltreffer slaan; siepsop en braaiboud gee; iemand looi; tameletjie kry; 'n taai klap gee; die skrik op die lyf jaag; skrik aanjaag; die mes op sy keel sit; oor die vingers tik; oor die kole haal

183. Gryp

ww. gryp, vasgryp, beetgryp, vergryp, beethê, kry, beetkry, neem, beetneem, pak, beetpak, aanpak, takel, betakel, toetakel, haak, vashaak, vat, raakvat, beetvat, doodvat, vasvat, vervat, raap, opraap, hou, vashou, houvas, vaskry, klou, vasklou, beklou, bandvat, klem, vasklem, beklem, omklem, knel, beknel, omknel, vasklamp, druk, vasdruk, vaspen, saamdruk, vastrek, vaskeer, vang, verstrik, weegsleep, platdruk, pers, wring, aangryp, aanpak, aanvat, knyp, vasknyp, ruk, uitruk, pluk, uitpluk

bw. aanmekaar, vanmekaar

s.nw. ***greep,*** houvas, ingreep, intersepsie, klem, kneep, knyp, knypie, vang, vangslag, vangskoot, opraapsel, druk, teendruk, stoot, teenstoot, ruk, vasgekeerde
klem, tang, knyptang, draadtang, haartangetjie, klouhamer, gaffel, vurk, drietandvurk, gryparm, gryphaak, grypklou, grypkraan, grypyster, haak, weerhaak, skroef, bankskroef, stelskroef, klemskroef, klem, staalklem, skroefklem, veerklem, klamp, klembeuel, knyphaak, knyper, klou, boorklou, keëlklou, duiwelsklou, duiwelsbek, balkhaak, pers, handpers, wals, walsmasjien, stoomwals; greep, vatplek, vashouplek, handvatsel, handgreep, vingergreep, hef, hingsel, steel, kolf, skag, kruk, knop

b.nw. grypbaar, geknyp, geknel, gehaak, vas, vasgeskroef, genome, klouerig, vasgekeer, wringend

voors. teen

184. Afbreek

ww. ***breek,*** aan skerwe spat, afbreek, afbars, inmekaarstort, meegee, uiteenbars, uiteenspat, uiteenval, uiteenvlieg, verbrokkel, afbrokkel, krummel, afkrummel, verkrummel, verflenter, wegkalwe(r), ingee, inmekaarloop, inmekaarsak, inmekaarsit, knak, knik, krummel, ontplof, oopbreek, opbreek, skeur, splinter, splits, split, splyt, bars, uitbars, uitbreek, uitkalwe, uitkalwer, uitrafel, losbreek, losskeur, skeur, wegskeur, afskeur, afskilfer, deurbars, deurbreek, slyt, deurslyt, verslyt, afslyt, wegslyt, roes, deurroes, verweer
afbreek, breek, oopbreek, opbreek, deurbreek, knak, afknak, omknak, skeur, opskeur, verskeur, aan flarde skeur, flenters skeur, splits, split, splyt, versplinter, uitrafel, uitvreet, verflenter, skei, wegskeur, afskeur, afblaar, afbreek, afdop, afdraad, afklink, afknip, afknyp, afkry, afmaak, afnerf, afpik, afpluis, afslaan, inslaan, deurslaan, stukkend slaan, vasslaan, afskop, inskop, stukkend skop, afskoffel, deurhak, deurtrek, intrap, kap, kleinkry, kleinmaak, klief, kloof, klowe, knou, leer, ontpluim, ontrafel, pik, vryf, vrywe, rasper, pulwer, snipper, sny, stukkend sny, afsny, deursny, kap, stukkend kap, afkap, deurkap, afbeitel, verbreek, verbrysel, vergruis, vermorsel, verniel, vernietig, verpletter, verwoes

bw. aan stukke, in stukke, middeldeur, aan flarde, uitmekaar, vanmekaar

s.nw. ***breking,*** afbreking, verbreking, breuk, verbrokkeling, verbryseling, vergruising, verkrummeling, vermorseling, desintegrasie, disintegrasie, ontploffing, splitsing, splyting, uitbarsting, uitbreking, uitkalwing, vernieling, verplettering, verskeuring, wegskeuring, versplintering; breker, vernieler, vernielal, woestaard; vernielsug, vernielsugtigheid

stuk, flenter, vod, snipper, skerf, glasskerf, potskerf, skilfer, spleet, splint, splinter, toiings, toiinkies, vylsel, skaafsel, skraapsel, krummel, klont, kluit, gleuf, skeur, bars, windbarsie, haarbars, knak, knou; rommel, rommelary, rommelhoop, rommelterrein, rommelwerf

b.nw. stukkend, gebreek, gebroke, flenters, kapot, verflenter(d), gedaan, gehawend, voos, vodderig, morsaf, onherstelbaar, onklaar, gesplete, gestamp, rommelig, rommelrig, toiingrig, skilferagtig, skilferig, splinterig, versnipper(d), krummelrig, uitgemaak, uitgewerk, vernielagtig, vernielbaar, vernielsiek, vernielsugtig, verpletterend, verwoestend, ontplofbaar, splytbaar

uitdr. alles kort en klein slaan; buite werking; die geweer weier; die hand aan iemand/iets slaan; geen steen op die ander laat nie; tot niet gaan

185. Sny

ww. ***sny,*** aansny, afsny, besny, insny, oopsny, oopvlek, opsny, uitsny, voorsny, transeer (*ong.*), keep, inkeep, kerf, kerwe, inkerf, uitkerf, afkerf, fynkerf, tand, uittand, krenelleer, knip, afknip, uitknip, deurknip, snipper, versnipper, fynsnipper, afskeer, skulp, uitskulp, kartel, afsit, skalpeer, lanseer, slag, uitslag, snoei, wegsny, uitsnoei, insnoei, knot, afknot, top, aftop

kap, afkap, vel, deurkap, fynkap, oopkap, uitkap, guillotineer, kloof, oopkloof, deurkloof, klief, deurklief, verdeel, splits, hak, afhak, beitel, afbeitel

saag, afsaag, afsae, deursaag, opsaag

s.nw. ***sny,*** snit, snyding, uitsnyding, insnyding, insisie, snee, snede, dwarssnit, dwarssnee, lengtesnit, langsnee, bars, geknip, knip, kap, versnippering, interseksie, keep, kartel, kerf, splyting, steek, vertanding; snysel, snit, knipsel, koerantknipsel, spaander, houtspaander, vesel, segment, houtkrul, skaafkrul, skaafsel, saagsel, snipper

mes, knipmes, sakmes, herneutermes, hernutermes, paddaslagter, pennemes, vleismes, voorsnyer, voorsnymes, voorsnystel, transeermes, transeerstel, groentemes, kaasmes, operasiemes, lanseermes, lanset, seis, sens, sekel, panga, kris, dolk, swaard, rapier; skêr, nopskêr, naelskêrtjie, naelknipper, naaldwerkskêr, draadskêr, blikskêr, draadknipper, knipper, kniptang; saag, skrynwerkersaag, houtsaag, metaalsaag, ystersaag, elektriese saag, masjiensaag, bandsaag, vleissaag, handsaag, tapsaag, voegsaag, figuursaag, kraansaag, kuilsaag, kromsaag, kroonsaag, treksaag, boomsaag, snoeisaag, ivoorsnyer; byl, houtbyl, kapmes, panga, guillotine, beitel, houtbeitel, groefbeitel, tandbeitel, gutsbeitel, koubeitel, houweel, dissel; hef, meshef, lem, meslem, saaglem, swaardlem, kling (swaard), papie, skaar, skede, messkede, skerpkant, span, steel, steelpunt, tand, verstekhaak, faas, knip, kerfblok, strykriem

houthakker, houtkapper, snyer, knipper

b.nw. besnede, besneë, deursnede, gekloof, skerp, skerpsnydend, snydend, tweesnydend

186. Maal

ww. maal, fynmaal, afmaal, fynmaak, stamp, verpulp, frommel; kolk, draai, wentel, rondmaal, ronddraai

s.nw. ***meul,*** koffiemeul, vleismeul, worsmeul, watermeul(e), windmeul(e), hamermeul, rollermeul, saagmeul(e), houtsaagmeul(e), stampmeul(e), stoommeul, graanmeul, koringmeul, kafmeul, suikermeul, handmeul, trapmeul, tredmeul(e), bakkiespomp, stamper, meulklip, meulsteen, snuifstampblok, stamppot, vyselstamper; meulenaar

meulhuis, meulkap, draaikap, meulbalk, ysterbalk, agterbalk, rat, meulrat, emmerrat, skeprat, waterrat, wiek, meulwiek, meulklip, meulsteen, meelgat, meulsloot, klouyster, stamper, meulstamper; meel, koringmeel, broodmeel, rogmeel, koekmeel, meelblom, blom, semels, frommels, frummels, gort, gars

b.nw. melerig, fyn, grof, semelrig, gemaal

187. Reis

ww. reis, rondreis, toer, rondtoer, afreis, terugreis, deurreis, bereis, op reis gaan, 'n reis onderneem, 'n reis meemaak, meereis, saamreis, begewe, begeef, deurkruis, deurloop, deurry, oorstaan, oorsee gaan, oorklim, oorstap, pendel, kommuteer, rondtrek, swalk, swerf, rondswerf

bw. in transito, oorsee

s.nw. ***reis,*** reistog, groepreis, tog, passaat, passasie, toer, ekskursie, uitstappie, afreis, heenreis, uitreis, heen-en-terugreis, reisavontuur, wederreis, landreis, oorlandreis, seereis, lugreis, vliegtuigreis, vliegtog, treinreis, bootreis, vaart, motorreis, motortog, rit, motorrit, vliegtuigrit, bootrit, treinrit, karavaan, karavaanvakansie, karavaantog, karavanserai, konvooi, rondreis, vakansiereis, studiereis, sabbatsreis, sakereis, inspeksiereis, pakkettoer, ontdekkingsreis, ontdekkingstog, ekspedisie, poolekspedisie, suidpoolekspedisie, kruistog, kruisvaart, triomftog, kaapvaart, omswerwing, migrasie, transmigrasie, trek, bedevaart, pelgrimsreis, pelgrimstog; roete, roetekaart, bestemming, eindbestemming, deurrit, deurtog, transito, skof, reisafstand, stoot, dagreis, reistyd; reisgeleentheid, bereisdheid, reisgenot, reislus, reiskoors, wanderlust

reisiger, wêreldreisiger, ontdekkingsreisiger, toeris, toeristeverkeer, passasier, transitopassasier, passasiersverkeer, pendelaar, poolreisiger, reisgenoot, reisgesel, toggenoot, medereisiger, reisgeselskap, toergroep, kontingent, reisgids, toerleier, toeroperateur, reisvader, reismoeder, reisouers, koerier; toerisme, toeristebedryf, reisagent, reisagentskap, reisbiblioteek, reisburo

reisbenodigdhede, reisartikel, bagasie, handbagasie, oor(gewig)bagasie, pakgoed, pakkasie, tas, reistas, koffer, reiskoffer, skeepskoffer, skeepskis, naweektas, handtas, handsak, drasak, reissak, knapsak, kleresak, valies, smuktas, ydelheidstas(sie), kajuittas, kajuitkoffer, hoedetas, trommel, reistrommel, reisrol, reisdeken, bagasiedraer, bagasietrollie, draagriem, drariem; bagasiebewys, bagasiebiljet, aanvaarding, biljet, geleibrief, reisdokument, pas, paspoort, visum, dagvisum, transitovisum, permit, verblyfpermit, werkpermit, dagboek, reisjoernaal, itinerarium, reisplan, reisprogram, roetekaart, brosjure, reisbrosjure, toeristebrosjure, reisbeskrywing, kaartjie, reiskaartjie, vliegtuigkaartjie, (in)stapkaartjie, treinkaartjie, padkos, passasiegeld, reisgeld, reisigerstjek, reiskoste, reistoelae, rygeld, ruskoste, rykoste

b.nw. bereis, berese, reisvaardig, reisend, rondreisend, reislustig, onderweg, padvaardig

uitdr. hy is op die wapad; in die pad val; jou vervoeg by

188. Aankom

ww. aankom, kom, arriveer, opdaag, opduik, verskyn, te voorskyn kom, jou verskyning maak, aanland, aanbeland, grondvat, land, neerstryk, aan land gaan, vasmeer, inseil, binnevaar, intrek, bereik, beland, opdoem, opkom, aandraf, aanhardloop, aanklop, aanmeld, aanpeil, aanwaai, binnekom, binnery, binneloop, . . ., afkom, betree, begroet, keer; besoek, besoek aflê, besoek bring aan, aangaan, aanry, aanloop, aankom, omkom by, oorbly, 'n draai maak, kuier, toef, vertoef; terugkom, teruggaan, terugkeer, terugreis, terugtrek, verseil, draai, omdraai, omkeer, repatrieer, ontbied

s.nw. aankoms, aantog, koms, bereikbaarheid, verskyning, landing, aanloop, besoek; terugkoms, terugkeer, terugreis, terugtog, terugvaart, tuisvaart, tuisvlug, retoer, retoerreis, retoervlug, retoervaart, repatriasie; aankomeling, besoeker, gas, kuiergas

b.nw. aankomende, bereikbaar

uitdr. hier te lande

189. Wegbly

ww. wegbly, bly, uitbly, afwesig wees, stokkiesdraai, makeer; vermy, ontwyk, ontduik, wegskram, ontglip, ontsnap, koes

bw. weg, nie teenwoordig nie, uit

s.nw. wegblyery, wegblyaksie, afwesigheid, wegwees, stokkiesdraaiery; vermyding, vermy(d)baarheid, ontwyking, ontwykingsaksie, ontsnapping

b.nw. afwesig, absent, vermy(d)baar

190. Vertrek

ww. vertrek, op vertrek staan, gaan, weggaan, wegstuur, afreis, heenreis, wegreis, wegvaar, uitvaar, heenvaar, wegvlieg, opstyg, weg-

breek, wegkom, 'n reis onderneem, op reis gaan, wegry, in die pad val, spat, laat spat, wegtrek (vertrek), skuif, skuiwe, 'n skuif maak, trek, wegtrek (verhuis), verhuis, emigreer, skei, uitgaan, verdwyn, verlaat, afskeid neem, jou losskeur van, wyk, wegwyk, uitwyk; wegloop, weghardloop, weghol, vlug, op die vlug slaan, skarrel, wegskarrel, wegraak, wyk, die wyk neem, glip, wegglip, padgee, verkas, skoert, laat spat, gat skoonmaak, retireer; dros, deserteer, vlug, op die vlug slaan, ontduik, glip, ontglip, ontwyk, vryspring, vermy, wegkruip

bw. af, weg, voort

s.nw. vertrek, afskeid, aftog, afreis, heenreis, uitvaart, heenvaart, trek, verhuising, emigrasie, skuif, skeiding, opmars, drostery, droster, ontduiking, vermyding, vlug, vertrekpunt, vertreksaal, vertrekdatum, vertrektyd

b.nw. uitgaande, vermy(d)baar, vlugtend, voortvlugtend

tw. tatta, totsiens, tot siens, tot wedersiens, vaarwel, wederom, gaan jou goed, goed gaan, voorspoedige reis

uitdr. die stof van jou voete afskud; die pad vat; in die pad val; die vaalpad kies; dis laaste sien van die blikkantien; in die niet versink; jou uit die voete maak; spore maak; met die noorderson vertrek; sy hoed vat; van die toneel verdwyn; (met) sak en pak; maak dat jy wegkom; die hasepad kies; jou bene dra; in die bos trap; die hakke lig; jou hakskene volg; die hiele lig; die hoed vasdruk; kluite kam; jou knieë dra; die loop neem; op loop sit; die rieme neerlê; die takke insit; die wêreld skeur; ysterklou in die grond slaan; laat waai; laat saai; laat spaander

191. Laat kom

ww. ***ontbied,*** laat kom, oproep, roep, inroep, opkommandeer, kommandeer, gelas, terugroep, aanroep, afroep, lok, aanlok, naderlok, inlok, bestel, aanvra, vra, nooi, uitnooi, uitvra, daag, uitdaag, dagvaar

aanbring, bring, saambring, meebring, haal, besorg, oorbring, oordra, aanry, aandra, aanhaal, aanjaag, aankeer, aanneem, aanreik, aansleep, afgee, afhaal, apporteer, instuur, deurstuur, oorstuur, invoeg, oplaai, plaas, terugbesorg, terugbring, teruggee, terugkry, teruglei, terugplaas, terugstuur, terugvoer

invoer, importeer, inbring, aanvoer, introduseer, uitklaar, smokkel, insmokkel

s.nw. ***oproep,*** bestelling, uitnodiging, uitdaging, uitdager, dagvaarding; insender, insending, oordraer, teruggawe, besorging, terugbesorging; geadresseerde

invoer, invoerhandel, invoermark, invoerreg, import, importasie, smokkelary, smokkelry; doeane, klaring, uitklaring, aksyns, wynaksyns, invoerbelasting, aksynsbelasting, invoergoedere, invoere, invoerder, importeur, smokkelaar

192. Laat gaan

ww. ***stuur,*** instuur, uitstuur, laat gaan, sekondeer, wegstuur, aanstuur, send, versend, oorstuur, oorsend, verskeep, besorg, afsend, afstuur, wegvoer, meevoer, omstuur, rondstuur, saamstuur, agterlaat, uitlaat, ontvoer, afhou, afkeer, afwentel, wegdra, weggooi; oorslaan, vergeet, agterweë laat

verdryf, verdrywe, ja, jaag, jae, verja, verjaag, uitja(ag), uitjae, wegja, afja, afjaag, afjae, uitdryf, uitdrywe, wegdryf, wegdrywe, uitgooi, uitskop, uitstoot, uitwerp, verwerp, boender, uitboender, verban, verwilder, verwyder, voortdryf, voortdrywe, ostraseer, relegeer, verbied

uitvoer, eksporteer, uitklaar

s.nw. ***versending,*** afsending, afvoer, verskeping, stuurwerkie, bode, stuurder, afleiding, wegvoering, omissie, vergeetagtigheid; verdrywing, verjaging, verwildering, balling, banneling, banvloek, verbanning, ontvoering, abduksie, ostrasisme, relegasie, uitdrywing, uitwyking, uitgewekene, uitwerping, verwerping, uitgeworpene, uitwerpeling, uitwinning, verworpene, verworpenheid, verwydering, verbod

uitvoer, uitvoerartikel, gouduitvoer, uitvoerder, uitvoeroorskot; doeane, klaring, uitklaring, uitvoerder, uitvoerreg, uitvoerverbod

b.nw. uitgeweke, verbanne, verworpe

tw. kiep, siejy, sejy, voert, voertsek

uitdr. van Pontius na Pilatus stuur; iemand van bakboord na stuurboord stuur; die deur wys

193. Ophou

ww. ophou, nie laat gaan nie, agterhou, teëhou, terughou, weerhou, binnehou, agterhou, afhou van, vertraag, keer, verhinder, inhou, uitstel, verlangsaam, rem, stuit, in die wiele ry; jou inhou, uitstel, draal, talm, sloer, draai, lank draai, jou tyd gebruik, tyd mors

s.nw. oponthoud, terughouding, weerhouding, vertraging, verhindering, uitstel, verlangsaming, rem, talming, talmery, getalm, tydverkwisting

b.nw. vertragend, traag, dralend, talmend

194. Vervoer

ww. vervoer, transporteer, transport ry, karwei, versend, afsend, toesend, stuur, afstuur, wegstuur, bevrag, verskeep, oorskeep, verspoor, trok, krui(e), pak, verpak, afpak, behouer, laai, abba, afsit, belaai, oorbelaai, belas, oorbelas, oorbring, oorsit, gaan, gooi, inneem, omry, rig, aanvoer, smokkel, insmokkel, uitsmokkel

s.nw. ***vervoer,*** versending, karweiwerk, karweiding, transport, transportasie, transportdiens, massatransport, massavervoer, padvervoer, verskeping, padmotordiens, spoorwegvervoer, spoorvervoer, spoorvrag, lynvaart, goedereverkeer, troepevervoer, stukgoedtoesending
vervoerwese, vervoerdiens, vervoer, handelsdiens, vervoeradministrasie, handelsroete, handelsweg, heen-en-weerdiens, goederekantoor, goedereloods, goederestasie, pakhuis, doeanepakhuis, laaihawe, laaikraal, laaiplatform, laaiplek, laaisteier, laaibrug, laaier, laaivermoë, rolbaan, laaibrief, manifes, vragmanifes, laaigeld, versendingskoste, vervoerkoste, vervoertarief, vragtarief, vraggeld, ryloon, ladingsbestuurder, voerman, kruier
goedere, besending, vrag, lading, oorbelasting, houervrag, inlading, karvrag, kis, houer, wavrag, ballas
vervoermiddel, goederevervoer, goederewa, bok (wa), caisson, karet, kolewa, karavaan, koekepan, laaibok, laaikraan, laaimasjien, laaiplank, meubelwa, pakdier, pakdonkie, pakesel, pakmuil, pakos, pakperd, paksaal, paneelwa, bakkiesband, houer, kis, pallet
vervoerkontrakteur, karweier, transportryer, versender; vervoeronderneming

b.nw. vervoerbaar, versendbaar, belasbaar, derdeklas, gelaai, bevrag

195. Deurgaan

ww. deurgaan 153, deurvoer, deurvervoer, oorgaan, oorstap, oorsteek

s.nw. deurgang, oorgang, deurvoerhandel, transito, transitopassasier, deurvoerreg, deurverkeer

196. Poswese

s.nw. ***poswese,*** posdiens, posterye, posunie, posverkeer, posverbinding, posversending
pos, landpos, lugpos, spoorpos, briefpos, pakketpos, spoedpos, aangetekende pos, binnepos, binnelandse pos, buitelandse pos, posstuk, brief, geregistreerde brief, pakket, pakkie, poskaart, posorder, posstempel, stempel, posmerk, stempelmerk, stempelafdruk, seëlmerk, tjap (*geselst.*), seël, posseël, lugposseël, lugposplakker, poskode, adres, beseëling, driehoekposseël, portseël, posseëloutomaat, posgeld, postarief, port, porto, laatporto, frankeerwaarde, telegram, posorder, poswissel
poskantoor, hoofposkantoor, posspaarbank, posbus, briewebus, possak, postarief, poste restante, privaatsak, spoedbestelling, posbestelling; posmeester, posbeampte, posbode, posman, briewebesteller, bode, posdraer, koerier, renkoerier, ylbode, telegrambesteller, telegrafis; poswa, postrein, posboot, posduif

b.nw. gepos, geregistreer, aangeteken, gestempel, franko, gefrankeer(d), portvry, posvry

ww. pos, seël, beseël, frankeer, aanteken, registreer, stempel, afstempel, bestempel, telegrafeer

bw. per pos, per kerende pos, per omgaande pos, per handpos

197. Te voet gaan

ww. ***gaan,*** beweeg, 'n afstand aflê, voortgaan, voortbeweeg, aangaan, deurgaan, begaan, begeef, begewe, boemel, dryf, drywe, deurdryf, deurdrywe, haal, 'n koers inslaan, ja, jaag, jae, oorsteek, piekel, kruie, aankruie, skry, waad
loop, te voet gaan, voetslaan, rondloop, af-

loop, aanloop, voorloop, uiteenloop, stap, afstap, aanstap, voortstap, drafstap, stryk, aanstryk, strykloop, wandel, aanwandel, bewandel, paradeer, marsjeer, afmars, omloop, omverloop, oophoepel, oorloop, oorstap, trap, trappel, tree, betree, terugtree; slenter, drentel, kuier, aankuier, piekel, slof, sleepvoet, skuifel, waggel, strompel, hink, sluip, krui(e), aankruie
hardloop, voorthardloop, weghardloop, nael, spaander, laat spaander, wikkel, loop, haal, pyl, yl, hol, voorthol, weghol, afhol, draf, drafstap, afdraf, trippel, trappel
kruip, wegkruip, sluip, wegsluip, op die tone loop, handeviervoet loop, koes, koets, seil

bw. te voet

s.nw. ***stap,*** stappie, wandeling, aandwandeling, staptog, wandeltog, mars, dagmars, nagmars, stryk, toer, trap, trappie, uitstappie, draffie, drafstap, naelloop, voetstap, pas, stappas, drafpas, hardlooppas, paradepas, pasgang, gang, tred, skrede, gekuier, geskuifel, ambulantisme; voetganger, stapper, voetslaner, wandelaar, drawwer, naelloper, hardloper, atleet
wandelstok, kierie, stapkierie, knopkierie, stok, staf, kruk, alpestok

b.nw. wandelend, skuifelend, hinkend, waggelend, trippelend, ambulant, kruipend

uitdr. met dapper en stapper; met snaar en stramboel; met apostelperde reis; rieme neerlê

198. Strompel

ww. strompel, kreupel loop, kreupel beweeg, mank loop, hink, hinkepink, hink-en-pink, hake-krukke, hinkstap, hobbel, waggel, swaai, sukkel, aansukkel, voortsukkel, sukkelend loop, slof, skuifel, skuifelend loop, sleepvoet, struikel, op krukke loop, met krukke loop

bw. handeviervoet, hinkepink, inmekaar

s.nw. kreupelheid, hoepelbeen, horrelpoot, horrelvoet, horrelbeen, handgalop, kruk, strompeling, waggelgang, sukkelstappie, skuifelgang, hinkstap(pie); kreupele, strompelaar, lomperd, tontrapper

b.nw. kreupel, kruppel, gebreklik, hinkend, hinkende pinkende, mank, lendelam, strompelig, strompelend, skuifelend, sukkelend, sukkel-sukkel

uitdr. seebene hê

199. Spring

ww. spring, rondspring, op en af spring, spring--spring, spring-spring beweeg, bokspring, oorspring, inspring, uitspring, uitskiet, terugspring, terugstuit, omspring, wegspring, bespring, wip, inwip, uitwip, opwip, opskiet, opvlieg, oorwip, terugwip, wip-wip, hop, bons, kink, rank, oprank, opslaan, huppel, dans, ronddans; verspring, hoogspring, paalspring, valskermspring, sweef, hangsweef

bw. sprongsgewyse, op en af, heen en weer, met een sprong

s.nw. spring, sprong, sysprong, bokkesprong, boksprong, bokspringery, hop, bons, wippery, op-en-af-springery, op-en-af-wippery, pakaters, wipperigheid, gehuppel, huppeling, dans, kaperjol, kapriol; springkuns, hoogspring, verspring, paalspring, paalsprong, springhoogte, springer, valskermspring, valskerm, valskermspringer, sweef, swewer, sweefsprong, sweeftuig, hangsweef, hangswewer

b.nw. springerig, hopperig, huppelend, dansend, wippend, wipperig, baldadig

200. Vorentoe beweeg

ww. vorentoe beweeg, vorder, vorentoe loop, vorentoe ry, vooruitgaan, vooruitkom, vooruitstap, vooruithardloop, vooruitry, vooruitvlieg, vooruitvaar, voorgaan, voorkom, voortgaan, voortbeweeg, voortstap, voortvlieg, voortvaar, voortry, oorgaan, opskiet, voorsteek, verbysteek, eerste gaan, voor die ander gaan; vooruitstuur, vooruitneem, vooruitbring, vooruitjaag, vooruitdryf

bw. vorentoe, vooruit, voort

s.nw. vooruitbeweging, vordering, vooruitgang, progressie

b.nw. progressief

uitdr. jou voet voorsteek

201. Agtertoe beweeg

ww. agtertoe beweeg, agtertoe gaan, agtertoe loop, agteruitbeweeg, agteruitgaan, agteruitloop, agteruittree, agteruithardloop, agteruitry, agteruitvaar, agteruitstaan, terugbeweeg, teruggaan, terugloop, terugry, terugvaar, terugtrek, terugwyk, omdraai, omsit, omspring, steier; agtertoe druk, ag-

tertoe stoot, agtertoe stuur, agtertoe neem, agteruitdruk, agteruitstoot, terugdruk, terugstoot, terugneem, terugstuur

bw. agtertoe, agteruit, agterwaarts, ruggelings

s.nw. terugtog, regressie

b.nw. regressief

202. Voor beweeg

ww. voor wees, voor staan, voor kom, voor gaan, voor loop, voor ry, . . ., voorafgaan, vooropgaan, vooruitgaan; lei, leiding gee, die leiding neem, voorgaan, voorloop, begelei, geleide doen, saamvoer, saamneem, die pad aanwys, die weg wys

bw. voor, vooraf, voorop

s.nw. voorhoede, spits, kop, hoof; voorloper, avant-garde, voortrekker; leier, leidster, voorsitter, voorsitster, leidsman, leidsvrou, bevelvoerder, gids, voorloper

voors. voor

203. Agterna kom

ww. agterna kom, agternakom, agterna gaan, agternagaan, agterna loop, agternaloop, agterna draf, agternadraf, . . ., agterna sit, agternasit, agterna snel, agternasnel, volg, agtervolg, aantou, agterna tou, agternatou, string, agterbly, agterraak, nasit, navolg, nayl, skraap, spoorsny, 'n spoor volg, spoorhou, agterna stuur, agternastuur, agternajaag

bw. agterna

s.nw. agterstand, agterhoede, hakkejag, heksluiter, jaagtog, navolger, navolging, na-yling, stertjie; volging, volgeling, leerling, handlanger, onderdaan, kudde

b.nw. agterste, volgend

voors. agter

uitdr. op iemand se spoor wees; op iemand se hakke wees; die agterhoede dek

204. Aangaan by

ww. aangaan by, gaan na, aanry, begeef na, aankom by, aandoen, aanloop by, aanstap by, afstap, afklim, afkom, kom na, omkom by, oorkom na, oorbly, oorlê, besoek, besoek bring, besoek aflê, kuier, inval by, inloer by, aanjaag, aansluip, rondgaan, rondkom, rondloop, teëkom, teenkom, tegemoetkom, opdaag, vertoef, verwyl, verskyn

bw. tegemoet, aan

s.nw. aankoms, koms, tegemoetkoming, rondgang, besoek, besoekie, kuier, heen-en-weertjie; aankomeling, besoeker, kuiergas

voors. by

uitdr. by iemand 'n draai maak; by iemand inloer

205. Weggaan van

ww. weggaan van, gaan, vertrek 190, wegraak, wegloop, weghardloop, wegdraf, wegry, wegvaar, heengaan, heenglip, heengly, verkas, loop, spore maak, waai, skoert, laat spat, verdwyn, spoorloos verdwyn, wegdros, wegduik, wegkruip, afskram; stuur, neem, wegstuur 192, wegneem, weghelp, verwyder, afkeer, weghou, afhou, wegjaag

bw. vort

s.nw. vertrek, uittog

uitdr. jou van iemand af wend; oor die aarde saai; op loop sit; soos 'n groot speld verdwyn; die hasepad kies; laat spaander

206. Ingaan

ww. ingaan 175, binnegaan, binne(n)toe gaan, . . ., binnewaarts gaan, . . ., inkom 175, binnekom, inbly, binnebly, instap, binnestap, inloop, binneloop, intree, binnetree, intrap, binnetrap, indring, binnedring, binneloods, indraai, inklim, inkruip, inploeg, inroep, inskiet, insluip, instroom, binnestroom, insyfer, binnesyfer, invaar, binnevaar, inwaai, binnewaai, indonder, uitslaan, inwip, inwurm, ooplê, oopstel, open, reserveer, bespreek, besoek, toegang verkry, toegang hê; inlaat, binnelaat, toelaat, instuur, binnestuur, inneem, inbring, binnebring, inhaal, binnehaal, inlei, binnelei, invra, innooi, binnenooi, inroep, binneroep, indryf, insleep, binnesleep, inja, injaag, binneja, binnejaag, toegang verleen, oopstel

bw. in, binne, binne(n)toe, binnewaarts, na binne

s.nw. inkoms, binnekoms, intog, invaart, binnevaart, intrede, inval, inloop, inrit, ingang, toegang, toegangsdeur, opening, toeganklikheid, inkruipery, introduksie, irrupsie, passe-partout, deurgang; toegangsbewys, toegangskaartjie, kaartjie, ingangskaartjie

b.nw. binneste, oop, openbaar, toeganklik; privaat, ontoeganklik

voors. in, binne, binne-in

woorddeel in-, binne-

207. Uitgaan

ww. uitgaan 176, verlaat, buite(n)toe gaan, . . ., na buite gaan, uitkom 176, buitegaan, uitloop 176, buiteloop, uitstap, buitestap, uithardloop, uithol, peul, uitpeul, puil, uitpuil, uitklim, uitkom, uitkruip, uitlok, uitstroom, uitspring, uitstyg, uitwip, uitwyk, verskyn

bw. uit, buite(n)toe, na buite

s.nw. uitgang, uitloop, uitstroming, uittog, uitwyking, deurgang, opening

b.nw. buitenste, uitwaarts

voors. uit, buite

woorddeel uit-, buite-

208. Verbygaan

ww. verbygaan, verbykom, verbybeweeg, verbyloop, verbystap, verbyhardloop, verbyhol, verbyry, verbysteek, verbyvlieg, verbyvaar, verbyglip, verbyskiet, verbysnel, daarlaat, inloop, inry, oorwaai, passeer; verbystuur, verbyneem, verbyjaag

bw. verby, weg

s.nw. verbyganger, verbyvlug, verbyvaart

b.nw. verbygaande, verbygegaan

voors. verby, verder as, verder dan, langs, langs . . . verby, anderkant, tot anderkant

209. Oorgaan

ww. oorgaan, oorkom, oorbeweeg, oorstap, oorloop, oorry, oorvlieg, oorvaar, oorroei, oorseil, oorkruip, oorsteek, oorklim, klouter, oorklouter, oorwip, oordonder (*plat*), oorskry, oorbrug; oorneem, oorbring, oorstuur, oorhelp, oorjaag, oorgooi, oorpomp, oorhewel

bw. oor, van die een kant na die ander kant

s.nw. oorgang, oorbrugging, oorloop, oortog, oorvaart; steg (leer), brug, voetbrug, hangbrug, padbrug, treinbrug; oorskryding

voors. oor, bo-oor, anderkant

210. Onderdeurgaan

ww. onderdeurgaan, onderdeurloop, onderdeurkruip, . . ., klouter, seil; onderdeurjaag, onderdeurdruk

s.nw. tonnel, duikweg

voors. onderdeur

211. Opgaan

ww. opgaan, boontoe gaan, opkom, boontoe kom, bokom, klim, opklim, bergklim, boontoe loop, boontoe klim, . . ., uitklim, beklim, oorklim, klouter, opklouter, boontoe klouter, beklouter, styg, opstyg, bestyg, oploop, boontoe loop, opvlieg, boontoe vlieg, bobly; opbring, boontoe bring, opneem, boontoe neem, opstuur, boontoe stuur, opja(ag), opjae, hys, ophys, ophaal, optrek, optel, raap, opraap, lig

bw. op, boontoe, opwaarts, hemelwaarts

s.nw. ***klimmery,*** geklouter, klim, klimtog, klimsport, bergklim, rotsklim, bergklimsport, bergklimekspedisie, geklouter, opvaart, styging, opstyging, hemelvaart

klimapparaat, klimtoerusting, klimtoestel; leer, staanleer, skuifleer, trapleer, touleer, hangleer, katleer, brandleer, brandweerleer, plukleer, houtleer, aluminiumleer; trap, trappie, buitetrap, wenteltrap, brandtrap, soldertrap, buitetrap, stoeptrap, deurtrap, roltrap, trapstel, kleitrap, betontrap, marmertrap, houttrap; hyser, hysbak, hystoestel, hysblok, katrol, katrolblok, katrolstelsel, takel, takelwerk, tuig

bergklimtoerusting, klimtou, klimyster, sport, crampon, klimkram, spil, wig, rugsak, bergklimskoene, bergklimstewels

voors. teen . . . op

212. Afgaan

ww. afgaan, ondertoe gaan, na benede gaan, daal, afdaal, neerdaal, geleidelik daal, sak, afsak, geleidelik sak, val, afval, neerval, neerslaan, omslaan, omval, kantel, omkantel, afstort, neerstort, tuimel, aftuimel, neertuimel, afdonder (*plat*), afkom, ondertoe kom, na benede kom, afloop, afstap, afklim, klouter, afklouter, afglip, afgly, afkruip, afpiekel, afdryf, afdrywe, afry, afskuif, afskuiwe, afdrup, afdruppel, afdruip, duik, sink; afbring, afbuig, afdra, afdryf, afdrywe, afgooi, afjaag, aflaat, aflei, aflig, afneem, af-

slinger, afsmyt, aftap, afwerp, afwikkel, afhaal, afhelp, afhou, afkry, afdruk

bw. af, afwaarts, ondertoe, na benede

s.nw. daling, afdaling, val, neerstorting, ineenstorting, omkanteling, intuimeling, neerslag, afdrifsel, afdryfsel, afsaksel, afswaai, katabasis

b.nw. gevalle, neergevalle, besonke, gebukkend, katabaties

213. Rondgaan

ww. rondgaan, rondkom, rondbeweeg, rondtrek, rondloop, rondstap, rondry, rondvaar, rondvlieg, ronddryf, rondskuif, rondhardloop, rondhol, rondspring, rondrol, rondlê, rondsit, swerf, swerwe, rondswerf, rondswerwe, rondtrek, omswerf, omswerwe, rondval, rondskarrel, swerm, rondswerm, rondwoel, doelloos rondstap, rondhang, slampamper, drentel, ronddrentel, aandrentel, flenter, rondflenter, slenter, rondslenter, aanslenter, voortslenter, aankuier, draal, draai, draaie loop, doelloos rondloop, dwaal, ronddwaal, afdwaal, verdwaal, wegdwaal, dool, ronddool, rondsluip, spook, luier, rondluier, lusteloos rondstap, lanterfanter, leeglê, leegloop, flaneer, flankeer, jol, kaperjol, jakker, kejakker, kerjakker, baljaar, ravot, te kere gaan, rondjakker, rondrits, rondkuier, sirkel, rondsirkel, sirkuleer; rondstuur, rondbring, ronddra, rondskuif, rondstoot, rondjaag, in omloop bring, omdra, omstuur, sirkuleer

s.nw. rondgang, gedwaal, gedool, . . ., rondlopery, rondstappery, drentelry, . . ., swerftog, omswerwing, dwaalweg, dwaling, odussee, odyssee, ronde, rondte, sirkelgang, kringloop; slenteraar, drentelaar, drentelkous, dwaalgees, swerwer, swerfling, swerweling, nomade

b.nw. swerwend, rondtrekkend, rondvarend, rondbewegend, . . ., dolend, rondgaande, nomadies

uitdr. van bakboord na stuurboord stuur; hot en haar stuur; van Pontius na Pilatus stuur; van die hak op die tak spring; van die os op die jas; 'n swerwer bly 'n derwer

214. Dryf

ww. dryf, drywe, ronddryf, ronddrywe, aandryf, aandrywe, wegdryf, wegdrywe, saamdryf, dobber, bo bly, nie sink nie, vlot, vlot maak, spoel, uitspoel, wegspoel, vloei, stroom

s.nw. drywery, flottasie, roeiplank, drifsel, opdrifsel

b.nw. drywend, dobberend, vlottend

215. Swem

ww. swem, rondswem, aanswem, wegswem, dryf, drywe, vryslag swem, borsslag swem, rugslag swem, vlinderslag swem, onder die water swem, baai, waad, deurwaad, plas, duik, induik, duikel, vorentoe duik, agteroorduik, roei, watertrap, branderry

s.nw. ***swem,*** swemsport, swemoefening, swemles, swemskool, slag, vryslag, borsslag, rugslag, rughaal, vlinderslag, wisselslag, syslag, haal; swemmer, swemster, baaier, waterrot; swempak, baaikostuum, baaibroek, eenstuk, tweestuk, bikini, baaipet, swempet, swemgordel, swemplank, swempoot; swembad, spa, swemgat, swemplek, baaiplek, dam

duik, snorkelduik, diepseeduik, skuba, skubaduik; duiker, duikeling, diepseeduiker, paddaman, pêrelduiker, swemduiker, velduiker, vryduiker; duikplank, duiksprong, duiksalto; duikapparaat, duikpak, natpak, duikbril, paddavoet, swemvoete, snorkel, snorkelpyp, duiklong, lugbottel, akwalong, dekompressiekamer, duikklok, reddingsboei, roeiplank

b.nw. waadbaar

216. Ry

ww. ry, motorry, fietsry, vliegtuigry, deurry, inry, omry, afry, uitry, aanry, wegry, terugry, omverry, raakry, knipmesry, bedelry, ryloop, duimry, toer, rol; reis, gaan; stuur, bestuur, dryf, beheer; vervoer, karwei, transporteer, aanry, wegry, wegbring, stuur; sleep, op sleeptou neem, wegsleep, aansleep, nadersleep, insleep

s.nw. ryery, rit, heenrit, terugrit, plesierrit, motorrit, vliegtuigrit, bootrit, verkeer, stadsverkeer, spitsverkeer, toer; ryer, fietsryer, motorryer, bestuurder, motorbestuurder, vragmotorbestuurder, padgebruiker, masjinis, vlieënier, loods, jokkie, ruiter, ryloper, duimryer, duimgooier; ryvaardigheid, rygedrag, verkeersgedrag

b.nw. rybaar

217. Motorry

ww. ***motorry,*** per motor reis, 'n motorrit onderneem
bestuur, beheer, 'n motor beheer, stuur, ry, draai, indraai, uitdraai, omdraai, tru stoot, terugstoot, agteruitry, bots, in 'n botsing betrokke raak, die pad byster raak, omslaan, 'n motor omkeer, 'n botsing veroorsaak, die snelheidsperk oortree, aanskakel, aansit, afskakel, die masjien aanskakel, ratte koppel, (ratte) oorskakel, (ratte) verwissel, oprat, afrat, versnel, op snelheid kom, jou snelheid handhaaf, rem, verbysteek, verbyry, inhaal, toegee, voorrang geniet, ryvoorrang hê, stop, stilhou, parkeer, dubbel(d) parkeer, vrydraai, (laat) vryloop, (laat) luier, toet, toeter, die toeter blaas, die ligte aanskakel, (die ligte) domp, (die ligte) verdof; sleep, insleep, wegsleep, nadersleep

b.nw. gemotoriseer(d), stuurvas, stuurtraag

s.nw. ***motorrit,*** motorry, motorverkeer, vragmotorverkeer, ligte verkeer, swaar verkeer, spitsverkeer; ryvernuf, bestuursvernuf, ryvaardigheid, bestuursvaardigheid, rygenot, rygerief, padgedrag; versnelling, stuurtraagheid, stuurvastheid, beheer, oorskakeling, verwisseling, ryvoorrang; botsing, ongeluk, verkeersongeluk, motorbotsing, motorongeluk, kop aan kop botsing, kop teen kop botsing, noodlottige botsing, noodlottige ongeluk, kettingbotsing, insleepdiens, sleepdiens, sleepkabel, sleeptou, noodwa; parkering, onderdakparkering, tolparkering, parkeerplek, parkeerterrein, parkade, parkeergarage, parkeermeter, parkeerstreep, parkeerskyf(ie), parkeergeld
motoris, motorryer, motorbestuurder, chauffeur, insittende, jaer, renjaer, padvark, padbuffel
rybewys, lisensie, motorlisensie, leerlingrybewys, leerlinglisensie, ryskool; padwaardigheid, padwaardigheidstoets, padwaardigheidsertifikaat
verkeersreëling, verkeersbeheer, verkeerswese, verkeersmiddel, verkeerskode, verkeersreëls, verkeersregulasies, padveiligheid, padveiligheidskode, verkeerspolisie, verkeersagent, verkeersbeampte, verkeerskonstabel, verkeersman, verkeersvrou, boetebessie, snelheidsbeheer, gatsometer, verkeersoortreding, verkeersknoop, verkeersopeenhoping, verkeerstregter, verkeersbelemmering
padteken 149, reëlingsteken, padwys(t)er, roetewys(t)er, roetebord, katoog, sperstreep, versperder, vaste streep, gebroke streep, gevaarteken, verbod, verbodteken, snelheidsteken, snelheidsperk, stopteken, stopstraat, stilhouteken, stilhou-verbodeteken, waarskuwingsteken, verkeerslig, voetgangeroorgang, spooroorgang, spoorwegoorgang, toegeeteken

218. Fietsry

ww. fietsry, fiets, rondfiets, trap

s.nw. fietsrit, fietstog, fietstoer, fietsren, fietsmaraton, prettrap, fietsrysport, bandlek, lekkasie, fietswinkel, fietswerktuigkundige, fietsherstelwerk; motorfietsry, motorfietswedren, motorfietswerktuigkundige; fietsryer, fietser, motorfietsryer, motorfietsbestuurder

219. Perdry

ww. perdry, te perd gaan, bloots ry, opsaal, die teuels hou, 'n perd bestyg, afsaal, aftoom, aftuig, spoor, aanspoor, inhou, die teuels gee, galop, galoppeer, trippel, draf, stap

bw. bloots, te perd

s.nw. perdry, ritmeester, ryskool, rodeo, ruiterkuns, ryer, rydier, ryperd, saalperd, Amerikaanse saalperd, skouperd, driegangperd, vyfgangperd; gang, pasgang, driegang, vyfgang, kortgang, galop, kort galop, handgalop, trippel, trippelgang, draf, stap; ruiter, perderuiter, perdeafrigter, pikeur, agterryer; saal 231, stang, spoor, trens, teuel, toom, leisel, stiebeuel, stiegriem, buikgord, sweep, rysweep

b.nw. berede, saalvas

uitdr. 'n perd die spore gee

220. Treinry

ww. treinry, met die trein ry, per trein ry, per spoor vervoer, 'n trein haal, 'n trein verpas, instap, uitklim, oorstap, oorklim, aansluit, stoom, instoom, uitstoom, voortstoom, ontspoor

s.nw. trein 234, treinrit, enkelrit, retoerrit, treinverkeer, treinvervoer, spoorvervoer, spoorweg 234, spoorwegstelsel, spoorwegvervoer, passasiersvervoer, passasiers-

diens, goederevervoer, goederediens, treinpassasier, pendelaar, treinongeluk, treinramp, tremlyn, tremspoor, tremverkeer, verbinding, aansluiting, deurverbinding, vertraging, verbindingsweg, treinkaartjie, enkelkaartjie, retoerkaartjie, dagkaartjie, weekkaartjie, maandkaartjie, konsessie, treinrooster, spoorweggids, treintye, masjinis, treinloods

221. Vaar

ww. ***vaar,*** op see gaan, ter see gaan, die anker lig, van wal steek, bevaar, afvaar, heenvaar, invaar, uitvaar, opvaar, aanvaar, voortvaar, voor die wind vaar, terugvaar, binnevaar, wegvaar, stoom, voortstoom, wegstoom, uitstoom, aanstoom, loods, inloods, deurloods, binneloods; dryf 214, voortdryf, voortdrywe, dobber 214

te water laat, vlot maak, lanseer

aan boord gaan, inskeep, aan boord laai, oorskeep, skeepgaan; aan land gaan, aan wal gaan, voet aan wal sit, meer, vasmeer, ontskeep, anker, vasanker, voor anker lê, sy anker sleep; kantel, omslaan, sink, skipbreuk ly, strand, op die rotse loop, vergaan

seil, afseil, binneseil, beseil, laveer, omseil, onder seile gaan, seile hys, seile span, seile na die wind span, seile inbind, seile reef, seile stryk, seilski, aanseil, jaaif, gier

roei, terugroei, pagaai, wrik

bw. aan boord, aan land, seewaarts, landwaarts, lywaarts

s.nw. ***skeepvaart,*** seevaart, seewese, skeepvaartbedryf, seeverkeer, seehandel, seevervoer, seevaardy, skeepvaartkunde, seevaartkunde, seemanskuns, seewaardigheid, redery, skeepvaartlyn, skeepvaartmaatskappy, seevaartmaatskappy, veerdiens, passasiersdiens, seeversekering, koopjvaardy, vloot, passasiersvloot, handelsvloot, armada, skip 235, boot 235, pont, sloep, wrak, skeepswrak, veerdiens, seemoondheid, seeskool, skeepsagent, skeepsbewys, skeepseienaar, skeepsjoernaal, skeepspapiere, skeepsraad, skeepsreg, skeepsregister, skeepsrol

vaart, seevaart, lynvaart, kusvaart, riviervaart, riviertog, rondvaart, deurvaart, omvaart, opvaart, plesiervaart, bootvaart, bootreis, bootrit, seereis, seetog, aanvaring, binnevaart, invaart, koopvaart, kruistog, oortog, wedvaart, afloop, uitvaart, navigasie, landing, inskeping, ontskeping, kruisvermoë, stranding, seeramp, skeepsramp, seeskade, kanteling, berging, skipbreuk, ballas, vrag, skeepvrag, bestek, seebrief; kielsog, kielwater, seesog, sog, sogwater, gang, diepgang, vaardiepte, waterlyn, waterplasing, slag, waterspoor, lysy, boei, lugboei, dryfboei, waterboei, merker, baken, ligbaken, dryfbaken, golfbreker, dagwag, nagwag, hondewag, vaarplan, peiling, sonpeiling, kruispeiling; vaarder, kommandeur, kommodoor, kaptein, skeepskaptein, gesagvoerder, kruisvaarder, navigator, eerste offisier, adelbors, bootsman, loodsman, bemanning, bemanningslid, bevare seeman, matroos, skeepsmaat, opvarende, passasier, medepassasier, bakmaat, skipbreukeling, drenkeling, pontman, veerman

hawe, aanlêplek, vasmeerplek, ankerplek, hawebekken, hawekom, getyhawe, getykom, dok, bassin, droogdok, sluisdeur, kaai, vragkaai, passasierskaai, houerkaai, houereindpunt, houerlaaibrug, behoueringslaaibrug, kaailaaibrug, kaai-oprit, dryfdok, drywende dok, skeepswerf, hawewese, hawemuur, hawehoof, hawelig, hawekantoor, doeanegebou, golfbreker, meermas, meerpaal, meertou, meertros, hawegeld, sleephelling, skeepshelling, kaaihyskraan, toringhyskraan, drywende kraan, transitoskuur; hawemeester, hawekaptein, hawemeester, hawepolisie, haweloods, stuwadoor, hawearbeider

seilsport, seiljagsport, seiljag 235, seilboot 235, seilplank 235, seilplankryer, seilplankvaarder, seilskiër, seiljagklub

roeier, roeiboot 235, pagaai, ryplank, spaan, roeispaan, roeiriem

b.nw. seevaartkundig, maritiem, bevaarbaar, onbevaarbaar, bevare, diepgaande, seilbaar, seilvaardig, veranker, binneboords, dwarsskeeps, seegaande, seewaardig

222. Vlieg

ww. ***vlieg,*** aanvlie(ë), aanvlieg, opvlieg, afvlieg, rondvlieg, invlieg, uitvlieg, wegvlieg, nadervlieg, seil, trek, sirkel, vlerke klap, klapwiek, fladder, sweef, swewe, dryf, drywe, swerm, inswerm, uitswerm, rondswerm, zoem, seil, skeer, stuif, stuiwe

vliegtuig ry, vlieg, aanvlieg, wegvlieg, rondvlieg, sweef, swewe, sweefvlieg, skeer, loods,

deurloods, land, neerstryk, opstyg, styg, lanseer, vrydraai, sirkel, beman; valskermspring, vryval, duik

s.nw. ***vlug,*** vliegkuns, voëlvlug, arendsvlug, dwarrelvlug, vlerkslag
lugvaart, lugverkeer, lugvervoer, lugverbinding, lugbrug, handelslugvaart, lugdiens, lugvaartmaatskappy, redery, lugredery, lugmag, marinelugmag, toeristeklas, besigheidsklas, eerste klas, goue klas, silwerklas, lugvaartwet, lugvaartopleiding, vliegopleiding, aërobatiek
ruimtevaart, astronoutiek, ruimtevlug, ruimtereis, maanvlug, maanreis, maanwandeling, lanseerbaan, vuurpyllanseerbasis, vuurpyllansering, maanlanding, ruimtevaarder, astronout, ruimteskip 236, pendeltuig 236, maantuig 236, ruimtekapsule 236
vliegkuns, vlug, lugreis, vliegreis, passasiersvlug, gelykvlug, oorlandvlug, duikvlug, deurvlug, oefenvlug, rondvlug, solovlug, sweefvlug, sirkelvlug, skeervlug, glyvlug, dwarrelvlug, duikvlug, tolvlug, nadervlug, verkenningsvlug, wedvlug, toetsvlug, kamikase, kamikasevlug, kunsvlieg, kunsvlug, vliegtoertjie, vliegvertoning, vliegongeluk, vliegramp, vliegtuigongeluk, vliegtuigramp, aanloop, aapstert, opstyging, vertrek, landing, blindlanding, 'n blindelanding, naglanding, buiklanding, driepuntlanding, noodlanding, vlugroete, vliegroete, vlughoogte, kruishoogte, hoogtegrens, kielvlak, klankgrens, kruispeiling, stygsnelheid, vlugsnelheid, kruissnelheid, mach, navigasie, vlieguur, vliegtyd, vliegsport, wedvlug, vliegtuig 236
lughawe, aanloopbaan, stygbaan, aanloopbaandrumpelmerker, aanloopbaanidentifikasie, aanloopbaan se eindligte, landingsbaan, landingsbrug, landingsplek, landingsterrein, landingsmerke, laaiblad, instandhoudingsloods, parkeerterrein, beheertoring, lughawetoerusting, passasierstrappe, gronddiens, mobiele vliegtuigtrekker, landingstoestel, peilballon, radar, radarinstallasie, radarpos, radarstasie, radiobaken, windkous
lughawegebou, passasierseindpuntgebou, passasierseindpunt, eindpuntgebou, aankomssaal, binnelandse aankomssaal, buitelandse aankomssaal, vertreksaal, binnelandse vertreksaal, buitelandse vertreksaal, instapgang, paspoortbeheer, immigrasiebeheer, doeane, doeanebeheer, sekuriteitsbeheer, bagasie-area, bagasie-eindpunt, karousel, bagasievervoerband, belastingvrye winkel, bagasietrollie, valutatoonbank, inweegtoonbank

b.nw. dwarsskeeps, gevleuel, hoogvlieënd, onbeman, onbemand, supersonies, tweemotorig

223. Stuur

ww. stuur, bestuur, 'n motor bestuur, die stuur (vas)hou, afstuur, oorstuur, draai, ry, loods, deurloods, beheer, op koers hou, rig, korrel, lanseer

s.nw. stuur, stuurwiel, wiel, stuurstok, stuurstang, stuurhefboom, roer, rigtingroer, rolroer, helm, helmstok, stuuroutomaat, kontrole, stuurmeganisme, rigmeganisme, stuurstelsel, rigstelsel, roer; bestuurder, motorbestuurder, motoris, vragmotorbestuurder, loods, vliegtuigloods, vlieënier, medevlieënier, hulpvlieënier, piloot, navigator, vlugingenieur, boordtegnikus, treinbestuurder, masjinis, treinloods, motorfietsryer, fietsryer, fietser, drywer, kardrywer, stuurmanskap, stuurvernuf, bestuur(s)vernuf, bestuurkuns; bemanning, skeepsbemanning, vliegtuigbemanning, kajuitbemanning; stuurvastheid, stuurtraagheid, rigting, koers, deviasie, maneuver

b.nw. stuurvas, stuurtraag, stuurloos

b. Modaliteit van die beweging

224. Snelheid

s.nw. snelheid, spoed, pas, tempo, vaart, gang, voortgang, momentum; snelheidsmeting, spoedmeting, spoedmeter, snelheidsmeter, tagometer, spoedbeheer, gatsometer

ww. snelheid handhaaf, spoed handhaaf, pas handhaaf, meet, beheer, snelheid vermeerder, spoed vermeerder, versnel, snelheid verminder, spoed verminder, momentum behou

225. Vinnig

b.nw. vinnig, spoedig, blitsvinnig, hipervinnig, blitsig, snel, bliksemsnel, blitssnel, hipersnel, pylsnel, supersonies, snelvoetig, vinnig-vinnig, vlugtig, haastig, gejaag, ge-

jaagd, ylings, onbesuis, geswind, halsoorkop, hups, jagtig, ras, rats, fluks, pront, vlot, skielik, skierlik, onverwags, plotseling, stuiwend, glyerig, snelwerkend; dringend, spoedeisend, naarstiglik, urgent, akuut, brandend, voortvlugtig, zoemend; bespoedigend

s.nw. snelheid, spoed, haas, haastigheid, vinnigheid, ratsheid, vlugheid, vlugvoetigheid, gejaag, gejaagdheid, gouigheid, drafstap, hardloop, hol, hondedraffie, drif, dringendheid, na-yling, oorhaastigheid, flits, gang, hyging, skarrelaar, stuiwing, tempo, urgensie, verhaasting, voëlvlug; versnelling, akselerasie, snelheid, topsnelheid, vaart, snelheidsbeperking, snelheidsperk, snelheidsgrens, snelheidstoets, pasgang, pasganger, sneller, jaer, jaagduiwel, jaagtog

bw. gou, gou-gou, in die gouigheid, dadelik, terstond, inderhaas, met haas, in aller yl, ylings, op 'n draffie, vluggies, metterhaas, kortom, meteens, plotseling, en passant, sito-sito, terloops, voor, soos blits, soos weerlig, soos 'n vetgesmeerde blits, met spoed, presto (*mus.*), prestissimo (*mus.*), presto-presto, tjop-tjop (*geselst.*), gou-kyk (*geselst.*), hals oor kop, holderstebolder

ww. gou maak, haas, ja, jaag, jae, afja(ag), uitja(ag), uitjae, snel, voortsnel, afsnel, skiet, voortskiet, afskiet, inskiet, uitskiet, yl, voortyl, ooryl, blits, hardloop 228, skarrel, gly, rits, skeer, spring, stuif, stuiwe, hyg, rep, tril, wip; bespoedig, versnel, verhaas

woorddeel blits-, jaag-

tw. woerts

uitdr. die rieme neerlê; die wa voor die osse span; die wêreld skeur; in die verbygaan; in rep en roer; jou litte roer; jou gat roer; korte mette maak; met bekwame spoed; met rasse skrede; roer jou riete; soos met 'n towerslag; die grond brand onder my voete; hoe meer haas, hoe minder spoed; oop-en-toe aankom; haastig trou bring gou berou; as 'n mens 'n vrug ryp wil druk, word dit vrot

226. Stadig

b.nw. stadig, langsaam, tydsaam, traag, traerig, tragerig, tydverspillend, verwylend, vertraag, bedaard, talmend, talmerig, slepend, sleperig, dooierig, bedaard, doodbedaard, gevrek, loom, luiters, doodluiters, kruipend, luierend, luierig, luilekker, lomp, lomperig, log, teësinnig; geleidelik, gradueel, progressief, toenemend, trapsgewys(e), tydsgenoeg

s.nw. traagheid, langsaamheid, talmery, talming, temporisasie, gedraal, getalm, drentelry 229, gedrentel, drentelgang, kruipgang, slakkegang, skilpaddraffie, gesleur, sleurwerk, gesloer, sloerdery; drentelaar, drentelkous, harmansdrup, kruipsand, sloerkous, talmer, trapsoetjies, trapsuutjies; progressiwiteit, toename, voortstryding, vertraging, afname, verlangsaming, matiging

bw. stadigaan, stadigies, gaandeweg, bedaardweg, sonder haas, langsamerhand, algaande, mettertyd, met die tyd, geleidelik, allengs, stap vir stap, stapvoets, voetjie vir voetjie

ww. temporiseer, aankruie, talm, aankruip, aankuier, aanpiekel, aanruk, aanskuif, aansukkel, afneem, boemel, dool, drentel 229, krui(e), peuter, rem, ronddraai, sleur, sloer, suiker, sukkel 229, toef, treusel, voortsleep, voortsukkel; vertraag, verlangsaam, rem, ophou, matig

uitdr. lood in jou skoene hê; moenie so tydsgenoeg wees nie; ons suiker gou soontoe; op sy tyd; so stadig soos 'n skildpad; te laat wees vir jou eie begrafnis; op sy elf-en-dertigste iets doen; 'n stadige gans verloor/verbrou sy kans; 'n derde gelui wees; met verdrag; nie warm by die water kom nie; Rome is nie in een dag gebou nie; op nommer nege-en-neëntig

227. Werp

ww. gooi, ingooi, uitgooi, weggooi, deurgooi, aangooi, rondgooi, omgooi, werp, uitwerp, terugwerp, smyt, neersmyt, rondsmyt, uitsmyt, wegsmyt, skiet, uitskiet, opskiet, wegskiet, saai, besaai, rondsaai, strooi, uitstrooi, rondstrooi, duiwel, moer, afmoer, uitmoer, wegmoer, bles, giet, keil, slinger, kaats, weerkaats, terugkaats

s.nw. gooi, gegooi, gooiwerk, gooiery, gooiafstand, gooier, lasso, kettie, slingervel, slinger, slingeraar, strooisel, worp; werpgoed, projektiel, vuurpyl, lansering, vuurpyllansering

b.nw. uitgeworpe, besaai, besaaid

228. Vinnig beweeg

ww. ***spoed,*** voortspoed, vlieg, ooplê, snel 225, voortsnel, versnel, aansnel, haas, oorhaas, jaag, afjaag, aanskiet, heenskeer, najaag, wegspring, stuif, stuiwe, afstuif, afstuiwe, aanstuif, aanstuiwe, opskud, sny, pyl, glip, jakker, ke(r)jakker, ontloop, ooryl, zits, zoem
vinnig loop, afloop, aanstap, aanwikkel, naloop, doodloop, inloop, trap, vasloop
hardloop, uithardloop, inhardloop, afhardloop, weghardloop, hol, rondhol, afhol, uithol, inhol, weghol, draf, drafstap, deurdraf, laat spat, laat spaander, spaander, galop
storm, afstorm, bestorm, aanstorm, bevlie(ë), bevlieg, opja(ag), opjae
vlug, ontvlug, wegvlug, op die vlug slaan, op loop gaan

bw. oop-en-toe, op 'n draffie, draf-draf

s.nw. geloop, drawwery, gedraf, hardlopery, gehardloop, gang, sukkelgang, sukkeldraf, hondedraffie, vlug; stapper, drawwer, hardloper, atleet, naelloper, vlugteling, vlugvoetige

b.nw. vlugvoetig, voortvlugtig

tw. zits

uitdr. sy loop 'n goeie stryk; laat trap; laat vat; laat spat; loop dat die stof so staan; loop dat hy klein word; loop vir die/'n vale; voet in die wind slaan; ysterklou in die grond slaan; die hasepad kies; jou knieë dra

229. Stadig beweeg

ww. stap, stadig stap, loop, wandel, aanwandel, voetslaan, te voet beweeg, drentel 226, slenter, draai, sleepvoet, strompel, hink, hinkstap, sukkel, aansukkel, rondsukkel, rondluier, rondhang, lanterfanter, flaneer, draal, dwaal, ronddwaal, slof, aanslof, kruip, skuifel

bw. voetjie vir voetjie, op jou gemak

s.nw. stappie, hinkstappie, drentelry, gedrentel, drentelgang, kruipgang, geskuifel, slenter, geslenter, slentergang, slenterstap, skilpaddraffie, geslof; draaier, draaikous, draler, slenteraar

b.nw. draaierig, dralerig, doodluiters, doodleuters, strompelend, hinkend, sukkelrig, sukkelend, slofferig, sleepvoetend

uitdr. voete sleep

c. Vervoermiddel

230. Rytuig

s.nw. ***rytuig,*** ryding, voertuig, vaartuig, gevaarte; kar, perdekar, donkiekar, bokkiekar, kapkar, tentkar, keb, bakkar, wipkar, faëton, kabriolet, spaaider, spaider, landauer, driewiel, kales (*veroud.*), kariljol (*ong.*), poskar; wa, skotskar, skamelkar, bokwa, ossewa, kakebeenwa, langwa, transportwa, togwa, veerwa, verewa, leerwa, kapwa, tentwa, waentjie; koets, praalkoets, hofkoets, poskoets, staatsiekoets, praalwa, karos (*veroud.*); trembus, trolliebus, omnibus, caisson, seepkiskar, slee, troika, karavaan, woonwa; stootwa, stootwaentjie, kinderwa, kinderwaentjie, draagstoel, riksja, palankyn (Oosterse draagstoel), rolstoel, handkar, trollie, kruiwa
rytuigonderdele, agterstel, onderstel, voorstel, as, wa-as, wiel, wawiel, voorwiel, agterwiel, voorwielnaaf, wielas, wielnaaf, speek, wielspeek, wielvelling, waband, wabuik, bok, bokbalk, kap, bokseil, tent, wakap, watent, rong, leerboom, skamel, skamelband, skamelbout, skamelplaat, disselboom, swingel, swingelhout, draaghout, drahout, osriem, skei, jukskei, disselhaak, disselpen, spatbord, voetplank, koetswerk, modderskerm, koggelstok, sweep 231, sweepstok, karwats, sweepkoker, langsweep, wakis, watersak
drywer, wadrywer, koetsier, touleier, riksja, voerman, wamaker, wamakery

b.nw. gebuffer, geveer, wangespoor(d)

ww. oorspan, inspan, dryf

231. Tuig

s.nw. span, agteros, vooros, hotvooros, haarvooros, naashotvooros, naashaarvooros, . . ., hotperd, haarperd, handperd, remonteperd
toom, teuel, leisel, spanriem, spanpaal, leiriem, leitou, harnas, beuel, gareel, mondstuk, gebit, stang, trekstang, voorstang, vurkstang, leistang, balk (stang), leipen, leiveer, leiwiel, springriem, springteuel, oogklap, kopriem, kopteuel, kenriem, kenketting, trens, trenstoom, stiebeuel, stiebeuelklep, stiegriem, sterband, stertriem, stoter, strop, gord, buikgord, saal, dwarssaal, nierknyper, niertjiesaal, damesaal, saalboog, saalboom, saalknop, saal-

boomknop, saalklap, saalkleedjie, skabrak, saaldroes, saalkussing, saalrug, saalsak, spoor

uitspanning, uitspanplek, koetsiershuis, waenhuis

sweep, voorslag, agterslag, rysweep, horssweep, koetsiersweep, karwats

ww. inspan, uitspan, omspan, opsaal, optuig, optoom, span, bespan, hoistaan, aanrol, toulei

232. Fiets

s.nw. ***fiets,*** trapfiets, skopfiets, driewiel, motorfiets, kragfiets, superfiets, veldfiets, toerfiets, bromponie, bromfiets, stadsfiets, afleweringsfiets, transportfiets, syspan, trapkar

trapfiets, fiets, rywiel, baiesukkel (*skerts.*), martelpyp (*skerts.*), padfiets, mansfiets, damesfiets, kinderfiets, toerfiets, sportfiets, renfiets, resiesfiets, baanfiets, bergfiets, dikwielfiets, dunwielfiets, dikwiel, dunwiel, tandem, tandemfiets, tweepersoon(s)fiets, driewiel, driewielfiets

fietsonderdele, raam, fietsraam, aluminiumraam, dwarspyp, dwarsstaaf, dwarsstang, kruisstang, nek, vurk, saal, saalpyp, modderskerm, handvatsel, stuur, stuurstang, wiel, fietswiel, wielband, as, naaf, velling, speek, wielspeek, binneband, buiteband, buitebandklep, voorband, agterband, rem, voorrem, traprem, terugtraprem, agterrem, remkabel, remhefboom, remhandvatsel, remblok(kie), rat, tandrat, tandwiel, kamwiel, kamrat, klikrat, driespoed, rathefboom, ratkabel, ratstelsel, hoofrat, kettingrat, ratgroep, kombinasierat, grootrat, trapas, pedaal, trapper, klikpedaal, voetbandjie, voethaak, pedaalarm, ketting, kettinggids, kettingskerm, lig, voorlig, agterlig, koplamp, weerkaatser, dinamo, valhelm, rooster, karet, fietspomp, waterbottel, fietsklokkie; fietswinkel, fietsfabriek

b.nw. tweewielig, wangespoor(d)

ww. fiets, rem

233. Motorvoertuig

s.nw. ***motor,*** motorkar, motorvoertuig, outomobiel, dieselmotor, veteraanmotor, weeldemotor, prestigemotor, blitsmotor, sedan, vierdeursedan, tweedeursedan, koepee, kabriolet, afslaankapmotor, stasiewa, duinebesie, strandtjor, huurmotor, taxi, jeep, kaalkar, knortjor, tjor, rammelkas, motorbus; renmotor, renstel, knortjor, stampkar, stampmotor, motorwedren, stampmotorwedren, asbaan, baan

vragmotor, meubelwa, kantelbak, kantelbakvragmotor, veetrok, motorvragwa, paneelwa, tenkwa, tenkvragmotor, voorhaker, perd, vragwa, bus, dubbeldekker, dubbeldekkerbus, enkeldekker, enkeldekkerbus, motorbus, toerbus, skoolbus, ambulans, wipkar, kipkar, kanteltrok, kantelwa, molwa, sleepkar, sleepwa, stortwa, leunwa, platbaksleepwa, vangwa, bakkie, pantser, pantserwa, tenk

trekker, kruiptrekker, tuintrekker, plaastrekker, padskraper, roller

onderdele, bakwerk, bak, vooraansig, agteraansig, dak, sondak, skuifdak, terugvoudak, terugvoukap, motorkap, paneel, rooster, sierrooster, enjinkap, masjienkap, sypaneel, venster, syvenster, kleinvenstertjie, ruit, voorruit, agterruit, agterruitraam, ruitslinger, veiligheidsglas, windskerm, deur, deurslot, deurhandvatsel, binneste deurhandvatsel, deurknoppie, sluitknoppie, deurpilaar, embleem, wapen, motorembleem, motorwapen, buffer, stamper, stamperskoen, modderskerm, skerm, syskerm, hooflig, koplamp, mislig, soeklig, flikkerlig, trulig, stertlig, agterlig, remlig, stoplig, parkeerlig, wieldop, naafdop, modderklap, wielflap, lugdraad, antenne, treeplank, bagasiebak, bagasieruim, kis, karkis, karosserie, kattebak, bagasieruimvloer, bagasierak, nommerplaat, ruitveër, skermveër, skermwisser, ruitveërarm, ruitveërrubber, ruitveërblad, stroombelyning, stroomlyn, petroltenkdeksel, syspieël, deurspieël, buitespieël

onderstel, agterstel, as, chassis, veringstelsel, skokbreker, skokdemper, slagdemper, wiel, speekwiel, band, voorband, agterband, buiteband, binneband, staalgordelstraallaagband, staalgordel, loopvlakpatroon, straallaag, speek, wielband, wieldop, velling, vellingflens, spoorbreedte, spoorwydte, sporing, straallaagband, binneband, reserweband, reserwewiel, stuurstelsel, stuurkolom, stuurwiel

binneafwerking, kajuit, stuur, stuurwiel, toeter, instrument(e)paneel, paneel, paneel-

bord, snelheidsmeter, spoedmeter, tagometer, afstand(s)meter, siklometer, oliemeter, temperatuurmeter, brandstofmeter, alternatormeter, toereteller, rigtingwyser, flikkerligskakelaar, verdofskakelaar, ruitveërskakelaar, rathefboom, hittebeheer, veiligheidsgordel, bekleedsel, bekleding, vinielbekleedsel, vinielbekleding, leerbekleedsel, truspieël, smukspieëltjie, horlosie, paneelkassie, paneelkissie, paneelvakkie, sonskerm, koppelaar, koppelaarpedaal, petrolpedaal, rem, rempedaal, nekstut, sitplek, armleuning, holrugsitplek, rugleuning, agtersitplek, gespe, sitplekgordel, veiligheidsgordel

enjin, masjien, motor, petrolenjin, petrolmasjien, petrolmotor, dieselenjin, dieselmasjien, dieselmotor, aandrywingsturbine, kompressorturbine, turbo-aangejaagde enjin, enjinblok; vergasser, karburateur, inspuiter, uitlaatspruitstuk, brandstofpyp, tenk, versneller, versnellerpedaal, versnelling, kompressor, brandstofpomp, petrolpomp, tenk, petroltenk, brandstoftenk, hulptenk, spaartenk; aansitter, selfaansitter, knormoer, solonoïed, solenoïde, magneet, magneto; battery, negatiewe pool, positiewe pool, seldeksel, batterydeksel, batterykas, bedrading, sekering; ontbranding, ontsteking, verbrandingskamer, ontbrandingskamer, ontstekingskas, ontstekingsklep, klepligter, kontaksleutel, vonkprop, vonkpropaansluiter, vonkpropwasser, vonkproppakstuk, vonkpropgaping, vonkontsteking, verdeler, vonkverdeler, klos, alternator, smoorklep, inlaatklep, uitlaatstelsel, uitlaatgasafvoer, uitlaatspruitstuk, uitlaatklep, uitlaatpyp, knaldemper, voorste pyp, uitlaatstert, uitlaatstertverlengstuk, spoedbeheer, spoedbeheerklep; silinder, suier, silinderkop, silinderkopdeksel, suierpen, suierring, suierslag, suierstang; krukas, nokas, bonokas, dubbele bonokas; olieaftapprop, oliebak, oliepan, oliefilter, lugfilter; ratstelsel, ratkas, outomatiese ratkas, rat, eerste rat, tweede rat, . . ., laagste rat, hoogste rat, snelrat, versnellingsrat, snelgang, trurat, neutraal, neutrale rat, rathefboom, ratkierie, differensiaal, gangwissel, koppelaar, koppelaarplaat, oorskakeling; aandrywing, dryfas, ewenaar, tandrat, grootrat, kleinrat, kroonrat, kardanas, kardankoppeling; verkoeling, lugverkoeling, waterverkoeling, verkoeler, radiator, waaier, waaierband, waterpomp, verkoelerpyp, verkoelerdop; rem, skyfrem, trommelrem, hidroliese rem, kragrem, briek, rybriek, remas, remband, rempedaal, rempyp, skyf, suier, remskoen, remblok, remsool, remsuier, suier, remsilinder, remtrommel, remskyf, remvoering, remkussing, voetrem, traprem, handrem, handremhefboom, remvloeistofreservoir

motorhawe, diensstasie, vulstasie, garage, werkswinkel, herstelwinkel, motorwassery, noodwa, pomp, petrolpomp, petroljoggie, pompjoggie, pomparea, diens, duikuitklopper, hefbrug, herstelwa, vertroubaarheidsrit

motorhuis, parkade, parkeergarage, terminus

b.nw. gemotoriseer(d), padvas, padwaardig, klopwerend, stroombelyn, wangespoor(d)

ww. dek, omstel, ontsteek, oorskakel, ontbrand, uitlaat, oorspring, rem, spoor, toet, toeter, uitklop, vrydraai, smeer, 'n motor diens

234. Spoorweë

s.nw. ***spoorwegnetwerk,*** spoorwegnet, spoorwegstelsel, spoorwegmaatskappy, spoorverbinding, spoorwegdiens, tremdiens, ondergrondse spoorweg, moltreinstelsel, spoorvrag, rangeerwerk, spoorwegbrug

trein, treinstel, passasierstrein, goederetrein, vragtrein, sneltrein, voorstedelike trein, ondergrondse trein, metro, metrotrein, houertrein, hospitaaltrein, moltrein, pantsertrein, boemeltrein, deurtrein, dieseltrein, diesellokomotief, dieselelektriese lokomotief, dieselenjin, wisselenjin, rangeerder, rangeerlokomotief, stoomtrein, stoomlokomotief, transporttrein, trem, baanruimer, baanskuiwer (lokomotief); wa, trok, spoorwa, passasierswa, koepee, goederetrok, goederewa, vragwa, kajuit, kompartement, slaapwa, eetwa, eetsalon, retirade, salon, kaboes, oop goederewa, platwa, losserwa, lossertrok, remwa, veetrok, veewa, koeltrok, tenkwa, houertrok, houerwa, motorvoertuigwa, ertswa, ertstrok, seilbedekte goederewa, skameltrok, skamel, kolewa, toetrok, trollie

treinonderdele, as, rem, skokbreker, skokdemper, skoorsteen, stoomfluit, stoomketel, stoommeter, stootband, stootblok, stootkussing, tender, traprem, treeplank,

trekstang, wabuik, wa-as, voetplaat, turboaanjaer, luginlaat, stuurkajuit, beheerpaneel, buffer, stamper, alternator, hoofgenerator, draaistelraam, traksiemotor, as, fluit, spilpen, ventilasiewaaier, verkoeler, watertenk, kompartement, skuifvenster, boonste slaapbank, onderste slaapbank, gang, eetsalon, kombuis, portaal

spoor, treinspoor, spoorlyn, spoorweg, hooflyn, voorstedelike lyn, voorstedelike spoor, sylyn, sytak, taklyn, dubbelspoor, smalspoor, spoorbreedte, spoorwydte, spoorbaan, hangspoor, hokspoor, wisselspoor, rangeerlyn, ringbaan, spoorwegaansluiting, spoorbrug, spooroorgangklok, spooroorgang, spoorwegknoop, spooroorgang met outomatiese hekke; rangeerwerk, rangeerlyn, rangeerskyf, rangeerwissel, rangeerterrein; spoorstaaf, spoorwegstaaf, bindplaat, spoorstaafrib, spoorlas, spoorstaaflas, spanstaaf, dwarslêer, spoorlêer, lêer, baan, baanstang, bindplaat, uitsettingsopening, lasplaatbout, moer, lasplaat, spooranker, puntstuk, trekstang, wisselplaat, glystoel, sluitspoor, keerspoorstaaf, teenwig, teenstuk, spoorboommeganisme; wissel, spoorwegwissel, drieslagwissel, driewegwissel, kruiswissel, handbeheerde wisselskakelaar, wisselslot, wisselstand, aansluitkas, verbindingskas, vertakkas, spooroorgangteken, spooroorgang, elektries verligte wisselsinjaal, wisseldraad, wisselmotor, afstandbeheerde wisselskakelaar; seinhuisie, seinpos, semafoor, seinpaal, seintoestel, sinjaal, wisselsinjaal, wisselsinjaalhefboom, baken; draaiskyf, draaistel

stasie, spoorwegstasie, passasierstasie, stasiegebou, terminus, halfwegstasie, halte, spoorweghalte, kopstasie, tremhalte, tremhuisie, bagasiekantoor, goederekantoor, goedereloods, goederestasie, goederedepot, laaikraal, kaartjiekantoor, stasiesaal, stasielokaal, kaartjieskantoor, kaartjietoonbank, inligtingskantoor, roosters, vertrektye, aankomstye, spoorwegkaart, besprekingsgebied, wagkamer, ruskamer, waghuis, wagkamer, vertragingskennisgewingbord, pakkieskantoor, bagasietoonbank, bagasiekantoor, bagasiesluitkas, perron, stasieperron, platform, stasieplatform, platformskuiling, voetbrug, duikweg, werf, rangeerterrein; seisoenkaartjie, spoorkaartjie, spoorwegkaartjie, spoorkoste, spoorweggids, spoorwegtarief, staangeld, tremgeld

spoorwegpersoneel, treinpersoneel, masjinis, stoker, kaartjiesinspekteur, treinkondukteur, kondukteur, konduktrise, laaimeester, leerlingmasjinis, lynwagter, oorwegwagter, portier, seinwagter, spoorwagter, stasiebeampte, stasiemeester, stasievoorman, trembestuurder, tremkondukteur, wisselwagter

ww. oorklim, rangeer, koppel, rem, verspoor, ontspoor

235. Skeepvaart

s.nw. ***skip,*** vaartuig, stoomboot, stoomskip, passasiersboot, passasierskip, luukse boot, luukse skip, luukse passasiersboot, luukse passasierskip, lynboot, posboot, moederskip, susterskip, oefenskip, vragskip, vragboot, transportskip, vragvaarder, behoueringskip, houerskip, tenkskip, tenkboot, tenklandingskip, fabriekskip, hospitaalskip, atoomskip, depotskip, haweboot, kaapvaarder, kabelskip, kaper, kaperskip, roofskip, opleidingskip, opmetingskip, poolskip, raderboot, sleepboot, landingsvaartuig, snelboot, veerboot, pontboot, ysbreker; oorlogskip, slagskip, troepeskip, fregat, fregatskip, korvet, kruiser, duikbootjaer, torpedojaer, torpedoboot, kanonneerboot, mynlêer, mynveër, geleiskip, patrollieboot; duikboot, atoomduikboot, onderseeboot, U-boot; motorboot, snelboot, skiboot, woonboot, huisboot, skeertuig, hidrotuig; skuit, visserskuit, treiler, trekboot, trekskuit, snoekskuit, walvisvaarder, walvisskip; roeiboot, roeibootjie, skuit, skuitjie, bakkie, barkas, kano, gondel, kaïk, kajak, sampan; seilskip, skoener, bark, galei, brik, skoenerbrik, brigantyn, trireem (*veroud.*), dhou, jonk, kaag, karveel, karaveel, kofskip, kotter, Marconi kotter, tweemaster, viermaster, viermasseilskip; seiljag, jag, seilvaartuig, sloep, katamaran, seilboot, pinas, seilplank, seilski; vlot, pont, ponton, reddingsvlot

skeepsromp, romp, rompsegment, bobou, bowebou, kiel, stabiliseerkiel, bolwerk, boeg, boegspriet, rib, ribbewerk, ribstuk, waterlyn

dek, bodek, voordek, agterdek, promenadedek, sloepdek, stormdek, dubbeldekker, pantserdek, deklading, motordek

voorstewe, voorkasteel, agterstewe, agterskip, kommandobrug, kommandotoring,

brug, beheerdek, navigasiebrug, uitkyktoring, stuurboord, bakboord
kajuit, passasierskajuit, luukse kajuit, luukse suite, kapteinskwartiere, bemanningskwartiere, patryspoort, siekeboeg, skeepsruim, vragruim, vragruimopening, houerruim, houer, motorruim
takelwerk, skeepstouwerk, stag, takel, kabel, kabellengte, skot, vangriem, vangtou, want, werplyn, vlagtou, hystou
mas, besaan(s)mas, kruismas, grootmas, voormas, fokmas, paal, kroonsteng, bramsteng, mastou, gaffel, ra, mastop, mars, marsmas, marssteng, onderste mars, kraaines, spriet, wimpel, davit, kraanbalk
seil, grootseil, hoofseil, besaan, fok(ke)masseil, gaffel, hoofkroonseil, bras, hoof boonste marsseil, voorste kroonseil, boonste voorste bramseil, onderste voorste bramseil, boonste voorste marsseil, jager, voorste kluiwerseil, middelste kluiwerseil, agterste kluiwerseil, binneste kluiwerseil, onderste voorste marsseil, voorseil, fokseil, hoof onderste marsseil, besaanseil, kruisseil, hoof laer bramseil, hoof boonste bramseil, raseil, gafseil, gaffelseil, latynseil, marsseil, reef, spinnaker, stagseil, stormseil, topseil, seil, seildoek, swelling, touwerk
enjin, enjinkamer, turbine, stoomturbine, gasturbine, ketel, ketelkamer, dryfas, skroef, skroefas, skroefratkas, enjinluginlaat
skeepstuig, afloopplank, ankerlig, peilstok, roeistok, rondhout, teerseil, skeepsvlag, wimpel, afloopplank, valreeptrap, noodleer, dekstoel, dok, harpuis, houer, kaapstander, kalfateraar, meertou, meertros, navigasietoestel, navigasie-instrument, teleskoop, sekstant, skeepskompas, radar, radarskandeerder, reddingsbootjie, reddingsgordel, reddingsboei, hysmasjien, vraghystoestel, windas, wenas, skoorsteen, mastoplig; duikboottoerusting, snorkeluitlaat, radio-antenne, snorkel, snorkelinlaat, radarantenne, periskoop, brug, torpedokamer, torpedo, missielbuis, missiel, reaktor, reaktordek, masjienkamer, enjinkamer, turbine, stuurboordduikvin, agterste stabiliseervin, skroef, boonste roer, onderste roer
roer, boegroer, roerpen, roerpen, roertou, stuur, stuurinrigting, stuurrat, stuurstoel, stuurwiel, vin, stabiliseerder, stabiliseervin, boegvin
roeispaan, pagaai, riem, roeidol, roeier, roeimik, roeiriem, spaan, stuurstok
anker, skeepsanker, dryfanker, katanker, veeranker, paddastoelanker, skottelanker, dubbelklou-anker, grypanker, ploeganker, steellose anker, dreg, ankerwindas, ankerwindaskompartement, ankertand, ankerblad, ankerpunt, ankerketting
skeepsein, maritieme sein, merker, boei, klokboei, noodsein, sirene, tydsein, keëlboei, keëlvormige boei, joon(boei), brulboei, tonboei, seeton, hoëbeeldvlakboei, vuurtoring
skeepslading, awery, ballas, verskeping, behouering, cherteparty, deklading, hawearbeider, haweverkeer, inskeping, konnossement, laairuim, lêdae, lêtyd, lêgeld, ontskeping, oorskeping, stuwasie, tonnemaat
skeepsbemanning, bemanning, bemanningslid, dagwag, gondelier, janmaat, kadet, kaptein, kapteinsrang, kommandeur, kommandoor, kommodoor, landrot, marineoffisier, marinestaf, marinier, matroos, seeliede, seelui, seeman, seemanskap, seevaarder, skeepsdokter, skeepsjonge, skeepskaptein, skeepsvolk, skipper, stuurlui, stuurman
hawe, hawewese, kushawe, binnelandse hawe, rivierhawe, binnehawe (deel van 'n hawe), getyhawe, marinehawe, passasiershawe, goederehawe, laaihawe, uitvoerhawe, vryhawe, vissershawe, walvisstasie, dok, bassin, dryfdok, pier, kaai, vasmeerplek, hawemuur, hoof, hawehoof, landhoof, laaihoof, lanseerbasis, lanseerhelling, sleephelling, landingsbrug; hawetoerusting, laaikraan, laaimasjien, laaiplank, laaiplatform, laaisteier, steier, vuurtoring; hawekaptein, dokwerker, stuwadoor, stukgoedstuwadoor, kaaiwerker, kargadoor

ww. dek, deurloop, jol, neerlaat, vergaan, takel, stuur, tuig, optuig, anker, die anker neerlaat, die anker lig, vasmeer, bagger

236. Lugvaart

s.nw. ***lugvaart,*** lugvaartmaatskappy, lugvaartagentskap, reisagentskap, lugredery, redery; vlug, chartervlug, pendelvlug, binnelandse vlug, oorsese vlug; ruimtevaart, ruimtevlug, ruimtereis, maanreis
vliegtuig, skroefvliegtuig, straler, straalvliegtuig, makrostraler, passasierstraler, passasiersvliegtuig, lugbus, langafstandstraler, langafstandstraalvliegtuig, sake-

straler, supersoniese straler, supersoniese vliegtuig, vragvliegtuig, transportvliegtuig, tenkvliegtuig, kunsvliegtuig, aanvalsvliegtuig, straaljagter, vegvliegtuig, vegter, jagvliegtuig, kamikasevliegtuig, bomwerper, duikbomwerper, langafstandbomwerper, verkenningsvliegtuig, hefskroefvliegtuig, amfibiese vliegtuig, watervliegtuig, seevliegtuig, helikopter, sweeftuig, sweefvliegtuig, zeppelin, lugskip, ballon, lugballon, ruimteskip, pendeltuig, maantuig, ruimtekapsule, kapsule, vuurpyl, ruimtestasie, ruimtelaboratorium, satelliet, modelvliegtuig
vliegtuigonderdele, vliegtuigromp, onderstel, wiel, vlerk, vlerkstruktuur, vlerkpunt, enjinmonteermas, enjinmonteerpiloon, verstelbare geometriese vlerk, deltavlerk, pylvlerk, spleetvlerk, vlerkvorm, agterrandklap, agterrand, stert, geïntegreerde sterteenheid, stertvorm, stertmontering, stertmontasie, navigasielig, landingslig, roer, rigtingsroer, hoogteroer, rolroer, horisontale stabiliseerder, stuur, stuurstang, stuurstok, stuurarm, stuurinrigting, spuitaandrywing, stralerturbine, turbine, ringvormige verbrandingskamer, uitlaatspuitstuk, uitlaatpyp, uitlaatstelsel, turbineblad, turbinekompressoras, verbrandingskamer, waaier, luginlaat, waaierblad, rotorlem, rotorblad, neuskeël, hooflandingsmeganisme, neuslandingsmeganisme, skroef, hefskroef, skroefblad, skietstoel, uitskietstoel, valskerm
instrumente, enjininstrumente, vlieginstrumente, beheerpaneel, rigtingroerpedaal, sentrale konsole, sentrale instrumentpaneel, weerradar, BHF-antenne, beheerhefbome, outomatiese loodspaneel, stuurstok, machmeter, radiokompas
kajuit, passasierskajuit, vlugdek, stuurkajuit, vragruim, galei, kombuis
vlugbemanning, vliegtuigbemanning, vlieënier, piloot, helikoptervlieënier, vegvlieënier, hulpvlieënier, medevlieënier, eerste offisier, navigator, boordtegnikus, vlugingenieur, kajuitbemanning, lugwaardin, vlugkelner, grondpersoneel, grondbemanning, lugakrobaat, passasier, kaper

2

Die stoflike wêreld

A. SKEPPING, LEWE EN DOOD

237. Voortbring

ww. voortbring 0, skep 0, genereer, veroorsaak, laat ontstaan, die lig laat sien, baar, geboorte skenk, bevrug, verwek, opwek, bastardeer, basterdeer, bevoog, grootmaak, teel, kweek, verbou, daarstel, kreëer, vorm 0, saamstel, formeer, grondves, grond, fundeer, fondeer, maak 0, oormaak, bou, opbou, oprig, optrek, aanmekaarsit, aanmekaartimmer, aanmekaarflans, . . ., gestalte gee aan 0, produseer 0, reproduseer, oorproduseer, konstrueer, fabriseer, prefabriseer, institueer, begin 0, tot stand bring 0, stig, in die lewe roep, op die been bring, floteer, organiseer, reorganiseer, aanlê, voorberei, uitlê, ontwerp, modelleer, omskep, verwerk, uitdink, uitvind, ontgin, ontlok; begin 0, ontstaan 0, aankom, voortkom, verrys, tot stand kom, gestalte kry, groei, oplewer

bw. hans

s.nw. ***geboorte,*** wedergeboorte, baring, voortbrenging, skepping, totstandbrenging, kreasie, ontwikkeling, verwerking, stigting, aanstigting, oprigting, instelling, wording, opkoms, totstandkoming, grondlegging, vestiging, organisasie, vervaardiging, voorafvervaardiging, vorming, vormgewing, fabrikasie, prefabrikasie, fabrisering, produksie, produksielewering, massaproduksie, onderproduksie, oorproduksie, reproduksie, voortbrengsel, opbrengs, voortbrengs, oes, genese 0, genesis 0, antropogenese 0, oorsprong, oorsaak
skepsel, skepping, voortbringsel, voortbrengsel, opbrengsel, organisme, kreasie, maaksel, weergawe, makely (*ong.*), uitvindsel, uitvinding, werk, meesterwerk, mees-

terstuk, vrug, pennevrug, vrug op jou arbeid, geestesgoed, geesteskind, objek, voorwerp, ding, iets, produk, eindproduk, neweproduk, afvalproduk, artikel, artefak, nywerheidsproduk, fabrieksproduk, kunsproduk, plaasproduk, . . ., kommoditeit, fabrieksartikel, fabrieksgoed, fabrieksware, goedere, ware, handelsware, fabrikaat, halffabrikaat, kind, kleintjie, bevoogde, hanskalf, hanskuiken, hanslam
skepper, vader, moeder, moer, stigter, ontwerper, uitvinder, organiseerder, insteller, grondlegger, grondlêer, vervaardiger, produsent, fabrikant, bouer, konstrukteur, modelleur, ontwikkelaar, oprigter, samesteller, verwerker, kunstenaar, tekenaar, masjientekenaar, skrywer, komponis, skilder, beeldhouer; skeppingsdrang, produktiwiteit, skeppingsvermoë, kreatiwiteit, vernuf, vakmanskap, deskundigheid, kundigheid, meesterskap
institusie, fabriek, aanleg, fabrieksaanleg, proefaanleg

b.nw. skeppend, kreatief, vormend, antropoïed, antropoïde, bebroei, gebore, geskape, handgemaak, konstruktief, institusioneel, institutêr, oorspronklik, verskene, voorafvervaardig, wordend, produktief, gemaak, geskape, geskep, handgemaak, selfgemaak, gestruktureer(d), georganiseer(d)

uitdr. dit is nog in wording; te voorskyn bring; tot stand bring; die eerste lewenslig aanskou

238. Vernietig

ww. ***vernietig,*** verdelg, uitdelg, uitroei, annihileer, knak, te gronde rig, tot niet maak, verpletter, vermorsel, verbrysel, verwoes, breek, opbreek, afbreek, afmaak, afslaan, stukkend slaan, afsnoer, skeur, stukkend skeur, verskeur, afskeur, sloop, verniel, beskadig, saboteer, skade berokken, verrinneweer, oorrompel, uitwis, oblitereer, desimeer, doodkry, doodmaak 253, doodslaan, vermoor 253, dooddruk, doodbrand, brand, verbrand, afbrand, opblaas, tenietdoen, vermolm, fyndruk, stukkend druk, stukkend maal, verweer, verswelg, verteer, vertrap, vertree, aftakel, kelder, ondergraaf, ondergrawe, ondermyn, rysmier, fnuik, omvergooi, omverhaal, omverstoot, omverwerp, destabiliseer, ontwrig, kanker, ontwortel, afskaf, kanselleer, skrap, deleatur, wegmaak, aborteer, (vrug) afdryf, afdrywe, suiwer, uitkrap, wegvaag, doodkrap, doodverf
vergaan, ontword, tot niet gaan, te gronde gaan, ten onder gaan, ondergaan, verdwyn, knak, tenietgaan, afval, bederf, verrot, ontbind, brand, verbrand, afbrand, uitraak, verroes, verweer, sterf 253, doodgaan 253, vrek 253, verdwyn, wegraak

s.nw. ***vernietiging,*** verwoesting, destruksie, afbreking, uitroeiing, uitdelging, verdelging, uitwissing, obliterasie, verplettering, tenietdoening, verswelging, sloping, vernieling, beskadiging, verrinnewering, verrinnewasie, verskeuring, vertrapping, dood 251, doodslag 253, doodhou, moord 253, ontworteling, ondergrawing, likwidasie, ontbinding, sluiting, uitskakeling, sabotasie, verlamming, ontwrigting, keldering, afdrywing, aborsie; bederf, knou, knak, ondergang, verwering, roes, verroesting, ruïne, abortus, verderflikheid; skade, brekasie, verlies, teenspoed, teëspoed; vernielsug, vandalisme
vernietiger, vandaal, vernielal, vernieler, verwoester, verdelger, uitdelger, woestaard, neklêer, aborteur, aborteuse, saboteur

b.nw. vernietigend, allesvernietigend, verpletterend, verskeurend, verterend, verwoestend, afbrekend, destruktief, skadelik, nadelig, onvoordelig, ongunstig, dodelik, benadelend; bederfbaar, bederflik, vernielbaar, verderflik, verlore, vernielagtig, ongedaan, abortief, antibioties; vernielsiek, vernielsugtig, vandalisties, subversief, ondermynend

uitdr. iets in die kiem smoor; iets/iemand in die grond boor; iets/iemand te grond rig; iemand in die verderf stort; met die grond gelykmaak; met wortel en tak uitroei; van iemand wors maak; in die niet versink

239. Voortplant

ww. ***voortplant,*** voortbring, die lewe skenk, kinders in die wêreld bring, voortkom, prokreëer, reproduseer, genereer, konsipieer, produseer; teel, aanteel, voortteel, inteel, kruis, kruisteel, baster, verbaster, vermeerder, vermenigvuldig, versprei, kweek, aankweek
geslagsgemeenskap hê, kopuleer, seks hê,

seksueel aktief wees, die seksdaad pleeg, beken, verwek, liefde maak, bevrug, naai (*plat*), fok (*plat*), rondfok (*plat*), stoot (*plat*), fornikeer, ejakuleer, saad skiet, saadskiet, kom; vry, rondvry, bevry, vlerksleep, aanlê, opsit, die hof maak, liefkoos, kafoefel (*geselst.*), kattemaai (*geselst.*)
geslagsgemeenskap by diere, dek, paar, bevrug, verwek, saad skiet, saadskiet
insemineer, kunsmatig insemineer, bevrug, kunsmatig bevrug
verwagtend wees, verwag, swanger wees, dragtig wees
geboorte skenk, gebore word, baar, kraam, beval (*ong.*), induseer, ontvang, verlos, 'n kind baar, die eerste lewenslig aanskou; kalf, kalwe, vul, lam, jong (*ong.*), lê; aborteer, die vrug afdryf; ontkiem
menstrueer, ovuleer, kastreer, ontman, steriliseer

s.nw. ***voortplanting,*** ontogenie, ontogenese, ontogenesis, antropogenese, antropogenesis, partenogenese, partogenesis, heterogenese, heterogenesis, prokreasie, reproduksie, reproduksievermoë, geslagsrypheid, geslagsdrif, aanteelt, inteelt, kruising, kruisteelt, kruisras, teling, graadteling, rangteling, kloon, baster, erflikheid, oorerflikheid, erflikheidsleer, genetiek, genetika, generasie, geslag, ras, bloedras, vrugbaarheid, bevolkingsontploffing, geboortebeperking, gesinsbeperking, gesinsbeplanning, geboortesyfer, nataliteit
geslagsdaad, geslagtelike gemeenskap, geslagsgemeenskap, geslagsomgang, geslagslewe, omgang, fokkery (*plat*), huweliksgemeenskap, koïtus, seks, groepseks, kopulasie, koppeling, orgasme, saadvloeiing, saadlossing, saaduitstorting, ejakulasie, ejakulaat, vryery, vryasie, geslagsdrif, belustheid, belustigheid, nimfomanie, seduksie, bevrugting, impregnasie, ontvangenis, verwekking, voorbehoeding, kontrasepsie, voorbehoedmiddel, voorbehoedpil, kontrasepsiemiddel, kondoom, verkragting, bestialiteit; inseminasie, kunsmatige inseminasie, kunsmatige bevrugting; sterilisasie, steriliteit, impotensie, ontmanning, kastrering, kastrasie, eunug; minnaar, beminde, geliefde, vryer, rokjagter, manjagter; flerrie, flirt, koket, verleier, verleidster, losbandige vrou, losbandige man, slet, sloerie, tert, hoer, hoervrou, prostituut, straatvrou, dame van die nag, nagvrou, nagblom, foonsnol, gigolo, koppelaar, betaalde vryer, straatman, nimfomaan, homoseksueel, homo, lesbiër
die geslagsdaad by diere, paring, paartyd, bevrugting, verwekking, impregnasie, ontvangenis, ritsigheid, saadlossing, saaduitstorting, natuurdrif, teeldrif, kastraat
bestuiwing, kruisbestuiwing, allogamie, selfbestuiwing, bevrugting, kruisbevrugting, xenogamie, windbestuiwing
ovulasie, maandstonde, menstruasie, menopouse, oorgangsjare, oorgangsleeftyd, ouvrou
verwagting, swangerskap, konsepsie, dratyd, draagtyd, drag, dragtigheid, dragtigheidsperiode, gestasie, inkubasie
geboorte, geboorteproses, bevalling, abnormale bevalling, kraam, partus, geboortedag, geboortepyn, barensnood, barenswee, barensweë, kontraksie, Braxton-Hicks-kontraksie, sametrekking, induksie, episiotomie, keisersnee, keisersnit, epidurale keisersnee, verlossing, tangverlossing, stuitverlossing, vrugwater, water, premature geboorte, voortydige geboorte, postume geboorte, misdrag, misgeboorte, miskraam, laktasie, laktasieperiode; naelstring, nawelstring, nageboorte, fetus, pasgeborene, speelkind; vrugafdrywing, aborsie, abortus; kraaminrigting, kraamafdeling, voorbereidingskamer, kraamkamer, kraambed, kraambesoek, verloskundige, ginekoloog, kraamverpleegster, kraamsuster, kraamvrou, vroedvrou, geboorteregister, kraamverlof
teeltyd, kalftyd, lam(mer)tyd, vultyd, stoetbul, stoetram, stoetskaap, dekhings, werpsel, worp, gebroed, gebroedsel, legsel

b.nw ***produktief,*** generatief, vrugbaar, groeisaam, erflik, oorerflik, geneties, ontogeneties, biseksueel, ovipaar, gekruis, seksueel, geslagsryp, seksueel aktief, broeis, lustig, wellustig, belustig, sexy, lus, hitsig, hittig, jags, wulps, seksbehep, oorseksueel, nimfomanies; onvrugbaar, impotent, steriel
op hitte, paarlustig, loops, brons, bronstig, ritsig, speels, speuls, katools, geil, broeis, kloeks
swanger, verwagtend, in die ander tyd, in die moeilikheid, op die paal (*plat*), ongebore, voorgeboortelik, prenataal, fetaal, gebore, pasgebore, vroeggebore, prematuur,

voortydig, fetaal, lakties, verloskundig; dragtig, vol, lewendbarend

uitdr. die eerste lewenslig aanskou/sien; iewers gebore en getoë wees; in die/ter wêreld bring; die lewe skenk; 'n babatjie vang; 'n bobbejaantjie vang; die kar omgooi (miskraam); by 'n meisie aanlê; êrens anker gooi; vlerk sleep; 'n blou skeen kry; 'n bloutjie gee; jou hande nie tuishou nie; jou hoed êrens ophang; ogies/skaapogies vir iemand maak; sy skene word rooi; in iemand anders se slaai krap; iemand se hand in die as slaan; oor die onderdeur loer; opsit

240. Genealogie

s.nw. ***afkoms,*** afstamming, herkoms, stamboek, stamboom, stamverband, agtergrond, oorsprong, biotipe, bloedverwantskap, bloed, bloedlyn, lyn, desendensie, genotipe, nakomelingskap, homogenese, affiniteit, oorerwing, atavisme, bloedmenging, monohibride, monohibried, wesenstrek, karaktertrek, rasegtheid, raseienskap

geslag, familie, familielid, bloedverwant, sibbe, stam, tak, sylinie, generasie, ras, stamverwant; voorgeslag, voorvaders, oerouer, voorouer, voorsaat, assendent, voorvader, voormoeder, stamouers, stamvader, stammoeder, patriarg, matriarg, aartsvader, aartsmoeder, grootvader, grootmoeder, oorgrootouer, oorgrootvader, oorgrootmoeder, betoorgrootvader, betoorgrootmoeder, vader, moeder, stamhouer; nageslag, nasaat, afstammeling, nakomeling, afkomeling, desendent, kroos, nakroos, agnaat, kind, saad, spruit, telg, halfbloed, halfbroer, halfsuster, baster

genealogie, geslagkunde, geslagsnaam, geslagstafel, geslagsregister, stamregister, stamboom, geslagsboom, stamboek

evolusieleer, oorerflikheidsleer, ontwikkelingsleer

b.nw. afkomstig, stamverwant, afstammend, herkomstig, voorvaderlik, oorspronklik, genealogies, aangebore, ingebore, duursaam, atavisties, diploïed, haploïed, rasbewus, raseg, geslagtelik, dubbelgeslagtelik, halfslagtig, homogeneties, kenmerkend, inherent, kongenitaal, oorerfbaar, oorerflik

ww. afstam, stam, afkom, voortkom, voortspruit, oorerf, oorerwe, spruit

bw. aan vaderskant, aan moederskant, van huis uit

uitdr. dit sit in die bloed; 'n aardjie na sy vaartjie wees; bloed is dikker as water

241. Familie

s.nw. ***familie,*** gesin, huisgesin, familiekring, gesinskring, huiskring, kring, haard, huismense, huis, ouerhuis, huishouding, familiegroep, eenouergesin, pleeggesin, pleeghuis, bloed, bloedfamilie, skoonfamilie, verlangse familie, verwantskap, aanverwantskap, verwantskapsband, verwantskapsbetrekking, verwantskapsverhouding, naverwantskap, desendensie, desendentfamilie, familiestruktuur, gesinstruktuur, filiasie, affiliasie, familie-affiliasie, gesinsaffiliasie

familielid, gesinslid, betrekking, familiebetrekking, bloedverwant, huisgenoot, naasbestaande, nabestaande, naaste bloedverwant, verwant, naverwant, saat, gesinshoof, ouer, kind, aangenome kind, ouerskap, pleegouer, pleegouerskap, vaderskap, moederskap, broederskap, broerskap, susterskap, kognaat, maag, maagskap, naneef, naniggie, aanneming, adopsie

b.nw. familiaal, filiaal, verwant, aanverwant, naverwant, aangetroud, geparenteer(d), eie, bloedeie, verlangs, ver, half, naaste, aangeneem, aangenome

ww. in betrekking staan tot, familie wees van, aantrou, ondertrou, vermaagskap, verswaer

bw. aan vaderskant, aan moederskant

uitdr. my eie vlees en bloed; vlees van my vlees; bloed kruip waar dit nie kan loop nie; die hemp is nader as die rok; elke huis het sy kruis; wat die naaste lê, moet die swaarste weeg

242. Ouers

s.nw. ***ouers,*** ouerpaar, grootmense, paar, paartjie, mensepaar, egpaar, egliede, man en vrou, probleemouers, skoonouers, stiefouers, huisouers

ouerskap, moederskap, vaderskap

man, eggenoot, gemaal, manlief, wederhelf, wederhelfte, gade; pa, papa, pappie, paps, vader, paterfamilias, pa'tjie, patriarg, ta, vaar, skoonpa, skoonvader, pleegvader, stiefvader, huisvader, weeshuisvader, wewe-

naar, wewenaarskap
vrou, eggenote, gemalin, wederhelf, wederhelfte, jou beter helfte, gade; ma, mama, mamma, mammie, mams, moeder, moedertjie, moer, skoonma, skoonmoeder, pleegmoeder, stiefmoeder, surrogaatmoeder, leenma, huismoeder, weeshuismoeder, koninginmoeder, moederliefde, huisvrou, weduwee, weduvrou, weduskap, weduweeskap
grootouer, senior, oumense, ouma, oupa, grootjie, ouma-grootjie, grootouma, grootmoeder, oupa-grootjie, grootoupa, grootvader, oorgrootouer, oorgrootmoeder, oorgrootvader, voorvader, voorvaders
voog, voogdes, voogdy, voogdyskap, wettige voog, gesinsvoog

b.nw. ouerlik, ouerloos, vaderlik, moederlik, patriargaal, matriargaal, voorvaderlik

woorddeel groot-, oorgroot-, ooroor-

243. Kinders

s.nw. ***kind,*** mensekind, kinta, spruit, kuiken, langoor, baba, babatjie, babetjie, suigeling, suigling, wesentjie, kleintjie, kleinding, peuter, bloedjie, wig (*ong.*), telg, woelwater, kannetjie, laatlammetjie, voorkind, nakind, nakomertjie, bog, kleuter, snotneus, snuiter, eersgeborene, oudste, jongste, jongeling, jongmens, tiener, puber, adolessent, skoonkind, stiefkind, peetkind, wonderkind, hoerkind, probleemkind, aangenome kind, pleegkind, wees, weeskind, wesie; saad, afstammeling, nakomeling, nasaat; kroos, kleingoed, kleinspan, jongspan, jongelui, jeug, skooljeug, leerling, laerskoolleerling, hoërskoolleerling; tweeling, drieling, vierling, . . .; kindersorg, crèche
seun, seunskind, jongeheer, jongetjie, jongetjieskind, knaap, knapie, tjokker, kannetjie, seuntjie, skoolseun, skoonseun, stiefseun
meisiekind, dogter, meisie, meisietjie, juffie, juffertjie, skoolmeisie, skooldogter, skoondogter, stiefdogter
kleinkind, kindskind, kleindogter, kleinseun, agterkleinkind, agterkleindogter, agterkleinseun

b.nw. kinderloos, klein, aangeneem, aangenome, adoptief, bloedere, langorig, moederloos, natuurlik, oneg, wees, verwees

ww. kind wees, aanneem, adopteer, grootmaak

woorddeel kinder-

uitdr. nog groen koring op die land hê; van kindsbeen af; nog nat agter die ore wees; kind nog kraai hê; 'n aardjie na sy vaartjie; die eerste hoepel om die vaatjie; kinders soos orrelpype

244. Broer

s.nw. broer, broeder, gebroeders, bloedbroer, halfbroer, boet, boeta, boetie, tweelingbroer, drielingbroer, infante, ouboet, ouboeta, kleinboet, kleinboeta, stamhouer, stiefbroer, swaer, broederskap, swaerskap

b.nw. broederlik

245. Suster

s.nw. suster, sus, ousus, ousie, kleinsus, sussie, tweelingsuster, infanta, halfsuster, skoonsuster, stiefsuster

b.nw. susterlik

246. Oom en tante

s.nw. oom, omie, oompie, grootoom, oudoom, peetoom, stiefoom; tante, tant, tannie, antie, groottante, peettante, stieftante

247. Neef, niggie

s.nw. neef, niggie, nig, susterskind, broerskind, kleinneef, kleinniggie

248. Huwelik

s.nw. ***huwelik,*** huweliksband, huwelikstaat, huwelikslewe, getroude lewe, huweliksbootjie, getroude staat, eg, egverbintenis, egverbinding, huweliksverbond, kinderhuwelik, studentehuwelik, skynhuwelik, dwanghuwelik, gedwonge huwelik, kitshuwelik, blitshuwelik, gerieflikheidshuwelik, kerklike huwelik, burgerlike huwelik, gemengde huwelik; monogamie, monogamis, bigamie, bigamis, kakogamie, ongelukkige huwelik, misogamie, misogamis, endogamie, introuery, eksogamie; huwelik, troue, bruilof, huweliksbevestiging, huweliksfees, huweliksonthaal, bruilofsfees, biesbruilof, boerebruilof, koperbruilof, silwerbruilof, goue bruilof
bruidspaar, paartjie, pasgetroudes, bruid, bruidegom, aanstaande, verloofde, be-

minde, beste, gade, gemaal, jonggesel, jonggetroude, jongkêrel, jonkman, jonkvrou, juffrou, man, manlief, vrou, vroulief, wederhelf, strooijonker, strooimeisie, blom(me)meisie, page, hofknaap, hofknapie, sleepdraer, ouers van die bruid, ouers van die bruidegom, bruidsgroep

huweliksgebruike, huweliksbemiddelaar, huweliksaansoek, huweliksaanbod, jawoord, bruidskat, uitset, bruidsuitset, verloofde, verlowing, confetti, strooisel, troukoek, trougeskenk, troumotor, huweliksfees, huweliksonthaal, bruilofsfees, bruilofsonthaal, wittebroodsreis; huweliksaankondiging, huweliksuitnodiging, troukaartjie, huweliksformulier, huweliksgebod, huweliksberaad, huweliksvoorligting, huweliksgelofte, huweliksgemeenskap, huweliksgoed, huweliksakte, huweliksregister, huweliksvoorwaardes, huweliksvoorwaardekontrak, huweliksreg; huweliksbevestiger, huweliksbeampte, huweliksburo

kohabitasie, konkubinaat, konkubine, koppelaar, maagd, maagdelikheid, oujongkêrel, vrygesel, oujongmeisie, oujongnooi, selibaat, vrygesel, langslewende

egskeiding, skeiding, egbreuk, troubreuk, huweliksontbinding, egskeidingsbevel, skeibrief, egskeidingsgeding

b.nw. hubaar, getroud, jonggetroud, gekerk, gehuud, gewettig, verloof, maagdelik, manbaar, maritaal, morganaties, voorhuweliks, vooregtelik, nahuweliks, selibatêr, alleenlopend, ongetroud, ongehud, misogaam, geskei

ww. trou, hu, vrou vat, man vat, in die huwelik tree, in die eg tree, in die huwelik begewe, 'n huwelik aangaan, op trou staan, 'n huwelik voltrek, in die eg verbind, aantrou, introu, afhaak, aanteken, bevestig, ondertrou, nesskop, skei, kohabiteer, koppel, vry na, vry met, 'n huweliksaanbod doen, die jawoord gee, ouers vra, verloof, verswaer, skei, van tafel en bed geskei wees, troubreuk pleeg, egbreuk pleeg

uitdr. die strop om die nek kry/hê; onder die besemstok staan; hulle skapies bymekaar ja; hulle bokke deurmekaar ja; om 'n vrou se hand vra; onder gebooie staan; die gebooie laat loop; in die huweliksbootjie stap/klim; voor die kansel staan; sy ribbebeen kry; in/buite gemeenskap van goedere trou; jou vermaagskap met; nes skop; op die bakoond sit; op die rak sit; sy sit op die stoppelland; trou is nie perdekoop nie; hulle kombers is geskeur

249. Lewe

s.nw. ***lewe,*** bestaan, eksistensie, lewensteken, teken van lewe, lewendigheid, lewensbron, lewensvlam, lewensin, lewensonderhoud, lewensbehoud, selfbehoud, bloed, siel, gees, belewing, besieldheid, sinlike lewe, lewenskrag, lewenslus, vitaliteit, lewensdrif, lewensaandrif, lewensmoed, lewensgees, lewensap, lewenshonger, lewensdors, lewensvatbaarheid, leefbaarheid, lewensverwagting, bestaansreg; lewensomstandighede, lewenskuns, lewensreël, lewensgewoonte, lewensbeginsel, lewenspatroon, leefwyse, lewenswyse, lewensklimaat, lewenstyl; alledaagse lewe, handel en wandel, dorpslewe, stadslewe, gesinslewe, familielewe, beroepslewe, huwelikslewe; lewenskets, lewensverhaal, curriculum vitae

lewensloop, lewensdae, lewensjare, lewensgang, beloop, lewensbeloop, beloop van die lewe, lewenspad, leeftyd, menseleeftyd, kringloop, lewensduur, lewenswandel, ontwikkelingsgang, ontwikkelingsgeskiedenis, ontwaking, opbloei, opbruising, opflikkering, oplewing, opstanding, wederopstanding, oorlewing, herlewing, herrysenis, herrysing, voortbestaan, lewenskans, 'n kans op lewe, lewenslot, toekoms, verlede, ontwikkelingsvermoë

lewende, langslewende, oorlewende, organisme

biologie, natuurkunde 255, fisiologie, lewensleer, biogenese, biogenesis, biometrie, bionomie, biotika, biotomie, embriologie, ontogenie, organologie, ekologie

lewensbeskouing, lewensopvatting, lewensuitkyk, lewenskyk, kyk op die lewe, lewenshouding, lewensfilosofie, siening van die lewe, lewens- en wêreldbeskouing, wêreldbeskouing

b.nw. lewend, lewendig, springlewendig, uitgespaar, langslewend, lewensvatbaar, lewegewend 251, herrese, verrese; lewenskragtig, kragtig, vitaal, energiek, dinamies, wakker, op en wakker, besiel(d), lewenslustig, aktief, flink, fris, fiks, gesond, hups, speels; biologies, biogeneties, organies, fisiologies, ekologies

ww. leef, lewe, gedy, asemhaal, voortbestaan, die lewe behou, die lewe bewaar, teer, herleef, herlewe, voortleef, voortlewe, vegeteer, grootword, deurleef, deurlewe, oorleef, oorlewe, opleef, oplewe, ontwaak, opbloei, opfleur, opflikker, opwek, hernieu, hernuwe, verrys, herrys, uit die dood opstaan, uitleef, uitlewe, beleef, belewe, meeleef, meelewe, verlewendig 251, lewe gee 251

woorddeel bio-, fisio-

uitdr. die wel en die wee; van die wieg tot die graf; in die land van die lewendes wees

250. Dood

s.nw. ***dood,*** sterfte, sterfgeval, oorlye, einde, graf, slaap, die ewige slaap, doodslaap, ewige rus, breindood, kliniese dood, wiegdood, wiegiedood, wiegiesterfte, natuurlike dood, natuurlike sterfte, gewelddadige dood, gewelddadige sterfte, abiose, genadedood 252, passiewe genadedood, aktiewe genadedood, eutanasie 252, heldedood, hongerdood, gasdood, genadedood, kruisdood, marteldood, verkluiming, verplettering, versmagting, versmoring, verstikking, asfiksie, asfiksiasie, verdrinking, versuiping, vuurdood, hellevaart, skyndood, vrekte; doderyk, skaduwee van die dood, hemel

oorlyde, oorlye, oorlyding, sterfproses, doodstryd, sterfbed, doodbed, doodsengel, genadeslag 252, uiteinde, die laaste stuiptrekkings, stuiptrekking, uiterste, die laaste oomblikke, doodsroggel, doodskreet, laaste asem, doodskaduwee, doodsklok, sterwensnood, doodsangs, doodslaap, doodstyding

sterflikheid, fataliteit, mortaliteit, sterftesyfer

sterwensuur, sterfuur

dooie, dode, lyk, oorskot, stoflike oorskot, beendere, doodsbeendere, gebeente, geraamte, kadawer, mummie, gesneuwelde, gevallene, oorledene, ontslapene, sterfling, sterweling, karkas, kreng

outopsie, lykskouing, doodsondersoek, nadoodse ondersoek, nekropsie, rigor mortis, dekomposisie, ontbinding, praalbed, dodedans, dodelys, sterftefonds, lykshuis, dodehuis, sterfhuis, sterfberig, nekrologie, nekromansie, nekromant, reeu

b.nw. leweloos, dood, morsdood, gestorwe, afgestorwe, bestorwe, uitgestorwe, oorlede, oorle, oorlee, vooroorlede, ontslape, saliger, wyle, halfdood, kisklaar, nadoods, nekrologies, nekromanties, noodlottig, obiit, sterflik, dodelik, verpletterend, verstikkend, afkop, glaserig, anorganies

ww. doodgaan, sterf, sterwe, te sterwe kom, beswyk, afsterf, afsterwe, afklop, vrek, aflê, gaan, voorgaan, wegval, ineenstort, die ewigheid inskiet, jou dood tegemoet gaan, die dood vind, die dood op die hals haal, nie oorleef nie, die lewe laat, jou einde vind, heengaan, sag/stil heengaan, in die tuig sterwe, ontslaap, rus, slaap, ontval, val, sneuwel, omkom, verongeluk, jou lewe inboet, met jou lewe boet, verdrink, versuip, versmoor, verstik, versmag, verkluim, krepeer, inslaap, intree, ontbind, verdroog, verdroë, vergaan, tot niet gaan, tenietgaan, verpletter

bw. grafwaarts, bokveld toe

woorddeel nekr(o)-

uitdr. die laaste asem uitblaas; die laaste snik gee; bokveld toe wees/gaan; die ewige rus ingaan; die tydelike met die ewige verwissel; die gees gee; die oë sluit; na beter oorde verhuis; die tydelike met die ewige verwissel; dis klaar met hom; dis klaar met kees; een voet in die graf hê; met een voet/been in die graf staan; in die sand byt; in extremis; in memoriam; met die dood worstel; met jou lewe betaal; onder die kluite; sy dae is getel; sy doppie het geklap; jou lewe verloor; tot hoër diens opgeroep word; tot stof terugkeer; vier stewels in die lug lê; tot jou vadere versamel word; obiit sine prole

251. In die lewe roep

ww. lewe gee, geboorte skenk 239, in die lewe roep, die lewe skenk, verwek, verlewendig, opwek, resussiteer, in aansyn roep, verkwik, besiel, opstaan

s.nw. regenerasie, geboorte 239, reïnkarnasie, resussitasie, abiogenese, anabiose, verkwikking, besieling

b.nw. lewegewend, verkwikkend, besielend, redivivus

252. Doodmaak

ww. ***doodmaak,*** doodkry, doodslaan, vrekmaak, van kant maak, ombring, om die lewe bring, ter dood bring, van die lewe beroof,

na die ander wêreld help, uit die weg ruim, bokveld toe stuur, noodlottig verwond, noodlottig beseer, manslag pleeg, genadedood toepas, eutanasie toepas, teregstel, fussileer, die doodstraf voltrek, die doodsvonnis voltrek, slag, afknak, afmaai, afmaak, vel, neervel, bevries, fumigeer, maai, skiet, stenig, uitdoof, uitwis, verdelg
vermoor, moor, moord pleeg, uitmoor, afmaai, verdelg, uitdelg, van kant maak, doodskiet, vrekskiet, doodslaan, vrekslaan, doodskop, vrekskop, . . ., iemand se harsings inslaan, elimineer, likwideer, annihileer, keelaf sny, keel afsny, onthals, onthoof, ophang, verpletter, vermorsel, versmoor, verstik, versuip, verwurg, wurg, doodwurg, verdrink, vergas, vergiftig, vergewe, verkool; selfmoord pleeg, jou eie lewe neem, jou lewe beëindig, 'n einde aan jou eie lewe maak, 'n einde aan alles maak

s.nw. ***doodslag,*** doding, manslag, genadedood, aktiewe genadedood, passiewe genadedood, eutanasie, doodsteek, bloedbad, bloedskuld, bloedstorting, bloedvergieting, slagting, hekatombe, bloedwraak, coup de grâce, fusillade, steniging, onthoofding; teregstelling
moord, moordery, vermoording, moordaanslag, moordpoging, bloedbad, slagting, moord en doodslag, verdelging, uitdelging, moordparty, massamoord, pogrom, genoside, roofmoord, sluipmoord, huurmoord, politieke moord, moordtoneel, doodsteek, vadermoord, moedermoord, kindermoord, gesinsmoord, koningsmoord, mesmoord, skêrmoord, . . ., lynch, vergassing, verkoling, versmoring, verstikking, vergiftiging, asfiksiasie, asfiksie, versuiping, verwurging, uitdowing, onthoofding; bloedskuld, bloedwraak, moordkreet; selfmoord, massaselfmoord, gesinselfmoord, rituele selfmoord, harakiri, kamikasi
moordenaar, moordenares, gesinsmoordenaar, massamoordenaar, moordbende, moordenaarsbende, sluipmoordenaar, huurmoordenaar, verdelger, uitdelger, koppesneller, beul; selfmoordenaar, selfmoordenares; laksman
moordwapen, moordtuig, geweer 677, rewolwer 677, pistool 677, mes 679, gaskamer, gif, aas, gifaas, gifbeker, gifdrank, gifgas, gifpil, gifpyl, gifstof, kiemdoder, malgif, sianied, sianide, strignien, strignine, swamdoder, toksien, toksine, wolweboontjie

b.nw. moorddadig, ontsiel(d), toksies, verganklik, vergewe, verstikkend

uitdr. iemand die lewe beneem; iemand na die lewe staan; iemand uit die weg ruim; jou hande met bloed besoedel; om die lewe bring; die hand aan 'n lewe slaan

253. Begrafnis

s.nw. ***begrafnis,*** teraardebestelling, staatsbegrafnis, private begrafnis, verassing, krematorium, begrafnisdiens, roudiens, doodsklok, begrafnisplegtigheid, begrafnisseremonie, begrafnisgangers, draer, begrafnisrede, grafrede, kondoleansie, rou, roubedryf, roubeklaer, slippedraer, roubeklag, roubrief, roudag, roudiens, roudraer, roukaart, roukamer, rouklag, roukleed, roukrans, roulint, routyd, kranslegging, stoet, begrafnisstoet, lykswa, lyksmotor, praalbed, katafalk
begrafnisritueel, doodstyding, dodemars, dodemis, dodeoffer, doodbed, doodkis, doodskis, kis, doodmare, doodsmare, doodsberig, doodskleed, staatsie, staatsiebed, staatsiekleed, begrafnisfees, begrafnismaaltyd
begrafnisonderneming, begrafnisfonds, begrafnispolis, begrafnisboekie, begrafnisgeld; begrafnisondernemer, ondernemer, lykbesorger, grafgrawer, grafmaker, grafsteenmaker
lykshuis, dodehuis, krematorium
graf, rusplek, rusplaas, grafmonument, koepelgraf, praalgraf, watergraf, seemansgraf, familiegraf, kindergraf, keldergraf, tombe, sarkofaag, senotaaf, dolmen (Keltiese graf), kramat (Moslemgraf), grafsteen, serk, hoofsteen, marmersteen, graflegging, grafskrif, epitaaf, urn, grafkelder, grafspelonk, katakombe, krip, kript, kripta, mausoleum, piramide, trappiramide; begraafplaas, rusplaas, kerkhof, familiekerkhof, plaaskerkhof, dodeakker, grafheuwel, nekropolis

ww. begraaf, begrawe, kremeer, lê, uitlê, kondoleer, rouklaag, uitlui, veras, balsem

uitdr. die laaste eerbewys; na die laaste rusplek bring; ter ruste lê

B. MATERIE

a. Stof

254. Stof

s.nw. ***stoflikheid,*** materialisme, vleeslikheid, natuurlikheid, natuur, natuurstaat, ondermaanse, aardsheid, konkreetheid, selfstandigheid, beliggaming, vergestalting, liggaamlikheid, tasbaarheid, aggregasie, aggregasietoestand, realiteit, wesenlikheid, onnatuur, onnatuurlikheid
stof, vaste stof, vloeibare stof, gas, materie, substansie, grondstof, molekule, molekuul, atoom, atoomkern, atoomgewig, atoommassa, alfadeeltjie, betadeeltjie, element, ioon, anioon, katioon, chromatine, ferment, massa, monade, sel, selkern, sitogenese, sitoplasma, soöspoor, sperm, spermatosoön, weefsel, bindweefsel, stapelgoedere
fisika, atoomfisika, atomisme, atomistiek, sitologie
b.nw. stoflik, materieel, fisies, fisiek, tasbaar, konkreet, aards, wêrelds, ondermaans, liggaamlik, vleeslik, natuurlik, organies, anorganies, atomies, molekulêr, makromolekulêr, korporeel, korpuskulêr, ru, selfstandig, substantief, gemaak, kunsmatig, sinteties, tydelik
ww. bestaan, beliggaam, konkretiseer, vergestalt, verpersoonlik, personifieer

255. Natuurkunde

s.nw. ***natuurwetenskappe,*** natuurkunde, natuurkennis, natuurstudie, natuurleer, stofleer, fisika, kernfisika, geofisika, koniologie, natuurfilosofie, natuurhistorie, reologie, biologie, biometrie, fisiologie, bionomie, ekologie, relatiwiteitsteorie, relatiwiteitsbeginsel
natuurkundige, fisikus, kernfisikus, geofisikus, natuurhistorikus, natuurkenner; natuurmens, natuurvriend, natuuraanbidder, natuurkind
natuurkrag, natuurlewe, natuurwet, natuurbeskouing; natuurbewaring, natuurreservaat, reservaat, natuurbewaringsgebied, wildtuin, biosfeer
laboratorium, observatorium, museum, eksperiment, proef, apparaat
b.nw. natuurkundig, natuurwetenskaplik, fisies, biologies, fisiologies, biometries, bionomies, ekologies, natuurhistories, geofisies
ww. ondersoek, demonstreer, eksperimenteer
woorddeel bio-, fisiko-, fisio-, natuur-

256. Skeikunde

s.nw. ***skeikunde,*** skei-nat, suiwer skeikunde, toegepaste skeikunde, analitiese skeikunde, sintetiese skeikunde, organiese skeikunde, anorganiese skeikunde, chemie, suiwer chemie, toegepaste chemie, organiese chemie, anorganiese chemie, biochemie, elektrochemie, fotochemie, stereochemie, iatrochemie, petrochemie, polimeerwetenskap, metallurgie, sakkarimetrie, alchemie, fisika, atoomfisika, atoomleer, atoomteorie
skeikundige, chemikus, chemiese ingenieur, landbouskeikunde, analis, metallurg, metallurgiese ingenieur
energie, warmte-energie, hitte-energie, stralingswarmte, ligenergie, elektriese energie, stralingsenergie, kinetiese energie, bewegingsenergie, potensiële energie, gestoorde energie, gravitasie-energie, chemiese energie, ionisasie-energie, hidro-energie, atoomenergie, stoomenergie; elektrochemie, elektrolise, elektrode, anode, katode, ioon, anioon, katioon, pool, positiewe pool, negatiewe pool, oksidasie; energieoordrag, oordrag, geleiding, geleier, goeie geleier, swak geleier, geleidingsbaan, energiebaan, konveksie, straling, konveksiestroom, warmtestraling, hittestraling, energie-omsetting; energiebron, bron, brandstof, oktaan; krag, aantrekkingskrag, middelpuntvliedende krag
formule, struktuurformule, grammolekule, derivaat, atoomgewig, valensie, polivalensie, valensieteorie, affiniteit, verwantskap
atoom, isotoop, radio-isotoop, isotopie, atoomenergie, atoomgewig, atoomkrag, atoommassa, atoomreaktor, atoomsplitsing, kerndeling, kernfusie, dubbelbindingfase, fase-ewewig, kernkrag, kernreaksie, kernreaktor, reaktor, deeltjieversneller, atoomkern, kern, nukleus, proton, neutron, elektron, positron, megaton, kernbom, kernkragsentrale
chemiese stof, chemiese element, chemikalieë, chemiese verbinding, chemiese oplossing, oplosmiddel, oplossing, derivaat,

molekule, molekulêre verbinding, isometrie, isomeer, isomerie, polimeer, polimerie, monomeer, dimorf, dimorfie, dimorfisme, isomorf, isomorfie, isomorfisme, polimorf, polimorfie, polimorfisme, allotroop, allotropie, allotropisme, ioon, anioon, katioon; amine, alkielradikaal, aminosuur, ammoniak, salammoniak, salmiak, aneurine, anhidride, argon, asetileen, oksi-asetileen, asetoon, barium, base, basis, blousuur, chloried, chrisoliet, chromatine, groenvitrioel, halogeen, helium, helsteen, hidraat, hidride, houtalkohol, houtgees, metielalkohol, metanol, houtasyn, houtspiritus, houtsuur, indium, jodium, jood, jel, kalk, kaliumnitraat, salpeter, kaliumpermanganaat, kalomel, chloorkwik, karbide, karbied, karbohidraat, karbonaat, karoteen, karotine, kolloïde, kolloïdale stof, koolhidraat, koolstof, koolsuur, koolsuurgas, kooldioksied, kooldiokside, koolstofdioksied, koolstofdiokside, koolmonoksied, koolmonokside, koolstofmonoksied, koolstofmonokside, kopersulfaat, lantaan, metaan, metaangas, metalloïede, metiel, moederloog, natrium, natriumbikarbonaat, koeksoda, natriumkarbonaat, natron, wassoda, natronloog, bytsoda, natriumchloried, natriumchloride, sout, tafelsout, natriumnitraat, chili-salpeter, nitraat, sout van salpetersuur, nitrogliserine, nitroglis-erien, plofstof, springstof, okside, oksied, permanganaat, salisielsuur, salisilaat, salpeterigsuur, salpetersuur, seepsoda, potas, selenium, seleen, sianied, sianide, silikon, silika, kieselaarde, silisium, kieselsuur, silikaat, kieselsuursout, sink, sinkkarbonaat, sinkspaat, sirkonium, zirkonium, sirkoon, soutsuur, soutsuurgas, sulfaat, swawelsuursout, sulfer, swael, swawel, sulfide, sulfied, sulfiet, sulfonamide, sulfonamied, suur, teensuur, suurstof, oksigeen (*ong.*), tritium, ureum, waterstof, swaarwaterstof, swaarwater, waterstofchloried, xilol, ystersulfaat, ystervitrioel

chemiese oplossing, chemiese proses, binding, verbinding, chemiese binding, chemiese verbinding, affiniteit, assosiasie, distillaat, distillasie, filtraat, absorpsie, desorpsie, diffusie, harding, hidrering, hidrolise, karbonisasie, katalise, katalisator, kettingreaksie, konsentraat, konsentrasie, kovalensie, kraakproses, neutralisasie, nitrasie, oksidasie, oplosmiddel, oplossing, versadiging, versadigingspunt, chemiese reaksie, reaksie, reageermiddel, reagens, reaktiwiteit, reduksie, reduksiemiddel, reduksieproses, respons, saturasie, smelting, smeltpunt, suspensie, sublimasie, titrasie, titrering, imbibisie, immersie, ionisasie, soutgehalte, soutoplossing, presipitaat, statika, transmutasie, valensie

skeikundige apparaat, chemiese apparaat, apparatuur, baroskoop, indikatorpapier, katetometer, kwikbad, lakmoespapier, neerslagtenk, proefbuis, reageerbuis, telbuis, reageerpapier, reduksieskaal, reduksievlam, retort, retortstander, sakkarimeter, soutgehaltemeter, salinometer, smeltkroes, kroes, vakuumfles, vakuumpomp, dilatometer, klistron; laboratorium

b.nw. skeikundig, chemies, biochemies, fotochemies, elektrochemies, petrochemies, fisies, atomies, metallurgies, toegepas, analities, sinteties, organies, anorganies; isotopies, molekulêr, makromolekulêr, isometries, isomeries, polimeries, dimorfies, isomorfies, allotropies, ionies, anionies, kationies, anhidries, bivalent, chromaties, diffuus, dioksies, gekonsentreer(d), verdun, halogenied, halogenies, hidrogeen, hidrogenies, elektries, katodies, kolloïdaal, polivalent; oplosbaar, opgelos, wateroplosbaar, suur, suurvas, absorberend, katalities, reaktief, geneutraliseer(d), gereduseer(d), gesuspendeer

ww. reageer, verbind, bind, oplos, diffundeer, oksideer, atomiseer, nitreer, satureer, afskei, neerslaan, konsentreer, versadig; ontleed, analiseer, distilleer, indamp, ioniseer, kataliseer, hidrateer, hidreer, hidrogeneer, hidroliseer, karboniseer, neutraliseer, balanseer, dissosieer, kies, konsentreer, presipiteer, smelt, titreer, verkool

257. Meganika

s.nw. ***meganika,*** bewegingsleer, dinamika, termodinamika, kinematika, kinesiologie, kinetiek, kinetika, robotika, kragteleer, masjien(e)leer, statika, bewegingswet

kragte, arbeid, arbeidsvermoë, belasting, kinematiek, krag, kragveld, momentum, swaartekrag, gravitasie, swaartekragveld, middelpuntvliedende krag, afstotingskrag, ewewydige kragte, torsie, trekspanning,

trekvastheid, waterkrag, weerstand, weerstandsvermoë, wringkrag, wrywing, wrywingskrag, kraglewering, kragverbruik, kragverspilling, kragvermorsing, toeretal, toereteller, amplitude, swaartepunt, swaartelyn, ewewig, ewewigstoestand, ewewigspunt, ewewigsleer; kinetiese energie, energiebron, energievoorraad, energieverbruik, energievoorsiening, energiekrisis
beweging, reglynige beweging, veranderlike beweging, vertraagde beweging, kromlynige beweging, werking, ellipsoïde, ellipsoïed, aandrywing, dubbelaandrywing, binneverbranding, suierslag, toer, snelheid, maksimum snelheid, minimum snelheid, togsnelheid, enjinsnelheid, balans
stilstand, rus, inersie, statika, traagheid, weerstandslyn
meganisme, werktuig, arm, as, binnebrandmotor, binnegoed, druklugrem, dryfas, dryfveer, dryfwiel, dryfband, dryfkatrol, dryfketting, dryfrat, dryfriem, dryfstang, drywing, dwarshelling, flens, gelidenjin, ghries, gleufmasjien, hefboom, hoofas, inlaatklep, kamrat, kardankoppeling, katrol, keerklep, keerplaat, kettingrat, kettingwiel, klepkamer, klepreëling, klepstoter, koppelas, krukas, leibalk, moer, moerbout, nok, raderwerk, rat, ratarm, ratwerk, reëlrat, robot, rollaer, rondsel, rotasie-as, seriemotor, skakelhefboom, skakelrat, skroefpers, slaglengte, slinger, slingeras, slingerwydte, sperrat, stelarm, stelmoer, stelskroef, steunpunt, suierpen, suierring, suierstang, tandrat, tandwiel, torsieveer, trapaansitter, traprem, turbinerotor, tweeslagenjin, tweeslagmasjien, veerbalans, versneller, versnellingsbak, versnellingskaal, versnellingsrat, vonkontsteking, vonkprop, vonkvanger, vonkverdeler, weerstandsklos, weerstandspoel, weerstandsversterker, wenas, windas
meganikus, tegnikus, werktuigkundige, ingenieur, meganiese ingenieur, weerstandstoets, dinamometer, kragmeter, kragmeting

b.nw. bewegend, beweeglik, dinamies, staties, inert, gemeganiseer(d), meganies, werktuigkundig, kinematies, kineties, koaksiaal, middelpuntvliedend, sentrifugaal, middelpuntsoekend, sentripetaal, termionies, termodinamies, weerstandbiedend

ww. beweeg, aandryf, meganiseer, versnel, vertraag, belas, tot stilstand kom, artikuleer, graviteer, hef, ontkoppel

258. Hidroulika

s.nw. ***hidroulika,*** hidrodinamika, hidrologie, hidrostatika, waterwerktuigkunde, waterplasing, waterdruk, druk, dampdruk, kompressie, opwaartse druk, stukrag, drukverval, kapillariteit, osmose, diffusie, filtrasie; gram-sentimeter; hidrostatiese balans, hidrouliese balans, hidrouliese ewewig, druktoets, dampmeter; hidroloog, waterwerktuigkundige
hidrouliese pers, hidrouliese rem, hidrouliese brug, . . ., kompressor, drukpomp, drukboor, waterpers, filter, kapillêre buis, haarbuis

b.nw. hidroulies, hidrodinamies, hidrologies, hidrostaties, kapillêr, osmoties

ww. dryf, drywe, sweef, swewe

259. Aërografie

s.nw. ***aërografie,*** aërodinamika, aërologie, aëromeganika, aëronomie, aëroskopie, aërostatika, aërometrie, aneroïde, barometer, weerglas, glas, kwik, skaal, barometerskaal, barometerbuis, barometerstand, barometriese gradiënt, gradiënt, doosbarometer, hewelbarometer, barograaf, baroskoop, aërometer, aëroskoop, aërostaat, manometer, digtheid, drukgradiënt, drukking, druklug, drukoppervlakte, styging, stygsnelheid, golfstroom, indikateur, kandela, druklugboor, drukmeter, osmose
pomp, lugpomp, lugperspomp, druklugpomp, pompklep

b.nw. drukvas, hoog, laag, osmoties

ww. pomp, styg, sak

260. Warmteleer

s.nw. ***warmteleer,*** warmte, hitte 465, koue 466, verhitting, kookpunt, kooktemperatuur, kookhitte, afkoeling, bevriesing, vriespunt, nulpunt, straling, hittestraling, warmtestraling, stralingsdruk, stralingsenergie, stralingsewewig, uitstraling, radiasie, konveksie, konduksie, geleiding, warmtegeleier, radiasie, leivermoë, uitsetting, uitsettingskoëffisiënt, inkrimping, verdamping, verdampingsoppervlakte, verdampingspunt, verdampingshitte, verdampingstemperatuur, kondensasie, dou, doupunt, distillasie, rarefaksie, smelting,

smeltpunt, hittegolf, golf, golflengte
termometer, digitale termometer, warmtemeter, differensiaaltermometer, bolometer, higrometer, koorspennetjie, kwikkolom, kwik; temperatuur, warmtegraad, stralingstemperatuur, temperatuurskaal, temperatuurgraad, warmte-eenheid, celsius, fahrenheit, gramkalorie
b.nw. atermies, smeltbaar, warm 465, koud 466
ww. verwarm, verhit, kook, smelt, uitstraal, indamp, verdamp, kondenseer, distilleer, afkoel, bevries

261. Magnetisme

s.nw. magnetisme, magnetisasie, aantrekking, gravitasie, elektromagnetisme, aardmagnetisme, biomagnetisme, ferromagnetisme, geomagnetisme, gravimetrie; aantrekkingskrag, magneetkrag, kraglyn, isodinamiese lyn, isoklien, isokline, isogoon, magnetiese veld, kragveld, magneetkrag, magnetiese veldsterkte, veldsterkte, magnetiese invloed, deklinasie, demagnetisering, deviasie, defleksie, elektromagnetiese golf, golf, golflengte, foton, gauss, oersted, sentimeter-gram-sekonde-stelsel, CGS-stelsel, pool, suidpool, noordpool, poolspanning, retentiwiteit, rigkrag
magneet, staafmagneet, hoefmagneet, elektromagneet, magneetnaald, magneetpool, magneetskyf, magneetyster, anker, magneetanker, armatuur, as, magnetiese as, magneetpool, laser, magneto, maser, ossillator, magnetometer, gravimeter, kompas, magnetiese kompas, skeepskompas, kompasnaald, naald, windroos; magnetiese stof, magnetiese materiaal, nie-magnetiese stof, nie-magnetiese materiaal
b.nw. magneties, nie-magneties, aardmagneties, biomagneties, elektromagneties, ferromagneties, galvanomagneties, gravimetries, isogonaal, isogonies, isoklinaal
ww. aantrek, magnetiseer, deklineer, demagnetiseer, graviteer

262. Elektrisiteit

s.nw. ***elektrisiteit,*** harselektrisiteit, hidro--elektrisiteit, hidroëlektrisiteit, termo-elektrisiteit, magneto-elektrisiteit, statiese elektrisiteit, elektrostatika, elektrotegniek, elektron, elektronika
elektriese krag, krag, elektriese energie, elektriese spanning, elektriese lading, positiewe lading, negatiewe lading, kragveld, veld, veldsterkte, elektriese kontak, kontakpunt, elektriese potensiaal, kapasiteit, elektriese kapasiteit, dra(ag)krag, elektrisiteitsvoorsiening, kraglewering, elektrisiteitsverbruik, stroomverbruik, elektrisiteitstarief
elektriese stroom, kragstroom, stroom, stroombaan, oop stroombaan, geslote stroombaan, stroomgebied, stroomlewering, stroomverdeling, stroomspanning, stroomverbruik, hoofstroom, aanloopstroom, aftakstroom, aftakking, sterkstroom, gelykstroom, swakstroom, wisselstroom, grondstroom, aardstroom, kommutasie, kommutator, induksiestroom, induksie, induktansie, kapasitansie, reaktansie, stroombreker, stroomdraad, stroommeter, stroomwisselaar, baan, seriestroombaan, stroomkring, seriestroomkring, vonk, vonkbaan, vonkontlading, vonkinduktor, relê, relêstasie, relêstelsel, golf, golfbeweging, golflengte, skok, skokgolf, spanning, hoogspanning, laagspanning, poolspanning, aanloopspanning, gelykspanning, spanningsverskil, spanningsverlies, lading, weerstand, weerstandsvermoë, impedansie, skynweerstand, belasting, belading, klimming, oorbelading, elektrolise, kortsluiting, kragonderbreking, x-straal, röntgenstraal, x-straalapparaat, röntgenapparaat, x-straalfoto, röntgenfoto, tomografie
geleiding, leiding, ondergrondse leiding, bogrondse leiding, oorhoofse leiding, leivermoë, konduksie, konveksie, geleier, halfgeleier, konduktor, isolator, isolasie, induksie, impedansie, aardgeleiding, aarding, afleier, afsluiter, aftakker, afvoer, kontak, kontakbreker, kontakdoos, kontakprop, kontakpunt, kontakstop, koppelkontak, koppelkontakprop, vonkdraad, geleidingskakel, geleidraad, kragdraad, kragleiding, kraglyn, transmissielyn, veiligheidsdraad, verbindingsdraad, gloeidraad, kabel, elektriese kabel, ondergrondse kabel, oorhoofse kabel, hoofkabel, verbindingsmof, oorskakeling, kragprop, kragpunt, muurprop, resistor, sekering, smeltdraad, weerstandslyn skakel, skakelaar, hoofskakelaar, serieskakelaar, verdofskakelaar, skakelbord, skakelsleutel, snoer, steekkontak, steker, stek

ker, stopkontak, steekprop, inskakeling, isolasie, isolator, isolering, weerstandsklos, weerstandspoel, weerstandsversterker
elektrode, aardelektrode, anode, katode, diode, sel, fotosel, pool, battery, poolklem, terminaal
generator, windgenerator, wisselstroomgenerator, akkumulator, alternator, transistor, dinamo, wisselstroomdinamo, laaier, windlaaier, transformator, ontwikkelaar, ossillator, kragopwekker, versterker, stroomverdeler, induksieklos, induksiemotor, solenoïed, solenoïde
kragopwekking, opwekking, kragaanleg, kragbron, kraginstallasie, kragsentrale, sentrale, kragstasie, laaispanning, laaisterkte, laaivermoë
elektrisiteitsmeting, weerstandstoets, ammeter, voltmeter, voltammeter, voltampèremeter, reometer, ossillograaf, pantograaf; ampère, ohm, coulomb, dine, gauss
elektriese apparaat, dempskakelaar, drukknop, drukkontak, dubbelpasstuk, dubbelskakelaar, gloeilamp, induksieklos, solenoïed, solenoïde, turbine, stator, turbinerotor, rotor, induksiemotor, induktor, kapasitor, kollektor, kommutator, kondensator, sok, prop, kragprop, kragpunt, muurprop, steekprop, steker, stekker, passtuk, prop, skakelaar, hoofskakelaar, trapskakelaar, verdofskakelaar, uitskopskakelaar, skakelbord, skakelsleutel, reostaat, relêstel, siklotron, sinchroton
elektrisiën, elektrotegnikus, tegnikus, elektriese ingenieur, elektrotegniese ingenieur, elektroniese ingenieur

b.nw. elektries, elektrotegnies, diëlektries, fotoëlektries, hidroëlektries, hidro-elektries, elektrolities, elektronies, galvanies, katodies, laagfrekwent, nie-magneties, potensieel, termionies, weerstandbiedend

ww. elektrifiseer, bedraad, aanskakel, aansluit, laai, oorbelaai, aard, afgaan, afskakel, afslaan, afsluit, afsny, aftak, aftap, gelei, gelykrig, inskakel, isoleer, kommuteer, omskakel, omslaan, ontlaai, ontwikkel, oorskakel, opwek, skakel, skok, uitskakel

woorddeel elektro-, elektrisiteits-

263. Rekenaar

s.nw. ***rekenaar,*** komper, (*ong.*), hoofraamrekenaar, mikrorekenaar, persoonlike rekenaar, draagbare rekenaar, rekenoutomaat, rekenaarverwerker, verwerker, prosessor, prosesseerder, mikroverwerker, mikroprosessor, mikroprosesseerder, woordverwerker, notaboek, onderrigrekenaar, sakrekenaar, rekenmasjien, merkleser, netwerk, rekenaarnetwerk, rekenaarsentrum, rekensentrum; rekenaardrukker, stippeldrukker, matriksdrukker, laserdrukker, lyndrukker, stipper; aanpasbaarheid
rekenaarwetenskap, rekenaartegnologie, mikroëlektronika, sibernetika, kibernetika, kubernetika, komperkunde (*ong.*)
rekenaaronderdele, terminaal, afstandsterminaal, videoterminaal, teleterminaal, vertooneenheid, prosesseerder, verwerker, prosessor, 386-verwerker, 486-verwerker, rekenaarskerm, monitor, skyf, rekenaarskyf, slapskyf, disket, rekenaardisket, starskyf, hardeskyf, skyfaandrywer, slapskyfaandrywer, starskyfaandrywer, hardeskyfaandrywer, bediener, netwerkbediener, sleutelbord, sleutel, moederbord, rekenaargrafika, grafika, grafikakaart, netwerkkaart, drukkerpoort, muis, magneetband, magneetbandaandrywer, modem, vlokkie, rekenaarvlokkie; geheue, rekenaargeheue, bergingsgeheue, opbergingsgeheue, kerngeheue, aktiewe geheue, sekondêre geheue, korttermyngeheue, skyfgeheue, greep, kilogreep, megagreep, gigagreep
rekenaartaal, beheertaal, programmeertaal, programmeringstaal, Apl, Fortran, objektaal, Pascal, PL/1, hoëvlaktaal, laevlaktaal, BASIC, BASIC-instruksie, firmatuur
rekenaarprogrammatuur, programmatuur, rekenaarpakket, pakket, rekenaarprogram, program, randapparatuur, bedryfstelsel, beheerprogram, bedryfsprogram, biblioteekprogram, hoëvlaktaalprogram, interpreteerprogram, vertaalprogram, woordverwerkingsprogram, dataverwerkingsprogram, databasis, databasisprogram, databasisprogrammatuur, databasisbestuurstelsel, sigblad, sigbladprogram, netwerkprogram, subprogram, rekenaarspeletjie, rekenaarvirus, virus, virusprogram, antivirusprogram, elektroniese pos, e-pos, elektronieseposadres, e-posadres
rekenaarbewerking, komperbewerking (*ong.*), dataverwerking, dataprosessering, handelsdataverwerking, . . ., datavaslegging, programmering, multiprogrammering, multiprosessering, data, lêer, datalêer,

rekenaarlêer, databeheer, woordverwerking, kompilasie, datavaslegging, aftasting, datatransmissie, dataversending, rekenaaropdrag, uitset, uitvoer, inset, invoer, rekenaarlopie, databasis, rekord, rugsteun, register, bis, bisverkeer, bisverlies, biswydte, pariteit, pariteitskontrole, pariteitsbeheer, wisselpunt, wisselpuntgetal, wisselpuntvoorstelling, wisselpuntveranderlike, vastepuntveranderlike, argument, funksie, subroetine, masjienkode, ASCI, ASCI-kode; operateur, rekenaaroperateur, programmeerder, programmeur, stelselontleder

b.nw. programmeerbaar, rekenariseerbaar, rekenaarmatig, gerekenariseer(d)

ww. programmeer, rekenariseer, saamstel, verwerk, ontleed, insleutel, kopieer, aanteken, afteken

bw. intyds

woorddeel rekenaar-, mikro-, vastepunt-

264. Radio en televisie

s.nw. ***radio,*** draadloos, radiotoestel, radiostel, ontvanger, ontvangstoestel, uitsaaitoestel, hoëtroustel, gramradio, radiogram, platespeler, grammofoonspeler, kassetspeler, bandspeler, laserspeler, transistorradio, draradio, draagbare radio, horlosieradio, wekkerradio, radiowekker, bandopnemer, opnemer, seintoestel, sender; antenne, radioantenne, opvangdraad, radiobuis, radiolamp, transistor, radiokas, speelkop, spoel, luidspreker, stelknop, instelknop, volumeknop, versterker, draaitafel, platespelerarm

radioprogram, nuusprogram, nuusuitsending, radioverslag, versoekprogram, versoeknommer, sportprogram, sportjoernaal, kinderprogram, geselsradio, geselsprogram, radiorubriek, radiopraatjie, joernaalprogram, spesiale program, radioverhaal, hoorbeeld, hoorspel, radioberig, noodberig, direkte uitsending, heruitsending, reklameflits, sender, handelsender, radiogids, kanaal, bandopname, klankbeeld, omroep, radio-omroep, ontvangs, opname, propaganda-uitsending, radiofoto, oorskakeling, verbinding, verbindingskanaal; omroeper, omroepster, radio-omroeper, radio-omroepster, aanbieder, programaanbieder, regisseur, programregisseur, klankoperateur, kommentator, radiokommentator, sportkommentator, luisteraar, radioluisteraar, roofluisteraar, radioamateur

radiowese, uitsaaidiens, uitsaaistasie, radiostasie, uitsaaisentrum, uitsaaikorporasie, radionetwerk, sender, radiosender; radiokommunikasie, radio-omroep, uitsending, radio-uitsending, transmissie, radiotransmissie, transmissielyn, uitsaaitoestel, ontvangs, kortgolfontvanger, mediumgolfontvanger, ontvanger, ontvangstoestel, steursender, radiotegniek, radiotegnikus, kortgolfsender, baken, radiobaken, radiomas, radiosender, ateljee, radio-ateljee, opname-ateljee, nuusateljee, . . ., studio, klankbeeld, radiogolf, golflengte, kortgolf, kort golf, mediumgolf, medium golf, lang golf, gelykgolf, frekwensie, frekwensiemodulasie, radiosteurings, kontrolebank, steuring, storing, radiolisensie

televisie, beeldradio, TV, televisietoestel, televisieapparaat, draagbare televisie, draagbare televisiestel, kleurtelevisie, kassie, kykkassie; kykkas, monitor, beeldskerm, buis, televisiebuis, luidspreker, antenne, televisieantenne, opvangdraad, aanpeiltoestel, aftasbaan, aftasstraal, afstandbeheer; televisiekamera, videokamera, videomasjien, kasset, videokasset, videoband

televisieprogram, televisieopname, televisiemontage, montage, televisieflits, joernaalprogram, aktualiteitsprogram, oorgeklankte program, nuusuitsending, televisienuus, geskeduleerde program, televisierolprent, televisiereeks, sitkom, videoinsetsel, videomateriaal, televisiereklame, reklametelevisie, televisieadvertensie, reklameflits, uitsending, direkte uitsending, televisie-uitsending, voorafopname, heruitsending, kanaal, televisiekanaal, oop kanaal, betaalkanaal, oorskakeling, verbinding, verbindingskanaal, oorklanking, oorklankingswerk

televisiediens, uitsaaidiens, uitsaaistasie, televisienetwerk, studio, televisieateljee, nuusateljee, oorklankingsateljee, oorklankingsbank, vertaalbank, televisiestasie, uitsending, transmissie, transmissielyn, uitsaaitoestel, baken, televisiebaken, televisiesender, kabeltelevisie, betaaltelevisie, skotteltelevisie, satelliettelevisie, satellietuitsending, satellietsender, televisietoring, televisiesein, televisiebeeld, beeld

televisieverslaggewer, televisieregisseur, programregisseur, oorklankingsregisseur, programaanbieder, nuusleser, kyker, televisiekyker, roofkyker
radar, radarinstallasie, radarpos, radarskerm, radarstasie, radaroperateur

b.nw. radiotegnies, visueel, oorgeklank

ww. uitsaai, uitsend, transmitteer, beeldsend, heruitsaai, opvang, opneem, oorklank, vertaal, oorskakel, inskakel, instem, omskakel, sein, isoleer, afstem, aftas, aanhê

265. Telegraaf en telefoon

s.nw. ***telekommunikasie,*** telegraafdiens, telegraafwese, telegrafie, fototelegrafie, beeldtelegrafie, radiotelegrafie, stenotelegrafie, radiotegniek, telefotografie
telegraaf, druktelegraaf, lyntelegraaf, elektriese telegraaf, teleks, teleksmasjien, teleksapparaat, faksimileemasjien, faksmasjien, diktograaf; seintoestel, seinontvanger, sender, seinsleutel, kabel, telegraafkabel, telegraaflyn, landlyn, lyn, telegraafpaal, telegraafkantoor
telegram, kollekteertelegram, kollektelegram, spoedtelegram, kabelgram, fonogram, draadberig, telegramadres, telegramvorm, teleks, faksimilee, faks, radiofoto, telefoto
telegrafis, telegrambesteller, telegraafklerk, marconis, seiner
telefonie, telefoondiens, telefoonaansluiting, telefoonverbinding, verbinding, verbindingslyn, verbindingskanaal, telefoonlyn, hooflyn, plaaslyn, telefoonsentrale, sentrale, skakelbord, telefoonkantoor, telefoonhokkie, telefoonhuurder
telefoon, foon, telefoontoestel, binnetelefoon, huistelefoon, private telefoon, dienstelefoon, interkom, deurtelefoon, openbare telefoon, slingertelefoon, plaastelefoon, skyftelefoon, drukknop, drukknoptelefoon, draadlose telefoon, koordlose telefoon, radiotelefoon, koptelefoon, beeldtelefoon, munttelefoon, kaarttelefoon, telefoonantwoordmasjien, meeluisterapparaat; handstuk, gehoorstuk, horing, haak, mik, monitor, nommerskyf, skakelskyf, skyf, telefoonkoord
telefoonoproep, oproep, kollekteeroproep, hooflynoproep, hooflyn, plaaslike oproep, interne oproep, internasionale oproep, oorsese oproep, noodoproep, telefoongesprek, aansluiting, verkeerde aansluiting, steurspraak, telefoonnommer, skakeltoon, luitoon, besettoon; telefonis, telefoniste, telefoonjuffrou, telefoongids

b.nw. telefonies, radiotelefonies, telegrafies, draadloos, koordloos, beset

ww. skakel, telefoneer, 'n oproep maak, lui, oplui, bel, deurbel, opbel, telegrafeer, 'n telegram stuur, teleks, faks, aansluit, verbind, afbel, aflui, bel, deurkom, deurskakel, oorskakel, isoleer, kabel

266. Akoestiek

s.nw. ***akoestiek,*** geluidsleer, oudiometrie, fonometrie, monofoniek, stereofoniek, kwadrofoniek, katafoniek, eggoleer
klank, geluid, toon, grondtoon, hooftoon, hoë toon, lae toon, botoon, ondertoon, formant, geraas, lawaai, klankgrens, resonansie, eggo, klankweerkaatsing, resonansieruimte, galm, emissie, gesuis, suising, geruis, ruising, akoestiek, klankgolf, geluidsgolf, golf, geluidsterkte, volume, amplitude, toonsterkte, toonhoogte, geluidspoor, mikrogolf, golfbeweging, golflengte, spektrum, klankbodem, trilling, trillingsduur, trillingsfrekwensie, trillingsgetal, trillingswydte, sonar, bel, gehoordrempel, interferensie, bandopname
klankapparaat, klankinstallasie, klankstelsel, audioapparaat, audiovisuele apparaat, luidspreker, luidsprekerstelsel, versterker, klankversterker, mikrofoon, mikrofoonstelsel, handmikrofoon, lapelmikrofoon, megafoon, bandopnemer, kassetopnemer, diktafoon, dikteermasjien, diktograaf, afluisterapparaat, meeluisterapparaat, band, kasset, magneetband, dolby, fonograaf, klankbord, galmbord, geluiddemper, klankdigtheid, klankdigting, resonator, sirene, sonar, sonarboei, sonarstelsel, sonometer, kontrolebank, oudiometer, amplitudemeter, fonometer, spektrograaf, spektrogram, klankoperateur

b.nw. akoesties, sonies, supersonies, ultrasonies, subsonies, hipersonies, monofonies, stereofonies, klankgetrou, klankdig, spektrografies

ww. moduleer, resoneer, opneem, op band neem, luister

267. Optika

s.nw. optika, optiek, radiografie, radiologie, radioskopie, stereoskopie, fotometrie, fotochemie, spektrografie, spektroskopie, spektrometrie, dioptriek, spektrale analise, golfteorie

lig, straal, ligstraal, ligbundel, divergerende ligbundel, konvergerende ligbundel, ligkolom, straalbundel, ligstraalbundel, ligkring, halo, ligkrans, liggolf, ligbron, ligpunt, straling, stralingsewewig, uitstralingswarmte, radiasie, irradiasie, radioaktiwiteit, infrarooi strale, ultraviolet strale, alfastrale, betastrale, gammastrale, optiese eenhede 136, x-straal, röntgenstraal, weerkaatsing, terugkaatsing, refleksie, straalbuiging, straalbreking, diffraksie, ligbreking, refraksie, brekingshoek, dispersie, divergensie, skadu, skaduwee, skade, halfskaduwee, byskaduwee, penumbra, kernskaduwee, projeksie, foton, stilb, ligsnelheid, ligjaar

beeld, ligbeeld, beeltenis, spieëlbeeld, spieëling, skynbeeld, fata morgana, lugspieëling, newelbeeld, newelkring, mirasie, opgeefsel, diorama, nimbus, projeksie

spektrum, kleurspektrum, kleurebeeld, kleur 490, enkelvoudige kleur, monochromatiese kleur, polichromatiese kleur, spektrogram, gammastraal, gesigslyn, straalhoek, grenshoek, invalshoek, uitvalshoek, hoofas, uitstralingspunt, kollimasie

lens, konvergerende lens, konkawe lens, divergerende lens, konvekse lens, monochromatiese lens, fotochromatiese lens, lensopening, objektief, kameralens, zoemlens, bril, brillens, brilglas, weerkaatser, reflektor, heliostaat, blende, anastigmaat, spieël, meniskus, prisma, vergrootglas, fokus, brandpunt

kyker, verkyker, teleskoop, spieëlteleskoop, spilteleskoop, radioteleskoop, helioskoop, kaleidoskoop, mikroskoop, elektronmikroskoop, oogglas, oogstuk, vergrootglas, bril, megaskoop, diopter, hidroskoop, x-straalapparaat, röntgenapparaat, spektroskoop, stereoskoop, stroboskoop, projeksiedoek, projeksielamp, projeksielantern, projeksieskerm, projektor

ligmeter, diploskoop, heliograaf, heliograafdiens, heliografis, heliogram, kollimator, refraktormeter, sferometer, skynwerper, sonspieël, spektrograaf, aktinograaf, aktinometer, radiometer, fotometer

b.nw. opties, spektraal, spektrografies, spektroskopies, stereoskopies, teleskopies, chromaties, achromaties, monochromaties, polichromaties, fotochromaties, skynend, fluoresserend, deursigtig, deurskynend, diafaan, dioptries, divergerend, konvergerend, konveks, konkaaf, konveks-konkaaf, fokaal, hidroskopies, mikroskopies, okulêr, radiaal, radioaktief, radiologies, radiometries, fotometries, infrarooi, ultraviolet, aktinies

ww. lig, belig, divergeer, konvergeer, fluoresseer, projekteer, heliografeer, inval, kollimeer, reflekteer, spieël, teleskopeer, terugkaats, weerkaats, aftas, fokus, fokusseer, instel

268. Fotografie en film

s.nw. ***fotografie,*** kleurfotografie, swart-en-witfotografie, mikrofotografie, lugfotografie, telefotografie, flitsfotografie, kunsfotografie, handelsfotografie, onderwaterfotografie, kleinbeeldfotografie, telefotografie, fototipie, fotolitografie, heliografie, heliolitografie, heliotipie, ligdruk, pigmentdruk, kooldruk, fotogrammetrie; opname, fotografiese opname, rolprentopname, rolprentkuns 752, televisieopname, video-opname, verfilming, binne-opname, buite-opname, voorafopname, nabyskoot, digbyopname, tydopname, beligting, projeksie

fotografietoerusting, fotografiese toerusting, fotografiese uitrusting, fotografietoestel; kamera, afnemer, towerlantern (*veroud.*), reflekslenskamera, enkellensreflekskamera, dubbellensreflekskamera, outomatiese kamera, miniatuurkamera, opmetingskamera, rolprentkamera, televisiekamera, videokamera, flits, afstandsmeter, beligting; driebeen, driepoot, statief; film, filmstrook, kleurfilm, swart-en-witfilm, rolfilm, kasset, filmkasset, videokasset, rolprentfilm, klankfilm, filmstrook; ontwikkelaar, vergrotingstoestel, versterker, filter, afdrukpapier, raster, rasterblok; projektor, skyfieprojektor, diaskoop, epidiaskoop, filmprojektor, rolprentprojektor, projeksiedoek, projeksielamp, projeksielantern, projeksieskerm

kamera-onderdele, kamerakas, lens, telefotolens, groothoeklens, wyehoeklens, zoemlens, lensafsluiting, lensopening, lenskap, sluiter, sluitersnelheid, snelheid, diafragma, soeker

foto, kiekie, proef, kleurfoto, swart-en-wit--foto, groepfoto, inlasfoto, nabyfoto, stilfoto, telefoto, tydopname, radiofoto, fotomontage, skuifie, skyfie, kleurskyfie, dia (*ong.*), negatief, positief, objektief, afdruk, reproduksie, vergroting, kabinetformaat, poskaartgrootte, rasterbeeld, rasterdruk, portret, raam, portretraam, fotogram, fotogravure, fotokopie, hologram, konterfeitsel (*veroud.*), mikrofiche, mikrofilm
ontwikkeling, donkerkamer, ateljee, fotografiese ateljee, rolprentateljee, televisieateljee, studio, rolprentstudio, rolprentstel
fotograaf, amateurfotograaf, professionele fotograaf, beroepsfotograaf, persfotograaf, koerantfotograaf, kunsfotograaf, handelsfotograaf, kineas, filmmaker, kameraman, operateur

b.nw. fotografies, fotogenies, fotografeerbaar, onderontwikkeld, negatief, panchromaties, diapositief, fotomeganies

ww. fotografeer, afneem, kiek, verfilm, film, afdruk, reproduseer, kopieer, fotokopieer, inlas, instel, belig, oorbelig, onderbelig, ontwikkel, portretteer, raam, projekteer, vertoon

b. Heelal

269. Heelal

s.nw. ***heelal,*** kosmos, mikrokosmos, makrokosmos, universum, kosmiese stof, natuur, kosmograaf
aarde 272, aardbol, wêreld, firmament, halfrond, hemisfeer, horison, gesigseinder, kim, noorderkim, suiderkim, oosterkim, westerkim, asimut, uitspansel, hemel, suiderhemel, westerhemel, noorderhemel, oosterhemel, hemelruim, hemelgewelf, hemeltrans, trans, hemeldak, hemelboog, hemelbol, asuur, atmosfeer, troposfeer, stratosfeer, mesosfeer, ionosfeer, termosfeer, eksosfeer, astenosfeer, litosfeer, onderste mantel, boonste mantel, uitspansel, swerk, ruimte, buitenste ruimte
koördinaat, koördinaatstelsel, assestelsel, aarde se koördinaatstelsel, senit, apogee, hoogte, meridiaan, meridiaansirkel, middagkring, middaglyn, hoogte, meridiaanshoogte, hoogtelyn, poolshoogte, nadir, voetpunt, pool, noordpool, suidpool, poolshoogte, poolsirkel, ewenaar, ekwator, sonlyn, lengtegraad, breedtegraad, Kreefskeerkring, Steenbokskeerkring; hemelkoördinaatstelsel, hemelstreek, afwyking, regte klimming, ascencio recta, noordelike parallaks, hemelpool, hemelhalfrond, suidelike hemelhalfrond, hemelmeridiaan, hemelewenaar, hemelekwator
kosmiese tyd, ligjaar, parsek, sterredag, sterremaand, sterrejaar, sideriese tyd, maanjaar, maanmaand, maansverandering, nuwemaan, opkoms

b.nw. kosmies, ekwatoriaal, ruimtelik, orbitaal, sideraal, parallakties

270. Hemelliggaam

s.nw. ***hemelliggaam,*** globe, sonnestelsel, planetestelsel, ruimte, sfeer, hemel, hemelbol, hemelruim, ruim, hemelstreek, hemelpool, sterrehemel, sonstelsel, sonnestelsel, aantrekkingskrag, amplitude, aandwydte, baan, omwenteling, revolusie, rewolusie, aswenteling, wentelas, omwentelingsas, wentelbaan, wentelsnelheid, wentelspoed, omwentelingstyd, omwentelingsvlak, wentelvlug, bol, newelvlek, okkultasie, penumbra, apeks, reënboog, horoskoop, horoskooptrekker
son, sonbaan, somerson, winterson, oosterson, westerson, middernagson, sonstilstand, sonstraal, fotosfeer, ligkring, chromosfeer, korona, ligkrans om die son, sonsverduistering, soneklips, verduistering, gedeeltelike verduistering, algehele verduistering, sonspyker, sonvlek, parhelium, konveksiestreek, konveksiesone, konveksiearea, uitstralingsgebied, sonkern, filament, uitbarsting, sonuitbarsting, korreling, granulasie, kernskaduwee, penumbra, penumbraskaduwee, halfskaduwee
maan, maangestalte, maanskyn, ligkring, ligkring om die maan, halo, maankrater, maansverduistering, verduistering, volmaan, volle maan, halfmaan, halwe maan, sekelmaan, satelliet; maanstande, maanfases, fases van die maan, donkermaan, halfmaan, halwemaan, afnemende halfmaan, toenemende halfmaan, eerste kwartier, laaste kwartier, afnemende bol, toenemende bol, groeiende bol; mane van planete, Phobos, Deimos, Triton, Titan, Io, Europa, Ganymedes
planeet, asteroïde, konfigurasie, perihelium, satelliet, byplaneet, Mercurius, Venus,

Aarde, Mars, Jupiter, Saturnus, Uranus, Neptunus, Pluto

komeet, stert (van 'n komeet), roei, gasstert, stofstert, kop, newelkring, nukleus, kern; meteoriet, meteoor, meteoorreën, meteoorsteen, aëroliet, ystermeteoriet

ster, dubbelster, supernova, leidster, poolster, sterrebaan, sterrereën, Venus, oggendster, môrester, aandster, sentour, pulsar, konstellasie, sterrekonstellasie, gesternte, sterrestelsel, melkweg, lensvormige sterrestelsel, lensvormige melkweg, dubbelbollige sterrestelsel, dubbelbollige melkweg, spiraalvormige sterrestelsel, spiraalvormige melkweg, staafspiraalsterrestelsel, diereriem, sodiak

konstellasies van die noordelike hemelhalfrond, Pisces, Vis, Andromeda, Cassiopeia, Cetus, Walvis, Ram, Driehoek, Perseus, Taurus, Bul, Stier, Auriga, Koetsier, Camelopardalis, Kameelperd, Melkweg, Kleinhondjie, Gemini, Tweeling, Poolster, Ursa Minor, Klein Beertjie, Ursa Major, Groot Beer, Lynx, Rooikat, Kreef, Suidelike Waterslang, Leo, Leeu, Klein Leeutjie, Canes Venatici, Jaghonde, Virgo, Maagd, Serpens, Slang, Corona Borealis, Noorderkroon, Hercules, Ophiuchus, Slangdraer, Aquila, Arend, Sagitta, Pyl, Cygnus, Swaan, Harp, Draco, Draak, Delphinus, Dolfyn, Klein Perdjie, Pegasus, Lacerta, Akkedis, Cepheus

konstellasies van die suidelike hemelhalfrond, Aquarius, Waterdraer, Pisces Austrinus, Suidelike Vis, Octans, Oktant, Capricornus, Steenbok, Grus, Kraanvoël, Indus, Indiër, Sagittarius, Boogskutter, Skild, Serpens, Slang, Corona Australis, Suiderkroon, Telescopium, Teleskoop, Pavo, Pou, Apus, Paradysvoël, Ara, Altaar, Scorpius, Skerpioen, Lupus, Wolf, Triangulum Australe, Suiderdriehoek, Corvus, Kraai, Centaurus, Sentaur, Alpha Centauri, Groot Hond, Orion, Jagter, Eridanus, Rivier, Columba, Duif, Dorado, Goudvis, Sculptor, Beeldhouer, Tucana, Toekan

opkoms, ondergang, sononder, sonsondergang, poollig, sonop, sonshoogte, sonsopgang, sonstand, dag-en-nagewening, nagewening, ekwinoks, herfs-dag-en-nag--ewening, herfsnagewening, herfsekwinoks, lente-dag-en-nag-ewening, lente-ekwinoks, wintersonstilstand, somersonstilstand, aswenteling, fase, seisoen, jaargety, lente, somer, herfs, winter, sonsirkel, tydkring

b.nw. astraal, fotofiel, galakties, geostasionêr, geosiklies, heliosentries, radiant, stellêr, interstellêr, planetêr, interplanetêr

ww. opkom, ondergaan, wentel, verskiet, verduister

271. Kosmografie

s.nw. ***kosmografie,*** kosmologie, kosmogonie, astrofisika, geofisika, heliofisika, geostatika, sterrekunde, astronomie, radarsterrekunde, radioastronomie, astrofotometrie; kosmograaf, kosmoloog, sterrekundige, astrofisikus, sterrekenner, sterrekyker

sterrewag, observatorium, planetarium; teleskoop, radioteleskoop, spilteleskoop, reflektor, spieëlteleskoop, refraktor, altasimut, astrolabium, helioskoop, sonkyker, oktant, sekstant, mikrometer, radiomikrometer, sterremeter, planetariumprojektor

ruimtevaart, ruimtenavorsing, ruimtereisiger, ruimteskip, ruimtevlug, satelliet, ruimtelaboratorium, pendeltuig, pendelvlug, ruimtepak

b.nw. kosmografies, kosmologies, kosmogonies, astronomies, astrofisies, geofisies, geosentries, teleskopies

ww. teleskopeer

woorddeel kosmo-, astro-

272. Aarde

s.nw. aarde, aard, wêreld, aardbodem, bodem, aardbol, bol, aardryk, ondermaanse, moederaarde, terra firma, terra, geosfeer, halfrond, noordelike halfrond, suidelike halfrond, hemisfeer, noordelike hemisfeer, suidelike hemisfeer, biosfeer, geogenese, geofiel

aardkors, aardplaat, aardlaag, stratum, litosfeer, kors, aardmassa, massa, aardas, as, aswenteling, nutasie, aardstraling, aardkern, barisfeer, buitenste kern, buitekern, binneste kern, binnekern, canyon, grond, grondbestanddeel, klont, klonter, klontjie, grondeienskap, bank, rotsbank, sandbank, stratifikasie, gronderosie, grondbewaring, grondherwinning, grondvrugbaarheid; geofisika, geologie, geografie, stratigrafie

b.nw. aardkundig, aards, ondermaans, geografies, geologies, geofisies, geostrofies, bogronds, ondergronds, rustiek, telluries

273. Geografie

s.nw. ***geografie,*** aardrykskunde, bodemkunde, geofisika, geomorfologie, fisiografie, fisiese aardrykskunde, geognosie, geopolitiek, kartografie, geodesie, aardmeetkunde, geometrie, driehoeksmeting, omgewingsleer, orografie, oseanografie, soögeografie, antropogeografie, topografie, topologie; geograaf, aardrykskundige, kartograaf, oseanograaf, topograaf, geofisikus, geomorfoloog, omgewingskundige
aardbol, halfrond, hemisfeer, noorderhalfrond, noordelike halfrond, noordelike hemisfeer, suidelike halfrond, suidelike hemisfeer, waterhalfrond, dagsy, dagkant, keerkring, keerkringsgordel, Kreefskeerkring, Noorderkeerkring, Steenbokskeerkring, Suiderkeerkring, graadnet, hoogte, hoogte bo seespieël, hoogtegraad, hoogtehoek, lengte, lengtegraad, lengtesirkel, lengteverskil, oosterlengte, westerlengte, breedte, breedtegraad, noorderbreedte, suiderbreedte, meridiaan, datumlyn, ewenaar, ekwator, pool, poolkring, poolsirkel, Noordpool, Suidpool, noordpoolsirkel, suidpoolsirkel
geografiese gesteldheid, geografiese kenmerke, gravitasie, gradiënt, kontoer, reliëf, hoogreliëf, laagreliëf, halfreliëf, vasteland, kontinent, vastelandsplat, kontinentale plat, vastelandshang, kontinentale glooiing, kusgebied, binneland, platteland, berg, bergreeks, strandgebied, seevlak, kusvlak, seespieël, skiereiland, plato, platorand, hoëveld, hoogvlakte, dal, vallei, vlakte, depressie, depressiegebied, grondstreek, heide (grondstreek), sandstreek, sandvlakte, savanne, grasvlakte, steppe, skiervlakte, stiltegordel, reëngordel, somerreënvalgebied, somerreënvalstreek, winterreënvalgebied, winterreënvalstreek, koorsstreek, malariastreek, korridor, hinterland, binneland, buiteland, anderland, begane grond, habitat, biotoop, grondstof, natuurwonder, bevolking, reservaat, natuurreservaat
kaart, landkaart, kontoerkaart, reliëfkaart, topografiese kaart, reënkaart, seekaart, inlaskaart, wandkaart, muurkaart, atlas, skoolatlas, seeatlas, graadnet, kartering, kartoteek, legende, skaal

b.nw. geografies, aardrykskundig, geofisies, geomorfologies, geopolities, ekwatoriaal, topografies, topologies, kartografies, diluviaal, orografies, oseanografies, sonaal

ww. karteer, soneer, gordel, inkalwer, kontoer

274. Geologie

s.nw. ***geologie,*** aardkunde, agrogeologie, marinegeologie, geognosie, geomagnetisme, geomorfologie, fisiografie, geodesie, aardmeetkunde, geofisika, petrologie, stratigrafie, geowetenskappe, aardwetenskappe, glasiologie, gletserkunde, seismologie, aardbewingsleer, geogenese; geoloog, aardkundige, aardwetenskaplike, geomorfoloog, geofisikus, marinegeoloog, petroloog, seismoloog
argeologie, paleontologie, paleobiologie, paleobotanie, paleoklimatologie, paleosoölogie; argeoloog, paleontoloog
geologiese tydperk, hooftydperk, era, tydperk, epog, Paleosoïese era, voorwêreld, Mesosoïese era, Senosoïese era, Pre-kambriumtydperk, Kambriumtydperk, Ordoviciumtydperk, Siluurtydperk, Devoontydperk, Karboontydperk, Permtydperk, Triastydperk, Juratydperk, Krytydperk, Tersiêre tydperk, Kwartêre tydperk, Ystydperk, Steentydperk, Ystertydperk, Bronstydperk, alluvium, jongste geologiese tydperk, Paleoseense epog, Eoseense epog, Oligoseense epog, Mioseense epog, Plioseense epog, Pleistoseense epog
geologiese formasie, afsetting, formasie, sedimentêre formasie, sedimentêre laag, gesteente, gesteentelaag, dekblad, oppervlakgesteente, gesmelte gesteente, lawa, metamorfiese gesteente, metamorfiese rotse, sedimentêre gesteente, drupsteen, riffelmerk, rots, rotslaag, rotsformasie, gneis, sinkline, klip, klipbank, klipplaat, keerbank, klipformasie, intrusiegesteente, intrusiewe gesteente, stolrots, stollingsgesteente, afsettingsgesteente, besinkingsgesteente, basalt, basaltgesteente, basaltlaag, basaltiese laag, graniet, granietgesteente, granietlaag, granitiese laag, kalamiet, kalk, drupkalk, kalkbank, grond, aarde, hardebank, ouklip, oubank, roesklip, dryfgrond, dryfsand, welsand, deurslag, moerasgrond, moerasagtige grond, slik, slib, slikgrond, berg 277, bergformasie, bergvorming, plato, tafelland, grot, drupgrot, drupkelder, vuurspuwende berg, krater, kraterpyp, kratermeer, dal, dalvorming,

hors, graben, trog in die aardkors, slenk, slenkdal, vallei, canyon, kom, kaar, vlakte, laagland, gradiënt, indringing, intrusie, pyp, insnyding, keep, grondwater, watertafel, afloop, rivier 286, waterloop, waterval, meer, ondergrondse meer, see 283, verstening, ossifikasie, fossiel, flora, fauna

aardbewing, aardbewingshaard, aardbewingsone, aardskok, voorskok, naskok, aardskudding, skudding, episentrum, hiposentrum, trilling, aardtrilling, bodemtrilling, trillingsduur, trillingsfrekwensie, trillingsgetal, trillingswydte, Richterskaal, seismograaf, seismogram, seismometer, gletser, gletserwerking, vuurspuwende berg, vulkaan, aktiewe vulkaan, stil vulkaan, vulkaniese uitbarsting, geiser, aardstorting, grondstorting, grondverskuiwing, versakking, insakking, sinkgat; landwinning, landaanwinning, grondherwinning

aarde, aardas, binnekern, binneste kern, buitekern, buitenste kern, aardkors, korsplaat, landplaat, skild, skildgebied, mantel, oseaankors, basaltiese laag, sima, kontinentale kors, kontinentale bank, aardgordel, aardplooi, aardgas

b.nw. geologies, geomorfologies, stratigrafies, tektonies, seismies, isoseismies, onderaards, sinklinaal, sonaal, artesies, glasiaal, interglasiaal, argeologies, voorwêreldlik(s), alluviaal, neolities, eolities, paleolities, mesolities

ww. afset, insak, afkalf, afkalwe(r), ossifiseer, versak

woorddeel geo-, seismo-

275. Mynwese

s.nw. ***myn,*** goudmyn, silwermyn, steenkoolmyn, tinmyn, ystermyn, koolmyn, . . ., oopgroefmyn, diamantmyn, delwery, diamantdelwery, spoeldelwery, steengroef, groef, soutmyn, soutpan, saline, sandkuil, kleigat; skag, mynskag, lugskag, ventilasieskag, myngat, prospekteergat, gang, myngang, dryfgang, rifgang, myntonnel, daling, ventilasietonnel, prospekteertonnel, galery, myngalery, mynhoop, mynkamp, mynkampong

minerale rykdom, grondstof, delfstof, edelmetaal, diamantgrond, diamantgruis, spoelgruis, diamantveld, diamantgroef, diamantpyp, goudaar, goudrif, goudveld, silweraar, koolaar, koollaag, leemgrond, rif, ertsdraende rif, dagsoom

mynwese, mynbou, mynbedryf, bedryf, goudbedryf, steenkoolbedryf, . . ., goudproduksie, gouduitvoer, goudwinning, delwerslisensie, ontginning, goudontginning, steenkoolontginning, . . ., winning, sianidering, ontkoling

mynboupersoneel, mynboukundige, myningenieur, mynbaas, mynkaptein, skofbaas, mynwerker, myner, delwer, prospekteerder

mynboutoerusting, koekepan, laaikas, kooltrok, koolbak, mynhyser, skagtoring, skagtoerusting, mynlamp, veiligheidslamp

mynboukunde, metallurgie, metallurgiese ingenieurswese, myningenieurswese

b.nw. mynboukundig, ertsryk, goudryk, ysterryk, . . ., diamanthoudend, ysterhoudend, . . .

ww. ontgin, myn, delf, win, prospekteer, grawe, uitgrawe, uithaal, boor, afbou (mynwese), afgraaf, afgrawe, 'n skag sink, soutraap

276. Vasteland

s.nw. vasteland, kontinent, subkontinent, wêrelddeel, wêreldstreek, bodem, aarde, wêreld, die ou wêreld, die nuwe wêreld, land, binneland, binnewêreld, depressie, karstveld, kus, kusgebied, kusstreek, kusvlakte, die Ooste, die Weste, poolstreek, Suidpoolgebied, Noordpoolgebied, Amerika, Europa, Afrika, Antarktika, Australasië, . . .

b.nw. vastelands, kontinentaal, binnelands, oorsees, Europees, Amerikaans, Antarkties, Westers, Oosters

277. Berg

s.nw. ***berglandskap,*** bergland, hoogland, hoogvlakte, bergreeks, bergketting, siërra, getande bergketting, gebergte, hooggebergte, kamgebergte, randgebergte, woudgebergte, rûens, rûensveld

berg, akropolis, kamberg, plooiberg, blokberg, dolomietberge, plato, mesa, tafelberg, tafelland, heuwel, heuwellandskap, karstheuwel, hoogte, remhoogte, steilte, koppie, klipkoppie, bult, knop, bank, boggel, rant, rug, duin, sandduin, duingrond, hoop, stapel

berghang, helling, berghelling, plato, platorand, wand, bergwand, rotswand, krans, afgrond, klipkrans, bakkrans, heuweltop,

voet, voet van die berg, uitloper, voorgebergte, voorheuwel, bergkom, nek, noute, pas, skouer, lys, rotslys, terras, terrasland, piek, bergpiek, kruin, bergkruin, rotskruin, top, bergtop, spits, bergspits, uitloper, rug, kliprug, plooirug, antiklien, antiklinorium, plooidal, sinklien, rif, kam, berm (*ong.*), eskarp, breukeskarp, geut, ravine, gletser, voetheuwelgletser, piedmontgletser, fluvioglasiale vlakte, gletserkaar, gletserkloof, ysskeur, gletsertong, gletsergaping, laterale gletserpuin, symoreen, middelmoreen, binnemoreen, eindmoreen, grondmoreen, glooiing, glooiingspuin, talus, hangklip, hol, holkrans, vallei, kloof, ravyn, sloep, slenkdal, skeurvallei, skeurdal, skeur, rotsskeur, rotsspleet, rotsstorting, klip, klipsteen, rots, skots, rotsagtigheid, rotsbank, rotspunt, sinkgat, lawine, waterval, infrastruktuur

grot, spelonk, kalksteengrot, karstgrot, seegrot, druipgrot, kelder, grotsaal, gang, droë galery, ondergrondse stroom, hewel, sifon, slukgat, verdwyngat, sinkput, sinkgat, kalsietafsetting, travertynterras, vloeisteen, druipsteen, stalagmiet, staande druipsteen, stalagtiet, hangende druipsteen; speleologie, speleoloog, grotbewoner, spelonkbewoner

vuurspuwende berg, vulkaan, aktiewe vulkaan, stil vulkaan, slapende vulkaan, rustende vulkaan, keël, krater, fumarole, rookgat, plaat, intrusieplaat, lakkoliet, dyk, magma, mengsel, magmakamer, lawa, lawastroom, lawalaag, aslaag, vulkaniese as, lawaplato, spuitbron, geiser, vulkaniese uitbarsting, vulkanisme, vulkanologie

b.nw. bergagtig, heuwelagtig, glooiend, rotsagtig, spelonkagtig, terrasvormig, vulkanies, vuurspu(w)end

278. Vallei

s.nw. vallei, skeurvallei, duinevallei, laagland, laagte, laagtetjie, leegte, diepte, dal, dwarsdal, keteldal, sinkdal, canyon, leegte, kom, pan, prêrie, kloof, rotskloof, rivierkloof, bergkloof, ravyn, moot, trog, skeur, rotsskeur, kloofskeur, depressie

b.nw. laaggeleë, laagliggend

279. Moeras

s.nw. moeras, moerasland, moerasgrond, moerasturf, drasland, kanet, moerassigheid, moerasagtigheid, drassigheid, moddergat, modderpoel, modderas, slik, slyk, slikgrond

b.nw. moerassig, moerasagtig, drassig, slykerig

280. Woestyn

s.nw. woestyn, woestyngebied, woesteny, halfwoestyn, dorre landstreek, kaal landstreek, sandwoestyn, sandvlakte, sandstreek, sandveld, sandgebied, rotswoestyn, rotsagtige woestyn, graswoestyn, grasvlakte, karooveld, toendra, steppe, savanne, pampa; sand, sandduin, sekelduin, barkaan, paraboolduin, komplekse duin, dwarsduin, lengteduin, seifduin, bewegende duin, vaste duin, duineketting, duinereeks, soutpan, salina, plajameer, woestynsebkha, oase, woestynbewoner

b.nw. woestynagtig, karooagtig, sanderig, klipperig, rotsagtig

281. Eiland

s.nw. eiland, kontinentale eiland, oseaniese eiland, koraaleiland, ringeiland, rotseiland, riviereiland, skiereiland, argipel, atol, delta, eilandbewoner

b.nw. deltavormig, insulêr

282. Kus

s.nw. kus, kuslyn, suidkus, noordkus, ooskus, weskus, see, seekus, seevlak, seekant, kaap, landpunt, landtong, uitham, strand, strandhoof, oewer, landengte, ismus, golflyn, hoof, lagune, seestrand, strandgrot, strandmeer, strandmuur, uitkalwing, waaisand, rotsagtigheid

b.nw. rotsagtig, termaal

ww. uitkalwe, uitkalwer

283. See

s.nw. ***see,*** die blou dam, oseaan, diepsee, oop see, binnesee, binnelandse see, koraalsee, ondersee, Poolsee, Suidpoolsee, Oossee, kuswater, territoriale water(s), straat, seestraat, seeweg, kanaal, seekanaal, baai, golf, bog, inham, fjord, seestroom, stormsee, stortsee, kabeljouwater, lagune, strandmeer

gety, getyamplitude, getyhoogte, getystand, getytafel, laagwater, laaggety, laagwaterlyn, hoogwater, hooggety, hoogty, hoogwaterlyn, hoogwaterpeil, peil, spring, springgety,

dooie gety, eb, ebgety
seevlak, seespieël, seebodem, bodem, seebedding, seevloer, vastelandsplat, kontinentale plat, vastelandshang, kontinentale glooiing, kontinentale styging, kontinentale helling, oseaantrog, oseaanplaat, diepseevlakte, onderseeberg, seeberg, diepseeheuwel, onderseecanyon, seecanyon, trog, bank, rotsbank, sandbank, kalkbank, koraalbank, koraalrif, geul, sloep, kanaal, seekanaal, seearm, seeengte, seewater, skol (ys), skots (ys), smeltwaterrug (ys), seegat
strand, klipstrand, rotsstrand, swemstrand, sand, sandbank, sandduin, waaisand, spuitgat, koraalrif, binnekoraalrif
opdrifsel, seedrifsel, uitspoelsel, dryfhout
golf 287, getygolf, fratsgolf, baar (*ong.*), brander, jobbels, jobbelsee, joppels, joppelsee, tjoppelsee, deining, golwing, golfbeweging

b.nw. marien, maritiem, ondersees, pelagies

ww. spoel, dein, uitspoel, wegspoel, strand

bw. oorsee

284. Bron

s.nw. bron, waterbron, warmwaterbron, warmbad, minerale bron, spa, fontein, syferfontein, springfontein, springbron, spuitfontein, put, waterput, artesiese put, artesiese bron, artesiese water, aar, wateraar, springaar, geiser, oliebron, olieveld, gasbron, gasveld, petroleumbron, petroleumveld, swawelbron, soutbron, soutwaterbron

b.nw. termaal

ww. ontspring, sy oorsprong hê

285. Meer

s.nw. ***meer,*** binnelandse meer, binnemeer, binnesee, bodem, duinmeer, karstmeer, kratermeer, strandmeer, lagune, varswatermeer, soutwatermeer, mensgemaakte meer, see, binnelandse see, vlei, rietvlei, kom, rivierkom, bekken, rivierbekken, seekoeigat, seekoegat, dam 288, vywer, soutpan, moeras, staande water
damwal, keerwal, sluis, damsluis, watersluis

b.nw. opgedam, toegedam, ingedam, staande

ww. opdam, afdam, indam, toedam, damgooi, walgooi, damskraap

286. Rivier

s.nw. ***rivier,*** rivierloop, grensrivier, getyrivier, tak, syrivier, sytak, takrivier, spruit, drif, stroom, maalstroom, sloep, loop, lopie, waterloop, kanaal, waterkanaal, ringkanaal, kanalisasie, gang, watergang, waterweg, grag, watergrag, vestinggrag, akwaduk, geut, sloot, dwarssloot, moddersloot, sugsloot, syferwatersloot, rioolsloot, rioolpyp, rioolwaterpyp, sugpyp, riolering, sugriolering, uitvalwerke, rioolgat, kloaak, suggat, grip, grippie, voor, watervoor, sugvoor, donga, watergat, kolk, maalgat
benedeloop, boloop, oorsprong, opvanggebied, toeloop, bron, rivierbron, bog, rivierbog, rivierarm, stroomgebied, vaargeul, stroomversnelling, sameloop, konfluensie, waterval, katarak
mond, monding, riviermond, riviermonding, delta, rivierdelta, tregter, tregtermond, tregtermonding, estuarium, uitloop, uitmonding
oewer, rivieroewer, linkeroewer, regteroewer, oewergrond, wal, rivierwal, dwarswal, keerwal, waterkant, duin, rivierduin
bodem, rivierbed, rivierbedding, stroombed, stroombedding, geul, bodem, rivierbodem, loop, rivierloop, riviervallei, bekken, rivierbekken, omaramba, droë loop, wadi
rivierwater, kanaalwater, slootwater, uitkeerwater, drekwater, vaarwater, watervlak, waterstand, rivierstand, stand van 'n rivier, waterpeil, waterskeiding
hidrologie, hidrografie, hidrograaf, hidrometer, hidrometrie, hidrosfeer

b.nw. deltavormig, hidrografies, hidrologies, vaarbaar, bevaarbaar

ww. loop, vloei, aftak, verdeel, uitmond, saamloop, saamvloei, uitkeer, beek, kanaliseer, rioleer

287. Vloei

ww. ***vloei,*** afvloei, uitvloei, terugvloei, toevloei, vervloei, stroom, uitstroom, oorstroom, saamstroom, spoel, afspoel, aanspoel, omspoel, verspoel, loop, afloop, wegloop, verloop, dein, dreineer, dryf, drywe, kabbel, kappel, swalp, klots, aanklots, rol, inundeer, irrigeer, afwater, dehidreer, ontwater
afloop, drup, afdrup, uitdrup, afdruppel biggel, syfer, uitsyfer, sypel, uitsypel, lek

uitlek, stort, uitstort, spat, spuit, afdryf, afdrywe, indruppel, instroom, oorloop, oortap, opwel, skink, straal; drup, indrup, druppel, indruppel, bedruip, bedruppel, tap, giet, inundeer, oorhewel, vergiet
in vloed wees, giet, instroom, swalp, verloop, verswelg, stort, storm

bw. druppelgewyse, drupsgewyse

s.nw. ***stroom,*** onderstroom, sterkstroom, waterstroom, stroming, instroming, uitstroming, oorstroming, spoeling, vervloeiing, toevloeiing, watergang, straal, vloed, loop, waterloop, golf, golwing, golfbeweging, afloop, deining, kolk, draaikolk, kabbeling, gekabbel, klotsing, geklots, branding, drif, dreineerbekken, dreineerkanaal, dreineringsdrif, spoelgrond, versnelling, inundasie, irrigasie
afloop, drup, druppel, waterdruppel, gedrup, afvoer, alluvium, instroming, lek, lekkasie, onderloop, oorloop, reën, reënstroom, spatsel, syferwater, verspoeling
vloed, watervloed, stormvloed, stortvloed, toevloed, sondvloed, diluvium, maalstroom, vloedgolf, vloedwater, oorstroming, drif, eb, gety, kaskade, see, verswelging, wieling
golf 283, golfkam, golfkruin, golfbasis, trog, golfrug, golfslag, golflengte, golfamplitude, stilwatervlak, skuim, seeskuim; fluviometer

b.nw. diluviaal, vervloeiende, deinend, dreineerbaar, fluviaal, diluviaans, gietend, stromend

288. Waterstelsel

s.nw. ***dam,*** plaasdam, gronddam, sementdam, betondam, leidam, opgaardam, rivierdam, opvangdam, vangdam, slikdam, wendam, keerdam, studam, kofferdam, saaidam, reservoir, fontein, springfontein, gora, gorra, gorê, oog, put, putjie, puts, skag, kloaak
waterleiding, watertoevoer, watervoorsiening, sloot, watersloot, kapelsloot, watervoor, kanaal, waterkanaal, afvoerkanaal, leikanaal, leisloot, leivoor, leibeurt, leiding, leiwater, meulsloot, meulstroom, watermeul(e), dreineerkanaal, dreinering, pypleiding, waterpypleiding, aftakker, pyp, waterpyp, afvoerpyp, holpyp, sugpyp, T--pyp, suigpyp, rioolstelsel, rioleringstelsel, rioolpyp, waterslang, tuinslang, spuit, spuitstelsel, mikrospuit, mikrospuitstelsel, pomp, waterpomp, skroefpomp, sentrifugaalpomp, rotasiepomp, suigpomp, bakkiespomp, pomphuis, pompstasie, klep, pompklep, suigklep, hewel, sifon, swingel (van 'n put), kraan, waterkraan, kouewaterkraan, warmwaterkraan, stopkraan, toevoerkraan; fiskaal, waterfiskaal, waterwerker
wal, barrage, bekleding, dyk, hawehoof, kaai, keerwal, seebeer, seebreker, seehoof, seewering, waterkering, dolos
sluis, damsluis, kanaalsluis, skutsluis, inlaatsluis, uitlaatsluis, sluisdeur, sluishek, sluiswagter, valdeur
waterboukunde, dykbou, waterboukundige, waterwerker, siviele ingenieur
damboutoerusting, damskraper, damskrop

ww. water aanlê, opdam, opvang, toedam, afdam, indam, aftak, voorkeer, aansluit, aflei, afvoer, besproei, tap, intap, uittap, oortap, hewel, waterlei, natlei, natmaak, pomp, inpomp, uitpomp, oorpomp, leegpomp, uitbagger, inpolder, dreineer, drooglê

289. Klimaat

s.nw. ***klimaat,*** gematigde klimaat, landklimaat, vastelandsklimaat, hooglandklimaat, subtropiese klimaat, tropiese klimaat, Mediterreense klimaat, dalklimaat, subarktiese klimaat, poolse klimaat, klimaatskommeling, klimatologie; klimaatgordel, subpolêre streek, pooltoendra, poolstreek, toendra, Mediterreense streek, steppe, grasvlakte, savanne, tropiese savanne, tropiese reënwoud, trope
atmosfeer, troposfeer, stratosfeer, mesosfeer, termosfeer, ionosfeer, eksosfeer, hemelruimte, dampkring, lug, helder lug, skoon lug, koue lug, warm lug, oggendlug, aandlug, lentelug, somerlug, winterlug, seelug, front, koue front, warm front, okklusiefront, geokkludeerde front, statiese front, stasionêre front, frontale stelsel, hoogdrukgebied, hoogdruksel, sel van hoogdruk, laagdrukgebied, laagdruksel, sel van laagdruk, depressie, temperatuur, buitetemperatuur, binnetemperatuur, werklike temperatuur, aanvoelbare temperatuur, landtemperatuur, lugtemperatuur, seetemperatuur, temperatuurskommeling, temperatuurverskil, hittegolf, hittenewel, vogtigheid, humiditeit
weer, weergesteldheid, weersgesteldheid, weersomstandigheid, weer(s)verandering,

lenteweer, somerweer, sonskynweer, herfsweer, najaarsweer, winterweer, mooi weer, sondagsweer, slegte weer, reënweer, hondeweer, eendeweer, Kaapse weer, onweer, stormweer, swaarweer, landweer, kusweer, sonskyn, swoelheid, swoelte, reën, stuifreën, gietende reën, misreën, dou, doupunt, hael, kapok, sneeu, sneeureën, nat sneeu, drywende sneeu, front, temperatuur, humiditeit, isobaar, isoterm, isotermie, karoo, noodweer, onstuimigheid
seisoen, jaargety, tussenseisoen, seisoensverandering, seisoenswisseling, lente, voorjaar, voorsomer, somer, hoogsomer, midsomer, die hartjie van die somer, nasomer, vroegherfs, herfs, najaar, herfsdag, voorwinter, winter, wintertyd, midwinter, die hartjie van die winter, nawinter, hondsdae, oestyd, saaityd, planttyd, snoeityd

b.nw. seisoenaal, lenterig, lenteagtig, somerig, herfsagtig, herfstelik, winteragtig, reënerig, dor, droog, warm, humied, subtropies, tropies, gematig(d), Mediterreens, koel, koelerig, koud, onstuimig, stormagtig, rof, isotermaal, isotermies, klimatologies

ww. afloop, akklimatiseer, leng

290. Wind

s.nw. ***wind,*** windstreek, windgordel, hemelstreek, windstroom, windbui, windvlaag, winderigheid, windsnelheid, windsterkte, windrigting, windstilte
suidewind, suidoos, suidooster, suidoostewind, Kaapse dokter, suidwester, noordewind, oostewind, westewind, landwind, bergwind, seewind, seekwal, seebries, woestynwind, harmattan, poolwind, poolstroom, arktiese wind, reënwind, moeson, moesonwind, stormwind, orkaan, sikloon, antisikloon, tifoon, tornado, werwelwind, draaiwind, dwarrelstroom, dwarrel, warrelwind, dwarrelwind, teenwind, rukwind, valwind, dwarswind, dwarsstroming, mistral, passaat, passaatwind, passaatgordel, warm wind, koel wind, koue wind, sagte wind, sefier, sirokko, trek, ruising
lugstroom, lugstroming, lugvloei, lugbeweging, verwaaiing, lugverplasing, lugsirkulasie, lugtrilling, lugweerstand, windweerstand, lugdruk
ventilasie, ventilering, lugverskaffing, lugversorging, lugreëling, lugverversing, lugvervarsing, belugting, verlugting; lugbesoedeling; luggat, lugopening, luginlaat, lugpyp, lugversorger, lugfilter, ventilator, lugventilator
haan, weerhaan, windwyser, vaan, windvaan, vaantjie, windkous, windskerm, ventilator, waaier, toggat
windskade, rukwindskade, verwaaiing, waterhoos, watertuit, sandhoos, winderosie

b.nw. winderig, duf(duwwe), togtig, trekkerig, verwaai(d), windstil, aanlandig, stormagtig, siklonies, antisiklonies, dwarrelend, lugtig, vars, koud

ww. ***waai,*** opsteek, woed, voortwoed, storm, tier, loei, ruis, suis, huil, oorwaai, wegwaai, blaas, suig, suie, dwarrel, uitwoed, bedaar, hoos, uitlug, verwaai, wegblaas, trek
ventileer, belug, deurlug, verlug, suiwer, filter, besoedel

bw. wind af, wind op

291. Wolk

s.nw. ***wolk,*** wolkbedekking, swerk, bewolkte lug, gedeeltelik bewolkte lug, verstrooide wolke, gesluierde lug, bewolkte weer, betrokke lug, betrokke weer, bank, wolkbank, wolklaag, wolkkolom; onweerwolk, onweerswolk, donderwolk, cumulonimbus, reënwolk, nimbostratus, stapelwolk, cumulus, laagwolk, wolklaag, stratus, stratocumulus, altocumulus, altostratus, sluierwolk, cirrostratus, cirrocumulus, vlieswolk, veerwolk, cirrus, skaapwolkies, yl wolkies, dwarrelwolk, miswolk, newelwolk; stofwolk, rookwolk, wierookwolk
mis, mistigheid, misbank, miswolk, wasigheid, newel, newelbank, newellaag, newelwolk, reënmis, waas

b.nw. bewolk, betrokke, wolkerig, somber, donker, onbewolk, wolkloos, mistig, newelagtig, newelig, waserig, wasig

ww. bewolk, betrek, opklaar, benewel, dwarrel, versluier

292. Neerslag

s.nw. ***reën,*** reënval, hemelwater, reënbui, reënvlaag, reëntjie, reëndruppel, wolkbreuk, stormbui, stortbui, stortreën, slagreën, landsreën, landsreent, somerreën, somerreënval, winterreën, winterreënval, vriesreën, ysreën, moesonreën, tropiese reën, tropiese storm

stuiwing, stuifreën, misreën, misweer, motreën, motreent, kiesa, kieza, sproeireën, stofreën, reliëfreën, bergreën, jakkalsreëntjie, afwisselende reën, aanhoudende reën, onafgebroke reën, nattigheid; opvanggebied, somerreëngebied, somerreënvalgebied, winterreëngebied, winterreënvalgebied; reënmaand, reënseisoen
mis, misreën, mistigheid, digte mis, ligte mis, mistige weer
dou, môredou, doudruppel, jakkalsdou, ryp, rypmis, rypnewel
hael, haelbui, haelkorrel, haelsteen, ysreën, vriesreën, ys, yskristal, yskristalkolom, onreëlmatige kristal, plaatkristal, sterkristal, stellêre kristal, naaldkristalysel
sneeu, nat sneeu, ysreën, smeltende sneeu, droë sneeu, jagsneeu, drifsneeu, hoë jagsneeu, hoë drifsneeu, sneeustorm, sneeustorting, lawine, sneeuval, sneeuvlok, sneeukorrel, kapok, vriesweer, sneeujag, sneeugrens
water, reënwater, watervorme, ruimtelike dendriet; waterkringloop, kondensasie, verdamping, neerslag, oppervlakafloop, transpirasie, infiltrasie, insyfering, sublimasie, sublimering
b.nw. reënerig, rypvry, stuiwend, druilerig, mals, milde, mildelik
ww. reën, stort, neerstort, sous, natreën, natreent, stuif, stuiwe, stofreën, motreën, dou, bedou, drup, hael, kapok, ryp, doodryp, sneeu, toe-ys, uitwoed
uitdr. jakkalsbruilof; jakkals trou met wolf se vrou; die weer sak toe; die sluise van die hemel het oopgegaan

293. Onweer

s.nw. onweer, onweersbui, onweerslug, gure weer, guurheid, storm, stormweer, stormagtigheid, stormbui, stormgeweld, stormwind, orkaan, sikloon, antisikloon, tifoon, tornado, werwelwind, werwelstorm, swaar weer, swaarweer, triesterigheid, triestigheid, trietserigheid, trietsigheid, reënstorm, haelstorm, sneeustorm, hondeweer, swaar wolke, donder, donderslag, rommeling, donderweer, donderbui, donderstorm, weerlig, bliksem, blits, bliksemslag, bliksemstraal, bolbliksem, bolblits, Sint Elmsvuur, Elmsvuur, dwarrelstorm, dwarrelwolkflits, mis, misbank, miskleed, miswolk, noodweer, sandstorm, stormklok, verspoeling, weer, weergesteldheid, weersgesteldheid; bliksemafleier, weerligafleier
b.nw. stormagtig, guur, onguur, siedend, onweeragtig, somber, mistig, toeërig, triest, triestig, triets(er)ig
ww. die storm bars, storm, sied, opsteek, onweer dreig, bliksem, blits, weerlig, toetrek, uitwoed, klaarmaak, ooptrek, verspoel, aflei
uitdr. deur die weer getref

294. Weerkunde

s.nw. ***weerkunde,*** meteorologie, klimatografie, klimatologie, aërologie, higroskopie, isometrie
weerkundige instrumente, klimagraaf, klimatograaf, proefballon, weerballon, peilballon, weerkundesatelliet, weersatelliet, barometer, barograaf, weerglas, frontglas, aërometer, doumeter, drosometer, hidroskoop, hidrograaf, higrometer, higroskoop, reënmeter, udometer, vogtigheidsmeter, psigrometer, termometer, maksimum-en--minimumtermometer, sonskynmeter, heliograaf, heliometer, windmeter, haan, teodoliet, registreerapparaat, registreertoestel
weerkaart, reënkaart, weerlesing, isoterm, isobaar, barometerdruk, windrigting, windsnelheid, hoëdruksel, hoëdruksentrum, stelsel van hoë druk, laagdrukstelsel, trog, trog van lae druk, laedruksentrum, seevlakdruk, barometriese tendens, drukverandering, stasiesirkel, temperatuur, lugtemperatuur, doupunttemperatuur, front, koue front, wolkbedekking, lugbedekking, reënval, neerslag, reënvalpatroon, neerslaggebied, spoortelling, stuifmeeltelling
weerkundige, meteoroloog, weervoorspeller, weerprofeet
weerburo, weerdiens, weerstasie, observatorium, weerberig, reënmeting, weerkaart, weervoorspelling, weer(s)verwagting
b.nw. weerkundig, meteorologies, klimatologies, barometries, higrometries, bewolk, digbewolk, reënryk, reënerig, swoel, guur
ww. meet, peil, registreer

c. Nie-lewende dinge

295. Delfstof

s.nw. ***delfstof,*** mineraal, grondstof, erts, spaat, element, chemiese verbinding, mineraalafsetting, mineralerykdom, mineraalryk, delfstofryk

mineralogie, mineralografie, delfstofkunde, metallurgie, metaalkunde, metallografie, litologie, petrologie, petrografie, kristalkunde, kristallografie
mineraloog, metallurg, metallurgiese ingenieur
b.nw. minerale, mineraalhoudend, mineraalryk, mineralogies, metallurgies, metallografies, litologies, petrologies, petrografies, kristallografies, dimorf

296. Nie-metaal

s.nw. nie-metaal, nie-metallieke element, metalloïede; chloor, fluoor, fluoried, fosfor, kiesel, kinien, kinine, halogeen, spaat, stikstof, waterstof, suffer, sulfide, sulfied, swaelkwik, swawelkwik, swael, swawel, pypswawel, piriet, broom, bromium, jood, jodium, xenon, holspaat, chiastoliet, kruissteen, mika, nakriet, nefriet, niersteen, realgar, rutiel, sinkspaat, sinnaber, skapoliet, stibniet, zirkoon
b.nw. hidrogeen, hidrogenies, swaelagtig, swawelagtig, . . .

297. Metaal

s.nw. ***metaal,*** aardmetaal, edelmetaal, onedele metaal, witmetaal, ferrometaal, allooi, halfmetaal, alkalimetaal, groep 1-metaal, legering, legeringsmetaal, antimoon, gelouterde metaal, metaalkoning, silikaat, laermetaal, magneet, magneetyster, erts, moeraserts; goud, fyngoud, witgoud, goudaar, gouddraad, gouderts, goudaarde, goudfoelie, bladgoud, goudlaag, goudstof, spoelgoud, staafgoud, stofgoud, klatergoud, silwer, sterlingsilwer, nieusilwer, bladsilwer, kwik, kwiksilwer, platina; nikkel, nikkelbrons, nikkelchroom, nikkelstaal, koper, geelkoper, messing, rooikoper, kopererts, malagiet, brons, mangaanbrons, yster, gietyster, smee(d)yster, potyster, riffelyster, ruyster, ystererts, gloukoniet, groenaarde, sideriet, chrisoliet, ferrochroom, ferromagnesium, ferromangaan, staal, mangaanstaal, gewalste staal, gietstaal, smee(d)staal, mangaan, mangaanerts, uraan, uranium, aluminium, aluminiumerts, chroom, lood, glitlood, loodglit, glit, teelood, sink, sinkallooi, magnesium, magnesiet, minerale magnesiumkarbonaat, kalamyn(steen), galmei, sinksilikaat, riffelsink, tin, tinfoelie, blik, draad, kalium, bismut, natrium, litium, rubidium, sesium, piriet, markasiet, iridium, kadmium, kalsium, radium, kobalt, lantaan, rutenium, scheeliet, seoliet, sinter, sirkonium, stronsium, tallium, tantaal, tantaliet, titaan, titanium, torium, vanadium, tungsten, wolfram, blende, horingblende, hoornblende, molibdeen, osmium
dopverharding, harding, legering, fyngehalte, metaalglans, roes, ouroes, roesvlek
b.nw. metaalagtig, metalliek, goud, silwer, koper, . . ., silweragtig, tinagtig, blikkerig, dopverhard, gewals, onedel, roesagtig, roesvry, roeswerend, roes(t)erig
ww. verguld, versilwer, verlood, . . ., legeer, verhard, wals

298. Steen

s.nw. ***steen,*** gesteente, intrusie, intrusiegesteente, stollingsgesteente, afsetting, sediment, sedimentgesteente, verkalking, versteningn, agglomeraat, gesteentepuin, gesteentelaag, dekblad, siersteen, xenoliet, karbonkel, klont, klonter, klontjie, kluit, steenkunde
edelsteen, edelgesteente, halfedelsteen, halfedelgesteente; diamant, gewaterde diamant, slenterdiamant, spoeldiamant, kanoentjie (*ong.*), paragon, robyn, saffier, karbonkel, smarag, agaat, akwamaryn, ametis, jaspis, melkjaspis, melksteen, sardis, galaktiet, jade, chalcedoon, kalsedoon, kornalyn, karneool, bloedsteen, heliotroop, katoog, blinker, tieroog, toermalyn, topaas, granaat, granaatsteen, melaniet, heliotroop, lasuliet, lasuur, lasuursteen, lapis lazuli, maansteen, oniks, sardoniks, opaal, wateropaal, goudopaal, turkoois, sirkoon
albaster, asbes, garingklip (*ong.*), doekklip, blou-asbes, krosidoliet, asfalt, barnsteen, basalt, dioriet, diabasis, diabaas, doleriet, amaril, korund, gips, gipsaarde, glimmer, mika, horingblende, grafiet, potlooderts, graniet, granuliet, blouysterklip, blou graniet, noriet, kalk, kalkaarde, kalkgrond, kalkklip, kalksteen, stinkkalk, antrakoniet, kalkreet, druipsteen
kristal, kristallisasie, kristalvorm, korundkristal, marmer, marmersteen, kaolien, porseleinaarde, kwarts, kwartssteen, karngorm, lawa, lawa-as, leiklip, leisteen, mar-

moliet, meerskuim, niersteen, oker, pikblende, porfier, porfiersteen, puim, puimsteen, kwarts, rooskwarts, seepsteen, speksteen, steatiet, serpentyn, serpentynsteen, siëniet, veldspaat, travertyn, talk, talksteen, valkoog, vuurklip, vuursteen
klip, spoelklip, rolsteen, kaiingklip, kei, klei, lateriet, gruis, grint, marmergruis, rots, rotsblok, rotssteen, klipbank, rotsbank, nabank, naklip, aëroliet, meteoorsteen, vulkaniese klip, vulkaniese rots, amandelsteen, bantom, bandom, blinder, kooks, skalie, skilfersteen, skis, slak, slaksteen, sponssteen, ysterklip
grond, grint, kimberliet, blougrond, bauxiet, bouksiet, leem, leemgrond, kalkgrond, kleigrond, sandgrond; aarde, aardhoop, aardlaag, aardsoort
sand, duinsand, sandgrond, seesand, sandklip, sandsteen, seepsteen, kiesel, kieselaarde, kieselsteen, silisium, sileks, silika, silikaat, vulkaniet
stof, stofdeeltjie, stuifaarde, stuifgrond, stuifsand
verstening, dendroliet, dolomiet, jonasklip, ganggesteente, gangsteen, koraal, koraliet, obsidiaan, kool, steenkool, fossiel, petrefak, swerfsteen, xilol, xiloliet, houtgraniet

b.nw. basaltagtig, basalties, gipsagtig, intrusief, kleierig, kristalagtig, kristallyn, kristalvormig, leemagtig, leiagtig, petrografies, sanderig, sedimentêr, steenagtig, xenolities

ww. versteen, kristalliseer, petrifieer, petrifiseer, verkalk

299. Brandstof

s.nw. ***brandstof,*** brandbare stof, verbrandbare stof, verbrandingstof; brandstofbesparing, brandstofverbruik, brandstofvoorraad, brandstofsoort, brandstofvoorsiening
steenkool, antrasiet, glanskool, gruissteenkool, sintel, droes, houtskool, kool, koletjie, kooltjie, neutkool, kooks, briket; hout, braaihout, kaggelhout, fynhout, vuurmaakhout, vuurmaakgoed
petrol, petroleum, diesel, vliegtuigbrandstof, metanol, olie, dieselolie, aardolie, ru--olie, keroseen, paraffien, kragparaffien, lampolie, spiritus, brandspiritus, gas, vloeibare gas, petroleumgas; oliebron, oliefabriek, olieraffinadery, oliepers, petroleumbron, vulstasie; oktaangehalte, oktaangetal, hoë oktaan, lae oktaan

b.n petrochemies

300. Sout

s.nw. sout, tafelsout, kombuissout, natriumchloride, natriumchloried, alkali, aluin, sout van asynsuur, asetaat, beril, koolsuursout, bikarbonaat, blousteen, blouvitrioel, chloried, sout van fosforsuur, fosfaat, hoornblende, kainiet, kali, klipsweet, dassiepis, kwiksout, soda, wassoda, natriumkarbonaat, natron, bytsoda, natronloog, koeksoda, natriumbikarbonaat, salpeter, chilisalpeter, natriumnitraat, sout van salpetersuur, nitraat, potas, kaliumkarbonaat, sout van salisielsuur, salisilaat, salpeter, kaliumnitraat, helsteen, brandsteen, silwernitraat, soutgees, vlugtige soutstof, swawelsuursout, sulfaat, ystersulfaat, ystervitrioel, sulfiet, sulfonamide, sulfonamied, wynsteen, kaliumsout, wynsteensuur, soutoplossing
alkaliniteit, alkalisiteit, alkaliteit, saliniteit, soutgehalte, salinometer
soutafsetting, soutbron, soutkors, soutkuip, soutmeer, soutmyn, soutpan, soutraffinadery

b.nw. sout, soutagtig, souterig, salinies, alkalies, soutarm, brak

ww. sout, soutraap

301. Metaalverwerking

s.nw. ***metaalverwerking,*** metaalbewerking, ertsbewerking, ystererts bewerking, kopererts bewerking, . . ., ysterwerk, staalwerk, tinwerk, laminering, legering, metaallegering, ysterlegering, metaalverharding, staalverharding, smelting, smeltery, ystersmeltery, metallisasie, metallisering, metallurgie, fusie, gietwerk, gietery, staalgietery, ystergietery, goudgietery, . . ., granulasie, granulering, draadtrekkery, sweising, sweiswerk, soldeerwerk; metaaluitputting, roes, verroesting, ysterokside, ysteroksied, groenkoperroes, groenspaan, patina, metaalas, slak, metaalslak, ysterslak, staalslak, slakkewol
metaalindustrie, metaalbedryf, staalindustrie, staalbedryf, staalfabriek, geweerfabriek, gietery, ystergietery, smeltery, staalsmedery

metaalwerker, metaalbewerker, staalwerker, gieter, tingieter, metallurg, sweiser, blikslaer, slyper, plaatslyper
metaalwerkerstoerusting, bandsaag, beitel, hoogoond, kroes, smeltkroes, smeltoond, temperoond, gaaroond, brandoond, smeltpan, smeltbak, blaasbalk, blaaspyp, gietkas, gietblok, gietbrood, ysterbrood, gietpan, gietspaan, gietlepel, soldeerbout, soldeerlamp, soldeersel, soldeeryster, soldering, sweisapparaat, steekvlam, steekbeitel, steeksaag, tempermes, toetsnaald, toetssteen, wals, walsmasjien, draadjuk, woeljuk, draadtrekker, slypmasjien, slypmeul
metaalmengsel, komposisie, allooi, alliasie, legering, metaallegering, goudlegering, nikkellegering, silwerlegering, loodlegering, amalgaam, spesie, blende, staalkaart
verwerkte metaal, bewerkte metaal, blad, draadwerk, foelie, gietsel, ru-staal, hardestaal, smee(d)staal, gietstaal, gegote staal, smeltstaal, staafstaal, temperstaal, lasstaal, gelamineerde staal, walsstaal, mangaanstaal, boustaal, bladyster, plaatyster, hoekyster, staafyster, profielyster, smee(d)yster, brandyster, gietyster, gegote yster, potyster, hoepelyster, ronde yster, rukoper, staafkoper, gietlood, staaflood, lamel, metaalwerk, sink, skroot, blik, glit, glitlood, klokspys
metaalproduk, metaalware, ysterproduk, ysterware, staalproduk; metaalplaat, ysterplaat, staalplaat, ketelplaat, rolplaat, sinkplaat, golfplaat, bladmetaal, bladgoud, goudblad, bladlood, bladkoper, . . ., foelie, tinfoelie, ysterfoelie, loodfoelie, silwerfoelie, staalblok; baar, balk, staalbalk, ysterbalk, ysterpaal, staaf, staalstaaf, goudstaaf, silwerstaaf, loodstaaf; draad, metaaldraad, staaldraad, ysterdraad, gouddraad, koperdraad, hakiesdraad, prikkeldraad, binddraad, sperdraad; kabel, ysterkabel, staalkabel, ketting, kabelketting, spanketting; metaalgaas, draadgaas, draadwerk, ogiesdraad; stang, mof, metaalmof, staalmof, beslag, hoepel, H-yster, T-yster, U--yster
b.nw. gegote, gelegeer, gelamineer, metallurgies
ww. bewerk, smelt, raffineer, suiwer, legeer, metalliseer, amalgameer, afklink, afpel, afskroef, afskroewe, beits, fels, galvaniseer, vulkaniseer, granuleer, hards, lamelleer, lamineer, set, sinter, soldeer, sweis, temper, roes, verroes, vasroes, wals

302. Smid

s.nw. ***smee(d)werk,*** smidswerk, smedery, grofsmedery, goudsmedery, goudsmeekuns, silwersmedery, silwersmeekuns, ystersmedery, siersmedery, edelsmeewerk, filigraan, hoefsmedery, soldeerwerk, draaiwerk, goudslanery, verguldsel, versilwering, silwerwerk, versinking, inkrustasie, plettery, goudplettery, silwerplettery, fineer, fineerwerk, las, lasplek, montering, monteerwerk
smid, smit, grofsmid, edelsmid, goudsmid, silwersmid, kopersmit, goudslaer, goudslaner, koperslaer, koperslaner, hoefsmid, kleinsmid, pletter, goudpletter, smidskneg, smidsjonge, ketelmaker, draaier, loodgieter
smidswinkel, smedery, grofsmedery, goudsmedery, goudsmidswinkel, silwersmedery, silwersmidswinkel, ystersmedery, hoefsmedery, gietery
smidstoerusting, smee(d)hamer, smidshamer, klinkhamer, beslaghamer, hoefhamer, voorhamer, planeerhamer, aambeeld, beslagtafel, beslagbok, smidstang, smeetang, hoefsmidstang, draadskêr, beitel, kolbeitel, koubeitel, draaibank, draaier, klink, klinkbout, klinknael, krombek, perdeyster, hoefyster, hoefbeslag, pons, spyker, tempermes, smidsoond, temperoond, smidshaard, smidsvuur, blaasbalk, soldeerbout, soldeersel
smidsware, koperwaar, koperwerk, goudbeslag, silwerbeslag, koperbeslag, platteerwerk
b.nw. smedig, smee(d)baar
ww. smee(d), temper, verguld, vernikkel, versilwer, versink, beslaan, slaan, wals, soldeer, draai, klem, pons, saamsmelt, inkrusteer, monteer

303. Steengroef

s.nw. groef, steengroef, kwarrie, ghwarrie, marmergroef, rotsbreker, steenbeitel, steenhouershamer, steenhoursbeitel, marmersaag; steengroefvoorman, steengroefwerker, marmersnyer, marmerslyper; gruis, steengruis, steenpuin, marmer, marmergruis, klei, sand

304. Steenbakkery

s.nw. ***steenbakkery,*** steenmakery, steenveld, steenoond, kleimeule, sementfabriek, teëlfabriek

klei, steenklei, kleiaarde, steen, bousteen, baksteen, gebakte steen, rou steen, rousteen, klinker, klinkersteen, brandsteen, siersteen, fondamentsteen, randsteen, kleisteen, slaksteen, sementsteen, rifsteen, tufsteen, kalktufsteen, kraagsteen, lugsteen, leisteen, plaveisteen, deksteen, speksteen, kieselsteen, marmersteen, profielsteen, teël, vloerteël, kombuisteël, badkamerteël, stortteël, terra-cotta, terra-cottateël, kwarrieteël, dakteël, sementteël, sementdakteël, asbesteël, daklei, asbeslei, dakpan, asbespan, verstening, vuurvastheid

b.nw. rou, gebak, droog, vuurvas

ww. brand, bak, kleitrap, versteen, sinter

305. Pottebakkery

s.nw. ***pottebakkery,*** pottebakkerskuns, keramiekkuns, pottebakkersbedryf, erdewerkfabriek, porseleinfabriek, pottebakkerswinkel, pottebakkersateljee

pottebakker, erdewerkkunstenaar, porseleinskilder

pottebakkerstoerusting, pottebakkersgereedskap, diafragma, pottebakkerskyf, pottebakkerswiel, skopwiel, pottebakkersoond, verglaasoond, glasuuroond, moffeloond, klei, pottebakkersklei, potklei, porseleinaarde, glasuur, tinglasuur, porseleinglasuur

pottebakkerswerk, erdewerk, keramiek, seramiek, keramiekwerk, steengoed, kleiwerk, glasuurwerk, bakwerk, faïence, porselein, kraakporselein, glasporselein, majolika, terra-cotta, terra-cottabeeld, plateel, plateelwerk, Delft, geglasuurde erdewerk, geglasuurde porselein

b.nw. keramies, gebak, bebak, geglasuur(d)

ww. bak, knee, knie, brei, rol, gooi, verglaas, glasuur

306. Diamantslypery

s.nw. ***diamantslypery,*** slypery, diamantwassery, diamantsorteerdery, diamantindustrie, diamantnywerheid, diamanthandel, diamantmark, diamantproduksie; diamant, ongeslypte diamant, geslypte diamant, boordiamant, briljant, gewaterde diamant, faset, slypvlak

diamantslyper, diamantsnyer, diamantsetter

diamantboor, slypmeul, diamantmeul, diamantsaag, diamantgruis, diamantpoeier

b.nw. gewater(d)

ww. slyp, set, sny, poleer, was

307. Rubber en plastiek

s.nw. ***rubber,*** skuimrubber, sponsrubber, natuurlike rubber, kunsrubber, sintetiese rubber, gomlastiek, eboniet

plastiek, selluloïde, selluloïed, bakeliet, crêpe, sellofaan, formika, melamien, kunshars, polistireen, lateks, blinkleer, sintetiese stof, kunsstof

b.nw. rubber, gomlastiekerig, plasties, termoplasties

308. Been

s.nw. been, tandbeen, horing, buffelhoring, renosterhoring, . . ., keratien, keratine, seratien, seratine, ivoor, olifantstand, kunsivoor, beenporselein, beenmeel

b.nw. benig, benerig, beenderig, ivooragtig, horingagtig, horingrig

309. Glasbereiding

s.nw. ***glasbereiding,*** glasmakery, glasblasery, slypery, glasslypery, glasskildering, glasskilderwerk

glasfabriek, slypery, glasslypery, glasindustrie, glashandel

glasmaker, glasblaser, glasslyper, glasskilder, glaskramer

glasmakersgereedskap, smeltkroes, smeltoond, verglaasoond, glasblaserspyp, glaspyp, glasvorm, gietvorm, koelbak, koeloond, glasmakershamer, glasmakersbeitel, punteertang, glassnyer, diamantsnyer, glasmeul; glasmengsel, frit, glasuur, glasvesel, glaswol

glas, vensterglas, lamelglas, veiligheidsglas, matglas, melkglas, aktiniese glas, loodglas, diamantglas, kwartsglas, beenglas, rookglas, ruitglas, skerf, skerfglas, flintglas, smeltglas, spieëlglas, tripleksglas, meniskus, ysglas, mikaglas, mikaruit, Venesiese glas, kristal, halfkristal, kristalglas, glaskristal, loodkristal

glaswerk, glasware, spieël, trasering, glasteël

b.nw. glasagtig, geglasuur(d), verglaas(d)

ww. verglaas, glaseer, glasuur, blaas, inslyp, slyp

woorddeel glas-, glaas-

310. Vlegwerk

s.nw. ***vlegwerk,*** knoopwerk, macramé, mandjiewerk, bamboesvlegwerk, raffiawerk, filet, filetwerk, matwerk, matvlegwerk, netknopery; vlegter, vlegster, matmaker, matmaakster, netknoper, netknoopster; knoop, knooplus, duiwelsklou, wrong; mandjie, mat, rietmat, matjiesgoed
tou, vlegtou, touvesel, riem, vlegriem, gras, vleggras, koord, vlegkoord, lyn, raffia, netraffia, alfagras, kaalgare, kaalgaring, kabelgare, kabelgaring

ww. vleg, deurvleg, vasvleg, saamvleg, knoop, strengel, deurstrengel, takel, mat

311. Weefsel

s.nw. ***weefstof,*** weefsel, tekstiel, tekstielstof, tekstielware, tekstielgoedere, stof, goed, winterstof, wintergoed, somerstof, somergoed, fyngoed, kepergoed, keperstof, tabberdstof, tabberdgoed, gordynstof, gordyngoed, sonfilterstof, stoffasie, doek, dundoek, kledingstof, materiaal, rokmateriaal, gordynmateriaal, sonfilter, lamé, lanfer, floers, lap, laslap, reslap, lendedoek, rips, tyk; binding, grein, tekstuur, skering, inslag, keper, pool, selfkant, rafelkant, vasel, vesel, draad, rafel, flenter, toiing, toiinkie, dessin
wol, fynwol, wolgoed, wolstof, halfwolstof, alpakka, angora, angorawol, astrakan(bont), chevron, duffel, flanel, flanelet, gabardien, gabardine, kalamink, kalmink, kameelhaar, kamelot, kamwol, karsaai, kasjmier, kasmier, kassemier, kortwol, laken (*ong.*), lakense (*ong.*), lamawol, penswol, perdehaar, saai, serge, sersje, skotsbont, tartan, tweed, vilt
katoen, katoenstof, bombasyn, denim, doerias, gabardien, gabardine, jute, kreton, moeselien, moesline, moeslien, nanking, organdie, organsa, pikee, popelien, popeline, sanel, satinet, sis, voersis, tarlatan
kant, kantmateriaal, handgemaakte kant, masjiengemaakte kant, kloskant, naaldkant, netkant, Brusselse kant, kantjie, gaas, gaasdoek, gaasmateriaal, gaasweefsel, tulle, net
linne, linnegoed, linneweefsel, lynwaad (*ong.*), laken, lakengoed, lakenlinne, bafta, batis, damas, damasdoek, damaslinne, goiing, goiingsak, kaliko, kamerdoek, kakie, neteldoek, paklinne, seil, seildoek, bokseil
sy, systof, rou sy, halfsy, brokaat, goudbrokaat, chiffon, crêpe, krep, krip, crêpe-dechine, filosel, moiré, satyn, taf, tafsy, tussorsy, sjantoeng
fluweel, ferweel, koord(jies)ferweel, pluisfluweel, ribkoord, riffelferweel, veloer
pels, pelswerk, bewer, bewerpels, molvel, nerts, sabel
gedrukte materiaal, gedrukte katoen, batik, doerias, geblomde materiaal, bont, skotsbont, geruite materiaal
watte, karbolwatte
sintetiese stof, nylon, poliëster, rayon, orlon, kunssy, rekweefsel, reknylon, stokkinet, terilene, viskose, voile
tekstielnywerheid, tekstielbedryf, tekstielfabriek, materiaalwinkel, syindustrie, sykultuur

b.nw. duffelse, fibreus, ferwelerig, gaasagtig, naatloos, organdie, rafelrig, satynagtig, wollerig

ww. weef, brei, klos, kant klos, afpluis, batik, merceriseer, rafel

312. Spin

s.nw. ***spinnery,*** katoenspinnery, wolspinnery, handspinnery
spindraad, draad, spinsel, wol, chenille, sajet, wolgare, kaardwol, spinwol, hennep, hennepgare, hennepgaring, gare, garing, naaigare, naaigaring, naairiempie, sygare, sygaring, masjiengare, masjiengaring, kamgare, kamgaring, kabelgare, kabelgaring, kaalgaring, kaalgaar, kaalgare, kaardgare, kaardgaring, katoengare, katoengaring, breigare, breigaring, fyngare, fyngaring, sygare, sygaring, tongaring, sisal, vlas, vlasdraad, twyn, bol gare, bol garing, bol wol, kluwe (*ong.*)
spinstof, katoen, vlas, hennep, wol
spinwiel, spinnewiel, handwiel, twynwiel, garingwiel, spinmasjien, voorspinmasjien, spil, spinstok, spinrok (*ong.*), tol, tolletjie, klos, garingklos, haspel, garinghaspel, wolhaspel, haspelraam, kaard, kaarde, kaarder, wolkam, kammasjien, gang; spinner, spinster, fynspinner, grofspinner, goudspinner, garingspinner
spinfabriek, spinnery, garingfabriek, garingspinnery, wolfabriek, wolspinnery

ww. spin, haspel, kaard, uitkaard, skeer, pluis, uitpluis, kam, uitkam, afkam, klos

313. Weef

s.nw. ***weefkuns,*** wewery, katoenwewery, linnewewery, lakenwewery, lintwewery, ferweelwewery, jutwewery, weefindustrie, katoenindustrie, appretuur, kantklossery; geweefde materiaal, weefstof, weefsel, doek, lap, katoen, linne, tapisserie, dubbelbinding, inslag, skering, inslagdraad, skeringdraad, kettingdraad, nop, keper, selfkant, rafelkant, baan, reep
wewer, weefster, handwewer, handweefster, skeerder, bandwewer, katoenwewer, katoendrukker; weefskool, wewersgilde
wewery, wewersfabriek
weefdraad, draad 311, nylondraad, chenille, tou, weeftou, weefgetou
weefapparaat, weeftoestel, weefstoel, gaasweefstoel, weefraam, klos, wewersklos, kantklostafel, kantkloskussing, wewerspoel, korf, skag, skietspoel, spoel, kalander, glansmasjien, skering, skeringdraad, inslag, inslagdraad

b.nw. driedraads, gekeper, gekeperd, gelykdradig, grofdradig, oopgewerk, teendraads, verweef

ww. weef, inweef, verweef, bind, kalander, kaard, appreteer, batik, keper, nop, rafel, pluis, afpluis, uitpluis

314. Leer

s.nw. ***leer,*** boleer, jugleer, riemleer, riem, riempie, rouriem, beesleer, bokleer, osleer, kalfsleer, varkleer, koedoeleer, gemsbokleer, krokodilleer, volstruisleer, . . ., marokyn, marokynleer, saffiaan, fyn marokynleer, seemsleer, segrynsleer, sagrynleer, sweedsleer, suède, skoenleer, soolleer, suigleer, lakleer, blinkleer, kunsleer, leerbekleding, perkament; huid, vel, rouvel, beesvel, bokvel, kalfsvel, kalfshuid, osvel, perdevel, skaapvel, robvel, . . .; leergoed, leerwerk, leerlap, leerdoek, leermateriaal, leerkledingstuk, leerbroek, leerbaadjie, leergordel, . . ., leermeubel
leerlooiery, looiery, leerbereiding, leerbehandeling
leerlooier, looier, taner, leerkoper, saalmaker
leerlooierstoerusting, seninggare, seninggaring, snybank, gus, gustangetjie, tannien, tannine, looistof, looierskalk, leerkuil, looikuip, aluinkuip

ww. looi, sagmaak, nerf, nerwe, stryk

315. Papier

s.nw. ***papier,*** roupapier, skryfpapier, briefpapier, rofwerkpapier, notapapier, tekenpapier, drukpapier, afrolpapier, deurslagpapier, koolpapier, aftrekpapier, natrekpapier, aftryspapier, geskenkpapier, oortrekpapier, bruinpapier, plakpapier, muurpapier, glanspapier, fantasiepapier, houtpapier, ivoorpapier, kalkeerpapier, kardoespapier, kladpapier, vloeipapier, koerantpapier, kreukelpapier, rimpelpapier, sellofaan, sellofaanpapier, ryspapier, manillapapier, notepapier, bankpapier, silwerpapier, kalkeerpapier, reageerpapier, filtreerpapier, sneespapier, tabakpapier, suigpapier, vetpapier, gompapier, kleefpapier, bordpapier, verbandpapier, kalligrafiepapier, toiletpapier, skuurpapier, kleeflint, vlieëpapier, perkament, perkamentpapier, confetti, velyn, marokyn, marokynpapier, karton, riffelkarton, golfkarton, serpentine, paperas, afvalpapier, papirus; papierproduk, papier, karton, papiersak, kardoes, pak papier, riem
papierformaat, folio, foliopapier, kwarto, oktavo, mediaan, grootmediaan, kleinmediaan, imperiaal, memo, A4-formaat, A3--formaat
papierbladsy, bladsy, blad, vel, vel papier, folio, reep, katern, recto, verso, kantlyn, lyn, watermerk, perforasie
papierfabriek, papiermeule, papierhandel, papierwinkel
papierstof, houtpap, pulp, houtpulp, houtpapier, houtslyp(sel), houtvesel, houtweefsel, papierpap, papierwol, sellulose, papiermaché
papiermakersgereedskap, filagram, filigram, bleekaarde, bleikaarde, bleikklei, papiermeul, hollander, kalander, glansmasjien, perforeermasjien, perforeernaald

b.nw. papieragtig, veselagtig

ww. sny, pers, rol, satineer, perforeer, verglans

bw. recto, verso

uitdr. papier is geduldig

316. Hout

s.nw. ***hout,*** houtjie, beleghout, bitterhout, braaivleishout, brandhout, dryfhout, duighout, fineerhout, inleghout, kabinethout, kruishout, kuiphout, laaghout, tweelaaghout, drielaaghout, lamelhout, loofhout, mikhout, naaldhout, nekhout, onder-

hout, ouhout, nuwehout, papierhout, plank, houtplank, kasplank, kisplank, reihout, rondhout, skraaghout, timmerhout, veselbord, vlothout, wanhout, without, woelhout, wrakhout; houtwol, knobbel, knoes, knoets, knots, draad, grein, tekstuur, nerf, splint, vesel, jaarring, bas, skynbas, skors; houtkunde, xilologie, xiloteek
houtsoorte, dennehout, kwasdennehout, stinkhout, witstinkhout, swarthout, assegaaihout, geelhout, bastergeelhout, djati, dolfhout, doringhout, kameeldoringhout, doringkreupelhout, ebbe(n)hout, elshout, essehout, imbuia, embuia, greinhout, akkerhout, eikehout, hardekool, loodhout, hardepeer, jarrahout, kalander, kamhout, kanferhout, kersiehout, kiaat(hout), kramhout, kreupelhout, kromhout, koramandelhout, lepelhout, mahoniehout, mingerhout, nieshout, notsing, ouhout, okkerneuthout, olienhout, oliewenhout, palissander(hout), peerhout, rooiessehout, rooihout, rooi--ivoorhout, saliehout, satynhout, sederhout, tambotiehout, vanwykshout, wilgehout, wilgerhout, ysterhout
houtproduksie, plantasie, dennehoutplantasie, woud, reënwoud, timmerwerf, houtboom, houtbedryf, houthandel; houthandelaar
houtverwerking, houtbewerking, houtbekleding, houtdistillasie, greinering, lambrisering, verspaandering, wanhout, wankant, blok, blokkie, balk, balkie, kortling, dwarsbalk, dwarshout, dwarspaal, kruisbalk, kruishout, lat, latwerk, plank, houtplank, kisplank, bord, spaanderbord, partikelbord, blokbord, fineer, fineerhout, bo-fineer, dekfineer, lamelbord, lamelhout, veselbord, hardebord, laaghout, multilaaghout, tweelaaghout, drielaaghout, staf, stok, paal, kreosoot, kreosootpaal, teerpaal, houtpaal; houtwerk, skrynwerk, kabinetwerk, verstekwerk, voegwerk, saagwerk, skaafwerk, draaiwerk, belegsel, inlegwerk, belegwerk, beskot, verstekhoek, las, lasplek, verstek, versteklas, haaklas, haakliplas, sponning, groef, voeg, swaelstert, swaelstertvoeg, inlaatvoeg, verstekvoeg, hol-en--dolvoeg, skroeftap, tapvoeg, kruisverband, inlegblad, inleghou, krul, houtkrul, skaafkrul, skaafsel, spaander, splint, saagsel, saagmeel, houtafval; skrynwerker, timmerman, houtwerker, kabinetmaker, kastemaker, draaier, houtdraaier, houtkapper, houthakker, timmerwerker
houtwerkgereedskap, beits, karbolineum, beitel, houtbeitel, koubeitel, dekbeitel, ritsbeitel, holbeitel, boor, houtboor, elektriese boor, draaiboor, spiraalboor, dubbelspiraalboor, spitsboor, versinkboor, diktepasser, draaibank, draaier, glaspapier, guts, hamer, klouhamer, rondekophamer, blokhamer, slaghamer, klamp, houtklamp, C--klamp, klemblok, klembord, klemhaak, klemstuk, kruishout, meul, meule, moersleutel, oopspermoersleutel, rasper, reglet, reiskaaf, ritsyster, ruimer, saag, handsaag, elektriese saag, sirkelsaag, banksaag, draaisaag, skropsaag, spansaag, steeksaag, raamsaag, sleutelsaag, tapsaag, voegsaag, versteksaag, ystersaag, metaalsaag, saagbank, saagblok, saagbok, saagkuil, saagmeul, saagsetter, skaaf, skaafmasjien, roffel, roffelskaaf, riffelskaaf, rondskaaf, lysskaaf, profielskaaf, holskaaf, ojiefskaaf, puntskaaf, speekskaaf, reiskaaf, sponningskaaf, skropskaaf, verstekskaaf, verdiepskaaf, rasper, vyl, skuurder, skuurmasjien, skuurpapier, skaalplank, skroef, skroewedraaier, sterpuntskroewedraaier, kruispuntskroewedraaier, ratelskroewedraaier, slee (draaibank), snybank, spykerklou, stelskroef, duimskroef, stelskroef, verstelskroef, swaaihaak, swingel, tandsetter, timmerbok, verstekhaak, winkelhaak; spyker, hegspyker, paneelspyker, skroef, houtskroef, ovaalkopskroef, rondkopskroef
houtware, houtproduk, houtmeubel, houtkas, houtkis, houtraam, . . .

b.nw. houtagtig, houterig, greinerig, dwarsdraads, regdraads, kapryp, haaks, geskaaf, gesaag

ww. saag, kap, droog, verhout, vermolm; bewerk, afpel, afskuur, beitel, boor, draai, greineer, groef, hamer, slaan, inslaan, inlê, inskulp, karbolineer, klem, kreosoteer, krul, lambriseer, las, omkap, omklink, rasper, rits, roffel, saag, skaaf, skuur, timmer, verpulp, verspaander, voeg

d. PLANTERYK

317. Fisiologie

s.nw. ***fisiologie,*** biologie, geobiologie, radiobiologie, biodinamika, biogenese, bionika, biotomie, selleer, moment, momentum,

simbiose, sinergisme, sinergie
sel, seldeling, selverdeling, selontwikkeling, mitose, transmutasie; selstof, selkern, nukleus, selvoeg, selwand, selweefsel, idioblas, filament, albumien, albumine, katalase, kreatien, kreatine, nukleïen, nukleïne, sellulose, seloom, sentriool, sentrosoom, sigoot
filogenese, filogenie, voortplanting, genotipe, atavisme, rasegtheid, baster, fotofiel, fototropie; phylum, klas, orde, familie, genus, geslag, spesie, soort; diereryk, planteryk, habitat, groeiwyse, groei, anabolisme, katabolisme
idioblas, homogamie, bloeding
bladgroen, chlorofil, sporofil, huidmondjie, stoma, fillotaksie, fillogeen, fillode, chrisofil, rickettsia, rickettsiabakterie, reinkultuur, alkaloïed, alkaloïde modifikasie, diatoom, korteks

b.nw. fisologies, biologies, biogeneties, aëroob, alifaties, androgeen, atavisties, biseksueel, chromaties, gemeenslagtig, heterotroof, resessief, saprofaag, sellulêr, sinergeties, basaal, bederfbaar, bederflik, bevange

ww. aanteel, klassifiseer

318. Plant

s.nw. ***plant,*** flora, grondflora, vegetasie, vegetaal, groenigheid, groenerigheid, hermafrodiet, tweeslagtige plant, soöfiet, dierplant
planteryk, phylum, klas, orde, familie, genus, spesie, nie-saadplant, nie-blomdraende plant, swam, fungus, varing, keëldraende plant, gimnosperm, saadplant, blomdraende plant, spermatofiet, angiosperm, bedeksadige, eensaadlobbige, monokotiel, eensaadlobbige plant, tweesaadlobbige, dikotiel, tweesaadlobbige plant
blomplant, bolplant, bolgewas, geraamteplant, soetwaterplant, vetplant, sukkulent, woekerplant, laatbloei, herfsblom, rankplant, rank, ranker, klimop, klimplant, kasplant, voedster, voedsterplant, nabloeier, kougoed, kandelaar, koelteboom, woudreus, duineveld, fynruigte, fynbos, popkuil, kafferskuil (*kwetsend*), lap, heining, haag, heg, laning, laninkie, kweperlaning, . . ., doringwildernis, vervuiling, ruigte, kreupelbos, oerwoud, woud, dennewoud, . . ., bos, dennebos, . . ., parasiet, saprofiet, skimmelplant, hidrofiet, waterplant, waterblommetjie, wateruintjie, . . ., aërofiet, epifiet, lugplant, fotofiel, fotofiet, ligplant, heliofiet, sonplant, holofiet, outofiet, halofiet, hermafrodiet, hermafroditisme, sporofiet, keëldraer, somerplant, somergewas, herfsplant, herfsgewas, winterplant, wintergewas, jaarplant, jaargewas, labiaat, epifiet, xerofiet, grondbevolking, onderhout, onderbos, ondergroei, ouhout, veselplant, veldgewas, veldplant, varing, skaduplant, struik, struikgewas, sporeplant, snotterbel, peulplant, dwergplant, doringstruik, klimkruid, gewas, siergewas, sierplant, sierboom, saaiplant, saailing, saadplant, kruipplant, doringboom, krui, kruie, kruid, onkruid, kruidgewas, gras, riet, rietbos, rietgras, pol, graspol, grassaad, halm, grashalm, spriet, grasspriet, indringerplant, gifplant, parasiet, parasitiese plant, gasheerplant, dwergsoort, dwergboom, stoel, steggie, stiggie, telg, inlêer, bol, blombol, lateks, tak, palmtak, dennetak, . . ., kafdoppie, stronk, snoeisel, hawer, katoen, windskerm, heg
blomsoort, blomvorm, kers, grafblom, skermblom

b.nw. plantaardig, kruidagtig, fitogeen, stokkerig, angiospoor, bedeksadig, bedeksporig, bladhoudend, bladwisselend, bodemstandig, doringloos, doringrig, eensaadlobbig, tweesaadlobbig, driesaadlobbig, dubbelblarig, groen, groenblywend, haarloos, harerig, harig, hermafrodities, kapryp, oorblywend, oorjarig, struikagtig, vegetatief, woldraend, xerofities; beplant, begroei, bebos, plantryk, bosryk, boomryk, boomloos

ww. groei, uitloop, vervuil; plant, beplant, pot, inlê

319. Wortel

s.nw. hoofwortel, penwortel, primêre wortel, sekondêre wortel, tersiêre wortel, kleiner sywortel, laterale wortel, wortelstelsel, bywortels, penwortelstelsel, veselige, byworteIstelsel, boomwortel, haarwortel, lugwortel, veselige wortel, veselwortel, wortelhaar, wortelvesel, worteldraad, wortelstok, risoom, suigwortel, bol, knol, wortelgroente, wortelgewas, bolgewas, bolplant, knolgewas, knolplant

b.nw. gewortel, wortelagtig

ww. wortel, wortel skiet, stoel

320. Stam

s.nw. stam, stomp, stompie, knoes, knoets, tak, sytak, skeut, loot, twyg, takkie, waterloot, bloeias, doringtak, lat, stok, stingel, steel, spruit, bas, dikbas, mikstok, mik, jaarring, jaarkring, draer, onderstok, onderstam, draagstok, drahout, draaghout, doring, pendoring, okselknop, eindknop, stingelknoop, stingel, lit, stingellit, nodus, groeipunt, suier, vaatbundel, melk, melksap, houtvesel, houtweefsel, kambium, parenchiem, floëem, spinthout, deksiotroop, dichotomie, digotomie, stronk, mieliestronk, gladde stingel, growwe stingel, harige stingel, doringrige stingel, bros stingel, buigsame stingel, lugstingel, ondergrondse stingel, houtagtige stingel, kruidagtige stingel, regop stingel, horisontale stingel, slingerstingel, velskoenblaar, blomas, bloeias, blombodem

b.nw. getak, ongesteeld, regstammig, hoogstammig, laagstammig, knoetserig, kwasserig, kwasterig, basagtig, kruidagtig, bas-af, basloos, digotomies, digotoom

ww. tak, vertak, stoel, aftak

321. Blaar

s.nw. blaar, gebladerte, tabakblaar, halm, vyeblaar, . . ., naald, dennenaald, roosblaar, uielof, kaffie, stingelblaar, vrugblaar, steunblad, steelblaartjie, blad, blaarskyf, bladskyf, bladnerf, nerf, hoofnerf, aar, bladsteel, blaarsteel, petiool, skede, oksel, okselknop, knop, knoppie, oog, blaarknop, okselblaar, skudblaar, blarekroon, eenvoudige blaar, enkelvoudige blaar, saamgestelde blaar, dubbel-saamgestelde blaar, blaar met netwerk van are, blaar met parallelle are, afwisselende blaarrangskikking, teenoorgestelde blaarrangskikking, blare in kranse gerangskik, blaarrand, gladde rand, gelobde rand, gekartelde rand, gesaagde rand, diepgelobde rand, getande rand, blaarvorm, lynvormige blaar, veervormige blaar, spiesvormige blaar, hartvormige blaar, eiervormige blaar, ronde blaar, ovaalgeronde blaar, haar, baard, baardjie, kelkkaffie, stekel, doring, tweesaadlobbige blaar, druiweblaar

b.nw. bladwisselend, immergroen, altydgroen, blaarwisselend, bladhoudend, doringagtig, gaafrandig, gegolf, geleed, gelob, gerib, gerimpel(d), gesplete, getand, geveer, gevurk, kaal

woorddeel blad-

322. Blom

s.nw. ***blom,*** blombodem, blomsteel, knop, blomknop, blomblaar, skudblaar, skudblad, omwindsel, kelk, blomkelk, kelkblare, blomkleed, blomkroon, blomdek, kroon, kroonblaar, kroonblad, hofie, blomhofie, vrugbeginsel, hokkie, saaddoos, saadhuisie, saadkern, stamper, styl, stempel, meeldraad, helmdraad, helmknop, stuifmeel, pollen, vrugbekleedsel, saadomhulsel, bloeikolf, bloeiskede, stamperblom

bloeiwyse, krans, raseem, skerm, kolf, aarvormige bloeiwyse, saadpluim, saat

blomsoort, blomtipe, blomknop, oop blom, eenslagtige blom, manlike blom, vroulike blom, tweeslagtige blom, lenteblom, somerblom, herfsblom, winterblom, aandblom, struikblom, tuinblom, snyblom, blommeweelde, blommeprag, blommesee, blommegeur, blomtyd

angelier, dahlia, disa, doringvygie, flap, floks, fluweeltjie, foksia, fuchsia, freesia, gnasblom, gentiaan, gesiggie, gladiolus, gladiool, gousblom, heuningblom, hibiskus, hibiskusblom, impatiëns, iris, ixia, jakobregop, japonika, kaaimansblom, kammetjie, kanol, karlienblom, klok, klokkie, kalossie, klossie, kosmos, kraanvoëlblom, krisant, krismisroos, hortensie, hortensia, Maartblom, Maartlelie, magriet, moederkappie, muurblom, naeltjie, nagblom, narsing, nemesia, papierblom, oumakappertjie, oumakappie, orgidee, bloeisel, perskebloeisel, . . ., pimpernel, primula, pronkertjie, rooipypie, protea, roosknop, skyfblom, suurkanol, tjienkerientjee, trewwa, uiltjie, varkblom, aronskelk, varkoor, varkensoor, verbena, vergeet-my-nietjie, veronika, wasblom, windblom, windroos, passieblom, kruisblom, grenadella, misblom, misbol, misryblom, minjonet, jonkwil, sonkiel(tjie), immortelle, sewejaartjie

b.nw. blomryk, bloemryk, blomdraend, enkelblommig, dubbelblommig, kransstandig, onderstandig, getros

ww. blom, ontluik, oopgaan, bloei, in die bloei staan, bloeisels dra

323. Vrug

s.nw. ***vrug,*** saad, bessie, moer, aartappelmoer, keël, kegel, dop, vleis, stingel, vrugtesteeltjie, kelkblaar, kelkieblaar, pitvruggie, steenvruggie, blombodem, koord, mesokarp, epikarp, styl, klokhuis, pit, vrugtepit, perskepit, druiwepit, pampoenpit, . . ., saadhuis, saadhuisie, kiemkrag, kiem, saadkern, saaddraer, saadkiem, saadknop, saadkorrel, saadlob, saadlys, saadmantel, saadpluim, saadpluis, doosvrug, saaddoos, saaddosie, saadvlies, saadwol, saaisaad, saat, saadblom, saaddop, klep, huls, binnevrugmuurlaag, endokarp, kiemlob, kiemblaar, huisie, mieliesaat, albumen, bolster, bol, vrugbol, perikarp, siertjie, skyf, skyfie, huisie, sporangium, waas, vrugpluis, vrugknop, vrugkiem, swelling, sporofoor, sporedosie, spoor, skil, skede

vrug(te)soort, vrugte, steenvrug, steenvrugte, pitvrug, pitvrugte, vlesige pitvrug, vlesige vrug, vlesige vrugte, saamgestelde vlesige vrug, bessievrug, bessievrugte, sagtevrug, sagtevrugte, stamvrug, stamvrugte, boomvrug, boomvrugte, dopvrug, dopvrugte, blaasvrug, blaasvrugte, spoorvrug, spoorvrugte, splitsvrug, peulvrug, peulvrugte, peulgewas, peul, doosvrug, somervrug, somervrugte, wintervrug, wintervrugte, lentevrug, lentevrugte, herfsvrug, herfsvrugte, skynvrug, tropiese vrug, tropiese vrugte, sitrusvrug, sitrusvrugte, sitrus, tafelvrugte, droëvrugte

appel, suikerappel, mispel, kweper, lukwart, lemoen, soetlemoen, nawellemoen, naellemoen, pompelmoes, pampelmoes, jaarlemoen, nartjie, mandaryntjie, kumkwat, suurlemoen, sitroen, lemmetjie, pomelo, jaroek, jaroep, jarok, perske, gladdeperske, kaalperske, kaalgatperske, nektarien, appelkoos, peer, kalbaspeer, saffraanpeer, pruim, bergpruim, pruimedant, koejawel, piesang, banana, pynappel, papaja, veselperske, mango, vla-appel, tamatiepruim, dadelpruim, persimmon, kersie, kiwi, kiwivrug, lietsjie, dadel, olyf, advokadopeer, advokaatpeer, waatlemoen, spanspek, laloentjie, vy, groenvy, perdevy, suurvy, ghôkum, ghoena, korent, korint, turksvy, doringturksvy, elandsvy, granadilla, grenadella, druif, druiwe, fransdruif, fransdruiwe, hanepoot, hanepootdruif, hanepootdruiwe, kristaldruif, steendruif, akkerdruif, rosaki, korent, korint, bessie, aarbei, moerbei, kruisbessie, aalbessie, swart(aal)bessie, braambessie, wilde braambessie, framboos, framboosbessie, bloubessie, kaambessie, bosbessie, appelliefie, appelliepie, Europese appelliefie, pampelmoesie (*gewest.*), pompe(l)moer(tjie) (*veroud.*), granaat, knikkertjie, froetang; groente 351

neut, grondboontjie, okkerneut, amandel, kasjoeneut, haselneut, pekanneut, kastaiing, kokosneut, kokeleko, paraneut, Brasiliaanse neut, pistasieneut, pimperneut, groenamandel, dennepit, pienangneut

saad, sonneblomsaad, sesamsaad, sesamesaad, anyssaad, . . .

droëvrugte, rosyn, rosyntjie, hanepootrosyn, hanepootrosyntjie, neut, okkerneut, kastaiing, pekanneut, haselneut, dennepit, dennebol, klapper, karkoer, bitter waatlemoen, kariebessie, duinebessie, skilpadbessie, dortelappel, bitterappel, sodomsappel, gifappeltjie, kalbas, akker, kastaiing, kalabarboon, roosbottel, kwintappel, kolokwint, dopkoring, dop-ertjie, porslein, postelein, pienangboon

b.nw. vrugbaar, vrugbrengend, vrugdraend, onvrugbaar, ryp, halfryp, oorryp, volryp, boomryp, verrot, saaddraend, saadloos, saploos, spoordraend, eenlobbig, enkellobbig, tweelobbig, dubbelkernig, meerhokkig, hokverdelend

ww. saadskiet, saai, dra, kiem, ontkiem, swel, ryp word, vrugte dra, fruktifieer, fruktifiseer

324. Plantlewe

s.nw. ***plantlewe,*** plantegroei, plant, blom 322, blomblaar, bloeisel, bloeiwyse, bloei, bloeityd, genese, heterogenese, heterogenesis, seldeling, meiose, meiosis, ontkieming, germinasie, vernalisasie, kiemplant, uitloopsel, uitloper, uitspruitsel, vertakking, weligheid, verleptheid, vermenging, verbastering, verplanting, voortbrenging, groei, diktegroei, fotosintese, fotonastie, tropisme, fototropie, fototropisme, isotropisme, isotroop, isotropie, heliotropisme, heliotropie, aërotropisme, hidrotropie, hidrotropisme, vrugbaarheid, rypheid, drastok, drag, draagtyd, dratyd, tussengasheer, transpirasie, osmose, homogamie

plantsiekte, dwerggroei, gal, krulblaar, krul-

blaarsiekte, roes, witroes, laatroes, wingerdsiekte, swam, swamsiekte, meeldou, wortelvrot, heksebesem, besemsiekte, geelvlek, bladskimmel, stuifbrand, rolblaar, druiwepes, filloksera, swartbrand, swartroes
pes, wingerdluis, codlingmot, sprinkaanplaag, stronkboorder, mieliestamrusper, snywurm, kommandowurm, knoppieswurm, kalander, koringtor

b.nw. welig, groen, immergroen, altydgroen, verlep, verwelk, sukkulent, vrugbaar, geil, onvrugbaar, rustend, geotroop, geotropies, heliotroop, heliotropies, isotroop, isotropies, anatroop, anatropies, kransstandig, kroonstandig, gelykstandig, ruderaal, bogtig (plante), homogaam, sessiel, heterotroof, osmoties

ww. groei, vegeteer, ontkiem, spruit, ontspruit, uitspruit, opskiet, uitkom, uitstoel, wortel, wortelskiet, ineengroei, rank, tier, toegroei, transpireer, verflens, verlep, verwelk, welk, vermeng, vernaliseer, verplant, vertak, voortbring

325. Plantkunde

s.nw. ***plantkunde,*** plantkennis, botanie, geobotanie, dendrografie, dendrologie, fitologie, fitografie, fitopatologie, mikologie, isotropie, natuurbewaring, natuurbeskerming, herbarium
plantkundige, botanikus, fitoloog, dendroloog, mikoloog

b.nw. plantkundig, botanies, dendrologies, dendrografies, fitologies, fitografies, fitopatologies, mikologies, isotropies

326. Oerplant

s.nw. bakterie, kokkus, streptokokkus, mikrobe, mikroörganisme, skimmel

b.nw. skimmelagtig

327. Tallusplant

s.nw. ***alg,*** paddaslyk, paddaslym
swam, fungus, muf, skimmel, spoorplant, swamspoor, buikswam, rakswam, slymswam, gissel, moederkoring, duiwelsnuif, ajoos, meeldou, roes, roesswam, penseelswam, penseelskimmel, splytswam, skimmelplant, paddastoel, sampioen, kampernoelie, paddabrood, duiwelskos, slangkos, duiwelsbrood, wier, korsmos, diatoom, kelp, bruinwier, seebamboes

328. Mosplant

s.nw. mos, veenmos, blaarmos, bladmos, mosgras, sardynkruid

329. Varing

s.nw. ***varing,*** swaardvaring, voëlnesvaring, platkatdoring, herthoringvaring, perdestert, wolfsklou, boomvaring, vrouehaarvaring, nôienshaar, nooienshaar, skildvaring, veldvaring, swaardvaring
saad, spoor, sporus, sporehopie, varingblaar, blaarvin, blaarsteel, ragis

330. Naaksadige

s.nw. ***naaksadige,*** naaksadige plant, gimnosperm, nie-blomdraende saadplant, keël, manlike keël, vroulike keël
dadel, dadelboom, dadelpalm, ivoorpalm, den, denneboom, broodboom, sikadee, welwitchia, naaldboom, sipres, konifeer

331. Boom

s.nw. ***boom,*** bladhoudende boom, bladwisselende boom, keëldraer, lowerryke boom, skaduboom, groot boom, woudreus, vrugteboom, sierboom, tuinboom; stam, boomstam, stomp, boomstomp, bas, boombas, binnebas, basweefsel, floëem, houtstraal, houtdraad, ring, jaarring, kernhout, spinthout, spinhout, kambium, teellaag, wortel, boomwortel, penwortel, kiemwortel, radikula, vlakwortel, lugwortel, wortelhaar, wortelhaarstreek, tak, boomtak, hooftak, sytak, blaar, loof, lower, boomblaar, kroon, boomkroon, top, boomtop
aarbeiboom, abiekwasboom, akasia, anaboom, assegaaiboom, asgaaiboom, Australiese vlamboom, baakhout, baobab, kalbasboom, belhambra, bergpruim, wildepruim, kaambessie, pruimbessie, bloekom, bloekomboom, lowerbloekom, rooiblombloekom, boekenhout, den, denneboom, spar, pynboom, lariksboom, larkeboom, Norfolkden, deodar, djati, doringboom, witdoringboom, soetdoring, soetdoringboom, apiesdoringboom, knoppiesdoringboom, karoodoringboom, kameeldoring, kameeldoringboom, witdoring, witdoringboom, kareedoringboom, kriedoring, kriedoringboom, naboom, haakdoringboom, lemoendoringboom, dwergmispel, silwerdwergmispel, eik, eike-

boom, akkerboom, hulseik, kurkeik, silwereik, steeneik, esdoring, ahorn, eugenia, fakkelboom, flambojantboom, garingboom, sisal, sisalboom, geelhoutboom, ouhout, rooiblaar, Henkel se geelhout, kalander, bastergeelhout, geeltuit, gomboom, granaatboom, hardekool, huilboerboon, huilboom, huilbos, huls, hulsboom, iep, olm, jakaranda, jakkalsbessie, jakkalsbessieboom, witmelkhout, witmelkhoutboom, jamboes, johannesbrood, johannesbroodboom, sprinkaanboom, karobboom, judasboom, kaalgraskafferboom (*kwetsend*), kafferpruim (*kwetsend*), kafferpruimboom (*kwetsend*), kafferdadel (*kwetsend*), kajapoetboom, kamassie, kamassieboom, kanferboom, kamferboom, kapokboom, karobboontjie, kasjoe, kastaiing, Kaapse kastaiing, kasterolieboom, kasuur, kershout, kershoutboom, kersieboom, kerseboom, kersboom, keurboom, geelkeurboom, keurtjie, keurtjieboom, kiaat, kiaatboom, dopperkiaat, kiepersol, waaiboom, sambreelboom, nooiensboom, kokerboom, boomaalwyn, kola, kolaboom, koorsboom, akasia, koraalboom, kremetartboom, lekkerbreek, mahonie, mahonieboom, melkboom, melkhout, melkhoutboom, kreupelhout, mimosa, mirteboom, mirt, mirteboom, teemirt, mispel, naaldboom, nieshout, nieshoutboom, okkerneutboom, oleander, olien, olienhout, olienhoutboom, sandolien, sandolienhoutboom, olyf, olyfboom, sandolyf, sandolyfboom, palm, palmboom, ilalapalm, pienang, pienangboom, peerboom, peperboom, plataan, plataanboom, populier, poplier, populierboom, silwerpopulier, wit populier, abeel, abele, vaderlandspopulier, vaarlandspopulier, trilpopulier, portjackson, portjacksonboom, rooi-els, rooi-ivoor, rooi-essehout, rooihout, mammoetboom, rooikrans, rooikransboom, rooikransbos, rooipeer, klipdoring, rooshout, rubberboom, saffraan, saffraanhout, saffraanboom, saffraanhoutboom, salie, saliehout, saliehoutboom, sambreelboom, sandelboom, sassafras, seder, Lebanonseder, sering, seringboom, wildesering, wildeseringboom, silwerboom, witboom, sipres, sapree, vleisipres, vleisapree, bergsipres, jenewerboom, bergsapree, bobbejaankers, spekboom, stinkboom, stinkboontjie, stinkhout, witstinkhout, kamdebostinkhout, tamarind, tamarinde, tamarisk, tambotie, tipuana, trompetboom, tungolie, vanwykshout, vyeboom, wag-'n-bietjie, wag-'n-bietjieboom, wasboom, waspalm, waterboom, wattelboom, swartwattel, blouwattel, lierwattel, sederwattel, wildeamandel, wildeamandelboom, wildeperske, spe(e)khout, vaderlandsrooihout, wilg, wilger, wilgerboom, wilkerboom, knotwilg, blomwilg, treurwilg, katwilger, rooiblaar, rooibos, vaderlandswilg, vaarlandswilg, witels, witgatboom, matoppie, without, waterboom, wonderboom, worsboom, ysterpit

b.nw. boomryk, bebos, blywend, immergroen, bladhoudend, bladwisselend, skaduryk, skadugewend, eensaadlobbig, tweesaadlobbig

332. Struik

s.nw. ***struik,*** struikgewas, tuinstruik, boomstruik, sierstruik, blomstruik, doringstruik, miniatuurstruik, potplant

akant, akelei, berberis, bokwiet, boekwiet, dansdoring, draaibos, draaibossie, duinebossie, ganna, gansbossie, gansiebossie, geelblombos, geelbos, ghnarrabos, gharrabos, narrabos, haag, haagdoring, haak-en-steekbos, harpuisbos, haselaar, heester, henna, huilbos, jakkalsbos, jakkalspruim, bloupruim, namtarrie, jakkalsstert, januariebossie, jute, kaalgaar, kaalgare, kaalgaring, kanferbos, kamferbos, kapokbossie, karee, kareeboom, kareebos, karoobossie, katdoring, katbos, katoog, kawa, keiappel, kerriebos, klapperbos, klipdoring, kolkol, koordbossie, kouterbos, kraalbos, kroton, kruidjier-oer-my-nie, kruidjie-roer-my-niet, maniok, kassawe, meelboom, masbos, meidoring, oondbossie, perdekop, pienangbossie, raasbessie, ghwarriebos, ghwarrie, rooikrans, rooikransbos, rooitou, saffraanbossie, seeroogbossie, slangbossie, soethout, soethoutbossie, spieëlplant, stinkbos, stinkblom, stinkolieblaar, stinkblaar, stinkolie, stinkolieboom, sysselbos, taaibos, tabakbos, telbossie, vaalbos, vaalbossie, vaalbrak, brakbos, soutbos, vermeerbossie, veterbossie, wildegranaat, geelberggranaat, windmakerbos, witaarbossie, witbossie, withaak, wolbossie, wolfskruid, wolwekruid, monnikskap, wolwedoring

blomstruik, asalea, baardmannetjie, bal-

roos, bauhinia, begonia, bergroos, skaamblom, blomperske, blomkweper, bobbejaanklou, drolpeer, dwergblomgranaat, dwergverbleikblom, brunsfelsia, flambou, mahemblom, frangipani, fuchsia, gardenia, garnaalblom, goudtrompet, impatiëns, jakobregop, fluitjiesbos, wildebesembos, jubelbessie, kamelia, kankerbossie, geelkeurtjie, gansie, gansiebossie, kalkoenbelletjie, kanna, ganna, kannabos, gannabos, bruinganna, fyntaaibos, kapkappertjie, kapkappie, kapokbossie, karmonk, katjiepiering, keiserskleed, kerriebos, keurbos, keurboom, keurtjie, keurtjieboom, kliproos, konfettibos, koraalbessie, koraalbos, kraanvoëlblom, strelitzia, krisantbos, magrietbos, krismisroos, hortensia, hortensie, Japanse roos, kruiskruid, lanferroos, lantana, laventel, magnolia, malva, pelargonium, oregondruif, ploegbreker, poinsettia, reseda, rooirabas, roos, roosboom, basterteeroos, floribunda-roos, garnette-roos, miniatuurroos, hoogstamroos, struikroos, rankroos-van-Saron, roosboom, roosmaryn, selonsroos, oleander, sesbania, skeefblom, grafblom, steekbossie, blombos, teebossie, verbena, sitroenverbena, veronika, bosveronika, vuur-op-die-dak, vyfvingerkruid, wasbessie

b.nw. struikagtig, immergroen, blomdraend, eensaadlobbig, tweesaadlobbig

333. Rankplant

s.nw. ***rankplant,*** ranker, klimplant, klimop
beesklouklimop, bobbejaantou, slingerplant, purperwinde, bougainvillea, Chinese ranktrompet, heroutstrompet, houtroos, Japanse klimop, jasmyn, Chileense jasmyn, melkjasmyn, Madagaskarjasmyn, kanarieklimop, kanferfoelie, kamferfoelie, kannetjie, katklouklimop, klapklappertjie, klappertjie, klematis, koraalklimop, maramba, oupa-se-pyp, pampoenrank, pampoenstoel, petrea, wildenaeltjie, platkatdorings, rankroos, rankwildevy, swiertrompet, Virginiese klimop, vuur-op-die-dak, wasplant, wildewingerd, wingerdplant, wistaria, bloureën, Zimbabwiese rankplant

b.nw. rankerig, eensaadlobbig, tweesaadlobbig

334. Blomplant

s.nw. ***blomplant,*** blomstruik, blom, blomdraer, blomdraende plant
aandpypie, aasblom, aaskelk, affodil, afrikaner, afrikanertjie, stinkafrikaner, agapant, agretjie, anemoon, angelier, aster, balseminie, bergaster, bobbejaantjie, dahlia, gipskruid, kalkoentjie, kalossie, groenkalossie, kapokblom, kapper, kappertjie, kapkappertjie, kelkiewyn, kosmos, kruisblom, monnikskappie, papawer, klaproos, papierblom, strandroos, pronk-ertjie, sier--ertjie, ranonkel, ridderspoor, rododendron, alperoos, koringblom, seeroogblom, sewejaartjie, strooiblommetjie, siklaam, siklamen, alpeviooltjie, alperosie, skaamblom, slangkop, sleutelblom, slymuintjie, slymstok, sneeuklokkie, sonneblom, strelitzia, swaardlelie, varkblom, varkoor, varkensoor, aronskelk, viooltjie, vuurpyl, soldaat, vygie, weeskindertjies

335. Bolplant

s.nw. ***bolplant,*** affodil, narsing, freesia, gifbol, impalalelie, krokus, krulkop, lachenalia, klipbelletjie, lelie, olifantsoor, bobbejaanoor, soetemaling, soetamaling
knolplant, baro, baroe, kohlrabi, knolkool, raapkool, gatgai, tatgai, perdeklou, raaptol, uintjie, varkslaai, snotwortel

336. Vetplant

s.nw. vetplant, sukkulent, kaktus, kaktusplant, beeskloutjie, toontjies, haaskos, halfmens, kanniedood, karkei, koesnaatjie, kosnaatjie, noorsdoring, skilpadkos, stapelia, turksvy, kaalblaar, vetkruid, keiserskroon, vygie, bokbaaivygie, geelbokbaaivygie

b.nw. sukkulent

337. Veldplant

s.nw. ***veldplant,*** veldstruik, veldblom, veldblomstruik, veldblomplant, fynbos, fynbosplant, wilde plant, inheemse plant uitheemse plant
akkerwanie, akkelwanie, motwortel, mus kusgras, tamboekiegras, alruin, altydbossie amarillis, narsinglelie, baardsuikerbos, bels belsbos, belskruie, bergroos, bietou, boe tebessie, disa, rooidisa, froetang, geelma griet, ghombos, hanekam, heide winterheide, somerheide, pypiesheide, mie lieheide, rooihaarjie, dwergheide, hang ertjie, hop, hottentotsvy (*kwetsend*), hot notsvy (*kwetsend*), kambro, kankerbossie

jantjiebêrend, katnaels, koekemakranka, koekmakranka, kopiva, kreupelhout, mammakappie, moederkappie, melkpol, melkbol, vingerpol, narra, nenta, nentabossie, nerina, perdekapok, kapokblom, pisgoed, protea, koningsprotea, bergroos, groot suikerroos, aardroos, diastella, tolletjiesbos, vleigeelroos, berggeelroos, leucadendron, leucospermum, mimetes, geel kreupelhout, patrysbos, suikerbos, waboom, serruria, pypie, renosterbos, rooikwas, maartblom, skoensool, belladonna, belladonna-lelie, rooipop, rooistompie, rooitrewwa, ewwa-trewwa, rooikappie, rosyntjiebos, sandharpuis, ounooibossie, armoedsbos, skaapbossie, karoobossie, skorkruid, slangbossie, sondou, speldekussing, spurrie, sporrie, sterretjie, suurknol, tontelblaarbossie, wildemalva

b.nw. inheems, eie aan, endemies, uitheems

338. Gras

s.nw. barlewietgras, kaalgras, bewertjie, klokkiesgras, trilgras, jakkalsgras, bietou, wilde witmagriet, jobskraaltjies, jobskraletjies, klits, klitsgras, knapsakkerwel, knapsekêrel, muskusgras, pampasgras, silwergras, steekgras, stinkgras, suurgras, suurpol, koperdraadgras, tamboekiegras; veevoer, tef, tefgras, klawer, klawergras, osgras, reddingsgras, haasgras, soetgras, rooigras, raaigras, roggras, waaigras; kweek, fynkweek, kikoejoegras, buffelsgras, mannagras

339. Riet

s.nw. riet, duineriet, fluitjiesriet, vleiriet, kanet, spaansriet, soetriet, vaderlandsriet, vaarlandsriet

b.nw. eensaadlobbig, rietagtig, rieterig

340. Krui

s.nw. krui, kruid, kruidgewas, basielkruid, basiliekruid, basil, jakkalsgras, bietou, wildemagriet, kamille, kamyn, kapperkruid, karwy, kassie, kaneel, knoffel, knoflok, koljander, kruisement, laventel, marjolein, peperment, roosmaryn, tiemie

341. Waterplant

s.nw. amasonelelie, fonteinkruid, geelwateruintjie, lansblaar, lotus, palmiet, papirus, vleiblommetjie, vleilelie, waterblommetjie, wateruintjie, waterhiasint, waterlelie, waterpapawer; seeplant, seegewas, seebamboes, seegras, seewier, alge, groenalge, bruinalge, rooialge, koraalagtige wiere, seeboontjie

342. Gifplant

s.nw. akkedisstert, alruin, bietou, bloedblom, dieffenbachia, duiwelsklou, duiwelsdoring, duiwelsnaels, kloudoringgeelboslelie, gewasghaap, gifbessie, inkbessie, knysnalelie, krimpsiektebos, maanblom, mielievrug, naboom, nardus, poeierkwas, rooimuur, seeroogblom, sikadee, broodboom, stinkblaar, tongblaar, tulp, varkstert, varswatervarkstert, wolwegif, boesmangif, boesmansgifboom, gifboom, wolweboontjie

343. Genesende plant

s.nw. alant, alruin, mandragora, doodkruid, als, bitterals, wildeals, bitterhout, boegoe, dagga, hennep, douwurmbossie, agdaegeneesbossie, duiwelsdrek, fenegriek, galbossie, kalmoes, karmedik, kerwelkesieblaar, kesieblaar, kiesieblaar, kasie, wildemalva, kopiva, langbeen, kinabossie, namie, olifantsvoet, perdebos, perdebossie, rabas, rooiwortel, slangwortel, swartstorm, tamaryn, toorkruid, wortelboom, wynruit

344. Onkruid

s.nw. onkruid, pes, verpesting, vuilgoed, kanniedood, klits, indringer, indringerplant, blomonkruid, giftige onkruid, eetbare onkruid, parasiet, parasietplant, wortelparasiet; boetbossie, boetebossie, bog, bolderik, dodder, warkruid, drabok, dubbeltjie, duwweltjie, duwweltjiesdoring, gansvoet, hakea, jakkalskos, kakiebos, kakieklits, kankerroos, klaaslouwbossie, kouterbossie, klits, klitsgras, beesklits, stekelklits, donkieklits, regopklits, sterklits, kakieklits, klitsklawer, hondeklits, knapsekêrel, rondeklits, maretak, mistel, voëlent, voëllym, misbredie, nastergal, nagskade, netel, brandnetel, olieblaar, stinkblaar, rooiblom, mieliegif, satansbos, suidissel, seidissel, suring, steenboksuring, uintjiekweek, uintjieskweek, wateruintjie, wewenaar, wiek, wilde-ertjie

b.nw. vervuil, verpes, ongewens

ww. vervuil, verpes, verdring, toegroei

345. Plantkwekery

s.nw. ***plantkwekery,*** plantteelt, teelt, teling, aanplanting, beplanting, verbouing, wisselbou, fitogenie, fitogenese, fitopatologie, waterkultuur, hidroponika, akwakultuur, kruisteelt, bevrugting, kunsmatige bevrugting, kruisbevrugting, enting, inokulasie, saad, saailing, saaisel, saadwinning, saadteelt, haplont, steggie, aflêer, inlêer, afleier, saaityd, oorplanting, ontworteling, misgewas; onkruidbestryding, insekbestryding, fungusbestryding
kweker, plantkweker, fitoloog
kwekery, kweekhuis
groeistof, bemesting, mis, misstof, miskraal, mishoop, kompos, komposhoop, groenbemesting, ghwano, guano, kunsmis, fosfaat, superfosfaat, landboukalk, kalkswael, kalias, beenmeel, beenfosfaat, slakkemeel, bloedmeel, spoorelement; spuitmiddel, sproeimiddel, insekdoder, insekgif, insektiside, insekpoeier, onkruiddoder
plantsiekte 324

b.nw. bebou, braak, wild, gekweek, geteel, fitologies, fitogeneties, hidroponies, insekdodend, onkruiddodend

ww. plant, beplant, aanplant, kweek, aankweek, teel, kultiveer, verbou, aankom, aflê, afsnoei, begiet, besproei, bespuit, bloei, fluit

346. Landbougrond

s.nw. ***grond,*** landbougrond, humusgrond, humusaarde, humus, bladgrond, bladaarde, driesgrond, driesland, stuifsand, stuifaarde, aarde, teelaarde, terrein, oopte, grondvrugbaarheid, gronderosie
plaas 354, landgoed, veeplaas, beesplaas, volstruisplaas, saaiplaas, wynplaas, wingerdplaas, wynlandgoed, groenteplaas, rivierplaas, grensplaas, boereplaas, proefplaas; landery, land, saailand, saaigrond, ouland, braakland, rysveld, graanland, hooiland, tabakland, terrasbou, terrasland, plantasie, denneplantasie, koffieplantasie, teeplantasie, . . ., veepos, kraal, miskraal, mishoop
akker, akkerland, wenakker, saadakker, bedding, saadbedding, randakker, rand, terras, voor, leivoor, uitstrykvoor, holvoor, sloot, voortjie, grip, grippie, slootjie, sooi, gesaaide, akkerbou, park
weiding, wei, weide, weiland, weiveld, grasveld, somerveld, winterveld, gras, grasvlakte, suurveld
tuin, voortuin, agtertuin, blomtuin, fyntuin, struiketuin, groentetuin, rotstuin, roostuin, moestuin, dieptuin, daktuin, binnetuin, binnehof, lushof, somertuin, wintertuin, lentetuin, herfstuin; bedding, blombedding, groentebedding, struikbedding, randakker, grasperk
braakland, ruveld, ruigte, ouland, woesteny, woestheid, wildernis

b.nw. bebou, braak, vrugbaar, onvrugbaar, humusryk, arm, bewerk, beblom

ww. bebou, ontgin, bewerk, kultiveer, bemes, ploeg, spit, omspit, dries, wied

347. Landbou

s.nw. ***landbou,*** landboubedryf, bedryf, landboubelange, landbou-ekonomie
landbouaktiwiteit, verbouing, boerdery, saaiboerdery, graanboerdery, beesboerdery, melkboerdery, melkery, skaapboerdery, groenteboerdery, vrugteboerdery, sitrusboerdery, . . ., bewaringsboerdery, modelboerdery, bestaansboerdery, roofbou, roofboerdery, kwekery, saadkwekery, aanplanting, weiding, beweiding, oorbeweiding, onderbeweiding, besproeiing, irrigasie, waterleiding, bemesting, snoeiery, snoeityd, inokulasie
oes, opbrengs, opbrings, hoofoes, vangoes, rusoes, dekoes, oestyd, napluk, napluksel, naoes, misoes, groenteoes, vrugteoes, druiweoes, katoenoes, koringoes, koringjaar
landboubenodighede 355, implement 355
landbouer, boer, saaiboer, graanboer, beesboer, melkboer, skaapboer, wynboer, hoenderboer, graanboer, tabakboer, wildboer, . . ., kleinboer, deelboer, teeplanter, landbou-ekonoom

b.nw. landboukundig, agraries, arbeidsintensief, beplantbaar, ploegbaar, geploeg, saaibaar, terrasvormig

ww. ***boer,*** vooruitboer, agteruitboer
bewerk, grond bewerk, voorberei, grond voorberei, verbou, bebou, ploeg, omploeg, omploeë, onderploeg, onderploe(ë), inploeg, uitploeg, eg, grond breek, spit, omspit, uitspit, grawe, graaf, grou, afgrawe, afgraaf, uitgrawe, uitgraaf, begrawe, begraaf, dol, dolf, dolwe, wroet, skoffel, afskoffel, skoonmaak, onkruid uitroei

ontwortel, met wortel en tak uitroei, hark, afrand, operd, kontoer, terrasseer, rol, afrol, natlei, waterlei, irrigeer, bemes, kalk, inkuil, snoei, terugsnoei, uitdun, wei, bewei, oorbewei
plant, aanplant, inplant, verplant, oorplant, uitplant, inploeg, saai, oplei, inokuleer, teel
oes, afoes, inoes, maai, insamel, inbring, pluk, sny, uitry, inpot, trap, koring trap, wan, uitwan
b.nw. landboukundig, agronomies

348. Blomkwekery

s.nw. ***blomkwekery,*** blomplaas (*ong.*), proteakwekery, proteaplaas, rooskwekery, dahliakwekery, orgideekwekery, angelierkwekery, . . ., blombedding, bloemis, bloemiste, bloemistewinkel, blomwinkel, blomstalletjie
blomruiker, ruiker, bruidsruiker, strooimeisieruiker, handruiker(tjie), knoopsgatruiker, mansruiker, skouerruiker, gerf, blomgerf, boeket, rangskikking, blom(me)rangskikking, slingerblomme, blomslinger, krans, blomkrans, kiskrans, kerskrans, kersfeeskrans, snyblomme, kunsblomme, syblomme, droë blomme, droë rangskikking; bloemistelint, draad, bloemistedraad, draad, bloemisteskêr, blompot, vaas, blombak, blomstaander, oasis
blomkweker, bloemis, bloemiste, blommerangskikker
ww. blomme doen, rangskik, insteek, draad, blomme draad

349. Bosbou

s.nw. ***bosbou,*** bosboubedryf, bosboukunde, boshuishoudkunde, boomteelt, arborikultuur, boskultuur; plantasie, bosland, woud, geboomte, boomkwekery, arboretum, boomaanplanting, bosaanplanting, enting, okulasie, snoeiery, snoeiwerk, snoeikuns
bosbouer, bosbounavorser, boswagter, boomkweker, snoeier
ww. bebos, blek, okuleer, afkap, vel (boom), ent

350. Vrugteverbouing

s.nw. ***vrugteverbouing,*** pomologie, vrugteboerdery, vrugteteelt, vrugtekwekery, vrugteplaas, vrugtehandel, vrugtemark, vrugtewinkel, vrugteboord, lemoenboord, appelkoosboord, . . ., vrugteboom, vrugteoes, vrugtejaar, vrugtetyd, vrugtekweker
vrug 323, vlesige vrug, bessievrug, saamgestelde vlesige vrug, pitvrug, steenvrug, appelvrug, sitrusvrug, tropiese vrug, droë vrug, neut
vlesige vrugte, bessievrugte, druif, rosyn, rosyntjie, korent, korint, aalbessie, swart(aal)bessie, appelliefie, appelliepie, bloubessie, bosbessie, aarbei, moerbei, framboosbessie, frambosebessie
pitvrugte, steenvrugte, perske, geelperske, kaalperske, nektarien, appelkoos, veselperske, mango, dadel, olyf, kersie, pruim
appelvrugte, appel, peer, kweper, lukwart
sitrusvrugte, lemoen, suurlemoen, nartjie, mandaryn, mandaryntjie, pomelo, kumkwat
tropiese vrugte, piesang, granaat, tamatiepruim, dadelpruim, Chinese persimmon, lietsjie, avokadopeer, koejawel, turksvy, boereturksvy, papaja, pynappel
droë vrugte, neute, okkerneut, pekanneut, Brasiliaanse neut, kokeleko, paraneut, grondboontjie, pistasieneut, pimperneut, groenamandel, dennepit, amandel, kasjoeneut, haselneut, kastaiing, kokosneut
wynbou, wingerdbou, wynkunde, oenologie, wingerd, opleiwingerd, jongwingerd, wingerdstok, wynstok, kromhout (*skerts.*), druiweoes, wynoes, wynjaar, parstyd, kelder, wynkelder, proelokaal, wynproekelder, kuip, parskuip, parsbalie, trapbalie, perspomp, perspyp; mos, druiwesap, gisting, gistingsproses, veroudering, houtveroudering, wynproewerstoets; wynboer, wynmaker, keldermeester, wynproewer, wynkenner
b.nw. ryp, oesgereed, pomologies, oenologies
ww. oes, pluk, pars, op die doppe laat lê, versny, veredel

351. Groenteverbouing

s.nw. ***groenteverbouing,*** groentekwekery, groenteteelt, aartappelkwekery, boontjiekwekery, . . ., aartappelboerdery, boontjieboerdery, komkommerboerdery, . . ., rysbou, groentemark, groentewinkel, groenteplaas
groente, blaargroente, steelgroente, vruggroente, blomgroente, saadgroente, bolgroente, knolgroente, wortelgroente, boontjieland, ertjieland, aartappelland, . . ., rys-

land, ryspadie (*ong.*), tonnel, groentetonnel, boontjieplant, ertjieplant, . . ., pampoenrank, koolkop, boontjiesaad, ertjiesaad, wortelsaad, . . ., aartappelmoer
groentekweker, groenteboer, groenteman, groentevrou, groentesmous
blaargroente, andyvie, breëblaarandyvie, artisjokkelof, bindslaai, boerkool, krulkool, bronkors, bronslaai, kool, kopkool, groenkool, witkool, kropslaai, kopslaai, blaarslaai, molslaai, perdeblom, selderykool, Chinese kool, savojekool, savooikool, sigorei, witloof, Brusselse lof, skaapsuring, spinasie, spruitkool, Brusselse spruitjies, veldslaai, wingerdblaar
steelgroente, stingelgroente, aspersie, kardoen, rabarber, seldery, spinasiebeet, blaarbeet, vinkel
vruggroente, artisjok, agurkie, eiervrug, komkommer, pampoen, herfspampoen, kalbaspampoen, murgpampoen, murgpampoentjie, murg-van-groente, vroeëpampoen, okra, gumbo, rissie, soetrissie, skorsie, tamatie, eiervrug
blomgroente, blomkool, spruitkool, spruitjies, winterblomkool, broccoli
saadgroente, boon, boontjie, groenboontjie, boerboon, boerboontjie, stamboontjie, sojaboon, sojaboontjie, boontjiespruite, ertjie, groen-ertjie, dwerg-ertjie, mange tout-ertjie, lensie, mielie, groenmielie, skietmielie, rys, ryskorrel
bolgroente, ui, piekelui, sprietui, groenui, grasui, sierui, prei, salot, knoffel, bieslook
knolgroente, aartappel, patat, kalbaspatat, artisjok
wortelgroente, wortel, geelwortel, witwortel, peperwortel, beet, raap, koolraap, raapkool, radys, swart hawerwortel, hawerwortel, skorsenier, koolseldery, knolseldery
ww. plant, kweek, verbou

352. Graanverbouing

s.nw. ***graanverbouing,*** graanbou, graanboerdery, koringbou, koringboerdery, mielieboerdery, garsboerdery, graanland, koringland, mielieland, . . ., saailand, stoppelland, dorsland, gesaaide(s), fyngesaaide(s), graanoes, koringoes, mielieoes, . . .
graan, graankorrel, graanvlok, dorsgraan, koring, koringkorrel, koringaar, koringvlok, winterkoring, saaikoring, broodkoring, kaboekoring, dorskoring, spelt (koring), opslagkoring, tarwe (koring) (*ong.*), giers, semels, gars, sorghum, graansorghum, doerra, mielie, mieliesaad, mieliepit, mieliekop, mieliestronk, mieliegruis, saadmielie, koringroesmielie, springmielie, stampmielie, rog, lusern, alfalfa, hooi, strooi, strooisel, strooihalm, kaf, bolster (*ong.*), pitvoer
stroper, stroopmasjien, jaagbesem, trapmasjien, dorsmasjien, trapvloer, silo, graansilo, mied, koringmied, hooimied, opper, miedjie, gerf, baal, kafbaal; dorstyd, traptyd, hooityd
graanboer, koringboer, mielieboer
b.nw. grasagtig, stoppelig, stoppelrig
ww. verbou, plant, kweek, saai, oes, afoes, maai, afmaai, sny, stroop, dors, trap, slaan, uitslaan, win, wan, uitwan, baal, gaffel

353. Vlasteelt

s.nw. ***katoenverbouing,*** katoenteelt, vlasteelt, hennepteelt, katoenoes, roting
katoen, vlas, hennep, rottang
hekel, repel, vlaskam
b.nw. vlasagtig, katoenagtig, rottangagtig
ww. hekel, lynslaan, root

354. Plaas

s.nw. ***plaas*** 346, hoewe, kleinhoewe, landgoed, veeplaas, beesplaas, skaapplaas, volstruisplaas, wynplaas, groenteplaas, vrugteplaas, koringplaas, . . ., kibboets, leningsplaas, paggrond
opstal, plaasopstal, plaashuis, werkershuis, werf, buitegeboue, waenhuis, motorhuis, stoor, masjienstoor, gereedskapkamer, hok hoenderhok, varkhok, stal, koeistal, perdestal, melkstal, kraal, skaapkraal, beeskraal, melkkraal, uitkeerkraal, dipkraal miskraal, uitkeergang, skuur, graanskuur hooiskuur, hooisolder, silo, dorsvloer melkskuur, baan, droogbaan

355. Landbougereedskap

s.nw. ***landbougereedskap,*** landboubenodigdhede, landbouwerktuig, plaaswerktuig implement, plaasimplement, plaastoerusting
masjinerie, trekker, dieseltrekker, kruiptrekker, wingerdtrekker, opraapmasjien opraaplaaier, hyser, dorsmasjien, dorsbal

stroper, graanstroper, snydorsmasjien, snymasjien, trapmasjien, outomatiese baler, opraapbaalpers, selfbinder, misstrooier, kunsmisstrooier, oesmasjien, kuilvoeroesmasjien, saaimasjien, saaier, planter, saadplanter, grassnyer, grasmasjien, hooiwa, leerwa
ploeg, skaar, ploegskaar, rysterplank, rysterplaat, rysterbord, stert, ploegstert, skeurploeg, olifantploeg, molploeg, gansnekploeg, baberbekploeg, dolploeg, panbreker, diepbreker, tweevoorploeg, skottelploeg, kouter, kouterploeg, beuel, eg, kapeg, roltandeg, roleg, wielskoffel, draaiskoffel, skoffeleg, skoffelploeg, grondbreker, ghrop, skotteleg, tandemskotteleg, skop, skopgraaf, skrop, damskrop, damskraper
graaf, skopgraaf, bakgraaf, skoffel, skoffelpik, pik, hark, vurk, vurktand, spitvurk, stalvurk, hooivurk, gaffel, hooigaffel, lem, panga, sekel, sens, seis, snoeimes, snoeiskêr, grasskêr, dorsvleël, dekspaan, saaisak, koringmaat, weesboom, skeerapparaat, skeerskêr, gustangetjie, gus, spuitapparaat, spuit, spuitkan, spuitfles, gifspuit, gieter, gieterkan, gieterkop, pomp, waterpomp, bakkiespomp, voëlverskrikker, wip, slagyster

356. Landbouwetenskap

s.nw. ***landbouwetenskap,*** landboukunde, agronomie, akkerboukunde, hortologie, plantpatologie, tuinboukunde, skaap- en wolkunde, landbouingenieurswese, landbou-ekonomie, landbouproefstasie, proefplaas, landbouskool, landboukollege, landboutentoonstelling
landbouwetenskaplike, landboukundige, hortoloog, landbouingenieur, landbouadviseur, landbou-ekonoom

b.nw. landboukundig, agronomies

e. DIERERYK

357. Dier

s.nw. dier, fauna, grondbevolking, grondfauna, landdier, aardsgewemel, lugbevolking, lugfauna, waterbevolking, waterfauna, seebewoner, monotipe, hermafrodiet, hermafroditisme, tweeslagtige dier, dubbelslagtigheid, dubbeldoeldier, trassie, wilde dier, ongedierte, gedierte, ondier, monster, beesgasie, affêre, affêring, grootwild, kleinwild, plaasdier, vee, grootvee, kleinvee, pluimvee, lasdier, pakdier, trekdier, trekgoed, jukdier, jukdraer, huisdier, troeteldier, rasegte dier, rasdier, opreggeteelde dier, opregte dier, graaddier, onopregte dier, pruldier, pelsdier, pantserdier, nagdier, parasiet, woekerdier, veelvraat, bakbees, soöfiet, dierplant, dierlikheid
diereryk, phylum, klas, orde, familie, genus, geslag, spesie, soort, eensellige, eensellige dier, protosoön, radiolarieë (*mv.*), straaldiertjies, mikroskopiese diertjie, meersellige, meersellige dier, metasoön, ongewerwelde, ongewerwelde dier, invertebratum, weekdier, mollusk, sefalopode, geleedpotige, insek, diptera, ortoptera, kruipende insek, voetganger, voetgangerinsek, voetgangersprinkaan, vlieënde insek, wants, halfvleuelige insek, spinagtige, spinagtige dier, skaaldier, krustasee, veelpotige, veelpotige dier, arthropodum, neteldier, holtedier, holbewoner, gewerwelde, gewerwelde dier, vertebratum, vis, amfibie, reptiel, voël, gevoëlte, soogdier, primaat, omnivoor, knaagdier, roofdier, jagdier, insektivoor, herbivoor, fitofaag, fruktivoor, soolganger, halfsoolganger, pagiderm, horingdraer
dierelewe, dierlewe, dierkunde, trop, diertrop, beestrop, olifanttrop, . . ., kudde, beeskudde, skaapkudde, . . ., swerm, swerm insekte, swerm voëls, voetgangerswerm, skool, instink, tropinstink, kudde-instink, kuddegees, oorlewingsinstink, winterrus, winterslaap, hibernasie, somerslaap
mannetjie, bul, buffelbul, koedoebul, olifantbul, . . ., ram, skaapram, bokram, beer, varkbeer, mannetjiesvark, reun, haan, wyfie, moederdier, koei, buffelkoei, koedoekoei, olifantkoei, . . ., ooi, skaapooi, bokooi, sog, varksog, teef, hen, kleintjie, kalf, kalfie, bulkalf, vers, verskalf, speenkalf, vul, vulletjie, lam, lammer, lammerskaap, lammetjie, lammertjie, ramlam, ooilam, welp, welpie, kuiken

b.nw. dierlik, animaal, beesagtig, grasetend, vleisetend, inseketend, wild, halfwild, mak, hondmak, tweeslagtig, dubbelslagtig, hermafrodities, instinkmatig, instinktief, monsteragtig, gewerwel(d), ongewerwel(d), pelsdraend, woldraend

ww. verdierlik, parasiteer, voortplant, hiberneer

358. Dierkunde

s.nw. ***fisiologie*** 515, mensfisiologie, dierfisiologie, soölogie, soögrafie, faunistiek, diersielkunde, dierpsigologie, insektekunde, entomologie, herpetologie, slangkunde, ofiologie, igtiologie, igtiografie, voëlkunde, ornitologie, skulpkunde, konchologie, parasitologie, parasietkunde, helmintologie, biotomie, viviseksie
fisioloog, dierkundige, dierkenner, soöloog, insektekundige, entomoloog, entomograaf, ofioloog, herpetoloog, igtioloog, voëlkundige, voëlkenner, ornitoloog

b.nw. dierkundig, fisiologies, soölogies, entomologies, herpetologies, ofiologies, igtiologies, igtiografies, voëlkundig, parasitologies, helmintologies

359. Eensellige dier

s.nw. eensellige, eensellige diertjie, oerdiertjie, protosoön, amebe, amoebe, slymdiertjie, afgietseldiertjie, infusiediertjie, infusorieë (*mv.*), radiolarieë (*mv.*), straaldiertjies, raderdiertjie, parasiet

b.nw. protosoïes

360. Spons

s.nw. spons, parasoön, sponsdier, kalkspons, soutwaterspons, horingspons; spongine, sponsholte, spongoseel

b.nw. sponsagtig

361. Insek

s.nw. ***insek,*** insecta, gogga, diptera, lepidoptera, hymenoptera, coleoptera, orthoptera, dictyoptera, blaarinsekte, netvlerkinsek
inseklewe, kokon, larwe, larvaal, papie, nimf, imago; bysteek, spinnekopbyt, skerpioenbyt
insekliggaam, skelet, huidskelet, huidgeraamte, uitwendige skelet, poot, insekpoot, insekbeen, gelede poot, bladpoot, tibia, tarsus, hak, klou, borsstuk, toraks, protoraks, mesotoraks, kopborsstuk, kefalotoraks, oog, enkelvoudige oog, saamgestelde oog, puntoog, mond, kaak, bokaak, mandibel, mandibula, onderkaak, maksilla, angel, gifangel, vlerk, insekvlerk, netvlerk, kremaster, spirakel, asemhalingsporie, lêboor, legboor, voeler, voelhoring, spriet, voelspriet, liptaster, palp, slakdop, slakhuis, slakkehuis, spinnerak, web, spinneweb
vlieënde insek, vlieg, huisvlieg, aasvlieg, angelierknopvlieg, angeliervlieg, brommer, bloubrommer, beesbrommer, groenbrommer, vrugtevlieg, bessievlieg, braamvrugtevlieg, blindevlieg, steekvlieg, perdevlieg, koringvlieg, roofvlieg, jagvlieg, stinkvlieg, vuurvlieg, vuurvliegie, pampoenvlieg, byvlieg, eendagsvlieg, pêrelvlieg, goudogie, bondeldraer, rotstertmaaier, hommelvlieg, sandvlieg, muggie, warmas, warmassie, galmuggie, swartmuggie, buffelvliegie, muskiet, huismuskiet, malariamuskiet, anofeles, geelkoorsmuskiet, by, heuningby, koninginby, werker, werkerby, hommel, hommelby, kabesie, jongby, koekoekby, blaarsnyerby, blaarknipper, malby, mokkaby, muskietby, mopanieby, perdeby, wesp, bembixwesp, bladwesp, galwesp, houtwesp, spinnekopjagter (wesp)
vlinder, naaldekoker, skoenlapper, skoelapper, kapel, nagvlinder, mot, motby, silwermot, kodlingmot, appelmot, vrugtemot, aalwynmot, graanmot, karobmot, kleremot, lietsjiemot, maanmot, motvlieg, patatmot, pluimhaarmot, pylstert, pylstertmot, snuitmot, spookmot, tiermot, uilmot, vrugtesteekmot, vrugtesuigmot, wolmot
kriek, langasemkriek, tuinkriek, veldkriek, koningkriek, koringkriek, molkriek, kokkerot, kakkerlak, sprinkaan, tuinsprinkaan, treksprinkaan, dwergsprinkaan, hardedopsprinkaan, bruinsprinkaan, langasemsprinkaan, stinksprinkaan, platlyfsprinkaan, voetganger, sprinkaanswerm, huidjiehu, hottentotsgot (*kwetsend*), hotnotsgot (*kwetsend*), bidsprinkaan, stokinsek, reuse stokinsek, reuse-stokinsek, wandelende tak
kewer, tor, besie, aaskewer, toktokkie stinkkewer, stinkgogga, stinkbesie, miskruier, miskewer, miskoekkewer, draaikewer, houtkewer, meubelkewer, houtboorder, breësnuitboorder, bamboesboorder, baskewer, beetkewer, bobbejaankewer, liewe(n)heersbesie, ons(e)liewe(n)heersbesie (*Eng.* ladybird), skilpadjie graanskilpadjie, oranjespikkelskilpadjie halfmaantjie, skarabee, heilige kewer, mierkewer, oogpister, loopkewer, kooipister sonbesie, sonkewer, spaansvlieg, CMR-kewer, dwaalkewer, goliatkewer, graan stinkbesie, lentekewer, olyfkewer, plat kewer, plofkewer, rooskewer, skilpadkewe skimmeljan (kewer), skuimbesie, snui

kewer, dennesnuitkewer, swartsnuitkewer, waterhondjie, skrywertjie, warrelkewer, waterjuffer, koringboud, glasmaker, waterloper
mier, miershoop, miernes, mierkoningin, blinkoesmier, fluweelmier, malmier, rooimier, swart mier, balbyter, wipstertmier, bruinwipstertmier, rysmier, termiet
vlooi, hondevlooi, sandvlooi, onderhuidvlooi, strandvlooi, springstert, erdvlooi
luis, tampan, sandtampan, vlermuistampan, skildluis, grondluis, plantluis, blaarluis, bladluis, cochenille, dopluis, rooidopluis, kafdopluis, eikeplantluis, ertjieplantluis, mielieplantluis, groenluis, bosluis, bloubosluis, skilpadbosluis, bontpootbosluis, duiwelluis, witluis, rooiluis, weeluis, wandluis, roofwants, myt, huismyt, oesmyt, bruinmyt, gortmyt, onderhuidse myt, roofmyt, rooimyt, spinmyt
spinnekop, gogga, tuinspinnekop, basspinnekop, bobbejaanspinnekop, langbeenspinnekop, langpootspinnekop, jan langpoot, hooiwa, knopiespinnekop, knoppiespinnekop, rooispinnekop, jagspinnekop, jaagspinnekop, tarentula, haarskeerder, mierleeu, joerie, kiepie, kokkewiet, mierspinnekop, mollie, molletjie, reënspinnekop, sakspinnekop, eiersakspinnekop, skerpioenspinnekop, tasterpootspinnekop, versamelnesspinnekop, webspinnekop, woestynspinnekop, wolfspinnekop, skerpioen, waterskerpioen
wurm, ruspe(r), aalwurm, blaaraalwurm, afvalwurm, bolwurm, boomruspe, honderdpoot, huishonderdpoot, oorkruiper, oorwurm, duisendpoot, roltoe, reënwurm, kommandowurm, bloedsuier, draaiwurm, haarwurm, glimwurm, maaier, miswurm, meelwurm, sakwurm, snywurm, sywurm, syruspe; wurmparasiet, bilharzia, bankrotwurm, draadwurm, eierparasiet, ertjiekalander, ryskalander, lintwurm, haakwurm, rondewurm, spoelwurm, speldewurm
slak, huisslak, tuinslak, peerslak, wingerdslak

b.nw. koppotig, tienpotig, wurmagtig, skedelloos

ww. spin, steek

362. Skaaldier

s.nw. ***skaaldier,*** krustasee, kopborsstuk, kefalotoraks, borsstuk, toraks, rugdop, rugskild, karapaks, onderkaak, maksilla, bokaak, mandibel, mandibula, gelede oog, rostrum, poot, looppoot, roeipoot, roeiertjie, kaakpoot, knyper, kela, buik, buikstreek, abdomen, stert, telson, stertvoet
krap, varswaterkrap, seekrap, kluisenaarskrap, bruinrotskrap, spookkrap, swemmende krap, kreef, varswaterkreef, rivierkreef, seekreef, scampi, stekelkreef, garnaal, steurgarnaal, krewel, modderkrewel, kapper, kril, planktonkrefie; seeluis, seepok

363. Waterdier

s.nw. ***waterdier,*** amfibie
manteldier, ongewerwelde seedier, rooi-aas, palprooi-aas
amfibie, amfibiese dier, paddavis, padda, skurwepadda, brulpadda, reënpadda, groot reënpadda, janblom, donderpadda, blaasop, salamander, salmander
skulpdier, mollusk, weekdier, ongewerwelde, ongewerwelde dier, slak 361, waterslak, seeslak, wulk, porseleinslak; naakslak; kauri, kouri, kourie, kinkhoring, nautilus, papiernautilusskulp, keëlskulp, marginaskulp, ploegskulp, ramshoringskulp, borrelvlotskulp, gesiggieskulp, kiton; alikreukel, tolskulp, tulbandskulp; oester, oesterskulp, katoog, mossel, hardedopmossel, sagtedopmossel, klipmossel, valsklipmossel, witmossel, swartmossel, kammossel, venusmossel, gapermossel, pypmossel, sleutelgatmossel, pantoffelmossel; perlemoen, perlemoer, klipkous, siffie, neriet
seekat, agarm, oktopus, inkvis, tjokka
seeanemoon, seeroos, seekastaiing, seekomkommer, seester, slangster, veerster, bloublasie
koraal, koraaldier, sagte koraal, steenkoraal, horingkoraal; spons, seespons
seewurm, gesegmenteerde wurm, platwurm, bloedwurm, mosselwurm, rifwurm, waaierwurm
strandluis, strandvlooi
vis, seevis, pelagiese vis, varswatervis, beenvis, kraakbeenvis, roofvis, eetvis, hengelvis, lynvis, sportvis; vin, stekelvin, rugvin, eerste rugvin, dorsale vin, tweede rugvin, stert, stertvin, anaalvin, buikvin, borsvin, sylyn, kieu, kief, brangieë (*mv.*), kieudeksel, kiefdeksel, kieuspleet, kieuboog, kieudraad, kieukammetjie, kieuhark, halfkieu, asemhalingsgat (walvis), spuitgat (walvis), neus-

gat (walvis), skub, grom (ingewande), graat, visbeentjie
varswatervis, baars, stekelbaars, baber, barber, brasem, forel, geelvis, karper, ghieliemientjie, slymvis, paling, rivierpaling, goudvis, goudvissie
seevis, blaasop, blaasoppie, baardman, belman, biskop, witbiskop, mosselkraker, sandbloue, beenbek, poenskop, dassie, kolstert, glasvis, heilbot, jakopewer, knorhaan, leervis, marlyn, bottervis, pampelmoes, pompelmoes, selakant, panga, dikbekkie, platvis, spiering, seeperdjie, springer, tienponder, stompneus, strepie, mooinooientjie, tjor-tjor, skol, varkbek, varkie, wildeperd, bontrok; eetvis, ansjovis, moggel, baars, briekwabaars, aartappelbaars, elf, galjoen, bandgaljoen, bastergaljoen, kraaibek, knorder, gespikkelde knorder, spiesknorder, grys knorder, geelbek, Kaapse salm, harder, suidelike harder, haring, haringvis, hottentotsvis, jandorie, geelstert, albakoor, halfkoord, tuna, geelvintuna, langvintuna, streeppenstuna, kabeljou, stompneuskabeljou, snapperkabeljou, kob, daga, kleinkabeljou, nondi, klipkabeljou, katonkel, knorhaan, koningvis, koningklipvis, koningklip, makriel, marsbanker, masbanker, pelser, sardyn, sardien, sardientjie, roman, rooi roman, rooibaardman, rooiharder, salm, baber, seebaber, wit seebaber, silwervis, doppie, skelvis, skotsman, slimjannie, snoek, steenbras, witsteenbras, rooisteenbras, janbruin, blouoog, tambryn, biskop, daeraad, steentjie, stokvis, stompneus, witstompneus, rooistompneus, tarbot, tong, tongvis; roofvis, kabeljou, marlyn, pylstert, pylstertvis, elektriese pylstert, rog, saagvis, swaardvis, seilvis, seeduiwel, monnikvis, barrakuda, kapteinvis, snoek, haai, withaai, witdoodshaai, walvishaai, Zambesihaai, duisterhaai, kortvin-mako, tierhaai, skeurtandhaai, hamerkophaai, blouvinhaai, vaalhaai, spierhaai, koeihaai, seskiefhaai, sebrahaai, sandhaai, gevlekte sandhaai, sandkruiper, aashaai, seehond, hondshaai, see-engel, engelvis, seepaling, snoekpaling, heuningkoek-bontpaling, sidderaal, lamprei, prikvis; getypoelvis, klipvis, dikkop, band-dikkop, blennie, kamkopblennie, suigvis, klipsuier; jellievis, kwal, drilvis, ribkwal
watersoogdiere, walvis 366, baleinwalvis, vinwalvis, tandwalvis, blouwalvis, gryswalvis, boggelrug, boggelrugwalvis, noordkaper, noordkapper, noordkaperwalvis, noordkapperwalvis, snoetwalvis, stompneuswalvis, spermwalvis, spermacetti-walvis, potvis, kasjalot, loodswalvis, minkewalvis, moordvis, dolfyn, bottelneusdolfyn, stompneus, gestreepte dolfyn, grys dolfyn, uurglasdolfyn, tornyn, tonyn, seevark, bruinvis, varkvis, rob, seehond, pelsrob, walrus, seeleeu, seeolifant, pikkewyn
b.nw. amfibies, haringagtig, skubvleuelig

364. Reptiel

s.nw. ***reptiel***
slang, adder, bergadder, nagadder, pofadder, dikkopadder, horingslang, horingsmanslang, mamba, makoppa, groenmamba, swartmamba, kobra, geelkobra, geelslang, kapel, koperkapel, geelkapel, bruinkobra, bruinkapel, alligatorbakkop, alligatorbakkopslang, ratelslang, rinkhals, rinkhalsslang, boomslang, kousbandjie, molslang, luislang, boa, boakonstriktor, grasslang, sandslang, skaapsteker, spoegslang, waterslang, seeslang; slangkop, giftand, gifbuis, gifklier, gifsakkie, gesplete tong, slangvel, sleepsel, slangbyt, slangbesweerder; vervelling
krokodil, alligator, kaaiman, moeraskrokodil, rivierkrokodil; krokodilvel, skub, krokodilstert
akkedis, dikdei, dikdeis, salamander 363, salmander 363, klipsalmander, koggelmander, koggelmannetjie, skurwejantjie, bloukopkoggelmander, ouvolk, kaaiman, iguana, geitjie, dikstertgeitjie, verkleurmannetjie, trapsoetjies, trapsuutjies, kameleon
skilpad, karet, karetskilpad, bergskilpad, waterskilpad; skilpaddop, rugskild, ribskild, pigale skild, marginale skild, onderdop, bodop, horingskild, nekskild

365. Voël

s.nw. ***voël,*** landvoël, watervoël, riviervoël, loopvoël, waadvoël, steltvoël, steltloper, roofvoël, insekvretende voël, saadetende voël, saadeter, eendvoël, sangvoël, trekvoël, hokvoël, troetelvoël, troeteldiervoël, mannetjie, wyfie, mannetjiesvolstruis, wyfievolstruis, . . ., poumannetjie, pouwyfie, . . ., hen, haan, hoenderhaan, hoen

derhen, kuiken, kiepie, lêhen, kapoen; krop, voormaag, snawel, voëlbek, lel, lelletjie, kam, hanekam, oorvou, ourikel, oogring, veer, dekveer, primêre dekveer, bostertdekveer, stertveer, stuurpen, penveer, vlerkpenveer, stertpen, stertpenveer, bladveer, rugveer, kontoerveer, donsveer, dons, swanedons, skag, rachis, kalmoes, veerskag, vlag, baard, vlerk, klou, voëlklou, arendklou; eier, kiemsel, dooiermembraan, vitellusmembraan, lugruimte (eier), dop, eierdop, dooieranker, chalaza, eiergeel, dooier, eierwit, albumien, albumen

baardmannetjie, bokmakierie, kokkewiet, dikkop, drawwertjie, duif, tortel, tortelduif, lagduif, kropduif, sierduif, pronkduif, kransduif, rotsduif, waaierstert, waaierstertduif, rooiborsduifie, rinkhalsduif, ringduif, posduif, namakwaduif, lemoenduif, fiskaal, janfiskaal, laksman, laksmanvoël, kanariebyter, rooiborsfiskaal, groenpiet, willie, pierewiet, piedewiet, grys loerie, kwêvoël, groenkuifloerie, hadida, hamerkop, heuningvoëltjie, hoep-hoep, hoep-hoepie, houtkapper, houtkappervoël, speg, janpierewiet, janpiedewiet, kakelaar, kanarie, wilde kanarie, sierie, kapokvoëltjie, kardinaalvoël, karkiet, katakoeroe, katakaroe, katakoerie, kiewiet, koekoek, koekoekie, piet-my-vrou, gouekoekoek, diederik, koester, kolibrie, kraalogie, kersogie, glasogie, glaasogie, krombek, kwikstert, kwikstertjie, kwikkie, wipstert, leeurik, leeurikie, lewerik, lewerkie, dagbrekertjie, dikbeklewerik, dikbeklewerkie, lyster, katlagter, merel, dirkdirk, dirkdirkie, klappertjie, klapklappie, klapklappertjie, kapkappie, oranjelyster, lemoenvoël, mossie, streepkoppie, nagtegaal, neushoringvoël, piet-tjou-tjou, reënvoël, renostervoël, rooibekkie, rooiborsie, skaapwagtertjie, snip, spreeu, witgatspreeu, gatgai, tatgai, groenspreeu, suikerbekkie, jangroentjie, swawel, swael, swaweltjie, swaeltjie, windswael, stormswael, blouswael, huisswael, bergswael, byevreter, nuwejaarsvoël, sysie, dikbeksysie, tiptol, bottergat, geelgat, tjêr-tjêr, troupand, skarrelaar, suikerbekkie, tinktinkie, vink, geelvink, kaffervink (*kwetsend*), janfrederik, jantatara, jantatarat, kanarievink, rooibekvink, langstertvink, langstertrooibekkie, langstert, liniaalstert, muisvoël, flap, flapflappie, jaap-jaap, japjappie, sakaboela, spekvreter, dagbreker, wewertjie

seevoël, meeu, seemeeu, roofmeeu, albatros, malmok, stormvoël, ork (*ong.*), malgas, kormorant, duiker, seeduiker, trekduiker, blou duiker, vaal duiker, zoempie, alk, basjan, jan-van-gent, sterretjie, strandlopertjie, pikkewyn

uil, horingsmanuil, naguil, nonnetjiesuil

roofvoël, aasvoël, gier, swartaasvoël, tjokkerbekaasvoël, witrugaasvoël, arend, adelaar, roofarend, witkruisarend, berghaan, kouvoël, tiervoël, dassievanger, lammervanger, lammergier, dwerghaantjie, krielhaantjie, valk, jagvalk, hawik, sperwel, sperwer, jakkalsvoël, kraai, raaf, witborskraai, kraanvoël, mahem, ooievaar, sprinkaanvoël, sekretarisvoël, slangvanger, slangvreter, slanghalsvoël

loopvoël, volstruis, kiwi, kasuaris, tarentaal, patrys, korhaan, fisant

hokvoël, troetelvoël, troeteldiervoël, parkiet, budgie, kanarie, papegaai, kuifpapegaai, kaketoe, kaketoea

watervoël, reier, paddavanger, hamerkop, flamink, ibis, pelikaan, paddavreter, swaan, gans, wildegans, berggans, kolgans, eend, wilde-eend, makou, bleshoender, langtoon, duiker

hoender, koekoek, koekoekhoender, kapokkie, kapokhoendertjie, bantam, kalkoen, tarentaal, pêrelhoender, patrys, namakwapatrys, kelkiewyn, korhaan, vaalkorhaan, fisant

pou, veldpou, gompou

b.nw. voëlagtig, duifagtig, raafagtig, . . ., geveer, skubvlerkig, gevleuel

ww. vlieg, uitvlieg, opvlieg, sweef, klapwiek, uitkom, swerm, uitswerm, verveer, pronk, pik

366. Soogdier

s.nw. ***soogdier,*** primaat, planteter, plantetende dier, graseter, herbivoor, herkouer, roofdier, karnivoor, vleiseter, buideldier; vee, grootvee, kleinvee

primaat, aap, dwergaap, halfaap, mensaap, nagaap, resusaap, langarmaap, mandril, slingeraap, wolaap, bobbejaan, kees, sjimpansee, gorilla, oerang-oetang, lemur

bees, skilderbees, os, skilderos, trekbees, jukos, agteros, vooros, naasagteros, naasvoor-

os, vleisbees, mof, mofbees, bul, stier, koei, kalf, bulkalf, verskalf, melkdier, melkvee, melkbees, melkkoei, melkkalf, friesbees, jerseybees, afrikanerbees; melkpens, kleinpens, leb (maag), koutjie, herkoutjie
skaap, ram, ooi, konkelooi, koggelooi, lam, lammer, lammetjie, lammertjie, merino, merinoskaap, mof, mofskaap, swartkop, persie, swartkopskaap, afrikanerskaap, vetstertskaap, dwergskaap, karakoel, karakoelskaap, horingsmanskaap
vark, ot, otjie, swyn, varkbeer, beer, varksog, sog, speenvark, spekvark, wildevark, bosvark, vlakvark
hoefdier, perd, hings, dekhings, reunperd, merrie, vul, hingsvul, merrievul, knol, ros, strydros, trekperd, skimmelperd, skimmel, rooiskimmel, blouskimmel, bleekvos, palomino, ponie, poon, Basoetoeponie, muil, muilesel, esel, donkie, tor, langoor; sebra, wilde perd, mustang, kameelperd, giraf(fe), kameelperdbul, kameelperdkoei, kameel, skip van die woestyn, drommedaris, langnekkameel, lama; bles, hoef 397, hoefyster, hoefbal, hoefstraal 397, hoefganger
bok, bokram, ram, bokooi, ooi, boklam, kapater, kapaterbok, bokkapater, orrabok, melkbok, voorbok, boerbok, sybok, angora, angorabok; wildsbok, antiloop, wild, kleinwild, wildsoort; alpakkabok, lama, blesbok, buffel, bison, dwergbuffel, wildebees, blouwildebees, hartbees, vaalhartbees, jak, knoros, brombees, dik-dik, duiker, duikertjie, bloubokkie, eland, gasel, gemsbok, grysbok, hert, takbok, kariboe, rendier, takbokram, takbokooi, hinde, ibeks, impala, rooibok, klipspringer, klipbok, klipduiker, koedoe, koedoebul, koedoekoei, muskusdier, njala, basterkoedoe, oribie, oorbietjie, ree, reebok, ribbok, rooiribbok, vaalribbok, rietbok, springbok, steenbok, swartwitpens, waterbok, kringgat
hond, huishond, gidshond, leihond, waghond, jaghond, skoothondjie, keffertjie, speurhond, reun, reunhond, teef, teefhond, werpsel, Alsatian, wolfhond, bloedhond, bulhond, boel, boelhond, boerboel, dachshond, dashond, Dobermann, keeshond, kollie, kolliehond, malteser, maltese poedel, patryshond, pekinees, poedel, Franse poedel, pronkrughond, leeuhond, rifrug, rifrughond, skaaphond, skippertjie, sniphond, steekbaard, terriër, foksterriër, Ierse terriër, Staffordshire terriër, windhond; wildehond, dingo, wolf, wolvin, hiëna, jutswolf, strandwolf, strandjut, strandjutwolf, jakkals, vos, silwerjakkals, silwervos, vaaljakkals, vaalhaarjakkals, nadroejakkals, rooijakkals, rooivos, maanhaarjakkals, weerwolf
groot wild, olifant, bosreus, woudreus, ronkedoor, renoster, neushoring, tapir, seekoei, hippopotamus, seekoeibul, seekoeikoei
beer, grysbeer, bruinbeer, ysbeer, wasbeer
roofdier; kat, huiskat, Siamees
groot kat, wilde kat, leeu, leeumannetjie, welp, welpie, leeuwyfie, leeuwelp, leeuwelpie, leeuin, vuilbaard, maanhaarleeu, kraagmannetjie, tier, jaguar, panter, luiperd, jagluiperd, rooikat, tierboskat
insekvretende dier, insekvreter, muishond, fret, meerkat, mierkat, graatjie, graatjiemeerkat, waaierstertmeerkat, ystervark, krimpvarkie, rolvarkie, rolystervarkie, stekelvarkie, miervreter, ratel, ietermago, ietermagô, ietermagog, wesel, igneumon, hermelyn, sabeldier, marter
knaagdier, muis, rietmuis, veldmuis, springmuis, jerboa, wolmuis, chinchilla, nerts, rot, rietrot, waterrot, vlermuis, vampier, kalong, bloedsuier, mol, kruipmol, blindemol, vaalmol, malmokkie, marmot, marmotjie, hamster, lemming, eekhoring, dassie, das, haas, springhaas, kolhaas, berghaas, doekvoet, konyn, bewer, muskeljaatkat, musseljaatkat, sivetkat
soogdiere van die see, walvis, narwal, dolfyn, tornyn, rob, seehond, walrus, seebeer, seeperd, seeleeu, see-olifant, otter, see-otter
buideldier, buideldraer, roofbuideldier, plantetende buideldier, knaagbuideldier, buideldas, buidelhaas, buidelwolf, buidelhond, buidelrot, kangaroe, wallabie, koalabeer, buidelbeer, buideleekhoring, buidelmuis, buidelmol, buidelrot; buidelsak

b.nw. dierlik, wild, mak, veelhoewig, grasetend, vleisetend, inseketend, tieragtig, wolfagtig, varkagtig, . . .

367. Oerdier

s.nw. ***koraal,*** koraaldiertjie
oerreptiel, dinosouriër, dinosourus, eryops, brontosourus, allosourus, tyrannosourus, triceratops, trachodon, stegosourus, plesiosourus, pterodaktiel, pteranodon
oervis, dinichthys, igtiosourus, visakkedis selakant

oervoël, archeopteryx, hesperornis
oersoogdier, megatherium, glyptodon, mastodon, mammoet, oeros, eohippus, mesohippus, sabeltand, sabeltandtier

368. Diereteelt

s.nw. ***diereteelt*** 369, dieretelery, lynteelt, aanteelt, natuurras, opregtheid, rasegtheid, vermenging, verbastering, geskiktheid, ongeskiktheid; teeldier
skaaptelery 369, beestelery 369, voëltelery, . . ., broeihok, broeitoom, teeltoom, oormerk, halfmaantjie
dierebeskerming, dieremishandeling, bewaring, natuurbewaring, dierehergberg, dierehospitaal, dieretuin, menagerie, wildtuin, wildreservaat, terrarium, oceanarium, akwarium, aquaplaas, akwaplaas
voer, kragvoer, kragvoedsel, ruvoer, somervoer, wintervoer, lek, dierelek, leksout, voerbak, voersak, voertrog, voerrak, voertregter, voergat, voergang, voertoring, voerkuil, voersilo, voerkamp, weiding, wisselweiding
teler, diereteler, temmer, perdetemmer, leeutemmer, . . ., sweep, stalmeester, stalkneg, staljonge, taksidermis, opstopper, dieresliefhebber; dressuur, dressering, dresseerkuns, taksidermie

b.nw. dresseerbaar, mak, onbeheerbaar, ongeskik, ontembaar, tembaar, touwys, opreggeteel

ww. teel, aanteel, inteel, verbaster, vermeng, bevolk, hokslaan, stal, op stal hou, op stal staan, opstop, opvoer, ring, ringel, tem, dresseer

369. Veeteelt

s.nw. ***teelt,*** telery, diereteelt 368, veeteelt, lynteelt, inteelt, skaapteelt, skaaptelery 368, beesteelt, beestelery 368, bokteelt, boktelery, volstruisteelt, volstruistelery, hoenderteelt, hoendertelery, . . ., rasegtheid, rasegte dier, stamboekdier, stoet, stoetery, stoetvee, stoetbul, stoethings, stoetram, stamboekvee, stamboek, stamboom, teelvee, teeldier, fokdier (*plat*), teelram, teelooi, teelhings, . . ., aanteeldier, aanteelbees, . . ., prulvee, prulbees, prulskaap, gusvee, gusbees, gusbok, gusooi, hamel, spanooi, vasmaakooi, konkelooi, tweelingooi, hansdier, hanslam, bakhans, tweetandskaap
veehandel, veemark, veetentoonstelling, veeskou, skut, skutverkoping, veiling, veeveiling, beesveiling, skaapveiling
vee, grootvee, kleinvee, pluimvee, horingvee, veestapel, kudde, veekudde, beeskudde, trop, veetrop, trop vee, beestrop, skaaptrop, boktrop, wildtrop, uitkeervee, uitkeerskaap, trekvee, trekbees, trekskaap, jongvee, jongskaap, jongbok, jongbees, jongos, tollie, stalvee, skutvee, melkvee, melkkalf, skotvers, speenkalf, vleisdier, vleisbees, vleisskaap, slagdier, slagvee, slaggoed, slagbees, slagos, slagskaap, melkvee, melkdier, melkbees, melkkoei, melkbok, wolskaap
veeplaas, veeboerdery, beesplaas, beesboerdery, skaapplaas, skaapboerdery, varkboerdery, volstruisplaas, volstruisboerdery, wildplaas, wildboerdery, hoenderboerdery, wolplaas, wol, kemp, kortwol, wolbaal, trekpad
voer 368, veevoer, voergewas, graanvoer, kragvoer 368, ruvoer 368, bloedmeel, veekoek, lynkoek, oliekoek, lek, soutlek, beeslek, lekblok, weiding, weiveld, soetveld, suurveld, bokveld, staning, staangeld, drinkplek, suiping, drinkgat, drinkbak, veepos; beenhonger, osteofagie
stal, koeistal, perdestal, skaapstal, kraal, veekraal, skaapkraal, beeskraal, kalwerkraal, uitkeerkraal, skutkraal, kamp, doringdraadkamp, beeskamp, skaapkamp, ramkamp, hok, kalwerhok, varkhok, ramhok, hoenderhok, aanteelhok, skeerhok, skeerstal, skeerskuur, skeerkraal, skeertyd, skeergeld, skeersel, uitkeergang, drukgang, manga, dip, dipstof, dipgat, diptenk, diphok, dipkraal, afdroogkraal
vangstok, tentakel, skaapskêr, dipstok, skamppaal, skuurpaal, stalvurk, neusring, gus, gustangetjie, stompoor, skutmerk, sweep, herderstaf, skaapwagterstaf
veeboer, beesboer, melkboer, skaapboer, bokboer, varkboer, volstruisboer, hoenderboer, wildboer, trekboer, teler, veeteler, beesteler, skaapteler, . . ., wolkweker, wolgradeerder, stalmeester, stalkneg, staljonge, herdersbevolking, herder, herderin, wagter, veeherder, veewagter, beesherder, beeswagter, skaapherder, skaapwagter, veeinspekteur, dipinspekteur

b.nw. gus, dresseerbaar

ww. aanhou, teel, aanteel, inteel, verbaster, vermeng, bevolk, hokslaan, stal, op stal hou, op stal staan, wei, laat wei, roepja, roepsek, voer, skeer, dip, skut, opstop, opvoer, ring, ringel, tem, dresseer, beslaan, inbreek, inhou, inry, kniehalter, knelter, kopspeel, koudlei, roskam

370. Voëlteelt

s.nw. ***voëlteelt,*** voëltelery, duiweteelt, duiwetelery, hoenderteelt, hoenderboerdery, volstruisboerdery, lêhen, eier, neseier; ornitologie, oölogie

voëlhok, voëlkou, korf, nes, voëlnes, hoenderhok, hoenderkamp, volstruiskamp, hoenderdraad, steier, stellasie, fuik, broeikas, inkubator, broeimoeder

saad, voëlsaad, lêmeel

pluimveeboer, hoenderboer, volstruisboer, voëlteler

b.nw. dagoudkuikens, kloeks

ww. teel, broei, uitbroei, kortwiek

371. Suiwelbereiding

s.nw. ***suiwelbereiding,*** suiwelproduksie, melkproduksie, suiwelbedryf, suiwelindustrie, suiwelhandel, melkhandel, melkvee, melkdier

melkery (proses), pasteurisasie, ablaktasie, spening, staking van melkery, mastitis

melkery (gebou), melkkamer, melkstal, melktyd, suiwelfabriek, melkfabriek, kaasfabriek, botterfabriek, melkwinkel, melkkiosk

melkmasjien, melkemmer, melkkan, roomkan, melktenk, melkstoeltjie, spantou, laktometer, laktoskoop, afskeier, roomafskeier, melkkoeler, roomkoeler, bottermasjien, bottervorm, botterspaan, melkdoek, kaasdoek, karringstaf, karringstok

suiwelproduk, suiwel, melk, beesmelk, koeimelk, bokmelk, bies, biesmelk, kolostrum, volroommelk, volmelk, afgeroomde melk, soetmelk, suurmelk, dikmelk, kês, karringmelk, jogurt, stremmelk, poeiermelk, room, slagroom, suurroom, melksuiker, galaktose, melksuur, melkvet; kaas, soetmelkkaas, gouda, cheddar, camembert, edam, smeerkaas, roomkaas, maaskaas, weikaas, kaseïen, kaseïne, stremsel, leb, kaasstremsel, wei, kaaswei, gestremde melk, wrongel; botter, roombotter, plaasbotter, soutlose botter, kunsbotter, margarien, margarine, surplusbotter

b.nw. melkagtig, melkerig, melkryk, romerig, roomagtig, botteragtig, galakties

ww. melk, uitmelk, pasteuriseer, room, afroom, karring, afkarring, strem, sak, wrongel

372. Vissery

s.nw. ***visteelt,*** visplaas, oesterteelt, oesterkultuur, oesterkwekery

vissery, visfabriek, visindustrie, vishandel, viswinkel

visvangs, hengelary, vangslag, vangs, snoekvangs, haringvangs, walvisvangs, kreefvangs, perlemoenvangs, mosselvangs, oestervangs, . . ., seevissery, riviervissery, koraalvissery, visseisoen, snoekseisoen, spieshengel

aas, visaas, aaskop, rooi-aas, krewel, kunsvlieg

viswater, hengelplek, hengelwater, hengelparadys, vywer, visvywer, mosselbank, oesterbank, oesterbed

visser, visserman, hengelaar, oewerhengelaar, varswaterhengelaar, seehengelaar, spieshengelaar, harpoenier, walvisjagter, oestervisser, pêrelvisser, oesterkweker, duiker, kreefduiker, perlemoenduiker

visgereedskap, vissermansgereedskap, hengelgerei, visstok, katrol, viskatrol, visstokkatrol, kraaines, handlyn, vislyn, hoek, vishoek, weerhaak, vishaak, trens, staaltrens, nylontrens, sinker, sinklood, lood, vislood, dollie, dobber, vismes, oestermes, perlemoenmes, aasemmer; spiesgeweer, harpoen, harpoengeweer, duikpak, duikbril, snorkel, lugbottel, duikgewig, paddavoet, duiksak; net, visnet, ophaalnet, sleepnet, seën (visnet), treknet, treil, treilnet, skepnet, werpnet, kieunet, kiefnet, beursnet, stelnet, haringnet, fuik, visfuik, kreeffuik, kreefnet, oesternet; boot, opblaasboot, visboot, snoekboot, walvisboot, walvisjagter, roeispaan, dolpen, roeipen

b.nw. visryk

ww. hengel, lyngooi, dobber, dommel, harpoen, harpoeneer, trek, vis trek, treil, duik, aas uithaal

373. Jag

s.nw. ***jag,*** klopjag, jagveld, jaggebied, jaggrond, jagplaas, skietplaas, jagtersparadys, jagkamp, jaguitstappie, jagvakansie, jagsafari, grootwildjag, bokjag, leeujag, buffeljag, jakkalsjag, robbejag, . . ., valkejag; wild, grootwild, kleinwild, buit, jagbuit, jagtrofee, jagtyd, jagpermit
jagtoerusting, geweer 677, jaggeweer, jaghoring, jaglamp, skietlamp, skietlig, koplamp; jaghond, patryshond, setter
slagyster, klem, strik, valstrik, vanggat, wolfkuil, vanghok, wip, voëlwip, fuik, val, muisval, rotval, voëllym, voëlrek, kettie
jagter, skut, wildskut, jagentoesias, nimrod, grootwildjagter, kleinwildjagter, beroepsjagter, professionele jagter, pelsjagter, jagmeester, jaggeselskap, jagparty, wilddief, wildstroper; jagterstaal, jagterslatyn, jaerslatyn

ww. jag, skiet, uitskiet, bekruip, voorlê, stroop

f. Mensheid

374. Mens

s.nw. ***mens,*** menslike wese, persoon, individu, mensekind, mensheid, homo sapiens, hominide, Adamsgeslag, aardbewoner, wêreldling, wêreldburger, wêreld, mensewêreld, siel, skepsel, medemens, naaste, tydgenoot, natuurgenoot, inboorling, inboorlingras, antipode, wese, kreatuur, ding, volwassene, grootmens, kind, jongmens, jeug, baba, kasplant, primaat, aapmens, mensaap, antropoïde, monster; antropogenese, antropomorfie, antroposofie, biometrie
geslag, tipe, tiep, ketting
geslag, geslagtelikheid, geslagsbepaling, seks, sekse, seksualiteit, man, vrou, seun, dogter, meisie, manlikheid, vroulikheid, biseksualiteit, heteroseksualiteit, homofilie, homoseksualiteit, homofiel, homoseksueel, homoseksuele persoon, homo, lesbiër, hermafrodiet, trassie, transvestiet, transvestisme, travestie

b.nw. menslik, individueel, medemenslik, tussenmenslik, ander, antropogeneties, antropoïed, antropomorf, antroposentries, egosentries; geslagtelik, seksueel, transseksueel, biseksueel, homoseksueel, lesbies, heteroseksueel, androgien, hermafrodities, manlik, mannerig, mannetjiesagtig, hanerig, vroulik, jonkvroulik, vrouagtig, monsteragtig

ww. vermenslik

bw. menslikerwys

woorddeel antropo-, homo-, hetero-

375. Man

s.nw. man, mannetjie, mansmens, adonis, adoons, meneer, heer, heerskap, ou, kêrel, haan, snaar, ta, vent, sinjeur (*ong.*), paai (*ong.*), ghoen (*ong.*), laventelhaan, laventelhaantjie, ouman, oubaas, oupa, jongman, jongkêrel, jongeheer, jonggesel, jongman, seun, seuntjie, penkop, wewenaar, graswewenaar, moffie, sissie, janhen, homofiel, homoseksueel, homo, gay; manlikheid, homoseksualiteit; hy, hom, homself

b.nw. manlik, mannetjiesagtig, managtig, seunsagtig, moffierig, homoseksueel, gay

uitdr. hy kry al baard; mossie maar man; maljan onder die hoenders

376. Vrou

s.nw. vrou, vroulikheid, vroumens, vrouepersoon, vrouspersoon (*spottend*), mevrou, dame, madam, prinses, mannin, tannie, tant, tante, ouma, meisie, boeremeisie, meisiekind, nooi, nôi, nooientjie nôientjie, jongmeisie, jongnooi, jongnôi, jongvrou, jongedame, dogter, jongedogter, juffrou, juffer, juffie, skone, skoonheid, nimf, amasone, flerrie, prikkelpop, hoer, snol, koket, konkubine, houvrou, Delila, koei, grasweduwee, motjie, rabbedoe, robbedoe, suster, lesbiër; vroulikheid, feminisme, vervrouliking, lesbiïsme, lesbianisme (*minder juis*); sy, haar, haarself

b.nw. vroulik, onvroulik, feministies, lesbies

uitdr. die swak geslag; die swakker vat; 'n roos tussen dorings

g. Liggaam

377. Liggaam

s.nw. ***liggaam,*** lyf, halflyf, voorlyf, agterlyf, corpus, figuur, gestalte, gestel, karkas, anatomie, fisionomie, somatologie, ontleedkunde, sitologie, antropometrie
liggaamsdeel, ledemaat, holte, liggaamsholte, antrum, beurs (liggaamsholte), bank, oogbank, basis, kanaal, orgaan, pigment,

vesel, vetlaag, vlies, follikel, weefsel
sel, selkern, kernliggaampie, nukleolus, ribosoom, sentriool, lisosoom, mitochondrium, selwand, selmembraan, protoplasma, leukoplas(t), sitoplasma, chromosoom, chromosoomtelling, kollageen, kollenchiem, vakuool, adhesie
weefsel, selweefsel, huidweefsel, klierweefsel, limfweefsel, senuweefsel, spierweefsel, beenweefsel, vetweefsel, bindweefsel
liggaamlikheid, liggaamsleeftyd, puberteit, adolessensie, rypingsjare, volwassenheid, oorgangsleeftyd, klimakterium, menopouse, bejaardheid

b.nw. liggaamlik, lyflik, fisiek, afferent, deferent, astenies, gebou, somaties, gepigmenteer(d), halfsydig, intern, eensellig, protoplasmaties, klimakteries

378. Senuwee

s.nw. *senuweestelsel,* sentrale senuweestelsel, outonome senustelsel, perifere senuweestelsel, simpatiese senustelsel, parasimpatiese senustelsel, sintuig
serebrum, grootharsings, serebellum, kleinharsings, medulla oblongata, verlengde rugmurg, corpus callosum, harsingbalk, hersenbalk, anterior kommisuur, dura mater van die rugmurg, optiese chiasma, oogsenukruising, pituïtêre klier, pons van Varolius, rugmurg, sagittale sinus, septum pellucidum, terminale filament, eindfilament, aksillêre senuwee, bragiale pleksus, armpleksus, digitale senuwee, vingersenuwee, femorale senuwee, dysenuwee, gluteale senuwee, huidsenuwee, iliogastriese senuwee, interkostale senuwee, tussenribsenuwee, iskiatiese senuwee, heupsenuwee, koksigeale senuwee, stuitjiesenuwee, kinestese, kinestesie, kraniale senuwee, harsingsenuwee, lumbale senuwee, mediane senuwee, muskulokutane senuwee, obturatorsenuwee, sluitspiersenuwee, peroneale senuwee, radiale senuwee, safenasesenuwee, sakrale senuwee, servikale pleksus, surale senuwee, kuitsenuwee, tibiale senuwee, ulnare senuwee, simpatiese senuwee, parasimpatiese senuwee
sintuig, gesig 499, gehoor 496, gevoel 493, reuk 495, smaak 494; gesigsenuwee, gehoorsenuwee, huidsenuwee, reuksenuwee, . . .
senuwee, senuweebundel, dendriet, neuriet, ganglion, geleier, senudraad, neuron, refleks, refleksboog, senuweefsel, senuweeweefsel, senuweeknoop, sinaps
senuweetoestand, respons, responsie, senuweeagtigheid, gespannenheid, spanning, senuspanning, senuprikkeling, nerveusheid, nervositeit, stres, tensie, neurastenie, trekkings, spastisiteit, senutrekking, rilling, refleks, senurefleks, senuweerefleks, verwringing, neuropatologie 414, neurologie

b.nw. senuweeagtig, gespanne, hooggespan, nerveus, neuralgies, neurastenies, neurologies, neuropaties, rillerig, simpaties, parasimpaties

ww. klappertand, ril, vertrek, verwring

woorddeel neuro-, senu-, senuwee-

379. Spier

s.nw. *spier,* spierstelsel, muskulatuur, gespierdheid, spiersametrekking, spierverslapping, miologie; dikvleis, biltong, spiervesel, vesel, spierweefsel, spiersak, spierskede, sening, band, spieraanhegting, pees, spierpees, peesknobbel, weivliesvet, vetweefsel, mioglobine, miosine, spierweefselpigment, kollageen
spiersoorte, abduktor, abduktorspier, hefspier, ligspier, lengtespier, teenspier, teenwerkende spier, saamwerkende spier, strekspier, aftrekspier, ringspier, platspier, sluitspier, bindspier, willekeurige spier, onwillekeurige spier; maagspier, baarmoederspier, kaakspier, tongspier, vingerspier, indikator, gesigspier, lagspier, oogspier, orbicularis, oculi, orbikulêre spier van die oog, nekspier, sternokleidomastoïed, sternomastoïed, skouerspier, trapesius, deltoïed, borsspier, groot pektoraal, groot pektorale spier, pektoralis, rugspier, romboïed, armspier, boarmspier, biseps, bragialis, bragiaal, triseps, pronator, lang palmaar, lang palmare spier, kort palmaar, kort palmare spier, voorarmspier, ulnêre fleksor, beenspier, dyspier, laterale grootspier, vastus lateralis, mediale grootspier, vastus medialis, reguit dyspier, vastus intermedius, biseps van die dy, sartorius, sartoriusspier, kuitspier, gastroknemius, solius, voetspier, toonspier
spierdistrofie, spierstyfheid, spierverstywing, katalepsie, katapleksie, spierverslap-

ping, tongspierverslapping, spierpyn, kramp, spierkramp, fibrositis, miositis

b.nw. gespierd, lenig, seningrig, veselagtig, willekeurig, onwillekeurig

ww. saamtrek, verslap, kramp

woorddeel mio-

380. Gebeente

s.nw. ***gebeente,*** beenstelsel, geleding

skelet, binneskelet, geleding, geraamte, dekbeengeraamte, beendere, dolos, horingskild, huidgeraamte, huidskelet, graat; kopbeen, skedel, wangbeen, malaarbeen, zigoom, bokaak, maksilla, onderkaak, mandibel, mandibula, handgewrig, handwortel, carpus, karpus, middelhand, metacarpus, metakarpus, polsbeentjie, boarmbeen, opperarmbeen, humerus, speekbeen, radius, ellepyp, ulna, skouerblad, skapula, sleutelbeen, klavikula, voetwortel, tarsus, middelvoetbeen, metatarsus, toonbeen, lit, proksimale falanks, middelfalanks, distale falanks, kuitbeen, fibula, skeenbeen, tibia, knieskyf, patella, dybeen, femur, hakbeen, hakskeenbeen, koot (perd), kootbeen (perd), kroonbeen (perd), toonbeentjie, heiligbeen, kruisbeen, sakrale been, sakrum, heup, heupbeen, ilium, heupgewrig, stuitjie, stuitjiebeen, koksiks, rib, ribbebeen, swewende rib, vals rib, werwel 396, werwelbeen 396, as, aksis, werwelkolom, borsbeen, sternum

been, pyp, murgpyp, beenpyp, beensplinter, beenvesel, beensel, beenvlies, kraakbeen, ringkraakbeen, murg, merg, kapselband, kollageen, beenvorming

gewrig, bolgewrig, skarniergewrig, draaigewrig, koeëlgewrig, handgewrig, polsgewrig, spronggewrig (perd), gewrigsholte, gewrigskapsel, knok, knokkel, gewrigsknobbel, epifise, gewrigskoppeling, gewrigsband, potjie, bal, gewrigslym, gewrigsvloeistof, gewrigsvog, artikulasie

beendereleer, beenkunde, osteologie, ortopedie

b.nw. benig, artikulêr, geleed, knokk(er)ig, gewerwel(d), ongewerwel(d), spinaal, beenloos; osteologies, ortopedies

381. Huid

s.nw. ***vel,*** huid, integument, membraan, vlies, pels, vag, leerhuid, dierevel, dierehuid, beesvel, skaapvel, . . .; dikvel, dermis, onderhuid, hipodermis, epidermis, boonste laag van die vel, nekvel, veloppervlak, haar 382, deursigtige laag, stratum lucidum, melanosiet, huidspier, velspier, haarspiertjie, arrector pilli, bindweefsel, onderhuidse weefsel, vetweefsel, bloedvat, Pacini se liggaampies, Meissner se liggaampies, ampulla, slymvlies, porie, haarkant, harigheid, lel, lelletjie, lyn, plooi, rimpel, nerf, moesie, moet, vrat, vratjie, blaas, blasie, waterblasie, bloedblasie, hoendervleis, stekel, horing, horingstof, dop, skulp, skub, skob, skild, skilfer, skaal (*ong.*), karet (skilpad), keratien, keratine, seratien, pagiderm, skag, swam, vervelling

velklier, huidklier, talkklier, vetklier, smeerklier, sweetklier, ekkriene sweetklier

velkleur, huidkleur, albinisme, albino, kol, vlek, moedervlek, geboortemerk, geboortevlek, moesie, sproet, sonvlek, oumensvlek, pigment, melanien, melanine, tatoeëring

b.nw. hipodermies, blas, blosend, gebruin, songebruin, gevlek, gesproet, besproet, glad, plooiloos, rimpelloos, satynagtig, geplooi, rimpelig, rimpelrig, beskimmel, beskimmeld, dikhuidig, geskub, skubagtig, klam, skilferig, stekelhuidig, stoppelig, stoppelrig, onderhuids, subkutaan, tetanies, vratagtig

ww. vervel, afskilfer, tatoeëer

382. Haar

s.nw. ***haar,*** menshaar, dierhaar, hondehaar, perdehaar, varkhaar, kameelhaar, . . ., blonde haar, swart haar, bruin haar, . . ., blondekop, brunet, swartkop, rooikop, . . ., voshare, vaalhare, muishare, langhaar, steil hare, krulhare, steilheid, steekhaar, kroonhare, nekhare, ooghaar, oogwimper, wenkbrou, winkbrou, lyfhare, baard, baardjie, baardhaar, stoppel, baardstoppel, stekel, bakkebaard, luislere, melkbaard, melkgesig, snor, moestas, hangsnor, druipsnor, weglêsnor, skaamhare

maanhaar, skimmel, blouskimmel, wol, wolhaar, steekhaar, kemp, perdestert, stertkwas, stertvlegsel

haarskag, haaropening, ostium, epidermikula, skors, korteks, haarmurg, medulla, haarwortel, haarfollikel, papil, haarspiertjie, arrector pilli, wortelskede, haarwortelskede, binneste wortelskede, buitenste wor-

telskede, vesel, haarvesel, follikel, kapsule, melanien, melanine
veer, penveer, vlerkpenveer, stertveer, bladveer, skouerveer, rugveer, dekveer, kontoerveer, donsveer, dons, skagveer, nesvere; pen, skag, rachis, vlag, baard, kalmoes
kapsel, haarkapsel, haarmode, coiffure, haarstyl, haarsnit, haardrag, haredrag, vrouekapsel, manskapsel, tonsuur; bolla, knoes, knoets, karteling, kartel, waterkartel, permanente karteling, polkahare, pommade, makasterkop, vlegsel, stertvlegsel, poniestert, borselkop, poenskop, spoenskop, koenskop, paadjie; haardroër, haarskêr, haarkapperskêr, kruller, krulpen, krulspeld, perokside, peroksied; salon, haarsalon, haarkappersalon, haarkapper, haarkapster
haardos, haarbos, kuif, haarkuif, sliert, korrelkop, kroeskop, kroontjie, krul, krulkop, krullebol, vlegsel, poniestert, bles, kaalkop, pruik, haarstuk, toupet, verharing

b.nw. harig, harerig, haarloos, langharig, gegolf, welig, ruig, wit, blond, vlasblond, gekleur, blou (perd), grys, rooi, . . ., witharig, swartharig, bruinharig, gekroes, kroes, kroeserig, krullerig, wollerig, siliêr, steil, kaal, bles, geveer, gepluim(d), veeragtig, weselbont

ww. verhaar, vergrys, grys word, afhaar, sny, kap, indraai, kartel, krul, kleur

383. Nael

s.nw. ***nael,*** vingernael, toonnael, mensnael, diernael, katnael, hondenael, klou, voëlklou
naelmaantjie, naelmatrys, naelwortel, naelbed, sool, naelsool, naelliggaam, vry punt, eponigium, naelvelletjie
naelversorging, naelknipper, naelvyltjie, naelskêrtjie, naellak, naellakverwyderaar; ingeskeurde nael, ingroeitoonnael

384. Kop

s.nw. kop, koppie, hoof, hofie, boonste verdieping, voorkop, agterkop, slaap, kruin, kuifkop, borselkop, knopkop, bles, bleskop, pankop, doodskop, skedel 385, bol, helm, klapperdop, horing, bokhoring, horingdop, ramshoring, rimpel, tak, aapkop, perdekop, koedoekop, slangkop, . . .

b.nw. kop-af, veelhoofdig, veelkoppig,

ww. onthals, onthoof

bw. afkop

woorddeel hoof-

385. Skedel

s.nw. ***skedel,*** kranium, kopbeen, skedelbeen, pariëtale been, kop 384, agterkop, oksipitale been, voorkop, frontale been, slaap, sfenoïdale been, skedelholte, skedelnaat, sagittale naat, kroonnaat, koronale naat, skubvormige naat, skwameuse naat, metopiese naat, agterkopnaat, lambdoïed(e) naat, skedelpunt, infraorbitale opening, infraorbitale foramen, mentale opening, mentale foramen, groot foramen, foramen magnum, pariëtale foramen, sinus, sinusholte, neusholte, nasale fossa, neusbeen, nasale been, oogholte, oogkas, gehoorgang, uitwendige gehoormeatus, wangbeen, jukbeen, sigomatiese been, voorkaak, onderkaak, mandibel, mandibula, bokaak, maksilla, harde verhemelte, sagte verhemelte, palatum, tandbeen, dentien, tandrif, alveolus, prognasie, prognatisme; kraniologie, skedelleer; horing, kroon, voelhoring, spriet, oogspriet, tentakel
harsings, harsingmassa, harspan, harslag, harsingpan, grootharsings, cerebrum, serebrum, kleinharsings, cerebellum, serebellum, korteks, harsingholte, harsingkamer, ventrikel, harsingkors, skors, harsingskors, harsingvlies, spermaceti (walvis), harsingaanhangsel, hipofise, hipofisis, pynappelklier, agterkwab

b.nw. serebraal, serebro-spinaal, bragisefaal, doligosefaal, gewei, kraniaal, langskedelig; gehoring, horingrig

386. Gesig

s.nw. ***gesig,*** aangesig, aanskyn, tronie, bakkies, gevreet, uiterlik, snoet, smoel, profiel, trek, familietrek, uitdrukking, prognasie, prognatisme; aapgesig, perdegesig, . . .
voorhoof, voorkop, slaap, wang, wangbeen, wangetjie, ken, kin, kennebak, kinnebak, onderken, onderkin, kaak, kakebeen, oog 387, ooghare, wenkbrou, winkbrou, wimper, neus 389, oor 388, mond, smoel, bek, eet-en-drinke, baard, baardjie, vol baard, bokbaard, ringbaard, stoppelbaard, bakkebaard, melkbaard, melkgesig, dons, snor, snorbaard, knewel, moestas, weglêsnor

hangsnor, plooi, gesigsplooi, lyn, lagplooitjie, lagrimpel, frons
gelaat, gelaatstrek, kleur, gelaatskleur, blos, sproet, moesie, vlek, gesigvlek, profiel; uitdrukking, gesigsuitdrukking, gesigstrek, kyk

b.nw. besnede, besneë, fyn besnede, soel (gelaatskleur), wit, bleek, rooi, vaal, verrimpel(d), geplooi, grof, oop, bebaard, baardloos, stoppelrig

ww. trek, vertrek, frons, plooi, tuit, uitstoot, stulp (lippe), 'n baard dra

387. Oog

s.nw. ***oog,*** gesigsorgaan, linkeroog, regteroog, blouoog, flikkeroë, uitpeuloë, jakopeweroë, onkleuroë, katoog, spleetoog, valkoog, kraalogie, bloedbelope oog, glasoog, kunsoog
oogkas, kas, oogholte, oogkamer, oogappel, oogbol, oogblad, oogrand, oogrok, sklera, vaatvlies, choroïed, papil, kyker, lens, pupil, netvlies, retina, horingvlies, cornea, iris, reënboogvlies, bindvlies, konjunktiva, blindevlek, oogvlies, iridium, wit, oogwit, wit van die oog, oogvog, waterhumor, voorkamervog, hialien, hialine, oogspier, ooggligament, suspensoriese ligament, oogsenuwee, optiese senuwee, traanklier, traanbuis, traansak, ooglid, boonste ooglid, onderste ooglid, oogvlek, oogpêrel, wenkbrou, winkbrou, wimper, ooghaar
gesig, gesigsvermoë, bysiendheid, versiendheid, ooghoek, oogknip, nabeeld, astigmatisme, oogsiekte 413, oogontsteking 413
bril, kykbril, leesbril, bifokale bril, donkerbril, knypbril, oogglas, kontaklense, harde kontaklense, sagte kontaklense, weggooibare kontaklense, oogklap, oogbad

b.nw. opties, belope, blind, dagblind, hologig, skeelogig, groenogig, pienkogig, . . ., astigmaties, bysiende, versiende

ww. tinteloog

bw. holoog, toe-oog, toe-oë

388. Oor

s.nw. ***oor,*** gehoororgaan, gehoor, bakoor, wawieloor, blomkooloor, langoor, flapoor, oudiologie
uitwendige oor, buite-oor, ourikel, inwendige oor, oorholte, middeloor, binne-oor, gehoorbeentjies, hamer, aambeeld, stiebeuel, slakkehuis, koglea, konga, vestibulum, labirint, oorgang, oordrom, oortrommel, trommelvlies, oorvlies, timpaan, timpanum, gehoorvlieskas, mastoïde, mastoïed, kogleêre senuwee, buis van Eustachius, keel-oorbuis, oorspier, oorsenuwee, oorskulp, oorklap, oorbel, oorlel, lel, lelletjie

b.nw. afoor, labirinties, langorig

ww. toeslaan, spits, luister

uitdr. jou ore uitleen

389. Neus

s.nw. ***neus,*** reukorgaan, arendsneus, haakneus, hawikneus, knopneus, langneus, papegaaineus, spitsneus, stompneus, wipneus, snawel, snoet, snuit, slurp, rinologie
neusvleuel, neusgat, neusbrug, dorsum van die neus, neuswortel, neuspunt, neusholte, nasale fossa, neusskulp, nasale konga, neusbeen, kraakbeen, sinus, buis van Eustachius, nasofarinks, reuksenuwee, olfaktiese senuwee, reukvlies, slymvlies, olfaktiese membraan, reuksentrum, reukbrein, rinensefalon, reukbol, reukbulbus, olfaktiese bulbus, septum, middelskot, tussenskot, neusmangel, adenoïde, trilhaar

b.nw. langneusig, stompneusig, . . ., adenoïd, olfakties

ww. ruik, snuif, snuiwe, snuit, opsnuif, opsnuiwe

390. Mond

s.nw. ***mond,*** spraakorgaan, eetorgaan, smoel, snater, gorrelgat, gorrel, bek, uittandmond, haasbek; bek, voëlbek, snawel, suigsnawel, snoet, angel, suier, kieu
monddeel, mondhoek, lip, bolip, diklip, hanglip, kaak, onderkaak, bokaak, voorkaak, mandibel, mandibula, tong, tongblad, tongpunt, tongrand, tongriem, tongspier, tongwortel, verhemelte, gehemelte, monddak, harde verhemelte, palatum, sagte verhemelte, velum, palatoglossale boog, palatofaringale boog, gifklier, gifsakkie
tand 391, tandboog, dentale boog, tandkas
keel, keelgat, keelholte, keelopening, gorrel, gorrelpyp, sluk, slukderm, strot, strottehoof, stemspleet, glottis, kleintongetjie, huig, uvula, adamsappel, mangel, tonsil, slymvlies, smaakorgaan, smaakpapil, spraak-

kanaal, spraakorgaan, stem, stemband, stemlip, stemorgaan, stemspleet
flegma, fleim, fluim, gansstem, afonie
b.nw. mondelik, mondeling, oraal, diktong, diktongig, glottaal, uvulêr, velêr, palataal, aftand, gebek
ww. eet, vreet, proe, kou, herkou, blaas, stulp, suig, suie, praat, bulk, brul, piep, skree, snater, fluit

391. Tand

s.nw. *tand,* tandholte, tandvleis, tandivoor, dentine, dentien, tandbeen, tandweefsel, kroon, tandkroon, tandwortel, tandmurg, sement, sementum, tandsenuwee, emalje, tandemalje, tandglasuur, periodentale ligament, tandsenuopening, apikale foramen
gebit, tandestel, haasbek, uittand, permanente tand, wisseltand, melktand, muistandjie, verstand(s)tand, verstandskies, voortand, snytand, oogtand, hoektand, kies, kiestand, maler, maaltand, molaar, voorkiestand, vals tand, vals gebit; slagtand, skeurkiestand, knaagtand, haaktand, giftand, draketand, balein
tandbederf, caries, gat, tandsteen, plaak, vulling, stopsel, tandheelkunde 414
b.nw. dentaal, getand, kariës, karieus, tandeloos
ww. tande kry, tande wissel, tande kners, tande knars, knarsetand, byt, hap, kou, eet

392. Romp

s.nw. romp, torso, liggaam, lyf, bolyf, voorlyf, middellyf, middel, taille, talje, sy, onderlyf, agterlyf, lende, sitvlak, boude, bankies, gat (*plat*)

393. Nek en skouer

s.nw. *nek,* nekkuil, norra(tjie), nekholte, keel, keelholte, farinks, keelgat, gorrel, gorrelgat, strot, keelknop, strottehoof, larinks, stemspleet, glottis, adamsappel, skildklier, nekslagaar, keelslagaar, keelspek, nekspek, keelvel, nekvel, nekspier, hals, kraag, halsbeen, halswerwel, atlas, kraakbeen; skaapnek, beesnek, koedoenek, voëlnek, hoendernek, . . .
skouer, skof, hangskouers, skouergordel, skouerbeen, skouerblad, blad, bladbeen, sleutelbeen, boeg (perd), skildbeen (bees)
b.nw. nek-af, geskouer

394. Bors

s.nw. *bors,* boesem, toraks, ribbekas, borskas, borsholte, borsstuk; borsmaat, borswydte
boesem, bors, buuste, pram, uier, borsklier, melkklier, melkleier, melkbuis, borsbuis, borslimfbuis, melkgaatjie, speen, tepel, tiet
borsholte, borswand, ribbekas, rib, vals rib, swewende rib, sleutelbeen, borsspier, pektorale spier, pektoraal, pektoralis, borsbeen, borsplaat, midde(l)rif, mantelvlies, borsvlies, pleura, diafragma, hart
borsaandoening 413, borskwaal, borsvliesontsteking, pleuris, pleuritis
b.nw. kostaal, interkostaal, pektoraal

395. Buik

s.nw. *buik,* abdomen, maag, pens, boepens, boekpens, bierpens, hangbuik, dikbuik; pens, blompens, tweede pens, kleinpens, blaarpens, grom (vis)
buikholte, abdomen, sy, flank, skoot, moederskoot, maag, maagholte, maagklier, maagslot, maaguitgang, pilorus, maagsap, maagsuur, ensiem, pepsien, pepsine, buikvlies, peritoneum, maagspier, buikspier, pelvis, bekken, bassin, bekkengordel, bekkenholte, skaambeen, skaamberg, skaamheuwel, venusberg, venusheuwel, skaamhare, heup, heupbeen, ingewande
b.nw. buikig, abdominaal, ventraal

396. Rug

s.nw. *rug,* reguit rug, krom rug, boggel, boggelrug, kaalrug
ruggraat, werwelkolom, werwel, werwelbeen, rugwerwel, servikale werwel, torakale werwel, lendewerwel, lumbale werwel, eerste servikale werwel, atlas, tweede servikale werwel, stertwerwel, stuitbeen, stuitjie, stuitjiebeen, skaambeen, skaamberg, skaamheuwel, venusberg, venusheuwel, rugstring, rugspier, rugmurg, rugmurgkanaal, rugsenuwee, kruis, kruisbeen, lende
stert, anus, agterent, agterwêreld, agterstel, agterstewe, agterkant, bas, bankie, agterbankie, agterste, aars, gat (*plat*), hol (*plat*) poephol (*plat*); stert, perdestert, aapstert varkstert, . . ., krulstert, grypstert, sekelstert, kwispelstert, druipstert, wipstert strompstert, waaierstert, stertkwas

b.nw. gewerwel, anaal, dorsaal, dorsiventraal, lumbaal, servikaal, holrug
ww. buig, swaai, kwispel

397. Ledemaat

s.nw. ***ledemaat,*** ekstremiteit, lit, arm, been, nek, kunsledemaat, pro(s)tese
arm, boarm, voorarm, onderarm, vangarm, boarmbeen, opperarmbeen, humerus, speekbeen, radius, ellepyp, ulna, armholte, oksel, okselholte, kieliebak, biseps, elmboog, elmboogbeentjie, einabeentjie, gottabeentjie, kieliebeentjie, verneukbeentjie, tinteltonnetjie, hand, handspier, muis, handrug, middelhand, metacarpus, metakarpus, handwortel, carpus, karpus, palm, handpalm, bal van die hand, pols, vuis, kaalvuis, ghoen, knuis, greep, bakhand, hothand, hotklou, handgewrig, koot, kootjie, falanks, vinger, nael, naeltjie, naelwortel, halfmaantjie, maantjie, duim, duimpie, voorvinger, wysvinger, indeksvinger, duimpie se maat, langeraad, langman, ringvinger, fielafooi, pinkie, pieps-in-die-kooi, lit, vingerlit, vingerbeentjie, knok, knokkel, knokkeleelt, klou, knyper, vlerk, vin
been, bakbeen, hoepelbeen, langbeen, stelt, sabelbeen, x-bene, houtbeen, kunsbeen, voorbeen, voorpoot, agterbeen, agterpoot, voet, voetrug, voetboog, voetwreef, poot, hoef, hoefbal, hoefstraal, hoefyster, klou, kloutjie, kloupoot, swempoot, swemvlies, bal, voetwortel, tarsus, middelvoetbeen, metatarsus, sool, voetsool, spoor, voetspoor, hak, hiel, hakbeen, hakskeenbeen, hakskeen, achillie, achillespees, koot (perd), kootbeen (perd), kroonbeen (perd), toon, groottoon, kleintoontjie, toonbeen, lit, proksimale falanks, middelfalanks, distale falanks, kuitbeen, fibula, skeen, maermerrie, skeenbeen, tibia, skenkel, skinkel, knie, knieg, kniekop, knieboog, knieskyf, patella, aankapknieë, waai, bobeen, dy, dybeen, femur, dyspier, binneboud, hamertoon, grypklou
b.nw. dipteraal, drievoetig, potig, vierpotig, veelhoewig, langarmig, langvingerig, afbeen, benerig, benig, tweebenig, gevlerk

398. Asemhalingsorgaan

s.nw. asemhalingsorgaan, asemhalingstelsel, lugweë, boonste lugweë, mond, mondholte, neus, neusholte, keel, keelholte, farinks, gorrel, gorrelpyp, strot, larinks, strottehoof, epiglottis, keelkleppie, strotklep, lugpyp, longpyp, tragea, trachea, borsholte, pleurale holte, borsvlies, pleura, long, lob, boonste lob, bo-kwab, middelste lob, midkwab, onderste lob, onderkwab, longvat, brongiool, brongieë, bronchi, terminaalbrongiool, linkerbrongus, regterbrongus, kardiale pleksus, diafragma, mantelvlies, longslagaar; boeklong, kieu, kief, kieudeksel, tragea, trachea, asemhalingsopening, lugsak, swemblaas
b.nw. bronchiaal, trageaal

399. Organe van die bloedsomloop

s.nw. ***bloedsomloop,*** bloedvatstelsel
hart, hartboesem, kamer, hartkamer, voorkamer, atrium, ventrikel, ourikel, hartklep, mitraalklep, trikuspedale klep, suigklep, diastole, diastoliese druk, sistole, sistoliese druk, pols, polsslag, oorgeplante hart, kunshart, pasaangeër, hartspier
aar, vene, arterie, bloedvatstelsel, aorta, aortaboog, stygende aorta, dalende aorta, hartaar, slagaar, hoofslagaar, halsslagaar, carotis, jugularis, superior vena cava, inferior vena cava, poortaar, intestinale hoofbloedvat, seliakbloedvat, polsaar, kroonslagaar, armslagaar, buikslagaar, dyslagaar, aartjie, vat, bloedvat, haarvat, haarbloedvat
b.nw. geaar, gestreep, intraveneus, kardinaal, vaskulêr, vasomotories, veneus

400. Bloed

s.nw. bloed, slagaarbloed, aarbloed, hartebloed, dooi(e)bloed, bloedplasma, binneplasma, bloedserum, bloedvloeistof, bloedwei, wei, bloedwater, bloedvog, bloedgroep, bloedliggaampie, hematosiet, hemosiet, bloedsel, witbloedliggaampie, witbloedsel, rooibloedliggaampie, rooibloedsel, fibrine, globulien, globuline, hematien, hematine, hemoglobien, hemoglobine, bloeddruk, bloedtelling, bloedtemperatuur, resusfaktor, antigene faktor, bloedstroom, bloedstraal, bloedklont, klonter, bloeding, bloedstorting, bloedsmeer, bloedkol, bloedvlek, bloedspoor, kongestie, stolling, bloedstolling, bloedsiekte 413, bloedkanker 413, bloedarmoede 413, ongans, bloedoortapping, bloedtransfusie, bloedoortappings-

diens, bloedbank; bloedkunde, hematologie, hematoloog

b.nw. bloederig, bloedig, warmbloedig, koudbloedig, bloedryk, volbloedig, sanguinies, bloedarmoedig

ww. bloei, stol, bloedlaat

401. Spysverteringskanaal

s.nw. ***spysverteringskanaal,*** spysverteringstelsel, spysverteringsisteem, voedingskanaal, spysvertering, voedselinname, voedselopname, flatulensie

maagholte, binnegoed, binnewêreld, buik, abdomen, maag, pens, voormaag, blompens, tweede pens, kleinpens, blaarpens, netmaag, netvet, binnevet, leb, krop, grom (vis), maagslot, maaguitgang, pilorus, maagklier, membraan, skeil, mond, mondholte, tong, speekselkliere, derm, dermkanaal, slukderm, esofagus, pankreas, pankreasklier, alvliesklier, duodenum, twaalfvingerderm, dunderm, leëderm, nugterderm, jejunum, kronkelderm, ileum, dikderm, grootderm, kolon, stygende kolon, transverse kolon, dalende kolon, sigmoïedkolon, kartelderm, endelderm, lewer, milt, galblaas, blindederm, appendiks, rektum, anus, ners, nersderm, hol (*plat*), poephol (*plat*), gat (*plat*), kloaak, anale kanaal, anale sfinkter, allantoïs

maagsap, maagsuur, pankreassap, ensiem, koënsiem, tripsine, gal, chyl, speeksel, spoeg, mondwater, chym, maagbry

b.nw. pankreaties, anaal, rektaal

ww. inneem, opneem, verteer, maal

402. Afskeidingsorgaan

s.nw. ***afskeidingsorgaan,*** afskeiding, uitskeiding, uitskeidingsorgaan, klier, endokriene klier, buislose klier, eksokriene klier, smeerklier, opening

alvleisklier, hipofise, pituïtêre klier, sweserik, timus(klier), vetderm, vetklier, talkklier, skildklier, tiroïde, tiroïed, tiroïedklier, slymklier, speekselklier, kropklier, prostaat, voorstanderklier, klier van die blaas

dikderm, kolon, rektum, anus, ners, nersderm, gat (*plat*), hol (*plat*), poephol (*plat*), sfinkter, ontlasting 409, pensmis; nier, nierbekken, linkernier, regternier, bynier, hilus van die nier, nieraar, renale arterie, renale vena, nierkorteks, nierskors, medulla, blaas, ureter, penis 403, pister (*plat*), voël (*plat*), sweetgat, sweetklier, sweetporie, sweet 409, perspirasie, traanklier, traan

b.nw. klieragtig, endokrien, pituïtêr, rektaal, anaal

ww. ontlas 409, sweet, perspireer

403. Voortplantingsorgaan

s.nw. ***voortplantingsorgaan,*** geslagsorgaan, geslagsdeel, genitalieë, skaamdele, pudenda, geslagsklier, teelklier, gonade, geslag, geslagskenmerk; voortplanting, geslagsomgang, kopulasie, orgasme, saadstorting

manlike geslagsdeel, manlike geslagsorgaan, teelsak, skrotum, balsak, bal, testikel, ballas, kloot, teelbal, saadbuis, saadleier, penis, lid, roede, skaamdeel, piel (*plat*), voël (*plat*), pister (*plat*), fallus, voorhuid

vroulike geslagsdeel, vroulike geslagsorgaan, moederskoot, baarmoeder, uterus, ovarium, eierleier, saadbuis, saadleier, oviduk, skede, vagina, vulva, poes (*plat*), paddatjie (*plat*), klitoris, kittelaar (*plat*), maagdevlies, himen, seloom, nageboorte, plasenta, moederkoek; ovulasie

geslagsel, gameet, sperm, saad, spermsel, spermatosoön, eiersel, eisel, geslagschromosoom, kiemsel, saad, soöspoor, saaddiertjie, saadkern, saadsel, stuifmeel, kloon, follikel, geslagshormoon, eier, kalkoeneier, albumen, dooier, dooiersak, neet, vrug, vrugbeginsel, vrugkiem

b.nw. besnede, besneë, fallies, bevrug, geslagtelik

ww. omgang hê, geslagsgemeenskap hê, kopuleer, fok (*plat*), paar, teel, ovuleer, saad skiet

404. Asemhaling

s.nw. asemhaling, respirasie, asemhalingsproses, asemhalingsorgaan 398, inaseming, inhalasie, uitaseming, asem, adem, teug, asemteug, asemstoot, wind, langasem, asemtekort, benoudheid, aamborstigheid, hikaanval, hikkery, hyging, snik, sug, gesnuif, hoes, stikkery, verstikking, mond-tot-mondasemhaling, ysterlong, asemtoetser, respirator, spirometer

b.nw. respiratories, kortasem, kort van asem, langademig, asemloos, bedompig, benoud, verstikkend, amegtig

ww. asemhaal, diep asemhaal, vlak asemhaal, respireer, adem, inasem, inadem, inhaleer, uitasem, uitadem, asem skep, lug skep, blaas, inblaas, uitblaas, deurblaas, gaap, hik, hyg, hoes, snuif, snuiwe, insnuif, roggel, stik, verstik, wurg, swoeg, swoeë, snak, smoor, versmoor

bw. winduit

uitdr. 'n wind opbreek/laat

405. Bloedsomloop

s.nw. bloed, mensebloed, bloedstelsel, bloedsomloop 399, omloop, sirkulasie, bloedsirkulasie, bloedtelling, bloedtemperatuur, cholesterol, hartklop, hartslag, palpitasie, pols, polsmaat, polsslag, pulsasie, drukpunt, diastole, diastool, diastoliese druk, sistole, sistool, sistoliese druk

b.nw. diastolies, sistolies, vaskulêr, konstruktief, koronêr

ww. vloei, loop, sirkuleer, ja, jaag, jae, klop, popel, pols, pulseer, palpiteer

406. Eet

ww. ***eet,*** inneem, gebruik, nuttig, geniet, spysig, konsumeer, weglê, wegsit, wegval, inkry, opeet, versadig, verorber, kafloop, ooreet, verslind, swelg, verswelg, inswelg, inwerk, watertand, smul, smak, smag, jou eetlus bevredig, jou honger stil, die innerlike versterk, snoep, peusel, knibbel, min eet, verslank, dieet, mummel, afwurg, vreet, opvreet, aas, verfris, verteer; voed, voer, oorvoed, opvoer, soog, speen, laaf

kou, hap, afbyt, afeet, kluif, afkluif, afkluiwe, knaag, knae, knabbel, knibbel, afknaag, afkou, korrel, wei, bewei, afgraas (diere), herkou, knou, sluk, afsluk, insluk, versluk, binnehou, suig, suie, lek, aflek, oplek, uitlek, pik, oppik, afpik, proe, smaak

onthaal, banketteer, dineer, voorsit, kosgee, bedien, opdien, piekniek, proviandeer, rantsoeneer

honger, honger word, sterf van die honger, honger hê, verhonger, uithonger, vas

bw. langtand, teë

s.nw. ***voedselinname,*** konsumpsie, ete, etery, verslinding, kouery, proe, proeslag, proewery, mond, mondjievol, smaak, nasmaak, voorsmaak, hap, lek, knaery, geknaag, geknabbel, gepeusel, verswelging, verslukking, gastronomie, vegetarisme, matigheid, verfrissing, verkwikking, verkwiklikheid, versadiging

eter, proewer, fynproewer, kosganger, tafelgenoot, tafelmaat, disgenoot, bakmaat, gastronoom, gourmand, gourmet, lekkerbek, smulpaap, snoeperd, gulsigaard, vraat, veelvraat, vreetsak, vegetariër, kosganger, suigeling, suigling, karnivoor, vleiseter, herbivoor, planteter, graseter, knaagdier, mensvreter

eetplek 429, eetkamer, eetsaal, restaurant, restourant, braairestaurant, braairestourant, eetsalon, kafee, koffiehuis, koffiekroeg, hotel, koshuis, kosskool

eetlus, aptyt, versadiging, snoepery, lekkerbekkigheid, vraatsug, gulsigheid, oormaat, bekoms, pika

dieet, voedingsleer, diëtiek, dieetkunde, sitiologie, dieetkundige, voedingsproses, voedingstof, voedingswaarde, vleisdieet, vrugtedieet, groentedieet, melkdieet; voeding, voedingsproses, ondervoeding, oorvoeding, dwangvoeding, aarvoeding, onderhoud, lawing, laktasie, borsvoeding, soogvrou, voeder, voedster

kos, maaltyd 418, kougoed, kousel, koutjie, leksel, lekseltjie, piekniek

honger, wolfshonger, hongersnood, hongerlyer, hongerstaking, hongerstaker

b.nw. ***eetbaar,*** oneetbaar, ongenietbaar

happerig, knaend, karnivoor, vleisetend, herbivoor, plantetend, vegetaries

lekkerbekkig, uitgeëet, matig, snoep, snoeperig, gulsig, onversadigbaar, onversadelik, vraatsig, vraatsugtig, vraterig, vreterig, versadig, dik, vol, maagvol, knuppeldik, trommeldik, dikgevreet, teë, verfrissend, verkwik, gevoed, welgevoed, ondervoed

honger, hongerig, uitgehonger(d), hongerdun, dood van die honger

uitdr. die innerlike versterk; die suikertand uittrek; dit laat sy mond water; dit streel die tong; jou bekoms eet; iemand die ore van die kop afeet; jou teë drink/eet aan; jou 'n boggel eet; met lang tande eet; sê groete aan die vrate; Skraalhans is vandag kok; swelg in oorvloed; van wind lewe; 'n hou eet; 'n stukkie gaan eet; jou mond nie aan iets sit nie; op jou nugter maag

407. Drink

ww. ***drink,*** indrink, opdrink, afdrink, bedrink, saamdrink, leegdrink, ledig, leegmaak, jou dors les, jou dors stil, keel natmaak, toedrink, verdrink, wegslaan, suip, besuip, versuip, suig, suie, insuig, insuie, sluk, slurp, inslurp, opslurp, slobber, swelg, ingee, inkry, verfris, onthou
dors wees, dors hê, smag, swymel, doodgaan van die dors
dronk wees, laveer, pierewaai, swael, swawel; nugter wees, 'n heildronk drink, 'n heildronk instel, op iemand drink, op iemand se gesondheid drink, 'n glasie klink

s.nw. ***drank*** 427, drankie, dop, sopie, teug, haal, lawing, dorslesser, lediging, heildronk, drinkwater 427, teewater, koeldrank 427, verfrissing, verversing, matigheid, onthouding, dopstelsel, drankverbruik, drankwet
drinker, bierdrinker, wyndrinker, spiritusdrinker, alkoholverbruiker, proewer, proewery, aanbidder van Bacchus, babelaas, bacchant, bacchante, geleentheidsdrinker, gewoontedrinker, geheelonthouer, onthouer; drinkplek, kroeg 429
drankprobleem, drankvraagstuk, drankmisbruik, roessuipery, dronkenskap, swymel, roes, intoksikasie, dronkaard, wynvlieg, kroegvlieg, kroegloper, suiplap, alkoholisme, alkoholis, dipsomanie, dipsomaan, drankduiwel, dranksug, dranksugtige, delirium, dronkaardswaansin, horries, onttrekkingsimptome, jenewermoed, drankbestryding, drankverbod, dranksmokkelaar, suipplek
dors, brandende dors, nadors, droëbek, droëlewer

b.nw. drinkbaar, nat, verfrissend, dors, dorstig, lesbaar, onlesbaar, dorslessend, dorsstillend; dronk, smoordronk, beskonke, aangeklam, besope, dranksugtig, lekker, lekkerlyf, onbekwaam, sat, teë, vrolik, nugter, onthoudend

tw. gesondheid, prosit

uitdr. aan Bacchus offer; buite weste; die bottel aanspreek; die skoot hoog deur hê; hoog en laag trap; hoog met die boud wees; hy kyk in die bottel; iemand onder die tafel drink; nie op een been kan staan nie; sap uit 'n lemoen suig; skapies aanja; sy tee was te sterk; twee rye spore loop; 'n stywe dop drink

408. Spysvertering

s.nw. ***spysvertering,*** vertering, digestie, ingestie, metabolisme, stofwisseling, maagafskeiding, galafskeiding, peristalsis, peristaltiese beweging, herkouery, herkoutjie
maagsap(pe), ensiem, koënsiem, suur, maagsuur, vetsuur, chyl, chym, diastase, maltase, pepsien, pepsine, gal
spysverteringsprobleem, slegte spysvertering, swak spysvertering, dispepsie, omgekrapte maag, los maag, goormaag, maagsiekte 413, maagseer, bloeiende maagseer, winderigheid, volstruismaag; maagmedisyne, laksatief

b.nw. verteerbaar, metabolies, peristalties, pepties, dispepties, gastries, winderig, goor

ww. verteer, voedsel inneem, voedsel opneem, akkordeer, herkou, slegte spysvertering hê

409. Afskeiding en uitskeiding

s.nw. ***afskeiding,*** uitskeiding, uitwerpsel, klierafskeiding, klieruitskeiding, kolostrum, moedersmelk, bies, adrenalien, adrenaline, aktien, allergeen, alvleissap, aminosuur, chyl, hormoon, ensiem
sweet, perspirasie, transpirasie, angssweet, sweetdruppel, sweetpêrel
slym, slymafskeiding, neusslym, snot, bel, snotbel, drel; niesbui, niesery, hoes, gehoes, hoesbui, proes, geproes; speekselafskeiding, speeksel, mukus, spoeg, spoegsel, spuug, sputum, spuwing, fluim, fleim, kwyl, gekwyl, skuim, skuimbek
ontlasting, defekasie, ekskresie, sekresie, uitwerpsel, stoelgang, skittery (*plat*), opelyf, faeces, fekalieë, nagvuil, drek, nommer twee, kak (*plat*), stront (*plat*), poep (*plat*), skyt (*plat*), drol (*plat*), kakka (*kindert.*), akka (*kindert.*), akkies (*kindert.*), foef (*kindert.*), foefie (*kindert.*), poef (*kindert.*), perdevy, keutel, kuttel, mis, voëlmis, hoendermis, kraalmis, mishoop, miskoek, miswater, hondedrol, perdemis, beesmis, wind, skeet; braking, brakery, vomering, kotsery, gekots, vomeersel, vermeersel, uitbraaksel, kots; purgering, katarsis, purgasie, purgasiemiddel, kontinensie
urine, urien, diurese, water, nommer een, piepie (*plat*), pis (*plat*), pieps (*kindert.*), piepsie (*kindert.*), dassiepis, xantien, xantine

spoegbakkie, kwispedoor, sakdoek, snotdoek (*plat*)

b.nw. hormonaal, slymagtig, slymerig, drellerig, snotterig, speekselagtig, sweterig, besweet, inkontinent, winderig, klam, diureties, skatologies

ww. ***afskei,*** uitskei, uitlaat

sweet, perspireer, transpireer, uitsweet, uitwasem

spoeg, spuug, spu, kwyl, skuimbek, proes, snuit, nies

ontlas, ontlasting hê, stoelgang hê, 'n behoefte hê, toilet toe gaan, die kamer verlaat, 'n draaitjie loop, vuilmaak, broek losmaak, 'n bol maak (*plat*), kak (*plat*), bekak (*plat*), poep (*plat*), skyt (*plat*), beskyt (*plat*), kakka (*kindert.*), akka (*kindert.*), akkies (*kindert.*), foef (*kindert.*), foefie (*kindert.*), poef (*kindert.*), mis, afblaas, blaas, 'n wind los, besmet; braak, vomeer, naar word, kots, kokhals

urineer, water, water afslaan, piepie (*plat*), fluit (*plat*), pis (*plat*), pieps (*kindert.*), wieps (*kindert.*), wiepsie (*kindert.*)

410. Slaap

ww. ***slaap,*** vas slaap, lig slaap, sleg slaap, aan die slaap raak, teen die slaap stry, jou oë sluit, deurslaap, doedoe, gaan slaap, bed toe gaan, jou bed opsoek, gaan skuins lê, jou kop neerlê, wegsink in die slaap, versink, inklim, kruip, inkruip, onder die komberse kruip, rus, sluimer, insluimer, 'n uiltjie knip, dut, indut, 'n dutjie maak, doesel, dommel, indommel, visvang, knikkebol, sitslaap, soes, sus, wieg, inslaap, uitslaap, oornag, vernag, oorwinter, deurwaak, verslaap, doodslaap, soos 'n klip slaap; aan die slaap maak, aan die slaap sus, in die bed sit, bed toe stuur

wakker word, ontwaak, wakker skrik, opstaan, vroeg uit die vere wees, wakker bly, opbly, waak, opsit; wakker maak, opwek, wek, opklop, uit die slaap hou

s.nw. ***slaap,*** ligte slaap, diep slaap, lê, rus, nagrus, voornagslaap, nanagslaap, inkruipery, droomland, sluimer, sluimering, insluimering, versinking, halfslaap, slaaptyd, slapenstyd, bedtoegaantyd, bedtyd, slapie, middagslapie, dutjie, sitslapie, siësta, middagslaap, middagslapie, middagdutjie, dommeling, oornagting, oorwintering, somerslaap, sandmannetjie, Klaas Vakie, hipnotiese slaap, katapleksie, narkose, ontwaking; vaak, vaakheid, slapeloosheid, insomnia, slaapwandeling, noktambulisme, somnambulisme

droom, dromerigheid, wensdroom, nagmerrie, angsdroom, droombeeld

slaper, slaapkop, slaapkous, laatslaper, vroegopstaner, doutrapper, dutter, nagwolf, naguil, slaapwandelaar, sluipslaper, noktambulis, somnambulis, somnambuul

slaapgoed, bed, slaapbank, slaapplek, beddegoed 96, kombers, laken, kussing, kussingsloop, slaapklere, pajamas, slaapbroek, naghemp, nagrok, nagkabaai, slaapsak, kampbed, koppenent, voetenent, warmpan, warmsak, warmwaterbottel, warmwatersak; slaapmiddel, slaappil, soporatief; slaaptydstorie, slaapliedjie

b.nw. aan die slaap, slaperig, katswink, slaapdronk, narkoties, sluimerig, soeserig, vaak, vakerig, dromerig, nugter, slaapwerend, slaaploos, slapeloos, wakker

tw. wel te ruste, lekker slaap, goeie nag

woorddeel nag-

uitdr. tot rus kom; jou ter ruste begeef; op jou kant gaan staan; 'n dooie hou slaap; 'n uiltjie knip; in die arms van Morpheus wees; droomland toe gaan; in die land van Klaas Vakie kom; jou ooglede word swaar; 'n gat in die dag slaap; die môrestond het goud in die mond; vroeg op die been wees; vroeg uit die vere wees; wakker skrik; wawyd wakker

h. LIGGAAMSTOESTAND

411. Gesond

b.nw. ***gesond,*** kerngesond, blakend gesond, perdfris, pure perd, ongedeerd, ongeskonde, onverlet, blakend, bloesend, blosend, fleurig, fiks, superfiks, flink, hups, lewendig, lewenslustig, fris, frisgebou, forsgebou, gespierd, goed gebou, atleties, robuus, sterk, immuun, antisepties, asepties, goed, heel, herrese, koorsvry, beter, bekwaam, lekkerlenig

heilsaam, genesend, geneeskragtig, helend, heelmakend, voedsaam, kragtig, voedend, voordelig, versterkend

s.nw. gesondheid, blakende gesondheid, persoonlike gesondheid, volksgesondheid,

skoolhigiëne, liggaamskondisie, kondisie, konstitusie, welstand, welsyn, blos, fleur, sterk gestel, immuniteit, fiksheid, robuustheid, hupsheid, lewenslustigheid, beterskap, herrysenis, herstelling, asepsie, asepsis; gesondheidsleer

bw. gesondheidshalwe

ww. gesond wees, goeie gesondheid geniet, goedhou, gesond word, genees, aansterk, herleef, herlewe, herrys, herstel, bekom, regkom, verbeter, vooruitgaan

uitdr. aan die beterhand wees; by/tot jou sinne kom; pure perd voel; so reg soos 'n roer; weer op die been wees

412. Siek

b.nw. siek, ongesond, ongesteld, olik, onwel, kolel (*ong.*), ernstig, ernstig siek, chronies siek, kronies siek, chronies, kronies, kwynend, klimakteries, kritiek, ongeneeslik, terminaal, terminaal siek, siekerig, sieklik, nie lekker nie, onlekker, sleg, bekwaald, aardig, arig, bedenklik, bedlêend, bedlêerig, lêerig, knieserig, klaerig, klaend, oes, oeserig, swak, swakkerig, kragteloos, beneweld, bewerig, duiselig, dronk, dronkerig, pap, papperig, skimmelig, gedaan, kapot, blikners, bewusteloos, dikkop, disnis, kaduks, katswink, bedwelm(d), mislik, naar, besmet, smetterig, besmetlik, valerig, bleek, doodsbleek, bestorwe, flets, wit, amegtig, anemies, apoplekties, spasties, aansteeklik, akuut, simptomaties, pieperig, hipochondries, hipokondries

s.nw. ***siekte,*** siektetoestand, siekteverskynsel, olikheid, ongesteldheid, sieklikheid, ongesondheid, siekbed, siekerigheid, ongemak, dikkop, bedwelmdheid, bedwelming, beneweldheid, dronkheid, duiseling, disoriëntasie, benoudheid, benoudte, insinking, terugval, bewusteloosheid, koma, swakheid, 'n swak gestel, verswakking, verslegting, astenie, kragteloosheid, inanisie, lêerigheid, bleekheid, melkgesig, naarheid, narigheid
wond, skaafwond, skeurwond, skietwond, steekwond, snywond, sny, besering, gewas, kneusplek, knop, knobbel, bommel
pyn, hoofpyn, skeelhoofpyn, maagpyn, rugpyn, . . ., senupyn, spierpyn, tandpyn, steekpyn, seer, seerheid, agonie, gevoeligheid, pyngevoel, pyngewaarwording, ongemak, ongemaklikheid
siekteverloop, siekteproses, aanmaning, aanval, simptoom, indikasie, komplikasie, inkubasie, inkubasietydperk, krisis, sterwensuur, herstel, opflikkering, herrysenis, herrysing
sieke, pasiënt, verpleegde, beseerde, geval, ongeval, invalide, wrak; gevalleboek, gevallestudie

bw. agteruit, swakkies

ww. ***siek word,*** siek wees, chronies siek wees, kronies siek wees, terminaal siek wees, in 'n bedenklike toestand wees/lê, skeel, lê, bedlêend wees, 'n siekte onder lede hê, sieklik wees, 'n swak gestel hê, sleg voel, simpel voel, agteruitgaan, duisel, swymel, insink, kwyn, versleg, intuimel, knak, opgee, oorgee, inmekaarsak, omkap, sterf, doodgaan, heengaan, wegsterf, braak, naar word, opgooi, kots, bloei, seerkry, skok, sterre sien, stik, sukkel
aansteek, aantas, affekteer, aftakel, agteruitsit, opkeil, bederf, bedwelm, benewel, beseer, besmet
herstel, herleef, herrys, opflikker

uitdr. een voet in die graf hê; hy voel nie wel nie; in onmag val; in swym val; jong osse inspan; op die afdraand wees; op sy laaste; so siek soos 'n hond; jou bors trek toe

413. Verskillende siektes

s.nw. ***siekte,*** siekbed, ongeneeslikheid, krankheid, krukkelys, skeet, modesiekte, geneeslike siekte, ongeneeslike siekte, terminale siekte, ongeneeslikheid, ouderdomsiekte, ouderdomskwaal, gereatriese siekte, kwaadaardige siekte, kwaadaardige gewas, allergie, idiosinkrasie (allergie), endemiese siekte, familiekwaal, kindersiekte, koliek, bedryfsiekte, beroepsiekte, epidemie, pandemie, landsiekte, landsplaag, hipochondrie, hipokonders, ipekonders, piep, idiopatie, infantilisme, hipertrofie, dilatasie, distorsie, distrofie, inokulasie, intoksikasie, knou, krankbed, metastase, metastasis, motorsiek, treinsiek, lugsiek, seesiekte, nekrose, ondervoeding, ongeskiktheid, onmag, ontwatering, uittering, verswakking, verswaktheid, wegsterwing, ouderdomswakte, papegaaisiekte, psittakose, residivis, sakke onder die oë, sindroom, smetstof, steatopigie, stigma, verdikking, versaking, vroue-

siekte, vuilsiekte, infeksiesiekte, besmetting, smet, selfbesmetting, vigs, HIV-virus, besering, vergruising, verminking, ingroeisel, slangbyt, pyn, pyniging, steekpyn, spit (pyn), beswyming, swym, floute, bewusteloosheid, inanisie, hitte-uitputting, siekteverloop 412, siekteproses, inkubasie, uitsaaiing, verspreiding, herstel, simptome, onttrekkingsimptome; pasiënt 412, draer, kontakpersoon, invalide, hipochondris, hipokondris, wrak; siekteverlof; insidensie (van 'n siekte), voorkomssyfer, frekwensie, verspreiding, oordrag, aansteeklikheid; oorsaak, oorsprong, kiem, siektekiem, virus, griepvirus, bakterie, skadelike bakterie, patogeen, kanker, kankersel, infeksie, kwaad; siektebeeld, siektesimptoom, siekteteken

kindersiektes, Duitse masels, kinderpokke, kinderpokkies, kinderverlamming, kinkhoes, masels, pampoentjies, parotitis (pampoentjies), rooihond, skarlakenkoors, waterpokkies

gebrek, gebreklikheid, dwerg, dwergmannetjie, dwergras, dwergsoort, gebrek, gesplete verhemelte, haaslip, hoenderbors, hoepelbeen, holrug, imperfeksie, kretin, kretinisme, kreupele, kromte, kropmens, makrosefalie, mongolisme, mongool, olifantsiekte, polio, spraakgebrek, waterhoof

koors, geelkoors, hittekoors, koors, koorslyer, koorsrilling, koorssiekte, kouekoors, kouevuur, kraambedkoors, maagkoors, ingewandkoors, miltkoors, miltsug, miltvuur, moeraskoors, papelellekoors, purperkoors, ruggraatkoors, rugmurgontsteking, rumatiekkoors, rumatiese koors, sinkingskoors, skarlakenkoors, rooivonk (*ong.*), spirillekoors, swartwaterkoors, tifoïde, tifus, tifuskoors, wurmkoors

wond, verwonding, brandwond, snywond, opslagwond, koeëlwond, meswond, kopwond, beenwond, . . ., besering, seerplek, seer, bedseer, 'seerheid, sweer, abses, veldseer, verswering, ulkus, gewas, goedaardige gewas, kwaadaardige gewas, kanker, kankeragtige gewas, kankergeswel, tumor, miksoom, karsinoom, melanoom, goedaardige kanker, kwaadaardige kanker, sarkoom, groeisel, stamp, hou, kneus, kneusplek, kneusing, swelling, swelsel, geswel, geswollenheid, bobbel, blessuur (*ong.*), bloedsweer, bloedvin, bloedvint, bloedneus, blouoog, deurlêseer, bedseer, fibroom, fistel, harsingskudding, hemorroïde, harsenskudding, jeukbult, kallus, karbonkel, karkatjie, klierverwering, knobbel, knokkel, konkussie, kors, kramp, krampaanval, krap, kruipseer, krukker, kwesplek, kwetsuur, moet, nodus, opgeefsel, pits(w)eer, puis, puisie, putjie, neëoog, negeoog, steen, steenpuisie, rofie, roof, sepsis, septisemie, sist, sistitis, skram, skrapie, skryfkramp, skudding, sonbrand, sonsteek, steek, steekplek, toonknobbel, waterblaas

velsiekte, huidaandoening, huidsiekte, uitslag, huiduitslag, jeukuitslag, lekkerjeuk, lekkerkrap, urticaria, urtikaria, allergie, aknee, puisies, roos, ekseem, netelroos, belroos, wondroos, erisipelas, gordelroos, zona, zoster, miksedeem, omloop, pellagra, ringwurm, sianose, blousug, skilfers, psoriase, psoriasis, kopvelontsteking, douwurm, kopluis, sweetuitslag, hitteuitslag, skurfte, veloorplanting, vervelling, winter(s)hande, winter(s)ore, winter(s)tone, winter(s)vingers, winter(s)voete

infeksiesiekte, infeksie, besmetting, infeksiehaard, inflammasie, ontsteking; masels, pokkies, alastrim, amaas, witseerkeel, difterie; verkoue, verkouentheid, griep, griepvirus, sinusitis; ontsteking, maagvliesontsteking, veselontsteking, katar, kliergeswel, klierontsteking, kliersiekte, water, watersug, hidropsie, miëlitis, paradentose, skrofulose, striktuur, struma, skildklierontsteking, vergroting van die skildklier, vaginitis; slaapsiekte, malaria, malariakoors, malariastreek, bilharzia, bilharziase, cholera; geslagsiekte, gonorree, herpes, sifilis; vergiftiging, fyt, voedselvergiftiging, bloedvergiftiging, ptomaïenvergiftiging; besmetting, smetterigheid, sug, besmettingsbron, kiem, siektekiem, bakterie, virus, haakwurm, spoelwurm, jeuksiekte, kokkus, streptokok, koorsblaar, pes, pesepidemie, pesgeval, peskiem, peslyer, pesvirus, rabies, rickettsiose, rondewurm, sproei, spru, swam, swamsiekte, tropiese siekte, vrotpootjie; melaatsheid, gangreen, tuberkulose

senuweesiekte, senusiekte, senuweekwaal, senukwaal, senuweespanning, senuspanning, gespannenheid, oorspanning, senuweeaandoening, senuaandoening, senuweeaanval, senuaanval, senuweeagtigheid, senuagtigheid, nerveusheid, nervositeit, senuweeswakte, senuswakte, senuwee-

toestand, senuweetoeval, senuweetrekkinge, senuweepyn, senupyn, neuralgie, neurastenie, neuritis, sklerose, anervie, anestesie, astenie, ataksie, duiseling, epilepsie, vallende siekte, Sint Vitusdans, chorea, beroerte, beroerteaanval, Parkinson se siekte, polio, poliomiëlitis, harsingontsteking, harsingvliesontsteking, meningitis, miëlitis, rugmurgontsteking, harsingskudding, konkussie, hoofpyn, kopseer, migraine, sinkings, skeelhoofpyn, stuipe, spasma, stuiptrekking, trekkings, tensie, toeval, skok, senuskok, senuweeskok, koma, slaapsiekte, slaapsug, somnambulisme, vaaksiekte, tripanosomiase, tripanosoom, sproet, verwringing, anafilaksie, anafilaksis; senuweelyer, senulyer, neuropaat, neurotikus, somnambuul; neurologie, neuropatie, neuropatologie

spiersiekte, spierprobleme, aangesigsverlamming, atonie, atrofie, fibrositis, katalepsie, kiespyn, klem in die kaak, kaakklem, mondklem, tetanus, tetanie, paraplegie, rumatiek, spastisiteit, starsug, paralise, verlamming, verstywing, spierverstywing, spierstyfheid; parapleeg, spastikus, kataleptikus

beensiekte, osteopatie, breuk, beenbreuk, spleetbreuk, splinterbreuk, skedelbreuk, fraktuur, infraksie, beenkanker, beenontsteking, gewrigsontsteking, artritis, gewrigskoors, gewrigsverharding, gewrigsverstywing, aangesigspyn, beeneter, beenhonger, caries, osteoporose, brosbeen, verkalking, beenverkalking, ragitis, boggel, boggelrug, bommel, hamertoon, hangskouer, apofise, uitgroeisel, benige uitgroeisel, prognasie, prognatisme, groeipyne, jig, jigaanval, jigknobbel, heupjig, iskias, voetjig, pootjie, kaakkramp, beenmurgontsteking, osteomiëlitis, rugpyn, rumatiek, seerrug, skoliose, verswikking; tandbederf, tandpyn, tandsteek, tandsteen; osteologie

hartsiekte, hartkwaal, hartgebrek, hartaandoening, hartaanval, hartkramp, angina, angina pectoris, hartkloppings, hartvergroting, hartverlamming, hartversaking, lekhart, hartwater, hartverwydering

bloedvatsiekte, vaataandoening, aarprobleem, aarbreuk, aarontsteking, flebitis, aarspat, aarsteen, aarswel, slagaargeswel, aarverdikking, slagaarverwyding, aarverkalking, slagaarverkalking, aarverstopping, aartrombose, kroonslagaartrombose, infark, aneurisme, klont, bloedklont, iskemie, beroerte, apopleksie, arteriosklerose, aterosklerose, ateromatose, spataar

bloedsiekte, bloedstolling, bloeding, nabloeding, bloedstorting, bloeiersiekte, hemofilie, bloeddiarree, bloedparsie, bloedpersie, bloedsak, bloedswam, harsingbloeding, bloedarmoede, bleeksiekte, bleeksug, anemie, chlorose, bloedkanker, globulolise, lae bloeddruk, hipotensie, hoë bloeddruk, hipertensie, anoksemie, suurstofarmoede, blousug, sianose, cholesterol, kolesterol, diabetes (mellitus), borrelsiekte, duikersiekte, caissonsiekte, alkalivergiftiging, alkalose, alkalosis, bloedvergiftiging, piëmie, porfirie; hartlyer, diabeet, diabetikus

siektes van die asemhalingstelsel, verkoue, koue, verkouentheid, snotneus, griep, griepaanval, griepepidemie, griepverkoue, griepvirus, sinusitis, benoudebors, benoudheid, benoudte, gansstem, heesstem, aamborstigheid, cara, hooikoors, hoes(t)ery, hoesbui, kramphoes, kroep, kroephoes, keelontsteking, keelseer, lugpypontsteking, faringitis, laringitis, tragitis, trageïtis, mangelontsteking, tonsilitis, toniese kramptonsilitis, slymberoerte, slymhoes, borskwaal, borsaandoening, longontsteking, longpypontsteking, brongitis, dubbel(e)longontsteking, borsvliesontsteking, pleuris, pleuritis, asma, tering, longtering, longtuberkulose, myntering, ftisis, galoptering, koolmonoksiedvergiftiging, suurstofgebrek, versmoring, asfiksie; borslyer, asmalyer, teringlyer, teringpasiënt, 'n blou baba

siektes van die spysverteringskanaal, maagsiekte, maagkwaal, maagaandoening, maagontsteking, maagdermontsteking, maagseer, maagsweer, maagkanker, maagkatar, maagkramp, maagpyn, slegte spysvertering, mislikheid, indigestie, sooibrand, maagsuur, kater (*ong.*), dispepsie, appelkoossiekte, maagwerking, loopmaag, opbraaksel, beri-beri, berrie-berrie, skeurbuik, boepens, diarree, disenterie, bloedpersie, bloeddiarree, gastro-enteritis, geeuhonger, wolfshonger, hiperoreksie, geilsiek, goormaag, voedselvergiftiging, flatulensie, hardlywigheid, kongestie, konstipasie, obstipasie, maaglyer; lewersiekte, lewerontsteking, hepatitis, sirrose, gal, galsiekte, acholie, gal-

steen, geelsug; ingewandsiekte, ingewandskoors, antraks, blindedermontsteking, appendisitis, dermkoliek, dermatitis, dermkramp, dikdermontsteking, kolitis, buikvliesontsteking, peritonitis; breuk, liesbreuk, diafragmabreuk
siektes van die afskeidingsisteem, kliersiekte, klierontsteking, water, watersug, hidropsie, ontwatering, dehidrasie, nierkwaal, nierontsteking, nefritis, nefrose, piëlitis, nierbekkenontsteking, 'n wandelende nier, swerfnier, graweel, graweelsteen, niersteen, nefriet, hematurie, rooiwater, bilharziose, blaasontsteking, blaaskanker, kalbassies (*mv.*), prostaatklierontsteking, prostaatkanker, prostaatvergroting, nierlyer
kragteloosheid, atrofie, atonie, ondervoeding, hongersnood, oorvoeding, hipertrofie, suikersiekte, sklerose
oogsiekte, oogkwaal, oogontsteking, traanoog, loopoog, oftalmie, seeroë, tragoom, netvliesontsteking, horingvliesontsteking, bindvliesontsteking, konjunktivitis, gloukoom, groenstaar, groustaar, katarak, staar, pêrel, oogpêrel, skeelheid, skeeloog, strabisme, leepoog, siepoog, astigmatisme, dubbelsig, diachromasie, blindheid, nagblindheid, kleurblindheid, achromaat, achromasie, achromatisme, daltonisme
oorsiekte, doofheid, senudoofheid, gehooraandoening, ooraandoening, oorpyn
geestessiekte 505, sielsiekte, persoonlikheidsafwyking, kranksinnigheid, demensie, dislokasie, ontwrigting, geestelike ontwrigting, skisofrenie, gesplete persoonlikheid, psigopatie, ylhoofdigheid, delirium, dronkaardswaansin, horries, delirium tremens, neerslagtigheid, droefgeestigheid, mistroostigheid, pessimisme, bedruktheid, melancholie, melankolie, depressie, depressiwiteit, maniese depressiwiteit, anoreksie, anorexia nervosa, bulimie, bulimia, wolfshonger, geeuhonger, hiperoreksie, alkoholisme, dranksug, dipsomanie, abasie, astasie, agnosie, afonie, afasie, agrafie, agrammatisme, disleksie, akatalepsie, spanning, oorspannenheid, stres, hipertensie, hipotensie, hipertonie, histerie, histerese, katalepsie, starsug, slaaploosheid, hakkelaar, hakkelry, skok, bomskok, vrees, fobie, hoogtevrees, hipsofobie, engtevrees, kloustrofobie, dieptevrees, ruimtevrees, agorafobie, negrofobie, manie, waan, grootheidswaansin, grootheidswaan, megalomanie, geslagsdrif (man), satiromanie, satiriase, geslagsdrif (vrou), nimfomanie, kleptomanie, piromanie, melomanie, monomanie, bibliomanie, hipokonders, ipekonders, hipochondria, hipokondria, verbeeldingsiekte; sielsieke, psigopaat, skisofreen, megalomaniak, boekegek, bibliomaan, satiromaan, nimfomaan, kleptomaan, kleptomaniak, piromaan
dieresiektes, antraks, beesswart, bek-en--klouseer, bloutong, bokkoors, dikkop, domsiekte, draaisiekte, draaiwurm, droes, dronksiekte, gallamsiekte, hondesiekte, katgriep, hondsdolheid, jaagsiekte, kaalsiekte, kaaskop, klouseer, klousiekte, knoppiesvelsiekte, krimpsiekte, kropgeswel, lamkruis, lamsiekte, malkopsiekte, mastitis, melkkoors, mok, mond-en-klouseer, muissiekte, nagana, nuwesiekte (perdesiekte), papies, perdesiekte, rondewurm, runderpes, slak, spat (perde), spoelwurm, swartwater, veesiekte
plantsiektes 324, blouskimmel, dou, droëvrot, geelvlek, heuningdou, kroongal, kroonroes, laatroes, roes, roubandsiekte, sagtevrot, skimmel, skimmelsiekte, skimmelvergiftiging, skurfte, waaierblaar, waaierblaarvirus, wingerdluis, wingerdsiekte

b.nw. siek, sieklik, siekerig, krank, kranklik, patologies, psigosomaties, endemies, pandemies, epidemies, kroeserig, mankoliek, aansteeklik, nie-aansteeklik, ernstig, ongeneeslik, terminaal, bevange, degeneratief, idiopaties, idiosinkraties, kragteloos, ongans, ongeskik, paralities, paraplegies, paraplekties, pootseer, sakkerig, toksies, vatbaar, vuisvoos; displasties, hipertrofies, kreupel, lam, mismaak; hipotermies, koorsig; bloedbelope, goedaardig, nerf-af, opgehewe, pimpel en pers, puisterig, rou, seer, seerderig, sererig, vereeld, vereelt; skurf; bedorwe, besmet, geswolle, giftig, melaats, septies, sifilities, veneries, vergewe; anafilakties, ataksies, draaierig, duiselig, flou, neuralgies, neurities, neuropaties, seesiek, senuagtig, senuweeagtig, oorspanne; jigtig, ragities, rumaties; anemies, bloedarmoedig, bloederig, bloedig, bloedloos, diabeties; asmaties, grieperig, hees, hoes(t)erig, kortasem, teringagtig, tetanies, tifeus, verkoue; dispepties, dorstig, hardlywig, inkontinent, mislik, weë (naar); watersugtig; blind, dag-

blind, halfblind, katarraal, kleurblind, nagblind, skeeloog; doof, dowerig, gehoorgestremd, hardhorend, hardhorig; boeglam, deliries, dissosiatief, hipertonies, hipotensief, katalepties, kataleptileus, krampagtig, psigopatologies, sielsiek, skisofrenies, skoolsiek

ww. siek word, verswak, uitteer, wegkwyn, dra, oorval, oordra, aansteek, besmet, infekteer, oorgee, residiveer, aantas; koors hê, koorsig wees, hoes, hoes en proes, blaf (hoes), nies, snuit, snotter; pyn, pynig, wond, verwond, vermink, mutileer, kwes, verbrand, deurlê, deurskaaf, beseer, oopval, kanker, knou, kramp, ontsteek, sweer, versweer, uitsweer, etter, kanker, voortkanker, swel, uitslaan, infekteer, ontsteek, uitsweet, vergewe, vergiftig; vervel, skimmel, vereelt; verstyf, verstywe, skeur, verrek, verlam, paraliseer, stuiptrek; verkalk, vergruis, verswik, verstuit; bloei, doodbloei, versaak; konstipeer, vomeer, uitbraak, opbring, dehidreer, ontwater, uitsweet, ondervoed; verblind, traan; oorspan, duisel, hakkel, disponeer

uitdr. buite weste; deur die weerlig getref; jongosse inspan; sy bene swik; sy maag werk; sy oë traan; sy wond sweer; 'n padda in die keel hê; 'n weë smaak; 'n wond toedien

414. Geneeskunde

s.nw. ***geneeskunde,*** mediese wetenskap, geneeskuns, medikasie 415, medisyne 415, voorkomende geneeskunde, natuurgeneeskunde, volksgeneeskunde, geloofsgeneeskunde, histologie, biomagnetisme, frenologie, hipnotisme

spesialiteit, spesialisasie, anestetika, arbeidsfisioterapie, chiropraktyk, chirurgie, galvanochirurgie, plastiese chirurgie, toraks-chirurgie, neurochirurgie, breinchirurgie, dermatologie, geriatrie, ginekologie, verloskunde, obstetrie, hematologie, homeopatie, huisartskunde, immunologie, interne geneeskunde, kardiologie, onkologie, kerngeneeskunde, atoomheelkunde, miologie, neurologie, oftalmologie, oogheelkunde, oogsnykunde, optometrie, oorkunde, ortopedie, osteologie, otologie, patologie, kliniese patologie, fitopatologie, psigopatologie, neuropatologie, forensiese patologie, pediatrie, kindergeneeskunde, proktologie, fisioterapie, psigiatrie, psigoterapie, psigologie, radiografie, radiologie, tandheelkunde, odontologie, ortodonsie, mondchirurgie, tropiese geneeskunde, urologie, venereologie, venerologie, sifilologie, virologie

gesondheidsorg, gesondheidsdiens, stadsgesondheidsdiens, gesondheidsertifikaat, higiëne, immuniteit, kreupelsorg, gesondheidsoord, hospice, hospies, hospitium, badplaas, hospitaal 417

farmakologie, farmasie, farmaseutika, aptekerswese, farmakopee (boek)

dieregeneeskunde, veeartseny, veeartsenykunde, soötomie, soöterapie, mikrobiologie

verpleegkunde, verpleging, siekesorg, siekeversorging

genesing, natuurgenesing, geloofsgenesing, heling, geneeskundige behandeling, kuur, voorkomende behandeling, profilakse, simptomatiese behandeling, opvolgbehandeling, opvolgwerk, nabehandeling, nasorg, noodhulp, noodbehandeling, traumabehandeling, sielkundige behandeling, psigoterapeutiese behandeling, psigoterapie, skokbehandeling, stimulasie, ruskuur, ondersoek, opvolgondersoek, konsultasie, ouskultasie, kardiologiese ondersoek, diagnose, prognose, biopsie, kardiogram, bloedsmeer, osteopatie, inspuiting, injeksie, inenting, vaksinasie, immunisasie, interferon, bloedoortapping, transfusie, binneaarse voeding, infusie, operasie, seksie, noodoperasie, hartoperasie, opehartoperasie, mangeloperasie, oogoperasie, . . ., oorplanting, transplantasie, hartoorplanting, nierooplanting, leweroorplanting, . . ., omleiding, omleidingsoperasie, snit, chirurgiese snit, chirurgiese ingryping, insisie, insnyding, aarlating, lumbale punksie, narkose, diatermie, hemostasie, verlossing, kraamverlossing, tangverlossing, induksie, keisersnee, sterilisasie (onvrugbaar), histerektomie, hipnose, traksie, terapie, fisioterapie, fisioterapeutiese behandeling, massering, massage, arbeidsterapie, sonterapie, helioterapie, fototerapie, hidroterapie, waterbehandeling, chemoterapie, radioterapie, bestraling, stralingsterapie, elektroterapie, skokterapie, prostetiek, pro(s)tese, tandheelkundige diens, tandheelkundige behandeling, vulling, stopsel (tand), dieet, hongerkuur, verjongingskuur, vermaeringskuur, homeopatie, wonder-

kuur, raat, boereraat; ontsmetting, ontsmettingsdiens, disinfeksie, desinfeksie; doodsondersoek, nadoodse ondersoek, lykskouing, outopsie, nekropsie, seksie, disseksie, post mortem

pasiënt 413, dagpasiënt, hartoorplantingspasiënt, skenker, orgaanskenker, donor, ontvanger, kontakpersoon, bloedskenker, draer

b.nw. geneeskundig, heelkundig, anatomies, medies, paramedies, medisinaal, heelbaar, immuun, binneaars, biomagneties, chirurgies, operatief, klinies, histologies, patologies, kardiologies, oogheelkundig, ortopedies, dermatologies, ginekologies, verloskundig, hemostaties, immunologies, neurologies, oftalmologies, onkologies, oogheelkundig, pediatries, proktologies, radiologies, urologies, virologies, venerologies, farmakologies, farmaseuties, infrarooi, narkoties, kosmeties, paramedies, patogeen, patogenies, profilakties, psigologies, psigiatries, psigoanalities, diatermies, terapeuties, fisioterapeuties, aërobies, homeopaties, tandheelkundig, ortodonties, veterinêr, dierkundig, veeartsenykundig, ontleedkundig, gesout

ww. ***genees,*** behandel, gesond maak, gesond kry, dokter, heel, remedieer, magnetiseer, praktiseer, spesialiseer, deurhaal, uitsiek, die pyn stil, fomenteer, bestraal, aarlaat, aderlaat, bloedlaat, bloeding stop, stelp (bloeding), tamponeer, ontsmet, disinfekteer, desinfekteer, suiwer, inspuit, inent, inokuleer, vaksineer, immuniseer, doseer, oortap, bloed oortap, doodbind, doodbrand, kouteriseer, induseer, fisoterapeuties behandel, masseer, hipnotiseer

ondersoek, diagnoseer, prognotiseer, beklop, perkuteer, op die bors klop, met 'n stetoskoop ondersoek, ouskulteer, deurlig, met X-strale ondersoek, radiologies ondersoek, 'n lykskouing uitvoer

opereer, 'n operasie uitvoer, sny, oopsny, lanseer, boor, trepaneer, heg, set, afhaal, afsit, amputeer, oorplant, inplant, steriliseer (onvrugbaar), bloeding stop, bloeding stelp, kateriseer, ('n wond) toewerk, steke verwyder, verbind, aborteer; verdoof, narkose gee, anesteseer, narkotiseer

voorskryf, medisyne voorskryf, 'n dieet voorskryf, . . ., resepteer

verpleeg, versorg, oppas, verbind

415. Geneesmiddel

s.nw. ***geneesmiddel,*** middel, medisyne, medisynemiddel, patente medisyne, voorgeskrewe medisyne, voorskrifmedisyne, medikament, medikasie, heelmiddel, preparaat, remedie, geneesal, alheilmiddel, elikser, lewenselikser, panasee, huismiddel, huismedisyne, raat, boereraat, towermiddel, wondermiddel, doepa, dop, doppie, drank, druppel, antidoot, antidotum, antigeen, antiliggaampie, antitoksien, antitoksine, bad (behandeling), chemoterapie, helsteen, brandsteen, insulien, insuline, jeukpoeier, oogdruppels, oogwater, oordruppels, serum; apteek, farmakopee (middels), huisapteek, farmakoteek

tonikum, toniese middel

spuitmiddel, doseermiddel, entstof, vaksine

pynstillende middel, pynstiller, pynpil, kajapoetolie, katjiepoetolie

kalmeermiddel, sedatief, paregoor, paregorie, bedaarmiddel, berustingsmiddel; slaapmiddel, slaapdrank, slaappil, soporatief, hipnotikum, morfien, morfine, opiaat, digitalis, veronal; narkotiese middel, narkotikum, anestetikum, verdowingsmiddel, chloroform, morfien, morfine, opiaat, stimulans, stimulant, depressant, barbituraat

opwekmiddel, kortisoon, reuksout, vlugsout

hartmiddel, hartmedisyne, hartpilletjie, adrenalien, adrenaline, digitalien, digitaline, histamine

maagmiddel, maagbitter, maagdruppels, magnesia, magnesiamelk, bitteraarde, purgeermiddel, purgeerdrank, purgasie, lakseermiddel, lakseerdrank, laksatief, tamarinde, kaskara, kasterolie, soetolie (purgeermiddel), krampdruppels, klisma, setpil, steekpil, enema, lawement, dermspoeling, vomeermiddel, vermeermiddel, vomitief, antisuurmiddel, vrugtesout, Engelse sout, bittersout, koeksoda, kalomel, namie, kremetart, wurmmiddel, wurmkruie

antibiotiese middel, antibiotikum, breëspektrumantibiotikum, verkouemiddel, penisillien, penisilline, aspirien, aspirine, kodeïn, kodeïne, antihistamine, streptomisien, streptomisine, inhaleermiddel, niesmiddel, sweetmiddel, koorswerende middel, koorsmiddel, kinien, kinine

hoesmiddel, hoesdrank, hoesstroop, hoesmedisyne, hoestablet(tjie), pastil, hoespastil, suigtablet

natuurlike medisyne, homeopatiese middel, homeopatie, dassiepis, krui, geneeskundige plant, kruidgewas, als, bitterals, wilde-als, boegoe, digitalis, haarlemmerolie, haarlemensis, duiwelsdrek, harmansdrup, dulsies, witdulsies, galbossie, groenamara, jamaikagemmer, kajapoetolie, katjiepoetolie, kalmoes, kalwerbossie, karmedik, kaskara, kasterolie, wonderolie, kerwel, kiesieblaar, kina, kinabossie, langbeen, kinabas, kinablaar, kinien, kinine, kloutjiesolie, knoffel, knoflok, kremetart, mentol, namie, rabas, salep, salie, sarsaparilla, seneblare, senna, spaansvlieg, swartstorm, tamarinde, tolbossie, wynruit
ontsmettingsmiddel, antiseptiese middel, disinfeksiemiddel, ontsmettingsalf, antiseptiese salf, akriflavine, jodoform, jodiumtinktuur, joodtinktuur, kaliumpermanganaat, kreolien, kreoline, penisillien, penisilline, merkurochroom, permanganaat, salisielsuur, salpeter, tinktuur, antiseptiese poeier, wondpoeier
pil, tablet, kapsule, ouel, ampule
salf, salfolie, olie, smeer, smeergoed, smeermiddel, smeersel, balsem, balsemkopiva, gliserien, gliserine, gliseriensalf, kruiesalf, kwiksalf, lanolien, lanoline, lanolienolie, lanolineolie, ruitersalf, sinksalf, sonbrandmiddel, sonskerm, sonbrandolie, sonbrandsalf, ontsmettingsalf, antiseptiese salf
pap, kataplasma, pappleister
pleister, hegpleister, trekpleister, kleefpleister, defensiefpleister, kompres, verband, bindsel, doek, verbandlinne, windsel, swagtel, kleefverband, rekverband, kruisverband, draverband, hangverband, slinger, slingerverband, wondverband, skroefverband, noodverband, slangverband, slangbytverband, gips, gipsverband, spalk, spalking, beenspalk, armspalk
gif, gifstof, vergif, toksien, toksine, senuweegif, arseen, arsenikum, siaan, sianied, sianide, kurare, diergif, insektegif; teengif, teëgif, teenliggaampie, antiliggaampie, slangbytmiddel

b.nw. medisinaal, geneeskundig, geneeskragtig, voorgeskrewe, hoesstillend, tonies, pynstillend, kalmerend, narkoties, verdowend, verslawend, krampstillend, antibioties, koorswerend, homeopaties, natuurlik, antisepties, ontsmettend, salwend, ondersteunend, giftig, gifwerend

ww. inneem, toedien, doseer, indruppel, balsem, galvaniseer, klisteer, voorskryf

416. Medikus

s.nw. ***medikus,*** geneesheer, dokter, arts, heelmeester, heler, huisdokter, huisarts, perdedokter, staatsdokter, staatsgeneesheer, distriksdokter, distriksgeneesheer, hofarts, skeepsdokter, skooldokter, sendelingdokter, diagnostikus, histoloog, klinikus, natuurgeneesheer, geloofsgeneser, geloofsgeneesheer, toordokter; doktersadvies, doktershande, konsultasie, doktersrekening, internskap
spesialis, snydokter, chirurg, plastiese chirurg, hartchirurg, beenchirurg, ortpediese chirurg, neurochirurg, breinchirurg, oogchirurg, mondchirurg, narkotiseur, anestetikus, huidspesialis, dermatoloog, geriatris, ginekoloog, vrouearts, verloskundige, obstetris, hematoloog, immunoloog, internis, kardioloog, hartspesialis, kerngeneeskundige, atoomgeneeskundige, mioloog, neuroloog, senuweearts, gesigkundige, oogarts, okulis, oftalmoloog, oogheelkundige, oogkundige, kontaklensspesialis, keelarts, oor-neus-en-keelspesialis, onkoloog, ortopeed, ortopedis, osteoloog, otoloog, patoloog, pediater, kinderspesialis, kinderdokter, radiografis, radiografiste, radioloog, uroloog, venereoloog, sifiloloog, viroloog, toksikoloog
psigiater, sielkundige, psigoloog, kliniese sielkundige
tandarts, tandheelkundige, ortodont(is), tandemaker, tandtegnikus
apteker, farmakoloog, farmaseut
terapeut, fisioterapeut, arbeidsterapeut, psigoterapeut, masseur, masseuse, masseerder, masseerster
homeopaat, kruiedokter, fisiater
veearts, staatsveearts, marinebioloog
verpleegster 417, verpleër, verpleger, hospitaalverpleegster 417, hospitaalverpleër 417, dagverpleegster, kraamverpleegster, leerlingverpleegster, stafverpleegster, wyksverpleegster, verpleegsuster, suster, saalsuster, teatersuster, operasiesuster, matrone, hoofmatrone, dieetkundige, gesondheidsbeampte, gesondheidsinspekteur
spreekkamer, praktyk, dokterspraktyk, wagkamer; apteek, farmakoteek

doktersinstrumente, geneeskundige apparaat, dokterstas, stetoskoop, inspuiting, inspuitingnaald, koorspen, koorstermometer, bloeddrukmeter, keelspieël, neusspieël, peilstif, prop, sonde, ontleedmes, spatel, tongspatel, druppelaar, drupper, klisteerspuit, maagpomp

417. Hospitaal

s.nw. ***hospitaal,*** staatshospitaal, privaathospitaal, kinderhospitaal, geneeskundige inrigting, hospitaalkompleks, kliniek, geneeskundige kliniek, mediese kliniek, privaatkliniek, babakliniek, veldhospitaal, barak, weermagshospitaal, verpleeginrigting, sanatorium, kreupelkliniek, kraaminrigting, gestig, sielsieke-inrigting, kranksinnigegestig, herstellingsoord, hersteloord, gesondheidsoord; saal, mansaal, vrouesaal, damesaal, teater, operasieteater, operasiesaal, operasiekamer, snykamer, waakeenheid, waakkamer, intensiewe eenheid, X-straaleenheid, ontleedkamer, siekeboeg, siekekamer, aarbank, bloedbank; hospitalisering, hospitaalbehandeling, ondersoek, operasie, bloedoortapping, bloedtransfusie, besoektyd

hospitaalpersoneel, superintendent, hospitaalhoof, dokter, hospitaaldokter, spesialis, chirurg, matrone, hoofmatrone, suster, stafverpleegster, verpleegsuster, verpleegster, verpleër, verpleger, verpleegstersuniform, verpleërsuniform, hospitaalverpleegster, hospitaalverpleër, saalsuster, operasiesuster, teatersuster, kraamsuster

hospitaaltoerusting, hospitaalbed, hospitaallinne, medisynekas, medisynekissie, operasietafel, teatertafel, teaterinstrumente, operasiemes, snytafel, ontleedtafel, draagbaar, baar, trollie, teatertrollie, rystoel, stootstoel, sterilisator, hart-longmasjien, hartmasjien, monitor, hartmonitor, longmasjien, respirator, ysterlong, niermasjien, nierdialisemasjien, kardiograaf, elektrokardiograaf, EKG-masjien, kardioskoop, stralemeter, aktinometer, tomograaf, ambulans, ambulansvliegtuig

.nw. klinies, steriel

w. hospitaliseer, opneem, ondersoek, behandel, opereer, verpleeg, besoek, steriliseer

i. VOEDSEL

418. Maaltyd

s.nw. ***maaltyd,*** maal, ete, eetmaal, tafel, spys en drank, dis, hoofdis, hoofskottel, hoofgereg, toespys, toekos, bykos, voorgereg, nagereg, porsie, gang, hoofgang, driegangmaaltyd, vyfgangmaaltyd, tradisionele ete, warm maal, warm ete, koue maal, koue ete, buffetete, aansitete, vleistafel, vistafel, voorsnyete, fondue, potjiekos, hutspot, rystafel, roerbraai, aartappelaand, teetafel, pannekoekaand, Kaapse gereg, Kaapse kos, Kaapse tafel, Maleise tafel, Maleise kos, Griekse ete, Griekse kos, kitskos, gemorskos, wegneemvoedsel, padkos, galgemaal

etensuur, etenstyd, eetuur, skaftyd, skafuur, ontbyt, oggendete, ag(t)uur (ontbyt), laatontbyt, noenontbyt, middagete, middaguur, twaalfuur, noenmaal, aandete, soepee, koffietyd, teetyd, tienuur

feesmaal, onthaal, resepsie, noenmaal, vingerete, vingeronthaal, skemeronthaal, skemerkelkie, dinee, banket, banketmaal, banketete, gasmaal, sjampanjeontbyt, verjaardagete, verjaardagmaal, partytjie 793, verjaardagpartytjie, verwelkomingsete, verwelkomingspartytjie, teepartytjie, tuinpartytjie, huisinwyding, huisinwydingspartytjie, kombuistee, ooievaarspartytjie, afskeidsete, afskeidsmaal, bruilofsmaal, bruilofsfees, doopmaal, doopfees, Sondagmaal, Sondagete, Kersmaal, Kersete, Kerspartytjie; kampvuur, kampvuurete, braai, vleisbraai, wegneemete, kitsete, piekniek, piekniekete

huishouding, resep 419, resepteboek 419, kookboek 419, kookkuns, kulinêre kuns, huishoudkunde, gastronomie

tafel, tafelgerei, eetgerei, tafelgereedskap, breekgoed 95, breekware, porseleinware, glasware, skottelgoed, messegoed, messe en vurke, grootlepel, opdienlepel, servet, spyskaart, tafelmat, tafelversiering, tafellinne, tafeldoek, tafelrangskikking, tafelbediening, dientafel 95, opdientafel 95, dranktafel 95, buffet 95

eetgas, ete(ns)gas, tafelgenoot, aansittende, disgenoot, gasheer, gasvrou

spyskaart, menu, gereg, hoofgereg, hors d'oeuvre, voorgereg, nagereg, bykos

b.nw. kulinêr, gastronomies, feestelik, gasvry, versier, koud, warm, kits

ww. dineer, aansit, soepeer, bedien, serveer, opdien, opdis, opdra, opsit, opskep, voordien, voorsny, dek, afdek, afneem, opskeploer, voorberei, opwarm

uitdr. die ete staan op tafel; jou lyf aasvoël hou

419. Voedselbereiding

s.nw. ***voedselbereiding,*** bereiding, toebereiding, gebrou, spyseniering, kosmakery, kombuiswerk, preservering, kooksel, verkrummeling, versuikering

kookkuns, kulinêre kuns, gastronomie, cuisine, haute cuisine, cordon bleu, huishoudkunde

kombuis, kombuistoerusting 95, kombuisgereedskap, stoof, smoorstoof, braaistoof, oond, braaioond, bakoond, konveksieoond, mikrogolfoond, gasstoof, braaier, diepbraaier, diepvetbraaier, elektriese braaier, gasbraaier, brander, gasbrander, rooster, broodrooster, vleisrooster, roker, stookgas, stookolie, kooktoestel, pan, pannekoekpan, oblietjiepan, oblietjieyster, koekpan, braaipan, elektriese braaipan, wok, pot, kastrol, drukkastrol, drukpot, snelkoker, stoompot, dubbelkoker, prutpot, kasserol, fonduestel, vergiettes, foelie, kapblok, karring, karringstaf, karringstok, maalklip, bak, soufflébak, skottel, ramekin, mengbak, menger, elektriese menger, verpulper, versapper, lepel, vurk, mes, vleismes, groentemes, slaplemmes, skuimspaan, spaan, houtspaan, botterspaan, sandlopertjie

bestanddele, geursel, geurmiddel, kleurmiddel, olie, prutolie, preserveermiddel, puree, marinade, afkooksel, aftreksel, ekstrak, astrak, treksel, vleisaftreksel, vleisekstrak, lardeersel, spesery, gemengde speserye, krui, kruid, bouquet garni, angelika, engelkruid, engelwortel, anys, basilie, basiliekruid, basilikum, borrie, dragon, foelie (neutmuskaat), gemmer, gortwater, grasui, kaneel, pypkaneel, kardamom, kardemom, karie, kariemoer, karmonk, karwysaad, koeksaad, kerrie, kerwel, klapper, knoffel, knoflok, koeksoda, koljander, koningskruid, kremetart, kruieasyn, kruinaeltjie, naeltjie, kruisement, peperment, ment, lardeersel, lourierblare, marjolein, mosterd, muskaat, neut, neut(e)dop, neutmuskaat, origo, orego, oreganum, papawersaad, paprika, peper, witpeper, rooipeper, rissiepeper, peperment, pietersielie, piment (Jamikapeper), Jamikapeper, wonderpeper, piment (skerprissie), pimiënto, rissie, rooirissie, brandrissie, roosmaryn, saffraan, salie, salisielsuur, suiker 426, suring, sout 426, tafelsout, fyn sout, growwe sout, pekel, styselmeel, tiemie, vinkel, waterkers, bronkors; essens, vanielje, vanielje-ekstrak, vanielje-essens, lemoenessens, vrugte-essens

resep, resepteboek, kookboek

kok, koksmaat, sjef, bereider, spysenier, huishoudkundige

b.nw. gaar, halfgaar, medium, klaargaar, goedgaar, halfgebak, hardgebak, gebraai, oondgebraai, potgebraai, gebak, brosgebraai, opgewarm(de), gebruin, gekrui, gekruid, gemarineer(d), gesoteer, gesout, gevul(d), ingemaak, rou, halfrou

ww. ***'n maaltyd berei,*** voedsel berei, gaarmaak, koskook, kosmaak, kook, deurkook, afkook, lig kook, uitkook, oorkook, bak, deurbak, blind bak, rooster, braai, skroei, toeskroei, vlakvetbraai, diepbraai, diepvetbraai, uitbraai, oondbraai, potbraai, panrooster, brosbraai, roerbraai, verwarm, laat afkoel, afhaar, bedek, bedruip, behoorlik meng, berei, bestrooi, bestuif, bind, blansjeer, deurgiet, flambé (*ong.*), fyn slaan, garneer, geur, glaseer, glasuur, gratineer, inblik, indoop, inkerf, insny, insuur, invou, invryf, kap, karameliseer, klaarmaak, klits, klop, knie, koaguleer, konsentreer, laat rys, laat trek, laat week, lardeer, meng, liggies meng, vermeng, marineer, neerslaan, omkors, opklop, opsit, paneer, pekel, posjeer, preserveer, prut, rasper, resepteer, rook, room, roux, rys, skif, skil, skroei, smeer, smoor, sous, sout, stoof, stoom, stowe, toeberei, toesmeer, trek, uitrol, uitrys, uitskei, uitvars, verdik, verdun, verglans, verhelder verkil, verkoel, verkrummel, verpulp, versap, versuiker, vlam, week

bedien, opdien, voorsit, opskep, inskep aansit, uitnooi

420. Voedsel

s.nw. voedsel, kos, spys, voedselsoorte voedsaamheid, proteïne, proteïen, koolhidraat suiker, stysel, vet, mineraal, vleis, vis pluimvee, groente, vrugte, vars vrugte, dro vrugte, gedroogde vrugte, suiwel, suiwel produkte, peulgewasse, graankos, rukos, ru

voedsel, stapelkos, stapelvoedsel, gourmetkos, fynproewerskos, kragvoedsel, kragvoer, kruideniersware, blikkieskos, blikkiesgroente, blikkiesmelk, rantsoen, proviand, voorraad, mondprovisie, huiskos, restaurantkos, restourantkos, boerekos, tradisionele kos, tradisionele gereg, lekkerny, peuselkos, snoepgoed, nammies (*kindert.*), nams (*kindert.*), noodvoorrade, oorskietkos

b.nw. voedsaam, voedend, gesond, ongesond, vitamienryk, proteïenryk, styselryk, vet, vetvry, vars, bederf, bederfbaar, substansieel, voorradig

ww. voed, inmaak

421. Vleis

s.nw. ***vleis,*** skaapvleis, lamsvleis, lammervleis, beesvleis, kalfsvleis, varkvleis, perdevleis, haasvleis, konynvleis, wild(s)vleis, pluimvee, hoendervleis, kalkoen

vleissnit, vleiskaart, boud, skaapboud, kalfsboud, beesboud, dy, wildsboud, braaiboud, agterkwart, rugstring, rugstuk, rib, voorrib, primarib, dikrib, platrib, ribbetjie, skaapribbetjie, varkribbetjie, braairibbetjie, soutribbetjie, klaprib, klapstuk, lende, lendestuk, kruis, lies, lieslap, dunlies, tjop, kotelet, lamstjop, lamskotelet, varktjop, varkkotelet, kalfskotelet, ribtjop, dikribtjop, lendetjop, kruistjop, boudtjop, biefstuk, beeshaas, filet, T-beenskyf, kruisskyf, bolo, skenkel, skinkel, skof, nek, tong, lewer, vet, hardevet, varkvet, netvet, niervet, spek, varkspek, reusel, roostervleis, smoorvleis, worsvleis, soetvleis, murgbeen, sopvleis, stukkiesvleis; pluimveesnit, bors, hoenderbors, . . ., karkas, hoenderkarkas, . . ., dy, dytjie, hoenderdy, hoenderdytjie, . . ., boud, boudjie, hoenderboudjie, . . ., vlerk, vlerkie, hoendervlerkie, . . .

verwerkte vleis, blikkiesvleis, maalvleis, rollade, rolpens, rolstuk, wors, boere(e)wors, beeswors, varkwors, lewerwors, metwors, droëwors, Weense worsie, frankfurter, sosys, andoelie, polonie, pekelvleis, soutvleis, tasal, tesal, tesalletjie, souttong, biltong, dikbiltong, boeljon

vleisdis, vleisgereg, frikassee, frikkadel, andoelie, braaigereg, braaivleis, braad, wildbraad, gebraad, gelei (uitspr. sjelei), haksel, hasjee, hasjie, ham, sult, hoofkaas, kaiing, karmenaadjie, varkkarmenaadjie, sosatie, kebab, kabob, kabab, kebob, kluitjievleis, lewerpatee, lewersmeer

b.nw. dwarsdraads, vetterig, spekvet, maer, seningrig, taai, gelardeer(d), mals

ww. slag, kap, maal, inlê, marineer, sout, lardeer, ontbeen

422. Seekos

s.nw. seekos, vis, kreef, langoestien, perlemoen, perlemoer, oester, alikreukel, garnaal, steurgarnaal, seekat, calamari, krap, mossel, gapermossel; ansjovis, barber, bokkem, bokkom, elf, engelvis, forel, galjoen, geelstert, geelbek, harder, hotnot (*kwetsend*), hotnotsvis (*kwetsend*), hottentot (*kwetsend*), kabeljou, karper, kipper, gerookte southaring, klipkous, koningklip, koningklipvis, labberdaan, maasbanker, makriel, monkvis, seeduiwel, pekelharing, salm, sardyn, sardientjie, pelser, silwervis, skelvis, snoek, steenbras, stokvis, stompneus, tongvis, tuna, vier-en-sewentig; moot, snoekmootjie, kuit, viskuit, steur, kaviaar, smoorvis, ingelegde sardyne, soutvis, vispastei, seekospotjie, visgereg

423. Slagter

s.nw. ***slagter,*** slagterskneg, slagting, slagloon, slagtyd

slagtery, slaghuis, slagpale, abattoir, slagplaas, vleismark, vleistoonbank, vleishandel

slagbank, slagbyl, slagmes, slagtersmes, slagtersblok, kapblok, saag, slagtersaag, slagterskaal, vleishak, roker, rookmasjien, worsderm, worsmasjien, worsmeul(e), vleismeul(e), worsfabriek

slagvee, slaggoed, slagskaap, slagbees, vleisvark, vleissnit 421, afval

viswinkel, vismark, visvangs, visserman, visterman, vismes

ww. slag, afslag, ontvel, uitslag, opsny, opsaag, ontbeen, rook, wors maak, wors stop

424. Brood

s.nw. ***brood,*** gebak 426, bakkersbrood, witbrood, bruinbrood, growwebrood, volkoringbrood, semelbrood, hopbrood, potbrood, rogbrood, pompernikkel, ongesuurde brood, soetsuurdeegbrood, skimmelbrood, katkop, regeringsbrood, win-

kelbrood, tuisgebakte brood, gesondheidsbrood, Nagmaalsbrood; rolletjie, bolletjie, broodrolletjie, hamburgerrolletjie, paasbolletjie, stokbrood, rosyntjiebrood, korentebrood, korintebrood, suikerbrood, brosbrood, croissant, pittabrood
sny, bokwagtersny, skaapwagtersny, skaapwagterkap (*geselst.*), kors, korsie, kruim, toebroodjie, oopbroodjie, uitsmyter, hamtoebroodjie, kaastoebroodjie, konfyttoebroodjie, . . ., roosterbrood, botterbroodjie, gesmeerde brood, hamburger, worsbroodjie, warmbrakkie
b.nw. gebak, vars, varsgebak, degerig, kluiterig, krummelrig, ingesuur, ongesuur, hard gebak, lig gebak
ww. toebroodjies maak, sny, smeer

425. Bakker

s.nw. ***bakker,*** bakster, bakkerin, bakkersvrou, broodbakker, broodbakster, koekbakker, koekbakster, wafelbakker, bakkerskneg, deegmaker, deegknieër
bakkery, broodbakkery, koekbakkery, bakkerswinkel, broodwinkel, bakkersbedryf, bakkersgilde
bestanddele, deeg, beslag, brooddeeg, koekdeeg, blaardeeg, fynmeel, meelbol, broodmeel, koekmeel, boermeel, bruismeel, semels, semelmeel, bakpoeier, suurdeeg, suurdesem, gis, koeksoda; baksel; bakproses, gisting, gistingsproses
bakoond, oond, bakkersoond, rolstok, kniemasjien, deegmasjien, deegroller, broodplaat, broodpan, koekplaat, koekpan, broodblik, broodvorm, broodplank, broodkis, broodmandjie
b.nw. gebak, varsgebak, ingesuur, ongesuur, kniebaar, kneebaar, fleurig
ww. bak, uitbak, brood bak, koek bak, knee, knie, deurknie, deeg rol, insuur; fermenteer, gis, rys, uitrys

426. Kossoort, dis

s.nw. ***gereg,*** dis, kos, spys, nammies (*kindert.*), nams (*kindert.*), godespys, gourmetkos, fynproewerskos, huiskos, restaurantkos, restourantkos, boerekos, tradisionele kos, tradisionele gereg, Kaapse gereg, Italiaanse gereg, Griekse gereg, Maleise gereg, hoofdis, hoofskottel, voorgereg, nagereg, gang, hors d'oeuvre, kruiekos, veldkos, wegneemete, wegneemkos, padkos, wegvattertjie, kitskos, gemorskos, lekkerny, peuselkos, snoepgereg, versnapering, southappie, soutigheid, kanapee, canapé, quiche, souterige vlatert, souttert, groentetert, eiertert, aartappelkrul, aartappelskyfie, verversing, varkenskos, varkkos; bestanddele 419, asyn, sout, growwesout, fynsout, seesout, knoffelsout, peper, rooipeper, suiker, rietsuiker, strooisuiker, witsuiker, bruinsuiker, geelsuiker, beetsuiker, gemmer, glukose, jamaikagemmer, tapioka, kassawe, klapper, margarien, margarine, melkpoeier, moes, peperment, sago, spesery, tiemie, vermicelli, kakao
vleis 421, vleisgereg 421, vleisdis, osstert, rib, roltong, allegaartjie, maalvleis, maalvleisgereg, bobotie, frikassee, frikkadel, andoelie, blindevink, canneloni, lasagne, moesaka, gelei (uitspr. sjelei), braaigereg, braaivleis, braaihoender, braaiboud, braad, wildbraad, gebraad, roosterkuiken, tjop, kotelet, biefstuk, wiener schnitzel, bief stroganoff, ghoelasj, stowe, kasserol, denningvleis, breyani, haksel, hasjee, hasjie, ham, jambon, polonie, sult, hoendermousse, hoofkaas, kaiing, karmenaadjie, varkkarmenaadjie, sosatie, kebab, kabob, kabab, kebob, kluitjievleis, aspiek, spek, silt, stoofvleis, stowevleis, tamatievleis, ragout, afval, harslag, kannie, jakkalskos, worsbroodjie, hamburger, smout
seekos 422, kaviaar, vis 422, visvoorgereg, seekoskelkie, kreefkelkie, antipasto, snoekpatee, snoekmousse, salmmousse, rolmops, haringfilette, skelvis, smoorsnoek, visbobotie, vispastei, seekos-kasserol, vis-kebab, viskoekie, kreef, langoestien, perlemoen, perlemoer, oester, alikreukel, garnaal, steurgarnaal, seekat, krap, mossel, gapermossel
eier, gebakte eier, roereier, omelet, kalfsoog, watereier, kandeel, gevulde eier
suiwel, melk, volmelk, volroommelk, afgeroomde melk, room, kondensmelk, gekondenseerde melk, kaas, cheddar cheddarkaas, gouda, goudakaas, soetmelkkaas, camembert, Limburger, Ementhal(er), blouskimmelkaas, Roquefort groenkaas, brie, briekaas, parmesaan, parmesaankaas, maaskaas, roomkaas, geprosesseerde kaas, proseskaas, karringmelk jogurt, vrugtejogurt, melkkos, maas, magou
pasta, spaghetti, macaroni, noedel, noedel

gereg, canneloni, lasagne
sop, soep, consommé, helder sop, boeljon, dik sop, puree, fluweelsop, roomsop, minestrone, warm sop, koue sop, groentesop, ertjiesop, boontjiesop, tamatiesop, sampioensoep, hoendersop, vissop, bisk, kerriesop, kluitjiesop, lensiesop, osstertsop
bredie, kerrie, kerriekos, tamatiebredie, waterblommetjiebredie, groenboontjiebredie, ghoelasj, potjiekos, hutspot, tjou-tjou, ratatouille, ratjietoe, ravioli, risotto
sous, langsous, sousie, bruinsous, witsous, mayonnaise, kruiesous, wynsous, roomsous, tamatiesous, blatjang, ketjap, slaaisous, soetolie
bykos, toekos, groente, tjou-tjou, atjar, aartappels, gebluste aartappels, avokado, avokadopeer, rys, witrys, geelrys, kerrierys, geelrosyntjierys, vandisierys, begrafnisrys, rysbrensie, ryskluitjie, rystebry, boontjie, boon, boerboon, groenboontjie, doemba, ertjie, groenertjie, eiervrug, gort, kalbaspampoen, kalbaspatat, katjangboontjie, koekmakranka, koekemakranka, komkommer, kool, koolkop, koolraap, kopkool, lemoenpampoentjie, lensie, marog, mielie, maïs (*ong.*), mieliegruis, kiepiemielies, springmielie, sorghum, graansorghum, olyf, murgpampoen, murg-van-groente, pampoen, pampoenkoekie, patat, patatta, stoofpatat, wurgpatat, borriepatat, pieters(i)elie, prei, sampioen, radys, sauerkraut, sojaboontjie, soufflé, sousboontjies, stoofappel, suikerbeet, suurkool, ui, uintjie, vroeëpampoen, waterblommetjies, bronkors, waterkers, witwortel, pastinaak, wortel, peperwortel, teëhouer
slaai, groenslaai, kropslaai, kopslaai, tamatie, tamatieslaai, gevulde tamatie, uieslaai, slap hakskeentjies, sambal, bronslaai, bronkors, waterkers, piekels, suurtjies
ontbytkos, pap, hawermout, mieliepap, poetoepap, krummelpap, suurpap, koeskoes, graanvlok, graankos, muesli, spek, spek en eier, eier, roereier, gebakte eier, geposjeerde eier, kalfsoog, omelet, spieëleier, joghurt, vrugtejogurt, Engelse ontbyt, kontinentale ontbyt
nagereg, dessert, poeding, soetigheid, toekos (nagereg) (*ong.*), appelmoes, appelring, blanc-mange, doekpoeding, gestoofde vrugte, compote, jellie, sjelei, selei, gelei (uitspr. sjelei), karamel, karamelpoeding, koekpoeding, koekstruif, struif, koekvla, room, roomys, sorbet, ryspoeding, broodpoeding, sagopoeding, sjokoladepoeding, souskluitjies, tapiokapoeding, vrugteslaai
lekkergoed, lekkerny, snoepgoed, snoepery, soetgoed, soetigheid, lekker, lekkertjie, suiglekker, suikerklontjie, suurklontjie, pepermentlekker, ouderlingsklontjie (*geselst.*), leeslekker, suigstokkie, stokkielekker, kandy, bonbon, kougom, malvalekker, marsepein, mebos, fondant, noga, nouga, nougat, sjokolade, melksjokolade, likeursjokolade, sjokoladelekker, praline, fudge, paaseier, spookasem, soethout, drop, droplekker, suikerappel, joep-joep, toffie, karamellekker, tameletjie, vrugtelekker, versuikerde vrugte
konfyt, konfituur, konserf, jam, heelkonfyt, heuning, druiwekonfyt, frambooskonfyt, stroop, framboosstroop, lemoenstroop, kafferwaatlemoenkonfyt (*kwetsend*), kafferwaterlemoenkonfyt (*kwetsend*), makataankonfyt, korrelkonfyt, kweperkonfyt, marmelade, meboskonfyt, tjou-tjoukonfyt
smeer, botter, grondboontjiebotter, pindakaas, toebroodjiesmeer, vissmeer, vleissmeer, lewersmeer, patee, lewerpatee, vispatee, snoekpatee, vleisekstrak, kaassmeer, perskesmeer, smeerperskes, appelkoossmeer
pastei, pasteitjie, kroket, samoesa
gebak 424, brood 424, askoek, beskuit, klinker (beskuit), amandelkoekie, makrol, makrolletjie, beskuitjiebolletjie, boer(e)beskuit, botterkoekie, tempie, brosbrood, sandkoek, Skotse brood, plaatkoekie, flappertjie, koek, krummelkoek, krummeltert, mosbeskuit, mosbolletjie, oliebol, oliekoek, rolkoek, snysel, soetkoekie, bruidskoek, framboostert, karringmelkbeskuit, koek, koekie, kleinkoekie, krakeling, koe(k)sister, kolwyntjie, korentekoek, krummelkoek, krummeltert, melktert, meringue, skuimtertjie, skuimpie, pannekoek, flensie, wafel, stroopwafel, oblietjie, oondkoek, paasbolletjie, peperkoek, roomkoek, roomtertjie, soesie, suikertertjie, roosterbrood, roosterkoek, rosyntjiebrood, sponskoek, suikerbrood, tert, vulsel, tertvulsel, versiersel, versiersuiker, vetkoek, stormjaer, vrugtekoek, vormkoekie, worsbroodjie, klinker (kluitjie), kluitjie; deeg, koekdeeg, brooddeeg, suurdeeg, blaartertdeeg, kors, skilferkors, broskors

vrugte, tafelvrugte, eetvrugte, appel, appelkoos, appelliefie, appelliepie, pampelmoesie, pompe(l)moer(tjie) (*veroud.*), dadel, druif, tafeldruif, tafeldruiwe, uitvoerdruiwe, sultana, wyndruif, fronteljak, pontak, rieslingdruif, steendruif, chenin blanc, tros druiwe, natros, elandsvy, kafferwaterlemoen (*kwetsend*), kafferwaatlemoen (*kwetsend*), makataan, kiwi, kokosneut, korent, korint, kristaldruif, kruisbessie, kweper, lemoen, soetlemoen, nawel, nawellemoen, naellemoen, nartjie, pampelmoes, pompelmoes, suurlemoen, lemmetjie, pomelo, mandaryn, mango, veselperske, moerbei, murgpeer, noem-noem, noem-noembessie, papaja, peer, wurgpeer, persimmon, perske, piesang, pruim, suurpruim, tamatiepruim, pruimedant, pynappel, rosyn, rosyntjie, hanepootrosyn, spanspek, kanteloep, laloentjie, taaipit, taaipitperske, vy, suurvy, strandvy, waatlemoen, waterlemoen wartlemoen
neut, grondboontjie, tokomana, dokomana, okkerneut, amandel, amandelneut, kasjoeneut, pekanneut

b.nw. aptytlik, heerlik, ryk, geil, vullend, jong, jonk, geposjeer(d), suikeragtig, ui(e)agtig, witagtig

ww. inmaak, opklop, skif, granuleer, afskil, afdop, uitdop

427. Drank

s.nw. ***drank,*** drinkgoed, ambrosia, ambrosyn, godedrank, laafdrank, laafnis
koue drank, water, drinkwater, bronwater, spawater, koue water, yskaswater, mineraalwater, sodawater, spuitwater, suikerwater, koeldrank, gaskoeldrank, aanmaakkoeldrank, poeierkoeldrank, tuisgemaakte koeldrank, kola, koladrankie, lemoendrankie, kwas, lemoenkwas, limonade, sorbet, sap, vrugtesap, druiwesap, lemoenstroop, tamatiesap, karie, kariemoer, sjokoladedrankie, sjokolade, kakao, skommel, melkskommel, melk, koue melk, soetmelk, suurmelk, kalbasmelk, dikmelk, maas, karringmelk, klappermelk, droëmelk
warm drank, koffie, 'n brandsel koffie, treksel, koffiepit, koffiesakkie, moer, koffiemoer, koffiewater, koffie-ekstrak, sigorei, kafeïen, kafeïne, koffieïen, koffieïne, sterk koffie, kitskoffie, moerkoffie, sakkiekoffie, boerekoffie, boeretroos, kafeïenvrye koffie, filterkoffie, espresso, espressokoffie, cappuccino, mokkakoffie, mokka, koringkoffie, tee, teewaentjie, teeblare, sterk tee, flou tee, kasaterwater, tasaterwater, kamilletee, rooibostee, rooitee, kruietee, heuningtee, kookmelk, kakao
alkoholiese drank, alkohol, sterk drank, doringdraad, sopie, dop, doppie, snapsie, aperitief, opknappertjie, opwekkertjie, regmakertjie, kawa, skokiaan, mampoer, koringbier, pons
wyn, goeiewyn, jongwyn, tafelwyn, landgoedwyn, kelderwyn, veilingwyn, stookwyn, kromhoutsap, vrug van die wingerdstok, rooiwyn, rooi wyn, witwyn, wit wyn, droëwyn, droë wyn, soetwyn, soet wyn, semisoetwyn, semisoet wyn, effesoetwyn, effesoet wyn, rosé, klaret, bordeauxwyn, boergondiese wyn, mos, wynmos, vaaljapie, bessiewyn, appelwyn, palmwyn, sjampanje, vonkelwyn, skuimwyn, gefortifiseerde wyn, sjerrie, port, portwyn, dessertwyn, jerepigo, muskadel; kultivar, wynkultivar, wyndruifkultivar, kultivarwyn, versnitwyn, alicante bouschet, bukettraube, cabernet franc, cabernet sauvignon, carignan, chardonnay, chenel, chenin blanc, steen, cinsaut, clairette blanche, clarette, clairette, petit blanc, colombar(d), gamay noir, gewürztraminer, grenache noir, hárslevelü, kerner, malbec, merlot, merlot noir, muscat d'alexandrie, muscat ottonel, muskadel, palomino, fransdruif, pinot noir, pinotage, pontak, raisin-blanc, riesling, sauvignon blanc, blanc fumé, sémillon, groendruif, shiraz, sultana, Tinta Barocca, Tinta das Baroccas, weisser riesling, Rhein riesling, Rhein-riesling, Ryn riesling, Ryn-riesling, zinfandel; wyngeur, wynsmaak, boeket, neus
spiritualieë, hardehout, raaswater, lawaaiwater, tiermelk, versterkwater, spiritus, konjak, brandewyn, rabatbrandewyn, boegoebrandewyn, kruiebrandewyn, naeltjiebrandewyn, kersiebrandewyn, likeur, pepermentlikeur, kersielikeur, whisky, snaps, jenewer, absint, advokaat, alantswyn, blits, witblits, vodka, wodka, rietblits, rietspiritus, rum, sake, saki, vermoet
bier, lagerbier, moutbier, moutdrank, moutekstrak, garsbier, hopbier, kruiebier
drinker, dopsteker, droëlewer, wynvlieg, dronkaard, dronklap, drinkebroer; drink-

gelag, drinkgewoonte, drinklied, drinkparty, drinkplek, dronkenskap, dronkheid, hoenderkop

b.nw. alkoholies, beleë, drinkbaar, dronk, dronkerig, geesryk

ww. maak, tee maak, koffie maak, koffie brand, maal, filtreer, skink, drink, suip; gis, fermenteer, skuim

428. Drankbereiding

s.nw. ***bereiding,*** wynbereiding, wynmakery, alkohol, alkoholinhoud, alkoholgisting, parstyd, parskuip, druiwe-oes, gisting, fermentasie, gistingsproses, gis, ferment, gissel, droesem, wynsteen, bottelering, veroudering, versnyding, beleënheid, rektifisering, distillering

wynkelder, koöperatiewe kelder, stokery, distilleerdery, brouery, bierbrouery, jenewerbrandery, bottelary, botteleringsaanleg

giskuip, gisbalie, gistenk, wynvat, biervat, brandewynvat, houtvat, wynkuip, tenk, wyntenk, staaltenk, wynpomp, brouketel, stookketel

drankhandel, drankverkope, drankwinkel, wynkelder, wynwinkel, wynboetiek, drankhandelaar

wynmaker, keldermeester, wynkoper, wynproewer, wynhandelaar, distilleerder, stoker, brouer, bierbrouer, broumeester, bierhandelaar, botteleerder

ww. fortifiseer (wyn), gis, fermenteer, verouder, versny, rektifiseer, stook, distilleer, botteleer, bier brou, jenewer brand

429. Eetplek, kroeg

s.nw. ***eetplek,*** restourant, restaurant, braairestourant, braairestaurant, à la carte-restourant, à la carte restaurant, seekosrestourant, seekosrestaurant, wegneemrestourant, wegneemrestaurant, kitskosrestourant, kitskosrestaurant, selfbedieningsrestourant, selfbedieningsrestaurant, eetkamer, eetsaal, kafee, padkafee, ruskamer, tingeltangel, kafeteria, teekamer, koffiehuis, bistro, melkkafee, melksalon, sopkombuis, verversingsdiens, verversingswa

hotel, vyfsterhotel, tweederangse hotel, gastehuis, herberg, dorpsherberg, losieshuis, losiesplek, koshuis, pension, karavanserai

kroeg, dameskroeg, matrooskroeg, kantien, taphuis, tapkamer, tappery, taverne, bierkroeg, biertuin, bierhuis, bodega, sluikkroeg, nagklub

hotelier, hotelbaas, hoteleienaar, herbergier, waard (*ong.*), restourateur, restaurateur, kafee-eienaar, kafee-eienares, kastelein, kroegbaas, kroegman, kelner, kelnerin, kroegmeisie, skinker, uitsmyter

ww. eet, uiteet, dineer, konsumeer

430. Rook

s.nw. ***rook,*** tabakrook, twakrook, sigaretrook, sigaarrook, as, sigaretas, rookverbod

roker, sigaretroker, sigaarroker, pyproker, kettingroker, stoker, daggaroker, stoker, nieroker, rokery, rookkamer

rookgoed, tabak, twak, stop, stopsel, tabaksap, nikotine, nikotien, pyptabak, winddroogtabak, blaartabak, kerftabak, boertabak, manilla, virginiese tabak, kanaster (tabak), roltabak, roltwak, rol, tabakrol, pruimtabak, pruimtwak, pruimpie, tabakpruimpie, dagga, rooidagga, pyp, langsteelpyp, kromsteelpyp, kalbaspyp, vredespyp, kalumet (vredespyp), steel, pypsteel, pypkop, pypdoppie, pypdeursteker, tabaksak(kie), twaksak(kie), domper, filter, mondstuk, sigaret, filtersigaret, skuif, skuifie, skyf, trek, stompie, sigaretstompie, entjie, sigaretentjie, zol (*geselst.*), nikotienstafie, doodskisspyker, gifpyl, sigaretaansteker, seroet, sigaar, sigarello, sigaaras, sigaardamp, sigaarkissie, pypolie, snuif, snuiftabak, snuifie, snuifdoos

tabakteelt, tabakboer, tabakfabriek, tabakland, tabakoes, tabakpapier, tabakpers, tabakplanter, tabakpot, tabaksaad, tabakwater

ww. rook, damp, 'n dampie slaan, uitrook, deurrook, aansteek, opsteek, trek, intrek, ringetjies blaas, as aftik, pruim, kou, snuif, snuiwe, suiwer

uitdr. aan 'n pyp trek; van jou mond 'n skoorsteen maak

C. EIENSKAPPE VAN DIE STOF

a. DIMENSIE

431. Afmeting

s.nw. afmeting, maat, mate, standaardmaat, middelmaat, trippelmaat, halfmaat, driekwartsmaat, grootte, lengte, lengtemaat, breedte, breedtemaat, diepte, dieptemaat,

hoogte, hoogtemaat, vlaktemaat, oppervlaktemaat, ruimtemaat, inhoudsmaat, proporsie, omvang, verhouding, spesifikasie, formaat, sakformaat, folioformaat, . . ., dimensie, eerste dimensie, tweede dimensie, derde dimensie, vierde dimensie, vyfde dimensie; dimensieformule, dimensievergelyking, dimensiebepaling, dimensieteorie

b.nw. groot 432, klein 433, hoog 436, laag 437, diep 437, vlak 437, ruimtelik, dimensioneel, dimensionaal, eendimensioneel, eendimensionaal, tweedimensioneel, tweedimensionaal, driedimensioneel, driedimensionaal, . . ., proporsioneel, van bepaalde omvang, dimensieloos, gedronge, ongelykvormig, middelmatig, middelgroot, halflank, . . .

ww. meet, afmeet, dimensioneer

woorddeel middel-, half-, halfslag-, -dimensioneel, -dimensionaal

432. Groot

b.nw. ***groot,*** groterig, middelgroot, lewensgroot, ekstragroot, oorgroot, wondergroot, lywig, omvangryk, rojaal, enorm, yslik, tamaai, reusagtig, siklopies, kolossaal, massaal, massief, geweldig, ontsaglik, allemagtig, monumentaal, astronomies, makroskopies, giganties, immens, titanies, mateloos, grenseloos, grensloos, grondeloos, stewig, solied, stoer, swaar, swaargebou, groot van gestalte, grof, struis (*ong.*), grootskaals, grootskeeps, adellik, hiperbolies, hipertrofies, toenemend, voldrae, voorlik

lank, lang, langerig, gestrek, verleng(de), langwerpig, lank-uit, slank, rank, slungelagtig, rysig, opgeskote

volwasse, uitgegroei, uitgevreet, volgroei, volgroeid, opgeskote, mondig, meerderjarig

s.nw. ***grootte,*** grootheid, omvang, omvangrykheid, yslikheid, reusagtigheid, enormiteit, immensiteit, formaat, rojaliteit, soliditeit, grofheid, swaarte, stewigheid

lengte, armlengte, beenlengte, koplengte, slaglengte, voorlengte, . . ., verlenging, slungel, hemelbesem, gestalte, liggaamsgestalte, liggaamsbou

toename, toeneming, vergroting, vermeerdering, ontwikkeling, groei, groeikrag, rypwording, uitsetting, dilatasie, verdubbeling; vergrootglas, vergroter

volwassenheid, volwassene, wasdom, volgroeidheid, uitgegroeidheid, opgeskootheid, voldraenheid, volbek, volbekskaap, volheid

('n) grootte, bakbees, bees, 'n bees van 'n ding, 'n bees van man, . . ., reus, reusegestalte, kolos, titan, berg, homp, knewel, knikker, knul, bielie, gevaarte

bw. op groot skaal

ww. ***groot wees,*** groot word, groei, opgroei, uitgroei, ontgroei, opkom, opskiet, ontwikkel, toeneem, vermeerder, verdubbel, uitbrei, uitdy, uitsit; vergroot, vermeerder

lank wees, uitsteek, uitstaan, lank word, rek, uitrek, strek, uitstrek; verleng, rek, uitrek

woorddeel aller-, lengte-, makro-, maksi-, hiper-, olifants-

uitdr. sy volle wasdom bereik; die kinderskoene uittrek; 'n hemelbesem

433. Klein

b.nw. ***klein,*** piepklein, atomies, atomies klein, gering, onbeduidend, minimaal, miniskuul, miniem, diminutief, mikroskopies, infinitesimaal, miniatuur, halfwas, dwergagtig, lilliputterig, knap, beknop, delikaat, fyn, nietig, petieterig, skraps, verpot, triets(er)ig, bevange, rudimentêr, agterlik, bekrompe, teer, onontwikkeld, onderontwikkeld

onvolwasse, jonk, jeugdig, onvolgroeid, klein van gestalte

kort, korterig, skraps, halflank, bukserig, dwergagtig, piknies, kort van gestalte

s.nw. ***kleinheid,*** miniatuur, sakformaat, petieterigheid, fynheid, verpotheid, onbeduidendheid, trietserigheid, trietsigheid, knapheid, beknoptheid, nanisme, kleinigheid, nietigheid, sier, agterlikheid, bekrompenheid, onontwikkeldheid, onderontwikkeldheid, onderontwikkeling, onvolwassenheid, jeugdigheid, onvolgroeidheid

kortheid

afname, verkleining, verkorting, inkrimping, vermindering, inkorting, sametrekking, verkleinglas

kleintjie, atoom, diminutief, dwerg, dwergmannetjie, dwergras, dwergsoort, pikkie, stoftrappertjie, stompie, stompstert, tjokker, veergewig, spikkel, duimpie, kleinduimpie

ww. verklein, verkort, afkort, krimp, inkrimp, ineenkrimp, terugkrimp, verkrimp, saamtrek, slink, verdwerg, verkwyn
woorddeel baba-, mikro-, miniatuur-, mini-
uitdr. klein van persoon, maar groot van patroon

434. Breed

b.nw. ***breed,*** hemelsbreed, vingerbreed, voetbreed, wyd, uitgestrek, groot, uitgebrei(d), versprei, ruim
dik, dikkerig, volumineus, geswolle, geset, vet, vetterig, vetsugtig, korpulent, lywig, swaarlywig, diklywig, groot, groot van postuur, swaar, lomp, plomp, vol van figuur, breed gebou, breed in die lyf, dikbuikig, gevul(d), rond en vet, moddervet, opgehewe, rond, mollig, vuisdik, vuistedik
s.nw. ***breedte,*** duimbreedte, handbreedte, voetbreedte, skouerbreedte, padbreedte, baanbreedte, . . ., breedheid, wydte, wydheid, ruimte, ruimheid, omvang, omtrek, ekstensie
dikte, draaddikte, dikheid, gesetheid, diklywigheid, swaarlywigheid, geswollenheid, gevuldheid, dikmaag, diknek, dikpens, vet, vettigheid, dikvet, pensvet, jeugvet, vetsug, korpulensie; dikkerd, diksak, dikgat (*plat*), vettie, vetsak, vetgat (*plat*), vaatjie, potjierol
verbreding, verdikking, swelling, dilatasie, verwyding, verruiming
bw. in die breedte, wawyd
ww. ***dik word,*** swel, vet word, uitstoel, uitsit, vervet, gewig aansit, gewig optel, jou aan die vet oorgee
verbreed, verdik, verwyd, dilateer, opblaas, oppomp, uitrek
uitdr. so vet soos 'n vark; 'n potjierol wees; vol van lyf wees

435. Smal

b.nw. ***smal,*** smallerig, nou, eng, knap, beknop, beperk, klein, beknel, beknellend, beklem, beklemmend, kloustrofobies
dun, dunnerig, dunnetjies, plankdun, papierdun, fyn, ragfyn, haarfyn, draderig, spigtig (*ong.*), dungeslyt, plat, platterig
maer, dun, lank, halflank, lenig, liertig, skraal, rietskraal, plankdun, rank, slank, lank en skraal, lank en lenig, slungelagtig, hongerdun, benerig, uitgeteer, uitgehonger(d), vervalle, tenger, tinger, tengerig, tingerig, seningrig
s.nw. ***smalte,*** smalheid, noute, nouheid, beknoptheid, engte, bottelnek; verenging, vernouing
dunte, dunheid, haarbreedte, draad, reep, tou, lyn, sliert, blaadjie, blad; verdunning
maerheid, slankheid, lenigheid, skraalte, skraalheid, soepelheid, seningrigheid, vervallenheid, uittering, vermaering, vervallenheid; maer mens, maergat (*plat*), slangmens, slungel, skarminkel, speekbeen, spilbene, spook, geraamte, spykerbene, spykerbeentjies, tinktinkie, perdebylyfie; verslankingsmiddel, vermaeringsmiddel
ww. verdun, afdun, krimp, vernou, vereng, vermaer, uitteer, afval (maer word), wegkwyn
uitdr. daar sleg uitsien; net vel en been wees; soos 'n gees lyk; 'n wandelende geraamte; so dun soos 'n riet; so maer soos 'n riet; so plat soos 'n pannekoek

436. Hoog

b.nw. hoog, kniehoog, skouerhoog, vensterhoog, dakhoog, toringhoog, hemelhoog, allerhoogs, helshoog, hoogliggend, verhewe, halfverhewe, groot 432, groterig, hooggaande, opgeskote 432
s.nw. ***hoogte,*** grondhoogte, hoogte bo seespieël, verhewen(d)heid, reliëf, manshoogte, ooghoogte, borshoogte, kophoogte, skouerhoogte, vensterhoogte, dakhoogte, klimming, hoogtelyn, vryhoogte, verhoging, bokerf, grootte 432, lengte 432, klimaks 622, niveau 588
hoë plek, hoogte, verhoging, verhewen(d)heid, verdieping, boonste verdieping, boonste vloer, dak, hoogste punt, bopunt, toppunt, steilte, bult 277, opdraand, steil opdraand, skerp opdraand, steil afdraand, skerp afdraand, helling, steil helling, skerp helling, afgrond, berg 277, bergspits, bergkruin, heuwelkruin, plato 277
bw. in die hoogte, hoër op, op kniehoogte, . . ., boontoe, opwaarts, bo-op
ww. reik, uittroon, toring, tot aan die hemel reik; verhoog, oprig
voors. op, bo-op
woorddeel hoog-, maksi-, rekord-
uitdr. tot aan die hemel reik

437. Laag

b.nw. ***laag,*** kort, plat, platterig, laaggeleë, laagliggend, onderaards
diep, kniediep, onderwater, ondergronds, grondeloos, peilloos
vlak, ondiep, plat 72

s.nw. ***laagheid,*** laagte, diepte, vaardiepte, boordiepte, ondiepte, vlakheid, vlakte; verlaging
laagtepunt, laagste punt, onderste punt, nadir; laagte, leegte, laagtetjie, insinking, vlakte, dal, vallei, grond, diepte, kom, kuil, afgrond, ravyn, kolk, verlaging, grondversakking, sinkdal

bw. grondlangs, langs die grond, op die grond, op die vloer, op grondvlak, op vloervlak, op die bodem, ver benede, ondertoe, afwaarts, naby die grond, naby die aarde, naby die oppervlak

ww. laag word, diep word, dieper word, insink, reik, uitsak, uitvlak; verlaag, verdiep, uitdiep

438. Vorm

b.nw. vormbaar, vormend, vormlik, morfologies, gelykvormig, eenders, eenvormig, blaarvormig, boogvormig, deltavormig, druppelvormig, hartvormig, kelkvormig, koepelvormig, kristalvormig, naaldvormig, niervormig, peervormig, pylvormig, ringvormig, roostervormig, ruitvormig, s-vormig, saagvormig, sekelvormig, sirkelvormig, skildvormig, skulpvormig, skyfvormig, spiesvormig, stervormig, swaardvormig, tolvormig, tuitvormig, volvormig, waaiervormig, wigvormig, meervormig, allomorf, dimorf, drievormig, formeel, geskulp, haploïed, oblaat, saggitaal, sakkerig, struktureel, uiterlik, vormloos, amorf, welgevorm(d), welgeskape, misvorm, wangevorm(d), wanstaltig, wanskapig

s.nw. vorm, fatsoen, gedaante, figuur, gestalte, gestaltenis, postuur, formaat, groot formaat, klein formaat, sakformaat, tafelformaat, folioformaat, kwartoformaat, . . ., konfigurasie, struktuur, raamwerk, model, ontwerp, grondvorm, oervorm, argetipe, prototipe, matriks, tussenvorm, modulus, stelsel, gestel, profiel, meervormigheid, allomorfie, dimorfisme, welgevormdheid, welgeskapenheid, misvormdheid, wanvorm, wanvormigheid, wanstaltigheid, wangeskapenheid, wanverhouding, vormverskil, morfologie; vorming, vormgewing, skepping, modellering, afgietsel, fatsoenering, formattering, konfigurasie, formering, formasie, vormbaarheid, vervorming, wanvorming, deformasie, formalisme; vormverandering, vormwisseling, metamorfose, gedaanteverwisseling, gedaanteverandering, gedaanteverskuiwing, transformasie, omvorming, omskepping, omsetting, herskepping, verandering, mutasie, permutasie, struktuurwysiging; blaarvorm, boogvorm, deltavorm, druppelvorm, hartvorm, kelkvorm, koepelvorm, kristalvorm, naaldvorm, niervorm, peervorm, pylvorm, ringvorm, roostervorm, ruitvorm, s-vorm, saagvorm, sekelvorm, sirkelvorm, skildvorm, skulpvorm, skyfvorm, spiesvorm, stervorm, swaardvorm, tolvorm, tuitvorm, volvorm, waaiervorm, wigvorm, . . .

ww. vorm kry, vorm aanneem, 'n gedaante aanneem, gestalte kry, verander, van vorm verander, van gedaante verander, kristalliseer, uitkristalliseer; vorm, formeer, vorm gee, gestalte gee, skep, maak, voortbring, saamstel, bou, struktureer, konstrueer, fatsoeneer, ontwerp, modelleer, formatteer, konfigureer, slyp, skaaf, giet, afgiet, 'n afgietsel maak, vervorm, deformeer, misvorm

woorddeel -vorm, -vormig

439. Punt

b.nw. puntig, gepunt, skerpgepunt, tweepuntig, driepuntig, . . ., skerp, naaldskerp, naaldvormig, spits, spitslopend, gespits, stekelig, stekelrig, gestekel(d), doringrig, doringagtig, getand, spiesvormig, spigtig (*ong.*) tolvormig, wigvormig, haaks, kantig

s.nw. ***punt,*** skerp punt, tip, tippie, top, toppunt, skerpte, stekel, gestekeldheid, horing pen, doring, lemoendoring, pendoring spiespunt, speerpunt, boorpunt, skêrpunt naaldpunt, tongpunt, skedelpunt, rotspunt piek, bergpiek, spits, bergspits, spitsheid tand, tandestokkie, tandestoker, tanding wig; penetrasie
stippel, stip, stippie, punt, dubbelpunt kommapunt, nodus, snypunt, raakpunt knooppunt, hoekpunt, kruispunt, aanrakingspunt, trefpunt

haak, haakstok, gryphaak, weerhaak, hoek, vishoek

ww. punt, spits, stippel, stulp, uittand, haaks maak, skerp maak

440. Skerp

b.nw. skerp, skerperig, vlymskerp, naaldskerp, messkerp, skerpkantig, skerphoekig, gespits, getand, snydend, skerpsnydend, tweesnydend, skerpgemaak, stekelrig, stekelig, swaardvormig, saggitaal

s.nw. ***skerpte,*** skerpheid, puntigheid

slypery, slypmeul, slypwiel, slypsteen, slypplank, slypbank, slyppoeier, slypsel, strykriem, wetsteen

ww. skerp wees, sny; skerpmaak, afslyp, opskerp, slyp, wet (*ong.*)

uitdr. dis 'n tweesnydende swaard

441. Stomp

b.nw. stomp, onskerp, stoets; stroef, versuf, insulêr

s.nw. stompheid, versuftheid

ww. stomp maak, verstomp, akkant, versuf

442. Lyn

b.nw. lynvormig, straalvormig, draadvormig, lineêr, gelyn, belyn(d), gestreep, streperig, afgekant, geaar, gelinieer(d), ongelinieer(d)

s.nw. lyn, vaste lyn, krom lyn, stippellyn, gebroke lyn, haarlyn, kantlyn, grondlyn, hoogtelyn, hoogwaterlyn, laagwaterlyn, kontoerlyn, kuslyn, buitelyn, boeglyn, booglyn, loglyn, raaklyn, puntlyn, mediaanlyn, nodus, snypunt, grenslyn, grens, skeidslyn, kleurlyn, kleurskeidslyn, belyning, liniëring, haal, streep, potloodstreep, inkstreep, pennestreep, aandagstreep, nulstreep, boulstreep, eindstreep, wenstreep, ligstreep, maatstreep, parkeerstreep, stopstreep, rangstreep, stofstreep, gestreeptheid, string, strook, smal strook, riem, reep, band, straal, draad, staaf, steng, spriet, pyp, draadvorm

ww. belyn, linieer, 'n lyn trek, streep, 'n streep trek, 'n streep maak, onderstreep, deurstreep, afkant

443. Reglynig

b.nw. reglynig, reg, lynreg, regop, penregop, kersregop, kiertsregop, orent, penorent, reguit, pylreguit, ongebuig, ongeboë, haaks, reghoekig, gelyk, loodreg, regstreeks, steil, strak

s.nw. ***lyn*** 139, reguit lyn, loodlyn, riglyn, reglynigheid, steilte, steilheid

liniaal, meetstok, meetlood, paslood, righoek, rigsnoer, rigstok, righout, skietlood, reghoek, winkelhaak, waterpas

bw. reguit, pylreguit, reëlreg

ww. reguit wees, haaks wees, reguit maak, reguit trek, rig, roei, regop staan maak

uitdr. so reg soos 'n roer

444. Krom

b.nw. krom, gekrom, sikloïed, krommerig, kromlynig, kromgetrek, gebuig, geboë, skeefgebuig, omgebuig, boogvormig, gewelf(d), skeef, windskeef, skeefgetrek, skeefgebuig, skeeflopend, skeefgroeiend, gedraai, verdraai(d), bakbogtig, gegolf, gekrul, ineengekrul, krullerig, sekelvormig, kronkelrig, kronkelagtig, s-vormig, sigsag, verwring, verwronge, skuins, hellend, oorgehel, gebuk, gebukkend, gebroke, verpot

s.nw. kromheid, kromming, kromte, krom lyn, kromme, kronkel, kronkeling, sigsaglyn, krul, kartel, karteling, kartellyn, boog, sirkelboog, gewelf, sirkel, kurwe, meander, bog, draai, u-draai, haarnaalddraai, s-draai, gansnek, haakplek, knoes, knoets, sekelnek, sekelstert, hoefyster, elmboog, kurktrekker, sikloïde, slingerlyn, spiraal, spiraallyn, verbuiging, verkromming, verwringing, verwrongenheid

bw. kwing-kwang

ww. krom word, krom loop, ineenloop, krom sit, kromtrek, . . ., buig, ombuig, afbuig, deurbuig, bak, baktrek, verwring, deklineer, knik, krink, krinkel, kronkel, krul, kartel, spiraal, buk, neerbuk, neig, nyg, omlê, hel, oorhel, ontspan, slinger, swiep, verspring; krom maak, skeef trek, buig, afbuig, skeef buig, ombuig, oorbuig, verbuig, krom buig, verwring

445. Oppervlak

b.nw. oppervlakkig, vlak, vlakkig, terrasvormig, waterpas, plat, bolangs, uitwendig

s.nw. ***oppervlak,*** buitenste vlak, boonste vlak, bokant, buitekant, sy, sykant, syvlak, grondvlak, watervlak, waterstand, oppervlakte, grootte, oppervlakgrootte, grootte

van die oppervlak, wateroppervlakte, waterspieël, heksaëder, keëlvlak, blad, spieël, spieëlvlak, waterpas
area, oppervlak, oppervlakte, gelykte, vlakte, grasvlakte, veld, grasveld, sportveld, ruimte, plein, voorplein, binneplein, dorpsplein, esplanade, piazza, meent, dorpsmeent, mark, dorpstuin
tekstuur, oppervlak, gladde oppervlak, growwe oppervlak

bw. op die oppervlak, aan die oppervlak

ww. plat, afplat, platmaak, platdruk, platslaan, gelykmaak

446. Rond

b.nw. ***rond,*** gerond, volrond, koeëlrond, halfrond, kwartrond, sirkelvormig, sirkelrond, ovaal, ellipties, ellipsvormig, ringvormig, kringvormig, gekring, omkring, skyfvormig, wielvormig, vol, roosvormig, stervormig, waaiervormig; bolrond, bolvormig, gebal, sferies, hemisferies, koeëlrond; silindervormig, silindries
bol, bolrond, bolhol, konveks, bikonveks, antiklinaal, gebult, bultagtig, bulterig, gestulp, koepelvormig, bobbelagtig, bobbelrig, sferoïdaal, rond, koeëlrond, gerond, gepof, pofferig, opgepof
holrond, hol, holbol, konkaaf, bikonkaaf, sinklinaal, konveks-konkaaf, gesonke, tregtervormig, geduik, ingeduik, gegleuf, gegroef, bekervormig, komvormig

s.nw. ***rondheid,*** ronding; sirkel, sirkelvorm, kring, ring, skyf, halfrond, hoepel, kreng, laer, sfeer, sferoïde, wiel, fietswiel, motorwiel, . . ., wawiel, waband; ronde voorwerp, bal, krieketbal, netbalbal, tennisbal, . . ., ballon, hemelbol, globe, blaas, blasie
bolrondheid, bobbel, bog, boggel, bol, dubbelbol, boog, sirkelboog, hemisfeer, hobbeltjie, knop, koepel, konveksiteit, uitstulping, pof
holrondheid, holte, gat, bak, dubbelhol, konkawiteit, duik, groef, kannelure, keep, kerf, kiel, kinkhoring, knikspoor, kom, kommetjie, laagtetjie, voor, put, kuil, dam

ww. ***rond,*** rond maak, afrond, bal, kring, omkring
bol, bal, bult, uitbult, bult maak, bobbel, hobbel, uitpeul, uitpuil, uitstulp, pof, uitpof, oppof, uitdruk
bak, bol, duik, 'n duik maak, induik, indeuk, indruk, sink, insink, versink, groef, kanneleer, keep, inkeep, skulp, uithol, uitklop, boor, uitboor, uitspoel

447. Hoekig

b.nw. hoekig, skerphoekig, oksigonaal, reghoekig, ortogonaal, skuinshoekig, veelhoekig, poligonaal, driehoekig, vierhoekig, vyfhoekig, pentagonaal, seshoekig, heksagonaal, sewehoekig, heptagonaal, ag(t)hoekig, oktogonaal, kantig, veelkantig, driekantig, vierkantig, vyfkantig, seskantig, heksaëdries, sewekantig, vyfpuntig, sespuntig, . . ., deltavormig, ruitvormig, stervormig

s.nw. hoek, hoekigheid, reghoek, skerphoek, skuinshoek, veelhoek, driehoek, vierhoek, vyfhoek, pentagoon, seshoek, heksagoon, sewehoek, heptagoon, ag(t)hoek, oktogoon, veelvlak, veelkant, sesvlak, seskant, heksaëder, heptaëder, heptagram, ruit, delta, ster

448. Gelyk

b.nw. gelyk, vlak, plat, ongekreukel, kreukelvry, ongerimpel, rimpelloos, afgerond, effe, glad, spieëlglad, seepglad, botterglad, egalig, egaal, glibberig, reg, satynagtig, gepolitoer, gepoleer, vergroot, vergrotende

s.nw. ***gelykheid,*** gladheid, gladdigheid, glibberigheid, tekstuur
skaaf 316, frees, freesmasjien, glansmasjien, kalander, roller, vyl, rasper, poleerder, poleermasjien, puimsteen

bw. gelykweg

ww. gelykmaak, gelykrol, gelykstamp, gelykstoot, skaaf, beskaaf, beskawe, gelykskaaf, platvee, platstryk, platslaan, gladmaak, stryk, gladstryk, bestryk, uitstryk, skraap, gladskraap, afskraap, gladvee, gladvryf, gladrol, platrol, uitrol, afstryk, afvlak, poleer, slyp, gladslyp, vyl, gladvyl, rasper, skuur, gladskuur

449. Ongelyk

b.nw. ongelyk, oneffe, onegaal, onegalig, grof, rof, ru, skurf, skurwerig, greinerig, korrelig, korrelrig, beplooi(d), kartelend, gekartel kartelrig, riffelrig, rimpelig, rimpelrig, verrimpel, verrimpeld, geriffel(d), gerimpel(d) gerib(d), hobbelrig, hobbelagtig, knopperig draderig, gebult, rou, ruig, wollerig

s.nw. ongelykheid, onegaligheid, oneffenheid greinerig, greinerigheid, grofheid, growwig

heid, ruheid, skurfheid, skurfte, skurwigheid, korrel, korrelrigheid, kors, nodus, raal, beplooidheid, kartel, karteling, ribbel, riffel, riffeling, riffelrigheid, plooi, rimpel, rimpeling, verrimpeldheid, verrimpeling, tekstuur, voor, vou, kreukel

ww. ongelyk maak, kors, bekors, greineer, hobbel, kantel, kartel, korrels vorm, riffel, ribbel, rimpel, verrimpel, plooi, kreukel

450. Volume

b.nw. volumeus, volumetries, ruimtelik, blokvormig, kubiek, kubusvormig; rond, gebal 446, bolvormig 446, sferies, sferoïdaal; silindries, buisvormig; keëlvormig, kegelvormig, konies, klokvormig; prismaties, prismoïdaal, prismavormig, piramidaal, taps; veelkantig, veelvlakkig, driekantig, drievlakkig, vierkantig, viervlakkig, tetraëdries, vyfkantig, vyfvlakkig, seskantig, sesvlakkig, heksaëdries, sewekantig, sewevlakkig, heptaëdries

s.nw. volume, inhoud, inhoudsruimte, ruimte, afgeslote ruimte, volumeverandering, volume-eenheid; blok, kubus, kas, kamer, huis; bal, bol, sfeer, globe, sferoïde; silinder, tamboer, buis, lêer, huls, rol, suil, pyp; konus, keël, kegel, keëlas, klok; prisma, prismoïed, piramide; veelvlak, veelkant, vierkant, viervlak, tetraëder, seskant, sesvlak, heksaëder, sewekant, sewevlak, heptaëder, heptagram

b. Natuurkundige eienskappe

451. Lig

b.nw. lig, veerlig, gewigloos, liggewig, ondergewig; fyn, dun, maer

s.nw. ligtheid, ondergewig, gewigsverlies; gewigsvermindering, ontlading

ww. lig weeg, min weeg; lig maak, verlig, ontlaai, aflaai, die las verlig

uitdr. so lig soos 'n veertjie

452. Swaar

b.nw. swaar, gewigtig, loodswaar, topswaar, ondraagbaar, solied, gelaai, swaar gelaai, belas, swaar belas, oorbelaai; dik 104, log, lomp, lywig, swaarlywig, oorgewig, gedamasseer(d), grof, vet

s.nw. ***swaarte,*** belasting, gewig, ondergewig, oorgewig, ewewig, teenwig, bruto gewig, nettogewig, massa, tarra, soliditeit, druk, lugdruk, swaartekrag, logheid, lompheid, lywigheid, swaarlywigheid, grofheid; swaar persoon, grote, dikke, dikkerd, vettie, soustannie
las, belasting, oorbelasting, lading, belading, oorlading, vrag, spoorvrag, lugvrag, wavrag, oorbagasie, oor(gewig)bagasie; vraghantering, laaivermoë, draagriem, drariem, laaibok, laaikraan, laaimasjien, laaiplank, laaisteier, laaiplek, laaiplatform, laaihawe

ww. swaar wees, gewigtig wees, deursak, weeg, laai, oorlaai, oplaai, belaai, belas, oorbelas, beswaar, bevrag

453. Dig

b.nw. dig, gedronge, gekonsentreerd, kompak, saamgepers, geklem, beklem, gepak, konsistent, koherent, ruig, toegegroei, digbegroei; toe 153, toegemaak, gesluit, dig, potdig, pottoe, ondeurdringbaar, waterdig, reëndig, klankdig, geluiddig, lugdig, stofdig, rookdig, branddig, stoomdig

s.nw. digtheid, densiteit, vastheid, vastigheid, kompaktheid, konsistensie, samedrukking, samepersing, sametrekking, gedrang, samedromming, adhesie, kohesie, spanning, trekspanning, trekvastheid, druk, drukspanning, kompressie; ondeurdringbaarheid, waterdigtheid, klankdigtheid, lugdigtheid, stofdigtheid, stoomdigtheid, . . .; verdigting, verdigtingspunt, kondensasie, kondensasiepunt; digtheidsmeting, digtheidsmeter, densimeter

bw. opeen

ww. dig maak, verdig, kondenseer, saamdruk, saampers, klem, vasklem, saamtrek

454. Nie dig nie

b.nw. nie dig nie, ondig, deurdringbaar, dun, dunnerig, dunnetjies, poreus, sponsagtig, fyn

s.nw. deurdringbaarheid, dunheid, lek, lekkasie, porie, poreusheid, porositeit, rarefaksie

ww. lek; verdun

455. Hard

b.nw. hard, kliphard, klipsteenhard, ysterhard, staalhard, gehard, solied, ferm, stewig, rigied, star, styf, stokstyf, taai, horingagtig, horingrig, eelterig, vereeld, vereelt, heg, ondeurdringbaar, onbuigbaar, grof, korserig, korsterig, noors, strak, stram, strammerig, kwasterig, stug

s.nw. hardheid, vastheid, starheid, rigiditeit, stewigheid, stramheid, styfheid, stywigheid, stywerigheid, taaiheid, ondeurdringbaarheid, onbuigbaarheid, grofheid, stugheid, weerstandsvermoë; eelt, kors, verharding, verstywing, verstewiging; hardheidsmeting, skleroskoop

ww. hard word, verhard, kors, bevries, vasskop, vastrap, versteen, verstyf, verstywe, verstewig

uitdr. so hard soos klip

456. Sag

b.nw. sag, saggerig, sagterig, fluweelsag, papsag, saf, sawwerig, safterig, papsaf, murf, week, pap, papperig, slap, slapperig, lenig, donsig, donsagtig, wollerig, fyn, lig, buigsaam, buigbaar, vormbaar, vervormbaar, plasties, elasties, rekbaar, handelbaar, mals, mollig, sakkerig, smedig, soepel, veerkragtig, verend

s.nw. sagtheid, slapheid, soepelheid, papheid, pappery, buigbaarheid, plastisiteit, elastisiteit, rekbaarheid, veerkrag, veerkragtigheid, vering, vormbaarheid, spankrag

bw. sagkens

ww. versag, week, deurweek, vermurwe, vermurf, lenig, meegee, buig, veer; versag, sagmaak, week, deurweek

uitdr. so sag soos fluweel

457. Onbreekbaar

b.nw. onbreekbaar, sterk 104, 411, ystersterk, duursaam, stewig, solied, splintervry, onverbreekbaar, onverbreeklik, bedryfseker

s.nw. onbreekbaarheid, sterkte 104, 411, duursaamheid, taaiheid, stewigheid, kwaliteit, onverbreeklikheid

458. Breekbaar

b.nw. ***breekbaar,*** delikaat, fragiel, fyn, broos, poreus, swak 103, 412, minderwaardig, van 'n swak kwaliteit, onaanvaarbaar, treurig, gaar, vodde (*geselst.*)

korrelrig, korrelig, korrelagtig, krummelrig, bros, greinerig, gruiserig, gruisagtig, grinterig, poeierig, fyn, los, geraffineerd

s.nw. ***breekbaarheid,*** swakheid 103, 412, broosheid, fynheid, minderwaardigheid, onaanvaarbaarheid, treurigheid

korrel, krummel, gruis, gruiselemente, grein, grint, pulwer, poeier, stof; granulasie, granulering, raffineerdery, verbryseling, vergruising, verkrummeling, vermorseling, pulwerisering, poreusheid, porositeit

ww. breek, stukkend breek, te pletter val, stukkend val, korrel, krummel, verkrummel, roes; verbrysel, vermorsel, breek, vergruis, verkrummel, pulwer, pulweriseer, granuleer, forseer, verfyn, raffineer, vryf, vrywe

459. Vaste stof

s.nw. ***vaste stof,*** materie, aarde 274, grond, klip 274, steen 274, 298, edelsteen 298, halfedelsteen 298, mineraal 295, metaal 297, edelmetaal 295, hout 316, ys 292, droëys, dryfys, pakys, blok, koek, klont, kluit, kluitjie

koagulasie, stolling, samesmelting, verstywing, stremming, verdikking, verstening, bevriesing; vriesmiddel, vrieskas, vriesmasjien, wringmasjien

b.nw. vas, klonterig, kluiterig, koekerig, gestol, verstyf, gestrem, versteen, verdik, bevrore, verys

ww. klont, klonter, koaguleer, koek, stol, verstyf, verstywe, verdik, versteen, verys, vries, bevries, kondenseer

460. Vloeistof

s.nw. ***vloeibaarheid,*** fluïditeit, emulsie, smelting, vloeiing, vervloeiing, vervlugtiging, verdunning, oplossing, verdun(nings)-middel, oplosmiddel, smeltmiddel; vloeiwyse, vloei, stroom, stroming, instroming, uitstroming, bruising, vloed, vloedwater, invloeiing, uitvloeiing, loop, inloop, uitloop, syfering, insyfering, uitsyfering, druppeling

vloeistof, fluïdum, vog, sug, spoelsel, druppel, damp; water, vars water, seewater, harde water, brak water, sagte water, soetwater, kraanwater, drinkwater, kookwater, koffiewater, teewater, boorwater, damwater

pompwater, slootwater, rivierwater, bergwater, fonteinwater, welwater (*ong.*), spoelwater, syferwater, grondwater, terreinwater, kalkwater, mineraalwater, swaarwater, suurstofwater; watertafel, waterwese, waterwyser, wiggelroede; sop 426, sap 427, vrugtesap 427, sous 426, sappigheid, drank 427; vloeibare gas, petrol, paraffien, keroseen, lampolie, terpentyn, terpentynolie, kragparaffien, bensien, bensine, spiritus, fenol, alkohol, metielalkohol, metanol, houtalkohol, houtgees, olie, ruolie; chemikalieë 256, anilien, aniline, asetoon; gif 252, 415, spuitstof

b.nw. vloeibaar, vloeiend, vervloeiend, dun, dunnerig, dunnetjies, waterig, loperig, nat, sapperig, sappig, sapryk, sopperig, soeperig, oplosbaar, smeltbaar, stollingwerend; vloeiend, stromend, bruisend, syferend, druppelend, smeltend, . . .

ww. vloei, invloei, uitvloei, loop, inloop, uitloop, afloop, stroom, instroom, uitstroom, afstroom, bruis, lek, uitlek, syfer, insyfer, uitsyfer, deursyfer, syg, deursyg, drup, druppel, smelt, afsmelt; besproei, ontdooi, oplos, verdun, vervloei, vervlugtig

woorddeel hidro-

461. Gas

s.nw. ***gasvorming,*** gasontwikkeling, vlugtigheid, vaporisasie, verdamping, damp, gasdamp, dampdruk, dampspanning, walm, wasem, aërasie, kondensaat, desorpsie, sublimaat, sublimasie, sublimering

gasbron, gasfabriek, gasarm, gasleiding, gasbuis, gaspyp, gaskraan, gasmeter, gasoond, gaslig, gasstoof, gasturbine, gasverwarmer, vaporisator, gasverbruik

lug, lugstroom, lugvloei, lugbeweging, luglaag, bolug, buitelug, vars lug, berglug, seelug, landlug, skuim, sproei, wind 290, bries, briesie, damp, pesdamp, peslug, walm, lugdeeltjie; lugsuiwering, lugreëling

gas, gasmengsel, aardgas, gifgas, plofgas, knalgas, oksied, okside; ammoniak, asetileen, oksi-asetileen, butaan, butaangas, fluoor, fluoorwaterstof, helium, koolsuur, steenkooldamp, steenkoolrook, koolmonoksied, koolmonokside, koolstofmonoksied, koolstofmonokside, koolsuurgas, kooldioksied, kooldiokside, koolstofdioksied, koolstofdiokside, uitlaatgas, verbrandingsgas, kwikdamp, laggas, metaan, metaangas, moerasgas, miasma, miasme, mosterdgas, myngas, nafta, neon, oktaan, petroleumgas, suurstof, suurstofgehalte, suurstofinhoud, osoon, osoonlaag, radon, rioolgas, rook, rookgas, siaan, soutsuurgas, steenkoolgas, gas, stikgas, stoom, suurgas, waterdamp, watergas, waterstof

b.nw. gasagtig, gasserig, gasvry, vlugtig, eteries, rokerig

ww. damp, rook, deurrook, skuim, stoom, blaas, aëreer, afsluit, opblaas, sublimeer, wasem, uitwasem, walm, verdamp, vaporiseer, verslaan, vergas, vervlieg

462. Halfvloeibare stof

s.nw. ***pappery,*** klewerigheid, taaiigheid, slymerigheid, vetterigheid, vettigheid, klodder, konsistensie, suspensie

halfvloeibare stof, pappery, pap, pasta, stroop, modder, slyk, slik, rioolslyk, rioolslik, rivierslyk, rivierslik, sug, pulp, skuim, waterskuim, seeskuim, seepskuim, skellakskuim, slym, drel; bitumen, jellie, gelatien, gelatine, jelatien, jelatine, gliserien, gliserine, gluten, heuningdou, kreosol, pik, sement, smeerkalk, stysel, styselglans, suikerstroop, vernis

salf, balsem, kruiesalf, lanolien, lanoline, wolvet, smeer, smeermiddel, smeerolie, smeersel

gom, lym, lak, hegmiddel, dekstrien, dekstrine, styselgom, dennegom, hars, gomhars, kopal, mastiek, mastik, mirre, voëllym

olie 299, ghries, teer, steenkoolteer, teerolie, teervernis, haarolie, smeerolie, kanferolie, katjiepoetolie, kajapoetolie, katoenolie, klapperneutolie, kokosolie, lynolie, makassarolie, mentol, muskaatolie, pepermentolie, naeltjieolie, olyfolie, palmolie, papawerolie, peperment, pepermentkanfer, traan, lewertraan, walvistraan

vet, botter, diervet, dierevet, plantvet, margarine, margarien, kakaobotter, kakaovet, was, byewas, kerswas, kersvet, stearine, stearien, vetsuur

smeerapparaat, smeergoed, smeermiddel, teerkwas, teerpot, teervat, gomstiffie, gomkwas, gompot

olie-industrie, olieraffinadery, oliehandel, tenkboot, tenkskip, tenkwa

b.nw. halfvloeibaar, gebonde, gestol, taaivloeibaar, taaivloeiend, dik, pap, papperig, stroperig, taai, taaierig, modderagtig, modderig, slykkerig, slikkerig, slymerig, drellerig, drillerig, glutineus, jellieagtig, klewerig, klouerig, lymagtig, lymerig, olieagtig, olierig, teeragtig, konsistent, rekbaar, reklik, seperig, seepagtig, troebelrig, traanagtig, vet, vetterig, volvet

ww. stol, verdik, saamkoek, flokkuleer, ineensmelt, kleef, vaskleef, klou, dril, skuim; smeer, aansmeer, insmeer, afsmeer, gom, vasgom, lym, vaslym, plak, aanplak, vasplak, lak, teer

463. Nat

b.nw. nat, natterig, papnat, sopnat, waternat, druipnat, kletsnat, deurnat, stofnat, week, deurweek, deurdrenk, klam, klammerig, vogtig, humied, vunsig, sweterig, waterryk, drassig (*ong.*), geslote, groen, suur, benatbaar, deurslagtig, hidrofilies, hidroskopies, higroskopies

s.nw. ***natheid,*** nattigheid, klimaat, vog, vogtigheid, voggehalte, voginhoud, deurslag, klamheid, klammigheid, vunsigheid, drassigheid, doupunt, lengtedal

benatting, onderdompeling, immersie, besproeiing, irrigasie, sprinkelbesproeiing, drupbesproeiing, mikrobesproeiing, doumeter, sprinkel, sprinkelaar, sproei, sproeimiddel, spuit, mikrospuit, spuitfles, spuitslang, tuinslang, waterpyp

ww. ***water,*** drup, spat, plas, stroom 460, spuit, sproei, sweet, deurslaan, syfer, deursyfer, damp, deurnat, natreën, natreent

benat, natgooi, natlei, waterlei, irrigeer, natmaak, sprinkel, besprinkel, sproei, besproei, spuit, bespuit, natspuit, bedruip, bevogtig, bet, baai, drenk, deurdrenk, impregneer, dompel, indompel, onderdompel, doop, indoop, week, deurweek, aanklam, deurtrek

464. Droog

b.nw. droog, horingdroog, beendroog, winddroog, verdroog, drooggemaak, gedroog, uitgedroog, songedroog, afgedroog, dor, beendor, verdor, uitgedor, bar, aried, haai, haaikaal, kaal, verskroei, verskrompel(d), verrimpel(d), doods, onherbergsaam, waterloos, vogloos, saploos, dors, dorstig, voos, vogdig, vogvry, vogwerend

s.nw. ***droogheid,*** waterloosheid, waternood, waterskaarste, droogte, dorheid, ariditeit, haaivlakte, verskrompeling, voosheid, dors, dorsheid, dorstigheid

verdroging, uitdroging, afdroging, drooglegging, verskroeiing

droëry, droogoond, droogskuur, droograk, droograam, droogkas, droër, droogmasjien

ww. droog word, verdroog, verdroë, verdor, uitdor, uitdroog, uitdro(ë), verskrompel, skroei, opdroog, opdroë; droog maak, afdroog, afdroë, indroog, indroë, uitdroog, verdroog, drooglê, droogwring, uitwring, droogpers, uitpers

woorddeel droë-

465. Warm

b.nw. warm, broeiwarm, broeiend warm, lewenswarm, vuurwarm, geweldig warm, erg warm, vrek warm, rooiwarm, witwarm, heet, snikheet, hittig, hitsig, bloedig, bloedig warm, gloeiend, gloeiend warm, kokend, kokend warm, skroeiend, skroeiend warm, siedend, siedend warm, sonnig, drukkend, drukkend warm, benoud, humied, warmrig, halfwarm, effens warm, nie te warm nie, lou, louwarm, louerig, soel, swoel, knus, knussies, snoesig, somers; termaal, termies, termogeen, hittegewend, termogeneties, hittevas

s.nw. ***temperatuur,*** somertemperatuur, wintertemperatuur, oggendtemperatuur, middagtemperatuur, aandtemperatuur, aanvoelbare temperatuur, voelbare temperatuur, kamertemperatuur, temperatuurskommeling, temperatuurstaat, temperatuurstyging, temperatuurverhoging, temperatuurdaling, temperatuurverskil, temperatuurwisseling, soortlike warmte; temperatuurmeting, temperatuurreëling, Celsius, Fahrenheit, termometer, warmtemeter, termograaf, termoskoop, termostaat, termometergraad, termometerskaal, hittegraad, warmtegraad, kilojoule, kalorie, gramkalorie, kalorimeter, kalorimetrie, warmteleer; klimaat, somerklimaat, winterklimaat, tropiese klimaat, subtropiese klimaat, Mediterreense klimaat

warmte, hitte, afvalwarmte, warmte-energie, warmtestraal, warmtestraling, stra-

lingswarmte, stralingshitte, verbrandingswarmte, verbrandingshitte, kookpunt, smeltpunt, smelttemperatuur, hitte-energie, hittegraad, gloeihitte, smelthitte, smeltpunt, hittegolf, drukkende hitte, broeiende hitte, gloeiende hitte, humiditeit, sonskyn, songloed, gloed, oggendgloed, middaggloed, somergloed, sonbad, sonbrand, benoudheid, benoudte, koors, koorsigheid, louheid, soelheid, soelte; warmwater, kookwater, hittebars

verwarming, verhitting, versenging, verskroeiing, termogenese; verwarmingstoestel, verwarmer, gasverwarmer, elektriese verwarmer, paraffienverwarmer, olieverwarmer, oond, stoof, elektriese stoof, primus, primusstoof, gasstoof, oksi--asetileenparaffienstofie, smeulstoof, warmpan, houtoond, houtvuur, gasbrander, steenkoolbrander, kaggel, houtkaggel, straalkaggel, braaikaggel, warmsak, warmwatersak, warmwaterbottel, warmwaterfles, teemus(sie); vuur, houtvuur, misvuur, brand, veldbrand, voorbrand, vuurgloed, vuurskynsel, vuurvonk, konflagrasie, verwoestende brand, brandskade, verassing

hittebeskerming, hittevastheid, hitteweerstand, hitteskild, sonskerm, markies, kaggelskerm, vatlappie, warmhandskoen, tafelmatjie

bw. knussies, warmpies

ww. ***warm word,*** lou word, gloei, kook, oorkook, prut, pruttel, smoor, straal, uitstraal, warmte uitstraal, hitte uitstraal, afgee, uitgee, warmte afgee, hitte afgee, brand, aan die brand raak, aan die brand slaan, verbrand; sonbaai, die son opsoek, in die son lê, in die son bak, lê en bak (in die son)

verwarm, verhit, warm hou, verseng, verskroei, kook, uitkook, bak, braai, blaak, blaker, rooster, smoor, stook, aan die brand steek, verbrand, veras

uitdr. dis so warm dat die kraaie eintlik gaap; die son staan stil

466. Koud

b.nw. koud, kouerig, kil, yskoud, ysig, ysig koud, verys, bibberend, bewend, skerp, rillerig, sidderend, snerpend, snerpend koud, nypend, nypend koud, snydend, bevrore, winteragtig, winters, blou van die koue, dood van die koue, styf van die koue, fris, grillerig, guur, koel, koelerig, skraal, verfrissend, atermies; koulik, bewerig, verkluim(d); verkoel, bevries, bevrore

s.nw. ***koudheid,*** lae temperatuur, koue, kou, winterkoue, winterkou, kouerigheid, ysige koue, snerpende koue, nypende koue, koue weer, gure weer, kaggelweer, koue front, ysigheid, bewerasie, bibberasie, rilling, ritteltits, vriespunt, grilleriġheid, guurheid, kilte, killigheid, frisheid, koelte, koeltetjie, somerkoelte, oggendkoelte, oggendlug, aandkoelte, nagkoelte, aandlug; koulikheid

verkoeling, bevriesing, verfrissing, verkluiming; verkoelingsapparaat, koelkamer, yskas, koelkas, vrieskas, vrieshok, vriesbak, koelsak, yskis, ysmasjien, waaier, lugreëlaar

ys, yskristal, ysnaald, skol, ysskots, dryfys, pakys, ysveld, ysvlakte, ysberg, gletser, droëys, kapok, ryp, winterryp, ysreën, sneeu

ww. ***koud word,*** afkoel, kapok, ryp, vries, ys, vasys

koud kry, bewe, beef, bibber, gril, klappertand, ril, rittel, rittel en bewe, sidder, verkluim

verkoel, koel maak, afkoel, vries, bevries, diepvries, ontdooi, ontvries, ontys, verfris

woorddeel koel-

uitdr. hoendervel/hoendervleis kry; bewe soos 'n riet; die wind waai van die garsland af

467. Aansteek

ww. ***aansteek,*** die vuur aansteek, die stoof aansteek, die lig aansteek, aan die brand steek, opsteek, vuur opsteek, vuurmaak, vuurslaan, brand stig, aankry, stook, bestook, aanstook, verstook, aanblaas, brand, afbrand, verbrand, veras, skroei, afskroei, seng, afsmelt, berook, verteer, smoor

brand 238, 465, in ligte laaie staan, afbrand, verbrand, verkool, veras, deurbrand, vasbrand, aan die brand raak, aan die brand slaan, blaker, vlam, vlam vat, opvlam, vlamme skiet, vonke skiet, ontvlam, vonk, vonkel, ontvonk, ontsteek, ontbrand, skroei, afskroei, smeul, gloei, ontgloei, flikker, glim, rook, deurrook

s.nw. ***verbranding,*** verbrandingsproses, ontbranding, selfontbranding, ontvlamming, ontvlammingspunt, verkoling, verassing, verstoking, beroking, brandgevaar, brandskade, brandstigting, piromanie

vuur 465, houtvuur, petrolvuur, braaivleis-

vuur, kampvuur, kaggelvuur, smeulvuur, laervuur, wagvuur, brand 465, voorbrand, veldbrand, bosbrand, vuurkolom, fakkel, fakkelstok, tjiesastok, vlam, vlammesee, vuurgloed, vuurkolom, gasvlam, vonk, vonkeling, sprankie, rook, rookkolom, rookmis, rookwolk, rooksuil, walm, rookwalm; vuurmaakplek, vleisbraaiplek
aansteker, sigaretaansteker, vuurhoutjie, vuurhoutjiedosie, flint, swael, swawel, lont, tontel, tontelblaar, tonteldoek, tonteldoos, vuurklip, vuursteen, vuurslag
vuurmaker, stoker, brandstigter, piromaan

b.nw. onblusbaar, onuitblusbaar, ontvlambaar, brandend, gloeiend, warm, witwarm, smeulend, rokerig, rookloos, rookvry

468. Blus

ww. ***blus,*** doof, uitdoof, doodmaak, doodspuit, vuurslaan, doodslaan, uitslaan, uittrap, smoor, doodblaas, uitblaas, snuit (kers), afsnuit (kers), domp
ophou brand, doodgaan, vrek, uitgaan, uitwaai, uitwoed

s.nw. ***uitbranding,*** verbranding; blussing, uitdowing, vuurvastheid
blusmiddel, brandblusapparaat, blusser, brandblusser, skuimblusser, doofpot, brandemmer, brandslang, brandleer
brandweer, brandweerstasie, brandweerdepot, brandweerwa, brandalarm; brandweerman, brandweerhoof

b.nw. geblus, uitgedoof, blusbaar, ongeblus, onuitblusbaar, vuurvas, onbrandbaar

469. Verwarmingstoestel

s.nw. ***verwarmingstoestel,*** verwarmingstelsel, stoof, eenplaatstoof, vierplaatstoof, . . ., stoofplaat, warmskinkbord, oond, ooghoogteoond, konveksieoond, waaieroond, mikrogolfoond, rookvanger, termostaat, elektriese stoof, gasstoof, koolstoof, brander, gasbrander, oliebrander, ketel, warmwaterketel, koffieketel, dompelaar, dompelkoker, konfoor, konka, donkie, warmwatertoestel, warmwatersilinder, silinder, warmwaterstelsel, verwarmer, elektriese verwarmer, waaierverwarmer, asbesverwarmer, olieverwarmer, paraffienverwarmer, gasverwarmer, voetstoof, voetstofie, radiator; verwarming, verhitting, gasverwarming, gasverhitting, stoomverwarming, stoomverhitting, elektriese verwarming, sentrale verhitting, ondervloerse verhitting, plafonverwarming
herd, haard, vuurherd, haardstede, kaggel, houtkaggel, braaikaggel, losstaande kaggel, draaikaggel, kaggelpyp, kaggelrak, kaggelskerm, vuurskerm, kolebrander, kolestofie, stookplek, vuuroond, fornuis (*ong.*), buiteoond, kookskerm, pizzaoond, donkie, skoorsteen, suiggat, trekgat, kaggeldeur, kaggelopening, kaggelmandjie, kolemandjie, asbak, asskottel, rookskerm, rooster, kaggelrooster, braaivleisplek, braaivleisrooster
stookgereedskap, kole-emmer, kaggelbesem, kaggelskop(pie), vuuryster, pook (*ong.*), blaasbalk
brandstof, hout, antrasiet, steenkool, petroleum, olie, gas, elektrisiteit
as, ashoop, roet, swartsel, sintel, slak, rook, kaggelrook

b.nw. roeterig, roetagtig

woorddeel warm-, vuur-

470. Smaak

s.nw. ***smaak,*** smaakvermoë, smaaksin, smaaksintuig, proesintuig, proevermoë, geur, geurigheid, smaaklikheid, smaaksensasie, dominante smaak, bysmaak, nasmaak; lekker smaak, slegte smaak, wansmaak, soet smaak, soetigheid, sout, sout smaak, soutigheid, suur smaak, surigheid, vrank smaak, bitter smaak
smaakloosheid, flouheid, lafheid

b.nw. smaaklik, smaakloos, flou, laf, sonder smaak, sonder geur

ww. smaak, proe

471. Smaaklik, lekker

b.nw. ***smaaklik,*** geurig, voortreflik, fantasties, salig, hemels, luswekkend, prikkelend, pikant, delikaat, fyn, aptytlik, aangenaam, genietlik, genotvol, heerlik, lekker, vingerlekkelekker, tintelend, sappig, vars
gegeur(d), soet, soeterig, versuiker(d), suikersoet, stroopsoet, heuningsoet, suikeragtig, suikerig, suur, suurderig, soetsuur, sout gesout, ingesout, soutagtig, souterig, gepekel, pekelrig, pekelagtig, siltig, salinies, salpeteragtig, sterk, gekrui, gekruid, kruierig gespesery, speseryerig, gemarineer(d), gerook, rokerig, romerig, stroperig

s.nw. ***smaak*** 378, smaaklikheid, geurigheid, voortreflikheid, pikantheid, delikaatheid, genotvolheid, heerlikheid, lekkerte, lekkerny, delikatesse, lekkergoed, sappigheid, varsheid

geurmiddel 419, sout, peper, krui 419, kruid, spesery 419, suiker, marinade, aftreksel, vleisaftreksel, braaivleismarinade, hoendermarinade, sous, slaaisous, vleissous, groentesous

sout 419, soutigheid, tafelsout, growwe sout, pekel, pekelsout, soutkorrel, soutgehalte, insouting, ontsouting; soutpan, soutraffinadery, soutverpakking, soutwinning

soetigheid, soetheid, versoetingsmiddel, versoeting, versuikering, suikergehalte, suiker 419, wit suiker, bruin suiker, strooisuiker, geraffineerde suiker, suikerkorrel, suikerklontjie, suikerriet, rietsuiker, sandsuiker, fruktose, druiwesuiker, dekstrose, glukose, garssuiker, moutsuiker, maltose, melksuiker, laktose, saggarien, saggarine, sakkarien, sakkarine, stroop, heuning, suikerstroop, melasse, swartstroop; suikerfabriek, suikerraffinadery, suikermeul, suikerplantasie, suikerrietplantasie

ww. lekker smaak, lekker proe, heerlik smaak, heerlik proe, goed smaak, goed proe, soet smaak, sout smaak, sout word, soet word, suur word; smaak gee, geur, inlê, marineer, inmaak, konserveer, verduursaam, sout, sout gee, sout gooi, insout, pekel, ontsout, krui(e), spesery, speserye gee, met speserye besprinkel, suiker, versoet, versuiker

uitdr. dit laat jou mond water; dit smaak vorentoe; dit streel die tong

472. Smaakloos, sleg

b.nw. smaakloos, onsmaaklik, geurloos, ongegeur, ongekrui, ongespesery, sleg, soutloos, ongesout, laf, vrank, glaserig, skerp, sterk, branderig, suur, asynsuur, soetsuur, suursoet, suurvas, bitter, galbitter, galsterig, muf, mufferig, muffig, muwwerig, ransig, rens, renserig, rokerig, wrang, goor, goorderig, bederf, vrot, oud

s.nw. smaakloosheid, verskaling, geurloosheid, soutloosheid, lafheid, suurheid, surigheid, suur smaak, bitterheid, bitter smaak, galsterigheid, galsterige smaak, mufheid, muffigheid, rooksmaak, wrang smaak, wrangheid; asyn, wynasyn, asynsuur, suur, barnsteensuur, boorsuur, appelsuur, soutsuur, soutgees, oksaalsuur, sitroensuur, wynsteen, bytmiddel, gal

ww. sleg word, suur word, bitter word; sleg smaak, suur maak, aansuur, versuur, verskaal

473. Reuk

s.nw. reuk, ruik, lug, asem, geur, aroma, boeket, odeur, odorant, snuf, snuffie, snuif; reukloosheid; reukverdrywing, reukweermiddel, deodorant

b.nw. ruikbaar, geurig, aromaties; reukloos, verskaal, verslaande

ww. ruik, snuif, opsnuif, snuffel, geur inasem, reuk inasem; ruik, lekker ruik, sleg ruik, 'n reuk afgee, 'n reuk versprei, 'n geur versprei; verslaan; reuk verdryf, deodoriseer

474. Welriekend

b.nw. welriekend, lekker, soet, fris, vars, geparfumeer(d), aromaties, geurig

s.nw. welriekendheid, geur, lekker geur, heerlike geur, aroma, boeket, neus (wyn), lekkerte, parfuum, parfumerie, toiletware 746, eau-de-cologne, laventelwater, reukwater, reukwerk, lekkerruikgoed, poeier, lekkerruikpoeier, seep, badseep, toiletseep, lekkerruikseep, deodorant, onderarmspuitgoed, naskeermiddel, muskus, muskusgeur, nardus, nardusgeur, roosmaryn, blommegeur, rosegeur, roosolie, rooswater, rosegeur, badolie, wierook, wierookgeur

ww. lekker ruik, 'n lekker reuk versprei; parfumeer, balsem

475. Onwelriekend

b.nw. onwelriekend, stink, stinkerig, sleg, afstootlik, duf(duwwe), muf, mufferig, muffig, muwwerig, rokerig, onaangenaam, walglik, vieslik, vrot, bedorwe, vuil, sweterig

s.nw. stank, slegte reuk, slegte ruik, onaangename reuk, onaangename ruik, mufheid, sweetreuk, rooklug, roetlug, besoedelde lug, peslug, rookreuk, gasreuk; reukverdrywer, reukweerder, reukweermiddel, stinkerd

ww. sleg ruik, stink

476. Geluid

s.nw. ***geluid,*** klank, byklank, weerklank, eggo, naklank, sameklank, geklank, galm, nagalm, weergalm, weergalming, toon, noot;

resonansie, infleksie, absorpsie, weerkaatsing, klankweerkaatsing, weerkaatser; geluidsgolf, klankgolf, geluidstrilling, klanktrilling, geluidsbron, klankbron, geluidsterkte, klanksterkte, geluidsversterking, klankversterking, geluidsbesoedeling, klankbesoedeling

suisgeluid, suising, gesuis, suiseling, ruising, zoem, gezoem, zoemgeluid, geritsel, ritselgeluid, ritseling, ruising, geruis, kreun, gekreun, kreungeluid, dreun, dreungeluid, dreuning, rammel, gerammel, rammelgeluid, roffel, geroffel, roffelgeluid, klingelgeluid, rinkelgeluid, klik, klikgeluid, geklik, klik-klakgeluid, tik, tikgeluid, tik-tak, tik--takgeluid, plofgeluid

lawaai, geraas, rumoer, gerumoer, gerumoerdery, kabaal, herrie, gerinkink, 'n oorverdowende lawaai, 'n helse geraas, gejoel, moles, moleste, petalje, pandemonium, gedruis, roesemoes, geroesemoes, getier, orasie, oragie (*ong.*), hoe(i)haai, hohaai, haaihoei, gerug, knal, geknal, alarm; geraasmaker, lawaaimaker, lawaaiwater, raasbek, rumoermaker

b.nw. klinkend, holklinkend, hoorbaar, verneembaar, verstaanbaar, hard, luid, luidrugtig, oorverdowend, suisend, suiselig, ruisend, dreunend, lawaaierig, rumoerig; sag, stil, gedemp, strelend, onhoorbaar, onverstaanbaar

ww. ***geluid maak,*** klink, opklink, helder klink, naklink, weerklink, eggo, resoneer, galm, nagalm, weergalm, weerkaats, inflekteer

suis, suisel, zoem, ruis, murmel, dreun, rammel, klater, rommel, roffel, kreun, knars, kners, knarsetand, kwiek, ritsel, sputter, sug, tik, tik-tak, kik, klik, klik-klak, klok, klingel, rinkel, plof

lawaai, lawaai maak, raas, geraas maak, rumoer, rumoer maak, te kere gaan, moles maak, galm, nagalm, weergalm, toet, toeter, knal, skree, tier, verdoof, verdowe, woed

bw. hardop, saggies

uitdr. die wind suis; moord en doodslag; my ore suis; 'n lawaai opskop; 'n baan opskop; 'n herrie opskop; lawaai dat hoor en sien vergaan

477. Stilte

s.nw. stilte, stilheid, stilligheid, doodse stilte, absolute stilte, onheilspellende stilte, grafstilte, swye, stilswye, swygsaamheid, kalmte, rus, rustigheid, herderslewe, uitdowing, wegsterwing

b.nw. stil, stillerig, tjoepstil, doodstil, morsdoodstil, grafstil, geluidloos, geluidvry, geluiddig, gedemp, geruisloos, bladstil, kalm, doodkalm, rustig, ademloos, doods, dowerig, afgrondelik, katvoet, klankloos, stom

ww. stil, stilbly, stil hou, swyg, verstil, demp, wegsterf

bw. soetjies, suutjies, stilletjies, stilweg

tw. sjt, sjuut!

uitdr. jy kan 'n speld hoor val; so stil soos 'n muis; so stil soos die graf

478. Welluidend

b.nw. welluidend, klankryk, klankvol, skoonklinkend, harmonieus, harmonies, melodieus, melodies, liries, soet, soetklinkend, soetvloeiend, strelend, bekoorlik, mooi, helder, sonoor, duidelik, diep, rinkelend, rond, singbaar, sangerig, gelykluidend, gelykklinkend

s.nw. welluidendheid, klankrykheid, harmonie, konsonansie, sonoriteit, soetvloeiendheid, rinkeling, musiek 753, towerklank, vreugdekreet, vreugdelied, vreugdesang

ww. mooi klink, vloei, streel, harmonieer, opklink, klingel, klingel, rinkel, sing

479. Disharmonies

b.nw. disharmonies, wanklankig, wanluidend, dissonant, rasend, raserig, rumoerig, skreeuend, kakofonies, vals, glaserig, blikkerig, nagemaak

s.nw. wanklank, disharmonie, dissonansie, valsheid, kakofonie, geroesemoes, glaserigheid, lawaai, geraas, rasery, raserigheid, kattekonsert, bombarie, harlaboerla (*ong.*), roesemoes, rumoer, rumoerigheid, straatlawaai, straatrumoer, rinkinkery, bohaai, hoe(i)haai, hohaai, haaihoei

uitdr. 'n baan opskop; 'n keel opsit

480. Dowwe klank

b.nw. dof, dowwerig, dreunerig, donker, grof, laag, skor

s.nw. dofheid, dowwerigheid, dreuning, dreungeluid, dreunklank, donder, donderslag, geruis, ruising, gedruis, druising, flap flapgeluid, plof, plofgeluid, geslof, slofge-

luid, gebrul, brulgeluid, gebrom, bromgeluid, geknor, knorgeluid, grom, gromgeluid, gekraak, kraakgeluid, kraakstem, grofheid, rommeling, skorheid, sluiering, rammelgeluid, rammeling, roffelgeluid, geroffel, tromgeroffel, voetstap

bw. dofweg, saggies

ww. dreun, druis, ruis, gons, grom, brom, snor, donder, rammel, rommel, roffel, rol, ronk, kraak, flap, plof, puf, kik, klots, smak, knapper, knetter, kras, kerm, murmel, sluier, soef, spin

tw. pardoems, woeps

481. Skerp klank

b.nw. skerp, deurdringend, helder, helderklinkend, glashelder, hoog, hard, luid, skril, snerpend, staccato, snydend, skreeuend, bloedstollend, dun, dunnerig, dunnetjies, piepend, kefferig, jillend, joelend, gillend, skel, skelklinkend, skelluidend, pynlik

s.nw. geklap, geklapper, geknars, geknetter, gekraak, gekras, gil, hoe(i)haai, hohaai, haaihoei, kabaal, klap, knak, piep, sirene, staccatostem, sketterstem, skelstem, skree, skreeu, slag, sweepslag, tingeling, tingelingeling, helderheid, dunheid, skelheid

ww. klap, knars, knetter, kletter, kraak, kras, knak, sis, piep, skree, skreeu, huil, skel, verskreeu, gil, skril, kef, jil, skater, sketter, lag, skaterlag, joel, gier, tingel, tinkel

uitdr. dit sny deur murg/merg en been; lawaai dat hoor en sien vergaan; skel soos 'n viswyf

482. Menslike geluid

ww. ***praat,*** uit, uiter, sê, jou stem laat hoor, klets, babbel, brabbel, tater, mompel, prewel, fluister, hakkel, stotter, aarsel, roep, skree, skreeu, 'n keel opsit, gil, huil, tjank, snik, lag, sing, neurie, fluit

hoes, proes, hoes en proes, nies, snuif, snuiwe, hik, smak, kners, tande kners, roggel, steun, sug, 'n sug slaak, snork, gorrel, grom, poep (*plat*), 'n wind laat, 'n wind opbreek, kraak

s.nw. ***gepraat,*** gebabbel, roep, geroep, roepery, skree, skreëry, skreeuery, gil, gegil, gillery, kreet, moordkreet, huilery, gehuil, snik, snikkery, gesnik, lag, laggie, gelag, laggery, sang, singery, geneurie, fluit, fluitery, gefluit, stem, stemwisseling, stentorstem, tenoorstem, basstem, sopraanstem, altstem, . . . , manstem, vrouestem, damestem, klapklank

liggaamlike geluid, klapgeluid, keelgeluid, hoes, gehoes, hoesbui, proes, nies, niesbui, niesaanval, snuif, gesnuif, snuiwery, hik, gehik, hikkery, smak, tandeknersing, roggel, geroggel, doodsroggel, steun, sug, snork, reutel (*ong.*), gorrel, grom, poep (*plat*), wind, kraak, voetstap

b.nw. pratend, praterig, babbelend, fluisterend, hakkelend, stotterend, aarselend, skreeuend, gillend, laggend, singend, proes(t)erig, hoeserig, hikkend, knersend, tandeknersend, roggelend, snorkend, . . .

483. Voëlgeluid

ww. fluit, sing, tjilp, roep, skree, skreeu, kwetter, kweel, kwinkeleer, tierelier, piep, kiep, kraai, kekkel, kloek (hoender), koer, roekoek (duif), kir, kras (kraai), krys (kraai, kraanvoël), kwaak (eend, gans), snater (gans), rol (kanarie), praat (papegaai)

s.nw. fluit, sang, getjilp, roep, galm, gekoer, duifgekoer, kir, gekir, gekras, gekweel, gekwetter, kras, gekras, gekrys, kwaak, kwakery, gekwaak, gesnater, gepraat, pratery

484. Diergeluid

ww. balk, blaas, blaf, saamblaf, kef, blêr, brom, brul, bulk, gons, grom, grou, huil, kekkel, kloek, knor, kraai, krys, kwaak, lag (hiëna), loei, miaau, piep, roep, roggel, reutel, ronk, runnik, hinnik, proes, sis, skreeu, skree, snater, snor, snork, snuif, spin, steun, tjank, tjilp, tjirp, trompetter, zoem

s.nw. dieretaal, fluit, gebrom, gebrul, geknor, getjank, grom, miaau, gemiaau, kattegespin, knor, geknor, gekwaak, paddakonsert, paddakoor, gekrys, roep, runnik, gerunnik, proes, geproes, snork, gesnork, steun, gesteun, snorksteun, gesnuif, roggel, geroggel, tjank, getjank, zoem

485. Lig

b.nw. lig, nie donker nie, liggewend, fotogeen, fluoressent, vol lig, helder, kristalhelder, duidelik, sereen, blink, klaarlig, glansend, glinsterend, skitterend, stralend, uitstralend, fosfories, glorieus, tintelend, gloeiend, fel, skel, skreeuend, verblindend, oogverblindend, deurskynend, dof, onhelder, nie

helder nie, gedemp, skemerig, skemeragtig, grou, vaal; belig, verlig, goed verlig, helder verlig

s.nw. ***lig,*** natuurlike lig, onnatuurlike lig, halflig, kunslig, elektriese lig, helder lig, dowwe lig, glimp, sereniteit, glans, skitterglans, satynglans, skittering, skitterlig, gloed, liggloed, stralegloed, glinstering, gloor, helderheid, helderte, verheldering, skerpte, skelheid, deurskynendheid, vlam, vonk, flonkering, flikkering, geflikker, flikkerlig, flikkerglans, naglans, nagloed, verflouing, flou lig, liggolf, ligstraal, straal, ligbundel, straalbundel, ligstreep, 'n band van lig, ligband, ligkolom, ligkol, ligstippel, ligstippie, ligkring, ligkrans, stralekrans, halo, ligspoor, ligeffek, ligsterkte, ligkrag, liguitstraling, straling, uitstraling, radiasie, uitstralingswarmte, fosforensie, fluoressensie, straalpunt, uitstralingspunt, breking, ligbreking, ligstraalbreking, infleksie, refraksie

skynsel, skyn, spieëling, lugspieëling, mirasie, opgeefsel, afskynsel, weerkaatsing, weerglans, weerskyn(sel), weerspieëling, terugkaatsing, dwaallig, dwaalvuur; fotofobie, fotometer

natuurlike lig, daglig, dag, dagbreek, daeraad, bloute, daglumier, môrelig, môrerooi, môreskemering, môreson, môrestond, oggendlig, oggendskemering, oggenskemerte, aandlig, aandskemering, aandskemerte, skemerte, son, sonlig, sonstraal, songloed, sonuitstraling, uitstraling van die son, maan, maanskyn, blits, bliksem, bliksemstraal, weerlig, ster, sterlig, poollig, noorderlig, Suiderlig, aurora australis, reënboog, dwaallig

beligting, verligting, onnatuurlike lig, kunslig, ligbron 267, 487, lig 267, 487, lamp 487, elektriese lig, elektriese beligting, vuurlig, fakkellig, kerslig, kaggellig, flitslig, gaslig, gaslamp 487, neonlig, neonbeligting, fluoressente lig, fluoressente beligting, kalklig, bolig, kantlig, voetlig, kollig, spreilig, soeklig, ligeffek

ww. ***skyn,*** deurskyn, lig gee, lig afgee, daag, lig, aflig, straal, uitstraal, lig uitstraal, afstraal, afspieël, skemer, deurskemer, val, deurval, blink, skitter, skitterblink, glans, glim, glimmer, glinster, gloei, gloor, flikker, vonk, vonkel, flonker, fluoresseer, fosforesseer, skroei, blaak, blaker, flits, blits, bliksem, weerkaats, terugkaats, reflekteer, weerspieël, die dag breek

belig, verlig, lig gee, beskyn, sigbaar maak, bestraal, verhelder, verflou; lig maak, aanskakel, aansteek, opsteek

woorddeel glacé-, helio-, knal-

486. Duisternis

b.nw. donker, halfdonker, skemerdonker, nagdonker, pikdonker, stikdonker, duister, halfduister, onverlig, ligloos, nagtelik, skemerig, skaduryk, skaduweeagtig, skaduagtig, sonloos, somber, beneweld, obskuur, spelonkagtig, skimagtig, swart; verdonker

s.nw. donker, donkerte, donkerheid, stikdonkerte, nagdonkerte, duister, duisternis, duisterheid, afwesigheid van lig, nag, git, skemerte, skemerdonker, skemerdonkerte, skemeruur, skemering, oggendskemering, oggendskemerte, aandskemering, aandskemerte, skemerlig, skemer, somberheid, skaduwee, skadu, skade, skadugebied, skadusone, skadusy, skadubeeld, slagskaduwee, kernskaduwee, silhoeët, skim, koelte, koeltetjie, mistigheid, beneweldheid, obskuriteit, dofheid; verdonkering, verduistering, versombering

ww. donker word, doodgaan, 'n skaduwee werp, die nag breek aan, die skemerte daal, die duisternis val, die son sak; donker maak, verdonker, verduister, versomber, verdof, doof, uitdoof, doodmaak, blus, doodslaan, snuit, afskakel, benewel

woorddeel nag-

uitdr. so donker soos die nag; so donker soos die hel; so donker dat jy jou hand nie voor jou oë kan sien nie

487. Ligbron

s.nw. ***ligbron,*** beligting, lig, lamp, elektriese lig, elektriese lamp, olielamp, paraffienlamp, gaslamp, gloeilamp, gloeilig, ligbuis, buislig, fluoressente lig, neonlig, neonbuis, neonlamp, kamerlig, kombuislig, badkamerlig, . . ., hanglig, hanglamp, staanlig, staanlamp, muurlig, muurlamp, leeslig, leeslamp, tafellig, tafellamp, studeerkamerlig, studeerkamerlamp, kollig, vallig, voetlig, traplig, binnelig, buitelig, koplig, koplamp, parkeerlig, parkeerlamp, agterlig, remlig, stoplig, flikkerlig, blitslig, toplig, karbide-

lamp, karbidelig, magnesiumlamp, magnesiumlig, mynlig, mynlamp, soeklig, spreilig, onderwaterlig, swembadlig, veiligheidslig, veiligheidslamp, projeksielig, projeksielamp, projeksielantern, flits, flitslig, toorts; ligkap, ligglas, gloeidraad, dempskakelaar, sok, ligsok, lampsok; refleksie, reflektor, skynwerper

seinlig, seinlamp, seinlantern, vuurtoring, vuurtoringlig, ankerlig, hawelig, baken, ligbaken, bakenlig, verkeerslig

lamp, lantern, olielamp, olielantern, paraffienlamp, petrollamp, lamplig, kandelaar, kandelaber, kroonlamp, kroonlugter, kroonkandelaar, mynlamp, veiligheidslamp, skemerlamp, wonderlamp, lampion; lampbrander, lampglas, kap, lampkap, lampskerm, pit, lamppit, kousie, lampkousie

gaslamp, gaslig; gas, kousie, lampkousie, gaskousie, gaspit, kap,

kers, vetkers, waskers, waterkers, kerslig, kandelaar, kandelaber; pit, kerspit, was, kerswas, blaker, kersblaker; fakkel, flambou, fakkelstok; vuur, kampvuur, vuurlig

ww. brand, skyn, flikker, opflikker

488. Deurskynend

b.nw. deurskynend, diafaan, klaar, helder, glashelder, kristalhelder, kristalagtig, glaserig, deursigtig, transparant

s.nw. deurskynendheid, helderheid, klaarheid, glaserigheid, verheldering, deursigtigheid, transparantheid; glas, kristal, ruit, plastiek, transparant

ww. helder word, deurskyn, deurskynend word, verhelder, opklaar; helder maak, verhelder, ophelder

uitdr. so helder soos kristal

489. Ondeurskynend

b.nw. ondeurskynend, opaak, dof, dowwerig, onhelder, troebel, troebelrig, troewel, mat, aangeslaan, wasig, wolkerig, verdonker, vervaagde, vuil, swart, ondeursigtig

s.nw. ondeurskynendheid, dofheid, verdoffing, verdowwing, vervaging, troebelheid, vertroebeling, verdonkering, vuilheid, wasigheid, ondeursigtigheid; matglas, melkglas

ww. dof word, ondeurskynend word, aanslaan, beslaan, verdof, vertroebel, vervaag; dof maak, verdof, troebel maak, vertroebel

490. Kleur

s.nw. ***kleur,*** primêre kleur, fundamentele kleur, sekondêre kleur, saamgestelde kleur, grondkleur, hoofkleur, volkleur, helder kleur, skitterkleur, monochromatiese kleur, spektrale kleur, achromatiese kleur, neutrale kleur, warm kleur, koue kleur, sagte kleur, pastelkleur, natuurkleur, natuurlike kleur, modekleur, askleur, doodskleur, halftint, halftoon, aanvullingskleur, komplementêre kleur, oorgangskleur, tussenkleur, wisselkleur, dioptriese kleur, entoptiese kleur, epoptiese kleur, kriptiese kleur, bokleur, buitekleur, oogkleur, reënboogkleur, psigedeliese kleur, pigment, kleurpigment, onkleur, kleur(e)spektrum, kleurruimte, kaleidoskoop, kleurkaleidoskoop, kaleidoskoop van kleur(e), kleurespel, kleurskouspel, kleureprag, reënboog, reënboog van kleur(e), simboliese kleur, kleursimboliek; chromatologie

skakering, kleurskakering, nuanse, kleurnuanse, tint, kleurtint, toon, kleurtoon, helderheid, helderte, gloed, kleurwisseling, kleurekontras, kleureharmonie, koloriet

kleurstof, kleursel, verf, verfstof, verfware, verfpoeier, olieverf, waterverf, sproeiverf, spuitverf, kwikverf, lakmoes, lak, laksel, lakverf, vernis, lakvernis, lymverf, tempera, lakpolitoer, beits, beitsverf, kalk, kalkverf, witkalk, witlood, koolteer, oker, karoteen, karotine, omber, vermiljoen, menie, minie, rooiminie, rooibolus, magenta, saffraan, sepia, inkverf, smalt, blou glasuur, tinglasuur, majolika, naftaleen, xantien, xantine, swartsel, witsel, blousel, sikkatief, droogmaakmiddel; verfwerk, verwery, bleik, kwas, verfkwas, witkwas, klos, verfroller, verfblik, verfbak, verdunner, verfmerk, verfkontrakteur, verwer, vernisser, skilder, kunsskilder, porseleinskilder, brandskilder

b.nw. gekleur(d), kleurig, kleurryk, kleurvas, kleurreg, kleurgevoelig, chromaties, monochroom, homochroom, eenkleurig, tweekleurig, driekleurig, . . ., primêr, sekondêr, neutraal, donker, somber, dof, lig, effe, pastelkleurig, bleek, blakend, helder, helderkleurig, vrolik, warm, koud, blosend, hard, fel, skel, skreeuend, skril, sag, strelend, geskakeer(d), bedruk, geblom(d), gespikkel(d), gevlek, polichroom, bont, bontkleurig, kakiebont, kaleidoskopies, prismaties, kleurloos

ww. 'n kleur hê, kleur kry, verkleur, van kleur verander, bleik, bleek, verbleik, verbleek, verlig, verdonker, blink, bloos, blou word, groen word, . . ., afsteek, kleur afgee; kleur, inkleur, verf, verwe, beverf, oorwerf, skilder, beskilder, vernis, beits, lak, wit, afwit, deuraar, iriseer, spikkel, skakeer, tint, temper, opdruk

491. Kleurloosheid

b.nw. kleurloos, ongekleur, ongeverf, achromaties, grys, vaal, valerig, vaalagtig, asvaal, grys, gryserig, vaalgrys, verskote, dof, mat, bleek, wit, bleekwit, witterig, vuilwit, verbleik, flets, doods, doodsbleek, anemies, haai, haaikaal

s.nw. kleurloosheid, achromatisme, vaalheid, gryserigheid, dofheid, bleekheid, melkgesig, doodskleur, verkleuring

ww. kleur verloor, kleur afgee, verkleur, bleik, bleek, verbleik, verbleek, verskiet; ontkleur, verf stroop, bleik, verbleik

492. Kleure

b.nw. ***swart,*** gitswart, pik(git)swart, koolswart, roetswart, lampswart, raafswart, vaalswart, matswart, dofswart, swartgrys

vaal, valerig, asvaal, grou, muisgrou, muiskleurig, rokerig, askleurig, leikleurig, grys, liggrys, donkergrys, gryserig, geelgrys, staalgrys, ysterkleurig, lood, loodgrys, spikkelgrys, pêrelgrys, silwergrys, silwer, chroom

wit, witterig, blank, blanje (*ong.*), spierwit, sneeuwit, silwerwit, ivoorwit, leliewit, lelieblank, melkwit, haelwit, marmerwit, marmerkleurig, franswit, blond, witblond, asblond, naaswit, eierdopwit, halfwit, vaalwit, vuilwit, bleek, bestorwe (bleek), room, roomkleurig, roomwit, beige, opaliserend

blou, blouerig, helderblou, hemelblou, koningsblou, poublou, pruisiesblou, kobaltblou, baftablou, berlynsblou, blouselblou, hemelsblou, asuur, lasuur, marineblou, ultramaryn, akwamaryn, opaalblou, saffierblou, saksiesblou, silwerblou, staalblou, blougroen

groen, grasgroen, smaraggroen, bottelgroen, donkergroen, olyfgroen, liggroen, seegroen, seladon, kopergroen, geelgroen, groengeel

geel, goudgeel, kanariegeel, bottergeel, ivoorgeel, sitroengeel, saffraan, saffraangeel, amber, ambergeel, amberkleurig, goue, goudkleurig, geeloranje, oranje, oranjeagtig, oranjekleurig, oranjerooi, rooioranje, vermiljoen

bruin, donkerbruin, sjokoladebruin, ligbruin, vaalbruin, goudbruin, koperkleurig, brons, gebrons, goudbrons, blas, kakie, kakiekleurig, molbruin, terra-cotta, taankleurig, tanig, barnsteenkleurig, roesbruin, roeskleurig, rooibruin, oker

rooi, bloedrooi, vuurrooi, fluweelrooi, granaatrooi, tamatierooi, skarlaken, skarlakenrooi, karmyn, karmynrooi, henna, donkerrooi, karmosyn, karmosynrooi, purperrooi, steenkleurig, koperrooi, ligrooi, bloesend, blosend, rooskleurig, ligroos, inkarnaat, wynkleurig, vermiljoen, koraal, koraalrooi, rosé, rosig, pienk, cerise, pers, rooipers, persrooi, heliotroop, magenta, violet, indigo, purper, mauve, roesrooi

bont, swartbont, witbont, rooibont, . . ., hermelynbont, perlemoen, perlemoer, peper-en-sout, peper-en-soutkleurig, geruit, spikkel, gespikkel(d), bespikkel, skilderbont, skimmel, blouskimmel

s.nw. ***kleur*** 267, ligte kleur, donker kleur, pastelkleur, effe kleur, skutkleur, lentekleur

swart kleur, swartheid, roetkleur, teerkleur

vaal kleur, vaalheid, vaalte, askleur, muiskleur, grondkleur, granietkleur, klipkleur, grys kleur, silwergrys kleur, metaalkleur, ysterkleur, loodkleur, staalkleur, silwerkleur, nikkelkleur

wit kleur, witheid, pêrelkleur, ivoorkleur, kalkkleur, roomkleur, sjampanjekleur, poeierkleur, sandkleur, porseleinkleur, waskleur, waterkleur

blou kleur, blouheid, bloute, hemelkleur, asuur, opaal, skemerkleur

groen kleur, groenheid, olyfkleur

geel kleur, geelheid, kanariekleur, botterkleur, kaaskleur, mostertkleur, saffraankleur, appelkooskleur, perskekleur, lemoenkleur, nartjiekleur, heuningkleur, herfskleur

bruin kleur, bruinheid, houtkleur, koffiekleur, kakaokleur, kakiekleur, kaneelkleur, kastaiingkleur, beskuitkleur, goudkleur, koperkleur, bronskleur, modderkleur, terracottakleur, strooikleur, taankleur, roeskleur

rooi kleur, rooiheid, bloedkleur, kersiekleur, proteakleur, wynkleur, pruimkleur, vleiskleur, lewerkleur, rooskleur, salmkleur,

purperkleur, vlamkleur, vuurkleur, waatlemoenkleur
bont kleur, bontheid, sout-en-peperkleur, perlemoenkleur

uitdr. so swart soos die nag; so swart soos roet; so wit soos sneeu; so rooi soos bloed; so rooi soos skarlaken; so blou soos die lug

D. SINTUIGLIKE WAARNEMING

493. Gevoeligheid

b.nw. gevoelig, sintuiglik, sensitief, sensories, sinesteties, sinlik, sinnelik, tergend; waarneembaar, bemerkbaar, merkbaar, voelbaar

s.nw. gevoel, gevoeligheid, sensitiwiteit, sintuiglikheid, sintuig, sin, sinlikheid; waarneming, sintuiglike waarneming, sinestesie, aanvoeling, gewaarwording, sensasie, prikkel, voelbaarheid, sinsbedrog, sinsverbystering, sin(s)genot; waarneembaarheid, ondervinding, waarnemingsvermoë

ww. waarneem, voel, aanvoel, merk, bemerk, gewaarword, ondervind, aandui, aangaan, aanroer, beken, beskou, bespeur, bestudeer, deurtintel, peil, raak

494. Gevoelloosheid

b.nw. gevoelloos, ongevoelig, bedwelm(d), bedwelmend, psigedelies, verslaaf, verslawend

s.nw. ***gevoelloosheid,*** agnosie, sinsverbystering, bedrog, bedrieëry, sinsbedrog, sinsbedrieëry, bedwelmdheid, bedwelming, intoksikasie, verslawing; gewoontevormend, hallusinêr, hallusinogeen
dwelm, dwelmmiddel, dwelmgebruik, dwelmmisbruik, dwelmtoer, dwelmhandel, onttrekkingsimptome; dwelmslaaf, opiumroker, gomsnuiwer, daggaroker, morfinis, dwelmhandelaar; stimulant, opkikker, depressant, bedaarmiddel, berustingsmiddel, sedatief, hipnotikum, amfetamine, amfetamien, dagga, heroïne, marijuana, morfien, morfine, opium

ww. bedwelm, bedrieg, begoël, begogel, slaap, verslaaf

495. Tassin

s.nw. tassin(tuig), gevoelsintuig, gevoel, gevoeligheid, gevoelsensasie, tasgewaarwording, tasindruk, gevoelloosheid, aanraking, tasting, betasting, aantasting, voelery, gejeuk, gekriewel, jeuking, krieweling, wriemeling, tokkeling, voelbaarheid, manipulasie, manipulator; tasorgaan, tasdraad, tashaar, vel 381, huid 381, huidsenuwee, voeler

b.nw. gevoelig, oorgevoelig, tastelik, tastend, taktiel, jeukerig, kielierig, kriewelrig, kriebelrig, ongevoelig, gevoelloos; tasbaar, voelbaar, onaangeroer(d)

ww. voel, raak, aanraak, tas, rondtas, bevoel, betas, palpeer, aftas, streel, bestryk, jeuk, kielie, kriewel, kriebel, wriemel, manipuleer, prikkel, roer, tip, tokkel, troetel

bw. voel-voel

496. Smaak

s.nw. smaak, smaaksin, smaaksintuig, proesintuig, smaakknoppie, smaakpupil, smaaksenuwee, proeslag, proewery, proewer, fynproewer

b.nw. smaaklik, smaakloos, lekker, geurig, sleg, ryk

ww. smaak, proe

497. Reuk

s.nw. reuksin, reukvermoë, ruikvermoë, reuksintuig, neus, reukorgaan, reukklier, reuk, ruik, geur, reukloosheid

b.nw. reukloos

ww. ruik, snuif, snuiwe, snuffel, besnuffel, opsnuif, opsnuiwe; lekker ruik, sleg ruik, aangenaam ruik, 'n reuk afgee

uitdr. 'n krakie hê

498. Gehoor

s.nw. ***gehoor,*** gehoorsintuig, hoorvermoë, ouditiewe vermoë, akoestiek, gehoorafstand, gehoordrempel, gehoortoestel; hoorder, hoorderes, toehoorder, luisteraar, luisterares
swak gehoor, gehoorgebrek, gehoorgestremdheid, doofheid, senudoofheid, doofstomheid, hardhorendheid, amusie; dowe
gehoorapparaat, hoorbuis, hoorpyp, hoortoestel, bioniese oor

b.nw. horend, hoorbaar, verneembaar, klinkend, ouditief, oudiovisueel, doof, stokdoof, dowerig, gehoorgestremd

ww. ***hoor,*** aanhoor, goed hoor, skerp hoor, sleg hoor, doof word, jou gehoor verloor
luister, aanluister, beluister, toehoor, uit-

hoor, afluister, meeluister, monitor, opvang, verneem
verdoof, verdowe, afdemp
uitdr. die ore spits; die mure het ore; jou oor (uit)leen; lang ore hê; tande tel

499. Sien

s.nw. ***aanskouing,*** kyk, kykie, gekyk, staar, gestaar, starheid, geloer, geloerdery, gegluur, gegluurdery, besigtiging, blik, deurdringende blik, terugblik, deteksie, herkenning, perspektief, gesigsbeeld, mirasie; knip, geknip, geknipoog, oogwenk, oogwink
gesig, gesigsvermoë, sienvermoë, kykvermoë, sig, sigkant, waarneming, waarnemingsvermoë
gesigskerpte, adelaarsblik, arendsblik, argusoë, valkeblik, valkoog
blindheid, gesigsverlies, nagblindheid, sneeublindheid, gesigswakte, bysiendheid, versiendheid, kleurblindheid, achromasie, achromatisme, miopie, skeelheid, strabisme, skeeloog, nabeeld, sinsbedrog, verblinding, fotofobie, ligskuheid; blinde, blindeman, achromaat
optometrie 414, optometris, optrisiën; bril, leesbril, bifokale bril, knypbril, montuur, kontaklens, oogglas, monokel, sonbril, stofbril, motorbril, sneeubril, gidshond, leihond
kyker, toeskouer, waarnemer
kykplek, kyktoring, uitkyktoring, uitkyk, uitkykpunt, uitsigpunt, uitkykpos, waarnemingspos, uitkykplatform, loergat
gesigsveld, gesigskring, gesigshoek, gesigslyn, gesigseinder, kim, uitsig, panorama, verskiet, verte
b.nw. siende, okulêr, visueel, glurend, alsiende, klaarsiende, skerpsiende, stip, strak, swaksiende, blind, stokblind, kleurblind, achromaties, dagblind, nagblind, sneeublind, bysiende, versiende, miopies, skeel, soetskeel; aanskoulik, ongesiens, oudiovisueel, bifokaal, binokulêr, makroskopies, onbesiens, onderskeidend, star
ww. ***sien,*** goed sien, sleg sien, met die blote oog sien, insien, uitsien, deursien, vooruitsien, gewaar, ontwaar, raaksien, herken
kyk, toekyk, verkyk, stip kyk, opkyk, afkyk, inkyk, omkyk, terugkyk, bekyk, blik, gadeslaan, betrag, skou, beskou, aanskou, aankyk, aansien, besigtig, besien, dophou, waarneem, observeer, opneem, oplet, toesien, aangaap, staar, aanstaar, vors, loer, beloer, afloer, gluip, koekeloer, gluur, aangluur, bespied, verspied, tuur, op die uitkyk wees; skeef kyk, skeel kyk
knip, knipoog, flikker, korrel (met die oog), mik (met die oog), nakyk, naoog, verglaas, jou oë neerslaan
blinddoek, blindeer, verblind
bw. oopoog, oopoë, sienderoë
uitdr. iets/iemand in die gesig kry; onder oë kry; 'n blik daarop werp; jou oë laat wei; so blind soos 'n mol

500. Sigbaarheid

s.nw. sigbaarheid, duidelikheid, gesig, helderheid, helderte, verheldering, merkbaarheid, waarneembaarheid, aanskoubaarheid, verskyningsvorm, vertoning, vertoon
b.nw. sigbaar, sienbaar, duidelik, helder, merkbaar, bespeurbaar, waarneembaar, aanskoubaar, onverberg, markant, sienlik, opvallend, ooglopend, ostensief, simptomaties
ww. sigbaar wees, sigbaar word, verskyn, te voorskyn kom, te voorskyn tree, na vore kom, na vore tree, oorhang, uitkom, uitsteek; sigbaar maak, te voorskyn haal, vertoon, verhelder, ophelder; merk, aanskou, waarneem
uitdr. in die oog; in die oog lopend; so klaar soos kristal; so duidelik soos daglig

501. Onsigbaarheid

s.nw. onsigbaarheid, verborgenheid, onnaspeurbaarheid, duister, stilligheid, newelagtigheid, onduidelikheid, onwaarneembaarheid, onopvallendheid
b.nw. onsigbaar, onsienbaar, onwaarneembaar, onnaspeurbaar, verborge, onmerkbaar, onopgemerk, ongemerk, blind, duister, newelagtig, newelig, onduidelik, onopvallend, mikroskopies
ww. ***onsigbaar wees,*** onsigbaar word, verdwyn, padgee, weggaan, vergaan, ontglip, sluip, skuil, skuilgaan, skuilhou, ontgaan
onsigbaar maak, kamoefleer, wegsteek
bw. stilletjies, tersluiks
uitdr. in die niet verdwyn; in die niet versink; in sy skulp kruip; oor die hoof sien; uit die gesig verloor

3
Die verstand

A. VERSTANDELIKE VERMOËNS

502. Verstand

s.nw. ***verstand,*** brein, harsings, breinkrag, hoof, kop, intellek, verstandelike vermoë, verstandelikheid, gawe, gees, geestesgawe, geestesvermoë, geesvermoë, geestelike werksaamheid, geesteswerksaamheid, dinkvermoë, denkvermoë, kognisie, dinkkrag, draadwerk
intelligensie, wysheid, slimheid, kennis, kundigheid, kenvermoë, skranderheid, genialiteit, beredeneerdheid, skerpsinnigheid, skerpheid, skerpte, gesonde verstand, goeie verstand, goeie kop, diepsinnigheid, gewikstheid, sin, insig, deursig, begrip, helderheid, heldersiendheid, helderte, oordeel, oordeelkundigheid, oordeelsvermoë, raadsaamheid, verstandigheid, subtiliteit, redelikheid, diplomasie, openheid, ruimheid, ruimgeestigheid, ruimte van gees, rypheid, gesofistikeerdheid, diskresie, finesse, flair, bekwaamheid, talent, vernuf, vernuftigheid, vindingrykheid, aanleg, veelsydigheid; verstandsontwikkeling, intellektuele ontwikkeling, opvoeding, studie, verruiming, verryking, geestesverryking; intelligensiepeil, intelligensiekwosiënt, verstandsouderdom, intelligensiemeting, verstandsmeting, intelligensietoets, verstandstoets, aanlegtoets
slimmigheid, slimpraatjies, gladheid, gladdigheid, streek, slinksheid, sluheid
intelligente persoon, slim persoon, slimmerd, slimjan, slimkop, genie, wyse, wyse man, geleerde 515, akademikus, wetenskaplike, intelligentsia, kenner, meester, meester van sy/haar vak, bloukous, adep, ghoeroe, mahatma, orakel, diplomaat

b.nw. ***verstandelik,*** geestelik, rasioneel, redelik, intellektueel, akademies, denkend, mentaal, serebraal, kognitief
intelligent, geniaal, wys, slim, skrander, begaaf(d), bekwaam, geleer(d), beredeneerd, skerp, skerpsinnig, vlug van begrip, deurdringend, helder, helderdenkend, heldersiende, klaarsiende, verstandig, judisieus, besonne, blink, diepsinnig, oulik, ingenieus, ruim, ruimdenkend, redelik, subtiel, spitsvondig, gevat, bekkig, raak
opgevoed, opgelei, geskool(d), kundig, geleer(d), skrifgeleerd, gesofistikeerd, talentvol, knap, kloek, vindingryk, vernuftig, behendig, belowend, veelbelowend, veelsydig, alsydig, fynsinnig, oordeelkundig, raadsaam, diskresionêr, diplomaties
slu, slinks, geslepe, gewiks, glad, skelm, uitgeslaap, uitgeslape, uitgeleer(d), vorentoe

ww. dink, besin, beredeneer, bevat, leer, opskerp, vergeestelik, verredelik, verruim, verryk

bw. wyslik

uitdr. by/tot jou sinne kom; dit sit vuisdik agter die ore; hy is ouer as twaalf; nie onder 'n uil/kalkoen uitgebroei nie; so oud/slim soos die houtjie van die galg; sy kop is deur; vlug van begrip wees; 'n kop op sy lyf hê; meer verstand in jou pinkie hê as iemand anders in sy/haar hele lyf; nie van gister wees nie; nie vandag se kind wees nie; wie nie sterk is nie, moet slim wees; deur skade en skande word mens wys; nie op jou bek geval wees nie

503. Onverstandigheid

s.nw. ***klein verstand,*** idiotisme, geestesgebrek, agterlikheid, swaksinnigheid, oligofrenie, beperktheid, vertraging, vertraagdheid, gestremdheid, verstandelike vertraagdheid, verstandelike gestremdheid, omgewingsgestremdheid, kranksinnigheid, malheid
onverstandigheid, gebrekkige kennis, onkundigheid, gebrek aan insig, gebrekkige insig, kortsigtigheid, redeloosheid, sinloosheid, insigloosheid, stommigheid, stommiteit, stompsinnigheid, sotheid, sotlikheid, sotterny, sotskap, gekkerny, gekheid, naïwiteit, lawwigheid, malpraatjies, simpelheid, onwysheid, onnoselheid, onverstand,

dommigheid, domheid, oerdomheid, dwaasheid, stupiditeit, eselagtigheid, alleenwysheid

kleingeestigheid, kleinlikheid, kleinburgerlikheid, bekrompenheid, verkramptheid, engheid, verstoktheid, verstardheid, kleinsieligheid, kinderagtigheid, liggeraaktheid; filister

onverstandige persoon, swaksinnige, stompsinnige, idioot, imbesiel, moron, moroon, analfabeet, gek, dom ding, domkop, dwaas, dwaaskop, dommerik, stommerik, stommeling, stumper(d), sul, swaap, proleet, proletedom, bobbejaan, aap, donkie, esel, uil, dikkop, skaap, skaapkop, domoor, suffer(d), klipkop, semelkop, gaip, mamparra, japie, gans, gawie, kaaskop, ambraal (*ong.*), pampoen, pampoenkop, Jan Pampoen, klipsalmander, klipsteen, sot, uilskuiken, hol (*plat*), poephol (*plat*), gat (*plat*), pietsnot (*plat*), snotkop (*plat*), lafbek, robot, asjas, aspatat, askoek, warhoof, warkop, naïeweling

b.nw. ***dom,*** onnosel, domonnosel, aartsdom, oerdom, besimpeld, baar, dig, toe, toeërig, dikkoppig, eselagtig, redeloos, verstandeloos, geesteloos, leeghoofdig, sinloos, agterlik, dwaas, simpel, laf, gek, verspot, laggerig, lagwekkend, mal, sot, sotlik, onbenullig, agterstevoor, alleenwys, uitsinnig, stom, stomp, stompsinnig, botsinnig, suf, traag van begrip, onbegaaf, talentloos, onervare, onkundig, onwys, onwetend, sonder kennis, sonder insig, ongeskool(d), onopgelei, onopgevoed, kortsigtig, aweregs, naïef; onverstandig, onbesonne, ondeurdag, onverskillig

idioties, geestelik gestrem, verstandelik gestrem, omgewingsgestrem, vertraag, traag, swaksinnig, misdeel(d), onbedeel(d), agterlik, kranksinnig, mal

kleingeestig, eng, kleinlik, verkramp, bekrompe, krenterig, geborneer(d) (*ong.*), afgeslote, kleinburgerlik, kleinmenslik, kleinsielig, kinderagtig, kleinmoedig, proletaries, bourgeois, parogiaal, kleinsteeds, verstok, verstar, kleinhartig, enghartig, liggeraak

ww. beperk, suf, nie van die slimste wees nie, traag van begrip wees, nie (van) beter weet nie

bw. dwaaslik

uitdr. hy het nie die buskruit uitgevind nie; nie die ABC ken nie; nie verder kyk/dink/sien as wat jou neus lank is nie; van jou sinne beroof wees

504. Geestelike gesondheid

s.nw. geestesgesondheid, geestelike gesondheid, normaliteit, geesteskrag, positiewe, ewewig, geestelike ewewig, mentale ewewig, geestesgesteldheid, verstandigheid, redelikheid, gebalanseerdheid, eweredigheid, intelligensie, kalmte, positiewe, volwassenheid

b.nw. geestesgesond, geestelik gesond, normaal, verstandig, gebalanseer(d), ewewigtig, redelik, billik, intelligent, kalm, geestesverheffend, nugter, ruim, volwasse

ww. by jou verstand wees, by jou volle verstand wees, tot besinning kom; iemand tot sy/haar sinne bring

uitdr. teenwoordigheid van gees

505. Verstandstoornis

s.nw. ***agterstand,*** geestesgebrek, simpelheid, delusie, versteurdheid, verstoordheid, sufheid, versuftheid, gestremdheid, vertraging, vertraagdheid, geestesgebrek, geestelike gestremdheid, geesteswakte, verstandsverbystering, verstandelike vertraagdheid, verstandelike gestremdheid, omgewingsgestremdheid, sosiale gestremdheid, gedragsteuring, gedragsteurnis, agterlikheid, swaksinnigheid, oligofrenie

geestesiekte 413, psigose, abnormaliteit, verdwaasdheid, idiotisme, imbesiliteit, kranksinnigheid, sielsiekte, malheid, malligheid, redeloosheid, maansiekte, kraak, streep, aberrasie, gekheid, besetenheid, raserny, demensie, fantasma, fantasmagorie, dolheid, skisofrenie, dementia praecox, katatonie, katatoniese skisofrenie, hebefrenie, hebefreniese skisofrenie, jeugkranksinnigheid, psigopatie, kwerulantisme, paranoia, paranoïese skisofrenie, hipokonders, hipochondria, hipochondrie, waan, waansin, manie, beheptheid, obsessie, fiksasie, fetisj, preokkupasie, sieklike drang, vervolgingswaan(sin), grootheidswaansin, megalomanie, monomanie, nimfomanie, bibliomanie, melomanie, dipsomanie, kleptomanie, piromanie, fobie, vrees, angs, histerie, ruimtevrees, agorafobie, watervrees, hidrofobie negrofobie, kloustrofobie, engtevrees, nou-

tevrees, hoogtevrees, hipsofobie, fonofobie, mensvrees, antropofobie, arachnofobie, infantilisme, kretinisme, outisme, verbeelding, verbeeldingsiekte, neurose, senuinstorting, senu(wee)-ineenstorting, depressie, maniese depressie, melancholie, melankolie, amnesie, geheueverlies
versteurde, verstoorde, psigoot, kranksinnige, berserker, besetene, waansinnige, maniak, skisofreen, psigopaat, paranoïkus, hipochondris, hipokondris, nimfomaan, kleptomaniak, kleptomaan, kropmens, kretin, agterlike mens, outis, outistiese persoon, neurotikus, idioot, imbesiel, gek
gestig, sielsiekegestig, kranksinnigegestig, malhuis, groendakkies, dolhuis

b.nw. ***geestelik swak,*** agterlik, baar, besimpeld, deurmekaar, redeloos, serebraal, dissosiatief, gestrem(d), vertraag(d), swak van gees, swaksinnig, versteur(d), verstoor(d), versuf, behep, halfwys, naatloos, simpel, sinneloos
kranksinnig, mal, mallerig, sielsiek, sertifiseerbaar, maansiek, getik, gestreep, abnormaal, idioties, psigoties, manies, waansinnig, besete, berserk, rasend, dol, gek, stapelgek, dolsinnig, uitsinnig, skisofrenies, katatonies, hebefrenies, paranoïes, nimfomanies, psigopaties, hipochondries, hipokondries, outisties, depressief, manies-depressief, bevrees, beangs, histeries, neuroties, ontoerekeningsvatbaar

ww. verdwaas, verwar, verstomp, dol, dolf, haper, sertifiseer, verduister, versuf

uitdr. 'n skroef los hê; getik wees; van lotjie getik wees; hy het nie al sy varkies in die hok nie; 'n krakie hê; van jou trollie af wees; nie goed wys wees nie; sy verstand verloor; van jou verstand af raak; van jou wysie af raak; 'n raps weghê; van jou sinne beroof wees; 'n klap van die windmeul weg hê

506. Belangstelling

s.nw. ***belangstelling,*** geïnteresseerdheid, interesse, opmerksaamheid, belesenheid, weetgierigheid, weetlus, weetlustigheid, agsaamheid, bewussyn, aandag 508, behoedsaamheid, oplettendheid, noulettendheid, konsentrasie, bedagsaamheid, benieudheid, nuuskierigheid, bemoeisiekheid
interessantheid, wetenswaardigheid, belangwekkendheid, belang, belangrikheid, aktualiteit, opvallendheid
belangstellende, nuuskierige, agie, nuuskierige agie, langneus

b.nw. ***belangstellend,*** geïnteresseerd, belese, weetgierig, weetlustig, agsaam, noulettend, behoedsaam, opmerksaam, bedagsaam, diskresionêr, grootoog, kyklustig, orig, benieud, nuuskierig, neusinstekerig, bemoeisiek, inmengerig, agierig
interessant, wetenswaardig, opvallend, opmerklik, opsigtelik, opsigtig, belangrik, belangwekkend, aktueel, treffend, boeiend, pakkend, sentensieus

ww. ***belangstel,*** belang stel, belangstelling hê, belangstelling toon, blyke gee van belangstelling, aandag skenk 508, aangaan, aankweek, aanleer, bestudeer, opval
belangstelling kweek, belangstelling prikkel, belangstelling aanwakker, belangstelling gaande maak, interesseer, boei, intrigeer

507. Gebrek aan belangstelling

s.nw. gebrek aan belangstelling, ongeïnteresseerdheid, ongeërgdheid, belangeloosheid, onverskilligheid, agte(r)losigheid, nalatigheid, traak-(my)-nieagtigheid, sorgeloosheid, verveeldheid, vervelendheid, vervelerigheid, nonchalance, nonchalantheid, verveligheid

b.nw. ongeïnteresseerd, belangeloos, onverskillig, agte(r)losig, ongeërg, traak-(my)-nieagtig, gedagteloos, ongegeneerd, ongereken(d), blindelings, vaal, nonchalant, verveeld, vervelend, vervelig; onbelangrik, onbeduidend, onopvallend, onopsigtelik

ww. onverskillig wees, onverskillig staan, geen belangstelling toon nie, jou aan niks steur nie; van geen belang wees nie, geen belangstelling wek nie

bw. agterstevoor, blindweg

uitdr. dit kan my nie skeel nie; iets in die wind slaan; oor iets heen stap

508. Aandag

s.nw. ***aandag*** 506, ag, soeklig (*fig.*), oplettendheid, noulettendheid, noukeurigheid, sorgvuldigheid, akkuraatheid, voorbedagtheid, vooruitsiendheid, konsentrasie, attensie, bewussyn, bewustheid, selfbewussyn, selfbewustheid, bewuswording, belangstelling 506, inneming, inagneming, besinning, beson-

nenheid, behoedsaamheid, wakkerheid, waaksaamheid, omsigtigheid, versigtigheid, opmerksaamheid, agsaamheid, bedagsaamheid, sorgsaamheid, versigtigheid
aandagtrekker, raad, raadgewing
persepsie, waarneming, selfwaarneming, observasie, appersepsie, gewaarwording, introspeksie, inspeksie, ontleding, registrasie; waarnemingsvermoë, opmerkingsvermoë; verspieding, spioenasie, teenspioenasie
toesig, beheer, bewaking, inspeksie, kontrole, kontrolering
waarnemer, observator, toeskouer, inspekteur, inspektrise, kontroleur, superintendent, opsiener, opsigter, oppasser; verspieder, spioen, agent, teenagent, dubbelagent, speurder, speurhond

b.nw. ***aandagtig,*** sober, verstandig, weldenkend, belangstellend, bedag, oplettend, agsaam, noulettend, opmerksaam, attent, bedagsaam, noukeurig, sorgvuldig, akkuraat, sekuur, presies, fyn, versigtig, oorversigtig, omsigtig, toesiende, waaksaam, wakker, behoedsaam, bewus, bewustelik, selfbewus; opvallend, steurend, in-die-oog-lopend, opmerkenswaardig, bemerkbaar
denkend, nadenkend, bedag, voorbedag, voorbedagtelik, deurdag, weldeurdag, oorwoë, weloorwoë, willekeurig, gepremediteer(d), berekend, moedswillig, opsetlik

ww. ***aandag skenk,*** aandag gee, notisie neem van, bepaal, jou aandag bepaal by, toesien, toespits, jou aandag toespits op, bedag wees op, jou toelê op, met aandag volg, ondersoek, op die fynere punte let, dink 513, stilstaan, konsentreer, toelê, peins, rekening hou met, te binne skiet, ag, ag gee, ag slaan, in aanmerking neem, in ag neem, let op, oplet, opletloop
onder die aandag bring, die aandag vestig op, iemand se aandag hê, die aandag (van iemand) trek, die aandag aflei van, die aandag aftrek van, iemand se aandag monopoliseer, iemand se aandag in beslag neem, aantoon, konstateer, beklemtoon, benadruk, oorbeklemtoon, onderstreep, releveer, jou verdiep in, inleef, inlewe, steur, waarsku, maan, lastig val, obsedeer
onder die aandag kom, aandag trek, skemer, deurskemer, boei, opval, nuuskierig maak, benieu
waarneem, gewaarword, merk, opmerk, bemerk, bespeur, persipieer, observeer, opval, ontvang ('n sein -), inspekteer, kontroleer, nagaan, nakyk, dophou, monitor, registreer, klink, luister, ene ore wees, beluister, meeluister, sien, gewaar, ontwaar, vooruitsien, kyk, bekyk, uitkyk, omkyk, gadeslaan, in die oog kry, in die visier hê, lees, nuuskierig wees, voorlê, wag
bespied, verspied, loer, beloer, afloer, afluister, opskeploer (nuuskierig wees), afkyk, speur, spioeneer
toesig hou, oppas, waak, bewaak, 'n wakende oog hou, dophou, monitor, jou oog laat gaan oor, iets in die oog hou

bw. versigtigheidshalwe, pastersteek, opsetlik, met voorbedagte rade, by nadere ondersoek, stap vir stap, ter sprake, stadigaan

uitdr. ag slaan op iets; die mure het ore; die ore spits; gehoor gee aan; gerugte doen die rondte; in aanmerking kom; in die oog hou; in gedagte hou; in jou spoor trap; jou blind staar op iets; jou gedagtes hou by; nota bene; in oënskou neem; onder toesig staan/werk; op julle telle pas; in sy pasoppens; stadig oor die klippe; tande tel; teen beter wete; ter hand neem; wakker loop; willens en wetens; 'n goeie begrip het 'n halwe woord nodig; 'n oog in die seil hou; oë in jou kop hê; jou oë oophou; op jou hoede wees

509. Onoplettendheid

s.nw. ***onoplettendheid,*** gebrek aan aandag, onopmerksaamheid, onbewustheid, onderbewussyn, sorgeloosheid, onagsaamheid, onbedagtheid, ondeurdagtheid, onberedeneerdheid, onnadenkendheid, indiskreetheid, indiskresie, onbedagsaamheid, onbesonnenheid, onbekooktheid, willekeurigheid, onwillekeurigheid, dromerigheid, verstrooidheid, verstrooiing, versuftheid, beneweldheid, skemertoestand, stilswy(g)endheid, gedagtevlug; onoplettende persoon, loskop, losbol, suffer(d), slaapkous, slaapkop, blinde, blindemol
onverskilligheid, nalatigheid, agte(r)losigheid, onpresiesheid, onakkuraatheid, onnoukeurigheid, onsorgvuldigheid, onbesonnenheid, versuim, verwaarlosing, veron(t)agsaming, vergeetagtigheid, roekeloosheid, slordigheid

b.nw. ***onoplettend,*** onbedag, ondeurdag, onagsaam, ingedagte, onbesonne, onberade, on-

bekook, onnadenkend, onbedagsaam, indiskreet, onbewus, onderbewus, sorgeloos, klakkeloos, willekeurig, onwillekeurig, werktuiglik, ideomotories, psigomotories, masjinaal, verstrooi(d), afgelei, afgetrokke, beneweld, dromerig, soeserig, suf, versuf, blind, afwesig, absent, stilswy(g)end
onverskillig, onbesonne, halsoorkop, nalatig, agte(r)losig, onpresies, onakkuraat, onnoukeurig, onsorgvuldig, stiksienig, vergeetagtig, onbesuis, indiskreet, blind, blindelings, roekeloos, wild, woes, slordig

ww. onoplettend wees, nie aandag gee nie, nie aandag skenk nie, geen ag slaan op iets nie, in gedagtes versonke wees, ingedagte wees, verstrooid wees, versuim, veron(t)agsaam, oorkyk, slaap, soes, suf
aandag aftrek, aandag aflei, verstrooi, versuf, benewel

bw. blindelings, aan die slaap

uitdr. agter sy neus aanloop; blindelings te werk gaan; die bos vanweë die bome nie sien nie; in die wind slaan; jou blind staar op iets; teen jou ooglede vaskyk; teen sy neus vaskyk; 'n verstrooide professor wees

510. Herinner

ww. ***herinner,*** onthou, laat dink aan, in herinnering roep, terugroep, in die gedagte terugroep, oproep, in die gedagte oproep, voor die gees roep, herroep, ophaal, oprakel, aanhaal, terugdink, terugverlang, memoreer, onthou, terugvoer, heug; dink aan, gedenk, bewaar
onthou, herinner, jou geheue verfris, nie vergeet nie, in gedagte hou

bw. in menseheugenis, ter gedagtenis, gedagtig aan, pro memorie, in memoriam

s.nw. ***herinnering,*** gedagte, gedagtenis, nagedagtenis, geheue, geheuebeeld, heugenis, heuglikheid, menseheugenis, reminissensie (*ong.*), piëteit, terugblik, terugflits; herdenking, herdenkingsdag, herdenkingsjaar, herdenkingsviering, verering, tradisie
geheue, langtermyngeheue, korttermyngeheue, visuele geheue, verbale geheue, fotografiese geheue, geheue soos 'n olifant, onthouvermoë, denke, geheuewerk, mnemoniek, mnemotegniek
aandenking, gedagtenis (soewenier), soewenier, memento, memorabilia, relik, reliek, relikwie, memoires, memorieboek, monument

b.nw. onvergeetlik, gedagtig, gedenkwaardig, heuglik, indagtig, mnemonies, mnemotegnies, woordvas

uitdr. die gedagte kom by 'n mens op; die gedagtes laat gaan; in die gedagte roep; jou iets voor die gees roep; dit staan my voor; dood en begrawe; ou bene kou; ou wonde oopskeur; ou koeie uit die sloot haal; iets aan die vergetelheid ontruk; soos die dag van gister; vars in die geheue; voor oë hou; voor sy geestesoog

511. Vergeet

ww. vergeet, geheel en al vergeet, totaal vergeet, uit die geheue verloor, uit die herinnering verloor, nie onthou nie, ontgaan, ontglip, versuim, agterweë bly, agterweë laat, nalaat, uitlaat, verdryf, verdrywe, afleer, verleer, verroes, vervaag

s.nw. 'n swak geheue, 'n kort geheue, geheuestoornis, geheueverlies, amnesie, kindsheid, vergetelheid, verroesting, vervaging; vergeetal

b.nw. vergeetagtig, deurmekaar, vergete, halfvergete

uitdr. aan die vergetelheid prysgee; die tel kwyt wees; in vergetelheid raak; kort van gedagte wees; uit die gedagte kry; uit die oog verloor; in die vergeetboek raak

512. Verbeelding

s.nw. ***verbeelding,*** 'n lewendige verbeelding, 'n ryk verbeelding, verbeeldingskrag, verbeeldingsvermoë, arendsvlug, voorstelling, scenario, idee, inbeelding, dromery, ideaal, idealisering, utopie, versinsel, skynbeeld, illusie, illusionisme, begogeling, bedrog, selfbedrog, selfbegogeling, selfmisleiding; realiteit, realisme
geestesvervoering, sielsvervoering, geestesverrukking, ekstase, dromerigheid, droombeeld, fantasie, fantasma, fantasmagorie, fantom (*ong.*), illusie, hersenskim, chimera, wensdinkery, wensdenkery, droom, dagdroom, nagmerrie, skadubeeld, skynbeeld, spooksel, inbeelding, ingebeeldheid, suggestie, suggestiwiteit, hallusinasie, hipnose, hipochondria, hipochondrie, hipokonders; aanstellery, aanstellerigheid, aansittery,

aanmatiging, waan, gewaandheid, verwaandheid
dromer, dagdromer, fantas, idealis, illusionis; realis
b.nw. vol verbeelding, verbeeldingryk, ingebeeld, kamma, kastig, kammakastig, kamstig, kamtig, kammalielies, ideaal, idealisties, utopies, fantasties, chimeries, illusionêr, imaginêr, gewaand, dromerig, hallusinêr, hipnoties, suggestief, vermeende; aanstellerig, verwaand; realisties, kanoniek
ww. verbeel, indink, inbeeld, voorstel, visualiseer, droom, dagdroom, in vervoering bring, lugkastele bou, voor die gees roep, iets voor jou geestesoog roep, konsipieer, fantaseer, idealiseer, suggereer, sweef, swewe, vervoer; jou aanstel, aanmatig, aansit, waan, verwaand wees

B. GEESTESARBEID

513. Gedagte

s.nw. ***gedagte,*** los gedagte, denkbeeld, persepsie, begrip, kerngedagte, kernbegrip, grondgedagte, grondbegrip, grondtrek, nagedagte, oordenking, abstrakte begrip, abstraksie, voorstelling, abstrakte voorstelling, beeld, konsep, konseptualisasie, konseptualisering, idee, nosie, sentensie, besef, ingewing, inval, gril, insig, beginsel, kennis 515, wete, beterwete, inhoud, betekenis 541, sin, gees, aspek, beleid; gedagtewêreld, ideëwêreld, ideëryk; geestesrigting, denkrigting, ideëleer, ideëverering
denke, dinkvermoë, denkvermoë, kognisie, kognitiewe vermoë, nadenke, dinkery, dinkwerk, oordenking, kopkrap, kopkrappery, kopwerk, geestesarbeid, hoofarbeid, geesteslewe, geeskrag, geesteskrag, berekendheid, geestesverheffing, besieldheid, besieling, denkwyse, mentaliteit, lewensbeskouing, leefreël, wêreldbeeld, wêreldbeskouing, belewenis, pragmatisme, rasionalisasie, filosofie, beskouing, nabetragting, refleksie, terugblik, gepeins, bepeinsing, oorpeinsing, kontemplasie, bespiegeling, bespieëling, meditasie, mymery, gemymer, droom, beraad, oorweging, weloorwoën(d)heid, betoog, samehangende betoog, standpuntinname, verdediging van jou standpunt, argumentasie, argumentering, argumenteerdery, teorie, hipotese, argument, gedagtesamehang, gedagtereeks, denkpatroon, gedagtewêreld, gedagtesprong, veronderstelling, voor(ver)onderstelling, aanname, assumpsie, veronderstelde, mening, gissing, vermoede, spesmaas (*geselst.*), verwagting, presumasie, presumpsie, assosiasie, intuïsie, telepatie, hoofbrekens, hoofbrekings, inspraak, oorleg
stof, stof tot nadenke, stelling, uitdinksel, geesteskind, bedenksel, punt, rasionaal, rede, standpunt, oogpunt, gesigspunt, posisie, perspektief, hoofsaak, onderwerp, tema, hooflyn, voorwerp, objek, inval, invalshoek, uitgangspunt, gegewe, aanname, basis, premis, premisse, gemeengoed, gedeelde kennis, gemeenplaas, vraagstuk, leidraad
verstand, intellek, kop, begrip, denkvermoë, vermoë, intellektualisme, instink
denker 514, intellektueel, akademikus, wetenskaplike 514, verstandsmens, intellektualis, intelligentsia, geesgenoot, filosoof 514, teoretikus, dogmatikus, hemelbestormer, telepaat, argumenteerder
b.nw. ***denkend,*** diepdenkend, deurdag, andersdenkend, geestelik, verstandig, oorwoë, weloorwoë, berekend, berekenend, besiel(d), besielend, gedagteprikkelend, insiggewend, insigryk, sinvol, saaklik, perspektiwies, beskouend, beskoulik, kontemplatief, filosofies, mymerend, peinsend, bespiegelend, intuïtief
konsepsueel, konseptueel, prinsipieel, abstrak, inhoudelik, tematies
intellektueel, intellektualisties, mentaal, kognitief, verstandig, nugter, ingedagte, in gedagtes versonke, dromerig, afgetrokke, verstrooid, instinkmatig, instinktief
ww. ***dink,*** diep dink, nadink, diep nadink, in gedagtes verdiep wees, indink, vooruitdink, bedink, oordink, dink oor, besin, filosofeer, oorweeg, iets in oorweging neem, konsidereer, in oënskou neem, die gedagtes laat gaan oor, wik, wik en weeg, ingaan op, jou verstand gebruik, jou verstand inspan, die intellek inspan, uitdink, uitbroei, bekook, uitwerk, besin, deurdink, beskou, betrag, kyk, insien, ken 535, besef, opvat, insig kry, insig verkry, assosieer, in verband bring, teoretiseer, 'n hipotese stel, hipotetiseer, abstraheer, rasionaliseer, argumenteer, redeneer, standpunt inneem, raam, beraam, bereken, skat, gis, raai, 'n raaiskoot waag, vermoed, bespiegel, bespieël, onderstel

veronderstel, verwag, aanneem, aanvaar, presumeer, peins, bepeins, oorpeins, napeins, kontempleer, tob, pieker, maal, herkou, kwel, knies, mediteer, mymer, dagdroom, spekuleer, aanvoel
inhoud hê, beteken; inhoud gee, konsipieer, konseptualiseer, betekenis oordra, bedoel, meen, oordeel, in gedagte hê, van mening wees
in beraad neem, bestudeer
gedagtes oordra, betoog, betuig, standpunt inneem, suggereer

bw. apropos

uitdr. die gedagte kom by 'n mens op; dit stem tot nadenke; in oorleg met; met oorleg doen; met 'n gedagte rondloop; na ryp(e) beraad; op die keper beskou; stof tot nadenke; sy woorde weeg; 'n kop op jou lyf hê

514. Wysbegeerte

s.nw. ***wysbegeerte,*** filosofie, kultuurfilosofie, politieke filosofie, staatsfilosofie, taalfilosofie, taalanalitiese filosofie, hermeunetiek, natuurfilosofie, kultuurfilosofie, sosiale filosofie, regsfilosofie, skolastiek, eksistensialisme, eksistensiefilosofie, platonisme, neoplatonisme, skeptisisme, sensualisme, animisme, spiritualisme, objektivisme, subjektivisme, solipsisme, relativisme, positivisme, utilisme, utilitarisme, universalisme, nominalisme, humanisme, humanitarisme, idealisme, holisme, antroposofie, antropologie, folklore, skeppingsteorie, kosmologie, wordingsleer
wetenskapsfilosofie, wetenskapsleer, metodologie
kennisleer, kennisteorie, kenteorie, begripsleer, begripsteorie, ideologie, logika, epistomologie, fenomenologie, metafisika, ontologie, teodisee
godsdiensfilosofie, god(s)geleerdheid, teologie, monisme, deïsme, panteïsme, teosofie, dualisme, agnostisisme, ateïsme
sedeleer, sedekunde, moraal, moraliteit, morele filosofie, etos, etiek, beroepsetiek, hedonisme, Stoïsisme
sielkunde 515, psigologie 515, behavio(u)risme, parapsigologie, massapsigologie, kinderpsigologie, kindersielkunde, sosiale psigologie, sosiale sielkunde, ontwikkelingspsigologie, ontwikkelingsielkunde, kliniese psigologie, kliniese sielkunde, voorligtingsielkunde, abnormale psigologie, abnormale sielkunde, persoonlikheidspsigologie, persoonlikheidsielkunde
wysgeer, wyse, filosoof 513, denker 513, dinker, akademikus, wetenskaplike 513, skolastikus, positivis, sensualis, sofis, ideoloog, metafisikus, god(s)geleerde, teosoof, monis, deïs, panteïs, teïs, agnostikus, ateïs, moralis, hedonis, Stoïsyn, sielkundige, psigoloog, kliniese sielkundige, kliniese psigoloog
rigting, denkrigting, terrein, sfeer, skool, stroming, beskouing, stelsel

b.nw. wysgerig, filosofies, bespiegelend, ondersoekend, spekulatief, subjektief, akademies, positivisties, skolasties, sofisties, solipsisties, skepties, alogies, a-logies, twyfelsug(tig), utilisties, utilitaristies, antroposentries, astraal, holisties, ideologies, metafisies, teologies, teosofies, monisties, teïsties, deïsties, panteïsties, agnosties, ateïsties, moreel, eties, moreel-eties, Stoïsyns, hedonisties, psigologies, sielkundig

ww. filosofeer, spekuleer, bespiegel, bespieël, moraliseer

515. Wetenskap

s.nw. ***wetenskap,*** sfeer, terrein, veld, geesteswetenskap, sosiale wetenskap, menswetenskap, gedragswetenskap, natuurwetenskap, wiskundige wetenskap, handelswetenskap, toegepaste wetenskap, hulpwetenskap, deelwetenskap, filosofiese wetenskap, eksakte wetenskap, realia, ingenieurswetenskap, regswetenskap; vak, rigting, vakrigting, gebied, vakgebied, dissipline, vakdissipline, spesialiteit, geesteswetenskaplike vak, geesteswetenskaplike vakrigting, natuurwetenskaplike vak, natuurwetenskaplike vakrigting, . . ., leervak, skoolvak, matriekvak, universiteitsvak, hoofvak, byvak, eerstejaarsvak, tweedejaarsvak, . . ., sleepvak, eksamenvak, geheuevak
wetenskapsbeoefening, wetenskaplike werk, navorsing, wetenskaplike navorsing, empiriese navorsing, navorsingsmetodes, navorsingsresultate, kennis 535, algemene kennis, vakkennis, vakkundigheid, kennisgenerering, kennisontwikkeling, spesialisasie, wetenskaplike literatuur, vakliteratuur, nie-fiksie, boek, vakboek, handboek, na-

slaanwerk, naslaanboek, vademekum; leer, doktrine, sisteem, sistematiek, grondslag, benadering, teorie, hipotese, grondstelling, aanname, premis, premisse, analise, toetsing, wetenskaplike toetsing, beginsel, wetenskaplike beginsel, grondbeginsel, grondreël, leerstelling, leerstelligheid, leerstelsel, wetenskaplike begrip, grondbegrip, wetenskaplike metode, heuristiese metode, wetenskaplikheid

geesteswetenskap, wysbegeerte, filosofie, ideologie, ideëleer, lettere, literatuurwetenskap, literatuurteorie, taalwetenskap, taalkunde, linguistiek, Bybelkunde, godsdienswetenskap, teologie, kommunikasiewetenskap, kommunikasiekunde, kunste, beeldende kunste, diagrafie, uitvoerende kunste, kunswetenskap, kunsgeskiedenis

sosiale wetenskap, sosiologie, antropologie, volkekunde, maatskaplike studie, maatskaplike werk, gedragswetenskap, gedragsleer, sielkunde, psigologie, kriminologie, politieke wetenskap, staatkunde, staatsleer, staatswetenskap, politieke studie, geskiedenis, geskiedskrywing, geskiedeniswetenskap, historiografie, argeologie, kultuurwetenskap, kultuurgeskiedenis

regswetenskap, reg, regsgeleerdheid, regte, privaatreg, publiekreg, staatsreg, volkereg, inheemse reg, bewysreg, bewysleer, strafreg, handelsreg, administratiefreg, Romeinse reg

natuurwetenskap, chemie, organiese chemie, anorganiese chemie, analitiese chemie, fisiese chemie, radiochemie, biochemie, chromatiek, chromatologie, biologie, mikrobiologie, plantbiologie, selbiologie, dier(e)biologie, radiobiologie, biometrie, fisiologie, mensfisiologie, anatomie, bewegingsleer, kallistenie, embriologie, virologie, dierfisiologie, soölogie, entomologie, nematologie, plantkunde, botanie, plantfisiologie, plantpatologie, hortologie, fisika, kernfisika, atoomfisika, vastetoestandfisika, kwantumfisika, spektrofisika, golweleer, elektromagnetisme, elektronika, elektrisiteitsleer, meganika, genetika, sitogenetika, geografie, kartografie, geomorfologie, geologie, fisiese geologie, struktuurgeologie, mineralografie, mineraaloptika, gemmologie, kristallografie, sedimentologie, petrologie, stratigrafie, paleontologie, ekologie

wiskundige wetenskap, wiskunde, rekenkunde, toegepaste wiskunde, numeriese wiskunde, getalleleer, getalleteorie, algebra, meetkunde, statistiek, wiskundige statistiek, rekenaarwetenskap

handelswetenskap, ekonomie, bedryfsekonomie, vervoerekonomie, rekeningkunde, finansiële rekeningkunde, aktuariële wetenskap, rekenmeestersvak, bedryfsielkunde

toegepaste wetenskap, landbouwetenskap, veekunde, plantkunde, hortologie, akkerbou, weidingkunde, grondkunde, wingerdkunde, wynkunde; bosbouwetenskap, houtkunde, boskunde, natuurbewaring; ingenieurswetenskap, bedryfsingenieurswese, chemiese ingenieurswese, elektriese ingenieurswese, elektroniese ingenieurswese, meganiese ingenieurswese, metallurgiese ingenieurswese, siviele ingenieurswese; mediese wetenskap, geneeskunde, kliniese geneeskunde, kerngeneeskunde, patologie, anatomiese patologie, farmakologie, chirurgie, torakschirurgie, plastiese chirurgie, neurochirurgie, neurologie, obstetrie, ginekologie, pediatrie, anestesiologie, oor-, neus- en keelkunde, oogheelkunde, dermatologie, sitiologie, ortopedie, urologie, radiologie; tandheelkunde, mondbiologie, ortodonsie, pedo-ortodonsie

wetenskaplike 514, vakkundige, navorser, geleerde, analis, savant, savante, pandit; geesteswetenskaplike, filosoof, ideoloog, taalkundige, taalfilosoof, taalwetenskaplike, linguis, grammatikus, letterkundige, literatuurwetenskaplike, godsdienswetenskaplike, teoloog, sosiale wetenskaplike, sosioloog, volkekundige, antropoloog, sielkundige, psigoloog, politieke wetenskaplike, geskiedkundige, historikus, kultuurhistorikus, argeoloog; regsgeleerde, regswetenskaplike; natuurwetenskaplike, bioloog, chemikus, fisioloog, embrioloog, viroloog, soöloog, entomoloog, nematoloog, plantkundige, botanikus, hortoloog, plantpatoloog, genetikus, fisikus, kernfisikus, atoomfisikus, geograaf, kartograaf, geoloog, paleontoloog; wiskundige, statistikus, rekenaarwetenskaplike; handelswetenskaplike, ekonoom, rekeningkundige, landbouwetenskaplike, hortoloog, grondkundige, weidingkundige, wingerdkundige, wynkundige; bosbouer, bosbouwetenskaplike; ingenieur; mediese wetenskaplike, geneeskundige 416; tandheelkundige 416

b.nw. wetenskaplik, vakkundig, dissiplinêr, geleer(d), ideologies, leerstellig, sistematies, teoreties

ww. teoretiseer, analiseer, sistematiseer, bevind, spesialiseer, dissiplineer, navors 19, 517, ondersoek

woorddeel -kunde, -isme

516. Soek

ww. ***soek,*** probeer kry, rondsoek, grabbel, vroetel, rondval, deursoek, snuffel, deursnuffel, fouilleer (*ong.*), afsoek, fynkam, naspeur, naspoor, agtervolg, die spoor volg, spoorsny, opspoor, opsoek, uitsoek, selekteer

ondersoek, ondersoek doen na, ondersoek instel na, ingaan op, nagaan, verken, kyk, bekyk, besigtig, beskou, deurkyk, deurloop, deurskou, nakyk, besien, besnuffel, verken, eksploreer, inspekteer, ontleed, analiseer, ontsyfer, deurwerk, ontrafel, uitrafel, uitpluis, napluis, peil, deurpeil, eksamineer, speur, naspeur, spioen, spioeneer

bestudeer, navors 517, deurvors, verdiep, deurgrond, deursien, insien, toets, besin, besink, in oënskou neem, onder die loep neem, toets, verifieer, verifiseer, kontroleer, oriënteer, keur, selekteer, uitsoek, monster, hersien, korrigeer

navraag doen, vra, navra, inligting vra, inligting inwin, interpelleer, rondvra, uitvra, invra, vasvra, pols, naaldsteek, ondervra, katkiseer, verneem, luister, rondluister, hoor, uithoor, raad vra, raadpleeg, konsulteer, wonder, gis, raai; informeer

s.nw. ***gesoek,*** soekery, soeke, soektog, verkenning, verkenningstog, verkenningsdiens, klopjag, agtervolging, opsporing, rondvallery, gesnuffel, snuffelary, vroetelry

ondersoek, ondersoeking, detailondersoek, studie, detailstudie, voorondersoek, opinie--ondersoek, diepseeondersoek, besigtiging, verkenning, analise, ontleding, proef, ontsyfering, ontrafeling, beoordeling, leidraad, speurwerk, speursin, naspeuring, speurtog, spioenasie, peiling, inspeksie, kontrole, supervisie, eksamen, eksaminering, kopkrap, kopkrappery, belangstelling, selfondersoek, selfanalise, selfbeoordeling

studie, navorsing, navorsingswerk, wetenskaplike ondersoek, empiriese navorsing, empiriese ondersoek, veldwerk, proef, proefondersoek, eksperiment, eksperimentele ondersoek, eksperimentele werk, besinning, beskouing, deurgronding, verdieping, vaslegging, analise, verifiëring, verifikasie, kontrole, kontrolering, kontroleerwerk, toets, toetsing, toetssteen, toetsaanleg, keuring, seleksie, monstering, korreksie, korreksiewerk, hersiening; vraagstuk, vraag, strydvraag, grondvraag, twispunt, strydpunt, verskilpunt, geskil, kwessie, dilemma, probleem, probleemgeval, problematiek, stelling, probleemstelling, probleemoplossing

navraag, rondvraag, interpellasie, ondervraging, herondervraging, katkisasie, raadpleging, konsultasie, konsult, disinformasie, inligtingonttrekking, inligtingsdiens, inligtingsburo, vraerubriek

raaiselagtigheid, raaisel, blokkiesraaisel, gissing, raaiskoot, raaislag, raaiwerk, raming, beraming, skatting

soeker, verkenner, wetenskaplike 515, navorser 515, analis, veldwerker, konsultant, ondervraer, speurder, privaatspeurder, spioen

b.nw. ingewonne, deurtastend, raaiselagtig, uitvraerig, onbeantwoord, onoorbrugbaar, probleemoplossend, vermis, vermiste

uitdr. aan 'n toets onderwerp; die soeklig werp op; iemand se spoor volg; iemand aan die tande voel; in aanraking bring/kom; in die duister tas; in die soeklig wees; op die keper beskou; op die spoor kom; op droë grond visvang; poolshoogte neem; sy voelers uitsteek; van Pontius na Pilatus stuur; 'n oop vraag

517. Vind

ww. ***vind,*** kry, terugvind, uitkrap, uitsnuffel, uitkry, uitvis, opdiep, teëkom, opspoor, afkom op, ontdek, in die hande kry, aantref, raakloop, ontmoet, vaspen, sien, raaksien, gewaar, te siene kry, op die spoor kom, te hore kom; verskyn, opduik, voorkom

uitvind, merk, opmerk, vasstel, bepaal, bewys, empiries bewys, aantoon, empiries aantoon, te wete kom, uitvis, navors, uitvors, deurgrond, agterkom, agterhaal, ontdek, uitdink, bedink, versin, verdig, oplos, bevind, uitrafel, rekonstrueer, naspeur, uitstryk, uitpieker, definieer, spesifiseer, bepaal, beslis, stipuleer, diagnoseer

s.nw. bevinding, ontdekking, deteksie, uitvinding, uitvindsel, vasstelling, vonds, versinsel, verdigsel, leuen, lieg; ontdekker, uitvinder, langneus, uitvorser

b.nw. empiries, vindingryk, wetenswaardig

uitdr. agter die waarheid kom; die lig sien; aan die lig bring; altyd raad weet; die spyker op die kop slaan

518. Glo

ww. ***glo,*** aanvaar, as waar aanvaar, geloof hê, sluk, besef, beskou, insien, nahou, skat

geloofwaardig wees, vertrouenswaardig wees; vertrou, staatmaak op, reken op, vertroue stel in, eerbaar ag, eerlik ag, betroubaar ag, getrou ag, opreg ag, sweer by

vermoed, dink 513, meen, voel, rondtas, in die donker rondtas, gis, raai, onderstel, veronderstel, vooronderstel, vooropstel, postuleer, aanneem, aanvaar, presumeer, presupponeer, verwag, as waarskynlik ag, as moontlik ag, suggereer, 'n spesmaas hê, verdink, agterdogtig wees

bw. ongetwyfeld, sonder twyfel, gedoriewaar, vermoedelik

s.nw. ***geloof,*** gelowigheid, vertroue, geloofsvertroue, oortuiging, geloofsoortuiging, standvastigheid, christelike geloof, blinde geloof, volksgeloof, bygeloof, liggelowigheid, goedgelowigheid, gevoel, voorgevoel

vertroue, betroubaarheid, geloofwaardigheid, vertrouenswaardigheid, eerbaarheid, eerlikheid, fidusie; moreel, moraal, geesteskrag, vertroue, moed, koerasie, moedigheid, vasberadenheid, selfvertroue, selfversekerdheid

vermoede, spesmaas, tese, hipotese, werkhipotese, idee, konjektuur, konsepsie, persepsie, suggestie, outosuggestie, assumpsie, vooroordeel, denke, beskouing, besef, stelling, gestelde, postulaat, premis, premisse, aanname, veronderstelling, voor(ver)onderstelling, supposisie, presupposisie, presumasie; agterdog, agterdogtigheid, suspisie, verdenking, gebrek aan vertroue, wantroue, onsekerheid 519, twyfel 519

b.nw. ***gelowig,*** seker, geloofseker, vasberade, oortuig, standvastig, bygelowig, liggelowig, goedgelowig

vertrouenswaardig, betroubaar, geloofwaardig, eerbaar, eerlik

vermoedelik, hipoteties, konjekturaal, vooropgeset, stellig; agterdogtig, wantrouig, onseker, twyfelagtig

uitdr. buig of bars; die twyfel ophef; dit ly geen twyfel nie; gehoor gee aan; jou woord aanneem; met alle vertroue; voor die feit staan; 'n vooropgesette mening; jou kop op 'n blok sit; hoog en laag sweer

519. Twyfel

ww. twyfel, nie glo nie, betwyfel, iets in twyfel trek, vertwyfel, onseker wees, onseker voel, in onsekerheid verkeer, besluiteloos wees, aarsel, huiwer, huiwerig wees, huiwerig voel, wik en weeg, bedenkinge hê, bedenkinge koester, nie so mooi weet nie, op die draad sit, verwar, wonder; twyfel aan iets, agterdogtig wees, met agterdog bejeën, verdink, wantrou

bw. aans, blykbaar, bes moontlik, besmoontlik, glo, seker, straks, strakkies

s.nw. ***twyfel,*** twyfelary, twyfeling, vertwyfeling, bedenking, skepsis, skeptisisme, onsekerheid, besluiteloosheid, huiwerigheid, huiwering, ongeloof, ongelowigheid, gebrek aan geloof, verwardheid, verwarring, raaisel, relatiwiteit, donker; agterdog, agterdogtigheid, suspisie, verdenking, onbetroubaarheid, gebrek aan vertroue, wantroue, wankelmoedigheid

twyfelaar, skeptikus, ongelowige, ongelowige Thomas

b.nw. ***twyfelend,*** vertwyfeld, vol twyfel, onseker, twyfelmoedig, twyfelsugtig, skepties, ongelowig, kleingelowig, agterdogtig, wantrouig, verward, ontredder(d), onmoedig, ontmoedig, wankelend, wankelmoedig, tweestrydig, gepreokkkupeerd, inkoherent, huiwerend, huiwerig, halfhartig, aarselend, besluiteloos

twyfelagtig, ongelooflik, ongeloofwaardig ongeloofbaar, onwaarskynlik, dubieus, bedenklik, onbetroubaar, agterdogwekkend suspisieus, aanvegbaar, relatief, moontlik

uitdr. alles staan op losse skroewe; bedenkinge koester; daar bestaan twyfel; iemand se geloof in iets skok; iets in twyfel trek; in dubio; jou ore nie glo nie; jou kop in ongeloof skud; 'n ongelowige Thomas wees

520. Verwag

ww. ***verwag,*** inwag, afwag, 'n afwagtende houding aanneem, in afwagting verkeer, opwag, voorsien, verlang na, uitsien na, hoop, hoo

hê, hoop koester, wens, begeer, spekuleer, in die vooruitsig stel
verlang, begeer, hunker, smag, lus na, vra, smeek, bid, eis, opeis, aanspraak maak op, aandring op, vereis, benodig, nodig hê, verg, noodsaak
aan die verwagting voldoen, beantwoord aan die verwagting

bw. in afwagting van, na verwagting

s.nw. verwagting, toekomsverwagting, afwagting, hoop, geloof, vertroue, vooruitsig, inwagting, spekulasie, uitsig, potensiaal, kans, belofte, waarskynlikheid

b.nw. verwag(te), potensieel, gewens, spekulatief

uitdr. iets te wagte wees; oorspanne verwagtings

521. Verras wees

ww. ***verras wees,*** nie verwag nie, verbaas staan, verbyster wees, verbyster staan, verstom, vergaap
onthuts, ontnugter, ontstel, uitslaan, verdwaas, verbouereer, verpletter, teleurstel
verras, beïndruk, oorweldig, oorrompel, oorval, onverwags doen, onverwags opdaag, onverwags te voorskyn kom, . . ., verwonder, verbaas, verbyster, frappeer, oorbluf, verbluf, verbaas, uit die veld slaan, oorval, betrap, op heterdaad betrap, op heter daad betrap

bw. onverwags, onverhoeds, meteens, ineens, opeens, eensklaps, onvoorsiens, uit die bloute, teen die verwagting in, tot jou verbasing, sonder waarskuwing, onverhoeds, skielik, plots, plotseling, toevallig, terloops, grootoog, oopmond, gedoriewaar

s.nw. ***verrassing,*** heerlikheid, onverwagte plesier, onverwagte geskenk, onverwagte gebeurtenis, onverwagte verskyning, . . ., meevallertjie, verwondering, verbaasdheid, verbasing, verstomming, konsternasie, sensasie, spraakloosheid, sprakeloosheid, verdwaasdheid, oorrompeling, verbystering, oorblufheid, verbluftheid, verbluffing, perpleksiteit, verbouereerdheid
teleurstelling, ontsteltenis, ontstelling, versteldheid, ontnugtering, skok, terugslag, gatslag (*plat*), ontsetting, verwarring, verbystering, verplettering, verraderlikheid
wonder, wonderwerk, mirakel, fenomeen, gesig, paradoks

b.nw. ***verwonder(d),*** verras, spraakloos, sprakeloos, dronkgeslaan, uit die veld geslaan, verbaas, stomverbaas, stom van verbasing, verbluf, grootogig, oopmond, verbyster(d), stomgeslaan, verstom(d), verbouereerd; wonderlik, wonderbaarlik, verwonderend, mirakuleus, fenomenaal, verrassend, ongehoop, onverhoop, opsienbarend, sensasioneel, oorweldigend, oorrompelend, asemrowend, ongewoon, buitengewoon, ongehoord, ongelooflik, ongeloofbaar, verbasend, verbasingwekkend, verstommend, verbluffend, oorbluffend, verbysterend, stuipagtig
onverwags, onverwagte, skielik, skierlik, onvoorsien(s), terloops
skokkend, teleurstellend, ontstellend, verwarrend, onthutsend, verraderlik, verpletterend, ontsettend, ongehoord; teleurgestel(d), ontsteld, versteld, onthuts, verbluf, verbyster, perpleks, verward

tw. gits, goeiste, ha, haai, haaits, hé, hede, hene, hete, heits(a), hierts, magtie, magtig, mapstieks, maskas, mastig, né, nou, nou toe nou, verbrands

uitdr. die asem wegslaan; die stuipe kry; dit sit my in die kooi; dit slaan my asem weg; op heterdaad betrap; hoe het die helde geval; iemand die bene onder die lyf uitslaan; iemand die wind uit die seile neem; iemand onkant betrap; is Saul ook onder die profete?; jou oë nie kan glo nie; by my kool; nie weet wat jou te wagte staan nie; skeef opkyk; jou mond hang oop; uit die veld slaan; uit die veld geslaan wees; uit die wolke val; die hande saamslaan

522. Redeneer

ww. ***redeneer,*** beredeneer, voortredeneer, wegredeneer, argumenteer, 'n argument opbou, 'n argument verdedig, 'n argument voer, 'n posisie verdedig, betoog, debatteer, redes aanvoer, postuleer, poneer, 'n saak uitmaak, 'n standpunt inneem, 'n stelling inneem, 'n standpunt verdedig, 'n stelling verdedig, bewys, bewys lewer, bewyse aanvoer, bewysgronde aanvoer, staaf, met argumente staaf, 'n standpunt bewys, filosofeer 513, bedink, bespreek, diskusseer, gesprek voer, abstraheer, veralgemeen, generaliseer, aflei, 'n afleiding maak, 'n gevolgtrekking maak, tot 'n gevolgtrekking kom, tot 'n ge-

volgtrekking geraak, konkludeer, deduktief argumenteer, induseer, induktief argumenteer, reduseer, rasionaliseer, teoretiseer, hipotetiseer, subsumeer, aanneem, veronderstel, 'n aanname maak, presumeer, vasredeneer, vaspraat, in 'n sirkel redeneer, besluit, berus

twis, redeneer, redekawel, redetwis, argumenteer, stry, stry en baklei, afstry, opstry

bw. gevolglik, dus, hierdeur, hieromtrent, hieroor, met inagneming van

s.nw. ***redenasie,*** redenering, rede, beredeneerdheid, argumentasie, argumenteerdery, argumentering, argument, dooddoener, logiese argument, sillogisme, sluitrede, betoog, denkoefening, debat, uitgangspunt, rasionaal, ratio, vertrekpunt, premis, premisse, aanname, assumpsie, presumpsie, presupposisie, veronderstelling, induksie, deduksie, term (van 'n argument), stelling (van 'n argument), gevolgtrekking, logiese gevolgtrekking, slotsom, konklusie, inferensie, afleiding, besluit, veralgemening, generalisering, subsumpsie, hersiening van 'n argument, hersiening van 'n standpunt, omkeer, regsomkeer, bollemakiesie, bolmakiesie

standpunt, oogpunt, teorie, ponering, postulaat, stelling, grondstelling, steunpunt, grondtoon, grondreël, gegewe, data, beginsel, prinsipe, prinsiep, hoofbeginsel, grondbeginsel, aksioma, maksime, vertrekpunt, aanname

redeneerkuns, filosofie, logika, dialektiek, sofisme, sofistery, rasionalisme, rasionalisasie; redenaar, redeneerder, stryer, filosoof, logikus, dialektikus, sofis, rasionalis

dispuut, argument, woordestryd, redenasie, meningsverskil, geskil, geskilpunt, twis, twisgesprek, twispunt, stryery, gestry, gestryery, twisgeskrif

b.nw. beredeneerd, induktief, deduktief, logies, prinsipieel, rasionalisties, rasioneel, reduseerbaar, sillogisties, sofisties, Sokraties, vooropgestel(d), betwisbaar, stryerig

uitdr. in die lug skerm; jou vasloop teen iets; met woorde skerm; oor iets heen stap

523. Logies redeneer

ww. logies redeneer, logies dink, beredeneer, baseer, die argument sluit, die argument klop, kophou

s.nw. logika, objektiwiteit, beredeneerdheid, heuristiek, konsekwensie, konsistensie, skietgoed, tabula rasa

b.nw. logies, beredeneerd, objektief, nugter, konsekwent, steekhoudend, afdoende, formeel, heuristies, onbevooroordeeld, onbevange, onpartydig

524. Onlogies redeneer

ww. onlogies redeneer, illogies redeneer, onlogies argumenteer, illogies argumenteer, onlogies dink, illogies dink, rond en bont praat, deurmekaar praat, rondspring, divageer, vaspraat, onsin praat, deur jou nek praat, kleitrap, stront praat (*plat*), kak praat (*plat*), swam (*ong.*), raaskal (*ong.*), wouel (*ong.*), yl, tier, klets

s.nw. ***onlogiese redenasie,*** illogiese redenasie, onlogiese redenering, illogiese redenering, onlogiese argument, illogiese argument, swak argument, valse redenasie, valse argument, paralogisme, onlogiese denke, illogiese denke, wardenke, wartaal, dom redenasie, dom argument, sirkelredenering, sirkelredenasie, ontersaaklike redenasie, ontersaaklike argument, ignoratio elenchi, drogredenasie, drogargument, teenstrydigheid, kontradiksie, contradictio in terminis, inkonsekwensie, inkonsekwentheid, divagasie, ongerymdheid, vooroordeel, bevooroordeel(d)heid, vooringenomenheid, partydigheid

dwaasheid, irrasionaliteit, stupiditeit, onverstand, onverstandigheid 536, onsin, onsinnigheid, bog, bogpratery, gekheid, nonsens, onsinpraatjies, onsinpratery, ouwywepraatjie, waansin, gerug, wilde gerug, kaf, kafpraatjies, twak, twakpraatjies, snert, larie (*ong.*), absurditeit, kak (*plat*), kakpraatjies (*plat*), kakpratery (*plat*), stront (*plat*), strontpraatjies (*plat*), strontpratery (*plat*), kletspraatjies, lawwigheid, lawwe praatjies, verspottigheid, verspotte praatjies, verspotte argument, malheid, infantilisme, juvenilisme, malpraatjies, malligheid, kranksinnigheid, kinderpraatjies, fabel

praatjiesmaker, kletskous, lafbek, dwaas, kasuïs, drogredenaar, fraseur

b.nw. ***onlogies,*** illogies, alogies, a-logies, inkoherent, inkonsekwent, teenstrydig, kontradiktories, simplisties, irrasioneel, ongerymd, onbillik, bevooroordeeld, party-

dig, vooringenome, gepreokkupeer(d)
dwaas, dwaaslik, dom, onnosel, gek, geklik, onredelik, onverstandig, onsinnig, idioties, simpel, laf, laggerig, lagwekkend, verspot, stuitig, stuitlik, kinderagtig, infantiel, mal, kranksinnig

woorddeel drog-

uitdr. altyd op dieselfde snaar speel; daar sit geen kop of stert aan nie; dit raak kant nog wal; bog praat; met woorde speel; praatjies vir die vaak; twak verkoop; woorde uit verband ruk

525. Bewys

ww. ***bewys*** 517, staaf, bewys gee van, empiries bewys, eksperimenteel bewys, bewyse aanvoer, waarmaak, aantoon, aandui, wys, uitwys, laat sien, laat blyk, te kenne gee, empiries aantoon, eksperimenteel demonstreer, gronde aanvoer, bewysgronde aanvoer, redes aanvoer, beweegredes aanvoer, betoon, bevestig, beaam, attesteer, bekragtig, konstateer, versterk, konfirmeer, onderskryf, sertifiseer, beëdig, toets, verifieer, verifiseer, grond, verantwoord, baseer; op goeie grond berus
argumenteer 522, beredeneer, betoog, bewys, staaf, met argumente staaf, aantoon, oorreed, oortuig, oorrompel, oorhaal, indoktrineer, verseker, motiveer, regverdig, ondersteun, getuig(e), aanhaal, siteer, sê, dokumenteer, waarmerk, sertifiseer
oorreed, oortuig, verseker, laat sien, laat glo, ompraat, oorhaal, omhaal, oorreed, beweeg, van standpunt laat verander, van mening laat verander, van sienswyse laat verander, bekeer

bw. a priori, a posteriori, a fortiori

s.nw. ***bewys,*** teenbewys, afdoende bewys, stawing, demonstrasie, verifiëring, verifikasie, beredeneerdheid
bewysgrond, grond, hoofgrond, bewysrede, bestaansgrond, bestaansrede, beweeggrond, beweegrede, grondigheid, grondvereiste, getuienis, getuienisaflegging, motivering, blyk, testimonium, kontensie, argument, teenargument, hoofargument, apodiktiese argument, argumentasie, argumenteerdery, argumentering, aksioma, bewysplaas, aanhaling, sitaat, lemma, maksime, motief, magwoord, magspreuk
bewysvoering, bewysleer, bewyslas, bewyskrag, oorreding, oorredingskrag, oortuiging
bewysstuk, bewysmateriaal, data, empiriese gegewens, getuienis, dokument, bewysdokument, dokumentasie, dokumentering, dossier, bewys, strokie, kaartjie, koepon, depositobewys, inklaringsbewys, vaardigheidsbewys, opslagbewys, toegangsbewys, toegangskaartjie, depositostrokie, lisensie, motorlisensie, dranklisensie, koopbrief, kwytbrief, wissel, skatkiswissel, nasigwissel, vorm, vragbrief, kwitansie, duplikaatkwitansie, getuigskrif, verklaring, geskrewe verklaring, skriftelike verklaring, beëdigde verklaring, sertifikaat, diploma, oorkonde, handves, Hansard
getuie, ooggetuie, oorgetuie; argumenteerder

b.nw. bewese, gegrond, grondig, oortuigend, beredeneerd, gemotiveer(d), apodikties, deurslaggewend, afdoende, aksiomaties, deurslaande, gedokumenteer(d), redegewend

uitdr. dit sê niks; met vers en kapittel; vaste grond onder die voete hê; wit op swart

526. Weerlê

ww. weerlê, verkeerd bewys, teenargumente aanbied, betwis, weerspreek, ontken, diskrediteer, aanval, annuleer, respondeer, antwoord 556

bw. allesbehalwe

s.nw. weerlegging, teenredenasie, teenbetoog, teenargument, aanval, beswaar; weerlegbaarheid, ongegrondheid, swakheid, onbewysbaarheid

b.nw. weerlegbaar, weerlêbaar, aanvegbaar, onbewese, onverantwoord, onverantwoordbaar, swak, ongegrond, ongefundeer(d), klakkeloos

uitdr. gate in 'n betoog hê

527. Oordeel

ww. ***oordeel,*** ag, reken, meen, van mening wees, die mening toegedaan wees, 'n mening huldig, 'n standpunt huldig, voel, dink, van gedagte wees, die gedagte huldig, glo, opneem, opvat, beskou, redeneer, besin, beoordeel, objektiveer, oorweeg, besien, oordink, deurdink, oorlê (*ong.*), beproef, takseer, insien, uitmaak, sê, afvra, skat, afmeet, afweeg, wik en weeg, bepaal, beslis, besluit, 'n besluit neem, konkludeer
beoordeel, 'n oordeel vel, 'n oordeel uit-

spreek, 'n maatstaf aanlê, bevind, 'n bevinding gee, 'n opinie uitspreek, evalueer, revalueer, waardeer, takseer, resenseer, kritiseer, apploudiseer, veroordeel, afkeur, afwys, verwerp, wegwys, verdoem, vonnis, 'n vonnis vel, uitspraak gee
verkeerd oordeel, misgis, vergis, misreken, mistas, misverstaan, verkeerd verstaan, 'n fout maak, 'n fout begaan, dit mis hê, die bal misslaan, dwaal, op 'n dwaalspoor wees, prejudiseer, prejudisieer

bw. altans, alte, myns insiens, na my oordeel, per slot van rekening

s.nw. ***oordeel,*** opinie, mening, stem, idee, denke, dunk, gedagte, oorwoë mening, siening, sienswyse, visie, insig, standpunt, standpuntinname, gesigspunt, oriëntasie, beskouing, opvatting, insig, argument 539, 557, 558, redenasie, redenering, konsepsie, kontensie, oortuiging, intuïsie, kant (van die saak), sin, gees, gesindheid, gevoel, advies, raad; norm, kriterium, maatstaf
beoordeling, oordeelsvermoë, taksering, evaluering, evaluasie, revaluasie, besinning, beproewing, beproefdheid, berekening, gradering, ondersoek, meningspeiling, opiniepeiling, opinie-ondersoek, opname, kritiek, resensie, resensieartikel, resensie-eksemplaar, uitspraak, verdoeming, verwerping, afwysing, veroordeling, vonnis
besluit, eindoordeel, finale oordeel, bevinding, feitebevinding, beslissing, oorweging, gevolgtrekking, konklusie, inferensie, slotsom, uitspraak
verkeerde oordeel, vergissing, mistasting, misverstand, fout, dwaling, dwaalspoor, prejudisie, bevooroordeeldheid
beoordelaar, kritikaster, keurder, keurkomitee, keurraad, adviesliggaam, advieskomitee, evalueerder, kritikus, referent, resensent; veroordeelde

b.nw. beslissend, beslis, onbeslis, oortuig, insigryk, sinvol, krities, absoluut, deurdronge, bevooroordeeld, doktrinêr, gesind, judisieus, retrospektief, toegedaan

uitdr. die knoop deurhak; die skape van die bokke skei; die vierskaar span; gelyk hê; iemand op sy baadjie takseer; na bevind van sake; in oënskou neem; op sig; per slot van rekening; soveel hoofde soveel sinne; myns/syns insiens; tussen goed en kwaad onderskei; van gedagte verander; van gedagte wees; 'n oordeel vooruitloop

528. Bevestig

ww. ***bevestig,*** bevestigend antwoord, beaam, instem, instemmend antwoord, ja antwoord, konfirmeer, verseker, sertifiseer, beslis, beklemtoon, onderstreep, bly by, aandring op, insisteer, seël, die seël plaas op, beseël, bekragtig, waarborg, bewys 525, 558, staaf, blyke gee van, waarmaak, versterk, sê, stel, beweer, 'n stelling maak, 'n bewering maak, kommentarieer, verklaar, 'n verklaring aflê, poneer, verdedig, vergewis, blyk
sweer, 'n eed sweer, 'n eed aflê, beëdig, insweer, onder eed verklaar, plegtig verklaar
erken, beken, 'n bekentenis aflê, bely, bieg, betuig, toegee

bw. ja, hoegenaamd (nie), beslis, ongetwyfeld, met nadruk, met klem, eerlikwaar, op my eer, op my erewoord, rêrig, sekerlik, definitief, verseker, buitendien, sic, vervas, wel, ex cathedra

s.nw. ***bevestiging,*** instemming, konfirmasie, beslissing, verdediging, versekering, beslistheid, sekerheid, uitdruklikheid, aandrang, vastheid, vastigheid, sanksie, seël, beseëling, bekragtiging, versterking, klem, beklemtoning, nadruk, benadrukking, nadruklikheid, waarborg, pertinensie, handslag, bewys 528, 558, stawing, getuienis, blyke, gegewe, bewering, stelling, verklaring, ponering, kommentaar, vergissing
erkenning, skulderkenning, verklaring, geskrewe verklaring, bekentenis, skuldbekentenis, konfessie, belydenis, skuldbelydenis, toegewing, bieg; tot 'n bekentenis bring, 'n erkenning afdwing
beëdiging, inswering, beëdigde verklaring plegtige verklaring
getuie, ooggetuie, oorgetuie, kommentator beëdiger, vrederegter, ombudsman

b.nw. bevestigend, affirmatief, instemmend pertinent, positief, seker, sekerheidshalwe stellig, duidelik, eksplisiet, nadruklik, uitdruklik, gewis, dogmaties, amptelik, besog besonke, gewaarmerk

tw. ja, né, jawel, regtig, beslis, beslis ja, inderdaad, presies, ek sê mos, soos ek sê voorwaar, verseker

uitdr. gewis en seker; jou vergewis van; voet by stuk hou

529. Ontken

ww. ontken, nee sê, negeer, betwis, teenspreek, teëspreek, teenkap, teëkap, repudieer, revokeer, revoseer, terugtrek, terugneem, jou woorde sluk, herroep, afsweer, intrek, kaveer

bw. nee, nie, geensins, glad nie, allermins, hoegenaamd nie, op verre na nie, onder geen omstandighede nie, volstrek nie, nie in die minste nie, in der ewigheid nie

s.nw. ontkenning, neewoord, negasie, negativering, repudiasie, revokasie, teenspraak, teëspraak, intrekking, terugtrekking, herroeping

b.nw. ontkennend, negatief

woorddeel on-, nie-, non-, in-, im-, il-, ir-, n-

uitdr. in teenspraak met; nie in die verste verte nie; om die dood nie

530. Voorbehou

ww. ***voorbehou,*** voorbehoud maak, stipuleer, bepaal, reguleer, vereis, verorden, beperk, binne perke hou, inperk, uitsluit, begrens, kwalifiseer, as voorwaarde stel, kondisioneer, reserveer, uitsonder, beding, aanneem, spekuleer, bedink, dien, indien

protesteer, protes aanteken, kla, beswaar maak, beswaar aanteken, objekteer, teenwerp, teëwerp, korrigeer

bw. met voorbehoud, behoudens, sonder voorbehoud, anders, desnoods, ingeval, na, ook, per slot van rekening, so, op voorwaarde, voorwaardelik, met dien verstande, mutatis mutandis

s.nw. ***voorbehoud,*** voorwaarde, vereiste, voorvereiste, beperking, restriksie, reservasie, regulasie, reël, reëling, verordening, wet, verbod, kwalifikasie, kondisie, kondisionering, conditio sine qua non, diensvoorwaarde, klousule, stipulasie, stipulering, sine qua non, spekulasie, reserwe, uitsluiting, uitsondering, noodsaaklikheid

protes, beswaar, objeksie, eksepsie, kritiek 527, klagte

b.nw. voorwaardelik, onvoorwaardelik, kondisioneel, beperkend, restriktief, spekulatief, onderhewig, ongereken(d)

voors. newens, uitgenome

voegw. behalwe, behoudens, binne, bo(bowe), indien, ingeval, mits, ofskoon, tensy

uitdr. vir die wis en die onwis; 'n agterdeur oophou

531. Saamstem

ww. ***saamstem,*** volmondig saamstem, saamgaan, saampraat, instem, instemming betuig, instemming betoon, dit eens wees met, akkoord gaan met, onderskryf, onderskrywe, vereenselwig, aansluit by, ooreenstem, ooreenkom, afspreek, bevestig 525, 528, huldig, inslaan, neerlê, toetree, vooropstel, weet, beweer, glo

toegee, aanvaar, kop gee, kopgee, oorgee, swig, val, erken 528, konformeer, skik na, aansluit by, voldoen aan, raad aanvaar, raad aanneem

laat saamstem, oortuig 525, beweeg tot

bw. weliswaar

s.nw. instemming, vereenselwiging, eensgesindheid, eenparigheid, unanimiteit, ooreenstemming, toegewing, konsent, toegif, toetreding, eenstemmigheid, solidariteit, akkoord, skikking, ooreenkoms, harmonie, onderlinge ooreenkoms, onderlinge begrip, konsensus, vergelyk, skikking, kompromis, kompromie, handegeklap, gemeengoed

b.nw. instemmend, eensgesind, eenstemmig, solidêr, geesverwant, onbestrede, onaantasbaar, onloënbaar

uitdr. dit eens wees; een van sin wees; een van hart en siel wees; gelyk hê; op dieselfde golflengte wees; 'n geskil besleg; kuddedier wees; die kuddementaliteit aankweek/openbaar; met die kudde saamgaan; massamens wees; jabroer wees; jou woorde sluk; die knie buig; die stryd gewonne gee

532. Betwis

ww. ***betwis*** 526, 529, 585, bestry, bevraagteken, betwyfel, in twyfel trek, nie aanvaar nie, redeneer 513, 522, 523, 524, 557, kommentarieer, objekteer 530, beswaar hê, beswaar maak, beswaar aanteken, remonstreer, protesteer, protes aanteken, te velde trek, opponeer, die stryd aansê, beveg, aanveg, in opstand kom, kapsie maak, verset, teengaan, teëgaan, teenstaan, teëstaan, teenstand bied, teëstand bied, teenspreek, teëspreek, weerspreek, teenstribbel, teë-

stribbel, teenwerp, teëwerp, teenpraat, teëpraat, argumenteer 513, 522, 523, 525, stry, opstry, kibbel, knibbel, kaveer (*ong.*), verwar
verwerp, afkeur, afwys, oordeel, kritiseer 527, 585, 666, 669, 827, sensureer, teenstaan, weier, verbied, veroordeel, veto, verloën, verseg

s.nw. ***beswaar,*** beswaarmakery, protes, protestasie, beswaarskrif, gravamen (kerklike beswaarskrif), protesnota, protesvergadering, démarche, objeksie, beswaarmaking, eksepsie, kapsie, remonstrasie, obstruksie, obstruksionisme, kommentaar, teenspraak, teëspraak, teenstand, teëstand, teenstem, teenwerping, teëwerping, teenvoorstel, teenargument, opposisie, verwerping, kontroversie, betwyfeling, bedenking, argumentasie, argumenteerdery, argumentering, gestry, stryery, knibbelary, knibbelry, vittery, haarklowery, muggesiftery, verwarring, verwardheid
verwerping, afkeuring, kritiek 530, 585, sensuur, teenstand, weiering, veroordeling, veto, verloëning
beswaarmaker, protesteerder, teenstander, teëstander, opponent, obstruksionis, kommentator, stryer, argumenteerder, knibbelaar, vitter, haarklower, muggesifter

b.nw. verdeeld, oneens, gevoeglik, kontensieus, krities, andersdenkend, apologeties, knibbelrig, stryerig, verward; aanvegbaar, kontroversieel, omstrede, bestrede, betwisbaar, bedenklik

uitdr. altyd die laaste woord wil hê; appél aanteken; goed onder skoot wees

533. Verstaan

ww. verstaan, begryp, ('n goeie) begrip hê, begrip toon, begrip daag, snap, insien, insig hê, tot insig kom, insig kry, besef, grond, deurgrond, peil 516, uitmaak, ken 535, verantwoord, weet, kleinkry, beethê, beetkry, inneem, vat, bevat, raakvat, raaksien, gewaar, gewaarword, deursien, neem, opneem, saamlees, sien, voel, volhou; aan die verstand bring, tot (beter) begrip bring, insig gee, tot (beter) insig bring

s.nw. begrip, benul, besef, insig, deursig, wysheid 502, verstand, intellek, skerpsinnigheid, slimheid, kop, rede, oordeel, goeie oordeel, mentaliteit, greep, aanvoeling, openbaring, insiggewendheid, kennis 353

b.nw. begryplik, welbegrepe, bevatlik, verstandig, geleer(d), grondig, insiggewend

uitdr. agter die kap van die byl kom; daar gaan vir my 'n lig op; die kloutjie by die oor bring; die spyker op die kop slaan; te verstaan; tussen die reëls lees; sien hoe iets inmekaar steek; sien hoe die hef in die vurk steek

534. Nie verstaan nie

ww. nie verstaan nie, verkeerd verstaan, nie begryp nie, geen begrip hê nie, geen begrip toon nie, ontspoor, verwar

bw. blindweg, onwetens

s.nw. wanbegrip, onbegrip, gebrek aan begrip, onwysheid, domheid, misverstand

b.nw. baar, bekrompe, bolangs, onbegrepe, onwetend, onwys, raaiselagtig, simplisties, snaaks

uitdr. dis bokant my vuurmaakplek; die klok hoor lui, maar nie weet waar die bel hang nie; dit gaan my verstand/begrip te bowe; dit sit my in die kooi; ek volg nie; geen benul van iets hê nie; geen kop of stert uitmaak nie; iets aan die stert beethê; die kluts kwytraak; nie die flouste begrip van iets hê nie; nie verder kyk/dink/sien as wat sy neus lank is nie; niks uit iets wys word nie; soveel daarvan weet as 'n kat van saffraan

535. Weet

ww. ***weet,*** wis, besef, ken, beken, onderken, kennis dra, kennis hê, bewus wees van, bekend wees met, goed ken, deur en deur ken, van voor tot agter ken, beheers, verstaan 533, deurgrond, deurleef, deurlewe, meemaak, ondervind, ervaar, beleef, deurmaak, sleg ken
kennis neem, verneem, kennis opdoen, kennis kry, leer, bekwaam, familiariseer, hoor, te wete kom, tot die besef kom
onderskei, herken, uitken, analiseer, ontleed 516, 561

bw. na my wete, na die beste van my wete, sover ek weet

s.nw. ***kennis,*** bekendheid, die bekende, parate kennis, algemene kennis, vakkennis, mensekennis, sakekennis, veldkennis, boekekennis, selfkennis, voorkennis, voorwetekundigheid, vakkundigheid, saakkundigheid, geleerdheid, boekgeleerdheid, wete

besef, wysheid, lewenswysheid, wêreldwysheid, insig 502, 527, 543, insiggewendheid, bekwaamheid, kompetensie, bevoegdheid, begaafdheid, onderlegdheid, beterwete, belesenheid, verstand, bewussyn, verstandelike ontwikkeling, kennersblik, kennersoog, leerskool, verworwenheid, wetenskap 515, wetenskaplikheid, sekerheid
kultuur, subkultuur, kultuurproduk, kultuurgoed, kulturele rykdom, kulturele besit, geestelike rykdom, geestelike besit, geestesgoed, geesteslewe
kennisverwerwing, kennisontwikkeling, kennismaking, waarneming, notisie, herkenning, introspeksie, verdieping, ondervinding, onderrig 559, opleiding 559, kennisoordrag
opgevoede mens, beskaafde mens, ontwikkelde mens, geleerde mens, kultuurmens, kultuurdraer, geleerde, deskundige, spesialis, kenner, kundige, saakkundige, ekspert, wyse 502, begaafde persoon, genie, feniks, fenomeen, wetenskaplike 515, leerling 559, student 559, beterweter, veelweter

.nw. ***kundig,*** wêreldkundig, saakkundig, vakkundig, geleerd, begaaf(d), geletterd, alwetend, beterweterig, uitgeleer(d), volleerd, vroegryp, verstandig, wys, vroed (*ong.*), wêreldwys, alleenwys, belese, ingewy, deskundig, bekwaam, bevoeg(d), deurwinter(d), insiggewend, insigryk, onderleg, bedrewe, deurknee(d), au fait, wetenskaplik, doktoraal, professoraal, introspektief, vertroud, touwys, beskaaf(d), ontwikkel(d), gekultiveer(d)
bekend, seker, gewis, kenbaar, veelgelese, onderskeidend, distinktief

itdr. gewis en seker; hoe geleerder hoe verkeerder; hy is sy tyd vooruit; iemand touwys maak; jou skoolgeld betaal; onder die knie kry; van binne en buite ken; verstand hê van iets; weet hoe die vurk in die hef steek; weet uit watter hoek die wind waai; weet waar die skoen druk; 'n wandelende ensiklopedie; 'n wandelende woordeboek; van iets meester wees; meester van jou vak wees

36. Nie weet nie

w. ***nie weet nie,*** geen kennis van iets dra nie, geen idee van iets hê nie, onkundig wees
ignoreer, afleer, kleitrap

w. raad-op

s.nw. ***onkunde,*** ongeletterdheid, onkundigheid, onnoselheid, onverstandigheid 524, onverstand, onwysheid, duister, duisterheid, duisternis, onopgevoedheid, onontwikkeldheid, kultuurloosheid, bekrompenheid, onvermoë, inkompetensie, dilettantisme, beterweterigheid
leek, onkundige, amateur, dilettant, japie, leeghoof, analfabeet

b.nw. onkundig, onnosel, onverstandig, ongeleerd, ongeletterd, onwetend, onwys, bekrompe, beterweterig, blind, leeghoofdig, dik, halfgeleerd, dilettanties, duister, krenterig, onbewus, oppervlakkig, siende blind, onderontwikkeld, onopgevoed, agterlik, vreemd, onbevoeg, amateuragtig, ondeskundig

uitdr. buite my wete; die skouers ophaal; ek kon dit nie ruik nie; van g'n sout of water weet nie; 'n vreemdeling in Jerusalem wees; geen jota of tittel weet nie; hy moet nog die ABC daarvan leer; joos weet; jou skoolgeld gaan terugvra; nugter weet; op onbekende terrein; soveel van iets weet as die man in die maan; soveel daarvan weet as 'n kat van saffraan; so min van iets weet as 'n aap van godsdiens; soveel van iets weet as 'n kraai van godsdiens; van die hele moord niks weet nie; van die prins geen kwaad weet nie; nie 'n A van 'n B ken nie; een blinde kan nie 'n ander blinde lei nie; terra incognita; die klok hoor lui, maar nie weet waar die bel hang nie

537. Waarheid

s.nw. ***waarheid*** 577, absolute waarheid, die naakte waarheid, grondwaarheid
sekerheid, feit, bewese feit, feitekennis, feitelikheid, daadsaak, werklikheid, wesenlikheid, konkreetheid, aktualiteit, realisme, waaragtigheid, realiteit, realia, outentisiteit, stelligheid, vastheid, vastigheid, geloofwaardigheid, ontwyfelbaarheid, onwrikbaarheid, uitdruklikheid, verabsolutering
korrektheid, juistheid, akkuraatheid, egtheid, onvervalstheid, presiesheid, eksaktheid, klaarblyklikheid
waarskynlikheid, potensiaal, potensie, potensieel, moontlikheid, kans, skynbaarheid, vergissing
bevestiging, bekragtiging, eed, ampseed

b.nw. ***waar,*** absoluut waar, beëdig(d), gegrond, geloofbaar, geloofwaardig, getrou, gewaarmerk, waaragtig, natuurlik, onvervals, suiwer, bewysbaar, bona fide
seker, doodseker, oortuig, gewis, beslis, onweerlegbaar, onwrikbaar, vasstaande, daadwerklik, ontwyfelbaar, onbetwyfelbaar, onbetwisbaar, paalvas, onomstootlik, onteenseglik, vanselfsprekend, klaarblyklik, kenlik, kennelik, vanselfsprekend, uitdruklik, duidelik, klinkklaar, stellig, rondborstig, flagrant, naak, direk, feitelik, fakties, objektief, absoluut, volstrek, tersaaklik, formeel
werklik, konkreet, outentiek, realisties, reëel, wesen(t)lik, saaklik
korrek, hiperkorrek, reg, doodreg, juis, akkuraat, suiwer, presies, foutloos, onfeilbaar, feilloos, positief
moontlik, waarskynlik, haalbaar, potensieel, vermoedelik, denklik, stogasties
ww. ***waar wees,*** vasstaan, geen twyfel ly nie, vanself spreek; moontlikhede inhou
waar maak, bewaarheid, iets in die reine bring, jou vergewis van, beëdig, bevestig, verseker, dien, stempel, vergewis, vermoed, waarheid praat, nie lieg nie
bw. ***waarlik,*** eerlikwaar, kaalkop, padlangs, inderdaad, bepaald, bepaaldelik, sowaar, voorwaar, warempel, wraggies, wragtie, sweerlik, wel, regtig, rêrig, verseker, vervas, juistement, allig, immers, insonderheid, in werklikheid, ipso facto
blykbaar, dalk, dalkies, altemit(s), miskien, soms, somtyds
tw. jou waarlik, ja-nee, so by my kool, wragtig, wrintie, wrintig, wrintlik, jandorie
uitdr. alle dinge gelyk synde; die naakte waarheid; die spyker op die kop slaan; die twyfel ophef; dis nie almiskie nie!; dit spreek soos 'n boek; daarvoor kan 'n mens borg staan; die waarheid wil nie gesê wees nie; dit klink soos 'n klok; dit ly geen twyfel nie; dit is die evangelie (in die kerk); dit is die heilige evangelie; waar daar 'n rokie is, is daar 'n vuurtjie; geen rook sonder vuur nie; dit so synde; gelyk hê; op stuk van sake; sonder twyfel; ten ene male; 'n ding by sy naam noem

538. Dwaling

s.nw. ***onwaarheid,*** dwaling, dwaalspoor, dwaalbegrip, dwaalstorie, aberrasie, mite, onegtheid, valsheid, vervalsing, verduistering, bedenksel, bedinksel, versinsel, verdigsel, leuen, lieg, liegstorie, riemtelegram, klug, kluitjie, oordrywing, vergroting, verblinding, verblindheid, selfverblinding, selfbedrog, bedrog, bedrieëry, kleuring, versuikering, bedrieglikheid, glimp, drogbeeld, spieëlbeeld, skim, spook, dwaallig, dwaalvuur, stupiditeit 524
verkeerdheid, onjuistheid, inkorrektheid, dwaling, fout, dinkfout, oordeelsfout, flater, faux pas, doodsonde, blaps, glips, glieps, gogga, misstap, oortreding, misgreep, misslag, feil (*ong.*), lapsus, taalfout, lapsus linguae, solesisme, lapsus memoriae, verbrouing, misverstand, wanopvatting, misvatting, vergissing, misgissing, misrekening, wanvoorstelling, wanbegrip, swak oordeel, verwerplikheid, sofisme, sofistery
onmoontlikheid
onsekerheid, betreklikheid, vaagheid, gewaandheid, gerug, skyn, waan, waandenkbeeld, illusie, delusie, hallusinasie, fantasie, masker, maskerspel, verwarring, verwardheid, deurmekaarspul, warboel, duister, duisternis, duisterheid
skyngeleerde, sofis, vervalser, valsaard, bedrieër, leuenaar, liegbek, warhoof, warkop

b.nw. ***onwaar,*** vals, valslik, leuenagtig, frauduleus, oneg, versin(d), gefingeer(d), apokrief, ongelyk, onhistories, legendaries, romantiekerig, skools, sofisties
verkeerd, verkeerdelik, inkorrek, foutief, onjuis, skeef, gekleur(d), abusief
onmoontlik, onwesenlik, onwerklik, denkbeeldig, fiktief, mities, imaginêr, illusionêr, bedrieglik, abnormaal, bonatuurlik, bowenatuurlik, ongelooflik, ongeloofbaar, ondenkbaar, onvoorstelbaar, absurd
onseker, twyfelagtig, dubieus, kwestieus, gewaand, denkbeeldig, skynbaar, oënskynlik, sogenaamd, vaag, betreklik, relatief, onbeslis, hipoteties, betwisbaar, ongegrond, oordrewe, oordrywend, verward, verwarrend verblindend, bedrieglik, verwronge, ver foes(de), donker, duister

ww. ***onwaar wees,*** van die waarheid afwyk skyn, versin, verdig, lieg, leuens vertel leuens oordra, liegstories oordra, onwaarhede verkondig, vervals, verduister
onsin praat, dwaal, twak praat, stront praa (*plat*), kak praat (*plat*), beusel, oordryf, oo

drywe, aandik, vergroot, opblaas, kleur, versuiker
onseker wees, in onsekerheid verkeer, waan, in die waan verkeer, vergis, misgis, dwaal, dwaalredeneer, faal, feil, misverstaan, miskyk, misreken, mistas, verwar, verward raak, in die war raak, skyn, struikel, verbrou, verfoes, verfomfaai, oortree
op 'n dwaalspoor bring, mislei, bedrieg, verneuk, inloop, om die bos lei, aan die neus lei, belieg, verblind, fop, kul, flous, bluf, mistifiseer, verwar, in die war bring, in die war stuur

bw. as 't ware, per abuis, ten onregte, bedrieglik, konsuis, kwansuis, sic

woorddeel drog-, pseudo-

uitdr. buiten die waard reken; daar is geen woord van waar nie; die bal misslaan; die spoor byster wees/raak; die kind met die badwater weggooi; die wa voor die osse span; iemand na die mond praat; iemand woorde in die mond lê; iets by die verkeerde ent beethê; in stryd met die waarheid; die waarheid spaar; die waarheid geweld aandoen; met spek skiet; ten regte en ten onregte; uit die band spring; uit die lug gryp; van 'n muggie 'n olifant maak; 'n verkeerde perd opklim; water in 'n mandjie probeer dra; 'n berg van 'n molshoop maak; 'n bok skiet

C. UITDRUKKING VAN DIE GEDAGTE

539. Kommunikeer

ww. ***kommunikeer,*** sê, stel, voortsê, uitdruk, uit, uiter, uitkom met, noem, konstateer, aan die orde stel, te berde bring, meld, vermeld, melding maak van, iets te kenne gee, merk, opmerk, aanmerk, noem, opnoem, gewag maak van, jou gedagtes uitdruk, uitdrukking gee aan jou gedagtes, uiting gee aan jou gedagtes, jou gedagtes inklee, praat 548, spreek, uitspreek, jou gedagtes uitspreek, mondeling(s) te kenne gee, onder woorde bring, verpraat, saampraat, konfereer, roep, uitroep, aanroep, aanspreek, send, sinjaleer, inligting oordra, informeer, dissemineer, uitvaardig, formuleer, saamvat, opsom, resumeer, formaliseer, iets laat blyk, blyke gee van, sinspeel, toon, betoon, betuig, wys op, dui(e)
meedeel 551, meld, vermeld, memoreer, berig, inlig, van inligting voorsien, oriënteer, inlei, vertel, oorvertel, navertel, skets, verhaal, opdis, verkondig, aankondig, bekend maak, bekendmaak, oordra, bedien (die Evangelie -), notifiseer, uitroep, uitvaardig, promulgeer ('n wet -), rapporteer, voorlê, bekend stel, bekendstel, aanmeld, indien, sirkuleer, versprei, uitdra, uitsaai, basuin, uitbasuin, uitblaker, rondbasuin, lanseer, refereer, sertifiseer, wys, aanwys, uitwys, toon, vertoon, aandui, aantoon, skryf, op skrif stel, aanteken, notuleer, afneem, publiseer, te boek stel, voorlig, maan, vermaan, waarsku, tereghelp, teregwys
bekend maak, bekendmaak, bekend stel, bekendstel, laat weet, introduseer, ontsluit, in kennis stel, kennis gee, verslag doen, verslag gee, verslag lewer, verslag voorlê, refereer, opdiep, oprakel, ontboesem, onthul, blootlê, ontbloot, ontplooi, ontsluier, ontmasker, demaskeer, jou blootgee, jou geheim blootgee, verklap, 'n geheim verklap, uitlaat, 'n geheim uitlaat, verklik, uitlap, klik, laat uitlek, iets verraai, oopvlek, vertroulik meedeel, influister
openbaar, openbaar maak, afkondig, rugbaar maak, uitbring, ten toon stel, uitstal, uitstrooi, adverteer, uitbasuin, publisiteit gee aan, promulgeer
swyg 540, verswyg, verhul
verkeerd praat, lelik praat, verspreek, verpraat, verbypraat, jou mond verbypraat, skinder, skimp
bevestig, bekragtig, konstateer, attesteer
verduidelik, omskryf, omskrywe, uiteensit, verklaar
benoem, 'n naam gee, doop
bekend wees, heet, bekend staan, bekend word, rugbaar word, tot uiting kom, manifesteer, uitlek, oopgaan, deurskemer, deurskyn, heenwys, deursypel; ken, kennis neem, verneem

bw. reguit, gladweg, ronduit, rondweg, vry-uit, openlik, in die openbaar, botweg

s.nw. ***kommunikasie,*** telekommunikasie, radiokommunikasie, disseminasie, gepraat, gepratery, pratery, mondelinge kommunikasie, geskryf, skrywery, skriftelike kommunikasie, verwysing, heenwysing, aanwysing, aanduiding, indikasie, verspreiding, verkondiging, uiteensetting, omskry-

wing, oorbringing, oorbrenging, manifestasie, ontboeseming, onthulling, propaganda, oorlogspropaganda, spreuk, slagspreuk, publisiteit, publisiteitswaarde, voorligting, waarskuwing, wenk, betoning, betoon; kommunikasiesisteem, kommunikasiekanaal, nuusdiens, nuusagentskap, nuuskantoor, publisiteitsdiens

ongetoetste inligting, hoorsê, gerug, praatjies, wolhaarpraatjies, wolhaarstorie, liegstorie, skinderstorie, leuen

uiting, uitdrukking, mededeling, stelling, konstatering, bewering, uitlating, uitspraak, beleidsuitspraak, vermelding, verklaring, persverklaring, relaas, betoog, argumentasie, argumentering, redenasie, pleidooi, toespraak, rede, redevoering, tafelrede, lofrede, begrafnisrede, slotrede, orasie, lesing, voorlesing, voordrag, praatjie, radiopraatjie, bewoording, opmerking, aanmerking, aanmerkinkie, doodskoot, doodsteek, sinswending, sinspeling, navraag, rondvraag, klagte, klaaglied, klaery, treurmare

dialoog 548, gesprek 548, tweegesprek, geselsery, geselsie, gepraat, gepratery, palawer, diskussie 548, gedagtewisseling, bespreking, samespreking, tafelronde, vergadering, simposium, seminaar, forum, gespreksforum, konferensie, kongres, indaba, beraad, spitsberaad, beraadslaging, ruggespraak, konsultasie, raadpleging, oorleg, oorlegpleging, kajuitraad, koukus, gekoukus, debat, debatvoering, beredenering, onderhoud, personderhoud, radio-onderhoud, televisieonderhoud; woordewisseling, woordestryd, polemiek, twisgesprek, pennestryd, twis, stryery, gestry, woordetwis, argument, onderonsie, teregewysing, tereghelping

indiskresie, lelikpratery, verspreking, verskrywing, geskinder, skindery, skinderpraatjies, skinderstorie, skimp, geskimp, skimpery, klikkery, geklik, klikstorie

bekendmaking, bekendstelling, afkondiging, openbaring, openbaarmaking, notifikasie, verslaggewing, perskampanje, nuusverslaggewing, reportage, nuusreportage, fotoreportage, radioreportage, communiqué, tentoonstelling, uitstalling, advertensie, betoging, massabetoging, voorlegging, oorlegging, promulgasie, uitvaardiging, verklaring, persverklaring, inligting, nuus, goeie nuus, slegte nuus, koerantnuus, televisienuus, wêreldnuus, nuuswaarde, tyding, goeie tyding, slegte tyding, Jobstyding, mare (*ong.*), kennis, afvoer, inligtingafvoer

geskrif, dokument, publikasie, uitgawe, boek, boekwerk, boekdeel, volume, bundel, band, tydskrif, koerant, brosjure, biljet, strooibiljet, verslag, jaarverslag, jaarberig, maandverslag, hofverslag, rapport, notule, memorandum, opgaaf, opgawe, manifes, getuigskrif, resumé, berig, persberig, persverklaring, persverslag, koerantberig, nuusberig, teenberig, flits, nuusflits, artikel, koerantartikel, tydskrifartikel, nuusartikel, opstel, referaat, kennisgewing, nota, advies, bewys, brief, nuusbrief, omsendbrief, omsendskrywe, sirkulêre, adviesbrief, adelbrief, aangifte, datastuk, datadokument, databasis, rekord, sertifikaat, lêer, oorsig, uittreksel, sitaat, opsomming, sinopsis; sin, frase, paragraaf, formule, formalisme

kommunikeerder, kommunikator, spreker, verkondiger, prediker, skrywer, inleier, informant, manifestant, adviseur, Jobsbode, klikker, verslaggewer, persverslaggewer, nuusverslaggewer, misdaadverslaggewer, koerantman, joernalis, persman, persattaché, notulehouer, rapporteur, rapportryer, tolk, simultaantolk, tentoonsteller, verklaer, verklikker, verklikbek, klikker, klikbek, waarskuwer, sikofant, klikspaan (*ong.*), skinderbek, skindertong, vuilbek, liegbek; mediator, fasiliteerder

b.nw. ***kommunikatief,*** informatief, nuuswaardig, aanwysend, demonstratief, doelbewus, openhartig, reguit, direk, openbaar, publiek, onverbloem, onverhole, naak, onbewimpel, onomwonde, profeties

bekend, rugbaar, welbekend, wêreldkundig, kenbaar, kenlik, kennelik, gemeld, bogemeld, bowegemeld, genoemde, ondergenoemde

uitdr. aan die dag bring; aan die groot klok hang; aan die kaak stel; die aap kom uit die mou; die aap uit die mou laat; die dood voor oë hou; die sluier (op)lig; die storie lê rond; die vinger op die wond lê; die wêreld instuur; dis nooit anders nie; dis wis en seker; dit is algemeen bekend; geen geheim daarvan maak nie; geen tyding, goeie tyding; iemand het geklap; iemand op iets attent maak; iemand se aandag vestig op iets; iemand te woord staan; iets op die baan

bring; in die beste voue/voeë lê; jou kleur wys; jou laat ken; met die deur in die huis val; met die hele mandjie patats uitkom; met wedersydse kennisgewing; nie onder stoele of banke steek nie; onder sy aandag bring; onder voorbehoud meedeel; oop kaarte speel; op die lappe bring; praatjies verkoop; sy mond verbrand; sy mond verbypraat; sy neus verbypraat; te voorskyn bring; vorendag/voor 'n dag kom; 'n oop brief; 'n oop geheim; 'n saak aanroer; 'n tippie van die sluiter lig; 'n voëltjie hoor fluit; 'n wenk gee

540. Geheim hou

ww. ***geheim hou,*** dighou, 'n geheim van iets maak, bedek, verberg, verbloem, verdoesel, verheimlik, bewimpel, toesmeer, sluier, versluier, hul, verhul, in petto hou, kamoefleer, vermom, verklee, maskeer, masker, versteek, wegsteek, wegstop, wegmoffel, valslik voorstel, bedrieg 538; jou verberg, wegkruip, skuilhou, op die agtergrond bly
verswyg 549, stilbly 549, swyg 549, doodswyg, stilhou, terughou, onderdruk, verduister

bw. heimlik, in camera, in kamera, stilletjies, stilweg, bedektelik, incognito, in stilte, onder, agterhoudend, steelsgewys, tersluiks, in vertroue, sub rosa

s.nw. ***geheim,*** geheimenis, staatsgeheim, ampsgeheim, beroepsgeheim, diensgeheim, fabrieksgeheim, hartsgeheim, verborgene, verborgenheid, masker, stilligheid, raaisel, onverklaarbaarheid, onverstaanbaarheid, onbegryplikheid, onpeilbaarheid, misterie, enigma, vertroulike saak, vertroulike kwessie, 'n saak van vertroue, vertrouensaak, vertrouenskwessie
geheimsinnigheid, duister, duisterheid, raaiselagtigheid, onverklaarbaarheid, onverstaanbaarheid, onbegryplikheid, onbekendheid, heimlikheid, geslotenheid, privaatheid, swygsaamheid 549, stilte
geheimhouding, verberging, verbloeming, verduistering, verheimliking, verkleding, verskansing, kamoeflage, camoeflage, rookskerm, dekmantel, verswyging 549, diskreetheid, diskresie, vertroulikheid, kollusie
geheimsinnige persoon, enigma, spioen, diskrete persoon, mistikus

b.nw. ***geheim,*** vertroulik, konfidensieel, privaat, diskreet, verborge, verhole, blou-blou, ongemerk, onopgemerk; ondergronds, heimlik, geslote, klandestien, gemasker(d); versweë, onuitgesproke
geheimsinnig, geheim(e)nisvol, duister, donker, onbekend, vreemd, wildvreemd, raaiselagtig, versluier, misterieus, esoteries, mistiek, misties, okkult, bonatuurlik, onverstaanbaar, onbegryplik, ondeurgrondbaar, onpeilbaar, wonderlik, wonderbaarlik, mirakelagtig, mirakeleus; agteraf, agterbaks, onderhands, skelm, skelmpies, steels, sydelings

uitdr. agter geslote deure; agter sy rug; daar sal geen haan na kraai nie; daar sit iets agter; die boer die kuns afvra; die vyfde kolonne; geen spoor laat nie; iemand voor die kop sien maar nie in die krop nie; iets agter iemand se rug doen; iemand in die duister laat; iets agteraf doen; in sy vuis lag; 'n moordkuil maak van sy hart; onder vier oë; swyg soos die graf; (dis) husse met (lang) ore; 'n geheim bewaar; 'n geslote boek; 'n sluier oor iets werp

541. Betekenisvolheid

s.nw. betekenis, waarde, bedoeling, betekeniswaarde, semantiese waarde, denotasie, verwysing, semantiek 570, sin, sinrykheid, begrip, inhoud, begripsinhoud, interpretasie, boodskap, implikasie, letterlike betekenis, werklike betekenis, grondbetekenis, figuurlike betekenis, figuurlike waarde, bybetekenis, emotiewe waarde, gevoelswaarde, konnotasie, strekking, beduidenis, duiding, relevansie, betekenisvolheid, belang, belangrikheid, insiggewendheid, veelseggendheid, diepsinnigheid, diepte, algemeenheid, skakering, betekenisskakering, agtergrond, sinspeling, woordespel, woordspeling, toespeling, kern, kernagtigheid, oppervlakkigheid, betekenis verandering

b.nw. betekenisvol, beduidend, veelbeduidend, andersduidend, tekenend, veelbetekenend, semanties, sinryk, diepsinnig, belangrik, relevant, veelseggend, insiggewend, sinvol, waardevol, bedoel(d), kernagtig, diep, oppervlakkig, kosmeties, pittig, pregnant, letterlik, figuurlik, emotief

ww. beteken, betekenis hê, sin maak, bedoel, beduie, betekenis oordra, aandui, wys, aanwys, verwys, adem, neerkom op, inhou, beloof, sê, te kenne gee, impliseer, sinspeel, teken, uitmaak, verstaan, verdiep, vervlak

uitdr. dit spreek boekdele; in die teken van iets staan; 'n toespeling maak op

542. Betekenisloosheid

s.nw. betekenisloosheid, waardeloosheid, sinloosheid, sinledigheid, holligheid, gemeenplaas, gemeenplasigheid, nuttelose kennis, ballas, retorika, retoriese uitspraak, frase, hol frase, irrelevansie, niksseggendheid, onbenulligheid, trivialiteit, oppervlakkigheid, raaiselagtigheid, snertpraatjies, tirade

b.nw. betekenisloos, waardeloos, sinloos, sinledig, onbeduidend, niksbeduidend, niksbetekenend, niksseggend, leeg, holklinkend, irrelevant, onbenullig, onbelangrik, triviaal, beuselagtig, oppervlakkig, gemeenplasig, retories, raaiselagtig

ww. geen betekenis hê nie, niks sê nie

uitdr. geen sin hê nie; dis alles net (holklinkende) frases

543. Duidelik

b.nw. duidelik, helder, glashelder, eenvoudig, klaarblyklik, verstaanbaar, toeganklik, klinkklaar, klinkend, ooglopend, in-die-oog-lopend, deursigtig, deurdringbaar, ondubbelsinnig, eksplisiet, onmiskenbaar, blatant, skerp, sprekend, saaklik, voor die hand liggend, vanselfsprekend, oortuigend, onweerlegbaar, apodikties, aksiomaties, apert (*ong.*), evident, kenlik, kennelik, begryplik, verstaanbaar, bevatlik, insiggewend, populêr, populêrwetenskaplik, blykbaar, aanskoulik, bewus, konkreet, tasbaar, voelbaar, merkbaar, natuurlik, aards, vry van twyfel, on(be)twyfelbaar, nadruklik, bepaald

s.nw. ***duidelikheid,*** helderheid, helderte, skerpte, klaarblyklikheid, klaarheid, klarigheid, ontwardheid, vanselfsprekendheid, toeganklikheid, eenvoud, eenvoudigheid, simplisiteit, aksioma, begrip, insig, insiggewendheid, lig, wysheid, stelligheid, nadruklikheid, gewisheid, uitsluitsel, verstaanbaarheid, begryplikheid, bevatlikheid, betekenisvolheid 541, ondubbelsinnigheid, natuurlikheid, sigbaarheid, tasbaarheid, voelbaarheid, weergawe, weerspieëling

verduideliking, verheldering, opheldering, duiding, interpretasie, waninterpretasie, vereenduidiging, begripsbepaling, vertolking, verklaring, woordverklaring, begripsverklaring, behandeling, bespreking, oplossing, antwoord, beskrywing, definisie, omskrywing, noukeurige omskrywing, bepaling, uitleg, eksplikasie, uitlegging, teksuitleg, teksuitlegging, teksverbetering, teksverwerking, uiteensetting, klaring, omskrywing, ontvouing, kommentaar, toeligting, illustrasie, voorbeeld, toeligtende voorbeeld, voorligting, oorsetting, vertaling, vertaalburo, vertaalwerk, transliterasie, tolkwerk, simultaantolkwerk, tolkdiens, popularisasie, manifestasie, vasstelling, versobering; rasionaal, regverdiging, motivering, raison d'être, rede, verduideliking, verskoning, ekskuus, verweer, verdediging

verduidelikende dokument, aantekening, verklarende aantekening, voetnoot, glossarium, glos, glossa, woordeboek 567, verklarende woordeboek, ensiklopedie, manifes, gids, handleiding, gebruiksaanwysing(s), vertaling

verduideliker, verklaarder, interpreteerder, uitlêer, teksuitlêer, vertolker, kommentator, politieke kommentator, manifestant, gids, vertaler, vertaalster, tolk, simultaantolk, dragoman, modelleur, illustreerder

bw. duidelikheidshalwe, dit wil sê, natuurlikerwys, ronduit, rondweg, sekerlik, wellig

ww. ***duidelik wees,*** voor die hand lê, vanself spreek, deurstraal, weerspieël, wys, manifesteer

verduidelik, duidelik maak, toelig, ekspliseer, van toeligting voorsien, kommentarieer, kommentaar lewer, omskryf, omskrywe, interpreteer, waninterpreteer, vereenduidig, vertolk, uitlê, uiteensit, uitmaak, verklaar, ontsyfer, ontwar, ontvou, ophelder, toelig, belig, opklaar, oplos, vaspen, vasstel, definieer, beskryf, behandel, bespreek, weergee, oorbring, oorsit, illustreer, modelleer, populariseer, inlig, voorlig, vertaal, terugvertaal, tolk, aanteken

rasionaliseer, regverdig, motiveer, verduidelik, verweer, verdedig

duidelik maak, verhelder, ophelder, aksentueer, beklemtoon, uitlig, bevestig

uitdr. die spyker op die kop slaan; die vinger op die wond lê; hy wil weet waar hy aan of af is; iemand iets aan die verstand bring; iemand soos 'n boek lees; om die waarheid te sê; so klaar soos kristal; soos 'n paal bo water; dit spreek boekdele

544. Onduidelik

b.nw. ***onduidelik,*** nie duidelik nie, nie helder nie, onhelder, duister, vaag, obskuur, versluier(d), verborge, wollerig, wasig, dof, newelagtig, newelig, benewel(d), bedek, geheimsinnig 540, raaiselagtig, onseker, misterieus, verwarrend, verwardheid, algemeen, dubbelsinnig, meerduidig, misleidend, ambivalent, kripties, onverstaanbaar, moeilik verstaanbaar, moeilik te verstane, onbegryplik, ondeurgrondbaar, ondeurgrondelik, onpeilbaar, onherkenbaar, onnaspeurbaar, onoorbrugbaar, twyfelagtig, onbepaald, verdwaal(d), vervaagd, ingewikkel(d), moeilik, kompleks, gekompliseerd, saamgesteld, meerledig
onhelder, onduidelik, ondeursigtig, troebel, mistig, dynserig, newelagtig, newelig, wasig, rokerig, besoedel, vuil, onsuiwer

s.nw. ***onduidelikheid,*** gebrek aan duidelikheid, onhelderheid, ondeursigtigheid, gebrek aan helderheid, vaagheid, vervaging, wollerigheid, neweligheid, newelagtigheid, dubbelsinnigheid, meerduidigheid, verwarring, verwardheid, misleiding, misleidendheid, distorsie, chaos, deurmekaarspul, steurnis, stoornis, onsekerheid, twyfelagtigheid, sinspeling, obskuriteit, anderding, raaiselagtigheid, raaisel, raaiskoot, raaislag, kopkrap, kopkrappery, onverstaanbaarheid, onbegryplikheid, ondeurgrondbaarheid, onpeilbaarheid, kompleksiteit, ingewikkeldheid, gekompliseerdheid, saamgesteldheid, meerledigheid, kontorsie, waninterpretasie 543, wanvertolking, gerug, geheim 540, verborgenheid
onhelderheid, onduidelikheid, dofheid, waas, wasigheid, mis, mistigheid, newel, newelagtigheid, neweligheid, rokerigheid

bw. agterbaks, agterna

ww. ***onduidelik wees,*** nie te verstane wees nie, nie te begrype wees nie, blyk, deurskyn, skemer, sluimer
onduidelik maak, kompliseer, misverstaan, verkeerd verstaan, wanvertolk, verkeerd vertolk, sinspeel, verblind, verdraai, verduister, verfoes, vervaag

uitdr. daar is geen kop of stert van uit te maak nie; dit is Grieks vir my; daar is 'n skroef los; daar steek iets agter; deur die wind; in raaisels praat; jou kop verloor

545. Natuurlike teken

s.nw. ***teken,*** natuurlike teken, merk, beduidenis, sein, kenteken, kenmerk, hoofkenmerk, attribuut, onderskeidingsteken, herkenningsteken, herkenningsmerk, stempel, simbool, kenletter, aanduiding, voorteken, voorbode, belofte (voorteken), omen; semiologie, semiotiek
gebaar, handgebaar, gebaretaal, vingertaal, vingerspraak, daktilogie, gestikulasie, lyftaal, liggaamstaal, liggaamshouding, knik, geknik, kopknik, blik, lonk (*ong.*), wink, wenk, oogwink, oogwenk, oogknip, gelaat, gesig, gelaatsuitdrukking, gesigsuitdrukking, skouerophaling; gebarespel, gebarekuns, mimiek, pantomimiek, pantomime, mimiekkunstenaar
merk, kol, vlek, streep, lyn, krap, krapmerk, skraap, afdruksel, indruksel, prent, beeld, vingermerk, vingerafdruk, duimafdruk, . . ., spoor, voetspoor, voetstap, hoefspoor, hoefmerk, sleepsel, sleepspoor, spikkelspoor, moet (*ong.*); daktiloskopie

b.nw. kenmerkend, kentekenend, spoorloos, wenkend

ww. ***'n teken gee,*** teken, beteken, aandui, wys, aanwys, heenwys, verwys, simboliseer, 'n merk laat, 'n spoor laat
gestikuleer, knik, met die kop knik, 'n knik gee, 'n kopknik gee, die kop skud, frons, knip, oogknip, met die oog knip, lonk (*ong.*), die wenkbroue lig, lag, glimlag, die gesig vertrek, 'n gesig trek, gebare met die hand maak, handgee, vingerwys, met die vinger wys, die skouers ophaal, wink, wenk, waai, met die hande waai, met die arms waai, toeswaai

546. Kunsmatige teken

s.nw. ***teken,*** simbool 545, 547, 565, wonderteken, skandmerk, skandteken, stigma, brandmerk, kenteken, kenmerk, onderskeidende kenmerk, eienskap, herkenningsteken, onderskeidingsteken, onderskeidende

teken, onderskeidingsmerk, onderskeidende merk, identifikasieteken, identifikasiemerk, identifiserende merk, uitkenningsteken, uitkenningsmerk, rangteken, rangmerk, insinje, insignia, ster, streep, cachet, kasjet, memento, herinneringsteken, spoor, keurmerk, stempel, tjap, waarborgstempel, waarborgteken, waarmerk, waarmerking, handelsmerk, winkelmerk, fabrieksmerk, padteken 217, padwys(t)er, wegwyser, toegeeteken, waarskuwingsteken, prent, tekening 759, skets, skildery 760, tatoeëring, tatoeëermerk, merk, merkteken, streep, lyn, kol, klad, kladmerk, spikkel, stip, stippie, stippel, kruis, kruisie, regmerk, verkeerdmerk; semiologie, semiotiek

taalteken 565, skrif, skrifteken, alfabetiese skrif, letter, letterteken, alfabetletter, rune, klankteken, begripsteken, ideografiese teken, ideogram, syfer, syferteken, numeriese teken, woord, sin, sinspreuk, kenspreuk, leus, leuse, motto, devies, wagwoord, morfeem, inskrywing, inskripsie, aantekening, opskrif, onderskrif; naam 550, eienaam, persoonsnaam, antroponiem, pleknaam, toponiem, diernaam, voëlnaam, produknaam, handelsnaam, naambord, naamplaat, naamstempel, naamtekening, handtekening, paraaf, ondergetekende

sein, handsein, gebaar, handgebaar, ligsein, flits, ligflits, vlagsein, fakkelsein, veiligheidsein, verkeersein, seinkode, seinregister, seinfout, sinjaal, seintoestel, seinfakkel, seinbord, seinlantern, seinlig, seinspieël, seinstasie, seinpos, semafoor, baken, seingewer

bewysstuk, bewys, bewysstrokie, kasregisterbewys, inklaringsbewys, teenstrokie, teenblad, kantbewys, seël, herdenkingseël, sertifikaat, diploma, akte, transportakte, kontrak, huurkontrak, indiensnemingskontrak, huwelikskontrak, huweliksvoorwaardekontrak, huweliksvoorwaardes, huweliksertifikaat, attestaat, huweliksregister, getuigskrif, testimonium

wapen, skild, wapenskild, blasoen, wapenbord, familiewapen, stadswapen, rykswapen, huisteken, huiswapen, huismerk, orde, ordewapen, ordeband, ordeketting, ordekruis, ordelint, ordeteken, seël, wapenseël, koninklike seël, burgerlike seël, ridderseël, ruiterseël, dekorasie, medalje, medaljon, oorlogsmedalje, penning, gedenkpenning, trofee, troefee

heraldiek, wapenkunde, heraldiese simbool, kruis, kabelkruis, grootkruis, hakekruis, swastika, skild, Gotiese skild, ruitvormige skild, ruitskild, ovaal skild, akkoladeskild, skildstuk, heroutstuk, skildhoof, skildvoet, dwarsbalk (heraldiek), paal (heraldiek), helm, skildhelm, helmteken, dekklede, wrong, skildhouer (heraldiek), wapenspreuk, faas, gaffel, kleur, heraldiese kleur, tinktuur; heraldikus, heraldiese tekenaar, heraldiese kunstenaar, herout

vlag, landsvlag, handelsvlag, skeepsvlag, driekleur, vierkleur, vlagpaal, vlagtou, dundoek, vlagontwerp, vaandel, vendel (*ong.*), vaan, vaantjie, pennoen (*ong.*), banderol, wimpel, standaard, banier, blasoen, spandoek, kleure (*mv.*), kokarde, staf, ampstaf, seremoniële staf, roede; halfmas, halfstok

gedenkteken, gedenksteen, grafsteen, graf, praalgraf, monument, boog, ereboog, triomfboog, poort, erepoort, triomfpoort, beeld, standbeeld, beeldhouwerk, beeldwerk, beeldegroep, wasbeeld, wasmodel, wasafdruk, naald, gedenknaald, obelisk, suil, gedenksuil, triomfsuil, eresuil, gedenkplaat, kruis, grootkruis

b.nw. ***semioties,*** semiologies, simbolies 547

gemerk, ongemerk, afgemerk, geteken, geïdentifiseer, identifiserend, gestempel, getatoeëer, gestreep, gelyn, belyn, bespikkel, dekoratief, geskakeer(d)

talig, taalkundig 570, alfabeties 565, skriftelik, alfameries, alfanumeries, numeries, sinspreukig

heraldies, wapenkundig, gedeel(d), gekwartier(d), gekwartileer(d), gevierendeel, skildvormig

ww. ***'n teken maak,*** merk, markeer, merkteken, waarmerk, stempel, bestempel, tjap, afstempel, seël, beseël, teken, skilder, tatoeëer

skryf 565, op skrif stel, onderteken, parafeer

sein, 'n sein gee, oorsein, deursein, sinjaleer, wink, wuif

dokumenteer, bewys, beseël, verseël, sertifiseer, attesteer, formaliseer, onderskryf, onderskrywe

547. Simboliek

s.nw. simboliek, simbool, simbool van liefde, liefdesimbool, simbool van manlikheid, simbool van getrouheid, . . ., sinnebeeld

voorstelling, simboliese voorstelling, sinnebeeldige voorstelling, teken 565, figuur, beeld, oneintlikheid, verpersoonliking, personifikasie, beliggaming, versinliking, inkarnasie, towerwêreld, verbeelding, portret, skildery, afbeelding, afbeeldsel, totaalbeeld, afskaduwing, grafiek, beeldspraak, beelding, metafoor, allegorie

b.nw. simbolies, sinnebeeldig, beeldend, figuratief, figuurlik, beeldsprakig, oordragtelik, metafories, kamma(kastig), kamtig, kamstig, kastig, kammalielies, oneintlik, deursnede

ww. simboliseer, as simbool dien, simbolies voorstel, versinnebeeld, sinnebeeldig voorstel, uitbeeld, verbeeld, afbeeld, aanskoulik voorstel, afskadu, personifieer, verpersoonlik, versinlik, verbeel

548. Praat

ww. ***praat,*** die stilswye verbreek, sê 539, 552, spreek, uit, uiter, artikuleer, uitdruk, uitspreek, uitpraat, uitbring, uitflap, uitkraam, onder woorde bring, in woorde uitdruk, bewoord, verwoord, stel, beweer, konstateer, noem, meld, vermeld, melding maak van, verskaf, verstrek, opmerk, aanmerk, opper, rep, gewag maak van, uitdrukking gee aan, vertel, skets, skilder, navertel, oorvertel, rapporteer, verslag lewer, verslag doen van, aankondig, bekend maak, bekendmaak, bekend stel, bekendstel, openbaar, openbaar maak, attesteer, rep, verklap, verklik, uitlap, laat uitlek, aanmeld, afkondig, proklameer, openbaar maak, kennis gee van, te kenne gee, aanhaal, die woord voer, reguit praat, gesels, keuwel (*ong.*), saampraat, saamgesels, voorpraat, voorsê, inlepel, napraat, nasê, afpraat, bangpraat, doodpraat, argumenteer, teëkap, teëstribbel, teëwerp, herhaal, weer sê, oor en oor sê, verduidelik, inklee, 'n taal besig, 'n taal slaan (*geselst.*), inlei, interpelleer, te woord staan, ('n toespraak) afsteek, opsê, resiteer, voordra, inkanteer, lees, voorlees, aflees

baie praat, aanhoudend praat, sonder ophou praat, uitwei, babbel, afbabbel, klets, gons, kekkel, keuwel (*ong.*), pruttel, praatlustig wees, spreek, rammel, aframmel, afrits, brabbel, snater, kwetter, krompraat, maal, omhaal, swam, doodpraat, verpraat

lank praat, spreek, borduur, voortborduur, teem

hard praat, luidrugtig praat, jou sterk uitdruk, jou stem verhef, deklameer, dra, roep, uitroep, toeroep, afroep, dreun, bulder, uitbulder, brul, skreeu, beskreeu, doodskreeu, skel, uitskel, uitvaar teen, fulmineer, vloek, toesnou, uitkraai, uitkraam, raas, tier, 'n lawaai maak, 'n lawaai opskop, rumoer, te kere gaan

sag praat, fluister, influister, toefluister, binnensmonds praat, mompel, prewel, brom, mopper, mor, mummel, murmel, prut, pruttel

goed praat, vlot praat, duidelik praat, jou stem (laat) dra, intoneer, moduleer, geartikuleerd wees, geartikuleerd praat, oreer, spreek

sleg praat, moeilik praat, swak artikuleer, jou woorde afbyt, hakkel, krompraat, lal, mompel, sleeptong praat, stamel, spreek--stamel, stotter, struikel, stok; onsin praat, kak praat, stront praat, beusel, gorrel, roggel, femel, radbraak, snou, swets, vloek

bw. mondelings, by wyse van spreke, in die verbygaan

s.nw. ***spraak,*** spraakvermoë, spraakkuns, spraakgebruik, praat, praatvermoë, praatwerk, pratery, gepratery, praatstyl, manier van praat, spreektrant, tongwerk, taal, taalgebruik, taalbeheersing, uitdrukking, uitdrukkingsvermoë, uitspraak, diksie, infleksie, toon, stembuiging, uitdrukkingswyse, segswyse, styl, formele styl, informele styl, kanselstyl, . . ., tongval, spraakgeluid, klank, spraakklank

spraakhandeling, taalhandeling, taaldaad, kommunikasie, talige kommunikasie, uiting, uitdrukking, sin, verwoording, konstatering, stelling, bewering, vermelding, opmerking, aanmerking, aankondiging, afkondiging, kennisgewing, bekendstelling, bekendmaking, proklamasie, voorspelling, beskrywing, inkleding, verduideliking, toeskrywing, bevestiging, toegewing, ontkenning, toestemming, teenkanting, dispuut, argumenteerdery, argumentering, teëwerping, tirade, suggestie, insinuasie, skimp, aanname, assumpsie, versoek, vraag, bevel, opdrag, verbod, advies, wenk, belofte, aanbod, apologie, gelukwensing, groet, dankbetuiging, wens, resitasie, voordrag,

idioom, uitdrukking (idioom), gesegde, sêding, sêgoed, geyktheid; gesels, geselsery, geselsie, oor-en-weerpratery, geselskap, gesprek 539, gesprekstoon, gespreksgeleentheid, praatkans, sêkans, dialoog, diskoers, diskussie 539, 557, gedagtewisseling, samespraak, tweegesprek, interpellasie; skrif 563, geskrif, skrywery, teks, glossolalie

stem, mensestem, manstem, meisiestem, kinderstem, hoë stem, lae stem, helder stem, sterk stem, growwe stem, fyn stemmetjie, wekstem, piepstem, kopstem, kraakstem, hees stem, gansstem, fluisterstem, lokstem, grafstem, sopraan, sopraanstem, alt, altstem, tenoor, tenoorstem, bariton, baritonstem, bas, basstem, stemomvang, stemregister

spreker, spreekster, geleentheidspreker, prater, segspersoon, segsman, segsvrou, inleier, interpellant, verteller, vertolker, voordraer, voordragkunstenaar, herhaler

spraaksaamheid, praatsug, praatlus, praatlustigheid, gladdigheid, gladheid; aanhoudende gepratery, gepratery, monoloog, babbelry, gebabbel, kletsery, geklets, gonsery, gegons, kekkelry, gekekkel, gepruttel, rammelry, gerammel, gesnater, gekwetter, stortvloed (van woorde), woordestroom, woordevloed, geskerts; prater, babbelbek, babbelaar, babbelkous, flapuit (*ong.*), kekkelaar, kekkelbek, kletser, kletskous, pruttelkous, langasem, praatkous, praatgraag, praatjiesmaker, malbaar (*ong.*), rammelaar, snaterbek, veelprater

sprakeloosheid, woordarmoede, stomheid, verbluftheid, verbystering; stommeling

roep, geroep, uitroep, aanroep, jou stem verhef, skree, skreeu, geskreeu, getier, gedreun, gebulder, donderstem, geraas, lawaai, rumoer, rumoerigheid, rasery, geroesemoes, roesmoes, deklamasie, donder, donderpadda, omhaal, relletjie, roepende, uitroep, verstaanbaarheid; grootbek, lawaaibek, geraasgat, deklarant; luidspreker, luidsprekerstelsel, megafoon, mikrofoon, mikrofoonstelsel

fluistering, gefluister, gemompel, mompeling, geprewel, preweling, prewelry, gemor, prutsery, skorheid; fluisteraar, mompelaar, prutselaar, komprater

welsprekendheid, geartikuleerdheid, elokusie, gevleuelde woord(e), retorika, seggingskrag, suiwer uitspraak, suiwer taalgebruik, goeie artikulasie, modulasie

gebrabbel, brabbeltaal, gehakkel, hakkelry, krompratery, mompeling, stamelry, stameling, gestotter, stottering, gekoer, spraakgebrek, spraakstoornis, spraakverwarring, spreekfout, wartaal, abrakadabra, haplologie, afasie, woordarmoede; nonsens, onsin, twak, nonsenspratery, onsinpratery, grootbekkigheid, gebasel (*ong.*), twakpratery, snertpraatjies, sottepraatjies, glips, glieps, kakpratery (*plat*), strontpratery (*plat*), bekpraatjies, gegorrel, geroggel, radbraking, koeterwaals; brabbelaar, hakkelaar, stotteraar, komprater, nonsensprater, grootbek, bekprater, vuilbek

b.nw. ***mondeling,*** bespraak, gesproke, oraal, verbaal, geartikuleerd, hoog, kortaf, sinspreukig, tweetalig

spraaksaam, praterig, praatlustig, glad, praatsiek, praatsugtig, woordryk, babbelrig, kletserig

swygsaam 549, woordarm, soeperig, temerig, hard, luid, luidrugtig

sag, binnensmonds, halfluid, hees, pruttelrig, salwend, skor

welsprekend, goed gebek, sprekend, welbespraak, deklamatories, verstaanbaar, spitsvondig, hartig, welsprekend

gebroke, gebrekkig, afgebroke, stotterend, toonloos, diktongerig, diktongig, diktong, geradbraak, grootbekkig, snouerig, vuil, woordarm

uitdr. die mond vol hê van; die swye verbreek; iemand woorde in die mond lê; oor koeitjies en kalfies gesels; 'n toontjie laer sing; 'n voëltjie sing soos hy gebek is; die hoogste woord voer; 'n stuiwer in die armbeurs gooi; 'n ander geluid laat hoor; jou mond verbypraat; jou verstand af praat; land en sand aanmekaar praat; hy het 'n goeie mondwerk; nie op sy bek/tong geval wees nie; wel ter tale wees; nooit na 'n woord soek nie; 'n gladde bek/tong hê; hy is swaar van tong; op 'n sagte toon; suinig met sy woorde wees; sy woorde kies; op 'n harde toon; hy praat uit sy beurt uit; in jou baard brom; struikel oor sy woorde; in die wind praat

549. Stilbly

ww. ***stilbly,*** doodstil bly, tjoepstil bly, nie praat nie, niks sê nie, jou bek hou, swyg, doodswyg, verstom, die stilswye bewaar,

niks te sê hê nie, agterhou, bedek, jou spraak verloor, met stomheid geslaan word, jou stem kwyt wees, jou tong verloor, jou tong insluk, jou woorde sluk, jou inhou
verswyg, stilhou, terughou, geheim hou, verberg, wegsteek
stilmaak, die stilswye oplê, die swye oplê, tot swye bring, afsny, muilband, die mond snoer, smoor, onderdruk, sensor, sensoreer

bw. toemond

s.nw. stilswye, swye, stilswy(g)endheid, swygsaamheid, stilte, spraakloosheid, sprakeloosheid, woordeloosheid, ingetoënheid, ingekeerdheid, introversie, verswyging; muilband, spraakverbod, sensor
spraakverlies, stomheid, doofstomheid
swyger, sfinks, droëlewer, introvert; stomme, stom persoon, doofstomme, doofstom persoon

b.nw. swygend, swygsaam, verstom(d), stomgeslaan, sprakeloos, ingetoë, introvert, stil, stilswy(g)end, versweë, stom, doofstom

tw. bly stil, hou jou bek, hou jou snater

uitdr. die swye oplê; die woorde besterf/besterwe op jou lippe; jou tong verloor; sy kan nie boe of ba sê nie; iemand die mond snoer; met die mond vol tande sit; met 'n bek vol tande sit; nie kik of mik nie; swyg soos die graf; taal nog tyding

550. Noem

ww. ***noem,*** benoem, betitel, tituleer, nommer, numereer; heet; 'n naam gee, vernoem, doop, verdoop; aanspreek, praat met, aanroep, roep, groet
bepaal, stipuleer, aangee, noukeurig aangee, aandui, aanwys, uitwys, wys, toon, aantoon, uitken, aankondig 539, 548, spesifiseer, definieer, afbaken, delimiteer, demarkeer, opteken, merk, aanmerk, afmerk, tabelleer, tabuleer, aanroer, ter sprake bring, te berde bring, praat oor, verwys na, noem, opnoem, meld, vermeld, melding maak van, bekend maak, bekendmaak, bekend stel, bekendstel, te kenne gee, rep, verklap, verklik, uitlap, aanstip, opdis, voorlê, indien, ophaal, aanhaal, opsom, nuanseer, betoon

bw. alias

s.nw. ***bepaling,*** spesifikasie, omskrywing, definisie, stipulasie, stipulering, bekendstelling, aangawe, aanduiding, delimitasie, demarkasie, denominasie, identiteit, designatus
naam 546, eienaam, persoonsnaam, voornaam, doopnaam, mansnaam, seunsnaam, vrouenaam, meisienaam, familienaam, van, noiensvan, nooiensvan, agternaam, geslagsnaam, antroponiem, patroniem, noemnaam, roepnaam, toenaam, troetelnaam, streelnaam, hipokoristikon, hipokoristikum, bynaam, spotnaam, lalnaam, skimpnaam, skel(d)naam, fantasienaam, epiteton, alias, skuilnaam, pseudoniem, nom de plume, pen(ne)naam, pleknaam, toponiem, stadnaam, dorpsnaam, straatnaam, landnaam, streeknaam, diernaam, voëlnaam, produknaam, handelsnaam, saaknaam, soortnaam, massanaam, volksnaam, naambord, naamplaat, naamstempel, benoeming, naamgewing, vernoeming, naamsverandering; naamdraer, naamgenoot, genant, benoemde, naamgewer, naamkundige, onomastikus; naamkunde, onomastiek, literêre onomastiek, onomatologie, persoonsnaamkunde, antroponimie, pleknaamkunde, toponimie, onomastikon, naamlys, naamrol, nomenklatuur
naamloosheid, anonimiteit
aanspreekvorm, aanspreking, aanroepvorm, titel, betiteling, titulatuur, ampstitel, eretitel, ampsnaam, rang, rangteken, rangnaam, voorletter
adres, huisadres, werksadres, vakansie-adres, nommer, nommering, nommerplaat

b.nw. ***bepaald,*** spesifiek, bepaalbaar, kenmerkend, betrokke, genaamd, dusgenaamd, sogenaamd, sogenoemd, gelyknamig, ongelyknamig, hipokoristies, getitel(d), titulêr, nominaal, onomasties, antroponimies, toponimies
onbepaald, naamloos, anoniem, incognito

551. Meedeel

ww. ***meedeel,*** mondeling(s) meedeel, kommunikeer, kommuniseer, inlig, informeer, inligting oordra, inligting verskaf, inligting voorsien, inligting deurgee, verstrek, inligting gee, uitstort, opgee, laat weet, verwittig, bekend maak, bekendmaak, aankondig, afkondig, konstateer, promulgeer, verkondig, meld, melding maak van, versprei, wêreldkundig maak, uitsaai, verslag doen van, verslag gee van, 'n verslag uitbring, 'n rap-

port uitbring, adviseer, in kennis stel, op die hoogte bring, op die hoogte stel, berig, berig bring, rapporteer, openbaar, openbaar maak, aan die lig bring, vorendag kom met, voor die dag kom met, uitbasuin, beskryf, beskrywe, stel, skets, teken, vertel 552, rondvertel, oorvertel, navertel, uitpak, uitstippel, omskryf, omskrywe, omstel, aanstip, aanteken, formuleer, propageer, voorsê, manifesteer; skriftelik meedeel, 'n brief skryf, korrespondeer, adverteer, publiseer
voorspel, 'n voorspelling maak, 'n voorspelling waag, vooruitsien, profeteer, waarsê, wiggel

s.nw. ***mededeling,*** bewering, uitspraak, predikasie, tyding, aankondiging, afkondiging, bekendmaking, verklaring, verwittiging, kommunikasie, interkommunikasie, kommunikasiemiddel, konstatering, deklarasie, betoog, demonstrasie, demonstrering, divinasie, manifestasie, referensie, obiter dictum
inligting, agtergrondinligting, informasie, inligtingbank, data, gegewens, materiaal, nuus, feite, databank, dataverskaffing, dataverstrekking, datavoorsiening, dataversameling, databewaring, geheue, inligtingverwerking, dataverwerking
boodskap, berig, nuus, bulletin, vrystelling, nuusvrystelling, nuusberig, tyding, bekendmaking, communiqué, missive, dépêche; inligtingsdokument, nota, memorandum, memo, kennisgewing, koerantartikel, koerantberig, tydskrifartikel, rapport, skoolrapport, verslag, vorderingsverslag, opgawe, inligtingsopgawe, uiteensetting, omsendbrief, omsendskrywe, rondskrywe, sirkulêre, diensberig, diensbrief, korrespondensie, pos, brief, telegram, kabel, kabelgram, teleks, faks, faksimilee, elektroniese pos, e--pos, staat, tabel
advertensie, advertering, reklame, reklameagentskap, reklamefoefie, reklamemiddel, advertensieflits, reklameflits, televisieadvertensie, radioadvertensie, handelsadvertensie, handelsflits, reklamebord, reklameplaat, pamflet, plakkaat, biljet, brosjure, propaganda, promosie, propagasie, advertensiewese, adverteerkunde; adverteerder, reklamemaker, reklameman, reklamevrou, advertensieskrywer, reklameskrywer, kopieskrywer, reklametekenaar, propagandis
voorspelling, profesie, voorspooksel, waarsêery, waarsegging
boodskapper, bode, herout, informant, koerier, omroeper, deklarant, prediker, predikant, dominee, apostel, profeet, profetes, siener, waarsêer, waarsegster, wiggelaar, woordvoerder, regeringswoordvoerder, spreker, spreekster, referent

b.nw. informatief, kommunikatief, populêr, populêrwetenskaplik, propagandisties, profeties, prognosties, voorgemeld, voorsienbaar

uitdr. moenie voorspooksels maak nie; onder voorbehoud meedeel; slimpraatjies verkoop

552. Vertel

ww. vertel 539, 548, 551, rondvertel, rondbasuin, oorvertel, navertel, oorbring, oordra, oorlewer, opdis, verhaal, uitspin, uitpak, opdiep, vermeld, getuig, rondgaan, rondloop, aankom, beskryf, beskrywe, skets, skilder, aanlap, aanlas, sê

s.nw. ***vertelling,*** vertelsel, oordrag, storie, verhaal, verhaaltjie, relaas, volksvertelling, kinderstorie, slaaptydstorie, spookstorie, anekdote, staaltjie, saga, sage, kroniek, epos, gelykenis, evangelie, roman, prosaverhaal, novelle, kortverhaal, allegorie, legende, liefdesverhaal, avontuurverhaal, speurverhaal, riller, ridderverhaal, skeppingsverhaal, Bybelverhaal, Kersverhaal, reisverhaal, diereverhaal, vervolgverhaal, aflewering, episode, radioverhaal, hoorspel, radiodrama, radiovervolgverhaal, mite, fabel, feëverhaal, fantasie, fantasieverhaal, sprokie, tekenverhaal, strokiesprentverhaal, prentverhaal, jeugverhaal, kinderverhaal, apoloog, leerfabel, wonderverhaal, fiksie, joernaal, dagverhaal, praatjie, radiopraatjie, praatjies, liegpraatjies, liegstorie, wolhaarpraatjies, wolhaarstorie, geskiedenis 515, geskiedskrywing 515, folklore, folkloristiek
gerug, los gerug, hardnekkige gerug, onbevestigde berig, verdigsel, versinsel, leuen, leuenverhaal, liegstorie, skinderstorie, skinderpraatjies, skindery
verteller, vertelster, storieverteller, storievertelster, verhaler

b.nw. verhalend, verhalenderwys, vertellend, epies, anekdoties, fabelagtig

uitdr. gerugte doen die rondte; 'n storie loop rond; wyd en syd verkondig; versprei soos 'n veldbrand; los van tong wees; 'n toespraak vol superlatiewe

553. Behandel

ww. ***behandel,*** bespreek, oorweeg, bekyk, aanspreek, aanraak, aanroer, aansny, bepraat, dit hê oor, kommentarieer, kommentaar lewer oor, noem, opnoem, te berde bring, ter sprake bring, voordra, voorlê, uitwei, ingaan op, stilstaan by, uitstippel, aanstip, divageer, afwyk, van onderwerp verander, van koers verander, aansluit, skematiseer, afbaken, skets, skilder, beskryf, beskrywe, omskryf, omskrywe, karakteriseer, spesifiseer, op besonderhede ingaan, detailleer, opsom, parafraseer, omlyn, afbaken, verduidelik, belig, toelig, uiteensit, ontvou, uitlê, verklaar, ekspliseer, populariseer, inspeel op, aansluit by, ondersoek
handel oor, gaan oor, tot onderwerp hê

bw. volledigheidshalwe, met volle besonderhede, sonder omhaal van woorde, kortheidshalwe, kortliks, kortom, kortweg, in 'n neutedop, nader, agterweë

s.nw. ***behandeling,*** bespreking, kommentaar, beskouing, oorweging, uiteensetting, uitleg, uitlegging, eksegese, eksplikasie, voorstelling, verduideliking, toeligting, verklaring, beskrywing, omskrywing, karakterisering, ondersoek, opname, oorsig, oorsigtelikheid, afskaduwing, opsomming, parafrase, aanloop, skema, detail, beskrywingspunt, uitweiding, wending, divagasie; verklaarder, verklaarster, kommentator, ondersoeker, toeligter
besprekingsgeleentheid, gesprek, tafelgesprek, tafelronde, kongres, simposium
besprekingsdokument, wetenskaplike publikasie, monografie, handboek, handleiding, aantekeninge (*mv.*), notas (*mv.*), klasnotas (*mv.*), lesing, dissertasie, skripsie, miniskripsie, proefskrif, doktorale proefskrif, verhandeling, kroniek, skets, kenskets, penskets, glos, glossa
uitvoerigheid, breedvoerigheid, uitgebreidheid, uitweiding, omhaal, omslag, omslagtigheid, langdradigheid, omhaal van woorde; bondigheid, kortheid, kortbegrip, beknoptheid, samevattendheid

b.nw. beskrywend, besproke, gekarakteriseer, karakteristiek, gespesifiseer, gedetailleer(d), afgebaken, kensketsend, duidelik, eksplisiet; breedvoerig, uitvoerig, uitgebrei(d), in besonderhede, omvattend, allesomvattend, veelomvattend, wydlopig, lywig, omslagtig, omstandig, langdradig, woordryk, breedsprakig; kort, bondig, kort en bondig, beknop, saaklik, saamgevat, opgesom, opsommend, kernagtig, pittig, oorsigtelik, lakoniek, onaangeroer(d)

554. Aanspreek

ww. ***aanspreek*** 539, aanroep, roep, afspreek
gesels, praat met, saampraat, 'n gesprek voer, konverseer, in 'n gesprek gewikkel wees, klets, praatjies maak, babbel, kekkel, ginnegaap, 'n gesprek aanknoop, 'n gesprek begin, inval, die draad van 'n gesprek volg, 'n gesprek onderbreek, 'n gesprek afsluit, 'n gesprek beëindig, toespreek, 'n lesing gee, 'n voordrag lewer, woorde wissel, redekawel
spreek, van aangesig tot aangesig spreek, te woord staan, sien, 'n onderhoud voer

s.nw. ***gesprek,*** diskoers, dialoog, diskussie 539, 557, gedagtewisseling, tweegesprek, tweespraak, geselsery, geselsie, alleenspraak; gesprekstaal, gesprekstoon, gespreksvorm, gesprekstruktuur
afspraak, konsultasie, raadpleging, beraadslaging, tête-à-tête, oorlegpleging, ruggespraak, bespreking
geselser, gespreksgenoot, aanspraak, aangesprokene, spreker, hoorder, toehoorder, geselskap, prater, babbelaar

b.nw. dialogies, aangesproke, geselserig, kletserig, babbelrig

555. Vra

ww. vra, vraag, 'n vraag stel, uitvra, vis, uitvis, rondvra, rondvis, uithoor, jou afvra, ondervra, kruisvra, interrogeer, vrae afvuur, bombardeer, aandring, hekel, karring, raad vra, raadpleeg; versoek, 'n versoek rig, eis, aansoek doen, bid, smeek, bedel; 'n versoekskrif indien, petisioneer, 'n petisie indien

bw. vraenderwys, vragenderwys, hoekom

s.nw. vraag, vraagstelling, vraaguiting, vraagsin, versoek, eis, wedervraag, twisvraag, kwessie, akademiese vraag, retoriese vraag, voorsê-vraag, uitvraging, rondvraag, rond-

vraging, kruisvraag, vraery, vraaggesprek, interpellasie, ondervraging, kruisondervraging, kruisverhoor, interrogasie, vraagpunt, vraagstuk, vraelys, vraestel, vraeboek, vraetyd, vraerubriek; vraer, vraesteller, vraagsteller, vraagbaak; wat, watter

b.nw. interrogatief, vraend, ondervraend, ongevraag(d), retories

uitdr. vra is vry (en weier daarby); deur vrae word mens wys; een gek kan meer vrae vra as wat 'n honderd wyses kan beantwoord; op droë grond visvang

556. Antwoord

ww. ***antwoord,*** beantwoord, 'n antwoord gee, geen antwoord skuldig bly nie, bevestigend antwoord, ontkennend antwoord, ontwykend antwoord, mondeling antwoord, skriftelik antwoord, reageer, respondeer, repliek lewer, repliseer, teëwerp, teenwerp, ingaan op; terugantwoord, terugskryf, terugsein, terugskakel, terugflits

nie beantwoord nie, 'n antwoord skuldig bly, onbeantwoord bly

s.nw. antwoord, 'n regte antwoord, 'n verkeerde antwoord, 'n reguit antwoord, 'n gevatte antwoord, 'n skewe antwoord, beantwoording, reaksie, respons, responsie, teenwoord, teëwerping, teenwerping, weerwoord, weerlegging, repliek, verdediging, doodskoot, kopskoot, respondent, responsie, uitsluitsel, vraagbaak; oplossing, verduideliking 543, 548, 553, verklaring

b.nw. gevat, onbeantwoord

uitdr. 'n draad vir elke naald hê; met jou mond vol tande staan

557. Diskussie

ww. ***bespreek*** 522, 543, 553, diskusseer, saampraat, 'n gesprek voer, gedagtes wissel, gesels 548, 554, behandel 543, 553, beredeneer, redeneer oor, bepraat, delibereer, onderhandel, in onderhandelinge tree, beraadslaag, raadpleeg, spreek, konsulteer, konfereer, vergader, fasiliteer, bearbei

debatteer, met iemand in debat tree, 'n debat open, disputeer, redekawel, twis, redetwis, bombardeer, doodpraat

ter sprake bring, op die agenda plaas, ter tafel lê, opper, te berde bring, ter sprake bring, aan die orde stel, die onderwerp aansny, aanvoer, aanvoor, aanknoop, indien, voorlê, ingee, ('n voorstel) aanvaar, afdwaal, afstap, die agenda sluit

s.nw. ***diskussie,*** bespreking, dialoog, behandeling, samespreking, beraadslaging, oorleg, oorlegpleging, oorlegging, konsult, konsultasie, raad, raadpleging, raadgewing, ruggespraak, deliberasie, onderhandeling, onderhoud, tête-à-tête

debat, debatvoering, beredenering, dispuut, kwessie, twis, redetwis, redekaweling, argument, stryery, onderonsie, woordetwis, woordewisseling, twisgesprek, polemiek, pennestryd, twisgeskryf, haarklowery, strydvraag, twisvraag

diskussiegeleentheid, gespreksgeleentheid, forum, gespreksforum, konferensie, konferensietafel, simposium, kongres, seminaar, indaba, palawer, beraad, spitsberaad, kajuitraad, koukus, colloquium, vergadering, raadsvergadering, . . ., sitting, parlementsitting, . . ., onderhandelinge, vredesonderhandelinge, dinkskrum

agenda, ordelys, sakelys, saak, voorstel, mosie, ordevoorstel, ordemosie, punt van orde, punt, dooie punt, spreekbeurt, sêkans

b.nw. onderhawig, redekundig, tematies

uitdr. op die tapyt bring; 'n gesprek in nuwe bane stuur; 'n lansie vir iemand breek

558. Redevoering

ww. die rede voer, die woord voer, die woord hê, die woord kry, spreek, toespreek, toespraak hou, optree, 'n rede lewer, oreer, betoog, 'n betoog voer, 'n betoog lewer, praat, vaspraat, 'n lesing gee, 'n lesing hou, 'n lesing aanbied, 'n praatjie gee, 'n praatjie lewer, 'n praatjie maak, diskusseer, konfereer, uitwei, debatteer, preek, voorlees, voordra, opsê, deklameer, improviseer

s.nw. ***toespraak,*** rede, tafelrede, feesrede, gedenkrede, lofrede, geleentheidsrede, grafrede, voorsittersrede, presidentsrede, openingsrede, openingswoord, slotrede, slotwoord, sluitrede, narede, intreetoespraak, intreerede, intreelesing, strikrede, spotrede, spiets (*geselst.*), heildronk, woord, betoog, lesing, voorlesing, hooflesing, seminaarlesing, praktiese lesing, les, klas, referaat, voorlegging, verslag, rapport, causerie, praatjie, radiopraatjie, preek, optrede, diktaat, tirade; skriftelike betoog, verhande-

ling, skripsie, tesis, proefskrif, opstel; redevoering, redenering, orasie, perorasie, debat, prediking, predikasie
inleiding, proloog, inhoud, hoofstelling, argument, argumentasie, hoofargument, sleutelargument, goeie argument, dooddoener, swak argument, aanname, premis, uitgangspunt, aanknopingspunt, gevolgtrekking, stelling, standpunt, standpuntinname, standpuntstelling, verdediging, standpuntverdediging, uitweiding, slot, slotgedagte, slotargument, klem, nadruk, nadruklikheid, bewys, bewysplaas, bewysvoering
voordragkuns, redekuns, redenaarskuns, redenaarstalent, redenaarsgawe, retoriek, retorika, welsprekendheid, seggingskrag
spreker, spreekster, woordvoerder, redenaar, feesredenaar, seepkisredenaar, redekunstenaar, redevoerder, orator, debatvoerder, inleier, sekondant, retorikus, rederyker, rederykerskamer
verhoog, podium, sprekerspodium, kateder

b.nw. redekunstig, oratories, retories, impromptu, nadruklik, gnomies

uitdr. argumentum ad hominem; jou laat gesê; uit die vuis praat; vir banke en stoele praat; 'n paar woorde sê; 'n hond uit 'n bos praat

559. Opvoeding en onderwys

s.nw. ***opvoeding,*** grootmaking, huisopvoeding, tuisopvoeding, skoolopvoeding, ontwikkeling, vorming, intellektuele vorming, lering, geletterdheid, geleerdheid, hooggeleerdheid, boekgeleerdheid, verfyning, verfyndheid, beskawing, beskaafdheid, veredeling, edelheid, afronding, afgerondheid, leerskool, oefenskool, inskerping, ingeskerptheid, skerpheid, geheuewerk, dissiplinering, dissipline; opvoedkunde, pedagogiek, onderwys
jeugwerk, jeugsorg, kindersorg; kinderoppaster, kinderoppasser, chaperone, duenna (*ong.*)
onderrig, onderwys, onderwysing, opleiding, skoling, voorligting, skoolonderrig, skoolonderwys, skoolopleiding, koëdukasie, proefonderrig, proefonderwys, vakonderrig, vakonderwys, taalonderrig, taalonderwys, wiskundeonderrig, wiskundeonderwys, rekenkundeonderwys, rekenonderwys, . . ., kleuteronderrig, kleuteronderwys, kindertuin, kindertuinonderrig, kinderonderrig, kinderonderwys, volwasseneonderwys, kollegeonderrig, kollegeonderwys, kollegeopleiding, universiteitsonderrig, universiteitsonderwys, universiteitsopleiding, tersiêre onderwys, selfonderrig, selfopleiding, aanskouingsonderwys, aanskoulike onderwys, landbouonderwys, beroepsvoorligting, proefonderwys, huisonderwys, huisonderrig, afstandsonderrig, afstandsonderwys, voortgesette onderrig, voortgesette onderwys, naskoolse opleiding, naskoolse onderrig, naskoolse onderwys, godsdiensonderrig, Sondagskool, Sondagskoolonderwys, Sondagskoolonderrig, kategese, katkisasie, kategismus; metodiek, metodologie, onderrigmetodiek, onderwysmetodiek, vakmetodiek, metode, leermetode, leerwyse, onderwysbevoegdheid, onderwyskrag
vak, skoolvak, leervak, begripsvak, keusevak, universiteitsvak, voorgraadse vak, nagraadse vak, vakkursus, B.A.-vak, ingenieursvak, handelsvak; vakrigting, studieveld, geesteswetenskappe, geesteswetenskaplike rigting, humaniora, sosiale wetenskappe, natuurwetenskappe, natuurwetenskaplike rigting, handelswetenskappe, handelsrigting, mediese wetenskappe, mediese rigting, liggaamlike opvoeding, jokkel (*geselst.*), teologie, admissie; vakvereniging
onderwysinrigting, skool, openbare skool, staatskool, privaatskool, dorpskool, plaasskool, laerskool, laer skool, primêre skool, preprimêre skool, kleuterskool, sekondêre skool, hoërskool, hoër skool, meisieskool, seunskool, jongenskool, hoërmeisieskool, hoër meisieskool, hoërseunskool, hoër seunskool, parallel(medium)skool, eenmanskool, tweemanskool, internaat, kerkskool, kloosterskool, tegniese skool, hoër tegniese skool, industrieskool, nywerheidskool, handelskool, landbouskool, huishou(d)skool, huisvlytskool, kookskool, Sondagskool, kunsskool, dansskool, toneelskool, sangskool, voorbereidingskool, afrondingskool, bewaarskool, doweskool, skool vir dowes, skool vir blindes, somerskool, winterskool, ryskool, seinskool, susterskool, verbeter(ing)skool, inisiasieskool, kollege, onderwyskollege, onderwyserskollege, opleidingskollege, normaal-

kollege, normaalskool, tegniese kollege, technikon, landboukollege, korrespondensiekollege, universiteit, universiteitskollege, residensiële universiteit, korrespondensie-universiteit, radio-universiteit, fakulteit, handelsfakulteit, ingenieursfakulteit, . . ., kweekskool, teologiese skool, seminarie, seminarium, konservatorium, kampus, kollegekampus, universiteitskampus, satellietkampus; standerd, kindertuin, kindertuinklas, kindergarten, substanderd, sub A, sub B, standerd een, standerd twee, . . ., junior standerd, senior standerd, graad, graad een, graad twee, . . ., matriek, hulpklas

b.nw. ***opvoedkundig,*** vormend, onderwyskundig, pedagogies, didakties, kategeties
opgevoed, gevorm, beskaaf(d), edel, verfyn(d), afgerond, gedissiplineer(d), geletterd, geleer(d), hooggeleerd, gekwalifiseer(d), geskool(d), halfgeskool(d), opgelei, gekatkiseer(d), opvoedbaar, onopvoedbaar, baar, hardleers (*ong.*)
primêr, sekondêr, openbaar, universitêr, interuniversitêr, fakultêr, residensieel, voorgraads, nagraads

ww. ***opvoed,*** grootmaak, opbring (*Angl.*), tot volwassenheid bring, lei, leer, verlig, insig gee, ontwikkel, geestelik ontwikkel, verstandelik ontwikkel, vorm, buig, skaaf, brei, beskaaf, inskerp, verfyn, afrond, veredel, verbeter, vooruithelp, aanhelp, ophef, iets by iemand aankweek, dissiplineer, inplant, beïnvloed
oplei, skool, afrig, onderrig, onderrig gee, onderwys, onderwys gee, instrueer, skoolhou, klasgee, les gee, doseer, voorlig, katkiseer, eksamineer, modereer, nasien, oorkyk, proef, proefonderwys gee, kwalifiseer

uitdr. iemand wegwys maak; iemand touwys maak; aan die voete van Gamaleël sit

560. Skoolgaan

ww. skoolgaan, klas loop, klasse bywoon, matrikuleer; na skool bly, nably, skoolsit, detensie sit, inhou, nahou; stokkiesdraai, skool bank, klas bank; doop, ontgroen

s.nw. ***skoolplig,*** skoolpligtigheid, leerplig, skoolbesoek, skoolbywoning, skoolfonds, skoolgeld, leergeld, studiegeld, uniform, skooluniform, beurs, studiebeurs, merietebeurs, reisbeurs, sportbeurs
skooltyd, skooldag, periode, lesuur, lesing, lesingtyd, pouse, skoolpouse, speeltyd, skooljaar, leerjaar, akademiese jaar, klastyd, toetstyd, eksamentyd, bloktyd, studeertyd, semester, eerste semester, tweede semester, kwartaal, skoolkwartaal, eerste kwartaal, . . ., vakansie, skoolvakansie, universiteitsvakansie, reses, Paasreses, Paasvakansie, verlof, studieverlof, sabbatsverlof, langverlof
skoolaktiwiteit, skoolwerk, klaswerk, klasaantekeninge, klasnotas, seminaarwerk, studie 561, hersiening, eksamenhersiening, eksamen, toets, toetsing, voertaal, voertaalkwessie, voorligting, voorligtingsdiens, absensielys, presensielys, teenwoordigheidsregister, skoolblad, debat, skooldebat, debatsvereniging, redenaarsvereniging, skoolsport, ontgroening, inlywing, ouervereniging, ouer-onderwysersvereniging, binnemuurse aktiwiteit, buitemuurse aktiwiteit, kadet(te)korps, kadet(te)kamp, skolierpatrollie
skool 559, skoolgebou, kollege 559, kollegegebou, universiteit 559, universiteitsgebou, klas, klaskamer, lesingkamer, lesingsaal, seminaarkamer, groepklas, groepkamer, laboratorium, mediasentrum, rekenaarkamer, tekenkamer, tekensaal, houtwerkkamer, houtwerkklas, werkkamer, saal, skoolsaal, gehoorsaal, biblioteek, skoolgrond, speelgrond, speelterrein
onderrigmateriaal, onderrigtoerusting, skoolmeubel, skoolbank, lessenaar, skoollessenaar, swartbord, kryt, bordkryt, swartbordkryt, aanskouingsmateriaal, oorhoofse projektor, transparante, skyfieprojektor, rekenaar 263, rekenaarprogrammatuur, abakus, rekenraam, telraam, kaart, landkaart, muurkaart, wandkaart; skryfbehoeftes, skoolboek, handboek, skoolhandboek, skryfboek, klasboek, klaswerkboek, kladwerkboek, potlood, pen, uitveër, liniaal
skooluniform, skoolbaadjie, kleurbaadjie, skoolhemp, skoolbroek, skoolrok, skooltrui, skoolwapen
leerling, skolier, dagleerling, dagskolier, skoolleerling, skoolkind, skoolseun, skoolmeisie, klasmaat, laerskoolleerling, laerskoolkind, hoërskoolleerling, hoërskoolkind, skooljeug, standerdeenleerling, standerddrieleerling, . . ., matrikulant, matriek (leer-

ling), matriekleerling, kadet, skoolkadet, nablyer, stokkiesdraaier, skoolverlater, Sondagskoolleerling, Sondagskoolkind, katkisant, kategeet, student, universiteitstudent, kollegestudent, technikonstudent, voorgraadse student, nagraadse student, eerstejaarstudent, eerstejaar, tweedejaarstudent, tweedejaar, . . ., finalejaarstudent, magisterstudent, doktorale student, natuurwetenskappestudent, handelstudent, kweekskoolstudent, tokkelok, seminaris, alma mater, oudstudent, alumnus, klerkskap, vakleerling, vakleerlingskap, leerjonge, leerjongenskap, leerlingraad, leerlingsraadslid, hoofseun, hoofmeisie, onderhoofseun, onderhoofmeisie, prefek, klasleier, klasleidster, studenteraad, studenteraadslid, studenteraadsvoorsitter, studenteraadsvoorsitster, jaargenoot
opvoedkundige, opvoeder, didaktikus, pedagoog, onderwyspersoneel, onderwyser, meneer, leerkrag, onderwyseres, juffrou, skooljuffrou, kinderjuffrou, hoofonderwyser, hoofonderwyseres, klasonderwyser, klasonderwyseres, vakonderwyser, vakonderwyseres, taalonderwyser, taalonderwyseres, spraakonderwyser, spraakonderwyseres, wiskundeonderwyser, wiskundeonderwyseres, . . ., leerlingonderwyser, proefonderwyser, proefie (*geselst.*), goewernante, skoolmeester, meester, leermeester, mentor, amanuensis, leraar, dansleraar, hoof, skoolhoof, visehoof, adjunkhoof, prinsipaal, viseprinsipaal, prinsipale, viseprinsipale, eksaminator, eksaminatrise, vraesteller, moderator, inspekteur, inspektrise, skoolinspekteur, skoolinspektrise, kanselier, visekanselier, rektor, viserektor, dekaan, adjunkdekaan, studentedekaan, professor, hoogleraar, ereprofessor, socius, medeprofessor, medehoogleraar, lektor, lektrise, senior lektor, senior lektrise, junior lektor, junior lektrise, dosent, dosentskap, dosentassistent, promotor, studieleier, navorser, vakgeleerde, kamergeleerde, werkgemeenskap; onderwysprofessie, onderwysberoep, onderwysloopbaan, onderwyspos, universiteitspos, professoraat, leerstoel, medeprofessoraat, lektoraat, senior lektoraat, junior lektoraat, inspektoraat
skoolbestuur, skoolkomitee, skoolraad, bestuursraad, bestuursliggaam, administrasie, universiteitsowerheid, universiteitsraad, senaat, kampusbeheer
beurs, studiebeurs, jaarbeurs, merietebeurs, toekenning, studietoekenning, navorsingstoekenning, stipendium, studiefonds, studielening

b.nw. skoolgaande, skoolpligtig, leerpligtig, skolasties, binnemuurs, buitemuurs, skoolsiek, studentikoos
meesteragtig, professoraal

uitdr. hok toe gaan

561. Studeer

ww. ***leer,*** kennis opdoen, aanleer, byleer, studeer, voltyds studeer, deeltyds studeer, voorgraads studeer, nagraads studeer, kennis opdoen, jou bekwaam, swot (*geselst.*), resideer, bestudeer, ondersoek, navors, ontleed, analiseer, eksperimenteer, instudeer, inwerk, deurwerk, toelê, spesialiseer, bywerk, verbeter, verwerk, memoriseer, van buite leer, hersien, blok, deurblok, afstudeer
eksamen aflê, eksamen skryf, toets aflê, toets skryf, afkyk, afskryf, afskrywe
slaag, promoveer, diplomeer, gradueer, 'n diploma verwerf, 'n graad verwerf, 'n graad behaal; druip, sak, nie slaag nie, pluk

bw. met onderskeiding, cum laude, summa cum laude

s.nw. ***studie,*** studiewerk, studeerwerk, skoolstudie, skoolwerk, akademiese werk, akademie, boekwerk, leerwerk, vakstudie, voorgraadse studie, nagraadse studie, honneursstudie, magisterstudie, doktorale studie, spesialisasie, voorstudie, propedeuse (*ong.*), ondersoek, navorsing, analise, eksperimentering, selfstudie, leerdery, lering, vaslegging, hersiening, huiswerk, tuiswerk, verbetering, verdieping, studieverlof, studietyd, studiereis
leergierigheid, weetgierigheid, weetlus
student 560, voorgraadse student, nagraadse student, honneursstudent, magisterstudent, meesterstudent, meester, doktorstudent, doktorskandidaat, doktorale student, doktor, studentejare, studentetyd, skolier 560, ondersoeker, analis, navorser, kandidaat, eksamenkandidaat, primus, dux, duxleerling, duxstudent, graduandis, promovendus, doktorandus, proponent, paranimf; boekwurm, boekevreter, lettervreter, bibliofiel, outodidak, nagbraker; druip(e)ling
les, klas, lesing, periode, klasperiode, le-

singperiode, praktikum, tutoriaal, praktiese les, praktiese klas, seminaarklas, spreekles, taalles, leesles, konversasieles, wiskundeles, geskiedenisles, . . ., klas, taalklas, taaloefening, taalpraktikum, steloefening, stelwerk, wiskundeklas, skeikundeklas, . . ., aandklas, proefles, proefklas, lesing, hooflesing, letterkundelesing, wiskundelesing, geskiedenislesing, . . ., leerstof, leergang, leerplan, sillabus, curriculum, kursus, skoolkursus, universiteitskursus, taalkursus, wiskundekursus, geskiedeniskursus, sangkursus, . . ., somerskool, winterskool, somerkursus, winterkursus, vakansiekursus, opfrissingskursus, opknappingskursus

toetsing, eksaminering, toets, invultoets, begripstoets, eksamen, skooleksamen, universiteitseksamen, staatseksamen, skriftelike eksamen, mondeling, mondelinge eksamen, oorgangseksamen, toelatingseksamen, tweetaligheidseksamen, proponentseksamen, tentamen, vakeksamen, hereksamen, her (*geselst.*), vuurdoop, vuurproef, vraestel, toetsvraestel, eksamenvraestel, invulvraestel, maskervraestel, maskertoets, vraag, eksamenvraag, toetsvraag, kortvraag, langvraag, invulvraag, veelkeusevraag, veelvuldigekeusevraag, memorandum, toetsmemorandum, eksamenmemorandum, oefening, opstel, werkstuk, diktaat, seminaar, skripsie, verhandeling, proefskrif, dissertasie, tema, tese, titel

uitslag, uitslae, voorlopige uitslag, finale uitslag, punt, slaagpunt, onderskeiding, onderskeidingspunt, sakpunt, druippunt, druipery, puntetotaal, toetspunt, seminaarpunt, eksamenpunt, klaspunt, predikaat, predikaatpunt, jaarpunt, jaarsyfer, predikatedag, matriek, matrikulasie, matrikulasievrystelling, boer(e)matriek; rapport, skoolrapport, verslag, skoolverslag, eksamenverslag, sertifikaat, skooleindsertifikaat, matrieksertifikaat, diploma, graad, baccalaureus, baccalaureusgraad, honneurs, honneursgraad, magister, magistergraad, meestersgraad, doktorsgraad, doktoraat, eregraad, eredoktorsgraad, eredoktoraat, graadsertifikaat, lisensiaat; gradedag, gradeplegtigheid

b.nw. ***akademies,*** gestudeer(d), intellektueel, verstandelik, geleer(d), halfgeleer(d), voorgraads, nagraads, doktoraal, propedeuties (*ong.*)

leergierig, weetgierig, weetlustig, studieus, outodidakties, boekagtig, boekerig; alwetend, pedant, pedanties

geslaag(d), gematrikuleer(d), gediplomeerd, gegradueer(d)

uitdr. met die neus in die boeke sit; iemand touwys maak

562. Lees

ww. lees, deurlees, saamlees, voorlees, inlees, aflees, teruglees, naslaan, nalees, oplees, herlees, verslind, deurloop, deurblaai, ontsyfer, insien, oorsien, sien, siteer, weglaat

s.nw. ***leeskuns,*** leesvermoë, leesvaardigheid, lesery, verslinding, leeslus, leesgewoonte, leesles, leesoefening, leesmetode, leeswyse, stilleesmetode, leesspoed, leestoon, leestrant, lesing, voorlesing, leestyd, leesbeurt, leesblindheid, aleksie, disleksie; leesbaarheid, onleesbaarheid

leesstof, lektuur, prikkellektuur, verstrooiingslektuur, literatuur, letterkunde, leesmateriaal, leeswerk, geskrif, leesstuk, boek 565, 567, leesboek, storieboek, fiksie, nie-fiksie, koerant, tydskrif, gelesene

biblioteek, leeskamer, leessaal, leeshoekie, leestafel

leser, voorleser, boekwurm, leserspubliek, leeskring, leserskring

b.nw. leesbaar, onleesbaar, lesenswaardig, veelgelese, ongelese; leeslustig

uitdr. met die neus in die boeke sit

563. Skryf

ww. ***skryf,*** skrywe, beskryf, beskrywe, neerskryf, neerskrywe, pen, neerpen, afskryf, afskrywe, opskryf, opskrywe, noteer, vaslê, aanstip, op skrif stel, op papier stel, opstel, saamstel, maak (gedigte -), te boek stel, boekstaaf, opteken, aanteken, noteer, annoteer, tik, stenograveer, kodeer, invul, inskryf, inskrywe, inlys, registreer, oorskryf, oorskrywe, oorneem, oorbring, transkribeer, naskryf, naskrywe, uitskryf, uitskrywe, kopieer, inlas, interpoleer, terugskryf, terugskrywe, deurskryf, deurskrywe, skriftelik meedeel, korrespondeer, 'n brief skryf, briewe wissel, 'n briefwisseling onderhou, polemiseer, 'n polemiek voer, 'n pennestryd voer, adresseer, bewoord, onderteken, rugteken, betitel, 'n byskrif maak, dikteer, weglaat, uitlaat, skrap, klad

tik, aftik, belyn, deurstreep, onderstreep, aanstreep, deurhaal, krap, afkrap, graveer, inkras, grif, uitvee, skrap, radeer, rojeer

aaneenskryf, aaneen skryf, vas skryf, aanmekaarskryf, los skryf, drukskrif skryf, mooi skryf, skoon skryf, kalligrafeer, lelik skryf, slordig skryf, krap, krabbel, bekrap, bekrabbel, klad, kladder, sleg skryf, sleg skrywe, verskryf, verskrywe

s.nw. ***skryfwerk,*** skrywery, geskryf, bewoording, woorde, inhoud, diksie, optekening, inskrywing, vaslegging, weglating, opneming, transkripsie, geskrif 567, boek 565, 567

korrespondensie, briefwisseling, brief, vriendskaplike brief, sakebrief, amptelike brief, skrywe, amptelike skrywe, missive, dankbrief, kettingbrief, klaagbrief, omsendbrief, omsendskrywe, nuusbrief, wisselbrief; skryfpapier 564, briefpapier, skryfblok, koevert 564, vensterkoevert, ruitkoevert, rekeningkoevert, amptelike koevert; adres, aanhef (brief), briefhoof, slot, handtekening, outograaf, sinjatuur; seël, posseël, posstempel, seëlversameling, posseëlversameling, filatelie, seëlversamelaar, posseëlversamelaar, filatelis, poswese

skryfkuns 565, grafologie, kalligrafie, joernalisme, joernalistiek, nekrologie, skryfwyse, spelling, spelwyse, spelmetode, spelreëls, dubbelspelling, wisselspelling, homograaf, heteroniem, homografie, heteronimie, spelfout, spellingfout, spellys, spelboekie, skryffout, afskryffout

skrif 565, handskrif 565, skoonskrif, mooiskrywery, tikskrif, tikwerk, tikfout, skrapping, rojering, gekrap, gekrabbel, krabbel, krabbeling

skrywer 565, skryfster, outeur, kalligraaf, skoonskrywer, verslagskrywer, briefskrywer, opstelskrywer, skimskrywer, pen(ne)lekker, krabbelaar, skribent, skriba, penmaat

b.nw. skriftelik, geskrewe, ongeskrewe, beskrewe, beskryf, ingeskrewe, opgeteken, aangeteken, deskriptief, geteken, onderteken, getik, hiëroglifies, homografies, heteronimies

uitdr. die pen op papier sit; die pen opneem; te boek stel; 'n kruisie aan die balk maak; gekke en dwase skryf hulle name op deure en glase; papier is geduldig

564. Skryfbehoeftes

s.nw. ***skryfbehoeftes,*** skryfgereedskap, skryfgoed, kramery

pen, skryfpen, tekenpen, penpunt, inkpen, vulpen, balpunt, balpuntpen, bolpuntpen, rolpuntpen, filtpen, potlood, draaipotlood, vulpotlood, skuifpotlood, inkpotlood, tekenpotlood, tekenpen, stif, stiffie, griffel, griffie, kryt, crayon, vetkryt, potloodkryt, kleurkryt, pastel, bordkryt, witkryt; ink, indiese ink, merkink, inkpot, inkhervulling, inkbuis, inkstander, potloodskerpmaker

papier, skryfpapier, skryfblok, skryfboek, briefpapier, memopapier, aantekeningpapier, tikpapier, deurslag, deurslagpapier, kladpapier, papirus, katern, koevert, vensterkoevert, ruitkoevert, rekeningkoevert, deurslagpapier, koolpapier, biljet, kaart, poskaart, indekskaart, indekskaartjie, klapper (kaartjie), kaartjie, naamkaartjie, verjaardagkaartjie, kerskaartjie, presentkaartjie, ponskaart, . . ., lêer, legger, omslag, voulêer, voulegger, kniplêer, dooslêer, portefeulje, protokol (omslag), indekskaart, indekssisteem, indeksstelsel, kaartsisteem, kaartstelsel, karton, wasvel, transparant, fiche, mikrofiche, lei

tikmasjien, woordverwerker, rekenaar, drukker, stippeldrukker, laserdrukker, elektroniese drukker, kopieermasjien, pantograaf, tekenaap, mikrograaf; sleutelbord, toetsbord, toets (tikmasjien, rekenaar), lint, tiklint, tikmasjienlint, koollint, spasiebalk, lettertoets, syfertoets, tabuleersleutel, tabuleertoets, roller, papiergeleier

knip, skuifspeld, papierklem, papierknip, speld, koppiespeld, drukspyker, duimspyker, kram, kramdrukker, krammasjien, krambinder, pons, ponssteek, briewemes, briefoopmaker, gom, kleefstof, kleefmiddel, lym, gluten, papiergom, gomstiffie, gomstokkie, lak, gomlastiek, uitveër, wisser, veër, bordveër, stempel, amptelike stempel, seël, amptelike seël, stempeltoestel, tjap (*geselst.*), matrys, patrys, sjabloon

tas, brieewetas, aktetas, saketas, boeketas, skooltas, portefeulje

lessenaar, skryflessenaar, skryftafel, studeertafel, buro, skryfburo, lessenaarstoel, draaistoel

ww. skryf, skrywe, deurskryf, deurskrywe, druk, uitdruk, tik, deurslaan, klad, kladder, outografeer, pons

uitdr. in tweevoud; in duplo; in triplo

565. Skryfkuns

s.nw. ***skryfkuns*** 563, skoonskryfkuns, kalligrafie, stenografie, snelskrif, ideografie, skrifkunde, handskrifkunde, handskrifontleding, konjektuur, kollasie, kriptografie, paleografie, xenografie

skryfwyse, skryfmanier, skryfstyl, skryftrant, informele styl, formele styl, kanselarystyl, kanselarytaal, skryftaal, skryffout, skryflus; stylleer, stilistiek

skryfwerk 563, skrywery, tikwerk, woordverwerking, teksverwerking, redigering, hersiening, revisie, proefleeswerk

geskrif 563, geskrewe werk, teks, geskrewe teks, holograaf, manuskrip, berig, naberig, artikel, koerantartikel, tydskrifartikel, wetenskaplike artikel, rubriek, rapport, verslag, kennisgewing, notisie, memorandum, brief 563, vriendskaplike brief, sakebrief, omsendbrief, rondskrywe, rondskrif, aantekening, kriptogram, outograaf (geskrif), kattebelletjie, diktaat, lesing, causerie, legende, graffiti, invulling, invulsel, hersiene teks, hersiene weergawe, interpolasie, ondertekening; boek 567, publikasie, boekdeel, bundel, band, volume, eksemplaar, kopie, druk, eerste druk, tweede druk, . . ., werk, literêre werk, versamelde werk(e), leesboek, storieboek, biografie, outobiografie, leerboek, triplikaat, handboek, handleiding, wetenskaplike werk, monografie, dagboek, dagregister, skryfboek, aantekeningboek, kladboek, klaswerkboek, skryfblok, kantoorboek, joernaal, joernaalboek, kasboek, boekhouboek, kwitansieboek, faktuurboek, skryfbehoeftes 564; afskrif, kopie, duplikaat, afdruk, reproduksie (afskrif), fotokopie, faksimilee, faks, eksemplaar, transkrip; reproduksie (proses), kopiëring, fotokopiëring, transkripsie, duplikasie, duplisering, dupliseermetode, dupliseertoestel, duplikator, fotokopieermasjien, faksimileemasjien, faksmasjien

dele van 'n geskrif, dele van 'n teks, teksbou, teksstruktuur, teks, paragraaf, paragrafering, paragraafindeling, titel, opskrif, hoof, hoofopskrif, subtitel, subopskrif, onderhoof, subhoof, paragraaftitel, paragraafopskrif, paragraafhoof, byskrif, onderskrif, inskrif, inskripsie, omskrif, randskrif, aantekening, kantaantekening, marginalieë, renvooi, inlassing, bylae, glos, glossa, verklaring, verklarende aantekening, glossarium, woordelys, indeks, noot, voetnoot, naskrif, post scriptum, diagram, diagrammatiese voorstelling, illustrasie, grafiek, kantlyn, marge, bladsynommer, sinjatuur; inhoud, woord, nommer, sin, volsin, anakoloet, asindeton, paragraaf, inleiding, inleidende paragraaf, slot, slotparagraaf, paragraafindeling

skrifstelsel, skrif 546, 563, 571, alfabet 571, alfabetiese skrif, arabiese skrif, romeinse skrif, ideografiese skrif, beeldskrif, spykerskrif, keilskrif, wigskrif, demotiese skrif, hiëratiese skrif, hiërogliewe, rune, rune-alfabet, rune-inskripsie, runeskrif, sillabeskrif, spieëlskrif, tekenskrif, lapidêre skrif, blindeskrif, braille(skrif), geheimskrif, kode, snelskrif, stenografie, skrifbeeld, handskrif, hand, kodeks, drukskrif, blokskrif, blokletters, lopende skrif, skoonskrif, netskrif, netjiese skrif, netjiese handskrif, sierskrif, kalligrafie, kladskrif, kanselaryskrif, lelike handskrif, slegte handskrif, gekrap, gekrabbel, hanepoot, kakografie, tikskrif, druk

teken, woord, woordteken, skrifteken, skryfteken, letterteken, leesteken 571, letter, karakter, simbool, skrifsimbool, syfer, syferteken, syfersimbool, taalteken, begripteken, klankteken, fonetiese teken, fonetiese skrif; drukletter, lettertipe, tipe, tiep, kleinletter, minuskel, hoofletter, majuskel, beginletter, unsiaal, unsiaalletter, klein hoofletter, blokletter, vet letter, vetdruk, kursiewe letter, kursiewe druk, kursief, romein, romeinse letter, romeinse teken, ronde letter, superskrif, subskrif, gotiese letter, gotiese teken, paragon (lettertipe), pêrelletter, sierletter, miniatuur, neerhaal (van 'n letter), afwaartse haal, opwaartse haal, been (van 'n letter), boog, sirkel, krul, illuminasie, monogram, piktogram, ideogram, ideografiese teken, lyn, liniëring, streep, streek, pennestreek, haal, skuinsstreep, aandagstreep, uitroepteken, vraagteken, kappie, aksent(teken), gravis(teken), komma, kommapunt, punt, koppelteken, afstandskoppelteken, afkappingsteken, afkappings-s, deelteken, umlaut, trema, hakie, ronde hakie, parentese, blokhakie, krulhakie, asterisk, kruis, kruisie, dubbele kruis (#), kleiner-as-teken, groter-as-teken, tilde, nasaleringsteken (~), randteken, dollarteken, persentasieteken, ampersand (&), plusteken, minusteken, maalteken, deelteken (wiskunde)

teenteken (@), reël, nuwe reël, alinea
skrywer 563, skryfster, outeur, woordkunstenaar, outeurskap, opsteller, pen(ne)lekker, skoonskrywer, kalligraaf, naamskilder, briefskrywer, korrespondent (brief), penmaat, snelskrywer, stenograaf, naskrywer, kopiïs, skriba, skribent (*ong.*), prosaskrywer, prosaïs, prosateur, romanskrywer, romansier, kortverhaalskrywer, essayis, biograaf, prulskrywer, broodskrywer, digter, digteres, rympiesmaker, rymelaar, biograaf, outobiograaf, kroniekskrywer, dramaturg, toneelskrywer, tragedieskrywer, draaiboekskrywer, kopieskrywer, korrespondent, joernalis, joernaliste, koerantjoernalis, koerantskrywer, korrespondent (koerant), koerantkorrespondent, tydskrifjoernalis, rubriekskrywer, televisiejoernalis, opnemer, inboekeling, kompilator, kompileerder, reviseur, nekroloog, ondertekenaar, krabbelaar, tikker, tikster, tipiste, stenograaf, stenografiste, ponstikster; skryfskool, skrywerskool; handskrifdeskundige, skrifkenner, skrifkundige, skrifuitlêer, skrifvervalser, paleograaf, xenograaf

b.nw. ***skriftelik,*** geskrewe, handgeskrewe, eiehandig, tekstueel, grafies, diagrammaties, stenografies, vas, lopend, los, alfabeties, outografies, holografies, biografies, outobiografies, ideografies, kalligrafies, kriptografies, paleografies, xenografies, alfabeties, foneties, sillabies, arabies, romeins, goties, hiëroglifies, demoties, hiëraties, runies, lapidêr
groot, inisiaal, unsiaal, klein, vet, kursief, gekursiveer, skuins, onderstreep, interlineêr
stilisties, formeel, styf, boekagtig, gedronge, informeel

ww. skryf 563, skrywe, kodeer, enkodeer, beskryf, uitskryf, dekodeer, ontsyfer, kennis gee, berig, berig gee, aanteken, invul, transkribeer, paragrafeer, indekseer, linieer, belyn, vet druk, kursiveer, adapteer, illumineer, kollasioneer, redigeer, hersien, revideer, proeflees, interpoleer, onderteken, grafies voorstel, diagrammaties voorstel, illustreer, dupliseer, kopieer, fotokopieer

566. Drukkuns

s.nw. ***drukkuns,*** boekdrukkuns, wiegedruk, inkunabel
drukwerk, manuskrip, kopie, tekskopie, manuskripkopie, druk, boekmodel, drukmodel, formaatboek, proef, drukproef, proefvel, galei, galeiproef, strookproef, bladsyproef, kleurdrukwerk, monotipe (drukwerk), litografiese afdruk, smout, smoutdrukkery, smoutwerk, afdruksel, misdruk, drukfout, drukkersduiwel, roofdruk, kollasie, verlugting, illustrasie, fotomontage, drukkoste; eerste druk, tweede druk, . . ., oplaag, eerste oplaag, tweede oplaag, . . ., uitgawe, eerste uitgawe, tweede uitgawe, . . . , hersiene uitgawe, verbeterde uitgawe, hardebanduitgawe, sagtebanduitgawe, voordruk, voorpublikasie, prepublikasie, nadruk, oordruk, herdruk, heruitgawe; verskyning, verskyningsdag, publikasiedatum, verskyningsdatum; kopiereg, drukverlof, imprimatur
drukmetode, vlakdruk, vlakdrukmetode, diepdruk, diepdrukmetode, hoogdruk, blindedruk, reliëfdruk, brailledruk, houtdruk, xilografie, xerografie, glansdruk, glansdrukmetode, silwerdruk, negatiefdruk, stereotiepdruk, stereotipie, plaatletterdruk, fotokopie, reproduksie, reprografie, xerox, xeroxkopie, xeroxmetode, rotasiedruk, rotasiediepdruk, rotogravure, fotogravure, fotomeganiese (diep)drukmetode, fotomontage, fototipie, kleur(e)druk, tweekleurdruk, driekleurdruk, . . ., kleurreproduksie, bronsdruk, silwerdruk, gouddruk, monotipe (metode), oliedruk, litografie, proefdruk, misdruk
bindwerk, bindery, boekbindery, bindkuns; linnebindwerk, ringbindwerk, gombindwerk; buiteblad, hardeband, hardebandbuiteblad, sagteband, sagtebandbuiteblad, rug, boekrug, rugtitel, buitebladontwerp, titelblad, stofomslag, boekbeslag, boekskarnier, halfleer
setwerk, settery, setting, hersetting, oorsetting, setlyn, setsel, setfout, bladuitleg, tipografie, bladspieël, drukspieël, setspieël, bladvulling, wit, bladwit, reglet, kolom, paragraaf, hangparagraaf, insnyding, insnyparagraaf, justering, kolofon, sinjatuur, vangwoord; lettertipe, tipe letter, lettersoort, font, letterfont, drukletter, boekletter, stokletter, reliëfletter, kleinletter, minuskel, onderkas, onderkasletter, hoofletter, kapitaal, majuskel, beginletter, unsiaal, unsiaalletter, hangletter, aanvangsletter, klein hoofletter, klein kapitaal, bo-kas, bo-kasletter, blokletter, vet letter, vetdruk, swart-

druk, kursiewe letter, kursiewe druk, kursiefdruk, kursief, romein, romeinse letter, romeinse teken, ronde letter, superskrif, subskrif, gotiese letter, gotiese teken, fraktuur, fraktuurletter, koppelletter, ligatuur, paragon (lettertipe), pêrelletter, sierletter, stereotiep, lettergrootte, letterhoogte, punt, agtpuntletter, tienpuntletter, twaalfpuntletter, . . ., miniatuur, mediaan; bladsyformaat, boekformaat, folio, folioformaat, grootfolio, grootfolioformaat, kleinfolio, kleinfolioformaat, kwarto, kwartoformaat, kwartyn, oktavo, oktavoformaat, handformaat, sakformaat, A4-formaat, A3-formaat, oblongformaat, plano, planoformaat
redaksionele werk, redigering, redigeerwerk, taalversorging, proefleeswerk, nasienwerk, korreksie, revisie, hersiening, kastigering, kuising, corrigenda, drukfout, drukkersduiwel, setfout, proefleesfout, proefleessimbool, korreksieteken, stet, deleatur, primatur, invoeging, invoegteken, skrapping, skrapteken
drukkery, drukker, drukkersbaas, boekdrukkery, koerantdrukkery, tydskrifdrukkery, staatsdrukker, staatsdrukkery, handelsdrukker, handelsdrukkery, drukker-uitgewer, drukjaar; uitgewery, uitgewer, uitgewersbedryf, uitgewersfirma, uitgewersmaatskappy, boekuitgewer, koerantuitgewer, tydskrifuitgewer
drukkersapparaat, pers, drukpers, rolpers, rol, handpers, timpaan, rotasiepers, stoompers, setmasjien, lettersetmasjien, elektroniese setter, elektroniese setmasjien, setgietmasjien, monotipe (masjien), sethaak, haak, letterhaak, snymasjien, hektograaf, stensilmasjien, plaat, drukplaat, drukvorm, stempel, drukstempel, matrys, stereotiep, stereotiepplaat
drukkersmateriaal, drukpapier, drukink, drukkersink, spesie (setwerk), katern
drukker, drukkersassistent, drukkersjonge, redakteur, boekeredakteur, koerantredakteur, tydskrifredakteur, setter, masjiensetter, handsetter, xerograaf, litograaf, tipograaf, proefleser, korrektor, reprograaf, binder, boekbinder

b.nw. ***gedruk,*** persklaar, persgereed, drukgereed
xilografies, xerografies, fotomeganies, hektografies, litografies, reprografies
geset, tipografies, ingesny, belyn, blank, blanko, klein, groot, vet, kursief, romeins, goties
redaksioneel

ww. ***druk,*** bedruk, afdruk, oordruk, herdruk, set, tipografeer, illustreer, verlug, hektografeer, reproduseer, fotokopieer, afrol, kollasioneer; uitgee, die lig laat sien, publiseer, in druk laat verskyn, uitgee, uitreik, vrystel, vrygee, versprei, distribueer, redigeer 565, proeflees, nasien, verbeter, hersien 565, korrigeer, versorg, stilisties versorg, kastigeer, kuis, skrap, invoeg
set, spasieer, tipografeer, uitlê, opmaak, inspring, justeer, justifiseer, spasieer, stereotipeer, belyn, vet druk, kursiveer
redigeer, proeflees, korrigeer, reviseer
bind, inband, innaai, sny, insny

567. Boek

s.n ***boek,*** geskrif, geskrewe werk, skrywe 563, publikasie, werk, pennevrug, magnum opus, band, boekdeel, boekwerk, aflewering, volume, uitgawe, standaarduitgawe, standaardwerk, klassieke werk, feesuitgawe, spesiale uitgawe, hardeband, hardebanduitgawe, sagteband, sagtebanduitgawe, slapband, slapbanduitgawe, sakuitgawe, sakformaat, teksuitgawe, faksimilee, faksimilee-uitgawe, feesuitgawe, praguitgawe, luukse uitgawe, druk, eerste druk, tweede druk . . ., herdruk, eksemplaar, inspeksie-eksemplaar, vooreksemplaar, resensie-eksemplaar, proefeksemplaar, handeksemplaar, werkeksemplaar, monsterboek, ruilboek, ruileksemplaar, bundel, versamelbundel, versamelwerk, album, kompendium, omnibus, omnibusuitgawe, trilogie, suksesboek, kroonboek, modelboek, snertboek, boekrol, rol, perkamentrol, palimpses, volksboek, oorkondeboek
leesstof, leesmateriaal, leeswerk, lektuur, ontspanningslektuur, middelmootlektuur, snertlektuur, verstrooiingslektuur, literatuur, verhewe literatuur, letterkunde, africana
fiksie, letterkunde, leesboek, storieboek, literêre werk, roman, novelle, kortverhaalbundel, kroniek, biografie, outobiografie, joernaal, reisbeskrywing, reisverhaal, reisverhaalboek, reisjoernaal, bloemlesing, keurbundel, antologie, digbundel, versbundel, verseboek, gedigteboek, vervolgbun

dels, jeugboek, kinderboek, kinderverhaalboek, seunsboek, meisiesboek, prentjieboek, prentstrokie, strokiesprent, prentstrokieboek, strokiesprentboek, prenteverhaal
nie-fiksie, vakliteratuur, wetenskaplike werk, wetenskaplike geskrif, dissertasie, verhandeling, skripsie, proefskrif, monografie, akademiese boek, akademiese werk, vakboek, vakkundige werk, handboek, teksboek, handleiding, wegwyser, repertorium (boek), leerboek, taal(hand)boek, wetenskap(hand)boek, wiskunde(hand)boek, geskiedenis(hand)boek, . . ., artikelbundel, feesbundel, festschrift, gedenkboek, gedenkbundel; amptelike publikasie, regeringspublikasie, amptelike regeringspublikasie, blouboek, staatskoerant, Hansard, jaarblad, jaarboek, jaarverslag, prospektus, ampsblad, gaset, annale, handves, memorandum, verslag, amptelike verslag, komiteeverslag, vorderingsverslag, rapport, voorlegging, traktaat, traktaatjie, biljet, stenogram, dokument; koffietafelboek, fotoboek, prenteboek, prentjieboek, tuinboek; Bybel, Bybelboek, die Woord, die Woord van God, Gods Woord, die Heilige Skrif, die Skrif, die Boek, skriftuur, die boeke van die Bybel, die Ou Testament, die Nuwe Testament, jeugbybel, kinderbybel, kanon, katene, kommentaar, kommentaarboek, preekbundel, Bybelstudiegids, psalmbundel, psalmboek, gesang(e)bundel, gesang(e)boek, psalm- en gesangbundel, psalm- en gesangboek, psalter (*ong.*), halleluja, hallelujaboek, hallelujabundel, kerkmusiekboek, koraalboek, gebedeboek, gebedebundel, formulierboek, Sondagskoolboek, katkisasieboek
naslaanboek, naslaanwerk, naslaanbron, vraagbaak, vraeboek, vademekum, standaardwerk, naslaanregister; woordeboek, leksikon, verklarende woordeboek, vertalende woordeboek, tweetalige woordeboek, meertalige woordeboek, handwoordeboek, sakwoordeboek, standaardwoordeboek, omvattende woordeboek, vakwoordeboek, terminologiewoordeboek, kunswoordeboek, musiekwoordeboek, biologiewoordeboek, rekenaarwetenskapwoordeboek, bosbouwoordeboek, ekonomiewoordeboek, sosiologiewoordeboek, . . ., sinoniemwoordeboek, antoniemwoordeboek, tesourus, thesaurus, blokkiesraaiselwoordeboek, uitspraakwoordeboek, rymwoordeboek, retrogradewoordeboek, spreekwoordeboek, idioomwoordeboek, uitdrukkingwoordeboek, kollokasiewoordeboek, frasewoordeboek, fraseboek, slangwoordeboek, slengwoordeboek, sleurtaalwoordeboek, dialekwoordeboek, idiotikon, naamboek, eienaamwoordeboek, onomastikon, visuele woordeboek, geïllustreerde woordeboek, sinkroniese woordeboek, sinchroniese woordeboek, diakroniese woordeboek, diachroniese woordeboek, historiese woordeboek, etimologiese woordeboek, uitspraakwoordeboek, woordelys, verklarende woordelys, glossarium, konkordansie; woordeboekinskrywing, woordeboekartikel, lemma, trefwoord, leiwoord, sitaat, poeëem; woordeboekmaker, leksikograaf; atlas, taalatlas, dialekatlas, wêreldatlas, streekatlas; wetboek, kode, oorkonde (regswese); telefoonboek, telefoongids, plakboek, prenteboek, album, fotoalbum, portretalbum, kookboek, resepteboek, almanak
skryfboek, aantekeningboek, notaboek, kladboek, klaswerkboek, skrif, eksamenskrif, antwoordskrif, eksamenboek, antwoordboek, adresboek, sakboekie, dagboek, memorieboek (*ong.*), dagregister, register, afspraakboek, doktersboek, gasteboek, handelsboek, koopmansboek, boekhouboek, kasboek, joernaal, joernaalboek, rekeningboek
dele van 'n boek; inhoud, teks, grondteks, manuskrip, titel, subtitel, ondertitel, onderhoof, deeltitel, rugtitel, inhoudsopgawe, bladwyser (inhoudsopgawe), voorwoord, voorrede, voorberig, opdrag, flapteks, inskripsie, hoofstuk, kapittel, stuk, hoofstukopskrif, hoofstuktitel, hoof, opskrif, inleiding, inleidingshoofstuk, inleidingsartikel, prolegomena, slothoofstuk, slotartikel, artikel, paragraaf, inleidende paragraaf, inleidende deel, proloog, slotparagraaf, naberig, passasie, inleidende passasie, slotpassasie, voetnootparagraaf, kruisverwysing, noot, voetnoot, bylae, addendum, appendiks, aanhangsel, supplement, indeks, register, saakregister, woordelys, klapper, naslaanregister, repertorium, katalogus, bibliografie, verwysings, bronnelys, aantekening, kanttekening, kantaantekening, ko-

lofon, vangwoord, corrigenda, errata; blad, bladsy, pagina, paginering, blaadjie, inlasbladsy, teenblad, dekblad, skutblad, agterskutblad, titelbladsy, titelblad, titelplaat, ex libris, goudsnee (van 'n bladsy), frontispies, illustrasie, buiteblad, omslag, stofomslag, flap, band, aankleding, rug, kapitaalband, bladwyser (boekmerk), leeswyser
biblioteek, biblioteekdiens, biblioteekwese, kinderbiblioteek, vakbiblioteek, afdelingsbiblioteek, universiteitsbiblioteek, skoolbiblioteek, kinderbiblioteek, stadsbiblioteek, dorpsbibioteek, leesbiblioteek, uitleenbiblioteek, uitneembiblioteek, reisbiblioteek, bewaarbiblioteek, leessaal, leeskamer, bewaarsaal, biblioteekrak, boekrak, raknommer, bon, boekbon, biblioteekkaartjie, boekversameling, boekery, ruilboekery, ruilboekerydiens, argief, staatsargief, ryksargief, argivalia, argiefstuk
boekhandel, uitgewery, uitgewersbedryf, uitgewersmaatskappy, boekwinkel, antikwariaat, boekantikwariaat, boekverkoping
boekmens, bibliograaf, bibliofiel, boekevriend, boekeliefhebber, boekegek, bibliomaan, bibliotekaris, bibliotekaresse, argivaris, boekhandelaar, uitgewer, boekesmous, kolporteur, antikwaar

b.nw. uitgegee, gepubliseer, verskene, pasverskene, persklaar, persgereed, gelese, inhoudelik, akademies, verklarend, diksionêr, kanoniek, supplementêr, tabellaries, gebonde, ingebonde, deurskote, bibliofiel, boekagtig

ww. 'n boek skryf, saamstel, kompileer, publiseer, uitgee, heruitgee, druk, die lig laat sien, aankondig, pagineer, paragrafeer, redigeer, kuis, kastigeer, blaai, deurblaai, inkyk, inbind, deurskiet, oorslaan; uitkom, verskyn, die lig sien, 'n (lang/kort) raklewe hê; kolporteer

568. Perswese

s.nw. ***perswese,*** pers, media, persmedia, elektroniese media, dagbladpers, koerantpers, koerantwese, tydskrifpers, tydskrifwese, persgesprek, nasionale pers, die geel pers, sensasiepers, sensuur, perssensuur, koerantbiblioteek, hemeroteek, mediateek; uitgewer, uitgewery, koerantuitgewer, koerantuitgewery, tydskrifuitgewer, tydskrifuitgewery
koerantpers, koerant, blad, nuusblad, dagblad, oggendblad, môreblad, middagblad, aandblad, weekblad, naweekblad, naweekkoerant, Sondagblad, Sondagkoerant, uitgawe, edisie, nommer, jaargang, vroeë uitgawe, vroeë edisie, oggenduitgawe, oggendedisie, middaguitgawe, middagedisie, laat uitgawe, laat edisie, naweekuitgawe, naweekedisie, spesiale uitgawe, spesiale edisie, feesnommer, feesuitgawe, maandblad, handelsblad, nasionale koerant, streekskoerant, dorpskoerant, skoolkoerant, skoolblad, universiteitskoerant, universiteitsblad, studentekoerant, studenteblad, maatskappykoerant, gemeenteblad, gemeentekoerant, regeringsblad, regeringskoerant, staatsblad, staatskoerant, politieke koerant, partypolitieke koerant, partykoerant, partyblad, orgaan, poniekoerant; streekdiens, sirkulasie, koerantsirkulasie, tydskrifsirkulasie; pamflet, biljet, handbiljet, strooibiljet, vlugskrif, brosjure
koerantuitleg, tipografie, kolom, koerantkolom, kolomruimte, voorblad, binneblad, agterblad, hoofartikelblad, propagandablad, boekeblad, sportblad, berig, beriggewing, verslaggewing, artikel, subartikel, sub, koerantberig, koerantartikel, dagbladberig, dagbladartikel, hoofberig, hoofartikel, voorbladberig, voorbladartikel, nuusberig, nuusartikel, sportberig, sportartikel, aktuele berig, aktuele artikel, redaksionele artikel, redaksionele kommentaar, sensasieberig, weerberig, inlasberig, flits, flitsberig, nuusflits, sportflits, revue, oorsig, persoorsig, nuusoorsig, sportoorsig, weeroorsig, kommentaar, perskommentaar, koerantkommentaar, nuuskommentaar, sportkommentaar, rubriek, gereelde rubriek, meningsrubriek, sportrubriek, vraerubriek, kroniek, nuus, hoofnuus, voorbladnuus, aktuele nuus, plaaslike nuus sportnuus, modenuus, radiogids, televisiegids, radio-en-televisiegids, propagandablad, spotprent, spotskrif, skimpskrif, skotskrif, paskwil, lasterskrif, verweerskrif, prikkellektuur, strokie, strokiesprent, strokiesverhaal, prentstrokie, persoonlike kolom, kennisgewing, huweliksberig, huweliksaankondiging, sterfberig, foto, koerantfoto, montage, fotomontage, fotoblad, supplement, voublad, byvoegsel, bylae, blokkiesraaisel, advertensie, handels

advertensie, advertensieblad, advertensiebylae, advertensie-insetsel, knipsel, uitknipsel, koerantknipsel, knipseldiens; titel, kop (van 'n berig), kopstuk, opskrif, koerantopskrif, hoofopskrif, hofie, teks, kopie, koerantkopie; redaksiewerk, redigering, tipografie, uitleg, kolom, tabel, tabelvorm, saktyd, komkommertyd
tydskrif, joernaal, tydskrifjoernaal, periodiek, weekblad, maandblad, kwartaalblad, revue, jaarblad, lyfblad, nuustydskrif, sporttydskrif, modetydskrif, kunstydskrif, modeblad (tydskrif), vakblad, vaktydskrif
tydskrifartikel, aktuele artikel, modeartikel, verhaal, tydskrifverhaal, vervolgverhaal, feuilleton (*ong.*), rubriek, tydskrifrubriek, moderubriek, modeblad (rubriek), skoonheidsrubriek, tuinrubriek
joernalistiek, joernalisme; joernalis, joernaliste, beroepsjoernalis, vryskutjoernalis, verslaggewer, verslaggeefster, koerantjoernalis, koerantskrywer, koerantskryfster, koerantman, koerantvrou, beriggewer, beriggeefster, berigskrywer, persman, persvrou, nuusman, nuusvrou, artikelskrywer, korrespondent, nuuskorrespondent, streekskorrespondent, oorlogskorrespondent, rapporteur, publisis, rubriekskrywer, rubriekskryfster, tydskrifjoernalis; redaksie, hoofredaksie, dagredaksie, nagredaksie, nuusredaksie, sportredaksie, redakteur, redaktrise, koerantredakteur, koerantredaktrise, tydskrifredakteur, tydskrifredaktrise, hoofredakteur, hoofredaktrise, assistentredakteur, assistentredaktrise, subredakteur, subredaktrise, sub, nuusredakteur, nuusredaktrise, moderedakteur, moderedaktrise, kosredakteur, kosredaktrise, boekeredakteur, boekeredaktrise, verhaalredakteur, verhaalredaktrise, sportredakteur, sportredaktrise, taalredakteur, taalredaktrise, fotograaf, persfotograaf, koerantfotograaf, nuusfotograaf, vryskutfotograaf, samesteller, koerantbestuurder, koerantbestuurderes, sirkulasiebestuurder, sirkulasiebestuurderes, tipograaf, setter; persgalery, perskaartjie, perskantoor, nuuskantoor, koerantkantoor

b.nw. redaksioneel, joernalistiek, kroniekagtig, supplementêr, geabboneerd, persklaar

ww. publiseer, skryf, berig, verslag doen, redigeer, sub, klingel, tipografeer, adverteer, 'n advertensie plaas, die koerant laat sak

569. Taal

s.nw. ***taal,*** taalvorm, taalskat, tongval, medium, algemeenbeskaafde taal, algemeen-beskaafde vorm, skryftaal, spreektaal, voertaal, lingua franca, omgangstaal, wêreldtaal, internasionale taal, landstaal, nasionale taal, amptelike taal, kultuurtaal, onderwystaal, skooltaal, godsdienstaal, moedertaal, huistaal, eerste taal, tweede taal, vreemde taal, omgangstaal, omgangstaalvariant, volkstaal, patois, taaleie, taalgebied, lewende taal, dooie taal, oertaal, grondtaal, brontaal (vertaling), doeltaal (vertaling), metataal; masjientaal, rekenaartaal, programmeertaal, programmeringstaal, beheertaal
tale van die wêreld, taalverwantskap, taalfamilie, taalgroep, dogtertaal, sustertaal, kentumtaal, satemtaal, agglutinerende taal, Indo-Europees, Indo-Europese taal, Indo-Germaans, Indo-Germaanse taal, Romaanse taal, Indo-Iraans, Indo-Iraanse taal, Slaviese taal, Baltiese taal, Afrikataal, Oosterse taal, Afrikaans, Nederlands, Vlaams, Diets, Duits, Engels, die rooi taal, Frans, Spaans, Portugees, Italiaans, Latyn, potjieslatyn, kramerslatyn, Zoeloe, Xhosa, Tswana, Fanagalo, Fanakalo, . . .[1]
variant, taalvariant, variëteit, taalvariëteit, standaardtaal, standaardvariant, standaardvariëteit, dialek, geolek, streekvariant, streekvariëteit, streektaal, streekspraak, gewestelike taal, gewestelike variant, volkstaal, patois, sosiolek, chronolek, kronolek, kindertaal, jongmenstaal, oumenstaal, taal van volwassenes, idiolek, kombuistaal; dialektologie, variasietaalkunde, dialekkaart, isofoon, isoglos
taalregister, register, idioom, vaktaal, vakterminologie, jargon, onderwystaal, onderrigtaal, handelstaal, kanseltaal, regstaal, wetstaal, groeptaal, mannetaal, vrouetaal, orakeltaal, visserstaal, matroostaal, seemanstaal, skeepstaal, boewetaal, studentetaal, skolieretaal, skooltaal, sleng, slang, slengtaal, slangtaal, slengwoorde, slangwoorde, slenguitdrukkings, slanguitdrukkings, skoolsleng, skoolslang, studentesleng, studenteslang, skimptaal, wartaal, mengeltaal, argot, bargoens, diewetaal, straattaal, skollietaal, geheimtaal, gebaretaal

[1] Die lys taalname wat hier aangebied word, maak geen aanspraak op wetenskaplikheid of ensiklopediese volledigheid nie, maar wil slegs verteenwoordigend wees.

taalvermoë, taalbeheersing, langue, taalkennis, woordeskat, terminologie, taalgebruik, parole, spraakgebruik, taalgevoel, stylleer, styl, taalstyl, stylaard, stylvorm, praatstyl, skryfstyl, spreekwyse, segswyse, uitdrukkingswyse, manier van praat, sêding, spraakwending, formele taal, boektaal, hoogdrawende taal, bombas, hiper-Afrikaans, super-Afrikaans, chauvinistiese Afrikaans, hiper-Engels, super-Engels, . . ., informele taal, geselstaal, gesprekstaal, beeldspraak, goeie taalgebruik, swak taalgebruik, taalfout, stylfout, spelfout, praatfout, skryffout, brabbeltaal, koeterwaals, kramerslatyn (swak taalgebruik); konteks, kontekstuele verskynsel

taaleie, eiegoed, ontlening, woordontlening, leengoed, leenwoord, leenuitdrukking, Anglisisme, Gallisisme, Germanisme, Hebraïsme, Latinisme

taalverskynsel, taalkwessie, taalsuiwering, taalvermenging, mengeltaal, akkulturasie, verengelsing, taalkontak, tweetaligheid, diglossie, poliglossie, kreolisering, pidginisering, taalbederf, taalbegrip, taaloefening, taallaboratorium, taalontwikkeling, taalreël, taalwet

taalfout, skryffout, spelfout, formuleringsfout, denkfout, argaïsme, toutologie, pleonasme, solesisme (growwe taalfout), barbarisme, radbraking, geradbraakte taal, taalvermenging, Anglisisme, Germanisme, Nederlandisme, Gallisisme, Hebraïsme, Latinisme; taalgevoel, suiwerheid, taalsuiwerheid, purisme, taalpurisme, korrekte taalgebruik, suiwer taalgebruik

taalgeografie, taalgrens, taalpolitiek, taalsosiologie, taalstryd, taalbeweging, taalbevordering

taalkenner, talekenner, poliglot, taalgeleerde, taalwetenskaplike 515, taalkundige 515, taalindoena, taalhervormer, taalstryder, taalsuiweraar, puris

b.nw. talig, linguaal, buitetalig, ekstralinguaal, eentalig, tweetalig, drietalig, .., andertalig, vreemdtalig, dialekties, isoglossies, gewestelik, diglotties, poliglotties, Afrikaanstalig, Afrikaanssprekend, Engelstalig, Engelssprekend, Franstalig, Franssprekend, Xhosasprekend, Zoeloesprekend, . . ., nie-Afrikaans, nie-Engels, onafrikaans, spraakmakend, spreekwoordelik, terminologies, suiwer, korrek, foutloos, hiperkorrek, puristies, verkeerd, geradbraak, beeldsprakig, bloemryk, blomryk; kontekstueel

ww. 'n taal praat, 'n taal ken, suiwer, radbraak, ontleen, verafrikaans, verdiets, verengels, angliseer, germaniseer, romaniseer

uitdr. 'n wandelende woordeboek; glad met die bek; wel ter tale wees

570. Taalwetenskap

s.nw. ***taalwetenskap,*** linguistiek, taalkunde, algemene taalkunde, algemene taalwetenskap, algemene linguistiek, teoretiese taalkunde (- taalwetenskap, - linguistiek), beskrywende taalkunde (- taalwetenskap, - linguistiek), deskriptiewe taalkunde (- taalwetenskap, - linguistiek), taalstudie, taalnavorsing, mikrolinguistiek, makrolinguistiek, filologie, glossologie, strukturele taalkunde (- taalwetenskap, - linguistiek), generatiewe taalkunde (- taalwetenskap, - linguistiek), pragmatiek, tekslinguistiek, historiese taalkunde (- taalwetenskap, - linguistiek), diachroniese taalkunde (- taalwetenskap, - linguistiek), diakroniese taalkunde (- taalwetenskap, - linguistiek), diachronie, diakronie, sinchroniese taalkunde (- taalwetenskap, - linguistiek), sinkroniese taalkunde (- taalwetenskap, - linguistiek), sinchronie, sinkronie, kontrastiewe taalkunde (- taalwetenskap, - linguistiek), vergelykende taalkunde (- taalwetenskap, - linguistiek), tipologiese taalkunde (- taalwetenskap, - linguistiek), antropologiese taalkunde (- taalwetenskap, - linguistiek), biolinguistiek, rekenaartaalkunde, rekenaarlinguistiek, etnolinguistiek, wiskundige linguistiek, neurolinguistiek, psigolinguistiek, sosiolinguistiek, statistiese taalkunde (- linguistiek), toegepaste taalkunde (- taalwetenskap, - linguistiek), taalfilosofie, variasietaalkunde, dialektologie, dialekgeografie, taalgeografie, dialektiek, taalgeskiedenis, naamkunde, onomastiek antroponimie, persoonsnaamkunde, troponimie, pleknaamkunde, literêre onomastiek, vertaalkunde, vertaalwetenskap

grammatika, taalbeskrywing, woordgrammatika, sinsgrammatika, teksgrammatika, deskriptiewe grammatika, strukturele grammatika, kategoriale grammatika, teoretiese grammatika, formele grammatika, formalistiese grammatika, nondiskret

grammatika, lineêre grammatika, transformasionele grammatika, generatiewe grammatika, transformasioneel-generatiewe grammatika, kognitiewe grammatika, funksionele grammatika, relasionele grammatika, sistemiese grammatika, kasusgrammatika, vergelykende grammatika, universele grammatika
semasiologie, semiologie, semiotiek, semantiek 577, betekenisleer, woordsemantiek, leksikologie, sinonimiek, leksikografie, pragmatiek, deiksis, spraakkuns, spraakleer, sinsleer, sintaksis 576, morfologie 575, klankleer, fonologie 572, fonetiek, geluidsleer, spraakkuns
Nederlandistiek, Neerlandistiek, Germanistiek, Anglistiek, Romanistiek
vertaling, vertaalkunde, vertaalwetenskap, vertaalteorie; direkte vertaling, vrye vertaling, vertaalde werk, vertaalde teks, leenvertaling; transliterasie; taalversorging, redigering, redigeerwerk, taalredigering, proefleeswerk
taalonderrig, taalonderwys, moedertaalonderrig, eerstetaalonderrig, tweedetaalonderrig, vreemdetaalonderrig, Afrikaansonderrig, Engelsonderrig, Xhosa-onderrig, . . ., taalreël, taalwet, spelling, spelreël, fouteanalise, taaloefening, taalklas, taallaboratorium
taaldiens, taallaboratorium, taalburo, vakterminologiediens, vaktaalburo, vertaaldiens, taalversorgingsdiens
taalwetenskaplike, taalkundige, linguis, filoloog, teoretiese taalkundige, strukturele taalkundige, generatiewe taalkundige, beskrywende taalkundige, grammatikus, sintaktikus, semantikus, leksikale semantikus, leksikoloog, woordeskatkundige, naamkundige, onomastikus, leksikograaf, morfoloog, fonoloog, fonetikus, dialektoloog, dialektikus, historiese taalkundige, Nederlandikus, Neerlandikus, Germanis, Anglisis, Anglis, Romanis, Latinis, vertaler, tolk, taaladviseur

b.nw. taalkundig, talig, grammaties, grammatikaal, deskriptief, beeldsprakig, generatief, leksikaal, leksikografies, leksikologies, semioties, semasiologies, semanties, sintakties, morfologies, fonologies, foneties, diachronies, diakronies, diachroon, diakroon, sinchronies, sinkronies, sinchroon, sinkroon, puristies

ww. ontleed, genereer, suiwer, 'n taalreël oortree, versorg, redigeer, vertaal, translitereer, tolk

571. Skrif

s.nw. ***skrif*** 546, 563, 565, ortografie, skrifteken, letter, letterteken, skryfletter, grafeem, konsonant, klinker, konsonantletter, vokaal, medeklinker, vokaalletter, eerste letter, beginletter, eindletter, slotletter, kleinletter, hoofletter, grafeem, gewone letter, gotiese letter, arabiese letter, Hebreeuse letter, arabiese skrif, lettergreep, syfer, syferteken, Romeinse syfer
alfabet, abc, a, b, c, d, e, . . ., Griekse alfabet, alfa, beta, gamma, delta, jota, omega
punktuasie, interpunksie, teken, leesteken 565, diakritiese teken, punt, komma, kommapunt, dubbelpunt, kolon, vraagteken, uitroepteken, aanhalingsteken, afkappingsteken, apostroof, deelteken, umlaut, trema, kappie, kappieteken, sirkumfleks, klem, klemteken, aksent, aksentteken, gravis, gravisaksent, akuut, akuutaksent, acutus, cedille, tilde, koppelteken, verbindingsteken, afbrekingsteken, hakie, ronde hakie, parentese, krulhakie, akkolade, blokhakie, aandagstreep, gedagtestreep, skuins streep, solidus, gelykteken, gelykaanteken, is-gelyk--aanteken, plusteken, minusteken, deelteken (wiskunde), maalteken, vermenigvuldigteken, vermenigvuldigingsteken, sterretjie, asterisk, en-teken, ampersand, kruis, kruisie, dubbele kruis, tittel, karakterstring, weglatingsteken, uitlaatteken, uitlatingsteken, karet (proeflees), verkortingsteken, kleiner-as-teken, groter-as-teken, paragraaf, spasie, alinea

b.nw. skriftelik, ortografies, diakrities, parenteties, eenlettergrepig, tweelettergrepig, . . ., inisiaal, homografies

ww. punktueer, interpungeer, paragrafeer, aaneenskryf, afkap, aksentueer

572. Uitspraak

s.nw. ***uitspraak,*** artikulasie, koartikulasie, fonasie, diksie, standaarduitspraak, uitspraakvariant, uitspraakvariasie, variante uitspraak, gebiedsuitspraak, dialektiese uitspraak, streekuitspraak; klankleer, uitspraakleer, fonologie, strukturele fonologie, segmentele fonologie, suprasegmentele

fonologie, outosegmentele fonologie, generatiewe fonologie, natuurlike fonologie, sillabiese fonologie, metriese fonologie, prosodiese fonologie, historiese fonologie, historiese klankleer, dialekfonologie, fonetiek, artikulatoriese fonetiek, akoestiese fonetiek, eksperimentele fonetiek, uitspraakwoordeboek

klanksisteem, fonologiese sisteem, fonetiese sisteem, klankwet, klank, klanksegment, spraakklank, spraakgeluid, foneem, foon, allofoon, isofoon, vokaal, klinker, voorvokaal, agtervokaal, middelvokaal, lae vokaal, hoë vokaal, lang vokaal, kort vokaal, schwa, monoftong, diftong, tweeklank, stamvokaal, stamklinker, reduksievokaal, vokaalkaart, vokaalsisteem, vokalisme, halfvokaal, halfklinker, glyklank, glyer, konsonant, medeklinker, keelklank, sluitklank, ploffer, plofklank, eksplosief, okklusief, klapklank, klapper, klikklank, stembandeksplosief, stemspleeteksplosief, glottisslag, frikatief, spirant, vernouingsklank, skuurklank, triller, sisklank, sibilant, suigklank, nasaal, nasale konsonant, neusklank, likwied, anterieure konsonant, labiaal, labiale konsonant, bilabiaal, bilabiale konsonant, dentale konsonant, tandklank, labiodentale konsonant, alveolaar, alveolêre konsonant, koronale konsonant, palatale konsonant, palataal, palato-alveolêre konsonant, velaar, velêre konsonant, affrikaat, lenis, fortis, oorgangsklank, rym, metrum, rymklank, rymwoord; klankkleur, stemhebbendheid, stemloosheid, nasaliteit, resonansie, sonoriteit, stemkwaliteit, stemtipe, bas, tenoor, sopraan, alt, skerp, skril, hoog, laag, diep, donker; spraakkanaal, spraaksisteem, spraakorgaan, mond, mondholte, neus, neusholte, resonansieruimte, lippe, tande, tandrif, alveolus, harde verhemelte, palatum, sagte verhemelte, velum, keelholte, sagittale streek, tong, tongpunt, tongstand

klankproses, klankwisseling, klankverskuiwing, fonologiese proses, fonetiese proses, morfonologiese proses, assimilasie, progressiewe assimilasie, regressiewe assimilasie, antisipatoriese assimilasie, vooruitwerkende assimilasie, terugwerkende assimilasie, nasaalassimilasie, nasalering, stemassimilasie, labialisasie, palatalisasie, palatalisering, assibilasie, dissimilasie, aspirasie, sandhi, rotasisme, skrapping, konsonantskrapping, aferese, aferesis, prokopee, apokopee, sinkopee, haplologie, invoeging, protesis, konsonantinvoeging, vokaalinvoeging, paragoge, geminasie, konsonantverdubbeling, metatese, metatesis, segmentpermutasie, klankverspringing, vokaalwisseling, ablaut, sametrekking, vokaalsametrekking, sinerese, vokaalbreking, diërese, klise, klisis, enklise, enklisis, proklise, proklisis, vokaalverhoging, vokaalverlaging, reduksie, reduksieproses, reduksietrap, vokaalreduksie, umlaut, ronding, vokaalronding, ontronding, vokaalontronding

sillabe, monosillabe, klankgreep, klankgroep, lettergreep, sillabebou, sillabestruktuur, anlaut, sillabe-aanvang, inlaut, sillabekern, auslaut, sillabe-einde, koda, mora, oop sillabe, geslote sillabe, sillabiese verskynsel, sillabifikasie, sillabestruktuurwysiging, metrum, jambe, jambiese versmaat

prosodie, klemtoon, beklemtoning, klem, aksent, nadruk, woordklem, woordaksent, sinsklem, sinsaksent, klemtoekenning, klemreël, klemverskuiwing, beginklem, beginaksent, eindklem, eindaksent, hoofklem, primêre klem, hoofaksent, byklem, sekondêre klem, oksitonon, oksitoon, toon, toonwysiging

b.nw. fonologies, foneties, fonies, homofoon, homofonies, isofonies, allofonies, morfonologies, artikulatories, akoesties, homofoon, vokalies, intervokalies, konsonanties, sonorant, likwied, lank, kort, hoog, laag, middel, eksplosief, okklusief, koronaal, anterieur, nasaal, labiaal, bilabiaal, dentaal, interdentaal, labiodentaal, alveolêr, palataal, palato-alveolêr, velêr, glottaal, gutturaal, frikatief, spiranties, geaspireer(d), assimilatories, geassimileer(d), antisipatories, vooruitwerkend, regressief, terugwerkend, gepalataliseer(d), stemhebbend, stemloos, gereduseer(d), gerond, ontrond paragogies, metries, jambies, sillabies, monosillabies, bisillabies, disillabies, meersillabig, oop (- sillabe), geslote (- sillabe) prosodies, beklemtoon(d), beklem(d), geaksentueer(d), rymend, rymloos, tonies, protonies, toonloos

ww. uitspreek, praat, artikuleer, klank, resoneer, wysig, varieer, assimileer, labialiseer

nasaleer, palataliseer, aspireer, velariseer, stem gee, ontstem, rond, ontrond, verhoog, verlaag, reduseer, monoftongeer, diftongeer, versterk, invoeg, skrap, apokopeer, sinkopeer, prokopeer, verdubbel, permuteer, sillabifiseer, beklem, beklemtoon, benadruk, aksentueer, rym

573. Woordeskat

s.nw. ***woordeskat,*** leksikon, woordvoorraad, terminologie, vakterminologie, ontlening, woordontlening, woordvorming, simpleks, simplekse woord, ongelede woord, kompleks, komplekse woord, gelede woord, samestelling, afleiding, meerfunksionaliteit, volksetimologie, kontaminasie, analogie; herkoms, afkoms, oorsprong, diachronie, diakronie, etimologie

woord, woordvorm, term, leksikale item, lekseem, boekwoord, formele woord, formele term, informele woord, informele term, volkswoord, volksterm, vakwoord, vakterm, terminologie, vakterminologie, basterwoord, doeblet, holofrase, grondwoord, simpleks, kompleks, saamgestelde woord, afgeleide woord, samestelling, kompositum, geflekteerde woord, gevoelswoord, affektiese woord, klanknabootsing, klanknabootsende woord, onomatopee, afkorting, akroniem, letterwoord, letternaam, syfernaam, palindroom, alkantselfkantwoord (*geselst.*), leenwoord, leengoed

woordbetekenis, betekenis, leksikale waarde, semantiese waarde, woordinhoud, sinoniem, antoniem, teenoorgestelde, holoniem, meroniem, hiponiem, superordinaat, oorkoepelende term, paroniem, poliseem, polisemiese waarde, betekenisonderskeiding, homoniem, homofoon, homograaf, heteroniem; woordverhouding, betekenisverhouding, betekenisbetrekking, betekenisverwantskap, leksikale betrekking, sinonimie, sinonimiek, antonimie, antonimiek, teenoorgesteldheid, meronimie, hiponimie, paronimie, polisemie, homonimie, homofonie, homografie, heteronimie, katachrese, katachresis; morfeem, afleidingsmorfeem, stammorfeem, fleksiemorfeem, morf, allomorf, morfeemvariant, morfeemstruktuur

idioom, idioomskat, idioomversameling, uitdrukking, idiomatiese verbinding, vaste uitdrukking, geykte uitdrukking, vaste verbinding, kollokasie, spreuk, spreekwoord, gesegde, sêding, sêgoed, uitdrukkingswyse, volksuitdrukking, apologiese spreekwoord, kernspreuk, leenspreuk, leerspreuk, maksime, orakelspreuk, sinspreuk, wending, towerspreuk, wonderspreuk, towerformule, towerformulier, slagspreuk, motto, oorlogskreet, strydkreet, wapenspreuk, vergelyking

b.nw. leksikaal, terminologies, simpleks, kompleks, etimologies, polisemies, homonimies, homofoon, homofonies, homografies, sinoniem, sinonimies, antoniem, antonimies, teenoorgesteld, komplementêr, hiponimies, superordinaat, paroniem, paronimies, holofrasties, idiomaties, spreekwoordelik, geyk, vas

574. Woordkategorie

s.nw. ***kategorie,*** woordkategorie, klas, woordklas, leksikale kategorie, hoof- leksikale kategorie, sintaktiese kategorie, semantiese kategorie, morfologiese kategorie, paradigma, leksikale paradigma, sintaktiese paradigma, semantiese paradigma, morfologiese paradigma, rededeel, woordklas

naamwoord, selfstandige naamwoord, substantief, nomen, soortnaam, soortnaamwoord, appellatief, abstrakte selfstandige naamwoord, abstraktum, stofnaam, stofnaamwoord, massanaamwoord, versamelnaam, hoeveelheidsnaam, maatnaam, maatnaamwoord, eienaam, persoonsnaam, persoonseienaam, antroponiem, voornaam, doopnaam, noemnaam, roepnaam, bynaam, verkorte naam, lalnaam, mansnaam, vrouenaam, seunsnaam, meisienaam, familienaam, van, agternaam, patroniem, pleknaam, toponiem, produknaam, maandnaam, . . ., substantivering; voornaamwoord, pronomen, pro-vorm, persoonlike voornaamwoord, besitlike voornaamwoord, possessief, genitief, aanwysende voornaamwoord, demonstratief, wederkerende voornaamwoord, refleksief, refleksiewe voornaamwoord, wederkerige voornaamwoord, betreklike voornaamwoord, relatiefvoornaamwoord, vraende voornaamwoord, vraagwoord, onpersoonlike voornaamwoord, onbepaalde voornaamwoord, epiteton, pronominale epiteton, anafoor, antesedent

naamval, kasus, casus, naamvalsvorm, kasusvorm, naamvalsuitgang, kasusuitgang,

naamvalsmorfeem, kasusmorfeem, naamvalssuffiks, kasussuffiks, nominatief, genitief, datief, akkusatief, ablatief, instrumentalis, instrumentis, lokatief, vokatief; semantiese rol, tematiese rol, agent, doener, instrument, onderganer, pasiënt, begunstigde, bevoordeelde, ontvanger, ervaarder, lokatief
geslag, genus, manlike geslag, vroulike geslag, onsydige geslag, onsydigheid, neutrale geslag, neutrum
getal, enkelvoud, singularis, meervoud, pluralis, dualis, meervoudsvorm, meervoudsuitgang, meervoudsmorfeem, meervoudsuffiks
werkwoord, verbum, gesegde, hoofwerkwoord, onoorganklike werkwoord, oorganklike werkwoord, transitiewe werkwoord, dubbeloorganklike werkwoord, oorganklikheid, transitiwiteit, onoorganklikheid, intransitiwiteit, wederkerende werkwoord, refleksiewe werkwoord, onskeibare werkwoord, skeibare werkwoord, deeltjiewerkwoord, partikelwerkwoord, setselwerkwoord, kousatief, kousatiewe werkwoord, kousaliteit, kousatiwiteit, faktitief, faktitiewe werkwoord, indikatief, frekwentatief, frekwentatiewe werkwoord, duratief, duratiewe werkwoord, optatief, konjunktief, aanvoegende wys(e), subjunktief, privatief, privatiewe werkwoord, inchoatief, inchoatiewe werkwoord, ingressief, ingressiewe werkwoord, irrealis, bedrywende vorm, aktief, aktiewe werkwoord, lydende vorm, passief, passiewe werkwoord, deiktiese werkwoord, koppelwerkwoord, kopula, verbuiging, vervoeging, deklinasie, konjugasie, verboë vorm, deelwoord, infinitief, partisipiaal, partisipium, gerundium, sterk werkwoord, swak werkwoord, teenwoordige deelwoord, verlededeelwoord, sterk verledededeelwoord, aoristus, aoris, modus, aspek, verbalisering; hulpwerkwoord, medewerkwoord, hulpwerkwoord van tyd, tydhulpwerkwoord, hulpwerkwoord van modaliteit, modale hulpwerkwoord, passiefwerkwoord, omskrywingswerkwoord, skakelwerkwoord, hendiadiswerkwoord, hortatief; tyd, tydvorm, teenwoordige tyd, presens, praesens, historiese presens, verlede tyd, onvoltooid verlede tyd, voltooid(e) verlede tyd, perfektum, perfek, preteritum, plusquamperfektum, perfektiwiteit, toekomende tyd, futurum
deeltjie, werkwoorddeeltjie, partikel, werkwoordpartikel
byvoeglike naamwoord, adjektief, attributiewe byvoeglike naamwoord, attributiewe adjektief, predikatiewe byvoeglike naamwoord, predikatiewe adjektief, trappe van vergelyking, stellende trap, vergelykende trap, vergrotende trap, komparatief, oortreffende trap, superlatief, maatadjektief
bywoord, adverbium, adjunk, bywoord van tyd (adverbium -, adjunk -), bywoord van plek (adverbium -, adjunk -), bywoord van wyse (adverbium -, adjunk -), bywoord van rede (adverbium -, adjunk -), bywoord van middel (adverbium -, adjunk -), modale bywoord (- adverbium, - adjunk), bywoord van graad (adverbium -, adjunk -), graadadjunk, graadwoord, graadbepaling, graadwoordkonstruksie, maatadjunk, sinsbywoord, sinsadjunk, disjunk
telwoord, getalswoord, kwantor, numeriese kwantor, hooftelwoord, rangtelwoord, onbepaalde telwoord, onbepaalde kwantor, eksistensiële kwantor, universele kwantor
setsel, voorsetsel, preposisie, agtersetsel, postposisie, alkantsetsel, sirkumposisie, groepvoorsetsel
voegwoord, verbindingswoord, neweskikkende voegwoord, neweskikker, konjunksie, redegewende voegwoord, teenstellende voegwoord, disjunktiewe voegwoord, disjunksie, korrelatiewe voegwoord, onderskikkende voegwoord, onderskikker
lidwoord, artikel, determineerder, bepaalde lidwoord, onbepaalde lidwoord
uitroep, interjeksie, stopwoord, vloekwoord, bastervloekwoord, kragterm, kragwoord

b.nw. kategoriaal, geklassifiseer(d), paradigmaties; naamwoordelik, substantiwies, nominaal, soortnaamwoordelik, abstrak onomasties, patronimies, toponimies voornaamwoordelik, pronominaal, persoonlik, onpersoonlik, bepaald, deikties onbepaald, besitlik, aanwysend, demonstratief, wederkerend, refleksief, wederkerig, betreklik, vraend; nominatief, genitie datief, akkusatief, lokatief, vokatief; manlik, vroulik, onsydig, neutraal, gemeenslagtig, enkelvoudig, meervoudig; werkwoor

delik, verbaal, oorganklik, transitief, dubbeloorganklik, onoorganklik, intransitief, skeibaar, onskeibaar, aktief, statief, kousaal, kousatief, faktitief, indikatief, frekwentatief, duratief, optatief, konjunktief, privatief, inchoatief, ingressief, iteratief, bedrywend, aktief, lydend, passief, modaal, teen(s)woordig, perfektief, toekomend, sterk, swak; byvoeglik, adjektiwies, attributief, predikatief, bywoordelik, adverbiaal; voegwoordelik, preposisioneel

ww. substantiveer, verbaliseer, verbuig, vervoeg, flekteer, klassifiseer

575. Woordvorming

s.nw. ***woordvorming,*** woordbou, woordafleiding, morfologie, woordvormingsproses, morfologiese proses, morfonologiese proses, woordvormingsreël, morfologiese reël, morfonologiese reël, samestelling (proses), reduplikasie (proses), samekoppeling, afleiding (proses), derivasie, samestellende afleiding (proses), substantiefvorming, substantivering, nominalisering, werkwoordvorming, verbalisering, adjektiefvorming, adjektivering, bywoordvorming, adverbialisering, fleksie, defleksie, verbuiging, woordbuiging, vervoeging, deklinasie, konjugasie, verboë vorm, enkelvoud, singularis, enkelvoudsvorming, meervoud, pluralis, meervoudsvorming, verkleinwoord, diminutief, verkleining, diminutivering, verledetydsvorming, nuutskepping, neologisme, nieuvorming, analogie, proklise, proklisis, protesis, afkorting, akroniemvorming, reduksie, woordreduksie, morfologiese reduksie, truvorming, Rückbildung, inkorting, versmelting, sametrekking, volksetimologie, kinderetimologie, onomatopee, klanknabootsing, kontaminasie, verdraaiing, verspreking

morfeem, allomorf, allomorfie, morfeemvariasie, stamallomorfie, affiksallomorfie, prefiksallomorfie, suffiksallomorfie, formans, morfeemstatus, morfeemgrens, morfeemkategorie, stam, stammorfeem, vrye stam, vrye stammorfeem, gebonde stam, gebonde stammorfeem, stamwoord, wortel, wortelmorfeem, wortelwoord, grondwoord, basis, afleidingsmorfeem, affiks, verbuigingsuitgang, verbuigingsmorfeem, fleksiemorfeem, voorvoegsel, afleidingsvoorvoegsel, prefiks, agtervoegsel, afleidingsagtervoegsel, suffiks, uitgang, invoegsel, tangmorfeem, alkantvoegsel, meervoud, meervoudsvorm, meervoudsuitgang, meervoudsuffiks, meervoudsmorfeem, verkleiningsvorm, verkleiningsuitgang, verkleiningsuffiks, diminutief, diminutiefuitgang, diminutiefsuffiks, verbuigingsuitgang, verbuigingsuffiks, verledetydsuitgang, verledetydsuffiks, naamval, naamsvalsuitgang, naamvalsuffiks, vervroulikingsuffiks, vervroulikingsagtervoegsel, emotiewe agtervoegsel, emotiewe suffiks, pejoratiewe suffiks, amelioratief, amelioratiefsuffiks, verbindingsmorfeem, bindmorfeem, verbindingsklank

woord, woordvorm, woordbeeld, ongelede woord, simpleks, simplekse woord, ongeleedheid, gelede woord, kompleks, komplekse woord, saamgestelde woord, geleedheid, morfologiese struktuur, morfologiese valensie, morfologiese kategorie, samestelling (woord), bahuvrihi-samestelling, kompositum, afleiding (woord), derivaat, samestellende afleiding (woord), reduplikasie (woord), stapelvorm, neologisme, volksetimologie, volksetimologiese woord, afkorting, abbreviasie, akroniem, letterwoord, letternaam, letternaamwoord, letterklankwoord, analogon, analoog, anagram, onomatopee, palindroom

morfologie, morfonologie, woordvormingsleer

b.nw. morfologies, morfonologies, enkelvoudig, simpleks, kompleks, saamgestel(d), samegestel(d), geredupliseer, afgelei, affigaal, affiksaal, suffigaal, suffiksaal, verboë, onverboë, diminutief, meervoudig, paragogies, proklities, onomatopeïes

ww. aflei, afstam, inflekteer, saamstel, vorm, bou, afkap, afkort, deklineer, kontamineer, redupliseer, singulariseer, substantiveer, verbaliseer, adjektiveer

576. Sinsbou

s.nw. ***sinsbou,*** sinstruktuur, sintaktiese struktuur, sinskonstruksie, sinsvorm, stelsinstruktuur, vraagsinstruktuur, bevelsinstruktuur, passiefsinstruktuur, . . ., sinsaanvang, sinskern, sinseinde, sintaktiese verbinding, kohesie, sintaktiese samehang, verbindbaarheid, valensie, sintaktiese valensie, volgorde, woordorde, woordskikking, neutrale volgorde, hoofsinvolgorde,

onafhanklike volgorde, bysinvolgorde, afhanklike volgorde, inversie, inversievolgorde, hipallage, hiperbaton, volgordewysiging, volgordeverandering, omsetting, hiërargie, sintaktiese hiërargie

sinsontleding, sintaksis, sinsleer, fraseologie, strukturele sintaksis, generatiewe sintaksis, sintaktiese ontleding

sin, sinskonstruksie, stel, sinstipe, sinsverband, neweskikkende verband, parataksis, aaneenskakelende sinsverband, onderskikkende verband, hipotaksis, apodosis, protasis, sinswending, neutrale sin, stelsin, vraagsin, algemene vraagsin, spesifieke vraagsin, eggovraagsin, bevelsin, imperatief, imperatiefsin, aktiefsin, aktiefkonstruksie, sin in die bedrywende vorm, passiefsin, passiefkonstruksie, sin in die lydende vorm, hoofsin, matrikssin, onafhanklike sin, bysin, ingebedde sin, ondergeskikte sin, afhanklike sin, naamwoordelike bysin, naamwoordsin, onderwerpsin, voorwerpsin, gesegdesin, predikaatsin, byvoeglike bysin, betreklike bysin, relatiefsin, bywoordelike bysin, adjunksin, infinitiefsin, newegeskikte sin, neweskikkingskonstruksie, parentetiese sin, tussensin, splitsingskonstruksie, sleutelsin, volsin, gereduseerde sin, ellips, elliptiese konstruksie, sinsfragment, onvoltooide sin; direkte rede, indirekte rede

taalhandeling, stelling, implikasie, suggestie, vraag, retoriese vraag, bevel, versoek

kategorie 31, 33, 168, 170, sintaktiese kategorie, leksikale kategorie 574, woordkategorie, paradigma, konstruksie, frase, sinsnede, sinsdeel, sinstuk, sintaktiese konstruksie, sinskonstruksie, sintagma, konstituent, sinskonstituent, sinsfragment, endosentriese konstruksie, eksosentriese konstruksie, naamwoordgroep, naamwoordkonstruksie, naamwoordstuk, substantiefstuk, nominaalkonstruksie, werkwoordgroep, werkwoordkonstruksie, werkwoordstuk, hendiadis, verbale hendiadis, hendiadiskonstruksie, koppelwerkwoordkonstruksie, kopulakonstruksie, kopulapredikaat, adjektiefgroep, adjektiefkonstruksie, adjektiefstuk, byvoeglike bepaling, adjunk, bywoord, bywoordelike bepaling, bywoordelike frase, bywoordelike konstruksie, graadbepaling, bepaling van graad, graadwoordkonstruksie, setselgroep, voorsetselgroep, setselstuk, voorsetselstuk, preposisionele frase, voorsetselaanvulling, voorsetselpredikaat, agtersetselkonstruksie, groepvoorsetselkonstruksie, bepaling, voorbepaling, nabepaling, komplement, beperkende bepaling, nie-beperkende bepaling, bystelling, bystellende bepaling, apposisie, apposisionele bepaling, apposisionele konstruksie, partitief, partitiefkonstruksie, partitiewe genitief, vraagwoordkonstruksie

sinsfunksie, gesegde, predikaat, eenplekpredikaat, tweeplekpredikaat, drieplekpredikaat, argument, onderwerp, sinsonderwerp, subjek, voorwerp, objek, direkte voorwerp, direkte objek, indirekte voorwerp, indirekte objek, voorsetselvoorwerp, voorsetselobjek, preposisionele voorwerp, preposisionele objek, aanspreekvorm, aanspreking, vokatief, groetvorm, interjeksie, uitroep, tussenwerpsel; ergatiwiteit, ergatiewe taal

sintaktiese proses, sintaktiese reël, sintaktiese verskynsel, plasing, ordening, groepering, neweskikking, konjunksie, disjunksie, disjunktiewe neweskikking, korrelatiewe neweskikking, sinsvereniging, teenstelling, onderskikking, asindeton, asindetiese verbinding, omskrywing, passivering, ontkenning, negativering, sinkretisme, anaforiek, anaforiese verband, anaforiese ketting, anaforiese verbinding, anafoor, voornaamwoordelike anafoor, naamwoordelike anafoor, epitetiese anafoor, pronominale epiteton, nulanafoor, sinsanafoor, antesedent, pleonasme, ellips, elliptiese konstruksie, woorduitlating, prolepsis

b.nw. sintakties, kategoriaal, paradigmaties, endosentries, eksosentries, neweskikkend, paratakties, onderskikkend, ondergeskik, hipotakties, naamwoordelik, substantief, nominaal, werkwoordelik, verbaal, byvoeglik, adjektiwies, attributief, predikatief, bywoordelik, adverbiaal, preposisioneel, bedrywend, aktief, lydend, passief, voltooid, onvoltooid, bepalend, bystellend, apposisioneel, anafories, prolepties, sinkreties, toutologies, pleonasties, ellipties, funksioneel, ergatief

ww. fraseer

577. Betekenis

s.nw. ***betekenis*** 541, semantiese waarde, begrip, inhoud, begripsinhoud, interpretasie, bedoeling, strekking, sin, eenduidigheid, dubbelsinnigheid, meerduidigheid, kongruensie, betekeniskongruensie, teenstelling, kontradiksie, betekenisgeheel, betekenisdeel, betekenisatoom, betekenismoment, betekeniskenmerk, semantiese kenmerk, betekenisspektrum, grondbetekenis, verwysing, referensiële betekenis, denotasie, deskriptiewe betekenis, deskriptiewe waarde, deskriptiewe betekenismoment, feitelike betekenis, ekstensionele betekenis, logiese betekenis, logika, logiese vorm, analitiese waarheid, sintetiese waarheid, objektiewe betekenis, kognitiewe betekenis, letterlike betekenis, figuurlike betekenis, disjunkte betekenis, disjunkte betekenistoepassing, vraende betekenis, vraende betekenismoment, negatiewe betekenis, negatiewe betekenismoment, konnotasie, konnotatiewe betekenis, konnotatiewe betekenismoment, bybetekenis, stylwaarde, stilistiese waarde, stilistiese betekenis, paralipsis, betekenisaspek, betekenisfaset, betekenisopposisie, betekenisteenstelling, paradoks, betekenisparadoks; interpretasie, begrip, interpretatiewe reël

figuurlike betekenis, figuur, stylfiguur 750, figuurlike taalgebruik, nie-letterlike taalgebruik, figuurlikheid, hiperbool, metonimie, metonimia, metafoor, lewende metafoor, dooie metafoor, metaforiese waarde, metaforiese betekenis, metaforiek, beeldspraak, disjunkte betekenis, oordragtelike betekenis, paralipsis

woordbetekenis, morfeembetekenis, leksikale betekenis, leksikale waarde, leksikale betekenismoment, woordinhoud, ensiklopediese betekenis, ensiklopediese kennis, ensiklopedisiteit, betekenisverklaring, woordverklaring, polisemie, polisemiese waarde, poliseem, betekenisonderskeiding, homonimie, homoniem, homofonie, homofoon, homograaf; woordverhouding, betekenisverhouding, betekenisbetrekking, betekenisverwantskap, leksikale betrekking, semantiese veld, leksikale veld, woordveld, sinonimie, sinonimiek, plesionimie, antonimie, antonimiek, teenoorgesteldheid, komplementariteit, meronimie, deel--geheel-verhouding, hiponimie, enkapsulering, betekenisenkapsulering, endonimie, sintagmatiese (leksikale) betrekking, kollokasie, paronimie, katachrese, katachresis, antonomasia, antonomasie, toutologie, pleonasme; sinoniem, plesioniem, antoniem, teenoorgestelde, holoniem, meroniem, hiponiem, superordinaat, oorkoepelende term, endoniem, eksoniem, paroniem

sinsbetekenis, sintagmatiese betekenis, proposisie, proposisionele inhoud, proposisionele struktuur, tematiese struktuur, tema, topiek, ou inligting, topiekloosheid, rema, fokus, nuwe inligting, aspek, aspektiese waarde, aspektuele waarde, aspektiese betekenis, aspektuele betekenis, modaliteit, modale waarde, modale betekenis, deontiese modaliteit, epistemiese modaliteit, moontlikheid, noodsaaklikheid, tekstuele waarde, tekstuele betekenis, kontekstuele waarde, kontekstuele betekenis, pragmatiese betekenis, pragmatiese waarde, taalhandeling, taalhandelingswaarde, taalhandelingsbetekenis, lokusie, illokusie, perlokusie, bepaaldheid, bepaalde verwysing, onbepaaldheid, onbepaalde verwysing, aanwysende betekenis, deiktiese betekenis, aanwysende waarde, deiktiese waarde, aanwysende betekenismoment, deiktiese betekenismoment, anaforiek, kataforiek, anaforiese waarde, anaforiese verband, koreferensialiteit, grammatiese waarde, grammatiese betekenis, sintaktiese waarde, sintaktiese betekenis, emotiewe waarde, emotiewe betekenis, emotiewe betekenismoment, gevoelswaarde, affek, affektiese waarde, implikasie, betekenisimplikasie, implikasieverskynsel, presupposisie, voor(ver)onderstelling, gevolgtrekking, logiese gevolgtrekking

betekenisaard, betekenisvolheid, betekenisloosheid, betekenisverband, betekenisoorvleueling, betekenisverskil, betekenisverandering, betekenisverdigting

semiotiek, semasiologie, semiologie, betekenisleer, semantiek, onomasiologie, woordsemantiek 570, leksikale semantiek 570, leksikologie, leksikografie, sinsemantiek, pragmatiek, deiksis, semantiekteorie, strukturele semantiek, generatiewe semantiek, kognitiewe semantiek, historiese semantiek, etimologie

b.nw. semanties, semioties, semasiologies, semiologies, ensiklopedies, leksikologies, leksikografies, betekenisvol, betekenisloos, eenduidig, dubbelsinnig, meerduidig, deskriptief, denotatief, logies, ekstensioneel, objektief, kognitief, letterlik, figuurlik, paradoksaal, toutologies, pleonasties, hiperbolies, metonimies, metafories, sinnebeeldig, simbolies, disjunk, oordragtelik, konnotatief, emotief, pejoratief, interpretatief; leksikaal, polisemies, homonimies, sinoniem, sinonimies, teenoorgesteld, antoniem, antonimies, hiponimies, meronimies; sintagmaties, proposisioneel, tematies, aspekties, aspektueel, modaal, deonties, epistemies, pragmaties, kontekstueel, tekstueel, lokutief, illokutief, perlokutief, deikties, bepaald, onbepaald, aanwysend, demonstratief, anafories, katafories, koreferensieel

ww. beteken, betekenis hê 541, aandui, sê; interpreteer

4
Die wil

A. KENMERKE VAN DIE WIL

578. Vrywillig

b.nw. vrywillig, gewillig, gewilliglik, spontaan, ongedwonge, ongeforseer(d), heelhartig, heelhartiglik, vry, onbevange, voorbedag, voorbedagtelik, opsetlik, willekeurig, arbitrêr, fakultatief, stilswy(g)end, oogluikend

s.nw. ***vrywilligheid,*** vrye wil, eie wil, wil, vryheid, gewilligheid, ongedwongenheid, spontaneïteit, spontaniteit, willekeur, willekeurigheid, onbevangenheid, beskikking, selfbeskikking, voorbedagtheid, disposisie, indeterminisme
vrywilliger

bw. uit vrye wil, met vrye wil, uit eie beweging, vanself, op sigself, op jou eie, sonder dwang, op eie inisiatief, goedskiks, met voorbedagte rade, willens en wetens, doelbewus

ww. vry wees, iets vrywillig doen, iets uit (eie) vrye wil doen, wil, kan, mag, vrystaan, vrye spel hê, (self) beskik oor iets, na willekeur handel, spontaan optree, met voorbedagte rade optree, onbevange optree

579. Gedwonge

b.nw. gedwonge, geforseer(d), verplig, verpligtend, obligatories, noodgedronge, noodgedwonge, onontkombaar, onvermy(d)baar, onvermydelik, onafwendbaar, onontduikbaar, onontwykbaar, dwingend, noodsaaklik, onwillekeurig, outomaties, voorbeskik, voorbestem, voorgeskrewe, beslis, gebiedend, allerbelangriks, allernodigs, onontbeerlik, essensieel, noodsaaklik, absoluut noodsaaklik, noodwendig, onherroeplik

s.nw. ***dwang,*** gedwongendheid, dwangmiddel, dwangbevel, dwangmaatreël, dwanghuwelik, . . ., verpligting, obligasie, verbintenis, verbond, belofte, ooreenkoms, akkoord, kontrak, moet, noodsaaklikheid, onvermydelikheid, onontkombaarheid, onafwendbaarheid, onmisbaarheid, vereiste, voorvereiste, druk, inperking, keurslyf, noodwendigheid, onherroeplikheid, noodlot, predestinasie, predistinasieleer, beskikking, bestemming, lotsbestemming, voorbestemming, voorland, lotsbedeling, lotsbestel, fortuin, fatum, toeval, toevalligheid
pressie, houvas, mag, oorwig, magsoorwig, band, invloed, gesag, outoriteit, beheer, opdrag, bevel, oorheersing, dominasie, druk, sanksie, goedkeuring, ratifikasie, bekragtiging, bevestiging
dreigement, afdreiging, dreiging, afpersing, intimidasie, waarskuwing

bw. teen wil en dank, ondanks, nieteenstaande, of jy nou wil of nie, nolens volens goedsmoeds, mooitjies, node

ww. ***dwing,*** forseer, dwang uitoefen op, iemand se vryheid aan bande lê, verplig, dring noodsaak, noop, verbind, eis, vereis, afvorder, afdwing, bedwing, in bedwang hou onder dwang hou, met dwang teweegbring

inperk, beperk, doem, druk, druk uitoefen op, onder druk plaas, onderdruk, opskroef, opskroewe, pers, afpers, indoktrineer, demp, ja, jaag, jae, aandring op, kluister, geweld gebruik, met geweld dwing, dreig, bedreig, intimideer, oorheers
iets onder dwang doen, onder dwang verkeer, moet, behoort, beter

voors. ten spyte van, in weerwil van

uitdr. aan die leiband loop; dit is jou voorland; teen heug en meug; iemand die wet voorskryf; willens en onwillens

580. Graag

b.nw. bereid, bereidwillig, bereidvaardig, gewillig, willig, geredelik, goedwillig, dienswillig, heelhartig, hulpvaardig, behulpsaam, diensvaardig, diensbaar, gedienstig, inskiklik, welwillend, bedagsaam, sorgsaam, gretig, begerig, hartstogtelik, vurig, instinkmatig, uitgehonger(d), verlangend, geneig

s.nw. graagte, begeerte, hartsbegeerte, lus, behoefte, aandrang, sin, gewilligheid, goedwilligheid, bereidheid, bereidwilligheid, bereidverklaring, geredelikheid, gading, inklinasie, disposisie, predileksie, roeping, hartstog, instink, neiging, tendensie, verlange, vokasie

bw. graag, dolgraag, sielsgraag, met graagte, met genoeë, met liefde, met hart en siel, met oorgawe, goedskiks, liefs, veeleer, veelmeer, daarvoor te vinde, sonder besware

ww. begeer, verlang, hunker, wil, sal, tender, hel

uitdr. jou sin kry; met hart en siel

581. Teësinnig

b.nw. teësinnig, teensinnig, onwillig, onlus, onlustig, halfhartig, halfslagtig, weifelend, huiwerig, aarselend, ongeneë, ongaarne, gebonde, traag, traerig, tragerig, flou, lou, stadig, langsaam, tydsaam, talmend, talmerig, draaierig, slepend, steeks, lusteloos, lui, luierig, werksku, indolent, dood, dooierig, vadsig, futloos, gevrek, lyfwegstekerig, nie-ontvanklik, ongevraag(d), sielloos, hardkoppig, steeks, skoorvoetend, sleepvoetend, uitstellerig, sloerderig

s.nw. teësin, teensin, teësinnigheid, teensinnigheid, traagheid, tydsaamheid, talmery, talming, talmer, halfhartigheid, halfheid, weifeling, ongevraagdheid, onwil, onwilligheid, lusteloosheid, gevrektheid, sielloosheid, uitstel, sleurwerk; lyfwegsteker, lyfwegstekery

bw. langtand, ongraag, sonder geesdrif, sonder oorgawe, met min belangstelling, teen jou sin, teen wil en dank, kwaadskiks, node

ww. geen sin in iets hê nie, lyf wegsteek, weifel, talm

voors. daarteë, nieteenstaande

uitdr. met lang tande; jou voete sleep

582. Wilskrag

b.nw. ***karaktervas,*** karaktervol, sterk, sterk van persoonlikheid, beginselvas, koersvas, eerbaar, betroubaar, eersaam, ordentlik, standvastig, vas, paalvas (*ong.*), deugsaam, konstant, volhardend, konsekwent, volgehoue, ambisieus, gedrewe (ambisieus), dinamies, doelgerig, beslis, ferm, onversteurbaar, onverstoorbaar, onwankelbaar, onwrikbaar, resoluut, daadkragtig, vasbeslote, vasberade, gedetermineer(d), beslote (*ong.*), onversetlik, onwrikbaar, onbeweeglik, getrou, onvermurfbaar, onbuigsaam, verbete, onverskrokke, energiek, taai
beheers(t), kalm, rustig, bedaard, geduldig, vredig, besadig, waardig, verfyn(d), volwasse, gelate, lydsaam, ingehoue, opgekrop, tembaar
doelbewus, bewustelik, wetende, doelgerig, voorbedag, daadwerklik, beslis, direk, uitdruklik, nadruklik, ferm, opsetlik, moedswillig, kwaadwillig, aspres, ekspres, aspris
hardkoppig, hardhoofdig, koppig, dwars, moeilik, buierig, steeks, weerstrewig, wederstrewig, weerbarstig, obstinaat, eiesinnig, eiewys, eiegeregtig, styfhoofdig, styfkoppig, balsturig, halsstarrig, hardnekkig, verhard, hardegat (*plat*), hardekoejawel, hardekop, hardekwas, hardgebak, doktrinêr, onversetlik, verhard

s.nw. ***wilskrag,*** wilskragtigheid, wil, wil van jou eie, ysere wil, daadkrag, dryfkrag, deursettingsvermoë, perseverasie, koersvastheid, volharding, volhardingsvermoë, volhouding, dinamiek, vasberadenheid, gedetermineerdheid, resolusie, doelgerigtheid, doelbewustheid, voorbedagte rade, daadwerklikheid, direktheid, nadruklikheid, selfvertroue, karakter, karaktervol-

heid, karaktersterkte, geeskrag, geesteskrag, fut, energie, sterkte, staal, moed, woema, siel, beslistheid, aplomb, standvastigheid, vastheid, vastigheid, stabiliteit, onwankelbaarheid, onwrikbaarheid, onverstoorbaarheid, taaiheid
beheersing, beheers(t)heid selfbeheersing, selfbedwang, selfdissipline, selfoorwinning, selfbeperking, sangfroid, volwassenheid, rypheid, kalmte, rustigheid, vasbeslotenheid, onverstoorbaarheid, onversteurbaarheid, bedaardheid, geduld, geduldigheid, gelykmoedigheid, waardigheid, gelatenheid, lydsaamheid
koppigheid, hardkoppigheid, hardnekkigheid, eiegeregtigheid, eiesinnigheid, eiewysheid, dwarsheid, we(d)erstrewigheid, weerbarstigheid, styfhoofdigheid, halstarrigheid, hardgebaktheid, onversetlikheid, onbuigsaamheid, buierigheid, moedswilligheid, kwaadwilligheid
iemand met wilskrag, 'n persoon van karakter, 'n man uit een stuk, bittereinder, kanniedood, vasbyter; klipkop, dwarstrekker, dwarskop, dwarsdrywer

bw. voorbedagtelik, bewustelik, met opset, wel wetende, met oorleg, met voorbedagte rade

ww. ***wilskrag toon,*** wilskrag aan die dag lê, beheers, selfbeheersing toon, selfbeheersing aan die dag lê, bedwing, inhou, staal, opkrop, vasstaan, standvastig bly, daarby bly, vasbeslote wees, volhard, volhou, aanhou, vasbyt, deurdruk, deurdryf, deurdrywe, deurvoer, voet by stuk hou, bemeester, vermeester
hardkoppig wees, jou eie kop volg, dwarstrek, teëstribbel, teenstribbel

uitdr. aanhouer wen; by iets staan of val; vas in jou skoene staan; daar sit staal in iemand; die tou styftrek; een stryk deur; ek laat my nie sê nie; g'n voetbreed wyk nie; hare op jou tande hê; jou eie sin volg; jou man staan; nie op sy kop laat sit nie; nog stryk hou; op jou eie staan; op jou tande byt; so gesê so gedaan; spykers met koppe slaan; jou eie kop volg; jou woede bedwing

583. Willoosheid

b.nw. ***willoos,*** swak, swakkerig, karakterloos, geesloos, sielloos, ontsiel(d), onselfstandig, beginselloos, besluiteloos, onseker, weifelend, weifelagtig, weifelmoedig, twyfelmoedig, rigtingloos, papegaaiagtig, slaafs, onvas, onvas van karakter, onberekenbaar, stuurloos, roerloos, futloos, dadeloos, wankelmoedig, wankelrig, onbeholpe, halfhartig, halfslagtig, onbeslis, week, weekhartig, lamsakkig, lamsakkerig, jansalieagtig, lamlendig, lendelam, lamsalig, ruggraatloos, onstandvastig, labiel, sawwerig, drellerig, saf, safterig, sawwerig, lamsakkig, papbroekig, papbroekerig, pateties, treurig, ellendig, hopeloos, pap, vrot, slap, slapperig, slapgat (*plat*), slapgatterig (*plat*), sleg, vrotsig, dekadent 623, sorgeloos, sorgloos, oppervlakkig, ligsinnig, laf, wuf
willekeurig, toevallig, lukraak, inkonsekwent, subjektief, arbitrêr, eiesinnig, onvoorspelbaar, onbestendig, onstabiel, onstandvastig, onbetroubaar, veranderlik, wispelturig, ongedurig, nukkerig, onbeheers(d), wisselend, kameleonties, beweeglik ('n - karakter), onbeheer(d), onverskillig

s.nw. ***willoosheid,*** wilswakte, karakterloosheid, sielloosheid, onselfstandigheid, onvastheid, onbetroubaarheid, onstandvastigheid, onsekerheid, hopeloosheid, besluiteloosheid, twyfelmoedigheid, twyfelagtigheid, twyfelary, wankelmoedigheid, futloosheid, slegtheid, slegtigheid, vrees, bangheid, lamheid, lamlendigheid, lamsakkigheid, slapheid, slapte, slapgatheid (*plat*), slapgatgeit (*plat*), slapgatterigheid, slapgattigheid (*plat*), vrotsigheid, dekadensie, oppervlakkigheid
willekeur, willekeurigheid, veranderlikheid, ongedurigheid, wispelturigheid, labiliteit, bui, gier, nuk, nukkerigheid, gril, kriewelkrappers
willose mens, karakterlose mens, sleurmens, twyfelaar, weifelaar, swakkeling, naprater, jabroer, draadsitter, papegaai, marionet, ledepop, speelbal, lammeling, lamsak, lamsakgees, vrotterd, futlose mens, pateet, slapgat (*plat*), katyf (*ong.*), slaaf, semelbroek, drelkous, druiloor, jandooi, janklaas, jansalie, jansaliegees, sukkelaar, drel, moffie

bw. sommerso, somaarso, swakkies

ww. willoos wees, saampraat, saamblaf, terugkrabbel, fluktueer, dool, slier, wiebel; selfvertroue ondermyn, demoraliseer

uitdr. die vrekte hê; 'n regte Jan Salie wees; met alle winde waai; so veranderlik wees

soos die wind; met die gety saamgaan; op twee stoele sit; saam met die swerm vlieg; vis nog vlees wees; 'n slaaf van jou eie gewoontes wees; nie vas op jou voete wees nie; van stryk wees; jou mantel na die wind draai; 'n manteldraaier wees

B. WILSDADE

584. Kies

ww. ***kies,*** uitkies, uitsoek, uitsonder, selekteer, sorteer, uitsorteer, 'n keuse uitoefen, 'n keuse maak, 'n keuse doen, jou keuse laat val op, keur, aan die hand doen, aan die hand gee, beoordeel, aanwys, uitvang, uitpik, aangryp, besluit 586, besluit op, 'n besluit neem, verkies, opteer, meer hou van, voorkeur gee aan, bo 'n ander kies, prefereer, uithou, reserveer, eenkant hou, opsy sit, aanneem, aanvaar, annekseer; uitken, uitwys, herken, onderken, identifiseer, onderskei, aanwys, aantoon, uitkies; neem, vat, gryp, aanneem, in die hande kry, aanvat; gee, toeken, toewys

wens, versoek, hoop, hoop hê, hoop koester, verlang, wil, verkies, prefereer, reik, verwag, vertrou, begeer, vurig begeer, hunker na, smag, lus na, droom van, uitsien na, streef, voortrek

aanwys, uitwys, aanbeveel, rekommandeer, voorstel, benoem, nomineer, verkies (stem), kies (stem), tot 'n amp (ver)kies, herkies, kant kies, party kies, stem, jou stem uitbring, stemme verenig op, oorstem, instem, teenstem, 'n teenstem uitbring, stemme verdeel, 'n staking van stemme hê, inhuldig, inseën, aanstel, in diens neem, werk gee, opdrag gee, emplojeer

bw. graag, na goeddunke, alternatiewelik, by voorkeur

s.nw. ***keuse,*** keur, voorkeur, eerste keuse, tweede keuse, . . ., goeie keuse, swak keuse, ingeslane weg, ingeslae weg, keuring, keurlys, seleksie, kiesing, uitkiesing, besluit 586, besluitneming, goeddunke, uitsoekery, uitsoeking, verkieslikheid, uitsoekerigheid, lekkerbekkigheid, willekeur, willekeurigheid; keur, seleksie, voorseleksie, preseleksie, versameling, verskeidenheid, alternatief, opsie, voorkeur, voorrang, die beste, die room, uitverkorene, die beste plek, die beste posisie, . . ., die eerste beste geleentheid, die eerste beurt, . . ., prioriteit, preferensie, bekering, kruispad

vooroordeel, bevooroordeeldheid, vooropgesteldheid, 'n vooropgesette mening, prekonsepsie, vooringenomenheid, eensydigheid, partydigheid, bevoorregting, voortrekkery

wens, wensery, verlange, begeerte, droom, sin, drang, lus, ambisie, aspirasie, strewe, ideaal, graagte, versoek, wil 582, wilsbeskikking, wilsdaad, wilsinspanning, wilsuiting, volkswil, die wil van die mense, welbehae, welbehaaglikheid, voorkeur, hoop, wenslikheid

verkiesing, eleksie, stemming, stemmery, herkiesing, presidentsverkiesing, senaatsverkiesing, parlementêre verkiesing, verkiesingstryd, referendum, volkstemming, plebissiet, verkiesbaarheid, kandidaat, kandidatuur, kiesdistrik, kieswyk, stem, posstem, teenstem, beslissende stem, veto, vetostem, meerderheidstem, minderheidstem, stemgetal, stemtotaal, stemreg, stembrief, stemlokaal, stemhokkie; kieser, kieskollege, kollege, stemgeregtigde, kieserslys, kiesbeampte, stemopnemer, stemteller

b.nw. ***gekose,*** verkose, uitverkore, geselekteer, verkieslik, preferent, desverkiesend, desverlangend, diskresionêr, uitsoekerig, lekkerbekkig, ingeslae (- weg), ingeslane (- weg), selektief, alternatief, opsioneel, willekeurig

bevooroordeel(d), vooropgestel(d), vooropgeset, eensydig, partydig

wenslik, keurig, ambisieus, welbehaaglik

aangewese, benoemde, geroepe, verkose, herkose, verkiesbaar, kiesbaar, herkiesbaar, stemgeregtig, kiesgeregtig

uitdr. by voorkeur; die voorrang hê; iemand voor 'n alternatief stel; jou eie sin volg; op die gedagte kom; van gedagte wees; op (by) 'n tweesprong; van gedagte verander; willens en wetens; jou oog op iets hê; iets tot elke prys begeer

585. Verwerp

ww. verwerp, teen iets wees, teen iets gekant wees, oordeel, veroordeel, dissosieer, distansieer, nie gediend wees met iets nie, afkeur, afwys, kritiseer, afskud, versaak, afsien van, uitsluit, 'n plan laat vaar, afwysend staan teenoor, ongeskik vind, opponeer, teenstaan, weerstaan, weerstand bied, verset, bestry, beveg, betwis, teenwerk, be-

kamp, teensit, stem teen, verbied, verhinder, verhoed, ontsê, veto, 'n veto uitbring, sensureer, sensor, onderdruk, boikot, nie ondersteun nie, die rug keer op, die rug draai op, die rug toekeer, verstoot, verban, in die ban doen, wegwys, weier, verseg, weggooi, wegwerp, afleer, afdank, afbetaal, aflê, bestraf

s.nw. verwerping, afkeur, afkeuring, beswaar, dissosiasie, kritiek, weerstand, teenstand, teenkanting, opposisie, afwysing, verbod, sensuur, veto, boikot, weiering, versaking, wegwerping, wegwysing, afdanking, afbetaling, abstinensie; aktivis, renegaat

b.nw. verwerplik, afkeurenswaardig, verbode

voors. daarteen, daarteë

uitdr. van die hand wys; iets in die wind slaan

586. Beslis

ww. ***beslis,*** besluit, 'n besluit neem, 'n beslissing gee, tot 'n beslissing geraak, 'n beslissing vel, oordeel, 'n oordeel vel, vasstel, bepaal, vooruitbepaal, spesifiseer, stipuleer, kies, uitwys, uitmaak, voorneem, die beslissende stap doen, vaspen, beklink, forseer, vasstaan, van mening wees, die mening toegedaan wees

'n besluit bekend maak, 'n besluit bekendmaak, 'n beslissing bekend maak, 'n beslissing bekendmaak, dekreteer, noukeurig aangee

van besluit verander, jou bedink, van rigting verander, terugkrabbel

bw. met opset, aspres, aspris, ekspres, met die volle wete, voorbedagtelik, met voorbedagte rade, met voorbedagtheid, wetende, wel wetende, goedsmoeds, met alle geweld

s.nw. ***beslistheid,*** sekerheid, sterkte, stelligheid, duidelikheid, opset, standvastigheid, vasberadenheid, vasbeslotenheid, voorneme, resolusie, gedetermineerdheid, onwrikbaarheid, wilskragtigheid, fermheid, dinamiek, aandrang

beslissing, eindbeslissing, finale beslissing, besluit, finale besluit, komiteebesluit, raadsbesluit, . . ., besluitvorming, besluitneming, uitspraak, einduitspraak, bewering, verklaring, mening, opinie, uitsluitsel, oordeel, bevinding, vasstelling, bepaling, stipulasie, stipulering, stap, bepaaldheid, raad, raadgewing, dekreet

rigtingverandering, koersverandering, ommekeer

b.nw. beslissend, beslis, ferm, bepaald, deurtastend, afdoende, rigoreus, verbete, dinamies, sober, uitgemaak, standvastig, vasberade, vasbeslote, gedetermineer(d), onwrikbaar, volhardend, resoluut, koersvas, naarstig, geesdriftig, entoesiasties, opsetlik, doelbewus, doelgerig, bedag, voorbedag, bewustelik, positief

uitdr. by iets staan of val; die Rubicon oorsteek; die knoop deurhak; die koeël is deur die kerk; die teerling is gewerp; met vaste tred; jou kop op 'n blok lê; van voorneme wees; weet wat jou te doen staan

587. Aarsel

ww. aarsel 519, 617, twyfel, 519, betwyfel, weifel, huiwer, huiwerig wees, terugdeins, onseker wees, besluiteloos wees, geen besluit kan neem nie, iets onbeslis laat, griesel, vassteek, jou bedink, kleingelowig wees, jou bedenkinge hê, nie so mooi weet nie, agteruitstaan, terugkrabbel, rondtas, talm, sloer, draal, bedwing, wankel, wiebel

s.nw. ***aarseling,*** huiwering, huiwerigheid, twyfel, twyfelmoedigheid, vertwyfeling, onsekerheid, besluiteloosheid, talmery, talming, weifeling, onbeslistheid, verwardheid, wankelmoedigheid, verwarring, argwaan, wantroue, agterdog, suspisie, skeptisisme, kleingeloof, kleingelowigheid, onwennigheid, stryd, tweestryd, selfstryd, sielestryd, sielstryd, weifeling

twyfelaar, weifelaar, talmer

b.nw. huiwerig, huiwerend, aarselend, onbeslis, besluiteloos, vol twyfel, vertwyfeld, twyfelend, twyfelmoedig, onseker, talmerig, weifelend, weifelmoedig, talmend, kleingelowig, beteuter(d), onvas, dadeloos, dubieus, koersloos, kwestieus, veranderlik, onwennig, halfhartig, sonder geesdrif, langtand, lou, flou, flouerig, bangerig, bang, skoorvoetend, tweestrydig, wankel, wankelmoedig, wankelrig, wiebelrig

uitdr. geen raad weet nie; kleinkoppie trek; op twee gedagtes hink; op twee stoele sit; tussen twee vure wees; wik en weeg; op die draad sit; hink en pink; 'n ongelowige Thomas

C. UITOEFENING VAN DIE WIL

a. GESAG

588. Gesag hê

ww. ***gesag hê,*** gesag voer, heers, heerskappy voer, aan bewind wees, die bewind voer, die bewind hê oor, regeer, staatsgesag uitoefen, gesag uitoefen, bevel voer, beveel, rondbeveel, gelas, kommandeer, aanvoer, lei, leiding gee, leiding neem, aan die hoof staan, voor sit, beheer, baasspeel, domineer, oorheers, jou gesag laat geld, mag uitoefen, hiet en gebied, aansê, voorsê, die hoogste woord voer, opdrag gee, bestuur, administreer, reël, organiseer, reguleer, toesig hou, delegeer; die troon bestyg, gesag aanvaar, leiding aanvaar, die bewind neem, aan bewind kom,
mag gee, beklee met mag, kroon
ondermyn, gesag ondermyn, ondergrawe, ondergraaf, in die wiele ry, bemoeilik, moeiliker maak, hinder, belemmer, strem, teëgaan, teengaan, teëstaan, teenstaan, teëwerk, teenwerk, weerstaan, weerstand bied, beveg, jou verset teen, in opstand kom, opstandig raak, struikelblokke in die weg lê, dwarsboom, fnuik, kortwiek, kniehalter, terroriseer, saboteer, omverwerp, omvergooi, kelder, keer, verhinder, stuit, laat kantel ('n regering - -), 'n staatsgreep uitvoer, 'n coup d'état uitvoer, onttroon, verslaan, oorwin
onderwerp, onderdanig maak, subordineer, bevoog, oorheers, in jou mag kry, beteuel, tem, oorweldig, onderdruk, onderkry, verkneg, verslaaf, dissiplineer, baasspeel, buig, vorm, temper, opvoed
in diens neem, werk gee, aanneem, aanstel

bw. van owerheidsweë

s.nw. ***mag*** 616, 625, vrymag, oppermag, imperium, heerskappy, opperheerskappy, volmag, gesag, hoër gesag, hoër mag, oppergesag, staatsgesag, soewereine mag, soewereine gesag, soewereiniteit, soesereiniteit, regeringsgesag, ryksgesag, militêre gesag, bevel, bevelvoering, dagbevel, dagorder, outoriteit, leiding, leierskap, primaat, primaatskap, koningskap, kroon, diktatuur, diktatorskap, hoofskap, meesterskap, voorsitterskap, baasskap, bevoegdheid, beheer, kontrole, toesig, seggenskap, mandaat, jurisdiksie, condominium, beskikking, beskikkingsreg, reg, eie reg, persoonlike reg, regsmag, regterlike mag, regsbevoegdheid 559, 806, prokurasie, charter, verantwoordelikheid, bestuur, administrasie
magsgevoel, heerssug, magsbegeerte, magswellus
magsuitoefening, bevelvoering, beheer, magsaanvaarding, bewindsaanvaarding, kroning, troonbestyging, inhuldiging, oorheersing, dominasie, magskonsentrasie, dwang, onderdrukking, suppressie, repressie, druk, verslawing, slawerny, slawehandel
ondermyning, magsondermyning, gesagsondermyning, ondergrawing, belemmering, teenstand, weerstand, opstand, verset, versetbeweging, dwarsboming, dwarsboming van die reg, terrorisme, sabotasie, omverwerping, magsoorname, staatsgreep, coup, coup d'état, oorwinning
magsliggaam, gesagsliggaam, staat, owerheid, outoriteit, regering, landsregering, nasionale regering, streeksregering, regeringsinstansie, goewerment, regime, bewind, parlement, ambassade, konsulaat, administrasie, kommissie, raad, beheerraad, direksie, bestuur, bestuursliggaam, instansie, organisasie
hiërargie, rangorde, rangstruktuur, leer, rangleer, rang, posisie, status, stand, klas, vlak, orde, niveau; hoogste rang, opperbevel, bevelsrang, senioriteit, laagste rang, junior, junior rang; militêre rang 591, offisier 591, stafoffisier 591, stafhoof, bevelvoerder 591
status, statuur, stand, klas, prestige, aansien, belangrikheid, vernaamheid, agting, geëerdheid, beroemdheid, faam
maghebber, gesaghebber, gesaghebbende, volmaggewer, volmaghebber, gevolmagtigde, heerser, koning, koningin, onderkoning, diktator, regeringshoof, president, presidente, opperhoof, eerste minister, werkgewer, baas, grootbaas, grootkop, hoof, direkteur, direktrise, besturende direkteur, besturende direktrise, bestuurder, bestuurderes, winkelbestuurder, winkelbestuurderes, kantoorbestuurder, . . ., grootmeester, bevelvoerder, kommissaris, hoofkommissaris, handelskommissaris, prokureur-generaal, leier, leidster, meerdere, kop, kopstuk, groepleier, groepleidster, klasleier, klasleidster, versetleier, versetleidster, . . ., voorsitter, voorsitster, korifee (*ong.*), voorganger, voorloper, voorman, voorperd, voorbok, ambassadeur, ambassadrise, kon-

sul, konsul-generaal, gesant, gesantskap, chargé d'affaires, legasie, gelastigde, saakgelastigde, gevolmagtigde, lashebber, lasnemer, mandataris, afgevaardigde, gekommitteerde, delegaat, gedelegeerde, delegasie, agent, prokurasiehouer; ondermyner, terroris, saboteur

b.nw. maghebbend, heersend, oorheersend, magtig, volmagtig, afgevaardig, bevoeg(d), oppermagtig, gesaghebbend, verantwoordelik, outoritêr, soewerein, leidend, senior, voorste, hoogste, hiërargies, rangordelik, belangrik, geëerd, beroemd, offisieel, koninklik, parlementêr, konsulêr, administratief; onderworpe; magsbehep, heerssugtig, magswellustig

voors. kragtens, ingevolge, volgens

uitdr. aan bewind wees; die leisels in die hande neem; die teuels in die hande hê; die tou vat; die voortou neem; die roer in die hande hê; haan op jou eie mishoop wees; ek het hom in die holligheid van my hand; iemand in die sak hê; op die knieë bring; sy dra die broek; jou gewig rondgooi; iemand met gesag beklee

589. Dien

ww. ***dien,*** bedien, diens lewer, diens doen, van diens wees, onderhou, bystaan, bystaan met diens, help, behulpsaam wees, hulp verleen, aan diens wees, in diens tree

onderdanig wees, gehoorsaam, onderworpe wees aan, onder iemand staan, onder iemand se heerskappy staan, aan iemand se genade oorgelewer wees, aanbid, eer

onderwerp, onderdanig maak, verslaaf, verkneg, afhanklik maak

s.nw. ***diens,*** bediening, dienslewering, gemeenskapsdiens, diensplig, diensaanvaarding, diensneming, indienstreding, dienstyd, hulp, hulpverlening, versorging

onderdanigheid, onderhorigheid, onderworpenheid, subordinasie, ondergeskiktheid, gehoorsaamheid, inskiklikheid, gesegliheid, nederigheid, volgsaamheid, gebondenheid, knegskap, slaafsheid, slawerny, juk

afhanklikheid, afhanklikheidsgevoel, afhanklikheidsbesef, onselfstandigheid, hulpbehoewendheid

onderhorige, onderdaan, onderdanige, mindere, werknemer, klerk, assistent, dienaar, vasal, lyfeiene, bediende, tafelbediende, huisbediende, kneg, onderworpene, slaaf, slavin, aanbidder, afhanklike

b.nw. onderhorig, onderworpe, onderdanig, ondergeskik, gehoorsaam, gebonde, gekneg, verslaaf(d); diensbaar, dienstig, gedienstig, dienswillig, diensvaardig, behulpsaam, hulpvaardig, inskiklik, dienspligtig; afhanklik, hulpbehoewend, onselfstandig, minderjarig

voors. onder, agter

uitdr. aan iemand se genade oorgelewer wees; iemand se voetveeg wees; voor iemand kruip; onder die pantoffelregering staan; die strop om die nek hê; niemand kan twee here (tegelyk) dien nie

590. Bestuur

ww. ***bestuur,*** wanbestuur, administreer, wanadministreer, beheer 599, 616, beheer uitoefen, bedryf, bedrywe, menteneer, lei 588, leiding neem, leiding gee, aanvoer, aan die hoof staan, voor sit, verteenwoordig, reguleer, rig, rigting gee aan, die rigting bepaal van, huishou, reël, skik, beskik, bestier, kontroleer, kontrole uitoefen, monitor, toesien, toesig hou, behartig

regeer 588, gesag uitoefen, staatsgesag uitoefen, die land bestuur, aan bewind wees, die bewind voer, heers, heerskappy voer, bevel voer; politiek bedryf, verpolitiseer, institusionaliseer, demokratiseer, nasionaliseer, privatiseer, die gesag sentraliseer, desentraliseer, gesag afwentel, sit (die parlement -), in sitting wees, debat voer (parlementêre - -), 'n spreekbeurt neem, eerste lesing van 'n wetsontwerp hou, promulgeer ('n wet -), afkondig ('n wet -), interpelleer, 'n regering saamstel, 'n kabinet saamstel, 'n portefeulje hê, van portefeulje verander

bestuurshandelinge uitvoer, bestuurstake uitvoer, 'n saak afhandel, besluite neem, besluite uitvoer, besluite deurgee, aanstel aanwys, aanspoor, motiveer, dryf, drywe opdra, opdragte uitdeel, opdrag gee, werk gee, werk uitdeel, belaai, oorbelaai, oorbelas, delegeer, instrueer, aanskryf, beveel 588 bestuurstake oordra, bestuurstake opdra bestuurstake gee, afvaardig, sekondeer, akkrediteer, betrek, toestemming gee, sanksioneer, bekragtig, afgelas, ontbind, ontvoog rasionaliseer, sentraliseer, beding, onder

handel, arbitreer, bestel; vergader, vergadering hou, sit, sitting hou, in sitting wees, in sessie wees, in komitee wees, koukus, samesprekings hou, beraadslaag, konfereer, kongregeer, byeenkom, bymekaarkom

bw. ampshalwe, ex officio, ampsweë, van bestuurskant, van owerheidsweë, van staatsweë

s.nw. ***bestuur*** (funksie), wanbestuur, huisbestuur, besigheidsbestuur, sakebestuur, landsbestuur, selfbestuur, administrasie (funksie), wanadministrasie, beheer, wanbeheer, oorbelasting, bestuursreg, seggenskap, regering, heerskappy, leiding, huishouding, reëling, verteenwoordiging; bestuursliggaam, bestuur (liggaam), hoofbestuur, afdelingsbestuur, administrasie (liggaam), administratiewe afdeling, administratiewe sisteem, administratiewe masjinerie, administratiewe personeel, instelling, bestuursinstelling, direksie, direktoraat, raad, bestuursraad, beheerraad, staatsraad, provinsiale raad, streekraad, afdelingsraad, landraad, landbouraad, koringraad, mielieraad, melkraad, piesangraad, . . ., oktrooiraad, nywerheidsraad, veiligheidsraad, stadsraad, dorpsraad, skoolraad, universiteitsraad, raad van ondersoek, adviesraad, huurraad, . . ., komitee, bestuurskomitee, beheerkomitee, reëlingskomitee, skoolkomitee, regeringskomitee, parlementêre komitee, volksraadskomitee, senaatskomitee, staande komitee, ad hoc-komitee, . . ., kommissie, regeringskommissie, staatskommissie, staatsdienskommissie, regskommissie, direksie, hoofdireksie, instituut, sentrum, stigting, natuurstigting, sportstigting, . . ., diens, gesondheidsdiens, landsdiens, streekdiens, . . ., moderamen, moderatuur; kantoor, hoofkantoor, hoofkwartier, kantoorgebou, parlementsgebou, parlementshuis, regeringsgebou, administrasiegebou, registrateurskantoor, registrasiekantoor, akte(s)kantoor, ambassade, ambassadegebou, konsulaat, kanselary, raadhuis, raadsaal, raadskamer, komiteekamer, stadsaal, stadhuis, munisipaliteit (gebou), munisipale kantoor, munisipale kantore, argief, staatsargief, regeringsargief, ryksargief, universiteitsargief, . . .

staatsbestuur, gesag, oppergesag, opperbestuur, bewind, skrikbewind, regime, regering, landsregering, landsbestuur, goewerment, condominium, regeringsbanke, regeringskringe, regeringsmasjien, owerheid, owerheidsweë, moondheid, supermoondheid, wêreldmoondheid, staat, staatsgesag, staatsektor, openbare sektor, administrasie, staatsadministrasie, landsadministrasie, staatsdiens, staatsinrigting, staatshuishouding, volksbestuur, paktregering, militêre regering, selfregering, outonomie, imperium, wetgewende gesag, wetgewende mag, uitvoerende gesag, uitvoerende mag, parlement, huis, kamer, parlementêre kamer, eerste kamer, tweede kamer, . . ., hoërhuis, laerhuis, volksraad, senaat, grondwetskrywende vergadering, konstituante, regerende party, opposisie, opposisieparty, meerderheidsparty, minderheidsparty, partybestuur, partyleiding, koukus, partykoukus, junta, militêre junta, kabinet, skadukabinet, skimkabinet, ministersraad, ministerie, portefeulje, ministersportefeulje, bestuursportefeulje, departement, staatsdepartement, ambassade, konsulaat, kanselary, streeksregering, streeksbestuur, plaaslike regering, plaaslike bestuur, stadsbestuur, stadsowerheid, dorpsbestuur, stadsraad, munisipaliteit, afdelingsraad, streekraad, streekdiensteraad

regeringsvorm, regeringstelsel, bestel, staatsvorm, staatsbestel, regeringsbestel, owerheidsbestel, beleidsrigting, beweging, monargie, monargale regeringstelsel, absolute monargie, konstitusionele monargie, koningshuis, koningskap, regentskap, dinastie, vorstedom, keiserskap, imperium, diktatuur, outokrasie, absolutisme, totalitêre regering, totalitarisme, aristokrasie, alleenheerskappy, diargie, tweemanskap, driemanskap, troika, triumviraat, tetrargie, heptargie, heterargie, oligargie, populisme, selfbestuur, selfregering, outonomie, soewereiniteit, republiek, volksrepubliek, volksregering, volksdemokrasie, federalisme, federasie, konfederalisme, konfederasie, gemenebes, sowjetsisteem, statebond, statefamilie, koalisie, koalisieregering, regeringskoalisie, paktregering, parlementêre stelsel, Westminsterstelsel, eenkamerstelsel, tweekamerstelsel, driekamerstelsel, blok, magsblok, politieke blok, ekonomiese blok, militêre blok, oorgangsregering, tus-

sentydse regering, tussenregering, interregnum, imperialisme, soesereiniteit, outargie, outarkie; samestelling, samestelling van 'n regering, samestelling van 'n kabinet, hersamestelling, ontbinding, ontbinding van 'n regering, ontbinding van die parlement, regeerbaarheid, onregeerbaarheid

beleid, bestuursbeleid, regeringsbeleid, staatsbeleid, politiek, politieke beleid, politieke stelsel, buitelandse beleid, binnelandse beleid, rassebeleid, ekonomiese beleid, handelsbeleid, monitêre beleid, gesondheidsbeleid, onderwysbeleid

staatkunde, staat(s)huishoudkunde, staatsleer, handel, staatsreg, ekonomie, makro-ekonomie, mikro-ekonomie, staatskas, landskas, politiek, brood-en-botterpolitiek, realpolitiek, welvaartspolitiek, apartheidspolitiek, ekspansionisme, ekspansiepolitiek, kolonialisme, diplomasie, remskoenpolitiek, volstruispolitiek; statute, wet, wetsontwerp, konsepwet, bloudruk, witskrif, witboek, staatskoerant, staatsblad, Hansard, staatstuk, staatspapier

ideologie, politieke ideologie, filosofie, politieke filosofie, demokrasie, volksdemokrasie, federalisme, pluralisme, sosialisme, kommunisme, pragmatisme, absolutisme, apartheid, apartheidsbeleid, segregasie, separatisme, integrasie, afskeiding, sesessie; ideoloog, filosoof, politieke filosoof, politikus, demokraat, federalis, pluralis, sosialis, kommunis, pragmatis, absolutis, imperialis, separatis

bestuurseenheid, ampsgebied, ressort, regsgebied, grondgebied, land, landsgrens, moondheid, mag, wêreldmoondheid, wêreldmag, seemoondheid, imperium, ryk, wêreldryk, koninkryk, keiserryk, rykseenheid, ryksgebied, sowjet, sowjetrepubliek, gemenebes, gemenebes van state, statebond, statefamilie, staat, onafhanklike staat, eenheidstaat, federale staat, federasie, federasie van state, deelstaat, bondstaat, stadstaat, bufferstaat, satellietstaat, afhanklike staat, protektoraat, selfregerende gebied, selfregerende staat, kolonie, kroonkolonie, dominium, sjeikdom, provinsie, intendantuur, hertogdom, aartshertogdom, graafskap, prinsdom, kroongebied, distrik, kanton, sone, stad, dorp, munisipaliteit, munisipale gebied, setel, parlementêre setel, volksraadsetel, munisipale setel

bestuurshandeling, bestuurstaak, bestuursfunksie, leidinggewing, bestuursaangeleentheid, administratiewe taak, administratiewe opdrag, administratiewe aangeleentheid, saak, administratiewe saak, rompslomp, administratiewe rompslomp, landsake, komiteesake

vergadering, bestuursvergadering, ledevergadering, algemene vergadering, jaarvergadering, spesiale vergadering, spoedvergadering, komiteevergadering, kommissievergadering, raadsvergadering, kabinetsvergadering, sitting, raadsitting, komiteesitting, parlementêre sitting, parlementsitting, staatswerksaamheid, sessie, koukus, koukusvergadering, samespreking, beraadslaging, beraad, spitsberaad, vredesberaad, indaba, konferensie, kongres, konvensie, konvokasie, sinode 852, simposium, seminaar, forum, samekoms, byeenkoms, verdaging, reses

agenda, sakelys, dagorde, agendapunt, vergaderingsprosedure, besluitneming, voorstel, sekondering, voorsteller, sekondant, besluit, regeringsbesluit, staatsbesluit, kabinetsbesluit, bestuursbesluit, direksiebesluit, raadsbesluit, komiteebesluit, . . ., riglyn, riglynbesluit

debat, parlementêre debat, presidensiële debat, begrotingsdebat, interpellasie, interpellant, uitspraak, beleidsuitspraak; ontvoogding, bevryding, hervorming, reformasie, bemiddeling, onderhandeling, arbitrasie, tussenkoms, voorspraak, intervensie, intersessie, ingryping, inmenging, staatsinmenging, sanksie (teenkanting), toestemming, goedkeuring, sanksie (goedkeuring), seël, rasionalisasie, regularisasie, regulering, deregulering, sentralisasie, desentralisasie, dirigisme, registrasie, registrasiekoste, registrasiesertifikaat, beheer, toesig, supervisie, kontrole, kontrolering, instruksie, sanksionering

verkiesing, parlementêre verkiesing, algemene verkiesing, tussenverkiesing, volksraadsverkiesing, bestuursverkiesing, komiteeverkiesing, . . ., blitsverkiesing, stemreg, stemplig, stemming, hoofdelike stemming, geslote stemming, geheime stemming, stem, gewone stem, posstem, geheime stem, spookstem (verkiesing), liegstem, stemlokaal, stemburo, stembus, stembrief(ie), stembiljet, geslote stem-

brief(ie), stemdistrik, stemmetal, stemtotaal, stemopnemer, stemdag, stemregister, bevolkingsregister
amp, pos, bestuursamp, bestuurspos, regeringsamp, regeringspos, staatsamp, administratiewe pos, openbare pos, staatsdienspos, amptenary, amptenaredom, burokrasie, administratiewe personeel, posisie, bestuursposisie, aanstelling, ampsvervulling, ampsperiode, ampstermyn, verkiesingstermyn, septennaat; bestuurder 591, bestuurderes, hoofbestuurder, hoofbestuurslid, adjunkbestuurder, assistent-bestuurder, takbestuurder, winkelbestuurder, toneelbestuurder, . . ., administrateur 591, administratrise, sportadministrateur, . . ., direkteur, direktrise, direkteurskap, superintendent, superintendent-generaal, leier, leidster, korifee (*ong.*), voorsitter, voorsitster, stoel, hoof 591, baas, grootkop, werkgewer, grootmeester, sleutelman, regeringshoof 591, regeerder, volksleier, partyleier, partylid, sweep, hoofsweep, partysweep, kabinetslid, minister, volksraadslid, senator, senaatslid, lid van die senaat, parlementslid, speaker, stafdraer, landsvader, volksvader, verteenwoordiger, regeringsverteenwoordiger, administrateur (regeringsamp), ombudsman, goewerneur, goewerneur-generaal, goewerneurskap, intendant, intendent, intendans, resident, raadslid, komiteelid, kommissielid, direkteur-generaal, prokureur-generaal, ouditeur-generaal, landmeter-generaal, regeringsverteenwoordiger, afgesant, afgevaardigde, chargé d'affaires, agent, arbiter, onderhandelaar, amptenaar, siviele amptenaar, bankamptenaar, regeringsamptenaar, regeringswoordvoerder, staatsamptenaar, munisipale amptenaar, burgemeester, burgemeesteres, stadsklerk, stadstesourier, stadsingenieur, stadsbeplanner, stadsuitlêer, waterfiskaal, bouinspekteur, sekunde (*ong.*), kontroleur, registrateur, adjunk, tweede-in-bevel, assistent, sekundus, sekretaris, sekretaresse, raadgewer, klerk, beampte, doeanebeampte, polisiebeampte, hofmeester, opsiener, opsigter, bode, magasynmeester, stasiemeester, stasiebeampte, dispensier

b.nw. ***bestuursmatig,*** besturend, leidend, administratief, institusioneel, huishoudelik, departementeel, provinsiaal, interprovinsiaal, munisipaal, aangewese, afgevaardig, amptelik, offisieel, statutêr, nie-amptelik, publiek, siviel, openbaar, reglementêr, reëlbaar, reguleerbaar, raadgewend, rasioneel
staatkundig, staatshuishoudkundig, polities, verpolitiek, verpolitiseer(d), sosio-ekonomies, diplomatiek, outonoom, verteenwoordigend, representatief, ministerieel, sittend, regerend, bewindhebbend, selfregerend, regeerbaar, onregeerbaar, regeringsloos, stemgeregtig, vrymagtig, reformisties
beleidmatig, ideologies, monargaal, diktatoriaal, dinastiek, dinasties, aristokraties, outokraties, totalitêr, dominiaal, veelhoofdig, veelkoppig, oligargies, populisties, selfregerend, soewerein, onafhanklik, republikeins, nasionaal, demokraties, sosiaal-demokraties, sosialisties, kommunisties, parlementêr, onparlementêr, pluralisties, federaal, federalisties, konfederaal, konfederalisties, soeserein, imperiaal, imperialisties, ekspansionisties, separatisties, tussentyds

uitdr. aan die beheer staan/sit; die beheer kwyt wees; die bewind voer; die bevel voer

591. Gesaghebber

s.nw. ***gesaghebber,*** gesagvoerder, oppergesagvoerder, gesagsfiguur, gesag, gesagstruktuur, outoriteit, maghebbende, maghebber, kokkedoor, groot kokkedoor, grootkop, hooggeplaaste, hoogwaardigheidsbekleër, magsmens, potentaat; militêre gesaghebber, militêre rang, kommandement, bevelhebber, bevelvoerder, gesagvoerder, stafhoof, stafoffisier, offisier, seeoffisier, admiraal, viseadmiraal, skoutadmiraal, skout-by-nag, onderadmiraal, generaal, kommandant-generaal, generaal-majoor, luitenant-generaal, brigadier, kolonel, kommandant, kommodoor, majoor, kaptein, luitenant, baasseeman, adjudant, adjudant-offisier, sersant-majoor, stafsersant, vlugsersant, sersant, sersantskap, korporaal, onderkorporaal, bevare seeman, manskap, troep
leierskap, leier, leidster, leidsman, hoofleier, hoofleidster, voorbok, groepleier, groepleidster, spanleier, spanleidster, kaptein (sport), kapteine
heerser, alleenheerser, heerseres, vors, vredevors, vorstin, vorstehuis, vorstelikheid,

koninklike, koning, koningin, majesteit, koninginmoeder, prins, kroonprins, prinses, prins-gemaal, koningskind, koningshuis, regent, regentes, regentskap, keiser, keiserin, caesar, mikado (Japan), khan (Turkye), khanaat, maharadja (Indië), maharani, mahatma, negus (Abessinië), sjah, sjeik, sjeg, sultan, sultane, sultanaat, triumvir, triumviraat, monarg, monargie, diktator, diktatorskap, outokraat, tiran, tirannie, tetrarg, viervors

staatslui, staatsliede, staatshoof, staatsman, staatsleier, regeringshoof, regeringsleier, regeerder, bewindhebber, opperbewindhebber, gesagvoerder, oppergesagvoerder, bewindvoerder, opperbewindvoerder, president, staatspresident, kanselier, rykskanselier, minister, eerste minister, premier, premierskap, senior minister, minister-president, onderminister, staatsekretaris, ministerie, goewerneur, goewerneur-generaal, kommissaris, kommissaris-generaal, seëlbewaarder, intendant, intendent, satraap, direkteur-generaal, departementshoof, prefek, sekunde, stamhoof, kaptein (- van die stam), stamkaptein, hoofman, indoena, ringkop, owerste, raadsheer, diplomaat, ambassadeur, konsul, konsulaat, attaché, afgesant, gesant, afgesantskap, gesantskap, saakgelastigde, chargé d'affaires, afgevaardigde, representant, representasie, gedeputeerde, deputaat, deputasie, verteenwoordiger, senator, senaatslid, senaatsverteenwoordiger, parlementêre verteenwoordiger, parlementslid, parlementariër, senior parlementslid, senior parlementariër, voorbanker, landsvader, landvoog, speaker, speakerstoel, sweep, hoofsweep, partysweep, resident, residentskap, residensie, partyleier, opposisieleier, burgemeester, burgemeesteres, onderburgemeester, onderburgemeesteres, stadsklerk, regter, regterpresident, hoofregter, appélregter, advokaat-generaal, prokureurgeneraal, landdros, hooflanddros, magistraat, hoofamptenaar, senior amptenaar, stadhouer, stedehouer, mandaryn, pasja, hoofbeampte, senior beampte, voorman, stasievoorman, mandoor, slawedrywer, voog, voogdes

werkgewer, hoof, departementshoof, streekhoof, hoofskap, baas, skofbaas, spanbaas, heer, olana, olanna, meester (baas), meesteres, direkteur, direktrise, besturende direkteur, hoofdirekteur, adjunkdirekteur, direkteurskap, direktoraat, bestuurder, bestuurderes, hoofbestuurder, medebestuurder, onderbestuurder, administrateur, rektor, viserektor, kanselier, visekanselier, skoolhoof, adjunkhoof, onderhoof, hoofonderwyser, hoofonderwyseres, vakhoof, onderwyser, onderwyseres, meester (onderwyser), hoofseun, hoofdogter, prefek, hawekaptein, hawemeester, skeepskaptein, skipper, rentmeester, voorman, hofmeester, instrukteur, instruktrise

kerkleier 852, kerklike leier, pous, kardinaal, aartsbiskop, biskop, deken, domheer, moderator, predikant, dominee

gesinshoof, huisvader, huisheer, huismoeder

b.nw. gesaghebbend, heersend, magtig, oppermagtig, maghebbend, opperste, hooggeplaas, outoritêr, baasspelerig, dominerend, outokraties, vorstelik, koninklik, prinslik, keiserlik, monargaal, diktatoriaal, bewindhebbend, regerend, baasspelerig, presidensieel, ministerieel, protokollêr, diplomatiek, konsulêr, munisipaal, leidend, leidinggewend, afgevaardig, gedeputeer, besturend, administratief, administrerend

ww. gesag hê, gesag voer, aan bewind wees, regeer, heers, kommandeer, delegeer, representeer, administreer

woorddeel hoof-, opper-, vise-, onder-, adjunk-

uitdr. aan die roer staan

592. Ondergeskikte

s.nw. ***ondergeskikte,*** ondergeskikte persoon, mindere, onderhorige, onderdaan, horige, burger, burgerlike, burgerlike persoon, landsburger, medeburger, landgenoot, vryburger, stemgeregtigde, gevolg, agterbanker, dwarsbanker, manskap, troep, wag, ampswag

dienaar, dienares, diensmaagd, diensmeisie, binnemeisie, bediende, kamerheer, kamermeisie, kamenier, kamerbediende, lyfbediende, kamerling, howeling, hofdame, geselskapsdame, hofknaap, edelknaap, skildknaap, kajuitknaap, herdersknaap, hofnar, lakei, page, kneg, dienskneg, lyfeiene, lyfkneg, livreikneg, knegskap, slaaf, slavin, galeislaaf, heloot, slawearbeid, slawediens, slawerny, verknegting

werknemer, diensnemer, huurling, personeel, dienspersoneel, adjunk, sekretaris, aide de camp, samewerker, assistent, medewerker, regterhand, hulpprediker, hulpleraar, hulpsekretaris, sekretaresse, hulpsekretaresse, amptenaar, staatsamptenaar, staatsdienaar, beampte, klerk, keldermeester, koster, opsigter, bewaarder, deurwag, konservator, bode, diensbode, page, portier, nagportier, helper, medehelper, hulp, huishoudster, huishouer, bediende, kamerbediende, huisbediende, huishulp, poetsvrou, bagasiedraer, bywoner, ambagsman, vakman, vakarbeider, messelaar, skrynwerker, timmerman, loodgieter, verwer, skilder, arbeider, landarbeider, plaasarbeider, kontrakarbeider, werker, handlanger, faktotum, handwerker, handearbeider, tuinwerker, tuinkneg, stalkneg

hierjy, jabroer, speelpop, strooipop, instrument, vent

b.nw. ondergeskik, onderhorig, horig, dienswillig, afhanklik, inferieur, verkneg, knegs, onderdruk, verdruk, slaafs, honds

ww. ondergeskik maak, onderhorig maak, kneg, verkneg; ondergeskik wees, onderdanig wees, buig, neerbuig

uitdr. hiet en gebied; houtkappers en waterputters; waterdraer en houthak(k)er; in iemand se kloue kom; onder iemand staan

593. Vryheid

s.nw. ***vryheid,*** vryheidsug, vryheidsgees, vryheidsin, vryheidsliefde, vryheidstrewe, ongedwongenheid, persoonlike vryheid, eiemagtigheid, handelingsvryheid, carte blanche, diskresie, vrymag, vrye teuels, vryheid van die pers, drukpersvryheid, mediavryheid, godsdiensvryheid, uhuru, onbeperktheid

ongebondenheid, vrysinnigheid, onbevangenheid, verligtheid, liberalisme, individualisme, indiwidualisme, individualiteit, indiwidualiteit, individualis, indiwidualis, vryheid van gees, vrymoedigheid, onbeskroomdheid, oopheid, openheid, openhartigheid, openlikheid, willekeur, willekeurigheid; ongedissiplineerdheid, ordeloosheid, gebrek aan orde, ongebreideldheid, onbeheerstheid, gebrek aan selfbeheersing, skaamteloosheid, gebrek aan skaamte, onbeskaamdheid, sedeloosheid, bandeloosheid, losbandigheid

bevryding, emansipasie, vrymaking, ontvoogding, vrylating, ontslag, parool, dagparool, vryspraak, vryspreking, vrystelling, vrykoping, redding, uitredding, redder, ontheffing, ontsetting, verlossing, ontkoming, ontvlugting, ontsnapping, uitbreking, paroolman, vrywaring, indemniteit

onafhanklikheid, onafhanklikheidsverklaring, onafhanklike staat, vrygewes, soewereiniteit, selfstandigheid, selfonderhoudendheid, outonomie 4, 590, selfbestuur, selfregering 590, selfbeskikking, selfbeskikkingsreg, uhuru, wilsbeskikking

b.nw. ***vry,*** vryheidsliewend, ongebonde, onverbonde, bevry, vrygemaak, vrygelaat, vrygestel, losgelaat, vrygespreek, geëmansipeer(d), onbeperk, onbelemmerd, ontslae, kwyt, ongedwonge, onbeperk

vrysinnig, vrydenkend, ondogmaties, onbevange, verlig, liberaal, individualisties, indiwidualisties, vrymoedig, onbeskroomd, oop, willekeurig, meerderjarig; ongedissiplineer(d), ordeloos, ongebreidel(d), onbeheers, skaamteloos, onbeskaam(d), sedeloos, bandeloos, losbandig

onafhanklik, independent, soewerein, selfstandig, selfstandiglik, selfonderhoudend, outonoom, selfregerend, selfbeskikkend

ww. ***vry wees,*** vry beweeg, vryheid neem, vry raak, vrykom, vryheid herwin, ontkom, ontvlug, ontsnap, ontglip, ontloop, ontval, ontskiet, ontkom, wegkom, ontspring (ontkom), uitbreek, losbreek, losruk, losskeur, ontgaan, afwerp, vryspring, vryhou, ontlaai, ontlas, kwytraak

bevry, vrymaak, vryheid gee aan, emansipeer, vrylaat, loslaat, los, uitlaat, vrystel, vrysit, laat gaan, ontslaan, vryspreek, vryskeld, vryverklaar, vrykoop, uitkoop, afkoop, ontvoog, red, uitred, verlos, ontset, onthef, indemniseer

bw. gerus, vry(e)lik, sonder belemmering, uit die tronk, uit die gevangenis, uit aanhouding, op vrye voete

uitdr. die bande verbreek; die hande vry hê; die juk afwerp; die bande verbreek; jou eie baas wees; jou eie meester wees; jou eie gang gaan; jou eie potjie krap; jou iets veroorloof; jou vrymaak van; kort hou; op borg vrylaat; op jou eie pote staan; op vrye voet stel; van blaam suiwer; 'n vonnis opskort

594. Onvryheid

s.nw. ***onvryheid,*** gebrek aan vryheid, gebondenheid, beperking, beperktheid, afhanklikheid; inperking, vervolging, godsdiensvervolging
gevange(n)skap, gevangehouding, gevangeneming, uitlewering, gevangesetting, gevangenisstraf, detensie, aanhouding, bewaring, opsluiting, eensame opsluiting, alleenopsluiting, gevangenislewe, tronklewe, arres, arrestasie, huisarres, voorarres, hegtenis, inhegtenisneming, inhegtenisname, dwangarbeid; boei, handboei, voetboei, voetblok, yster, ketting, dwangbuis, gevangenisklere, gevangenisdrag, gevangeniswa; gevangeniswese, gevangenis, tronk, tjoekie, hok, aanhouplek, gevangenekamp, konsentrasiekamp, kamp, detensiekamp, detensiebarak, strafinrigting, strafkolonie, kerker, werkhuis, sel, tronksel, dodesel, mansel, vrouesel, polisiesel, hofsel, selstelsel, verbeter(ings)gestig, verbeter(ing)skool
gevangene, staatsgevangene, prisonier, tronkvoël, gas van die staat, aangehoudene, arrestant, gearresteerde, verhoorafwagtende, geïnterneerde, bandiet, dwangarbeider, klipkapper, gyselaar, slaaf; tronkbewaarder, sipier, proefbeampte

b.nw. gevang, gevange, gevanklik, vasgekeer, onvry, nie vry nie, gebonde, vas

ww. vang, gevange neem, in die gevangenis werp, arresteer, in arres neem, aanhou, binnehou, gevange hou, opsluit, toesluit, in bewaring neem, bewaak, inperk, bind, vryheid aan bande lê, boei, gryp, betrap, hang, kluister, onderdruk, oorgee, oorlewer, sit, skaak, uitdien, uitlewer, uitsit

uitdr. agter die tralies; agter slot en grendel; jou tyd uitdien

b. Aard van gesagsuitoefening

595. Streng

b.nw. ***streng,*** gestreng, rigied, rigoreus, Spartaans, oordrewe streng, ontoegeeflik, ontoeskietlik, oninskiklik, onverbiddelik, onbuigsaam, kwaai, hard, hardvogtig, ongenadig, straf, kras, drasties, skerp, swaar, star, stoer, outyds, formeel, strik, outoritêr, despoties, tiranniek, drakonies, onredelik
nadruklik, uitdruklik, emfaties, ferm, beslis, kragtig, onomwonde, kategories, duidelik, klinies, presies

s.nw. ***strengheid,*** dissipline, hardheid, rigiedheid, rigiditeit, stoerheid, starheid, hardvogtigheid, onbuigsaamheid, ontoegeeflikheid, ontoeskietlikheid, oninskiklikheid, onverbiddelikheid, onredelikheid, dwingelandy, tirannie, despotisme
nadruklikheid, fermheid, beslistheid, kragtigheid, duidelikheid, presiesheid
dwingeland, onderdrukker, tiran, despoot, diktator

ww. dissiplineer, opdreun, korthou, kortvat, bandvat, belet, opdreun, tiranniseer

uitdr. die teuels kort hou; iemand uit jou sak skud; taai in die bek; met 'n harde hand regeer; met 'n swaar hand regeer; met 'n ystehand/ystervuis regeer; die roede nie spaar nie; die leisels styf hou; die teuels kort hou

596. Inskiklik

b.nw. ***inskiklik,*** skiklik, redelik, buigsaam, soepel, plooibaar, reklik, toegeeflik, toegewend, toeskietlik, tegemoetkomend, meegaande, simpatiek, welwillend, konsidererend, geduldig, verdraagsaam, lankmoedig, tolerant, lydsaam, vergewensgesind, ordentlik, sag, gewillig, bereidwillig, willig, handelbaar, soet
swak, onderworpe, sedig

s.nw. ***inskiklikheid,*** redelikheid, buigsaamheid, soepelheid, toegeeflikheid, toegewendheid, toegewing, toeskietlikheid, tegemoetkomendheid, tegemoetkoming, simpatie, welwillendheid, konsiderasie, geduld, lankmoedigheid, verdraagsaamheid, toleransie, lydsaamheid, sagtheid
swakheid, slapheid, slapte, slapgatheid (*plat*), slapgatgeit (*plat*), onderworpenheid, sedigheid

ww. laat skiet, skiet gee, toegee, toelaat, iets oogluikend toelaat, instem, tegemoetkom, tolereer, geduld gebruik, verskoon, berus, ontsien, konsidereer, spaar, verdra, verslap, neerbuig

uitdr. die teuels laat skiet; met 'n ligte hand regeer; Gods water oor Gods akker laat loop; iemand sy sin gee; na die oë kyk/sien; van die nood 'n deug maak

597. Gehoorsaam

b.nw. gehoorsaam, gedissiplineer(d), soet, stroopsoet, dienswillig, gewillig, gedienstig, dienstig, willig, inskiklik, bereidwillig, han-

delbaar, gedienstig en gedwee, gedwee, getroos, mak, murf, tam, onderdanig, onderworpe, volgsaam, ootmoedig, geseglik

s.nw. ***gehoorsaamheid,*** gehoorsaming, dissipline, gedissiplineerdheid, gewilligheid, dienswilligheid, inskiklikheid, getrouheid, volgsaamheid, makheid, onderdanigheid, onderworpenheid, berusting, ootmoed

onderwerping, subordinasie, onderdrukking, pantoffelregering, slawerny, tug, straf; jabroer, pantoffelheld, suikerklontjie, kruiper, slaaf

bw. mooitjies

ww. gehoorsaam, gehoor gee, berus, luister na, hoor, konformeer, skik na, kruip

uitdr. aan die leiband loop; na die oë kyk; jou laat gesê; na iemand anders se pype dans; onder die pantoffelregering staan; die knie buig; onder die tug staan

598. Ongehoorsaam

b.nw. ***ongehoorsaam,*** onbedwingbaar, opstandig, weerstrewig, wederstrewig, rebels, weerbarstig, weerspannig, onregeerbaar, diknek, styfhoofdig, styfkoppig, taaibekkig, ongeseglik, stout, kwaaddoenerig, onhebbelik, ondeund, dwars, dwarstrekkerig, koppig, woelig, veeleisend, balhorig, balsturig, bandeloos, toomloos

sondig 623, 779, 813, 820, boos, korrup, immoreel

onwettig, verbode, ontoelaatbaar, wetteloos, misdadig, rebels, oproerig, sedisieus, anargisties, terroristies

s.nw. ***ongehoorsaamheid,*** veron(t)agsaming, oortreding, stoutigheid, sonde, sondigheid, weerbarstigheid, kwaadwilligheid, teenstribbeling, teëstribbeling, woeling, gesagskrisis, gesagsprobleem, insubordinasie, teenpratery, teëpratery

onwettigheid, wetteloosheid, misdadigheid, onregeerbaarheid, burgerlike ongehoorsaamheid, opstand, opstandigheid, onrus, oproer, opstootjie, petalje, wanorde, harlaboerla, verset, versetpleging, versetbeweging, anargie, anargisme, sedisie, rebelsheid, rebellie, terreur, terrorisme

ongehoorsame persoon, oortreder, stouterd, stoutgat, duiweltjie, dwarskop, belhamel, misdadiger, rebel, opstandeling, onrussaaier, onrusstoker, oproermaker, oproerling, versetstryder, versetleier, anargis, terroris

ww. ongehoorsaam wees, veron(t)agsaam, oortree, teenpraat, teëpraat, verset, versit, rebelleer, protesteer, in opstand kom, opstaan, verbrui, sonde doen

uitdr. die stang vasbyt; hoor is min; nie ore aan sy kop hê nie; taai in die bek wees; die versenen teen die prikkels slaan; ek laat my nie (ge)sê nie; jou eie kop volg

c. Uitoefening van gesag

599. Gesag uitoefen

ww. ***gesag uitoefen,*** gesag voer, jou gesag laat geld, baasspeel, regeer, heers, heerskappy voer, lei, leiding gee, leiding neem, aanvoer, kommandeer, bevel voer, bestuur, beheer uitoefen, reël, organiseer, toesig hou, reguleer, verantwoordelikheid hê, reglementeer, konstitueer, orde bewaar, orde handhaaf, dissiplineer, onderwerp, onderdanig maak, voorskryf, opvoed, sê, sanksioneer, ingryp, stappe doen, optree, toetas, vermag, besluite neem, beslissings neem, beslissings vel, baasraak, opdra, opdrag gee

beveel, gebied, baasspeel, oorheers, hiet en gebied, gelas, ordonneer, eis, verlang, dwing, afdwing, afpers, bedwing, verorden, verordineer, verplig, uitvaardig ('n bevel -), herroep ('n bevel -)

s.nw. ***gesagsuitoefening,*** heerskappy, oorheersing, baasskap 588, meesterskap, mag, magsuiting, magsvertoon, magsbetoon, magsmisbruik, magshonger, magslus, magsposisie, magsfeer, mandaat, magtiging, sanksionering, volmag, jurisdiksie, bevoegdheid, regsbevoegdheid, regsmag, regterlike bevoegdheid, regterlike mag, magsbevoegdheid, houvas, gesag, outoriteit, beheer, kontrole, toesig, verantwoordelikheid 588, invloed, seggenskap, beskikkingsreg, bestuur 590, aanvoering, leidinggewing, geweld 616, 618, 656, 667, dominasie, druk, dwang, ingryping, pressie, sanksie, charter, hamer (teken van mag of gesag); magstruktuur, gesagstruktuur, bevelstruktuur, magskliek, geweldskliek, faksie, instansie, owerheid, bevelseenheid, hoofkwartier

bevel, order, bevelskrif, orderpapier, memorandum, teenbevel, dwangbevel, dagbevel, dagorder, lasbrief, mag(s)woord, direktief, fiat, opdrag, instruksie, impera-

tief, bestier (Gods -), bewaring, eis, teeneis, bestelling, gebod, voorwaarde, diensvoorwaarde, maatreël, dwangmaatreël, oorgangsmaatreël, teenmaatreël, uitsonderingsmaatreël, veiligheidsmaatreël,. . ., demper, voorskrif, ordonnansie, ordinansie, konsepordonnansie, verordening, protokol, reël, reëling, besluit, regeringsbesluit, bepaling, wetsbepaling, uitsonderingsbepaling, reglement, regulasie, noodregulasie, wet, grondwet, konstitusie, dekreet, verbanningsdekreet,. . .; opheffing, vrystelling, dispensasie

gesagvoerder 591, bevelvoerder 591, leier, leidster, baas, werkgewer, baasspeler, baasspelerige persoon, kokkedoor, chargé d'affaires, opdraggewer, lasgewer, mandataris, mandator, pressiegroep, teeneiser

b.nw. beherend, gebiedend, bevelend, imperatief, verpligtend, verantwoordelik, protokollêr, uitvoerend, bevoeg(d), verlangend, voorgeskrewe

uitdr. bo iemand staan; die baas speel; iemand van 'n las kwyt; iemand die wet voorskryf; iemand 'n stang in die bek sit; in toom hou; na iemand se pype dans; op iemand se kop sit; op las van

600. Onder bevel staan

ww. ***onder bevel staan,*** onder gesag staan, dien, bedien, diens lewer aan, nakom, uitvoer ('n bevel -), volg, onderwerp, gehoorsaam, gehoorsaam wees aan, gehoor gee, luister na, opvolg

onder bevel plaas, onder bevel bring, dissiplineer 599, onderwerp 599

s.nw. ***onderdanigheid,*** gehoorsaamheid, onderworpenheid, bedwang, eerbiedigheid, volgsaamheid, nakoming, tenuitvoerbrenging, tenuitvoerlegging, uitvoering, dienstigheid, gedienstigheid, dissipline; onderdaan, volgeling, onderworpene

diens, dienswilligheid, diensbetoon, diensvaardigheid, diensverrigting, diensbode, diensjaar, diensmotief, diensreëling, diensrooster, dienstermyn, dienstyd, diensure, diensvoorwaardes

b.nw. ***onderdanig,*** ondergeskik, onderworpe aan, gehoorsaam, gedwee, deemoedig, volgsaam, geseglik, gedienstig, dienstig, slaafs, junior, eerbiedig, nederig, ootmoedig

diensvaardig, dienswillig, diensbaar, dienstig

uitdr. gehoor gee aan; niks te sê hê nie; onder bevel staan

601. Toestemming gee

ww. ***toestemming gee,*** toestemming verleen, toestem, instem, permitteer, sanksioneer, goedkeur, goedvind, magtig, outoriseer, seël, verseël, inwillig, inlaat, vergun, veroorloof, toestaan, toelaat, oorloof, veroorloof, oogluikend toelaat, nie belet nie, laat begaan, carte blanche gee, vrygee, vryhou, vrykry, vrystaan, verdra, duld, gedoog, gedoë, laat deurgaan, gun

moontlik maak, in staat stel, in die geleentheid stel

s.nw. ***toestemming,*** verlof, permissie, toelating, sanksionering, sanksie, instemming, inwilliging, vergunning, konsessie, konsessionaris, goedkeuring, konsent, jawoord, verlof, veroorlowing, sanksie, magtiging, outorisasie, mandaat, oktrooi, charter, seël, admissie

uitreiking, permit, vrybrief, verlofbrief, sertifikaat, lisensie, motorlisensie, delwerslisensie, jaglisensie,. . ., rybewys, pas, reispas, reispermit, reisvergunning, paspoort, visum

b.nw. geoorloof, veroorloof, toegelaat, toelaatbaar, aanvaarbaar, goedkeurend, inskiklik, duldbaar

uitdr. die groen lig kry; dit staan iemand vry; 'n gebed verhoor; iemand sy gang laat gaan; jou iets veroorloof; jou seël druk op; onder toesig staan

602. Verbied

ww. verbied, 'n verbod plaas op, belet, verhinder, verhoed, keer, voorkom, veto, weerhou, beknel, inhibeer, begrens, ontsê, uitsluit, afkeur, afwys, blok, blokkeer, stop, stopsit, stuit, teëhou, teenhou, beperk, strem, teëgaan, teengaan, onderdruk, smoor, boei

s.nw. verbod, verbieding, verbodsbepaling, gebod, beperking, inkorting, embargo, interdik, veto, vetoreg, prohibisie, beletsel, onaanvaarbaarheid, ontoelaatbaarheid, taboe, inhibisie, verhindering, voorkoming, weerhouding, uitsluiting, ban, ekskommunikasie, muilband, begrensing, blokkade

onderdrukking, suppressie, vertrapping, vertreding; prohibisionis, onderdrukker

b.nw. verbode, ongemagtig, ontoelaatbaar, prohibitief, klandestien, taboe, onwettig, onaanvaarbaar, strafbaar

uitdr. aan bande lê; iets in die ban doen; in die kiem smoor

D. WEDERKERIGE WILSDAAD

603. Voorstel

ww. voorstel, 'n voorstel maak, met 'n voorstel vorendag kom, 'n voorstel doen, 'n voorstel indien, 'n mosie indien, aanbeveel, 'n aanbeveling maak, adviseer, suggereer, 'n suggestie maak, iets aan die hand doen, aan die hand gee, 'n voorlegging maak, ter sprake bring, te berde bring, aanvoer, aangee, opgee

s.nw. voorstel, teenvoorstel, teëvoorstel, proposisie, aanbod, teenaanbod, mosie, aanbeveling, suggestie, voorlegging, raad, advies, wenk, idee, gedagte; skimp, sinspeling, toespeling, insinuasie, innuendo

b.nw. aanbevelenswaardig, raadgewend

604. Versoek

ww. ***versoek,*** 'n versoek rig, 'n beroep doen, 'n petisie indien, petisioneer, rekwestreer, aansoek doen, sollisiteer, nader, wend, bestel (versoek om te lewer), nooi, uitnooi, uitnodig (*veroud.*), vra, afvra, aanvra, bestel ('n huurmotor -), aanklop, bid, verbid

smeek, afsmeek, besweer (plegtig smeek), pleit, afpleit, vrypleit, mooipraat, soebat, bearbei, afbid, bedel, afbedel, neul, kerm, afkerm, opskeploer, klaploop (*ong.*)

eis, 'n eis instel, 'n eis indien, opeis, toe-eien, aandring op, aanspraak maak, verlang, vorder, opvorder, rekwireer (*ong.*), kommandeer, opkommandeer, terugvra, terugeis, terugvorder, afdreig, afpers, dwing, afdwing, oorheers

bw. asseblief, bietjie

s.nw. ***versoek,*** versoeking, versoeknommer, versoekprogram, versoekskrif, voorlegging, petisie, verkiesingspetisie, memorie, rekwisisie, rekwes (*veroud.*), adres, postulaat, beroep, vraag, aanvraag, aansoek, applikasie, sollisitasie, pleidooi, bestelling, wens, begeerte, gebed, betoog, vertoog, mosie, voorstel, teenvoorstel, teëvoorstel, valbylmosie

smeking, smekery, smeekgebed, smeekbede, smeekskrif, pleit, pleitrede, pleidooi, gesoebat, gekerm, kermery, geneul, neulery, bede, gebed, invokasie, bedelary, bedelstaf

eis, teeneis, wedereis, opeising, aandrang, opvordering, terugvordering, opvraging, aanspraak

voorsteller, aanvraer, petisionaris, aansoeker, sollisitant, bedelaar, smekeling, kermkous, kermgat, neulkous, eiser

b.nw. dringend, smekend, eisend, opeisbaar, veeleisend

uitdr. jou tot iemand rig; jou tot iemand wend; op iets staan; ter tafel bring; ter tafel lê; 'n voetval doen; 'n voorstel doen

605. Aanvaar

ww. ***aanvaar,*** aksepteer, aanneem, ja sê, instem, saamstem, toestem, goedkeur, goedvind, goeddink, op 'n voorstel ingaan, 'n versoek toestaan, aan 'n eis voldoen, toegee, berus by

ooreenkom, saamstem, akkoord gaan, vereenselwig met, dit eens wees met, 'n kompromis aangaan, afspreek, skik, reël, reëlings tref; 'n ooreenkoms aangaan, 'n akkoord sluit, 'n verbintenis aangaan, 'n verdrag sluit

s.nw. ***aanvaarding,*** toestemming, konsent, instemming, inwilliging, vergunning, bewilliging, afspraak, ooreenkoms, verdrag, kontrak, skikking, akkoord, konsensus, toegewing, kompromis, kompromie, bepaling, konkordaat, konsepsie, konsessie, reëling, vereniging

aannemer, kontraktant, volgeling

b.nw. aanneemlik, aanvaarbaar, goed, fyn, aksepteerbel, aangenome, afgesproke, kontraktueel, bestaanbaar

tw. ja, ja goed, goed so, afgesproke, tops, fyn, dankie

606. Weier

ww. weier, nee sê, bedank vir, afwys, verwerp, afkeur, voorbehou, verseg, ontsê, van die hand wys ('n versoek -), terugwys, terugverwys, afkry (van 'n plan, idee -), nie toegee nie, afslaan, afsweer, besweer, afneem, afsê

bw. nee, nie

s.nw. weiering, ontkenning, negasie, neewoord, afkeuring, afwysing, voorbehoud,

ontsegging, verwerping, verworpenheid, afdanking

b.nw. ontkennend, negatief, afwysend, afkeurend, doof, horende doof, verworpe, afgedank

tw. nee, haikôna, aikôna

uitdr. horende doof wees; geen haarbreedte wyk nie; om die dood nie; vir geen geld ter wêreld nie

607. Beloof

ww. beloof, belowe, 'n belofte maak, 'n belofte doen, plegtig belowe, 'n gelofte aflê, bind, verbind, hou aan, jou woord gee, sweer, onder eed verklaar, onderneem, instem, bewillig, afspreek, ooreenkom, tot 'n vergelyk kom, 'n vergelyk aangaan, akkoord gaan, kontrakteer, 'n verdrag sluit, waarborg, borg staan vir, instaan vir, garandeer, sertifiseer, attesteer, verseker, as sekuriteit gee, borg, borg teken, as borg gee, as borg stel, verpand, as pand gee, in pand gee

s.nw. ***belofte,*** bindende belofte, plegtige belofte, gelofte, kloostergelofte, woord, erewoord, woord van eer, verbintenis, verpligting, afspraak, reëling, ooreenkoms, bindende ooreenkoms, vergelyk, onderneming, toesegging, uitlowing, versekering, waarborg, sekuriteit, sekerheid, borg, borgskap, pand, onderpand, verpanding, bloedbroederskap, verlowing, verlooftyd

eed, ampseed, verbondseed, vaandeleed, leneed; eedaflegging

ooreenkoms, konsepooreenkoms, nywerheidsooreenkoms, bindende ooreenkoms, transaksie, modus vivendi, vergelyk, kontrak, koopkontrak, koopbrief, verkoopkontrak, dienskontrak, akte, verkoopakte, verdrag, vredesverdrag, uitleweringsverdrag, ruilverdrag, . . ., verdragstaat, konvensie, oorkonde, traktaat, vredestraktaat, akkoord, pakt, verbond, verband, bepaling, verbodsbepaling; artikel, klousule, punt, bepaling; kontraktant, kontrakteur, verpander, pandhouer

b.nw. bindend, verbindend, verbonde, kontraktueel, aangebode, gereserveer(d), onskendbaar, onverbreekbaar, onverbreeklik, verplig, verloof

tw. top

uitdr. bokhorings maak; trou sweer; iemand aan sy belofte hou; in oorleg met; met 'n eed bekragtig; tot 'n akkoord kom; 'n vergelyk tref

608. Jou woord hou

ww. woordhou, jou woord hou, onderneem, bind, aanhou, bevredig, 'n belofte nakom, 'n belofte hou, 'n belofte vervul, bewillig, onder eed staan

s.nw. trou, getrouheid, standvastigheid, betroubaarheid, onderneming, vervulling, nakoming, kwyting, bewilliging, eerlikheid, eerbaarheid

b.nw. trou, getrou, betroubaar, onverbreekbaar, eerlik

uitdr. jou woord van eer; 'n man van sy woord; by jou woord bly; jou woord gestand doen; sy woord is evangelie

609. Jou woord verbreek

ww. jou woord verbreek, jou belofte breek, terugneem, terugtree, terugtrek, terugkrabbel, 'n eed verbreek, repudieer

s.nw. verbreking, bekpraatjies, valse beloftes, ydele beloftes, onbetroubaarheid, ontrouheid, woordbreuk, meineed, kontrakbreuk, nietigverklaring, terugtrede, repudiasie; meinedige persoon, woordbreker

b.nw. ontrou, ongetrou, onbetroubaar, meinedig

5
Handeling

A. EIENSKAPPE VAN DIE HANDELING

610. Ywerig

b.nw. ***ywerig,*** vol ywer, volywerig, fluks, vlytig, lus vir werk, werklustig, nywer (*ong.*), hardwerkend, arbeidsaam, werksaam, werkende, werkdadig, besig, bedrywig, druk, druk besig, doenig, aan die gang, aan die werk, aan't werk, aan die swoeg, aan't arbei(e), aan die spook, studieus, aktief, volhardend, toegewy(d), konsensieus 612, nougeset 612, geesdriftig, onvermoeid, energiek, lewenslustig, vol lewe, lewendig, vitaal, wakker, op en wakker, onverdrote (*ong.*), onverfloud (*ong.*), naarstig, naarstiglik, noeste, volhoudend, vurig, vol vuur, vuur en vlam, entoesiasties, dinamies, daadkragtig, daadlustig, kragdadig, lewenskragtig, iewerig (*ong.*), ambulant
ambisieus, vooruitstrewend, ondernemend, hoogvlieënd, suksesbehep, eersugtig

s.nw. ***ywer,*** ywerigheid, onvermoeide ywer, woema, lus, werklus, animo, vlyt, vlytigheid, werk(s)vermoë, arbeidsvermoë, werkkrag, hardwerkendheid, bedrywigheid, doenigheid, volharding, toewyding, toegewydheid, konsensieusheid, energie, energiekheid, krag, lewenskrag, lewenslus, lewenslustigheid, vitaliteit, wakkerheid, wakkerte, entoesiasme, graagte, dinamiek, daadkrag, daadkragtigheid; yweraar, voorslag, werkwillige
werk, 645 arbeid, mannekrag, werksaamheid, besigheid, aktiwiteit, taak, dagtaak, môretaak, loopbaan, beroep, professie, ambag, bedryf, nering, opdrag, diens, dienslewering, diensbeurt, skof, bestek, werksbestek, werskaffery, moeite, inspanning, swoegery, swoegwerk, hardepad, drukdoenery
werker, arbeider, handlanger, werk(s)man, werknemer, werkgewer 599; entoesias, yweraar, werkesel
ambisie, ondernemingsgees, ondernemerskap, inisiatief, vooruitstrewendheid, aspirasie, strewe, drang; ambisieuse persoon, hoogvlieër

bw. graag

ww. ywer, met ywer werk, opgaan in jou werk, swoeg, vlytig wees, werskaf, knutsel

uitdr. arbeid adel; berge versit; dit ruik na die lamp; hande uit die mou steek; jou sout verdien; noeste vlyt; oor 'n boeg werk

611. Lui

b.nw. lui, luierig, laks, aartslui, luigat (*plat*), luigatterig (*plat*), luilekker, gemaksugtig, indolent, traag, onwillig, stadig, niksdoende, ledig, leeglêerig, non-aktief, sleg, kaksleg (*plat*), vrot, vrotsig, nikswerd, vadsig, lusteloos, gevrek, dooierig, lyfwegstekerig, druilerig, inert, jansalieagtig, bedlêerig, lakoniek, moeg, mat, lam, tam, lamlendig, lamsakkig, lamsakkerig, oorlams, werksku; werkloos 646

s.nw. ***luiheid,*** laksheid, leeglopery, leeglêery, ledigheid, geluier, lanterfantery, vadsigheid, onaktiwiteit, inersie, niksdoen, niksdoenery, rus, rustigheid, gemaksug, gemaksugtigheid, loomheid, traagheid, moegheid, tamheid, lamheid, verlamming, matheid, slaperigheid, lusteloosheid, lamlendigheid, lamsakkigheid, slegheid, slegtigheid, lyfwegstekery, vrotsigheid, luigatgeit (*plat*), luigattigheid (*plat*), slapgatgeit (*plat*), werkskuheid; werkloosheid 646, diensopsegging
luiaard, luigat (*plat*), luilak, leeglêer, leegloper, niksdoener, lyfwegsteker, lediggang-er, stoepsitter, huislêer, huissitter, straatloper, padloper, dagdief, lammeling, sleg, vrotterd, niksnuts, nikswerd, slapgat (*plat*), jandooi, jansaliegees, kalfakter, lanterfanter, miskoek, oliekoek, pietsnot

ww. lui wees, leeglê, leegloop, luilak (*ong.*), agteruitsit, druil, lanterfanter, kalfakter, rus, verluier, vertraag

uitdr. lyf wegsteek; die lyf spaar; gou by die bak, maar lui by die vak; die vrekte hê; Jan Salie; voete sleep; jou hand nie in koue water steek nie; son in die weste, luiaard op sy beste; sy het van Koerland se vleis geëet

612. Noukeurig

b.nw. noukeurig, sorgvuldig, uitgewerk, konsensieus 610, nougeset 610, versigtig, omsigtig, lugtig, bedag, behoedsaam, waaksaam, besorg(d), ongerus, presies, reg, presies reg, heeltemal reg, doodreg, op die kop reg, korrek, juis, trefseker, eksie-perfeksie, foutloos, suiwer, akkuraat, pynlik akkuraat, eksak, sekuur, haarfyn, getrou, minisieus, pynlik presies, indringend, kieskeurig, puntenerig, punteneurig, tobberig, angsvallig, gepreokkupeer(d), pynlik, nougeset, toegewy(d), metodies, sistematies, ordelik, netjies, keurig, pront, punktueel, stip, attent, noulettend, op en wakker, nousiende, sorgsaam, sorgdraend

s.nw. noukeurigheid, sorgvuldigheid, sorg, nasorg, besorgdheid, versigtigheid, noulettendheid, waaksaamheid, behoedsaamheid, inagneming, presiesheid, presisie, akkuraatheid, eksaktheid, korrektheid, juistheid, sekuurheid, getrouheid, kieskeurigheid, punteneriheid, bemoeienis, gepreokkupeerdheid, preokkupasie, ongerustheid, kommer, nougesetheid, strengheid, dissipline, gedissiplineerdheid, toegewydheid, toewyding, metodiek, sistematiek, orde, ordelikheid, stiptheid, punktualiteit, sorgsaamheid; hoeder, tobber

bw. op die kop, in die kol, met sorg, kompleet, met mening, net, pastersteek, versigtigheidshalwe

ww. sorg dra, sorg, sôre, toewy, behoort, hoed, inspekteer, kwyt, presiseer, korrigeer, tob, uithaal, vrees, vreet

uitdr. op jou hoede wees; iemand op sy hoede stel; jou toespits op iets; op jou eie bene staan; van naatjie tot kousie; vol vuur wees

613. Onnoukeurig

b.nw. ***onnoukeurig,*** onakkuraat, inakkuraat, onpresies, onordelik, ordeloos, verkeerd, inkorrek, foutief, onjuis, vals, onwaar
sorgeloos, sorgloos, sorgvry, nonchalant, onverskillig, traak-(my)-nieagtig, agte(r)losig, agteloos, nalatig, onversigtig, onoplettend, onagsaam, onsorgvuldig, lusteloos, onversorg(d), onnet, slordig, slodderig, slapgat (*plat*), bandeloos, sleg

s.nw. ***onnoukeurigheid,*** onakkuraatheid, onpresiesheid, onordelikheid, ordeloosheid, tekortkoming, gebrek, swakheid, defek, abnormaliteit, afwyking, onvolkomenheid, flop, vergissing, onjuistheid, inkorrektheid, fout, flater, blaps, faux pas, dwaling, misvatting, wanopvatting, misrekening, berekeningsfout, verkeerde berekening, valsheid, leuen, onwaarheid
sorgeloosheid, onverskilligheid, laisser-faire, laissez-faire, laisser-aller, laissez-aller, nonchalance, traak-my-nieagtigheid, agte(r)losigheid, nalatigheid, onversigtigheid, onsorgvuldigheid, onoplettendheid, onagsaamheid, lusteloosheid, onversorgdheid, onnetheid, slordigheid, slonsigheid, verwaarlosing, versuim, laksheid, slapgatgeit (*plat*), bandeloosheid, sleg(t)heid, slegtigheid; slonskous, slodderkous, sleg

ww. jou nie bekommer nie, nie gepla wees nie (*geselst.*), verwaarloos, nalaat, versuim, opneuk (*plat*), opdons, opdonder (*plat*), slodder

uitdr. môre is nog 'n dag; van die een dag na die ander lewe

614. Bekwaam

b.nw. bekwaam, bevoeg(d), gekwalifiseer(d), kundig, deskundig, gesaghebbend, ingewyd, saakkundig, vakkundig, slim, geleer(d), skrander, volleerd, wys, wêreldwys, vlug (van begrip), toegerus, onderleg, opgelei, geskool, professioneel, afgerig, opgewasse, ervare, ryk aan ondervinding, gemotiveer(d), gesofistikeerd, vaardig, vernuftig, talentvol, talentryk, ingenius, begaaf(d), veelsydig, deurwinterd(e), kompetent, gesout, knap, agtermekaar, meesterlik, behoorlik, adekwaat, geskik, goed, uitstekend, reg, doodreg, voortreflik, volkome, trefseker, volmaak, perfek, gebore ('n - onderwyser), aangewese, charismaties, sterk, kapabel, kranig, uitgesoek, uitgesogte, bomenslik, bowemenslik, geskik, bruikbaar, gepas, geskape, roemryk, roemvol
handig, knaphandig, bedrewe, behendig, geoefen(d), rats, vlug, gekonfyt, prakties, oorlams, onfeilbaar

s.nw. ***bekwaamheid,*** aanleg, vermoë, kapasiteit, alvermoë, gawe, bevoegdheid, gekwa-

lifiseerdheid, kwalifikasie, kundigheid, deskundigheid, gesag 616, 620, gesaghebbendheid, vakkundigheid, intelligensie, geleerdheid, wysheid, geskooldheid, opleiding, onderlegdheid, professionalisme, professionaliteit, opgewassenheid, ervaring, ondervinding, motivering, gemotiveerdheid, gesofistikeerdheid, vaardigheid, knapheid, vernuf, vernuftigheid, talent, talentvolheid, predisposisie, verdienste, begaafdheid, kompetensie, meesterskap, meesterhand, perfeksie, trefsekerheid, perfeksionisme, adekwaatheid, geskiktheid, voortreflikheid, charisma, krag, leierskap 591, 616, gladheid
handigheid, knaphandigheid, bedrewenheid, behendigheid, tegniek, veelsydigheid, ratsheid, vlugheid, oorlamsheid;
bekwame persoon, bevoegde persoon, gekwalifiseerde persoon, meester, vakkundige 515, professioneel, professionalis, perfeksionis, uithaler, kunstenaar, baas, bobaas, diva

bw. uitgeknip

ww. 'n aanleg hê vir, vertroud wees, in staat wees tot, raakvat, bekom, bokom, kwyt, prakseer, bedrewe wees; motiveer

uitdr. baie agter die rug hê; geroepe wees tot; sy hande staan vir niks verkeerd nie; jou sout werd wees; nie van gister wees nie; mans genoeg wees; met bekwame spoed; raad weet met; sonder weerga; jou plek vol staan; jou spore verdien; vir iets in die wieg gelê wees; die sout van die aarde

615. Onbekwaam

b.nw. ***onbekwaam,*** onbevoeg, onervare, onverstandig, onnadenkend, aweregs, ongeskool(d), ongekwalifiseerd, ongeleerd, dom, onnosel, ongeletterd, skools, onbeholpe, onbedrewe, onprofessioneel, swak, sleg, onvolkome, onvolmaak, imperfek, sukkelend, sukkelrig, beteuter(d), bedremmeld, bogterig, sorgeloos, sorgloos 583, 613, 715, primitief, rou, groen, amateuragtig, pateties
onhandig, onbekwaam, onbevoeg, vyfduims, agterstevoor, lomp, log, links, ongekoördineer(d), sukkelrig, knoeierig, lamlendig, lamsakkerig, lamsakkig, labbe(r)lotterig, armsalig, hopeloos, impotent, onbedeel(d)

s.nw. ***onbekwaamheid,*** onbevoegdheid, onvermoë, inkapasiteit, onervarenheid, onnadenkendheid, ongeletterdheid, ongeskooldheid, diskwalifikasie, domheid, onnoselheid, armsaligheid, onbeholpenheid, onbedrewenheid, swakheid, sleg(t)heid, onvolkomenheid, onvolmaaktheid, imperfeksie, beteuterdheid, bedremmeldheid, amateuragtigheid, primitiwiteit
onhandigheid, lompheid, sukkelry, lamlendigheid, lamsakkerigheid, lamsakkigheid, hopeloosheid, impotensie
onbekwame persoon, onhandige persoon, knoeier, lomperd, lummel, drommel, amateur, melkbaard, melkmuil, groentjie, groene, mamparra, domkop, dommerd, pampoen, pampoenkop, stommerik, stumper(d), suffer(d), sukkelaar, sul (*ong.*), ja(a)psnoet, asjas, pietsnot (*plat*), askoek, miskoek, oliekoek, lamsak, slapgat (*plat*), pateet

bw. sommerso, somaarso, swakkies, swakweg, agterstevoor, agteruit

ww. ***onbekwaam wees,*** nie deug nie, knoei, kortskiet, tekortskiet, verhaspel
onbekwaam maak, diskwalifiseer, afdank

uitdr. bo jou kerf; bo jou vuurmaakplek; nie vir iets in die wieg gelê wees nie; jou slag verloor; in sy kinderskoene staan; nog nat agter die ore wees; sy kruit is nat; 'n ou trewwa; 'n ou twak; twee linkerhande hê; net duime wees

616. Magtig

b.nw. magtig, almagtig, volmagtig, vrymagtig, beherend, dominant, maghebbend, heersend, gesaghebbend, gesagdraend, vermoënd, almoënd, hoogmoënd, ontsagwekkend, groot, geweldig, swaar, gewigtig, sterk, kragtig, stewig, stabiel, belangrik, invloedryk, kragdadig, beslissend, omnipotent, bevoeg(d), dominerend, oorheersend, vreeswekkend

s.nw. ***mag,*** magtigheid, almag, almagtigheid, volmag, outorisasie, carte blanche, oormag, oorwig, magsoorwig, oorhand, meerderheid, gesag, krag, sterkte, geweld, stewigheid, stabiliteit, vermoë, alvermoë, almoëndheid, bevoegdheid, gesaghebbendheid, belang, belangrikheid, gees, gewigtigheid, omnipotensie, beheer, jurisdiksie, leierskap 588, 591, dominansie, oorheersing, heerskappy, opperheerskappy, hegemonie, aansien, prestige, invloed,

invloedrykheid, invloedsfeer, stempel, inspraak, seggenskap, medeseggenskap, impak, skop
magsuitoefening, magsvertoon, beheer, heerskappy, beïnvloeding
magtiging, oktrooi, charter, mandaat, vergunning, goedkeuring, toestemming, verlof, permissie; permit, lisensie, pas, sertifikaat, verlofbrief, vrybrief
maghebber, volmaggewer, volmaghebber, gesagvoerder 591, heerser 588, 591, kragman, kragmens, man van aansien, baie belangrike persoon, BBP, outoriteit

bw. met mag, by magte, met gesag, in staat

ww. mag hê, by magte wees, volmag hê, mag uitoefen, beheer, beheer hê, beheer uitoefen, jurisdiksie hê oor, domineer, oorheers, heers, in staat wees, invloed hê, invloed uitoefen, beïnvloed, 'n belangrike rol speel
mag gee, met mag beklee, magtig, magtiging verleen, outoriseer, met gesag beklee, aanwys, benoem, verkies, verlof gee, toestemming gee

uitdr. die botoon voer; die toon aangee; lang arms hê; met mag omgord; jou nie laat onderkry nie; nie met jou laat speel nie; jou stempel afdruk op; jou laat geld; jou gewig rondgooi

617. Magteloos

b.nw. magteloos 626, onmagtig, onkapabel, hulpeloos, kragteloos, impotent, onbekwaam 626, onvermoën(d), afgeleef, swak, sleg, bankrot, benepe, beskimmel, beskimmeld, beteuter(d), ontoerekenbaar

s.nw. magteloosheid, onmag, onmagtigheid, onvermoë, onvermoëndheid, impotensie, apraksie, magsverlies, bankrotskap, benepenheid, infamie; marionet, miskoek, plaasjapie

bw. sonder gesag, sonder mag, nie by magte nie, nie in staat nie

ww. ***magteloos wees,*** onmagtig wees, nie in staat wees nie, agterbly, aarsel, jou blootgee
mag beperk, mag ontneem, kortwiek, lamslaan, vaspen

uitdr. lig in die broek wees; sy blus is uit; lam in die knieë wees; 'n nul op 'n kontrak wees; soos 'n vis op droë grond wees; gesig verloor; sy Engels is swak

618. Kragtig

b.nw. ***kragtig,*** hewig, heftig, hooglopend, hooggaande, intens, akuut, vinnig, haastig, gejaag(d), jagtig, deeglik, behoorlik, doeltreffend, deurtastend, oorheersend 616, oorweldigend, oorrompelend, dominant, kragdadig, formidabel, gedug, dugtig, vurig, gretig, opgewonde, entoesiasties, geïnspireer(d), volbloed, geweldig, ontsaglik, groot, sterk, swaar, streng, abrup, afgemete
onbeheerbaar, onbeheers, ongebreidel(d), onbedaarlik, onbedwingbaar, onbeteuel, toomloos, ondraaglik, buitensporig, oormatig, ekstremisties, woes, wild, verwilder(d), ontembaar, onstuimig, tierend, gewelddadig, gewelddadiglik, heftig, erg, yslik, rof, ru, onguur, grof, kras, heet, hittig, hitsig, heethoofdig, onbesonne, onverstandig, onbesuis, onverskillig, waaghalsig, roekeloos, gespanne, oorspanne, verbete, krampagtig, besete, rasend, verwoed, woedend, histeries, dweepsiek, dweperig, dweepagtig, fanatiek, fanaties, driftig, opvlieënd, onstabiel, instabiel, temperamenteel, temperamentvol, choleries, koleries

s.nw. ***krag,*** kragtigheid, hewigheid, heftigheid, intensheid, intensiteit, haas, haastigheid, spoed, hitte, deeglikheid, doeltreffendheid, dominansie, gedugtheid, entoesiasme, opbruising, opgewondenheid, vurigheid, drif, drang, drywery, temperament, bevlieging, inspirasie, geïnspireerdheid; bittereinder, vasbyter, kanniedood, jong Turk
heftigheid, onbeheerstheid, ondraaglikheid, buitensporigheid, oormatigheid, woestheid, onstuimigheid, wildheid, verwildering, geweld, gewelddadigheid, gewelddaad, ruheid, grofheid, krasheid, heethoofdigheid, onbesonnenheid, onverstandigheid, onverskilligheid, waaghalsigheid, roekeloosheid, spanning, gespannenheid, oorspannenheid, verbetenheid, fanatisme, ekstremisme, krampagtigheid, besetenheid, raserny, horries, woede 771, verwoedheid, gramskap, toorn, kwaadheid, kwaaigeit (*geselst.*), vertoorndheid, histerie, dweepsiekheid, dweepsug, drif; heethoof, ekstremis, radikaal, Hun, eiesinnige mens, fanatikus, vuurvreter, woesteling, woestaard, desperado, wildewragtig, besetene, geweldenaar

bw. met mag, met mening, met mag en mening, met alle geweld, vurig(lik), bloots

ww. ***opbruis,*** woed, te kere gaan, te buite gaan, toespits, op die spits drywe, op hol raak, te ver gaan, eskaleer, opskud, versnel, vergal(op)peer, dweep
verhewig, aanhits, dwing, forseer, oorspan, verwilder, betakel
uitdr. die kluts kwyt wees/raak; jou ewewig kwyt wees; nie al jou varkies op hok hê nie

619. Kalm

b.nw. ***kalm,*** doodkalm, koel, rustig, bedaard, besadig(d), ingetoë, teruggetrokke, beskeie, vredig, matig, gematig(d), ewewigtig, gebalanseer(d), gelykmatig, gelykmoedig, egaal, onberoerd, stemmig, onbewoë, geduldig, vreedsaam, lydsaam, vredevol, geweldloos, sag, saggerig, sagterig, stil, stillerig, ontspanne, sereen, trankiel, gerus, houtgerus, houtpopgerus, lakoniek, aards, nugter, versigtig, alledaags
sukkelend, lomp, beteuter(d), bedremmeld, pateties, sleg
s.nw. ***kalmte,*** bedaardheid, rustigheid, koelheid, besadigdheid, ingetoënheid, teruggetrokkenheid, beskeidenheid, vrede 668, vredigheid, matigheid, moderasie, gematigdheid, ewewig, ewewigtigheid, stabiliteit, balans, gebalanseerdheid, gelykmatigheid, gelykmoedigheid, stemmigheid, geduld, geduldigheid, vreedsaamheid, lydsaamheid, sagtheid, tempering, ontspannenheid, ongestoordheid, sereniteit, trankiliteit, gerustheid, versigtigheid, alledaagsheid, ongeërgdheid, lakonisme
timiditeit, gelatenheid, beteuterdheid, lompheid
w. kalmpies, kalmweg, op jou gemak, bedaardweg, koelweg, perdgerus
w. ***kalm wees,*** op jou gemak wees, kalmeer, bedaard wees, jou beheer, bedaar, kophou, geduld gebruik, uitwoed
rustig maak, kalmeer, tot bedaring bring, beteuel, die gemoedere kalmeer, die vrede herstel, stil, sus, matig, temper, versag

20. Belangrik

nw. ***belangrik*** 616, 622, 631, vernaam, belanghebbend, belangwekkend, betekenisvol, veelseggend, deurslaggewend, kritiek, krities, klimakteries, deurslaande, verreikend, relevant, tersaaklik, geldig, aktueel, gewigtig, swaarwigtig, beduidend, honorêr, opperste, leidend, toonaangewend, hoogstaande, uitgesoek, amptelik, verantwoordelik, voldoende, afdoende
hoog, belangrik, vernaam, hooggeplaas, hoogwaardig, vooraanstaande, uitgelese, deurlugtig, aansienlik, hoogaangeskrewe, hooggeëer(d), hooggeleer(d)
primêr, sentraal, basies, primitief, primordiaal, grondig, grondliggend, kardinaal, essensieel, prinsipieel, fundamenteel, wesen(t)lik, hoofsaaklik, oorwegend, oorweënd, ingrypend
opvallend, opmerklik, opsigtelik, sprekend, merkwaardig, noemenswaardig, meldenswaardig, vermeldenswaardig, prysenswaardig, groot, omvangryk, omvattend, volwaardig, gemerk, gemarkeer(d), prominent, voorop, voorste, agterste, boonste, . . ., beduidend, betekenisvol, besonder(s), spesiaal
waardevol, werd, kosbaar, onvervangbaar, duur, peperduur, durabel, besienswaardig, prysenswaardig, hoogaangeskrewe, meerwaardig, meerderwaardig, goed, besonder goed, uitstekend, prima, gangbaar, beter, beste
s.nw. ***belang,*** belangrikheid 616, 622, 631, eiebelang, groepsbelang, landsbelang, nasionale belang, belangesfeer, gewigtigheid, gewig, betekenis, betekenisvolheid, iets van betekenis, waarde, belangwekkendheid, veelseggendheid, tersaaklikheid, relevansie, meriete, grondigheid, formaat, grootheid, grotigheid, omvang, omvangrykheid, reikwydte, draagwydte, deurslaggewendheid, deurslag, verreikendheid, aktualiteit
belangrike saak, belangrike aangeleentheid, hoofsaak, doodsake, lewensbelangrike saak, lewensbelangrike aangeleentheid, belangrike oomblik, kritieke oomblik, kwessie, lewenskwessie, lewensvraag, kernpunt, kernvraag, kardinale punt, pit, affêre, mylpaal
vernaamheid, belangrikheid, rang, hoë rang, gesag, posisie, hoë posisie, status, statuur, aansien, prestige, faam, roem, beroemdheid, eer, geëerdheid, agting, meriete, invloed, invloedrykheid, hoogwaardigheid, hoogheid, uitgelesenheid, hoogagting, eerbiedwaardigheid, hooggeleerdheid; baie belangrike persoon, BBP, hooggeplaaste, hoogwaardigheidsbekleër, hoogwaardigheidsbekleder, hoëlui, uitgelese geselskap, 'n man van aansien, 'n man van rang, notabele, patrisiër, paragon, belanghebber

basis, primitief, fondament, hoeksteen, voet, grondslag, grond, grondeienskap, grondtrek, grondwaarheid, grondbeginsel, grondreël, grondvereiste, kern, kerngedagte, spil, sentrum, sleutel, sleutelbegrip, sleutelpersoon, sleutelposisie, sleutelrol, sleutelwoordpersoon, hartaar, hartebloed

opvallendheid 506, opsigtelikheid, opmerklikheid, prominensie, reliëf, merkwaardigheid, allure, besienswaardigheid

waarde 622, 633, prys, geldwaarde, valuta, boekwaarde, tweedehandse waarde, gebruikswaarde, intrinsieke waarde, sigwaarde, durabiliteit, waardebestel, kleinood, kosbaarheid, skat, juweel, pêrel; waardebepaling, waardasie, waardevermeerdering, waardevermindering, oorskatting

bw. van belang, van groot betekenis, veral, vernaam(lik), bepaaldelik, bepaaldelik, bo-al, bowe(n)al, bomate, bomatig, grotendeels, ter sake

ww. ***van belang wees,*** betekenis hê, beteken, betekenisvol wees, sentraal staan, op die voorgrond staan, gewig dra, swaar weeg, waarde hê, van waarde wees, die moeite werd wees, kos, aanswel

belangrik ag, betekenisvol ag, hoogag, waardeer, hoog aanslaan, oorwaardeer, onderwaardeer, skat, oorskat, onderskat

woorddeel grond-, hoof-, kern-, opper-

uitdr. skering en inslag; die laaste maar nie die minste nie; les bes; dit weeg swaar by haar; gewig heg aan; in die kalklig; in substansie; in tel wees; op die voorposte wees; 'n arend vang nie vlieë nie; die hoofrol speel; 'n man van gewig; 'n saak van gewig; 'n groot kanon

621. Onbelangrik

b.nw. ***onbelangrik*** 3, 30, 507, 542, betekenisloos, irrelevant, niksseggend, nietig, onbeduidend, gebrekkig, half, halfbakke, halfgebak, niksbeduidend, nietsbeduidend, niksbetekenend, onbenullig, peuterig, banaal, triviaal, oppervlakkig, kosmeties, futiel, beuselagtig, bogterig, bogtig, twakkerig, gering, klein, nietig, swak, sleg, oes, oeserig, inferieur, leeg, laag; minagtend, verkleinerend, denigrerend

ondergeskik, minder belangrik, bykomstig, nominaal, sekondêr

onopvallend, onbeduidend, obskuur, vaag, subtiel, weggesteek, algemeen, alledaags, gewoon, doodgewoon, ordinêr

waardeloos, minderwaardig, nutteloos, nikswerd, niks werd nie, onwaardig

s.nw. ***onbelangrikheid*** 30, onbeduidendheid, onbenulligheid, niksbeduidendheid, beuselagtigheid, betekenisloosheid, sinloosheid, gebrekkigheid, leegheid, alledaagsheid; onderskatting, geringskatting, kleinering, verkleinering, belediging 829, tersydestelling, miskenning, minagting, denigrasie

ondergeskiktheid, bykomstigheid, kleinigheid, kleinigheidjie, detail, subtiliteit, nietigheid, trivialiteit, oppervlakkigheid, terloopsheid, wies(i)ewasie, wissewassie, flouïeteit, grap, niks, nulliteit, bysaak, randverskynsel, bagatel, bakatel, bog, nonsens, snert, bogpratery, vod, gemors, prul, prulgoed, prulvee, fantasieartikel, knutsel(a)ry, peuterwerk, spulletjie, onding

waardeloosheid, minderwaardigheid, inferioriteit, onwaardigheid, nutteloosheid, waardevermindering, depresiasie, verlaging, reduksie

mindere, onderling, ondergeskikte, nieteling, janklaas, janrap, jantoet, klungel, sukkelaar, teertou

bw. van weinig belang, van min waarde, sonder waarde, van nul en gener waarde, half-half, terloops

ww. ***van geen belang wees nie,*** waardeloos wees in waarde verminder, depresieer; jou me onbenullighede besig hou, beusel, peute knutsel, treusel

onderskat, geringskat, geringag, kleinee verkleineer, beledig 829, misken, negee minag, denigreer, tersyde stel, verlaag, a gradeer, afbreek, afbrokkel

uitdr. jou aandag nie werd wees nie; al o kennis is stukwerk; daar steek niks in ni niks om die lyf hê nie; die kool die sous ni werd wees nie; nie die moeite werd we nie; nie die moeite loon nie; dit is tot daa natoe; daar niks aan hê nie; dit is niks o oor huis toe te skryf nie; 'n droë bokko bokkem wees; tweede viool speel; in d vergeetboek raak; 'n regte ou Jan Pampo

622. Goed

b.nw. ***goed,*** nie sleg nie, beter, beste, goe soortig, verdienstelik, skaflik, gangba aanvaarbaar, aanneemlik, bevredigen

voldoende, toereikend, geskik, goed genoeg, waardig, menswaardig, aksepteerbaar, akseptabel, bestaanbaar, gunstig, dankbaar, in orde, deugsaam, keurig, afgerond, behoorlik, fyn, piekfyn, pragtig, bak (*geselst.*), bakgat (*geselst.*), watwonders, waffers, klopdisselboom, voor die wind; gewens, wenslik, paslik, gepas, passend, gevoeglik, ideaal, aanbevelenswaardig, verstandig, raadsaam, gerade, nuttig, voordelig, betekenisvol 620, belangrik, waardevol, veelseggend; reg, doodreg, korrek, juis, foutloos, akkuraat, noukeurig

uitstekend, baie goed, puik, voortreflik, uitmuntend, uitnemend, hoogstaande, hoëgraads, skitterend, briljant, prysenswaardig, perfek, wonderlik, volmaak, volkome, onverbeterlik, onverbeterbaar, onoortreflik, ongeëwenaar, weergaloos, sonder gelyke, sonder weerga, onvolprese, optimaal, opperbes, onskatbaar, onbetaalbaar, superieur, superlatief, verhewe, halfverhewe, subliem, manjifiek, fantasties, merkwaardig, ongelooflik, uitsonderlik, meesterlik, groot, skouspelagtig, glansryk, monumentaal, magtig, groots, groos, grandioos, verheffend, verhewe, magistraal, koninklik, klassiek, ongelooflik, onvergeetlik, onvergelyklik, onvergelykbaar, besienswaardig, uitgesoek, uitgesogte, uniek, spesiaal, uitsonderlik, besonder(s), buitengewoon, ongewoon, ideaal, selek, begeerlik, begerenswaardig, mooi 743

eg, raseg, waseg, onbedorwe, onverdorwe, ongeskonde, goed, suiwer, onvermeng(d), onvervals, onverbaster(d), gedeë, aards; sterk, stewig, solied, ferm, deugsaam, hartig; heel, ongeskonde, onbeskadig, intakt, mooi 743, edel, halfedel, veredelend, rein, gesond, fris

behoorlik, deeglik, doeltreffend, goed, konstruktief, vas, gevestig, grondig, afdoende, reg, korrek, hiperkorrek, foutloos, onberispelik, noukeurig, presies, afgedankste, skoon 627, rein, sindelik, gekuis

knap, goed, vaardig, bevoeg(d), deugdelik, toegewy(d), pligsgetrou, konsensieus, noulettend, fluks, flink, onverfloud, slim, uitgelese; eerbaar, eerlik, opreg, edel, vroom, regskape; menswaardig, vriendelik, gaaf, goed en gaaf, innemend, goedgeaard, goedaardig, hoflik, aangenaam, welwillend, charismaties, gewild; opgevoed, ordentlik, voorbeeldig, beskaaf(d), fatsoenlik, onberispelik, onkreukbaar

s.nw. ***goedheid,*** goed, aanvaarbaarheid, aksepteerbaarheid, aanneemlikheid, skaflikheid, toereikendheid, geskiktheid, verdienste, verdienstelikheid, deugsaamheid, keurigheid, afgerondheid, behoorlikheid, fynheid, skoonheid, prag, voorbeeldigheid, bevrediging, waardigheid, menswaardigheid, wenslikheid, paslikheid, gepastheid, gevoeglikheid, ideaal, aanbeveling, verstandigheid, raadsaamheid, geradenheid, nut, nuttigheid, voordeel, voordeligheid, betekenisvolheid, belang, belangrikheid, waarde, gehalte, karakter, cachet, kasjet, waardevolheid, veelseggendheid; korrektheid, juistheid, akkuraatheid, noukeurigheid

voortreflikheid, uitmuntendheid, uitnemendheid, briljantheid, perfeksie, perfeksionisme, perfeksionis, optimum, ideaal, idealis, idealisme, volmaaktheid, volkomenheid, wonderlikheid, onverbeterlikheid, ongeëwenaardheid, weergaloosheid, onvolpresenheid, merkwaardigheid, ongelooflikheid, uitsonderlikheid, wonder, wonderwerk, natuurwonder, grootsheid, skouspel, skouspelagtigheid, glansrykheid, ongelooflikheid, onvergeetlikheid, uniekheid, uitsonderlikheid, besonder(s)heid, buitengewoonheid, ongewoonheid, begeerlikheid, hoogtepunt, top, toppunt, topklas, superioriteit, sublimiteit, verhewen(d)heid; iets besonders, besonderheid, iets ongelooffliks, besienswaardigheid, bes(te), allerbeste, die voorste, nommer een, numero uno, meesterstuk, meesterwerk, model, ideaal, kanon (-s), kern, essensie, kwintessens, grondigheid, keur, koning, juweel, room, idille, feniks, die sout van die aarde

hoogtepunt, klimaks, toppunt, glanspunt, kroon, kruin, kulminasie, akme, apogeum, summum

egtheid, rasegtheid, suiwerheid, reinheid, onbedorwenheid, ongereptheid, onskendbaarheid, gehalte, meriete; welstand, voorspoed, voorspoedigheid, welvaart, heil, seën, gesondheid

deeglikheid, noukeurigheid, noulettendheid, korrektheid, juistheid, foutloosheid

vaardigheid, knapheid, bevoegdheid, vermoë, verfyndheid, finesse, oorleg, krag, sterkte, intelligensie, deug, deugdelikheid, uitmuntendheid, toewyding, toegewydheid,

trou, getrouheid, pligsgetrouheid, pligsbesef; waardigheid, menswaardigheid, vriendelikheid, gaafheid, innemendheid, goedgeaardheid, goedaardigheid, hoflikheid, welwillendheid, charisma, gewildheid, uitgelesenheid, verhewen(d)heid; opvoeding, integriteit, onkreukbaarheid, ordentlikheid, voorbeeld, voorbeeldigheid, beskaafdheid, verfyndheid, fatsoenlikheid, onberispelikheid; uitblinker, presteerder, toppresteerder, topfiguur, meester, grootmeester, kampioen, wêreldkampioen, wondermens, wonderkind, held, heldin, heldefiguur, heldedom, helderas

verbetering, lotsverbetering, meliorasie (*ong.*), hernuwing, opgang, opkoms, oplewing, opbloei, voortgang, ontwikkeling, progressie, opheffing, verheffing, verfyning, veredeling, sublimasie, vervolmaking, herstel, herstelpoging, herstelwerk, versiening, hersiening, hersteller, herstelmiddel, reparasie, reparasiewerk, onderhoud, onderhoudswerk, lapwerk, lapmiddel, redres, restourasie, renovasie, regstelling, korreksie, rektifikasie, rektifisering, reformasie, rehabilitasie, verfrissing, opkikkering

oorwinning, sege, triomf, seëviering, verowering, heerskappy, oorskaduwing, oormeestering, baasskap, oorwig, oormag, oorhand, sukses, welslae, positiewe uitslag, goeie uitslag, gunstige uitslag, goeie gevolg, gunstige gevolg, positiewe gevolg, geslaagdheid, triomf, uitstyging, bemeestering, oorkoming

bw. reg, na behore, wel, geheel, terdeë, juistement, knussies, pastersteek, ryplik

ww. ***goed wees,*** goedhou, skitter, uitblink, uitmunt, uitstyg, uittroon, uitgroei, verbeter, appresieer, vooruitkom, vooruitstreef, vooruitbeur, opbloei, opklim, opskiet, opswaai, goed verloop, goed afloop, regkom, reghou

verbeter, appresieer, verbeteringe aanbring, korreksies aanbring, korrigeer, ontfout, opknap, heel, heelmaak, herstel, regmaak, regkry, regruk, regstel, rektifiseer, repareer, lap, restoureer, renoveer, opbou, opdoen, remedieer, rehabiliteer, saneer, redresseer, suiwer, help, kalfater, kielhaal, nasien, versien, onderhou, hersien, hervorm, veredel, verfyn, verskerp, verhef, vervolmaak, vermeerder, verfris, opfris, ophef, verhef, opkikker, opluister, goedmaak, perfeksioneer, optimaliseer, normaliseer, goedvind

oorwin, wen, oorskadu, die oorhand kry, triomfeer, seëvier, wen, die oorwinning behaal, as oorwinnaar uit die stryd tree, verslaan, uitstof, iemand die loef afsteek, oortref, bemeester, oorkom, oormeester, onderkry, onder die knie kry, te bowe kom, baasraak

woorddeel uitsoek-, aller-, keur-, model-, pronk-

uitdr. des te beter; die kroon span; uit die boonste rakke; die toppunt van; niks te wense oorlaat nie; die stoutste verwagtinge oortref; dit spreek tot 'n mens; daar sit musiek in; so reg soos 'n roer; jou sout werd wees; die room afskep; in optima forma; jou bes doen/probeer; sonder klereskeur daarvan afkom; dit gaan klopdisselboom; op een lyn staan; sonder weerga; tot voorbeeld strek; vol goeie voornemens wees; jou brood op die waters werp; iets in die reine bring; 'n man uit een stuk; 'n nuwe (skoon) blaadjie omslaan; goeie wyn het geen uithangbord nodig nie

623. Sleg

b.nw. ***sleg,*** sleggerig, slegterig, slegter, slegste, derdegraads, derderangs, bedenklik, skokkend, grotesk, skandalig, skreiend, godskreiend, ellendig, miserabel, hopeloos, reddeloos, ondraaglik, ondraagbaar, erg, kaksleg (*plat*), afskuwelik, vreeslik, allervreesliks, verskriklik, erg, hels, woes, gevaarlik, guur, grillerig, grieselig, grieselrig, skimmel, skimmelagtig, skimmelig, skurf, vuil, onsindelik, liederlik, lelik 628, verlate, godverlate

onaangenaam, sleg, aanstootlik, afstootlik, aaklig, onplesierig, ongenoeglik, troosteloos, lelik, goor, verskriklik, afgryslik, aardig, arig, arrig, weersinwekkend, haglik guur, walglik, walgend, honds

beskadig, stukkend, nie heel nie, geskonde defek, defektief, imperfek, geskend, onher stelbaar, reddeloos, ontsier, skeef, krom krom en skeef, grof, verwronge, slap, sleg stink, stinkend, verrot, vrot, verderflik, gal sterig, muf, muwwerig, mufferig, muffig ou(d)bakke (*ong.*), voos, bedorwe, vervalle roesagtig, roes(t)erig, rommelig, rommelrig onherstelbaar, gebroke, geradbraak, geha wend, kaal, haai, haaikaal, minderwaardig

inferieur, bedroewend, bedroef, droewig, droewiglik, treurig, betreurenswaardig, bedenklik, skandelik, skroomlik, skromelik, noodlottig, funes (*ong.*), swak, gering, min, karig, skraal, verswak, verwater(d), waardeloos, nutteloos, niks werd nie, onbruikbaar; beskadigend, vernietigend, vernielagtig, korrosief, ontsierend, kwaadaardig, kankeragtig, verkwistend, verkwisterig

siek 412, sieklik, olik, sleg, bedenklik, ernstig siek, kritiek, sterwend, lydend, naar, mislik, oes, oeserig; hartseer, bedroef, droewig, droewiglik, droefgeestig

vals, valslik, oneg, onsuiwer, verbaster, minderwaardig, bespotlik, laf; verkeerd, inkorrek, foutief, fout (*ong.*), verkeerdelik, foutiewelik, misplaas, deurmekaar, skots (*ong.*), mis

ondoeltreffend, onbevoeg, onbeholpe, lamlendig, hulpeloos, onkundig, sleg, kaksleg (*plat*), hopeloos, vrotsig, beroerd, lui, slap, slapgat (*plat*), lamsakkerig, lamsakkig, lamsalig, futloos, armsalig, karakterloos, ruggraatloos, verslons, ellendig, miserabel, reddeloos, ontredder(d), onsalig, simpel, geesteloos, dom, onnosel, toe (*geselst.*), sielig, jammerlik, pateties, beklaenswaardig, meelywekkend, verwese, verwees, armsalig, beteuter(d), bedremmeld, sukkelend

onbetroubaar, sleg, twyfelagtig, agterbaks, dubieus, agterdogwekkend, suspisieus, problematies, gebrekkig, onvolledig, onvolkome, veranderlik, onsuiwer, foutief, bedrieglik, ontrou

onopgevoed, bedorwe, verloopte, verlope, oneerlik, oneerbaar, karakterloos, ruggraatloos, onbetroubaar, troueloos, korrup, vals, beginselloos, onedel, verwronge, sleg, boos, boosaardig, goddeloos, gruwelik, godsgruwelik, sondig, onsedelik, sedeloos, sinister, listig, duiwels, satanies, verderflik, verdorwe, verdoemenswaardig, verdoemlik, goedkoop, dekadent, immoreel, pervers, laag, veragtelik, baar, plat, platvloers, laag--by-die-grond, banaal, vulgêr, smerig, barbaars, vernielsiek, vernielsugtig; onvriendelik, onbeskof, ongepoets, ongeleerd, naar, nors, kwaai, boos, humeurig, knorrig, grimmig, katterig, suur, stuurs, bars, honds, gemeen, laag, laag en gemeen, irriterend, sieltergend, kwetsend, krenkend, kwaadwillig, gevoelloos, vyandig, vyandiggesind, wreed, wreedaardig, gewelddadig, gewelddadiglik

s.nw. ***slegtheid,*** beroerdheid, kwaad, minderwaardigheid, inferioriteit, bederflikheid, reddeloosheid, haglikheid, lelikheid; fout, glips, glieps, gogga, faux pas, fabrieksfout, defek, onvolmaaktheid, imperfeksie, tekortkoming, hapering, verkeerdheid, verkeerdigheid, misstand, reperkussie, skorting, onding, skadusy, skade, afbreuk, breuk, kraak, grofheid, vrot, vrotheid, voosheid, gebrek, verwrongenheid, misplaastheid, verhaspeling, leemte, leegte, gemors, krisis, knoeiery, knoeispul, gebrou, prul, prulwerk, getimmerte, rommel, rommelary, uitskot, nonsens, snert, spul

verslegting, verslegtering, verergering, verswakking, verswaktheid, afbreuk, verwatering, insinking, malaise, daling, vermindering, verskraling, misbruik, vermorsing, verkwisting, verkwanseling, verhewiging, verswaring, slytasie, slyting, ondergrawing, verknoeiing, vernielsug, vernielsugtigheid, bederf, verrotting, verwering, korrosie, roes, verroesting, verrinnewering, verrinnewasie, rinnewering, rinnewasie, verwaarlosing, verwaarloosdheid, wantoestand, laagtepunt, dieptepunt, slordigheid, verslonsdheid, verslonsing, skending, skendery, ontsiering, verbastering, degenerasie, skade, knou, klap, beskadiging, krenking, vernieling, vernietiging, kontaminasie; beskadiger, vernietiger, vernieler, vernielal, rinneweerder, verwoester, skender, slonskous, slonsgat (*plat*), morrie

onaangenaamheid, grillerigheid, grieseligheid, grieselrigheid, goorheid, grofheid, guurheid; afsku, afkeer, kritiek

siekte 412, 413, 626, mankament, naarheid, narigheid, goorheid, verkalking, kanker; troosteloosheid, hartseer, droefheid, bedroefdheid, droefgeestigheid armsaligheid, hopeloosheid

onbetroubaarheid, ontrouheid, troueloosheid, slegtheid, valsheid, onegtheid, agterbaksheid, onderduimsheid, geveinsdheid, veinsery, oneerlikheid, onopregtheid, bedrieglikheid, verraderlikheid, onwaarheid, leuen, bedrog, verneukery, verneukspul, swendelary, komplot; leuenaar, liegbek, mooiweersvriend

ondoeltreffendheid, gebrek aan effektiwiteit,

slegtheid, simpelheid, wanbeheer, wanbestuur, . . ., verslapping, verwaarlosing, agteruitgang, regressie, laagtepunt, verslonsdheid, verbrouing, vrotsigheid, slapgatgeit (*plat*), slapgattigheid (*plat*), lamsakkigheid, futloosheid; lammeling, lamsak, slapgat (*plat*), katyf (*ong.*), futlose mens, leeglêer, luiaard, luilak, luigat (*plat*), dagdief, huislêer, neklêer, leeghoof, pateet
onopgevoedheid, swak opvoeding, skadusy, agterlikheid, geesteloosheid, ondeug, gemeenheid, onvriendelikheid, haatlikheid, naarheid, narigheid, goorheid, vulgariteit, vulgêrheid, platheid, perversie, perversiteit, verwerplikheid, afgryslikheid; vervlakking, verwêreldliking, verval, vervallenheid, verwording, verwrongenheid, afskuwelikheid, slegtheid, slegtigheid, simpelheid, hebbelikheid, reddeloosheid, verdorwenheid, bedorwenheid, ontaarding, dekadensie, onsedelikheid, sedeloosheid, korrupsie, skande, skandaligheid, stigmatisasie, stigma; oortreding, moeilikheid, onding, sonde, ondergrawing, kwetsing, moles, moleste, misdaad, misdryf, diefstal, stelery, molestasie, mishandeling, teistering, aanranding, verkragting, manslag, moord; skuim, misoes, vark, vuilgoed, pes, drek, skurk, boef, misdadiger, geweldenaar, aanrander, verkragter, moordenaar, moordenares, dief

bw. sommerso, somaarso

ww. ***sleg wees,*** skort, haper, makeer, skeel, nie deug nie, agterbly; sleg voel, siek wees 412, olik voel, griesel, gril; sleg lyk
versleg, sleg word, slegter word, agteruitgaan, afneem, terugsak, vererger, erger word, verhewig, agteruitboer, agteruitraak, agteruitvorder, verval, degenereer, verswak, swakker word, verslap, uitteer, bederf, vergaan, doodgaan 250, sterf 250, vrek 250, versink, insink, verdor, verdroog, uitteer, vrot, verrot, verroes, oproes, verkalk, kanker, voortkanker, afslyt, afroes, korrodeer, afbreek, . . ., verword, ontaard, veragter, skeef loop, sleg verloop, sleg afloop; nie slaag nie, faal, 'n gemors maak, knoei, verbrou, verhaspel, opdons, opsnork (*geselst.*), opfok (*plat*), verknoei, vermors, verkwis
sleg maak, vererger, verswak, verwater, degradeer, vervlak, beskadig, skend, knak, knou, ontsier, mismaak, verbrou, verknoei, knoeiwerk doen, verfoes, konfoes (*geselst.*), verbroddel (*ong.*), verbrui (*ong.*), opfoeter (*geselst.*), opdonder (*plat*), opfok (*plat*), verniel, verrinneweer, kontamineer, verbaster, verbeusel, verboemel, denatureer; teister, vergal, mishandel, molesteer, seermaak, toetakel, neuk (*plat*), donder (*plat*), opdonder (*plat*), opfok (*plat*), kwes, kwets, aanrand, verkrag, klap, skaaf, krap; aantas, ondergraaf, ondergrawe, ondermyn, korrupteer, korrumpeer, stigmatiseer, seermaak, krenk, bedreig, rysmier, invreet

telw. geen

woorddeel mis-

uitdr. aan jou is geen salf te smeer nie; al ons kennis is stukwerk; daar is 'n geurtjie aan; daar is 'n skroef los; dis benede jou; dis klaar met hom; dit by iemand verkerf; dit is uit die bose; fin de siècle; hond se gedagtes; hy is haar nie werd nie; iemand tot wanhoop bring; iets is nie pluis nie; in die pekel sit; in jou glorie wees; 'n krakie hê; aan laer wal geraak; nie in iemand se skadu/skaduwee kan staan nie; soos 'n gees lyk; te gronde gaan; veel te wense oorlaat; verswarende omstandighede; daar sit die haak; 'n witgepleisterde graf; daar sleg aan toe wees; benede alle kritiek wees; daar sleg uitsien

624. Gemiddeld

b.nw. ***gemiddeld,*** middelmatig, gematig(d), medium, gewoon, doodgewoon, ordinêr, eenvoudig, niks buitengewoons nie, niks snaaks nie, niks besonders nie, redelik, taamlik, so-so, nie te sleg nie, houdbaar, draaglik, bestaanbaar, betreklik, deursnee, half, halfslagtig, passabel
nie so goed nie, nie besonders nie, so-so, tweederangs, tweede klas, effentjies, mediokker, sleggerig, vrotterig

s.nw. ***gemiddeldheid,*** middelmatigheid, gewoonheid, eenvoud, eenvoudigheid, medium, redelikheid
tweede klas, mediokriteit

bw. gewoonweg, heeltemal, nogal, so-so

ww. middelmatig wees, gemiddeld wees

woorddeel deurslag-

uitdr. tussen die boom en die bas; niks om oor te kraai nie; niks om oor huis toe te skryf nie

625. Sterk

b.nw. ***sterk,*** ystersterk, rateltaai, taai, onbreekbaar, stewig, solied, vas, duursaam, durabel, onvernietigbaar, onverwoesbaar, hard, robuus, hard, stabiel

sterk, sterk van liggaam, sterk gebou, swaar gebou, kragtig, lewenskragtig, kragvol, taai, gespierd, fris, frisgebou, fors, breedgeskouer(d), stewig, uitgevreet, struis (*ong.*), stoer, robuus, herkulies, hups, veerkragtig, atleties, viriel, fiks, gesond, flink, manlik, mannetjiesagtig, onbedwingbaar, onvermoeibaar

sterk, sterk van gees, standvastig, wilskragtig, geeskragtig, kragdadig, kloekmoedig, kloek, stoer, stoer van gees, ferm, vasberade, vasbeslote, onwrikbaar, onversetlik, gehard, manhaftig, dapper, moedig, manmoedig, manhaftig, vreesloos, onverskrokke, kordaat, deurwinterd(e), intens, drasties, kranig, bestand, onoorwinlik, trefseker, bedryfseker; magtig, gesaghebbend

s.nw. ***sterkte,*** hardheid, taaiheid, stewigheid, vastheid, soliditeit, soliedheid, duursaamheid, durabiliteit, robuustheid, onbreekbaarheid, onvernietigbaarheid, stabielheid, stabiliteit, veerkrag, veerkragtigheid

krag, kragtigheid, reusekrag, spankrag, sterkte, liggaamskrag, liggaamlike krag, blus, gô (*geselst.*), skop (*geselst.*), wonderkrag, taaiheid, staal, houvermoë, spierkrag, gespierdheid, fleur, frisheid, forsheid, stoerheid, robuustheid, veerkrag, veerkragtigheid, fiksheid, stamina, uithou(dings)vermoë, weerstand, weerstandsvermoë, gesondheid, flinkheid, manlikheid, onvermoeibaarheid, onbedwingbaarheid, inspanning, werkkrag, mannekrag, intensiteit, spanning, versterking, verstewiging; trekkrag, stootkrag, stukrag, wringkrag, drakrag

geesteskrag, krag, wilskrag, bestand, toleransie, toleransiegrens, mag, magtigheid, gesag, bevel, gesaghebbendheid, konsolidasie; moed, moedigheid, manmoedigheid, manhaftigheid, kordaatheid, dapperheid, vreesloosheid, onverskrokkenheid, wilskrag, vasberadenheid, vasbeslotenheid, onwrikbaarheid, geloof, geloofsekerheid, vertroue, onversetlikheid, gehardheid, stoerheid, stoerheid van gees, koerasie

kragmens, kragman, kragvrou, amasone, atleet, vegter, stoeier, kanniedood, knul, bees, bielie, kragdier, oormag, oorwig

bw. bankvas

ww. ***sterk wees,*** staal, sterk, toeneem, toeneem in sterkte, toeneem in krag

sterk maak, versterk, verstewig, verhard, stewig maak, styf maak, opbou, wortel, wortelskiet, bevestig, fortifiseer, verskans, stut, ondersteun, konsolideer, verhef, vermag; bemoedig, aanmoedig, ondersteun, onderskraag, bystaan

woorddeel veer-

uitdr. daar sit staal in iemand; jou man staan; met man en mag; so taai soos 'n ratel; murg in jou pype hê

626. Swak

b.nw. ***swak,*** swakkerig, nie sterk nie, hoenderswak, kragteloos, nietig, pieperig, pap, slap, tengerig, tingerig, tenger, tinger, delikaat, broos, flou, asvaal, siek, ongesond 412, bedenklik, bekwaald, kreupel, lendelam, lamlendig, wankelrig, wiebelrig, wankelmoedig, vervalle, afgeleef, gedaan, verlep, bouvallig, verslete, ineengestort, verrot, uitgedien(d), leweloos, minderwaardig, power, oes, nie goed nie, nie goed genoeg nie, treurig, amateuragtig, knoeierig, bankrot

magteloos, onmagtig, sonder gesag, nie by magte nie, onbekwaam, nie in staat nie, nietig, fyn, weerloos, delikaat, broos, teer, dadeloos, flou, berooid, apaties, ongeërg, onbetrokke, onverskillig, lamlendig, lamsakkerig, lamsakkig, ruggraatloos, karakterloos, papbroekig, papbroekerig, skrikkerig, bang, bangerig, banggat (*plat*), skrikkerig, slap, slapgat (*plat*), power, vrot, beroerd, pateties, futloos, gedaan, treurig, ellendig, ontaard, swak, kragteloos, pap, lusteloos, uitgeput, moeg, afgeleef, kaduks, kwynend, mankoliek, triets(er)ig; verswakkend, verlammend

s.nw. ***swakheid,*** swakte, kragteloosheid, futloosheid, verswaktheid, nietigheid, pieperigheid, papheid, tengerigheid, tingerigheid, delikaatheid, broosheid, floute, siekte 412, 413, ongesondheid, bedenklikheid, tekortkoming, wankelrigheid, wiebelrigheid, ellendigheid, verval, wankelmoedigheid, vervallenheid, agteruitgang, versletenheid, slytasie, afgeleefdheid, minderwaardigheid, amateuragtigheid

verswakking, verlamming, ontsenuwing, verslapping, verflouing, ontmanning, slytasie, slyting
magteloosheid, onmag, swakheid, onmagtigheid, onbekwaamheid, fynheid, weerloosheid, delikaatheid, broosheid, teerheid, dadeloosheid, lamlendigheid, lamsakkigheid, slapte, slapgatgeit (*plat*), treurigheid, kragteloosheid, mankoliekheid, trietsigheid
swakkeling, verswakte, lamsak, lammeling, vrotterd, papbroek, papperd, luiaard, ellendeling, nikswerd, niksnut(s), jansalie, duinetrapper, manteldraaier, pateet

bw. bietjie, swakkies

ww. ***swak wees,*** bloei, kwyn, omkap, verval, slyt, afslyt, uitslyt, verslap, verflou, verbleek, verminder, wiebel, wrik
verswak, verlam, ontkrag, ontsenu, ontwrig, lamslaan, ontman

627. Skoon

b.nw. ***skoon,*** silwerskoon, blinkskoon, kraakskoon, blink, helder, suiwer, wit, skitterwit, leliewit, blakend, blank, lelieblank, sindelik, kraaksindelik, net, netjies, versorg, aan die kant, aan kant, reggepak, gewas, opgewas, afgewas, skoongewas, uitgespoel, skoongespuit, afgespuit, geskrop, skoongeskrop, afgeskrop, gevee, afgevee, skoongevee, gepoleer, gepolitoer, onberispelik, agtermekaar, keurig, adret, pynlik, fyn, geraffineerd, rein, vlek(ke)loos, onbevlek, vlekvry, vlekwerend, onbesmet, smet(te)loos, antisepties, steriel, gepasteuriseer(d), higiënies, sanitêr, kiemvry, vars, fris, puur
rein 622

s.nw. ***skoonheid,*** reinheid, netheid, netjiesheid, sindelikheid, onberispelikheid, versorgdheid, ordelikheid, verfyndheid, helderheid, helderte, higiëne, steriliteit, smetteloosheid, vlek(ke)loosheid
reiniging, reinigingsproses, skoonmakery, skoonmaak, skoonmaakproses, opruiming, opruimingswerk, vuilgoedverwydering, was, verfrissing, suiwering, suiweringsproses, ontsmetting, sanitasie, sterilisasie, raffineerdery, verfyning, loutering, opknapping, versiening, waswerk, strykwerk, poetswerk, skropwerk, verfwerk
skoonmaker, wasvrou, poetsvrou, bediende, werksvrou, strykvrou, poetser, skoenpoetser, straatveër
wassery, wasinrigting, reinigingsdiens, stadreiniging, vuilgoedverwyderingsdiens, straatreiniging, raffinadery, raffineerdery
wasgoed, skottelgoed, bleikgoed, strykgoed
skoonmaakgerei, poetsgerei, reinigingstoestel; lap, waslap, spons, handdoek, badhanddoek, gesighanddoek, strandhanddoek, handdoekrol, wasgoedlap, vadoek, vaatdoek (*ong.*), afdroogdoek, droogdoek, vloerlap, poetslap, skoenlap, jammerlappie, vensterlap, stoflap, stofdoek, afstofdoek, seemsleer; besem, vloerbesem, huisbesem, buitebesem, stofbesem, handbesem, kleinbesempie, rolbesem, veër, borsel, vloerborsel, skropborsel, tafelborsel, tapytborsel, matborsel, draadborsel, klereborsel, skoenborsel, skop, skoppie, oondskop, tafelskoppie, tapytklopper, stoffer, verestoffer, dweil, vloerdweil, spons, staalwol, potskraper, skuurpapier, poleerder, poetsmasjien, stofsuier; wasmasjien, outomatiese wasmasjien, wasoutomaat, dubbelbaliewasmasjien, wasbalie, droër, tuimeldroër; yster, strykyster, stoomstrykyster, parsyster, strykplank, strykbord, stryktafel, stryklaken, parslap; wasbak, bad, stortbad, afwasbak, spoelbak, balie, wasbalie, wastafel, wasplank, wasmandjie, wasgoedmandjie, wasbeker, waskom, wasskottel, wasgoeddraad, wasgoedpennetjie; vuilgoedemmer, vuilgoedbak, vuilgoeddrom, vuilgoedsak
skoonmaakmiddel, reinigingsmiddel, seep, seepbel, seepskuim, seepsop, seeppot, toiletseep, skoonheidseep, badseep, karbolseep, boerseep, sjampoe, haarsjampoe, matsjampoe, hondesjampoe, . . ., seepmiddel, seeppoeier, seepvlokkies, waspoeier, wasgoedmiddel, wasgoedpoeier, skottelgoedwasmiddel, skottelgoedwaspoeier, wassoda, bytsoda, bleikmiddel, bleik, bleekaarde, bleikaarde, bleikklei, stysel, styfmiddel, politoer, lakpolitoer, waks, vloerpolitoer, vloerwaks, skoenpolitoer, skoenwaks, skoenlak, motorpolitoer, motorwaks
gesondheidsleer

ww. ***skoonmaak,*** reinig, skoonhou, aan (die) kant maak, versien, versorg, versôrg, opruim, orden, louter, suiwer, wis, raffineer, ontsmet, disinfekteer, dip, ontluis, steriliseer, rioleer
was, skoonwas, afwas, opwas, uitwas, bad, stort, stortbad, sjampoe, spoel, uitspoel

afspoel, deurspoel, skoonspoel, spuit, afspuit, skoonspuit, spons, afspons, week, inweek, seep smeer, inseep, loog, inloog, uitloog, ontvlek, uitkook, stryk, pers, stoom, uitstoom, styf, stywe, droogskoonmaak
poleer, poets, blinkpoets, afpoets, polys (*ong.*), boen (poleer), vryf, vrywe, skoonvryf, skoonvrywe, afvryf, afvrywe, opvryf, opvrywe, blinkvryf, blinkvrywe, verglans
vee, afvee, uitvee, skoonvee, stof, afstof, uitstof, stofsuig, uitsuig, uitsuie, uitslaan, dweil, skrop, boen (skrop), skoonskrop, afskrop, skraap, skoonskraap, afskraap, skuur, skoonskuur, afskuur, gladskuur

uitdr. in die week sit; laat lê; op die bleik gooi; soos 'n splinternuwe sikspens; 'n mens kan van die vloer af eet

628. Vuil

b.nw. ***vuil,*** skynskoon, onsuiwer, onrein, onsindelik, ongewas, onfris, morsig, bevuil, vervuil, besoedel, smerig, liederlik, skandelik, skatologies, vieslik, vies, varkerig, varkagtig, walglik, grillerig, goor, goorderig, naar, vrot, stink, stinkend, onwelriekend, slegruikend, benoud, kladderig, beklad, klewerig, klouerig, vetterig, smetterig, aangepak, aangeplak, gevlek, skimmel, skimmelagtig, skimmelig, swart, besmet, onhigiënies, stowwerig, stofferig, skurf, skurwerig, grieselig, grieselrig, weersinwekkend, afskuwelik, lelik 744, afgryslik, aanstootlik
onnet, deurmekaar, onordelik, wanordelik, chaoties, onversorg, verwaarloos, slordig, slonsig, liederlik, verslons, slonserig, slodderig, sliertig, flodderrig, vodderig, voddig, verfomfaai(d), stukkend
onsuiwer, ongesuiwer(d), nie helder nie, onhelder, troebel, troewel, troebelrig, troewelrig, slykagtig, slykerig, modderig

s.nw. ***vuilheid,*** vuiligheid, vuil, onreinheid, skynskoonheid, onsuiwerheid, onsindelikheid, gemors, morsigheid, vervuiling, besoedeling, besoedelingsgevaar, besmetting, verpesting, smerigheid, smeerboel, liederlikheid, vieslikheid, varkerigheid, walglikheid, grilleriheid, vrot, stank, benoudheid, kleweriheid, vetterigheid, smetterigheid, smet, skurfte, skurfheid, skurwigheid, goorheid, grillerigheid, grieseligheid, grieselrigheid, afgryslikheid, afskuwelikheid, aanstootlikheid; vuilgoed, vuilis, vullis, afval, huisvuil, huisvuilis, huisvullis, tuinvuilis, tuinvullis, straatvuil, straatvuilis, straatvullis, industriële afval, industriële vuilis, industriële vullis, klad, kol, vetkol, vetvlek, vlek, bloedvlek, verfvlek, spatsel, blerts, spikkel, stippel, skimmel, stof, stofhoop, stofstreep, roet, roetvlek, roetwolk, rioolvuil, rioolslyk, roes, roesplek, skuim, vuilwater, slop, slopwater, aanpaksel, aanslag, afsetting, besinksel, ketelsteen, moer, droesem
vuilgoedhoop, ashoop, stortingsterrein, vuilgoedkar, vuilgoedwa, vuilgoedvragmotor, rioolplaas, rioleringsaanleg, rioleringstelsel, rioleringspyp, rottingsput, septiese tenk, syfertenk, slopemmer, vuilgoedemmer, vuilgoeddrom, vuilgoedsak
morsige persoon, rommelstrooier, morsjors, morspot, slonskous, slodderkous, slof, flodderkous, vark, morrie, sloerie, slons, teertou, teerputs, smeerpoets, smeerpot, kanis; morsery, bemorsing, bevuiling, selfbevlekking, selfbevuiling, onanie
onnetheid, wanorde, deurmekaarheid, onordelikheid, gemors, chaos, onversorgdheid, verwaarlosing, slordigheid, slonsigheid, verslonsdheid, slonserigheid, liederlikheid, rottenes, stofnes, varkhok
onsuiwerheid, onhelderheid, troebelheid, troebelrigheid, slyk, slik, slib, modder, modderigheid, modderbad, grondsop, afsaksel, afsetting, besinksel, drek, droesem

ww. ***vuil word,*** mors
vuil maak, bevuil, vervuil, mors, bemors, stort, bevlek, klad, beklad, smeer, afsmeer, besmeer, besoedel, bevlek, gooi, strooi, rondgooi, rondstrooi, slodder, verflenter, verfomfaai

tw. sies, sie

B. MIDDEL

629. Gebruik

s.nw. ***gebruik,*** aanwending, topgebruik, benutting, benuttiging, hantering, toepassing, toepasbaarheid, aanwending, bewerking, verwerking, sirkulasie, hergebruik, herwinning, terugwinning, hersirkulasie, metode, metodiek, taktiek, belang, gebruiksfeer, nut 622, 633, 637, waarde, voordeel, wins, diens, gebruiksaanwysing; misbruik, wangebruik, verbrouing, verknoeiing, verspilling, onbruik; verbruik, konsumpsie, binnever-

bruik, buiteverbruik; bruikbaarheid, nut 622, 633, 637, geskiktheid, deug, waarde, voordeel, voordeligheid
gebruiksartikel, gebruiksvoorwerp, toerusting, implement 630, stuk gereedskap 630, toestel 630, apparaat 630, instrument 630, fasiliteit, gerief, verbruiksgoedere, verbruikersgoedere, materiaal, voorraad, ware, werktuig 630, toebehoorsel, toebehore(ns), middel, medium, hulpbron, hulpmiddel, reserwe
gebruiker, hanteerder, verbruiker, konsument

b.nw. ***bruikbaar,*** aanwendbaar, nuttig 622, 633, 637, benutbaar, benuttigbaar, gebruiklik, toepaslik, toepasbaar, hanteerbaar, beskikbaar, gereed, gereed vir gebruik, gebruiksgereed, gebruiksklaar, bedryfsgereed, operasioneel, voorhande, gebruikersvriendelik, verbruikersvriendelik, beproef, geskik, gepas, dienlik, handig
onbruikbaar 623, 632, 634, nutteloos 623, 632, 634, onbenutbaar, ontoepaslik, onhanteerbaar, gebruikersonvriendelik, verbruikersonvriendelik, onbeproef, nuut 53, ongeskik, ongepas, ondienlik, onprakties

ww. ***gebruik,*** gebruik maak van, behelp, aanwend, benut, benuttig, inspan, omgaan met, middele aanwend, beskik oor, verbruik, opgebruik, bestee, jou bedien van, hanteer, opereer, verbruik, beproef, die kans waarneem, die geleentheid gebruik, van die geleentheid gebruik maak, die geleentheid waarneem, 'n uitweg soek, toepas, verwerk, ten dienste staan van, tot die beskikking wees van
nie gebruik nie, agterweë laat, uitspaar, laat braak lê, die geleentheid laat verbygaan, nie gebruik maak van nie, laat lê, oorslaan
misbruik, misbruik maak van, verkeerd gebruik, verkeerd toepas, verbrou, verknoei, verbroddel, verspil, verkwis

bw. in werkende toestand, in orde, van nut

voors. met, hiermee, daarmee, waarmee, met behulp van, deur middel van, per, deur, by, aan die hand van, vir die gebruik van

uitdr. alle seile bysit; die swaard voer; die pen voer; die yster smee terwyl dit warm is; mooiweer speel met iemand se goed; roei met die rieme wat jy het; sy laaste troef speel; met beide hande aangryp; die baan is skoon; iets op gang bring; alle paaie lei na Rome

630. Werktuig

s.nw. ***werktuig*** 629, stuk gereedskap, gereedskap, gerei, stuk toerusting, toerusting, instrument, apparaat, apparatuur, randapparatuur, toestel, implement
houtwerkgereedskap 316, skrynwerkersgereedskap, bouersgereedskap, loodgietersgereedskap, metaalwerkgereedskap, tuingereedskap, . . .; hamer 316, klouhamer, houthamer, blokhamer, rubberhamer, stoomhamer, klophamer, voorhamer, kliphamer, byl, houtbyl, handbyl, klipbyl; saag 316, handsaag, elektriese saag, houtsaag, skrynwerkersaag, ystersaag, kromsaag, tapsaag, boogsaag, steeksaag, boomsaag, spansaag, treksaag, kantelsaag, reepsaag, sirkelsaag, skropsaag, sleutelsaag, haasbeksaag, frees, freesmasjien, saagbank, saagblad, saagbok, saagsetter, saagtand; beitel 316, koubeitel, tapbeitel, rubeitel, haasbekbeitel; skroewedraaier, skroefdraaier; knyptang, kniptang, draadtang, bliksnyer, knipper, kraaibek, kraaibektang, krombek, krombektang, skerppunttang, duiwelsklou; boor 316, handboor, elektriese boor, houtboor, ysterboor, rotsboor, diamantboor, hamerboor, ratelboor, klopboor, slingerboor, omslag, ratelomslag, krukboor, rotasieboor, senterboor, spiraalboor, waterboor, ruimer; skaaf, houtskaaf, sponningskaaf, blokskaaf, hobbelskaaf, reiskaaf, riffelskaaf, roffelskaaf, roffel, rondskaaf, speekskaaf, skropskaaf, lysskaaf, skaafbeitel, skaafyster, skaafbank; rasper, vyl, houtvyl, ystervyl, hobbelvyl, skuurder, skuurmasjien, slypsteen, slypmeul, bogyster, skroefsnyer; sleutel, moersleutel, verstelbare moersleutel, skroefsleutel, ratelmoersleutel, pypsleutel, soksleutel, sok, kettingsleutel, aapstert, bobbejaansleutel, bobbejaan, bobbejaanklou; pons, ponsmasjien, dopper, dopyster; blaasbalk, blaaslamp, blaasvlam, sweisapparaat, sweismasjien, soldeerbout, lasbrander; wals, walsmasjien; graaf, skopgraaf, tuingraaf, vurk, tuinvurk, hark, koevoet, troffel, messeltroffel, kwas, verfkwas, lymkwas, sif, skudsif, skommelsif
werktuigkunde, meganika, meganiek, meganisme, meganisering, masjien, motor, implement, toestel, masjinerie, masjiengereedskap; elektriese masjien, elektriese motor, hidrouliese masjien, stoommasjien stoomtoestel, stoomwerktuig, turbine, tur

binemotor, straalmotor, straalturbine, stoomturbine, petrolmasjien, petrolmotor, dieselmasjien, dieselmotor, gasmotor, binnebrandmasjien, binnebrandmotor, viersilindermasjien, sessilindermasjien, agtsilindermasjien, dinamo, robot
motor 233, sportmotor, sedanmotor, gesinsmotor, luikrugmotor, stasiewa, duinebesie, besie, renmotor, limousine, bakkie, vragmotor, vragwa, tipbakvragmotor, meubelwa, trekker, kruiptrekker, stootskraper, padskraper, laaimasjien, ploeg 355, dorsmasjien, lokomotief, elektriese lokomotief, stoomlokomotief, diesellokomotief, hyskraan, hystoestel, vurkhyser, laaikraan, laaimasjien, hysblok, bokkraan, bok, laaibok, laaiboom, laaibrug, laaiplatform, laaisteier, wenas, windas, outomaat, outomaton, meul, meule
onderdele, masjienonderdele, motoronderdele, binnewerk
blok, masjienblok, masjienkamer, silinder, ontstekingskas, ontbrandingskamer, verbrandingsruimte
suier, suierring, suierstang, suierslag, suierpen
as, vooras, agteras, dryfas, krukas, kardanas, slingeras, dryfwiel
rat, eerste rat, tweede rat, . . ., trurat, snelrat, kragrat
klep, ontstekingsklep, kopklep, uitlaatklep, reguleerklep, balklep, bolklep, sekerheidsklep, windklep, klepstang, klepsteel, klepgeleier; kraan, brandstofkraan, oliekraan, inlaatkraan, uitlaatkraan, alarmvlotter; regulateur, regulator, reguleerder, reguleerwiel
vergasser, karburateur, petroltenk, brandstofspuit
pyp, petrolpyp, waterpyp
verdeler, bedrading, klos, vonkprop, vonkpropdraad, vonkverdeler, rotor, rotoras, elektroniese ontsteking, kondensator
inlaatpyp, inlaatslag, uitlaatpyp, knaldemper
veer, bladveer, kronkelveer, skokbreker, spanveer
vliegwiel, giroskoop
meganisme, werking, aandrywing, dryfwerk, ratwerk, ratstelsel, transmissie, veerstelsel, uitlaatstelsel
werktuigkundige, meganikus, werker, houtwerker, draaier, skrynwerker, loodgieter, bouer, metaalwerker, passer en draaier, operateur, masjinis, monteur

b.nw. masjinaal, meganies, meganisties, outomaties

ww. meganiseer, motoriseer, outomatiseer, installeer, monteer, masjineer

631. Nodig

b.nw nodig, broodnodig, allernodigs, hoogs nodig, onontbeerlik, onmisbaar, noodsaaklik, gebiedend, gebiedend noodsaaklik, volstrek noodsaaklik, essensieel, wesenlik, urgent, afdoende, pertinent, prakties, beter, belangrik 620, 622, gevraagd, doelmatig, tersaaklik, relevant, saaklik, toepaslik, gepas, paslik, geskik, noodwendig, voorradig; gebrekkig, behoeftig

s.nw. ***nodigheid,*** nodige, onontbeerlikheid, onmisbaarheid, noodsaaklikheid, noodsaak, essensie, wesenlike, wesenlikheid, afdoendheid, pertinensie, belang, belangrikheid, doelmatigheid, tersaaklikheid, relevansie, toepaslikheid, gepastheid, geskiktheid, beswil; gebrek, skaarste, skaarsheid, tekortkoming, behoeftigheid, ontbering, nooddruf, nood, nooddrang, urgensie, vereiste, noodgeval, penarie
behoefte, materiële behoefte, lewensbehoefte, kapitaalbehoefte, geestelike behoefte, middel, bestaansmiddel, lewensmiddel, onderhoud, onderhoudsmiddel, toerusting 630, uitrusting, voorraad, noodvoorraad, reserwevoorraad, proviand, provisie, materiaal, grondstof
verskaffing, bevoorrading, behoeftevervulling, vrystelling

ww. ***nodig hê,*** benodig, noodsaak, skort, behoef, kortkom, skeel, vereis, vra; ontbeer, ontbreek, mis, vermis
'n behoefte vervul, verskaf, gee 693, oorhandig, bied, aanbied, lewer, bring, stuur, laat kry, laat toekom, skenk, voorsien van, beskikbaar stel, beskikbaar maak, tot die beskikking stel, ter beskikking stel, toestaan, besorg, lewer, aflewer, toerus, uitrus, bevoorraad, proviandeer, voed, onderhou, aanbied

uitdr. as dit lyk na hoe; in petto; na behore; om den brode; in sy kraam pas; ter sake

632. Onnodig

b.nw. onnodig, oorbodig, oortollig, oorgenoeg, te veel, te baie, surplus, oorblywend, orig, nodeloos, ongevraag(d), irrelevant,

ontbeerlik, onbruikbaar 54, 629, 634, ondienstig, nutteloos 54, 629, 634, leeg, ongewens, verlore

s.nw. onnodigheid, oorbodigheid, oortolligheid, ballas, aanhangsel, nodeloosheid, ongevraagdheid, ontbeerlikheid, onbruikbaarheid, nutteloosheid, ongewensdheid, verlorenheid, nulliteit, leegheid, monnikewerk

bw. verniet

ww. nie nodig hê nie, geen nut aan hê nie, geen nut insien nie, verniet werk, nie hond haar-af maak nie, jou die moeite spaar

uitdr. jou heil elders gaan soek; jou pêrels voor die swyne werp; jou asem mors; in die wind praat; dis soos water op 'n eend se rug; vir spek en boontjies; na 'n naald in 'n hooimied soek; wors in 'n hondehok soek; van 'n padda vere probeer pluk; daar sal dadels van kom; daar sal kaiings van kom; vir/teen die maan blaf; hy kou op graniet; dis botter aan die galg gesmeer; dis botter op 'n warm klip; water na die see toe dra; op droë grond visvang; voor dooiemansdeur beland

633. Nuttig

b.nw. nuttig, goed, behoorlik, gunstig, voordelig, bevorderlik, heilsaam, weldadig, profytlik, batig, seminaal, doeltreffend, dienlik, diensbaar, dienstig, doeltreffend, doelmatig, geskik, ryp vir, handig, prakties, toepaslik, gepas, paslik, aangewese, voeglik, passend, pragmaties, onontbeerlik, raadsaam, gerade, gebode, instruktief, voegsaam, utilitêr, veelbelowend, rooskleurig, gunstig, verdienstelik, apropos, teleologies

s.nw. ***nut,*** nuttigheid, waarde, hulp, heilsaamheid, weldadigheid, doeltreffend, goedheid, dienlikheid, diensbaarheid, dienstigheid, doeltreffendheid, doelmatigheid, geskiktheid, handigheid, toepaslikheid, gepastheid, paslikheid, toepasbaarheid, rypheid, gereedheid, onontbeerlikheid, raadsaamheid, geradenheid, gunstigheid, verdienstelikheid, utiliteit, nuttigheidsgraad, nuttigheidsleer, teleologie

voordeel, waarde, verdienste, bate, wins, profyt, profytmakery, gawe, belang, eiebelang, persoonlike belang, groepsbelang, belangesfeer, gerief, toedoen

bevoordeelde, begunstigde, belanghebbende, belangegroep, profiteur, genottrekker

bw. apropos, uitgeknip, verniet

ww. ***nuttig wees,*** van nut wees, nut hê, beantwoord aan sy doel, pas, gepas wees, baat, dien, vrugte afwerp, voordelig wees, tot jou voordeel strek, tot voordeel wees, goed te pas kom, nodig wees, benodig, behoef, beteken

bevoordeel, bevorder, dien, kontribueer, nut haal uit, voordeel trek, profiteer

voors. ten behoewe van

uitdr. dit bring iets in die sak; iets gerade ag; die ware Jakob; met jou talente woeker; (handig) te pas kom; van pas kom; tot jou beswil; tot jou reg kom; tot nut van

634. Nutteloos

b.nw. ***nutteloos,*** van geen nut nie, sonder nut, waardeloos, van geen waarde nie, van nul en geen waarde nie, van nul en gener waarde nie, nikswerd, ondoelmatig, onbruikbaar, ondienstig, oneffektief, ineffektief, ongepas, nie van pas nie, ongeskik, nie geskik nie, oorbodig 632, verouderd, uitgedien(d), obsoleet, uitgewerk, afgeleef, stukkend 54, 184, gedaan, uitgewerk, onklaar, onherstelbaar, voos, kapot, gaar, sleg 635, laks

nutteloos, vrugteloos, vergeefs, hopeloos, onmoontlik, futiel, verniet, tydmors, verlore, ydel

s.nw. ***nutteloosheid,*** waardeloosheid, onbruikbaarheid, ongeskiktheid, ondienstigheid, ongepastheid, ondoelmatigheid, afgeleefdheid, nul, nulliteit

vrugteloosheid, nutteloosheid, oorbodigheid, nodeloosheid, monnikewerk, vergeefsheid, onmoontlikheid, hopeloosheid, futiliteit, verlorenheid

bw. vergeefs, omsons, pertjoema

ww. nutteloos wees, tot niks lei nie, boemel, dagdroom

uitdr. al jou kruit verskiet hê; daar steek niks in nie; daar niks aan hê nie; praat tot jy blou is; vir spek en boontjies; water in 'n mandjie probeer dra; die vyfde wiel aan die wa

635. Skadelik

b.nw. skadelik, nadelig, benadelend, verswakkend, beskadigend, vernielend, ongunstig, onvoordelig, sleg, swak, netelig, ondienstig,

indifferent, passief, gevaarlik, boos, uit die bose, verderflik, verswakkend, vernietigend, ondermynend, afbrekend, dodelik, rampspoedig, teenspoedig, teëspoedig

s.nw. ***skadelikheid,*** nadeel, nadeligheid, onvoordeligheid, prejudisie
skade, stormskade, haelskade, vloedskade, . . ., verlies, terugslag, knou, teenspoed, teëspoed, awery, koste, beskadiging, benadeling, waardevermindering, depresiasie; beskadiging, vernieling, verwoesting, vernietiging

ww. ***skadelik wees,*** sleg wees
skade ly, ly, 'n stel aftrap, betaal, die gevolge dra
beskadig 458, breek 458, skaad, skade aanrig, skade berokken, skend, skade toebring, benadeel, prejudisieer, bederf, bekoop, bloedlaat, hinder, knou, 'n knou gee, knak, kniehalter, knelter

voors. ten koste van, tot nadeel van

uitdr. aan die kortste end trek; jou vingers verbrand; in jou eie son staan; jou skepe agter jou verbrand; te kort doen; wolf skaapwagter maak; 'n spyker in sy doodskis slaan

636. Onskadelik

b.nw. onskadelik, skadeloos, onskuldig, nie gevaarlik nie, veilig, beteuter(d)

s.nw. onskadelikheid, skadeloosheid, onskuldigheid beteuterdheid; skadeloosstelling

ww. skadeloos stel, onskadelik stel, onskadelik maak

C. DOEL

637. Doelgerigtheid

s.nw. ***doelgerigtheid,*** koersvastheid, vasberadenheid, vasbeslotenheid, nastrewing, voorbedagtheid, stukrag, oorweging, intensie, opset, moedswil, wil 582, 584, denke 513, doelbewustheid, pertinensie, ideaal, strewe, vurige strewe, bejag, strewing, bereiking; strewer, nastrewer
doel, hoofdoel, doeleinde, doelwit, doelstelling, oogmerk, oogwit (*ong.*), intensie, mikpunt, trefpunt, teiken, einddoel, doelpunt, bestemming, destinasie, voorland, einde, eindpunt, resultaat, eindresultaat, uiteinde, ontwerp, program, program van aksie, missie, bedoeling, bybedoeling, newebedoeling, goeie bedoeling, suiwer(e) bedoeling, slegte bedoeling, onsuiwere bedoeling, beleid, beleidsrigting, beleidsuitspraak, strekking, tendens
beweegrede, rede, dryfveer, stukrag, oorweging, aanleiding, oorsaak 15, raamwerk
doelmatigheid, doeltreffendheid, effektiwiteit, diensbaarheid, nut, nuttigheid, toepaslikheid, uitvoerbaarheid, bruikbaarheid, bevrediging, bereikbaarheid

b.nw. ***doelgerig,*** koersvas, voorbedag, voorbedagtelik, intensioneel, weloorwoë, doelbewus, daadwerklik, kragdadig, vasberade, vasbeslote, gedetermineer(d), standvastig, onwrikbaar, onwankelbaar, wilskragtig, volhardend, resoluut, geesdriftig, pertinent, naarstig, opsetlik, moedswillig, aspres, aspris, ekspres, wetende, welwetende, tendensieus, bereikbaar, berekenbaar, bestem
doelloos, koersloos, ondeurdag, kragteloos
doelmatig, doeltreffend, effektief, prakties, diensbaar, nuttig, toepaslik, toepasbaar, moontlik, werksaam, uitvoerbaar, bruikbaar, goed, bevredigend, gerade, afdoende

ww. ***'n doel stel,*** ten doel stel, 'n doel voor oë hê, ten doel hê, voorneem, van voorneme wees, vol goeie voornemens wees, beoog, bedoel, bereken, bestem, mik, jou rig op, streef, strewe, nastreef, nastrewe, aanstuur, afstuur, neig, tendeer, dreig, wil 582, aandring, aandryf, ontwerp, bewerk, soek 516, rondskarrel, snuffel
jou doel bereik, jou doelwit bereik, die teiken tref, slaag, in jou doel slaag, die doel tref, teregkom, verkry, bereik, sukses behaal, geluk, regkry, regkom, oorwin, 'n oorwinning behaal
'n doel mis, faal, misluk, nie slaag nie

bw. met die oog op, ten einde, te dien einde, met die daad, metterdaad, met opset, met voorbedagte rade, met voorbedagtheid, met mening, vas van plan, in werklikheid, in die praktyk, ad hoc, hiertoe, waartoe

woorddeel om-

voors. om, ter

voegw. omdat, daarom, sodat, deurdat, opdat

uitdr. nie om dowe (dowwe) neute iets doen nie; die mens wik, maar God beskik; iemand van bakboord na stuurboord stuur; in trek wees; swanger van idees; 'n soektog op tou sit; van Pontius na Pilatus stuur

638. Aanmoedig

ww. ***aanmoedig,*** aanspoor, motiveer, inspireer, aanpor, por, aanprys, rekommandeer, aktiveer, prikkel, stimuleer, ontlok, bepraat, aanpraat, aanspreek, beweeg, besiel, begeester, dryf, drywe, aandryf, voortdryf, voortdrywe, manipuleer, aanvuur, aanwakker, inblaas, bemoedig, opbeur, onderskraag, moed inpraat, moed inboesem, steun, ondersteun; aanstig, instigeer, aansit, aanhits, ophits, opja(ag), opjae, aanja(ag), aanjae, oprui, opsteek, opstook, opsweep, aansteek, aanstook, naaldsteek, opdruk, opdryf, opdrywe, opwen, opwin, opblaas, opwarm

raad gee, van raad bedien, adviseer, advies gee, voorlig, aanbeveel, ter oorweging gee, aan die hand doen, voorstel, 'n wenk gee, aanraai, raai, raad verskuldig wees, inskerp, maan, vermaan, waarsku; raad ontvang, raad aanneem, raad volg, raad inwin

beïnvloed, invloed uitoefen, invloed hê, jou invloed laat geld, 'n uitwerking hê op, nawerk, ompraat, oorreed, oorhaal, omhaal, bekeer, vorm, buig, oortuig, wysmaak, suggereer, inpraat, inprent, formeer, indoktrineer, bewerk, nader; verlei, in versoeking bring, versoek, tempteer, torring, verlok, weglok, wegrokkel, meesleep, meesleur, mesmeriseer, hipnotiseer, bekoor, korrupteer, korrumpeer; omkoop, koop, omkonkel, oorrompel

s.nw. ***aanmoediging,*** aansporing, motivering, aanwakkering, aanvuring, aanporring, inspirasie, dryfkrag, aktivering, prikkel, prikkelmiddel, stimulasie, stimulering, stimulus, stimulant, stimulans, aandrang, impuls, beweging, aanprysing, rekommandasie, besieling, begeestering, inskerping, manipulasie, bemoediging, onderskraging, opbeuring, moedversterking, beskerming, steun, ondersteuning, morele ondersteuning, rugsteun, rugsteuning, hulp, bystand, hulpvaardigheid, liefde 776, vertroosting, troos, trooswoorde; aanstigting, instigasie, aanhitsing, ophitsing, opstokery, opstoking, opswepery, opsweping, opruiing, oorrompeling

raad, raadgewing, advies, voorligting, aanbeveling, voorstel, wenk, suggestie, oorweging, vermaning, aanmaning, waarskuwing, preek, preektoon, preektrant, oproep, wekroep, wekstem

invloed, beïnvloeding, uitwerking, nawerking, oorreding, oorredingsvermoë, oorredingskrag, oorredingskuns, oortuigingswerk, oortuiging, pressie, pressiegroep, sending, sendingwerk, indoktrinasie; beïnvloedbaarheid, oorreedbaarheid; invloedrykheid; invloed, gevolg, trefkrag, inwerking, effek; verleiding, versoeking, temptasie, verlokking, bekoring, hipnose, hipnotisme, mesmerisme, korrupsie, omkopery; verleidbaarheid, omkoopbaarheid, korrupsie

adviseur, raadgewer, raadgeefster, raadsman, raadsvrou, konsulent, mentor, monitor, nestor (*ong.*); verleier, verleidster, versoeker, opstoker, opruier, aanstoker, drukgroep

b.nw. ***aanbevelenswaardig,*** gewens, gerade, gebode, rekommandabel; stimulerend, besielend, opbeurend inspirerend, begeesterend, bemoedigend, ondersteunend; gemotiveer(d), begeester(d)

opruiend, instigerend, oorrompelend

raadgewend, adviserend

verleidend, bekoorlik, verlokkend, hipnoties, mesmeriserend; omkoopbaar, verleidbaar, korrup

voors. op aanbeveling van, op aanstigting van

tw. komaan, hup, hup-hup, sa

uitdr. agter iemand staan; daarop staan; die juiste toon tref; die sweep gee; iemand tot die daad beweeg; aan iemand torring; onder iemand vuurmaak; tot spoorslag dien; weerklank vind

639. Ontmoedig

ww. ontmoedig, afraai, vermaan, demoraliseer, knak, terneerdruk, moedeloos maak, neerslagtig maak, mismoedig maak, knak, breek, platslaan, afskrik, intimideer, ontsenu, bangmaak, afskrik, afblaas, afkonkel, afleer

s.nw. ontmoediging, repressie, suppressie

b.nw. ontmoedigend, demoraliserend

D. DIE HANDELING

a. Voorbereiding

640. Voorbereid

b.nw. ***voorberei(d),*** gereed, reg, klaar, kant en klaar, bereid, oorgehaal, slaggereed, paraat operasioneel, bruikbaar, gebruiksgereed gebruiksklaar, beskikbaar, slaggereed, slag

vaardig, toegerus, ryp
bereid 580, gewillig, inskiklik
wakker, bedag, waaksaam, op en wakker
beplan(d), voorgenome, gereël(d), geskeduleer(d), planmatig, metodies, georganiseer(d), ordelik, geprogrammeer(d), organisatories, sistematies, stelselmatig, reëlmatig, sketsmatig, konsepsueel, konseptueel, takties, wetenskaplik

s.nw. ***gereedheid,*** voorbereidheid, slaggereedheid, paraatheid, planmatigheid, bereidheid, voorneme, afwagting, klarigheid, vaardigheid, oefening
voorbereiding, voorbereidsels, gereedmaking, beplanning, toebereiding, toebereidsels, sistematiek, reëlmaat, konsepsie, organisasie, organisasietalent, organisasievermoë, programmering, metodiek
plan, meesterplan, vyfjaarplan, . . ., uitleg, uitlegging, voorskrif, resep, skedule, riglyn, rigsnoer, konsep, idee, raamwerk, skema, rooster, diensrooster, leerplan, sillabus, kurrikulum, reëling, agenda, program, program van aksie, aksieplan, strategie, taktiek, werk(s)wyse, handel(s)wyse, manier van doen, opset, konsep, metode, metodiek, prosedure, logistiek, reël, grondreël, beginsel, grondbeginsel, beleid, sisteem, sistematiek, stelsel, organisasie, ontwerp, voorontwerp, voorstudie, projek; ordening, organisasie, organisering, sistematisering
skets, tekening, ontwerp, ontwerptekening, plan, bouplan, argiteksplan, ingenieursplan, sketsplan, tekenplan, grondplan, terreinplan, . . ., skema, werkskema
beplanner, organiseerder, organisator, strateeg, ontwerper, argitek, tekenaar, konstrukteur, planmaker

bw. betyds, stap vir stap, met oorleg, op die hoede

ww. ***gereed wees,*** gereed staan, oorgehaal staan, gereed hou, staal, voorbereid wees, voorbereiding(s) tref, klaarkry, klaarstaan, slaggereed wees
gereed maak, voorneem, van voorneme wees, gereed hou, reghou, aangord, gord, voorberei, toeberei, prepareer, programmeer, klaarmaak, pasmaak, instel, toerus, inrig, oefen
beplan, 'n plan maak, uitwerk, ontwerp, skets, teken, programmeer, konsipieer, reël, organiseer, inrig, uitlê, uitstippel, voor-uitdink
orden, organiseer, sistematiseer

woorddeel ontwerp-, konsep-

uitdr. die lendene omgord; jou kruit droog hou; jou seile na die wind hang; sy tande slyp; vol goeie voornemens wees; voorbrand maak; op jou hoede wees; in jou spoor trap

641. Onvoorbereid

b.nw. ***onvoorbereid,*** nie gereed nie, onvoorbedag, geïmproviseer(d), onklaar, onreëlmatig, rou
onbeplan(d), impromptu, proefondervindelik, onordelik, ordeloos, onsistematies, onwetenskaplik, ongeorganiseer(d), swak georganiseer(d), planloos, stelselloos, lukraak, wild
spontaan, instinktief, intuïtief, ondeurdag, onnadenkend, onvoorbedag, onberedeneerd, impulsief, oorhaastig, halsoorkop, blindelings, skielik, skierlik, vinnig, haastig, spoedig, snel, onverwags, onverskillig, roekeloos, onbeheers, wild

s.nw. ***onvoorbereidheid,*** onklaarheid, onbedagtheid, onreëlmatigheid, onvaardigheid, rouheid
swak voorbereiding, onbeplandheid, lukraakheid, planloosheid, onordelikheid, ongeorganiseerdheid, gebrek aan sisteem, gebrek aan sistematiek, stelselloosheid, gebrek aan metode, gebrek aan metodiek, onwetenskaplikheid, improvisasie, kaartehuis
spontaneïteit, spontaniteit, instink, intuïsie, impulsiwiteit, ondeurdagtheid, onbedagtheid, onberedeneerdheid, haas, haastigheid, oorhaastigheid, spoed, onverwagsheid, onverskilligheid, roekeloosheid, onbeheerstheid, wildheid, frats, glips, glieps

bw. onverwags, onverhoeds, sonder waarskuwing, in 'n oogwink, in 'n oogwenk, een--twee-drie, in 'n kits, dadelik, oombliklik, op die ingewing van die oomblik, onvoorsiens, selfs, sommerso, somaarso

ww. nie gereed wees nie, onvoorbereid wees, swak voorberei, improviseer, vinnig 'n plan maak, ekstemporeer

uitdr. uit die mou skud; uit die vuis praat; dit sit nie in hom nie; dit sit nie in sy broek nie; in die wilde weg; op goeie geluk af; op sand bou

642. Beproef

b.nw. ***beproef,*** getoets, geweeg, geëvalueer, gebaan, geslae, gelouter, proefhoudend
eksperimenteel, empiries, proefondervindelik, wetenskaplik
ondernemend, waaghalsig

s.nw. ***beproefdheid,*** beproewing; geslaene
proefneming, poging, probeerslag, probeersel, eksperiment, proef, proeflopie, toetslopie, voorproef, voorsmaak, steekproef, proefpersoon, proefkonyn, proeftyd, vuurdoop, vuurproef, waagstuk, waagspel, waaghals, toets, toetsing, eksaminering, evaluering, kontrole, ondersoek, navorsing
kriterium, norm, maatstaf, standaard, toets, prinsipe
ondervinding, ervaring, belewing, belewenis; ondernemingsgees

ww. ***beproef,*** op die proef stel, proef, proe, probeer, poog, 'n poging aanwend, trag, toepas, onderneem, toets, eksamineer, uittoets, kruistoets, ondersoek, aan ondersoek onderwerp, evalueer, beoordeel, in oënskou neem, eksperimenteer, ondersoek, navors, inspekteer, deurkyk, nagaan, kontroleer
beleef, belewe, deurleef, deurlewe, ondervind, waag

woorddeel proef-

uitdr. die proef deurstaan; die vuurproef deurstaan; die kans waag; wie nie waag nie, wen nie

643. Onbeproef

b.nw. onbeproef, ongetoets, nuut 53, nuwerwets, onwetenskaplik

s.nw. onbeproefdheid, onwetenskaplikheid

ww. nie beproef nie, onbeproef laat

b. Handelwyse

644. Handelwyse

ww. ***optree,*** metodies te werk gaan, jou (eie) gang gaan, jou aan die reëls hou, begin, voortgaan, eindig, aanpas, kondisioneer, doen, gedra, hou, maneuvreer, manipuleer, rig, vermag, verrig, wandel, wys
verander, aanpas, omspring

bw. aldus, also, anders, andersins, beswaarlik, bo(bowe), dito, ditto, dusdoende, so, sodanig, sodoende, dergelik, in dier voege, dieselfde, idem, op groot skaal, op klein skaal, hoe, hoedanig, volgenderwys(e), al-honderd-en-tien

s.nw. ***handel(s)wyse,*** wyse, werk(s)wyse, wyse van doen, wyse van optrede, gedragswyse, manier, manier van doen, manier van optree, leefwyse, lewenswyse, lewenswandel, gewoonte, gedragsgewoonte, gebruik, maniertjie, maniërisme, hebbelikheid, laai, streek, allure, houding, styl, toon, trant, metode, metodiek, weg, pad, prosedure, procedé, modus, modus operandi, modus vivendi, tegniek, taktiek, benadering, hoedanigheid, gedrag, gedragspatroon, gedragslyn, gedragsreël, koers, rol, rolspel, flair, opportunisme, afwyking, bokkesprong, boksprong
beleid, standpunt, uitgangspunt, oortuiging, vertrekpunt, houding, koers, credo, oortuiging, kode, gedragskode, norm, rigsnoer, maatstaf, voorskrif, kanon, dogma, protokol, etiket, politiek, plan van aksie, plan van optrede, program, program van optrede, taktiek, beginsel, prinsipe, grondslag, kriterium, reël, aksioma, aksioom, grondreël, stelreël, formule, skema, sisteem, stelsel, proses, gebruik, formaliteit, praktyk
handel 645, handeling 645, gang, doen en late, toedoen, wandel, handel en wandel, optrede, loop, verloop, vordering, gebaar, veldtog, maneuver, manipulasie, kondisionering, gebrou; tegnologie, tegnokrasie
manipulator, tegnikus, tegnokraat, tegnoloog

b.nw. sodanig, dusdanig, hoedanig, metodies, takties, tegnies, tegnologies, tegnokraties, links, linkshandig, regs, regshandig, goed, sleg, vinnig, stadig, intensief, arbeidsintensief, baanbrekend, avontuurlik

voors. dus

uitdr. dit was nie vir hom weggelê om; geen ander (uit)weg hê nie; iets op eie houtjie doen; jou eie potjie krap; met die maat waarmee jy meet, sal vir jou gemeet word; op dieselfde lees geskoei

645. Handel

ww. ***handel,*** doen, iets te doen hê, begaan, verrig, uitrig, uitvoer, 'n taak aanvaar, prakseer, stappe doen, pleeg, te werk gaan, begaan, optree, onderneem, behartig, waarneem, ageer, wy, betrokke wees by, 'n geleentheid gebruik, 'n geleentheid aangryp, begin 27, aanhou, aan die werk wees, aan

die gang wees, op dreef wees, afspeel, tot stand kom, ophou 28, eindig, beëindig, voltooi 28, afhandel, vervul, improviseer, maneuvreer, skarrel, rondskarrel, speel; werk, funksioneer, opereer, in werking wees, in werkende toestand wees, loop, draai

werk, arbei, werk doen, verrig, werk verrig, werk hê, werksaam wees, jou dagtaak verrig, 'n pos beklee, 'n amp beklee, in die amp staan, 'n beroep beoefen, diens doen, 'n diens verrig, ageer, werskaf, woel en werskaf, hard werk, sweet, swoeg, swoeg en sweet, sloof, afsloof, peuter, vroetel, uitrig, uitvoer, iets te doen hê, werksaam wees, besig wees, bedrywig wees, jou besig hou met, beywer, beur, vorentoe beur, beoefen, uitoefen, boer, prakseer, bewerkstellig, teweegbring, teweeg bring, teregbring, tot stand bring

bewerk, bearbei, uitwerk, ontwikkel, oplos, hanteer, bedryf, bedrywe, verantwoordelik wees vir, behartig, onderneem, beheer, sorg vir, versorg, belas wees met, bedien, help 663, aanhelp, steun, ondersteun, onderskraag, behandel, toepas

werk verskaf, werk gee, opdrag gee, in diens neem, aanstel, 'n aanstelling gee, 'n aanstelling maak, 'n pos aanbied, emplojeer, benoem, verkies

bw. aan die gang, aan die werk, op dreef

s.nw. ***handeling,*** beoefening, uitoefening, uitvoer, uitvoering, afhandeling, verrigting; daad, maneuver, doenigheid, gedoe, gedoente, werk, werkie, opdrag, taak, taakstelling, dagtaak, lewenstaak, onderneming, plig, verpligting, werksaamheid, selfwerksaamheid, bedrywigheid, werskaffery, rusteloosheid, drukte, aktiwiteit, aksie, optrede, operasie, sending, stap, onderneming, beweging 145; werk(s)vermoë, werkstempo, arbeidstempo, prestasie, werkprestasie, prestasievlak, hardwerkendheid, woema, topprestasie, kragtoer; wisselwerking, interaksie, bewerking, bearbeiding, ontwikkeling, oplossing, hantering, bedryf, behartiging, onderneming, beheer, inwerkingstelling, inwerkingtreding, versorging, bediening, hulp 589, steun, behandeling, toepassing, hantering, prak(ke)sasie; funksionering, werking, nawerking

werk, hoofwerk, voorwerk, buitewerk, binnewerk, mensewerk, handwerk, handewerk, arbeid, handearbeid, sleurwerk, peuterwerk, huiswerk, huisvlyt, stukwerk, skofwerk, dinkwerk, kopwerk, opdrag, sending, acta (*ong.*), diens, dienslewering, diensorganisasie, aanddiens, nagdiens, dagdiens, hoekdiens, . . ., plig, verpligting, taak, hooftaak, deeltaak, dagtaak, saak, beroep, loopbaan, professie, nering, okkupasie (*ong.*), ambag, vak, bedryf, besigheid, saak, lewensonderhoud, praktyk; werksgeleentheid, betrekking, pos, aanstelling, posisie, amp; werktyd, werkperiode, termyn, werk(s)dag, mandag, werk(s)week, vyfdagwerk(s)week, werksuur, man-uur, sessie, werksessie, werkperiode, sitting, sittingstyd, sittingsduur, diens, diensbeurt, skof, werkbeurt, skiktyd

arbeid, arbeidskrag, arbeidsproses, arbeidsaangeleentheid, arbeidswetgewing, werkgeleentheid, arbeidsgeleentheid

werkverskaffing, indiensneming, aanstelling, emplojering, benoeming, verkiesing

doener, dader, agent, beoefenaar, verrigter, werkverrigter, uitvoerder, werker, werkster, werksman, werksvrou, medewerker, mededader, medepligtige, trawant, professionele werker, professionele persoon, witboordjiewerker, witboordjie, blouboordjiewerker, blouboordjie, arbeider, arbeidsmag, handwerker, handearbeider, handwerksman, ambagsman, vakman, vakarbeider, mynwerker, huurling, handlanger, dagloner, helper, faktotum, hand, kneg, agterryer, hulp, huishulp, bediende, huisbediende, poetsvrou, tuinier, tuinman, tuinwerker, plaaswerker, plaasarbeider; werknemer, ondergeskikte, onderling, huurling, werkgewer, baas, kollega, werkkring, personeel, arbeidsmag, arbeidsgemeenskap, woekeraar, jantjie-van-alles, faktotum, praktikus, tegnikus, aktivis, draadsitter, niksdoener, luiaard, slapgat (*plat*)

b.nw. ***handelend,*** doenig, doende, besig, druk, druk besig, onledig, rusteloos, ywerig, fluks

werkend, in diens, geëmplojeer(d), werksaam, selfwerksaam, hardwerkend, arbeidsaam, arbeidsintensief, werkbaar, outomaties, funksioneel

uitdr. te werk gaan; werk maak van iets; aan die gang wees; op dreef wees; die daad by

die woord voeg; so gesê, so gedaan; jou van 'n taak kwyt; 'n man van die daad wees; berge versit; die geleentheid aangryp; geen rus of duurte hê nie; gevolg gee aan; hemel en aarde beweeg; iemand op die been bring; iemand se belange behartig; iemand 'n diens bewys; 'n taak op jou skouers neem; jou tot iets leen; op iemand se nommer druk; arbeid adel; sê en doen is twee verskillende dinge; 'n man van twaalf ambagte en dertien ongelukke

646. Nie handel nie

ww. ***nie handel nie,*** niks doen nie, niks te doen hê nie, geen steek doen nie, stilsit, ledig wees, op jou gat sit (*plat*), stilstaan, stillê, agterweë (laat) bly, wag, afwag, 'n afwagtende houding aanneem, afskuif, afskuiwe, aflê, onttrek, rondhang, leeglê, leegloop, lanterfanter, rondslenter, kalfakter, rondstaan, rondhang, rondlê, ronddwaal, dool, rondleuter, hengel, rondloop, verveel, agterbly, vermy, ontwyk, omseil, oorslaan, verspeel, verluier, verdroom
rus, pouseer, vakansie hou
vergeet, nalaat, versuim, verwaarloos, veron(t)agsaam, negeer, ignoreer
ophou, basta, stop, eindig, uitskei, end kry, staak, tot stilstand kom, stilhou, onderbreek, stagneer
tot stilstand bring, beëindig, onaktief maak, inaktiveer, stil hou, inhou, terughou, vertraag, afhou, keer, weerhou, onthou, verhinder
nie werk hê nie, werkloos wees; afdank, skors, diens beëindig, pensioeneer, aftree

bw. agterweë, onverrigtersake

s.nw. ***onaktiwiteit,*** inaktiwiteit, niksdoen, nonaktiwiteit, traagheid, inersie, stilstand, stagnering, beweginloosheid, ledigheid, luiheid, werkskuheid, wagtery, afwagting, onttrekking, nalating, omissie, rondhangery, leeglêery, leeglopery, lanterfantery, geslenter, dolery, verveling, verveeldheid, vervelendheid, verveligheid, vervelerigheid, ontwyking, vermyding
werkloosheid, werkloosheidsversekering; afdanking, diensbeëindiging, skorsing, pensioen, aftrede
werklose, afgedankte, afgetredene, pensioenaris, pensioentrekker, leeglêer, leegloper, rondloper, lediggagner, luiaard, luigat (*plat*), dagdief, huislêer, boemelaar, houtpop, figurant
rus, stilte, kalmte, rustigheid, slapte; rustyd, verposing, ruspoos, ruskans, siësta, blaaskans, onderbreking, pouse, intermissie, reses, vakansie, vakansietyd
versuim, nalatigheid, agte(r)losigheid, vergeetagtigheid, verwaarlosing, veron(t)agsaming
einde, end, afloop, uiteinde, afsluiting, afhandeling, beëindiging, staking, stilstand, stagnasie

b.nw. ***onaktief,*** inaktief, nonaktief, passief, inert, lui, werksku, arbeidsku, leeglêerig, verveeld, vervelend, vervelig, vervelerig
nalatig, vergeetagtig, agte(r)losig
werkloos, afgedank, afgetree
stil, rustig, rustend, kalm

uitdr. geen voet versit nie; geen poot versit nie; geen vinger verroer nie; jou arms vou; jou arms kruis; berus in 'n saak; Gods water oor Gods akker laat loop; die kat uit die boom kyk; iets op die lange baan skuiwe; die vrekte hê; 'n bok(ke)sprong uitvoer; wie nie werk nie sal nie eet nie; van hoop alleen kan 'n mens nie lewe nie; rus roes; ledigheid is die duiwel se oorkussing; praatjies vul geen gaatjies; blaffende honde byt nie

647. Voortgaan

ww. voortgaan 657, aanhou, bly, besig bly, volhou, aangaan, voortbestaan, voortleef, voortlewe, standhou, aanwikkel, verder gaan, aandruk, verder stap, verder ry, . . ., aanhou stap, aanhou ry, . . ., voortstap, voortry, . . ., voortsit, kontinueer, voortwoeker, voortskry, voortsukkel, voortsleep, voortkanker, voorthelp, . . ., handhaaf, vervolg, voortwerk, verder werk, deurwerk, deurdruk, uithou, deurdryf, deurdrywe, dryf, drywe, voortdryf, voortdrywe, deurhak, roetineer, staande hou

bw. aanmekaar, aaneen, sonder ophou, sonder onderbreking, sonder verposing, sonder pouse, sonder rus, sonder einde, sonder end heeltyd, die hele tyd, steeds, altyd, deurentyd, gedurig, gedurigdeur, alewig, pal herhaaldelik, telkens, telkemale, kort-kort gladweg, verder

s.nw. ***voortgang,*** voortbeweging, voortskryding, aanhouding, voortduring, duur, loop beloop, voortsetting, voortbestaan, oorle

wing 249, standhoudendheid, standhouding, vervolg, vervolgdeel, vervolgklas, handhawing, volhouding, kontinuïteit, kontinuering, kontinuasie, roetine
deursettingsvermoë, uithou(dings)vermoë, volharding, volhardingsvermoë, onversteurbaarheid, onverstoorbaarheid, volhouding, perseverasie, vasberadenheid, vasbeslotenheid, vasbyt (*geselst.*), voortstryding, standvastigheid, stoïsisme, stoïsyn; geduld 582, monnikewerk
aanhouer, drywer, deurdrywer

b.nw. ***aanhoudend,*** onophoudelik, volgehoue, behoue, gedurig, voortdurend, aanmekaar, chronies, kronies, onverpoos, langdurig, slepend, hardnekkig, terugkerend, wederkerend, herhaaldelik, herhaaldelik voorkomend, veelvoorkomend, eindeloos, oneindig, blywend, diepgewortel, diepgesetel, ononderbroke, onafgebroke, kontinu, standhoudend, besig, druk
volhardend, standvastig, geduldig 619, 715, 778, onversteurd, stoïsyns, volgehoue, vasberade, wilskragtig, gedetermineer(d), onversteurbaar, onverstoorbaar, vasbeslote, resoluut, beslis, onwrikbaar, onwankelbaar, verbete, hardnekkig

woorddeel voort-

uitdr. een stryk deur; nog stryk hou; geen gras onder jou voete laat groei nie; aanhouer wen; Rome is nie in een dag gebou nie

648. Onderbreek

ww. ***onderbreek,*** afbreek, opskort, uitstel, laat oorstaan, tot later skuif, temporiseer, oorslaan, oorstaan, vertoef, verdaag, in reses gaan, pouseer, verpoos, rus, sloer, vertraag, tyd mors, versuim, strem, inhibeer, skors
ophou, basta, end kry, ophou werk, eindig, stop, uitskei, afsien, afstap, uitval, tjaila (*geselst.*), staak, sloerstaak, opskop, stagneer
beëindig, tot 'n einde bring, 'n einde maak aan, laat ophou, afbreek, afsluit, termineer, klaarmaak, voltooi, voleindig, afskakel, laat staan, verdaag, stop, stopsit, ophef, afstel, uitlui, buite werking stel, immobiliseer, aborteer, skors, afskaf, afsny, verbreek

s.nw. ***onderbreking,*** diensonderbreking, opskorting, verdaging, interrupsie, diskontinuïteit, oponthoud, vertraging, inhibering, verwyl, uitstel, versuim, sloerdery, tydverkwisting, tydvermorsing, tydmorsery, verposing, rus; onderbreking, pouse, ruspouse, ruspoos, blaaskans, koffiepouse, teepouse, teetyd, verlof, langverlof, studieverlof, siekteverlof, vakansie, vakansietyd, somervakansie, Kersvakansie, wintervakansie, skoolvakansie, vakansieverlof, rustyd, reses, parlementêre reses, Paasreses, verdaging, prorogasie
einde, end, stilstand, halt, stagnasie, stagnering, staking, sloerstaking, sitstaking; uitskeityd, looptyd, tjailatyd (*geselst.*)
beëindiging, stopsetting, afstel, afsluiting, terminering, voltooiing, voleindiging, afskakeling, verdaging, opheffing, immobilisering, immobilisasie, verbreking, afdanking, diensbeëindiging, skorsing
sloerkous, staker, sitstaker, sloerstaker, betoger, sitbetoger

b.nw. onderbroke, nie-deurlopend, intermitterend, diskontinu, geïnhibeer(d), onvoltooid, onklaar, onvolbrag, onaf, onafgewerk

uitdr. iets laat vaar; 'n saak laat (voort)sleep; iets op die lange baan skuif/skuiwe; die gees is gewillig maar die vlees is swak; van uitstel kom afstel

649. Begin met

ww. ***begin met,*** die eerste stap(e) doen, begeef, 'n begin maak, by die begin begin, afskop, oorgaan tot, aanhef, aanpak, aanvoor, van stapel stuur, op tou sit, inisieer, die inisiatief neem, instel, aanknoop, in werking stel, aan die gang sit, aan die gang kry, aansit, daarstel, onderneem, aanlê, oprig, skep, kreëer, stig, in die lewe roep, open
begin 27, aanvang, 'n aanvang neem, aanbreek, breek, daag, van stapel loop, wegspring, wegval, afsit, afhaak, afspring, posvat
hervat, weer begin, van voor af begin, oor begin

bw. aanvanklik, van meet af aan, uit die staanspoor

s.nw. ***begin*** 27, daarstelling, onderneming, aanleg, oprigting, skepping, stigting, pionierswerk, baanbrekerswerk, opening, debuut, prelude, aanhef, aanpak, aanvoorwerk, inisiatief, ondernemingsgees, inwerkingstelling; beginpunt, beginplek, oorsprong, aanvang, kiem, wortel, eerste gedeelte, aanvangsgedeelte, afspringplek, inleiding, aanhef, voorwoord, woord vooraf, prelude; skepping 0, genesis 0, stigting

aanstalte(s), aanvang, aanhef
hervatting
beginner, beginneling, debutant, nuweling, baanbreker, pionier, stigter, stigterslid, promotor

b.nw. begonne, hernieude, hernude, ondernemend, baanbrekend

uitdr. iets op tou sit; iets van stapel stuur; die bal aan die rol sit; op dreef kom; die voortou neem; die eerste tree gee; die ys breek; die hande uit die moue steek; die hand aan die werk slaan; die hand aan die ploeg slaan; geen gras onder jou voete laat groei nie; goed begonne is half gewonne; die lendene omgord; die alfa en die omega

650. Voltooi

ww. *voltooi,* afsluit, beëindig, voleindig, tot 'n einde bring, ten einde bring, 'n einde maak aan, termineer, voltrek, volbring, volvoer, finaliseer, 'n saak tot die uiterste dryf, afhandel, klaarmaak, klaarkry, gedaan kry, klaarspeel met, afreken met, werk afgee, afrond, afwerk, afdoen, afkry, afmaak, beklink, skoonskip maak, bewerkstellig, realiseer, verwesenlik, vervul, verwerklik, vervolledig, verrig 645, uitvoer, teweegbring, ten uitvoer bring, teregbring, deurwerk, deurdraf, deurworstel, baasraak, gereed maak, gereedmaak
eindig, die einde bereik, tot 'n einde kom, afloop, klaarkom, klaar wees, ophou, uitskei, stop, tjaila (*gewest.*), staak, verdaag, sluit, verstryk, verbygaan, uitwerk, verval
die einde nader, afneem, afwen

bw. eindelik, uiteindelik, ten slotte, ten besluite, ten einde laaste, einde ten laaste, ten laaste, oplaas, aan die einde, op die einde, op die ou end, afgeslote, na 'n kant toe, al, daarnatoe, half-half, klaarpraat

s.nw. *voltooiing,* afsluiting, beëindiging, afloop, ontknoping, voleindiging, voleinding, voltrekking, volvoering, volbrenging, voldraenheid, tenuitvoerbrenging, tenuitvoerlegging, finalisering, afhandeling, afrekening, bewerkstelliging, realisasie, prestasie, verwesenliking, verwerkliking, vervulling, vervollediging, uitvoering, verrigting, gereedmaking; voltooiing, suksesvolle afhandeling, sukses, welslae, gunstige uitslag, goeie uitslag, gunstige afloop, geslaagdheid
einde, end, eindpunt, einde van die storie, slot, afloop; uitslag, resultaat, uitvloeisel, voortvloeisel, uiteinde, gevolg, konsekwensie, uitwerking, effek
verrigter, uitvoerder, voltrekker, voleinder

b.nw. *klaar,* voltooi(d), afgehandel, gereed, afgerond, afgelope, afgeloop, gedaan, gedoen, afgedaan, voltrokke, voleindig(de), afgesluit, afgeslote, beklonke, voldrae, volbring, volbrag, uitgewerk
onvoltooid, onafgehandel, onvoltrokke, imperfek, halfklaar, onaf

uitdr. kant en klaar; die gordyn oor iets laat sak; Ikabod oor iemand/iets skryf; korte mette maak; paal en perk stel aan; sy beslag kry; die alfa en die omega

651. Toesien

ww. *toesien,* sorg, sôre, sorg dra, sorg maak met, verseker, voorsorg tref, in ag neem, ag gee, ag slaan op, erns maak met, ter harte neem, bevredig, omsien, onderneem, verantwoordelikheid aanvaar vir, verantwoordelik wees vir, behartig, doen 645, onder hande neem, belas met, belas wees met, beheer, bestuur 588, 590, beplan, organiseer, reël, waak oor, toesig hou, voorsien
versorg, versôre, oppas, kyk na, onderhou, in stand hou, in stand bly, ondersteun, ondersteuning verleen aan, steun, dra, stut, koester, bedien, voorsien, nagaan, regmaak, regruk, retoesjeer, bewaar, bewaak, waak
met sorg doen, met sorg bewerk, met sorg hanteer, sorgvuldig doen, sorgvuldig hanteer, . . ., bevredigend doen, bevredigend hanteer, . . .
bekommer, kommer hê, kwel, besorg wees, sorg maak, ongerus wees, tob, pieker, knies; van sorge bevry

s.nw. *sorg,* sorgsaamheid, inagneming, onderneming, verantwoordelikheid, voorsiening, voorsorg, voorsorgmaatreël
behartiging, hantering, versorging, organisasie, reëling(s), toesig, bestuur 588, 590
versorging, sorg, blindesorg, dagsorg, kindersorg, . . ., oppassery, oppassing, toesig, bewaking, bewaring, beveiliging, onderhoud, onderhoudskoste, onderhoudstoelae, . . ., instandhouding, instandhoudingskoste, . . ., ondersteuning, bewaring, bewaking, selfbehoud
sorgvuldigheid, sorgvuldige hantering, . .

versigtigheid, versigtige hantering, ..., noukeurigheid, noukeurige hantering, ..., nouletttendheid, nouletttende hantering, ..., behendigheid, behendige hantering, ..., kragtoer, tour de force, toewyding, toegewydheid, bevrediging
bekommernis, kommer, kommernis, bekommerdheid, sorg, besorgdheid, kwelling, gemoedskwelling, gekweldheid, hoofbrekens, onrus, onrustigheid, onsekerheid, angs 714, 768, vrees 714, 768; gemoedsrus, kommerloosheid, gerustheid, rustigheid, tevredenheid, sekerheid
versorger, oppasser, oppaster, bewaarder

b.nw. ***sorgsaam,*** verantwoordelik, oppassend, onderhoudspligtig, selfonderhoudend, selfgenoegsaam; sorgbehoewend
sorgvuldig, versigtig, behoedsaam, noukeurig, noulettend, behendig, toegewy(d), bevredigend
bekommerd, kommervol, vol kommer, besorg(d), begaan, gekwel, gepla, onrustig, ongerus, onsekerheid, bevrees 768; kommerloos, gerus, rustig, tevrede, seker

uitdr. jou hand aan iets hou; iets ter harte neem; aan die krip staan; die honger buite die deur hou; siel en liggaam aanmekaar hou; sorg vir die dag van môre

652. Versuim

ww. ***versuim,*** in gebreke bly, verwaarloos, onversorg laat, geen sorg maak nie, ongedaan laat, lyf wegsteek, nie in ag neem nie, veron(t)agsaam, negeer, links laat lê, nalaat, afskeep, afwater, sloer, slof, agterraak, agterbly, agteruitgaan, agteruitboer, aflê
verkeerd doen, verkeerd maak, verkeerd aanpak, verkeerd te werk gaan, fouteer, 'n fout begaan, verbrou, brou, bebrou, bederf, knoei, verknoei, knoeiwerk doen, verongeluk, verkonkel, konfoes, verhaspel, opneuk (*plat*), opdons (*geselst.*), opdonder (*plat*), opfok (*plat*), ploeter, voortploeter, knutsel, prutsel, afbreek, flans, bederf, misluk, faal

s.nw. ***versuim,*** verwaarlosing, verwaarloosdheid, veron(t)agsaming, negering, nalatigheid, laisser-faire, laissez-faire, laat-maar--loop-houding, lyfwegstekery, onverskilligheid, agte(r)losigheid, traak-(my)-nieagtigheid, laisser-aller, laissez-aller, vergeetagtigheid, afskeepwerk, afwatering, afbraak, afheid, ruheid, slegtigheid, slapgatgeit (*plat*), slapgatheid (*plat*), slapgatterigheid (*plat*), slapgattigheid (*plat*), slapheid, slordigheid, verslonsdheid
slegte werk, slordige werk, knoeiery, geknoei, knoeiwerk, knoeispul, afskeepwerk, gesukkel, sukkelry, gemors, woesteny, gebrou, brouwerk, gepeuter, geploeter, konkelwerk, kladwerk, knutselary, geknutsel, knutselwerk, broddelwerk, verhaspeling, sameflansing, mislukking, fout 538, 613, 623, flater, glips
knoeier, luiaard, lyfwegsteker, dagdief, sleg, sleghalter, sukkelaar, sukkel, drommel, javel, teertou, teerputs, slonsgat (*plat*), slapgat (*plat*), wildewragtig

b.nw. afskeperig, lui, lyfwegstekerig, agte(r)losig, traak-(my)-nieagtig, vergeetagtig, knoeierig, sukkelrig, sukkelend, slordig, slapgatterig (*plat*), slapgat (*plat*), rof, ru, onversorg(d), treurig, verslons, toiingrig, verwilder(d)

uitdr. maar laat begaan; Gods water maar oor Gods akker laat loop; iets in die wind slaan; elke dag het genoeg aan sy eie kwaad; iemand met 'n kluitjie in die riet stuur; tot niet gaan; veel te wense (oor)laat; vir wind en weer laat grootword; vir wind en weer laat opgroei; die kar voor die perde span; 'n treurige gesig; skipbreuk ly; deur die mat val; son sak in die weste, luiaard op sy beste

653. Maklik handel

b.nw. ***maklik,*** doodmaklik, nie moeilik nie, voor die hand liggend, geredelik, gemaklik, doodgemaklik, ongekunsteld, ongedwonge, luiters, doodluiters, doodleuters, probleemloos, probleemvry, moeiteloos, moeitevry, lig, sag, vlot, glad, vloeiend, ongehinderd, ongemoeid, ongedwonge, sistematies, eenvoudig, ongekompliseerd, elementêr, simplisties
moontlik, uitvoerbaar, doenlik, doenbaar, lewensvatbaar, gebeurlik, denkbaar, haalbaar, behaalbaar, toelaatbaar, prakties, eventueel

bw. sonder moeite, sonder inspanning, op jou gemak, geredelik, goedskiks, allig, heel waarskynlik, lag-lag, speel-speel, fluit-fluit, toe-oog

ww. ***maklik wees,*** voor die hand lê, maklik doen, maklik handel, gemaklik wees, ge-

maksugtig wees, knutsel, prutsel
maklik maak, vergemaklik, vereenvoudig, simplifiseer, roetineer
moontlik wees, kan, gaan
moontlik maak, toelaat, vergun, veroorloof, laat gebeur, laat plaasvind

s.nw. ***maklikheid,*** maklikheidsgraad, moeiteloosheid, probleemloosheid, eenvoud, eenvoudigheid, ongekunsteldheid, ongekompliseerdheid, ongesofistikeerdheid, geredelikheid, gemak, gemaklikheid, gerief, gerieflikheid, ongedwongenheid, doodluitersheid
vergemakliking, vereenvoudiging, simplifikasie, sisteem
kleinigheid, kinderspeletjies, maklike werk, ligte werk, werkie, peuselwerk, prulwerk, prutsery, skiktyd, sinekure, sinekuur; prutselaar
moontlikheid, potensiaal, uitvoerbaarheid, doenlikheid, doenbaarheid, lewensvatbaarheid, haalbaarheid, denkbaarheid, toelaatbaarheid, toelating, waarskynlikheid, vooruitsig, kans, geleentheid, hoop

uitdr. daar is niks aan nie; met sewemyllaarse oor probleme stap; sonder slag of stoot; toe-oë iets doen; op geoliede wiele loop; soos 'n mes deur botter glip; in jou skoot val; kinderspeletjies wees; binne jou bereik wees; jou hande nie in koue water hoef te steek nie; jy hoef nie 'n voet te versit nie; iets (gou) uit jou mou skud; maklik praat; jou met beuselagtighede besig hou; jou met kleinighede besig hou

654. Moeilik handel

b.nw. ***moeilik,*** moeisaam, moeitevol, moeitegewend, inspannend, veeleisend, herkulies, onhoudbaar, hard, kliphard, swaar, bedonderd (*plat*), bedroewend, blikners, straf, stroef, beswarend, spannend, ongemaklik, lastig, netelig, benard, pynlik, delikaat, problematies, ingewikkel(d), kompleks, gekompliseerd, gevorderd, verwarrend, arbitrêr 7, grillig, labirinties, duister, gevaarlik 623, 635, skrikwekkend, afskrikwekkend
onmoontlik, godsonmoontlik, onhaalbaar, onuitvoerbaar, ondoenlik, ondoenbaar, onbegonne, onoorbrugbaar, onhoudbaar, onrealisties, idealisties, utopies
sukkelend, moeilik, hortend, afgesloof, angsvallig, asemloos, suur, teergevoelig

bw. met groot moeite, sukkel-sukkel, met rukke en stote, hortend

ww. ***moeilik wees,*** dit moeilik hê, moeilik werk, met moeite doen, swaar werk, swaarkry, sukkel, aansukkel, voortsukkel, opsukkel, opdonder (*plat*), probleme hê, skarrel, spartel, spook, spook en spartel, spartel en spook, uitspook, wurg, hard werk, uithaal, uitvoer, uitrig, uitspring, toelê, trag, inspan, beur, voortbeur, swoeg, swoeë, bontstaan, bakstaan, sweet, slaaf, sloof, afsloof, afslowe, uitsloof, afslyt, swaar werk, knyp, knel
moeilik maak, moeiliker maak, moeite gee, moeilikheid veroorsaak, probleme veroorsaak, las gee, hinder, belemmer, bemoeilik, kompliseer, ingewikkeld maak; moeilik laat werk, hard laat werk, dryf, moor, beproef, toegooi, toegooi onder die werk, laai
onmoontlik wees, die onmoontlike doen, onmoontlik maak, onuitvoerbaar maak, boikot 585, saboteer 588
moeilikheid te bowe kom, 'n probleem omseil, 'n probleem uit die weg ruim

s.nw. ***moeilikheid,*** moeilike saak, moeilike aangeleentheid, probleem, probleemgeval, probleemsaak, randprobleem, kluif, verknorsing, knelpunt, knoop, kwessie, kopkrappery, penarie, Gordiaanse knoop, dikkedensie, affêre, affêring, duiwelswerk, verleentheid, komplikasie, ingewikkeldheid, verwikkeling, kompleks, kompleksiteit, labirint, ongemak, swaar, swaarkry, swarigheid, beslommernis, beslommering, moeite, bemoeienis, inspanning, ergernis, ergerlikheid, hinderlikheid, hindernis, irritasie, las, kruis, bagasie, sorg, lastigheid, agterstand, nood, barensnood, beproewing, beproefdheid, onraad, gevaar 656; gesukkel, versukkeldheid
moeilike werk, harde werk, baie werk, drukte, werkdrukte, werkdruk, swaar werk, gevorderde werk, gevorderdheid, sleurwerk, werskaffery, geswoeg, geswoeg en gesweet, trawal, sloof, sloofwerk, beproewing groot werk, reusewerk, groot taak, reusetaak, titane-arbeid, moeilike taak, heksetoer, berg, las, lastige werk, rompslomp donkiewerk, stryd, slawearbeid, slawerny impasse, geploeter, gehakketak
onmoontlikheid, godsonmoontlikheid, onmoontlike saak, onhaalbaarheid, onuitvoerbaarheid, ondoenlikheid, onbegonn

taak, onbegonnenheid, onoorbrugbaarheid, onhoudbaarheid, gebrek aan realisme, idealisme; boikot, staking, sabotasie
probleemoplossing, ommekeer, handomkeer, handomdraai, handomswaai
harde werker, goeie werker, werkesel, doener, dader, man van die daad, uitvoerder, atlas, swoeger, wenner, stryder, taalstryder, slaaf, slavin; sukkelaar, tobber, skarrelaar, stakker (*ong.*), agteros

uitdr. makliker/gouer gesê as gedaan; baie myle lê tussen sê en doen; sê en doen is twee; dit is geen kinderspeletjies nie; bo jou vuurmaakplek wees; daar sit die knoop; dis 'n harde neut om te kraak; dit is buite jou bereik; dit is my oor; dit was olie op die vuur; 'n doring in die oog; 'n doring in die vlees; 'n meulsteen om jou nek; hy is in sy verstand in; in 'n lastige parket; in die gedrang kom; in die knyp sit; in die nou sit; in die pekel sit; in diep water; jou kop in 'n bynes steek; jou neus oral insteek; na soet kom suur; swarigheid sien; sy rieme styfloop; 'n stap agteruit; (lelik) in die knyp wees/sit; bloed uit 'n klip tap; die beheer kwyt wees; die gort is gaar; die vuur aanblaas; dit sal jou suur bekom; geen raad meer weet nie; (skoenmaker) hou jou by jou lees; in die pekel wees/sit; in die sop wees; jou kop in 'n bynes steek; jou rieme styfloop; met die hande in die hare sit; met die rug teen die muur staan; planne in die war stuur; slapende honde wakkermaak; van Scylla na Charibdis gestuur word; 'n berg (probeer) versit; 'n stryd op lewe en dood; die bul by die horings pak; die spit afbyt; die stryd volhou; die vuur aan die skene hê; die wind van voor hê; dinge gebeur nie vanself nie; dit gaan bars; dit hotagter kry; dit ruik na die lamp; geen moeite ontsien nie; harde bene kou; hemel en aarde beweeg; jou geld in die sweet van jou aanskyn verdien; jou sout verdien; jou toespits op iets; kop bo water hou; meer afbyt as wat jy kan kou; met horte en stote; met stampe en stote; noustrop trek; onder werk begrawe wees; oor 'n boeg werk; soos 'n slaaf werk; te veel hooi op sy vurk hê (neem); te veel ysters in die vuur hê; werk dat die stof so staan; werk dat dit so klap; werk dat jy die kromme note haal; werk in die sweet van jou aanskyn; werk maak van iets; 'n naald in 'n hooimied probeer soek; 'n ongelyke stryd; hoër vlieg as wat jou vlerke lank is; met die beste wil in die wêreld; van 'n skilpad vere probeer pluk; kom tyd, kom raad; die Gordiaanse knoop deurhak; die Gordiaanse knoop deurkap; die weg berei; iemand se hart wen; iemand se liefde wen; 'n lansie vir iemand breek

655. Veilig

b.nw. ***veilig,*** ongevaarlik, gevaarloos, gevaarvry, seker, beskerm(d), beskut, onbedreig, onaantasbaar, geborg, geborge, gerus, gedek, verseker, verassureer, bestand, skerfvas, splintervry, dig, koeëlvas, bomvas, bomvry, diefbestand, inbraakvry, diefdig
beveiligend, verdedigend, verdedigbaar, voorkomend, preventief, versigtig, waaksaam, behoedsaam

s.nw. ***veiligheid,*** sekerheid, sekuriteit, onaantasbaarheid, onskendbaarheid, immuniteit, geborgdheid, geborgenheid, asiel, anker, anker in die lewe, beskutting, gerustheid, heenkome, heil
waaksaamheid, hoede, behoedsaamheid, gereedheid, paraatheid, wakkerheid, oplettendheid
versekering, assuransie, dekking, allesomvattende versekering, volle versekering, sambreelversekering, lewensversekering, lewensdekking, langtermynversekering, langtermyndekking, korttermynversekering, korttermyndekking, derdeversekering, derdepartyversekering, ongevalleversekering, pensioenversekering, pensioen, werkloosheidsversekering, risikoversekering, traumaversekering, eiendomsversekering, huisversekering, motorversekering, haelversekering, mediese versekering, reisversekering, versekeringsfonds, steunfonds, sterftefonds, mediese fonds, annuïteitsfonds, oorversekering, onderversekering, awery (versekering), polis, versekeringspolis, assuransiepolis, lewenspolis, annuïteitspolis, termynpolis, uitkeerpolis, uitkeringspolis, derdepolis, eiendomspolis, huiseienaarspolis, versekeringspremie, versekeringstarief, borg, garansie, waarborg, agterborg, borgskap, borgtekening, sekuriteit, pand, onderpand, afkoopwaarde; versekeringswese, versekeringsmaatskappy, assuransiemaatskappy, versekeringsagent, versekeraar, versekerde, polishouer

bewaring, veilige bewaring, oppassery, berging, beskutting, verskansing, behoud, behoudenis, beskerming, proteksie, asiel, beveiliging, veiligheidsmaatreël, veiligheidsoorweging, veiligheidswetgewing, verdediging, waak, nagwaak, bewaking, wagstanery
beskutting, skuiling, skuilplek, skuilplaas, skuilkelder, toevlug, toevlugsoord, heenkome, toeverlaat (*ong.*), laer, walaer, fort, vesting, kasteel, toring, wagtoring, uitkyk, uitkyktoring, vuurtoring, veiligheidsinstallasie; bewaarplek, bewaarplaas, plek van bewaring, bewaarkamer, wagkamer, bêreplek, bergplek, kas, sluitkas, brandkas, kluis, brandkluis, bewaarskool
veiligheidsmeganisme, skerm, skut
redding, uitkoms, uitkomste, uitweg, behoud
veiligheidsdiens, sekerheidsdiens, polisie, veiligheidspolisie, polisiemag, polisiediens, polisie-eenheid, onlus(te)eenheid
beskermer, beskermengel, skutsengel, beskermheilige, skutheilige, beveiliger, bewaker, bewaarder, tronkbewaarder, polisieman, polisievrou, konstabel, polisiekonstabel, verdediger, voog, bevoogde, versekeraar, versekeringsagent, oppasser, hoeder, babawagter, babasitter, chaperone, dagwag, nagwag, veiligheidswag, lyfwag, pretoriane (*mv.*), hondewag, deurwag, deurwagter, portier, uitsmyter, poortwagter, toringwagter, buurtwag, wagter, veewagter, skaapwagter, beeswagter, wildwagter, wildbewaarder, redder; beskermling, protégé, versekerde, asielsoeker

bw. veiligheidshalwe, met veiligheid, sonder gevaar, buite gevaar, sekerheidshalwe

ww. ***veilig wees,*** geborge wees, geborge voel, skuil, skuilhou, skuilgaan, in veiligheid bly, wegkruip, jou verberg, toevertrou
beveilig, beskut, skut, beskerm, hoed, behoed, verskans, omskans, laer trek, bewaak, die wag hou oor, wag staan, waak, patrolleer, verdedig, terugval, bewaar, bêre, berg, spaar
verseker, verassureer, assureer, herverseker, oorverseker, onderverseker, verskans, borg staan, waarborg, instaan vir,
red, uitkoms bied, verlos, vrymaak

uitdr. agter slot en grendel; hoog en droog sit; onder 'n vrygeleide; 'n anker in jou lewe; 'n oog in die seil hou; aan 'n strooihalm vasklou; jy sal nie daarvan doodgaan nie; liewer bang Jan as dooie Jan; blaffende honde byt nie

656. Gevaarlik

b.nw. ***gevaarlik,*** lewensgevaarlik, dodelik gevaarlik, dodelik, onveilig, gevaarvol, gewaag(d), riskant, onrusbarend, kommerwekkend, sorgwekkend, alarmisties, angswekkend 714, angsaanjaend, vreesaanjaend, onheilspellend, smeulend, dreigend, bedreigend, skadelik, vernielend, benadelend, omineus, gewelddadig, wreed, wreedaardig, boosaardig, kwaai, woedend, verwoed, vyandig, vyandiggesind, vernietigend, fataal, noodlottig
blootgestel, onbeskut, onbeskerm(d)
kritiek, akuut, ernstig, kwaai, erg, haglik, benard, sleg, ellendig, reddeloos, onredbaar, bedenklik

s.nw. ***gevaar,*** doodsgevaar, gevaargebied, gevaarlike toestand, gevaarlikheid, kruitvat, oorlogsgevaar, brandgevaar, gasgevaar, besoedelingsgevaar, . . ., risiko, lewensrisiko, oorlogsrisiko, . . ., onraad, geweld, gewelddadigheid, nood, doodsnood, noodtoestand, noodgeval, noodkreet, noodberig, noodoproep, noodsein, ramp, rampspoed, gewaagdheid, waagstuk, riskantheid
bedenklikheid, haglikheid, benardheid, slegtheid, ellende, ellendigheid, reddeloosheid, swarigheid
waarskuwing, waarskuwingsisteem, alarm, vals alarm, alarmteken, noodkreet, noodberig, noodoproep, noodsein, hulproep, hulpkreet; alarm, alarmtoestel, alarmstelsel; alarmis

ww. ***gevaar dreig,*** gevaar heers, dreig
in die gevaar begeef, in die gevaar begewe, blootstel, aan gevaar blootstel, blootstaan, gevaar loop, waag, riskeer, die risiko dra, 'n risiko loop
waarsku, 'n waarskuwing gee, alarmeer, om hulp roep, om hulp skreeu/skree

uitdr. op die gevaar af; op eie risiko; op gevaarlike terrein; daar is 'n slang in die gras; daar skuil 'n adder in die gras; iets is nie pluis nie; die swaard van Damokles hang oor jou hoof; in die nou; in extremis; met vuur speel; op gladde ys beweeg; 'n gevaarlike spel speel; tussen Scylla en Charibdis; tussen twee vure; die skrif is aan die muur

657. Herhaal

ww. ***herhaal,*** weer gebeur, weer doen, herhaaldelik doen, oor en oor doen, weer en weer doen, baie doen, dikwels doen, itereer, reïtereer, herleef, oefen, jou toespits op, jou toelê op, beoefen, inoefen, repeteer, inspeel, aanleer, oordoen, oormaak, oorsê, oorvertel, oorlewer, rekapituleer, weer begin, hervat

nadoen, navolg, naboots, imiteer, simuleer, na-aap; napraat, nasê, naspeel, navertel, nateken, kalkeer, traseer, naskilder; kopieer, fotokopieer, afdruk, 'n afdruk maak, dupliseer, reproduseer, kloon

aanhou 647, voortgaan 647, volhou, volhard 647, toelê, wen

die gewoonte hê om, iets outomaties doen, gewoond raak, 'n gewoonte maak van, neig, gekondisioneer(d) wees, as 'n reël aanvaar, 'n tradisie volhou, verslaaf; leer, oplei, gewoond maak, 'n gewoonte vestig, 'n tradisie vestig, kondisioneer, roetineer, outomatiseer

in swang kom, in swang wees, vestig, verstewig, inburger, blywend maak, permanensie gee, bestendig, bestendig maak, konsentreer, fokus, fikseer

in onbruik verval, verleer, verroes; afleer, ontleer

bw. herhaaldelik, telkens, telkemale, oor en oor, weer en weer, dikwels, gereeld, op gereelde grondslag, reëlmatig, baie, baie keer, baiekeer, verskeie keer, verskeie kere, keer op keer, baie maal, baiemaal, meermale, menigmaal, dan, gewoonlik, opnuut, uitentreure (*veroud.*), na gewoonte, in gebruik, volgens gebruik, in swang, in die mode

s.nw. ***herhaling,*** herlewing, iterasie, reïterasie, oefening, beoefening, inoefening, repetisie, repetisiewerk, oorlewering, rekapitulasie, hervatting

nabootsing, navolging, namaking, namaaksel, imitasie, nagemaaktheid, simulasie, simulering, na-apery; napratery, natekening; kopie, fotokopie, afdruk, duplikaat, reproduksie, kloon

gewoonte, vaste gewoonte, die mag van die gewoonte, aanwensel, manier, maniertjie(s), hebbelikheid, affektasie, maniërisme, laai, groef, manie, roetine, siklus, neiging, vaste neiging, geneigdheid, reëlmaat, reël, vaste reël, reëlmatigheid, ongeskrewe reël, formaliteit, ritueel, konvensie, wet, vaste wet, ongeskrewe wet, ordonnansie, verordening, gebruik, manier van doen, vaste gebruik, gevestigde gebruik, familiegebruik, tradisie, familietradisie, volkstradisie, volksgebruik(e), folklore, kultuur, kultuurgoedere, mode, smaak, tyd(s)gees; opleiding, kondisionering, roetinering, verslawing, verslaafdheid, konvensionalisering, perseverasie, outomatisasie, outomaat, outomaton

vestiging, verstewiging, inburgering, permanensie, bestendiging, konsentrasie, fokus, fiksasie

herhaler, beoefenaar, nabootser, naprater

b.nw. ***herhaaldelik,*** herhaalde, herhalend, langdradig, iteratief, siklies, geroetineer(d), konvensioneel, ouderwets, ou(d)bakke (*ong.*); nie-herhalend

nageboots, nagemaak, gekopieer, gedupliseer, gereproduseer, stimulerend

gewoond, gewoontevormend, manies, geneig, gebruiklik, tradisioneel, tradisievas, modieus; ongewoond; opgelei, gekondisioneer(d), geroetineer(d), konvensioneel, outomaties, verslaaf, verslawend

woorddeel om-, oor-

uitdr. altyd dieselfde deuntjie sing; altyd op dieselfde snaar tokkel; altyd op dieselfde aambeeld hamer, slaan; baie laaie hê; in swang; op die ou trant; ouder gewoonte; 'n slaaf van jou gewoonte(s) wees; tot satwordens toe; tot vervelens toe; volgens oorlewering; tydig en ontydig

658. Beroep

s.nw. ***beroep,*** onderwysberoep, mediese beroep, handelsberoep, regsberoep, professie, mediese professie, regsprofessie, besigheid, onderneming, praktyk, betrekking, loopbaan, carrière, okkupasie, pos, voltydse pos, permanente pos, heeltydse pos, deeltydse pos, tydelike pos, erepos, honorêre pos, posisie, topposisie, bestuursposisie, direkteurskap, aanstelling, werk, vryskutwerk, stukwerk, los werk, werkie, jop, baantjie, hondebaantjie, sinekure, sinekuur, luiaardspos, bekleding, posbekleding, amp, ampsbediening, ampsbekleding, funksie, hoedanigheid, ambag, vakmanskap, leerjongenskap, vak

arbeid, arbeidsveld, arbeidskrag, hoofarbeid, geskoolde arbeid, ongeskoolde arbeid,

handearbeid, werk, kantoorwerk, plaaswerk, harde werk, swaar werk, ligte werk, sagte werk
bedryf, grootbedryf, kleinbedryf, arbeidsintensiewe bedryf, grensbedryf, vervaardigingsbedryf, tekstielbedryf, voedselbedryf, motorbedryf, nutsbedryf, diensbedryf, sleutelbedryf, industrie, grootindustrie, sleutelindustrie, nywerheid, nywerheidsektor, swaarnywerheid, tekstielnywerheid, motornywerheid, diensnywerheid, tuisnywerheid, huisnywerheid, sleutelnywerheid, fabriekswese, bankwese, handel, handelswese, handelsektor, handeldryf, handeldrywery, groothandel, groothandelsektor, groothandelbedryf, kleinhandel, kleinhandelsektor, privaatsektor, instelling, staatsinstelling, openbare instelling, staatsdiens, openbare diens, staatsektor, openbare sektor, onderwys, onderwyssektor, onderwysberoep, universiteitswese, landbou, landbousektor; maatskappy, firma, beherende maatskappy, sustermaatskappy, dogtermaatskappy, korporasie, beslote korporasie, filiaal, tak, takkantoor, saak, klein sake, grootsakesektor, kleinsakesektor; bedryfsorganisasie, bedryfsekonomie, bedryfsleer, bedryfsleiding, administrasie, bedryfsadministrasie, staatsadministrasie, bestuur, bedryfslewe, industrialisasie
ampsaanvaarding 659, indiensneming 659, aanstelling 659, werwing, ampsbediening, ampsbekleding, ampsvervulling, ampsverrigting, professionaliteit, vakmanskap, amateurisme, praktyk, beroepspraktyk; afdanking 660, diensbeëindiging 660; agentskap, indiensnemingsagentskap, indiensnemingsburo, werfburo, werwingsburo, agent, werfagent, werwer, arbeidsburo, arbeidsdiens, inligtingsburo, inligtingsdiens, inligtingskantoor
werkplek, werkplaas, werkplaasinrigting, standplaas, kantoor, hoofkantoor, tak, takkantoor, navraagkantoor, navraekantoor, kantoorblok, kantoorgebou, winkel, fabriek, klerefabriek, tekstielfabriek, munisiefabriek, aanleg, fabrieksaanleg, toetsaanleg, proefaanleg, staalaanleg, werk(s)winkel, stasie, werkstasie, studeerkamer, ateljee, foto-ateljee, kunsateljee, basis, laboratorium, tegnopark, nywerheidspark
werksomstandighede, werkstoestand, beroepslewe, werkslewe, werksituasie, werksdag, kantoordag, werksweek, kantoorure (*mv.*), kantoortyd, spreekuur, spreekure, skof, dagskof, nagskof, skofstelsel, oortyd, oorure, rooster, diensrooster, werkrooster, werkkaart, arbeidskaart, dienskaart, dienskontrak, arbeidsverhouding, werksekerheid, werksekuriteit, beroepsekuriteit, bestaansekerheid, bestaansbeveiliging, indiensopleiding
beroepsmens, professionele mens, sakeman, sakevrou, sakeleier, nyweraar, grootnyweraar, bedryfsleier, ondernemer, titularis, funksionaris, werknemer, broodwinner, koswinner, amptenaar, beampte, klerk, kantoorklerk, toonbankklerk, winkelklerk, bankklerk, personeelklerk, leerklerk, leerlingklerk, leerlingskap, sekretaris, sekretaresse, sekretariaat, assistent, winkelassistent, navorsingsassistent, plaasvervanger, bode, kantoorjonge; vakman, ambagsman, werker, witboordjiewerker, blouboordjiewerker, werk(s)man, werksvrou, arbeider, kontrakarbeider, kontrakwerker, gasarbeider, trekarbeider, seisoenarbeider, fabrieksarbeider, plaasarbeider, dagloner, weekloner, stukwerker, vryskut, vryskutwerker; ampstitel, ampstatus
personeel, dagpersoneel, nagpersoneel, aflospersoneel, permanente personeel, tydelike personeel, amptenary, werkkring, kader, kaderpersoneel, kaderleër, arbeidskolonie, arbeidsmark
werkgewer, baas, fabriekseienaar; bestuurder, hoofbestuurder, takbestuurder, streekbestuurder, direkteur, besturende direkteur, uitvoerende direkteur, voorsitter, voorsittende beampte, administrateur, administratrise, hoof, departementshoof, adjunk, adjunkhoof, visehoof, skoolhoof, inspekteur, skoolinspekteur, fabrieksinspekteur, voorman, bouvoorman, fabrieksvoorman, plaasvoorman, skofbaas; hoogwaardigheidsbekleër, waardigheidsbekleër, dignitaris, intendant, intendent, intendantuur
vakbondwese, vakbond, vakbondorganisasie, vakunie, werknemersorganisasie, werknemersvereniging, professionele vereniging, aksiekomitee

b.nw. professioneel, beroepsmatig, loopbaangerig, ondernemend, voltyds, permanent, waarnemend, deeltyds, tydelik, amptelik, offisieel, nie-amptelik, openbaar, privaat,

industrieel, arbeidsintensief, arbeidskragtig, kapitaalintensief, bestuursmatig, administratief, beherend
ww. aansoek doen (om 'n betrekking) 660, 'n betrekking aanvaar, 'n pos aanvaar, 'n amp beklee, werk, praktiseer, administreer, bedryf, vervul, waarneem, inval, inklok, uitval, uitklok
bw. van ampsweë, ampshalwe, ex officio
woorddeel beroeps-

659. Aanstelling

s.nw. ***aanstelling,*** indiensneming, werkverskaffing, emplojering, aanwysing, benoeming, partybenoeming, nominasie, nominasiedag, bevestiging, intrede, investituur; beroep 658; bevordering, verhoging, promovering
vakature, pos, beskikbare pos, betrekking, vakante pos, vakante betrekking, vakante werk, vakante amp; aansoek, applikasie, aansoekbrief, applikasiebrief, aansoekprosedure, kandidatuur, aanbeveling, getuigskrif, referent, benoeming, groslys, beroepskeuse, beroepsvoorligting, kwalifikasie
aansoeker, applikant, aansoekdoener, werksoeker, werkvraer, aspirant, kandidaat, postulant, sollisitant, benoemde, afgevaardigde, afgesant, voorganger; aansoek, aansoekbrief, curriculum vitae, CV
b.nw. vakant, gevul, beskikbaar; beroepbaar, benoembaar, ampteloos, inaktief, afgevaardig, geëmplojeer(d)
ww. ***aanstel,*** werk gee, in diens neem, emplojeer, benoem, beroep, aanwys, besluit op, bevestig, inhuldig, instoot, installeer, nomineer, 'n groslys saamstel, verkies, instem, inseën; aanvaar, 'n aanstelling aanvaar, aanneem, in diens tree
bevorder, promoveer, verhoging gee, salarisverhoging gee; vorder, bevordering kry, verhoging kry, salarisverhoging kry
aansoek doen, appliseer, aanklop om werk, skiet (*geselst.*), werk vra; vir 'n betrekking in aanmerking kom, as kandidaat beskikbaar wees, kwalifiseer

660. Ontslag

s.nw. ***ontslag,*** diensbeëindiging, afdanking, ontheffing, afbetaling, ontsetting, afsetting, skorsing, diskwalifikasie, demissie, demosie, degradering, uitfasering, rasionalisasie, rasionalisering, onttroning
uittrede, uittreding, diensverlating, uitdienstreding, ontslagneming, bedanking, neerlegging van 'n amp, ampsneerlegging, demissie, emeritaat, aftrede, aftreding, vervroegde aftrede, pensioen, vervroegde pensioen, abdikasie, troonafstand; afskeid, vertrek
uitgetredene, afgetredene, gepensioeneerde
b.nw. afgedank, rustend, gewese, afgetree
ww. ***ontslaan,*** uit diens ontslaan, diens beëindig, summier ontslaan, afdank, afbetaal, onthef, ontset, laat gaan, pos, uitskop, wegja, wegstuur, onttroon, afsit, uitfaseer, rasionaliseer, skors, demoveer, degradeer, diskwalifiseer, pensioneer
uittree, die diens verlaat, uit diens tree, ontslag neem, bedank, jou bedanking indien, 'n amp neerlê, aftree, die emeritaat aanvaar, op pensioen gaan, pensioen kry, pensioen trek, afstand doen van, abdikeer, abdiseer
woorddeel eks-, oud-
uitdr. die trekpas kry; in die pad steek; die trekpas gee; die goue handdruk kry

661. Vermoei

ww. ***moeg wees,*** kapot wees, moeg word, vermoei, kapot word, kapot raak, gedaan wees, gedaan word, gedaan raak, uitput, uitgeput raak, uitgeput word, kragteloos word, kragteloos raak, uitmergel, ooreis, oorlaai, oorspan, afsloof, sloof, uitsloof, sloop (*ong.*), afmat, afbeul, aftob, opleef, oplewe, verstomp, versuf
moeg maak, vermoei, uitmergel, aftakel, klaarmaak, kapot maak, gedaan maak, kragteloos maak
s.nw. vermoeidheid, vermoeienis, vermoeiing, moegheid, oormoegheid, afgematheid, tamheid, lamheid, uitputting, uitgeputheid, satheid, kragteloosheid, astenie, oorwerktheid, ooreising, oorspannenheid, oorspanning, druk, oorlading, uitmergeling, aftakeling, verleptheid, versuftheid, versukkeldheid, vaak, lomerigheid
b.nw. ***moeg,*** doodmoeg, oormoeg, vermoeid, uitgeput, afgemat, mat, afgesloof, afgerem, afgetob, astenies, flou, stokflou, lam, tam, lam en tam, op, doodop, pap, pê, pootuit, disnis, sat, klaar, gedaan, klaar en gedaan, kis, gaar, om, dood, halfdood, kragteloos,

lewensmoeg, lewensat, boeglam, kolel, berooid, pootseer, oorstuur(s), oorspanne, oorwerk, gebroke, rusteloos, suf, versuf, versukkel(d), wesenloos
uitputtend, uitmergelend, slopend

uitdr. jou blus is uit; jou gô is uit; die snare te styf span; geen rus of duurte hê nie; jou oorhoeks werk; jou oor 'n mik werk; jou gat af werk (*plat*); jou pê is uit; jou wind is uit

662. Rus

ww. ***rus,*** tot rus kom, uitrus, ontspan, uitspan, afsaal, verpoos, pouseer, asem skep, tjaila, verluier, vakansie hou, 'n blaaskansie neem, onderbreek
rus gee, 'n blaaskansie gee, rustig stem

s.nw. ***rus,*** verposing, ontspanning, rekreasie, uitspanning, bedaring, stilligheid, stilstand, uitvlug, uitvluggie, onderbreking, respyt; tydkorting, tydverdryf, ledigheid 611, luiheid 611, leeglêery, niksdoenery, luigatgeit (*plat*)
ruskans, blaaskans, rustyd, rusperiode, ontspanningsperiode, rusdag, nagrus, slaap, slaaptyd, slapie, middagslapie, middagrus, siësta, vakansie, vakansietyd, somervakansie, wintervakansie, Paasvakansie, skoolvakansie, verlof, verlofperiode, langverlof, studieverlof, siekteverlof, kraamverlof, reses, pouse, ruspouse, teepouse, teetyd, tussenpoos, uitskeityd, uitvaltyd, skaftyd, skafuur, etenstyd, etensuur, middaguur
rusplek, ontspanplek, uitspanplek, oase, hawe, rushuis, ruskamer, rusoord, ruskamp, rusplaas, vakansieplek, vakansieoord, vakansieplaas, vakansiehuis, spa, staanplek
vakansieganger, kampeerder, toeris

b.nw. rustig, rustend, uitgerus, vars, uitgeslaap, ledig, vry

woorddeel vryaf-

uitdr. jou tweede wind kry; tot rus kom; tot verhaal kom; uitspan

c. WEDERSYDSE HANDELING

663. Meedoen

ww. ***meedoen,*** saam doen, saamdoen, saamgaan, saamspan, saamleef, saamspeel, saamstaan, meewerk, saamwerk, samewerking gee, koöpereer, samewerking verkry, onderhandel, steun gee, steun verkry, deelneem, deel hê aan, jou deel bydra, bydra, 'n bydrae lewer, kontribueer, kragte saamsnoer, korroboreer, oor die weg kom, met iemand klaarkom, ooreenkom, 'n ooreenkoms bereik, ooreenstem, skik, resiproseer, sekondeer
help, hulp gee, hulp verleen, van hulp wees, behulpsaam wees, hulpvaardig wees, deurhelp, deursien, uithelp, inspring, hand gee, 'n diens bewys, 'n diens lewer, reghelp, vooruithelp, begelei, meehelp, ophelp, afhelp, inhelp, oorhelp, . . ., bystaan, bystand verleen, assisteer, steun, korroboreer, ondersteun, onderskraag, skraag, staande hou, stut, sterk, rugsteun, tegemoetkom, verlig, behandel, bemoeienis maak met, beskerm, verdedig, red, uitred, verlos
betrokke raak, betrokke wees, meemaak, ingryp, aansluit 665, toetree, bymekaarkom 666, inval, komplementeer, konformeer, konform
betrokke maak, betrek, koördineer, skakel, samewerking verkry, steun kry, steun verkry, steun trek, werf, werwe, bymekaarbring 665, unieer, unifiseer
bemoei, bemoeienis maak met, inmeng, jou inlaat met, opdring, opdwing, ingryp, tussenbeide kom, inwurm, inwikkel, heul

bw. saam

s.nw. ***medewerking,*** meewerking, gesamentlike optrede, gesamentlike aksie, gesamentlike handeling, onderhandeling, samewerking, koöperasie, ko-operasie, steun, deelname, spanwerk, spanpoging, groepwerk, vennootskap, deelneming, aandeel, leeueaandeel, bydrae, kontribusie, toedoen, ooreenkoms, skikking, ooreenstemming, koördinasie, ko-ordinasie, koördinering, ko-ordinering
samewerkingsverband, samespanning, groep(s)verband, spanverband, spangees, partyverband, medeseggenskap, skakeling, skakelwerk, kontrak, kontraktuele verpligting, konvensie, bond, verbond, verdrag, ooreenkoms
betrokkenheid, gemoeidheid, verantwoordelikheid 588, ingryping, arbitrasie, toedoen, bemiddeling, voorspraak, intersessie, tussenkoms, ingryping, meelewing, meelewendheid, geïnteresseerdheid, toetrede, toetreding, aansluiting, koördinering, ko-ordinering, skakeling, werwing

samehorigheid, solidariteit, eenstemmigheid, eensgesindheid, eenparigheid, voeling, verbintenis, verbinding, samehang, kohesie, hegtheid; byeenbrenging, vereniging 665, unifikasie 665, aggregasie
sameswering, samespanning, komplot, intrige, coup, coup d'état, kollusie, medepligtigheid, komplisiteit
hulp, hulpverlening, hulpvaardigheid, noodhulp, noodleniging, bystand, steun, ondersteuning, finansiële ondersteuning, morele ondersteuning, . . ., rugsteun, rugsteuning, sterking, stut, korroborasie, bystand, stywing, assistensie, diens, diensbetoon, dienslewering, onderhoud, versorging, guns, begeleiding, sorg, onderskraging, meegevoel 713, 714, deelneming 714, tegemoetkomendheid, welwillendheid, geneentheid, toegeneentheid, goedgesindheid, gewilligheid, verligting, behandeling, beskerming, heenkome, toevlug, troos, bemoediging, aanmoediging, toeverlaat, verdediging, redding, uitredding, verlossing; hulpmiddel, hulpdiens, nutsdiens
bemoeienis, bemoeiing, bemoeisug, tussenkoms, ingryping, inmenging, inmengery, opdringerigheid, heulery, sameswering
medewerker, kollega, vennoot, stil(le) vennoot, genoot, bondgenoot, gespreksgenoot, partygenoot, medestander, strydgenoot, medestryder, geloofsgenoot, bydraer, kontribuant, kollaborateur, kollaborator, staatmaker, maat, spanmaat, makker, strydmakker, geallieerde, broer, wapenbroer, verteenwoordiger, afgesant, plaasvervanger, konformis, skakelbeampte, betrokkene, dramatis personae 752; trawant, samesweerder, medepligtige, mededader, meedoener, medeskuldige, naloper, komplotteur
helper, helpster, hulpverlener, medewerker, steunpilaar, steuntrekker, assistent, assistente, assistentbestuurder, assistentsekretaris, . . ., regterhand, handlanger, arbeider 592, hulp, huishulp, bediende, kamerbediende, dagloner, lyfbediende, lakei, joggie, gholfjoggie, petroljoggie, . . ., faktotum, huurling, hulpprediker, hulpleraar, hulponderwyser, hulponderwyser(es), hulpsekretaris, hulpsekretaresse, hulptroepe 672, sekondant, sekretaris, sekretaresse, aide de camp, adjunk, assessor, bakmaat, redder, verlosser
volgeling, aanhanger, dissipel, leerling, akoliet, sleepsel, beskermling, huurling, ondergeskikte, agterryer
span, rugbyspan, sokkerspan, netbalspan, hokkiespan, . . ., werkspan, groep, afvaardiging, geselskap, ensemble, corps, kamp, vennootskap, koöperasie, ko-operasie, kartel, koalisie, alliansie, party, vereniging 168, 170, komitee, skakelkomitee, unie, triargie, Gideonsbende

b.nw. ***gesamentlik,*** medewerkend, samewerkend, saamwerkend, assisterend, geallieer(d), wedersyds, resiprook, ooreenkomstig, kontraktueel, ooreenstemmend, gekoördineerd, geko-ordineerd, betrokke, gemoeid, verantwoordelik, meelewend, geïnteresseerd, samehorig, solidêr, kohesief, heg, verenig(d), konformisties, eenstemmig, eensgesind, eenparig, samehorig, solidêr, koherent, kollegiaal, verenig 168, 170, uniaal, medepligtig
behulpsaam, hulpvaardig, helpend, ondersteunend, begeleidend, onderskragend, versorgend, tegemoetkomend, welwillend, geneë, toegeneë, goedgesind, gewillig, getrou, gedienstig, plaasvervangend
bemoeisiek, inmengerig, opdringerig

voors. danksy, met behulp van

woorddeel same-, mede-

uitdr. hand bysit; baantjies vir boeties; by iemand staan; deur sy toedoen; die geledere sluit; goed staan vir iemand; hulle planne styf/stywe; iemand die hand reik; iemand op sleeptou neem; jou onder iemand se banier skaar; onder een kombers slaap; onder een sambreel boer; party trek vir iemand; soos een man; sy stok en staf; ter syde staan; tussenbei kom; tussenbeide tree; 'n hand in die spel hê; 'n lansie vir iemand breek; 'n sak sout saam met iemand opeet; hulle is kop in een mus; jou neus oral insteek

664. Terugstaan

ww. ***terugstaan,*** terugtree, jou weerhou van, daarlaat, agteruitstaan, terugtrek, jou distansieer, iets verlaat, iets agterlaat, nie deelneem nie, uitsit, agterbly, afbly, afsydig wees, afsydig staan, jou afskei van, onbetrokke wees, nie betrokke wees nie, niks te doen hê met, nie met iets gemoeid wees nie, jou nie bemoei nie, vergeet, in die steek laat

alleen wees, alleen staan, afgesonderd wees, jou afsonder

bw. op jou eie

s.nw. ***terugtrede,*** onbetrokkenheid, ongemoeidheid, traak-(my)-nieagtigheid, ongebondenheid, afgeskeidenheid, neutraliteit, onsydigheid, separatisme, onafhanklikheid, selfstandigheid

alleenheid, afgesonderdheid, afsondering, verlating, verlatenheid, godverlatenheid, privaatheid, geïsoleerdheid, eensaamheid, apartheid

alleenloper, seperatis

afhanklikheid, hulpeloosheid, hulpbehoewendheid

b.nw. ***onbetrokke,*** ongemoeid, traak-(my)--nieagtig, neutraal, nie-bydraend, separatisties, onafhanklik, onsydig, ongehinderd, skoorvoetend

alleen, allenig, alleenstaande, verlate, afgesonder(d), godverlate, privaat, geïsoleer(d), apart, eensaam

afhanklik, hulpeloos, hulpbehoewend, onverlet

voors. sonder

uitdr. jou eie gang gaan; op jou eie staan; dit traak jou nie; uit 'n ander man se vaarwater bly; nie jou neus in 'n ander man se sake steek nie; iemand met rus laat; iemand aan haar lot oorlaat; Gods water oor Gods akker laat loop; iemand met rus laat; in sy eie vet laat braai; kop uittrek

665. Byeenkom

ww. ***byeenkom,*** bymekaarkom, saamkom, vergader, kongregeer, saamtrek, saamdrom, saamkliek, saamkoek, saamsmelt, affilieer, assimileer, inskakel, kontak bewerkstellig, kontak maak, skakel, 'n afspraak maak, koukus, koukus hou, beraadslaag, konfereer, sit, sitting hou

byeenbring, saambring, saamsnoer, bymekaarbring, bymekaarmaak, byeenroep, saamroep, byeenhaal, byeentrek, saamsmelt, inlyf, assimileer, inskakel, aaneenskakel; vergader, vergadering hou, koukus, koukus hou, kongres hou, saamroep, 'n vergadering belê, open, verdaag, 'n vergadering verdaag, konstitueer, 'n vergadering lei, voorsit, presideer, ter tafel bring, notuleer, voorstel, 'n mosie indien, sekondeer, aanbeveel, goedkeur

assosieer, omgaan, saamgaan, saamkom, saamspan, bymekaarkom, bymekaarbring, 'n vennootskap aangaan, koöpereer 663, ko-opereer

dissosieer, afstig, vertak

aansluit, lid word, toetree, tot die geledere toetree; lid maak, lidmaatskap gee, lidmaatskap toeken, nomineer, verkies, instem, koöpteer, ko-opteer, werf, werwe

uittree, bedank; lidmaatskap beëindig, skrap, rojeer, skors, uitsluit

bw. in sitting, in sessie, in pleno

s.nw. ***samekoms,*** byeenkoms, kongregasie, sameroeping, samesmelting, rendez-vous, reünie, re-unie, saamtrek, samedromming, massa, mensemassa, skare, spul, geselskap, kring, blok, horde, beweging, studentebeweging, jeugbeweging, versetbeweging, volksbeweging, vredesbeweging, korps, corps; samehorigheid 663, saamhorigheid, samehorigheidsgevoel

samesyn, saamwees, geselskap, geleentheid

assosiasie, alliansie, affiliasie, belang, byeenbrenging, aggregasie, organisasie; sakeonderneming, maatskappy, handelsmaatskappy, moedermaatskappy, dogtermaatskappy, sustermaatskappy, firma, kompanjie (*veroud.*), korporasie, beslote korporasie, sindikaat, konsortium, kartel, filiaal, genootskap, vennootskap 663; tak, plaaslike tak, oorsese tak, takkantoor, takwinkel, takonderneming, takaanleg, departement, afdeling, onderafdeling, vertakking, seksie

vereniging, sustersvereniging, beroepsvereniging, landbouvereniging, vakvereniging, debatsvereniging, vrouevereniging, studentevereniging, jongeliedevereniging, toneelvereniging, sportvereniging, . . ., verenigingslewe, assosiasie, organisasie, komitee, bestuurskomitee, subkomitee, reëlingskomitee, ordekomitee, mosiekomitee, . . ., kommissie, feeskommissie, raad, bestuursraad, konvokasie, werkgemeenskap, belangegroep, akademie, bond, vakbond, broederbond, broederskap, geselskap, toneelgeselskap, gilde, orde, handelsorde, klub, sportklub, jagklub, . . ., kring, leeskring, ring, korps, corps, musiekkorps, kamer, sakekamer, handelskamer, kamer van koophandel, koöperasie, ko-operasie, korporasie, genootskap, landbougenootskap, unie

landbou-unie, tolunie, party, politieke party, fonds, ontwikkelingsfonds; tak, vertakking, kapittel

byeenkoms, samekoms, vergadering, komiteevergadering, bestuursvergadering, hoofbestuursvergadering, jaarvergadering, monstervergadering, spoedvergadering, noodvergadering,. . ., beraad, hoofberaad, tafelronde, indaba, konvokasie, konferensie, vredeskonferensie, konvensie, kongres, vredeskongres, simposium, colloquium, seminaar, kollege, jamboree, konklaaf, landdag (*veroud.*), pitso, kgotla; sitting, sessie, opening, verdaging, konstituering, verrigting, verrigtinge (*mv.*), vraetyd; agenda, sakelys, notule, mosie, voorstel, presensielys, presensie, teenwoordigheidsregister, reglement, kworum

lidmaatskap, gewone lidmaatskap, volle lidmaatskap, assosiaatlidmaatskap, erelidmaatskap, aansluiting, verkiesing, koöpsie, ko-opsie, koöptasie, ko-optasie, inlywing, ledelys, ledetal, ledegeld, lidmaatskapgeld, lidmaatskapfooi, inskrywingsgeld, inskrywingsfooi, subskripsie, toetredingsgeld; beëindiging van lidmaatskap, bedanking, uittrede, uittreding, skorsing, skrapping, uitsluiting

lid, gewone lid, volle lid, assessorlid, assosiaatlid, addisionele lid, sekundus, sekunduslid, erelid, honorêre lid, komiteelid, raadslid, kerkraadslid, bestuurslid, gildelid, nie-lid; bestuurstelsel, bestuurstruktuur, hiërargie, bestuurshiërargie, bestuur, raad, bestuursraad, amp, bestuursamp, bestuurspos, voorsitter, voorsitster, erevoorsitter, voorsitterskap, voorsitterstoel, ondervoorsitter, visevoorsitter, president, presidente, erepresident, visepresident, presidium, moderator, deken, sameroeper, sameroepster, konvenor, assessor, sekretaris, sekretaresse, notulehouer, notulerende sekretaris, notulerende sekretaresse, penvoerder, tesourier, tesouriere, penningmeester, penningmeesteres, kwestor (*ong.*), kwestuur, beskermheer, gesant, kongresganger, konferensieganger, vennoot 663, firmant (*ong.*), kompanjon (*veroud.*)

vergaderplek, vergadersaal, vergaderkamer, komiteekamer, raadskamer, raadsaal, hoofkwartier, stadsaal, gildehuis, rendez-vous

b.nw. samehorig, saamhorig, koöperatief, ko-operatief, korporatief, assosiatief, betrokke, departementeel, reglementêr

666. Verhinder

ww. ***verhinder,*** verhoed, belet, keer, voorkeer, uitkeer, vaskeer, wegkeer, wegstoot, terughou, teëhou, walgooi, damgooi, vertraag, teenhou, strem, rem, afrem, voorkom, stop, stopsit, stuit, hokslaan, besweer, afweer, versper, blokkeer, ban, verban, neutraliseer, uitskakel, indam, dwarsboom, vastrap, ondermyn, ondergrawe, ondergraaf, in die wiele ry, verderf, verderwe, boikot, nie ondersteun nie, afsny, uitsluit, verbied, verwerp, verban, verstoot, die rug keer op, die rug keer vir, die rug draai op, die rug draai vir, die rug toekeer, staak, sloerstaak, betoog, dit moeilik maak, bemoeilik, beperk, bekamp, hinder, pla, steur, versteur, verstoor, 'n steurnis wees, bemoei 663, inbreuk maak, 'n steurnis veroorsaak, 'n stoornis veroorsaak, verkeerd beur, versondig, verpes, ontrief, verontrief, belemmer, bekamp, afhou, onder hou, kniehalter, knelter, hendikep (*Angl.*), knot, befoeter, bedonder (*plat*), beneuk (*plat*), torring, peuter, saamsweer teen, saamspan teen, afpers, afskrik

opponeer, teëstaan, teenstaan, verhinder, teenstand bied, beelde (be)storm, weerstaan, weerstand bied, teëgaan, teengaan, teësit, teensit, vasskop, teenwerk, verset, teëpraat, teenpraat, teëspreek, teenspreek, teëstribbel, teenstribbel, teëwerp, teenwerp, weerspreek, te velde trek teen, beswaar maak, beswaar aanteken, protesteer, protes aanteken, ontken, kritiseer, argumenteer, verskil, diskordant wees, rebelleer, betwis, stry teen, in stryd wees met, die stryd aansê, reageer, in opstand kom, opdreun, provokeer, provoseer, stribbel, veg teen 667, beveg, aanval 667; indruis

beskadig, skaad, skade berokken, skade aandoen, skade veroorsaak

bw. egter, tog, nogtans, darem, ten spyte van, ondanks, in weerwil van, desondanks, desnieteenstaande, nietemin, desnietemin, ewe(n)wel, nog, hoewel, nieteenstaande, of, ongeag, tog, al

s.nw. ***verhindering,*** keerwerk, voorkoming, terughouding, dwarsboming, stremming, remming, neutralisering, neutralisasie, uitskakeling, dwarsboming, versteuring, vertraging, vertragingsaksie, vertragingstaktiek, bemoeienis 663, bemoeiing 663, inbreuk, boikot, handelsboikot, uitsluiting,

verbod, verwerping, verbanning, verstoting, betoging, staking, sloerstaking, sitstaking, spoorwegstaking, bemoeiliking, beperking, bekamping, belemmering, hindernis, hendikep (*Angl.*), versondiging, ondermyning, ondergrawing, saamswering, sameswering, afpersing

hindernis, hinderpaal, hinderlikheid, skeidsmuur, remskoen, rem, ongemak, ongerief, oorlas, swarigheid, steurnis, stoornis, moles, moleste, struikelblok, beletsel, impediment, versperring, onderskepping, intersepsie, skade 238, skeuring, skisma (- in 'n kerk), afskrikmiddel, teenmiddel, boei

teenstand, teëstand, opposisie, weerstand, resistensie, verset, teëkanting, teenkanting, teëwerking, teenwerking, teenpoging, obstruksie, obstruksionisme, beeld(e)storm, beeldstormery, ondermyning, teëwig, teenwig, teëpratery, teenpratery, teëstribbeling, teenstribbeling, weerstrewing, we(d)erstrewigheid, teenstem, teëwerping, teenwerping, weerspreking, stryery, beswaar, beswaarmakery, protes, kritiek, ontkenning, argument, argumenteerdery, argumentasie, verskil, antagonisme, diskordansie, rebellie, stryd, reaksie, opstand, provokasie

teenstander, opponent, teëparty, teenparty, opposisie, die ander kant, mededinger, wedyweraar, konkurrent, rebel, stryer, argumenteerder, bemoeial, spelbederwer, spelbreker, betoger, sitbetoger, staker, sitstaker, stakingbreker, obstruksionis, onderskepper, antagonis, beeldstormer, provokateur, provo, reaksionêr, dissident, moesoek (*ong.*), moesoep (*ong.*), meerdere 588, vyand, vyandiggesinde, kwaadgesinde

b.nw. ***hinderlik,*** lastig, plaerig, steurend, ontstemmend, ongemaklik, ongerieflik, voorkomend, preventief, terughoudend, remmend, teëpraterig, teenpraterig, resistent, teendraads, botsend, versteurend, belemmerend, beperkend, afskrikwekkend, tergend, treiterend, ondermynend, ondergrawend, kwaadgesind

opponerend, gekant teen, wederstrewig, weerstrewig, krities, andersdenkend, afsydig, diskordant, ondermynend, offensief, provokerend, provokatief, obstruksionêr, reaksionêr, opstandig

voors. ten spyte van

woorddeel anti-, kontra-

uitdr. daar is 'n kinkel in die kabel; daar 'n stokkie voor steek; die byl aan die wortel(s) lê; die stang vasbyt; die vyfde kolonne; swarigheid sien; iemand die voet dwars sit; iemand die wind uit die seile neem; iemand na die lewe staan; iemand se boeke deurmekaar krap; iemand 'n stok in die wiel steek; iemand troef; iets die boom inslaan; in die weg staan; in die wiele ry; in iemand se slaai krap; in iemand se vaalwater/vaarwater kom; in weerwil van; troef versaak; van die wal in die sloot help; van stryk bring; 'n blok aan iemand se been wees; 'n meulsteen om die nek; 'n wig dryf tussen

667. Stryd

ww. ***twis,*** redekawel, redetwis, kibbel, knibbel, rusie maak, stry, krakeel (*ong.*), teëpraat, teëspreek, teenspreek, redeneer 513, 522, argumenteer 513, 522, kaveer, rusie kry, stry kry, twis kry, woorde wissel, woorde hê, woorde kry, in 'n woordewisseling betrokke raak, kap, terugkap, bots, in botsing kom, 'n botsing hê, haaks wees, vassit, oorhoops wees, oorhoops lê, skoor soek, skel, uitvaar, raas, te kere gaan, kyf, gis, fermenteer, fomenteer, verskil, 'n verskil van opinie hê, nie saamstem nie, met vrae bestook, met vrae bombardeer, teregwys, berispe, braai, roskam, afkam, skrobbeer

wedywer, meeding, kompeteer, probeer uitstof, ding, konkurreer, opponeer

dreig, bedreig, iemand soek, rusie soek, moeilikheid soek, skoorsoek, kwaad stook, strydlustig wees, konfronteer, uitdaag, rebelleer, voorlê, omsingel, bewapen, agiteer, opruі, tweedrag saai, verset, in verset kom

die stryd voer teen, worstel met, in 'n worstelstryd gewikkel wees, deurworstel, bestry baklei, baklei soek, baklei kry, slaan, vuisslaan, haak, oopslaan, moker, foeter, skop, byt, stoei, handgemeen raak, handtastelik raak, worstel, in 'n worsteling gewikkel wees, in 'n worstelstryd gewikkel wees, kragte meet, spook, uitspook, toutrek, toutrekkery, boender, afreken, aanmekaarspring, bots, beetpak, slaags raak, terroriseer, knou, afknou, veg, uitveg, duelleer, muit, aanval, beveg, storm, bestorm, stormja, stormloop, bevlieg, bespring, takel, bydam, toedam, te lyf gaan, toeslaan, skiet, bestook, verset versit, verdedig, terugslaan, 'n aanval afweer, 'n aanval afslaan

oorlog voer, oorlog maak, die wapen opneem, oorlog verklaar

bw. in onmin, al vegtende, gewapenderhand, hand-uitslaags

s.nw. ***onenigheid,*** moeilikheid, probleem 516, 654, swarigheid, neukery (*plat*), nuk, onaangenaamheid 623, spanning, wrywing, parmantigheid, dwarstrekkery, dwarstrekkerigheid, nukkerigheid, amok, onmin, onvrede, spanning, verdeeldheid, tweedrag, tweespalt, onversoenlikheid, haaksheid, disharmonie, diskordansie, vertroebeling, opskudding, oploop, vooroordeel, klassevooroordeel, naywer, jaloesie, jaloersheid, nagaandheid, heftigheid, onrustigheid, antagonisme, aggressie, gisting; twisgierigheid, kwaadstekery, opstandigheid, onenigheid, oneensgesindheid, driftigheid, heftigheid, humeur, humeurigheid, bakleierigheid, oproerigheid, onrus, rebellie, rebelsheid, revolusie, rewolusie, revolusionêre gees, verset, lydelike verset, vyandigheid, vyandelikheid, strydlus, strydlustigheid, veglus, veglustigheid, oorlogsmanie, oorlogpsigose

twis, broedertwis, familietwis, rusie, argumenteerdery, argumentering, woordewisseling, woordestryd, woordetwis, pennestryd, polemiek, teëspraak, teenspraak, teëpratery, teenpratery, redekaweling, redetwis, stryery, struweling, scène, standjie, gekibbel, kibbel(a)ry, gehakketak, geharwar, meningsverskil, 'n verskil van mening, 'n verskil van opinie, botsende standpunt, misverstand 527, vergissing 527, kwessie, probleem, botsing, onderonsie, uitval, herrie, rel, relletjie, opskudding, bombarie (*ong.*), krakeel (*ong.*), geskel, skeltaal, skellery, kywery, rusverstoring, geskil, nywerheidsgeskil, arbeidsgeskil, grensgeskil, dispuut, geding, verskil, gaping, generasiegaping, vredesbreuk; twispunt, twisappel, twissaak, geskilpunt, verskilpunt, haakplek, dooie punt

wedywering, wedywer, mededinging, kompetisie, konkurrensie, opposisie

dreigement, skoorsoekery, skoorsoekerigheid, kwaadstokery, strydlustigheid, konfrontasie, uitdaging, rebellie, agitasie, opruiing, onrus, politieke onrus, oproer, oproerigheid, beroering, onluste (*mv.*), opstand, opstandigheid, politieke opstand, volksopstand, insurreksie, troebele, verset, versetpleging, versetbeweging, staking 654, boikot 654, betoging 654, opskudding, konsternasie, noodtoestand, revolusie, rewolusie, paleisrevolusie, rebellie, insurgensie, tegnologiese revolusie, terrorisme, terreur, terrorisasie

konflik, persoonlike konflik, generasiekonflik, grenskonflik, konfliksituasie, konflagrasie, stryd, worstelstryd, gewapende stryd, terrorismestryd, klassestryd, taalstryd, vete, bloedvete, vendetta, skeuring, coup, teenkanting, inmenging, ingryping, intervensie; non-intervensie

gewelddadigheid, geweld, gewapende geweld, aggressie, aggressiwiteit, bakleierigheid, afknouerigheid, strydlus, strydlustigheid, veglus, veglustigheid, militantheid, oorlogsmanie, oorlogpsigose, boewery, misdadigheid; gewelddaad, daad van geweld, misdaad, coup, coup de force, genadeslag, coup de grâce, staatsgreep, coup d'état, slag, hou, vuishou, vuisslag, opstopper, haakhou, hothou, klap, oorveeg, stamp, stoot, sweepslag

geveg, skyngeveg, tweegeveg, duel(le), stamgeveg, straatgeveg, swaardgeveg, ruitergeveg, skermutseling, vegtery, vegparty, klopparty, bakleiery, mêlée, vuisgeveg, worsteling, worstelstryd, stoeiery, stoeigeveg, gestoei, spokery, gespook, gespartel, stoei 731, amateurstoei, spanstoei, handtastelikheid, slanery, vuisslanery, boks 731, boksgeveg, botsing, insident, onderonsie, ding, gemors, konsternasie, opskudding

oorlog, kryg, krygvoering, krygsgeweld, gewapende stryd, wapengeweld, bloedvergieting, militêre botsing, skietoorlog, wêreldoorlog, wêreldbrand, konflagrasie, atoomoorlog, kernoorlog, koue oorlog, vryheidsoorlog, senu-oorlog, senuwee-oorlog, uitputtingsoorlog, burgeroorlog, boereoorlog, guerrilla-oorlog, blitsoorlog, aanvallende oorlog, verdedigingsoorlog, verdelgingsoorlog, vernietigingsoorlog, duikbootoorlog, suksessie-oorlog, oorlog op land, lugoorlog, see-oorlog, ruimteoorlog, papieroorlog, godsdiensoorlog, handelsoorlog, tarieweoorlog

oorlogvoering, staat van oorlog, stryd, strydvoering, strategie, operasieplan, magsvertoon, magsbetoon, slaggereedheid, slagvaardigheid, strydbaarheid, slag, veldslag,

seeslag, slagting, operasie, veldtog, kampanje, offensief, landoffensief, lugoffensief, ekspedisie, kruistog, maneuver, verowering, veroweringstog, aanval, grondaanval, lugaanval, lug-tot-grondaanval, stormloop, stormaanval, omsingeling, geveg, luggeveg, seegeveg, verdediging, hakkejag, linie, slaglinie, aanvalsmag, voorhoede, agterhoede, strydmiddel, oorlogsdans; stratografie, oorlogsbeskrywing

strydperk, front, gevegsfront, slagveld, operasiegebied, operasiebasis, veld, stelling, arena, kamp

stryder, medestryder, strydgenoot, strydmakker, wapenbroer, sekondant, kollaborator, kollaborateur, protagonis, voorvegter, voorstryder, aggressor, agitator, berserker, aktivis, militant, antagonis, onrussaaier, onrusstoker, oproermaker, revolusionêre, rewolusionêre, versetvegter, versetstryder, versetleier, hemelbestormer, terroris, rebel, mededinger, opponent, konkurrent, vyand, aardsvyand, landsvyand, soldaat 673, gesneuwelde, partisaan, guerrilla, guerrillavegter, vegter, vuisvegter, bokser 731, bakleier, swaardvegter, duellis, ridder, kruisridder, kruisvaarder, strateeg, aanvaller, verdediger, geweldenaar, misdadiger, boosdoener, booswig, aanrander, molesteerder, messteker, mesvegter, moordenaar, moordenares, selfmoordenaar, skurk, boef, koppesneller

twister, stryer, argumenteerder, rusiemaker, twissoeker, twissoekerige mens, strydlustige mens, parmant, kemphaan (*ong.*), rusiesoeker, kwaadsteker, kwaadstoker, kwaadstigter, skoorsoeker, rusversteurder, vredesteurder, kwaadgesinde, onrussaaier, herriemaker, woelgees, hardegat (*plat*), rebel, muiter

b.nw. ***onenig,*** oneens, disharmonies, problematies, moeilik, onaangenaam, gespanne, onvredig, verdeeld, verskeur(d), haaks, oorhoop(s), naywerig, katterig, jaloers, nagaande, heftig, aggressief, sinister

twisgierig, twissoekerig, twissiek, skoorsoekerig, kibbelrig, stryerig, redekawelrig, redeneersiek, teëpraterig, teenpraterig, teësprekerig, teensprekerig, woelsiek, driftig, heftig, humeurig, kyfagtig, kyfsiek, viswywerig, viswyfagtig, skerp, bakleierig, haaks, oproerig, rebels, rebelsgesind, revolusionêr, rewolusionêr, opstandig, dwars, dwarstrekkerig, dwarsweg, weerstrewig, wederstrewig, weerbarstig, weerspannig, koppig 582, styfhoofdig, eiewillig, eiesinnig, stroomop, botsend, obstinaat, balsturig, nukkerig, befoeter(d), beduiweld, beneuk (*plat*), bedonderd (*plat*), hardekwas, hardegat (*plat*), onvergeeflik, haatdraend, parmantig, astrant, onrustig, ongedurig, frustrerend, ergerlik

vyandig, vyandiggesind, vyandelik, kwaadgesind, antagonisties, haatdraend, hatig, hatend, wrokkig, onversoenlik, kwaadwillig, oorlogsugtig, oorlogmakend, strydlustig, veglustig, dreigend, skoorsoekerig, uitdagend, oproerig, militant

wedywerend, mededingend, kompeterend, opponerend

gewelddadig, aggressief, bakleierig, afknouerig, militant, strydlustig, veglustig, aanvallend, misdadig

vegtend, strydend, oorlogvoerend, handgemeen, handtastelik, hardhandig, aanvallend, verdedigend; nie-strydend; slaggereed, slagvaardig, strydvaardig, strydbaar, operasioneel

woorddeel krygs-

uitdr. jou vasloop teen iets; te kampe hê met; woorde kry; woorde wissel; van die een woord kom die ander; daar is donder in die lug; in teenspraak met; die stert wip; soos hond en kat lewe; stry kry met iemand; oorhoop(s) met iemand wees; die stryd volhou; die swaard aangord; die vuur aanblaas; die vuurproef deurstaan; die wapens opneem; dit was olie op die vuur; in rep en roer; die poppe gaan dans; met iemand 'n potjie loop; moord en doodslag; na die swaard gryp; onder die wapens; op die oorlogspad; sy lewe duur verkoop; die versene teen die prikkels slaan; 'n stryd op lewe en dood; 'n ongelyke stryd; 'n titaniese stryd; 'n wig dryf tussen

668. Vrede

ww. ***in vrede leef,*** vreedsaam wees, daar heers vrede, berus, kalm wees

vrede maak, vrede bewerkstellig, vrede stig 'n vredesooreenkoms sluit, 'n vredesverdrag sluit, die wapens neerlê, vyandigheid uit die weg ruim, 'n geskil oplos, skik, 'n skikking bereik, tot 'n skikking kom, 'n saak in der minne skik, onderhandel, versoen tot versoening bring, herenig, die vrede her

stel, 'n vriendskap herstel, rekonsilieer, pasifiseer, laat ooreenkom, ooreenbring, bemiddel, tussenbeide kom, arbitreer, besleg, oorbrug, oplos, konsilieer, herenig, harmonieer, tot kalmte bring, tot kalmte maan
onderhandel, ooreenkom, ooreenstem, skik, 'n kompromis aangaan, akkommodeer

bw. in vrede, om vredeswil, in vredesnaam

s.nw. ***vrede,*** wêreldvrede, godsvrede, innerlike vrede, pais en vrede, pais en vree, skynvrede, vredestyd, vredesband, vreedsaamheid, vredeliewendheid, harmonie, eensgesindheid, eenstemmigheid, vriendskap, vriendskaplikheid, koëksistensie, ko-eksistensie, eendrag, toenadering, pasifisme, rustigheid, berusting, kalmte, kalmheid, sereniteit, stilte
versoening, hereniging, rekonsiliasie, versoeningswerk, vredeswerk, bemiddeling, tussenkoms, mediasie, beslegting, geskilbeslegting, voorspraak, arbitrasie, intersessie, intervensie, vredesluiting, vredesonderhandeling, vredesinisiatief, vredesooreenkoms, vredesverdrag, nie-aanvalsverdrag, vredesmanifes, vredesaanbod, vredeoffer, vredesvoorstel, vredesbeweging, vredesmag, vredeskonferensie, vredeskongres, skietstilstand, wapenstilstand, ontwapening, skikking
vredesteken, vredesvlag, witvlag, olyftak
onderhandeling, ooreenkoms, kompromis, kompromie, modus vivendi, skikking, vergelyk, verstandhouding
vredemaker, vredestigter, pasifis, gewetensbeswaarde, bemiddelaar, arbiter, tussenganger, tussenpersoon, ombudsman, ombudsvrou, fasiliteerder, mediator

b.nw. ***vreedsaam,*** vredeliewend, vredesoekend, vredevol, nie-strydend, nie-oorlogvoerend, irenies, ordeliewend, versoeningsgesind, Christelik, sagmoedig, vergewensgesind, verdraagsaam, lankmoedig, vriendelik 622, genadig, versoenbaar, harmonieus, eenstemmig, eenparig, eendragtig, unaniem, rustig, vredig, kalm, ongestoord, ongesteurd, tevrede
versoenend, bemiddelend, intermediêr

uitdr. in rus en vrede leef; die strydbyl begrawe; die swaard in die skede steek; die vredespyp rook; die hand reik na; op dieselfde golflengte wees; toenadering soek; in vredesnaam; 'n brug slaan tussen twee partye; 'n kloof oorbrug; 'n geskil bylê

669. Aanval

ww. ***aanval,*** 'n aanval loods, storm, bestorm, opruk, voortruk, optrek, opmarsjeer, inval, 'n inval loods, binneval, indring, binnedring, uitval, uitruk, bestook, beleër, 'n staat van beleg verklaar, deurbreek, oorval, oorwin, kaap, agtervolg, 'n hakkejagoperasie uitvoer
aanrand, molesteer, bespring, betrek, bevlieg, takel, toetakel, bestorm, te lyf gaan, slaan 182, foeter, moker, met die vuiste bydam, bestook, skop, byt, oorrompel, knou
dreig, dreig om aan te val, daag, uitdaag, bedreig, intimideer, oorlog verklaar, 'n ultimatum stel, blootstel
ingraaf, ingrawe, ontplooi, infiltreer
kritiseer 527, kritiek uitoefen op, verdoem 527, berispe, roskam, skrobbeer, 'n skrobbering gee, met vrae bestook, met vrae bombardeer, afjak, slegsê, belaster, beskinder, beswadder, beskimp, bespot, smaad, hoon, verneder 719, verkleineer, affronteer, persifleer, skel 182, uitskel

bw. stormenderhand

s.nw. ***aanval,*** aanvalshandeling, aanvallendheid, blitsaanval, onverwagse aanval, onverhoedse aanval, verrassingsaanval, verrassingslugaanval, see-aanval, ruiteraanval, skynaanval, syaanval, flankaanval, frontale aanval, aanvalsfront, aanvalslinie, inval, invasie, infiltrasie, offensief, teenaanval, teenoffensief, opmars, aanslag, bomaanslag, bombardement, beleg, beleëring, uitval, vastrapplek, deurbraak, oorwinning, kaping, agtervolging, hinderlaag, omsingeling, hakkejag
aanranding, molestering, molestasie, bevlieging
dreigement, uitdaging, ultimatum, aggressie, aggressiwiteit
kritiek 527, berisping, beswaddering, belastering, laster, slegsêery, skinder, beskindering, skindery, skinderstorie, geskinder, skinderpraatjies, skinderveldtog, verkleinering, beswaddering
aanvaller, aggressor, invaller, beleëraar, uitdager; kritiseerder, skinderbek, kwaadsteker, kwaadstoker, kwaadstigter, spotter; slagoffer, aangevallene

b.nw. aanvallend, aggressief 667, gevel, offensief

uitdr. op jou agterpote wees; na die swaard gryp; die swaard uit die skede trek; op iemand toesak; die harnas aangord; met die skerpte van die swaard slaan; aanval is die beste verdediging; die vyand die volle laag gee; te lyf gaan; te velde trek teen

670. Verdedig

ww. ***verdedig,*** verweer, weer, teëstaan, teenstaan, teenstand bied, weerstaan, weerstand bied, verset 532, weerstreef, terugveg, terugbaklei, beveg, teësit, iemand verdedig, vir iemand opkom, vir iemand in die bres tree, terugdryf, terugja, terugstoot, terugslaan, afweer, 'n aanval afweer, afwend, afkeer, afskud, afslaan, 'n aanval afslaan, afstuit, afskrik, bewaak, bewaar, skerm, beskerm, behoed, koes, koets, terugdeins

bewapen, die wapen opneem 667, verskans, beskud, beveilig, bolwerk, barrikadeer, pantser, palissadeer, afkamp, versterk, ingrawe, ingraaf, laer, laer trek

weerloos wees, weerloos staan, jou blootstel

s.nw. ***verdediging,*** landsverdediging, selfverdediging, selfbehoud, teenstand, teëstand, weerstand, verweer, noodweer, sekuriteit, afweer, verset, gewapende verset, lydelike verset, weerstrewing, weerbaarheid, beskerming, beveiliging, dekking, bewaring

verdedigingsmiddel 671, verdedigingsnetwerk, weermag 672, polisie 655, polisiemag, verdedigingspos, stelling, verdedigingstelling, verdedigingslinie, kwartier, hoofkwartier, kantonnement, grenspos, wagpos, agterhoede, front

verskansing 671, skans 671, versperring, versperringsdraad, bolwerk, barrikade, blokkade, fort, bastion, laer, blokhuis, loopgraaf, bewaarplek, bewaarkamer, versterking, versterkingsmiddel, camouflage, kamoeflage, rookgordyn, rookskerm

verdediger, weerbare persoon, beleërde, wag, grenswag, bewaarder, kampioen, kampvegter, kastelein, beskermer; teenstander 532, 666, 727

b.nw. verdedigend, defensief, weerbaar, verweerbaar, afwendbaar, verdedigbaar, werend, onaantasbaar

uitdr. buite skot bly; die aftog blaas; na die wapens gryp; die swaard aangord; met jou rug teen die muur veg; met hand en tand verdedig; met vuur verdedig; jou vel duur verkoop; op jou eie bene staan; op jou hoede wees; vir jouself skerm; iemand op sy hoede stel; vir iemand in die bres tree; vir iemand 'n lansie breek; die handskoen vir iemand opneem; in die kryt tree vir iemand

671. Verdedigingsmiddel

s.nw. ***verdedigingsmiddel*** 670, weermiddel, verdedigingsnetwerk 670, verdedigingswerke, verdedigingsmag 672

verskansing, fortifisering; skans, versperring, draadversperring, houtversperring, betonversperring, versperringsdraad, bolwerk, barrikade, skerm, staketsel, palissade, blokkade, vesting, fort, sperfort, bastion, kasteel, slot, slotbewaarder, slotvoog, burg, bergvesting, akropolis, sitadel, seevesting, laer, blokhuis, battery, loopgraaf, niemandsland, barak, bewaarplek, bewaarkamer; vestingwerk, vestingmuur, ringmuur, wal, wering, borswering, toring, wagtoring, poort, ingangspoort, uitvalspoort, voorwerk, skietgat, skietpoort, grag, loopgraaf

b.nw. versterk, verskans

ww. verdedig, verskans

672. Weermag

s.nw. ***weermag,*** leër, mag, leërmag, gewapende mag, impie, kontingent, heerleër (Bybels), heer (Bybels), heerskaar (Bybels), heirleer (Bybels), heirskare (Bybels), volksleër, leërbende, leërskaar, leërskare, troepemag, oorlogsmag, strydmag, staande mag, beroepsleër, beroepsmag, burgermag, weermagsdiens, diens, landleër, landmag, lugmag, seemag, land- en seemag, leërkorps, corps, korps, vrykorps, troepe, steuntroepe, hulptroepe, veldtroepe, valskermtroepe, paratroepe, pantsertroepe, stormtroepe, huurtroepe, troepemag, kommando, kommandotroepe, besettingsmag, verbindingstroepe, bondstroepe, taakmag, invalsleër, invalsmag, landingstroepe, sekerheidstroepe, skoktroepe, reserwemag, reserwe reservistemag, milisie

leër, landmag, landleër, infanterie, voetvolk, kavallerie, ruitery, berede troepe, artillerie, ligte artillerie, swaar artillerie, veldartillerie, pantser, pantserdivisie, gemotoriseerde troepe, geniekorps, hulp

troepe, mediese korps, ambulanskorps, musiekkorps; lugmag, lugvleuel; seemag, vloot, oorlogsvloot, armada, eskadril, flottielje
militêre eenheid, kommandement, lugkommandement, admiraliteit, eenheid, divisie, brigade, bataljon, valskermbataljon, kommando, kompanie, vleuel, eskader, lugeskader, ekskadron, afdeling, peloton, troep, piket, detasjement, legioen, vreemde(linge)legioen, kohort
kolonne, voetkolonne, kommando, skietkommando, voorhoede, avant-garde, agterhoede, leërtros (*veroud.*), falanks, gelid, flank, linkerflank, regterflank, vleuel, linkervleuel, regtervleuel
krygswese, krygsake, oorlogsake, krygsbeleid, strategie, militêre strategie, taktiek, militêre taktiek, krygstaktiek, lugtaktiek, seetaktiek, krygsplan, aanvalsplan, operasieplan, krygsreëls, gevegsreëls, logistiek, krygswetenskap, krygskunde, krygsdiens, militêre diens, diensplig, dienspligstelsel, landsdiens, weermagsadministrasie, militarisasie, demilitarisasie, mobilisasie, demobilisasie, bevel, leërsterkte, front, frontlinie, linie, gevegslinie, krygsfront, operasiefront, stelling, gevegstelling, slagorde, operasie, militêre operasie, maneuver, militêre maneuver, oorlogsdaad, oorlogskreet, wapenkreet, strydkreet, alarmrol, dagorder
basis, weermagbasis, leërbasis, lugmagbasis, kwartier, hoofkwartier, leërhoofkwartier, lugmaghoofkwartier, vloothoofkwartier, . . ., kommisariaat, garnisoen, regiment, regimentshoofkwartier, garnisoenstad, kamp, militêre kamp, opleidingskamp, weermagkamp, kaserne, barak, magasyn, wapenmagasyn, bivak, interneringskamp, krygsgevangenekamp

b.nw. militêr, paramilitêr, krygskundig, gemilitariseer, gedemilitariseer, militaristies, dienspligtig,

ww. die wapen dra, in die weermag wees, diens doen, diensplig doen, dienspligtig wees, marsjeer, salueer, mobiliseer, demobiliseer, inkwartier, detasjeer

woorddeel krygs-, wapen-, -geskut

673. Manskap

s.nw. ***soldaat,*** soldatelewe, manskap, man, vroulike soldaat, kanonvoer, ystervreter, oorlogsheld, oorlogsheldin, troep, troepie, dienspligtige, weermagskwekeling, kwekeling, gewetensbeswaarde, beroepsoldaat, burgermaglid, vrywilliger, huursoldaat, pandoer, vegter, gladiator, stormjaer, guerrilla, guerrillavegter, partisaan, kader, kakie, tommie, kameraad, veteraan, oudstryder, oudgediende, oudoffisier, reservis
voetsoldaat, infanteris, infanteriesoldaat, skutter, musketier, fuselier, dragonder, artilleris, artilleriesoldaat, kanonnier, kavalleris, ruiter, berede soldaat, lansier, lansruiter, husaar, sappeur, geniesoldaat, valskermsoldaat, parasjutis, wag, garde (*veroud.*), grenadier, hellebaardier, janitsaar, samoerai, skout, seesoldaat, seeman, seekadet, marinier, matroos, vlieënier, vegvlieënier, vegtervlieënier, vegvlieër, kapelaan, veldpredikant, ordonnans, wagmeester, kwartiermeester
rang, rangorde, militêre rang, militêre rangorde, hiërargie, bevelshiërargie, kommissariaat, offisier, lugmagoffisier, lugoffisier, seeoffisier, see-offisier, offisier van die wag, wagoffisier, offisiersrang, offisierskap, stafoffisier, onderoffisier, adjudant, adjudant-offisier, manskap; bevelvoerder, bevelhebber, kommandant, veldheer, veldheerstaf, imperator, indoena, owerste, stafhoof, adjudant, aide de camp; generaal, kommandant-generaal, luitenant-generaal, generaal-majoor, kolonel-generaal, veggeneraal, maarskalk, veldmaarskalk, veldmaarskalkstaf, admiraal, viseadmiraal, skoutadmiraal, skout-by-nag, brigadier, kolonel, luitenant-kolonel, kommandant, majoor, majoorskap, kaptein, kapteinsrang, luitenant, onder-luitenant, tweede luitenant, veldkornet, adelbors, vaandrig, leerlingoffisier, kandidaatoffisier, sersant-majoor, tamboermajoor, stafsersant, vlugsersant, sersant, sersantskap, bevare seeman, bombardier, korporaal, onderkorporaal, weerman, dragonder (*veroud.*), skildknaap, skildwag, wapendraer, agterryer
kommando 672, kompanie 672, garnisoen, patrollie, geledere, bemanning, bemanningslid, verbindingsoffisier, vyfdekolonner

ww. beman, posteer, rekwireer, uitklaar

674. Militêre uitrusting

s.nw. ***uitrusting,*** mondering, militêre uitrusting, gevegsuitrusting, velduitrusting, parade-uitrusting, wapenuitrusting 675, wa-

penrusting 675, toerusting
uniform, tenue, militêre uniform, militêre tenue, soldaatuniform, offisiersuniform, offisierstenue, onderoffisiersuniform, gewone uniform, klein tenue, parade-uniform, tuniek, gevegsuniform, gevegstenue, velduniform, veldtenue, camouflage, kamoeflage, kamoefleeruniform, uitstapuniform, seremoniële uniform, groot tenue; pet, helm, gevegshelm, helmbos, mus, bivakmus, gasmasker, epoulet, rangtekens, harnas, fondant, pantser, pantserhemp, malie, maliehemp, maliekolder, kamas, stewel, leërbed, leërtris, leërtros, patroonband, saalpak, veldbed, veldfles, blasoen

ww. uitrus, toerus

675. Bewapening

s.nw. ***bewapening,*** wapenvervaardiging, wapenkunde, ballistiek
wapenuitrusting, wapenrusting, wapentuig, oorlogstuig, strydmiddels, oorlogsmateriaal, krygsmateriaal, wapen, aanvalswapen, verdedigingswapen, vuurwapen 676, geskut, grofgeskut, veldgeskut, vestinggeskut, handwapen, kernwapen, ammunisie, koeël, nitrogliserien, nitrogliserine, kruitpan, pantserplaat, harnas
arsenaal, wapenarsenaal, wapenopslagplek, wapenmagasyn, magasyn, wapenkamer, wapenkluis, kruitmagasyn, kruithuis, ammunisiefabriek, munisiefabriek, battery, ammunisiewa, munisiewa
wapenkundige, wapendeskundige, wapensmid, geweersmid, ballistikus, wapenentoesias

b.nw. ballisties, gewapen, trefbaar

ww. bewapen, herbewapen, wapen, ontwapen

bw. gewapenderhand

uitdr. tot die tande gewapen

676. Vuurwapen

s.nw. ***vuurwapen,*** skietding, skietgoed, geweer, perkussiewapen
geweer, kleingeweer, lang geweer, roer, kleinkalibergeweer, grootkalibergeweer, naaldgeweer, grendelslotgeweer, enkellaaier, mauser, masjiengeweer, Bren-masjiengeweer, snelgeweer, outomatiese geweer, repeteergeweer, selflaaier, selflaaiende geweer, outomatiese snelgeweer, karabyn, handkarabyn, maxim, draaiskyfgeweer, radgeweer, diensgeweer, aanvalsgeweer, jaggeweer, grootwildgeweer, olifantgeweer, sportgeweer, skyfskietgeweer, enkelloopgeweer, dubbelloopgeweer, dubbelloop, tweeloop(geweer), haelgeweer, dubbelloophaelgeweer, pompaksiehaelgeweer, windbuks, windgeweer, propgeweer, pylgeweer; outydse geweer, voorlaaier, sanna, ou sanna, musket, pangeweer, donderbusgeweer, donderbus, snaphaan, agterlaaier, doppie-agterlaaier, vuursteenslotgeweer, vuurroer
rewolwer, pistool, outomatiese pistool, parabellumpistool, parabellum, selflaaier, selflaaiende pistool, snelvuurpistool, outomatiese snelvuurpistool, ACP-pistool, skyfskietpistool, windpistool, gaspistool, gifpistool; donderbuspistool, panpistool
kanon, afweerkanon, lugafweerkanon, negeponder, sestigponder, honderdponder, houwitser, pom-pom, mortier, bazooka, torpedo, torpedolanseerbuis, lanseerbuis, vuurpyl, vuurpyllanseerder; artillerie 672, veldartillerie, geskut, veldgeskut, swaargeskut, battery
vuurwapenonderdele, geweeronderdele, kolf, geweerkolf, pistoolkolf, pistoolgreep, rewolwerkolf, rewolwergreep, geweerloop, pistoolloop, rewolwerloop, loopgroef, siel, geweermond, bek van 'n geweer, knaldemper, slot, geweerslot, grendel, geweergrendel, pistoolslot, grendelslot, agterlaaierslot, radslot, knakslot, oopknakslot, skuifslot, skuifblokslot, skuifstuk, sluitstuk, geweerkamer, kamer, haan, hamer, slagpen, slagveer, sneller, trekker, haarsneller, snellerbeuel, snellerslot, veiligheidsknip, laaigat, sunder, sundgat, magasyn, geweermagasyn, visier, oop visier, gaatjievisier, skuifvisier, bladvisier, opslaanvisier, opslaanskuifvisier, stelvisier, opslaanstelvisier, horingvisier, klappievisier; kanononderdele, kanonwa, kanononderstel, onderstel, affuit (kanon), kanonbedding, kanonplatform
bom, negeponder, sestigponder, honderdponder, atoomwapen, kernbom, atoombom, A-bom, neutronbom, waterstofbom, H-bom, napalmbom, dinamiet, dinamietbom, dinamietlading, fosforbom, skerfbom, fragmentasiebom, dieptebom, dieptemyn, tydbom, briefbom, gasbom, rookbom, traanbom, traangasbom, stink

bom, granaat, handgranaat, skerfgranaat, kartets, perkussiegranaat, myn, landmyn, voertuigmyn, personeelmyn, antipersoneelmyn, bomwerper, skrapnel, bomskerf; vuurwerk, klapper
ammunisie, munisie, skerp ammunisie, geweerammunisie, koeël, patroon, rondte, lewendige rondte, dooie rondte, doppiepatroon, projektiel, blouboontjie (koeël), geweerkoeël, geweerpatroon, rewolwerkoeël, rewolwerpatroon, pistoolkoeël, kanonkoeël, bolronde koeël, keëlpuntkoeël, keëlpuntpatroon, holpuntkoeël, dum-dum, dum-dumkoeël, platpuntkoeël, rondepuntkoeël, bandomkoeël, loskruitpatroon, haelgeweerkoeël, haelgeweerpatroon, haelpatroon, hael, bokhael, patryshael, donshael; patroondop, doppie, slagdop, slagdoppie, perkussiedoppie, slaghoedjie, koeëlpunt
kruit, buskruit, poeier, rooklose kruit, swartkruit, korrelkruit, balkruit, loskruit, donderkruit, slagkruit, kordiet, springstof, springlading, nitrogliserien, nitrogliserine, nitrosellulose
kaliber, boor
bandelier, draagriem, vuurwapensak, holster, koeëltas, laaistok, kruitfles, bajonet, deurtrekker

b.nw. snelvurend, outomaties, ballisties, kanoniek

ww. afgaan, kets

677. Skiet

ww. ***skiet,*** beskiet, onder skoot neem, losbrand, blaas, blaker, blits, zits, terugskiet, raak skiet, mis skiet, neerskiet, afskiet, plat skiet, platskiet, omskiet, wegskiet, wond, verwond, kwes, doodskiet, vrekskiet (*plat*), uitskiet, 'n skoot skiet, afvuur ('n skoot -), vuur, 'n skoot aftrek, afknyp ('n skoot -), 'n skoot los; knal, klap, fluit (koeëls -), afgaan, opslaan, weier ('n vuurwapen -)
kanonneer, lanseer, torpedeer, bombardeer, 'n bom gooi, laat ontplof; ontplof
laai, ontlaai, ontlont, tempeer, aanlê, korrel, korrelvat, aangooi (korrel), mik, dooierus neem, rig, 'n kanon rig, onder skoot kry, oorhaal, span ('n geweer -)

w. onder skoot, binne skoot, buite skoot

nw. ***skoot,*** skot, geweerskoot, pistoolskoot, rewolwerskoot, kolskoot, raakskoot, treffer, voltreffer, gelukskoot, blinde skoot, kopskoot, lyfskoot, skramskoot, rapsskoot, doodskoot, vuur, geweervuur, kleingeweervuur, snelvuur, spervuur, kruisvuur, kartelvuur, opslag, opslagkoeël, granaatvuur, kanonvuur, grofgeskut, kanongebulder; slag, knal, ontploffing
ontploffing, bomontploffing, dinamietontploffing
skietery, geskiet, skietwerk, sarsie, salvo, kanonnade, fusillade, bomaanslag, vuurwerk, korrel, dooierus
damp, kruitdamp, kruitreuk, kruitwolk, paddastoelwolk
ballistiek, lading, skootafstand, trefafstand, skootlyn, visierlyn, riglyn, gesigslyn, skootrigting, skootsbereik, skootsveld, trefkrag, trefsekerheid, trefwydte, koeëlsnelheid, loopsnelheid, lanseersnelheid, skoothoogte, lanseerhoogte, styg-ellips
geweersport 731, skyfskiet, teikenskiet, bisley, bisleyskiet, plaatskiet, ysterplaatskiet, silhoeëtskiet, praktiesepistoolskiet
skut, skutter, skerpskutter, sluipskut, sluipskutter, skieter, dinamietskieter, karabinier, sappeur, artelleris, kanonnier, rigter, torpedis
skietbaan, skietterrein, lanseerbaan, lanseerhelling, lanseerbasis, skietoefening, skyf, teiken, skietlamp, skietlig

b.nw. skietvaardig, skietlustig, trefseker, verdraend, oorgehaal

678. Ander wapens

s.nw. ***steekwapen,*** kapwapen, mes, knipmes, sakmes, herneutermes, hernuitermes, hernutermes, kapmes, panga, jagmes, slagtersmes, vleismes, duikmes, dolk, dolkmes, kris, stilet, stiletto, bajonet, swaard, geves (- van 'n swaard), ereswaard, seremoniële swaard, steekswaard, skermswaard, kromswaard, sabel, eresabel, sabelhou, sabelband, sabelriem, rapier, degen, skermdegen, floret, samoeraiswaard, hoefangel
byl, strydbyl, hellebaard
spies, werpspies, oorlogspies, spiespunt, speer, speerpunt, lans, drietand, assegaai, asgaai, kort assegaai, steekassegaai, boemerang
boog, pyl-en-boog, handboog, grootboog, kruisboog, pyl, gifpyl, werppyl, pylpunt, koker, pylkoker, pylskoot, slinger, slingervel, rekker, kettie (*geselst.*)

strydwa, gevegsvoertuig, stormram, werptuig
mesvegter, swaardvegter, skermmeester, spiesgooier, spiesdraer, lansier, boogskutter, kruisboogskutter, slingeraar

ww. steek, kap, sny, skerm, met die swaard veg, die swaard trek, pareer, sabel, die boog span, boogskiet

uitdr. tot die tande gewapen; met stokke en swaarde; te vuur en te swaard

679. Mobilisering

s.nw. ***mobilisering,*** mobilisasie, mobilisasieplan, mobilisasiestrategie, mobiliteit, monstering, monsteringsparade, formasie, opstelling, rekrutering, keuring, werwing, werfstelsel, bewapening; demobilisasie
diens, diensneming, diensaanvaarding, militêre diens, grensdiens, diensplig, loting, dienspligstelsel, lotingstelsel, milisieplig, weermagplig, weerplig, burgermagdiens, konskripsie, vrystelling; diensbeëindiging, uitklaring, desersie, diensweiering, malingering
rekruut, dienspligtige, loteling, vrywilliger, werwer, werfagent, werfoffisier, deserteur, diensweieraar, oorloper, voortvlugtige

b.nw. gemobiliseer, gedemobiliseer, dienspligtig, milisiepligtig, weerpligtig, voortvlugtig

ww. mobiliseer, opkommandeer, oproep, oproep vir diensplig, bewapen, rekruteer, werf, werwe, demobiliseer, uitklaar, vrystel, vryloop, wegloop, deserteer, dros, wegdros, AWOL (*geselst.*)

uitdr. onder wapens staan

680. Militêre aksie

s.nw. ***militêre aksie,*** militêre oefening, kommando, veldoefening, konvooi, wapenoefening, skietoefening, militêre maneuver, maneuver, beweging, militêre beweging, besetting, vrygeleide, militêre parade, opstelling, aantrede, slaglinie, slagorde, voorhoede, voorpos, wapenskou, wapenskouing; parade, paradegrond, drilparade, oefengrond, oefenkamp, oefenterrein, skietbaan, monsterplek, militêre skool, krygskool, militêre akademie, krygsakademie, valskermskool, artillerieskool, skietskool, vliegskool
mars, opmars, deurmars, dagmars, nagmars, parade, parademars, verbymars, défilé, défilémars, defileermars, dril, drilwerk, driloefening, drilsisteem, marspas, paradepas, looppas, stadige pas, gelid, bevel, marsbevel, militêre bevel, saluut, instruksie
parade, militêre parade, revue, oggendparade, siekparade, wagparade, skietparade, taptoe, militêre taptoe, vaandelparade, vaandelwyding, oggendsaluut, aandsaluut, oggendsinjaal, reveille, aandsinjaal, vaandel, standaard
aanvoering, bevel, order, dagorder, leiding, instruksie, inspeksie
verkenning, lugverkenning, kusverkenning, verkenningstog, verspieding, patrollering, patrollie
wagstaan, wagparade, wagwoord, waghuis, wagpos, voorpos, wagtoring, werdakomitee
militêre straf, arres, vuurpeloton, fusillade, strafparade, strafdril, pakdril, provoos, strafekspedisie
drilmeester, drilsersant, bevelvoerder 591, vaandeldraer, wag, dagwag, nagwag, brandwag, puntwag, grenswag, skildwag, hekwag, erewag, wagter, offisier van die wag, verkenner, verspieder, verkenningskorps, voorhoede, rapportryer, sluippatrollie, voorryer, arrestant

b.nw. mobiel, défilé

tw. voorwaarts mars, oop orde mars, rig op die regter flank, rig op die linker flank, markeer die pas, stadige pas mars, halt, linksom, linksomkeer, regsom, regsomkeer, omkeer, aandag, op die plek rus, herstel, werda

ww. ***op kommando gaan,*** maneuvreer, bivakkeer, oefen, opstel, saamtrek, presenteer, kamoefleer, konvooi ry, begelei, gelei, iemand geleide doen, beset, ontset, omsingel beveel, kommandeer, monster
paradeer, inspekteer, marsjeer, verby marsjeer, dril, voete stamp, aantree, uittree, uitval, defileer, die pas hou, die pas markeer omkeer, swenk, die pas herstel, afrig
aanvoer, beveel, bevel voer, kommandeer lei, dril, monster, inspekteer
verken, op verkenning gaan, bespied, verspied, patrolleer
wagstaan, waghou, op wag wees

bw. in gelid, in oop orde, in geslote orde, onder 'n vrygeleide

d. Resultaat

681. Resultaat

s.nw. resultaat 16, 28, 637, 650, 682, goeie resultaat, swak resultaat, einde 28, 637, 650, uiteinde, uitslag, goeie uitslag 682, swak uitslag, afloop, vrug, gevolg, konsekwensie, effek, newe-effek, uitvloeisel, voortvloeisel, uitwerking, uitkoms, uiteinde, nadraai, nasleep, nawerking

ww. resultate verkry, resultate kry 682, slaag 682

bw. gevolglik 522, met die resultaat, derhalwe, bygevolg, dientengevolge, as gevolg daarvan

682. Slaag

ww. ***slaag,*** sukses behaal, suksesvol wees, welslae behaal, resultate kry 681, resultate behaal, goeie resultate behaal, geluk, regkry, regkom, goed vaar, goed doen, bedissel (*ong.*), jou doel bereik, jou doelwit bereik, jouself verwesenlik, jou ideale verwesenlik, deurkom, deurbreek, dit maak, bo uitkom, bo kom, bobly, skoonskip maak, 'n slag slaan, meeval, skitter, voltooi 28, 645, tot stand bring, tot stand kom; goed afloop, goed gaan, geluk, resultate oplewer, sukses oplewer

oorwin 684, wen 684, 'n oorwinning behaal, bemeester, baasraak, oortref, onder die knie kry, te bowe kom, die oorhand kry oor, verslaan, klop, oormeester, triomfeer, seëvier

vorder, vordering maak, vooruitgaan, vooruitkom, vooruitgang maak, vooruitbeur, vooruitboer, vooruitstreef, verbeter, beter word, voortgaan, aangaan, opkom, wen, floreer, welvarend wees, groei, bloei, opbloei, uitbrei, gedy, uitdy, ontwikkel, toeneem 107, styg 107

bevoordeel 633, begunstig, voortrek, ondersteun, vooruithelp, aanhelp, seën

bw. bo(bowe), orrelstryk, vorentoe

s.nw. ***sukses,*** reusesukses, welslae, suksesverhaal, resultaat 681, positiewe resultaat, goeie uitslag 681, gunstige uitslag, voordelige uitslag, goeie gevolg, positiewe gevolg, gunstige gevolg, welslae, trefsekerheid, geslaagdheid, vrugbaarheid, verwesenliking, selfverwesenliking, doel, doelbereiking, doelwitbereiking, deurbraak, goedheid, slag, geluk 714, gelukskoot, gelukslag, meevallertjie, geluksgodin, fortuin

oorwinning 684, bemeestering, sege, seëviering, triomf; prys, eerste prys, boerpot, bonanza

vordering, vooruitgang, vooruitstrewendheid, voorspoed, voorspoedigheid, heil, heilstaat, verbetering, voortgang, welstand, welvaart, welvarendheid, welsyn, groei, bloei, bloeityd, opbloei, groei, rypwording, uitbreiding, ontwikkeling, verheffing, toename 107, styging 107

bevoordeling, begunstiging, ondersteuning, hulp 589, seën, seëning

wenner, oorwinnaar, uitblinker, presteerder, toppresteerder, kampioen, uithaler, vasbyter (*geselst.*), gelukskind, geluksvoël, Sondagskind, doring, ramkat, baas, bobaas, haan, bielie, baaswerker, baasspeler, baasvegter, baaskok, . . .

b.nw. suksesvol, geslaag(d), voorspoedig, welvarend, goed, beter, uitstekend, vrugbaar, onfeilbaar, trefseker, gaande, gelukkig, geseën(d), oorwinnend, triomfantelik, seëvierend

uitdr. die paal haal; die oorwinning behaal; die toets deurstaan; daar heelhuids van afkom; op jou voete te lande kom; met vlieënde vaandels (slaag); die teiken tref; die kroon span; die Gordiaanse knoop deurhak/deurkap; dit goed/gelukkig tref; van geluk kan spreek; dit ver bring; geluk by die ongeluk; goed op weg wees; iemand se ster gaan op; in die botter val; met jou neus in die botter val; met jou gat in die botter val (*plat*); meer geluk as wysheid; oor die bult wees; 'n trappie vorentoe vorder; oor die hond se rug wees; op die been kom; op rose loop; sy weg vind; van geluk spreek; voor die wind; 'n rekord slaan

683. Misluk

ww. ***misluk,*** nie slaag nie, faal, te kort skiet, verongeluk, mis, misloop, deur die mat val, strand, skeef loop, sleg afloop, op 'n fiasko uitloop, flop (*geselst.*), teëspoed hê, teenspoed hê, teëspoed kry, teenspoed kry, skipbreuk ly, teëloop, uitval, sleg uitval, terugval, teëval, 'n stel aftrap, druip 561, dop 561, sak, bankrot speel 687

verloor 685, ondergaan, uitval, uitsak, laaste kom, uitgeskakel word, geëlimineer word, oorwin word 685, die onderspit delf, ver-

slaan word, oortref word, 'n neerlaag ly
nie vorder nie, geen vordering toon nie, agterbly, agterraak, agteruitgaan, agteruitboer, 'n agterstand opbou, uitboer, vasval, vassit, vasdraai, vasbrand, sleg verloop, wurg, sukkel, kleitrap, doem
opgee, moed opgee, kapituleer, los, prysgee, laat staan, laat vaar
benadeel, bederf, iemand se kanse bederf, verydel, smoor, fnuik, terugsit, boikot, bedrieg, ondergrawe, ondergraaf, ongeluk oor iemand bring, saboteer, skaad, kwaad aandoen, leed aandoen, skade berokken, skade aandoen, verongeluk, tot 'n val bring, elimineer, torpedeer, 'n nekslag toedien, die genadeslag toedien, skok, beproef, afskeep, dobbel

bw. per ongeluk, mis, tot oormaat van ramp, ongelukkiglik

s.nw. ***mislukking,*** gemors, misoes, fiasko, debakel, affêre, deurmekaarspul, ineenstorting, val, ondergang 238, 685, teenspoed, teëspoed, katastrofe, kalamiteit, ineenstorting, skipbreuk, ruïne, teleurstelling, jammer, jammerte, verderf, dikkedensie, wederwaardighede (*mv.*), druipery, rampspoed, rampspoedigheid, rampsaligheid, beproewing, armsaligheid, bedroefdheid, hopeloosheid, besoeking, kruis, kwaad, slag, nekslag, gatslag (*plat*), skok, nood, plaag, tragiese einde, ongeluk, ongelukkigheid, motorongeluk, tref-en-trap-ongeluk, kop aan kop botsing, kop teen kop botsing, treinongeluk, ongeval, ramp, treinramp, natuurramp, gevaar 654, 656, onheil, ongeluksdag, onheilsdag, onheilsnag, maer jare
verlies, neerlaag 685, nederlaag 685, ondergang, verloorslag, slag, gatslag (*plat*), nekslag, genadeslag, skipbreuk, val; skade, nadeel, debiet, bankrotskap 687
gebrek aan vordering, gesukkel, sukkelry, worsteling, worstelstryd, agteruitgang, verslegting, agteruitboerdery, teruggang, ineenstorting, insinking, verslapping, afname, verwording, verval, aftakeling, resessie, teëspoed, teenspoed, moeilikheid, trawal, terugslag, gatslag (*plat*), knou, teëslag, teenslag, terugsetting, terugval, val, teëvaller, teenvaller, agterstand
kapitulasie, prysgawe
benadeling, verydeling, duiwelswerk, genadeslag
mislukkeling, ongeluksvoël, ongelukskind, verloorder, amateur, sukkelaar, misoes, teleurstelling, windeier, pateet, swart skaap, doemling, Jona, jammeraar, druipeling, doppeling, onheilsvoël, onweersvoël, ongeluksbode

b.nw. ***onvoorspoedig,*** rampspoedig, rampsalig, teëspoedig, teenspoedig, ongelukkig, swak, sleg 623, 717, ellendig, power, oes, minderwaardig, treurig, amateuragtig, pateties, miserabel, armsalig, vrotsig, beroerd, belaglik, hopeloos, haglik, jammerlik, godsjammerlik, betreurenswaardig, droewiglik, bedroef 623, hartverskeurend, hartbrekend, ondraaglik, heilloos, aaklig, doemwaardig, teleurstellend, sukkelend, ongedaan, onverrig; skadelik, nadelig, bankrot
noodlottig, fataal, verderflik, tevergeefs
mismoedig, miserabel, bedroef 623, 717, teleurgesteld

tw. wee, o wee

uitdr. deur die mat val; die pot missit; aan die korste ent trek; aan laer wal geraak; dit het afgespring; met leë hande terugkeer; dit hotagter kry; die onheil het hulle getref; soos 'n kaartehuis in duie stort; die wind van voor kry; jou vasloop teen iets; jou moses teëkom; harde bene kou; geen hond haaraf maak nie; dit gaan nie op nie; klei trap; bloed sweet; meer afbyt as wat jy kan kou; daar sal niks van teregkom nie; tussen die hand en die mond val die pap op die grond; die rotte verlaat die sinkende skip; dit nie ruik nie; donker wolke; iemand het al beter dae geken; iemand se ster verbleek; duur leergeld/skoolgeld betaal; in die stof byt; in tamatiestraat; in 'n dikkedensie beland; op jou neus kyk; 'n ware Jona wees; die kreeftegang gaan; jou eie graf grawe; jy lyk 'n mooi aap; jou eie keel afsny; jou jas is in die wiel; jou kop bo water hou; na die vleispotte van Egipte verlang; jou rieme styf loop; op die rand van die afgrond staan; jou twak is nat; van die wal in die sloot help (met) die kous op (oor) die kop stuur

684. Oorwin

ww. ***oorwin,*** die oorwinning behaal, as oorwinnaar uit die stryd tree, oorwen (*ong.*), wen, skoonskip maak, uitstof, klop, oorskadu, koudsit, kleinkry, seëvier, segevier, triomfeer, kafdraf, kafloop, opkeil, sag

maak, onderwerp, onderkry, die oorhand kry, verower, inneem, uitlig, oorval, uitdelg, verslaan 588, oorweldig, oorrompel, oortref, baasraak, oormeester, vermeester, oorman, uitklop, uitboul, uitoorlê, troef, oortroef, oortroewe, skaak, voorspring, beheer, beheers, bobly, onderdruk; herwin, herower
bemeester, oorwin, wen, onder die knie kry, aanleer, te bowe kom, oorkom, deurworstel, oorwoeker, beheer, onder beheer kry, kleinkry

s.nw. ***oorwinning,*** wegholoorwinning, triomf, sege, seëviering, verowering, veroweringstog, oorhand, oorskaduwing, oorwig, uitklophou, inname, coup 588, coup d'état, Pyrrhusoorwinning, onderdrukking, submissie, uitlewering, verdelging, uitdelging, wins, baasskap, heerskappy 588; herowering; kampioenskap, eerste prys, louere, trofee, triomfboog, segepraal, seëpraal, segevuur, segekroon, . . ., triomftog, oorwinnaarsrondte, oorlogsbuit, V-teken
bemeestering, oormeestering, beheer, oorkoming, sukses
oorwinnaar, oorwinnares, oorweldiger, veroweraar, wenner, kampioen, kampioene, bobaas, onderdrukker, verdelger, uitdelger, koppesneller

b.nw. ***triomfantelik,*** oorwinnend, oorweldigend, seëvierend, segepralend, seëpralend; oorwonne, herwonne
onoorwinlik, onoorwonne, onoortroffe, onoorkomelik, onoorkoomlik

uitdr. by verstek wen; die oorhand kry; die vyand verslaan; hy is my oor; iemand in die skadu/skaduwee stel; iemand op sy bas gee; iemand op sy baadjie gee; iemand op sy kop gee; iemand die onderspit laat delf; iemand se baard kap; iemand uit die saal lig; iemand se tier wees; iemand stukkend loop; iemand troef; met iemand klaarspeel; met iemand die vloer vee; tot 'n val bring; ten onder bring; 'n aanval afslaan; sy kop is deur; te bowe kom; van 'n toestand meester wees

685. Verloor

ww. ***verloor,*** oorwin word, oortref word, uitgeskakel word, verslaan word, onderwerp word, oorrompel word, val, tot 'n val kom, tot oorgawe gedwing word, die wapens neerlê, 'n neerlaag ly, 'n nederlaag ly, sneuwel 250, beswyk 250
terugval, retireer, wyk, terugwyk, padgee, terugstaan, terugtree, swig, oorgee, hendsop, toegee, gehoor gee, jou onderwerp, kapituleer 683

s.nw. ***nederlaag,*** neerlaag, totale nederlaag, oorrompeling, oorgawe, submissie, val, ondergang, omverwerping, vernedering, klap, knou 623, 635, 667, onttroning, berusting 597, 668, 715, verlies, terugslag 683, 687, 719, ineenstorting 683, totale ineenstorting, mislukking 652, 683, debakel, fiasko 683
terugval, terugtog, retirering, kapitulasie, oorgawe, hendsoppery, onderwerping
verloorder, verloorkant, verloorspan, oorwonnene, hen(d)sopper, krygsgevangene

b.nw. oorwonne, onderworpe, verslane, oorwinlik, bekaf

uitdr. die onderspit delf; ten onder gaan; die stryd gewonne gee; die wyk neem; nie vir iemand kan kers vashou nie; swig voor die aanval; jou kop stamp; te bowe gaan

6
Ekonomiese lewe

A. BESIT

686. Aanwins

s.nw. ***verkryging,*** besitname, inbesitname, inbesitneming, toe-eiening, inbeslagneming, inbeslaglegging, beslaglegging, transaksie, kooptransaksie, aanskaffing, aankoop, inkoop, koop, kopie, geldmakery, profytmakery, winsmakery, winsneming, insameling, geldinsameling, fondsinsameling, opsporing, vonds, winning, verwerwing, erflating, aflewering, herwinning, terugwinning, besparing, spaarprogram, belegging, langtermynbelegging, korttermynbelegging; verkry(g)baarheid

verdienste, hoofverdienste, inkomste, inkome, bruto inkomste, netto inkomste, bedryfsinkomste, belasbare inkomste, inkomsteverspreiding, inkomstekategorie, inkomstegroep, persoonlike inkomste, nasionale inkomste, nasionale inkome, staatsinkomste, maatskappy-inkomste, salaris, topsalaris, salariskerf, salarisinkrement, topkerf, salarisskaal, salarisreëling, soldy, besoldiging, loon, standaardloon, dagloon, weekloon, maandloon, loonskaal, loongaping, gasie, vergoeding, beloning, salarisaanpassing, loonaanpassing, salarisverhoging, loonverhoging, loongeskil, loonooreenkoms, byvoordeel, honorarium, ekstra, ekstratjie, fooi, fooitjie, remunerasie, kompensasie, restitusie, alimentasie, outeursregte, tantième, prysgeld, jaargeld, lewenslange jaargeld, annuïteit, pensioen, pensioengeld, oumenspensioen, pensioenfonds, erfgeld, erflating

opbrengs, opbrings, bruto opbrengs, netto opbrengs, vrug, oes, ontvangste, bruto ontvangste, netto ontvangste, rendement, kapitaalvorming, kapitalisasie, kapitalisering, bate, bates en laste, geldelike posisie, finansiële posisie, beursie, boedel, boerpot, goudmyn; surplus, oorskot, ooraanbod

aanwins (groei), waardevermeerdering, appresiasie, groei, wins, bruto wins, netto wins, suiwer wins, groothandelwins, kleinhandelwins, uitkeerbare wins, profyt, profytlikheid, winssyfer, winsaandeel, aandeel in die wins, winssaldo, winsmarge, winsgrens, winsspeling, winsdrempel, woekerwins, winsuitkering, winsverdeling, opbrengsvermoë, winsvermoë, winsbejag, belegging, rente, renteverdienste, rente-opbrengs, enkelvoudige rente, saamgestelde rente, samegestelde rente, daggeld, jaarrente, jaargeld, lyfrente, lewenslange jaargeld, annuïteit, spaarrente, woekerrente, rentekoers, langtermynkoers, korttermynkoers, dagkoers, beleggingskoers, spaarkoers, rendementkoers, rentevoet, rentekoersmarge, rentekoersspeling, rentebewys, rentebrief, dividend, diwidend, tussentydse dividend, voorlopige dividend, aandeledividend, diskonto, diskontokoers, diskontovoet, bonus, uitkeerbonus, vakansiebonus, kapitaalvorming, kapitaalgroei, kapitaalverhoging, persentasie

voordeligheid, voordeel, byvoordeel, aanwins (voordeel), winsgewendheid, rendabiliteit, rentabiliteit, waarde, markwaarde, verkoopwaarde, baat, produktiwiteit, sakeklimaat, ekonomiese klimaat

winsbejag, winsoogmerk, winsmotief, winssug, sug na rykdom, gewin, eiegewin, eksploitasie, baatsug, gierigheid, geldgierigheid, geldsug, hebsug, heblus, hebsugtigheid

geldmaker, profiteur, woekeraar, winssoeker, winsjagter, fortuinsoeker, skatgrawer, geluksoeker, salaristrekker, salarisman, broodwinner, koswinner, begunstigde, verkry(g)er, belegger, beleêr, investeerder aandelehouer

b.nw. ***winsgewend,*** betalend, lonend, profytlik, rendabel, renderend, winslewerend winsskeppend, lukratief, waardevermeerderend, kapitaalkragtig, rentedraend, voordelig, gunstig, batig, vrugbaar, vrugbrengend, vrugdraend, produktief, marginaal, nie-winsgewend, renteloos, rentevry

ingewonne, herwonne, verkreë, verkry(g)baar, verworwe, bruto, netto
winssoekend, winsstrewend, gierig, hebsugtig, heblustig, baatsugtig, geldgierig, gryperig, snoep, gulsig, vraatsig, vraatsugtig, selfsugtig, suinig 692, 773, skraapsugtig

ww. ***verkry,*** kry 696, ontvang, in ontvangs neem, bekom, inbring, inoes, inpalm, behelp, jouself voorsien van, inwin, verwerf, verwerwe, aanskaf, koop 704, aankoop, inkoop, in die hande kry, in besit neem, toe-eien, in beslag neem, beslag lê op, beset, verower, 'n transaksie deurvoer, floteer, geld maak, profyt maak, wins maak, wins neem, wen, 'n slag slaan, behaal, binnehaal, woeker, geld maak, geld in, geld insamel, kapitaliseer, opspoor, neem 694, terugneem 694, approprieer, herwin, terugwen, agterhaal, 'n verlies agterhaal, produseer, oes, skraap, gelykspeel, oorhou, trek, spaar, bespaar, belê, wegbêre, erf
verdien, geld verdien, 'n verdienste hê, 'n inkomste hê, 'n salaris ontvang, 'n salaris trek, pensioen kry, pensioen trek, erf, 'n erflating ontvang, beërf, beërwe, voordeel trek, die voordeel hê van, profiteer, geld maak, wins neem, woekerwins neem
groei, in waarde toeneem, appresieer, groter word, bloei, floreer, 'n wins toon, winsgewend wees, profytlik wees, rendeer, rente oplewer, rente afwerp, 'n opbrengs lewer, inbring, oplewer
op winsbejag uit wees, gierig wees, uitbuit, eksploiteer, woeker

bw. met winsoogmerk, sonder winsoogmerk

uitdr. as my skip kom; broodgebrek ly; dit val iemand te beurt; kopers trek; pro domo; ten goede kom; wins slaan uit; winste afwerp; 'n prys trek; geld wat stom is, maak reg wat krom is

687. Verlies

s.nw. ***verlies,*** geldverlies, finansiële verlies, persoonlike verlies, kapitaalverlies, nadeel, skade, persoonlike skade, bedryfskade, bedryfsuitgawe, waardevermindering, devaluasie, depresiasie, dooie kapitaal, swak belegging, debiet, nadelige saldo, tekort, skuld, skuldlas, langertermynskuld, korttermynskuld, opgehoopte skuld, oninbare skuld, afgeskrewe skuld, bankrotskap, insolvensie, faillisement (*ong.*), verval, agteruitgang, terugslag, teëspoed, teenspoed 635, 683, 717, terugsetting, verbeuring, beslaglegging, likwidasie, sekwestrasie, afstanddoening, besitsontneming, besitsonttrekking, awery, armoede 690
resessie, ekonomiese resessie, slapte, ekonomiese slapte, handelslapte, ruïnasie, inflasie
sanksie, handelsanksie, ekonomiese sanksie, ekonomiese strafmaatreël, onproduktiwiteit
verloorder, bankroetier; likwidateur

b.nw. verlore, weg, spoorloos, vermis, kwyt, verbeurd, bankrot, faljiet (*ong.*), afskryfbaar, kapot, swak, renteloos, onvrugbaar, onproduktief

ww. ***verloor,*** 'n verlies ly, skade ly, benadeel word, tot jou nadeel strek, geruïneer word/raak, inboet, verwed, kwytraak, ontval, verbeur, versterf, versterwe; laat wegraak, kwytraak, verlê, vermis, tot niet gaan
devalueer, depresieer, agteruitgaan, waarde verloor, in waarde verminder
agteruitboer, uitboer, niks oplewer nie, gelykspeel, te gronde gaan, bankrot speel, bankrot gaan, die onderspit delf
likwideer, sekwestreer, bankrot verklaar, insolvent verklaar, verbeurd verklaar, afneem, beslag lê op, sanksioneer, sanksies toepas, belas, ruïneer, kelder, afskryf, afskrywe, afgee, afstaan
verspil, verkwis, mors, vermors, verlore laat gaan, deurbring, verkwansel, verwed, verbeusel, verboemel, verbras, vertreursel
prysgee, afgee, opgee, afstaan, afstand doen van, afsien van, opsê, laat, laat vaar, los, laat los, verbeur, derf, derwe, offer, afskaf, tot niet maak, ophef, afskryf

bw. agterweë, soek

uitdr. dis neusie verby; dis laaste sien van die blikkantien; dis 'n skade in die boedel; aan laer wal geraak; sy son het ondergegaan; van iets verstoke wees; tussen die hand en die mond val die pap op die grond; soos mis voor die son verdwyn; soos 'n groot speld verdwyn; tot niet gaan

688. Besit

s.nw. ***besit,*** privaat besit, private besit, openbare besit, vermoë
besitting, pand, goed, goedjies, goeters, wêreldsgoed, kommoditeit, bestaansmiddele,

goedere, gebruiksgoedere, verbruiksgoedere, eiendom, vaste eiendom, vasgoed, onroerende eiendom, roerende eiendom, roerende goed, los goed, vervreembare eiendom, bate, netto bates, vaste bate, roerende bate, tasbare bate, bedryfsbate, geldbate, harde bate, kapitaalbate, likiede bate, likwiede bate, reserwebate, bevrore bate, gemeengoed, gemenegoed, allemansgoed, belang, belange, aandeel, onderaandeel, aandeelblok, fortuin, skat, boedel, erflating, erfgoed, erfstuk, patrimonium, vruggebruik, usufructus

eiendom, privaat eiendom, private eiendom, staatseiendom, kondominium, eiendomstitel, titelakte, deeltitel, grond, grondgebied, grondbesit, grootgrondbesit, grondbrief, landbesit, serwituut

vermoë, geldelike vermoë, finansiële vermoë, finansiële posisie, geldelike posisie, hand, patrimonium, welvaart, welvarendheid, sukses 622, 650, 682, vooruitgang 682, welslae 682, welsyn, voorspoed, voorspoedigheid, vermoëndheid, welgesteldheid, vooruitgang, rykdom, solvensie, solventskap, solvabiliteit, fortuin, skat, boedel

kapitaal, kapitaalbesit, grootkapitaal, kapitaalgoedere, reële kapitaal, beginkapitaal, handelskapitaal, aandelekapitaal, aandelekapitaalrekening, vaste kapitaal, bedryfskapitaal, waarborgkapitaal, dooie kapitaal, risikokapitaal, waagkapitaal, geld, geldmiddele, geldbesit, kontant, kontantgeld, harde kontant, kassa, kasgeld, kleinkas, waarborggeld, kassaldo, balans, bankbalans, saldo, banksaldo, 'n batige saldo, kredietsaldo, tussensaldo, surplussaldo, devies, deviesebesit, geldvraag, 'n bedrag geld, 'n aardige bedrag, som, 'n aardige som, rand(e) en sent(e), los geld, groot geld, kleingeld, fondse (*mv.*), belegging, vaste belegging, beleggingsportefeulje, belang

aandeel, voorkeuraandeel, aandelepakket, aandele-uitgifte, aandeelblok, aandeleportefeulje, aandeleprys, aandele-indeks, aandeletransaksie, obligasie, bonusobligasie

lening, daglening, langtermynlening, korttermynlening, aandelelening, gereedheidslening, gedekte lening, oorvolskrewe lening, beurs, fonds, waarborgfonds, pensioenfonds, . . .

beursie, beurs, portefeulje, tjekboek, geldsak, geldkoffer, geldtrommel, kas, geldkas, geldlaai, kasregister, brandkas, brandkluis, bussie, geldbussie, spaarbussie, spaarvark(ie), skatkis, skatkamer, skatkelder

inventaris, register, kadaster, balans, bankbalans, banksaldo; inventarisasie, bestekopname, notariële beskrywing, notariële stuk, notariële akte, grosse, eiendomsregister, eiendomsakte, grondakte, grondbrief, kadaster, kadastrale beskrywing

besit(s)reg, eienaarskap, huiseienaarskap, besitsdrang, materialisme, hebsug 686, 692, hebsugtigheid, geldsug 692, grypsug

besitter, eienaar, eienares, mede-eienaar, grondeienaar, grondbesitter, grootgrondbesitter, grondbaron, landbesitter, landeienaar, landheer, belanghebber, kapitalis, ryke, rykaard, miljoenêr, multimiljoenêr, aandeelhouer, baas, huisbaas, huisheer, huurbaas, mynbaas, materialis, geldwolf, beswaarde, fiduciarius, vruggebruiker; finansier, tesourier, tesouriere, tesourier-generaal, tesourie, notaris, notarisskap, boedelbeskrywer, eksekuteur, eksekutrise, oordraggewer, regverkrygende, aandelemakelaar, aandele-analis

geldgod, Mammon

b.nw. ***besittend,*** ryk, vermoënd, veelvermoënd, welvarend, bemiddeld, welgesteld, welaf, vet, bedeeld, goed bedeeld, ryklik bedeeld, goed toebedeel, goed daaraan toe, patrimoniaal, voorspoedig, vooruitgaande, verrykend, ekspansionêr, ekspansionisties

stoflik, roerend, onroerend, vas, gemeen, geldelik, finansieel, notarieel

materialisties, hebsugtig 692, geldsugtig, grypsugtig

my, myne, jou, joune, joue, sy, syne, haar, hare, ons, ons s'n, julle, julle s'n, hulle, hulle s'n, u, u s'n, uwe, s'n

ww. ***besit,*** hê, in besit wees van, in besit hê, in besit hou, hou, aanhou, behoort, hoort, toebehoort, aandeel hê in, aandele hê, aandele hou, aandele besit, beskik, tot jou beskikking hê, behou, in besit bly, berus, geniet

belê 686, 692, spaar, deponeer, inlê, trek, geld trek, kapitaliseer, verryk, vooruitgaan, besit neem

inventariseer, registreer, noteer, grosseer

voors. se, van, ten bate van

uitdr. hawe en goed; die vet van die aarde; ir geld swem; 'n aardige stuiwer verdien; oŗ jou vet teer; mens moenie al jou eiers i

een mandjie pak nie; mens moenie al jou geld op een kaart sit nie; 'n mens kan van wind alleen nie lewe nie; geld wat stom is, maak reg wat krom is; met sak en pak aankom/vertrek

689. Ryk

b.nw. ryk 688, skatryk, skat-skatryk, welgesteld 688, welaf, welvarend 688, vet, vermoënd, veelvermoënd, gegoed, gesete, bemiddeld, bedeeld, goed bedeeld, ryklik bedeeld, goed toebedeel, goed daaraan toe, kapitaalkragtig, koopkragtig, kredietwaardig, parvenuagtig, bevoorreg, gefortuneer(d), weelderig, windmakerig

s.nw. ***rykdom,*** welvaart, welvarendheid, welgesteldheid 688, vermoëndheid, gegoedheid, windmakerigheid, kapitaalkrag, kapitaalkragtigheid, koopkrag, kredietwaardigheid, parvenu; fortuin 688, skat 688, weelde, weelderigheid, weelde-artikel, prag, prag en praal, majesteit, goud

kapitalisering, kapitalisasie, appresiasie, verryking

rykaard, ryke, gegoede, welgestelde, 'n vermoënde persoon, kapitalis, rentenier, miljoenêr, multi-miljoenêr, biljoenêr, magnaat, mynmagnaat, oliemagnaat, . . ., grondbaron, geldadel, windmaker, geldgat (*plat*), stralerjakker

ww. rondkom, 'n goeie bestaan voer, in eie behoeftes voorsien, jou geld verdien, geld maak, ryk word, verryk, ryk maak, kapitaliseer, van jou rente leef, rentenier

uitdr. daar goed in sit; daar warmpies in sit; daar dik in sit; dit goed hê; dit ruim hê; 'n stywe beurs hê; in die geld swem; in goud swem; 'n man van middele wees; jou skapies op die droë hê; op sy binnevet leef; jou brood verdien

690. Arm

b.nw. ***arm,*** brandarm, doodarm, bloedarm, straatarm, besitloos, nie-besittende, geldloos, onbemiddeld, berooid, gebrekkig, platsak, armlastig, armoedig, onbedeel(d), misdeel(d), verarm(d), karig, skamel, skraal, skraps, maer, skunnig, smalletjies, kaal, kaalgat (*plat*), armsalig, treurig, miserabel, ellendig, beklaenswaardig, haglik, power, toiingrig, vervalle, behoeftig, noodlydend, nooddruftig, hulpbehoewend, sorgbehoewend, sorglik, benepe, hulpeloos, haweloos, hongerig, hongerdun, proletaries, eenvoudig, beskeie, Spartaans, subekonomies, derdewêrelds

bankrot 687, 711, insolvent, gelikwideer, agterstallig

s.nw. ***armoede,*** bloedarmoede, armoedigheid, onvermoëndheid, nood, onbemiddeldheid, gebrek, gebrekkigheid, broodgebrek, geldgebrek, geldloosheid, geldnood, skaarste, geldskaarste, tekort, geldtekort, finansiële tekort, armlastigheid, pouperisme, behoefte, behoeftigheid, hulpbehoewendheid, sorgbehoewendheid, haglikheid, nooddrif, hulpeloosheid, armsaligheid, treurigheid, miserabelheid, misère, swaarkry, ontbering, ellende, ellendigheid, haweloosheid, misdeeldheid, vervallenheid, skraalte, honger, hongersnood, moeilikheid, penarie, beskeidenheid; verarming, agteruitgang

bedelary, bedelstaf, bestaansekonomie, genadebrood

bankrotskap 687, 711, insolvensie, liwidasie, ruïnasie, verarming, uitmergeling

arme, armlastige, noodlydende, pouper, bedelaar, boemelaar, rondloper, katyf, hongerlyer, proletariër, proletariaat

ww. ***arm wees,*** in armoede lewe, armoede ly, gebrek ly, gebrek hê, ingord, sonder verdienste wees, in die verleentheid wees, dinge ontbeer, geen geld hê nie, platsak wees, verarm, verval

bedel, om aalmoese vra, afbedel, tot die bedelstaf geraak

verarm, ruïneer, uitmelk, uitmergel, uitskud, in ellende dompel, uitsuig, afpers

uitdr. so arm soos 'n kerkmuis; so arm soos Job; droë brood eet; in forma pauperis; kop bo water hou; nie 'n blou duit hê nie; 'n kaal jakkals; so kaal soos 'n rot; van die hand in die tand lewe; sleg daaraan toe wees; van brood en water leef; 'n leë beurs hê; dit smal hê; dit nie breed hê nie; genadebrood eet; van genadebrood lewe; kind nog kraai hê; geld groei nie op my rug nie

B. GEBRUIK

691. Spandeer

ww. ***spandeer,*** uitgee, geld uitgee, bestee, uitbestee, geld bestee, uitlewe, uitleef, geld in iets steek, geld aanwend, inploeg, koop 704,

betaal 708, die onkoste dra, koste bestry, koste verhaal, bekostig, wegmaak; kos
geld mors, vermors, verspil, verkwis, verkwansel, vergooi, spandabelrig wees, deurbring, uitlewe, uitleef, verbeusel, verboemel, verbras, verspeel

s.nw. ***uitgawe,*** voorsiene uitgawe, onvoorsiene uitgawe, persoonlike uitgawe, kapitaaluitgawe, bedryfsuitgawe, staatsuitgawe, besteding, aanbesteding, verbruiksbesteding, verbruikersbesteding, staatsbesteding, oorbesteding, onderbesteding, aanwending, uitbetaling; koste, vaste koste, onkoste, vaste onkoste, indirekte koste, bedryfskoste, vervoerkoste, herstelkoste, reparasiekoste, prys, verkoopprys, koopprys, kleinhandelprys, groothandelprys, kosprys, herverkoopprys, herverkoopwaarde, intekenprys, . . ., bekostiging
geldmorsery, geldmors, vermorsing, kwistigheid, verkwisting, geldverkwisting, verspilling, geldverspilling, vrygewigheid, spandabelrigheid, oordaad, overdaad (*geselst.*), verkwanseling
verkwister, deurbringer, hoogvlieër

b.nw. kwistig, vergote, verkwistend, verkwisterig, vrygewig; duur, goedkoop, kosbaar

uitdr. diep in jou sak kyk; geld deur jou vingers laat glip; jou rieme breed sny; jou vir 'n ander uittrek; mooiweer speel met iemand se goed; van 'n ander man se vel breë rieme sny; breë rieme uit 'n ander se leer sny; jou geld laat rol; sy geld brand 'n gat in sy sak; vandag vermorsing, môre verknorsing; vandag verteer, môre ontbeer; van die hand in die tand lewe; 'n oop beurs hê; geld moet rol; geld is rond; 'n vrou dra meer uit met 'n lepel as 'n man inbring met 'n skepel; alles aan sy bas hang; die pot verteer; soos 'n prins lewe; soos 'n koning lewe; jou geld in die water gooi; nie die waarde van geld ken nie

692. Spaar

ww. spaar, nie uitgee nie, in die bank sit, in die spaarbussie sit, wegsit, wegbêre, weglê, opsysit, belê 686, 688, 699, opspaar, opgaar, oppot, pot, uitspaar, bespaar, besnoei, onkoste bestry, uitgawes bestry, beperk, inkort, inkrimp, bekrimp, afbring, koste afbring, verminder, koste verminder, beperk, ekonomies wees, ekonomies te werk gaan, besuinig, knibbel, suinig wees; verseker, assureer, verassureer, reserveer; klaploop

bw. suinigies

s.nw. ***spaarsaamheid,*** spaarsamigheid, spaarsin, besparing, kostebesparing, onderbesparing, beperking, kostebeperking, besuiniging, besuinigingsmaatreël, besnoeiing, inkorting, inkrimping, vermindering, ekonomie 701, ekonomiese leefwyse, karigheid
spaargeld, belegging, kapitaalbelegging, langtermynbelegging, korttermynbelegging, verbandbelegging, beleggingsfonds, beleggingsgeld, trustgeld, obligasie, bonusobligasie, winsobligasie, effekte, eiendomseffekte, reserwe, reserwefonds, reserwekapitaal
spaarplan, fonds, spaarfonds, beleggingsplan, beleggingsfonds, trust, trustfonds, trustakte, effektetrust, effektetrustfonds, begrafnisfonds, annuïteit, aftree-annuïteit, assuransie, versekering, versekeringsdekking, lewensversekering, korttermynversekering, langtermynversekering, konsessie, spaarboekie, spaarbankboekie, spaarbank, posspaarbank, spaarrekening, spaarvereniging, spaarklub, stokvel, spaarkas, spaarbus(sie), spaarpot, spaarvark(ie)
geldsug, hebsug, hebsugtigheid, gierigheid, geldgierigheid, knibbelary, knibbelry, goudkoors, goudsug, suinigheid, inhaligheid, vrekkerigheid, vrekkigheid, onmededeelsaamheid, skraapsug
spaarder, spaarsame persoon, deposant, deponeerder, belegger, belêer, investeerder, trustee, medetrustee
knibbelaar, vrek, gierigaard, skraalhans, geldduiwel, geldwolf, haai, parasiet, klaploper

b.nw. spaarsaam, spaarsamig, ekonomies, suinig, vreksuinig, onmededeelsaam, inhalig, vrekkerig, vrekagtig, skraapsugtig, hebsugtig, gierig, geldgierig, gryperig, kibbelrig, knibbelrig, krenterig, karig

uitdr. 'n appeltjie vir die dors bewaar; die rieme dun sny; liewer aldag wat as eendag sat; jou bottertande uittrek; elke sent omkeer/omdraai; wie die kleine nie eer nie, is die grote nie werd nie; jou ingord; die gordel stywer trek; die tering na die nering sit; op iemand teer

693. Gee

ww. ***gee,*** weggee, oormaak, wegdoen met, afstaan, afgee (afstaan), in die besit stel van, laat kry, laat toekom, bewillig, instoot, instop

oorhandig, aangee, ter hand gee, in die hand gee, in die hand stop, ter hand stel, oordra, aanreik, oorgee, deurgee, krediteer, oorlewer, uitlewer, oorreik, toereik, oorlaat, verleen, aflewer, lewer, besorg, indien, inlewer, inhandig, laat kry, afgee, voorlê, voorsien, bevoordeel, kontribueer, bydra, 'n bydrae maak, sorg, sôre, versorg, steun, borg, finansier, subsidieer, sedeer, inbetaal, deponeer, stort, leen, 'n lening gee, geld skiet, geld voorskiet, haak, voorhaak, tegemoetkom, belê, insteek

teruggee, terugbetaal, met rente terugbetaal, restitueer, remitteer, oormaak, rehabiliteer, terugbring, terugneem, terugstuur, kwytskeld 710

uitdeel, verdeel, toebedeel, rondgee, uitreik, versprei, distribueer, bewillig, stuur, afstuur, pos, toesend, besorg, konsinjeer, verskaf, lewer, uitlewer, bedien, trakteer, toedien, toebring, toeken

skenk, present gee, gratis gee, verniet gee, kontribueer, begiftig, begunstig, bevoordeel, toewys aan

afstaan, afstand doen van, oordra, los, laat los, laat staan, laat gaan, laat vaar, ontslae raak van, opgee, afgee, inboet, offer, opoffer, 'n offer bring, prysgee, ontbeer, wegdoen met, neerlê, immoleer, sedeer

toevertrou, toewys, toedeel, toebedeel, toebeskik, toemeet

toebring (lof -), bewys (eer -), betuig (eer -), vereer, betoon

inligting gee, verstrek, meedeel, sê 482, 539, uit 482, uiter 482, oorlewer, opgee, aan die hand doen

bied, aanbied, presenteer, beskikbaar stel, ter beskikking stel, beskikbaar maak, beskikbaar hou, verleen, toeken, allokeer, toestaan, verskaf, offer, gun

oplewer, lewer, voortbring, produseer, genereer, veroorsaak, laat ontstaan, skep, maak, tot stand bring, in die lewe roep, die lig laat sien, afwerp, opbring

nalaat, bemaak, oormaak, tot erfgenaam benoem, legateer, testeer

nw. ***gawe,*** teruggawe, gif, skenking, bonus, bewilliging, toelae, gratifikasie, afslag, korting

oorhandiging, oordrag, oorgawe, devolusie, dewolusie, terhandstelling, inbesitstelling, uitlewering, verlening, aflewering, lewering, uitreiking, besorging, afgifte (*mv.*), versending, toesending, indiening, inlewering, inhandiging, voorlegging, voorsiening, beskikbaarstelling, bevoordeling, kontribusie, bydrae, donasie, sorg, versorging, steun 638, ondersteuning 638, onderskraging, borg, borgskap, finansiering, langtermynfinansiering, korttermynfinansiering, oorbruggingsfinansiering, persoonlike finansiering, huurkoopfinansiering, besigheidsfinansiering, sakefinansiering, leningsfinansiering, huisfinansiering, eiendomsfinansiering, behuisingsfonds, groeifonds, motorfinansiering, finansieringsmaatskappy 700, subsidie, subsidiëring, betaling, inbetaling, oorbetaling, sessie, deposito, storting, belasting, taks, lening 699, korttermynlening, langtermynlening, huislening, voorskot, korttermynvoorskot, krediet 699, belegging, kredietnemer, kredietburo; ontvangs 696, konsinjasie 696

teruggawe, terugbetaling, restitusie, herstel, rehabilitasie, kwytskelding, retribusie, grasietydperk

verdeling, verspreiding, distribusie, distribuering, verskaffing, lewering, toekenning, toewysing, toedeling, toediening

geskenk, verjaardaggeskenk, Kersgeskenk, present, verjaardagpresent, Kerspresent, kado, gawe, gif, toegif, pasella, pasellatjie, verrassing, soewenier, donasie, bydrae, liefdegawe, toewysing, toelae, skenking, begunstiging, voordeel, voordeligheid, bevoordeling, aalmoes

afstanddoening, prysgawe, prysgewing, verlies, ontbering, offergawe, offerte, toewyding; vrygewigheid, mededeelsaamheid, goedgunstigheid, ruimhartigheid, milddadigheid, gulheid, opoffering, offervaardigheid, rojaliteit

lofbetuiging, eerbewys, eerbetoon, verering, vermaking

mededeling 539, 551, uiting, oorlewering, opgawe, inligting, inligtingsoordrag, verstrekking

aanbod, teenaanbod, aanbieding, presentasie, beskikbaarheid, verskaffing, voorsiening, beskikbaarstelling, toekenning, allokasie, offer, toewyding, guns

oplewering, produksie, skepping, oorsaak, veroorsaking, kousaliteit, kousatiwiteit
nalatenskap, erflating, erfenis, erfporsie, erfgoed, erfstuk, erfplaas, bemaking, testasie, wil, laaste (uiterste) wilsbeskikking, oormaking, legaat, legasie, boedel, bestorwe boedel, boedelafstand, fideicommissum, fideikommis, fidekommis, boedelskeiding, testament, wedersydse testament, sessie, transport, transportakte
gewer, geër, skenker, donateur, kontribuant, distribuant, verskaffer, bemaker, testateur, testatrise, legator, sedent, sessionaris, deponent, deposant, finansier, grootfinansier, borg; eksekuteur, eksekutrise, geregtelike eksekuteur, testamentêre eksekuteur
ontvanger, begunstigde, prelegataris, konsinjataris, erfgenaam, fideicommissarius

b.nw. ***vrygewig,*** mededeelsaam, meedeelsaam, ruim, ruimhartig, mild, milddadig, mildelik, gul, gulhartig, groothartig, grootgeestig, opofferend, offervaardig, rojaal, goedgeefs
beskore, voordelig, geborg, versorg
beskikbaar, aangebode
testamentêr, intestaat, vervreembaar

uitdr. dis saliger om te gee as om te ontvang; iemand aan iets help; iemand 'n hupstootjie gee; Kersvader speel; Sinterklaas speel; by dood vererf; in een pot gooi; te goede hou; baantjies vir boeties; 'n oop hand hê; hoe kaler, hoe rojaler

694. Neem

ww. ***neem,*** ontneem, wegneem, afneem, beslag lê op, beneem, besit neem van, toeëien, usurpeer, vat, gaps, deps (*geselst.*), (geld) afhandig maak, afrokkel, inpalm, uitbuit, afvang, insluk, inlyf, inneem, uitneem, saamneem, terugneem; haal, weghaal, ophaal, afhaal, terughaal; in die hande kry, gryp, vasgryp, weggryp, afgryp, teruggryp, pak, beetpak, aanpak, raap, wegraap, ontworstel; steel 695, beroof 695, beroof van, ontroof, afpers, uitmergel, uitsuig
konfiskeer, beslag lê op, wegneem, afneem, ontneem, approprieer, vervreem, onteien, aliëneer, sekwestreer 687, likwideer 687, onteien, terugneem, verbeurd verklaar, herower, beset, okkupeer, annekseer, onttrek, pand, verpand, prysmaak

s.nw. ***besitneming,*** besitname, herowering, inbeslagneming, inname, afname, okkupasie, inlywing, verowering, onttrekking, afrokkeling, diefstal 695, berowing 695, ontworsteling, usurpasie, uitbuiting, afpersing
konfiskasie, beslaglegging, inbeslagneming, besitsontneming, besitsonttrekking, onteiening, sekwestrasie, likwidasie, verbeurdverklaring, nasionalisering, terugvordering, terugname
nemer, besitnemer, gaarder, usurpeerder, veroweraar, onteienaar, uitbuiter, bloedsuier; prooi, slagoffer, verloorder 696

uitdr. in troebel water vis

695. Steel

ww. steel, roof, besteel, beroof, ontroof, diefstal pleeg, 'n rooftog onderneem, neem 694, wegneem 694, vat, wegvat, raap, wegraap, vaslê, skaai, deps (*geselst.*), gaps, ontvoer, skaak, onderskep, verduister, stroop, plunder, buitmaak, wegdra; bedrieg 538

s.nw. ***diefstal,*** diewery, stelery, diewestreek, roof, ontrowing, rowery, sakkerollery, strandroof, veediefstal, veeroof, ontvoering, menseroof, seeroof, vrybuitery, rooftog, inbraak, huisbraak, skaking, stroping, plundering, plundery, buitmakery, verwoesting, bedrog, stelionaat, ontvreemding, vervalsing, verduistering, geldverduistering, plagiaat, letterdiefstal, letterdiewery; steeksleutel, roofskip, seerowerskip
rooftog, diefstal, strooptog, razzia (*ong.*), bankroof, inbraak, skaking
kleptomanie, steelsug, roofsug, roofgierigheid, stroopsug
dief, rower, misdadiger, boef, booswig, skelm, steler, nemer, sluipdief, kruipdief, klouterdief, grypdief, sakkeroller, tasdief, winkeldief, struikrower, veedief, perdedief, kinderdief, inbreker, stranddief, strandjutter, wrakrower, seerower, boekanier (seerower, *veroud.*), vrybuiter, kleptomaan, kleptomaniak, verduisteraar, ontvoerder, skaker, kaper, stroper, plunderaar, bedrieër, boerebedrieër, vervalser, plagiaris, letterdief; onderwêreld, bende, diewebende, roofbende, rowerbende, rowernes, stroopbende, stroopparty

b.nw. diefagtig, roofagtig, roofgierig, roofsugt[ig]

uitdr. rot en kaal steel; lang vingers hê; jo[u] hande nie afhou van 'n ander se goed ni[e]

wie een maal steel, is altyd 'n dief; die geleentheid maak die dief; die deler is so goed as die steler; voete kry

696. Ontvang

ww. ***ontvang,*** in ontvangs neem, betaling ontvang, inkom, kry 686, herkry, oploop, hê 688, present kry, te danke hê aan, erf, 'n erflating ontvang, beërf, beërwe, versterf, versterwe

aanneem, aanvaar, aksepteer, 'n wissel aksepteer, 'n lening opneem

s.nw. ***ontvangs*** 686, konsinjasie 686, ingebruikname, ingebruikneming, aanname

ontvangste, inkomste 686, verdienste 686, salaris 686, gasie, gratifikasie, rente 686, rente-opbrengs, daggeld, obligasierente, opbrengs, wins 686, onmiddellik opvraagbare geld

nalatenskap 693, erflating 693, erfporsie 693, erfgoed 693, patrimonium, kindsdeel, kindsgedeelte, boedel 693, erfreg, eersgeboortereg, primogenituur, majoraat, versterwing, versterfreg, herediteit, suksessie, suksessieregte, vruggebruik, vrugreg

ontvanger, begunstigde, begiftigde, akseptant, donataris, gaarder, trekker, salaristrekker, erfgenaam, legataris, sessionaris

b.nw. verkrygbaar, bekombaar, herkrybaar, winsgewend, rentedraend, rentegewend, erflik, hereditêr, patrimoniaal, ingekome

uitdr. jou volle deel kry; genadebrood eet; van genadebrood lewe; in troebel water vis

697. Verloor

ww. ***verloor*** 687, 'n verlies ly, skade ly, laat wegraak, iets kwyt wees, kwytraak

skade ly, 'n verlies ly, benadeel word

nie kry nie, verbeur, inboet, afskryf, afskrywe, afsien van

s.nw. verlies 687, netto verlies, skade, debiet, tekort, skuld, agterstallige skuld, agterstallige rekening, koste, uitgawe

b.nw. verlore 687, onverkrygbaar, skaars, agterstallig

uitdr. aan die kortste end trek; aan die agterspeen suig/drink; dit kan jy maar op jou maag skryf (en met jou hemp doodvee); jy sal dit nooit ruik nie; jy kan jou hoed maar agternagooi

698. Behou

ww. behou, hou, vashou, vasklem, spaar 686, 692, bespaar, opspaar, opgaar, ophoop, terughou, agterweë hou, bewaar, in bewaring neem, behoed, beskerm, konserveer, onterf, onterwe

s.nw. behoud, terughouding, retensie, retensiegeld, retensiereg, bewaring, beskerming, konservasie, onterwing, selfsug, selfsugtigheid, suinigheid

b.nw. selfsugtig, suinig 692, stiksuinig, snoep, stiefmoederlik

uitdr. vir jouself skerm

699. Leen

ww. ***leen aan,*** uitleen, 'n lening gee, 'n lening toestaan, 'n lening uitskryf, 'n verband gee, 'n verband uitskryf, 'n verband toestaan, voorskiet; laat gebruik, beskikbaar stel; blokkeer (bates -)

leen van, 'n lening neem, 'n lening aangaan, krediteer, geld opneem, verpand, 'n verband neem, 'n verband aangaan, 'n verband uitneem, 'n voorskot vra, 'n voorskot kry, as 'n voorskot bekom, oortrek, 'n rekening oortrek, 'n oortrekkingsfasiliteit reël, 'n oortrekking hê, 'n oortrokke rekening hê, huurkoop, 'n huurkoop aangaan; uitneem ('n boek -)

belê, vas belê, vassit, investeer, herkapitaliseer, woeker, aandele koop, aandele hê, bank, spaar 692

s.nw. ***lening,*** korttermynlening, langtermynlening, middeltermynlening, wentellening, gebonde lening, gebonde krediet, geldlening, persoonlike lening, persoonslening, staatslening, banklening, bougenootskaplening, daglening, onmiddellik opvraagbare lening, gedekte lening, oorvolskrewe lening, geleende geld, sublening, obligasielening, goudlening, huurkoop, huurkoopfinansiering, huurkooptransaksie, huurkoopkontrak, voorskot, voorskotbetaling, voorskotgeld, voorskotbedrag, leengoed, leningsbevoegdheid, leningsfonds, leenreg, leendiens, leningsrente, rentekoers 686, lening(s)koers, uitleenkoers, langtermynkoers, leningskuld 711, leningstilstand, moratorium, verband, verbandlening, huisverband, eiendomsverband, langtermynverband, hipoteek, geregtelike verband, geregtelike hipoteek, rentelose verband,

stilswyende verband, verbandakte, hipoteekakte, verbanddokument, hipoteekdokument, verbandbrief, hipoteekbrief, verbandobligasie, verbandkoste, verbandrente, verbandkoers, verbandtermyn, woeker, pag, huurpag, verpagting, pageiendom
kredietfasiliteit, krediet, oop krediet, kredietlyn, bankkrediet, wentelkrediet, deurlopende krediet, selfaanvullende krediet, bevrore krediet, diskontokrediet, oortrekking, oortrekkingsfasiliteit, oortrokke rekening, bankoortrekking, oortrokke bankrekening, akkommodasie (kredietfasiliteit), bankdekking, finansiering, bankfinansiering, huurkoop, huurkoopkrediet, sekuriteit, pand, pandhouery, pandbrief, hipoteek, kredietnota, kredietperk, kredietplafon, kredietbeperking, kredietsaldo
kredietwaardigheid, laat-maar-loop-houding, kredietinflasie
belegging, geldbelegging, kapitaalbelegging, eiendomsbelegging, investering, beleggingsopbrengs, opbrengs, totale opbrengs, beleggingsfonds, beleggingsportefeulje, deposito, bankdeposito, effekte, eiendomseffekte, effektetrust, eiendomstrust, staatseffekte, woekergeld, woekerhandel, woekerpot, woekersug
leningsinstelling 700, bank 700, verbandbank, huurkoopbank, hipoteekbank, pandjieshuis, pandjieswinkel
lener, verbandnemer, hipoteeknemer, huurkoper; verbandhouer, hipoteekhouere
b.nw. verskuldig 711, kredietwaardig

700. Bank

s.nw. ***finansiële instelling,*** bankinstelling, monetêre bankinstelling, bankgroep, bankgenootskap, finansieringsinstelling, finansieringsmaatskappy, leningsinstansie, leningsinstelling, beleggingsinstansie, beleggingsmaatskappy, bank, bankwese, sentrale bank, staatsbank, reserwebank, algemene bank, handelsbank, geregistreerde handelsbank, kredietbank, leningsbank, voorskotbank, huurkoopbank, aksepbank, aksepfirma, sirkulasiebank, note-uitgiftebank, notebank, uitgiftebank, emissiebank, verrekeningsbank, filiaalbank, diskontobank, diskonteringsbank, wisselbank, bougenootskap, bouvereniging, verbandbank, hipoteekbank, landbank, nywerheidsbank, kitsbank, geldoutomaat, bankoutomaat, kontantoutomaat, kontantmasjien, kleingeldmasjien
bankagentskap, bankkantoor, tak, takkantoor, banktak
bankwese, internasionale bankwese, monetêre bankwese, bankbedryf, bankstelsel
transaksie 701, banktransaksie, onttrekking, trekking, inbetaling
bankrekening, tjekrekening, trekkingsrekening, lopende rekening, ope rekening, gesamentlike rekening, spaarrekening, leningsrekening, kredietrekening, kredietkaartrekening, oortrokke rekening, aangepaste rekening, transmissierekening, beleggingsrekening, valutarekening, aansuiweringsrekening, toewysingsrekening, appropriasierekening, verdelingsrekening, distribusierekening, baterekening, eiendomsrekening, rekening, rekeningstaat
rente, rente-opbrengs, rentewins, opgelope rente, tjekrente, spaarrente, beleggingsrente, jaargeld, lyfrente, dividend, diwidend, winsaandeel, bonusdividend, premie, bonus, leningsrente, rentelas, agterstallige rente, renteskuld, boete (rente); rentekoers, lae rentekoers, hoë rentekoers, rentevoet, geldmarkrentekoers, diskontokoers, diskontovoet, bankkoers, oortrekkingskoers, lening(s)koers, uitleenkoers, primakoers, prima-uitleenkoers, bankaksepkoers, BA-koers, rentelas, spaarkoers, beleggingskoers, bankkrediet 699, kredietbevriesing, rentelose geld
bankstaat, balansstaat, verkorte balansstaat, maandstaat, kwartaalstaat, jaarstaat, finansiële jaarstaat, saldo, batige saldo, nadelige saldo, banksaldo, dagsaldo, teensaldo, debietsy, debietkant, kredietsy, kredietkant
bankboekie, spaarboekie, tjekboek, tjek, persoonlike tjek, kontanttjek, getekende tjek, banktjek, bankgewaarborgde tjek, toonbanktjek, los tjek, blanko tjek, gekruiste tjek, gekanselleerde tjek, geëndosseerde tjek vooruitgedateerde tjek, kontratjek, geweierde tjek, verouderde tjek, vervalste tjek tjekblad, tjekblaadjie, tjekteenblad, ondertekening, handtekening, proefhandtekening, endossement, rugtekening, bankwissel, banktransaksie, bankkoste, bankgeld, bankkapitaal, bankwaarborg bankgaransie
bankpersoneel, bankier, bestuur, hoofbe

stuur, topbestuur, middelvlakbestuur, junior bestuur, bankbestuurder, takbestuurder, streekbestuurder, streekhoofbestuurder, hoofbestuurder, algemene hoofbestuurder, kredietbestuurder, leningsbestuurder, bestuursassistent, rekenmeester, kosterekenmeester, hoofrekenmeester, onderrekenmeester, bankamptenaar, bankklerk, fakturis, faktuurklerk, kassier, kashouer (*ong.*), teller, bankagent, krediteur, finansier 688, geldskieter, voorskieter, hipoteekhouer, hipotekaris, pandgewer, verpagter; beleggingsbestuurder, beleggingskonsultant, beleggingsanalis, analis, woekeraar, woekerhandelaar, belegger, depositaris

bankkliënt, kliënt, rekeninghouer, aandeelhouer, deposant, deponeerder, trekker, investeerder, lener, verbandnemer, pandhouer, pandnemer

ww. bank, onttrek, belê, spaar, 'n tjek keer, 'n tjek stop, 'n tjek kruis, vooruit dateer, antedateer, later dateer, postdateer, rugteken, 'n tjek endosseer, 'n tjek kanselleer, verwys na trekker

701. Handel

s.nw. ***handel,*** handel en nywerheid, handeldryf, handeldrywery, handelsverkeer, verhandeling, aankope, verkope, verkwanseling, gesmous, smousery, koophandel, vryhandel, internasionale handel, wêreldhandel, groothandel, kleinhandel, geldhandel, invoerhandel, uitvoerhandel, alleenhandel, kommissiehandel, tussenhandel, termynhandel, binnehandel, deurvoerhandel, woekerhandel, windhandel, spekulasie, onwettige handel, sluikhandel, smokkelhandel, smokkelary, smokkelry; handelsregte, sakeregte, charter; handelsblad, prospektus, handelsin

handelswêreld, handelskringe, sakewêreld, sakewese, sakelewe, sakebelange, besigheidsbelange, finansiële belange, handelsaangeleentheid

bedryf, handelsbedryf, invoerbedryf, invoerhandel, invoerbeheer, invoerverbod, invoerbeperking, invoerreg, invoerkwota, uitvoerbedryf, uitvoerhandel, sleutelbedryf, vervaardigingsbedryf, vervaardigingsektor, kleinhandelsbedryf, groothandelsbedryf, bankbedryf 700, bankwese 700, makelary, veehandel, veebedryf, wynhandel, wynbedryf, klerebedryf, kosbedryf, voedselbedryf, voedselhandel, motorbedryf, motorhandel, boekhandel, boekebedryf, gilde, houtbedryf, houthandel, wapenhandel, munisiehandel, landboubedryf, slawehandel

ruiling, inruiling, ruil, ruiltransaksie, ruilhandel, wisselhandel, ruilboekhandel, ruilmiddel, ruilverdrag, ruilvoet, ruilwaarde

transaksie, handelstransaksie, aandeletransaksie, kooptransaksie, verkooptransaksie, dumping, dumpingsreg, handelstog, faktorering, handelsvoorkeur, prys, prysbepaling, prysvasstelling, prysbeheer, prysstyging, prysdaling, prysverhoging, prysooreenkoms, prysklas, paniekprys, plafonprys, groothandel(s)prys, kleinhandel(s)prys, omset, wins, oorwins, orderbrief, sakebrief, sakereis, handelsvergunning, konsessie, handelskonsessie, oktrooi, handelsoktrooi, monopolie, handelsverkeer, handelsbetrekking, handelsverbod, handelskrediet, handelsnuus, handelsaangeleentheid; bemarking, bemarkingsplan, bemarkingstrategie, bemarkingsagentskap, bemarkingsagent

reklame, advertensie, reklamemaatskappy, advertensiemaatskappy, reklamebedryf, bemarking, bekendstelling, propaganda

ekonomie, landsekonomie, wêreldekonomie, markekonomie, monetêre ekonomie, bestaansekonomie, ekonomiese toestand, ekonomiese groei, groeikoers, ekonomiese groeikoers, groeipunt, ekonomiese groeipunt, konjunktuur, opwaartse konjunktuur, hoogkonjunktuur, oorverhitte ekonomie, oorverhitting (ekonomie), afwaartse konjunktuur, resessie, ekonomiese resessie, depressie, ekonomiese depressie, handelslapte, handelsverslapping, malaise, ekonomiese krisis, inflasie, wegholinflasie, hiperinflasie, inflasiespiraal, inflasionistiese praktyk, ingevoerde inflasie, inflasionêre uitwerking, handelsbalans, betalingsbalans, handelsoorskot, handelstekort, bruto binnelandse produk, BBP, handelsbetrekking, industrialisasie, ekonomiese indeks, indeks, handelsindeks, prysindeks 704, ekonomiese aanwyser, sakeklimaat, ekonomiese tendens, ekonomiese ewewig, ekonomiese krag, markkrag, markfaktore

ekonomiese stelsel, vrymarkekonomie, vryemarkstelsel, vryhandel, kapitalisme, geleide kapitalisme, kommersialisme, industria-

lisme, industrialisasie, merkantilisme, proteksionisme, sosialistiese ekonomie, sosialistiese stelsel, sosialisme, kommunisme, Marxisme, Leninisme, fisiokratisme, fisiokrasie, monopolie, handelsmonopolie, monopolistiese stelsel, staatsmonopolie, antimonopolistiese beleid, oligopolie, homeopolie, heteropolie, monopsonie, nasionalisering, genasionaliseerde bedryf, amettalisme, nominalisme

geldwese, geldsake, geldstelsel, finansies, finansiewese, persoonlike finansies, staatsfinansies, staatsrekening, skatkisrekening, geldomset, geldvoorraad, geldreserwe, kapitaal 688, kapitaalgroei, kapitaalaanwas, kapitaalbehoeftes, geldskaarste, geldkrisis, staatsgeld, staatsfinansies, skatkis, skatkisbiljet, skatkisorder, geldwissel, wisselkoers, goudstandaard

handelsliggaam, handelskamer, kamer van koophandel, sakekamer, handelsvereniging, saak, besigheid, handelsaak, handelsbesigheid, maatskappy, handelsmaatskappy, beherende maatskappy, beheermaatskappy, moedermaatskappy, beheerde maatskappy, deelnemende maatskappy, filiaal, volfiliaal, koppelmaatskappy, korporasie, beslote korporasie, geslote korporasie, firma, handelsfirma, handelsvennootskap, handelsentrum, handelshuis, sindikaat, handelsindikaat, buitelandse sindikaat, makelaarsfirma, makelary, wisselkantoor, infrastruktuur, maatskappyreg

mark, marksektor, marksegment, handelsmark, kleinhandel(s)mark, groothandel(s)mark, geldmark, kapitaalmark, buitelandse geldmark, binnelandse geldmark, diskontomark, diskontobedryf, termynmark, internasionale mark, uitvoermark, invoermark, in-en-uitvoer, binnelandse mark, goudmark, aandelemark, produktemark, motormark, vleismark, veemark, veevandisie, veevendusie, groentemark, kopersmark, verkopersmark, swart mark; markfaktore, markkrag

handelsmiddel, ruilmiddel, produk, handelsproduk, handelsartikel, kleinhandelsartikel, groothandelsartikel, handelstuk, kommoditeit, handelskommoditeit, koopware, smousgoed, negosiegoed, termyngoedere, kontrabande

handelaar, koopman (kooplui, koopliede), groothandelaar, kleinhandelaar, tussenhandelaar, tussenpersoon, wynhandelaar, motorhandelaar, diamanthandelaar, woekerhandelaar, . . ., diamantkoper, diamantsmous, smous, venter, groentesmous, groenteventer, lappiesmous, verkoper, faktoor, koper, klant, kliënt, handelskommissaris, agent, handelsagent, kommissie-agent, handelsreisiger, sluikhandelaar, smokkelaar; entrepeneurskap, ondernemerskap

sakeman, sakevrou, besigheidsmens, besigheidsman, besigheidsvrou, sakeleier, bedryfsleier, vennoot, handelsvennoot, sakevennoot, woekeraar, makelaar, spekulant, daalspekulant, spekulateur, wisselaar, wisselmakelaar, proteksionis

ekonoom, finansiële deskundige, finansman, handelsekonoom, bedryfsekonoom, bankekonoom, vervoerekonoom

finansier, bankier 700, tesourier, kassier, geldwisselaar

verbruiker, verbruikersraad, verbruikersvertroue, kliënt, klant, koper

handelswetenskap 515, ekonomie, bedryfsekonomie, nywerheidsekonomie, handelsreg, rekeningkunde, bedryfsielkunde, sakekennis, marknavorsing, handelswetgewing

b.nw. handeldrywend, ekonomies, monetêr, geldelik, finansieel, kommersieel, merkantiel, wisselbaar, inwisselbaar, uitwisselbaar, spekulatief, gepatenteer(d), inflasionisties, inflasionêr, deflasionisties, deflasionêr, geïndustrialiseer(d); Marxisties, Leninisties, sosialisties, kommunisties, kapitalisties, fisiokraties, monopolisties, genasionaliseer(d)

ww. ***handel dryf,*** handel, verhandel, verkoop, verkwansel, smous, koop 686, inkoop, aankoop, bestel, afbestel, uitvoer, invoer, voorsien, oorvoorsien, ondervoorsien, wins maak, woeker, kommersialiseer, industrialiseer, konkurreer, aksepteer, monopoliseer, dump, 'n saak bedryf, 'n besigheid bedryf, floteer, noteer, spekuleer, onderhandel, swendel, smokkel, bemark

ruil, verruil, omruil, inruil, wissel, omwissel, verwissel, uitwissel

finansier, begroot

bw. met volmag, met winsoogmerk

woorddeel beroeps-, bemarkings-, bestuurs-, handels-, -sektor

702. Beurs

s.nw. ***beurs,*** effektebeurs, aandelebeurs, handelsbeurs
beursaktiwiteit, effektehandel, aandelehandel, effektemark, aandelemark, notering, effektebeursnotering, prysnotering, eindnotering, effektebeursverrekening, prysbeweging, stygende mark, bulmark, bulfase, dalende mark, beermark, beerfase, daling, daalsentiment, stygsentiment, ineenstorting, instorting, koers 686, geldkoers, koersbepaling, koersnotering, koersberekening, koersverandering, koersskommeling, koersstyging, koersverbetering, koersdaling, koersverskil, verkope, kortverkoop, premie, opgeld, pari, pariteit, depressie
genoteerde maatskappy, ondermaatskappy, onderhorige maatskappy
aandeel, uitgereikte aandeel, meerderheidsaandeel, verhandelbare aandeel, genoteerde aandeel, gewone aandeel, nywerheidsaandeel, finansiële aandeel, voorkeuraandeel, preferente aandeel, goedgekeurde aandeel, aandeelblok, goedgekeurde effekte, prima aandeel, prima effekte, verhandelde aandeel, verhandelbare aandeel, subskripsieaandeel, groei-aandeel, groei-effekte, pakket, aandelepakket, portefeulje, aandeleportefeulje, aandeletransaksie, aandeleuitgifte, aandeletoekenning, aandeelverdeling, aandeelsplitsing, aandeleregister, aandele-indeks, aandeleprys; aandelesertifikaat, depositosertifikaat
mark 701, geldmark, effektemark, aandelemark, jaarmark, jaarbeurs, weekmark, buitelandse mark, devies, devieseverkeer, deviesebesit, deviesebeheer, deviesebeperking, valuta
beursspekulant, kleinspekulant, beursmakelaar, aandelemakelaar, aandelehandelaar, effektehandelaar, aandele-analis, beurskenner, stygspekulant, daalspekulant, koersafdrywer, koersopdrywer; belegger, beleêr, investeerder, aandeelhouer, beherende aandeelhouer

ww. aandele koop, aandele verkoop, aandele hou, bo pari verkoop, onder pari verkoop

703. Boekhou

ww. ***boekhou,*** inskryf, inskrywe, inboek, opskryf, opskrywe, pos, boek, oorboek, 'n grootboekinskrywing maak, 'n kasboekinskrywing maak, 'n joernaalboekinskrywing maak, goedskryf, oorvolteken, boeke byhou, krediteer, debiteer, balanseer, die balans opmaak, 'n balans oorbring, 'n saldo oorbring, afsluit, sluit, rekonsilieer, saldeer, ouditeer
begroot, 'n begroting opstel, 'n begroting indien, beraam, 'n beraming maak
bereken, reken, 'n rekening opmaak, faktureer, optel, aftrek, natel, kontroleer, die balans opmaak, die balans bepaal, balanseer

bw. à pari

s.nw. ***boekhouding,*** dubbelboekhouding, boeking, inboeking, grootboekinskrywing, kasboekinskrywing, joernaalboekinskrywing, oudit, ouditering, aktuariële ondersoek, interne ouditering, eksterne ouditering, bestuursoudit, jaarlikse oudit, tussenoudit, begroting, vaste begroting, jaarlikse begroting, kapitaalbegroting, begrotingspos, begrotingsrede, begrotingswet, raming, rekenfout, rekenskap, rekenwese, rekenmeesterskap, rekenpligtigheid, rekeningkunde, kosterekeningkunde, beheer, boekjaar, bedryfsjaar, belastingjaar, termyn, finansiële termyn
staat, weekstaat, maandstaat, kwartaalstaat, jaarstaat, balansstaat, gekonsolideerde balansstaat, staat van inkomstes en uitgawes, inkomste-en-uitgawestaat, inkomstestaat, gekonsolideerde inkomstestaat, uitgawestaat, bankstaat, rekeningstaat, betaalstaat, staat van bates en laste, bate-las-verhouding, ladingstaat; rekening, inkomsterekening, uitgawerekening, grootboekrekening, kasboekrekening, kasrekening, kontantrekening, kleinkasrekening, kapitaalrekening, bedryfsrekening, begrotingsrekening, jaarrekening, invoerrekening, uitvoerrekening, wins-en-verliesrekening, daalrekening, aangepaste rekening, reserwerekening, distribusierekening, boedelrekening
boekhouboek, boek, grootboek, debiteuregrootboek, kasboek, joernaal, joernaalboek, kleinkasboek, dagboek, duplikaatboek, inkopeboek, inkoopboek, voorradeboek, faktuurboek, kwitansieboek, rekenboek, rekeningboek, klapper, kredietsy, debietsy, kredietkolom, debietkolom, boekhoumasjien, kasregister
balans, slotbalans, proefbalans, voordelige

balans, bates oor laste, bates en laste, activa, agio, bankbalans, betalingsbalans, saldo, batige saldo, tegoed, nadelige saldo, banksaldo, spaarsaldo, oortrekkingsaldo, rekeningsaldo, saldo op rekening, saldo verskuldig, leningsaldo, verbandsaldo, aanvangsaldo, grootboeksaldo, jaareindsaldo, surplussaldo, reserwesaldo, tussensaldo, saldo oorgebring, saldo oorgedra, saldo afgedra, tekort, kastekort, verlies, verliespos, banksaldo, totaal, som, hoofsom, totaalbedrag, item, konto, pos, kontrapos, diverse, boekwaarde, boekjaar, diensjaar

boekhouer, rekenmeester, groeprekenmeester, kosterekenmeester, geoktrooieerde rekenmeester, rekenmeestersfirma, ouditeur, ouditeur-generaal, aktuaris, kassier, kashouer, rentmeester

b.nw. rekenkundig, boekhoukundig, aktuarieel, berekenbaar, rekenpligtig, beswaar(d), oordraagbaar, batig, nadelig

uitdr. balans opmaak; die tering na die nering sit; sy boeke hou

704. Koop

ww. ***koop,*** aanskaf, bekom, 'n koop aangaan, 'n transaksie beklink, konsumeer, aankoop, inkoop, opkoop, huurkoop, bêrekoop, wagkoop, uitkoop, afkoop, eerstehands koop, tweedehands koop, op skuld koop, die koop toeslaan, oorneem, spandeer, uitgee, betaal 708

beding, 'n goeie prys beding, afslag vra, kibbel, knibbel, bie, bieë, onderbie, onderbied

'n aanbod maak, 'n koopkontrak sluit, bestel, vooruitbestel, vooraf bestel, 'n bestelling plaas

s.nw. ***aankoop,*** inkoop, kopery, konsumpsie, huurkoop, bêrekoop, kanskoop, roukoop, koopkontrak, koopbrief, koopakte, voorkoopreg, redhibisie; koop, 'n goeie koop, 'n slegte koop, kopie, winskopie, bêrekopie

aanbod, bod, bot, bestelling, order

koopprys, prys, koste, onkoste, bedrag, tarief, aankoopprys, aanskafprys, koopsom, koopbedrag, verkoopprys, gemerkte prys, insetprys, maksimum prys, minimum prys, grootmaatprys, reserweprys, uitverkoping(s)prys, kontantprys, prys voor belasting, prys na belasting, groothandel(s)prys, kosprys, kleinhandel(s)prys, winkelprys, rakprys, smousprys, markprys, aankoopprys, verkoopprys, afkoopwaarde, afkoopprys, afslag, afslagprys, nominale prys, spotprys, korting, toeslag, toeslagprys; waarde, geldwaarde, handelswaarde, koopwaarde, verkoopwaarde, markwaarde, nominale waarde, pariwaarde, toonwaarde; betaling 708; prysverhoging, prysverlaging, prysverskil, prysbeheer, prysbevriesing, prysindeks

pryslys, katalogus, pryskatalogus, brosjure, kopersgids

kooplus, koopsiekte, koopkrag

koper, koopman (kooplui, koopliede), klant, klandisie, kliënt, kliënteel, verbruiker

b.nw. bekostigbaar, koopbaar, billik, geabboneerd, redhibitories, kooplustig, spandabel, spandabelrig

uitdr. aftel koop; iets op iemand toeslaan; 'n kat in die sak koop

705. Verkoop

ww. ***verkoop,*** verhandel, handel dryf, van die hand sit, afstaan, afset, aflewer, uitverkoop, opruim, afsmeer, uit die hand verkoop, tweedehands verkoop, voetstoots verkoop, kwansel, verkwansel, sjaggel, sjagger, bemark, vent, uitvent, veil, opveil, uitveil, vendusie hou, vandisie hou, kolporteer, omsit, in geld omsit, realiseer, likwideer, vervreem, prostitueer

te koop aanbied, bemark, adverteer, uitstal, vertoon

die prys bepaal, prys, die prys verhoog, die prys laai, die prys verlaag, afslag gee, afslag aanbied, teen 'n afslag verkoop, afslaan

'n bestelling neem, 'n bestelling aanvaar, aflewer, bedien, help

s.nw. ***verkoop,*** verkope, verhandeling, handeldrywery, verkwanseling, voorverkoop, voorverkope, alleenverkoop, koppelverkoop, kolportasie, geldmakery, tegeldemaking (*ong.*), verruiling, realisasie, vervreemding, likwidasie, afset

verkoping, restantverkoping, skutverkoping, rommelverkoping, opruiming, uitverkoping, uitverkoop, someruitverkoping someropruiming, winteruitverkoping, aanbieding, promosie, uitstalling, bemarking verkooptegniek, verkoopbaarheid, vraag vraag en aanbod, aanvraag, aftrek

veiling, opveiling, boedelveiling, geregtelik veiling, kunsveiling, wynveiling, veevei

ling, motorveiling, . . ., vendusie, vandisie, kykdag
bediening, selfbediening, bestelling, aflewering
prys 704, verkoopprys, afslagprys, afslag, korting, pryskaartjie, pryslys 704, koste, onkoste, tarief, kommissie, kommissiekoste
verkoper, verkoopster, verkoopspersoon, verkoopsman, verkoopsvrou, handelaar, verhandelaar, koopman (kooplui, koopliede), agent, verteenwoordiger, verkoopsagent, handelsreisiger, eiendomsagent, huisagent, motoragent, winkelier, winkelbaas, winkelbestuurder, verkoopsbestuurder, vloerbestuurder, klerk, verkoopsklerk, toonbankklerk, toonbankassistent, winkelklerk, winkelmeisie, winkelassistent, winkelassistente, leweransier, kolporteur, smous, rondreisende handelaar, ruilhandelaar, straathandelaar, straatverkoper, lappiesmous, boekesmous, kramer, marskramer, venter, groenteventer, groenteman, bemarker, afslaer, vendu-afslaer

b.nw. verkoopbaar, verhandelbaar, bemarkbaar, gesog, vervreem(d)baar

bw. by verkoop, by herverkoop

706. Verhuur

ww. verhuur aan, in huur gee, te huur aanbied, te huur wees, afverhuur, onderverhuur, huur opsê, vooruitbespreek, verpag, onderverpag; huur van, onderhuur

s.nw. ***verhuring,*** onderverhuring, huur, onderhuur, huishuur, woonstelhuur, kamerhuur, termynhuur, huurgeld, huursom, huurprys, huurwaarde, huurpaaiement, huistoelaag, huurloon, huurkontrak, huurtermyn, huurtydperk, huurtyd, huuropsegging, sleutelgeld, pag, huurpag, mynpag, pageiendom, paggrond, pagreg, pagsom, rekognisie, rekonie, rekognisiegeld, rekoniegeld
verhuurder, onderverhuurder, huurder, onderhuurder, huisbaas, huisheer, hospita, pagter

woorddeel huur-

707. Handelsaak

s.nw. ***handelsaak,*** handelsonderneming, onderneming, handelsmaatskappy, saak, sakeperseel
winkel, stadswinkel, dorpswinkel, plaaswinkel, algemene handelaar, kettingwinkel, kruidenierswarewinkel, kruidenierswinkel, koswinkel, delikatessewinkel, delikatessen (*geselst.*), deli (*geselst.*), verbruikerskoöperasie, verbruikersko-operasie, koöperasie, ko-operasie, koöperasiewinkel, ko-operasiewinkel, negosiewinkel, smouswinkel, pandjieswinkel, pandjieshuis, slaghuis, slagtery, melkery, melkkafee, melksalon, bakkery, koekwinkel, tuisbedryfwinkel, tuisbedryf (winkel), groentewinkel, supermark, superette, verversingsdiens, warehuis, apteek, tabakwinkel, klerewinkel, boetiek, uitruster, dameskierewinkel, damesboetiek, modewinkel, mansklerewinkel, snyerswinkel, hoedewinkel, juweliers-winkel, geskenkwinkel, selfbedieningswinkel, selfdienwinkel, selfhelpwinkel, fabriekswinkel, uitskotwinkel, afslagwinkel, meubelwinkel, porseleinwinkel, boekwinkel, boekhandel, ruilboekery, antikwariaat, musiekwinkel, musiekhandel, sportwinkel, fietswinkel, ysterwarewinkel, doen-dit-self-winkel, verfwinkel, rommelwinkel, sekswinkel, pornografiewinkel, pornowinkel, seksboetiek; winkelgroep, tak, winkeltak, filiaal
winkelsentrum, inkoopsentrum, inkopiesentrum, sentrum, winkelkompleks, sakekompleks, kompleks, winkelgalery, winkelhal, hipermark, handelsentrum, verbruikerskoöperasie, verbruikersko-operasie, handelstad
kafee, padkafee, hawekafee, stasiekafee, inrykafee, aanrykafee, lekkergoedwinkel, snoepwinkel, restourant 429, restaurant 429, koffiewinkel, koffiehuis, teekamer, koffiekroeg
mark 701, groentemark, vleismark, kleremark, basaar, kerkbasaar, skoolbasaar, kermis, straatmark, voddemark, stapelmark, handwerkmark
stal, stalletjie, winkeltjie, padstal, padstalletjie, basaarstalletjie, basaartafel, verkooptafel, koeldrankstalletjie, vrugtestalletjie, . . ., kiosk, kraam, kraampie, verkoopkraam, verkoopkraampie, koeldrankkraampie, snoepwinkel, snoepie, verversingswa, penswinkeltjie (*geselst.*)
pakhuis, stoor, pakstoor, winkelstoor, voorraadkamer, voorraadstoor, koelkamer, koelstoor, pakkamer, pakskuur, paksolder
toonbank, winkeltoonbank, kasregister,

geldkas, toonkamer, uitstalvenster, uitstalkas, vertoonkas, uitstalling, vensteruitstalling, winkeluitstalling, trollie, winkeltrollie, winkelwaentjie, winkelpop, kruideniersafdeling, kosafdeling, meubelafdeling, speelgoedafdeling, rekeningafdeling, reklameafdeling, navraagkantoor, navraekantoor
verkoopware, handelsware, kommoditeit, verkoopsartikel, goed, smousgoed, voorraad, voorraad(s)opname, omset
winkelier, handelaar 705, kruidenier, uitruster, boekhandelaar, antikwaar, apteker, slagter, tabakhandelaar, klerk, winkelklerk, winkelassistent, winkelassistente, verkoop(s)dame, reklamebeampte, reklamepraktisyn, reklametekenaar; klandisie, klant, winkelklant

ww. 'n winkel open, bedien, verkoop 705, agter die toonbank staan, oor die toonbank verkoop

708. Betaal

ww. ***betaal,*** kontant betaal, duur betaal, dit kos baie, dit kos groot geld, baie betaal, goedkoop betaal, min betaal, geld gee, in klinkende munt betaal, per tjek betaal, met 'n kredietkaart betaal, in paaiemente betaal, afreken, opdok, hoes (*geselst.*), vereffen, verreken, delg, die koste bestry, voldoen, goedmaak, honoreer, voluit betaal, volstort, volteken, opbetaal, bybetaal, bekostig, terugbetaal, oorbetaal, inbetaal, stort, inkasseer, inklaar, vooruitbetaal, retineer, saam betaal, saammaak, bestee 691
afbetaal, aflos, skuld aflos, 'n rekening aflos, vereffen, afwerk, delg, skulde delg, uitdelg, aansuiwer
betaling vra, op betaling aandring, aanmaan, aanslaan vir, op rekening gee, 'n rekening stuur, te staan kom op, invorder, afvorder, inkry, inkasseer, inbetaal
beloon, vergoed, uitbetaal, diskonteer, kompenseer, restitueer, uitkeer, besoldig, salarieer, gee, subsidieer
betaal word, betaling kry, uitkry, salaris ontvang, verdien 686
weier om te betaal, deshonoreer

bw. in natura, in paaiemente, paaiementsgewys(e), in kontant, op koste van, op die rekening van, vir die rekening van, ten laste van, tot las van, op afbetaling, op skuld

s.nw. ***betaling,*** afrekening, vereffening, verrekening, rentebetaling, diskontering, voldoening, bekostiging, kostebestryding, bybetaling, inbetaling, storting, inkassasie, inkassering, oorbetaling, oordrag, vooruitbetaling, voorafbetaling, terugbetaling, teruggawe, retribusie, oorbetaling, remise, inklaring, afbetaling, delging 711, skulddelging 711, uitdelging, aflossing, skuldaflossing, aansuiwering, amortisasie, amortisering, wanbetaling 711, likwidering, likwidasie, kwyting (*ong.*), skadevergoeding, skadevordering; betaalstelsel, betalingstelsel, betalingswyse, betaalwyse, betalingsvoorwaarde, betaaltermyn, aflostermyn, betaaldag, keerdatum, vervaldatum, vervaldag
beloning, vergoeding, uitbetaling, besoldiging, salariëring, remunerasie, kompensasie, restitusie, uitkering, diskonto, bankdiskonto, voorskot, agterskot, alimentasie; salaris 686, soldy, loon 686, dagloon 686, standaardloon, daggeld (loon), honorarium, vergoeding, beloning 686, beurs (studie), pensioen 655, annuïteit
uitstel van betaling, respyt, wanbetaling, deshonorering
invordering, skuldvordering, aanmaning
faktuur, kwitansie, strokie, kontantstrokie, kasregisterstrokie, betaalstrokie, advies, kwytbrief (*ong.*), betaalstaat 703
rekening, lopende rekening, winkelrekening, kosrekening, brandstofrekening, doktersrekening, aptekersrekening, konto (*ong.*), rekeningstaat
bedrag, som, geldbedrag, geldsom, faktuurbedrag, kasregisterbedrag, koopbedrag, verskuldigde bedrag, skuld 711, gewetensgeld, doktersgeld, hospitaalgeld, wasgeld, toegangsgeld, toegangsprys, hekgeld, intreegeld, toetredingsgeld, ledegeld, handgeld, leergeld, skoolfonds, skoolgeld, leges (*ong.*), daggeld, hawegeld, dokgeld, laaigeld, ladingskoste, lêgeld, bergloon, staangeld, koste, bokoste, administratiewe bokoste, bedryfskoste, verblyfkoste, rykoste, vervoerkoste, transportkoste, spoorkoste, spoorwegtarief, versendingskoste, verskepingskoste, onderhoudskoste, herstelkoste, regskoste, uitgawe, tol, tolgeld, huurtol, paaiement, premie, termynbetaling, prys 704, hoë prys, groot geld, duur prys, lae prys, min geld, goedkoop prys, kleinhandelprys,

groothandelprys, reserweprys, rigprys, tarief 704, dokterstarief, houertarief, vervoertarief, heffing, fooi, heffingsfooi, kommissie, kommissiekoste, retensiegeld, boete

betaalmiddel 709, geld 709, kontant, kontantgeld, tjek, tjekboek, kredietkaart, geskenkbewys, betalingsbewys; subsidie, staatsubsidie, toelae, toelaag, onderhoudstoelae, onderhoudstoelaag, huisgeld, huistoelae, huistoelaag, kruideniersgeld, kosgeld, petrolgeld, sakgeld, skeergeld, bloedgeld, wissel, bankwissel, sigwissel, kortsigwissel, termynwissel, datawissel, wisselbrief, wisseldiskonto, diskontopapier, diskontokrediet, aftrekorder, handelspapier, verhandelbare papier, promesse, skuldbrief, verhandelbare skuldbrief, skuldbewys, kredietbrief, order, betaalorder, skatkisorder, fonds, delgingsfonds, heffingsfonds

betaler, wanbetaler, vereffenaar, uitdelger, trekker, jaargeldtrekker, toonder, betaalmeester, wisselborg, invorderaar, rekeninghouer

b.nw. ***betaalbaar,*** vooruitbetaalbaar, vereffenbaar, aflosbaar, inbaar, invorderbaar, hefbaar, diskonteerbaar, solvent, likied, likwied, insolvent, illikied, illikwied

goedkoop, spotgoedkoop, billik, betaalbaar, bekostigbaar, laag (prys), hanteerbaar

duur, peperduur, onbetaalbaar duur, onbetaalbaar, onbekostigbaar, hoog (prys), buitensporig, buitensporig hoog

uitdr. die hand (diep) in die sak steek; met baar geld betaal; 'n gat toestop; dis botter by die vis; binne, buite jou bereik wees; die gelag betaal; dit vat aan 'n man se sak; die vel oor die ore trek; iemand se huid afstroop; iemand ruk; op sy binnevet leef; kak en betaal is die wet van Transvaal (*plat*); geld groei nie op my rug nie

709. Betaalmiddel

s.nw. ***betaalmiddel,*** wettige betaalmiddel, fondse, kapitaal 688, ruilmiddel, geld, geldmiddel, kontant 688, 708, kontantgeld, kitskontant, kontantvloei, dekkingsgeld, fidusêre geld, geldstelsel 131, 701, sakgeld, kruideniersgeld, toelae, huistoelae, daggeld, weekgeld, maandgeld, verdienste 686, salaris 686, vergoeding, loon 686, groot geld, kleingeld, kopergeld, silwergeld, papiergeld, noot, banknoot, vyfrandnoot, vyftigrandnoot, . . ., geldstuk 131, munt 131, muntstuk, tiensentmuntstuk, tiensentstuk, vyftigsentmuntstuk, vyftigsentstuk, . . ., rand, bewaargeld, bloedgeld, gewetensgeld, kapitaal 688, vlottende kapitaal, bedryfskapitaal, goud, goudstuk, fonds, fiche, tjek, persoonlike tjek, banktjek, gewaarborgde tjek, bankgewaarborgde tjek, toondertjek, betaalde tjek, wissel, skatkiswissel, skatkisbiljet, handelswissel, poswissel, order, posorder, betaalorder, aftrekorder, kaart, bankkaart, kredietkaart, petrokaart, bewys, bewysstrokie, koopbewys, koophulp, koophulpstrokie, reisigerstjek, reiswissel, reistoelae

valuta, harde valuta, bestendige valuta, binnelandse valuta, buitelandse valuta, valutabeheer, wisselkoers, ruilvoet, koerswaarde, ruilwaarde, omrekening van valuta; geldeenheid 131, rand, finansiële rand, kommersiële rand, dollar, pond, frank, Belgiese frank, . . .

bank 700, handelsbank 700, spaarbank, posspaarbank, kredietbank, filiaalbank, wisselbank, diskontobank, staatsbank, reserwebank, bankgenootskap, bougenootskap, landbank; kassier, kassiere, teller, outomatiese tellermasjien

ww. kleinmaak, geld kleinmaak

710. Kosteloosheid

s.nw. kosteloosheid, afslag, korting, handelskorting, refaksie, rafaksie, rabat, kwytskelding, remissie, lae prys, goedkoop prys, billike prys, spotprys

b.nw. gratis, vry, kosvry, rentevry, verniet, komplimentêr, kosteloos, billik, goedkoop, spotgoedkoop

ww. kwytskeld, afslaan, afslag gee, korting gee, afkom, afkry, afjaag, afknibbel, kondoneer, (die prys probeer) afding, (pryse) afhou

bw. verniet, pertjoema (*geselst.*), vir niks, sonder betaling, pro Deo

uitdr. vir 'n appel en 'n ei; gratis, vry en verniet

711. Skuld

s.nw. ***skuld,*** betaalbare skuld, lopende skuld, vlottende skuld, opeisbare skuld, leningskuld 699, verpligting, finansiële verplig-

ting, las, skuld(e)las, geldelike las, debiet, rentelas, renteskuld, uitstaande skuld, onverhaalbare skuld, onverhaalbare vordering, oninbare skuld, slegte skuld, boekskuld, tekort, geldelike tekort, kastekort, kontantvloeiprobleem, buitelandse skuld, binnelandse skuld, staatskuld, landskuld, persoonlike skuld, nie-betaling, agterstalligheid, agterstallige bedrag, uitstaande bedrag, onbetaalde bedrag, agterstallige skuld, agterstallige betaling, agterstallige huur, agterstand, bankrotskap, insolvensie, faillisement, boete; lening, persoonlike lening, daglening, onmiddellik opvraagbare lening, obligasielening, huislening, verband, verbandlening, oortrekking, oortrokke fasiliteit, krediet, kredietgeriewe, bankkrediet, handelskrediet, kredietbeperking, kredietsaldo, voorskot, bankvoorskot, rekening 708, konto 708
rekening, rekeningstaat, skuldadvies, aangepaste rekening
skuldbrief, verhandelbare skuldbrief, skuldbewys, skuldbekentenis
aanmaning, betaalaanmaning, aanskrywing, skuldaanskrywing, skuldkennisgewing, skuldmededeling, aanmaningsbrief, maanbrief
invordering, terugvordering, vordering, skuldvordering, regres, sekwestrasie, sekwestrasiebevel, likwidasie, likwidasiebevel, betaaldatum, vervaldatum, vervaltyd, vervaldag; afbetaling, delging, skulddelging, uitdelging, vereffening, verrekening, aflossing, skuldaflossing, verbandaflossing, aansuiwering, skuldaansuiwering, amortisasie, amortisering, likwidering, likwidasie, moratorium, uitstel, kwytskelding van skuld; afbetalingstelsel, paaiement, maandelikse paaiement, delgingspaaiement, aflossingspaaiement, premie, afbetaling; verskuldiging, skuldvernuwing, skulderkenning, skuldvergelyking
skuldenaar, debiteur, obligant, leninghouer, verbandnemer, losser, vonnisskuldenaar, beswaarde, wanbetaler
skuldeiser, preferente skuldeiser, krediteur, verbandhouer, verbandskuldeiser, verhaler, likwidateur, vonnisskuldeiser

b.nw. verskuldig, skuldig, betaalbaar, agterstallig, onbetaald, onvoldaan, uitstaande, oortyds, oninbaar, oortrokke, passief, insolvent, bankrot

ww. ***skuld,*** skuld hê, verskuldig wees, in die skuld wees, in die skuld sit, in die skuld staan (by iemand), in die skuld raak, finansiële verpligtinge hê, onbetaald laat, agterstallig wees, dishonoreer, 'n verband kanselleer, 'n verband rojeer, 'n verband opvra
skuld aangaan, skuld maak, jou in die skuld steek, met skuld beswaar, belaai, belas, oorbelas, jou verbind, op rekening koop, oortrek, 'n lening aangaan, 'n lening uitneem, 'n verband uitneem, verhipotekeer; op rekening verkoop, iemand skuld gee, iemand krediet gee, krediet toestaan, krediteer, opskryf, opskrywe
aanmaan, 'n aanmaning stuur, aanskryf, aanskrywe, 'n aanskrywing stuur, kennis gee, 'n rekening stuur, aanslaan
invorder, terugvorder, vorder, opvorder, verhaal, sekwestreer, likwideer, afskryf, afskrywe, skuld kwytskeld, skuld vryskeld; afbetaal, delg, skuld delg, vereffen, verreken, aflos, aansuiwer, amortiseer

bw. op skuld, op rekening, op afbetaling

712. Belasting

s.nw. ***belasting,*** direkte belasting, indirekte belasting, voorlopige belasting, dubbelbelasting, omsetbelasting, ad valorembelasting, uitgestelde belasting, belastinglas, las, belastingdruk, oorbelasting, blokkruiping, superbelasting, spitsbelasting, taks, heffing, geldheffing, heffingsfooi, persoonlike belasting, hoofbelasting, hoofgeld, kopbelasting, inkomstebelasting, boedelbelasting, boedelgeld, suksessiebelasting, koopbelasting, verkoop(s)belasting, algemene verkoop(s)belasting, belasting op toegevoegde waarde, BTW, verbruiksbelasting, byvoordelebelasting, belasting op byvoordele, weeldebelasting, wynbelasting, maatskappy(e)belasting, bedryfsbelasting, omsetbelasting, venduregte, vermaaklikheidsbelasting, eiendomsbelasting, grondbelasting, munisipale belasting, stadsbelasting, dorpsbelasting, belasting op verbeterings, straatbelasting, hondebelasting, motorbelasting, vervoerbelasting, padbelasting, tol, tolgeld, tolbelasting, herereg, oordragbelasting, eiendomsreg, registrasiekoste, seëlbelasting, seëlgelde, seëlreg, huurtol, aksynsbelasting, aksyns, syns (*ong.*), invoerbelasting, invoerreg, kaaigeld, klaring

doeane, doeanebelasting, doeaneregte, staatsinkomste, inkomste uit belastings, belastingopbrengs, oorlogsbelasting; belastingoplegging, oplegging, belastingooreenkoms, belasting; belasbaarheid, belastingpligtigheid, skatpligtigheid
belastingindiening, belastingopgaaf, opgaaf, belastingvorm, belastingaanslag, aanslag, heffing, spaarheffing, korting, belastingkorting, belastingvoordeel, remissie, kinderkorting, skatting, tribuut (*ong.*), skattingshof, belastingvrystelling, vrystelling van belasting, belastingkwytskelding, belastingaanpassing, belastingvermyding, belastingontduiking, voorkeurtarief, belastingtabel, belastingkoers, belasbare inkomste 686; belastingjaar, fiskale jaar, jaar van belasting, jaar van belastingpligtigheid, belastingwet, aksynswet, belastingsake, belastingmaatreël, belastinginvordering, belastingrekening; belastingbetaling, belastingdelging, lopende betaalstelsel
belastinggaarder, gaarder, ontvanger van inkomste, ontvanger, belastingamptenaar, fiskus, doeanebeampte, doeaneamptenaar, fiskaal, pagter (*veroud.*), tolbeampte, tollenaar, belastingadministrasie
belastingbetaler, belastingpligtige, beswaarde, fiduciarius, belastingontduiker; belastingdeskundige
belastingkantoor, inkomstekantoor, aksynskantoor, fiskus, ontvangskantoor, tolhek, tolhuis, tolmuur

b.nw. belastingpligtig, fiskaal, belasbaar, skatpligtig, tolpligtig, synsbaar; belastingvry, tolvry, onbelas

ww. belas, belasting vra, belastings hef, beswaar, oplê, invorder, vrykoop; 'n belastingaanslag indien, belasting betaal, belasting ontduik, oorbelas

bw. voor belasting, na belasting

uitdr. betaal aan die koning wat die koning toekom

7
Gevoelens

A. GEVOELSLEWE

713. Gevoel

s.nw. ***gevoel,*** positiewe gevoel, negatiewe gevoel, pligsgevoel, voorgevoel, meegevoel, lusgevoel, natuurgevoel, skoonheidsgevoel 743, kunsgevoel 747, taalgevoel, affek, gevoelswaarde, gevoelstoestand, gevoelentheid (*geselst.*), emosie, emosionele toestand, opwelling, emosionele opwelling, sentiment, ondervinding, gesteldheid, geestesgesteldheid, geestelike gesteldheid, sielkundige gesteldheid, psigologiese gesteldheid, disposisie, geestesgesondheid, geestelike gesondheid, gemoedstoestand, gemoed, gemoedstemming, bui, ingesteldheid, stemming, vakansiestemming, atmosfeer; geaardheid, wese, gees, siel, sin, ondertoon, klimaat, sfeer, beroering, beweging, hartsnaar, wil, hart, hartklop, animus; indruk, totaalindruk, impressie, instink, effek, totaaleffek, impuls, konnotasie, uitdrukking, gevoelsuitdrukking, gevoelsuiting, sentiment, gemoedsuiting, gemengde gevoelens, onsekere gevoel
gevoelswêreld, gevoelslewe; gevoelsoordrag, projeksie
positiewe gevoel 714, goeie bui, lekker bui, entoesiasme, opwinding, drif, geesdrif, begeestering, passie, besieling, besieldheid, hartstog, vlam, gloed, warmte, vuur, vurigheid, inspirasie, muse, prikkeling, tinteling, ywer 610, gloed, verrukking, aandoenlikheid, aandoenlike, patos, flikkering, flikker, positiewe emosie, katarsis, tevredenheid, sereniteit, stemmigheid, bedaardheid, sedigheid, besadigdheid, beskeidenheid, teruggetrokkenheid, ingetoënheid, geduld, Jobsgeduld, toegeneentheid, vriendelikheid 776, vermurwing, teerheid, vertedering, ontroering
negatiewe gevoel 715, slegte bui, nukkerigheid, buierigheid, irritasie, wispelturigheid, koppigheid, eiesinnigheid, befoeterdheid, kriewelkrappers, humeur, humeurigheid, drif, uitbarsting, agitasie, paroksisme, gril,

luim, luimigheid, kapries, caprice, woede 618, 771, ontsteltenis, ontstemdheid, konsternasie, verbystering, opskudding, melodrama, opslag, opstokery, opstoking, negatiewe emosie, katapleksie, gemoedsteuring, gemoedsteurnis, kompleks, kwint, sieklike gevoel, dweepsug, ontsteltenis, verontrusting, ongeduld 771, onrus, spanning, tensie, storm, stuwing, skok, skokgolf

inspirasie, inspirering, inboeseming, aanmoediging, ophitsing, aanhitsing, aanvuring, verrukking, opwinding, opskudding, beroering, sensasie

gevoelsmens, gevoelswese, blikskottel, blikslaer, blikskater, opstoker, yweraar

b.nw. ***gevoelvol*** 714, sensitief, toegeneë, begaan, teer, affektief, diepsinnig, gevoelig 714, fynbesnaar(d), dinamies, geesdriftig, begeester(d), naarstig, gloedvol, gloeiend, borrelend, onblusbaar, opgekrop, entoesiasties, vitaal, heelhartig, besiel(d), lewendig, gretig, lustig, opgewonde, lewenslustig, hartstogtelik, passievol, ekstaties, eufories, vurig, vuur en vlam, ywerig, volywerig, voortvarend, verruk, bly, blymoedig, opgewek, vriendelik 776, tevrede, sereen, stemmig, gematig(d), bedaard, sedig, besadig(d), beskeie, stil, stillerig, swygsaam, teruggetrokke, terughoudend, ingetoë, in jouself gekeer, katarties, knus, uitdrukkingsvol, uitdrukkingloos, stigtelik, gestem; aandoenlik, hemels, klinkend, indrukwekkend, ongelooflik, aangrypend, roerend, ontroerend, hartroerend, verruklik, treffend, tintelend, inspirerend, besielend

buierig, ontsteld, ontstem(d), verbyster(d), geïrriteerd, gatvol (*plat*), prikkelbaar, kriewelrig, rusteloos, iewerig, nukkerig, humeurig, opvlieënd, gramstorig, oplopend, bars, onrustig, onbeteuel, onbeheers(d), driftig, kwaad, woedend, siedend, beneuk, bedonderd (*plat*), befok (*plat*), kortaf, knorrig, luimig, grillig, rillerig, krapperig, koppig, eiesinnig, nors, onvriendelik 623, 777, stuurs, ongeduldig, ongemaklik, melodramaties, liggeraak, fynbesnaar(d), fyngeraak, fyngevoelig, dweepsiek, dweepagtig, dweperig, sopperig, pateties, moedeloos, katapleksies; ontstellend 714, ontstigtend, onstigtelik, irriterend 714, ergerlik 714, hinderlik 714, frustrerend

ww. ***voel,*** aanvoel, ondervind, ervaar, deurmaak, deurgaan, beleef, belewe, deurleef, smaak, geniet, verduur, deurstaan, ken, ly, smaak, sien, hoor, aanhoor, gewaarword, bewus word van, onder die indruk van iets wees, deurvoel, wel, opwel, tintel, geniet, verduur, meevoel, ontroer word deur, oorkom

verbly, bly wees, blymoedig wees, verheug, geduldig wees, duld, aansien, meegevoer raak

ontstel, ontsteld wees, ontstem, ontstem(d) wees, bekommer, bekommerd wees, verontrus, onthuts wees, jou ontstig, jou iets aantrek, jou opwen, jou opwin, gevoelens opkrop, gevoelens laat oplaai, gevoelens laat opvlam, geïrriteerd wees, stook, kook, warm word, ontvlam, jou geduld verloor, ongeduldig wees, fermenteer, broei, op loop sit, te kere gaan, tekere gaan, ril, daar koud van word, dweep, knies, verknies, in jouself gekeer(d) wees, ingetoë wees

uiting gee aan jou gevoel, jou gevoelens lug, uitbars, ontboesem, ontbrand, ontdooi, ontgloei, afreageer

raak, aanraak, tref, 'n indruk maak, tot iemand se gemoed spreek, stem, meevoer, meesleep, beweeg, roer, ontroer, verteder, vermurf, vermurwe, prikkel, aanhits, ophits, opstook; iemand laat goed voel, emosioneel ondersteun, aanmoedig, bemoedig, verbly, bly maak, gelukkig maak, verheug, plesier, plesier gee, hoop gee, inspireer, begeester, besiel, opwek, magnetiseer, galvaniseer, beïndruk, imponeer, inboesem; iemand laat sleg voel, op iemand se gevoel speel, afkraak, iemand emosioneel afkraak, afbreek, iemand emosioneel afbreek, hartseer maak, krenk, seermaak, beledig, ontmoedig, irriteer, opstook, skok, irriteer, krap, iemand se geduld op die proef stel, op iemand se senuwees werk, ontstel, ontstem, omkrap, verontrus, onthuts, omkrap, grief

bw. knussies, vurig(lik)

uitdr. die soet en die suur van die lewe; die stuipe kry; hoendervel kry; so geduldig soos Job; Job se geduld en Salomo se wysheid; jou gemoed lug/uitstort; maagvol wees; gatvol wees (*plat*); siek en sat wees; genoeg hê

714. Gevoelig

b.nw. ***gevoelig,*** sensitief, responsief, ontvanklik, gevoelvol, romanesk, innig, fyn, fyngevoelig, teergevoelig, fynbesnaar(d), fyn-

gemaak, fynsinnig, kies (fyngevoelig), broos, delikaat, sag, saggeaard, sagmoedig, sagsinnig, toegeeflik, week, weekhartig, jammerhartig, deernisvol, deernishebbend, begaan, besorg(d), sorgsaam, simpatiek, goedhartig, barmhartig, ontfermend, welwillend, meevoelend, empaties, mensliewend, vriendelik 778, hoflik, beleef(d), Christelik, taktvol, diplomaties, omsigtig, bedagsaam, innemend, teer, liefdevol 776, liefderik, lieftallig, romanties 714, 776, sentimenteel, emosioneel, oorgevoelig, oorsensitief, hipergevoelig, hipersensitief, hooggestem(d), pieperig, kleinserig, kwesbaar, kwetsbaar, liggeraak, fyngeraak, fyngesnaar(d) (*ong.*), prikkelbaar, aantreklik (liggeraak), aangetrokke; gelykmatig, gelykmoedig, goed geluim, sleg geluim, gestem, besnaard, sielkundig, psigologies, geestelik

bly 718, blymoedig, goed gestem(d), vreugdevol, gemoedelik, tevrede

swaarmoedig 719, beswaar(d), morbied, labiel, emosioneel, hartseer 623, 717, 719, huilerig, tranerig, aangedaan, ontroer(d), bewoë, sleg, aardig, naar, beroerd, op, blikners, ontevrede, ontsteld, ontset

senuweeagtig, senuagtig, nerveus, ongemaklikheid, skrikkerig, gespanne, hooggespan, hooggespanne, prikkelbaar, kriewelrig, geagiteerd, ongedurig, nukkerig, iewerig (*ong.*), rusteloos, onrustig, manies, neuroties, bevange, bangerig, bang 768, beangs, bevrees

temperamenteel, impulsief, willekeurig, wispelturig, veranderlik, instinkmatig, instinktief, onstabiel, onseker, onstandvastig, onvas, wankelrig, wankelmoedig, besluiteloos, weifelagtig, twyfelmoedig, temperamentvol, besielend, besiel(d), entoesiasties, warm, warmbloedig, gloeiend, brandend, voortvarend, passievol, hartstogtelik, ongeduldig, ongedurig, ongestadig, wipperig, driftig, vurig, heethoofdig, fanaties, fanatiek, dweperig, onderstebo, liggeraak, sanguinies, geagiteer(d), bedonderd (*plat*), befok (*plat*), bebliksem(d) (*plat*), bliksems (*plat*), humeurig, gehumeur(d), opvlieënd, oplopend, gramstorig, heftig, heet, hitsig, hittig, stormagtig, onstuimig, besete, kwaad 771, verbolge 771

aandoenlik 713, gevoelvol, sielvol, ontroerend, roerend, aangrypend, nostalgies, hartroerend, verruklik, treffend, tintelend, meevoerend, inspirerend, besielend; irriterend 713, ergerlik 713, hinderlik 713, lastig, plaerig, frustrerend, ontstigtend, ontstigtelik, verpestend, ontstellend, onthutsend, verontrustend, onrusbarend, ontstemmend, ontsettend, skokkend, vreeslik, verskriklik, skrikwekkend, angswekkend, vreesaanjaend, angsaanjaend, vreeswekkend, skrikaanjaend, skrikbarend, ysingwekkend, afgryslik, afskuwelik, aaklig, walglik, weersinwekkend, horribaal (*geselst.*), gruwelik, sinister, onheilspellend, verbysterend, verontrustend, hartverskeurend, senutergend, senuweetergend, sieltergend

s.nw. ***gevoel,*** bewussyn 506, 508, sensasie, gewaarwording, ervaring, prikkel, prikkeling, atmosfeer, gees, gemoed, siel, toon, sentiment, emosie, stemming, gemoedstemming, gesteldheid, ingesteldheid, gemoedsgesteldheid, emosionele gesteldheid, sielkundige gesteldheid, psigologiese gesteldheid, instelling, houding, bui, luim, gevoelsuiting, uiting van gevoel, gemoedsuiting, gemoedsaandoening; gevoeligheid, sensitiwiteit, ontvanklikheid, fyngevoeligheid, fynsinnigheid, teergevoeligheid, fynbesnaardheid, broosheid, delikaatheid, sagtheid, saggeaardheid, sagmoedigheid, sagsinnigheid, toegeeflikheid, weekheid, weekhartigheid, jammerte, jammerhartigheid, deernis, besorgdheid, simpatie, goedheid, goedhartigheid, barmhartigheid, ontferming, welwillendheid, meegevoel, medely(d)e, deelneming, Christelikheid, menslikheid, mensliewendheid, vriendelikheid 776, warmte, hoflikheid, beleefdheid, takt, taktvolheid, diplomasie, omsigtigheid, bedagsaamheid, innemendheid, teerheid, liefde 776, liefdevolheid 776, lieftalligheid, sentiment, sentimentaliteit, emosie, emosioneelheid, emosionaliteit, oorgevoeligheid, hipergevoeligheid, hooggestemdheid, piep, pieperigheid, kleinserigheid, kwesbaarheid, liggeraaktheid; kwesplek, swakplek, achilleshiel

blydskap 718, blyheid, blymoedigheid, vreugde, gemoedelikheid, tevredenheid 651, 713

swaarmoedigheid 719, beswaardheid, morbiedheid, morbiditeit, labiliteit, hartseer 623, 717, 719, weemoed, weemoedigheid, huilerigheid, tranerigheid, nostalgie, ontroering, ontevredenheid, ontsteltenis, ontsetting

senuweeagtigheid, senuagtigheid, senuwees (*mv.*), nerveusheid, nervositeit (*ong.*), gespannenheid, spanning, senuspanning, senuweespanning, prikkelbaarheid, kriewelrigheid, ongedurigheid, rusteloosheid, onrustigheid, neurose, manie, vrees 768, angs 768, beangstheid, bevreesdheid, skrikkerigheid

wispelturigheid, impulsiwiteit, veranderlikheid, instink, onstabiliteit, gebrek aan stabiliteit, onsekerheid, onstandvastigheid, onvastheid, wankelrigheid, wankelmoedigheid, besieling, entoesiasme, warmte, warmbloedigheid, vuur, vurigheid, passie, hartstog, ongeduld, ongedurigheid, ongestadigheid, onstuimigheid, drif, voortvarendheid, heethoofdigheid, heftigheid, dweperigheid, dweepsiekte, dweepsugtigheid, fanatisme, liggeraaktheid, humeur, humeurigheid, opvlieëndheid, nuk, nukkerigheid, hitsigheid, besetenheid, woede 771, verbolgenheid

aandoenlikheid, aandoening, gevoelvolheid, vertedering, verruklikheid, verrukking, sinsverrukking, vervoering, sinsvervoering, treffendheid, trefkrag, tinteling, inspirasie, besieling, verinnerliking; irritasie, ergerlikheid, hinderlikheid, las, lastigheid, frustrasie, ontstigting, verpesting, ontsteltenis, verontrusting, onrusbarendheid, verskrikking, skrikwekkendheid, angswekkendheid, gruwelikheid, afgryslikheid, afskuwelikheid, aakligheid, walging, weersin

temperament, predisposisie, innerlike, wese, drif, aard, karakter, karaktertrek, natuur, gees, gemoed, siel, inbors, gevoelslewe

gevoelsmens, entoesias, jammerhart, sentimentalis, tjankbalie, smartvraat, senuwee-orrel, senulyer, senuweelyer, wipstert, hardegat (*plat*), heethoof, maniak, fanatikus

bw. met gevoel, met vreugde, met passie, vurig(lik), bliksems (*plat*), druipstert

ww. ***gevoelig wees,*** sensitief wees, fyngevoelig wees, jou iets aantrek, medelye hê, simpatie hê, simpatiseer, ontferm, omgee, bekommer, kwel, mopper, mor

senuweeagtig wees, dit op jou senuwees hê, kriewel, kriebel, gespanne wees, aan spanning ly, aan senuspanning ly

ontroer, vervoer, aangryp, aanvuur, besiel, galvaniseer, animeer, agiteer, irriteer, erger, hinder, 'n las wees, las gee, verpes, onthuts, ontstel, ontstig, verinnig, verteder

uitdr. in vervoering raak; 'n warm hart hê; behep wees met 'n gedagte; lyk of die kraaie jou kos afgeneem het; met 'n stok kan aanvoel; te moede; op iemand se senuwees werk; op jou senuwees hê; op spelde sit; tot trane beweeg; vurige kole op iemand se hoof hoop; 'n berg van iemand se skouers af; 'n gevoelige snaar (aan)raak; 'n teer punt; 'n teer/tere saak; fyn van nerf wees; vol ipekonders wees

715. Gevoelloos

b.nw. ***gevoelloos,*** ongevoelig, apaties, onontvanklik, indifferent, serebraal, gedagteloos, toonloos, sielloos, sinies, onverskillig, traakmy-nieagtig, besimpeld, afgestomp, stomp, bot, dom 503, lusteloos, suf, futloos, lam, lamlendig, letargies, gedwee, gelate, skaam, skugter, sku, inkennig, bedees(d), onvrymoedig, teruggetrokke, stemmig, stil, sedig, afgetrokke, asosiaal, verstok, droog, ongeërg, ongegeneerd, onbetrokke, doof, dikvellig, taktloos, onbedagsaam, onsimpatiek, onvriendelik 777, 779, koel, kil, koud, liefdeloos, harteloos, onbarmhartig, afknouerig, hard, hardvogtig, gehard, onbewoë, onmenslik, inhumaan, koelbloedig, gewete(n)loos, meedoënloos, genadeloos, ongemanierd, wreed, wreedaardig

kalm, kalmpies, doodkalm, rustig, gerus, houtgerus, doodgerus, perdgerus, ontspanne, koelkop, nugter, onversteurbaar, onverstoorbaar, onbekommerd, kommerloos, onbesorg(d), sorgloos, sorgeloos, lakoniek, probleemloos, onbeswaar(d), sereen, stil, bedaard, besadig(d), stemmig, flegmaties, stoïsyns, gelykmoedig, gelykmatig, luiters, doodluiters, doodleuters, ongeërg(d), nonchalant, verdraagsaam, verdraaglik, lydsaam, tolerant, vreedsaam, vredevol, vredig, geduldig, lankmoedig, sag, saggeaard, sagsinnig, ingetoë

s.nw. ***gevoelloosheid,*** ongevoeligheid, apatie, gedagteloosheid, sielloosheid, sinsverbystering, verdoffing, verdowwing, vervreemding, desensibilisasie, repressie, sinisme, onverskilligheid, traak-(my)-nieagtigheid, besimpeldheid, afstomping, afgestomptheid, botheid, lusteloosheid, futloosheid,

letargie, gedweënheid, gelatenheid, skaamte, skugterheid, skuheid, inkennigheid, bedeesdheid, gelatenheid, teruggetrokkenheid, stemmigheid, sedigheid, afgetrokkenheid, verstoktheid, ongeërgdheid, onbetrokkenheid, dikvelligheid, taktloosheid, onbedagsaamheid, onvriendelikheid, kilheid, liefdeloosheid, harteloosheid, onbarmhartigheid, hardheid, hardvogtigheid, verharding, onbewoënheid, onmenslikheid, inhumaniteit, koelbloedigheid, gewetenloosheid, meedoënloosheid, genadeloosheid, ongemanierdheid, wreedheid, wreedaardigheid
kalmte, gemoedskalmte, gemoedsrus, vrede, gemoedsvrede, gerustheid, rustigheid, berusting, ontspannenheid, nugterheid, beheerstheid, beheersing, selfbeheersing, onversteurbaarheid, onverstoorbaarheid, ongestoordheid, onbekommerdheid, onbesorgdheid, sorg(e)loosheid, lakonisme, sereniteit, bedaardheid, besadigdheid, flegma, stoïsisme, stabiliteit, gelykmoedigheid, gelykmatigheid, ongeërgdheid, nonchalance, verdraagsaamheid, verdraaglikheid, lydsaamheid, toleransie, vreedsaamheid, geduld, jobsgeduld, lankmoedigheid, saggeaardheid, ingetoënheid
flegmatikus, sinikus, stoïsyn, sfinks, waspop, blikskottel

bw. op jou gemak, sonder haas

ww. ***gevoelloos wees,*** geen gevoel hê nie, geen gevoel toon nie; ongevoelig maak, desensibiliseer, verdof, verdoof, verdowe, verhard, verkoel, afstomp, verstomp, vervreem, afsterf, afsterwe, afkoel, afknou, opdons, iemand se gevoelens seermaak
kalm wees, kalmeer, bedaar, berus, onbekommerd wees, slaap, verdra, verduur, gedoog, tolereer, verdraagsaam wees, duld, geduldig wees, geduld gebruik; temper, tem, tot bedaring bring, laat bedaar, kalmeer, tot rus bring, iemand afkoel, koudlei, sus, troos 716, vertroos, opbeur, bemoedig, moed inpraat, met moed besiel, paai, bevredig, tevrede stel

uitdr. 'n dik vel hê; 'n dik huid hê; koudbloedig wees; 'n hart van klip hê; dit kan my nie skeel nie; dit laat my koud; geen oog hê vir iets nie; g'n spier vertrek nie; senuwees van staal hê; koelkop wees; dit vat soos dit kom; jou iets getroos

B. VREUGDE EN DROEFHEID

716. Genot

s.nw. ***genot,*** genieting, genotlikheid, genietlikheid, plesier, plesierigheid, aangenaamheid, lekker, lekkerte, lekkerkry, lekkerheid, heerlikheid, saligheid, verkwiklikheid, behae, behaaglikheid, welstand, voorspoed, welbehae, welbehaaglikheid, welgevalligheid, tevredenheid 720, bevrediging, satisfaksie, genoeë, genoeglikheid, vergenoegdheid, geluk 682, geluksaligheid, saligheid, vrede, opgewondenheid, opwinding, vreugde 718, blydskap 718, opgewektheid, blymoedigheid, vrolikheid, uitbundigheid, uitgelatenheid, baldadigheid 718, euforie, verrukking, verruklikheid, vervoering, lus, verlustiging, mondaniteit, sin(s)genot, sinlike genot, sinlikheid, sinnelikheid, sensuele genot, seksuele genot, wellus, wellustigheid, genotsug, plesiersoekery, verkwikking
plesierigheid, gesellligheid, vermaak 722, ligte vermaak, ernstige vermaak, vermaaklikheid, jolyt, pret, kaperjol, kapriol, kaskenade, partytjie, fees, jool, uitvluggie, lawwigheid, verspottigheid
gemak, gerief, gerieflikheid, aangenaamheid, vergemakliking, rus, rustigheid, moeiteloosheid, probleemloosheid
vertroosting, troos, trooswoord, konsolasie, bemoediging, verblyding, opvroliking, opkikkering, verligting, paaiery, lafenis, laafnis, lawing, verligting, versoeting
plesiersoeker, pretsoeker, plesiermaker, pretmaker, maltrap, trooster, vertrooster

b.nw. ***aangenaam,*** lekker, heerlik, smaaklik, delikaat, soet, mooi 743, pragtig, lieflik 743, nie onaardig nie, smaakvol, goed, uitstekend, skitterend, manjifiek, groots, vleiend, sag, salig, genotvol, genietlik, genotlik, genoeglik, plesierig 722, behaaglik, welbehaaglik, eufories, weldadig, gevallig, welgevallig, welkom, verblydend, hartverblydend, vermaaklik, onderhoudend, interessant, gesellig, verkwikkend, verkwiklik, verwarmend, hartverwarmend, strelend, salwend, troostend, vertroostend, troosvol, gemaklik, gerieflik, moeiteloos, probleemloos
gelukkig 718, opgewonde, bly 718, vreugdevol, opgewek, blymoedig, vrolik, uitbundig, uitgelate, baldadig 718, tevrede, getroos,

vergenoegd; genotsoekend, genotsugtig, genotsiek, wellustig

ww. ***geniet,*** plesier hê, plesier smaak, genot smaak, behae skep, genoegdoening smaak, genoeë hê, genoeë smaak, bevrediging hê, bevrediging smaak, tevrede wees, tevredenheid smaak, voldoening smaak, dit goed hê, bly wees, lekkerkry, verlekker, daar pret aan hê, verlustig, baljaar, jol, ke(r)jakker, uitkap, jubel

behaag, behae, bly maak, verbly, plesier, plesier gee, vermaak, opvrolik, vervrolik, verkwik, opkikker, veraangenaam, vergemaklik, makliker maak, tevrede stel, tevredenheid gee, voldoening gee, bevredig, bevrediging gee, fassineer, liefhê 776, liefde betoon, liefde bewys

opbeur, troos, vertroos, moed gee, bemoedig, aanmoedig, moed inpraat, met moed besiel, hoop gee, hoopvol maak, ondersteun, onderskraag, smart lenig, begrip toon, liefde bewys, laaf, lawe, streel, sus, paai, verlig, mitigeer

bw. gemakshalwe

uitdr. die wel en die wee; dit geval my; so gelukkig soos 'n vis in die water; so gelukkig soos 'n vark in die modder; soos 'n koning lewe; hemel op aarde hê; hoe meer siele hoe meer vreugde; die genoeëns van die lewe smaak; jou hart aan iets ophaal; met jou gat in die botter val (*plat*); meer geluk as wysheid; lekker is maar vingerlank; balsem in die wond gooi; die pil verguld; jou verlekker in; 'n pak van my hart af; 'n sug van verligting

717. Lyding

s.nw. ***lyding,*** leed, beproewing, bedroefdheid, beproefdheid, swaar, swaarkry, swarigheid, gesukkel, ellende, misère, moeite, hagliklheid, ontbering, pyn, seer, seerheid, skok, ontsteltenis, onaangenaamheid, onplesierigheid, treurigheid, gebrokenheid, wrangheid, ongeluk, ongelukkigheid, knyp, knelpunt, nood, nooddruftigheid, armsaligheid, juk, kruis, doring, gal, hel, hondelewe, teëspoed, teenspoed, ramp, katastrofe, kalamiteit, rampspoed, rampspoedigheid, somberheid, kwelling, moeilikheid, lastigheid, verknorsing, probleem, sorg, naarheid, narigheid, aakligheid, afgryslikheid, afskuwelikheid

geestelike lyding, sielelyding, geestelike leed, leed, sieleleed, sielsleed, smart, sielesmart, lydensbeker, wêreldsmart, Weltschmerz, wroeging, sielewroeging, sielswroeging, hartseer 719, verdrietigheid, droefheid 719, droewigheid, droefnis, droefgeestigheid, verdriet, verdrietlikheid, sielsverdriet, weemoed, weemoedigheid, weedom, melancholie, melankolie, verlange, heimwee, verslaen(t)heid, gebrokenheid, swaarmoedigheid, morbiditeit, morbiedheid, somberheid, trietsigheid, triestigheid, triesterigheid, bedruktheid, terneergedruktheid, mismoedigheid, mismoed, rou, grief, verskeurdheid, wrangheid, ongeluk, ongelukkigheid, teleurstelling, teleurgesteldheid, spyt, ontnugtering, verleentheid, ongemak, spanning, senuspanning, ondraaglikheid, sorge, kommer, bekommernis, bekommerdheid, kwelling, ontsteltenis, gemoedstryd, swarigheid, beswaardheid, probleem, geestelike probleem, sielkundige probleem, psigologiese probleem, nood, sielenood, sielsnood, knaging, verkropping, swaarhoofdigheid, obsessie, masochisme

liggaamlike lyding, seer (pyn), seerheid, gevoeligheid, pyn, liggaamspyn, spierpyn, rugpyn, tandpyn, spanningspyn, hoofpyn, migraine, steek, steekpyn, geboortepyn, napyn, naweë, siekte 412, 413, seer (seerplek), seerplek, sweer, buil, puisie, blaar, bloedblaar, koorsblaar, blaas, bloedblaas, wond, wondplek, snywond, steekwond, koeëlwond, ongemak, ongemaklikheid

onaangenaamheid, verbittering, versuring, pyniging, marteling, martel(a)ry, teistering

ongelukskind, ongeluksvoël, ongelukspro feet, ongeluksbode, slagoffer, prooi, stom meling, sukkelaar, masochis, smartvraat, pretbederwer, martelaar, martelares

b.nw. ***lydend,*** arm, armsalig, beproef(d), teë spoedig, teenspoedig, besog, bedroë, sleg, e sleg, ellendig, treurig, drommels (*geselst.* miserabel, haglik, jammerlik, erbarmlik klaend, bedroewend, deer, deerlik, beklaag lik, beklaenswaardig, gebroke, wrang, on gelukkig, ontsteld, gekwel(d), onaangenaam onplesierig, somber, pynlik, seer

ontstellend, sorgwekkend, sorgbarend, sorg lik, skokkend, hartbrekend, hartverske rend, onaangenaam, ongevallig, onsali swaar, bitter, hard, onuithoudbaar, on draaglik, ondraagbaar, onuitstaanbaar

smartlik, smartvol, smartloos, wroegend, sielswroegend, sielpynigend, ongelukkig, hartseer 719, bedroef 719, droewig, droefgeestig, verdrietig, verdrietlik, huilerig, treurig, treurend, weemoedig, melancholies, melankolies, melancholiek, melankoliek, neerslagtig, terneergedruk, mismoedig, moedeloos, moedverlore, pessimisties, depressief, morbied, verslae, gebroke, swaarmoedig, swaarhoofdig, swartgallig, somber, trietsig, triestig, triest, bedruk, negatief, af, bekaf, naargeestig, desolaat, teleurgesteld, ontnugter, verleë, bekommerd, ontsteld, beswaard, griewend, skrynend, wrang, obsessioneel, masochisties

siek, ernstig siek, olik, sieklik, ongesond, bedlêend, lydend, sterwend, seer, seerderig, sererig, pynlik, skrynend, skerp, gevoelig, ongemaklik, lastig

ww. ***ly,*** swaarkry, smart ervaar, ontbeer, ontbering verduur, ellende verduur, in ellende verkeer, geen plesier aan iets hê nie, sukkel, sorge hê, dit swaar hê, dit hard hê, dra, tors (*ong.*), verduur, verdra, duld, opkrop, verkrop, deurstaan, gedoë, gedoog, ondergaan, 'n stel aftrap, bekommer, verkommer, kwel, suf, rou, seerkry, sterre sien

siek wees, pyn ly, bloei, bedlêend wees, seer hê

lyding veroorsaak, teister, beproef, irriteer, pla, kwel, sukkel met, bodder (*geselst.*), treiter, tart, tormenteer, tempteer, afhaal, grief, neerslagtig maak, droewig stem, bedruk, vergal, lastig val, vervolg, versuur, bejammer, pynig, afpynig, skryn, skok, kasty, beseer, knel, knou, knyp, knaag, knae, kanker, slaan, bestook, wond, verwond, aanrand, verskeur, karnuffel, striem, martel, folter, gesel, verbitter

itdr. bitter trane stort; die bitter kelk drink; 'n bitter beker moet ledig; die lydensbeker tot op die bodem toe ledig; dit opdraand hê; gebuk gaan onder 'n swaar las; hel op aarde hê; in die pekel sit; in sak en as sit; jou kruis dra; elke huis het sy kruis; jou rieme styfloop; jou sorge daaroor maak; nie graag in iemand se skoene staan nie; iemand se beker is vol; tot die bitter einde; wrange spot; 'n bitter pil om te sluk; 'n doring in die vlees; 'n doring in die oog; iemand se lewe versuur

718. Bly

b.nw. ***bly,*** lewensbly, sielsbly, vol van blydskap, oorstelp, oorstelp van vreugde, vreugdevol, stralend, ekstaties, opgetoë, verheug, gaande, blymoedig, blymoedig gestem, blygeestig, blyhartig, vrolik, opgeruimd, opgewek, kleurig, joviaal, spontaan, fleurig, sonnig, juigend, vriendelik 776, vrindelik (*veroud.*), goedgehumeurd, goedgeluim, gemoedelik, opgewonde, geesdriftig, entoesiasties, positief, plesierig, prettig, jolig, uitbundig, lewendig, lewenslustig, geesdriftig, geanimeerd, uitgelate, baldadig, malkop, pretlustig, geamuseer(d)

gelukkig, dolgelukkig, salig, geluksalig, welgeluksalig, geseën(d), ingenome, opgetoë, vergenoeg(d), tevrede, welgemoed, welsalig, kommerloos, kommervry, onbesorg, onbeswaar(d), sorgeloos, vry van sorge, optimisties, gerus

verblydend, hemels, heuglik, tintelend, feestelik, flikkerblink

s.nw. ***blydskap,*** blyheid, lewensblyheid, blymoedigheid, blygeestigheid, vreugde, vreug, vreugdevolheid, ekstase, verrukking, geestesverrukking, geestesvervoering, opgetoënheid, vrolikheid, opgeruimdheid, opgewektheid, spontaneïteit, sonnigheid, vriendelikheid, goedgehumeurdheid, gemoedelikheid, opgewondenheid, geesdrif, geesdriftigheid, lus, hartelus, entoesiasme, plesier, plesierigheid, prettigheid, lekkerkry, heuglikheid, joligheid, humor, hilariteit, juiging, uitbundigheid, opwinding, lewe, lewendigheid, lewenslus, lewenslustigheid, vitaliteit, joie de vivre, geanimeerdheid, animo, oplewing, uitgelatenheid, baldadigheid, opkikkering, pretlustigheid, geamuseerdheid; pret, plesier, jolyt, vermaak

geluk, lewensgeluk, huweliksgeluk, skyngeluk, heil, sieleheil, geluksgodin, gelukkigheid, onbesorgdheid, behae, behaaglikheid, welbehaaglikheid, genoeglikheid, saligheid, geluksaligheid, welgeluksaligheid, welstand, welsyn, geseëndheid, ingenomen(d)heid, opgetoënheid, vergenoegdheid, tevredenheid, bevrediging, satisfaksie, onbesorgdheid, sorgeloosheid, optimisme, gerustheid; gelukslag, gelukskoot, bonanza, fortuin, paradys

pretmaker, maltrap, gelukskind, geluksoeker, optimis

bw. in vervoering, knussies, goedsmoeds

ww. ***verbly,*** vrolik wees, verkneukel, verkneuter, verheug, verlustig, lag, juig, jubel, vreugdekrete aanhef, jubileer, straal, tintel
gelukkig wees, in jou skik wees, in 'n goeie bui wees
gelukkig maak, geluk bring, verbly, vreugde bring, plesier, opvrolik, opwek, opgewonde maak, opkikker, opfleur

tw. hiep-hiep-hoera, hoera, hoerê, hosanna

uitdr. geluk by die ongeluk; na reën kom daar sonskyn; in die wolke wees; in jou noppies wees; uit jou vel spring; in die sewende hemel wees; elke dag het genoeg aan sy eie kwaad; wie die laaste lag, lag die lekkerste

719. Hartseer

b.nw. ***hartseer*** 717, huilend, huilerig, tranerig, betraan(d), verdrietig, verdrietlik, bedroef(d), diepbedroef(d), ontroosbaar, droewig, droef, droefgeestig, droewiglik, seer, klaaglik, aangedaan, bewoë, treurig, treurig gestem, geroer, ontroer, diep geraak, triest, triestig, triets(er)ig, lusteloos, smartlik 717
ongelukkig, doodongelukkig, vreugdeloos, afgehaal, bedruk, bekaf, swaarmoedig, swartgallig, bitter, moedeloos, moedverlore, mismoedig, mistroostig, beswaard, miserabel, erbarmlik, beklaenswaardig, beklaaglik, grys, terneergedruk, neerslagtig, terneergeslae, naargeestig, gebroke, onderstebo, gekwel(d), tobberig, tragies, kniesierig, ontroosbaar, wroegend, sielswroegend, naar, somber, pateties, pessimisties, negatief, défaitisties, desperaat, wanhopig, plat, platgeslaan, geknak, gekrenk, gekwets, seergemaak, te na gekom, verneder, gegrief, melancholies, melankolies, melancholiek, melankoliek, troosteloos, depressief, swaarhoofdig, bekommerd, kommerlik, kommervol, swaartillend (*ong.*), morbied, desolaat, kwynend, gebroke, ontnugter, gefrustreerd, ontevrede 721, onvergenoeg(d), misnoeg(d), vies, ontstem(d), teleurgesteld, nukkerig, befoeter(d), dikmond, dikbek (*geselst.*), beneuk (*plat*), betjoiings (*geselst.*), klaerig, klaend, brommerig, brommend
bedroewend, treurig, hartverskeurend, lydend, skrynend, navrant, neerdrukkend, desperaat, teëspoedig, teenspoedig, rampspoedig, haglik, rampsalig, katastrofaal, kataklismies, noodlottig, vernietigend, omineus, onheilspellend, skokkend

s.nw. ***hartseer,*** huilerigheid, tranerigheid, tranedal, bedroefdheid, droefheid, droewigheid, droef(e)nis, droefgeestigheid, verdriet, verdrietigheid, verdrietlikheid, weemoed, weemoedigheid, harteleed, hartewee, patos, treurigheid, treurnis, triestigheid, trietsigheid, trietserigheid, bedruktheid, jammerdal, ontroering, seer, smart, sielesmart, smartlikheid, wêreldsmart, Weltschmerz, rou, roubeklag, krokodiltrane
ongeluk (ongelukkigheid), ongelukkigheid, vreugdeloosheid, bitterheid, moedeloosheid, moedverlorenheid, mismoed, mismoedigheid, mistroostigheid, miserabelheid, terneergedruktheid, neerslagtigheid, terneergeslaenheid, swaarmoedigheid, swartgalligheid, swaartillendheid (*ong.*), gebrokenheid, melancholie, melankolie, melancholiekigheid, melankoliekigheid, troosteloosheid, somberheid, wroeging, sielewroeging, sielswroeging, kwelsug, gekweldheid, pessimisme, défaitisme, desperaatheid, wanhoop, wanhopigheid, depressie, versteurdheid, versteuring, morbiedheid, morbiditeit, swaarhoofdigheid, skaamte, kommer, bekommernis, bekommerdheid, slegte luim, ontnugtering, frustrasie, ontevredenheid 721, ontsteltenis, ontstemming, ontstemdheid, misnoeë, misnoegdheid, teleurstelling, verergdheid, nukkerigheid, befoeterdheid
leed, lyding 717, pyn, pynlikheid, ellende, jammer, jammerte, smart, nood, misère, neerdrukkendheid, haglikheid, kommer, bekommernis, kommernis, kwelling, gemoedskwelling, teenspoed, teëspoed, slag, terugslag, teenslag, teëslag, rampspoed, tragedie, tragiek, katastrofe, kataklisme, noodlot, onheil, onheilsdag, onheilsnag, skok, ramp, persoonlike ramp, natuurramp, rampspoed, rampspoedigheid, rampsaligheid, verlies, skade, beskadiging, ongeluk, motorongeluk, verkeersongeluk, treinongeluk, ongeval, besering, siekte 412, di[e] einde van die wêreld
lasdraer, ongeluksvoël, onheilsvoël, pess[i]mis, melancholikus, melankolikus, melan[]cholis, melankolis

ww. ***hartseer wees,*** bedroef wees, huil, tran[e] stort, treur, betreur, knies, verknies, rou

ongelukkig wees, ongeluk ken, ongeluk smaak, ly 717, kla, simpel voel, terneergedruk wees, neerslagtig wees, opgee, moed opgee, kwyn, wegkwyn
bedroef, tot trane beweeg, tot trane dryf, ongelukkig maak, ongelukkig stem, terneerdruk, ontmoedig, grief, steur, versteur, verstoor, skok

uitdr. 'n knop in die keel kry; jou begrafnisgesig ophê; nie in die stemming wees vir iets nie; net die donker sy raaksien; dwars in die krop steek; in sak en as sit; op moedverloor se vlakte sit; op jou neus kyk; soos 'n uil op 'n kluit sit; stukkend voel; my hart bloei; dit breek my hart; krokodiltrane huil

720. Tevrede

b.nw. ***tevrede,*** bly 718, weltevrede, vergenoeg(d), ingenome, opgetoë, bevredig, gelukkig 718, behaaglik, getroos, gediend, voldaan, selfvoldaan, onversteurd, vredig, selfgenoegsaam; rustig, gerus, gerusgestel, gesus, gepaai
bevredigend, goed, aanvaarbaar, aanneemlik, voldoende, toereikend, bevredigbaar

s.nw. ***tevredenheid,*** satisfaksie, geluk 718, vreugde 718, genoeë, vergenoegdheid, ingenomenheid, selfgenoegsaamheid, bevrediging, behae, behaaglikheid, selfbehae, selfbehaaglikheid, rus, rustigheid, gemoedsrus, sielsrus, sielerus, onversteurdheid, onverstoordheid, konsolasie, voldaanheid, voldoening, selfvoldoening, selfvoldaanheid, selfverwesenliking
tevredestelling, bevrediging, vertroosting, verademing, paaiery

bw. in jou skik, in jou noppies, in jou element, graag, in stille berusting

ww. ***tevrede wees,*** geen klagtes hê nie, alles hê wat jou hart begeer, tevredenheid hê, tevredenheid smaak, satisfaksie hê, satisfaksie smaak, genoeë neem, jou laat welgeval, aanstaan, in jou skik wees, ingenome wees, behae skep, behaag, behae
tevrede stel, tevredenheid gee, bevredig, beval, bevrediging gee, tot tevredenheid stem, 'n wens vervul, plesier 718, behaag, voldoen, voldoening gee, gelukkig maak 718, verbly 718, kalmeer, troos 716, vertroos, paai, in ag neem, konsidereer

uitdr. die regte snaar (aan)raak; dit val in my smaak; dit geval my; die Kaap is weer Hollands; in jou skik wees; in jou noppies wees; ploeg met die osse wat jy het; vrede met iets hê; in die wolke wees

721. Ontevrede

b.nw. ***ontevrede,*** onbevredig, onvergenoeg(d), onvoldaan, bitter, spytig, ongelukkig 719, bedroewend, omgekrap, misnoeg(d), onbehaaglik, wrewelig, kieskeurig, uitgeëet, uitgevreet (*geselst.*), gesteur(d), gestoor(d), afgehaal, ontnugter, gefrustreerd, klaaglik, beklaaglik, ontsteld 719, ontstem(d), bedruk, beswaard, iesegrimmig, moerig (*plat*), peuterig, pruttelrig, iewerig (*ong.*), rusteloos
onbevredigend, onaanvaarbaar, onaanneemlik, onvoldoende, ontoereikend

s.nw. ***ontevredenheid,*** onvergenoegdheid, misnoeë, misnoegdheid, onbehaaglikheid, onvoldaanheid, bitterheid, ongelukkigheid 719, omgekraptheid, wreweligheid, kieskeurigheid, uitgevreetheid, ontnugtering, frustrasie, gefrustreerdheid, ontsteltenis, ontsteldheid, ontstemdheid, ontstemming, beswaardheid, gekweldheid, kwelling, sielskwelling, iesegrimmigheid, rusteloosheid; kwelsug, kwerulantisme
klag, beswaar, gemoedsbeswaar, gekla, gekanker, geknor, jeremiade, jammerdal, gemompel, gemor, gebrom, gesanik, prutsery, gepruttel, sug, weeklag; klaagbrief, klagskrif, klagstuk
onaanvaarbaarheid, onaanneemlikheid, ontoereikendheid
klaer, klaagster, klakous, kwerulant, jammeraar, knorpot, prutselaar, pruttelaar, pruttelkous, smartvraat

bw. tot my spyt

ww. ***ontevrede wees,*** nie met iets gediend wees nie, geen genoeë neem met iets nie, mishaag, verkwalik, protesteer, kaveer, appelleer, kla, beklaag, beklae, betreur, murmureer, jeremieer, kerm, neul, jammer, jammerklaag, weeklaag, sanik, mor, mopper, tjommel, prut, sug, steun
ontevrede maak

uitdr. hier te kort en daar te lank; steen en been kla; stof opjaag; ten hemel(e) skrei; daar is 'n skroef los; ek kan dit nie veel nie; galopstuipe kry; met die stert tussen die bene; 'n bloutjie loop

722. Snaaks

b.nw. ***snaaks,*** skreeusnaaks, snaakserig, lagwekkend, grapperig, grappig, humoristies, komies, amusant, vermaaklik, geestig, geesryk, klugtig, luimig, kostelik, gevat, puntig, pittig, bekkig, lakoniek, jolig 718, jillerig, belaglik, verspot, bespotlik, kinderagtig, gek, geklik, dwaas, mal, onnosel, laf, besimpeld, simpel, koddig, komieklik, potsierlik, malkop, gemoedelik

stuitig, katools, stuitlik, guitig, gruwelik, stout, skertsend, tergend, terglustig, tergerig, vermakerig, spottend, spotterig, plaagsiek, plaerig, plaaglustig, kwelsiek, verpestend

laggend, laggerig, laglustig, lagsiek, glimlaggend, grinnikend, giggelrig, juigend, goedlags

s.nw. ***snaaksigheid,*** grap, kwinkslag, grappigheid, lagwekkendheid, humor, volkshumor, galgehumor, geestigheid, komieklikheid, kostelikheid, gevatheid, pittigheid, bekkigheid, lakonisme, gees, luim, luimigheid, belaglikheid, verspotheid, verspottigheid, bespotlikheid, harlekinade, apery, jillery, joligheid, jool, kaperjol, kapriol, kaskenade, rinkinkery, komedie, klug, klugspel, kinderagtigheid, sotterny, sottigheid, spektakel, gekheid, geklikheid, gekkerny, simpelheid, dwaasheid, onnoselheid, lafheid, lawwigheid, malligheid, dolheid, potsierlikheid

skerts, skertsery, geskerts, hansworsery, kattekwaad, streek, kwajongstreek, jongenstreek, poets, stuitigheid, guitigheid, gruwel, gruwelikheid, stoutigheid, tergery, terglustigheid, plaery, plaagsug, spot, gespot, spottery, gespottery, spotterny, spotlus, spotsug, spotnaam, spotprent, uittarting

lag, gelag, lagbui, laggery, hilariteit, laglus, skaterlag, geskater, skimplag, snuiflaggie, spotlag, grynslag, grimas, giggel, giggelry, giggellaggie, giggelrigheid, gejuig, juiging, toejuiging, ovasie, juigtoon, gejubel, jubelkreet, jubellied, ginnegapery

grapmaker, maltrap, humoris, komediant, nar, hanswors, harlekyn, vermaker, sinjeur, skertser, terggees, platjie, spotter, spotvoël, uilspieël, kalant, karnallie, kanallie, klipsteen, rakker, kaartman, kaartmannetjie, asjas, abjater, duiweltjie, verpesting, niksnuts, onnut, treiteraar, plaaggees, plagees, skoorsoeker, satanskind, vabond, vagebond, gek, karikatuur

bw. drogies, skertsenderwys(e), vir die grap, spottenderwys, lag-lag

ww. ***snaaks wees,*** gekskeer, grappies maak, grap, skerts, jil, joel, korswel, korswil, verspot wees, skewebek trek

terg, têre, tempteer, treiter, skoor soek, pes, verpes, pla, koggel, tantaliseer, versondig, vertoorn, uitkoggel, uitlag, uittart, spot, die spot dryf, karikaturiseer, opwek, verlewendig

rinkink, rits

lag, skaterlag, skater, skater van die lag, uitskater, kraai, kraai van die lag, jou slap lag, toelag, aanlag, uitlag, spotlag, skimplag, runnik, proes, proeslag, uitproes, grinnik, giggel, ginnegaap, glimlag, meesmuil, grimlag, gryns, grynslag, verkneukel, verkneuter, jubel, jubileer, juig

tw. pê, hé, hoera, hoerê

uitdr. die draak steek; iemand vir die gek hou; iemand 'n poets bak; iemand se siel uittrek; vol dinge wees; jou 'n boggel (papie, skapie) lag; in jou vuis lag; jou siek lag

723. Ernstig

b.nw. ***ernstig,*** doodernstig, gewigtig, serieus, stemmig, humorloos, sedig, vreugdeloos, swaarmoedig, somber, heilig

huilerig, huilend, tjankerig, tjankend, wenend, snikkend, betraan(d), hartseer 719, droefgeestig, treurig, grenserig, tranerig, klaaglik, neulerig, pruilerig

s.nw. ***erns,*** dodelike erns, sedigheid, stemmigheid, Sondagsgesig, swaarmoedigheid somberheid, versombering, verstrakking heiligheid

gehuil, huilery, tranedal, tranevloed, traan geween, getjank, tjankery, skreëry, skreeuery snik, gejammer, gekerm, geklaag, gesanik kreun, neulery, kreet, noodkreet, hulpkreet gil, gegil, gillery, hartseer 719, treurigheid droefgeestigheid 719; klaaglied, klaagsang jeremiade

skreebalie, skreeubalie, tjankbalie, grens-balie, jammeraar, neulkous, neulpot

bw. met erns, in volle erns, sonder grappie

ww. ***iets ernstig opneem,*** as erns beskou, ve innerlik, versomber, verstrak

huil, snot en trane huil, uithuil, ween, b ween, in trane uitbars, trane stort, sni snotter, tjank, grens, treur, betreur, ro klaag, weeklaag, lamenteer, jeremieer, jam

mer, kerm, neul, kreun, knarsetand, skree, skreeu, gil

tw. helaas

uitdr. nie met jou laat speel nie; die gemoed skiet vol; die oë skiet vol trane; jou lot bekla(ag), beklae; 'n keel opsit; 'n knop in die keel kry

C. VERMAAK

724. Vermaak

s.nw. ***vermaak,*** kindervermaak, volwasse vermaak, tuisvermaak, ligte vermaak, vermaaklikheid, afleiding, ontspanning, rekreasie, tydverdryf, vryetydsbesteding, rekreasiesport, stokperdjie, pret, plesier 718, aardigheid, piekniek, kampering, fees, halfeeufees, partytjie, kuier; teater, konsert, opvoering, uitvoering, filmvertoning, fliek, sirkus, televisie, dans, sport 726, kaartspeel

vermaakplek, restourant, restaurant, teater, filmteater, fliek, klub, dansklub, disko, nagklub, vermaaklikheidsplek, vermaaklikheidsoord, rekreasieterrein, rekreasiegebied, rekreasiepark, speelpark, speelterrein, piekniekterrein, kampeerterrein, kuierplek, uitspanplek, lusoord, sportterrein, sportklub, rugbyklub, netbalklub, tennisklub, . . ., oefenterrein, motorklub, vliegklub, skietklub, kameraklub, skaakklub, brugklub, geselskapklub

plesiermaker, plesiersoeker, pretmaker, kampeerder, piekniekganger, sportmens, sportman, sportvrou, avonturier, awenturier, partytjieganger, kuiergas; vermaker, kunstenaar, vermaakkunstenaar, vermaaklikheidster, musiekkunstenaar, verhoogkunstenaar

b.nw. vermaaklik, prettig, pretlustig, amusant, aangenaam, gesellig, onderhoudend, ontspanne, ontspannend, avontuurlik, huislik, sosiaal

ww. vermaak, vermaak verskaf, plesier, plesier verskaf, plesier gee, genot verskaf, amuseer; ontspan, rekreëer, pret hê, pret maak, feesvier, partytjie hou, joel, jool, speel

725. Verveling

s.nw. ***verveling,*** verveeldheid, vervelendheid, monotoon, ongeselligheid, gekwyl

verveligheid, eentonigheid, saaiheid, vaalheid, droogheid, flouheid, 'n afgesaagde onderwerp, slentergang

femelaar, peuteraar, jansalie, 'n droë bokkom, 'n droë bokkem, semelknoper, droëlewer

b.nw. vervelend, vervelig, vervelerig, doodvervelig, oninteressant, vaal, eentonig, eenselwig, langdradig, uitgerek, omslagtig, afgesaag, saai, knaend, temerig, sieldodend, geesdodend, holrug, holrug gery, alledaags, ordinêr, oud, flou, dood, dooierig, doods, leweloos, futloos, geesteloos, slaapwekkend, droog, dor, houterig, soutloos, laf, oudertous, ou(d)bakke, taai, druilerig, uitgekuier, verveeld, opgeskeep, lusteloos

ww. verveel, verveeld wees, vegeteer, sanik, semel, seur, teem, druil, femel, torring, vergal

uitdr. tot vervelens toe; altyd op dieselfde snaar speel; dit hang my by die keel uit; met jou siel onder die arm rondloop; aan iemand torring

726. Spel en sport[1]

s.nw. ***spel,*** speletjie, kansspel, opelugspel, vernufspel, puntespel, waagspel

speelterrein, speelgrond, speelplek, speelruimte

oefening, liggaamlike oefening, aërobiese oefening, opwarmingsoefening, joga (oefeninge)

sport, amateursport, amateurisme, amateursokker, amateurrugby, amateurboks, amateurstoei, . . ., beroepsport, professionele sport, professionalisme, beroepsokker, beroepsrugby, beroepsboks, beroepstoei, . . ., buitemuurse sport, binnemuurse sport, buitemuurse tennis, buitemuurse netbal, . . ., binnemuurse tennis, binnemuurse netbal, . . ., somersport, wintersport; sportsoort, balsport, kontaksport, gevegsport, watersport, seiljagsport, lugsport, perdesport, rensport, motorsport, renmotorsport, vegkuns, gevegskuns, skietkuns; tweekamp, duatlon, driekamp, triatlon, vierkamp, vyfkamp, pentatlon, seskamp, sewekamp, tienkamp, dekatlon

speelwyse, reëls, spelreëls

sportwêreld, sportkringe (*mv.*), kamp, sportkamp, sportseisoen, sportadministrasie, sportvereniging, sportstigting, kliniek,

[1] Die afdelings oor spel en sport gee nie voor om volledig te wees nie, maar wil slegs 'n oorsig gee oor die terminologie.

sportkliniek; sportadministrateur, promotor, sportpromotor, bokspromotor, stoeipromotor, sportman, sportvrou, sportbeoefenaar, sportentoesias, amateur, beroepspeler, professionele sportman, professionele sportvrou; speler, sokkerspeler, rugbyspeler, tennisspeler, netbalspeler, netbalspeelster, . . ., baasspeler, atleet, gimnas, ryer, joggie, jogi (jogabeoefenaar), spanmaat, maat, speelmaat, oefenmaat; span, internasionale span, toerspan, toetsspan, nasionale span, provinsiale span, streekspan, dorpspan, skoolspan, seunspan, meisiespan, manspan, vrouespan, A-span, B--span, eerste span, tweede span, spanlid, spanspeler, spanspeelster, eerstespanspeler, eerstespanspeelster, tweedespanspeler, tweedespanspeelster, A-spanspeler, A--spanspeelster, uithalerspeler, uithalerspeelster, finalis, kaptein, kapteine, onderkaptein, onderkapteine, voorspeler, voorspeelster, agterspeler, agterspeelster, reserwe, reserwespanlid; sportmanskap, sportmangees

sporttoerusting, bal, rugbybal, sokkerbal, tennisbal, krieketbal, netbalbal, hokkiebal, muurbalballetjie, bofbalbal, pluim (pluimbal), kolf, krieketkolf, stok, hokkiestok, raket, tennisraket, tafeltennisraket, muurbalraket, pluimbalraket, kopskerm, helm, valhelm, knieskerm, knieskut, beenskerm, beenskut, handskoen, sportklere, sportkleure

sportgronde (*mv.*), sportterrein, sportgebied, stadion, sportstadion, rugbystadion, sokkerstadion, tennisstadion, oefengrond, oefenterrein, arena, gimnasium, veld, speelveld, rugbyveld, sokkerveld, hokkieveld, . . ., baan, atletiekbaan, renbaan, fietsbaan, sintelbaan, . . ., hippodroom; veld, baanoppervlak, wenstreep, wenpaal, kantlyn, grenslyn, halflyn, doellyn, doelhok, doelpale, doelring

b.nw. baldadig, krank, professioneel, speels, sportief

ww. speel, saamspeel, 'n speletjie speel, deelneem, aan 'n sport deelneem, 'n sport beoefen, die span haal, meeding, uitdaag, oefen; baljaar, ke(r)jakker, ravot

bw. speelsgewyse, speel-speel

woorddeel uitklop-

uitdr. 'n rat slaan; 'n rekord slaan; 'n Titaniese stryd

727. Sportwedstryd

s.nw. ***wedstryd,*** sportwedstryd, marathonwedstryd, hoofwedstryd, voorwedstryd, vertoonwedstryd, internasionale wedstryd, toetswedstryd, toets, toetsreeks, nasionale wedstryd, provinsiale wedstryd, afloswedstryd, ronde, rondte, eerste ronde, eerste rondte, tweede ronde, tweede rondte, . . ., finale, finale ronde, finale rondte, finaal, eindronde, eindrondte, eindstryd, eindwedstryd, halfeindronde, halfeindrondte, halfeindstryd, semifinaal, semifinale wedstryd, kwarteindronde, kwarteindrondte, kwarteindstryd, spel, stel, nommer, uitdun, uitdunwedstryd, uitdunloop, uitdunwedren, voorgeewedstryd, voorgeewedren, spannommer, spanwedloop, landewedstryd, proefwedstryd, proewe, proef, wedloop, marathon, kermesse, olimpiade, spele, wedloop, naelwedloop, ren, wedren, naelren, tydren, resies, reisies, swemwedstryd, gala, swemgala, regatta, roeiwedstryd, kompetisie, uitklopkompetisie, kampioenskap, kampioenskappe, internasionale kampioenskap, internasionale kampioenskappe, provinsiale kampioenskap, provinsiale kampioenskappe, toernooi, internasionale toernooi, provinsiale toernooi, kampioenskapstoernooi, sportfees, interskool, interskole, interskolebyeenkoms, intervarsity, sportvertoning

aanvang, afskop, afslaan, verloop, speeltyd, rustyd, halftyd, uitskeityd, eindfluitjie, beseringstyd, spel, samespel, agterspel, voorspel, beweging, aanval, verdediging voorsprong, agterstand, tydopname

beker, trofee, wisseltrofee, wisselbeker, uitdaagbeker, skild

rekord, wêreldrekord, toerrekord, provinsiale rekord, persoonlike beste, voorgee voorgif, hendikep, punt, strafpunt, drie doel, doelskop, strafskop, strafhou, straf gooi, puntestand, puntetelling, telling, eind telling, uitskeitydtelling, telkaart, uitslag sportuitslag

deelnemer, speler 726, reserwe, reserwe speler, krukker, beseerde, beseerde spele aanvaller, verdediger, span 726, opponen teenstander, teenparty, teëparty, kampioen kampioene, rekordhouer, finalis, wenspa kampioenspan, verloorspan

skeidsregter, hulpskeidsregter, lynregte kampioen, afsitter, arbiter, teller, tellin

houer, kommentator, sportkommentator, rugbykommentator, krieketkommentator, tenniskommentator...
toeskouer, sportkyker, ondersteuner, skare, kaartjiehouer, kaartjie, seisoenkaartjie, toejuiging, uitjouery

b.nw. onbeslis, skeidsregterlik, verdedigend, kompeterend

ww. speel, 'n wedstryd speel, wen, verloor, gelykop speel, gelykspeel, gelykop eindig, deurdring, uitspeel, tot die volgende rond(t)e deurdring, afskop, aanval, verdedig, meeding, uitdaag

woorddeel halfeind-

728. Balsporte

s.nw. balsport, balspel, hou, bal, speelbal, oefenbal, wedstrydbal; rugby, sokker, krieket, bofbal, sagtebal, tennis, tafeltennis, tenniset, pluimbal, muurbal, strandtennis, dektennis, lacrosse, netbal, korfbal, basketbal, handbal, vlugbal, gholf, kroukie, polo, rolbal, rolbalbaan, ruiterbal

b.nw. aanvallend, verdedigend, onkant, speelbaar

1. Rugby

s.nw. ***rugby,*** voetbal, hardlooprugby, tienmanrugby, rugbywedstryd, rugbytoer, rugbytoernooi, sewestoernooi
rugbyspeler, voetbalspeler, agterhoede (rugby), agterlyn, skakel, skrumskakel, losskakel, driekwart, senter, binnesenter, buitesenter, linkersenter, regtersenter, vleuel, linkervleuel, regtervleuel, heelagter, voorspeler, vaste voorspeler, losvoorspeler, voorryman, stut, vaskop, vaskopvoorryman, vaskopstut, loskop, loskopvoorryman, loskopstut, haker, slot, slotvoorspeler, flank, flankvoorspeler, kantman, vaskopflank, loskopflank, linkerflank, regterflank, agsteman, reserwe; skeidsregter, grensregter, lynregter
rugbyveld, middellyn, middelkolletjie, kwartlyn, twee-en-twintigmeterlyn, vyfmeterlyn, tienmeterlyn, vyftienmeterlyn, doellyn, doodlyn, hoek, hoekvlag, grenslyn, kantlyn, doelpale, dwarslat, kwartgebied, doelgebied
toerusting, rugbystewels, voetbalstewels, rugbybroekie, rugbytrui
voorspel, voorspelerspel, voorspelerbeweging, voorspelerstormloop, dryfspel, dryfbeweging, lynstaan, lynstaanspel, skrum, los skrum, vaste skrum, hupstootjie, los spel, vaste spel, haakwerk, agterspel, agter(lyn)beweging, hardloopkans, swenklopie, dartellopie, skêrbeweging, fopbeweging, laagvat, hoogvat, vasvat, plettervat, skopwerk, skoppery, lynskop, hoekskop, stelskop, skepdoel, skepskop, doelskop, vervyfskop, strafskop, strafdoel, skoonvang, speelkant, steelkant, drie, oorstootdrie, wendrie, strafdrie

ww. aanval, verdedig, hardloop, systap, pypkan, dryf, drywe, vorentoe dryf, inklim, oorgaan, stoot, oorstoot, duik, laagvat, vasvat, plettervat, doodvat, lak, dribbel, die bal dra, aangee, vorentoe aangee, die bal afneem, druk, 'n drie druk, dooddruk, skop, inskop, afskop, skepskop, vervyf, oorskop, uitskop, hoog skop, opvolg, skrum, spring, lynstaanspring, haak, uithaak, 'n vaskop wen, die bal beheer, wegbreek, deurbreek, deurgaan, opvolg, aanslaan, onkant speel, obstruksie pleeg

2. Sokker

s.nw. ***sokker,*** sokkerwedstryd, sokkertoernooi
sokkerspeler, voorspeler, agterspeler, regterbuitespeler, linkerbuitespeler, regterbinnespeler, linkerbinnespeler, regterskakel, linkerskakel, regteragterspeler, linkeragterspeler, middelvoorspeler, middelagterspeler, doelwagter; skeidsregter, lynregter
sokkerveld, middellyn, middelkolletjie, halflyn, grenslyn, kantlyn, strafskopgebied, strafskopmerk, doel, doelhok, doelgebied, strafhoek, korthoek, langhoek; strafskop
sokkertoerusting, sokkerbal, sokkerstewel, sokkertrui

ww. aanval, verdedig, skop, dribbel, 'n doel skop, 'n doel aanteken, die bal ingooi, 'n korthoek neem, 'n langhoek neem

3. Krieket

s.nw. ***krieket,*** kriekettoernooi, krieketwedstryd
krieketspeler, kolwer, aanvangskolwer, middelordekolwer, lae-ordekolwer, oornagkolwer, nagwag, nie-uit-nie-kolwer, bouler, snelbouler, mediumsnelbouler, naatbouler, draaibouler, draaier, draaibalbouler, wegbreker, bybreker, veldwerker; skeidsregter, regbyskeidsregter

krieketveld, baanblad, krieketblad, kolfblad, kolfkampie, paaltjie, krieketpaaltjie, pen, wegpen, bypen, middelpen, balkie, dwarsbalkie, kolfstreep, stonkstreep, boulstreep, buiteveld

kriekettoerusting, krieketbal, kolf, krieketkolf, kriekethandskoen, beenskut, armskut, onderarmskut, krieketpet, kriekethelm, skermpet (krieket)

krieketspel, kolfwerk, kolfbeurt, kolfposisie, opvolgbeurt, boulwerk, boulbeurt, draaibal, draaibalboulwerk, wegbreker, wegbreekbal, bybreker, bybreekbal, vinnige bal, naatbal, opslagbal, goëlbal, volbal, streepbal, yorker, los bal, wydloper, foutbal, voetfout, veldwerk, lopies, lopietempo, lopiegemiddelde, kolfgemiddelde, hou, dryfhou, kaphou, haakhou, verdedigende hou, grenshou, vier, ses, driekuns; veldplasing, aanvallende veldplasing, verdedigende veldplasing, beenkant, bykant, wegkant, paaltjiewagter, regagter, glip, glipveldwerker, eerste glip, tweede glip, derde glip, derdeman, derdemangrens, punt, gangetjie, dekpunt, ekstra dekpunt, halfweg, halfby, langby, langbyvoor, middebaan, middebaangrens, regby, kortby, vlakby, skerpby, diepby, diepbygrens, valk

ww. kolf, blok, 'n verdedigende hou speel, slaan, dryf, haak, kap, vir 'n ses slaan, 'n grenshou slaan, boul, uitboul, uitknikker, uitkry, 'n paaltjie neem, kort boul, wyd boul, veldwerk doen, vang, uitvang, stonk, been-voor-paaltjie betrap, uithardloop, uitgee, merkie vra, verklaar, 'n beurt verklaar

4. Tennis

s.nw. ***tennis,*** tenniswedstryd, pot, strooppot, valbylpot, ontknopingspot, stel, spel, tennistoernooi, tenniskampioenskappe, tafeltennis, pingpong, tenniset, minitennis

tennisspeler, tennisspeelster, enkelspelspeler, dubbelspelspeler, dubbelspelmaat, dubbelsmaat, afslaner; skeidsregter, lynregter, netregter, voetfoutregter

tennisbaan, pluimbalbaan, enkelbaan, dubbelbaan, enkelbaanstrepe, dubbelbaanstrepe, tremspore, net, tennisnet, afslaanlyn, middelmerk, afslaanblok, afslaanbaan, linkerafslaanbaan, regterafslaanbaan, voorbaan, agterbaan, tafeltennisblad, tafeltennisnet

tennistoerusting, raket, tennisraket, tafeltennisraket, spaan, tafeltennisspaan, pluimbalraket, houtraamraket, staalraamraket, aluminiumraket, tennisbal, tafeltennisballetjie, pluim, pluimbalpluim, tennisskoen, tekkie

enkelspel, dubbelspel, afslaan, voorarmhou, voorhand(hou), dwarshou, dwarsbaanhou, dwarsbaanvoorarmhou, dwarsbaanrughandhou, skephou, valhou, vlughou, handrughou, rughandhou, rughou, kishou, wenhou, stroop (tennis), strooppot, stroopstel, voetfout

ww. slaan, afslaan, dien, uitslaan

5. Netbal

s.nw. ***netbal,*** netbalwedstryd, netbaltoernooi

netbalspeelster, netbalspeler, doel, hoofdoel, hulpdoel, aanvallende vleuel, verdedigende vleuel, senter, verdediger, hoofdoelverdediger, hulpverdediger, hulpdoelverdediger

netbalbaan, netbalring, sentersirkel, senterderdelyn, doelsirkel, doelsirkellyn, senterderde, doelderde

netbaltoerusting, netbalbal, netbalskoene, netbalrokkie

6. Hokkie

s.nw. ***hokkie,*** hokkiewedstryd, hokkietoernooi, hokkietoerusting, hokkiestok, hokkiebal, beenskerm, hokkieskoen

hokkiespeler, hokkiespeelster, doelwagter, linkeragterspeler, regteragterspeler, skakel, linkerskakel, middelskakel, regterskakel, middelvoor, linkersneller, regtersneller, linkervleuel, regtervleuel

hokkieveld, doelhok, doelsirkel, sestienmeterlyn, kwartlyn, halflyn, strafmerk

hou, sestienmeterhou, strafslag, vryslaan, trustok, trustokhou, hoek, korthoek, langhoek

7. Bofbal

s.nw. ***bofbal,*** bofbalwedstryd, bofbaltoernooi

bofbalspeler, kolwer, gooier, bouler, vanger, veldwerker, eerste bof, tweede bof, derde bof, tuisbof

bofbalveld, eerste bof, tweede bof, derde bof, tuisbof, binneveld, middelveld, buiteveld

bofbaltoerusting, toerusting, bofbalkolf, bofbalbal, kolfhelm, kolfhandskoen

skeenskerm, knieskerm, borsskerm, bofbalmasker, keelskerm
kolfbeurt, gooibeurt

8. Gholf

s.nw. ***gholf,*** putjiespel, syferspel, gholftoernooi, putjiespeltoernooi, gholfklub
gholfspeler, gholfspeelster, nulspeler, voorgeespeler, gholfjoggie
gholfbaan, skoonveld, bof, afslaanbof, skoonveld, sukkelveld, ruveld, setperk, putjie, sandkuil
gholftoerusting, gholfstok, dryfhout, dryweer, eenhout, tweehout, driehout, . . ., dryfyster, halfyster, setter, setstok, setyster, sandyster, kuilstok, tweeyster, drieyster, vieryster, vyfyster, . . ., gholfbal, gholfsak, gholfkarretjie
afslaan, bofhou, dryfhou, naderhou, set, sethou, setwerk, sandhou, strafhou, syfer, baansyfer, voëltjie, arend, albatros

ww. afslaan, slaan, set, 'n naderhou speel, 'n voëltjie aanteken, syfer behaal

729. Atletiek

s.nw. ***atletiek,*** atletiekbyeenkoms, atletiekkampioenskappe, atletieknommer, baannommer, veldnommer
atleet, baanatleet, veldatleet, naelloper, middelafstandatleet, langafstandatleet, pasaangeër, landloper, marathonatleet, marathonloper, hekkiesloper, hekkiesatleet, hindernisatleet, hoogspringer, verspringer, driesprongatleet, diskusgooier, skyfwerper, gewigstoter, hamergooier, spiesgooier, drawwer, hardloper, pretloper, prethardloper
atletiekbaan, atletiekterrein, tartanbaan, binnebaan, buitebaan, pylvak, wenstreep, wenpaal, wegspring, wegspringblokke
atletiekbroekie, atletiekfrokkie, atletiekskoen, hardloopskoen, spykerskoen, wegspringblokke, skyf, werpskyf, diskus, gewig, spies, hamer, hoogspringpale, dwarslat, paalspringtoerusting, paal, springpaal, springstok, hekkie, stophorlosie
baannommer, hardloopnommer, naelloop, middelafstand, langafstand, ultralangafstand, marathon, marathonwedloop, landloop, veldloop, veldwedloop, pretloop, pas, hekkies, hekkiesloop, aflos, afloswedloop, hindernis, hinderniswedloop, hinderniswedstryd, veldnommer, verspring, hoogspring, paalspring, driesprong, diskus, diskusgooi, skyfwerp, gewigstoot, hamergooi, spiesgooi

ww. hardloop, draf, gooi, werp, spring

730. Gimnastiek

s.nw. ***gimnastiek,*** heilgimnastiek, massagimnastiek, seilgimnastiek, oefening, liggaamlike oefening, aërobiese oefening, aërobatiek, aërobiese dans, gimtrim, gimnastiekuitvoering, gimnastrada, gimnastiekkampioenskappe, gimnastiekvereniging
gimnas, heilgimnas, vloergimnas, akrobaat, arties, sweefakrobaat, sweefarties, sweefstokarties
gimnastieksaal, oefensaal, trimpark, gimnastiekmat, perd, beulperd, balk, rekstok, trapbrug, trampolien, sweefstok, trapees, sweefrek, wipmat, springplank, springmat; gimnastiekuitrusting
gimnastiekoefening, aërobiese oefening, trimoefening, vloeroefening, balkoefening, sprong, springoefening, strekoefening, tuimeloefening, handstand, kopstand, hyshang, wip, sprong, skêrsprong, salto, vooroorsalto, agteroorsalto, dubbele salto

b.nw. gimnasties, gimnasiaal, trim

ww. spring, tuimel, dans, swaai, opwarm

731. Gevegsport

s.nw. ***gevegsport,*** (Oosterse) gevegskuns, geveg, worsteling, stoeigeveg, stoeiery, boksgeveg, vuisgeveg, karategeveg, judogeveg, skietgeveg, stiergeveg, gevegstoernooi, stoeiwedstryd, stoeitoernooi, bokstoernooi, karatetoernooi, judotoernooi
stoei, stoeikuns, amateurstoei, beroepstoei, professionele stoei, rofstoei, greep, stoeigreep, val, volstruisskop; stoeier, amateurstoeier, beroepstoeier, professionele stoeier, veergewig, veergewigstoeier, weltergewig, weltergewigstoeier, middelgewig, middelgewigstoeier, ligswaargewig, ligswaargewigstoeier, swaargewig, swaargewigstoeier, stoeispan; stoeikryt
boks, amateurboks, beroepsboks, professionele boks, hou, haakhou, hothou, opstopper, uitklophou; bokser, amateurbokser, beroepsbokser, professionele bokser, muskietgewig, muskietgewigbokser, kapokgewig, kapokgewigbokser, veergewig, veer-

gewigbokser, bantamgewig, bantamgewigbokser, weltergewig, weltergewigbokser, middelgewig, middelgewigbokser, kruisergewig, kruisergewigbokser, ligswaargewig, ligswaargewigbokser, swaargewig, swaargewigbokser, boksspan; bokskryt, krytvloer, hoekpaal, krythoekpaal; bokshandskoen, boksstewel, boksbroekie, slaansak (boks)
Oosterse gevegskuns; karate, karatepak, karateka; judo, judopak, judoka; joejitsoe
skerm, skermsport, skermkuns, skermles, swaardgeveg, skermkunswapens, degen, skermdegen, floret, rapier, swaard, sabel, skermhandskoen, skermmasker, skermbaadjie, borsleer, elmboogskerm, skermmeester, vegter, swaardvegter
skiet, skietkuns, skyfskiet, teikenskiet, bisley, prysskiet, pistoolskiet, praktiesepistoolskiet, jag 373, kol, kolskoot, skut

b.nw. vuisvoos

ww. veg, stoei, worstel, slaan, uitslaan, uitklop, uittel, haak, skerm (boks), skerm (met wapens), skiet

732. Watersport

s.nw. swem, vryslag, borsslag, rugslag, syslag, kruipslag, vlinderslag, swemmer, swemster, swembad, olimpiese swembad; duik, duikslag, duiker, duikplankduiker, platformduiker; waterpolo, waterpolospeler; diepseeduik, swemduik, snorkelduik, skubaduik, snorkelduiker, diepseeduiker, skubaduiker, duikpak, snorkel, duikbril, paddavoet, gewiggordel, duiklong, duikhorlosie; seil, seilsport, seiljagvaart, seiljag 235, seiljagregatta, seilwedstryd, seiljagvaarder, seilplankry, seilplank, seilplankryer; brandderry, golfry, branderplank, gierplank, branderplankryer; ski, waterski, enkelski, dubbelski, springski, figuurski

733. Lugsport

s.nw. vlieg, vliegsport, kompetisievlieg, wedvlug, vliegtuig 236; sweef, sweeftuig, hangsweef, vlerksweef, hangsweeftuig, vlerksweeftuig, valskermsweef, hangswewer, vlerkswewer, valskermswewer; valskermspring, vryval, valskermspringer, valskerm, hoofvalskerm, gidsvalskerm, reserwevalskerm, valskermtou

734. Perdesport

s.nw. perdesport, perderen, perdewedren, perderesies, wedrenbyeenkoms, perdespring, hinderniswedren, gimkana, dressuur; jokkie, renperd

735. Fietsry

s.nw. fietsry, fietsrysport, baanry, baanwedren, padwedren, fietsrymarathon, fietstoer; fiets 232, renfiets, baanfiets, padfiets, bergfiets; fietsryer, fietser, naelryer, padryer, bergfietsryer; fietsbroek, fietsrybroek, fietsryhelm, fietsryhemp

736. Skaatssport

s.nw. skaatssport, skaats, rolskaats, ysskaats, figuurskaats, spoedskaats, ski, skitoernooi, slalom; baan, skaatsbaan, rolskaatsbaan, ysskaatsbaan, sneeubaan; skaatstoerusting, skaats, skaatsplank, ysskaats, figuurskaats, yshokkieskaats, spoedskaats, ski, skipak, skibril, skistewel; rolskaatser, ysskaatser, figuurskaatser, spoedskaatser, skiër, skiloper

ww. skaats, rolskaats, ysskaats, ski

737. Motorsport

s.nw. motorsport, motorren, motorwedren, produksiemotorwedren, tydren, stampmotorwedren, motorfietswedren; renmotor, stampmotor, hitstjor; renjaer, tydrenjaer, stampmotorjaer, motorfietsrenjaer

738. Biljart en snoeker

s.nw. biljart, snoeker, seriestoot, karambool, bandstoot, misstoot, vierstoot, vyfstoot, . . .; biljarttafel, snoekertafel, biljartstok, snoekerstok, keu, biljartbal, snoekerbal

739. Geselskapspele

s.nw. geselskapspel, spel, speletjie, pot, potjie, gelukspel, kansspel, pandspel, groepspeletjie, pandspel, rekenaarspeletjie, veerpyltjies (spel), veerpyltjie, veerpyltjiebord, bakatel, bagatel, ringgooi, spykerbord, spykertafel, jukskei, keelspel, kegelspel, keëlbaan, kegelbaan, keël, kegel, ringtennis pensteek, penstekery, ringsteek, ridderspel skattejag, woordspel, woordspeletjie, charade, dambord, damskyf, domino, skaak skaakspel, skaakpot, skaaktoernooi, skaakbord, koning, koningin, biskop, ruiter, perd

kasteel, pion, skuif, gambiet, skaakspeler, dobbel, dobbelspel, dobbelsteen, dobbelstuk, dobbelgeld, roulette, bakspel, triktrak, blindemol, bok, bok-bok, spaansbok, sakloop, sakresies, sakslaan

.nw. mat, skaakmat

ww. speel, dobbel, skuif, skuiwe, stoot, skaak, rokeer

740. Kaartspel

s.nw. ***kaartspel,*** pot; brug, rummy, poker, faro, klawerjas, bingo, kanasta, canasta, omber, pandoer, solitêr; kaartspeler, brugspeler, blindeman, oophand, pokerspeler, . . .
kaart, speelkaart, 'n pak kaarte, hartens, hartensaas, hartensheer, hartensvrou, hartensboer, harteboer, ruite(ns), ruite(ns)aas, ruite(ns)heer, ruite(ns)vrou, ruite(ns)boer, diamante, klawer, klaweraas, klawerheer, klawervrou, klawerboer, skoppens, skoppensaas, skoppensheer, skoppensvrou, skoppensboer, aas, koning, heer, koningin, vrou, boer, jas, troef, troefkaart, vreetkaart; speeltafel, casino

ww. kaartspeel, speel, uitspeel, naspeel, skommel, deel, uitdeel, sny, beken, doebleer (brug), redoebleer (brug), oortroef, oortroewe, renonseer

741. Kinderspel

s.nw. ***speelding,*** speelgoed, kinderspeelgoed, speeldoos, speeltuig, speelhok; pop, lappop, porseleinpop, houtpop, babapop, slaappop, teddie, teddiebeer, popgoed, poprokkie, popbed, dolos, popsoldaatjie, speelgoedsoldaatjie; speelgoedmotortjie, speelgoedvragmotor, speelgoedtrekker; tol, klimtol, jo-jo, woer-woer; bal 726, speelbal, rubberbal, rugbybal, sokkerbal, tennisbal, netbalbal, strandbal, frisbee; springtou, springriem; speelgoedgeweer, propgeweer, popgeweertjie, watergeweer, waterpistool, rek, rekker, kettie, katapult, kleilat; albaster, ghoen; speelraam, klimraam, swaai, skoppelmaai, skoppermaai, wipplank, glyplank, rondomtalie, hobbelperd, hoepel, stelt, steltloper; legkaart; rammelaar, ratel, ratelaar, stootring
kinderspel, kinderspeletjie, aan-aan, frot, frotspel, ablou, ablouman, albaster, tjakkie-tjakkie, kransie, ambraal, aspaai, blikaspaai, blindemannetjie, blindemol(letjie), bollemakiesie, bolmakiesie, haas-en-hond, harlekyn, hasie, hasie-oor, kennetjie, kleilat, klip-klip, knikker, knikkertjie, malieklip, maliespel, malie, pampoenspook, tik-tak-tol, tjoekie, toktokkie, tol, tolgooi, vroteier, wegkruipertjie, wiel(i)ewalie

ww. speel, kejakker, kerjakker, popspeel, aftel, blok, hink, hoepel, inkleur, touspring, riemspring, skommel

742. Dans

s.nw. ***danskuns,*** dans, gedans, dansnommer
dansparty, bal, dansbal, kostuumbal, opskop, sokkie, sokkiejol, bokjol, danskompetisie; dansplek, danssaal, disko, dansinstituut
danser, beroepsdanser, voordanser, danseres, dansmaat, dansgroep, rei, muurblom, balletdanser, balletdanseres, ballerina, go-go-danser, go-go-danseres, wikkeldanser, wikkeldanseres, ontkleedanseres
danssoort, tradisionele dans, volksdans, moderne dans, boeredans, langarmdans, riel, solodans, groepdans, rondedans, kontradans, koordans, ballet, fakkeldans, figuurdans, klopdans, ritteldans, aërobiese dans, dansoefening, oorlogsdans, toi-toi, toyi-toyi, horrelpyp, bolero, calypso, cancan, charleston, csardas, fandango, fokstrot, geisja, gigue, habanera, kaboeki, kadriel, kotiljon, kotiljons, kwêla, masurka, menuet, padika, pavane, polka, polonaise, polonys, ruk-en-pluk, ruk-en-rol, rumba, samba, sarabande, seties, tango, tarantella, vastrap, wals
danspas, tempo, dansritme, pirouette

ww. dans, ronddans, skoffel, skuifel, uitkap, voordans, 'n dansie maak, vir 'n dansie vra, agteropskop, kwêla, wals, die baan open

D. SKOONHEID

743. Mooi

b.nw. ***mooi,*** pragtig, lieflik, wondermooi, wonderskoon, betowerend, fantasties, asemrowend, asembenemend, subliem, spoggerig, glansend, goed, uitstekend, eersteklas, eersterangs, voortreflik, skitterend, uitstaande, besonders, keurig, esteties, sprokiesagtig, feëriek, grasieus, sierlik, artistiek, kunstig, swierig, weelderig, skilderagtig, arkadies, pikturaal, pittoresk, tekenagtig, oulik, ougat (*geselst.*), hemels,

hartverheffend, hartversterkend, verruk, verruklik, onweerstaanbaar, verloklik, heerlik, meesterlik
aantreklik, aansienlik, aanvallig, bevallig, welgevallig, mooi, popmooi, beeldmooi, pragtig, skoon, beeldskoon, betowerend, fraai, ooglik, oulik, ougat (*geselst.*), skatlik, skattig, lief, allerliefs, dierbaar, fraai, fleurig, fyn, besnede, besneë, klassiek, welgeskape, welgevorm(d), gebou (*geselst.*), bekoorlik, sjarmant, deftig, sjiek, elegant, modieus, byderwets, kunstig, aanloklik, verleidelik, verlokkend, uitlokkend, prikkelend, sensueel, sexy (*geselst.*); lieftallig, liefies, beminlik, minsaam, gaaf, innemend, ordentlik, beskaaf(d), welopgevoed, goedgemanierd, sjarmant, bedagsaam, vriendelik 778
eenvoudig, ongekunsteld, natuurlik, paslik, passend, gepas, reg, juis, kolel (*ong.*), aangenaam, presentabel, piekfyn, keurig, smaakvol, skoon, skoonskynend, rein, versorg, fatsoenlik, onberispelik
grootskaals, grootskeeps, groot 432, reusagtig 432, monumentaal, manjifiek, majestueus, groots, groos, weids, glorieryk, glorieus, ryk, deftig, elegant, weelderig, indrukwekkend, besienswaardig, skouspelagtig, feëriek, statig, trots, grandioos, koninklik, majestueus, pontifikaal, pompeus, pralerig

s.nw. ***skoonheid*** (eienskap), wonderskoonheid, mooiheid, mooiigheid, wondermooiheid, aanskoulikheid, veraanskouliking, prag, betowering, asemrowendheid, spoggerigheid, glans, voortreflikheid, besondersheid, attraksie, aardigheid, keur, keurigheid, finesse, sprokiesagtigheid, attraksie, besienswaardigheid, sprokieswêreld, towerwêreld, sublimasie, sublimiteit, grasie, sierlikheid, kunstigheid, swier, swierigheid, weelde, weelderigheid, skilderagtigheid, natuurskoon, verrukking, verruklikheid, onweerstaanbaarheid, heerlikheid, meesterlikheid; verfraaiing, versiering 745
aantreklikheid, aansienlikheid, aanvalligheid, bevalligheid, welgevalligheid, beeldskoonheid, onweerstaanbaarheid, betowering, fraaiheid, fraaiigheid, skatlikheid, skattigheid, welgeskapenheid, bekoorlikheid, sjarme, elegansie, modieusheid, byderwetsheid, verleidelikheid, verloklikheid, sensualiteit; lieftalligheid, beminlikheid, minsaamheid, gaafheid, innemendheid, ordentlikheid, beskaafdheid, welopgevoedheid, goedgemanierdheid, hoflikheid, hartlikheid, warmte, sjarme, charisma, bedagsaamheid, vriendelikheid 778; skoonheid (persoon), skone, adonis, 'n beeld van 'n mens, 'n beeld van 'n vrou, 'n beeld van 'n man, skoonheidsgevoel, skoonheidsin, skoonheidskompetisie, koningin, skoonheidskoningin, joolkoningin
eenvoud, ongekunsteldheid, natuurlikheid, paslikheid, keurigheid, smaakvolheid, reinheid, versorging, versorgdheid, onberispelikheid, fatsoenlikheid, betaamlikheid
praal, prag en praal, vertoon, pragstuk, vertoonstuk, glans, grasie, glorierykheid, glorie, gloor, gloria, grootsheid, statigheid, skouspelagtigheid, skouspel, majesteit, weidsheid, deftigheid, elegansie, weelde, weelderigheid, weelde-artikel, swier, swierigheid, indrukwekkendheid, skouspel, skouspelagtigheid, kosbaarheid
estetikus, stilis, versierder, binnenshuise versierder; estetika, estetiek

bw. soos 'n splinternuwe sikspens, sonder weerga

ww. ***mooi wees,*** pryk, praal, glans, skitter; bekoor, betower, bewonder, flatteer, sjarmeer
mooi maak, verfraai, versier 745, veraanskoulik, stileer

woorddeel blom-, prag-

uitdr. 'n lus vir die oog; dit streel die ore; 'n oulap se rooi maak mooi; die by wat die lekker heuning maak, steek seer; in die donker is alle katte grou

744. Lelik

b.nw. ***lelik,*** skreeulelik, skreelelik, onooglik, onaardig, aaklig, afskuwelik, afgryslik, afstootlik, weersinwekkend, vreeslik, verskriklik, verbysterend, gruwelik, grusaam, ontstellend, onthutsend, skrikwekkend, vreesaanjaend, angswekkend, angsaanjaend, horribaal (*geselst.*), afskuwelik, yslik, ontsierend, onesteties, misvorm(d), mismaak, wanskape, wanstaltig, abnormaal, gebreklik, gedrogtelik, verwronge, monsteragtig, grotesk, makaber, vormloos, potsierlik, afsigtelik, grou, grillerig, rillerig, grieselig, naar, walglik, mislik, goor, goorderig, morsig, smerig, smaakloos, onsmaaklik, hels, sleg
onaantreklik, lelik, skreeulelik, onaansien

lik, onbekoorlik, onelegant, onopgesmuk, mismaak, seksloos

ongemanierd, onaangenaam, onvriendelik 777, onbeskof, onsmaaklik, onmenslik, heksagtig, hekserig, aanstootlik, hinderlik, vulgêr, obseen, onwelvoeglik, onbetaamlik, laag, gemeen, laaghartig, veragtelik, verfoeilik, onbehoorlik, vals

onnatuurlik, gemaak, nagemaak, kunsmatig, geaffekteer(d), gekunsteld, teatraal, gedwonge, gemaniëreerd, verwronge

s.nw. ***lelikheid,*** onooglikheid, onaardigheid, mismaaktheid, aakligheid, afskuwelikheid, afsku, afgryse, afgryslikheid, afstootlikheid, weersin, weersinwekkendheid, verskrikking, misvormdheid, wanskapenheid, wanstaltigheid, abnormaliteit, gebreklikheid, groteskheid, monsteragtigheid, monstruositeit, monstrum (*ong.*), onding, potsierlikheid, grillerigheid, walging, walglikheid, onsmaaklikheid; skending, skendery, ontsiering

onaantreklikheid, onaansienlikheid, onbekoorlikheid, onelegantheid, mismaaktheid; ongemanierdheid, onaangenaamheid, onbeskoftheid, onsmaaklikheid, onmenslikheid, aanstoot, aanstootlikheid, vulgariteit, obseniteit, onwelvoeglikheid, onbetaamlikheid, gemeenheid, veragtelikheid, valsheid

mismaaksel, gedrog, gogga, voëlverskrikker, heks, lelikerd, dierasie, misbaksel, misgewas, mamparra, bakbees, spektakel, spook

onnatuurlikheid, nagemaaktheid, gemaaktheid, gekunsteldheid, geaffekteerdheid, affektasie

ww. lelik wees, lelik word, verlep, verwelk; skend, mismaak, beklad, deformeer, ontluister, ontsier, verfomfaai

uitdr. so lelik soos die nag; al dra 'n aap 'n goue ring, hy bly maar nog 'n lelike ding

745. Versier

ww. versier, mooimaak, dekoreer, verfraai, opmaak, tooi, optooi, sier, opluister, smuk, opsmuk, ornamenteer, mooi aantrek, dos, uitdos, versierings aanbring, versiersels aanbring, dekorasies aanbring, aantreklik maak, opskik, opknap, opkikker, herstel, versien, optakel, behang, beslaan, omboor, raam, uitplak, beplak, beklee(d), stoffeer, siseleer, verf, skilder, beits, inskulp, indraai, garneer, adoniseer

aantrek, uittrek, aanpas, uitdos, in die mode wees, uit die mode wees, uit die oude doos wees

naaldwerk doen, handwerk doen, naai, stik, opstik, aanstik, vasstik, vaswerk, aanwerk, aanheg, aannaai, ryg, vasryg, lostrek, lostorring, omboor, omkap, lap, stop, steek, steke vermeerder, steke afgooi, knip, uitknip, uitsny, brei, borduur, hekel, applikeer, kantklos; ontwerp, skep

s.nw. ***verfraaiing,*** versiering, optooiing, ornamentasie, ornamentering, dekorasie, dekorering, vertoon, praalvertoon, binnehuisversiering, blomkuns, blomsierkuns, blomversiering, blom(me)rangskikking, festoen, guirlande, slinger (blomme), blomslinger, ikebana, houtsnee, houtsneewerk, goudsnee, goudsneewerk, skarabee, muurversiering, ornamentiek; versierkuns, sierkuns, scenografie, ornamentiek

versiering, versiersel, siersel, dekorasie, sieraad, pronkstuk, optooisel, fantasie, roset, smukwerk, blinker, geskenkpapier, versierpapier, tierlantyntjie, snuistery, galanterieë, galanterieware, fieterjasies, versierinkies, siergoedjies, opsmuksel, patroon, op-en-afpatroon, ruitpatroon, blaarpatroon, . . ., motief, versiermotief, arabesk, band, bies, rand, randversiering, galon, omboorsel, passement, blom, bessiewas, perlemoen, perlemoer, skulp, skulpwerk, krans, rosekrans, lourierkrans, faïence, inlegwerk, inlegsel, belegsel, inkrustasie, garnering, garnituur, garneersel

huisversiering, muurversiering, muurbehangsel, tapisserie, wandversiering, verf, verfwerk, plakpapier, paneelwerk, houtpaneel, mosaïekwerk, mosaïekversiering, fries, mat, tapyt, wandtapyt, draperie, skildery 760, afdruk, wapenskild, wapenbord, beslag, koperbeslag, goudbeslag, ornament, tossel, fassade, fronton

klere, klerasie, kleredrag, kleding, kledy, kledingstuk, drag, uitrusting, gewaad, skepping, modeklere, ontwerpersklere, uniform, mondering, tooisel, optooisel, kostuum, kerkklere, netjiese klere, Sondag(s)klere, kisklere, aandklere, aanddrag, trouklere, rouklere, begrafnisklere, somerklere, somerdrag, winterklere, winderdrag, slenterdrag, slenterklere, informele klere, mansklere, vroueklere, kinderklere, babaklere, sportklere, stapklere, swemklere,

swemdrag, swembroek, swempak, baaibroek, baaikostuum, tweestuk, bikini; mode, modegier, damesmode, mansmode
vroueklere, vrouedrag, damesdrag
mansklere, mansdrag, pak, manspak, Sondag(s)pak, kispak, aandpak, dubbelborspak, krawat, das, strikdas
rok, hemprok, hempbloesrok, jasrok, skederok, skedetabberd, sonrok, voorskootrok, oorslaanrok, tabberd, tuniek; romp, regaf romp, skederomp, oorslaanromp, Skotse romp, geplooide romp, broekrok, culotte, sarong, geerromp, gegeerde romp
hemp, langmouhemp, kortmouhemp, kraaghemp, oopnekhemp, bloes, oorslaanbloes, T-hemp, oorbloes, matrooshemp, bostuk, trui, knooptrui, oopknooptrui, rolkraagtrui, skilpadhalstrui, matrooshalstrui, oortrektrui, serp; breiwerk, breinaald, breimasjien
baadjie, sportbaadjie, enkelborsbaadjie, dubbelborsbaadjie, loodsbaadjie, matroosbaadjie, skaapvelbaadjie, jekker, windjekker, onderbaadjie
jas, reënjas, winter(s)jas, driekwartjas, motorjas, duffeljas, parka, mantel, skouermantel, pelerienmantel, poncho, stofjas, oorjas, oorpak
broek, langbroek, kortbroek, slenterbroek, denimbroek, klinknaelbroek, jeans, klokbroek, Bermuda-kortbroek, Bermuda, kniebroek, sjoebroekie
nagklere, slaapklere, slaappak, pajama(s), pajamabroek, pajamahemp, slaapbroek, nagrok, négligé, kamerjas, kamerjapan
onderklere, onderbroek, lang onderbroek, broekie, bikini-(onder)broekie, onderrok, frokkie, onderhemp, onderlyfie, kamisool, lyfpak, bra, korset, kous, lang kous, gholfkous, sykous, dykous, visnetkous, kousbroekie, sokkie, kort sokkie, enkelsokkie
hoed, kerkhoed, pildooshoed, breërandhoed, keil, hardebolkeil, stetson, pet, kalot, garnisoenpet, mus, pelsmus, balaklawa, bivakmus; hoedemaker, hoedemaakster
handskoen, aandhandskoen, moffie, kneukelhandskoen
skoen, toerygskoen, veterskoen, insteekskoen, kerkskoen, hofskoen, slenterskoen, sportskoen, oefenskoen, tekkie, tennisskoen, sandaal, stewel; sool, skoensool, hak, veter, skoenveter; skoenmaker
kledingstuk, mou, hempsmou, baadjiemou, jasmou, rokmou, driekwartmou, halfmou, pofmou, kapmou, epouletmou, raglanmou, kraag, bokraag, opslaankraag, spreikraag, matrooskraag, borssluier, skaamborsie, harlekynkraag, Peter Pan-kraag, rolkraag, skilpadhals, polokraag, hals, halslyn, nek, V-hals, boordjie, hempsboordjie, lapel, baadjielapel, jaslapel, puntlapel, pyp, broekspyp, lyf, romp, bors, borsstuk, sak, baadjiesak, broeksak, hempsak, geldsakkie, sysak, knoopsgat, epoulet, naat, pylnaat, borspylnaat, plooi, mesplooi, platplooi, stolpplooi, stapplooi, uitskopplooi, konsertinaplooi, pant, voorpant, agterpunt, rugpant, voering, gulp, gulpsluiting
naaldwerk, kleremakery, handwerk, stikwerk, borduurwerk, breiwerk, hekelwerk, appliek, appliekwerk, kantkloswerk, kantklossery, kerspitwerk, Hardanger-werk, kruissteekwerk, smokwerk; steek, soomsteek, voorsteek, agtersteek, kettingsteek, kruissteek, omkapsteek, alkantsteek, ankersteek, applieksteek, borduursteek, rygsteek, rygdraad, patroon, rokpatroon, broekpatroon, . . , patroonontwerp, patroonboek; naald, rygnaald, stopnaald, beennaald, grootoognaald, speld, kop(pie)speld, vingerhoed, naaimasjien, omkapmasjien, breimasjien, maatband, maatlint, garing, gare, borduurgaring, borduurgare; kleremaker, kleremaakster, naaister, naaldwerker, naaldwerkster, snyer
mooimaakgoed 746, toilet 746, grimering, grimeermiddel, maskara, naellak, naelverf, naelvernis; kapsel, makasterkop, haarlok, haarvlegsel, haarwrong; kosbaarheid, kleinood, sieraad, lyfsieraad, harekam, haarband, kapselband, diadeem, haarknippie, haarlint, kopdoek, tiara, tulband, hooftooisel, tooisel, strik, agraaf, kroon, juweliersware, juweel, kroonjuwele, pêrel, ring, seëlring, pinkiering, kysring, trouring, verloofring, diamantring, goue ring, silwer ring, armband, halssnoer, snoer, pêrelhalssnoer, pêrelsnoer, diamanthalssnoer, koraal, kraal, kraaltjie, string, 'n string pêrels, 'n string krale, ketting, kettinkie, halsketting, hanger hangertjie, boa, borsspeld, kamee, roset medaljon, horlosieketting, oorlosieketting veiligheidspeld, gespe, gordelgespe, spang (*ong.*), oorbel, oorbelletjie, oorkrabbetjie oorkrawwetjie, oorhangertjie, oorring, oor yster, boeket, guirlande, blom

versierder, versierkunstenaar, sierkunstenaar, binnehuisversierder, blommerangskikker, bloemis, bloemiste

b.nw. versierd, versierend, dekoratief, ornamenteel, opgesmuk, modieus, modebewus, flambojant (*soms ook neg.*), figuratief, gefigureer, geblom(d), geglaseerd, geglasuur(d), geruit, kameeagtig, satynagtig

746. Toilet

s.nw. ***toilet,*** versorging, liggaamlike versorging, liggaamlike higiëne, persoonlike higiëne, velsorg, velversorging, haarsorg, haarversorging, grimering, manikuur, pedikuur

badkamer 94, bad, stort, stortbad, bidet, douche, spoelbad, sauna, wasstel, wastafel, waskom, wasbeker, lampetbeker, seepbak, seephouer, badkamerspieël, toilet, gemak, gemakshuisie, openbare toilet, retirade, toilettafel; badartikel, toiletpapier, kakpapier (*plat*)

toiletartikel, toiletbenodighede, toiletware, kramery, waslap, spons, handdoek, badhanddoek, gastehanddoek, gesighanddoek, sneesdoekie, snesie, tandeborsel, tandepasta, mondspoelmiddel, tandeflos, tandestokkie, manikuurstel, naelknipper, naelskêrtjie, naelborsel, naelvyltjie, amarilstokkie, amarilstafie, amarilvyltjie, kam, haarkam, harekam, fynkam, borsel, haarborsel, haardroër, seep, toiletseep, badseep, badsoda, badsout, badskuim, badolie, seepskuim, sjampoe, haarsjampoe, medisinale sjampoe, haarmiddel, haarolie, haarlak, haarnet, skeergoed, skeerapparaat, skeermes, elektriese skeermes, skeerkwas, skeerroom, skeerseep, skeerbakkie, voetskraper, voetkrapper

skoonheidsmiddel, kosmetiese middel, kosmetiekmiddel, kosmetiek, grimeermiddel, grimering, grimeersel, stiffie, lipstiffie, blos, rouge, maskara, oogmaskara, oogskaduwee, naellak, naelpoets, naelsmeer, naelverf, naelvernis, parfuum, parfumerie, reukwater, eau de cologne, laventel, olie, roosolie, attar, haarolie, makassarolie, room, koue room, velroom, nagroom, handeroom, gesigroom, vogroom, pommade, poeier, gesigpoeier, blanketsel, lyfpoeier, strooipoeier, talk, talkum, talkpoeier, talkumpoeier, voetpoeier, skoenpoeier; grimeerder, grimeur, kosmetis, manikuris; skoonheidsalon, salon

haarsalon, barbier, barbierswinkel; haarkappery, kapsel, karteling, kartel, haargolwing, golwing, permanente golwing, ligstreep (*Eng.* highlight), polkahare, bolla, knoes, knoets, kondee (*veroud.*); haarskêr, haarkapperskêr, kruller, haarkruller, krulpen, krulspeld, krultang, haardroër, haarspuit, sproeimiddel, spuitfles; haarkapper, haarkapster, kapper, dameshaarkapper, manshaarkapper, barbier, haarsnyer, haresnyer, haarknipper, hareknipper, friseur, stileerder, haarstileerder

b.nw. kosmeties, geparfumeerd, gestileerd

ww. bad, was, sjampoe, stort, skeer, afskeer, wegskeer, grimeer, opmaak, parfumeer, kap, sny, uitdun, laat doen, kam, golf (hare), friseer (hare), manikuur, stileer

747. Kunssmaak

s.nw. ***kunssmaak,*** smaak, smaakvolheid, oordeel, goeie oordeel, verfyndheid, verfyning; kunsgevoel, gevoel vir kuns, kunssin, kunssinnigheid, aftrek, allure, sentiment; kunskennis, kunsbeskouing, kunsvaardigheid, kunsgenieting, kunsgenot

kunsliefhebber, esteet, kunssinnige, kenner, kunskenner, kritikus, kunskritikus

b.nw. smaakvol, mooi 743, stylvol, verheffend, aptytlik, esteties, kunstig, kunssinnig, artistiek, artisties, fyn, besienswaardig

ww. smaak hê, kunssmaak hê

bw. met smaak

748. Gebrek aan smaak

s.nw. gebrek aan smaak, swak smaak, onverfynde smaak, onverfyndheid, barbaarsheid, onopgevoedheid, wansmaak, afsku; filistyn, barbaar

b.nw. smaakloos, stylloos, onverfyn(d), barbaars; onopgevoed

ww. geen smaak hê nie, nie 'n goeie oordeel hê nie

749. Kuns

s.nw. ***kuns,*** groot kuns, abstrakte kuns, moderne kuns, eksperimentele kuns, volkskuns, gemeenskapskuns, sierkuns, handelskuns, grafiese kuns, handwerk, kinderkuns, kinderwerk, prulwerk, kitsch; kunsvorm,

skone kunste, beeldende kuns, skilderkuns, tekenkuns, graveerkuns, beeldsnykuns, houtsnykuns, houtsneekuns, sierkuns, beeldhoukuns, beeldhouwerk, ontwerpkuns, juwelierskuns, boukuns, toneelkuns, teaterkuns, dramakuns, musiekkuns, sangkuns, woordkuns, skryfkuns, letterkunde, romankuns, digkuns; motief, tegniek, kunstegniek, styl; kunswaardering, kunskritiek, liefde vir die kuns, dilettantisme, dilettant, kunsliefhebber, kunskenner, kunskritikus, kunshistorikus, kunshandelaar
kunswetenskap, kunsgeskiedenis, kunsfilosofie, kunsteorie
kunsgeskiedenis, kunsperiode, primitiewe kuns, Griekse kuns, Romeinse kuns, Romaanse kuns, . . ., klassieke, renaissance, humanisme, barok, rococo
kunsrigting, rigting, kunsskool, skool, humanisme, idealisme, simbolisme, realisme, neorealisme, illusionisme, surrealisme, naturalisme, klassisisme, klassisme, neoklassisme, romantiek, neoromantiek, impressionisme, ekspressionisme, romantisisme, modernisme, sensitivisme, verisme, soömorfisme, kubisme, dadaïsme, futurisme; humanis, simbolis, surrealis, naturalis, klassisis, romantikus, impressionis, ekspressionis, romantisis, modernis, kubis, dadaïs, futuris
kunswerk, kunsvoorwerp, kunsskat, kunsversameling, antiek, skepping, kunsproduk, museumstuk, meesterstuk, meesterwerk, komposisie, oeuvre
kunswêreld, skeppingsvermoë, skeppingsdrang, kreatiwiteit, talent, kunstalent, virtuositeit
kunsmuseum, museum, museum vir skone kunste, ryksmuseum, opelugmuseum, galery, kunsgalery, kunsuitstalling, vernissage
kunstenaar, kunstenares, meester, kunsmeester, diva, primadonna, skepper, sierkunstenaar, arties, avant-garde, virtuoos; skilder, skilderes, beeldhouer, beeldhoudster, woordkunstenaar, skrywer, skryfster, musikant, komponis; ateljee, kunsateljee, studio, kunsstudio

b.nw. kunstig, artistiek, skeppend, kreatief, gestileerd, kunshistories, oorspronklik, derivatief, dilettanties, ritmies, renaissansisties, abstrak, modern, eksperimenteel, idealisties, naturalisties, impressionisties, realisties, surrealisties, romanties, veristies, kubisties, dadaïsties, futuristies; onartistiek, kitsch, kitscherig

ww. kuns beoefen, skep, voortbring, modelleer, weergee, kritiseer

750. Letterkunde

s.nw. ***letterkunde,*** lettere, literatuur, lektuur, leesstof, middelmootlektuur, belletrie, volksletterkunde, volksliteratuur, wêreldletterkunde, wêreldliteratuur, klassieke, klassieke letterkunde, moderne letterkunde, mitologie
skryfwerk, pennevrug, jeugwerk, juvenilia, redaksiewerk, redigering, skryfskool
literêre genre, fiksie, nie-fiksie, gedig 751, digkuns 751, prosa, prosakuns, romankuns, romanliteratuur, roman, verhaal 552, prosaverhaal, storie 552, prysroman, trefferroman, sleutelroman, roman à clef, avontuurroman, avontuurverhaal, ridderroman, ridderverhaal, misdaadroman, speurroman, speurverhaal, liefdesroman, liefdesverhaal, prikkelroman, intrigeroman, familieroman, diereroman, grensroman, grensverhaal, grensprosa, politieke roman, politieke verhaal, geskiedkundige roman, historiese roman, strekkingsroman, tendensroman, saga, sage, sagaliteratuur, sageliteratuur, riller, wetenskapsfiksie, humoristiese literatuur, humoristiese verhaal, humoreske, satiriese roman, novelle, kortverhaal, essay, biografie, outobiografie, lewensbeskrywing, lewenskets, pornografie, joernaal, dagverhaal, reisroman, reisverhaal, reisbeskrywing, reisjoernaal, sprokie, drama, opstel
verhaal 552, verhaaltjie, storie 552, kinderstorie, slaaptydstorie, spookstorie, vertelling, vertelsel, volksvertelling, skets, saga, sage, dieresage, kroniek, epos, gelykenis, evangelie, roman, prosaverhaal, novelle, kortverhaal, allegorie, legende, liefdesverhaal, intrige, intrigeroman, grensverhaal, pastorale, pastorale roman, avontuurverhaal, speurverhaal, riller, ridderverhaal, skeppingsverhaal, Bybelverhaal, Kersverhaal, reisverhaal, diereverhaal, jagverhaal, gelykenis, mite, fabel, feëverhaal, fantasie, fantasieverhaal, sprokie, dieresprokie, vervolgverhaal, radioverhaal, hoorspel, radiodrama, radiovervolgverhaal, anekdote, staaltjie, spotskrif
teks, romanteks, dramateks, verhaal, ver-

haalstruktuur, tema, leitmotiv, tematiese struktuur, tematologie, geraamte, agtergrond, stramien, aanloop, ontplooiing, klimaks, antiklimaks, ontknoping, denouement, verwikkeling, wending, dialoog, karakter, hoofkarakter, held, heldin, antiheld, karakterisering, karakterskets, karakteruitbeelding, karakterbeelding
literêre werk, werk, geskrif, geleentheidstuk, wetenskaplike werk, wetenskaplike geskrif, boek 567, trefferboek, trefferroman, blitsverkoper, storieboek, leesboek, roman, novelle, bundel, verhaalbundel, kortverhaalbundel, digbundel 751, bloemlesing, album, versalbum, siklus, tetralogie
stylleer, stilistiek, styloefening, stylaard, stylgroep, stylvorm, register, fraseologie; styl, skryfstyl, praatstyl, trant, taal, taalgebruik, retoriek, formele styl, formele taalgebruik, saaklike styl, deftige styl, verhewe styl, hoogdrawende styl, geswolle styl, kanselstyl, kanseltaal, boekerige styl, boekerige taal, boekagtige styl, boekagtige taalgebruik, gedronge styl, verhalende styl, verhaaltrant, koerantstyl, koeranttaal, briefstyl, brieftaal, boekagtige taal, blomryke styl, bloemryke styl, beeldryke styl, informele styl, informele taalgebruik, ligte trant, ongebonde styl, prosastyl, vertelstyl, verteltrant
stylfiguur, metafoor, figuurlike taal, figuurlike taalgebruik, figuurlike betekenis, oneintlikheid, beeldspraak, beeld, beelding, uitbeelding, metonimie, omskrywing, perifrase, vergelyking, troop, metonimia, sinekdogee, ironie, ironisering, satire, satirisering, parodie, woordspeling, woordspel, paronomasie, paronomasia, omskrywing, sinspeling, toespeling, litotes, verpersoonliking, herhaling, woordherhaling, iterasie, diafora, anafoor, sinonimie, inversie, hiperbool, vergroting, oordrywing, eufemisme, verdraaiing, hipallage, teenstelling, paradoks, antitese, antitesis, teenstrydigheid, oksimoron, polisindeton, asindeton, paralipsis, antiklimaks, batos, cliché, klankekspressie, klankskildering, onomatopee, antonomasia, antonomasie, anakoloet, zeugma, anafoor, weglating, ellips
literêre teorie, letterkunde, letterkundige teorie, literêre studie, literatuurstudie, literatuurwetenskap, literatuurgeskiedenis, tematologie
literêre kritiek, kritiek, resensie, resensieartikel; kritikus, literêre kritikus, resensent, literêre resensent
letterkundige, literêre figuur, literator, dertiger, sestiger, tagtiger, woordkunstenaar, woordkunstenares, skrywer, skryfster, medeskrywer, outeur, mede-outeur, prosaïs, romanskrywer, romanskryfster, romansier, verhaler, tragedieskrywer, novellis, kortverhaalskrywer, kortverhaalskryfster, essayis, satirikus, digter, digteres, dramaturg, hekelskrywer, veelskrywer, broodskrywer, prulskrywer, prulskryfster, joernalis, joernaliste, korrespondent, koerantskrywer, rubriekskrywer, redakteur, redaktrise, redaksie, stilis; skuilnaam, pseudoniem

b.nw. ***letterkundig,*** literêr, belletristies, klassiek, modern, mitologies, literêr teoreties
stilisties, formeel, styf, saaklik, deftig, verhewe, hoogdrawend, geswolle, boekerig, boekagtig, gedronge, verhalend, vertellend, informeel, lig, ongebonde, blomryk, bloemryk, beeldryk; metafories, figuurlik, beeldend, beeldsprakig, pikaresk, vergelykend, oneintlik, perifrasties, metonimies, oordragtelik, ironies, satiries, spottend, hiperbolies, eufemisties, paradoksaal, teenstrydig, klimaksaal, onomatopeïes, klanknabootsend, klankskilderend
verhalend, romanesk, dramaties, dramaturgies, novellisties, humoristies, biografies, pornografies, redaksioneel

ww. skryf, skrywe, die pen opneem, na die pen gryp, skets, uitbeeld, saamstel, te boek stel, op skrif stel, dramatiseer, karakteriseer, adapteer, verwater, personifieer, ironiseer, satiriseer, parodieer, stileer, redigeer, resenseer, bespreek

751. Digkuns

s.nw. ***digkuns,*** verskuns, versleer, digkunde, muse, poësie, poëtiek, epiese poësie, stemmingspoësie, elegie, elegiese poësie, allegoriese poësie, heldepoësie, ridderpoësie, skaldepoësie, natuurpoësie, liriese poësie, liriek, rymkuns
digbundel, versbundel, verseboek, bloemlesing
gedig, vers, beginvers, slotvers, strofe, stansa, refrein, versbou, versifikasie, verstegniek, digtrant, versreël, gedigreël, invo-

kasie, nasang, kwatryn, oktaaf, sekstet, tersine
digsoort, verssoort, digvorm, digtrant, gedig, vers, siklus, gedigsiklus, verssiklus, sikliese vers, sonnet, sonnettekrans, klinkdig, rondeel, triolet, distigon, kwatryn, haikoe, pentameter, heksameter, heptameter, keerdig, keergedig, jaardig, laaggedig, geleentheidsgedig, geleentheidsvers, lofgedig, lofdig, ode, himne, ditirambe, heldelied, epos, epiese gedig, epiese vers, diere-epos, idille, herdersdig, pastorale, stemmingsgedig, stemmingsvers, rapsodie, madrigaal, liefdesgedig, liefdesvers, romanse, elegiese gedig, elegiese vers, roudig, aleksandryn, kanto, heffingsvers, leerdig, didaktiese gedig, strekkingsvers, kreefdig, retrograde gedig, naamdig, naamvers, akrostigon, onomastikon, puntdig, epigram, skimpdig, satire, satiriese vers, satiriese gedig, hekeldig, hekelvers, spotdig, sneldig, versie, rympie, kinderrympie, bakerrympie
versritme, ritme, ritmiek, versmaat, klankmaat, metrum, prosodie, heffing, ligte heffing, swaar heffing, versvoet, jambe, amfibrag, trippelmaat, trimeter, pentameter, heksameter, heptameter, anapes, daktiel, daktilus, trogee, spondee, sesuur, insnyding, enjambement, skandering
rym, rymklank, rymwoord, stoplap, assonansie, klinkerrym, alliterasie, stafrym, beginrym, eindrym, endrym, slotrym, middelrym, dubbelrym, kettingrym, slepende rym, halfrym, wisselrym, keerrym, gebroke rym, vrye vers
digterskap, digterlikheid, digtersiel, digwerk, inspirasie, digterlike inspirasie, muse, digterlike vryheid
digter, digteres, volksdigter, puntdigter, toneeldigter, sprokiesdigter, hekelskrywer, hekeldigter, klinkdigter, psalmis, hofdigter, rymdigter, versiesmaker, rympiesmaker, rymelaar, pruldigter, poëtaster, lekedigter
voordragkunstenaar, voordraer, opsêer, rymelaar, skald; voordrag

b.nw. ***digterlik,*** poëties, digkundig, siklies, epies, elegies, allegories, satiries, idillies, metries, jambies, tweevoetige, drievoetig, . . ., pentametries, heksametries, ritmies, prosodies, jambies, daktilies, spondeïes, trogeïes, rymend, rymloos, alliterend, anapesties
ondigterlik, apoëties

ww. dig, rym, berym, allitereer, versifiseer, rympies maak, skandeer

752. Toneel- en rolprentkuns

s.nw. ***toneelkuns,*** verhoogkuns, voordragkuns, rolprentkuns, toneel, amateurtoneel, beroepstoneel, drama, dramakuns, dramatiek, dramatiese kuns, dramaturgie, dramakunde, toneelwese; toneelkritiek, toneelkritikus, toneelresensie, toneelresensent
drama, verhoogstuk, verhoogwerk, dramaliteratuur, toneelliteratuur, dramateks, toneelteks, draaiboek, speeldrama, skets, leesdrama, skouspel, sensasiestuk, kostuumstuk, geleentheidstuk, spektakelstuk, sukses(toneel)stuk, analitiese drama, sosiodrama, liturgiese drama, antifoon, versdrama, karakterstuk, blyspel, melodrama, tragedie, treurspel, treurtoneel, mirakelspel, abele spel, misteriespel, komedie, komediespel, tragikomedie, revue, klugspel, klug, sotternie, saterspel, harlekinade, herderspel, samespraak, tweespraak, alleenspraak, monoloog, kykspel, maskerspel, gebarespel, mimiek, pantomime, pantomimiek, kabaret, hoorbeeld, hoorspel, voordrag, voorlesing; handeling, intrige, ontknoping, scenario, proloog, wending, peripetie
optrede, vertoning, spel, toneelspel, vertolking, dramatisering, repertoire, regie, toneelregie, rolprentregie, televisieregie, spelleiding, rolverdeling, dramatis personae, spellesing, repetisie, repetisiewerk, kleedrepetisie, kostuumrepetisie, choreografie, mise-en-scène, toneelinrigting, scenografie, perspektiefskildering, dekor, siklorama, horisondoek, agterdoek, voorgrond, agtergrond, toneelvoorstelling, toneelaanwysing, toneelskikking, toneelverandering, toneelwisseling, toneeleffek, kalklig
toneelstuk, stuk, drama, verhoogstuk, opvoering, toneelopvoering, opelugopvoering, eenakter, tweeakter, drieakter, trilogie, tetralogie, voorspel, tussenspel, naspel, première, gala-opvoering, gala-aand, voorvertoning, soirée, konsert, konsertstuk, variété verskeidenheidskonsert, voordrag, program, konsertprogram, opvoerreg
bedryf, scène, eerste bedryf, tweede

bedryf, . . ., hoofbedryf, slotbedryf, toneel, eerste toneel, tweede toneel, . . ., proloog, naspel, draaitoneel, tablo, tableau vivant, tafereel, dialoog, tersyde
toneelbenodigdhede, dekor, toneeldekor, toneeldekorasie, coulisse, rekwisiet, kostuum, toneelkostuum, garderobe
rolprentkuns, kinematografie, silwerdoek, rolprentbedryf, rolprentwese, rolprent, film, fliek (*geselst.*), klankrolprent, klankfilm, klankprent, kleurrolprent, kleurprent, swart-en-witrolprent, hoofprent, voorprent, televisierolprent, televisieprogram, rolprentdrama, riller, western, western-rolprent, pornofilm, seksfilm, tekenfilm, tekenprent, nuusfilm, montasie, vertoning, rolprentvertoning, filmvertoning, filmoteek, filmjoernaal, draaiboek, klankbaan
rolverdeling, rolbesetting, dramatis personae, rol, personasie, hoofrol, titelrol, held, heldin, heldefiguur, protagonis, antagonis, antiheld, heldedom, helderas, byrol, agtergrondspeler, figurant, ekstra, pierrot
toneelwêreld, toneelspeler, speler, toneelspeelster, verhoogkunstenaar, verhoogkunstenares, akteur, aktrise, ster, rolprentster, rolprentakteur, rolprentaktrise, primadonna, beroepspeler, beroepspeelster, beroepsakteur, beroepsaktrise, amateurspeler, amateurspeelster, hoofrol, hoofrolspeler, hoofrolspeelster, hoofspeler, hoofspeelster, byspeler, byspeelster, vertolker, komediant, voordragkunstenaar, mimiekkunstenaar, mimikus, toneelgroep, toneelgeselskap, repertoiregeselskap, troep, rei, spreekkoor, rolprentgeselskap, regisseur, uitvoerende regisseur, regisseuse, toneelregisseur, rolprentregisseur, rolprentvervaardiger, filmmaker, kineas, televisieregisseur, spelleier, spelleidster, produksiesekretaresse, dramaturg, dramaskrywer, draaiboekskrywer, teksskrywer, toneelbestuurder, souffleur, souffleuse, impresario, compère, choreograaf, operateur, beligtingsmeester, beligtingsman, beligtingsingenieur, klankoperateur, kostumier, toneelmeester, rekwisietemeester; toneelganger, teaterganger, rolprentganger, fliekganger
teater, skouburg, staatskouburg, amfiteater, opelugteater, verhoog, speeltoneel, voorverhoog, proscenium, beligting, kollig, spreilig, verhooglig, voetlig, gordyn, toneelgordyn, verhooggordyn, skerm, orkesput, ouditorium, toneelsaal, stalles (*mv.*), parterre (*ong.*), parket, galery; rolprentteater, bioskoop, fliek (teater, *geselst.*), inryteater, inrybioskoop, veldfliek (*geselst.*)

b.nw. dramaties, toneelmatig, speelbaar, teatraal, tragies, komieklik, histrionies, improvisatories, pantomimies, rolvas, woordvas

ww. ***toneelspeel,*** speel, onderspeel, oorspeel, optree, vertolk, 'n rol speel, 'n rol vertolk, die hoofrol speel, debuteer, voordra, opsê, lees, repeteer, voorsê, souffleer
dramatiseer, opvoer, op die planke bring, aanbied, voorstel, uitbeeld, aanpas, adapteer, film, verfilm, vertoon, draai, laat draai, oorklank, monteer, regisseer, onder spelleiding staan
'n toneelstuk skryf, 'n draaiboek skryf

bw. tersy(d)e

uitdr. deus ex machina

753. Musiek

s.nw. ***musiek,*** absolute musiek, abstrakte musiek, figurale musiek, mensurale musiek, evokatiewe musiek, sekulêre musiek, klassieke musiek, koraalmusiek, koormusiek, balletmusiek, toneelmusiek, kamermusiek, salonmusiek, kerkmusiek, gewyde musiek, beeldende musiek, hoorspelmusiek, dansmusiek, marsmusiek, optogmusiek, jagmusiek, programmusiek, radiomusiek, agtergrondmusiek, moderne musiek, popmusiek, punk, rock, soul, blues, country, countrymusiek, country en western-musiek, jazz, jazzmusiek, tradisionele jazz, koeljazz, hitsjazz, Dixieland, diskomusiek, tradisionele musiek, folk, folkmusiek, volksmusiek, boer(e)musiek, elektroniese musiek, elektrofoniese musiek, gesinkopeerde musiek, harmonie, disharmonie, musiekkultuur, melomanie
musiekwetenskap, musiekleer, algemene musiekleer, musikologie, musiekstudie, musiekkunde, musiekgeskiedenis, historiese musiekwetenskap, vergelykende musiekwetenskap, musieketnologie, musiekargeologie, musiekpsigologie, musieksosiologie, musiekteorie, harmonieleer, vormleer, orkesografie, agogiek, musiekliteratuur, musieknavorsing, musiekkritiek; musiekopvoeding, musiekwaardering, musiekopleiding, musiekonderrig, musiekonderwys, musiekpedagogiek, musiekles, solfame-

tode, solfamusiek, musiekskool, konservatorium, musiekakademie, musiekklas, musiekkamer, musiekbiblioteek
bladmusiek, bladlees, musiekdiktaat, partituur, grootpartituur, orkespartituur, sangpartituur; amusie, noteblindheid
musiektekens, notasie, musieknotasie, noteskrif, nootteken, nootsimbool, gestreepte noot, tabulatuur, musieklyn, balk, notebalk, notebalknotasie, sleutel, musieksleutel, sleutelteken, c-sleutel, f-sleutel, g-sleutel, solosleutel, diskantsleutel, bassleutel, mol, bémol, molteken, dubbelmol, A-mol, A-mol majeur, A-mol mineur, A-kruis, A-kruis majeur, A-kruis mineur, A-dubbelmol, A--dubbelkruis, A-mol majeur, A-mol mineur, . . ., renvooi, unisoon, sekunde, terts, kwart, kwint, septiem, oktet, apoggiatura, mordent, boog, koppelboog, aksent, arpeggio, rusteken, verkortingsteken, verhogingsteken, herhalingsteken, herhaalteken, herstelteken, kruis, dubbelkruis, twee-twee-tyd, drie-vier-tyd, vier-vier-tyd, musiekboek, musiekpapier, musiekblad, notepapier
musieknoot, sangnoot, noot, nootnaam, notereeks, fundamentele noot, gekruisde noot, verhoogde noot, oplossingsnoot, gidsnoot, deurgangsnoot, brugnoot, heelnoot, halfnoot, halwe noot, kwartnoot, agstenoot, sestiendenoot, eenstreepnoot, tweestreepnoot, rus, halwe rus, agste-rus, sestienderus, arpeggio, drieklank, sameklank, sekwens, solfanotasie, solmisasie, do, re, me, fa, so, la, ti
toon, toontrap, toonsoort, toongeslag, toonaard, aardsvreemde toonaard, toonsterkte, toonwaarde, mensuur, toonafstand, heffing, toonheffing, toonopvolging, toonval, toonmeter, toonleer, toonladder, toonskaal, gamma, majeurtoonleer, majeurtoonladder, groottertstoonleer, groottertstoonladder, mineurtoonleer, mineurtoonladder, kleintertstoonleer, kleintertstoonladder, diatoniese toonleer, pentatoniese toonleer, agttonige toonleer, oktotoniese toonleer, twaalftonige toonleer, duodesimale toonleer, paralleltoonleer, toonskaal, scala, toonomvang, diapason, interval, kwint, kruiskwint, oktaaf, grootoktaaf, kleinoktaaf, onderoktaaf, diskant, toontrap, kontrapunt, tonaliteit, politonaliteit, chromatiek; toonsoort, toongeslag, hooftoonsoort, hooftoonaard, diatoniese toon, stamtoon, heel toon, halwe toon, dis, hooftoon, grondtoon, dominant, tonika, middeltoon, tussentoon, ondertoon, bytoon, eerste toontrap, negende toontrap, none, terts, majeur, majeurtoonsoort, groot terts, majeurakkoord, mineur, mineurtoonsoort, afgeleë toonsoort, klein terts, akkoord, grondakkoord, deurgangsakkoord, brugakkoord, a-akkoord, b-akkoord, c-akkoord, . . ., oktaaf, bo-oktaaf
maat, maatslag, tydmaat, tempo, maatstreep, ritme, ritmiek, kadans, tweeslagmaat, drieslagmaat, vierslagmaat; metronoom, metrometer, maatstok
dinamiek, dinamiese teken, klanksterkte, luidheid, hardheid
musiekwetenskaplike, musikoloog, musiekkenner, musiekliefhebber, musiekentoesias, melomaan

b.nw. musikaal, melodies, harmoniek, harmonieus, harmonies, disharmonies, ritmies, tonaal, tonies, atonaal, diatonies, chromaties, intermediêr, kontrapuntaal

ww. musiseer, musiek ken, musiek skryf

bw. più (meer), mezzo (half), larghissimo (baie stadig), largo (stadig), larghetto, adagio (stadig), adagietto (nie so stadig nie), adagio ma non troppo (nie te stadig nie), lento (stadig), lamento (klaend), lamentoso (klaend), dolente (droewig), dolendo (droewig), doloroso (droewig), mesto (droewig), lacrimoso (wenend), pesante (swaar), ritenuto (stadiger), ritardando (stadiger), rallentando (stadiger), andante (matig), andantino (vinniger of stadiger as andante), moderato (matig), scherzo (skertsend), scherzando (lighartig), scherzoso (lighartig), scherzino, scherzetto, allegretto (taamlik opgewek, vinnig), allegro (opgewek, vinnig), allegro assai (baie opgewek), allegro molto (baie opgewek), allegro moderato (matig opgewek), allegrissimo (baie vinnig), allegro vivace (opgewek en lewendig), allegro con fuoco (opgewek en vurig), più mosso (vinniger), più tosto (ietwat vinniger), accelerando (vinniger), affrettando (vinnig versnellend), presto (vinnig), prestissimo (uiters vinnig), tremolo, vibrato, pizzicato (getokkel), forte (hard), fortissimo (baie hard), tutta la forza (met al die krag), tutte le corde (met al die snare), tutti (alles), poco forte (effens hard), mezzo forte (half hard), forte-piano (hard-sag), mezzo piano (half sag), più forte

(harder), vigoroso (lewenslustig), impetuoso (onstuimig), imperioso (gebiedend), furioso (rasend), ardente (vurig), animato (geanimeerd), con anima (met besieling), con bravura (met glans), deliberato (beslis), determinato (beslis), con brio (met geesdrif), con spirito (met geesdrif), con vito (lewendig), crescendo (toenemend in toonsterkte), decrescendo (afnemend in toonsterkte), sforzando (forserend), rinforzando (versterkend), calando (afnemend in tempo), diminuendo (afnemend in toonsterkte), perdendo (verlorend), morendo (wegsterwend), poco (bietjie), poco à poco (bietjie-vir-bietjie), piano (sag), pianissimo (baie sag), più piano (sagter), calmato (kalm), bisbigliando (fluisterend), cantabile (sangerig), cantando (singend), grazioso (grasieus), affettuoso (ontroerend), amabile (liefdevol), amoroso (liefdevol), con amore (met liefde), passionato (passievol), appasionato (hartstogtelik), caldo (warm), con calore (met warmte), espressivo (uitdrukkingsvol), con affetto (met ontroering), delicato (delikaat), rubato (variasie), sotto voce (met gedempte stem), dolce (soet), da capo (van die begin af), maestoso (majestieus), pomposo (met prag en praal)

woorddeel musiek-

754. Komposisie

s.nw. ***komposisie,*** toonsetting, beryming, verwerking, bewerking, setting, transkripsie, transposisie, orkestrasie, instrumentasie, klankskildering, repertoire

musiekstuk, komposisie, musiek 753, studie, opus, libretto, koloratuur, geleentheidstuk, kapries, caprice, simfonie, concerto, konsert, ensemble, suite, opera, operette, musiekdrama, étude, sonate, vioolsonate, sonatine, toccata, serenade, chanson, kanon, rapsodie, divertimento, rondo, requiem, koraal, koraalmusiek, fuga, fugato, ballade, madrigaal, fantasie, fantasia, pastorale, nokturne, naglied, capriccio, scherzo, menuet, pavane, masurka, polka, polonaise, polonys, wals, mars, parademars, potpourri, kontrapunt, klavierstuk, kitaarstuk, vioolstuk, . . .; duet, trio, terset, kwartet, kwintet, sekstet, septet, oktet; melodie, wysie, danswysie, kenwysie, klingel; swanesang

beweging, passasie, introduksie, ouverture, prelude, preludium, voorspel, voorslag, interlude, interludium, intermezzo, tussenspel, diludium, kadans, kadens, cadenza, finale, naspel, slotakkoord, largo, adagio, andante, allegro, allegretto, party, partisie, orkesparty, obligaat, solo, soloparty, aria, tenoorparty, glissando, leitmotiv, motief, tema, variasie, variasie op 'n tema

komponis, musikant, musikus, maestro, librettis, toonsetter, verwerker, toondigter, liedjieskrywer

b.nw. filharmonies, harmonies, musikaal

ww. komponeer, verwerk, berym, instrumenteer, orkestreer, simfonieer, toonset, transponeer, dut, harmoniseer, improviseer

755. Uitvoering

s.nw. ***uitvoering,*** musiekuitvoering, revue, konsert, promenadekonsert, middagkonsert, aandkonsert, serenade, musiekaand, somerkonsert, opelugkonsert, simfoniekonsert, simfonie, strykkonsert, vioolkonsert, klavierkonsert, fluitkonsert, boeremusiekkonsert, popkonsert, jazzkonsert, rockkonsert, musiekfees, sangfees, popfees, jazzfees, interpretasie, begeleiding, orkesbegeleiding, klavierbegeleiding, toegif, encore; musiek, konsertstuk, verhoogstuk, nommer, musieknommer, sangnommer, instrumentale nommer, orkesnommer, glansnommer, toegifnommer, versoeknommer, spel, klavierspel, vioolspel, snarespel, kitaarspel, . . .; skouburg, konsertsaal, odeon, verhoogkuns

harmoniëring, harmonie, sinkopasie, sinkopee, fanfare, ad libitum, diskordansie, diskordant, dissonansie, wanklank, aanslag, arpeggio, spiccato, toon 753, toonkleur

musiekgeselskap, musiekkorps, operageselskap, orkes, simfonie-orkes, stadsorkes, radio-orkes, kamerorkes, strykorkes, strykkwartet, strykkwintet, blaasorkes, slagorkes, perkussie-orkes, jazz-orkes, poporkes, popgroep, boereorkes, duet, duo, trio, terset, kwartet, kwintet, sekstet, septet, oktet, kombo, koor 757, sanggroep 757; orkesformasie, oudisie

verhoogkunstenaar, musikus, musikant, straatmusikant, solis, soliste, begeleier, begeleidster, virtuoos, instrumentalis, instrumentis, klavierspeler, orrelis, orreliste, stryker, violis, violiste, kontrabas, basvioolspeler, tjellis, tjelliste, blaser, trom-

petspeler, klarinettis, kitaarspeler, baskitaarspeler, tromspeler, poukenis, poukslaner, klokkenis, beiaardier, klaviersolis, sanger 757, sangeres 757, koloratuursangeres, maestro, dirigent, orkesdirigent, gasdirigent, konsertmeester, orkesmeester, orkesleier, interpreteerder; dirigeerstok
konsertganger

b.nw. orkestraal, instrumenteel, sangerig, vyfstemmig, sesstemmig, . . ., instrumentaal, a capella, toonvas, welluidend, melodies, diskordant, dissonant

ww. musiek maak, musiseer, speel, bespeel, saamspeel, voorspeel, begelei, slaan, aanslaan, stryk, blaas, fraseer, interpreteer, improviseer, intoneer, moduleer, fantaseer, kietel, kwint, moduleer, rus, dirigeer, lei

756. Musiekinstrument

s.nw. ***musiekinstrument,*** instrument; musikant, instrumentalis, instrumentis
klawerinstrument, klawerbordinstrument, klavier, piano, forte-piano, honkietonkklavier, blikklavier, staanklavier, regopklavier, dwergklavier, vleuelklavier, vleuel, groot vleuelklavier, konsertvleuel(klavier), dwergvleuelklavier, elektriese klavier, klawerbord, sleutelbord, adiofon(on) (klavier), orrel, pyporrel, kerkorrel, huisorrel, elektroniese orrel, orgatron, waterorrel, harmonium, serfyn, klavesimbel, klavichord, virginaal, Italiaanse virginaal, spinet, akkordeon, trekklavier, pensklavier, konsertina, harmonika, glasharmonika, melodika; klavierspeler, klavierspeelster, pianis, pianiste, klaviersolis, orrelis, orreliste
klavieronderdeel, klavierkas, musiekstaander, klawerbord, toetsbord, klaviatuur, stom klaviatuur, klawer, toets, wit klawer, swart klawer, klaweraksie, hamer, tangent, klaviersnaar, stemskroef, drukstaaf, pedaal, trapper, harde pedaal, sagte pedaal, sostenutopedaal; orrelonderdeel, pypwerk, pyp, orrelpyp, baspyp, figurant, labiaalpyp, blaasbalk, windkas, windbuis, windklep, klawerbord, toetsbord, klaviatuur, verdeelde klawerbord, verdeelde klaviatuur, klawer, toets, pedaalklawerbord, orrelpuntklawer, swelpedaal, orrelregister, diapason, registerknop, drukknop
snaarinstrument, strykinstrument, tokkelinstrument; viool, altviool, viola, altviola, kontrabas, basviool, gamba, dwerggamba, tjello, dwergtjello; kitaar, ghitaar, Engelse kitaar, Spaanse kitaar, Hawaiïese kitaar, sessnaarkitaar, twaalfsnaarkitaar, elektriese kitaar, banjo, mandolien, mandoline, ramkie, ramkietjie, ukelele, luit, lier, balalaika, harp, eolusharp, windharp, psalter, siter, buissiter, ghoera, stonthol, stontol; stryker, violis, violiste, kontrabas, basvioolspeler, tjellis, tjelliste, harpenaar, harpenis, harpspeler, kitaarspeler, baskitaarspeler
vioolonderdeel, klankkas, klankbodem, klankbord, nek, greep, stempen, stemskroef, kam, vioolkam, snaar, vioolsnaar, strykstok; kitaaronderdeel, klankkas, klankbodem, klankbord, klankopening, klankgat, kitaarnek, kitaarbalk, stempen, stemskroef, snaar, kitaarsnaar, staalsnaar, nylonsnaar, dermsnaar, katderm, G-snaar, E-snaar, cantino, kwint, plektrum (kitaar), tokkelaar (plektrum)
blaasinstrument, houtblaasinstrument, koperblaasinstrument, trompet, klaroen, korttrompet, dwergtrompet, Bach-trompet, kornet, tromboon, skuiftrompet, alttromboon, beuel, tuba, kontrabastuba, Franse horing, klarinet, altklarinet, saksofoon, saxofoon, baritonsaksofoon, horing, bashoring, sakshoring, saksbeuel, saxhoring, saxbeuel, alpehoring, waldhoring, ramshoring, sjofar, jaghoring, fagot, kontrafagot, hobo, althobo, Engelse horing, baritonhobo, fluit, basfluit, dwarsfluit, blokfluit, altblokfluit, herdersfluit, skalmei, calamus, flageolet, piccolo, panfluit, rietfluit, bamboesfluit, mirliton, mondfluitjie, bekfluitjie, oktaaffluitjie, doedelsak, Skotse doedelsak, horrelpyp, harmonika, glasharmonika, ocarina, basuin; blaser, koperblaser, trompetspeler, trompetblaser, tromboonspeler, klarinettis, horingblaser, horingspeler, hoboïs, hobospeler
mondstuk, demper, toondemper, sourdine, sordino
slaginstrument, konkussie-instrument, slagwerk, trom, drom, bastrom, tenoortrom, bongotrom, bokaaltrom, snaartrom, keteltrom, pouk, timpano, tamboer, tamboeryn, simbaal, klokkespel, kariljon, beiaard, glockenspiel, altglockenspiel, klok, klokkie, ghong, aambeeld, bekken (slaginstrument), xilofoon, metallofoon, xilo-metallofoon, marimba, Orff-instrument, drie-

hoek, triangel, kastanjet, klepper; bel, bengel (klok), klepel; tromspeler, tamboerslaner, poukenis, poukslaner, beiaardier, beiaardierskuns, klokkenis
elektrofoon, klaviatuurelektrofoon, sintetiseerder, woer-woer
musiekdoos, musiekdosie, speeldoos, blêrkas, draaiorrel, pianola, pianista (outomatiese klavier), fonograaf, grammofoon, grammofoonspeler, grammofoonnaald, gramradio, hoëtroustel, draaitafel, kassetspeler, kompak(te)skyfspeler, disko, diskoteek; plaat, langspeelplaat, langspeler, kortspeelplaat, kortspeler, grammofoonplaat, kompak(te)skyf; diskotekaris
stemvurk, stemyster, stemhoring, stemvurkklavier, stemstang

b.nw. instrumentaal, bespeelbaar, pianisties, sewesnarig, tiensnarig, tweesnarig

ww. speel, bespeel, blaas, fluit, stryk, viool speel, kitaar speel, tokkel, slaan, roffel, tamboer, stem, instem, snaar, besnaar, bespan

757. Sang

s.nw. ***sang,*** sangkuns, kanto, canto, volksang, sangkursus, sangles, sangopleiding, sangoefening, solfège, solfeggio, solmisasie, vokalisme, sangskool, sangakademie
lied, sang, gesang, sangnommer, sangstuk, monodie, wysie, sangwysie, volkswysie, melodie, opera, aria, ouverture, pastorale, rapsodie, ballade, ballade-opera, kantate, kerkkantate, koraal, koraalgesang, koraalkantate, koraalmusiek, koorlied, beurtsang, antifoon, kabaretlied(jie), chanson, luisterlied, poplied, treffer, trefferliedjie, vreugdelied, vreugdesang, jubellied, triomflied, oorwinningslied, strydlied, klaaglied, klaagsang, treurlied, treursang, môrelied, aubade, oggendlied, serenade, aandlied, naglied, feeslied, kerklied, kerkgesang, motet, kantiek (*ong.*), psalm, psalmgesang, himne, halleluja, hallelujalied, gospellied, Kerslied, dankgesang, danklied, loflied, ditirambe, volkslied, nasionale lied, vredeslied, liefdeslied, minnelied, madrigaal, wiegelied, wiegeliedjie, siembamba, slaapliedjie, slampamperliedjie, welkomslied, drinklied, oeslied, straatliedjie, straatwysie, studentelied, gondellied, ghommaliedjie, moppie, klingel; vers, koeplet, melisme
sanguitvoering, sangkonsert, konsert, variété, gesang, solo, solosang, koloratuur, koorsang, reisang, beurtsang, kanon, kettingsang, rondelied, teësang, mensurale sang, opera, opera-aand, operette, sangfees, sangaand, sangwedstryd, musiekprogram, treffersparade
sangstem, stem, stemomvang, sopraan, mezzosopraan, falsetto, alt, alto, alto lirico, kontralto, contralto, tenoor, liriese tenoor, heldetenoor, bariton, bas-bariton, bas, buffo-bas, basso profundo, eerste stem, tweede stem, diskant, derde stem; stemomvang, tessitura, tessituur, register, intonasie, intonasiepatroon, toonvastheid, goeie stem, sterk stem, vals stem, falset, kopstem
sangkunstenaar, vokalis, solis, sanger, tenoor, tenoorsanger, bariton, baritonsanger, bas, sangeres, kantatrise, diva, sopraan, mezzosopraan, alt, koloratuursangeres, koloratuursopraan, konsertsanger, konsertsangeres, operasanger, operasangeres, kantor, koorsanger, koorsangeres, minnesanger, minstreel, troebadoer, jongleur, neuriesanger, sniksanger, jodelsanger, kabaretkunstenaar, kabaretsanger, popsanger, popsangeres, singer, voorsinger, voorsanger
sanggeselskap, koor, rei, mannekoor, dameskoor, kinderkoor, seunskoor, meisiekoor, monnikekoor, nonnekoor, operageselskap, operakoor, duet, duo, tweesang, trio, kwartet, kwintet, sekstet, septet, oktet, koorknaap, koorleier, korifee, sangmeester

b.nw. vokaal, melodies, sangryk, sangerig, meerstemmig, veelstemmig, tweestemmig, kontrapuntaal, nootvas, toonvas, vals

ww. sing, 'n lied aanhef, uit volle bors sing, uitsing, besing, toesing, voorsing, saamsing, harmoniseer, psalmodieer, intoneer, neurie, slampamper, jodel, kwinkeleer, kweel, koer, tril, dreun, brom, brul, kletsrym (*Eng.* rap), dreunsing, noot hou, een noot hou, vals sing

bw. a capella, van die wysie af

758. Beeldende kuns

s.nw. ***beeldende kuns,*** beeldhoukuns, skilderkuns, tekenkuns, grafiese kuns, grafiese ontwerp, handelskuns, houtsnykuns, graveerkuns, tapisserie, tapisseriewerk, appliekwerk, applikatuur, batik, rommelkuns, ikonografie, chrisografie, perspektief, perspektiefleer; kunsskool, kunsakademie, ateljee, kunsateljee

beelding, afbeelding, uitbeelding, voorstelling, allegorie, komposisie, beeld, gesnede beeld, gelykenis, figuur, naakfiguur, skildery, portret, portretskildery, tekening, skets, graveerwerk, replika, afgietsel, reliëf, hoogreliëf

b.nw. beeldend, ikonografies, besnede, besneë, gesnede, perspektiwies

ww. afbeeld, uitbeeld, voorstel, weergee, naboots, verbeeld, afskadu, beeldhou, uitbeitel, skilder, afskilder, teken, 'n tekening maak, skets, 'n skets maak, afteken, nateken, oorteken, graveer

759. Tekenkuns

s.nw. ***tekenkuns,*** tekene, diagrafie, ontwerpkuns, stereografie, stilografie, kartering, kartografie, tekenmetode, tekenles, tekenmeester, tekenonderwyser, tekenskool

tekenwerk, tekening, skets, ets, prent, tekenprent, inkleurprent, vryhandtekening, potloodtekening, potloodskets, pentekening, penskets, pen-en-inktekening, pen-en-wastekening, houtskooltekening, pasteltekening, profieltekening, silhoeët, rotstekening, sjabloondruk, spotprent, karikatuur, strokie, strokiesverhaal, illustrasie, natekening, ontwerp, ontwerptekening, delineasie, lyntekening, plan, grondplan, terreinplan, kontoer, kontoertekening, diagram, figuur, skema, tekenskrif, tekenvoorbeeld; aansig, vooraansig, syaansig, boaansig, onderaansig, kontoer, krabbel, omtrek

tekenbehoeftes, tekengereedskap, tekeninstrument, potlood, pen, tekenpen, stiffie, tekenstif, kryt, waskryt, tekenkryt, inkleurkryt, crayon, inkleurpotlood, pastel, houtskool, ink, tekenink, verf, sepia, sjabloon, pantograaf, mikrograaf, liniaal, tekendriehoek, passer, skerppuntpasser, veerpasser, krompasser, verdeelpasser, tekenhaak, tekenpapier, natrekpapier, tekenboek, sketsboek, tekendoos, tekenaap, tekentafel, tekenbank, tekenbord, tekenplank, tekenlei, tekenkamer, tekensaal

tekenaar, karikaturis, kartograaf, konstrukteur, spotprenttekenaar

b.nw. sketsmatig, tekenagtig, grafies, stereografies, diagrammaties

ww. teken, inteken, nateken, traseer, afteken, skets, afskets, krabbel, delinieer, uitstippel, aftrek, natrek, kalkeer, inkleur, stippel, karteer, ontwerp, stileer, arseer

760. Skilderkuns

s.nw. ***skilderkuns,*** figuratiewe skilderkuns, stilleweskilderkuns, genreskilderkuns, abstrakte skilderkuns, ekspressionisme, post-ekspressionisme, impressionisme, post-impressionisme, pointillisme, luminisme, animisme, kubisme, dadaïsme; kunsskool, kunsakademie, skilderskool, skilderakademie; kunsgalery, skilderymuseum, pinakoteek

skildering, genre, doekskildering, muurskildering, rotsskildering, scenografie, perspektiefskildering, agterskilderwerk, aksieskilderwerk, skildertegniek, penseelwerk, olieverfskildering, waterverfskildering, impasto, tachisme, alla prima, nat-in-natskilderwerk, sifdruk, syskermdruk, kerografie, serografie, wasskilderkuns, brandskildering

skildery, skilderstuk, skilderwerk, studie, doek, olieverfskildery, waterverfskildery, akwarel, fresko, pastel, pastelskildery, pasteltekening, muurskildery, wandskildsery, rotsskildery, portret, selfportret, studie, naakstudie, landskap, toneel, tafereel, tablo, panorama, siklorama, diptiek, tweeluik, triptiek, drieluik, monumentale skildery, stillewe, allegorie, allegoriese skildery, madonnaskildery, diorama, tondo, replika, reproduksie, kopie; grondlaag, grondtoon, grondverf, agtergrond, voorgrond, chiaroscuro, kleurmenging, collage, ikon, krakeluur, paneel

skildersgereedskap, doek, skilderdoek, raam, esel, skilderesel, kwas, skilderkwas, penseel, skilderpenseel, skildermes, paletmes, spatel, verf, skilderverf, olieverf, pastel, pastelverf, tempera, waterverf, sianiet, palet, skilderspalet, model, skildermodel

skilder, skilderes, portretskilder, toneelskilder, landskapskilder, kleurskilder, koloris, kopiïs, pastelskilder, lakskilder, glasskilder, hofskilder, huisskilder

b.nw. skilderagtig, panoramies, pikturaal, figuratief, ekspressionisties, impressionisties, reproduseerbaar, tonaal

ww. skilder, afskilder, naskilder, byskilder, verf, verwe, doodverf, grondeer, kopieer, portretteer, raam, reproduseer, retoesjeer

761. Graveerkuns

s.nw. ***graveerkuns,*** gravure, gliptiek, etskuns, radeerkuns, diepdruk, houtsnykuns, houtsneekuns, houtsnywerk, houtsneewerk, houtgravure, isografie, lyngravure, niëllo, kopergravure, galvanografie, sinkografie, swartkuns, akwatint, litografie, steendrukkuns, steendruk, reënboogdruk, irisdruk, rotogravure, granulering, greinering
graveerwerk, gravure, ets, etswerk, droënaaldets, isogram, lyngravure, stippelgravure, houtsnee, houtgravure, intaglio, intaglioreliëf, steengravure, metaalgravure, staalgravure, kopergravure, koperets, sinkgravure, glasskildering, kamee, kameereliëf, isogram, graveertegniek, graveerstyl, breëlyngraveerstyl
graveermasjien, radeermessie, radeernaald, graveernaald, etsnaald, graveerstif, graveermes, koperdrukpers, etspers, etsbad, etsplaat, litografiese plaat, litografiese steen, litografiese ink, litografiese kryt
graveerder, graveur, houtgraveur, metaalgraveur, kopergraveur, glasskilder

ww. graveer, ingraveer, ets, inets, afets, radeer, sny, uitsny, grif, ingrif, steek, kartel, granuleer, greineer, inslyp, opwarm

762. Inlegwerk

s.nw. ***inlegwerk,*** legwerk, gliptiek, draaiwerk, dryfwerk, ivoorwerk, ivoorsnykuns, marqueterie, mosaïek, intarsia
draaibank, draaiboor, beitel, draaibeitel, steekbeitel, polsstok, taster
draaier, kunsdraaier, houtdraaier, ivoordraaier

b.nw. gedraai, gedrewe, gedamasseer(d)

ww. inlê, draai, beitel, bosseleer, siseleer, damasseer

763. Beeldhoukuns

s.nw. ***beeldhoukuns,*** figuurbeeldhoukuns, portretbeeldhoukuns, reliëfbeeldhoukuns, komposisiebeeldhoukuns, skulptuur, boetseerwerk, boetseerkuns, reliëfwerk, goudwerk
beeldhouery, beeldgietery, boetsering, model, gipsmodel, gipsbeeld, gipsafdruk; gips, modelleerklei, modelleerplank, beitel, boetseerstok, gipsvorm
beeldhouwerk, beeld, standbeeld, monoliet, wasbeeld, panoptikum, afbeeldsel, reliëf, bas-reliëf, hoogreliëf, haut-reliëf, laagreliëf, akroterion, akroterium, kariatide, sfinks, kopbeeld, borsbeeld, torso, afgietsel, gipsafgietsel
beeldhouer, beeldhoueres, beeldhouster

b.nw. beeldhoukunstig, beelderig

ww. beeldhou, boetseer, beitel, uitbeitel, kap, modelleer, set

764. Boukuns

s.nw. ***boukuns,*** argitektuur, binnehuisargitektuur, konstruksie, struktuur
boustyl, orde, gotiek, gotiese boustyl, vroeë gotiek, neogotiek, spitsboogstyl, renaissancestyl, barok, rococo, ogiefstyl, flambojante styl, tudorstyl, moderne boukuns
boumeester, argitek

b.nw. argitektonies, konstruktief, flambojant, ogivaal, struktureel

ww. bou, struktureer

E. HOOP EN WANHOOP

765. Hoop

s.nw. ***hoop,*** 'n sprankie hoop, verwagting, toekomsverwagting, hoopvolheid, optimisme, blydskap 718, belofte, afwagting, vooruitsig, moontlikheid, voorspieëling, besieldheid, besieling, opbeuring, ydele hoop
aanmoediging, aansporing, bemoediging, opbeuring, moedversterking

b.nw. ***hoopvol,*** afwagtend, besiel(d), positief, optimisties, idealisties, bly 718, blymoedig 718
hoopgewend, bemoedigend, versterkend

ww. ***hoop,*** hoop hê, hoop koester, vertrou, hoopvol wees, verwag, afwag, wens, begeer, voorspieël
hoop gee, aanmoedig, besiel, beloof, belowe, verwagtings wek, opbeur

bw. hopelik, met (groot) verwagting

uitdr. die blink kant bo hou; die hoop beskaam nie; elke donker wolk het 'n silwer/goue randjie; jou kop bo water hou; dit is te hope; kastele in die lug bou; lugkastele bou; op sand bou

766. Wanhoop

s.nw. ***wanhoop,*** wanhopigheid, radeloosheid, krampagtigheid, moedeloosheid, mismoedigheid, mismoed, verslaen(t)heid, vertwy-

feling, demoralisasie, gedemoraliseerdheid, troosteloosheid, terneergedruktheid, swartgalligheid, neerslagtigheid, teleurstelling, desperaatheid, desperasie, disillusie, frustrasie, verloren(d)heid, hopeloosheid, reddeloosheid, lewensmoegheid, verplettering, verpletterdheid, moedverlorenheid, smart 719, wêreldsmart, Weltschmerz, ashoop, wanhoopskreet, god(s)geklag, wanhoopsdaad
ontmoediging, demoralisering, inhibering
wanhopige, verlorene, ongeluksvoël, teëvaller

b.nw. ***wanhopig*** 768, radeloos, krampagtig, moedeloos, mismoedig, verslae, vertwyfeld, gedemoraliseerd, terneergedruk, neerslagtig, jammerlik, godsjammerlik, troosteloos, swartgallig, pessimisties, depressief, verlore, bitter, grou, naargeestig, sielig, teleurgesteld, desperaat, gefrustreerd, bekaf, bedroë, bekaaid, berooid, drommels, verlore, hopeloos, reddeloos, lewensmoeg, verpletter, moedverlore, smartlik, wesenloos
ontmoedigend, verpletterend, demoraliserend, teleurstellend

ww. ***wanhoop,*** bekla(ag), beklae, opskop
ontmoedig, besoek, disillusioneer, ontgogel, frustreer, lamslaan, ontnugter, teëval, teleurstel, verpletter, vertwyfel

bw. raad-op, uit wanhoop, uit frustrasie

uitdr. jou kop laat hang; boedel oorgee; die hande wring; die stryd gewonne gee; die wêreld het vir jou te smal geword; iets laat vaar; in die put sit; in wanhoop verval; met die gebakte pere sit; op jou neus kyk; op moedverloor se vlakte (sit); my moed sink; my moed sak/sink in my skoene; nil desperandum; op die ashoop sit; spoke opja; spoke sien; tou opgooi; 'n bloutjie loop; 'n sug slaak; iemand tot wanhoop bring

F. MOED EN VREES

767. Moed

s.nw. ***moed,*** mannemoed, leeuemoed, oormoed, moedigheid, manmoedigheid, manhaftigheid, heldemoed, heldhaftigheid, koenheid, dapperheid, braafheid, heroïsme, heroïek, onversaagdheid, ridderlikheid, vreesloosheid, onbevreesdheid, onverskrokkenheid, waagmoed, waagmoedigheid, koerasie, kordaatheid, parmantigheid, kloekmoedigheid, kloekheid, roekeloosheid, gewaagdheid, doodsveragting, koelbloedigheid, stoutmoedigheid, vermetelheid, verwaandheid
durf, pit, durfkrag, sterkte, krag, innerlike krag, selfversekerdheid, selfvertroue, selfversekering, gemak, gemaklikheid, vrymoedigheid, vryheid, doelgerigtheid, daadkrag, dryfkrag, vasberadenheid, vasbeslotenheid, inisiatief, ondernemingsgees, deursettingsvermoë, uithou(dings)vermoë, weerbaarheid, doelbewustheid, sangfroid, optimisme 765, hoop 765
bemoediging, besieling, versterking, moedinpratery, opbeuring
avontuur, awentuur, kragtoer, kordaatstuk, heldedaad, waagspel, waagstuk, waagtoertjie
heldedom, held, heldin, oorlogsheld, avonturier, awenturier, voorvegter, kavalier, ridder, waaghals, kansvatter, durfal, leeu, parmant, haantjie, derduiwel, desperado, optimis 765; heldeverering

b.nw. ***moedig,*** oormoedig, onbevrees(d), vreesloos, arg(e)loos, heldhaftig, manhaftig, manmoedig, koen, dapper, braaf, heroïes, onverskrokke, leeuagtig, onversaagd, ridderlik, herkulies, waagmoedig, avontuurlik, parmantig, kordaat, kloekmoedig, kloek, onverskillig, roekeloos, waaghalsig, waagsaam, waagmoedig, gewaag(d), gedurf, roekeloos, uitdagend, doodsveragtend, koelbloedig, stoutmoedig, vermetel, verwaand, astrant, befoeter(d), beneuk (*plat*), mal
sterk, gelykmoedig, blymoedig 718, kranig, selfversekerd, onbeskroomd, onvervaard, rustig, gerus, vrymoedig, doelgerig, beslis, vasberade, vasbeslote, resoluut, verbete, flink, wakker, op-en-wakker, wilskragtig, geeskragtig, lewenslustig, lewenskragtig, lewendig, geesdriftig, optimisties 765, volhardend, ywerig, onverdrote (*ong.*), ondernemend, doelbewus, weerbaar, wakker, hondstaai, optimisties 765; parmantig, hardekoejawel, hardekop, hardekwas, hardgebak, hardegat (*plat*)
bemoedigend, besielend, versterkend, opbeurend, opheffend

ww. ***moed hê,*** moed skep, moed kry, geen vrees ken nie, pal staan, durf, aandurf, uithou standhou, onderneem; waag, 'n stap waag

'n kans waag, 'n kans vat, riskeer, trotseer, 'n risiko neem, die risiko loop, die gevaar loop
bemoedig, aanmoedig, moed gee, opwek, besiel, gerusstel, opbeur, por, sterk, tempteer

bw. stormenderhand

uitdr. geen vrees ken nie; geen gevaar ken nie; nie 'n bang haar op jou kop hê nie; alles op die spel plaas; die stoute skoene aantrek; wie nie waag nie, wen nie; 'n sprong waag; die swaard aangord; die tou styftrek; onder die oë sien; jou man staan; mossie maar man; nie stuit vir die duiwel nie; murg in sy pype hê; op eie risiko; die bul by die horings pak; vol vuur wees; wakker loop; agter iemand staan; iemand 'n riem onder die hart steek

768. Vrees

s.nw. ***vrees,*** bevreesdheid, vreesbevangenheid, vreesagtigheid, bangheid, doodsvrees, angs, beangstheid, angstoestand, doodsangs, sterwensangs, sielsangs, lewensangs, bestaansangs, angstigheid, angsneurose, angssweet, angsbevangenheid, angsvalligheid, timiditeit, benepenheid, vrees en bewing, skrupule, paniek, benoudheid, benoudte, ongerustheid, onrustigheid, onrus, verontrusting, beroering, verbystering, paniek, paniekerigheid, paniekbevangenheid, bevangenheid, ontsteltenis, bewerasie, bibberasie, papelellekoors, skrik, verskriktheid, skrikkerigheid, versteldheid, lafhartigheid, papbroekigheid, papbroekerigheid, lamsakkigheid, kleinmoedigheid, kleinserigheid, agonie, rilling, siddering, ritteltits, aapstuipe, apiestuipe, horries; fobie, hoogtevrees, hipsofobie, dieptevrees, engtevrees, kloustrofobie, noutevrees, agorafobie, ruimtevrees, hidrofobie, watervrees, mensvrees, antropofobie, aragnofobie, nagvrees, verhoogvrees, toneelkoors, spanning, tribulasie; ontsag
vreesuiting, angskreet, angsgil, gil, angsskreeu, angssweet, gejammer
vreesaanjaging, vreeslikheid, vrese, skrikaanjaging, skrikaanjaer, skrikaanjaendheid, angswekkendheid, verskrikking, verskriklikheid, vervaarlikheid, grieseligheid, grieselrigheid, riller, afgryse, afgryslikheid, afskuwelikheid, ontsetting, verontrusting, onrusbarendheid, bedreiging, gevaar 656, skrikbewind, intimidasie, senuoorlog, terreur, terrorisasie, terrorisme, terrorismestryd; skrikbeeld, spook; bangmaker, paaiboelie, intimideerder, terroris
ontsteltenis, skok, bekommernis, bekommerdheid, kommer, ongerustheid, onrustigheid, angs, gemoedsangs, moedeloosheid, mismoedigheid, wanhoop 766, wanhopigheid, radeloosheid, troosteloosheid, verslaen(t)heid, geslaenheid, ontreddering, terneergedruktheid, neerslagtigheid, depressiwiteit, pessimisme, défaitisme, weekheid, kleinmoedigheid, lafhartigheid
skaamte, skaamheid, skigtigheid, inkennigheid, eenkennigheid, skuheid, skroom, skroomvalligheid, mensevrees, verwardheid, verbouereerdheid, vervaardheid
bangbroek, bangerik, banggat (*plat*), lafaard, papbroek, pappert, pessimis

b.nw. ***bang,*** doodbang, bangerig, bevrees, vreesagtig, vreesbevange, bevange, beangs, angstig, angsvol, angsvallig, verskrik, versteen van (die) skrik, vaalverskrik, vaal van die skrik, skrikkerig, souerig, skigtig, bedug, beklem(d), paniekerig, paniekbevange, panies, fobies, kloustrofobies, benoud, doodbenoud, vervaard, verbysterd, besorg(d), bekommerd, onrustig, (ver)ontrus, lugtig, lafhartig, papbroekig, papbroekerig, kleinmoedig, lamsakkig, lamsakkerig, lamlendig, kleinserig, kleinmenslik, kleinburgerlik, kleinsielig, benepe, versigtig, katvoet
bloedstollend, jammerlik
vreesaanjaend, vreeswekkend, gevrees(d), bangmakend, vreeslik, allervreesliks, verskriklik, skrikaanjaend, skrikbarend, afskrikwekkend, angsaanjaend, angswekkend, beklemmend, sinister, onheilspellend, sieal, spookagtig, spokerig, grieselig, grieselrig, rillerig, guur, onguur, grimmig, aaklig, afgryslik, afskuwelik, gruwelik, godsgruwelik, grusaam, ysingwekkend, ontsagwekkend, ontsaglik, ontsettend, ontstellend, beklemmend, klemmend, skokkend, huiweringwekkend, bekommerenswaardig, verontrustend, onrusbarend, benouend, deprimerend, senutergend, senuweetergend, intimiderend, duiselingwekkend, verbysterend, verbluffend, gevaarlik, lewensgevaarlik, dreigend, boos, makaber, naar, rillerig
ontsteld, geskok, oorstuurs, senuagtig, senuweeagtig, bekommerd, gekwel(d), benoud, doodsbenoud, ongerus, geslae, bedug,

verward, verbouereer(d), konfuus, vervaard, verbluf, verbyster(d), troosteloos, verslae, versteld, moedeloos 766, neerslagtig 766, verwese, wesenloos, bewerig, verdwaal, depressief, pessimisties, defaitisties, weerloos

skaam, verleë, skugter, inkennig, eenkennig, geslote, sku, sku(w)erig, kopsku, menssku, beskroomd, skroomvallig, beteuter(d), bedremmeld, verward, verbouereerd, vervaard

ww. ***bang wees,*** vrees, bevrees wees, vrees koester, beangs wees, ontstel, bewe, bewe van (die) angs, bibber, rittel, rittel en bewe, sidder, sidder en bewe, sidder van die angs, skrik, terugskrik, opskrik, verbleek, paniekbevange wees, ril, gril, griesel, terugdeins, terugstuit, huiwer, skroom

bangmaak, vrees inboesem, bangpraat, beangstig, skrikmaak, verskrik, beklem, benou, verontrus, demoraliseer, ontwrig, intimideer, terroriseer, deprimeer, verbyster, verlam, ontdaan, oordonder, oorval, boelie, pynig

ontstel, skok, verbyster, bekommer, kwel, knies, verknies

skaam, skaam wees, inkennig wees, beteuterd staan, nie op jou gemak wees nie, skroom, skroomvallig wees

bw. uit vrees, met angs, knypstert

tw. magtie, magtig, nou, genugtig, god, gods, gotta, ha, hede, hene, hete, hierts

uitdr. die stuipe kry; die aapstuipe kry; jou naels byt/kou; die hande wring; jou hart vashou; my hart klop in my keel; my keel trek toe; hoendervel kry; bloed sweet; in angssweet uitslaan; in koue sweet uitslaan; jou buite weste skrik; jou boeglam skrik; 'n duisend dode sterf; vasgenael staan van die skrik; iemand voorstoot; in die pekel sit; in sy skulp kruip; nie durf kik of mik nie; moenie voorspooksels maak nie; liewer bang Jan as dooie Jan; op hete kole sit; op spelde sit; so bang soos die duiwel vir 'n slypsteen; spoke sien; haar hart klop in haar keel; sy hart sit in sy broek; vir 'n blaas (met) ertjies op loop sit; die asem wegslaan; iemand die skrik op die lyf ja; iemand skrik aanjaag; iemand die stuipe op die lyf ja; met die stert tussen die bene (terugkeer); druipstert wees; die ore laat hang; my moed sak in my skoene

769. Vertroue

s.nw. ***vertroue,*** kinderlike vertroue, geloof 842, kinderlike geloof, onwrikbare geloof, geloofsvertroue, geloofsekerheid, sekerheid, waarborg, vertroulikheid, vertrouensposisie, vertroubaarheid, betroubaarheid, inbors, onkreukbaarheid, saak van vertroue, verantwoordelikheid, verantwoordelikheidsin

selfvertroue, selfversekering, selfversekerdheid, geesteskrag, moedigheid, aplomb, moedigheid 767

vertrouensfiguur, vertroueling, vertrouensman, vertrouensvrou, staatmaker, steunpilaar

b.nw. vertrouend, goedvertrouend, gelowig, goedgelowig, niksvermoedend, seker, betroubaar, vertroubaar, vertrouenswaardig, bo (alle) verdenking, geloofwaardig, eerlik, eerbaar, onkreukbaar, edel, opreg van karakter, konfidensieel, toegewy(d), verantwoordelik, vertroud, solied, moedig

ww. vertrou, vertroue hê, glo, seker wees, reken op, toevertrou, betrou, toebetrou, staatmaak, steun, oortuig, waarborg

bw. met vertroue, met sekerheid, van edel inbors

uitdr. jou verlaat op; op iemand reken; iemand se oor hê; op sy woord afgaan; te goeder trou; wolf skaapwagter maak; 'n sak sout saam met iemand opeet

770. Wantroue

s.nw. ***wantroue,*** wantrouigheid, gebrek aan vertroue, vertrouensgebrek, mistroue (*ong.*), agterdog, agterdogtigheid, argwaan, verdenking, ongeloof 843, ongelowigheid 843, twyfel, twyfelagtigheid, weifeling, onsekerheid, gebrek aan sekerheid, suspisie, lugtigheid, skeptisisme, skepsis, sinisme, presumpsie

onbetroubaarheid, ongeloofwaardigheid, bedenklikheid, oneerlikheid, bedrieëry, agterdogtigheid, suspisieusheid, bedrieglikheid, verdagtheid, beskimmeldheid, glibberigheid, ontrouheid

verdagmaking, verdagmakery, diskrediet, alarm

verdagte, skeptikus, kompromittant

b.nw. ***wantrouig,*** mistrouig (*ong.*), agterdogtig, suspisieus, ongelowig, lugtig, onoortuig onseker, huiwerig, aarselend, vol twyfel

twyfelend, vertwyfeld, twyfelmoedig, twyfelagtig, twyfelsugtig, weifelend, skepties, sinies, skisofrenies, skrikkerig, versigtig, terughoudend

onbetroubaar, onvertroubaar, ontrou, dislojaal, ongeloofwaardig, ongeloofbaar, agterdogwekkend, agterdogtig, suspisieus, problematies, kwestieus, verdag, verdagmakend, twyfelagtig, betwyfelbaar, dubieus, bedenklik, bedremmeld, veranderlik, wispelturig, onbestendig, onstandvastig, onstabiel, bedug, glibberig, kameleonties, oneerlik, verraderlik, huigelagtig, troueloos, bedrieglik, onopreg

ww. ***wantrou,*** wantroue koester, agterdogtig wees, agterdog koester, suspisie hê, twyfel, in twyfel trek, verdink, vermoed, iets daaragter soek, bekommer, alarmeer

verdag maak, afgaan, diskrediteer, in diskrediet bring, beswadder, kladder, kompromitteer, veragter; agterdog wek, argwaan wek

uitdr. daar is 'n reukie aan; die snuf in die neus kry; hond se gedagte kry; iemand skeef aankyk; iemand swartsmeer; iemand se naam beklad; iemand se naam slegmaak

G. GRAMSKAP EN SAGMOEDIGHEID

771. Gramskap

s.nw. ***gramskap,*** woede, blinde woede, verwoedheid, toorn, toornigheid, vertoorndheid, furie, boosheid, kwaad, kwaadheid, raserny, gramstorigheid, grimmigheid, wrewel, wreweligheid, wrewelrigheid, wreweling, ergernis, verergdheid, ergerlikheid, gesteurdheid, gebelgdheid, verbolgen(d)heid, nyd, besetenheid, animositeit, aggressie, aggressiwiteit, opgewondenheid, tweedrag

uiting van woede, uitbarsting, tirade, getier, rusie, relletjie, onderonsie, uitval, toeval, geskellery, skeltaal, skel(d)naam, skel(d)woord, aapstuipe, apiestuipe, bobbejaanstuipe, geskree, geskreeu, geknor, gegrom, gebrom, brommery, heftigheid, toornigheid

humeurigheid, opvlieëndheid, vinnigheid, befoeterdheid, knorrigheid, oplopendheid, omgekraptheid, krapperigheid, grimmigheid, gramstorigheid, raserny, onvergenoegdheid, ongenoeë, drif, drifbui, nukkerigheid, irritasie, geïrriteerdheid, prikkelbaarheid, liggeraaktheid, geraaktheid, gevoeligheid, bevlieging, wipperigheid, kleinserigheid, kleinsieligheid, kleingeestigheid, ontstemdheid, ontstemming, ontsteltenis, verbitterdheid, verdrietlikheid, gevoelloosheid, dikmond, diklippigheid, woestheid

agitasie, verbittering, versuring, versteurdheid, versteuring, versondiging

laspos, moeilikheidmaker, verpester, kankeraar, kwelgees, terggees, bliksem (*plat*), donder (*plat*), aanstigter, aanstoker, berserker, besetene, woestaard, woesteling

iesegrim, brombeer, knorpot, grompot, hanglip, dikbek, dikbekkie, draak, paaiboelie, boeman (*ong.*), geitjie, rissiepit, drifkop, wipstert, wipgat (*plat*), hardegat (*plat*)

b.nw. ***kwaad,*** baie kwaad, smoorkwaad, boos, boosaardig, briesend, woedend, rasend, rasend van woede, siedend, siedend van woede, ontstoke, billik ontstoke, ontstem(d), gepikeer(d), ergerlik, vererg(d), dik, vies, gatvol (*plat*), grimmig, gramstorig, vertoorn, omgekrap, gebelg, verbolge, vulkanies, vuurwarm, besete, vyandig, vyandiggesind

humeurig, sleggehumeurd, opvlieënd, oplopend, buierig, beduiweld, kwaai, kwaad, grimmig, gramstorig, befoeter(d), bekonkel(d), bedonderd (*plat*), driftig, opgewonde, vinnig, kortaf, kortgebaker(d), kort van draad, geïrriteerd, afgebete, draakagtig, drakerig, wipperig, kleingeestig, kleinserig, snouerig, prikkelbaar, iesegrimmig, knorrig, gevoelig, krapperig, ongedurig, iewerig, kriewelrig, greinerig, nukkerig, vol nukke, beneuk (*geselst.*), nurks, liggeraak, geraak, skaamkwaad, pruilerig, verontwaardig, gebelg(d), dikmond, dikbek, diklip, diklippig, verbitter(d), verdrietlik, sanguinies

lastig, hinderlik, plaerig, bemoeisiek, moeilik, moeilikheidsoekerig, balhorig, tergsiek, terglustig, treiterend, muitsiek

ww. ***kwaad wees,*** boos wees, woedend wees, slange vang, vertoorn, toornig word, sied van woede, buite jouself wees van woede, vervies, vererg, erger, warm word, opstuif, opstuiwe, fulmineer, verbitter

raas, skel, jou sterk uitdruk, skree, skreeu, snou, vloek, uitvloek, vervloek, kef, tier, uitvaar, te velde trek teen, uitpak, uithaal, opruk, opswel, opvlam, afblaas, stoom afblaas, opbruis, skuimbek, bobbel, brom,

knor, grom, blaak (van woede), bevlieg, bevlie(ë), toebyt
humeurig wees, 'n humeur hê, uit jou humeur wees, jou humeur verloor, prikkelbaar wees, opvlieënd raak, opvlieg, kortgebaker wees, vererg, mor, mopper
kwaad maak, kwaad stook, aanstook, krap, irriteer, omkrap, verontwaardig, onthuts, ontstig, steur, versteur, verstoor, vertoorn, argwaan wek, versondig, versuur, verbitter, lastig wees

bw. in woede, kwaadweg, kwaad-kwaad, kortweg, skimpenderwys

tw. boe, in hemelsnaam, jou bliksem, jou blikskottel, verbrands, deksels

uitdr. die josie in wees; billik ontstoke wees; buite jou sinne wees; die duiwel in wees; die bliksem in wees (*plat*); die moer in wees (*plat*); die hel in wees (*plat*); die donder in wees (*plat*); my bloed kook; die aapstuipe kry; dit hang my by die keel uit; hoog die hoenders in wees; in toorn ontsteek; haar bloed kook; die versene teen die prikkel slaan; fyn van nerf; hulle stryk nie; hy het niks met ons uit te waai nie; iemand skeef aankyk; iemand stukkend kyk; iets teen iemand hê; in ongenade wees; nie langs een vuur sit nie; in onguns wees; jou iemand se ongenoeë op die hals haal; 'n moordkuil maak van sy hart; op jou agterpote staan; gou op jou perdjie wees; jou warm maak vir iets; jou bloedig vererg; uit sy humeur wees; warm word onder die kraag; met die verkeerde voet uit die bed klim; 'n steen des aanstoots; dit steek my dwars in die krop; op iemand se tone trap; ten hemel(e) skrei; vol wees vir iemand

772. Sagmoedigheid

s.nw. ***sagmoedigheid,*** saggeaardheid, sagaardigheid, sagsinnigheid, sagtheid, vreedsaamheid 668, minsaam 776, welwillend, gemoedelikheid, goedhartigheid, geduld, geduldigheid, inskiklikheid, gevoeligheid, skaamheid, stilheid
sagmoedige persoon, sagmoedige, sagmoedige Neelsie, stille, lam, babatjie; bliksemafleier

b.nw. sag, sagmoedig, saggeaard, sagaardig, sagsinnig, vreedsaam, welwillend, gemoedelik, gevoelig, goedhartig, gul, lankmoedig, inskiklik, geduldigheid, mild, mildelik, murf, skaam, soet, stil, stillerig, teer

ww. ***sagmoedig wees,*** sag wees, sluk, inskiklik wees, geduld gebruik
tot bedaring bring, die vrede bewaar, skiet gee

bw. sagkens

uitdr. soetbroodjies bak; so sag soos 'n lam wees; hy kan nie 'n vlieg kwaad aandoen nie; 'n klein hartjie hê

H. LIEFDE EN HAAT

773. Begeerte

s.nw. ***begeerte,*** 'n brandende begeerte, hartsbegeerte, sielsbegeerte, aandrang, begerigheid, behoefte, sin, sinnigheid, wil, verlange, hartsverlange, sielsverlange, heimwee, wens, hartewens, desideratum, wenslikheid, graagte, hunkering, gehunker, soeke, jag, gemis, wensery, smagting, versmagting, sug, versugting, lus, hartelus, honger, dors, koors, manie, nostalgie, verwagting, bevlieging, drang, innerlike drang, drif, kompulsie, gretigheid, neiging, geneigdheid, inklinasie, koorsagtigheid, intoksikasie, dromerigheid, sinlikheid, sinnelikheid, belustheid, hitsigheid, hyging, behae, ambisie, roeping, ywer, ywerigheid; gierigheid, suinigheid, behaagsug, hebsug, hebsugtigheid, heerssug, bejag, winsbejag, benyding, gulsigheid, vraatsug
voldoening, vervulling, versadiging, ingenomenheid, tevredenheid
aantrekking, aantrekkingskrag, prikkel, aantreklikheid, gesogtheid, begeerlikheid, bekoring, bekoorlikheid, verleidelikheid, onweerstaanbaarheid, verleiding, verlokking, verloklikheid; lokmiddel, aanloksel, trekpleister, attraksie, magneet, mag
hoogvlieër, hongerige

b.nw. ***begerig,*** die ene begeerte, langgehoopte verwagte, langverwagte, behoeftig, aangetrokke, geneig, gretig, gretiglik, goedgretig begerig, verlekkerd, verlangend, hunkerend, reikhalsend, dromend, dromerig, nostalgies, hoopvol, honger, dors, dorstig koorsagtig, smagtend, hartstogtelik, versot aangetrokke, lus, belus, belustig, hitsig, inkontinent, kompulsief, ambisieus, hoogvlieënd, ywerig 610, geesdriftig, entoesiasties, heerssugtig, onversadigbaar, onversadelik, onlesbaar, manies, leergierig

leersaam, leeslustig; gierig, hebsugtig, heerssugtig, skraapsugtig, gulsig, vraatsugtig, vraterig, inhalig, suinig 686
ingenome 720, tevrede 720, voldaan, vervul(d), versadig
aanloklik, aantreklik, begeerlik, gesog, bekoorlik, onweerstaanbaar, benydenswaardig, beny(d)baar, verleidelik, verleidend, verlokkend, verloklik, betowerend, behaaglik, gewens, wenslik

ww. ***begeer,*** wens, hoop, verlang, verwag, uitsien na, vooruitsien, nie kan weerstaan nie, hunker na, reikhals, droom van, dagdroom, lus, lus hê, smag, versmag, watertand, honger na, dors na, hyg na, snak na, sug, ja, jaag, jae, najaag, naloop, jeuk, dol, dolf, aas, aspireer, beny
verlang, hartstogtelik verlang, terugverlang, hunker na
lok, uitlok, verlok, aanlok, aanlonk, aantrek, beval, aanstaan, tantaliseer, verlei, betower, bekoor, behaag, behae
voldoening smaak, versadig, tevredenheid kry, bevredig word, bevrediging kry, meer as genoeg hê van

bw. graag, gretiglik, vuriglik, hartstogtelik, hopelik

uitdr. sin in iets of iemand hê; trek kry in iets of iemand; dit laat jou mond water; trek in iets hê; bek lek en stert swaai; van begeerte brand; die koors is hoog; jou beval; jou geval; 'n voorliefde vir iets hê; jou hart op iets sit; jou tande slyp; jou verlekker op; geel van jaloesie wees; die geelbaadjie aan hê; Nabot se wingerd; as die gees vaardig word oor hom; as ek my sonde nie ontsien nie

774. Onverskilligheid

s.nw. onverskilligheid, belangeloosheid, lusteloosheid, gebrek aan belangstelling, indolensie, antipatie, apatie, gevoelloosheid, nonchalantheid, ongeërgdheid, afsydigheid, skouerophaling, traak-my-nieagtigheid, laat--maar-loop-houding, oppervlakkigheid

b.nw. onverskillig, belangeloos, lusteloos, indolent, apaties, nonchalant, ongeërg, onbelangstellend, nie geïnteresseerd nie, afsydig, onwenslik, skouerophalend, traak--(my)-nieagtig, gevoelloos, oppervlakkig, seksloos

ww. onverskillig wees, onverskillig staan, geen belang daarby hê nie, geen trek op iets hê nie, opdons, optrek

uitdr. ek traak nie; geen snars/sners omgee nie; jou nie beval nie; jou nie geval nie

775. Weersin

s.nw. ***weersin,*** teensin, teësin, teësinnigheid, afkerigheid, wrewel, wreweligheid, wreweling, wrok, toorn 771, haat, afkeer, aversie, renons, hekel, verpesting, verfoeiing, afsku, verafskuwing, afgryse, walging
vervreemding, verwydering
weersinwekkendheid, aanstootlikheid, onaantreklikheid, haatlikheid, mislikheid, afskuwelikheid, afgryslikheid, gruwel, gruwelikheid, grusaamheid, walglikheid, verskrikking, yslikheid

b.nw. ***afkerig,*** teensinnig, teësinnig, aardig, geblaseerd, haatdraend, hatig, onvergenoeg(d), ongeneë, wars
weersinwekkend, aanstootlik, banaal, afstootlik, afstotend, aaklig 744, verskriklik, afskuwelik, afskuwekkend, afgryslik, mislik, walglik, grieselig, grieselrig, grusaam, allervreesliks, horribaal (*geselst.*), haatlik, yslik, bar, onaantreklik, onbegeerlik

ww. ***gru,*** gril, ril, walg, haat, stuit, verafsku, verag, verfoei, dissosieer, distansieer
weersin wek, afkerig maak, afskrik, aanstoot gee, vervreem, die lus ontneem

bw. teë, met teensin, met teësin

uitdr. dit stuit my teen die bors; 'n hekel aan iets hê; 'n broertjie dood hê aan iets; sat wees van iets; horribile dictu; horribile visu; iemand taai sê; hom die rug toedraai; jou neus vir iets optrek; laat dit staan; vol wees vir iemand; gatvol wees (*plat*)

776. Liefde

s.nw. ***liefde,*** menseliefde, verliefdheid, aanbidding, verafgoding, romanse, romantiek, danigheid, liefdevolheid, liefderikheid, wederliefde, selfliefde, narcisme, narcissisme, kalwerliefde, jongensliefde, vrye liefde, seksuele liefde, geslagsliefde, ouerliefde, moederliefde, moedersorg, vaderliefde, vadertrots, kinderliefde, Oedipus-kompleks, broederliefde, susterliefde, platoniese liefde, naasteliefde, respek, eerbiedigheid, agting, piëteit; verhouding, liefdesverhouding, lief-

desbetrekking, driehoek(s)verhouding, driehoekige verhouding, platoniese verhouding, verlowing, huwelik 248, huweliksband; begeerte, seksuele begeerte, sensualiteit, erotiek, seks 239, sekslewe, seksualiteit, heteroseksualiteit, biseksualiteit, homoseksualiteit, lesbianisme, pedofilie, pederastie, sodomie

liefdesbetoon, liefdesuiting, liefdesverklaring, liefdesbewys, beminning, liefdesgevoel, liefdestaal, liefdeswoord, troetelwoord, troetelnaam, liefdespyn, liefdesmart, liefdesdrif, liefdesvuur, liefdesvlam, liefdesgloed, hartstog, hartstogtelikheid, passie, teerhartigheid, verkleefdheid, verknogtheid, toenadering, intimiteit, liefkosing, vryery, vryasie, geknuffel, gekafoefel (*geselst.*), flirtasie, vrybrief, liefdesbrief, minnebrief, vryplek, opsitkers, omhelsing, soen, soenery, klapsoen, kus, tongsoen, seks, seksuele liefde, liefdemakery, seksuele verkeer, geslagtelike verkeer, geslagsomgang 239, geslagsgemeenskap, groepseks, masturbasie, selfbevlekking

verowering, verleiding, verlokking, aantrekkingskrag, seksuele aantrekkingskrag, beminlikheid, populariteit, trekpleister, persona grata

vriendskap, vriendskaplikheid, kameraadskap, kameraderie, naasteliefde, verknogtheid, verkleefdheid, vriendelikheid, toegeneentheid, geneentheid, dierbaarheid, warmte, innigheid, intimiteit, sagaardigheid, sagmoedigheid, liefderikheid, teerhartigheid, simpatie, sorgsaamheid, toewyding, tegemoetkomendheid, gemeensaamheid, familiariteit, gemoedelikheid, gulheid, gulhartigheid, gasvryheid, kollegialiteit, beleefdheid, hoflikheid, vertroulikheid, vertrouensverhouding, vriendskapsverhouding, vriendskapsbetrekking

vriendskapsbetoon, vriendskapsbetuiging, verering, heldeverering, idolatrie, rekonsiliasie, amnestie, asiel

geliefde, beminde, minnaar, minnares, huweliksmaat, bes(te), verloofde, kêrel, ou, outjie, jongetjie, veroweraar, nooi, noi, noientjie, nooientjie, meisie, aster, stuk, stukkie, liefling, liefie, liefste, dierbaarste, hartedief, hartediefie, hartlam, hart, skat, skatlam, skattebol, pop, soetlief, ghantang, ding, dier, bok, lam, ooilam, gogga, romantikus, vryer, paartjie, liefdespaartjie, huwelikspaar, mensepaar; jongensgek, vrouegek, meisiegek, don juan, flerrie, flirt, seksbom, hoer, gigolo, seksmaniak, nimfomaan; narcissis, homoseksueel, lesbiër, homofiel, pedofiel, pederas, sodomiet

vriend, vriendin, boesemvriend, boesemvriendin, maat, maatjie, kornuit, amigo (*geselst.*), amice (*ong.*), pel (*geselst.*), gabba (*geselst.*), sielsvriend, geesgenoot, kameraad, familievriend, gesinsvriend, huisvriend, jeugvriend, kindervriend, oogappel, witbroodjie, makker, gunsteling, held, heldin, idool, vertroude, vertroueling, vertrouensman, dissipel, metgesel, gesel; vriendekring, vriendskapskring, tweemanskap, driemanskap, . . ., vriendskapsband, vriendskapsbetrekking, aanhang

b.nw. ***verlief,*** dolverlief, smoorverlief, tot oor sy ore verlief, verliefderig, liefies, liefdevol, liefderik, liefderyk, aangetrokke, getrokke, danig, gek na, versot, been-af, platonies, romanties, verloof, hartstogtelik, intiem, verkleef, amoreus, vryerig, soenerig, warm, speels, iewerig, katools, sexy (*geselst.*) 743, sensueel 743, eroties, seksueel, heteroseksueel, biseksueel, homoseksueel, lesbies, pederasties, narcisties, narcissisties

beminlik, minsaam, minlik, dierbaar, gelief(d), geliefkoosde, populêr, verleidelik, verleidend

vriendelik, bevriend, vriendskaplik, amikaal, oorvriendelik, boetie-boetie, danig, geheg, verknog, innig, intiem, onafskeidelik, onskeibaar, verkleef, kameraadskaplik, broederlik, gaaf, goedgesind, toegeneë, toegedaan, ruimhartig, groothartig, sagmoedig, saggeaard, sagaardig, teer, teerhartig, liefdevol, liefderik, simpatiek, bedagsaam, welwillend, tegemoetkomend, behulpsaam, hulpvaardig, sorgsaam, familiêr, familiaar, gemeensaam, warm, warmhartig, hartlik, gul, gulhartig, gasvry, kollegiaal, beleef(d), hoflik

ww. ***liefhê,*** bemin, min, liefkry, smoorverlief wees, brand van liefde, dol op iemand wees, tot oor jou ore verlief wees, hartstogtelik bemin, aanbid, verafgod, verafgood, adoreer, aanhang, aankleef, uitneem, opsit, romantiseer, verower, verloof, respekteer, eerbiedig

vriende wees, omgee, hou van, aanhang, familiariseer, fraterniseer, verbroeder, kolle

giaal omgaan, koester, pamperlang, piep, oppiep, verpiep, rekonsilieer

liefde betoon, aanvly, omhels, die arms slaan om, om die hals val, iemand aan die bors druk, 'n druk(kie) gee, soen, flankeer, streel, troetel, koester, liefkoos, minnekoos (*ong.*), vry, bok (vry), afvry, aanlê, vlerksleep, die hof maak, gemeenskap hê, liefde maak, seks hê, masturbeer, draadtrek (*plat*), kafoefel (*geselst.*), kattemaai (*geselst.*), verlei, verlok

bw. uit liefde, met liefde, uit vriendskap, ter wille, ter wille van, met oop arms

woorddeel lief-, liefdes-, minne-

uitdr. liefde is blind; blou skene kry; sy skene word rooi; by 'n nooi aankap; gek oor iets/ iemand wees; iemand se hart steel; jou hart verloor; jou verslinger aan; jou latjiebeen hou by 'n meisie; haar kop is vol muisneste; ogies maak; 'n ogie hê vir iemand; oor die onderdeur loer; skaapogies gooi; voetjie--voetjie speel; 'n ou bok lus soms jong blare; veel oorhê vir iemand; oor die weg kom met iemand; op goeie voet wees/staan met iemand; hulle is twee karperde; soos Dawid en Jonathan; een van hart en een van siel wees; die lug suiwer; in der minne skik

777. Haat

s.nw. ***haat,*** haatlikheid, hatigheid, haatdraendheid, klassehaat, rassehaat, mensehaat, misantropie, misogenie, nyd, nydigheid, jaloesie, afguns, animositeit, gramskap, venyn, venynigheid, gif, giftigheid, gemeenheid, bitsigheid, snedigheid, skerpte, skerpheid, snipperigheid, afknouerigheid, geniepsigheid, grief, wrewel, wreweligheid, gegriefdheid, misnoeë 721, misnoegdheid 721, onvergenoegdheid, bitterheid, wrok, wrokkigheid, odium, wraak, wraaklus, wraaklustigheid, wraaksug, wraakgierigheid, grimmigheid, woede 771, toorn 771, boosaardigheid 779, ongeduld, vyandigheid, vyandelikheid, vyandiggesindheid, vyandige gesindheid, vyandskap, langdurige vyandskap, konflik, vendetta, vete, bloedvete, familievete, twis, broedertwis, familietwis, stryd 667, strydlustigheid, veglustigheid, bakleierigheid, antagonisme, aggressie, aggressiwiteit, onversoenlikheid, onversoenbaarheid, onversetlikheid, onwelwillendheid, hardvogtigheid, wreedheid, gevoelloosheid, harteloosheid, liefdeloosheid, onenigheid, tweespalt, meningsverskil, disharmonie, kwaad, kwaadwilligheid, kwaadgesindheid, kwaadstokery, stry, stryery, bakleiery, twisgierigheid, twissoekery, twissoekerigheid, weersin, afkeer, afkerigheid, verfoeiing, afsku, verafskuwing

onvriendelikheid, onaangenaamheid, afsydigheid, koudheid, koelheid, kilheid, ysigheid, starheid, stuursheid, stugheid, stroefheid, norsheid, bitterheid, bitterbekkigheid (*geselst.*), verbitterdheid, verbittering, onvergenoegdheid, ongeduld 714, kortgebakerdheid, abruptheid, ergerlikheid, knorrigheid, nukkerigheid, naarheid, sarkasme, snedigheid, snipperigheid, antagonisme, ongevoeligheid, gevoelloosheid, harteloosheid, onbeleefdheid, onhoflikheid, ongeskiktheid, onbeskoftheid, ongemanierdheid, vertroebeling, gespannenheid

onpopulariteit, impopulariteit, afstootlikheid, haatlikheid

vloek, vloekwoord, bastervloekwoord, 'n onvriendelike woord, die angel in jou woorde, skimpskeut, skimpskoot, skelwoord, skeltaal, geskel, gesnou, steek, kwaadstekery

mensehater, misantroop, mannehater, vrouehater, skynvriend, teenparty, teëparty, teenstander, teëstander, kwaadgesinde, vyand, geswore vyand, aartsvyand, persoonlike vyand, staatsvyand, doodsvyand, vyand tot die dood toe, persona non grata, donder (*plat*), bliksem (*plat*), aanstigter, kwaadstigter, kwaadsteker, kwaadstoker, aanstoker, antagonis, vyandiggesinde, aggressor, moeilikheidsoeker, kripbyter, onvriendelike mens, suurgesig, suurknol, suurpruim, drol (*plat*), snip, skimper, Jobstrooster

b.nw. ***hatig,*** haatlik, haatdraend, odieus, nydig, jaloers, afgunstig, venynig, giftig, afknouerig, gemeen, geniepsig, afkerig, wrewelig, wrewelrig, gegrief, misnoeg(d), onvergenoeg(d), bitter, wrokkig, wraaklustig, wraakgierig, wraaksugtig, bloeddorstig, woedend 771, toornig 771, ongeduldig, vyandig, vyandelik, vyandiggesind, strydlustig, veglustig, kwaai, bakleierig, antagonisties, aggressief, onversoenlik, onversoenbaar, verdeeld, onenig, onwelwillend, hardvogtig, hard, wreed, onmenslik, genadeloos, meedoënloos, onversetlik, intran-

sigent, onsimpatiek, hardhartig, onbarmhartig, gevoelloos, ongevoelig, liefdeloos, harteloos, kwaad, kwaadwillig, venynig, boosaardig, kwaadgesind, twisgierig, twissoekerig, dwarstrekkerig, dwars, wederstrewig, weerstrewig, weerspannig 667
onvriendelik, onaangenaam, koud, yskoud, koel, kil, ysig, star, stuurs, stug, stroef, nors, noors, bot, stoets, asosiaal, afsydig, stief, stiefmoederlik, afgetrokke, ongeërg, terughoudend, bitter, verbitterd, misnoeg(d), onvergenoeg(d), ongeneë, suur, abrup, grimmig, ergerlik, knorrig, buierig, nukkerig, nurks, iesegrimmig, stekelig, stekelrig, bars, kortaf, kortgebaker(d), bruusk, buffelagtig, brutaal, nukkerig, naar, goor, lelik, snaaks, sarkasties, snydend, venynig, bitsig, bits, snedig, skerp, snipperig, bekkig, kwetsend, antagonisties, beledigend, stief, onsimpatiek, ongevoelig, gevoelloos, harteloos, onbeleef(d), onhoflik, ongeskik, ongemanierd, onbeskof, ongepoets, onopgevoed, onbeskaaf(d)
onpopulêr, impopulêr, afstootlik, haatlik, aanstootlik

bw. arig, kortweg, skimpenderwys

ww. ***haat,*** haat dra, haat koester, pes, nydig wees, 'n wrok koester, liefdeloos optree, iemand vyandig wees, vyandig staan teenoor, 'n vyandige houding inneem, in vyandskap leef, kwaaivriende wees, pik, mishaag, vervloek, verafsku
onvriendelik wees, erger, afjak, afstoot, toesnou, afsnou, iemand bars aanspreek, knor, blaf, grom, aangluur, verfoei

uitdr. geswore vyande; dit by iemand verkerf; soos water en vuur; tot bloedens toe; 'n wrok koester; iemand/iets haat soos die pes; iets teen iemand hê; iemand nie kan veel nie; die pik op iemand lê; die angel in sy woorde; iemand laat staan; iemand skuins aankyk; 'n dik bek hê; 'n opgeblaasde padda; 'n skerp tong hê; 'n suur gesig

778. Goedaardigheid

s.nw. ***goedaardigheid,*** goedheid, goedertierenheid, goedgunstigheid, goedhartigheid, groothartigheid, grootmoedigheid, verdraagsaamheid, vergewensgesindheid, vredeliewendheid, toegeeflikheid, tegemoetkoming, tegemoetkomendheid, begenadiging, goedmoedigheid, goedgesindheid, bonhomie, welwillendheid, welmenendheid, bereidwilligheid, bereidvaardigheid, diensvaardigheid, dienswilligheid, offervaardigheid, hulpvaardigheid, behulpsaamheid, ruimhartigheid, onselfsugtigheid, vrygewigheid, onbaatsugtigheid, opoffering, selfopoffering, genade, ontferming, Christelikheid, meegevoel, simpatie, empatie, meelewendheid, deernis, bewoënheid, jammer, jammerte, jammerhartigheid, mededoë, meedoë, medely(d)e, erbarming, meewarigheid, mensliewendheid, medemenslikheid, barmhartigheid, altruïsme, humaniteit, filantropie, humanisme, sieleadel, verhewen(d)heid, idealisme, charisma, paternalisme, provinsialisme
goedgeaardheid, vriendelikheid 776, geneentheid, toegeneentheid, genaakbaarheid, liefdevolheid, 776, saggeaardheid, sagaardigheid, sagmoedigheid, sagsinnigheid, sagtheid, lydsaamheid, gasvryheid, hartlikheid, gulheid, innigheid, gevoeligheid, deernis, belangstelling, begrip, meelewing, simpatie, empatie, kompassie, goedigheid, opregtheid
weldaad, 'n goeie daad, goeie werke, guns, gunsbewys, diens, liefde(s)diens, liefdesdaad, liefde(s)werk, liefdesorg, liefdadigheid, liefdadigheidswerk 780, liefdadigheidsdiens, welsyn 780, diens, wederdiens, gemeenskapsdiens, barmhartigheidswerk, barmhartigheidsdiens, steun, ondersteuning, genade, begenadiging, amnestie, beskerming, proteksie, wens, seënwens, seënbede, heilwens, goeie wense, beste wense, gelukwensing, gelukwense, groet, groete vriendelike groete
weldoener, mensevriend, 'n mens mens (*geselst.*), filantroop, (barmhartige) Samaritaan, helper, jammerhart, altruïs, humanis protégé, beskermer, beskermengel paternalis

b.nw. goed, goedaardig, goedertieren, goedgunstig, goedhartig, groothartig, grootmoedig, edelmoedig, grootgeestig, verdraagsaam tolerant, geduldig, gelykmoedig, gelykmatig, lankmoedig, lydsaam, lydelik, verge wensgesind, vredeliewend, vredesoekend vredevol, toegeeflik, toeskietlik, inskiklik tegemoetkomend, goedmoedig, goedgesind, reggesind, welwillend, welmenend weldadig, bereidwillig, diensvaardig, dien willig, gewillig, offervaardig, hulpvaardi

behulpsaam, ruimhartig, vrygewig, milddadig, kwistig, onselfsugtig, onbaatsugtig, opofferend, selfopofferend, genadig, goedgeaard, vriendelik 776, geneë, toegeneë, genaakbaar, gelief(d), veelgelief(d), minlik, liefdevol 776, minsaam, saggeaard, sagmoedig, sagsinnig, gasvry, hartlik, gul, gulhartig, gulweg, innig, sensitief, begrypend, belangstellend, gevoelig, simpatiek, empaties, meelewend, deernisvol, deernishebbend, medely(d)end, begaan, bewoë, jammer, jammerhartig, menslik, mensliewend, medemenslik, barmhartig, altruïsties, humaan, humanitêr, humanisties, filantropies, verhewe, edelmoedig, edel, adellik, nobel, heilig, idealisties, paternalisties, goedig

bw. goedsmoeds, saggies

ww. goed doen, goed wees, weldoen, weldaad bewys, vriendelik wees 776, iets vir iemand oorhê, gun, tegemoetkom, begenadig, genadig wees, genade betoon, amnestie verleen, duld, geduldig wees, geduld beoefen, begrip toon, begryp, vergewe, toegee, vrede soek, ontferm, vermurf, vermurwe, pamperlang, piep, beskerm, belang stel, aandag gee, aandag skenk, meeleef, simpatiseer, simpatie toon, simpatiek wees, medelye hê met, troos, vertroos, bemoedig, moed inpraat, met moed besiel, gerusstel, opbeur, help, ondersteun, onderskraag, bystaan, 'n guns doen, 'n guns bewys, begunstig, dien, diensbaar wees, 'n diens lewer, opoffer, gelukwens, gelukwense oordra, felisiteer, komplimenteer, 'n kompliment gee, seën, seënwense oordra, groet, groete bring, beste wense oordra, goeie wense oordra

voors. ter wille van

uitdr. met oop arms; rose op iemand se pad gooi; die kastaiings vir 'n ander uit die vuur krap; genade vind in iemand se oë; iemand met rus laat; leef en laat leef; iets oorhê vir 'n ander; doen aan ander wat jy aan jouself gedoen wil hê; vir iemand deur die vuur loop; in 'n ander se lief en leed deel; 'n oop hand hê

779. Boosaardigheid

nw. ***boosheid,*** die bose, boosaardigheid, onheil, duiwelswerk, perversie, duiwelsraad, duiwelstreek, duiwelswaan, slegtheid, euwel, ondeug, kwaad, kwaadaardigheid, sonde 846, sondigheid, goddeloosheid, godslasterlikheid, onheiligheid, verwording, ontaarding, verwerplikheid, skandaligheid, skandaal, skanddaad, lasterlikheid, verdorwenheid, morele agteruitgang, perversie, perversiteit, sedeloosheid, onsedelikheid, sedebederf, onbehoorlikheid, verval, sedelike verval, vervallenheid, immoraliteit, dekadensie, losbandigheid, woestheid, ruheid, barbarisme, barbaarsheid, grusaamheid, monsteragtigheid, gruwel, gruweldaad, gruwelhede, woede 771, verwoedheid, geweld, gewelddadigheid, geweldpleging, gewelddaad, verwoesting, moles, moleste, moordlus, moord, geveg 667, straatgeveg, bakleiery 667, klopparty, misdadigheid 803, snoodheid, misdaad 803, wandaad, oortreding, roof, vrybuitery, konkelwerk, gekonkel, konkel(a)ry, bedrog, uitbuitery, wanpraktyk, misdryf, vergryp, misstap, korrupsie, wangedrag, laakbare gedrag, swak gedrag, afkeurenswaardige gedrag, affêre, affêring, monstruositeit, monstrum

benadeling, aantasting, skending, ontheiliging, ontwyding, miskenning, laster, belastering, knou, uitbuiting, onderkruiping, verwensing, vervloeking, verdoeming, kwaadstekery, kwaadstokery, treitering, tarting, uittarting, tergery, plaagsug, plaery, provokasie, moedswilligheid, sabotasie, ondergrawing, ondermyning, dwarsboming, verydeling, boikot, misleiding, omverwerping, teenstand 532, 588, 666, 667, belemmering, vervolging, vervolgingsgees, vervolgsug, heksejag, inkwisisie, agtervolging, klopjag, onderdrukking, verdrukking, suppressie, tirannie, vertrapping, mishandeling, verstoting, verdringing, verworpenheid, teistering, dreiging, dreigement, bedreiging, intimidasie, vendetta, vete, bloedvete, familievete, twis, vyandskap 777, wraak, wraakneming, wraakgedagtes, aanranding, molestasie, venyn, venynigheid, kleingeestigheid, wreedheid, wreedaardigheid, sadisme

onbarmhartigheid, onmenslikheid, gevoelloosheid, harteloosheid, hardvogtigheid, hardheid, inhumaniteit, brutaliteit, minagting, meedoënloosheid, onverdraagsaamheid, intoleransie, ongeduld 777, oplopendheid, onbeskoftheid 777, ontoegeeflikheid

jaloesie, jaloersheid, afguns, nagaandheid,

naywer, leedvermaak, nyd 777, gemeenheid, kleinsieligheid, kleingeestigheid, kwaadwilligheid, sinisme; selfsug, selfsugtigheid, egoïsme, eiebelang, baatsug, eiebaat, hebsugtigheid, hebsug 686, suinigheid 686, onmededeelsaamheid, gierigheid

boosaard, woestaard, woesteling, barbaar, proleet, proletedom, Hun, sabreur (*ong.*), addergebroedsel, monster, onmens, ondier, kwaaddoener, boosdoener, booswig, skurk, misdadiger 803, rower, vrybuiter, konkelaar, skelm, bedrieër, verwoester, geweldenaar, gewelddoener, wreedaard, sadis, aanrander, molesteerder, kindermolesteerder, pedofiel 776, vroueslaner, beul, vrouebeul, moordenaar, moordenares, moeilikheidsoeker, twissoeker, kemphaan, vuurvreter, ystervreter, treiteraar, sinikus, duiwel, duiwelskind, derduiwel, skobbejak, skarminkel, skorriemorrie, vabond, blikskottel, blikslaer, pes, pestilensie, peskop, helsem (*geselst.*), helleveeg, xantippe, klits, bliksem (*plat*), vreugdebederwer, aanstigter, aanstoker, kwaadstoker, kwaadstigter, kwaadsteker, provokateur, provo, saboteur, rusversteurder, parmant, kruidjie-roer-my-nie(t), tierwyfie, tierkat, vark, hond, swynhond, buffel, padbuffel, padvark, barbaar, heiden, heidin, tiran, onderdrukker, vervolger, inkwisiteur

slagoffer, verdrukte, verworpeling, verworpene, paria

b.nw. ***boos,*** boosaardig, kwaadaardig, wangunstig, duiwels, duiwelagtig, satanies, satans, diabolies, demonies, satanisties, monsteragtig, ongebreidel, malisieus, sinister, onheilspellend, vreesaanjaend 768, skrikwekkend 768, sleg, sleggeaard, snood (*ong.*), onheilig, sondig, godslasterlik, goddeloos, verwerplik, skandalig, skandaleus, onbetaamlik, onbehoorlik, losbandig, onsedelik, vervalle, aanstootlik, afstootlik, skokkend, skreiend, obseen, immoreel, onkuis, pervers, woes, ru, rof, barbaars, brutaal, gruwelik, godsgruwelik, uit die bose, grusaam, gewelddadig, verwoed, verwoestend, moorddadig, moordgierig, moordlustig, misdadig

kwaadwillig, vyandig 777, vyandiggesind, onderdrukkend, verdrukkend, vervolgend, vervolgsugtig, vervolgsiek, inkwisitoriaal, dreigend, bedreigend, strydlustig, tartend, tergend, tergerig, provokerend, venynig, wreed, wreedaardig, tiranniek, sadisties, kwaadsprekend, lasterend, lasterlik

onbarmhartig, onmenslik, gevoelloos 777, bars, befoeter(d), dwars, dwarsweg, bekonkel(d), bedonderd (*plat*), onverskillig, harteloos 777, hardvogtig 777, hard, fel, hardhartig, inhumaan, ongenaakbaar, onvermurfbaar, onversetlik, onsimpatiek, wreed, meedoënloos, onverdraagsaam, intolerant, ongeduldig 777, oplopend, genadeloos, ongenadig, sonder genade, suinig, onmededeelsaam, onbillik, onvriendelik 777, haatdraend 777, haatlik 777, gemeen, brutaal, minagtend, oneerbiedig, eerbiedloos, moedswillig, onbehulpsaam, ontoegeeflik, ongeduldig, driftig, choleries, koleries

jaloers, afgunstig, geel, nagaande, naywerig, kanniekoenie (*ong.*), leedvermakerig, nydig, gemeen, kwaadwillig, kleinlik, kleinsielig, kleinmenslik, kleingeestig, katterig, sinies; selfsugtig, egoïsties, baatsugtig

verworpe, verstoot, verlate, vervreemd, vriendeloos, desolaat

ww. ***boos wees,*** boosaardig wees, moreel agteruitgaan, sedelik verval, oortree, swak gedra, wangedra, misdra, aanja(ag) (*geselst.*), kwaad doen, misdaad pleeg 803, konkel, bemoeilik, aanstook, aanvang, verwoes

kwaad aandoen, iemand sonde aandoen, benadeel, skaad, skade aandoen, skade berokken, veron(t)reg, onreg aandoen, aantas, skend, ontheilig, misken, laster, belaster, beswadder, valslik beskuldig, skinder, beskinder, verwens, vervloek, verdoem, knou, uitbuit, onderkruip, grief, provokeer, provoseer, ringeloor, treiter, tart, pla, terg, têre, saboteer, ondergrawe, ondergraaf, ondermyn, dwarsboom, boikot, verydel, mislei, bedrieg, inloop, omverwerp, belemmer, vervolg, agtervolg, onderdruk, oordonder, verdruk, vertrap, mishandel, misbruik, verstoot, verdring, verwerp, teister, tiranniseer, dreig, bedreig, intimideer, bevlieg, bevlie(ë), onttroon, iemand leed aandoen, iemand leed berokken, seermaak, wond, kwes, kwets, aanrand, molesteer, marter, folter, korrupteer, perverteer, skandaliseer,

onbarmhartig wees, ongenadig wees, geen genade ken nie, negeer, afskeep, verstoot, iemand soos 'n hond behandel

beny, misgun, jaloers wees

sleg behandel word

bw. sonder gevoel, kwaadwilliglik, met kwade bedoelings

tw. verdomp, vervlaks, wee

uitdr. kwaad stook; daar is 'n slang in die gras; altyd verkeerd beur; jou wreek op iemand; ek sal jou kry; kort van draad wees; iemand skeef aankyk; iemand skeel aankyk; op jou agterpote wees; iemand die rug toekeer; te kort doen; verteer word van jaloesie; woorde kry; 'n rol speel; 'n slang aan die boesem koester; 'n wig dryf tussen; na bloed dors

780. Hulpbetoon

s.nw. ***hulpbetoon,*** hulpbetoning, hulp 663, steun, onderskraging, bystand, ondersteuning, onderstand, diens, barmhartigheidsdiens, barmhartigheidswerk, liefdadigheidswerk, liefde(s)diens, liefde(s)werk, dienslewering, hulpdiens, ondersteuning, ondersteuningswerk, ondersteuningsdiens, bystand, sorg, versorging, mediese versorging, verpleging 414, noodleniging, alimentasie, siekebesoek, opheffing, opheffingswerk

maatskaplike sorg, maatskaplike werk, maatskaplike hulpbetoon, welsynswerk, welsyn, volkswelsyn, sosiale werk, sosiale diens, arm(e)sorg, bestaansorg, kindersorg, jeugsorg, bejaardesorg, bejaardehulp, kreupelsorg, pleegsorg, voorsorg; fonds, siekefonds, voorsorgfonds, noodlenigingsfonds, toelae, maatskaplike toelae, welsynstoelae, kindertoelae, subsidie, maatskaplike subsidie, geldinsameling, kollekte, kollektelys, armbus, bydrae, aalmoes, gawe, liefdadigheidsbydrae, liefdadigheidsgawe; welsynstaat, arm(e)bestuur

liefdadigheidsinstelling, inrigting, gestig, versorgingsoord, versorgingsentrum, toevlugsoord, tehuis, ouetehuis, kinderhuis, kindertehuis, weeshuis, rehabilitasiesentrum, welsynsorganisasie

maatskaplike werker, maatskaplike werkster, sosiale werker, sosiale werkster, welsynswerker, welsynswerkster, welsynsbeampte, sieketrooster, verpleegster, verpleër, helper 663

hulpbehoewende, hulpbehoewende persoon, vondeling, voogdykind, weeskind, pleegkind

nw. barmhartig, behulpsaam, benefisieel, sorgbehoewend, armlastig, hulpbehoewend

ww. ondersteun, ondersteuning gee, ondersteuning bied, diens lewer, bystand gee, bystand verleen, subsidieer, help 663, hulp verleen, hulp betoon, bedeel, begunstig, benefisieer, ophef, bydra, lenig

voors. ten behoewe van

781. Dankbaarheid

s.nw. dankbaarheid, erkentlikheid, erkenning, waardering, dank, dankbetoon, dankbetuiging, bedanking, dankwoord, danksegging, dankbewys, dankbrief, danklied

b.nw. dankbaar, dankbaarbly, dankiebly, bevoorreg, verskuldig

ww. bedank, dankie sê, dank betuig, danksê, waardering betuig, jou erkentlikheid betuig, 'n woord van dank spreek, jou sterre dank

bw. met dank, met waardering, uit waardering, uit erkentlikheid

tw. dankie, baie dankie, goddank

uitdr. jou hoed agterna kan gooi

782. Ondankbaarheid

s.nw. ondankbaarheid, ondank, onerkentlikheid

b.nw. ondankbaar, onerkentlik

ww. ondankbaar wees, bekla(ag), beklae, tjommel, kla, mor, kerm

uitdr. stank vir dank; goed met kwaad vergeld; jou pêrels voor die swyne werp; ondank is wêreldsloon; 'n profeet word nooit in sy eie land geëer nie

783. Vergifnis

s.nw. ***vergifnis,*** vergiffenis, vergewing, kwytskelding, genade, genadebetoon, grasie, pardon, remissie, beklag

vergewensgesindheid, vergeeflikheid, genade

b.nw. vergeeflik, vergewensgesind, genadig, begenadiging

ww. vergewe, vergeef, begenadig, genadig wees, genade skenk, kwytskeld, straf kwytskeld, grasie verleen, remitteer, kondoneer, amnestie verleen, klemensie verleen; om genade pleit, genade vra, genade ontvang

tw. ekskuus, pardon, genade

uitdr. deur die vingers sien; 'n streep daardeur trek

784. Wraaksug

s.nw. wraak, weerwraak, bloedwraak, wraakgierigheid, wraaklus, wraaksug, wraaklustigheid, wrok, wrokkigheid, wraakgevoelens, wrewel, wraakneming, vergelding, vergeldingsmaatreël, wraakmaatreël, vergeldingstap, wedervergelding, smaad, haat 777, haatdraendheid 777, nemesis, retribusie, afrekening, agitasie, bloedvete, vendetta, vete, bloedhond, bloubaard

b.nw. wraakgierig, wraaksugtig, wraaklustig, wrokkig, wrewelig, wrewelrig, sleggesind, smadelik

ww. wreek, wraak neem, wraak sweer, wraak koester, betaal, terugbetaal, vergeld(e), terugslaan, terugkap, agiteer, belaer, smaad

bw. uit wraak

uitdr. iemand teer en veer; met iemand afreken; 'n aksie teen iemand hê; 'n appeltjie met iemand te skil hê; 'n oog vir 'n oog en 'n tand vir 'n tand; met/in gelyke munt terugbetaal

785. Hoogmoed

s.nw. ***trots,*** persoonlike trots, selfwaarde, eiewaarde, familietrots, selfversekerdheid, selfvertroue, ambisie

hoogmoed, hoogmoedigheid, hovaardigheid, hovaardy, meerderwaardigheid, meerderwaardigheidsgevoel, meerderwaardigheidskompleks, styfheid, styfte, ysigheid, snobisme, onbeskeidenheid, oormoed, valse trots, verwaandheid, eiewaan, verwatenheid, opgeblasenheid, voortvarendheid, voorbarigheid, arrogansie, selfvoldaanheid, selfvoldoening, oorskatting, selfoorskatting, selfgenoegsaamheid, selfbehae, selftevredenheid, verheffing, selfverheffing, affektasie, selfbewustheid, verbeelding, vertoon, vertoonsug, geswollenheid, roemsug, ydelheid, spoggerigheid, spogtery, swierigheid, mondaniteit, pronkery, ostentasie, pronkerigheid, pronksug, aanstellerigheid, pose, windmakerigheid, grootdoenerigheid, grootdoenery, pretensie, grootheidswaan, grootheidswaansin, megalomanie

grootpratery, grootspraak, grootbek, grootbekkigheid, bluf, bluffery, wysneusigheid, pedanterie, skoolmeesteragtigheid, waanwysheid

hoogmoedige persoon, hoogheid, snob, snobis, grootmeneer, grootkop, madam, juffertjie, hoogvlieër, megalomaniak, grootprater, grootbek, druktemaker, voorbarige mens, haantjie, krielhaantjie, wyshoof, wysneus, weetal, pedant, windmaker, mandoor, windlawaai, windgat (*plat*), windsak, windeier, windbuks, raasbek, blaasbalk, blaaskaak, aanstellerige persoon, poseur, ydeltuit, spogter, pronker, swierbol, laventelhaan, laventelhaantjie, pierewaaier

b.nw. ***trots,*** waardig, fier, gereserveer(d)

hoogmoedig, hooghartig, hovaardig, snobisties, opgeblase, blasé, geswolle, pompeus, styf, arrogant, meerderwaardig, roemgierig, neerbuigend, minagtend, versmadend, selfvoldaan, selfbehaaglik, selfgenoegsaam, selftevrede, verwaand, verwate, onbeskeie, oormoedig, voortvarend, voorbarig, voor op die wa, rammetjie-uitnek, aanmatigend, vermetel, opdringerig, astrant, parmantig, skaamteloos, spoggerig, windmakerig, grootdoenerig, onbeskeie, hanerig, windgat (*plat*), swierig, ydel, vertonerig, pronkerig, neusoptrekkerig, geaffekteer(d), aanstellerig, presieus, pretensieus, vol pretensie, bestudeer(d), selfbewus

grootpraterig, wysneusig, blufferig, grootbekkig, grootsprakig, pedant, pedanties, skoolmeesteragtig

ww. ***hooghou,*** verhef, verhovaardig, beroem, neerkyk, neersien, snoef (*ong.*), pretendeer, voorgee, paradeer, poseer, praal, pronk, spog, uithang, uitstal

grootpraat, opblaas, bluf, sketter

bw. met trots, sonder skroom

woorddeel groot-, pronk-

uitdr. 'n hoë toon aanslaan; as dikmelk kaa word; baie bek hê; hy dink hy's kaas; di alles wind; graag in die voorgestoelte wees iemand nie ag nie; iemand uit die hoogt aansien; met jou neus in die lug loop; jak kals prys sy eie stert; op jag na eer; sy bor uitstoot; sy eie beuel blaas; te groot vir jo skoene wees; ten toon sprei; 'n opgeblaasd padda; opgeblase wees; al die wysheid i pag hê; net bek wees; jou bek rek

786. Nederigheid

s.nw. ***nederigheid,*** beskeidenheid, eenvou eenvoudigheid, aardsheid, pretensieloo heid, ingetoënheid, ootmoed, ootmoedi heid, verootmoediging, deemoed, sel

verloëning, bedeesdheid, teruggetrokkenheid, skroom, skroomvalligheid, skaamheid, inkennigheid, beskimmeldheid, skugterheid, skuheid, minderwaardigheid, minderwaardigheidskompleks, selfvernedering, skaamte, onderdanigheid 589
vernedering, verkleinering, kleinering, geringskatting, miskenning, minagting, selfvernedering, verootmoediging, beskaming, onderwerping, onderworpenheid, onderdanigheid

b.nw. ***nederig,*** beskeie, laag-by-die-grond, eenvoudig, aards, pretensieloos, ootmoedig, deemoedig, ingetoë, bedaard, besadig(d), stemmig, bedees(d), stil, teruggetrokke, terughoudend, swygsaam, onvrymoedig, skroomvallig, beskroomd, skaam, skamerig, inkennig, selfbewus, beskimmeld, skimmel, verskimmel, skigtig, beteuter(d), skugter, sku, sku(w)erig, minderwaardig, verneder(d)
verneder(d), beskaam(d), onderworpe, onderdanig; vernederend, beskamend, onderwerpend

ww. ***verneder,*** verootmoedig, beskaam, bloos, onderdoen, skroom
skaam maak, beskaam, skaam laat voel, verleë maak, in die verleentheid bring, verneder, verkleineer, kleineer, klein maak, minag, geringskat, misken, te na kom, spot, bespot, die spot dryf, belaglik maak, vir die gek hou, 'n gek laat voel

bw. in alle nederigheid, met beskeidenheid, in alle beskeidenheid, met ootmoed, sonder pretensie, knypstert

uitdr. met die hoed in die hand na iemand gaan; 'n toontjie laer sing; jou oë uit jou kop uit skaam; in die grond van sink van skaamte

8
Gemeenskap

A. SOSIALE LEWE

787. Samelewing

s.nw. ***gemeenskap,*** maatskappy, samelewing, mensegemeenskap, sosiale orde, mensdom, mensheid, mensegeslag, Adamsgeslag, generasie, geslag, wêreld, lande, volkere, nasies, eie wêreld, buitewêreld, vreemde, eerste wêreld, tweede wêreld, derde wêreld, antropogenese 0, verwestering, beskawing, kultuur, Westerse kultuur, Oosterse kultuur, . . ., kultuurgroep, akkulturasie, kultuurvermenging, internasionalisering
ras, menseras, volk, oervolk, hoofras, blanke ras, Kaukasiese ras, Negroïde ras, Negroïede ras, Mongoloïde ras, Mongoloïede ras, . . ., rasvermenging, rassevermenging, rasseskeiding, raseie, rasseaangeleentheid, rassebetrekking, rassegroep, rasseverhouding, rassevraagstuk, rassepolitiek, rassevooroordeel, rassediskriminasie, rassisme; rasgenoot, rassis
groep, groepsverband, familie, gesin, familieverband, gesinsverband, linie, geslag, generasie, geslagslyn, nasate, dinastie, stam, stameenheid, stamstelsel, stamverband, nomadestam, bevolkingsgroep, volk, volksgroep, volksgemeenskap, nasie, nasiebou, nasiediens, nasiegees, nasietrots, staat; nasionaliteit, Suid-Afrikaanse nasionaliteit, Britse nasionaliteit, Amerikaanse nasionaliteit, . . .; samelewing, samelewingsdinamika, gemeenskap, heimat, boesem, samehorigheid, saamhorigheid, samehorigheidsgevoel, saamhorigheidsgevoel, gemeenskapslewe, gemeenskapsbelang, groepsbelang, landsbelang, gemeenskapsin, beskawing 788, sfeer, klas 796, sosio-ekonomiese klas, stand, stratum, sektor, gemeenskapsektor
sosiale verandering, sosiale dinamika, bevolkingsdinamika, sosialisering, politieke sosialisering, sosiale ingenieurswese
segregasie, apartheid, afsonderlike ontwikkeling, integrasie, onafhanklikheid, afhanklikheid, kolonialisme, demokrasie, federalisme, konfederalisme, kommunisme, sosialisme, nasionalisering, klerikalisme; nasionalis, kolonialis, kommunis
patriotisme, vaderlandsliefde, Afrikanisme,

anglofilie, Engelsgesindheid, jingoïsme, frankofilie, russofilie, russomanie, negrofilie, xenofilie, xenomanie, Pan-Afrikanisme, Pan-Amerikanisme, pangermanisme, pan-slavisme, anglofobie, gallofobie, russofobie, negrofobie, xenofobie; anglofiel, jingo, kakie, hanskakie, frankofiel, xenofiel, xenomaniak
omgewing, milieu, leefmilieu, bodem, land, vaderland, bakermat, patria, heimat, moederland, stamland, grond, stamgrond, geboortegrond, erfgrond, geboorteland, geboortestad, geboortedorp, geboorteplek, woonplek, hawe, werkplek, woon- en werkplek, dorp, stad, kommune, buurt, woonbuurt, agterbuurt, ghetto, sakebuurt, sakedeel, stedelike gebied, platteland, binneland, buiteland, vreemde
bevolking, populasie, mense, publiek, algemene publiek, breë publiek, bevolkingsdigtheid, bevolkingsontploffing, oorbevolking, bevolkingsyfer, bevolkingstatistiek, biostatika, geboortesyfer, bevolkingsregister, geboorteregister, sensus, volkstelling, bevolkingsregister, bevolkingsverspreiding
burgerskap, nasionaliteit, staatsburgerskap, inheemsheid, wêreldburgerskap, vreemdelingskap, vreemdelingstatus, uitheemsheid; burgerregte, burgerlike vryheid, burgerlike ongehoorsaamheid
sosiale wetenskap, maatskaplike wetenskap, volkekunde, antropologie, etnologie, etnografie, volkskunde, kultuurkunde, sosiologie, antropososiologie, samelewingsdinamika, demografie; volkekundige, antropoloog, etnoloog, etnograaf, sosioloog, demograaf, volkskundige
burger, medeburger, staatsburger, landsburger, wêreldburger, lid, bevolkingslid, landgenoot, landsman, landseun, landsaat, volksgenoot, vaderlander, stamlid, stamgenoot, rasgenoot, inwoner, bewoner, boorling, inboorling, ingesetene, nedersetter, stedeling, kosmopoliet, dorpenaar, plattelander, binnelander, patriot, vreemdeling, buitelander, immigrant, emigrant, vreemdeling

b.nw. ***gemeenskaplik,*** samehorig, saamhorig, sosiaal, eie, volks, nasionaal, nasionaalbewus, nasionaalgesind, supranasionaal, supra-nasionaal, multinasionaal, binnelands, inlands, buitelands, vreemd, volksvreemd, uitheems, internasionaal, burgerlik, ing[e]burger, vaderlands, patrioties, vaderland[s]liewend, jingoïsties
rasbewus, rassisties
bevolk, dunbevolk, dunbewoon, digbevol[k], oorbevolk
sosiologies, maatskaplik, volkekundig, an[tropologies], tropologies, etnies, etnologies, etnografie[s], demografies, volkskundig

ww. bevolk, ontvolk, aard, daarstel, akkl[i]matiseer, nasionaliseer, verwesters, afrika[]niseer, romaniseer, akkompanjeer, integreer, segregeer

bw. vandaan, hiervandaan, daarvandaan, waarvandaan, vanwaar, hiernatoe, daar[]natoe, soontoe, in die vreemde, uit die vreemde

788. Beskawing

s.nw. ***beskawing,*** beskaafdheid, beskawing[s]peil, sivilisasie (*ong.*), kultuur, verfyndheid, inbors, fatsoenlikheid, lewenskwaliteit, kwaliteit, gesofistikeerdheid, opgevoedheid, welopgevoedheid, opvoeding; beskawing, verfyning, veredeling, ontwikkeling, gemeenskapsontwikkeling, gemeenskap[s]bou, naturalisasie, repatriasie, kolonialisasie, akkulturasie, bekering
stigting, volksplanting, nedersetting, kolon[ie]
beskaafde mens, kultuurmens, ontwikkelde mens; beskawer, ontwikkelaar, opvoeder, setlaar, nedersetter

b.nw. beskaaf(d) 791, fynbeskaaf(d), mensli[k], fyn, verfyn(d), ontwikkel(d), opgevoed, fyn opgevoed, welopgevoed, ordentlik, gesofistikeerd, verlig, beginselvas, behoudend, bodemvas, sosiaal

ww. beskaaf, beskawe, ontwikkel, siviliseer, verfyn, opvoed, beweeg, akkultureer, naturaliseer, repatrieer

789. Onbeskaafdheid

s.nw. ***onbeskaafdheid,*** onopgevoedheid, onontwikkeldheid, onderontwikkeling, primitiwiteit, ruheid, onverfyndheid, boer[]heid, baarheid, wildheid, woestheid, barbaarsheid, barbarisme, bestialiteit, kannibalisme
afgesonder(d)heid, afgeskeidenheid, isolasie, isolement, isolasionisme, kluisenaarskap, eensaamheid, verworpenheid, wêreldvreemdheid, wêreldversaking

barbaar, onopgevoede mens, agteraf mens, hoipolloi, gepeupel, ruwe mens, primitiewe mens, filistyn, natuurmens, natuurkind, nomade
isolasionis, kluisenaar, askeet, anachoreet, afgeskeidene, alleenloper, hermiet, randeier, randfiguur, verworpene, verworpeling, verstoteling

b.nw. ***onbeskaaf(d),*** onontwikkeld, onderontwikkeld, primitief, agterlik, agteraf, onopgevoed, ongeskool(d), onverfyn(d), ongeletterd, ru, boers, wild, woes, filistynagtig, sleggeaard, barbaars, kannibaals
afgesonder(d), verlate, desolaat, verwees, verwese, asosiaal, afgeslote, privaat, eensaam, alleen, stok(siel)alleen, moedersielalleen, alleenlopend, allenig, vreemd, wêreldvreemd, isolasionisties, verworpe

ww. afsonder, inkluister, isoleer, kruip, skuil, skuilgaan, skuilhou

bw. in 'n natuurstaat, man-alleen

uitdr. jou aan die wêreld onttrek; in jou dop gekruip wees; in sy skulp kruip; sonder aanspraak wees; 'n vreemdeling in Jerusalem wees

790. Sosiale betrekking

s.nw. ***sosiale stratifikasie,*** sosiale struktuur, sosiale betrekking, gemeenskap 787, betrekking, familiebetrekking, huismense, familiekring, gesinskring, verhouding, konneksie, kontak, persoonlike verhouding, sosiale verhouding, vriendskap, vriendskapsverhouding, band, vriendskapsband, liefdesverhouding, driehoek(s)verhouding, buurskap, buurskapsverhouding, verstandhouding, akkommodasie, sosialisering
verkeer, sosiale verkeer, omgang, sosiale omgang, sosialisering, assosiasie, assosiëring, gesellige verkeer, samesyn, saamwees, geselskap, kameraadskap, kontak, sosiale kontak, aanraking, kommunikasie 539, oor-en-weerpratery, interkommunikasie, gesprek, konversasie, onderonsie, uitnodiging, invitasie, ontmoeting, opwagting, kennismaking, bekendstelling, introduksie, ontvangs, resepsie, oudiënsie
vriendekring, kenniskring, intieme kring, kennis, vriend, vriendin, boesemvriend, boesemvriendin, maat, kameraad, gabba (*geselst.*), buurman, buurvrou, kollega
besoek, welwillendheidsbesoek, teenbesoek, roetinebesoek, huisbesoek, hospitaalbesoek, krankebesoek, spreekuur, kuier, kuiertjie, samesyn, oorkoms, oornagting, partytjie, fees 793, onthaal; gasheer, gasvrou, hospita, besoeker, gas, kuiergas, ete(ns)gas, koffiegas, teegas, slaapgas, gasteboek
toegeneentheid, geneentheid, vriendskap, vriendskaplikheid, kameraadskap, kameraderie, vriendelikheid, gasvryheid, hartlikheid, toeganklikheid, gulheid, gulhartigheid 776, warmte, guns, liefde 776; onvriendelikheid 777, ongasvryheid
groet, salaam, soen, soengroet, nagsoen, kus, handkus, omhelsing, verwelkoming, welkomsgroet, welkomswoord, welkomsrede, welkomslied, wuiwing; afskeid, vaarwel, afskeidsgroet, afskeidsuur, afskeidsmaal

b.nw. ***sosiaal,*** gemeenskaplik, vriendelik, vriendskaplik, gasvry, warm, manierlik, toeganklik, taktvol; onvriendelik, ongasvry, taktloos; ontuis
welkom, wuiwend; ongeleë, ongenooi(d), opdringerig, onwelkom

ww. ***'n verhouding aanknoop,*** 'n betrekking aanknoop, relasies aanknoop met, in aanraking kom, bekend word met iemand, kontak maak, kontak opneem, in verbinding tree, nader, inskakel, aansluit, verbroeder, omgaan, verkeer, sosiaal verkeer, sosialiseer, rondgaan, rondleuter, ontmoet, raakloop, voorstel, bekend stel, presenteer, kommunikeer, kommuniseer, gesels, konverseer, onderhandel; vermy, afskryf, afskrywe, afsterf, afsterwe, verstoot, afstoot, afmaak, afsny
nooi, uitnooi, vra, uitvra, oornooi, oorvra, binnenooi, innooi, binnevra, invra, binnehaal, inlaat, huisves, hospitaliseer, hospiteer, onthaal, vergas, ontvang, trakteer, uitneem; 'n uitnodiging aanvaar, 'n uitnodiging aanneem
besoek, 'n besoek bring, kuier, 'n kuiertjie maak, opsoek, kom na, gaan na, oorkom, aangaan by, aankom by, aanloop by, aanklop by, jou opwagting maak by, inloer, aandoen, 'n draai maak by, inval, inwaai, oorwaai, oorwip, aanry, oorbly, oornag, oorslaap, oorlê, afpak, afsaal, deurbring, inburger
groet, begroet, dagsê, bladsteek, bladskud, die hand gee, 'n handdruk gee, soengroet,

omhels, omarm, omvou, druk, verwelkom, welkom heet, welkom sê, afskeid neem, totsiens sê, nagsê, afsien, wegsien, waai, wuif, aanspreek, noem roep, aanroep

tw. goeiedag, gegroet, dagsê, môre, more, goeiemôre, goeiemore, goeiemiddag, goeienaand, naand, naandsê, nag, goeienag, hallo, jis (*geselst.*), jis-jis (*geselst.*), jis-ja (*geselst.*), hoesit (*geselst.*), saluut, welkom, tot siens, totsiens, tot weersiens, tot wedersiens, tatta (*geselst.*), tot wederom, wederom, vaarwel

uitdr. met Jan alleman omgaan; 'n allemansvriend wees; hulle is bakmaats; sê my met wie jy omgaan, en ek sê jou wie jy is; iemand nie aankyk nie; iemand op 'n afstand hou; 'n sekere afstand bewaar; iemand se drumpel deurtrap; by iemand afpak; die rondte van vader Cloete maak; met Jan Tuisbly se karretjie ry; hoe staan die lewe; iemand tuis tref; my deur staan vir jou oop; die hoed lig

791. Sosiaal

b.nw. ***sosiaal,*** mensliewend, aangetrokke, toegeneë, gasvry, gaaf, vriendelik, gesellig, huislik, knus, gemoedelik, natuurlik, ongekunsteld, joviaal, goedhartig, gulhartig, warm, inskiklik, welwillend, onderhoudend, sjarmant, attent, gewild, wellewend, sprankelend, plesierig, hups, sportief, seremonieel
beleef(d), hoflik, galant, bedagsaam, ordentlik, goed gemanierd, goedgemanierd, fyngemanierd, fyn, verfyn(d), gekultiveer(d), beskaaf(d) 788, fynbeskaaf(d), galant, sjarmant, welvoeglik, korrek, menslik, ontwikkel(d), opgevoed, fynopgevoed, welopgevoed, gesofistikeerd, gedistingeerd, delikaat, diplomaties, beskeie

s.nw. ***mensliewendheid,*** aangetrokkenheid, intimiteit, toegeneentheid, gasvryheid, gaafheid, vriendskap, vriendelikheid 776, geselligheid, gesellige verkeer, gemoedelikheid, jovialiteit, goedhartigheid, gulhartigheid, warmte, inskiklikheid, welwillendheid, sjarme, gewildheid, wellewendheid, plesierigheid, seremonie, etiket, hofetiket, hoofsheid; fees 793
beleefdheid, hoflikheid, galantheid, bedagsaamheid, ordentlikheid, goeie maniere, welopgevoedheid, fatsoenlikheid, verfyndheid, gekultiveerdheid, beskaafdheid 788, opvoeding, opgevoedheid, korrektheid, dekorum, distinksie, gesofistikeerdheid, gedistingeerdheid, delikaatheid, diplomasie, beskeidenheid, ongekunsteldheid
heer, gentleman, jintelman (*veroud.*), kavalier, dame

bw. vir die gesellligheid, vir die lekkerte, knussies, beleefdheidshalwe, welvoeglikheidshalwe

ww. sprankel, gesellig wees, gedra, goed gedra, korrek optree, jou fatsoenlik gedra, beleefdheid betoon, goed klaarkom met, goed oor die weg kom met

uitdr. oor koeitjies en kalfies gesels

792. Asosiaal

b.nw. ***asosiaal,*** gereserveer(d), hoogdrawend, ongesellig, ongemaklik, stram, strak, stug, houterig, star, stroef, styf, koud, hoekig, kantig, knaks, stokkerig, afgeslote, onbeholpe, onnadenkend
ongemanierd, sleggemanierd, onbeleef(d), onhoflik, ongeskik, onbeskof, ongepoets, ongeaard, ongeleerd, ongegeneerd, ongesjeneerd, honds, onvriendelik, onopgevoed, indelikaat, opgeskeep, onbeskaam(d), skaamteloos, onbehoorlik, onhebbelik, onguur, onwelvoeglik, onsmaaklik, onverkwiklik, kru, varkerig, onvoegsaam, wild, woes, rof, ru, grof, boers, brutaal, hardgebak, hardekop, hardekwas, hardegat (*plat*), hardekoejawel, parmantig, vrypostig, indringerig, opdringerig, kontant, gemeensaam, wys, impertinent, onbeskeie

s.nw. ***ongeselligheid,*** ongemaklikheid, stramheid, strakheid, houterigheid, starheid, stugheid, strakheid, stroefheid, afgeslotenheid, afstand, afstandigheid, onbeholpenheid, onnadenkendheid, ontaktvolheid taktloosheid, dooi(e)mansdeur
slegte maniere, swak maniere, onbeleefdheid, onhoflikheid, ongemanierdheid, ongeskiktheid, onbeskoftheid, ongepoetstheid onvriendelikheid, snedigheid, onopgevoedheid, onbeskaamdheid, skaamteloosheid onbehoorlikheid, onhebbelikheid, ongeaardheid, onguurheid, onwelvoeglikheid onsmaaklikheid, onfatsoenlikheid, onverkwiklikheid, kruheid, grofheid, ruheid woestheid, varkerigheid, brutaliteit, boerheid, onvoegsaamheid, parmantigheid snaaksigheid, vrypostigheid, indiskresie indringerigheid, opdringerigheid, gemee

saamheid, impertinensie, onbeskeidenheid
vooroordeel, vooringenomenheid, eensydigheid, kantkiesery, diskriminasie, chauvinisme, voortrekkery, vreemdelingehaat, xenofobie, rassisme, seksisme
asosiale persoon, randeier, sfinks, draak, ghwar (*geselst.*), ongemanierde persoon, ongeskikte persoon, jukskeibreker, woestaard, woesteling, ja(a)psnoet, takhaar, knul, klungel, bees, vark, korrelkop, indringer

ww. geen maniere hê nie, jou snaaks hou, kaveer, afhaal, indring, opdring, opdwing, opskeep, opgeskeep wees, krul, kyf, nafluit

bw. botweg, sonder maniere

uitdr. dit traak jou nie; hy kan nie pruim sê nie; 'n kluisenaarsbestaan voer; iemand die rug toekeer; vol krupsies wees; sonder om te blik of te bloos; vol snare wees; voor op die wa wees

793. Fees

s.nw. ***fees,*** feesviering, feestelikheid, jolyt, festiwiteit, fiësta, feestyd, feesgeleentheid, geleentheid, geselligheid, herdenking, herdenkingsfees, jubileum, jubelfees, jubeljaar, vreugdefees, eeufees, eeufeesviering, halfeeufees, kwarteeufees, familiefees, geboortefees, doopfees, verjaar(s)dagfees, verjaar(s)dag, jaardag, geboortedag, geboortedagviering, mondigwording, naamdag, lentefees, somerfees, Kersfees, Nuwejaar, Nuwejaarsfees, huweliksfees, bruilofsfees, huweliksherdenking, diamantbruilof, silwerbruilof, goue bruilof, verlowingsfees, kroningsfees, kroning, kroningsplegtigheid, inhuldiging, inwydingsfees, inwyding, inougurasie, openingsdag, openingsplegtigheid, onthulling, hoeksteenlegging, inisiasie, inisiasieplegtigheid, promosieplegtigheid, offerfees, sportfees, blommefees, tuinfees, musiekfees, sangfees, popfees, kunsfees, toneelfees, filmfees, wynfees, voedselfees, voedsel-en-wynfees, oesfees
feesgeleentheid, geleentheid, seremonie, plegtigheid, karnaval, jool, studentejool, basaar, kerkbasaar, skoolbasaar, kermis, skoolkermis, boeredag, gala, galageleentheid, funksie, partytjie, party, onthaal, soiree, geselligheid, skemerpartytjie, skemeronthaal, verjaardagpartytjie, verjaardagparty, smulparty, verlowingspartytjie, verlowingsfees, ramparty, dansparty, danspartytjie, huisparty, huispartytjie, makietie, opskop, jollifikasie, jol, jollery, sokkie, sokkiejol, fuifparty, fuif, gefuif, fuiwery, brasparty, boemelparty, swelgparty, bacchanaal, bacchanalieë, saturnalieë (*mv.*), orgie, maskerbal, maskerade, feesmaal, noenmaal, banket; partygees, partytjiegees; feesterrein, kuierplek, boerplek, aangaanplek
optog, karnavaloptog, jooloptog, intog, triomftog, prosessie, kavalkade, stoet, sierwa, praalkoets, praalwa, fakkeloptog, fakkelloop, fakkeldraer
feesnommer, feesprogram, seremoniemeester, geleentheidspreker, koningin, joolkoningin, jubelaris, Kersboom, vreugdevuur, vuurpyl, vuurreën, vuurwerk
feesganger, feesvierder, partytjieganger, gas, partytjiegas, eregas, ete(ns)gas, aansitter

b.nw. feestelik, seremonieus, plegtig, stemmig, luisterryk, glansryk, deftig, inouguraal, inougureel, beestelik, vrolik, opgewek, jolig, plesierig, uitgelate, uitbundig, vreugdevol, orgiasties

ww. feesvier, fees hou, vier, fêteer (*ong.*), herdenk, gedenk, selebreer, inhuldig, inougureer, inwy, onthul, jubileer, partytjie hou, verjaar, jolyt hou, jolig wees, joel, fuif, kattemaai, solemniseer (*ong.*), uitkap

tw. gesondheid, gesondheid in die rondheid, prosit, balke toe

uitdr. in rep en roer

794. Sosiale struktuur

s.nw. ***patriargaat,*** patrilinie, patrimonium, matriargaat, moederreg, feodale stelsel, leenstelsel, leenwese, leenplig; leengoed, erfleen
ritueel, rite, sede
leenheer, lyfeiene

b.nw. patriargaal, patrilineêr, patrilokaal, patrimoniaal, matriargaal, matrilineêr, matrilokaal, feodaal, leenroerig

795. Staatkundige struktuur

s.nw. ***staatstruktuur,*** staatkundige struktuur, regeringstruktuur, regering, regeringskringe, regeringsmasjien, regeringsmasjinerie, landsregering, selfregering, meerderheidsregering, koalisieregering, regeringskoalisie, koalisie, regering van nasionale eenheid,

eenheidstaat, eenpartystelsel, owerheid, staat, staatsmasjinerie, gesag, mag, staatsgesag, oppergesag, gesagdraende liggaam, landsbestuur, staatsadministrasie, landsadministrasie, burokrasie, amptenaredom, staatsdiens, staatsinrigting, staatsdepartement, wetgewende gesag, uitvoerende mag, uitvoerende gesag, plaaslike regering, plaaslike bestuur, munisipaliteit, stadsraad, afdelingsraad, streek(s)regering, goewerment (*veroud.*), regime, bewind, bewindhebber, maghebber, magselite, establishment, orde; staat, selfregerende staat, moondheid, garnisoenstaat, soewereiniteit

staatsvorm, koalisieregering, republikanisme, republiek, piesangrepubliek, eenheidstaat, federasie, konfederasie, oligargie, oorheersing, selfbeskikking, selfregering, outonomie, soewereiniteit, monargie, diktatuur, oglokrasie, partystaatstelsel, eenpartystaat, tweepartystaat, meerderheidsregering, eenkamerparlement, tweekamerparlement, . . ., Westminster-stelsel, magsdeling, sentralisasie, desentralisasie, afwenteling van gesag, devolusie van mag, junta, militêre junta

beleid, beleidsrigting, ideologie, denkrigting, politieke filosofie, determinisme, positivisme, pragmatisme, politieke determinisme, demokrasie, populêre demokrasie, konsosiasie, pluralisme, kulturele pluralisme, federalisme, konfederalisme, nasionalisme, integrasie, apartheid, afsonderlike ontwikkeling, apartheidsbeleid, beleid van afsonderlike ontwikkeling, segregasie, partisie, konstitusionalisme, republikanisme, populisme, sosiaal-demokrasie, kapitalisme, nasionaal-sosialisme, Nazisme, Naziïsme, sosialisme, demokratiese sosialisme, Afrika-sosialisme, kommunisme, Marxisme, bolsjevisme, bolsjewisme, radikalisme, imperialisme, internasionalisme, kolonialisme, neo-kolonialisme, Pan-Afrikanisme, alleenheerskappy, absolutisme, despotisme, diktatuur, outoritarisme, totalitarisme, paternalisme, feudalisme, kollektivisme, nihilisme, anargie, radikalisme, rivisionisme, liberalisme, vrysinnigheid, konserwatisme, demagogie, obskurantisme, klerikalisme, fascisme, neofascisme, feminisme, vrouebeweging, militarisme, diskriminasie; demokratisering, nasionalisasie, kolonisasie

party, politieke party, regerende party, koalisieparty, opposisieparty, opposisie, meerderheidsparty, meerderheidsgroep, minderheidsparty, minderheidsgroep, splinterparty, splintergroep, boereparty, belangegroep, partytak, partykongres, partyorganisasie, partypolitiek; partystruktuur, dagbestuur, partyvoorsitter, partysekretaris, koukus, partykoukus

verkiesing, parlementsverkiesing, blitsverkiesing, tussenverkiesing, driehoekverkiesing, eleksie, stemming, volkstemming, referendum, verkiesingsdag, stemdag, verkiesingsagent, verkiesingsleuse, verkiesingsmanifes, kieserslys, kiesafdeling, setel

politiek, metapolitiek, mikropolitiek, magspolitiek, regeringspolitiek, partypolitiek, roofpolitiek, nasionale politiek, internasionale politiek, stedelike politiek, metropolitaanse politiek, vergelykende politiek; politieke denke, politieke filosofie, politieke proses, politieke verandering, verpolitisering, parogialisme, sekularisasie, modernisasie; mag, politieke mag, gedelegeerde mag, selfbeskikking, oorheersing, swart mag, swart bewussyn

politikus, volksman, president, minister, kabinetslid, kabinetsminister, regeringslid, parlementslid, volksraadslid, amptenaar, staatsamptenaar, ampsbekleër, ampsbekleder, burokraat, funksionaris, republikein, demokraat, sosiaal-demokraat, sosialis, kommunis, monargis, imperialis, kolonialis, liberalis, linkse, konserwatiewe, regse, verkrampte, kollektivis, nihilis, radikalis, radikaal, reaksionêr, anargis, terroris, demagoog, obskurantis, fascis, feminis

staatsleer, staatswetenskap, staat(s)kunde, politieke wetenskap, politieke studie, politieke filosofie, politieke teorie

b.nw. ***staatkundig,*** regerend, selfregerend, outonoom, gesagdraend, administratief, uitvoerend, wetgewend, plaaslik, federaal konfederaal, konfederalisties

ideologies, demokraties, konsosiatief, pluralisties, nasionalisties, republikeins, populisties, sosiaal-demokraties, kapitalisties nasionaal-sosialisties, nazisties, sosialisties kommunisties, anti-kommunisties, Marxisties, anti-marxisties, bolsjevisties, bolsjewisties, radikaal, imperiaal, kolonialisties Pan-Afrikanisties, monargisties, despoties diktatoriaal, outoritaristies, outoritêr, t

talitêr, paternalisties, feodaal, kollektivisties, demagogies, nihilisties, anargisties, liberaal, vrysinnig, verlig, links, linksgesind, konserwatief, verkramp, regs, regsgesind, radikaal, links-radikaal, regs-radikaal, ekstremisties, reaksionêr, fascisties, feministies, militaristies
polities, apolities, partypolities

ww. regeer 588, 590, administreer, desentraliseer, koloniseer, konfedereer, sosialiseer; omverwerp, ontsetel, 'n magsgreep uitvoer, oorheers

B. SOSIALE STAND

796. Stand

s.nw. ***stand,*** hoë stand, lae stand, adelstand, burgerlike stand, klas, sosiale klas, sosio-ekonomiese klas, sosio-maatskaplike klas, stratum, sosiale stratum, sosio-ekonomiese stratum, kaste, kastestelsel, kring, niveau, plek, rang, status, sosio-ekonomiese status, prestige, aansien, vernaamheid, belangrikheid, statuur, faam, agting, eerbiedwaardigheid; stratifikasie, sosiale stratifikasie, sosiale struktuur
statusbewustheid, statussimbool, standverskil, standvooroordeel, klasseverskil, klassevooroordeel, klassehaat, klassestryd, voorrang, sjibbolet, afkoms
verhoging, verlaging

b.nw. statusbewus, geboortig

ww. bokom, gelykstel, verlaag, afdaal, verhoog, bevorder, arriveer

voors. benede, bo(bowe)

woorddeel klasse-, sosio-

uitdr. die voorrang hê; jou stand ophou

797. Adelstand

s.nw. ***adel,*** adelstand, adeldom, nobiliteit, noblesse, blou bloed, landadel, geldadel, ryksadel, aristokrasie, graafskap, hertogdom, koninkryk, prinsdom, ridderstand, ridderorde, ridderskap
adellike, aristokraat, hooggeborene, edelgeborene, edelman, edelvrou, hoogheid, koning, koningin, vors, keurvors, vorstin, begum, radja, prins, prinses, prins-regent, keurprins, keurprinses, infanta, infante, graaf, gravin, markgraaf, markgravin, landgraaf, burggraaf, burggravin, markies, markiesin, hertog, hertogin, aartshertog, groothertog, baron, barones, baronet, ridder, kavalier, ridderkruis, ridderlint, ridderorde, ridderslag, heer, dame, landheer, landjonker, patrisiër

b.nw. adellik, nobel, edel, hoofs, hoog, hooggebore, aristokraties, getitel(d), graaflik, hertogelik, legitiem, patrisies, koninklik, prinslik, rojalisties, ridderlik

ww. adel, van hoë inbors wees, van hoë afkoms wees; tot die adelstand verhef, tot ridder slaan

uitdr. blou bloed hê; met 'n goue lepel in jou mond gebore wees

798. Lae stand

s.nw. ***middelstand,*** middelklas, besittersklas, volk, burgery, burgerstand, bourgeoisie, handelsklas, patrisiër, grondbesitter, grootgrondbesitter, bevoorregte stand
lae stand, arbeidersklas, werkersklas, proletariaat, boerestand
laaggeborene, die gewone man, die man op straat, proletariër, proleet, plebejer, volksman, volksvrou, boer, boerin, boheem, sigeuner, sigeunerin, janrap, sandtrapper, statussoeker

b.nw. ***onadellik,*** burgerlik, bourgeois, deftig, patrisies
laaggebore, laag, proletaries, boers, eenvoudig, onvermoënd, onaansienlik

ww. van lae afkoms wees

uitdr. Jan Rap en sy maat; Kretie en Pletie

799. Beroemd

b.nw. ***beroemd,*** wydberoemd, wêreldberoemd, befaam(d), groot, hoog, fameus, roemryk, roemvol, veelgeprese, glansryk, glorieryk, glorieus, legendaries, vermaard, wydvermaard, illuster, geëer(d), hooggeëer(d), deurlugtig, hoogaangeskrewe, hooggeag, gevier(d), gereken(d), agbaar, gesien(-e), vorstelik, aristokraties, aansienlik, uitgelese, belangrik, vernaam, vooraanstaande, hooggeplaas, hoogwaardig, edel, edelagbaar, eerwaarde, hoogeerwaarde, weleerwaarde, prominent, gedistingeerd, bekend, goedbekend, welbekend, wêreldbekend
eergierig, eersoekerig, eersoekend, eersugtig

s.nw. ***beroemdheid,*** roem, wêreldberoemdheid, roemrykheid, faam, befaamdheid,

vermaardheid, geëerdheid, hooggeëerdheid, deurlugtigheid, onderskeiding, glorie, gloor, gloria, glorierykheid, grootheid, status, statuur, hoogaangeskrewenheid, hoogheid, waardigheid, hoogwaardigheid, eerbiedwaardigheid, gesienheid, vorstelikheid, uitgelesenheid, aansien, prestige, respek, belang, belangrikheid, invloed, vernaamheid, hooggeplaasdheid, reputasie, prominensie, prominentheid, populariteit, naam, notoriëteit, notoriteit, bekendheid, wêreldbekendheid

'n beroemde persoon, selebriteit, aristokraat, majesteit, hoogwaardigheidsbekleër, hoogwaardigheidsbekleder, hooggeplaaste, topfiguur, topmens, vooraanstaande, 'n vooraanstaande persoon, 'n man van naam, grootkop, grootman, grote, 'n man van gewig, bekende, 'n bekende figuur; windgat (*plat*), 'n hoë hol (*plat*)

eer, eerbewys, ereblyk, huldeblyk, huldebetoning, eerbetoon, hoogagting, verheerliking, akklamasie, salutasie, toejuiging, apoteose, apoteosis, dekorasie, ererol, prys, erepenning

eergierigheid, eersoekerigheid, eersug, ambisie, verwronge ambisie, skewe ambisie

bw. bo (bowe)

ww. onderskei, opgang maak, aansien hê, aansien verwerf, naam maak; populariseer, aansien, dekoreer, huldig, kroon, prys, verheerlik, toejuig

uitdr. hoog aangeskrewe staan; sy spore verdien; 'n groot aanloop hê; die hoogste bome vang die meeste wind; wie eerste is, sal laaste wees

800. Onbekend

b.nw. onbekend, vreemd, wildvreemd, roemloos, onberoemd, nederig 600, 786, obskuur,

s.nw. onbekendheid, onberoemdheid, nederigheid, obskuriteit

uitdr. iemand van sy voetsuk stoot; 'n man van toet

C. REG EN GEREGTIGHEID

801. Wet

s.nw. ***wetgewing,*** strafwetgewing, konsepwetgewing, wetsvoorstel, wetswysiging, hersiening, grondwethersiening, wysigingswetsontwerp, wetsvoorskrif, verordening, uitvaardiging, afskaffing, abolisie, abrogasie, toetsingsreg, obstruksie, obstruksionisme, trefwydte, krag, onskendbaarheid, geldigheid, validiteit, wetlikheid, interpretasie, wetsinterpretasie, wetsgehoorsaamheid 802, wetsgehoorsaming 802, wetsverkragting 803, wetsoortreding 803

regsisteem, regswese, die reg, wetgewende gesag, wetgewende liggaam, legislatuur

wet, konsepwet, wetsontwerp, ontwerpwet, tweeslagtige wetsontwerp, statuut, statute, kode, kodifikasie, ordonnansie, verordening, regulasie, bepaling, statutêre bepaling, reglement, reg, voorreg, charter, reël, stelreël, rigsnoer, voorskrif, wetsvoorskrif, bevel, wetlike bevel, gebod, verbod, teruggangsverbod; aanhef, konsiderans, considerans, klousule, artikel, wetsartikel, grondwetartikel, subartikel, gewetensartikel, gewetensklousule, wetsbepaling, oorgangsbepaling, term; grondwet, konstitusie, landswet, staatswet, strafwet, magtigingswet, kinderwet, ongevallewet, arbeidswet, fabriekswet, begrotingswet, bankwet, maatskappyewet, oktrooiwet, patentwet, woekerwet, verdedigingswet, kieswet, prag-en--praalwet, jagwet, noodwet, verkeerswet, padkode; wetboek, strafwetboek, corpus juris

wetgewer, wetmaker, obstruksionis

b.nw. wetgewend, legislatief, wetlik, grondwetlik, reglementêr, statutêr, wettig 802, onwettig 803, geldig, immuun, inaktief, onskendbaar

ww. uitvaardig, verorden, verordineer, bekragtig, indien, deurloods, ratifiseer, reglementeer, implementeer, beskryf, beskrywe, kodeer, kodifiseer, ontwerp, amendeer, ophef, afskaf, abrogeer

uitdr. 'n wet van Mede en Perse; sy woord is wet

802. Wette gehoorsaam

ww. gehoorsaam, wette gehoorsaam, wetsgehoorsaam wees, nakom, wette toepas

s.nw. ***wetsgehoorsaamheid,*** gehoorsaamheid, nakoming, wetsgehoorsaming, regsbewussyn, regsaanspreeklikheid

wetstoepassing, polisiëring, ondersoek, polisieondersoek, polisiepatrollie, patrollie, patrollering, patrolliewerk, nagrond(t)e

klopjag, ondervraging, valstrik, padversperring, spoedperk, spoedlokval
polisie, wetstoepasser, polisiemag, taakmag, misdaadeenheid, moord-en-roofeenheid, blitspatrollie, onlus(te)eenheid, onlus(te)-polisie, berede polisie, voetpolisie, speurdiens, speurtak, uniformtak, veiligheidspolisie, hawepolisie, spoorwegpolisie, verkeerspolisie; polisiestasie, polisiekantoor, aanklagkantoor, blitspatrolliemotor, vangwa
wetstoepasser, geregsdienaar, dienaar van die gereg, polisiebeampte, gendarme, polisieman, polisievrou, diender, agent, veiligheidsagent, veiligheidspolisieman, veiligheidspolisievrou, spioen, offisier, polisieoffisier, kommissaris, kommissaris van polisie, polisiekommissaris, generaal, brigadier, kolonel, kommandant, majoor, kaptein, polisiekaptein, luitenant, sersant, polisiesersant, konstabel, polisiekonstabel, speurder, polisiespeurder, ondersoekbeampte, ondervraer, informant, polisie--informant, verklikker, verkeersbeampte, verkeersagent, verkeersman, verkeersvrou, bloubaadjie (verkeersman), boetebessie, wag, nagwag, brandwag, veldwagter, vervolger

b.nw. wetsgehoorsaam, gehoorsaam, wetties, toepaslik, aanhangig

803. Wette oortree

ww. oortree, die wet oortree, verbreek, die wet verbreek, skend, jou aan 'n oortreding skuldig maak, verkrag, vertrap, vertree, daagstel, onteer, oorgaan, oorskry, residiveer, saboteer, smokkel

s.nw. ***oortreding,*** ernstige oortreding, fout 538, indiskresie, wetsoortreding, kriminele oortreding, crimen, crimen injuria, siviele oortreding, verkeersoortreding, wetsverbreking, wetskending, skending, skendery, oorskryding, wetsoorskryding, regsverdraaiing, regsversuim, regsverydeling, dwarsboming, dwarsboming van die gereg, obstruksie, misdadigheid, jeugmisdadigheid, delinkwensie, aandadigheid, medepligtigheid, delik(-te), sabotasie, wanbedryf, derogasie, ongehoorsaamheid, wetsongehoorsaamheid, hubris, burgerlike ongehoorsaamheid; burgerlike vryheid, immuniteit; wanpraktyk, wanbedryf, wandaad, misstap, vergryp, misdaad, kriminele daad, onwettige daad, misdryf, halsmisdaad, moord, roof, roof met verswarende omstandighede, manslag, strafbare manslag, aanranding, aanval, verkragting, inbraak, diefstal, smokkelary, smokkelry, smokkelhandel, bedrog, meineed, jeugmisdaad
oortreder, wetsoortreder, skender, wetskender, verdagte, skuldige, dader, misdadiger, gewoontemisdadiger, residivis, jeugmisdadiger, rampokker, rampokkerbende, saboteur, halsmisdadiger, moordenaar, moordenares, aanrander, verkragter, rower, inbreker, smokkelaar

b.nw. wederregtelik, misdadig, krimineel, delinkwent, onwettig, strafbaar, strafwaardig, onkonstitusioneel, inkonstitusioneel, skuldig, korrup, ongehoorsaam

uitdr. aan die verkeerde kant van die wet staan/beland; eie reg gebruik

804. Regverdig

b.nw. regverdig, reg, legitiem, bona fide, regmatig, geregtig, objektief, billik, redelik, onbevooroordeeld, onpartydig

s.nw. ***regverdigheid,*** reg, geregtigheid, reg en geregtigheid, regsekerheid, regsgevoel, regmatigheid, legitimiteit, legitimasie, objektiwiteit, redelikheid, billikheid, onbevooroordeeldheid, onpartydigheid, gelykheid voor die reg, redres
burgerlike vryheid, burgerregte, reg, wetlike reg, wetlike voorreg, voorreg

bw. regverdiglik, redelikerwys(e), tereg, volgens die reg, volgens die wet, sonder aansiens des persoons

ww. regverdig wees, regverdig handel, regverdig behandel, redresseer, jou regte ken

805. Onregverdig

b.nw. onregverdig, onbillik, onredelik, onregmatig, insulêr, partydig, bevooroordeeld, vooringenome, redeloos, verdraai(d), benadelend; ongeregtig, wederregtelik, oneerlik 623, 813

s.nw. ***ongeregtigheid,*** onreg, onregverdigheid, regsversuim, onredelikheid, redeloosheid, verdraaidheid, kontorsie, partydigheid, partyskap, nepotisme, begunstiging, vooroordeel, bevooroordeeldheid, onderskeid, vooringenomenheid, diskriminasie 792;

ongeregtigheid, wederregtelikheid, oneerlikheid 623, 813
verontregting, benadeling, verdraaiing, voortrekkery
bw. onregverdiglik, ten onregte, valslik, op 'n onregverdige wyse
ww. onregverdig wees, onregverdig behandel, veron(t)reg, 'n onreg aandoen, onbillik wees, onbillik behandel, benadeel, verongeluk, voortrek, partytrek, bevoordeel, begunstig, onregverdiglik bevoordeel, onregverdiglik begunstig, die reg verdraai, aanmatig, valslik beskuldig

806. Wettig

b.nw. wettig, wettiglik, wetmatig, gewettig, legitiem, legaal, konstitusioneel, grondwetlik, statutêr, kanoniek, bindend, geregverdig(d), regsgeldig, regskragtig, regmatig, billik, bevoeg(d), regsbevoeg(d), gekwalifiseer(d), geprivilegieer(d), geregtig
s.nw. ***wettigheid,*** wetmatigheid, gewettigdheid, legitimiteit, legaliteit, wetlikheid, grondwetlikheid, regskrag, gelding, regsgeldigheid, regskragtigheid, regmatigheid, bevoegdheid, regsbevoegdheid, jurisdiksie, kompetensie, gekwalifiseerdheid, sanksie, geregtigheid, beregtiging, gelykberegtiging
wettiging, legalisasie, regverdiging, justifikasie, goedkeuring, geregtelike goedkeuring, bekragtiging, geregtelike bekragtiging, homologasie, sanksie, sanksionering, bevoegdverklaring
reg voor die wet, reg, mensereg, privaatreg, eiendomsreg, servituut, serwituut, suksessiereg, voorkoopreg, terugkoopreg, vrugreg, alleenreg, kopiereg, leenreg, deurvoerreg, waterreg, weireg, voorreg, privilegie, voorkeur, prioriteit, vergunning, konsessie, oktrooi, oktrooireg, immuniteit; klag, klagte, klagskrif, klagstaat, klagstuk, eis, teeneis, rekonvensie
reghebbende, regsbevoegde persoon, regsbevoegde, regspersoon, klaer, klaagster, aangeklaagde, aanklaer 808, legitimaris, gekommitteerde
bw. volgens die reg, regverdiglik, regtens, met reg, tereg, by voorkeur
ww. ***wettig,*** wettig maak, ratifiseer, legaliseer, homologeer, justifiseer, goedkeur, goedvind, bekragtig, legitimiseer, gelykberegtig, regte toeken, regte verleen, bevoorreg, oktrooieer, sanksioneer, regverdig, 'n presedent stel
reg hê, aanspraak hê op, aanspraak maak op, alle regte voorbehou, eis, opeis, die reg opeis, kla(e), 'n klag indien
uitdr. die naaste aan die vuur sit; gee aan die keiser wat die keiser toekom

807. Onwettig

b.nw. onwettig, wetteloos, wederregtelik, ongewettig(d), verbode, illegitiem, illegaal, onwetlik, onjuridies, ongrondwetlik, onkonstitusioneel, onregmatig, strafbaar, misdadig 803, ongerymd, ongeldig, onbevoeg(d), onwaardig, onaanvaarbaar
s.nw. crimen, illegaliteit, ongerymdheid, invalidasie, nietigverklaring, onaanvaarbaarheid, regsverkragting, strafbaarheid, sameskoling, sameswering, sameweerder, sluipslaper, bedrog, falsitas, wetteloosheid, oortreding
bw. teen die wet, ontereg, ten onregte
ww. ***geen reg hê nie,*** buite jou bevoegdheid gaan, jou bevoegdheid oorskry, die reg verkrag, oortree, wetteloos optree, 'n misdaad begaan
ongeldig maak, ongeldig verklaar, geldigheid bevraagteken, regsgeldigheid bevraagteken, regte ontneem

808. Regswese

s.nw. ***regswese,*** regstelsel, regsbedeling, regsgebied, regsmag, regbank, bank, justisie, regsmiddel, regsgoedere, regsorde, regskode, regskrag, regsoewereiniteit, regsopvatting, regterstoel
reg, regsgeleerdheid, regswetenskap, regsleer, jurisprudensie, regte, jura, regsfilosofie, regsgeskiedenis, Romeinse reg, Romeins-Hollandse reg, fundamentele reg, kanonieke reg, strafreg, jus criminale, mensereg, menseregte, prosesreg, aksiereg, strafprosesreg, privaatreg, jus privatum, burgerlike reg, jus civile, publieke reg, publiekreg, gemene reg, jus commune, staatsreg, volkereg, jus gentium, inheemse reg, gewoontereg, sterfreg, halsreg, arbeidsreg, handelsreg, bestuursreg, verbintenisreg, erfreg, suksessiereg, erfopvolgreg, huweliksreg, jus mariti, landsreg, strandreg, seereg, verkeersreg, lugvaartreg, skeepsreg, oorlogsreg

regspleging, regspraak, judikatuur, regspraktyk, regshandeling, regsaak, geding 809, hofgeding 809, twisgeding, regsprosedure, regskwessie, regsvraag, regsadvies, beregting, gelykberegting, beregtiging, gelykberegtiging, bereddering, regsbeginsel, regsbegrip, regsbewussyn, regsdwaling, regsposisie, posisie voor die reg, perempsie, regsgronde, regsvordering, petisie, verteenwoordiging, regsverteenwoordiging, representasie, opdrag, aksie, regsaksie, hofsitting, tribunaal, vervolging, regsvervolging, aanklag, vonnis, appél, bewys, bewyslas, bewysleer, alibi, beswaring, versagting, versagtende omstandighede, mitigasie, dispensasie, prevarikasie, animus, bodeveiling, baljuveiling, huweliksvoorwaardekontrak, huweliksvoorwaardes, spoliasie, spoliasiebevel; vervolging, strafvervolging, vonnis, voorlopige vonnis, namtissement, opgeskorte vonnis, straf 809, boete, gevangenisstraf, gevangenisstraf, gevangeniswese, inhegtenisneming, gyselreg, lasbrief, hofbevel, bevel, geregtelike bevel, injunksie, interdik, hofinterdik, bevelskrif, habeas corpus, rehabilitasiebevel, gyselingsbevel, opsluitingsbevel, kostebevel, hofkoste, skademaat, skuldbeslag, skulderkenning; regstaal, regsterm

gereg 802, hof, tribunaal, hoër hof, laer hof, wêrelddhof, geregshof, hooggeregshof, hof van justisie, appélhof, strafhof, distrikshof, streekhof, landdroshof, landdroskantoor, magistraatshof, magistraatskantoor, hof vir klein sake, rondgaande hof, kinderhof, jeughof, kamerhof, hersieningshof, skattingshof, waarderingshof, nywerheidshof, krygshof, waterhof, volkshof, boendoehof, straathof, kangaroehof, fophof; hofstoet, hofprosessie; staat, verdediging, teenparty, teëparty; regshulpburo, regsbystand

regsberoep, regslui, regsmense, regspan, regsgeleerde, wetgeleerde, regspraktisyn, regsverteenwoordiger, regsman, regsvrou, juris, regter, regterskap, strafregter, halsregter, hoofregter, regter-advokaat, regter-president, appélregter, waterregter, waterfiskaal, kadi, landdros, magistraat, vrederegter, advokaat, senior advokaat, advokaat-generaal, advokatery, aanklaer, openbare aanklaer, staatsadvokaat, kroonvervolger, advokaat vir die verdediging, pro Deo-advokaat, ondervraer, balie, sybalie, prokureur, prokureursorde, prokureursfirma, prokureur-generaal, assessor, jurielid, jurie, juriebank, juriediens, saakwaarnemer, beredderaar, huweliksbevestiger, huweliksbeampte, registrateur, griffier, meester, meester van die hof, weesheer (*veroud.*), bode, bode van die hof, balju, regsadviseur, saakgelastigde; regstudent, student in die regte

regspersoon, regspersoonlikheid, kliënt, komparant, applikant, eiser, dager, getuie, aangeklaagde, gedaagde, beskuldigde, skuldenaar, delegaat, verwese skuldenaar, sedent

b.nw. regskundig, wet(s)geleerd, geregtelik, juridies, juristies, judisieel, judisiêr, justisieel, regterlik, regsgeleerd, regswetenskaplik, privaatregtelik, strafregtelik, krimineel, gemeenregtelik, volkeregtelik, beregbaar, aksionabel, verdedigbaar, verdedigend, aanspreeklik, versagtend, beswarend, verswarend, geswore

ww. bereg, regspreek, beredder, aankla, daag, voor die hof daag, verdedig, verteenwoordig, representeer, appelleer, skuldig pleit, getuig, ondervra 809, kruisvra, mitigeer

bw. regtens, regtens en feitelik, jure et facto, volgens die reg, van regsweë, de facto, de novo, de jure, ex jure, ipso jure, infra dignitatem, per stirpes, sub judice, sub rosa

woorddeel regs-

809. Regsgeding

s.nw. ***regsgeding,*** geding, hofgeding, armmansgeding, hofsaak, saak, skynhofsaak, toetssaak, verhoorsaak, prima faciesaak, strafsaak, strafgeding, moordsaak, aanrandsaak, aanrandingsaak, lastersaak, appélsaak, regsgeskil, hofsitting, tribunaal, proses, hofproses, regsproses, regstap, regstappe, litigasie, regsbevoegdheid, handelsbevoegdheid

vervolging, prosekusie, litigeerwerk, prosedeerwerk, dagvaarding, daging, subpoena, sitasie, sommasie

hofsitting, sitting, sessie, hofsessie, strafsitting, verhoor, getuieverhoor, verskyning, hofverskyning, nie-verskyning, inswering, klag, aanklag, klagstaat, klagskrif, klagstuk, pleit, pleitrede, aanklaerstelling, ondervraging, herondervraging, inkwisisie, kruisverhoor, kruisondervraging, kruisvraag, getuienis, skriftelike getuienis, dokumen-

têre getuienis, oorkonde, deskundige getuienis, prima faciegetuienis, opiniegetuienis, omstandigheidsgetuienis, bewys, inkriminerende getuienis, inkriminerende materiaal, inkriminerende bewys, bewysvoering, bewyslas, bewysleer, alibi, waterdigte alibi, verdediging, pro Deo--verdediging, verweer, pleit, teenpleit, bekentenis, skuldbekentenis, skulderkenning, geskilpunt, regspunt, beswaring, verswaring, verswarende omstandighede, versagting, versagtende omstandighede, mitigasie, opsomming, repliek, replikasie
hof, hofgebou, hofsaal, hofkamer, hoflokaal, kamer
hofstukke, prosesstuk, pleitstuk, hofpleitstuk, dossier, rol, hofrol, bewysstuk, register, strafregister, hofverslag
uitspraak, oordeel, oordeelvelling, skuldigbevinding, skuld, skuldvergelyking, skuldvernuwing, veroordeling, vonnis, verstekvonnis, opgeskorte vonnis, summiere vonnis, straf, gevangenisstraf, langtermyngevangenisstraf, korttermyngevangenisstraf, lewenslange gevangenisstraf, doodstraf, appél, vryspraak, vryspreking, kwytskelding, borgtog, borgtogvoorwaarde
regter 808, assessor, jurie, jurielid, advokaat, staatsadvokaat, aanklaer, staatsaanklaer, advokaat vir die verdediging, pro Deo-advokaat, litigant, litigeerder, curator ad litem, regspan, regslui 808, regsmense 808, hofverslaggewer, hofkunstenaar
aangeklaagde, beklaagde, beskuldigde, respondent, skuldige, medepligtige, aandadige, veroordeelde, getuie, staatsgetuie, omstandigheidsgetuie, ooggetuie, deskundige getuie

b.nw. geregtelik, vervolgbaar, aksionabel, beëdigde, handelingsbevoeg, handelingsonbevoeg

ww. ***die hof sit,*** die hof is in sitting, die hof verdaag
'n klag indien, 'n klag aanhangig maak, aankla, vervolg, prosedeer, 'n saak maak teen, iemand voor die hof daag, dagvaar, siteer, 'n ondersoek instel; voor die hof verskyn, verskyn, teregstaan, voorkom, voor die gereg gedaag word
regspraak voer, bereg, verhoor, vervolg, prosedeer, insweer, beëdig, getuig, getuienis voer, ondervra, kruisverhoor, onder kruisverhoor neem, kruisvra, kruisondervra, getuienis lei, verdedig, pleit, skuldig pleit, beken, skuld beken, onskuldig pleit, pleit om versagting, versagtende omstandighede aanvoer, vrypleit, 'n alibi hê, 'n alibi verskaf, appelleer
uitspraak lewer, uitspreek, veroordeel, vonnis, 'n vonnis oplê, 'n vonnis vel, summier vonnis, 'n boete oplê, ter dood veroordeel, 'n vonnis opskort, vryspreek, vryskeld, vryverklaar, op borgtog vrylaat, borg betaal, borgtog betaal

bw. in causa, sub judice, in forma pauperis, prima facie, pro Deo, quid pro quo, in camera, op borgtog

woorddeel regs-, hof-

9

Moraal

A. GEWETE

810. Gedrag

s.nw. gedrag, optrede, handeling, handel, wandel, lewenswandel, handel en wandel, doen en late, gedragswyse, manier, manier van doen, handelwyse, gedragspatroon, leefwyse, lewenswyse, gedragsreël, gedragskode, geaardheid, houding, lewenshouding, gesindheid, bona fides, aangesig, moraal, moraliteit 811

b.nw. aardsgesind, befoeter(d), gewoontevormend

ww. gedra, doen, handel, optree, betaam, bewandel

811. Gewete

s.nw. ***gewete,*** die stem van die gewete, konsensie, gewetensvryheid, gewete(n)saak, gewetensvraag, gewetenskonflik, siel, roepstem, innerlike stem, inbors, karakter, eer-

baarheid, etos, rekenskap, grondbeginsel
moraliteit, morele waarde, moraal, moreel, etiek, etiese norm, etiese standaard, etos, lewensbeskouing, wêreldbeskouing, lewens- en wêreldbeskouing, sedes, sedelikheid, ordentlikheid, integriteit, opregtheid, eerlikheid, eerbaarheid, standvastigheid, voorbeeldigheid, fatsoenlikheid, dissipline, selfdissipline; sedeles, sedepreek, sedespreuk, vermaning, moralisering, moralisasie, sedeleer; immoraliteit, onsedelikheid
plig, verpligting, ouerplig, vaderplig, moederplig, verantwoordelikheid, medeverantwoordelikheid, trou, getrouheid, pligsgetrouheid, verantwoordelikheidsbesef, verantwoordelikheidsgevoel, verantwoordelikheidsin, betroubaarheid, deugdelikheid, toewyding, toegewydheid, stoffasie, doeltreffendheid; verpligting, verbintenis, onderneming; pligsversuim, onverantwoordelikheid, ontrouheid, onbetroubaarheid, ondoeltreffendheid, gebrek aan toewyding
rigoris, sedemeester

b.nw. ***verplig,*** obligatories, verbindend, verbonde, verantwoordelik, medeverantwoordelik, aanspreeklik; getrou, trou, pligsgetrou, betroubaar, vertroubaar, toegewy(d), konsensieus, deugdelik, geroetineer(d), deeglik, doeltreffend, flink, fluks, knap, voorbeeldig
onverantwoordelik, onbetroubaar, ontrou, onaanspreeklik, ontoerekenbaar, ontoerekeningsvatbaar
moreel, sedelik, voorbeeldig, eties, standvastig, rotsvas, integer, eerlik, eerbaar, opreg, rigoreus; amoreel, immoreel, onsedelik

ww. jou plig doen, 'n verpligting aanvaar, verplig wees, (jou plig) betrag, verantwoordelikheid aanvaar, bind, kwyt, moraliseer, opneem, verantwoord

uitdr. iets vir jou rekening neem; jou van 'n taak kwyt; op sy weg lê; weet wat jou te doen staan

812. Goeie gedrag

s.nw. ***goeie gedrag,*** beskaafdheid, opgevoedheid, deugsaamheid, deugdelikheid, eerbaarheid, regverdigheid, opregtheid, goedheid, voortreflikheid, goedaardigheid 778, goedgeaardheid, groothartigheid, barmhartigheid 778, goeie maniere, goedgemanierdheid, beleefdheid 791, regskapenheid, respek, selfrespek, bedagsaamheid, vriendelikheid 776, gevoeligheid, edelmoedigheid, ridderlikheid
onbesprokenheid, onberispelikheid, waardigheid, lofwaardigheid, verhewen(d)heid, ordentlikheid, welvoeglikheid, fatsoenlikheid, moraliteit, moraal, moreel, morele waardes, morele standaarde, hoë morele waardes, betaamlikheid, welvoeglikheid, smetteloosheid, sedelikheid, kuisheid, reinheid, eerbaarheid, eerlikheid, integriteit, beginselvastheid, onkreukbaarheid, rotsvastheid, standvastigheid, onwankelbaarheid, onwrikbaarheid, regskapenheid, sedigheid, heiligheid; verheffing, siel(s)verheffing, stigting, heiliging, saligmaking, sielesorg, moralisasie
getrouheid 811, pligsgetrouheid, pligsbesef, pligsgevoel, gedissiplineerdheid
modelmens, aristokraat, gentleman, jintelman, heer, ware heer, dame, ridder, heilige, moralis

b.nw. ***goed,*** goedaardig, goedgeaard, goedgeefs, beskaaf(d), opgevoed, fynopgevoed, wel opgevoed, welopgevoed, aristokraties, ontwikkel(d), fyn, verfyn(d), deugsaam, deugdelik, eerbaar, regverdig, opreg, Christelik, voortreflik, behoorlik, solied, bestendig, ferm, groothartig, barmhartig, manierlik, gemanierd, goed gemanierd, goedgemanierd, wel gemanierd, welgemanierd, beleef(d), respekvol, bedagsaam, billik, gevoelig, innig, wellewend, edelmoedig, ridderlik
onbesproke, onberispelik, karaktervas, waardig, lofwaardig, verhewe, ordentlik, fatsoenlik, welvoeglik, eerbaar, eerlik, integer, beginselvas, onkreukbaar, rotsvas, standvastig, onwankelbaar, onwrikbaar, regskape, betaamlik, welvoeglik, oorbaar, moreel, smet(te)loos, sedelik, welvoeglik, kuis, rein, godsdienstig, heilig, sedig; verheffend, sielsverheffend, moraliserend, stigtelik, veredelend, saligmakend
getrou, pligsgetrou, gedissiplineerd

ww. ***goed gedra,*** goed doen, goedhou, reghou, nakom, gedra, betaam, adel, presteer, jou plig doen
veredel, verhef, teregbring, humaniseer, regverdig, heilig

bw. beleefdheidshalwe, ordentlikheidshalwe

uitdr. die goeie weg bewandel; die koninklike weg bewandel; daar steek iets in iemand; in jou spoor trap

813. Swak gedrag

s.nw. ***swak gedrag,*** wangedrag, wanpraktyk, wanprestasie, verlorenheid, slegte gewoonte, swak maniere, slegte maniere, onverfyndheid, ongemanierdheid, ellendigheid, miserabelheid, bedenklikheid, karakterloosheid, ruggraatloosheid, ongedissiplineerdheid, futloosheid, lamlendigheid, vrotsigheid, lamsakkigheid, onedelheid, ondeug, skyndeug, twyfelagtigheid, laagheid, laaghartigheid, lelikheid, onfatsoenlikheid, onkiesheid, gemeenheid, harteloosheid 777, gevoelloosheid 777, selfgesentreerdheid, egoïsme, egosentrisme, egosentrisiteit, aanstellerigheid, aanstellery, affektasie, selfsugtigheid 779, beheptheid, gierigheid 779, behaagsug, materialisme, wêreldsheid, stoutheid, stoutigheid, ongehoorsaamheid, onhebbelikheid, ondeundheid, stuitigheid, baldadigheid, balhorigheid, rumoerigheid, verspotheid, besimpeldheid

boosheid, boosaardigheid, slegtheid, slegtigheid, arglistigheid, listigheid, valsheid, bedrog, bedrogspul, sluheid, skelmstreek, skelmagtigheid, oneerlikheid 805, 820, oneerbaarheid 820, eerloosheid, infamie, gemeenheid, goorheid, onaangenaamheid, venyn, venynigheid, koelbloedigheid, gewelddadigheid, geweldpleging, geweld, gewelddaad, molestasie, ontaarding, onaanvaarbaarheid, satanswerk, bestialiteit, barbarisme, barbaarsheid, gruwelikheid, gruwel, gruweldaad, gruwelhede, heksebrousel, heksekabaal, gril, grilligheid, misdaad 803, 822, misdadigheid 803, 822, skurkagtigheid, skurkery, skurkestreek, berugtheid, bedrog, bedrogspul, korrupsie, korruptheid, laster, lasterlikheid, skande, skandaligheid, skanddaad, onwelvoeglikheid, sedeloosheid, losbandigheid, onfatsoenlikheid, vulgariteit, vulgêrheid, ongepoetstheid, ongeskiktheid, goddeloosheid, verdorwenheid, god(s)geklag, vuilheid, smerigheid, onreinheid, perversiteit, perversie, immoraliteit, dekadensie, onsedelikheid, ontug, ontugtigheid, sonde, fuifparty, kyfparty, fornikasie, orgie, bacchanaal, bacchanalieë, rinkinkery, rumoer, rumoerigheid, relletjie, moles, moleste, molesmakery, ondeundheid, stoutheid, stoutigheid, kwajongstreek, befoeterdheid, beneuktheid, beduiweldheid, duiwelsdiens, duiwelstreek, duiwelswaan, demonomanie, beterweterigheid, grootpratery, grootbekkigheid, bekpraatjies, vloektaal, gekruide taal; aanstoot, afjak; verslegting, verslegtering, verdierliking, verlokking, verpesting

tekortkoming, swakheid, gebrek, euwel, kwaad, sonde, kainsmerk, kainsteken, misdaad 822, komplot

pligsversuim 811, ongedissiplineerdheid, ongebondenheid, wangedrag

slegte mens, sleg mens (*geselst.*), ondeug, verlorene, gevallene, sleg, sleghalter, pateet, lamsak, luiaard, slapgat (*plat*), stinkerd, ghwar, drel, drelkous, leeglêer, slampamper, straatloper, straatslyper, ongemanierde mens, onverfynde mens, vark, teertou, smeerlap, padvark, charlatan, niksnuts, misgewas, lieplapper, kreatuur, vuilgoed, vuilis, vullis, drol (*plat*), lelikerd, karnallie, kanallie, rakker, ja(a)psnoet, pes, maaifoedie, maaifoerie, swernoot, bliksem (*plat*), donder (*plat*), kwajong, tor, vreksel, helleveeg, belhamel, skepsel, ellendeling, skobbejak, hondsvot, skuim, skollie, skorriemorrie, duiwel, satan, sater, demon, duiwelskind, satanskind, Belialskind, monster, gedrog, beesgasie, beeskasie, uitvaagsel, losbandige mens, nagbraker, nagloper, rumoermaker, gewoontedrinker, dronklap, suiplap, bacchant, bacchante, immoralis, skarminkel, misdadiger, gewoontemisdadiger, skurk, boef, boosdoener, booswig, skelm, aartsskelm, tater, geweldenaar, wreedaard, bloubaard, bloedsuier, galgaas, barbaar, bees, beer, buffel, boelie, boeman, bakbees, feeks, furie, heks, geit, geitjie, maniak, seksmaniak, koket, los vrou, tang, hoer, foonsnol, bloedskender, bekprater, beterweter, materialis, gierigaard, wêreldling; gepeupel, gespuis, gebroedsel, addergebroedsel, bende

b.nw. ***sleg,*** sleggeaard, sleggerig, slegterig, skromelik, skroomlik, betreurenswaardig, jammerlik, ellendig, miserabel, bedenklik, erg, verlore, afgedwaal, die spoor byster, verloop, karakterloos, ruggraatloos, lamlendig, futloos, vrot, vrotsig, lamsakkig, lamsakkerig, beroerd, pateties, swak, slap,

drellerig, lui, laks, slapgat (*plat*), onedel, ondeugsaam, ondeugdelik, goedkoop, onverfyn(d) ongemanierd, sleggemanierd, platvloers, gelykvloers, ru, grof, onfatsoenlik, ongebonde, laag, laaghartig, lelik, ongeskik, ongepoets, onaangenaam, onverkwiklik, onkies, onaanvaarbaar, ongehoord, beroerd ('n beroerde mens), katterig, giftig, bekkig, grootbekkig, gemeen, geniepsig, harteloos, laaghartig, gevoelloos, arrogant, vermetel, hovaardig 785, astrant, beterweterig, aanstellerig, egoïsties, egosentries, selfgesentreerd, behep, geaffekteer(d), bestudeer(d), bedorwe, diepbedorwe, selfsugtig, gierig 773, behaagsugtig, behaagsiek, materialisties, wêrelds, wêreldlik, wêreld(s)gesind, ongedissiplineer(d), stout, stouterig, ongehoorsaam, onhebbelik, kwaaddoenerig, onsedig, ondeund, stuitig, stuitlik, baldadig, balhorig, balsturig, rof, gek, mal, mallerig, rumoerig, befoeter(d), beneuk (*plat*), beduiweld, bedonderd (*plat*), bebliksem(d) (*plat*), befok (*plat*), verspot, belaglik, besimpeld, bespotlik, verbrande, verdomde, verduiwels, verduiweld, hels

boos, boosaardig, sleg, stout, oneerlik, oneerbaar, eerloos, vals, huigelagtig, gluipend, gluiperig, vol bedrog, arglistig, listig, slu, infaam, gemeen, laag, vuig, goor, goorderig, gedegenereer, beestelik, barbaars, venynig, gewelddadig, wreed 715, wreedaardig, koelbloedig, onmenslik, onheilig, gruwelik, haatlik, hekserig, heksagtig, duiwels, duiwelagtig, satanies, satans, demonies, diabolies, goddeloos, godgruwelik, skreiend, godskreiend, godvergete, vervloek, misdadig 822, skurkagtig, berug, skelm, agterbaks, lasterlik, hemeltergend, skandelik, skandalig, skandaleus, laakbaar, veragtelik, ontaard, verdorwe, verword, verderflik, korrup, onwelvoeglik, onfatsoenlik, skabreus, wanvoeglik, grillerig, grillig, skurf, vuil, liederlik, vieslik, vulgêr, smerig, varkerig, varklik, onrein, pervers, dekadent, aanstootlik, afstootlik, orgiasties, immoreel, amoreel, onsedelik, sedeloos, losbandig, sinlik, sinnelik, ontugtig, skendig, onnatuurlik, sondig, verlore, vervalle

ww. ***jou sleg gedra,*** misdra, misgaan, moles maak, swak gedrag openbaar, aangaan, te kere gaan, hand-uit ruk, versleg, bederf, begaan, swak gewoontes openbaar, kortskiet, jou plig versuim, versuim, bebrou, bak en brou, faal, leeglê, slampamper, aanstel

boos wees, laag daal, 'n verlede hê, struikel, val, diep val, sondig, besondig, in sonde leef, ontaard, afdwaal, skandaliseer, perverteer, verderf, verderwe, afbreek, rumoer, rinkink, rits, skollie, koketteer

bw. gewelddadiglik

tw. deksels, verdomp, verduiwels, vervlaks, vervloeks

uitdr. jakkals verander van hare, maar nie van snare; 'n vrot appel in die mandjie steek die ander aan; meng jou met die semels, dan vreet die varke jou; die spoor byster raak; van die regte pad afdwaal; die verkeerde pad volg; vroeg ryp, vroeg vrot; die stem van die gewete stilmaak; jou gewete sus; die stang vasbyt; dit kom niemand te pas nie; gekke en dwase skryf hulle name op deure en glase; goed met kwaad vergeld; hulle is kop in een mus; iemand geweld aandoen; in sy swakheid aantas; kortgebaker wees; sy boekie is vol; vol bestellings wees; 'n bok skiet; 'n kainsmerk dra; 'n ou twak; 'n swak hê vir iets

814. Eerlik

b.nw. eerlik, doodeerlik, eg, eerbaar 812, 819, eervol, waarheid(s)liewend, gewetensgetrou, gewetensvry, integer, onbedrieglik, onkreukbaar, onomkoopbaar, openhartig, openlik, reguit, onverbloem(d), ongeveins(d), volmondig, rondborstig, ruiterlik, opreg, reg, reggeaard, regsinnig, regskape, deugsaam 812, deugdelik, beginselvas, bona fide, kinderlik, trou, getrou 816, hartgrondig, onskuldig

s.nw. ***eerlikheid,*** waarheidsin, sin vir die waarheid, waarheidsliefde, eerbaarheid, gewetensgetrouheid, integriteit, onkreukbaarheid, onomkoopbaarheid, openhartigheid, openlikheid, ongeveinsdheid, rondborstigheid, opregtheid, reggeaardheid, regsinnigheid, regskapenheid, deugsaamheid, beginselvastheid, korrektheid, kinderlikheid, egtheid, trou, goeie trou, getrouheid 816, lojaliteit, onskuld; gewete, gewetensbeswaar, gemoedsbeswaar

waarheidsoeker, gewetensbeswaarde

bw. ronduit, rondweg, gladweg, te goeder trou

ww. eerlik wees, reg laat geskied

uitdr. nie doekies omdraai nie; om die waarheid te sê; oop kaarte speel; 'n oop gesig; uit die mond van die suigeling (kom die waarheid)

815. Oneerlik

b.nw. oneerlik, eerloos, leuenagtig, ongeloofbaar, gewetenloos 813, oneg, nagemaak, dubbelhartig, huigelagtig, skynheilig, hipokrities, ontrou 817, onbetroubaar, onvertroubaar, onopreg, onregverdig, skrifgeleerd, slim, slinks, slu, arglistig, listig, deurtrap, uitgeleer(d), oorlams, agterbaks, agterhoudend, vals, bedrieglik, verraderlik, geslepe, onderduims, onderlang(e)s, konkelend, konkelrig, skelm, aartsskelm, skelmagtig, skelmpies, gewiks, diefagtig, langvingerig, kleptomanies, inkruiperig

s.nw. ***oneerlikheid,*** eerloosheid 813, leuenagtigheid, distorsie, verdraaiing, wanvoorstelling, verwringing, skewe beeld, ongeloofbaarheid, gewetenloosheid, onegtheid, huigelagtigheid 818, geveinsdheid 818, dissimulasie, vermomming, huigelary, ontrou, ontrouheid 817, onbetroubaarheid, dubbelhartigheid, onopregtheid, onregverdigheid, slinksheid, sluheid, arglistigheid, listigheid, oorlamsheid, deurtraptheid, agterbaksheid, gewikstheid, onderduimsheid, valsheid, bedrieglikheid, verraderlikheid, geslepenheid

leuen 818, onwaarheid 818, huigelary 818, huigeltaal, inkruipery, veinsery, bedrog 818, bedrieëry 818

oneerlike mens, valsaard, leuenaar 818, skelm 818, aartsskelm, kalant, vabond, vagebond, swendelaar, verneuker 818, fopper, kuller, misdadiger, boef, skurk, dief, kleptomaan, kleptomaniak, opligter, konkelaar, bedrieër 818, huigelaar 818, geveinsde

bw. valslik, te kwader trou

ww. oneerlik wees, lieg 818, belieg, leuens vertel 818, voorgee, pretendeer, huigel 818, veins, femel, inkruip, knoei, bedrieg 818, verneuk, inloop, vermom, kul, flous, fop, om die bos lei, mislei, omwimpel, bluf, met 'n slenter vang, konkel, bekonkel, verraai, ondergrawe, ondergraaf, onderkruip, uitoorlê

uitdr. by die agterdeur inkruip; daar het suursap deurgeloop; die gewete sus; die kat in die donker knyp; dis nie om die hondjie nie, maar om die halsband; in die beste voue/voeë lê; jakkalsdraaie maak; 'n Janusgesig hê; kop in een mus wees; lang vingers hê; met 'n ander se kalwers ploeg; mooiweer speel met iemand; met twee monde praat; sy aand- en môrepraatjies stem nie ooreen nie; uit jou duim suig; oorloop van vriendelikheid; sand in die oë strooi; 'n rat voor die oë draai; 'n wolf in skaapsklere; 'n deurgestoke kaart

816. Getrouheid

b.nw. ***getrou,*** hondgetrou, trou, lojaal, betroubaar, vertroubaar, vertrouenswaardig, eerbaar 769, 811, 812, onkreukbaar, bona fide, pligsgetrou 811, nougeset, noukeurig, noulettend, gunstig, volhardend 767, voorbeeldig

vertroulik, konfidensieel, geheim, persoonlik, intiem, privaat

s.nw. ***getrouheid,*** trou, huwelikstrou, blinde trou, belofte, huweliksgelofte, blinde vertroue, lojaliteit, vertroubaarheid, vertrouenswaardigheid, betroubaarheid, eerbaarheid 769, onkreukbaarheid, pligsgetrouheid 811, nougesetheid, noukeurigheid, noulettendheid, volharding 767, voorbeeldigheid

vertroueling, vertrouenspersoon, vertroude, rots

bw. te goeder trou

ww. trou bly, trou sweer, trou belowe, belowe, beloof, 'n belofte maak, 'n belofte gestand doen, jou woord hou, jou woord gestand doen, by jou woord bly, sweer, volhard

uitdr. niemand kan twee here dien nie; getroud wees met 'n beginsel

817. Ontrouheid

b.nw. ontrou, ongetrou, dislojaal, afvallig, onbetroubaar, troueloos, vals, oneerlik 815, bedrieglik 820, verraderlik, meinedig, perfide, sedisieus, arg(e)loos, onnoukeurig

s.nw. ***ontrou,*** ontrouheid, infideliteit, dislojaliteit, gebrek aan lojaliteit, troueloosheid, denunsiasie, onbetroubaarheid 623, 770, 815, versaking, valsheid, oneerlikheid 815, verraderlikheid, bedrieglikheid, argeloosheid, onnoukeurigheid

troubreuk, verraad, verloëning, verraaiing, hoogverraad, landsverraad, Judasstreek, meineed

trouelose persoon, verraaier, landsverraaier, kollaborateur, hanskakie, oorloper, joiner, Judas, afgevallene

ww. afskeep, afval, deserteer, oorgaan, oorloop, verloën, verraai, versaak

818. Bedrieg

ww. ***bedrieg,*** verneuk (*geselst.*), beneuk, verkul, kul, kierang (*geselst.*), inloop, bevark (*geselst.*), uitvang, vang, uitoorlê, toetrap, toetrek, vastrek, beetkry, beetneem, verstrik, pier (*ong.*), koudlei, bluf, begoël, begogel, om die bos lei, mislei, onder die verkeerde indruk bring, inkruip, verlei, flous, fop, bedot, liemaak (*geselst.*), blinddoek, dupeer, fingeer (*ong.*), mistifiseer, toesit, swendel, omwimpel, omloop, onderskuif, onderskuiwe, ondergraaf, ondergrawe, onderkruip, ondermyn, vervals, falsifieer, falsifiseer

huigel, veins, maak asof, jou dom hou, jou onnosel hou, voordoen, voorgee, pretendeer, voorwend, femel, kwesel

lieg, belieg, vaslieg, loslieg, leuens vertel, onwaarheid praat, onwaarhede verkondig, die waarheid verkrag, die waarheid geweld aandoen, jok, spekskiet, 'n kluitjie bak, 'n kluitjie vertel, kluitjies verkoop, stories vertel, stories verkoop, versin, verdig, fabriseer, verdraai, verdoesel, verbloem, verwring, aandik, wysmaak, verblind, mislei

bedrieg word, onderdeurspring, bedroë daarvan afkom, dupeer

s.nw. ***bedrog,*** bedrieëry, gesigsbedrog, falsitas, dolus, verneukery, verneukspul, kierang, bedrogspul, bedrogsaak, kullery, verkulling, misleiding, verleiding, delusie, foppery, swendelary, swendelry, swendel, jakkalsdraai, jakkalsstreek, geslepenheid, ondergrawing, onderkruiping, ondermyning, vervalsing, falsifikasie, nabootsing, namaaksel, onegtheid, skelmstuk, skelmstreek, skelmspul, bluf, blufspel, bluffery, set, slenter, slenterslag, strik, strikvraag, konkelwerk, konkel(a)ry, gekonkel, onderduimsheid, advokatery, advokatestreek, verraad, Judaskus, onderkruiping, knoeiery, geknoei, knoeiwerk, streek, verbloeming, oëverblindery, oëverblinding, mooidoenery, charade

huigelagtigheid, huigelary, gehuigel, huigeltaal, inkruiperigheid, inkruipery, geveinsdheid, veinsery, bedrieglikheid, dissimulasie, onegtheid, skynheiligheid, skyn, skyndeug, vroomheid, skynvroomheid, pretensie, voorwendsel, femelary, kweselary, hipokrisie, fariseïsme, hipokrisie, dubbelhartigheid, onopregtheid; tekortdoening, krokodiltrane

leuen, onwaarheid, valsheid, kluitjie, noodleuen, witleuen, valse verklaring, versinsel, verdigsel, klug, klugspel, storie, fiksie, lieg, liegstorie, liegpraatjies, jok, jokstorie, jokkery, gejok, gejokkery, onsin, nonsens, bog, fabrikasie, fabel, mite, hokus-pokus, kakstorie (*plat*), duimsuiery, dwaalspoor, mistifikasie, mistifisering, falsifikasie, verdraaiing, distorsie, verdraaidheid, kontorsie

bedrieër, boerebedrieër, Judas, swendelaar, glyjakkals, onderkruiper, jakkals, tweegatjakkals, tweestertjakkals, misleier, valsaard, vervalser, falsaris, namaker, valsmunter, charlatan, swernoot, verkleurmannetjie; huigelaar, geveinsde, veinsaard, veinser, hipokriet, pilaarbyter, femelaar, kwesel, klipchristen, witgepleisterde graf, fariseër, manteldraaier, mooiweersvriend; leuenaar, aartsleuenaar, woordbreker, liegbek (*geselst.*), jokker, spekskieter, kontorsionis; dupe, horingdraer

b.nw. ***bedrieglik,*** onderduims, onderlang(e)s, slinks, slu, glibberig, glad, skelm, uitgeslape, geslepe, verraderlik, misleidend, inkruiperig, vals, valslik, frauduleus, bedek, huigelagtig, hipokrities, geveins(d), skynheilig, voorgewend, vroom, oneg, toneelagtig, leuenagtig, mities, fabelagtig, verdraai(d), versinbaar

bedroë, gedupeer

uitdr. 'n wolf in skaapsklere; jou nette span; aan die neus lei; 'n rat voor die oë draai; die vel oor die ore trek; iemand op 'n dwaalspoor lei; dit sweem na bedrog; iemand 'n streep trek; iemand aan die neus lei; iemand iets diets maak; iemand iets op die mou speld; iemand op sleeptou hou; iemand 'n bril opsit; iemand 'n poets bak; iemand oogklappe aansit; jou voordoen as; die beste voet voorsit; met twee monde praat; 'n moordkuil van jou hart maak; mooi broodjies bak; 'n rol speel; vet om die oë smeer; 'n deurgestoke kaart; met spek skiet; 'n bok skiet; van hoor en sê lieg 'n mens

veel; kluitjies bak/verkoop; met loskruit skiet; die waarheid spaar; die waarheid geweld aandoen; al is die leuen ook hoe snel, die waarheid agterhaal hom wel; siende blind wees; aan die slaap wees; in die strik beland; in die val beland; jou 'n kat in die sak koop

819. Eerbaar

b.nw. eerbaar, geag, beginselvas, karaktervas 812, koersvas, standvastig, beslis, onwrikbaar, onwankelbaar, welopgevoed, betroubaar 769, 811, 816, vasberade, vasbeslote, gedetermineer(d), moreel, goed 622, onbedorwe, onbevlek, sedelik, welvoeglik, betaamlik, smet(te)loos, rein, kuis, maagdelik, fatsoenlik, voeglik, voegsaam, edel, halfedel, edelmoedig, groot, grootmoedig, diep, godsalig, matig, ordentlik, regverdig, billik, beskaaf(d), hoflik, vriendelik 776, gaaf, innig, gemanierd, goed gemanierd, goedgemanierd, wel opgevoed, welopgevoed, ongeveins(d), sedig, inkennig

s.nw. ***eerbaarheid,*** beginselvastheid, karaktervastheid 812, koersvastheid, vasberadenheid, vasbeslotenheid, standvastigheid, betroubaarheid 769, 811, 816, onbedorwenheid, moraal, moraliteit, integriteit, sedelikheid, welvoeglikheid, betaamlikheid, reinheid, kuisheid, maagdelikheid, fatsoenlikheid, suiwerheid, edelheid, edelmoedigheid, grootheid, grootmoedigheid, diepte, ordentlikheid, balans, regverdigheid, billikheid, beskaafdheid, wel opgevoedheid, welopgevoedheid, hoflikheid, vriendelikheid 776, innigheid, gaafheid, goeie maniere, ongeveinsdheid, sedigheid, inkennigheid, ingetoënheid

adel 797, adeldom

bw. welvoeglikheidshalwe, ordentlikheidshalwe

ww. betaam, tot jou eer strek, voeg, suiwer

uitdr. jou belofte gestand doen; jou eed gestand doen; jou woord gestand doen

820. Oneerbaar

b.nw. ***oneerbaar,*** eerloos 813, 815, oneerlik 813, 815, bedrieglik 818, sleg, verkeerd, sondig, immoreel, amoreel, ontrou, troueloos, beginselloos, teuelloos, karakterloos 813, futloos, korrup, laag, laaghartig, onvoegsaam, verregaande, ordeloos, losbandig, bandeloos, breidelloos, tomeloos, ongebreidel(d), onbeheers(d), onbedwonge, diepgesonke, verdorwe, verword, versleg, verrot, vuil, besmetlik, aanstootlik, afstootlik, laakbaar, skreiend, skokkend, verfoeilik, infaam, listig, arglistig, duister, gewetenloos, gemeen, skunnig, kwetsend, skandalig, skandelik, skandaleus, skaamteloos, dierlik, varkagtig, varkerig, ongepas, onsedig, skynsedig, skynvroom, oppervlakkig, lig, ligsinnig, onstigtelik, wuf, twyfelagtig, onsuiwer, onnet, liederlik, smerig, ongesond, onduldbaar, ondraaglik, onhoudbaar

sinnelik, sinlik, vleeslik, sensueel, sedeloos, onbetaamlik, onbehoorlik, los, dekadent, pervers, hedonisties, onterend, blasfemisties, onsedelik, sedebederwend, onkuis, ontugtig, promisku, wellustig, sibarities, pederasties, owerspelig, pornografies, wulps, seksbehep, pervers, hitsig, geil, wild, jags (*plat*), suggestief, ekshibisionisties, verleidend, uitspattig, uitspattend, obseen, onwelvoeglik 813, onbehoorlik, skurf, skunnig

s.nw. ***oneerbaarheid,*** oneer, eerloosheid 813, 815, oneerlikheid, slegtheid, verkeerdheid, sonde, immoraliteit, laaghartigheid, beginselloosheid, karakterloosheid 813, futloosheid, korrupsie, ongebondenheid, boewery 822, misdaad 822, skelmstuk, duister, duisternis, duisterheid, klad, bandeloosheid, breidelloosheid, losbandigheid, verwildering, oppervlakkigheid, verwording, verrotting, verderf, verdorwenheid, dierlikheid, verdierliking, onbehoorlikheid, onbetaamlikheid, ongepastheid, onvoegsaamheid, ergernis, ergerlikheid, verregaandheid, aanstootlikheid, afstootlikheid, arglistigheid, bedrieëry, bedrieglikheid, ontrouheid, gewetenloosheid 815, skande, skandaligheid, skaamteloosheid, skaamte, skandmerk, stigma, ligsinnigheid, onstigtelikheid, onnetheid, liederlikheid, smerigheid, ondraaglikheid, onhoudbaarheid, onsuiwerheid, skunnigheid, skurfheid, twyfelagtigheid

vuil taal, vloektaal, swetstaal, obsene taal, straattaal, weermagtaal, kasernetaal, vloek, vloekwoord, swets, swetswoord, kragwoord, verwensing, vervloeking, blasfemie, blasfemiese uitdrukking, godslasterlike woord, godslasterlike uitdrukking, drieletterwoord, taboe woord, plat woord, plat

uitdrukking, skel(d)woord, uitskelwoord, skuins woord, skuins uitdrukking; ag vader,[1] o vader, bebliksemd, befoeterd, biedêm, bleddie, blerrie, blerriewil, blessit, blessitwil, blienkien, bliksem, bliksems(e), bliksemswil, bloemen, bogger, bogger dit, boggerôf, boggerôl, boggerop, boggers, bollie, dêm, dêmmit, dêmmitse, dessit(se), dessitôl, dessitwil, donder, bedonderd, donderswil, donderwetter, doos, etter, flippen, fok, befok, fok jou, fok weet, fokken, fokkenwil, fokkit, fokôl, fokop, o fok, gat, gaai, gatkruip, gatlek, gits, god, gods, hels, heluit, hene, here, jesus, jessis, jou gat, jou hol, kak, a-a, akka, akkie, akkies, kak aanjaag, kak droogmaak, kak praat, kak skiet, kak verkoop, uitkak, volkak, kont, maai, maaifoedie, magtig, magtag, maggies, allamagtig, allamagtag, allemagtig, moer, moer-uit, moerig, moers, moerse, moerskont, opmoer, neuk, beneuk, pie, piep, piepie, pieps, wie, wie-wie, wieps, pis, poe, poef, poep, poephol, poes, skyt, volskyt, stront, vader weet, verdomde, verdomp, vervloeks, waaragtig, wragtig, wragtag, wraggies, wetter
sinlikheid, sinnelikheid, sensualiteit, sensualisme, losheid, dekadensie, perversiteit, perversie, hedonisme, onsedelikheid, onkuisheid, ontug, ontugtigheid, sedeloosheid, sedebederf, skanddaad, promiskuïteit, verleiding, seduksie, luste, wellus, wellustigheid, fornikasie, hoerery, owerspeligheid, veelmannery, veelwywery, deflorasie, bloedskande, inses, wulpsheid, seksbeheptheid, prostitusie, bloedskender, pedofilie, pederastie, sodomie, bestialiteit, pornografie, vuilskrywery, ekshibisionisme, uitspattigheid, obseniteit, onwelvoeglikheid 813, onbehoorlikheid, skurfheid, suggestiwiteit
eerlose mens, immoralis, charlatan, skorriemorrie 813, 820, maaifoedie, maaifoerie, vuilgoed, smeerlap, smeerkanis, hond, vark, swynhond, stront (*plat*), gomtor, addergebroedsel, misdadiger 822, wellusteling, sensualis, sibariet, owerspeelster, owerspeler, egbreker, verlei(d)er, verleidster, koket, seksbom, konkubine, konkubinaat, slet, sloerie, snol, foonsnol, prostituut, prostituee, courtisane, hoer, straatvrou, jentoe, hoereerder, hoerhuis, koppelaar, koppelaarster, pornograaf, vuilskrywer, vuilprater, vuilbek, sodomiet, pedofiel, pederas

bw. tersluiks

ww. ***oneerbaar optree,*** sondig, diep sink, dwaal, afdwaal, verrot, skande maak, verwilder, bedrieg 818, bedrog pleeg, bevark, demoraliseer, skandaliseer, stigmatiseer
lelik praat, vloek 829, skel, vuil taal gebruik
verlei, aanrand, verkrag, onteer, defloreer, ontmaagd, hoer, hoereer, prostitueer

uitdr. 'n doring in die vlees wees; 'n steen des aanstoots wees; die swart skaap; iemand geweld aandoen; in die skande steek; in skande leef; in troebel water vis; jou gewete beswaar; die gewete sus; sy beginsels oorboord gooi; van twyfelagtige sedes; 'n klad op sy naam; 'n reputasie hê; vloek soos 'n matroos

821. Onskuldig

b.nw. onskuldig, doodonskuldig, skuldeloos, blaamloos, sondeloos, vlek(ke)loos, onbevlek, ongerep, kinderlik, naïef, eenvoudig, goedmoedig, regverdig 804, 812, 819, onbedorwe

s.nw. ***onskuld,*** kinderlike onskuld, onskuldigheid, sonder skuld, sondeloosheid, vlek(ke)loosheid, blaamloosheid, ongereptheid, naïwiteit, eenvoud, goedmoedigheid, goedpratery; verskoning, vryspraak, vryspreking
onskuldige, naïeweling, kind, kinderhart, regverdige

bw. van alle blaam onthef

ww. geen skuld hê nie, 'n skoon gewete hê; bevry, verskoon, vryspreek, vryverklaar, goedpraat; skuld op jou neem

uitdr. van geen kwaad weet nie; 'n skoon lei hê; jou hande in onskuld was

822. Skuldig

b.nw. ***skuldig,*** skuldhebbend, skulddraend, aanspreeklik, verantwoordelik, toerekeningsvatbaar, medepligtig, vermeende, besmet, sondig, strafbaar, misdadig, kwaaddoenerig, krimineel, heilloos, goddeloos
verleë, skaam, selfbewus, geëmbarrasseerd, boetvaardig, jammer

s.nw. ***skuld,*** skuld(e)las, blaam, gewete, skuldige gewete, gewetenswroeging 823, sielewroeging, verantwoordelikheid, medepligtigheid, komplisiteit, strafbaarheid, mis-

[1] Hier word 'n alfabetiese lys van slegs die mees gebruiklike vloekwoordelike uitdrukkings gegee. Almal is voorbeelde van plat taal.

daad, misdadigheid; skuldbelydenis 823, bieg, skuldbekentenis, veroordeling
verleentheid, skaamte
fout, groot fout, growwe fout, flater, glips, glipsie, glieps, faux pas, blaps, versuim, misstap, verbrouing, vergryp, oortreding, wangedrag, gruwel, wreedheid, snoodheid
sonde, die bose, goddeloosheid 846, sondeskuld, sondelas, ongeregtigheid, doodsonde, pekelsonde, erfsonde, erfsmet, val, sondeval, euwel, onheil, kwaad
misdaad, onwettige daad, kriminele daad, kriminaliteit, wandaad, misdryf, wanbedryf, misstap, misslag, skelmstuk, skelmstreek, boewery, skurkery, gruweldaad, gruwelhede, halsmisdaad, oortreding, kriminele oortreding, verkeersoortreding, euwel, euweldaad, skande, skandaal, skanddaad, stoutigheid, kattekwaad; moord, doodslag, manslag, aanranding, molestering, roof, diefstal, bedrog, laster, ontug, owerspel, . . .
skuldige, skuldenaar, dader, medeskuldige, medepligtige, mededader, sondebok, kwaaddoener, kwajong, hierjy, sondaar, misdadiger, gewoontemisdadiger, oorlogsmisdadiger, dief, rower, aanrander, moordenaar, moordenares, bedrieër, lasteraar, veroordeelde, verworpeling
kriminoloog, kriminalis; kriminologie, kriminalistiek

bw. mea culpa

ww. ***skuldig maak,*** kwaad doen, 'n misdaad pleeg, jou skuldig maak aan 'n vergryp, skuld, val, tot 'n val kom, struikel, sondig, besondig, kleitrap, verbrou, oortree, vergryp, faal, skuldig wees, skuld dra, skuld aan iets hê, skuld aanvaar, dit op jou gewete hê, 'n skuldige gewete hê, skuld beken
veroordeel 825, 827, 832, 835

uitdr. dit lê aan iemand; oor die tou trap; 'n kainsmerk dra; baie op jou boekie hê; die hennetjie wat die eerste gekekkel het, het die eier gelê; as jy self agter die deur staan, soek jy 'n ander ook daar; as die skoen jou pas, trek hom aan; op heter daad betrap; baie op jou kerfstok hê; bloed aan jou hande hê

823. Berou

b.nw. berouvol, jammer, boetvaardig, spytig, wedergebore

s.nw. ***berou,*** naberou, galgberou, spyt, jammer, jammerte, leedwese, verwyt, selfverwyt, penitensie, skuld 822, skuldbesef, sondebesef, bekentenis, skuldbekentenis, skulderkenning, wroeging, gewetenswroeging, gewete, slegte gewete, gewetensangs, geesteswroeging, geesteskwelling, sielewroeging, sielswroeging, selfkritiek, mortifikasie, selfverloëning, selfversaking, selfkastyding, selfveragting; inkeer, selfinkeer, bekering, wedergeboorte
belydenis, skuldbelydenis, bieg, skuldbekentenis, boetedoening, biegboete; vergifnis, vergewing
boeteling, bekeerling

bw. met spyt, tot my spyt, spytig

ww. berou, berou hê, spyt, spyt hê, spyt kry, wroeg, beken, erken, bieg, bely, boet, boete doen, bekeer, tot bekering kom, tot inkeer kom

uitdr. dit sal hom suur bekom; dit spyt my; duur te staan kom; lang trane huil; iets met die dood bekoop; jou hand in eie boesem steek; jou hare uit jou kop trek; jou hoof laat hang (van skaamte); die ou mens aflê; die ou Adam aflê

824. Onboetvaardigheid

b.nw. onboetvaardig, onbekeerlik, onberouvol, hardnekkig, krenterig, verkramp, verstok, volhardend

s.nw. onboetvaardigheid, verharding, verhardheid, verenging, verkrampte, sondaar

bw. sonder berou

ww. vereng, verhard

uitdr. volhard in die kwaad; jou hart verhard; iemand in die kwaad sterk

B. GEDRAGSBEOORDELING

825. Beoordeling

s.nw. oordeel, oordeelvelling, beoordeling, ge dragsbeoordeling, keuring, uitspraak, be slissing, bevinding, opinie, mening, oorwo mening, sienswyse, standpunt 527, 558, kri tiek, resensie, goedkeuring 826, afkeur 827 afkeuring 827, beoordelaar, kritikus resensent

b.nw. oordelend, beoordelend, krities, kritie ingestel, ondersoekend, goedkeurend, ve oordelend, afkeurend

ww. oordeel, 'n oordeel vel, 'n oordeel ui spreek, uitspraak gee, beoordeel, 'n oorde

vorm, krities ingestel wees, 'n opinie gee, 'n opinie uitspreek, bevind, meen, 'n mening gee, kritiseer, resenseer, bevind, 'n bevinding gee, dink, voel, beskou, van oordeel wees, goedkeur 826, afkeur 827, veroordeel

826. Goedkeur

ww. ***goedkeur,*** goedvind, goed oordeel, positief beoordeel, 'n positiewe oordeel vel, 'n positiewe oordeel uitspreek, in orde vind, bevredigend vind, voldoende vind, dit vind byval, tevrede wees, aansien, goedstaan, goeddink, toestaan, onderskryf, onderskrywe, ratifiseer, sertifiseer, stempel, seën, verwelkom, handhaaf, verhef, sublimeer
komplimenteer, prys, bekroon, loof, lof hê vir, vol lof wees vir, lof uitspreek, iemand se lof verkondig, bewonder, jou bewondering uitspreek, adoreer, eer, vereer, ophemel, opvysel, roem, verheerlik, verhef, gelukwens, toejuig, hande klap, apploudisseer

s.nw. ***goedkeuring,*** goeddunke, byval, instemming, welbehae, keuring, aanvaarding, sertifisering, sertifikaat, lisensie, magtiging, toestemming, verlof, sanksie, vergunning, aanbeveling, bekragtiging, bevestiging, approbasie, ratifikasie, ondersteuning, verheffing, sublimering, seën, vaderseën, seëning, verwelkoming, agting, gewildheid, glorie, gloor
kompliment, pluimpie, gelukwensing, felisitasie, ophemeling, opvyseling, lof, lofuiting, lofrede, lofdig, loflied, lofpsalm, ophef, verheerliking, apoteose, apoteosis, agting, eerbied, respek, bewondering, idealisering, verering, aanbidding, verafgoding, verheerliking, adulasie, prys, prysing, aanprysing, waardering, erkenning, erkentlikheid, getuigskrif, huldebetuiging, huldeblyk, lofgedig, lofgesang, commendatio, kommendasie, rekommandasie, akklamasie, toejuiging, ovasie, staande ovasie, applous, luide applous, gejuig, juiging, juigkreet, feesgejuig, handegeklap, handeklappery

.nw. ***goed*** 622, deugdelik 622, 811, deugsaam, bevredigend, aanvaarbaar, aanneemlik, aanneembaar, geloofwaardig, geloofbaar, aanbevelenswaardig, aanbevelingswaardig, wonderlik, bewonderenswaardig, eerbaar 812, lofwaardig, loflik, lieflik, verheffend, welbehaaglik, gloeiend, agbaar, agtenswaardig, roemwaardig, roemryk, onberispelik, prysenswaardig, geprys, geprese, veelgeprese, volprese, gewild, gesog, besog
goedkeurend, tevrede

voors. op aanbeveling van

tw. goed so, mooi so, magtie, magtig

uitdr. op 'n voetstuk plaas; hoog opgee van/oor; wierook toeswaai; hy laat hom dit welgeval; jou seël druk op; jou seëning daaraan gee; lof toeswaai; 'n mosie van vertroue

827. Afkeur

ww. ***afkeur,*** veroordeel, negatief beoordeel, 'n negatiewe oordeel vel, 'n negatiewe oordeel uitspreek, onaanvaarbaar vind, ongeskik vind, ongeskik verklaar, 'n bedenking opper, bevraagteken, aanmerk, ongeskik vind, ongeskik verklaar, op die gebreke wys, afwys, verwerp, van die hand wys, uitgooi, relegeer, afkraak, verdoem, veroordeel, vervloek, verwens, verketter, ekskommunikeer, agterstel, kondemneer, kritiseer, kritiek uitspreek, bekritiseer, laak, afkeur(ing) te kenne gee, misnoeë te kenne gee, misprys, hekel, deurloop, deurloop onder kritiek, onderdeurloop, teenstaan, teëstaan, kap, teenkap, terugkap, aanval, sensureer, die rug draai op, die rug keer op, die rug toekeer, ignoreer, konfronteer, tereghelp, peper, braai
bevooroordeeld wees, geringskat, onderskat
verneder, verkleineer, kleineer, klein maak, neerhaal, versmaai, versmaad, verdoem, verguis, slegsê, slegmaak, afkraak, afkam, spot, bespot, bespotlik maak, geringskat, geringag, onderskat, misken, minag, beskaam
berispe, betig, betugtig, aanspreek, aanpraat, katkiseer, tot orde roep, skrobbeer, 'n skrobbering gee, pak, aanpak, aanval, waarsku, optrek, grootoë maak, bestraf, teregwys, tot orde roep, kap, kapittel, kastigeer, uitvaar teen, slegsê, afkraak, afkam, 'n aanmerking maak, verwyt, murmureer, knor, brom, afhaal, vastrap, vasvat, voorkry, kortvat, maan, vermaan, roskam, slegsê, insê, invryf, invlieg, invaar, inklim, insout, inpeper, uittrap, uitkryt, uitskel, uitvreet, uitjou, seën (spottend), kla(e)

bw. dikstem, teë

s.nw. ***afkeur,*** afkeuring, 'n afkeer van, 'n renons in, veroordeling, afwysing, weiering, verkettering, negatiewe oordeel, misken-

ning, denunsiasie, kondemnasie, verkettering, berispelikheid, anatema, verwensing, veragting, minagting, onaanvaarbaarheid, versmading, verwerping, verwerplikheid, teensin, teësin, teensinnigheid, teësinnigheid, misnoeë, misnoegdheid, antipatie, renons, weersin, afsku, verpesting, warsheid, krasheid, haat, kritiek, opbouende kritiek, afbrekende kritiek, positiewe kritiek, negatiewe kritiek, skerp kritiek, harde woorde, onnodige kritiek, haarklowery, diatribe, selfkritiek, selfverwyt, wroeging, beswaar, teëstand, teenstand, swarigheid, blaam, skuld 822, sensuur, sensurering, konfrontasie, teregwysing, tereghelping, korreksie, verbanning

vooroordeel, vooropgesette mening, prekonsepsie, eensydigheid, vooringenomenheid, ongeldige kritiek, ongeregverdigde kritiek, onredelike kritiek, onregverdigheid 805

berisping, bestraffing, betigting, skrobbering, knor, waarskuwing, aantyging, tenlastelegging, vermaning, teregwysing, beswaarmaking, verwyt, toespeling, steek, klap, murmurering, aanmerking, verwyt, waarskuwing, klag, klagte, klaagbrief, les, sedeles, moralisering, moralisasie, preek, predikasie, boetpredikasie, preektrant, sedepreek

beoordelaar, kritikus, kritikaster, haarklower, versmader, sedemeester, sedeprediker, klaer, klaagster, sensor, hekelaar; verworpene, verworpeling

b.nw. ***afkeurenswaardig,*** swak, sleg, onaanvaarbaar, onwenslik, verwerplik, laakbaar, berispelik, opspraakwekkend, ergerlik, ontstigtelik, verpestend, verfoeilik, gemeen, laag, onhoflik, onbeleef(d), oneerbiedig, lelik, verskriklik, vreeslik, aaklig, aanstootlik, afstootlik, veragtelik, bedorwe, skandelik 813, goddeloos, sondig 822, grillerig, siek

krities, vitterig, puntenerig, kras, negatief, misnoeg(d), neerhalend, sat, teë, teësinnig, teensinnig, vermanend, onredelik, vyandig

verworpe, afgekeur

tw. sies, sie, magtig, magtie, maskas, ga, gang

uitdr. aan jou is geen salf te smeer nie; die banvloek uitspreek oor iets; die splinter in 'n ander se oog raaksien, maar nie die balk in jou eie oog nie; die beste stuurlui staan aan wal; voor jou eie deur vee; die dood voor oë hou; die wind van voor kry; dit by iemand verkerf; ek is daarop teë; hy sien swarigheid; iemand iets onder die neus vryf; die vinger op die wond lê; iemand kaalkop die waarheid sê; iemand 'n afjak gee; iemand op sy nommer sit; iemand taai sê; 'n appeltjie met iemand te skil hê; in jou graf omdraai; oor die kole haal; oor die vingers tik; voor die kop gooi; les opsê; die leviete voorlees; die les lees; les laat opsê; teen heug en meug; onder die voorslag laat deurloop; onder sensuur staan; onder vuur kom; op jou kop kry; iemand se kop was; sy ore was; sy ywer blus; tot satwordens toe; wys waar Dawid die wortels gegrawe het

828. Vlei

ww. vlei, komplimenteer 826, bewierook, mooipraat, versuiker, aai, beaai, pamperlang, flatteer (*ong.*), flikflooi, kruip, inkruip, lek, gatkruip (*plat*), gatlek (*plat*)

s.nw. ***vleiery,*** vleitaal, kompliment 826, versuikering, bewieroking, heuningkwas, flikflooiery, geflikflooi, inkruipery, kruipery, mooiigheid, oëdienery, oëdiens, rugkloppery, soetsappigheid

vleier, sikofant, oëdienaar, rugklopper, meeprater, jabroer, witvoetjiesoeker, gunssoeker, rugkrapper, allemansvriend, kruiper, gatkruiper (*plat*), gatlekker (*plat*)

b.nw. vleiend, gevlei, aangeplak, soetsappig, stroperig, kruiperig, inkruiperig, gatkruiperig (*plat*)

uitdr. die heuningkwas gebruik; heuning om die mond smeer; stroop om die mond smeer; hoog opgee van/oor; iemand oor die perd tel; mooi broodjies bak; mooiweer speel met iemand; na 'n guns vry; witvoetjie soek; iemand na die mond praat

829. Beledig

ww. beledig, slegsê, slegmaak, te na kom, afkam, striem, afkraak 827, aftakel, afhaal afjak, skend, iemand se naam skend, aantas, iemand se naam aantas, benadeel, bekonkel, bekook, verneder 827, krenk, grief kwets, verkleineer 827, kleineer, kritiseer 827, bekritiseer, swartsmeer, beklad, beswadder, skinder, beskinder, beskimp kwaadpraat, kwaadspreek, laster, belaster affronteer, aanmerkings maak, betittel, vi[illegible] bedil, fluister, smaad, smaal, hoon, ver[illegible] troebel, vergiftig, skel 827, uitskel, uitvloe[illegible]

bw. skimpenderwys

s.nw. ***belediging,*** slegsêery, afjak, aanstoot, affront, affrontasie, affrontering, agterklap, aanmerking, kwaadpratery, kwaadsprekery, smeerpraatjies, smeerveldtog, swartsmeerdery, belastering, beswaddering, vertroebeling, benadeling, laster, lastering, kalumnie (*ong.*), lasterkampanje, lastertaal, lasterpraatjies, defamasie, klad, bekladding, naamskending, eerskending, eerskennis, persoonlikheidskrenking, persoonlikheidskending, benadeling, vertroebeling, kritiek 827, verdagmaking, beskindering, skindery, geskinder, skinderpraatjies, kwaadstekery, kwaadstokery, storie, skinderstorie, straatpraatjies, wolhaarpraatjies, wywepraatjie, ouwywepraatjies, uitstrooisel, smaad, verguising, verkleinering 827, kleinering, afkraking, afkrakery, geringskatting, neerhaling, beskimping, skimpery, geskimp, skimp, skimpskeut, skimpskoot, skimptaal, skimpwoord, skimpnaam, skimpskrif, kletspraatjies, skellery, uitskellery, skeltaal, skel(d)naam, vloek 827, 829, vervloeking, uitvloekery, anatema; lasterskrif, skimpskrif

belediger, lasteraar, lasterbek, lastertong, nuusdraer, skinderaar, skindertong, skinderbek, kwaadstigter, kwaadstoker, kwaadsteker, skimper, kekkelbek, kekkelaar, kletskous, praatjiesmaker, snip

b.nw. beledigend, kwaadsprekend, lasterlik, aanstootlik, beswadderend, lasterend, verdagmakend, affronterend, kwetsend, krenkend, smadelik, smalend, bitsig, brutaal, griewend, hemeltergend, honend, snipperig, neerbuigend, neerhalend, afbrekend, minagtend 831, paternalisties, verkleinerend, vernederend 831, swart; gepikeer(d), gesteur(d), gestoor(d), verguis

uitdr. agter iemand se rug praat; iemand in die gesig slaan; 'n klap in iemand se gesig; iemand in sy eer tas; iemand se naam beklad; iemand beswadder; iemand se naam beswadder; iemand sleg maak; iemand stink sê; iemand deur die modder trek/sleep; iemand se goeie naam deur die modder sleep; iemand swart smeer; jou eie nes bevuil; jou ore uitleen; 'n verwyt slinger

830. Eerbiedig

ww. ***eerbiedig,*** eerbied hê vir, respekteer, respek hê, respek koester vir/jeens, ag, hoogag, hoog ag, (groot) agting hê vir, agting koester, met agting bejeën, hoogskat, waardeer, waardering hê vir, liefhê 776, bemin 776, huldig, eer, vereer, eer bewys, eer betoon, eer aandoen, bewonder, aanbid 776, adoreer, prys 834, ophemel, loof, verafgo(o)d, verheerlik, opsien na, opkyk na, ontsag hê vir, vrees

konsidereer, in ag neem, ontsien

eerbied afdwing, respek afdwing, imponeer, indruk maak, beïndruk, hoë aansien geniet, hoogaangeskrewe wees, jou reputasie gestand doen, gesag afdwing, vrees inboesem

bw. met eerbied, eerbiediglik, met agting, met ontsag, benede my waardigheid

s.nw. ***eerbiediging,*** agting, respek, hoogagting, hoogskatting, waardering, goedkeuring 826, 830, erkenning, erkentlikheid, liefde 776, verering, hulde, huldiging, huldebetoning, verering, eerbetoon, eerbetoning, bewondering, aanbidding, adorasie, lofuiting, lofprysing, ophemeling, verheerliking, idealisering, verafgoding, kniebuiging, knieval, ontsag, vrees, konsiderasie, inagneming; fetisj

aansien, naam, reputasie, eer, eerbiedwaardigheid, waardigheid, agbaarheid, onbesprokenheid, eerbaarheid, respektabiliteit, hoogaangeskrewenheid, edelheid 819, integriteit, status, faam, beroemdheid, roem, selfagting, selfbesef, selfrespek

'n man van faam, 'n vrou van aansien, hoogedele, hoogheid; vereerder

b.nw. ***eerbiedig,*** eerbiedvol, eerbiedigend, vol eerbied, hoogagtend, respekvol, respekterend, waarderend, vererend, vol ontsag, konsidererend, nederig 786, vresend, vreesagtig

eerbiedwaardig, gerespekteer(d), respektabel, agbaar, agtenswaardig, waardig, onbesproke, hooggeag, vooraanstaande, hoogstaande, geëer(d), hooggeëerd, vernaam, belangrik, gereken(d), gesien(e), heilig

uitdr. 'n hoë dunk van iemand hê; die hoed vir iemand afhaal; honoris causa; iemand hoog skat; met alle respek gesê; 'n goeie naam is goud werd

831. Bespot

ww. ***bespot,*** spot, die spot dryf met, ironiseer, satiriseer, gekskeer, vir die gek hou, hekel, persifleer, koggel, uitkoggel, jou, uitjou, lag, uitlag, spotlag, skewebek trek, treiter, terg

722, têre, tempteer, tart, uittart, skimp, skerts, korswil, korswel, grap, grappe maak
minag, verag, beledig 829, hoon 669, 829, neersien op, smaal, smaad, versmaad, grief, krenk, kwes, kwets, bespotlik maak, belaglik maak, wond, verkleineer, kleineer, kleinmaak, verklein, verneder 827, misken, verstoot
in die skande steek, te na kom, kompromitteer, verdag maak, brandmerk

bw. spottenderwys, skimpenderwys

s.nw. ***spot,*** bespotting, spottery, gespot, spotterny, spotnaam, spotprent, spotrede, travestie, lag, laggery, gelaggery, uitlaggery, spotlag, grap, gegrapmakery, gegrap, skertsery, geskerts, geskertsery, terglustigheid, goddeloosheid, impiëteit, tergery, treitering, tarting, uittarting, koggel(a)ry, hekeling, oneerbiedigheid, belediging 829, persiflage, skimp, skimpery, skimpnaam, skimpskeut, skimpskoot, skimpskrif, skimpwoord, skimptaal, paskwil, satire, ironie, ironisering, sarkasme, sinisme; spotlus, spotsug, terglus
minagting, veragting, verlaging, miskenning, verguising, smaad, versmading, affront, affrontasie, hoon, hoonlag, skamperheid, gejou, uitjouery, krenking, kwetsing, vernedering, selfvernedering, verkleinering, verwerping, verstoting, skellery, uitskellery, skel(d)woord, skeltaal, invektief, bitsigheid
onwaardigheid, verwerplikheid, verfoeilikheid, berugtheid, eerloosheid 813, 815, klad, skandvlek, skandmerk, stigma, smet
spotter, spotvoël, belediger 829, satirikus, koggelaar, hekelaar, grapmaker, grapjas, uilspieël, harlekyn, platjie, terggees, poetsbakker, treiteraar, vabond, karnallie, skimper, sinikus, versmader
karikatuur, verstoteling, verworpeling, verskoppeling

b.nw. ***spottend,*** beledigend 829, oneerbiedig, goddeloos, grapperig, sardonies, sinies, skepties, wrang, sarkasties, bytend, bitsig, skerp, snydend, ironies, satiries; spotlustig, spotsiek, spotterig, terglustig, tergerig, tergsiek
minagtend, neerhalend, persoonlik, vermakerig, vernederend, verkleinerend, krenkend, kwetsend, griewend, honend, skamper, smalend
bespotlik, verspot, laf, onwaardig, verwerplik, veragtelik, verfoeilik, berug, eerloos 813, 815, verstote, verworpe, verguis

tw. ha, haaits, wê

uitdr. die draak steek; iemand se siel uittrek; iemand vir die gek hou; iemand se been trek; iemand in sy eer tas; jou neus vir iets optrek; persoonlikhede kwytraak; tong uitsteek vir iemand; wrange spot; 'n klad op sy naam; 'n klap in iemand se gesig

832. Beskuldig

ww. ***beskuldig,*** valslik beskuldig, blameer, die skuld gee, die skuld op iemand pak, aankla, 'n klag indien, 'n klag aanhangig maak, beskuldigings inbring, 'n saak aan die polisie oorlewer, 'n saak by die polisie aangee, aanpraat, aanspreek, betig 835, reghelp, striem, veroordeel 527, 827, aanskryf, inkulpeer (*ong.*), inkrimineer, insinueer, aantyg, 'n aantyging maak, ten laste lê, verantwoordelik hou, aanspreeklik hou, skuld aan iemand toeskryf, skuld aan iemand toeskrywe, toedig, toereken, imputeer (*ong.*), verwyt, 'n verwyt slinger, wyt, kritiseer 827, bekritiseer
betrap, op heter daad betrap, vang, vaskeer, aankeer
beskuldig word, die skuld dra, skuld beken, skuld bely, skuld aanvaar, skuldig wees

s.nw. ***beskuldiging,*** selfbeskuldiging, teenbeskuldiging, skuld, blaam, klag, klagte, aanklaging, tenlastelegging, denunsiasie, berisping 835, aantyging, bewering, kwaadwillige beskuldiging, valse beskuldiging, imputasie, insinuasie, inkriminering, innuendo verwyt, selfverwyt, kritiek 827, selfkritiek protes, foutsoekery, verdenking, suspisie skuldaanvaarding, skuldbelydenis, boetpredikasie, skuldigbevinding, veroordeling verswarende omstandighede, toerekeningsvatbaarheid, beswaarskrif
beskuldigde, skuldige, aangeklaagde, beklaagde, gedaagde, belhamel 813, sondebo
aanklaer, aanklaagster, klaer, klaagste verklaer

b.nw. toerekenbaar, toerekeningsvatbaa aangeklaagde, aangeskrewe, aangeskry aangeskrywe, skuldig 822, aksionabe suspisieus

uitdr. die blaam op iemand werp; iemand ie voor die kop gooi; iemand iets onder d neus vrywe; 'n appeltjie met iemand te sk

hê; die eerste steen/klip gooi; die skuld op iemand skuif; die splint in 'n ander se oog raaksien; die swart skaap; op die swart lys wees; skuld op 'n ander gooi

833. Verontskuldig

ww. ***verontskuldig,*** skuld ontken, goedpraat, vergoeilik, vergoelik, goedmaak, plooi, verbloem, regverdig, justifiseer, verantwoord, rekenskap gee, voorgee, verskoning maak, verskoning aanteken, apologie aanteken; verdedig, bepleit, pleit vir
verskoon, 'n verskoning aanvaar, 'n verskoning aanneem, 'n apologie aanneem, ekskuseer, verekskuseer, oor die hoof sien, goedmaak, grasie verleen, vergewe, vergeef, vergifnis skenk, kondoneer, vryspreek, vrystel, kwytskeld, ontsien, spaar, laat vryspring, laat gaan

s.nw. ***verontskuldiging,*** veronskuldiging, skuldontkenning, vergoeiliking, vergoeliking, goedpratery, regverdiging, justifikasie, verantwoording, rekenskap, verskoning, apologie, ekskuus; verdediging, verweer, voorspraak, voorbidding, pleidooi, pleit, bepleiting, verweerskrif, onskuldigbevinding, versagtende omstandighede, grond, voorwendsel, dekmantel, uitvlug, agterdeur, preteks, storie, jakkalsdraai, ontsnapping
verskoning, vergifnis, vergewensgesindheid, kondonering, vryspraak, kwytskelding
onskuldige, verweerder, verweerderes, verdediger

b.nw. verontskuldigend, verdedigend, apologeties, verdedigbaar, verhaalbaar, geregverdig(d)

uitdr. jou hande in onskuld was; iemand die voordeel van die twyfel gee

834. Beloon

ww. beloon, vereer 826, 830, honoreer, prys, aanprys, 'n prys gee, toeken, 'n prys toeken, seën, aanmoedig, kroon, vergoed, vergeld(e), afreken, kompenseer, begunstig, 'n guns bewys, salarieer 686, betaal 708, terugbetaal; beloon word, verdien

s.nw. ***beloning,*** vergoeding, prys, aanmoedigingsprys, aanprysing, eerbewys, aanmoediging, salaris 686, loon 686, teenprestasie; prys, boekprys, geldprys, . . ., pryspenning, medalje, trofee, troefee, toekenning, beurs, stipendium, prystoekenning, prysuitdeling, kroning
pryswenner

b.nw. verdiend, welverdiend

uitdr. iets dubbel en dwars verdien; die arbeider is sy loon werd

835. Bestraf

ww. ***straf,*** bestraf, straf gee, 'n straf oplê, berispe, betig, voorkry, arresteer, tug, tugtig, betugtig, onder tug bring, raas met, raas gee, kapittel, tot orde roep, vermaan 827, raas met, raas gee, uitvreet, uittrap, skel, uitskel 827, uitkryt, invlieg, kap, teregwys 827, korrigeer, dissiplineer, beheer, onderwerp 684, vasvat, vastrap, kortvat, bandvat, afreken met, afransel, ransel, skrobbeer, 'n skrobbering gee, roskam, striem, slaan, slae gee, pak gee, lyfstraf gee, lyfstraf toedien, looi, uitlooi, streep, piets, raps, klits, wiks, kwint, krink, opkeil, veroordeel 527, 827, vonnis, 'n vonnis gee, 'n vonnis oplê, aanslaan, penaliseer, beboet, 'n boete gee, 'n boete oplê, hok, inhok, inperk, interneer, opsluit, tronkstraf gee, tronkstraf oplê, gevangenis toe stuur, gevangenisstraf oplê, inkerker, mishandel, pynig, martel, kastigeer, kasty, besoek, folter, gesel, kielhaal, die doodstraf oplê, hang, ophang, teregstel, galg toe stuur, onthoof, onthals, dekapiteer, guillotineer, fusilleer, kruisig, verban, deporteer, diskwalifiseer, sensureer
straf kry, gestraf word, bestraf word, straf verdien, straf verduur, deurloop, haarlaat, dit ontgeld, verbykom, boet, vir jou sonde boet, onderdeurloop, spring, bokspring, betaal, raas kry, pak kry, riemspring, inbly, skoolsit, tronkstraf kry, tronk toe gaan, verban word, gediskwalifiseer word, onder sensuur staan

s.nw. ***bestraffing,*** straf, strafmaatreël, strafbepaling, strafwerk, strafvervolging, strafvoltrekking, strafoefening, dissipline, dissiplinering, berisping, betigting, kastigasie, tug, tugtiging, betugtiging, kerktug, skrobbering, diskwalifikasie, voëlvryverklaring, vergelding, retribusie, vergeldingstappe, vergeldingsdaad, vergeldingsoptrede, wraak 784, wraakneming; strafbaarheid, kriminaliteit 822
straf, vonnis, vonnisoplegging, doemvonnis, tronkstraf, selstraf, hardepad, interne-

ring, huisarres, kamerarres, kasernearres, lyfstraf, slae, pak, pak slae, streepsuiker, siepsop-en-braaiboud, bastonnade, hou, raps, marteling, martel(a)ry, martelstraf, geseling, doodstraf, doodsvonnis, halsstraf, teregstelling, onthoofding, vuurpeloton, fusillering, vuurdood, kruisiging, boete, boetegeld, dwangsom, boetedoening, aflaat, verbanning, ban, banvloek, deportasie, inperking, sensuur, gevangeneming, arres, arrestasie

strafinrigting, strafkolonie, verbeter(ing)-skool, gevangenis, tronk, kerker, sel, tronksel, dodesel, galg, skavot, guillotine, valbyl, valmes, lat, rottang, kweperlat, roede, striem, strop, karwats, kats, gesel, knuppel, kruis, kruishout, marteltuig, pynbank, martelkamer, skandpaal

veroordeelde, doemling, doemeling, martelaar, martelares, gevangene, prisonier, tronkvoël; laksman, beul, skerpregter (*ong.*)

b.nw. strafbaar, bestrafbaar, skuldig 822, strafwaardig, ingeperk, striemend, voëlvry; strafloos, straffeloos, onstrafbaar

uitdr. die gelag betaal; aan die pen ry; boontjie kry sy loontjie; jou verdiende loon kry; jou vet sal braai; sy kierankies/kurankies sal braai; onder vuur kom; op jou kop kry; rottang proe; tameletjie kry; duur betaal; die lat inlê; iemand bloots ry; iemand die horrelpyp laat dans; iemand op sy baadjie gee; iemand voëlvry verklaar; maer bokke dip; onder die voorslag laat deurloop; rottangolie gee; voor stok kry; iemand die kop was; iemand roskam; oor die kole haal; oor die vingers tik; die leviete voorlees; die les lees; les laat opsê

10
Godsdiens

A. DIE BONATUURLIKE

836. Bonatuurlik

b.nw. bonatuurlik, bowenatuurlik, boaards, boweaards, bowêrelds, buitewêrelds, onaards, bomenslik, bowemenslik, onnatuurlik, buitengewoon, goddelik, engelagtig, hemelagtig, onsterflik, onliggaamlik, onstoflik, stoffeloos, immaterieel, geestelik, psigies, spiritueel, spookagtig, spokerig, spiritualisties, transendentaal, metafisies, wonderbaar, wonderbaarlik, wonderlik, mirakelagtig, mirakeleus

s.nw. ***bonatuurlikheid,*** boaardsheid, boweaardsheid, onaardsheid, bomenslikheid, goddelikheid, vergoddeliking, engelagtigheid, verborgenheid, onnatuurlikheid, buitengewoonheid, onsterflikheid, onstoflikheid, immaterialiteit, gees, geestelikheid, psige, spiritualiteit, duisternis, wonderwerk, mirakel, teken, wonder, wonderteken, wonderbaarlikheid, wonderlikheid, wonderwerk, godswonder, wonderdaad, heldersiendheid, profesie, glossolalie, duiwelskuns, swartkuns, nigromansie, nekromansie

profeet, profetes, orakel, towenaar, duiwelskunstenaar, nekromant, spiritualis

ww. vergeestelik, vergoddelik, verewig, besweer, profeteer, betoor, oproep

837. God

s.nw. ***god*** 855, afgod, halfgod, godheid, goddelikheid, verbondsgod, verlosser, godsmag, goddelike mag, hoër mag, hoër gesag, godsgerig, gees, abba, almag, almagtigheid, omnipotensie, alvermoë, alwysheid, alwetendheid, voorsienigheid, alomteenwoordigheid, godsbestel, ewigheid, heiligheid, gewydheid, godsbegrip

Godsryk, hemel, hemelryk, God, Heer, Here, Here God, God Almagtig, die Almagtige, almagtige God, Allerhoogste, allerhoogste God, Opperwese, Verbondsgod, Jehova, Jahve, Jahwe(h), Vader, Hemelse Vader, Hemelvader, abba, Skepper, Skepperheer, Voorsienigheid, Hoërhand, die Here van die leërskare, die alfa en die omega, Jesus, Jesus Christus, Christus, Christuskind, Seun van God, Seun, Lam van God, Seun van die Mens, Messias, Heiland, Meester, Saligmaker, Redder, Verlosser, Vredevors, Im

manuel, Emmanuel, Heilige Gees, Gees, Drie-eenheid, drie-enige God, Triniteit
menswording, verlossing, verlossingswerk, beskikking, lyding, lydensgeskiedenis, lydensweek, passie, passiespel, kruisiging, kruis, kruisweg, kruisbeeld, kruiswoorde, soendood, opstanding, opstanding uit die dood, inkarnasie, verrysenis, hemelvaart, wederkoms, wederopstanding, vergoddeliking, deïfikasie

b.nw. goddelik, Christelik, drie-enig, heilig, almagtig, alomteenwoordig, alleenwys, alwetend, almoënd, alsiende, gewyd, numineus, verrese; onheilig, ongewyd, profaan

ww. vereer, aanbid, loof, prys

woorddeel Gods-, aller-

838. Gees

s.nw. ***geeste(s)wêreld,*** geesteryk, geestedom, gees, goeie gees, slegte gees, aardgees, aardmannetjie, berggees, kabouter, gnoom, gnome, lugnimf, silfiede, sukkubus, gedaante, god 837, halfgod, engel, engelekoor, aartsengel, engel van God, beskermengel, skutsengel, hemelbode, doodsengel, wraakengel, gerub, seraf, hemeling, spook, dwaalgees, kwelgees, kwelduiwel, kwelspook, poltergees, poltergeist, dwaallig, dwaalvuur, skim, fantoom, skimmeryk, skrikbeeld, chimera, hersenskim, droombeeld, skadubeeld, waandenkbeeld
duiwel, duiwelse wese, duiwelin, duiwelsgedaante, demon, bose gees, inkubus, droes, duiweltjie, satan, Satan, gevalle engel, aartsengel, vors van die gevalle engele, vors van die duisternis, Mammon, Beëlsebub, Beëlsebul, Lucifer, Belial, Azazel; paaiboelie, Asmannetjie, Bokbaard, Bokhorinkies, Damoen, Drietoon, Joos, Josie, Oupa Langoor, Swart Piet, Vuilbaard
satanisme, satansaanbidding, duiwel(s)-aanbidding, invokasie, seance; satanis, satansaanbidder, duiwelaanbidder
beswering, banning, uitbanning, duiweluitdrywing, uitdrywing, exorsisme

b.nw. bonatuurlik 836, goddelik 837, duiwels, demonies, satanies, satans, diabolies, spookagtig, hersenskimmig, skimagtig, besete

ww. van die duiwel besete wees, ban, besweer, uitdryf, oproep, aanbid

839. Hiernamaals

s.nw. ***hiernamaals,*** die anderkant van die graf, doderyk, dood, oordeel, oordeelsdag, die volheid van die tyd, sanktifikasie, wêreldgerig
hemel, hemelpoort, heerlikheid, hemelse heerlikheid, hemelryk, koninkryk van die hemele, die hoogste hemel, die nuwe hemel, hemelkring, hemelstad, hemelland, hemelboog, die Vader se huis, Vaderhuis, saligheid, ewige lewe, sielerus, paradys, die sewende hemel, nirvana, nirwana, empireum; hemeling, salige, geluksalige, heilige; hagiografie, hagiograaf
hel, verderf, verderfenis, verdoemenis, die ewige verdoemenis, afgrond, duisternis, koninkryk van die duisternis, doderyk, onderwêreld, vaevuur, inferno, jammerpoel, verdoeming

b.nw. hemels, salig, saligmakend, geluksalig, heerlik, heilig, hels, verderflik, duister, hagiografies

ww. salig wees, salig maak, sanktifiseer, hel toe gaan, hel toe stuur, verdoem

bw. in die volheid van die tyd, in patria

B. GODSDIENSBEOEFENING

840. Godsdiens

s.nw. ***godsdiens*** 855, religie, godsverering, uiterlike godsdiens, staatsgodsdiens, heersende godsdiens, wêreldgodsdiens, godsbegrip, godsdiensbegrip, godsdiensopvatting, godsdiensbeskouing, godsdienstigheid, religiositeit, ekumene, godsdiensdispuut, godsdienstwis, godsdiensoorlog, godsdiensvryheid, vryheid van godsdiens; Christelike godsdiens 855, godsdiens van die Christene, Protestantse godsdiens, Hervormde godsdiens, Roomse godsdiens, Katolisisme, Rooms-Katolisisme, katolisiteit, pousdom, Christelike geloof, Christengeloof, Christendom, Joodse godsdiens, godsdiens van die Jode, Mohammedaanse godsdiens, godsdiens van die Mohammedane, ware godsdiens, subjektiewe godsdiens, natuurlike godsdiens, ortodokse godsdiens, humanitarisme, kettery, ketterjag, panteïsme, ateïsme
godsdiensbeoefening, huisgodsdiens, huiskerk, huisaltaar, kerkgang, kerkbywoning, erediens 848, kerkdiens, biduur, belydenis,

geloofsbelydenis; kerk 853, moederkerk, dogterkerk, susterkerk, staatskerk, wykskerk, gelowiges, gemeenskap van die heiliges, gemeente, kerkgemeente, moedergemeente, dogtergemeente, sustergemeente, parogie, kerkgroep, kerkgenootskap, kerkverband, denominasie, geloofsverband
teologie 842, godsdienswetenskap, godsgeleerdheid, Bybelkunde, geloofsleer, godsdiensgeskiedenis
Christen, Christin, Christenmens, Christelike mens, godsdienstige mens, ketter, ateïs; Christen, Katoliek, papis, Anglikaan, Baptis, Metodis, Jood, Mohammedaan, . . ., bokryer, dopper, gatjieponder
b.nw. godsdienstig, religieus, Christelik, christelik, sekulêr, ortodoks, heterodoks, humanitêr, Katoliek, Rooms-Katoliek, pousgesind, paaps, paapsgesind, patriargaal, ekklesiasties, ekumenies, kerklik, gemeentelik, parogiaal, klerikaal, ketters
ww. dien, aanbid, bid, bely, kniel, kruis slaan
uitdr. gemeenskap van die heiliges

841. Leer

s.nw. ***leer*** 842, geloofsleer, Christelike leer, leerstelling 842; dwaalleer, kettery, bigotterie, aanvegting, anatema, sekte, sektarisme, beeldediens, gnostisisme, verwêreldliking, astrologie, sinkretisme, skeuring, kerkskeuring, skisma
leraar 852, dwaalleraar, dissident, gnostikus
b.nw. ongodsdienstig, agodsdienstig, areligieus, onbybels, ketters, andersdenkend, gnosties, apokrief, sinkreties, sektaries

842. Geloof

s.nw. ***geloof,*** sterk geloof, vaste geloof, swak geloof, gelowigheid, geloofslewe, oortuiging, geloofsoortuiging, sekerheid, geloofsekerheid, geloofskrag, krag, geesteskrag, moreel, moraal, vertroue, geloofsvertroue, sterkte, vastigheid, vastigheid van geloof, onwrikbaarheid, belydenis, credo, geloofsbelydenis, belydenis van geloof, geloofsverklaring, konfessie, bieg, geloofsdaad, gewete(n)saak, gewetensvryheid, vryheid van gewete, geloofsvryheid, heilsbegeerte, heilsverwagting, hoop, heilsbelofte, heilsdaad, heilswerking, saligheid, godsaligheid, verlossing, verlossingsplan, genade, begenadiging, teïsme, monoteïsme, bekering, inkeer, besinning, geloofsoorgawe, oorgawe aan God, kwiëtisme, ortodoksie, regsinnigheid, waangeloof, wangeloof, panteïsme, bygelowigheid 844, ongelowigheid 844, ateïsme
bekering, kerstening, verlossingswerk, apostolaat, geloofsgenesing
geloofsartikel, waarheid, geloofswaarheid, leer, kerkleer, leerstelling, geloofsleerstelling, dogma, doktrine, kategumeen, grondbeginsel, leerstuk, wet, Gods wet, Tien Gebooie, gebod, dekaloog, leerstelsel, leerstelligheid, fundamentalisme, heilsgeskiedenis, heilsleer, heilsverkondiging, heilswaarheid, godsbegrip, versoening, soendood, versoeningsdood, soenoffer, versoeningsoffer, soenbloed, versoeningsbloed, openbaring, openbaringsleer, uitverkiesingsleer, leer van die uitverkiesing, predestinasie, predestinasieleer
Bybel, Woord, Woord van God, Gods Woord, Skrif, Heilige Skrif, kanselbybel, familiebybel, naslaanbybel, Verklarende Bybel, kinderbybel, prentebybel, sakbybel, konkordansie; grondteks, kanon, boek, boeke van die Bybel, Bybelboek, Ou Testament, Nuwe Testament, Blye Boodskap, Genesis, Exodus, Levitikus, Numeri, Deuteronomium, Pentateug, Josua, Rigters, Rut, 1 Samuel, 2 Samuel, 1 Konings, 2 Konings, 1 Kronieke, 2 Kronieke, Esra, Nehemia, Ester, Job, Psalms, Spreuke, Spreuke van Salomo, Prediker, Hooglied, Hooglied van Salomo, die profete, Jesaja, Jeremia, Klaagliedere, Klaagliedere van Jeremia, Esegiël, Daniël, Hosea, Joël, Amos, Obadja, Jona, Miga, Nahum, Habakuk, Sefanja, Haggai, Sagaria, Maleagi, Evangelie, Matteus, Markus, Lukas, Johannes, die Evangelie volgens Matteus, . . ., Handelinge, Handelinge van die Apostels, sendbrief, sendbriewe van Paulus, Pauliniese briewe, Romeine, 1 Korintiërs, 2 Korintiërs, Galasiërs, Efesiërs, Filippense, Kolossense, 1 Tessalonisense, 2 Tessalonisense, 1 Timoteus, 2 Timoteus, Titus, Filemon, Hebreërs, Jakobus, 1 Petrus, 2 Petrus, 1 Johannes, 2 Johannes, 3 Johannes, Judas, Openbaring, die Openbaring van Johannes, apokriewe boeke, apokriewe boeke van die Bybel, apokriewe, apokrifa, Judit, Tobit, Wysheid van Salomo, Wysheid van Jesus Sirag, Barug,

Makkabeërs, 2 Makkabeërs, die Gebed van Manasse, die Evangelie van die Hebreërs, die Pastor van Hermas, Barnabas, 1 Clemens, 2 Clemens, Didaché, die Apokalips van Petrus, 3 Korintiërs, die Handelinge van Paulus, Petrusliteratuur, Clemensliteratuur; skriftuur, skriftuurplaas, vers, teks, teksvers, perikoop

Bybelverhaal, bybelse geskiedenis, skepping 0, skeppingsverhaal, genesis, grondlegging, skeppingsdag, paradys, die boom van kennis, die boom van lewe, sondvloed, ark, Noag se ark, die toring van Babel, plaag, paasmaal, pasga, paaslam, uittog, Beloofde Land, diaspora, verstrooiing, manna, klaaglied, profesie, profetiese woorde, voorspelling, evangelie, blye boodskap, bergpredikasie, bergprediking, saligspreking, gelykenis, kruisiging, Golgota, opstanding, voorbeskikking, voorbestemming, uitverkiesing, wedergeboorte, openbaring, teofanie, apokalips(is)

god(s)geleerdheid 837, teologie, teologiese studie, kerkleer, Ou Testament, Nuwe Testament, kanoniek, dogmatiek, dogmatologie, ekklesiologie, eksegese, skrifuitleg, uitlegkunde, hermeneutiek, teodisee, heilsleer, christologie, homeletiek, soteriologie, apologetiek, patristiek, diakoniologie, kategetiek, liturgiek, sendingwetenskap, kerkreg, Bybelstudie, Bybelklas, Bybelkring, Bybelstudiegroep

teoloog, god(s)geleerde, skrifkenner, Bybelkenner, Bybelkundige, biblis, godsdienswetenskaplike, Ou-Testamentikus, Nuwe-Testamentikus, dogmatikus, sendingwetenskaplike

gelowige, geloofsgenoot, uitverkorene, bely(d)er, bekeerling, neofiet, proseliet, teïs, monoteïs, Christen, volgeling, dissipel, apologeet, kerkganger, gemeentelid, ateïs

b.nw. ***gelowig,*** reggelowig, seker, regsinnig, regverdig, onuitblusbaar, salig, godsalig, Christelik, voorbeskik, voorbestem, uitverkore, wetties, ortodoks, konfessioneel, skriftuurlik, Ou-Testamenties, Nuwe-Testamenties, Nieu-Testamenties, wedergebore, patristies, spiritueel, voorchristelik

teologies, dogmaties, dogmatologies, ekklesiologies, eksegeties, kategeties, liturgies, leerstellig, wetties, hermeneuties, kerkregtelik, Bybels, skriftuurlik, evangelies, Paulinies, Johanneïes, Bybelvas

ww. ***glo,*** geloof hê, 'n geloof aanvaar, geloofsbelydenis aflê, jou geloof bely, jou bekeer

kersten, bekeer, konverteer, proselitiseer, verchristelik, katoliseer, konfirmeer, begenadig, predestineer, roem, teologiseer

843. Ongeloof

s.nw. ***ongeloof,*** onverskilligheid, skyngeloof, kwasigeloof, onchristelikheid, twyfel 770, agterdog 770, wantroue

ongelowigheid, kleingelowigheid, geloofsverandering, geloofsversaking, sektarisme, verloëning, verval, afvalligheid, apostaat, blasfemie, materialisme, naturalisme, natuuraanbidding, stofaanbidding, modernisme, vrydenkery, vrymesselary, skeptisisme, skepsis, sinisme, fatalisme, rasionalisme, irreligiositeit, agodsdienstigheid, goddeloosheid, agnostisisme, paganisme, ateïsme, heidendom, heidenland, duisternis, verwêreldliking

ongelowige, kleingelowige, twyfelaar, twyfelmoedige, skynchristen, naamchristen, hubris, sektariër, godloënaar, renegaat, vrydenker, naturalis, natuuraanbidder, skeptikus, skeptisis, rasionalis, afvallige, afgodedienaar, afgodeaanbidder, agnostikus, paganis, ateïs, heiden, heidin

b.nw. ongelowig, kleingelowig, vertwyfeld, twyfelagtig, twyfelsugtig, wantrouig, onoortuig, onverskillig, goddeloos, onchristelik, afvallig, ongodsdienstig, irreligieus, agodsdienstig, materialisties, naturalisties, rasionalisties, onkerklik, antikerklik, skepties, sinies, agnosties, paganisties, ateïsties, heidens

ww. afvallig raak, jou geloof verloor, afdwaal, twyfel

uitdr. die breë weg

844. Bygeloof

s.nw. ***bygeloof,*** bygelowigheid, superstisie, volksbygeloof, onkunde, fatalisme, wonderland

gees 838, goeie gees, bose gees, beskermgees, genius, bosgees, berggees, luggees, watergees, werkgees, dwaalgees, poltergees, poltergeist, kwelgees, kwelspook, kwelduiwel, gedaante, spook 838, spookgestalte, spooksel, spokery, spookhuis, duiwel, skim, fantom, fantoom, weerwolf, fee, feetjie, nimf, seenimf, elf, kabouter

toorkuns, towerkuns, towery, toordery, getoordery, towerslag, towerspel, towerwêreld, magie, fantasmagorie, goëlkuns, goëlery, oëverblindery, kulkuns, hokus-pokus, waarsêery, waarsegging, chiromansie, handwaarsêery, heldersiendheid, paragnosie, helm, droomverklaring, droomuitleg, swartkuns, duiwelskuns, heksery, heksedans, heksejag, heksesabbat, spokery, gespook, teomansie, nekromansie, nigromansie, séance, okkultisme, sjamanisme, spiritisme, geesverskyning, geestebeswering, reïnkarnasie, sielsverhuising, transmigrasie; toorgoed, toormiddel, toordrank, doepa, paljas, towerkruid, witaarbossie, towerstaf, toorhoutjie, toorstokkie, toorfluit, toorboek, heksebesem, hekseketel, dolos, gelukbringer, talisman, handlyn, wiggelroede, wonderlamp; toorformule, towerformule, toorspreuk, towerspreuk, toorwoord, towerwoord, inkantasie, teken, omen, spookstorie, gruwelstorie

towenaar, towernaar, toornaar, towenares, magiër, medium, heks, toorheks, heksegebroed, heksemeester, sigeuner, goëlaar, goëlkunstenaar, kulkunstenaar, jongleur, sjamaan, waarsêer, waarsegster, fortuinverteller, fortuinvertelster, kristalkyker, handleser, astroloog, sterrewiggelaar, wiggelaar, waterwyser, dolosgooier, geluksmens, gelukskind, Sondagskind

bygelowige, fatalis

b.nw. ***bygelowig,*** superstisieus, fatalisties

getoor, feëriek, fantasmagories, magies, heldersiende, spiritisties, spiritualisties, okkult, spokerig, spookagtig, skimagtig, duiwels

ww. bygelowig wees; toor, tower, wegtoor, betower, goël, toertjies maak, handlees, waarsê, jongleer, wiggel, spook, beheks

845. Godsvrug

s.nw. ***godsdienstigheid,*** godsdienssin, godsvrug, godvrugtigheid, deug 622, heil, Christelikheid, vroomheid, piëteit, heiligheid, kerkisme

geveinsdheid, veinsery, skynvroomheid, skynheiligheid, huigelary 818, kweselary, fariseïsme, femelary, bedrog 818, valsheid

geloofslewe 842, geloofsywer, bekering, reiniging, aanneming, saligmaking, seën, heiliging, Sondagsheiliging, heiligmaking, genadetyd, stigting, godsdiens, godsdiensbeoefening, Bybelstudie, godsdiensoefening, huisgodsdiens, huisaltaar, diens, mistiek, mistisisme

godsdienstige persoon, gelowige, geloofsheld, vrome, bekeerling, seloot, pelgrim, mistikus, dienskneg, diensmaag(d), fariseër, kwesel, skynvrome

b.nw. ***godsdienstig,*** religieus, godvresend, godvrugtig, godgegewe, Christelik, geestelik, gebenedy (*ong.*), heilig, stigtelik, vroom, piëtisties, kerkisties, kerklik, kerks, salwend, sondeloos, smet(te)loos, misties, mistiek

geveins(d), skynheilig, skynvroom, vals

ww. dien, prys, aanbid, loof, bevestig, bekeer, tot bekering kom, reinig, kwesel, skuld bely

846. Goddeloosheid

s.nw. ***ongodsdienstigheid,*** irreligiositeit, goddoosheid, impiëteit, agnostisisme, ateïsme; geloofsvervolging, godsdiensvervolging

goddeloosheid, sonde, sondeskuld, sondelas, sondigheid, smet, sondesmet, bederf, verderf, godslastering, heiligskennis, skynheiligheid 845, duiwelaanbidding, besetenheid, ontheiliging, verontheiliging, ontwyding, beeldestormery, verwêreldliking, vloektaal, vloekwoord 820, 829, grootwoord, spot, blasfemie, profaniteit, profanasie

sondaar, sondares, sondige mens, goddelose, ontheiliger, godlose mens, dwaas, skynheilige, ketter, duiwelsdienaar, duiwelaanbidder, Belialskind, godslasteraar, ikonoklas, antichris, ateïs, heiden, heidin

b.nw. ongodsdienstig, irreligieus, godvergete, godverlate, indifferent, kerkloos, kerklos, sondig 822, goddeloos 822, immoreel 820, godslasterlik, ikonoklasties, profaan, blasfemies, dwaas, skynheilig, duiwels, onheilig, afgodies, agnosties, ateïsties, heidens

ww. sondig, diep sink, in sonde leef, ontheilig, verontheilig, ontwy, verloën, laster, vloek 820, 829, die Here se naam ydellik gebruik, boontoe vloek, profaneer, die spot dryf, sensureer

bw. sonder God

tw. verdomp, godsverdomme, verduiwels, vervloekte, deksels, dêmmit

uitdr. jou aan god nog gebod steur

847. Gebed

s.nw. ***gebed,*** bede, Onse Vader, paternoster, oggendgebed, môregebed, aandgebed, voorbidding, voorbede, toebidding, seënbede, dankgebed, danksegging, lofgebed, loflied, psalm, lofpsalm, gesang, lofgesang, himne, halleluja, hosanna, doksologie, litanie (Rooms-Katoliek), antifoon (Rooms--Katoliek), rosekrans (Rooms-Katoliek), ave (Rooms-Katoliek), Ave Maria (Rooms-Katoliek), heilbede, openingsgebed, introïtus, slotgebed, tafelgebed, seën, skietgebed, noodgebed, smeekgebed, smeekbede
aanbidding, kniewerk, uitstorting, selfaanbidding, voorbidding, toebidding, oordenking, gebedsgeleentheid, biduur, bidstond, gebedsuur, biddag, bedevaart, pelgrimsreis, pelgrimstog; gebedsverhoring
bidder, aanbidder, voorbidder, voorganger

ww. bid, die naam van die Here aanroep, tot die troon van die Here nader in gebed, voorbid, voorgaan, voorgaan in gebed, saambid, toebid, afbid, afsmeek, bieg, danksê, kniel, uitstort, verbid

tw. amen, hosanna

uitdr. nood leer bid

848. Erediens

s.nw. ***erediens,*** diens, kerkdiens, kerk, aanbidding 847, oggenddiens, aanddiens, middernagdiens, kinderdiens, jeugdiens, wydingsdiens, Nagmaalsviering, Nagmaalsdiens, Pinksterdiens, Kersdiens, Kersfeesdiens, Paasdiens, Paasviering, nabetragtingsdiens, dankdiens, dankseggingsdiens, gedenkdiens, huweliksdiens, begrafnisdiens, roudiens, opwekkingsdiens, reinigingsdiens, mis, hoofmis, requiem, biduur, biduurdiens, kerktyd, Sondagskool, godsdiensoefening 845, preek, intreepreek, proefpreek, kategismuspreek, politieke preek
liturgie, ritueel, rite, rituaal, seremonie, votum, seëngroet, kerkmusiek, kerksang, kerklied, psalm, gesang, psalms en gesange, halleluja, hallelujalied, lofpsalm, lofsang, introïtus, introïtuslied, slotsang, slotgesang, nasang, naspel, geloofsbelydenis, prediking 849, preek, bediening, gebed 847, introïtusgebed, wydingsgebed, dankgebed, slotgebed, offergawe, gawe, dankoffer, kollekte, silwerkollekte, deurkollekte, spesiale kollekte, kollektebord, kollektebus, offer, offerande, offerdier, offertorium (Rooms--Katoliek), eerste gelui, tweede gelui
Bybel, kanselbybel, psalmboek, gesang(e)boek, psalter, hallelujaboek, gebedeboek
predikant, liturg, ouderling, diaken, koster, kerkganger

b.nw. ritueel, liturgies

ww. kerk hou, kerk toe gaan, aanbid, gebooie opgee

849. Prediking

s.nw. ***prediking,*** predikasie, boetpredikasie, verkondiging, Woordverkondiging, geloofsverkondiging, bediening, preekbeurt, preek, leerrede, kanselrede, oggendpreek, aandpreek, kinderpreek, kinderdiens, jeugpreek, jeugdiens, kategismuspreek, politieke preek, geleentheidspreek, feespreek, intreepreek, proefpreek, leesdiens, teks, Bybelteks, teksvers, tekswoord, vers, teksgedeelte, perikoop, saligspreking, bieg, wyding, konsekrasie, gewydheid, verordening, insetting, altaar, preekstyl, preektrant, preektoon, homiletiek
evangelisasie, evangelisasiewerk, bediening, versoeningswerk, sending, sendingaksie, sendingwerk, sendingarbeid, kerugma, sendinggenootskap, sendingpos, sendingstasie, straatwerk, godsdiensonderrig, Bybelonderrig, Bybelklas, Sondagskool, Sondagskoolklas, kategese, katkisasie, katkisasieklas, aanneming, boer(e)matriek (*geselst.*), huisbesoek, hospitaalbesoek, hospitaalbearbeiding, nywerheidsbediening, hand(e)oplegging, geloofsgenesing
predikant 852, dominee, herder, sieleherder, prediker 852, hulpprediker, lekeprediker, straatprediker, leraar, lerares, hulpleraar, hulplerares, wyksleraar, wykslerares, kapelaan, weermagkapelaan, polisiekapelaan, evangeliedienaar, eerwaarde, pastoor, pastor, priester, priesteres, vader, monseigneur, pater, deken, aartsdeken, biskop 852, aartsbiskop, kardinaal, pous, rabbi, ghoeroe, imam, chatieb, geestelike, sendeling, sendingwerker, sendingwerkster, straatwerker, apostel, dissipel, ouderling, ouderlingsvrou, diakonie, diaken, diakones, diakensvrou, altaardienaar, koster, kosterin, orrelis, orreliste, kerkorrelis

b.nw. gewyd, sakraal, heilig, kanoniek, kerugmaties

ww. bearbei, arbei, evangeliseer, sendingwerk doen, aanneem, bekeer, leer, preek, predik, die Woord bedien, die Evangelie bedien, immoleer, wy, konsekreer, solemniseer, offer, opoffer, orden, ordineer, salf, salwe, seën

850. Sakrament

s.nw. sakrament, heilige sakrament, formulier; doop, kinderdoop, grootdoop, onderdompeling, doopbediening, doopdiens, doopplegtigheid, doopbelofte, doopgelofte, doopformulier, doopgetuie, doopregister, doopseel, doper, wederdoper, doopouers, dopeling, doopbriefie, doopnaam, doopbak, doopkleertjies, dooprok; Nagmaal, Heilige Nagmaal, eucharistie, Nagmaalsdiens, Nagmaalsviering, Nagmaalsformulier, transsubstansiasie, kommunie, Nagmaal(s)tafel, tafel, die tafel van die Here, Nagmaal(s)beker, Nagmaal(s)wyn, Nagmaal(s)brood, hostie, ouel, Nagmaal(s)ganger, kerksilwer; huwelik, huweliksformulier, huweliksgebod, huweliksdiens, troue, huweliksbevestiging, huweliksmis; mis, heilige mis; bieg, skuldbelydenis, konfessie, skuldvergewing, absolusie, geloofsbelydenis, konfirmasie, biegvader; wyding, wydingsdiens, wydingsplegtigheid, handoplegging; begrafnis, begrafnisdiens, teraardebestelling, verassing, roudiens, dodemis

b.nw. sakramenteel, eucharisties, konfessioneel

ww. uitvoer, 'n sakrament bedien, 'n formulier voorhou, doop, die Nagmaal bedien, 'n huwelik voltrek, bieg, absolusie gee, konfirmeer, wy, verorden

851. Christelike fees

s.nw. kerkfees, fees, christelike fees, godsdienstige vakansiedag, dankfees, feesdag; Kersfees, Kerstyd, Kersmis, Krismis (*geselst.*), Advent, Adventisme, Kersnag, Kersdag, Tweede Kersdag, Paasfees, Pase, Pasga, Goeie Vrydag, Paassondag, Paasmaandag, Hemelvaart, Hemelvaartdag, Pinkster, Pinksterfees, Hervormingsfees, Hervormingsondag

852. Geestelike

s.nw. ***heilige,*** heiligdom, beskermheilige, geestelike, skrifgeleerde, godsman, man van God, gesant van God, godsgesant, profeet, gesalfde, gelegitimeerde, kerkleier, kerkvader, kerkvoog, patriarg, kerkvors, hoogwaardigheidsbekleër, hoogwaardigheidsbekleder

prediker, hulpprediker, predikant, predikantsvrou, pastoriemoeder, pastoriepaar, leraar, hulpleraar, lerares, dominee, dominus, liturg, bedienaar, verkondiger, homileet, herder, kapelaan, weermagkapelaan, veldpredikant, polisiekapelaan, hofkapelaan, konsulent, proponent, eerwaarde, hoogeerwaarde, pastoor, pastoorsvrou, pastor, pastoraat, priester, priesteres, hoëpriester, hoëpriesteres, priesterskap, priesterorde, pater, monseigneur, kanunnik, prelaat, prelaatskap, ab, biskop, bisdom, suffragaan, deken, aartsdeken, primaat, primaatskap, aartsbiskop, aartsbisdom, kardinaal, konklaaf, kamerling, pous, pousskap, pousdom; afgodspriester, Baälpriester, druïde, sjamaan, sonpriester; toga, priesterkleed, monnikskleed, soutane, nonnegewaad, nonnekleed

orde, kloosterorde, geestelike orde, bedelorde, monnikeorde, nonneorde; kloosterling, kloosterbroeder, ordebroeder, monnik, ab, kloostervader, lekebroer, oblaat, postulant, kloostersuster, suster, non, nonnetjie, neofiet, neofietnon, novise, novisiaat, lekesuster, begyn, owerste, moederowerste, kloostermoeder; klooster, abdy, nonneklooster, begynhof, kloosterlewe, kloostergelofte

kerkamp, kerkraad, swartspan (*geselst.*), ouderling, ouderlingsamp, ouderlingskap, diaken, diakones, diaken(s)amp, diakonaat diakenskap, koorleier, sangleier, voorsinger, kantor, orrelis, kerkorrelis, koster, kosterin, tempeldienaar, misdienaar, akoliet skriba, skriba-kassier, scriba synodi, aktuarius, actuarius, assessor, saakgelastigde nuntius, raadgewer, nestor, godsadvokaa gemeentelid, lidmaat, belydende lidmaa dooplidmaat, kerkkoor, koorlid, kapitte domkapittel

kerkstruktuur, sinode, streeksinode, ko silie, klassis, ring, kerk, staatskerk, mo derkerk, dogterkerk, susterkerk, filiaalker gemeente, moedergemeente, wyk, bisdor diosees, aartsbisdom, pousdom, kerkreg ring, teokrasie

kerkbestuur, kerkregering, kerkorde, ker

reg, kerkwet, kerkvergadering, kerkraadsvergadering, ringsitting, ringkommissie, ringbesluit, kerklidmaatskap, sertifikaat van lidmaatskap, attestaat, tug, kerklike tug, sensuur, kerklike sensuur, ban

b.nw. geestelik, heilig, gelegitimeer, hoogwaardig, klerikaal, herderlik, pastoraal, priesterlik, hoëpriesterlik, patriargaal, pouslik, pontifikaal, diosesaan, jesuïeties, teokraties, kerklik, sinodaal

ww. benoem, beroep, legitimeer, bevestig, abdiseer, sekulariseer, kanoniseer, verketter

853. Kerkgebou

s.nw. ***kerkgebou,*** skip, beuk, hoofskip, dwarsbeuk, dwarsskip, transep, sybeuk, syskip, kruisbeuk, galery, koor, koorgalery, triforium, oksaal, apsis, voorportaal, atrium, voorgalery, narteks, baldakyn, kansel, preekstoel, kateder, bank, kerkbank, ouderlingsbank, diakensbank, voorhang, voorhangsel, baptisterium, doopvont, vont, ikonostase, altaar, soenaltaar, offeraltaar, altaartafel, orrel, kerkorrel, kerkklok, vesper, vesperklok, skryn, grafkelder, krip, kript, kripta, ikoon, ikonostase, kruis, kruisbeeld, relikwie, reliek, konsistorie, konsistoriekamer, sakristie, kerktoring, kloktoring, campanile, kerkhuis, kerkkantoor, kerksaal, pastorie, kerkhof

kerk, godshuis, heiligdom, stadskerk, dorpskerk, kruiskerk, koepelkerk, domkerk, kapittelkerk, katedraal, hallekerk, basilika, basiliek, abdy, abdykerk, kapel, kloosterkerk, tempel, sinagoge, tabernakel

C. GODSDIENSTE

854. Godsdienste

s.nw. ***Christelike godsdiens,*** godsdiens van die Christene, Protestantse godsdiens, Hervormde godsdiens, Roomse godsdiens, Katolisisme, Rooms-Katolisisme, katolisiteit, pousdom, Christelike geloof, Christengeloof, Christendom, Joodse godsdiens, godsdiens van die Jode, Mohammedaanse godsdiens, godsdiens van die Mohammedane, ware godsdiens, subjektiewe godsdiens, ortodokse godsdiens; Christen, Rooms-Katoliek, Katoliek

Joodse godsdiens, Jodedom, Sionisme, besnydenis, barmitswa, gebedsriem, Sabbat, sabbat, sabbatsviering, sabbatsjaar, Poerim, Chanoeka, Jom Kippoer, Paasfees, pasga, sinagoge, tempel, die Allerheiligste, sanctum, sanctorum, tabernakel, ark, ark van die verbond, verbondsark, altaar, brandaltaar, reukaltaar, brandoffer, toonbrode, Talmoed, kabbala; Jood, Hebreër, Sionis, rabbi, rabbyn, rabbinaat, priester, priesteres, hoëpriester, hoëpriesteres, owerpriester, talmoedis, kabbalis, kantor, besnedene, nasireër, onbesnedene

Mohammedaanse godsdiens, Mohammedanisme, Islam, Islamisme, Pan-Islamisme, moskee, mihrab, poewassa, koewassa, salaam, Koran, wette van Mohammed, ramadan, Allah, Mohammed; Mohammedaan, Moslem, Islamiet, kafir, kadi, derwisj, ghoeroe, imam, hadjie, moefti, mufti, grootmoefti, grootmufti, kalief, kalifa, kalifaat, molla, ajatolla, sjeg, sjeik, fakir, kadi

Boeddhisme, Boeddhistiese godsdiens, Boeddhistiese filosofie, Boeddha, Hindoeïsme, Brahmanisme, Sjintoeïsme, karmanisme, karma; Boeddhis, Boeddhistiese monnik, Boeddhistiese priester, Hindoe

afgodediens, veelgodedom, veelgodery, politeïsme, afgod, idolatrie, idool, Baäldiens, totemisme, totem, totemdier, totempaal, beeldediens, xilolatrie, natuurgodsdiens, natuurdiens, natuuraanbidding, natuurlike godsdiens, sonaanbidding, maanaanbidding, diereverering, diereaanbidding, animisme, soömorfisme, soölatrie, vuuraanbidding, humanitarisme, sjamanisme, fetisj, kettery, ketterjag, panteïsme, ateïsme; afgodedienaar, politeïs, sonaanbidder, Baäldienaar, natuuraanbidder, diereaanbidder, animis, ketter, ateïs, heiden, heidin

b.nw. interkerklik, gereformeer(d), Rooms--Katoliek, puriteins, sektaries, Israelities, Hebreeus, semities, anti-semities, besnede, onbesnede, kosjer, rabbinaal, rabbyns, Islamities, Islams, Mohammedaans, Moslemities, Moslems, Boeddhisties, afgodies, animisties, ketters, ateïsties

ww. hervorm, islamiseer

855. Gode

s.nw. ***godedom,*** god 837, godin, God 837, afgod, halfgod, ondergod, huisgod, geluksgodin, beskermengel, sanggod, seegod,

songod, watergod, . . ., godheid, goddelikheid, godsmag, goddelike mag, hoër mag, hoër gesag, gees, alomteenwoordigheid, almagtigheid, omnipotensie, hemeling, held, heldin, heldefiguur, helderas, monster, Leviatan, nimf, bosnimf, waternimf, najade, sirene, meermin, sentour, sikloop, duiwel, demon, demoon, furie; tuiste van die gode, Olimpus, onderwêreld, Hades, hel; teogonie; verafgoding, vergoddeliking, vergoding, apoteose, apoteosis; godespys, godedrank, ambrosia, valhalla, nirvana, nirwana

mite, mitologie, fabel, fabelleer

Griekse god, Romeinse god,[1] lare, Adonis, Aiolos, Eolus, Aeolus, god van die winde, Afrodite, Aphrodite, Venus, godin van die liefde, Agilles, Achilles, Apollo, Phoibos, Foibos, Phoebus, Andromeda, Ariadne, Artemis, Diana, godin van die maan, jaggodin, Athena, Minerva, godin van die wysheid, Atlas, Ares, Mars, oorlogsgod, krygsgod, god van oorlog, Dionusius, Dionisius, Bacchus, Bakchos, Discordia, Morfeus, Eris, godin van tweedrag, Eros, Amor, god van die liefde, Hades, god van die onderwêreld, Pluto, Hera, Juno, hemelgodin, godin van die huwelik, Helios, songod, H
faistos, Hephaistos, god van vuur, Herme
Merkurius, Mercurius, boodskapper van d
gode, Narsissus, Nemesis, Pan, herdersgo
heid, Pegasus, Persefone, Persophone, Pr
meteus, Prometheus, Poseidon, Neptunu
god van die see, Zeus, Jupiter, oppergo
dondergod, god van die donder, Kast
(seun van Zeus), Poludeuses (seun van Zeu
Dioskure (seuns van Zeus), Zeus Olimpo
Jupiter Capitolinus, vestinggod, sater, Mu

Germaanse god, Aegir, Asen, Frei, Frey
Freyr, Frigga, Hela, Hodur, Irmin, Isi
Odin, Wotan, Wodan, Thor, Donar, Tyr

Hindoegod, Agni, Avatars, Boeddh
Brahma, Indra, Krisjna, Manoe, Siwa, Tr
moerti, Visjnoe

Egiptiese god, Amon, Anubis, Apis, Ho
Horus, Isis, Osiris, Ra, Re, Rahab, Serap

Siriese god, Assiriese god, Aramese god, F
nisiese god, Adrammelek, Anammele
Asima, Asjera, Assur, Astarte, Atargati
Tartak, Baäl, Baäl-Berit, Baäl-Peor, Baäl
Sebub, Beëlsebul, Dagon, Ea, Gad, Kemo
Mardoek, Marduk, Bel, Meni, Milkon
Molek, Nebo, Nergal, Nibgas, Nisrok, R
fan, Rimmon, Hadad, Hadad-Rimmo
Sukkot-Benot

b.nw. Goddelik, goddelik, mitologies, mitie
sibillyns

ww. vergoddelik, verafgo(o)d

[1] Hierdie lys maak nie aanspraak op volledigheid nie. Waar Griekse en Romeinse name van gode voorkom, volg die Romeinse naam van 'n god op die Griekse naam.

Indeks

Die indeks moet nie beskou word as 'n alfabetiese lys van al die woorde en uitdrukkings wat in die tesourusgedeelte voorkom nie. Die indeks is 'n hulpmiddel wat die soektog na woorde en uitdrukkings vergemaklik. Om die indeks te vereenvoudig, word stamverwante woorde dikwels weggelaat. Iemand wat dus 'n woord soos *afkerigheid* wil naslaan ten einde 'n ander meer gepaste woord te vind, sal *afkerigheid* nie in die indeks vind nie, maar wel die vorm *afkerig*.

Deur laasgenoemde na te slaan, sal die gebruiker dan wel *afkerigheid* onder die selfstandige naamwoorde in die betrokke tesourusartikels vind. Hierdie vereenvoudiging geld nie net vir afleidings soos *afkerigheid* nie, maar ook vir sommige samestellings. Die woord *afleweringsfiets* sal dus nie in die indeks verskyn nie, maar wel in die tesourusgedeelte.

Die indeksinskrywings het 'n bepaalde **formaat**. Die woord wat nageslaan word, word vet gedruk. Hierdie woord of uitdrukking word gevolg deur 'n syfer wat verwys na die tesourusartikel waarin die betrokke item voorkom. Waar meer as een tesourusartikel ter sprake is, word die syferkode aangevul deur sleutelwoorde (dikwels is dit die konsepbenamings wat dien as die opskrifte van die betrokke tesourusartikels). Hierdie sleutelwoorde verskaf in werklikheid 'n kriptiese leidraad van die betekenisse van die betrokke woord of uitdrukking. In daardie opsig kan die indeks beskou word as 'n kriptiese verklarende woordeboek.

Spellingvariante (wisselvorme) word nie in alle gevalle in die indeks opgeneem nie. Dit mag dus gebeur dat die gebruiker 'n woord wat byvoorbeeld met *ch-* of *k-* gespel kan word, slegs onder *c* sal aantref.

Vaste uitdrukkings word nie in die indeks opgeneem nie. Ten einde 'n geskikte vaste uitdrukking te vind vir 'n bepaalde konteks, moet die gebruiker die betrokke konsep naslaan met behulp van die konseptuele indeling wat ná die inhoudsopgawe aangebied word.

A
à la 10
à la carte-restourant 429
à pari 703
a posteriori
25 Volg
525 Bewys
a priori
24 Voorafgaan
525 Bewys
aai 828
a-akkoord 753
aaklig
623 Sleg
683 Misluk
714 Gevoelig
744 Lelik
768 Vrees
775 Weersin
827 Afkeur
aakligheid
714 Gevoelig
717 Lyding
744 Lelik
aalbessie
323 Vrug
350 Vrugte
aalmoes
693 Gee
780 Hulp
aalwurm 361
aalwynmot 361
aambeeld
302 Smid
388 Oor
756 Musiek
aamborstigheid
404 Asemhaling
413 Siekte
aan
22 Kontinu
181 Stoot teen
204 Aandoen
aan-aan 741
aanbeland 188
aanbesteding 691
aanbeur 22
aanbeveel
584 Kies
603 Voorstel
638 Aanmoedig
665 Byeenkom
aanbevelenswaardig
603 Voorstel
622 Goed
638 Aanmoedig
826 Goedkeur
aanbeveling
603 Voorstel
622 Goed
638 Aanmoedig
659 Aanstel
826 Goedkeur
aanbid
589 Dien
776 Liefde
830 Eerbiedig
845 Godsvrug
aanbidder
589 Dien
847 Gebed
aanbidding
776 Liefde
826 Goedkeur
830 Eerbiedig
847 Gebed
848 Erediens
aanbied
631 Nodig
693 Gee
752 Toneelkuns
aanbieder 264
aanbieding
693 Gee
705 Verkoop
aanblaas 467
aanbod
548 Praat
603 Voorstel
693 Gee
704 Koop
aanbons 181
aan boord 221
aanbou 97
aanbousel
91 Gebou
97 Bou
aanbreek
27 Begin
649 Begin met
aanbring
166 Nader beweeg
172 Vasmaak
191 Laat kom
aand
37 Tyd
127 Tydbepaling
aandadige 809
aandadigheid 803
aandag
506 Belangstel
508 Aandag
680 Militêre aksie
aandag gee
508 Aandag
778 Goedaardig
aandag trek 508
aandagstreep
442 Lyn
565 Skryfkuns
571 Skrif
aandagtig 508
aandblad 568
aandblom 322
aanddiens
645 Handel
848 Erediens
aanddrag 745
aandeel
112 Deel
663 Meedoen
688 Besit
702 Beurs
aandeelhouer
688 Besit
700 Bank
702 Beurs
aandele-analis
688 Besit
702 Beurs
aandelebeurs 702
aandeledividend 686
aandelehandel 702
aandelemakelaar
688 Besit
702 Beurs
aandelemark
701 Handel
702 Beurs
aandeleportefeulje
688 Besit
702 Beurs
aandeleprys
688 Besit
702 Beurs
aandeletransaksie
688 Besit
701 Handel
702 Beurs
aandele-uitgifte
688 Besit
702 Beurs
aandenking 510
aandete 418
aandgebed 847
aan die hand van 629
aan die kant 627
aan die orde stel 557
aan die slaap 410
aandik
538 Dwaling
818 Bedrieg
aandklas 561
aandkoelte 466
aandkonsert 755
aandlied 757
aandlig 485
aandlug
289 Klimaat
466 Koud
aandoen
204 Aandoen
790 Sosiaal
aandoening 714
aandoenlik
713 Gevoel
714 Gevoelig
aandpak 745
aanpas 745
aandpreek 849
aandpypie 334
aandra
166 Nader beweeg
191 Laat kom
aandraai 172
aandraf 188
aandrang
181 Stoot teen
528 Bevestig
580 Graag
586 Beslis
604 Versoek
638 Aanmoedig
773 Begeerte
aandrentel 213
aandring
17 Noodsaak
181 Stoot teen
528 Bevestig
555 Vra
579 Gedwonge
604 Versoek
637 Doelgerigtheid
aandruk
181 Stoot teen
647 Voortgaan
aandryf
17 Noodsaak
150 Vorentoe
214 Dryf
257 Meganika
637 Doelgerigtheid
638 Aanmoedig
aandrywing
233 Motorvoertuig
257 Meganika
630 Werktuig
aandrywingsturbine 233
aandsak 84
aandsaluut 680
aandsinjaal 680
aandskemering
485 Lig
486 Duisternis
aandskemerte
485 Lig
486 Duisternis
aandster 270
aandtemperatuur 465
aandui
162 Ontbloot
493 Gevoeligheid
525 Bewys
539 Kommunikeer
541 Betekenis
545 Natuurlike teken
550 Noem
aandurf 767

aandwandeling 197
aandwydte 270
aaneen
22 Kontinu
35 Reëlmatig
40 Langdurig
172 Vasmaak
647 Voortgaan
aaneengeslote
69 Naby
172 Vasmaak
aaneengesluit 69
aaneengevleg 172
aaneenlopend 22
aaneenskakel
21 Volgorde
22 Kontinu
172 Vasmaak
665 Byeenkom
aaneenskakeling
21 Volgorde
22 Kontinu
170 Saambring
172 Vasmaak
aaneenskryf
563 Skryf
571 Skrif
aaneensluiting 172
aaneenvoeg
170 Saambring
172 Vasmaak
aangaan
6 Betreklik
22 Kontinu
37 Tyd
40 Langdurig
150 Vorentoe
188 Aankom
197 Te voet
493 Gevoeligheid
506 Belangstel
647 Voortgaan
682 Slaag
813 Swak gedrag
aangaan by
204 Aandoen
790 Sosiaal
aangaande 6
aangaanplek 793
aangaap 499
aangawe 550
aangebode
607 Beloof
693 Gee
aangebore
3 Bestaanswyse
240 Afkoms
aangebou 91
aangedaan
714 Gevoelig
719 Hartseer
aangee
550 Noem
603 Voorstel
693 Gee
728(1) Rugby
aangehoudene 594
aangeklaagde
806 Wettig
808 Regswese
809 Regsgeding
832 Beskuldig
aangeklam 407
aangelê 61
aangelap 20
aangeleerd 2
aangenaai 20
aangenaam
471 Lekker
622 Goed
716 Genot
724 Vermaak
743 Mooi
aangeneem
241 Familie
243 Kind
aangenome
241 Familie
243 Kind
605 Aanvaar
aangepak 628
aangeplak
628 Vuil
828 Vlei
aangesien 15
aangesig
94(2) Aansig
386 Gesig
810 Gedrag
aangesigspyn 413
aangesigsverlamming 413
aangeskryf 832
aangeslaan 489
aangesluit
6 Betreklik
172 Vasmaak
aangesproke 554
aangeteken
196 Poswese
563 Skryf
aangetrokke
166 Nader beweeg
714 Gevoelig
773 Begeerte
776 Liefde
791 Sosiaal
aangetroud 241
aangevallene 669
aangevange 27
aangewese
584 Kies
590 Bestuur
614 Bekwaam
633 Nuttig
aangifte 539
aangluur
499 Sien
777 Haat
aangooi
227 Werp
677 Skiet
aangord
172 Vasmaak
640 Voorbereid
aangrensend
69 Naby
82 Rondom
87 Kant
aangroei
107 Meer
168 Saamkom
aangryp
183 Gryp
584 Kies
714 Gevoelig
aangrypend
713 Gevoel
714 Gevoelig
aanhaak 172
aanhaal
166 Nader beweeg
191 Laat kom
510 Herinner
525 Bewys
548 Praat
550 Noem
aanhaling 525
aanhalingsteken 571
aanhang 776
aanhanger 663
aanhangig 802
aanhangsel
5 Ondergeskik
107 Meer
567 Boek
632 Onnodig
aanhardloop 188
aanhê 264
aanhef
27 Begin
563 Skryf
649 Begin met
801 Wet
aanheg 172
aanhelp
15 Oorsaak
559 Opvoeding
645 Handel
682 Slaag
aanhits
15 Oorsaak
618 Kragtig
638 Aanmoedig
713 Gevoel
aanhoor
498 Gehoor
713 Gevoel
aanhou
22 Kontinu
37 Tyd
40 Langdurig
141 Behoud
143 Bestendig
146 Beweginloosheid
369 Veeteelt
582 Wilskrag
594 Onvryheid
608 Jou woord hou
645 Handel
647 Voortgaan
657 Herhaal
688 Besit
aanhoudend
8 Dieselfde
22 Kontinu
35 Reëlmaat
40 Langdurig
42 Altyd
55 Dikwels
164 Reëlmatig
647 Voortgaan
aanhouding
594 Onvryheid
647 Voortgaan
aanhouplek 594
aanjaag
150 Vorentoe
191 Laat kom
204 Aandoen
aankap 182
aankapknieë 397
aan kant 627
aankeer
191 Laat kom
832 Beskuldig
aankla
808 Regswese
809 Regsgeding
832 Beskuldig
aanklaer
806 Wettig
808 Regswese
809 Regsgeding
832 Beskuldig
aanklag
808 Regswese
809 Regsgeding
aanklam 463
aanklamp 172
aankleding
19 Orde
567 Boek
aanklee 95(12)
aankleef
168 Saamkom
170 Saambring

172 Vasmaak
776 Liefde
aanklop
188 Aankom
604 Versoek
aanklop by 790
aanklop om werk 659
aanklots 287
aanknoop
27 Begin
172 Vasmaak
557 Diskussie
649 Begin met
aanknoping 172
aanknopingspunt
27 Begin
172 Vasmaak
558 Redevoering
aankom
16 Gevolg
166 Nader beweeg
188 Aankom
237 Voortbring
345 Plantkwekery
552 Vertel
aankom by
204 Aandoen
790 Sosiaal
aankomeling
188 Aankom
204 Aandoen
aankomende
25 Volg
51 Toekoms
166 Nader beweeg
188 Aankom
aankoms
188 Aankom
204 Aandoen
aankondig
539 Kommunikeer
548 Praat
550 Noem
551 Meedeel
567 Boek
aankondiging
548 Praat
551 Meedeel
aankoop
686 Aanwins
701 Handel
704 Koop
aankruie
197 Te voet
226 Stadig
aankruip 226
aankry 467
aankuier
197 Te voet
213 Rondgaan
226 Stadig
aankweek
239 Voortplant
345 Plantkwekery
506 Belangstel
aankyk 499
aanlag 722
aanland 188
aanlandig
166 Nader beweeg
290 Wind
aanlap
172 Vasmaak
552 Vertel
aanlas
97 Bou
172 Vasmaak
552 Vertel
aanlê
27 Begin
61 Plek
66 Plasing
149 Pad
237 Voortbring
239 Voortplant
649 Begin met
677 Skiet
776 Liefde
aanleer
506 Belangstel
561 Studeer
657 Herhaal
684 Oorwin
aanleg
66 Plasing
91 Gebou
92 Groot gebou
237 Voortbring
502 Verstand
614 Bekwaam
649 Begin
658 Beroep
aanlegtoets 502
aanleidend 15
aanleiding
15 Oorsaak
637 Doelgerigtheid
aanlêplek 221
aanleun 181
aanliggend
14 Navolging
69 Naby
aanlok
191 Laat kom
773 Begeerte
aanloklik
743 Mooi
773 Begeerte
aanloksel 773
aanlonk 773
aanloop
15 Oorsaak
27 Begin
150 Vorentoe
188 Aankom
197 Te voet
222 Vlieg
553 Behandel
750 Letterkunde
aanloop by
204 Aandoen
790 Sosiaal
aanloopbaan 222
aanloopspanning 262
aanloopstroom 262
aanluister 498
aanlym 172
aanmaak 174
aanmaakkoeldrank 427
aanmaan
708 Betaal
711 Skuld
aanmaning
412 Siek
638 Aanmoedig
708 Betaal
711 Skuld
aanmaningsbrief 711
aanmatig
512 Verbeelding
805 Onregverdig
aanmatigend 785
aanmatiging 512
aanmekaar
22 Kontinu
35 Reëlmaat
40 Langdurig
164 Reëlmatige beweging
183 Gryp
647 Voortgaan
aanmekaarbind
170 Saambring
172 Vasmaak
aanmekaarflans 237
aanmekaarkap 97
aanmekaarketting 172
aanmekaarkleef 168
aanmekaarklink 172
aanmekaarknoop 172
aanmekaarkoek 168
aanmekaarkram 172
aanmekaarlas
21 Volgorde
172 Vasmaak
aanmekaarsit
172 Vasmaak
237 Voortbring
aanmekaarskakel 172
aanmekaarskroef 172
aanmekaarskryf 563
aanmekaarspring 667
aanmekaarspyker
97 Bou
172 Vasmaak
aanmekaartimmer
97 Bou
237 Voortbring
aanmekaarvoeg 172
aanmekaarwerk 172
aanmeld
188 Aankom
539 Kommunikeer
548 Praat
aanmeng 174
aanmerk
539 Kommunikeer
548 Praat
550 Noem
827 Afkeur
aanmerking
539 Kommunikeer
548 Praat
827 Afkeur
829 Beledig
aanmerklik 104
aan moederskant 240
aanmoedig
15 Oorsaak
625 Sterk
638 Aanmoedig
713 Gevoel
716 Genot
765 Hoop
767 Moed
834 Beloon
aanmoediging
638 Aanmoedig
663 Meedoen
713 Gevoel
765 Hoop
834 Beloon
aanmoedigingsprys 834
aannaai 172
aanname
513 Gedagte
515 Wetenskap
518 Glo
522 Redeneer
548 Praat
558 Redevoering
696 Ontvang
aanneem
191 Laat kom
243 Kind
513 Gedagte
518 Glo
522 Redeneer
530 Voorbehou
584 Kies
588 Gesag hê
605 Aanvaar
659 Aanstel
696 Ontvang
849 Prediking
aanneembaar 826

aanneemlik
530 Voorbehou
605 Aanvaar
622 Goed
720 Tevrede
826 Goedkeur
aanneemlikheid 622
aannemer
97 Bou
605 Aanvaar
aanneming
241 Familie
845 Godsvrug
849 Prediking
aanpak
27 Begin
183 Gryp
649 Begin met
694 Neem
827 Afkeur
aanpaksel
168 Saamkom
628 Vuil
aanpas
140 Verandering
644 Handelwyse
752 Toneelkuns
aanpasbaarheid 263
aanpassing 140
aanpeil 188
aanpeiltoestel 264
aanpiekel 226
aanplak
172 Vasmaak
462 Halfvloeibaar
aanplant
345 Plantkwekery
347 Landbou
aanpleister
97 Bou
172 Vasmaak
aanpor 638
aanpraat
638 Aanmoedig
827 Afkeur
832 Beskuldig
aanprys
638 Aanmoedig
834 Beloon
aanraai 638
aanraak
181 Stoot teen
495 Tassin
553 Behandel
713 Gevoel
aanraking
69 Naby
181 Stoot teen
495 Tassin
790 Sosiaal
aanrakingspunt 439
aanrand
623 Sleg
669 Aanval
717 Lyding
779 Boosaardig
820 Oneerbaar
aanrander
623 Sleg
667 Stryd
779 Boosaardig
803 Oortree
822 Skuldig
aanranding
623 Sleg
669 Aanval
779 Boosaardig
803 Oortree
822 Skuldig
aanrandsaak 809
aanreik
191 Laat kom
693 Gee
aanrig
15 Oorsaak
16 Gevolg
645 Handel
aanroep
191 Laat kom
539 Kommunikeer
548 Praat
550 Noem
554 Aanspreek
790 Sosiaal
aanroepvorm 550
aanroer
493 Gevoeligheid
550 Noem
553 Behandel
aanrol
152 Verby
231 Tuig
aanruk 226
aanry
188 Aankom
191 Laat kom
204 Aandoen
216 Ry
790 Sosiaal
aanrykafee 707
aans
51 Toekoms
519 Twyfel
aansê 588
aanseil 221
aansien
499 Sien
588 Gesag hê
616 Magtig
620 Belangrik
713 Gevoel
796 Stand
799 Beroemd
826 Goedkeur
830 Eerbiedig
aansien hê 799
aansienlik
104 Baie
620 Belangrik
743 Mooi
799 Beroemd
aansig 759
aansit
172 Vasmaak
217 Motorry
649 Begin
aansit
418 Maaltyd
419 Voedselbereiding
aansit
512 Verbeelding
638 Aanmoedig
aansitete 418
aansitter 233
aansitter 793
aansittery 512
aanskaf
686 Aanwins
704 Koop
aanskakel
172 Vasmaak
217 Motorry
262 Elektrisiteit
485 Lig
aanskiet 228
aanskou
499 Sien
500 Sigbaarheid
aanskoubaar 500
aanskouing 499
aanskouingsmateriaal 560
aanskouingsonderwys 559
aanskoulik
499 Sien
543 Duidelik
743 Mooi
aanskryf
590 Bestuur
711 Skuld
832 Beskuldig
aanskrywing 711
aanskuif
37 Tyd
67 Verplasing
150 Vorentoe
152 Verby
226 Stadig
aanskyn
2 Nie-bestaan
94(2) Aansig
386 Gesig
aanslaan
172 Vasmaak
181 Stoot teen
182 Slaan
489 Ondeurskynend
708 Betaal
711 Skuld
728(1) Rugby
755 Uitvoering
835 Bestraf
aanslag
181 Stoot teen
628 Vuil
669 Aanval
712 Belasting
755 Uitvoering
aansleep
166 Nader beweeg
191 Laat kom
216 Ry
aanslenter 213
aanslinger 165
aanslof 229
aansluip 204
aansluit
6 Betreklik
8 Dieselfde
10 Harmonie
26 Saam
69 Naby
149 Pad
168 Saamkom
172 Vasmaak
220 Treinry
262 Elektrisiteit
265 Telekommunikasie
288 Waterstelsel
531 Saamstem
553 Behandel
663 Meedoen
665 Byeenkom
790 Sosiaal
aansluiting
149 Pad
172 Vasmaak
220 Treinry
265 Telekommunikasie
663 Meedoen
665 Byeenkom
aansluitkas 234
aansmeer
172 Vasmaak
462 Halfvloeibaar
aansnel 228
aansny
185 Sny
553 Behandel
aansoek
555 Vra
604 Versoek
659 Aanstel
aansoeker
604 Versoek
659 Aanstel
aanspoel 287

aanspoor
219 Perdry
590 Bestuur
638 Aanmoedig
aansporing
638 Aanmoedig
765 Hoop
aanspraak
554 Aanspreek
604 Versoek
aanspraak maak 604
aanspreek
539 Kommunikeer
550 Noem
553 Behandel
554 Aanspreek
638 Aanmoedig
790 Sosiaal
827 Afkeur
832 Beskuldig
aanspreeklik
808 Regswese
811 Gewete
822 Skuldig
aanspreekvorm
550 Noem
576 Sinsbou
aanspreking
550 Noem
576 Sinsbou
aanstaan
720 Tevrede
773 Begeerte
aanstaande
25 Volg
51 Toekoms
248 Huwelik
aanstaar 499
aanstalte(s) 649
aanstap
22 Kontinu
197 Te voet
228 Vinnig
aanstap by 204
aansteek
15 Oorsaak
412 Siek
413 Siekte
430 Rook
467 Aansteek
485 Lig
638 Aanmoedig
aansteeklik
15 Oorsaak
412 Siek
413 Siekte
aanstel
584 Kies
588 Gesag hê
590 Bestuur
645 Handel
659 Aanstel
813 Swak gedrag
aanstellerig
512 Verbeelding
785 Hoogmoedig
813 Swak gedrag
aanstellerigheid
512 Verbeelding
785 Hoogmoedig
813 Swak gedrag
aanstellery
512 Verbeelding
813 Swak gedrag
aanstelling
590 Bestuur
645 Handel
658 Beroep
659 Aanstel
aansterk 411
aanstig
15 Oorsaak
638 Aanmoedig
aanstigter
771 Gramskap
777 Haat
779 Boosaardig
aanstigting
15 Oorsaak
237 Voortbring
638 Aanmoedig
aanstip
550 Noem
551 Meedeel
553 Behandel
563 Skryf
aanstoker
638 Aanmoedig
771 Gramskap
777 Haat
779 Boosaardig
aanstons 51
aanstook
467 Aansteek
638 Aanmoedig
771 Gramskap
779 Boosaardig
aanstoom 221
aanstoot
150 Vorentoe
181 Stoot teen
744 Lelik
813 Swak gedrag
829 Beledig
aanstoot gee 775
aanstootlik
623 Sleg
628 Vuil
744 Lelik
775 Weersin
777 Haat
779 Boosaardig
813 Swak gedrag
820 Oneerbaar
827 Afkeur
829 Beledig
aanstootlikheid
628 Vuil
744 Lelik
775 Weersin
820 Oneerbaar
aanstorm 228
aanstreep 563
aanstryk
97 Bou
154 Vryf
197 Te voet
aanstuif 228
aanstuur
192 Laat gaan
637 Doelgerigtheid
aansuiwer
708 Betaal
711 Skuld
aansukkel
198 Strompel
226 Stadig
229 Stadig beweeg
654 Moeilik
aansuur 472
aanswel
107 Meer
620 Belangrik
aanswem 215
aansyn 1
aantal
102 Hoeveelheid
133 Getal
aantas
412 Siek
413 Siekte
623 Sleg
779 Boosaardig
829 Beledig
aantasting
495 Tassin
779 Boosaardig
aanteel
104 Baie
239 Voortplant
317 Fisiologie
368 Diereteelt
369 Veeteelt
aanteeldier 369
aanteelhok 369
aanteelt
239 Voortplant
368 Diereteelt
aanteken
196 Poswese
248 Huwelik
263 Rekenaar
539 Kommunikeer
543 Duidelik
551 Meedeel
563 Skryf
565 Skryfkuns
aantekening
543 Duidelik
546 Kunsmatige teken
565 Skryfkuns
567 Boek
aantekeninge (mv.) 553
aantekeningpapier 564
aantik 182
aantog 188
aantoon
162 Ontbloot
508 Aandag
517 Vind
525 Bewys
539 Kommunikeer
550 Noem
584 Kies
aantou 203
aantrede 680
aantree
166 Nader beweeg
680 Militêre aksie
aantreeorde 21
aantref
166 Nader beweeg
517 Vind
aantrek
166 Nader beweeg
170 Saambring
178 Toegaan
261 Magnetisme
745 Versier
773 Begeerte
aantrekkamer 94(3)
aantrekking
166 Nader beweeg
170 Saambring
261 Magnetisme
773 Begeerte
aantrekkingskrag
166 Nader beweeg
170 Saambring
256 Skeikunde
261 Magnetisme
270 Hemelliggaam
773 Begeerte
776 Liefde
aantreklik
166 Nader beweeg
714 Gevoelig
743 Mooi
773 Begeerte
aantreklikheid
743 Mooi
773 Begeerte
aantrou
241 Familie
248 Huwelik
aantyg 832

aantyging
827 Afkeur
832 Beskuldig
aanvaar
221 Vaar
513 Gedagte
518 Glo
531 Saamstem
584 Kies
605 Aanvaar
659 Aanstel
696 Ontvang
aanvaarbaar
601 Toestem
605 Aanvaar
622 Goed
720 Tevrede
826 Goedkeur
aanvaarding
187 Reis
605 Aanvaar
826 Goedkeur
aan vaderskant 240
aanval
412 Siek
526 Weerlê
666 Verhinder
667 Stryd
669 Aanval
727 Wedstryd
728(1) Rugby
728(2) Sokker
803 Oortree
827 Afkeur
aanvallend
667 Stryd
669 Aanval
728 Balsport
aanvallendheid 669
aanvallig 743
aanvalsfront 669
aanvalsgeweer 676
aanvalshandeling 669
aanvalsmag 667
aanvalsplan 672
aanvalsvliegtuig 236
aanvalswapen 675
aanvang
15 Oorsaak
27 Begin
649 Begin met
727 Wedstryd
779 Boosaardig
aanvangsaldo 703
aanvangsdatum 127
aanvangsdeel 27
aanvangsgedeelte
27 Begin
649 Begin met
aanvangskolwer 728(3)
aanvangsletter 566
aanvangstadium 27
aanvanklik
27 Begin
649 Begin met
aanvaring 221
aanvat
27 Begin
183 Gryp
584 Kies
aanveg 532
aanvegbaar
519 Twyfel
526 Weerlê
532 Betwis
841 Leer
aanverwant
6 Betreklik
8 Dieselfde
241 Familie
aanverwantskap
8 Dieselfde
10 Harmonie
241 Familie
aanvlieg 222
aanvly
154 Vryf
776 Liefde
aanvoeg
170 Saambring
172 Vasmaak
aanvoegende wys(e) 574
aanvoegsel 172
aanvoel
493 Gevoeligheid
513 Gedagte
713 Gevoel
aanvoelbare temperatuur
289 Klimaat
465 Warm
aanvoeling
493 Gevoeligheid
533 Verstaan
aanvoer
191 Laat kom
194 Vervoer
557 Diskussie
588 Gesag hê
590 Bestuur
599 Gesag
603 Voorstel
680 Militêre aksie
aanvoerder 14
aanvoering
599 Gesag
680 Militêre aksie
aanvoor
27 Begin
557 Diskussie
649 Begin met
aanvoorslag 27
aanvoorwerk 649
aanvra
191 Laat kom
604 Versoek
aanvraag
604 Versoek
705 Verkoop
aanvryf 154
aanvul
10 Harmonie
107 Meer
aanvullend 107
aanvulling 107
aanvullingskleur 490
aanvuring
638 Aanmoedig
713 Gevoel
aanvuur
638 Aanmoedig
714 Gevoelig
aanwaai 188
aanwakker 638
aan wal gaan 221
aanwandel
197 Te voet
229 Stadig
aanwas
62 Grensloos
107 Meer
aanwend 629
aanwending
629 Gebruik
691 Spandeer
aanwensel 657
aanwerk 172
aanwesig
1 Bestaan
64 Aanwesig
aanwikkel
228 Vinnig
647 Voortgaan
aanwins 107
aanwins (groei) 686
aanwins (voordeel) 686
aanwys
539 Kommunikeer
541 Betekenis
545 Natuurlike teken
550 Noem
584 Kies
590 Bestuur
616 Magtig
659 Aanstel
aanwysend
539 Kommunikeer
574 Woordkategorie
577 Betekenis
aanwysende betekenis 577
aanwysing
539 Kommunikeer
659 Aanstel
aap
366 Soogdier
503 Onverstandig
aapagtig 14
aapmens 374
aapstert
222 Vlieg
396 Rug
630 Werktuig
aapstuipe
768 Vrees
771 Gramskap
aar
284 Bron
321 Blaar
399 Bloedsomloop
aarbank 417
aarbei
323 Vrug
350 Vrugte
aarbeiboom 331
aarbloed 400
aarbreuk 413
aard
3 Bestaanswyse
8 Dieselfde
31 Soort
262 Elektrisiteit
272 Aarde
714 Gevoelig
787 Gemeenskap
aardas
272 Aarde
274 Geologie
aardbewing 274
aardbewoner 374
aardbodem
61 Plek
272 Aarde
aardbol
269 Heelal
272 Aarde
273 Geografie
Aarde 270
aarde
61 Plek
269 Heelal
272 Aarde
274 Geologie
276 Vasteland
298 Steen
346 Landbougrond
459 Vaste stof
aardelektrode 262
aardgas
274 Geologie
461 Gas
aardgees 838
aardgeleiding 262
aardgordel 274
aardhoop 298
aardig
104 Baie
412 Siek
623 Sleg
714 Gevoelig
775 Weersin

aardigheid
724 Vermaak
743 Mooi
aarding 262
aardkern 272
aardkors
272 Aarde
274 Geologie
aardkunde 274
aardkundig 272
aardlaag
272 Aarde
298 Steen
aardmagnetisme 261
aardmannetjie 838
aardmassa 272
aardmeetkunde
273 Geografie
274 Geologie
aardmetaal 297
aardolie 299
aardplaat 272
aardplooi 274
aardroos 337
aardryk 272
aardrykskunde 273
aards
41 Kortstondig
254 Stof
272 Aarde
543 Duidelik
619 Kalm
622 Goed
786 Nederig
aardsgesind 810
aardsgewemel 357
aardsheid
254 Stof
786 Nederig
aardskok 274
aardskudding 274
aardsoort 298
aardstorting 274
aardstraling 272
aardstroom 262
aardsvyand 667
aardtrilling 274
aardwetenskaplike 274
aardwetenskappe 274
aarlaat 414
aarontsteking 413
aarprobleem 413
aars 396
aarsel
482 Menslike geluid
519 Twyfel
587 Aarsel
617 Magteloos
aarselend
11 Disharmonie
482 Menslike geluid
519 Twyfel
581 Teësinnig
770 Wantroue
aarseling
11 Disharmonie
587 Aarsel
aarspat 413
aarsteen 413
aarswel 413
aartappel 351
aartappelaand 418
aartappelbaars 363
aartappelboerdery 351
aartappelkrul 426
aartappelkwekery 351
aartappelland 351
aartappelmoer
323 Vrug
351 Groente
aartappels 426
aartappelskyfie 426
aartjie 399
aartrombose 413
aartsbisdom 852
aartsbiskop
591 Gesaghebber
849 Prediking
852 Geestelike
aartsdeken
849 Prediking
852 Geestelike
aartsdom 503
aartsengel 838
aartshertog 797
aartshertogdom 590
aartsleuenaar 818
aartslui 611
aartsmoeder 240
aartsskelm
813 Swak gedrag
815 Oneerlik
aartsvader
54 Oud
240 Afkoms
aartsvyand 777
aarverdikking 413
aarverkalking 413
aarverstopping 413
aarvoeding 406
aas
252 Doodmaak
372 Vissery
406 Eet
740 Kaartspel
773 Begeerte
aasblom 334
aashaai 363
aaskelk 334
aaskewer 361
aaskop 372
aasvlieg 361
aasvoël 365
ab 852
abakus
94(5) Pilaar
122 Bereken
125 Tel
560 Skoolgaan
abasie 413
abattoir
94 Gebou
423 Slagter
abba
194 Vervoer
837 God
abbreviasie 575
abc 571
abdikeer 660
abdiseer
660 Ontslaan
852 Geestelike
abdomen
362 Skaaldier
395 Buik
401 Spysvertering
abdominaal 395
abduksie 192
abduktor 379
abdy
852 Geestelike
853 Kerk
abdykerk 853
abeel 331
abele 331
abele spel 752
aberrasie
505 Verstandstoornis
538 Dwaling
abiekwasboom 331
abiogenese 251
abiose 250
abjater 722
ablaktasie 371
ablatief 574
ablaut 572
ablou 741
ablouman 741
abnormaal
7 Betrekkingloos
34 Vreemd
36 Onreëlmatig
505 Verstandstoornis
538 Dwaling
744 Lelik
abnormale psigologie 514
abnormaliteit
7 Betrekkingloos
34 Vreemd
36 Onreëlmatig
505 Verstandstoornis
613 Onnoukeurig
744 Lelik
abolisie 801
A-bom 676
aborsie
238 Vernietig
239 Voortplant
aborteer
238 Vernietig
239 Voortplant
414 Geneeskunde
648 Onderbreek
aborteur 238
abortief 238
abortus
238 Vernietig
239 Voortplant
abrakadabra 548
abrogasie 801
abrup
7 Betrekkingloos
618 Kragtig
777 Haat
abruptheid
7 Betrekkingloos
777 Haat
absensie 65
absensielys 560
absent
189 Wegbly
509 Onoplettend
absenteer 65
absenteïsme 65
abses 413
absint 427
absolusie 850
absolute monargie 590
absolute musiek 753
absolutis 590
absolutisme
590 Bestuur
795 Staat
absoluut
4 Selfstandig
6 Betreklik
17 Noodsaak
104 Baie
109 Alles
527 Oordeel
537 Waarheid
absorbeer
170 Saambring
172 Vasmaak
175 Insit
absorberend
175 Insit
256 Skeikunde
absorpsie
172 Vasmaak
175 Insit
256 Skeikunde
476 Geluid
abstinensie 585
abstraheer
513 Gedagte
522 Redeneer

abstrak
513 Gedagte
574 Woordkategorie
749 Kuns
abstraksie 513
abstrakte kuns 749
abstrakte musiek 753
abstrakte skilderkuns 760
abstraktum 574
absurd
7 Betrekkingloos
538 Dwaling
absurditeit 524
abusief 538
a capella
755 Uitvoering
757 Sang
accelerando 753
achilleshiel 714
achillespees 397
achillie 397
acholie 413
achromaat
413 Siekte
499 Sien
achromasie
413 Siekte
499 Sien
achromaties
267 Optika
491 Kleurloosheid
499 Sien
achromatiese kleur 490
achromatisme
413 Siekte
491 Kleurloosheid
499 Sien
ACP-pistool 676
acre 123
acrevoet 123
acta 645
activa 703
actuarius 852
acutus 571
ad hoc 637
ad hoc-komitee 590
ad interim 41
ad libitum 755
ad valorembelasting 712
adagietto 753
adagio
753 Musiek
754 Komposisie
adagio ma non troppo 753
Adamboustyl 94(1)
adamsappel
390 Mond
393 Skouer
Adamsgeslag
374 Mens
787 Gemeenskap
adapteer
10 Harmonie
565 Skryfkuns
750 Letterkunde
752 Toneelkuns
adato 51
addendum
5 Ondergeskik
107 Meer
567 Boek
adder 364
addergebroedsel
779 Boosaardig
813 Swak gedrag
820 Oneerbaar
addisie
107 Meer
137 Bewerking
addisioneel
5 Ondergeskik
107 Meer
addisionele lid 665
adekwaat
115 Genoeg
614 Bekwaam
adel
797 Adelstand
812 Goeie gedrag
819 Eerbaar
adelaar 365
adelaarsblik 499
adelbors
221 Vaar
673 Manskap
adelbrief 539
adeldom
797 Adelstand
819 Eerbaar
adellik
432 Groot
778 Goedaardig
797 Adelstand
adellike 797
adelstand
796 Stand
797 Adelstand
adem
404 Asemhaling
541 Betekenis
ademloos 477
adenoïd 389
adep 502
aderlaat 414
adhesie
377 Liggaam
453 Dig
adiofon(on) 756
adjektief 574
adjektiefgroep 576
adjektiefvorming 575
adjektiveer 575
adjektiwies
574 Woordkategorie
576 Sinsbou
adjudant
591 Gesaghebber
673 Manskap
adjudant-offisier
591 Gesaghebber
673 Manskap
adjunk
574 Woordkategorie
576 Sinsbou
adjunk
590 Bestuur
591 Gesaghebber
592 Ondergeskikte
658 Beroep
663 Meedoen
adjunkbestuurder 590
adjunkdekaan 560
adjunkdirekteur 591
adjunkhoof
560 Skoolgaan
591 Gesaghebber
658 Beroep
administrasie
560 Skoolgaan
588 Gesag hê
590 Bestuur
658 Beroep
administrasiegebou 590
administrateur
590 Bestuur
591 Gesaghebber
658 Beroep
administratief
588 Gesag hê
590 Bestuur
591 Gesaghebber
658 Beroep
795 Staat
administratiefreg 515
administreer
588 Gesag hê
590 Bestuur
591 Gesaghebber
658 Beroep
795 Staat
admiraal
591 Gesaghebber
673 Manskap
admiraliteit 672
admissie
559 Opvoeding
601 Toestem
adolessensie
53 Jonk
377 Liggaam
adolessent
52 Ouderdom
53 Jonk
243 Kind
adonis
375 Man
743 Mooi
adoniseer 745
adoons 375
adopsie 241
adopteer 243
adoreer
776 Liefde
826 Goedkeur
830 Eerbiedig
adrenalien
409 Afskeiding
415 Geneesmiddel
adres
64 Aanwesig
88 Posisie
196 Poswese
550 Noem
563 Skryf
604 Versoek
adresboek 567
adresseer 563
adret 627
A-dubbelkruis 753
A-dubbelmol 753
adulasie 826
Advent 851
adventief
36 Onreëlmatig
61 Plek
Adventisme 851
adverbiaal
574 Woordkategorie
576 Sinsbou
adverbialisering 575
adverbium 574
adverteer
539 Kommunikeer
551 Meedeel
568 Perswese
705 Verkoop
adverteerder 551
adverteerkunde 551
advertensie
539 Kommunikeer
551 Meedeel
568 Perswese
701 Handel
advertensieblad 568
advertensiebylae 568
advertensieflits 551
advertensie-insetsel 568
advertensiemaatskappy 701
advies
527 Oordeel
539 Kommunikeer
548 Praat
603 Voorstel
638 Aanmoedig
708 Betaal
adviesbrief 539

advieskomitee 527
adviesliggaam 527
adviesraad 590
adviseer
551 Meedeel
603 Voorstel
638 Aanmoedig
adviserend 638
adviseur
539 Kommunikeer
638 Aanmoedig
advokaat
427 Drank
808 Regswese
809 Regsgeding
advokaat-generaal
591 Gesaghebber
808 Regswese
advokaatpeer 323
advokatery
808 Regswese
818 Bedrieg
advokatestreek 818
aërobatiek
222 Vlieg
730 Gimnastiek
aërobies 414
aërobiese dans
730 Gimnastiek
742 Dans
aërobiese oefening
726 Sport
730 Gimnastiek
aërodinamika 259
aërofiet 318
aërografie 259
aëroliet
270 Hemelliggaam
298 Steen
aërologie
259 Aërografie
294 Weerkunde
aëromeganika 259
aërometer
259 Aërografie
294 Weerkunde
aërometrie 259
aëronomie 259
aëroob 317
aëroskoop 259
aëroskopie 259
aërostaat
123 Meet
259 Aërografie
aërostatika 259
af
159 Neerdaal
171 Verwyder
190 Vertrek
212 Afgaan
717 Lyding
af en toe 56
afasie
413 Siekte
548 Praat
afbabbel 548
afbaken
63 Begrens
550 Noem
553 Behandel
afbars 184
afbedel
604 Versoek
690 Arm
afbeeld
547 Simboliek
758 Kuns
afbeelding
14 Navolging
547 Simboliek
758 Kuns
afbeeldsel
547 Simboliek
763 Beeldhoukuns
afbeen 397
afbeitel
184 Afbreek
185 Sny
afbel 265
afbestel 701
afbetaal
585 Verwerp
660 Ontslaan
708 Betaal
711 Skuld
afbetaling
585 Verwerp
660 Ontslaan
708 Betaal
711 Skuld
afbeul 661
afbid
604 Versoek
847 Gebed
afbind
173 Losmaak
178 Toegaan
afblaar 184
afblaas
409 Afskeiding
639 Ontmoedig
771 Gramskap
afbly 664
afbou 275
afbraak
98 Breek
173 Losmaak
652 Versuim
afbrand
238 Vernietig
467 Aansteek
afbreek
98 Breek
171 Verwyder
173 Losmaak
184 Afbreek
238 Vernietig
621 Onbelangrik
623 Sleg
648 Onderbreek
652 Versuim
713 Gevoel
813 Swak gedrag
afbrekend
238 Vernietig
635 Skadelik
829 Beledig
afbreking
97 Bou
173 Losmaak
184 Afbreek
238 Vernietig
afbrekingsteken 571
afbreuk 623
afbring
108 Minder
159 Neerdaal
212 Afgaan
692 Spaar
afbrokkel
184 Afbreek
621 Onbelangrik
afbuig
212 Afgaan
444 Krom
afbyt
173 Losmaak
406 Eet
afdaal
159 Neerdaal
212 Afgaan
796 Stand
afdak 94(4)
afdaling 212
afdam
285 Meer
288 Waterstelsel
afdank
585 Verwerp
615 Onbekwaam
646 Nie handel nie
660 Ontslaan
afdanking
585 Verwerp
606 Weier
646 Nie handel nie
648 Onderbreek
658 Beroep
660 Ontslaan
afdek
95(12) Venster
418 Maaltyd
afdeling
5 Ondergeskiktheid
19 Orde
30 Ondergeskik
94(3) Vertrek
112 Deel
168 Saamkom
170 Saambring
665 Byeenkom
672 Weermag
afdelingsbestuur 590
afdelingsbiblioteek 567
afdelingsraad
590 Bestuur
795 Staat
afdemp 498
afdig 178
afdoen 650
afdoende
523 Logies redeneer
525 Bewys
586 Beslis
620 Belangrik
622 Goed
631 Nodig
637 Doelgerigtheid
afdoendheid 631
afdop
162 Ontbloot
184 Afbreek
426 Kos
afdra
159 Neerdaal
212 Afgaan
afdraad 184
afdraai
148 Van koers af
163 Draai
167 Wegbeweeg
171 Verwyder
173 Losmaak
afdraand
73 Skuins
159 Neerdaal
afdraf 197
afdreig 604
afdreiging 579
afdrifsel 212
afdrink 407
afdroog 464
afdroogdoek
95(8) Toerusting
627 Skoon
afdroogkraal 369
afdruip 212
afdruipbak 84
afdruk
14 Navolging
181 Stoot teen
212 Afgaan
268 Fotografie
565 Skryfkuns
566 Drukkuns
657 Herhaal
745 Versier
afdrukpapier 268

afdruksel
545 Natuurlike teken
566 Drukkuns
afdrup
212 Afgaan
287 Vloei
afdruppel
212 Afgaan
287 Vloei
afdryf
212 Afgaan
287 Vloei
afdryfsel 212
afdrywing 238
afduiwel 159
afdun 435
afdwaal
36 Onreëlmatig
148 Van koers af
213 Rondgaan
557 Diskussie
813 Swak gedrag
820 Oneerbaar
843 Ongeloof
afdwing
17 Noodsaak
579 Gedwonge
599 Gesag
604 Versoek
afeet 406
afeindig 28
afeis 17
aferese 572
afets 761
affek
577 Betekenis
713 Gevoel
affektasie
657 Herhaal
744 Lelik
785 Hoogmoedig
813 Swak gedrag
affekteer 412
affektief 713
affêre
20 Wanorde
44 Gebeure
357 Dier
620 Belangrik
654 Moeilik
683 Misluk
779 Boosaardig
afferent 377
affettuoso 753
affiks 575
affiliasie
10 Harmonie
241 Familie
665 Byeenkom
affilieer 665
affiniteit
8 Dieselfde
240 Afkoms
256 Skeikunde
affirmatief 528
affodil
334 Blomplant
335 Bolplant
affrettando 753
affront
829 Beledig
831 Bespot
affronteer
669 Aanval
829 Beledig
affuit 676
afgaan
108 Minder
159 Neerdaal
167 Wegbeweeg
212 Afgaan
262 Elektrisiteit
676 Vuurwapen
677 Skiet
770 Wantroue
afgebaken 553
afgebete 771
afgebreek 173
afgebroke 548
afgedaan 650
afgedank
606 Weier
646 Nie handel nie
660 Ontslaan
afgedankste 622
afgedroog 464
afgedwaal
148 Van koers af
813 Swak gedrag
afgee
16 Gevolg
191 Laat kom
465 Warm
687 Verlies
693 Gee
afgehaal
719 Hartseer
721 Ontevrede
afgehandel 650
afgekant 442
afgekeur 827
afgelas 590
afgeleë 68
afgeleef
54 Oud
617 Magteloos
626 Swak
634 Nutteloos
afgelei
16 Gevolg
509 Onoplettend
575 Woordvorming
afgeloop
50 Verlede
650 Voltooi
afgemat 661
afgemerk
63 Begrens
546 Kunsmatige teken
afgemete
123 Meet
618 Kragtig
afgerem 661
afgerig 614
afgerond
102 Hoeveelheid
133 Getal
448 Gelyk
559 Opvoeding
622 Goed
650 Voltooi
afgeronde getal
102 Hoeveelheid
133 Getal
afgeronde syfer 133
afgerondheid
559 Opvoeding
622 Goed
afgesaag
35 Reëlmatig
725 Verveling
afgesant
590 Bestuur
591 Gesaghebber
659 Aanstel
663 Meedoen
afgesien van 6
afgeskeidene
173 Losmaak
789 Onbeskaafd
afgeskeidenheid
173 Losmaak
664 Terugstaan
789 Onbeskaafd
afgeskrop 627
afgeslete 54
afgesloof
654 Moeilik
661 Vermoei
afgeslote
503 Onverstandig
650 Voltooi
789 Onbeskaafd
792 Asosiaal
afgeslote ruimte 450
afgeslotenheid 792
afgesluit
63 Begrens
650 Voltooi
afgesonder(d)
68 Ver
789 Onbeskaafd
afgesonder(d)heid
68 Ver
664 Terugstaan
789 Onbeskaafd
afgesproke 605
afgespuit 627
afgestomp 715
afgestorwe 250
afgetakel 173
afgetob 661
afgetredene
54 Oud
646 Nie handel nie
660 Ontslaan
afgetree
54 Oud
646 Nie handel nie
660 Ontslag
afgetrokke
509 Onoplettend
513 Gedagte
715 Gevoelloos
777 Haat
afgevaardig
588 Gesag hê
590 Bestuur
591 Gesaghebber
659 Aanstel
afgevaardigde
588 Gesag hê
590 Bestuur
591 Gesaghebber
659 Aanstel
afgevallene 817
afgevee 627
afgevlakte betondak 94(4)
afgevoer 176
afgewas 627
afgiet 438
afgietsel
14 Navolging
438 Vorm
758 Kuns
763 Beeldhoukuns
afgietseldiertjie 359
afgifte 693
afglip
152 Verby
212 Afgaan
afgly
152 Verby
159 Neerdaal
212 Afgaan
afgod
837 God
854 Godsdiens
855 Gode
afgodies
846 Godloos
854 Godsdiens
afgodspriester 852
afgooi
159 Neerdaal
212 Afgaan
afgraaf 275

afgraas 406
afgradeer 621
afgrens
63 Begrens
160 Omring
afgrond
277 Berg
436 Hoog
437 Laag
839 Hiernamaals
afgrondelik 477
afgryp 694
afgryse
744 Lelik
768 Vrees
775 Weersin
afgryslik
623 Sleg
628 Vuil
714 Gevoelig
744 Lelik
768 Vrees
775 Weersin
afguns
777 Haat
779 Boosaardig
afhaak
171 Verwyder
173 Losmaak
248 Huwelik
649 Begin
afhaal
171 Verwyder
191 Laat kom
212 Afgaan
414 Geneeskunde
694 Neem
717 Lyding
792 Asosiaal
827 Afkeur
829 Beledig
afhaar
382 Haar
419 Voedselbereiding
afhak 185
afhandel
645 Handel
650 Voltooi
afhandeling
645 Handel
646 Nie handel nie
650 Voltooi
afhang 77
afhanklik
5 Ondergeskiktheid
15 Oorsaak
26 Saam
30 Ondergeskik
589 Dien
592 Ondergeskikte
664 Terugstaan
afhanklike
5 Ondergeskik
589 Dien
afhanklike sin 576
afhanklike staat 590
afhanklikheid
6 Betreklik
30 Ondergeskik
589 Dien
594 Onvryheid
664 Terugstaan
787 Gemeenskap
afhanklikheidsbesef 589
afhardloop 228
afheid 652
afhel 73
afhelp
212 Afgaan
663 Meedoen
afhol
197 Te voet
228 Vinnig
afhou
77 Onder
192 Laat gaan
205 Weggaan
212 Afgaan
646 Nie handel nie
666 Verhinder
afhou van 193
afhys 159
afjaag
192 Laat gaan
212 Afgaan
225 Vinnig
228 Vinnig beweeg
710 Kosteloos
afjaart 123
afjak
669 Aanval
777 Haat
813 Swak gedrag
829 Beledig
afkalf 274
afkam
171 Verwyder
312 Spin
667 Stryd
827 Afkeur
829 Beledig
afkamp
63 Begrens
670 Verdedig
afkant
97 Bou
442 Lyn
afkantboor 101
afkap
184 Afbreek
185 Sny
349 Bosbou
571 Skrif
575 Woordvorming
afkappings-s 565
afkappingsteken
565 Skryfkuns
571 Skrif
afkarring 371
afkeer
148 Van koers af
178 Toegaan
192 Laat gaan
205 Weggaan
623 Sleg
670 Verdedig
775 Weersin
777 Haat
afkerf 185
afkerig
775 Weersin
777 Haat
afkerm 604
afkeur
527 Oordeel
532 Betwis
585 Verwerp
602 Verbied
606 Weier
825 Beoordeling
827 Afkeur
afkeuring
532 Betwis
585 Verwerp
606 Weier
825 Oordeel
827 Afkeur
afklap 178
afklim
159 Neerdaal
204 Aandoen
212 Afgaan
afklink
184 Afbreek
301 Metaal
afklop
171 Verwyder
250 Dood
afklouter
159 Neerdaal
212 Afgaan
afkluif 406
afknaag 406
afknak
184 Afbreek
252 Doodmaak
afknibbel 710
afknip
181 Stoot teen
184 Afbreek
185 Sny
afknot 185
afknou
667 Stryd
715 Gevoelloos
afknouerig 777
afknyp
181 Stoot teen
184 Afbreek
677 Skiet
afkoel
260 Warmteleer
466 Koud
715 Gevoelloos
afkoeling 260
afkoelkamer 94
afkom
159 Neerdaal
188 Aankom
204 Aandoen
212 Afgaan
240 Afkoms
710 Kosteloos
afkom op
166 Nader beweeg
517 Vind
afkomeling 240
afkoms
240 Afkoms
573 Woordeskat
796 Stand
afkomstig
15 Oorsaak
16 Gevolg
240 Afkoms
afkondig
539 Kommunikeer
548 Praat
551 Meedeel
afkonkel 639
afkook
173 Losmaak
419 Voedselbereiding
afkoop
593 Vryheid
704 Koop
afkoopprys 704
afkoopwaarde
655 Veilig
704 Koop
afkop
250 Dood
384 Kop
afkoppel 173
afkort
433 Klein
575 Woordvorming
afkorting
573 Woordeskat
575 Woordvorming
afkou 406
afkraak
713 Gevoel
827 Afkeur
829 Beledig

afkrap
171 Verwyder
563 Skryf
afkronkel 159
afkruip
159 Neerdaal
212 Afgaan
afkrummel
171 Verwyder
184 Afbreek
afkry
108 Minder
171 Verwyder
184 Afbreek
212 Afgaan
606 Weier
650 Voltooi
710 Kosteloos
afkyk
499 Sien
508 Aandag
561 Studeer
aflaai 451
aflaat
159 Neerdaal
212 Afgaan
835 Bestraf
aflê
250 Dood
345 Plantkwekery
585 Verwerp
646 Nie handel nie
652 Versuim
aflêer 345
afleer
511 Vergeet
536 Onkunde
585 Verwerp
639 Ontmoedig
657 Herhaal
aflees
548 Praat
562 Lees
aflei
16 Gevolg
147 Rigting
148 Van koers af
212 Afgaan
288 Waterstelsel
293 Onweer
522 Redeneer
575 Woordvorming
afleiding
16 Gevolg
192 Laat gaan
522 Redeneer
573 Woordeskat
575 Woordvorming
724 Vermaak
afleidingsmorfeem
573 Woordeskat
575 Woordvorming
afleier
262 Elektrisiteit
345 Plantkwekery
aflek
154 Vryf
406 Eet
aflewer
631 Nodig
693 Gee
705 Verkoop
aflewering
552 Vertel
567 Boek
686 Aanwins
693 Gee
705 Verkoop
aflig
212 Afgaan
485 Lig
afloer
499 Sien
508 Aandag
afloop
16 Gevolg
28 Einde
37 Tyd
73 Skuins
159 Neerdaal
197 Te voet
212 Afgaan
221 Vaar
228 Vinnig
274 Geologie
287 Vloei
289 Klimaat
460 Vloeistof
646 Nie handel nie
650 Voltooi
681 Resultaat
afloopplank 235
aflopend 73
aflos
142 Veranderlik
144 Vervang
708 Betaal
711 Skuld
aflospersoneel 658
aflossing
708 Betaal
711 Skuld
aflui 265
afluister
498 Gehoor
508 Aandag
afluisterapparaat 266
aflyn 63
afmaai
252 Doodmaak
352 Graan
afmaak
184 Afbreek
238 Vernietig
252 Doodmaak
650 Voltooi
790 Sosiaal
afmaal 186
afmars 197
afmat 661
afmeet
63 Begrens
122 Bereken
123 Meet
431 Afmeting
527 Oordeel
afmerk
63 Begrens
550 Noem
afmeting
122 Bereken
123 Meet
431 Afmeting
afname
108 Minder
226 Stadig
433 Klein
683 Misluk
694 Neem
afneem
103 Min
108 Minder
130 Onbepaald
137 Bewerking
171 Verwyder
212 Afgaan
226 Stadig
268 Fotografie
418 Maaltyd
539 Kommunikeer
606 Weier
623 Sleg
650 Voltooi
687 Verlies
694 Neem
afneig 73
afnemer 268
afnerf 184
afoes
347 Landbou
352 Graan
afonie
390 Mond
413 Siekte
afoor 388
a fortiori 525
afpaal 63
afpaar
122 Bereken
168 Saamkom
170 Saambring
afpak
194 Vervoer
790 Sosiaal
afpeil
122 Bereken
123 Meet
afpel
171 Verwyder
173 Losmaak
301 Metaal
316 Hout
afpen 63
afperk 63
afpers
579 Gedwonge
599 Gesag
604 Versoek
666 Verhinder
690 Arm
694 Neem
afpeuter 154
afpiekel 212
afpiets 182
afpik
184 Afbreek
406 Eet
afplat 445
afpleister 99
afpleit 604
afpluis
184 Afbreek
311 Weefsel
313 Weef
afpluk
171 Verwyder
173 Losmaak
afpoets 627
afpraat 548
afpyl 166
afpynig 717
afraai 639
afraak 167
aframmel 548
afrand
82 Rondom
347 Landbou
afrandsel 82
afransel
182 Slaan
835 Bestraf
afrat 217
afreageer 713
afreën 173
afreis
28 Einde
167 Wegbeweeg
187 Reis
190 Vertrek
afreken
650 Voltooi
667 Stryd
708 Betaal
834 Beloon
835 Bestraf
afrekening
650 Voltooi
708 Betaal
784 Wraaksug

afrem 666
africana 567
afrig
559 Opvoeding
680 Militêre aksie
Afrika 276
Afrikaans 569
afrikaner 334
afrikanerbees 366
afrikanerskaap 366
afrikanertjie 334
afrikaniseer 787
Afrikanisme 787
Afrika-sosialisme 795
Afrikataal 569
afrit 94(14)
afrits 548
afroep
191 Laat kom
548 Praat
afroes 623
afrokkel 694
afrol
179 Glad
347 Landbou
566 Drukkuns
afrolpapier 315
afrond
102 Hoeveelheid
133 Getal
137 Bewerking
446 Rond
559 Opvoeding
650 Voltooi
afroom 371
afry
159 Neerdaal
212 Afgaan
216 Ry
afsaag
97 Bou
185 Sny
afsaal
219 Perdry
662 Rus
790 Sosiaal
afsae
185 Sny
afsak
159 Neerdaal
212 Afgaan
afsaksel
212 Afgaan
628 Vuil
afsê 606
afseil 221
afsend
192 Laat gaan
194 Vervoer
afset
274 Geologie
705 Verkoop
afsetting
168 Saamkom
274 Geologie
298 Steen
628 Vuil
660 Ontslaan
afsettingsgesteente 274
afsien
585 Verwerp
648 Onderbreek
687 Verlies
697 Verloor
790 Sosiaal
afsienbaar 51
afsienbaarheid 63
afsigtelik 744
afsit
185 Sny
194 Vervoer
414 Geneeskunde
649 Begin
660 Ontslaan
afsitter 727
afskaaf
154 Vryf
179 Glad
afskadu
547 Simboliek
758 Kuns
afskaduwing
14 Navolging
547 Simboliek
553 Behandel
afskaf
238 Vernietig
648 Onderbreek
687 Verlies
801 Wet
afskakel
173 Losmaak
217 Motorry
262 Elektrisiteit
486 Duisternis
648 Onderbreek
afskeep
652 Versuim
683 Misluk
779 Boosaardig
817 Ontrou
afskeer
185 Sny
746 Toilet
afskei
171 Verwyder
173 Losmaak
256 Skeikunde
409 Afskeiding
afskeid
28 Einde
190 Vertrek
660 Ontslaan
790 Sosiaal
afskeid neem 790
afskeiding
171 Verwyder
173 Losmaak
402 Afskeidingsorgaan
409 Afskeiding
590 Bestuur
afskeidingsorgaan 402
afskeidsgroet
28 Einde
790 Sosiaal
afskeidsmaal
418 Maaltyd
790 Sosiaal
afskeidsuur 790
afskeidswoord 28
afskeier 371
afskep 171
afskeperig 652
afskerm
63 Begrens
160 Omring
afskets 759
afskeur
171 Verwyder
184 Afbreek
238 Vernietig
afskiet
225 Vinnig
677 Skiet
afskil
162 Ontbloot
171 Verwyder
426 Kos
afskilder
758 Kuns
760 Skilderkuns
afskilfer
184 Afbreek
381 Vel
afskoffel
184 Afbreek
347 Landbou
afskop
184 Afbreek
649 Begin
727 Wedstryd
728(1) Rugby
afskort 63
afskorting
94(6) Muur
161 Bedek
afskortingsmuur 94(6)
afskraap
154 Vryf
448 Gelyk
627 Skoon
afskram 205
afskrif
14 Navolging
565 Skryfkuns
afskrik
639 Ontmoedig
666 Verhinder
670 Verdedig
775 Weersin
afskrikmiddel 666
afskrikwekkend
654 Moeilik
666 Verhinder
768 Vrees
afskroef 173
afskroei 467
afskroewe
173 Losmaak
301 Metaal
afskrop 627
afskryf
561 Studeer
563 Skryf
687 Verlies
697 Verloor
711 Skuld
790 Sosiaal
afskryfbaar 687
afskryffout 563
afsku
623 Sleg
744 Lelik
748 Onverfynd
775 Weersin
777 Haat
827 Afkeur
afskud
159 Neerdaal
171 Verwyder
585 Verwerp
670 Verdedig
afskuif
152 Verby
171 Verwyder
181 Stoot teen
212 Afgaan
646 Nie handel nie
afskuinsing
73 Skuins
97 Bou
afskuur
97 Bou
154 Vryf
171 Verwyder
179 Glad
316 Hout
627 Skoon
afskuwekkend 775
afskuwelik
623 Sleg
628 Vuil
714 Gevoelig
744 Lelik
768 Vrees
775 Weersin

afskynsel
14 Navolging
485 Lig
afslaan
182 Slaan
184 Afbreek
238 Vernietig
262 Elektrisiteit
606 Weier
670 Verdedig
705 Verkoop
710 Kosteloos
727 Wedstryd
728(4) Tennis
728(8) Gholf
afslaanbaan 728(4)
afslaanbof 728(8)
afslaankapmotor 233
afslaanlyn 728(4)
afslaantafel 95(6)
afslaer 705
afslag
423 Slagter
693 Gee
704 Koop
705 Verkoop
710 Kosteloos
afslag gee 710
afslag vra 704
afslagprys
704 Koop
705 Verkoop
afslagwinkel 707
afslaner 728(4)
afsleep
159 Neerdaal
171 Verwyder
afslinger 212
afsloof
645 Handel
654 Moeilik
661 Vermoei
afsluit
28 Einde
63 Begrens
160 Omring
178 Toegaan
262 Elektrisiteit
461 Gas
648 Onderbreek
650 Voltooi
703 Boekhou
afsluitboom 178
afsluitend 28
afsluiter
178 Toegaan
262 Elektrisiteit
afsluiting
28 Einde
178 Toegaan
646 Nie handel nie
648 Onderbreek
650 Voltooi
afsluk 406
afslyp 440
afslyt
154 Vryf
184 Afbreek
623 Sleg
626 Swak
654 Moeilik
afsmeek
604 Versoek
847 Gebed
afsmeer
462 Halfvloeibaar
628 Vuil
705 Verkoop
afsmelt
460 Vloeistof
467 Aansteek
afsmyt
159 Neerdaal
212 Afgaan
afsnel 225
afsnoei 345
afsnoer
173 Losmaak
238 Vernietig
afsnou 777
afsny
160 Omring
171 Verwyder
184 Afbreek
185 Sny
262 Elektrisiteit
549 Stilbly
648 Onderbreek
666 Verhinder
790 Sosiaal
afsoek 516
afsonder
32 Enkeling
68 Ver
160 Omring
169 Skei
171 Verwyder
789 Onbeskaafd
afsondering
68 Ver
171 Verwyder
664 Terugstaan
afsonderlik
13 Verskeidenheid
32 Enkeling
169 Skei
171 Verwyder
afspeel
44 Gebeure
645 Handel
726 Sport
afspieël 485
afsplits 167
afspoel
171 Verwyder
287 Vloei
627 Skoon
afspons 627
afspraak
554 Aanspreek
605 Aanvaar
607 Beloof
afspraakboek 567
afspreek
531 Saamstem
554 Aanspreek
605 Aanvaar
607 Beloof
afspring 649
afspuit 627
afstaan
171 Verwyder
687 Verlies
693 Gee
705 Verkoop
afstam
240 Afkoms
575 Woordvorming
afstammeling
53 Jonk
240 Afkoms
243 Kind
afstammend 240
afstamming 240
afstand
9 Verskillend
62 Grensloos
68 Ver
123 Meet
171 Verwyder
792 Asosiaal
afstand doen van 693
afstandbeheer 264
afstanddoening
687 Verlies
693 Gee
afstandigheid 792
afstandsbediening 123
afstandskoppelteken 565
afstandsmeter
123 Meet
233 Motorvoertuig
268 Fotografie
afstandsmeting 123
afstandsonderrig 559
afstandsterminaal 263
afstap
197 Te voet
204 Aandoen
212 Afgaan
557 Diskussie
648 Onderbreek
afsteek
9 Verskillend
11 Disharmonie
63 Begrens
122 Bereken
139 Meetkunde
171 Verwyder
490 Kleur
afstel
173 Losmaak
648 Onderbreek
afstelling 28
afstem 264
afstempel
131 Munt
196 Poswese
546 Kunsmatige teken
afsterf
250 Dood
715 Gevoelloos
790 Sosiaal
afsterwe
28 Einde
250 Dood
afstig 665
afstof 627
afstomp 715
afstoot
159 Neerdaal
181 Stoot teen
777 Haat
790 Sosiaal
afstootlik
475 Onwelriekend
623 Sleg
744 Lelik
775 Weersin
777 Haat
779 Boosaardig
813 Swak gedrag
820 Oneerbaar
827 Afkeur
afstorm 228
afstort 212
afstotingskrag 257
afstraal 485
afstroom 460
afstry 522
afstryk 448
afstudeer 561
afstuif 228
afstuit 670
afstuur
159 Neerdaal
192 Laat gaan
194 Vervoer
223 Stuur
637 Doelgerigtheid
693 Gee
afswaai 212
afsweer
529 Ontken
606 Weier
afsydig
666 Verhinder

774 Onverskillig
777 Haat
aftak
112 Deel
262 Elektrisiteit
286 Rivier
288 Waterstelsel
320 Stomp
aftakel
98 Afbreek
173 Losmaak
238 Vernietig
412 Siek
661 Vermoei
829 Beledig
aftakeling
173 Losmaak
661 Vermoei
683 Misluk
aftakker
262 Elektrisiteit
288 Waterstelsel
aftakking 262
aftand 390
aftap
212 Afgaan
262 Elektrisiteit
aftas
264 Uitsaai
267 Optika
495 Tassin
aftasbaan 264
aftasting 263
afteken
14 Navolging
263 Rekenaar
758 Kuns
759 Tekenkuns
aftel
102 Hoeveelheid
122 Bereken
125 Tel
137 Bewerking
159 Neerdaal
741 Kinderspel
aftik
171 Verwyder
563 Skryf
aftob 661
aftog
167 Wegbeweeg
190 Vertrek
aftoom 219
aftop 185
aftrap 171
aftrede
646 Nie handel nie
660 Ontslaan
aftree
123 Meet
646 Nie handel nie
660 Ontslaan
aftree-annuïteit 692
aftrek
96 Slaapplek
102 Hoeveelheid
103 Min
108 Minder
122 Bereken
137 Bewerking
159 Neerdaal
171 Verwyder
703 Boekhou
705 Verkoop
747 Verfyndheid
759 Tekenkuns
aftrekgetal 137
aftrekking
108 Minder
137 Bewerking
aftrekorder
708 Betaal
709 Betaalmiddel
aftrekpapier 315
aftreksel
419 Voedselbereiding
471 Lekker
aftreksom 137
aftrekspier 379
aftrektal 137
aftryspapier 315
aftuig 219
aftuimel
77 Onder
159 Neerdaal
212 Afgaan
afvaar 221
afvaardig 590
afvaardiging 663
afval
77 Onder
112 Deel
159 Neerdaal
212 Afgaan
238 Vernietig
423 Slagter
426 Kos
435 Smal
628 Vuil
817 Ontrou
afvaldagha 100
afvallig
817 Ontrou
843 Ongeloof
afvallige 843
afvalligheid 843
afvalmateriaal 98
afvalpapier 315
afvalproduk 237
afvalwarmte 465
afvalwurm 361
afvang 694
afvee 627
afverhuur 706
afvlak 448
afvlieg 222
afvloei
108 Minder
168 Saamkom
287 Vloei
afvoer
16 Gevolg
176 Uithaal
192 Laat gaan
262 Elektrisiteit
287 Vloei
288 Waterstelsel
539 Kommunikeer
afvoerkanaal
147 Rigting
288 Waterstelsel
afvoerpyp
176 Uithaal
288 Waterstelsel
afvorder
579 Gedwonge
708 Betaal
afvra
527 Oordeel
604 Versoek
afvry 776
afvryf 627
afvuur 677
afwaai 173
afwaarts
147 Rigting
212 Afgaan
437 Laag
afwaartse konjunktuur 701
afwag
40 Langdurig
51 Toekoms
520 Verwag
646 Nie handel nie
765 Hoop
afwagtend
51 Toekoms
57 Vroeg
afwagting
51 Toekoms
520 Verwag
640 Voorbereid
646 Nie handel nie
765 Hoop
afwas
171 Verwyder
627 Skoon
afwater
287 Vloei
652 Versuim
afweeg
124 Weeg
527 Oordeel
afweer
666 Verhinder
670 Verdedig
afweerkanon 676
afwen
163 Draai
650 Voltooi
afwend
148 Van koers af
670 Verdedig
afwendbaar 670
afwentel 192
afwerk
161 Bedek
179 Glad
650 Voltooi
708 Betaal
afwerkgereedskap 101
afwerking
97 Bou
179 Glad
afwerklaag 99
afwerp
171 Verwyder
212 Afgaan
593 Vryheid
693 Gee
afwesig
65 Afwesig
189 Wegbly
509 Onoplettend
afwesigheid
65 Afwesig
189 Wegbly
afwikkel 212
afwissel
13 Verskeidenheid
140 Verandering
afwisselend
13 Verskeidenheid
21 Volgorde
23 Onderbreek
140 Verandering
142 Veranderlik
afwisseling
13 Verskeidenheid
140 Verandering
afwit
97 Bou
490 Kleur
afwurg 406
afwyk
9 Verskillend
11 Disharmonie
36 Onreëlmatig
73 Skuins
148 Van koers af
167 Wegbeweeg
553 Behandel
afwykend
9 Verskillend
11 Disharmonie
34 Vreemd
afwykendheid 9

afwyking
9 Verskillend
11 Disharmonie
36 Onreëlmatig
269 Heelal
613 Onnoukeurig
644 Handelwyse
afwys
527 Oordeel
532 Betwis
585 Verwerp
602 Verbied
606 Weier
827 Afkeur
afwysend 606
afwysing
527 Oordeel
585 Verwerp
606 Weier
827 Afkeur
ag
126 Skat
508 Aandag
527 Oordeel
830 Eerbiedig
ag gee
508 Aandag
651 Toesien
ag slaan
508 Aandag
651 Toesien
agaat 298
agapant 334
agarm 363
agbaar
799 Beroemd
826 Goedkeur
830 Eerbiedig
agdaegeneesbossie 343
ageer 645
agenda
557 Diskussie
590 Bestuur
640 Voorbereid
665 Byeenkom
agens 15
agent
15 Oorsaak
508 Aandag
588 Gesag hê
590 Bestuur
645 Werk
658 Beroep
701 Handel
705 Verkoop
802 Gehoorsaam
agentskap 658
agglomeraat
31 Soort
168 Saamkom
170 Saambring
174 Meng
298 Steen
agglutinasie
168 Saamkom
172 Vasmaak
agglutineer
168 Saamkom
172 Vasmaak
agglutinerende taal 569
aggregaat
111 Geheel
170 Saambring
174 Meng
aggregasie
168 Saamkom
170 Saambring
254 Stof
663 Meedoen
665 Byeenkom
aggregasietoestand 254
aggressie
667 Stryd
669 Aanval
771 Gramskap
777 Haat
aggressor
667 Stryd
669 Aanval
777 Haat
agie 506
agio 703
agitasie
667 Stryd
713 Gevoel
771 Gramskap
784 Wraaksug
agitator 667
agiteer
667 Stryd
714 Gevoelig
784 Wraaksug
agnaat 240
agnosie
413 Siekte
494 Gevoelloosheid
agnosties
514 Wysbegeerte
843 Ongeloof
846 Godloos
agnostikus
514 Wysbegeerte
843 Ongeloof
agnostisisme
514 Wysbegeerte
843 Ongeloof
846 Godloos
agodsdienstig
841 Leer
843 Ongeloof
agogiek 753
agonie
412 Siek
768 Vrees
agorafobie
413 Siekte
505 Verstandstoornis
768 Vrees
agraaf 745
agrafie 413
agrammatisme 413
agraries 347
agretjie 334
agrogeologie 274
agronomie 356
agronomies
347 Landbou
356 Landbouwetenskap
agsaam
506 Belangstelling
508 Aandag
agste 112
agsteman 728(1)
agstenoot 753
agste-rus 753
agteloos 613
agtelosigheid
507 Ongeïnteresseerd
652 Versuim
agtenswaardig
826 Goedkeur
830 Eerbiedig
agter
21 Volgorde
25 Volg
58 Laat
61 Plek
86 Agter
127 Tydbepaling
203 Agterna
589 Dien
agteraan
25 Volg
86 Agter
agteraansig
94(2) Aansig
233 Motorvoertuig
agteraf
86 Agter
540 Geheim hou
789 Onbeskaafd
agteraf mens 789
agteras
163 Draai
630 Werktuig
agterbaan 728(4)
agterbaks
540 Geheim hou
544 Onduidelik
623 Sleg
813 Swak gedrag
815 Oneerlik
agterbaksheid
623 Sleg
815 Oneerlik
agterbalk 186
agterband
232 Fiets
233 Motorvoertuig
agterbanker 592
agterbankie 396
agterbeen 397
agterblad 568
agterbly
50 Verlede
64 Aanwesig
203 Agterna
617 Magteloos
623 Sleg
646 Nie handel nie
652 Versuim
664 Terugstaan
683 Misluk
agterboog 94(7)
agterborg 655
agterbuurt
90 Gemeenskap
787 Samelewing
agterdek 235
agterdeur
94(8) Deur
147 Rigting
833 Verontskuldig
agterdoek 752
agterdog
518 Glo
519 Twyfel
587 Aarsel
770 Wantroue
843 Ongeloof
agterdog wek 770
agterdogtig
518 Glo
519 Twyfel
770 Wantroue
agterdogtigheid
518 Glo
519 Twyfel
770 Wantroue
agterdogwekkend
519 Twyfel
623 Sleg
770 Wantroue
agtereen 25
agtereenvolgend
21 Volgorde
25 Volg
agtereenvolgens
21 Volgorde
25 Volg
agterent
86 Agter
396 Rug
agtergewel 94(7)
agtergrond
5 Ondergeskik
15 Oorsaak
46 Vroeër

86 Agter
240 Afkoms
541 Betekenis
750 Letterkunde
752 Toneelkuns
760 Skilderkuns
agtergrondinligting 551
agtergrondmusiek 753
agtergrondspeler 752
agterhaal
517 Vind
686 Aanwins
agterhoede
25 Volg
203 Agterna
667 Stryd
670 Verdedig
672 Weermag
728(1) Rugby
agterhou
193 Ophou
549 Stilbly
agterhoudend
540 Geheim hou
815 Oneerlik
agterin 86
agterkant
86 Agter
396 Rug
agterkants(t)e 86
agterklap 829
agterkleindogter 243
agterkleinkind 243
agterkleinseun 243
agterkom 517
agterkop
384 Kop
385 Skedel
agterkopnaat 385
agterkwab 385
agterkwart 421
agterlaaier 676
agterlaat 192
agterlangs
86 Agter
147 Rigting
agterlig
232 Fiets
233 Motorvoertuig
487 Ligbron
agterlik
93 Gebou
433 Klein
503 Onverstandig
505 Verstandstoornis
536 Onkunde
789 Onbeskaafd
agterlikheid
433 Klein
503 Onverstandig
505 Verstandstoornis
623 Sleg
agte(r)losig
507 Ongeïnteresseerd
509 Onoplettend
613 Onnoukeurig
646 Nie handel nie
652 Versuim
agterlyf
377 Liggaam
392 Romp
agterlyn
86 Agter
728(1) Rugby
agtermekaar
19 Orde
21 Volgorde
614 Bekwaam
627 Skoon
agtermiddag 37
agterna
25 Volg
51 Toekoms
86 Agter
203 Agterna
544 Onduidelik
agternaam
550 Noem
574 Woordkategorie
agternadoen 14
agternaloop
14 Navolging
25 Volg
203 Agterna
agternasit
14 Navolging
25 Volg
203 Agterna
agternasnel
14 Navolging
203 Agterna
agterom
86 Agter
151 Agtertoe
agteroor
72 Plat
86 Agter
151 Agtertoe
159 Neerdaal
agteroorsalto 730
agterop
74 Op
86 Agter
agteropskop 742
agteros
58 Laat
231 Tuig
366 Soogdier
654 Moeilik
agterplaas
86 Agter
94(14) Buitekant
agterpoot 397
agterraak
203 Agterna
652 Versuim
683 Misluk
agterrand 236
agterrandklap 236
agterrem 232
agterruit 233
agterruitraam 233
agterryer
219 Perdry
645 Handel
663 Meedoen
673 Manskap
agtersetsel 574
agtersetselkonstruksie 576
agtersitplek 233
agterskilderwerk 760
agterskip 235
agterskot 708
agterskutblad 567
agterslag 231
agterspeelster 726
agterspel
727 Wedstryd
728(1) Rugby
agterspeler
726 Sport
728(2) Sokker
agterstallig
690 Arm
697 Verloor
711 Skuld
agterstalligheid 711
agterstand
58 Laat
117 Te min
203 Agterna
505 Verstandstoornis
654 Moeilik
683 Misluk
711 Skuld
727 Wedstryd
agterste
28 Einde
86 Agter
203 Agterna
396 Rug
620 Belangrik
agterstel
86 Agter
230 Rytuig
233 Motorvoertuig
396 Rug
827 Afkeur
agterstevoor
9 Verskillend
503 Onverstandig
507 Ongeïnteresseerd
615 Onbekwaam
agterstewe
235 Skeepvaart
396 Rug
agterstoep 94(3)
agterstraat 149
agtertoe
86 Agter
147 Rigting
151 Agtertoe
201 Agteruit
agtertoe beweeg
151 Agtertoe
201 Agteruit
agtertrap 94(12)
agtertuin 346
agteruit
151 Agtertoe
201 Agteruit
412 Siek
615 Onbekwaam
agteruitbeweeg
151 Agtertoe
201 Agteruit
agteruitboer
347 Landbou
623 Sleg
652 Versuim
683 Misluk
687 Verlies
agteruitboerdery 683
agteruitgaan
151 Agtertoe
201 Agteruit
412 Siek
623 Sleg
652 Versuim
683 Misluk
687 Verlies
agteruitgang
140 Verandering
151 Agtertoe
623 Sleg
626 Swak
683 Misluk
687 Verlies
690 Arm
agteruitraak 623
agteruitry
201 Agtertoe
217 Motorry
agteruitsit
412 Siek
611 Lui
agteruitskuif 151
agteruitstaan
201 Agtertoe
587 Aarsel
664 Terugstaan
agteruitstoot
151 Agtertoe
201 Agteruit
agteruitvorder 623
agtervoegsel 575

agtervolg
14 Navolging
25 Volg
203 Agterna
516 Soek
669 Aanval
779 Boosaardig
agterwaarts
147 Rigting
151 Agtertoe
201 Agteruit
agterweë
553 Behandel
646 Nie handel nie
687 Verlies
agterweë bly 44
agterweë hou 698
agterweë laat
192 Laat gaan
629 Gebruik
agterwêreld 396
agterwiel 230
ag(t)hoek 139
agthoekig 447
agting
588 Gesag hê
620 Belangrik
776 Liefde
796 Stand
826 Goedkeur
830 Eerbiedig
agting koester 830
agtpuntletter 566
agtsilindermasjien 630
ag(t)tiende eeu 45
ag(t)tiende-eeus 45
agttonige toonleer 753
ag(t)uur 418
agurkie 351
ahorn 331
aide de camp
592 Ondergeskikte
663 Meedoen
673 Manskap
aikôna 606
ajatolla 854
ajoos 327
akademie
561 Studeer
665 Byeenkom
akademies
502 Verstand
514 Wysbegeerte
561 Studeer
567 Boek
akademiese vraag 555
akademiese werk
561 Studeer
567 Boek
akademikus
502 Verstand
513 Gedagte
514 Wysbegeerte
akant 332
akasia 331
akatalepsie 413
akelei 332
akkant 441
akkedis 364
akkedisstert 342
akkelwanie 337
akker
123 Meet
323 Vrug
346 Landbougrond
akkerboom 331
akkerbou
346 Landbougrond
356 Landbouwetenskap
515 Wetenskap
akkerboukunde 356
akkerdruif 323
akkerhout 316
akkerland 346
akkerwanie 337
akklamasie
799 Beroemd
826 Goedkeur
akklimatiseer
289 Klimaat
787 Gemeenskap
akkolade 571
akkommodasie
89 Blyplek
699 Leen
790 Sosiaal
akkommodeer
89 Blyplek
668 Vrede
akkompanjeer 787
akkoord
8 Dieselfde
10 Harmonie
531 Saamstem
579 Gedwonge
605 Aanvaar
607 Beloof
753 Musiek
akkoord gaan
8 Dieselfde
605 Aanvaar
607 Beloof
akkordeer
10 Harmonie
408 Spysvertering
akkordeon 756
akkrediteer 590
akkulturasie
569 Taal
787 Gemeenskap
788 Beskaafd
akkultureer 788
akkumulasie
168 Saamkom
170 Saambring
akkumulatief 170
akkumulator 262
akkumuleer 170
akkuraat
129 Bepaald
508 Aandag
537 Waarheid
612 Noukeurig
622 Goed
akkusatief 574
akme 28
aknee 413
akoestiek
266 Akoestiek
498 Gehoor
akoesties
266 Akoestiek
572 Uitspraak
akoliet
663 Meedoen
852 Geestelike
akriflavine 415
akrobaat 730
akroniem
573 Woordeskat
575 Woordvorming
akropolis
277 Berg
671 Verdedig
akrostigon 751
akroterion
94(13) Versiering
763 Beeldhoukuns
akroterium
94(13) Versiering
763 Beeldhoukuns
A-kruis 753
aks
103 Min
133 Getal
akselerasie 225
aksenawel 129
aksent
572 Uitspraak
753 Musiek
aksent(teken)
565 Skryfkuns
571 Skrif
aksentueer
543 Duidelik
571 Skrif
572 Uitspraak
aksepbank 700
aksepfirma 700
akseptabel
605 Aanvaar
622 Goed
akseptant 696
aksepteer
605 Aanvaar
696 Ontvang
701 Handel
aksepteerbaar 622
aksepteerbaarheid 622
aksiaal
139 Meetkunde
163 Draai
aksidenteel 18
aksie
145 Beweging
645 Handel
808 Regswese
aksiekomitee 658
aksieplan 640
aksieradius 139
aksiereg 808
aksieskilderwerk 760
aksiestraal 139
aksillêre senuwee 378
aksioma
137 Bewerking
139 Meetkunde
522 Redeneer
525 Bewys
543 Duidelik
644 Handelwyse
aksionabel
808 Regswese
809 Regsgeding
832 Beskuldig
aksioom 644
aksis 380
aksyns
191 Laat kom
712 Belasting
aksynsbelasting
191 Laat kom
712 Belasting
aksynskantoor 712
aksynswet 712
akte
546 Kunsmatige teken
607 Beloof
akte(s)kantoor 590
aktetas
84 Houer
564 Skryfbehoeftes
akteur 752
aktief
145 Beweging
249 Lewe
574 Woordkategorie
576 Sinsbou
610 Ywerig
aktiefkonstruksie 576
aktiefsin 576
aktien 409
aktiewe geheue 263
aktiewe vulkaan 277
aktinies 267
aktiniese glas 309
aktinometer
267 Optika
417 Hospitaal

aktiveer
145 Beweging
638 Aanmoedig
aktivis
585 Verwerp
645 Handel
667 Stryd
aktiwiteit
145 Beweging
610 Ywerig
645 Handel
aktrise 752
aktualiteit
1 Bestaan
3 Bestaanswyse
49 Hede
53 Nuut
506 Belangstel
537 Waarheid
620 Belangrik
aktualiteitsprogram 264
aktuarieel 703
aktuariële ondersoek 703
aktuaris 703
aktuarius 852
aktueel
1 Bestaan
49 Hede
53 Nuut
506 Belangstel
620 Belangrik
aktuele artikel 568
aktuele berig 568
aktuele nuus 568
akuut
225 Vinnig
412 Siek
618 Kragtig
656 Gevaarlik
akuutaksent 571
akwaduk 286
akwakultuur 345
akwalong 215
akwamaryn
298 Steen
492 Kleur
akwarel 760
akwarium 368
akwatint 761
al
102 Hoeveelheid
133 Getal
650 Voltooi
666 Verhinder
al drie
109 Alles
133 Getal
alant 343
alantswyn 427
alarm
476 Geluid
656 Gevaarlik
770 Wantroue
alarmeer
656 Gevaarlik
770 Wantroue
alarmis 656
alarmisties 656
alarmrol 672
alarmvlotter 630
alastrim 413
albakoor 363
albaster
298 Steen
741 Kinderspel
albatros
365 Voël
728(8) Gholf
albei
102 Hoeveelheid
109 Alles
133 Getal
albinisme 381
albino 381
album
21 Volgorde
567 Boek
750 Letterkunde
albumen
323 Vrug
365 Voël
403 Voortplanting
albumien
317 Fisiologie
365 Voël
albumine 317
alchemie 256
aldaar 61
aldae/aldag 42
aldeur 40
aldus 644
aleer 46
aleksandryn 751
aleksie 562
alewig
42 Altyd
647 Voortgaan
alfa
0 Ontstaan
571 Skrif
alfaam
84 Houer
102 Hoeveelheid
123 Meet
alfabet
565 Skryfkuns
571 Skrif
alfabeties
19 Orde
546 Kunsmatige teken
565 Skryfkuns
alfabetiseer 19
alfabetletters 138
alfadeeltjie 254
alfagras 310
alfalfa 352
alfameries 546
alfanumeries 546
alfastrale 267
alg 327
algaande
47 Later
226 Stadig
alge 341
algebra
132 Wiskunde
138 Algebra
515 Wetenskap
algebraïes
132 Wiskunde
138 Algebra
algebraïsering 138
algeheel 109
algemeen
3 Bestaanswyse
31 Soort
130 Onbepaald
544 Onduidelik
621 Onbelangrik
algemeen-beskaafde taal 569
algemeenheid
31 Soort
541 Betekenis
algemene bank 700
algemene handelaar 707
algemene hoofbestuurder 700
algemene kennis 515
algemene musiekleer 753
algemene taalwetenskap 570
algemene vergadering 590
algemene verkiesing 590
algenoegsaam 109
algoritme 137
alheilmiddel 415
alhier
61 Plek
69 Naby
al-honderd-en-tien 644
alias 550
alibi
808 Regswese
809 Regsgeding
alicante bouschet 427
aliëneer 694
alifaties 317
alikreukel
363 Waterdier
422 Seekos
426 Kos
alimentasie
686 Aanwins
708 Betaal
780 Hulp
alinea
565 Skryfkuns
571 Skrif
aljimmers 42
alk 365
alkali 300
alkalimetaal 297
alkaliniteit 300
alkalivergiftiging 413
alkaloïed 317
alkalose 413
alkant 87
alkantsetsel 574
alkantvoegsel 575
alkielradikaal 256
alklaps
40 Langdurig
42 Altyd
alkohol
427 Drank
428 Drankbereiding
460 Vloeistof
alkoholiese drank 427
alkoholis 407
alkoholisme
407 Drink
413 Siekte
alkoholverbruiker 407
alkoof 94(3)
alkoofbed 95(5)
alla prima 760
Allah 854
allamagtag 820
allamagtig 820
allantoïs 401
al(le) 109
alledaags
31 Soort
35 Reëlmatig
55 Dikwels
619 Kalm
621 Onbelangrik
725 Verveling
alledaagse lewe 249
alledaagsheid
619 Kalm
621 Onbelangrik
allee 149
alleen
103 Min
108 Minder
115 Genoeg
664 Terugstaan
789 Onbeskaafd
alleenhandel 701
alleenheerser 591
alleenheerskappy
590 Bestuur
795 Staat
alleenheid 664

alleenlopend
248 Huwelik
789 Onbeskaafd
alleenloper
32 Enkeling
664 Terugstaan
789 Onbeskaafd
alleenopsluiting 594
alleenreg 806
alleenspraak
554 Aanspreek
752 Toneelkuns
alleenstaande
103 Min
664 Terugstaan
alleenverkoop 705
alleenwys
503 Onverstandig
535 Weet
837 God
alleenwysheid 503
allegaartjie
170 Saambring
174 Meng
426 Kos
allegorie
547 Simboliek
552 Vertel
750 Letterkunde
751 Digkuns
758 Kuns
760 Skilderkuns
allegretto
753 Musiek
754 Komposisie
allegrissimo 753
allegro
753 Musiek
754 Komposisie
allegro assai 753
allegro con fuoco 753
allegro moderato 753
allegro molto 753
allegro vivace 753
allemagtig
104 Baie
432 Groot
820 Oneerbaar
allemansgoed 688
allengs
47 Later
226 Stadig
allenig
113 Enkelvoudig
664 Terugstaan
789 Onbeskaafd
aller 31
aller-
432 Groot
622 Goed
allerbelangrik(s)
17 Noodsaak
579 Gedwonge
allerbeste 622
allereers 27
allergeen 409
allergie 413
allergrootste 107
allerhande 13
allerhoogs 436
Allerhoogste 837
allerlaaste 28
allerlei
13 Verskeidenheid
170 Saambring
allerliefs 743
allermeeste 107
allermins
103 Min
529 Ontken
allernodigs
17 Noodsaak
579 Gedwonge
631 Nodig
allersyds 87
allerverskrikliks 104
allervreesliks
623 Sleg
768 Vrees
775 Weersin
allerweë
8 Dieselfde
88 Posisie
alles
13 Verskeidenheid
109 Alles
allesbehalwe 526
allesins 111
allesomvattend
109 Alles
553 Behandel
allesvernietigend 238
alliansie
663 Meedoen
665 Byeenkom
alliasie 301
allig
537 Waarheid
653 Maklik
alligator 364
alligatorbakkop 364
alligatorbakkopslang 364
alliterasie 751
alliteer 751
allitererend 751
allofonies 572
allofoon 572
allogamie 239
allokasie 693
allokeer 693
allomorf
142 Veranderlik
438 Vorm
573 Woordeskat
575 Woordvorming
allomorfie
438 Vorm
575 Woordvorming
allooi
3 Bestaanswyse
297 Metaal
301 Metaalverwerking
allosourus 367
allotroop 256
allure
3 Bestaanswyse
620 Belangrik
644 Handelwyse
747 Verfyndheid
alluviaal 274
alluvium
274 Geologie
287 Vloei
alma mater 560
almaardeur
22 Kontinu
42 Altyd
143 Bestendig
164 Reëlmatig
almag
616 Magtig
837 God
almagtig
616 Magtig
837 God
almagtige God 837
almagtigheid
616 Magtig
837 God
855 Gode
almal 109
almanak
127 Tydbepaling
567 Boek
almelewe 42
almoënd
616 Magtig
837 God
alogies
11 Disharmonie
524 Onlogies
alom
62 Grensloos
88 Posisie
alombekend 31
alomteenwoordig
31 Soort
64 Aanwesig
837 God
alomteenwoordigheid
64 Aanwesig
837 God
855 Gode
alomvattend 109
aloue 54
alpakka 311
alpakkabok 366
alpehoring 756
alperoos 334
alperosie 334
alpestok 197
alpeviooltjie 334
alreeds 50
alruin
337 Veldplant
342 Gifplant
343 Genesende plant
als
343 Genesende plant
415 Geneesmiddel
Alsatian 366
alsiende
499 Sien
837 God
also 644
alsydig
31 Soort
87 Kant
502 Verstand
alt
548 Praat
572 Uitspraak
757 Sang
altaar
849 Prediking
853 Kerk
854 Godsdiens
altaardienaar 849
altaartafel 853
altans
108 Minder
527 Oordeel
altasimut 271
altblokfluit 756
alte
4 Selfstandig
104 Baie
527 Oordeel
altemit(s) 537
alter ego 8
alternatief 584
alternatiewelik
21 Volgorde
584 Kies
alternator
233 Motorvoertuig
234 Spoorweg
262 Elektrisiteit
alterneer 13
alteveel 104
altglockenspiel 756
althobo 756
alti- 123
altimeter 123
altklarinet 756
alto 757

alto lirico 757
altocumulus 291
altoos
42 Altyd
143 Bestendig
altostratus 291
altruïs 778
altstem
482 Menslike geluid
548 Praat
alttromboon 756
altviola 756
altviool 756
altyd
22 Kontinu
40 Langdurig
42 Altyd
143 Bestendig
647 Voortgaan
altyd dieselfde 12
altydbossie 337
altyddeur
42 Altyd
55 Dikwels
altyddurend
40 Langdurig
42 Altyd
altydgroen
321 Blaar
324 Plantlewe
aluin 300
aluinkuip 314
aluminium 297
aluminiumerts 297
aluminiumleer 211
aluminiumraam 232
aluminiumraket 728(4)
alumnus 560
alveolêr 572
alveolus
385 Skedel
572 Uitspraak
alvermoë
614 Bekwaam
616 Magtig
837 God
alvleisklier 402
alvleissap 409
alvliesklier 401
alvorens
46 Vroeër
85 Voor
alwaar 61
alwetend
535 Weet
561 Studeer
837 God
alwetendheid 837
alwysheid 837
alwysheid 837
amaas 413
amabile 753
amalgaam
174 Meng
301 Metaal
amalgameer
168 Saamkom
170 Saambring
172 Vasmaak
174 Meng
301 Metaal
amandel
323 Vrug
350 Vrugte
426 Kos
amandelkoekie 426
amandelneut 426
amandelsteen 298
amanuensis 560
amaril 298
amarillis 337
amarilstafie 746
amarilvyltjie 746
amasone
376 Vrou
625 Sterk
amasonelelie 341
amateur
536 Onkunde
615 Onbekwaam
683 Misluk
726 Sport
amateuragtig
536 Onkunde
615 Onbekwaam
626 Swak
683 Misluk
amateuragtigheid
615 Onbekwaam
626 Swak
amateurboks
726 Sport
731 Gevegsport
amateurisme
658 Beroep
726 Sport
amateurstoei
667 Stryd
726 Sport
731 Gevegsport
amateurtoneel 752
ambag
610 Ywerig
645 Handel
658 Beroep
ambagsman
592 Ondergeskikte
645 Handel
658 Beroep
ambassade
588 Gesag hê
590 Bestuur
ambassadeur
588 Gesag hê
591 Gesaghebber
amber 492
ambergeel 492
amberkleurig 492
ambisie
584 Kies
610 Ywerig
773 Begeerte
785 Hoogmoedig
799 Beroemd
ambisieus
582 Wilskrag
584 Kies
610 Ywerig
773 Begeerte
ambivalensie 11
ambivalent
11 Disharmonie
544 Onduidelik
ambivalentheid 11
ambraal
741 Kinderspel
503 Onverstandig
ambrosia
427 Drank
855 God
ambrosyn 427
ambulans
233 Motorvoertuig
417 Hospitaal
ambulant
142 Veranderlik
197 Te voet
610 Ywerig
ambulantisme 197
amebe 359
amegtig
404 Asemhaling
412 Siek
amelioratief 575
amelioratiefsuffiks 575
amen 847
amendeer
140 Verandering
801 Wet
amendement 140
Amerika 276
ametis 298
amettalisme 701
ameublement 95(1)
amfetamien 494
amfetamine 494
amfibie
357 Dier
363 Waterdier
amfibies 363
amfibiese dier 363
amfibiese vliegtuig 236
amfibrag 751
amfiteater
94 Gebou
752 Toneelspel
amfora
84 Houer
95(11) Versiering
amikaal 776
amine 256
aminosuur
256 Skeikunde
409 Afskeiding
ammeter
123 Meet
262 Elektrisiteit
ammoniak
256 Skeikunde
461 Gas
ammunisie
675 Bewapening
676 Vuurwapen
ammunisiefabriek 675
ammunisiewa 675
amnesie
505 Verstandstoornis
511 Vergeet
amnestie 776
amoebe 359
amok 667
A-mol 753
A-mol majeur 753
A-mol mineur 753
amoreel
811 Gewete
813 Swak gedrag
820 Oneerbaar
amoreus 776
amorf 438
amoroso 753
amortisasie
708 Betaal
711 Skuld
amortiseer 711
amortisering
708 Betaal
711 Skuld
amp
590 Bestuur
645 Handel
658 Beroep
665 Byeenkom
amper
51 Toekoms
69 Naby
126 Skat
130 Onbepaald
amper niks 103
ampère
123 Meet
262 Elektrisiteit
ampèregetal 123
ampersand
565 Skryfkuns
571 Skrif
ampertjies 126
amplifikasie 107
amplitude
257 Meganika

266 Akoestiek
270 Hemelliggaam
amplitudemeter 266
ampsaanvaarding 658
ampsbediening 658
ampsbekleding 658
ampsbekleër 795
ampsblad 567
ampseed
537 Waarheid
607 Beloof
ampsgebied 590
ampsgeheim 540
ampshalwe
590 Bestuur
658 Beroep
ampsnaam 550
ampsneerlegging 660
ampsperiode 590
ampstaf 546
ampstatus 658
ampstitel
550 Noem
658 Beroep
ampstyd 38
ampsverrigting 658
ampsvervulling
590 Bestuur
658 Beroep
ampswag 592
ampswoning 89
amptelik
528 Bevestig
590 Bestuur
620 Belangrik
658 Beroep
amptelike taal 569
ampteloos 659
amptenaar
590 Bestuur
592 Ondergeskikte
658 Beroep
795 Staat
amptenary
590 Bestuur
658 Beroep
ampule 415
ampulla 381
amputeer 414
amusant
722 Snaaks
724 Vermaak
amuseer 724
amusie
498 Gehoor
753 Musiek
anaal
396 Rug
401 Spysvertering
402 Afskeiding
anaalvin 363
anabiose 251
anabolisme 317
anaboom 331
anachoreet 789
anachronisme
44 Gebeure
45 Geskiedenis
anachronisties 54
anafilaksie 413
anafoor
574 Woordkategorie
576 Sinsbou
750 Letterkunde
anaforiek
576 Sinsbou
577 Betekenis
anagram 575
anakoloet
565 Skryfkuns
750 Letterkunde
anale kanaal 401
anale sfinkter 401
analfabeet
503 Onverstandig
536 Onkunde
analis
256 Skeikunde
515 Wetenskap
516 Soek
535 Weet
561 Studeer
700 Bank
analise
515 Wetenskap
516 Soek
535 Weet
561 Studeer
analitiese chemie 515
analitiese drama 752
analitiese skeikunde 256
analitiese waarheid 577
analogie
8 Dieselfde
573 Woordeskat
575 Woordvorming
analogon
3 Bestaanswyse
575 Woordvorming
analoog
3 Bestaanswyse
8 Dieselfde
10 Harmonie
575 Woordvorming
anapes 751
anargie
20 Wanorde
121 Verwarring
598 Ongehoorsaam
795 Staat
anargis
598 Ongehoorsaam
795 Staat
anargisme 598
anargisties
20 Wanorde
121 Verwarring
598 Ongehoorsaam
795 Staat
anastigmaat 267
anatema
827 Afkeur
829 Beledig
841 Leer
anatomie
377 Liggaam
515 Wetenskap
anatomies 414
anatomiese patologie 515
anatroop 324
anatropies 324
andante
753 Musiek
754 Komposisie
andantino 753
ander
9 Verskillend
374 Mens
anderdag 46
anderding
1 Bestaan
544 Onduidelik
anderhalf 133
anderhalfpan 94(4)
anderhalfsteenmuur 94(6)
anderkant
61 Plek
64 Aanwesig
88 Posisie
208 Verbygaan
209 Oorgaan
anderland 273
andermaal 55
anders
9 Verskillend
34 Vreemd
36 Onreëlmatig
106 Ongelyk
530 Voorbehou
644 Handelwyse
anders lyk 13
andersdenkend
513 Gedagte
532 Betwis
666 Verhinder
841 Leer
andersduidend 541
andersheid
9 Verskillend
11 Disharmonie
106 Ongelyk
andersins
140 Verandering
644 Handelwyse
andersom
9 Verskillend
147 Rigting
andersoortig 9
anderste 7
andersyds
9 Verskillend
112 Deel
andertalig 569
andoelie
421 Vleis
426 Kos
androgeen 317
androgien 374
andyvie 351
anekdote
552 Vertel
750 Letterkunde
anekdoties 552
anemie 413
anemies
412 Siek
413 Siekte
491 Kleurloosheid
anemoon 334
aneroïde 259
anervie 413
anesteseer 414
anestesie 413
anestesiologie 515
anestetika 414
anestetikum 415
anestetikus 416
aneurine 256
aneurisme 413
angel
361 Insek
390 Mond
angelier
322 Blom
334 Blomplant
angelierknopvlieg 361
angelika 419
angina 413
angiosperm 318
angiospoor 318
Anglikaan 840
angliseer 569
Anglisis 570
Anglisisme 569
Anglistiek 570
anglofiel 787
anglofilie 787
anglofobie 787
angora
311 Weefsel
366 Soogdier
angorabok 366
angorawol 311
angs
505 Verstandstoornis
651 Toesien
714 Gevoelig
768 Vrees

angsaanjaend
656 Gevaarlik
714 Gevoelig
744 Lelik
768 Vrees
angsbevangenheid 768
angssweet
409 Afskeiding
768 Vrees
angsvallig
612 Noukeurig
654 Moeilik
768 Vrees
angswekkend
656 Gevaarlik
714 Gevoelig
744 Lelik
768 Vrees
anhidride 256
anilien 460
animaal 357
animato 753
animeer 714
animis 854
animisme
514 Wysbegeerte
760 Skilderkuns
854 Godsdiens
animo
610 Ywerig
718 Bly
animositeit
771 Gramskap
777 Haat
animus
713 Gevoel
808 Regswese
anionies 256
anioon
254 Stof
256 Skeikunde
anker
123 Meet
128 Chronometer
146 Beweginglooosheid
172 Vasmaak
221 Vaar
235 Skeepvaart
261 Magnetisme
655 Veilig
anker in die lewe 655
ankerlig
235 Skeepvaart
487 Ligbron
ankermuur 94(6)
ankerplek 221
ankerpunt 235
ankerwindas 235
anlaut 572
annale
45 Geskiedenis
567 Boek
anneks 94(3)
annekseer
172 Vasmaak
584 Kies
694 Neem
annihileer
238 Vernietig
252 Doodmaak
anno 127
anno Domini 127
annoteer 563
annuïteit
686 Aanwins
692 Spaar
708 Betaal
annuïteitsfonds 655
annuïteitspolis 655
annuleer 526
anode
256 Skeikunde
262 Elektrisiteit
anofeles 361
anoksemie 413
anomalie 36
anoniem 550
anorexia nervosa 413
anorganies
250 Dood
254 Stof
256 Skeikunde
anorganiese chemie
256 Skeikunde
515 Wetenskap
anorganiese skeikunde 256
ansjovis
363 Waterdier
422 Seekos
antagonis
666 Verhinder
667 Stryd
752 Toneelspel
777 Haat
antagonisme
666 Verhinder
667 Stryd
777 Haat
Antarktika 276
ante meridiem 127
antedateer
46 Vroeër
700 Bank
antenne
233 Motorvoertuig
264 Uitsaai
anterieur 572
anterior kommisuur 378
antesedent
574 Woordkategorie
576 Sinsbou
anti-
9 Verskillend
666 Verhinder
antibioties
238 Vernietig
415 Geneesmiddel
antibiotikum 415
antichris 846
antidoot 415
antidotum 415
antie 246
antiek
54 Oud
749 Kuns
antifoon
752 Toneelkuns
757 Sang
847 Gebed
antigeen 415
antigene faktor 400
antiheld
750 Letterkunde
752 Toneelspel
antihistamine 415
antikerklik 843
antikiteit 54
antiklien 277
antiklimaks 750
antiklinaal 446
antiklinorium 277
anti-kommunisties 795
antikwaar
54 Oud
567 Boek
707 Handelsaak
antikwariaat
54 Oud
567 Boek
707 Handelsaak
antikwaries 54
antikwiteit 54
antiliggaampie 415
antiloop 366
antimakassar 95(4)
anti-marxisties 795
701
antimonopolistiese beleid
701
antimoon 297
antipasto 426
antipatie
774 Onverskillig
827 Afkeur
antipersoneelmyn 676
antipode 374
anti-semities 854
antisepties
411 Gesond
415 Geneesmiddel
627 Skoon
antiseptiese middel 415
antisikloon
290 Wind
293 Onweer
antisipasie 57
antisipatories
25 Volg
572 Uitspraak
antisipeer
24 Voorafgaan
46 Vroeër
57 Vroeg
antisuurmiddel 415
antitese
9 Verskillend
750 Letterkunde
antitoksien 415
antivirusprogram 263
antologie 567
antoniem
9 Verskillend
573 Woordeskat
577 Betekenis
antoniemwoordeboek 567
antonimie
573 Woordeskat
577 Betekenis
antonimiek
573 Woordeskat
577 Betekenis
antonomasia
577 Betekenis
750 Letterkunde
antrakoniet 298
antraks 413
antrasiet
299 Brandstof
469 Verwarmingstoestel
antropo- 374
antropogenese
0 Ontstaan
237 Voortbring
239 Voortplant
374 Mens
787 Gemeenskap
antropogeografie 273
antropoïed
237 Voortbring
374 Mens
antropologie
514 Wysbegeerte
515 Wetenskap
787 Gemeenskap
antropologiese taalkunde
570
antropoloog
515 Wetenskap
787 Gemeenskap
antropometrie 377
antropomorf 374
antroponiem
546 Kunsmatige teken
550 Noem
574 Woordkategorie
antroponimie
550 Noem

570 Taalwetenskap
antroponimies 550
antroposentries
374 Mens
514 Wysbegeerte
antroposofie
374 Mens
514 Wysbegeerte
antropososiologie 787
antrum 377
antwoord
137 Bewerking
526 Weerlê
543 Duidelik
556 Antwoord
antwoordboek 567
antwoordskrif 567
anus
396 Rug
401 Spysvertering
402 Afskeiding
anys 419
anyssaad 323
aoris 574
aoristus 574
aorta 399
aortaboog 399
apart
169 Skei
171 Verwyder
664 Terugstaan
apartement 89
apartheid
171 Verwyder
590 Bestuur
664 Terugstaan
787 Gemeenskap
795 Staat
apartheidsbeleid
590 Bestuur
795 Staat
apartheidspolitiek 590
apatie
715 Gevoelloos
774 Onverskillig
apaties
626 Swak
715 Gevoelloos
774 Onverskillig
apeks
94(4) Dak
139 Meetkunde
270 Hemelliggaam
aperig 14
aperiodiek
56 Selde
165 Onreëlmatig
aperitief 427
apery
14 Navolging
722 Snaaks
apiesdoringboom 331
apiestuipe
768 Vrees
771 Gramskap
apikale foramen 391
Apl 263
aplomb
582 Wilskrag
769 Vertroue
apodikties
525 Bewys
543 Duidelik
apodosis 576
apoëties 751
apofise 413
apogee
76 Bo
139 Meetkunde
269 Heelal
apogeum 28
apoggiatura 753
apokalips(is) 842
apokopee 572
apokrief
538 Dwaling
841 Leer
apokriewe boeke 842
apokrifa 842
apolities 795
apologeet 842
apologetiek 842
apologeties
532 Betwis
833 Verontskuldig
apologie
548 Praat
833 Verontskuldig
apologie aanteken 833
apoloog 552
apopleksie 413
apoplekties 412
apostaat 843
apostel
551 Meedeel
849 Prediking
apostolaat 842
apostroof 571
apotema 139
apoteose
799 Beroemd
826 Goedkeur
855 God
apparaat
255 Natuurkunde
630 Werktuig
629 Gebruik
apparatuur
256 Skeikunde
630 Werktuig
appasionato 753
appel
323 Vrug
350 Vrugte
426 Kos
appél
808 Regswese
809 Regsgeding
appélhof 808
appelkoos
323 Vrug
350 Vrugte
426 Kos
appelkoosboord 350
appelkooskleur 492
appelkoossiekte 413
appelkoossmeer 426
appellatief 574
appelleer
721 Ontevrede
808 Regswese
809 Regsgeding
appelliefie
323 Vrug
350 Vrugte
426 Kos
appelmoes 426
appelmot 361
appélregter
591 Gesaghebber
808 Regswese
appelring 426
appélsaak 809
appelsuur 472
appelvrug 350
appelwyn 427
appendiks
401 Spysvertering
567 Boek
appendisitis 413
appersepsie 508
appliekwerk 758
applikant
659 Aanstel
808 Regswese
applikasie
604 Versoek
659 Aanstel
applikatuur 758
applaudiseer
527 Oordeel
826 Goedkeur
applous 826
apporteer 191
apposisie 576
appresiasie
126 Skat
686 Aanwins
689 Ryk
appresieer
622 Goed
686 Aanwins
appreteer 313
appretuur 313
approbasie 826
appropriasierekening 700
approprieer
686 Aanwins
694 Neem
apraksie 617
apropos
6 Betreklik
129 Bepaald
513 Gedagte
633 Nuttig
apsis 853
apteek
415 Geneesmiddel
416 Medikus
707 Handelsaak
apteker
416 Medikus
707 Handelsaak
aptekersrekening 708
aptekerswese 414
aptyt 406
aptytlik
426 Kos
471 Lekker
747 Verfyndheid
aquaplaas 368
arabesk 745
arabies 565
arabiese letter 571
arabiese skrif
565 Skryfkuns
571 Skrif
Aramese god 855
aërasie
461 Gas
arbei
645 Handel
849 Prediking
arbeid
257 Meganika
610 Ywerig
645 Handel
658 Beroep
arbeider
592 Ondergeskikte
610 Ywerig
645 Handel
658 Beroep
663 Meedoen
arbeidershuis 89
arbeidersklas 798
arbeiderswoning
91 Gebou
93 Armoedige gebou
arbeidsaam
610 Ywerig
645 Handel
arbeidsaangeleentheid 64[illegible]
arbeidsburo 658
arbeidsdiens 658
arbeidseenheid 123
arbeidsfisioterapie 414
arbeidsgeleentheid 645

arbeidsgemeenskap 645
arbeidsgeskil 667
arbeidsintensief
347 Landbou
644 Handelwyse
645 Handel
658 Beroep
arbeidskaart 658
arbeidskolonie 658
arbeidskrag
645 Handel
658 Beroep
arbeidsku 646
arbeidsmag 645
arbeidsmark 658
arbeidsreg 808
arbeidsterapeut 416
arbeidsterapie 414
arbeidsveld 658
arbeidsverhouding 658
arbeidsvermoë
257 Meganika
610 Ywerig
arbeidswet 801
arbeidswetgewing 645
arbiter
590 Bestuur
668 Vrede
727 Wedstryd
arbitrasie
590 Bestuur
663 Meedoen
668 Vrede
arbitrêr
7 Betrekkingloos
11 Disharmonie
578 Vrywillig
583 Willoosheid
654 Moeilik
arboretum 349
arborikultuur 349
archeopteryx 367
ardente 753
area
61 Plek
64 Aanwesig
168 Saamkom
445 Oppervlak
aëreer 461
areligieus 841
arena
667 Stryd
726 Sport
arend
365 Voël
728(8) Gholf
arendsblik 499
arendsneus 389
arendsvlug
222 Vlieg
512 Verbeelding
argaïes 54
argaïsme 569
arg(e)loos
767 Moed
817 Ontrou
argeloosheid 817
argeologie
54 Oud
274 Geologie
515 Wetenskap
argeoloog
274 Geologie
515 Wetenskap
argetipe
54 Oud
438 Vorm
argief
45 Geskiedenis
567 Boek
590 Bestuur
argipel 281
argitek
97 Bou
640 Voorbereid
764 Boukuns
argitektonies
97 Bou
764 Boukuns
argitektuur 764
argitraaf 94(5)
argivalia 567
argivaris 567
arglistig
813 Swak gedrag
815 Oneerlik
820 Oneerbaar
argon 256
argot 569
argument
11 Disharmonie
263 Rekenaar
513 Gedagte
522 Redeneer
525 Bewys
527 Oordeel
539 Kommunikeer
557 Diskussie
558 Redevoering
576 Sinsbou
666 Verhinder
argumenteer
513 Gedagte
522 Redeneer
525 Bewys
532 Betwis
548 Praat
666 Verhinder
667 Stryd
argusoë 499
argwaan
587 Aarsel
770 Wantroue
argwaan wek
770 Wantroue
771 Gramskap
aria
754 Komposisie
757 Sang
ariditeit 464
aried 464
arig
93 Gebou
412 Siek
623 Sleg
777 Haat
aristokraat
797 Adelstand
799 Beroemd
812 Goeie gedrag
aristokrasie
590 Bestuur
797 Adelstand
aritmeties 138
ark
54 Oud
842 Geloof
854 Godsdiens
arkade 94(3)
arkadies
90 Gemeenskap
743 Mooi
arktiese wind 290
arm
94(9) Venster
arm 94(9) Venster
95(4) Sitmeubel
103 Min
257 Meganika
346 Landbougrond
397 Ledemaat
690 Arm
717 Lyding
armada
221 Vaar
672 Weermag
armatuur 261
armband 745
armbeweging 145
armbus 780
arme 690
arm(e)sorg 780
armholte 397
armlastig
690 Arm
780 Hulp
armlastige 690
armlengte 432
armleuning
95(4) Sitmeubel
233 Motorvoertuig
armmansgeding 809
armoede
687 Verlies
690 Arm
armoedig
93 Gebou
103 Min
690 Arm
armoedigheid 690
armoedsbos 337
armoire 95(3)
armpleksus 378
armsalig
615 Onbekwaam
623 Sleg
683 Misluk
690 Arm
717 Lyding
armskut 728(3)
armslagaar 399
armspalk 415
armspier 379
aroma
473 Reuk
474 Welriekend
aromaties
473 Reuk
474 Welriekend
aronskelk
322 Blom
334 Blomplant
342 Gifplant
324 Plantlewe
arpeggio
753 Musiek
755 Uitvoering
arrector pilli
381 Vel
382 Haar
arres
594 Onvryheid
680 Militêre aksie
835 Bestraf
arrestant
594 Onvryheid
680 Militêre aksie
arrestasie
594 Onvryheid
835 Bestraf
arresteer
594 Onvryheid
835 Bestraf
arrig 623
arriveer
188 Aankom
796 Stand
arrogansie 785
arrogant
785 Hoogmoedig
813 Swak gedrag
arseen 415
arseer
139 Meetkunde
759 Tekenkuns
arsenaal 675
artefak 237

artelleris 677
arterie 399
arteriosklerose 413
artesies 274
artesiese bron 284
arthropodum 357
arties
730 Gimnastiek
749 Kuns
artikel
32 Enkeling
237 Voortbring
539 Kommunikeer
565 Skryfkuns
567 Boek
568 Perswese
574 Woordkategorie
607 Beloof
801 Wet
artikelskrywer 568
artikulasie
380 Gebeente
572 Uitspraak
artikuleer
257 Meganika
548 Praat
572 Uitspraak
artikulêr 380
artillerie
672 Weermag
676 Vuurwapen
artillerieskool 680
artilleris 673
artisjok 351
artistiek
743 Mooi
747 Verfyndheid
749 Kuns
artisties 747
artritis 413
arts 416
as
37 Tyd
83 Middel
139 Meetkunde
163 Draai
230 Rytuig
232 Fiets
233 Motorvoertuig
234 Spoorweg
257 Meganika
261 Magnetisme
272 Aarde
380 Gebeente
430 Rook
469 Verwarmingstoestel
630 Werktuig
as gevolg van 16
as sodanig 3
as 't ware
6 Betreklik
538 Dwaling
asalea 332
asbaan 233
asbak 469
asbes 298
asbesdak 94(4)
asbeslei
94(4) Dak
304 Steen
asbespan 304
asbesplaat
94(4) Dak
100 Boumateriaal
asbesplafon 94(4)
asbessement 100
asbesteël 304
asbesverwarmer 469
asblond 492
ascencio recta 269
ASCI-kode 263
asem
404 Asemhaling
473 Reuk
asembenemend 743
asemhaal
249 Lewe
404 Asemhaling
asemhaling 404
asemhalingsgat 363
asemhalingsopening 398
asemhalingsorgaan
398 Asemhalingsorgaan
404 Asemhaling
asemhalingsporie 361
asemhalingsproses 404
asemhalingstelsel 398
asemloos
404 Asemhaling
654 Moeilik
asemrowend
521 Verras wees
743 Mooi
asemstoot 404
asemtekort 404
asemteug 404
asemtoetser 404
asepsie 411
asepsis 411
asepties 411
asetaat 300
asetileen
256 Skeikunde
461 Gas
asetoon
256 Skeikunde
460 Vloeistof
asfalt
149 Pad
298 Steen
asfaltteël 100
asfaltvloer 94(10)
asfiksiasie
250 Dood
252 Doodmaak
asfiksie
250 Dood
252 Doodmaak
413 Siekte
asgaai 678
asgaaiboom 331
ashoop
469 Verwarmingstoestel
628 Vuil
766 Wanhoop
asiel
655 Veilig
776 Liefde
asielsoeker 655
asiklies
55 Dikwels
139 Meetkunde
asimmetrie 11
asimmetries
9 Verskillend
11 Disharmonie
asimptoot 139
asimut 269
asindeton
565 Skryfkuns
576 Sinsbou
750 Letterkunde
asjas
503 Onverstandig
615 Onbekwaam
722 Snaaks
askeet 789
askleur
490 Kleur
492 Kleure
askleurig 492
askoek
426 Kos
503 Onverstandig
615 Onbekwaam
aslaag 277
asma 413
asmalyer 413
Asmannetjie 838
asmaties 413
asmede
8 Dieselfde
48 Gelyktydig
107 Meer
asnog 50
asosiaal
715 Gevoelloos
777 Haat
789 Onbeskaafd
792 Asosiaal
asosiale persoon 792
aspaai 741
A-span 726
A-spanspeelster 726
A-spanspeler 726
aspatat 503
aspek
112 Deel
513 Gedagte
574 Woordkategorie
577 Betekenis
aspekties 577
aspektiese betekenis 577
aspektueel
112 Deel
577 Betekenis
aspersie 351
aspiek 426
aspirant 659
aspirasie
572 Uitspraak
584 Kies
610 Ywerig
aspireer
572 Uitspraak
773 Begeerte
aspirien 415
aspirine 415
aspres
582 Wilskrag
586 Beslis
637 Doelgerigtheid
aspris
582 Wilskrag
586 Beslis
637 Doelgerigtheid
asseblief 604
assegaai 678
assegaaiboom 331
assegaaihout 316
assendent 240
assessor
663 Meedoen
665 Byeenkom
808 Regswese
809 Regsgeding
852 Geestelike
assessorlid 665
assestelsel 269
assibilasie 572
assimilasie
172 Vasmaak
174 Meng
572 Uitspraak
assimilatories 572
assimileer
12 Eenvormig
172 Vasmaak
174 Meng
572 Uitspraak
665 Byeenkom
Assiriese god 855
assisteer 663
assistensie 663
assistent
30 Ondergeskik
589 Dien
590 Bestuur

592 Ondergeskikte
658 Beroep
663 Meedoen
assistent-bestuurder
590 Bestuur
663 Meedoen
assistente 663
assistentredakteur 568
assistentredaktrise 568
assistentsekretaris 663
assisterend 663
asskottel 469
assonansie 751
assosiaatlid 665
assosiasie
6 Betreklik
168 Saamkom
170 Saambring
256 Skeikunde
513 Gedagte
665 Byeenkom
790 Sosiaal
assosiatief
170 Saambring
665 Byeenkom
assosieer
170 Saambring
172 Vasmaak
513 Gedagte
665 Byeenkom
assosiëring 790
assumpsie
107 Meer
513 Gedagte
518 Glo
522 Redeneer
548 Praat
assuransie
655 Veilig
692 Spaar
assureer
655 Veilig
692 Spaar
astasie 413
astenie
412 Siek
413 Siekte
661 Vermoei
stenies
377 Liggaam
661 Vermoei
stenosfeer 269
ster
334 Blomplant
776 Liefde
sterisk
565 Skryfkuns
571 Skrif
steroïde 270
tigmaties 387
tigmatisme
387 Oog
13 Siekte
astraal
270 Hemelliggaam
514 Wysbegeerte
astrak 419
astrakan(bont) 311
astrant
667 Stryd
767 Moed
785 Hoogmoedig
813 Swak gedrag
astro- 271
astrofisika 271
astrofotometrie 271
astrolabium 271
astrologie 841
astronomie 271
astronomies
271 Kosmografie
432 Groot
astronout 222
asuur
269 Heelal
492 Kleur
asvaal
491 Kleurloosheid
492 Kleur
626 Swak
aswenteling
163 Draai
270 Hemelliggaam
272 Aarde
asyn
426 Kos
472 Sleg
asynsuur 472
ataksie 413
ataksies 413
atavisme
240 Afkoms
317 Fisiologie
atavisties
240 Afkoms
317 Fisiologie
ateïs
514 Wysbegeerte
840 Godsdiens
842 Geloof
843 Ongeloof
846 Godloos
854 Godsdienste
ateïsme
514 Wysbegeerte
840 Godsdiens
842 Geloof
843 Ongeloof
846 Godloos
854 Godsdienste
ateljee
264 Uitsaai
268 Fotografie
658 Beroep
749 Kuns
758 Beeldende kunste
atermies
260 Warmteleer
466 Koud
ateromatose 413
aterosklerose 413
atjar 426
atlant
94(13) Versiering
94(5) Pilaar
atlas
273 Geografie
393 Skouer
396 Rug
567 Boek
654 Moeilik
atleet
197 Te voet
228 Vinnig
625 Sterk
726 Sport
729 Atletiek
atletiek 729
atleties
411 Gesond
625 Sterk
atmosfeer
269 Heelal
289 Klimaat
713 Gevoel
714 Gevoelig
atol 281
atomies
254 Stof
256 Skeikunde
433 Klein
atomiseer
112 Deel
173 Losmaak
256 Skeikunde
atomisme 254
atomistiek 254
atonaal 753
atonie 413
atoom
254 Stof
256 Skeikunde
433 Klein
atoombom 676
atoomduikboot 235
atoomenergie 256
atoomfisika
254 Stof
256 Skeikunde
515 Wetenskap
atoomgeneeskundige 416
atoomgetal 133
atoomgewig
254 Stof
256 Skeikunde
atoomheelkunde 414
atoomkern
254 Stof
256 Skeikunde
atoommassa
254 Stof
256 Skeikunde
atoomoorlog 667
atoomskip 235
atoomsplitsing 256
atoomtydperk 45
atoomwapen 676
atrium
94(3) Vertrek
399 Bloedsomloop
853 Kerk
atrofie 413
attaché 591
attar 746
attasjeer 172
attensie 508
attent
508 Aandag
612 Noukeurig
791 Sosiaal
attestaat
546 Kunsmatige teken
852 Geestelike
attesteer
525 Bewys
539 Kommunikeer
546 Kunsmatige teken
548 Praat
607 Beloof
attiek 94(3)
attraksie
166 Nader beweeg
170 Saambring
743 Mooi
773 Begeerte
attributief
574 Woordkategorie
576 Sinsbou
attribuut
3 Bestaanswyse
545 Natuurlike teken
au fait 535
aubade 757
audioapparaat 266
aula
94(14) Buitekant
94(3) Vertrek
aurora australis 485
auslaut 572
austraal 88
Australasië 276
Australiese vlamboom 331
avant-garde
202 Voor
672 Weermag
749 Kuns
ave 847

Ave Maria 847
aversie 775
avoirdupois 124
avokado 426
avokadopeer
350 Vrugte
426 Kos
avonturier
724 Vermaak
767 Moed
avontuur
44 Gebeure
767 Moed
avontuurlik
44 Gebeure
644 Handelwyse
724 Vermaak
767 Moed
avontuurroman 750
avontuurverhaal
552 Vertel
750 Letterkunde
aweregs
9 Verskillend
503 Onverstandig
615 Onbekwaam
awery
235 Skeepvaart
635 Skadelik
655 Veilig
687 Verlies
AWOL 679
Azazel 838
A3-formaat
123 Meet
315 Papier
566 Drukkuns
A4-formaat
315 Papier
566 Drukkuns

B
baadjie 745
baai
215 Swem
283 See
463 Nat
726 Sport
baaier 215
baaierd 20
baaikostuum 745
baakhout 331
baal 352
Baäldiens 854
Baälpriester 852
baan
94(10) Vloer
147 Rigting
149 Pad
233 Motorvoertuig
234 Spoorweg
262 Elektrisiteit
270 Hemelliggaam
313 Weef
354 Plaas
726 Sport
736 Skaats
baanatleet 729
baanbed 149
baanbreedte 434
baanbrekend
644 Handelwyse
649 Begin
baanbreker 649
baanbrekerswerk 649
baanfiets
232 Fiets
735 Fietsry
baannommer 729
baanoppervlak 726
baanruimer 234
baanry 735
baanskuiwer 234
baanstang 234
baansyfer 728(8)
baantjie 658
baanwedren 735
baar
0 Ontstaan
16 Gevolg
123 Meet
131 Munt
162 Ontbloot
237 Voortbring
239 Voortplant
301 Metaalverwerking
417 Hospitaal
503 Onverstandig
505 Verstandstoornis
534 Wanbegrip
559 Opvoeding
623 Sleg
baard
178 Toegaan
321 Blaar
365 Voël
382 Haar
386 Gesig
baardloos
53 Jonk
386 Gesig
baardman 363
baardmannetjie
332 Struik
365 Voël
baardsuikerbos 337
baarheid
162 Ontbloot
789 Onbeskaafd
baarmoeder 403
baarmoederspier 379
baars 363
baas
588 Gesag hê
590 Bestuur
591 Gesaghebber
599 Gesag
614 Bekwaam
645 Handel
658 Beroep
688 Besit
baas- 682
baasraak
599 Gesag
622 Goed
650 Voltooi
682 Slaag
684 Oorwin
baasseeman 591
baasskap
588 Gesag hê
599 Gesag
622 Goed
684 Oorwin
baasspeel
588 Gesag hê
599 Gesag
baasspeler
599 Gesag
682 Slaag
726 Sport
baasspelerig 591
baaswerker 682
baat
633 Nuttig
686 Aanwins
baatsug
686 Aanwins
779 Boosaardig
baba
52 Ouderdom
53 Jonk
243 Kind
374 Mens
baba- 433
bababottel 84
babaklere 745
babakliniek 417
babapop 741
babasitter 655
babaskaal 124
babawagter 655
babbel
482 Menslike geluid
548 Praat
554 Aanspreek
babbelaar
548 Praat
554 Aanspreek
babbelbek 548
babbeljoentjie 95(5)
babbelkous 548
babbelrig 554
babbelry 548
Babel 20
babelaas 407
baber 363
baberbekploeg 355
Babtis 840
baccalaureusgraad 561
bacchanaal
793 Fees
813 Swak gedrag
bacchant
407 Drink
813 Swak gedrag
Bach-trompet 756
bad
94(15) Toebehore
627 Skoon
746 Toilet
415 Geneesmiddel
badhanddoek
627 Skoon
746 Toilet
badkamer
94(3) Vertrek
746 Toilet
badkamerkas 95(3)
badkamerlig 487
badkamerspieël 746
badkamertafel 95(6)
badkamerteël
100 Boumateriaal
304 Steen
badolie 474
badplaas
94(14) Buitekant
414 Geneeskunde
badseep
474 Welriekend
627 Skoon
746 Toilet
bafta 311
baftablou 492
bagasie
187 Reis
654 Moeilik
bagasie-area 222
bagasiebak
84 Houer
233 Motorvoertuig
bagasiedraer
187 Reis
592 Ondergeskikte
bagasie-eindpunt 222
bagasiekantoor 234
bagasierak 233
bagasieruim 233
bagasiesluitkaste 234
bagasietas 84
bagasietrollie
187 Reis
222 Vlieg
bagasievervoerband 222

bagatel
621 Onbelangrik
739 Geselskapspel
bagger 235
bahuvrihi-samestelling 575
baie
55 Dikwels
102 Hoeveelheid
104 Baie
133 Getal
657 Herhaal
baiekeer
22 Kontinu
55 Dikwels
104 Baie
657 Herhaal
baiemaal
22 Kontinu
55 Dikwels
104 Baie
657 Herhaal
bain-marie 419
bajonet
676 Vuurwapen
678 Wapen
bajonetsluiting 178
bak
84 Houer
233 Motorvoertuig
304 Steen
305 Erdewerk
419 Voedselbereiding
425 Bakker
444 Krom
446 Rond
465 Warm
622 Goed
bakatel
621 Onbelangrik
739 Geselskapspel
bakbeen 397
bakbees
357 Dier
432 Groot
744 Lelik
813 Swak gedrag
bakbogtig 444
bakboord
87 Kant
235 Skeepvaart
bakeliet 307
baken
147 Rigting
221 Vaar
234 Spoorweg
264 Uitsaai
487 Ligbron
546 Kunsmatige teken
bakenlig 487
bakermat
27 Begin
787 Gemeenskap
bakerrympie 751
bakgat 622
bakgeut 94(4)
bakgraaf 355
bakhand 397
bakhans 369
bakkar 230
bakke 84
bakkebaard
382 Haar
386 Gesig
bakker 425
bakkersbrood 424
bakkersoond 425
bakkersvrou 425
bakkerswinkel 425
bakkery
425 Bakker
707 Handelsaak
bakkie
84 Houer
233 Motorvoertuig
235 Skeepvaart
630 Werktuig
bakkies 386
bakkiesband 194
bakkiespomp
186 Maal
288 Waterstelsel
355 Landbougereedskap
b-akkoord 753
bakkrans 277
baklei 667
bakleierig
667 Stryd
777 Haat
bakleierigheid
667 Stryd
777 Haat
bakleiery
11 Disharmonie
667 Stryd
779 Boosaardig
bakmaat
221 Vaar
406 Eet
663 Meedoen
bakoond
419 Voedselbereiding
425 Bakker
bakoor 388
bakpoeier 425
bakproses 425
baksel 425
bakspel 739
bakstaan 654
baksteen
100 Boumateriaal
304 Steen
bakterie
326 Oerplant
413 Siekte
baktrek 444
bakvissie 53
bakwerk
233 Motorvoertuig
305 Erdewerk
bal
380 Gebeente
397 Ledemaat
403 Voortplanting
446 Rond
450 Volume
726 Sport
728 Balsport
741 Kinderspel
742 Dans
balaklawa 745
balalaika 756
balans
8 Dieselfde
10 Harmonie
35 Reëlmatig
115 Genoeg
124 Weeg
128 Chronometer
149 Pad
257 Meganika
619 Kalm
688 Besit
703 Boekhou
819 Eerbaar
balanseer
8 Dieselfde
164 Reëlmatig
256 Skeikunde
703 Boekhou
balansstaat
700 Bank
703 Boekhou
balbyter 361
baldadig
199 Spring
716 Genot
718 Bly
726 Sport
813 Swak gedrag
baldadigheid
716 Genot
718 Bly
813 Swak gedrag
baldakyn
95(5) Bed
853 Kerk
balein 391
baleinwalvis 363
balhorig
598 Ongehoorsaam
771 Gramskap
813 Swak gedrag
balie
84 Houer
627 Skoon
808 Regswese
baljaar
213 Rondgaan
716 Genot
726 Sport
balju 808
baljuveiling 808
balk
75 Onder
94(1) Konstruksie
124 Weeg
231 Tuig
301 Metaal
316 Hout
484 Diergeluid
730 Gimnastiek
753 Musiek
balkbrug 149
balkhaak 183
balkie
316 Hout
728(3) Krieket
balklep 630
balkoefening 730
balkon 94(12)
balkonvenster 94(9)
balkruit 676
ballade
754 Komposisie
757 Sang
ballade-opera 757
ballas
194 Vervoer
221 Vaar
235 Skeepvaart
542 Betekenisloos
632 Onnodig
ballasmandjie 84
ballerina 742
ballet 742
balletdanser 742
balletmusiek 753
balling 192
ballistiek
675 Bewapening
677 Skiet
ballisties
675 Bewapening
676 Vuurwapen
ballistikus 675
ballon
236 Lugvaart
446 Rond
balpuntpen 564
balroos 332
balsak 403
balsem
253 Begrafnis
415 Geneesmiddel
462 Halfvloeibaar
474 Welriekend
balseminie 334

balsemkopiva 415
balspel 728
balsport
726 Sport
728 Balsport
balsturig
142 Veranderlik
582 Wilskrag
598 Ongehoorsaam
667 Stryd
813 Swak gedrag
Baltiese taal 569
balustrade 94(12)
bamboesboorder 361
bamboesfluit 756
bamboesvlegwerk 310
ban
171 Verwyder
602 Verbied
666 Verhinder
835 Bestraf
838 Gees
852 Geestelike
banaal
621 Onbelangrik
623 Sleg
775 Weersin
banana 323
band
21 Volgorde
82 Rondom
233 Motorvoertuig
266 Akoestiek
379 Spier
442 Lyn
539 Kommunikeer
565 Skryfkuns
567 Boek
579 Gedwonge
745 Versier
790 Sosiaal
band-dikkop 363
bandelier 676
bandeloos
121 Verwarring
593 Vryheid
598 Ongehoorsaam
613 Onnoukeurig
820 Oneerbaar
bandeloosheid
20 Wanorde
121 Verwarring
593 Vryheid
613 Onnoukeurig
820 Oneerbaar
banderol 546
bandgaljoen 363
bandiet 594
bandlek 218
bandom 298
bandomkoeël 676
bandopname
264 Uitsaai
266 Akoestiek
bandopnemer
264 Uitsaai
266 Akoestiek
bandsaag
185 Sny
301 Metaal
bandspeler 264
bandstoot 738
bandvat
183 Gryp
595 Streng
835 Bestraf
bandwewer 313
bang
587 Aarsel
626 Swak
714 Gevoelig
768 Vrees
bangerig
587 Aarsel
626 Swak
bangerik 768
bangpraat
548 Praat
768 Vrees
banier 546
banjo 756
bank
95(4) Sitmeubel
95(6) Tafel
170 Saambring
272 Aarde
277 Berg
283 See
291 Wolk
377 Liggaam
699 Leen
700 Bank
709 Betaalmiddel
808 Regswese
853 Kerk
bankagentskap 700
bankamptenaar
590 Bestuur
700 Bank
bankbalans
688 Besit
703 Boekhou
bankbedryf
700 Bank
701 Handel
bankdekking 699
bankdeposito 699
bankdiskonto 708
bankekonoom 701
banket
418 Maaltyd
793 Fees
banketete 418
banketteer 406
bankfinansiering 699
bankgenootskap
700 Bank
709 Betaalmiddel
bankgewaarborgde tjek
700 Bank
709 Betaalmiddel
bankie
95(4) Sitmeubel
396 Rug
bankier
700 Bank
701 Handel
bankies 392
bankkaart 709
bankklerk
658 Beroep
700 Bank
bankkliënt 700
bankkrediet
699 Leen
700 Bank
711 Skuld
banklening 699
banknoot
131 Munt
709 Betaalmiddel
bankoortrekking 699
bankoutomaat 700
bankpapier 315
bankroetier 687
bankroof 695
bankrot
617 Magteloos
626 Swak
683 Bankrot
687 Verlies
690 Arm
bankrot speel
683 Misluk
687 Verlies
bankrotskap
617 Magteloos
683 Misluk
687 Verlies
690 Arm
711 Skuld
bankrotwurm 361
banksaag 316
banksaldo
688 Besit
700 Bank
703 Boekhou
bankskaaf 101
bankskroef 183
bankstaat
700 Bank
703 Boekhou
banktjek
700 Bank
709 Betaalmiddel
banktransaksie 700
bankvas 625
bankvoorskot 711
bankwaarborg 700
bankwese
658 Beroep
700 Bank
701 Handel
bankwet 801
bankwissel
700 Bank
708 Betaal
banneling 192
uitbanning 838
bantam 365
bantamgewig 731
bantom 298
banvloek
192 Laat gaan
835 Bestraf
baobab 331
baptisterium 853
bar
464 Droog
775 Weersin
barak
91 Gebou
417 Hospitaal
671 Verdedig
672 Weermag
barbaar
748 Onverfynd
779 Boosaardig
789 Onbeskaafd
813 Swak gedrag
barbaars
104 Baie
623 Sleg
748 Onverfynd
779 Boosaardig
789 Onbeskaafd
813 Swak gedrag
barbarisme
569 Taal
779 Boosaardig
789 Onbeskaafd
813 Swak gedrag
barber
363 Waterdier
422 Seekos
barbier 746
barbituraat 415
barensnood
239 Voortplant
654 Moeilik
barenswee 239
bargoens 569
baring 237
barisfeer 272
bariton
548 Praat
757 Sang

baritonhobo 756
baritonsaksofoon 756
baritonsanger 757
baritonstem 548
barium 256
bark 235
barkaan 280
barkas 235
barlewietgras 338
barmhartig
714 Gevoelig
778 Goedaardig
780 Hulp
812 Goeie gedrag
barmhartige Samaritaan 778
barmhartigheid
714 Gevoelig
778 Goedaardig
812 Goeie gedrag
barmhartigheidsdiens
778 Goedaardig
780 Hulp
barmitswa 854
barnsteen 298
barnsteenkleurig 492
barnsteensuur 472
barnsteenvernis 100
baro 335
barograaf
259 Aërografie
294 Weerkunde
barok
749 Kuns
764 Boukuns
barologie 124
barometer
259 Aërografie
294 Weerkunde
barometerdruk 294
barometries 294
barometriese gradiënt 259
baron 797
baronet 797
baroskoop
256 Skeikunde
259 Aërografie
barrage 288
barrakuda 363
barrikade
63 Begrens
178 Toegaan
670 Verdedig
671 Verdedigingsmiddel
barrikadeer
178 Toegaan
670 Verdedig
bars
184 Afbreek
185 Sny
bars
623 Sleg
713 Gevoel
777 Haat
779 Boosaardig
bas
316 Hout
320 Stam
331 Boom
396 Rug
548 Praat
572 Uitspraak
757 Sang
basaal 317
basaar
707 Handelsaak
793 Fees
basaarstalletjie 707
basaartafel
95(6) Tafel
707 Handelsaak
bas-af 320
basalt
274 Geologie
298 Steen
basalties 298
basaltlaag 274
bas-bariton 757
base 256
baseer
523 Logies redeneer
525 Bewys
basfluit 756
bashoring 756
BASIC 263
BASIC-instruksie 263
basielkruid 340
basies
17 Noodsaak
27 Begin
620 Belangrik
basil 340
basilie 419
basiliek
91 Gebou
92 Groot gebou
853 Kerk
basiliekruid
340 Krui
419 Voedselbereiding
basilika
91 Gebou
92 Groot gebou
853 Kerk
basilikum 419
basis
75 Onder
77 Onderkant
94(6) Muur
139 Meetkunde
256 Skeikunde
377 Liggaam
513 Gedagte
575 Woordvorming
620 Belangrik
658 Beroep
672 Weermag
basjan 365
basketbal 728
baskewer 361
baskitaarspeler
755 Uitvoering
756 Musiek
basloos 320
Basoetoeponie 366
baspyp 756
bas-reliëf 763
bassin
221 Vaar
235 Skeepvaart
395 Buik
bassleutel 753
basso profundo 757
basspinnekop 361
basstem
482 Menslike geluid
548 Praat
basta
146 Beweginloosheid
646 Nie handel nie
648 Onderbreek
bastardeer 237
baster
108 Minder
239 Voortplant
240 Afkoms
317 Fisiologie
basterdeer 237
bastergaljoen 363
bastergeelhout
316 Hout
331 Boom
basterkoedoe 366
basterteeroos 332
bastervloekwoord
574 Woordkategorie
777 Haat
basterwoord 573
bastion
670 Verdedig
671 Verdedigingsmiddel
bastonnade 835
bastrom 756
basuin
539 Kommunikeer
756 Musiek
basviool 756
basvioolspeler
755 Uitvoering
756 Musiek
basweefsel 331
bataljon 672
bate
633 Nuttig
686 Aanwins
688 Besit
baterekening 700
bates en laste
686 Aanwins
703 Boekhou
bates oor laste 703
batig
633 Nuttig
686 Aanwins
703 Boekhou
batige saldo
688 Besit
700 Bank
703 Boekhou
batik
311 Weefsel
313 Weef
758 Kuns
batiljon 168
batis 311
batos 750
battery
233 Motorvoertuig
262 Elektrisiteit
671 Verdedig
675 Bewapening
676 Vuurwapen
bauhinia 332
bauxiet 298
B.A.-vak 559
bazooka 676
BBP
616 Magtig
620 Belangrik
701 Handel
beaai 828
beaam
525 Bewys
528 Bevestig
531 Saamstem
beampte
590 Bestuur
592 Ondergeskikte
658 Beroep
beangs
505 Verstandstoornis
714 Gevoelig
768 Vrees
beangstig 768
beantwoord 556
beantwoord aan 10
bearbei
557 Diskussie
604 Versoek
645 Handel
849 Prediking
bebaard 386
bebak 305
beblom 346
beboet 835
bebos
318 Plant

331 Boom
349 Bosbou
bebou
97 Bou
345 Plantkwekery
346 Landbougrond
347 Landbou
bebroei 237
bebrou
652 Versuim
813 Swak gedrag
bed
95(4) Bed
96 Slaapplek
410 Slaap
bedaar
290 Wind
619 Kalm
715 Gevoelloos
bedaard
10 Harmonie
146 Bewegingloosheid
226 Stadig
582 Wilskrag
619 Kalm
713 Gevoel
715 Gevoelloos
786 Nederig
bedaardheid
10 Harmonie
582 Wilskrag
619 Kalm
713 Gevoel
715 Gevoelloos
bedaardweg
226 Stadig
619 Kalm
bedaarmiddel
415 Geneesmiddel
494 Gevoelloosheid
bedag
508 Aandag
586 Beslis
612 Noukeurig
640 Voorbereid
bedags 37
bedagsaam
506 Belangstel
508 Aandag
580 Graag
714 Gevoelig
743 Mooi
776 Liefde
791 Sosiaal
812 Goeie gedrag
bedank
173 Losmaak
660 Ontslaan
665 Byeenkom
781 Dankbaar
bedank vir 606
bedaring
146 Bewegingloosheid
662 Rus
beddegoed
95(5) Bed
96 Slaapplek
410 Slaap
beddeken 96
bedding 346
bede
604 Versoek
847 Gebed
bedeel 780
bedeeld
688 Besit
689 Ryk
bedees(d)
715 Gevoelloos
786 Nederig
bedek
61 Plek
161 Bedek
178 Toegaan
419 Voedselbereiding
540 Geheim hou
544 Onduidelik
549 Stilbly
818 Bedrieg
bedekking 161
bedeksadig 318
bedeksporig 318
bedektelik 540
bedel
555 Vra
604 Versoek
690 Arm
bedelaar
604 Versoek
690 Arm
bedelf 178
bedelorde 852
bedelry 216
bedelstaf
604 Versoek
690 Arm
bedelwe
161 Bedek
178 Toegaan
bedenking
519 Twyfel
532 Betwis
bedenklik
412 Siek
519 Twyfel
532 Betwis
623 Sleg
626 Swak
656 Gevaarlik
770 Wantroue
813 Swak gedrag
bedenklikheid
626 Swak
656 Gevaarlik
770 Wantroue
813 Swak gedrag
bedenksel
513 Gedagte
538 Dwaling
bederf
20 Wanorde
238 Vernietig
412 Siek
420 Voedsel
472 Smaakloos
623 Sleg
635 Skadelik
652 Versuim
683 Misluk
813 Swak gedrag
846 Godloos
bederfbaar
41 Kortstondig
238 Vernietig
317 Fisiologie
420 Voedsel
bederflik
238 Vernietig
317 Fisiologie
bederflikheid 623
bedevaart
187 Reis
847 Gebed
bedien
406 Eet
418 Maaltyd
419 Voedselbereiding
539 Kommunikeer
589 Dien
600 Sonder gesag
645 Handel
651 Toesien
693 Gee
705 Verkoop
707 Handelsaak
bedienaar 852
bediende
589 Dien
592 Ondergeskikte
627 Skoon
645 Handel
663 Meedoen
bediendekamer 94(3)
bediener 263
bediening
589 Dien
645 Handel
705 Verkoop
848 Erediens
849 Prediking
beëdig
525 Bewys
528 Bevestig
537 Waarheid
809 Regsgeding
beëdig(d) 537
beëdigde 809
beëdigde verklaring
525 Bewys
528 Bevestig
beëdiger 528
beëdiging 528
bedil 829
beding
530 Voorbehou
590 Bestuur
704 Koop
bedink
513 Gedagte
517 Vind
522 Redeneer
530 Voorbehou
bedinksel 538
bedissel 682
bedkas 96
bedlamp 95(2)
bedlêend
412 Siek
717 Lyding
bedlêerig
412 Siek
611 Lui
bedliggie 95(2)
bedoel
513 Gedagte
541 Betekenis
637 Doelgerigtheid
bedoel(d) 541
bedoeling
541 Betekenisvolheid
577 Betekenis
637 Doelgerigtheid
bedolwe 178
bedompig 404
bedorwe
413 Siekte
475 Onwelriekend
623 Sleg
813 Swak gedrag
827 Afkeur
bedot 818
bedou 292
bedra 122
bedraad
97 Bou
262 Elektrisiteit
bedrading
233 Motorvoertuig
630 Werktuig
bedrag
704 Koop
708 Betaal
bedreig
182 Slaan
579 Gedwonge
623 Sleg
667 Stryd

669 Aanval
779 Boosaardig
bedreigend
656 Gevaarlik
779 Boosaardig
bedreiging
768 Vrees
779 Boosaardig
bedremmeld
615 Onbekwaam
619 Kalm
623 Sleg
768 Vrees
770 Wantroue
bedrewe
535 Weet
614 Bekwaam
bedrieëry
494 Gevoelloosheid
815 Oneerlik
818 Bedrieg
bedrieg
494 Gevoelloosheid
538 Dwaling
540 Geheim hou
683 Misluk
695 Steel
779 Boosaardig
815 Oneerlik
818 Bedrieg
820 Oneerbaar
bedrieglik
538 Dwaling
623 Sleg
770 Wantroue
815 Oneerlik
817 Ontrou
818 Bedrieg
820 Oneerbaar
bedrink 407
bedroë
717 Lyding
766 Wanhoop
818 Bedrieg
bedroef
103 Min
623 Sleg
683 Misluk
717 Lyding
719 Hartseer
bedroewend
623 Sleg
654 Moeilik
717 Lyding
719 Hartseer
721 Ontevrede
bedrog
494 Gevoelloosheid
512 Verbeelding
538 Dwaling
623 Sleg
695 Steel
779 Boosaardig
803 Oortree
807 Onwettig
813 Swak gedrag
815 Oneerlik
818 Bedrieg
822 Skuldig
845 Godsvrug
bedrog pleeg 820
bedrogsaak 818
bedrogspul
813 Swak gedrag
818 Bedrieg
bedruip
287 Vloei
419 Voedselbereiding
463 Nat
bedruk
490 Kleur
566 Drukkuns
717 Lyding
719 Hartseer
721 Ontevrede
bedruktheid
413 Siekte
717 Lyding
719 Hartseer
bedruppel 287
bedryf
275 Myn
347 Landbou
590 Bestuur
610 Ywerig
645 Werk
658 Beroep
701 Handel
752 Toneelkuns
bedryfsbate 688
bedryfsbelasting 712
bedryfseker
457 Onbreekbaar
625 Sterk
bedryfsekonomie
515 Wetenskap
658 Beroep
701 Handel
bedryfsekonoom 701
bedryfsgereed 629
bedryfsiekte 413
bedryfsielkunde
515 Wetenskap
701 Handel
bedryfsingenieurswese 515
bedryfsinkomste 686
bedryfsjaar 703
bedryfskade 687
bedryfskapitaal
688 Besit
709 Betaalmiddel
bedryfskoste
691 Spandeer
708 Betaal
bedryfsleier
658 Beroep
701 Handel
bedryfsprogram 263
bedryfsrekening 703
bedryfstelsel 263
bedryfsuitgawe
687 Verlies
691 Spandeer
bedrywe
590 Bestuur
645 Handel
bedrywend
574 Woordkategorie
576 Sinsbou
bedrywende vorm 574
bedrywig 610
bedrywigheid
610 Ywerig
645 Handel
bedseer 413
bedsitkamer 94(3)
bedsprei
95(5) Bed
95(9) Linne
96 Slaapplek
bedstyl 95(5)
bedtoegaantyd 410
bedtyd
38 Tydgebruik
410 Slaap
bedug
768 Vrees
770 Wantroue
beduidend
541 Betekenis
620 Belangrik
beduidenis
541 Betekenis
545 Natuurlike teken
beduie 541
beduiwel 20
beduiweld
667 Stryd
771 Gramskap
813 Swak gedrag
beduiweldheid 813
bedwang 600
bedwelm
412 Siek
494 Gevoelloosheid
bedwelmdheid
412 Siek
494 Gevoelloosheid
bedwelming
412 Siek
494 Gevoelloosheid
bedwing
579 Gedwonge
582 Wilskrag
587 Aarsel
599 Gesag
beef
164 Reëlmatig
165 Onreëlmatig
466 Koud
beëindig
23 Onderbreking
28 Einde
646 Nie handel nie
648 Onderbreek
650 Voltooi
beëindigend 28
beëindiging
28 Einde
646 Nie handel nie
648 Onderbreek
650 Voltooi
beek 286
beeld
14 Navolging
264 Uitsaai
267 Optika
513 Gedagte
545 Natuurlike teken
546 Kunsmatige teken
547 Simboliek
750 Letterkunde
758 Kuns
763 Beeldhoukuns
beeldediens
841 Leer
854 Godsdiens
beeldend
547 Simboliek
750 Letterkunde
758 Kuns
beeldende kuns
749 Kuns
758 Beeldende kunste
beeldende kunste 515
beelderig 763
beeldestormery
666 Verhinder
846 Godloos
beeldhou
758 Kuns
763 Beeldhoukuns
beeldhouer
237 Voortbring
749 Kuns
763 Beeldhoukuns
beeldhoukuns
749 Kuns
758 Beeldende kunste
763 Beeldhoukuns
beeldhouwerk
546 Kunsmatige teken
749 Kuns
763 Beeldhoukuns
beelding
547 Simboliek
750 Letterkunde

758 Kuns
beeldmooi 743
beeldradio 264
beeldryk 750
beeldryke styl 750
beeldsend 264
beeldskerm 264
beeldskoon 743
beeldskrif 565
beeldsnykuns 749
beeldspraak
547 Simboliek
569 Taal
577 Betekenis
750 Letterkunde
beeldtelefoon 265
beeldtelegrafie 265
beeldwerk 546
Beëlsebub 838
Beëlsebul 838
beeltenis
14 Navolging
267 Optika
been
308 Been
380 Gebeente
397 Ledemaat
565 Skryfkuns
been-af 776
beenbek 363
beenbreuk 413
beenchirurg 416
beendere
250 Dood
380 Gebeente
beendereleer 380
beenderig 308
beendor 464
beendroog 464
beeneter 413
beenfosfaat 345
beenglas 309
beenhonger
369 Veeteelt
413 Siekte
beenkanker 413
beenkant 728(3)
beenkunde 380
beenlengte 432
beenmeel
308 Been
345 Plantkwekery
beenmurgontsteking 413
beenontsteking 413
beenoud 54
beenporselein 308
beensiekte 413
beenskerm
726 Sport
728(6) Hokkie
beenskut
726 Sport
728(3) Krieket
beenspalk 415
beenspier 379
beensplinter 380
beenstelsel 380
beenverkalking 413
beenvesel 380
beenvis 363
beenvlies 380
728(3)
been-voor-paaltjie betrap
728(3)
beenvorming 380
beenweefsel 377
beenwond 413
beer
94(6) Muur
357 Dier
366 Soogdier
813 Swak gedrag
beerfase 702
beermark 702
beërwe
686 Aanwins
696 Ontvang
bees
366 Soogdier
432 Groot
625 Sterk
792 Asosiaal
813 Swak gedrag
beesboer
347 Landbou
369 Veeteelt
beesboerdery
347 Landbou
369 Veeteelt
beesboud 421
beesbrommer 361
beesgasie
357 Dier
813 Swak gedrag
beeshaas 421
beeskasie 813
beesklits 344
beesklouklimop 333
beeskloutjie 336
beesleer 314
beeslek 369
beesmelk 371
beesmis 409
beesnek 393
beesplaas
346 Landbougrond
354 Plaas
369 Veeteelt
beesswart 413
beestelery 368
beestelik
793 Fees
813 Swak gedrag
beesvel 314
beesvleis 421
beeswagter
369 Veeteelt
655 Veilig
beeswors 421
beet 351
beetgryp 183
beethê
183 Gryp
533 Verstaan
beetkewer 361
beetkry
183 Gryp
533 Verstaan
818 Bedrieg
beetneem
183 Gryp
818 Bedrieg
beetpak
183 Gryp
667 Stryd
694 Neem
beetsuiker 426
beetvat 183
befaam(d) 799
befloers 178
befoeter
20 Wanorde
666 Verhinder
befoeter(d)
667 Stryd
719 Hartseer
767 Moed
771 Gramskap
779 Boosaardig
810 Gedrag
813 Swak gedrag
820 Oneerbaar
befomfaai 20
begaaf(d)
502 Verstand
535 Weet
614 Bekwaam
begaan
197 Te voet
645 Handel
651 Toesien
begaan
713 Gevoel
714 Gevoelig
778 Goedaardig
813 Swak gedrag
begaanbaar 149
begane grond 273
begeef
187 Reis
197 Te voet
649 Begin
begeef na 204
begeer
520 Verwag
580 Graag
584 Kies
765 Hoop
773 Begeerte
begeerlik
622 Goed
773 Begeerte
begeerte
580 Graag
584 Kies
604 Versoek
773 Begeerte
776 Liefde
begeester(d)
638 Aanmoedig
713 Gevoel
begeesterend 638
begelei
14 Navolging
26 Saam
147 Rigting
202 Voor
663 Meedoen
680 Militêre aksie
755 Uitvoering
begeleidend 663
begeleiding
26 Saam
663 Meedoen
755 Uitvoering
begeleidster
26 Saam
755 Uitvoering
begenadig
778 Goedaardig
783 Vergifnis
842 Geloof
begerenswaardig 622
begerig
580 Graag
773 Begeerte
begerigheid 773
begewe
187 Reis
197 Te voet
begiet 345
begiftig 693
begiftigde 696
begin
0 Ontstaan
15 Oorsaak
27 Begin
50 Verlede
237 Voortbring
644 Handelwyse
645 Handel
649 Begin met
beginaksent 572
beginkapitaal 688
beginklem 572
beginletter
565 Skryfkuns

566 Drukkuns
571 Skrif
beginneling 649
beginnend 27
beginner
27 Begin
649 Begin met
beginpunt
27 Begin
649 Begin met
beginrym 751
beginsel
17 Noodsaak
35 Reëlmatig
513 Gedagte
515 Wetenskap
522 Redeneer
640 Voorbereid
644 Handelwyse
beginselloos
20 Wanorde
583 Willoosheid
623 Sleg
820 Oneerbaar
beginselvas
19 Orde
582 Wilskrag
788 Beskaafd
812 Goeie gedrag
814 Eerlik
819 Eerbaar
beginselvastheid
812 Goeie gedrag
814 Eerlik
819 Eerbaar
begintyd 27
beginvers 751
begoël
494 Gevoelloosheid
818 Bedrieg
begogel
494 Gevoelloosheid
818 Bedrieg
begogeling 512
begonia 332
begonne
27 Begin
649 Begin met
begraaf
178 Toegaan
253 Begrafnis
begraafplaas 253
begrafnis
253 Begrafnis
850 Sakrament
begrafnisdiens
253 Begrafnis
850 Sakrament
begrafnisfonds
253 Begrafnis
692 Spaar
begrafnisonderneming 253
begrafnisrys 426
begrawe
178 Toegaan
253 Begrafnis
347 Landbou
begrens
63 Begrens
82 Rondom
108 Minder
160 Omring
178 Toegaan
530 Voorbehou
602 Verbied
begrepe 33
begrip
502 Verstand
513 Gedagte
533 Verstaan
541 Betekenisvolheid
543 Duidelik
577 Betekenis
778 Goedaardig
begrip toon 716
begripsbepaling 543
begripsinhoud
541 Betekenisvolheid
577 Betekenis
begripsleer 514
begripsteken 546
begripsteorie 514
begripstoets 561
begripsvak 559
begripsverklaring 543
begripteken 565
begroei
161 Bedek
318 Plant
begroet
188 Aankom
790 Sosiaal
begroot
122 Bereken
126 Skat
701 Handel
703 Boekhou
begrote 122
begroting
122 Bereken
703 Boekhou
begrotingswet
703 Boekhou
801 Wet
begryp
33 Samehorig
533 Verstaan
778 Goedaardig
begrypend 778
begryplik
533 Verstaan
543 Duidelik
begum 797
begunstig
682 Slaag
693 Gee
778 Goedaardig
780 Hulp
805 Onregverdig
834 Beloon
begunstigde
633 Nuttig
686 Aanwins
693 Gee
696 Ontvang
begyn 852
behaag
716 Genot
720 Tevrede
773 Begeerte
behaaglikheid
716 Genot
718 Bly
720 Tevrede
behaagsiek 813
behaagsug
773 Begeerte
813 Swak gedrag
behaagsugtig 813
behaal 686
behaalbaar 653
behae
716 Genot
718 Bly
720 Tevrede
773 Begeerte
behae skep
716 Genot
720 Tevrede
behalwe
34 Vreemd
36 Onreëlmatig
530 Voorbehou
behandel
414 Geneeskunde
417 Hospitaal
543 Duidelik
553 Behandel
557 Diskussie
645 Handel
663 Meedoen
behandeling
414 Geneeskunde
543 Duidelik
553 Behandel
557 Diskussie
645 Handel
663 Meedoen
behang
161 Bedek
745 Versier
behangsel 161
behartig
590 Bestuur
645 Handel
651 Toesien
behartiging
645 Handel
651 Toesien
behavio(u)risme 514
beheer
149 Pad
216 Ry
217 Motorry
223 Stuur
224 Snelheid
508 Aandag
579 Gedwonge
588 Gesag hê
590 Bestuur
599 Gesag
616 Magtig
645 Handel
651 Toesien
684 Oorwin
703 Boekhou
835 Bestraf
beheer uitoefen 599
beheerde maatskappy 701
beheerdek 235
beheerhefbome 236
beheerkomitee 590
beheermaatskappy 701
beheerpaneel
234 Spoorweg
236 Lugvaart
beheerprogram 263
beheerraad
588 Gesag hê
590 Bestuur
beheers
535 Weet
582 Wilskrag
684 Oorwin
beheersing
582 Wilskrag
715 Gevoelloos
beheers(t) 582
beheerstheid 715
beheertaal
263 Rekenaar
569 Taal
beheertoring 222
beheks 844
behelp
629 Gebruik
686 Aanwins
behels 83
behendig
502 Verstand
614 Bekwaam
651 Toesien
behendigheid
614 Bekwaam
651 Toesien
behep 813

beherend
599 Gesag
616 Magtig
658 Beroep
beherende aandeelhouer 702
beherende maatskappy 701
behoed
655 Veilig
670 Verdedig
698 Behou
behoedsaam
506 Belangstel
508 Aandag
612 Noukeurig
651 Toesien
655 Veilig
behoedsaamheid
506 Belangstel
508 Aandag
612 Noukeurig
655 Veilig
behoef
631 Nodig
633 Nuttig
behoefte
580 Graag
631 Nodig
690 Arm
773 Begeerte
behoeftevervulling 631
behoeftig
631 Nodig
690 Arm
773 Begeerte
behoorlik
614 Bekwaam
618 Kragtig
622 Goed
633 Nuttig
812 Goeie gedrag
behoorlik meng 419
behoorlikheid 622
behoort
5 Ondergeskik
17 Noodsaak
33 Samehorig
579 Gedwonge
612 Noukeurig
688 Besit
behou
141 Behoud
688 Besit
698 Behou
behoud
141 Behoud
655 Veilig
698 Behou
behoudend
141 Behoud
788 Beskaafd
behoudenis 655
behoudens
34 Vreemd
530 Voorbehou
behoue 647
behoue bly 141
behouer
84 Houer
194 Vervoer
behouering
84 Houer
161 Bedek
235 Skeepvaart
behoueringskip 235
behoueringslaaibrug 221
behuis 97
behuising
64 Aanwesig
89 Blyplek
behuisingsfonds 693
behulpsaam
580 Graag
589 Dien
663 Meedoen
776 Liefde
778 Goedaardig
780 Hulp
beiaard 756
beide
102 Hoeveelheid
133 Getal
beiderlei 13
beidersyds
87 Kant
147 Rigting
beier 164
beige 492
beïndruk
521 Verras wees
713 Gevoel
830 Eerbiedig
beïnvloed
15 Oorsaak
559 Opvoeding
616 Magtig
638 Aanmoedig
beïnvloedbaar 53
beïnvloedbaarheid
53 Jonk
638 Aanmoedig
beïnvloeding
616 Magtig
638 Aanmoedig
beitel
101 Gereedskap
185 Sny
301 Metaal
302 Smid
316 Hout
630 Werktuig
762 Inlegwerk
763 Beeldhoukuns
beits
301 Metaal
316 Hout
490 Kleur
745 Versier
beitsverf 490
bejaard
52 Ouderdom
54 Oud
bejaarde 54
bejaardehulp 780
bejaardesorg
54 Oud
780 Hulp
bejaardheid
52 Ouderdom
54 Oud
377 Liggaam
bejag
637 Doelgerigtheid
773 Begeerte
bejammer 717
bejeën 44
bek
84 Houer
94(8) Deur
386 Gesig
390 Mond
bekaaid 766
bekaf
685 Verloor
717 Lyding
719 Hartseer
766 Wanhoop
bekamp
585 Verwerp
666 Verhinder
bekeer
525 Bewys
638 Aanmoedig
823 Berou
842 Geloof
845 Godsvrug
849 Prediking
bekeerling
823 Berou
842 Geloof
845 Godsvrug
beken
239 Voortplant
493 Gevoeligheid
528 Bevestig
535 Weet
740 Kaartspel
809 Regsgeding
823 Berou
bekend
33 Samehorig
162 Ontbloot
535 Weet
539 Kommunikeer
799 Beroemd
bekende 799
bekend maak
162 Ontbloot
539 Kommunikeer
548 Praat
550 Noem
551 Meedeel
bekendmaking
162 Ontbloot
539 Kommunikeer
548 Praat
551 Meedeel
bekend stel
539 Kommunikeer
548 Praat
550 Noem
790 Sosiaal
bekendstelling
162 Ontbloot
539 Kommunikeer
548 Praat
550 Noem
701 Handel
790 Sosiaal
bek-en-klouseer 413
bekentenis
528 Bevestig
809 Regsgeding
823 Berou
beker
84 Houer
95(7) Breekgoed
727 Wedstryd
bekering
584 Kies
788 Beskaafd
823 Berou
842 Geloof
845 Godsvrug
bekervormig 446
bekfluitjie 756
bekis 99
bekisting 100
bekken
285 Meer
286 Rivier
395 Buik
756 Musiek
bekkig
502 Verstand
722 Snaaks
777 Haat
813 Swak gedrag
bekkigheid 722
bekla(ag)
721 Ontevrede
766 Wanhoop
782 Ondankbaar
beklaagde
809 Regsgeding
832 Beskuldig

beklaaglik
717 Lyding
719 Hartseer
721 Ontevrede
beklad
628 Vuil
744 Lelik
829 Beledig
bekladding 829
beklaenswaardig
623 Sleg
690 Arm
717 Lyding
719 Hartseer
beklag 783
bekleding
161 Bedek
233 Motorvoertuig
288 Waterstelsel
658 Beroep
beklee(d)
161 Bedek
745 Versier
bekleedsel
161 Bedek
233 Motorvoertuig
beklem
183 Gryp
435 Smal
453 Dig
572 Uitspraak
768 Vrees
beklem(d)
572 Uitspraak
768 Vrees
beklemmend
435 Smal
768 Vrees
beklemtoning
528 Bevestig
572 Uitspraak
beklemtoon
508 Aandag
528 Bevestig
543 Duidelik
572 Uitspraak
eklemtoon(d) 572
eklim
158 Opstyg
211 Opgaan
eklink
172 Vasmaak
86 Beslis
50 Voltooi
klop 414
klou 183
klouter 211
knel
83 Gryp
35 Smal
02 Verbied
knellend 435
beknop
433 Klein
435 Smal
553 Behandel
bekom
411 Gesond
614 Bekwaam
686 Aanwins
704 Koop
bekombaar 696
bekommer
651 Toesien
713 Gevoel
714 Gevoelig
717 Lyding
768 Vrees
770 Wantroue
bekommerd
651 Toesien
717 Lyding
719 Hartseer
768 Vrees
bekommerenswaardig 768
bekommernis
651 Toesien
717 Lyding
719 Hartseer
768 Vrees
bekoms 406
bekonkel
20 Wanorde
771 Gramskap
815 Oneerlik
829 Beledig
bekonkel(d)
771 Gramskap
779 Boosaardig
bekook
513 Gedagte
829 Beledig
bekoop 635
bekoor
638 Aanmoedig
743 Mooi
773 Begeerte
bekoorlik
478 Welluidend
638 Aanmoedig
743 Mooi
773 Begeerte
bekoring
638 Aanmoedig
773 Begeerte
bekors 449
bekostig
691 Spandeer
708 Betaal
bekostigbaar
704 Koop
708 Betaal
bekostiging
691 Spandeer
708 Betaal
bekpraatjies
548 Praat
609 Jou woord verbreek
813 Swak gedrag
bekprater
548 Praat
813 Swak gedrag
bekrabbel 563
bekragtig
525 Bewys
528 Bevestig
539 Kommunikeer
590 Bestuur
801 Wet
806 Wettig
bekragtiging
528 Bevestig
537 Waarheid
579 Gedwonge
806 Wettig
826 Goedkeur
bekrap
154 Vryf
563 Skryf
bekras 154
bekrimp 692
bekritiseer
827 Afkeur
829 Beledig
832 Beskuldig
bekrompe
63 Begrens
433 Klein
503 Onverstandig
534 Wanbegrip
536 Onkunde
bekrompenheid
433 Klein
503 Onverstandig
536 Onkunde
bekroon 826
bekruip
166 Nader beweeg
373 Jag
bekwaald
412 Siek
626 Swak
bekwaam
411 Gesond
502 Verstand
535 Weet
614 Bekwaam
bekwaamheid
502 Verstand
535 Weet
614 Bekwaam
bekyk
499 Sien
508 Aandag
516 Soek
553 Behandel
bel
94(13) Versiering
123 Meet
265 Telekommunikasie
266 Akoestiek
409 Afskeiding
756 Musiek
belaai
107 Meer
194 Vervoer
452 Swaar
590 Bestuur
711 Skuld
belading
262 Elektrisiteit
452 Swaar
belaer 784
belaglik
683 Misluk
722 Snaaks
813 Swak gedrag
beland 188
belang
506 Belangstel
541 Betekenis
616 Magtig
620 Belangrik
622 Goed
629 Gebruik
631 Nodig
633 Nuttig
665 Byeenkom
688 Besit
799 Beroemd
belange 688
belangegroep
633 Nuttig
665 Byeenkom
795 Staat
belangeloos
507 Ongeïnteresseerd
774 Onverskillig
belangende 6
belangesfeer
620 Belangrik
633 Nuttig
belanghebbend 620
belanghebbende 633
belanghebber
620 Belangrik
688 Besit
belangrik
17 Noodsaak
92 Gebou
506 Belangstel
541 Betekenis
588 Gesag hê
616 Magtig
620 Belangrik
622 Goed
631 Nodig
799 Beroemd

830 Eerbiedig
belangrik ag 620
belangrikheid
506 Belangstel
541 Betekenis
588 Gesag hê
616 Magtig
620 Belangrik
622 Goed
631 Nodig
796 Stand
799 Beroemd
belangstel
506 Belangstel
778 Goedaardig
belangstellend
506 Belangstel
508 Aandag
778 Goedaardig
belangstellende 506
belangstelling
506 Belangstel
508 Aandag
516 Soek
778 Goedaardig
belangwekkend
506 Belangstel
620 Belangrik
belas
194 Vervoer
257 Meganika
452 Swaar
687 Verlies
711 Skuld
712 Belasting
belas met 651
belasbaar
194 Vervoer
712 Belasting
belasbare inkomste 686
belaster
669 Aanval
779 Boosaardig
829 Beledig
belasting
257 Meganika
262 Elektrisiteit
452 Swaar
693 Gee
712 Belasting
belastingjaar
703 Boekhou
712 Belasting
belastings hef 712
belastingvry 712
belastingwet 712
belê
178 Toegaan
686 Aanwins
688 Besit
692 Spaar
693 Gee
699 Leen
700 Bank
beleë
54 Oud
427 Drank
beledig
621 Onbelangrik
713 Gevoel
829 Beledig
831 Spot
beledigend
777 Haat
829 Beledig
831 Bespot
belediging
621 Onbelangrik
829 Beledig
831 Bespot
beleef
249 Lewe
535 Weet
642 Beproef
713 Gevoel
beleef(d)
714 Gevoelig
776 Liefde
791 Sosiaal
812 Goeie gedrag
beleefdheidshalwe
791 Sosiaal
812 Goeie gedrag
beleënheid
54 Oud
428 Drankbereiding
beleër
160 Omring
669 Aanval
belêer
686 Aanwins
692 Spaar
702 Beurs
beleëraar 669
beleërde 670
beleëring 669
beleg 669
belegger
686 Aanwins
692 Spaar
700 Bank
702 Beurs
belegging
686 Aanwins
688 Besit
692 Spaar
693 Gee
699 Leen
beleggingsanalis 700
beleggingsbestuurder 700
beleggingsfonds
692 Spaar
699 Leen
beleggingsgeld 692
beleggingsinstansie 700
beleggingskoers
686 Aanwins
700 Bank
beleggingskonsultant 700
beleggingsmaatskappy 700
beleggingsopbrengs 699
beleggingsplan 692
beleggingsportefeulje
688 Besit
699 Leen
beleggingsrekening 700
beleggingsrente 700
beleghout 316
belegsel
316 Hout
745 Versier
belegwerk 316
beleid
513 Gedagte
590 Bestuur
637 Doelgerigtheid
640 Voorbereid
644 Handelwyse
795 Staat
beleidmatig 590
beleidsrigting
590 Bestuur
637 Doelgerigtheid
795 Staat
beleidsuitspraak
539 Kommunikeer
590 Bestuur
637 Doelgerigtheid
belek 154
belemmer
63 Begrens
178 Toegaan
588 Gesag hê
654 Moeilik
666 Verhinder
779 Boosaardig
belemmerend 666
belemmering
588 Gesag hê
666 Verhinder
779 Boosaardig
belese
506 Belangstel
535 Weet
belet
595 Streng
602 Verbied
666 Verhinder
beletsel
602 Verbied
666 Verhinder
belewe
249 Lewe
642 Beproef
713 Gevoel
belewenis
513 Gedagte
642 Beproef
belewing
249 Lewe
642 Beproef
Belfastdakkap 94(4)
Belgiese frank 709
belhambra 331
belhamel
598 Ongehoorsaam
813 Swak gedrag
832 Beskuldig
Belial 838
Belialskind
813 Swak gedrag
846 Godloos
belieg
538 Dwaling
815 Oneerlik
818 Bedrieg
belig
267 Optika
268 Fotografie
485 Lig
543 Duidelik
553 Behandel
beliggaam 254
beliggaming
254 Stof
547 Simboliek
beligting
268 Fotografie
485 Lig
487 Ligbron
752 Toneelspel
beligtingsman 752
belladonna 337
belladonna-lelie 337
belletristies 750
belman 363
beloer
499 Sien
508 Aandag
belofte
520 Verwag
545 Natuurlike teken
548 Praat
579 Gedwonge
607 Beloof
765 Hoop
816 Getrou
beloning
686 Aanwins
708 Betaal
834 Beloon
beloof
607 Beloof
765 Hoop
816 Getrou
Beloofde Land 842

beloon
708 Betaal
834 Beloon
beloop
21 Volgorde
29 Middel
122 Bereken
147 Rigting
249 Lewe
647 Voortgaan
belope 387
belowend 502
belroos 413
bels 337
belsbos 337
belskruie 337
belug 290
belugting 290
beluister
498 Gehoor
508 Aandag
belus 773
belustheid
239 Voortplant
773 Begeerte
belustig
239 Voortplant
773 Begeerte
bely
528 Bevestig
823 Berou
belydende lidmaat 852
belydenis
528 Bevestig
823 Berou
840 Godsdiens
842 Geloof
bely(d)er 842
belyn
442 Lyn
546 Kunsmatige teken
563 Skryf
565 Skryfkuns
566 Drukkuns
bemaak 693
beman
222 Vlieg
673 Manskap
bemanning
221 Vaar
223 Stuur
235 Skeepvaart
673 Manskap
bemanningskwartiere 235
bemanningslid
221 Vaar
235 Skeepvaart
673 Manskap
bemark
701 Handel
705 Verkoop
bemarking
701 Handel
705 Verkoop
bembixwesp 361
bemeester
582 Wilskrag
622 Goed
682 Slaag
684 Oorwin
bemeestering
622 Goed
682 Slaag
684 Oorwin
bemerk
493 Gevoeligheid
508 Aandag
bemerkbaar
493 Gevoeligheid
508 Aandag
bemes
346 Landbougrond
347 Landbou
bemesting
345 Plantkwekery
347 Landbou
bemiddel 668
bemiddeld
688 Besit
689 Ryk
bemiddeling
590 Bestuur
663 Meedoen
668 Vrede
bemin
776 Liefde
830 Eerbiedig
beminde
239 Voortplant
248 Huwelik
776 Liefde
beminlik
743 Mooi
776 Liefde
bemoedig
625 Sterk
638 Aanmoedig
713 Gevoel
715 Gevoelloos
716 Genot
767 Moed
778 Goedaardig
bemoedigend
638 Aanmoedig
765 Hoop
767 Moed
bemoediging
638 Aanmoedig
663 Meedoen
716 Genot
765 Hoop
767 Moed
bemoei
663 Meedoen
666 Verhinder
bemoeial 666
bemoeienis
612 Noukeurig
654 Moeilik
663 Meedoen
666 Verhinder
bemoeiing
663 Meedoen
666 Verhinder
bemoeilik
588 Gesag hê
654 Moeilik
666 Verhinder
779 Boosaardig
bemoeisiek
506 Belangstel
663 Meedoen
771 Gramskap
bemoeisug 663
bémol 753
bemors 628
benadeel
635 Skadelik
683 Misluk
779 Boosaardig
805 Onregverdig
829 Beledig
benadelend
238 Vernietig
635 Skadelik
656 Gevaarlik
805 Onregverdig
benader
133 Getal
137 Bewerking
166 Nader beweeg
benaderd 130
benadering
126 Skat
137 Bewerking
515 Wetenskap
644 Handelwyse
benadruk
508 Aandag
572 Uitspraak
benadrukking 528
benard
654 Moeilik
656 Gevaarlik
benardheid 656
benat 463
bende
168 Saamkom
695 Steel
813 Swak gedrag
benede
61 Plek
77 Onder
157 Onderdeur
796 Stand
benedeloop 286
benedeverdieping 94(1)
benedewaarts 147
beneem
65 Afwesig
171 Verwyder
694 Neem
benefisieer 780
benefisieel 780
benepe
617 Magteloos
690 Arm
768 Vrees
benerig
308 Been
397 Ledemaat
435 Smal
beneuk
666 Verhinder
667 Stryd
713 Gevoel
719 Hartseer
813 Swak gedrag
818 Bedrieg
820 Oneerbaar
benewel
291 Wolk
412 Siek
486 Duisternis
509 Onoplettend
beneweld
412 Siek
486 Duisternis
509 Onoplettend
544 Onduidelik
beneweldheid
412 Siek
486 Duisternis
509 Onoplettend
benewens
36 Onreëlmatig
107 Meer
bengel
164 Reëlmatig
165 Onreëlmatig
756 Musiek
benieu 508
benieud 506
benig
308 Been
380 Gebeente
397 Ledemaat
benodig
520 Verwag
631 Nodig
633 Nuttig
benoem
539 Kommunikeer
550 Noem
584 Kies
616 Magtig

645 Handel
659 Aanstel
852 Geestelike
benoeming
550 Noem
645 Handel
659 Aanstel
benoorde 88
benou 768
benoud
404 Asemhaling
465 Warm
628 Vuil
768 Vrees
benoudebors 413
benoudheid
404 Asemhaling
412 Siek
413 Siekte
465 Warm
628 Vuil
768 Vrees
benouend 768
bensien 460
bensine 460
benul 533
benut 629
benutbaar 629
benuttig 629
benutting 629
beny
773 Begeerte
779 Boosaardig
beoefen
645 Handel
657 Herhaal
beoog 637
beoordeel
527 Oordeel
584 Kies
642 Beproef
825 Beoordeling
beoordelaar
527 Oordeel
825 Beoordeling
827 Afkeur
beoordeling
516 Soek
527 Oordeel
825 Beoordeling
bepaal
63 Begrens
122 Bereken
126 Skat
129 Bepaald
508 Aandag
517 Vind
527 Oordeel
530 Voorbehou
550 Noem
586 Beslis
bepaalbaar
122 Bereken
550 Noem
bepaald
63 Begrens
129 Bepaald
537 Waarheid
543 Duidelik
550 Noem
574 Woordkategorie
577 Betekenis
586 Beslis
bepaalde lidwoord 574
bepaaldelik
537 Waarheid
620 Belangrik
bepaaldheid
63 Begrens
129 Bepaald
577 Betekenis
586 Beslis
bepalend 576
bepaling
17 Noodsaak
63 Begrens
122 Bereken
123 Meet
129 Bepaald
543 Duidelik
550 Noem
576 Sinsbou
586 Beslis
599 Gesag
605 Aanvaar
607 Beloof
801 Wet
bepaling van graad 576
bepeins 513
bepeinsing 513
beperk
63 Begrens
103 Min
108 Minder
435 Smal
503 Onverstandig
530 Voorbehou
579 Gedwonge
602 Verbied
666 Verhinder
692 Spaar
beperkend
63 Begrens
530 Voorbehou
666 Verhinder
beperkende bepaling 576
beperking
17 Noodsaak
63 Begrens
103 Min
108 Minder
530 Voorbehou
594 Onvryheid
602 Verbied
666 Verhinder
692 Spaar
beperktheid
63 Begrens
108 Minder
503 Onverstandig
594 Onvryheid
beplak
161 Bedek
745 Versier
beplan
19 Orde
640 Voorbereid
651 Toesien
beplan(d) 640
beplanner 640
beplanning 640
beplant
161 Bedek
318 Plant
345 Plantkwekery
beplantbaar 347
bepleister
97 Bou
99 Messel
bepleit 833
beplooi(d)
180 Ongelyk maak
449 Ongelyk
bepoeier 161
bepraat
553 Behandel
557 Diskussie
638 Aanmoedig
beproef
527 Oordeel
629 Gebruik
642 Beproef
654 Moeilik
683 Misluk
717 Lyding
beproef(d) 717
beproefdheid
527 Oordeel
642 Beproef
654 Moeilik
717 Lyding
beproewing
527 Oordeel
642 Beproef
654 Moeilik
683 Misluk
717 Lyding
beraad
513 Gedagte
539 Kommunikeer
557 Diskussie
590 Bestuur
665 Byeenkom
beraadslaag
557 Diskussie
590 Bestuur
665 Byeenkom
beraadslaging
539 Kommunikeer
554 Aanspreek
557 Diskussie
590 Bestuur
beraam
122 Bereken
126 Skat
513 Gedagte
703 Boekhou
berberis 332
bêre
19 Orde
161 Bedek
655 Veilig
beredder
19 Orde
808 Regswese
berede 219
berede polisie 802
berede soldaat 673
berede troepe 672
beredeneer
502 Verstand
522 Redeneer
523 Logies redeneer
525 Bewys
557 Diskussie
beredeneerd
502 Verstand
522 Redeneer
523 Logies redeneer
525 Bewys
beredenering
539 Kommunikeer
557 Diskussie
bereg
19 Orde
808 Regswese
809 Regsgeding
beregbaar 808
beregtiging
806 Wettig
808 Regswese
beregting 808
bêrehokkie 94(3)
berei 419
bereid
55 Dikwels
580 Graag
640 Voorbereid
bereider 419
bereidheid
580 Graag
640 Voorbereid
bereiding
419 Voedselbereiding
428 Drankbereiding
bereidvaardig 580
bereidvaardigheid 778
bereidverklaring 580

bereidwillig
580 Graag
596 Inskiklik
597 Gehoorsaam
778 Goedaardig
bereik
69 Naby
188 Aankom
637 Doelgerigtheid
bereikbaar
69 Naby
188 Aankom
637 Doelgerigtheid
bereiking 637
bereis 187
bereisdheid 187
bereken
102 Hoeveelheid
122 Bereken
125 Tel
129 Bepaald
513 Gedagte
637 Doelgerigtheid
703 Boekhou
berekenbaar
122 Bereken
637 Doelgerigtheid
703 Boekhou
berekend
508 Aandag
513 Gedagte
berekendheid 513
berekenend 513
berekening
122 Bereken
125 Tel
126 Skat
129 Bepaald
137 Bewerking
527 Oordeel
berekeningsfout 613
bêrekoop 704
bêrekopie 704
berese 187
beërf
686 Aanwins
696 Ontvang
berg
61 Plek
104 Baie
168 Saamkom
170 Saambring
175 Insit
273 Geografie
274 Geologie
277 Berg
432 Groot
436 Hoog
654 Moeilik
655 Veilig
bergadder 364
bergagtig 277
bergaster 334
bergfiets
232 Fiets
735 Fietsry
bergformasie 274
berggans 365
berggebied 61
berggeelroos 337
berggees
838 Gees
844 Bygeloof
berghaan 365
berghaas 366
berghang
73 Skuins
277 Berg
berghelling 277
berghut 93
berging
175 Insit
221 Vaar
655 Veilig
bergingsgeheue 263
bergketting 277
bergklim 211
bergklimekspedisie 211
bergklimtoerusting 211
bergkloof 278
bergkom 277
bergkruin
277 Berg
436 Hoog
bergland 277
berglandskap 277
bergloon 708
berglug 461
bergop 158
bergpiek
277 Berg
439 Punt
bergplek
94(3) Vertrek
170 Saambring
175 Insit
655 Veilig
bergpredikasie 842
bergprediking 842
bergpruim
323 Vrug
331 Boom
bergreeks
273 Geografie
277 Berg
bergreën 292
bergroos
332 Struik
337 Veldplant
bergsapree 331
bergsipres 331
bergskilpad 364
bergspits
277 Berg
436 Hoog
439 Punt
bergswael 365
bergtop 277
bergvesting 671
bergvorming 274
bergwand 277
bergwater 460
bergwind 290
beri-beri 413
berig
539 Kommunikeer
551 Meedeel
565 Skryfkuns
568 Perswese
berig bring 551
berig gee 565
beriggewer 568
beriggewing 568
berigskrywer 568
beril 300
berispe
667 Stryd
669 Aanval
827 Afkeur
835 Bestraf
berispelik 827
berispelikheid 827
berisping
669 Aanval
827 Afkeur
832 Beskuldig
835 Bestraf
berlynsblou 492
Bermuda 745
Bermuda-kortbroek 745
beroem 785
beroemd
588 Gesag hê
799 Beroemd
beroemdheid
588 Gesag hê
620 Belangrik
799 Beroemd
830 Eerbiedig
beroep
604 Versoek
610 Ywerig
645 Handel
658 Beroep
659 Aanstel
852 Geestelike
beroepbaar 659
beroeps-
658 Beroep
701 Handel
beroepsboks
726 Sport
731 Gevegsport
beroepsekuriteit 658
beroepsetiek 514
beroepsgeheim 540
beroepsiekte 413
beroepskeuse 659
beroepsleër 672
beroepslewe
249 Lewe
658 Beroep
beroepsmag 672
beroepsmatig 658
beroepsmens 658
beroepspeler
726 Sport
752 Toneelspel
beroepsport 726
beroepspraktyk 658
beroepsvereniging 665
beroepsvoorligting
559 Opvoeding
659 Aanstel
beroerd
623 Sleg
626 Swak
683 Misluk
714 Gevoelig
813 Swak gedrag
beroering
20 Wanorde
667 Stryd
713 Gevoel
768 Vrees
beroerte 413
beroking 467
berokken 16
beroof
171 Verwyder
694 Neem
695 Steel
berooid
626 Swak
661 Vermoei
690 Arm
766 Wanhoop
berook 467
berou 823
berouvol 823
berowing 694
berrie-berrie 413
berserk 505
berserker
505 Verstandstoornis
667 Stryd
771 Gramskap
berug
813 Swak gedrag
831 Bespot
berus
6 Betreklik
15 Oorsaak
141 Behoud

522 Redeneer
596 Inskiklik
597 Gehoorsaam
605 Aanvaar
668 Vrede
688 Besit
715 Gevoelloos
berus op 16
berusting
141 Behoud
597 Gehoorsaam
668 Vrede
685 Verloor
715 Gevoelloos
berustingsmiddel
415 Geneesmiddel
494 Gevoelloosheid
berym
751 Digkuns
754 Komposisie
beryming 754
besaai
161 Bedek
227 Werp
besaaid 227
besaan 235
besaanseil 235
besaan(s)mas 235
besadig
582 Wilskrag
713 Gevoel
715 Gevoelloos
786 Nederig
besadig(d) 619
besadigdheid
619 Kalm
713 Gevoel
715 Gevoelloos
beseël
196 Poswese
528 Bevestig
546 Kunsmatige teken
beseëling
196 Poswese
528 Bevestig
beseer
412 Siek
413 Siekte
717 Lyding
beseerde
412 Siek
727 Wedstryd
beseerde speler 727
besef
513 Gedagte
518 Glo
533 Verstaan
535 Weet
beseil 221
besem
95(8) Toerusting
627 Skoon
besemkas 95(3)
besemsiekte 324
besending 194
besering
412 Siek
413 Siekte
719 Hartseer
beseringstyd
38 Tydgebruik
727 Wedstryd
beset
39 Tydverlies
64 Aanwesig
265 Telekommunikasie
680 Militêre aksie
686 Aanwins
694 Neem
besete
505 Verstandstoornis
618 Kragtig
714 Gevoelig
771 Gramskap
838 Gees
besetene
505 Verstandstoornis
618 Kragtig
771 Gramskap
besetenheid
505 Verstandstoornis
618 Kragtig
714 Gevoelig
771 Gramskap
846 Godloos
besetting
64 Aanwesig
680 Militêre aksie
besettingsmag 672
besettoon 265
besie
361 Insek
630 Werktuig
besiel
249 Lewe
251 Lewe gee
638 Aanmoedig
713 Gevoel
714 Gevoelig
765 Hoop
767 Moed
besiel(d)
249 Lewe
513 Gedagte
713 Gevoel
714 Gevoelig
765 Hoop
besielend
251 Lewe gee
513 Gedagte
638 Aanmoedig
713 Gevoel
714 Gevoelig
767 Moed
besieling
251 Lewe gee
513 Gedagte
638 Aanmoedig
713 Gevoel
714 Gevoelig
765 Hoop
767 Moed
besien
499 Sien
516 Soek
527 Oordeel
besienswaardig
92 Gebou
620 Belangrik
622 Goed
743 Mooi
747 Verfyndheid
besienswaardigheid
92 Gebou
620 Belangrik
622 Goed
743 Mooi
besig
610 Ywerig
645 Handel
647 Voortgaan
besigheid
610 Ywerig
645 Werk
658 Beroep
701 Handel
besigheidsbelange 701
besigheidsbestuur 590
besigheidsfinansiering 693
besigheidsklas 222
besigheidsmens 701
besigtig
499 Sien
516 Soek
besimpeld
503 Onverstandig
505 Verstandstoornis
715 Gevoelloos
722 Snaaks
813 Swak gedrag
besimpeldheid
715 Gevoelloos
813 Swak gedrag
besin
502 Verstand
513 Gedagte
516 Soek
527 Oordeel
besing 757
besink 516
besinkingsgesteente 274
besinksel
168 Saamkom
628 Vuil
besinning
508 Aandag
516 Soek
527 Oordeel
842 Geloof
besit 688
besit neem
688 Besit
694 Neem
besitlik 574
besitloos 690
besitname
686 Aanwins
694 Neem
besitnemer 694
besitneming 694
besitsdrang 688
besitsontneming
687 Verlies
694 Neem
besitsonttrekking
687 Verlies
694 Neem
besit(s)reg 688
besittend 688
besitter 688
besittersklas 798
besitting 688
beskaaf
448 Gelyk
559 Opvoeding
788 Beskaafd
beskaaf(d)
535 Weet
559 Opvoeding
622 Goed
743 Mooi
788 Beskaafd
791 Sosiaal
812 Goeie gedrag
819 Eerbaar
beskaam
786 Nederig
827 Afkeur
beskadig
20 Wanorde
238 Vernietig
623 Sleg
635 Skadelik
666 Verhinder
beskadigend
623 Sleg
635 Skadelik
beskadiger 623
beskadiging
238 Vernietig
623 Sleg
635 Skadelik
719 Hartseer
beskamend 786
beskaming 786
beskawer 788
beskawing
559 Opvoeding

787 Gemeenskap
788 Beskaafd
beskeidenheid
103 Min
619 Kalm
690 Arm
713 Gevoel
786 Nederig
791 Sosiaal
beskeie
103 Min
619 Kalm
690 Arm
713 Gevoel
786 Nederig
791 Sosiaal
beskerm
655 Veilig
663 Meedoen
670 Verdedig
698 Behou
778 Goedaardig
beskerm(d) 655
beskermengel
655 Veilig
778 Goedaardig
838 Gees
855 God
beskermer
655 Veilig
670 Verdedig
778 Goedaardig
beskermgees 844
beskermheer 665
beskermheilige
655 Veilig
852 Geestelike
beskerming
638 Aanmoedig
655 Veilig
663 Meedoen
670 Verdedig
698 Behou
778 Goedaardig
beskermling
655 Veilig
663 Meedoen
beskiet 677
beskik
19 Orde
590 Bestuur
629 Gebruik
688 Besit
eskikbaar
64 Aanwesig
629 Gebruik
640 Voorbereid
659 Aanstel
693 Gee
eskikbaar stel
631 Nodig
693 Gee
699 Leen
beskikbaarheid
64 Aanwesig
693 Gee
beskikbaarstelling 693
beskikking
19 Orde
578 Vrywillig
579 Gedwonge
588 Gesag hê
837 God
beskikkingsreg
588 Gesag hê
599 Gesag
beskilder 490
beskimmel
381 Vel
617 Magteloos
beskimmeld
381 Vel
617 Magteloos
786 Nederig
beskimmeldheid
770 Wantroue
786 Nederig
beskimp
669 Aanval
829 Beledig
beskimping 829
beskinder
669 Aanval
779 Boosaardig
829 Beledig
beskindering
669 Aanval
829 Beledig
beskonke 407
beskore 693
beskot
94(6) Muur
161 Bedek
178 Toegaan
316 Hout
beskou
493 Gevoeligheid
499 Sien
513 Gedagte
516 Soek
518 Glo
527 Oordeel
825 Beoordeling
beskouend 513
beskouing
513 Gedagte
514 Wysbegeerte
516 Soek
518 Glo
527 Oordeel
553 Behandel
beskoulik 513
beskreeu 548
beskrewe 563
beskroomd
768 Vrees
786 Nederig
beskryf
139 Meetkunde
543 Duidelik
551 Meedeel
552 Vertel
553 Behandel
563 Skryf
565 Skryfkuns
801 Wet
beskrywende taalkunde 570
beskrywing
543 Duidelik
548 Praat
553 Behandel
beskud 670
beskuit 426
beskuitkleur 492
beskuldig 832
beskuldigde
808 Regswese
809 Regsgeding
832 Beskuldig
beskuldiging 832
beskut 655
beskutting 655
beskyn 485
beslaan
61 Plek
161 Bedek
178 Toegaan
219 Perdry
302 Smid
369 Veeteelt
489 Ondeurskynend
745 Versier
beslag
94(13) Versiering
161 Bedek
168 Saamkom
301 Metaal
425 Bakker
745 Versier
beslag lê op
171 Verwyder
686 Aanwins
687 Verlies
694 Neem
beslagbok 302
beslaghamer 302
beslaglegging
171 Verwyder
686 Aanwins
687 Verlies
694 Neem
beslagtafel 302
besleg 668
beslegting 668
beslis
17 Noodsaak
129 Bepaald
517 Vind
527 Oordeel
528 Bevestig
537 Waarheid
579 Gedwonge
582 Wilskrag
586 Beslis
595 Streng
647 Voortgaan
767 Moed
819 Eerbaar
beslis ja 528
beslissend
527 Oordeel
586 Beslis
616 Magtig
beslissende stem 584
beslissing
129 Bepaald
527 Oordeel
528 Bevestig
586 Beslis
825 Oordeel
beslissings vel 599
beslistheid
528 Bevestig
582 Wilskrag
586 Beslis
beslommernis 654
beslote 63
beslote korporasie
658 Beroep
701 Handel
besluip 166
besluit
28 Einde
522 Redeneer
527 Oordeel
584 Kies
586 Beslis
590 Bestuur
599 Gesag
659 Aanstel
besluiteloos
11 Disharmonie
519 Twyfel
583 Willoosheid
587 Aarsel
714 Gevoelig
besluiteloosheid
11 Disharmonie
519 Twyfel
583 Willoosheid
587 Aarsel
besluitneming
584 Kies
586 Beslis
590 Bestuur
besmeer 628

besmet
409 Afskeiding
412 Siek
413 Siekte
628 Vuil
822 Skuldig
besmetlik
412 Siek
820 Oneerbaar
besmetting
413 Siekte
628 Vuil
bes moontlik 519
besnaar 756
besnaard 714
besnede
185 Sny
386 Gesig
403 Voortplanting
743 Mooi
758 Kuns
854 Godsdiens
besnedene 854
besnoei
103 Min
108 Minder
692 Spaar
besnoeiing
108 Minder
692 Spaar
besnuffel
497 Reuk
516 Soek
besny 185
besnydenis 854
besoedel
290 Wind
544 Onduidelik
628 Vuil
besoedelingsgevaar
628 Vuil
656 Gevaarlik
besoek
188 Aankom
204 Aandoen
206 Ingaan
417 Hospitaal
766 Wanhoop
790 Sosiaal
835 Bestraf
besoek bring 204
besoeker
188 Aankom
204 Aandoen
790 Sosiaal
besoeking 683
besoektyd 417
besog
528 Bevestig
717 Lyding
826 Goedkeur
besoldig 708
besoldiging
686 Aanwins
708 Betaal
besonder
3 Bestaanswyse
34 Vreemd
36 Onreëlmatig
104 Baie
743 Mooi
besonder goed 620
besonderhede
112 Deel
114 Saamgesteld
besonderheid
32 Enkeling
34 Vreemd
36 Onreëlmatig
112 Deel
622 Goed
besonderlik
34 Vreemd
36 Onreëlmatig
104 Baie
besonder(s)
34 Vreemd
36 Onreëlmatig
104 Baie
171 Verwyder
620 Belangrik
622 Goed
743 Mooi
besondersheid
34 Vreemd
36 Onreëlmatig
622 Goed
743 Mooi
besondig
813 Swak gedrag
822 Skuldig
besonke
212 Afgaan
528 Bevestig
besonne 502
besonnenheid 508
besope 407
besorg
16 Gevolg
191 Laat kom
192 Laat gaan
631 Nodig
693 Gee
besorg(d)
612 Noukeurig
651 Toesien
714 Gevoelig
768 Vrees
besorgdheid
612 Noukeurig
651 Toesien
714 Gevoelig
bespaar
686 Aanwins
692 Spaar
698 Behou
bespan
231 Tuig
756 Musiek
besparing
686 Aanwins
692 Spaar
bespeel
755 Uitvoering
756 Musiek
bespeur
493 Gevoeligheid
508 Aandag
bespeurbaar 500
bespied
499 Sien
508 Aandag
680 Militêre aksie
bespieël
513 Gedagte
514 Wysbegeerte
bespieëling 513
bespiegel
513 Gedagte
514 Wysbegeerte
bespiegelend
513 Gedagte
514 Wysbegeerte
bespiegeling 513
bespikkel
492 Kleur
546 Kunsmatige teken
bespoedig
46 Vroeër
225 Vinnig
bespot
669 Aanval
786 Nederig
827 Afkeur
831 Bespot
bespotlik
103 Min
623 Sleg
722 Snaaks
813 Swak gedrag
831 Bespot
bespraak 548
bespreek
206 Ingaan
522 Redeneer
543 Duidelik
553 Behandel
557 Diskussie
750 Letterkunde
bespreking
539 Kommunikeer
543 Duidelik
553 Behandel
554 Aanspreek
557 Diskussie
besprekingsgebied 234
bespring
199 Spring
667 Stryd
669 Aanval
besprinkel 463
besproei
288 Waterstelsel
345 Plantkwekery
460 Vloeistof
463 Nat
besproeiing
347 Landbou
463 Nat
besproet 381
besproke 553
bespuit
345 Plantkwekery
463 Nat
bessie 323
bessievlieg 361
bessievrug
323 Vrug
350 Vrugte
bessiewas 745
bessiewyn 427
bestaan
1 Bestaan
4 Selfstandig
114 Saamgesteld
137 Bewerking
249 Lewe
254 Stof
bestaanbaar
1 Bestaan
605 Aanvaar
622 Goed
624 Gemiddeld
bestaande
1 Bestaan
49 Hede
bestaangrond 1
bestaansangs 768
bestaansbeveiliging 658
bestaansboerdery 347
bestaansekerheid 658
bestaansekonomie
690 Arm
701 Handel
bestaansgrond
15 Oorsaak
525 Bewys
bestaansmiddel 631
bestaansmiddele 688
bestaansorg 780
bestaansrede
1 Bestaan
15 Oorsaak
525 Bewys
bestaansreg 249
bestaanswyse 3
bestand
625 Sterk

655 Veilig
bestanddeel 112
bestanddele
419 Voedselbereiding
425 Bakker
426 Kos
beste
248 Huwelik
620 Belangrik
622 Goed
beste 776
beste wense 778
besteding 691
bestee
629 Gebruik
691 Spandeer
708 Betaal
besteel 695
bestek
37 Tyd
97 Bou
100 Boumateriaal
221 Vaar
610 Ywerig
bestekopmaker 97
bestekopname 688
bestekopnemer
97 Bou
100 Boumateriaal
bestel
191 Laat kom
590 Bestuur
604 Versoek
701 Handel
704 Koop
bestelling
191 Laat kom
599 Gesag
604 Versoek
704 Koop
705 Verkoop
bestem
17 Noodsaak
129 Bepaald
637 Doelgerigtheid
bestemming
16 Gevolg
187 Reis
579 Gedwonge
637 Doelgerigtheid
bestempel
196 Poswese
546 Kunsmatige teken
bestendig
12 Eenvormig
40 Langdurig
42 Altyd
143 Bestendig
657 Herhaal
812 Goeie gedrag
bestendigheid
40 Langdurig
143 Bestendig
bestendiging 657
bestialiteit
239 Voortplant
789 Onbeskaafd
813 Swak gedrag
820 Oneerbaar
bestier
590 Bestuur
599 Gesag
bestook
467 Aansteek
667 Stryd
669 Aanval
717 Lyding
bestorm
228 Vinnig
667 Stryd
669 Aanval
bestorwe
250 Dood
412 Siek
492 Kleur
bestorwe boedel 693
bestraal
414 Geneeskunde
485 Lig
bestraat
97 Bou
149 Pad
bestraf
182 Slaan
585 Verwerp
827 Afkeur
835 Bestraf
bestraling 414
bestrede 532
bestreel 154
bestrooi
161 Bedek
419 Voedselbereiding
bestry
532 Betwis
585 Verwerp
667 Stryd
bestryk
99 Messel
154 Vryf
448 Gelyk
495 Tassin
bestudeer
493 Gevoeligheid
506 Belangstel
513 Gedagte
516 Soek
561 Studeer
bestudeer(d)
785 Hoogmoedig
813 Swak gedrag
bestuif
161 Bedek
419 Voedselbereiding
bestuiwe 161
bestuiwing 239
besturend
590 Bestuur
591 Gesaghebber
bestuur
216 Ry
223 Stuur
588 Gesag hê
590 Bestuur
599 Gesag
651 Toesien
658 Beroep
665 Byeenkom
700 Bank
bestuurder
216 Ry
223 Stuur
588 Gesag hê
590 Bestuur
591 Gesaghebber
658 Beroep
bestuurkuns 223
bestuurs- 701
bestuursaangeleentheid 590
bestuursamp
590 Bestuur
665 Byeenkom
bestuursassistent 700
bestuursbeleid 590
bestuursbesluit 590
bestuurshiërargie 665
bestuursinstelling 590
bestuurskomitee
590 Bestuur
665 Byeenkom
bestuurslid 665
bestuursliggaam
560 Skoolgaan
588 Gesag hê
590 Bestuur
bestuursmatig
590 Bestuur
658 Beroep
bestuursoudit 703
bestuurspos
590 Bestuur
665 Byeenkom
bestuursposisie
590 Bestuur
658 Beroep
bestuursraad
560 Skoolgaan
590 Bestuur
665 Byeenkom
bestuursreg
590 Bestuur
808 Regswese
bestuurstelsel 665
bestuurstruktuur 665
bestuursvaardigheid 217
bestuursvergadering
590 Bestuur
665 Byeenkom
bestuursvernuf
217 Motorry
223 Stuur
bestyg
158 Opstyg
211 Opgaan
besuide 88
besuinig 692
besuinigingsmaatreël 692
besuip 407
beswaar
452 Swaar
526 Weerlê
530 Voorbehou
532 Betwis
585 Verwerp
666 Verhinder
712 Belasting
721 Ontevrede
827 Afkeur
beswaar aanteken 666
beswaar hê 532
beswaar maak
530 Voorbehou
532 Betwis
beswaar(d)
703 Boekhou
714 Gevoelig
717 Lyding
719 Hartseer
721 Ontevrede
beswaarde
688 Besit
711 Skuld
712 Belasting
beswaardheid
714 Gevoelig
717 Lyding
721 Ontevrede
beswaarlik 644
beswaarmakery
532 Betwis
666 Verhinder
beswaarmaking
532 Betwis
827 Afkeur
beswaarskrif
532 Betwis
832 Beskuldig
beswadder
669 Aanval
770 Wantroue
779 Boosaardig
829 Beledig
beswadderend 829
beswaddering
669 Aanval
829 Beledig

beswarend
654 Moeilik
808 Regswese
beswaring
808 Regswese
809 Regsgeding
besweer
606 Weier
666 Verhinder
836 Bonatuurlik
838 Gees
besweet 409
beswering 838
beswil 631
beswyk
250 Dood
685 Verloor
beswyming 413
besyde 87
besyfer 122
bet 463
beta 571
betaal
635 Skadelik
691 Spandeer
704 Koop
708 Betaal
784 Wraaksug
834 Beloon
835 Bestraf
betaalaanmaning 711
betaalbaar
708 Betaal
711 Skuld
betaalde tjek 709
betaalkanaal 264
betaalmeester 708
betaalmiddel
708 Betaal
709 Betaalmiddel
betaalorder
708 Betaal
709 Betaalmiddel
betaalstaat
703 Boekhou
708 Betaal
betaaltelevisie 264
betaaltermyn 708
betaalwyse 708
betaam
810 Gedrag
812 Goeie gedrag
819 Eerbaar
betaamlik
812 Goeie gedrag
819 Eerbaar
betaamlikheid
743 Mooi
812 Goeie gedrag
819 Eerbaar
betadeeltjie 254
betakel
183 Gryp
618 Kragtig
betalend 686
betaler 708
betaling
693 Gee
704 Koop
708 Betaal
betaling kry 708
betaling vra 708
betalingsbalans
701 Handel
703 Boekhou
betalingsbewys 708
betalingstelsel 708
betalingsvoorwaarde 708
betalingswyse 708
betas
154 Vryf
495 Tassin
betastrale 267
beteken
513 Gedagte
541 Betekenisvolheid
545 Natuurlike teken
577 Betekenis
620 Belangrik
633 Nuttig
betekenis
513 Gedagte
541 Betekenisvolheid
573 Woordeskat
577 Betekenis
620 Belangrik
betekenis hê
541 Betekenis
620 Belangrik
betekenisaard 577
betekenisaspek 577
betekenisbetrekking
573 Woordeskat
577 Betekenis
betekenisleer
570 Taalwetenskap
577 Betekenis
betekenisloos
542 Betekenisloos
577 Betekenis
621 Onbelangrik
betekenisonderskeiding
573 Woordeskat
577 Betekenis
betekenisskakering 541
betekenisspektrum 577
betekenisteenstelling 577
betekenisverandering
541 Betekenisvolheid
577 Betekenis
betekenisverband 577
betekenisverhouding
573 Woordeskat
577 Betekenis
betekenisvol
541 Betekenisvolheid
577 Betekenis
620 Belangrik
622 Goed
betekenisvol ag 620
betekenisvolheid
541 Betekenisvolheid
543 Duidelik
577 Betekenis
620 Belangrik
622 Goed
betekeniswaarde 541
beter
411 Gesond
579 Gedwonge
620 Belangrik
622 Goed
631 Nodig
beter word 682
beterskap 411
beterwete
513 Gedagte
535 Weet
beterweter
535 Weet
813 Swak gedrag
beterweterig
535 Weet
536 Onkunde
813 Swak gedrag
beterweterigheid
535 Weet
536 Onkunde
813 Swak gedrag
beteuel
588 Gesag hê
619 Kalm
beteuter 636
beteuter(d)
587 Aarsel
615 Onbekwaam
617 Magteloos
619 Kalm
623 Sleg
636 Onskadelik
768 Vrees
786 Nederig
betig
827 Afkeur
832 Beskuldig
835 Bestraf
betigtiging 835
betigting 827
betitel
550 Noem
563 Skryf
betiteling 550
betittel 829
betjoiings 719
betoger
648 Onderbreek
666 Verhinder
betoging
539 Kommunikeer
666 Verhinder
667 Stryd
beton 100
betonbalk 94(4)
betonbewapening 97
betondam 288
betonfondament 94(1)
betoning 539
betonkonstruksie 94(1)
betonlatei
94(1) Konstruksie
94(6) Muur
betonmenger
101 Gereedskap
174 Meng
betonpad 149
betontrap
94(12) Trap
211 Opgaan
betonwerk 97
betoog
513 Gedagte
522 Redeneer
525 Bewys
539 Kommunikeer
551 Meedeel
558 Redevoering
604 Versoek
666 Verhinder
betoon
525 Bewys
539 Kommunikeer
550 Noem
693 Gee
betoor 836
betower
743 Mooi
773 Begeerte
844 Bygeloof
betowerend
743 Mooi
773 Begeerte
betraan(d)
719 Hartseer
723 Ernstig
betrag
499 Sien
513 Gedagte
betrap
521 Verras wees
594 Onvryheid
832 Beskuldig
betree
188 Aankom
197 Te voet
betref 6
betreffende 6
betrek
6 Betreklik
64 Aanwesig

166 Nader beweeg
170 Saambring
291 Wolk
590 Bestuur
663 Meedoen
669 Aanval
betrekking
6 Betreklik
10 Harmonie
118 Vergelyking
135 Verhouding
241 Familie
645 Handel
658 Beroep
659 Aanstel
790 Sosiaal
betreklik
6 Betreklik
135 Verhouding
538 Dwaling
574 Woordkategorie
624 Gemiddeld
betreur
719 Hartseer
721 Ontevrede
723 Ernstig
betreurenswaardig
623 Sleg
683 Misluk
813 Swak gedrag
betrokke
6 Betreklik
291 Wolk
550 Noem
663 Meedoen
665 Byeenkom
betrokkene
6 Betreklik
663 Meedoen
betrokkenheid 663
betrou 769
betroubaar
143 Bestendig
518 Glo
582 Wilskrag
608 Jou woord hou
769 Vertroue
811 Gewete
816 Getrou
819 Eerbaar
betroubaar ag 518
betugtig
827 Afkeur
835 Bestraf
betugtiging 835
betuig
513 Gedagte
528 Bevestig
539 Kommunikeer
693 Gee
betwis
526 Weerlê
529 Ontken
532 Betwis
585 Verwerp
666 Verhinder
betwisbaar
522 Redeneer
532 Betwis
538 Dwaling
betwyfel
519 Twyfel
532 Betwis
587 Aarsel
betwyfelbaar 770
betwyfeling 532
betyds
38 Tydgebruik
57 Vroeg
640 Voorbereid
beuel
178 Toegaan
231 Tuig
355 Landbougereedskap
756 Musiek
beuelslot 178
beuk
182 Slaan
853 Kerk
beul
252 Doodmaak
779 Boosaardig
835 Bestraf
beulperd 730
beur
150 Vorentoe
181 Stoot teen
645 Handel
654 Moeilik
beurs
84 Houer
377 Liggaam
560 Skoolgaan
688 Besit
702 Beurs
834 Beloon
beurs (studie) 708
beursaktiwiteit 702
beursie
84 Houer
686 Aanwins
688 Besit
beurskenner 702
beursmakelaar 702
beursnet 372
beursspekulant 702
beurt
21 Volgorde
59 Geleë
beurtelings 23
beurtmenger 101
beurtsang 757
beusel
39 Tydverlies
538 Dwaling
548 Praat
621 Onbelangrik
beuselagtig
542 Betekenisloos
621 Onbelangrik
beuselagtigheid 621
bevaar 221
bevaarbaar
221 Vaar
286 Rivier
beval
720 Tevrede
773 Begeerte
bevallig 743
bevalling 239
bevange
317 Fisiologie
413 Siekte
433 Klein
714 Gevoelig
768 Vrees
bevangenheid 768
bevare 221
bevare seeman
221 Vaar
591 Gesaghebber
673 Manskap
bevark
818 Bedrieg
820 Oneerbaar
bevat
61 Plek
83 Middel
502 Verstand
533 Verstaan
bevatlik
533 Verstaan
543 Duidelik
bevatlikheid 543
beveel
17 Noodsaak
588 Gesag hê
590 Bestuur
599 Gesag
680 Militêre aksie
beveg
532 Betwis
585 Verwerp
588 Gesag hê
666 Verhinder
667 Stryd
670 Verdedig
beveilig
655 Veilig
670 Verdedig
beveiligend 655
beveiliger 655
beveiliging
651 Toesien
655 Veilig
670 Verdedig
bevel
548 Praat
576 Sinsbou
579 Gedwonge
588 Gesag hê
599 Gesag
625 Sterk
672 Weermag
680 Militêre aksie
801 Wet
808 Regswese
bevel voer
588 Gesag hê
599 Gesag
680 Militêre aksie
bevelend 599
bevelhebber
591 Gesaghebber
673 Manskap
bevelseenheid 599
bevelshiërargie 673
bevelsin 576
bevelskrif
599 Gesag
808 Regswese
bevelsrang 588
bevelstruktuur 599
bevelvoerder
202 Voor
588 Gesag hê
591 Gesaghebber
599 Gesag
673 Manskap
680 Militêre aksie
beverf
161 Bedek
490 Kleur
bevestig
143 Bestendig
172 Vasmaak
248 Huwelik
525 Bewys
528 Bevestig
531 Saamstem
537 Waarheid
539 Kommunikeer
543 Duidelik
625 Sterk
659 Aanstel
845 Godsvrug
852 Geestelike
bevestigend 528
bevestiging
528 Bevestig
537 Waarheid
548 Praat
579 Gedwonge
659 Aanstel
826 Goedkeur
bevind
61 Plek
64 Aanwesig

515 Wetenskap
517 Vind
527 Oordeel
825 Beoordeling
bevinding
517 Vind
527 Oordeel
586 Beslis
825 Beoordeling
bevlek 628
bevlieg
166 Nader beweeg
228 Vinnig
667 Stryd
669 Aanval
771 Gramskap
779 Boosaardig
bevlieging
618 Kragtig
669 Aanval
771 Gramskap
773 Begeerte
bevoeg(d)
535 Weet
588 Gesag hê
599 Gesag
614 Bekwaam
616 Magtig
622 Goed
806 Wettig
bevoegdverklaring 806
bevoel 495
bevogtig 463
bevolk
368 Diereteelt
369 Veeteelt
787 Gemeenskap
bevolking
90 Gemeenskap
273 Geografie
787 Samelewing
bevolkingsgroep 787
bevolkingsontploffing
107 Meer
239 Voortplant
787 Gemeenskap
bevolkingsregister
590 Bestuur
787 Gemeenskap
bevolkingsyfer 787
bevoog
237 Voortbring
588 Gesag hê
bevoogde
237 Voortbring
655 Veilig
bevoordeel
633 Nuttig
682 Slaag
693 Gee
805 Onregverdig
bevoordeelde 633
bevoordeling
682 Slaag
693 Gee
bevooroordeeld
524 Onlogies redeneer
527 Oordeel
584 Kies
805 Onregverdig
bevoorraad 631
bevoorrading 631
bevoorreg
689 Ryk
781 Dankbaar
806 Wettig
bevoorregte stand 798
bevoorregting 584
bevorder
633 Nuttig
659 Aanstel
796 Stand
bevordering 659
bevorderlik 633
bevraagteken
532 Betwis
827 Afkeur
bevrag
194 Vervoer
452 Swaar
bevredig
608 Jou woord hou
651 Toesien
715 Gevoelloos
716 Genot
720 Tevrede
bevredigbaar 720
bevredigend
622 Goed
637 Doelgerigtheid
651 Toesien
720 Tevrede
826 Goedkeur
bevrediging
622 Goed
637 Doelgerigtheid
651 Toesien
716 Genot
718 Bly
720 Tevrede
bevrediging gee 720
bevrediging hê 716
bevrees
505 Verstandstoornis
651 Toesien
714 Gevoelig
768 Vrees
bevriend 776
bevries
141 Behoud
252 Doodmaak
260 Warmteleer
455 Hard
459 Vaste stof
466 Koud
bevriesing
260 Warmteleer
459 Vaste stof
466 Koud
bevrore
459 Vaste stof
466 Koud
bevrore bate 688
bevrore krediet 699
bevrug
237 Voortbring
239 Voortplant
403 Voortplanting
bevrugting
239 Voortplant
345 Plantkwekery
bevry
173 Losmaak
593 Vryheid
821 Onskuldig
bevryding
173 Losmaak
590 Bestuur
593 Vryheid
bevryf 154
bevuil 628
bevuiling 628
bewaak
508 Aandag
594 Onvryheid
651 Toesien
655 Veilig
670 Verdedig
bewaar
141 Behoud
143 Bestendig
510 Herinner
651 Toesien
655 Veilig
670 Verdedig
698 Behou
bewaarbiblioteek 567
bewaarder
141 Behoud
592 Ondergeskikte
651 Toesien
655 Veilig
670 Verdedig
bewaargeld 709
bewaarheid 537
bewaarkamer
94(3) Vertrek
655 Veilig
670 Verdedig
671 Verdedigingsmiddel
bewaarplaas
61 Plek
94(3) Vertrek
655 Veilig
bewaarplek
61 Plek
170 Saambring
655 Veilig
670 Verdedig
671 Verdedigingsmiddel
bewaarsaal 567
bewaarskool
559 Opvoeding
655 Veilig
bewaker 655
bewaking
508 Aandag
651 Toesien
655 Veilig
bewandel
197 Te voet
810 Gedrag
bewapen
97 Bou
667 Stryd
670 Verdedig
675 Bewapening
679 Mobiliseer
bewapening
97 Bou
675 Bewapening
679 Mobiliseer
bewapeningstaal 100
bewaring
141 Behoud
368 Diereteelt
594 Onvryheid
599 Gesag
651 Toesien
655 Veilig
670 Verdedig
698 Behou
bewe
164 Reëlmatig
165 Onreëlmatig
466 Koud
768 Vrees
beweeg
67 Verplasing
145 Beweging
197 Te voet
257 Meganika
525 Bewys
638 Aanmoedig
713 Gevoel
788 Beskaafd
beweeg tot 531
beweegbaar 145
beweegbaarheid 145
beweeggrond 525
beweegkrag 145
beweeglik
140 Verandering
142 Veranderlik
145 Beweging
165 Onreëlmatig

257 Meganika
583 Willoosheid
beweeglikheid
145 Beweging
165 Onreëlmatig
beweegrede
15 Oorsaak
525 Bewys
637 Doelgerigtheid
beween 723
beweer
528 Bevestig
531 Saamstem
548 Praat
bewegend
145 Beweging
257 Meganika
bewegende duin 280
beweging
145 Beweging
150 Vorentoe
257 Meganika
590 Bestuur
638 Aanmoedig
645 Handel
665 Byeenkom
680 Militêre aksie
713 Gevoel
727 Wedstryd
754 Komposisie
bewegingloos 146
bewegingloosheid
146 Bewegingloosheid
646 Nie handel nie
bewegingsenergie 256
bewegingsleer
257 Meganika
515 Wetenskap
bewegingswet 257
bewei
347 Landbou
406 Eet
beweiding 347
bewend
164 Reëlmatig
165 Onreëlmatig
466 Koud
bewer
311 Weefsel
366 Soogdier
bewerasie
164 Reëlmatig
165 Onreëlmatig
466 Koud
768 Vrees
bewerig
164 Reëlmatig
165 Onreëlmatig
412 Siek
466 Koud
768 Vrees
bewering
528 Bevestig
539 Kommunikeer
548 Praat
551 Meedeel
586 Beslis
832 Beskuldig
bewerk
15 Oorsaak
301 Metaal
316 Hout
346 Landbougrond
347 Landbou
637 Doelgerigtheid
638 Aanmoedig
645 Handel
bewerking
137 Bewerking
629 Gebruik
645 Handel
754 Komposisie
bewerkstellig
15 Oorsaak
645 Handel
650 Voltooi
bewerpels 311
bewertjie 338
bewese 525
bewierook 828
bewillig
607 Beloof
608 Jou woord hou
693 Gee
bewilliging
605 Aanvaar
607 Beloof
608 Jou woord hou
693 Gee
bewimpel 540
bewind
588 Gesag hê
590 Bestuur
795 Staat
bewindhebbend
590 Bestuur
591 Gesaghebber
bewindhebber
591 Gesaghebber
795 Staat
bewindsaanvaarding 588
bewindvoerder 591
bewing
164 Reëlmatig
165 Onreëlmatig
bewoë
714 Gevoelig
719 Hartseer
778 Goedaardig
bewoënheid 778
bewolk
291 Wolk
294 Weerkunde
bewolkte lug 291
bewonder
743 Mooi
826 Goedkeur
830 Eerbiedig
bewonderenswaardig 826
bewondering
826 Goedkeur
830 Eerbiedig
bewoner
64 Aanwesig
787 Gemeenskap
bewoning 64
bewoon 64
bewoord
548 Praat
563 Skryf
bewoording
539 Kommunikeer
563 Skryf
bewus
508 Aandag
543 Duidelik
bewussyn
506 Belangstel
508 Aandag
535 Weet
714 Gevoelig
bewustelik
508 Aandag
582 Wilskrag
586 Beslis
bewusteloos 412
bewusteloosheid
412 Siek
413 Siekte
bewustheid 508
bewuswording 508
bewys
139 Meetkunde
517 Vind
522 Redeneer
525 Bewys
528 Bevestig
539 Kommunikeer
546 Kunsmatige teken
558 Redevoering
693 Gee
709 Betaalmiddel
808 Regswese
809 Regsgeding
bewys lewer 522
bewysbaar 537
bewysdokument 525
bewyse aanvoer
522 Redeneer
525 Bewys
bewysgrond 525
bewyskrag 525
bewyslas
525 Bewys
808 Regswese
809 Regsgeding
bewysleer
515 Wetenskap
525 Bewys
808 Regswese
809 Regsgeding
bewysmateriaal 525
bewysplaas
525 Bewys
558 Redevoering
bewysreg 515
bewysstrokie
546 Kunsmatige teken
709 Betaalmiddel
bewysstuk
525 Bewys
546 Kunsmatige teken
809 Regsgeding
bewysvoering
525 Bewys
558 Redevoering
809 Regsgeding
beywer 645
BHF-antenne 236
bi- 133
bibber
164 Reëlmatig
165 Onreëlmatig
466 Koud
768 Vrees
bibberasie
165 Onreëlmatig
466 Koud
768 Vrees
bibberend
164 Reëlmatig
165 Onreëlmatig
466 Koud
bibbering 164
bibliofiel
561 Studeer
567 Boek
bibliografie 567
bibliomaan
413 Siekte
567 Boek
bibliomanie
413 Siekte
505 Verstandstoornis
biblioteek
560 Skoolgaan
562 Lees
567 Boek
biblioteekdiens 567
biblioteekkaartjie 567
biblioteekprogram 263
biblioteekrak 567
biblioteekwese 567
bibliotekaresse 567
biblis 842

bid
520 Verwag
555 Vra
604 Versoek
847 Gebed
biddag 847
bidder 847
bidet
94(15) Toebehore
746 Toilet
bidsprinkaan 361
biduur
840 Godsdiens
847 Gebed
848 Erediens
bie 704
bied
631 Nodig
693 Gee
biedêm 820
bief stroganoff 426
biefstuk
421 Vleis
426 Kos
bieg
528 Bevestig
822 Skuldig
823 Berou
842 Geloof
847 Gebed
849 Prediking
850 Sakrament
biegboete 823
biegvader 850
bielie
432 Groot
625 Sterk
682 Slaag
bier 427
bierbeker
84 Houer
95(7) Breekgoed
bierbrouer 428
bierbrouery 428
bierdrinker 407
bierhuis 429
bierkroeg 429
bierpens 395
biertuin 429
biervat 428
bies
371 Suiwel
409 Afskeiding
745 Versier
biesbruilof 248
bieslook 351
biesmelk 371
bietjie
41 Kortstondig
103 Min
117 Te min
604 Versoek
626 Swak
bietjie-bietjie 103
bietou
337 Veldplant
338 Gras
340 Krui
342 Gifplant
bifokaal 499
bifokale bril
387 Oog
499 Sien
bigamie 248
bigamis 248
biggel 287
bigotterie 841
bikarbonaat 300
bikbeitel 101
bikini
215 Swem
745 Kleding
bikonkaaf 446
bikonveks 446
bilabiaal 572
bilateraal
8 Dieselfde
87 Kant
139 Meetkunde
bilharzia
361 Insek
413 Siekte
biljart 738
biljartkamer 94(3)
biljartstok 738
biljarttafel 738
biljet
131 Munt
187 Reis
539 Kommunikeer
551 Meedeel
564 Skryfbehoeftes
567 Boek
568 Perswese
biljoenêr 689
billik
504 Geestelike gesondheid
704 Koop
708 Betaal
710 Kosteloos
804 Regverdig
806 Wettig
812 Goeie gedrag
819 Eerbaar
biltong
379 Spier
421 Vleis
bind
14 Navolging
141 Behoud
143 Bestendig
170 Saambring
172 Vasmaak
256 Skeikunde
313 Weef
419 Voedselbereiding
566 Drukkuns
594 Onvryheid
608 Jou woord hou
811 Gewete
binddraad 301
bindend
607 Beloof
806 Wettig
bindery 566
bindgaring 172
binding
172 Vasmaak
256 Skeikunde
311 Weefsel
bindkuns 566
bindmorfeem 575
bindplaat 234
bindsel
172 Vasmaak
415 Geneesmiddel
bindslaai 351
bindspier 379
bindtou 172
bindvlies 387
bindvliesontsteking 413
bindweefsel
254 Stof
377 Liggaam
381 Vel
bindwerk 566
binêr 134
bingo 740
binne
46 Vroeër
61 Plek
81 Binne
83 Middel
175 Insit
206 Ingaan
530 Voorbehou
binne skoot 677
binneaars 414
binneaarse voeding 414
binneafwerking 233
binnebaan
149 Pad
729 Atletiek
binneband
232 Fiets
233 Motorvoertuig
binnebas 331
binneblad 568
binnebly
81 Binne
206 Ingaan
binneboords 221
binneboud 397
binnebrandmasjien 630
binnebrandmotor
257 Meganika
630 Werktuig
binnebring
81 Binne
175 Insit
206 Ingaan
binnedeur
81 Binne
94(8) Deur
153 Deurbeweeg
binnedeurkosyn 94(8)
binnedring
175 Insit
206 Ingaan
669 Aanval
binnegaan
81 Binne
175 Insit
206 Ingaan
binnegoed
257 Meganika
401 Spysvertering
binnehaal
206 Ingaan
686 Aanwins
790 Sosiaal
binnehandel 701
binnehawe 235
binnehoek 139
binnehof
94(14) Buitekant
94(3) Vertrek
346 Landbougrond
binnehou
175 Insit
193 Ophou
406 Eet
594 Onvryheid
binnehuisargitektuur
97 Bou
764 Boukuns
binnehuisversierder 745
binnehuisversiering
95(1) Ameublement
745 Versier
binne-in
81 Binne
206 Ingaan
binne-inrigting
94(13) Versiering
95(1) Ameublement
binneja 206
binnejaag 206
binnekant
61 Plek
81 Binne
binnekants(t)e 81
binnekern
83 Middel
272 Aarde
274 Geologie
binnekom
81 Binne
175 Insit

188 Aankom
206 Ingaan
binnekoms
175 Insit
206 Ingaan
binnekoraalrif 283
binnekort 51
binnekosyn 94(8)
binnelaat
175 Insit
206 Ingaan
binneland
273 Geografie
276 Vasteland
787 Gemeenskap
binnelander 787
binnelands
81 Binne
276 Vasteland
787 Gemeenskap
binnelandse beleid 590
binnelandse geldmark 701
binnelandse mark 701
binnelei
26 Saam
206 Ingaan
binnelig 487
binneloods
206 Ingaan
221 Vaar
binneloop
81 Binne
175 Insit
188 Aankom
206 Ingaan
binnemeer 285
binnemeisie 592
binnemoreen 277
binnemuur 94(6)
binnemuurs
81 Binne
560 Skoolgaan
binnenooi
206 Ingaan
790 Sosiaal
binnenshuis 81
binnenshuise argitek 97
binnenshuise versierder 743
binnensmonds 548
binne(n)ste 81
binne(n)stebuite 9
binne(n)toe 206
binne-oor 388
binne-opname 268
binneplaas 94(14)
binneplasma 400
binneplein
61 Plek
94(14) Buitekant
445 Oppervlak
binneportaal 94(3)
binnepos 196
binnerand 82
binneroep 206
binneruim 61
binneruimte 61
binnery 188
binnesee
283 See
285 Meer
binneseil 221
binnesenter 728(1)
binneskelet 380
binnesleep
175 Insit
206 Ingaan
binnestad 90
binnestap
175 Insit
206 Ingaan
binneste 206
binneste hakie 138
binneste kern
272 Aarde
274 Geologie
binnestroom
175 Insit
206 Ingaan
binnestuur
81 Binne
175 Insit
206 Ingaan
binnesyfer 206
binnetelefoon 265
binnetemperatuur 289
binnetoe 175
binnetrap
94(12) Trap
206 Ingaan
binnetree
81 Binne
175 Insit
206 Ingaan
binnetrek
166 Nader beweeg
175 Insit
binnetuin 346
binnevaar
188 Aankom
206 Ingaan
221 Vaar
binnevaart
175 Insit
206 Ingaan
221 Vaar
binneval
175 Insit
669 Aanval
binneveermatras 96
binneveld 728(7)
binneverbranding 257
binneverbruik 629
binnevet 401
binnevra 790
binnevrugmuurlaag 323
binnewaai 206
binnewaarts
87 Kant
175 Insit
206 Ingaan
binnewelf 94(7)
binnewêreld
276 Vasteland
401 Spysvertering
binnewerk
94(13) Versiering
97 Bou
630 Werktuig
645 Handel
binokulêr 499
binomies 138
binomi(n)aal 138
bio-
249 Lewe
255 Natuurkunde
biochemie
256 Skeikunde
515 Wetenskap
biochemies 256
biodinamika 317
biogenese
249 Lewe
317 Fisiologie
biogenesis 249
biogeneties
249 Lewe
317 Fisiologie
biograaf 565
biografie
565 Skryfkuns
567 Boek
750 Letterkunde
biografies
565 Skryfkuns
750 Letterkunde
biolinguistiek 570
biologie
249 Lewe
255 Natuurkunde
317 Fisiologie
515 Wetenskap
biologies
249 Lewe
255 Natuurkunde
317 Fisiologie
bioloog 515
biomagneties
261 Magnetisme
414 Geneeskunde
biomagnetisme
261 Magnetisme
414 Geneeskunde
biometrie
52 Ouderdom
122 Bereken
123 Meet
249 Lewe
255 Natuurkunde
374 Mens
515 Wetenskap
bioniese oor 498
bionika 317
bionomie
249 Lewe
255 Natuurkunde
biopsie 414
biosfeer
255 Natuurkunde
272 Aarde
bioskoop
91 Gebou
752 Rolprentkuns
biostatika 787
biotika 249
biotipe 240
biotomie
249 Lewe
317 Fisiologie
358 Dierkunde
biotoop 273
bipolêr 9
bis
133 Getal
263 Rekenaar
bisar 7
bisbigliando 753
bisdom 852
biseksualiteit
374 Mens
776 Liefde
biseksueel
239 Voortplant
317 Fisiologie
374 Mens
776 Liefde
bisektriks 139
biseps
379 Spier
397 Ledemaat
biseps van die dy 379
bisillabies 572
bisk 426
biskop
363 Waterdier
591 Gesaghebber
739 Geselskapspel
849 Prediking
852 Geestelike
bisley
677 Skiet
731 Gevegsport
bisleyskiet 677
bismut 297
bison 366
bistro 429
bisverkeer 263
bisverlies 263

biswydte 263
bits 777
bitsig
777 Haat
829 Beledig
831 Bespot
bitsigheid
777 Haat
831 Bespot
bitter
103 Min
104 Baie
472 Sleg
717 Lyding
719 Hartseer
721 Ontevrede
766 Wanhoop
777 Haat
bitter smaak
470 Smaak
472 Sleg
bitter waatlemoen 323
bitteraarde 415
bitterals
343 Genesende plant
415 Geneesmiddel
bitterappel 323
bittereinder
582 Wilskrag
618 Kragtig
bitterheid
472 Sleg
719 Hartseer
721 Ontevrede
777 Haat
bitterhout
316 Hout
343 Genesende plant
bitterlik 104
bittersout 415
bitumen 462
bivak 672
bivakkeer 680
bivakmus 674
bivalent 256
bizar
34 Vreemd
36 Onreëlmatig
bizarheid 34
blaadjie
435 Smal
567 Boek
blaai 567
blaak
465 Warm
485 Lig
771 Gramskap
blaam
822 Skuldig
827 Afkeur
832 Beskuldig
blaamloos 821
blaar
321 Blaar
331 Boom
717 Lyding
blaaraalwurm 361
blaarbeet 351
blaardeeg 425
blaargroente 351
blaarinsekte 361
blaarknipper 361
blaarknop 321
blaarluis 361
blaarmos 328
blaarpatroon 745
blaarpens
395 Buik
401 Spysvertering
blaarslaai 351
blaarsnyerby 361
blaarsteel
321 Blaar
329 Varing
blaartabak 430
blaartertdeeg 426
blaarvin 329
blaarvorm
321 Blaar
438 Vorm
blaarvormig 438
blaarwisselend 321
blaas
290 Wind
309 Glas
381 Vel
390 Mond
402 Afskeidingsorgaan
404 Asemhaling
409 Afskeiding
446 Rond
461 Gas
484 Diergeluid
677 Skiet
717 Lyding
755 Uitvoering
756 Musiek
blaasbalk
301 Metaal
302 Smid
469 Verwarmingstoestel
630 Werktuig
756 Musiek
785 Hoogmoedig
blaasinstrument 756
blaaskaak 785
blaaskanker 413
blaaskans
23 Onderbreking
646 Nie handel nie
648 Onderbreek
662 Rus
blaaslamp 630
blaasontsteking 413
blaasop 363
blaasoppie 363
blaasorkes 755
blaaspyp 301
blaasvlam 630
blaasvrug 323
blabs 822
blad
76 Bo
95(6) Tafel
161 Bedek
301 Metaal
315 Papier
321 Blaar
393 Skouer
435 Smal
445 Oppervlak
567 Boek
568 Perswese
bladaarde 346
bladbeen 393
bladgoud
297 Metaal
301 Metaalverwerking
bladgroen 317
bladgrond 346
bladhoudend
318 Plant
321 Blaar
331 Boom
bladkoper 301
bladlees 753
bladlood 301
bladluis 361
bladmetaal 301
bladmos 328
bladmusiek 753
bladnerf 321
bladpoot 361
bladsak 84
bladsilwer 297
bladskimmel 324
bladskyf 321
bladspieël 566
bladsteek 790
bladsteel 321
bladstil 477
bladsy
315 Papier
567 Boek
bladsyproef 566
bladuitleg 566
bladveer
365 Voël
382 Haar
630 Werktuig
bladvisier 676
bladvulling 566
bladwesp 361
bladwisselend
318 Plant
321 Blaar
331 Boom
bladwit 566
bladwyser 567
bladyster 301
blaf
413 Siekte
484 Diergeluid
777 Haat
blakend
411 Gesond
490 Kleur
627 Skoon
blaker
182 Slaan
465 Warm
467 Aansteek
485 Lig
487 Ligbron
677 Skiet
blameer 832
blanc fumé 427
blanc-mange 426
blank
110 Niks
492 Kleur
566 Drukkuns
627 Skoon
blanketsel 746
blanko
110 Niks
566 Drukkuns
blanko tjek 700
blansjeer 419
blaps
538 Dwaling
613 Onnoukeurig
blarekroon 321
blas
381 Vel
492 Kleur
blasé 785
blaser
755 Uitvoering
756 Musiek
blasfemie
820 Oneerbaar
843 Ongeloof
846 Godloos
blasie
381 Vel
446 Rond
blasoen
546 Kunsmatige teken
674 Uitrusting
blatant
162 Ontbloot
543 Duidelik
blatantheid 162
blatjang 426
bleddie 820
bleek
386 Gesig

412 Siek
490 Kleur
491 Kleurloosheid
492 Kleure
bleekaarde
315 Papier
627 Skoon
bleekheid
412 Siek
491 Kleurloosheid
bleeksiekte 413
bleeksug 413
bleekvos 366
bleekwit 491
bleik
490 Kleur
491 Kleurloosheid
627 Skoon
bleikaarde
315 Papier
627 Skoon
bleikgoed 627
bleikklei
315 Papier
627 Skoon
bleikmiddel 627
blek 349
blende
267 Optika
297 Metaal
301 Metaalverwerking
blennie 363
blêr 484
blêrkas 756
blerts 628
bles
182 Slaan
366 Soogdier
382 Haar
384 Kop
lesbok 366
leshoender 365
leskop 384
lessit 820
lessitwil 820
lienkien 820
lik
84 Houer
297 Metaal
301 Metaalverwerking
499 Sien
545 Natuurlike teken
ikaspaai 741
ikkantien 84
ikkerig
97 Metaal
79 Disharmonies
kkie 84
kkiesdorp 90
kkieskos 420
kkiesvleis 421
kklavier 756
blikners
412 Siek
654 Moeilik
714 Gevoelig
blikoopmaker 177
bliksem
293 Onweer
485 Lig
813 Swak gedrag
820 Oneerbaar
bliksemafleier
293 Onweer
772 Sagmoedig
bliksems
104 Baie
714 Gevoelig
820 Oneerbaar
bliksemslag 293
bliksemsnel 225
bliksemstraal
293 Onweer
485 Lig
blikskater 713
blikskêr
177 Oopgaan
185 Sny
blikskottel
84 Houer
713 Gevoel
715 Gevoelloos
779 Boosaardig
blikslaer
301 Metaal
713 Gevoel
779 Boosaardig
bliksnyer
177 Oopgaan
630 Werktuig
blind
149 Pad
387 Oog
413 Siekte
499 Sien
501 Onsigbaarheid
509 Onoplettend
536 Onkunde
blind bak 419
blinddoek
499 Sien
818 Bedrieg
blinde
499 Sien
509 Onoplettend
blinde boog 94(7)
blinde gewel 94(4)
blinde muur 94(6)
blinde skoot 677
blinde spyker 172
blinde venster 94(9)
blindederm 401
blindedermontsteking 413
blindedruk 566
blindeer 499
blindelings
507 Ongeïnteresseerd
509 Onoplettend
641 Onvoorbereid
blindeman
499 Sien
740 Kaartspel
blindemannetjie 741
blindemol
366 Soogdier
509 Onoplettend
739 Geselskapspel
741 Kinderspel
blinder
94(15) Toebehore
298 Steen
blindeskrif 565
blindesorg 651
blindevink 426
blindevlek 387
blindevlieg 361
blindheid
413 Siekte
499 Sien
blinding
94(15) Toebehore
95(12) Venster
blindlanding 222
blindweg
507 Ongeïnteresseerd
534 Wanbegrip
blink
485 Lig
490 Kleur
502 Verstand
627 Skoon
blinker
298 Steen
745 Versier
blinkleer
307 Plastiek
314 Leer
blinkoesmier 361
blinkpoets 627
blinkskoon 627
blinkvryf 627
blits
182 Slaan
225 Vinnig
293 Onweer
427 Drank
485 Lig
677 Skiet
blitsaanval 669
blitshuwelik 248
blitsig
41 Kortstondig
225 Vinnig
blitslig 487
blitsmotor 233
blitsoorlog 667
blitspatrollie 802
blitssnel 225
blitsverkiesing
590 Bestuur
795 Staat
blitsverkoper 750
blitsvinnig
41 Kortstondig
225 Vinnig
bloed
240 Afkoms
241 Familie
249 Lewe
400 Bloed
405 Bloedsomloop
bloed oortap 414
bloedarm 690
bloedarmoede
400 Bloed
413 Siekte
690 Arm
bloedarmoedig 400
bloedbad 252
bloedbank
400 Bloed
417 Hospitaal
bloedbelope 413
bloedblaar 717
bloedblaas 717
bloedblasie 381
bloedblom 342
bloedbroederskap 607
bloedbroer 244
bloeddiarree 413
bloeddorstig 777
bloeddruk 400
bloeddrukmeter 416
bloedeie 241
bloedere 243
bloederig
400 Bloed
413 Siekte
bloedfamilie 241
bloedgeld
103 Min
708 Betaal
709 Betaalmiddel
bloedgroep 400
bloedhond
366 Soogdier
784 Wraaksug
bloedig
400 Bloed
413 Siekte
465 Warm
bloeding
317 Fisiologie
400 Bloed
413 Siekte
bloeding stelp 414
bloeding stop 414

bloedjie
53 Jonk
243 Kind
bloedjonk 53
bloedkanker
400 Bloed
413 Siekte
bloedkleur 492
bloedklont
400 Bloed
413 Siekte
bloedkol 400
bloedkunde 400
bloedlaat
400 Bloed
414 Geneeskunde
635 Skadelik
bloedliggaampie 400
bloedloos 413
bloedlyn 240
bloedmeel
345 Plantkwekery
369 Veeteelt
bloedmenging 240
bloedmin 103
bloedneus 413
bloedoortapping
400 Bloed
414 Geneeskunde
417 Hospitaal
bloedoortappingsdiens 400
bloedparsie 413
bloedplasma 400
bloedras 239
bloedrooi 492
bloedryk 400
bloedsak 413
bloedsel 400
bloedserum 400
bloedsiekte
400 Bloed
413 Siekte
bloedsirkulasie 405
bloedskande 820
bloedskender
813 Swak gedrag
820 Oneerbaar
bloedskenker 414
bloedskuld 252
bloedsmeer
400 Bloed
414 Geneeskunde
bloedsomloop
399 Bloedsomloop
405 Bloed
bloedspoor 400
bloedsteen 298
bloedstelsel 405
bloedstollend
481 Skerp klank
768 Vrees
bloedstolling
400 Bloed
413 Siekte
bloedstorting
252 Doodmaak
400 Bloed
413 Siekte
bloedstraal 400
bloedstroom 400
bloedsuier
361 Insek
366 Soogdier
694 Neem
813 Swak gedrag
bloedswam 413
bloedsweer 413
bloedtelling
123 Meet
400 Bloed
405 Bloedsomloop
bloedtemperatuur
400 Bloed
405 Bloedsomloop
bloedtransfusie
400 Bloed
417 Hospitaal
bloedvat
381 Vel
399 Bloedsomlooporgane
bloedvatsiekte 413
bloedvatstelsel 399
bloedvergieting
252 Doodmaak
667 Stryd
bloedvergiftiging 413
bloedverwant
240 Afkoms
241 Familie
bloedverwantskap 240
bloedvete
667 Stryd
777 Haat
779 Boosaardig
784 Wraaksug
bloedvin 413
bloedvint 413
bloedvlek
400 Bloed
628 Vuil
bloedvloeistof 400
bloedvog 400
bloedwater 400
bloedwei 400
bloedweinig 103
bloedwraak
252 Doodmaak
784 Wraaksug
bloedwurm 363
bloei
322 Blom
324 Plantlewe
345 Plantkwekery
400 Bloed
412 Siek
413 Siekte
626 Swak
682 Slaag
686 Aanwins
717 Lyding
bloeias 320
bloeiersiekte 413
bloeikolf 322
bloeisel
322 Blom
324 Plantlewe
bloeiskede 322
bloeityd
37 Tyd
324 Plantlewe
682 Slaag
bloeiwyse
322 Blom
324 Plantlewe
bloekom 331
bloemen 820
bloemis
348 Blomkwekery
745 Versier
bloemistedraad 348
bloemistelint 348
bloemisteskêr 348
bloemistewinkel 348
bloemlesing
567 Boek
750 Letterkunde
751 Digkuns
bloemryk
322 Blom
569 Taal
750 Letterkunde
bloemryke styl 750
bloes 745
bloesend
411 Gesond
492 Kleur
blok
90 Gemeenskap
97 Bou
316 Hout
450 Volume
459 Vaste stof
561 Studeer
590 Bestuur
602 Verbied
630 Werktuig
665 Byeenkom
728(3) Krieket
741 Kinderspel
blokberg 277
blokbord 316
blokfluit 756
blokhakie
565 Skryfkuns
571 Skrif
blokhamer
181 Stoot teen
316 Hout
630 Werktuig
blokhuis
91 Gebou
670 Verdedig
671 Verdedigingsmiddel
blokkade
602 Verbied
670 Verdedig
671 Verdedigingsmiddel
blokkeer
178 Toegaan
602 Verbied
666 Verhinder
699 Leen
blokkie 316
blokkiesraaisel
516 Soek
568 Perswese
blokkiesraaiselwoordeboek 567
blokkruiping 712
blokletter
565 Skryfkuns
566 Drukkuns
blokletters 565
blokskaaf 630
blokskrif 565
blokslot 94(8)
bloktyd
38 Tydgebruik
560 Skoolgaan
blokvas 172
blokvormig 450
blom
186 Maal
322 Blom
324 Plantlewe
334 Blomplant
743 Mooi
745 Versier
blomas 320
blombak 348
blombedding
346 Landbougrond
348 Blomkwekery
blomblaar
322 Blom
324 Plantlewe
blombodem
320 Stam
322 Blom
323 Vrug
blombol 318
blombos 332
blomdek 322
blomdraend
322 Blom
332 Struik

blomdraende plant
318 Plant
334 Blomplant
blomdraer 334
blomgerf 348
blomgroente 351
blomhofieblomkool 351
blomkooloor 388
blomkrans 348
blomkroon 322
blomkuns 745
blomkweker 348
blomkwekery 348
blomkweper 332
blommefees 793
blommegeur
322 Blom
474 Welriekend
blom(me)meisie 248
blommerangskikker
348 Blomkwekery
745 Versier
blom(me)rangskikking
348 Blomkwekery
745 Versier
blomonkruid 344
blompens
395 Buik
401 Spysvertering
blomperske 332
blomplant
318 Plant
334 Blomplant
blompot
84 Houer
348 Blomkwekery
blomruiker 348
blomryk
322 Blom
569 Taal
750 Letterkunde
blomryke styl 750
olomsierkuns 745
)lomslinger
348 Blomkwekery
745 Versier
lomsoort
318 Plant
322 Blom
lomstaander 348
lomstalletjie 348
lomstruik
332 Struik
334 Blomplant
lomtuin 346
lomvaas 84
omversiering 745
omvorm 318
omwilg 331
omwinkel 348
ond
82 Haar
92 Kleur
bloos
490 Kleur
786 Nederig
bloot 162
blootgee 162
blootgestel
162 Ontbloot
177 Oopgaan
656 Gevaarlik
blootlê
162 Ontbloot
177 Oopgaan
539 Kommunikeer
blootlegging
162 Ontbloot
177 Oopgaan
bloots
219 Perdry
618 Kragtig
bloots ry 219
blootstaan
162 Ontbloot
656 Gevaarlik
blootstel
162 Ontbloot
177 Oopgaan
656 Gevaarlik
669 Aanval
blootstelling
162 Ontbloot
177 Oopgaan
blootweg 108
blos
386 Gesig
411 Gesond
746 Toilet
blosend
381 Vel
411 Gesond
490 Kleur
492 Kleure
blou
492 Kleur
382 Haar
blou bloed 797
blou duiker 365
blou glasuur 490
blou graniet 298
blou-asbes 298
bloubaadjie 802
bloubaard
784 Wraaksug
813 Swak gedrag
bloubessie
323 Vrug
350 Vrugte
bloublasie 363
blou-blou 540
blouboek 567
bloubokkie 366
blouboontjie 676
blouboordjie 645
blouboordjiewerker
645 Handel
658 Beroep
bloubosluis 361
bloubrommer 361
bloudruk
97 Bou
590 Bestuur
blougroen 492
blougrond 298
bloukopkoggelmander 364
bloukous 502
blouoog
363 Waterdier
387 Oog
413 Siekte
bloupruim 332
bloureën 333
blousel 490
blouselblou 492
blouskimmel
366 Soogdier
382 Haar
413 Siekte
492 Kleur
blouskimmelkaas 426
blousteen 300
blousug 413
blousuur 256
blouswael 365
bloute 492
bloutedaeraad 485
bloutong 413
blouvinhaai 363
blouvitrioel 300
blouwalvis 363
blouwattel 331
blouwildebees 366
blouysterklip 298
bluf
538 Dwaling
785 Hoogmoedig
815 Oneerlik
818 Bedrieg
blufferig 785
bluffery
785 Hoogmoedig
818 Bedrieg
blufspel 818
blus
99 Messel
468 Blus
486 Duisternis
625 Sterk
blusbaar 468
bly
40 Langdurig
42 Altyd
51 Toekoms
64 Aanwesig
89 Blyplek
141 Behoud
189 Wegbly
647 Voortgaan
713 Gevoel
714 Gevoelig
716 Genot
718 Bly
720 Tevrede
765 Hoop
bly stil 549
blydskap
714 Gevoelig
716 Genot
718 Bly
765 Hoop
Blye Boodskap 842
blygeestig 718
blygeestigheid 718
blyhartig 718
blyheid
714 Gevoelig
718 Bly
blyk
2 Nie-bestaan
525 Bewys
528 Bevestig
544 Onduidelik
blykbaar
2 Nie-bestaan
519 Twyfel
537 Waarheid
543 Duidelik
blyke 528
blyke gee 528
blykens 6
blymoedig
713 Gevoel
714 Gevoelig
716 Genot
718 Bly
765 Hoop
767 Moed
blyplek
61 Plek
89 Blyplek
blyspel 752
blywend
8 Dieselfde
38 Tydgebruik
40 Langdurig
42 Altyd
141 Behoud
331 Boom
647 Voortgaan
blywendheid
40 Langdurig
42 Altyd
bo
21 Volgorde
46 Vroeër
74 Op
76 Bo
107 Meer
530 Voorbehou

644 Handelwyse
682 Slaag
796 Stand
bo (alle) verdenking 769
bo bly 214
bo kom 682
bo pari verkoop 702
boa
364 Reptiel
745 Versier
bo-aan 76
bo-aansig
97 Bou
759 Tekenkuns
bo-aards 836
boakonstriktor 364
bo-al 620
boarm 397
boarmbeen
380 Gebeente
397 Ledemaat
boarmspier 379
bobaas
614 Bekwaam
682 Slaag
684 Oorwin
bobbejaan
366 Soogdier
503 Onverstandig
630 Werktuig
bobbejaankers 331
bobbejaankewer 361
bobbejaanklou
332 Struik
630 Werktuig
bobbejaanoor 335
bobbejaansleutel 630
bobbejaanspinnekop 361
bobbejaanstuipe 771
bobbejaantjie 334
bobbejaantou 333
bobbel
413 Siekte
446 Rond
771 Gramskap
bobbelagtig 446
bobbelrig 446
bobeen 397
bobeukdak 94(4)
bobly
76 Bo
158 Opstyg
211 Opgaan
682 Slaag
684 Oorwin
bobotie
426 Kos
bobou
76 Bo
94(1) Konstruksie
97 Bou
235 Skeepvaart
bod 704
bode
192 Laat gaan
196 Poswese
551 Meedeel
590 Bestuur
592 Ondergeskikte
658 Beroep
808 Regswese
bode van die hof 808
bodega 429
bodek 235
bodem
61 Plek
75 Onder
77 Onderkant
272 Aarde
276 Vasteland
283 See
285 Meer
286 Rivier
787 Gemeenskap
bodemkunde 273
bodemloos 84
bodemstandig 318
bodemtrilling 274
bodemvas 788
bodeur 94(8)
bodeveiling 808
bodop 364
bodorp
61 Plek
90 Gemeenskap
boe 771
Boeddha 854
Boeddhis 854
Boeddhisme 854
Boeddhisties 854
Boeddhistiese monnik 854
Boeddhistiese priester 854
boedel
686 Aanwins
688 Besit
693 Gee
696 Ontvang
boedelbelasting 712
boedelbeskrywer 688
boedelveiling 705
boef
623 Sleg
667 Stryd
695 Steel
813 Swak gedrag
815 Oneerlik
boeg
235 Skeepvaart
393 Skouer
boeglam
146 Beweginloosheid
413 Siekte
661 Vermoei
boeglyn 442
boegoe
343 Genesende plant
415 Geneesmiddel
boegoebrandewyn 427
boegroer 235
boegspriet 235
boegvin 235
boei
221 Vaar
235 Skeepvaart
506 Belangstel
508 Aandag
594 Onvryheid
602 Verbied
666 Verhinder
boeiend 506
boek
515 Wetenskap
539 Kommunikeer
562 Lees
563 Skryf
565 Skryfkuns
567 Boek
703 Boekhou
750 Letterkunde
842 Geloof
boekagtig
561 Studeer
565 Skryfkuns
567 Boek
750 Letterkunde
boekagtige styl 750
boekagtige taal 750
boekantikwariaat 567
boekbindery 566
boekbon 567
boekdeel
539 Kommunikeer
565 Skryfkuns
567 Boek
boekdrukkuns 566
boeke byhou 703
boeke van die Bybel 842
boekebedryf 701
boekeblad 568
boekegek
413 Siekte
567 Boek
boekekennis 535
boekeliefhebber 567
boekenhout 331
boekeredakteur
566 Drukkuns
568 Perswese
boekerig
561 Studeer
750 Letterkunde
boekerige styl 750
boekerige taal 750
boekery 567
boekesmous
567 Boek
705 Verkoop
boeket
348 Blomkwekery
427 Drank
473 Reuk
474 Welriekend
745 Versier
boeketas 564
boekeversameling 170
boekevreter 561
boekevriend 567
boekformaat 566
boekgeleerdheid
535 Weet
559 Opvoeding
boekhandel
567 Boek
701 Handel
707 Handelsaak
boekhandelaar
567 Boek
707 Handelsaak
boekhou 703
boekhouboek
565 Skryfkuns
567 Boek
703 Boekhou
boekjaar 703
boekletter 566
boeklong 398
boekmens 567
boekmodel 566
boekpens 395
boekprys 834
boekrak
95(3) Kas
567 Boek
boekrol 567
boekskuld 711
boekstaaf 563
boektaal 569
boekuitgewer 566
boekverkoping 567
boekversameling 567
boekwaarde
620 Belangrik
703 Boekhou
boekwerk
539 Kommunikeer
561 Studeer
567 Boek
boekwiet 332
boekwinkel
567 Boek
707 Handelsaak
boekwoord 573
boekwurm
561 Studeer
562 Lees

boel
20 Wanorde
104 Baie
116 Te veel
366 Soogdier
boelhond 366
boelie
768 Vrees
813 Swak gedrag
boeljon
421 Vleis
426 Kos
boeman 813
boemel
197 Te voet
226 Stadig
634 Nutteloos
boemelaar
646 Nie handel nie
690 Arm
boemelparty 793
boemeltrein 234
boemerang 678
boender
182 Slaan
192 Laat gaan
667 Stryd
boendoehof 808
bo-ent
76 Bo
94(1) Konstruksie
boepens
395 Buik
413 Siekte
boer
347 Landbou
645 Handel
740 Kaartspel
798 Lae stand
boerboel 366
boerbok 366
boerboon
351 Groente
426 Kos
boerdery 347
boerdorp 90
boerebedrieër
695 Steel
818 Bedrieg
boer(e)beskuit 426
boerebruilof 248
boeredag 793
boeredans 742
boere(e)wors 421
boerekoffie 427
boerekos
420 Voedsel
426 Kos
boer(e)matriek
561 Studeer
849 Prediking
boer(e)musiek 753
boer(e)musiekkonsert 755
boereoorlog 667
boereorkes 755
boereparty 795
boereplaas 346
boereraat
414 Geneeskunde
415 Geneesmiddel
boerestand 798
boeretroos 427
boereturksvy 350
boergondiese wyn 427
boerin 798
boerkool 351
boermatriek 561
boermeel 425
boerplek
61 Plek
793 Fees
boerpot
682 Slaag
686 Aanwins
boers
789 Onbeskaafd
792 Asosiaal
798 Lae stand
boerseep 627
boersheid
789 Onbeskaafd
792 Asosiaal
boertabak 430
boesel 123
boesem
394 Bors
787 Gemeenskap
boesemvriend
776 Liefde
790 Sosiaal
boesmangif 342
boesmansgifboom 342
boet
244 Familie
823 Berou
835 Bestraf
boeta 244
boetabessie 337
boetbossie 344
boete
700 Bank
708 Betaal
711 Skuld
808 Regswese
835 Bestraf
boete doen 823
boetebessie
217 Motorry
802 Gehoorsaam
boetebossie 344
boetedoening
823 Berou
835 Bestraf
boetegeld 835
boeteling 823
boetie 244
boetie-boetie 776
boetiek 707
boetpredikasie
827 Afkeur
832 Beskuldig
849 Prediking
boetseer 763
boetseerkuns 763
boetseerstok 763
boetseerwerk 763
boetsering 763
boetvaardig
822 Skuldig
823 Berou
boewery
667 Stryd
820 Oneerbaar
822 Skuldig
boewetaal 569
bof 728(8)
bofbal 728
bofbalkolf 728(7)
bofbalmasker 728(7)
bofbalspeler 728(7)
bofbaltoernooi 728(7)
bofbaltoerusting 728(7)
bofbalveld 728(7)
bofbalwedstryd 728(7)
bofhou 728(8)
bo-fineer 316
bog
94(7) Boog
163 Draai
243 Kind
283 See
286 Rivier
344 Onkruid
444 Krom
446 Rond
524 Onlogies
621 Onbelangrik
818 Bedrieg
bogemeld 539
boggel
149 Pad
277 Berg
396 Rug
413 Siekte
446 Rond
boggelrug
363 Waterdier
396 Rug
413 Siekte
boggelrugwalvis 363
bogkind 53
bogpratery
524 Onlogies
621 Onbelangrik
bogronds
74 Op
272 Aarde
bogsnuiter 53
bogterig
53 Jonk
615 Onbekwaam
621 Onbelangrik
bogtig
324 Plantlewe
621 Onbelangrik
bogyster 630
bohaai 479
boheem 798
boikot
585 Verwerp
654 Moeilik
666 Verhinder
667 Stryd
683 Misluk
779 Boosaardig
bo-in 76
bok
101 Gereedskap
230 Rytuig
366 Soogdier
630 Werktuig
739 Geselskapspel
776 Liefde
bok (wa) 194
bokaak
361 Insek
362 Skaaldier
380 Gebeente
385 Skedel
390 Mond
bokaal 84
bokaaltrom 756
bokant
74 Op
76 Bo
445 Oppervlak
bokantse 76
bokantste 76
bo-kas
566 Drukkuns
571 Skrif
bo-kasletter 566
bokbaaivygie 336
bokbaard 386
Bokbaard 838
bokbalk 230
bokboer 369
bok-bok 739
bokerf 436
bokhael 676
bokhoring 384
Bokhorinkies 838
bokjol 742
bokkapater 366
bokkem 422
bokkesprong
167 Wegbeweeg
199 Spring

644 Handelwyse
bokkiekar 230
bokkietafel 95(6)
bokkom 422
bokkoors 413
bokkraan
158 Opstyg
630 Werktuig
boklam 366
bokleer 314
bokleur 490
bokmakierie 365
bokmelk 371
bokom
158 Opstyg
211 Opgaan
614 Bekwaam
796 Stand
bokooi
357 Dier
366 Soogdier
bokoste 708
bokram
357 Dier
366 Soogdier
bokryer 840
boks
84 Houer
161 Bedek
182 Slaan
667 Stryd
731 Gevegsport
boksaag 101
bokseil
230 Rytuig
311 Weefsel
boksendais 104
bokser
667 Stryd
731 Gevegsport
boksgeveg
667 Stryd
731 Gevegsport
bokspring
165 Onreëlmatig
199 Spring
835 Bestraf
bokspringery 199
bokspromotor 726
boksprong
165 Onreëlmatig
167 Wegbeweeg
199 Spring
644 Handelwyse
boktrop 369
bokvel 314
bokveld 369
bokveld toe 250
bokwa 230
bo-kwab 398
bokwagtersny 424
bokwiet 332
bol
82 Rondom
139 Meetkunde
168 Saamkom
270 Hemelliggaam
272 Aarde
318 Plant
319 Wortel
323 Vrug
384 Kop
446 Rond
450 Volume
bolaken
95(9) Linne
96 Slaapplek
bolangs
76 Bo
445 Oppervlak
534 Wanbegrip
bolbliksem 293
bolblits 293
bolderik 344
boldriehoek 139
boleer 314
bolero 742
bolgewas
318 Plant
319 Wortel
bolgewelf 94(4)
bolgewrig 380
bolgroente 351
bolhamer 181
bolhol 446
bolig
94(8) Deur
94(9) Venster
485 Lig
bolip 390
bolklep 630
bolla
382 Haar
746 Toilet
bollemakiesie
522 Redeneer
741 Kinderspel
bolletjie 424
bollie 820
bolmakiesie
522 Redeneer
741 Kinderspel
bolo 421
bolometer
123 Meet
260 Warmteleer
boloop 286
bolplant
318 Plant
319 Wortel
335 Bolplant
bolpuntpen 564
bolrond 446
bolronde koeël 676
bolrondheid 446
bolsjevisme 795
bolsjevisties 795
bolster 323
boltweehoek 139
bolug 461
bolvormig
446 Rond
450 Volume
bolwerk
235 Skeepvaart
670 Verdedig
671 Verdedigingsmiddel
bolwurm 361
bolyf 392
bom 676
bomaanslag
669 Aanval
677 Skiet
bomantel 94(11)
bomate 620
bomatig 620
bombardeer
555 Vra
557 Diskussie
677 Skiet
bombardement 669
bombardier 673
bombarie
479 Disharmonies
667 Stryd
bombas 569
bombasyn 311
bomenslik
36 Onreëlmatig
104 Baie
614 Bekwaam
836 Bonatuurlik
bomenslikheid 836
bommel
412 Siek
413 Siekte
bomontploffing 677
bomskerf 676
bomskok 413
bomvas 655
bomvry 655
bomwerper
236 Lugvaart
676 Vuurwapen
bon 567
bona fide
537 Waarheid
804 Regverdig
814 Eerlik
816 Getrou
bona fides 810
bonanza
682 Slaag
718 Bly
bonatuurlik
7 Betrekkingloos
34 Vreemd
538 Dwaling
540 Geheim hou
836 Bonatuurlik
838 Gees
bonatuurlikheid 836
bonbon 426
bond
663 Meedoen
665 Byeenkom
bondel
168 Saamkom
170 Saambring
bondeldraer 361
bondgenoot 663
bondig 553
bondigheid 553
bondstaat 590
bondstroepe 672
bongotrom 756
bonhomie 778
bonokas 233
bons
181 Stoot teen
199 Spring
bont
13 Verskeidenheid
311 Weefsel
490 Kleur
492 Kleure
bontheid
13 Verskeidenheid
492 Kleur
bontkleurig 490
bontrok 363
bontspul 174
bontstaan 654
bonus
686 Aanwins
693 Gee
700 Bank
bonusdividend 700
bonusobligasie
688 Besit
692 Spaar
boodskap
541 Betekenis
551 Meedeel
boodskapper 551
boog
444 Krom
446 Rond
546 Kunsmatige teken
565 Skryfkuns
678 Wapen
753 Musiek
boogbrug 149
booglyn 442
boogsaag 630
boogskiet 678
boogvenster 94(9)
boogvorm 438

boogvormig
438 Vorm
444 Krom
bo-oktaaf 753
boom 331
boomaalwyn 331
boomaanplanting 349
boomhuis 91
boomkweker 349
boomkwekery 349
boomloos 318
boomruspe 361
boomryk
318 Plant
331 Boom
boomryp 323
boomsaag
185 Sny
630 Werktuig
boomslang 364
boomstam 331
boomstomp 331
boomstruik 332
boomteelt 349
boomvaring 329
boomvrug 323
boomwortel
319 Wortel
331 Boom
boon
351 Groente
426 Kos
boonste
76 Bo
620 Belangrik
boonste grens 63
boonste lob 398
boonste lugweë 398
boonste mantel 269
boonste roer 235
boonste verdieping
94(1) Konstruksie
384 Kop
436 Hoog
oontjie
351 Groente
426 Kos
oontjieboerdery 351
oontjiekwekery 351
oontjieland 351
oontjieplant 351
oontjiesaad 351
ontjiesop 426
ontjiespruite 351
ontoe
6 Bo
58 Opstyg
11 Opgaan
36 Hoog
oor
1 Plek
156 Bo-oor
209 Oorgaan
bo-op
61 Plek
74 Op
436 Hoog
boor
101 Gereedskap
153 Deur
155 Deurboor
275 Myn
316 Hout
414 Geneeskunde
446 Rond
630 Werktuig
676 Vuurwapen
boordiamant 306
boordiepte 437
boordjie 745
boordtegnikus
223 Stuur
236 Lugvaart
boorgereedskap 155
boorklou 183
boorling
53 Jonk
787 Gemeenskap
boormasjien
101 Gereedskap
155 Deurboor
boorpunt
155 Deurboor
439 Punt
boorsuur 472
boorwater 460
boos
598 Ongehoorsaam
623 Sleg
635 Skadelik
768 Vrees
771 Gramskap
779 Boosaardig
813 Swak gedrag
boosaard 779
boosaardig
623 Sleg
656 Gevaarlik
771 Gramskap
777 Haat
779 Boosaardig
813 Swak gedrag
boosdoener
667 Stryd
779 Boosaardig
813 Swak gedrag
boosheid
771 Gramskap
779 Boosaardig
813 Swak gedrag
booswig
667 Stryd
695 Steel
779 Boosaardig
813 Swak gedrag
boot
221 Vaar
372 Vissery
bootreis
187 Reis
221 Vaar
bootrit
187 Reis
216 Ry
221 Vaar
bootsman 221
bootvaart 221
bopunt 436
bord
84 Houer
95(7) Breekgoed
316 Hout
bordeauxwyn 427
bordes 94(12)
bordkryt
560 Skoolgaan
564 Skryfbehoeftes
bordpapier 315
borduur
548 Praat
745 Versier
bordveër 564
borg
607 Beloof
655 Veilig
693 Gee
borgbout 172
borgmoer 172
borgskap
607 Beloof
655 Veilig
693 Gee
borgtog 809
borrelend 713
borrelsiekte 413
borrelvlotskulp 363
borrie 419
borriepatat 426
bors
394 Bors
421 Vleis
borsaandoening
394 Bors
413 Siekte
borsbeeld 763
borsbeen
380 Gebeente
394 Bors
borsbuis 394
borsel
627 Skoon
746 Toilet
borselkop
382 Haar
384 Kop
borsholte
394 Bors
398 Asemhaling
borshoogte 436
borskas 394
borsklier 394
borskwaal
394 Bors
413 Siekte
borsleer 731
borslimfbuis 394
borslyer 413
borsmaat 394
borsplaat 394
borsskerm 728(7)
borsslag
215 Swem
732 Watersport
borsspeld 745
borsspier
379 Spier
394 Bors
borsstuk
361 Insek
362 Skaaldier
394 Bors
borsvin 363
borsvlies
394 Bors
398 Asemhaling
borsvliesontsteking
394 Bors
413 Siekte
borsvoeding 406
borswand 394
borswering
149 Pad
671 Verdedig
borswydte 394
bos
168 Saamkom
318 Plant
bosaanplanting 349
bosbessie
323 Vrug
350 Vrugte
bosbou 349
bosbouer
349 Bosbou
515 Wetenskap
bosbouwetenskap 515
bosbrand 467
bose gees
838 Gees
844 Bygeloof
bosgees 844
boskunde 515
bosland 349
bosluis 361
bosnimf 855
bosolder 94(3)
bosryk 318

bosseleer 762
bostruktuur 76
bostuk 76
bosvark 366
bosveronika 332
bot
704 Koop
715 Gevoelloos
777 Haat
botanie
325 Plantkunde
515 Wetenskap
botanikus
325 Plantkunde
515 Wetenskap
botheid 715
botoon 266
bots
9 Verskillend
11 Disharmonie
181 Stoot teen
217 Motorry
667 Stryd
botsing
217 Motorry
667 Stryd
botsinnig 503
botstil 146
bottel
84 Houer
102 Hoeveelheid
bottelary 428
botteleer 428
bottelgroen 492
bottelnek 435
bottelneusdolfyn 363
botteloopmaker 177
botter
371 Suiwel
426 Kos
462 Halfvloeibaar
botteragtig 371
botterbak 84
botterbakkie 84
botterbroodjie 424
botterfabriek 371
bottergat 365
bottergeel 492
botterglad 448
botterkleur 492
botterkoekie 426
bottermasjien 371
botterspaan
371 Suiwel
419 Voedselbereiding
bottervis 363
bottervorm 371
bottoe 178
botweg
539 Kommunikeer
792 Asosiaal
bou
61 Plek
97 Bou
114 Saamgesteld
237 Voortbring
438 Vorm
575 Woordvorming
764 Boukuns
bouaannemer 97
boud
392 Romp
421 Vleis
boude 392
bouer
97 Bou
630 Werktuig
bouersfirma 97
bouersgereedskap
101 Gereedskap
630 Werktuig
bouery 97
bougainvillea 333
bougenootskap
700 Bank
709 Betaalmiddel
bougenootskaplening 699
bougrond 99
bouinspekteur
97 Bou
590 Bestuur
boukraan 101
bouksiet 298
boukuns
749 Kuns
764 Boukuns
boul 728(3)
boulbeurt 728(3)
bouler
728(3) Krieket
728(7) Bofbal
boulevard
90 Gemeenskap
149 Pad
boulstreep
442 Lyn
728(3) Krieket
boulwerk 728(3)
boumateriaal 112
boumeester 764
bouperseel 97
bouplan
97 Bou
640 Voorbereid
bouquet garni 419
bouregulasie 97
bourekenaar
97 Bou
100 Boumateriaal
bourgeois
503 Onverstandig
798 Lae stand
bourgeoisie 798
bousand 100
bousel 97
boustaal 301
bousteen 304
bousteier 101
boustof 112
boustyl
94(1) Konstruksie
764 Boukuns
bout 172
bouterrein 97
bouval 93
bouvallig
93 Gebou
626 Swak
bouvereniging 700
bouvoorman 658
bouwerk
91 Gebou
97 Bou
boweaards 836
bowebou
94(1) Konstruksie
97 Bou
235 Skeepvaart
bowegemeld 539
bowemenslik
36 Onreëlmatig
104 Baie
614 Bekwaam
836 Bonatuurlik
bowe(n)al
17 Noodsaak
620 Belangrik
bowenatuurlik
538 Dwaling
836 Bonatuurlik
bowendien 107
bowêrelds 836
bra 745
braad
421 Vleis
426 Kos
braaf 767
braafheid 767
braai
418 Maaltyd
419 Voedselbereiding
465 Warm
667 Stryd
827 Afkeur
braaiboud
421 Vleis
426 Kos
braaier 419
braaigereg
421 Vleis
426 Kos
braaihoender 426
braaihout 299
braaikaggel
94(11) Kaggel
465 Warm
469 Verwarmingstoestel
braaioond 419
braaipan
84 Houer
95(7) Pot
419 Voedselbereiding
braairestaurant
406 Eet
429 Eetplek
braairibbetjie 421
braaistoof 419
braaivleis
421 Vleis
426 Kos
braaivleishout 316
braaivleismarinade 471
braaivleisplek 469
braaivleisrooster 469
braaivleisvuur 467
braak
345 Plantkwekery
346 Landbougrond
409 Afskeiding
412 Siek
braakland 346
braambessie 323
braamvrugtevlieg 361
brabbel
482 Menslike geluid
548 Praat
brabbelaar 548
brabbeltaal
548 Praat
569 Taal
bragiaal 379
bragiale pleksus 378
bragialis 379
bragisefaal 385
Brahmanisme 854
brailledruk 566
braille(skrif) 565
brak 300
brak water 460
brakbos 332
brakery 409
braking 409
bramseil 235
bramsteng 235
brand
238 Vernietig
304 Steen
465 Warm
467 Aansteek
487 Ligbron
brandalarm 468
brandaltaar 854
brandarm 690
brandblusser 468
brandderry 732
branddeur 94(8)
branddig 453

brandemmer 468
brandend
225 Vinnig
467 Aansteek
714 Gevoelig
brandende dors 407
brander
283 See
419 Voedselbereiding
469 Verwarmingstoestel
branderig 472
branderplank 732
branderry 215
brandewyn 427
brandewynglas 95(7)
brandewynvat 428
brandgevaar
467 Aansteek
656 Gevaarlik
brandhout 316
branding 287
brandkas
655 Veilig
688 Besit
brandleer
211 Opgaan
468 Blus
brandmerk
546 Kunsmatige teken
831 Bespot
brandmuur 94(6)
brandnetel 344
brandoffer 854
brandoond 301
brandpunt
83 Middel
267 Optika
brandrissie 419
brandskade
465 Warm
467 Aansteek
brandskilder 490
brandskildering 760
brandslang 468
brandspiritus 299
brandsteen
300 Sout
304 Steen
415 Geneesmiddel
brandstigter 467
brandstigting 467
brandstof
256 Skeikunde
299 Brandstof
469 Verwarmingstoestel
brandstofkraan 630
brandstofmeter 233
brandstofpomp 233
brandstofpyp 233
brandstofrekening 708
brandstofsoort 299
brandstofspuit 630
brandstoftenk 233
brandtrap
94(12) Trap
211 Opgaan
brandwag
680 Militêre aksie
802 Gehoorsaam
brandweer 468
brandweerdepot 468
brandweerhoof 468
brandweerleer 211
brandweerman 468
brandweerstasie 468
brandweerwa 468
brandwond 413
brandyster 301
bras 235
Brasiliaanse neut
323 Vrug
350 Vrugte
brasparty 793
bredie 426
breëblaarandyvie 351
breed 434
breedgeskouer(d) 625
breedheid 434
breedsprakig 553
breedte
123 Meet
273 Geografie
431 Afmeting
434 Breed
breedtegraad
269 Heelal
273 Geografie
breedtemaat 431
breedvoerig 553
breedvoerigheid 553
breëflensbalk 94(4)
breek
27 Begin
173 Losmaak
184 Afbreek
238 Vernietig
458 Breekbaar
635 Skadelik
639 Ontmoedig
649 Begin
breekbaar
95(12) Venster
458 Breekbaar
breekbaarheid 458
breekgoed
95(7) Breekgoed
418 Maaltyd
breekware 418
brei
305 Erdewerk
311 Weefsel
559 Opvoeding
745 Versier
breidelloos 820
breidelloosheid 820
breigare 312
breigaring 312
brein 502
breinchirurg 416
breinchirurgie 414
breindood 250
breinkrag 502
breisteek 172
brekasie 238
breker 184
breking
184 Afbreek
485 Lig
brekingshoek 267
breëlyngraveerstyl 761
Bren-masjiengeweer 676
bêreplek
94(3) Vertrek
170 Saambring
655 Veilig
breësnuitboorder 361
breuk
5 Ondergeskik
102 Hoeveelheid
133 Getal
184 Afbreek
413 Siekte
623 Sleg
breukdeel
5 Ondergeskik
102 Hoeveelheid
breukeskarp 277
breukgetal
102 Hoeveelheid
133 Getal
breyani 426
brie 426
brief
196 Poswese
539 Kommunikeer
551 Meedeel
563 Skryf
565 Skryfkuns
briefbom 676
briefhoof 563
briefoopmaker 564
briefpapier
315 Papier
563 Skryf
564 Skryfbehoeftes
briefpos 196
briefskrywer
563 Skryf
565 Skryfkuns
briefstyl 750
brieftaal 750
briefwisseling 563
briek 233
briekaas 426
briekwabaars 363
bries 461
briesend 771
briesie 461
briewe wissel 563
briewebesteller 196
briewebus 196
briewemes 564
briewetas
84 Houer
564 Skryfbehoeftes
brigade 672
brigadier
591 Gesaghebber
673 Manskap
802 Gehoorsaam
brigantyn 235
brik 235
briket 299
bril
267 Optika
387 Oog
499 Sien
bril en klap 94(15)
brilglas 267
briljant
306 Diamant
622 Goed
briljantheid 622
brillens 267
bring
26 Saam
67 Verplasing
145 Beweging
191 Laat kom
631 Nodig
Britse maat 123
Britse stelsel 123
broccoli 351
broddelwerk 652
broeder 244
broederbond 665
broederliefde 776
broederlik
244 Familie
776 Liefde
broederskap
241 Familie
244 Broer
665 Byeenkom
broedertwis
667 Stryd
777 Haat
broedsel 53
broei
370 Voëlteelt
713 Gevoel
broeiend warm 465
broeiende hitte 465
broeihok 368
broeikas 370
broeimoeder 370
broeis 239

broeitoom 368
broeiwarm 465
broek 745
broekie 745
broekplooi 180
broeksknoop 172
broer
244 Familie
663 Meedoen
broerskap 241
broerskind 247
brok 5
brokaat 311
brokdeel 5
brokkie 5
brom
480 Dowwe klank
484 Diergeluid
548 Praat
757 Sang
771 Gramskap
827 Afkeur
brombeer 771
brombees 366
bromfiets 232
bromgeluid 480
bromium 296
brommend 719
brommer 361
brommerig 719
brommery 771
bromponie 232
bron
15 Oorsaak
27 Begin
256 Skeikunde
284 Bron
286 Rivier
bronaar
15 Oorsaak
27 Begin
bronchi 398
bronchiaal 398
brongieë 398
brongiool 398
brongitis 413
bronkors
351 Groente
419 Voedselbereiding
426 Kos
bronnelys 567
bronnestudie 45
brons
239 Voortplant
297 Metaal
492 Kleur
bronsdruk 566
bronskleur 492
bronslaai
351 Groente
426 Kos
bronstig 239
bronstydperk 45
Bronstydperk 274
brontaal 569
brontosourus 367
bronwater 427
brood
424 Brood
426 Kos
brood bak 425
broodbakker 425
broodbakkery 425
broodbakster 425
broodblik 425
broodboom
330 Naaksadige
342 Gifplant
brooddeeg
425 Bakker
426 Kos
brood-en-botterpolitiek 590
broodgebrek 690
broodkis 425
broodkoring 352
broodmandjie 425
broodmeel
186 Maal
425 Bakker
broodmes 95(7)
broodnodig
17 Noodsaak
631 Nodig
broodpan 425
broodplaat 425
broodplank 425
broodpoeding 426
broodrolletjie 424
broodrooster 419
broodskrywer
565 Skryfkuns
750 Letterkunde
broodvorm 425
broodwinkel 425
broodwinner
658 Beroep
686 Aanwins
broom 296
broos
458 Breekbaar
626 Swak
714 Gevoelig
broosheid
458 Breekbaar
626 Swak
714 Gevoelig
bros 458
brosbeen 413
brosbraai 419
brosbrood
424 Brood
426 Kos
brosgebraai 419
brosjure
187 Reis
539 Kommunikeer
551 Meedeel
568 Perswese
704 Koop
broskors 426
brou 652
brouer 428
brouery 428
brouketel 428
broumeester 428
brouwerk 652
brug
149 Pad
156 Bo-oor
209 Oorgaan
235 Skeepvaart
740 Kaartspel
brugakkoord 753
brugbalk 94(4)
brugboog 94(7)
brugklub 724
brugnoot 753
brugspeler 740
bruid 248
bruidegom 248
bruidsgroep 248
bruidskat 248
bruidskoek 426
bruidspaar 248
bruidsruiker 348
bruidsuitset 248
bruikbaar
614 Bekwaam
629 Gebruik
637 Doelgerigtheid
640 Voorbereid
bruikbaarheid
629 Gebruik
637 Doelgerigtheid
bruilof 248
bruilofsfees
248 Huwelik
418 Maaltyd
793 Fees
bruilofsmaal 418
bruilofsonthaal 248
bruin 492
bruin suiker 471
bruinalge 341
bruinbeer 366
bruinbrood 424
bruinganna 332
bruinharig 382
bruinheid 492
bruinkapel 364
bruinkobra 364
bruinmyt 361
bruinpapier 315
bruinrotskrap 362
bruinsous 426
bruinsprinkaan 361
bruinsuiker 426
bruinvis 363
bruinwier 327
bruinwipstertmier 361
bruis 460
bruisend 460
bruising 460
bruismeel 425
brul
390 Mond
484 Diergeluid
548 Praat
757 Sang
brulboei 235
brulgeluid 480
brulpadda 363
brunsfelsia 332
Brusselse kant 311
Brusselse lof 351
Brusselse spruitjies 351
brutaal
777 Haat
779 Boosaardig
792 Asosiaal
829 Beledig
brutaliteit
779 Boosaardig
792 Asosiaal
bruto 686
bruto binnelandse produk 701
bruto inkomste 686
bruto gewig 452
bruto ontvangste 686
bruto opbrengs 686
bruusk 777
B-span 726
budgie 365
buffel
366 Soogdier
779 Boosaardig
813 Swak gedrag
buffelagtig 777
buffelbul 357
buffelhoring 308
buffelkoei 357
buffelsgras 338
buffelvliegie 361
buffer
63 Begrens
181 Stoot teen
233 Motorvoertuig
234 Spoorweg
buffersone 63
bufferstaat 590
buffet 418
buffetete 418
buffo-bas 757
bui
583 Willoosheid
713 Gevoel

714 Gevoelig
buidelbeer 366
buideldas 366
buideldier 366
buideldraer 366
buideleekhoring 366
buidelhaas 366
buidelhond 366
buidelmol 366
buidelmuis 366
buidelrot 366
buidelsak 366
buidelwolf 366
buierig
582 Wilskrag
713 Gevoel
771 Gramskap
777 Haat
buierigheid
582 Wilskrag
713 Gevoel
buig
30 Ondergeskik
73 Skuins
180 Ongelyk
396 Rug
444 Krom
456 Sag
559 Opvoeding
588 Gesag hê
592 Ondergeskikte
638 Aanmoedig
buigbaar 456
buigbaarheid 456
buiging 180
buigsaam
456 Sag
596 Inskiklik
buigsaamheid 596
buik
362 Skaaldier
395 Buik
401 Spysvertering
buikgord
219 Perdry
231 Tuig
buikholte 395
buikig 395
buiklanding 222
buikslagaar 399
buikspier 395
buikstreek 362
buikswam 327
buikvin 363
buikvlies 395
buikvliesontsteking 413
buil 717
buis
147 Rigting
264 Uitsaai
450 Volume
buis van Eustachius
388 Oor
389 Neus
buislig 487
buislose klier 402
buissiter 756
buisvormig 450
buit
171 Verwyder
373 Jag
buite
80 Buite
207 Uitgaan
buite bereik 68
buite skoot 677
buite werp 80
buitebaan 729
buiteband
80 Buite
232 Fiets
233 Motorvoertuig
buitebandklep 232
buitebesem 627
buiteblad
80 Buite
566 Drukkuns
567 Boek
buitebladontwerp 566
buitedeur
94(8) Deur
153 Deurbeweeg
buitegaan 207
buitegebou
80 Buite
91 Gebou
94(3) Vertrek
354 Plaas
buitehoek 139
buitehuisie 94(3)
buitekamer 80
buitekant
2 Nie-bestaan
61 Plek
80 Buite
445 Oppervlak
buitekern
272 Aarde
274 Geologie
buitekleur 490
buitelaat 80
buiteland
273 Geografie
787 Gemeenskap
buitelander
34 Vreemd
787 Gemeenskap
buitelands
34 Vreemd
80 Buite
787 Gemeenskap
buitelandse beleid 590
buitelandse geldmark 701
buitelandse mark 702
buitelandse sindikaat 701
buitelandse skuld 711
buitelandse valuta 709
buitelig 487
buiteloop 207
buitelug
80 Buite
461 Gas
buitelyn
63 Begrens
82 Rondom
442 Lyn
buitemuur 94(6)
buitemuurs 560
buitemuurse aktiwiteit 560
buiten
34 Vreemd
36 Onreëlmatig
buitendien 528
buitengewoon
7 Betrekkingloos
34 Vreemd
36 Onreëlmatig
521 Verras wees
622 Goed
836 Bonatuurlik
buitengewoonheid
34 Vreemd
622 Goed
836 Bonatuurlik
buitenshuis 80
buitenslands 80
buitensporig
104 Baie
116 Te veel
618 Kragtig
708 Betaal
buitensporigheid
104 Baie
618 Kragtig
buitenste
80 Buite
207 Uitgaan
buitenste hakie 138
buitenste kern
272 Aarde
274 Geologie
buitenstyds 37
buite(n)toe
80 Buite
176 Uithaal
207 Uitgaan
buite(n)toe gaan 207
buite-om 80
buiteoond 469
buite-oor 388
buite-op
74 Op
80 Buite
buite-opname 268
buiteportaal 94(3)
buiterand 82
buitesenter 728(1)
buitespieël 233
buitestap 207
buitetalig 569
buitetemperatuur 289
buitetrap 211
buiteveld
80 Buite
728(3) Krieket
728(7) Bofbal
buiteverbruik 629
buitewêreld 787
buitewêrelds 836
buitewerk 645
buitewyk 61
buitmaak 695
buitmakery 695
buk
73 Skuins
444 Krom
bukettraube 427
bukserig 433
bul
357 Dier
366 Soogdier
bulder 548
bulfase 702
bulhond 366
bulimia 413
bulimie 413
bulk
390 Mond
484 Diergeluid
bulkalf
357 Dier
366 Soogdier
bulletin 551
bulmark 702
bult
73 Skuins
436 Hoog
446 Rond
bultagtig 446
bulterig 446
bultop 158
bundel
168 Saamkom
170 Saambring
539 Kommunikeer
565 Skryfkuns
567 Boek
750 Letterkunde
burg 671
burgemeester
590 Bestuur
591 Gesaghebber
burgemeesteres
590 Bestuur
591 Gesaghebber
burger
592 Ondergeskikte
787 Gemeenskap

burgerlik
787 Gemeenskap
798 Lae stand
burgerlike 592
burgerlike huwelik 248
burgerlike ongehoorsaamheid 803
burgerlike persoon 592
burgerlike reg 808
burgerlike seël 546
burgerlike stand 796
burgerlike vryheid
803 Oortree
804 Regverdig
burgermag 672
burgermagdiens 679
burgermaglid 673
burgeroorlog 667
burgerregte
787 Gemeenskap
804 Regverdig
burgerskap 787
burgerstand 798
burgery
90 Gemeenskap
798 Lae stand
burggraaf 797
burggravin 797
buro
92 Gebou
95(6) Tafel
564 Skryfbehoeftes
burokraat 795
burokrasie
590 Bestuur
795 Staat
bus 233
buskruit 676
bussie 688
butaan 461
butaangas 461
buurman
69 Naby
790 Sosiaal
buurskap
69 Naby
790 Sosiaal
buurskapverhouding 69
buurt
61 Plek
64 Aanwesig
82 Rondom
89 Blyplek
90 Gemeenskap
787 Samelewing
buurtwag 655
buurvrou
69 Naby
790 Sosiaal
buuste 394
by
61 Plek
64 Aanwesig
204 Aandoen
361 Insek
629 Gebruik
by geval 18
by toeval 18
by tye 56
by verstek 65
by voorbaat
24 Voorafgaan
46 Vroeër
by voorkeur 584
bybedoeling 637
bybehorend
5 Ondergeskiktheid
30 Ondergeskik
Bybel
567 Boek
842 Geloof
848 Erediens
Bybelboek
567 Boek
842 Geloof
Bybelkenner 842
Bybelklas
842 Geloof
849 Prediking
Bybelkring 842
Bybelkunde
515 Wetenskap
840 Godsdiens
Bybelkundige 842
Bybelonderrig 849
Bybels 842
Bybelstudie
842 Geloof
845 Godsvrug
Bybelstudiegids 567
Bybelteks 849
Bybelvas 842
Bybelverhaal
552 Vertel
750 Letterkunde
842 Geloof
bybetaal 708
bybetekenis
541 Betekenisvolheid
577 Betekenis
bybreekbal 728(3)
bybreker 728(3)
bydam
182 Slaan
667 Stryd
byderhand 64
byderwets
49 Hede
53 Nuut
743 Mooi
bydra
15 Oorsaak
663 Meedoen
693 Gee
780 Hulp
bydrae
663 Meedoen
693 Gee
780 Hulp
byeen
69 Naby
168 Saamkom
byeenbrenging
663 Meedoen
665 Byeenkom
byeenbring
170 Saambring
172 Vasmaak
665 Byeenkom
byeenkom
33 Samehorig
168 Saamkom
590 Bestuur
665 Byeenkom
byeenkoms
590 Bestuur
665 Byeenkom
byevreter 365
byewas 462
bygebou 94(1)
bygeloof
518 Glo
844 Bygeloof
bygelowig
518 Glo
844 Bygeloof
bygevolg
16 Gevolg
681 Resultaat
bygooi 175
byhaal 170
bykans 126
bykant 728(3)
byklank 476
byklem 572
bykomend
5 Ondergeskik
107 Meer
bykomstig
5 Ondergeskik
621 Onbelangrik
bykomstigheid
5 Ondergeskik
621 Onbelangrik
bykos
418 Maaltyd
426 Kos
byl
181 Stoot teen
185 Sny
630 Werktuig
678 Wapen
bylae
107 Meer
565 Skryfkuns
567 Boek
568 Perswese
bylas 172
byleer 561
bymekaar
114 Saamgesteld
168 Saamkom
bymekaar hoort 10
bymekaarbring
170 Saambring
174 Meng
663 Meedoen
665 Byeenkom
bymekaarkom
168 Saamkom
590 Bestuur
663 Meedoen
665 Byeenkom
bymekaarkomplek 168
bymekaarmaak
170 Saambring
665 Byeenkom
bymekaartel 102
bymekaarvoeg
114 Saamgesteld
172 Vasmaak
byna
126 Skat
130 Onbepaald
bynaam
550 Noem
574 Woordkategorie
byna-byna 126
bynier 402
bypen 728(3)
byplaneet 270
byrol 752
bysaak 621
bysiende
387 Oog
499 Sien
bysiendheid
387 Oog
499 Sien
bysin 576
bysinvolgorde 576
byskaduwee 267
byskilder 760
byskrif 565
bysmaak 470
byspeler 752
bystaan
589 Dien
625 Sterk
663 Meedoen
778 Goedaardig
bystand
638 Aanmoedig
663 Meedoen
780 Hulp
bysteek 361
bystel 5

bystellend 576
bystellende bepaling 576
bystelling 576
byt
391 Tand
667 Stryd
669 Aanval
bytel
102 Hoeveelheid
125 Tel
bytend 831
bytmiddel 472
bytoon 753
bytrek 170
bytsoda
256 Skeikunde
300 Sout
627 Skoon
byvak 515
byval 826
byvlieg 361
byvoeg
107 Meer
172 Vasmaak
byvoeging 107
byvoeglik
574 Woordkategorie
576 Sinsbou
byvoeglike bepaling 576
byvoeglike naamwoord 574
byvoordeel 686
byvoordelebelasting 712
bywerk 561
bywoner 592
bywoning 64
bywoon 64
bywoord
574 Woordkategorie
576 Sinsbou
bywoordelik
574 Woordkategorie
576 Sinsbou
bywoordelike bepaling 576
bywoordelike frase 576
bywoordelike konstruksie 576
bywoordvorming 575
bywortels 319
bywortelstelsel 319

C

cabernet franc 427
cabernet sauvignon 427
cachet
3 Bestaanswyse
546 Kunsmatige teken
622 Goed
cadenza 754
caesar 591
café-chantant
61 Plek
91 Gebou
caisson
194 Vervoer
230 Rytuig
caissonsiekte 413
c-akkoord 753
calamari 422
calamus 756
calando 753
calculus
132 Wiskunde
138 Algebra
caldo 753
callosum 378
calmato 753
calypso 742
camembert
371 Suiwel
426 Kos
camouflage
161 Bedek
540 Geheim hou
670 Verdedig
674 Uitrusting
campanile
94(5) Pilaar
853 Kerk
canapé 426
canasta 740
cancan 742
canneloni 426
cantabile 753
cantando 753
cantino 756
canto 757
canyon
272 Aarde
274 Geologie
278 Vallei
cappuccino 427
capriccio 754
caprice
713 Gevoel
754 Komposisie
cara 413
caries
391 Tand
413 Siekte
carignan 427
carotis 399
carpus
380 Gebeente
397 Ledemaat
carrière 658
carte blanche
593 Vryheid
616 Magtig
carte blanche gee 601
casino
91 Gebou
740 Kaartspel
casus 574
causerie
558 Redevoering
565 Skryfkuns
cedille 571
celsius 260
Celsius 465
Celsius-graad 123
cerebellum 385
cerebrum 385
cerise 492
c.g.s.-stelsel
123 Meet
261 Magnetisme
chaise longue 95(4)
chalaza 365
chalcedoon 298
chalet
91 Gebou
92 Deftige gebou
Chanoeka 854
chanson
754 Komposisie
757 Sang
chaos
20 Wanorde
121 Verwarring
544 Onduidelik
628 Vuil
chaoties
20 Wanorde
121 Verwarring
628 Vuil
chaperone
26 Saam
559 Opvoeding
655 Veilig
chaperonneer 26
charade
739 Geselskapspel
818 Bedrieg
chardonnay 427
chargé d'affaires
588 Gesag hê
590 Bestuur
591 Gesaghebber
599 Gesag
charisma
614 Bekwaam
622 Goed
743 Mooi
778 Goedaardig
charismaties
614 Bekwaam
622 Goed
charlatan
813 Swak gedrag
818 Bedrieg
820 Oneerbaar
charleston 742
charter
588 Gesag hê
599 Gesag
601 Toestem
616 Magtig
701 Handel
801 Wet
chartervlug 236
chassis 233
chatieb 849
chauffeur 217
chauvinisme 792
cheddar
371 Suiwel
426 Kos
cheddarkaas 426
chemie
256 Skeikunde
515 Wetenskap
chemies 256
chemiese apparaat 256
chemiese element 256
chemiese energie 256
chemiese ingenieur 256
chemiese ingenieurswese 515
chemiese reaksie 256
chemiese stof 256
chemikalieë
256 Skeikunde
460 Vloeistof
chemikus
256 Skeikunde
515 Wetenskap
chemoterapie
414 Geneeskunde
415 Geneesmiddel
chenel 427
chenille
312 Spin
313 Weef
chenin blanc
426 Kos
427 Drank
cherteparty 235
chevron 311
chiaroscuro 760
chiastoliet 296
chiffon 311
Chileense jasmyn 333
chili-salpeter
256 Skeikunde
300 Sout
chimera
512 Verbeelding
838 Gees
chimeries 512
chinchilla 366
Chinese kool 351
Chinese persimmon 350
Chinese ranktrompet 333
chiromansie 844
chiropraktyk 414

chirurg
416 Medikus
417 Hospitaal
chirurgie
414 Geneeskunde
515 Wetenskap
chirurgies 414
chirurgiese ingryping 414
chirurgiese snit 414
chloor 296
chloorkwik 256
chloried
256 Skeikunde
300 Sout
chlorofil 317
chloroform 415
chlorose 413
cholera 413
choleries
618 Kragtig
779 Boosaardig
cholesterol
405 Bloed
413 Siekte
chorea 413
choreograaf 752
choreografie 752
choroïed 387
chrisofil 317
chrisografie 758
chrisoliet
256 Skeikunde
297 Metaal
Christelik
668 Vrede
714 Gevoelig
812 Goeie gedrag
837 God
840 Godsdiens
842 Geloof
845 Godsvrug
christelike fees 851
christelike geloof 518
Christelike geloof 854
Christelike godsdiens
840 Godsdiens
854 Godsdienste
Christelike leer 841
Christelikheid
714 Gevoelig
778 Goedaardig
845 Godsvrug
Christen
840 Godsdiens
842 Geloof
854 Godsdienste
Christendom
840 Godsdiens
854 Godsdienste
Christengeloof 854
Christenmens 840
Christin 840
christologie 842
Christus 837
Christuskind 837
chromatiek
515 Wetenskap
753 Musiek
chromaties
256 Skeikunde
267 Optika
317 Fisiologie
490 Kleur
753 Musiek
chromatine
254 Stof
256 Skeikunde
chromatologie
490 Kleur
515 Wetenskap
chromosfeer 270
chromosoom 377
chromosoomtelling 377
chronies
22 Kontinu
40 Langdurig
42 Altyd
127 Tydbepaling
412 Siek
647 Voortgaan
chronies siek 412
chronograaf 128
chronolek 569
chronologie
21 Volgorde
45 Geskiedenis
127 Tydbepaling
chronologies
21 Volgorde
37 Tyd
45 Geskiedenis
127 Tydbepaling
chronometer 128
chronometrie
127 Tydbepaling
128 Chronometer
chronometries 128
chronoskoop 128
chroom
297 Metaal
492 Kleur
chyl
401 Spysverteringskanaal
408 Spysvertering
409 Afskeiding
chym
401 Spysverteringskanaal
408 Spysvertering
cinsaut 427
cirrocumulus 291
cirrostratus 291
cirrus 291
C-klamp 316
clairette 427
clairette blanche 427
clarette 427
cliché 750
CMR-kewer 361
cochenille 361
codlingmot 324
coiffure 382
coleoptera 361
collage 760
colloquium
557 Diskussie
665 Byeenkom
colombar(d) 427
commendatio 826
communiqué
539 Kommunikeer
551 Meedeel
compère 752
compote 426
con affetto 753
con amore 753
con anima 753
con bravura 753
con brio 753
con calore 753
con spirito 753
con vito 753
concerto 754
conditio sine qua non 530
condominium
588 Gesag hê
590 Bestuur
confetti
248 Huwelik
315 Papier
considerans 801
consommé 426
contradictio in terminis 524
contralto 757
cordon bleu 419
cornea 387
corps
663 Meedoen
665 Byeenkom
672 Weermag
corpus
377 Liggaam
378 Senuwee
corpus juris 801
corrigenda
566 Drukkuns
567 Boek
coulisse 752
coulomb 262
country 753
countrymusiek 753
coup
588 Gesag hê
663 Meedoen
667 Stryd
684 Oorwin
coup de force 667
coup de grâce
252 Doodmaak
667 Stryd
coup d'état
588 Gesag hê
663 Meedoen
667 Stryd
684 Oorwin
courtisane 820
crampon (bergklim) 211
crayon
564 Skryfbehoeftes
759 Tekenkuns
crèche 243
credo
644 Handelwyse
842 Geloof
crêpe
307 Plastiek
311 Weefsel
crêpe-de-chine 311
crescendo 753
crimen
803 Oortree
807 Onwettig
crimen injuria 803
croissant 424
csardas 742
c-sleutel 753
cuisine 419
cul de sac 149
cum 26
cum laude 561
cumulonimbus 291
cumulus 291
curator ad litem 809
curie 123
curriculum 561
curriculum vitae
249 Lewe
659 Aanstel

D

da capo 753
daad 645
daad van geweld 667
daadkrag
582 Wilskrag
610 Ywerig
767 Moed
daadkragtig
582 Wilskrag
610 Ywerig
daadkragtigheid 610
daadlustig 610
daadsaak
1 Bestaan
537 Waarheid
daadwerklik
1 Bestaan
537 Waarheid
582 Wilskrag

637 Doelgerigtheid
daadwerklikheid 582
daag
27 Begin
51 Toekoms
191 Laat kom
485 Lig
649 Begin met
669 Aanval
808 Regswese
daagliks
22 Kontinu
35 Reëlmatig
37 Tyd
40 Langdurig
51 Toekoms
55 Dikwels
127 Tydbepaling
daags(e)
35 Reëlmatig
127 Tydbepaling
daagstel 803
daal
77 Onder
103 Min
108 Minder
145 Beweging
147 Rigting
159 Neerdaal
212 Afgaan
daalrekening 703
daalsentiment 702
daalspekulant
701 Handel
702 Beurs
daar
37 Tyd
61 Plek
64 Aanwesig
88 Posisie
daaragter 86
daarbenede 77
daarbenewens 107
daarbo 76
daarbuite 80
daardeur 153
daardie 129
daarenbowe 107
daarenteen
9 Verskillend
119 Teenstelling
daarheen
88 Posisie
147 Rigting
daarlaat
115 Genoeg
208 Verbygaan
664 Terugstaan
daarlangs
64 Aanwesig
87 Kant
147 Rigting
152 Verby
daarmee 629
daarna
25 Volg
37 Tyd
47 Later
daarnaas 69
daarnatoe
140 Verandering
147 Rigting
650 Voltooi
787 Gemeenskap
daarom
15 Oorsaak
16 Gevolg
163 Draai
637 Doelgerigtheid
daaronder
75 Onder
157 Onderdeur
daaroor
74 Op
76 Bo
156 Bo-oor
daarop
37 Tyd
50 Verlede
74 Op
daaropvolgend 25
daaropvolgende
21 Volgorde
37 Tyd
47 Later
daarso 61
daarstel
237 Voortbring
649 Begin
787 Gemeenskap
daarstelling 649
daarteë
61 Plek
73 Skuins
581 Teësinnig
585 Verwerp
daarteen
69 Naby
181 Stoot teen
585 Verwerp
daarteenoor
9 Verskillend
119 Teenstelling
daartoe 16
daaruit 16
daarvan 112
daarvandaan
15 Oorsaak
16 Gevolg
37 Tyd
67 Verplasing
88 Posisie
147 Rigting
167 Wegbeweeg
787 Gemeenskap
daarvoor
15 Oorsaak
37 Tyd
61 Plek
dachshond 366
dadaïs 749
dadaïsme
749 Kuns
760 Skilderkuns
dadaïsties 749
dadel
323 Vrug
330 Naaksadige
350 Vrugte
426 Kos
dadelboom 330
dadelik
49 Hede
51 Toekoms
225 Vinnig
641 Onvoorbereid
dadeloos
146 Bewegingloosheid
583 Willoosheid
587 Aarsel
626 Swak
dadeloosheid 626
dadelpalm 330
dadelpruim
323 Vrug
350 Vrugte
dader
645 Handel
654 Moeilik
803 Oortree
822 Skuldig
daelank 40
daeliks
22 Kontinu
35 Reëlmatig
51 Toekoms
55 Dikwels
127 Tydbepaling
daeraad
46 Vroeër
57 Vroeg
127 Tydbepaling
363 Waterdier
dag
37 Tyd
127 Tydbepaling
485 Lig
dag na dag 42
daga 363
dagbestuur 795
dagbevel
588 Gesag hê
599 Gesag
dagblad 568
dagbladartikel 568
dagbladberig 568
dagbladpers 568
dagblind
387 Oog
413 Siekte
499 Sien
dagboek
187 Reis
565 Skryfkuns
567 Boek
703 Boekhou
dagbreek
127 Tydbepaling
485 Lig
dagbrekertjie 365
dagdief
611 Lui
623 Sleg
646 Nie handel nie
652 Versuim
dagdiens 645
dagdromer 512
dagdroom
512 Verbeelding
513 Gedagte
634 Nutteloos
773 Begeerte
dag-en-nagewening
127 Tydbepaling
270 Hemelliggaam
dager 808
dageraad
46 Vroeër
57 Vroeg
127 Tydbepaling
485 Lig
dagga
343 Genesende plant
430 Rook
494 Gevoelloosheid
daggaroker
430 Rook
494 Gevoelloosheid
daggeld
686 Aanwins
696 Ontvang
708 Betaal
709 Betaalmiddel
dagha
99 Messel
100 Boumateriaal
daghamengblad 101
daghasement 100
daging 809
dagkaartjie 220
dagkant
94(2) Aansig
273 Geografie
dagkoers 686
daglange 127
dagleerling 560
daglengte 127

daglening
688 Besit
699 Leen
711 Skuld
daglig
37 Tyd
57 Vroeg
485 Lig
dagloner
645 Handel
658 Beroep
663 Meedoen
dagloon
686 Aanwins
708 Betaal
daglumier
37 Tyd
127 Tydbepaling
485 Lig
dagmars
197 Te voet
680 Militêre aksie
dagorde 590
dagorder
588 Gesag hê
599 Gesag
672 Weermag
680 Militêre aksie
dagoud
53 Jonk
127 Tydbepaling
dagoudkuikens 370
dagparool 593
dagpasiënt 414
dagpersoneel 658
dagredaksie 568
dagregister
565 Skryfkuns
567 Boek
dagreis 187
dagsaldo 700
dagsê 790
dagskof 658
dagskolier 560
dagsoom 275
dagsorg 651
dagsy 273
dagtaak
610 Ywerig
645 Handel
dagteken
50 Verlede
127 Tydbepaling
dagvaar
191 Laat kom
809 Regsgeding
dagvaarding
191 Laat kom
809 Regsgeding
dagverhaal
552 Vertel
750 Letterkunde
dagverpleegster 416
dagvisum 187
dagwag
221 Vaar
235 Skeepvaart
655 Veilig
680 Militêre aksie
dahlia
322 Blom
334 Blomplant
dak
94(4) Dak
233 Motorvoertuig
436 Hoog
dakbedekking 94(4)
dakgewel 94(4)
dakgording
94(4) Dak
100 Boumateriaal
dakhelling 94(4)
dakhoog 436
dakkamer 94(3)
dakkap
94(4) Dak
100 Boumateriaal
dakkiel 94(4)
dakkonstruksie 94
daklas 94(4)
daklei
94(4) Dak
304 Steen
daklêer 100
dakloos 89
daklys 94(4)
dakpan
94(4) Dak
100 Boumateriaal
304 Steen
dakplaat 94(4)
dakprieel 94(4)
dakrand 94(4)
dakrib
94(4) Dak
100 Boumateriaal
dakriet 94(4)
dakruimte 94(4)
dakspuier 100
dakteël
94(4) Dak
304 Steen
daktiel 751
daktilies 751
daktilogie 545
daktiloskopie 545
daktilus 751
daktipe 94(4)
daktuin
94(14) Buitekant
346 Landbougrond
dakvenster 94(9)
dakvors 94(4)
dal
273 Geografie
274 Geologie
278 Vallei
437 Laag
dalende aorta 399
dalende kolon 401
dalende mark 702
daling
159 Neerdaal
212 Afgaan
275 Myn
623 Sleg
702 Beurs
dalk 537
dalkies 537
dalklimaat 289
daltonisme 413
dalvorming 274
dam
215 Swem
285 Meer
288 Waterstelsel
446 Rond
damas 311
damasdoek 311
damaslinne 311
damasseer 762
dambord 739
damboutoerusting 288
dame
376 Vrou
791 Sosiaal
797 Adelstand
damesboetiek 707
damesfiets 232
dameshaarkapper 746
damesklerewinkel 707
dameskoor 757
dameskroeg 429
damestem 482
damgooi
285 Meer
666 Verhinder
Damoen 838
damp
430 Rook
460 Vloeistof
461 Gas
463 Nat
677 Skiet
dampdruk
258 Hidroulika
461 Gas
dampkring 289
dampmeter 258
dampspanning 461
damskraap 285
damskraper
288 Waterstelsel
355 Landbougereedskap
damskrop
288 Waterstelsel
355 Landbougereedskap
damskyf 739
damsluis
285 Meer
288 Waterstelsel
damwal 285
damwater 460
dan
51 Toekoms
657 Herhaal
danig
104 Baie
776 Liefde
danigheid 776
dank 781
dank betuig 781
dankbaar
622 Goed
781 Dankbaar
dankbaarbly 781
dankbaarheid 781
dankbetoon 781
dankbetuiging
548 Praat
781 Dankbaar
dankbewys 781
dankbrief
563 Skryf
781 Dankbaar
dankfees 851
dankgebed
847 Gebed
848 Erediens
dankgesang 757
dankie 605
dankie sê 781
dankiebly 781
danklied
757 Sang
781 Dankbaar
dankoffer 848
danksê
781 Dankbaar
847 Gebed
dankseggіng
781 Dankbaar
847 Gebed
danksy 663
dankwoord 781
dans
165 Onreëlmatig
199 Spring
724 Vermaak
730 Gimnastiek
742 Dans
dansbal 742
dansdoring 332
dansend
165 Onreëlmatig
199 Spring

danser 742
danseres 742
dansgroep 742
dansinstituut 742
dansklub 724
danskompetisie 742
danskuns 742
dansleraar 560
dansmaat 742
dansmusiek 753
dansnommer 742
dansoefening 742
dansparty
742 Dans
793 Fees
danspas 742
dansplek 742
dansritme 742
danssaal
91 Gebou
742 Dans
dansskool 559
danssoort 742
danswysie 754
dapper
625 Sterk
767 Moed
dapperheid
625 Sterk
767 Moed
darem 666
dartel
164 Reëlmatig
165 Onreëlmatig
726 Sport
dartelend 165
dartellopie 728(1)
dashond 366
dassie
363 Waterdier
366 Soogdier
dassiepis
300 Sout
409 Afskeiding
415 Geneesmiddel
dassievanger 365
data
44 Gebeure
263 Rekenaar
522 Redeneer
525 Bewys
551 Meedeel
databank 551
databasis
263 Rekenaar
539 Kommunikeer
databasisbestuurstelsel 263
databasisprogram 263
databeheer 263
databewaring 551
datadokument 539
datalêer 263
dataprosessering 263
datastuk 539
datatransmissie 263
datavaslegging 263
dataversameling 551
dataversending 263
dataverskaffing 551
dataverstrekking 551
dataverwerking
263 Rekenaar
551 Meedeel
datavoorsiening 551
datawissel 708
dateer
51 Toekoms
127 Tydbepaling
datering 127
datief 574
datum 127
datumlyn 273
datumwyser 128
davit 235
dawer 164
dawerend 164
de facto
1 Bestaan
808 Regswese
de jure 808
de novo 808
debakel
20 Wanorde
683 Misluk
685 Verloor
debat
522 Redeneer
539 Kommunikeer
557 Diskussie
558 Redevoering
560 Skoolgaan
590 Bestuur
debatsvereniging
560 Skoolgaan
665 Byeenkom
debatteer
522 Redeneer
557 Diskussie
558 Redevoering
debatvoerder 558
debatvoering
539 Kommunikeer
557 Diskussie
debiet
683 Misluk
687 Verlies
697 Verloor
711 Skuld
debietkant 700
debietkolom 703
debietsy
700 Bank
703 Boekhou
debiteer 703
debiteur 711
debiteuregrootboek 703
debutant 649
debuteer 752
debuut 649
decrescendo 753
deduksie 522
deduktief 522
deeg
425 Bakker
426 Kos
deegknieër 425
deeglik
618 Kragtig
622 Goed
811 Gewete
deeglikheid
618 Kragtig
622 Goed
deegmaker 425
deegmasjien 425
deegroller 425
deel
5 Ondergeskiktheid
30 Ondergeskik
102 Hoeveelheid
112 Deel
122 Bereken
137 Bewerking
740 Kaartspel
deelbaar 112
deelboer 347
deel-geheel-verhouding 577
deelgenoot 8
deelgenootskap
168 Saamkom
170 Saambring
deelname 663
deelneem 663
deelnemende maatskappy 701
deelnemer 727
deelneming
663 Meedoen
714 Gevoelig
deels 112
deelsgewys 112
deelsom 137
deelstaat 590
deeltaak 645
deeltal 137
deelteken
137 Bewerking
565 Skryfkuns
571 Skrif
deelteken (wiskunde) 571
deeltitel
567 Boek
688 Besit
deeltjie
5 Ondergeskik
112 Deel
574 Woordkategorie
deeltjieversneller 256
deeltyds
41 Kortstondig
658 Beroep
deeltyds studeer 561
deelwetenskap 515
deelwoord 574
deemoed 786
deemoedig
600 Sonder gesag
786 Nederig
deer 717
deerlik
104 Baie
717 Lyding
deernis
714 Gevoelig
778 Goedaardig
deernisvol
714 Gevoelig
778 Goedaardig
deesdae 49
défaitisme
719 Hartseer
768 Vrees
défaitisties 768
defamasie 829
defek
613 Onnoukeurig
623 Sleg
defekasie 409
defektief 623
defensief 670
defensiefpleister 415
deferent 377
défilé 680
defileer 680
defileermars 680
definieer
129 Bepaald
517 Vind
543 Duidelik
550 Noem
definisie
129 Bepaald
543 Duidelik
550 Noem
definitief 528
deflasie 131
deflasionisties 701
deflasionêr 701
defleksie
131 Munt
261 Magnetisme
575 Woordvorming
deflekteer 140
deflorasie 820
defloreer 820
deformasie 438
deformeer
438 Vorm
744 Lelik

deftig
743 Mooi
750 Letterkunde
793 Fees
798 Lae stand
deftige styl 750
deftigheid 743
degen
678 Wapen
731 Gevegsport
degenerasie 623
degeneratief 413
degenereer 623
degerig 424
degradeer
623 Sleg
660 Ontslaan
degradering 660
dehidrasie 413
dehidreer
287 Vloei
413 Siekte
deïfikasie 837
deiksis
570 Taalwetenskap
577 Betekenis
deikties
574 Woordkategorie
577 Betekenis
deiktiese betekenis 577
dein
164 Reëlmatig
283 See
287 Vloei
deinend
164 Reëlmatig
287 Vloei
deining
164 Reëlmatig
283 See
287 Vloei
deins 151
deïs 514
deïsties 514
dek
95(12) Venster
97 Bou
149 Pad
161 Bedek
233 Motorvoertuig
235 Skeepvaart
239 Voortplant
418 Maaltyd
deka- 123
dekaan 560
dekade
37 Tyd
127 Tydbepaling
dekadensie
583 Willoosheid
623 Sleg
779 Boosaardig
813 Swak gedrag
820 Oneerbaar
dekadent
583 Willoosheid
623 Sleg
813 Swak gedrag
820 Oneerbaar
dekagram
123 Meet
124 Weeg
dekaliter 123
dekaloog 842
dekameter 123
dekapiteer 835
dekatlon 726
dekbeengeraamte 380
dekbeitel 316
dekblad
274 Geologie
298 Steen
567 Boek
dekdoek 161
deken
95(5) Bed
95(9) Linne
96 Slaapplek
591 Gesaghebber
665 Byeenkom
849 Prediking
852 Geestelike
dekfineer 316
dekgoed 161
dekgras
94(4) Dak
100 Boumateriaal
dekhings
239 Voortplant
366 Soogdier
dekking
161 Bedek
655 Veilig
670 Verdedig
dekkingsgeld 709
dekklede 546
deklaag 161
deklading 235
deklamasie 548
deklamatories 548
deklameer 558
deklarant
548 Praat
551 Meedeel
deklarasie 551
deklinasie
261 Magnetisme
574 Woordkategorie
575 Woordvorming
deklineer
261 Magnetisme
444 Krom
575 Woordvorming
dekmantel
540 Geheim hou
833 Verontskuldig
dekodeer 565
dekoes 347
dekomposisie 250
dekor 752
dekorasie
546 Kunsmatige teken
745 Versier
799 Beroemd
dekoratief
546 Kunsmatige teken
745 Versier
dekoreer
745 Versier
799 Beroemd
dekorering 745
dekorum 791
dekpunt 728(3)
dekreet
586 Beslis
599 Gesag
dekreteer 586
dekriet
94(4) Dak
161 Bedek
dekrompessiekamer 215
deksel
84 Houer
161 Bedek
deksels
771 Gramskap
813 Swak gedrag
846 Godloos
dekselslot 178
deksiotroop
163 Draai
320 Stam
dekspaan 355
deksteen 304
dekstoel
95(4) Sitmeubel
235 Skeepvaart
dekstrien 462
dekstrine 462
dekstrose 471
dektennis 728
dekveer
365 Voël
382 Haar
deleatur
238 Vernietig
566 Drukkuns
delegaat
588 Gesag hê
808 Regswese
delegasie 588
delegeer
588 Gesag hê
590 Bestuur
591 Gesaghebber
deler 137
delf 275
delfstof
275 Myn
295 Delfstof
delfstofkunde 295
delfstofryk 295
Delft 305
delg
708 Betaal
711 Skuld
delging
708 Betaal
711 Skuld
delgingsfonds 708
deli 707
deliberasie 557
deliberato 753
delibereer 557
delicato 753
-delig 112
delikaat
433 Klein
458 Breekbaar
471 Lekker
626 Swak
654 Moeilik
714 Gevoelig
716 Genot
791 Sosiaal
delikaatheid
471 Lekker
626 Swak
714 Gevoelig
791 Sosiaal
delikatesse 471
delikatessen 707
delikatessewinkel 707
delik(-te) 803
delikwensie 803
delikwent 803
Delila 376
delimitasie
63 Begrens
550 Noem
delimiteer
63 Begrens
550 Noem
delineasie 759
deling 137
delinieer 759
deliries 413
delirium
407 Drink
413 Siekte
delirium tremens 413
delta
61 Plek
281 Eiland
286 Rivier
447 Hoekig
571 Skrif

deltavlerk 236
deltavorm 438
deltavormig
281 Eiland
286 Rivier
438 Vorm
447 Hoekig
deltoïde 139
deltoïed 379
delusie
505 Verstandstoornis
538 Dwaling
818 Bedrieg
delwer 275
delwerslisensie 275
delwery 275
demagnetiseer 261
demagogie 795
demagogies 795
demagoog 795
demarche 532
demarkasie
63 Begrens
550 Noem
demarkeer
63 Begrens
550 Noem
demaskeer 539
demensie
413 Siekte
505 Verstandstoornis
dementia praecox 505
demi- 112
demilitarisasie 672
demissie 660
demobilisasie
672 Weermag
679 Mobiliseer
demobiliseer
672 Weermag
679 Mobiliseer
demograaf 787
demografie 787
demografies 787
demokraat
590 Bestuur
795 Staat
demokrasie
590 Bestuur
787 Gemeenskap
795 Staat
demokraties
590 Bestuur
795 Staat
demokratiese sosialisme 795
demokratiseer 590
demokratisering 795
demon
813 Swak gedrag
838 Gees
855 God
demonetiseer 131
demonies
779 Boosaardig
813 Swak gedrag
838 Gees
demonomanie 813
demonstrasie
525 Bewys
551 Meedeel
demonstratief
539 Kommunikeer
574 Woordkategorie
577 Betekenis
demonstreer
162 Ontbloot
255 Natuurkunde
demonstrering 551
demonteer
171 Verwyder
173 Losmaak
demoon 855
demoralisasie 766
demoraliseer
583 Willoosheid
639 Ontmoedig
768 Vrees
820 Oneerbaar
demoralisering 766
demosie 660
demoties 565
demotiese skrif 565
demoveer 660
demp
178 Toegaan
477 Stilte
579 Gedwonge
demper
599 Gesag
756 Musiek
dempskakelaar
262 Elektrisiteit
487 Ligbron
den
330 Naaksadige
331 Boom
denatureer 623
dendriet
292 Neerslag
378 Senuwee
dendrografie 325
dendroliet 298
dendrologie 325
dendroloog 325
denier 124
denigrasie 621
denigreer 621
denigrerend 621
denim 311
denkbaar 653
denkbaarheid 653
denkbeeld
2 Nie-bestaan
513 Gedagte
denkbeeldig
2 Nie-bestaan
538 Dwaling
denke
510 Herinner
513 Gedagte
518 Glo
527 Oordeel
637 Doelgerigtheid
denkend
502 Verstand
508 Aandag
513 Gedagte
denker
513 Gedagte
514 Wysbegeerte
denkfout 569
denklik 537
denkoefening 522
denkpatroon 513
denkrigting
513 Gedagte
514 Wysbegeerte
795 Staat
denkvermoë
502 Verstand
513 Gedagte
denkwyse 513
dennebol 323
denneboom
330 Naaksadige
331 Boom
dennegom 462
dennehout 316
dennehoutplantasie 316
dennenaald 321
dennepit
323 Vrug
350 Vrugte
denneplantasie 346
dennesnuitkewer 361
dennetak 318
denningvleis 426
denominasie
550 Noem
840 Godsdiens
denotasie
541 Betekenisvolheid
577 Betekenis
denotatief 577
denouement
16 Gevolg
750 Letterkunde
densimeter
123 Meet
453 Dig
densiteit 453
dentaal
391 Tand
572 Uitspraak
dentale boog 390
dentien
385 Skedel
391 Tand
dentine 391
denudeer 162
denunsiasie
817 Ontrou
827 Afkeur
832 Beskuldig
deodar 331
deodorant
473 Reuk
474 Welriekend
deodoriseer 473
deonties 577
deontiese modaliteit 577
departement
5 Ondergeskik
590 Bestuur
665 Byeenkom
departementeel
590 Bestuur
665 Byeenkom
departementshoof
591 Gesaghebber
658 Beroep
dépêche 551
deponeer
688 Besit
693 Gee
deponeerder
692 Spaar
700 Bank
deponent 693
deportasie
67 Verplasing
835 Bestraf
deporteer
67 Verplasing
835 Bestraf
deposant
692 Spaar
693 Gee
700 Bank
depositaris 700
deposito
693 Gee
699 Leen
depositobewys 525
depositosertifikaat 702
depositostrokie 525
depot
168 Saamkom
170 Saambring
depotskip 235
depresiasie
621 Onbelangrik
635 Skadelik
687 Verlies

depresieer
621 Onbelangrik
687 Verlies
depressant
415 Geneesmiddel
494 Gevoelloosheid
depressie
273 Geografie
276 Vasteland
278 Vallei
289 Klimaat
413 Siekte
505 Verstandstoornis
701 Handel
702 Beurs
719 Hartseer
depressief
505 Verstandstoornis
717 Lyding
719 Hartseer
766 Wanhoop
768 Vrees
depressiegebied 273
depressiwiteit
413 Siekte
768 Vrees
deprimeer 768
deprimerend 768
deps
694 Neem
695 Steel
deputaat 591
deputasie 591
deputeer 144
deputerend 144
derde 137
derde bof 728(7)
derde dimensie 431
derde glip 728(3)
derde stem 757
derde wêreld 787
derdegraads 623
derdehands 6
derdeklas 194
derdemag 137
derdemagswortel 137
derdeman 728(3)
derdemangrens 728(3)
derdepartyversekering 655
derdepolis 655
derderangs 623
derdeversekering 655
derdewêrelds 690
derduisende 104
derduiwel
767 Moed
779 Boosaardig
deregulering 590
derf 687
dergelik
8 Dieselfde
644 Handelwyse
derhalwe
15 Oorsaak
681 Resultaat
derivaat
256 Skeikunde
575 Woordvorming
derivasie
14 Navolging
575 Woordvorming
derivatief 749
derjare 104
derm 401
dermate 102
dermatitis 413
dermatologie
414 Geneeskunde
515 Wetenskap
dermatologies 414
dermatoloog 416
dermis 381
dermkanaal 401
dermkoliek 413
dermkramp 413
dermsnaar 756
dermspoeling 415
derogasie 803
dertiger- 52
dertiger 750
derwaarts 147
derwe 687
derwisj 854
des te meer
104 Baie
107 Meer
desbetreffend 6
desendensie
240 Afkoms
241 Familie
desendent 240
desendentfamilie 241
desennium 127
desensibilisasie 715
desensibiliseer 715
desentralisasie
590 Bestuur
795 Staat
desentraliseer
590 Bestuur
795 Staat
deser 127
deser dae 49
desersie 679
deserteer
190 Vertrek
679 Mobiliseer
817 Ontrou
deserteur 679
desgelyks 8
deshonoreer 708
deshonorering 708
desi- 133
desibel 123
desideratum 773
designatus 550
desiliter 123
desimaal 134
desimaalpunt 134
desimaalstelsel 134
desimaalteken 134
desimale getal
102 Hoeveelheid
133 Getal
desimale punt 134
desimale syfer 133
desimalisasie 134
desimaliseer 102
desimeer 238
desimeter 123
desinfeksie 414
desinfekteer 414
desintegrasie 184
desintegreer 169
deskriptief
563 Skryf
570 Taalwetenskap
577 Betekenis
deskriptiewe betekenis 577
deskriptiewe taalkunde 570
deskundig
535 Weet
614 Bekwaam
deskundige 535
deskundigheid
237 Voortbring
614 Bekwaam
deïsme 514
desnieteenstaande 666
desnietemin 666
desnoods 530
desolaat
717 Lyding
719 Hartseer
779 Boosaardig
789 Onbeskaafd
desondanks 666
desorganisasie 20
desorganiseer 20
desorpsie
256 Skeikunde
461 Gas
desperaat
719 Hartseer
766 Wanhoop
desperaatheid
719 Hartseer
766 Wanhoop
desperado
618 Kragtig
767 Moed
desperasie 766
despoot 595
despoties
595 Streng
795 Staat
despotisme
595 Streng
795 Staat
dessert 426
dessertbord
84 Houer
95(7) Breekgoed
dessertlepel 95(7)
dessertmes 95(7)
dessertvurk 95(7)
dessertwyn 427
dessin 311
dessit 820
dessitôl 820
dessit(se) 820
dessitwil 820
destabilisasie 140
destabiliseer 238
destinasie 637
destineer
17 Noodsaak
129 Bepaald
destruksie 238
destruktief 238
destyds
45 Geskiedenis
46 Vroeër
50 Verlede
desverkiesend 584
desverlangend 584
detail
32 Enkeling
112 Deel
553 Behandel
621 Onbelangrik
detailleer
32 Enkeling
553 Behandel
detailondersoek 516
detailstudie 516
detasjeer 672
detasjement 672
deteksie
162 Ontbloot
499 Sien
517 Vind
detensie 594
detensie sit 560
detensiebarak 594
detensiekamp 594
determinato 753
determineerder 574
determinisme 795
deug
622 Goed
629 Gebruik
845 Godsvrug
deugdelik
622 Goed
811 Gewete
812 Goeie gedrag

814 Eerlik
826 Goedkeur
deugdelikheid
622 Goed
811 Gewete
812 Goeie gedrag
deugsaam
582 Wilskrag
622 Goed
812 Goeie gedrag
814 Eerlik
826 Goedkeur
deugsaamheid
622 Goed
812 Goeie gedrag
814 Eerlik
deur
61 Plek
94(8) Deur
147 Rigting
153 Deurbeweeg
177 Oopgaan
178 Toegaan
233 Motorvoertuig
629 Gebruik
deur jou nek praat 524
deur konsensus 10
deur middel van 629
deuraar 490
deurbak 419
deurbars
153 Deur
184 Afbreek
deurbel 265
deurbeweeg 153
deurblaai
562 Lees
567 Boek
deurblaas 404
deurblok 561
deurboor 155
deurborend 155
deurbraak
669 Aanval
682 Slaag
deurbrand 467
deurbreek
184 Afbreek
669 Aanval
682 Slaag
728(1) Rugby
deurbring
38 Tydgebruik
687 Verlies
691 Spandeer
790 Sosiaal
deurbringer 691
deurbuig 444
deurdag
508 Aandag
513 Gedagte
deurdat
15 Oorsaak
637 Doelgerigtheid
deurdink
513 Gedagte
527 Oordeel
deurdraf
228 Vinnig
650 Voltooi
deurdrenk 463
deurdring 153
deurdringbaar
153 Deur
454 Ondig
543 Duidelik
deurdringbaarheid
153 Deur
454 Ondig
deurdringend
481 Skerp klank
502 Verstand
deurdringing 153
deurdronge 527
deurdruk
181 Stoot teen
582 Wilskrag
647 Voortgaan
deurdryf
197 Te voet
582 Wilskrag
647 Voortgaan
deurdrywer 647
deurentyd
55 Dikwels
647 Voortgaan
deurgaan
44 Gebeure
195 Deurgaan
197 Te voet
713 Gevoel
728(1) Rugby
deurgaan vir 2
deurgaande 35
deurgaans
35 Reëlmatig
55 Dikwels
deurgang
195 Deurgaan
206 Ingaan
207 Uitgaan
deurgang belet 178
deurgangsakkoord 753
deurgangsnoot 753
deurgee 693
deurgiet 419
deurgooi 227
deurgrawing 149
deurgrendel
94(15) Toebehore
94(8) Deur
deurgrond
516 Soek
517 Vind
533 Verstaan
535 Weet
deurgronding 516
deurhaal
414 Geneeskunde
563 Skryf
deurhak
184 Afbreek
647 Voortgaan
deurhandvatsel 233
deurhang 76
deurheen
55 Dikwels
153 Deur
deurhelp 663
deurkap
184 Afbreek
185 Sny
deurketting 178
deurklief 185
deurkloof 185
deurklopper
94(15) Toebehore
94(8) Deur
deurknee(d) 535
deurknie 425
deurknip 185
deurknoppie 233
deurkollekte 848
deurkom
153 Deur
265 Telekommunikasie
682 Slaag
deurkook 419
deurkosyn 94(8)
deurkruis
62 Grensloos
187 Reis
deurkry 155
deurkyk
516 Soek
642 Beproef
deurlaat 153
deurlê 413
deurlêseer 413
deurleef
249 Lewe
535 Weet
642 Beproef
713 Gevoel
deurlees 562
deurlewe
249 Lewe
535 Weet
642 Beproef
deurlig 414
deurloods
221 Vaar
222 Vlieg
223 Stuur
801 Wet
deurloop
149 Pad
187 Reis
235 Skeepvaart
516 Soek
562 Lees
827 Afkeur
835 Bestraf
deurlopend
22 Kontinu
42 Altyd
deurlopende krediet 699
deurlug 290
deurlugtig
620 Belangrik
799 Beroemd
deurlugtigheid 799
deurmaak
535 Weet
713 Gevoel
deurmars 680
deurmekaar
11 Disharmonie
20 Wanorde
121 Verwarring
505 Verstandstoornis
511 Vergeet
623 Sleg
628 Vuil
deurmekaargooi 174
deurmekaarheid 628
deurmekaarmaak 174
deurmekaarmeng 174
deurmekaarspul
13 Verskeidenheid
20 Wanorde
121 Verwarring
174 Meng
538 Dwaling
544 Onduidelik
683 Misluk
deurnat 463
deurpad 149
deurpeil 516
deurpilaar 233
deurpos 94(8)
deurpriemend 155
deurreis 187
deurrit 187
deurroes 184
deurrook
430 Rook
461 Gas
467 Aansteek
deurry
187 Reis
216 Ry
deursaag 185
deursak
153 Deur
452 Swaar
deursein 546

deursettingsvermoë
582 Wilskrag
647 Voortgaan
767 Moed
deursien
499 Sien
516 Soek
533 Verstaan
663 Meedoen
deursig
502 Verstand
533 Verstaan
deursigtig
267 Optika
488 Deurskynend
543 Duidelik
deursigtigheid 488
deursit
5 Ondergeskik
74 Op
deurskaaf 413
deurskakel 265
deurskarnier 94(8)
deurskemer
485 Lig
508 Aandag
539 Kommunikeer
deurskiet 567
deurskote 567
deurskou 516
deurskryf
563 Skryf
564 Skryfbehoeftes
deurskuif 152
deurskyn
485 Lig
488 Deurskynend
539 Kommunikeer
544 Onduidelik
deurskynend
267 Optika
485 Lig
488 Deurskynend
deurskynendheid
485 Lig
488 Deurskynend
deurslaan
124 Weeg
184 Afbreek
463 Nat
564 Skryfbehoeftes
deurslaande
525 Bewys
620 Belangrik
deurslaap 410
deurslag
274 Geologie
463 Nat
564 Skryfbehoeftes
620 Belangrik
deurslag- 624
deurslaggewend
525 Bewys
620 Belangrik
deurslagpapier
315 Papier
564 Skryfbehoeftes
deurslagtig 463
deurslot
178 Toegaan
233 Motorvoertuig
deurslyt 184
deursnede
174 Meng
185 Sny
547 Simboliek
624 Gemiddeld
deursnee 139
deursnuffel 516
deursny 184
deursoek 516
deurspek 174
deurspieël 233
deurspoel 627
deurstaan
118 Vergelyking
713 Gevoel
717 Lyding
deursteek
149 Pad
153 Deur
155 Deurboor
deurstoot 153
deurstraal
153 Deur
543 Duidelik
deurstreep
442 Lyn
563 Skryf
deurstrengel
174 Meng
310 Vlegwerk
deurstuur
153 Deur
191 Laat kom
deurstyl 94(8)
deursuur 174
deursyfer
153 Deur
460 Vloeistof
463 Nat
deursyg
153 Deur
460 Vloeistof
deurtastend
516 Soek
586 Beslis
618 Kragtig
deurtelefoon 265
deurtintel 493
deurtog
149 Pad
187 Reis
deurtrap
211 Opgaan
815 Oneerlik
deurtrapheid 815
deurtrein 234
deurtrek
153 Deur
184 Afbreek
463 Nat
deurtrekker 676
deurvaart 221
deurval
153 Deur
485 Lig
deurverbinding 220
deurverkeer 195
deurvervoer 195
deurvleg
174 Meng
310 Vlegwerk
deurvlug 222
deurvoel 713
deurvoer
153 Deur
195 Deurgaan
582 Wilskrag
deurvoerhandel
195 Deurgaan
701 Handel
deurvoerreg
195 Deurgaan
806 Wettig
deurvors 516
deurvou 180
deurvryf 154
deurwaad 215
deurwaak 410
deurwag
592 Ondergeskikte
655 Veilig
deurwagter 655
deurweef 174
deurweek
456 Sag
463 Nat
deurweg 149
deurwerk
174 Meng
516 Soek
561 Studeer
647 Voortgaan
650 Voltooi
deurwinter(d)
535 Weet
614 Bekwaam
625 Sterk
deurworstel
650 Voltooi
667 Stryd
684 Oorwin
devaluasie
131 Munt
687 Verlies
devalueer
131 Munt
687 Verlies
deviasie
36 Onreëlmatig
223 Stuur
261 Magnetisme
deviasiehoek 148
devies
546 Kunsmatige teken
688 Besit
702 Beurs
deviesgeld 131
devolusie 693
Devoontydperk 274
dhou 235
diabasis 298
diabetes 413
diabetikus 413
diabolies
779 Boosaardig
813 Swak gedrag
838 Gees
diachromasie 413
diachronie
45 Geskiedenis
570 Taalwetenskap
573 Woordeskat
diachronies
45 Geskiedenis
570 Taalwetenskap
diachroniese taalkunde 570
diachroniese woordeboek 567
diachroon 570
diadeem 745
diafaan
267 Optika
488 Deurskynend
diafora 750
diafragma
268 Fotografie
305 Erdewerk
394 Bors
398 Asemhaling
diafragmabreuk 413
diagnose 414
diagnoseer
414 Geneeskunde
517 Vind
diagnostikus 416
diagonaal
79 Dwars
139 Meetkunde
diagrafie
515 Wetenskap
759 Tekenkuns
diagram
565 Skryfkuns
759 Tekenkuns
diagrammaties
565 Skryfkuns
759 Tekenkuns

diaken
848 Erediens
849 Prediking
852 Geestelike
diaken(s)amp 852
diakensbank 853
diakenskap 852
diakensvrou 849
diakonaat 852
diakonie 849
diakoniologie 842
diakrities 571
diakritiese teken 571
dialek 569
dialekatlas 567
dialekgeografie 570
dialekkaart 569
dialektiek
522 Redeneer
570 Taalwetenskap
dialekties 569
dialektiese uitspraak 572
dialektikus
522 Redeneer
570 Taalwetenskap
dialektologie
569 Taal
570 Taalwetenskap
dialektoloog 570
dialekwoordeboek 567
dialogies 554
dialoog
539 Kommunikeer
548 Praat
554 Aanspreek
557 Diskussie
750 Letterkunde
752 Toneelkuns
diamant
298 Steen
306 Diamant
diamantboor
306 Diamant
630 Werktuig
diamantbruilof 793
diamantdelwery 275
diamante 740
diamantglas 309
diamantgroef 275
diamantgrond 275
diamantgruis
275 Myn
306 Diamant
diamanthalssnoer 745
diamanthandel 306
diamanthandelaar 701
diamanthoudend 275
diamantkoper 701
diamantmark 306
diamantmeul 306
diamantmyn 275
diamantnywerheid 306
diamantpoeier 306
diamantproduksie 306
diamantpyp 275
diamantring 745
diamantsaag 306
diamantsetter 306
diamantslyper 306
diamantslypery 306
diamantsmous 701
diamantsnyer
306 Diamant
309 Glas
diamantveld 275
diameter 139
diametraal
9 Verskillend
139 Meetkunde
diapason
753 Musiek
756 Musiekinstrument
diapositief 268
diargie 590
diarree 413
diaskoop 268
diaspora 842
diastase 408
diastella 337
diastole
399 Bloedsomloop
405 Bloed
diastolies 405
diastoliese druk
399 Bloedsomloop
405 Bloed
diastool 405
diatermie 414
diatermies 414
diatonies 753
diatoniese toonleer 753
diatoom
317 Fisiologie
327 Tallusplant
diatribe 827
dichotomie 320
dictyoptera 361
didakties 559
didaktiese gedig 751
didaktikus 560
die 129
diederik 365
diedertyd
45 Geskiedenis
50 Verlede
dieet
406 Eet
414 Geneeskunde
dieetkunde 406
dieetkundige
406 Eet
416 Medikus
dief
623 Sleg
695 Steel
822 Skuldig
diefagtig
695 Steel
815 Oneerlik
diefbestand 655
diefdig 655
diefdraad 94(15)
dieffenbachia 342
diefstal
171 Verwyder
623 Sleg
694 Neem
695 Steel
822 Skuldig
diefwering 94(15)
diëlektries 262
diékant 87
dien
530 Voorbehou
537 Waarheid
589 Dien
600 Sonder gesag
633 Nuttig
728(4) Tennis
778 Goedaardig
840 Godsdiens
845 Godsvrug
dienaangaande 6
dienaar
589 Dien
592 Ondergeskikte
dienaar van die gereg 802
diender 802
dienlik
629 Gebruik
633 Nuttig
dienlikheid 633
dienluik 94(9)
dienooreenkomstig 6
diens
233 Motorvoertuig
589 Dien
590 Bestuur
600 Sonder gesag
610 Ywerig
629 Gebruik
645 Handel
663 Meedoen
672 Weermag
679 Mobiliseer
778 Goedaardig
780 Hulp
845 Godsvrug
848 Erediens
diens beëindig 660
diens doen 589
diens lewer
589 Dien
780 Hulp
diensaanvaarding
589 Dien
679 Mobiliseer
diensbaar
580 Graag
589 Dien
600 Sonder gesag
633 Nuttig
637 Doelgerigtheid
diensbaarheid
633 Nuttig
637 Doelgerigtheid
diensbedryf 658
diensbeëindiging
646 Nie handel nie
648 Onderbreek
658 Beroep
660 Ontslaan
679 Mobiliseer
diensberig 551
diensbetoon
600 Sonder gesag
663 Meedoen
diensbeurt
610 Ywerig
645 Handel
diensbode
592 Ondergeskikte
600 Sonder gesag
diensbrief 551
diensgeheim 540
diensgeweer 676
diensjaar
600 Sonder gesag
703 Boekhou
dienskaart 658
dienskneg
592 Ondergeskikte
845 Godsvrug
dienskontrak
607 Beloof
658 Beroep
dienslewering
589 Dien
610 Ywerig
645 Handel
663 Meedoen
780 Hulp
diensmaagd
592 Ondergeskikte
845 Godsvrug
diensmeisie 592
diensmotief 600
diensnemer 592
diensneming
589 Dien
679 Mobiliseer
diensnywerheid 658
diensonderbreking 648
diensopsegging 611
diensorganisasie 645
dienspersoneel 592
diensplig
589 Dien

672 Weermag
679 Mobiliseer
dienspligstelsel
672 Weermag
679 Mobiliseer
dienspligtig
589 Dien
672 Weermag
679 Mobiliseer
dienspligtige
673 Manskap
679 Mobiliseer
diensreëling 600
diensrooster
600 Sonder gesag
640 Voorbereid
658 Beroep
diensstasie 233
dienstelefoon 265
dienstermyn 600
dienstig
589 Dien
597 Gehoorsaam
600 Sonder gesag
633 Nuttig
dienstigheid
600 Sonder gesag
633 Nuttig
dienstyd
589 Dien
600 Sonder gesag
diensure 600
diensvaardig
580 Graag
589 Dien
600 Sonder gesag
778 Goedaardig
diensvaardigheid
600 Sonder gesag
778 Goedaardig
diensverlating 660
diensverrigting 600
diensvoorwaarde
530 Voorbehou
599 Gesag
diensvoorwaardes 600
diensweieraar 679
diensweiering 679
dienswillig
580 Graag
589 Dien
592 Ondergeskikte
597 Gehoorsaam
600 Sonder gesag
778 Goedaardig
dienswilligheid
597 Gehoorsaam
600 Sonder gesag
778 Goedaardig
dienswoning 89
dientafel 418
dientengevolge
15 Oorsaak
681 Resultaat
dienwaentjie 95(8)
diep
68 Ver
104 Baie
431 Afmeting
437 Laag
478 Welluidend
541 Betekenis
572 Uitspraak
819 Eerbaar
diepbak 95(7)
diepbedorwe 813
diepbedroef 719
diepbord
84 Houer
95(7) Breekgoed
diepbraai 419
diepbraaier 419
diepbreker 355
diepby 728(3)
diepbygrens 728(3)
diepdenkend 513
diepdruk
566 Drukkuns
761 Graveerkuns
diepdrukmetode 566
diepgaande 221
diepgang 221
diepgesetel 647
diepgesonke 820
diepgewortel 647
dieplood 123
diepsee 283
diepseeduik
215 Swem
732 Watersport
diepseeduiker
215 Swem
732 Watersport
diepseeheuwel 283
diepseeondersoek 516
diepseevlakte 283
diepsinnig
502 Verstand
541 Betekenis
713 Gevoel
diepsinnigheid
502 Verstand
541 Betekenis
diepte
123 Meet
278 Vallei
431 Afmeting
437 Laag
541 Betekenis
819 Eerbaar
dieptebepaling 123
dieptebom 676
dieptemaat 431
dieptemeter 123
dieptemeting 123
dieptemyn 676
dieptepunt 623
dieptevrees
413 Siekte
768 Vrees
dieptuin 346
diepvetbraai 419
diepvetbraaier 419
diepvries
95(8) Toerusting
466 Koud
dier
357 Dier
776 Liefde
dierasie
4 Selfstandig
36 Onreëlmatig
744 Lelik
dierbaar
743 Mooi
776 Liefde
dierbaarheid 776
dierbaarste 776
diereaanbidder 854
diereaanbidding 854
dierebeskerming 368
dier(e)biologie 515
diere-epos 751
dieregeneeskunde 414
diereherberg 368
dierehospitaal 368
direhuid 381
dierelek 368
dierelewe 357
diereliefhebber 368
dieremishandeling 368
diereriem 270
diereroman 750
diereryk
317 Fisiologie
357 Dier
dieresage 750
diërese 575
dieresiektes 413
dieresprokie 750
dieretaal 484
diereteelt
368 Diereteelt
369 Veeteelt
diereteler 368
dieretelery 368
dieretuin 368
dierevel 381
dierevering 854
diereverhaal
552 Vertel
750 Letterkunde
dierevet 462
dierfisiologie
358 Dierkunde
515 Wetenskap
diergif 415
dierhaar 382
dierkenner 358
dierkunde 357
dierkundig
358 Dierkunde
414 Geneeskunde
dierkundige 358
dierlewe 357
dierlik
357 Dier
366 Soogdier
820 Oneerbaar
dierlikheid
357 Dier
820 Oneerbaar
diernaam
546 Kunsmatige teken
550 Noem
diernael 383
dierplant
318 Plant
357 Dier
dierpsigologie 358
diersielkunde 358
diervet 462
diesel 299
dieselenjin
233 Motorvoertuig
234 Spoorweg
dieselfde
8 Dieselfde
10 Harmonie
105 Gelyk
129 Bepaald
135 Verhouding
644 Handelwyse
diesellokomotief
234 Spoorweg
630 Werktuig
dieselmasjien
233 Motorvoertuig
630 Werktuig
dieselmotor
233 Motorvoertuig
630 Werktuig
dieselolie 299
dieseltrein 234
dieseltrekker 355
diesulke(s) 8
diëtiek 406
Diets 569
diewebende 695
diewery 695
diewestreek 695
diewetaal 569
diewetralies 94(15)
differensiaal 233
differensiasie 9
diffraksie 267

diffundeer
167 Wegbeweeg
256 Skeikunde
diffusie
167 Wegbeweeg
256 Skeikunde
258 Hidroulika
diffuus
167 Wegbeweeg
256 Skeikunde
difterie 413
diftong 572
dig
69 Naby
153 Deur
178 Toegaan
453 Dig
503 Onverstandig
655 Veilig
751 Digkuns
digbegroei 453
digbevolk 787
digbewolk 294
digbundel
567 Boek
750 Letterkunde
751 Digkuns
digby 69
digbyopname 268
digestie 408
dighou
161 Bedek
540 Geheim hou
digitale horlosie 128
digitale senuwee 378
digitalien 415
digitaline 415
digitalis 415
digkunde 751
digkundig 751
digkuns
749 Kuns
750 Letterkunde
751 Digkuns
diglossie 569
diglotties 569
dignitaris 658
digotomie 320
digotomies 320
digotoom 320
digsoort 751
digte mis 292
digter
565 Skryfkuns
750 Letterkunde
751 Digkuns
digterlik 751
digterlikheid 751
digtersiel 751
digterskap 751
digtheid
259 Aërografie
453 Dig
digtheidsmeter
123 Meet
453 Dig
digtheidsmeting 453
digting 161
digtingsmateriaal 161
digtrant 751
digvorm 751
digwerk 751
dik
42 Altyd
104 Baie
406 Eet
434 Breed
452 Swaar
462 Halfvloeibaar
536 Onkunde
771 Gramskap
dik sop 426
dikbas 320
dikbek
719 Hartseer
771 Gramskap
dikbekkie
363 Waterdier
771 Gramskap
dikbeklewerik 365
dikbeksysie 365
dikbiltong 421
dikbuik 395
dikbuikig 434
dikdei 364
dikdeis 364
dikderm
401 Spysvertering
402 Afskeiding
dikdermontsteking 413
dik-dik 366
dikgevreet 406
dikheid 434
dikhuidig 381
dikke 452
dikkedensie
20 Wanorde
654 Moeilik
683 Misluk
dikkerd
434 Breed
452 Swaar
dikkerig 434
dikkop
363 Waterdier
365 Voël
412 Siek
413 Siekte
503 Onverstandig
dikkopadder 364
dikkoppig 503
dikkopskroef 172
dikkopspyker 172
diklip
390 Mond
771 Gramskap
diklippig 771
diklywig 434
dikmaag 434
dikmelk
371 Suiwel
427 Drank
dikmond
719 Hartseer
771 Gramskap
diknek
434 Breed
598 Ongehoorsaam
dikotiel 318
dikpens 434
dikrib 421
dikribtjop 421
diksak 434
diksie
548 Praat
563 Skryf
572 Uitspraak
diksionêr 567
dikstem 827
dikstertgeitjie 364
diktaat
558 Redevoering
561 Studeer
565 Skryfkuns
diktafoon 266
diktator
588 Gesag hê
591 Gesaghebber
595 Streng
diktatoriaal
590 Bestuur
591 Gesaghebber
795 Staat
diktatorskap
588 Gesag hê
591 Gesaghebber
diktatuur
588 Gesag hê
590 Bestuur
795 Staat
dikte 434
dikteer 563
dikteermasjien 266
diktegroei 324
diktepasser
139 Meetkunde
316 Hout
diktograaf
265 Telekommunikasie
266 Akoestiek
diktong
390 Mond
548 Praat
diktongerig 548
diktongig
390 Mond
548 Praat
dikvel 381
dikvellig 715
dikvet 434
dikvleis 379
dikwels
22 Kontinu
37 Tyd
55 Dikwels
657 Herhaal
dikwiel 232
dikwielfiets 232
dilatasie
413 Siekte
432 Groot
434 Breed
dilateer 434
dilatometer
123 Meet
256 Skeikunde
dilemma 516
dilettant
536 Onkunde
749 Kuns
dilettanties
536 Onkunde
749 Kuns
dilettantisme
536 Onkunde
749 Kuns
diludium 754
diluviaal
273 Geografie
287 Vloei
diluviaans 287
diluvium 287
dimensie 431
dimensiebepaling 431
dimensieformule 431
dimensieloos 431
dimensieteorie 431
dimensievergelyking 431
dimensionaal 431
dimensioneel 431
dimensioneer 431
diminuendo 753
diminutief
433 Klein
575 Woordvorming
diminutiefsuffiks 575
diminutiefuitgang 575
diminutivering 575
dimorf
256 Skeikunde
295 Delfstof
438 Vorm
dimorfie 256
dimorfies 256
dimorfisme
256 Skeikunde
438 Vorm
dinamiek
145 Beweging

582 Wilskrag
586 Beslis
610 Ywerig
753 Musiek
dinamies
140 Verandering
249 Lewe
257 Meganika
582 Wilskrag
586 Beslis
610 Ywerig
713 Gevoel
dinamiese teken 753
dinamiet 676
dinamietbom 676
dinamietlading 676
dinamietontploffing 677
dinamietskieter 677
dinamika
145 Beweging
257 Meganika
dinamo
232 Fiets
262 Elektrisiteit
630 Werktuig
dinamometer 257
dinastie
590 Bestuur
787 Gemeenskap
dinastiek 590
dinasties 590
dine 262
dinee 418
dineer
406 Eet
418 Maaltyd
429 Eetplek
ding
1 Bestaan
4 Selfstandig
32 Enkeling
237 Voortbring
374 Mens
667 Stryd
776 Liefde
dinges 1
dingo 366
dinichthys 367
dink
126 Skat
502 Verstand
508 Aandag
510 Herinner
513 Gedagte
518 Glo
527 Oordeel
825 Beoordeling
dinker 514
dinkfout 538
dinkkrag 502
dinkskrum 557
dinkwerk
513 Gedagte
645 Handel
dinosouriër 367
dinosourus 367
Dinsdag 37
diode 262
dioksies 256
diopter
123 Meet
267 Optika
dioptrie 123
dioptriek 267
dioptries 267
dioptriese kleur 490
diorama
267 Optika
760 Skilderkuns
dioriet 298
diosees 852
diosesaan 852
dip
369 Veeteelt
627 Skoon
dipgat 369
diphok 369
dipinspekteur 369
dipkraal
354 Plaas
369 Veeteelt
diploïed 240
diploma
525 Bewys
546 Kunsmatige teken
561 Studeer
diplomaat
502 Verstand
591 Gesaghebber
diplomasie
502 Verstand
590 Bestuur
714 Gevoelig
791 Sosiaal
diplomatiek
590 Bestuur
591 Gesaghebber
diplomaties
502 Verstand
714 Gevoelig
791 Sosiaal
diplomeer 561
diploskoop 267
dipsomaan 407
dipsomanie
407 Drink
413 Siekte
505 Verstandstoornis
dipstof 369
dipstok 369
diptenk 369
diptera
357 Dier
361 Insek
dipteraal 397
diptiek 760
direk
6 Betreklik
49 Hede
51 Toekoms
537 Waarheid
539 Kommunikeer
582 Wilskrag
direksie
588 Gesag hê
590 Bestuur
direksiebesluit 590
direkte rede 576
direkte uitsending 264
direkte vertaling 570
direkte voorwerp 576
direkteur
588 Gesag hê
590 Bestuur
591 Gesaghebber
658 Beroep
direkteur-generaal
590 Bestuur
591 Gesaghebber
direkteurskap
590 Bestuur
591 Gesaghebber
658 Beroep
direktheid
51 Toekoms
582 Wilskrag
direktief 599
direktoraat
590 Bestuur
591 Gesaghebber
direktrise
588 Gesag hê
590 Bestuur
591 Gesaghebber
dirigeer 755
dirigeerstok 755
dirigent 755
dirigisme 590
dirkdirk 365
dis
418 Maaltyd
426 Kos
753 Musiek
disa
322 Blom
337 Veldplant
disenterie 413
disgenoot
406 Eet
418 Maaltyd
disharmonie
11 Disharmonie
479 Disharmonies
667 Stryd
753 Musiek
777 Haat
dishonoreer 711
disillabies 572
disillusie 766
disillusioneer 766
disinfeksie 414
disinfeksiemiddel 415
disinfekteer
414 Geneeskunde
627 Skoon
disinformasie 516
disintegrasie
169 Skei
184 Afbreek
disintegreer
169 Skei
173 Losmaak
disjunk
173 Losmaak
574 Woordkategorie
577 Betekenis
disjunksie
171 Verwyder
173 Losmaak
574 Woordkategorie
576 Sinsbou
disjunk(te) 171
disjunkte betekenis 577
disjunktief
171 Verwyder
173 Losmaak
diskant
753 Musiek
757 Sang
diskantsleutel 753
disket 263
disko
724 Vermaak
742 Dans
756 Musiek
diskoers
548 Praat
554 Aanspreek
diskomusiek 753
diskonteer 708
diskonteerbaar 708
diskontering 708
diskonteringsbank 700
diskontinu
23 Onderbreking
648 Onderbreek
diskontinuïteit 648
diskonto
686 Aanwins
708 Betaal
diskontobank
700 Bank
709 Betaalmiddel
diskontobedryf 701

diskontokoers
686 Aanwins
700 Bank
diskontokrediet
699 Leen
708 Betaal
diskontomark 701
diskontopapier 708
diskontovoet
686 Aanwins
700 Bank
diskordansie
666 Verhinder
667 Stryd
755 Uitvoering
diskordant
666 Verhinder
755 Uitvoering
diskoteek 756
diskotekaris 756
diskrediet 770
diskrediteer
526 Weerlê
770 Wantroue
diskreet
32 Enkeling
540 Geheim hou
diskreetheid 540
diskrepansie
9 Verskillend
11 Disharmonie
diskrepant 11
diskresie
502 Verstand
540 Geheim hou
593 Vryheid
diskresionêr
502 Verstand
506 Belangstel
584 Kies
diskriminasie
120 Onderskeid
792 Asosiaal
795 Staat
805 Onregverdig
diskrimineer 120
diskus 729
diskusgooi
727 Wedstryd
729 Atletiek
diskusgooier 729
diskusseer
522 Redeneer
557 Diskussie
558 Redevoering
diskussie
539 Kommunikeer
548 Praat
554 Aanspreek
557 Diskussie
diskussiegeleentheid 557
diskwalifikasie
615 Onbekwaam
660 Ontslaan
835 Bestraf
diskwalifiseer
615 Onbekwaam
660 Ontslaan
835 Bestraf
disleksie
413 Siekte
562 Lees
dislojaal
770 Wantroue
817 Ontrou
dislojaliteit 817
dislokasie 413
disnis
412 Siek
661 Vermoei
disorganisasie 20
disorganiseer 20
disoriëntasie 412
dispensasie
599 Gesag
808 Regswese
dispensier 590
dispepsie
408 Spysvertering
413 Siekte
dispepties
408 Spysvertering
413 Siekte
dispersie
171 Verwyder
267 Optika
displasties 413
disponeer 413
disposisie
3 Bestaanswyse
578 Vrywillig
580 Graag
713 Gevoel
disproporsie 11
disproporsioneel 11
disputeer 557
dispuut
11 Disharmonie
522 Redeneer
548 Praat
557 Diskussie
667 Stryd
disseksie 414
dissekteer 19
dissel 185
disselboom 230
disselhaak 230
disselnekhamer 101
disselpen 230
disseminasie 539
dissemineer 539
dissertasie
553 Behandel
561 Studeer
567 Boek
dissident
666 Verhinder
841 Leer
dissimilasie 572
dissimulasie
815 Oneerlik
818 Bedrieg
dissipel
663 Meedoen
776 Liefde
842 Geloof
849 Prediking
dissipline
515 Wetenskap
559 Opvoeding
595 Streng
597 Gehoorsaam
600 Sonder gesag
612 Noukeurig
811 Gewete
835 Bestraf
dissiplineer
30 Ondergeskik
515 Wetenskap
559 Opvoeding
588 Gesag hê
595 Streng
599 Gesag
600 Sonder gesag
835 Bestraf
dissiplinering
559 Opvoeding
835 Bestraf
dissiplinêr 515
dissonansie
11 Disharmonie
479 Disharmonies
755 Uitvoering
dissonant
11 Disharmonie
479 Disharmonies
755 Uitvoering
dissosiasie 585
dissosiatief
413 Siekte
505 Verstandstoornis
dissosieer
256 Skeikunde
585 Verwerp
665 Byeenkom
775 Weersin
distale falanks
380 Gebeente
397 Ledemaat
distansie 68
distansieer
585 Verwerp
775 Weersin
distigon 751
distillaat 256
distillasie
256 Skeikunde
260 Warmteleer
distilleer
256 Skeikunde
260 Warmteleer
428 Drankbereiding
distilleerder 428
distilleerdery 428
distillering 428
distinksie 791
distinktief 535
distorsie
413 Siekte
544 Onduidelik
815 Oneerlik
818 Bedrieg
distribuant 693
distribueer
169 Skei
173 Losmaak
566 Drukkuns
693 Gee
distribuering 693
distribusie
169 Skei
173 Losmaak
693 Gee
distribusierekening
700 Bank
703 Boekhou
distrik
61 Plek
82 Rondom
90 Gemeenskap
590 Bestuur
distriksdokter 416
distriksgeneesheer 416
distrikshof 808
distrofie 413
dit
1 Bestaan
129 Bepaald
ditirambe
751 Digkuns
757 Sang
ditsy 9
ditto 644
diurese 409
diva
614 Bekwaam
749 Kuns
757 Sang
divagasie
524 Onlogies redeneer
553 Behandel
divageer
524 Onlogies redeneer
553 Behandel
divan
95(4) Sitmeubel
95(5) Bed

divergeer
9 Verskillend
11 Disharmonie
137 Bewerking
267 Optika
divergensie
9 Verskillend
11 Disharmonie
137 Bewerking
267 Optika
divers 13
diverse
9 Verskillend
13 Verskeidenheid
703 Boekhou
diversifiseer 13
diversiteit 13
divertimento 754
dividend
686 Aanwins
700 Bank
divinasie 551
divisie
5 Ondergeskiktheid
30 Ondergeskik
672 Weermag
diwan
95(4) Sitmeubel
95(5) Bed
Dixieland 753
djati
316 Hout
331 Boom
do 753
dobbel
18 Toeval
683 Misluk
739 Geselskapspel
dobbelaar 18
dobbelary 18
dobbelgeld 739
dobbelkoors 18
dobbelspel
18 Toeval
739 Geselskapspel
dobbelsteen
18 Toeval
739 Geselskapspel
dobbelstuk
18 Toeval
739 Geselskapspel
dobber
214 Dryf
221 Vaar
372 Vissery
dobberend 214
Dobermann 366
dodder 344
dode 250
dodeakker 253
dodedanse 250
dodehuis
250 Dood
253 Begrafnis
dodekagoon 139
dodelik
238 Vernietig
250 Dood
635 Skadelik
656 Gevaarlik
dodelys 250
dodemars 253
dodemis
253 Begrafnis
850 Sakrament
dodeoffer 253
doderyk
250 Dood
839 Hiernamaals
dodesel
94 Gebou
594 Onvryheid
835 Bestraf
dodetal
102 Hoeveelheid
133 Getal
doding 252
doeane
191 Laat kom
192 Laat gaan
222 Vlieg
712 Belasting
doeaneamptenaar 712
doeanebeampte
590 Bestuur
712 Belasting
doeanebeheer 222
doeanebelasting 712
doeanegebou 221
doeanepakhuis 194
doeaneregte 712
doebleer 740
doeblet 573
doedelsak 756
doedoe 410
doek
311 Weefsel
313 Weef
415 Geneesmiddel
760 Skilderkuns
doekklip 298
doekpoeding 426
doekskildering 760
doekspeld 155
doekvoet 366
doel
637 Doelgerigtheid
682 Slaag
727 Wedstryd
728(2) Sokker
728(5) Netbal
doelbereiking 682
doelbewus
539 Kommunikeer
578 Vrywillig
582 Wilskrag
586 Beslis
637 Doelgerigtheid
767 Moed
doelderde 728(5)
doeleinde 637
doelgebied
728(1) Rugby
728(2) Sokker
doelgerig
582 Wilskrag
637 Doelgerigtheid
767 Moed
doelgerigtheid
582 Wilskrag
637 Doelgerigtheid
767 Moed
doelhok
726 Sport
728(2) Sokker
728(6) Hokkie
doelloos 637
doellyn
726 Sport
728(1) Rugby
doelmatig
631 Nodig
633 Nuttig
637 Doelgerigtheid
doelmatigheid
631 Nodig
633 Nuttig
637 Doelgerigtheid
doelpale
726 Sport
728(1) Rugby
doelpunt 637
doelring 726
doelsirkel
728(5) Netbal
728(6) Hokkie
doelsirkellyn 728(5)
doelskop
727 Wedstryd
728(1) Rugby
doelstelling 637
doeltaal 569
doeltreffend
618 Kragtig
622 Goed
633 Nuttig
637 Doelgerigtheid
811 Gewete
doelwagter
728(2) Sokker
728(6) Hokkie
doelwit 637
doelwitbereiking 682
doem
17 Noodsaak
579 Gedwonge
683 Misluk
doemba 426
doemeling 835
doemling
683 Misluk
835 Bestraf
doemvonnis 835
doemwaardig 683
doen
15 Oorsaak
644 Handelwyse
645 Handel
651 Toesien
810 Gedrag
doenbaar 653
doende 645
doen-dit-selfwinkel 707
doener
645 Handel
654 Moeilik
doenig
610 Ywerig
645 Handel
doenigheid
610 Ywerig
645 Handel
doenlik 653
doepa
415 Geneesmiddel
844 Bygeloof
doer 61
doerias 311
doerra 352
doesel 410
dof
480 Dowwe klank
485 Lig
489 Ondeurskynend
490 Kleur
491 Kleurloosheid
544 Onduidelik
dof maak 489
dofheid
480 Dowwe klank
486 Duisternis
489 Ondeurskynend
491 Kleurloosheid
544 Onduidelik
dofswart 492
dofweg 480
dogma
644 Handelwyse
842 Geloof
dogmatiek 842
dogmaties
528 Bevestig
842 Geloof
dogmatikus
513 Gedagte

842 Geloof
dogmatologie 842
dogmatologies 842
dogter
53 Jonk
243 Kind
374 Mens
376 Vrou
dogtergemeente 840
dogterkerk
840 Godsdiens
852 Geestelike
dogterkind 53
dogtermaatskappy 658
dogterskamer 94(3)
dogtertaal 569
doilie
95(9) Linne
161 Bedek
dok
221 Vaar
235 Skeepvaart
dokgeld 708
dokomana 426
doksologie 847
dokter
414 Geneeskunde
416 Medikus
417 Hospitaal
doktersboek 567
doktersgeld 708
doktershande 416
doktersrekening
416 Medikus
708 Betaal
dokterstarief 708
doktor 561
doktoraal
535 Weet
561 Studeer
doktoraat 561
doktorale student
560 Skoolgaan
561 Studeer
doktorale studie 561
doktorandus 561
doktorsgraad 561
doktorskandidaat 561
doktrine
515 Wetenskap
842 Geloof
doktrinêr
527 Oordeel
582 Wilskrag
dokument
525 Bewys
539 Kommunikeer
567 Boek
dokumentasie 525
dokumenteer
525 Bewys
546 Kunsmatige teken
dokumentering 525
dokwerker 235
dol
163 Draai
347 Landbou
505 Verstandstoornis
773 Begeerte
dolby 266
dolce 753
doldraai 163
doldriftig 165
dolend 213
dolendo (droewig) 753
dolente 753
doleriet 298
dolery 646
dolf
163 Draai
347 Landbou
505 Verstandstoornis
773 Begeerte
dolfhout 316
dolfyn
363 Waterdier
366 Soogdier
dolgelukkig 718
dolgraag 580
dolheid
505 Verstandstoornis
722 Snaaks
dolhuis 505
doligosefaal 385
dolk
185 Sny
678 Wapen
dolkmes 678
dollar 709
dollarteken 565
dolleeg 110
dollie 372
dolliwarie 20
dolomiet 298
dolomietberge 277
doloroso (droewig) 753
dolos
288 Waterstelsel
380 Gebeente
741 Kinderspel
844 Bygeloof
dolosgooier 844
dolpen 372
dolploeg 355
dolsaag 101
dolsinnig 505
dolus 818
dolverlief 776
dom
503 Onverstandig
524 Onlogies redeneer
615 Onbekwaam
623 Sleg
715 Gevoelloos
dom ding 503
domein 61
domheer 591
domheid
503 Onverstandig
534 Wanbegrip
615 Onbekwaam
domicilium 89
dominansie
616 Magtig
618 Kragtig
dominant
616 Magtig
618 Kragtig
753 Musiek
dominante smaak 470
dominasie
579 Gedwonge
588 Gesag hê
599 Gesag
dominee
551 Meedeel
591 Gesaghebber
849 Prediking
852 Geestelike
domineer
76 Bo
588 Gesag hê
616 Magtig
dominerend
591 Gesaghebber
616 Magtig
dominiaal
61 Plek
590 Bestuur
dominium
61 Plek
590 Bestuur
domino 739
dominus 852
domisilie
64 Aanwesig
89 Blyplek
domkapittel 852
domkerk 853
domkop
503 Onverstandig
615 Onbekwaam
domkrag 158
dommel
372 Vissery
410 Slaap
dommeling 410
dommerd 615
dommerik 503
dommigheid 503
domonnosel 503
domoor 503
domp
217 Motorry
468 Blus
dompel 463
dompelaar 469
dompelkoker 469
domper 430
domsiekte 413
don juan 776
donasie 693
donataris 696
donateur 693
donder
182 Slaan
293 Onweer
480 Dowwe klank
548 Praat
813 Swak gedrag
820 Oneerbaar
donderbui 293
donderbus 676
donderbusgeweer 676
donderbuspistool 676
Donderdag 37
donderkruit 676
donderpadda
363 Waterdier
548 Praat
donderslag
293 Onweer
480 Dowwe klank
donderstem 548
donderstorm 293
donderswil 820
donderweer 293
donderwetter 820
donderwolk 291
donga 286
donker
291 Wolk
480 Dowwe klank
486 Duisternis
490 Kleur
492 Kleure
519 Twyfel
538 Dwaling
540 Geheim hou
572 Uitspraak
donkerbril 387
donkerbruin 492
donkergroen 492
donkergrys 492
donkerheid 486
donkerkamer
94 Gebou
268 Fotografie
donkermaan 270
donkerrooi 492
donkerte 486
donkie
366 Soogdier
469 Verwarmingstoestel
503 Onverstandig
donkiekar 230
donkieklits 344

donkiewerk 654
donor 414
dons
365 Voël
382 Haar
386 Gesig
donsagtig 456
donshael 676
donsig 456
donskombers 96
donsmatras 96
donsveer
365 Voël
382 Haar
dood
28 Einde
238 Vernietig
250 Dood
581 Teësinnig
661 Vermoei
725 Verveling
839 Hiernamaals
doodarm 690
doodbang 768
doodbed
250 Dood
253 Begrafnis
doodbedaard 226
doodbenoud 768
doodbind 414
doodblaas 468
doodbloei 413
doodbrand
238 Vernietig
414 Geneeskunde
dooddoener
522 Redeneer
558 Redevoering
dooddruk
238 Vernietig
728(1) Rugby
doodeerlik 814
doodernstig 723
doodgaan
238 Vernietig
250 Dood
412 Siek
468 Blus
486 Duisternis
623 Sleg
doodgemaklik 653
doodgerus 715
doodgewoon
621 Onbelangrik
624 Gemiddeld
doodhou 238
doodkalm
477 Stilte
619 Kalm
715 Gevoelloos
doodkis
84 Houer
253 Begrafnis
doodkrap 238
doodkruid 343
doodkry
238 Vernietig
252 Doodmaak
doodleuters
229 Stadig
653 Maklik
715 Gevoelloos
doodloop
149 Pad
228 Vinnig
doodluiters
226 Stadig
229 Stadig beweeg
653 Maklik
715 Gevoelloos
doodluitersheid 653
doodlyn 728(1)
doodmaak
238 Vernietig
252 Doodmaak
468 Blus
486 Duisternis
doodmaklik 653
doodmoeg 661
doodnatuurlik 3
doodongelukkig 719
doodonskuldig 821
doodop 661
doodpraat
548 Praat
557 Diskussie
doodreg
537 Waarheid
612 Noukeurig
614 Bekwaam
622 Goed
doodryp 292
doods
464 Droog
477 Stilte
491 Kleurloosheid
725 Verveling
doodsake 620
doodsangs
250 Dood
768 Vrees
doodsbeendere 250
doodsbenoud 768
doodsberig 253
doodsbleek
412 Siek
491 Kleurloosheid
doodseker 537
doodsengel
250 Dood
838 Gees
doodsgevaar 656
doodskaduwee 250
doodskiet
252 Doodmaak
677 Skiet
doodskis
84 Houer
253 Begrafnis
doodskisspyker 430
doodskleed 253
doodskleur
490 Kleur
491 Kleurloosheid
doodsklok
28 Einde
250 Dood
253 Begrafnis
doodskoot
539 Kommunikeer
556 Antwoord
677 Skiet
doodskop
252 Doodmaak
384 Kop
doodskreet 250
doodskreeu 548
doodslaan
238 Vernietig
252 Doodmaak
468 Blus
486 Duisternis
doodslaap
250 Dood
410 Slaap
doodslag
238 Vernietig
252 Doodmaak
822 Skuldig
dood(s)mare 253
doodsnik 28
doodsnood 656
doodsonde
538 Dwaling
822 Skuldig
doodsondersoek
250 Dood
414 Geneeskunde
doodspuit 468
doodsroggel
250 Dood
482 Menslike geluid
doodsteek
252 Doodmaak
539 Kommunikeer
doodstil
146 Beweginloosheid
477 Stilte
doodstraf
809 Regsgeding
835 Bestraf
doodstryd 250
doodstyding
250 Dood
253 Begrafnis
doodsveragtend 767
doodsveragting 767
doodsvonnis 835
doodsvrees 768
doodsvyand 777
doodswyg
540 Geheim hou
549 Stilbly
doodvat
183 Gryp
728(1) Rugby
doodverf
161 Bedek
238 Vernietig
760 Skilderkuns
doodvervelig
35 Reëlmatig
725 Verveling
doodwurg 252
doof
413 Siekte
468 Blus
486 Duisternis
498 Gehoor
606 Weier
715 Gevoelloos
doofheid
413 Siekte
498 Gehoor
doofpot 468
doofstom 549
doofstomheid
498 Gehoor
549 Stilbly
dooie 250
dooie gety 283
dooie kapitaal
687 Verlies
688 Besit
dooie punt
557 Diskussie
667 Stryd
dooie rondte 676
dooie taal 569
dooi(e)bloed 400
dooi(e)gewig 124
dooi(e)mansdeur 792
dooier
365 Voël
403 Voortplanting
dooieranker 365
dooierig
35 Reëlmatig
226 Stadig
581 Teësinnig
611 Lui
725 Verveling
dooiermembraan 365
dooiersak 403
dooierus 677
dool
213 Rondgaan

226 Stadig
583 Willoosheid
646 Nie handel nie
doolhof 20
doop
175 Insit
463 Nat
539 Kommunikeer
550 Noem
560 Skoolgaan
850 Sakrament
doopbak 850
doopbediening 850
doopbelofte 850
doopbriefie 850
doopdiens 850
doopfees
418 Maaltyd
793 Fees
doopformulier 850
doopgelofte 850
doopgetuie 850
doopkleertjies 850
dooplidmaat 852
doopmaal 418
doopnaam
550 Noem
574 Woordkategorie
850 Sakrament
doopouers 850
doopplegtigheid 850
doopregister 850
doopseel 850
doopvont 853
doos
84 Houer
161 Bedek
doosbarometer 259
doosleêr 564
doosvrug 323
dop
161 Bedek
162 Ontbloot
323 Vrug
365 Voël
381 Vel
407 Drink
415 Geneesmiddel
427 Drank
dopeling 850
dopemmer 84
doper 850
dop-ertjie 323
dophou
499 Sien
508 Aandag
dopkoring 323
dopluis 361
dopmaat 123
dopmoer 172
doppeling 683
dopper
630 Werktuig
840 Godsdiens
dopperkiaat 331
doppie
84 Houer
161 Bedek
363 Waterdier
415 Geneesmiddel
427 Drank
676 Vuurwapen
doppie-agterlaaier 676
doppiepatroon 676
dopsleutel 172
dopsteker 427
dopstelsel 407
dopverhard 297
dopverharding 297
dopvrug 323
dopyster 630
dor
289 Klimaat
464 Droog
725 Verveling
dorheid 464
doring
320 Stam
321 Blaar
439 Punt
682 Slaag
717 Lyding
doringagtig
321 Blaar
439 Punt
doringboom
318 Plant
331 Boom
doringdraad
178 Toegaan
427 Drank
doringdraadheining 160
doringdraadhek 178
doringdraadkamp
160 Omring
369 Veeteelt
doringhout 316
doringkreupelhout 316
doringloos 318
doringrig
318 Plant
439 Punt
doringstruik
318 Plant
332 Struik
doringtak 320
doringturksvy 323
doringvygie 322
doringwildernis 318
dorp
61 Plek
89 Blyplek
90 Gemeenskap
590 Bestuur
787 Samelewing
dorpeling
64 Aanwesig
90 Gemeenskap
dorpenaar
64 Aanwesig
787 Gemeenskap
dorps
61 Plek
90 Gemeenskap
dorpsbelasting 712
dorpsbestuur 590
dorpsbevolking 90
dorpsbewoner
64 Aanwesig
90 Gemeenskap
dorpsbibioteek 567
dorpsgrens 160
dorpsherberg 429
dorpshuis
89 Blyplek
91 Gebou
dorpsjapie 90
dorpskerk 853
dorpskoerant 568
dorpskool 559
dorpslaan 149
dorpslewe 249
dorpsmeent 445
dorpsmens
64 Aanwesig
90 Gemeenskap
dorpsnaam 550
dorpspan 726
dorpsplein 445
dorpsraad 590
dorpstraat 149
dorpstuin 445
dorpswinkel 707
dorpswyk
61 Plek
90 Gemeenskap
dors
352 Graan
407 Drink
464 Droog
773 Begeerte
dorsaal 396
dorsale vin 363
dorsbak 355
dorsgraan 352
dorsheid 464
dorsiventraal 396
dorskoring 352
dorsland 352
dorslessend 407
dorslesser 407
dorsmasjien
352 Graan
355 Landbougereedskap
630 Werktuig
dorsstillend 407
dorstig
407 Drink
413 Siekte
464 Droog
773 Begeerte
dorstigheid 464
dorstyd 352
dorsvleël 355
dorsvloer 354
dortelappel 323
dos 745
doseer
102 Hoeveelheid
123 Meet
414 Geneeskunde
415 Geneesmiddel
559 Opvoeding
doseerlepel 123
doseermiddel 415
doseerspuit 123
dosent 560
dosentassistent 560
dosis
102 Hoeveelheid
123 Meet
dossier
525 Bewys
809 Regsgeding
dosyn 133
dou
260 Warmte leer
289 Klimaat
292 Neerslag
413 Siekte
douche 746
doudruppel 292
doumeter
294 Weerkunde
463 Nat
doupunt
289 Klimaat
463 Nat
doupunttemperatuur 294
doutrapper 410
douvoordag 57
douwurm 413
douwurmbossie 343
dowe 498
dowerig
413 Siekte
477 Stilte
498 Gehoor
doweskool 559
dowwe lig 485
dowwerig
480 Dowwe klank
489 Ondeurskynend
dowwerigheid 480
doyen 54

dra
75 Onder
323 Vrug
413 Siekte
548 Praat
651 Toesien
717 Lyding
draad
6 Betreklik
160 Omring
172 Vasmaak
178 Toegaan
297 Metaal
301 Metaalverwerking
311 Weefsel
312 Spin
313 Weef
316 Hout
348 Blomkwekery
435 Smal
442 Lyn
draadanker 172
draadberig 265
draadborsel 627
draaddikte 434
draadgaas 301
draadheining
63 Begrens
178 Toegaan
draadjuk 301
draadknipper 185
draadloos
264 Uitsaai
265 Telekommunikasie
draadlose telefoon 265
draadsitter 645
draadskêr
185 Sny
302 Smid
draadspyker 172
draadtang
183 Gryp
630 Werktuig
draadtrekker 301
draadversperring 178
draadvorm 442
draadvormig 442
draadwerk
301 Metaal
502 Verstand
draadwurm 361
draagbaar
75 Onder
417 Hospitaal
draagband 75
draagbare radio 264
draagbare rekenaar 263
draagbare televisie 264
draaghout
75 Onder
230 Rytuig
320 Stam
dra(ag)krag
75 Onder
262 Elektrisiteit
draaglik 624
draagpunt 163
draagriem
75 Onder
84 Houer
187 Reis
452 Swaar
676 Vuurwapen
dra(ag)steen 94(6)
draagstoel
75 Onder
230 Rytuig
draagstok 320
draagtap 163
draagtyd
239 Voortplant
324 Plantlewe
draagwydte 620
draai
140 Verandering
148 Van koers af
160 Omring
163 Draai
186 Maal
188 Aankom
193 Ophou
213 Rondgaan
217 Motorry
223 Stuur
229 Stadig
302 Smid
316 Hout
444 Krom
645 Handel
752 Toneelkuns
762 Inlegwerk
draaias 163
draaibaar 163
draaibal 728(3)
draaibalbouler 728(3)
draaibalboulwerk 728(3)
draaibank
101 Gereedskap
302 Smid
316 Hout
762 Inlegwerk
draaibeitel 762
draaibeweging 163
draaiboek
752 Rolprentkuns
752 Toneelkuns
draaiboekskrywer
565 Skryfkuns
752 Toneelspel
draaiboom 178
draaiboor
163 Draai
316 Hout
762 Inlegwerk
draaibos 332
draaibouler 728(3)
draaibrug
149 Pad
163 Draai
draaideur
94(8) Deur
163 Draai
draaie loop 213
draaiend 163
draaier
163 Draai
229 Stadig
302 Smid
316 Hout
630 Werktuig
728(3) Krieket
762 Inlegwerk
draaierig
229 Stadig
413 Siekte
581 Teësinnig
draaigewrig 380
draaihek
163 Draai
178 Toegaan
draaiing 163
draaikaggel 469
draaikap 186
draaikewer 361
draaikolk 287
draaikous 229
draailas 163
draaiorrel 756
draaipotlood 564
draaipunt 163
draaisaag 316
draaisiekte 413
draaiskoffel 355
draaiskyf 234
draaiskyfgeweer 676
draaispil
148 Van koers af
163 Draai
draaispit 95(8)
draaistel
163 Draai
234 Spoorweg
draaistelraam 234
draaistoel
95(4) Sitmeubel
163 Draai
564 Skryfbehoeftes
draaitafel
264 Uitsaai
756 Musiek
draaitoneel 752
draaitrap
94(12) Trap
163 Draai
draaiwerk
163 Draai
302 Smid
316 Hout
762 Inlegwerk
draaiwind 290
draaiwurm
361 Insek
413 Siekte
draak
771 Gramskap
792 Asosiaal
draakagtig 771
draal
193 Ophou
213 Rondgaan
229 Stadig
587 Aarsel
drabalk
94(4) Dak
100 Boumateriaal
drabok 344
draderig
435 Smal
449 Ongelyk
draer
75 Onder
253 Begrafnis
320 Stam
413 Siekte
414 Geneeskunde
draf
145 Beweging
197 Te voet
219 Perdry
228 Vinnig
727 Wedstryd
729 Atletiek
draf-draf 228
draffie 197
drafpas 197
drafstap
197 Te voet
225 Vinnig
228 Vinnig beweeg
drag
75 Onder
239 Voortplant
324 Plantlewe
dragoman 543
dragon 419
dragonder 673
dragtig 239
dragtigheidsperiode 239
drahout
230 Rytuig
320 Stam
drakerig 771
draketand 391
drakonies 595
drakrag 625
dralend 193
draler 229
dralerig 229

drama
44 Gebeure
750 Letterkunde
752 Toneelkuns
dramakunde 752
dramakuns
749 Kuns
752 Toneelkuns
dramaliteratuur 752
dramaskrywer 752
dramateks
750 Letterkunde
752 Toneelkuns
dramatiek 752
dramaties
44 Gebeure
750 Letterkunde
752 Toneelkuns
dramatiese kuns 752
dramatis personae
663 Meedoen
752 Toneelkuns
752 Toneelspel
dramatiseer
750 Letterkunde
752 Toneelkuns
dramatisering 752
dramaturg
565 Skryfkuns
750 Letterkunde
752 Toneelspel
dramaturgie 752
dramaturgies 750
drang
584 Kies
610 Ywerig
618 Kragtig
773 Begeerte
drank
407 Drink
415 Geneesmiddel
427 Drank
460 Vloeistof
drankbestryding 407
drankbuffet 95(3)
drankduiwel 407
drankhandel 428
drankie 407
drankkabinet 95(3)
dranklisensie 525
drankmisbruik 407
dranksug
407 Drink
413 Siekte
dranktafel 418
drankverbruik 407
drankverkope 428
drankwinkel 428
drapeer 95(12)
drapeerbaar 95(12)
drapeersel
95(11) Versiering
95(12) Venster
draperie 745
drapering 95(11)
draradio 264
drariem
75 Onder
84 Houer
187 Reis
452 Swaar
drasak
84 Houer
187 Reis
drasland 279
draspanning 75
drassig
279 Moeras
463 Nat
drasties
595 Streng
625 Sterk
drastok
75 Onder
324 Plantlewe
drastuk 94(4)
drasuil
94(5) Pilaar
100 Boumateriaal
dratap 163
dratyd
239 Voortplant
324 Plantlewe
draverband 415
dravlak 75
drawwer
197 Te voet
228 Vinnig
729 Atletiek
drawwertjie 365
drawwery 228
dreg 235
dreig
51 Toekoms
182 Slaan
579 Gedwonge
637 Doelgerigtheid
656 Gevaarlik
667 Stryd
669 Aanval
779 Boosaardig
dreigement
579 Gedwonge
667 Stryd
669 Aanval
779 Boosaardig
dreigend
51 Toekoms
656 Gevaarlik
667 Stryd
768 Vrees
779 Boosaardig
dreiging
579 Gedwonge
779 Boosaardig
dreineer
287 Vloei
288 Waterstelsel
dreineerbekken 287
dreineerkanaal
287 Vloei
288 Waterstelsel
dreinering 288
dreineringsdrif 287
drek
409 Afskeiding
623 Sleg
628 Vuil
drekwater 286
drel
165 Onreëlmatig
409 Afskeiding
462 Halfvloeibaar
583 Willoosheid
813 Swak gedrag
drelkous
583 Willoosheid
813 Swak gedrag
drellerig
409 Afskeiding
462 Halfvloeibaar
583 Willoosheid
813 Swak gedrag
drelsel 165
drempel
94(8) Deur
108 Minder
drenk
109 Alles
463 Nat
drenkeling 221
drentel
145 Beweging
197 Te voet
213 Rondgaan
226 Stadig
229 Stadig beweeg
drentelaar
213 Rondgaan
226 Stadig
drentelgang
226 Stadig
229 Stadig beweeg
drentelkous
213 Rondgaan
226 Stadig
drentelpaadjie 149
drentelry
213 Rondgaan
226 Stadig
229 Stadig beweeg
dresseer
368 Diereteelt
369 Veeteelt
dresseerkuns 368
dressering 368
dressuur
368 Diereteelt
735 Perdesport
dreun
164 Reëlmatig
476 Geluid
480 Dowwe klank
548 Praat
757 Sang
dreunend
164 Reëlmatig
476 Geluid
dreunerig 480
dreuning
164 Reëlmatig
476 Geluid
480 Dowwe klank
dreunsing 757
dribbel
728(1) Rugby
728(2) Sokker
drie
133 Getalle
727 Wedstryd
728(1) Rugby
drie agstes 133
drieakter 752
driebeen
75 Onder
268 Fotografie
driedaags 40
driedagoud 53
driedelig
112 Deel
114 Saamgesteld
137 Bewerking
driedimensioneel
139 Meetkunde
431 Afmeting
driedraads 313
drie-drie 102
driedubbeld 107
Drie-eenheid 837
drie-enig 837
drieërlei 13
driegang 219
driegangmaaltyd 418
driegangperd 219
driehoek
139 Meetkunde
447 Hoekig
756 Musiek
driehoekig
139 Meetkunde
447 Hoekig
driehoekige verhouding 776
driehoekposseël 196
driehoeksmeting
139 Meetkunde
273 Geografie
driehoek(s)verhouding 776
driehoekverkiesing 795

driehoofdig 114
driehout 728(8)
driejarig 52
driekamerstelsel 590
driekamp 726
driekantig
87 Kant
447 Hoekig
450 Volume
drieklank 753
driekleur 546
driekleurdruk 566
driekleurig 490
driekuns 728(3)
driekwart
133 Getal
728(1) Rugby
driekwartsmaat 431
drielaaghout 316
drieledig 114
drieletterwoord 820
drieling 243
drielingbroer 244
drieluik 760
driemanskap
590 Bestuur
776 Liefde
driepoot
75 Onder
268 Fotografie
driepuntig 439
driepuntlanding 222
dries 346
driesaadlobbig 318
driesgrond 346
drieslagmaat 753
drieslagwissel 234
driesland 346
driespoed 232
driesprong
149 Pad
729 Atletiek
driesprongatleet 729
driesydig 87
drietal 133
drietalig 569
drietand 678
drietandig 95(12)
drietandvurk 183
Drietoon 838
drie-vier-tyd 753
drievlakkig 450
drievoetig
397 Ledemaat
751 Digkuns
drievormig 438
drievoud 133
drievoudig
107 Meer
114 Saamgesteld
driewegwissel 234
driewiel
230 Rytuig
232 Fiets
driewielfiets 232
drieyster 728(8)
drif
149 Pad
225 Vinnig
286 Rivier
287 Vloei
618 Kragtig
713 Gevoel
714 Gevoelig
771 Gramskap
773 Begeerte
drifbui 771
drifkop 771
drifsel 214
drifsneeu 292
driftig
104 Baie
165 Onreëlmatig
618 Kragtig
667 Stryd
713 Gevoel
714 Gevoelig
771 Gramskap
779 Boosaardig
driftigheid 667
dril
155 Deurboor
165 Onreëlmatig
462 Halfvloeibaar
680 Militêre aksie
drilboor 155
drillerig
165 Onreëlmatig
462 Halfvloeibaar
drillery 165
drilmeester 680
driloefening 680
drilparade 680
drilsel 165
drilsersant 680
drilsisteem 680
drilvis 363
drilwerk 680
dring
17 Noodsaak
153 Deur
181 Stoot teen
579 Gedwonge
dringend
17 Noodsaak
225 Vinnig
604 Versoek
dringendheid
17 Noodsaak
225 Vinnig
drink
175 Insit
407 Drink
427 Drank
drinkbaar
407 Drink
427 Drank
drinkbak
84 Houer
369 Veeteelt
drinkbeker 84
drinkebroer 427
drinker
407 Drink
427 Drank
drinkgat 369
drinkgelag 427
drinkgewoonte 427
drinkglas
84 Houer
95(7) Breekgoed
drinkgoed 427
drinkkan 84
drinklied
427 Drank
757 Sang
drinkparty 427
drinkplek
369 Veeteelt
427 Drank
drinkwater
407 Drink
427 Drank
460 Vloeistof
droë galery 277
droë loop 286
droë sneeu 292
droë vrugte
350 Vrugte
420 Voedsel
droë wyn 427
droëbek 407
droef 719
droef(e)nis 719
droefgeestig
623 Sleg
717 Lyding
719 Hartseer
723 Ernstig
droefgeestigheid
413 Siekte
623 Sleg
717 Lyding
719 Hartseer
723 Ernstig
droefheid
623 Sleg
717 Lyding
719 Hartseer
droefnis 717
droëlewer
407 Drink
427 Drank
549 Stilbly
725 Verveling
droëmelk 427
droënaaldets 761
droër
95(8) Toerusting
464 Droog
627 Skoon
droëry 464
droes
299 Brandstof
413 Siekte
838 Gees
droesem
428 Drankbereiding
628 Vuil
droëvrot 413
droewig
623 Sleg
717 Lyding
719 Hartseer
droewigheid
717 Lyding
719 Hartseer
droëwors 421
droëwyn 427
droëys
459 Vaste stof
466 Koud
drogargument 524
drogbeeld 538
drogies 722
drogredenaar 524
drogredenasie 524
drolpeer 332
drom
84 Houer
756 Musiek
dromend 773
dromer 512
dromerig
410 Slaap
509 Onoplettend
512 Verbeelding
513 Gedagte
773 Begeerte
dromerigheid
410 Slaap
509 Onoplettend
512 Verbeelding
773 Begeerte
dromery 512
drommedaris 366
drommel
615 Onbekwaam
652 Versuim
drommels
717 Lyding
766 Wanhoop
dronk
407 Drink
412 Siek
427 Drank

dronkaard
407 Drink
427 Drank
dronkaardswaansin
407 Drink
413 Siekte
dronkenskap
407 Drink
427 Drank
dronkgeslaan 521
dronkheid
412 Siek
427 Drank
dronklap
427 Drank
813 Swak gedrag
dronksiekte 413
droog
289 Klimaat
304 Steen
316 Hout
464 Droog
715 Gevoelloos
725 Verveling
droog maak 464
droogbaan 354
droogdoek 627
droogdok 221
droogheid 464
droogkas 464
drooglê
288 Waterstelsel
464 Droog
drooglegging 464
droogmaakmiddel 490
droogmasjien 464
droogoond 464
droogpers 464
droograam 464
droograk 464
droogskoonmaak 627
droogskuur 464
droogte 464
droogwring 464
droom
410 Slaap
512 Verbeelding
513 Gedagte
584 Kies
droom van
584 Kies
773 Begeerte
droombeeld
410 Slaap
512 Verbeelding
538 Gees
droomland 410
droomuitleg 844
droomverklaring 844
drop 426
droplekker 426
dros
65 Afwesig
67 Verplasing
190 Vertrek
679 Mobiliseer
drosdy 91
drosometer 294
droster 190
druïde 852
druif
323 Vrug
350 Vrugte
426 Kos
druil
611 Lui
725 Verveling
druilerig
292 Neerslag
611 Lui
725 Verveling
druiloor 583
druip
561 Studeer
683 Misluk
druipery
561 Studeer
683 Misluk
druipgrot 277
druipnat 463
druippunt 561
druipsnor 382
druipsteen
277 Berg
298 Steen
druipstert
396 Rug
714 Gevoelig
druis 480
druising 480
druiwe 323
druiwekissie 84
druiwekonfyt 426
druiwemandjie 84
druiweoes
347 Landbou
350 Vrugte
428 Drankbereiding
druiwepes 324
druiwepit 323
druiweprieel 94(4)
druiwesap
350 Vrugte
427 Drank
druiwesuiker 471
druk
17 Noodsaak
181 Stoot teen
183 Gryp
258 Hidroulika
452 Swaar
453 Dig
564 Skryfbehoeftes
565 Skryfkuns
566 Drukkuns
567 Boek
579 Gedwonge
588 Gesag hê
599 Gesag
610 Ywerig
645 Handel
647 Voortgaan
661 Vermoei
728(1) Rugby
790 Sosiaal
druk besig 610
druk uitoefen 579
drukboor
155 Deurboor
258 Hidroulika
drukdoenery 610
drukfout 566
drukgang 369
drukgereed 566
drukgradiënt 259
drukgroep 638
drukink 566
drukjaar 566
drukkastrol
84 Houer
419 Voedselbereiding
drukkend 465
drukkende hitte 465
drukker
181 Stoot teen
564 Skryfbehoeftes
566 Drukkuns
drukkerpoort 263
drukkersapparaat 566
drukkersassistent 566
drukkersbaas 566
drukkersduiwel 566
drukkersink 566
drukkersjonge 566
drukkersmateriaal 566
drukker-uitgewer 566
drukkery 566
drukking
181 Stoot teen
259 Aërografie
drukknoop 172
drukknop
262 Elektrisiteit
265 Telekommunikasie
756 Musiek
drukknoptelefoon 265
drukkontak 262
drukkoste 566
drukkuns 566
drukletter
565 Skryfkuns
566 Drukkuns
druklug 259
druklugboor 259
druklugpomp 259
druklugrem 257
drukmeter 259
drukmetode
181 Stoot teen
566 Drukkuns
drukmodel 566
drukoppervlakte 259
drukpapier
315 Papier
566 Drukkuns
drukpers 566
drukpersvryheid 593
drukplaat 566
drukpomp 258
drukpot
84 Houer
95(7) Pot
419 Voedselbereiding
drukproef 566
drukpunt 405
drukskrif 565
drukspanning 453
drukspieël 566
drukspyker
155 Deurboor
564 Skryfbehoeftes
drukstaaf 756
drukstempel 566
drukte
104 Baie
645 Handel
654 Moeilik
druktelegraaf 265
druktemaker 785
druktenk 84
druktoets 258
drukvas 259
drukverandering 294
drukverlof 566
drukverval 258
drukvorm 566
drukwerk 566
drumpel 94(8)
drup
287 Vloei
292 Neerslag
460 Vloeistof
463 Nat
drupbesproeiing 463
drup-drup 103
drupgrot 274
drupkalk 274
drupkelder 274
druplys 94(4)
druppel
103 Min
287 Vloei
415 Geneesmiddel
460 Vloeistof
druppelaar 416
druppelend 460

druppelgewyse
103 Min
287 Vloei
druppeling 460
druppelvormig 438
drupper 416
drupsgewyse 103
drupsteen
94(4) Dak
274 Geologie
dryf
17 Noodsaak
145 Beweging
153 Deur
197 Te voet
214 Dryf
215 Swem
216 Ry
221 Vaar
222 Vlieg
230 Rytuig
258 Hidroulika
287 Vloei
590 Bestuur
638 Aanmoedig
647 Voortgaan
654 Moeilik
728(1) Rugby
728(3) Krieket
dryfanker 235
dryfas
233 Motorvoertuig
235 Skeepvaart
257 Meganika
630 Werktuig
dryfbaken 221
dryfband 257
dryfbeweging 728(1)
dryfboei 221
dryfdok
221 Vaar
235 Skeepvaart
dryfgang 275
dryfgrond 274
dryfhamer
101 Gereedskap
181 Stoot teen
dryfhou
181 Stoot teen
728(3) Krieket
728(8) Gholf
dryfhout
283 See
316 Hout
728(8) Gholf
dryfkatrol 257
dryfketting 257
dryfkrag
145 Beweging
582 Wilskrag
638 Aanmoedig
767 Moed
dryfrat 257
dryfriem 257
dryfsand 274
dryfspel 728(1)
dryfstang 257
dryfveer
15 Oorsaak
257 Meganika
637 Doelgerigtheid
dryfwerk
630 Werktuig
762 Inlegwerk
dryfwiel
257 Meganika
630 Werktuig
dryfys
459 Vaste stof
466 Koud
dryfyster
181 Stoot teen
728(8) Gholf
drywend 214
drywende brug 149
drywende dok 221
drywende kraan 221
drywende sneeu 289
drywer
223 Stuur
230 Rytuig
647 Voortgaan
728(8) Gholf
drywery
214 Dryf
618 Kragtig
drywing 257
du
145 Beweging
181 Stoot teen
dualis 574
dualisme
114 Saamgesteld
514 Wysbegeerte
duatlon 726
dubbel
104 Baie
107 Meer
114 Saamgesteld
133 Getal
180 Ongelyk
dubbel en dwars 104
dubbelaandrywing 257
dubbelagent 508
dubbelbaan 728(4)
dubbelbaanstrepe 728(4)
dubbelbaliewasmasjien
95(8) Toerusting
627 Skoon
dubbelbed
95(5) Bed
96 Slaapplek
dubbelbedkombers 96
dubbelbedlaken 96
dubbelbinding 313
dubbelbindingfase 256
dubbelblarig 318
dubbelblommig 322
dubbelboekhouding 703
dubbelbol 446
dubbeld
104 Baie
107 Meer
180 Ongelyk
dubbeldekker
233 Motorvoertuig
235 Skeepvaart
dubbeldekkerbed
95(5) Bed
96 Slaapplek
dubbeldekkerbus 233
dubbeldeur 94(8)
dubbeldoeldier 357
dubbele bonokas 233
dubbele kruis
565 Skryfkuns
571 Skrif
dubbele salto 730
dubbel(e)longontsteking 413
dubbelganger 8
dubbelgeslagtelik 240
dubbelhartig 815
dubbelhartigheid
815 Oneerlik
818 Bedrieg
dubbelheid 114
dubbelhol 446
dubbelkamer 94(3)
dubbelkernig 323
dubbelklou-anker 235
dubbelkoker
84 Houer
419 Voedselbereiding
dubbelkruis 753
dubbelloop 676
dubbelloopgeweer 676
dubbelmol 753
dubbeloorganklik 574
dubbelpad 149
dubbelpasstuk 262
dubbelpunt
439 Punt
571 Skrif
dubbelrym 751
dubbelsig 413
dubbelsinnig
114 Saamgesteld
130 Onbepaald
544 Onduidelik
577 Betekenis
dubbelsinnigheid
114 Saamgesteld
544 Onduidelik
577 Betekenis
dubbelskakelaar 262
dubbelski 732
dubbelslagtig 357
dubbelsmaat 728(4)
dubbelspel 728(4)
dubbelspelling 563
dubbelspelmaat 728(4)
dubbelspelspeler 728(4)
dubbelspiraalboor 316
dubbelspoor
149 Pad
234 Spoorweg
dubbelster 270
dubbeltal 133
dubbeltjie
131 Munt
344 Onkruid
dubbelverdieping
91 Gebou
92 Groot gebou
dubbelverdiepinghuis 91
dubbelvou 180
dubieus
519 Twyfel
538 Dwaling
587 Aarsel
623 Sleg
770 Wantroue
duel(le) 667
duelleer 667
duellis 667
duet
754 Komposisie
755 Uitvoering
757 Sang
duf(duwwe)
290 Wind
475 Onwelriekend
duffel 311
dugtig 618
dui 6
duidelik
129 Bepaald
478 Welluidend
485 Lig
500 Sigbaarheid
528 Bevestig
537 Waarheid
543 Duidelik
553 Behandel
595 Streng
duidelik maak 543
duidelikheid
129 Bepaald
500 Sigbaarheid
543 Duidelik
586 Beslis
duidelikheidshalwe
129 Bepaald
543 Duidelik
duiding
541 Betekenis
543 Duidelik

dui(e) 539
duif 365
duifagtig 365
duifgekoer 483
duig 84
duighout 316
duik
73 Skuins
212 Afgaan
215 Swem
222 Vlieg
372 Vissery
446 Rond
728(1) Rugby
732 Watersport
duikapparaat 215
duikbomwerper 236
duikboot 235
duikbootjaer 235
duikbootoorlog 667
duikboottoerusting 235
duikbril
215 Swem
372 Vissery
732 Watersport
duikel
159 Neerdaal
215 Swem
duikeling
159 Neerdaal
215 Swem
duiker
215 Swem
365 Voël
366 Soogdier
372 Vissery
732 Watersport
duikersiekte 413
duikertjie 366
duikgewig 372
duikhoek 139
duikhorlosie 732
duikklok 215
duikklop 179
duikklophamer
179 Glad
181 Stoot teen
duikklopper 179
duikklopwerk 179
duiklong
215 Swem
732 Watersport
uikmes 678
uikpak
215 Swem
372 Vissery
732 Watersport
uikplank 215
uikplankduiker 732
uiksak 372
uiksalto 215
uikslag 732
duiksprong 215
duikuitklopper 233
duikvlug 222
duikweg
149 Pad
210 Ondeurgaan
234 Spoorweg
duim
123 Meet
397 Ledemaat
duimbreedte 434
duimdrukker 172
duimgooier 216
duimpie
397 Ledemaat
433 Klein
duimpie se maat 397
duimry 216
duimskroef 316
duimspyker
172 Vasmaak
564 Skryfbehoeftes
duimstok 123
duimsuiery 818
duin
277 Berg
286 Rivier
duinebesie
233 Motorvoertuig
630 Werktuig
duinebessie 323
duinebossie 332
duineketting 280
duinereeks 280
duineriet 339
duinetrapper 626
duinevallei 278
duineveld 318
duingrond 277
duinmeer 285
duinsand 298
duisel
412 Siek
413 Siekte
duiselig
412 Siek
413 Siekte
duiseling
412 Siek
413 Siekte
duiselingwekkend 768
duisend
102 Hoeveelheid
104 Baie
duisenderlei 104
duisendjarig 40
duisendkoppig 36
duisendpoot 361
duisendvoudig 104
duister
486 Duisternis
501 Onsigbaarheid
536 Onkunde
538 Dwaling
540 Geheim hou
544 Onduidelik
654 Moeilik
820 Oneerbaar
839 Hiernamaals
duisterhaai 363
duisterheid
486 Duisternis
536 Onkunde
538 Dwaling
540 Geheim hou
820 Oneerbaar
duisternis
104 Baie
121 Verwarring
486 Duisternis
536 Onkunde
538 Dwaling
820 Oneerbaar
836 Bonatuurlik
839 Hiernamaals
843 Ongeloof
duit
103 Min
131 Munt
Duitse masels 413
duiwehok 89
duiwel
227 Werp
779 Boosaardig
813 Swak gedrag
838 Gees
844 Bygeloof
855 God
duiwelaanbidder
838 Gees
846 Godloos
duiwelagtig
779 Boosaardig
813 Swak gedrag
duiwelin 838
duiwels
623 Sleg
779 Boosaardig
813 Swak gedrag
838 Gees
844 Bygeloof
846 Godloos
duiwel(s)aanbidding
838 Gees
846 Godloos
duiwelsbek 183
duiwelsbrood 327
duiwelsdienaar 846
duiwelsdiens 813
duiwelsdoring 342
duiwelsdrek
343 Genesende plant
415 Geneesmiddel
duiwelsgedaante 838
duiwelskind
779 Boosaardig
813 Swak gedrag
duiwelsklou
183 Gryp
310 Vlegwerk
342 Gifplant
630 Werktuig
duiwelskos 327
duiwelskuns
836 Bonatuurlik
844 Bygeloof
duiwelsnaels 342
duiwelsnuif 327
duiwelsraad 779
duiwelstreek
779 Boosaardig
813 Swak gedrag
duiwelswaan
779 Boosaardig
813 Swak gedrag
duiwelswerk
654 Moeilik
683 Misluk
779 Boosaardig
duiweltjie
598 Ongehoorsaam
722 Snaaks
838 Gees
duiweluis 361
duiweluitdrywing 838
duiweteelt 370
duld
601 Toestem
713 Gevoel
715 Gevoelloos
717 Lyding
778 Goedaardig
duldbaar 601
dulsies 415
dum-dum 676
dum-dumkoeël 676
dumping 701
dumpingsreg 701
dun
435 Smal
451 Lig
454 Ondig
460 Vloeistof
481 Skerp klank
dun gesaai 56
dunbevolk 787
dunbewoon 787
dunderm 401
dundoek
311 Weefsel
546 Kunsmatige teken
dungeslyt 435
dunheid
435 Smal
454 Ondig
481 Skerp klank

dunk 527
dunlies 421
dunnerig
435 Smal
454 Ondig
460 Vloeistof
481 Skerp klank
dunnetjies
103 Min
435 Smal
454 Ondig
460 Vloeistof
481 Skerp klank
dunte 435
dunwielfiets 232
duo
102 Hoeveelheid
755 Uitvoering
757 Sang
duodenum 401
duodesimale toonleer 753
dupe 818
dupeer 818
dupleks
89 Blyplek
91 Gebou
duplikaat
12 Eenvormig
14 Navolging
565 Skryfkuns
657 Herhaal
duplikaatboek 703
duplikaatkwitansie 525
duplikasie 565
duplikator 565
dupliseer
12 Eenvormig
565 Skryfkuns
657 Herhaal
dupliseermetode 565
dupliseertoestel 565
duplisering 565
dura mater 378
durabel
620 Belangrik
625 Sterk
durabiliteit
620 Belangrik
625 Sterk
duratief 574
durend 22
durf 767
durfal 767
durfkrag 767
dus
16 Gevolg
522 Redeneer
644 Handelwyse
dusdanig
3 Bestaanswyse
644 Handelwyse
dusdoende 644
dusgenaamd 550
duskant 87
dusver 50
dut
410 Slaap
754 Komposisie
dutjie 410
dutter 410
duur
22 Kontinu
37 Tyd
40 Langdurig
42 Altyd
92 Gebou
126 Skat
141 Behoud
620 Belangrik
647 Voortgaan
691 Spandeer
708 Betaal
duursaam
42 Altyd
240 Afkoms
457 Onbreekbaar
625 Sterk
duurte
22 Kontinu
126 Skat
duvet 96
duwend 145
duwweld
107 Meer
180 Ongelyk
duwweltjie 344
duwweltjiesdoring 344
dux 561
dux-leerling 561
dwaal
148 Van koers af
213 Rondgaan
229 Stadig
527 Oordeel
538 Dwaling
820 Oneerbaar
dwaalbegrip 538
dwaalgees
213 Rondgaan
838 Gees
844 Bygeloof
dwaalkewer 361
dwaalleer 841
dwaalleraar 841
dwaallig
485 Lig
538 Dwaling
838 Gees
dwaalspoor
148 Van koers af
527 Oordeel
538 Dwaling
818 Bedrieg
dwaalstorie 538
dwaalvuur
485 Lig
538 Dwaling
838 Gees
dwaalweg
148 Van koers af
213 Rondgaan
dwaas
503 Onverstandig
524 Onlogies redeneer
722 Snaaks
846 Godloos
dwaasheid
503 Onverstandig
524 Onlogies redeneer
722 Snaaks
dwaaskop 503
dwaling
213 Rondgaan
527 Oordeel
538 Dwaling
613 Onnoukeurig
dwang
17 Noodsaak
579 Gedwonge
588 Gesag hê
599 Gesag
dwang uitoefen 579
dwangarbeid 594
dwangarbeider 594
dwangbevel
579 Gedwonge
599 Gesag
dwangbuis 594
dwanghuwelik
248 Huwelik
579 Gedwonge
dwangmaatreël
579 Gedwonge
599 Gesag
dwangmiddel 579
dwangsom 835
dwangvoeding 406
dwarrel
165 Onreëlmatig
290 Wind
291 Wolk
dwarreling 165
dwarrelstorm 293
dwarrelstroom 290
dwarrelvlug 222
dwarrelwind 290
dwarrelwolk 291
dwarrelwolkflits 293
dwars
79 Dwars
147 Rigting
582 Wilskrag
598 Ongehoorsaam
667 Stryd
779 Boosaardig
dwarsbaanhou 728(4)
dwarsbalk
79 Dwars
94(1) Konstruksie
94(4) Dak
316 Hout
546 Kunsmatige teken
dwarsbalkie 728(3)
dwarsbank 95(4)
dwarsbanker 592
dwarsbeuk 853
dwarsbeweging 147
dwarsboming
588 Gesag hê
666 Verhinder
779 Boosaardig
803 Oortree
dwarsboog 79
dwarsboom
588 Gesag hê
666 Verhinder
779 Boosaardig
dwarsdal 278
dwarsdeur
22 Kontinu
40 Langdurig
111 Geheel
147 Rigting
153 Deur
155 Deurboor
dwarsdraads
316 Hout
421 Vleis
dwarsdrywer 582
dwarsduin 280
dwarsfluit
79 Dwars
756 Musiek
dwarsgalery
79 Dwars
94 Gebou
dwarsgang
79 Dwars
94(3) Vertrek
dwarsheid 582
dwarshelling
79 Dwars
257 Meganika
dwarshou
79 Dwars
182 Slaan
728(4) Tennis
dwarshout
79 Dwars
316 Hout
dwarskop
582 Wilskrag
598 Ongehoorsaam
dwarslat
79 Dwars
728(1) Rugby
729 Atletiek

dwarslêer 234
dwarslyn 79
dwarsoor
79 Dwars
156 Bo-oor
dwarspaal
79 Dwars
316 Hout
dwarspad 149
dwarspyp 232
dwarssaal 231
dwarsskeeps
221 Vaar
222 Vlieg
dwarsskip 853
dwarssloot 286
dwarssnit
79 Dwars
185 Sny
dwarsstaaf 232
dwarsstang 232
dwarsstraat
79 Dwars
149 Pad
dwarsstroming 290
dwarste
79 Dwars
147 Rigting
dwarstrek 582
dwarstrekkerig
598 Ongehoorsaam
667 Stryd
777 Haat
dwarstrekkerigheid 667
dwarswal 286
dwarsweg
87 Kant
667 Stryd
779 Boosaardig
dwarswind 290
dweep
618 Kragtig
713 Gevoel
dweepsiek
618 Kragtig
713 Gevoel
dweepsiekte 714
dweepsug
618 Kragtig
713 Gevoel
dweepsugtigheid 714
dweil
95(8) Toerusting
627 Skoon
dwelm 494
dwelmgebruik 494
dwelmhandel 494
dwelmhandelaar 494
dwelmmiddel 494
dwelmmisbruik 494
dwelmslaaf 494
dwelmtoer 494
dweperig
618 Kragtig
713 Gevoel
714 Gevoelig
dwerg
413 Siekte
433 Klein
dwergaap 366
dwergagtig 433
dwergblomgranaat 332
dwergboom 318
dwergbuffel 366
dwergdeur 94(8)
dwerg-ertjie 351
dwerggamba 756
dwerggroei 324
dwerghaantjie 365
dwergheide 337
dwergklavier 756
dwergmannetjie
413 Siekte
433 Klein
dwergmispel 331
dwergplant 318
dwergras
413 Siekte
433 Klein
dwergskaap 366
dwergsoort
318 Plant
413 Siekte
433 Klein
dwergsprinkaan 361
dwergtjello 756
dwergtrompet 756
dwergverbleikblom 332
dwergvleuelklavier 756
dwing
17 Noodsaak
579 Gedwonge
599 Gesag
604 Versoek
618 Kragtig
dwingelandy 595
dwingend
17 Noodsaak
579 Gedwonge
dy
397 Ledemaat
421 Vleis
dybeen
380 Gebeente
397 Ledemaat
dyk
277 Berg
288 Waterstelsel
dykbou 288
dynserig 544
dysenuwee 378
dyslagaar 399
dyspier
379 Spier
397 Ledemaat
dytjie 421

E

eau-de-cologne
474 Welriekend
746 Toilet
eb
108 Minder
283 See
287 Vloei
ebbe(n)hout 316
ebgety 283
eboniet 307
edam 371
edel
559 Opvoeding
622 Goed
769 Vertroue
778 Goedaardig
797 Adelstand
799 Beroemd
819 Eerbaar
edelagbaar 799
edelgeborene 797
edelgesteente 298
edelheid
559 Opvoeding
819 Eerbaar
830 Eerbiedig
edelknaap 592
edelman 797
edelmetaal
275 Myn
297 Metaal
459 Vaste stof
edelmoedig
778 Goedaardig
812 Goeie gedrag
819 Eerbaar
edelsmeewerk 302
edelsmid 302
edelsteen
298 Steen
459 Vaste stof
edelvrou 797
edisie 568
eed
537 Waarheid
607 Beloof
eed verbreek 609
eedaflegging 607
eekhoring 366
eelt 455
eelterig 455
eenakter 752
eenarmig 113
eend 365
eendagsvlieg
41 Kortstondig
361 Insek
eendebekboor 101
eendebektang 101
eenders
8 Dieselfde
10 Harmonie
12 Eenvormig
105 Gelyk
438 Vorm
eendersdenkend
8 Dieselfde
10 Harmonie
eendersklinkend
8 Dieselfde
10 Harmonie
eendersluidend
8 Dieselfde
105 Gelyk
eendeweer 289
eendimensioneel 431
eendrag
10 Harmonie
668 Vrede
eendragtig
10 Harmonie
668 Vrede
eenduidig 577
eendvoël 365
eenheid
32 Enkeling
111 Geheel
113 Enkelvoudig
170 Saambring
672 Weermag
eenheidstaat
590 Bestuur
795 Staat
eenhout 728(8)
eenkamerparlement 795
eenkamerstelsel 590
eenkant 68
eenkant hou
171 Verwyder
584 Kies
eenkeer 46
eenkennig 768
eenkleurig 490
eenlettergrepig 571
eenling 32
eenlobbig 323
eenmaal 46
eenmanskool 559
eenmanswoonstel 91
eenouergesin 241
eenparig
8 Dieselfde
10 Harmonie
33 Samehorig
663 Meedoen
668 Vrede
eenparigheid
8 Dieselfde
10 Harmonie

33 Samehorig
531 Saamstem
663 Meedoen
eenpartystaat 795
eenpartystelsel 795
eens
10 Harmonie
33 Samehorig
46 Vroeër
605 Aanvaar
eens soveel 107
eensaadlobbig
318 Plant
331 Boom
332 Struik
333 Rankplant
339 Riet
eensaam
664 Terugstaan
789 Onbeskaafd
eensaamheid
664 Terugstaan
789 Onbeskaafd
eensame opsluiting 594
eensellig 377
eensellige
357 Dier
359 Eensellige
eenselwig
8 Dieselfde
10 Harmonie
35 Reëlmatig
105 Gelyk
725 Verveling
eenselwigheid 8
eensgesind
8 Dieselfde
10 Harmonie
33 Samehorig
531 Saamstem
663 Meedoen
eensgesindheid
8 Dieselfde
10 Harmonie
33 Samehorig
531 Saamstem
663 Meedoen
668 Vrede
eensklaps
41 Kortstondig
521 Verras wees
eensklinkend 8
eenslag 46
eensluidend
8 Dieselfde
105 Gelyk
eensoortig
8 Dieselfde
10 Harmonie
eensteenmuur 94(6)
eenstemmig
8 Dieselfde
10 Harmonie
33 Samehorig
531 Saamstem
663 Meedoen
668 Vrede
eenstemmigheid
8 Dieselfde
10 Harmonie
33 Samehorig
531 Saamstem
663 Meedoen
668 Vrede
eenstreepnoot 753
eenstuk 215
eensydig
87 Kant
113 Enkelvoudig
584 Kies
eensydigheid
584 Kies
792 Asosiaal
827 Afkeur
eentalig 569
eentonig
12 Eenvormig
35 Reëlmatig
725 Verveling
een-twee-drie 641
eenuur 37
eenvormig
8 Dieselfde
12 Eenvormig
105 Gelyk
438 Vorm
eenvoud
113 Enkelvoudig
543 Duidelik
624 Gemiddeld
653 Maklik
743 Mooi
786 Nederig
821 Onskuldig
eenvoudig
113 Enkelvoudig
624 Gemiddeld
653 Maklik
690 Arm
743 Mooi
786 Nederig
798 Lae stand
821 Onskuldig
eenwording 172
eer
85 Voor
589 Dien
620 Belangrik
799 Beroemd
826 Goedkeur
830 Eerbiedig
eerbaar
518 Glo
582 Wilskrag
622 Goed
769 Vertroue
811 Gewete
812 Goeie gedrag
814 Eerlik
816 Getrou
819 Eerbaar
826 Goedkeur
eerbetoon
693 Gee
799 Beroemd
830 Eerbiedig
eerbewys
693 Gee
799 Beroemd
834 Beloon
eerbied 826
eerbiedig
600 Sonder gesag
776 Liefde
830 Eerbiedig
eerbiedigheid
600 Sonder gesag
776 Liefde
830 Eerbiedig
eerbiedloos 779
eerbiedwaardig 830
eerbiedwaardigheid
620 Belangrik
796 Stand
799 Beroemd
830 Eerbiedig
eerdat 85
eerder 57
eereergister 50
eergierig 799
eergierigheid 799
eergister
50 Verlede
127 Tydbepaling
eerlik
518 Glo
608 Jou woord hou
622 Goed
769 Vertroue
811 Gewete
812 Goeie gedrag
814 Eerlik
eerlikwaar
528 Bevestig
537 Waarheid
eerloos
813 Swak gedrag
815 Oneerlik
820 Oneerbaar
831 Bespot
eers 27
eersaam 582
eersgeboortereg 696
eersgeborene 243
eersgenoemde 24
eerskending 829
eerskennis 829
eerskomende
25 Volg
51 Toekoms
eersoekend 799
eersoekerigheid 799
eerste 27
eerste bof 728(7)
eerste dimensie 431
eerste druk
565 Skryfkuns
566 Drukkuns
eerste gelui 848
eerste glip 728(3)
eerste minister
588 Gesag hê
591 Gesaghebber
eerste offisier
221 Vaar
236 Lugvaart
eerste taal 569
eerste wêreld 787
eerstehands
6 Betreklik
53 Nuut
eerstejaar
27 Begin
560 Skoolgaan
eerstejaarstudent 560
eerstejaarsvak 515
eersteklas 743
eerstens 27
eersterangs 743
eerstespanspeler 726
eerstetaalonderrig 570
eersug 799
eersvolgende
25 Volg
51 Toekoms
eervol 814
eerwaarde
799 Beroemd
849 Prediking
852 Geestelike
eet
390 Mond
391 Tand
406 Eet
429 Eetplek
eetgas 418
eetgerei 418
eetkamer
94(3) Vertrek
406 Eet
429 Eetplek
eetkamertafel 95(6)
eetlus 406
eetmaal 418
eetorgaan 390
eetplek
406 Eet
429 Eetplek

eetsaal
406 Eet
429 Eetplek
eetsalon
234 Spoorweg
406 Eet
eetservies 95(7)
eetuur 418
eetvis 363
eetvrugte 426
eetwa 234
eeu 37
eeuelank 40
eeufees 793
eeufeesviering 793
effe
103 Min
448 Gelyk
490 Kleur
492 Kleure
effek
16 Gevolg
638 Aanmoedig
650 Voltooi
681 Resultaat
713 Gevoel
effekte
692 Spaar
699 Leen
effektebeurs 702
effektebeursnotering 702
effektebeursverrekening 702
effektehandel 702
effektehandelaar 702
effektemark 702
effektetrust
692 Spaar
699 Leen
effektetrustfonds 692
effektief
1 Bestaan
637 Doelgerigtheid
effektiwiteit 637
effens 103
effens warm 465
effentjies
103 Min
624 Gemiddeld
effesoet wyn 427
eg
248 Huwelik
347 Landbou
355 Landbougereedskap
622 Goed
814 Eerlik
egaal
448 Gelyk
619 Kalm
egalig
3 Dieselfde
10 Harmonie
179 Glad
448 Gelyk
egalisme 10
egalitarisme 10
egbreker 820
egbreuk 248
egbreuk pleeg 248
eggenoot 242
eggo
266 Akoestiek
476 Geluid
eggoleer 266
eggovraagsin 576
Egiptiese god 855
egliede 242
ego 32
egoïsme
779 Boosaardig
813 Swak gedrag
egosentries
374 Mens
813 Swak gedrag
egosentrisme 813
egpaar 242
egskeiding 248
egter 666
egtheid
537 Waarheid
622 Goed
814 Eerlik
egverbintenis 248
eie
3 Bestaanswyse
241 Familie
787 Gemeenskap
eiebaat 779
eiebelang
620 Belangrik
633 Nuttig
779 Boosaardig
eiegeregtig 582
eiegeregtigheid 582
eiegewin 686
eiegoed 569
eiehandig 565
eiemagtigheid 593
eien 120
eienaam
546 Kunsmatige teken
550 Noem
574 Woordkategorie
eienaamwoordeboek 567
eienaar 688
eienaarbouer 97
eienaardig
3 Bestaanswyse
7 Betrekkingloos
11 Disharmonie
36 Onreëlmatig
eienaardigheid
3 Bestaanswyse
7 Betrekkingloos
9 Verskillend
11 Disharmonie
36 Onreëlmatig
eienaarskap 688
eiendom 688
eiendomsagent 705
eiendomsakte 688
eiendomsbelasting 712
eiendomsbelegging 699
eiendomseffekte
692 Spaar
699 Leen
eiendomsfinansiering 693
eiendomspolis 655
eiendomsreg
712 Belasting
806 Wettig
eiendomstitel 688
eiendomstrust 699
eiendomsverband 699
eiendomsversekering 655
eienskap
3 Bestaanswyse
546 Kunsmatige teken
eier
365 Voël
370 Voëlteelt
403 Voortplanting
426 Kos
eierdop 365
eierdopwit 492
eiergeel 365
eierkelkie
84 Houer
95(7) Breekgoed
eierkoker 84
eierleier 403
eierpan 95(7)
eierparasiet 361
eiersakspinnekop 361
eiersel 403
eiertert 426
eiervrug
351 Groente
426 Kos
eierwit 365
eiesinnig
582 Wilskrag
583 Willoosheid
667 Stryd
713 Gevoel
eiesinnigheid
582 Wilskrag
713 Gevoel
eiesoortig
3 Bestaanswyse
31 Soort
eietyds 49
eiewaan 785
eiewaarde 785
eiewillig 667
eiewys 582
eik 331
eikeboom 331
eikehout 316
eikeplantluis 361
eiland
61 Plek
149 Pad
281 Eiland
eilandbewoner
64 Aanwesig
281 Eiland
einabeentjie 397
eindaksent 572
eindbestemming 187
einddoel 637
einde
16 Gevolg
28 Einde
86 Agter
250 Dood
637 Doelgerigtheid
646 Nie handel nie
648 Onderbreek
650 Voltooi
681 Resultaat
einde ten laaste 650
eindelik
28 Einde
108 Minder
650 Voltooi
eindeloos
40 Langdurig
62 Grensloos
104 Baie
647 Voortgaan
eindfilament 378
eindfluitjie 727
eindig
16 Gevolg
28 Einde
63 Begrens
137 Bewerking
644 Handelwyse
645 Handel
646 Nie handel nie
648 Onderbreek
650 Voltooi
eindige grens 137
eindigend 28
eindigheid 137
eindklem 572
eindknop 320
eindletter 571
eindmoreen 277
eindnotering 702
eindoordeel 527
eindproduk 237
eindpunt
16 Gevolg
28 Einde
63 Begrens
637 Doelgerigtheid

650 Voltooi
eindpuntgebou 222
eindresultaat
16 Gevolg
637 Doelgerigtheid
eindronde 28
eindrondte 727
eindrym 751
eindstreep 442
eindstryd 727
eindtelling 727
einste 105
eintlik 1
eis
17 Noodsaak
520 Verwag
555 Vra
579 Gedwonge
599 Gesag
604 Versoek
806 Wettig
eisel 403
eisend 604
eiser
604 Versoek
808 Regswese
ejakulaat 239
ejakulasie 239
ek
1 Bestaan
32 Enkeling
129 Bepaald
EKG-masjien 417
ekheid
1 Bestaan
32 Enkeling
ekklesiasties 840
ekklesiologie 842
ekologie
61 Plek
249 Lewe
255 Natuurkunde
515 Wetenskap
ekonomie
515 Wetenskap
590 Bestuur
692 Spaar
701 Handel
ekonomiese klimaat 686
ekonomiese resessie
687 Verlies
701 Handel
ekonomiese sanksie 687
ekonomiese slapte 687
ekonoom
515 Wetenskap
701 Handel
ekosfeer 61
ekosisteem 61
eksak 612
eksakte wetenskap 515
eksaktheid
537 Waarheid
612 Noukeurig
eksamen
516 Soek
560 Skoolgaan
561 Studeer
eksamenboek 567
eksamenskrif 567
eksamenvak 515
eksamineer
516 Soek
559 Opvoeding
642 Beproef
ekseem 413
eksegese
553 Behandel
842 Geloof
eksekuteur
688 Besit
693 Gee
eksemplaar
1 Bestaan
8 Dieselfde
565 Skryfkuns
567 Boek
eksentriek
7 Betrekkingloos
34 Vreemd
36 Onreëlmatig
eksentrisiteit
7 Betrekkingloos
36 Onreëlmatig
eksepsie
530 Voorbehou
532 Betwis
eksepsioneel 36
ekshibisionisme 820
eksisteer 1
eksistensialisme 514
eksistensie
1 Bestaan
249 Lewe
eksistensiefilosofie 514
eskadron 672
eksklusief 34
eksklusiwiteit 34
ekskommunikasie 602
ekskommunikeer 827
ekskresie 409
ekskursie 187
ekskuseer 833
ekskuus
543 Duidelik
783 Vergifnis
833 Verontskuldig
eksodus 176
eksogamie 248
eksokriene klier 402
eksoniem 577
eksosentries 576
eksosfeer
269 Heelal
289 Klimaat
eksoties
7 Betrekkingloos
34 Vreemd
80 Buite
eksotiesheid 7
ekspansiepolitiek 590
ekspansionisme 590
ekspansionisties
590 Bestuur
688 Besit
ekspansionêr 688
ekspedisie
187 Reis
667 Stryd
eksperiment
255 Natuurkunde
516 Soek
642 Beproef
eksperimenteel
642 Beproef
749 Kuns
eksperimenteer
255 Natuurkunde
561 Studeer
642 Beproef
eksperimentering 561
ekspert 535
eksplikasie
543 Duidelik
553 Behandel
ekspliseer
543 Duidelik
553 Behandel
eksplisiet
528 Bevestig
543 Duidelik
553 Behandel
eksploitasie 686
eksploreer 516
eksplosief 572
eksponent 137
eksporteer 192
ekspres
582 Wilskrag
586 Beslis
637 Doelgerigtheid
ekspressionisme
749 Kuns
760 Skilderkuns
ekspressionisties 760
ekstase
512 Verbeelding
718 Bly
ekstaties
713 Gevoel
718 Bly
ekstemporeer 641
ekstensie 434
ekstensioneel 577
ekstensionele betekenis 577
eksterieur 80
ekstern 80
eksterne ouditering 703
ekstra
5 Ondergeskik
107 Meer
686 Aanwins
752 Toneelspel
ekstra- 80
ekstra dekpunt 728(3)
ekstrak 419
ekstralinguaal 569
ekstraterritoriaal 80
ekstratjie 686
ekstravagant 36
ekstreem
68 Ver
107 Meer
ekstremis 618
ekstremisme 618
ekstremiteit 397
ekumenies 840
ekwator
269 Heelal
273 Geografie
ekwatoriaal
269 Heelal
273 Geografie
ekwilibrium 105
ekwinoks 270
ekwivalensie 8
ekwivalent
8 Dieselfde
144 Vervang
eland 366
elandsvy
323 Vrug
426 Kos
elasties 456
elastisiteit 456
elders
61 Plek
65 Afwesig
elegansie 743
elegant 743
elegie 751
elegiese vers 751
eleksie
584 Kies
795 Staat
elektries
256 Skeikunde
262 Elektrisiteit
elektriese boor
101 Gereedskap
155 Deurboor
316 Hout
630 Werktuig
elektriese braaier 419
elektriese braaipan 419
elektriese energie 256

ektriese horlosie 128
ektriese ingenieur 262
ektriese kitaar 756
ektriese klavier 756
ektriese lamp 487
ektriese lig
85 Lig
87 Ligbron
ektriese menger 419
ektriese motor 630
ektriese pylstert 363
ektriese saag
01 Gereedskap
85 Sny
16 Hout
30 Werktuig
ektriese skeermes 746
ektriese stoof 469
ektriese telegraaf 265
ektriese verwarmer 469
ektrifiseer 262
ektrisiën
7 Bou
62 Elektrisiteit
ektrisiteit
23 Meet
62 Elektrisiteit
69 Verwarmingstoestel
ektrisiteitsleer 515
ektrisiteitsmeting 262
ektrisiteitsverbruik 262
ektro- 262
ektrochemie 256
ektrode
56 Skeikunde
62 Elektrisiteit
ektrofoniese musiek 753
ektrofoon 756
ektrokardiograaf 417
ektrolise
56 Skeikunde
62 Elektrisiteit
ektrolities 262
ektromagneet 261
ektromagneties 261
ektromagnetisme
61 Magnetisme
15 Wetenskap
ektron
56 Skeikunde
62 Elektrisiteit
ektronies 262
ektroniese ingenieur 262
ektroniese ingenieurswese
15
ektroniese media 568
ektroniese musiek 753
ektroniese orrel 756
ektroniese pos
63 Rekenaar
51 Meedeel
elektroniese setmasjien 566
elektroniese setter 566
elektronika
262 Elektrisiteit
515 Wetenskap
elektronmikroskoop 267
elektrostatika 262
elektrotegniek 262
elektrotegniese ingenieur
262
elektrotegnikus 262
elektroterapie 414
element
254 Stof
295 Delfstof
elementêr
27 Begin
653 Maklik
elevasie 158
eleveer 158
elf
363 Waterdier
422 Seekos
844 Bygeloof
elikser 415
eliminasie 171
elimineer
171 Verwyder
252 Doodmaak
683 Misluk
elk(e)
102 Hoeveelheid
109 Alles
133 Getal
ellende
656 Gevaarlik
690 Arm
717 Lyding
719 Hartseer
ellendeling
626 Swak
813 Swak gedrag
ellendig
583 Willoosheid
623 Sleg
626 Swak
656 Gevaarlik
683 Misluk
690 Arm
717 Lyding
813 Swak gedrag
ellepyp
380 Gebeente
397 Ledemaat
ellips
576 Sinsbou
750 Letterkunde
ellipsoïde 257
ellipsvormig 446
ellipties
446 Rond
576 Sinsbou
elmboog
397 Ledemaat
444 Krom
elmboogbeentjie 397
elmboogskerm 731
Elmsvuur 293
elokusie 548
els 155
elshout 316
emalje 391
emansipasie 593
embargo 602
embleem 233
embrio
15 Oorsaak
27 Begin
embriologie
249 Lewe
515 Wetenskap
embrioloog 515
embrionaal 27
embuia 316
emendasie 140
emendeer 140
Ementhaler 426
emeritaat 660
emfaties 595
emigrant
67 Verplasing
787 Gemeenskap
emigrasie
67 Verplasing
167 Wegbeweeg
190 Vertrek
emissie 266
emissiebank 700
Emmanuel 837
emmer
84 Houer
102 Hoeveelheid
emmerrat 186
emosie
713 Gevoel
714 Gevoelig
emosioneel
11 Disharmonie
142 Veranderlik
714 Gevoelig
emotief
541 Betekenisvolheid
577 Betekenis
emotiewe waarde
541 Betekenisvolheid
577 Betekenis
empatie 778
empireum 839
empiries
517 Vind
642 Beproef
empiriese navorsing 515
emplojeer
584 Kies
645 Handel
659 Aanstel
emulsie 460
en bloc 168
en passant 225
encore 755
end
16 Gevolg
28 Einde
86 Agter
646 Nie handel nie
650 Voltooi
end kry
28 Einde
646 Nie handel nie
endelderm 401
endemies
337 Veldplant
413 Siekte
endogamie 248
endokarp 323
endokrien 402
endokriene klier 402
endoniem 577
endonimie 577
endosentries 576
endossement 700
endrym 751
enema 415
energie
123 Meet
256 Skeikunde
582 Wilskrag
610 Ywerig
energiebaan 256
energiebron
256 Skeikunde
257 Meganika
energiek
249 Lewe
582 Wilskrag
610 Ywerig
energiekheid 610
energiekrisis 257
energie-omsetting 256
energie-oordrag 256
energieverbruik 257
energievoorraad 257
energievoorsiening 257
eners
8 Dieselfde
10 Harmonie
105 Gelyk
enersdenkend 8
enersklinkend 10
enersluidend
8 Dieselfde
105 Gelyk
eng
435 Smal
503 Onverstandig
engel 838
engelagtig 836

engelekoor 838
engelkruid 419
Engels 569
Engelse horing 756
Engelse kitaar 756
Engelse ontbyt 426
Engelse sout 415
Engelsgesindheid 787
engelvis
363 Waterdier
422 Seekos
engelwortel 419
enghartig 503
engheid 503
engte 435
engtevrees
413 Siekte
505 Verstandstoornis
768 Vrees
enigermate 102
enigma 540
enjambement 751
enjin
233 Motorvoertuig
235 Skeepvaart
enjinblok 233
enjininstrumente 236
enjinkamer 235
enjinkap 233
enjinluginlaat 235
enjinmonteermas 236
enjinmonteerpiloon 236
enjinsnelheid 257
enkapsuleer 82
enkapsulering 577
enkel 32
enkelbaan 728(4)
enkelbaanstrepe 728(4)
enkelbed
95(5) Bed
96 Slaapplek
enkelblommig 322
enkelborsbaadjie 745
enkeldekker 233
enkeldekkerbus 233
enkele 103
enkeling 32
enkelkaartjie 220
enkelkamer 94(3)
enkellaaier 676
enkellobbig 323
enkelloopgeweer 676
enkelrit 220
enkelski 732
enkelspanbrug 149
enkelspel 728(4)
enkelspelspeler 728(4)
enkelvoud
574 Woordkategorie
575 Woordvorming
enkelvoudig
113 Enkelvoudig
574 Woordkategorie
575 Woordvorming
enkelvoudigheid 113
enkelvoudsvorming 575
enklisis 572
enkodeer 565
enorm
104 Baie
432 Groot
enormiteit 432
ensemble
111 Geheel
663 Meedoen
754 Komposisie
ensiem
395 Buik
401 Spysvertering
409 Afskeiding
ensiklopedie 543
ensiklopedies 577
ensiklopediese kennis 577
ensovoorts 102
ent
86 Agter
349 Bosbou
en-teken 571
enting
345 Plantkwekery
349 Bosbou
entiteit 4
entjie 430
entoesias
610 Ywerig
714 Gevoelig
entoesiasme
610 Ywerig
618 Kragtig
713 Gevoel
714 Gevoelig
718 Bly
entoesiasties
586 Beslis
610 Ywerig
618 Kragtig
713 Gevoel
714 Gevoelig
718 Bly
773 Begeerte
entomograaf 358
entomologie
358 Dierkunde
515 Wetenskap
entomologies 358
entomoloog
358 Dierkunde
515 Wetenskap
entoptiese kleur 490
entrepeneurskap 701
entrepot 170
entstof 415
eo ipso 15
eohippus 367
eolities 274
eolusharp 756
Eoseense epog 274
epidemie 413
epidemies 413
epidermikula 382
epidermis 381
epidiaskoop 268
epidurale keisersnee 239
epies
552 Vertel
751 Digkuns
epiese gedig 751
epifiet 318
epifise 380
epiglottis 398
epigram 751
epikarp 323
epilepsie 413
episentrum 274
episiotomie 239
episode
44 Gebeure
552 Vertel
epistemies 577
epistemiese modaliteit 577
epistomologie 514
epitaaf 253
epiteton
550 Noem
574 Woordkategorie
epog
44 Gebeure
274 Geologie
eponigium 383
epoptiese kleur 490
e-pos
263 Rekenaar
551 Meedeel
epos
552 Vertel
750 Letterkunde
751 Digkuns
epoulet
674 Uitrusting
745 Kleding
era
37 Tyd
274 Geologie
erbarming 778
erbarmlik
717 Lyding
719 Hartseer
erdewerk 305
erdvlooi 361
ereblyk 799
ereboog 546
erediens
848 Erediens
840 Godsdiens
eredoktoraat 561
eregas 793
eregraad 561
erelid 665
erepenning 799
erepoort 546
erepos 658
erepresident 665
ereprofessor 560
ererol 799
eresabel 678
eresuil 546
ereswaard 678
eretitel 550
erevoorsitter 665
erewag 680
erewoord 607
erf
61 Plek
686 Aanwins
696 Ontvang
erfenis 693
erfgeld 686
erfgenaam
693 Gee
696 Ontvang
erfgoed
688 Besit
693 Gee
696 Ontvang
erfgrond 787
erflating
686 Aanwins
688 Besit
693 Gee
696 Ontvang
erfleen 794
erflik
3 Bestaanswyse
239 Voortplant
696 Ontvang
erflikheid
3 Bestaanswyse
239 Voortplant
erflikheidsleer 239
erfopvolgreg 808
erfplaas 693
erfporsie
693 Gee
696 Ontvang
erfreg
696 Ontvang
808 Regswese
erfsmet 822
erfsonde 822
erfstuk
688 Besit
693 Gee
erg
618 Kragtig
623 Sleg
656 Gevaarlik
813 Swak gedrag

ergatief 576
ergatiewe taal 576
erger
714 Gevoelig
771 Gramskap
777 Haat
ergerlik
667 Stryd
713 Gevoel
714 Gevoelig
771 Gramskap
777 Haat
827 Afkeur
ergerlikheid
654 Moeilik
714 Gevoelig
771 Gramskap
777 Haat
820 Oneerbaar
ergernis
654 Moeilik
771 Gramskap
820 Oneerbaar
erisipelas 413
erken
528 Bevestig
531 Saamstem
823 Berou
erkenning
528 Bevestig
781 Dankbaar
826 Goedkeur
830 Eerbiedig
erkentlikheid
781 Dankbaar
826 Goedkeur
830 Eerbiedig
erns 723
ernstig
412 Siek
413 Siekte
656 Gevaarlik
723 Ernstig
ernstig siek
412 Siek
623 Sleg
717 Lyding
erodeer 154
erotiek 776
errata 567
ertjie
351 Groente
426 Kos
ertjiekalander 361
ertjieland 351
ertjieplant 351
ertjieplantluis 361
ertjiesaad 351
ertjiesop 426
erts
295 Delfstof
297 Metaal
ertsdraende rif 275
ertsryk 275
ertstrok 234
ertswa 234
ervaar
535 Weet
713 Gevoel
ervare 614
ervaring
44 Gebeure
614 Bekwaam
642 Beproef
714 Gevoelig
eryops 367
esdoring 331
esel
366 Soogdier
503 Onverstandig
760 Skilderkuns
eselagtigheid 503
eskader 672
eskadril 672
eskalasie 107
eskaleer
107 Meer
618 Kragtig
eskarp 277
E-snaar 756
esofagus 401
esoteries 540
esplanade
61 Plek
445 Oppervlak
espressivo 753
espresso 427
espressokoffie 427
essay 750
essayis
565 Skryfkuns
750 Letterkunde
essehout 316
essens 419
essensie
4 Selfstandig
17 Noodsaak
622 Goed
631 Nodig
essensieel
4 Selfstandig
17 Noodsaak
579 Gedwonge
620 Belangrik
631 Nodig
establishment 795
esteet 747
esteties
743 Mooi
747 Verfyndheid
estetika 743
estetikus 743
estuarium 286
ete
406 Eet
418 Maaltyd
ete(ns)gas
418 Maaltyd
790 Sosiaal
793 Fees
etenstafel 95(6)
etenstyd
37 Tyd
38 Tydgebruik
418 Maaltyd
662 Rus
eter 406
eteries
461 Gas
743 Mooi
836 Bonatuurlik
etiek
514 Wysbegeerte
811 Gewete
eties
514 Wysbegeerte
811 Gewete
etiket
644 Handelwyse
791 Sosiaal
etimologie
573 Woordeskat
577 Betekenis
etimologies 573
etimologiese woordeboek 567
etnies 787
etnograaf 787
etnografie 787
etnolinguistiek 570
etnologie 787
etnoloog 787
etos
514 Wysbegeerte
811 Gewete
ets
759 Tekenkuns
761 Graveerkuns
etter
413 Siekte
820 Oneerbaar
etude 754
eucharistie 850
eucharisties 850
eufemisme 750
euforie 716
eufories
713 Gevoel
716 Genot
eugenia 331
eunug 239
Europa 276
Europees 276
eutanasie
250 Dood
252 Doodmaak
euwel
779 Boosaardig
813 Swak gedrag
822 Skuldig
euweldaad 822
evakuasie 176
evaluasie 527
evalueer
126 Skat
527 Oordeel
642 Beproef
evaluering
527 Oordeel
642 Beproef
evangelie
552 Vertel
750 Letterkunde
842 Geloof
evangeliedienaar 849
evangelisasie 849
evangeliseer 849
eventueel 653
evident 543
evokatiewe musiek 753
evoleer 140
evolusieleer 240
ewe 133
ewebeeld
8 Dieselfde
14 Navolging
eweknie 8
ewemaat
8 Dieselfde
35 Reëlmatig
ewematig
8 Dieselfde
78 Parallel
ewematigheid
8 Dieselfde
35 Reëlmatig
105 Gelyk
ewemin 105
ewenaar
105 Gelyk
233 Motorvoertuig
269 Heelal
273 Geografie
eweneens 8
ewe(n)wel 666
eweredig
8 Dieselfde
10 Harmonie
35 Reëlmatig
135 Verhouding
136 Eweredigheid
eweseer 8
eweveel 105
ewewig
10 Harmonie
105 Gelyk
257 Meganika
452 Swaar

504 Geestelike gesondheid
619 Kalm
ewewigsleer 257
ewewigspunt 257
ewewigstoestand 257
ewewigtig
8 Dieselfde
10 Harmonie
12 Eenvormig
504 Geestelike gesondheid
619 Kalm
ewewigtigheid
10 Harmonie
12 Eenvormig
504 Geestelike gesondheid
619 Kalm
ewewydig 78
ewig
40 Langdurig
42 Altyd
ewigdurend
40 Langdurig
42 Altyd
ewige lewe 839
ewigheid
42 Altyd
837 God
ewiglik 40
ewwa-trewwa 337
ex cathedra 528
ex jure 808
ex libris 567
ex officio
590 Bestuur
658 Beroep
exorsisme 838

F

fa 753
faal
538 Dwaling
623 Sleg
637 Doelgerigtheid
652 Versuim
683 Misluk
813 Swak gedrag
822 Skuldig
faam
588 Gesag hê
620 Belangrik
796 Stand
799 Beroemd
830 Eerbiedig
faas
185 Sny
546 Kunsmatige teken
fabel
524 Onlogies redeneer
552 Vertel
750 Letterkunde
818 Bedrieg
855 God
fabelagtig
36 Onreëlmatig
552 Vertel
818 Bedrieg
fabelleer 855
fabriek
91 Gebou
92 Groot gebou
237 Voortbring
658 Beroep
fabrieksarbeider 658
fabrieksdorp 89
fabriekseienaar 658
fabrieksfout 623
fabrieksgeheim 540
fabrieksinspekteur 658
fabriekskip 235
fabrieksmerk 546
fabrieksprys 126
fabriekstad
89 Blyplek
90 Gemeenskap
fabrieksvoorman 658
fabriekswese 658
fabriekswet 801
fabriekswinkel 707
fabrikaat 237
fabrikant 237
fabrikasie
237 Voortbring
818 Bedrieg
fabriseer
237 Voortbring
818 Bedrieg
fabuleus 36
faeces 409
faëton 230
fagot 756
fahrenheit 260
Fahrenheit 465
Fahrenheit-graad 123
faïence
305 Erdewerk
745 Versier
faillisement
687 Verlies
711 Skuld
fait accompli 44
fakir 854
fakkel
467 Aansteek
487 Ligbron
fakkelboom 331
fakkeldans 742
fakkeldraer 793
fakkellig 485
fakkelloop 793
fakkeloptog 793
fakkelsein 546
fakkelstok
467 Aansteek
487 Ligbron
faks
265 Telekommunikasie
551 Meedeel
565 Skryfkuns
faksie 599
faksimilee
14 Navolging
265 Telekommunikasie
551 Meedeel
565 Skryfkuns
567 Boek
faksimileemasjien
265 Telekommunikasie
565 Skryfkuns
faksimilee-uitgawe 567
faksmasjien
265 Telekommunikasie
565 Skryfkuns
fakties
1 Bestaan
537 Waarheid
faktitief 574
faktoor 701
faktor
15 Oorsaak
133 Getal
137 Bewerking
138 Algebra
faktorering 701
faktotum
592 Ondergeskikte
645 Handel
663 Meedoen
faktureer 703
fakturis 700
faktuur 708
faktuurbedrag 708
faktuurboek
565 Skryfkuns
703 Boekhou
faktuurklerk 700
fakultatief 578
fakulteit 559
fakultêr 559
falanks
397 Ledemaat
672 Weermag
faljiet 687
fallies 403
fallus 403
falsaris 818
falset 757
falsetto 757
falsifieer 818
falsifikasie 818
falsitas
807 Onwettig
818 Bedrieg
fameus
104 Baie
799 Beroemd
familiaal 241
familiaar 776
familiariseer
535 Weet
776 Liefde
familiariteit 776
familie
19 Orde
31 Soort
240 Afkoms
241 Familie
317 Fisiologie
318 Plant
357 Dier
787 Gemeenskap
familiebetrekking
241 Familie
790 Sosiaal
familiebybel 842
familiefees 793
familiegebruik 657
familiegraf 253
familiegroep 241
familiekerkhof 253
familiekwaal 413
familielewe 249
familielid 241
familienaam
550 Noem
574 Woordkategorie
familiêr 776
familieroman 750
familiestruktuur 241
familietradisie 657
familietrek
3 Bestaanswyse
386 Gesig
familietrots 785
familietwis
667 Stryd
777 Haat
familieverband 787
familievete
777 Haat
779 Boosaardig
familiewapen 546
familiewoning 91
Fanagalo 569
fanatiek
618 Kragtig
714 Gevoelig
fanatikus
618 Kragtig
714 Gevoelig
fanatisme
618 Kragtig
714 Gevoelig
fandango 742
fanfare 755
fantas 512
fantaseer
512 Verbeelding

755 Uitvoering
fantasia 754
fantasie
512 Verbeelding
538 Dwaling
552 Vertel
745 Versier
750 Letterkunde
754 Komposisie
fantasieartikel 621
fantasienaam 550
fantasiepapier 315
fantasieprys 126
fantasieverhaal
552 Vertel
750 Letterkunde
fantasma
505 Verstandstoornis
512 Verbeelding
fantasmagorie
505 Verstandstoornis
512 Verbeelding
844 Bygeloof
fantasmagories 844
fantasties
2 Nie-bestaan
7 Betrekkingloos
36 Onreëlmatig
471 Lekker
512 Verbeelding
622 Goed
743 Mooi
fantom 844
fantoom
838 Gees
844 Bygeloof
farad 123
faringitis 413
farinks
393 Skouer
398 Asemhaling
fariseër
818 Bedrieg
845 Godsvrug
fariseïsme
818 Bedrieg
845 Godsvrug
farmakologie
414 Geneeskunde
515 Wetenskap
farmakoloog 416
farmakopee
414 Geneeskunde
415 Geneesmiddel
farmakoteek
415 Geneesmiddel
416 Medikus
farmaseut 416
farmaseuties 414
farmaseutika 414
farmasie 414
faro 740
fasade 94(2)
fascisme 795
fase
37 Tyd
270 Hemelliggaam
fase-ewewig 256
fases van die maan 270
faset
112 Deel
306 Diamant
fasiliteer 557
fasiliteerder
539 Kommunikeer
668 Vrede
fasiliteit 629
fassade 745
fassie 100
fassieplank 100
fassineer 716
fata morgana 267
fataal
656 Gevaarlik
683 Misluk
fatalis 844
fatalisme
843 Ongeloof
844 Bygeloof
fatalisties 844
fataliteit 250
fatsoen 438
fatsoeneer 438
fatsoenlik
622 Goed
743 Mooi
812 Goeie gedrag
819 Eerbaar
fatsoenlikheid
622 Goed
743 Mooi
788 Beskaafd
791 Sosiaal
811 Gewete
812 Goeie gedrag
819 Eerbaar
fatum 579
fauna
274 Geologie
357 Dier
faunistiek 358
faux pas
538 Dwaling
613 Onnoukeurig
623 Sleg
822 Skuldig
Februarie 127
federaal
590 Bestuur
795 Staat
federalis 590
federalisme
590 Bestuur
787 Gemeenskap
795 Staat
federalisties 590
federasie
590 Bestuur
795 Staat
fee 844
feeks 813
feëriek
743 Mooi
844 Bygeloof
fees
716 Genot
724 Vermaak
790 Sosiale betrekking
791 Sosiaal
793 Fees
851 Kerkfees
fees hou 793
feesbundel 567
feesdag 851
feesgejuig 826
feeskommissie 665
feeslied 757
feeslokaal 91
feesmaal
418 Maaltyd
793 Fees
feesnommer
568 Perswese
793 Fees
feespreek 849
feesprogram 793
feesrede 558
feestelik
418 Maaltyd
718 Bly
793 Fees
feestelikheid 793
feesterrein 793
feestyd 793
feesuitgawe
567 Boek
568 Perswese
feesvier
724 Vermaak
793 Fees
feesvierder 793
feesviering 793
feetjie 844
feëverhaal
552 Vertel
750 Letterkunde
feil 538
feilloos 537
feit
1 Bestaan
44 Gebeure
537 Waarheid
feite 551
feitebevinding 527
feitekennis 537
feitelik
1 Bestaan
537 Waarheid
feitelike betekenis 577
feitelikheid 537
feitemateriaal 44
feitlik 130
fekalieë 409
fel
104 Baie
485 Lig
490 Kleur
779 Boosaardig
felisitasie 826
felisiteer 778
fels 301
femel
548 Praat
725 Verveling
815 Oneerlik
818 Bedrieg
femelaar
725 Verveling
818 Bedrieg
femelary
818 Bedrieg
845 Godsvrug
feminis 795
feminisme
376 Vrou
795 Staat
femorale senuwee 378
femur
380 Gebeente
397 Ledemaat
fenegriek 343
feniks
535 Weet
622 Goed
Fenisiese god
855 God
fenol
460 Vloeistof
fenomeen
36 Onreëlmatig
521 Verras wees
535 Weet
fenomenaal 521
fenomenologie 514
fenotipe 3
feodaal
794 Sosiaal
795 Staat
feodale stelsel 794
ferm
455 Hard
582 Wilskrag
595 Streng
622 Goed
625 Sterk
812 Goeie gedrag

ferment
254 Stof
428 Drankbereiding
fermentasie 428
fermenteer
140 Verandering
425 Bakker
427 Drank
428 Drankbereiding
667 Stryd
713 Gevoel
ferrochroom 297
ferromagnesium 297
ferromagnetisme 261
ferromangaan 297
ferrometaal 297
ferweel 311
ferweelwewery 313
festiwiteit 793
festoen 745
festschrift 567
fetaal 239
fetisj
505 Verstandstoornis
830 Eerbiedig
854 Godsdiens
fetus 239
feudalisme 795
fiasko
20 Wanorde
683 Misluk
685 Verloor
fiat 599
fibreus 311
fibrine 400
fibroom 413
fibrositis
379 Spier
413 Siekte
fibula
380 Gebeente
397 Ledemaat
fiche
564 Skryfbehoeftes
709 Betaalmiddel
fideicommissum 693
fideikommis 693
fiduciarius
688 Besit
712 Belasting
fidusie 518
fidusêre geld 709
fiedicommissarius 693
fielafooi 397
fier 785
fiësta 793
fieterjasies 745
fiets
218 Fietsry
232 Fiets
735 Fietsrysport
fietsbaan 726
fietsbroek 735
fietser
218 Fietsry
223 Stuur
735 Fietsrysport
fietsmaraton 218
fietsonderdele 232
fietspad 149
fietspomp 232
fietsren 218
fietsrit 218
fietsry
216 Ry
218 Fietsry
735 Fietsrysport
fietsryer
216 Ry
218 Fietsry
223 Stuur
735 Fietsrysport
fietsrymarathon 735
fietstoer
218 Fietsry
735 Fietsrysport
fietswinkel
218 Fietsry
232 Fiets
707 Handelsaak
figurant
646 Nie handel nie
752 Toneelspel
756 Musiek
figuratief
547 Simboliek
745 Versier
760 Skilderkuns
figuur
35 Reëlmatig
70 Houding
139 Meetkunde
377 Liggaam
438 Vorm
547 Simboliek
577 Betekenis
758 Kuns
759 Tekenkuns
figuurbeeldhoukuns 763
figuurdans 742
figuurlik
541 Betekenisvolheid
547 Simboliek
577 Betekenis
750 Letterkunde
figuurlike betekenis
577 Betekenis
750 Letterkunde
figuurlike taal 750
figuurlike taalgebruik
577 Betekenis
750 Letterkunde
figuurlikheid 577
figuursaag 185
figuurskaats 736
figuurskaatser 736
figuurski 732
fiks
249 Lewe
411 Gesond
625 Sterk
fiksasie
505 Verstandstoornis
657 Herhaal
fiksatief 172
fikseer 657
fiksheid
411 Gesond
625 Sterk
fiksie
2 Nie-bestaan
552 Vertel
562 Lees
567 Boek
750 Letterkunde
818 Bedrieg
fiktief
2 Nie-bestaan
538 Dwaling
filagram 315
filament
270 Hemelliggaam
317 Fisiologie
filantroop 778
filantropie 778
filatelie 563
filatelis 563
filekommis 693
filet
310 Vlegwerk
421 Vleis
filharmonies 754
filiaal
241 Familie
658 Beroep
665 Byeenkom
701 Handel
707 Handelsaak
filiaalbank
700 Bank
709 Betaalmiddel
filiaalkerk 852
filiasie 241
filigraan 302
filigram 315
filister 503
filistyn
748 Onverfynd
789 Onbeskaafd
fillode 317
fillogeen 317
filloksera 324
fillotaksie 317
film
268 Fotografie
752 Rolprentkuns
752 Toneelkuns
filmfees 793
filmjoernaal 752
filmkasset 268
filmmaker
268 Fotografie
752 Toneelspel
filmoteek 752
filmprojektor 268
filmstrook 268
filmteater 724
filmvertoning
724 Vermaak
752 Rolprentkuns
filogenese 317
filogenie 317
filologie 570
filoloog 570
filosel 311
filosofeer
513 Gedagte
514 Wysbegeerte
522 Redeneer
filosofie
513 Gedagte
514 Wysbegeerte
515 Wetenskap
522 Redeneer
590 Bestuur
filosofies
513 Gedagte
514 Wysbegeerte
filter
153 Deur
258 Hidroulika
268 Fotografie
290 Wind
430 Rook
filterkoffie 427
filtersigaret 430
filtpen 564
filtraat 256
filtrasie 258
filtreer
153 Deur
427 Drank
filtreerder 153
filtreerdoek 153
filtreerkan 153
filtreermasjien 153
filtreerpapier
153 Deur
315 Papier
finaal
28 Einde
111 Geheel
727 Wedstryd
754 Komposisie
finalis
726 Sport
727 Wedstryd

finaliseer 650
finalisering 650
finansieel
688 Besit
701 Handel
finansiële belange 701
finansiële deskundige 701
finansiële posisie
686 Aanwins
688 Besit
finansiële rand 709
finansiële tekort 690
finansiële termyn 703
finansiële vermoë 688
finansier
688 Besit
693 Gee
700 Bank
701 Handel
finansiering
693 Gee
699 Leen
finansies 701
finansman 701
fineer
302 Smid
316 Hout
fineerdeur 94(8)
fineerhout 316
fineerwerk 302
finesse
502 Verstand
622 Goed
743 Mooi
fingeer 818
fiool 84
firma
658 Beroep
665 Byeenkom
701 Handel
firmament 269
firmant 665
firmatuur 263
fisant 365
fisiater 416
fisiek
254 Stof
377 Liggaam
fisies
254 Stof
255 Natuurkunde
256 Skeikunde
fisika
254 Stof
255 Natuurkunde
256 Skeikunde
515 Wetenskap
fisikus
255 Natuurkunde
515 Wetenskap
fisio-
249 Lewe
255 Natuurkunde
fisiografie
273 Geografie
274 Geologie
fisiokrasie 701
fisiokratisme 701
fisiologie
249 Lewe
255 Natuurkunde
317 Fisiologie
358 Dierkunde
515 Wetenskap
fisiologies
249 Lewe
255 Natuurkunde
358 Dierkunde
fisioloog
358 Dierkunde
515 Wetenskap
fisionomie 377
fisioterapeut 416
fisioterapie 414
fiskaal
288 Waterstelsel
365 Voël
712 Belasting
fiskale jaar 712
fiskus 712
fisologies 317
fistel 413
fitofaag 357
fitogeen 318
fitogenese 345
fitogeneties 345
fitogenie 345
fitografie 325
fitologie
325 Plantkunde
345 Plantkwekery
fitoloog
325 Plantkunde
345 Plantkwekery
fitopatologie
325 Plantkunde
345 Plantkwekery
414 Geneeskunde
fjord 283
fladder
164 Reëlmatig
165 Onreëlmatig
222 Vlieg
fladdering 164
flageolet 756
flagrant
162 Ontbloot
537 Waarheid
flair
502 Verstand
644 Handelwyse
flambé 419
flambojant
745 Versier
764 Boukuns
flambojantboom 331
flambou
332 Struik
487 Ligbron
flamink 365
flaneer
213 Rondgaan
229 Stadig
flanel 311
flanelet 311
flank
87 Kant
94(2) Aansig
395 Buik
672 Weermag
728(1) Rugby
flankaanval 669
flankeer
213 Rondgaan
776 Liefde
flankvoorspeler 728(1)
flans 652
flap
161 Bedek
180 Ongelyk
322 Blom
365 Voël
480 Dowwe klank
567 Boek
flapflappie 365
flapgeluid 480
flapoor 388
flappertjie 426
flapteks 567
flarde 112
flater
538 Dwaling
613 Onnoukeurig
652 Versuim
822 Skuldig
flatteer
743 Mooi
828 Vlei
flatulensie
401 Spysvertering
413 Siekte
flebitis 413
flegma
390 Mond
715 Gevoelloos
flegmaties
12 Eenvormig
715 Gevoelloos
flegmatikus 715
fleim
390 Mond
409 Afskeiding
fleksie 575
fleksiemorfeem
573 Woordeskat
575 Woordvorming
flekteer 574
flens
147 Rigting
257 Meganika
flensie 426
flenter
112 Deel
184 Afbreek
213 Rondgaan
311 Weefsel
flenters
112 Deel
184 Afbreek
flerrie
239 Voortplant
376 Vrou
776 Liefde
flerts 112
fles
84 Houer
123 Meet
flets
412 Siek
491 Kleurloosheid
fleur
53 Jonk
411 Gesond
625 Sterk
fleurig
53 Jonk
411 Gesond
625 Sterk
718 Bly
743 Mooi
fliek 724
fliekganger 752
flikflooi 828
flikker
164 Reëlmatig
467 Aansteek
485 Lig
487 Ligbron
499 Sien
713 Gevoel
flikkerblink 718
flikkerend 164
flikkerglans 485
flikkering
164 Reëlmatig
485 Lig
713 Gevoel
flikkerlig
233 Motorvoertuig
485 Lig
487 Ligbron
flikkeroë 387
flinderslag 215
flink
104 Baie
249 Lewe
411 Gesond

622 Goed
625 Sterk
767 Moed
811 Gewete
flinkheid 625
flint 467
flintglas 309
flippen 820
flirt
239 Voortplant
776 Liefde
flirtasie 776
flits
225 Vinnig
268 Fotografie
485 Lig
487 Ligbron
539 Kommunikeer
546 Kunsmatige teken
568 Perswese
flitsberig 568
flitsfotografie 268
flitslig
485 Lig
487 Ligbron
flodder 99
flodderkous 628
flodderrig 628
floëem
320 Stam
331 Boom
floers 311
flokkuleer 462
floks 322
flonker 485
flonkering 485
flop
613 Onnoukeurig
683 Misluk
flora
274 Geologie
318 Plant
floreer
682 Slaag
686 Aanwins
floret
678 Wapen
731 Gevegsport
floribundaroos 332
floteer
237 Voortbring
686 Aanwins
701 Handel
flottasie 214
flottielje 672
flou
130 Onbepaald
413 Siekte
470 Smaak
581 Teësinnig
587 Aarsel
626 Swak
661 Vermoei
725 Verveling
flouerig 587
flouïteit 621
flous
538 Dwaling
815 Oneerlik
818 Bedrieg
floute
413 Siekte
626 Swak
fluïditeit 460
fluïdum 460
fluim
390 Mond
409 Afskeiding
fluister
482 Menslike geluid
548 Praat
829 Beledig
fluisteraar 548
fluisterend 482
fluistering 548
fluisterstem 548
fluit
234 Spoorweg
345 Plantkwekery
390 Mond
482 Menslike geluid
483 Voëlgeluid
484 Diergeluid
677 Skiet
756 Musiek
fluitery 482
fluit-fluit 653
fluitjiesbos 332
fluitjiesriet 339
fluitketel 84
fluitkonsert 755
fluks
225 Vinnig
610 Ywerig
622 Goed
645 Handel
811 Gewete
fluktueer
9 Verskillend
13 Verskeidenheid
583 Willoosheid
fluoor
296 Nie-metaal
461 Gas
fluoorwaterstof 461
fluoresseer
267 Optika
485 Lig
fluoressensie 485
fluoressent 485
fluoressente lig
485 Lig
487 Ligbron
fluoresserend 267
fluoried 296
flus
50 Verlede
51 Toekoms
flussies
50 Verlede
51 Toekoms
fluviaal 287
fluvioglasiale vlakte 277
fluviometer 287
fluweel 311
fluweelmier 361
fluweelrooi 492
fluweelsag 456
fluweelsop 426
fluweeltjie 322
fnuik
20 Wanorde
238 Vernietig
588 Gesag hê
683 Misluk
fobie
413 Siekte
505 Verstandstoornis
768 Vrees
foedraal
84 Houer
161 Bedek
foelie
161 Bedek
301 Metaal
419 Voedselbereiding
foeter
182 Slaan
667 Stryd
669 Aanval
fokaal 267
fok(ke)masseil 235
fokmas 235
fokseil 235
foksia 322
foksterriër 366
fokstrot 742
fokus
267 Optika
577 Betekenis
657 Herhaal
fokusseer 267
folio
315 Papier
566 Drukkuns
folioformaat
123 Meet
431 Afmeting
438 Vorm
566 Drukkuns
foliopapier 315
folk 753
folklore
514 Wysbegeerte
552 Vertel
657 Herhaal
folkloristiek 552
folkmusiek 753
follikel
377 Liggaam
382 Haar
403 Voortplanting
folter
717 Lyding
779 Boosaardig
835 Bestraf
fomenteer
414 Geneeskunde
667 Stryd
fonasie 572
fondament
75 Onder
77 Onderkant
94(1) Konstruksie
94(6) Muur
99 Messel
620 Belangrik
fondamentsteen 304
fondant
426 Kos
674 Uitrusting
fondasie
75 Onder
94(1) Konstruksie
94(6) Muur
fondeer 237
fonds
665 Byeenkom
688 Besit
692 Spaar
708 Betaal
709 Betaalmiddel
780 Hulp
fondse
688 Besit
709 Betaalmiddel
fondsinsameling 686
fondue 418
fonduestel 419
foneem 572
fonetiek
570 Taalwetenskap
572 Uitspraak
foneties
565 Skryfkuns
570 Taalwetenskap
572 Uitspraak
fonetiese skrif 565
fonetiese teken 565
fonetikus 570
fonies 572
fonofobie 505
fonograaf
266 Akoestiek
756 Musiek
fonogram 265

fonologie
570 Taalwetenskap
572 Uitspraak
fonologies
570 Taalwetenskap
572 Uitspraak
fonoloog 570
fonometer 266
fonometrie 266
font 566
fontein
284 Bron
288 Waterstelsel
fonteinkruid 341
fonteinwater 460
fooi
686 Aanwins
708 Betaal
foon
123 Meet
265 Telekommunikasie
572 Uitspraak
foonsnol
239 Voortplant
813 Swak gedrag
820 Oneerbaar
fop
538 Dwaling
815 Oneerlik
818 Bedrieg
fopbeweging 728(1)
fophof 808
fopper 815
foppery 818
foramen magnum 385
forel
363 Waterdier
422 Seekos
formaat
123 Meet
431 Afmeting
432 Groot
438 Vorm
620 Belangrik
formaatboek 566
formaliseer
539 Kommunikeer
546 Kunsmatige teken
formalisme
2 Nie-bestaan
438 Vorm
539 Kommunikeer
formaliteit
644 Handelwyse
657 Herhaal
formans 575
formant 266
formasie
274 Geologie
438 Vorm
579 Mobiliseer
formateer 438
formeel
438 Vorm
523 Logies redeneer
537 Waarheid
565 Skryfkuns
595 Streng
750 Letterkunde
formeer
15 Oorsaak
237 Voortbring
438 Vorm
638 Aanmoedig
formele styl
548 Praat
565 Skryfkuns
750 Letterkunde
formele taal 569
formele term 573
formering 438
formidabel 618
formika 307
formule
35 Reëlmatig
256 Skeikunde
539 Kommunikeer
644 Handelwyse
formuleer
539 Kommunikeer
551 Meedeel
formuleringsfout 569
formulier
35 Reëlmatig
850 Sakrament
formulierboek 567
fornikasie
813 Swak gedrag
820 Oneerbaar
fornikeer 239
fors 625
forseer
17 Noodsaak
458 Breekbaar
579 Gedwonge
586 Beslis
618 Kragtig
forsgebou 411
fort
655 Veilig
670 Verdedig
671 Verdedigingsmiddel
forte 753
forte-piano
753 Musiek
756 Musiekinstrument
fortifiseer 625
fortifiseer (wyn) 428
fortifisering 671
fortis 572
fortissimo 753
Fortran 263
fortuin
579 Gedwonge
682 Slaag
688 Besit
689 Ryk
718 Bly
fortuinsoeker 686
forum
61 Plek
539 Kommunikeer
557 Diskussie
590 Bestuur
fosfaat
300 Sout
345 Plantkwekery
fosfor 296
fosforbom 676
fosforensie 485
fosforesseer 485
fossiel
54 Oud
274 Geologie
298 Steen
foto
268 Fotografie
568 Perswese
fotoalbum 567
foto-ateljee 658
fotoblad 568
fotoboek 567
fotochemie
256 Skeikunde
267 Optika
fotochromaties 267
fotoëlektries 262
fotofiel
270 Hemelliggaam
317 Fisiologie
318 Plant
fotofiet 318
fotofobie
485 Lig
499 Sien
fotogeen 485
fotogenies 268
fotograaf
268 Fotografie
568 Perswese
fotografeer 268
fotografie 268
fotografiese geheue 510
fotogram 268
fotogrammetrie 268
fotogravure
268 Fotografie
566 Drukkuns
fotokopie
14 Navolging
268 Fotografie
565 Skryfkuns
566 Drukkuns
657 Herhaal
fotokopieer
268 Fotografie
565 Skryfkuns
566 Drukkuns
657 Herhaal
fotokopieermasjien 565
fotokopiëring 565
fotolitografie 268
fotomeganies
268 Fotografie
566 Drukkuns
fotomeganiese (diep)-drukmetode 566
fotometer
123 Meet
267 Optika
485 Lig
fotometrie 267
fotomontage
268 Fotografie
566 Drukkuns
568 Perswese
foton
261 Magnetisme
267 Optika
fotonastie 324
fotoperiode 127
fotoperiodisme 127
fotoreportage 539
fotosel 262
fotosfeer 270
fotosintese 324
fototelegrafie 265
fototerapie 414
fototipie
268 Fotografie
566 Drukkuns
fototropie
317 Fisiologie
324 Plantlewe
fototropisme 324
fouilleer 516
fout
130 Onbepaald
527 Oordeel
538 Dwaling
613 Onnoukeurig
623 Sleg
652 Versuim
803 Oortree
822 Skuldig
foutbal 728(3)
fouteanalise 570
fouteer 652
foutief
130 Onbepaald
538 Dwaling
613 Onnoukeurig
623 Sleg
foutloos
537 Waarheid
569 Taal
612 Noukeurig

622 Goed
foutloosheid 622
foutsoekery 832
foyer 94(3)
fraai 743
fragiel 458
fragment 112
fragmentaries 112
fragmentasiebom 676
fraiing 112
fraksie
5 Ondergeskik
112 Deel
fraktuur
413 Siekte
566 Drukkuns
fraktuurletter 566
framboos 323
framboosbessie
323 Vrug
350 Vrugte
frambooskonfyt 426
framboosstroop 426
framboostert 426
frangipani 332
frank 709
frankeer 196
frankfurter 421
franko 196
frankofiel 787
frankofilie 787
Frans 569
fransdruif
323 Vrug
427 Drank
Franse horing 756
Franse poedel 366
franswit 492
frappeer 521
frase
539 Kommunikeer
542 Betekenisloos
576 Sinsbou
fraseboek 567
fraseer
576 Sinsbou
755 Uitvoering
fraseologie
576 Sinsbou
750 Letterkunde
fraseur 524
frasewoordeboek 567
fraterniseer 776
frats 641
fratsgolf 283
frauduleus
538 Dwaling
818 Bedrieg
frees
448 Gelyk
630 Werktuig
freesia
322 Blom
335 Bolplant
freesmasjien
448 Gelyk
630 Werktuig
fregat 235
fregatskip 235
frekwensie
55 Dikwels
264 Uitsaai
413 Siekte
frekwensiemodulasie 264
frekwent 55
frekwentatief 574
frenologie 414
fresko 760
fret 366
fretboor 155
friemel 165
fries
94(13) Versiering
745 Versier
friesbees 366
frieslys 94(13)
friespaneel 94(13)
frikassee
421 Vleis
426 Kos
frikatief 572
frikkadel
421 Vleis
426 Kos
friksie 154
fris
53 Nuut
249 Lewe
411 Gesond
466 Koud
474 Welriekend
622 Goed
625 Sterk
627 Skoon
frisbee 741
friseer 746
friseur 746
frisgebou 411
frisheid
466 Koud
625 Sterk
frit 309
froetang
323 Vrug
337 Veldplant
froetel 645
frokkie 745
frommel
180 Ongelyk
186 Maal
frommels 186
frons
386 Gesig
545 Natuurlike teken
front
85 Voor
94(2) Aansig
289 Klimaat
294 Weerkunde
667 Stryd
670 Verdedig
672 Weermag
frontaal 85
frontale been 385
frontale stelsel 289
fronteljak 426
frontglas 294
frontispies
94(2) Aansig
567 Boek
frontlinie 672
fronton
94(8) Deur
94(9) Venster
745 Versier
frot 741
fruktifieer 323
fruktifiseer 323
fruktivoor 357
fruktose 471
frummels 186
frustrasie
714 Gevoelig
719 Hartseer
721 Ontevrede
766 Wanhoop
frustreer
20 Wanorde
766 Wanhoop
frustrerend
667 Stryd
713 Gevoel
714 Gevoelig
f-sleutel 753
ftisis 413
fuchsia
322 Blom
332 Struik
fudge 426
fuga 754
fugato 754
fuif 793
fuifparty
793 Fees
813 Swak gedrag
fuik
370 Voëlteelt
372 Vissery
373 Jag
fuiwery 793
fulmineer
548 Praat
771 Gramskap
fumarole 277
fumigeer 252
fundamentalisme 842
fundamenteel
4 Selfstandig
17 Noodsaak
620 Belangrik
fundamentele kleur 490
fundamentele noot 753
fundamentele reg 808
fundasie 94(6)
fundeer 237
fungus
318 Plant
327 Tallusplant
fungusbestryding 345
funksie
137 Bewerking
263 Rekenaar
658 Beroep
793 Fees
funksionaris
658 Beroep
795 Staat
funksioneel
576 Sinsbou
645 Handel
funksioneer 645
furie
771 Gramskap
813 Swak gedrag
855 God
furioso 753
furlong 123
fuselier 673
fusie
174 Meng
301 Metaal
fusillade
252 Doodmaak
677 Skiet
680 Militêre aksie
fusilleer 835
fussileer 252
fut
582 Wilskrag
625 Sterk
futiel
621 Onbelangrik
634 Nutteloos
futiliteit 634
futloos
581 Teësinnig
583 Willoosheid
623 Sleg
626 Swak
715 Gevoelloos
725 Verveling
813 Swak gedrag
820 Oneerbaar
futsel 165
futuris 749
futurisme 749
futuristies
51 Toekoms

749 Kuns
futurologie 51
futuroloog 51
futurum 574
fyn
186 Maal
433 Klein
435 Smal
451 Lig
454 Ondig
456 Sag
458 Breekbaar
471 Lekker
605 Aanvaar
622 Goed
626 Swak
627 Skoon
714 Gevoelig
743 Mooi
747 Verfyndheid
788 Beskaafd
791 Sosiaal
812 Goeie gedrag
fyn besnede 386
fynbeskaafd
788 Beskaafd
791 Sosiaal
fynbesnaar(d)
713 Gevoel
714 Gevoelig
fynbos
318 Plant
337 Veldplant
fyndagha 100
fyndruk 238
fyngare 312
fyngehalte 297
fyngemaak 714
fyngemanierd 791
fyngeraak
713 Gevoel
714 Gevoelig
fyngesaaide(s) 352
fyngesnaar(d) 714
fyngevoelig
713 Gevoel
714 Gevoelig
fyngoed 311
fyngoud 297
fynheid
433 Klein
458 Breekbaar
622 Goed
626 Swak
fynhout 299
fynkam
516 Soek
746 Toilet
fynkap 185
fynkerf 185
fynkweek 338
fynmaak 186
fynmaal 186
fynmeel 425
fynons 124
fynopgevoed
788 Beskaafd
791 Sosiaal
812 Goeie gedrag
fynpleister 97
fynproewer
406 Eet
496 Smaak
fynproewerskos
420 Voedsel
426 Kos
fynruigte 318
fynsinnig
502 Verstand
714 Gevoelig
fynsnipper 185
fynsout 426
fynspinner 312
fyntaaibos 332
fyntuin 346
fynwol 311
fyt 413

G
ga 827
gaaf
622 Goed
743 Mooi
776 Liefde
791 Sosiaal
819 Eerbaar
gaafheid
622 Goed
743 Mooi
791 Sosiaal
819 Eerbaar
gaafrandig 321
gaai 820
gaan
1 Bestaan
24 Voorafgaan
83 Middel
128 Chronometer
145 Beweging
147 Rigting
167 Wegbeweeg
190 Vertrek
194 Vervoer
197 Te voet
204 Aandoen
205 Weggaan
216 Ry
250 Dood
653 Maklik
790 Sosiaal
gaan oor 553
gaande
44 Gebeure
145 Beweging
682 Slaag
718 Bly
gaandeweg
22 Kontinu
47 Later
226 Stadig
gaap
177 Oopgaan
404 Asemhaling
gaar
54 Oud
419 Voedselbereiding
458 Breekbaar
634 Nutteloos
661 Vermoei
gaarder
694 Neem
696 Ontvang
712 Belasting
gaarmaak 419
gaaroond 301
gaas
161 Bedek
311 Weefsel
gaasagtig 311
gaasdeur 94(8)
gaasdoek 311
gaasmateriaal 311
gaasweefsel 311
gaasweefstoel 313
gaatjievisier 676
gabardien 311
gade
242 Ouer
248 Huwelik
gadeslaan
499 Sien
508 Aandag
gading 580
gaffel
183 Gryp
235 Skeepvaart
352 Graan
355 Landbougereedskap
546 Kunsmatige teken
gaffelseil 235
gafseil 235
gaip 503
gal
324 Plantlewe
401 Spysvertering
413 Siekte
472 Sleg
717 Lyding
gala
727 Wedstryd
793 Fees
gala-aand 752
galageleentheid 793
galakties
270 Hemelliggaam
371 Suiwel
galaktiet 298
galaktose 371
galant 791
galanterieë 745
galanterieware 745
gala-opvoering 752
galbitter 472
galblaas 401
galbossie
343 Genesende plant
415 Geneesmiddel
galei
235 Skeepvaart
236 Lugvaart
566 Drukkuns
galeiproef 566
galeislaaf 592
galery
94(3) Vertrek
275 Myn
749 Kuns
752 Toneelspel
853 Kerk
galg 835
galgaas 813
galgberou 823
galgehumor 722
galgemaal 418
galjoen
363 Waterdier
422 Seekos
gallamsiekte 413
Gallisisme 569
gallofobie 787
gallon 123
galm
266 Akoestiek
476 Geluid
483 Voëlgeluid
galmbord
94(6) Muur
266 Akoestiek
galmei 297
galmgat 94(5)
galmuggie 361
galon 745
galop
219 Perdry
228 Vinnig
galoptering 413
galsiekte 413
galsteen 413
galsterig
472 Smaakloos
623 Sleg
galvanies 262
galvaniseer
301 Metaal
415 Geneesmiddel
713 Gevoel
714 Gevoelig
galvanochirurgie 414

galvanografie 761
galvanomagneties 261
galwesp 361
gamay noir 427
gamba 756
gambiet 739
gameet 403
gamma
571 Skrif
753 Musiek
gammastraal 267
gang
21 Volgorde
29 Middel
44 Gebeure
94(3) Vertrek
147 Rigting
197 Te voet
219 Perdry
221 Vaar
224 Snelheid
225 Vinnig
228 Vinnig beweeg
234 Spoorweg
275 Myn
277 Berg
286 Rivier
312 Spin
418 Maaltyd
426 Kos
644 Handelwyse
827 Afkeur
gangbaar
131 Munt
620 Belangrik
622 Goed
gangetjie 728(3)
ganggesteente 298
ganglion 378
gangreen 413
gangsteen 298
gangwissel 233
ganna 332
gannabos 332
gans
111 Geheel
116 Te veel
365 Voël
503 Onverstandig
gansbossie 332
gansegaar 116
gansiebossie 332
ganske 111
gansnek 444
gansnekploeg 355
gansstem
390 Mond
413 Siekte
548 Praat
gansvoet 344
gapend 177
gapermossel
363 Waterdier
422 Seekos
426 Kos
gaping
23 Onderbreek
117 Te min
177 Oopgaan
667 Stryd
gaps
694 Neem
695 Steel
garage
94(3) Vertrek
233 Motorvoertuig
garagedeur 94(8)
garandeer 607
garansie 655
garde 168
gardenia 332
garderobe
94(3) Vertrek
752 Toneelkuns
gareel 231
garing
172 Vasmaak
312 Spin
garingboom 331
garingfabriek 312
garinghaspel 312
garingklos 312
garingspinner 312
garingspinnery 312
garingwiel 312
garnaal
362 Skaaldier
422 Seekos
426 Kos
garnaalblom 332
garneer
419 Voedselbereiding
745 Versier
garnette-roos 332
garnisoen
672 Weermag
673 Manskap
garnisoenstaat 795
garnisoenstad 672
garnituur 745
gars
186 Maal
352 Graan
garsbier 427
garsboerdery 352
garssuiker 471
gas
188 Aankom
254 Stof
299 Brandstof
461 Gas
469 Verwarmingstoestel
487 Ligbron
790 Sosiaal
793 Fees
gas van die staat 594
gasagtig 461
gasarbeider 658
gasarm 461
gasbeton 100
gasbom 676
gasbraaier 419
gasbrander
419 Voedselbereiding
465 Warm
469 Verwarmingstoestel
gasbron
284 Bron
461 Gas
gasbuis 461
gasdamp 461
gasdirigent 755
gasdood 250
gasel 366
gaset 567
gasfabriek 461
gasgevaar 656
gasheer
418 Maaltyd
790 Sosiaal
gasheerplant 318
gasie
686 Aanwins
696 Ontvang
gaskamer 252
gaskoeldrank 427
gaskousie 487
gaskraan 461
gaslamp
95(2) Lamp
485 Lig
487 Ligbron
gasleiding 461
gaslig
461 Gas
485 Lig
487 Ligbron
gasmaal 418
gasmasker 674
gasmengsel 461
gasmeter
123 Meet
461 Gas
gasmotor 630
gasontwikkeling 461
gasoond
95(8) Toerusting
461 Gas
gaspistool 676
gaspit 487
gaspyp 461
gasreuk 475
gasserig 461
gasstel 95(8)
gasstert 270
gasstoof
95(8) Toerusting
419 Voedselbereiding
461 Gas
465 Warm
469 Verwarmingstoestel
gasteboek
567 Boek
790 Sosiaal
gastehanddoek 746
gastehuis
91 Gebou
429 Eetplek
gastekamer 94(3)
gastestoel 95(4)
gastetoilet 94(3)
gastries 408
gastro-enteritis 413
gastroknemius 379
gastronomie
406 Eet
418 Maaltyd
419 Voedselbereiding
gastronomies 418
gastronoom 406
gasturbine
235 Skeepvaart
461 Gas
gasveld 284
gasverbruik 461
gasverwarmer
461 Gas
469 Verwarmingstoestel
gasvlam 467
gasvorming 461
gasvrou
418 Maaltyd
790 Sosiaal
gasvry
418 Maaltyd
461 Gas
776 Liefde
778 Goedaardig
790 Sosiale betrekking
791 Sosiaal
gasvryheid
776 Liefde
778 Goedaardig
790 Sosiale betrekking
791 Sosiaal
gat
84 Houer
89 Blyplek
93 Gebou
177 Oopgaan
391 Tand
392 Romp
396 Rug
401 Spysvertering
503 Onverstandig
820 Oneerbaar
gaterig 177

gatgai
335 Bolplant
365 Voël
gatjieponder 840
gatsometer
123 Meet
217 Motorry
224 Snelheid
gatvol 713
gauss
123 Meet
261 Magnetisme
262 Elektrisiteit
gawe
502 Verstand
614 Bekwaam
633 Nuttig
693 Gee
780 Hulp
848 Erediens
gawie
27 Begin
503 Onverstandig
gay 375
geaar
399 Bloedsomloop
442 Lyn
geaard 3
geaardheid
3 Bestaanswyse
713 Gevoel
810 Gedrag
geabboneerd
568 Perswese
704 Koop
geabsorbeer 172
geadresseerde 191
geaffekteer(d)
744 Lelik
785 Hoogmoedig
813 Swak gedrag
geaffekteerdheid 744
geag 819
geagiteer(d) 714
geakkumuleer(d) 168
geaksentueer(d) 572
geallieer(d)
6 Betreklik
663 Meedoen
geamalgameer(d) 168
geamuseer(d) 718
geanimeerd 718
geanker 143
gearresteerde 594
geartikuleerd 548
geaspireer(d) 572
geassimileer(d)
172 Vasmaak
572 Uitspraak
gebaan
149 Pad
642 Beproef
gebaar
545 Natuurlike teken
546 Kunsmatige teken
644 Handelwyse
gebabbel
482 Menslike geluid
548 Praat
gebak
304 Steen
419 Voedselbereiding
424 Brood
425 Bakker
426 Kos
gebal
446 Rond
450 Volume
gebalanseer(d)
8 Dieselfde
10 Harmonie
78 Parallel
105 Gelyk
504 Geestelike gesondheid
619 Kalm
gebalanseerdheid
10 Harmonie
78 Parallel
504 Geestelike gesondheid
619 Kalm
gebarekuns 545
gebarespel
545 Natuurlike teken
752 Toneelkuns
gebaretaal
545 Natuurlike teken
569 Taal
gebed
604 Versoek
847 Gebed
848 Erediens
gebedeboek
567 Boek
848 Erediens
gebedebundel 567
gebedsgeleentheid 847
gebedsriem 854
gebedsuur 847
gebedsverhoring 847
gebeente
250 Dood
380 Gebeente
gebek 390
gebelg(d) 771
gebenedy 845
gebergte 277
gebeur 44
gebeurlik
44 Gebeure
653 Maklik
gebeurtenis 44
gebied
17 Noodsaak
61 Plek
64 Aanwesig
90 Gemeenskap
515 Wetenskap
599 Gesag
gebiedend
4 Selfstandig
17 Noodsaak
579 Gedwonge
599 Gesag
631 Nodig
gebiedsuitspraak 572
gebind 172
gebit
231 Tuig
391 Tand
gebladerte 321
geblaseerd 775
geblokkeer(d) 178
geblom(d)
490 Kleur
745 Versier
geblus 468
gebluste aartappels 426
gebod
17 Noodsaak
599 Gesag
602 Verbied
801 Wet
842 Geloof
gebode
633 Nuttig
638 Aanmoedig
geboë
73 Skuins
444 Krom
gebonde
462 Halfvloeibaar
567 Boek
581 Teësinnig
589 Dien
594 Onvryheid
gebondel 168
gebondenheid
589 Dien
594 Onvryheid
geboomte 349
geboorte
15 Oorsaak
27 Begin
237 Voortbring
239 Voortplant
251 Lewe gee
geboortebeperking 239
geboortedag
239 Voortplant
793 Fees
geboortefees 793
geboortegrond 787
geboorteland 787
geboortemerk 381
geboorteplek 787
geboorteproses 239
geboortepyn
239 Voortplant
717 Lyding
geboorteregister
239 Voortplant
787 Gemeenskap
geboortestad 787
geboortesyfer
239 Voortplant
787 Gemeenskap
geboortevlek 381
geboortig 796
gebore
3 Bestaanswyse
27 Begin
237 Voortbring
239 Voortplant
614 Bekwaam
geborg
655 Veilig
693 Gee
geborgenheid 655
gebou
61 Plek
91 Gebou
168 Saamkom
377 Liggaam
743 Mooi
geboukompleks
91 Gebou
92 Groot gebou
gebraad
421 Vleis
426 Kos
gebraai 419
gebrabbel 548
gebreek
173 Losmaak
184 Afbreek
gebrek
2 Nie-bestaan
103 Min
117 Te min
413 Siekte
613 Onnoukeurig
623 Sleg
631 Nodig
690 Arm
813 Swak gedrag
gebrekkig
103 Min
117 Te min
548 Praat
621 Onbelangrik
623 Sleg
631 Nodig
690 Arm
gebrekkigheid
621 Onbelangrik
690 Arm
gebreklik
198 Strompel
744 Lelik

gebreklikheid
413 Siekte
744 Lelik
gebroed 239
gebroeders
168 Saamkom
244 Familie
gebroedsel
53 Jonk
239 Voortplant
813 Swak gedrag
gebroke
133 Getal
184 Afbreek
444 Krom
548 Praat
623 Sleg
661 Vermoei
717 Lyding
719 Hartseer
gebroke lyn 442
gebroke rym 751
gebroke streep 217
gebrokenheid
717 Lyding
719 Hartseer
gebrom
480 Dowwe klank
484 Diergeluid
721 Ontevrede
771 Gramskap
gebrons 492
gebrou
419 Voedselbereiding
623 Sleg
644 Handelwyse
652 Versuim
gebruik
38 Tydgebruik
406 Eet
629 Gebruik
644 Handelwyse
657 Herhaal
gebruiker 629
gebruikersvriendelik 629
gebruiklik
35 Reëlmatig
629 Gebruik
657 Herhaal
gebruiksaanwysing
543 Duidelik
629 Gebruik
gebruiksartikel 629
gebruiksfeer 629
gebruiksgereed
629 Gebruik
640 Voorbereid
gebruiksgoedere 688
gebruiksklaar
629 Gebruik
640 Voorbereid
gebruikswaarde 620
gebruin
381 Vel
419 Voedselbereiding
gebrul
480 Dowwe klank
484 Diergeluid
gebuffer 230
gebuig
73 Skuins
444 Krom
gebukkend
212 Afgaan
444 Krom
gebulder 548
gebult
446 Rond
449 Ongelyk
gebundel 168
gedaagde
808 Regswese
832 Beskuldig
gedaan
54 Oud
110 Niks
184 Afbreek
412 Siek
626 Swak
634 Nutteloos
650 Voltooi
661 Vermoei
gedaante
2 Nie-bestaan
36 Onreëlmatig
438 Vorm
838 Gees
844 Bygeloof
gedaanteverandering 438
gedaanteverskuiwing 438
gedaanteverwisseling
140 Verandering
438 Vorm
gedagte
510 Herinner
513 Gedagte
527 Oordeel
603 Voorstel
gedagteloos
507 Ongeïnteresseerd
715 Gevoelloos
gedagtenis 510
gedagteprikkelend 513
gedagtereeks 513
gedagtes wissel 557
gedagtesamehang 513
gedagtesprong 513
gedagtestreep 571
gedagtevlug 509
gedagtewisseling
539 Kommunikeer
548 Praat
554 Aanspreek
gedagtewêreld 513
gedagtig 510
gedamasseer(d)
452 Swaar
762 Inlegwerk
gedans 742
gedeë 622
gedeel(d) 546
gedeelte
5 Ondergeskik
102 Hoeveelheid
112 Deel
gedeeltelik 112
gedegenereer 813
gedek 655
gedekolleteerd 162
gedekte lening 688
gedelegeerde 588
gedelegeerde mag 795
gedemilitariseer 672
gedemobiliseer 679
gedemonteer 173
gedemoraliseerd 766
gedemp
477 Stilte
485 Lig
gedenk
510 Herinner
793 Fees
gedenkboek 567
gedenkbundel 567
gedenknaald 546
gedenkpenning 546
gedenkplaat 546
gedenkrede 558
gedenkrol 45
gedenksteen 546
gedenksuil 546
gedenkteken 546
gedenkwaardig 510
gedeporteer 67
gedeputeer 591
gedeputeerde
144 Vervang
591 Gesaghebber
gedetailleer(d)
112 Deel
553 Behandel
gedetermineer(d)
129 Bepaald
582 Wilskrag
586 Beslis
636 Onskadelik
647 Voortgaan
819 Eerbaar
gediend 720
gedienstig
580 Graag
589 Dien
597 Gehoorsaam
600 Sonder gesag
663 Meedoen
gedierte
4 Selfstandig
357 Dier
gedifferensieerd 9
gedig
750 Letterkunde
751 Digkuns
gedigteboek 567
geding
667 Stryd
808 Regswese
809 Regsgeding
gediplomeerd 561
gedisintegreer(d) 173
gedissiplineer(d)
19 Orde
559 Opvoeding
597 Gehoorsaam
812 Goeie gedrag
gedissiplineerdheid
597 Gehoorsaam
612 Noukeurig
812 Goeie gedrag
gedistingeerd
791 Sosiaal
799 Beroemd
gedoë
601 Toestem
717 Lyding
gedoe 645
gedoen 650
gedoente
4 Selfstandig
20 Wanorde
36 Onreëlmatigheid
165 Onreëlmatig
645 Handel
gedokumenteer(d) 525
gedomisilieer(d) 64
gedoog
601 Toestem
715 Gevoelloos
717 Lyding
gedool 213
gedoriewaar
518 Glo
521 Verras wees
gedra
644 Handelwyse
791 Sosiaal
810 Gedrag
812 Goeie gedrag
gedraai
165 Onreëlmatig
444 Krom
762 Inlegwerk
gedraaiery 165
gedraal 226
gedraf 228
gedrag
644 Handelwyse
810 Gedrag

gedragsbeoordeling 825
gedragsgewoonte 644
gedragskode
644 Handelwyse
810 Gedrag
gedragsleer 515
gedragslyn 644
gedragspatroon
644 Handelwyse
810 Gedrag
gedragsreël
644 Handelwyse
810 Gedrag
gedragsteurnis 505
gedragswetenskap 515
gedragswyse
644 Handelwyse
810 Gedrag
gedrang 453
gedrentel
145 Beweging
165 Onreëlmatig
226 Stadig
229 Stadig beweeg
gedrentelry 165
gedreun
165 Onreëlmatig
548 Praat
gedrewe
582 Wilskrag
762 Inlegwerk
gedrog
744 Lelik
813 Swak gedrag
gedrogtelik 744
gedronge
431 Afmeting
453 Dig
565 Skryfkuns
750 Letterkunde
gedronge styl 750
gedroog 464
gedroogte vrugte 420
gedruis
165 Onreëlmatig
476 Geluid
480 Dowwe klank
gedruk 566
gedrup 287
gedug
104 Baie
618 Kragtig
gedugtheid 618
geduik
180 Ongelyk
446 Rond
geduld
582 Wilskrag
596 Inskiklik
619 Kalm
647 Voortgaan
713 Gevoel
715 Gevoelloos
772 Sagmoedig
geduldig
582 Wilskrag
596 Inskiklik
619 Kalm
647 Voortgaan
715 Gevoelloos
778 Goedaardig
geduldigheid
582 Wilskrag
619 Kalm
772 Sagmoedig
gedupeer 818
gedupliseer 657
gedurende
48 Gelyktydig
127 Tydbepaling
gedurf 767
gedurig
22 Kontinu
35 Reëlmatig
40 Langdurig
42 Altyd
55 Dikwels
647 Voortgaan
geduriglieur 647
gedwaal 213
gedwarrel 165
gedwee
597 Gehoorsaam
600 Sonder gesag
715 Gevoelloos
gedweënheid 715
gedwonge
579 Gedwonge
744 Lelik
gedwonge huwelik 248
gedy
249 Lewe
682 Slaag
gee
3 Bestaanswyse
584 Kies
631 Nodig
693 Gee
708 Betaal
geëer(d)
588 Gesag hê
799 Beroemd
830 Eerbiedig
geëerdheid
588 Gesag hê
620 Belangrik
799 Beroemd
geel
492 Kleur
777 Haat
779 Boosaardigheid
geel kreupelhout 337
geel pers 568
geelbek
363 Waterdier
422 Seekos
geelberggranaat 332
geelblombos 332
geelbokbaaivygie 336
geelbos 332
geelgat 365
geelgroen 492
geelgrys 492
geelheid 492
geelhout 316
geelhoutboom 331
geelkapel 364
geelkeurboom 331
geelkeurtjie 332
geelkobra 364
geelkoors 413
geelkoorsmuskiet 361
geelkoper 297
geelmagriet 337
geeloranje 492
geelperske 350
geelrosyntjierys 426
geelrys 426
geelslang 364
geelstert
363 Waterdier
422 Seekos
geelsug 413
geelsuiker 426
geeltuit 331
geelvink 365
geelvintuna 363
geelvis 363
geelvlek
324 Plantlewe
413 Siekte
geelwateruintjie 341
geelwortel 351
geëmansipeer(d) 593
geëmbarrasseerd 822
geëmplojeer(d)
645 Handel
659 Aanstelling
geen
110 Niks
623 Sleg
geëndosseerde tjek 700
geëvalueer 642
geensins (nie)
43 Nooit
529 Ontken
geër 693
gees
3 Bestaanswyse
32 Enkeling
36 Onreëlmatig
249 Lewe
502 Verstand
513 Gedagte
527 Oordeel
616 Magtig
713 Gevoel
714 Gevoelig
722 Snaaks
836 Bonatuurlik
837 God
838 Gees
855 Gode
844 Bygeloof
geesdodend 725
geesdrif
713 Gevoel
718 Bly
geesdriftig
586 Beslis
610 Ywerig
637 Doelgerigtheid
713 Gevoel
718 Bly
767 Moed
773 Begeerte
geesgenoot
513 Gedagte
776 Liefde
geesloos 583
geesryk
427 Drank
722 Snaaks
geestebeswering 844
geestedom 838
geestelik
502 Verstand
513 Gedagte
714 Gevoelig
836 Bonatuurlik
845 Godsvrug
852 Geestelike
geestelike
849 Prediking
852 Geestelike
geestelike orde 852
geestelikheid 836
geesteloos
503 Onverstandig
623 Sleg
725 Verveling
geesteloosheid 623
geesteryk 838
geestesarbeid 513
geestesgawe 502
geestesgebrek
503 Onverstandig
505 Verstandstoornis
geestesgesondheid
504 Geestelike gesondheid
713 Gevoel
geestesgesteldheid
504 Geestelike gesondheid
713 Gevoel
geestesgoed
237 Voortbring

535 Weet
geestesiekte 505
geesteskind
237 Voortbring
513 Gedagte
gees(tes)krag
504 Geestelike gesondheid
513 Gedagte
518 Glo
582 Wilskrag
625 Sterk
842 Geloof
gees(tes)kragtig
625 Sterk
767 Moed
geesteskwelling 823
geesteslewe
513 Gedagte
535 Weet
geestesrigting 513
geestessiekte 413
geestesverheffend 504
geestesverheffing 513
geestesvermoë 502
geestesverrukking
512 Verbeelding
718 Bly
geestesverryking 502
geestesvervoering
512 Verbeelding
718 Bly
geesteswakte 505
geesteswerksaamheid 502
geesteswetenskap 515
geesteswetenskappe 559
geeste(s)wêreld 838
geesteswroeging 823
geestig 722
geesvermoë 502
geesverskyning 844
geesverwant 531
geeuhonger 413
gefigureer 745
gefingeer(d) 538
gefladder
164 Reëlmatig
165 Onreëlmatig
geflikflooi 828
geflikker 485
gefluister 548
gefluit 482
geforseer(d) 579
gefortifiseerde wyn 427
gefortuneer(d) 689
gefrankeer(d) 196
gefrustreerd
719 Hartseer
721 Ontevrede
766 Wanhoop
gefuif 793
gegeur(d) 471
gegewe
1 Bestaan
32 Enkeling
129 Bepaald
513 Gedagte
522 Redeneer
528 Bevestig
gegewens 551
gegil
482 Menslike geluid
723 Ernstig
geglaseerd 745
geglasuur(d)
305 Erdewerk
309 Glas
745 Versier
gegleuf 446
gegluurdery 499
gegoed 689
gegolf
180 Ongelyk
321 Blaar
382 Haar
444 Krom
gegolfde dakpan 94(4)
gegom 172
gegons 548
gegooi 227
gegorrel 548
gegote 301
gegradueer(d) 561
gegrap 831
gegrief
719 Hartseer
777 Haat
gegroef 446
gegroefde suil 94(5)
gegroepeer
168 Saamkom
170 Saambring
gegroet 790
gegrom 771
gegrond
16 Gevolg
525 Bewys
537 Waarheid
gehaak
172 Vasmaak
183 Gryp
gehakkel 548
gehakketak
654 Moeilik
667 Stryd
gehalte 622
gehamer
181 Stoot teen
182 Slaan
gehard
455 Hard
625 Sterk
715 Gevoelloos
gehardloop 228
geharwar
20 Wanorde
667 Stryd
gehawend
184 Afbreek
623 Sleg
geheel
4 Selfstandig
109 Alles
111 Geheel
622 Goed
geheelonthouer 407
geheg
33 Samehorig
172 Vasmaak
776 Liefde
geheim
161 Bedek
540 Geheim hou
544 Onduidelik
549 Stilbly
816 Getrou
geheime stem 590
geheimenis 540
geheimhouding
161 Bedek
540 Geheim hou
geheimsinnig
540 Geheim hou
544 Onduidelik
geheimskrif 565
geheimtaal 569
gehemelte 390
geheue
263 Rekenaar
510 Herinner
551 Meedeel
geheuebeeld 510
geheuestoornis 511
geheuevak 515
geheueverlies
505 Verstandstoornis
511 Vergeet
geheuewerk
510 Herinner
559 Opvoeding
gehik 482
gehoes
409 Afskeiding
482 Menslike geluid
gehoor
64 Aanwesig
378 Senuwee
388 Oor
498 Gehoor
gehoor gee
597 Gehoorsaam
600 Sonder gesag
685 Verloor
gehooraandoening 413
gehoorafstand
68 Ver
498 Gehoor
gehoorapparaat 498
gehoorbeentjies 388
gehoordrempel
266 Akoestiek
498 Gehoor
gehoorgang 385
gehoorgebrek 498
gehoorgestremd
413 Siekte
498 Gehoor
gehoororgaan 388
gehoorsaal
94 Gebou
560 Skoolgaan
gehoorsaam
14 Navolging
30 Ondergeskik
589 Dien
597 Gehoorsaam
600 Sonder gesag
802 Wette gehoorsaam
gehoorsaamheid
589 Dien
597 Gehoorsaam
600 Sonder gesag
802 Wette gehoorsaam
gehoorsafstand 68
gehoorsenuwee 378
gehoorsintuig 498
gehoorstuk 265
gehoortoestel 498
gehoorvlieskas 388
gehoring 385
gehug
61 Plek
90 Gemeenskap
gehuigel 818
gehuil
482 Menslike geluid
723 Ernstig
gehuisves 64
gehumeur(d) 714
gehunker 773
gehuppel 199
gehuud 248
geïdentifiseer 546
geil
239 Voortplant
324 Plantlewe
426 Kos
820 Oneerbaar
geïllustreerde woordboek 567
geilsiek 413
geïmproviseer(d) 641
geïndustrialiseer(d) 701
geïnhibeer(d) 648
geïnkorporeer
33 Samehorig
172 Vasmaak
geïnspireer(d) 618

geïntegreer(d)
111 Geheel
168 Saamkom
geïnteresseerd
506 Belangstel
663 Meedoen
geïnterneerde 594
geïrriteerd
713 Gevoel
771 Gramskap
geiser
94(15) Toebehore
274 Geologie
277 Berg
284 Bron
geisja 742
geïsoleer(d)
32 Enkeling
664 Terugstaan
geit 813
geitjie
364 Reptiel
771 Gramskap
813 Swak gedrag
gejaag(d)
225 Vinnig
618 Kragtig
gejammer
723 Ernstig
768 Vrees
gejeuk 495
gejoel 476
gejok 818
gejou 831
gejubel 722
gejuig
722 Snaaks
826 Goedkeur
gek
503 Onverstandig
505 Verstandstoornis
524 Onlogies redeneer
722 Snaaks
813 Swak gedrag
gek na 776
gekabbel 287
gekamoefleer 161
gekanker 721
gekanselleerde tjek 700
gekant 666
gekap 181
gekarakteriseer 553
gekartel
180 Ongelyk maak
449 Ongelyk
gekatkiseer(d) 559
gekekkel 548
gekeper(d) 313
gekerk 248
gekerm
604 Versoek
723 Ernstig
geketting 172
gekheid
503 Onverstandig
505 Verstandstoornis
524 Onlogies redeneer
722 Snaaks
gekibbel 667
gekir 483
gekkerny
503 Onverstandig
722 Snaaks
gekla 721
geklaag 723
geklank 476
geklap 481
geklapper
164 Reëlmatig
481 Skerp klank
geklassifiseer(d)
33 Samehorig
168 Saamkom
574 Woordkategorie
geklem 453
geklets 548
gekleur(d)
490 Kleur
538 Dwaling
geklik
476 Geluid
524 Onlogies redeneer
539 Kommunikeer
722 Snaaks
gekloof 185
geklots 287
geklouter 211
geknaag 406
geknabbel 406
geknak 719
geknal 476
geknars 481
gekneg 589
geknel 183
geknetter 481
geknik 545
geknip
185 Sny
499 Sien
geknipoog 499
geknoei
652 Versuim
818 Bedrieg
geknoop 172
geknor
480 Dowwe klank
484 Diergeluid
721 Ontevrede
771 Gramskap
geknuffel 776
geknutsel 652
geknyp 183
gekoer
483 Voëlgeluid
548 Praat
gekommitteerde
86 Agter
806 Wettig
588 Gesag hê
gekompliseer(d)
114 Saamgesteld
544 Onduidelik
654 Moeilik
gekondenseerde melk 426
gekondisioneer(d) 657
gekonfyt 614
gekonkel
779 Boosaardig
818 Bedrieg
gekonnekteer(d) 172
gekonsentreer(d)
104 Baie
168 Saamkom
170 Saambring
256 Skeikunde
453 Dig
gekonsolideer(d) 170
gekoördineerd 663
gekopieer 657
gekoppel 172
gekose 584
gekots 409
gekoukus 539
gekraak
169 Skei
480 Dowwe klank
481 Skerp klank
gekrabbel
154 Vryf
563 Skryf
565 Skryfkuns
gekrap
154 Vryf
563 Skryf
565 Skryfkuns
gekras
481 Skerp klank
483 Voëlgeluid
gekrenk 719
gekreukel 180
gekreun 476
gekriewel 495
gekring 446
gekroes 382
gekrom 444
gekrui(d)
419 Voedselbereiding
471 Lekker
gekruip 145
gekruis
79 Dwars
239 Voortplant
gekruisde noot 753
gekruiste tjek 700
gekrul 444
gekrys
483 Voëlgeluid
484 Diergeluid
gekskeer
722 Snaaks
831 Bespot
gekuier
197 Te voet
226 Stadig
gekuis 622
gekultiveer(d)
535 Weet
791 Sosiaal
gekunsteld 744
gekursiveer 565
gekwaak
483 Voëlgeluid
484 Diergeluid
gekwalifiseer(d)
559 Opvoeding
614 Bekwaam
806 Wettig
gekwartier(d) 546
gekwartileer(d) 546
gekweek 345
gekweel 483
gekwel(d)
651 Toesien
717 Lyding
768 Vrees
gekweldheid
651 Toesien
721 Ontevrede
gekwets 719
gekwetter
483 Voëlgeluid
548 Praat
gekwyl
409 Afskeiding
725 Verveling
gekyk 499
gelaag 114
gelaai
104 Baie
194 Vervoer
452 Swaar
gelaat
386 Gesig
545 Natuurlike teken
gelaatskleur 386
gelaatstrek 386
gelaatsuitdrukking 545
gelag
482 Menslike geluid
722 Snaaks
gelaggery 831
gelamineer 301
gelang 6
gelardeer(d) 421
gelas
17 Noodsaak
191 Laat kom
588 Gesag hê
599 Gesag
gelastigde 588

gelate
582 Wilskrag
715 Gevoelloos
gelatenheid
582 Wilskrag
619 Kalm
715 Gevoelloos
gelatien 462
geld
131 Munt
688 Besit
708 Betaal
709 Betaalmiddel
geldadel
689 Ryk
797 Adelstand
geldbate 688
geldbedrag 708
geldbelegging 699
geldbesit 688
geldbussie 688
geldduiwel 692
geldeenheid
131 Munt
709 Betaalmiddel
geldelik
688 Besit
701 Handel
geldelike las 711
geldelike posisie 688
geldelike tekort 711
geldelike vermoë 688
geldgat 689
geldgebrek 690
geldgierig
686 Aanwins
692 Spaar
geldgod 688
geldhandel 701
geldheffing 712
geldig
620 Belangrik
801 Wet
gelding 806
geldinsameling
686 Aanwins
780 Hulp
geldkas
688 Besit
707 Handelsaak
geldkoers 702
geldkoffer 688
geldkrisis 701
geldlaai 688
geldlening 699
geldloos 690
geldloosheid 690
geldmaker 686
geldmakery
686 Aanwins
705 Verkoop
geldmark
701 Handel
702 Beurs
geldmarkrentekoers 700
geldmiddele
688 Besit
709 Betaalmiddel
geldmors 691
geldmunt 131
geldnood 690
geldnoot 131
geldomloop 131
geldomset 701
geldoutomaat 700
geldprys 834
geldreserwe 701
geldsak 688
geldsake 701
geldsirkulasie 131
geldskaarste
690 Arm
701 Handel
geldskieter 700
geldsom 708
geldsoort 131
geldstandaard 131
geldstelsel
131 Munt
701 Handel
709 Betaalmiddel
geldstuk
131 Munt
709 Betaalmiddel
geldsug
686 Aanwins
688 Besit
692 Spaar
geldsugtig 688
geld(s)waarde 126
geldtekort 690
geldtrommel 688
geldverduistering 695
geldverkwisting 691
geldverlies 687
geldverspilling 691
geldvoorraad
131 Munt
701 Handel
geldvraag 688
geldwaarde
620 Belangrik
704 Koop
geldwese 701
geldwissel 701
geldwisselaar 701
geldwolf
688 Besit
692 Spaar
gelede
112 Deel
50 Verlede
gelede oog 362
gelede poot 361
gelede woord
573 Woordeskat
575 Woordvorming
geledere
168 Saamkom
673 Manskap
geleding
112 Deel
380 Gebeente
geleë
59 Geleë
61 Plek
64 Aanwesig
geleed
112 Deel
321 Blaar
380 Gebeente
geleedheid
112 Deel
575 Woordvorming
geleedpotige 357
geleende geld 699
geleentheid
44 Gebeure
59 Geleë
61 Plek
653 Maklik
665 Byeenkom
793 Fees
geleentheidsrede 558
geleentheidstuk
750 Letterkunde
752 Toneelkuns
754 Komposisie
geleentheidsvers 751
geleer(d)
502 Verstand
515 Wetenskap
533 Verstaan
535 Weet
559 Opvoeding
561 Studeer
614 Bekwaam
geleerde
502 Verstand
515 Wetenskap
535 Weet
geleerdheid
535 Weet
559 Opvoeding
614 Bekwaam
gelegeer 301
gelegitimeer 852
gelei
147 Rigting
262 Elektrisiteit
421 Vleis
426 Kos
680 Militêre aksie
geleibrief 187
geleide 147
geleide doen
14 Navolging
202 Voor
geleidelik
22 Kontinu
35 Reëlmatig
47 Later
226 Stadig
geleiding
256 Skeikunde
260 Warmteleer
262 Elektrisiteit
geleidingsbaan 256
geleidingskakel 262
geleidraad 262
geleier
256 Skeikunde
262 Elektrisiteit
378 Senuwee
geleiskip 235
gelek 154
gelese 567
gelesene 562
geletterd
535 Weet
559 Opvoeding
gelid
21 Volgorde
168 Saamkom
672 Weermag
680 Militêre aksie
gelidenjin 257
gelief(d)
776 Liefde
778 Goedaardig
geliefde
239 Voortplant
776 Liefde
geliefkoosde 776
gelikwideer 690
gelinieer(d) 442
gelling 123
gelob 321
geloer 499
gelofte 607
geloof
518 Glo
520 Verwag
625 Sterk
769 Vertroue
842 Geloof
geloofbaar
537 Waarheid
826 Goedkeur
geloofsartikel 842
geloofsbelydenis
840 Godsdiens
842 Geloof
848 Erediens
850 Sakrament

geloofsbelydenis aflê 842
geloofsdaad 842
geloofseker 518
geloofsekerheid
625 Sterk
769 Vertroue
842 Geloof
geloofsgeneesheer 416
geloofsgeneeskunde 414
geloofsgenesing
414 Geneeskunde
842 Geloof
849 Prediking
geloofsgenoot
663 Meedoen
842 Geloof
geloofsheld 845
geloofskrag 842
geloofsleer
840 Godsdiens
841 Leer
geloofsleerstelling 842
geloofslewe
842 Geloof
845 Godsvrug
geloofsoorgawe 842
geloofsoortuiging
518 Glo
842 Geloof
geloofsverandering 843
geloofsverband 840
geloofsverklaring 842
geloofsverkondiging 849
geloofsversaking 843
geloofsvertroue
518 Glo
769 Vertroue
842 Geloof
geloofsvervolging 846
geloofsvryheid 842
geloofswaarheid 842
geloofsywer 845
geloofwaardig
518 Glo
537 Waarheid
769 Vertroue
826 Goedkeur
geloop 228
gelowig
518 Glo
769 Vertroue
842 Geloof
gelowige
840 Godsdiens
842 Geloof
845 Godsvrug
geluid
266 Akoestiek
476 Geluid
geluiddemper 266
geluiddig
453 Dig
477 Stilte
geluidloos 477
geluidsbesoedeling 476
geluidsbron 476
geluidsgolf
266 Akoestiek
476 Geluid
geluidsleer
266 Akoestiek
570 Taalwetenskap
geluidspoor 266
geluidsterkte
266 Akoestiek
476 Geluid
geluidstrilling 476
geluidsversterking 476
geluidvry 477
geluier 611
geluk
637 Doelgerigtheid
682 Slaag
716 Genot
718 Bly
720 Tevrede
gelukbringer 844
gelukkig
682 Slaag
716 Genot
718 Bly
720 Tevrede
geluksalig
718 Bly
839 Hiernamaals
geluksaligheid
716 Genot
718 Bly
geluksgodin
682 Slaag
718 Bly
855 Gode
gelukskind
682 Slaag
718 Bly
844 Bygeloof
gelukskoot
677 Skiet
682 Slaag
718 Bly
gelukslag
682 Slaag
718 Bly
geluksmens 844
geluksoeker
686 Aanwins
718 Bly
gelukspel 739
geluksvoël 682
gelukwens
778 Goedaardig
826 Goedkeur
gelukwensing
548 Praat
778 Goedaardig
826 Goedkeur
gelyk
8 Dieselfde
10 Harmonie
12 Eenvormig
48 Gelyktydig
78 Parallel
105 Gelyk
133 Getal
135 Verhouding
139 Meetkunde
179 Glad
443 Reglynig
448 Gelykheid
gelyk aan 138
gelykaanteken 571
gelykbenig 139
gelykberegtiging
806 Wettig
808 Regswese
gelykblywend
8 Dieselfde
12 Eenvormig
gelykdenkend 8
gelykdradig 313
gelyke 8
gelyke getal
102 Hoeveelheid
133 Getal
gelykelik
8 Dieselfde
105 Gelyk
gelykenis
8 Dieselfde
10 Harmonie
552 Vertel
750 Letterkunde
758 Kuns
842 Geloof
gelykgesind
8 Dieselfde
10 Harmonie
gelykgestel(d) 8
gelykgolf 264
gelykheid
8 Dieselfde
10 Harmonie
12 Eenvormig
78 Parallel
105 Gelyk
135 Verhouding
137 Bewerking
139 Meetkunde
448 Gelykheid
gelykhoekig 139
gelykjarig 52
gelykklinkend
8 Dieselfde
10 Harmonie
478 Welluidend
gelyklopend
48 Gelyktydig
78 Parallel
gelykluidend
8 Dieselfde
10 Harmonie
105 Gelyk
478 Welluidend
gelykmaak
8 Dieselfde
98 Afbreek
105 Gelyk
135 Verhouding
179 Glad
445 Oppervlak
448 Gelykheid
gelykmaking
105 Gelyk
179 Glad
gelykmatig
8 Dieselfde
10 Harmonie
12 Eenvormig
619 Kalm
714 Gevoelig
715 Gevoelloos
778 Goedaardig
gelykmatigheid
8 Dieselfde
10 Harmonie
12 Eenvormig
105 Gelyk
619 Kalm
715 Gevoelloos
gelykmoedig
10 Harmonie
12 Eenvormig
619 Kalm
714 Gevoelig
715 Gevoelloos
767 Moed
778 Goedaardig
gelykmoedigheid
10 Harmonie
582 Wilskrag
619 Kalm
715 Gevoelloos
gelyknamig
138 Algebra
550 Noem
gelykop 8
gelykop verdeel 112
gelykrig
147 Rigting
262 Elektrisiteit
gelykrol 448
gelyksit 8
gelykskaaf
179 Glad
448 Gelyk
gelykskuur 179

gelyksoortig
8 Dieselfde
12 Eenvormig
33 Samehorig
105 Gelyk
138 Algebra
gelyksoortigheid
10 Harmonie
12 Eenvormig
33 Samehorig
105 Gelyk
gelykspanning 262
gelykspeel
686 Aanwins
687 Verlies
727 Wedstryd
gelykstamp 448
gelykstandig
139 Meetkunde
324 Plantlewe
gelykstandigheid 10
gelykstel
12 Eenvormig
796 Stand
gelykstoot 448
gelykstroom 262
gelyksydig 139
gelykte
139 Meetkunde
445 Oppervlak
gelykteken 571
gelyktydig 48
gelykvloers
94(15) Toebehore
813 Swak gedrag
gelykvlug 222
gelykvol 109
gelykvormig
8 Dieselfde
10 Harmonie
12 Eenvormig
gelykvormigheid
8 Dieselfde
10 Harmonie
12 Eenvormig
105 Gelyk
gelykwaardig
8 Dieselfde
10 Harmonie
105 Gelyk
gelykweg
8 Dieselfde
448 Gelyk
gelym 172
gelyn
442 Lyn
546 Kunsmatige teken
gelys 21
gemaak
237 Voortbring
254 Stof
744 Lelik
gemaaktheid 744
gemaal
186 Maal
242 Ouer
248 Huwelik
gemak
653 Maklik
716 Genot
746 Toilet
767 Moed
gemaklik
653 Maklik
716 Genot
gemaklikheid
653 Maklik
767 Moed
gemakshalwe 716
gemakshuisie
94(3) Vertrek
746 Toilet
gemakstoel 95(4)
gemaksug 611
gemaksugtig 611
gemalin 242
gemanierd
812 Goeie gedrag
819 Eerbaar
gemaniëreerd 744
gemarineer(d)
419 Voedselbereiding
471 Lekker
gemarkeer(d) 620
gemasker(d)
161 Bedek
540 Geheim hou
gematig(d)
289 Klimaat
103 Min
619 Kalm
624 Gemiddeld
713 Gevoel
gematigdheid 619
gematrikuleer(d) 561
gemeen
31 Soort
35 Reëlmatig
623 Sleg
688 Besit
744 Lelik
777 Haat
779 Boosaardig
813 Swak gedrag
820 Oneerbaar
827 Afkeur
gemeengoed
31 Soort
513 Gedagte
531 Saamstem
688 Besit
gemeenheid
623 Sleg
744 Lelik
777 Haat
779 Boosaardig
813 Swak gedrag
gemeenplaas
513 Gedagte
542 Betekenisloos
gemeenplasig 542
gemeenregtelik 808
gemeensaam
776 Liefde
792 Asosiaal
gemeenskap
6 Betreklik
26 Saam
33 Samehorig
90 Gemeenskap
168 Saamkom
787 Samelewing
790 Sosiaal
gemeenskap hê 776
gemeenskaplik
26 Saam
31 Soort
787 Gemeenskap
790 Sosiaal
gemeenskaplikheid 33
gemeenskapsbelang
33 Samehorig
787 Gemeenskap
gemeenskapsbou 788
gemeenskapsdiens
589 Dien
778 Goedaardig
gemeenskapsektor 787
gemeenskapsin
33 Samehorig
787 Gemeenskap
gemeenskapskuns 749
gemeenskapslewe 787
gemeenslagtig
317 Fisiologie
574 Woordkategorie
gemeente
61 Plek
90 Gemeenskap
840 Godsdiens
852 Geestelike
gemeenteblad 568
gemeentekoerant 568
gemeentelid
842 Geloof
852 Geestelike
gemeentelik
61 Plek
840 Godsdiens
gemeganiseer(d) 257
gemeld 539
gemene reg 808
gemenebes
33 Samehorig
590 Bestuur
gemenegoed 688
gemeng(d) 174
gemengde gevoelens 713
gemengde huwelik 248
gemerk
546 Kunsmatige teken
620 Belangrik
gemiaau 484
gemiddeld
31 Soort
174 Meng
624 Gemiddeld
gemilitariseer 672
geminasie 572
gemis
65 Afwesig
117 Te min
773 Begeerte
gemmer
419 Voedselbereiding
426 Kos
gemmologie 515
gemobiliseer 679
gemoed
713 Gevoel
714 Gevoelig
gemoedelik
714 Gevoelig
718 Bly
722 Snaaks
772 Sagmoedig
791 Sosiaal
gemoedelikheid
714 Gevoelig
718 Bly
772 Sagmoedig
776 Liefde
791 Sosiaal
gemoedsaandoening 714
gemoedsangs 768
gemoedsbeswaar
721 Ontevrede
814 Eerlik
gemoedsgesteldheid 714
gemoedskalmte 715
gemoedskwelling
651 Toesien
719 Hartseer
gemoedsrus
651 Toesien
715 Gevoelloos
720 Tevrede
gemoedstemming
713 Gevoel
714 Gevoelig
gemoedsteuring 713
gemoedstoestand 713
gemoedstryd 717
gemoedsuiting
713 Gevoel
714 Gevoelig

gemoedsvrede 715
gemoeid 663
gemompel
548 Praat
721 Ontevrede
gemor
548 Praat
721 Ontevrede
gemors
20 Wanorde
121 Verwarring
621 Onbelangrik
623 Sleg
628 Vuil
652 Versuim
667 Stryd
683 Misluk
gemorskos
418 Maaltyd
426 Kos
gemotiveer(d)
525 Bewys
614 Bekwaam
638 Aanmoedig
gemotoriseer(d)
233 Motorvoertuig
217 Motorry
gemotoriseerde troepe 672
gemsbok 366
gemsbokleer 314
gemunt 131
gemymer 513
genaakbaar 778
genaamd 550
genade
778 Goedaardig
783 Vergifnis
842 Geloof
genadebrood 690
genadedood
250 Dood
252 Doodmaak
genadeloos
715 Gevoelloos
777 Haat
779 Boosaardig
genadeslag
250 Dood
667 Stryd
683 Misluk
genadetyd 845
genadig
668 Vrede
778 Goedaardig
783 Vergifnis
genant 550
gendarme 802
genealogie 240
genealogies 240
geneë
663 Meedoen
778 Goedaardig
geneentheid
663 Meedoen
776 Liefde
778 Goedaardig
790 Sosiaal
genees
411 Gesond
414 Geneeskunde
geneesal 415
geneesheer 416
geneeskragtig
411 Gesond
415 Geneesmiddel
geneeskunde
414 Geneeskunde
515 Wetenskap
geneeskundig
414 Geneeskunde
415 Geneesmiddel
geneeskundige 515
geneeskuns 414
geneesmiddel 415
geneig
580 Graag
657 Herhaal
773 Begeerte
generaal
591 Gesaghebber
673 Manskap
802 Gehoorsaam
generaal-majoor
591 Gesaghebber
673 Manskap
generaliseer
31 Soort
522 Redeneer
generasie
52 Ouderdom
239 Voortplant
240 Afkoms
787 Gemeenskap
generasiegaping 667
generasiekonflik 667
generatief
0 Ontstaan
239 Voortplant
570 Taalwetenskap
generator 262
genereer
237 Voortbring
239 Voortplant
570 Taalwetenskap
693 Gee
generiek 31
generies 31
genese
0 Ontstaan
27 Begin
237 Voortbring
324 Plantlewe
genesend 411
genesing 414
genesis
0 Ontstaan
27 Begin
237 Voortbring
649 Begin met
842 Geloof
genetiek 239
geneties 239
genetika
239 Voortplant
515 Wetenskap
genetikus 515
geneul 604
geneurie 482
geneutraliseer(d) 256
geniaal 502
genialiteit 502
genie
502 Verstand
535 Weet
geniekorps 672
geniepsig
777 Haat
813 Swak gedrag
geniesoldaat 673
geniet
406 Eet
688 Besit
713 Gevoel
716 Genot
genietlik
471 Lekker
716 Genot
genitalieë 403
genitief 574
genius 844
genoeë
716 Genot
720 Tevrede
genoeg 115
genoeglik 716
genoeglikheid
716 Genot
718 Bly
genoegsaam 115
genoemde 539
genome 183
genoot
8 Dieselfde
663 Meedoen
genootskap
168 Saamkom
170 Saambring
665 Byeenkom
genoside 252
genot 716
genoteerde aandeel 702
genoteerde maatskappy 702
genotipe
31 Soort
240 Afkoms
317 Fisiologie
genotlik 716
genotsiek 716
genotsoekend 716
genotsug 716
genottrekker 633
genotvol
471 Lekker
716 Genot
genre
31 Soort
760 Skilderkuns
genreskilderkuns 760
gentiaan 322
gentleman 791
genuanseer(d) 13
genugtig 768
genus
31 Soort
317 Fisiologie
318 Plant
357 Dier
574 Woordkategorie
geobiologie 317
geobotanie 325
geodesie
273 Geografie
274 Geologie
geoefen(d) 614
geofiel 272
geofisies
255 Natuurkunde
271 Kosmografie
272 Aarde
273 Geografie
geofisika
255 Natuurkunde
271 Kosmografie
272 Aarde
273 Geografie
274 Geologie
geofisikus
255 Natuurkunde
273 Geografie
274 Geologie
geogenese
272 Aarde
274 Geologie
geognosie
273 Geografie
274 Geologie
geografie
272 Aarde
273 Geografie
515 Wetenskap
geokkludeerde front 289
geolek 569
geologie
272 Aarde
274 Geologie
515 Wetenskap
geologies
272 Aarde
274 Geologie

geoloog
274 Geologie
515 Wetenskap
geomagnetisme
261 Magnetisme
274 Geologie
geometrie
132 Wiskunde
139 Meetkunde
273 Geografie
geomorfologie
273 Geografie
274 Geologie
515 Wetenskap
geoorloof 601
geopen 177
geopolitiek 273
georden(d)
8 Dieselfde
19 Orde
21 Volgorde
georganiseer(d)
19 Orde
237 Voortbring
640 Voorbereid
geosentries 271
geosfeer 272
geosiklies 270
geostasionêr 270
geostatika 271
geostrofies 272
geotroop 324
geowetenskappe 274
gepaai 720
gepaard 26
gepak 453
gepalataliseer(d) 572
geparenteer(d) 241
geparfumeerd
474 Welriekend
746 Toilet
gepas
59 Geleë
614 Bekwaam
622 Goed
629 Gebruik
631 Nodig
633 Nuttig
743 Mooi
gepasteuriseer(d) 627
gepastheid
622 Goed
631 Nodig
633 Nuttig
gepatenteer(d) 701
gepeins 513
gepekel 471
gepensioeneerde 660
geperforeer(d) 155
gepeupel
104 Baie
789 Onbeskaafd
813 Swak gedrag
gepeusel 406
gepeuter
154 Vryf
652 Versuim
gepigmenteer(d) 377
gepikeer(d)
771 Gramskap
829 Beledig
gepla 651
geplaas
61 Plek
66 Plasing
geplak
161 Bedek
172 Vasmaak
geploeg 347
geploeter
652 Versuim
654 Moeilik
geplooi
180 Ongelyk
381 Vel
386 Gesig
gepluim(d) 382
gepoeier
161 Bedek
746 Toilet
gepof 446
gepoleer
448 Gelyk
627 Skoon
gepolitoer
448 Gelyk
627 Skoon
gepos 196
geposjeer(d) 426
gepraat
482 Menslike geluid
483 Voëlgeluid
539 Kommunikeer
548 Praat
gepremediteer(d) 508
gepreokkupeer(d)
519 Twyfel
524 Onlogies redeneer
612 Noukeurig
geprese 826
geprewel 548
gepriem 155
geprik 155
geprivilegieer(d) 806
geproes
409 Afskeiding
484 Diergeluid
geprogrammeer(d) 640
geprosesseerde kaas 426
gepruttel
548 Praat
721 Ontevrede
geprys 826
gepubliseer 567
gepunt 439
geraak
140 Verandering
771 Gramskap
geraaktheid 771
geraam(d) 160
geraamte
94(1) Konstruksie
250 Dood
380 Gebeente
435 Smal
750 Letterkunde
geraamteplant 318
geraas
165 Onreëlmatig
266 Akoestiek
476 Geluid
479 Disharmonies
548 Praat
geraasgat 548
geraasmaker 476
geradbraak
548 Praat
569 Taal
623 Sleg
gerade
622 Goed
633 Nuttig
637 Doelgerigtheid
638 Aanmoedig
geraffineerd
458 Breekbaar
627 Skoon
geraffineerde suiker 471
gerammel
476 Geluid
548 Praat
gerand 82
gerangskik 21
geredelik
580 Graag
653 Maklik
geredupliseer 575
gereduseer(d)
256 Skeikunde
572 Uitspraak
gereed
629 Gebruik
640 Voorbereid
650 Voltooi
gereedheid
633 Nuttig
640 Voorbereid
655 Veilig
gereedmaak
640 Voorbereid
650 Voltooi
gereedskap 630
gereedskapkamer 354
gereël(d) 640
gereeld
8 Dieselfde
19 Orde
35 Reëlmatig
55 Dikwels
657 Herhaal
gereelde rubriek 568
gereeldheid
35 Reëlmatig
55 Dikwels
gereformeer(d) 854
gereg
418 Maaltyd
426 Kos
808 Regswese
geregistreer 196
geregsdienaar 802
geregshof 808
geregtelik
808 Regswese
809 Regsgeding
geregtelike bevel 808
geregtelike veiling 705
geregtelike verband 699
geregtig
804 Regverdig
806 Wettig
geregtigheid
804 Regverdig
806 Wettig
geregverdig(d)
806 Wettig
833 Verontskuldig
gerei 630
gerekenariseer(d) 263
gereken(d)
799 Beroemd
830 Eerbiedig
gereproduseer 657
gereserveer(d)
607 Beloof
785 Hoogmoedig
792 Asosiaal
gerespekteer(d) 830
gerf
348 Blomkwekery
352 Graan
geriatrie 414
geriatris 416
gerib
321 Blaar
449 Ongelyk
gerief
59 Geleë
629 Gebruik
633 Nuttig
653 Maklik
716 Genot
gerieflik
59 Geleë
716 Genot
gerieflikheidshuwelik 248

geriffel(d) 449
gerig 147
gerimpel(d)
180 Ongelyk
321 Blaar
449 Ongelykheid
gering
103 Min
433 Klein
621 Onbelangrik
623 Sleg
geringag
621 Onbelangrik
827 Afkeur
geringheid
63 Begrens
103 Min
geringskat
621 Onbelangrik
786 Nederig
827 Afkeur
gerinkink 476
geritsel 476
Germaanse god 855
Germanis 570
germaniseer 569
Germanisme 569
Germanistiek 570
germinasie 324
geroep
482 Menslike geluid
548 Praat
geroepe 584
geroer
174 Meng
719 Hartseer
geroesemoes
165 Onreëlmatig
476 Geluid
479 Disharmonies
548 Praat
geroetineer(d)
19 Orde
657 Herhaal
811 Gewete
geroffel
476 Geluid
480 Dowwe klank
geroggel
482 Menslike geluid
484 Diergeluid
gerond
446 Rond
572 Uitspraak
gerontologie 54
gerontoloog 54
gerook 471
gerub 838
gerug
476 Geluid
524 Onlogies redeneer
538 Dwaling
544 Onduidelik
552 Vertel
geruime 40
geruis
165 Onreëlmatig
266 Akoestiek
476 Geluid
480 Dowwe klank
geruisloos 477
geruit
492 Kleur
745 Versier
geruk 165
gerumoer 476
gerundium 574
gerunnik 484
gerus
593 Vryheid
619 Kalm
651 Toesien
655 Veilig
715 Gevoelloos
718 Bly
720 Tevrede
767 Moed
gerusgestel 720
gerusstel
767 Moed
778 Goedaardig
gerustheid
619 Kalm
651 Toesien
655 Veilig
715 Gevoelloos
718 Bly
geryg 172
gesaag 316
gesaaide
346 Landbougrond
352 Graan
gesag
579 Gedwonge
588 Gesag hê
591 Gesaghebber
599 Gesag
614 Bekwaam
616 Magtig
620 Belangrik
625 Sterk
795 Staat
gesag voer
588 Gesag hê
591 Gesaghebber
599 Gesag
gesagdraend
616 Magtig
795 Staat
gesaghebbend
588 Gesag hê
591 Gesaghebber
614 Bekwaam
616 Magtig
625 Sterk
gesaghebber
588 Gesag hê
591 Gesaghebber
gesagsfiguur 591
gesagskrisis 598
gesagsliggaam 588
gesagsondermyning 588
gesagsprobleem 598
gesagstruktuur
591 Gesaghebber
599 Gesag
gesagsuitoefening 599
gesagvoerder
221 Vaar
591 Gesaghebber
599 Gesag
616 Magtig
gesalfde 852
gesamentlik
26 Saam
663 Meedoen
gesamentlike rekening 700
gesang
757 Sang
847 Gebed
848 Erediens
gesang(e)boek
567 Boek
848 Erediens
gesanik
721 Ontevrede
723 Ernstig
gesant
588 Gesag hê
591 Gesaghebber
665 Byeenkom
gesant van God 852
gesantskap
588 Gesag hê
591 Gesaghebber
geseën(d)
682 Slaag
718 Bly
gesegde
548 Praat
573 Woordeskat
574 Woordkategorie
576 Sinsbou
gesegmenteer(d) 112
gesegmenteerde wurm 363
gesegregeer 171
gesel
26 Saam
182 Slaan
717 Lyding
776 Liefde
835 Bestraf
geselekteer 584
geseling 835
gesellig
716 Genot
724 Vermaak
790 Sosiale betrekking
791 Sosiaal
gesellilgheid
716 Genot
791 Sosiaal
793 Fees
gesellin 26
gesels
548 Praat
554 Aanspreek
557 Diskussie
790 Sosiaal
geselser 554
geselserig 554
geselsery
539 Kommunikeer
548 Praat
554 Aanspreek
geselskap
26 Saam
548 Praat
554 Aanspreek
663 Meedoen
665 Byeenkom
790 Sosiaal
geselskapklub 724
geselskapsdame
26 Saam
592 Ondergeskikte
geselskapspel 739
geselsprogram 264
geselsradio 264
geselstaal 569
gesentraliseer(d) 170
gesentreer 29
geset
35 Reëlmatig
434 Breed
566 Drukkuns
gesete
74 Op
689 Ryk
gesien(e)
799 Beroemd
830 Eerbiedig
gesig
44 Gebeure
61 Plek
378 Senuwee
386 Gesig
387 Oog
499 Sien
500 Sigbaarheid
521 Verras wees
545 Natuurlike teken
gesiggie 322
gesiggieskulp 363
gesighanddoek
627 Skoon

746 Toilet
gesigkundige 416
gesigpoeier 746
gesigroom 746
gesigsbedrog 818
gesigsbeeld 499
gesigseinder
269 Heelal
499 Sien
gesigsenuwee 378
gesigshoek 499
gesigskerpte 499
gesigskring 499
gesigslyn
267 Optika
499 Sien
677 Skiet
gesigsorgaan 387
gesigspier 379
gesigsplooi 386
gesigspunt
513 Gedagte
527 Oordeel
gesigstrek 386
gesigsuitdrukking
386 Gesig
545 Natuurlike teken
gesigsveld 499
gesigsverlies 499
gesigsvermoë
387 Oog
499 Sien
gesigswaarde 131
gesigswakte 499
gesigvlek 386
gesin
241 Familie
787 Gemeenskap
gesinchroniseer(d) 48
gesindheid
527 Oordeel
810 Gedrag
gesinkopeerde musiek 753
gesinsaffiliasie 241
gesinsbeperking 239
gesinsbeplanning 239
gesinselfmoord 252
gesinshoof
241 Familie
591 Gesaghebber
gesinskamer 94(3)
gesinskring
241 Familie
790 Sosiaal
gesinslewe 249
gesinslid 241
gesinsmoord 252
gesinsmoordenaar 252
gesinsmotor 630
gesinstruktuur 241
gesinsverband 787
gesinsvoog 242
gesinsvriend 776
gesitueer(d)
64 Aanwesig
66 Plasing
geskaaf 316
geskakeer(d)
13 Verskeidenheid
490 Kleur
546 Kunsmatige teken
geskakel 172
geskape
3 Bestaanswyse
237 Voortbring
614 Bekwaam
geskarrel 20
geskater 722
geskat(te)
122 Bereken
130 Onbepaald
geskeduleer(d)
19 Orde
640 Voorbereid
geskei
169 Skei
171 Verwyder
173 Losmaak
248 Huwelik
geskel
667 Stryd
777 Haat
geskellery 771
geskend 623
geskenk 693
geskenkbewys 708
geskenkpapier
315 Papier
745 Versier
geskenktou 172
geskenkwinkel 707
geskep 237
geskerts
548 Praat
722 Snaaks
831 Bespot
geskied 44
geskiedenis
44 Gebeure
45 Geskiedenis
50 Verlede
515 Wetenskap
552 Vertel
geskiedenisboek 45
geskiedenisfilosofie 45
geskiedenisles 561
geskiedeniswetenskap 515
geskiedkundig 45
geskiedkundige
45 Geskiedenis
515 Wetenskap
552 Vertel
geskiet 677
geskik
59 Geleë
614 Bekwaam
622 Goed
629 Gebruik
631 Nodig
633 Nuttig
geskiktheid
368 Diereteelt
614 Bekwaam
622 Goed
629 Gebruik
631 Nodig
633 Nuttig
geskil
11 Disharmonie
516 Soek
522 Redeneer
667 Stryd
geskilbeslegting 668
geskilpunt
522 Redeneer
667 Stryd
809 Regsgeding
geskimp
539 Kommunikeer
829 Beledig
geskinder
539 Kommunikeer
829 Beledig
geskok 768
geskonde 623
geskool
502 Verstand
559 Opvoeding
614 Bekwaam
geskoolde arbeid 658
geskooldheid 614
geskop 181
geskouer 393
geskreeu
548 Praat
771 Gramskap
geskrewe
563 Skryf
565 Skryfkuns
geskrewe teks 565
geskrewe verklaring 525
geskrewe werk
565 Skryfkuns
567 Boek
geskrif
539 Kommunikeer
548 Praat
562 Lees
563 Skryf
565 Skryfkuns
567 Boek
750 Letterkunde
geskrop 627
geskryf
539 Kommunikeer
563 Skryf
geskubde 381
geskuifel
164 Reëlmatig
197 Te voet
229 Stadig
geskulp 438
geskut
675 Bewapening
676 Vuurwapen
geskuur 154
geslaag(d)
561 Studeer
682 Slaag
geslaagdheid
622 Goed
650 Voltooi
682 Slaag
geslae
642 Beproef
768 Vrees
geslaene 642
geslaenheid 768
geslag
31 Soort
239 Voortplant
240 Afkoms
317 Fisiologie
357 Dier
374 Mens
403 Voortplanting
574 Woordkategorie
787 Gemeenskap
geslagkunde 240
geslagsbepaling 374
geslagsboom 240
geslagschromosoom 403
geslagsdaad 239
geslagsdeel 403
geslagsdrif
239 Voortplant
413 Siekte
geslagsel 403
geslagsgemeenskap
239 Voortplant
776 Liefde
geslagshormoon 403
geslagsiekte 413
geslagslewe 239
geslagsliefde 776
geslagslyn 787
geslagsnaam
240 Afkoms
550 Noem
geslagsomgang
239 Voortplant
403 Voortplanting
776 Liefde
geslagsorgaan 403
geslagsregister 240
geslagsryp 239

geslagstafel 240
geslagstipe 31
geslagtelik
240 Afkoms
374 Mens
403 Voortplanting
geslagtelikheid 374
geslenter
229 Stadig
646 Nie handel nie
geslepe
502 Verstand
815 Oneerlik
818 Bedrieg
gesleur 226
gesloer 226
geslof
229 Stadig
480 Dowwe klank
gesloop 173
geslote
178 Toegaan
463 Nat
540 Geheim hou
572 Uitspraak
768 Vrees
geslote korporasie 701
geslotenheid 540
gesluier 161
gesluit 178
geslyt 154
gesmous 701
gesnater
483 Voëlgeluid
548 Praat
gesnede 758
gesneuwelde
250 Dood
667 Stryd
gesnik 482
esnork 484
esnou 777
esnuffel 516
esnuif
404 Asemhaling
482 Menslike geluid
484 Diergeluid
esoebat 604
soek 516
sofistikeerd
02 Verstand
14 Bekwaam
88 Beskaafd
91 Sosiaal
sog
05 Verkoop
73 Begeerte
26 Goedkeur
sond
49 Lewe
11 Gesond
20 Voedsel
622 Goed
625 Sterk
gesonde verstand 502
gesondheid
407 Drink
411 Gesond
622 Goed
625 Sterk
793 Fees
gesondheidsbeampte 416
gesondheidsbeleid 590
gesondheidsbrood 424
gesondheidsdiens
414 Geneeskunde
590 Bestuur
gesondheidshalwe 411
gesondheidsinspekteur 416
gesondheidsleer
411 Gesond
627 Skoon
gesondheidsoord
414 Geneeskunde
417 Hospitaal
gesondheidsorg 414
gesonke 446
gesorteer
21 Volgorde
33 Samehorig
gesoteer 419
gesout
414 Geneeskunde
419 Voedselbereiding
471 Lekker
614 Bekwaam
gespanne
378 Senuwee
618 Kragtig
667 Stryd
714 Gevoelig
gespannenheid
378 Senuwee
413 Siekte
618 Kragtig
714 Gevoelig
777 Haat
gespartel 667
gespe
172 Vasmaak
233 Motorvoertuig
745 Versier
gespesery 471
gespesifiseer 553
gespierd
379 Spier
411 Gesond
625 Sterk
gespikkel(d)
490 Kleur
492 Kleure
gespikkelde knorder 363
gespits
71 Regop
439 Punt
440 Skerp
gesplete
184 Afbreek
321 Blaar
gesplete tong 364
gesplete verhemelte 413
gespook
667 Stryd
844 Bygeloof
gespot
722 Snaaks
831 Bespot
gesprek
539 Kommunikeer
548 Praat
553 Behandel
554 Aanspreek
790 Sosiaal
gesprek voer 522
gespreksforum
539 Kommunikeer
557 Diskussie
gespreksgeleentheid
548 Praat
557 Diskussie
gespreksgenoot
554 Aanspreek
663 Meedoen
gesprekstaal
554 Aanspreek
569 Taal
gesprekstoon
548 Praat
554 Aanspreek
gesprekstruktuur 554
gespreksvorm 554
gesproet 381
gesproke 548
gespuis 813
gestaar 499
gestadig 55
gestalte
70 Houding
377 Liggaam
432 Groot
438 Vorm
gestalte kry
237 Voortbring
438 Vorm
gestaltenis 438
gestamp
181 Stoot teen
184 Afbreek
gestandaardiseer(d) 122
gestasie 239
gestasioneer 64
gesteek 155
gesteente
274 Geologie
298 Steen
gestekel(d) 439
gestel
377 Liggaam
438 Vorm
gestel(d) 522
gestelde 518
gesteldheid
3 Bestaanswyse
5 Ondergeskik
713 Gevoel
714 Gevoelig
gestem
713 Gevoel
714 Gevoelig
gestempel
196 Poswese
546 Kunsmatige teken
gesternte 270
gesteun 484
gesteur(d)
721 Ontevrede
829 Beledig
gesteurdheid 771
gestig
417 Hospitaal
505 Verstandstoornis
780 Hulp
gestikulasie 545
gestileerd 749
gestoei 667
gestoelte 95(4)
gestol
459 Vaste stof
462 Halfvloeibaar
gestoor(d)
721 Ontevrede
829 Beledig
gestoorde energie 256
gestoot 181
gestorwe 250
gestotter 548
gestreep
399 Bloedsomloop
442 Lyn
505 Verstandstoornis
546 Kunsmatige teken
gestreepte dolfyn 363
gestreepte noot 753
gestreeptheid 442
gestrek 432
gestrem
459 Vaste stof
505 Verstandstoornis
gestremde melk 371
gestremdheid
503 Onverstandig
505 Verstandstoornis
gestreng 595
gestrik 172
gestroop 162
gestruktureer(d) 237
gestry
522 Redeneer

532 Betwis
539 Kommunikeer
gestudeer(d) 561
gestulp 446
gesubordineerd 30
gesuis
266 Akoestiek
476 Geluid
gesukkel
652 Versuim
654 Moeilik
683 Misluk
717 Lyding
gesus 720
gesuspendeer 256
geswel 413
geswind 225
geswoeg 654
geswolle
413 Siekte
434 Breed
750 Letterkunde
785 Hoogmoedig
geswolle styl 750
geswollenheid
413 Siekte
434 Breed
785 Hoogmoedig
gesworе 808
getabuleer(d) 19
getak 320
getal
102 Hoeveelheid
125 Tel
133 Getal
574 Woordkategorie
getalleleer
132 Wiskunde
515 Wetenskap
getalleteorie
132 Wiskunde
515 Wetenskap
getalsgewys 102
getalstelsel 134
getalsterkte 102
getal(s)waarde
133 Getal
134 Getalstelsel
getalswoord 574
getalteken 133
getand
321 Blaar
391 Tand
439 Punt
440 Skerp
getatoeëer 546
geteel 345
geteister 11
geteken
546 Kunsmatige teken
563 Skryf
getekende tjek 700
getel(d) 125
getier
476 Geluid
548 Praat
771 Gramskap
getik
11 Disharmonie
505 Verstandstoornis
563 Skryf
getimmerte
20 Wanorde
91 Gebou
93 Armoedige gebou
623 Sleg
getitel(d)
550 Noem
797 Adelstand
getjank
484 Diergeluid
723 Ernstig
getjilp 483
getjou-tjou 20
getoets 642
getoor 844
getralie 178
getrokke
176 Uithaal
776 Liefde
getroos
597 Gehoorsaam
716 Genot
720 Tevrede
getros 322
getrou
19 Orde
35 Reëlmatig
42 Altyd
55 Dikwels
143 Bestendig
537 Waarheid
582 Wilskrag
608 Jou woord hou
612 Noukeurig
663 Meedoen
811 Gewete
812 Goeie gedrag
814 Eerlik
816 Getrou
getroud 248
getrouheid
143 Bestendig
597 Gehoorsaam
608 Jou woord hou
612 Noukeurig
622 Goed
811 Gewete
812 Goeie gedrag
814 Eerlik
816 Getrou
getuie
525 Bewys
528 Bevestig
808 Regswese
809 Regsgeding
getuienis
525 Bewys
528 Bevestig
809 Regsgeding
getuienisaflegging 525
getuieverhoor 809
getuig
552 Vertel
808 Regswese
809 Regsgeding
getuigskrif
525 Bewys
539 Kommunikeer
546 Kunsmatige teken
659 Aanstel
826 Goedkeur
gety
283 See
287 Vloei
getyamplitude 283
getygolf 283
getyhawe
221 Vaar
235 Skeepvaart
getyhoogte 283
getykom 221
getypoelvis 363
getyrivier 286
getystand 283
getytafel
127 Tydbepaling
283 See
geul
147 Rigting
283 See
286 Rivier
geur
419 Voedselbereiding
470 Smaak
471 Lekker
473 Ruik
474 Welriekend
497 Reuk
geurig
471 Lekker
473 Reuk
474 Welriekend
496 Smaak
geurigheid
470 Smaak
471 Lekker
geurloos 472
geurloosheid 472
geurmiddel
419 Voedselbereiding
471 Lekker
geursel 419
geut
94(4) Dak
147 Rigting
277 Berg
286 Rivier
gevaar
654 Moeilik
656 Gevaarlik
683 Misluk
768 Vrees
gevaarlik
623 Sleg
635 Skadelik
654 Moeilik
656 Gevaarlik
768 Vrees
gevaarloos 655
gevaarte
36 Onreëlmatig
230 Rytuig
432 Groot
gevaarteken
149 Pad
217 Motorry
gevaarvol 656
gevaarvry 655
geval
14 Navolging
412 Siek
gevalle 212
gevalleboek 412
gevallene
250 Dood
813 Swak gedrag
gevallestudie 412
gevallig 716
gevang 594
gevangehouding 594
gevangene
594 Onvryheid
835 Bestraf
gevangenekamp 594
gevangeneming
594 Onvryheid
835 Bestraf
gevangenis
594 Onvryheid
835 Bestraf
gevangenisdrag 594
gevangenislewe 594
gevangenisstraf
594 Onvryheid
808 Regswese
809 Regsgeding
gevangeniswa 594
gevangeniswese
594 Onvryheid
808 Regswese
gevange(n)skap 594
gevangesetting 594
gevanklik 594
gevarieer(d) 13
gevat
502 Verstand

556 Antwoord
722 Snaaks
gevee 627
geveer
230 Rytuig
321 Blaar
365 Voël
382 Haar
geveg
667 Stryd
731 Gevegsport
779 Boosaardig
gevegsfront 667
gevegshelm 674
gevegskuns
726 Sport
731 Gevegsport
gevegslinie 672
gevegsport
726 Sport
731 Gevegsport
gevegsreëls 672
gevegstelling 672
gevegstenue 674
gevegstoernooi 731
gevegsuitrusting 674
gevegsuniform 674
gevegsvoertuig 678
geveins(d)
818 Bedrieg
845 Godsvrug
geveinsde
815 Oneerlik
818 Bedrieg
geveinsdheid
623 Sleg
815 Oneerlik
818 Bedrieg
845 Godsvrug
gevel 669
geverf 161
geves 678
gevestig
143 Bestendig
622 Goed
gevier(d) 799
gevierendeel 546
gevlei 828
gevlek
381 Vel
490 Kleur
628 Vuil
gevlekte sandhaai 363
gevlerk 397
gevleuel 222
gevleuelde woord(e) 548
gevoed 406
gevoeglik
532 Betwis
622 Goed
gevoeglikheid 622
gevoel
378 Senuwee
493 Gevoeligheid
495 Tassin
518 Glo
527 Oordeel
713 Gevoel
714 Gevoelig
gevoelig
493 Gevoeligheid
495 Tassin
713 Gevoel
714 Gevoelig
717 Lyding
772 Sagmoedig
778 Goedaardig
812 Goeie gedrag
gevoeligheid
412 Siek
493 Gevoeligheid
495 Tassin
714 Gevoelig
717 Lyding
771 Gramskap
772 Sagmoedig
778 Goedaardig
812 Goeie gedrag
gevoelloos
494 Gevoelloosheid
495 Tassin
623 Sleg
715 Gevoelloos
774 Onverskillig
777 Haat
779 Boosaardig
813 Swak gedrag
gevoelsensasie 495
gevoelsintuig 495
gevoelslewe
713 Gevoel
714 Gevoelig
gevoelsmens
713 Gevoel
714 Gevoelig
gevoelsoordrag 713
gevoelstoestand 713
gevoelsuitdrukking 713
gevoelsuiting
713 Gevoel
714 Gevoelig
gevoelswaarde
541 Betekenisvolheid
577 Betekenis
713 Gevoel
gevoelswese 713
gevoelswoord 573
gevoelswêreld 713
gevoëlte 357
gevoelvol
713 Gevoel
714 Gevoelig
gevolg
16 Gevolg
25 Volg
28 Einde
592 Ondergeskikte
638 Aanmoedig
650 Voltooi
681 Resultaat
gevolglik
16 Gevolg
522 Redeneer
681 Resultaat
gevolgtrekking
111 Geheel
522 Redeneer
527 Oordeel
558 Redevoering
577 Betekenis
gevolmagtigde 588
gevorderd
54 Oud
654 Moeilik
gevorderde werk 654
gevorm 559
gevou 180
gevraagd 631
gevrees(d) 768
gevreet 386
gevrek
226 Stadig
581 Teësinnig
611 Lui
gevroetel 165
gevryf 154
gevul(d)
109 Alles
419 Voedselbereiding
434 Breed
gevurk
169 Skei
321 Blaar
gewaad 745
gewaag(d)
656 Gevaarlik
767 Moed
gewaand
512 Verbeelding
538 Dwaling
gewaar
499 Sien
508 Aandag
517 Vind
533 Verstaan
gewaarmerk
528 Bevestig
537 Waarheid
gewaarword
493 Gevoeligheid
508 Aandag
533 Verstaan
713 Gevoel
gewaarwording
493 Gevoeligheid
508 Aandag
714 Gevoelig
gewag maak 548
gewals 297
gewalste staal 297
gewapen 675
gewapende beton 100
gewapende mag 672
gewapende stryd 667
gewapenderhand
667 Stryd
675 Bewapening
gewas
412 Siek
413 Siekte
627 Skoon
gewasghaap 342
gewater(d) 306
gewaterde diamant 298
geweefde materiaal 313
geweeg 642
geween 723
geweer
252 Doodmaak
373 Jag
676 Vuurwapen
geweerammunisie 676
geweerfabriek 301
geweerkoeël 676
geweeronderdele 676
geweerpatroon 676
geweerskoot 677
geweersmid 675
geweersport 677
geweervuur 677
gewei 385
geweierde tjek 700
gewel 94(4)
geweld
599 Gesag
616 Magtig
618 Kragtig
656 Gevaarlik
667 Stryd
779 Boosaardig
813 Swak gedrag
geweldak 94(4)
gewelddaad
618 Kragtig
667 Stryd
779 Boosaardig
813 Swak gedrag
gewelddadig
618 Kragtig
623 Sleg
656 Gevaarlik
667 Stryd
779 Boosaardig
813 Swak gedrag
gewelddoener 779

geweldenaar
618 Kragtig
623 Sleg
667 Stryd
779 Boosaardig
813 Swak gedrag
geweldig
104 Baie
432 Groot
616 Magtig
618 Kragtig
geweldloos 619
geweldpleging
779 Boosaardig
813 Swak gedrag
geweldskliek 599
gewelf
94(4) Dak
94(7) Boog
444 Krom
gewelf(d) 444
gewelfhoek 94(7)
gewelhuis 91
gewellys 94(13)
gewelmuur 94(6)
gewelveld 94(7)
gewens
520 Verwag
622 Goed
638 Aanmoedig
773 Begeerte
gewer 693
gewerwel
357 Dier
380 Gebeente
396 Rug
gewerwelde 357
gewes 61
gewese
50 Verlede
54 Oud
660 Ontslaan
geweste 61
gewestelik
61 Plek
569 Taal
gewestelike taal 569
gewestelike variant 569
gewete
811 Gewete
814 Eerlik
822 Skuldig
823 Berou
gewete(n)loos
715 Gevoelloos
815 Oneerlik
820 Oneerbaar
gewete(n)saak
811 Gewete
842 Geloof
gewetensangs 823
gewetensartikel 801
gewetensbeswaar 814
gewetensbeswaarde
668 Vrede
673 Manskap
814 Eerlik
gewetensgeld
708 Betaal
709 Betaalmiddel
gewetensgetrou 814
gewetensklousule 801
gewetenskonflik 811
gewetensvraag 811
gewetensvry 814
gewetensvryheid
811 Gewete
842 Geloof
gewetenswroeging
822 Skuldig
823 Berou
gewettig
248 Huwelik
806 Wettig
gewig
123 Meet
124 Weeg
452 Swaar
620 Belangrik
729 Atletiek
gewig dra 620
gewiggie 124
gewiggordel 732
gewigloos
124 Weeg
451 Lig
gewigsbepaling 123
gewigseenheid 124
gewigsmaat
122 Bereken
124 Weeg
gewigsmeting 123
gewigstoot 729
gewigstoter 729
gewigsverlies 451
gewigsvermindering 451
gewigtig
452 Swaar
616 Magtig
620 Belangrik
723 Ernstig
gewikkel 165
gewiks
502 Verstand
815 Oneerlik
gewild
622 Goed
791 Sosiaal
826 Goedkeur
gewillig
578 Vrywillig
580 Graag
596 Inskiklik
597 Gehoorsaam
640 Voorbereid
663 Meedoen
778 Goedaardig
gewin 686
gewirwar 20
gewis
129 Bepaald
528 Bevestig
535 Weet
537 Waarheid
gewisheid 543
gewoel
154 Vryf
165 Onreëlmatig
gewoon
31 Soort
35 Reëlmatig
621 Onbelangrik
624 Gemiddeld
gewoond
35 Reëlmatig
657 Herhaal
gewoonheid 624
gewoonlik
22 Kontinu
35 Reëlmatig
36 Onreëlmatig
55 Dikwels
657 Herhaal
gewoonte
35 Reëlmatig
55 Dikwels
644 Handelwyse
657 Herhaal
gewoontedrinker
407 Drink
813 Swak gedrag
gewoontemisdadiger
803 Oortree
813 Swak gedrag
gewoontereg 808
gewoontevormend
494 Gevoelloosheid
657 Herhaal
gewoonweg
108 Minder
624 Gemiddeld
gewortel
143 Bestendig
319 Wortel
gewrig 380
gewrigskoors 413
gewrigsontsteking 413
gewrigsverharding 413
gewrigsverstywing 413
gewronge 36
gewürztraminer 427
gewyd
837 God
849 Prediking
gewyde musiek 753
gewydheid
837 God
849 Prediking
geyk
54 Oud
105 Gelyk
573 Woordeskat
geyk(te) 122
geyktheid 548
gezoem 476
ghantang 776
gharrabos 332
ghetto
90 Gemeenskap
787 Samelewing
ghieliemientjie 363
ghienie 131
ghitaar 756
ghôkum 323
ghnarrabos 332
ghoelasj 426
ghoen
397 Ledemaat
741 Kinderspel
ghoena 323
ghoera 756
ghoeroe
502 Verstand
849 Prediking
854 Godsdiens
gholf
728(8) Gholf
728 Balsport
gholfbaan 728(8)
gholfbal 728(8)
gholfjoggie
663 Meedoen
728(8) Gholf
gholfkarretjie 728(8)
gholfklub 728(8)
gholfsak 728(8)
gholfspeler 728(8)
gholfstok 728(8)
gholftoernooi 728(8)
gholftoerusting 728(8)
ghombos 337
ghommaliedjie 757
ghong 756
ghries
257 Meganika
462 Halfvloeibaar
ghrop 355
ghwano 345
ghwar 813
ghwarrie
303 Steengroef
332 Struik
ghwarriebos 332
Gideonsbende 663
gids
14 Navolging
21 Volgorde

147 Rigting
202 Voor
543 Duidelik
gidshond
147 Rigting
366 Soogdier
499 Sien
gidsnoot 753
gidsplan 147
gidsvalskerm 733
gier
148 Van koers af
163 Draai
221 Vaar
365 Voël
481 Skerp klank
583 Willoosheid
gierig
686 Aanwins
692 Spaar
773 Begeerte
813 Swak gedrag
gierigaard
692 Spaar
813 Swak gedrag
gierigheid
686 Aanwins
692 Spaar
773 Begeerte
779 Boosaardig
813 Swak gedrag
gierplank 732
giers 352
giet
227 Werp
287 Vloei
438 Vorm
gietblok 301
gietbrood 301
gietend 287
gietende reën 289
gieter
301 Metaal
355 Landbougereedskap
gietery
301 Metaal
302 Smid
gietgeut 101
gietkas 301
gietlepel 301
gietlood
101 Gereedskap
301 Metaal
gietpan 301
gietsel 301
gietspaan 301
gietstaal
297 Metaal
301 Metaalverwerking
gietvorm 309
gietwerk 301
gietyster
297 Metaal
301 Metaalverwerking
gif
252 Doodmaak
415 Geneesmiddel
460 Vloeistof
693 Gee
777 Haat
gifaas 252
gifangel 361
gifappeltjie 323
gifbessie 342
gifbol 335
gifboom 342
gifbuis 364
gifgas
252 Doodmaak
461 Gas
gifklier
364 Reptiel
390 Mond
gifpistool 676
gifplant 318
gifpyl
252 Doodmaak
430 Rook
678 Wapen
gifsakkie
364 Reptiel
390 Mond
gifspuit 355
gifstof
252 Doodmaak
415 Geneesmiddel
giftand
364 Reptiel
391 Tand
giftig
252 Doodmaak
413 Siekte
415 Geneesmiddel
777 Haat
813 Swak gedrag
giftigheid 777
gifwerend 415
gigagreep 263
giganties 432
giggel 722
giggellaggie 722
giggelrig 722
gigolo
239 Voortplant
776 Liefde
gigue 742
gil
481 Skerp klank
482 Menslike geluid
723 Ernstig
768 Vrees
gilde
665 Byeenkom
701 Handel
gildehuis 665
gildelid 665
gillend
481 Skerp klank
482 Menslike geluid
gillery
482 Menslike geluid
723 Ernstig
gimkana 735
gimnas
726 Sport
730 Gimnastiek
gimnasiaal 730
gimnasium 726
gimnastiek 730
gimnasties 730
gimnastrada 730
gimnosperm
318 Plant
330 Naaksadige
gimtrim 730
ginds 61
ginekologie
414 Geneeskunde
515 Wetenskap
ginekologies 414
ginekoloog
239 Voortplant
416 Medikus
ginnegaap
554 Aanspreek
722 Snaaks
gips
100 Boumateriaal
298 Steen
415 Geneesmiddel
763 Beeldhoukuns
gipsaarde 298
gipsafdruk 763
gipsafgietsel 763
gipsagtig 298
gipsbeeld 763
gipskruid 334
gipsmodel
97 Bou
763 Beeldhoukuns
gipsverband 415
gipsvorm 763
giraf(fe) 366
giroskoop 630
gis
126 Skat
425 Bakker
427 Drank
428 Drankbereiding
513 Gedagte
516 Soek
518 Glo
667 Stryd
gisbalie 428
giskuip 428
gissel
327 Tallusplant
428 Drankbereiding
gissing
126 Skat
513 Gedagte
516 Soek
gistenk 428
gister
50 Verlede
127 Tydbepaling
gisteraand 50
gistermiddag 50
gistermôre 50
gisternag 50
gisteroggend 50
gisting
350 Vrugte
425 Bakker
428 Drankbereiding
667 Stryd
gistingsproses
350 Vrugte
425 Bakker
428 Drankbereiding
git 486
gits
521 Verras wees
820 Oneerbaar
gitswart 492
glaas- 309
glaaskas 95(3)
glaasogie 365
glacé- 485
glad
159 Neerdaal
179 Glad
381 Vel
448 Gelyk
502 Verstand
548 Praat
653 Maklik
818 Bedrieg
glad nie
43 Nooit
529 Ontken
gladdeperske 323
gladderig 159
gladheid
105 Gelyk
159 Neerdaal
448 Gelyk
502 Verstand
548 Praat
614 Bekwaam
gladiator 673
gladiolus 322
gladmaak
179 Glad
448 Gelyk
gladplooi 180
gladrol 448

gladskaaf 179
gladskraap 448
gladskuur
179 Glad
448 Gelyk
627 Skoon
gladslyp 448
gladstryk
179 Glad
448 Gelyk
gladvee 448
gladvryf
179 Glad
448 Gelyk
gladvyl
154 Vryf
448 Gelyk
gladweg
539 Kommunikeer
647 Voortgaan
814 Eerlik
glans
485 Lig
743 Mooi
glansdruk 566
glansdrukmetode 566
glansend
485 Lig
743 Mooi
glanskool 299
glansmasjien
313 Weef
315 Papier
448 Gelyk
glansnommer 755
glanspapier 315
glansryk
92 Gebou
622 Goed
793 Fees
799 Beroemd
glansverf 100
glas
84 Houer
95(7) Breekgoed
128 Chronometer
259 Aërografie
309 Glas
488 Deurskynend
glasagtig 309
glasbereiding 309
glasbladstoof 95(8)
glasblaser 309
glasdeur 94(8)
glaseer
309 Glas
419 Voedselbereiding
glaserig
250 Dood
472 Sleg
479 Disharmonies
488 Deurskynend
glasfabriek 309
glashandel 309
glasharmonika 756
glashelder
481 Skerp klank
488 Deurskynend
543 Duidelik
glashouer 84
glasiaal 274
glasindustrie 309
glas-in-lood 94(9)
glasiologie 274
glaskas 95(3)
glaskramer 309
glaskristal 309
glasmaker
309 Glas
361 Insek
glasogie 365
glasoog 387
glaspapier 316
glasporselein 305
glaspyp 309
glasskerf 184
glasskilder
309 Glas
760 Skilderkuns
761 Graveerkuns
glasslypery 309
glassnyer 309
glasteël 309
glasuur
305 Erdewerk
309 Glas
419 Voedselbereiding
glasuuroond 305
glasuurwerk 305
glasvaas 84
glasvesel 309
glasvis 363
glasvorm 309
glasware
309 Glas
418 Maaltyd
glaswerk 309
glaswol 309
glattendal 111
gletser
274 Geologie
277 Berg
466 Koud
gletsergaping 277
gletserkaar 277
gletserkloof 277
gletserkunde 274
gletsertong 277
gletserwerking 274
gleuf
177 Oopgaan
184 Afbreek
gleufmasjien 257
glibberig
448 Gelyk
770 Wantroue
818 Bedrieg
glieps
538 Dwaling
548 Praat
623 Sleg
641 Onvoorbereid
822 Skuldig
glim
467 Aansteek
485 Lig
glimlag
545 Natuurlike teken
722 Snaaks
glimlaggend 722
glimmer
298 Steen
485 Lig
glimp
485 Lig
538 Dwaling
glimwurm 361
glinster 485
glip
152 Verby
159 Neerdaal
190 Vertrek
228 Vinnig
728(3) Krieket
glipperig
152 Verby
159 Neerdaal
glips
538 Dwaling
548 Praat
623 Sleg
641 Onvoorbereid
652 Versuim
822 Skuldig
gliptiek
761 Graveerkuns
762 Inlegwerk
glipveldwerker 728(3)
gliserien
415 Geneesmiddel
462 Halfvloeibaar
gliseriensalf 415
glissando 754
glit
297 Metaal
301 Metaalverwerking
glitlood
297 Metaal
301 Metaalverwerking
glo
518 Glo
519 Twyfel
527 Oordeel
531 Saamstem
769 Vertroue
842 Geloof
globaal
111 Geheel
130 Onbepaald
globe
270 Hemelliggaam
446 Rond
450 Volume
globulien 400
globulolise 413
glockenspiel 756
gloed
465 Warm
485 Lig
490 Kleur
713 Gevoel
gloedvol 713
gloei
465 Warm
467 Aansteek
485 Lig
gloeidraad
262 Elektrisiteit
487 Ligbron
gloeiend
465 Warm
467 Aansteek
485 Lig
713 Gevoel
714 Gevoelig
826 Goedkeur
gloeihitte 465
gloeilamp
262 Elektrisiteit
487 Ligbron
gloeilig 487
glooiend
73 Skuins
277 Berg
glooiing
73 Skuins
277 Berg
glooiingshoek 73
glooiingspuin 277
gloor
485 Lig
743 Mooi
799 Beroemd
826 Goedkeur
gloria
743 Mooi
799 Beroemd
glorie
743 Mooi
799 Beroemd
826 Goedkeur
glorieryk
743 Mooi
799 Beroemd
glorieus
485 Lig

743 Mooi
799 Beroemd
glos
543 Duidelik
553 Behandel
565 Skryfkuns
glossa
543 Duidelik
553 Behandel
565 Skryfkuns
glossarium
543 Duidelik
565 Skryfkuns
567 Boek
glossolalie
548 Praat
836 Bonatuurlik
glossologie 570
glottaal
390 Mond
572 Uitspraak
glottis
390 Mond
393 Skouer
gloukoniet 297
gloukoom 413
gluip 499
gluipend 813
glukose
426 Kos
471 Lekker
glurend 499
gluteale senuwee 378
gluten
172 Vasmaak
462 Halfvloeibaar
564 Skryfbehoeftes
glutineus 462
gluur 499
gly
152 Verby
159 Neerdaal
225 Vinnig
glybaan 152
glyer 572
glyerig
152 Verby
159 Neerdaal
225 Vinnig
glyjakkals 818
glyklank 572
glyknoop 172
glyplank
152 Verby
741 Kinderspel
glyptodon 367
glystoel 234
glyvlug 222
nasblom 322
neis 274
nome 838
nomies 558
gnoom 838
gnosties 841
gnostisisme 841
gobelin 95(7)
God
837 God
855 Gode
god
820 Oneerbaar
837 God
838 Gees
855 Gode
goddelik
836 Bonatuurlik
837 God
838 Gees
855 Gode
goddelike mag
837 God
855 Gode
goddelikheid
836 Bonatuurlik
837 God
855 Gode
goddeloos
623 Sleg
799 Boosaardig
813 Swak gedrag
822 Skuldig
827 Afkeur
831 Bespot
843 Ongeloof
846 Godloos
godedom 855
godedrank
427 Drank
855 Gode
godespys
426 Kos
855 Gode
godgegewe 845
godheid
837 God
855 Gode
godin 855
godloënaar 843
godloosheid 846
gods 820
Gods wet 842
Gods Woord
567 Boek
842 Geloof
godsadvokaat 852
godsalig
819 Eerbaar
842 Geloof
godsaligheid 842
godsbegrip
837 God
840 Godsdiens
842 Geloof
godsbestel 837
godsdiens
840 Godsdiens
845 Godsvrug
godsdiensbegrip 840
godsdiensbeoefening
840 Godsdiens
845 Godsvrug
godsdiensbeskouing 840
godsdiensdispuut 840
godsdiensfilosofie 514
godsdiensgeskiedenis 840
godsdiensoefening
845 Godsvrug
848 Erediens
godsdiensonderrig
559 Opvoeding
849 Prediking
godsdiensoorlog
667 Stryd
840 Godsdiens
godsdiensopvatting 840
godsdienssin 845
godsdienstaal 569
godsdienstig
812 Goeie gedrag
840 Godsdiens
845 Godsvrug
godsdienstwis 840
godsdiensvervolging
594 Onvryheid
846 Godloos
godsdiensvryheid
593 Vryheid
840 Godsdiens
godsdienswetenskap
515 Wetenskap
840 Godsdiens
godsdienswetenskaplike
515 Wetenskap
842 Geloof
god(s)geklag
766 Wanhoop
813 Swak gedrag
god(s)geleerde
514 Wysbegeerte
842 Geloof
god(s)geleerdheid
514 Wysbegeerte
842 Geloof
godsgerig 837
godsgesant 852
god(s)gruwelik
623 Sleg
768 Vrees
779 Boosaardig
godshuis 853
godsjammerlik
683 Misluk
766 Wanhoop
godskreiend
623 Sleg
813 Swak gedrag
godslasteraar 846
godslastering 846
godslasterlik
779 Boosaardig
846 Godloos
godslasterlike uitdrukking 820
godsmag
837 God
855 Gode
Godsman 852
godsonmoontlik 654
Godsryk 837
godsverdomme 846
godsverering 840
godsvrede 668
godsvrug 845
godswonder
36 Onreëlmatig
836 Bonatuurlik
godvergete
813 Swak gedrag
846 Godloos
godverlate
623 Sleg
664 Terugstaan
846 Godloos
godverlatenheid 664
godvresend 845
godvrugtig 845
goed
95(1) Ameublement
104 Baie
311 Weefsel
411 Gesond
605 Aanvaar
614 Bekwaam
620 Belangrik
622 Goed
633 Nuttig
637 Doelgerigtheid
644 Handelwyse
682 Slaag
688 Besit
707 Handelsaak
716 Genot
720 Tevrede
743 Mooi
778 Goedaardig
812 Goeie gedrag
819 Eerbaar
826 Goedkeur
goed afloop 622
goed bedeeld 688
goed en gaaf 622
goed gebek 548
goed gebou 411
goed gedra 812
goed geluim 714
goed gemanierd
791 Sosiaal

812 Goeie gedrag
goed gestem(d) 714
goed so
605 Aanvaar
826 Goedkeur
goed te pas kom 633
goed toebedeel 688
goedaardig
413 Siekte
622 Goed
778 Goedaardig
812 Goeie gedrag
goedbekend 799
goeddink
605 Aanvaar
826 Goedkeur
goeddunke
584 Kies
826 Goedkeur
goedere
194 Vervoer
237 Voortbring
688 Besit
goederedepot 234
goederediens 220
goederehawe 235
goederekantoor
194 Vervoer
234 Spoorweg
goedereloods
91 Gebou
194 Vervoer
234 Spoorweg
goederestasie
194 Vervoer
234 Spoorweg
goederetrein 234
goedereverkeer 194
goederevervoer
194 Vervoer
220 Treinry
goederewa
194 Vervoer
234 Spoorweg
goedertierenheid 778
goedgeaard
622 Goed
778 Goedaardig
812 Goeie gedrag
goedgeefs
693 Gee
812 Goeie gedrag
goedgehumeurd 718
goedgekeurde aandeel 702
goedgelowig
518 Glo
769 Vertroue
goedgeluim 718
goedgemanierd
743 Mooi
791 Sosiaal
812 Goeie gedrag
819 Eerbaar
goedgesind
663 Meedoen
776 Liefde
778 Goedaardig
goedgretig 773
goedgunstig 778
goedgunstigheid
693 Gee
778 Goedaardig
goedhartig
714 Gevoelig
772 Sagmoedig
778 Goedaardig
791 Sosiaal
goedheid
622 Goed
633 Nuttig
682 Slaag
714 Gevoelig
778 Goedaardig
812 Goeie gedrag
goedhou
411 Gesond
622 Goed
812 Goeie gedrag
goedig 778
goedjies 688
goedkeur
601 Toestem
605 Aanvaar
665 Byeenkom
806 Wettig
825 Oordeel
826 Goedkeur
goedkeurend
601 Toestem
825 Oordeel
826 Goedkeur
goedkeuring
579 Gedwonge
590 Bestuur
601 Toestem
616 Magtig
806 Wettig
825 Oordeel
826 Goedkeur
830 Eerbiedig
goedkoop
126 Skat
623 Sleg
691 Spandeer
708 Betaal
710 Kosteloos
813 Swak gedrag
goedlags 722
goedmaak
622 Goed
708 Betaal
833 Verontskuldig
goedmoedig
778 Goedaardig
821 Onskuldig
goedpraat
821 Onskuldig
833 Verontskuldig
goedskiks
578 Vrywillig
580 Graag
653 Maklik
goedskryf 703
goedsmoeds
579 Gedwonge
586 Beslis
718 Bly
778 Goedaardig
goedsoortig 622
goedstaan 826
goedvertrouend 769
goedvind
601 Toestem
605 Aanvaar
622 Goed
806 Wettig
826 Goedkeur
goedwillig 580
goeie kop 502
goeie maniere
791 Sosiaal
812 Goeie gedrag
819 Eerbaar
goeie nag 410
goeie oordeel
533 Verstaan
747 Verfyndheid
goeie trou 814
Goeie Vrydag 851
goeie wense 778
goeie werke 778
goeie werker 654
goeiedag 790
goeiemiddag 790
goeiemôre 790
goeienaand 790
goeienag 790
goeiewyn 427
goeiste 521
goël 844
goëlaar 844
goëlbal 728(3)
goëlery 844
goëlkuns 844
goëlkunsteraar 844
goeters
1 Bestaan
688 Besit
goewerment
588 Gesag hê
590 Bestuur
goewernante 560
goewerneur
590 Bestuur
591 Gesaghebber
goewerneur-generaal
590 Bestuur
591 Gesaghebber
goewerneurskap 590
gogga
361 Insek
538 Dwaling
623 Sleg
744 Lelik
776 Liefde
go-go-danser 742
goiingsak
84 Houer
311 Weefsel
golf
164 Reëlmatig
180 Ongelyk
260 Warmteleer
261 Magnetisme
262 Elektrisiteit
266 Akoestiek
283 See
287 Vloei
746 Toilet
golfamplitude 287
golfasbesplaat 100
golfbasis 287
golfbeweging
262 Elektrisiteit
266 Akoestiek
283 See
287 Vloei
golfbreker 221
golfkam 287
golfkarton 315
golfkruin 287
golflengte
260 Warmteleer
261 Magnetisme
262 Elektrisiteit
264 Uitsaai
266 Akoestiek
287 Vloei
golflyn 282
golfplaat 301
golfrug 287
golfry 732
golfslag 287
golfstroom 259
golfteorie 267
Golgota 842
goliatkewer 361
golweleer 515
golwend
164 Reëlmatig
180 Ongelyk
golwing
164 Reëlmatig
180 Ongelyk
283 See
287 Vloei
746 Toilet

gom
172 Vasmaak
462 Halfvloeibaar
564 Skryfbehoeftes
gombindwerk 566
gomboom 331
gomhars 462
gomkwas 462
gomlastiek
307 Rubber
564 Skryfbehoeftes
gompapier 315
gompot 462
gompou 365
gomsnuiwer 494
gomstiffie
462 Halfvloeibaar
564 Skryfbehoeftes
gomstokkie 564
gomtor 820
gonade 403
gondel 235
gondelier 235
gondellied 757
goniometer 139
gonorree 413
gons
480 Dowwe klank
484 Diergeluid
548 Praat
gooi
66 Plasing
147 Rigting
194 Vervoer
227 Werp
305 Erdewerk
628 Vuil
729 Atletiek
gooiafstand
68 Ver
227 Werp
gooibeurt 728(7)
gooier
227 Werp
728(7) Bofbal
goor
472 Smaakloos
623 Sleg
628 Vuil
744 Lelik
777 Haat
813 Swak gedrag
goorheid
623 Sleg
628 Vuil
813 Swak gedrag
goormaag
408 Spysvertering
413 Siekte
gopse 90
gopserig 93
gorê 288
gora 288
gord
172 Vasmaak
231 Tuig
640 Voorbereid
gordel
82 Rondom
172 Vasmaak
273 Geografie
gordelgespe 745
gordelroos 413
Gordiaanse knoop 654
gording
94(1) Konstruksie
94(4) Dak
gordyn
95(12) Venster
752 Toneelspel
gordyngoed 311
gordynmateriaal 311
gordynstof 311
gorilla 366
gorra 288
gorrel
390 Mond
393 Skouer
398 Asemhaling
482 Menslike geluid
548 Praat
gorrelgat
390 Mond
393 Skouer
gorrelpyp
390 Mond
398 Asemhaling
gort
186 Maal
426 Kos
gortmyt 361
gortwater 419
gospellied 757
gotiek 764
goties
565 Skryfkuns
566 Drukkuns
gotiese boustyl 764
gotiese letter
565 Skryfkuns
566 Drukkuns
571 Skrif
gotiese teken
565 Skryfkuns
566 Drukkuns
gottabeentjie 397
gou
41 Kortstondig
225 Vinnig
goud
297 Metaal
492 Kleur
689 Ryk
709 Betaalmiddel
gouda
371 Suiwel
426 Kos
goudaar
275 Myn
297 Metaal
goudaarde 297
goudakaas 426
goudbedryf 275
goudbeslag
302 Smid
745 Versier
goudbrokaat 311
goudbrons 492
goudbruin 492
gouddraad
297 Metaal
301 Metaalverwerking
gouddruk 566
gouderts 297
goudfoelie 297
goudgeel 492
goudkleur 492
goudkoors 692
goudlaag 297
goudlegering 301
goudlening 699
goudmark 701
goudmyn
275 Myn
686 Aanwins
goudogie 361
goudontginning 275
goudopaal 298
goudpletter 302
goudproduksie 275
goudprys 131
goudreserwe 131
goudrif 275
goudryk 275
goudslaner 302
goudsmeekuns 302
goudsmid 302
goudsnee
567 Boek
745 Versier
goudsneewerk 745
goudspinner 312
goudstaaf 301
goudstandaard
131 Munt
701 Handel
goudstof 297
goudstuk
131 Munt
709 Betaalmiddel
goudsug 692
goudtrompet 332
gouduitvoer
192 Laat gaan
275 Myn
goudveld 275
goudvis 363
goudvoorraad 131
goudwaarde 122
goudwerk 763
goudwinning 275
goue 492
goue bruilof
248 Huwelik
793 Fees
goue klas 222
gouekoekoek 365
gou-gou
41 Kortstondig
225 Vinnig
gouigheid
41 Kortstondig
225 Vinnig
gourmand 406
gourmet 406
gourmetkos
420 Voedsel
426 Kos
gousblom 322
graad
122 Bereken
123 Meet
137 Bewerking
559 Opvoeding
561 Studeer
graadadjunk 574
graadbepaling
574 Woordkategorie
576 Sinsbou
graadboog 139
graaddier 357
graadnet
123 Meet
273 Geografie
graadsertifikaat 561
graadteling 239
graadverdeling 122
graadwoord 574
graaf
101 Gereedskap
176 Uithaal
355 Landbougereedskap
630 Werktuig
797 Adelstand
graaflik 797
graafmasjien 101
graafskap
61 Plek
590 Bestuur
797 Adelstand
graag
580 Graag
584 Kies
610 Ywerig
720 Tevrede
773 Begeerte

graagte
580 Graag
584 Kies
610 Ywerig
773 Begeerte
graan 352
graanboer
347 Landbou
352 Graan
graanboerdery
347 Landbou
352 Graan
graanbou 352
graankos
420 Voedsel
426 Kos
graanland
346 Landbougrond
352 Graan
graanmeul 186
graanmot 361
graansilo 352
graanskilpadjie 361
graanskuur 354
graansorghum
352 Graan
426 Kos
graanstinkbesie 361
graanstroper 355
graanverbouing 352
graanvlok
352 Graan
426 Kos
graanvoer 369
graat
363 Waterdier
380 Gebeente
graatjie 366
graatjiemeerkat 366
grabbel 516
grabbelsak 84
graben 274
gradasie 123
gradeboog 139
gradedag 561
gradeer 19
gradeplegtigheid 561
gradering
19 Orde
122 Bereken
527 Oordeel
gradiënt
122 Bereken
259 Aërografie
273 Geografie
274 Geologie
graduandis 561
gradueel
22 Kontinu
112 Deel
158 Opstyg
226 Stadig
gradueer
112 Deel
137 Bewerking
561 Studeer
graf
250 Dood
253 Begrafnis
546 Kunsmatige teken
grafblom
318 Plant
332 Struik
grafeem 571
graffiti 565
grafgrawer 253
grafheuwel 253
grafiek
547 Simboliek
565 Skryfkuns
grafies
565 Skryfkuns
759 Tekenkuns
grafiese kuns
749 Kuns
758 Beeldende kunste
grafiese ontwerp 758
grafiet 298
grafika 263
grafikakaart 263
grafkelder
253 Begrafnis
853 Kerk
graflegging 253
grafmaker 253
grafmonument 253
grafologie
3 Bestaanswyse
563 Skryf
grafrede
253 Begrafnis
558 Redevoering
grafspelonk 253
grafsteen
253 Begrafnis
546 Kunsmatige teken
grafsteenmaker 253
grafstem 548
grafstil 477
grafwaarts 250
grag
286 Rivier
671 Verdedig
gram
123 Meet
124 Weeg
gramadoelas 61
gramkalorie
260 Warmteleer
465 Warm
grammaties 570
grammatiese betekenis 577
grammatika 570
grammatikaal 570
grammatikus
515 Wetenskap
570 Taalwetenskap
grammofoon 756
grammofoonspeler
264 Uitsaai
756 Musiek
grammolekule
124 Weeg
256 Skeikunde
gramradio
264 Uitsaai
756 Musiek
gram-sentimeter
123 Meet
258 Hidroulika
gramskap
618 Kragtig
771 Gramskap
777 Haat
gramstorig
713 Gevoel
714 Gevoelig
771 Gramskap
granaat
298 Steen
323 Vrug
350 Vrugte
676 Vuurwapen
granaatboom 331
granaatrooi 492
granaatsteen 298
granaatvuur 677
granadilla 323
grand finale 28
grandioos
622 Goed
743 Mooi
graniet
274 Geologie
298 Steen
granietgesteente 274
granietkleur 492
granietlaag 274
granulasie
270 Hemelliggaam
301 Metaal
458 Breekbaar
granuleer
301 Metaal
426 Kos
458 Breekbaar
761 Graveerkuns
granulering
301 Metaal
458 Breekbaar
761 Graveerkuns
granuliet 298
grap
621 Onbelangrik
722 Snaaks
831 Bespot
grapjas 831
grapmaker
722 Snaaks
831 Bespot
grapperig
722 Snaaks
831 Bespot
grappig 722
gras
310 Vlegwerk
318 Plant
346 Landbougrond
grasagtig 352
grasdak 94(4)
grasetend
357 Dier
366 Soogdier
graseter
366 Soogdier
406 Eet
grasgroen 492
grashalm 318
grasie
38 Tydgebruik
743 Mooi
783 Vergifnis
grasie verleen
783 Vergifnis
833 Verontskuldig
grasietydperk 693
grasieus 743
grasmasjien 355
grasperk 346
graspol 318
grassaad 318
grasskêr 355
grasslang 364
grassnyer 355
grasspriet 318
grasui
351 Groente
419 Voedselbereiding
grasveld
346 Landbougrond
445 Oppervlak
grasvlakte
273 Geografie
280 Woestyn
289 Klimaat
346 Landbougrond
445 Oppervlak
grasweduwee 376
graswewenaar 375
graswoestyn 280
gratifikasie
693 Gee
696 Ontvang
gratineer 419
gratis 710
gravamen 532

graveer
563 Skryf
758 Kuns
761 Graveerkuns
graveerder 761
graveerkuns
749 Kuns
758 Beeldende kunste
761 Graveerkuns
graveermasjien 761
graveertegniek 761
graveerwerk
758 Kuns
761 Graveerkuns
graveur 761
gravimeter 261
gravimetrie 261
gravin 797
gravisaksent 571
gravis(teken) 565
gravitasie
257 Meganika
261 Magnetisme
273 Geografie
gravitasie-energie 256
graviteer
257 Meganika
261 Magnetisme
gravure 761
grawe
165 Onreëlmatig
275 Myn
347 Landbou
graweel 413
grazioso 753
greep
102 Hoeveelheid
183 Gryp
263 Rekenaar
397 Ledemaat
533 Verstaan
731 Gevegsport
756 Musiek
gregaries 114
grein
103 Min
112 Deel
124 Weeg
311 Weefsel
316 Hout
458 Breekbaar
greineer
316 Hout
449 Ongelyk
761 Graveerkuns
greinerig
316 Hout
449 Ongelyk
458 Breekbaar
771 Gramskap
greinerigheid 449
greinering
316 Hout
449 Ongelyk
761 Graveerkuns
greinhout 316
greintjie 103
grenache noir 427
grenadella
322 Blom
323 Vrug
grenadier 673
grendel
178 Toegaan
676 Vuurwapen
grendelslot 676
grendelslotgeweer 676
grens
16 Gevolg
28 Einde
58 Laat
63 Begrens
69 Naby
82 Rondom
137 Bewerking
160 Omring
178 Toegaan
442 Lyn
723 Ernstig
grensbalie 723
grensbedryf 658
grensbewoner 64
grensdiens 679
grensdorp
63 Begrens
90 Gemeenskap
grensdraad 63
grens(e)loos
62 Grensloos
104 Baie
432 Groot
grenserig 723
grensgebied 63
grensgeskil
63 Begrens
667 Stryd
grensgeval 130
grenshoek
63 Begrens
267 Optika
grenshou 728(3)
grenskonflik
63 Begrens
667 Stryd
grenslinie 63
grensloosheid 62
grenslyn
63 Begrens
442 Lyn
726 Sport
728(1) Rugby
728(2) Sokker
grensmuur 63
grensplaas
63 Begrens
346 Landbougrond
grenspos
63 Begrens
670 Verdedig
grensprosa 750
grensregter 728(1)
grensrivier
63 Begrens
286 Rivier
grensroman 750
grensverhaal 750
grenswaarde 137
grenswag
670 Verdedig
680 Militêre aksie
grenswysiging 63
gretig
580 Graag
618 Kragtig
713 Gevoel
773 Begeerte
grief
713 Gevoel
717 Lyding
719 Hartseer
777 Haat
779 Boosaardig
829 Beledig
831 Bespot
Griekse alfabet 571
Griekse god 855
Griekse kuns 749
griep 413
grieperig 413
griepvirus 413
griesel
587 Aarsel
623 Sleg
768 Vrees
griesel(r)ig
623 Sleg
628 Vuil
768 Vrees
775 Weersin
griesel(r)igheid
623 Sleg
628 Vuil
768 Vrees
grieseltjie 103
griewend
717 Lyding
829 Beledig
831 Bespot
grif
563 Skryf
761 Graveerkuns
griffel 564
griffier 808
gril
466 Koud
513 Gedagte
583 Willoosheid
623 Sleg
713 Gevoel
768 Vrees
775 Weersin
813 Swak gedrag
grillerig
466 Koud
623 Sleg
628 Vuil
744 Lelik
813 Swak gedrag
827 Afkeur
grillig
142 Veranderlik
654 Moeilik
713 Gevoel
813 Swak gedrag
grilligheid
142 Veranderlik
813 Swak gedrag
grimas 722
grimeer 746
grimeermiddel 746
grimering 746
grimeur 746
grimlag 722
grimmig
623 Sleg
768 Vrees
771 Gramskap
777 Haat
grimmigheid
771 Gramskap
777 Haat
grinnik 722
grint
298 Steen
458 Breekbaar
grintspat 99
grintspatpleister 99
grip
286 Rivier
346 Landbougrond
groef
177 Oopgaan
275 Myn
303 Steengroef
316 Hout
446 Rond
657 Herhaal
groefbeitel 185
groei
107 Meer
140 Verandering
237 Voortbring
317 Fisiologie
318 Plant
324 Plantlewe
432 Groot
682 Slaag

686 Aanwins
groei-aandeel 702
groei-effekte 702
groeiend 140
groeifonds 693
groeikoers 701
groeikrag 432
groeipunt
320 Stam
701 Handel
groeipyne 413
groeisaam 239
groeisel 413
groeistof 345
groeiwyse 317
groen
318 Plant
324 Plantlewe
463 Nat
492 Kleur
615 Onbekwaam
groenaarde 297
groenalge 341
groenamandel
323 Vrug
350 Vrugte
groenamara 415
groenbemesting 345
groenblywend 318
groenboontjie
351 Groente
426 Kos
groenboontjiebredie 426
groenbrommer 361
groendakkies 505
groendruif 427
groene 615
groenerigheid 318
groen-ertjie
351 Groente
426 Kos
groengeel 492
groenheid 492
groenigheid 318
groenkaas 426
groenkalossie 334
groenkool 351
groenkoperroes 301
groenkuifloerie 365
groenluis 361
groenmamba 364
groenmielie 351
groenogig 387
groenpiet 365
groenslaai 426
groenspaan 301
groenspreeu 365
groenstaar 413
groente
323 Vrug
351 Groente
420 Voedsel
426 Kos
groentebedding 346
groenteboer 351
groenteboerdery 347
groentedieet 406
groentekwekery 351
groenteman
351 Groente
705 Verkoop
groentemark
351 Groente
701 Handel
707 Handelsaak
groentemes
95(7) Messegoed
185 Sny
419 Voedselbereiding
groenteoes 347
groenteplaas
346 Landbougrond
351 Groente
354 Plaas
groenterasper 95(7)
groentesmous
351 Groente
701 Handel
groentesop 426
groentesous 471
groenteteelt 351
groentetert 426
groentetonnel 351
groentetuin 346
groenteventer
701 Handel
705 Verkoop
groenteverbouing 351
groentevrou 351
groentewinkel
351 Groente
707 Handelsaak
groentjie
27 Begin
615 Onbekwaam
groenui 351
groenvitrioel 256
groenvy 323
groep
3 Bestaanswyse
19 Orde
21 Volgorde
31 Soort
33 Samehorig
168 Saamkom
170 Saambring
663 Meedoen
787 Gemeenskap
groepdans 742
groepeer
19 Orde
31 Soort
168 Saamkom
170 Saambring
groepering
19 Orde
168 Saamkom
170 Saambring
576 Sinsbou
groepfoto 268
groepkamer 560
groepklas 560
groepleier
588 Gesag hê
591 Gesaghebber
groepreis 187
groeprekenmeester 703
groepsbelang
620 Belangrik
633 Nuttig
787 Gemeenskap
groepseks
239 Voortplant
776 Liefde
groepsgebied 90
groepsgewyse 168
groepspeletjie 739
groepsverband
168 Saamkom
787 Gemeenskap
groeptaal 569
groepverband 663
groepvoorsetsel 574
groepvoorsetselkonstruksie 576
groepvorming
33 Samehorig
168 Saamkom
170 Saambring
groepwerk 663
groet
28 Einde
548 Praat
550 Noem
778 Goedaardig
790 Sosiaal
groete 778
groetvorm 576
grof
186 Maal
386 Gesig
432 Groot
449 Ongelyk
452 Swaar
455 Hard
480 Dowwe klank
618 Kragtig
623 Sleg
792 Asosiaal
813 Swak gedrag
grofdradig 313
grofgeskut
675 Bewapening
677 Skiet
grofheid
432 Groot
449 Ongelyk
452 Swaar
455 Hard
480 Dowwe klank
618 Kragtig
623 Sleg
792 Asosiaal
grofsmedery 302
grofsmid 302
grofspinner 312
grofweg 130
grom
363 Waterdier
395 Buik
401 Spysvertering
480 Dowwe klank
482 Menslike geluid
484 Diergeluid
771 Gramskap
777 Haat
gromgeluid 480
grompot 771
grond
15 Oorsaak
61 Plek
75 Onder
89 Blyplek
99 Messel
123 Meet
143 Bestendig
237 Voortbring
272 Aarde
274 Geologie
298 Steen
346 Landbougrond
437 Laag
459 Vaste stof
525 Bewys
533 Verstaan
620 Belangrik
688 Besit
787 Gemeenskap
833 Verontskuldig
grond-
27 Begin
620 Belangrik
grond breek 347
grondaanval 667
grondakkoord 753
grondakte 688
grondbaron
688 Besit
689 Ryk
grondbeginsel
19 Orde
35 Reëlmatig
515 Wetenskap
522 Redeneer
620 Belangrik
640 Voorbereid
811 Gewete
842 Geloof

grondbegrip
513 Gedagte
515 Wetenskap
grondbelasting 712
grondbemanning 236
grondbesit 688
grondbesitter
688 Besit
798 Lae stand
grondbestanddeel
112 Deel
272 Aarde
grondbetekenis
541 Betekenisvolheid
577 Betekenis
grondbevolking
318 Plant
357 Dier
grondbewaring 272
grondboontjie
323 Vrug
350 Vrugte
426 Kos
grondboontjiebotter 426
grondbreker 355
grondbrief 688
gronddam 288
gronddiens 222
grondeer 760
grondeienaar 688
grondeienskap
3 Bestaanswyse
272 Aarde
620 Belangrik
grondeloos
432 Groot
437 Laag
gronderosie
272 Aarde
346 Landbougrond
grondfauna 357
grondflora 318
grondgebied
61 Plek
590 Bestuur
688 Besit
grondgedagte 513
grondgetal
133 Getal
137 Bewerking
grondherwinning
272 Aarde
274 Geologie
grondhoogte 436
grondig
1 Bestaan
525 Bewys
533 Verstaan
620 Belangrik
622 Goed
grondigheid
525 Bewys
620 Belangrik
622 Goed
grondkleur
490 Kleur
492 Kleure
grondkoers 147
grondkunde 515
grondkundige 515
grondlaag
77 Onder
760 Skilderkuns
grondlangs 437
grondlegger
27 Begin
237 Voortbring
grondlegging
27 Begin
237 Voortbring
842 Geloof
grondleiding 147
grondliggend
15 Oorsaak
17 Noodsaak
620 Belangrik
grondluis 361
grondlyn
94(1) Konstruksie
442 Lyn
grondmoreen 277
grondoorsaak 15
grondpad 149
grondpersoneel 236
grondplan
97 Bou
640 Voorbereid
759 Tekenkuns
grondreël
35 Reëlmatig
515 Wetenskap
522 Redeneer
620 Belangrik
640 Voorbereid
644 Handelwyse
grondseil 161
grondsif 153
grondslag
27 Begin
75 Onder
515 Wetenskap
620 Belangrik
644 Handelwyse
grondsop 628
grondstelling
515 Wetenskap
522 Redeneer
grondstof
112 Deel
254 Stof
273 Geografie
275 Myn
295 Delfstof
631 Nodig
grondstorting 274
grondstreek 273
grondstroom 262
grondtaal 569
grondtal 137
grondteks
567 Boek
842 Geloof
grondtoon
266 Akoestiek
522 Redeneer
753 Musiek
760 Skilderkuns
grondtrek
3 Bestaanswyse
513 Gedagte
620 Belangrik
grondvat
159 Neerdaal
188 Aankom
grondverdieping 94(1)
grondvereiste
525 Bewys
620 Belangrik
grondverf 760
grondversakking 437
grondverskuiwing 274
grondves
27 Begin
237 Voortbring
grondvesting 27
grondvlak
75 Onder
77 Onderkant
94(1) Konstruksie
445 Oppervlak
grondvloer 94(1)
grondvorm
3 Bestaanswyse
35 Reëlmatig
438 Vorm
grondvraag 516
grondvrugbaarheid
272 Aarde
346 Landbougrond
grondwaarheid
537 Waarheid
620 Belangrik
grondwater
274 Geologie
460 Vloeistof
grondwet
599 Gesag
801 Wet
grondwetartikel 801
grondwethersiening 801
grondwetlik
801 Wet
806 Wettig
grondwoord
573 Woordeskat
575 Woordvorming
groos
622 Goed
743 Mooi
groot
62 Grensloos
92 Gebou
104 Baie
431 Afmeting
432 Groot
434 Breed
436 Hoog
565 Skryfkuns
566 Drukkuns
616 Magtig
618 Kragtig
620 Belangrik
622 Goed
743 Mooi
799 Beroemd
819 Eerbaar
groot foramen 385
groot kokkedoor 591
groot kuns 749
groot pektoraal 379
groot reënpadda 363
groot skaal 62
groot suikerroos 337
groot tenue 674
groot terts 753
grootbaas 588
grootbedryf 658
grootbek
548 Praat
785 Hoogmoedig
grootbekkig
548 Praat
785 Hoogmoedig
813 Swak gedrag
grootboek 703
grootboog 678
grootbord 84
grootderm 401
grootdoenerig 785
grootdoenery 785
grootfinansier 693
grootfolio 566
grootfolioformaat 566
grootgeestig
693 Gee
778 Goedaardig
grootgrondbesit 688
grootgrondbesitter
688 Besit
798 Lae stand
groothandel
658 Beroep
701 Handel
groothandelaar 701
groothandelprys
126 Skat
691 Spandeer

708 Betaal
groothandelsartikel 701
groothandel(s)bedryf
658 Beroep
701 Handel
groothandel(s)prys
701 Handel
704 Koop
groothandelwins 686
grootharsings
378 Senuwee
385 Skedel
groothartig
693 Gee
776 Liefde
778 Goedaardig
812 Goeie gedrag
grootheid
125 Tel
133 Getal
432 Groot
620 Belangrik
799 Beroemd
819 Eerbaar
grootheidswaan
413 Siekte
505 Verstandstoornis
785 Hoogmoedig
groothertog 797
groothoeklens 268
grootindustrie 658
grootjie 242
grootkalibergeweer 676
grootkapitaal 688
grootkop
588 Gesag hê
590 Bestuur
591 Gesaghebber
785 Hoogmoedig
799 Beroemd
grootkruis 546
grootlepel 418
grootliks
103 Min
123 Meet
grootmaak
237 Voortbring
243 Kind
559 Opvoeding
grootmaatprys 704
grootmaking 559
grootman 799
grootmas 235
grootmediaan 315
grootmeester
588 Gesag hê
590 Bestuur
622 Goed
grootmeneer 785
grootmens 374
grootmense 242
grootmoeder
54 Oud
240 Afkoms
242 Ouers
grootmoedig
778 Goedaardig
819 Eerbaar
grootmufti 854
grootnyweraar 658
grootogig 521
grootoktaaf 753
grootoog
506 Belangstel
521 Verras wees
grootoom 246
grootouer 242
grootpad 149
grootpartituur 753
grootpraat 785
grootpratery
785 Hoogmoedig
813 Swak gedrag
grootrat
232 Fiets
233 Motorvoertuig
groots
104 Baie
622 Goed
716 Genot
743 Mooi
grootsakesektor 658
grootseil 235
grootsheid
622 Goed
743 Mooi
grootsirkel
123 Meet
139 Meetkunde
grootskaals
104 Baie
432 Groot
743 Mooi
grootskeeps
104 Baie
432 Groot
743 Mooi
grootspraak 785
grootsprakig 785
groottante 246
grootte
62 Grensloos
431 Afmeting
432 Groot
436 Hoog
445 Oppervlak
groottertstoonleer 753
groottoon 397
groottotaal 133
grootvader
54 Oud
240 Afkoms
242 Ouer
grootvee
357 Dier
366 Soogdier
369 Veeteelt
grootwild
357 Dier
373 Jag
grootwildgeweer 676
grootwildjag 373
grootwoord 846
gros
104 Baie
133 Getal
groslys 659
grosse 688
grosseer 688
grot
93 Gebou
274 Geologie
277 Berg
grotbewoner
64 Aanwesig
277 Berg
grote
452 Swaar
799 Beroemd
grotendeels
112 Deel
620 Belangrik
groter as 138
groter word 686
groter-as-teken
565 Skryfkuns
571 Skrif
groterig
62 Grensloos
104 Baie
432 Groot
436 Hoog
grotesk
623 Sleg
744 Lelik
grotigheid 620
grotsaal 277
grou
347 Landbou
484 Diergeluid
485 Lig
492 Kleur
744 Lelik
766 Wanhoop
groustaar 413
growwebrood 424
growwesout 426
growwigheid 449
gru 775
gruis
100 Boumateriaal
298 Steen
303 Steengroef
458 Breekbaar
gruisagtig 458
gruiselemente 458
gruiserig 458
gruispad 149
gruissteenkool 299
grusaam
744 Lelik
768 Vrees
775 Weersin
779 Boosaardig
grusaamheid
775 Weersin
779 Boosaardig
gruwel
722 Snaaks
775 Weersin
779 Boosaardig
813 Swak gedrag
822 Skuldig
gruweldaad
779 Boosaardig
813 Swak gedrag
822 Skuldig
gruwelik
623 Sleg
714 Gevoelig
722 Snaaks
744 Lelik
768 Vrees
779 Boosaardig
813 Swak gedrag
gruwelikheid
714 Gevoelig
722 Snaaks
775 Weersin
813 Swak gedrag
gruwelstorie 844
gryns 722
grynslag 722
gryp
183 Gryp
584 Kies
594 Onvryheid
694 Neem
grypanker 235
gryparm 183
grypbaar 183
grypdief 695
gryperig
686 Aanwins
692 Spaar
gryphaak
183 Gryp
439 Punt
grypklou
183 Gryp
397 Ledemaat
grypkraan 183
grypstert 396
grypsug 688
grypyster 183
grys
54 Oud

382 Haar
491 Kleurloosheid
492 Kleur
719 Hartseer
grys dolfyn 363
grys knorder 363
grys loerie 365
grysaard 54
grysbeer 366
grysbok 366
grysheid 54
gryskop
52 Ouderdom
54 Oud
gryswalvis 363
g-sleutel 753
G-snaar 756
guano 345
guerrilla
667 Stryd
673 Manskap
guerrilla-oorlog 667
guerrillavegter
667 Stryd
673 Manskap
guillotine
185 Sny
835 Bestraf
guillotineer
185 Sny
835 Bestraf
guirlande 745
guitig 722
gul
693 Gee
772 Sagmoedig
776 Liefde
778 Goedaardig
gulhartig
693 Gee
776 Liefde
778 Goedaardig
791 Sosiaal
gulhartigheid
776 Liefde
790 Sosiale betrekking
791 Sosiaal
gulheid
693 Gee
776 Liefde
778 Goedaardig
790 Sosiaal
gulp 745
gulsig
406 Eet
686 Aanwins
773 Begeerte
gulsigaard 406
gulsigheid
406 Eet
773 Begeerte
gulweg 778
gumbo 351
gun
601 Toestem
693 Gee
778 Goedaardig
guns
663 Meedoen
693 Gee
778 Goedaardig
790 Sosiaal
gunsbewys 778
gunssoeker 828
gunsteling 776
gunstig
59 Geleë
622 Goed
633 Nuttig
686 Aanwins
816 Getrou
gunter 68
gure weer
293 Onweer
466 Koud
gus
314 Leer
355 Landbougereedskap
369 Veeteelt
gustangetjie
314 Leer
355 Landbougereedskap
369 Veeteelt
gusvee 369
guts 316
gutsbeitel
101 Gereedskap
185 Sny
gutturaal 572
guur
293 Onweer
294 Weerkunde
466 Koud
623 Sleg
768 Vrees
guurheid
293 Onweer
466 Koud
623 Sleg
gyselaar 594
gyselingsbevel 808
gyselreg 808

H

ha
521 Verras wees
831 Bespot
haag
318 Plant
332 Struik
haagdoring 332
haai
363 Waterdier
464 Droog
491 Kleurloosheid
521 Verras wees
623 Sleg
692 Spaar
haaihoei
476 Geluid
479 Disharmonies
481 Skerp klank
haaikaal
464 Droog
491 Kleurloosheid
623 Sleg
haaits
521 Verras wees
831 Bespot
haaivlakte 464
haak
172 Vasmaak
183 Gryp
265 Telekommunikasie
439 Punt
566 Drukkuns
667 Stryd
693 Gee
728(1) Rugby
728(3) Krieket
731 Gevegsport
haakdoringboom 331
haak-en-steekbos 332
haakhou
667 Stryd
728(3) Krieket
731 Gevegsport
haaklas 316
haakliplas 316
haakneus 389
haakplek
444 Krom
667 Stryd
haaks
19 Orde
316 Hout
439 Punt
443 Reglynig
667 Stryd
haaksheid 667
haaksklipmesselwerk 99
haakspeld 172
haakstok 439
haaktand 391
haakwerk 728(1)
haakwurm
361 Insek
413 Siekte
haal
166 Nader beweeg
181 Stoot teen
182 Slaan
191 Laat kom
197 Te voet
215 Swem
407 Drink
442 Lyn
565 Skryfkuns
694 Neem
haalbaar
537 Waarheid
653 Maklik
haan
94(15) Toebehore
290 Wind
294 Weerkunde
357 Dier
365 Voël
375 Man
676 Vuurwapen
682 Slaag
haantjie
767 Moed
785 Hoogmoedig
haar
147 Rigting
321 Blaar
376 Vrou
381 Vel
382 Haar
haaragter 86
haarband 745
haarbars 184
haarbloedvat 399
haarborsel 746
haarbos 382
haarbreedte 435
haarbuis 258
haard
64 Aanwesig
94(15) Toebehore
241 Familie
469 Verwarmingstoestel
haardos 382
haardrag 382
haardrand 94(15)
haardroër
382 Haar
746 Toilet
haardskerm 95(12)
haardstede
89 Blyplek
94(15) Toebehore
469 Verwarmingstoestel
haardyster 95(8)
haarfollikel 382
haarfyn
435 Smal
612 Noukeurig
haargolwing
180 Ongelyk
746 Toilet
haarkam 746
haarkant
87 Kant
381 Vel

haarkapper
382 Haar
746 Toilet
haarkappersalon 382
haarkapperskêr
382 Haar
746 Toilet
haarkappery 746
haarkapsel 382
haarkapster
382 Haar
746 Toilet
haarklower
532 Betwis
827 Afkeur
haarklowery
532 Betwis
557 Diskussie
827 Afkeur
haarknipper 746
haarknippie 745
haarkruller 746
haarkuif 382
haarlaat 835
haarlak 746
haarlemensis 415
haarlemmerolie 415
haarlint 745
haarlok 745
haarloos
318 Plant
382 Haar
haarlyn 442
haarmiddel 746
haarmode 382
haarmurg 382
haarnaalddraai 444
haarnaasagter 86
haarnaasvoor 85
haarnet 746
haarolie
462 Halfvloeibaar
746 Toilet
haaropening 382
haarperd 231
haarsalon
382 Haar
746 Toilet
haarself 376
haarsjampoe
627 Skoon
746 Toilet
haarskag 382
haarskeerder 361
haarskêr
382 Haar
746 Toilet
haarsneller 676
haarsnit 382
haarsnyer 746
haarsorg 746
haarspiertjie
381 Vel
382 Haar
haarspuit 746
haarstuk 382
haarstyl 382
haartangetjie 183
haarvat 399
haarversorging 746
haarvesel 382
haarvlegsel 745
haarvoor 85
haarvooros 231
haarwortel
319 Wortel
382 Haar
haarwortelskede 382
haarwrong 745
haarwurm 361
haas
51 Toekoms
225 Vinnig
228 Vinnig beweeg
366 Soogdier
618 Kragtig
641 Onvoorbereid
haasbek
390 Mond
391 Tand
haasbekbeitel 630
haasbeksaag 630
haas-en-hond 741
haasgras 338
haaskos 336
haaslip 413
haastig
41 Kortstondig
225 Vinnig
618 Kragtig
641 Onvoorbereid
haastigheid
225 Vinnig
618 Kragtig
641 Onvoorbereid
haasvleis 421
haat
775 Weersin
777 Haat
784 Wraaksug
827 Afkeur
haatdraend
667 Stryd
775 Weersin
777 Haat
779 Boosaardig
haatdraendheid
777 Haat
784 Wraaksug
haatlik
775 Weersin
777 Haat
779 Boosaardig
813 Swak gedrag
haatlikheid
623 Sleg
775 Weersin
777 Haat
habanera 742
habeas corpus 808
habitat
89 Blyplek
273 Geografie
317 Fisiologie
habitueel
22 Kontinu
35 Reëlmatig
habitus 3
had 50
Hades 855
hadida 365
hadjie 854
hael
289 Klimaat
292 Neerslag
676 Vuurwapen
haelbui 292
haelgeweer 676
haelstorm 293
haelversekering 655
haelwit 492
hagiograaf 839
hagiografie 839
haglik
623 Sleg
656 Gevaarlik
683 Misluk
690 Arm
717 Lyding
719 Hartseer
haikôna 606
haikoe 751
hak
181 Stoot teen
185 Sny
361 Insek
397 Ledemaat
hakbeen
380 Gebeente
397 Ledemaat
hakea 344
hakekruis
79 Dwars
546 Kunsmatige teken
hake-krukke 198
haker 728(1)
hakie
565 Skryfkuns
571 Skrif
hakie-en-ogie 172
hakiesdraad 301
hakkejag
203 Agterna
667 Stryd
669 Aanval
hakkel
413 Siekte
482 Menslike geluid
548 Praat
hakkelaar
413 Siekte
548 Praat
haksel
421 Vleis
426 Kos
hakskeen 397
hakskeenbeen
380 Gebeente
397 Ledemaat
hal 94(3)
half
105 Gelyk
112 Deel
130 Onbepaald
133 Getal
241 Familie
621 Onbelangrik
624 Gemiddeld
halfaam
84 Houer
102 Hoeveelheid
halfaap 366
halfbakke 621
halfblind 413
halfbloed 240
halfbottel 102
halfbroer
240 Afkoms
244 Familie
halfby 728(3)
halfdaagliks 127
halfdag 37
halfdonker 486
halfdood
250 Dood
661 Vermoei
halfdosyn 133
halfduister 486
halfedel
622 Goed
819 Eerbaar
halfedelgesteente 298
halfedelsteen
298 Steen
459 Vaste stof
halfeeu 37
halfeeufees
724 Vermaak
793 Fees
halfeindrondte 727
halfeindstryd 727
halfemmer 102
halffabrikaat 237
halfgaar 419

halfgebak
419 Voedselbereiding
621 Onbelangrik
halfgeleerd
536 Onkunde
561 Studeer
halfgeleier 262
halfgeskool(d) 559
halfgod
837 God
838 Gees
855 Gode
half-half
621 Onbelangrik
650 Voltooi
halfhartig
519 Twyfel
581 Teësinnig
583 Willoosheid
587 Aarsel
halfhartigheid 581
halfheid 581
halfjaar 37
halfjaarliks
37 Tyd
55 Dikwels
127 Tydbepaling
halfkieu 363
halfklaar 650
halfklinker 572
halfkoord 363
halfkoppie 102
halfkristal 309
halfkroon 131
halflank
431 Afmeting
433 Klein
435 Smal
halfleer 566
halflepel 102
halflig 485
halfluid 548
halflyf 377
halflyn
726 Sport
728(2) Sokker
728(6) Hokkie
alfmaan 270
alfmaantjie
361 Insek
368 Diereteelt
397 Ledemaat
alfmaat 431
alfmas 546
alfmens 336
alfmetaal 297
alfmiljoen 102
alfminuut 37
alfnoot 753
alfpad
29 Middel
69 Naby
halfreliëf 273
halfrond
269 Heelal
272 Aarde
273 Geografie
446 Rond
halfrou 419
halfrym 751
halfryp 323
halfsaaldak 94(4)
halfsirkel 139
halfskaduwee
267 Optika
270 Hemelliggaam
halfslaap 410
halfslagtig
240 Afkoms
581 Teësinnig
583 Willoosheid
624 Gemiddeld
halfslyt 54
halfsoolganger 357
halfstedelik 90
halfsteenmuur 94(6)
halfstok 546
halfsuster
240 Afkoms
245 Familie
halfsy 311
halfsydig 377
halfte
105 Gelyk
112 Deel
halftint 490
halftoon 490
halftyd 727
halfuur 37
halfvergete 511
halfverhewe
436 Hoog
622 Goed
halfvloeibaar 462
halfvokaal 572
halfwarm 465
halfwas 433
halfweekliks
37 Tyd
127 Tydbepaling
halfweg
29 Middel
69 Naby
112 Deel
728(3) Krieket
halfwegstasie 234
halfwild 357
halfwit 492
halfwoestyn 280
halfwolstof 311
halfwys 505
halfyster 728(8)
hallekerk
91 Gebou
853 Kerk
halleluja
567 Boek
757 Sang
847 Gebed
848 Erediens
hallelujaboek
567 Boek
848 Erediens
hallelujabundel 567
hallelujalied
757 Sang
848 Erediens
hallo 790
hallusinasie
512 Verbeelding
538 Dwaling
hallusinogeen 494
hallusinêr
494 Gevoelloosheid
512 Verbeelding
halm
318 Plant
321 Blaar
halo
267 Optika
270 Hemelliggaam
485 Lig
halofiet 318
halogeen
256 Skeikunde
296 Nie-metaal
halogenied 256
halogenies 256
hals 393
hals oor kop 225
halsbeen 393
halsgewel 94(4)
halsketting 745
halsmisdaad
803 Oortree
822 Skuldig
halsmisdadiger 803
halsoorkop
225 Vinnig
509 Onoplettend
641 Onvoorbereid
halsreg 808
halsregter 808
halsslagaar 399
halssnoer 745
halsstarrig 582
halsstraf 835
halswerwel 393
halt
648 Onderbreek
680 Militêre aksie
halte 234
halveer
103 Min
112 Deel
137 Bewerking
halveerlyn 139
halvering 112
halwe
112 Deel
133 Getal
halwe maan 270
halwe noot 753
halwe rus 753
halwerweë 29
ham
421 Vleis
426 Kos
hamburger
424 Brood
426 Kos
hamburgerrolletjie 424
hamel 369
hamer
101 Gereedskap
181 Stoot teen
182 Slaan
316 Hout
388 Oor
599 Gesag
630 Werktuig
676 Vuurwapen
729 Atletiek
756 Musiek
hamerboor
101 Gereedskap
155 Deurboor
630 Werktuig
hamergooi 729
hamergooier 729
hamerhou 182
hamerklou 181
hamerkop
181 Stoot teen
365 Voël
hamerkophaai 363
hamermeul 186
hamerslag
181 Stoot teen
182 Slaan
hamersteel 181
hamertoon
397 Ledemaat
413 Siekte
hamster 366
hamtoebroodjies 424
hand
123 Meet
124 Weeg
397 Ledemaat
565 Skryfkuns
645 Handel
688 Besit
hand gee 663
handbagasie 187
handbal 728

handbesem 627
handbeweging 145
handbiljet 568
handboei 594
handboek
515 Wetenskap
553 Behandel
560 Skoolgaan
565 Skryfkuns
567 Boek
handboog 678
handboor
101 Gereedskap
155 Deurboor
630 Werktuig
handbreedte 434
handbyl 630
handdoek
627 Skoon
746 Toilet
handdoekreëling 94(15)
handdoekrol 627
hande klap 826
handearbeid
645 Handel
658 Beroep
handearbeider
592 Ondergeskikte
645 Handel
handegeklap
531 Saamstem
826 Goedkeur
handeklappery 826
handeksemplaar 567
handel
590 Bestuur
644 Handelwyse
645 Werk
658 Beroep
701 Handel
810 Gedrag
handel dryf
701 Handel
705 Verkoop
handel en wandel 249
handel oor 553
handelaar
701 Handel
705 Verkoop
707 Handelsaak
handelbaar
456 Sag
596 Inskiklik
597 Gehoorsaam
handeldryf
658 Beroep
701 Handel
handeldrywend 701
handeldrywery
658 Beroep
701 Handel
705 Verkoop
handelend 645
handeling
644 Handelwyse
645 Handel
752 Toneelkuns
810 Gedrag
handelingsvryheid 593
handelsaak
701 Handel
707 Handelsaak
handelsaangeleentheid 701
handelsadvertensie
551 Meedeel
568 Perswese
handelsagent 701
handelsanksie 687
handelsartikel 701
handelsbalans 701
handelsbank
700 Bank
709 Betaalmiddel
handelsbedryf 701
handelsbeleid 590
handelsberoep 658
handelsbesigheid 701
handelsbetrekking 701
handelsbeurs 702
handelsbevoegdheid 809
handelsblad
568 Perswese
701 Handel
handelsboek 567
handelsboikot 666
handelsdataverwerking 263
handelsdiens 194
handelsdrukker 566
handelsekonoom 701
handelsektor 658
handelsender 264
handelsentrum
701 Handel
707 Handelsaak
handelsfakulteit 559
handelsfirma 701
handelsflits 551
handelsfotograaf 268
handelsfotografie 268
handelsin 701
handelsindeks 701
handelskamer
665 Byeenkom
701 Handel
handelskapitaal 688
handelsklas 798
handelskommissaris
588 Gesag hê
701 Handel
handelskommoditeit 701
handelskonsessie 701
handelskool 559
handelskorting 710
handelskrediet
701 Handel
711 Skuld
handelskringe 701
handelskuns
749 Kuns
758 Beeldende kunste
handelslapte
687 Verlies
701 Handel
handelsliggaam 701
handelslugvaart 222
handelsmaatskappy
701 Handel
707 Handelsaak
handelsmark 701
handelsmerk 546
handelsmiddel 701
handelsmonopolie 701
handelsnaam
546 Kunsmatige teken
550 Noem
handelsnuus 701
handelsoktrooi 701
handelsonderneming 707
handelsoorlog 667
handelsoorskot 701
handelsorde 665
handelspapier 708
handelsproduk 701
handelsreg
515 Wetenskap
701 Handel
808 Regswese
handelsregte 701
handelsreisiger
701 Handel
705 Verkoop
handelsrekene 132
handelsrigting 559
handelsroete
147 Rigting
149 Pad
194 Vervoer
handelstaal 569
handelstad
90 Gemeenskap
707 Handelsaak
handelstekort 701
handelstog 701
handelstransaksie 701
handelstudent 560
handelstuk 701
handelsvak 559
handelsvennoot 701
handelsvennootskap 701
handelsverbod 701
handelsvereniging 701
handelsvergunning 701
handelsverkeer 701
handelsverslapping 701
handelsvlag 546
handelsvloot 221
handelsvoorkeur 701
handelswaarde 704
handelsware 707
handelsweg 194
handelswese 658
handelswetenskap
515 Wetenskap
701 Handel
handelswetenskaplike 515
handelswetenskappe 559
handelswetgewing 701
handelswissel 709
handelswêreld 701
handel(s)wyse
640 Voorbereid
644 Handelwyse
810 Gedrag
hand(e)oplegging 849
handeroom 746
handeviervoet 198
handewerk 645
handformaat 566
handgalop
198 Strompel
219 Perdry
handgebaar
545 Natuurlike teken
546 Kunsmatige teken
handgee 545
handgeld 708
handgemaak 237
handgemaakte kant 311
handgemeen 667
handgereedskap 101
handgeskrewe 565
handgewrig
380 Gebeente
397 Ledemaat
handgranaat 676
handgreep 183
handhaaf
141 Behoud
647 Voortgaan
826 Goedkeur
handhawer 141
handig
614 Bekwaam
629 Gebruik
633 Nuttig
handjievol 103
handkar 230
handkarabyn 676
handkoffer 84
handkus 790
handlanger
97 Bou
203 Agterna
592 Ondergeskikte
610 Ywerig
645 Handel
663 Meedoen
handlees 844
handleiding
543 Duidelik
553 Behandel
565 Skryfkuns

567 Boek
handleser 844
handlyn
372 Vissery
844 Bygeloof
handmeul 186
handmikrofoon 266
handomdraai
41 Kortstondig
654 Moeilik
handomkeer
41 Kortstondig
654 Moeilik
handomswaai
41 Kortstondig
654 Moeilik
handoplegging 850
handpalm 397
handperd 231
handpers
183 Gryp
566 Drukkuns
handrem
146 Bewegingloosheid
233 Motorvoertuig
handremhefboom 233
handrug 397
handrughou 728(4)
handruiker(tjie) 348
handsaag
101 Gereedskap
185 Sny
316 Hout
630 Werktuig
handsak
84 Houer
187 Reis
handsein 546
handsetter 566
handskaaf 101
handskoen
726 Sport
745 Kleding
handskrif
563 Skryf
565 Skryfkuns
handskrifdeskundige 565
handskrifkunde 565
handskrifontleding 565
handslag
182 Slaan
528 Bevestig
handspier 397
handspinnery 312
handstand 730
handstuk 265
handtas
84 Houer
187 Reis
handtastelik 667
handtastelikheid
182 Slaan
667 Stryd
handtekening
546 Kunsmatige teken
563 Skryf
700 Bank
hand-uit 813
hand-uit ruk 813
handvatsel
84 Houer
183 Gryp
232 Fiets
handves
525 Bewys
567 Boek
handvol 103
handwaarsêery 844
handwapen 675
handwasbak 94(15)
handweefster 313
handwerk
645 Handel
749 Kuns
handwerker
592 Ondergeskikte
645 Handel
handwerkmark 707
handwerksman 645
handwewer 313
handwiel 312
handwoordeboek 567
handwortel
380 Gebeente
397 Ledemaat
hanebalk 94(4)
hanebalkdak 94(4)
hanekam
337 Veldplant
365 Voël
hanepoot
323 Vrug
565 Skryfkuns
hanepootdruif 323
hanepootrosyn
323 Vrug
426 Kos
hanerig
374 Mens
785 Hoogmoedig
hanetree 69
hang
73 Skuins
76 Bo
77 Onder
594 Onvryheid
835 Bestraf
hangar 91
hangband 77
hangbrug
149 Pad
156 Bo-oor
hangbuik 395
hangende druipsteen 277
hanger(tjie)
95(3) Kas
337 Veldplant
745 Versier
hangkas
94(15) Toebehore
95(3) Kas
hangklip 277
hangklok 128
hanglamp
95(2) Lamp
487 Ligbron
hangleer 211
hangletter 566
hanglig 487
hanglip
390 Mond
771 Gramskap
hanglus 77
hangmat 96
hangmuur 94(6)
hangparagraaf 566
hangplafon 94(4)
hangskouer 413
hangskouers 393
hangslot
94(8) Deur
178 Toegaan
hangsnor
382 Haar
386 Gesig
hangspoor 234
hangstyl 94(4)
hangsweef
199 Spring
733 Lugsport
hangsweeftuig 733
hangswewer
199 Spring
733 Lugsport
hangverband 415
hangvloer 94(10)
hanou 146
hans 237
Hansard
525 Bewys
567 Boek
590 Bestuur
hansdier 369
hanskakie
787 Gemeenskap
817 Ontrou
hanskalf 237
hanskuiken 237
hanslam
237 Voortbring
369 Veeteelt
hanswors 722
hanteer
629 Gebruik
645 Handel
hanteerbaar
629 Gebruik
708 Betaal
hanteerder 629
hantering
629 Gebruik
645 Handel
651 Toesien
hap
103 Min
112 Deel
177 Oopgaan
391 Tand
406 Eet
haper
505 Verstandstoornis
623 Sleg
hapering 623
haploïed
113 Enkelvoudig
240 Afkoms
438 Vorm
haplologie
548 Praat
572 Uitspraak
haplont 345
happerig 406
happie 103
hara-kiri 252
hard
71 Regop
455 Hard
476 Geluid
481 Skerp klank
490 Kleur
548 Praat
595 Streng
623 Sleg
625 Sterk
654 Moeilik
715 Gevoelloos
717 Lyding
777 Haat
779 Boosaardig
harde pedaal 756
harde valuta 709
harde verhemelte
390 Mond
572 Uitspraak
harde water 460
hardeband 566
hardebanduitgawe
566 Drukkuns
567 Boek
hardebank 274
harde bate 688
hardebolkeil 745
hardebord
100 Boumateriaal
316 Hout
hardedopmossel 363

hardedopsprinkaan 361
hardehout 427
hardekoejawel
582 Wilskrag
767 Moed
792 Asosiaal
hardekool
316 Hout
331 Boom
hardekop
582 Wilskrag
767 Moed
792 Asosiaal
hardekwas
582 Wilskrag
667 Stryd
767 Moed
792 Asosiaal
hardepad
149 Pad
610 Ywerig
835 Bestraf
hardepeer 316
harder
363 Waterdier
422 Seekos
hardeskyf 263
hardeskyfaandrywer 263
hardestaal 301
hardevet 421
hardgebak
419 Voedselbereiding
582 Wilskrag
767 Moed
792 Asosiaal
hardgebaktheid 582
hardhandig 667
hardhartig
777 Haat
779 Boosaardig
hardheid
455 Hard
595 Streng
625 Sterk
715 Gevoelloos
753 Musiek
779 Boosaardig
hardheidsmeting 455
hardhoofdig 582
hardhorend 413
hardhorendheid 498
hardhorig 413
harding
256 Skeikunde
297 Metaal
hardkoppig
581 Teësinnig
582 Wilskrag
hardkoppigheid 582
hardlees 727
hardloop
145 Beweging
150 Vorentoe
197 Te voet
225 Vinnig
228 Vinnig beweeg
728(1) Rugby
729 Atletiek
hardloopnommer 729
hardlooppas 197
hardloopskoen 729
hardloper
197 Te voet
228 Vinnig
729 Atletiek
hardlywig 413
hardnekkig
40 Langdurig
582 Wilskrag
647 Voortgaan
824 Onboetvaardig
hardop 476
hards 301
hardvogtig
595 Streng
715 Gevoelloos
777 Haat
779 Boosaardig
hardwerkend
610 Ywerig
645 Handel
hare 129
haredrag 382
harekam
745 Versier
746 Toilet
hareknipper 746
har(er)ig
318 Plant
382 Haar
haresnyer 746
harige stingel 320
harigheid 381
haring 363
haringfilette 426
haringnet 372
haringvangs 372
haringvis 363
hark
347 Landbou
355 Landbougereedskap
630 Werktuig
harlaboerla
20 Wanorde
598 Ongehoorsaam
harlekinade
722 Snaaks
752 Toneelkuns
harlekyn
722 Snaaks
741 Kinderspel
831 Bespot
harmansdrup
226 Stadig
415 Geneesmiddel
harmattan 290
harmonie
8 Dieselfde
10 Harmonie
478 Welluidend
531 Saamstem
668 Vrede
753 Musiek
755 Uitvoering
harmonieer
10 Harmonie
478 Welluidend
668 Vrede
harmoniek 753
harmonieleer 753
harmoniëring
10 Harmonie
755 Uitvoering
harmonies
10 Harmonie
478 Welluidend
753 Musiek
754 Komposisie
harmonieus
8 Dieselfde
478 Welluidend
668 Vrede
753 Musiek
harmonika 756
harmoniseer
754 Komposisie
757 Sang
harmonium 756
harnas
231 Tuig
674 Uitrusting
675 Bewapening
harp 756
harpenaar 756
harpenis 756
harpoen 372
harpoeneer 372
harpoengeweer 372
harpoenier 372
harpspeler 756
harpuis 235
harpuisbos 332
harpuisvernis 100
hars
172 Vasmaak
462 Halfvloeibaar
harsingaanhangsel 385
harsingbalk 378
harsingbloeding 413
harsingontsteking 413
harsings
385 Skedel
502 Verstand
harsingsenuwee 378
harsingskudding 413
harsingvlies 385
harsingvliesontsteking 413
harslag
385 Skedel
426 Kos
hárslevelü 427
harspan 385
hart
29 Middel
83 In die middel
394 Bors
399 Bloedsomloop
713 Gevoel
776 Liefde
hartaanval 413
hartaar
399 Bloedsomloop
620 Belangrik
hartbees 366
hartbeeshuis 93
hartboesem 399
hartbrekend
683 Misluk
717 Lyding
hartchirurg 416
hartebloed
400 Bloed
620 Belangrik
harteboer 740
hartedief 776
harteleed 719
harteloos
715 Gevoelloos
777 Haat
779 Boosaardig
813 Swak gedrag
hartelus
718 Bly
773 Begeerte
hartens 740
hartensaas 740
hartensboer 740
hartensheer 740
hartensvrou 740
hartewee 719
hartewens 773
hartgebrek 413
hartgrondig 814
hartig
548 Praat
622 Goed
hartkamer 399
hartklep 399
hartklop
405 Bloed
713 Gevoel
hartkloppings 413
hartkramp 413
hartkwaal 413
hartlam 776
hartland 61

artlik
776 Liefde
778 Goedaardig
artlikheid
743 Mooi
778 Goedaardig
790 Sosiaal
art-longmasjien 417
artlyer 413
artlyn 83
artmasjien 417
artmedisyne 415
artmiddel 415
artmonitor 417
artoorplanting 414
artoorplantingspasiënt 14
artoperasie 414
artpilletjie 415
artroerend
713 Gevoel
714 Gevoelig
artsbegeerte
580 Graag
773 Begeerte
artseer
623 Sleg
714 Gevoelig
717 Lyding
719 Hartseer
723 Ernstig
artsgeheim 540
artsiekte 413
artslag 405
artsnaar 713
artspesialis 416
artstog
580 Graag
713 Gevoel
714 Gevoelig
773 Begeerte
776 Liefde
artstogtelikheid 776
artsverlange 773
artverblydend 716
artvergroting 413
artverheffend 743
artverlamming 413
artversaking 413
artverskeurend
683 Misluk
714 Gevoelig
717 Lyding
719 Hartseer
artversterkend 743
artverwarmend 716
artverwydering 413
artvormig 438
artwater 413
arwar 20
aselaar 332
haselneut
323 Vrug
350 Vrugte
hasie 741
hasie-oor 741
hasjee
421 Vleis
426 Kos
hasjie
421 Vleis
426 Kos
haspel
165 Onreëlmatig
312 Spin
haspelraam 312
hatend 667
hatig
667 Stryd
775 Weersin
777 Haat
haute cuisine 419
haut-reliëf 763
Hawaiïese kitaar 756
hawe
221 Vaar
235 Skeepvaart
662 Rus
787 Gemeenskap
hawearbeider
221 Vaar
235 Skeepvaart
haweboot 235
hawegeld
221 Vaar
708 Betaal
hawehoof
221 Vaar
235 Skeepvaart
288 Waterstelsel
hawekafee 707
hawekaptein
221 Vaar
235 Skeepvaart
591 Gesaghebber
hawelig
221 Vaar
487 Ligbron
haweloods 221
haweloos 690
hawemeester
221 Vaar
591 Gesaghebber
hawemuur
221 Vaar
235 Skeepvaart
hawepolisie
221 Vaar
802 Gehoorsaam
hawer 318
hawermout 426
hawerwortel 351
hawestad 90
hawetoerusting 235
haweverkeer 235
hawewese
221 Vaar
235 Skeepvaart
hawik 365
hawikneus 389
H-bom 676
hé
521 Verras wees
722 Snaaks
hê
688 Besit
696 Ontvang
hebbelikheid
623 Sleg
644 Handelwyse
657 Herhaal
hebefrenie 505
heblus 686
Hebraïsme 569
Hebreër 854
Hebreeus 854
Hebreeuse letter 571
hebsug
686 Aanwins
688 Besit
692 Spaar
773 Begeerte
779 Boosaardig
hede
49 Hede
521 Verras wees
hedendaags
49 Hede
53 Nuut
hedonis 514
hedonisme
514 Wysbegeerte
820 Oneerbaar
hedonisties
514 Wysbegeerte
820 Oneerbaar
heel
104 Baie
109 Alles
111 Geheel
133 Getal
411 Gesond
414 Geneeskunde
622 Goed
heel waarskynlik 653
heelagter 728(1)
heelal 269
heelbaar 414
heelgetal 133
heelhartig
578 Vrywillig
580 Graag
713 Gevoel
heelhuids 111
heelkonfyt 426
heelkundig 414
heelmaak
111 Geheel
622 Goed
heelmakend 411
heelmeester 416
heelmiddel 415
heelnoot 753
heeltal 133
heeltallig 133
heeltemal
104 Baie
109 Alles
111 Geheel
129 Bepaald
624 Gemiddeld
heeltyd
40 Langdurig
42 Altyd
647 Voortgaan
heelwat 104
heen
147 Rigting
167 Wegbeweeg
heen en weer
164 Reëlmatig
199 Spring
heen-en-terugreis 187
heen-en-weerdiens 194
heen-en-weertjie
41 Kortstondig
204 Aandoen
heengaan
28 Einde
167 Wegbeweeg
176 Uithaal
205 Weggaan
250 Dood
412 Siek
heenglip 205
heengly 205
heenkome
89 Blyplek
655 Veilig
663 Meedoen
heenreis
167 Wegbeweeg
187 Reis
190 Vertrek
heenrit 216
heenskeer 228
heenvaar
190 Vertrek
221 Vaar
heenvaart 190
heenwys
6 Betreklik
14 Navolging

539 Kommunikeer
545 Natuurlike teken
heenwysing
6 Betreklik
14 Navolging
539 Kommunikeer
heer
375 Man
591 Gesaghebber
672 Weermag
740 Kaartspel
791 Sosiaal
797 Adelstand
Heer 837
heerleër 672
heerlik
426 Kos
471 Lekker
716 Genot
743 Mooi
839 Hiernamaals
heerlikheid
471 Lekker
521 Verras wees
716 Genot
743 Mooi
839 Hiernamaals
heers
588 Gesag hê
591 Gesaghebber
599 Gesag
616 Magtig
heersend
1 Bestaan
31 Soort
49 Hede
591 Gesaghebber
616 Magtig
heerser
588 Gesag hê
591 Gesaghebber
616 Magtig
heerskaar
168 Saamkom
672 Weermag
heerskap 375
heerskappy
588 Gesag hê
590 Bestuur
599 Gesag
616 Magtig
622 Goed
684 Oorwin
heerssug
588 Gesag hê
773 Begeerte
hees
413 Siekte
548 Praat
heester 332
heet
465 Warm
539 Kommunikeer
550 Noem
618 Kragtig
714 Gevoelig
heethoof
618 Kragtig
714 Gevoelig
hef
158 Opstyg
183 Gryp
185 Sny
257 Meganika
hefbaar 708
hefboom
124 Weeg
158 Opstyg
257 Meganika
hefbrug
149 Pad
233 Motorvoertuig
heffing
158 Opstyg
708 Betaal
712 Belasting
751 Digkuns
753 Musiek
heffingsfonds 708
heffingsfooi
708 Betaal
712 Belasting
heffingsvers 751
hefskroef 236
hefskroefvliegtuig 236
hefspier 379
heftig
618 Kragtig
667 Stryd
714 Gevoelig
heftigheid
618 Kragtig
667 Stryd
714 Gevoelig
771 Gramskap
heg
168 Saamkom
172 Vasmaak
318 Plant
414 Geneeskunde
455 Hard
663 Meedoen
hegapparaat 172
hegarm 172
hegemonie 616
hegmiddel
172 Vasmaak
462 Halfvloeibaar
hegpleister 415
hegtenis 594
hegtheid 663
hegting 172
heide
273 Geografie
337 Veldplant
heiden
779 Boosaardig
843 Ongeloof
846 Godloos
854 Godsdiens
heil
622 Goed
655 Veilig
682 Slaag
718 Bly
845 Godsvrug
Heiland 837
heilbede 847
heilbot 363
heildronk
407 Drink
558 Redevoering
heilgimnas 730
heilgimnastiek 730
heilig
723 Ernstig
778 Goedaardig
812 Goeie gedrag
830 Eerbiedig
837 God
839 Hiernamaals
845 Godsvrug
849 Prediking
852 Geestelike
heiligbeen 380
heiligdom
61 Plek
852 Geestelike
853 Kerk
heilige
812 Goeie gedrag
839 Hiernamaals
852 Geestelike
Heilige Gees 837
heilige kewer 361
heilige mis 850
Heilige Nagmaal 850
Heilige Skrif 842
heiligheid
723 Ernstig
812 Goeie gedrag
837 God
845 Godsvrug
heiliging
812 Goeie gedrag
845 Godsvrug
heiligmaking 845
heiligskennis 846
heilloos
683 Misluk
822 Skuldig
heilsaam
411 Gesond
633 Nuttig
heilsaamheid 633
heilsbegeerte 842
heilsbelofte 842
heilsdaad 842
heilsgeskiedenis 842
heilsleer 842
heilstaat 682
heilsverkondiging 842
heilsverwagting 842
heilswaarheid 842
heilswerking 842
heilwens 778
heimat 787
heimlik 540
heimwee
717 Lyding
773 Begeerte
heinde 68
heining
63 Begrens
160 Omring
178 Toegaan
318 Plant
heipaal 94(1)
heirleer
168 Saamkom
672 Weermag
heirskare
168 Saamkom
672 Weermag
heits(a) 521
hek
94(14) Buitekant
149 Pad
178 Toegaan
hekatombe 252
hekel
353 Vlasteelt
555 Vra
745 Versier
775 Weersin
827 Afkeur
831 Bespot
hekelaar
827 Afkeur
831 Bespot
hekeldig 751
hekeldigter 751
hekeling 831
hekelskrywer
750 Letterkunde
751 Digkuns
hekelvers 751
hekgeld 708
hekkie
178 Toegaan
729 Atletiek
hekkiesatleet 729
heks
744 Lelik
813 Swak gedrag
844 Bygeloof
heksaëder
139 Meetkunde

445 Oppervlak
447 Hoekig
450 Volume
heksaëdries
139 Meetkunde
447 Hoekig
450 Volume
heksagonaal
139 Meetkunde
447 Hoekig
heksagoon
139 Meetkunde
447 Hoekig
heksagtig
744 Lelik
813 Swak gedrag
heksameter 751
heksametries 751
heksebesem
324 Plantlewe
844 Bygeloof
heksebrousel 813
heksedans 844
heksegebroed 844
heksejag
25 Volg
779 Boosaardig
844 Bygeloof
heksekabaal 813
hekseketel
20 Wanorde
84 Houer
844 Bygeloof
heksemeester 844
hekserig
744 Lelik
813 Swak gedrag
heksery 844
heksesabbat
20 Wanorde
844 Bygeloof
heksetoer 654
heksluiter
178 Toegaan
203 Agterna
hektaar 123
hekto- 123
hektograaf 566
hektografeer 566
hektografies 566
hektogram 123
hektoliter 123
hektometer 123
hektowatt 123
hel
73 Skuins
444 Krom
580 Graag
717 Lyding
839 Hiernamaals
855 Gode
helaas 723
held
622 Goed
750 Letterkunde
752 Toneelspel
767 Moed
776 Liefde
855 God
heldedaad 767
heldedom
622 Goed
752 Toneelspel
767 Moed
heldedood 250
heldefiguur
622 Goed
752 Toneelspel
855 God
heldelied 751
heldemoed 767
helder
478 Welluidend
481 Skerp klank
485 Lig
488 Deurskynend
490 Kleur
500 Sigbaarheid
502 Verstand
543 Duidelik
627 Skoon
helderas
622 Goed
752 Toneelspel
855 God
helderblou 492
helderdenkend 502
helderheid
481 Skerp klank
485 Lig
488 Deurskynend
490 Kleur
500 Sigbaarheid
502 Verstand
543 Duidelik
627 Skoon
helderkleurig 490
helderklinkend 481
heldersiende
502 Verstand
844 Bygeloof
heldersiendheid
502 Verstand
836 Bonatuurlik
844 Bygeloof
helderte
485 Lig
490 Kleur
500 Sigbaarheid
502 Verstand
543 Duidelik
627 Skoon
heldetenoor 757
heldeverering
767 Moed
776 Liefde
heldhaftig 767
hele
104 Baie
109 Alles
111 Geheel
helend 411
heler 416
helfte
105 Gelyk
112 Deel
helikopter 236
helikoptervlieënier 236
heliks 139
heling 414
heliofiet 318
heliofisika 271
heliograaf
267 Optika
294 Weerkunde
heliograafdiens 267
heliografeer 267
heliografie 268
heliografis 267
heliogram 267
heliolitografie 268
heliometer 294
heliosentries 270
helioskoop
267 Optika
271 Kosmografie
heliostaat 267
helioterapie 414
heliotipie 268
heliotroop
298 Steen
492 Kleur
heliotropie 324
heliotropisme 324
helium
256 Skeikunde
461 Gas
hellebaard 678
hellebaardier 673
hellend 444
hellevaart 250
helleveeg
779 Boosaardig
813 Swak gedrag
helling
73 Skuins
139 Meetkunde
149 Pad
159 Neerdaal
277 Berg
436 Hoog
hellingbepaling 123
hellinghoogte 73
hellingrigting 73
hellingsafwyking 73
hellingsfout 73
hellingshoek 73
helling(s)meter 123
hellingsverskil 73
hellingsvlak 139
helm
223 Stuur
384 Kop
546 Kunsmatige teken
674 Uitrusting
726 Sport
844 Bygeloof
helmbos 674
helmdraad 322
helmintologie 358
helmintologies 358
helmknop 322
helmstok 223
helmteken 546
heloot 592
help
15 Oorsaak
589 Dien
622 Goed
645 Handel
663 Meedoen
705 Verkoop
778 Goedaardig
780 Hulp
helper
592 Ondergeskikte
645 Handel
663 Meedoen
780 Hulp
hels
104 Baie
623 Sleg
744 Lelik
813 Swak gedrag
820 Oneerbaar
839 Hiernamaals
helshoog 436
helsteen
256 Skeikunde
300 Sout
415 Geneesmiddel
heluit
104 Baie
820 Oneerbaar
hematien 400
hematologie
400 Bloed
414 Geneeskunde
hematoloog
400 Bloed
416 Medikus
hematosiet 400
hematurie 413

hemel
61 Plek
96 Slaapplek
250 Dood
269 Heelal
270 Hemelliggaam
837 God
839 Hiernamaals
hemelagtig 836
hemelbed 96
hemelbesem 432
hemelbestormer
140 Verandering
513 Gedagte
667 Stryd
hemelbode 838
hemelbol
269 Heelal
270 Hemelliggaam
446 Rond
hemelboog
269 Heelal
839 Hiernamaals
hemeldak 269
hemelekwator 269
hemelewenaar 269
hemelgewelf 269
hemelhalfrond 269
hemelhoog
104 Baie
436 Hoog
hemeling
838 Gees
839 Hiernamaals
855 God
hemelkleur 492
hemelkring 839
hemelland 839
hemelliggaam 270
hemelmeridiaan 269
hemelpool
269 Heelal
270 Hemelliggaam
hemelpoort 839
hemelruim
269 Heelal
270 Hemelliggaam
hemelruimte 289
hemelryk
837 God
839 Hiernamaals
hemels
471 Lekker
713 Gevoel
718 Bly
743 Mooi
839 Hiernamaals
hemel(s)blou 492
hemelsbreë verskil 9
hemelsbreed 434
Hemelse Vader 837
hemelstad 839
hemelstreek
88 Posisie
269 Heelal
270 Hemelliggaam
290 Wind
hemeltergend
813 Swak gedrag
829 Beledig
hemeltrans 269
hemelvaart
211 Opgaan
837 God
Hemelvaart 851
Hemelvaartdag 851
Hemelvader 837
hemelwaarts
76 Bo
158 Opstyg
211 Opgaan
hemelwater 292
hemeroteek 568
hemisfeer
269 Heelal
272 Aarde
273 Geografie
446 Rond
hemisferies 446
hemofilie 413
hemoglobien 400
hemorroïde 413
hemosiet 400
hemostasie 414
hemp 745
hen
357 Dier
365 Voël
hendiadis 576
hendiadiskonstruksie 576
hendikep 727
hendsop 685
hen(d)sopper 685
hendsoppery 685
hene
521 Verras wees
820 Oneerbaar
hengel
372 Vissery
646 Nie handel nie
hengelaar 372
hengelary 372
hengelgerei 372
hengelparadys 372
hengelplek 372
hengelvis 363
hengelwater 372
Henkel se geelhout 331
henna
332 Struik
492 Kleur
hennep
312 Spin
343 Genesende plant
353 Vlasteelt
hennepgaring 312
hennepteelt 353
henry 123
hepatitis 413
heptaëder
139 Meetkunde
447 Hoekig
450 Volume
heptaëdries 450
heptagonaal 447
heptagoon
139 Meetkunde
447 Hoekig
heptagram
139 Meetkunde
447 Hoekig
450 Volume
heptameter 751
heptargie 590
her-
53 Nuut
55 Dikwels
heraldiek 546
heraldikus 546
herbarium 325
herberg
89 Blyplek
429 Eetplek
herbergier 429
herbergsaam 89
herbewapen 675
herbivoor
357 Dier
366 Soogdier
406 Eet
herbore 140
herbou
97 Bou
140 Verandering
herbouer 140
herbouing
97 Bou
140 Verandering
herd
94(15) Toebehore
469 Verwarmingstoestel
herdenk 793
herdenking
510 Herinner
793 Fees
herdenkingsdag 510
herdenkingseël 546
herdenkingsfees 793
herdenkingsjaar 510
herder
14 Navolging
369 Veeteelt
849 Prediking
852 Geestelike
herderlik 852
herdersbevolking 369
herdersdig 751
herdersfluit 756
herdersknaap 592
herderslewe 477
herderspel 752
herderstaf 369
herdruk
566 Drukkuns
567 Boek
here 820
Here 837
herediteit
3 Bestaanswyse
696 Ontvang
hereditêr 696
herehuis
89 Blyplek
92 Gebou
hereksamen 561
herenig
168 Saamkom
170 Saambring
668 Vrede
herereg 712
herewoning
89 Blyplek
92 Gebou
herfs
37 Tyd
127 Tydbepaling
270 Hemelliggaam
289 Klimaat
herfsagtig
54 Oud
289 Klimaat
herfsblom
318 Plant
322 Blom
herfsdag 289
herfsgewas 318
herfskleur 492
herfspampoen 351
herfsplant 318
herfsseisoen 37
herfstelik
54 Oud
289 Klimaat
herfstuin 346
herfsvrug 323
herfsweer 289
hergeboorte 140
hergebruik 629
hergstyd 37
herhaal
44 Gebeure
55 Dikwels
548 Praat
657 Herhaal
herhaalde 657
herhaaldelik
22 Kontinu
40 Langdurig

42 Altyd
55 Dikwels
164 Reëlmatig
647 Voortgaan
657 Herhaal
herhaalteken 753
herhalend
164 Reëlmatig
657 Herhaal
herhaler
548 Praat
657 Herhaal
herhaling
55 Dikwels
657 Herhaal
750 Letterkunde
herhalingsdesimaal 123
herhalingsteken 753
herindeel 112
herinner 510
herinnering 510
herinneringsteken 546
herkapitaliseer 699
herken
120 Onderskeid
499 Sien
535 Weet
584 Kies
herkenbaar 120
herkenbaarheid 120
herkenning
120 Onderskeid
499 Sien
535 Weet
herkies 584
herkiesing 584
herkoms
27 Begin
240 Afkoms
573 Woordeskat
herkose 584
herkou
390 Mond
406 Eet
408 Spysvertering
513 Gedagte
herkouer 366
herkouery 408
herkoutjie
366 Soogdier
408 Spysvertering
herkry 696
herkrybaar 696
herkulies
625 Sterk
654 Moeilik
767 Moed
herleef
249 Lewe
411 Gesond
412 Siek
657 Herhaal
herlees 562
herlei
137 Bewerking
140 Verandering
herleibaar
6 Betreklik
137 Bewerking
herleiding 137
herlewing
249 Lewe
657 Herhaal
hermafrodiet
318 Plant
357 Dier
374 Mens
hermafroditisme
318 Plant
357 Dier
hermelyn 366
hermelynbont 492
hermeneutiek 842
hermeneuties 842
hermeties 178
hermeunetiek 514
hermiet 789
herneuter 95(7)
herneutermes
185 Sny
678 Wapen
hernieu
53 Nuut
249 Lewe
hernieubaar 53
hernieude
53 Nuut
649 Begin
hernubaar 53
hernude
53 Nuut
649 Begin
hernuitermes 678
hernutermes
185 Sny
678 Wapen
hernuwe
53 Nuut
249 Lewe
hernuwing
53 Nuut
622 Goed
heroïek 767
heroïes 767
heroïne 494
heroïsme 767
herondervraging
516 Soek
809 Regsgeding
herontwerp
53 Nuut
140 Verandering
herout
546 Kunsmatige teken
551 Meedeel
heroutstrompet 333
heroutstuk 546
herower
684 Oorwin
694 Neem
herpes 413
herpetologie 358
herpetologies 358
herpetoloog 358
herrese
249 Lewe
411 Gesond
herrie
165 Onreëlmatig
476 Geluid
667 Stryd
herriemaker 667
herroep
510 Herinner
529 Ontken
herroeping 529
herroeteer 147
herrys
71 Regop
158 Opstyg
249 Lewe
411 Gesond
412 Siek
herrysenis
249 Lewe
411 Gesond
412 Siek
herrysing
249 Lewe
412 Siek
hersamestelling 590
hersenbalk 378
hersenskim
2 Nie-bestaan
512 Verbeelding
838 Gees
hersenskimmig
2 Nie-bestaan
838 Gees
hersenskudding 413
hersetting 566
hersien
53 Nuut
140 Verandering
516 Soek
561 Studeer
565 Skryfkuns
566 Drukkuns
622 Goed
hersiene teks 565
hersiene uitgawe 566
hersiene weergawe 565
hersiening
140 Verandering
516 Soek
560 Skoolgaan
561 Studeer
565 Skryfkuns
566 Drukkuns
622 Goed
801 Wet
hersieningshof 808
hersirkulasie 629
herskape 140
herskep
53 Nuut
140 Verandering
herskepper
53 Nuut
140 Verandering
herskepping
140 Verandering
438 Vorm
herstel
411 Gesond
412 Siek
413 Siekte
622 Goed
680 Militêre aksie
693 Gee
745 Versier
herstelkoste
691 Spandeer
708 Betaal
hersteller 622
herstelling 411
herstellingsoord 417
herstelmiddel 622
hersteloord 417
herstelpoging 622
herstelteken 753
herstelwa 233
herstelwerk 622
herstelwinkel 233
herstruktureer 140
herstrukturering 140
hert 366
herthoringvaring 329
hertog 797
hertogdom
590 Bestuur
797 Adelstand
hertogelik 797
hertogin 797
heruitgawe 566
heruitgee 567
heruitsaai 264
heruitsending 264
hervat
649 Begin
657 Herhaal
hervatting
53 Nuut
649 Begin
657 Herhaal
herverkoopprys 691

herverkoopwaarde 691
herverseker 655
hervorm
53 Nuut
140 Verandering
622 Goed
854 Godsdiens
Hervormde godsdiens
840 Godsdiens
854 Godsdienste
hervormer 140
hervorming
140 Verandering
590 Bestuur
Hervormingsfees 851
Hervormingsondag 851
hervormingstyd
38 Tydgebruik
140 Verandering
herwaarts 147
herwin
684 Oorwin
686 Aanwins
herwinning
629 Gebruik
686 Aanwins
herwonne
684 Oorwin
686 Aanwins
herz 123
hesperornis 367
hete 521
heterargie 590
hetero-
9 Verskillend
374 Mens
heterodoks 840
heterogeen
9 Verskillend
13 Verskeidenheid
114 Saamgesteld
heterogenese
239 Voortplant
324 Plantlewe
heterogeniteit
9 Verskillend
13 Verskeidenheid
114 Saamgesteld
heteromorf 9
heteroniem
563 Skryf
573 Woordeskat
heteronimie
563 Skryf
573 Woordeskat
heteropolie 701
heteroseksueel
374 Mens
776 Liefde
heterotroof
317 Fisiologie
324 Plantlewe
hetsy 34
heug 510
heugenis 510
heuglik
510 Herinner
718 Bly
heuglikheid
510 Herinner
718 Bly
heul 663
heuning
426 Kos
471 Lekker
heuningblom 322
heuningby 361
heuningdou
413 Siekte
462 Halfvloeibaar
heuningkleur 492
heuningkoekmuur 94(6)
heuningkwas 828
heuningpot 84
heuningsoet 471
heuningtee 427
heuningvoëltjie 365
heup
380 Gebeente
395 Buik
heupbeen
380 Gebeente
395 Buik
heupgewrig 380
heupjig 413
heuristiek 523
heuristies 523
heuwel 277
heuwelagtig 277
heuwelhang 73
heuwelkruin 436
heuwellandskap 277
heuweltop 277
hewel
147 Rigting
176 Uithaal
277 Berg
288 Waterstelsel
hewelbarometer 259
hewig
104 Baie
618 Kragtig
hiaat
23 Onderbreek
117 Te min
177 Oopgaan
hialien 387
hiatus 23
hibernasie 357
hiberneer 357
hibiskus 322
hibiskusblom 322
hibridies 114
hibridiseer 174
hidraat 256
hidrateer 256
hidreer 256
hidride 256
hidro-
123 Meet
460 Vloeistof
hidrodinamies 258
hidrodinamika 258
hidro-elektrisiteit 262
hidro-elektries 262
hidro-energie 256
hidrofiet 318
hidrofilies 463
hidrofobie
505 Verstandstoornis
768 Vrees
hidrogeen
256 Skeikunde
296 Nie-metaal
hidrogeneer 256
hidrogenies
256 Skeikunde
296 Nie-metaal
hidrograaf
286 Rivier
294 Weerkunde
hidrografie 286
hidrografies 286
hidroliese rem 233
hidrolise 256
hidroliseer 256
hidrologie
258 Hidroulika
286 Rivier
hidrologies
258 Hidroulika
286 Rivier
hidroloog 258
hidrometer
123 Meet
286 Rivier
hidrometrie
123 Meet
286 Rivier
hidroponies 345
hidroponika 345
hidropsie 413
hidrosfeer 286
hidroskoop
267 Optika
294 Weerkunde
hidroskopies
267 Optika
463 Nat
hidrostaties 258
hidrostatiese balans 258
hidrostatika 258
hidroterapie 414
hidrotropisme 324
hidrotuig 235
hidroulies 258
hidrouliese masjien 630
hidrouliese rem 258
hidroulika 258
hiel 397
hiëna 366
hiep-hiep-hoera 718
hier
61 Plek
64 Aanwesig
69 Naby
88 Posisie
hieraan
6 Betreklik
168 Saamkom
hieragter 86
hiërargie
30 Ondergeskik
576 Sinsbou
588 Gesag hê
665 Byeenkom
673 Manskap
hiërargies
30 Ondergeskik
588 Gesag hê
hiëraties 565
hiëratiese skrif 565
hierbenede 77
hierbenewens 107
hierbinne 81
hierbo 76
hierbuite 80
hierby 107
hierdeur
15 Oorsaak
153 Deur
522 Redeneer
hierdie
69 Naby
129 Bepaald
hierheen
88 Posisie
147 Rigting
hierjy
592 Ondergeskikte
822 Skuldig
hierlangs
87 Kant
147 Rigting
152 Verby
hiermee
6 Betreklik
107 Meer
629 Gebruik
hierna 47
hiernaas 69
hiernamaals 839
hiernatoe
147 Rigting
787 Gemeenskap
hiërogliewe 565
hiëroglifies
563 Skryf
565 Skryfkuns

hierom
15 Oorsaak
163 Draai
hieromheen
82 Rondom
160 Omring
hieromtrent
6 Betreklik
69 Naby
522 Redeneer
hieronder
75 Onder
157 Onderdeur
hieroor
15 Oorsaak
74 Op
76 Bo
156 Bo-oor
522 Redeneer
hierop 74
hierso 61
hierteen
6 Betreklik
69 Naby
181 Stoot teen
hierteenoor
9 Verskillend
85 Voor
hiertoe
16 Gevolg
637 Doelgerigtheid
hierts 521
hiervan
6 Betreklik
167 Wegbeweeg
hiervandaan
88 Posisie
147 Rigting
167 Wegbeweeg
787 Gemeenskap
hiervoor
16 Gevolg
85 Voor
hiet en gebied 599
higiëne
414 Geneeskunde
627 Skoon
higiënies 627
higrometer
260 Warmteleer
294 Weerkunde
higrometries 294
higroskoop 294
higroskopie 294
higroskopies 463
hik
404 Asemhaling
482 Menslike geluid
hikaanval 404
hikkend 482
hilariteit
718 Bly
722 Snaaks
himen 403
himne
751 Digkuns
757 Sang
847 Gebed
hinde 366
hinder
588 Gesag hê
635 Skadelik
654 Moeilik
666 Verhinder
714 Gevoelig
hinderlaag 669
hinderlik
666 Verhinder
713 Gevoel
714 Gevoelig
744 Lelik
771 Gramskap
hinderlikheid
654 Moeilik
666 Verhinder
714 Gevoelig
hindernis
654 Moeilik
666 Verhinder
729 Atletiek
hinderniswedloop 729
hinderniswedren 735
hinderniswedstryd 729
hinderpaal
178 Toegaan
666 Verhinder
Hindoe 854
Hindoegod 855
Hindoeïsme 854
hings 366
hingsel
84 Houer
183 Gryp
hingsvul 366
hink
145 Beweging
197 Te voet
198 Strompel
229 Stadig
741 Kinderspel
hinkend
197 Te voet
198 Strompel
229 Stadig
hinkende pinkende 198
hink-en-pink 198
hinkepink
145 Beweging
198 Strompel
hinkstap
198 Strompel
229 Stadig
hinnik 484
hinterland
61 Plek
273 Geografie
hipallage
576 Sinsbou
750 Letterkunde
hiper-
116 Te veel
432 Groot
hiperbaton 576
hiperbolies
139 Meetkunde
432 Groot
577 Betekenis
750 Letterkunde
hiperbool
139 Meetkunde
577 Betekenis
750 Letterkunde
hipergevoelig 714
hiperinflasie 701
hiperkorrek
537 Waarheid
569 Taal
622 Goed
hipermark 707
hipermodern 53
hiperoreksie 413
hipersensitief 714
hipersnel 225
hipersonies 266
hipertensie 413
hipertonie 413
hipertrofie
413 Siekte
432 Groot
hipervinnig 225
hipnose
414 Geneeskunde
512 Verbeelding
638 Aanmoedig
hipnoties
512 Verbeelding
638 Aanmoedig
hipnotiese slaap 410
hipnotikum
415 Geneesmiddel
494 Gevoelloosheid
hipnotiseer
414 Geneeskunde
638 Aanmoedig
hipnotisme
414 Geneeskunde
638 Aanmoedig
hipochondria
413 Siekte
505 Verstandstoornis
512 Verbeelding
hipodermies 381
hipodermis 381
hipofise
385 Skedel
402 Afskeiding
hipofisis 385
hipokonders
413 Siekte
505 Verstandstoornis
512 Verbeelding
hipokoristies 550
hipokoristikon 550
hipokriet 818
hipokrisie 818
hipokrities
815 Oneerlik
818 Bedrieg
hiponiem
573 Woordeskat
577 Betekenis
hiponimie
573 Woordeskat
577 Betekenis
hiposentrum 274
hipotaksis 576
hipotakties 576
hipoteek 699
hipoteekakte 699
hipoteekbank
699 Leen
700 Bank
hipoteekbrief 699
hipoteekdokument 699
hipoteekhouer
699 Leen
700 Bank
hipoteeknemer 699
hipotekaris 700
hipotensie 413
hipotensief 413
hipotenusa 139
hipotermies 413
hipotese
513 Gedagte
515 Wetenskap
518 Glo
hipoteties
518 Glo
538 Dwaling
hipotetiseer
513 Gedagte
522 Redeneer
hippodroom 726
hippopotamus 366
hipsofobie
413 Siekte
505 Verstandstoornis
768 Vrees
hipsometer 123
histamine 415
histerektomie 414
histerese 413
histerie
413 Siekte
505 Verstandstoornis
618 Kragtig

histeries
505 Verstandstoornis
618 Kragtig
histologie 414
histologies 414
histoloog 416
historie 45
histories
1 Bestaan
45 Geskiedenis
historiese woordeboek 567
historikus
45 Geskiedenis
515 Wetenskap
historiograaf 45
historiografie
45 Geskiedenis
515 Wetenskap
historioloog 45
historisiteit
1 Bestaan
45 Geskiedenis
historisme 45
histrionies 752
hitsig
239 Voortplant
465 Warm
618 Kragtig
714 Gevoelig
773 Begeerte
820 Oneerbaar
hitsjazz 753
hitstjor 737
hitte
260 Warmteleer
465 Warm
618 Kragtig
hittebars 465
hittebeheer 233
hittebeskerming 465
hitte-energie
256 Skeikunde
465 Warm
hittegewend 465
hittegolf
260 Warmteleer
289 Klimaat
465 Warm
hittegraad 465
hittekoors 413
hittenewel 289
hitteskild 465
hittestraling
256 Skeikunde
260 Warmteleer
hittete 130
hitte-uitputting 413
hitteuitslag 413
hittevas 465
hitteweerstand 465
hittig
239 Voortplant
465 Warm
618 Kragtig
714 Gevoelig
hobbel
164 Reëlmatig
165 Onreëlmatig
198 Strompel
446 Rond
449 Ongelyk
hobbelagtig 449
hobbelpad 149
hobbelperd 741
hobbelrig 449
hobbelry 164
hobbelskaaf 630
hobbeltjie 446
hobbelvyl 630
hobo 756
hoboïs 756
hobospeler 756
hoe 644
hoë bloeddruk 413
hoë drifsneeu 292
hoë jagsneeu 292
hoë leeftyd
52 Ouderdom
54 Oud
hoed
612 Noukeurig
655 Veilig
745 Kleding
hoedanig
3 Bestaanswyse
644 Handelwyse
hoedanigheid
3 Bestaanswyse
644 Handelwyse
658 Beroep
hoede 655
hoededoos 84
hoeder
612 Noukeurig
655 Veilig
hoederak 95(3)
hoedespeld 155
hoedestander 95(3)
hoedetas 187
hoedewinkel 707
hoëdruksel 294
hoëdruksentrum 294
hoef
17 Noodsaak
366 Soogdier
397 Ledemaat
hoefangel 678
hoefbal
366 Soogdier
397 Ledemaat
hoefbeslag 302
hoefboog 94(7)
hoefdier 366
hoefganger 366
hoefhamer 302
hoefmagneet 261
hoefmerk 545
hoefslag 181
hoefsmedery 302
hoefsmid 302
hoefsmidstang 302
hoefspoor 545
hoefstraal
366 Soogdier
397 Ledemaat
hoefyster
302 Smid
366 Soogdier
397 Ledemaat
444 Krom
hoegenaamd (nie) 528
hoëgraads 622
hoegrootheid 102
hoe(i)haai
476 Geluid
479 Disharmonies
481 Skerp klank
hoek
61 Plek
139 Meetkunde
372 Vissery
439 Punt
447 Hoekig
728(1) Rugby
728(6) Hokkie
hoeka 50
hoekanker 172
hoekbeslag 84
hoekdiens 645
hoekerf 61
hoekhuis 91
hoekig
447 Hoekig
792 Asosiaal
hoekigheid 447
hoekkas 95(3)
hoeklyn 139
hoeklys 94(4)
hoekmeter
123 Meet
139 Meetkunde
hoekmeting
123 Meet
139 Meetkunde
hoeknok 94(4)
hoekom 555
hoekpaal
94(14) Buitekant
731 Gevegsport
hoekpilaar 94(5)
hoekplaat 94(4)
hoekpunt
139 Meetkunde
439 Punt
hoeks 139
hoekskop 728(1)
hoeksteen
94(6) Muur
620 Belangrik
hoeksteenlegging 793
hoekstut
94(14) Buitekant
94(6) Muur
hoektand 391
hoekvlag 728(1)
hoekyster 301
hoëlui 620
hoender 365
hoenderboer
347 Landbou
369 Veeteelt
370 Voëlteelt
hoenderboerdery
369 Veeteelt
370 Voëlteelt
hoenderbors 413
hoenderdraad 370
hoenderhok
354 Plaas
369 Veeteelt
370 Voëlteelt
hoenderkamp 370
hoenderkop 427
hoendermarinade 471
hoendermis 409
hoendermousse 426
hoendernek 393
hoendersop 426
hoenderswak 626
hoenderteelt 370
hoendervleis
381 Vel
421 Vleis
hoepel
82 Rondom
160 Omring
301 Metaal
446 Rond
741 Kinderspel
hoepelbeen
198 Strompel
397 Ledemaat
413 Siekte
hoepelyster 301
hoep-hoep 365
hoëpriester
852 Geestelike
854 Godsdiens
hoer
239 Voortplant
376 Vrou
776 Liefde
813 Swak gedrag
820 Oneerbaar
hoera
718 Bly
722 Snaaks

hoerê
718 Bly
722 Snaaks
hoereer 820
hoereerder 820
hoër gesag
588 Gesag hê
837 God
855 Gode
hoër hof 808
hoerhuis
91 Gebou
820 Oneerbaar
hoerkind 243
hoërskool 559
hoervrou 239
hoes
404 Asemhaling
409 Afskeiding
413 Siekte
482 Menslike geluid
708 Betaal
hoes en proes 413
hoesbui
409 Afskeiding
413 Siekte
482 Menslike geluid
hoesdrank 415
hoeseer
6 Betreklik
102 Hoeveelheid
hoeserig 482
hoesmedisyne 415
hoesmiddel 415
hoespastil 415
hoesstillend 415
hoesstroop 415
hoestablet(tjie) 415
hoes(t)erig 413
hoes(t)ery 413
hoeveel 102
hoeveelheid
102 Hoeveelheid
112 Deel
133 Getal
hoeveelheidslys 100
hoeveelheidsnaam
123 Meet
574 Woordkategorie
hoeveelheidsopnemer 100
hoeveelste 21
hoëveld 273
hoëvlaktaal 263
hoëvlaktaalprogram 263
hoewe 354
hoewel 666
hof
91 Gebou
92 Belangrike gebou
808 Regswese
809 Regsgeding
hof van justisie 808
hof vir klein sake 808
hofarts 416
hofbevel 808
hofdame 592
hofdigter 751
hofetiket 791
hofgebou
92 Gebou
809 Regsgeding
hofgeding
808 Regswese
809 Regsgeding
hofie
322 Blom
384 Kop
568 Perswese
hofinterdik 808
hofkamer 809
hofkapelaan 852
hofknaap
248 Huwelik
592 Ondergeskikte
hofkoets 230
hofkoste 808
hofkunstenaar 809
hoflik
622 Goed
714 Gevoelig
776 Liefde
791 Sosiaal
819 Eerbaar
hoflikheid
622 Goed
714 Gevoelig
743 Mooi
776 Liefde
791 Sosiaal
819 Eerbaar
hoflokaal 809
hofmeester
590 Bestuur
591 Gesaghebber
hofnar 592
hofpleitstuk 809
hofproses 809
hofprosessie 808
hofrol 809
hofsaak 809
hofsaal
94 Gebou
809 Regsgeding
hofsel 594
hofsitting
808 Regswese
809 Regsgeding
hofskilder 760
hofskoen 745
hofstukke 809
hofverslag
539 Kommunikeer
809 Regsgeding
hofverslaggewer 809
hohaai
476 Geluid
479 Disharmonies
481 Skerp klank
hoipolloi 789
hoistaan 231
hok
89 Blyplek
91 Gebou
93 Armoedige gebou
170 Saambring
354 Plaas
369 Veeteelt
594 Onvryheid
835 Bestraf
hokaai 146
hokkie
89 Blyplek
93 Gebou
322 Blom
728(6) Hokkie
hokkiebal
726 Sport
728(6) Hokkie
hokkieskoen 728(6)
hokkiespeler 728(6)
hokkiestok
726 Sport
728(6) Hokkie
hokkietoerusting 728(6)
hokkieveld
726 Sport
728(6) Hokkie
hokslaan
182 Slaan
368 Diereteelt
369 Veeteelt
666 Verhinder
hokspoor 234
hokus-pokus
818 Bedrieg
844 Bygeloof
hokverdelend 323
hokvoël 365
hol
110 Niks
197 Te voet
225 Vinnig
228 Vinnig berveeg
277 Berg
396 Rug
401 Spysvertering
446 Rond
503 Onverstandig
hol frase 542
holbeitel 316
holbewoner 357
holbol 446
holderstebolder
20 Wanorde
225 Vinnig
hol-en-dolvoeg 316
holheid 110
holisme 514
holisties 514
holklinkend
110 Niks
476 Geluid
542 Betekenisloos
holkrans 277
hollander 315
hollerig 110
holligheid
110 Niks
542 Betekenisloos
hollys 94(5)
holmuur 94(6)
holofiet 318
holofrase 573
hologig 387
holograaf 565
hologram 268
holoniem
573 Woordeskat
577 Betekenis
holoog 387
holpasser 139
holpuntkoeël 676
holpyp 288
holrond 446
holrug
54 Oud
396 Rug
413 Siekte
725 Verveling
holrug gery 725
holrugsitplek 233
holskaaf 316
holspaat 296
holsteen 100
holster 676
holte
61 Plek
177 Oopgaan
377 Liggaam
446 Rond
holtedier 357
holvoor 346
homeletiek 842
homeopaat 416
homeopatie
414 Geneeskunde
415 Geneesmiddel
homeopolie 701
homileet 852
homiletiek 849
hominide 374
hommel 361
hommelby 361
hommelvlieg 361
homo
239 Voortplant
374 Mens
375 Man

homo sapiens 374
homochroom 490
homofiel
374 Mens
375 Man
776 Liefde
homofilie 374
homofonie
572 Uitspraak
573 Woordeskat
577 Betekenis
homofoon
572 Uitspraak
573 Woordeskat
577 Betekenis
homogaam 324
homogamie
317 Fisiologie
324 Plantlewe
homogeen
12 Eenvormig
33 Samehorig
113 Enkelvoudig
homogenese 240
homogeneties 240
homogeniseer
12 Eenvormig
113 Enkelvoudig
homogeniteit
12 Eenvormig
33 Samehorig
105 Gelyk
113 Enkelvoudig
homograaf
563 Skryf
573 Woordeskat
577 Betekenis
homografie
563 Skryf
571 Skrif
573 Woordeskat
homologasie 806
homoloog
8 Dieselfde
10 Harmonie
12 Eenvormig
homoniem
573 Woordeskat
577 Betekenis
homoseksualiteit
374 Mens
375 Man
776 Liefde
homoseksueel
239 Voortplant
374 Mens
375 Man
776 Liefde
homosentries
8 Dieselfde
29 Middel
homp
102 Hoeveelheid
432 Groot
hond
366 Soogdier
779 Boosaardig
820 Oneerbaar
hondebaantjie 658
hondebelasting 712
hondedraffie
225 Vinnig
228 Vinnig beweeg
hondedrol 409
hondegetrou 143
hondehok 89
hondeklits 344
hondelewe 717
hondenael 383
honderddelig 112
honderdjarig
40 Langdurig
54 Oud
honderdponder
124 Weeg
676 Vuurwapen
honderdpoot 361
honderdtal 133
honderdvoudig
102 Hoeveelheid
104 Baie
hondesiekte 413
hondesjampoe 627
hondevlooi 361
hondewag
221 Vaar
655 Veilig
hondeweer
289 Klimaat
293 Onweer
hondgetrou 816
hondmak 357
honds
592 Ondergeskikte
623 Sleg
792 Asosiaal
hondsdae 289
hondsdolheid 413
hondshaai 363
hondstaai 767
hondsvot 813
honend
829 Beledig
831 Bespot
honger
406 Eet
690 Arm
773 Begeerte
honger na 773
hongerdood 250
hongerdun
406 Eet
435 Smal
690 Arm
hongerig
406 Eet
690 Arm
hongerige 773
hongerkuur 414
hongerlyer
406 Eet
690 Arm
hongersnood
406 Eet
413 Siekte
690 Arm
hongerstaking 406
honkietonkklavier 756
honneurs 561
honorarium
686 Aanwins
708 Betaal
honoreer
708 Betaal
834 Beloon
honorêr 620
honorêre lid 665
hoof
32 Enkeling
85 Voor
149 Pad
202 Voor beweeg
235 Skeepvaart
282 Kus
384 Kop
502 Verstand
560 Skoolgaan
565 Skryfkuns
567 Boek
588 Gesag hê
590 Bestuur
591 Gesaghebber
658 Beroep
hoof-
384 Kop
591 Gesaghebber
620 Belangrik
hoofafdeling 30
hoofaksent 572
hoofamptenaar 591
hoofarbeid
513 Gedagte
658 Beroep
hoofargument
525 Bewys
558 Redevoering
hoofas
163 Draai
257 Meganika
267 Optika
hoofbeampte 591
hoofbedryf 752
hoofbelasting 712
hoofberaad 665
hoofbestuur
590 Bestuur
700 Bank
hoofbestuurder
590 Bestuur
591 Gesaghebber
658 Beroep
700 Bank
hoofbrekens
513 Gedagte
651 Toesien
hoofdelik 32
hoofdireksie 590
hoofdirekteur 591
hoofdis
418 Maaltyd
426 Kos
hoofdoel
637 Doelgerigtheid
728(5) Netbal
hoofdoelverdediger 728(5)
hoofdogter 591
hoofgang 418
hoofgebou
91 Gebou
92 Belangrike gebou
hoofgeld 712
hoofgereg 418
hoofgetal 133
hoofgetalle 134
hoofgrond
15 Oorsaak
525 Bewys
hoofkaas
421 Vleis
426 Kos
hoofkabel 262
hoofkantoor
590 Bestuur
658 Beroep
hoofkarakter 750
hoofkenmerk
3 Bestaanswyse
545 Natuurlike teken
hoofklem 572
hoofkommissaris 588
hoofkroonseil 235
hoofkwartier
590 Bestuur
599 Gesag
665 Byeenkom
670 Verdedig
672 Weermag
hoofleier 591
hooflesing
558 Redevoering
561 Studeer
hoofletter
565 Skryfkuns
566 Drukkuns
571 Skrif

hooflyn
234 Spoorweg
265 Telekommunikasie
513 Gedagte
hoofman 591
hoofmatrone
416 Medikus
417 Hospitaal
hoofmeisie 560
hoofmis 848
hoofnerf 321
hoofpad 149
hoofpunt 83
hoofpyn
412 Siek
413 Siekte
717 Lyding
hoofraamrekenaar 263
hoofrat 232
hoofredaksie 568
hoofregter
591 Gesaghebber
808 Regswese
hoofrekene
132 Wiskunde
137 Bewerking
hoofrekenkunde
132 Wiskunde
137 Bewerking
hoofrekenmeester 700
hoofroete
147 Rigting
149 Pad
hoofrol 752
hoofs 797
hoofsaak
112 Deel
513 Gedagte
620 Belangrik
hoofsaaklik 620
hoofseil 235
hoofseun
560 Skoolgaan
591 Gesaghebber
hoofsheid 791
hoofsin 576
hoofsinvolgorde 576
hoofskakelaar 262
hoofskip 853
hoofskottel
418 Maaltyd
426 Kos
hoofslaapkamer 94(3)
hoofslagaar 399
hoofsom 703
hoofspeler 752
hoofstad 90
hoofsteen 253
hoofstraat 149
hoofstroom 262
hoofstuk
45 Geskiedenis
567 Boek
hoofstukopskrif 567
hoofstuktitel 567
hoofsweep
590 Bestuur
591 Gesaghebber
hooftaak 645
hooftak 331
hooftooisel 745
hooftoon
266 Akoestiek
753 Musiek
hooftydperk 274
hoofweg 149
hoofwortel 319
hoog
76 Bo
104 Baie
259 Aërografie
431 Afmeting
436 Hoog
481 Skerp klank
548 Praat
572 Uitspraak
620 Belangrik
797 Adelstand
799 Beroemd
hoog aanslaan 620
hoog ag 830
hoogaangeskrewe
620 Belangrik
799 Beroemd
hoogag
620 Belangrik
830 Eerbiedig
hoogagtend 830
hoogagting
620 Belangrik
799 Beroemd
830 Eerbiedig
hoogbejaard 54
hoogbou
91 Gebou
97 Bou
hoogdrawend
750 Letterkunde
792 Asosiaal
hoogdrawende styl 750
hoogdrawende taal 569
hoogdruk 566
hoogdrukgebied 289
hoogdruksel 289
hoogedele 830
hoogeerwaarde
799 Beroemd
852 Geestelike
hooggaande
436 Hoog
618 Kragtig
hooggeag
799 Beroemd
830 Eerbiedig
hooggebergte 277
hooggebore 797
hooggeborene 797
hooggeëerd
620 Belangrik
799 Beroemd
830 Eerbiedig
hooggeleerd
559 Opvoeding
620 Belangrik
hooggeplaas
591 Gesaghebber
620 Belangrik
799 Beroemd
hooggeplaaste
591 Gesaghebber
620 Belangrik
799 Beroemd
hooggeregshof 808
hooggespan
378 Senuwee
714 Gevoelig
hooggestem(d) 714
hooggety 283
hooghartig 785
hoogheid
620 Belangrik
785 Hoogmoedig
797 Adelstand
799 Beroemd
830 Eerbiedig
hooghou
141 Behoud
785 Hoogmoedig
hoogkonjunktuur 701
hoogland 277
hooglandklimaat 289
hoogleraar 560
hoogliggend 436
hooglopend
104 Baie
618 Kragtig
hoogmoed 785
hoogmoedig 785
hoogmoënd 616
hoogoond 301
hoogreliëf
273 Geografie
758 Kuns
763 Beeldhoukuns
hoogs 104
hoogs nodig 631
hoogskat 830
hoogskatting 830
hoogsomer 289
hoogspanning 262
hoogspring
199 Spring
729 Atletiek
hoogspringer 729
hoogspringpale 729
hoogstaande
620 Belangrik
622 Goed
830 Eerbiedig
hoogstammig 320
hoogstamroos 332
hoogste 588
hoogstens 107
hoogte
68 Ver
139 Meetkunde
269 Heelal
273 Geografie
277 Berg
431 Afmeting
436 Hoog
hoogtegraad 273
hoogtegrens 222
hoogtehoek 273
hoogtelyn
139 Meetkunde
269 Heelal
436 Hoog
442 Lyn
hoogtemaat 431
hoogtemeter 123
hoogtepunt
28 Einde
139 Meetkunde
622 Goed
hoogteroer 236
hoogtevrees
413 Siekte
505 Verstandstoornis
768 Vrees
hoogty 283
hoogvat 728(1)
hoogverraad 817
hoogvlakte
273 Geografie
277 Berg
hoogvlieënd
222 Vlieg
610 Ywerig
773 Begeerte
hoogvlieër
610 Ywerig
691 Spandeer
773 Begeerte
785 Hoogmoedig
hoogwaardig
620 Belangrik
799 Beroemd
852 Geestelike
hoogwaardigheidsbekleër
591 Gesaghebber
620 Belangrik
658 Beroep
799 Beroemd
hoogwater 283
hoogwaterbrug 149

hoogwaterlyn
283 See
442 Lyn
hoogwaterpeil 283
hooi 352
hooigaffel 355
hooikoors 413
hooiland 346
hooimied 352
hooiskuur 354
hooisolder 354
hooityd 352
hooivurk 355
hooiwa
355 Landbougereedskap
361 Insek
hool 93
hoon
669 Aanval
829 Beledig
831 Bespot
hoonlag 831
hoop
168 Saamkom
170 Saambring
174 Meng
277 Berg
520 Verwag
584 Kies
653 Maklik
765 Hoop
767 Moed
773 Begeerte
842 Geloof
hoop gee
713 Gevoel
716 Genot
765 Hoop
hoopvol
765 Hoop
773 Begeerte
hoor
498 Gehoor
516 Soek
535 Weet
597 Gehoorsaam
713 Gevoel
hoorbaar
476 Geluid
498 Gehoor
hoorbeeld
264 Uitsaai
752 Toneelkuns
hoorbuis 498
hoorder
498 Gehoor
554 Aanspreek
hoornblende
297 Metaal
300 Sout
hoorpyp 498
hoorsê 539
hoorspel
264 Uitsaai
552 Vertel
750 Letterkunde
752 Toneelkuns
hoorspelmusiek 753
hoort
33 Samehorig
688 Besit
hoortoestel 498
hoorvermoë 498
hoos 290
hop
165 Onreëlmatig
199 Spring
337 Veldplant
hopbier 427
hopbrood 424
hope 13
hopelik
765 Hoop
773 Begeerte
hopeloos
583 Willoosheid
615 Onbekwaam
623 Sleg
634 Nutteloos
683 Misluk
766 Wanhoop
hopperig 199
horde
20 Wanorde
168 Saamkom
665 Byeenkom
horend 498
horig 592
horing
265 Telekommunikasie
308 Been
381 Vel
384 Kop
385 Skedel
439 Punt
756 Musiek
horingagtig
308 Been
455 Hard
horingblaser 756
horingblende
297 Metaal
298 Steen
horingdop 384
horingdraer
357 Dier
818 Bedrieg
horingdroog 464
horingkoraal 363
horingoud 54
horingrig
308 Been
385 Skedel
455 Hard
horingskild
364 Reptiel
380 Gebeente
horingslang 364
horingsmanskaap 366
horingsmanslang 364
horingsmanuil 365
horingspeler 756
horingspons 360
horingstof 381
horingvee 369
horingvisier 676
horingvlies 387
horingvliesontsteking 413
horison 269
horisondoek 752
horisontaal 72
horlosie
128 Chronometer
233 Motorvoertuig
horlosieglas 128
horlosieketting
128 Chronometer
745 Versier
horlosiemaker 128
horlosieradio 264
hormonaal 409
hormoon 409
horoskoop 270
horrelbeen 198
horrelpoot 198
horrelpyp
742 Dans
756 Musiek
horrelvoet 198
horribaal
714 Gevoelig
744 Lelik
horries
407 Drink
413 Siekte
618 Kragtig
768 Vrees
hors 274
hors d'oeuvre
418 Maaltyd
426 Kos
horssweep
182 Slaan
231 Tuig
hortatief 574
hortel 145
hortend
145 Beweging
654 Moeilik
hortensia
322 Blom
332 Struik
horterig 145
hortjie
94(15) Toebehore
94(9) Venster
95(12) Vensterversiering
hortjiesdeur 94(8)
hortjiesgordyn 95(12)
hortologie
356 Landbouwetenskap
515 Wetenskap
hosanna
718 Bly
847 Gebed
hospice
89 Blyplek
414 Geneeskunde
hospita
706 Verhuur
790 Sosiaal
hospitaal
91 Gebou
417 Hospitaal
hospitaalbearbeiding 849
hospitaalbehandeling 417
hospitaalbesoek
790 Sosiaal
849 Prediking
hospitaaldokter 417
hospitaalgeld 708
hospitaalpersoneel 417
hospitaalskip 235
hospitaaltoerusting 417
hospitaaltrein 234
hospitaalverpleegster
416 Medikus
417 Hospitaal
hospitaliseer
417 Hospitaal
790 Sosiaal
hospiteer 790
hospitium
89 Blyplek
414 Geneeskunde
hostel 89
hostie 850
hot 147
hotagter 86
hotel
89 Blyplek
91 Gebou
406 Eet
429 Eetplek
hotelbaas 429
hotelgebou 91
hotelier 429
hotelkompleks 91
hothand 397
hothou
667 Stryd
731 Gevegsport
hotkant 87
hotklou 397
hotnaasagter 86

hotnaasvoor 85
hotnot 422
hotnotsgot 361
hotnotsvy 337
hotperd 231
hoëtrousteł
264 Uitsaai
756 Musiek
hottentot 422
hottentotsgot 361
hottentotsvis 363
hottentotsvy 337
hotvoor 85
hotvooros 231
hou
2 Nie-bestaan
64 Aanwesig
83 Middel
89 Blyplek
102 Hoeveelheid
146 Beweginloosheid
147 Rigting
181 Stoot teen
182 Slaan
183 Gryp
413 Siekte
644 Handelwyse
667 Stryd
688 Besit
698 Behou
728 Balsport
731 Gevegsport
835 Bestraf
hou aan 607
hou van 776
hou(d)baar
141 Behoud
624 Gemiddeld
houding
2 Nie-bestaan
70 Houding
644 Handelwyse
714 Gevoelig
810 Gedrag
houe toedien 182
houer
84 Houer
161 Bedek
194 Vervoer
235 Skeepvaart
houereindpunt 221
houerkaai 221
houerlaaibrug 221
houerruim 235
houerskip 235
houertarief 708
houertrein 234
houertrok 234
houervrag 194
houerwa 234
houplek 89
hout
100 Boumateriaal
299 Brandstof
316 Hout
459 Vaste stof
469 Verwarmingstoestel
houtafval 316
houtagtig 316
houtalkohol
256 Skeikunde
460 Vloeistof
houtasyn 256
houtbedryf
316 Hout
701 Handel
houtbeen 397
houtbeitel
185 Sny
316 Hout
houtbekleding 316
houtbeskot 94(13)
houtbewerking 316
houtblaasinstrument 756
houtboom 316
houtboor
155 Deurboor
316 Hout
630 Werktuig
houtboorder 361
houtbyl
185 Sny
630 Werktuig
houtdeur 94(8)
houtdistillasie 316
houtdraad 331
houtdraaier
316 Hout
762 Inlegwerk
houtdruk 566
houtemmer 84
houterig
316 Hout
725 Verveling
792 Asosiaal
houtgees
256 Skeikunde
460 Vloeistof
houtgerus
619 Kalm
715 Gevoelloos
houtgeut 94(4)
houtgom 172
houtgraniet 298
houtgravure 761
houthakker
185 Sny
316 Hout
houthamer 630
houthandel
316 Hout
701 Handel
houthandelaar 316
houtheining
63 Begrens
160 Omring
houthuis
89 Blyplek
91 Gebou
93 Armoedige gebou
houthut
89 Blyplek
93 Armoedige gebou
houtjie 316
houtkaggel
465 Warm
469 Verwarmingstoestel
houtkapper
185 Sny
316 Hout
365 Voël
houtkas 316
houtkewer 361
houtkis
84 Houer
316 Hout
houtklamp 316
houtkleur 492
houtkrul
185 Sny
316 Hout
houtkunde
316 Hout
515 Wetenskap
houtlatei 94(6)
houtleer 211
houtlepel
95(7) Messegoed
182 Slaan
houtlym 172
houtmeubel
95(1) Ameublement
316 Hout
houtmuur 94(6)
houtoond 465
houtpaneel
161 Bedek
745 Versier
houtpap 315
houtpapier 315
houtplafon 94(4)
houtplank 316
houtpop
646 Nie handel nie
741 Kinderspel
houtpopgerus 619
houtpopperig 146
houtproduk 316
houtproduksie 316
houtpulp 315
houtraam 316
houtraamraket 728(4)
houtraamwerk 94(1)
houtroos 333
houtsaag
185 Sny
630 Werktuig
houtsaagmeul(e) 186
houtskaaf 630
houtskool
299 Brandstof
759 Tekenkuns
houtskroef
100 Boumateriaal
172 Vasmaak
316 Hout
houtslyp(sel) 315
houtsnee
745 Versier
761 Graveerkuns
houtsneekuns
749 Kuns
761 Graveerkuns
houtsneewerk
745 Versier
761 Graveerkuns
houtsnykuns
749 Kuns
758 Beeldende kunste
761 Graveerkuns
houtsoorte 316
houtspaan 419
houtspaander 185
houtspiritus 256
houtspyker 155
houtsteen 100
houtstoel 95(4)
houtstoof 95(8)
houtstraal 331
houtsuur 256
houttrap 211
houtvat 428
houtveroudering 350
houtverwerking 316
houtvesel
315 Papier
320 Stam
houtvloer 94(10)
houtvuur
465 Warm
467 Aansteek
houtvyl 630
houtware 316
houtweefsel
315 Papier
320 Stam
houtwerk 316
houtwerker
316 Hout
630 Werktuig
houtwerkgereedskap
101 Gereedskap
316 Hout
630 Werktuig
houtwerkkamer 560
houtwerkklas 560

houtwesp 361
houtwol 316
houvas
183 Gryp
579 Gedwonge
599 Gesag
houvermoë
141 Behoud
625 Sterk
houvrou 376
houweel 185
houwitser 676
hovaardig
785 Hoogmoedig
813 Swak gedrag
hovaardigheid 785
hovaardy 785
howeling 592
hu 248
hubaar 248
hubris
803 Oortree
843 Ongeloof
huid
314 Leer
381 Vel
495 Tassin
huidaandoening 413
huidgeraamte
361 Insek
380 Gebeente
huidig 49
huidjiehu 361
huidkleur 381
huidklier 381
huidmondjie 317
huidsenuwee
378 Senuwee
495 Tassin
huidsiekte 413
huidskelet
361 Insek
380 Gebeente
huidspesialis 416
huidspier 381
huiduitslag 413
huidweefsel 377
huig 390
huigel
815 Oneerlik
818 Bedrieg
huigelaar
815 Oneerlik
818 Bedrieg
huigelagtig
770 Wantroue
813 Swak gedrag
815 Oneerlik
818 Bedrieg
huigelary
815 Oneerlik
818 Bedrieg
845 Godsvrug
huigeltaal
815 Oneerlik
818 Bedrieg
huil
290 Wind
481 Skerp klank
482 Menslike geluid
484 Diergeluid
719 Hartseer
723 Ernstig
huilboerboon 331
huilboom 331
huilbos
331 Boom
332 Struik
huilend
719 Hartseer
723 Ernstig
huilerig
714 Gevoelig
717 Lyding
719 Hartseer
723 Ernstig
huilery
482 Menslike geluid
723 Ernstig
huiningtee 342
huis
61 Plek
64 Aanwesig
89 Blyplek
91 Gebou
241 Familie
450 Volume
590 Bestuur
huisadres 550
huisagent 705
huisaltaar
840 Godsdiens
845 Godsvrug
huisapteek 415
huisarres 594
huisarts 416
huisartskunde 414
huisbaas
688 Besit
706 Verhuur
huisbediende
589 Dien
592 Ondergeskikte
645 Handel
huisbesem 627
huisbesoek
790 Sosiaal
849 Prediking
huisbestuur 590
huisbewoner 64
huisboot 235
huisbouer 97
huisbraak 695
huisdeur 94(8)
huisdier 357
huisdokter 416
huiseienaarskap 688
huiseienaarspolis 655
huisfinansiering 693
huisgeld 708
huisgenoot
64 Aanwesig
241 Familie
huisgesin 241
huisgod 855
huisgodsdiens
840 Godsdiens
845 Godsvrug
huisheer
591 Gesaghebber
688 Besit
706 Verhuur
huishen 64
huishoender 64
huishond 366
huishonderdpoot 361
huishou 590
huishoudelik 590
huishouding
241 Familie
418 Maaltyd
590 Bestuur
huishoudkunde
418 Maaltyd
419 Voedselbereiding
huishoudkundige 419
huishou(d)skool 559
huishoudster 592
huishouer 592
huishulp
592 Ondergeskikte
645 Handel
663 Meedoen
huishuur 706
huisie
91 Gebou
93 Armoedige gebou
323 Vrug
huisinwyding 418
huiskamer 94(3)
huiskat 366
huiskerk 840
huiskos
420 Voedsel
426 Kos
huiskring 241
huislêer
611 Lui
623 Sleg
646 Nie handel nie
huisiening
693 Gee
711 Skuld
huislik
91 Gebou
724 Vermaak
791 Sosiaal
huislinne 95(9)
huismedisyne 415
huismense
241 Familie
790 Sosiaal
huismerk 546
huismiddel 415
huismoeder
242 Ouer
591 Gesaghebber
huismuskiet 361
huismyt 361
huisnywerheid 658
huisonderrig 559
huisonderwys 559
huisopvoeding 559
huisorrel 756
huisouers 242
huisparty 793
huisplan 97
huisraad 95(1)
huissitter
64 Aanwesig
611 Lui
huisskilder
97 Bou
760 Skilderkuns
huisslak 361
huisswael 365
huistaal 569
huisteken 546
huistelefoon 265
huistoelaag
706 Verhuur
708 Betaal
709 Betaalmiddel
huisvader
242 Ouer
591 Gesaghebber
huisvastheid 64
huisverband 699
huisversekering 655
huisversiering 745
huisverskaffing 64
huisves
64 Aanwesig
790 Sosiaal
huisvesting 64
huisvlieg 361
huisvlyt 645
huisvlytskool 559
huisvriend 776
huisvrou 242
huisvuilis 628
huiswaarts 147
huiswapen 546
huiswerk
561 Studeer
645 Handel

huiwer
519 Twyfel
587 Aarsel
768 Vrees
huiwerig
11 Disharmonie
519 Twyfel
581 Teësinnig
587 Aarsel
770 Wantroue
huiwerigheid
11 Disharmonie
519 Twyfel
587 Aarsel
huiwering
11 Disharmonie
519 Twyfel
587 Aarsel
huiweringwekkend 768
hul
1 Bestaan
161 Bedek
540 Geheim hou
hulde 830
huldebetoning
799 Beroemd
830 Eerbiedig
huldebetuiging 826
huldeblyk
799 Beroemd
826 Goedkeur
huldig
531 Saamstem
799 Beroemd
830 Eerbiedig
huldiging 830
hulle
1 Bestaan
129 Bepaald
hulp
589 Dien
592 Ondergeskikte
633 Nuttig
638 Aanmoedig
645 Handel
663 Meedoen
682 Slaag
780 Hulp
hulpbehoewend
589 Dien
664 Terugstaan
690 Arm
780 Hulp
hulpbehoewende
690 Arm
780 Hulp
hulpbetoon 780
hulpbron 629
hulpdiens
663 Meedoen
780 Hulp
hulpdoel 728(5)
hulpdoelverdediger 728(5)
hulpeloos
617 Magteloos
623 Sleg
664 Terugstaan
690 Arm
hulpeloosheid
664 Terugstaan
690 Arm
hulpklas 559
hulpkreet
656 Gevaarlik
723 Ernstig
hulpleraar
592 Ondergeskikte
663 Meedoen
849 Prediking
852 Geestelike
hulpmiddel
629 Gebruik
663 Meedoen
hulponderwyser 663
hulpprediker
592 Ondergeskikte
663 Meedoen
849 Prediking
852 Geestelike
hulproep 656
hulpsekretaris
592 Ondergeskikte
663 Meedoen
hulpskeidsregter 727
hulpstelling 139
hulptenk 233
hulptroepe
663 Meedoen
672 Weermag
hulpvaardig
580 Graag
589 Dien
663 Meedoen
776 Liefde
778 Goedaardig
hulpverdediger 728(5)
hulpverlener 663
hulpverlening
589 Dien
663 Meedoen
hulpvlieënier
223 Stuur
236 Lugvaart
hulpwerkwoord 574
hulpwetenskap 515
huls
161 Bedek
323 Vrug
331 Boom
450 Volume
hulsboom 331
hulseik 331
hulsel 161
humaan 778
humaniora 559
humanis
749 Kuns
778 Goedaardig
humaniseer 812
humanisme
514 Wysbegeerte
749 Kuns
778 Goedaardig
humanisties 778
humanitarisme
514 Wysbegeerte
840 Godsdiens
854 Godsdienste
humaniteit 778
humanitêr
778 Goedaardig
840 Godsdiens
humerus
380 Gebeente
397 Ledemaat
humeur
667 Stryd
713 Gevoel
714 Gevoelig
humeurig
623 Sleg
667 Stryd
713 Gevoel
714 Gevoelig
771 Gramskap
humiditeit
289 Klimaat
465 Warm
humied
289 Klimaat
463 Nat
465 Warm
humor
718 Bly
722 Snaaks
humoreske 750
humoris 722
humoristies
722 Snaaks
750 Letterkunde
humorloos 723
humus 346
humusgrond 346
humusryk 346
Hun
618 Kragtig
779 Boosaardig
hunker
520 Verwag
580 Graag
hunker na
584 Kies
773 Begeerte
hunkerend 773
hunkering 773
hup 638
hup-hup 638
huppel
145 Beweging
164 Reëlmatig
165 Onreëlmatig
199 Spring
huppelry 165
huppelspring 145
hups
225 Vinnig
249 Lewe
411 Gesond
625 Sterk
791 Sosiaal
hupsheid 411
hupstootjie
181 Stoot teen
728(1) Rugby
hurk 74
husaar 673
hut
89 Blyplek
91 Gebou
93 Armoedige gebou
huthuis
89 Blyplek
91 Gebou
hutspot
13 Verskeidenheid
174 Meng
418 Maaltyd
426 Kos
huur 706
huur opsê 706
huurbaas 688
huurder 706
huurgeld 706
huurhuis 91
huurkontrak
546 Kunsmatige teken
706 Verhuur
huurkoop
699 Leen
704 Koop
huurkoopbank
699 Leen
700 Bank
huurkoopfinansiering
693 Gee
699 Leen
huurling
592 Ondergeskikte
645 Handel
663 Meedoen
huurloon 706
huurmoord 252
huurmoordenaar 252
huurpag
699 Leen
706 Verhuur
huurraad 590

huursoldaat 673
huurtermyn 706
huurtol
708 Betaal
712 Belasting
huurtroepe 672
huwelik
248 Huwelik
776 Liefde
850 Sakrament
huweliksaankondiging
248 Huwelik
568 Perswese
huweliksbeampte
248 Huwelik
808 Regswese
huweliksbevestiger
248 Huwelik
808 Regswese
huweliksbevestiging
248 Huwelik
850 Sakrament
huweliksdiens 850
huweliksertifikaat 546
huweliksfees
248 Huwelik
793 Fees
huweliksformulier
248 Huwelik
850 Sakrament
huweliksgebod
248 Huwelik
850 Sakrament
huweliksgelofte
248 Huwelik
816 Getrou
huweliksgeluk 718
huweliksgemeenskap
239 Voortplant
248 Huwelik
huweliksherdenking 793
huwelikskontrak 546
huwelikslewe
248 Huwelik
249 Lewe
huweliksmaat 776
huweliksmis 850
huweliksreg
248 Huwelik
808 Regswese
huweliksregister
248 Huwelik
546 Kunsmatige teken
huwelikstrou 816
huweliksvoorwaardes
248 Huwelik
546 Kunsmatige teken
808 Regswese
hy
1 Bestaan
129 Bepaald
375 Man
hyg
225 Vinnig
404 Asemhaling
773 Begeerte
hyging
225 Vinnig
404 Asemhaling
773 Begeerte
hymenoptera 361
hys
158 Opstyg
211 Opgaan
hysbak
158 Opstyg
211 Opgaan
hysblok
211 Opgaan
630 Werktuig
hysbrug 149
hyser
158 Opstyg
211 Opgaan
355 Landbougereedskap
hyshang 730
hyskraan
101 Gereedskap
158 Opstyg
630 Werktuig
hysmasjien
101 Gereedskap
235 Skeepvaart
H-yster 301
hystoestel
158 Opstyg
211 Opgaan
630 Werktuig
hystou 235

I
iatrochemie 256
ibeks 366
ibid 8
ibidem 8
ibis 365
id 1
ideaal
512 Verbeelding
584 Kies
622 Goed
637 Doelgerigtheid
idealis
512 Verbeelding
622 Goed
idealiseer 512
idealisering
512 Verbeelding
826 Goedkeur
830 Eerbiedig
idealisme
514 Wysbegeerte
622 Goed
654 Moeilik
749 Kuns
778 Goedaardig
idealisties
512 Verbeelding
654 Moeilik
749 Kuns
765 Hoop
778 Goedaardig
idee
512 Verbeelding
513 Gedagte
518 Glo
527 Oordeel
603 Voorstel
640 Voorbereid
ideëel 2
ideëleer
513 Gedagte
515 Wetenskap
ideëryk 513
ideëverering 513
ideëwêreld 513
idem
8 Dieselfde
644 Handelwyse
identiek
8 Dieselfde
105 Gelyk
identies
8 Dieselfde
105 Gelyk
135 Verhouding
identifikasie
8 Dieselfde
120 Onderskeid
identifiseer
8 Dieselfde
120 Onderskeid
584 Kies
identifiseerbaar 120
identifiserend
120 Onderskeid
546 Kunsmatige teken
identiteit
8 Dieselfde
105 Gelyk
135 Verhouding
137 Bewerking
550 Noem
ideografie 565
ideografies 565
ideografiese skrif 565
ideografiese teken
546 Kunsmatige teken
565 Skryfkuns
ideogram
546 Kunsmatige teken
565 Skryfkuns
ideologie
514 Wysbegeerte
515 Wetenskap
590 Bestuur
795 Staat
ideoloog
514 Wysbegeerte
515 Wetenskap
590 Bestuur
ideomotories 509
idille
622 Goed
751 Digkuns
idillies 751
idioblas 317
idiolek 569
idiomaties 573
idioom
548 Praat
569 Taal
573 Woordeskat
idioomwoordeboek 567
idioot
503 Onverstandig
505 Verstandstoornis
idiopatie 413
idiopaties 413
idiosinkrasie
3 Bestaanswyse
413 Siekte
idioties
503 Onverstandig
505 Verstandstoornis
524 Onlogies redeneer
idiotikon 567
idiotisme
503 Onverstandig
505 Verstandstoornis
idolatrie
776 Liefde
854 Godsdiens
idool
776 Liefde
854 Godsdiens
idus 127
ieder
32 Enkeling
130 Onbepaald
iedereen
32 Enkeling
109 Alles
iemand 130
iep 331
Ierse terriër 366
iesegrim 771
iesegrimmig
721 Ontevrede
771 Gramskap
777 Haat
iesegrimmigheid 721
ietermagô 366
iets
103 Min
130 Onbepaald
237 Voortbring

iets besonders
36 Onreëlmatig
622 Goed
ietsie 103
ietwat 102
iewerig
165 Onreëlmatig
713 Gevoel
714 Gevoelig
721 Ontevrede
771 Gramskap
776 Liefde
iewers 88
iglo 93
igneumon 366
ignoratio elenchi 524
ignoreer
536 Onkunde
646 Nie handel nie
827 Afkeur
igtiografie 358
igtiologie 358
igtioloog 358
igtiosourus 367
iguana 364
ikebana 745
ikon 760
ikonografie 758
ikonoklas 846
ikonostase 853
ikoon 853
ilalapalm 331
ileum 401
iliogastriese senuwee 378
ilium 380
illegaal 807
illegaliteit 807
illegitiem 807
illikied 708
illogies
11 Disharmonie
20 Wanorde
130 Onbepaald
524 Onlogies redeneer
illokusie 577
illuminasie 565
illusie
512 Verbeelding
538 Dwaling
illusionis 512
illusionisme
512 Verbeelding
749 Kuns
illusionêr
512 Verbeelding
538 Dwaling
illuster 799
illustrasie
543 Duidelik
565 Skryfkuns
566 Drukkuns
567 Boek
759 Tekenkuns
illustreer
543 Duidelik
565 Skryfkuns
566 Drukkuns
illustreerder 543
imaginêr
512 Verbeelding
538 Dwaling
imago 361
imam
849 Prediking
854 Godsdiens
imbesiel
503 Onverstandig
505 Verstandstoornis
imbesiliteit 505
imbibisie 256
imbuia 316
imitasie
14 Navolging
657 Herhaal
imitasiediamant 14
imitasieleer 14
imitasieporselein 14
imiteer
14 Navolging
657 Herhaal
immanensie 81
immanent
81 Binne
172 Vasmaak
immaterialiteit 836
immaterieel 836
immens
62 Grensloos
432 Groot
immensiteit
62 Grensloos
432 Groot
immer 42
immergroen
321 Blaar
324 Plantlewe
331 Boom
332 Struik
immermeer 42
immers
15 Oorsaak
537 Waarheid
immersie
256 Skeikunde
463 Nat
immigrant
34 Vreemd
67 Verplasing
787 Gemeenskap
immigrasie
67 Verplasing
167 Wegbeweeg
immigrasiebeampte 67
immigrasiebeheer 222
immigrasiebeleid 67
immigreer
67 Verplasing
167 Wegbeweeg
imminent 51
immobiel 146
immobilisasie 648
immobiliseer
146 Beweginloosheid
648 Onderbreek
immobilisering 648
immobiliteit 146
immoleer
693 Gee
849 Prediking
immoralis
813 Swak gedrag
820 Oneerbaar
immoraliteit
779 Boosaardig
811 Gewete
813 Swak gedrag
820 Oneerbaar
immoreel
598 Ongehoorsaam
623 Sleg
779 Boosaardig
811 Gewete
813 Swak gedrag
820 Oneerbaar
846 Godloos
immortelle 322
immunisasie 414
immuniteit
414 Geneeskunde
655 Veilig
803 Oortree
806 Wettig
immunologie 414
immunoloog 416
immuun
411 Gesond
414 Geneeskunde
801 Wet
impak 616
impala 366
impalalelie 335
impasse 654
impasto 760
impatiëns
322 Blom
332 Struik
impedansie 262
impediment 666
imperatief
576 Sinsbou
599 Gesag
imperatiefsin 576
imperator 673
imperfek
615 Onbekwaam
623 Sleg
650 Voltooi
imperfeksie
413 Siekte
615 Onbekwaam
623 Sleg
imperiaal
315 Papier
590 Bestuur
795 Staat
imperialis
590 Bestuur
795 Staat
imperialisme
590 Bestuur
795 Staat
imperioso 753
imperium
588 Gesag hê
590 Bestuur
impertinensie 792
impertinent 792
impetuoso 753
impetus 181
impie 672
impiëteit
831 Bespot
846 Godloos
implement
347 Landbou
629 Gebruik
630 Werktuig
implementeer
645 Handel
649 Begin met
801 Wet
implikasie
16 Gevolg
541 Betekenis
576 Sinsbou
577 Betekenis
implikasieverskynsel 577
impliseer
33 Samehorig
541 Betekenis
implisiet 33
imponeer
713 Gevoel
830 Eerbiedig
impopulariteit 777
impopulêr 777
import 191
importasie 191
importeer 191
importeur 191
importuniteit 60
importuun 60
impotensie
239 Voortplant
615 Onbekwaam
617 Magteloos

impotent
239 Voortplant
615 Onbekwaam
617 Magteloos
impregnasie 239
impregneer 463
impresario 752
impressie 713
impressionis 749
impressionisme
749 Kuns
760 Skilderkuns
impressionisties
749 Kuns
760 Skilderkuns
imprimatur 566
impromptu
558 Redevoering
641 Onvoorbereid
improvisasie 641
improvisatories 752
improviseer
558 Redevoering
641 Onvoorbereid
645 Handel
754 Komposisie
755 Uitvoering
impuls
181 Stoot teen
638 Aanmoedig
713 Gevoel
impulsief
641 Onvoorbereid
714 Gevoelig
impulsiwiteit
641 Onvoorbereid
714 Gevoelig
imputasie 832
imputeer 832
in
40 Langdurig
61 Plek
81 Binne
88 Posisie
107 Meer
147 Rigting
159 Neerdaal
175 Insit
206 Ingaan
in absentia 65
in ag neem
508 Aandag
651 Toesien
720 Tevrede
830 Eerbiedig
in alle opsigte 111
in aller yl 225
in camera 540
in feite 1
in futurum 51
in memoriam 510
in patria 839
in perpetuum 42
in pleno 665
in transito 187
inadekwaat 11
inadekwaatheid 11
inadem 404
inaggenome 15
inagneming
508 Aandag
612 Noukeurig
651 Toesien
830 Eerbiedig
inakkuraat
130 Onbepaald
613 Onnoukeurig
inaktief
646 Nie handel nie
659 Aanstel
801 Wet
inaktiveer 646
inaktiwiteit
146 Beweginloosheid
646 Nie handel nie
inanisie
412 Siek
413 Siekte
inasem 404
inbaar 708
inbaker
161 Bedek
178 Toegaan
inband 566
inbed 175
inbeeld 512
inbeelding 512
inbegrepe 33
inbegryp 33
inbesitname 686
inbesitstelling 693
inbeslaglegging 686
inbeslagneming
686 Aanwins
694 Neem
inbetaal
693 Gee
708 Betaal
inbeweeg 145
inbind
170 Saambring
172 Vasmaak
567 Boek
inblaas
404 Asemhaling
638 Aanmoedig
inblik 419
inbly
81 Binne
206 Ingaan
835 Bestraf
inboedel 95(12)
inboek 703
inboekeling 565
inboeking 703
inboesem 713
inboet
144 Vervang
687 Verlies
693 Gee
697 Verloor
inboorling
374 Mens
787 Gemeenskap
inboorlingras 374
inbors
3 Bestaanswyse
714 Gevoelig
769 Vertroue
788 Beskaafd
811 Gewete
inbou 97
inbraak
695 Steel
803 Oortree
inbraakvry 655
inbreek 369
inbreker
695 Steel
803 Oortree
inbreuk 666
inbring
26 Saam
81 Binne
166 Nader beweeg
170 Saambring
175 Insit
191 Laat kom
206 Ingaan
347 Landbou
686 Aanwins
inburger
81 Binne
657 Herhaal
790 Sosiaal
inburgering 657
inchoatief
15 Oorsaak
27 Begin
574 Woordkategorie
incognito
540 Geheim hou
550 Noem
indaba
539 Kommunikeer
557 Diskussie
590 Bestuur
665 Byeenkom
indagtig 510
indam
146 Beweginloosheid
285 Meer
288 Waterstelsel
666 Verhinder
indamp
256 Skeikunde
260 Warmteleer
indeel
19 Orde
31 Soort
112 Deel
170 Saambring
indeks
21 Volgorde
565 Skryfkuns
567 Boek
701 Handel
indekseer
126 Skat
565 Skryfkuns
indeksering 126
indekskaart 564
indeksstelsel 564
indeksvinger 397
indelikaat 792
indeling
19 Orde
31 Soort
indemniteit 593
independent 593
inderdaad
1 Bestaan
15 Oorsaak
528 Bevestig
537 Waarheid
inderhaas
41 Kortstondig
225 Vinnig
indertyd
46 Vroeër
50 Verlede
indeterminisme 578
indeuk 446
indien
175 Insit
530 Voorbehou
539 Kommunikeer
550 Noem
557 Diskussie
693 Gee
801 Wet
indiening 693
indiensneming
645 Handel
658 Beroep
659 Aanstel
indiensopleiding 658
indienstreding 589
in-die-oog-lopend
508 Aandag
543 Duidelik
indiese ink 564
indifferent
635 Skadelik
715 Gevoelloos
846 Godloos
indigeen 81
indigestie 413
indigo 492

indikasie
412 Siek
539 Kommunikeer
indikateur 259
indikatief 574
indikator 379
indikatorpapier 256
indink
512 Verbeelding
513 Gedagte
indirek 6
indiskreet 509
indiskresie
509 Onoplettend
539 Kommunikeer
792 Asosiaal
803 Oortree
indium 256
individu
32 Enkeling
111 Geheel
374 Mens
individualis
32 Enkeling
593 Vryheid
individualiseer 32
individualisme
32 Enkeling
593 Vryheid
individualisties
32 Enkeling
593 Vryheid
individualiteit
3 Bestaanswyse
32 Enkeling
593 Vryheid
indoena
591 Gesaghebber
673 Manskap
Indo-Europees 569
Indo-Germaans 569
Indo-Iraans 569
indoktrinasie 638
indoktrineer
15 Oorsaak
525 Bewys
579 Gedwonge
638 Aanmoedig
indolensie 774
indolent
581 Teësinnig
611 Lui
774 Onverskillig
indommel 410
indompel 463
indonder 206
indoop
419 Voedselbereiding
463 Nat
indraai
163 Draai
175 Insit
206 Ingaan
217 Motorry
382 Haar
745 Versier
indring
81 Binne
175 Insit
206 Ingaan
669 Aanval
792 Asosiaal
indringend 612
indringer
344 Onkruid
792 Asosiaal
indringerig 792
indringerplant
318 Plant
344 Onkruid
indringing
153 Deur
274 Geologie
indrink 407
indroog 464
indruis 666
indruk
446 Rond
713 Gevoel
indruk maak 830
indrukwekkend
92 Gebou
713 Gevoel
743 Mooi
indruppel
287 Vloei
415 Geneesmiddel
indryf 206
induik
215 Swem
446 Rond
induksie
239 Voortplant
262 Elektrisiteit
414 Geneeskunde
522 Redeneer
induksieklos 262
induksiemotor 262
induksiestroom 262
induktansie 262
induktief 522
induktor 262
induseer
239 Voortplant
414 Geneeskunde
522 Redeneer
industrialisasie
658 Beroep
701 Handel
industrialisme 701
industrie 658
industrieel 658
industriële tydperk 45
industrieskool 559
industriestad 90
indut 410
ineen 174
ineengekrul 444
ineengerol 72
ineengestort 626
ineengroei 324
ineenkrimp 433
ineenloop
73 Skuins
444 Krom
ineens 521
ineensak 159
ineensink 159
ineenskakel 174
ineensluit 178
ineensmelt
168 Saamkom
462 Halfvloeibaar
ineenstort 250
ineenstorting
20 Wanorde
159 Neerdaal
212 Afgaan
683 Misluk
685 Verloor
702 Beurs
ineenvloei 168
ineffektief 634
inent 414
inenting 414
in-en-uitvoer 701
inersie
257 Meganika
611 Lui
646 Nie handel nie
inert
257 Meganika
611 Lui
646 Nie handel nie
inets 761
infaam
813 Swak gedrag
820 Oneerbaar
infamie
617 Magteloos
813 Swak gedrag
infanta
245 Familie
797 Adelstand
infanterie 672
infanteriesoldaat 673
infanteris 673
infantiel
53 Jonk
524 Onlogies redeneer
infantilisme
53 Jonk
413 Siekte
505 Verstandstoornis
524 Onlogies redeneer
infark 413
infeksie 413
infeksiehaard 413
infeksiesiekte 413
infekteer 413
inferensie
522 Redeneer
527 Oordeel
inferieur
30 Ondergeskik
592 Ondergeskikte
621 Onbelangrik
623 Sleg
inferior vena cava 399
inferioriteit
30 Ondergeskik
621 Onbelangrik
623 Sleg
inferno 839
infideliteit 817
infiltrasie
153 Deur
175 Insit
292 Neerslag
669 Aanval
infiltreer
153 Deur
175 Insit
669 Aanval
infiniteit
40 Langdurig
62 Grensloos
infinitesimaal
103 Min
433 Klein
infinitief 574
inflamasie 413
inflasie
131 Munt
687 Verlies
701 Handel
inflasiespiraal 701
inflasionêr
131 Munt
701 Handel
inflasionisties
131 Munt
701 Handel
infleksie
476 Geluid
485 Lig
548 Praat
inflekteer
476 Geluid
575 Woordvorming
influister
539 Kommunikeer
548 Praat
informant
539 Kommunikeer
551 Meedeel
802 Gehoorsaam
informasie 551

informatief
539 Kommunikeer
551 Meedeel
informeel
565 Skryfkuns
750 Letterkunde
informeer
516 Soek
539 Kommunikeer
551 Meedeel
informele styl
548 Praat
565 Skryfkuns
750 Letterkunde
informele taal 569
informele term 573
infra dignitatem 808
infraksie 413
infrarooi
267 Optika
414 Geneeskunde
infrastruktuur
77 Onder
149 Pad
277 Berg
701 Handel
infusie 414
infusiediertjie 359
infusorieë 359
ingaan
81 Binne
175 Insit
206 Ingaan
ingaan op
513 Gedagte
516 Soek
553 Behandel
556 Antwoord
ingaande 27
ingang
27 Begin
94(3) Vertrek
94(8) Deur
175 Insit
177 Oopgaan
206 Ingaan
ingangsdatum 27
ingangskaartjie 206
ingangspoort
94(8) Deur
671 Verdedig
ingangsportaal 94(3)
ingebedde sin 576
ingebeeld
2 Nie-bestaan
512 Verbeelding
ingebeeldheid 512
ingebonde 567
ingebore
3 Bestaanswyse
240 Afkoms
ingeboude kas
94(3) Vertrek
95(3) Kas
ingebruikneming 696
ingeburger 787
ingedagte
509 Onoplettend
513 Gedagte
ingedam 285
ingeduik
180 Ongelyk
446 Rond
ingee
184 Afbreek
407 Drink
557 Diskussie
ingehok 63
ingehoue 582
ingekanker 81
ingekeerdheid 549
ingekome 696
ingelas 81
ingelegde sardyne 422
ingelyf 172
ingemaak 419
ingenieur
97 Bou
257 Meganika
515 Wetenskap
ingenieursfakulteit 559
ingenieursplan 640
ingenieursvak 559
ingenieurswetenskap 515
ingenieus 502
ingenius 614
ingenome
718 Bly
720 Tevrede
773 Begeerte
ingeperk
63 Begrens
835 Bestraf
ingesetene 787
ingeskape 3
ingeskerptheid 559
ingeskeurde nael 383
ingeskrewe 563
ingeslane 584
ingeslote
33 Samehorig
63 Begrens
107 Meer
160 Omring
ingesluit 63
ingesny 566
ingesout 471
ingesteldheid
713 Gevoel
714 Gevoelig
ingestie 408
ingesuur
424 Brood
425 Bakker
ingetoë
549 Stilbly
619 Kalm
713 Gevoel
715 Gevoelloos
786 Nederig
ingetoënheid
549 Stilbly
619 Kalm
713 Gevoel
715 Gevoelloos
786 Nederig
819 Eerbaar
ingeval 530
ingevoerde inflasie 701
ingevolge
16 Gevolg
588 Gesag hê
ingevou 180
ingewande 395
ingewandsiekte 413
ingewand(s)koors 413
ingewikkel(d)
114 Saamgesteld
544 Onduidelik
654 Moeilik
ingewing 513
ingewonne
516 Soek
686 Aanwins
ingewortel(d) 81
ingewy 535
ingewyd 614
ingooi
84 Houer
227 Werp
ingord
172 Vasmaak
690 Arm
ingraveer 761
ingrawe
175 Insit
669 Aanval
670 Verdedig
ingrediënt 112
ingreep 183
ingressief 574
ingrif 761
ingroei
107 Meer
175 Insit
ingroeisel 413
ingroeitoonnael 383
ingryp
599 Gesag
663 Meedoen
ingrypend 620
ingryping
590 Bestuur
599 Gesag
663 Meedoen
667 Stryd
inhaak 172
inhaal
24 Voorafgaan
166 Nader beweeg
175 Insit
206 Ingaan
217 Motorry
inhalasie 404
inhaleer 404
inhaleermiddel 415
inhalig
692 Spaar
773 Begeerte
inham 283
inhamer 182
inhandig 693
inhardloop 228
inhê 83
inheems
81 Binne
337 Veldplant
inheemse plant 337
inheemse reg
515 Wetenskap
808 Regswese
inheemsheid
81 Binne
787 Gemeenskap
inhegtenisneming
594 Onvryheid
808 Regswese
inhelp 663
inherent
3 Bestaanswyse
6 Betreklik
33 Samehorig
170 Saambring
240 Afkoms
inhibeer
63 Begrens
602 Verbied
648 Onderbreek
inhiberend 63
inhibering
648 Onderbreek
766 Wanhoop
inhibisie 602
inhok
63 Begrens
835 Bestraf
inhol 228
inhou
83 Middel
146 Beweginloosheid
175 Insit
193 Ophou
219 Perdry
369 Veeteelt
560 Skoolgaan
582 Wilskrag
646 Nie handel nie

inhoud
83 Middel
102 Hoeveelheid
123 Meet
450 Volume
513 Gedagte
541 Betekenisvolheid
558 Redevoering
563 Skryf
565 Skryfkuns
567 Boek
577 Betekenis
inhoud gee 513
inhoud hê 513
inhoudelik
513 Gedagte
567 Boek
inhoudsmaat
83 Middel
102 Hoeveelheid
431 Afmeting
inhoudsopgawe
83 Middel
567 Boek
inhoudsruimte 450
inhuldig
584 Kies
659 Aanstel
793 Fees
inhuldiging
588 Gesag hê
793 Fees
inhumaan
715 Gevoelloos
779 Boosaardig
inhumaniteit
715 Gevoelloos
779 Boosaardig
inisiaal
27 Begin
565 Skryfkuns
571 Skrif
inisiasie 793
inisiasieplegtigheid 793
inisiasieskool 559
inisiatief
14 Navolging
27 Begin
610 Ywerig
649 Begin met
767 Moed
inisieel 27
inisieer
27 Begin
649 Begin met
injaag
182 Slaan
206 Ingaan
injeksie 414
injunksie 808
ink
564 Skryfbehoeftes
759 Tekenkuns
inkalwer
161 Bedek
273 Geografie
inkamp
63 Begrens
89 Blyplek
inkantasie 844
inkanteer 548
inkap 97
inkapasiteit 615
inkapsel
161 Bedek
178 Toegaan
inkarnaat 492
inkarnasie
547 Simboliek
837 God
inkas
97 Bou
99 Messel
inkasseer 708
inkbessie 342
inkeep
180 Ongelyk
185 Sny
446 Rond
inkeer
823 Berou
842 Geloof
inkennig
715 Gevoelloos
768 Vrees
786 Nederig
819 Eerbaar
inkeping 180
inkerf
180 Ongelyk
185 Sny
419 Voedselbereiding
inkerker
63 Begrens
178 Toegaan
835 Bestraf
inkerwing 180
inkhervulling 564
inklaar 708
inklaring 708
inklaringsbewys
525 Bewys
546 Kunsmatige teken
inkleding 548
inklee 548
inkleur
490 Kleur
741 Kinderspel
759 Tekenkuns
inklim
206 Ingaan
410 Slaap
728(1) Rugby
827 Afkeur
inklinasie
73 Skuins
580 Graag
773 Begeerte
inklok 658
inkluis 33
inkluister
63 Begrens
160 Omring
789 Onbeskaafd
inklusief 33
inkohatief
15 Oorsaak
27 Begin
574 Woordkategorie
inkoherent
519 Twyfel
524 Onlogies redeneer
inkom
81 Binne
175 Insit
206 Ingaan
696 Ontvang
inkompetensie 536
inkoms
175 Insit
206 Ingaan
inkomste
686 Aanwins
696 Ontvang
inkomstebelasting 712
inkomstegroep 686
inkomstekantoor 712
inkomstekategorie 686
inkongruent 9
inkonsekwent
7 Betrekkingloos
11 Disharmonie
20 Wanorde
524 Onlogies redeneer
583 Willoosheid
inkonstitusioneel 803
inkontinent
409 Afskeiding
413 Siekte
773 Begeerte
inkoop
686 Aanwins
701 Handel
704 Koop
inkoopboek 703
inkoopprys 126
inkoopsak 84
inkoopsentrum 707
inkorporasie
33 Samehorig
170 Saambring
172 Vasmaak
174 Meng
inkorporeer
14 Navolging
33 Samehorig
172 Vasmaak
174 Meng
inkorrek
538 Dwaling
613 Onnoukeurig
623 Sleg
inkort
63 Begrens
108 Minder
692 Spaar
inkorting
108 Minder
433 Klein
575 Woordvorming
602 Verbied
692 Spaar
inkpen 564
inkpot 564
inkpotlood 564
inkras 563
inkrement 107
inkrimineer 832
inkrimp
63 Begrens
108 Minder
433 Klein
692 Spaar
inkrimping
260 Warmteleer
433 Klein
692 Spaar
inkruip
206 Ingaan
410 Slaap
815 Oneerlik
818 Bedrieg
828 Vlei
inkruiperigheid 818
inkrustasie
302 Smid
745 Versier
inkrusteer 302
inkry
175 Insit
406 Eet
407 Drink
708 Betaal
inkstander 564
inkstreep 442
inkubasie
239 Voortplant
412 Siek
413 Siekte
inkubasietydperk 412
inkubator 370
inkubus 838
inkuil 347
inkulpeer 832
inkunabel 566
inkverf 490
inkvis 363
inkwartier 672

inkwisisie
25 Volg
779 Boosaardig
809 Regsgeding
inkwisiteur 779
inkwisitoriaal 779
inkyk
499 Sien
567 Boek
inlaat
97 Bou
175 Insit
206 Ingaan
790 Sosiaal
inlaatklep
233 Motorvoertuig
257 Meganika
inlaatkraan 630
inlaatpyp 630
inlaatslag 630
inlaatsluis 288
inlaatvoeg 316
inlading 194
inlander 81
inlands
81 Binne
787 Gemeenskap
inlas
172 Vasmaak
268 Fotografie
563 Skryf
inlasberig 568
inlasbladsy 567
inlasfoto 268
inlaskaart 273
inlassing
172 Vasmaak
565 Skryfkuns
inlaut 572
inlê
182 Slaan
316 Hout
318 Plant
421 Vleis
471 Lekker
688 Besit
762 Inlegwerk
inleef 508
inlêer
318 Plant
345 Plantkwekery
inlees 562
inlegblad 316
inleghout 316
inlegsel 745
inlegvloer 94(10)
inlegwerk
316 Hout
745 Versier
762 Inlegwerk
inlei
26 Saam
206 Ingaan
539 Kommunikeer
548 Praat
inleiding
27 Begin
558 Redevoering
565 Skryfkuns
567 Boek
649 Begin
inleier
539 Kommunikeer
548 Praat
558 Redevoering
inlepel
175 Insit
548 Praat
inlewe 508
inlewer 693
inlig
539 Kommunikeer
543 Duidelik
551 Meedeel
inligting
539 Kommunikeer
551 Meedeel
693 Gee
inligtingbank 551
inligtingsburo
516 Soek
658 Beroep
inligtingsdiens
516 Soek
658 Beroep
inligtingsera 45
inligtingskantoor
234 Spoorweg
658 Beroep
inligtingsoordrag 693
inloer
204 Aandoen
790 Sosiaal
inlok 191
inloods 221
inloog 627
inloop
81 Binne
175 Insit
206 Ingaan
208 Verbygaan
228 Vinnig
460 Vloeistof
538 Dwaling
779 Boosaardig
815 Oneerlik
818 Bedrieg
inlui 27
inlyf
172 Vasmaak
665 Byeenkom
694 Neem
inlys
160 Omring
563 Skryf
inlywing
172 Vasmaak
560 Skoolgaan
665 Byeenkom
694 Neem
inmaak
84 Houer
420 Voedsel
426 Kos
471 Lekker
inmaakfles 84
in-mandjie 84
inmekaar
172 Vasmaak
174 Meng
198 Strompel
inmekaardraai 163
inmekaarflans 172
inmekaargroei 174
inmekaarloop
174 Meng
184 Afbreek
inmekaarpas 172
inmekaarsak
184 Afbreek
412 Siek
inmekaarsit
114 Saamgesteld
172 Vasmaak
184 Afbreek
inmekaarskuif 181
inmekaarslaan 182
inmekaarstort 184
inmekaarvloei 174
inmeng 663
inmengerig
506 Belangstel
663 Meedoen
inmengery 663
inmenging
590 Bestuur
663 Meedoen
667 Stryd
inmessel
97 Bou
99 Messel
inmiddels 48
innaai 566
inname
684 Oorwin
694 Neem
inneem
61 Plek
64 Aanwesig
194 Vervoer
206 Ingaan
401 Spysvertering
406 Eet
415 Geneesmiddel
533 Verstaan
684 Oorwin
694 Neem
innemend
622 Goed
714 Gevoelig
743 Mooi
inneming 508
innerlik 81
innerlike 714
innervasie 145
innerveer 145
innig
714 Gevoelig
776 Liefde
778 Goedaardig
812 Goeie gedrag
819 Eerbaar
innooi
206 Ingaan
790 Sosiaal
innovasie 53
innoverend 53
innuendo
603 Voorstel
832 Beskuldig
inoefen 657
inoes
170 Saambring
347 Landbou
686 Aanwins
inokulasie
345 Plantkwekery
347 Landbou
413 Siekte
inokuleer
347 Landbou
413 Siekte
inougurasie 793
inpak
161 Bedek
175 Insit
inpalm
166 Nader beweeg
686 Aanwins
694 Neem
inpas 33
inpeper 827
inperk
63 Begrens
160 Omring
530 Voorbehou
579 Gedwonge
594 Onvryheid
835 Bestraf
inperking
63 Begrens
160 Omring
579 Gedwonge
594 Onvryheid
835 Bestraf
inpers 181
inplant
347 Landbou

414 Geneeskunde
559 Opvoeding
inploeg
175 Insit
206 Ingaan
347 Landbou
691 Spandeer
inplof
98 Afbreek
159 Neerdaal
inpolder 288
inpomp 288
inpot 347
inpraat 638
inprent 638
inprop 109
inrig
19 Orde
95(12) Venster
640 Voorbereid
inrigting
89 Blyplek
95(1) Ameublement
97 Bou
780 Hulp
inrit
149 Pad
206 Ingaan
inroep
191 Laat kom
206 Ingaan
inruil 701
inruilwaarde 126
inruim 65
inruk 145
inry
208 Verbygaan
216 Ry
369 Veeteelt
inrybioskoop 752
inryg
21 Volgorde
87 Kant
inrykafee 707
inryteater 752
insak
159 Neerdaal
274 Geologie
insake 6
insakking
159 Neerdaal
274 Geologie
insamel
170 Saambring
347 Landbou
insameling
170 Saambring
686 Aanwins
insê 827
insecta 361
inseën
584 Kies
659 Aanstel
inseep 627
inseil 188
insek
357 Dier
361 Insek
insekbeen 361
insekbestryding 345
insekdoder 345
inseketend
357 Dier
366 Soogdier
insekgif 345
inseklewe 361
insekliggaam 361
insekpoeier 345
insekpoot 361
insektegif 415
insektekunde 358
insektekundige 358
insektiside 345
insektivoor 357
insekvlerk 361
insekvreter 366
inseminasie 239
insemineer 239
insend 175
insender 191
insending 191
inses 820
inset
18 Toeval
27 Begin
263 Rekenaar
insetprys
126 Skat
704 Koop
insetting 849
insgelyks 8
insidensie 413
insidensiehoek 139
insident
44 Gebeure
667 Stryd
insidenteel
5 Ondergeskiktheid
30 Ondergeskik
insien
499 Sien
513 Gedagte
516 Soek
518 Glo
527 Oordeel
533 Verstaan
562 Lees
insig
502 Verstand
513 Gedagte
527 Oordeel
533 Verstaan
535 Weet
543 Duidelik
insig gee
533 Verstaan
559 Opvoeding
insiggewend
513 Gedagte
533 Verstaan
535 Weet
541 Betekenis
543 Duidelik
insigloosheid 503
insignia 546
insigryk
513 Gedagte
527 Oordeel
535 Weet
insinje 546
insink
159 Neerdaal
412 Siek
437 Laag
446 Rond
623 Sleg
insinking
159 Neerdaal
412 Siek
437 Laag
623 Sleg
683 Misluk
insinuasie
548 Praat
603 Voorstel
832 Beskuldig
insinueer 832
insisie
185 Sny
414 Geneeskunde
insisteer 528
insit
18 Toeval
27 Begin
81 Binne
160 Omring
175 Insit
insitprys 126
insittende 217
inskakel
81 Binne
170 Saambring
174 Meng
262 Elektrisiteit
264 Uitsaai
665 Byeenkom
790 Sosiaal
inskeep 221
inskep
84 Houer
419 Voedselbereiding
inskeping
221 Vaar
235 Skeepvaart
inskerp
559 Opvoeding
638 Aanmoedig
inskerping
559 Opvoeding
638 Aanmoedig
inskiet
175 Insit
206 Ingaan
225 Vinnig
inskiklik
580 Graag
589 Dien
596 Inskiklik
597 Gehoorsaam
601 Toestem
640 Voorbereid
772 Sagmoedig
778 Goedaardig
791 Sosiaal
inskop
184 Afbreek
728(1) Rugby
inskrif 565
inskripsie
546 Kunsmatige teken
565 Skryfkuns
567 Boek
inskryf
563 Skryf
703 Boekhou
inskrywing
546 Kunsmatige teken
563 Skryf
inskrywingsgeld 665
inskuif
87 Kant
145 Beweging
152 Verby
175 Insit
181 Stoot teen
inskulp
316 Hout
745 Versier
inslaan
180 Ongelyk
181 Stoot teen
182 Slaan
184 Afbreek
316 Hout
531 Saamstem
inslaap
250 Dood
410 Slaap
inslag
3 Bestaanswyse
311 Weefsel
313 Weef
inslagdraad 313
insleep
145 Beweging
152 Verby
166 Nader beweeg
170 Saambring
175 Insit

206 Ingaan
216 Ry
217 Motorry
insleepdiens 217
insleutel 263
insluimer 410
insluip 206
insluit
33 Samehorig
63 Begrens
82 Rondom
107 Meer
160 Omring
178 Toegaan
insluiting
33 Samehorig
175 Insit
insluk
406 Eet
694 Neem
inslurp 407
inslyp
309 Glas
761 Graveerkuns
insmeer
154 Vryf
462 Halfvloeibaar
insmokkel
175 Insit
191 Laat kom
194 Vervoer
insnoei 185
insnoer 21
insnuif 404
insny
185 Sny
419 Voedselbereiding
566 Drukkuns
insnyding
185 Sny
274 Geologie
414 Geneeskunde
566 Drukkuns
751 Digkuns
insnyparagraaf 566
insolvensie
687 Verlies
690 Arm
711 Skuld
insolvent
690 Arm
708 Betaal
711 Skuld
insolvent verklaar 687
insomnia 410
insonderheid 537
insout
27 Begin
471 Lekker
827 Afkeur
insouting 471
inspan
231 Tuig
629 Gebruik
654 Moeilik
inspannend 654
inspanning
610 Ywerig
625 Sterk
654 Moeilik
inspeel 657
inspeel op 553
inspeksie
508 Aandag
516 Soek
680 Militêre aksie
inspeksie-eksemplaar 567
inspeksiereis 187
inspekteer
508 Aandag
516 Soek
612 Noukeurig
642 Beproef
680 Militêre aksie
inspekteur
508 Aandag
560 Skoolgaan
658 Beroep
inspektoraat 560
inspirasie
618 Kragtig
638 Aanmoedig
713 Gevoel
714 Gevoelig
751 Digkuns
inspireer
15 Oorsaak
638 Aanmoedig
713 Gevoel
inspirerend
638 Aanmoedig
713 Gevoel
714 Gevoelig
inspraak
513 Gedagte
616 Magtig
inspring
199 Spring
566 Drukkuns
663 Meedoen
inspuit 414
inspuiter 233
inspuiting
414 Geneeskunde
416 Medikus
inspuitingnaald 416
instaan vir
144 Vervang
607 Beloof
instabiel
142 Veranderlik
618 Kragtig
installeer
64 Aanwesig
630 Werktuig
659 Aanstel
instandhouding
141 Behoud
651 Toesien
instandhoudingsloods 222
instansie
588 Gesag hê
599 Gesag
instap
175 Insit
206 Ingaan
220 Treinry
instapgang 222
instapkaartjie 187
instapkas 94(3)
insteek
155 Deurboor
175 Insit
348 Blomkwekery
693 Gee
insteekskoen 745
instel
267 Optika
268 Fotografie
640 Voorbereid
649 Begin
instelknop 264
insteller 237
instelling
237 Voortbring
590 Bestuur
658 Beroep
714 Gevoelig
instellingspunt 83
instem
264 Uitsaai
528 Bevestig
531 Saamstem
584 Kies
596 Inskiklik
601 Toestem
605 Aanvaar
607 Beloof
659 Aanstel
665 Byeenkom
756 Musiek
instemmend
528 Bevestig
531 Saamstem
instemming
528 Bevestig
531 Saamstem
601 Toestem
605 Aanvaar
826 Goedkeur
instigasie 638
instigeer
15 Oorsaak
638 Aanmoedig
instink
357 Dier
513 Gedagte
580 Graag
641 Onvoorbereid
713 Gevoel
714 Gevoelig
instinkmatig
357 Dier
513 Gedagte
580 Graag
714 Gevoelig
instinktief
357 Dier
513 Gedagte
641 Onvoorbereid
714 Gevoelig
instituteer 237
institusie 237
institusionaliseer 590
institusioneel
237 Voortbring
590 Bestuur
institutêr 237
instituut
170 Saambring
590 Bestuur
instoom 220
instoot
145 Beweging
175 Insit
659 Aanstel
693 Gee
instop 693
instort 159
instorting 702
instroming
67 Verplasing
175 Insit
287 Vloei
460 Vloeistof
instromingsbeheer 67
instroom
67 Verplasing
175 Insit
206 Ingaan
287 Vloei
460 Vloeistof
instrueer
559 Opvoeding
590 Bestuur
instruksie
590 Bestuur
599 Gesag
680 Militêre aksie
instrukteur 591
instruktief 633
instrument
592 Ondergeskikte
629 Gebruik
630 Werktuig
756 Musiek

instrumentaal
755 Uitvoering
756 Musiek
instrumentalis
574 Woordkategorie
755 Uitvoering
756 Musiek
instrumentasie 754
instrumente 236
instrumenteel 755
instrumenteer 754
instrument(e)paneel 233
instrumentis
574 Woordkategorie
755 Uitvoering
756 Musiek
instryk 154
instudeer 561
instuur
81 Binne
175 Insit
191 Laat kom
192 Laat gaan
206 Ingaan
insubordinasie 598
insuig
175 Insit
407 Drink
insulêr
63 Begrens
281 Eiland
441 Stomp
805 Onregverdig
insulien 415
insurgensie 667
insurreksie 667
insuur
419 Voedselbereiding
425 Bakker
inswaai
145 Beweging
163 Draai
insweer
528 Bevestig
809 Regsgeding
inswelg 406
inswering
528 Bevestig
809 Regsgeding
inswerm 222
insyfer
206 Ingaan
460 Vloeistof
insyfering
292 Neerslag
460 Vloeistof
intaglio 761
intaglioreliëf 761
intakt 622
ntap 288
ntarsia 762
inteel
239 Voortplant
368 Diereteelt
369 Veeteelt
inteelt
239 Voortplant
369 Veeteelt
inteendeel 9
integer
133 Getal
811 Gewete
812 Goeie gedrag
814 Eerlik
integraal 111
integraalrekene 132
integrasie
168 Saamkom
174 Meng
590 Bestuur
787 Gemeenskap
795 Staat
integreer
168 Saamkom
172 Vasmaak
174 Meng
787 Gemeenskap
integrerend
111 Geheel
174 Meng
integriteit
622 Goed
811 Gewete
812 Goeie gedrag
814 Eerlik
819 Eerbaar
integument
161 Bedek
381 Vel
inteken 759
intekenprys
126 Skat
691 Spandeer
intellek
502 Verstand
513 Gedagte
533 Verstaan
intellektualis 513
intellektualisme 513
intellektualisties 513
intellektueel
502 Verstand
513 Gedagte
561 Studeer
intelligensie
502 Verstand
504 Geestelike gesondheid
614 Bekwaam
622 Goed
intelligent
502 Verstand
504 Geestelike gesondheid
intelligentsia
502 Verstand
513 Gedagte
intendant
590 Bestuur
591 Gesaghebber
658 Beroep
intendantuur
590 Bestuur
658 Beroep
intendent
590 Bestuur
591 Gesaghebber
658 Beroep
intens
104 Baie
618 Kragtig
625 Sterk
intensie 637
intensief
104 Baie
644 Handelwyse
intensiewe eenheid 417
intensioneel 637
intensiteit
618 Kragtig
625 Sterk
intensiveer 107
interafhanklik 30
interafhanklikheid
6 Betreklik
30 Ondergeskik
interaksie 645
interdentaal 572
interdik
602 Verbied
808 Regswese
interessant
506 Belangstel
716 Genot
interesse 506
interesseer 506
interferensie 266
interferon 414
interglasiaal 274
interieur
81 Binne
94(13) Versiering
95(1) Ameublement
interim 37
interjeksie
574 Woordkategorie
576 Sinsbou
interkalasie 81
interkaleer 81
interkerklik 854
interkom 265
interkommunikasie
551 Meedeel
790 Sosiaal
interkostaal 394
interkostale senuwee 378
interlineêr 565
interlude 754
interludium 754
intermediêr
83 Middel
668 Vrede
753 Musiek
intermezzo
44 Gebeure
754 Komposisie
intermissie
37 Tyd
646 Nie handel nie
intermitterend
56 Selde
648 Onderbreek
intern
81 Binne
377 Liggaam
internaat 559
internasionaal 787
internasionalisering 787
internasionalisme 795
interne geneeskunde 414
interneer
63 Begrens
178 Toegaan
835 Bestraf
internering 835
interneringskamp 672
internis 416
internskap 416
interpellant
548 Praat
590 Bestuur
interpellasie
516 Soek
548 Praat
555 Vra
590 Bestuur
interpelleer
516 Soek
548 Praat
590 Bestuur
interplanetêr 270
interpolasie 565
interpoleer
132 Wiskunde
137 Bewerking
563 Skryf
interponeer
81 Binne
83 Middel
interpretasie
541 Betekenisvolheid
543 Duidelik
577 Betekenis
755 Uitvoering
801 Wet
interpretatief 577
interpreteer
125 Tel

543 Duidelik
755 Uitvoering
interpreteerder
543 Duidelik
755 Uitvoering
interpreteerprogram 263
interprovinsiaal
90 Gemeenskap
590 Bestuur
interpungeer 571
interpunksie 571
interregionaal 90
interregnum 590
interrogasie 555
interrogeer 555
interrupsie 648
interseksie
79 Dwars
149 Pad
185 Sny
intersepsie
183 Gryp
666 Verhinder
intersessie
590 Bestuur
663 Meedoen
668 Vrede
interskole 727
interstedelik 90
interstellêr 270
interuniversitêr 559
interval
37 Tyd
753 Musiek
intervarsity 727
intervensie
590 Bestuur
667 Stryd
668 Vrede
intervokalies 572
intestaat 693
intestinale hoofbloedvat 399
intiem
776 Liefde
816 Getrou
intieme kring 790
intimidasie
579 Gedwonge
768 Vrees
779 Boosaardig
intimideer
182 Slaan
579 Gedwonge
669 Aanval
768 Vrees
779 Boosaardig
intimideerder 768
intimiderend 768
intimiteit
776 Liefde
791 Sosiaal
intog
27 Begin
206 Ingaan
793 Fees
intoksikasie
407 Drink
413 Siekte
494 Gevoelloosheid
773 Begeerte
intoleransie 779
intolerant 779
intonasie 757
intonasiepatroon 757
intoneer
548 Praat
755 Uitvoering
757 Sang
intransigent 777
intransitief 574
intransitiwiteit 574
intrap
27 Begin
184 Afbreek
206 Ingaan
intrapslag 27
intraveneus 399
intrede
27 Begin
206 Ingaan
659 Aanstel
intree
27 Begin
206 Ingaan
250 Dood
intreegeld 708
intreelesing 558
intreepreek
848 Erediens
849 Prediking
intreerede 558
intreetoespraak 558
intrek
64 Aanwesig
145 Beweging
166 Nader beweeg
170 Saambring
175 Insit
188 Aankom
430 Rook
529 Ontken
intrekbaar 175
intrekker 64
intrekking 529
intrige
663 Meedoen
750 Letterkunde
752 Toneelkuns
intrigeer 506
intrigeroman 750
intrinsiek
4 Selfstandig
81 Binne
intrinsieke waarde 620
intrinsiekheid 4
introduksie
27 Begin
206 Ingaan
754 Komposisie
790 Sosiaal
introduseer
27 Begin
191 Laat kom
539 Kommunikeer
introïtus
847 Gebed
848 Erediens
introïtuslied 848
introspeksie
508 Aandag
535 Weet
introspektief 535
introu 248
introuery 248
introversie 549
introvert 549
intrusie
274 Geologie
298 Steen
intrusief
175 Insit
298 Steen
intrusiegesteente
274 Geologie
298 Steen
intrusieplaat 277
intuimel
159 Neerdaal
412 Siek
intuimeling
159 Neerdaal
212 Afgaan
intuïsie
513 Gedagte
527 Oordeel
641 Onvoorbereid
intuïtief
513 Gedagte
641 Onvoorbereid
intussen 48
intyds
48 Gelyktydig
57 Vroeg
263 Rekenaar
inundasie 287
inundeer 287
invaar
206 Ingaan
221 Vaar
827 Afkeur
invaart
206 Ingaan
221 Vaar
inval
8 Dieselfde
27 Begin
144 Vervang
159 Neerdaal
175 Insit
204 Aandoen
267 Optika
513 Gedagte
554 Aanspreek
658 Beroep
663 Meedoen
669 Aanval
790 Sosiaal
invalidasie 807
invalide
412 Siek
413 Siekte
invaller 669
invalshoek
139 Meetkunde
267 Optika
513 Gedagte
invalsleër 672
invalsmag 672
invariabel 143
invariabiliteit 143
invariant 141
invasie 669
invektief 831
inventaris
21 Volgorde
688 Besit
inventariseer 688
inversie
9 Verskillend
140 Verandering
576 Sinsbou
750 Letterkunde
inversievolgorde 576
invert 9
invertebratum 357
investeer 699
investeerder
686 Aanwins
692 Spaar
700 Bank
702 Beurs
investering 699
investituur 659
invet 154
invitasie 790
invlieg
222 Vlieg
827 Afkeur
835 Bestraf
invloed
15 Oorsaak
16 Gevolg
579 Gedwonge
599 Gesag
616 Magtig
620 Belangrik

638 Aanmoedig
799 Beroemd
invloedryk
616 Magtig
620 Belangrik
638 Aanmoedig
invloedsfeer 616
invloei
175 Insit
460 Vloeistof
invoeg
107 Meer
170 Saambring
172 Vasmaak
191 Laat kom
566 Drukkuns
572 Uitspraak
invoeging
81 Binne
566 Drukkuns
572 Uitspraak
invoegsel 575
invoegteken 566
invoer
27 Begin
125 Tel
175 Insit
191 Laat kom
263 Rekenaar
701 Handel
invoerbedryf 701
invoerbeheer 701
invoerbelasting
191 Laat kom
712 Belasting
invoerbeperking 701
invoerder 191
invoergoedere 191
invoerhandel
191 Laat kom
701 Handel
invoerkwota 701
invoermark
191 Laat kom
701 Handel
invoerreg
191 Laat kom
701 Handel
712 Belasting
nvoerrekening 703
nvoerverbod 701
nvokasie
604 Versoek
751 Digkuns
838 Gees
volusie 161
vorder
170 Saambring
708 Betaal
711 Skuld
712 Belasting
invorderaar 708
invorderbaar 708
invordering
708 Betaal
711 Skuld
invou
180 Ongelyk
419 Voedselbereiding
invra
206 Ingaan
516 Soek
790 Sosiaal
invreet 623
invryf
154 Vryf
419 Voedselbereiding
827 Afkeur
invul
109 Alles
563 Skryf
565 Skryfkuns
invulling
109 Alles
565 Skryfkuns
invulsel
109 Alles
565 Skryfkuns
invultoets 561
inwaai
206 Ingaan
790 Sosiaal
inwag 520
inweef
172 Vasmaak
313 Weef
inweeg 124
inweegtoonbank 222
inweek 627
inwendig 81
inwendige oor 388
inwerk
16 Gevolg
174 Meng
406 Eet
561 Studeer
inwerking
16 Gevolg
638 Aanmoedig
inwerkingstelling
645 Handel
649 Begin
inwerkingtreding 645
inwikkel
6 Betreklik
161 Bedek
180 Ongelyk
663 Meedoen
inwillig
601 Toestem
605 Aanvaar
inwin 686
inwip
199 Spring
206 Ingaan
inwisselbaar 701
inwonend 64
inwoner
64 Aanwesig
787 Gemeenskap
inwoning 64
inwoon 64
inwurm
165 Onreëlmatig
206 Ingaan
663 Meedoen
inwy 793
ionies 256
ioniseer 256
ionosfeer
269 Heelal
289 Klimaat
ioon
254 Stof
256 Skeikunde
ipekonders 413
ipso facto
1 Bestaan
537 Waarheid
ipso jure 808
irenies 668
iridium
297 Metaal
387 Oog
iris
322 Blom
387 Oog
irisdruk 761
iriseer 490
ironie
750 Letterkunde
831 Bespot
ironies
750 Letterkunde
831 Bespot
ironiseer
750 Letterkunde
831 Bespot
irradiasie 267
irrasionaliteit 524
irrasioneel 524
irrealis 574
irreëel 2
irrelevansie 542
irrelevant
542 Betekenisloos
621 Onbelangrik
632 Onnodig
irreligieus
843 Ongeloof
846 Godloos
irreligiositeit
843 Ongeloof
846 Godloos
irrigasie
287 Vloei
347 Landbou
463 Nat
irritasie
654 Moeilik
713 Gevoel
714 Gevoelig
771 Gramskap
irriteer
713 Gevoel
714 Gevoelig
717 Lyding
771 Gramskap
irriterend
623 Sleg
713 Gevoel
714 Gevoelig
irrupsie 206
iskemie 413
iskias 413
iskiatiese senuwee 378
Islam 854
Islamiet 854
islamiseer 854
Islamisme 854
Islamities 854
ismus 282
isobaar
289 Klimaat
294 Weerkunde
isochronisme
40 Langdurig
105 Gelyk
isochroon
40 Langdurig
105 Gelyk
isodinamiese lyn 261
isofonies 572
isofoon
569 Taal
572 Uitspraak
isoglos 569
isoglossies 569
isogonaal 261
isogonies 261
isogoon 261
isografie 761
isogram 761
isoklien 261
isoklinaal 261
isolasie
262 Elektrisiteit
789 Onbeskaafd
isolasiemateriaal 100
isolasionis 789
isolasionisme 789
isolator 262
isoleer
32 Enkeling
262 Elektrisiteit
264 Uitsaai

265 Telekommunikasie
789 Onbeskaafd
isolement 789
isolering 262
isomeer
112 Deel
256 Skeikunde
isomerie 256
isomeries
112 Deel
133 Getal
256 Skeikunde
isomeriseer 133
isometrie
256 Skeikunde
294 Weerkunde
isometries 256
isomorf 256
isomorfie 256
isomorfisme 256
isoseismies 274
isoterm
289 Klimaat
294 Weerkunde
isotermaal 289
isotermie 289
isotoop 256
isotopie 256
isotroop 324
isotropie
324 Plantlewe
325 Plantkunde
isotropisme 324
Israelities 854
Italiaans 569
Italiaanse gereg 426
Italiaanse virginaal 756
item
32 Enkeling
703 Boekhou
iterasie
657 Herhaal
750 Letterkunde
iteratief
574 Woordkategorie
657 Herhaal
itereer 657
itinerarium 187
ivoor 308
ivoordraaier 762
ivoorgeel 492
ivoorkleur 492
ivoorpalm 330
ivoorpapier 315
ivoorsnyer 185
ivoorsnykuns 762
ivoorwerk 762
ivoorwit 492
ixia 322

J

ja
25 Volg
192 Laat gaan
197 Te voet
225 Vinnig
405 Bloed
528 Bevestig
579 Gedwonge
605 Aanvaar
773 Begeerte
jaag
25 Volg
192 Laat gaan
197 Te voet
225 Vinnig
228 Vinnig beweeg
405 Bloed
579 Gedwonge
773 Begeerte
jaagbesem 352
jaagduiwel 225
jaagsiekte 413
jaagspinnekop 361
jaagtog
203 Agterna
225 Vinnig
jaaif 221
jaap-jaap 365
ja(a)psnoet
615 Onbekwaam
792 Asosiaal
813 Swak gedrag
jaar
37 Tyd
52 Ouderdom
127 Tydbepaling
jaarberig 539
jaarbeurs
560 Skoolgaan
702 Beurs
jaarblad
567 Boek
568 Perswese
jaarboek
45 Geskiedenis
567 Boek
jaardag 793
jaardig 751
jaarduisend
37 Tyd
127 Tydbepaling
jaareindsaldo 703
jaargang 568
jaargeld
686 Aanwins
700 Bank
jaargenoot
48 Gelyktydig
52 Ouderdom
560 Skoolgaan
jaargety
37 Tyd
270 Hemelliggaam
289 Klimaat
jaargewas 318
jaarhonderd
37 Tyd
127 Tydbepaling
jaarkring
127 Tydbepaling
320 Stam
jaarlemoen 323
jaarliks
22 Kontinu
37 Tyd
40 Langdurig
55 Dikwels
127 Tydbepaling
jaarlikse begroting 703
jaarlikse oudit 703
jaarmark 702
jaaroud
37 Tyd
127 Tydbepaling
jaarplant 318
jaarpunt 561
jaarrekening 703
jaarrente 686
jaarring
316 Hout
320 Stam
331 Boom
jaarstaat
700 Bank
703 Boekhou
jaarsyfer 561
jaart 123
jaartal
52 Ouderdom
127 Tydbepaling
jaartelling
37 Tyd
127 Tydbepaling
jaarvergadering
590 Bestuur
665 Byeenkom
jaarverslag
539 Kommunikeer
567 Boek
jaarwisseling 127
jabroer
583 Willoosheid
592 Ondergeskikte
597 Gehoorsaam
828 Vlei
jade 298
jaer
217 Motorry
225 Vinnig
jaerslatyn 373
jag
235 Skeepvaart
373 Jag
731 Gevegsport
773 Begeerte
jagdier 357
jager 235
jaggeweer
373 Jag
676 Vuurwapen
jaghond
366 Soogdier
373 Jag
jaghoring
373 Jag
756 Musiek
jagklub 665
jagluiperd 366
jagmes 678
jagmusiek 753
jags 820
jagsneeu 292
jagspinnekop 361
jagter 373
jagterslatyn 373
jagterstaal 373
jagtig
225 Vinnig
618 Kragtig
jagtyd
38 Tydgebruik
373 Jag
jaguar 366
jaguitstappie 373
jagvalk 365
jagveld 373
jagverhaal 750
jagvlieg 361
jagvliegtuig 236
jagwet 801
Jahwe(h) 837
jak 366
jakaranda 366
jakaranda 331
jakkals
366 Soogdier
818 Bedrieg
jakkalsbessie 331
jakkalsbessieboom 331
jakkalsbos 332
jakkalsdou 292
jakkalsdraai
163 Draai
818 Bedrieg
833 Verontskuldig
jakkalsdraffie 150
jakkalsgras
338 Gras
340 Krui
jakkalskos
344 Onkruid
426 Kos
jakkalspruim 332
jakkalsreëntjie 292
jakkalsstert 332

jakkalsstreek 818
jakkalsvoël 365
jakker
213 Rondgaan
228 Vinnig
jakobregop
322 Blom
332 Struik
jakopewer 363
jakopeweroë 387
jaloers
667 Stryd
777 Haat
779 Boosaardig
jaloesie
667 Stryd
777 Haat
779 Boosaardig
jam 426
jamaikagemmer
415 Geneesmiddel
426 Kos
jambe
572 Uitspraak
751 Digkuns
jambies
572 Uitspraak
751 Digkuns
jambiese versmaat 572
jamboes 331
jambon 426
jamboree 665
jamboreer 168
Jamikapeper 419
jammer
683 Misluk
719 Hartseer
721 Ontevrede
723 Ernstig
778 Goedaardig
822 Skuldig
823 Berou
ammeraar
683 Misluk
721 Ontevrede
723 Ernstig
ammerdal
719 Hartseer
721 Ontevrede
ammerhart
714 Gevoelig
778 Goedaardig
mmerhartig
714 Gevoelig
778 Goedaardig
mmerklaag 721
mmerlappie 627
mmerlik
23 Sleg
83 Misluk
17 Lyding
66 Wanhoop
768 Vrees
813 Swak gedrag
jammerpoel 839
jammerte
683 Misluk
714 Gevoelig
719 Hartseer
778 Goedaardig
823 Berou
jan langpoot 361
Jan Pampoen 503
Jan Publiek 64
janblom 363
janbruin 363
jandooi
583 Willoosheid
611 Lui
jandorie 363
ja-nee
1 Bestaan
537 Waarheid
janfiskaal 365
janfrederik 365
jangroentjie 365
janhen 375
janitsaar 673
janklaas
583 Willoosheid
621 Onbelangrik
janmaat 235
janpierewiet 365
janrap
621 Onbelangrik
798 Lae stand
jansalie
583 Willoosheid
626 Swak
725 Verveling
jansaliegees
583 Willoosheid
611 Lui
jantatarat 365
jantjiebêrend 337
jantjie-van-alles 645
jantoet 621
Januarie 127
januariebossie 332
jan-van-gent 365
Japanse klimop 333
Japanse roos 332
japie
503 Onverstandig
536 Onkunde
japjappie 365
japonika 322
japtrap 41
jarelank 40
jargon 569
jarig 52
jaroek 323
jaroep 323
jarok 323
jarrahout 316
jas
740 Kaartspel
745 Kleding
jaslapel 745
jasmou 745
jasmyn 333
jaspis 298
jasrok 745
javel 652
jawel 528
jawoord
248 Huwelik
601 Toestem
jazz 753
jazzfees 755
jazzkonsert 755
jazzmusiek 753
jazz-orkes 755
jeans 745
jeens 6
jeep 233
Jehova 837
jejunum 401
jekker 745
jel 256
jelatien 462
jellie
426 Kos
462 Halfvloeibaar
jellievis 363
jenewer 427
jenewer brand 428
jenewerboom 331
jenewerbrandery 428
jenewermoed 407
jentoe 820
jerboa 366
jeremiade
721 Ontevrede
723 Ernstig
jerepigo 427
jerseybees 366
jesuïeties 852
Jesus 837
jeug
52 Ouderdom
53 Jonk
243 Kind
374 Mens
jeugbeweging 665
jeugboek 567
jeugbybel 567
jeugdiens
848 Erediens
849 Prediking
jeugdig
53 Jonk
433 Klein
jeugdige 53
jeugfases 53
jeugherberg 89
jeughof 808
jeugjare
52 Ouderdom
53 Jonk
jeugkranksinnigheid 505
jeugmisdaad 803
jeugpreek 849
jeugsorg
559 Opvoeding
780 Hulp
jeugverhaal 552
jeugvet 434
jeugvriend 776
jeugwerk
559 Opvoeding
750 Letterkunde
jeuk
495 Tassin
773 Begeerte
jeukbult 413
jeukerig 495
jeuking 495
jeukpoeier 415
jeuksiekte 413
jeukuitslag 413
jig 413
jil
481 Skerp klank
722 Snaaks
jingo 787
jingoïsme 787
jobbelsee 283
Jobsbode 539
Jobsgeduld
713 Gevoel
715 Gevoelloos
jobskraaltjies 338
Jobstrooster 777
Jobstyding 539
Jodedom 854
jodel 757
jodelsanger 757
jodium
256 Skeikunde
296 Nie-metaal
jodiumtinktuur 415
jodoform 415
joejitsoe 731
joel
481 Skerp klank
722 Snaaks
724 Vermaak
793 Fees
joelend 481
joep-joep 426
joerie 361
joernaal
552 Vertel
565 Skryfkuns
567 Boek
568 Perswese

703 Boekhou
750 Letterkunde
joernaalboek
565 Skryfkuns
567 Boek
703 Boekhou
joernaalprogram 264
joernalis
539 Kommunikeer
565 Skryfkuns
568 Perswese
750 Letterkunde
joernalistiek
563 Skryf
568 Perswese
joga 726
joggellatei 94(6)
joggie
663 Meedoen
726 Sport
jogi
726 Sport
jogurt
371 Suiwel
426 Kos
Johanneïes 842
johannesbrood 331
johannesbroodboom 331
joie de vivre 718
jo-jo 741
jok 818
jokkie
216 Ry
735 Perdesport
jokstorie 818
jol
213 Rondgaan
235 Skeepvaart
716 Genot
793 Fees
jolig
718 Bly
722 Snaaks
793 Fees
jollifikasie 793
jolyt
716 Genot
718 Bly
793 Fees
Jom Kippoer 854
Jona 683
jonasklip 298
jong 426
jong Turk 618
jongbees 369
jongbok 369
jongby 361
jongedame 376
jongedogter 376
jongeheer
243 Kind
375 Man
jongeliedevereniging 665
jongeling
52 Ouderdom
243 Kind
jongelingsbed 96
jongelingsjare 53
jongelingskap 53
jongelui 243
jongensgek 776
jongenskool 559
jongensliefde 776
jongenstreek 722
jongere 53
jongetjie
53 Jonk
243 Kind
776 Liefde
jongetjieskind 243
jonggesel
248 Huwelik
375 Man
jonggetroud 248
jonggoed 53
jongkêrel
53 Jonk
248 Huwelik
375 Man
jongleer 844
jongleur
757 Sang
844 Bygeloof
jongman
53 Jonk
375 Man
jongmeisie
53 Jonk
376 Vrou
jongmens
53 Jonk
243 Kind
374 Mens
jongmenstaal 569
jongnôi 53
jongnooi
53 Jonk
376 Vrou
jongos 369
jongskaap 369
jongslede 51
jongspan 243
jongste
53 Nuut
243 Kind
jongvee 369
jongvrou
53 Jonk
376 Vrou
jongwingerd 350
jongwyn 427
jonk
52 Ouderdom
53 Jonk
53 Nuut
235 Skeepvaart
426 Kos
433 Klein
jonkman
53 Jonk
248 Huwelik
jonkvrou
53 Jonk
248 Huwelik
jonkvroulik 374
jonkwil 322
jood
256 Skeikunde
296 Nie-metaal
Jood
840 Godsdiens
854 Godsdienste
joodtinktuur 415
jool
716 Genot
722 Snaaks
724 Vermaak
793 Fees
joolkoningin
743 Mooi
793 Fees
jooloptog 793
joon 235
Joos 838
jop 658
joppelsee 283
jota 571
jou 831
joule 123
joune 129
joviaal
718 Bly
791 Sosiaal
jubel
716 Genot
718 Bly
722 Snaaks
jubelaris 793
jubelbessie 332
jubelfees 793
jubeljaar 793
jubelkreet 722
jubellied
722 Snaaks
757 Sang
jubileer
718 Bly
722 Snaaks
793 Fees
jubileum 793
Judas
817 Ontrou
818 Bedrieg
judasboom 331
Judaskus 818
Judasstreek 817
judikatuur 808
judisieel 808
judisiêr 808
judisieus
502 Verstand
527 Oordeel
judo 731
judogeveg 731
judoka 731
judopak 731
judotoernooi 731
juffertjie
53 Jonk
243 Kind
785 Hoogmoedig
juffie
53 Jonk
243 Kind
juffrou
53 Jonk
248 Huwelik
376 Vrou
560 Skoolgaan
jugleer 314
jugularis 399
juig
718 Bly
722 Snaaks
juiging
718 Bly
722 Snaaks
826 Goedkeur
juigkreet 826
juigtoon 722
juis
59 Geleë
129 Bepaald
537 Waarheid
612 Noukeurig
622 Goed
743 Mooi
juistement
129 Bepaald
537 Waarheid
622 Goed
juistheid
129 Bepaald
537 Waarheid
612 Noukeurig
622 Goed
juk
75 Onder
94(1) Konstruksie
124 Weeg
589 Dien
717 Lyding
jukbeen 385
jukbout 172
jukdier 357
jukdraer 357

jukos 366
jukriem 172
jukseibreker 792
jukskei
75 Onder
230 Rytuig
739 Geselskapspel
jukstaposisie 170
Juliaanse 127
julle
1 Bestaan
129 Bepaald
junior
30 Ondergeskik
52 Ouderdom
53 Jonk
588 Gesag hê
600 Sonder gesag
junta
590 Bestuur
795 Staat
Jupiter 270
jura 808
Juratydperk 274
jure et facto 808
juridies 808
jurie
808 Regswese
809 Regsgeding
juris 808
jurisdiksie
588 Gesag hê
599 Gesag
616 Magtig
806 Wettig
jurisprudensie 808
juristies 808
jus civile 808
jus commune 808
jus criminale 808
jus gentium 808
jus mariti 808
jus privatum 808
justeer
122 Bereken
123 Meet
125 Tel
566 Drukkuns
justering
122 Bereken
123 Meet
566 Drukkuns
justifikasie
806 Wettig
833 Verontskuldig
justifiseer
566 Drukkuns
806 Wettig
833 Verontskuldig
justisie 808
jute
311 Weefsel
332 Struik
jutswolf 366
jutwewery 313
juveniel 53
juvenilia 750
juvenilisme
53 Jonk
524 Onlogies redeneer
juweel
620 Belangrik
622 Goed
745 Versier
juwelierskuns 749
juweliersware 745
juwelierswinkel 707
jy
1 Bestaan
129 Bepaald

K

kaag 235
kaai
221 Vaar
235 Skeepvaart
288 Waterstelsel
kaaigeld 712
kaaihyskraan 221
kaailaaibrug 221
kaaiman 364
kaaimansblom 322
kaai-oprit 221
kaaiwerker 235
kaak
361 Insek
386 Gesig
390 Mond
kaakklem 413
kaakkramp 413
kaakpoot 362
kaakspier 379
kaal
162 Ontbloot
321 Blaar
382 Haar
464 Droog
623 Sleg
690 Arm
kaalbas 162
kaalbeen 162
kaalblaar 336
kaalgaar
312 Spin
332 Struik
kaalgaring
310 Vlegwerk
312 Spin
332 Struik
kaalgatperske 323
kaalgras 338
kaalgraskafferboom 331
kaalheid 162
kaalholler 162
kaalhoofdig 162
kaalkar 233
kaalkop
162 Ontbloot
382 Haar
537 Waarheid
kaalloper 162
kaalnaeler 162
kaalperske
323 Vrug
350 Vrugte
kaalpluk 171
kaalplunder 171
kaalrug
162 Ontbloot
396 Rug
kaalsiekte 413
kaalte 162
kaalvuis 397
kaambessie
323 Vrug
331 Boom
kaap
282 Kus
669 Aanval
Kaapse kastaiing 331
Kaapse salm 363
Kaaps-Hollandse boustyl 94(1)
Kaaps-Hollandse gewel 94(4)
kaapstander 235
kaapvaarder 235
kaapvaart 187
kaar 274
kaard
312 Spin
313 Weef
kaarder 312
kaardgaring 312
kaardwol 312
kaart
273 Geografie
560 Skoolgaan
564 Skryfbehoeftes
709 Betaalmiddel
740 Kaartspel
kaartehuis 641
kaartjie
187 Reis
206 Ingaan
525 Bewys
564 Skryfbehoeftes
727 Wedstryd
kaartjiehouer 727
kaartjiekantoor 234
kaartjiesinspekteur 234
kaartmannetjie 722
kaartsisteem 564
kaartspeel
724 Vermaak
740 Kaartspel
kaartspel 740
kaartspeler 740
kaartstelsel 564
kaarttelefoon 265
kaas
371 Suiwel
426 Kos
kaasdoek 371
kaasfabriek 371
kaaskleur 492
kaaskop
413 Siekte
503 Onverstandig
kaasmes 185
kaasrasper 95(7)
kaassmeer 426
kaastoebroodjie 424
kaats 227
kabaal
476 Geluid
481 Skerp klank
kabab
421 Vleis
426 Kos
kabaret 752
kabaretkunstenaar 757
kabaretlied(jie) 757
kabaretsanger 757
kabbala 854
kabbalis 854
kabbel 287
kabel
235 Skeepvaart
262 Elektrisiteit
265 Telekommunikasie
301 Metaal
551 Meedeel
kabelbrug 149
kabelgaring
310 Vlegwerk
312 Spin
kabelgram
265 Telekommunikasie
551 Meedeel
kabeljou
363 Waterdier
422 Seekos
kabeljouwater 283
kabelketting 301
kabelkruis
79 Dwars
546 Kunsmatige teken
kabellengte
123 Meet
235 Skeepvaart
kabelrand 131
kabelskip 235
kabeltelevisie 264
kabesie 361
kabinet
94(15) Toebehore
95(3) Kas

590 Bestuur
kabinetformaat 268
kabinethout 316
kabinetmaker 316
kabinetsbesluit 590
kabinetslid
590 Bestuur
795 Staat
kabinetsminister 795
kabinetwerk 316
kabob
421 Vleis
426 Kos
kaboedel 104
kaboeki 742
kaboekoring 352
kaboel 104
kaboes 234
kabouter
838 Gees
844 Bygeloof
kabriolet
230 Rytuig
233 Motorvoertuig
kadans
753 Musiek
754 Komposisie
kadaster 688
kadawer 250
kadens 754
kader
658 Beroep
673 Manskap
kaderleër 658
kaderpersoneel 658
kadet
235 Skeepvaart
560 Skoolgaan
kadettekamp 560
kadettekorps 560
kadi
808 Regswese
854 Godsdiens
kadmium 297
kado 693
kadriel 742
kaduks
412 Siek
626 Swak
kaf
352 Graan
524 Onlogies redeneer
kafbaal 352
kafdopluis 361
kafdoppie
161 Bedek
318 Plant
kafdraf 684
kafee
91 Gebou
406 Eet
429 Eetplek
707 Handelsaak
kafee-eienaar 429
kafeïen 427
kafeïenvrye koffie 427
kafeïne 427
kafeteria 429
kafferdadel 331
kafferpruim 331
kafferpruimboom 331
kafferskuil 318
kaffervink 365
kafferwaterlemoen 426
kafferwaterlemoenkonfyt 426
kaffie 321
kafir 854
kafloop
406 Eet
684 Oorwin
kafmeul 186
kafpraatjies 524
kaggel
94(11) Kaggel
465 Warm
469 Verwarmingstoestel
kaggelbesem 469
kaggeldeur 469
kaggelhout 299
kaggellig 485
kaggelmandjie 469
kaggelmantel 94(15)
kaggelopening 469
kaggelpyp 469
kaggelrak 469
kaggelrook 469
kaggelrooster 469
kaggelskerm
465 Warm
469 Verwarmingstoestel
kaggelskop(pie) 469
kaggelvuur 467
kaggelweer 466
kaia
89 Blyplek
91 Gebou
93 Armoedige gebou
kaiing
421 Vleis
426 Kos
kaiingklip 298
kaïk 235
kainiet 300
kainsmerk 813
kainsteken 813
kajak 235
kajapoetboom 331
kajapoetolie
415 Geneesmiddel
462 Halfvloeibaar
kajuit
233 Motorvoertuig
234 Spoorweg
235 Skeepvaart
236 Lugvaart
kajuitbemanning
223 Stuur
236 Lugvaart
kajuitknaap 592
kajuitkoffer 187
kajuitraad
539 Kommunikeer
557 Diskussie
kajuittas 187
kakao
426 Kos
427 Drank
kakaobotter 462
kakaokleur 492
kakaovet 462
kakebeen 386
kakebeenwa 230
kakelaar 365
kaketoe 365
kakie
311 Weefsel
492 Kleur
673 Manskap
787 Gemeenskap
kakiebont 490
kakiebos 344
kakiekleur 492
kakieklits 344
kakkerlak 361
kakofonie 479
kakogamie 248
kakografie 565
kaktus 336
kaktusplant 336
kalabarboon 323
kalamiet 274
kalamink 311
kalamiteit
683 Misluk
717 Lyding
kalamyn(steen) 297
kalander
313 Weef
315 Papier
316 Hout
324 Plantlewe
331 Boom
448 Gelyk
kalant
722 Snaaks
815 Oneerlik
kalbas 323
kalbasboom 331
kalbasmelk 427
kalbaspampoen
351 Groente
426 Kos
kalbaspatat
351 Groente
426 Kos
kalbaspeer 323
kalbaspyp 430
kalbassies 413
kaleidoskoop
267 Optika
490 Kleur
kaleidoskopies 490
kalenderjaar 127
kalf
239 Voortplant
357 Dier
366 Soogdier
kalfakter
611 Lui
646 Nie handel nie
kalfater 622
kalfateraar 235
kalfsboud 421
kalfshuid 314
kalfskotelet 421
kalfsleer 314
kalfsoog 426
kalfsvel 314
kalfsvleis 421
kalftyd 239
kali 300
kalias 345
kaliber
31 Soort
123 Meet
676 Vuurwapen
kalibrasie 123
kalibreer 123
kalifa 854
kalifaat 854
kaliko 311
kalium 297
kaliumkarbonaat 300
kaliumnitraat
256 Skeikunde
300 Sout
kaliumpermanganaat
256 Skeikunde
415 Geneesmiddel
kaliumsout 300
kalk
99 Messel
256 Skeikunde
274 Geologie
298 Steen
347 Landbou
490 Kleur
kalkaarde 298
kalkbank
274 Geologie
283 See
kalkbrander 101
kalkdagha 100
kalkeer
657 Herhaal
759 Tekenkuns
kalkeerpapier 315

kalkgips 100
kalkgrond 298
kalkkleur 492
kalkklip 298
kalklaag 99
kalklig
485 Lig
752 Toneelkuns
kalkoen
365 Voël
421 Vleis
kalkoenbelletjie 332
kalkoeneier 403
kalkoentjie 334
kalkoond 101
kalkpleister 100
kalkput 101
kalkreet 298
kalksement 100
kalkspons 360
kalksteen 298
kalksteengrot 277
kalkswael 345
kalktufsteen 304
kalkverf 490
kalkwater 460
kalligraaf 565
kalligrafeer 563
kalligrafie 565
kalligrafiepapier 315
kalligrafies 565
kallistenie 515
kallus 413
kalm
10 Harmonie
146 Bewegingloosheid
477 Stilte
504 Geestelike gesondheid
582 Wilskrag
619 Kalm
646 Nie handel nie
668 Vrede
715 Gevoelloos
kalmeer
619 Kalm
715 Gevoelloos
720 Tevrede
kalmeermiddel 415
kalmheid 668
kalmink 311
kalmoes
343 Genesende plant
365 Voël
382 Haar
415 Geneesmiddel
kalmte
10 Harmonie
477 Stilte
504 Geestelike gesondheid
582 Wilskrag
619 Kalm
646 Nie handel nie
668 Vrede
715 Gevoelloos
kalomel
256 Skeikunde
415 Geneesmiddel
kalong 366
kalorie
123 Meet
465 Warm
kalorimeter 465
kalorimetrie 465
kalossie
322 Blom
334 Blomplant
kalot 745
kalsedoon 298
kalsietafsetting 277
kalsium 297
kalumet 430
kalumnie 829
kalwe
159 Neerdaal
239 Voortplant
kalwer 159
kalwerbossie 415
kalwerhok 369
kalwerkraal 369
kalwerliefde 776
kam
277 Berg
312 Spin
365 Voël
746 Toilet
756 Musiek
kamas 674
kamassie 331
kamassieboom 331
kamberg 277
kambium
320 Stam
331 Boom
Kambriumtydperk 274
kambro 337
kamdebostinkhout 331
kamee
745 Versier
761 Graveerkuns
kameeagtig 745
kameel 366
kameeldoring 331
kameeldoringboom 331
kameeldoringhout 316
kameelhaar 311
kameelperd 366
kameereliëf 761
kameleon 364
kameleonties
142 Veranderlik
583 Willoosheid
770 Wantroue
kamelia 332
kamelot 311
kamenier 592
kamer
94(3) Vertrek
168 Saamkom
399 Bloedsomloop
450 Volume
590 Bestuur
665 Byeenkom
676 Vuurwapen
809 Regsgeding
kamer van koophandel 701
kamera 268
kameraad
673 Manskap
776 Liefde
790 Sosiaal
kameraadskap
776 Liefde
790 Sosiaal
kameraderie
776 Liefde
790 Sosiaal
kamerakas 268
kameraklub 724
kameralens 267
kameraman 268
kamera-onderdele 268
kamerarres 835
kamerbediende
592 Ondergeskikte
663 Meedoen
kamerdeur 94(8)
kamerdoek 311
kamergeleerde 560
kamerheer 592
kamerhof 808
kamerhuur 706
kamerjas 745
kamerlig 487
kamerling
592 Ondergeskikte
852 Geestelike
kamermaat 64
kamermeisie 592
kamermusiek 753
kamermuur 94(6)
kamerorkes 755
kamertemperatuur 465
kamervenster 94(9)
kamferboom 331
kamferbos 332
kamferfoelie 333
kamgaring 312
kamgebergte 277
kamhout 316
kamikase 222
kamikasevliegtuig 236
kamikasevlug 222
kamikasi 252
kamille 340
kamilletee 427
kamisool 745
kamkopblennie 363
kamma
2 Nie-bestaan
512 Verbeelding
kamma(kastig) 547
kammalielies
512 Verbeelding
547 Simboliek
kammasjien 312
kammetjie 322
kammossel 363
kamoeflage
161 Bedek
540 Geheim hou
670 Verdedig
674 Uitrusting
kamoefleer
161 Bedek
501 Onsigbaarheid
540 Geheim hou
680 Militêre aksie
kamoefleeruniform 674
kamoeflering 161
kamp
64 Aanwesig
89 Blyplek
369 Veeteelt
594 Onvryheid
663 Meedoen
667 Stryd
672 Weermag
726 Sport
kampanje 667
kampbed
96 Slaapplek
410 Slaap
kampeer 64
kampeerder
662 Rus
724 Vermaak
kampeertafel 95(6)
kampeerterrein
89 Blyplek
724 Vermaak
kampering
64 Aanwesig
724 Vermaak
kampernoelie 327
kampioen
622 Goed
670 Verdedig
682 Slaag
684 Oorwin
727 Wedstryd
kampioenskap
684 Oorwin
727 Wedstryd
kampioenspan 727
kampus 559
kampusbeheer 560
kampvegter 670

kampvuur
418 Maaltyd
467 Aansteek
487 Ligbron
kampvuurete 418
kamrat
163 Draai
232 Fiets
257 Meganika
kam(s)tig
512 Verbeelding
547 Simboliek
kamwiel
163 Draai
232 Fiets
kamwol 311
kamyn 340
kan
84 Houer
578 Vrywillig
653 Maklik
kanaal
147 Rigting
264 Uitsaai
283 See
286 Rivier
288 Waterstelsel
377 Liggaam
kanaalsluis 288
kanaalwater 286
kanalisasie 286
kanaliseer 286
kanalisering 147
kanallie
722 Snaaks
813 Swak gedrag
kanapee 426
kanarie 365
kanariebyter 365
kanariegeel 492
kanariekleur 492
kanarieklimop 333
kanarievink 365
kanasta 740
kanaster
84 Houer
430 Rook
kandeel 426
kandela 259
kandelaar
318 Plant
487 Ligbron
kandelaber 487
kandidaat
561 Studeer
584 Kies
659 Aanstel
kandidaatoffisier 673
kandidatuur
584 Kies
659 Aanstel
kandy 426
kaneel
340 Krui
419 Voedselbereiding
kaneelkleur 492
kanet
279 Moeras
339 Riet
kanferboom 331
kanferbos 332
kanferfoelie 333
kanferhout 316
kanferkis 84
kanferolie 462
kangaroehof 808
kangeroe 366
kanis 628
kanker
238 Vernietig
413 Siekte
623 Sleg
717 Lyding
kankeraar 771
kankeragtig 623
kankerbossie
332 Struik
337 Veldplant
kankergeswel 413
kankerroos 344
kankersel 413
kanna 332
kannabos 332
kanneleer 446
kannelure
94(5) Pilaar
446 Rond
kannetjie
243 Kind
333 Rankplant
kannibaals 789
kannibalisme 789
kannie 426
kanniedood
336 Vetplant
344 Onkruid
582 Wilskrag
618 Kragtig
625 Sterk
kano 235
kanoentjie 298
kanol 322
kanon
35 Reëlmatig
567 Boek
622 Goed
644 Handelwyse
676 Vuurwapen
754 Komposisie
757 Sang
842 Geloof
kanonbedding 676
kanongebulder 677
kanoniek
35 Reëlmatig
512 Verbeelding
567 Boek
676 Vuurwapen
806 Wettig
842 Geloof
849 Prediking
kanonieke reg 808
kanoniseer 852
kanonkoeël 676
kanonnade 677
kanonneer 677
kanonneerboot 235
kanonnier
673 Manskap
677 Skiet
kanononderdele 676
kanononderstel 676
kanonplatform 676
kanonvoer 673
kanonvuur 677
kanonwa 676
kans
18 Toeval
59 Geleë
520 Verwag
537 Waarheid
653 Maklik
kansel 853
kanselary 590
kanselaryskrif 565
kanselarystyl 565
kanselarytaal 565
kanselbybel
842 Geloof
848 Erediens
kanselier
560 Skoolgaan
591 Gesaghebber
kansellasie 140
kanselleer
140 Verandering
238 Vernietig
kanselrede 849
kanselstyl
548 Praat
750 Letterkunde
kanseltaal
569 Taal
750 Letterkunde
kanskoop 704
kansleer 132
kansspel
726 Sport
739 Geselskapspel
kansvatter 767
kant
61 Plek
63 Begrens
82 Rondom
87 Kant
311 Weefsel
527 Oordeel
kant en klaar 640
kant kies 584
kant klos 311
kantaantekening
565 Skryfkuns
567 Boek
kantate 757
kantbewys 546
kanteel 94(6)
kantel
159 Neerdaal
212 Afgaan
221 Vaar
449 Ongelyk
kantelbak 233
kantelbakvragmotor 233
kanteldeur 94(8)
kanteling
76 Bo
221 Vaar
kanteloep 426
kantelraam 94(9)
kantelsaag 630
kanteltrok 233
kantelvenster 94(9)
kantelwa 233
kantiek 757
kantien
84 Houer
94 Gebou
429 Eetplek
kantig
439 Punt
447 Hoekig
792 Asosiaal
kantjie 311
kantkiesery 792
kantklos 745
kantkloskussing 313
kantklossery 313
kantklostafel 313
kantlig 485
kantlyn
315 Papier
442 Lyn
565 Skryfkuns
726 Sport
728(1) Rugby
728(2) Sokker
kantman 728(1)
kantmateriaal 311
kanto
751 Digkuns
757 Sang
kanton 590
kantonnement 670
kantoor
91 Gebou
94(3) Vertrek
590 Bestuur

658 Beroep
kantooralmanak 127
kantoorblok 658
kantoorboek 565
kantoordag 658
kantoorgebou
91 Gebou
92 Groot gebou
590 Bestuur
658 Beroep
kantoorjonge 658
kantoorklerk 658
kantoorstoel 95(4)
kantoortafel 95(6)
kantoortyd
38 Tydgebruik
658 Beroep
kantoorure 658
kantoorwerk 658
kantor
757 Sang
852 Geestelike
854 Godsdiens
kanttekening 567
kanunnik 852
kaolien 298
kap
94(4) Dak
95(12) Venster
97 Bou
181 Stoot teen
182 Slaan
184 Afbreek
185 Sny
230 Rytuig
316 Hout
382 Haar
419 Voedselbereiding
421 Vleis
487 Ligbron
667 Stryd
678 Wapen
728(3) Krieket
746 Toilet
763 Beeldhoukuns
827 Afkeur
835 Bestraf
kapabel 614
kapasitansie 262
kapasiteit
262 Elektrisiteit
614 Bekwaam
kapasitor 262
kapater 366
kapaterbok 366
kapbalk 94(4)
kapbed 95(5)
kapblok
419 Voedselbereiding
423 Slagter
kapeg 355
kapel
91 Gebou
361 Insek
364 Reptiel
853 Kerk
kapelaan
673 Manskap
849 Prediking
852 Geestelike
kapelsloot 288
kaper
235 Skeepvaart
236 Lugvaart
695 Steel
kaperjol
199 Spring
213 Rondgaan
716 Genot
722 Snaaks
kaperskip 235
kaphou
181 Stoot teen
728(3) Krieket
kapillariteit 258
kapillêr 258
kapillêre buis 258
kaping 669
kapitaal
566 Drukkuns
688 Besit
701 Handel
709 Betaalmiddel
kapitaalaanwas 701
kapitaalband 567
kapitaalbate 688
kapitaalbegroting 703
kapitaalbehoeftes 701
kapitaalbelegging
692 Spaar
699 Leen
kapitaalbesit 688
kapitaalgoedere 688
kapitaalgroei
686 Aanwins
701 Handel
kapitaalintensief 658
kapitaalkrag 689
kapitaalkragtig
686 Aanwins
689 Ryk
kapitaalkragtigheid 689
kapitaalmark 701
kapitaalrekening 703
kapitaaluitgawe 691
kapitaalverhoging 686
kapitaalvorming 686
kapitalis
688 Besit
689 Ryk
kapitalisasie
686 Aanwins
689 Ryk
kapitaliseer
686 Aanwins
688 Besit
689 Ryk
kapitalisme
701 Handel
795 Staat
kapittel
567 Boek
665 Byeenkom
827 Afkeur
835 Bestraf
852 Geestelike
kapittelkerk 853
kapitulasie
683 Misluk
685 Verloor
kapituleer
683 Misluk
685 Verloor
kapkappertjie
332 Struik
334 Blomplant
kapkappie
332 Struik
365 Voël
kapkar 230
kapmes
185 Sny
678 Wapen
kapoen 365
kapok
289 Klimaat
292 Neerslag
466 Koud
kapokblom
334 Blomplant
337 Veldplant
kapokboom 331
kapokbossie 332
kapokgewig 731
kapokgewigbokser 731
kapokhoendertjie 365
kapokkie 365
kapokvoëltjie 365
kapot
184 Afbreek
412 Siek
634 Nutteloos
687 Verlies
kapot wees 661
kappel 287
kapper
334 Blomplant
362 Skaaldier
746 Toilet
kapperkruid 340
kappertjie 334
kappie
565 Skryfkuns
571 Skrif
kappieteken 571
kapplafon 94(4)
kapries
713 Gevoel
754 Komposisie
kapriol
199 Spring
716 Genot
722 Snaaks
kapryp
316 Hout
318 Plant
kapsel
382 Haar
745 Versier
746 Toilet
kapselband
380 Gebeente
745 Versier
kapsie 532
kapstok 95(3)
kapstyl 94(4)
kapstylhuis 91
kapsule
84 Houer
161 Bedek
236 Lugvaart
382 Haar
415 Geneesmiddel
kaptafel 95(6)
kaptein
221 Vaar
235 Skeepvaart
591 Gesaghebber
673 Manskap
726 Sport
802 Gehoorsaam
kapteinskwartiere 235
kapteinsrang
235 Skeepvaart
673 Manskap
kapteinvis 363
kapwa 230
kapwapen 678
kar 230
karaat 124
karabinier 677
karabyn 676
karaf 84
karakoel 366
karakoelskaap 366
karakter
3 Bestaanswyse
32 Enkeling
565 Skryfkuns
582 Wilskrag
622 Goed
714 Gevoelig
750 Letterkunde
811 Gewete
karakterbeelding 750
karaktereienskap 3

karakteriseer
3 Bestaanswyse
553 Behandel
750 Letterkunde
karakteristiek
3 Bestaanswyse
31 Soort
553 Behandel
karakterloos
583 Willoosheid
623 Sleg
626 Swak
813 Swak gedrag
820 Oneerbaar
karakterskets 750
karaktersterkte 582
karakterstring 571
karakterstuk 752
karaktertrek
3 Bestaanswyse
240 Afkoms
714 Gevoelig
karakteruitbeelding 750
karaktervas
582 Wilskrag
812 Goeie gedrag
819 Eerbaar
karaktervol 582
karambool 738
karamel 426
karameliseer 419
karamellekker 426
karamelpoeding 426
karapaks 362
karate 731
karategeveg 731
karateka 731
karatepak 731
karatetoernooi 731
karavaan
89 Blyplek
187 Reis
194 Vervoer
230 Rytuig
karavaanpark 89
karavaantog 187
karavaanvakansie 187
karavanserai
187 Reis
429 Eetplek
karaveel 235
karba 84
karbeel 94(6)
karbeelhuis 93
karbide 256
karbidelamp 487
karbidelig 487
karbohidraat 256
karbolineer 316
karbolineum 316
karbolseep 627
karbolwatte 311
karbonaat 256
karboniseer 256
karbonkel
298 Steen
413 Siekte
Karboontydperk 274
karburateur
233 Motorvoertuig
630 Werktuig
kardamom 419
kardanas
233 Motorvoertuig
630 Werktuig
kardankoppeling
233 Motorvoertuig
257 Meganika
kardiale pleksus 398
kardinaal
133 Getal
399 Bloedsomloop
591 Gesaghebber
620 Belangrik
849 Prediking
852 Geestelike
kardinaalvoël 365
kardiograaf 417
kardiogram 414
kardiologie 414
kardiologiese ondersoek 414
kardioloog 416
kardioskoop 417
kardoen 351
kardoes
84 Houer
315 Papier
kardoespapier 315
kardrywer 223
karee 332
kareeboom 332
kareebos 332
kareedoringboom 331
karet
194 Vervoer
232 Fiets
364 Reptiel
571 Skrif
karetskilpad 364
kargadoor 235
kariatide
94(5) Pilaar
763 Beeldhoukuns
kariboe 366
karie
172 Vasmaak
419 Voedselbereiding
427 Drank
kariebessie 323
kariemoer
419 Voedselbereiding
427 Drank
kariës 391
karieus 391
karig
103 Min
623 Sleg
690 Arm
692 Spaar
karigheid
103 Min
692 Spaar
karikaturis 759
karikaturiseer 722
karikatuur
722 Snaaks
759 Tekenkuns
831 Bespot
kariljon 756
karkas
250 Dood
377 Liggaam
421 Vleis
karkatjie 413
karkei 336
karkiet 365
karkis 233
karkoer 323
karlienblom 322
karma 854
karmanisme 854
karmedik
343 Genesende plant
415 Geneesmiddel
karmenaadjie
421 Vleis
426 Kos
karmonk
332 Struik
419 Voedselbereiding
karmosyn 492
karmosynrooi 492
karmyn 492
karmynrooi 492
karnallie
722 Snaaks
813 Swak gedrag
831 Bespot
karnaval 793
karnavaloptog 793
karneool 298
karngorm 298
karnivoor
366 Soogdier
406 Eet
karnuffel
182 Slaan
717 Lyding
karobboom 331
karobboontjie 331
karobmot 361
karoo 289
karooagtig 280
karoobossie
332 Struik
337 Veldplant
karoodoringboom 331
karooveld 280
karos
96 Slaapplek
161 Bedek
karosserie 233
karoteen
256 Skeikunde
490 Kleur
karotine
256 Skeikunde
490 Kleur
karousel 222
karper
363 Waterdier
422 Seekos
karpus
380 Gebeente
397 Ledemaat
karring
371 Suiwel
419 Voedselbereiding
555 Vra
karringmelk
371 Suiwel
426 Kos
427 Drank
karringmelkbeskuit 426
karringstok
371 Suiwel
419 Voedselbereiding
karsaai 311
karsinoom 413
karstgrot 277
karstheuwel 277
karstmeer 285
karstveld 276
karsweep 182
karteer
273 Geografie
759 Tekenkuns
kartel
164 Reëlmatig
180 Ongelyk
185 Sny
382 Haar
444 Krom
449 Ongelyk
663 Meedoen
665 Byeenkom
746 Toilet
761 Graveerkuns
kartelderm 401
kartelend 449
karteling
164 Reëlmatig
180 Ongelyk
382 Haar
444 Krom

449 Ongelyk
746 Toilet
kartellyn 444
kartelmoer
155 Deurboor
172 Vasmaak
kartelrig 449
kartelvuur 677
kartering
273 Geografie
759 Tekenkuns
kartets 676
kartograaf
273 Geografie
515 Wetenskap
759 Tekenkuns
kartografie
273 Geografie
515 Wetenskap
759 Tekenkuns
karton
84 Houer
161 Bedek
315 Papier
564 Skryfbehoeftes
kartondoos
84 Houer
161 Bedek
kartonverpakking
84 Houer
161 Bedek
kartoteek 273
karveel 235
karvrag 194
karwats
182 Slaan
230 Rytuig
231 Tuig
835 Bestraf
karwei
67 Verplasing
194 Vervoer
216 Ry
karweiding 194
karweier 194
karweiwerk 194
karwiel 163
karwy 340
karwysaad 419
kas
84 Houer
95(3) Kas
161 Bedek
387 Oog
450 Volume
655 Veilig
688 Besit
kasarm
91 Gebou
93 Armoedige gebou
kasaterwater 427
kasboek
565 Skryfkuns
567 Boek
703 Boekhou
kasboekinskrywing 703
kasboekrekening 703
kaseïne 371
kaserne 672
kasernearres 835
kasernetaal 820
kasgeld 688
kashouer
700 Bank
703 Boekhou
kasie 343
kasjalot 363
kasjet
3 Bestaanswyse
546 Kunsmatige teken
622 Goed
kasjmier 311
kasjoe 331
kasjoeneut
323 Vrug
350 Vrugte
426 Kos
kaskade 287
kaskara 415
kaskenade
716 Genot
722 Snaaks
kasmier 311
kasplank 316
kasplant
318 Plant
374 Mens
kasregister
125 Tel
137 Bewerking
688 Besit
703 Boekhou
707 Handelsaak
kasregisterbedrag 708
kasregisterbewys 546
kasregisterstrokie 708
kasrekening 703
kassa 688
kassaldo 688
kassawe
332 Struik
426 Kos
kassemier 311
kasserol
84 Houer
419 Voedselbereiding
426 Kos
kasset
94(4) Dak
264 Uitsaai
266 Akoestiek
268 Fotografie
kassetopnemer 266
kassetspeler
264 Uitsaai
756 Musiek
kassie
264 Uitsaai
340 Krui
kassier
700 Bank
701 Handel
703 Boekhou
709 Betaalmiddel
kassiere 709
kasslot 178
kastaiing
323 Vrug
331 Boom
350 Vrugte
kastaiingkleur 492
kastanjet 756
kaste
84 Houer
796 Stand
kasteel
89 Blyplek
92 Gebou
655 Veilig
671 Verdedig
739 Geselskapspel
kastekort
703 Boekhou
711 Skuld
kastelein
429 Eetplek
670 Verdedig
kastemaker 316
kasterolie 415
kasterolieboom 331
kastestelsel 796
kastig
512 Verbeelding
547 Simboliek
kastigasie 835
kastigeer
171 Verwyder
566 Drukkuns
567 Boek
827 Afkeur
835 Bestraf
kastigering 566
kastraat 239
kastrasie 239
kastreer 239
kastrol
84 Houer
95(7) Pot
419 Voedselbereiding
kasty
182 Slaan
717 Lyding
835 Bestraf
kasualisme 18
kasualistiek 18
kasualiteit 18
kasuaris 365
kasueel 18
kasuïs 524
kasus 574
kasusmorfeem 574
kasussuffiks 574
kasusuitgang 574
kasusvorm 574
kat 366
kasuur 331
katabasis 212
katabaties 212
katabolisme 317
katachrese
573 Woordeskat
577 Betekenis
katafalk 253
katafoniek 266
kataforiek 577
kataklisme
140 Verandering
719 Hartseer
kataklismies 719
katakoeroe 365
katakombe 253
katalase 317
katalepsie
379 Spier
413 Siekte
kataleptikus 413
katalisator
141 Behoud
256 Skeikunde
katalise 256
kataliseer 256
katalities
141 Behoud
256 Skeikunde
katalogiseer 19
katalogus
21 Volgorde
126 Skat
567 Boek
704 Koop
katamaran 235
katanker 235
kataplasma 415
katapleksie
379 Spier
410 Slaap
713 Gevoel
katapult 741
katar 413
katarak
286 Rivier
413 Siekte
katarraal 413
katarsis
409 Afskeiding
713 Gevoel
katarties 713
katastrofaal 719

katastrofe
683 Misluk
717 Lyding
719 Hartseer
katatonie 505
katbos 332
katderm 756
katdoring 332
kateder
558 Redevoering
853 Kerk
katedraal
91 Gebou
92 Groot gebou
853 Kerk
kategeet 560
kategese
559 Opvoeding
849 Prediking
kategetiek 842
kategeties
559 Opvoeding
842 Geloof
kategismus 559
kategismuspreek
848 Erediens
849 Prediking
kategoraal 30
kategoriaal
30 Ondergeskik
574 Woordkategorie
576 Sinsbou
kategorie
3 Bestaanswyse
19 Orde
30 Ondergeskik
31 Soort
33 Samehorig
168 Saamkom
170 Saambring
574 Woordkategorie
576 Sinsbou
kategories 595
kategoriseer
3 Bestaanswyse
30 Ondergeskik
kategumeen 842
katel
95(5) Bed
96 Slaapplek
katene 567
kateriseer 414
katern
315 Papier
564 Skryfbehoeftes
566 Drukkuns
katete 139
katetometer 256
katioon 256
katjangboontjie 426
katjiepiering 332
katjiepoetolie
415 Geneesmiddel
462 Halfvloeibaar
katkisant 560
katkisasie
516 Soek
559 Opvoeding
849 Prediking
katkisasieboek 567
katkisasieklas 849
katkiseer
516 Soek
559 Opvoeding
827 Afkeur
katklouklimop 333
katkop 424
katlagter 365
katleer 211
katnael 383
katnaels 337
katode
256 Skeikunde
262 Elektrisiteit
katoen
311 Weefsel
312 Spin
313 Weef
318 Plant
353 Vlasteelt
katoenagtig 353
katoendrukker 313
katoengaring 312
katoenindustrie 313
katoenoes
347 Landbou
353 Vlasteelt
katoenolie 462
katoenspinnery 312
katoenstof 311
katoenteelt 353
katoenverbouing 353
katoenwewer 313
katoliek 31
Katoliek
840 Godsdiens
854 Godsdienste
katoliseer 842
Katolisisme
840 Godsdiens
854 Godsdienste
katolisiteit
31 Soort
840 Godsdiens
854 Godsdienste
katonkel 363
katoog
149 Pad
217 Motorry
298 Steen
332 Struik
363 Waterdier
387 Oog
katools
239 Voortplant
722 Snaaks
776 Liefde
katrol
158 Opstyg
211 Opgaan
257 Meganika
372 Vissery
katrolblok 211
katrolstelsel 211
kats 835
katspoegie 103
katswink
410 Slaap
412 Siek
kattebak 233
kattebelletjie 565
kattegespin 484
kattekonsert 479
kattekwaad
722 Snaaks
822 Skuldig
kattemaai 793
katterig
623 Sleg
667 Stryd
779 Boosaardig
813 Swak gedrag
katvoet
477 Stilte
768 Vrees
katwilger 331
katyf 690
Kaukasiese ras 787
kauri 363
kavalier
767 Moed
791 Sosiaal
797 Adelstand
kavalkade
21 Volgorde
168 Saamkom
793 Fees
kavallerie 672
kavalleris 673
kaveer
529 Ontken
532 Betwis
667 Stryd
721 Ontevrede
792 Asosiaal
kaviaar
422 Seekos
426 Kos
kawa
332 Struik
427 Drank
keb 230
kebab
421 Vleis
426 Kos
keel
390 Mond
393 Skouer
398 Asemhaling
keël
139 Meetkunde
277 Berg
323 Vrug
330 Naaksadige
450 Volume
739 Geselskapspel
keel natmaak 407
keelarts 416
keëlas 450
keëlbaan 739
keëlboei 235
keëldak 94(4)
keëldraende plant 318
keëldraer
318 Plant
331 Boom
keelgat
390 Mond
393 Skouer
keelgeluid 482
keëlgewelf 94(4)
keelholte
390 Mond
393 Skouer
398 Asemhaling
572 Uitspraak
keelkleppie 398
keëlklou 183
keelknop 393
keelontsteking 413
keel-oorbuis 388
keelopening 390
keëlpuntkoeël 676
keëlpuntpatroon 676
keelseer 413
keelskerm 728(7)
keëlskulp 363
keelslagaar 393
keelspek 393
keelspel 739
keelspieël 416
keelvel 393
keëlvlak
139 Meetkunde
445 Oppervlak
keëlvormig 450
keëlvormige boei 235
keep
180 Ongelyk
185 Sny
274 Geologie
446 Rond
keer
84 Houer
137 Bewerking
148 Van koers af
160 Omring

188 Aankom
193 Ophou
588 Gesag hê
602 Verbied
646 Nie handel nie
666 Verhinder
keer op keer
22 Kontinu
55 Dikwels
657 Herhaal
keerbank 274
keerdam 288
keerdatum 708
keergedig 751
keerheining 63
keerklep 257
keerkring 273
keerkringsgordel 273
keerplaat 257
keerpunt
44 Gebeure
140 Verandering
keerrym 751
keerspoorstaaf 234
keersy 86
keertyd 38
keerwal
285 Meer
286 Rivier
288 Waterstelsel
keerweer 149
keerwerk 666
kees 366
keeshond 366
kef
481 Skerp klank
484 Diergeluid
771 Gramskap
kefalotoraks
361 Insek
362 Skaaldier
keffertjie 366
kegel
323 Vrug
450 Volume
739 Geselskapspel
kegelbaan 739
kegelspel 739
kegelvormig 450
kei
149 Pad
298 Steen
keiappel 332
keil
227 Werp
745 Kleding
keilskrif 565
keiser 591
keiserryk 590
keiserskap 590
keiserskleed 332
keiserskroon 336
keisersnee
239 Voortplant
414 Geneeskunde
kekkel
483 Voëlgeluid
484 Diergeluid
548 Praat
554 Aanspreek
kekkelaar
548 Praat
829 Beledig
kekkelbek
548 Praat
829 Beledig
kela 362
kelder
94(3) Vertrek
175 Insit
238 Vernietig
277 Berg
350 Vrugte
588 Gesag hê
687 Verlies
keldergat 94(8)
keldergewelf 94(4)
keldergraf 253
keldering 238
keldermeester
350 Vrugte
428 Drankbereiding
592 Ondergeskikte
kelderverdieping
94(1) Konstruksie
94(3) Vertrek
kelderwyn 427
kelim 95(10)
kelk
84 Houer
95(7) Breekgoed
322 Blom
kelkblaar 323
kelkblare 322
kelkie 84
kelkiewyn
334 Blomplant
365 Voël
kelkkaffie 321
kelkvorm 438
kelkvormig 438
kelner 429
kelp 327
kelvin 123
kemp
369 Veeteelt
382 Haar
kemphaan
667 Stryd
779 Boosaardig
ken
386 Gesig
513 Gedagte
533 Verstaan
535 Weet
539 Kommunikeer
713 Gevoel
kenbaar
120 Onderskeid
535 Weet
539 Kommunikeer
kenketting 231
kenletter 545
kenlik
537 Waarheid
539 Kommunikeer
543 Duidelik
kenmerk
3 Bestaanswyse
545 Natuurlike teken
546 Kunsmatige teken
kenmerkend
3 Bestaanswyse
31 Soort
240 Afkoms
545 Natuurlike teken
550 Noem
kennebak 386
kennelik
537 Waarheid
539 Kommunikeer
543 Duidelik
kenner
502 Verstand
535 Weet
747 Verfyndheid
kennersblik 535
kennersoog 535
kennetjie 741
kennis
502 Verstand
513 Gedagte
515 Wetenskap
533 Verstaan
535 Weet
539 Kommunikeer
790 Sosiaal
kennis dra 535
kennis gee
548 Praat
565 Skryfkuns
711 Skuld
kennis hê 535
kennis opdoen 561
kennisgenerering 515
kennisgewing
539 Kommunikeer
548 Praat
551 Meedeel
565 Skryfkuns
568 Perswese
kenniskring 790
kennisleer 514
kennismaking
535 Weet
790 Sosiaal
kennisontwikkeling
515 Wetenskap
535 Weet
kennisoordrag 535
kennisteorie 514
kennisverwerwing 535
kenriem 231
kenskets 553
kensketsend
3 Bestaanswyse
31 Soort
553 Behandel
kenspreuk 546
kenteken
3 Bestaanswyse
545 Natuurlike teken
546 Kunsmatige teken
kentekenend 545
kenteorie 514
kenter
140 Verandering
159 Neerdaal
kentering
140 Verandering
148 Van koers af
163 Draai
kentumtaal 569
kenvermoë 502
kenwysie 754
keper
311 Weefsel
313 Weef
kepergoed 311
keperstof 311
keramiek 305
keramiekkuns 305
keramiekwerk 305
keratien
308 Been
381 Vel
kêrel
53 Jonk
375 Man
776 Liefde
kerf
180 Ongelyk
185 Sny
446 Rond
kerfblok 185
kerftabak 430
ke(r)jakker
213 Rondgaan
228 Vinnig
716 Genot
726 Sport
741 Kinderspel
kerk
91 Gebou
92 Groot gebou

840 Godsdiens
848 Erediens
852 Geestelike
853 Kerk
kerkamp 852
kerkbank 853
kerkbasaar
707 Handelsaak
793 Fees
kerkbestuur 852
kerkbywoning 840
kerkdiens
840 Godsdiens
848 Erediens
kerker
594 Onvryheid
835 Bestraf
kerkfees 851
kerkgang 840
kerkganger
842 Geloof
848 Erediens
kerkgebou
91 Gebou
92 Groot gebou
853 Kerk
kerkgemeente 840
kerkgenootskap 840
kerkgesang 757
kerkgroep 840
kerkhistorikus 45
kerkhoed 745
kerkhof
253 Begrafnis
853 Kerk
kerkisme 845
kerkisties 845
kerkjaar 127
kerkkantate 757
kerkkantoor 853
kerkklere 745
kerkklok 853
kerkkoor 852
kerkleer 842
kerkleier 591
kerklidmaatskap 852
kerklied
757 Sang
848 Erediens
kerklik
840 Godsdiens
845 Godsvrug
852 Geestelike
kerklike huwelik 248
kerklike leier 591
kerklike sensuur 852
kerklike tug 852
kerkloos 846
kerklos 846
kerkmusiek
753 Musiek
848 Erediens
kerkmusiekboek 567
kerkorde 852
kerkorrel
756 Musiek
853 Kerk
kerkorrelis
849 Prediking
852 Geestelike
kerkraad 852
kerkraadslid 665
kerkraadsvergadering 852
kerkreg
842 Geloof
852 Geestelike
kerkregering 852
kerkregtelik 842
kerks 845
kerksaal 853
kerksang 848
kerksilwer 850
kerkskeuring 841
kerkskool 559
kerkstruktuur 852
kerktoring 853
kerktug 835
kerktyd
38 Tydgebruik
848 Erediens
kerkvader 852
kerkverband 840
kerkvergadering 852
kerkvoog 852
kerkvors 852
kerkwet 852
kerm
480 Dowwe klank
604 Versoek
721 Ontevrede
723 Ernstig
kermery 604
kermesse 727
kermis
707 Handelsaak
793 Fees
kermisbed 96
kermkous 604
kern
29 Middel
81 Binne
83 In die middel
256 Skeikunde
270 Hemelliggaam
541 Betekenis
620 Belangrik
622 Goed
kernagtig
541 Betekenis
553 Behandel
kernbegrip 513
kernbom
256 Skeikunde
676 Vuurwapen
kerndeling 256
kerner 427
kernfisika
255 Natuurkunde
515 Wetenskap
kernfisikus
255 Natuurkunde
515 Wetenskap
kernfusie 256
kerngedagte
513 Gedagte
620 Belangrik
kerngeheue 263
kerngeneeskunde
414 Geneeskunde
515 Wetenskap
kerngeneeskundige 416
kerngesond 411
kernhout 331
kernkrag 256
kernkragsentrale 256
kernliggaampie 377
kernoorlog 667
kernpunt
29 Middel
83 In die middel
620 Belangrik
kernreaksie 256
kernreaktor 256
kernskaduwee
267 Optika
270 Hemelliggaam
486 Duisternis
kernvraag 620
kernwapen 675
kerografie 760
keroseen
299 Brandstof
460 Vloeistof
kerrie
419 Voedselbereiding
426 Kos
kerriebos 332
kerriekos 426
kerrierys 426
kerriesop 426
kers
123 Meet
318 Plant
487 Ligbron
kersblaker 487
Kersboom 793
Kersdag 851
Kersdiens 848
kerseboom 331
Kersete 418
Kersfees
127 Tydbepaling
793 Fees
851 Kerkfees
Kersfeesdiens 848
kersfeeskrans 348
Kersgeskenk 693
kershout 331
kershoutboom 331
kersie
323 Vrug
350 Vrugte
kersieboom 331
kersiebrandewyn 427
kersiehout 316
kersiekleur 492
kersielikeur 427
kerskaartjie 564
kerskrag 123
kerskrans 348
Kerslied 757
kerslig
485 Lig
487 Ligbron
Kersmaal 418
Kersnag 851
kersogie 365
Kerspartytjie 418
kerspit 487
Kerspresent 693
kersregop
71 Regop
443 Reglynig
kerssterkte 123
kersten 842
kerstening 842
Kerstyd
127 Tydbepaling
851 Kerkfees
Kersvakansie 648
kersvars 53
Kersverhaal
552 Vertel
750 Letterkunde
kersvers 53
kersvet 462
kerswas
462 Halfvloeibaar
487 Ligbron
kerugma 849
kerugmaties 849
kerwe 185
kerwel
415 Geneesmiddel
419 Voedselbereiding
kerwelkesieblaar 343
kesieblaar 343
ketel
84 Houer
235 Skeepvaart
469 Verwarmingstoestel
keteldal 278
ketelkamer 235
ketelmaker 302
ketelplaat 301
ketelsteen 628
keteltrom 756

ketjap 426
kets 676
ketter
840 Godsdiens
846 Godloos
854 Godsdienste
ketterjag
840 Godsdiens
854 Godsdienste
kettery
840 Godsdiens
841 Leer
854 Godsdienste
kettie
227 Werp
373 Jag
678 Wapen
741 Kinderspel
ketting
21 Volgorde
172 Vasmaak
232 Fiets
301 Metaal
374 Mens
594 Onvryheid
745 Versier
kettingbotsing 217
kettingbrief 563
kettingbrug 149
kettingdraad 313
kettinggids 232
kettingrat
232 Fiets
257 Meganika
kettingreaksie
21 Volgorde
256 Skeikunde
kettingroker 430
kettingrym 751
kettingsaag 101
kettingsang 757
kettingskerm 232
kettingsleutel 630
kettingsteek 172
kettingwiel 257
kettingwinkel 707
kettinkie 745
keu 738
keur
170 Saambring
516 Soek
584 Kies
622 Goed
743 Mooi
keurboom
331 Boom
332 Struik
keurbos 332
keurbundel 567
keurder 527
keurig
584 Kies
612 Noukeurig
622 Goed
627 Skoon
743 Mooi
keuring
516 Soek
584 Kies
679 Mobiliseer
825 Oordeel
826 Goedkeur
keurkomitee 527
keurlys 584
keurmerk 546
keurprins 797
keurraad 527
keurslyf 579
keurtjie
331 Boom
332 Struik
keurvors 797
keuse
170 Saambring
584 Kies
keusevak 559
keutel 409
kewer 361
kgotla 665
khan 591
khanaat 591
kiaat 331
kiaat(hout) 316
kibbel
532 Betwis
667 Stryd
704 Koop
kibbel(a)ry 667
kibbelrig
667 Stryd
692 Spaar
kibboets 354
kibernetika 263
kief
363 Waterdier
398 Asemhaling
kiefdeksel 363
kiefnet 372
kiek 268
kiekie 268
kiel
94(4) Dak
94(6) Muur
235 Skeepvaart
446 Rond
kieldak 94(4)
kielgeut 94(4)
kielhaal
622 Goed
835 Bestraf
kielie
154 Vryf
495 Tassin
kieliebak 397
kieliebeentjie 397
kielierig 495
kielsog 221
kielvlak 222
kielwater 221
kiem
15 Oorsaak
27 Begin
323 Vrug
413 Siekte
649 Begin met
kiemblaar 323
kiemdoder 252
kiemkrag 323
kiemlob 323
kiemplant 324
kiemsel
365 Voël
403 Voortplanting
kiemvry 627
kiemwortel 331
kiep
192 Laat gaan
483 Voëlgeluid
kiepersol 331
kiepie
361 Insek
365 Voël
kiepiemielies 426
kier 177
kierang
726 Sport
818 Bedrieg
kierie 197
kiertsregop
71 Regop
443 Reglynig
kies
256 Skeikunde
391 Tand
584 Kies
586 Beslis
kiesa 292
kiesafdeling 795
kiesbaar 584
kiesbeampte 584
kiesdistrik 584
kiesel
296 Nie-metaal
298 Steen
kieselaarde
256 Skeikunde
298 Steen
kieselsteen
298 Steen
304 Steenbakkery
kieselsuur 256
kieselsuursout 256
kieser 584
kieserslys
584 Kies
795 Staat
kiesgeregtig 584
kiesieblaar
343 Genesende plant
415 Geneesmiddel
kieskeurig
612 Noukeurig
721 Ontevrede
kieskollege 584
kiespyn 413
kiestand 391
kieswet 801
kieswyk 584
kietel 755
kieu
363 Waterdier
390 Mond
398 Asemhaling
kieuboog 363
kieudeksel
363 Waterdier
398 Asemhaling
kieudraad 363
kieuhark 363
kieukammetjie 363
kieunet 372
kieuspleet 363
kiewiet 365
kieza 292
kik
476 Geluid
480 Dowwe klank
kikoejoegras 338
kil
466 Koud
715 Gevoelloos
777 Haat
kilobaar 123
kilogram
123 Meet
124 Weeg
kilogramkrag 123
kilogreep 263
kilokalorie 123
kiloliter 123
kilometer 123
kilometer per uur 123
kilopascal 123
kilovolt 123
kilowatt 123
kilte 466
kim
269 Heelal
499 Sien
kimberliet 298
kina 415
kinabas 415
kinablaar 415
kinabossie
343 Genesende plant
415 Geneesmiddel

kind
53 Jonk
237 Voortbring
240 Afkoms
241 Familie
243 Kind
374 Mens
821 Onskuldig
kinderagtig
53 Jonk
503 Onverstandig
524 Onlogies redeneer
722 Snaaks
kinderbed 96
kinderbedjie 96
kinderbeul 182
kinderbiblioteek 567
kinderboek 567
kinderbybel
567 Boek
842 Geloof
kinderdae 53
kinderdief 695
kinderdiens
848 Erediens
849 Prediking
kinderdokter 416
kinderetimologie 575
kinderfiets 232
kindergarten 559
kindergeneeskunde 414
kindergraf 253
kinderhart 821
kinderhof 808
kinderhospitaal 417
kinderhuis 780
kinderhuwelik 248
kinderjare
52 Ouderdom
53 Jonk
kinderjuffrou 560
kinderkatel 96
kinderklere 745
kinderkoor 757
kinderkorting 712
kinderkuns 749
kinderliefde 776
kinderlik
53 Jonk
814 Eerlik
821 Onskuldig
kinderloos 243
kindermolesteerder 779
kindermoord 252
kinderonderrig 559
kinderonderwys 559
kinderoppasser 559
kinderpokkies 413
kinderpraatjies 524
kinderpreek 849
kinderprogram 264
kinderpsigologie 514
kinderrympie 751
kindersiekte 413
kindersielkunde 514
kindersorg
243 Kind
559 Opvoeding
651 Toesien
780 Hulp
kinderspeelgoed 741
kinderspel 741
kinderspeletjies 653
kinderspesialis 416
kinderstem 548
kinderstorie
552 Vertel
750 Letterkunde
kindertaal 569
kindertehuis 780
kindertoelae 780
kindertuin 559
kindertuinklas 559
kindertuinonderrig 559
kindertyd 53
kinderverhaal 552
kinderverhaalboek 567
kinderverlamming 413
kindervriend 776
kinderwaentjie 230
kinderwerk 749
kinderwet 801
kinds 54
kindsdae 53
kindsdeel 696
kindsheid
54 Oud
511 Vergeet
kindskind 243
kineas
268 Fotografie
752 Toneelspel
kinema 91
kinematiek 257
kinematies 257
kinematika 257
kinematografie 752
kinesiologie 257
kinestese 378
kinetiek 257
kineties
145 Beweging
257 Meganika
kinetiese energie
256 Skeikunde
257 Meganika
kinetika 257
kinien
296 Nie-metaal
415 Geneesmiddel
kink
140 Verandering
163 Draai
199 Spring
kinkel 163
kinkhoes 413
kinkhoring
363 Waterdier
446 Rond
kinta 243
kiosk
94 Gebou
707 Handelsaak
kipkar 233
kipper 422
kir 483
kis
84 Houer
95(3) Kas
194 Vervoer
233 Motorvoertuig
253 Begrafnis
661 Vermoei
kishou 728(4)
kisklaar 250
kisklere 745
kiskrans 348
kispak 745
kisplank 316
kitaar 756
kitaarbalk 756
kitaarnek 756
kitaaronderdeel 756
kitaarsnaar 756
kitaarspel 755
kitaarspeler
755 Uitvoering
756 Musiek
kitaarstuk 754
kiton 363
kits
41 Kortstondig
418 Maaltyd
kitsbank 700
kitsch 749
kitsete 418
kitshuwelik 248
kitskoffie 427
kitskontant 709
kitskos
418 Maaltyd
426 Kos
kitskosrestourant 429
kiwi
323 Vrug
365 Voël
426 Kos
kla
530 Voorbehou
719 Hartseer
721 Ontevrede
782 Ondankbaar
klaagbrief
563 Skryf
721 Ontevrede
827 Afkeur
klaaglied
539 Kommunikeer
723 Ernstig
757 Sang
842 Geloof
klaaglik
719 Hartseer
721 Ontevrede
723 Ernstig
klaagsang
723 Ernstig
757 Sang
klaagster
721 Ontevrede
806 Wettig
827 Afkeur
832 Beskuldig
klaar
28 Einde
488 Deurskynend
640 Voorbereid
650 Voltooi
661 Vermoei
klaarblyklik
162 Ontbloot
537 Waarheid
543 Duidelik
klaargaar 419
klaarheid
488 Deurskynend
543 Duidelik
klaarkom 650
klaarkry
640 Voorbereid
650 Voltooi
klaarlig 485
klaarmaak
28 Einde
293 Onweer
419 Voedselbereiding
640 Voorbereid
648 Onderbreek
650 Voltooi
661 Vermoei
klaarpraat
28 Einde
650 Voltooi
klaarsiende
499 Sien
502 Verstand
klaarspeel 650
klaarstaan 640
Klaas Vakie 410
klaaslouwbossie 344
klad
546 Kunsmatige teken
563 Skryf
564 Skryfbehoeftes
628 Vuil
820 Oneerbaar
829 Beledig
831 Bespot

adboek
65 Skryfkuns
67 Boek
adder
63 Skryf
64 Skryfbehoeftes
70 Wantroue
adderig 628
admerk 546
adpapier
15 Papier
64 Skryfbehoeftes
adskrif 565
adwerk 652
adwerkboek 560
a(e)
06 Wettig
27 Afkeur
aend
12 Siek
17 Lyding
19 Hartseer
aer
21 Ontevrede
06 Wettig
27 Afkeur
32 Beskuldig
aerig
12 Siek
19 Hartseer
aery 539
ag
21 Ontevrede
06 Wettig
09 Regsgeding
27 Afkeur
32 Beskuldig
agskrif
21 Ontevrede
06 Wettig
09 Regsgeding
agstaat
06 Wettig
09 Regsgeding
agstuk
21 Ontevrede
06 Wettig
09 Regsgeding
agte
30 Voorbehou
39 Kommunikeer
06 Wettig
27 Afkeur
32 Beskuldig
akkeloos
09 Onoplettend
26 Weerlê
akous 721
am
81 Vel
09 Afskeiding
63 Nat

klamp
94(6) Muur
101 Gereedskap
172 Vasmaak
178 Toegaan
183 Gryp
316 Hout
klampskroef 101
klandestien
540 Geheim hou
602 Verbied
klandisie
704 Koop
707 Handelsaak
klandisiewaarde 126
klank
266 Akoestiek
476 Geluid
548 Praat
572 Uitspraak
klankapparaat 266
klankbaan 752
klankbeeld 264
klankbesoedeling 476
klankbodem
266 Akoestiek
756 Musiek
klankbord
266 Akoestiek
756 Musiek
klankbron 476
klankdig
266 Akoestiek
453 Dig
klankekspressie 750
klankfilm
268 Fotografie
752 Rolprentkuns
klankgat 756
klankgetrou 266
klankgolf
266 Akoestiek
476 Geluid
klankgreep 572
klankgrens
222 Vlieg
266 Klankgrens
klankgroep 572
klankinstallasie 266
klankkas 756
klankkleur 572
klankleer
570 Taalwetenskap
572 Uitspraak
klankloos 477
klankmaat 751
klanknabootsend 750
klanknabootsing
573 Woordeskat
575 Woordvorming
klankopening 756

klankoperateur
264 Uitsaai
266 Akoestiek
752 Toneelspel
klankproses 572
klankrolprent 752
klankryk 478
klanksegment 572
klankskildering
750 Letterkunde
754 Komposisie
klankstelsel 266
klanksterkte
476 Geluid
753 Musiek
klankteken
546 Kunsmatige teken
565 Skryfkuns
klanktrilling 476
klankverskuiwing 572
klankverspringing 572
klankversterker 266
klankversterking 476
klankvol 478
klankweerkaatsing
266 Akoestiek
476 Geluid
klankwet 572
klankwisseling 572
klant
701 Handel
704 Koop
707 Handelsaak
klap
161 Bedek
178 Toegaan
182 Slaan
481 Skerp klank
623 Sleg
667 Stryd
677 Skiet
685 Verloor
827 Afkeur
klapbed 95(5)
klapdeksel 161
klapdeur 94(8)
klapgeluid 482
klaphek 94(14)
klapklank 482
klapklappertjie
333 Rankplant
365 Voël
klaploop 692
klaploper 692
klapper
323 Vrug
419 Voedselbereiding
426 Kos
564 Skryfbehoeftes
567 Boek
677 Skiet
703 Boekhou

793 Fees
klapperbos 332
klapperdop 384
klapperhaarmatras 96
klappermelk 427
klapperneutolie 462
klappertand
378 Senuwee
466 Koud
klappertjie
333 Rankplant
365 Voël
klappievisier 676
klaprib 421
klaproos 334
klapsoen 776
klapstoel 95(4)
klapstuk 421
klaptafel 95(6)
klapwiek
222 Vlieg
365 Voël
klaret 427
klarigheid
543 Duidelik
640 Voorbereid
klarinet 756
klarinettis
755 Uitvoering
756 Musiek
klaring
191 Laat kom
192 Laat gaan
543 Duidelik
712 Belasting
klaroen 756
klas
3 Bestaanswyse
19 Orde
30 Ondergeskik
31 Soort
33 Samehorig
168 Saamkom
170 Saambring
317 Fisiologie
318 Plant
357 Dier
558 Redevoering
560 Skoolgaan
561 Studeer
574 Woordkategorie
588 Gesag hê
787 Gemeenskap
796 Stand
klas bank 560
klas loop 560
klasaantekeninge 560
klasboek 560
klasgee 559
klaskamer
94 Gebou
560 Skoolgaan

klasleier
560 Skoolgaan
588 Gesag hê
klasmaat 560
klasnotas
560 Skoolgaan
553 Behandel
klasonderwyser 560
klasperiode 561
klaspunt 561
klasse- 796
klasseer
19 Orde
30 Ondergeskik
33 Samehorig
klassehaat
777 Haat
796 Stand
klassestryd
667 Stryd
796 Stand
klasseverskil 796
klassevooroordeel
667 Stryd
796 Stand
klassiek
622 Goed
743 Mooi
750 Letterkunde
klassieke
749 Kuns
750 Letterkunde
klassieke musiek 753
klassieke werk 567
klassifikasie
3 Bestaanswyse
19 Orde
30 Ondergeskik
31 Soort
33 Samehorig
168 Saamkom
170 Saambring
317 Fisiologie
574 Woordkategorie
klassifiseer
3 Bestaanswyse
19 Orde
30 Ondergeskik
31 Soort
33 Samehorig
35 Reëlmatig
168 Saamkom
170 Saambring
317 Fisiologie
574 Woordkategorie
klassis 852
klassisis 749
klassisisme 749
klassisme 749
klaswerk 560
klaswerkboek
560 Skoolgaan
565 Skryfkuns
567 Boek
klater 476
klatergoud 297
klavesimbel 756
klaviatuur 756
klaviatuurelektrofoon 756
klavichord 756
klavier 756
klavierbegeleiding 755
klavierkas 756
klavierkonsert 755
klavieronderdeel 756
klaviersnaar 756
klaviersolis
755 Uitvoering
756 Musiek
klavierspel 755
klavierstuk 754
klavikula 380
klawer
338 Gras
740 Kaartspel
756 Musiek
klaweraas 740
klaweraksie 756
klawerblad 149
klawerboer 740
klawerbord 756
klawerbordinstrumente 756
klawerbrug 149
klawergras 338
klawerheer 740
klawerinstrument 756
klawerjas 740
klawervrou 740
kleding
161 Bedek
745 Kleding
kledingstof 311
kledingstuk 745
klee(d)
95(12) Venster
161 Bedek
kleedjie
95(9) Linne
161 Bedek
kleedkamer 94(3)
kleedrepetisie 752
kleedtafel 95(6)
kleef
168 Saamkom
170 Saambring
172 Vasmaak
462 Halfvloeibaar
kleeflint 315
kleefmiddel
172 Vasmaak
564 Skryfbehoeftes
kleefpapier 315
kleefpasta 172
kleefpleister 415
kleefstof
172 Vasmaak
564 Skryfbehoeftes
kleefverband 415
klei
99 Messel
298 Steen
303 Steengroef
304 Steenbakkery
305 Erdewerk
kleiaarde 304
kleierig 298
kleigat 275
kleigrond 298
kleilat 741
kleim 61
kleimeule 304
kleimuur 94(6)
klein
53 Jonk
103 Min
130 Onbepaald
243 Kind
431 Afmeting
433 Klein
435 Smal
565 Skryfkuns
566 Drukkuns
621 Onbelangrik
klein bordjie 95(7)
klein hoofletter
565 Skryfkuns
566 Drukkuns
klein kapitaal 566
klein maak
786 Nederig
827 Afkeur
klein sake 658
klein tenue 674
klein terts 753
kleinbedryf 658
kleinbeeldfotografie 268
kleinbesempie 627
kleinboer 347
kleinboet 244
kleinbordjie 84
kleinburgerlik
503 Onverstandig
768 Vrees
kleinding 243
kleindogter 243
kleindorps 61
kleineer
621 Onbelangrik
786 Nederig
827 Afkeur
829 Beledig
831 Bespot
kleiner as 138
kleiner-as-teken
565 Skryfkuns
571 Skrif
kleinering
621 Onbelangrik
786 Nederig
829 Beledig
kleinfolio 566
kleinfolioformaat 566
kleingeestig
503 Onverstandig
771 Gramskap
779 Boosaardig
kleingeld
131 Munt
688 Besit
709 Betaalmiddel
kleingeldmasjien 700
kleingeloof 587
kleingelowig
519 Twyfel
587 Aarsel
843 Ongeloof
kleingelowige 843
kleingeweer 676
kleingeweervuur 677
kleingoed
53 Jonk
243 Kind
kleinhandel
658 Beroep
701 Handel
kleinhandelsektor 658
kleinhandelsmark 701
kleinhandel(s)prys
126 Skat
691 Spandeer
701 Handel
704 Koop
708 Betaal
kleinhandelwins 686
kleinharsings
378 Senuwee
385 Skedel
kleinhartig 503
kleinheid 433
kleinhoewe 354
kleinhuisie 94(3)
kleinigheid
103 Min
433 Klein
621 Onbelangrik
653 Maklik
kleinkabeljou 363
kleinkalibergeweer 676
kleinkas 688
kleinkasboek 703
kleinkasrekening 703
kleinkind 243
kleinkoekie 426
kleinkry
184 Afbreek
533 Verstaan
684 Oorwin

kleinletter
565 Skryfkuns
566 Drukkuns
571 Skrif
kleinlik
503 Onverstandig
779 Boosaardig
kleinmaak
184 Afbreek
709 Betaalmiddel
831 Bespot
kleinmediaan 315
kleinmenslik
503 Onverstandig
768 Vrees
779 Boosaardig
kleinmoedig
503 Onverstandig
768 Vrees
kleinneef 247
kleinniggie 247
kleinoktaaf 753
kleinood
620 Belangrik
745 Versier
kleinpens
366 Soogdier
395 Buik
401 Spysvertering
kleinrat 233
kleinsakesektor 658
Kleinsaterdag 37
kleinserig
714 Gevoelig
768 Vrees
771 Gramskap
kleinseun 243
kleinsielig
503 Onverstandig
768 Vrees
779 Boosaardig
kleinsmid 302
kleinspan 243
kleinspekulant 702
kleinsteeds 503
kleinsus 245
kleintertstoonleer 753
kleintjie
52 Ouderdom
53 Jonk
237 Voortbring
243 Kind
357 Dier
433 Klein
kleintongetjie 390
kleintoontjie 397
kleintyd 53
kleinvee
357 Dier
369 Veeteelt
kleinvenstertjie 233
kleinwild
357 Dier
366 Soogdier
373 Jag
kleinwildjagter 373
kleisteen
100 Boumateriaal
304 Steen
kleitrap
211 Opgaan
304 Steen
524 Onlogies redeneer
536 Onkunde
683 Misluk
822 Skuldig
kleivloer 94(10)
kleiwerk 305
klem
172 Vasmaak
183 Gryp
302 Smid
316 Hout
373 Jag
453 Dig
528 Bevestig
558 Redevoering
571 Skrif
572 Uitspraak
klem in die kaak 413
klematis 333
klembeuel 183
klemblok 316
klembord 316
klemhaak 316
klemmend
63 Begrens
768 Vrees
klemmoer 172
klemreël 572
klemskroef 183
klemstuk 316
klemteken 571
klemtoekenning 572
klemtoon 572
klemverskuiwing 572
klep
161 Bedek
176 Uithaal
178 Toegaan
288 Waterstelsel
323 Vrug
630 Werktuig
klepel 756
klepgeleier 630
klepkamer 257
klepligter 233
klepper 756
klepreëling 257
klepstang 630
klepsteel 630
klepstoter 257
kleptomaan
413 Siekte
505 Verstandstoornis
695 Steel
kleptomaniak
413 Siekte
505 Verstandstoornis
695 Steel
kleptomanie
413 Siekte
505 Verstandstoornis
695 Steel
klerasie
161 Bedek
745 Kleding
klere
161 Bedek
745 Kleding
klerebedryf 701
klereborsel 627
kleredrag 745
klerefabriek 658
klerehanger 95(3)
klerekas 95(3)
kleremark 707
kleremot 361
klererak 95(3)
kleresak
84 Houer
187 Reis
klerestander 95(3)
kleretas 84
klerewinkel 707
klerikaal
840 Godsdiens
852 Geestelike
klerikalisme
787 Gemeenskap
795 Staat
klerk
589 Dien
590 Bestuur
592 Ondergeskikte
658 Beroep
705 Verkoop
707 Handelsaak
klerkskap 560
klets
482 Menslike geluid
524 Onlogies redeneer
548 Praat
554 Aanspreek
kletser 548
kletserig
548 Praat
554 Aanspreek
kletskous
524 Onlogies redeneer
548 Praat
829 Beledig
kletsnat 463
kletspraatjies
524 Onlogies redeneer
829 Beledig
kletsrym 757
kletter 481
kleur
267 Optika
386 Gesig
490 Kleur
492 Kleure
538 Dwaling
546 Kunsmatige teken
kleurbaadjie 560
kleurblind
413 Siekte
499 Sien
kleurdrukwerk 566
kleure 546
kleurebeeld 267
kleur(e)druk 566
kleureg 490
kleureharmonie 490
kleurekontras 490
kleureprag 490
kleur(e)spektrum 490
kleurespel 490
kleurfilm 268
kleurfoto 268
kleurfotografie 268
kleurgevoelig 490
kleurig
490 Kleur
718 Bly
kleuring 538
kleurkaleidoskoop 490
kleurkryt 564
kleurloos
490 Kleur
491 Kleurloosheid
kleurlyn 442
kleurmenging 760
kleurmiddel 419
kleurnuanse 490
kleurpigment 490
kleurprent 752
kleurreproduksie 566
kleurrolprent 752
kleurruimte 490
kleurryk 490
kleursel 490
kleursimboliek 490
kleurskakering 490
kleurskeidslyn 442
kleurskilder 760
kleurskouspel 490
kleurskyfie 268
kleurspektrum 267
kleurstof 490
kleurtelevisie 264
kleurtint 490
kleurtoon 490

kleurvas 490
kleurwisseling 490
kleuter
52 Ouderdom
53 Jonk
243 Kind
kleuterfase 53
kleuterjare
52 Ouderdom
53 Jonk
kleuteronderrig 559
kleuteronderwys 559
kleuterskool 559
klewerig
172 Vasmaak
462 Halfvloeibaar
628 Vuil
klief
184 Afbreek
185 Sny
kliek
33 Samehorig
168 Saamkom
kliekerig 168
kliekerigheid 33
kliënt
700 Bank
701 Handel
704 Koop
808 Regswese
kliënteel 704
klier 402
klierafskeiding 409
kliergeswel 413
klierontsteking 413
kliersiekte 413
klieruitskeiding 409
klierverwering 413
klierweefsel 377
klik
162 Ontbloot
476 Geluid
539 Kommunikeer
klikbek 539
klikgeluid 476
klikkery 539
klik-klak 476
klikpedaal 232
klikrat 232
klikstorie 539
klim
107 Meer
145 Beweging
158 Opstyg
211 Opgaan
klimaat
289 Klimaat
463 Nat
465 Warm
713 Gevoel
klimagraaf 294
klimaks
28 Einde
436 Hoog
622 Goed
750 Letterkunde
klimaksaal 750
klimakteries
377 Liggaam
412 Siek
620 Belangrik
klimakterium 377
klimapparaat 211
klimatograaf 294
klimatografie 294
klimatologie
289 Klimaat
294 Weerkunde
klimkram 211
klimkruidgewas 318
klimming
262 Elektrisiteit
436 Hoog
klimop
318 Plant
333 Rankplant
klimplant
318 Plant
333 Rankplant
klimraam 741
klimsport 211
klimtoerusting 211
klimtoestel 211
klimtog 211
klimtol 741
klimtou 211
klimvermoë 158
klimyster 211
klingel
476 Geluid
478 Welluidend
568 Perswese
754 Komposisie
757 Sang
kliniek
91 Gebou
417 Hospitaal
726 Sport
klinies
414 Geneeskunde
417 Hospitaal
595 Streng
kliniese geneeskunde 515
kliniese psigologie 514
kliniese sielkunde 514
klinikus 416
klink
172 Vasmaak
178 Toegaan
302 Smid
476 Geluid
508 Aandag
klinkbout
172 Vasmaak
302 Smid
klinkdig 751
klinkdigter 751
klinkend
129 Bepaald
476 Geluid
498 Gehoor
543 Duidelik
713 Gevoel
klinker
100 Boumateriaal
304 Steen
426 Kos
571 Skrif
572 Uitspraak
klinkerrym 751
klinkersteen
100 Boumateriaal
304 Steen
klinkhamer
181 Stoot teen
302 Smid
klinkklaar
537 Waarheid
543 Duidelik
klinknael
172 Vasmaak
302 Smid
klinknaelbroek 745
klinknaelhamer 181
klinkslot 178
klinometer 123
klip
274 Geologie
277 Berg
298 Steen
459 Vaste stof
klipbank
274 Geologie
298 Steen
klipbeitel 101
klipbelletjie 335
klipbok 366
klipbyl 630
klipchristen 818
klipdoring
331 Boom
332 Struik
klipduiker 366
klipformasie 274
kliphamer
181 Stoot teen
630 Werktuig
kliphard
104 Baie
455 Hard
654 Moeilik
kliphuis 91
klipkabeljou 363
klipkapper 594
klipkleur 492
klip-klip 741
klipkop
503 Onverstandig
582 Wilskrag
klipkoppie 277
klipkous
363 Waterdier
422 Seekos
klipkraal 89
klipkrans 277
kliplatei 94(6)
klipmossel 363
klipperig 280
klipplaat 274
kliproos 332
kliprug 277
klipsalmander
364 Reptiel
503 Onverstandig
klipspringer 366
klipsteen
277 Berg
503 Onverstandig
722 Snaaks
klipsteenhard 455
klipstrand 283
klipsuier 363
klipsweet 300
klipvis 363
klisis 572
klisma 415
klisteer 415
klisteerspuit 416
klistron 256
klitoris 403
klits
174 Meng
182 Slaan
338 Gras
344 Onkruid
419 Voedselbereiding
779 Boosaardig
835 Bestraf
klitser 174
klitsgras
338 Gras
344 Onkruid
klitsklawer 344
kloaak
286 Rivier
288 Waterstelsel
401 Spysvertering
klodder
112 Deel
462 Halfvloeibaar
kloek
484 Diergeluid
483 Voëlgeluid
502 Verstand
625 Sterk

767 Moed
kloekheid 767
kloekmoedig
625 Sterk
767 Moed
kloeks
239 Voortplant
370 Voëlteelt
klok
127 Tydbepaling
128 Chronometer
322 Blom
450 Volume
476 Geluid
756 Musiek
klokboei 235
klokbroek 745
klokhuis
94 Gebou
323 Vrug
klokkas 128
klokkenis
755 Uitvoering
756 Musiek
klokkespel 756
klokkie
322 Blom
756 Musiek
klokkiesgras 338
klokslag
127 Tydbepaling
128 Chronometer
klokspys 301
klokstoel 128
kloktoring
94 Gebou
853 Kerk
klokvormig 450
klomp
104 Baie
112 Deel
170 Saambring
klompe 13
klompie 103
klompiesgewyse 112
klont
112 Deel
184 Afbreek
272 Aarde
298 Steen
413 Siekte
459 Vaste stof
klonter
272 Aarde
298 Steen
400 Bloed
459 Vaste stof
klonterig
112 Deel
459 Vaste stof
kloof
68 Ver
177 Oopgaan
184 Afbreek
185 Sny
277 Berg
278 Vallei
kloofskeur 278
kloofspaandak 94(4)
kloon
239 Voortplant
403 Voortplanting
657 Herhaal
klooster
91 Gebou
852 Geestelike
kloosterbroeder 852
kloostergang 94
kloostergebou 91
kloostergelofte 852
kloosterkerk 853
kloosterlewe 852
kloosterling 852
kloostermoeder 851
kloosterorde 852
kloosterskool 559
kloostersuster 852
kloostervader 852
kloot 403
klop
97 Bou
174 Meng
181 Stoot teen
182 Slaan
405 Bloed
419 Voedselbereiding
682 Slaag
684 Oorwin
727 Wedstryd
klopboor
155 Deurboor
630 Werktuig
klopdans 742
klopdisselboom 622
klophamer
181 Stoot teen
630 Werktuig
klopjag
373 Jag
516 Soek
779 Boosaardig
802 Gehoorsaam
klopparty
667 Stryd
779 Boosaardig
klopper
94(15) Toebehore
181 Stoot teen
klopwerende 233
klos
82 Rondom
163 Draai
168 Saamkom
233 Motorvoertuig
311 Weefsel
312 Spin
313 Weef
490 Kleur
630 Werktuig
kloset 94(15)
kloskant 311
klossie 322
klots
287 Vloei
480 Dowwe klank
klou
154 Vryf
183 Gryp
361 Insek
365 Voël
383 Nael
397 Ledemaat
462 Halfvloeibaar
klouerig
154 Vryf
172 Vasmaak
183 Gryp
462 Halfvloeibaar
628 Vuil
klouhamer
181 Stoot teen
183 Gryp
316 Hout
630 Werktuig
kloupoot 397
klouseer 413
klousiekte 413
kloustrofobie
413 Siekte
505 Verstandstoornis
768 Vrees
kloustrofobies
413 Siekte
435 Smal
768 Vrees
klousule
530 Voorbehou
607 Beloof
801 Wet
klouter
145 Beweging
158 Opstyg
209 Oorgaan
210 Ondeurgaan
211 Opgaan
212 Afgaan
klouterdief 695
kloutjie 397
kloutjiesolie 415
klouyster 186
klub
91 Gebou
168 Saamkom
170 Saambring
665 Byeenkom
724 Vermaak
klubhuis 91
klug
36 Onreëlmatig
538 Dwaling
722 Snaaks
752 Toneelkuns
818 Bedrieg
kluif
406 Eet
654 Moeilik
kluis
94(15) Toebehore
655 Veilig
kluisenaar 789
kluisenaarskrap 362
kluister
579 Gedwonge
594 Onvryheid
kluit
112 Deel
184 Afbreek
298 Steen
459 Vaste stof
kluiterig
112 Deel
424 Brood
459 Vaste stof
kluitjie
426 Kos
459 Vaste stof
538 Dwaling
818 Bedrieg
kluitjiesop 426
kluitjievleis
421 Vleis
426 Kos
kluiwerseil 235
klungel
621 Onbelangrik
792 Asosiaal
kluster 168
knaag
154 Vryf
406 Eet
717 Lyding
knaagbuideldier 366
knaagdier
357 Dier
366 Soogdier
406 Eet
knaagtand 391
knaap
53 Jonk
243 Kind
knabbel
154 Vryf
406 Eet
knaend
40 Langdurig
406 Eet
725 Verveling

knaery 406
knaging 717
knak
184 Afbreek
238 Vernietig
412 Siek
481 Skerp klank
623 Sleg
635 Skadelik
639 Ontmoedig
knaklas 94(4)
knaks 792
knakslot 676
knal
476 Geluid
677 Skiet
knaldemper
233 Motorvoertuig
630 Werktuig
676 Vuurwapen
knalgas 461
knap
103 Min
433 Klein
435 Smal
502 Verstand
614 Bekwaam
622 Goed
743 Mooi
811 Gewete
knaphandig 614
knapheid
433 Klein
614 Bekwaam
622 Goed
knapie
53 Jonk
243 Kind
knapper 480
knapsak
84 Houer
187 Reis
knapsakkerwel 338
knapsekêrel
338 Gras
344 Onkruid
knars
476 Geluid
481 Skerp klank
knarsetand
391 Tand
476 Geluid
723 Ernstig
knee
174 Meng
305 Erdewerk
425 Bakker
kneebaar 425
kneep 183
kneg
589 Dien
592 Ondergeskikte
645 Handel
knegskap
589 Dien
592 Ondergeskikte
knel
183 Gryp
654 Moeilik
717 Lyding
knelpunt
654 Moeilik
717 Lyding
knelter
369 Veeteelt
635 Skadelik
666 Verhinder
kners
476 Geluid
482 Menslike geluid
knetter
480 Dowwe klank
481 Skerp klank
kneukelhandskoen 745
kneus
181 Stoot teen
182 Slaan
413 Siekte
kneusplek
412 Siek
413 Siekte
knewel
172 Vasmaak
386 Gesig
432 Groot
knibbel
154 Vryf
406 Eet
532 Betwis
667 Stryd
692 Spaar
704 Koop
knibbelaar
532 Betwis
692 Spaar
knibbelrig
532 Betwis
692 Spaar
knie
174 Meng
305 Erdewerk
397 Ledemaat
419 Voedselbereiding
425 Bakker
kniebaar 425
kniebeweging 145
knieboog 397
kniebroek 745
kniebuiging 830
kniediep
104 Baie
437 Laag
kniehalter
172 Vasmaak
369 Veeteelt
588 Gesag hê
635 Skadelik
666 Verhinder
kniehalterslag 172
kniehoog 436
kniekop 397
kniel
74 Op
75 Onder
847 Gebed
kniemasjien 425
knies
513 Gedagte
651 Toesien
713 Gevoel
719 Hartseer
768 Vrees
knieserig
412 Siek
719 Hartseer
knieskerm
726 Sport
728(7) Bofbal
knieskut 726
knieskyf
380 Gebeente
397 Ledemaat
knieval 830
kniewerk 847
knik
75 Onder
149 Pad
163 Draai
184 Afbreek
444 Krom
545 Natuurlike teken
knikkebol 410
knikker
432 Groot
741 Kinderspel
knikkertjie
323 Vrug
741 Kinderspel
knikspoor
149 Pad
446 Rond
knip
172 Vasmaak
178 Toegaan
181 Stoot teen
185 Sny
499 Sien
545 Natuurlike teken
564 Skryfbehoeftes
knipbeurs 84
knipleêr 564
knipmes
95(7) Messegoed
185 Sny
678 Wapen
knipmesry 216
knipoog 499
knipper
185 Sny
630 Werktuig
knippie
103 Min
178 Toegaan
knipraam 94(9)
knipsel
5 Ondergeskik
103 Min
112 Deel
185 Sny
568 Perswese
knipseldiens 568
knipsleutel 178
knipslot 178
knipspeld 172
kniptang
185 Sny
630 Werktuig
knobbel
316 Hout
412 Siek
413 Siekte
knoei
615 Onbekwaam
623 Sleg
652 Versuim
815 Oneerlik
knoeibou 97
knoeier
615 Onbekwaam
652 Versuim
knoeierig
615 Onbekwaam
626 Swak
652 Versuim
knoeiery
121 Verwarring
623 Sleg
652 Versuim
818 Bedrieg
knoeiwerk
121 Verwarring
652 Versuim
818 Bedrieg
knoe(t)s
316 Hout
320 Stam
382 Haar
444 Krom
746 Toilet
knoetserig 320
knoffel
340 Krui
351 Groente
415 Geneesmiddel
419 Voedselbereiding
knoffelsout 426

knoflok
340 Krui
415 Geneesmiddel
419 Voedselbereiding
knok
380 Gebeente
397 Ledemaat
knokkel
380 Gebeente
397 Ledemaat
413 Siekte
knokkeleelt 397
knokk(er)ig 380
knol
319 Wortel
366 Soogdier
knolgewas 319
knolgroente 351
knolkool 335
knolplant
319 Wortel
335 Bolplant
knolseldery 351
knoop
123 Meet
170 Saambring
172 Vasmaak
178 Toegaan
310 Vlegwerk
654 Moeilik
745 Kleding
knooplus 310
knooppunt
168 Saamkom
172 Vasmaak
439 Punt
knoopsgat 745
knoopsgatruiker 348
knooptrui 745
knoopwerk 310
knop
183 Gryp
277 Berg
321 Blaar
322 Blom
412 Siek
446 Rond
knopiespinnekop 361
knopkierie 197
knopkop 384
knopneus 389
knopperig 449
knoppiesdoringboom 331
knoppiesvelsiekte 413
knoppieswurm 324
knor
484 Diergeluid
771 Gramskap
777 Haat
827 Afkeur
knorder 363
knorgeluid 480
knorhaan 363
knormoer 233
knoros 366
knorpot
721 Ontevrede
771 Gramskap
knorrig
623 Sleg
713 Gevoel
771 Gramskap
777 Haat
knortjor 233
knot
63 Begrens
185 Sny
666 Verhinder
knots 316
knotwilg 331
knou
184 Afbreek
238 Vernietig
406 Eet
413 Siekte
623 Sleg
635 Skadelik
667 Stryd
669 Aanval
683 Misluk
685 Verloor
717 Lyding
779 Boosaardig
knuis 397
knul
432 Groot
625 Sterk
792 Asosiaal
knuppel 835
knuppeldik 406
knussies
465 Warm
622 Goed
713 Gevoel
718 Bly
791 Sosiaal
knutsel
610 Ywerig
621 Onbelangrik
652 Versuim
653 Maklik
knutsel(a)ry
621 Onbelangrik
652 Versuim
knutselwerk 652
knyp
181 Stoot teen
183 Gryp
654 Moeilik
717 Lyding
knypbril
387 Oog
499 Sien
knyper
183 Gryp
362 Skaaldier
397 Ledemaat
knyphaak 183
knypie
103 Min
183 Gryp
knypstert
768 Vrees
786 Nederig
knyptang
183 Gryp
630 Werktuig
knysnalelie 342
koagulasie 459
koaguleer
419 Voedselbereiding
459 Vaste stof
koaksiaal 257
koalabeer 366
koalisie
590 Bestuur
663 Meedoen
795 Staat
koalisieparty 795
koalisieregering
590 Bestuur
795 Staat
koartikulasie 572
kob 363
kobalt 297
kobaltblou 492
kobra 364
koda 572
koddig
36 Onreëlmatig
722 Snaaks
kode
565 Skryfkuns
567 Boek
644 Handelwyse
801 Wet
kodeer
125 Tel
563 Skryf
565 Skryfkuns
801 Wet
kodeïn 415
kodeks 565
kodering 125
kodeslot 178
kodifikasie 801
kodifiseer
19 Orde
801 Wet
kodlingmot 361
koedoe 366
koedoeleer 314
koëdukasie 559
koeël
675 Bewapening
676 Vuurwapen
koeëlgewrig 380
koeëllaar 163
koeëlpunt 676
koeëlrond 446
koeëlsnelheid 677
koeëltas 676
koeëlvas 655
koeëlwond
413 Siekte
717 Lyding
koëffisiënt 137
koei
357 Dier
366 Soogdier
376 Vrou
koeihaai 363
koeimelk 371
koeistal
354 Plaas
369 Veeteelt
koejawel
323 Vrug
350 Vrugte
koek
168 Saamkom
174 Meng
426 Kos
459 Vaste stof
koek bak 425
koekafdrukker 95(7)
koekbakkery 425
koekblik 84
koekbord(jie)
84 Houer
95(7) Breekgoed
koekdeeg
425 Bakker
426 Kos
koekeloer 499
koekemakranka
337 Veldplant
426 Kos
koekepan
194 Vervoer
275 Myn
koekerasie 20
koekerig 459
koekery 168
koekie 426
koekmeel
186 Maal
425 Bakker
koekmenger
95(8) Toerusting
174 Meng
koekoek 365
koekoekby 361
koekoekklok 128
koekpan
84 Houer
95(7) Pot

419 Voedselbereiding
425 Bakker
koekplaat 425
koekpoeding 426
koeksaad 419
koëksistensie
69 Naby
668 Vrede
koe(k)sister 426
koeksoda
256 Skeikunde
300 Sout
415 Geneesmiddel
419 Voedselbereiding
425 Bakker
koekstruif 426
koektrommel 84
koekvaatjie 84
koekvla 426
koekvurkie 95(7)
koekwinkel 707
koel
10 Harmonie
289 Klimaat
466 Koud
619 Kalm
715 Gevoelloos
777 Haat
koelbak 309
koelbloedig
715 Gevoelloos
767 Moed
813 Swak gedrag
koeldrank
407 Drink
427 Drank
koeldrankbottel 84
koeldrankglas
84 Houer
95(7) Breekgoed
koeldrankkraampie 707
koeldrankstalletjie 707
koelerig
289 Klimaat
466 Koud
koelheid
619 Kalm
777 Haat
koeljazz 753
koelkamer
466 Koud
707 Handelsaak
koelkas
95(8) Toerusting
466 Koud
koelkop
10 Harmonie
715 Gevoelloos
koeloond 309
koelsak 466
koelstoor 707
koelte
466 Koud
486 Duisternis
koelteboom 318
koeltetjie
466 Koud
486 Duisternis
koeltrok 234
koelweg 619
koen 767
koënsiem
401 Spysverteringskanaal
408 Spysvertering
koenskop 382
koepee
233 Motorvoertuig
234 Spoorweg
koepel
94(4) Dak
446 Rond
koepelgewelf 94(4)
koepelgraf 253
koepelkerk 853
koepelvenster 94(9)
koepelvloer 94(10)
koepelvormig
438 Vorm
446 Rond
koeplet 757
koepon 525
koer
483 Voëlgeluid
757 Sang
koerant
539 Kommunikeer
562 Lees
568 Perswese
koerantartikel
539 Kommunikeer
551 Meedeel
565 Skryfkuns
568 Perswese
koerantberig
539 Kommunikeer
551 Meedeel
568 Perswese
koerantdrukkery 566
koerantfotograaf
268 Fotografie
568 Perswese
koerantjoernalis
565 Skryfkuns
568 Perswese
koerantknipsel
185 Sny
568 Perswese
koerantkolom 568
koerantkommentaar 568
koerantkopie 568
koerantman
539 Kommunikeer
568 Perswese
koerantnuus 539
koerantopskrif 568
koerantpapier 315
koerantredakteur
566 Drukkuns
568 Perswese
koerantsirkulasie 568
koerantskrywer
565 Skryfkuns
568 Perswese
750 Letterkunde
koerantstyl 750
koeranttaal 750
koerantuitgewer
566 Drukkuns
568 Perswese
koerantuitleg 568
koerantvrou 568
koerantwese 568
koerasie
518 Glo
625 Sterk
767 Moed
koerier
187 Reis
196 Poswese
170 Saambring
551 Meedeel
koers
131 Munt
147 Rigting
223 Stuur
644 Handelwyse
702 Beurs
koers kry 167
koers verloor 148
koersafdrywer 702
koersbaken 147
koersbepaling 702
koersberekening 702
koersdaling 702
koersgerig 147
koershou 147
koershoudend 147
koersloos
147 Rigting
587 Aarsel
637 Doelgerigtheid
koerslyn 147
koersnotering 702
koersopdrywer 702
koersskommeling 702
koersstyging 702
koersvas
147 Rigting
582 Wilskrag
586 Beslis
637 Doelgerigtheid
819 Eerbaar
koersverandering
147 Rigting
148 Van koers af
586 Beslis
702 Beurs
koersverbetering 702
koersverskil 702
koerswaarde 709
koes
189 Wegbly
197 Te voet
670 Verdedig
koeskoes 426
koesnaatjie 336
koester
365 Voël
651 Toesien
776 Liefde
koeterwaals
548 Praat
569 Taal
koets
197 Te voet
230 Rytuig
670 Verdedig
koetsier 230
koetsiershuis 231
koetsiersweep 231
koetswerk 230
koevert
563 Skryf
564 Skryfbehoeftes
koevoet
101 Gereedskap
158 Opstyg
630 Werktuig
koewassa 854
koffer
84 Houer
187 Reis
kofferdam 288
kofferplafon 94(4)
koffie 427
koffiebeker 84
koffie-ekstrak 427
koffieïen 427
koffiefiltreerder 95(8)
koffiegas 790
koffiehuis
406 Eet
429 Eetplek
707 Handelsaak
koffiekan 84
koffieketel
84 Houer
469 Verwarmingstoestel
koffiekleur 492
koffiekoppie
84 Houer
95(7) Breekgoed
koffiekroeg 707
koffiemeul
95(8) Toerusting
186 Maal
koffiemoer 427
koffieperkoleerder 153

koffiepit 427
koffieplantasie 346
koffiepot
84 Houer
95(7) Breekgoed
koffiepouse 648
koffiesakkie 427
koffietafelboek 567
koffietyd 418
koffiewater
427 Drank
460 Vloeistof
koffiewinkel 707
kofskip 235
koggel
722 Snaaks
831 Bespot
koggelaar 831
koggelmander 364
koggelooi 366
koggelstok 230
koglea 388
kogleêre senuwee 388
kognaat 241
kognisie
502 Verstand
513 Gedagte
kognitief
502 Verstand
577 Betekenis
kognitiewe betekenis 577
kohabitasie 248
kohabiteer
174 Meng
248 Huwelik
koherent
6 Betreklik
453 Dig
663 Meedoen
kohesie
6 Betreklik
33 Samehorig
170 Saambring
453 Dig
576 Sinsbou
663 Meedoen
kohesief
170 Saambring
663 Meedoen
kohlrabi 335
kohort
6 Betreklik
672 Weermag
koïnsidensie 48
koïtus 239
kok 419
kokarde 546
kokeleko
323 Vrug
350 Vrugte
kokend 465
koker
84 Houer
678 Wapen
kokerboom 331
kokerkosyn 94(8)
koket
239 Voortplant
376 Vrou
813 Swak gedrag
820 Oneerbaar
koketteer 813
kokhals 409
kokkedoor
591 Gesaghebber
599 Gesag
kokkerot 361
kokkewiet
361 Insek
365 Voël
kokkus
326 Oerplant
413 Siekte
kokon
161 Bedek
361 Insek
kokosneut
323 Vrug
350 Vrugte
426 Kos
kokosolie 462
koksigeale senuwee 378
koksiks 380
koksmaat 419
kol
64 Aanwesig
381 Vel
545 Natuurlike teken
546 Kunsmatige teken
628 Vuil
731 Gevegsport
kola
331 Boom
427 Drank
kolaboom 331
koladrankie 427
kolbeitel 302
kolebrander 469
kole-emmer 469
kolel
661 Vermoei
743 Mooi
kolemandjie 469
koleries 779
kolestofie 469
kolestoof 95(8)
koletjie 299
kolewa
194 Vervoer
234 Spoorweg
kolf
183 Gryp
322 Blom
676 Vuurwapen
726 Sport
728(3) Krieket
kolfbeurt
728(3) Krieket
728(7) Bofbal
kolfblad 728(3)
kolfwerk 728(3)
kolgans 365
kolhaas 366
kolibrie 365
koliek 413
kolitis 413
koljander
340 Krui
419 Voedselbereiding
kolk
186 Maal
286 Rivier
287 Vloei
437 Laag
kolkol 332
kollaborateur
663 Meedoen
667 Stryd
817 Ontrou
kollageen
377 Liggaam
379 Spier
380 Gebeente
kollasie
565 Skryfkuns
566 Drukkuns
kollasioneer
132 Wiskunde
565 Skryfkuns
566 Drukkuns
kollateraal 87
kollega
645 Handel
663 Meedoen
790 Sosiaal
kollege
559 Opvoeding
560 Skoolgaan
584 Kies
665 Byeenkom
kollegegebou 560
kollegeopleiding 559
kollegestudent 560
kollegiaal
663 Meedoen
776 Liefde
kollegialiteit 776
kolleksie
21 Volgorde
170 Saambring
kollektant 170
kollekte
780 Hulp
848 Erediens
kollektebord 848
kollektebus 848
kollekteer 170
kollektelys 780
kollektief
26 Saam
31 Soort
168 Saamkom
170 Saambring
kollektivis 795
kollektivisme 795
kollektiwiteit
26 Saam
31 Soort
168 Saamkom
kollektor 262
kollenchiem 377
kollie 366
kolliehond 366
kollig
485 Lig
487 Ligbron
752 Toneelspel
kollimasie 267
kollimator 267
kollimeer 267
kolloïdaal 256
kolloïdale stof 256
kolloïde 256
kollokasie
573 Woordeskat
577 Betekenis
kollokasiewoordeboek 567
kollusie
540 Geheim hou
663 Meedoen
kolofon
566 Drukkuns
567 Boek
kolokwint 323
kolom
94(5) Pilaar
566 Drukkuns
568 Perswese
kolomruimte 568
kolon
401 Spysvertering
402 Afskeiding
571 Skrif
kolonel
591 Gesaghebber
673 Manskap
802 Gehoorsaam
kolonel-generaal 673
kolonialis
787 Gemeenskap
795 Staat
kolonialisasie 788

kolonialisme
787 Gemeenskap
795 Staat
kolonialisties 795
kolonie
590 Bestuur
788 Beskaafd
koloniseer 795
kolonnade 94(5)
kolonne
168 Saamkom
672 Weermag
koloratuur
754 Komposisie
757 Sang
koloratuursangeres
755 Uitvoering
757 Sang
koloratuursopraan 757
koloriet 490
koloris 760
kolos 432
kolossaal
92 Gebou
104 Baie
432 Groot
kolostrum
371 Suiwel
409 Afskeiding
kolportasie 705
kolporteer
567 Boek
705 Verkoop
kolporteur
567 Boek
705 Verkoop
kolskoot
677 Skiet
731 Gevegsport
kolstert 363
kolwer
728(3) Krieket
728(7) Bofbal
kolwyntjie 426
kom
44 Gebeure
51 Toekoms
69 Naby
84 Houer
145 Beweging
166 Nader beweeg
188 Aankom
274 Geologie
278 Vallei
285 Meer
437 Laag
446 Rond
kom na
25 Volg
204 Aandoen
790 Sosiaal
koma
412 Siek
413 Siekte
komaan 638
kombers
95(5) Bed
95(9) Linne
96 Slaapplek
161 Bedek
410 Slaap
kombinasie
138 Algebra
170 Saambring
174 Meng
kombinasieleer 138
kombinasierat 232
kombinasieslot
94(8) Deur
178 Toegaan
kombineer
170 Saambring
172 Vasmaak
174 Meng
kombo 755
kombuis
94(3) Vertrek
234 Spoorweg
236 Lugvaart
419 Voedselbereiding
kombuisgereedskap 419
kombuishorlosie 128
kombuiskas 95(3)
kombuislig 487
kombuismes 95(7)
kombuisrak 94(15)
kombuisskaal 124
kombuissout 300
kombuisstoel 95(4)
kombuistaal 569
kombuistafel 95(6)
kombuistee 418
kombuisteël
100 Boumateriaal
304 Steen
kombuisvenster 94(9)
kombuiswerk 419
komediant
722 Snaaks
752 Toneelspel
komedie
44 Gebeure
722 Snaaks
752 Toneelkuns
komediespel 752
komeet 270
komende
25 Volg
47 Later
komieklik
36 Onreëlmatig
722 Snaaks
752 Toneelkuns
komies
36 Onreëlmatig
722 Snaaks
komitee
590 Bestuur
663 Meedoen
665 Byeenkom
komiteekamer
590 Bestuur
665 Byeenkom
komiteelid
590 Bestuur
665 Byeenkom
komiteevergadering
590 Bestuur
665 Byeenkom
komiteeverslag 567
komkommer
351 Groente
426 Kos
komkommerboerdery 351
komkommertyd 568
komma
565 Skryfkuns
571 Skrif
kommandant
591 Gesaghebber
673 Manskap
802 Gehoorsaam
kommandant-generaal
591 Gesaghebber
673 Manskap
kommandeer
191 Laat kom
588 Gesag hê
591 Gesaghebber
599 Gesag
604 Versoek
680 Militêre aksie
kommandement
591 Gesaghebber
672 Weermag
kommandeur
221 Vaar
235 Skeepvaart
kommando
672 Weermag
673 Manskap
680 Militêre aksie
kommandobrug 235
kommandoor 235
kommandotoring 235
kommandotroepe 672
kommandowurm
324 Plantlewe
361 Insek
kommapunt
439 Punt
565 Skryfkuns
571 Skrif
kommendasie 826
kommentaar
528 Bevestig
532 Betwis
543 Duidelik
553 Behandel
567 Boek
568 Perswese
kommentaarboek 567
kommentarieer
528 Bevestig
532 Betwis
543 Duidelik
553 Behandel
kommentator
264 Uitsaai
528 Bevestig
532 Betwis
543 Duidelik
553 Behandel
727 Wedstryd
kommer
612 Noukeurig
651 Toesien
717 Lyding
719 Hartseer
768 Vrees
kommerlik 719
kommerloos
651 Toesien
715 Gevoelloos
718 Bly
kommerloosheid 651
kommersialiseer 701
kommersialisme 701
kommersieel 701
kommersiële rand 709
kommervol
651 Toesien
719 Hartseer
kommervry 718
kommerwekkend 656
kommetjie
84 Houer
446 Rond
kommisariaat 672
kommissariaat 673
kommissaris
588 Gesag hê
591 Gesaghebber
802 Gehoorsaam
kommissaris-generaal 591
kommissie
588 Gesag hê
590 Bestuur
665 Byeenkom
705 Verkoop
708 Betaal
kommissie-agent 701
kommissiehandel 701
kommissiekoste
705 Verkoop
708 Betaal

kommissielid 590
kommissievergadering 590
kommode 95(3)
kommoditeit
237 Voortbring
688 Besit
701 Handel
707 Handelsaak
kommodoor
221 Vaar
235 Skeepvaart
591 Gesaghebber
kommunaal 26
kommune
64 Aanwesig
787 Gemeenskap
kommunie 850
kommunikasie
6 Betreklik
539 Kommunikeer
548 Praat
551 Meedeel
790 Sosiaal
kommunikasiekanaal 539
kommunikasiekunde 515
kommunikasiemiddel 551
kommunikatief
539 Kommunikeer
551 Meedeel
kommunikator 539
kommunikeer
6 Betreklik
539 Kommunikeer
551 Meedeel
790 Sosiaal
kommunikeerder 539
kommunis
590 Bestuur
787 Gemeenskap
795 Staat
kommuniseer
551 Meedeel
790 Sosiaal
kommunisme
590 Bestuur
701 Handel
787 Gemeenskap
795 Staat
kommutasie 262
kommuteer
187 Reis
262 Elektrisiteit
kompak 453
kompak(te)skyf 756
kompaktheid 453
kompanie
168 Saamkom
672 Weermag
673 Manskap
kompanjie
30 Ondergeskik
168 Saamkom
665 Byeenkom
komparant 808
komparatief
118 Vergelyking
574 Woordkategorie
kompartement 234
kompas
147 Rigting
261 Magnetisme
kompasnaald 261
kompasrigting 147
kompassie 778
kompatibiliteit 168
kompendium
111 Geheel
567 Boek
kompensasie
686 Aanwins
708 Betaal
kompenseer
708 Betaal
834 Beloon
kompeteer
667 Stryd
727 Wedstryd
kompetensie
535 Weet
614 Bekwaam
806 Wettig
kompetent 614
kompeterend
667 Stryd
727 Wedstryd
kompetisie
667 Stryd
727 Wedstryd
kompetisievlieg 733
kompilasie 263
kompilator 565
kompileer
125 Tel
567 Boek
kompileerder 565
kompleet
109 Alles
111 Geheel
129 Bepaald
612 Noukeurig
kompleks
91 Gebou
92 Groot gebou
114 Saamgesteld
544 Onduidelik
573 Woordeskat
575 Woordvorming
654 Moeilik
707 Handelsaak
713 Gevoel
komplekse woord
573 Woordeskat
575 Woordvorming
kompleksiteit
114 Saamgesteld
544 Onduidelik
654 Moeilik
komplement
112 Deel
139 Meetkunde
576 Sinsbou
komplementariteit 577
komplementeer 663
komplementêr
112 Deel
573 Woordeskat
komplikasie
140 Verandering
412 Siek
654 Moeilik
kompliment
826 Goedkeur
828 Vlei
komplimenteer
778 Goedaardig
826 Goedkeur
828 Vlei
komplimentêr 710
kompliseer
544 Onduidelik
654 Moeilik
komplisiteit
663 Meedoen
822 Skuldig
komplot
623 Sleg
663 Meedoen
813 Swak gedrag
komplotteur 663
komponeer 754
komponent
5 Ondergeskik
112 Deel
komponis
237 Voortbring
749 Kuns
754 Komposisie
kompos 345
komposhoop 345
komposisie
170 Saambring
301 Metaal
749 Kuns
754 Komposisie
758 Beeldende kunste
komposisioneel 170
kompositum
573 Woordeskat
575 Woordvorming
kompres 415
kompressie
258 Hidroulika
453 Dig
kompressor
233 Motorvoertuig
258 Hidroulika
kompressorturbine 233
kompromis
531 Saamstem
605 Aanvaar
668 Vrede
kompromittant 770
kompromitteer
770 Wantroue
831 Bespot
kompulsie 773
kompulsief 773
koms
188 Aankom
204 Aangaan by
komvenster 94(9)
komvormig 446
konchologie 358
kondemnasie 827
kondemneer 827
kondensaat 461
kondensasie
260 Warmteleer
292 Neerslag
453 Dig
kondensasiepunt 453
kondensator
262 Elektrisiteit
630 Werktuig
kondenseer
260 Warmteleer
453 Dig
459 Vaste stof
kondensmelk 426
kondisie
5 Ondergeskik
17 Noodsaak
411 Gesond
530 Voorbehou
kondisioneel 530
kondisioneer
530 Voorbehou
644 Handelwyse
657 Herhaal
kondoleansie 253
kondoleer 253
kondominium 688
kondoneer
710 Kosteloos
783 Vergifnis
833 Verontskuldig
kondoom 239
konduksie
260 Warmteleer
262 Elektrisiteit
kondukteur 234
konduktor 262
konfedensieel 769
konfederalisme
590 Bestuur
787 Gemeenskap
795 Staat

konfederasie
590 Bestuur
795 Staat
konfedereer 795
konfereer
557 Diskussie
558 Redevoering
590 Bestuur
665 Byeenkom
konferensie
168 Saamkom
539 Kommunikeer
557 Diskussie
590 Bestuur
665 Byeenkom
konferensieganger 665
konferensietafel
168 Saamkom
557 Diskussie
konfessie
528 Bevestig
842 Geloof
850 Sakrament
konfessioneel
842 Geloof
850 Sakrament
konfettibos 332
konfidensieel
540 Geheim hou
816 Getrou
konfigurasie
270 Hemelliggaam
438 Vorm
konfigureer 438
konfirmasie
528 Bevestig
850 Sakrament
konfirmeer
525 Bewys
528 Bevestig
842 Geloof
850 Sakrament
konfiskasie
171 Verwyder
694 Neem
konfiskeer
171 Verwyder
694 Neem
konfituur 426
konflagrasie
465 Warm
667 Stryd
konflik
667 Stryd
777 Haat
konfluensie 286
konfoes
20 Wanorde
652 Versuim
konfoor
84 Houer
469 Verwarmingstoestel
konformasie
8 Dieselfde
10 Harmonie
12 Eenvormig
663 Meedoen
konformeer
8 Dieselfde
10 Harmonie
12 Eenvormig
597 Gehoorsaam
663 Meedoen
konformis
10 Harmonie
12 Eenvormig
663 Meedoen
konformisties
8 Dieselfde
10 Harmonie
12 Eenvormig
663 Meedoen
konformiteit
8 Dieselfde
10 Harmonie
12 Eenvormig
663 Meedoen
konfrontasie
118 Vergelyking
667 Stryd
827 Afkeur
konfronteer
118 Vergelyking
667 Stryd
827 Afkeur
konfusie 20
konfuus
20 Wanorde
768 Vrees
konfyt 426
konfyttoebroodjie 424
konga 388
kongenitaal 240
kongestie
165 Onreëlmatig
168 Saamkom
400 Bloed
413 Siekte
konglomeraat
168 Saamkom
174 Meng
konglomerasie 168
kongregasie
168 Saamkom
665 Byeenkom
kongregeer
168 Saamkom
590 Bestuur
665 Byeenkom
kongres
539 Kommunikeer
553 Behandel
557 Diskussie
590 Bestuur
665 Byeenkom
kongresganger 665
kongrueer
8 Dieselfde
10 Harmonie
139 Meetkunde
kongruensie
8 Dieselfde
10 Harmonie
139 Meetkunde
577 Betekenis
kongruent
8 Dieselfde
10 Harmonie
139 Meetkunde
konies 450
koniese gewelf 94(4)
konifeer 330
koning
588 Gesag hê
591 Gesaghebber
622 Goed
739 Geselskapspel
740 Kaartspel
797 Adelstand
koningin
588 Gesag hê
591 Gesaghebber
739 Geselskapspel
740 Kaartspel
743 Mooi
793 Fees
797 Adelstand
koninginby 361
koninginmoeder
242 Ouer
591 Gesaghebber
koningklip
363 Waterdier
422 Seekos
koningkriek 361
koningkryk 590
koningsblou 492
koningshuis
590 Bestuur
591 Gesaghebber
koningskap
588 Gesag hê
590 Bestuur
koningskind 591
koningskruid 419
koningsmoord 252
koningsprotea 337
koningvis 363
koninklik
588 Gesag hê
591 Gesaghebber
622 Goed
743 Mooi
797 Adelstand
koninklike 591
koninkryk 797
koniologie 255
konjak 427
konjekturaal 518
konjektuur
518 Glo
565 Skryfkuns
konjugasie
574 Woordkategorie
575 Woordvorming
konjunksie
170 Saambring
172 Vasmaak
574 Woordkategorie
576 Sinsbou
konjunktief
170 Saambring
172 Vasmaak
574 Woordkategorie
konjunktiva 387
konjunktivitis 413
konjunktuur
5 Ondergeskik
701 Handel
konka
84 Houer
469 Verwarmingstoestel
konkaaf
267 Optika
446 Rond
konkawe lens 267
konkel
779 Boosaardig
815 Oneerlik
konkelaar
779 Boosaardig
815 Oneerlik
konkel(a)ry
779 Boosaardig
818 Bedrieg
konkelend 815
konkelooi
366 Soogdier
369 Veeteelt
konkelrig 815
konkelwerk
652 Versuim
779 Boosaardig
818 Bedrieg
konklaaf
665 Byeenkom
852 Geestelike
konkludeer
522 Redeneer
527 Oordeel
konklusie
16 Gevolg
522 Redeneer
527 Oordeel
konkordaat 605
konkordansie
10 Harmonie
21 Volgorde

567 Boek
842 Geloof
konkreet
100 Boumateriaal
254 Stof
537 Waarheid
543 Duidelik
konkretiseer 254
konkubinaat
248 Huwelik
820 Oneerbaar
konkubine
248 Huwelik
376 Vrou
820 Oneerbaar
konkurreer
667 Stryd
701 Handel
konkurrensie 667
konkurrent
666 Verhinder
667 Stryd
konkussie 413
konneksie
6 Betreklik
170 Saambring
172 Vasmaak
790 Sosiaal
konnekteer
6 Betreklik
170 Saambring
172 Vasmaak
konnossement 235
konnotasie
541 Betekenisvolheid
577 Betekenis
713 Gevoel
konnotatief 577
konsekrasie 849
konsekreer 849
konsekutief 21
konsekwensie
10 Harmonie
16 Gevolg
523 Logies redeneer
650 Voltooi
681 Resultaat
konsekwent
8 Dieselfde
10 Harmonie
19 Orde
21 Volgorde
35 Reëlmatig
523 Logies redeneer
582 Wilskrag
konsekwentheid
10 Harmonie
35 Reëlmatig
konsensie 811
konsensieus
610 Ywerig
612 Noukeurig
622 Goed
811 Gewete
konsensus
8 Dieselfde
10 Harmonie
531 Saamstem
605 Aanvaar
konsent
531 Saamstem
601 Toestem
605 Aanvaar
konsentraat 256
konsentrasie
104 Baie
170 Saambring
256 Skeikunde
506 Belangstel
508 Aandag
657 Herhaal
konsentrasiekamp 594
konsentreer
170 Saambring
256 Skeikunde
419 Voedselbereiding
508 Aandag
657 Herhaal
konsentries 83
konsep
513 Gedagte
640 Voorbereid
konsepooreenkoms 607
konsepordonnansie 599
konsepsie
27 Begin
239 Voortplant
518 Glo
527 Oordeel
605 Aanvaar
640 Voorbereid
konseptueel
513 Gedagte
640 Voorbereid
konsepwet 801
konsepwetgewing 801
konserf 426
konsert
724 Vermaak
752 Toneelkuns
754 Komposisie
755 Uitvoering
757 Sang
konsertganger 755
konsertgebou 91
konsertina 756
konsertinahek 94(14)
konsertinaplooi 745
konsertmeester 755
konsertprogram 752
konsertsaal
94 Gebou
755 Uitvoering
konsertsanger 757
konsertstuk
752 Toneelkuns
755 Uitvoering
konsertvleuel(klavier) 756
konservasie 698
konservator
141 Behoud
592 Ondergeskikte
konservatorium
559 Opvoeding
753 Musiek
konserveer
471 Lekker
698 Behou
konserwatief
141 Behoud
795 Staat
konserwatiewe 795
konserwatisme
141 Behoud
795 Staat
konsessie
220 Treinry
601 Toestem
605 Aanvaar
692 Spaar
701 Handel
806 Wettig
konsessionaris 601
konsiderans 801
konsiderasie
596 Inskiklik
830 Eerbiedig
konsidereer
513 Gedagte
596 Inskiklik
720 Tevrede
830 Eerbiedig
konsidererend
596 Inskiklik
830 Eerbiedig
konsilie 852
konsilieer 668
konsinjasie
693 Gee
696 Ontvang
konsinjataris 693
konsinjeer 693
konsipieer
239 Voortplant
512 Verbeelding
513 Gedagte
640 Voorbereid
konsistensie
42 Altyd
453 Dig
462 Halfvloeibaar
523 Logies redeneer
konsistent
40 Langdurig
42 Altyd
453 Dig
462 Halfvloeibaar
konsistorie 853
konsistoriekamer 853
konskripsie 679
konsolasie
716 Genot
720 Tevrede
konsolidasie
172 Vasmaak
174 Meng
625 Sterk
konsolideer
170 Saambring
172 Vasmaak
174 Meng
625 Sterk
konsonansie 478
konsonant
571 Skrif
572 Uitspraak
konsonanties 572
konsonantletter 571
konsortium 665
konsosiasie 795
konsosiatief 795
konstabel
655 Veilig
802 Gehoorsaam
konstant
8 Dieselfde
12 Eenvormig
19 Orde
40 Langdurig
42 Altyd
143 Bestendig
582 Wilskrag
konstante
133 Getal
143 Bestendig
konstantheid
35 Reëlmatig
42 Altyd
konstateer
508 Aandag
525 Bewys
539 Kommunikeer
548 Praat
551 Meedeel
konstellasie 270
konsternasie
521 Verras wees
667 Stryd
713 Gevoel
konstipasie 413
konstituante 590
konstitueer
599 Gesag
665 Byeenkom
konstituent
5 Ondergeskik
112 Deel
576 Sinsbou

konstitusie
411 Gesond
599 Gesag
801 Wet
konstitusionalisme 795
konstitusioneel 806
konstitusionele monargie 590
konstrueer
0 Ontstaan
97 Bou
111 Geheel
139 Meetkunde
237 Voortbring
438 Vorm
konstruksie
91 Gebou
94(1) Konstruksie
97 Bou
139 Meetkunde
576 Sinsbou
764 Boukuns
konstruksielas 97
konstruksiewerk 97
konstrukteur
97 Bou
237 Voortbring
640 Voorbereid
759 Tekenkuns
konstruktief
0 Ontstaan
139 Meetkunde
237 Voortbring
405 Bloed
622 Goed
764 Boukuns
konsuis 538
konsul
588 Gesag hê
591 Gesaghebber
konsulaat
588 Gesag hê
590 Bestuur
591 Gesaghebber
konsulent
638 Aanmoedig
852 Geestelike
konsul-generaal 588
konsulêr
588 Gesag hê
591 Gesaghebber
konsult
516 Soek
557 Diskussie
konsultant 516
konsultasie
414 Geneeskunde
416 Medikus
516 Soek
539 Kommunikeer
554 Aanspreek
557 Diskussie
konsumeer
406 Eet
429 Eetplek
704 Koop
konsument 629
konsumpsie
406 Eet
629 Gebruik
704 Koop
kontak
69 Naby
262 Elektrisiteit
790 Sosiaal
kontakbreker 262
kontakdoos 262
kontaklens
387 Oog
499 Sien
kontaklensspesialis 416
kontakpersoon
413 Siekte
414 Geneeskunde
kontakprop 262
kontakpunt 262
kontaksleutel
178 Toegaan
233 Motorvoertuig
kontaksport 726
kontakstop 262
kontaminasie
573 Woordeskat
575 Woordvorming
623 Sleg
kontamineer
575 Woordvorming
623 Sleg
kontant
131 Munt
688 Besit
708 Betaal
709 Betaalmiddel
792 Asosiaal
kontantgeld
131 Munt
688 Besit
708 Betaal
kontantmasjien 700
kontantoutomaat 700
kontantprys 704
kontantrekening 703
kontantstrokie 708
kontanttjek 700
kontantvloei 709
kontantvloeiprobleem 711
konteks
6 Betreklik
569 Taal
kontekstueel
569 Taal
577 Betekenis
kontekstuele betekenis 577
kontemplasie 513
kontemplatief 513
kontempleer 513
kontemporêr
48 Gelyktydig
49 Hede
53 Nuut
kontensie
525 Bewys
527 Oordeel
kontensieus 532
konterfeitsel 268
kontinensie
103 Min
409 Afskeiding
kontinent
273 Geografie
276 Vasteland
kontinentaal 276
kontinentale plat 283
kontingent
187 Reis
672 Weermag
kontinu
22 Kontinu
35 Reëlmatig
40 Langdurig
647 Voortgaan
kontinuasie
22 Kontinu
647 Voortgaan
kontinueer
22 Kontinu
647 Voortgaan
kontinuering 647
kontinuïteit
22 Kontinu
40 Langdurig
647 Voortgaan
konto
703 Boekhou
708 Betaal
711 Skuld
kontoer
273 Geografie
347 Landbou
759 Tekenkuns
kontoerkaart 273
kontoerlyn 442
kontoertekening 759
kontoerveer
365 Voël
382 Haar
kontorsie
163 Draai
544 Onduidelik
805 Onregverdig
818 Bedrieg
kontorsionis 818
kontra-
9 Verskillend
666 Verhinder
kontrabande 701
kontrabas
755 Uitvoering
756 Musiek
kontrabastuba 756
kontradans 742
kontradiksie
524 Onlogies redeneer
577 Betekenis
kontradiktories 524
kontrafagot 756
kontrak
546 Kunsmatige teken
579 Gedwonge
605 Aanvaar
607 Beloof
663 Meedoen
kontrakarbeider
592 Ondergeskikte
658 Beroep
kontrakbreuk 609
kontrakprys 126
kontraksie 239
kontraktant
605 Aanvaar
607 Beloof
kontrakteer 607
kontrakteur
97 Bou
607 Beloof
kontrakteursfirma 97
kontrakteursverf 100
kontraktueel
605 Aanvaar
607 Beloof
663 Meedoen
kontrakwerker 658
kontralto 757
kontrapos 703
kontrapunt
753 Musiek
754 Komposisie
kontrapuntaal
753 Musiek
757 Sang
kontras
9 Verskillend
11 Disharmonie
119 Teenstelling
120 Onderskeid
kontrasepsie 239
kontrasepsiemiddel 239
kontrasteer
9 Verskillend
11 Disharmonie
119 Teenstelling
120 Onderskeid
kontratjek 700
kontrei
61 Plek
82 Rondom
kontrêr 9

kontribuant
663 Meedoen
693 Gee
kontribueer
633 Nuttig
663 Meedoen
693 Gee
kontribusie
663 Meedoen
693 Gee
kontrole
223 Stuur
508 Aandag
516 Soek
588 Gesag hê
590 Bestuur
599 Gesag
642 Beproef
kontrolebank
264 Uitsaai
266 Akoestiek
kontroleer
508 Aandag
516 Soek
590 Bestuur
642 Beproef
703 Boekhou
kontroleerwerk 516
kontroleur
508 Aandag
590 Bestuur
kontroversie 532
kontroversieel 532
konus
139 Meetkunde
450 Volume
konveks
267 Optika
446 Rond
konvekse lens 267
konveksie
256 Skeikunde
260 Warmteleer
262 Elektrisiteit
konveksiearea 270
konveksieoond
95(8) Toerusting
419 Voedselbereiding
469 Verwarmingstoestel
konveksiesone 270
konveksiestreek 270
konveksiestroom 256
konveksiteit 446
konveks-konkaaf
267 Optika
446 Rond
konvenor 665
konvensie
590 Bestuur
607 Beloof
657 Herhaal
663 Meedoen
665 Byeenkom
konvensionalisering 657
konvensioneel
54 Oud
657 Herhaal
konvergeer
168 Saamkom
267 Optika
konvergensie 168
konvergerend 267
konvergerende lens 267
konversasie 790
konversasieles 561
konverseer
554 Aanspreek
790 Sosiaal
konverteer 842
konvokasie
590 Bestuur
665 Byeenkom
konvooi
187 Reis
680 Militêre aksie
konyn 366
konynhok 89
kooi
89 Blyplek
95(5) Bed
96 Slaapplek
kooigoed
95(5) Bed
96 Slaapplek
kooipister 361
kook
260 Warmteleer
419 Voedselbereiding
465 Warm
713 Gevoel
kookblik 84
kookboek
418 Maaltyd
419 Voedselbereiding
567 Boek
kookhitte 260
kookkuns
418 Maaltyd
419 Voedselbereiding
kookmelk 427
kookplaat 95(8)
kookpunt
260 Warmteleer
465 Warm
kooks
298 Steen
299 Brandstof
kooksel 419
kookskerm 469
kookskool 559
kooktemperatuur 260
kooktoestel
94(15) Toebehore
419 Voedselbereiding
kookwater
460 Vloeistof
465 Warm
kool
298 Steen
299 Brandstof
351 Groente
426 Kos
koolaar 275
koolbak
84 Houer
275 Myn
kooldiokside
256 Skeikunde
461 Gas
kooldruk 268
koolhidraat
256 Skeikunde
420 Voedsel
koolkop
351 Groente
426 Kos
koollaag 275
koollint 564
koolmonoksied
256 Skeikunde
461 Gas
koolmonoksiedvergif-tiging 413
koolmyn 275
koolpapier
315 Papier
564 Skryfbehoeftes
koolraap
351 Groente
426 Kos
koolseldery 351
koolstof 256
koolstofdioksied
256 Skeikunde
461 Gas
koolstofmonoksied
256 Skeikunde
461 Gas
koolstoof
95(8) Toerusting
469 Verwarmingstoestel
koolsuur
256 Skeikunde
461 Gas
koolsuurgas
256 Skeikunde
461 Gas
koolsuursout 300
koolswart 492
koolteer 490
kooltjie 299
kooltrok 275
koop
638 Aanmoedig
686 Aanwins
691 Spandeer
701 Handel
704 Koop
koopakte 704
koopbaar 704
koopbedrag
704 Koop
708 Betaal
koopbelasting 712
koopbewys 709
koopbrief
525 Bewys
607 Beloof
704 Koop
koöperasie
168 Saamkom
663 Meedoen
665 Byeenkom
707 Handelsaak
koöpereer
663 Meedoen
665 Byeenkom
koophandel 701
koophulp 709
koopkontrak
607 Beloof
704 Koop
koopkrag
689 Ryk
704 Koop
kooplus 704
koopman
701 Handel
704 Koop
705 Verkoop
koopmansboek 567
kooppryś
126 Skat
691 Spandeer
704 Koop
koöpsie 665
koopsiekte 704
koopsom
126 Skat
704 Koop
koöptasie 665
kooptransaksie
686 Aanwins
701 Handel
koopvaardy 221
koopvaart 221
koopwaarde 704
koopware 701
koor
755 Uitvoering
757 Sang
853 Kerk
koord
172 Vasmaak
310 Vlegwerk
323 Vrug
koordans 742
koordbossie 332
koorde 139

koord(jies)ferweel 311
koordloos 265
koordlose telefoon 265
koördinaat
139 Meetkunde
269 Heelal
koördinaatstelsel
139 Meetkunde
269 Heelal
koördinasie 663
koördineer
21 Volgorde
663 Meedoen
koördinering 663
koorgalery
94 Gebou
853 Kerk
koorknaap 757
koorleier
757 Sang
852 Geestelike
koorlid 852
koorlied 757
koormusiek 753
koors
413 Siekte
465 Warm
773 Begeerte
koorsagtig 773
koorsang 757
koorsanger 757
koorsblaar
413 Siekte
717 Lyding
koorsboom 331
koorsig 413
koorsigheid 465
koorslyer 413
koorsmiddel 415
koorspen
416 Medikus
123 Meet
260 Warmteleer
koorsrilling 413
koorssiekte 413
koorsstreek 273
koorstermometer 416
koorsvry 411
koorswerend 415
koot
380 Gebeente
397 Ledemaat
kootjie 397
kop
32 Enkeling
76 Bo
202 Voor
270 Hemelliggaam
384 Kop
385 Skedel
502 Verstand
513 Gedagte
533 Verstaan
568 Perswese
588 Gesag hê
kop aan kop botsing
217 Motorry
683 Misluk
kop gee 531
kop-af 384
kopal 462
kopbeeld 763
kopbeen
380 Gebeente
385 Skedel
kopbelasting 712
kopbeweging 145
kopborsstuk
361 Insek
362 Skaaldier
kopdoek 745
koper
131 Munt
297 Metaal
701 Handel
704 Koop
koperbeslag
302 Smid
745 Versier
koperblaasinstrument 756
koperblaser 756
koperbruilof 248
koperdraad 301
koperdraadgras 338
koperdrukpers 761
kopererts 297
koperets 761
kopergeld
131 Munt
709 Betaalmiddel
kopergraveur 761
kopergravure 761
kopergroen 492
koperkapel 364
koperkleur 492
koperrooi 492
kopersgids 704
koperslaer 302
koperslaner 302
kopersmark 701
kopersmit 302
koperstuk 131
kopersulfaat 256
koperwaar 302
koperwerk 302
kopery 704
kopgee 531
kophoogte 436
kophou
523 Logies redeneer
619 Kalm
kopie
565 Skryfkuns
566 Drukkuns
568 Perswese
657 Herhaal
686 Aanwins
704 Koop
760 Skilderkuns
kopieer
263 Rekenaar
268 Fotografie
563 Skryf
565 Skryfkuns
657 Herhaal
760 Skilderkuns
kopieermasjien 564
kopiereg
566 Drukkuns
806 Wettig
kopieskrywer
551 Meedeel
565 Skryfkuns
kopiïs
565 Skryfkuns
760 Skilderkuns
kopiva
337 Veldplant
343 Genesende plant
kopkant
85 Voor
131 Munt
kopklep 630
kopknik 545
kopkool
351 Groente
426 Kos
kopkrap
513 Gedagte
516 Soek
544 Onduidelik
kopkrappery
513 Gedagte
516 Soek
544 Onduidelik
654 Moeilik
koplaag
94(6) Muur
99 Messel
koplamp
232 Fiets
233 Motorvoertuig
373 Jag
487 Ligbron
koplengte 432
koplig 487
kopluis 413
kopmuur 94(6)
koppel
18 Toeval
168 Saamkom
172 Vasmaak
234 Spoorweg
248 Huwelik
koppelaar
233 Motorvoertuig
239 Voortplant
248 Huwelik
820 Oneerbaar
koppelaarpedaal 233
koppelaarplaat 233
koppelarm 172
koppelas 257
koppelboog 753
koppeling
172 Vasmaak
239 Voortplant
koppelkontak 262
koppelkontakprop 262
koppelletter 566
koppelmaatskappy 701
koppelpen 172
koppelrat 172
koppelstang 172
koppelstok 172
koppelstuk 172
koppelteken
565 Skryfkuns
571 Skrif
koppeltoto 18
koppelverkoop 705
koppelwerkwoord 574
koppelwerkwoordkonstruksie 576
koppenent 410
koppesneller
252 Doodmaak
667 Stryd
684 Oorwin
koppie
84 Houer
95(7) Breekgoed
102 Hoeveelheid
277 Berg
384 Kop
kop(pie)speld
155 Deurboor
172 Vasmaak
564 Skryfbehoeftes
745 Versier
koppig
745 Versier
582 Wilskrag
598 Ongehoorsaam
667 Stryd
713 Gevoel
koppigheid
582 Wilskrag
713 Gevoel
koppotig 361
kopriem 231
koproliet 54
kopseer 413
kopskerm 726
kopskoot
556 Antwoord

677 Skiet
kopsku 768
kopslaai
351 Groente
426 Kos
kopspeel
165 Onreëlmatig
369 Veeteelt
kopspyker 155
kopstand 730
kopstasie 234
kopstem
548 Praat
757 Sang
kopstuk
76 Bo
568 Perswese
588 Gesag hê
koptelefoon 265
kopteuel 231
kopula 574
kopulakonstruksie 576
kopulapredikaat 576
kopulasie
239 Voortplant
403 Voortplanting
kopuleer
239 Voortplant
403 Voortplanting
kopvelontsteking 413
kopwerk
513 Gedagte
645 Handel
kopwond 413
koraal
298 Steen
363 Waterdier
367 Oerdier
492 Kleur
745 Versier
754 Komposisie
757 Sang
koraalagtige wiere 341
koraalbank 283
koraalbessie 332
koraalboek 567
koraalboom 331
koraalbos 332
koraaldier 363
koraaldiertjie 367
koraaleiland 281
koraalgesang 757
koraalkantate 757
koraalklimop 333
koraalmusiek
753 Musiek
754 Komposisie
757 Sang
koraalrif 283
koraalrooi 492
koraalsee 283
koraalvissery 372
koraliet 298
koramandelhout 316
Koran 854
korbeel 94(6)
korbeelhuis 93
korbeelhut 93
kordaat
625 Sterk
767 Moed
kordaatstuk 767
kordiet 676
kordon
21 Volgorde
63 Begrens
82 Rondom
korealiteit 1
koreferensieel 577
korent
323 Vrug
350 Vrugte
426 Kos
korentebrood 424
korentekoek 426
korf
84 Houer
313 Weef
370 Voëlteelt
korfbal 728
korffles 84
korhaan 365
korifee 757
koring 352
koringaar 352
koringbier 427
koringblom 334
koringboer 352
koringboerdery 352
koringbou 352
koringboud 361
koringjaar 347
koringkoffie 427
koringkorrel 352
koringkriek 361
koringland 352
koringmaat
123 Meet
355 Landbougereedskap
koringmeel 186
koringmeul 186
koringmied 352
koringoes
347 Landbou
352 Graan
koringplaas 354
koringraad 590
koringroesmielie 352
koringtor 324
koringvlieg 361
koringvlok 352
kormorant 365
kornalyn 298
kornet 756
kornuit 776
korona 270
koronaal 572
koronale naat 385
koronêr 405
korporaal
591 Gesaghebber
673 Manskap
korporasie
658 Beroep
665 Byeenkom
701 Handel
korporatief 665
korporeel
1 Bestaan
254 Stof
korps
665 Byeenkom
672 Weermag
korpsgees 33
korpulensie 434
korpulent 434
korpuskulêr 254
korrek
129 Bepaald
537 Waarheid
569 Taal
612 Noukeurig
622 Goed
791 Sosiaal
korreksie
516 Soek
566 Drukkuns
612 Noukeurig
622 Goed
827 Afkeur
korreksieteken 566
korrektheid
537 Waarheid
612 Noukeurig
622 Goed
791 Sosiaal
814 Eerlik
korrektor 566
korrel
103 Min
112 Deel
223 Stuur
406 Eet
449 Ongelyk
458 Breekbaar
499 Sien
677 Skiet
korrelaat 6
korrelagtig 458
korrelasie 6
korrelatief 6
korrelbeton 100
korreleer 6
korreling 270
korrelkonfyt 426
korrelkop
382 Haar
792 Asosiaal
korrelkruit 676
korrelrig
112 Deel
449 Ongelyk
458 Breekbaar
korreltjie 103
korrelvat 677
korrespondeer
10 Harmonie
551 Meedeel
563 Skryf
korrespondensie
551 Meedeel
563 Skryf
korrespondensiekollege 559
korrespondent
565 Skryfkuns
568 Perswese
750 Letterkunde
korridor
94(3) Vertrek
273 Geografie
korrigeer
516 Soek
530 Voorbehou
566 Drukkuns
612 Noukeurig
622 Goed
835 Bestraf
korroborasie 663
korroboreer 663
korrodeer 623
korrosie 623
korrosief 623
korrumpeer
623 Sleg
638 Aanmoedig
korrup
598 Ongehoorsaam
623 Sleg
638 Aanmoedig
813 Swak gedrag
820 Oneerbaar
korrupsie
623 Sleg
638 Aanmoedig
779 Boosaardig
813 Swak gedrag
820 Oneerbaar
korrupteer
623 Sleg
638 Aanmoedig
779 Boosaardig
korruptheid 813
kors
272 Aarde
413 Siekte
424 Brood
426 Kos

449 Ongelyk
455 Hard
korserig 455
korset 745
korsmos 327
korsplaat 274
korsterig 455
korswel
722 Snaaks
831 Bespot
kort
41 Kortstondig
108 Minder
117 Te min
433 Klein
437 Laag
553 Behandel
572 Uitspraak
kort en bondig 553
kort golf 264
kort palmaar 379
kort van asem 404
kortaf
41 Kortstondig
548 Praat
713 Gevoel
771 Gramskap
777 Haat
kortasem
404 Asemhaling
413 Siekte
kortbegrip 553
kortbroek 745
kortby
69 Naby
728(3) Krieket
korteks
317 Fisiologie
382 Haar
385 Skedel
kortendag 50
korterig 433
kortgang 219
kortgebaker(d)
771 Gramskap
777 Haat
kortgebakerdheid 777
kortgolf 264
kortgolfontvanger 264
kortgolfsender 264
kortheid
433 Klein
553 Behandel
kortheidshalwe 553
korthoek
728(2) Sokker
728(6) Hokkie
korthou 595
korting
693 Gee
704 Koop
705 Verkoop
710 Kosteloos
712 Belasting
kortisoon 415
kortkom
130 Onbepaald
631 Nodig
kort-kort
55 Dikwels
647 Voortgaan
kortliks
108 Minder
553 Behandel
kortling 316
kortlings 50
kortom
108 Minder
225 Vinnig
553 Behandel
kortpad 149
kortsigtig 503
kortsigwissel 708
kortskiet
615 Onbekwaam
813 Swak gedrag
kortsluiting 262
kortspeelplaat 756
kortstondig 41
korttermynbelegging
686 Aanwins
692 Spaar
korttermyndekking 655
korttermynfinansiering 693
korttermyngeheue 263
korttermynlening
688 Besit
693 Gee
699 Leen
korttermynskuld 687
korttermynversekering
655 Veilig
692 Spaar
korttermynvoorskot 693
korttrompet 756
kortvat
595 Streng
827 Afkeur
835 Bestraf
kortverhaal
552 Vertel
750 Letterkunde
kortverhaalbundel
567 Boek
750 Letterkunde
kortverhaalskrywer
565 Skryfkuns
750 Letterkunde
kortverkoop 702
kortvin-mako 363
kortvraag 561
kortweg
41 Kortstondig
553 Behandel
771 Gramskap
777 Haat
kortwiek
20 Wanorde
63 Begrens
370 Voëlteelt
588 Gesag hê
617 Magteloos
kortwol
311 Weefsel
369 Veeteelt
korund 298
korundkristal 298
korvet 235
kos
126 Skat
406 Eet
420 Voedsel
426 Kos
620 Belangrik
691 Spandeer
kosafdeling 707
kosbaar
620 Belangrik
691 Spandeer
kosbaarheid
620 Belangrik
743 Mooi
745 Versier
kosbedryf 701
kosblik 84
kosganger 406
kosgee 406
kosgeld 708
koshuis
89 Blyplek
406 Eet
429 Eetplek
kosinus 139
kosjer 854
koskook 419
kosmandjie 84
kosmetiek 746
kosmeties
414 Geneeskunde
541 Betekenis
621 Onbelangrik
746 Toilet
kosmetis 746
kosmies 269
kosmiese stof 269
kosmiese tyd 269
kosmogonie 271
kosmograaf
269 Heelal
271 Kosmografie
kosmografie 271
kosmologie
271 Kosmografie
514 Wysbegeerte
kosmoloog 271
kosmopoliet 787
kosmos
269 Heelal
322 Blom
334 Blomplant
kosnaatjie 336
kosprys
126 Skat
691 Spandeer
704 Koop
kosrak 95(3)
kosredakteur 568
kosrekening 708
kosskool 406
kostaal 394
koste
635 Skadelik
691 Spandeer
697 Verloor
704 Koop
705 Verkoop
708 Betaal
koste bestry 691
koste verhaal 691
kostebeperking 692
kosteberekenaar 97
kostebesparing 692
kostebestryding 708
kostebevel 808
kostelik 722
kostelikheid 722
kosteloos 710
koster
592 Ondergeskikte
848 Erediens
849 Prediking
852 Geestelike
kosteraming 126
kosterekenaar
100 Boumateriaal
126 Skat
kosterekenmeester
700 Bank
703 Boekhou
kostumier 752
kostuum
745 Kleding
752 Toneelkuns
kostuumbal 742
kostuumrepetisie 752
kostuumstuk 752
kosvry 710
koswinkel 707
koswinner
658 Beroep
686 Aanwins
kosyn
94(8) Deur
94(9) Venster
kotangens 139
kotelet
421 Vleis
426 Kos

kothuis
89 Blyplek
91 Gebou
kotiljons 742
kots
409 Afskeiding
412 Siek
kotsery 409
kotter 235
kou
89 Blyplek
390 Mond
391 Tand
406 Eet
430 Rook
koubeitel
185 Sny
302 Smid
316 Hout
630 Werktuig
koud
289 Klimaat
290 Wind
418 Maaltyd
466 Koud
490 Kleur
715 Gevoelloos
777 Haat
792 Asosiaal
koudbloedig 400
koudheid
466 Koud
777 Haat
koudlei
369 Veeteelt
715 Gevoelloos
818 Bedrieg
koudsit 684
koue
260 Warmteleer
413 Siekte
466 Koud
koue ete 418
koue front
289 Klimaat
294 Weerkunde
466 Koud
koue kleur 490
koue lug 289
koue oorlog 667
kouekoors 413
kouerig 466
kouery 406
kouevuur 413
kouewaterkraan 288
kougoed
318 Plant
406 Eet
kougom 426
koukus
539 Kommunikeer
557 Diskussie
590 Bestuur
665 Byeenkom
795 Staat
koukusvergadering 590
koulik 466
kouri 363
kous 745
kousaal
15 Oorsaak
574 Woordkategorie
kousaliteit
15 Oorsaak
574 Woordkategorie
693 Gee
kousatief 574
kousatiwiteit
574 Woordkategorie
693 Gee
kousbandjie 364
kousbroekie 745
kousel 406
kousie 487
kouter 355
kouterbos 332
kouterbossie 344
kouteriseer 414
kouterploeg 355
koutjie
366 Soogdier
406 Eet
kouvoël 365
kovalensie 256
kraag
393 Skouer
745 Kleding
kraagmannetjie 366
kraagsteen
94(6) Muur
100 Boumateriaal
304 Steen
kraai
365 Voël
483 Voëlgeluid
484 Diergeluid
722 Snaaks
kraaibek
363 Waterdier
630 Werktuig
kraaibektang 630
kraaines
89 Blyplek
235 Skeepvaart
372 Vissery
kraak
104 Baie
169 Skei
480 Dowwe klank
481 Skerp klank
482 Menslike geluid
505 Verstandstoornis
623 Sleg
kraakbeen
380 Gebeente
389 Neus
393 Skouer
kraakbeenvis 363
kraakgeluid 480
kraaknuut 53
kraakporselein 305
kraakproses 256
kraaksindelik 627
kraakskoon 627
kraakstem
480 Dowwe klank
548 Praat
kraal
89 Blyplek
346 Landbougrond
354 Plaas
369 Veeteelt
745 Versier
kraalbos 332
kraallys
94(13) Versiering
95(1) Ameublement
kraalmis 409
kraalogie
365 Voël
387 Oog
kraaltjie 745
kraam
239 Voortplant
707 Handelsaak
kraamafdeling 239
kraambed 239
kraambedkoors 413
kraambesoek 239
kraaminrigting
239 Voortplant
417 Hospitaal
kraamkamer 239
kraampie 707
kraamsuster
239 Voortplant
417 Hospitaal
kraamverlof
239 Voortplant
662 Rus
kraamverlossing 414
kraamverpleegster
239 Voortplant
416 Medikus
kraamvrou 239
kraan
94(15) Toebehore
158 Opstyg
178 Toegaan
288 Waterstelsel
630 Werktuig
kraanbalk
158 Opstyg
235 Skeepvaart
kraansaag 185
kraanvoël 365
kraanvoëlblom
322 Blom
332 Struik
kraanwa 158
kraanwater 460
krabbel
563 Skryf
759 Tekenkuns
krabbelaar
563 Skryf
565 Skryfkuns
kraffie
84 Houer
95(7) Breekgoed
krag
123 Meet
145 Beweging
256 Skeikunde
257 Meganika
262 Elektrisiteit
610 Ywerig
614 Bekwaam
616 Magtig
618 Kragtig
622 Goed
625 Sterk
767 Moed
801 Wet
842 Geloof
kragaanleg 262
kragbron 262
kragdadig
610 Ywerig
616 Magtig
618 Kragtig
625 Sterk
637 Doelgerigtheid
kragdier 625
kragdraad 262
krageenheid 123
kragfiets 232
kraginstallasie 262
kragleiding 262
kraglewering
257 Meganika
262 Elektrisiteit
kraglyn
261 Magnetisme
262 Elektrisiteit
kragman
616 Magtig
625 Sterk
kragmeter 257
kragonderbreking 262
kragopwekker 262
kragparaffien
299 Brandstof
460 Vloeistof
kragprop 262
kragpunt 262

kragrat 630
kragrem 233
kragsentrale 262
kragstasie 262
kragstroom 262
kragte 257
kragte meet 667
kragteleer 257
kragteloos
412 Siek
413 Siekte
617 Magteloos
626 Swak
661 Vermoei
kragtens
15 Oorsaak
588 Gesag hê
kragterm 574
kragtig
249 Lewe
411 Gesond
595 Streng
616 Magtig
618 Kragtig
625 Sterk
kragtoer
645 Handel
651 Toesien
767 Moed
kragveld
257 Meganika
261 Magnetisme
262 Elektrisiteit
kragverbruik 257
kragvermorsing 257
kragverspilling 257
kragvoedsel
368 Diereteelt
420 Voedsel
kragvoer
368 Diereteelt
369 Veeteelt
420 Voedsel
kragvol 625
kragwoord
574 Woordkategorie
820 Oneerbaar
krakeel 667
krakeling 426
krakeluur 760
kram
172 Vasmaak
564 Skryfbehoeftes
krambinder 564
krambout 172
kramdrukker 564
kramer 705
kramerslatyn 569
kramery
564 Skryfbehoeftes
746 Toilet
kramhout 316
krammasjien 564
kramp
379 Spier
413 Siekte
krampaanval 413
krampagtig
413 Siekte
618 Kragtig
766 Wanhoop
krampdruppels 415
kramphoes 413
krampstillend 415
kraniaal 385
kraniale senuwee 378
kranig
614 Bekwaam
625 Sterk
767 Moed
kraniologie 385
kranium 385
krank
413 Siekte
726 Sport
krankbed 413
krankebesoek 790
krankheid 413
kranklik 413
kranksinnig
503 Onverstandig
505 Verstandstoornis
524 Onlogies redeneer
kranksinnige 505
kranksinnigegestig 417
kranksinnigheid
413 Siekte
503 Onverstandig
505 Verstandstoornis
524 Onlogies redeneer
krans
82 Rondom
163 Draai
277 Berg
322 Blom
348 Blomkwekery
745 Versier
kransduif 365
kransie 741
kranslegging 253
kransstandig
322 Blom
324 Plantlewe
krap
154 Vryf
362 Skaaldier
413 Siekte
422 Seekos
426 Kos
545 Natuurlike teken
563 Skryf
623 Sleg
713 Gevoel
771 Gramskap
krapmerk 545
krapmes 154
krapper 154
krapperig
154 Vryf
713 Gevoel
771 Gramskap
kras
154 Vryf
480 Dowwe klank
481 Skerp klank
483 Voëlgeluid
595 Streng
618 Kragtig
827 Afkeur
krasser 155
krat 84
krater
177 Oopgaan
274 Geologie
277 Berg
kratermeer
274 Geologie
285 Meer
kraterpyp 274
krawat 745
kreasie
36 Onreëlmatig
237 Voortbring
kreatief
237 Voortbring
749 Kuns
kreatien 317
kreatiwiteit
237 Voortbring
749 Kuns
kreatuur
4 Selfstandig
32 Enkeling
374 Mens
813 Swak gedrag
krediet
693 Gee
699 Leen
711 Skuld
kredietbank
700 Bank
709 Betaalmiddel
kredietbeperking
699 Leen
711 Skuld
kredietbestuurder 700
kredietbevriesing 700
kredietbrief 708
kredietburo 693
kredietfasiliteit 699
kredietgeriewe 711
kredietkaart
708 Betaal
709 Betaalmiddel
kredietkaartrekening 700
kredietkant 700
kredietkolom 703
kredietnemer 693
kredietrekening 700
kredietsaldo
688 Besit
699 Leen
711 Skuld
kredietsy
700 Bank
703 Boekhou
kredietwaardig
689 Ryk
699 Leen
krediteer
693 Gee
699 Leen
703 Boekhou
711 Skuld
krediteur
700 Bank
711 Skuld
kreëer
237 Voortbring
649 Begin
kreef
362 Skaaldier
422 Seekos
426 Kos
kreefdig 751
kreefduiker 372
kreeffuik 372
kreefkelkie 426
kreefnet 372
Kreefskeerkring
269 Heelal
273 Geografie
kreeftegang 151
kreet
482 Menslike geluid
723 Ernstig
kremaster 361
krematorium 253
kremeer 253
kremetart
415 Geneesmiddel
419 Voedselbereiding
kremetartboom 331
krenelleer 185
kreng
250 Dood
446 Rond
krenk
623 Sleg
713 Gevoel
829 Beledig
831 Bespot
krenkend
623 Sleg
829 Beledig
831 Bespot

krenterig
63 Begrens
503 Onverstandig
536 Onkunde
692 Spaar
824 Onboetvaardig
kreolien 415
kreolisering 569
kreosol 462
kreosoot 316
kreosootpaal 316
kreosoteer 316
krep 311
krepeer 250
kretin
413 Siekte
505 Verstandstoornis
kretinisme
413 Siekte
505 Verstandstoornis
kreton 311
kreuk 180
kreukel
180 Ongelyk
449 Ongelykheid
kreukelpapier 315
kreukelrig 180
kreukeltraag 180
kreukelvry
180 Ongelyk
448 Gelyk
kreun
476 Geluid
723 Ernstig
kreupel
198 Strompel
413 Siekte
626 Swak
kreupelbos 318
kreupele
198 Strompel
413 Siekte
kreupelheid 198
kreupelhout
316 Hout
331 Boom
337 Veldplant
kreupelkliniek 417
kreupelsorg
414 Geneeskunde
780 Hulp
krewel
362 Skaaldier
372 Vissery
kriebel
165 Onreëlmatig
495 Tassin
714 Gevoelig
kriebelrig
165 Onreëlmatig
495 Tassin
kriedoring 331
kriedoringboom 331
kriek 361
krieket
728(3) Krieket
728 Balsport
krieketbal
726 Sport
728(3) Krieket
krieketkolf
726 Sport
728(3) Krieket
krieketpaaltjie 728(3)
krieketpet 728(3)
krieketspel 728(3)
krieketoerusting 728(3)
krieketveld 728(3)
krieketwedstryd 728(3)
krielhaantjie
365 Voël
785 Hoogmoedig
krie(moer) 172
kriesel(tjie) 103
kriewel
165 Onreëlmatig
495 Tassin
714 Gevoelig
krieweling 495
kriewelkop 165
kriewelkous 165
kriewelkrappers
36 Onreëlmatig
140 Verandering
583 Willoosheid
713 Gevoel
kriewelrig
165 Onreëlmatig
495 Tassin
713 Gevoel
714 Gevoelig
771 Gramskap
kril 362
kriminalis 822
kriminalistiek 822
kriminaliteit
822 Skuldig
835 Bestraf
krimineel
803 Wette oortree
808 Regswese
822 Skuldig
kriminele daad 822
kriminologie
515 Wetenskap
822 Skuldig
kriminoloog 822
krimp
103 Min
433 Klein
435 Smal
krimpsiekte 413
krimpsiektebos 342
krimpvarkie 366
kring
82 Rondom
145 Beweging
147 Rigting
241 Familie
446 Rond
665 Byeenkom
796 Stand
kringgat 366
kringloop
44 Gebeure
55 Dikwels
213 Rondgaan
249 Lewe
kringlyn 82
kringpad 149
kringsgewys 82
kringvormig 446
kringweg 149
krink
164 Reëlmatig
444 Krom
835 Bestraf
krinkel
164 Reëlmatig
444 Krom
krinkeling 164
krioel
104 Baie
165 Onreëlmatig
krip
84 Houer
253 Begrafnis
311 Weefsel
853 Kerk
kripbyter 777
kript
253 Begrafnis
853 Kerk
kripties 544
kriptiese kleur 490
kriptografie 565
kriptogram 565
kris
185 Sny
678 Wapen
krisant 322
krisantbos 332
krisis
412 Siek
623 Sleg
kriskras 20
Krismis 851
krismisroos
322 Blom
332 Struik
kristal
298 Steen
309 Glas
488 Deurskynend
kristalbal 51
kristaldruif
323 Vrug
426 Kos
kristalglas 309
kristalhelder
485 Lig
488 Deurskynend
kristalkunde 295
kristalkyker
51 Toekoms
844 Bygeloof
kristalliseer
298 Steen
438 Vorm
kristallografie
295 Delfstof
515 Wetenskap
kristallyn 298
kristalvorm
298 Steen
438 Vorm
kriterium
35 Reëlmatig
123 Meet
527 Oordeel
642 Beproef
644 Handelwyse
kritiek
17 Noodsaak
412 Siek
527 Oordeel
530 Voorbehou
532 Betwis
585 Verwerp
620 Belangrik
623 Sleg
656 Gevaarlik
666 Verhinder
669 Aanval
750 Letterkunde
825 Beoordeling
827 Afkeur
829 Beledig
832 Beskuldig
krities
527 Oordeel
532 Betwis
620 Belangrik
666 Verhinder
825 Beoordeling
827 Afkeur
kritikaster
527 Oordeel
827 Afkeur
kritikus
527 Oordeel
747 Verfyndheid
750 Letterkunde
825 Beoordeling
827 Afkeur
kritiseer
527 Oordeel

532 Betwis
585 Verwerp
666 Verhinder
669 Aanval
749 Kuns
825 Beoordeling
827 Afkeur
829 Beledig
832 Beskuldig
kroeg 429
kroegbaas 429
kroegloper 407
kroegman 429
kroegmeisie 429
kroegvlieg 407
kroek
89 Blyplek
93 Gebou
kroep 413
kroephoes 413
kroes
84 Houer
256 Skeikunde
301 Metaal
382 Haar
kroeserig
382 Haar
413 Siekte
kroeskop 382
kroket 426
krokodil 364
krokodilleer 314
krokodiltrane
719 Hartseer
818 Bedrieg
krokus 335
krom
73 Skuins
148 Van koers af
444 Krom
623 Sleg
krom en skeef 623
krom lyn
442 Lyn
444 Krom
krom rug 396
krombalk 94(1)
krombek
302 Smid
365 Voël
630 Werktuig
krombektang
101 Gereedskap
630 Werktuig
kromheid 444
kromhout 316
kromhoutsap 427
kromlynig
139 Meetkunde
444 Krom
kromme
139 Meetkunde
444 Krom
krommerig 444
kromming
139 Meetkunde
163 Draai
180 Ongelyk
444 Krom
krompasser
139 Meetkunde
759 Tekenkuns
krompraat 548
komprater 548
kromsaag
185 Sny
630 Werktuig
kromsteelpyp 430
kromswaard 678
kromte
413 Siekte
444 Krom
kromtrek 444
kroniek
44 Gebeure
45 Geskiedenis
552 Vertel
553 Behandel
567 Boek
568 Perswese
750 Letterkunde
kroniekskrywer
45 Geskiedenis
565 Skryfkuns
kronies
40 Langdurig
42 Altyd
647 Voortgaan
kroning
588 Gesag hê
793 Fees
834 Beloon
kroningsfees 793
kroningsplegtigheid 793
kronkel
163 Draai
164 Reëlmatig
180 Ongelyk
444 Krom
kronkelderm 401
kronkelgang 150
kronkeling
163 Draai
164 Reëlmatig
444 Krom
kronkelloop 150
kronkelpad 149
kronkelrig
164 Reëlmatig
444 Krom
kronkelveer 630
kronologies 21
kroon
76 Bo
322 Blom
331 Boom
385 Skedel
391 Tand
588 Gesag hê
745 Versier
799 Beroemd
834 Beloon
kroonbeen 380
kroonblaar 322
kroonblad 322
kroonboek 567
kroongal 413
kroongebied 590
kroongewelf 94(4)
kroonhare 382
kroonjuwele 745
kroonkandelaar 487
kroonkolonie 590
kroonlamp 487
kroonlugter 487
kroonlys
94(13) Versiering
94(6) Muur
kroonmoer 172
kroonnaat 385
kroonprins 591
kroonrat 233
kroonroes 413
kroonsaag 185
kroonseil 235
kroonslagaar 399
kroonslagaartrombose 413
kroonstandig 324
kroonsteng 235
kroontjie 382
kroonvervolger 808
kroos
240 Afkoms
243 Kind
krop
365 Voël
401 Spysvertering
kropduif 365
kropgeswel 413
kropklier 402
kropmens
413 Siekte
505 Verstandstoornis
kropslaai
351 Groente
426 Kos
krosidoliet 298
krot 93
krotbewoner 64
krotgebied 90
kroton 332
krot(te)buurt 90
kroukie 728
kru 792
krui
318 Plant
340 Krui
415 Geneesmiddel
419 Voedselbereiding
471 Lekker
kruidagtig
318 Plant
320 Stam
kruidenier 707
kruideniersafdeling 707
kruideniersgeld
708 Betaal
709 Betaalmiddel
kruidenierskas 95(3)
kruideniersware 420
kruidenierswinkel 707
kruidgewas
318 Plant
340 Krui
415 Geneesmiddel
kruidjie-roer-my-nie
332 Struik
779 Boosaardig
krui(e)
194 Vervoer
197 Te voet
226 Stadig
kruieasyn 419
kruiebier 427
kruiebrandewyn 427
kruiedokter 416
kruiekos 426
kruier 194
kruierig 471
kruiesalf
415 Geneesmiddel
462 Halfvloeibaar
kruiesous 426
kruietee 427
kruik 84
kruim 424
kruin
74 Op
76 Bo
277 Berg
384 Kop
kruinaeltjie 419
kruip
145 Beweging
157 Onderdeur
197 Te voet
229 Stadig
410 Slaap
597 Gehoorsaam
789 Onbeskaafd
828 Vlei
kruipdief 695
kruipend
198 Strompel
226 Stadig
kruipende insek 357
kruiper
597 Gehoorsaam

828 Vlei
kruiperig 828
kruipgang
226 Stadig
229 Stadig beweeg
kruipmol 366
kruipplant 318
kruipsand 226
kruipseer 413
kruipslag 732
kruiptrekker
233 Motorvoertuig
355 Landbougereedskap
630 Werktuig
kruis
74 Op
79 Dwars
131 Munt
139 Meetkunde
174 Meng
239 Voortplant
396 Rug
421 Vleis
546 Kunsmatige teken
565 Skryfkuns
571 Skrif
654 Moeilik
683 Misluk
717 Lyding
753 Musiek
835 Bestraf
837 God
853 Kerk
kruisbalk
79 Dwars
316 Hout
kruisband(e)
172 Vasmaak
745 Kleding
kruisbeeld
837 God
853 Kerk
kruisbeen
380 Gebeente
396 Rug
kruisbessie
323 Vrug
426 Kos
kruisbestuiwing 239
kruisbeuk 853
kruisbevrugting
239 Voortplant
345 Plantkwekery
kruisblom
94(13) Versiering
322 Blom
334 Blomplant
kruisboog
94(4) Dak
678 Wapen
kruisboogskutter 678
kruisdood 250
kruiselings 79
kruisement
340 Krui
419 Voedselbereiding
kruiser 235
kruisergewig 731
kruisergewigbokser 731
kruisgang 94(3)
kruisgewelf 94(4)
kruisgewys 79
kruishoogte 222
kruishout
316 Hout
835 Bestraf
kruisie
546 Kunsmatige teken
565 Skryfkuns
571 Skrif
kruisig 835
kruisiging
835 Bestraf
837 God
842 Geloof
kruising
79 Dwars
149 Pad
239 Voortplant
kruiskerk 853
kruiskoppeling 172
kruiskruid 332
kruiskwint 753
kruismas 235
kruisondervra 809
kruisondervraging
555 Vra
809 Regsgeding
kruispad
149 Pad
584 Kies
kruispeiling
221 Vaar
222 Vlieg
kruispunt
139 Meetkunde
149 Pad
439 Punt
kruisras 239
kruisridder 667
kruisseil 235
kruisskyf 421
kruissnelheid 222
kruisstang 232
kruissteek 172
kruissteen 296
kruisstraat 149
kruisteelt
239 Voortplant
345 Plantkwekery
kruisteken 840
kruistjop 421
kruistoets 642
kruistog
187 Reis
221 Vaar
667 Stryd
kruisvaarder
221 Vaar
667 Stryd
kruisvaart 187
kruisverband
99 Messel
316 Hout
415 Geneesmiddel
kruisverhoor
555 Vra
809 Regsgeding
kruisvermoë 221
kruisverwysing 567
kruisvra
555 Vra
808 Regswese
809 Regsgeding
kruisvraag
555 Vra
809 Regsgeding
kruisvuur 677
kruisweg
149 Pad
837 God
kruiswissel 234
kruiswoorde 837
kruit 676
kruitdamp 677
kruitfles 676
kruithuis 675
kruitmagasyn 675
kruitpan 675
kruitreuk 677
kruitvat 656
kruitwolk 677
kruiwa 230
kruk
95(4) Sitmeubel
183 Gryp
197 Te voet
198 Strompel
krukas
233 Motorvoertuig
257 Meganika
630 Werktuig
krukboor
155 Deurboor
630 Werktuig
krukkelys 413
krukker
413 Siekte
727 Wedstryd
krul
163 Draai
178 Toegaan
316 Hout
382 Haar
444 Krom
565 Skryfkuns
792 Asosiaal
krulblaar 324
krulblaarsiekte 324
krulhakie 571
krulhare 382
krulkool 351
krulkop
335 Bolplant
382 Haar
krullebol 382
kruller
382 Haar
746 Toilet
krullerig
382 Haar
444 Krom
krulpen
382 Haar
746 Toilet
krulspeld
382 Haar
746 Toilet
krulstert 396
krultang 746
krummel
103 Min
112 Deel
184 Afbreek
458 Breekbaar
krummelkoek 426
krummelpap 426
krummelrig
112 Deel
184 Afbreek
424 Brood
458 Breekbaar
krummeltert 426
kruppel 198
kruppelbalk 94(4)
krustasee
357 Dier
362 Skaaldier
kry
166 Nader beweeg
183 Gryp
517 Vind
686 Aanwins
696 Ontvang
kryg 667
krygs-
667 Stryd
672 Weermag
krygsakademie 680
krygsdiens 672
krygsgevangene 685
krygsgeweld 667
krygshof 808
krygskool 680
krygskunde 672
krygsmateriaal 675
krygswese 672

krygswetenskap 672
krygvoering 667
krys
483 Voëlgeluid
484 Diergeluid
kryt
560 Skoolgaan
564 Skryfbehoeftes
759 Tekenkuns
krythoekpaal 731
Kryttydperk 274
krytvloer 731
kubernetika 263
kubiek 450
kubieke getal 137
kubis 749
kubisme
749 Kuns
760 Skilderkuns
kubisties 749
kubus 450
kubusvormig 450
kudde
168 Saamkom
203 Agterna
357 Dier
369 Veeteelt
kuddegees 357
kudde-instink 357
kuier
188 Aankom
197 Te voet
204 Aandoen
724 Vermaak
790 Sosiaal
kuiergas
188 Aankom
204 Aandoen
724 Vermaak
790 Sosiaal
kuierplek
61 Plek
724 Vermaak
793 Fees
kuif 382
kuifkop 384
kuifpapegaai 365
kuiken
243 Kind
357 Dier
365 Voël
kuil
437 Laag
446 Rond
kuilsaag 185
kuilstok 728(8)
kuilvoeroesmasjien 355
kuip 350
kuiphout 316
kuis
566 Drukkuns
567 Boek
812 Goeie gedrag
819 Eerbaar
kuisheid
812 Goeie gedrag
819 Eerbaar
kuising 566
kuit 422
kuitbeen
380 Gebeente
397 Ledemaat
kuitsenuwee 378
kuitspier 379
kul
538 Dwaling
815 Oneerlik
818 Bedrieg
kulinêr 418
kulinêre kuns
418 Maaltyd
419 Voedselbereiding
kulkuns 844
kulkunstenaar 844
kuller 815
kullery 818
kulminasie 28
kultivar 427
kultivarwyn 427
kultiveer
345 Plantkwekery
346 Landbougrond
kulturele pluralisme 795
kultuur
535 Weet
657 Herhaal
787 Gemeenskap
788 Beskaafd
kultuurdraer 535
kultuurfilosofie 514
kultuurgeskiedenis 515
kultuurgoed
535 Weet
657 Herhaal
kultuurgroep
33 Samehorig
787 Gemeenskap
kultuurhistorikus
45 Geskiedenis
515 Wetenskap
kultuurkunde 787
kultuurloosheid 536
kultuurmens
535 Weet
788 Beskaafd
kultuurproduk 535
kultuurtaal 569
kultuurvermenging 787
kultuurwetenskap 515
kumkwat
323 Vrug
350 Vrugte
kundig
502 Verstand
535 Weet
614 Bekwaam
kundige 535
kundigheid
237 Voortbring
502 Verstand
535 Weet
614 Bekwaam
kuns 749
kunsakademie
758 Beeldende kunste
760 Skilderkuns
kunsateljee
658 Beroep
749 Kuns
758 Beeldende kunste
kunsbeen 397
kunsbeskouing 747
kunsblomme 348
kunsbotter 371
kunsdraaier 762
kunsfees 793
kunsfilosofie 749
kunsfotograaf 268
kunsfotografie 268
kunsgalery
749 Kuns
760 Skilderkuns
kunsgenieting 747
kunsgeskiedenis
515 Wetenskap
749 Kuns
kunsgevoel
713 Gevoel
747 Verfyndheid
kunshandelaar 749
kunshars 307
kunshart 399
kunshistories 749
kunshistorikus 749
kunsivoor 308
kunskenner
747 Verfyndheid
749 Kuns
kunskennis 747
kunskritiek 749
kunskritikus
747 Verfyndheid
749 Kuns
kunsledemaat 397
kunsleer 314
kunsliefhebber
747 Verfyndheid
749 Kuns
kunslig 485
kunsmatig
254 Stof
744 Lelik
kunsmeester 749
kunsmis 345
kunsmisstrooier 355
kunsmuseum 749
kunsoog 387
kunsperiode 749
kunsproduk 749
kunsrigting 749
kunsrubber 307
kunssin 747
kunssinnig 747
kunssinnige 747
kunssinnigheid 747
kunsskat 749
kunsskilder 490
kunsskool
559 Opvoeding
749 Kuns
758 Beeldende kunste
760 Skilderkuns
kunssmaak 747
kunsstof 307
kunsstudio 749
kunssy 311
kunstalent 749
kunste 515
kunstegniek 749
kunstenaar
237 Voortbring
614 Bekwaam
724 Vermaak
749 Kuns
kunsteorie 749
kunstig
743 Mooi
747 Verfyndheid
749 Kuns
kunstigheid 743
kunstydskrif 568
kunsuitstalling 749
kunsvaardigheid 747
kunsveiling 705
kunsversameling 749
kunsvlieg
222 Vlieg
372 Vissery
kunsvliegtuig 236
kunsvlug 222
kunsvoorwerp 749
kunsvorm 749
kunswaardering 749
kunswerk 749
kunswetenskap
515 Wetenskap
749 Kuns
kunswêreld 749
kurang 726
kurare 415
kuriositeit 36
kurk
84 Houer
178 Toegaan
kurkeik 331
kurkprop
84 Houer
178 Toegaan

kurktrekker
177 Oopgaan
444 Krom
kurrikulum 640
kursief
565 Skryfkuns
566 Drukkuns
kursiveer
565 Skryfkuns
566 Drukkuns
kursus 561
kurwe 444
kus
276 Vasteland
282 Kus
776 Liefde
790 Sosiaal
kusgebied
61 Plek
273 Geografie
276 Vasteland
kushawe 235
kuslyn
282 Kus
442 Lyn
kussing
96 Slaapplek
410 Slaap
kussingsloop 410
kusstreek 276
kusstrook 61
kusvaart 221
kusverkenning 680
kusvlak 273
kusvlakte 276
kuswater 283
kusweer 289
kuttel 409
kuur 414
kwaad
413 Siekte
623 Sleg
683 Misluk
713 Gevoel
714 Gevoelig
771 Gramskap
777 Haat
779 Boosaardig
813 Swak gedrag
822 Skuldig
kwaadaardig
623 Sleg
779 Boosaardig
kwaadaardige gewas 413
kwaadaardige siekte 413
kwaaddoener
779 Boosaardig
822 Skuldig
kwaaddoenerig
598 Ongehoorsaam
813 Swak gedrag
822 Skuldig
kwaadgesind
666 Verhinder
667 Stryd
777 Haat
kwaadpraat 829
kwaadskiks 581
kwaadsprekend
779 Boosaardig
829 Beledig
kwaadsteker
667 Stryd
669 Aanval
779 Boosaardig
829 Beledig
kwaadstigter
667 Stryd
777 Haat
779 Boosaardig
829 Beledig
kwaadstoker
667 Stryd
777 Haat
779 Boosaardig
829 Beledig
kwaadweg 771
kwaadwillig
582 Wilskrag
623 Sleg
667 Stryd
777 Haat
779 Boosaardig
kwaadwilligheid
582 Wilskrag
598 Ongehoorsaam
777 Haat
779 Boosaardig
kwaai
595 Streng
623 Sleg
656 Gevaarlik
771 Gramskap
777 Haat
kwaak
483 Voëlgeluid
484 Diergeluid
kwadraat 137
kwadrofoniek 266
kwajong
813 Swak gedrag
822 Skuldig
kwajongstreek
722 Snaaks
813 Swak gedrag
kwal 363
kwalifikasie
17 Noodsaak
530 Voorbehou
614 Bekwaam
659 Aanstel
kwalifiseer
530 Voorbehou
559 Opvoeding
659 Aanstel
kwaliteit
3 Bestaanswyse
457 Onbreekbaar
788 Beskaafd
kwansel 705
kwansuis 538
kwantitatief 102
kwantiteit 102
kwantor 574
kwantumfisika 515
kwarrie 303
kwarrieteël 304
kwart
112 Deel
133 Getal
753 Musiek
kwartaal
37 Tyd
127 Tydbepaling
560 Skoolgaan
kwartaalblad 568
kwartaalliks 55
kwartaalstaat
700 Bank
703 Boekhou
kwarteeufees 793
kwarteindrondte 727
kwarteindstryd 727
Kwartêre tydperk 274
kwartet
754 Komposisie
755 Uitvoering
757 Sang
kwartgebied 728(1)
kwartier
37 Tyd
670 Verdedig
672 Weermag
kwartiermeester 673
kwartlyn
728(1) Rugby
728(6) Hokkie
kwartnoot 753
kwarto
315 Papier
566 Drukkuns
kwartoformaat
438 Vorm
566 Drukkuns
kwartrond 446
kwarts 298
kwartsglas 309
kwartshorlosie 128
kwartssteen 298
kwartyn 566
kwas
101 Gereedskap
427 Drank
490 Kleur
630 Werktuig
760 Skilderkuns
kwasdennehout 316
kwasigeloof 843
kwasterig
320 Stam
455 Hard
kwatryn 751
kweek
237 Voortbring
239 Voortplant
338 Gras
345 Plantkwekery
351 Groente
352 Graan
kweekhuis 345
kweekskool 559
kweekskoolstudent 560
kweel
483 Voëlgeluid
757 Sang
kwekeling 673
kweker 345
kwekery
345 Plantkwekery
347 Landbou
kwel
513 Gedagte
651 Toesien
714 Gevoelig
717 Lyding
768 Vrees
kwêla 742
kwelduiwel
838 Gees
844 Bygeloof
kwelgees
771 Gramskap
838 Gees
844 Bygeloof
kwelling
651 Toesien
717 Lyding
719 Hartseer
721 Ontevrede
kwelsiek 722
kwelspook
838 Gees
844 Bygeloof
kwelsug
719 Hartseer
721 Ontevrede
kweper
323 Vrug
350 Vrugte
426 Kos
kweperkonfyt 426
kweperlaning 318
kweperlat 835
kwerulant 721
kwerulantisme
505 Verstandstoornis
721 Ontevrede

kwes
413 Siekte
623 Sleg
677 Skiet
779 Boosaardig
831 Bespot
kwesbaar
53 Jonk
714 Gevoelig
kwesel
818 Bedrieg
845 Godsvrug
kweselary
818 Bedrieg
845 Godsvrug
kwesplek
413 Siekte
714 Gevoelig
kwessie
516 Soek
555 Vra
557 Diskussie
620 Belangrik
654 Moeilik
667 Stryd
kwestieus
538 Dwaling
587 Aarsel
770 Wantroue
kwestor 665
kwestuur 665
kwets
623 Sleg
779 Boosaardig
829 Beledig
831 Bespot
kwetsbaar 714
kwetsend
623 Sleg
777 Haat
820 Oneerbaar
829 Beledig
831 Bespot
kwetsuur 413
kwetter
483 Voëlgeluid
548 Praat
kwêvoël 365
kwiek 476
kwiëtisme 842
kwik
259 Aërografie
260 Warmteleer
297 Metaal
kwikbad 256
kwikdamp 461
kwikkie 365
kwikkolom 260
kwiksalf 415
kwiksilwer 297
kwiksout 300
kwikstertjie 365
kwikverf 490
kwing-kwang
164 Reëlmatig
444 Krom
kwinkeleer
483 Voëlgeluid
757 Sang
kwinkslag 722
kwint
182 Slaan
713 Gevoel
753 Musiek
755 Uitvoering
756 Musiek
835 Bestraf
kwintaal 124
kwintappel 323
kwinteljoen 104
kwintessens
111 Geheel
622 Goed
kwintet
754 Komposisie
755 Uitvoering
757 Sang
kwispedoor
95(11) Versiering
409 Afskeiding
kwispel
165 Onreëlmatig
396 Rug
kwispelstert 396
kwistig
104 Baie
691 Spandeer
778 Goedaardig
kwitansie
525 Bewys
708 Betaal
kwitansieboek
565 Skryfkuns
703 Boekhou
kworum 665
kwosiënt 137
kwota
102 Hoeveelheid
112 Deel
kwyl 409
kwyn
412 Siek
626 Swak
719 Hartseer
kwynend
412 Siek
626 Swak
719 Hartseer
kwyt
593 Vryheid
612 Noukeurig
614 Bekwaam
687 Verlies
811 Gewete
kwytbrief
525 Bewys
708 Betaal
kwyting
608 Jou woord hou
708 Betaal
kwytraak
593 Vryheid
687 Verlies
697 Verloor
kwytskeld
693 Gee
710 Kosteloos
783 Vergifnis
833 Verontskuldig
kwytskelding
693 Gee
710 Kosteloos
783 Vergifnis
809 Regsgeding
833 Verontskuldig
kyf
667 Stryd
792 Asosiaal
kyfparty 813
kyfsiek 667
kyk
386 Gesig
499 Sien
508 Aandag
513 Gedagte
516 Soek
651 Toesien
kykbril 387
kykdag 705
kyker
264 Uitsaai
267 Optika
387 Oog
499 Sien
kykgat 177
kykie 499
kykkas 264
kyklustig 506
kykplek 499
kykspel 752
kyktoring
94(5) Pilaar
499 Sien
kykvenster 94(9)
kykvermoë 499
kywery 667

L

la 753
laaf
406 Eet
716 Genot
laafdrank 427
laafnis
427 Drank
716 Genot
laag
21 Volgorde
72 Plat
74 Op
75 Onder
161 Bedek
168 Saamkom
259 Aërografie
431 Afmeting
437 Laag
480 Dowwe klank
572 Uitspraak
621 Onbelangrik
623 Sleg
708 Betaal
744 Lelik
798 Lae stand
813 Swak gedrag
820 Oneerbaar
827 Afkeur
laag daal 813
laag en gemeen 623
laag-by-die-grond
623 Sleg
786 Nederig
laagdrukgebied 289
laagdruksel 289
laagdrukstelsel 294
laagfrekwent 262
laaggebore 798
laaggedig 751
laaggeleë
278 Vallei
437 Laag
laaggety 283
laaghartig
744 Lelik
813 Swak gedrag
820 Oneerbaar
laagheid
437 Laag
813 Swak gedrag
laaghout 316
laagland
274 Geologie
278 Vallei
laagliggend
278 Vallei
437 Laag
laagreliëf
273 Geografie
763 Beeldhoukuns
laagsgewys 21
laagspanning 262
laagstammig 320
laagste punt 437
laagste rang 588
laagste rat 233

laagte
72 Plat
278 Vallei
437 Laag
laagtepunt
437 Laag
623 Sleg
laagtetjie
278 Vallei
437 Laag
446 Rond
laagvat 728(1)
laagwater 283
laagwaterbrug 149
laagwaterlyn
283 See
442 Lyn
laagwolk 291
laai
170 Saambring
194 Vervoer
262 Elektrisiteit
452 Swaar
644 Handelwyse
654 Moeilik
657 Herhaal
677 Skiet
laaiblad 222
laaibok
194 Vervoer
452 Swaar
630 Werktuig
laaiboom 630
laaibrief 194
laaibrug
149 Pad
194 Vervoer
630 Werktuig
laaier
194 Vervoer
262 Elektrisiteit
laaigat 676
laaigeld
194 Vervoer
708 Betaal
laaihawe
194 Vervoer
235 Skeepvaart
452 Swaar
laaihoof 235
laaikas
95(3) Kas
275 Myn
laaikraal
194 Vervoer
234 Spoorweg
laaikraan
194 Vervoer
235 Skeepvaart
452 Swaar
630 Werktuig
laaimasjien
194 Vervoer
235 Skeepvaart
452 Swaar
630 Werktuig
laaimeester 234
laaiplank
194 Vervoer
235 Skeepvaart
452 Swaar
laaiplatform
194 Vervoer
235 Skeepvaart
452 Swaar
630 Werktuig
laaiplek
194 Vervoer
452 Swaar
laairuim 235
laaispanning 262
laaisteier
194 Vervoer
235 Skeepvaart
452 Swaar
630 Werktuig
laaisterkte 262
laaistok
71 Regop
676 Vuurwapen
laaitafel 95(6)
laaivermoë
194 Vervoer
262 Elektrisiteit
452 Swaar
laak 827
laakbaar
813 Swak gedrag
820 Oneerbaar
827 Afkeur
laan 149
laas 50
laaslede 50
laaste
28 Einde
50 Verlede
laaste asem 250
laaste kom 683
laaste oomblikke 250
laastens 28
laat
16 Oorsaak
47 Later
58 Laat
127 Tydbepaling
601 Toestemming
687 Verlies
laat gaan
173 Losmaak
192 Laat gaan
593 Vryheid
660 Ontslaan
833 Verontskuldig
laat gebeur 15
laat kom
58 Laat
145 Beweging
191 Laat kom
laat spaander
190 Vertrek
197 Te voet
205 Weggaan
228 Vinnig
laat spat
190 Vertrek
205 Weggaan
228 Vinnig
laat staan
648 Onderbreek
683 Misluk
laat trek 419
laat vaar
683 Misluk
687 Verlies
laat weet 551
laataand 37
laatbloei 318
laatherfs 37
laatkommer 58
laatlammetjie
53 Jonk
243 Kind
laatlente 37
laat-maar-loop-houding
652 Versuim
699 Leen
774 Onverskillig
laatmiddag 37
laatontbyt 418
laatporto 196
laatroes
324 Plantlewe
413 Siekte
laatslaper 410
laatsomer 37
laatte 58
laatwinter 37
labberdaan 422
labbe(r)lotterig 615
labiaal 572
labiaalpyp 756
labiaat 318
labialisasie 572
labialiseer 572
labiel
11 Disharmonie
142 Veranderlik
583 Willoosheid
714 Gevoelig
labiodentaal 572
labirint
388 Oor
654 Moeilik
labirinties
148 Van koers af
388 Oor
654 Moeilik
laboratorium
255 Natuurkunde
256 Skeikunde
560 Skoolgaan
658 Beroep
lachenalia 335
lacrimoso 753
lacrosse 728
ladder 30
lading
194 Vervoer
262 Elektrisiteit
452 Swaar
677 Skiet
ladingsbestuurder 194
ladingskoste 708
ladingstaat 703
lae bloeddruk 413
lae oktaan 299
lae prys
708 Betaal
710 Kosteloos
lae rentekoers 700
lae stand
796 Stand
798 Lae stand
lae stem 548
lae toon 266
laedruksentrum 294
lae-ordekolwer 728(3)
laer
30 Ondergeskik
89 Blyplek
163 Draai
168 Saamkom
446 Rond
655 Veilig
670 Verdedig
671 Verdedigingsmiddel
laer hof 808
laer trek
168 Saamkom
655 Veilig
laerhuis 590
laerhulsel 161
laermetaal 297
laerskool 559
laerskoolkind 560
laervuur 467
laevlaktaal 263
laf
470 Smaak
472 Sleg
503 Onverstandig
524 Onlogies redeneer
583 Willoosheid
623 Sleg
722 Snaaks

725 Verveling
831 Bespot
lafaard 768
lafbek
503 Onverstandig
524 Onlogies redeneer
lafhartig 768
lafheid
470 Smaak
472 Sleg
722 Snaaks
lag
481 Skerp klank
482 Menslike geluid
484 Diergeluid
545 Natuurlike teken
718 Bly
722 Snaaks
831 Bespot
lagbui 722
lagduif 365
lagerbier 427
laggas 461
laggend
482 Menslike geluid
722 Snaaks
laggerig
503 Onverstandig
524 Onlogies redeneer
722 Snaaks
lag-lag
653 Maklik
722 Snaaks
laglus 722
lagplooitjie 386
lagrimpel 386
lagsiek 722
lagspier 379
lagune
282 Kus
283 See
285 Meer
lagwekkend
503 Onverstandig
524 Onlogies redeneer
722 Snaaks
laissez-aller
613 Onnoukeurig
652 Versuim
laissez-faire
613 Onnoukeurig
652 Versuim
lak
161 Bedek
178 Toegaan
462 Halfvloeibaar
490 Kleur
564 Skryfbehoeftes
728(1) Rugby
lakei
592 Ondergeskikte
663 Meedoen
laken
95(9) Linne
96 Slaapplek
311 Weefsel
410 Slaap
lakengoed
96 Slaapplek
311 Weefsel
lakenlinne 311
lakenwewery 313
lakkoliet 277
lakleer 314
lakmoes 490
lakmoespapier 256
lakoniek
553 Behandel
611 Lui
619 Kalm
715 Gevoelloos
722 Snaaks
lakonisme
619 Kalm
715 Gevoelloos
722 Snaaks
lakpolitoer
490 Kleur
627 Skoon
laks
611 Lui
634 Nutteloos
813 Swak gedrag
laksatief
408 Spysvertering
415 Geneesmiddel
lakseerdrank 415
lakseermiddel 415
laksel 490
laksheid
611 Lui
613 Onnoukeurig
lakskilder 760
laksman
252 Doodmaak
365 Voël
835 Bestraf
laktasie
239 Voortplant
406 Eet
laktasieperiode 239
lakties 239
laktometer 371
laktose
371 Suiwel
471 Lekker
laktoskoop 371
lakune
23 Onderbreek
117 Te min
177 Oopgaan
lakverf 490
lakvernis 490
lakwerklas 172
lal 548
lalnaam
550 Noem
574 Woordkategorie
laloentjie
323 Vrug
426 Kos
lam
146 Beweginloosheid
239 Voortplant
357 Dier
366 Soogdier
413 Siekte
611 Lui
661 Vermoei
715 Gevoelloos
772 Sagmoedig
776 Liefde
lam en tam 661
lama 366
lamawol 311
lambdoïed(e) naat 385
lambriseer
161 Bedek
316 Hout
lamé 311
lamel 301
lamelbord 316
lamelglas 309
lamelhout 316
lamelleer
161 Bedek
301 Metaal
lamenteer 723
lamento 753
lamentoso 753
lamheid
583 Willoosheid
611 Lui
661 Vermoei
lamineer
161 Bedek
301 Metaal
lamkruis 413
lamlê 146
lamlendig
142 Veranderlik
583 Willoosheid
611 Lui
615 Onbekwaam
623 Sleg
626 Swak
715 Gevoelloos
768 Vrees
813 Swak gedrag
lamlendigheid
583 Willoosheid
611 Lui
615 Onbekwaam
626 Swak
813 Swak gedrag
lammeling
583 Willoosheid
611 Lui
623 Sleg
626 Swak
lammergier 365
lam(mer)tyd 239
lammervanger 365
lammervleis 421
lamp
95(2) Lamp
485 Lig
487 Ligbron
lampbrander 487
lampetbeker
84 Houer
746 Toilet
lampglas 487
lampion 487
lampit 487
lampkap
161 Bedek
487 Ligbron
lampkousie 487
lamplig 487
lampolie
299 Brandstof
460 Vloeistof
lamprei 363
lampskerm 487
lampsok 487
lampswart 492
lamsak
583 Willoosheid
615 Onbekwaam
623 Sleg
626 Swak
813 Swak gedrag
lamsakkerig
583 Willoosheid
611 Lui
615 Onbekwaam
623 Sleg
626 Swak
768 Vrees
813 Swak gedrag
lamsalig
583 Willoosheid
623 Sleg
lamsiekte 413
lamskotelet 421
lamslaan
182 Slaan
617 Magteloos
626 Swak
766 Wanhoop
lamsvleis 421
land
33 Samehorig
61 Plek
90 Gemeenskap
188 Aankom

222 Vlieg
276 Vasteland
346 Landbougrond
590 Bestuur
787 Samelewing
land- en seemag 672
landaanwinning 274
landadel 797
landarbeider 592
landauer 230
landbank
700 Bank
709 Betaalmiddel
landbesit 688
landbesitter 688
landbewoner 64
landbou
347 Landbou
658 Beroep
landbouadviseur 356
landbouaktiwiteit 347
landboubedryf
347 Landbou
701 Handel
landboubelange 347
landboubenodighede 347
landbouekonomie
347 Landbou
356 Landbouwetenskap
landbouekonoom
347 Landbou
356 Landbouwetenskap
landbouer 347
landbougenootskap 665
landbougereedskap 355
landbougrond 346
landbouingenieur 356
landbouingenieurswese 356
landboukalk 345
landboukollege
356 Landbouwetenskap
559 Opvoeding
landboukunde 356
landboukundig
347 Landbou
356 Landbouwetenskap
landboukundige 356
landbouonderwys 559
landbouproefstasie 356
landbouraad 590
landbousektor 658
landbouskeikunde 256
landbouskool
356 Landbouwetenskap
559 Opvoeding
landboutentoonstelling 356
landbou-unie 665
landbouvereniging 665
landbouwerktuig 355
landbouwetenskap
356 Landbouwetenskap
515 Wetenskap
landbouwetenskaplike
356 Landbouwetenskap
515 Wetenskap
landdag 665
landdier 357
landdros
591 Gesaghebber
808 Regswese
landdroshof 808
landdroskantoor
91 Gebou
808 Regswese
landeienaar 688
landelik
61 Plek
90 Gemeenskap
landengte 282
landery 346
landewedstryd 727
landgenoot
592 Ondergeskikte
787 Gemeenskap
landgoed
346 Landbougrond
354 Plaas
landgoedwyn 427
landgraaf 797
landheer
688 Besit
797 Adelstand
landhoof
149 Pad
235 Skeepvaart
landhuis 89
landing
188 Aankom
221 Vaar
222 Vlieg
landingsbaan 222
landingsbrug
222 Vlieg
235 Skeepvaart
landingslig 236
landingsmerke 222
landingsplek 222
landingsterrein 222
landingstoestel 222
landingstroepe 672
landingsvaartuig 235
landjonker 797
landkaart
273 Geografie
560 Skoolgaan
landklimaat 289
landleër 672
landloop 729
landloper 729
landlug 461
landlyn 265
landmaat 123
landmag 672
landmeet 123
landmeetkunde 123
landmeter 123
landmeter-generaal 590
landmetersketting 123
landmeting 123
landmyn 676
landnaam 550
landoffensief 667
landpale 63
landplaat 274
landpos 196
landpunt 282
landraad 590
landreis 187
landrot
64 Aanwesig
235 Skeepvaart
landsaat 787
landsadministrasie 795
landsake 590
landsbelang
620 Belangrik
787 Gemeenskap
landsbestuur
590 Bestuur
795 Staat
landsburger
592 Ondergeskikte
787 Gemeenskap
landsdiens
590 Bestuur
672 Weermag
landsekonomie 701
landseun 787
landsgrens
63 Begrens
160 Omring
590 Bestuur
landsiekte 413
landskap
61 Plek
760 Skilderkuns
landskapsargiktektuur 61
landskapsargitek
61 Plek
97 Bou
landskapskilder 760
landskas 590
landskuld 711
landsman
64 Aanwesig
787 Gemeenskap
landsplaag 413
landsreën 292
landsreg 808
landsregering 795
landstaal 569
landstreek
61 Plek
90 Gemeenskap
landsvader
54 Oud
590 Bestuur
591 Gesaghebber
landsverdediging 670
landsverraad 817
landsverraaier 817
landsvlag 546
landsvyand 667
landswet 801
landswyd
62 Grensloos
111 Geheel
landtemperatuur 289
landtong 282
landverhuiser 67
landverhuising 67
landvoël 365
landvoog 591
landwaarts 221
landweer 289
landwind 290
landwinning 274
landwyd 62
lanfer 311
lanferroos 332
lang geweer 676
lang golf 264
lang kous 745
lang palmaar 379
langademig 404
langafstand 729
langafstandatleet 729
langafstandstraler 236
langarmaap 366
langarmdans 742
langarmig 397
langasem
404 Asemhaling
548 Praat
langasemkriek 361
langasemsprinkaan 361
langbeen
343 Genesende plant
397 Ledemaat
415 Geneesmiddel
langbeenspinnekop 361
langbroek 745
langby 728(3)
langbyvoor 728(3)
langdradig
35 Reëlmatig
40 Langdurig
553 Behandel
657 Herhaal
725 Verveling
langdradigheid 553
langdurend 40
langdurig
22 Kontinu
40 Langdurig
647 Voortgaan
langeraad 397

langerig
40 Langdurig
432 Groot
langertermynskuld 687
langgehoopte 773
langgerek 40
langhaar 382
langhoek
728(2) Sokker
728(6) Hokkie
langjarig 40
langman 397
langnekkameel 366
langneus
389 Neus
506 Belangstel
517 Vind
langoestien
422 Seekos
426 Kos
langoor
243 Kind
366 Soogdier
388 Oor
langpootspinnekop 361
langs
61 Plek
78 Parallel
87 Kant
147 Rigting
152 Verby
208 Verbygaan
langs mekaar 87
langsaam
22 Kontinu
226 Stadig
581 Teësinnig
langsaamheid 226
langsaan
61 Plek
87 Kant
langsamerhand
22 Kontinu
47 Later
226 Stadig
langskedelig 385
langslewend 249
langslewende
248 Huwelik
249 Lewe
langsnee 185
langsous 426
langspeelplaat 756
langspeler 756
langsteelpyp 430
langstert 365
langstertrooibekkie 365
langstertvink 365
langsweep
182 Slaan
230 Rytuig
langtand
406 Eet
581 Teësinnig
587 Aarsel
langtermynbelegging
686 Aanwins
692 Spaar
langtermyndekking 655
langtermynfinansiering 693
langtermynkoers
686 Aanwins
699 Leen
langtermynlening
688 Besit
693 Gee
699 Leen
langtermynverband 699
langtermynversekering
655 Veilig
692 Spaar
langtoon 365
langue 569
langverlof
560 Skoolgaan
648 Onderbreek
662 Rus
langverwagte 773
langvingerig
397 Ledemaat
815 Oneerlik
langvintuna 363
langvraag 561
langwa 230
langwerpig 432
laning
21 Volgorde
149 Pad
318 Plant
laninkie
149 Pad
318 Plant
lank
40 Langdurig
68 Ver
432 Groot
435 Smal
572 Uitspraak
lankal 50
lankmoedig
596 Inskiklik
668 Vrede
715 Gevoelloos
772 Sagmoedig
778 Goedaardig
lank-uit
111 Geheel
432 Groot
lanolien 462
lanolienolie 415
lans 678
lansblaar 341
lanseer
185 Sny
221 Vaar
222 Vlieg
223 Stuur
414 Geneeskunde
539 Kommunikeer
677 Skiet
lanseerbaan
222 Vlieg
677 Skiet
lanseerbasis
235 Skeepvaart
677 Skiet
lanseerbuis 676
lanseerhelling
235 Skeepvaart
677 Skiet
lanseerhoogte 677
lanseermes 185
lanseersnelheid 677
lansering 227
lanset 185
lansier
673 Manskap
678 Wapen
lansruiter 673
lantaan
256 Skeikunde
297 Metaal
lantana 332
lanterfanter
39 Tydverlies
213 Rondgaan
229 Stadig
611 Lui
646 Nie handel nie
lantern 487
lap
61 Plek
161 Bedek
311 Weefsel
313 Weef
318 Plant
622 Goed
627 Skoon
lapa 93
lapbestrating 149
lapel 745
lapelmikrofoon 266
lapidêr 565
lapidêre skrif 565
lapis lazuli 298
lapmiddel 622
lappiesdeken
13 Verskeidenheid
96 Slaapplek
lappieskombers
13 Verskeidenheid
96 Slaapplek
lappiesmous
701 Handel
705 Verkoop
lappop 741
lapservet 95(9)
lapsus 538
lapsus linguae 538
lapsus memoriae 538
lapwerk 622
lardeer
419 Voedselbereiding
421 Vleis
lardeersel 419
larghetto 753
larghissimo 753
largo
753 Musiek
754 Komposisie
lariksboom 331
laringitis 413
larinks
393 Skouer
398 Asemhaling
larkeboom 331
larvaal 361
larwe 361
las
21 Volgorde
172 Vasmaak
302 Smid
316 Hout
452 Swaar
654 Moeilik
711 Skuld
712 Belasting
714 Gevoelig
las gee 654
lasagne 426
lasbaar 172
lasbout 172
lasbrander 630
lasbrief
599 Gesag
808 Regswese
lasdier 357
lasdraend 75
lasdraer
75 Onder
719 Hartseer
laser 261
laserdrukker
263 Rekenaar
564 Skryfbehoeftes
laserspeler 264
lasgewer 599
lashebber 588
laslap 311
laslapkombers
13 Verskeidenheid
96 Slaapplek
lasnemer 588
lasplaat 234
lasplaatbout 234

lasplek
172 Vasmaak
302 Smid
316 Hout
laspos 771
laspunt 172
lasso 227
lasstaal 301
laster
669 Aanval
779 Boosaardig
813 Swak gedrag
822 Skuldig
829 Beledig
846 Godloos
lasteraar
822 Skuldig
829 Beledig
lasterlik
813 Swak gedrag
829 Beledig
lasterlikheid
779 Boosaardig
813 Swak gedrag
lastersaak 809
lasterskrif
568 Perswese
829 Beledig
lastertaal 829
lastertong 829
lastig
654 Moeilik
666 Verhinder
714 Gevoelig
717 Lyding
771 Gramskap
lastigheid
654 Moeilik
714 Gevoelig
717 Lyding
lasuliet 298
lasuur
298 Steen
492 Kleur
lat
182 Slaan
316 Hout
320 Stam
835 Bestraf
latei
94(1) Konstruksie
94(6) Muur
lateks
307 Plastiek
318 Plant
latenstyd 58
later
47 Later
51 Toekoms
58 Laat
lateraal 87
laterale gletserpuin 277
laterale grootspier 379
lateriet 298
laterig 58
Latinis 570
Latinisme 569
latrine
94(15) Toebehore
94(3) Vertrek
latwerk 316
Latyn 569
latynseil 235
laveer
221 Vaar
407 Drink
laventel
332 Struik
340 Krui
746 Toilet
laventelhaan
375 Man
785 Hoogmoedig
laventelwater 474
lawa
274 Geologie
277 Berg
298 Steen
lawaai
165 Onreëlmatig
266 Akoestiek
476 Geluid
479 Disharmonies
548 Praat
lawaaibek 548
lawaaierig
20 Wanorde
165 Onreëlmatig
476 Geluid
lawaaimaker 476
lawaaiwater
427 Drank
476 Geluid
lawa-as 298
lawalaag 277
lawaplato 277
lawastroom 277
lawe 716
lawement 415
lawine
277 Berg
292 Neerslag
lawing
406 Eet
407 Drink
716 Genot
lawwigheid
503 Onverstandig
524 Onlogies redeneer
716 Genot
722 Snaaks
lê
61 Plek
64 Aanwesig
66 Plasing
72 Plat
239 Voortplant
253 Begrafnis
410 Slaap
412 Siek
leb
366 Soogdier
371 Suiwel
401 Spysvertering
Lebanonseder 331
lêboor 361
lêdae 235
ledegeld
665 Byeenkom
708 Betaal
ledekant 96
ledelys 665
ledemaat
377 Liggaam
397 Ledemaat
ledepop 583
ledetal
133 Getal
665 Byeenkom
ledevergadering 590
ledig
110 Niks
176 Uithaal
407 Drink
611 Lui
662 Rus
ledigganger
611 Lui
646 Nie handel nie
ledigheid
611 Lui
646 Nie handel nie
662 Rus
lediging
110 Niks
176 Uithaal
407 Drink
leed
717 Lyding
719 Hartseer
leëderm 401
leedvermaak 779
leedwese 823
leef
1 Bestaan
64 Aanwesig
141 Behoud
165 Onreëlmatig
249 Lewe
leefbaarheid 249
leefkamer 94(3)
leefmilieu 787
leefreël 513
leefruimte 61
leeftyd
38 Tydgebruik
52 Ouderdom
54 Oud
249 Lewe
leeftydsgrens 52
leefwyse
249 Lewe
644 Handelwyse
810 Gedrag
leeg
62 Grensloos
65 Afwesig
110 Niks
137 Bewerking
542 Betekenisloos
621 Onbelangrik
632 Onnodig
leegdrink 407
leeggewig 124
leegheid
621 Onbelangrik
632 Onnodig
leeghoof
536 Onkunde
623 Sleg
leeghoofdig
503 Onverstandig
536 Onkunde
leeglê
213 Rondgaan
611 Lui
646 Nie handel nie
813 Swak gedrag
leeglêer
611 Lui
623 Sleg
646 Nie handel nie
813 Swak gedrag
leeglêery
611 Lui
646 Nie handel nie
662 Rus
leegloop
108 Minder
110 Niks
176 Uithaal
213 Rondgaan
611 Lui
646 Nie handel nie
leegloper
611 Lui
646 Nie handel nie
leegmaak
110 Niks
176 Uithaal
407 Drink
leegplunder 171
leegpomp
176 Uithaal
288 Waterstelsel

leegskep 176
leegstaan 110
leegte
23 Onderbreek
65 Afwesig
110 Niks
117 Te min
278 Vallei
437 Laag
623 Sleg
leek 536
leem 298
leemgrond
275 Myn
298 Steen
leemte
23 Onderbreek
117 Te min
177 Oopgaan
623 Sleg
leen
693 Gee
699 Leen
leendiens 699
leeneed 607
leengoed
569 Taal
573 Woordeskat
699 Leen
794 Sosiaal
leenheer 794
leenma 242
leenplig 794
leenreg
699 Leen
806 Wettig
leenroerig 794
leenstelsel 794
leenuitdrukking 569
leenvertaling 570
leenwese 794
leenwoord
569 Taal
573 Woordeskat
leepoog 413
leer
184 Afbreek
211 Opgaan
314 Leer
502 Verstand
515 Wetenskap
535 Weet
559 Opvoeding
561 Studeer
588 Gesag hê
657 Herhaal
841 Geloofsleer
842 Geloof
849 Prediking
lêer
72 Plat
234 Spoorweg
263 Rekenaar
450 Volume
539 Kommunikeer
564 Skryfbehoeftes
leër
104 Baie
672 Weermag
leerbaadjie 314
leërbasis 672
leërbed 674
leerbehandeling 314
leerbekleding 314
leerbekleedsel 233
leërbende 672
leerbereiding 314
leerboek
565 Skryfkuns
567 Boek
leerboom 230
leerbroek 314
leerdig 751
leerdoek 314
leerfabel 552
leergang 561
leergeld
560 Skoolgaan
708 Betaal
leergierig
561 Studeer
773 Begeerte
leergoed 314
leergordel 314
leërhoofkwartier 672
leerhuid 381
leerjaar
127 Tydbepaling
560 Skoolgaan
leerjonge 560
leerjongenskap
560 Skoolgaan
658 Beroep
leerkledingstuk 314
leerklerk 658
leerkoper 314
leërkorps 672
leerkrag 560
leerkuil 314
leerlap 314
leerling
203 Agterna
243 Kind
535 Weet
560 Skoolgaan
663 Meedoen
leerlingraad 560
leerlingskap 658
leerlingsraadslid 560
leerlooier 314
leerlooierstoerusting 314
leerlooiery 314
leërmag 672
leermateriaal 314
leermeester 560
leermetode 559
leermeubel 314
leerplan
561 Studeer
640 Voorbereid
leerplig 560
leerpligtig 560
leerrede 849
leersaam 773
leërskaar
104 Baie
672 Weermag
leerskool
535 Weet
559 Opvoeding
leerstellig
515 Wetenskap
842 Geloof
leerstelling
515 Wetenskap
841 Leer
842 Geloof
leerstelsel
515 Wetenskap
842 Geloof
leërsterkte 672
leerstoel 560
leerstof 561
leerstuk 842
leërtris 674
leërtros 674
leervak
515 Wetenskap
559 Opvoeding
leervis 363
leerwa
230 Rytuig
355 Landbougereedskap
leerwerk
314 Leer
561 Studeer
leerwyse 559
lees
508 Aandag
548 Praat
562 Lees
745 Kleding
752 Toneelkuns
leesbeurt 562
leesbiblioteek 567
leesblindheid 562
leesboek
562 Lees
565 Skryfkuns
567 Boek
750 Letterkunde
leesbril
387 Oog
499 Sien
leesdiens 849
leesdrama 752
leesgewoonte 562
leeshoekie 562
leeskamer
94(3) Vertrek
562 Lees
567 Boek
leeskring
562 Lees
665 Byeenkom
leeslamp
95(2) Lamp
487 Ligbron
leeslekker 426
leesles
561 Studeer
562 Lees
leeslig 487
leeslig(gie) 95(2)
leeslus 562
leeslustig
562 Lees
773 Begeerte
leesmateriaal
562 Lees
567 Boek
leesmetode 562
leessaal
94 Gebou
562 Lees
567 Boek
leesspoed 562
leesstof
562 Lees
567 Boek
750 Letterkunde
leesstuk 562
leesteken
565 Skryfkuns
571 Skrif
leestoon 562
leestrant 562
leestyd
38 Tydgebruik
562 Lees
leesvaardigheid 562
leesvermoë 562
leeswerk
562 Lees
567 Boek
leeswyser 567
leeu
366 Soogdier
767 Moed
leeueaandeel
112 Deel
663 Meedoen
leeuemoed 767
leeuhond 366
leeurik 365
leeuwelpie 366
legaal 806
legaat 693

legalisasie 806
legaliteit 806
legasie
588 Gesag hê
693 Gee
legataris 696
legateer 693
legator 693
legeer
297 Metaal
301 Metaalverwerking
lêgeld
235 Skeepvaart
708 Betaal
legendaries
36 Onreëlmatig
538 Dwaling
799 Beroemd
legende
131 Munt
273 Geografie
552 Vertel
565 Skryfkuns
750 Letterkunde
legering
297 Metaal
301 Metaalverwerking
legeringsmetaal 297
leges 708
legger 564
legio 104
legioen
104 Baie
672 Weermag
legislatief 801
legislatuur 801
legitiem
797 Adelstand
804 Regverdig
806 Wettig
legitimaris 806
legitimasie 804
legitimeer 852
legitimiseer 806
legitimiteit
804 Regverdig
806 Wettig
legkaart 741
legsel 239
legwerk 762
lêhen
365 Voël
370 Voëlteelt
lei
14 Navolging
15 Oorsaak
85 Voor
94(4) Dak
147 Rigting
202 Voor beweeg
559 Opvoeding
564 Skryfbehoeftes
588 Gesag hê
590 Bestuur
599 Gesag
680 Militêre aksie
727 Wedstryd
755 Uitvoering
leiagtig 298
leibaan 147
leibalk 257
leibeurt 288
leidak 94(4)
leidam 288
leidend
588 Gesag hê
590 Bestuur
591 Gesaghebber
620 Belangrik
leiding
14 Navolging
147 Rigting
262 Elektrisiteit
288 Waterstelsel
588 Gesag hê
590 Bestuur
680 Militêre aksie
leiding gee
14 Navolging
202 Voor
590 Bestuur
599 Gesag
leiding neem
14 Navolging
590 Bestuur
599 Gesag
leidinggewend 591
leidraad
513 Gedagte
516 Soek
leidsman
14 Navolging
147 Rigting
202 Voor
591 Gesaghebber
leier
14 Navolging
147 Rigting
202 Voor
588 Gesag hê
590 Bestuur
591 Gesaghebber
599 Gesag
leierskap
588 Gesag hê
591 Gesaghebber
614 Bekwaam
616 Magtig
leihond
366 Soogdier
499 Sien
leikanaal 288
leikleurig 492
leiklip 298
leipen 231
leiriem 231
leisel
219 Perdry
231 Tuig
leisloot 288
leistang 231
leisteen
298 Steen
304 Steenbakkery
leitmotiv
750 Letterkunde
754 Komposisie
leitou 231
leiveer 231
leivermoë
260 Warmteleer
262 Elektrisiteit
leivoor
288 Waterstelsel
346 Landbougrond
leiwater 288
leiwiel 231
leiwoord 567
lek
103 Min
154 Vryf
176 Uithaal
177 Oopgaan
287 Vloei
368 Diereteelt
369 Veeteelt
406 Eet
454 Ondig
460 Vloeistof
828 Vlei
lekblok 369
lekebroer 852
lekedigter 751
lekeprediker 849
lekesuster 852
lekhart 413
lekkasie
176 Uithaal
177 Oopgaan
218 Fietsry
287 Vloei
454 Ondig
lekker
407 Drink
426 Kos
471 Lekker
474 Welriekend
496 Smaak
716 Genot
lekkerbek 406
lekkerbekkig
406 Eet
584 Kies
lekkerbreek 331
lekkergoed
426 Kos
471 Lekker
lekkergoedwinkel 707
lekkerheid 716
lekkerjeuk 413
lekkerkrap 413
lekkerkry
716 Genot
718 Bly
lekkerlenig 411
lekkerlyf 407
lekkerny
420 Voedsel
426 Kos
471 Lekker
lekkerruikgoed 474
lekplek 177
lekseem 573
leksel
103 Min
406 Eet
leksikaal
570 Taalwetenskap
573 Woordeskat
577 Betekenis
leksikale betekenis 577
leksikale betrekking
573 Woordeskat
577 Betekenis
leksikale item 573
leksikale semantiek 577
leksikale veld 577
leksikale waarde 577
leksikograaf
567 Boek
570 Taalwetenskap
leksikografie
570 Taalwetenskap
577 Betekenis
leksikologie
570 Taalwetenskap
577 Betekenis
leksikoloog 570
leksikon
567 Boek
573 Woordeskat
leksout 368
lektor 560
lektoraat 560
lektuur
562 Lees
567 Boek
750 Letterkunde
lel
365 Voël
381 Vel
388 Oor
lelie 335
leliewit
492 Kleur
627 Skoon
lelik
104 Baie

623 Sleg
628 Vuil
744 Lelik
777 Haat
813 Swak gedrag
827 Afkeur
lelikerd
744 Lelik
813 Swak gedrag
lelikpratery 539
lem
185 Sny
355 Landbougereedskap
lemma
525 Bewys
567 Boek
lemmetjie
323 Vrug
426 Kos
lemming 366
lemoen
323 Vrug
350 Vrugte
426 Kos
lemoenboord 350
lemoendoring 439
lemoendoringboom 331
lemoendrankie 427
lemoenduif 365
lemoenessens 419
lemoenkleur 492
lemoenkwas 427
lemoenpampoentjie 426
lemoensakkie 84
lemoenstroop
426 Kos
427 Drank
lemoenvoël 365
lemur 366
lende
392 Romp
396 Rug
421 Vleis
lendedoek 311
lendelam
54 Oud
95(12) Venster
142 Veranderlik
164 Reëlmatig
198 Strompel
583 Willoosheid
626 Swak
lendestuk 421
lendetjop 421
lendewerwel 396
lener
699 Leen
700 Bank
leng 289
lengte
123 Meet
273 Geografie
431 Afmeting
432 Groot
436 Hoog
lengtebepaling 123
lengtedal 463
lengteduin 280
lengte-eenheid 123
lengtegraad
269 Heelal
273 Geografie
lengtemaat
122 Bereken
431 Afmeting
lengtemeter 123
lengtemeting 123
lengtesirkel 273
lengtesnit 185
lengtespier 379
lengteverskil 273
lenig
379 Spier
435 Smal
456 Sag
780 Hulp
lening
688 Besit
693 Gee
699 Leen
711 Skuld
leninghouer 711
leningsaldo 703
leningsbank 700
leningsbestuurder 700
leningsfinansiering 693
leningsfonds 699
leningsinstelling
699 Leen
700 Bank
lening(s)koers
699 Leen
700 Bank
leningskuld
699 Leen
711 Skuld
leningsplaas 354
leningsrekening 700
leningsrente
699 Leen
700 Bank
leningstilstand 699
Leninisme 701
lenis 572
lens
267 Optika
268 Fotografie
387 Oog
lensafsluiting 268
lensie
351 Groente
426 Kos
lenskap 268
lensopening
267 Optika
268 Fotografie
lente
37 Tyd
127 Tydbepaling
270 Hemelliggaam
289 Klimaat
lenteagtig 289
lenteblom 322
lentefees 793
lentekewer 361
lentekleur 492
lentelug 289
lenteseisoen 37
lentetuin 346
lentetyd 37
lentevrug 323
lenteweer 289
lento 753
lepel
95(7) Messegoed
102 Hoeveelheid
419 Voedselbereiding
lepelhout 316
lepidoptera 361
lêplek 61
leraar
560 Skoolgaan
841 Leer
849 Prediking
852 Geestelike
les
558 Redevoering
561 Studeer
827 Afkeur
les gee 559
lesbaar 407
lesbianisme 776
lesbiër
239 Voortplant
374 Mens
376 Vrou
776 Liefde
lesbies
374 Mens
376 Vrou
776 Liefde
lesbiïsme 376
lesenswaardig 562
leser 562
leserskring 562
leserspubliek 562
lesing
539 Kommunikeer
553 Behandel
558 Redevoering
560 Skoolgaan
561 Studeer
562 Lees
565 Skryfkuns
lesingkamer 560
lesingperiode 561
lesingsaal 560
lesingtyd 560
lessenaar
560 Skoolgaan
564 Skryfbehoeftes
lessenaarstoel 564
lesuur 560
let op 508
letargie 715
letargies 715
letter
546 Kunsmatige teken
565 Skryfkuns
571 Skrif
letterdief 695
letterdiefstal 695
lettere
515 Wetenskap
750 Letterkunde
letterfont 566
lettergreep
571 Skrif
572 Uitspraak
lettergrootte 566
letterhaak 566
letterhoogte 566
letterklankwoord 575
letterkunde
567 Boek
749 Kuns
750 Letterkunde
letterkundelesing 561
letterkundige
515 Wetenskap
750 Letterkunde
letterlik
541 Betekenisvolheid
577 Betekenis
letterlike betekenis 577
letternaam
573 Woordeskat
575 Woordvorming
letternaamwoord 575
lettersetmasjien 566
lettersoort 566
letterteken
546 Kunsmatige teken
565 Skryfkuns
571 Skrif
lettertipe
565 Skryfkuns
566 Drukkuns
lettertoets 564
lettervreter 561
letterwoord
573 Woordeskat
575 Woordvorming
lêtyd 235
leucadendron 337
leucospermum 337

leuen
517 Vind
538 Dwaling
539 Kommunikeer
552 Vertel
613 Onnoukeurig
623 Sleg
815 Oneerlik
818 Bedrieg
leuenaar
538 Dwaling
623 Sleg
815 Oneerlik
818 Bedrieg
leuenverhaal 552
leukoplas(t) 377
leun 73
leunstoel 95(4)
leunwa 233
leuse 546
Leviatan 855
lewe
1 Bestaan
64 Aanwesig
141 Behoud
165 Onreëlmatig
249 Lewe
718 Bly
lewe gee
249 Lewe
251 Lewe gee
leweloos
146 Beweginloosheid
250 Dood
626 Swak
725 Verveling
lewend
165 Onreëlmatig
249 Lewe
lewendbarend 239
lewende 249
lewende taal 569
lewende wese 4
lewendig
1 Bestaan
165 Onreëlmatig
249 Lewe
411 Gesond
610 Ywerig
713 Gevoel
718 Bly
767 Moed
lewensangs 768
lewensap 249
lewensat 661
lewensbeginsel 249
lewensbehoud 249
lewensbelangrik 17
lewensbeloop 249
lewensbeskouing
249 Lewe
513 Gedagte
811 Gewete
lewensbeskrywing 750
lewensbly 718
lewensblyheid 718
lewensbron 249
lewensdekking 655
lewensdors 249
lewensdrif 249
lewensduur 249
lewenselikser 415
lewensfilosofie 249
lewensgeluk 718
lewensgevaarlik 768
lewensgewoonte 249
lewensgroot 432
lewenshouding
249 Lewe
810 Gedrag
lewensin 249
lewensjare 249
lewenskans 249
lewenskets 750
lewensklimaat 249
lewenskrag
249 Lewe
610 Ywerig
lewenskragtig
249 Lewe
610 Ywerig
625 Sterk
767 Moed
lewenskring 61
lewenskuns 249
lewenskwaliteit 788
lewenskwessie 620
lewenskyk 249
lewensleer 249
lewensloop 249
lewenslot 249
lewenslus
249 Lewe
610 Ywerig
718 Bly
lewenslustig
249 Lewe
411 Gesond
610 Ywerig
713 Gevoel
718 Bly
767 Moed
lewensmiddel 631
lewensmoed 249
lewensmoeg
661 Vermoei
766 Wanhoop
lewensmoegheid 766
lewensomstandighede 249
lewensonderhoud
249 Lewe
645 Handel
lewensopvatting 249
lewenspad 249
lewenspatroon 249
lewenspolis 655
lewensreël 249
lewensrisiko 656
lewenstaak 645
lewensteken 249
lewenstyl 249
lewensuitkyk 249
lewensvatbaar
249 Lewe
653 Maklik
lewensverhaal 249
lewensversekering
655 Veilig
692 Spaar
lewensverwagting 249
lewensvlam 249
lewensvraag 620
lewenswandel
249 Lewe
644 Handelwyse
810 Gedrag
lewenswarm 465
lewenswyse
249 Lewe
644 Handelwyse
810 Gedrag
lewenswysheid 535
lewer
401 Spysvertering
421 Vleis
631 Nodig
693 Gee
leweransier 705
lewerik 365
lewerkleur 492
lewerontsteking 413
leweroorplanting 414
lewerpatee
421 Vleis
426 Kos
lewersiekte 413
lewersmeer
421 Vleis
426 Kos
lewertraan 462
lewerwors 421
liasseer 19
liberaal
593 Vryheid
795 Staat
liberalis 795
liberalisme
593 Vryheid
795 Staat
librettis 754
libretto 754
lid
32 Enkeling
112 Deel
403 Voortplanting
665 Byeenkom
787 Gemeenskap
lidmaat
112 Deel
852 Geestelike
lidmaatskap 665
lidmaatskapgeld 665
lidwoord 574
lied 757
liederlik
623 Sleg
628 Vuil
813 Swak gedrag
820 Oneerbaar
liedjieskrywer 754
lief 743
liefdadigheid 778
liefdadigheidsdiens 778
liefdadigheidsinstelling 780
liefdadigheidswerk
778 Goedaardig
780 Hulp
liefde
638 Aanmoedig
714 Gevoelig
776 Liefde
790 Sosiaal
830 Eerbiedig
liefdegawe 693
liefdeloos
715 Gevoelloos
777 Haat
liefderik
714 Gevoelig
776 Liefde
liefdesbetoon 776
liefdesbewys 776
liefdesdaad 778
liefde(s)diens
778 Goedaardig
780 Hulp
liefdesgedig 751
liefdesgevoel 776
liefdesimbool 547
liefdeslied 757
liefdesmart 776
liefdesorg 778
liefdespyn 776
liefdesroman 750
liefdestaal 776
liefdesuiting 776
liefdesverhaal
552 Vertel
750 Letterkunde
liefdesverhouding
776 Liefde
790 Sosiaal
liefdesverklaring 776
liefdesvers 751
liefdesvuur 776

liefde(s)werk 778
liefdeswoord 776
liefdevol
714 Gevoelig
776 Liefde
778 Goedaardig
liefdewerk 780
liefhê
716 Genot
776 Liefde
830 Eerbiedig
liefies
743 Mooi
776 Liefde
liefkoos
239 Voortplant
776 Liefde
liefkry 776
lieflik
716 Genot
743 Mooi
826 Goedkeur
liefling 776
liefs 580
liefste 776
lieftallig
714 Gevoelig
743 Mooi
lieg
517 Vind
538 Dwaling
815 Oneerlik
818 Bedrieg
liegbek
538 Dwaling
539 Kommunikeer
623 Sleg
818 Bedrieg
liegpraatjies
552 Vertel
818 Bedrieg
liegstem 590
liegstorie
538 Dwaling
539 Kommunikeer
552 Vertel
818 Bedrieg
liemaak 818
lieplapper 813
lier 756
liertig 435
lierwattel 331
lies 421
liesbreuk 413
lieslap 421
lietsjie
323 Vrug
350 Vrugte
lietsjiemot 361
liewe(n)heersbesie 361
lig
103 Min
171 Verwyder
211 Opgaan
267 Optika
451 Gewigloos
456 Sag
485 Lig
487 Ligbron
490 Kleur
543 Duidelik
653 Maklik
750 Letterkunde
820 Oneerbaar
ligatuur 566
ligbaken
221 Vaar
487 Ligbron
ligband 485
ligbeeld 267
ligbreking
267 Optika
485 Lig
ligbron
267 Optika
485 Lig
487 Ligbron
ligbruin 492
ligbuis 487
ligbundel
267 Optika
485 Lig
ligdruk 268
ligeenheid 123
ligeffek 485
ligenergie 256
ligflits 546
liggaam
377 Liggaam
392 Romp
liggaamlik
254 Stof
377 Liggaam
liggaamlike opvoeding 559
liggaamlikheid
254 Stof
377 Liggaam
liggaamsbeweging 145
liggaamsbou 432
liggaamsdeel 377
liggaamsgestalte 432
liggaamsholte 377
liggaamshouding
70 Houding
545 Natuurlike teken
liggaamskondisie 411
liggaamskrag 625
liggaamsleeftyd 377
liggaamspyn 717
liggaamstaal 545
liggelowig 518
liggeraak
503 Onverstandig
713 Gevoel
714 Gevoelig
771 Gramskap
liggewend 485
liggewig 451
liggies 103
ligging
61 Plek
64 Aanwesig
88 Posisie
ligglas 487
liggloed 485
liggolf
267 Optika
485 Lig
liggroen 492
liggrys 492
ligjaar
123 Meet
267 Optika
269 Heelal
ligkap 487
ligkol 485
ligkolom
267 Optika
485 Lig
ligkrag 485
ligkrans
267 Optika
485 Lig
ligkring
267 Optika
270 Hemelliggaam
485 Lig
ligmeter
123 Meet
267 Optika
ligplant 318
ligpunt
44 Gebeure
267 Optika
ligrooi 492
ligroos 492
ligsein 546
ligsinnig
583 Willoosheid
820 Oneerbaar
ligskuheid 499
ligsnelheid 267
ligsok 487
ligspier 379
ligsterkte 485
ligstraal
267 Optika
485 Lig
ligstraalbreking 485
ligstraalbundel 267
ligstreep
442 Lyn
485 Lig
746 Toilet
ligswaargewig 731
ligtheid 451
liguitstraling 485
likeurglas 84
likeursjokolade 426
likied 708
likwidasie
171 Verwyder
238 Vernietig
687 Verlies
694 Neem
705 Verkoop
708 Betaal
711 Skuld
likwidateur
687 Verlies
711 Skuld
likwideer
171 Verwyder
252 Doodmaak
687 Verlies
694 Neem
705 Verkoop
711 Skuld
likwied
572 Uitspraak
708 Betaal
lilliputterig 433
Limburger 426
limfoom 413
limfweefsel 377
limiet
38 Tydgebruik
58 Laat
63 Begrens
126 Skat
137 Bewerking
limonade 427
limousine 630
lineêr 442
lingua franca 569
linguaal 569
linguis
515 Wetenskap
570 Taalwetenskap
linguistiek
515 Wetenskap
570 Taalwetenskap
liniaal
123 Meet
443 Reglynig
560 Skoolgaan
759 Tekenkuns
liniaalstert 365
linie
667 Stryd
672 Weermag
787 Gemeenskap
linieer
442 Lyn
565 Skryfkuns
liniëring
442 Lyn
565 Skryfkuns
linkerafslaanbaan 728(4)
linkeragterspeler
728(2) Sokker
728(6) Hokkie

linkerbinnespeler 728(2)
linkerbrongus 398
linkerbuitespeler 728(2)
linkerflank 728(1)
linkerhelfte 112
linkerkant
87 Kant
112 Deel
linkernier 402
linkeroewer 286
linkeroog 387
linkersenter 728(1)
linkerskakel
728(2) Sokker
728(6) Hokkie
linkersneller 728(6)
linkervleuel
112 Deel
728(1) Rugby
728(6) Hokkie
links
87 Kant
148 Van koers af
615 Onbekwaam
644 Handelwyse
795 Staat
linkse 795
linksgesind 795
linkshandig 644
linksom
148 Van koers af
680 Militêre aksie
linksomkeer 680
links-radikaal 795
linne
95(9) Linne
311 Weefsel
313 Weef
linnebindwerk 566
linneweefsel 311
linnewewery 313
lint 564
lintwewery 313
lip
390 Mond
572 Uitspraak
lipstiffie 746
liptaster 361
liriek 751
lirics 478
liriese tenoor 757
lisensiaat 561
lisensie
217 Motorry
525 Bewys
601 Toestem
616 Magtig
826 Goedkeur
lisosoom 377
listig
623 Sleg
813 Swak gedrag
815 Oneerlik
820 Oneerbaar
lit
320 Stam
380 Gebeente
397 Ledemaat
litanie 847
liter 123
literator 750
literatuur
562 Lees
567 Boek
750 Letterkunde
literatuurstudie 750
literatuurteorie 515
literatuurwetenskap
515 Wetenskap
750 Letterkunde
literêr 750
literêre genre 750
literêre kritiek 750
literêre onomastiek
550 Noem
570 Taalwetenskap
literêre resensent 750
literêre teorie 750
literêre werk
565 Skryfkuns
567 Boek
750 Letterkunde
litigant 809
litigasie 809
litium 297
litograaf 566
litografie
566 Drukkuns
761 Graveerkuns
litografiese afdruk 566
litologie 295
litosfeer
269 Heelal
272 Aarde
litotes 750
liturg
848 Erediens
852 Geestelike
liturgie 848
liturgiek 842
liturgies
842 Geloof
848 Erediens
liturgiese drama 752
livreikneg 592
liwidasie 690
lob 398
loei
290 Wind
484 Diergeluid
loer
499 Sien
508 Aandag
loergat 499
lof 826
lofbetuiging
693 Gee
826 Goedkeur
lofdig
751 Digkuns
826 Goedkeur
lofgebed 847
lofgedig 751
lofgesang 847
loflied
757 Sang
826 Goedkeur
847 Gebed
loflik 826
lofprysing 830
lofpsalm
826 Goedkeur
847 Gebed
848 Erediens
lofrede
539 Kommunikeer
558 Redevoering
826 Goedkeur
lofsang 848
lofuiting
826 Goedkeur
830 Eerbiedig
lofwaardig
812 Goeie gedrag
826 Goedkeur
log
226 Stadig
452 Swaar
615 Onbekwaam
logaritme 137
logheid 452
logies
19 Orde
522 Redeneer
523 Logies redeneer
577 Betekenis
logiese argument 522
logiese betekenis 577
logiese gevolgtrekking
522 Redeneer
577 Betekenis
logiese vorm 577
logika
514 Wysbegeerte
522 Redeneer
523 Logies redeneer
577 Betekenis
logikus 522
logistiek
640 Voorbereid
672 Weermag
loglyn 442
lojaal 816
lojaliteit
814 Eerlik
816 Getrou
lok
15 Oorsaak
191 Laat kom
773 Begeerte
lokaal
61 Plek
91 Gebou
168 Saamkom
lokaliseer 64
lokalisering 63
lokaliteit
61 Plek
64 Aanwesig
88 Posisie
lokatief 574
lokmiddel 773
lokomotief 630
lokstem 548
lokusie 577
lokutief 577
lomerigheid 661
lomp
226 Stadig
434 Breed
452 Swaar
615 Onbekwaam
619 Kalm
lomperd
198 Strompel
615 Onbekwaam
lonend 686
long 398
longitudinaal 147
longmasjien 417
longontsteking 413
longpyp 398
longslagaar 398
longtering 413
longtuberkulose 413
longvat 398
lont 467
lood
297 Metaal
372 Vissery
492 Kleur
loodfoelie 301
loodgieter
97 Bou
302 Smid
592 Ondergeskikte
630 Werktuig
loodgietersgereedskap 630
loodgieterswerk 97
loodglas 309
loodglit 297
loodgrys 492
loodhout 316

loodkleur 492
loodkristal 309
loodlegering 301
loodlyn 443
loodreg
71 Regop
443 Reglynig
loods
91 Gebou
170 Saambring
216 Ry
221 Vaar
222 Vlieg
223 Stuur
loodsbaadjie 745
loodsman 221
loodstaaf 301
loodswaar 452
loodswalvis 363
loof
331 Boom
826 Goedkeur
830 Eerbiedig
845 Godsvrug
loofhout 316
loog 627
looi
314 Leer
835 Bestraf
looier 314
looierskalk 314
looikuip 314
looistof 314
loom 226
loomheid 611
loon
686 Aanwins
708 Betaal
709 Betaalmiddel
834 Beloon
loop
21 Volgorde
29 Middel
44 Gebeure
62 Grensloos
128 Chronometer
145 Beweging
149 Pad
167 Wegbeweeg
197 Te voet
205 Weggaan
229 Stadig
286 Rivier
287 Vloei
405 Bloed
460 Vloeistof
644 Handelwyse
645 Handel
647 Voortgaan
loopbaan
610 Ywerig
645 Handel
658 Beroep
loopbaangerig 658
loopgraaf
670 Verdedig
671 Verdedigingsmiddel
loopgroef 676
loopkewer 361
loopmaag 413
loopoog 413
looppas 680
looppoot 362
loops 239
loopsnelheid 677
looptyd
37 Tyd
38 Tydgebruik
648 Onderbreek
loopvlakpatroon 233
loopvoël 365
loot
18 Toeval
320 Stam
lopend 565
lopende koers 126
lopende prys 126
lopende rekening
700 Bank
708 Betaal
lopende skrif 565
lopende skuld 711
loperig 460
lopery 145
lopie 286
lopies 728(3)
lopietempo 728(3)
los
7 Betrekkingloos
142 Veranderlik
169 Skei
171 Verwyder
173 Losmaak
458 Breekbaar
565 Skryfkuns
593 Vryheid
683 Misluk
687 Verlies
693 Gee
820 Oneerbaar
losbandig
593 Vryheid
779 Boosaardig
813 Swak gedrag
820 Oneerbaar
losbol 509
losbrand 677
losbreek
171 Verwyder
173 Losmaak
184 Afbreek
593 Vryheid
losdraai 163
loseer 64
losgaan 173
losgelaat 593
loshang 173
losheid
7 Betrekkingloos
820 Oneerbaar
losieshuis
89 Blyplek
91 Gebou
429 Eetplek
losiesplek 429
loskom 173
loskop
509 Onoplettend
728(1) Rugby
loskopflank 728(1)
loskoppel 173
loskopstut 728(1)
loskopvoorryman 728(1)
loskruit 676
loskruitpatroon 676
loslaat
173 Losmaak
593 Vryheid
loslating 173
loslieg 818
losliggend 173
losmaak 173
losraak 173
losruk
173 Losmaak
593 Vryheid
losser 711
lossertrok 234
losserwa 234
losskakel 728(1)
losskeur
184 Afbreek
593 Vryheid
losskiet 173
losskud 173
losspring 173
losstaande
5 Ondergeskik
7 Betrekkingloos
lostorring 173
losvoorspeler 728(1)
loteling 679
lotery 18
loting
18 Toeval
679 Mobiliseer
lotingstelsel 679
lotsbedeling 579
lotsbestel 579
lotsbestemming 579
lotsverbetering 622
lotsverbondenheid 6
lotus 341
lou
465 Warm
581 Teësinnig
587 Aarsel
louere 684
lourierblare 419
lourierkrans 745
louter
108 Minder
627 Skoon
louwarm 465
lower 331
lowerbloekom 331
lowerryke boom 331
Lucifer 838
lug
61 Plek
96 Slaapplek
289 Klimaat
461 Gas
473 Reuk
lug skep 404
lugaanval 667
lugafweerkanon 676
lugakrobaat 236
lugballon 236
lugbedekking 294
lugbesoedeling 290
lugbevolking 357
lugbeweging
290 Wind
461 Gas
lugboei 221
lugbottel
215 Swem
372 Vissery
lugbrug 222
lugbus 236
lugdagha 100
lugdeeltjie 461
lugdiens 222
lugdig
178 Toegaan
453 Dig
lugdraad 233
lugdruk
290 Wind
452 Swaar
lugeskader 672
lugfauna 357
lugfilter
233 Motorvoertuig
290 Wind
lugfotografie 268
luggat 290
luggees 844
luggeveg 667
lughawe 222
lughawegebou
91 Gebou
222 Vlieg
lughawetoerusting 222
luginlaat
234 Spoorweg
236 Lugvaart

290 Wind
lugkoers 147
lugkommandement 672
luglaag 461
lugmag
222 Vlieg
672 Weermag
lugmagbasis 672
lugmaghoofkwartier 672
lugmagoffisier 673
lugnimf 838
lugoffensief 667
lugoffisier 673
lugoorlog 667
lugopening 290
lugperspomp 259
lugplant 318
lugpomp 259
lugpos 196
lugposplakker 196
lugposseël 196
lugpyp
290 Wind
398 Asemhaling
lugpypontsteking 413
lugredery
222 Vlieg
236 Lugvaart
lugreëlaar 466
lugreëling
290 Wind
461 Gas
lugreis
187 Reis
222 Vlieg
lugruim 61
lugruimte 365
lugsak 398
lugsement 100
lugsiek 413
lugsirkulasie 290
lugskag 275
lugskip 236
lugspieëling
267 Optika
485 Lig
lugsport 726
lugsteen 304
lugstingel 320
lugstroming 290
lugstroom
290 Wind
461 Gas
lugsuiwering 461
lugtaktiek 672
lugtemperatuur
289 Klimaat
294 Weerkunde
lugtig
290 Wind
612 Noukeurig
768 Vrees
770 Wantroue
lug-tot-grondaanval 667
lugtrilling 290
lugvaart
222 Vlieg
236 Lugvaart
lugvaartagentskap 236
lugvaartmaatskappy
222 Vlieg
236 Lugvaart
lugvaartopleiding 222
lugvaartreg 808
lugvaartwet 222
lugventilator 290
lugverbinding 222
lugverkenning 680
lugverkoeling 233
lugverplasing 290
lugverskaffing 290
lugversorging 290
lugvervarsing 290
lugvervoer 222
lugvleuel 672
lugvloei
290 Wind
461 Gas
lugvrag 452
lugwaardin 236
lugweë 398
lugweerstand 290
lugwortel
319 Wortel
331 Boom
lui
128 Chronometer
265 Telekommunikasie
581 Teësinnig
611 Lui
623 Sleg
646 Nie handel nie
652 Versuim
813 Swak gedrag
luiaard
611 Lui
623 Sleg
626 Swak
646 Nie handel nie
652 Versuim
813 Swak gedrag
luiaardspos 658
luid
476 Geluid
481 Skerp klank
548 Praat
luidheid 753
luidrugtig
476 Geluid
548 Praat
luidspreker
264 Uitsaai
266 Akoestiek
548 Praat
luidsprekerstelsel
266 Akoestiek
548 Praat
luier 213
luierend 226
luierig
226 Stadig
581 Teësinnig
611 Lui
luiheid
611 Lui
646 Nie handel nie
662 Rus
luik 94(8)
luikrugmotor 630
luilak
611 Lui
623 Sleg
luilekker
226 Stadig
611 Lui
luim
713 Gevoel
714 Gevoelig
722 Snaaks
luimig
713 Gevoel
722 Snaaks
luiperd 366
luis 361
luislang 364
luislere 382
luister
266 Akoestiek
498 Gehoor
508 Aandag
516 Soek
597 Gehoorsaam
600 Sonder gesag
luisteraar
264 Uitsaai
498 Gehoor
luisterlied 757
luisterryk 793
luit 756
luitenant
591 Gesaghebber
673 Manskap
802 Gehoorsaam
luitenant-generaal
591 Gesaghebber
673 Manskap
luitenant-kolonel 673
luiters
226 Stadig
653 Maklik
715 Gevoelloos
luitoon 265
lukraak
18 Toeval
583 Willoosheid
641 Onvoorbereid
lukratief 686
lukwart
323 Vrug
350 Vrugte
lumbaal 396
lumbale punksie 414
lumbale senuwee 378
lumbale werwel 396
luminisme 760
lummel 615
lus
239 Voortplant
520 Verwag
580 Graag
584 Kies
610 Ywerig
716 Genot
718 Bly
773 Begeerte
lusern 352
lusgevoel 713
lushof
92 Gebou
346 Landbougrond
lusoord 724
luste 820
lusteloos
581 Teësinnig
611 Lui
613 Onnoukeurig
626 Swak
715 Gevoelloos
719 Hartseer
725 Verveling
774 Onverskillig
lustig
239 Voortplant
713 Gevoel
luswekkend 471
luuks 92
ly
635 Skadelik
713 Gevoel
717 Lyding
719 Hartseer
lydelik 778
lydend
574 Woordkategorie
576 Sinsbou
623 Sleg
717 Lyding
719 Hartseer
lydende vorm 574
lydensbeker 717
lydensgeskiedenis 837
lydensweek 837
lyding
717 Lyding
719 Hartseer
837 God

lydsaam
582 Wilskrag
596 Inskiklik
619 Kalm
715 Gevoelloos
778 Goedaardig
lyf
377 Liggaam
392 Romp
lyf wegsteek
581 Teësinnig
611 Lui
652 Versuim
lyfbediende
592 Ondergeskikte
663 Meedoen
lyfblad 568
lyfeiene
589 Dien
592 Ondergeskikte
794 Sosiaal
lyfhare 382
lyfkneg 592
lyflik 377
lyfpak 745
lyfpoeier 746
lyfrente
686 Aanwins
700 Bank
lyfsieraad 745
lyfskoot 677
lyfstraf 835
lyftaal 545
lyfwag 655
lyfwegsteker
581 Teësinnig
611 Lui
652 Versuim
lyk
2 Nie-bestaan
250 Dood
lykbesorger 253
lykshuis
250 Dood
253 Begrafnis
lykskouing
250 Dood
414 Geneeskunde
lyksmotor 253
lykswa 253
lym
172 Vasmaak
462 Halfvloeibaar
564 Skryfbehoeftes
lymkwas 630
lympot 84
lymverf 490
lyn
21 Volgorde
63 Begrens
139 Meetkunde
147 Rigting
240 Afkoms
265 Telekommunikasie
310 Vlegwerk
315 Papier
381 Vel
386 Gesig
435 Smal
442 Lyn
443 Reglynig
545 Natuurlike teken
546 Kunsmatige teken
565 Skryfkuns
lynboot 235
lynch 252
lyndraad 63
lyndrukker 263
lyngooi 372
lyngravure 761
lynkoek 369
lynolie 462
lynreg 443
lynregter
727 Wedstryd
728(1) Rugby
728(2) Sokker
728(4) Tennis
lynskop 728(1)
lynslaan 353
lynstaan 728(1)
lynteelt
368 Diereteelt
369 Veeteelt
lyntekening 759
lyntelegraaf 265
lynvaart
194 Vervoer
221 Vaar
lynvis 363
lynvormig 442
lynwagter 234
lys
21 Volgorde
82 Rondom
94(6) Muur
95(11) Versiering
160 Omring
277 Berg
lysskaaf
316 Hout
630 Werktuig
lyster 365
lysy 221
lywaarts 221
lywig
432 Groot
434 Breed
452 Swaar
553 Behandel

M
ma 242
maag
241 Familie
395 Buik
401 Spysvertering
maagaandoening 413
maagbitter 415
maagbry 401
maagd 248
maagdelik
248 Huwelik
819 Eerbaar
maagdermontsteking 413
maagdevlies 403
maagdruppels 415
maagholte
395 Buik
401 Spysvertering
maagkanker 413
maagkatar 413
maagklier
395 Buik
401 Spysvertering
maagkoors 413
maagkramp 413
maagkwaal 413
maaglyer 413
maagmiddel 415
maagontsteking 413
maagpomp 416
maagpyn
412 Siek
413 Siekte
maagsap
395 Buik
401 Spysvertering
maagseer 413
maagsiekte 413
maagskap 241
maagslot
395 Buik
401 Spysvertering
maagspier
379 Spier
395 Buik
maagsuur
395 Buik
401 Spysvertering
413 Siekte
maagsweer 413
maaguitgang
395 Buik
401 Spysvertering
maagvliesontsteking 413
maagwerking 413
maai
252 Doodmaak
347 Landbou
352 Graan
820 Oneerbaar
maaier 361
maaifoedie
813 Swak gedrag
820 Oneerbaar
maak
0 Ontstaan
237 Voortbring
427 Drank
438 Vorm
563 Skryf
693 Gee
maal
102 Hoeveelheid
122 Bereken
137 Bewerking
163 Draai
165 Onreëlmatig
186 Maal
401 Spysvertering
418 Maaltyd
421 Vleis
427 Drank
513 Gedagte
548 Praat
maalgat 286
maalklip 419
maalsom 137
maalstroom
104 Baie
286 Rivier
287 Vloei
maaltand 391
maalteken
137 Bewerking
138 Algebra
565 Skryfkuns
571 Skrif
maaltyd
406 Eet
418 Maaltyd
maalvleis
421 Vleis
426 Kos
maan
270 Hemelliggaam
485 Lig
508 Aandag
539 Kommunikeer
638 Aanmoedig
827 Afkeur
maanaanbidding 854
maanblom 342
maanbrief 711
maand
37 Tyd
127 Tydbepaling
Maandag 37
maandblad 568
maandelank 40
maandeliks
22 Kontinu
37 Tyd
40 Langdurig
55 Dikwels
127 Tydbepaling
maandgeld 709

maandkaartjie 220
maandloon 686
maandnaam 574
maandoud 53
maandstaat
700 Bank
703 Boekhou
maandstonde 239
maandverslag 539
maanfases 270
maangestalte 270
maanglas 84
maanhaar
149 Pad
382 Haar
maanhaarjakkals 366
maanhaarleeu 366
maanjaar 269
maanjie 397
maankrater 270
maanlanding 222
maanmaand 269
maanmot 361
maanreis
222 Vlieg
236 Lugvaart
maansiek 505
maanskyn
270 Hemelliggaam
485 Lig
maanstande 270
maansteen 298
maansverandering 269
maansverduistering 270
maantuig
222 Vlieg
236 Lugvaart
maanvlug 222
maanwandeling 222
maar 9
maarskalk 673
Maart 127
Maartblom 322
maartblom 337
Maartlelie 322
maas
177 Oopgaan
426 Kos
427 Drank
maasbanker 422
maaskaas
371 Suiwel
426 Kos
maaswerk 94(13)
maat
8 Dieselfde
102 Hoeveelheid
122 Bereken
123 Meet
431 Afmeting
663 Meedoen
726 Sport
753 Musiek
776 Liefde
790 Sosiaal
maatadjunk 574
maatband
122 Bereken
123 Meet
maateenheid 123
maatemmer 123
maatfles 123
maatglas 123
maatlint 122
maatlyn
122 Bereken
123 Meet
maatnaam 574
maatnaamwoord 574
maatreël 599
maatskaplik 787
maatskaplike sorg 780
maatskaplike studie 515
maatskaplike toelae 780
maatskaplike werk
515 Wetenskap
780 Hulp
maatskaplike werker 780
maatskappy
33 Samehorig
90 Gemeenskap
168 Saamkom
170 Saambring
658 Beroep
665 Byeenkom
701 Handel
787 Samelewing
maatskappy(e)belasting 712
maatskappyewet 801
maatskappy-inkomste 686
maatskappykoerant 568
maatskappyreg 701
maatslag 753
maatstaf
35 Reëlmatig
123 Meet
527 Oordeel
642 Beproef
644 Handelwyse
maatstok
123 Meet
753 Musiek
maatstreep
442 Lyn
753 Musiek
macadamiseer 149
macaroni 426
mach
123 Meet
222 Vlieg
machmeter 236
macramé 310
Madagaskarjasmyn 333
madam
376 Vrou
785 Hoogmoedig
madrigaal
751 Digkuns
754 Komposisie
757 Sang
maer
421 Vleis
435 Smal
451 Lig
690 Arm
maer jare 683
maermerrie 397
maestoso 753
maestro
754 Komposisie
755 Uitvoering
mag
137 Bewerking
578 Vrywillig
579 Gedwonge
588 Gesag hê
590 Bestuur
599 Gesag
616 Magtig
625 Sterk
672 Weermag
773 Begeerte
795 Staat
magasyn
170 Saambring
672 Weermag
675 Bewapening
676 Vuurwapen
magasynmeester 590
magdom 104
magenta
490 Kleur
492 Kleure
maghebbend
588 Gesag hê
591 Gesaghebber
616 Magtig
maghebber
588 Gesag hê
591 Gesaghebber
616 Magtig
795 Staat
magie 844
magies 844
magiër 844
magister 561
magistergraad 561
magisterstudent
560 Skoolgaan
561 Studeer
magisterstudie 561
magistraal 622
magistraat
591 Gesaghebber
808 Regswese
magistraatshof 808
magistraatskantoor 808
magma 277
magmakamer 277
magnaat 689
magneet
233 Motorvoertuig
261 Magnetisme
297 Metaal
773 Begeerte
magneetanker 261
magneetband
263 Rekenaar
266 Akoestiek
263
magneetbandaandrywer 263
magneetkrag 261
magneetnaald
147 Rigting
261 Magnetisme
magneetpool 261
magneetskyf 261
magneetyster
261 Magnetisme
297 Metaal
magnesia 415
magnesiamelk 415
magnesiet 297
magnesium 297
magnesiumlamp 487
magnesiumlig 487
magneties 261
magnetiese as 261
magnetiese kompas 261
magnetiese stof 261
magnetiese veld 261
magnetiseer
261 Magnetisme
414 Geneeskunde
713 Gevoel
magnetisme 261
magneto
233 Motorvoertuig
261 Magnetisme
magnetometer 261
magnolia 332
magnum opus 567
magou 426
magriet 322
magrietbos 332
magsaanvaarding 588
magsaanwyser 137
magsbegeerte 588
magsbehep 588
magsbetoon
599 Gesag
667 Stryd
magsbevoegdheid 599
magsblok 590
magsdeling 795
magselite 795

magsfeer 599
magsgevoel 588
magshonger 599
magskliek 599
magskonsentrasie 588
magsliggaam 588
magslus 599
magsmens 591
magsmisbruik 599
magsondermyning 588
magsoorname 588
magsoorwig
579 Gedwonge
616 Magtig
magspolitiek 795
magsposisie 599
magspreuk 525
magstruktuur 599
magsuiting 599
magsuitoefening
588 Gesag hê
616 Magtig
magsvergelyking 137
magsverheffing 137
magsverlies 617
magsvertoon
599 Gesag
616 Magtig
667 Stryd
magswellus 588
mag(s)woord 599
magteloos
617 Magteloos
626 Swak
magtie
521 Verras wees
768 Vrees
826 Goedkeur
827 Afkeur
magtig
408 Spysvertering
521 Verras wees
588 Gesag hê
591 Gesaghebber
601 Toestem
616 Magtig
622 Goed
625 Sterk
768 Vrees
820 Oneerbaar
826 Goedkeur
827 Afkeur
magtiging
599 Gesag
601 Toestem
616 Magtig
826 Goedkeur
magtigingswet 801
magwoord 525
maharadja 591
maharani 591
mahatma
502 Verstand
591 Gesaghebber
mahem 365
mahemblom 332
mahonie 331
mahonieboom 331
mahoniehout 316
maisonnet
89 Blyplek
91 Gebou
maïs 426
majesteit
591 Gesaghebber
689 Ryk
743 Mooi
799 Beroemd
majestueus
62 Grensloos
92 Gebou
743 Mooi
majeur 753
majeurakkoord 753
majeurtoonleer 753
majeurtoonsoort 753
majolika 305
majoor
591 Gesaghebber
673 Manskap
802 Gehoorsaam
majoorskap 673
majoraat 696
majuskel
565 Skryfkuns
566 Drukkuns
mak
357 Dier
366 Soogdier
368 Diereteelt
597 Gehoorsaam
makaber
744 Lelik
768 Vrees
makassar 95(9)
makassarolie
462 Halfvloeibaar
746 Toilet
makasterkop
382 Haar
745 Versier
makataan 426
makeer
189 Wegbly
623 Sleg
makelaar 701
makelaarsfirma 701
makelary 701
makheid 597
makietie 793
makker
663 Meedoen
776 Liefde
maklik 653
maklikheidsgraad 653
makoppa 364
makou 365
makriel
363 Waterdier
422 Seekos
makro-ekonomie 590
makrokosmos 269
makrol 426
makromolekulêr
254 Stof
256 Skeikunde
makrosefalie 413
makroskopies
432 Groot
499 Sien
makrostraler 236
maksi-
432 Groot
436 Hoog
maksilla
361 Insek
362 Skaaldier
380 Gebeente
385 Skedel
maksimaal 107
maksime
522 Redeneer
525 Bewys
573 Woordeskat
maksimum
107 Meer
126 Skat
maksimum prys 704
maksimum snelheid 145
mal
11 Disharmonie
503 Onverstandig
505 Verstandstoornis
524 Onlogies redeneer
722 Snaaks
767 Moed
813 Swak gedrag
malaarbeen 380
malagiet 297
malaise
623 Sleg
701 Handel
malaria 413
malariamuskiet 361
malariastreek
273 Geografie
413 Siekte
malbec 427
malby 361
male sonder tal 55
Maleise gereg 426
Maleise kos 418
maler 391
malgas 365
malgif 252
malheid
121 Verwarring
503 Onverstandig
505 Verstandstoornis
524 Onlogies redeneer
malhuis 505
malie
674 Uitrusting
741 Kinderspel
maliehemp 674
malieklip 741
maliekolder 674
maliespel 741
maling 165
malingering 679
malisieus 779
malkop
165 Onreëlmatig
718 Bly
722 Snaaks
malkopsiekte 413
mallerig
505 Verstandstoornis
813 Swak gedrag
malligheid
524 Onlogies redeneer
722 Snaaks
malmier 361
malmok 365
malmokkie 366
malpraatjies
503 Onverstandig
524 Onlogies redeneer
mals
292 Neerslag
421 Vleis
456 Sag
maltase 408
maltese poedel 366
malteser 366
maltose 471
maltrap
716 Genot
718 Bly
722 Snaaks
malva 332
malvalekker 426
mama 242
mamba 364
mamma 242
mammakappie 337
mammie 242
mammoet 367
mammoetboom 331
Mammon
688 Besit
838 Gees
mamparra
503 Onverstandig
615 Onbekwaam
744 Lelik

mampoer 427
mams 242
man
242 Ouer
248 Huwelik
374 Mens
375 Man
man vat 248
managtig 375
man-alleen
103 Min
108 Minder
789 Onbeskaafd
manbaar 248
mandaat
588 Gesag hê
599 Gesag
601 Toestem
616 Magtig
mandag 645
mandaryn
350 Vrugte
426 Kos
591 Gesaghebber
mandaryntjie
323 Vrug
350 Vrugte
mandataris
588 Gesag hê
599 Gesag
mandator 599
mandibel
361 Insek
362 Skaaldier
380 Gebeente
385 Skedel
390 Mond
mandjie
84 Houer
310 Vlegwerk
mandolien 756
mandoor
591 Gesaghebber
785 Hoogmoedig
mandragora 343
mandril 366
maneuver
145 Beweging
223 Stuur
644 Handelwyse
645 Handel
667 Stryd
672 Weermag
680 Militêre aksie
maneuvreer
145 Beweging
644 Handelwyse
645 Handel
680 Militêre aksie
manga 369
mangaan 297
mangaanbrons 297
mangaanerts 297
mangaanstaal
297 Metaal
301 Metaalverwerking
mange tout-ertjie 351
mangel 390
mangelontsteking 413
mangeloperasie 414
mango
323 Vrug
350 Vrugte
426 Kos
manhaftig
625 Sterk
767 Moed
maniak
505 Verstandstoornis
714 Gevoelig
813 Swak gedrag
manie
413 Siekte
505 Verstandstoornis
657 Herhaal
714 Gevoelig
773 Begeerte
manier
644 Handelwyse
657 Herhaal
810 Gedrag
manierisme
644 Handelwyse
657 Herhaal
manierlik
790 Sosiaal
812 Goeie gedrag
manies
505 Verstandstoornis
657 Herhaal
714 Gevoelig
773 Begeerte
manies-depressief 505
maniese depressie 505
manifes
194 Vervoer
539 Kommunikeer
543 Duidelik
manifestant
539 Kommunikeer
543 Duidelik
manifestasie
539 Kommunikeer
543 Duidelik
551 Meedeel
manifesteer
162 Ontbloot
539 Kommunikeer
543 Duidelik
551 Meedeel
manikuur 746
manilla 430
manillapapier 315
maniok 332
manipulasie
495 Tassin
638 Aanmoedig
644 Handelwyse
manipulator
495 Tassin
644 Handelwyse
manipuleer
495 Tassin
638 Aanmoedig
644 Handelwyse
manjagter 239
manjifiek
92 Gebou
622 Goed
716 Genot
743 Mooi
mank 198
mank gaan 11
mankament 623
mankoliek
413 Siekte
626 Swak
manlief
242 Ouer
248 Huwelik
manlik
374 Mens
375 Man
574 Woordkategorie
625 Sterk
manlike geslagsdeel 403
manlike geslagsorgaan 403
manlike keël 330
manmoedig
625 Sterk
767 Moed
manna 842
mannagras 338
mannehater 777
mannekoor 757
mannekrag
610 Ywerig
625 Sterk
mannemoed 767
mannerig 374
mannetaal 569
mannetjie
53 Jonk
357 Dier
375 Man
mannetjiesagtig
374 Mens
375 Man
625 Sterk
mannetjiesvark 357
mannin 376
manometer 259
mansaal 417
mansdrag 745
mansel 594
mansfiets 232
manshaarkapper 746
manshoogte 436
mansjetknoop 172
mansjetskakel 172
manskap
591 Gesaghebber
592 Ondergeskikte
673 Manskap
manskapsel 382
mansklere 745
mansklerewinkel 707
manslag
252 Doodmaak
623 Sleg
803 Oortree
822 Skuldig
mansmens 375
mansnaam 550
manspak 745
manspan 726
mansruiker 348
manstem
482 Menslike geluid
548 Praat
mantel
94(11) Kaggel
274 Geologie
745 Kleding
manteldier 363
manteldraaier
626 Swak
818 Bedrieg
mantelvlies
394 Bors
398 Asemhaling
mantisse 137
manukuur 746
manuskrip
565 Skryfkuns
566 Drukkuns
567 Boek
manuskripkopie 566
man-uur 645
mapstieks 521
maramba 333
marathon
727 Wedstryd
729 Atletiek
marathonatleet 729
marathonloper 729
marathonwedloop 729
marconis 265
maretak 344
margarien
371 Suiwel
426 Kos
462 Halfvloeibaar
marge
9 Verskillend

82 Rondom
565 Skryfkuns
marginaal
82 Rondom
686 Aanwins
marginale skild 364
marginalieë 565
marginaskulp 363
marien 283
marijuana 494
marimba 756
marinade
419 Voedselbereiding
471 Lekker
marinebioloog 416
marineblou 492
marineer
419 Voedselbereiding
421 Vleis
471 Lekker
marinegeologie 274
marinegeoloog 274
marinehawe 235
marinelugmag 222
marineoffisier 235
marinestaf 235
marinier
235 Skeepvaart
673 Manskap
marionet
583 Willoosheid
617 Magteloos
maritaal 248
maritiem
221 Vaar
283 See
maritieme sein 235
marjolein
340 Krui
419 Voedselbereiding
mark
126 Skat
445 Oppervlak
701 Handel
702 Beurs
707 Handelsaak
markant 500
markasiet 297
markeer
146 Beweginloosheid
546 Kunsmatige teken
markekonomie 701
markfaktore 701
markgraaf 797
markgravin 797
markies
95(12) Venster
465 Warm
797 Adelstand
markiesin 797
markkoers 126
markkrag 701
marknavorsing 701
markprys
126 Skat
704 Koop
marksegment 701
marksektor 701
markwaarde
126 Skat
686 Aanwins
704 Koop
marlyn 363
marmelade 426
marmer
298 Steen
303 Steengroef
marmergruis
298 Steen
303 Steengroef
marmerkleurig 492
marmersaag 303
marmerslyper 303
marmersnyer 303
marmersteen
253 Begrafnis
298 Steen
304 Steenbakkery
marmertrap 211
marmerwit 492
marmoliet 298
marmot 366
marog 426
marokyn
314 Leer
315 Papier
marqueterie 762
Mars 270
mars
150 Vorentoe
197 Te voet
235 Skeepvaart
680 Militêre aksie
754 Komposisie
marsbanker 363
marsbevel 680
marsepein 426
marsjeer
145 Beweging
197 Te voet
672 Weermag
680 Militêre aksie
marsjeerorde 21
marskramer 705
marsmas 235
marsmusiek 753
marspas 680
marsseil 235
marssteng 235
martavaan 84
martel
182 Slaan
717 Lyding
779 Boosaardig
835 Bestraf
martelaar
717 Lyding
835 Bestraf
marteldood 250
martelkamer 835
martelstraf 835
marteltuig 835
marter 366
Marxisme
701 Handel
795 Staat
mas 235
masbanker 363
masbos 332
masels 413
maser 261
masjien
233 Motorvoertuig
630 Werktuig
masjienblok 630
masjien(e)leer 257
masjiengaring 312
masjiengereedskap 630
masjiengeweer 676
masjienkamer
235 Skeepvaart
630 Werktuig
masjienkap 233
masjienkode 263
masjienonderdele 630
masjiensaag 185
masjiensetter 566
masjienstoor 354
masjientaal 569
masjientekenaar 237
masjinaal
509 Onoplettend
630 Werktuig
masjineer 630
masjinerie
355 Landbougereedskap
630 Werktuig
masjinis
216 Ry
220 Treinry
223 Stuur
234 Spoorweg
630 Werktuig
maskara
745 Versier
746 Toilet
maskas
521 Verras wees
827 Afkeur
maskeer
161 Bedek
540 Geheim hou
masker
161 Bedek
538 Dwaling
540 Geheim hou
maskerade 793
maskerbal 793
maskerspel
538 Dwaling
752 Toneelkuns
maskertoets 561
maskervraestel 561
masochis 717
masochisme 717
masochisties 717
massa
102 Hoeveelheid
104 Baie
123 Meet
124 Weeg
168 Saamkom
170 Saambring
174 Meng
254 Stof
272 Aarde
452 Swaar
665 Byeenkom
massaal
104 Baie
432 Groot
massabetoging 539
massadeportasie 67
massage 414
massagimnastiek 730
massameting 123
massamoord 252
massanaam 550
massanaamwoord 574
massa-optog 104
massaproduksie 237
massapsigologie 514
massaselfmoord 252
massatransport 194
massavervoer 194
masseer 414
masseur 416
massief
92 Gebou
432 Groot
mastiek
100 Boumateriaal
462 Halfvloeibaar
mastig 521
mastik
100 Boumateriaal
462 Halfvloeibaar
mastitis
371 Suiwel
413 Siekte
mastodon 367
mastoïed 388
mastop 235
mastoplig 235
mastou 235
masturbasie 776
masturbeer 776

masurka
742 Dans
754 Komposisie
mat
95(10) Mat
310 Vlegwerk
489 Ondeurskynend
491 Kleurloosheid
611 Lui
661 Vermoei
739 Geselskapspel
745 Versier
matborsel 627
mate 431
mateloos
104 Baie
432 Groot
matematies 132
matematikus 132
materiaal
161 Bedek
311 Weefsel
551 Meedeel
629 Gebruik
631 Nodig
materiaalwinkel 311
materialis
688 Besit
813 Swak gedrag
materialisme
1 Bestaan
254 Stof
688 Besit
813 Swak gedrag
843 Ongeloof
materialisties
688 Besit
813 Swak gedrag
843 Ongeloof
materie
254 Stof
459 Vaste stof
materieel
1 Bestaan
254 Stof
matglas
309 Glas
489 Ondeurskynend
matheid
611 Lui
661 Vermoei
matig
103 Min
108 Minder
226 Stadig
406 Eet
619 Kalm
819 Eerbaar
matjiesgoed 310
matmaker 310
matoppie 331
matras 96
matriarg
54 Oud
240 Afkoms
matriargaal
242 Ouer
794 Sosiaal
matriargaat 794
matriek
559 Opvoeding
560 Skoolgaan
561 Studeer
matrieksertifikaat 561
matriekvak 515
matriks 438
matriksdrukker 263
matrikssin 576
matrikulant 560
matrikulasie 561
matrikulasievrystelling 561
matrikuleer 560
matrilineêr 794
matrilokaal 794
matrone
416 Medikus
417 Hospitaal
matroos
221 Vaar
235 Skeepvaart
673 Manskap
matroosbaadjie 745
matrooshalstrui 745
matrooshemp 745
matrooskraag 745
matrooskroeg 429
matroostaal 569
matrys
564 Skryfbehoeftes
566 Drukkuns
matsjampoe 627
matswart 492
matvlegwerk 310
matwerk 310
mauser 676
mausoleum 253
mauve 492
maxim 676
mayonnaise 426
m-dak 94(4)
me 753
mea culpa 822
meander 444
mebos 426
meboskonfyt 426
medalje
546 Kunsmatige teken
834 Beloon
medaljon
546 Kunsmatige teken
745 Versier
mede-
8 Dieselfde
26 Saam
663 Meedoen
medebestuurder 591
medeburger
592 Ondergeskikte
787 Gemeenskap
mededader
645 Handel
663 Meedoen
822 Skuldig
mededeelsaam 693
mededeling
539 Kommunikeer
551 Meedeel
693 Gee
mededinger
666 Verhinder
667 Stryd
mededinging 667
mededoë 778
mede-eienaar 688
medehelper 592
medehoogleraar 560
medeklinker
571 Skrif
572 Uitspraak
medely(d)e
714 Gevoelig
778 Goedaardig
medemens 374
medemenslik
374 Mens
778 Goedaardig
mede-outeur 750
medepassasier 221
medepligtig
663 Meedoen
822 Skuldig
medepligtige
645 Handel
663 Meedoen
809 Regsgeding
822 Skuldig
medepligtigheid
663 Meedoen
803 Oortree
822 Skuldig
medeprofessor 560
medeprofessoraat 560
medereisiger 187
medeseggenskap
616 Magtig
663 Meedoen
medeskrywer 750
medeskuldige
663 Meedoen
822 Skuldig
medestander 663
medestryder
663 Meedoen
667 Stryd
medetrustee 692
medevlieënier
223 Stuur
236 Lugvaart
medewerker
592 Ondergeskikte
645 Handel
663 Meedoen
medewerking 663
medewerkwoord 574
media 568
mediaan
139 Meetkunde
315 Papier
566 Drukkuns
mediaanlyn
139 Meetkunde
442 Lyn
mediale grootspier 379
mediane senuwee 378
mediasentrum 560
mediasie 668
mediateek 568
mediator
539 Kommunikeer
668 Vrede
mediavryheid 593
medies 414
mediese beroep 658
mediese fonds 655
mediese kliniek 417
mediese korps 672
mediese rigting 559
mediese sentrum 91
mediese versekering 655
mediese versorging 780
mediese wetenskap 515
medikament 415
medikasie
414 Geneeskunde
415 Geneesmiddel
medikus 416
medioker 624
mediokriteit 624
medisinaal
414 Geneeskunde
415 Geneesmiddel
medisinale sjampoe 746
medisyne
414 Geneeskunde
415 Geneesmiddel
medisynefles 84
medisynekas
94(15) Toebehore
95(3) Kas
417 Hospitaal
medisynemiddel 415
meditasie 513
mediteer 513
Mediterreens 289
Mediterreense klimaat
289 Klimaat
465 Warm

medium
569 Taal
624 Gemiddeld
629 Gebruik
844 Bygeloof
mediumgolf 264
mediumgolfontvanger 264
mediumsnelbouler 728(3)
medulla
382 Haar
402 Afskeiding
medulla oblongata 378
mee 26
meebring
15 Oorsaak
17 Noodsaak
191 Laat kom
meedeel
539 Kommunikeer
551 Meedeel
693 Gee
meeding 667
meedoen 663
meedoënloos
715 Gevoelloos
777 Haat
779 Boosaardig
meegaan
8 Dieselfde
26 Saam
147 Rigting
meegaande
26 Saam
596 Inskiklik
meegee
169 Skei
173 Losmaak
184 Afbreek
456 Sag
meegevoel
663 Meedoen
713 Gevoel
714 Gevoelig
778 Goedaardig
meehelp 663
meel 186
meelblom 186
meelbol 425
meelboom 332
meeldou
324 Plantlewe
327 Tallusplant
meeldraad 322
meeleef
249 Lewe
778 Goedaardig
meelewend
663 Meedoen
778 Goedaardig
meelewing
663 Meedoen
778 Goedaardig
meelgat 186
meeloop 26
meelsif 153
meeluister
498 Gehoor
508 Aandag
meeluisterapparaat
265 Telekommunikasie
266 Akoestiek
meelwurm 361
meelywekkend 623
meemaak
535 Weet
663 Meedoen
meen
513 Gedagte
518 Glo
527 Oordeel
825 Beoordeling
meeneem 26
meent 445
meeprater 828
meer
107 Meer
221 Vaar
274 Geologie
285 Dam
meer en meer
104 Baie
107 Meer
meerdaags 40
meerdelig 114
meerder(e)
107 Meer
588 Gesag hê
666 Verhinder
meerderheid
107 Meer
112 Deel
616 Magtig
meerderheidsaandeel 702
meerderheidsgroep
107 Meer
795 Staat
meerderheidsparty
107 Meer
590 Bestuur
795 Staat
meerderheidsregering 795
meerderheidstem 584
meerderjarig
52 Ouderdom
432 Groot
593 Vryheid
meerderwaardig
620 Belangrik
785 Hoogmoedig
meerduidig
544 Onduidelik
577 Betekenis
meereis 187
meereken 125
meerfunksionaliteit 573
meergebied 61
meerhokkig 323
meerkat 366
meerledig 544
meermale
22 Kontinu
55 Dikwels
107 Meer
657 Herhaal
meermas 221
meermin 855
meerpaal 221
meersellige 357
meersillabig 572
meerskuim 298
meerstemmig 757
meertalige woordeboek 567
meertou
221 Vaar
235 Skeepvaart
meertros
221 Vaar
235 Skeepvaart
meervormig 438
meervoud
104 Baie
574 Woordkategorie
575 Woordvorming
meervoudig
104 Baie
114 Saamgesteld
574 Woordkategorie
575 Woordvorming
meervoudsmorfeem
574 Woordkategorie
575 Woordvorming
meervoudsuitgang
574 Woordkategorie
575 Woordvorming
meerwaardig 620
mees 107
meesleep
26 Saam
638 Aanmoedig
713 Gevoel
meesleur 638
meesmuil 722
mees(t)al
35 Reëlmatig
55 Dikwels
meeste 107
meestendeels 55
meestentyds 55
meester
502 Verstand
560 Skoolgaan
561 Studeer
591 Gesaghebber
614 Bekwaam
622 Goed
749 Kuns
808 Regswese
Meester 837
meester van die hof 808
meesteragtig 560
meesterbouer 97
meesterhand 614
meesterlik
614 Bekwaam
622 Goed
743 Mooi
meesterplan
129 Bepaald
640 Voorbereid
meestersgraad 561
meesterskap
237 Voortbring
588 Gesag hê
599 Gesag
614 Bekwaam
meesterstudent 561
meesterstuk
237 Voortbring
622 Goed
749 Kuns
meet
83 Middel
122 Bereken
123 Meet
139 Meetkunde
224 Snelheid
294 Weerkunde
431 Afmeting
meetbaar 122
meetbaarheid 102
meetband 123
meetel 125
meetinstrument
122 Bereken
123 Meet
meetketting 123
meetkoord 123
meetkunde
123 Meet
132 Wiskunde
139 Meetkunde
515 Wetenskap
meetkundig
132 Wiskunde
139 Meetkunde
meetkundige
132 Wiskunde
139 Meetkunde
meetlood
123 Meet
443 Reglynig
meetstok
123 Meet
443 Reglynig
meeu 365
meeval 682
meevallertjie
521 Verras wees

682 Slaag
meevoel 713
meevoelend 714
meevoer
192 Laat gaan
713 Gevoel
meevoerend 714
meewarigheid 778
meewerk 663
meewerking
18 Toeval
663 Meedoen
megafoon
266 Akoestiek
548 Praat
megagreep 263
megaherz 123
megalomaniak
413 Siekte
785 Hoogmoedig
megalomanie
413 Siekte
505 Verstandstoornis
785 Hoogmoedig
meganiek 630
meganies
257 Meganika
630 Werktuig
meganiese ingenieur 257
meganiese ingenieurswese 515
meganika
257 Meganika
515 Wetenskap
630 Werktuig
meganikus
257 Meganika
630 Werktuig
meganisering 630
meganisme
257 Meganika
630 Werktuig
meganisties 630
megaskoop 267
megatherium 367
megaton 256
megawatt 123
meidoring 332
meineed
609 Jou woord verbreek
803 Oortree
817 Ontrou
meiose 324
meisie
53 Jonk
243 Kind
374 Mens
376 Vrou
776 Liefde
meisiegek 776
meisiekind
53 Jonk
243 Kind
376 Vrou
meisiekoor 757
meisienaam 550
meisiesboek 567
meisieskool 559
meisiespan 726
meisiestem 548
mejuffrou 53
melaats 413
melaatsheid 413
melamien 307
melancholie
413 Siekte
505 Verstandstoornis
717 Lyding
719 Hartseer
melancholies
717 Lyding
719 Hartseer
melancholis 719
melanien
381 Vel
382 Haar
melaniet 298
melanoom 413
melanosiet 381
melasse 471
meld
539 Kommunikeer
548 Praat
550 Noem
551 Meedeel
meldenswaardig 620
melding maak
548 Praat
550 Noem
mêlée
20 Wanorde
667 Stryd
melerig 186
melisme 757
melk
320 Stam
371 Suiwel
426 Kos
427 Drank
melkagtig 371
melkbaard
382 Haar
386 Gesig
615 Onbekwaam
melkbees
366 Soogdier
369 Veeteelt
melkbeker
84 Houer
95(7) Breekgoed
melkboer
347 Landbou
369 Veeteelt
melkbok
366 Soogdier
369 Veeteelt
melkbol 337
melkboom 331
melkbuis 394
melkdieet 406
melkdier
366 Soogdier
369 Veeteelt
371 Suiwel
melkdoek 371
melkemmer
84 Houer
371 Suiwel
melkerig 371
melkery
347 Landbou
371 Suiwel
707 Handelsaak
melkfabriek 371
melkgaatjie 394
melkgesig
382 Haar
386 Gesig
412 Siek
491 Kleurloosheid
melkglas
84 Houer
309 Glas
489 Ondeurskynend
melkhandel 371
melkhout 331
melkhoutboom 331
melkjasmyn 333
melkjaspis 298
melkkafee
429 Eetplek
707 Handelsaak
melkkalf
366 Soogdier
369 Veeteelt
melkkamer 371
melkkan
84 Houer
371 Suiwel
melkkiosk 371
melkklier 394
melkkoei
366 Soogdier
369 Veeteelt
melkkoeler 371
melkkoors 413
melkkos 426
melkkraal 354
melkleier 394
melkmasjien 371
melkmuil 615
melkpens 366
melkpoeier 426
melkpol 337
melkproduksie 371
melkraad 590
melkryk 371
melksalon
429 Eetplek
707 Handelsaak
melksap 320
melksjokolade 426
melkskommel 427
melkskuur 354
melkstal
354 Plaas
371 Suiwel
melksteen 298
melkstoeltjie 371
melksuiker
371 Suiwel
471 Lekker
melksuur 371
melktand 391
melktenk 371
melktert 426
melktyd 371
melkvat 84
melkvee
366 Soogdier
369 Veeteelt
371 Suiwel
melkvet 371
melkweg 270
melkwinkel 371
melkwit 492
melodie
754 Komposisie
757 Sang
melodies
478 Welluidend
753 Musiek
755 Uitvoering
757 Sang
melodieus 478
melodika 756
melodrama
713 Gevoel
752 Toneelkuns
melodramaties 713
melomaan 753
melomanie
413 Siekte
505 Verstandstoornis
753 Musiek
membraan
381 Vel
401 Spysvertering
memento
510 Herinner
546 Kunsmatige teken
memo
315 Papier
551 Meedeel
memoires 510
memopapier 564
memorabilia 510

memorandum
539 Kommunikeer
551 Meedeel
561 Studeer
565 Skryfkuns
567 Boek
599 Gesag
memoreer
510 Herinner
539 Kommunikeer
memorie 604
memorieboek 510
memoriseer 561
menagerie 368
meneer
375 Man
560 Skoolgaan
meng
168 Saamkom
172 Vasmaak
174 Meng
419 Voedselbereiding
mengbak
174 Meng
419 Voedselbereiding
mengblad 101
mengdrom 101
mengeling 174
mengelmoes
170 Saambring
174 Meng
mengeltaal 569
menger
95(8) Toerusting
174 Meng
419 Voedselbereiding
mengmasjien 174
mengsel
170 Saambring
174 Meng
277 Berg
menie 490
menige
13 Verskeidenheid
102 Hoeveelheid
104 Baie
107 Meer
menigeen 102
menigerlei
104 Baie
107 Meer
menigmaal
22 Kontinu
55 Dikwels
657 Herhaal
menigte 104
menigvuldig 104
mening
513 Gedagte
527 Oordeel
586 Beslis
825 Beoordeling
meningitis 413
meningspeiling 527
meningsrubriek 568
meningsverskil
9 Verskillend
522 Redeneer
667 Stryd
777 Haat
meniskus
267 Optika
309 Glas
menopouse
239 Voortplant
377 Liggaam
mens
32 Enkeling
374 Mens
mensaap
366 Soogdier
374 Mens
mensdom 787
mense 787
mensebloed 405
mensegemeenskap 787
mensegeslag 787
mensehaat 777
mensehater 777
menseheugenis 510
mensekennis 535
mensekind
243 Kind
374 Mens
menseleeftyd 249
menseliefde 776
mensemassa
104 Baie
665 Byeenkom
mensepaar
242 Ouer
776 Liefde
menseras 787
mensereg
806 Wettig
808 Regswese
menseregte 808
menseroof 695
mensestem 548
mens(e)vrees 768
mensevriend 778
mensewêreld 374
mensewerk 645
mensfisiologie
358 Dierkunde
515 Wetenskap
menshaar 382
mensheid
374 Mens
787 Gemeenskap
mensliewend
714 Gevoelig
778 Goedaardig
791 Sosiaal
menslik
374 Mens
778 Goedaardig
788 Beskaafd
791 Sosiaal
menslike wese
4 Selfstandig
374 Mens
menslikerwys 374
menslikheid 714
mensnael 383
mensku 768
menstruasie 239
menstrueer 239
mensurale musiek 753
mensurale sang 757
mensuur 753
mensvreter 406
menswaardig 622
menswees 3
menswetenskap 515
menswording 837
ment 419
mentaal
502 Verstand
513 Gedagte
mentale foramen 385
mentale opening 385
mentaliteit
513 Gedagte
533 Verstaan
menteneer 590
mentol
415 Geneesmiddel
462 Halfvloeibaar
mentor
560 Skoolgaan
638 Aanmoedig
menu 418
menuet
742 Dans
754 Komposisie
merceriseer 311
Mercurius 270
merel 365
merendeel 107
merendeels 112
merg 380
meridiaan
269 Heelal
273 Geografie
meridiaanshoogte 269
meridiaansirkel 269
meridionaal 88
meriete
620 Belangrik
622 Goed
merietebeurs 560
meringue 426
merinoskaap 366
merk
493 Gevoeligheid
500 Sigbaarheid
508 Aandag
517 Vind
539 Kommunikeer
545 Natuurlike teken
546 Kunsmatige teken
550 Noem
merkantiel 701
merkantilisme 701
merkbaar
493 Gevoeligheid
500 Sigbaarheid
543 Duidelik
merker
221 Vaar
235 Skeepvaart
merkie vra 728(3)
merkink 564
merkleser 263
merkteken 546
merkurochroom 415
merkwaardig
36 Onreëlmatig
620 Belangrik
622 Goed
merkwaardigheid
56 Selde
620 Belangrik
622 Goed
merlot 427
merlot noir 427
meroniem
573 Woordeskat
577 Betekenis
meronimie
573 Woordeskat
577 Betekenis
meronimies 577
merrie 366
merrievul 366
mes
95(7) Messegoed
185 Sny
252 Doodmaak
419 Voedselbereiding
678 Wapen
mesa 277
meshef 185
meslem 185
mesmeriseer 638
mesmerisme 638
mesmoord 252
mesohippus 367
mesokarp 323
mesolities 274
mesosfeer
269 Heelal
289 Klimaat
Mesosoïese era 274
mesotoraks 361
mesplooi 745
messe en vurke 418

messegoed
95(7) Messegoed
418 Maaltyd
messel
97 Bou
99 Messel
messelaar
97 Bou
99 Messel
592 Ondergeskikte
messelaarmortel 99
messelgereedskap 101
messelkalk 100
messelklei 100
messellyn 101
messelpen 101
messeltroffel
101 Gereedskap
630 Werktuig
messelwerk
97 Bou
99 Messel
Messias 837
messing 297
messkede 185
messkerp 440
messteker 667
mesto 753
mesvegter
667 Stryd
678 Wapen
meswond 413
met
26 Saam
48 Gelyktydig
629 Gebruik
met agting 830
met alle geweld
104 Baie
586 Beslis
met behulp van 629
met genoeë 580
met oorgawe 580
met oorleg 582
met opset
582 Wilskrag
586 Beslis
met sekerheid 769
met smaak 747
met voorbedagte rade
582 Wilskrag
586 Beslis
637 Doelgerigtheid
metaal
297 Metaal
459 Vaste stof
metaalas 301
metaalbedryf 301
metaalbewerker 301
metaaldeur 94(8)
metaaldraad 301
metaalgaas 301
metaalgeut 94(4)
metaalgravure 761
metaalindustrie 301
metaalkleur 492
metaalkunde 295
metaallegering 301
metaalmof 301
metaalplaat 301
metaalsaag
185 Sny
316 Hout
metaalslak 301
metaaluitputting 301
metaalverharding 301
metaalwerk 301
metaalwerker
301 Metaal
630 Werktuig
metaalwerkgereedskap 630
metaan
256 Skeikunde
461 Gas
metabolies 408
metabolisme 408
metacarpus
380 Gebeente
397 Ledemaat
metachronisme 45
metafisies
514 Wysbegeerte
836 Bonatuurlik
metafisika 514
metafisikus 514
metafoor
547 Simboliek
577 Betekenis
750 Letterkunde
metaforiek 577
metafories
547 Simboliek
577 Betekenis
750 Letterkunde
metakarpus
380 Gebeente
397 Ledemaat
metalisasie 301
metalliek 297
metalliseer 301
metallisering 301
metalloïede
256 Skeikunde
296 Nie-metaal
metallofoon 756
metallografie 295
metallografies 295
metallurg
256 Skeikunde
295 Delfstof
301 Metaal
metallurgie
256 Skeikunde
275 Myn
295 Delfstof
301 Metaal
metallurgiese ingenieur 256
metallurgiese ingenieurswese 515
metamorf(ies) 140
metamorfisme 140
metamorfose
140 Verandering
438 Vorm
metamorfoseer
53 Nuut
140 Verandering
metanol
256 Skeikunde
299 Brandstof
460 Vloeistof
metapolitiek 795
metasoön 357
metastase 413
metastasis 413
metataal 569
metatarsus
380 Gebeente
397 Ledemaat
metatese 572
metatesis 572
metdat 48
meteen 48
meteens
225 Vinnig
521 Verras wees
meteoor 270
meteoorreën 270
meteoorsteen
270 Hemelliggaam
298 Steen
meteoriet 270
meteorologie 294
meteoroloog 294
meter
122 Bereken
123 Meet
meteropnemer
122 Bereken
123 Meet
metgesel
26 Saam
776 Liefde
metiel 256
metielalkohol
256 Skeikunde
460 Vloeistof
meting
122 Bereken
123 Meet
139 Meetkunde
metingstelsel 123
metode
559 Opvoeding
629 Gebruik
640 Voorbereid
644 Handelwyse
metodiek
559 Opvoeding
612 Noukeurig
629 Gebruik
640 Voorbereid
644 Handelwyse
metodies
19 Orde
612 Noukeurig
640 Voorbereid
644 Handelwyse
Metodis 840
metodologie
514 Wysbegeerte
559 Opvoeding
metonimie
577 Betekenis
750 Letterkunde
metonimies
577 Betekenis
750 Letterkunde
metopiese naat 385
metriek
122 Bereken
123 Meet
metrieke maat
122 Bereken
123 Meet
metries
572 Uitspraak
751 Digkuns
metrikasie 123
metriseer 123
metro 234
metrologie 123
metrometer 753
metronoom 753
metropolis 90
metropolitaans 90
metropolitaanse politiek 795
metropool 90
metrotrein 234
metrum
572 Uitspraak
751 Digkuns
metterdaad
1 Bestaan
637 Doelgerigtheid
metterhaas 225
mettertyd
40 Langdurig
47 Later
226 Stadig
metwors 421
meubel 95(1)
meubelafdeling 707
meubeleer 95
meubelkewer 361

meubelwa
194 Vervoer
233 Motorvoertuig
630 Werktuig
meubelwinkel 707
meubileer 95
meubilering 95(1)
meublement 95(1)
meul
186 Maal
316 Hout
630 Werktuig
meulbalk 186
meule
316 Hout
630 Werktuig
meulenaar 186
meulhuis 186
meulkap 186
meulklip 186
meulrat 186
meulsloot
186 Maal
288 Waterstelsel
meulstamper 186
meulsteen 186
meulstroom 288
meulwiek 186
mevrou 376
mezzanine 94(1)
mezzo 753
mezzo forte 753
mezzo piano 753
mezzosopraan 757
miaau 484
miasma 461
miasme 461
middag 127
middagblad 568
middagbreedte 127
middagdutjie 410
middagedisie 568
middagete 418
middaggloed 465
middagkonsert 755
middagkring 269
middaglyn 269
middagrus 662
middagslapie
410 Slaap
662 Rus
middagtemperatuur 465
middaguitgawe 568
middaguur
37 Tyd
418 Maaltyd
662 Rus
middebaan 728(3)
middebaangrens 728(3)
midde-in 83
middel
29 Middel
83 In die middel
392 Romp
415 Geneesmiddel
572 Uitspraak
629 Gebruik
631 Nodig
middelafstand 729
middelafstandatleet 729
middelagterspeler 728(2)
middeldeel 29
middeldeur
94(8) Deur
184 Afbreek
middele aanwend 629
middeleeue 45
middeleeus 45
middelfalanks
380 Gebeente
397 Ledemaat
middelgedeelte 83
middelgewig 731
middelgewigbokser 731
middelgewigstoeier 731
middelgroot
431 Afmeting
432 Groot
middelhand
380 Gebeente
397 Ledemaat
middelklas 798
middelkolletjie
728(1) Rugby
728(2) Sokker
middellyf 392
middellyn
83 Middel
139 Meetkunde
728(1) Rugby
728(2) Sokker
middelmaat 431
middelmatig
431 Afmeting
624 Gemiddeld
middelmerk 728(4)
middelmootlektuur 567
middelmoreen 277
middeloor 388
middelordekolwer 728(3)
middelpen 728(3)
middelpunt
29 Middel
83 In die middel
middelpuntsoekend
29 Middel
83 In die middel
166 Nader beweeg
257 Meganika
middelpuntvliedend
29 Middel
83 In die middel
167 Wegbeweeg
257 Meganika
middelpuntvliedende krag
256 Skeikunde
257 Meganika
midde(l)rif 394
middelrym 751
middelsegment 83
middelskakel 728(6)
middelskot 389
middelstand 798
middelste
29 Middel
83 In die middel
middelste lob 398
middelstuk 83
middeltermynlening 699
middeltoon 753
middelveld 728(7)
middelvlakbestuur 700
middelvoetbeen
380 Gebeente
397 Ledemaat
middelvoor 728(6)
middelvoorspeler 728(2)
middernagdiens 848
middernagson 270
middestad 90
midkwab 398
midsomer 289
midwinter 289
mied 352
mielie
351 Groente
352 Graan
426 Kos
mielieboer 352
mielieboerdery 352
mieliegif 344
mieliegruis
352 Graan
426 Kos
mielieheide 337
mielieland 352
mielieoes 352
mieliepap 426
mielieplantluis 361
mielieraad 590
mieliesaad 352
mieliesaat 323
mieliestamrusper 324
mieliestronk
320 Stam
352 Graan
mielievrug 342
miëlitis 413
mier 361
mierkat 366
mierkewer 361
mierkoningin 361
mierleeu 361
miernes
89 Blyplek
104 Baie
165 Onreëlmatig
361 Insek
miershoop
89 Blyplek
361 Insek
mierspinnekop 361
miervreter 366
migraine
413 Siekte
717 Lyding
migrasie
67 Verplasing
167 Wegbeweeg
187 Reis
migreer
67 Verplasing
167 Wegbeweeg
mihrab 854
mik
75 Onder
265 Telekommunikasie
320 Stam
499 Sien
637 Doelgerigtheid
677 Skiet
mika
296 Nie-metaal
298 Steen
mikado 591
mikaglas 309
mikaruit
94(9) Venster
309 Glas
mikhout 316
mikologie 325
mikoloog 325
mikpunt 637
mikrobe 326
mikrobiologie
414 Geneeskunde
515 Wetenskap
mikro-ekonomie 590
mikro-elektronika 263
mikrofiche
268 Fotografie
564 Skryfbehoeftes
mikrofilm 268
mikrofoon
266 Akoestiek
548 Praat
mikrofotografie 268
mikrogolf 266
mikrogolfoond
95(8) Toerusting
419 Voedselbereiding
469 Verwarmingstoestel
mikrogolfoondskottel 84
mikrograaf
564 Skryfbehoeftes
759 Tekenkuns
mikrokosmos 269
mikrolinguistiek 570

mikrometer 271
mikron 123
mikroörganisme 326
mikropolitiek 795
mikrorekenaar 263
mikroskoop 267
mikroskopies
267 Optika
433 Klein
501 Onsigbaarheid
mikrospuit 288
mikroverwerker 263
miksedeem 413
miksoom 413
mikstok 320
mild
693 Gee
772 Sagmoedig
milddadig
693 Gee
778 Goedaardig
milde 292
mildelik
292 Neerslag
693 Gee
772 Sagmoedig
milieu
61 Plek
787 Gemeenskap
milisie 672
milisieplig 679
militant 667
militarisasie 672
militarisme 795
militaristies
672 Weermag
795 Staat
militêr 672
militêre akademie 680
militêre bevel 680
militêre blok 590
militêre botsing 667
militêre diens
672 Weermag
679 Mobiliseer
militêre eenheid 672
militêre gesag 588
militêre gesaghebber 591
militêre junta
590 Bestuur
795 Staat
militêre parade 680
militêre rang
588 Gesag hê
591 Gesaghebber
673 Manskap
militêre rangorde 673
militêre regering 590
militêre skool 680
militêre taptoe 680
militêre tenue 674
militêre uniform 674
miljoen 102
miljoenêr
688 Besit
689 Ryk
millenium 37
milli-ampère 123
millibaar 123
milligram
123 Meet
124 Weeg
milliliter 123
millimeter 123
millivolt 123
milt 401
miltkoors 413
miltsug 413
miltvuur 413
mimetes 337
mimiek
545 Natuurlike teken
752 Toneelkuns
mimiekkunstenaar
545 Natuurlike teken
752 Toneelspel
mimikus 752
mimosa 331
min
56 Selde
103 Min
133 Getal
137 Bewerking
623 Sleg
776 Liefde
min of meer
126 Skat
130 Onbepaald
minag
621 Onbelangrik
786 Nederig
827 Afkeur
831 Bespot
minagtend
621 Onbelangrik
779 Boosaardig
785 Hoogmoedig
829 Beledig
831 Bespot
minagting
621 Onbelangrik
779 Boosaardig
786 Nederig
827 Afkeur
831 Bespot
minaret 94(5)
minder
30 Ondergeskik
103 Min
108 Minder
mindere
589 Dien
592 Ondergeskikte
621 Onbelangrik
minderheid
103 Min
108 Minder
112 Deel
minderheidsgroep 795
minderheidsparty
590 Bestuur
795 Staat
minderheidstem 584
minderjarig
52 Ouderdom
53 Jonk
589 Dien
minderwaardig
30 Ondergeskik
458 Breekbaar
621 Onbelangrik
623 Sleg
626 Swak
683 Misluk
786 Nederig
minderwaardigheidskompleks 786
mineraal
295 Delfstof
420 Voedsel
459 Vaste stof
mineraalhoudend 295
mineraaloptika 515
mineraalryk 295
mineraalwater
427 Drank
460 Vloeistof
minerale bron 284
minerale rykdom 275
mineralerykdom 295
mineralogie 295
mineralogies 295
mineralografie
295 Delfstof
515 Wetenskap
mineraloog 295
minestrone 426
mineur 753
mineurtoonleer 753
mineurtoonsoort 753
mingerhout 316
miniatuur
433 Klein
565 Skryfkuns
566 Drukkuns
miniatuurkamera 268
miniatuurroos 332
miniatuurstruik 332
minie 490
miniem 433
minimaal
103 Min
108 Minder
433 Klein
minimaliseer
103 Min
108 Minder
minimum
103 Min
108 Minder
126 Skat
minimum prys 704
minisieus
129 Bepaald
612 Noukeurig
mini-skripsie 553
miniskuul
108 Minder
433 Klein
minister
590 Bestuur
591 Gesaghebber
795 Staat
ministerie
590 Bestuur
591 Gesaghebber
ministerieel
590 Bestuur
591 Gesaghebber
minister-president 591
ministersportefeulje 590
ministersraad 590
minitennis 728(4)
minjonet 322
minkewalvis 363
minlik
776 Liefde
778 Goedaardig
minnaar
239 Voortplant
776 Liefde
minnebrief 776
minnelied 757
minnesanger 757
minoriteit
52 Ouderdom
53 Jonk
108 Minder
112 Deel
minsaam
743 Mooi
772 Sagmoedig
776 Liefde
778 Goedaardig
minste 108
minstens 108
minstreel 757
minteken 137
minus 137
minuskel
565 Skryfkuns
566 Drukkuns
minusteken
137 Bewerking

138 Algebra
565 Skryfkuns
571 Skrif
minuut
37 Tyd
127 Tydbepaling
minuutwys(t)er 128
mioglobine 379
miologie
379 Spier
414 Geneeskunde
mioloog 416
miopie 499
Mioseense epog 274
miosine 379
miositis 379
mirakel
36 Onreëlmatig
521 Verras wees
836 Bonatuurlik
mirakelagtig
540 Geheim hou
836 Bonatuurlik
mirakelspel 752
mirakuleus 521
mirasie
267 Optika
485 Lig
499 Sien
miriade 107
mirliton 756
mirre 462
mirt 331
mirteboom 331
mis
291 Wolk
292 Neerslag
293 Onweer
345 Plantkwekery
409 Afskeiding
544 Onduidelik
623 Sleg
631 Nodig
683 Misluk
848 Erediens
850 Sakrament
misantroop 777
misantropie 777
misbaksel 744
misbank
291 Wolk
293 Onweer
misblom 322
misbol 322
misbredie 344
misbruik
623 Sleg
629 Gebruik
779 Boosaardig
misdaad
623 Sleg
667 Stryd
779 Boosaardig
803 Oortree
813 Swak gedrag
820 Oneerbaar
822 Skuldig
misdaadeenheid 802
misdaadroman 750
misdaadverslaggewer 539
misdadig
598 Ongehoorsaam
667 Stryd
779 Boosaardig
803 Oortree
807 Onwettig
813 Swak gedrag
822 Skuldig
misdadiger
598 Ongehoorsaam
623 Sleg
667 Stryd
695 Steel
779 Boosaardig
803 Oortree
813 Swak gedrag
815 Oneerlik
820 Oneerbaar
822 Skuldig
misdeel(d)
503 Onverstandig
690 Arm
misdienaar 852
misdra
779 Boosaardig
813 Swak gedrag
misdrag 239
misdruk 566
misdryf
623 Sleg
779 Boosaardig
803 Oortree
822 Skuldig
mise-en-scène 752
miserabel
623 Sleg
683 Misluk
717 Lyding
719 Hartseer
813 Swak gedrag
misère
690 Arm
717 Lyding
719 Hartseer
misgaan 813
misgeboorte 239
misgewas
345 Plantkwekery
744 Lelik
813 Swak gedrag
misgis
527 Oordeel
538 Dwaling
misgreep 538
misgun 779
mishaag
721 Ontevrede
777 Haat
mishandel
182 Slaan
623 Sleg
779 Boosaardig
835 Bestraf
mishoop
345 Plantkwekery
346 Landbougrond
409 Afskeiding
misken
9 Verskillend
621 Onbelangrik
779 Boosaardig
786 Nederig
827 Afkeur
831 Bespot
miskewer 361
miskien 537
miskleed 293
miskoek
409 Afskeiding
611 Lui
615 Onbekwaam
617 Magteloos
miskoekkewer 361
miskraal
345 Plantkwekery
346 Landbougrond
354 Plaas
miskraam 239
miskruier 361
miskyk 538
mislei
148 Van koers af
538 Dwaling
779 Boosaardig
815 Oneerlik
818 Bedrieg
misleidend
130 Onbepaald
148 Van koers af
544 Onduidelik
818 Bedrieg
misleiding
544 Onduidelik
779 Boosaardig
818 Bedrieg
misleier 818
mislig 233
mislik
412 Siek
413 Siekte
623 Sleg
744 Lelik
775 Weersin
misloop 683
misluk
637 Doelgerigtheid
652 Versuim
683 Misluk
mislukking
652 Versuim
683 Misluk
685 Verloor
mismaak
11 Disharmonie
413 Siekte
623 Sleg
744 Lelik
mismaaksel 744
mismoed
717 Lyding
719 Hartseer
766 Wanhoop
mismoedig
683 Misluk
717 Lyding
719 Hartseer
766 Wanhoop
misnoeë
719 Hartseer
721 Ontevrede
777 Haat
827 Afkeur
misoes
347 Landbou
623 Sleg
683 Misluk
misogamie 248
misogamis 248
misogenie 777
mispel
323 Vrug
331 Boom
misplaas
66 Plasing
623 Sleg
misprys 827
misreën
289 Klimaat
292 Neerslag
misreken
527 Oordeel
538 Dwaling
misrekening
538 Dwaling
613 Onnoukeurig
misryblom 322
missie 637
missiel 235
missielbuis 235
missive
551 Meedeel
563 Skryf
misskiet 677
misslag
538 Dwaling

822 Skuldig
misstand 623
misstap
538 Dwaling
779 Boosaardig
803 Oortree
822 Skuldig
misstof 345
misstoot 738
misstrooier 355
mistas
527 Oordeel
538 Dwaling
mistel 344
misterie 540
misteriespel 752
misterieus
540 Geheim hou
544 Onduidelik
mistiek
540 Geheim hou
845 Godsvrug
misties
540 Geheim hou
845 Godsvrug
mistifikasie 818
mistifiseer
538 Dwaling
818 Bedrieg
mistifisering 818
mistig
291 Wolk
293 Onweer
544 Onduidelik
mistige weer 292
mistigheid
291 Wolk
292 Neerslag
486 Duisternis
544 Onduidelik
mistikus
540 Geheim hou
845 Godsvrug
mistisisme 845
mistral 290
mistroostig 719
mistroostigheid
413 Siekte
719 Hartseer
misvatting
538 Dwaling
613 Onnoukeurig
misverstaan
527 Oordeel
538 Dwaling
544 Onduidelik
nisverstand
527 Oordeel
534 Wanbegrip
538 Dwaling
667 Stryd
nisvloer 94(10)
misvorm 438
misvorm(d) 744
misvormdheid
438 Vorm
744 Lelik
misvuur 465
miswater 409
misweer 292
miswolk
291 Wolk
293 Onweer
miswurm 361
mite
538 Dwaling
552 Vertel
750 Letterkunde
818 Bedrieg
855 God
mitigasie
808 Regswese
809 Regsgeding
mitigeer
716 Genot
808 Regswese
mitochondrium 377
mitologie
750 Letterkunde
855 God
mitologies
750 Letterkunde
855 God
mitose 317
mitraalklep 399
mits 530
mitsdien 15
mnemoniek 510
mnemonies 510
mnemotegniek 510
mnemotegnies 510
mobiel
145 Beweging
680 Militêre aksie
mobilisasie
672 Weermag
679 Mobiliseer
mobilisasiestrategie 679
mobiliseer
672 Weermag
679 Mobiliseer
mobiliteit
145 Beweging
679 Mobiliseer
modaal
574 Woordkategorie
577 Betekenis
modaliteit
3 Bestaanswyse
577 Betekenis
modder
462 Halfvloeibaar
628 Vuil
modderagtig 462
modderas 279
modderbad 628
moddergat 279
modderig
462 Halfvloeibaar
628 Vuil
modderklap 233
modderkleur 492
modderkrewel 362
modderpoel 279
modderskerm
230 Rytuig
232 Fiets
233 Motorvoertuig
moddersloot 286
moddervet 434
mode
53 Nuut
657 Herhaal
745 Versier
modeartikel 568
modeblad 568
modekleur 490
model
3 Bestaanswyse
35 Reëlmatig
438 Vorm
622 Goed
760 Skilderkuns
763 Beeldhoukuns
modelboek 567
modelboerdery 347
modelleer
3 Bestaanswyse
35 Reëlmatig
237 Voortbring
438 Vorm
543 Duidelik
749 Kuns
763 Beeldhoukuns
modelleerklei 763
modelleerplank 763
modellering 438
modelleur
237 Voortbring
543 Duidelik
modelmens 812
modelvliegtuig 236
modem 263
modenuus 568
moderamen 590
moderasie
103 Min
619 Kalm
moderato 753
moderator
560 Skoolgaan
591 Gesaghebber
665 Byeenkom
moderatuur 590
moderedakteur 568
modereer 559
modern
49 Hede
53 Nuut
749 Kuns
750 Letterkunde
moderne boustyl 94(1)
moderne dans 742
moderne kuns 749
moderne musiek 753
modernis 749
modernisasie
53 Nuut
795 Staat
moderniseer 53
modernisme
749 Kuns
843 Ongeloof
modernisties 53
moderubriek 568
modesiekte 413
modetydskrif 568
modewinkel 707
modieus
49 Hede
53 Nuut
657 Herhaal
743 Mooi
745 Versier
modifikasie 140
modifiseer
53 Nuut
140 Verandering
modulasie 548
module
35 Reëlmatig
112 Deel
moduleer
266 Akoestiek
548 Praat
755 Uitvoering
modulêr 112
modulus
137 Bewerking
138 Algebra
438 Vorm
modus
574 Woordkategorie
644 Handelwyse
modus operandi 644
modus vivendi
607 Beloof
644 Handelwyse
668 Vrede
moed
518 Glo
582 Wilskrag
625 Sterk
767 Moed
moed gee
716 Genot
767 Moed
moed inboesem 638

moed inpraat
638 Aanmoedig
715 Gevoelloos
moed opgee
683 Misluk
719 Hartseer
moedeloos
713 Gevoel
717 Lyding
719 Hartseer
766 Wanhoop
768 Vrees
moeder
237 Voortbring
240 Afkoms
242 Ouer
moederaarde 272
moederbord 263
moederdier 357
moedergemeente
840 Godsdiens
852 Geestelike
moederkappie
322 Blom
337 Veldplant
moederkerk
840 Godsdiens
852 Geestelike
moederkoek 403
moederkoring 327
moederland 787
moederliefde
242 Ouer
776 Liefde
moederlik 242
moederloog 256
moederloos 243
moedermaatskappy 701
moedermoord 252
moedernakend 162
moeder-owerste 852
moederplig 811
moederreg 794
moedersielalleen 789
moederskap
241 Familie
242 Ouer
moederskip 235
moederskoot
395 Buik
403 Voortplanting
moedersmelk 409
moedersorg 776
moederstad 90
moedertaal 569
moedertaalonderrig 570
moedervlek 381
moedig
625 Sterk
767 Moed
769 Vertroue
moedigheid
518 Glo
625 Sterk
767 Moed
769 Vertroue
moedinpratery 767
moedswillig
508 Aandag
582 Wilskrag
637 Doelgerigtheid
779 Boosaardig
moedverlore
717 Lyding
719 Hartseer
766 Wanhoop
moedversterking
638 Aanmoedig
765 Hoop
moefti 854
moeg
611 Lui
626 Swak
661 Vermoei
moeilik
544 Onduidelik
582 Wilskrag
654 Moeilik
667 Stryd
771 Gramskap
moeilik verstaanbaar 544
moeilikheid
20 Wanorde
623 Sleg
654 Moeilik
667 Stryd
683 Misluk
690 Arm
717 Lyding
moeilikheidmaker 771
moeilikheidsoeker
777 Haat
779 Boosaardig
moeisaam 654
moeite
610 Ywerig
654 Moeilik
717 Lyding
moeitegewend 654
moeiteloos
653 Maklik
716 Genot
moeitevol 654
moeitevry 653
moer
172 Vasmaak
234 Spoorweg
237 Voortbring
242 Ouer
257 Meganika
323 Vrug
427 Drank
628 Vuil
820 Oneerbaar
moeras
279 Moeras
285 Meer
moerasagtige grond 274
moeraserts 297
moerasgas 461
moerasgrond
274 Geologie
279 Moeras
moeraskoors 413
moeraskrokodil 364
moerasland 279
moerasturf 279
moerbalk 94(4)
moerbalkmuur 94(6)
moerbei
323 Vrug
350 Vrugte
426 Kos
moerbout
172 Vasmaak
257 Meganika
moerig 721
moerkoffie 427
moersleutel
172 Vasmaak
316 Hout
630 Werktuig
moes 426
moesaka 426
moeselien 311
moesie
381 Vel
386 Gesig
moesoek 666
moesoep 666
moeson 290
moesonreën 292
moesonwind 290
moestas
382 Haar
386 Gesig
moestuin 346
moet
17 Noodsaak
381 Vel
413 Siekte
545 Natuurlike teken
579 Gedwonge
mof
301 Metaal
366 Soogdier
mofbees 366
moffeloond 305
moffie
375 Man
583 Willoosheid
745 Kleding
mofskaap 366
moggel 363
Mohammed 854
Mohammedaan
840 Godsdiens
854 Godsdienste
Mohammedaans 854
Mohammedaanse godsdiens
840 Godsdiens
854 Godsdienste
moiré 311
mok 413
moker
181 Stoot teen
182 Slaan
667 Stryd
669 Aanval
mokerhou 182
mokerslag
181 Stoot teen
182 Slaan
mokka 427
mokkaby 361
mokkakoffie 427
mol
366 Soogdier
753 Musiek
molaar 391
molbruin 492
molekule
254 Stof
256 Skeikunde
molekulêr
254 Stof
256 Skeikunde
molekuul 254
moles
20 Wanorde
476 Geluid
623 Sleg
666 Verhinder
779 Boosaardig
813 Swak gedrag
moles maak
476 Geluid
813 Swak gedrag
molestasie
623 Sleg
669 Aanval
779 Boosaardig
813 Swak gedrag
moleste
20 Wanorde
476 Geluid
623 Sleg
666 Verhinder
779 Boosaardig
813 Swak gedrag
molesteer
623 Sleg
669 Aanval
779 Boosaardig

molesteerder
667 Stryd
779 Boosaardig
molibdeen 297
molkriek 361
molla 854
molletjie 361
mollie 361
mollig
434 Breed
456 Sag
mollusk
357 Dier
363 Waterdier
molploeg 355
molsgat 89
molslaai 351
molslang 364
molteken 753
moltrein 234
moltreinstelsel 234
molvel 311
molwa 233
moment
41 Kortstondig
317 Fisiologie
momenteel 41
momentum
224 Snelheid
257 Meganika
317 Fisiologie
mompel
482 Menslike geluid
548 Praat
mompelaar 548
mompeling 548
monade 254
monarg 591
monargaal
590 Bestuur
591 Gesaghebber
monargie
590 Bestuur
591 Gesaghebber
795 Staat
monargis 795
monargisties 795
mond
177 Oopgaan
286 Rivier
386 Gesig
390 Mond
398 Asemhaling
401 Spysvertering
406 Eet
572 Uitspraak
mondaniteit
716 Genot
785 Hoogmoedig
mondbiologie 515
mondchirurg 416
mondchirurgie 414
monddeel 390
mondelik 390
mondeling
390 Mond
548 Praat
561 Studeer
mondelinge eksamen 561
mondelings 548
mond-en-klouseer 413
mondering
674 Uitrusting
745 Kleding
mondfluitjie 756
mondhoek 390
mondholte
398 Asemhaling
401 Spysvertering
572 Uitspraak
mondig
53 Jonk
432 Groot
mondigwording 793
monding 286
mondjievol
103 Min
406 Eet
mondklem 413
mondprovisie 420
mondspoelmiddel 746
mondstuk
231 Tuig
430 Rook
756 Musiek
mond-tot-mondasem-haling 404
mondwater 401
monetêr
131 Munt
701 Handel
monetêre bankinstel-ling 700
monetêre ekonomie 701
mongolisme 413
Mongoloïede ras 787
mongool 413
monis 514
monisme 514
monitêre beleid 590
monitor
14 Navolging
263 Rekenaar
264 Uitsaai
265 Telekommunikasie
417 Hospitaal
498 Gehoor
508 Aandag
590 Bestuur
638 Aanmoedig
monkvis 422
monnik 852
monnikekoor 757
monnikewerk
632 Onnodig
634 Nutteloos
647 Voortgaan
monnikskap 332
monnikskappie 334
monnikvis 363
monochromaties 267
monochromatiese kleur
267 Optika
490 Kleur
monochromatiese lens 267
monochroom 490
monodie 757
monofoniek 266
monoftong 572
monogamie 248
monogamis 248
monografie
553 Behandel
565 Skryfkuns
567 Boek
monogram 565
monohibried 240
monokel 499
monokotiel 318
monoliet
94(5) Pilaar
763 Beeldhoukuns
monoloog
548 Praat
752 Toneelkuns
monomanie
413 Siekte
505 Verstandstoornis
monomeer 256
monopolie 701
monopoliseer 701
monopolistiese stelsel 701
monopsonie 701
monosillabe 572
monosillabies 572
monoteïs 842
monoteïsme 842
monotipe
357 Dier
566 Drukkuns
monotoon
12 Eenvormig
725 Verveling
monseigneur
849 Prediking
852 Geestelike
monster
3 Bestaanswyse
357 Dier
374 Mens
516 Soek
680 Militêre aksie
779 Boosaardig
813 Swak gedrag
855 God
monsteragtig
357 Dier
374 Mens
744 Lelik
779 Boosaardig
monsterboek 567
monstering
516 Soek
679 Mobiliseer
monsteringsparade 679
monsterkamer 94
monsterplek 680
monstervergadering 665
monstrum
744 Lelik
779 Boosaardig
monstruositeit
744 Lelik
779 Boosaardig
montage
264 Uitsaai
568 Perswese
montasie 752
montasiegebou 91
montasiewoning 91
monteer
302 Smid
630 Werktuig
752 Toneelkuns
monteerwerk 302
montering 302
monteur 630
montuur 499
monument
510 Herinner
546 Kunsmatige teken
monumentaal
432 Groot
622 Goed
743 Mooi
mooi
478 Welluidend
622 Goed
716 Genot
743 Mooi
747 Verfyndheid
mooi weer 289
mooidoenery 818
mooiigheid
743 Mooi
828 Vlei
mooimaak 745
mooimaakgoed 745
mooinooientjie 363
mooipraat
604 Versoek

828 Vlei
mooiskrywery 563
mooitjies
579 Gedwonge
597 Gehoorsaam
mooiweersvriend
623 Sleg
818 Bedrieg
moondheid
590 Bestuur
795 Staat
moontlik
1 Bestaan
2 Nie-bestaan
130 Onbepaald
519 Twyfel
537 Waarheid
637 Doelgerigtheid
653 Maklik
moontlikheid
51 Toekoms
537 Waarheid
577 Betekenis
653 Maklik
moor
252 Doodmaak
654 Moeilik
moord
238 Vernietig
252 Doodmaak
623 Sleg
779 Boosaardig
803 Oortree
822 Skuldig
moorddadig
252 Doodmaak
779 Boosaardig
moordenaar
252 Doodmaak
623 Sleg
667 Stryd
779 Boosaardig
803 Oortree
822 Skuldig
moordenaarsbende 252
moord-en-roofeenheid 802
moordgierig 779
moordkreet
252 Doodmaak
482 Menslike geluid
moordlus 779
moordparty 252
moordpoging 252
moordsaak 809
moordtoneel 252
moordtuig 252
moordvis 363
moordwapen 252
Moorse boog 94(7)
moot
112 Deel
278 Vallei
422 Seekos
mop 95(8)
mopanieby 361
mopper
548 Praat
714 Gevoelig
721 Ontevrede
771 Gramskap
moppie 757
mor
548 Praat
714 Gevoelig
721 Ontevrede
771 Gramskap
782 Ondankbaarheid
mora 572
moraal
514 Wysbegeerte
518 Glo
810 Gedrag
811 Gewete
812 Goeie gedrag
819 Eerbaar
842 Geloof
moralis
514 Wysbegeerte
812 Goeie gedrag
moralisasie
811 Gewete
812 Goeie gedrag
827 Afkeur
moraliseer
514 Wysbegeerte
811 Gewete
moraliserend 812
moralisering
811 Gewete
827 Afkeur
moraliteit
514 Wysbegeerte
810 Gedrag
811 Gewete
812 Goeie gedrag
819 Eerbaar
moratorium
23 Onderbreek
699 Leen
711 Skuld
morbied
714 Gevoelig
717 Lyding
719 Hartseer
mordent 753
môre
51 Toekoms
127 Tydbepaling
môreblad 568
môredou 292
moreel
514 Wysbegeerte
518 Glo
811 Gewete
812 Goeie gedrag
819 Eerbaar
842 Geloof
moreel agteruitgaan 779
moreel-eties 514
morele filosofie 514
morele ondersteuning 638
morele standaarde 812
morele waarde
811 Gewete
812 Goeie gedrag
môregebed 847
môrelied 757
môrelig 485
morendo 753
môre-oormôre 51
môrerooi 485
môreskemering 485
môreson 485
môrester 270
môrestond 485
môretaak 610
morf 573
morfeem
546 Kunsmatige teken
573 Woordeskat
575 Woordvorming
morfeembetekenis 577
morfeemvariasie 575
morfien
415 Geneesmiddel
494 Gevoelloosheid
morfinis 494
morfologie
438 Vorm
570 Taalwetenskap
575 Woordvorming
morfologies
570 Taalwetenskap
575 Woordvorming
morfoloog 570
morfonologie 575
morfonologies
572 Uitspraak
575 Woordvorming
morg 123
morganaties 248
morgvoet 123
moroon 503
morrie
623 Sleg
628 Vuil
mors
628 Vuil
687 Verlies
morsaf 184
morsdood 250
morsdoodstil 477
morsig
20 Wanorde
628 Vuil
744 Lelik
morsjors 628
morspot 628
mortaliteit 250
mortel 99
mortier 676
mortifikasie 823
mos
328 Mosplant
350 Vrugte
427 Drank
mosaïek
174 Meng
762 Inlegwerk
mosaïekvenster 94(9)
mosaïekversiering 745
mosaïekvloer 94(10)
mosaïekwerk 745
mosbalie 84
mosbeskuit 426
mosbolletjie 426
mosgras 328
mosie
557 Diskussie
603 Voorstel
604 Versoek
665 Byeenkom
mosiekomitee 665
moskee
91 Gebou
854 Godsdiens
Moslem 854
mossel
363 Waterdier
422 Seekos
426 Kos
mosselbank
89 Blyplek
372 Vissery
mosselkraker 363
mosselvangs 372
mosselwurm 363
mossie 365
mosterd 419
mosterdgas 461
mostertkleur 492
mot 361
motby 361
motel 89
motet 757
motief
15 Oorsaak
525 Bewys
745 Versier
749 Kuns
754 Komposisie
motiveer
525 Bewys
543 Duidelik
590 Bestuur
614 Bekwaam

638 Aanmoedig
motjie 376
motor
233 Motorvoertuig
630 Werktuig
motoragent 705
motoras 163
motorbedryf
658 Beroep
701 Handel
motorbelasting 712
motorbestuurder
216 Ry
217 Motorry
223 Stuur
motorboot 235
motorbotsing 217
motorbril 499
motorbrug 156
motorbus 233
motordek 235
motorembleem 233
motorfiets 232
motorfietsbestuurder 218
motorfietsrenjaer 737
motorfietsry 218
motorfietsryer
218 Fietsry
223 Stuur
motorfietswedren
218 Fietsry
737 Motorsport
motorfinansiering 693
motorgangdeur 94(8)
motorhaak 172
motorhandel 701
motorhandelaar 701
motorhawe 233
motorhek 94(14)
motorhuis
233 Motorvoertuig
354 Plaas
motoriek 145
motories 145
motoris 217
motoriseer 630
motorjas 745
motorkap 233
motorkar 233
motorklub 724
motorkruising 79
motorlisensie
217 Motorry
525 Bewys
motormark 701
motornywerheid 658
motoronderdele 630
motorongeluk
217 Motorry
683 Misluk
719 Hartseer
motorpolitoer 627
motorreis 187
motorren 737
motorrit
187 Reis
216 Ry
217 Motorry
motorruim 235
motorry
216 Ry
217 Motorry
motorsiek 413
motorsleutel 178
motorsport
726 Sport
737 Motorsport
motortog 187
motorveiling 705
motorverkeer 217
motorversekering 655
motorvoertuig 233
motorvoertuigwa 234
motorvragwa 233
motorwaks 627
motorwapen 233
motorwassery 233
motorwedren
233 Motorvoertuig
737 Motorsport
motorwiel
163 Draai
446 Rond
motorwoning 89
motreën 292
motto
546 Kunsmatige teken
573 Woordeskat
motvlieg 361
motwortel 337
mou 745
mousknoop 172
moutbier 427
moutdrank 427
moutekstrak 427
moutsuiker 471
moveer 145
mud 123
mudsak 123
muesli 426
muf
54 Oud
327 Tallusplant
472 Smaakloos
475 Onwelriekend
623 Sleg
mufheid
472 Sleg
475 Onwelriekend
mufti 854
muggesifter 532
muggesiftery 532
muggie 361
muil 366
muilband
549 Stilbly
602 Verbied
muilesel 366
muis
263 Rekenaar
366 Soogdier
397 Ledemaat
muisgat 89
muisgrou 492
muishare 382
muishond 366
muiskleur 492
muissiekte 413
muistandjie 391
muisval 373
muisvoël 365
muit 667
muiter 667
muitsiek 771
mukus 409
multilaaghout 316
multilateraal 87
multimiljoenêr
688 Besit
689 Ryk
multinasionaal 787
multiplikasie 137
multipliseer 137
multiprogrammering 263
multiprosessering 263
mummel
406 Eet
548 Praat
mummie 250
munisie 676
munisiefabriek
658 Beroep
675 Bewapening
munisiehandel 701
munisiewa 675
munisipaal
590 Bestuur
591 Gesaghebber
munisipale amptenaar 590
munisipale belasting 712
munisipale kantoor 590
munisipale setel 590
munisipaliteit
590 Bestuur
795 Staat
munt
131 Munt
709 Betaalmiddel
munteenheid 131
muntgeld 131
muntkunde 131
muntmeester 131
muntspesie 131
muntstempel 131
muntstuk
131 Munt
709 Betaalmiddel
munttelefoon 265
muntwaarde 131
murasie
93 Gebou
98 Afbreek
murf
456 Sag
597 Gehoorsaam
772 Sagmoedig
murg 380
murgbeen 421
murgpampoen
351 Groente
426 Kos
murgpeer 426
murgpyp 380
murg-van-groente
351 Groente
426 Kos
murmel
476 Geluid
480 Dowwe klank
548 Praat
murmereer 721
murmureer 827
mus
674 Uitrusting
745 Kleding
muscat d'alexandrie 427
muscat ottonel 427
muse
713 Gevoel
751 Digkuns
museum
91 Gebou
255 Natuurkunde
749 Kuns
museumstuk
54 Oud
749 Kuns
musiek
478 Welluidend
753 Musiek
754 Komposisie
755 Uitvoering
musiekaand 755
musiekakademie 753
musiekargeologie 753
musiekbibliotеek 753
musiekboek 753
musiekdoos 756
musiekdrama 754
musiekentoesias 753
musieketnologie 753
musiekfees
755 Uitvoering
793 Fees

musiekgeselskap 755
musiekgeskiedenis 753
musiekhandel 707
musiekinstrument 756
musiekkamer
94(3) Vertrek
753 Musiek
musiekkenner 753
musiekklas 753
musiekkorps
665 Byeenkom
672 Weermag
755 Uitvoering
musiekkritiek 753
musiekkultuur 753
musiekkuns 749
musiekkunstenaar 724
musiekleer 753
musiekliefhebber 753
musiekliteratuur 753
musieklyn 753
musieknavorsing 753
musieknommer 755
musieknoot 753
musieknotasie 753
musiekonderwys 753
musiekprogram 757
musiekskool 753
musieksleutel 753
musieksosiologie 753
musiekstaander 756
musiekstudie 753
musiekstuk 754
musiektekens 753
musiekteorie 753
musiekuitvoering 755
musiekwaardering 753
musiekwetenskap 753
musiekwinkel 707
musikaal
753 Musiek
754 Komposisie
musikant
749 Kuns
754 Komposisie
755 Uitvoering
756 Musiek
musikologie 753
musikoloog 753
musikus
754 Komposisie
755 Uitvoering
musiseer
753 Musiek
755 Uitvoering
muskaat 419
muskaatolie 462
muskadel 427
muskeljaatkat 366
musket 676
musketier 673
muskiet 361
muskietby 361
muskietgaas
95(12) Venster
95(5) Bed
muskietgewig 731
muskietnet
95(12) Venster
95(5) Bed
muskulatuur 379
muskulokutane senuwee 378
muskus 474
muskusdier 366
muskusgeur 474
muskusgras
337 Veldplant
338 Gras
mustang 366
mutasie
67 Verplasing
140 Verandering
438 Vorm
mutasieleer 140
mutasieteorie 140
mutatis mutandis
140 Verandering
530 Voorbehou
muteer 140
mutileer 413
muur
63 Begrens
94(6) Muur
178 Toegaan
muuranker 94(6)
muurbal 728
muurbalballetjie 726
muurbalraket 726
muurbedekking
94(13) Versiering
161 Bedek
muurbehangsel 161
muurbekisting 97
muurbekleding 94(13)
muurblom
322 Blom
742 Dans
muurkaart
273 Geografie
560 Skoolgaan
muurkalender 127
muurkas
94(15) Toebehore
95(3) Kas
muurkonstruksie 94(1)
muurlamp
95(2) Lamp
487 Ligbron
muurlig 487
muurpapier
94(13) Versiering
161 Bedek
315 Papier
muurprop 262
muurskildering 760
muurskildery 760
muurtapyt 161
muurteël 100
muurversiering 745
muwwerig
472 Smaakloos
475 Onwelriekend
623 Sleg
myl 123
myl per uur 123
mylpaal 620
mymer 513
myn
275 Myn
676 Vuurwapen
mynbaas
275 Myn
688 Besit
mynbedryf 275
mynbou 275
mynboukunde 275
mynboukundig 275
mynboukundige 275
mynboupersoneel 275
mynboutoerusting 275
myne 129
myner 275
myngalery 275
myngang 275
myngas 461
myngat 275
mynhoop 275
mynhyser
158 Opstyg
275 Myn
myningenieur 275
myningenieurswese 275
mynkamp 275
mynkampong 275
mynkaptein 275
mynlamp
275 Myn
487 Ligbron
mynlêer 235
mynlig 487
mynmagnaat 689
mynpag 706
myns insiens 527
mynskag 275
myntering 413
myntonnel 275
mynveër 235
mynwerker
275 Myn
645 Handel
mynwese 275
myt 361

N

'n 130
na
6 Betreklik
8 Dieselfde
12 Eenvormig
25 Volg
37 Tyd
47 Later
51 Toekoms
86 Agter
127 Tydbepaling
530 Voorbehou
na-aap
14 Navolging
657 Herhaal
naaf
163 Draai
232 Fiets
naafband 163
naafbout 172
naafbus 163
naafdop
163 Draai
233 Motorvoertuig
naafvoering 163
naaidoos
84 Houer
95(3) Kas
naai-els 155
naaigaring 312
naaikissie
84 Houer
95(3) Kas
naainaald 155
naairiempie 312
naaisakkie 84
naak
162 Ontbloot
537 Waarheid
539 Kommunikeer
naakfiguur 758
naakloper 162
naaksadige 330
naakslak 363
naakstudie 760
naaktheid 162
naald
94(5) Pilaar
155 Deurboor
172 Vasmaak
261 Magnetisme
321 Blaar
546 Kunsmatige teken
naaldboom
330 Naaksadige
331 Boom
naaldekoker 361
naaldgeweer 676
naaldhout 316
naaldkant 311

naaldkristalysel 292
naaldpunt 439
naaldskerp
439 Punt
440 Skerp
naaldsteek
516 Soek
638 Aanmoedig
naaldvormig
438 Vorm
439 Punt
naaldwerk 745
naaldwerkkamer 94(3)
naaldwerkmandjie 84
naaldwerkskêr 185
naam
2 Nie-bestaan
546 Kunsmatige teken
550 Noem
799 Beroemd
830 Eerbiedig
naam maak 799
naamboek 567
naambord
546 Kunsmatige teken
550 Noem
naamchristen 843
naamdag 793
naamdig 751
naamdraer 550
naamgenoot 550
naamgewer 550
naamgewing 550
naamkaartjie 564
naamkunde
550 Noem
570 Taalwetenskap
naamkundige
550 Noem
570 Taalwetenskap
naamlik 15
naamloos 550
naamlys 550
naamplaat
546 Kunsmatige teken
550 Noem
naamrol 550
naamskending 829
naamskilder 565
naamstempel
546 Kunsmatige teken
550 Noem
naamsvalsuitgang 575
naamsverandering 550
naamtekening 546
naamval
574 Woordkategorie
575 Woordvorming
naamvalsmorfeem 574
naamvalsuffiks 575
naamvalsuitgang 574
naamvalsvorm 574
naamvers 751
naamwoord 574
naamwoordelik
574 Woordkategorie
576 Sinsbou
naamwoordgroep 576
naamwoordkonstruksie 576
naamwoordstuk 576
naand 790
naandsê 790
na-aper 14
na-apery
14 Navolging
657 Herhaal
na-aping 14
naar
412 Siek
623 Sleg
628 Vuil
714 Gevoelig
719 Hartseer
744 Lelik
768 Vrees
777 Haat
naargeestig
717 Lyding
719 Hartseer
766 Wanhoop
naarheid
412 Siek
623 Sleg
717 Lyding
777 Haat
naarstig
586 Beslis
610 Ywerig
637 Doelgerigtheid
713 Gevoel
naarstiglik
17 Noodsaak
225 Vinnig
610 Ywerig
naas
21 Volgorde
87 Kant
118 Vergelyking
naasaan
69 Naby
87 Kant
naasagter 86
naasagteros 366
naasbestaande 241
naaseergister
50 Verlede
127 Tydbepaling
naasgeleë
69 Naby
87 Kant
naashaarvooros 231
naashotvooros 231
naasliggend
69 Naby
87 Kant
naasmekaar 87
naasmekaarstelling 87
naasoormôre 51
naaste
69 Naby
241 Familie
374 Mens
naasteliefde 776
naaste(n)by
126 Skat
130 Onbepaald
naasvolgend 51
naasvoor 85
naasvooros 366
naaswit 492
naat
172 Vasmaak
745 Kleding
naatbal 728(3)
naatbouler 728(3)
naatloos
311 Weefsel
505 Verstandstoornis
nabank 298
nabeeld
387 Oog
499 Sien
nabehandeling 414
nabepaling 576
naberig
565 Skryfkuns
567 Boek
naberou 823
nabetragting 513
nabetragtingsdiens 848
nabloeding 413
nabloeier 318
nably
151 Agtertoe
560 Skoolgaan
nablyer 560
naboom
331 Boom
342 Gifplant
naboots
14 Navolging
657 Herhaal
758 Kuns
nabootser
14 Navolging
657 Herhaal
nabootsing
14 Navolging
657 Herhaal
818 Bedrieg
naburig
69 Naby
87 Kant
naby
51 Toekoms
61 Plek
64 Aanwesig
69 Naby
nabyfoto 268
nabygeleë
69 Naby
82 Rondom
nabyheid 69
nabykom 166
nabyskoot 268
nadae 54
nadat
37 Tyd
47 Later
nadateer 47
nadeel
635 Skadelik
683 Misluk
687 Verlies
nadelig
238 Vernietig
635 Skadelik
703 Boekhou
nadelige saldo
687 Verlies
700 Bank
703 Boekhou
nadeligheid 635
nademaal 16
nadenke 513
nadenkend 508
nader
51 Toekoms
69 Naby
145 Beweging
166 Nader beweeg
553 Behandel
604 Versoek
638 Aanmoedig
790 Sosiaal
nader tree 69
naderbeweeg 166
naderbring
26 Saam
166 Nader beweeg
naderby
51 Toekoms
69 Naby
naderend 166
naderende
25 Volg
51 Toekoms
nadergaan 166
naderhand
25 Volg
47 Later
51 Toekoms
naderhou 728(8)
nadering 166
naderkom
69 Naby
145 Beweging

166 Nader beweeg
naderlok 191
naderloop 69
naderskuif 69
nadersleep
152 Verby
216 Ry
217 Motorry
nadertrek 166
nadervlieg 222
nadervlug 222
nadese 47
nadink 513
nadir
269 Heelal
437 Laag
nadoen
14 Navolging
657 Herhaal
nadoodse 250
nadoodse ondersoek 414
nadors 407
nadraai
16 Gevolg
28 Einde
681 Resultaat
nadroejakkals 366
nadruk
528 Bevestig
558 Redevoering
566 Drukkuns
572 Uitspraak
nadruklik
528 Bevestig
543 Duidelik
558 Redevoering
582 Wilskrag
595 Streng
nael
197 Te voet
383 Nael
397 Ledemaat
727 Wedstryd
naelbed 383
naelborsel 746
naelknipper
185 Sny
383 Nael
746 Toilet
naellak
383 Nael
745 Versier
746 Toilet
naellakverwyderaar 383
naellemoen
323 Vrug
426 Kos
naelliggaam 383
naelloop
197 Te voet
729 Atletiek
naelloper
197 Te voet
228 Vinnig
729 Atletiek
naelmaantjie 383
naelmatrys 383
naelpoets 746
naelren 727
naelryer 735
naelskêrtjie
185 Sny
383 Nael
746 Toilet
naelsmeer 746
naelsool 383
naelstring 239
naeltjie
322 Blom
397 Ledemaat
419 Voedselbereiding
naeltjiebrandewyn 427
naeltjieolie 462
naelvelletjie 383
naelverf
745 Versier
746 Toilet
naelvernis
745 Versier
746 Toilet
naelversorging 383
naelvyltjie
383 Nael
746 Toilet
naelwedloop 727
naelwortel
383 Nael
397 Ledemaat
nafluit
14 Navolging
792 Asosiaal
nafta 461
naftaleen 490
nag
127 Tydbepaling
410 Slaap
486 Duisternis
790 Sosiaal
nagaan
508 Aandag
516 Soek
642 Beproef
651 Toesien
nagaande
667 Stryd
779 Boosaardig
nagaap 366
nagadder 364
nagalm 476
nagana 413
nagblind
413 Siekte
499 Sien
nagblom
239 Voortplant
322 Blom
nagbraker
561 Studeer
813 Swak gedrag
nagdiens 645
nagdier 357
nagdonker 486
nageboorte
239 Voortplant
403 Voortplanting
nageboots 657
nagedagte 513
nagedagtenis 510
nagemaak
14 Navolging
479 Disharmonies
657 Herhaal
744 Lelik
815 Oneerlik
nagemaaktheid
14 Navolging
657 Herhaal
744 Lelik
nagenoeg
126 Skat
130 Onbepaald
nagenoemde 47
nagereg
418 Maaltyd
426 Kos
nageslag 240
nagewening 270
naghemp 410
nagkabaai 410
nagkassie 95(3)
nagklere 745
nagklub
429 Eetplek
724 Vermaak
nagkoelte 466
naglanding 222
naglans 485
naglied
754 Komposisie
757 Sang
nagloed 485
nagloper 813
Nagmaal 850
Nagmaalsbeker 850
Nagmaalsbrood
424 Brood
850 Sakrament
Nagmaalsdiens
848 Erediens
850 Sakrament
Nagmaalsformulier 850
Nagmaalsganger 850
Nagmaalstafel 850
Nagmaalsviering
848 Erediens
850 Sakrament
Nagmaalswyn 850
nagmars
197 Te voet
680 Militêre aksie
nagmerrie
410 Slaap
512 Verbeelding
nagpersoneel 658
nagportier 592
nagraads
559 Opvoeding
561 Studeer
nagraadse student
560 Skoolgaan
561 Studeer
nagraadse studie 561
nagraadse vak 559
nagredaksie 568
nagrok
410 Slaap
745 Kleding
nagronde 802
nagroom 746
nagrus
410 Slaap
662 Rus
nagsê 790
nagskade 344
nagskof 658
nagslot 178
nagsoen 790
nagtafel 96
nagtegaal 365
nagtelik 486
naguil
365 Voël
410 Slaap
nagvlinder 361
nagvrees 768
nagvrou 239
nagvuil 409
nagwaak 655
nagwag
221 Vaar
655 Veilig
680 Militêre aksie
728(3) Krieket
802 Gehoorsaam
nagwolf 410
nahou
518 Glo
560 Skoolgaan
nahuweliks 248
naïef
503 Onverstandig
821 Onskuldig
naïeweling 821
naïwiteit
503 Onverstandig
821 Onskuldig

najaag
14 Navolging
228 Vinnig
773 Begeerte
najaar
37 Tyd
289 Klimaat
najaarsweer 289
najade 855
nakend 162
nakind 243
naklank
14 Navolging
476 Geluid
naklip 298
nakom
600 Sonder gesag
802 Gehoorsaam
812 Goeie gedrag
nakomeling
53 Jonk
240 Afkoms
243 Kind
nakomertjie 243
nakoming
600 Sonder gesag
608 Jou woord hou
802 Gehoorsaam
nakriet 296
nakroos 240
nakyk
499 Sien
508 Aandag
516 Soek
nalaat
511 Vergeet
613 Onnoukeurig
646 Nie handel nie
652 Versuim
693 Gee
nalatenskap
693 Gee
696 Ontvang
nalatig
509 Onoplettend
613 Onnoukeurig
646 Nie handel nie
nalatigheid
507 Ongeïnteresseerd
509 Onoplettend
613 Onnoukeurig
646 Nie handel nie
652 Versuim
nalees 562
naloop
14 Navolging
25 Volg
228 Vinnig
773 Begeerte
naloper
25 Volg
663 Meedoen
namaak 14
namaakblom 14
namaaksel
14 Navolging
657 Herhaal
818 Bedrieg
namaakvrug 14
namaker 818
namaking
14 Navolging
657 Herhaal
namakwaduif 365
namakwapatrys 365
nameet 123
nameloos 104
namens 144
namiddag 127
namie
343 Genesende plant
415 Geneesmiddel
namtarrie 332
namtissement 808
nanag 127
nanagslaap 410
naneef 241
naniggie 241
nanisme 433
nanking 311
naoes 347
naoog 499
napalmbom 676
napeins 513
napluis 516
napluk 347
napraat
14 Navolging
548 Praat
657 Herhaal
naprater
583 Willoosheid
657 Herhaal
napyn 717
nar 722
narcisisme 776
nardus
342 Gifplant
474 Welriekend
nardusgeur 474
narede 558
nareken 125
narigheid
412 Siek
623 Sleg
717 Lyding
narkose
410 Slaap
414 Geneeskunde
narkoties
410 Slaap
414 Geneeskunde
415 Geneesmiddel
narkotikum 415
narkotiseer 414
narkotiseur 416
narra 337
narrabos 332
narsing
322 Blom
335 Bolplant
narsinglelie 337
narteks 853
nartjie
323 Vrug
350 Vrugte
426 Kos
nartjiekleur 492
narwal 366
nasaal 572
nasaat
53 Jonk
240 Afkoms
243 Kind
nasale been 385
nasale fossa
385 Skedel
389 Neus
nasale konga 389
nasaleer 572
nasaleringsteken 565
nasaliteit 572
nasang
751 Digkuns
848 Erediens
nasate 787
nasê
548 Praat
657 Herhaal
nasie
33 Samehorig
104 Baie
787 Gemeenskap
nasiebou 787
nasiediens 787
nasiegees 787
nasien
559 Opvoeding
566 Drukkuns
622 Goed
nasienwerk 566
nasietrots 787
nasigwissel 525
nasionaal
590 Bestuur
787 Gemeenskap
nasionaalgesind 787
nasionaal-sosialisme 795
nasionale belang 620
nasionale inkomste 686
nasionale koerant 568
nasionale lied 757
nasionale pad 149
nasionale pers 568
nasionale politiek 795
nasionale span 726
nasionale taal 569
nasionalis 787
nasionalisasie
171 Verwyder
795 Staat
nasionaliseer
171 Verwyder
590 Bestuur
787 Gemeenskap
nasionalisering
694 Neem
701 Handel
787 Gemeenskap
nasionalisme 795
nasionalisties 795
nasionaliteit 787
nasireër 854
nasit 203
naskeermiddel 474
naskilder
14 Navolging
657 Herhaal
760 Skilderkuns
naskok 274
naskoolse onderrig 559
naskrif 565
naskryf
14 Navolging
563 Skryf
naskrywer
14 Navolging
565 Skryfkuns
naslaan 562
naslaanboek
515 Wetenskap
567 Boek
naslaanbron 567
naslaanbybel 842
naslaanregister 567
naslaanwerk
515 Wetenskap
567 Boek
nasleep
16 Gevolg
28 Einde
681 Resultaat
nasmaak
406 Eet
470 Smaak
nasofarinks 389
nasomer 289
nasorg
414 Geneeskunde
612 Noukeurig
naspeel
657 Herhaal
740 Kaartspel
naspel
16 Gevolg
752 Toneelkuns

754 Komposisie
848 Erediens
naspeur
516 Soek
517 Vind
naspoor 516
nastergal 344
nastrewe
14 Navolging
637 Doelgerigtheid
nasyfer 125
nat
407 Drink
460 Vloeistof
463 Nat
nat sneeu
289 Klimaat
292 Neerslag
nataliteit 239
nateken
14 Navolging
657 Herhaal
758 Kuns
759 Tekenkuns
natekening
657 Herhaal
759 Tekenkuns
natel
125 Tel
703 Boekhou
natgooi 463
nat-in-natskilderwerk 760
natlei
288 Waterstelsel
347 Landbou
463 Nat
natmaak
288 Waterstelsel
463 Nat
natou 14
natpak 215
natreën
292 Neerslag
463 Nat
natrek 759
natrekpapier
315 Papier
759 Tekenkuns
natrium
256 Skeikunde
297 Metaal
natriumbikarbonaat
256 Skeikunde
300 Sout
natriumchloried
256 Skeikunde
300 Sout
natriumkarbonaat
256 Skeikunde
300 Sout
natriumnitraat
256 Skeikunde
300 Sout
natron
256 Skeikunde
300 Sout
natronloog
256 Skeikunde
300 Sout
natros 426
nattigheid
292 Neerslag
463 Nat
naturalis
749 Kuns
843 Ongeloof
naturaliseer 788
naturalisme
749 Kuns
843 Ongeloof
natuur
3 Bestaanswyse
254 Stof
269 Heelal
714 Gevoelig
natuuraanbidder
255 Natuurkunde
843 Ongeloof
854 Godsdiens
natuuraanbidding
843 Ongeloof
854 Godsdiens
natuurbeskerming 325
natuurbeskouing 255
natuurbewaring
61 Plek
255 Natuurkunde
325 Plantkunde
368 Diereteelt
515 Wetenskap
natuurbewaringsgebied 255
natuurdiens 854
natuurdrif 239
natuurfilosofie
255 Natuurkunde
514 Wysbegeerte
natuurgeneesheer 416
natuurgeneeskunde 414
natuurgenoot 374
natuurgetrou 3
natuurgevoel 713
natuurgodsdiens 854
natuurhistorie 255
natuurhistorikus 255
natuurkennis 255
natuurkind
255 Natuurkunde
789 Onbeskaafd
natuurkleur 490
natuurkrag 255
natuurkunde
249 Lewe
255 Natuurkunde
natuurkundige 255
natuurleer 255
natuurlewe 255
natuurlik
3 Bestaanswyse
243 Kind
254 Stof
415 Geneesmiddel
537 Waarheid
543 Duidelik
743 Mooi
791 Sosiaal
natuurlike godsdiens
840 Godsdiens
854 Godsdienste
natuurlike kleur 490
natuurlike lig 485
natuurlike medisyne 415
natuurlike rubber 307
natuurlikerwys 543
natuurlikheid
254 Stof
543 Duidelik
743 Mooi
natuurmens
255 Natuurkunde
789 Onbeskaafd
natuurramp
683 Misluk
719 Hartseer
natuurras 368
natuurreservaat
255 Natuurkunde
273 Geografie
natuurskoon 743
natuurstaat
3 Bestaanswyse
254 Stof
natuurstigting 590
natuurstudie 255
natuurvriend 255
natuurwet 255
natuurwetenskap 515
natuurwetenskappe
255 Natuurkunde
559 Opvoeding
natuurwonder
273 Geografie
622 Goed
nautilus 363
navertel
539 Kommunikeer
548 Praat
551 Meedeel
552 Vertel
657 Herhaal
naverwant 241
navigasie
221 Vaar
222 Vlieg
navigasiebrug 235
navigasie-instrument 235
navigasielig 236
navigator
221 Vaar
223 Stuur
236 Lugvaart
navolg
14 Navolging
25 Volg
203 Agterna
657 Herhaal
navolgbaar 14
navolgenswaardig 14
navolger
14 Navolging
25 Volg
203 Agterna
navors
19 Orde
515 Wetenskap
516 Soek
517 Vind
561 Studeer
642 Beproef
navorser
516 Soek
560 Skoolgaan
561 Studeer
navorsing
515 Wetenskap
516 Soek
561 Studeer
642 Beproef
navorsingsassistent 658
navorsingsmetodes 515
navorsingsresultate 515
navorsingswerk 516
navraag
516 Soek
539 Kommunikeer
navraag doen 516
navraagkantoor
94 Gebou
658 Beroep
707 Handelsaak
navrant 719
naweë
16 Gevolg
717 Lyding
naweek 127
naweekblad 568
naweekedisie 568
naweekkoerant 568
naweektas 187
naweekuitgawe 568
nawel 426
nawellemoen
323 Vrug
426 Kos
nawelstring 239
nawerk 638

nawerking
16 Gevolg
28 Einde
638 Aanmoedig
645 Handel
681 Resultaat
nawinter 289
na-yling
203 Agterna
225 Vinnig
naywer
667 Stryd
779 Boosaardig
Nazisme 795
nazisties 795
né
521 Verras wees
528 Bevestig
nederig
600 Sonder gesag
786 Nederig
800 Onbekend
830 Eerbiedig
nederigheid
589 Dien
786 Nederig
800 Onbekend
nederlaag
683 Misluk
685 Verloor
Nederlandikus 570
Nederlandisme 569
Nederlandistiek 570
Nederlands 569
nedersetter
64 Aanwesig
787 Gemeenskap
788 Beskaafd
nedersetting
64 Aanwesig
66 Plasing
788 Beskaafd
nee
529 Ontken
606 Weier
neef 247
neem
26 Saam
67 Verplasing
145 Beweging
171 Verwyder
183 Gryp
205 Weggaan
533 Verstaan
584 Kies
686 Aanwins
694 Neem
695 Steel
neer 159
neerbuig
74 Op
592 Ondergeskikte
596 Inskiklik
neerbuigend
785 Hoogmoedig
829 Beledig
neerbuk
74 Op
444 Krom
neerdaal
145 Beweging
159 Neerdaal
212 Afgaan
neerdruk 181
neerdrukkend 719
neergesit 66
neergevalle 212
neergooi 66
neerhaal
77 Onder
159 Neerdaal
565 Skryfkuns
827 Afkeur
neerhalend
827 Afkeur
829 Beledig
831 Bespot
neerhang 77
neerkap 182
neerkniel 74
neerkom 159
neerkom op 541
neerkyk 785
neerlaat
159 Neerdaal
235 Skeepvaart
neerlê
66 Plasing
72 Plat
129 Bepaald
159 Neerdaal
531 Saamstem
693 Gee
neerlegging
17 Noodsaak
66 Plasing
neerpen 563
neersak 159
neersien 785
neersink 159
neersit
66 Plasing
159 Neerdaal
neersitplek 74
neerskiet 677
neerskryf 563
neerslaan
159 Neerdaal
212 Afgaan
256 Skeikunde
419 Voedselbereiding
neerslag
159 Neerdaal
168 Saamkom
212 Afgaan
292 Neerslag
294 Weerkunde
neerslagtenk 256
neerslagtig
717 Lyding
719 Hartseer
766 Wanhoop
768 Vrees
neerslagtigheid
413 Siekte
719 Hartseer
766 Wanhoop
768 Vrees
neersmyt 227
neerstort
77 Onder
159 Neerdaal
212 Afgaan
292 Neerslag
neerstryk
159 Neerdaal
188 Aankom
222 Vlieg
neersyg 159
neertrek 159
neertuimel 212
neerval
77 Onder
212 Afgaan
neervel
182 Slaan
252 Doodmaak
neervly 72
neet 403
neewoord
529 Ontken
606 Weier
neffens 87
nefriet
296 Nie-metaal
413 Siekte
nefritis 413
nefrose 413
negasie
529 Ontken
606 Weier
negatief
268 Fotografie
529 Ontken
606 Weier
717 Lyding
719 Hartseer
827 Afkeur
negatiefdruk 566
negatiewe pool
233 Motorvoertuig
256 Skeikunde
negativering
529 Ontken
576 Sinsbou
negedaags 37
negeer
529 Ontken
621 Onbelangrik
646 Nie handel nie
652 Versuim
779 Boosaardig
negende toontrap 753
negeoog 413
negeponder 676
negering 652
negevoudig 102
négligé 745
negosiegoed 701
negosiekas
84 Houer
95(3) Kas
negosiewinkel 707
negrofilie 787
negrofobie
413 Siekte
505 Verstandstoornis
787 Gemeenskap
Negroïede ras 787
negus 591
neig
70 Houding
73 Skuins
444 Krom
637 Doelgerigtheid
657 Herhaal
neiging
73 Skuins
580 Graag
657 Herhaal
773 Begeerte
nek
84 Houer
232 Fiets
277 Berg
393 Skouer
397 Ledemaat
421 Vleis
745 Kleding
756 Musiek
nek-af 393
nekhare 382
nekholte 393
nekhout 316
nekkuil 393
neklêer
238 Vernietig
623 Sleg
nekrologie
250 Dood
563 Skryf
nekroloog 565
nekromansie
250 Dood
836 Bonatuurlik
844 Bygeloof

nekromant
250 Dood
836 Bonatuurlik
nekromanties 250
nekropolis 253
nekropsie
250 Dood
414 Geneeskunde
nekrose 413
nekskild 364
nekslag
182 Slaan
683 Misluk
nekslagaar 393
nekspek 393
nekspier
379 Spier
393 Skouer
nekstut 233
nektarien
323 Vrug
350 Vrugte
nekvel
381 Vel
393 Skouer
nematologie 515
nematoloog 515
nemer
694 Neem
695 Steel
nemesia 322
nemesis 784
nenta 337
nentabossie 337
neofascisme 795
neofiet
27 Begin
842 Geloof
852 Geestelike
neofietnon 852
neogotiek 764
neoklassisme 749
neo-kolonialisme 795
neolities 274
neologisme
53 Nuut
575 Woordvorming
neon 461
neonbeligting 485
neonbuis 487
neonlamp 487
neonlig
485 Lig
487 Ligbron
neoplatonisme 514
neorealisme 749
neoromantiek 749
nepotisme 805
Neptunus 270
nêrens 62
nerf
314 Leer
316 Hout
321 Blaar
381 Vel
nerf-af 413
nerfskeel 130
neriet 363
nerina 337
nering
610 Ywerig
645 Handel
ners
401 Spysvertering
402 Afskeiding
nersderm
401 Spysvertering
402 Afskeiding
nerts
311 Weefsel
366 Soogdier
nerveus
378 Senuwee
714 Gevoelig
nerveusheid
378 Senuwee
413 Siekte
714 Gevoelig
nes
8 Dieselfde
89 Blyplek
370 Voëlteelt
neseier 370
nesskop
64 Aanwesig
89 Blyplek
248 Huwelik
nestel
75 Onder
89 Blyplek
nestor
636 Onskadelik
852 Geestelike
nesvere 382
net
113 Enkelvoudig
311 Weefsel
372 Vissery
612 Noukeurig
627 Skoon
728(4) Tennis
net so 8
net soos 8
netbal
728(5) Netbal
728 Balsport
netbalbal
726 Sport
728(5) Netbal
741 Kinderspel
netbalklub 724
netbalspan 663
netbaltoerusting 728(5)
netbalwedstryd 728(5)
netel 344
neteldier 357
neteldoek 311
netelig
635 Skadelik
654 Moeilik
netelroos 413
netheid 627
netjies
19 Orde
612 Noukeurig
627 Skoon
netjiese skrif 565
netkant 311
netknoper 310
netknopery 310
netmaag 401
net-net
126 Skat
130 Onbepaald
netnou
47 Later
50 Verlede
51 Toekoms
netnoumaartjies 47
netraffia 310
netregter 728(4)
netskrif 565
netto 686
netto bates 688
netto gewig 452
netto inkomste 686
netto ontvangste 686
netto opbrengs 686
netto verlies 697
netvet
401 Spysvertering
421 Vleis
netvlerk 361
netvlies 387
netvliesontsteking 413
netwerk
114 Saamgesteld
263 Rekenaar
netwerkbediener 263
netwerkkaart 263
netwerkprogram 263
neuk
182 Slaan
820 Oneerbaar
neukery
44 Gebeure
667 Stryd
neul
604 Versoek
721 Ontevrede
723 Ernstig
neulkous
604 Versoek
723 Ernstig
neuralgie 413
neuralgies
378 Senuwee
413 Siekte
neurastenie
378 Senuwee
413 Siekte
neurie
482 Menslike geluid
757 Sang
neuriesanger 757
neuriet 378
neurities 413
neuritis 413
neurochirurg 416
neurochirurgie
414 Geneeskunde
515 Wetenskap
neurolinguistiek 570
neurologie
378 Senuwee
413 Siekte
414 Geneeskunde
515 Wetenskap
neuroloog 416
neuron 378
neuropaat 413
neuropatie 413
neuropatologie
378 Senuwee
413 Siekte
414 Geneeskunde
neurose
505 Verstandstoornis
714 Gevoelig
neurotikus
413 Siekte
505 Verstandstoornis
neus
85 Voor
386 Gesig
389 Neus
398 Asemhaling
427 Drank
474 Welriekend
497 Reuk
572 Uitspraak
neus- en keelkunde 515
neusbeen
385 Skedel
389 Neus
neusbrug 389
neusgat
363 Waterdier
389 Neus
neusholte
385 Skedel
389 Neus
398 Asemhaling
572 Uitspraak
neushoring 366
neushoringvoël 365
neusinstekerig 506

neuskeël 236
neuslandingsmeganisme 236
neusmangel 389
neusoptrekkerig 785
neuspunt 389
neusring 369
neusskulp 389
neusslym 409
neusspieël 416
neusvleuel 389
neuswortel 389
neut
323 Vrug
350 Vrugte
419 Voedselbereiding
426 Kos
neut(e)dop 419
neut(e)kraker 95(7)
neutkool 299
neutmuskaat 419
neutraal
233 Motorvoertuig
490 Kleur
574 Woordkategorie
664 Terugstaan
neutraliseer
256 Skeikunde
666 Verhinder
neutraliteit 664
neutron 256
neutronbom 676
neutrum 574
neutvars 53
newebedoeling 637
newe-effek
16 Gevolg
681 Resultaat
newegaande 26
newegeskikte sin 576
newel
291 Wolk
544 Onduidelik
newelagtig
291 Wolk
501 Onsigbaarheid
544 Onduidelik
newelbank 291
newelbeeld 267
newelkring
267 Optika
270 Hemelliggaam
newellaag 291
newelvlek 270
newelwolk 291
newens
36 Onreëlmatig
107 Meer
530 Voorbehou
neweproduk 237
neweskikker 574
neweskikking 576
neweskikkingskonstruksie 576
newton 123
nie
2 Nie-bestaan
529 Ontken
606 Weier
nie-aansteeklik 413
nie-aanvalsverdrag 668
nie-amptelik
590 Bestuur
658 Beroep
nie-beperkende bepaling 576
nie-besittende 690
nie-bestaan 2
nie-betaling 711
nie-blomdraende plant 318
nie-blomdraende saadplant 330
nie-bydraend 664
nie-deurlopend 648
nie-fiksie
515 Wetenskap
562 Lees
567 Boek
750 Letterkunde
nie-herhalend 657
nie-inwonend 64
nie-lid 665
niëllo 761
nie-magneties
261 Magnetisme
262 Elektrisiteit
niemand 110
niemandsland 671
nie-metaal 296
nie-ontvanklik 581
nie-oorlogvoerend 668
nier 402
nieraar 402
nierbekken 402
nierbekkenontsteking 413
nierdialisemasjien 417
nierknyper 231
nierkorteks 402
nierkwaal 413
nierlyer 413
niermasjien 417
nie-roker 430
nierontsteking 413
nierooplanting 414
nierskors 402
niersteen
296 Nie-metaal
298 Steen
413 Siekte
niertjiesaal 231
niervet 421
niervorm 438
niervormig 438
nies
409 Afskeiding
413 Siekte
482 Menslike geluid
nie-saadplant 318
niesbui
409 Afskeiding
482 Menslike geluid
nieshout
316 Hout
331 Boom
nieshoutboom 331
niesmiddel 415
nie-strydend
667 Stryd
668 Vrede
nie-syn 2
niet 2
nieteenstaande
579 Gedwonge
581 Teësinnig
666 Verhinder
nieteling 621
nietemin 666
nietig
433 Klein
621 Onbelangrik
626 Swak
nietigverklaring
609 Jou woord verbreek
807 Onwettig
nie-uit-nie-kolwer 728(3)
nieuligter 53
nieumodies 53
nieusilwer 297
Nieu-Testamenties 842
nieuvorming 575
nie-verskyning 809
niewers 62
nie-winsgewend 686
niggie 247
nigromansie
836 Bonatuurlik
844 Bygeloof
nihilis 795
nihilisme 795
nihilisties 795
nikkel 297
nikkelbrons 297
nikkelchroom 297
nikkelkleur 492
nikkellegering 301
nikkelmunt 131
nikkelstaal 297
nikotien 430
nikotienstafie 430
niks
103 Min
110 Niks
621 Onbelangrik
niksbeduidend
542 Betekenisloos
621 Onbelangrik
niksbetekenend
542 Betekenisloos
621 Onbelangrik
niksdoen
611 Lui
646 Nie handel nie
niksdoener
611 Lui
645 Handel
niksnut(s)
611 Lui
626 Swak
722 Snaaks
813 Swak gedrag
niksseggend
542 Betekenisloos
621 Onbelangrik
niksvermoedend 769
nikswerd
611 Lui
621 Onbelangrik
626 Swak
634 Nutteloos
nimbostratus 291
nimbus 267
nimf
361 Insek
376 Vrou
844 Bygeloof
855 God
nimfomaan
239 Voortplant
413 Siekte
505 Verstandstoornis
776 Liefde
nimfomanie
239 Voortplant
413 Siekte
505 Verstandstoornis
nimlik 129
nimmer 43
nimmermeer 43
nimrod 373
nippel 177
nirvana
839 Hiernamaals
855 God
nis 94(3)
nitraat
256 Skeikunde
300 Sout
nitrasie 256
nitreer 256
nitrogliserien
256 Skeikunde
675 Bewapening

676 Vuurwapen
nitrosellulose 676
niveau
19 Orde
436 Hoog
588 Gesag hê
796 Stand
nivelleer 12
njala 366
nobel
778 Goedaardig
797 Adelstand
nobiliteit 797
noblesse 797
node
579 Gedwonge
581 Teësinnig
nodeloos 632
nodeloosheid
632 Onnodig
634 Nutteloos
nodig
17 Noodsaak
631 Nodig
nodig hê
520 Verwag
631 Nodig
nodigheid
17 Noodsaak
631 Nodig
nodus
320 Stam
413 Siekte
439 Punt
442 Lyn
449 Ongelyk
noedel 426
noedelgereg 426
noem
539 Kommunikeer
548 Praat
550 Noem
553 Behandel
790 Sosiaal
noemenswaardig 620
noemer 133
noemnaam
550 Noem
574 Woordkategorie
noem-noem 426
noem-noembessie 426
noen 127
noenmaal
418 Maaltyd
793 Fees
noenontbyt 418
noeste 610
nog
40 Langdurig
47 Later
49 Hede
107 Meer
666 Verhinder
nòg ... nòg 110
noga 426
nogal
104 Baie
624 Gemiddeld
nogtans 666
noi
53 Jonk
776 Liefde
noienshaar 329
noiensvan 550
noientjie
53 Jonk
776 Liefde
nok
94(4) Dak
257 Meganika
nokas 233
nokbalk 94(4)
noklei 94(4)
nokpan 94(4)
noktambulis 410
noktambulisme 410
nokturne 754
nolens volens 579
nom de plume 550
nomade
64 Aanwesig
67 Verplasing
213 Rondgaan
789 Onbeskaafd
nomadestam
67 Verplasing
787 Gemeenskap
nomadies
67 Verplasing
213 Rondgaan
nomen 574
nomenklatuur 550
nominaal
550 Noem
574 Woordkategorie
576 Sinsbou
621 Onbelangrik
nominaalkonstruksie 576
nominale prys 704
nominale waarde 704
nominalisering 575
nominalisme
514 Wysbegeerte
701 Handel
nominasie 659
nominasiedag 659
nominatief 574
nomineer
584 Kies
659 Aanstel
665 Byeenkom
nommer
133 Getal
550 Noem
565 Skryfkuns
568 Perswese
727 Wedstryd
755 Uitvoering
nommer een 622
nommer twee 409
nommering 550
nommerplaat
233 Motorvoertuig
550 Noem
nommerskyf 265
non 852
nonaktief
611 Lui
646 Nie handel nie
nonaktiwiteit 646
nonchalance
507 Ongeïnteresseerd
613 Onnoukeurig
715 Gevoelloos
nonchalant
507 Ongeïnteresseerd
613 Onnoukeurig
715 Gevoelloos
774 Onverskillig
nondi 363
none 753
non-intervensie 667
nonnegewaad 852
nonnekleed 852
nonneklooster 852
nonnekoor 757
nonneorde 851
nonnetjiesuil 365
nonsens
524 Onlogies redeneer
548 Praat
621 Onbelangrik
623 Sleg
818 Bedrieg
nonsensprater 548
nood
631 Nodig
654 Moeilik
656 Gevaarlik
683 Misluk
690 Arm
717 Lyding
719 Hartseer
noodbehandeling 414
noodberig
264 Uitsaai
656 Gevaarlik
nooddrang 631
nooddrif 690
nooddruf 631
noodgebed 847
noodgedwonge 579
noodgeval
631 Nodig
656 Gevaarlik
noodhulp
414 Geneeskunde
663 Meedoen
noodkreet
656 Gevaarlik
723 Ernstig
noodlanding 222
noodleer 235
noodleniging
663 Meedoen
780 Hulp
noodlenigingsfonds 780
noodleuen 818
noodlot
579 Gedwonge
719 Hartseer
noodlottig
250 Dood
623 Sleg
656 Gevaarlik
683 Misluk
719 Hartseer
noodlydend 690
noodoperasie 414
noodoproep
265 Telekommunikasie
656 Gevaarlik
noodregulasie 599
noodsaak
4 Selfstandig
17 Noodsaak
520 Verwag
579 Gedwonge
631 Nodig
noodsaaklik
4 Selfstandig
17 Noodsaak
579 Gedwonge
631 Nodig
noodsaaklikheid
17 Noodsaak
530 Voorbehou
577 Betekenis
579 Gedwonge
631 Nodig
noodsein
235 Skeepvaart
656 Gevaarlik
noodstop 146
noodtoestand
656 Gevaarlik
667 Stryd
noodverband 415
noodvergadering 665
noodvoorraad 631
noodvoorrade 420
noodwa
217 Motorry
233 Motorvoertuig
noodweer
289 Klimaat
293 Onweer
670 Verdedig
noodwendig
17 Noodsaak

579 Gedwonge
631 Nodig
noodwet 801
nooi
53 Jonk
191 Laat kom
376 Vrou
604 Versoek
776 Liefde
790 Sosiaal
nooiensboom 331
nooienshaar 329
nooiensvan 550
nooientjie
53 Jonk
776 Liefde
nooit 43
noop
17 Noodsaak
579 Gedwonge
noord 88
noordelik
88 Posisie
147 Rigting
noordelike halfrond 272
noordelike parallaks 269
noord(e)punt 88
noorderbreedte
88 Posisie
273 Geografie
noordergrens 63
noorderhemel 269
Noorderkeerkring 273
noorderkim 269
noorderlig 485
noorderling 64
noordewind 290
noordgrens 63
noordkaper 363
noordkaperwalvis 363
noordkus 282
noordnoordoos
88 Posisie
147 Rigting
noordnoordwes 88
noordoos
88 Posisie
147 Rigting
noordpool
261 Magnetisme
269 Heelal
Noordpool 273
Noordpoolgebied 276
Noordpoolsirkel 273
noordvenster 94(9)
noordwaarts
88 Posisie
147 Rigting
noordwestelik 88
noors
455 Hard
777 Haat
noorsdoring 336
noot
131 Munt
476 Geluid
565 Skryfkuns
567 Boek
709 Betaalmiddel
753 Musiek
nootbeurs 84
nootnaam 753
nootsimbool 753
nootteken 753
nootvas 757
nop 313
nopskêr 185
Norfolkden 331
noriet 298
norm
35 Reëlmatig
527 Oordeel
642 Beproef
644 Handelwyse
normaal
35 Reëlmatig
504 Geestelike gesondheid
normaalkollege 559
normaalskool 559
normaalweg 35
normaliseer
19 Orde
622 Goed
normaliteit
35 Reëlmatig
504 Geestelike gesondheid
normaliter 35
normatief 35
normeer 35
norra(tjie) 393
nors
623 Sleg
713 Gevoel
777 Haat
nosie 513
nostalgie
714 Gevoelig
773 Begeerte
nota
539 Kommunikeer
551 Meedeel
notabele 620
notaboek
263 Rekenaar
567 Boek
notapapier 315
notarieel 688
notariële akte 688
notaris 688
notarisskap 688
notas 553
notasie 753
notebalk 753
notebank 700
noteblindheid 753
noteer
563 Skryf
688 Besit
701 Handel
notepapier
315 Papier
753 Musiek
notereeks 753
notering 702
noteskrif 753
note-uitgiftebank 700
notifikasie 539
notisie
535 Weet
565 Skryfkuns
notoriëteit 799
notsing 316
notule
539 Kommunikeer
665 Byeenkom
notuleer
539 Kommunikeer
665 Byeenkom
nou
46 Vroeër
47 Later
49 Hede
129 Bepaald
178 Toegaan
435 Smal
521 Verras wees
768 Vrees
nou pas 46
nou toe nou 521
noudat 15
nouga 426
nougeset
63 Begrens
610 Ywerig
612 Noukeurig
816 Getrou
nouheid 435
noukeurig
129 Bepaald
508 Aandag
612 Noukeurig
622 Goed
651 Toesien
816 Getrou
noukeurig aangee 550
noulettend
506 Belangstel
508 Aandag
612 Noukeurig
622 Goed
651 Toesien
816 Getrou
nouliks
103 Min
130 Onbepaald
nou-net
46 Vroeër
47 Later
nounet
49 Hede
50 Verlede
nou-nou
46 Vroeër
49 Hede
50 Verlede
51 Toekoms
nousiende
63 Begrens
612 Noukeurig
nousluitend 178
noute
149 Pad
277 Berg
435 Smal
noutevrees
505 Verstandstoornis
768 Vrees
novelle
552 Vertel
567 Boek
750 Letterkunde
novellis 750
novellisties 750
novise 852
novisiaat 852
novum 53
nuanse
13 Verskeidenheid
490 Kleur
nuanseer
13 Verskeidenheid
550 Noem
nugter
10 Harmonie
407 Drink
410 Slaap
504 Geestelike gesondheid
513 Gedagte
523 Logies redeneer
619 Kalm
715 Gevoelloos
nugterderm 401
nugterheid
10 Harmonie
715 Gevoelloos
nuk
583 Willoosheid
714 Gevoelig
nukkerig
583 Willoosheid
667 Stryd
713 Gevoel
714 Gevoelig
719 Hartseer
771 Gramskap
777 Haat

nukleïen 317
nukleolus 377
nukleus
29 Middel
83 In die middel
256 Skeikunde
270 Hemelliggaam
317 Fisiologie
nul
110 Niks
133 Getal
634 Nutteloos
nulanafoor 576
nulliteit
621 Onbelangrik
632 Onnodig
634 Nutteloos
nullyn
110 Niks
122 Bereken
nulpunt
133 Getal
260 Warmteleer
nulspeler 728(8)
nulstreep
110 Niks
122 Bereken
442 Lyn
numereer 550
numerêr 131
numeriek 102
numeries
133 Getal
546 Kunsmatige teken
numeriese waarde 133
numero uno 622
numineus 837
numismatiek 131
numismatikus 131
nuntius 852
nurks
771 Gramskap
777 Haat
nut
622 Goed
629 Gebruik
633 Nuttig
637 Doelgerigtheid
nutasie 272
nuterig
27 Begin
36 Onreëlmatig
53 Nuut
nutsbedryf 658
nutsdiens 663
nutteloos
54 Oud
621 Onbelangrik
623 Sleg
629 Gebruik
632 Onnodig
634 Nutteloos
nuttig
406 Eet
622 Goed
629 Gebruik
633 Nuttig
637 Doelgerigtheid
nuttigheidsgraad 633
nuttigheidsleer 633
nuus
539 Kommunikeer
551 Meedeel
568 Perswese
nuusagentskap 539
nuusartikel
539 Kommunikeer
568 Perswese
nuusateljee 264
nuusberig
539 Kommunikeer
551 Meedeel
568 Perswese
nuusblad 568
nuusbrief
539 Kommunikeer
563 Skryf
nuusdiens 539
nuusdraer 829
nuusfilm 752
nuusflits
539 Kommunikeer
568 Perswese
nuusfotograaf 568
nuuskantoor
539 Kommunikeer
568 Perswese
nuuskierig 506
nuuskommentaar 568
nuuskorrespondent 568
nuusleser 264
nuusoorsig 568
nuusprogram 264
nuusredaksie 568
nuusreportage 539
nuustydskrif 568
nuusuitsending 264
nuusverslaggewer 539
nuusverslaggewing 539
nuusvrystelling 551
nuuswaarde 539
nuut
25 Volg
27 Begin
36 Onreëlmatig
49 Hede
51 Toekoms
53 Nuut
629 Gebruik
643 Onbeproef
nuutjie 53
nuutskepping
53 Nuut
575 Woordvorming
nuwehout 316
Nuwejaar
127 Tydbepaling
793 Fees
Nuwejaarsfees 793
nuwejaarsvoël 365
nuweling
27 Begin
34 Vreemd
649 Begin met
nuwemaan 269
nuwerig
27 Begin
36 Onreëlmatig
53 Nuut
nuwerwets
27 Begin
36 Onreëlmatig
49 Hede
53 Nuut
643 Onbeproef
nuwesiekte 413
Nuwe Testament 842
Nuwe-Testamentikus 842
nuwigheid
27 Begin
36 Onreëlmatig
53 Nuut
nyd
771 Gramskap
777 Haat
779 Boosaardig
nydig
777 Haat
779 Boosaardig
nyg 444
nylon 311
nylondraad 313
nylonsnaar 756
nylontrens 372
nypend 466
nypende koue 466
nyweraar 658
nywerheid 658
nywerheidsaandeel 702
nywerheidsbank 700
nywerheidsbediening 849
nywerheidsekonomie 701
nywerheidsektor 658
nywerheidsgebied 90
nywerheidsgeskil 667
nywerheidshof 808
nywerheidskool 559
nywerheidsooreenkoms 607
nywerheidspark 658
nywerheidsraad 590

O

oase
280 Woestyn
662 Rus
oasis 348
obelisk
94(5) Pilaar
546 Kunsmatige teken
obiit 250
obiit sine prole 250
obiter dictum 551
objek
1 Bestaan
32 Enkeling
237 Voortbring
513 Gedagte
576 Sinsbou
objeksie
530 Voorbehou
532 Betwis
objektaal 263
objekteer
530 Voorbehou
532 Betwis
objektief
1 Bestaan
267 Optika
268 Fotografie
523 Logies redeneer
537 Waarheid
577 Betekenis
804 Regverdig
objektiewe betekenis 577
objektiveer 527
objektivisme 514
objektiwiteit
1 Bestaan
523 Logies redeneer
804 Regverdig
oblaat
438 Vorm
852 Geestelike
oblietjie 426
oblietjiepan
95(7) Pot
419 Voedselbereiding
oblietjieyster
95(7) Pot
419 Voedselbereiding
obligaat 754
obligant 711
obligasie
579 Gedwonge
688 Besit
692 Spaar
obligasiehouer 18
obligasielening
699 Leen
711 Skuld
obligasierente 696
obligatories
579 Gedwonge
811 Gewete
obliterasie 238
obliteer 238

longformaat 566
sedeer 508
seen
744 Lelik
779 Boosaardig
820 Oneerbaar
sene taal 820
seniteit
744 Lelik
820 Oneerbaar
servasie 508
servator 508
servatorium
255 Natuurkunde
271 Kosmografie
294 Weerkunde
serveer
499 Sien
508 Aandag
sessie
505 Verstandstoornis
717 Lyding
sessioneel 717
sidiaan 298
skurantis 795
skurantisme 795
skuur
486 Duisternis
544 Onduidelik
621 Onbelangrik
800 Onbekend
soleet
54 Oud
634 Nutteloos
stetrie
414 Geneeskunde
515 Wetenskap
stetris 416
stinaat
582 Wilskrag
667 Stryd
stipasie 413
struksie
532 Betwis
666 Verhinder
801 Wet
803 Oortree
struksie pleeg 728(1)
struksionis
532 Betwis
666 Verhinder
801 Wet
struksionisme
532 Betwis
666 Verhinder
801 Wet
struksionêr 666
turatorsenuwee 378
arina 756
eanarium 368
uli 379
e 751
odeon
91 Gebou
755 Uitvoering
odeur 473
odium 777
odontologie 414
odorant 473
odyssee 213
oëdienaar 828
oëdiens 828
Oedipus-kompleks 776
oefen
640 Voorbereid
657 Herhaal
680 Militêre aksie
oefenbal 728
oefengrond
680 Militêre aksie
726 Sport
oefening
561 Studeer
640 Voorbereid
657 Herhaal
726 Sport
730 Gimnastiek
oefenkamp 680
oefenmaat 726
oefensaal 730
oefenskip 235
oefenskoen 745
oefenskool 559
oefenterrein
680 Militêre aksie
724 Vermaak
726 Sport
oefentyd 38
oefenvlug 222
oenologie 350
oenologies 350
oënskynlik
2 Nie-bestaan
538 Dwaling
oerang-oetang 366
oerbegin
0 Ontstaan
27 Begin
50 Verlede
oerdiertjie 359
oerdom 503
oeros 367
oeroud
50 Verlede
54 Oud
oerouer 240
oerreptiel 367
oersoogdier 367
oersted 261
oertaal 569
oertyd
45 Geskiedenis
50 Verlede
oertydperk 45
oervis 367
oervoël 367
oervolk 787
oervorm 438
oerwoud 318
oes
237 Voortbring
347 Landbou
350 Vrugte
352 Graan
412 Siek
621 Onbelangrik
623 Sleg
626 Swak
683 Misluk
686 Aanwins
oeserig
412 Siek
621 Onbelangrik
623 Sleg
oesfees 793
oesgereed 350
oeslied 757
oesmasjien 355
oesmyt 361
oester
363 Waterdier
422 Seekos
426 Kos
oesterbank
89 Blyplek
372 Vissery
oesterbed
89 Blyplek
372 Vissery
oesterkultuur 372
oesterkwekery 372
oestermes 372
oesternet 372
oesterskulp 363
oesterteelt 372
oestervangs 372
oestervisser 372
oestyd
289 Klimaat
347 Landbou
oeuvre 749
oëverblindery
2 Nie-bestaan
818 Bedrieg
844 Bygeloof
oëverblinding 818
oewer
82 Rondom
282 Kus
286 Rivier
oewerbewoners 64
oewergrond 286
oewerhengelaar 372
of
8 Dieselfde
34 Vreemd
666 Verhinder
offensief
666 Verhinder
667 Stryd
669 Aanval
offer
687 Verlies
693 Gee
848 Erediens
849 Prediking
offeraltaar 853
offerande 848
offerdier 848
offerfees 793
offergawe
693 Gee
848 Erediens
offerte 693
offertorium 848
offervaardig
693 Gee
778 Goedaardig
offisieel
588 Gesag hê
590 Bestuur
658 Beroep
offisier
588 Gesag hê
591 Gesaghebber
673 Manskap
802 Gehoorsaam
offisiersrang 673
offisierstenue 674
offisiersuniform 674
ofiologie 358
ofioloog 358
ofskoon 530
oftalmie 413
oftalmologie 414
oftalmoloog 416
oggend
37 Tyd
127 Tydbepaling
oggendblad 568
oggenddiens 848
oggendedisie 568
oggendete 418
oggendgebed 847
oggendgloed 465
oggendkoelte 466
oggendlied 757
oggendlig 485
oggendlug
289 Klimaat
466 Koud
oggendparade 680
oggendpreek 849
oggendsaluut 680
oggendsinjaal 680
oggendskemering
485 Lig

486 Duisternis
oggendskemerte 486
oggendster 270
oggendtemperatuur 465
oggenduitgawe 568
ogief 94(4)
ogiefstyl 764
ogiesdraad 301
ogivaal
94(15) Toebehore
764 Boukuns
oglokrasie 795
ohm
123 Meet
262 Elektrisiteit
ojiefskaaf 316
oker
298 Steen
490 Kleur
492 Kleure
okkasie
44 Gebeure
59 Geleë
okkasioneel 59
okkerneut
323 Vrug
350 Vrugte
426 Kos
okkerneutboom 331
okkerneuthout 316
okklusief 572
okklusiefront 289
okkult
7 Betrekkingloos
34 Vreemd
540 Geheim hou
844 Bygeloof
okkultasie 270
okkultisme 844
okkupasie
645 Handel
658 Beroep
694 Neem
okkupeer 694
okra 351
oksaal 853
oksaalsuur 472
oksel
321 Blaar
397 Ledemaat
okselblaar 321
okselholte 397
okselknop
320 Stam
321 Blaar
okshoof 123
oksi-asetileen
256 Skeikunde
461 Gas
oksidasie 256
oksideer 256
oksidentaal 88
oksied
256 Skeikunde
461 Gas
oksigonaal 447
oksigoon 139
oksimoron 750
oksipitale been 385
oksitoon 572
oktaaf
751 Digkuns
753 Musiek
oktaafluitjie 756
oktaan
256 Skeikunde
461 Gas
oktaangehalte 299
oktaangetal
133 Getal
299 Brandstof
oktagoon 139
oktant 271
oktavo
315 Papier
566 Drukkuns
oktavoformaat 566
oktet
753 Musiek
754 Komposisie
755 Uitvoering
757 Sang
oktogoon
139 Meetkunde
447 Hoekig
oktopus 363
oktotoniese toonleer 753
oktrooi
601 Toestem
616 Magtig
701 Handel
806 Wettig
oktrooieer 806
oktrooiraad 590
oktrooireg 806
oktrooiwet 801
okulasie 349
okuleer 349
okulêr
267 Optika
499 Sien
okulis 416
olana 591
oleander
331 Boom
332 Struik
olfakties 389
olie
299 Brandstof
415 Geneesmiddel
419 Voedselbereiding
460 Vloeistof
462 Halfvloeibaar
469 Verwarmingstoestel
746 Toilet
olieaftapprop 233
olieagtig 462
oliebak
84 Houer
233 Motorvoertuig
olieblaar 344
oliebol 426
olieboor 155
oliebrander 469
oliebron
284 Bron
299 Brandstof
oliedruk 566
oliefabriek 299
oliefilter 233
oliehandel 462
oliekan 84
oliekoek
369 Veeteelt
426 Kos
611 Lui
615 Onbekwaam
oliekraan 630
olielamp
95(2) Lamp
487 Ligbron
oliemagnaat 689
oliemeter 233
olienhout
316 Hout
331 Boom
oliepan 233
oliepers 299
olieraffinadery
299 Brandstof
462 Halfvloeibaar
olierig 462
olieveld 284
olieverf
490 Kleur
760 Skilderkuns
olieverfskildery 760
olieverwarmer 469
olifant 366
olifantgeweer 676
olifantploeg 355
olifantsiekte 413
olifantsoor 335
olifantstand 308
olifantsvoet 343
oligargie
590 Bestuur
795 Staat
oligofrenie
503 Onverstandig
505 Verstandstoornis
oligopolie 701
Oligoseense epog 274
olik
412 Siek
623 Sleg
717 Lyding
olimpiade 727
Olimpus 855
olm 331
olyf
323 Vrug
331 Boom
350 Vrugte
426 Kos
olyfboom 331
olyfgroen 492
olyfkewer 361
olyfkleur 492
olyfolie 462
olyftak 668
om
21 Volgorde
50 Verlede
82 Rondom
147 Rigting
159 Neerdaal
160 Omring
163 Draai
637 Doelgerigtheid
661 Vermoei
om en by
126 Skat
130 Onbepaald
omaramba 286
omarm 790
omber
490 Kleur
740 Kaartspel
ombeweeg 145
ombind 172
omboor 745
ombou 140
ombring 252
ombudsman
528 Bevestig
668 Vrede
ombuig 444
omdat
15 Oorsaak
637 Doelgerigtheid
omdop
140 Verandering
159 Neerdaal
omdra 213
omdraai
140 Verandering
148 Van koers af
161 Bedek
163 Draai
188 Aankom
201 Agtertoe
217 Motorry
omega 571
omelet 426
omen
545 Natuurlike teken

844 Bygeloof
omfloers 161
omgaan
37 Tyd
665 Byeenkom
790 Sosiaal
omgaan met 629
omgang
239 Voortplant
790 Sosiaal
omgang hê 403
omgangstaal 569
omgebuig 444
omgee
714 Gevoelig
776 Liefde
omgeef 82
omgekeerd
9 Verskillend
139 Meetkunde
151 Agtertoe beweeg
omgekrap
20 Wanorde
721 Ontevrede
771 Gramskap
omgevou 180
omgewe
82 Rondom
160 Omring
omgewing
61 Plek
64 Aanwesig
82 Rondom
90 Gemeenskap
787 Samelewing
omgewingsgestremdheid 503
omgewingskundige 273
omgewingsleer
61 Plek
273 Geografie
omgooi
159 Neerdaal
227 Werp
omgord 82
omgrens
63 Begrens
82 Rondom
omhaal
548 Praat
553 Behandel
638 Aanmoedig
omhaal van woorde 553
omheen
82 Rondom
160 Omring
omhein
63 Begrens
82 Rondom
160 Omring
178 Toegaan
omhels
160 Omring
776 Liefde
790 Sosiaal
omhoog 158
omhou
72 Plat
159 Neerdaal
omhul
160 Omring
161 Bedek
omhulsel 161
omie 246
omineus
656 Gevaarlik
719 Hartseer
omissie
192 Laat gaan
646 Nie handel nie
omkant 160
omkantel
159 Neerdaal
212 Afgaan
omkap
159 Neerdaal
316 Hout
412 Siek
626 Swak
omkeer
140 Verandering
148 Van koers af
159 Neerdaal
188 Aankom
522 Redeneer
680 Militêre aksie
omklee(d) 161
omklem 183
omklink
159 Neerdaal
182 Slaan
316 Hout
omklits 159
omknak 184
omknel 183
omkom 250
omkom by
188 Aankom
204 Aandoen
omkonkel 638
omkoop 638
omkoopbaar 638
omkors 419
omkrap
20 Wanorde
713 Gevoel
771 Gramskap
omkring
82 Rondom
446 Rond
omkry 159
omkyk
499 Sien
508 Aandag
omlaag
75 Onder
159 Neerdaal
omlaaghou 77
omlê
72 Plat
82 Rondom
159 Neerdaal
444 Krom
omleiding
149 Pad
414 Geneeskunde
omleidingsoperasie 414
omliggend
69 Naby
82 Rondom
omloop
159 Neerdaal
197 Te voet
405 Bloed
413 Siekte
818 Bedrieg
omlyn
63 Begrens
82 Rondom
129 Bepaald
553 Behandel
omlys
82 Rondom
160 Omring
ommekeer
140 Verandering
148 Van koers af
586 Beslis
654 Moeilik
ommesy 86
ommuur
82 Rondom
97 Bou
160 Omring
178 Toegaan
omnibus
230 Rytuig
567 Boek
omnibusuitgawe 567
omnipotensie
616 Magtig
837 God
855 Gode
omnipotent 616
omnivoor 357
ompad 149
omplooi 180
ompraat
525 Bewys
638 Aanmoedig
omraam 160
omrand 82
omraster 63
omrede
15 Oorsaak
16 Gevolg
omreken 125
omring
63 Begrens
82 Rondom
160 Omring
omringend 82
omroep 264
omroeper
264 Uitsaai
551 Meedeel
omroer
164 Reëlmatig
174 Meng
omruil
67 Verplasing
144 Vervang
701 Handel
omruk 159
omry
181 Stoot teen
194 Vervoer
216 Ry
omseil
221 Vaar
646 Nie handel nie
omsendbrief
539 Kommunikeer
551 Meedeel
563 Skryf
565 Skryfkuns
omset
701 Handel
707 Handelsaak
omsetbelasting 712
omsetting
67 Verplasing
140 Verandering
438 Vorm
576 Sinsbou
omsien 651
omsigtig
508 Aandag
612 Noukeurig
714 Gevoelig
omsingel
63 Begrens
82 Rondom
160 Omring
667 Stryd
680 Militêre aksie
omsingeling
160 Omring
667 Stryd
669 Aanval
omsit
67 Verplasing
140 Verandering
160 Omring
161 Bedek
163 Draai

201 Agtertoe
705 Verkoop
omskakel
140 Verandering
262 Elektrisiteit
264 Uitsaai
omskans
63 Begrens
82 Rondom
160 Omring
655 Veilig
omskep
53 Nuut
140 Verandering
237 Voortbring
omskepping
140 Verandering
438 Vorm
omskiet 677
omskrif
131 Munt
565 Skryfkuns
omskryf
129 Bepaald
539 Kommunikeer
543 Duidelik
551 Meedeel
553 Behandel
omskrywing
129 Bepaald
539 Kommunikeer
543 Duidelik
550 Noem
553 Behandel
576 Sinsbou
750 Letterkunde
omslaan
140 Verandering
159 Neerdaal
161 Bedek
180 Ongelyk
182 Slaan
212 Afgaan
217 Motorry
221 Vaar
262 Elektrisiteit
omslag
101 Gereedskap
155 Deurboor
161 Bedek
553 Behandel
564 Skryfbehoeftes
567 Boek
630 Werktuig
omslagboor
101 Gereedskap
155 Deurboor
omslagskroewedraaier 101
omslagtig
40 Langdurig
553 Behandel
725 Verveling
omsluier 161
omsluit
82 Rondom
160 Omring
omsmyt 159
omsons 634
omsoom
82 Rondom
160 Omring
omspan
63 Begrens
82 Rondom
160 Omring
161 Bedek
231 Tuig
omspit 346
omspoel 287
omspring
140 Verandering
199 Spring
201 Agtertoe
644 Handelwyse
omstander 64
omstanders 82
omstandig 553
omstandigheid 5
omstedelik 90
omstel
140 Verandering
233 Motorvoertuig
551 Meedeel
omstoot
159 Neerdaal
181 Stoot teen
omstrede 532
omstreeks
69 Naby
130 Onbepaald
omstreke
69 Naby
82 Rondom
omstrengel 160
omstuur
192 Laat gaan
213 Rondgaan
omswaai
140 Verandering
148 Van koers af
163 Draai
omswagtel 161
omswerf 213
omswerwing
187 Reis
213 Rondgaan
omtower 140
omtrek
69 Naby
82 Rondom
139 Meetkunde
159 Neerdaal
434 Breed
759 Tekenkuns
omtrent
126 Skat
130 Onbepaald
omtuimel 159
omvaart 221
omval
159 Neerdaal
212 Afgaan
omvang
62 Grensloos
431 Afmeting
432 Groot
434 Breed
620 Belangrik
omvangryk
62 Grensloos
432 Groot
620 Belangrik
omvat
82 Rondom
83 Middel
160 Omring
omvattend
83 Middel
553 Behandel
620 Belangrik
omvattende woordeboek 567
omver 159
omvergooi
20 Wanorde
159 Neerdaal
238 Vernietig
588 Gesag hê
omverhaal
159 Neerdaal
238 Vernietig
omverloop 197
omverry 216
omverstoot
159 Neerdaal
181 Stoot teen
238 Vernietig
omverwerp
20 Wanorde
159 Neerdaal
238 Vernietig
588 Gesag hê
779 Boosaardig
795 Staat
omverwerping
140 Verandering
588 Gesag hê
685 Verloor
779 Boosaardig
omvleuel
63 Begrens
82 Rondom
160 Omring
omvlieg 37
omvorm 140
omvorming 438
omvou
180 Ongelyk
790 Sosiaal
omweg 149
omwenteling
82 Rondom
140 Verandering
163 Draai
270 Hemelliggaam
omwerk
140 Verandering
174 Meng
omwiel
20 Wanorde
174 Meng
omwimpel
161 Bedek
815 Oneerlik
818 Bedrieg
omwindsel 322
omwissel
140 Verandering
701 Handel
omwoel 165
onaangenaam
475 Onwelriekend
623 Sleg
667 Stryd
717 Lyding
744 Lelik
777 Haat
813 Swak gedrag
onaangeroer(d)
495 Tassin
553 Behandel
onaanneemlik 721
onaansienlik
744 Lelik
798 Lae stand
onaanspreeklik 811
onaantasbaar
531 Saamstem
655 Veilig
670 Verdedig
onaantreklik
744 Lelik
775 Weersin
onaanvaarbaar
458 Breekbaar
602 Verbied
721 Ontevrede
807 Onwettig
813 Swak gedrag
827 Afkeur
onaardig 744
onaards
7 Betrekkingloos
34 Vreemd
836 Bonatuurlik
onadellik 798

onaf
648 Onderbreek
650 Voltooi
onafgebroke
22 Kontinu
35 Reëlmatig
40 Langdurig
42 Altyd
647 Voortgaan
onafgehandel 650
onafgewerk 648
onafhanklik
4 Selfstandig
590 Bestuur
593 Vryheid
664 Terugstaan
onafhanklike sin 576
onafhanklike staat
590 Bestuur
593 Vryheid
onafhanklike volgorde 576
onafhanklikheid
593 Vryheid
664 Terugstaan
787 Gemeenskap
onafhanklikheidsverklaring 593
onafrikaans 569
onafsienbaar 62
onafskeidbaar 170
onafskeidelik
170 Saambring
776 Liefde
onafwendbaar
17 Noodsaak
579 Gedwonge
onagsaam
509 Onoplettend
613 Onnoukeurig
onakkuraat
130 Onbepaald
509 Onoplettend
613 Onnoukeurig
onaktief
146 Beweginloosheid
646 Nie handel nie
onaktiwiteit
611 Lui
646 Nie handel nie
onanie 628
onartistiek 749
onbaatsugtig 778
onbarmhartig
715 Gevoelloos
779 Boosaardig
onbeantwoord
516 Soek
556 Antwoord
onbedaarlik 618
onbedag 509
onbedagsaam
509 Onoplettend
715 Gevoelloos
onbedagtheid
509 Onoplettend
641 Onvoorbereid
onbedeel(d)
503 Onverstandig
615 Onbekwaam
690 Arm
onbedek 162
onbedoel(d) 18
onbedorwe
622 Goed
819 Eerbaar
821 Onskuldig
onbedreig 655
onbedrewe 615
onbedrieglik 814
onbeduidend
433 Klein
507 Ongeïnteresseerd
542 Betekenisloos
621 Onbelangrik
onbedwingbaar
20 Wanorde
598 Ongehoorsaam
618 Kragtig
625 Sterk
onbedwonge 820
onbegaaf 503
onbegaanbaar 149
onbegeerlik 775
onbegonne 654
onbegrens 62
onbegrepe 534
onbegrip 534
onbegryplik
7 Betrekkingloos
34 Vreemd
540 Geheim hou
544 Onduidelik
onbehaaglik 721
onbeheerbaar
20 Wanorde
368 Diereteelt
618 Kragtig
onbeheers(t)
583 Willoosheid
593 Vryheid
618 Kragtig
641 Onvoorbereid
713 Gevoel
820 Oneerbaar
onbeholpe
583 Willoosheid
615 Onbekwaam
623 Sleg
792 Asosiaal
onbehoorlik
744 Lelik
779 Boosaardig
792 Asosiaal
820 Oneerbaar
onbehulpsaam 779
onbekeerlik 824
onbekend
7 Betrekkingloos
34 Vreemd
130 Onbepaald
540 Geheim hou
800 Onbekend
onbekommerd 715
onbekook 509
onbekoorlik 744
onbekostigbaar 708
onbekwaam
407 Drink
615 Onbekwaam
617 Magteloos
626 Swak
onbelangrik
5 Ondergeskiktheid
30 Ondergeskik
507 Ongeïnteresseerd
542 Betekenisloos
621 Onbelangrik
onbelangstellend 774
onbelas 712
onbeleef(d)
777 Haat
792 Asosiaal
827 Afkeur
onbelemmerd 593
onbeman 222
onbemiddeld 690
onbenullig
503 Onverstandig
542 Betekenisloos
621 Onbelangrik
onbenutbaar 629
onbepaalbaar 62
onbepaald
62 Grensloos
130 Onbepaald
544 Onduidelik
550 Noem
574 Woordkategorie
577 Betekenis
onbepaalde lidwoord 574
onbepaaldheid 577
onbeperk
62 Grensloos
593 Vryheid
onbeplan(d)
18 Toeval
641 Onvoorbereid
onbeproef
629 Gebruik
643 Onbeproef
onberade 509
onberedeneerd 641
onberedeneerdheid
509 Onoplettend
641 Onvoorbereid
onbereikbaar 68
onberekenbaar
7 Betrekkingloos
11 Disharmonie
104 Baie
142 Veranderlik
583 Willoosheid
onberispelik
622 Goed
627 Skoon
743 Mooi
812 Goeie gedrag
826 Goedkeur
onberoemd 800
onberoerd
10 Harmonie
619 Kalm
onberouvol 824
onbeset 65
onbesiens 499
onbeskaaf(d)
777 Haat
789 Onbeskaafd
onbeskaam(d)
593 Vryheid
792 Asosiaal
onbeskadig 622
onbeskeidenheid
785 Hoogmoedig
792 Asosiaal
onbeskeie
785 Hoogmoedig
792 Asosiaal
onbeskerm(d) 656
onbeskof
623 Sleg
744 Lelik
777 Haat
792 Asosiaal
onbeskoftheid
744 Lelik
777 Haat
779 Boosaardig
792 Asosiaal
onbeskroomd
593 Vryheid
767 Moed
onbeskut 656
onbeslis
527 Oordeel
538 Dwaling
583 Willoosheid
587 Aarsel
727 Wedstryd
onbesmet 627
onbesnede 854
onbesnedene 854
onbesoedel 53
onbesonne
503 Onverstandig

509 Onoplettend
618 Kragtig
onbesorg
715 Gevoelloos
718 Bly
onbesproke
812 Goeie gedrag
830 Eerbiedig
onbestaanbaar 9
onbestendig
142 Veranderlik
583 Willoosheid
770 Wantroue
onbestrede 531
onbesuis
165 Onreëlmatig
225 Vinnig
509 Onoplettend
618 Kragtig
onbeswaar(d)
715 Gevoelloos
718 Bly
onbetaalbaar
622 Goed
708 Betaal
onbetaald 711
onbetaalde bedrag 711
onbetaamlik
744 Lelik
779 Boosaardig
820 Oneerbaar
onbeteuel
618 Kragtig
713 Gevoel
onbetrokke
626 Swak
664 Terugstaan
715 Gevoelloos
onbetroubaar
519 Twyfel
583 Willoosheid
609 Jou woord verbreek
623 Sleg
770 Wantroue
811 Gewete
815 Oneerlik
817 Ontrou
onbetwisbaar 537
onbetwyfelbaar
537 Waarheid
543 Duidelik
onbevaarbaar 221
onbevange
523 Logies redeneer
578 Vrywillig
593 Vryheid
onbevlek
627 Skoon
819 Eerbaar
821 Onskuldig
onbevoeg
536 Onkunde
615 Onbekwaam
623 Sleg
807 Onwettig
onbevooroordeeld
523 Logies redeneer
804 Regverdig
onbevredig 721
onbevredigend 721
onbevrees(d) 767
onbeweeglik
146 Beweginloosheid
582 Wilskrag
onbewese 526
onbewimpel 539
onbewoë
619 Kalm
715 Gevoelloos
onbewolk 291
onbewoonbaar 65
onbewoond 65
onbewus
509 Onoplettend
536 Onkunde
onbewysbaarheid 526
onbillik
524 Onlogies redeneer
779 Boosaardig
805 Onregverdig
onblusbaar
467 Aansteek
713 Gevoel
onboetvaardig 824
onbrandbaar 468
onbreekbaar
457 Onbreekbaar
625 Sterk
onbruik 629
onbruikbaar
54 Oud
623 Sleg
629 Gebruik
632 Onnodig
634 Nutteloos
onbuigbaar
71 Regop
455 Hard
onbuigsaam
71 Regop
582 Wilskrag
595 Streng
onbybels 841
onchristelik 843
ondankbaar 782
ondanks
579 Gedwonge
666 Verhinder
ondeelbare getal 133
ondenkbaar 538
onder
30 Ondergeskik
48 Gelyktydig
61 Plek
69 Naby
75 Onder
77 Onderkant
83 Middel
540 Geheim hou
589 Dien
onder-
75 Onder
108 Minder
591 Gesaghebber
onder andere
35 Reëlmatig
112 Deel
onder meer 35
onderaan
61 Plek
77 Onder
onderaandeel 688
onderaansig 759
onderaards
274 Geologie
437 Laag
onderadmiraal 591
onderafdeling
3 Bestaanswyse
5 Ondergeskiktheid
30 Ondergeskik
665 Byeenkom
onderarm 397
onderarmskut 728(3)
onderarmspuitgoed 474
onderbaadjie 745
onderbelig 268
onderbesparing 692
onderbesteding 691
onderbestuurder 591
onderbeweiding 347
onderbewussyn 509
onderbie 704
onderbos
77 Onder
318 Plant
onderbou
75 Onder
77 Onderkant
94(1) Konstruksie
onderbreek
23 Onderbreking
646 Nie handel nie
648 Onderbreek
662 Rus
onderbroek 745
onderbroke
23 Onderbreking
648 Onderbreek
onderdaan
203 Agterna
589 Dien
592 Ondergeskikte
600 Sonder gesag
onderdak
64 Aanwesig
77 Onder
onderdakparkering 217
onderdanig
589 Dien
597 Gehoorsaam
600 Sonder gesag
786 Nederig
onderdanige 589
onderdeel
5 Ondergeskiktheid
30 Ondergeskik
112 Deel
onderdele
233 Motorvoertuig
630 Werktuig
onderdeur
61 Plek
75 Onder
77 Ondertoe
94(8) Deur
157 Onderdeur
210 Onderdeurgaan
onderdeurloop
210 Onderdeurgaan
827 Afkeur
835 Bestraf
onderdeurspring 818
onderdoen 786
onderdompel 463
onderdompeling
463 Nat
850 Sakrament
onderdop 364
onderdorp
61 Plek
90 Gemeenskap
onderdruk
181 Stoot teen
540 Geheim hou
549 Stilbly
579 Gedwonge
585 Verwerp
588 Gesag hê
592 Ondergeskikte
594 Onvryheid
602 Verbied
684 Oorwin
779 Boosaardig
onderdrukker
595 Streng
602 Verbied
684 Oorwin
779 Boosaardig
onderdrukking
588 Gesag hê
597 Gehoorsaam
602 Verbied
684 Oorwin
779 Boosaardig
onderduims
623 Sleg

815 Oneerlik
818 Bedrieg
onderent
75 Onder
77 Onderkant
ondergaan
159 Neerdaal
238 Vernietig
270 Hemelliggaam
683 Misluk
717 Lyding
ondergang
20 Wanorde
28 Einde
238 Vernietig
270 Hemelliggaam
683 Misluk
685 Verloor
ondergenoemde 539
ondergeskik
5 Ondergeskiktheid
30 Ondergeskik
576 Sinsbou
589 Dien
592 Ondergeskikte
600 Sonder gesag
621 Onbelangrik
ondergeskikte
592 Ondergeskikte
621 Onbelangrik
645 Handel
663 Meedoen
ondergetekende 546
ondergewig
451 Lig
452 Swaar
ondergod 855
ondergrawe
20 Wanorde
238 Vernietig
588 Gesag hê
623 Sleg
666 Verhinder
683 Misluk
779 Boosaardig
815 Oneerlik
818 Bedrieg
ondergroei 318
ondergronds
75 Onder
272 Aarde
437 Laag
540 Geheim hou
onderhandel
557 Diskussie
590 Bestuur
663 Meedoen
668 Vrede
701 Handel
790 Sosiaal
nderhandelinge 557
nderhands 540
onderhawig 557
onderhemp 745
onderhewig
30 Ondergeskik
530 Voorbehou
onderhoof
565 Skryfkuns
567 Boek
591 Gesaghebber
onderhoofmeisie 560
onderhoofseun 560
onderhorig
30 Ondergeskik
589 Dien
592 Ondergeskikte
onderhou
77 Onder
141 Behoud
157 Onderdeur
589 Dien
622 Goed
631 Nodig
651 Toesien
onderhoud
406 Eet
539 Kommunikeer
557 Diskussie
622 Goed
631 Nodig
651 Toesien
663 Meedoen
onderhoudend
716 Genot
724 Vermaak
791 Sosiaal
onderhoudskoste 708
onderhoudsmiddel 631
onderhoudspligtig 651
onderhoudstoelaag 708
onderhoudswerk 622
onderhout
316 Hout
318 Plant
onderhuid 381
onderhuids 381
onderhuidse myt 361
onderhuidse weefsel 381
onderhuidvlooi 361
onderhuur 706
onderhuurder 706
onderin 77
onderkaak
361 Insek
362 Skaaldier
380 Gebeente
385 Skedel
390 Mond
onderkant
61 Plek
77 Onder
onderkants(t)e 77
onderkaptein 726
onderkas 566
onderken
77 Onder
386 Gesig
535 Weet
584 Kies
onderklere 745
onderkome 64
onderkoning 588
onderkorporaal
591 Gesaghebber
673 Manskap
onderkruip
144 Vervang
779 Boosaardig
815 Oneerlik
818 Bedrieg
onderkruiper 818
onderkry
159 Neerdaal
588 Gesag hê
622 Goed
684 Oorwin
onderkwab 398
onderlaag
75 Onder
77 Onderkant
161 Bedek
onderlaken
77 Onder
95(9) Linne
96 Slaapplek
onderlang(e)s
75 Onder
77 Ondertoe
815 Oneerlik
818 Bedrieg
onderleg
535 Weet
614 Bekwaam
onderliggend
17 Noodsaak
75 Onder
onderling
621 Onbelangrik
645 Handel
onderloop 287
onder-luitenant 673
onderlyf 392
onderlyfie 745
ondermaanse
254 Stof
272 Aarde
ondermaat 122
ondermaatskappy 702
onderminister 591
ondermyn
20 Wanorde
238 Vernietig
588 Gesag hê
623 Sleg
666 Verhinder
779 Boosaardig
818 Bedrieg
ondermynend
238 Vernietig
635 Skadelik
666 Verhinder
ondermyner 588
onderneem
27 Begin
607 Beloof
608 Jou woord hou
642 Beproef
645 Handel
649 Begin met
651 Toesien
767 Moed
ondernemend
610 Ywerig
642 Beproef
649 Begin
658 Beroep
767 Moed
ondernemer
253 Begrafnis
658 Beroep
ondernemerskap
610 Ywerig
701 Handel
onderneming
607 Beloof
645 Handel
649 Begin
651 Toesien
658 Beroep
707 Handelsaak
811 Gewete
ondernemingsgees
610 Ywerig
642 Beproef
649 Begin
767 Moed
onderoffisier 673
onderoffisiersuniform 674
onderoktaaf 753
onderom 77
onderonsie
539 Kommunikeer
557 Diskussie
667 Stryd
771 Gramskap
790 Sosiaal
onderontwikkeld
268 Fotografie
433 Klein
536 Onkunde
789 Onbeskaafd
onderpand
607 Beloof
655 Veilig

onderproduksie 237
onderrekenmeester 700
onderrig
535 Weet
559 Opvoeding
onderrig gee 559
onderrigmateriaal 560
onderrigmetodiek 559
onderrigrekenaar 263
onderrigtaal 569
onderrigtoerusting 560
onderrok 745
ondersee 283
onderseeberg 283
onderseeboot 235
onderseecanyon 283
onderskat
620 Belangrik
621 Onbelangrik
827 Afkeur
onderskei
9 Verskillend
120 Onderskeid
535 Weet
584 Kies
799 Beroemd
onderskeibaar
9 Verskillend
120 Onderskeid
onderskeid
9 Verskillend
11 Disharmonie
120 Onderskeid
805 Onregverdig
onderskeidelik
10 Harmonie
120 Onderskeid
onderskeidend
9 Verskillend
120 Onderskeid
499 Sien
535 Weet
onderskeidende teken 546
onderskeiding
9 Verskillend
120 Onderskeid
561 Studeer
799 Beroemd
onderskeidingsmerk 546
onderskeidingspunt 561
onderskeidingsteken
545 Natuurlike teken
546 Kunsmatige teken
onderskeie
9 Verskillend
13 Verskeidenheid
102 Hoeveelheid
onderskep 695
onderskepper 666
onderskikkend
30 Ondergeskik
576 Sinsbou
onderskikker 574
onderskikking 576
onderskraag
75 Onder
625 Sterk
638 Aanmoedig
645 Handel
663 Meedoen
716 Genot
778 Goedaardig
onderskragend 663
onderskraging
638 Aanmoedig
663 Meedoen
693 Gee
780 Hulp
onderskrif
546 Kunsmatige teken
565 Skryfkuns
onderskryf
525 Bewys
531 Saamstem
546 Kunsmatige teken
826 Goedkeur
onderskuif
75 Onder
144 Vervang
818 Bedrieg
ondersoek
19 Orde
255 Natuurkunde
414 Geneeskunde
417 Hospitaal
508 Aandag
515 Wetenskap
516 Soek
527 Oordeel
553 Behandel
561 Studeer
642 Beproef
802 Gehoorsaam
ondersoekbeampte 802
ondersoekend
514 Wysbegeerte
825 Oordeel
ondersoeker
553 Behandel
561 Studeer
ondersoort
6 Betreklik
31 Soort
onderspeel 752
onderstaande 25
onderstam
77 Onder
320 Stam
onderstand 780
onderstandig 322
onderste
75 Onder
77 Onderkant
onderste lob 398
onderste mantel 269
onderste mars 235
onderste roer 235
onderstebo
9 Verskillend
20 Wanorde
72 Plat
714 Gevoelig
719 Hartseer
onderstel
75 Onder
77 Onderkant
230 Rytuig
233 Motorvoertuig
236 Lugvaart
513 Gedagte
518 Glo
676 Vuurwapen
ondersteun
525 Bewys
625 Sterk
638 Aanmoedig
645 Handel
651 Toesien
663 Meedoen
682 Slaag
716 Genot
778 Goedaardig
780 Hulp
ondersteunend
75 Onder
415 Geneesmiddel
638 Aanmoedig
663 Meedoen
ondersteuning
75 Onder
638 Aanmoedig
651 Toesien
663 Meedoen
682 Slaag
693 Gee
778 Goedaardig
780 Hulp
826 Goedkeur
ondersteuningsdiens 780
ondersteuningswerk 780
onderstok 320
onderstreep
442 Lyn
508 Aandag
528 Bevestig
563 Skryf
565 Skryfkuns
onderstroom
77 Onder
287 Vloei
onderstut 75
ondersy 77
onderteken
546 Kunsmatige teken
563 Skryf
565 Skryfkuns
ondertekenaar 565
ondertekening
565 Skryfkuns
700 Bank
ondertitel 567
ondertoe
77 Onder
159 Neerdaal
212 Afgaan
437 Laag
ondertoon
77 Onder
266 Akoestiek
713 Gevoel
753 Musiek
ondertrou
241 Familie
248 Huwelik
ondertussen 48
onderuit 77
ondervelt 95(10)
onderverdeel
112 Deel
122 Bereken
onderverhuur 706
onderverhuurder 706
onderverpag 706
onderverseker 655
ondervind
493 Gevoeligheid
535 Weet
642 Beproef
713 Gevoel
ondervinding
44 Gebeure
493 Gevoeligheid
535 Weet
614 Bekwaam
642 Beproef
713 Gevoel
ondervoed
406 Eet
413 Siekte
ondervoorsien
117 Te min
701 Handel
ondervoorsitter 665
ondervra
516 Soek
555 Vra
808 Regswese
809 Regsgeding
ondervraend 555
ondervraer
516 Soek
802 Gehoorsaam
808 Regswese
ondervraging
516 Soek
555 Vra
802 Gehoorsaam

809 Regsgeding
onderwaardeer 620
onderwater 437
onderwaterfotografie 268
onderwaterlig 487
onderweg 187
onderwêreld
77 Onder
695 Steel
839 Hiernamaals
855 God
onderwerp
30 Ondergeskik
513 Gedagte
576 Sinsbou
588 Gesag hê
589 Dien
599 Gesag
600 Sonder gesag
684 Oorwin
685 Verloor
835 Bestraf
onderwerpend 786
onderwerping
597 Gehoorsaam
685 Verloor
786 Nederig
onderworpe
30 Ondergeskik
588 Gesag hê
589 Dien
596 Inskiklik
597 Gehoorsaam
600 Sonder gesag
685 Verloor
786 Nederig
onderworpene
589 Dien
600 Sonder gesag
onderwyl 48
onderwys
559 Opvoeding
658 Beroep
onderwysbeleid 590
onderwysberoep
560 Skoolgaan
658 Beroep
onderwyser
560 Skoolgaan
591 Gesaghebber
onderwysing 559
onderwysinrigting 559
onderwyskollege 559
onderwyskrag 559
onderwyskundig 559
onderwysloopbaan 560
onderwysmetodiek 559
onderwyspersoneel 560
onderwyspos 560
onderwysprofessie 560
onderwyssektor 658
onderwystaal 569
ondeskundig 536
ondeug
623 Sleg
779 Boosaardig
813 Swak gedrag
ondeugsaam 813
ondeund
598 Ongehoorsaam
813 Swak gedrag
ondeurdag
503 Onverstandig
509 Onoplettend
637 Doelgerigtheid
641 Onvoorbereid
ondeurdringbaar
153 Deur
453 Dig
455 Hard
ondeurgrondbaar
540 Geheim hou
544 Onduidelik
ondeurgrondelik 544
ondeursigtig
489 Ondeurskynend
544 Onduidelik
ondeurskynend 489
ondienlik 629
ondienstig
632 Onnodig
634 Nutteloos
635 Skadelik
ondiep 437
ondier
357 Dier
779 Boosaardig
ondig
177 Oopgaan
454 Ondig
ondigterlik 751
onding
621 Onbelangrik
623 Sleg
744 Lelik
ondoelmatig 634
ondoeltreffend 623
ondoeltreffendheid
623 Sleg
811 Gewete
ondoenlik 654
ondogmaties 593
ondraagbaar
452 Swaar
623 Sleg
717 Lyding
ondraaglik
618 Kragtig
623 Sleg
683 Misluk
717 Lyding
820 Oneerbaar
ondubbelsinnig 543
onduidelik
130 Onbepaald
501 Onsigbaarheid
544 Onduidelik
ondulasie 164
onduldbaar 820
onduleer 164
onedel
297 Metaal
623 Sleg
813 Swak gedrag
onedelheid 813
oneens
532 Betwis
667 Stryd
oneensgesindheid 667
oneer 820
oneerbaar
623 Sleg
813 Swak gedrag
820 Oneerbaar
oneerbiedig
779 Boosaardig
827 Afkeur
831 Bespot
oneerlik
623 Sleg
770 Wantroue
805 Onregverdig
813 Swak gedrag
815 Oneerlik
817 Ontrou
820 Oneerbaar
oneetbaar 406
oneffe 449
oneffektief 634
oneffenheid 449
oneg
243 Kind
538 Dwaling
623 Sleg
815 Oneerlik
818 Bedrieg
onegalig 449
onegaligheid 449
onegtheid
538 Dwaling
623 Sleg
815 Oneerlik
818 Bedrieg
oneie
7 Betrekkingloos
34 Vreemd
oneindig
62 Grensloos
104 Baie
137 Bewerking
647 Voortgaan
oneindige grens 137
oneindigheid
62 Grensloos
104 Baie
137 Bewerking
oneintlik
547 Simboliek
750 Letterkunde
onelegant 744
onenig
11 Disharmonie
667 Stryd
onenigheid
11 Disharmonie
667 Stryd
777 Haat
onerkentlik 782
onervare
503 Onverstandig
615 Onbekwaam
onesteties 744
onewe 133
onewe getal 102
oneweredig 11
onewewigtig 11
onfatsoenlik 813
onfatsoenlikheid
792 Asosiaal
813 Swak gedrag
onfeilbaar
537 Waarheid
614 Bekwaam
682 Slaag
onfris 628
ongaarne 581
ongans
400 Bloed
413 Siekte
ongasvry 790
ongeaard 792
ongeag 666
ongebalanseer(d) 11
ongeblus 468
ongeboë 443
ongebonde
593 Vryheid
750 Letterkunde
813 Swak gedrag
ongebonde styl 750
ongebondenheid
593 Vryheid
664 Terugstaan
813 Swak gedrag
820 Oneerbaar
ongebore 239
ongebreidel(d)
593 Vryheid
618 Kragtig
779 Boosaardig
820 Oneerbaar
ongebuig 443
ongedaan
238 Vernietig
683 Misluk
ongedeerd 411

ongedefinieer(d) 130
ongedierte 357
ongedissiplineer(d)
20 Wanorde
593 Vryheid
813 Swak gedrag
ongeduld
713 Gevoel
714 Gevoelig
777 Haat
779 Boosaardig
ongedurig
142 Veranderlik
165 Onreëlmatig
583 Willoosheid
667 Stryd
714 Gevoelig
771 Gramskap
ongedwonge
578 Vrywillig
593 Vryheid
653 Maklik
ongeërg
507 Ongeïnteresseerd
626 Swak
715 Gevoelloos
774 Onverskillig
777 Haat
ongeërgdheid
507 Ongeïnteresseerd
619 Kalm
715 Gevoelloos
774 Onverskillig
ongeëwenaar 622
ongeforseer(d) 578
ongefundeer(d) 526
ongegeneerd
507 Ongeïnteresseerd
715 Gevoelloos
792 Asosiaal
ongegeur 472
ongegrond
526 Weerlê
538 Dwaling
ongehinderd
653 Maklik
664 Terugstaan
ongehoop 521
ongehoord
36 Onreëlmatig
521 Verras wees
813 Swak gedrag
ongehoorsaam
598 Ongehoorsaam
803 Oortree
813 Swak gedrag
ongeïnteresseerd 507
ongekend 36
ongeklee 162
ongekleur 491
ongekompliseerd
113 Enkelvoudig
653 Maklik
ongekoördineer(d) 615
ongekreukel 448
ongekrui 472
ongekunsteld
3 Bestaanswyse
653 Maklik
743 Mooi
791 Sosiaal
ongekurk 177
ongekwalifiseerd 615
ongeldig 807
ongelede woord
573 Woordeskat
575 Woordvorming
ongeleë
60 Ongeleë
790 Sosiaal
ongeleedheid 575
ongeleerd
536 Onkunde
615 Onbekwaam
623 Sleg
792 Asosiaal
ongelese 562
ongeletterd
536 Onkunde
615 Onbekwaam
789 Onbeskaafd
ongelinieer(d) 442
ongeloof
519 Twyfel
770 Wantroue
843 Ongeloof
ongeloofbaar
519 Twyfel
521 Verras wees
538 Dwaling
770 Wantroue
815 Oneerlik
ongeloofbaarheid 815
ongelooflik
104 Baie
519 Twyfel
521 Verras wees
538 Dwaling
622 Goed
713 Gevoel
ongelooflikheid 622
ongeloofwaardig
519 Twyfel
770 Wantroue
ongeloofwaardigheid 770
ongelowig
519 Twyfel
770 Wantroue
843 Ongeloof
ongelowige
519 Twyfel
843 Ongeloof
ongelowige Thomas 519
ongelowigheid
519 Twyfel
770 Wantroue
842 Geloof
843 Ongeloof
ongeluk
18 Toeval
217 Motorry
683 Misluk
717 Lyding
719 Hartseer
ongeluk ken 719
ongelukkig
683 Misluk
717 Lyding
719 Hartseer
721 Ontevrede
ongelukkig stem 719
ongeluksbode
683 Misluk
717 Lyding
ongeluksdag 683
ongelukskind
683 Misluk
717 Lyding
ongeluksprofeet 717
ongeluksvoël
683 Misluk
717 Lyding
719 Hartseer
766 Wanhoop
ongelyk
9 Verskillend
11 Disharmonie
106 Ongelyk
133 Getal
135 Verhouding
449 Ongelykheid
538 Dwaling
ongelyk aan 138
ongelyk maak 449
ongelyke getal
102 Hoeveelheid
133 Getal
ongelykmatig 9
ongelyknamig 550
ongelyksoortig
9 Verskillend
11 Disharmonie
13 Verskeidenheid
ongelyksydig 139
ongelykteken 137
ongelykvormig
9 Verskillend
431 Afmeting
ongemagtig 602
ongemak
412 Siek
654 Moeilik
666 Verhinder
717 Lyding
ongemaklik
654 Moeilik
666 Verhinder
713 Gevoel
717 Lyding
792 Asosiaal
ongemaklikheid
412 Siek
714 Gevoelig
717 Lyding
792 Asosiaal
ongemanierd
715 Gevoelloos
744 Lelik
777 Haat
792 Asosiaal
813 Swak gedrag
ongemeen 36
ongemerk
501 Onsigbaarheid
540 Geheim hou
546 Kunsmatige teken
ongemoeid
653 Maklik
664 Terugstaan
ongemunt 131
ongenaakbaar 779
ongenadig
104 Baie
595 Streng
779 Boosaardig
ongeneë
581 Teësinnig
775 Weersin
777 Haat
ongeneeslik
412 Siek
413 Siekte
ongenietbaar 406
ongenoeë 771
ongenoeglik 623
ongenoegsaam 117
ongenooid 790
ongeorden(d) 20
ongeorganiseer(d) 641
ongepas
60 Ongeleë
629 Gebruik
634 Nutteloos
820 Oneerbaar
ongepoets
623 Sleg
777 Haat
792 Asosiaal
813 Swak gedrag
ongereeld
20 Wanorde
56 Selde
ongeregtig 805
ongeregtigheid
805 Onregverdig
822 Skuldig

ongereken(d)
507 Ongeïnteresseerd
530 Voorbehou
ongerep 821
ongereptheid
622 Goed
821 Onskuldig
ongerief 666
ongerimpel 448
ongeroetineerd 20
ongerus
612 Noukeurig
651 Toesien
768 Vrees
ongerymd
11 Disharmonie
524 Onlogies redeneer
807 Onwettig
ongeseglik
20 Wanorde
598 Ongehoorsaam
ongesellig 792
ongeselligheid
725 Verveling
792 Asosiaal
ongesiens 499
ongesjeneerd 792
ongeskik
368 Diereteelt
413 Siekte
629 Gebruik
634 Nutteloos
777 Haat
792 Asosiaal
813 Swak gedrag
ongeskik vind
585 Verwerp
827 Afkeur
ongeskonde
111 Geheel
411 Gesond
622 Goed
ongeskool(d)
503 Onverstandig
615 Onbekwaam
789 Onbeskaafd
ongeskoolde arbeid 658
ongeskrewe 563
ongeskrewe wet 657
ongeslagtelik 31
ongesofistikeerdheid 653
ongesond
412 Siek
420 Voedsel
626 Swak
717 Lyding
820 Oneerbaar
ongesout 472
ongespesery 472
ongestadig
142 Veranderlik
714 Gevoelig
ongesteeld 320
ongesteld 412
ongesteurd
146 Beweginloosheid
668 Vrede
ongestoordheid
619 Kalm
715 Gevoelloos
ongesuiwer(d) 628
ongesuur
424 Brood
425 Bakker
ongesuurde brood 424
ongetel(d) 125
ongetoets 643
ongetrou
609 Jou woord verbreek
817 Ontrou
ongetroud 248
ongetwyfeld
518 Glo
528 Bevestig
ongevaarlik 655
ongeval
412 Siek
683 Misluk
719 Hartseer
ongevalleversekering 655
ongevallewet 801
ongevallig 717
ongeveer
126 Skat
130 Onbepaald
ongeveins(d)
819 Eerbaar
814 Eerlik
ongeverf 491
ongevoelig
494 Gevoelloosheid
495 Tassin
715 Gevoelloos
777 Haat
ongevraag(d)
555 Vra
581 Teësinnig
632 Onnodig
ongewas 628
ongewens
344 Onkruid
632 Onnodig
ongewerwel(d)
357 Dier
380 Gebeente
ongewerwelde
357 Dier
363 Waterdier
ongewettig(d) 807
ongewoon
7 Betrekkingloos
34 Vreemd
36 Onreëlmatig
521 Verras wees
622 Goed
ongewoond 657
ongewyd 837
ongodsdienstig
841 Leer
843 Ongeloof
846 Godloos
ongraag 581
ongrondwetlik 807
ongunstig
238 Vernietig
635 Skadelik
onguur
293 Onweer
618 Kragtig
768 Vrees
792 Asosiaal
onguurheid 792
onhaalbaar 654
onhandig 615
onhanteerbaar 629
onharmonies 11
onhebbelik
20 Wanorde
104 Baie
598 Ongehoorsaam
792 Asosiaal
813 Swak gedrag
onheil
683 Misluk
719 Hartseer
779 Boosaardig
822 Skuldig
onheilig
779 Boosaardig
813 Swak gedrag
837 God
846 Godloos
onheiligheid 779
onheilsdag
683 Misluk
719 Hartseer
onheilsnag
683 Misluk
719 Hartseer
onheilspellend
656 Gevaarlik
714 Gevoelig
719 Hartseer
768 Vrees
779 Boosaardig
onheilsvoël
683 Misluk
719 Hartseer
onhelder
130 Onbepaald
485 Lig
489 Ondeurskynend
544 Onduidelik
628 Vuil
onherbergsaam 464
onherkenbaar 544
onherroeplik
17 Noodsaak
143 Bestendig
579 Gedwonge
onherstelbaar
184 Afbreek
623 Sleg
634 Nutteloos
onheuglik
50 Verlede
54 Oud
onhigiënies 628
onhistories 538
onhoflik
777 Haat
792 Asosiaal
827 Afkeur
onhoorbaar 476
onhoudbaar
654 Moeilik
820 Oneerbaar
oniks 298
oninbaar 711
oninbare skuld
687 Verlies
711 Skuld
oningewyde 27
oninskiklik 595
oninteressant 725
onjuis
538 Dwaling
613 Onnoukeurig
onjuridies 807
onkant 728
onkant speel 728(1)
onkapabel 617
onkerklik 843
onkies 813
onklaar
184 Afbreek
634 Nutteloos
641 Onvoorbereid
648 Onderbreek
onkleur 490
onkleuroë 387
onkologie 414
onkoloog 416
onkonsekwent 7
onkonstitusioneel
803 Oortree
807 Onwettig
onkonvensioneel 36
onkoste
691 Spandeer
704 Koop
705 Verkoop
onkoste bestry 692
onkreukbaar
622 Goed
769 Vertroue
812 Goeie gedrag

814 Eerlik
816 Getrou
onkruid
318 Plant
344 Onkruid
onkruidbestryding 345
onkruiddodend 345
onkruiddoder 345
onkuis
779 Boosaardig
820 Oneerbaar
onkunde
536 Onkunde
844 Bygeloof
onkundig
503 Onverstandig
536 Onkunde
623 Sleg
onkundige 536
onkundigheid
503 Onverstandig
536 Onkundig
onlangs
49 Hede
50 Verlede
onledig 645
onleesbaar 562
onlekker 412
onlesbaar
407 Drink
773 Begeerte
onliggaamlik 836
onloënbaar 531
onlogies
7 Betrekkingloos
11 Disharmonie
20 Wanorde
130 Onbepaald
524 Onlogies redeneer
onlosmaaklik 172
onlus 581
onlus(te)eenheid
655 Veilig
802 Gehoorsaam
onluspolisie 802
onluste 667
onlustig 581
onmag
413 Siekte
617 Magteloos
626 Swak
onmagtig
617 Magteloos
626 Swak
onmededeelsaam
692 Spaar
779 Boosaardig
onmeetbaar
62 Grensloos
104 Baie
123 Meet
onmens 779
onmenslik
715 Gevoelloos
744 Lelik
777 Haat
779 Boosaardig
813 Swak gedrag
onmerkbaar 501
onmiddellik
6 Betreklik
41 Kortstondig
49 Hede
51 Toekoms
onmin 667
onmisbaar
17 Noodsaak
631 Nodig
onmisbaarheid
579 Gedwonge
631 Nodig
onmiskenbaar 543
onmoedig 519
onmondig 53
onmoontlik
538 Dwaling
634 Nutteloos
654 Moeilik
onnadenkend
509 Onoplettend
615 Onbekwaam
641 Onvoorbereid
792 Asosiaal
onnaspeurbaar
501 Onsigbaarheid
544 Onduidelik
onnatuur 254
onnatuurlik
36 Onreëlmatig
744 Lelik
813 Swak gedrag
onnatuurlike lig 485
onnatuurlikheid
36 Onreëlmatig
254 Stof
744 Lelik
836 Bonatuurlik
onnavolgbaar 14
onnet
20 Wanorde
613 Onnoukeurig
628 Vuil
820 Oneerbaar
onnodig 632
onnoembaar
62 Grensloos
104 Baie
onnosel
503 Onverstandig
524 Onlogies redeneer
536 Onkunde
615 Onbekwaam
623 Sleg
722 Snaaks
onnoukeurig
509 Onoplettend
613 Onnoukeurig
817 Ontrou
onnoukeurigheid
130 Onbepaald
509 Onoplettend
613 Onnoukeurig
817 Ontrou
onnut 722
onomasiologie 577
onomastiek
550 Noem
570 Taalwetenskap
onomasties
550 Noem
574 Woordkategorie
onomastikon
550 Noem
567 Boek
751 Digkuns
onomastikus 550
onomatologie 550
onomatopee
573 Woordeskat
575 Woordvorming
750 Letterkunde
onomatopeïes
575 Woordvorming
750 Letterkunde
onomkoopbaar 814
onomstootlik 537
onomwonde
539 Kommunikeer
595 Streng
ononderbroke
35 Reëlmatig
40 Langdurig
647 Voortgaan
onontbeerlik
17 Noodsaak
579 Gedwonge
631 Nodig
633 Nuttig
onontduikbaar 579
onontkombaar
17 Noodsaak
579 Gedwonge
onontvanklik 715
onontwikkeld
433 Klein
789 Onbeskaafd
onontwikkeldheid
433 Klein
536 Onkunde
789 Onbeskaafd
onontwykbaar 579
onooglik 744
onoorbrugbaar
516 Soek
544 Onduidelik
654 Moeilik
onoorganklik 574
onoorkomelik 684
onoorsienbaar 62
onoorspronklik 54
onoortreflik 622
onoortroffe 684
onoortuig
770 Wantroue
843 Ongeloof
onoorwinlik
623 Sleg
684 Oorwin
onoorwonne 684
onopgelei 503
onopgemerk
501 Onsigbaarheid
540 Geheim hou
onopgesmuk 744
onopgevoed
503 Onverstandig
536 Onkunde
623 Sleg
748 Onverfynd
777 Haat
789 Onbeskaafd
792 Asosiaal
onophoudelik
22 Kontinu
35 Reëlmatig
40 Langdurig
647 Voortgaan
onoplettend
509 Onoplettend
613 Onnoukeurig
onopmerksaamheid 509
onopreg
770 Wantroue
815 Oneerlik
onopregte dier 357
onopregtheid
623 Sleg
815 Oneerlik
818 Bedrieg
onopsigtelik 507
onopvallend
501 Onsigbaarheid
507 Ongeïnteresseerd
621 Onbelangrik
onopvoedbaar 559
onordelik
20 Wanorde
613 Onnoukeurig
628 Vuil
641 Onvoorbereid
onpaar 11
onparlementêr 590
onpartydig
523 Logies redeneer
804 Regverdig
onpassabel 149
onpeilbaar
62 Grensloos

540 Geheim hou
544 Onduidelik
onpersoonlik 574
onplesierig
623 Sleg
717 Lyding
onplesierigheid 717
onpopulariteit 777
onpopulêr 777
onprakties 629
onpresies
509 Onoplettend
613 Onnoukeurig
onproduktief 687
onprofessioneel 615
onraad
654 Moeilik
656 Gevaarlik
onrealisties 654
onredbaar 656
onredelik
11 Disharmonie
524 Onlogies redeneer
595 Streng
805 Onregverdig
827 Afkeur
onreg 805
onregeerbaar
20 Wanorde
590 Bestuur
598 Ongehoorsaam
onregmatig
805 Onregverdig
807 Onwettig
onregverdig
805 Onregverdig
815 Oneerlik
onrein
628 Vuil
813 Swak gedrag
onreëlmatig
20 Wanorde
36 Onreëlmatigheid
56 Selde
165 Onreëlmatig
641 Onvoorbereid
onreëlmatige kristal 292
onroerend 688
onroerende eiendom 688
onrus
165 Onreëlmatig
598 Ongehoorsaam
651 Toesien
667 Stryd
713 Gevoel
768 Vrees
onrusbarend
656 Gevaarlik
714 Gevoelig
768 Vrees
onrussaaier
598 Ongehoorsaam
667 Stryd
onrusstoker
598 Ongehoorsaam
667 Stryd
onrustig
165 Onreëlmatig
651 Toesien
667 Stryd
713 Gevoel
714 Gevoelig
768 Vrees
onryp 53
ons
1 Bestaan
123 Meet
124 Weeg
129 Bepaald
ons s'n 129
onsalig
623 Sleg
717 Lyding
onsamehangend
7 Betrekkingloos
11 Disharmonie
20 Wanorde
Onse Vader 847
onsedelik
623 Sleg
779 Boosaardig
811 Gewete
813 Swak gedrag
820 Oneerbaar
onsedig
813 Swak gedrag
820 Oneerbaar
onseker
7 Betrekkingloos
11 Disharmonie
121 Verwarring
130 Onbepaald
142 Veranderlik
518 Glo
519 Twyfel
538 Dwaling
544 Onduidelik
583 Willoosheid
587 Aarsel
714 Gevoelig
770 Wantroue
onselfstandig
5 Ondergeskik
30 Ondergeskik
583 Willoosheid
589 Dien
onselfsugtig 778
onsigbaar 501
onsimpatiek
715 Gevoelloos
777 Haat
779 Boosaardig
onsin
524 Onlogies redeneer
548 Praat
818 Bedrieg
onsin praat
524 Onlogies redeneer
538 Dwaling
onsindelik
623 Sleg
628 Vuil
onsinnig 524
onsinpraatjies 524
onsinpratery
524 Onlogies redeneer
548 Praat
onsistematies
20 Wanorde
641 Onvoorbereid
onskadelik 636
onskatbaar 622
onskeibaar
574 Woordkategorie
776 Liefde
onskendbaar
607 Beloof
801 Wet
onskendbaarheid
622 Goed
655 Veilig
801 Wet
onskerp 441
onskuld
814 Eerlik
821 Onskuldig
onskuldig
636 Onskadelik
814 Eerlik
821 Onskuldig
onskuldigbevinding 833
onskuldige
821 Onskuldig
833 Verontskuldig
onsmaaklik
472 Sleg
744 Lelik
792 Asosiaal
onsorgvuldig
509 Onoplettend
613 Onnoukeurig
onstabiel
7 Betrekkingloos
11 Disharmonie
142 Veranderlik
583 Willoosheid
618 Kragtig
714 Gevoelig
770 Wantroue
onstandvastig
142 Veranderlik
583 Willoosheid
714 Gevoelig
770 Wantroue
onsterflik
42 Altyd
836 Bonatuurlik
onstewig 142
onstigtelik
20 Wanorde
713 Gevoel
820 Oneerbaar
onstoflik 836
onstrafbaar 835
onstuimig
165 Onreëlmatig
289 Klimaat
618 Kragtig
714 Gevoelig
onsuiwer
544 Onduidelik
623 Sleg
628 Vuil
820 Oneerbaar
onsydig
574 Woordkategorie
664 Terugstaan
onsydige geslag 574
ontaard
140 Verandering
623 Sleg
626 Swak
813 Swak gedrag
ontaarding
623 Sleg
779 Boosaardig
813 Swak gedrag
ontbeen
421 Vleis
423 Slagter
ontbeer
631 Nodig
693 Gee
717 Lyding
ontbeerlik 632
ontbering
631 Nodig
690 Arm
693 Gee
717 Lyding
ontbied
188 Aankom
191 Laat kom
ontbind
171 Verwyder
173 Losmaak
238 Vernietig
250 Dood
590 Bestuur
ontbinding
171 Verwyder
173 Losmaak
238 Vernietig
250 Dood
590 Bestuur
ontbloot
162 Ontbloot

177 Oopgaan
539 Kommunikeer
ontboesem
539 Kommunikeer
713 Gevoel
ontbrand
233 Motorvoertuig
467 Aansteek
713 Gevoel
ontbrandingskamer
233 Motorvoertuig
630 Werktuig
ontbreek
65 Afwesig
117 Te min
130 Onbepaald
631 Nodig
ontbyt 418
ontbytbord
84 Houer
95(7) Breekgoed
ontbythoekie 94(3)
ontbytkos 426
ontbyttyd 37
ontdaan 768
ontdek 517
ontdekker 517
ontdekking 517
ontdekkingsreis 187
ontdekkingstog 187
ontdoen 171
ontdooi
460 Vloeistof
466 Koud
713 Gevoel
ontduik
171 Verwyder
189 Wegbly
190 Vertrek
onteenseglik 537
onteer
803 Oortree
820 Oneerbaar
onteien
171 Verwyder
694 Neem
onteienaar 694
ontelbaar
13 Verskeidenheid
104 Baie
125 Tel
ontembaar
368 Diereteelt
618 Kragtig
ontereg 807
onterend 820
onterf 698
ontersaaklik 524
ontersaaklike argument 524
ontevrede
714 Gevoelig
719 Hartseer
721 Ontevrede
ontferm
714 Gevoelig
778 Goedaardig
ontfermend 714
ontfout 622
ontgaan
501 Onsigbaarheid
511 Vergeet
593 Vryheid
ontgin
237 Voortbring
275 Myn
346 Landbougrond
ontginning 275
ontglip
189 Wegbly
190 Vertrek
501 Onsigbaarheid
511 Vergeet
593 Vryheid
ontgloei
467 Aansteek
713 Gevoel
ontgogel 766
ontgrendel 177
ontgroei 432
ontgroen 560
onthaal
406 Eet
418 Maaltyd
790 Sosiaal
793 Fees
onthaalvertrek 94(3)
onthals
252 Doodmaak
835 Bestraf
onthef
593 Vryheid
660 Ontslaan
ontheilig
779 Boosaardig
846 Godloos
ontheiliger 846
onthoof
252 Doodmaak
384 Kop
835 Bestraf
onthou
407 Drink
510 Herinner
646 Nie handel nie
onthoudend 407
onthouding 407
onthouer 407
onthouvermoë 510
onthul
162 Ontbloot
177 Oopgaan
539 Kommunikeer
793 Fees
onthuts
521 Verras wees
713 Gevoel
714 Gevoelig
771 Gramskap
onthutsend
521 Verras wees
714 Gevoelig
744 Lelik
ontken
9 Verskillend
526 Weerlê
529 Ontken
666 Verhinder
ontkennend
529 Ontken
606 Weier
ontkenning
529 Ontken
548 Praat
576 Sinsbou
606 Weier
666 Verhinder
ontketen 27
ontkiem
27 Begin
239 Voortplant
323 Vrug
324 Plantlewe
ontkieming 324
ontkleding 162
ontklee(d) 162
ontkleedanseres 742
ontkleur 491
ontknoop 173
ontknoping
28 Einde
173 Losmaak
650 Voltooi
750 Letterkunde
752 Toneelkuns
ontknopingspot 728(4)
ontkoling 275
ontkom 593
ontkoming 593
ontkool 171
ontkoppel
171 Verwyder
173 Losmaak
257 Meganika
ontkrag 626
ontkurk 177
ontlaai
262 Elektrisiteit
451 Lig
593 Vryheid
677 Skiet
ontlading 451
ontlas
402 Afskeidingsorgaan
409 Afskeiding
593 Vryheid
ontlasting
402 Afskeidingsorgaan
409 Afskeiding
ontleding
508 Aandag
516 Soek
ontleed
19 Orde
256 Skeikunde
263 Rekenaar
516 Soek
535 Weet
561 Studeer
570 Taalwetenskap
ontleedkamer 417
ontleedkunde 377
ontleedkundig 414
ontleedmes 416
ontleedtafel 417
ontleen 569
ontleer 657
ontlening
569 Taal
573 Woordeskat
ontlok
15 Oorsaak
16 Gevolg
237 Voortbring
638 Aanmoedig
ontlont 677
ontloop
228 Vinnig
593 Vryheid
ontluik
27 Begin
322 Blom
ontluis 627
ontluister 744
ontmaagd 820
ontman
239 Voortplant
626 Swak
ontmasker
162 Ontbloot
539 Kommunikeer
ontmoedig
519 Twyfel
639 Ontmoedig
713 Gevoel
719 Hartseer
766 Wanhoop
ontmoedigend
639 Ontmoedig
766 Wanhoop
ontmoet
166 Nader beweeg
168 Saamkom
517 Vind
790 Sosiaal
ontmoeting
166 Nader beweeg
790 Sosiaal

ontneem
171 Verwyder
694 Neem
ontnugter
521 Verras wees
717 Lyding
719 Hartseer
721 Ontevrede
766 Wanhoop
ontoeganklik 206
ontoeganklik maak 178
ontoegeeflik
595 Streng
779 Boosaardig
ontoelaatbaar
598 Ongehoorsaam
602 Verbied
ontoepaslik 629
ontoereikend
103 Min
117 Te min
721 Ontevrede
ontoerekenbaar
617 Magteloos
811 Gewete
ontoerekeningsvatbaar 505
ontoeskietlik 595
ontogenese 239
ontogeneties 239
ontogenie
239 Voortplant
249 Lewe
ontologie 514
ontplof
184 Afbreek
677 Skiet
ontplofbaar
142 Veranderlik
184 Afbreek
ontploffing
184 Afbreek
677 Skiet
ontplooi
62 Grensloos
177 Oopgaan
539 Kommunikeer
669 Aanval
ontplooiing
177 Oopgaan
750 Letterkunde
ontpluim 184
ontpop
27 Begin
140 Verandering
ontrafel
19 Orde
173 Losmaak
184 Afbreek
516 Soek
ontredder(d)
20 Wanorde
121 Verwarring
519 Twyfel
623 Sleg
ontreddering
121 Verwarring
768 Vrees
ontrief 666
ontrimpel 179
ontroer
713 Gevoel
714 Gevoelig
719 Hartseer
ontroerend
713 Gevoel
714 Gevoelig
ontroering
713 Gevoel
714 Gevoelig
719 Hartseer
ontrond 572
ontronding 572
ontroof
694 Neem
695 Steel
ontroosbaar 719
ontrou
609 Jou woord verbreek
623 Sleg
770 Wantroue
811 Gewete
815 Oneerlik
817 Ontrou
820 Oneerbaar
ontrowing 695
ontruim 176
ontrus 768
ontsag
768 Vrees
830 Eerbiedig
ontsaglik
104 Baie
432 Groot
618 Kragtig
768 Vrees
ontsagwekkend
616 Magtig
768 Vrees
ontsê
585 Verwerp
602 Verbied
606 Weier
ontsegging 606
ontsenu
626 Swak
639 Ontmoedig
ontset
593 Vryheid
660 Ontslaan
680 Militêre aksie
714 Gevoelig
ontsetel 795
ontsettend
104 Baie
521 Verras wees
714 Gevoelig
768 Vrees
ontsetting
521 Verras wees
593 Vryheid
660 Ontslaan
714 Gevoelig
768 Vrees
ontsiel(d)
252 Doodmaak
583 Willoosheid
ontsien
596 Inskiklik
830 Eerbiedig
833 Verontskuldig
ontsier
623 Sleg
744 Lelik
ontskeep 221
ontskeping
221 Vaar
235 Skeepvaart
ontskiet
152 Verby
593 Vryheid
ontslaan
593 Vryheid
660 Ontslaan
ontslaap 250
ontslae 593
ontslag
593 Vryheid
660 Ontslaan
ontslag neem 660
ontslagneming 660
ontslape 250
ontslapene 250
ontsluier 539
ontsluiering 162
ontsluit
177 Oopgaan
539 Kommunikeer
ontsmet
414 Geneeskunde
627 Skoon
ontsmettend 415
ontsmettingsalf 415
ontsmettingsdiens 414
ontsmettingsmiddel 415
ontsnap
173 Losmaak
189 Wegbly
593 Vryheid
ontsnapping
173 Losmaak
189 Wegbly
593 Vryheid
833 Verontskuldig
ontsout 471
ontsouting 471
ontspan
444 Krom
662 Rus
724 Vermaak
ontspanne
619 Kalm
715 Gevoelloos
724 Vermaak
ontspannend 724
ontspannenheid
619 Kalm
715 Gevoelloos
ontspanning
662 Rus
724 Vermaak
ontspanningslektuur 567
ontspanningsperiode 662
ontspanplek 662
ontspoor
148 Van koers af
220 Treinry
234 Spoorweg
534 Wanbegrip
ontspring
27 Begin
284 Bron
593 Vryheid
ontspruit
16 Gevolg
27 Begin
324 Plantlewe
ontstaan
0 Ontstaan
16 Gevolg
27 Begin
237 Voortbring
ontstaansgeskiedenis 0
ontstaanswyse 27
ontstaantyd 27
ontstam 148
ontsteek
233 Motorvoertuig
413 Siekte
467 Aansteek
ontsteking
233 Motorvoertuig
413 Siekte
ontstekingskas
233 Motorvoertuig
630 Werktuig
ontstekingsklep
233 Motorvoertuig
630 Werktuig
ontstel
521 Verras wees
713 Gevoel
714 Gevoelig
768 Vrees
ontsteld
521 Verras wees
713 Gevoel
714 Gevoelig

717 Lyding
719 Hartseer
721 Ontevrede
768 Vrees
ontstellend
521 Verras wees
713 Gevoel
714 Gevoelig
717 Lyding
744 Lelik
768 Vrees
ontsteltenis
521 Verras wees
713 Gevoel
714 Gevoelig
717 Lyding
719 Hartseer
721 Ontevrede
768 Vrees
771 Gramskap
ontstem 572
ontstem(d)
713 Gevoel
719 Hartseer
721 Ontevrede
771 Gramskap
ontstemmend
666 Verhinder
714 Gevoelig
ontstemming
719 Hartseer
721 Ontevrede
771 Gramskap
ontstentenis 65
ontsterflikheid 42
ontstig
714 Gevoelig
771 Gramskap
ontstigtelik
714 Gevoelig
827 Afkeur
ontstigtend
713 Gevoel
714 Gevoelig
ontstigting 714
ontstoke 771
ontsyfer
516 Soek
543 Duidelik
562 Lees
565 Skryfkuns
ontsyfering 516
onttrek
646 Nie handel nie
694 Neem
700 Bank
onttrekkingsimptome
407 Drink
413 Siekte
494 Gevoelloosheid
onttroning
660 Ontslaan
685 Verloor
onttroon
588 Gesag hê
660 Ontslaan
779 Boosaardig
ontug
813 Swak gedrag
820 Oneerbaar
822 Skuldig
ontugtig
813 Swak gedrag
820 Oneerbaar
ontuis 790
ontval
250 Dood
593 Vryheid
687 Verlies
ontvang
239 Voortplant
686 Aanwins
696 Ontvang
790 Sosiaal
ontvangenis 239
ontvanger
84 Houer
264 Uitsaai
414 Geneeskunde
693 Gee
696 Ontvang
712 Belasting
ontvangkamer 94
ontvangs
264 Uitsaai
693 Gee
696 Ontvang
790 Sosiaal
ontvangskantoor 712
ontvangste
686 Aanwins
696 Ontvang
ontvangstoestel 264
ontvanklik 714
ontvel 423
ontvlam
467 Aansteek
713 Gevoel
ontvlambaar 467
ontvlammingspunt 467
ontvlek 627
ontvlug
228 Vinnig
593 Vryheid
ontvoer
192 Laat gaan
695 Steel
ontvoerder 695
ontvolk
65 Afwesig
787 Gemeenskap
ontvolking 90
ontvonk 467
ontvoog
590 Bestuur
593 Vryheid
ontvoogding
590 Bestuur
593 Vryheid
ontvou
177 Oopgaan
179 Glad
543 Duidelik
553 Behandel
ontvreemding 695
ontvries 466
ontwaak
249 Lewe
410 Slaap
ontwaar
499 Sien
508 Aandag
ontwaking
249 Lewe
410 Slaap
ontwapen 675
ontwapening 668
ontwar
19 Orde
173 Losmaak
543 Duidelik
ontwardheid 543
ontwarring 173
ontwater
287 Vloei
413 Siekte
ontwatering 413
ontwerp
237 Voortbring
438 Vorm
637 Doelgerigtheid
640 Voorbereid
759 Tekenkuns
801 Wet
ontwerper
237 Voortbring
640 Voorbereid
ontwerpkuns
749 Kuns
759 Tekenkuns
ontwerptekening
97 Bou
640 Voorbereid
759 Tekenkuns
ontwerpwet 801
ontwikkel
29 Middel
140 Verandering
262 Elektrisiteit
268 Fotografie
432 Groot
559 Opvoeding
645 Handel
682 Slaag
788 Beskaafd
ontwikkelaar
237 Voortbring
262 Elektrisiteit
268 Fotografie
788 Beskaafd
ontwikkel(d)
535 Weet
788 Beskaafd
791 Sosiaal
812 Goeie gedrag
ontwikkelde mens 788
ontwikkelend 140
ontwikkeling
21 Volgorde
29 Middel
140 Verandering
237 Voortbring
268 Fotografie
432 Groot
559 Opvoeding
622 Goed
645 Handel
682 Slaag
788 Beskaafd
ontwikkelingsfonds 665
ontwikkelingsgang
140 Verandering
249 Lewe
ontwikkelingsgeskiedenis 249
ontwikkelingsielkunde 514
ontwikkelingsleer 240
ontwikkelingspsigologie 514
ontwikkelingsvermoë 249
ontword 238
ontworstel
171 Verwyder
694 Neem
ontwortel
171 Verwyder
238 Vernietig
347 Landbou
ontworteling
171 Verwyder
238 Vernietig
345 Plantkwekery
ontwrig
11 Disharmonie
20 Wanorde
238 Vernietig
626 Swak
768 Vrees
ontwrigting
238 Vernietig
413 Siekte
ontwy 846
ontwyding
779 Boosaardig
846 Godloos
ontwyfelbaar 537
ontwyk
171 Verwyder

189 Wegbly
190 Vertrek
646 Nie handel nie
ontwykingsaksie 189
ontydig
57 Vroeg
58 Laat
60 Ongeleë
ontys 466
onuitblusbaar
467 Aansteek
468 Blus
842 Geloof
onuitgesproke 540
onuithoudbaar 717
onuitputlik 104
onuitstaanbaar 717
onuitvoerbaar 654
onvaardigheid 641
onvanpas 60
onvas
142 Veranderlik
173 Losmaak
583 Willoosheid
587 Aarsel
714 Gevoelig
onvastheid
7 Betrekkingloos
41 Kortstondig
142 Veranderlik
583 Willoosheid
714 Gevoelig
onveilig 656
onveranderbaar 143
onveranderd 141
onveranderlik
8 Dieselfde
12 Eenvormig
19 Orde
141 Behoud
143 Bestendig
onveranderlikheid 143
onverantwoord 526
onverantwoordbaar 526
onverantwoordelik 811
onverbaster(d) 622
onverberg 500
onverbeterlik 622
onverbiddelik
141 Behoud
595 Streng
onverbloem
162 Ontbloot
539 Kommunikeer
onverbloem(d) 814
onverbloemdheid 162
onverboë 575
onverbonde 593
onverbreekbaar
143 Bestendig
457 Onbreekbaar
607 Beloof
608 Jou woord hou
onverbreeklik
143 Bestendig
457 Onbreekbaar
607 Beloof
onverdeel(d) 111
onverdorwe 622
onverdraagsaam 779
onverenig 169
onverenigbaar
11 Disharmonie
119 Teenstelling
169 Skei
onverenigbaarheid
9 Verskillend
11 Disharmonie
119 Teenstelling
onverfloud 622
onverfyn(d)
748 Onverfynd
789 Onbeskaafd
813 Swak gedrag
onverganklik 42
onverganklikheid 42
onvergeeflik 667
onvergeetlik
510 Herinner
622 Goed
onvergelykbaar 622
onvergelyklik 622
onvergenoeg(d)
775 Weersin
719 Hartseer
721 Ontevrede
777 Haat
onvergenoegdheid
721 Ontevrede
771 Gramskap
777 Haat
onverhaalbare skuld 711
onverhoeds
41 Kortstondig
521 Verras wees
641 Onvoorbereid
onverhole 539
onverhoop 521
onverklaarbaar
7 Betrekkingloos
34 Vreemd
onverklaarbaarheid
7 Betrekkingloos
540 Geheim hou
onverkrygbaar 697
onverkwiklik
792 Asosiaal
813 Swak gedrag
onverlet
411 Gesond
664 Terugstaan
onverlig 486
onvermeng(d) 622
onvermoë
536 Onkunde
615 Onbekwaam
617 Magteloos
onvermoeibaar 625
onvermoeid 610
onvermoeide ywer 610
onvermom 162
onvermoënd
617 Magteloos
798 Lae stand
onvermoëndheid
617 Magteloos
690 Arm
onvermurfbaar
582 Wilskrag
779 Boosaardig
onvermy(d)baar
17 Noodsaak
579 Gedwonge
onvermydelik
17 Noodsaak
579 Gedwonge
onvernietigbaar
143 Bestendig
625 Sterk
onverpoos
22 Kontinu
647 Voortgaan
onverrig 683
onverrigtersake 646
onversaagd 767
onversadelik
406 Eet
773 Begeerte
onversadigbaar
406 Eet
773 Begeerte
onversetlik
146 Beweginloosheid
582 Wilskrag
625 Sterk
777 Haat
779 Boosaardig
onversigtig 613
onverskillig
503 Onverstandig
507 Ongeïnteresseerd
509 Onoplettend
583 Willoosheid
613 Onnoukeurig
618 Kragtig
626 Swak
641 Onvoorbereid
715 Gevoelloos
767 Moed
774 Onverskillig
779 Boosaardig
843 Ongeloof
onverskilligheid
507 Ongeïnteresseerd
509 Onoplettend
613 Onnoukeurig
618 Kragtig
641 Onvoorbereid
652 Versuim
715 Gevoelloos
774 Onverskillig
843 Ongeloof
onverskrokke
582 Wilskrag
625 Sterk
767 Moed
onverskrokkenheid
625 Sterk
767 Moed
onversoenbaar
9 Verskillend
11 Disharmonie
106 Ongelyk
119 Teenstelling
777 Haat
onversoenlik
667 Stryd
777 Haat
onversorg(d)
613 Onnoukeurig
628 Vuil
652 Versuim
onverstaanbaar
7 Betrekkingloos
34 Vreemd
476 Geluid
540 Geheim hou
544 Onduidelik
onverstand
503 Onverstandig
524 Onlogies redeneer
536 Onkunde
onverstandig
11 Disharmonie
503 Onverstandig
524 Onlogies redeneer
536 Onkunde
615 Onbekwaam
618 Kragtig
onversteurbaar
10 Harmonie
12 Eenvormig
582 Wilskrag
715 Gevoelloos
onversteurd
647 Voortgaan
720 Tevrede
onverstoorbaar
10 Harmonie
12 Eenvormig
582 Wilskrag
715 Gevoelloos
onverstoordheid 720
onvertroubaar
770 Wantroue
815 Oneerlik
onvervaard 767

onvervals
537 Waarheid
622 Goed
onvervalstheid 537
onvervangbaar 620
onverwags
18 Toeval
41 Kortstondig
225 Vinnig
521 Verras wees
641 Onvoorbereid
onverwagte 521
onverwant 11
onverwoesbaar 625
onverwyld
49 Hede
51 Toekoms
onvoegsaam
792 Asosiaal
820 Oneerbaar
onvolbrag 648
onvoldaan
711 Skuld
721 Ontevrede
onvoldoende
103 Min
117 Te min
721 Ontevrede
onvolgroeid 433
onvolkome
615 Onbekwaam
623 Sleg
onvolkomenheid
613 Onnoukeurig
615 Onbekwaam
onvolledig 623
onvolmaak 615
onvolmaaktheid
615 Onbekwaam
623 Sleg
onvolprese 622
onvoltooid
576 Sinsbou
648 Onderbreek
650 Voltooi
onvoltooid(e) verlede tyd 574
onvoltooide sin 576
onvoltrokke 650
onvolwasse
53 Jonk
433 Klein
onvolwassenheid 433
onvoorbedag 641
onvoorbereid 641
onvoordelig
238 Vernietig
635 Skadelik
onvoordeligheid 635
onvoorsienbaar
18 Toeval
62 Grensloos
onvoorsiens(s)
18 Toeval
41 Kortstondig
521 Verras wees
641 Onvoorbereid
onvoorspelbaar
7 Betrekkingloos
11 Disharmonie
142 Veranderlik
583 Willoosheid
onvoorspoedig 683
onvoorstelbaar 538
onvoorwaardelik 530
onvrede 667
onvriendelik
623 Sleg
713 Gevoel
715 Gevoelloos
777 Haat
779 Boosaardig
790 Sosiaal
792 Asosiaal
onvroulik 376
onvrugbaar
239 Voortplant
323 Vrug
324 Plantlewe
346 Landbougrond
687 Verlies
onvry 594
onvrymoedig
715 Gevoelloos
786 Nederig
onwaar
538 Dwaling
613 Onnoukeurig
onwaardig
621 Onbelangrik
807 Onwettig
831 Bespot
onwaarheid
538 Dwaling
613 Onnoukeurig
623 Sleg
815 Oneerlik
818 Bedrieg
onwaarneembaar 501
onwaarskynlik 519
onwankelbaar
143 Bestendig
582 Wilskrag
637 Doelgerigtheid
647 Voortgaan
812 Goeie gedrag
819 Eerbaar
onweegbaar 124
onweer
289 Klimaat
293 Onweer
onweer dreig 293
onweeragtig 293
onweerlegbaar
537 Waarheid
543 Duidelik
onweersbui 293
onweerslug 293
onweerstaanbaar
743 Mooi
773 Begeerte
onweersvoël 683
onweerswolk 291
onwel 412
onwelkom
60 Ongeleë
790 Sosiaal
onwelriekend
475 Onwelriekend
628 Vuil
onwelvoeglik
744 Lelik
792 Asosiaal
813 Swak gedrag
820 Oneerbaar
onwelwillend 777
onwennig 587
onwenslik
774 Onverskillig
827 Afkeur
onwerklik
2 Nie-bestaan
538 Dwaling
onwerklikheid 2
onwesenlik
2 Nie-bestaan
538 Dwaling
onwetend
503 Onverstandig
534 Wanbegrip
536 Onkunde
onwetens 534
onwetenskaplik
641 Onvoorbereid
643 Onbeproef
onwetlik 807
onwettig
598 Ongehoorsaam
602 Verbied
801 Wet
803 Wette oortree
807 Onwettig
onwettige daad 822
onwettige handel 701
onwettigheid 598
onwil 581
onwillekeurig
379 Spier
509 Onoplettend
579 Gedwonge
onwillig
581 Teësinnig
611 Lui
onwrikbaar
143 Bestendig
537 Waarheid
582 Wilskrag
586 Beslis
625 Sterk
637 Doelgerigtheid
647 Voortgaan
812 Goeie gedrag
819 Eerbaar
onwrikbaarheid
143 Bestendig
537 Waarheid
582 Wilskrag
625 Sterk
812 Goeie gedrag
842 Geloof
onwys
503 Onverstandig
534 Wanbegrip
536 Onkunde
oog
177 Oopgaan
288 Waterstelsel
321 Blaar
361 Insek
386 Gesig
387 Oog
oogappel
387 Oog
776 Liefde
oogarts 416
oogbad 387
oogbank 377
oogblad 387
oogbol 387
oogbout 172
oogchirurg 416
oogdruppels 415
ooggetuie
525 Bewys
528 Bevestig
809 Regsgeding
ooggias
267 Optika
387 Oog
499 Sien
ooghaar
382 Haar
387 Oog
ooghare 386
oogheelkunde
414 Geneeskunde
515 Wetenskap
oogheelkundig 414
oogheelkundige 416
ooghoek 387
oogholte
385 Skedel
387 Oog
ooghoogte 436
ooghoogteoond
95(8) Toerusting

469 Verwarmingstoestel
oogkamer 387
oogkas
385 Skedel
387 Oog
oogklap
231 Tuig
387 Oog
oogkleur 490
oogknip
387 Oog
545 Natuurlike teken
oogkundige 416
oogkwaal 413
ooglid 387
oogligament 387
ooglik 743
ooglopend
500 Sigbaarheid
543 Duidelik
oogluikend 578
oogluikend toelaat 601
oogmaat 122
oogmaskara 746
oogmerk 637
oogontsteking
387 Oog
413 Siekte
oogoperasie 414
oogpêrel
387 Oog
413 Siekte
oogpister 361
oogpunt
513 Gedagte
522 Redeneer
oogrand 387
oogring 365
oogrok 387
oogsenukruising 378
oogsenuwee 387
oogsiekte 413
oogskaduwee 746
oogskatting 122
oogsnykunde 414
oogspier
379 Spier
387 Oog
oogspriet 385
oogstuk 267
oogtand 391
oogverblindend 485
oogvlek 387
oogvlies 387
oogvog 387
oogwater 415
oogwenk
41 Kortstondig
499 Sien
545 Natuurlike teken
oogwimper 382
oogwink
41 Kortstondig
499 Sien
545 Natuurlike teken
oogwit 387
ooi
357 Dier
366 Soogdier
ooievaar 365
ooievaarspartytjie 418
ooilam
357 Dier
776 Liefde
ooit 56
ook
8 Dieselfde
48 Gelyktydig
530 Voorbehou
oölogie 370
oom 246
oomblik
41 Kortstondig
49 Hede
oombliklik
41 Kortstondig
49 Hede
51 Toekoms
641 Onvoorbereid
oompie 246
oond
95(8) Toerusting
419 Voedselbereiding
425 Bakker
465 Warm
469 Verwarmingstoestel
oondbak
84 Houer
95(7) Breekgoed
oondbossie 332
oondbraai 419
oondkoek 426
oondskop 627
oondskottel 84
oondstok 95(8)
oop
65 Afwesig
162 Ontbloot
177 Oopgaan
206 Ingaan
386 Gesig
572 Uitspraak
593 Vryheid
oopbalkplafon 94(4)
oopbly 177
oopbreek
177 Oopgaan
184 Afbreek
oopbroodjie 424
oopdraai
163 Draai
177 Oopgaan
oop-en-toe 228
oopgaan
177 Oopgaan
322 Blom
539 Kommunikeer
oopgemaak 177
oopgewerk
177 Oopgaan
313 Weef
oopgroefmyn 275
ophand 740
oophang
76 Bo
77 Onder
177 Oopgaan
oopheid 593
oophoepel 197
oophou
65 Afwesig
177 Oopgaan
oopkap 185
oopkloof 185
oopknakslot 676
oopknooptrui 745
oopkry 177
ooplaat
65 Afwesig
162 Ontbloot
177 Oopgaan
ooplê
162 Ontbloot
177 Oopgaan
206 Ingaan
228 Vinnig
oopmaak
162 Ontbloot
177 Oopgaan
oopmond 521
oopoë 499
ooppak 162
oopruk 177
oopskop 162
oopskroef 162
oopskuif 177
oopslaan
177 Oopgaan
182 Slaan
667 Stryd
oopsluit 177
oopsny
162 Ontbloot
177 Oopgaan
185 Sny
414 Geneeskunde
oopspalk 177
oopsper 177
oopspermoersleutel 316
oopspilwenteltrap 94(12)
oopspring 177
oopstaan
65 Afwesig
177 Oopgaan
oopstel
177 Oopgaan
206 Ingaan
oopstoot 177
oopte
177 Oopgaan
346 Landbougrond
ooptrek
162 Ontbloot
177 Oopgaan
293 Onweer
oopval
65 Afwesig
177 Oopgaan
413 Siekte
oopvlek
185 Sny
539 Kommunikeer
oopvou 179
oopvryf 179
oor
16 Gevolg
61 Plek
74 Op
76 Bo
84 Houer
104 Baie
116 Te veel
147 Rigting
152 Verby
156 Bo-oor
209 Oorgaan
386 Gesig
388 Oor
oor die hoof sien 833
oor en oor
55 Dikwels
164 Reëlmatig
657 Herhaal
ooraanbod 686
ooraandoening 413
oorbaar 812
oorbagasie 452
oorbeklemtoon 508
oorbel
388 Oor
745 Versier
oorbelaai
107 Meer
194 Vervoer
262 Elektrisiteit
452 Swaar
590 Bestuur
oorbelading
262 Elektrisiteit
452 Swaar
oorbelas
107 Meer
194 Vervoer
452 Swaar
590 Bestuur
711 Skuld

712 Belasting
oorbelig 268
oorbelletjie 745
oorbesteding 691
oorbetaal 708
oorbetaling
693 Gee
708 Betaal
oorbevolk 787
oorbeweeg 209
oorbewei 347
oorbietjie 366
oorblaas 161
oorbloes 745
oorbluf 521
oorbly
116 Te veel
188 Aankom
204 Aandoen
790 Sosiaal
oorblyfsel 116
oorblywend
116 Te veel
318 Plant
632 Onnodig
oorbodig
116 Te veel
632 Onnodig
634 Nutteloos
oorboek 703
oorbring
67 Verplasing
191 Laat kom
194 Vervoer
209 Oorgaan
543 Duidelik
552 Vertel
563 Skryf
oorbringing 539
oorbrug
149 Pad
156 Bo-oor
209 Oorgaan
668 Vrede
oorbruggingsfinansiering 693
oorbuig
73 Skuins
444 Krom
oord 61
oordaad
104 Baie
116 Te veel
691 Spandeer
oordadig
104 Baie
116 Te veel
oordag 127
oordak 95(12)
oordat 15
oordeel
502 Verstand
513 Gedagte
527 Oordeel
532 Betwis
533 Verstaan
585 Verwerp
586 Beslis
747 Verfyndheid
809 Regsgeding
825 Beoordeling
839 Hiernamaals
oordeelkundig 502
oordeelsdag 839
oordeelsfout 538
oordeelsvermoë
502 Verstand
527 Oordeel
oordeelvelling
809 Regsgeding
825 Oordeel
oordek 161
oordekte 161
oordelend 825
oordenking
513 Gedagte
847 Gebed
oordink
513 Gedagte
527 Oordeel
oordoen
104 Baie
657 Herhaal
oordonder
209 Oorgaan
768 Vrees
779 Boosaardig
oordra
67 Verplasing
191 Laat kom
413 Siekte
539 Kommunikeer
552 Vertel
693 Gee
oordraagbaar 703
oordraer 191
oordrag
256 Skeikunde
413 Siekte
552 Vertel
693 Gee
708 Betaal
oordragbelasting 712
oordraggewer 688
oordragtelik
547 Simboliek
577 Betekenis
750 Letterkunde
oordragtelike betekenis 577
oordrewe
116 Te veel
538 Dwaling
oordrewe streng 595
oordrom 388
oordruk 566
oordruppels 415
oordryf
116 Te veel
538 Dwaling
oordrywend
116 Te veel
538 Dwaling
oordrywing
116 Te veel
538 Dwaling
750 Letterkunde
oordwars 79
ooreen 8
ooreenbring
10 Harmonie
668 Vrede
ooreenkom
8 Dieselfde
10 Harmonie
531 Saamstem
605 Aanvaar
607 Beloof
663 Meedoen
668 Vrede
ooreenkoms
8 Dieselfde
10 Harmonie
35 Reëlmatig
105 Gelyk
118 Vergelyking
531 Saamstem
579 Gedwonge
605 Aanvaar
607 Beloof
663 Meedoen
668 Vrede
ooreenkomstig
6 Betreklik
8 Dieselfde
10 Harmonie
105 Gelyk
118 Vergelyking
139 Meetkunde
663 Meedoen
ooreenslaan 8
ooreenstem
8 Dieselfde
10 Harmonie
531 Saamstem
663 Meedoen
668 Vrede
ooreenstemmend
8 Dieselfde
10 Harmonie
105 Gelyk
663 Meedoen
ooreenstemming
8 Dieselfde
10 Harmonie
35 Reëlmatig
105 Gelyk
531 Saamstem
663 Meedoen
ooreet 406
ooreis
116 Te veel
661 Vermoei
ooreising 661
oor-en-weerpratery
548 Praat
790 Sosiaal
oorerf 240
oorerfbaar 240
oorerflik
239 Voortplant
240 Afkoms
oorerflikheid 239
oorerflikheidsleer 240
oorerwing 240
oorgaan
37 Tyd
67 Verplasing
156 Bo-oor
195 Deurgaan
200 Vorentoe
209 Oorgaan
649 Begin
728(1) Rugby
803 Oortree
817 Ontrou
oorgang
37 Tyd
140 Verandering
149 Pad
195 Deurgaan
209 Oorgaan
oorgangsbepaling 801
oorgangseksamen 561
oorgangsjare 239
oorgangsklank 572
oorgangskleur 490
oorgangsleeftyd
239 Voortplant
377 Liggaam
oorgangsmaatreël 599
oorgangsregering 590
oorgangstoestand 142
oorgangstydperk 37
oorganklik 574
oorgawe
685 Verloor
693 Gee
oorgee
30 Ondergeskik
412 Siek
413 Siekte
594 Onvryheid
685 Verloor
693 Gee

oorgehaal
640 Voorbereid
677 Skiet
oorgehel 444
oorgeklank 264
oorgeklankte program 264
oorgenoeg
115 Genoeg
116 Te veel
632 Onnodig
oorgeplante hart 399
oorgetuie
525 Bewys
528 Bevestig
oorgevoelig
495 Tassin
714 Gevoelig
oorgewig
116 Te veel
452 Swaar
oor(gewig)bagasie
187 Reis
452 Swaar
oorgooi 209
oorgroot 432
oorgrootouer
240 Afkoms
242 Ouer
oorhaal
525 Bewys
638 Aanmoedig
677 Skiet
oorhaas 228
oorhaastig 641
oorhaastigheid
225 Vinnig
641 Onvoorbereid
oorhand
616 Magtig
622 Goed
684 Oorwin
oorhandig
631 Nodig
693 Gee
oorhandiging 693
oorhang
73 Skuins
74 Op
500 Sigbaarheid
oorhangertjie 745
oorhê 116
oorheen
74 Op
156 Bo-oor
oorheers
579 Gedwonge
588 Gesag hê
599 Gesag
616 Magtig
795 Staat
oorheersend
616 Magtig
618 Kragtig
oorhel
73 Skuins
444 Krom
oorhelp
209 Oorgaan
663 Meedoen
oorhewel
209 Oorgaan
287 Vloei
oorhoeks 79
oorholte 388
oorhoofs
76 Bo
149 Pad
oorhoofse kabel 262
oorhoofse projektor 560
oorhoop(s)
20 Wanorde
667 Stryd
oorhoops lê 667
oorhoops wees 667
oorhou
116 Te veel
141 Behoud
686 Aanwins
oorjaag 209
oorjarig
53 Jonk
318 Plant
oorkant
9 Verskillend
61 Plek
64 Aanwesig
88 Posisie
oorklank
264 Uitsaai
752 Toneelkuns
oorklanking 264
oorklankingsateljee 264
oorklankingsbank 264
oorklankingsregisseur 264
oorklankingswerk 264
oorklap
161 Bedek
182 Slaan
388 Oor
oorklim
187 Reis
209 Oorgaan
211 Opgaan
220 Treinry
234 Spoorweg
oorklouter 209
oorkoepel 97
oorkoepelende term 577
oorkom
44 Gebeure
156 Bo-oor
204 Aandoen
209 Oorgaan
622 Goed
684 Oorwin
713 Gevoel
790 Sosiaal
oorkoming
622 Goed
684 Oorwin
oorkoms 790
oorkonde
525 Bewys
607 Beloof
809 Regsgeding
oorkonde (regswese) 567
oorkondeboek 567
oorkonkel 182
oorkook
419 Voedselbereiding
465 Warm
oorkrabbetjie 745
oorkruip 209
oorkruiper 361
oorkruis 79
oorkunde 414
oorkyk
509 Onoplettend
559 Opvoeding
oorlaai
452 Swaar
661 Vermoei
oorlaat
116 Te veel
693 Gee
oorlading
452 Swaar
661 Vermoei
oorlams
611 Lui
614 Bekwaam
815 Oneerlik
oorlandreis 187
oorlandvlug 222
oorlangs 78
oorlas 666
oorlê
204 Aandoen
790 Sosiaal
oorle 250
oorlede 250
oorledene 250
oorleef 249
oorleg
513 Gedagte
539 Kommunikeer
557 Diskussie
622 Goed
oorlegpleging
539 Kommunikeer
554 Aanspreek
557 Diskussie
oorlel 388
oorleun 73
oorlewe 249
oorlewende 249
oorlewer
552 Vertel
594 Onvryheid
657 Herhaal
693 Gee
oorlewering
657 Herhaal
693 Gee
oorlewing
249 Lewe
647 Voortgaan
oorlewingsinstink 357
oorlog 667
oorlog verklaar
667 Stryd
669 Aanval
oorlog voer 667
oorlogmakend 667
oorlogpsigose 667
oorlogsake 672
oorlogsbelasting 712
oorlogsbeskrywing 667
oorlogsbuit 684
oorlogsdaad 672
oorlogsdans
667 Stryd
742 Dans
oorlogsgevaar 656
oorlogsheld
673 Manskap
767 Moed
oorlogskip 235
oorlogskorrespondent 568
oorlogskreet
573 Woordeskat
672 Weermag
oorlogsmag 672
oorlogsmanie 667
oorlogsmateriaal 675
oorlogsmedalje 546
oorlogspies 678
oorlogspropaganda 539
oorlogsreg 808
oorlogsrisiko 656
oorlogstuig 675
oorlogsugtig 667
oorlogsvloot 672
oorlogvoerend 667
oorlogvoering 667
oorloof 601
oorloop
94(12) Trap
149 Pad
197 Te voet
209 Oorgaan
287 Vloei
817 Ontrou
oorloper
679 Mobiliseer
817 Ontrou
oorlosie 128

oorlosieglas 128
oorlosiekas 95(3)
oorlosieketting
128 Chronometer
745 Versier
oorlosieveer 128
oorlyding 250
oorlye
28 Einde
250 Dood
oormaak
237 Voortbring
657 Herhaal
693 Gee
oormaat
104 Baie
116 Te veel
122 Bereken
406 Eet
oormag
104 Baie
616 Magtig
622 Goed
625 Sterk
oormaking 693
oorman 684
oormatig
116 Te veel
618 Kragtig
oormeester
622 Goed
682 Slaag
684 Oorwin
oormeestering 622
oormekaar 74
oormerk 368
oormoed
767 Moed
785 Hoogmoedig
oormoedig
767 Moed
785 Hoogmoedig
oormoeg 661
oormôre
51 Toekoms
127 Tydbepaling
oornag
41 Kortstondig
64 Aanwesig
127 Tydbepaling
410 Slaap
790 Sosiaal
oornagkolwer 728(3)
oornagtas 84
oornagverblyf 89
oorneem
14 Navolging
67 Verplasing
209 Oorgaan
563 Skryf
704 Koop
oorneig 73
oor-neus-en-keelspesialis 416
oornooi 790
oorontwikkeling 116
ooroormôre
51 Toekoms
127 Tydbepaling
oorpak 745
oorpeins 513
oorpeinsing 513
oorplaas 67
oorplant
347 Landbou
414 Geneeskunde
oorplanting
67 Verplasing
345 Plantkwekery
414 Geneeskunde
oorplasing 67
oorpomp
209 Oorgaan
288 Waterstelsel
oorproduksie
116 Te veel
237 Voortbring
oorproduseer
116 Te veel
237 Voortbring
oorpyn 413
oorreding
525 Bewys
638 Aanmoedig
oorredingskrag
525 Bewys
638 Aanmoedig
oorredingskuns 638
oorredingsvermoë 638
oorreed
525 Bewys
638 Aanmoedig
oorreedbaarheid 638
oorreik 693
oorring 745
oorroei 209
oorrompel
238 Vernietig
521 Verras wees
525 Bewys
638 Aanmoedig
669 Aanval
684 Oorwin
oorrompelend
521 Verras wees
618 Kragtig
638 Aanmoedig
oorrompeling
521 Verras wees
638 Aanmoedig
685 Verloor
oorry 209
oorryp 323
oorsaak
15 Oorsaak
27 Begin
237 Voortbring
413 Siekte
637 Doelgerigtheid
693 Gee
oorsaaklik 15
oorsaaklikheid 15
oorsê 657
oorsee
74 Op
187 Reis
283 See
oorsees 276
oorseil 209
oorsein 546
oorseksueel 239
oorsensitief 714
oorsenuwee 388
oorsetting
67 Verplasing
543 Duidelik
566 Drukkuns
oorsiekte 413
oorsien 562
oorsig
111 Geheel
539 Kommunikeer
553 Behandel
568 Perswese
oorsigtelik 553
oorsit
67 Verplasing
194 Vervoer
543 Duidelik
oorskadu
622 Goed
684 Oorwin
oorskakel
233 Motorvoertuig
262 Elektrisiteit
264 Uitsaai
265 Telekommunikasie
oorskakeling
217 Motorry
233 Motorvoertuig
262 Elektrisiteit
264 Uitsaai
oorskat 620
oorskatting
620 Belangrik
785 Hoogmoedig
oorskeep
194 Vervoer
221 Vaar
oorskeping 235
oorskiet 116
oorskietkos 420
oorskop 728(1)
oorskot
104 Baie
137 Bewerking
250 Dood
686 Aanwins
oorskry
209 Oorgaan
803 Oortree
oorskryf 563
oorskulp 388
oorslaan
192 Laat gaan
567 Boek
629 Gebruik
646 Nie handel nie
648 Onderbreek
oorslaap 790
oorslag 178
oorspan
149 Pad
156 Bo-oor
230 Rytuig
413 Siekte
618 Kragtig
661 Vermoei
oorspanne
413 Siekte
618 Kragtig
661 Vermoei
oorspanning
149 Pad
413 Siekte
661 Vermoei
oorspeel 752
oorspier 388
oorspring
156 Bo-oor
199 Spring
233 Motorvoertuig
oorsprong
0 Ontstaan
15 Oorsaak
27 Begin
237 Voortbring
240 Afkoms
286 Rivier
413 Siekte
573 Woordeskat
649 Begin met
oorspronklik
4 Selfstandig
15 Oorsaak
27 Begin
35 Reëlmatig
53 Nuut
237 Voortbring
240 Afkoms
749 Kuns
oorspronklike
35 Reëlmatig
53 Nuut
oorstaan
187 Reis

648 Onderbreek
oorstallig 104
oorstap
156 Bo-oor
187 Reis
195 Deurgaan
197 Te voet
209 Oorgaan
220 Treinry
oorstapsteen 156
oorsteek
94(4) Dak
156 Bo-oor
195 Deurgaan
197 Te voet
209 Oorgaan
oorstek 94(4)
oorstelp
104 Baie
718 Bly
oorstem 584
oorstoot 728(1)
oorstootdrie 728(1)
oorstroom
104 Baie
161 Bedek
287 Vloei
oorstuur
67 Verplasing
191 Laat kom
209 Oorgaan
223 Stuur
oorstuur(s)
20 Wanorde
661 Vermoei
768 Vrees
oorsy 87
oortap
84 Houer
287 Vloei
288 Waterstelsel
414 Geneeskunde
oorteken 758
oortjie 131
oortog
209 Oorgaan
221 Vaar
oortollig
116 Te veel
632 Onnodig
oortreder
598 Ongehoorsaam
803 Oortree
oortreding
538 Dwaling
598 Ongehoorsaam
623 Sleg
779 Boosaardig
803 Oortree
807 Onwettig
822 Skuldig
oortree
538 Dwaling
598 Ongehoorsaam
779 Boosaardig
803 Oortree
807 Onwettig
822 Skuldig
oortref
622 Goed
682 Slaag
684 Oorwin
oortreffende trap 574
oortrek
67 Verplasing
96 Slaapplek
161 Bedek
699 Leen
711 Skuld
oortrekking
699 Leen
711 Skuld
oortrekkingsaldo 703
oortrekkingsfasiliteit 699
oortrekkingskoers 700
oortrekpapier
161 Bedek
315 Papier
oortreksel 161
oortrektrui 745
oortroef
684 Oorwin
740 Kaartspel
oortrokke 711
oortrokke rekening
699 Leen
700 Bank
oortrommel 388
oortuig
518 Glo
525 Bewys
527 Oordeel
531 Saamstem
537 Waarheid
638 Aanmoedig
769 Vertroue
oortuigend
525 Bewys
543 Duidelik
oortuiging
518 Glo
525 Bewys
527 Oordeel
638 Aanmoedig
644 Handelwyse
842 Geloof
oortuigingswerk 638
oortyd 658
oortyds 711
oorvaar 209
oorvaart 209
oorval
413 Siekte
521 Verras wees
669 Aanval
684 Oorwin
768 Vrees
oorveeg
182 Slaan
667 Stryd
oorverdowend 476
oorverhitte ekonomie 701
oorverhitting 701
oorverseker 655
oorversigtig 508
oorvertel
539 Kommunikeer
548 Praat
551 Meedeel
552 Vertel
657 Herhaal
oorvleuel 156
oorvlieg 209
oorvlies 388
oorvloed 116
oorvloedig
104 Baie
116 Te veel
oorvoed
116 Te veel
406 Eet
oorvoeding
406 Eet
413 Siekte
oorvolledig 116
oorvolskrewe lening 688
oorvolteken 703
oorvoorsien 701
oorvou 365
oorvra 790
oorvrag 116
oorvriendelik 776
oorwaai
208 Verbygaan
290 Wind
790 Sosiaal
oorwaardeer 620
oorweeg
124 Weeg
513 Gedagte
527 Oordeel
553 Behandel
oorweg 149
oorwegend
107 Meer
620 Belangrik
oorweging
513 Gedagte
527 Oordeel
553 Behandel
637 Doelgerigtheid
638 Aanmoedig
oorwegwagter 234
oorweldig
521 Verras wees
588 Gesag hê
684 Oorwin
oorweldigend
104 Baie
521 Verras wees
618 Kragtig
684 Oorwin
oorweldiger 684
oorwelf
76 Bo
149 Pad
156 Bo-oor
oorwerf 490
oorwerk 661
oorwig
579 Gedwonge
616 Magtig
622 Goed
625 Sterk
684 Oorwin
oorwin
588 Gesag hê
622 Goed
637 Doelgerigtheid
669 Aanval
682 Slaag
684 Oorwin
oorwinlik 685
oorwinnaar
682 Slaag
684 Oorwin
oorwinnaarsrondte 684
oorwinnend
682 Slaag
684 Oorwin
oorwinningslied 757
oorwinning
588 Gesag hê
622 Goed
669 Aanval
682 Slaag
684 Oorwin
oorwins 701
oorwinter
64 Aanwesig
410 Slaap
oorwip
199 Spring
209 Oorgaan
790 Sosiaal
oorwoë
508 Aandag
513 Gedagte
oorwoë mening 825
oorwoeker
116 Te veel
684 Oorwin
oorwonne
684 Oorwin
685 Verloor
oorwonnene 685
oorwurm 361

ooryl
225 Vinnig
228 Vinnig beweeg
ooryster 745
oos 88
oosgrens 63
ooskus 282
Oossee 283
ooste 88
oostelik
88 Posisie
147 Rigting
oosterhemel 269
oosterkim
88 Posisie
269 Heelal
oosterlengte 273
oosterling 64
Oosters
88 Posisie
276 Vasteland
Oosterse gevegskuns 731
Oosterse kultuur 787
Oosterse taal 569
oosterson 270
oostewind 290
ooswaarts
88 Posisie
147 Rigting
ootmoed
597 Gehoorsaam
786 Nederig
ootmoedig
597 Gehoorsaam
600 Sonder gesag
786 Nederig
op
28 Einde
40 Langdurig
61 Plek
71 Regop
74 Op
88 Posisie
110 Niks
127 Tydbepaling
211 Opgaan
436 Hoog
661 Vermoei
714 Gevoelig
opaak 489
opaal
298 Steen
492 Kleur
opaalblou 492
opaliserend 492
opbel 265
opberg
170 Saambring
175 Insit
opbergingsgeheue 263
opbetaal 708
opbeur
638 Aanmoedig
715 Gevoelloos
716 Genot
765 Hoop
767 Moed
778 Goedaardig
opblaas
116 Te veel
238 Vernietig
434 Breed
461 Gas
538 Dwaling
638 Aanmoedig
785 Hoogmoedig
opblaasboot 372
opblaasmatras 96
opbloei
249 Lewe
622 Goed
682 Slaag
opbly 410
opbou
97 Bou
111 Geheel
237 Voortbring
622 Goed
625 Sterk
opbraaksel 413
opbreek
184 Afbreek
238 Vernietig
opbrengs
170 Saambring
237 Voortbring
347 Landbou
686 Aanwins
696 Ontvang
699 Leen
opbrengsel 237
opbrengsvermoë 686
opbring
74 Op
158 Opstyg
211 Opgaan
413 Siekte
559 Opvoeding
693 Gee
opbruis
158 Opstyg
618 Kragtig
771 Gramskap
opbruising
249 Lewe
618 Kragtig
opdaag
188 Aankom
204 Aandoen
opdam
285 Meer
288 Waterstelsel
opdat 636
opdeel 112
opdien
406 Eet
418 Maaltyd
419 Voedselbereiding
opdienbak 95(7)
opdienlepel 418
opdienskottel 95(7)
opdientafel 418
opdiep
176 Uithaal
517 Vind
539 Kommunikeer
552 Vertel
opdis
95 Venster
418 Maaltyd
539 Kommunikeer
550 Noem
552 Vertel
opdoem 188
opdoen
44 Gebeure
622 Goed
opdok 708
opdomkrag 158
opdons
182 Slaan
613 Onnoukeurig
623 Sleg
715 Gevoelloos
774 Onverskillig
opdra
418 Maaltyd
590 Bestuur
599 Gesag
opdraai 163
opdraand
73 Skuins
149 Pad
436 Hoog
opdraande 149
opdrag
548 Praat
567 Boek
579 Gedwonge
599 Gesag
610 Ywerig
645 Handel
808 Regswese
opdrag gee
584 Kies
590 Bestuur
599 Gesag
opdraggewer 599
opdreun
595 Streng
666 Verhinder
opdrifsel
214 Dryf
283 See
opdring
150 Vorentoe
158 Opstyg
663 Meedoen
792 Asosiaal
opdringerig
663 Meedoen
785 Hoogmoedig
790 Sosiaal
792 Asosiaal
opdrink 407
opdroog 464
opdruk
150 Vorentoe
158 Opstyg
181 Stoot teen
490 Kleur
638 Aanmoedig
opdryf
150 Vorentoe
158 Opstyg
638 Aanmoedig
opduik
188 Aankom
517 Vind
opdwing
150 Vorentoe
158 Opstyg
663 Meedoen
792 Asosiaal
ope rekening 700
opeen
69 Naby
74 Op
172 Vasmaak
453 Dig
opeendring 170
opeendryf 170
opeenhoop 170
opeenjaag 170
opeenpak 170
opeenplak 172
opeens
41 Kortstondig
521 Verras wees
opeenskuif 170
opeenvolg
21 Volgorde
47 Later
opeenvolgend 21
opeet 406
opehartoperasie 414
opeis
17 Noodsaak
171 Verwyder
520 Verwag
604 Versoek
806 Wettig
opeisbaar 604
opeisbare skuld 711
opeising 604
opelug 80

opelugkonsert 755
opelugmuseum 749
opelugopvoering 752
opelugspel 726
opelugteater 752
opelyf 409
open
27 Begin
65 Afwesig
177 Oopgaan
206 Ingaan
649 Begin met
665 Byeenkom
op-en-afpatroon 745
op-en-af-springery 199
op-en-af-wippery 199
openbaar
162 Ontbloot
206 Ingaan
539 Kommunikeer
548 Praat
551 Meedeel
559 Opvoeding
590 Bestuur
658 Beroep
openbaar maak
162 Ontbloot
539 Kommunikeer
548 Praat
551 Meedeel
openbare aanklaer 808
openbare besit 688
openbare diens 658
openbare instelling 658
openbare pos 590
openbare sektor
590 Bestuur
658 Beroep
openbare skool 559
openbare telefoon 265
openbare toilet 746
openbaring
533 Verstaan
539 Kommunikeer
842 Geloof
openbaringsleer 842
openhartig
539 Kommunikeer
814 Eerlik
openhartigheid
593 Vryheid
814 Eerlik
openheid
162 Ontbloot
502 Verstand
593 Vryheid
opening
147 Rigting
177 Oopgaan
206 Ingaan
207 Uitgaan
402 Afskeiding
649 Begin
665 Byeenkom
openingsdag 793
openingsgebed 847
openingsplegtigheid 793
openingsrede 558
openingswoord 558
openlik
539 Kommunikeer
814 Eerlik
openlikheid
593 Vryheid
814 Eerlik
op-en-top 111
op-en-wakker 767
opera
754 Komposisie
757 Sang
opera-aand 757
operagebou 91
operageselskap
755 Uitvoering
757 Sang
operakoor 757
operasanger 757
operasie
414 Geneeskunde
417 Hospitaal
645 Handel
667 Stryd
672 Weermag
operasiebasis 667
operasiefront 672
operasiegebied 667
operasiekamer 417
operasiemes
185 Sny
417 Hospitaal
operasieplan
667 Stryd
672 Weermag
operasiesaal 417
operasiesuster
416 Medikus
417 Hospitaal
operasietafel 417
operasieteater 417
operasioneel
629 Gebruik
640 Voorbereid
667 Stryd
operateur
263 Rekenaar
268 Fotografie
630 Werktuig
752 Toneelspel
operatief 414
operd 347
opereer
414 Geneeskunde
417 Hospitaal
629 Gebruik
645 Handel
operette
754 Komposisie
757 Sang
opfleur
249 Lewe
718 Bly
opflikker
249 Lewe
412 Siek
487 Ligbron
opflikkering
249 Lewe
412 Siek
opfris
53 Nuut
622 Goed
opfrissingskursus 561
opgaaf
539 Kommunikeer
712 Belasting
opgaan
158 Opstyg
211 Opgaan
opgaande 158
opgaar
170 Saambring
692 Spaar
698 Behou
opgaarbattery 170
opgaardam 288
opgaartenk 84
opgang 622
opgang maak 799
opgawe
21 Volgorde
539 Kommunikeer
551 Meedeel
693 Gee
opgeblase 785
opgebruik 629
opgedam 285
opgee
412 Siek
551 Meedeel
603 Voorstel
683 Misluk
687 Verlies
693 Gee
719 Hartseer
opgeefsel
267 Optika
413 Siekte
485 Lig
opgefrommel 180
opgehewe
413 Siekte
434 Breed
opgehoopte skuld 687
opgekrop(te)
582 Wilskrag
713 Gevoel
opgeld 702
opgelei
502 Verstand
559 Opvoeding
614 Bekwaam
657 Herhaal
opgelope rente 700
opgelos 256
opgepof 446
opgerig 61
opgeruimd 718
opgeskeep
725 Verveling
792 Asosiaal
opgeskootheid 432
opgeskorte vonnis
808 Regswese
809 Regsgeding
opgeskote
53 Jonk
432 Groot
436 Hoog
opgesmuk 745
opgesom 553
opgeteken 563
opgetoë
718 Bly
720 Tevrede
opgetoënheid 718
opgevoed
502 Verstand
559 Opvoeding
622 Goed
788 Beskaafd
791 Sosiaal
812 Goeie gedrag
opgewarm(de) 419
opgewas 627
opgewasse 614
opgewek
713 Gevoel
716 Genot
718 Bly
793 Fees
opgewonde
618 Kragtig
713 Gevoel
716 Genot
718 Bly
771 Gramskap
opgooi
158 Opstyg
412 Siek
opgraaf 176
opgrawing 176
opgroei 432
ophaal
158 Opstyg
170 Saambring
211 Opgaan
510 Herinner

550 Noem
694 Neem
ophaalbrug 149
ophaalgordyn 95(12)
ophaalnet 372
ophande 51
ophandesynde 51
ophang
76 Bo
252 Doodmaak
835 Bestraf
ophef
158 Opstyg
559 Opvoeding
622 Goed
648 Onderbreek
687 Verlies
780 Hulp
801 Wet
826 Goedkeur
opheffend 767
opheffing
28 Einde
599 Gesag
622 Goed
648 Onderbreek
780 Hulp
opheffingswerk 780
ophelder
19 Orde
488 Deurskynend
500 Sigbaarheid
543 Duidelik
opheldering 543
ophelp 663
ophemel
826 Goedkeur
830 Eerbiedig
ophits
638 Aanmoedig
713 Gevoel
ophoop
107 Meer
170 Saambring
698 Behou
ophoping
170 Saambring
174 Meng
ophou
28 Einde
75 Onder
141 Behoud
146 Beweginloosheid
193 Ophou
226 Stadig
645 Handel
646 Nie handel nie
648 Onderbreek
650 Voltooi
ophou werk 648
ophouding 75
ophys 211
opiaat 415
opinie
527 Oordeel
586 Beslis
825 Beoordeling
opinie-ondersoek
516 Soek
527 Oordeel
opiniepeiling 527
opium 494
opiumroker 494
opja(ag)
158 Opstyg
211 Opgaan
228 Vinnig
opkeil
412 Siek
684 Oorwin
835 Bestraf
opkikker
53 Nuut
494 Gevoelloosheid
622 Goed
716 Genot
718 Bly
opklaar
291 Wolk
488 Deurskynend
543 Duidelik
opklap 158
opklapbank 95(4)
opklapbed 95(5)
opklapblad 95(6)
opklapstoel 95(4)
opklaptafel 95(6)
opklim
158 Opstyg
211 Opgaan
622 Goed
opklink
476 Geluid
478 Welluidend
opklop
410 Slaap
419 Voedselbereiding
426 Kos
opklouter
158 Opstyg
211 Opgaan
opknap
53 Nuut
622 Goed
745 Versier
opknappertjie 427
opknapping 627
opknappingskursus 561
opkom
27 Begin
44 Gebeure
75 Onder
158 Opstyg
188 Aankom
211 Opgaan
270 Hemelliggaam
432 Groot
682 Slaag
opkomende 158
opkommandeer
191 Laat kom
604 Versoek
679 Mobiliseer
opkoms
27 Begin
64 Aanwesig
140 Verandering
237 Voortbring
269 Heelal
270 Hemelliggaam
622 Goed
opkoop 704
opkrop
582 Wilskrag
717 Lyding
opkyk 499
opkyk na 830
oplaag 566
oplaai
191 Laat kom
452 Swaar
oplaas
28 Einde
47 Later
650 Voltooi
oplê
72 Plat
74 Op
712 Belasting
opleef
249 Lewe
661 Vermoei
oplees 562
oplegging 712
oplegsel 95(11)
oplei
147 Rigting
347 Landbou
559 Opvoeding
657 Herhaal
opleiding
535 Weet
559 Opvoeding
614 Bekwaam
657 Herhaal
opleidingskamp 672
opleidingskip 235
opleidingskollege 559
opleiwingerd 350
oplek 406
oplet
499 Sien
508 Aandag
opletloop 508
oplettend 508
oplettendheid
506 Belangstel
508 Aandag
655 Veilig
oplewe
249 Lewe
661 Vermoei
oplewer
237 Voortbring
686 Aanwins
693 Gee
oplewering 693
oplewing
249 Lewe
622 Goed
718 Bly
oplig 158
opligter 815
opligting 158
oploop
107 Meer
211 Opgaan
667 Stryd
696 Ontvang
oplopend
73 Skuins
79 Dwars
713 Gevoel
714 Gevoelig
771 Gramskap
779 Boosaardig
oplos
19 Orde
256 Skeikunde
460 Vloeistof
517 Vind
543 Duidelik
645 Handel
668 Vrede
oplosbaar
256 Skeikunde
460 Vloeistof
oplosmiddel
256 Skeikunde
460 Vloeistof
oplossing
137 Bewerking
256 Skeikunde
460 Vloeistof
543 Duidelik
556 Antwoord
645 Handel
oplossingsnoot 753
oplui 265
opluister
622 Goed
745 Versier
opmaak
19 Orde
96 Slaapplek
126 Skat
566 Drukkuns

745 Versier
746 Toilet
opmars
190 Vertrek
669 Aanval
680 Militêre aksie
opmarsjeer 669
opmeet
122 Bereken
123 Meet
opmekaar
21 Volgorde
74 Op
opmekaaraanvolgend 21
opmerk
508 Aandag
517 Vind
539 Kommunikeer
548 Praat
opmerkenswaardig 508
opmerking
539 Kommunikeer
548 Praat
opmerkingsvermoë 508
opmerklik
36 Onreëlmatig
506 Belangstel
620 Belangrik
opmerklikheid 620
opmerksaam 506
opmerksaamheid
506 Belangstel
508 Aandag
opmeting 123
opmetingsafdeling 123
opmetingsdiens 123
opmetingskamera 268
opmetingskip 235
opname
123 Meet
264 Uitsaai
268 Fotografie
527 Oordeel
553 Behandel
pname-ateljee 264
pneem
33 Samehorig
123 Meet
211 Opgaan
264 Uitsaai
266 Akoestiek
401 Spysvertering
417 Hospitaal
499 Sien
527 Oordeel
533 Verstaan
811 Gewete
neig 73
nemer
64 Uitsaai
65 Skryfkuns
neming 563
opneuk
182 Slaan
613 Onnoukeurig
opnoem
539 Kommunikeer
550 Noem
553 Behandel
opnuut 657
opoffer
693 Gee
778 Goedaardig
849 Prediking
opoffering
693 Gee
778 Goedaardig
oponthoud
146 Beweginglootheid
193 Ophou
648 Onderbreek
oppas
414 Geneeskunde
508 Aandag
651 Toesien
oppassend 651
oppasser
508 Aandag
651 Toesien
655 Veilig
oppassery
651 Toesien
655 Veilig
opper
352 Graan
548 Praat
557 Diskussie
opperarmbeen
380 Gebeente
397 Ledemaat
opperbes 622
opperbevel 588
opperbewindhebber 591
oppergesag
588 Gesag hê
795 Staat
opperheerskappy
588 Gesag hê
616 Magtig
opperhoof 588
oppermag 588
oppermagtig
588 Gesag hê
591 Gesaghebber
opperste
591 Gesaghebber
620 Belangrik
oppervlak
74 Op
76 Bo
80 Buite
149 Pad
445 Oppervlak
oppervlakafloop 292
oppervlakgrootte 445
oppervlakkig
80 Buite
445 Oppervlak
536 Onkunde
541 Betekenis
542 Betekenisloos
583 Willoosheid
621 Onbelangrik
774 Onverskillig
820 Oneerbaar
oppervlakkigheid
541 Betekenis
542 Betekenisloos
583 Willoosheid
621 Onbelangrik
774 Onverskillig
820 Oneerbaar
oppervlakte
123 Meet
139 Meetkunde
445 Oppervlak
oppervlaktemaat 431
Opperwese 837
oppiep 776
oppik 406
oppof 446
oppomp 434
opponeer
119 Teenstelling
532 Betwis
585 Verwerp
666 Verhinder
667 Stryd
opponent
532 Betwis
666 Verhinder
667 Stryd
727 Wedstryd
opponerend
666 Verhinder
667 Stryd
opportunisme 644
opportuun 59
opposisie
9 Verskillend
11 Disharmonie
119 Teenstelling
532 Betwis
585 Verwerp
590 Bestuur
666 Verhinder
667 Stryd
795 Staat
opposisieleier 591
opposisieparty
590 Bestuur
795 Staat
oppot
170 Saambring
175 Insit
692 Spaar
opprop 109
opraak 110
opraap
158 Opstyg
170 Saambring
183 Gryp
211 Opgaan
opraapbaalpers 355
opraaplaaier 355
opraapmasjien 355
opraapsel 183
oprakel
510 Herinner
539 Kommunikeer
oprank
158 Opstyg
199 Spring
oprat 217
opreg
622 Goed
811 Gewete
812 Goeie gedrag
814 Eerlik
opreg ag 518
opreggeteel 368
opregte dier 357
opregtheid
368 Diereteelt
778 Goedaardig
811 Gewete
812 Goeie gedrag
814 Eerlik
oprig
27 Begin
61 Plek
71 Regop
97 Bou
158 Opstyg
237 Voortbring
436 Hoog
649 Begin met
oprigter 237
oprigting
97 Bou
237 Voortbring
649 Begin
oprit
94(14) Buitekant
149 Pad
oproep
191 Laat kom
265 Telekommunikasie
510 Herinner
638 Aanmoedig
679 Mobiliseer
836 Bonatuurlik
oproep vir diensplig 679
oproer
20 Wanorde
121 Verwarring

598 Ongehoorsaam
667 Stryd
oproerig
20 Wanorde
598 Ongehoorsaam
667 Stryd
oproerling 598
oproermaker
598 Ongehoorsaam
667 Stryd
oproes 623
oprui
638 Aanmoedig
667 Stryd
opruiend 638
opruier 638
opruim
19 Orde
627 Skoon
705 Verkoop
opruimingswerk 627
opruk
158 Opstyg
669 Aanval
771 Gramskap
opryg 178
oprylaan 149
oprys
71 Regop
158 Opstyg
opsaag
185 Sny
423 Slagter
opsaal
219 Perdry
231 Tuig
opsê
548 Praat
558 Redevoering
687 Verlies
752 Toneelkuns
opsêer 751
opsent 65
opset
586 Beslis
637 Doelgerigtheid
640 Voorbereid
opsetlik
508 Aandag
578 Vrywillig
582 Wilskrag
586 Beslis
637 Doelgerigtheid
opsie
170 Saambring
584 Kies
opsien na 830
opsienbarend 521
opsiener
508 Aandag
590 Bestuur
opsig 6
opsigselfstaande 32
opsigtelik
36 Onreëlmatig
506 Belangstel
620 Belangrik
opsigtelikheid 620
opsigter
508 Aandag
590 Bestuur
592 Ondergeskikte
opsigtig
36 Onreëlmatig
506 Belangstel
opsioneel 584
opsit
239 Voortplant
410 Slaap
418 Maaltyd
419 Voedselbereiding
776 Liefde
opsitkers 776
opskeep 792
opskep
418 Maaltyd
419 Voedselbereiding
opskepbord 84
opskeplepel 95(7)
opskeploer
418 Maaltyd
604 Versoek
opskepskottel 84
opskerp
440 Skerp
502 Verstand
opskeur 184
opskiet
199 Spring
200 Vorentoe
227 Werp
324 Plantlewe
432 Groot
622 Goed
opskik 745
opskop
15 Oorsaak
648 Onderbreek
742 Dans
766 Wanhoop
793 Fees
opskort
23 Onderbreking
648 Onderbreek
opskrif
546 Kunsmatige teken
565 Skryfkuns
567 Boek
568 Perswese
opskrik 768
opskroef 579
opskryf
563 Skryf
703 Boekhou
711 Skuld
opskud
104 Baie
228 Vinnig
618 Kragtig
opskudding
44 Gebeure
121 Verwarring
667 Stryd
713 Gevoel
opskuif
65 Afwesig
66 Plasing
158 Opstyg
181 Stoot teen
opslaan
97 Bou
158 Opstyg
170 Saambring
199 Spring
677 Skiet
opslaangebou 93
opslaanskuifvisier 676
opslaanstelvisier 676
opslaanvisier 676
opslag
677 Skiet
713 Gevoel
opslagbak 170
opslagbal 728(3)
opslagbewys 525
opslagdepot 170
opslagkoeël 677
opslagkoring 352
opslagplek 170
opslagruimte
94 Gebou
170 Saambring
opslagskuur 170
opslagwond 413
opsluit
111 Geheel
178 Toegaan
594 Onvryheid
835 Bestraf
opsluiting 594
opsluitingsbevel 808
opslurp 407
opsmuk 745
opsmuksel 745
opsnork 623
opsnuif
389 Neus
473 Ruik
497 Reuk
opsny
185 Sny
423 Slagter
opsoek
516 Soek
790 Sosiaal
opsom
111 Geheel
539 Kommunikeer
550 Noem
553 Behandel
opsommend 553
opsomming
111 Geheel
539 Kommunikeer
553 Behandel
809 Regsgeding
opspaar
692 Spaar
698 Behou
opspoor
166 Nader beweeg
516 Soek
517 Vind
686 Aanwins
opspraakwekkend 827
opstaan
71 Regop
74 Op
251 Lewe gee
410 Slaap
598 Ongehoorsaam
opstal
91 Gebou
92 Groot gebou
354 Plaas
opstand
588 Gesag hê
598 Ongehoorsaam
666 Verhinder
667 Stryd
opstandeling 598
opstandig
598 Ongehoorsaam
666 Verhinder
667 Stryd
opstandig raak 588
opstanding
249 Lewe
837 God
842 Geloof
opstapel 170
opsteek
290 Wind
293 Onweer
430 Rook
467 Aansteek
485 Lig
638 Aanmoedig
opstel
539 Kommunikeer
558 Redevoering
561 Studeer
563 Skryf
680 Militêre aksie
750 Letterkunde
opsteller 565

opstelling
679 Mobiliseer
680 Militêre aksie
opstelskrywer 563
opstoker
638 Aanmoedig
713 Gevoel
opstook
638 Aanmoedig
713 Gevoel
opstoot 181
opstootjie 598
opstop
109 Alles
178 Toegaan
368 Diereteelt
369 Veeteelt
opstopper
182 Slaan
368 Diereteelt
667 Stryd
731 Gevegsport
opstry
522 Redeneer
532 Betwis
opstuif
158 Opstyg
771 Gramskap
opstuur 211
opstyg
158 Opstyg
190 Vertrek
211 Opgaan
222 Vlieg
opstyging
158 Opstyg
211 Opgaan
222 Vlieg
opsukkel 654
opswaai
158 Opstyg
622 Goed
opsweep
15 Oorsaak
638 Aanmoedig
opswel 771
opswepery 638
opsy 113
opsy sit 584
opsy stoot 67
opsysit 692
optakel 745
optatief 574
opteer 584
opteken
550 Noem
563 Skryf
optel
102 Hoeveelheid
122 Bereken
125 Tel
137 Bewerking
158 Opstyg
166 Nader beweeg
211 Opgaan
703 Boekhou
optelfout 137
optelkolom 137
optelling 137
optelmasjien
122 Bereken
137 Bewerking
optelsom 137
optiek 267
opties
267 Optika
387 Oog
optiese chiasma 378
optiese eenhede 267
optika 267
optimaal 622
optimaliseer 622
optimis
718 Bly
767 Moed
optimisme
718 Bly
765 Hoop
767 Moed
optimisties
718 Bly
765 Hoop
767 Moed
optimum 622
optog
104 Baie
168 Saamkom
793 Fees
optogmusiek 753
optometrie
414 Geneeskunde
499 Sien
optometris 499
optooi 745
optooisel 745
optoom 231
optrede
558 Redevoering
644 Handelwyse
645 Handel
752 Toneelkuns
810 Gedrag
optree
558 Redevoering
599 Gesag
644 Handelwyse
645 Handel
752 Toneelkuns
810 Gedrag
optrek
97 Bou
158 Opstyg
211 Opgaan
237 Voortbring
669 Aanval
774 Onverskillig
827 Afkeur
optrisiën 499
optuig
231 Tuig
235 Skeepvaart
opus 754
opvaar
158 Opstyg
221 Vaar
opvaart
211 Opgaan
221 Vaar
opval
506 Belangstel
508 Aandag
opvallend
36 Onreëlmatig
500 Sigbaarheid
506 Belangstel
508 Aandag
620 Belangrik
opvang
170 Saambring
264 Uitsaai
288 Waterstelsel
498 Gehoor
opvangdam 288
opvangdraad 264
opvanggebied
286 Rivier
292 Neerslag
opvarende 221
opvat
513 Gedagte
527 Oordeel
opvatting 527
opveil 705
opveiling 705
opvis 176
opvlam
467 Aansteek
771 Gramskap
opvlieënd
618 Kragtig
713 Gevoel
714 Gevoelig
771 Gramskap
opvlieg
199 Spring
211 Opgaan
222 Vlieg
365 Voël
771 Gramskap
opvoed
559 Opvoeding
588 Gesag hê
599 Gesag
788 Beskaafd
opvoedbaar 559
opvoeder
560 Skoolgaan
788 Beskaafd
opvoeding
502 Verstand
559 Opvoeding
622 Goed
788 Beskaafd
791 Sosiaal
opvoedkunde 559
opvoedkundige 560
opvoer
158 Opstyg
368 Diereteelt
369 Veeteelt
406 Eet
752 Toneelkuns
opvoering
724 Vermaak
752 Toneelkuns
opvoerreg 752
opvolg
25 Volg
600 Sonder gesag
728(1) Rugby
opvolgbehandeling 414
opvolgbeurt 728(3)
opvolger 25
opvolging 25
opvolgondersoek 414
opvolgwerk 414
opvorder
170 Saambring
604 Versoek
711 Skuld
opvordering 604
opvraging 604
opvreet 406
opvrolik
716 Genot
718 Bly
opvryf 627
opvysel 826
opwaarts
76 Bo
147 Rigting
158 Opstyg
211 Opgaan
436 Hoog
opwaartse druk 258
opwaartse haal 565
opwaartse konjunktuur 701
opwag 520
opwagting 790
opwarm
418 Maaltyd
638 Aanmoedig
730 Gimnastiek
761 Graveerkuns
opwarmingsoefening 726
opwas 627
opwasbak 94(15)

opwasplek 94(3)
opwastafel 95(6)
opweeg 118
opwek
15 Oorsaak
237 Voortbring
249 Lewe
251 Lewe gee
262 Elektrisiteit
410 Slaap
713 Gevoel
718 Bly
722 Snaaks
767 Moed
opwekkertjie 427
opwekking 262
opwekkingsdiens 848
opwekmiddel 415
opwel
287 Vloei
713 Gevoel
opwelling
158 Opstyg
713 Gevoel
opwen
128 Chronometer
163 Draai
638 Aanmoedig
opwinding
713 Gevoel
716 Genot
718 Bly
opwip
158 Opstyg
199 Spring
oraal
390 Mond
548 Praat
orakel
502 Verstand
836 Bonatuurlik
orakelspreuk 573
orakeltaal 569
oral(s)
31 Soort
62 Grensloos
oranje 492
oranjekleurig 492
oranjelyster 365
oranjerooi 492
oranjespikkelskilpadjie 361
orasie
476 Geluid
539 Kommunikeer
558 Redevoering
orator 558
oratories 558
orbicularis 379
orbitaal 269
orde
19 Orde
30 Ondergeskik
31 Soort
168 Saamkom
317 Fisiologie
318 Plant
357 Dier
546 Kunsmatige teken
588 Gesag hê
612 Noukeurig
665 Byeenkom
764 Boukuns
795 Staat
852 Geestelike
ordeband 546
ordebroeder 852
ordeketting 546
ordekomitee 665
ordekruis 546
ordeliewend
19 Orde
668 Vrede
ordelik
8 Dieselfde
19 Orde
21 Volgorde
612 Noukeurig
640 Voorbereid
ordelikheid
19 Orde
612 Noukeurig
627 Skoon
ordelint 546
ordeloos
20 Wanorde
121 Verwarring
593 Vryheid
613 Onnoukeurig
641 Onvoorbereid
820 Oneerbaar
ordelys
21 Volgorde
557 Diskussie
ordemosie 557
orden
19 Orde
21 Volgorde
30 Ondergeskik
35 Reëlmatig
627 Skoon
640 Voorbereid
849 Prediking
ordening
19 Orde
21 Volgorde
35 Reëlmatig
576 Sinsbou
640 Voorbereid
ordentlik
582 Wilskrag
622 Goed
743 Mooi
788 Beskaafd
791 Sosiaal
812 Goeie gedrag
819 Eerbaar
ordentlikheid
622 Goed
743 Mooi
791 Sosiaal
811 Gewete
812 Goeie gedrag
819 Eerbaar
ordentlikheidshalwe 819
order
599 Gesag
680 Militêre aksie
704 Koop
708 Betaal
709 Betaalmiddel
orderbrief 701
orderpapier 599
ordeteken 546
ordevoorstel 557
ordewapen 546
ordinaal 133
ordinaat 139
ordinansie 599
ordineer 849
ordinêr
35 Reëlmatig
621 Onbelangrik
624 Gemiddeld
725 Verveling
ordonnans 673
ordonnansie
599 Gesag
657 Herhaal
801 Wet
ordonneer 599
Ordoviciumtydperk 274
oreer
139 Meetkunde
548 Praat
558 Redevoering
oreganum 419
orego 419
oregondruif 332
orent
71 Regop
443 Reglynig
Orff-instrument 756
orgaan
377 Liggaam
568 Perswese
orgaanskenker 414
organdie 311
organies
249 Lewe
254 Stof
256 Skeikunde
organiese chemie
256 Skeikunde
515 Wetenskap
organiese skeikunde 256
organisasie
19 Orde
35 Reëlmaat
168 Saamkom
170 Saambring
237 Voortbring
588 Gesag hê
640 Voorbereid
651 Toesien
665 Byeenkom
organisasietalent
19 Orde
640 Voorbereid
organisasievermoë
19 Orde
640 Voorbereid
organisator
19 Orde
640 Voorbereid
organisatories
19 Orde
640 Voorbereid
organiseer
19 Orde
35 Reëlmatig
237 Voortbring
588 Gesag hê
599 Gesag
640 Voorbereid
651 Toesien
organiseerder
19 Orde
237 Voortbring
640 Voorbereid
organisme
168 Saamkom
237 Voortbring
249 Lewe
organologie 249
organsa 311
organsisasie 35
orgasme
239 Voortplant
403 Voortplanting
orgatron 756
orgiasties
793 Fees
813 Swak gedrag
orgidee 322
orgie
793 Fees
813 Swak gedrag
oribie 366
oriëntasie
88 Posisie
147 Rigting
527 Oordeel
oriëntasiepunt 147
oriënteer
88 Posisie
516 Soek
539 Kommunikeer

orig
116 Te veel
506 Belangstel
632 Onnodig
origens 112
originaliteit 27
origineel 27
origineer 0
orkaan
290 Wind
293 Onweer
orkes 755
orkesbegeleiding 755
orkesdirigent 755
orkesleier 755
orkesmeester 755
orkesnommer 755
orkesografie 753
orkespartituur 753
orkesparty 754
orkesput 752
orkestraal 755
orkestrasie 754
orkestreer 754
orlon 311
ornament 745
ornamentasie 745
ornamenteel 745
ornamenteer 745
ornamentiek 745
ornitologie
358 Dierkunde
370 Voëlteelt
ornitoloog 358
orografie 273
orografies 273
orrabok 366
orrel
756 Musiek
853 Kerk
orrelis
755 Uitvoering
756 Musiek
849 Prediking
852 Geestelike
orrelonderdeel 756
orrelpuntklawer 756
orrelpyp 756
orrelregister 756
orrelstryk 682
orthoptera 361
ortodoks
840 Godsdiens
842 Geloof
ortodokse godsdiens
840 Godsdiens
854 Godsdienste
ortodoksie 842
ortodonsie
414 Geneeskunde
515 Wetenskap
ortodont(is) 416
ortogonaal 447
ortografie 571
ortopedie
380 Gebeente
414 Geneeskunde
515 Wetenskap
ortopedis 416
ortopeed 416
ortoptera 357
ortpediese chirurg 416
os 366
oseaan 283
oseaankors 274
oseaanplaat 283
oseaantrog 283
oseanograaf 273
oseanografie 273
osgras 338
osleer 314
osmium 297
osmose
258 Hidroulika
259 Aërografie
324 Plantlewe
osmoties
258 Hidroulika
259 Aërografie
324 Plantlewe
osoon 461
osoonlaag 461
osriem 230
ossewa 230
ossifikasie 274
ossifiseer 274
ossillasie
164 Reëlmatig
165 Onreëlmatig
ossillator
261 Magnetisme
262 Elektrisiteit
ossilleer
164 Reëlmatig
165 Onreëlmatig
ossillograaf 262
osstert 426
osstertsop 426
ostensief 500
ostentasie 785
osteofagie 369
osteologie
380 Gebeente
413 Siekte
414 Geneeskunde
osteologies 380
osteoloog 416
osteomiëlitis 413
osteopatie
413 Siekte
414 Geneeskunde
osteoperose 413
ostium 382
ostraseer
171 Verwyder
192 Laat gaan
ostrasisme
171 Verwyder
192 Laat gaan
osvel 314
ot 366
otologie 414
otoloog 416
otter 366
ottoman 95(4)
ou
375 Man
776 Liefde
oubaas
54 Oud
375 Man
oubank 274
ouboet 244
oud
28 Einde
50 Verlede
52 Ouderdom
54 Oud
472 Sleg
725 Verveling
oudag
52 Ouderdom
54 Oud
ou(d)bakke
657 Herhaal
725 Verveling
ouderdom
52 Ouderdom
54 Oud
ouderdomsgrens 52
ouderdomsiekte 413
ouderdomskwaal 413
ouderdomswakte 413
ouderling
848 Erediens
849 Prediking
852 Geestelike
ouderlingsamp 852
ouderlingsbank 853
ouderlingskap 852
ouderlingsvrou 849
oudertous 725
ouderwets 657
oudgediende 673
oudheid
45 Geskiedenis
50 Verlede
52 Ouderdom
54 Oud
oudheidkenner 54
oudheidkunde 54
oudheidkundige 54
oudiënsie 790
oudiologie 388
oudiometer
123 Meet
266 Akoestiek
oudiometrie
123 Meet
266 Akoestiek
oudiovisueel
498 Gehoor
499 Sien
oudisie 755
oudit 703
ouditeer 703
ouditeur 703
ouditeur-generaal
590 Bestuur
703 Boekhou
ouditief 498
ouditiewe vermoë 498
ouditorium
94 Gebou
168 Saamkom
752 Toneelspel
ou(d)modies 54
oudoffisier 673
oud-oom 246
oudste 243
oudstryder 673
oud-student 560
ouel
415 Geneesmiddel
850 Sakrament
ouer 241
ouerhuis 241
ouerig 54
ouerliefde 776
ouerlik 242
ouerloos 242
ouer-onderwysersvereniging 560
ouerpaar 242
ouerplig 811
ouers 242
ouers vra 248
ouerskap
241 Familie
242 Ouer
ouervereniging 560
ouetehuis
54 Oud
89 Blyplek
780 Hulp
ouhout
316 Hout
318 Plant
331 Boom
Oujaar 127
oujongkêrel 248
oujongnooi 248
ouklip 274
ouland 346
oulap 131

oulik
502 Verstand
743 Mooi
ouma
52 Ouderdom
54 Oud
242 Ouer
376 Vrou
oumagrootjie
54 Oud
242 Ouer
oumakappertjie 322
oumakappie 322
ouman 375
oumanne(te)huis 54
oumens 52
oumense
54 Oud
242 Ouer
oumenspensioen 686
oumenstaal 569
oumensvlek 381
ounooibossie 337
oupa
52 Ouderdom
54 Oud
242 Ouer
375 Man
Oupa Langoor 838
oupagrootjie
54 Oud
242 Ouer
oupa-se-pyp 333
ourikel
365 Voël
388 Oor
399 Bloedsomloop
ouroes 297
ou sanna 676
Ou Testament 842
ousie 245
ouskultasie 414
ouskulteer 414
oustraal 147
ousus 245
outargie 590
outarkie 590
outentiek 537
outentisiteit 537
Ou-Testamenties 842
Ou-Testamentikus 842
outeur
563 Skryf
565 Skryfkuns
750 Letterkunde
outeurskap 565
outeursregte 686
outis 505
outisme 505
outjie 776
outobiograaf 565
outobiografie
565 Skryfkuns
567 Boek
750 Letterkunde
outochtoon 81
outodidak 561
outodidakties 561
outofiet 318
outograaf
563 Skryf
565 Skryfkuns
outografeer 564
outografies 565
outokraat 591
outokrasie 590
outokraties
590 Bestuur
591 Gesaghebber
outomaat
630 Werktuig
657 Herhaal
outomaties
579 Gedwonge
630 Werktuig
645 Handel
657 Herhaal
676 Vuurwapen
outomatisasie 657
outomatiseer
630 Werktuig
657 Herhaal
outomaton
630 Werktuig
657 Herhaal
outomobiel 233
outonomie
4 Selfstandig
590 Bestuur
593 Vryheid
795 Staat
outonoom
4 Selfstandig
590 Bestuur
593 Vryheid
795 Staat
outopsie
250 Dood
414 Geneeskunde
outorisasie
601 Toestem
616 Magtig
outoriseer
601 Toestem
616 Magtig
outoritarisme 795
outoritaristies 795
outoriteit
579 Gedwonge
588 Gesag hê
591 Gesaghebber
599 Gesag
616 Magtig
outoritêr
588 Gesag hê
591 Gesaghebber
595 Streng
795 Staat
outosuggestie 518
outyds
50 Verlede
54 Oud
595 Streng
outydse geweer 676
ouverture
754 Komposisie
757 Sang
ouvolk 364
ouvrou 239
ouwywepraatjie 524
ouwywepraatjies 829
ovaal 446
ovaalkopskroef 316
ovarium 403
ovasie
722 Snaaks
826 Goedkeur
overdaad
116 Te veel
691 Spandeer
oviduk 403
ovipaar 239
ovulasie
239 Voortplant
403 Voortplanting
ovuleer 403
owerheid
588 Gesag hê
590 Bestuur
599 Gesag
795 Staat
owerheidsbestel 590
owerheidsweë 590
owerigens 112
owerpriester 854
owerspel 822
owerspeler 820
owerspelig 820
owerste
591 Gesaghebber
673 Manskap
852 Geestelike

P
pa 242
paadjie
149 Pad
382 Haar
paai
715 Gevoelloos
716 Genot
720 Tevrede
paaiboelie
768 Vrees
771 Gramskap
838 Gees
paaiement
112 Deel
708 Betaal
711 Skuld
paaiementsgewys(e)
112 Deel
708 Betaal
paaiery
716 Genot
720 Tevrede
paal
63 Begrens
71 Regop
100 Boumateriaal
101 Bouersgereedskap
235 Skeepvaart
316 Hout
546 Kunsmatige teken
729 Atletiek
paalheining
63 Begrens
160 Omring
178 Toegaan
paalspring
199 Spring
727 Wedstryd
729 Atletiek
paalspringtoerusting 729
paalsprong 199
paaltjie 728(3)
paaltjieheining 160
paaltjiewagter 728(3)
paalvas
143 Bestendig
537 Waarheid
paaps 840
paapsgesind 840
paar
21 Volgorde
170 Saambring
239 Voortplant
242 Ouer
403 Voortplanting
paarlustig 239
paarsgewys
10 Harmonie
102 Hoeveelheid
paartjie
242 Ouer
248 Huwelik
776 Liefde
paartyd
38 Tydgebruik
239 Voortplant
paasbolletjie
424 Brood
426 Kos
Paasdiens 848
paaseier 426

Paasfees
851 Kerkfees
854 Godsdiens
paaslam 842
paasmaal 842
Paasmaandag 851
Paasnaweek 127
Paasreses
560 Skoolgaan
648 Onderbreek
Paassondag 851
Paastyd 127
Paasvakansie
560 Skoolgaan
662 Rus
Paasviering 848
pad
147 Rigting
149 Pad
644 Handelwyse
padaanleg 149
padbelasting 712
padbou
97 Bou
149 Pad
padbreedte 434
padbrug
149 Pad
209 Oorgaan
padbuffel
217 Motorry
779 Boosaardig
padda 363
paddabrood 327
paddakonsert 484
paddakoor 484
paddaman 215
paddaslagter
95(7) Messegoed
185 Sny
paddaslyk 327
paddaslym 327
paddastoel 327
paddastoelanker 235
paddastoelwolk 677
paddavanger 365
paddavis 363
paddavoet
215 Swem
372 Vissery
732 Watersport
paddavreter 365
padfiets
232 Fiets
735 Fietsry
padgebruiker 216
padgedrag 217
padgee
167 Wegbeweeg
190 Vertrek
501 Onsigbaarheid
685 Verloor
padika 742
padkaart 147
padkafee
429 Eetplek
707 Handelsaak
padkode 801
padkos
187 Reis
418 Maaltyd
426 Kos
padlangs 537
padloper 611
padmaker
97 Bou
149 Pad
padmotordiens 194
padnetwerk 149
padryer 735
padskouer 149
padskraper
149 Pad
233 Motorvoertuig
630 Werktuig
padstal 707
padteken
149 Pad
217 Motorry
546 Kunsmatige teken
padvaardig 187
padvark
217 Motorry
779 Boosaardig
813 Swak gedrag
padvas 233
padveiligheid 217
padveiligheidskode 217
padversperring
178 Toegaan
802 Gehoorsaam
padvervoer 194
padvervoernetwerk 149
padwaardig 233
padwaardigheid 217
padwaardigheidsertifikaat 217
padwaardigheidstoets 217
padwedren 735
padwerker
97 Bou
149 Pad
padwys(t)er
147 Rigting
149 Pad
217 Motorry
546 Kunsmatige teken
pag
699 Leen
706 Verhuur
pagaai
221 Vaar
235 Skeepvaart
paganis 843
paganisme 843
paganisties 843
page
248 Huwelik
592 Ondergeskikte
pageiendom
699 Leen
706 Verhuur
paggrond
354 Plaas
706 Verhuur
pagiderm
357 Dier
381 Vel
pagina 567
pagineer 567
paginering 567
pagode 94
pagreg 706
pagsom 706
pagter 706
pais en vrede 668
pajama(s)
410 Slaap
745 Kleding
pajamabroek 745
pajamahemp 745
pak
21 Volgorde
161 Bedek
168 Saamkom
170 Saambring
175 Insit
182 Slaan
183 Gryp
194 Vervoer
694 Neem
745 Kleding
827 Afkeur
835 Bestraf
pakaters 199
pakdier
194 Vervoer
357 Dier
pakdonkie 194
pakdril 680
pakgaring 161
pakgoed 187
pakhuis
170 Saambring
194 Vervoer
707 Handelsaak
pakkamer
94(3) Vertrek
170 Saambring
707 Handelsaak
pakkasie 187
pakkend 506
pakket
168 Saamkom
196 Poswese
263 Rekenaar
702 Beurs
pakketpos 196
pakkettoer 187
pakkie
168 Saamkom
196 Poswese
pakkieskantoor 234
paklinne
161 Bedek
311 Weefsel
pakmuil 194
pakos 194
pakpapier 161
pakperd 194
pakplek
94(3) Vertrek
170 Saambring
pakriem 161
pakruimte 94(3)
paksaal 194
pakskuur 707
paksolder
94(3) Vertrek
707 Handelsaak
pakstoor 707
pakt 607
paktou 161
paktregering 590
pakys
459 Vaste stof
466 Koud
pal
40 Langdurig
647 Voortgaan
pal staan 767
palankyn
75 Onder
230 Rytuig
palataal
390 Mond
572 Uitspraak
palatalisasie 572
palato-alveolêr 572
palatofaringale boog 390
palatoglossale boog 390
palatum
385 Skedel
390 Mond
572 Uitspraak
palawer
539 Kommunikeer
557 Diskussie
paleis
89 Blyplek
92 Gebou
paleisrevolusie 667
paleobiologie 274
paleobotanie 274
paleograaf 565
paleografie 565
paleografies 565
paleoklimatologie 274

paleolities
54 Oud
274 Geologie
paleologie 54
paleontologie
274 Geologie
515 Wetenskap
paleontoloog
274 Geologie
515 Wetenskap
Paleoseense epog 274
Paleosoïese era 274
paleosoölogie 274
palet 760
paletmes 760
palimpses 567
palindroom
573 Woordeskat
575 Woordvorming
paling 363
palissade 671
palissadeer 670
palissander(hout) 316
paljas 844
pallet 194
palm
331 Boom
397 Ledemaat
palmboom 331
palmiet 341
palmolie 462
palmtak 318
palmwyn 427
palomino
366 Soogdier
427 Drank
palp 361
palpeer 495
palpitasie 405
palpiteer 405
palprooi-aas 363
pamflet
551 Meedeel
568 Perswese
pampa 280
pampasgras 338
pampelmoes
323 Vrug
363 Waterdier
426 Kos
pampelmoesie 426
pamperlang
776 Liefde
778 Goedaardig
828 Vlei
pampoen
351 Groente
426 Kos
503 Onverstandig
615 Onbekwaam
pampoenkoekie 426
pampoenkop
503 Onverstandig
615 Onbekwaam
pampoenpit 323
pampoenrank
333 Rankplant
351 Groente
pampoenspook 741
pampoenstoel 333
pampoentjies 413
pampoenvlieg 361
pan
84 Houer
94(4) Dak
95(7) Pot
278 Vallei
419 Voedselbereiding
Pan-Afrikanisme
787 Gemeenskap
795 Staat
Pan-Afrikanisties 795
Pan-Amerikanisme
787 Gemeenskap
795 Staat
panasee 415
panbreker 355
panchromaties 268
pand
607 Beloof
655 Veilig
688 Besit
694 Neem
699 Leen
pandak 94(4)
pandbrief 699
pandemie 413
pandemies
111 Geheel
413 Siekte
pandemonium
20 Wanorde
121 Verwarring
165 Onreëlmatig
476 Geluid
pandgewer 700
pandhouer
607 Beloof
700 Bank
pandhouery 699
pandit 515
pandjieshuis
699 Leen
707 Handelsaak
pandjieswinkel
699 Leen
707 Handelsaak
pandnemer 700
pandoer
673 Manskap
740 Kaartspel
pandspel 739
paneel
94(6) Muur
161 Bedek
233 Motorvoertuig
760 Skilderkuns
paneelbord 233
paneeldeur 94(8)
paneelkassie 233
paneelmesselwerk 99
paneelspyker 316
paneelvakkie 233
paneelwa
194 Vervoer
233 Motorvoertuig
paneelwerk
94(13) Versiering
161 Bedek
745 Versier
paneer 419
panfluit 756
panga
185 Sny
355 Landbougereedskap
363 Waterdier
678 Wapen
pangermanisme 787
pangeweer 676
paniek
20 Wanorde
768 Vrees
paniekbevange 768
paniekerig 768
paniekprys 701
panies 768
Pan-Islamisme 854
pankop 384
pankreas 401
pankreasklier 401
pankreassap 401
pankreaties 401
pannekoek 426
pannekoekaand 418
pannekoekpan 419
panoptikum 763
panorama
499 Sien
760 Skilderkuns
panoramies 760
panpistool 676
panrooster 419
panslavisme 787
pansteelerf 61
pant 745
panteïs 514
panteïsme
514 Wysbegeerte
840 Godsdiens
842 Geloof
854 Godsdienste
panteïsties 514
panteon 91
panter 366
pantoffelheld 597
pantoffelmossel 363
pantoffelregering 597
pantograaf
262 Elektrisiteit
564 Skryfbehoeftes
759 Tekenkuns
pantomimiek
545 Natuurlike teken
752 Toneelkuns
pantomimies 752
pantser
161 Bedek
233 Motorvoertuig
670 Verdedig
672 Weermag
674 Uitrusting
pantserbeton 100
pantserdek 235
pantserdeur 94(8)
pantserdier 357
pantserdivisie 672
pantserglas
94(8) Deur
94(9) Venster
pantserhemp 674
pantserplaat 675
pantsertrein 234
pantsertroepe 672
pantserwa 233
pap
412 Siek
415 Geneesmiddel
426 Kos
456 Sag
462 Halfvloeibaar
583 Willoosheid
626 Swak
661 Vermoei
papa 242
papaja
323 Vrug
350 Vrugte
426 Kos
papawer 334
papawerolie 462
papawersaad 419
papbord
84 Houer
95(7) Breekgoed
papbroek
626 Swak
768 Vrees
papbroekig
583 Willoosheid
626 Swak
768 Vrees
papegaai
365 Voël
583 Willoosheid
papegaaiagtig 583

papegaaineus 389
papegaaisiekte 413
papelellekoors
413 Siekte
768 Vrees
paperas
20 Wanorde
315 Papier
papheid
456 Sag
626 Swak
papie
185 Sny
361 Insek
papier
315 Papier
564 Skryfbehoeftes
papieragtig 315
papierbladsy 315
papierblom
322 Blom
334 Blomplant
papierdun 435
papierfabriek 315
papierformaat 315
papiergeld
131 Munt
709 Betaalmiddel
papiergeleier 564
papiergom
172 Vasmaak
564 Skryfbehoeftes
papierhandel 315
papierhout 316
papierkardoes 84
papierklem 564
papierknip 564
papier-maché 315
papiermakersgereedskap 315
papiermeul 315
papieroorlog 667
papierpap 315
papierproduk 315
papiersak
84 Houer
315 Papier
papierstof 315
papierwinkel 315
papierwol 315
papies 413
papil
382 Haar
387 Oog
papirus
315 Papier
341 Waterplant
564 Skryfbehoeftes
papis 840
paplepel 95(7)
papnat 463
papperd 626
papperig
412 Siek
456 Sag
462 Halfvloeibaar
pappert 768
pappery
456 Sag
462 Halfvloeibaar
pappie 242
pappleister 415
pappot 84
paprika 419
paps 242
papsag 456
paraaf 546
paraat
49 Hede
640 Voorbereid
paraatheid
640 Voorbereid
655 Veilig
parabellum 676
parabellumpistool 676
parabolies 139
parabool 139
paraboolduin 280
parachronisme 45
parade 680
paradeer
197 Te voet
680 Militêre aksie
785 Hoogmoedig
paradegrond 680
parademars
680 Militêre aksie
754 Komposisie
paradentose 413
paradepas
197 Te voet
680 Militêre aksie
parade-uitrusting 674
parade-uniform 674
paradigma
35 Reëlmatig
574 Woordkategorie
576 Sinsbou
paradigmaties
35 Reëlmatig
574 Woordkategorie
576 Sinsbou
paradoks
36 Onreëlmatig
521 Verras wees
577 Betekenis
750 Letterkunde
paradoksaal
36 Onreëlmatig
577 Betekenis
750 Letterkunde
paradys
718 Bly
839 Hiernamaals
842 Geloof
parafeer 546
paraffien
299 Brandstof
460 Vloeistof
paraffienblik 84
paraffienkis 84
paraffienlamp 487
paraffienverwarmer 469
parafrase 553
parafraseer 553
paragnosie 844
paragoge 572
paragogies
572 Uitspraak
575 Woordvorming
paragon
298 Steen
565 Skryfkuns
566 Drukkuns
620 Belangrik
paragraaf
539 Kommunikeer
565 Skryfkuns
566 Drukkuns
567 Boek
571 Skrif
paragraafhoof 565
paragraafindeling 565
paragraafopskrif 565
paragraaftitel 565
paragrafeer
565 Skryfkuns
567 Boek
571 Skrif
paragrafering 565
paralipsis
577 Betekenis
750 Letterkunde
paralise 413
paralities 413
parallakties 269
parallel
78 Parallel
118 Vergelyking
139 Meetkunde
parallelisme 78
parallellie 78
parallel(medium)skool 559
parallelogram
78 Parallel
139 Meetkunde
paralleltoonleer 753
paralleltrappie 94(12)
paralleltreetjie 94(12)
paralogisme 524
paramedies 414
paramilitêr 672
paraneut
323 Vrug
350 Vrugte
paranimf 561
paranoia 505
paranoïes 505
paranoïkus 505
parapleeg 413
paraplegie 413
paraplegies 413
paraplekties 413
parapsigologie 514
parasiet
318 Plant
344 Onkruid
357 Dier
359 Eensellige
692 Spaar
parasietkunde 358
parasietplant 344
parasimpaties 378
parasimpatiese senuwee 378
parasiteer 357
parasitiese plant 318
parasitologie 358
parasitologies 358
parasjutis 673
parasoön 360
parataksis 576
paratakties 576
paratroepe 672
pardoems 480
pardon 783
pareer
105 Gelyk
678 Wapen
paregorie 415
parenchiem 320
parentese
565 Skryfkuns
571 Skrif
parenteties 571
parentetiese sin 576
parfumeer
474 Welriekend
746 Toilet
parfuum
474 Welriekend
746 Toilet
parhelium 270
pari 702
paria 779
pariëtale been 385
pariëtale foramen 385
paring 239
pariteit
10 Harmonie
263 Rekenaar
702 Beurs
pariteitsbeheer 263
pariteitskontrole 263
pariwaarde 704
park 346
parka 745
parkade
217 Motorry

233 Motorvoertuig
parkeer 217
parkeergarage
217 Motorry
233 Motorvoertuig
parkeergeld 217
parkeerlamp 487
parkeerlig
233 Motorvoertuig
487 Ligbron
parkeermeter 217
parkeerplek 217
parkeerskyf(ie) 217
parkeerstreep
217 Motorry
442 Lyn
parkeerterrein
217 Motorry
222 Vlieg
parkering 217
parket
94(10) Vloer
752 Toneelspel
parketvloer 94(10)
parkiet 365
Parkinson se siekte 413
parlement
588 Gesag hê
590 Bestuur
parlementariër 591
parlementêr
588 Gesag hê
590 Bestuur
parlementêre stelsel 590
parlementsgebou
92 Gebou
590 Bestuur
parlementshuis 590
parlementsitting 590
parlementslid
590 Bestuur
591 Gesaghebber
795 Staat
parlementsverkiesing 795
parmant
667 Stryd
767 Moed
779 Boosaardig
parmantig
667 Stryd
767 Moed
785 Hoogmoedig
792 Asosiaal
parmesaan 426
parmesaankaas 426
parodie 750
parodieer 750
parogiaal
503 Onverstandig
840 Godsdiens
parogialisme 795
parogie 840
paroksisme
107 Meer
713 Gevoel
parole 569
paroniem
573 Woordeskat
577 Betekenis
paronimie
573 Woordeskat
577 Betekenis
paronimies 573
paronomasia 750
parool 593
paroolman 593
parotitis 413
pars
154 Vryf
350 Vrugte
parsbalie 350
parsek
123 Meet
269 Heelal
parskuip
350 Vrugte
428 Drankbereiding
parslap
154 Vryf
627 Skoon
parstyd
38 Tydgebruik
350 Vrugte
428 Drankbereiding
parsyster
154 Vryf
627 Skoon
part 112
partenogenese 239
parterre 94
partikel
112 Deel
574 Woordkategorie
partikelbord 316
partikularis 32
partikulier 32
partisaan
667 Stryd
673 Manskap
partisie
63 Begrens
112 Deel
754 Komposisie
795 Staat
partisipiaal 574
partisipium 574
partitief 576
partituur 753
partus 239
party
102 Hoeveelheid
133 Getal
663 Meedoen
665 Byeenkom
754 Komposisie
793 Fees
795 Staat
party kies 584
partybenoeming 659
partybestuur 590
partyblad 568
partydig
524 Onlogies redeneer
584 Kies
805 Onregverdig
partygees 793
partygenoot 663
partykeer 102
partykoerant 568
partykongres 795
partykoukus
590 Bestuur
795 Staat
partyleiding 590
partyleier
590 Bestuur
591 Gesaghebber
partylid 590
partymaal 102
partyorganisasie 795
partypolitiek 795
partypolities 795
partysekretaris 795
partyskap 805
partystaatstelsel 795
partystruktuur 795
partysweep
590 Bestuur
591 Gesaghebber
partytak 795
partytjie
418 Maaltyd
716 Genot
724 Vermaak
790 Sosiaal
793 Fees
partytjie hou
724 Vermaak
793 Fees
partytjieganger
724 Vermaak
793 Fees
partytjiegas 793
partytjiegees 793
partytrek 805
partyverband 663
partyvoorsitter 795
parvenu 689
parvenuagtig 689
pas
27 Begin
33 Samehorig
50 Verlede
130 Onbepaald
149 Pad
187 Reis
197 Te voet
224 Snelheid
277 Berg
601 Toestem
616 Magtig
633 Nuttig
729 Atletiek
pasaangeër
399 Bloedsomloop
729 Atletiek
pascal 123
Pascal 263
Pase 851
pasella 693
pasga
842 Geloof
854 Godsdiens
Pasga 851
pasgang
197 Te voet
219 Perdry
225 Vinnig
pasganger 225
pasgebore
27 Begin
239 Voortplant
pasgeborene 239
pasgeld 131
pasgetroudes 248
pasiënt
412 Siek
413 Siekte
414 Geneeskunde
pasifis 668
pasifiseer 668
pasifisme 668
pasja 591
paskwil
568 Perswese
831 Bespot
paslik
59 Geleë
622 Goed
631 Nodig
633 Nuttig
743 Mooi
paslood
101 Gereedskap
443 Reglynig
pasmaak 640
pasmunt 131
paspoort
187 Reis
601 Toestem
paspoortbeheer 222
passaat
187 Reis
290 Wind
passaatgordel 290
passaatwind 290
passabel 624

passasie
187 Reis
567 Boek
754 Komposisie
passasiegeld 187
passasier
187 Reis
221 Vaar
236 Lugvaart
passasiersboot 235
passasiersdiens
220 Treinry
221 Vaar
passasierseindpunt 222
passasiershawe 235
passasierskaai 221
passasierskajuit
235 Skeepvaart
236 Lugvaart
passasierskip 235
passasierstasie 234
passasierstraler 236
passasierstrappe 222
passasierstrein 234
passasiersverkeer 187
passasiersvliegtuig 236
passasiersvloot 221
passasiersvlug 222
passasierswa 234
passasiervervoer 220
passeer
152 Verby
208 Verbygaan
passement 745
passend
59 Geleë
622 Goed
633 Nuttig
743 Mooi
passe-partout
178 Toegaan
206 Ingaan
passer
139 Meetkunde
759 Tekenkuns
passer en draaier 630
passie
713 Gevoel
714 Gevoelig
776 Liefde
837 God
passieblom 322
passief
574 Woordkategorie
576 Sinsbou
635 Skadelik
646 Nie handel nie
711 Skuld
passiefkonstruksie 576
passiefsin 576
passiefsinstruktuur 576
passiespel 837
passievol
713 Gevoel
714 Gevoelig
passionato 753
passivering 576
passtuk 262
pasta
426 Kos
462 Halfvloeibaar
pastei 426
pastel
564 Skryfbehoeftes
759 Tekenkuns
760 Skilderkuns
pastelkleur
490 Kleur
492 Kleure
pastelskilder 760
pastelskildery 760
pasteltekening
759 Tekenkuns
760 Skilderkuns
pastelverf 760
paster 139
pastersteek
508 Aandag
612 Noukeurig
622 Goed
pasteurisasie 371
pasteuriseer 371
pastiche 14
pastil 415
pastinaak 426
pastoor
849 Prediking
852 Geestelike
pastoorsvrou 852
pastor
849 Prediking
852 Geestelike
pastoraal 852
pastoraat 852
pastorale
750 Letterkunde
751 Digkuns
754 Komposisie
757 Sang
pastorale roman 750
pastorie
91 Gebou
853 Kerk
pastoriemoeder 852
pastoriepaar 852
pasverskene 567
patat
351 Groente
426 Kos
patatmot 361
patee 426
pateet
583 Willoosheid
615 Onbekwaam
623 Sleg
626 Swak
683 Misluk
813 Swak gedrag
patella
380 Gebeente
397 Ledemaat
patente medisyne 415
patentwet 801
pater
849 Prediking
852 Geestelike
paterfamilias 242
paternalis 778
paternalisme
778 Goedaardig
795 Staat
paternalisties
778 Goedaardig
795 Staat
829 Beledig
paternoster 847
pateties
583 Willoosheid
615 Onbekwaam
619 Kalm
623 Sleg
626 Swak
683 Misluk
713 Gevoel
719 Hartseer
813 Swak gedrag
patina 301
patio 94(3)
patogeen
413 Siekte
414 Geneeskunde
patois 569
patologie
414 Geneeskunde
515 Wetenskap
patoloog 416
patos
713 Gevoel
719 Hartseer
patria 787
patriarg
54 Oud
240 Afkoms
242 Ouer
852 Geestelike
patriargaal
242 Ouer
794 Sosiaal
840 Godsdiens
852 Geestelike
patriargaat 794
patrilineêr 794
patrilinie 794
patrilokaal 794
patrimoniaal
688 Besit
696 Ontvang
794 Sosiaal
patrimonium
688 Besit
696 Ontvang
794 Sosiaal
patriot 787
patrioties 787
patriotisme 787
patrisiër
620 Belangrik
797 Adelstand
798 Lae stand
patrisies
797 Adelstand
798 Lae stand
patristiek 842
patristies 842
patrolleer
655 Veilig
680 Militêre aksie
patrollering
680 Militêre aksie
802 Gehoorsaam
patrollie
673 Manskap
680 Militêre aksie
802 Gehoorsaam
patrollieboot 235
patrolliewerk 802
patroniem
550 Noem
574 Woordkategorie
patronimies 574
patroon
19 Orde
676 Vuurwapen
745 Versier
patroonband 674
patroondop 676
patroonmatigheid 19
patrys
365 Voël
564 Skryfbehoeftes
patrysbos 337
patryshael 676
patryshond
366 Soogdier
373 Jag
patryspoort 235
Paulinies 842
pavane
742 Dans
754 Komposisie
pawiljoen 91
pê
661 Vermoei
722 Snaaks
pedaal
232 Fiets
756 Musiek
pedaalarm 232

pedaalklawerbord 756
pedagogiek 559
pedagogies 559
pedagoog 560
pedant
561 Studeer
785 Hoogmoedig
pedanterie 785
pedanties
561 Studeer
785 Hoogmoedig
pederas
776 Liefde
820 Oneerbaar
pederastie
776 Liefde
820 Oneerbaar
pediater 416
pediatrie
414 Geneeskunde
515 Wetenskap
pedikuur 746
pedofiel
776 Liefde
779 Boosaardig
820 Oneerbaar
pedofilie
776 Liefde
820 Oneerbaar
pedo-ortodonsie 515
peer
323 Vrug
350 Vrugte
426 Kos
peerboom 331
peerhout 316
peerslak 361
peervormig 438
pees 379
peesknobbel 379
peetkind 243
peetoom 246
peettante 246
peil
35 Reëlmatig
123 Meet
283 See
294 Weerkunde
493 Gevoeligheid
516 Soek
533 Verstaan
peilballon
222 Vlieg
294 Weerkunde
peiling
123 Meet
221 Vaar
516 Soek
peillood 123
peilloos
123 Meet
437 Laag
peilstif 416
peilstok
123 Meet
235 Skeepvaart
peins
508 Aandag
513 Gedagte
peinsend 513
peits 182
pejoratief 577
pekanneut
323 Vrug
350 Vrugte
426 Kos
pekel
419 Voedselbereiding
471 Lekker
pekelagtig 471
pekelharing 422
pekelrig 471
pekelsonde 822
pekelsout 471
pekelvleis 421
pekinees 366
pektoraal 394
pektorale spier 394
pektoralis
379 Spier
394 Bors
pelagies 283
pelagiese vis 363
pelargonium 332
pelerienmantel 745
pelgrim 845
pelgrimsreis
187 Reis
847 Gebed
pelgrimstog
187 Reis
847 Gebed
pelikaan 365
pellagra 413
peloton 672
pels
311 Weefsel
381 Vel
pelsdier 357
pelsdraend 357
pelser
363 Waterdier
422 Seekos
pelsjagter 373
pelsmus 745
pelsrob 363
pelswerk 311
pelvis 395
pen
382 Haar
439 Punt
560 Skoolgaan
563 Skryf
564 Skryfbehoeftes
728(3) Krieket
759 Tekenkuns
penaliseer 835
penant 94(6)
penantafeltjie 95(6)
penantkassie 95(3)
penantspieël 95(11)
penarie
631 Nodig
654 Moeilik
690 Arm
pendel 187
pendelaar
187 Reis
220 Treinry
pendeltuig
222 Vlieg
236 Lugvaart
271 Kosmografie
pendelvlug
236 Lugvaart
271 Kosmografie
pendentief 94(4)
pendoring
320 Stam
439 Punt
pendule 128
pen-en-inktekening 759
pen-en-wastekening 759
penetrant 155
penetrasie
153 Deur
155 Deurboor
439 Punt
penetreer 155
penis
402 Afskeiding
403 Voortplanting
penisillien 415
penitensie 823
penkop
53 Jonk
375 Man
pen(ne)lekker
563 Skryf
565 Skryfkuns
penmaat
563 Skryf
565 Skryfkuns
pennemes 185
pen(ne)naam 550
pennestreek 565
pennestreep 442
pennestryd
539 Kommunikeer
557 Diskussie
667 Stryd
pennevrug
237 Voortbring
567 Boek
750 Letterkunde
pennie 131
penning
131 Munt
546 Kunsmatige teken
penningkunde 131
penningmeester 665
penorent
71 Regop
443 Reglynig
penpunt 564
penregop
71 Regop
443 Reglynig
pens
395 Buik
401 Spysvertering
penseel 760
penseelskimmel 327
penseelswam 327
penseelwerk 760
pensioen
646 Nie handel nie
655 Veilig
660 Ontslaan
686 Aanwins
708 Betaal
pensioen kry 686
pensioenaris 646
pensioeneer 646
pensioenfonds
686 Aanwins
688 Besit
pensioengeld 686
pensioenjare 52
pensioentrekker 646
pensioentyd 54
pensioenversekering 655
pension
89 Blyplek
429 Eetplek
pensioneer 660
penskets
553 Behandel
759 Tekenkuns
pensklavier 756
pensmis 402
pensteek 739
penstekery 739
pensvet 434
penswinkeltjie 707
penswol 311
pentaëder 139
pentaëdries 139
pentagonaal
139 Meetkunde
447 Hoekig
pentagoon
139 Meetkunde
447 Hoekig
pentagram 139
pentagrammaties 139

pentameter 751
pentametries 751
pentatlon 726
pentatoniese toonleer 753
pentekening 759
penumbra
267 Optika
270 Hemelliggaam
penumbraskaduwee 270
penveer
365 Voël
382 Haar
penvoerder 665
penwortel
319 Wortel
331 Boom
penwortelstelsel 319
peper
182 Slaan
419 Voedselbereiding
426 Kos
471 Lekker
827 Afkeur
peperboom 331
peperduur
620 Belangrik
708 Betaal
peper-en-sout 492
peper-en-soutkleurig 492
peperkoek 426
peperment
340 Krui
419 Voedselbereiding
426 Kos
462 Halfvloeibaar
pepermentkanfer 462
pepermentlekker 426
pepermentlikeur 427
pepermentolie 462
peperpot
84 Houer
95(7) Breekgoed
peperwortel
351 Groente
426 Kos
pepsien
395 Buik
408 Spysvertering
pepties 408
per 629
per abuis 538
per ongeluk
18 Toeval
683 Misluk
per pos 196
per se 1
per slot van rekening 527
per stirpes 808
perd
233 Motorvoertuig
366 Soogdier
730 Gimnastiek
739 Geselskapspel
perdeafrigter 219
perdeblom 351
perdebos 343
perdebossie 343
perdeby 361
perdebylyfie 435
perdedief 695
perdedokter 416
perdehaar 311
perdekapok 337
perdekar 230
perdeklou 335
perdekop 332
perdekrag 123
perdemis 409
perdendo 753
perderen 735
perderesies 735
perderuiter 219
perdesiekte 413
perdesport
726 Sport
735 Perdesport
perdespring 735
perdestal
354 Plaas
369 Veeteelt
perdestert
329 Varing
382 Haar
396 Rug
perdevel 314
perdevleis 421
perdevlieg 361
perdevy
323 Vrug
409 Afskeiding
perdewedren 735
perdeyster 302
perdfris 411
perdgerus
619 Kalm
715 Gevoelloos
perdry 219
pêrel
413 Siekte
620 Belangrik
745 Versier
pêrelduiker 215
pêrelgrys 492
pêrelhalssnoer 745
pêrelhoender 365
pêrelkleur 492
pêrelletter
565 Skryfkuns
566 Drukkuns
pêrelsnoer 745
pêrelvisser 372
pêrelvlieg 361
perempsie 808
perfek
109 Alles
574 Woordkategorie
614 Bekwaam
622 Goed
perfeksie
614 Bekwaam
622 Goed
perfeksioneer 622
perfeksionis
614 Bekwaam
622 Goed
perfeksionisme
614 Bekwaam
622 Goed
perfektief 574
perfektiwiteit 574
perfektum 574
perfide 817
perforasie
155 Deurboor
315 Papier
perforeer
155 Deurboor
315 Papier
perforeermasjien
155 Deurboor
315 Papier
perforeernaald
155 Deurboor
315 Papier
pergola 94(4)
perifeer
61 Plek
82 Rondom
139 Meetkunde
periferaal
61 Plek
82 Rondom
139 Meetkunde
periferie
82 Rondom
139 Meetkunde
periferies
82 Rondom
139 Meetkunde
perifrase 750
perifrasties 750
perihelium 270
perikarp 323
perikoop
842 Geloof
849 Prediking
perimeter 139
periode
37 Tyd
45 Geskiedenis
560 Skoolgaan
561 Studeer
periodentale ligament 391
periodiek
55 Dikwels
164 Reëlmatig
568 Perswese
periodies 55
periodisiteit 55
peripetie
44 Gebeure
752 Toneelkuns
periskoop 235
peristalties
145 Beweging
408 Spysvertering
peristyl 94(5)
peritoneum 395
peritonitis 413
perk
61 Plek
63 Begrens
perkament
314 Leer
315 Papier
perkamentpapier 315
perkamentrol 567
perkolasie 153
perkolator 153
perkoleer 153
perkoleerder 153
perkoleermasjien 153
perkolering 153
perkussie 181
perkussiedoppie 676
perkussiegranaat 676
perkussie-orkes 755
perkussiewapen 676
perkuteer 414
perlemoen
363 Waterdier
422 Seekos
426 Kos
492 Kleur
745 Versier
perlemoenduiker 372
perlemoenkleur 492
perlemoenmes 372
perlokusie 577
perlokutief 577
permanensie
42 Altyd
143 Bestendig
657 Herhaal
permanent
8 Dieselfde
42 Altyd
143 Bestendig
658 Beroep
permanente tand 391
permanganaat
256 Skeikunde
415 Geneesmiddel
permeabel 153
permeabiliteit 153
permissie
601 Toestem
616 Magtig

permit
187 Reis
601 Toestem
616 Magtig
permitteer 601
Permtydperk 274
permutasie
67 Verplasing
138 Algebra
140 Verandering
438 Vorm
permuteer 572
peroksied 382
peroneale senuwee 378
perorasie 558
perpetueer 42
perpetuerend 42
perpetuum mobile 42
perpleks 521
perpleksiteit 521
perron 234
pers
181 Stoot teen
183 Gryp
315 Papier
492 Kleur
566 Drukkuns
568 Perswese
579 Gedwonge
627 Skoon
persattaché 539
persberig 539
perseel
61 Plek
64 Aanwesig
persent 126
persentasie
126 Skat
686 Aanwins
persentasieteken 565
persentueel 126
persepsie
508 Aandag
513 Gedagte
518 Glo
perseverasie
582 Wilskrag
647 Voortgaan
657 Herhaal
persfotograaf
268 Fotografie
568 Perswese
persgalery 568
persgereed
566 Drukkuns
567 Boek
persgesprek 568
persie 366
persiese mat 95(10)
persiflage 831
persifleer
669 Aanval
831 Bespot
persimmon
323 Vrug
426 Kos
persipieer 508
perskaartjie 568
perskampanje 539
perskantoor 568
perske
323 Vrug
350 Vrugte
426 Kos
perskebloeisel 322
perskekleur 492
perskepit 323
perskesmeer 426
persklaar
566 Drukkuns
567 Boek
568 Perswese
perskommentaar 568
persman
539 Kommunikeer
568 Perswese
persmedia 568
persona grata 776
persona non grata 777
personasie
32 Enkeling
752 Toneelspel
personderhoud 539
personeel
592 Ondergeskikte
645 Handel
658 Beroep
personeelkamer 94
personeelklerk 658
personeelmyn 676
personifieer
254 Stof
547 Simboliek
750 Letterkunde
personifikasie 547
persoon
4 Selfstandig
32 Enkeling
374 Mens
persoonlik
32 Enkeling
574 Woordkategorie
816 Getrou
831 Bespot
persoonlikheid
3 Bestaanswyse
32 Enkeling
persoonlikheidsafwyking 413
persoonlikheidsielkunde 514
persoonslening 699
persoonsnaam
546 Kunsmatige teken
550 Noem
574 Woordkategorie
persoonsnaamkunde
550 Noem
570 Taalwetenskap
persoorsig 568
perspektief
139 Meetkunde
499 Sien
513 Gedagte
758 Kuns
perspektiefleer 758
perspektiefskildering
752 Toneelkuns
760 Skilderkuns
perspektiwies
139 Meetkunde
513 Gedagte
758 Kuns
perspirasie
402 Afskeidingsorgaan
409 Afskeiding
perspireer
402 Afskeidingsorgaan
409 Afskeiding
perspomp 350
perspyp 350
persrooi 492
perssensuur 568
persverklaring 539
persverslag 539
persverslaggewer 539
perswese 568
pertinensie
528 Bevestig
631 Nodig
637 Doelgerigtheid
pertinent
528 Bevestig
631 Nodig
637 Doelgerigtheid
pertjoema
634 Nutteloos
710 Kosteloos
pervers
623 Sleg
779 Boosaardig
813 Swak gedrag
820 Oneerbaar
perversie
623 Sleg
779 Boosaardig
813 Swak gedrag
820 Oneerbaar
perverteer
779 Boosaardig
813 Swak gedrag
820 Oneerbaar
pes
324 Plantlewe
344 Onkruid
413 Siekte
623 Sleg
722 Snaaks
777 Haat
779 Boosaardig
813 Swak gedrag
pesante 753
pesdamp 461
pesepidemie 413
pesgeval 413
peskiem 413
peskop 779
peslug
461 Gas
475 Onwelriekend
peslyer 413
pessimis
719 Hartseer
768 Vrees
pessimisme
413 Siekte
719 Hartseer
768 Vrees
pessimisties
717 Lyding
719 Hartseer
766 Wanhoop
768 Vrees
pestilensie 779
pesvirus 413
pet
674 Uitrusting
745 Kleding
petalje
44 Gebeure
476 Geluid
598 Ongehoorsaam
Peter Pan-kraag 745
petieterig 433
petieterigheid 433
petiool 321
petisie
604 Versoek
808 Regswese
petisionaris 604
petisioneer
555 Vra
604 Versoek
petit blanc 427
petrea 333
petrefak 298
petrifieer 298
petrifiseer 298
petrochemie 256
petrochemies
256 Skeikunde
299 Brandstof
petrografie 295
petrografies
295 Delfstof
298 Steen
petrokaart 709

petrol
299 Brandstof
460 Vloeistof
petrolblik 84
petrolenjin 233
petroleum
299 Brandstof
469 Verwarmingstoestel
petroleumbron
284 Bron
299 Brandstof
petroleumgas
299 Brandstof
461 Gas
petroleumveld 284
petrolgeld 708
petroljoggie
233 Motorvoertuig
663 Meedoen
petrolkan 84
petrollamp 487
petrolmasjien
233 Motorvoertuig
630 Werktuig
petrolmotor
233 Motorvoertuig
630 Werktuig
petrologie
274 Geologie
295 Delfstof
515 Wetenskap
petroloog 274
petrolpedaal 233
petrolpomp 233
petrolpyp 630
petroltenk
84 Houer
233 Motorvoertuig
630 Werktuig
petroltenkdeksel 233
petrolvuur 467
peul
162 Ontbloot
207 Uitgaan
323 Vrug
peulgewas 323
peulgewasse 420
peulplant 318
peulvrug 323
peusel 406
peuselkos
420 Voedsel
426 Kos
peuselwerk 653
peuter
53 Jonk
154 Vryf
165 Onreëlmatig
226 Stadig
243 Kind
621 Onbelangrik
645 Handel
666 Verhinder
peuteraar 725
peuterfase 53
peuterig
621 Onbelangrik
721 Ontevrede
peuterwerk
621 Onbelangrik
645 Handel
phylum
317 Fisiologie
318 Plant
357 Dier
pianis 756
pianissimo 753
pianista 756
pianiste 756
pianisties 756
piano
753 Musiek
756 Musiekinstrument
pianola 756
piazza 445
piccolo 756
pidginisering 569
piedmontgletser 277
piek
107 Meer
277 Berg
439 Punt
piekel
75 Onder
197 Te voet
piekels 426
piekelui 351
pieker
513 Gedagte
651 Toesien
piekfyn
622 Goed
743 Mooi
piekniek
406 Eet
418 Maaltyd
724 Vermaak
piekniekete 418
piekniekganger 724
piekniekmandjie 84
piekniekterrein 724
piekuur 165
piëlitis 413
piëmie 413
pienang 331
pienangboom 331
pienangbossie 332
pienangboon 323
pienangneut 323
pienk 492
pienkvoet 53
piep
390 Mond
413 Siekte
481 Skerp klank
483 Voëlgeluid
484 Diergeluid
714 Gevoelig
776 Liefde
778 Goedaardig
piepend 481
pieperig
412 Siek
626 Swak
714 Gevoelig
piepjonk 53
piepklein 433
pieps-in-die-kooi 397
piepstem 548
pier
149 Pad
235 Skeepvaart
818 Bedrieg
pierewaai 407
pierewaaier 785
pierewiet 365
piering
84 Houer
95(7) Breekgoed
pierrot 752
piesang
323 Vrug
350 Vrugte
426 Kos
piesangraad 590
piesangrepubliek 795
piëteit
510 Herinner
776 Liefde
845 Godsvrug
pietersielie
419 Voedselbereiding
426 Kos
piëtisties 845
piet-my-vrou 365
piets
182 Slaan
835 Bestraf
pietsnot
503 Onverstandig
611 Lui
615 Onbekwaam
piet-tjou-tjou 365
pigale skild 364
pigment
377 Liggaam
381 Vel
490 Kleur
pigmentdruk 268
pik
155 Deurboor
184 Afbreek
355 Landbougereedskap
365 Voël
406 Eet
462 Halfvloeibaar
777 Haat
pika 406
pikant 471
pikaresk 750
pikblende 298
pikdonker 486
pikee 311
piket 672
pikeur 219
pik(git)swart 492
pikkewyn
363 Waterdier
365 Voël
pikkie
53 Jonk
433 Klein
piknies 433
piktogram 565
pikturaal
743 Mooi
760 Skilderkuns
pil 415
pilaar
75 Onder
94(5) Pilaar
149 Pad
pilaarbyter 818
pilaarfondament 149
pilaster 94(5)
pildooshoed 745
piloot
223 Stuur
236 Lugvaart
pilorus
395 Buik
401 Spysverteringkanaal
408 Spysvertering
piment 419
pimiënto 419
pimpel en pers 413
pimpernel 322
pimperneut
323 Vrug
350 Vrugte
pinakoteek 760
pinas 235
pindakaas 426
pingpong 728(4)
pinkie 397
pinkogig 387
Pinkster 851
Pinksterdiens 848
Pinksterfees 851
pinot noir 427
pinotage 427
pion 739
pionier 649
pionierswerk 649
piramidaal 450
piramide
253 Begrafnis
450 Volume

piriet
296 Nie-metaal
297 Metaal
piromaan
413 Siekte
467 Aansteek
piromanie
413 Siekte
467 Aansteek
505 Verstandstoornis
pirouette 742
pistasieneut
323 Vrug
350 Vrugte
pister 402
pistool
252 Doodmaak
676 Vuurwapen
pistoolskiet 731
pistoolskoot 677
pistoolslot 676
pit
323 Vrug
487 Ligbron
620 Belangrik
767 Moed
pitso 665
pits(w)eer 413
pittabrood 424
pittig
541 Betekenis
553 Behandel
722 Snaaks
pittigheid 722
pittoresk 743
pituïtêr 402
pituïtêre klier
378 Senuwee
402 Afskeiding
pitvoer 352
pitvrug
323 Vrug
350 Vrugte
più 753
più forte 753
più mosso 753
più piano 753
più tosto 753
pizzaoond 469
pizzicato 753
pla
666 Verhinder
717 Lyding
722 Snaaks
779 Boosaardig
plaag
683 Misluk
842 Geloof
plaaggees 722
plaaglustig 722
plaagsiek 722
plaagsug
722 Snaaks
779 Boosaardig
plaak 391
plaas
61 Plek
66 Plasing
159 Neerdaal
191 Laat kom
346 Landbougrond
354 Plaas
plaasarbeider
592 Ondergeskikte
645 Handel
658 Beroep
plaasbotter 371
plaasdam 288
plaasdier 357
plaashek 178
plaashuis
91 Gebou
354 Plaas
plaasimplement 355
plaasjapie 617
plaaskerkhof 253
plaaslik
90 Gemeenskap
795 Staat
plaaslike bestuur 795
plaaslike nuus 568
plaaslike oproep 265
plaaslike regering 795
plaaslike tak 665
plaaslyn 265
plaasneem 74
plaasopstal
92 Gebou
354 Plaas
plaaspad 149
plaasruimte 61
plaasskool 559
plaastelefoon 265
plaastoerusting 355
plaastrekker 233
plaasvervangend
144 Vervang
663 Meedoen
plaasvervanger
144 Vervang
658 Beroep
663 Meedoen
plaasvervanging 144
plaasvind 44
plaasvoorman 658
plaaswerf 61
plaaswerk 658
plaaswerker 645
plaaswerktuig 355
plaaswinkel 707
plaat
94(4) Dak
95(8) Toerusting
161 Bedek
178 Toegaan
277 Berg
566 Drukkuns
756 Musiek
plaatkoekie 426
plaatkristal 292
plaatletterdruk 566
plaatskiet 677
plaatslyper 301
plaatyster 301
plaerig
666 Verhinder
714 Gevoelig
722 Snaaks
771 Gramskap
plaery
722 Snaaks
779 Boosaardig
plafon 94(4)
plafonprys 701
plafonverwarming 469
plagiaat
14 Navolging
695 Steel
plagiaris
14 Navolging
695 Steel
plajameer 280
plak
64 Aanwesig
97 Bou
168 Saamkom
172 Vasmaak
182 Slaan
462 Halfvloeibaar
plakboek 567
plakkaat 551
plakker 64
plakkershuis 89
plakkershut
89 Blyplek
93 Gebou
plakkerskuiling
89 Blyplek
93 Gebou
plakpapier
161 Bedek
315 Papier
745 Versier
plan
97 Bou
640 Voorbereid
759 Tekenkuns
planeerhamer 302
planeet 270
planetarium 271
planetariumprojektor 271
planetestelsel 270
planetêr 270
plank 316
plankdun 435
planktonkrefie 362
planloos 641
planloosheid 641
planmaker 640
planmatig
19 Orde
640 Voorbereid
planmatigheid 640
plano 566
planoformaat 566
plant
66 Plasing
318 Plant
324 Plantlewe
345 Plantkwekery
347 Landbou
351 Groente
352 Graan
plantaardig 318
plantasie
316 Hout
346 Landbougrond
349 Bosbou
plantbiologie 515
plantegroei 324
planter 355
planteryk
317 Fisiologie
318 Plant
plantetend 406
planteter
366 Soogdier
406 Eet
plantfisiologie 515
plantheining 160
planthouer 84
plantkennis 325
plantkunde
325 Plantkunde
515 Wetenskap
plantkundig 325
plantkundige
325 Plantkunde
515 Wetenskap
plantkweker 345
plantkwekery 345
plantlewe 324
plantluis 361
plantpatologie
356 Landbouwetenskap
515 Wetenskap
plantpatoloog 515
plantry 21
plantryk 318
plantsiekte
324 Plantlewe
345 Plantkwekery
plantsiektes 413
plantteelt 345
planttyd 289
plantvet 462

plas
215 Swem
463 Nat
plasenta 403
plasiekgeut 94(4)
plasing
66 Plasing
70 Houding
88 Posisie
576 Sinsbou
plastiek
307 Plastiek
488 Deurskynend
plastieksak 84
plasties
307 Plastiek
456 Sag
plastiese chirurg 416
plastiese chirurgie
414 Geneeskunde
515 Wetenskap
plastisiteit 456
plat
72 Plat
435 Smal
437 Laag
445 Oppervlak
448 Gelyk
623 Sleg
719 Hartseer
plataan 331
plataanboom 331
platbaksleepwa 233
platdruk
183 Gryp
445 Oppervlak
plateel 305
plateelwerk 305
platespeler 264
platespelerarm 264
platform 234
platformduiker 732
platformskuiling 234
platgeslaan 719
platheid
72 Plat
623 Sleg
platina 297
platjie
722 Snaaks
831 Bespot
platkatdoring 329
platkatdorings 333
platkewer 361
platlê 72
platlyfsprinkaan 361
platmaak 445
plato
273 Geografie
274 Geologie
277 Berg
436 Hoog
platonies 776
platoniese verhouding 776
platonisme 514
platorand 273
platplooi 745
platpuntkoeël 676
platrib 421
platrol 448
platsak 690
platskiet 677
platslaan
98 Afbreek
445 Oppervlak
448 Gelyk
639 Ontmoedig
platspier 379
platstoot 98
platstryk 448
platteerwerk 302
platteland
61 Plek
273 Geografie
787 Gemeenskap
plattelander
64 Aanwesig
787 Gemeenskap
plattelands
61 Plek
90 Gemeenskap
platterig
435 Smal
437 Laag
platvee 448
platvis 363
platvloers
623 Sleg
813 Swak gedrag
platwa 234
platwurm 363
plavei 97
plaveier 97
plaveiklinker 100
plaveisel 94(14)
plaveisteen 304
plebejer 798
plebissiet 584
pleeg 645
pleeggesin 241
pleeghuis 241
pleegkind
243 Kind
780 Hulp
pleegmoeder 242
pleegouer 241
pleegsorg 780
pleegvader 242
plegtig 793
plegtige verklaring 528
plegtigheid 793
pleidooi
539 Kommunikeer
604 Versoek
833 Verontskuldig
plein
61 Plek
445 Oppervlak
pleister
94(13) Versiering
97 Bou
99 Messel
172 Vasmaak
415 Geneesmiddel
pleisteraar 99
pleisterbord 101
pleisterdagha 100
pleisterdoek 100
pleistergaas 100
pleistering 97
pleisterplank 101
pleistersement 100
pleistertroffel 101
pleisterwerk 97
Pleistoseense epog 274
pleit
604 Versoek
809 Regsgeding
833 Verontskuldig
pleit vir 833
pleitrede
604 Versoek
809 Regsgeding
pleitstuk 809
plek
19 Orde
61 Plek
64 Aanwesig
88 Posisie
796 Stand
plekgebonde 61
pleknaam
546 Kunsmatige teken
550 Noem
574 Woordkategorie
pleknaamkunde
550 Noem
570 Taalwetenskap
plektrum 756
pleonasme
569 Taal
576 Sinsbou
577 Betekenis
pleonasties
576 Sinsbou
577 Betekenis
plesier
713 Gevoel
716 Genot
718 Bly
720 Tevrede
724 Vermaak
plesierig
716 Genot
718 Bly
791 Sosiaal
793 Fees
plesiermaker
716 Genot
724 Vermaak
plesierrit 216
plesiersoeker
716 Genot
724 Vermaak
plesiervaart 221
plesioniem 577
plesionimie 577
plesiosourus 367
pletter 302
plettervat 728(1)
plettery 302
pleura
394 Bors
398 Asemhaling
pleurale holte 398
pleuris
394 Bors
413 Siekte
pleuritis
394 Bors
413 Siekte
plig
645 Handel
811 Gewete
pligsbesef
622 Goed
812 Goeie gedrag
pligsgetrou
622 Goed
811 Gewete
812 Goeie gedrag
816 Getrou
pligsgevoel
713 Gevoel
812 Goeie gedrag
pligsversuim
811 Gewete
813 Swak gedrag
Plioseense epog 274
ploeg
346 Landbougrond
347 Landbou
355 Landbougereedskap
630 Werktuig
ploeganker 235
ploegbaar 347
ploegbreker 332
ploegskaar 355
ploegskulp 363
ploegstert 355
ploeter 652
plof 480
plofgas 461
plofgeluid 480
plofkewer 361
plofstof 256
plomp 434

plooi
180 Ongelyk
381 Vel
386 Gesig
449 Ongelykheid
745 Kleding
833 Verontskuldig
plooibaar 596
plooiberg 277
plooidal 277
plooiloos 381
plooirug 277
plots
41 Kortstondig
521 Verras wees
plotseling
41 Kortstondig
225 Vinnig
521 Verras wees
pluim
726 Sport
728(4) Tennis
pluimbal 728
pluimbalbaan 728(4)
pluimbalraket
726 Sport
728(4) Tennis
pluimhaarmot 361
pluimpie 826
pluimvee
357 Dier
369 Veeteelt
420 Voedsel
421 Vleis
pluimveeboer 370
pluimveesnit 421
pluis
312 Spin
313 Weef
pluisfluweel 311
pluk
165 Onreëlmatig
183 Gryp
347 Landbou
350 Vrugte
plukleer 211
plunder
171 Verwyder
695 Steel
plunderaar 695
plundery 695
pluralis
574 Woordkategorie
575 Woordvorming
590 Bestuur
pluralisme
9 Verskillend
590 Bestuur
795 Staat
pluralisties
590 Bestuur
795 Staat
plus 137
plus-minus 126
plusminusteken 138
plusquamperfektum 574
plusteken
137 Bewerking
138 Algebra
565 Skryfkuns
571 Skrif
Pluto 270
poco 753
poco à poco 753
poco forte 753
podium 558
poedel 366
poedelnakend 162
poeding 426
poedingbak 84
poedingbord
84 Houer
95(7) Breekgoed
poedinglepel 95(7)
poeëem 567
poeier
458 Breekbaar
474 Welriekend
676 Vuurwapen
746 Toilet
poeierig 458
poeierkleur 492
poeierkoeldrank 427
poeierkwas 342
poeiermelk 371
poenskop
363 Waterdier
382 Haar
Poerim 854
poësie 751
poëtaster 751
poëtiek 751
poëties 751
poetoepap 426
poets
627 Skoon
722 Snaaks
poetsbakker 831
poetser 627
poetsgerei 627
poetslap 627
poetsmasjien 627
poetsvrou
592 Ondergeskikte
627 Skoon
645 Handel
poetswerk 627
poewassa 854
pof 446
pofadder 364
pofferig 446
pofmou 745
poging 642
pogrom 252
poinsettia 332
pointillisme 760
poker 740
pokerspeler 740
pokkies 413
pol 318
polariseer 9
poleer
306 Diamant
448 Gelyk
627 Skoon
poleerder
95(8) Toerusting
448 Gelyk
627 Skoon
poleermasjien 448
polemiek
539 Kommunikeer
557 Diskussie
667 Stryd
polemiseer 563
polichromaties 267
polichromatiese kleur 267
polichroom 490
poliëster 311
poliglossie 569
poliglot 569
poligonaal 447
poligoon 139
polimeer 256
polimeerwetenskap 256
polimerie 256
polimorf 256
polimorfie 256
polimorfisme 256
polio 413
poliomïelitis 413
polis 655
poliseem
573 Woordeskat
577 Betekenis
polisemie
573 Woordeskat
577 Betekenis
polisemiese waarde
573 Woordeskat
577 Betekenis
polishouer 655
polisie
655 Veilig
670 Verdedig
802 Gehoorsaam
polisiebeampte
590 Bestuur
802 Gehoorsaam
polisiediens 655
polisie-eenheid 655
polisie-informant 802
polisiekantoor 802
polisiekapelaan
849 Prediking
852 Geestelike
polisiekaptein 802
polisiekommissaris 802
polisiekonstabel
655 Veilig
802 Gehoorsaam
polisiemag
655 Veilig
670 Verdedig
802 Gehoorsaam
polisieman
655 Veilig
802 Gehoorsaam
polisie-offisier 802
polisieondersoek 802
polisiepatrollie 802
polisiëring 802
polisiesel 594
polisiesersant 802
polisiespeurder 802
polisiestasie 802
polisievrou
655 Veilig
802 Gehoorsaam
polisindeton 750
polistireen 307
politeïs 854
politeïsme 854
politiek
590 Bestuur
644 Handelwyse
795 Staat
politieke beleid 590
politieke denke 795
politieke determinisme 795
politieke filosofie
514 Wysbegeerte
590 Bestuur
795 Staat
politieke ideologie 590
politieke party 665
politieke stelsel 590
politieke studie
515 Wetenskap
795 Staat
politieke teorie 795
politieke verandering 795
politieke wetenskap
515 Wetenskap
795 Staat
polities
590 Bestuur
795 Staat
politikus
590 Bestuur
795 Staat
politoer 627
politonaliteit 753
polivalensie 256
polivalent 256

polka
742 Dans
754 Komposisie
polkahare
382 Haar
746 Toilet
pollen 322
polo 728
polokraag 745
polonaise
742 Dans
754 Komposisie
polonie
421 Vleis
426 Kos
pols
397 Ledemaat
399 Bloedsomloop
405 Bloed
516 Soek
polsaar 399
polsbeentjie 380
polsgewrig 380
polshorlosie 128
polsmaat 405
polsslag
399 Bloedsomloop
405 Bloed
polsstok 762
poltergeist
838 Gees
844 Bygeloof
pomelo
323 Vrug
350 Vrugte
426 Kos
pommade
382 Haar
746 Toilet
pomologie 350
pomologies 350
pomp
181 Stoot teen
182 Slaan
233 Motorvoertuig
259 Aërografie
288 Waterstelsel
355 Landbougereedskap
pompaksiehaelgeweer 676
pomparea 233
pompe(l)moer(tjie) 426
pompelmoes
323 Vrug
363 Waterdier
426 Kos
pompernikkel 424
pompeus
743 Mooi
785 Hoogmoedig
pomphuis 288
pompjoggie 233
pompklep
259 Aërografie
288 Waterstelsel
pom-pom 676
pomposo 753
pompstasie 288
pompwater 460
poncho 745
pond
123 Meet
124 Weeg
709 Betaalmiddel
pondok
89 Blyplek
93 Gebou
pondokkerig 93
poneer
522 Redeneer
528 Bevestig
ponering
522 Redeneer
528 Bevestig
ponie 366
poniekoerant 568
poniestert 382
pons
155 Deurboor
302 Smid
427 Drank
564 Skryfbehoeftes
630 Werktuig
pons van Varolius 378
ponsgat 177
ponskaart 564
ponsmasjien 630
ponssteek 564
ponstikster 565
pont
221 Vaar
235 Skeepvaart
pontak
426 Kos
427 Drank
pontboot 235
pontifikaal
743 Mooi
852 Geestelike
pontman 221
ponton
149 Pad
235 Skeepvaart
pontonbrug 149
poog 642
pook 469
pool
119 Teenstelling
256 Skeikunde
261 Magnetisme
262 Elektrisiteit
269 Heelal
273 Geografie
311 Weefsel
poolekspedisie 187
poolklem 262
poolkring 273
poollig
270 Hemelliggaam
485 Lig
poolreisiger 187
poolse klimaat 289
Poolsee 283
poolshoogte 269
poolsirkel
269 Heelal
273 Geografie
poolskip 235
poolspanning
261 Magnetisme
262 Elektrisiteit
poolster
147 Rigting
270 Hemelliggaam
poolstreek
276 Vasteland
289 Klimaat
poolstroom 290
pooltoendra 289
poolwind 290
poon 366
poort
176 Uithaal
177 Oopgaan
546 Kunsmatige teken
671 Verdedig
poortaar 399
poortdeurtjie 177
poortwagter 655
poos (pose) 41
poot
95(1) Ameublement
95(4) Sitmeubel
95(6) Tafel
361 Insek
362 Skaaldier
397 Ledemaat
pootjie
159 Neerdaal
413 Siekte
pootseer
413 Siekte
661 Vermoei
pootuit 661
pop
741 Kinderspel
776 Liefde
popbed
96 Slaapplek
741 Kinderspel
popel 405
popelien 311
popfees
755 Uitvoering
793 Fees
popgeweertjie 741
popgoed 741
popgroep 755
pophuis 91
popkonsert 755
popkuil 318
poplied 757
popmooi 743
popmusiek 753
poporkes 755
poprokkie 741
popsanger 757
popsoldaatjie 741
popspeel 741
popularisasie 543
populariseer
543 Duidelik
553 Behandel
799 Beroemd
populariteit
776 Liefde
799 Beroemd
populasie 787
populêr
543 Duidelik
551 Meedeel
776 Liefde
populêre demokrasie 795
populêrwetenskaplik
543 Duidelik
551 Meedeel
populier 331
populierboom 331
populisme
590 Bestuur
795 Staat
populisties
590 Bestuur
795 Staat
por
181 Stoot teen
638 Aanmoedig
767 Moed
poreus 454
porfier 298
porfiersteen 298
porfirie 413
porie
177 Oopgaan
381 Vel
454 Ondig
pornofilm 752
pornograaf 820
pornografie
750 Letterkunde
820 Oneerbaar
pornografies
750 Letterkunde
820 Oneerbaar
pornografiewinkel 707
porositeit
177 Oopgaan
454 Ondig

porselein
95(7) Breekgoed
305 Erdewerk
porseleinaarde
298 Steen
305 Erdewerk
porseleinbak 84
porseleinfabriek 305
porseleinglasuur 305
porseleinkas 95(3)
porseleinkleur 492
porseleinpop 741
porseleinskilder
305 Erdewerk
490 Kleur
porseleinslak 363
porseleinware
84 Houer
95(7) Breekgoed
418 Maaltyd
porseleinwinkel 707
porsie
5 Ondergeskik
102 Hoeveelheid
112 Deel
418 Maaltyd
porslein 323
port
196 Poswese
427 Drank
portaal
94(3) Vertrek
234 Spoorweg
portefeulje
84 Houer
564 Skryfbehoeftes
590 Bestuur
688 Besit
702 Beurs
portfisiedeur 94(8)
portiek 94(3)
portier
234 Spoorweg
592 Ondergeskikte
655 Veilig
portjackson 331
portjacksonboom 331
porto 196
portret
268 Fotografie
547 Simboliek
758 Kuns
760 Skilderkuns
portretalbum 567
portretbeeldhoukuns 763
portretlys
76 Bo
82 Rondom
94(15) Toebehore
portretraam
160 Omring
268 Fotografie
portretskilder 760
portretskildery 758
portretteer
268 Fotografie
760 Skilderkuns
portseël 196
portuur
8 Dieselfde
33 Samehorig
portuurgroep 33
portvry 196
portwyn 427
pos
94(8) Deur
94(9) Venster
196 Poswese
551 Meedeel
590 Bestuur
645 Handel
658 Beroep
659 Aanstel
660 Ontslaan
693 Gee
703 Boekhou
posbeampte 196
posbekleding 658
posbestelling 196
posbode 196
posboot
196 Poswese
235 Skeepvaart
posbus 196
posdiens 196
posdraer 196
posduif
196 Poswese
365 Voël
pose
70 Houding
785 Hoogmoedig
poseer
70 Houding
785 Hoogmoedig
poseur 785
posgeld 196
posie 41
posisie
5 Ondergeskik
19 Orde
64 Aanwesig
70 Houding
88 Posisie
513 Gedagte
588 Gesag hê
590 Bestuur
620 Belangrik
645 Handel
658 Beroep
posisioneel
64 Aanwesig
88 Posisie
posisioneer 64
positief
133 Getal
268 Fotografie
528 Bevestig
537 Waarheid
718 Bly
765 Hoop
positiewe 504
positiewe emosie 713
positiewe gevolg 622
positiewe pool
233 Motorvoertuig
256 Skeikunde
positiewe uitslag 622
positivis 514
positivisme
514 Wysbegeerte
795 Staat
positivisties 514
positon 256
positron 256
posjeer 419
poskaart
196 Poswese
564 Skryfbehoeftes
poskaartgrootte 268
poskantoor
91 Gebou
196 Poswese
poskar 230
poskode 196
poskoets 230
posman 196
posmeester 196
posmerk 196
posorder
196 Poswese
709 Betaalmiddel
possak 196
posseël
196 Poswese
563 Skryf
posseëloutomaat 196
posseëlversamelaar 563
posseëlversameling 563
posspaarbank
196 Poswese
692 Spaar
709 Betaalmiddel
posstem
584 Kies
590 Bestuur
posstempel
196 Poswese
563 Skryf
posstuk 196
post meridiem 127
post mortem 414
post scriptum 565
postarief 196
postdateer
127 Tydbepaling
700 Bank
poste restante 196
posteer 673
post-ekspressionisme 760
postelein 323
posterye 196
post-impressionisme 760
postposisie 574
postrein 196
postulaat
518 Glo
522 Redeneer
604 Versoek
postulant
659 Aanstel
852 Geestelike
postuleer
518 Glo
522 Redeneer
postuur
70 Houding
438 Vorm
posunie 196
posvat 649
posverbinding 196
posverkeer 196
posversending 196
posvry 196
poswa 196
poswese
196 Poswese
563 Skryf
poswissel
196 Poswese
709 Betaalmiddel
pot
84 Houer
95(7) Pot
96 Slaapplek
318 Plant
419 Voedselbereiding
692 Spaar
728(4) Tennis
739 Geselskapspel
740 Kaartspel
potas
256 Skeikunde
300 Sout
potbraai 419
potbrood 424
potdig 453
potensiaal
520 Verwag
537 Waarheid
653 Maklik
potensie 537
potensieel
262 Elektrisiteit
520 Verwag
537 Waarheid
potensiële energie 256
potentaat 591

potgebraai 419
potig 397
potjie
380 Gebeente
739 Geselskapspel
potjiekos
418 Maaltyd
426 Kos
potjierol 434
potjieslatyn 569
potklei 305
potlood
560 Skoolgaan
564 Skryfbehoeftes
759 Tekenkuns
potlooderts 298
potloodkryt 564
potloodskerpmaker 564
potloodskets 759
potloodstreep 442
potloodtekening 759
potplant 332
potpouri 174
potpourri
170 Saambring
754 Komposisie
potsierlik
36 Onreëlmatig
722 Snaaks
744 Lelik
potskerf 184
potskraper 627
potskuurder 95(8)
pottebakker 305
pottebakkersateljee 305
pottebakkersbedryf 305
pottebakkersklei 305
pottebakkerskuns 305
pottebakkerstoerusting 305
pottebakkerswerk 305
pottebakkery 305
pottoe 178
potvis 363
potyster
297 Metaal
301 Metaalverwerking
pou 365
poublou 492
pouk 756
poukenis
755 Uitvoering
756 Musiek
poukslaner
755 Uitvoering
756 Musiek
pouper 690
pouperisme 690
pous
591 Gesaghebber
849 Prediking
852 Geestelike
pousdom
840 Godsdiens
851 Kerkfees
852 Geestelike
854 Godsdienste
pouse
23 Onderbreking
37 Tyd
146 Beweginloosheid
560 Skoolgaan
646 Nie handel nie
648 Onderbreek
662 Rus
pouseer
23 Onderbreking
646 Nie handel nie
648 Onderbreek
662 Rus
pousgesind 840
pouslik 852
pousskap 852
power
626 Swak
683 Misluk
690 Arm
praal
743 Mooi
785 Hoogmoedig
praalbed
250 Dood
253 Begrafnis
praalgraf
253 Begrafnis
546 Kunsmatige teken
praalkamer 94
praalkoets
230 Rytuig
793 Fees
praalpaleis 92
praalvertoon 745
praalwa
230 Rytuig
793 Fees
praalwoning 92
praat
390 Mond
482 Menslike geluid
483 Voëlgeluid
539 Kommunikeer
548 Praat
550 Noem
554 Aanspreek
558 Redevoering
572 Uitspraak
praatfout 569
praatgraag 548
praatjie
539 Kommunikeer
552 Vertel
558 Redevoering
praatjies maak 554
praatjiesmaker
524 Onlogies redeneer
548 Praat
829 Beledig
praatkans 548
praatkous 548
praatlus 548
praatlustig 548
praatsiek 548
praatstyl
548 Praat
569 Taal
750 Letterkunde
praatsug 548
praatvermoë 548
praatwerk 548
praesens 574
prag
622 Goed
689 Ryk
743 Mooi
prag en praal
689 Ryk
743 Mooi
prag-en-praalwet 801
pragmatiek
570 Taalwetenskap
577 Betekenis
pragmaties
1 Bestaan
577 Betekenis
633 Nuttig
pragmatiese betekenis 577
pragmatis 590
pragmatisme
513 Gedagte
590 Bestuur
795 Staat
pragstuk 743
pragtig
622 Goed
716 Genot
743 Mooi
praguitgawe 567
prak(ke)sasie 645
prakseer
614 Bekwaam
645 Handel
prakties
614 Bekwaam
631 Nodig
633 Nuttig
637 Doelgerigtheid
653 Maklik
praktiese klas 561
praktiese les 561
praktiese lesing 558
praktiesepistoolskiet
677 Skiet
731 Gevegsport
praktikum 561
praktikus 645
praktiseer
414 Geneeskunde
658 Beroep
praktyk
416 Medikus
644 Handelwyse
645 Handel
658 Beroep
pralerig 743
praline 426
pram 394
pratend 482
prater
548 Praat
554 Aanspreek
praterig
482 Menslike geluid
548 Praat
pratery
483 Voëlgeluid
539 Kommunikeer
548 Praat
predestinasie
579 Gedwonge
842 Geloof
predestinasieleer 842
predestineer 842
predik 849
predikaat
561 Studeer
576 Sinsbou
predikaatpunt 561
predikant
551 Meedeel
591 Gesaghebber
848 Erediens
849 Prediking
852 Geestelike
predikantsvrou 852
predikasie
551 Meedeel
558 Redevoering
827 Afkeur
849 Prediking
predikatedag 561
predikatief
574 Woordkategorie
576 Sinsbou
prediker
539 Kommunikeer
551 Meedeel
849 Prediking
852 Geestelike
prediking
558 Redevoering
848 Erediens
849 Prediking
predileksie 580
predisposisie
614 Bekwaam
714 Gevoelig

preek
558 Redevoering
638 Aanmoedig
827 Afkeur
848 Erediens
849 Prediking
preekbeurt 849
preekbundel 567
preekstoel 853
preekstyl 849
preektoon
638 Aanmoedig
849 Prediking
preektrant
638 Aanmoedig
827 Afkeur
849 Prediking
prefabrikasie 237
prefabriseer 237
prefek
560 Skoolgaan
591 Gesaghebber
prefereer 584
preferensie 584
preferent 584
preferente aandeel 702
prefiks 575
pregnant 541
prehistories
45 Geskiedenis
54 Oud
prei
351 Groente
426 Kos
prejudiseer 527
prejudisie
527 Oordeel
635 Skadelik
prejudisieer 635
Pre-kambriumtydperk 274
prekêr 142
prekonsepsie
584 Kies
827 Afkeur
prelaat 852
prelaatskap 852
prelegataris 693
preliminêr 24
prelude
27 Begin
649 Begin met
754 Komposisie
prematuur
57 Vroeg
60 Ongeleë
239 Voortplant
prematuurheid 57
premie
700 Bank
702 Beurs
708 Betaal
711 Skuld
premier 591
première 752
premierskap 591
premis
513 Gedagte
515 Wetenskap
518 Glo
522 Redeneer
558 Redevoering
prenataal 239
prent
545 Natuurlike teken
546 Kunsmatige teken
759 Tekenkuns
prenteboek 567
prentebybel 842
prentelys 94(15)
prenteverhaal 567
prenteversameling 170
prentjieboek 567
prentstrokie
567 Boek
568 Perswese
prentstrokieboek 567
prentverhaal 552
preokkupasie
505 Verstandstoornis
612 Noukeurig
preparaat 415
prepareer 640
preposisie 574
preposisioneel
574 Woordkategorie
576 Sinsbou
preposisionele frase 576
preposisionele voorwerp 576
preprimêre skool 559
prepuberteit 53
prepublikasie 566
prêrie 278
presedeer 24
presedent 35
preseleksie 584
presens 574
presensie
64 Aanwesig
665 Byeenkom
presensielys
560 Skoolgaan
665 Byeenkom
present 693
present kry 696
presentabel 743
presentasie 693
presenteer
680 Militêre aksie
693 Gee
790 Sosiaal
presentkaartjie 564
preserveer 419
preserveermiddel 419
preservering 419
presideer 665
presidensieel 591
president
588 Gesag hê
591 Gesaghebber
665 Byeenkom
795 Staat
presidentsrede 558
presidium 665
presies
129 Bepaald
508 Aandag
528 Bevestig
537 Waarheid
595 Streng
612 Noukeurig
622 Goed
presieus 785
presipitaat
168 Saamkom
256 Skeikunde
presipiteer 256
presiseer 612
presisie
129 Bepaald
612 Noukeurig
pressie
579 Gedwonge
599 Gesag
638 Aanmoedig
pressiegroep
599 Gesag
638 Aanmoedig
prestasie
645 Handel
650 Voltooi
prestasievlak 645
presteer 812
presteerder
622 Goed
682 Slaag
prestige
588 Gesag hê
616 Magtig
620 Belangrik
796 Stand
799 Beroemd
prestigebou 92
prestigemotor 233
prestissimo
225 Vinnig
753 Musiek
presto
225 Vinnig
753 Musiek
presto-presto 225
presumasie
513 Gedagte
518 Glo
presumeer
513 Gedagte
518 Glo
522 Redeneer
presumpsie
513 Gedagte
522 Redeneer
770 Wantroue
presupponeer 518
presupposisie
518 Glo
522 Redeneer
577 Betekenis
pret
716 Genot
718 Bly
724 Vermaak
pretbederwer 717
preteks 833
pretendeer
785 Hoogmoedig
815 Oneerlik
818 Bedrieg
pretensie
2 Nie-bestaan
785 Hoogmoedig
818 Bedrieg
pretensieloos 786
pretensieus 785
preteritum 574
prethardloper 729
pretloop 729
pretloper 729
pretlustig
718 Bly
724 Vermaak
pretmaker
716 Genot
718 Bly
724 Vermaak
pretoriane 655
pretsoeker 716
prettig
718 Bly
724 Vermaak
prettrap 218
prevarikasie 808
preventief
655 Veilig
666 Verhinder
prewel
482 Menslike geluid
548 Praat
prewelry 548
prieel 94(4)
priem 155
priemend 155
priemgetal 133
priester
849 Prediking
852 Geestelike
854 Godsdiens
priesterkleed 852
priesterlik 852

priesterorde 852
priesterskap 852
prik 155
prikkel
15 Oorsaak
493 Gevoeligheid
495 Tassin
638 Aanmoedig
713 Gevoel
714 Gevoelig
773 Begeerte
prikkelbaar
713 Gevoel
714 Gevoelig
771 Gramskap
prikkeldraad 301
prikkelend
36 Onreëlmatig
471 Lekker
743 Mooi
prikkeling
713 Gevoel
714 Gevoelig
prikkellektuur
562 Lees
568 Perswese
prikkelmiddel 638
prikkelpop 376
prikkelroman 750
prikvis 363
prille 53
prima 620
prima aandeel 702
prima effekte 702
primaat
357 Dier
366 Soogdier
374 Mens
588 Gesag hê
852 Geestelike
primaatskap
588 Gesag hê
852 Geestelike
primadonna
749 Kuns
752 Toneelspel
primakoers 700
primarib 421
primatur 566
prima-uitleenkoers 700
primêr
4 Selfstandig
17 Noodsaak
27 Begin
490 Kleur
559 Opvoeding
620 Belangrik
primitief
17 Noodsaak
27 Begin
615 Onbekwaam
620 Belangrik
789 Onbeskaafd
primitiewe kuns 749
primitiewe mens 789
primitiwiteit
27 Begin
615 Onbekwaam
789 Onbeskaafd
primogenituur 696
primordiaal
17 Noodsaak
27 Begin
620 Belangrik
primula 322
primus
465 Warm
561 Studeer
primusstoof 465
prins
591 Gesaghebber
797 Adelstand
prinsdom
590 Bestuur
797 Adelstand
prinses
376 Vrou
591 Gesaghebber
797 Adelstand
prins-gemaal 591
prinsiep 522
prinsipaal 560
prinsipe
522 Redeneer
642 Beproef
644 Handelwyse
prinsipieel
27 Begin
513 Gedagte
522 Redeneer
620 Belangrik
prinslik
591 Gesaghebber
797 Adelstand
prins-regent 797
prioriteit
46 Vroeër
584 Kies
806 Wettig
prisma
139 Meetkunde
267 Optika
450 Volume
prismaties
139 Meetkunde
450 Volume
490 Kleur
prismoïed 450
prisonier
594 Onvryheid
835 Bestraf
privaat
32 Enkeling
94(3) Vertrek
206 Ingaan
540 Geheim hou
658 Beroep
664 Terugstaan
789 Onbeskaafd
816 Getrou
privaatheid
540 Geheim hou
664 Terugstaan
privaathospitaal 417
privaatreg
515 Wetenskap
806 Wettig
808 Regswese
privaatregtelik 808
privaatsak 196
privaatsektor 658
privaatskool 559
privaatspeurder 516
privatief 574
privatiseer 590
privelegie 806
pro Deo 710
pro Deo-advokaat 808
pro forma 2
pro memorie 510
pro rata
8 Dieselfde
10 Harmonie
probeer 642
probeer kry 516
probeer uitstof 667
probeersel 642
probeerslag 642
probleem
137 Bewerking
516 Soek
654 Moeilik
667 Stryd
717 Lyding
probleemgeval
516 Soek
654 Moeilik
probleemkind 243
probleemloos
653 Maklik
715 Gevoelloos
716 Genot
probleemoplossend 516
probleemoplossing
516 Soek
654 Moeilik
probleemouers 242
probleemsaak 654
probleemstelling 516
probleemvry 653
problematiek 516
problematies
623 Sleg
654 Moeilik
667 Stryd
770 Wantroue
probleme hê 654
procedé 644
produk
137 Bewerking
237 Voortbring
701 Handel
produknaam
546 Kunsmatige teken
550 Noem
574 Woordkategorie
produksie
0 Ontstaan
170 Saambring
237 Voortbring
693 Gee
produksielewering 237
produksiemotorwedren 737
produksiesekretaresse 752
produktemark 701
produktief
0 Ontstaan
237 Voortbring
239 Voortplant
686 Aanwins
produktiwiteit
237 Voortbring
686 Aanwins
produseer
0 Ontstaan
237 Voortbring
239 Voortplant
686 Aanwins
693 Gee
produsent
0 Ontstaan
237 Voortbring
proe
390 Mond
406 Eet
470 Smaaksintuig
496 Smaak
642 Beproef
proef
255 Natuurkunde
268 Fotografie
516 Soek
559 Opvoeding
566 Drukkuns
642 Beproef
727 Wedstryd
proefaanleg
237 Voortbring
658 Beroep
proefbalans 703
proefballon 294
proefbeampte 594
proefbuis 256
proefbuisbaba 53
proefdruk 566
proefeksemplaar 567
proefgewig 122
proefhandtekening 700

proefhoudend 642
proefklas 561
proefkonyn 642
proeflees 566
proefleesfout 566
proefleessimbool 566
proefleeswerk
566 Drukkuns
570 Taalwetenskap
proefles 561
proefleser 566
proeflopie 642
proefmunt 131
proefneming 642
proefonderrig 559
proefondersoek 516
proefondervindelik
641 Onvoorbereid
642 Beproef
proefonderwys 559
proefonderwyser 560
proefpersoon 642
proefplaas
346 Landbougrond
356 Landbouwetenskap
proefpreek
848 Erediens
849 Prediking
proefrekene 132
proefskrif
553 Behandel
558 Redevoering
561 Studeer
567 Boek
proeftyd
38 Tydgebruik
642 Beproef
proefvel 566
proefwedstryd 727
proelokaal 350
proes
409 Afskeiding
482 Menslike geluid
484 Diergeluid
722 Snaaks
proesintuig
470 Smaaksintuig
496 Smaak
proeslag
406 Eet
496 Smaak
722 Snaaks
proes(t)erig 482
proevermoë 470
proewe 727
proewer
406 Eet
407 Drink
496 Smaak
proewery
406 Eet
407 Drink
496 Smaak
profaan
837 God
846 Godloos
profanasie 846
profaneer 846
profaniteit 846
profeet
551 Meedeel
836 Bonatuurlik
852 Geestelike
profesie
551 Meedeel
836 Bonatuurlik
842 Geloof
professie
610 Ywerig
645 Handel
658 Beroep
professionalis 614
professionalisme
614 Bekwaam
726 Sport
professionaliteit
614 Bekwaam
658 Beroep
professioneel
614 Bekwaam
658 Beroep
726 Sport
professor 560
professoraal
535 Weet
560 Skoolgaan
professoraat 560
profeteer
551 Meedeel
836 Bonatuurlik
profeties
539 Kommunikeer
551 Meedeel
profetiese woorde 842
profiel
160 Omring
386 Gesig
438 Vorm
profielskaaf 316
profielsteen 304
profieltekening 759
profielyster 301
profilakse 414
profilakties 414
profileer
97 Bou
160 Omring
profiteer
633 Nuttig
686 Aanwins
profiteur
633 Nuttig
686 Aanwins
profyt
633 Nuttig
686 Aanwins
profytlik
633 Nuttig
686 Aanwins
profytmakery
633 Nuttig
686 Aanwins
prognasie
385 Skedel
386 Gesig
413 Siekte
prognatisme
385 Skedel
386 Gesig
413 Siekte
prognose
51 Toekoms
414 Geneeskunde
prognosties 551
prognotiseer 414
program
263 Rekenaar
637 Doelgerigtheid
640 Voorbereid
644 Handelwyse
752 Toneelkuns
programaanbieder 264
programmatuur 263
programmeer
263 Rekenaar
640 Voorbereid
programmeerbaar 263
programmeerder 263
programmeertaal
263 Rekenaar
569 Taal
programmeur 263
programmusiek 753
programregisseur 264
progressie
21 Volgorde
140 Verandering
200 Vorentoe
622 Goed
progressief
140 Verandering
200 Vorentoe
226 Stadig
progressiwiteit
140 Verandering
226 Stadig
prohibisie 602
prohibisionis 602
prohibitief 602
projek 640
projeksie
139 Meetkunde
267 Optika
268 Fotografie
713 Gevoel
projeksiedoek
267 Optika
268 Fotografie
projeksielamp
267 Optika
268 Fotografie
487 Ligbron
projeksielantern
267 Optika
268 Fotografie
487 Ligbron
projeksielig 487
projeksieskerm
267 Optika
268 Fotografie
projeksietekening 139
projeksievlak 139
projekteer
139 Meetkunde
267 Optika
268 Fotografie
projektiel
227 Werp
676 Vuurwapen
projektor
267 Optika
268 Fotografie
projkesielyn 139
proklamasie 548
proklameer 548
proklisis
572 Uitspraak
575 Woordvorming
proklities 575
prokopee 572
prokopeer 572
prokreasie 239
prokreëer 239
proksimale falanks
380 Gebeente
397 Ledemaat
proksimiteit 69
proktologie 414
proktologies 414
prokurasie 588
prokurasiehouer 588
prokureur 808
prokureur-generaal
588 Gesag hê
590 Bestuur
591 Gesaghebber
808 Regswese
prokureursfirma 808
prokureursorde 808
proleet
503 Onverstandig
779 Boosaardig
798 Lae stand
prolegomena 567
prolepsis 576
prolepties 576

proletariaat
690 Arm
798 Lae stand
proletariër
690 Arm
798 Lae stand
proletaries
503 Onverstandig
690 Arm
798 Lae stand
proletedom
503 Onverstandig
779 Boosaardig
proliferasie 107
prolongasie 40
prolongeer 40
proloog
558 Redevoering
567 Boek
752 Toneelkuns
promenade 149
promenadedek 235
promenadekonsert 755
promesse 708
prominensie
620 Belangrik
799 Beroemd
prominent
620 Belangrik
799 Beroemd
prominentheid 799
promisku 820
promiskuïteit 820
promosie
551 Meedeel
705 Verkoop
promosieplegtigheid 793
promotor
560 Skoolgaan
649 Begin
726 Sport
promoveer
561 Studeer
659 Aanstel
promovendus 561
promovering 659
promulgasie 539
promulgeer
539 Kommunikeer
551 Meedeel
pronator 379
pronk
365 Voël
785 Hoogmoedig
pronkduif 365
pronker 785
pronkerig 785
pronk-ertjie
322 Blom
334 Blomplant
pronkery 785
pronkrughond 366
pronkstuk 745
pronksug 785
pronomen 574
pronominaal 574
pronominale epiteton 576
pront
41 Kortstondig
57 Vroeg
104 Baie
129 Bepaald
225 Vinnig
612 Noukeurig
prooi
694 Neem
717 Lyding
prop
109 Alles
161 Bedek
178 Toegaan
262 Elektrisiteit
416 Medikus
propaganda
539 Kommunikeer
551 Meedeel
701 Handel
propagandablad 568
propaganda-uitsending 264
propagandis 551
propagandisties 551
propagasie 551
propageer 551
propgeweer
676 Vuurwapen
741 Kinderspel
propileë 94(3)
proponent
561 Studeer
852 Geestelike
proponentseksamen 561
proporsie
8 Dieselfde
10 Harmonie
431 Afmeting
proporsionaliteit
8 Dieselfde
10 Harmonie
proporsioneel
8 Dieselfde
10 Harmonie
431 Afmeting
proposisie
577 Betekenis
603 Voorstel
proposisioneel 577
propvol 109
prorogasie 648
prosa 750
prosaïs
565 Skryfkuns
750 Letterkunde
prosakuns 750
prosaskrywer 565
prosastyl 750
prosateur 565
prosaverhaal
552 Vertel
750 Letterkunde
proscenium 752
prosedeer 809
prosedeerwerk 809
prosedure
640 Voorbereid
644 Handelwyse
prosekusie 809
proseliet 842
proselitiseer 842
proses
16 Gevolg
644 Handelwyse
809 Regsgeding
proseskaas 426
prosesreg 808
prosesseerder 263
prosessie
168 Saamkom
793 Fees
prosessor 263
prosesstuk 809
prosit
407 Drink
793 Fees
prosodie
572 Uitspraak
751 Digkuns
prosodies
572 Uitspraak
751 Digkuns
prospekteer 275
prospekteerder 275
prospekteergat 275
prospekteertonnel 275
prospektus
567 Boek
701 Handel
prostaat 402
prostaatkanker 413
prostaatklierontsteking 413
prostaatvergroting 413
pro(s)tese
397 Ledemaat
414 Geneeskunde
prostetiek 414
prostituee 820
prostitueer
705 Verkoop
820 Oneerbaar
prostitusie 820
prostituut
239 Voortplant
820 Oneerbaar
protagonis
667 Stryd
752 Toneelspel
protasis 576
protea
322 Blom
337 Veldplant
proteakleur 492
protégé
655 Veilig
778 Goedaardig
proteïenryk 420
proteïne 420
proteksie
655 Veilig
778 Goedaardig
proteksionis 701
proteksionisme 701
protektoraat 590
protes
530 Voorbehou
532 Betwis
666 Verhinder
832 Beskuldig
protesis
572 Uitspraak
575 Woordvorming
protesnota 532
Protestantse godsdiens
840 Godsdiens
854 Godsdienste
protestasie 532
protesteer
530 Voorbehou
532 Betwis
598 Ongehoorsaam
666 Verhinder
721 Ontevrede
protesteerder 532
protesvergadering 532
protokol
564 Skryfbehoeftes
599 Gesag
644 Handelwyse
protokollêr
591 Gesaghebber
599 Gesag
proton 256
protonies 572
protoplasma 377
protoplasmaties 377
protoraks 361
protosoïes 359
protosoön
357 Dier
359 Eensellige
prototiep 35
prototipe
3 Bestaanswyse
35 Reëlmatig
438 Vorm
prototipeer 3
prototipies 35
proviand
420 Voedsel
631 Nodig

proviandeer
406 Eet
631 Nodig
provinsiaal
61 Plek
90 Gemeenskap
590 Bestuur
provinsiale raad 590
provinsiale span 726
provinsialisme 778
provinsialisties 90
provinsie
61 Plek
90 Gemeenskap
590 Bestuur
provisie 631
provisioneel 41
provo
666 Verhinder
779 Boosaardig
provokasie
15 Oorsaak
666 Verhinder
779 Boosaardig
provokateur
666 Verhinder
779 Boosaardig
provokatief 666
provokeer
666 Verhinder
779 Boosaardig
provokerend
666 Verhinder
779 Boosaardig
provoos 680
pro-vorm 574
provoseer
666 Verhinder
779 Boosaardig
pruik 382
pruiketyd 54
pruilerig
723 Ernstig
771 Gramskap
pruim
323 Vrug
350 Vrugte
426 Kos
430 Rook
pruimbessie 331
pruimedant
323 Vrug
426 Kos
pruimkleur 492
pruimpie 430
pruimtabak 430
pruisiesblou 492
prul
621 Onbelangrik
623 Sleg
pruldier 357
pruldigter 751
prulgoed 621
prullemandjie 84
prulskrywer
565 Skryfkuns
750 Letterkunde
prulvee
369 Veeteelt
621 Onbelangrik
prulwerk
623 Sleg
653 Maklik
749 Kuns
prut
174 Meng
419 Voedselbereiding
465 Warm
548 Praat
721 Ontevrede
prutolie 419
prutpot 419
prutsel
652 Versuim
653 Maklik
prutselaar
548 Praat
653 Maklik
721 Ontevrede
prutsery
548 Praat
653 Maklik
721 Ontevrede
pruttel
465 Warm
548 Praat
pruttelaar 721
pruttelkous
548 Praat
721 Ontevrede
pruttelrig
548 Praat
721 Ontevrede
pryk 743
prys
126 Skat
620 Belangrik
682 Slaag
691 Spandeer
701 Handel
704 Koop
705 Verkoop
708 Betaal
799 Beroemd
826 Goedkeur
830 Eerbiedig
834 Beloon
845 Godsvrug
prysbeheer
701 Handel
704 Koop
prysbepaling
126 Skat
701 Handel
prysbevriesing
126 Skat
704 Koop
prysbeweging 702
prysdaling 701
prysenswaardig
620 Belangrik
622 Goed
826 Goedkeur
prysgawe
683 Misluk
693 Gee
prysgee
683 Misluk
687 Verlies
693 Gee
prysgeld 686
prysgewing 693
prysindeks
701 Handel
704 Koop
prysing 826
pryskaartjie 705
pryskatalogus 704
prysklas 701
pryskoers 126
pryslys
126 Skat
704 Koop
705 Verkoop
prysmaak 694
prysnotasie 126
prysnotering
126 Skat
702 Beurs
prysooreenkoms 701
pryspenning 834
prysroman 750
prysskiet 731
prysstyging 701
prystoekenning 834
prysuitdeling 834
prysvasstelling 701
prysverhoging
701 Handel
704 Koop
prysverlaging 704
prysverskil
126 Skat
704 Koop
pryswenner 834
psalm
757 Sang
847 Gebed
848 Erediens
psalm- en gesangboek 567
psalmboek
567 Boek
848 Erediens
psalmbundel 567
psalmgesang 757
psalmis 751
psalmodieer 757
psalter
567 Boek
756 Musiek
848 Erediens
pseudoniem 550
psige 836
psigedelies 494
psigedeliese kleur 490
psigiater 416
psigiatrie 414
psigiatries 414
psigies 836
psigoanalities 414
psigolinguistiek 570
psigologie
414 Geneeskunde
514 Wysbegeerte
515 Wetenskap
psigologies
414 Geneeskunde
514 Wysbegeerte
714 Gevoelig
psigoloog
416 Medikus
514 Wysbegeerte
515 Wetenskap
psigomotories 509
psigoot 505
psigopaat
413 Siekte
505 Verstandstoornis
psigopatie
413 Siekte
505 Verstandstoornis
psigopaties 505
psigopatologie 414
psigopatologies 413
psigose 505
psigosomaties 413
psigoterapeut 416
psigoterapie 414
psigoties 505
psigrometer 294
psittakose 413
psoriase 413
pteranodon 367
pterodaktiel 367
ptomaïenvergiftiging 413
puber
52 Ouderdom
53 Jonk
243 Kind
puberteit
53 Jonk
377 Liggaam
puberteitsjare 53
publiek
64 Aanwesig
90 Gemeenskap
539 Kommunikeer

590 Bestuur
787 Samelewing
publiek maak 162
publieke reg 808
publiekreg
515 Wetenskap
808 Regswese
publikasie
539 Kommunikeer
565 Skryfkuns
567 Boek
publikasiedatum 566
publiseer
539 Kommunikeer
551 Meedeel
566 Drukkuns
567 Boek
568 Perswese
publisis 568
publisiteit 539
publisiteitsdiens 539
publisiteitswaarde 539
pudenda 403
pueriel 53
pueriliteit 53
puf 480
puik 622
puil 207
puim 298
puimsteen
298 Steen
448 Gelyk
puin 98
puinhoop 98
puisie
413 Siekte
717 Lyding
puisterig 413
pulp
174 Meng
315 Papier
462 Halfvloeibaar
pulsar 270
pulsasie
181 Stoot teen
405 Bloed
pulseer
181 Stoot teen
405 Bloed
pulwer
184 Afbreek
458 Breekbaar
pulweriseer 458
punk 753
punktualiteit 612
punktuasie 571
punktueel 612
punktueer 571
punt
37 Tyd
61 Plek
64 Aanwesig
85 Voor
88 Posisie
139 Meetkunde
439 Punt
513 Gedagte
557 Diskussie
561 Studeer
565 Skryfkuns
566 Drukkuns
571 Skrif
607 Beloof
727 Wedstryd
728(3) Krieket
puntdig 751
puntdigter 751
punteertang 309
puntelyn 139
puntenerig
612 Noukeurig
827 Afkeur
puntespel 726
puntestand 727
puntetelling 727
puntetotaal 561
puntig
439 Punt
722 Snaaks
puntigheid 440
puntjie 139
puntlapel 745
puntlyn 442
puntoog 361
puntskaaf 316
puntstuk 234
puntwag 680
pupil 387
pure perd 411
puree
419 Voedselbereiding
426 Kos
purgasie
409 Afskeiding
415 Geneesmiddel
purgasiemiddel 409
purgeerdrank 415
purgeermiddel 415
purgering 409
puris 569
purisme 569
puristies
569 Taal
570 Taalwetenskap
puriteins 854
purper 492
purperkleur 492
purperkoors 413
purperrooi 492
purperwinde 333
put
162 Ontbloot
177 Oopgaan
284 Bron
288 Waterstelsel
446 Rond
putjie
288 Waterstelsel
413 Siekte
728(8) Gholf
putjiespel 728(8)
putjiespeltoernooi 728(8)
puts
84 Houer
288 Waterstelsel
puur
111 Geheel
627 Skoon
pyl
147 Rigting
197 Te voet
228 Vinnig
678 Wapen
pyl-en-boog 678
pyler
94(5) Pilaar
149 Pad
pylerfondament 149
pylgeweer 676
pylkoker 678
pylnaat 745
pylpunt 678
pylreguit 443
pylskoot 678
pylsnel 225
pylstert
361 Insek
363 Waterdier
pylstertmot 361
pylstertvis 363
pylvak 729
pylvlerk 236
pylvormig 438
pyn
412 Siek
413 Siekte
717 Lyding
719 Hartseer
pynappel
323 Vrug
350 Vrugte
426 Kos
pynappelklier 385
pynbank 835
pynboom 331
pyngevoel 412
pyngewaarwording 412
pynig
413 Siekte
717 Lyding
768 Vrees
835 Bestraf
pynlik
481 Skerp klank
612 Noukeurig
627 Skoon
654 Moeilik
717 Lyding
pynlik presies 612
pynlikheid 719
pynpil 415
pynstillend 415
pynstiller 415
pyp
147 Rigting
274 Geologie
288 Waterstelsel
380 Gebeente
430 Rook
442 Lyn
450 Volume
630 Werktuig
745 Kleding
756 Musiek
pypdeursteker 430
pypdoppie 430
pypie 337
pypiesheide 337
pypkan 728(1)
pypkaneel 419
pypkop 430
pypleiding
147 Rigting
288 Waterstelsel
pypmossel 363
pypolie 430
pyporrel 756
pyproker 430
pypsleutel 630
pypsteel 430
pypswawel 296
pyptabak 430
pypwerk 756
Pyrrhusoorwinning 684

Q

quiche 426

R

ra 235
raad
508 Aandag
527 Oordeel
557 Diskussie
586 Beslis
588 Gesag hê
590 Bestuur
603 Voorstel
638 Aanmoedig
665 Byeenkom
raadgewend
590 Bestuur
603 Voorstel
638 Aanmoedig
raadgewer
590 Bestuur
638 Aanmoedig
852 Geestelike

raadgewing
508 Aandag
557 Diskussie
586 Beslis
638 Aanmoedig
raadhuis 590
raad-op
536 Onkunde
766 Wanhoop
raadpleeg
516 Soek
555 Vra
557 Diskussie
raadpleging
516 Soek
539 Kommunikeer
554 Aanspreek
557 Diskussie
raadsaal
590 Bestuur
665 Byeenkom
raadsaam
502 Verstand
622 Goed
633 Nuttig
raadsbesluit 590
raadsheer 591
raadsitting 590
raadskamer
590 Bestuur
665 Byeenkom
raadslid
590 Bestuur
665 Byeenkom
raadsman 638
raadsvergadering 590
raadsvrou 638
raaf 365
raafagtig 365
raafswart 492
raai
122 Bereken
126 Skat
513 Gedagte
516 Soek
518 Glo
638 Aanmoedig
raaigras 338
raaisel
516 Soek
519 Twyfel
540 Geheim hou
544 Onduidelik
raaiselagtig
516 Soek
534 Wanbegrip
540 Geheim hou
542 Betekenisloos
544 Onduidelik
raaiskoot
516 Soek
544 Onduidelik
raaislag
516 Soek
544 Onduidelik
raaiwerk
126 Skat
516 Soek
raak
6 Betreklik
69 Naby
129 Bepaald
181 Stoot teen
493 Gevoeligheid
495 Tassin
502 Verstand
713 Gevoel
raakloop
166 Nader beweeg
517 Vind
790 Sosiaal
raaklyn
139 Meetkunde
442 Lyn
raakpunt
10 Harmonie
139 Meetkunde
439 Punt
raakry
181 Stoot teen
216 Ry
raaksien
499 Sien
517 Vind
533 Verstaan
raakskiet 677
raakvat
183 Gryp
533 Verstaan
614 Bekwaam
raakvlak
10 Harmonie
139 Meetkunde
181 Stoot teen
raal 449
raam
82 Rondom
94(8) Deur
94(9) Venster
122 Bereken
126 Skat
160 Omring
232 Fiets
268 Fotografie
513 Gedagte
745 Versier
760 Skilderkuns
raamsaag 316
raamwerk
94(1) Konstruksie
97 Bou
170 Saambring
438 Vorm
637 Doelgerigtheid
640 Voorbereid
raap
183 Gryp
211 Opgaan
351 Groente
694 Neem
695 Steel
raapkool
335 Bolplant
351 Groente
raaptol 335
raar
34 Vreemd
36 Onreëlmatig
raarheid
34 Vreemd
36 Onreëlmatig
raas
476 Geluid
548 Praat
667 Stryd
771 Gramskap
835 Bestraf
raasbek
476 Geluid
785 Hoogmoedig
raasbessie 332
raaswater 427
raat
414 Geneeskunde
415 Geneesmiddel
rabarber 351
rabas
343 Genesende plant
415 Geneesmiddel
rabat
95(9) Linne
710 Kosteloos
rabatbrandewyn 427
rabbedoe 376
rabbi
849 Prediking
854 Godsdiens
rabbinaal 854
rabbinaat 854
rabbyn 854
rabbyns 854
rabies 413
rachis
365 Voël
382 Haar
radar
123 Meet
222 Vlieg
235 Skeepvaart
264 Uitsaai
radarantenne 235
radarinstallasie
222 Vlieg
264 Uitsaai
radarinstellasie 123
radaroperateur 264
radarpos
222 Vlieg
264 Uitsaai
radarskandeerder 235
radarskerm 264
radarstasie
123 Meet
222 Vlieg
264 Uitsaai
radarsterrekunde 271
radartoestel 123
radbraak
548 Praat
569 Taal
radbraking
548 Praat
569 Taal
radeer
563 Skryf
761 Graveerkuns
radeerkuns 761
radeermessie 761
radeernaald 761
radeloos 766
radeloosheid
766 Wanhoop
768 Vrees
raderboot 235
raderdiertjie 359
raderwerk 257
radgeweer 676
radiaal
139 Meetkunde
267 Optika
radiale senuwee 378
radiant 270
radiasie
260 Warmteleer
267 Optika
485 Lig
radiator
233 Motorvoertuig
469 Verwarmingstoestel
radikaal
104 Baie
111 Geheel
618 Kragtig
795 Staat
radikalis 795
radikalisme 795
radiks
134 Getalstelsel
137 Bewerking
radikula 331
radio 264
radioadvertensie 551
radioaktief 267
radioaktiwiteit 267
radioamateur 264

radioantenne
235 Skeepvaart
264 Uitsaai
radioastronomie 271
radio-ateljee 264
radiobaken
222 Vlieg
264 Uitsaai
radioberig 264
radiobiologie
317 Fisiologie
515 Wetenskap
radiobuis 264
radiochemie 515
radiodrama
552 Vertel
750 Letterkunde
radiofoto
264 Uitsaai
265 Telekommunikasie
268 Fotografie
radiogids
264 Uitsaai
568 Perswese
radiogolf 264
radiografie
267 Optika
414 Geneeskunde
radiografis 416
radiogram 264
radio-isotoop 256
radiokas 264
radiokommentator 264
radiokommunikasie
264 Uitsaai
539 Kommunikeer
radiokompas
147 Rigting
236 Lugvaart
radiolamp 264
radiolarieë
357 Dier
359 Eensellige
radiolisensie 264
radiologie
267 Optika
414 Geneeskunde
515 Wetenskap
radiologies
267 Optika
414 Geneeskunde
radioloog 416
radioluisteraar 264
radiomas 264
radiometer 267
radiometries 267
radiomikrometer 271
radiomusiek 753
radionetwerk 264
radio-omroep 264
radio-omroeper 264
radio-onderhoud 539
radio-orkes 755
radiopeiling 88
radiopraatjie
264 Uitsaai
539 Kommunikeer
552 Vertel
558 Redevoering
radioprogram 264
radioreportage 539
radiorubriek 264
radiosender 264
radioskopie 267
radiostasie 264
radiostel 264
radiosteurings 264
radiotegniek
264 Uitsaai
265 Telekommunikasie
radiotegnies 264
radiotegnikus 264
radiotelefonies 265
radiotelefoon 265
radiotelegrafie 265
radioteleskoop
267 Optika
271 Kosmografie
radioterapie 414
radiotoestel 264
radiotransmissie 264
radio-uitsending 264
radio-universiteit 559
radioverhaal
264 Uitsaai
552 Vertel
750 Letterkunde
radioverslag 264
radiovervolgverhaal
552 Vertel
750 Letterkunde
radiowekker
128 Chronometer
264 Uitsaai
radiowese 264
radium 297
radiumhorlosie 128
radius
139 Meetkunde
380 Gebeente
397 Ledemaat
radja 797
radon 461
radslot 676
radys
351 Groente
426 Kos
rafaksie 710
rafel
311 Weefsel
313 Weef
rafelkant
311 Weefsel
313 Weef
rafelrig 311
raffia
172 Vasmaak
310 Vlegwerk
raffiatou 172
raffiawerk 310
raffinadery 627
raffineer
301 Metaal
458 Breekbaar
627 Skoon
raffineerdery
458 Breekbaar
627 Skoon
ragfyn 435
ragis 329
ragities 413
ragitis 413
raglanmou 745
ragout 426
raisin-blanc 427
raison d'être 543
rak
94(15) Toebehore
95(3) Kas
rakelings
69 Naby
181 Stoot teen
rakende 6
raket
726 Sport
728(4) Tennis
raking 181
rakkas 95(3)
rakker
722 Snaaks
813 Swak gedrag
raknommer 567
rakprys 704
rakswam 327
rallentando (stadiger) 753
ram
181 Stoot teen
357 Dier
366 Soogdier
ramadan 854
ramekin 419
ramhok
94(3) Vertrek
369 Veeteelt
ramifikasie 16
raming
122 Bereken
126 Skat
516 Soek
703 Boekhou
ramkamp 369
ramkat 682
ramkietjie 756
ramlam 357
rammel
165 Onreëlmatig
181 Stoot teen
476 Geluid
480 Dowwe klank
548 Praat
rammelaar
548 Praat
741 Kinderspel
rammelgeluid
476 Geluid
480 Dowwe klank
rammeling
165 Onreëlmatig
480 Dowwe klank
rammelkas 233
rammelry 548
rammetjie-uitnek 785
ramp
656 Gevaarlik
683 Misluk
717 Lyding
719 Hartseer
ramparty 793
rampokker 803
rampokkerbende 803
rampsalig
683 Misluk
719 Hartseer
rampspoed
656 Gevaarlik
683 Misluk
717 Lyding
719 Hartseer
rampspoedig
635 Skadelik
683 Misluk
719 Hartseer
ramshoring
384 Kop
756 Musiek
ramshoringskulp 363
rand
82 Rondom
160 Omring
346 Landbougrond
709 Betaalmiddel
745 Versier
randakker 346
randapparatuur
263 Rekenaar
630 Werktuig
randdorp 90
randeier
789 Onbeskaafd
792 Asosiaal
randfiguur 789
randgebergte 277
randgeval 130
randprobleem 654
randskrif
131 Munt
565 Skryfkuns

randsteen
149 Pad
304 Steen
randteken 565
randversiering 745
randverskynsel
44 Gebeure
621 Onbelangrik
rang
19 Orde
21 Volgorde
30 Ondergeskik
550 Noem
588 Gesag hê
620 Belangrik
673 Manskap
796 Stand
rangeer 234
rangeerder 234
rangeerlokomotief 234
rangeerlyn 234
rangeerskyf 234
rangeerterrein 234
rangeerwerk 234
rangeerwissel 234
ranggetalle 134
rangleer 588
ranglys
21 Volgorde
30 Ondergeskik
rangmerk 546
rangnaam 550
rangorde
19 Orde
21 Volgorde
30 Ondergeskik
588 Gesag hê
673 Manskap
rangordelik 588
rangskik
19 Orde
21 Volgorde
30 Ondergeskik
35 Reëlmatig
95 Venster
348 Blomkwekery
rangskikking
19 Orde
21 Volgorde
30 Ondergeskik
348 Blomkwekery
rangstreep 442
rangstruktuur 588
rangteken
546 Kunsmatige teken
550 Noem
rangtekens 674
rangteling 239
rank
74 Op
199 Spring
318 Plant
324 Plantlewe
432 Groot
435 Smal
ranker
318 Plant
333 Rankplant
rankerig 333
rankplant
318 Plant
333 Rankplant
rankroos 333
rankroos-van-Saron 332
rankwildevy 333
ranonkel 334
ransel 835
ransig 472
rant 277
rantsoen
108 Minder
420 Voedsel
rantsoeneer
102 Hoeveelheid
103 Min
108 Minder
406 Eet
rapier
185 Sny
678 Wapen
731 Gevegsport
rapport
539 Kommunikeer
551 Meedeel
558 Redevoering
561 Studeer
565 Skryfkuns
567 Boek
rapporteer
539 Kommunikeer
548 Praat
551 Meedeel
rapporteur
539 Kommunikeer
568 Perswese
rapportryer
539 Kommunikeer
680 Militêre aksie
raps
103 Min
835 Bestraf
rapsie 103
rapsodie
751 Digkuns
754 Komposisie
757 Sang
rapsskoot 677
rara avis 36
rarefaksie
260 Warmteleer
454 Ondig
rariteit
34 Vreemd
36 Onreëlmatig
56 Selde
ras
31 Soort
33 Samehorig
225 Vinnig
239 Voortplant
240 Afkoms
787 Gemeenskap
rasbewus
240 Afkoms
787 Gemeenskap
rasdier 357
raseem 322
raseg
240 Afkoms
622 Goed
rasegte dier
357 Dier
369 Veeteelt
rasegtheid
240 Afkoms
317 Fisiologie
368 Diereteelt
369 Veeteelt
622 Goed
raseie 787
raseienskap 240
raseil 235
rasend
104 Baie
479 Disharmonies
505 Verstandstoornis
618 Kragtig
771 Gramskap
raserig
20 Wanorde
479 Disharmonies
raserny
505 Verstandstoornis
618 Kragtig
771 Gramskap
rasery
548 Praat
479 Disharmonies
rasgenoot 787
rasionaal
15 Oorsaak
123 Meet
513 Gedagte
522 Redeneer
543 Duidelik
rasionalis
522 Redeneer
843 Ongeloof
rasionalisasie
513 Gedagte
522 Redeneer
590 Bestuur
rasionaliseer
513 Gedagte
522 Redeneer
543 Duidelik
590 Bestuur
rasionalisme
522 Redeneer
843 Ongeloof
rasionalisties
522 Redeneer
843 Ongeloof
rasioneel
502 Verstand
522 Redeneer
590 Bestuur
rasper
95(7) Messegoed
154 Vryf
184 Afbreek
316 Hout
419 Voedselbereiding
448 Gelyk
630 Werktuig
rasseaangeleentheid 787
rassebeleid 590
rassebetrekking 787
rassediskriminasie 787
rassegroep 787
rassehaat 777
rassepolitiek 787
rasseskeiding 787
rasseverhouding 787
rassevermenging 787
rassevooroordeel 787
rassevraagstuk 787
rassis 787
rassisme
787 Gemeenskap
792 Asosiaal
rassisties 787
raster
160 Omring
268 Fotografie
rasterbeeld 268
rasterblok 268
rasterdruk 268
rasterwerk 160
rasvermenging 787
rat
163 Draai
186 Maal
232 Fiets
233 Motorvoertuig
257 Meganika
630 Werktuig
ratarm 257
ratatouille 426
ratel
366 Soogdier
741 Kinderspel
ratelaar 741
ratelboor 630

ratelmoersleutel 630
ratelomslag 630
ratelslang 364
rateltaai 625
ratgroep 232
rathefboom
232 Fiets
233 Motorvoertuig
ratifikasie
579 Gedwonge
826 Goedkeur
ratifiseer
801 Wet
806 Wettig
826 Goedkeur
ratio
6 Betreklik
15 Oorsaak
135 Verhouding
522 Redeneer
ratjietoe 426
ratkabel 232
ratkas 233
ratkierie 233
rats
225 Vinnig
614 Bekwaam
ratstelsel
232 Fiets
233 Motorvoertuig
630 Werktuig
ratwerk
257 Meganika
630 Werktuig
ravine 277
ravioli 426
ravot
213 Rondgaan
726 Sport
ravyn
277 Berg
278 Vallei
437 Laag
rayon 311
razzia 695
re 753
reageer
16 Gevolg
256 Skeikunde
556 Antwoord
666 Verhinder
reageerbuis 256
reageermiddel 256
reageerpapier
256 Skeikunde
315 Papier
reagens 256
reaksie
16 Gevolg
256 Skeikunde
556 Antwoord
666 Verhinder
reaksietyd 38
reaksionêr
16 Gevolg
666 Verhinder
795 Staat
reaktansie 262
reaktief 256
reaktiwiteit 256
reaktor
235 Skeepvaart
256 Skeikunde
reaktordek 235
realgar 296
realia
515 Wetenskap
537 Waarheid
realis 512
realisasie
650 Voltooi
705 Verkoop
realiseer
650 Voltooi
705 Verkoop
realisme
1 Bestaan
512 Verbeelding
537 Waarheid
749 Kuns
realisties
1 Bestaan
512 Verbeelding
537 Waarheid
749 Kuns
realiteit
1 Bestaan
254 Stof
512 Verbeelding
537 Waarheid
realpolitiek 590
rebel
598 Ongehoorsaam
666 Verhinder
667 Stryd
rebelleer
598 Ongehoorsaam
666 Verhinder
667 Stryd
rebellie
20 Wanorde
121 Verwarring
598 Ongehoorsaam
666 Verhinder
667 Stryd
rebels
598 Ongehoorsaam
667 Stryd
recto 315
red
593 Vryheid
655 Veilig
663 Meedoen
redaksie
568 Perswese
750 Letterkunde
redaksiewerk
568 Perswese
750 Letterkunde
redaksioneel
566 Drukkuns
568 Perswese
750 Letterkunde
redakteur
566 Drukkuns
568 Perswese
750 Letterkunde
reddeloos
623 Sleg
656 Gevaarlik
766 Wanhoop
redder
593 Vryheid
655 Veilig
663 Meedoen
Redder 837
redding
593 Vryheid
655 Veilig
663 Meedoen
reddingsboei
215 Swem
235 Skeepvaart
reddingsbootjie 235
reddingsgordel 235
reddingsgras 338
reddingsvlot 235
rede
0 Ontstaan
15 Oorsaak
513 Gedagte
522 Redeneer
533 Verstaan
539 Kommunikeer
543 Duidelik
558 Redevoering
637 Doelgerigtheid
rededeel 574
redegewend
15 Oorsaak
525 Bewys
redekawel
522 Redeneer
554 Aanspreek
557 Diskussie
667 Stryd
redekawelrig 667
redekundig 557
redekuns 558
redekunstenaar 558
redekunstig 558
redelik
502 Verstand
504 Geestelike gesondheid
596 Inskiklik
624 Gemiddeld
804 Regverdig
redelikerwys(e) 804
redeloos
11 Disharmonie
503 Onverstandig
505 Verstandstoornis
805 Onregverdig
redenaar
522 Redeneer
558 Redevoering
redenaarsgawe 558
redenaarskuns 558
redenaarstalent 558
redenaarsvereniging 560
redenasie
522 Redeneer
527 Oordeel
539 Kommunikeer
redeneer
513 Gedagte
522 Redeneer
527 Oordeel
532 Betwis
557 Diskussie
667 Stryd
redeneerkuns 522
redeneersiek 667
redenering
522 Redeneer
527 Oordeel
558 Redevoering
redery
221 Vaar
222 Vlieg
236 Lugvaart
rederyker 558
rederykerskamer 558
redes aanvoer 522
redetwis
522 Redeneer
557 Diskussie
667 Stryd
redevoerder 558
redevoering
539 Kommunikeer
558 Redevoering
redhibisie 704
redhibitories 704
redigeer
565 Skryfkuns
566 Drukkuns
567 Boek
568 Perswese
570 Taalwetenskap
750 Letterkunde
redigeerwerk
566 Drukkuns
570 Taalwetenskap
redivivus 251
redoebleer 740

redres
622 Goed
804 Regverdig
redresseer
622 Goed
804 Regverdig
reduksie
108 Minder
133 Getal
140 Verandering
256 Skeikunde
572 Uitspraak
575 Woordvorming
621 Onbelangrik
reduksiegetal 133
reduksiemiddel 256
reduksieproses
256 Skeikunde
572 Uitspraak
reduksieskaal 256
reduksietafel 133
reduksietrap 572
reduksievlam 256
reduksievokaal 572
reduplikasie 575
redupliseer
107 Meer
575 Woordvorming
reduseer
103 Min
108 Minder
132 Wiskunde
140 Verandering
522 Redeneer
572 Uitspraak
reduseerbaar
108 Minder
522 Redeneer
ree 366
reebok 366
reeds
46 Vroeër
50 Verlede
reëel
1 Bestaan
133 Getal
537 Waarheid
reef 235
reeks
21 Volgorde
133 Getal
reël
17 Noodsaak
19 Orde
35 Reëlmatig
136 Eweredigheid
149 Pad
530 Voorbehou
565 Skryfkuns
588 Gesag hê
590 Bestuur
599 Gesag
605 Aanvaar
640 Voorbereid
644 Handelwyse
651 Toesien
657 Herhaal
801 Wet
reëlbaar
19 Orde
590 Bestuur
reële kapitaal 688
reëling
19 Orde
530 Voorbehou
590 Bestuur
599 Gesag
605 Aanvaar
607 Beloof
640 Voorbereid
651 Toesien
reëlings 19
reëlingskomitee
590 Bestuur
665 Byeenkom
reëlingsteken
149 Pad
217 Motorry
reëlloos 36
reëlmaat
8 Dieselfde
19 Orde
22 Kontinu
35 Reëlmaat
55 Dikwels
136 Eweredigheid
164 Reëlmatig
640 Voorbereid
657 Herhaal
reëlmatig
8 Dieselfde
19 Orde
22 Kontinu
35 Reëlmaat
55 Dikwels
136 Eweredigheid
164 Reëlmatig
640 Voorbereid
657 Herhaal
reëlrat 257
reëlreg
147 Rigting
443 Reglynig
reëls 726
reën
104 Baie
159 Neerdaal
287 Vloei
289 Klimaat
292 Neerslag
reënbak 84
reënboog
270 Hemelliggaam
485 Lig
490 Kleur
reënboogdruk 761
reënboogkleur 490
reënboogvlies 387
reënbui 292
reëndig
178 Toegaan
453 Dig
reëndruppel 292
reënerig
289 Klimaat
292 Neerslag
294 Weerkunde
reëngordel 273
reënjas 745
reënkaart
273 Geografie
294 Weerkunde
reënmaand 292
reënmeter 294
reënmeting 294
reënmis 291
reënpadda 363
reënryk 294
reënseisoen
37 Tyd
292 Neerslag
reënspinnekop 361
reënstorm 293
reënstroom 287
reënval
292 Neerslag
294 Weerkunde
reënvalpatroon 294
reënvlaag 292
reënvoël 365
reënwater 292
reënweer 289
reënwind 290
reënwolk 291
reënwoud 316
reënwurm 361
reep
313 Weef
315 Papier
435 Smal
442 Lyn
reepsaag 630
reeu 250
refaksie 710
referaat
539 Kommunikeer
558 Redevoering
refereer 539
referendum
584 Kies
795 Staat
referensie 551
referent
527 Oordeel
551 Meedeel
659 Aanstel
refleks
16 Gevolg
378 Senuwee
refleksboog 378
refleksie
267 Optika
487 Ligbron
513 Gedagte
refleksief
16 Gevolg
574 Woordkategorie
reflekslenskamera 268
reflekteer
267 Optika
485 Lig
reflektor
267 Optika
271 Kosmografie
487 Ligbron
reformasie
590 Bestuur
622 Goed
reformisties 590
refraksie
267 Optika
485 Lig
refraktor 271
refraktormeter 267
refrein 751
reg
129 Bepaald
443 Reglynig
448 Gelyk
515 Wetenskap
537 Waarheid
588 Gesag hê
612 Noukeurig
614 Bekwaam
622 Goed
640 Voorbereid
743 Mooi
801 Wet
804 Regverdig
806 Wettig
808 Regswese
814 Eerlik
regagter 728(3)
regatta 727
regbank 808
regby 728(3)
regbyskeidsregter 728(3)
regdeur
147 Rigting
153 Deur
regdraads 316
regeer
588 Gesag hê
590 Bestuur
591 Gesaghebber
599 Gesag

795 Staat
regeerbaar 590
regeerder
590 Bestuur
591 Gesaghebber
regenerasie
140 Verandering
251 Lewe gee
regent 591
regentskap
590 Bestuur
591 Gesaghebber
regerend
590 Bestuur
591 Gesaghebber
795 Staat
regerende party 590
regering
588 Gesag hê
590 Bestuur
795 Staat
regeringsamptenaar 590
regeringsbanke 590
regeringsbrood 424
regeringsgebou
91 Gebou
92 Belangrike gebou
590 Bestuur
regeringsgesag 588
regeringshoof
588 Gesag hê
590 Bestuur
591 Gesaghebber
regeringskoalisie
590 Bestuur
795 Staat
regeringskoerant 568
regeringskringe
590 Bestuur
795 Staat
regeringsleier 591
regeringslid 795
regeringsloos 590
regeringsmasjien 795
regeringsmasjinerie 795
regeringspolitiek 795
regeringspublikasie 567
regeringstruktuur 795
regeringswoordvoerder
551 Meedeel
590 Bestuur
reggeaard 814
reggelowig 842
reggepak 627
reggesind 778
reghebbende 806
reghelp
663 Meedoen
832 Beskuldig
reghoek
139 Meetkunde
443 Reglynig
447 Hoekig
reghoekig
443 Reglynig
447 Hoekig
reghoeksy 139
reghou
147 Rigting
622 Goed
640 Voorbereid
812 Goeie gedrag
regie 752
regime
588 Gesag hê
590 Bestuur
795 Staat
regiment 672
regimentshoofkwartier 672
regionaal
61 Plek
90 Gemeenskap
regionaliseer 61
regionalisme 61
regionalisties 61
regisseer 752
regisseur
264 Uitsaai
752 Toneelspel
register
21 Volgorde
45 Geskiedenis
263 Rekenaar
567 Boek
569 Taal
688 Besit
750 Letterkunde
757 Sang
809 Regsgeding
registerknop 756
registerton 124
registrasie
508 Aandag
590 Bestuur
registrasiekantoor 590
registrasiekoste
590 Bestuur
712 Belasting
registrasiesertifikaat 590
registrateur
590 Bestuur
808 Regswese
registrateurskantoor 590
registreer
196 Poswese
294 Weerkunde
508 Aandag
563 Skryf
688 Besit
regkom
411 Gesond
622 Goed
637 Doelgerigtheid
682 Slaag
regkry
622 Goed
637 Doelgerigtheid
682 Slaag
reglement
599 Gesag
665 Byeenkom
801 Wet
reglementeer
599 Gesag
801 Wet
reglementêr
590 Bestuur
665 Byeenkom
801 Wet
reglet
316 Hout
566 Drukkuns
reglynig
147 Rigting
443 Reglynig
regmaak
622 Goed
651 Toesien
regmakertjie 427
regmatig
804 Regverdig
806 Wettig
regmerk 546
regoor 85
regop
71 Regop
74 Op
443 Reglynig
regopklavier 756
regopklits 344
regopsit 71
regopstaande 71
regres 711
regressie
140 Verandering
201 Agtertoe
623 Sleg
regressief
50 Verlede
140 Verandering
201 Agtertoe
572 Uitspraak
regressiwiteit 140
regruk
622 Goed
651 Toesien
regs
87 Kant
148 Van koers af
644 Handelwyse
795 Staat
regsaak 808
regsaanspreeklikheid 802
regsadvies 808
regsadviseur 808
regsaksie 808
regsbedeling 808
regsbeginsel 808
regsbegrip 808
regsberoep
658 Beroep
808 Regswese
regsbevoeg 806
regsbevoegde persoon 806
regsbevoegdheid
588 Gesag hê
599 Gesag
806 Wettig
809 Regsgeding
regsbewussyn
802 Gehoorsaam
808 Regswese
regsbystand 808
regsdraaiend 163
regsdwaling 808
regse 795
regsekerheid 804
regsfilosofie
514 Wysbegeerte
808 Regswese
regsgebied
590 Bestuur
808 Regswese
regsgeding 809
regsgeldig 806
regsgeleerd 808
regsgeleerde
515 Wetenskap
808 Regswese
regsgeleerdheid
515 Wetenskap
808 Regswese
regsgesind 795
regsgeskiedenis 808
regsgeskil 809
regsgevoel 804
regsgoedere 808
regsgronde 808
regshandeling 808
regshandig 644
regshulpburo 808
regsinnig
814 Eerlik
842 Geloof
regsisteem 801
regsit 71
regskape
622 Goed
812 Goeie gedrag
814 Eerlik
regskapenheid
812 Goeie gedrag
814 Eerlik
regskode 808
regskommissie 590
regskoste 708

regskrag
806 Wettig
808 Regswese
regskragtig 806
regskundig 808
regskwessie 808
regsleer 808
regslui
808 Regswese
809 Regsgeding
regsmag
588 Gesag hê
599 Gesag
808 Regswese
regsmiddel 808
regsoewereiniteit 808
regsom
148 Van koers af
680 Militêre aksie
regsomkeer
522 Redeneer
680 Militêre aksie
regsopvatting 808
regsorde 808
regspan
808 Regswese
809 Regsgeding
regspersoon
806 Wettig
808 Regswese
regspleging 808
regsposisie 808
regspraak 808
regspraak voer 809
regspraktisyn 808
regspraktyk 808
regspreek 808
regsprosedure 808
regsproses 809
regspunt 809
regs-radikaal 795
regstaal
569 Taal
808 Regswese
regstammig 320
regstandig 71
regstappe 809
regstel 622
regstelling 622
regstelsel 808
regsterm 808
regstreeks
6 Betreklik
49 Hede
443 Reglynig
regstudent 808
regsverdraaiing 803
regsverkragting 807
regsversuim
803 Oortree
805 Onregverdig
regsverteenwoordiger 808
regsvervolging 808
regsverydeling 803
regsvordering 808
regsvraag 808
regswese
801 Wet
808 Regswese
regswetenskap
515 Wetenskap
808 Regswese
regswetenskaplik 808
regswetenskaplike 515
regte
515 Wetenskap
808 Regswese
regte klimming 269
regtens
806 Wettig
808 Regswese
regter
591 Gesaghebber
808 Regswese
809 Regsgeding
regter-advokaat 808
regterafslaanbaan 728(4)
regteragterspeler
728(2) Sokker
728(6) Hokkie
regterbinnespeler 728(2)
regterbrongus 398
regterbuitespeler 728(2)
regterflank 728(1)
regterhand
592 Ondergeskikte
663 Meedoen
regterhelfte 112
regterkant
87 Kant
112 Deel
regterlik 808
regterlike bevoegdheid 599
regterlike mag
588 Gesag hê
599 Gesag
regteroewer 286
regteroog 387
regterpresident
591 Gesaghebber
808 Regswese
regtersenter 728(1)
regterskakel
728(2) Sokker
728(6) Hokkie
regterskap 808
regtersneller 728(6)
regterstoel 808
regtervleuel
112 Deel
728(1) Rugby
728(6) Hokkie
regtig
528 Bevestig
537 Waarheid
reguit
147 Rigting
443 Reglynig
539 Kommunikeer
814 Eerlik
regularisasie
19 Orde
35 Reëlmatig
590 Bestuur
regulasie
17 Noodsaak
19 Orde
530 Voorbehou
599 Gesag
801 Wet
regulateur 630
regulator 630
reguleer
19 Orde
35 Reëlmatig
530 Voorbehou
588 Gesag hê
590 Bestuur
599 Gesag
reguleerbaar
19 Orde
35 Reëlmatig
590 Bestuur
reguleerder
19 Orde
630 Werktuig
reguleerklep 630
reguleerwiel 630
regverdig
525 Bewys
543 Duidelik
804 Regverdig
806 Wettig
812 Goeie gedrag
819 Eerbaar
821 Onskuldig
833 Verontskuldig
842 Geloof
regverdigheid
804 Regverdig
812 Goeie gedrag
819 Eerbaar
regverdiging
543 Duidelik
806 Wettig
833 Verontskuldig
regverkrygende 688
rehabilitasie
622 Goed
693 Gee
rehabilitasiebevel 808
rehabilitasiesentrum 780
rehabiliteer
622 Goed
693 Gee
rei
101 Gereedskap
742 Dans
752 Toneelspel
757 Sang
reier 365
reihout
101 Gereedskap
316 Hout
reik
62 Grensloos
436 Hoog
437 Laag
584 Kies
reikhals 773
reikhalsend 773
reikwydte
69 Naby
138 Algebra
620 Belang
rein
622 Goed
627 Skoon
743 Mooi
812 Goeie gedrag
819 Eerbaar
reinig
627 Skoon
845 Godsvrug
reinigingsdiens
627 Skoon
848 Erediens
reinigingsmiddel 627
reinigingsproses 627
reinigingstoestel 627
reïnkarnasie
251 Lewe gee
844 Bygeloof
reinkultuur 317
reis
187 Reis
216 Ry
reisafstand
68 Ver
187 Reis
reisagent 187
reisagentskap
187 Reis
236 Lugvaart
reisang 757
reisartikel 187
reisavontuur 187
reisbenodigdhede 187
reisbeskrywing
187 Reis
567 Boek
750 Letterkunde
reisbeurs 560
reisbiblioteek
187 Reis
567 Boek
reisbrosjure 187
reisburo 187

reisdeken
95(9) Linne
96 Slaapplek
187 Reis
reisdokument 187
reisend 187
reisgeld 187
reisgeleentheid 187
reisgenoot 187
reisgenot 187
reisgesel 187
reisgeselskap 187
reisgids 187
reisies 727
reisiger 187
reisigerstjek
187 Reis
709 Betaalmiddel
reisjoernaal
187 Reis
567 Boek
750 Letterkunde
reiskaaf
316 Hout
630 Werktuig
reiskaartjie 187
reiskoffer
84 Houer
187 Reis
reiskoors 187
reiskoste 187
reislus 187
reislustig 187
reismoeder 187
reisouers 187
reispas 601
reispermit 601
reisplan
147 Rigting
187 Reis
reisprogram
147 Rigting
187 Reis
reisroete 147
reisrol 187
reisroman 750
reissak 187
reistas
84 Houer
187 Reis
reistoelae
187 Reis
709 Betaalmiddel
reistog 187
reistrommel
84 Houer
187 Reis
reistyd 187
reisvaardig 187
reisvader 187
reisvergunning 601
reisverhaal
552 Vertel
567 Boek
750 Letterkunde
reisverhaalboek 567
reisversekering 655
reisweg 147
reiswissel 709
reïterasie 657
reïtereer 657
rek
40 Langdurig
62 Grensloos
432 Groot
741 Kinderspel
rekapitulasie
55 Dikwels
657 Herhaal
rekapituleer
55 Dikwels
657 Herhaal
rekbaar
62 Grensloos
456 Sag
462 Halfvloeibaar
reken
102 Hoeveelheid
122 Bereken
125 Tel
126 Skat
132 Wiskunde
137 Bewerking
138 Algebra
527 Oordeel
703 Boekhou
reken op
518 Glo
769 Vertroue
reken tot 33
rekenaar
122 Bereken
125 Tel
263 Rekenaar
564 Skryfbehoeftes
rekenaarbewerking 263
rekenaardisket 263
rekenaargeheue 263
rekenaargrafika 263
rekenaarlêer 263
rekenaarmatig 263
rekenaarnetwerk 263
rekenaaropdrag 263
rekenaaroperateur 263
rekenaarpakket 263
rekenaarprogram 263
rekenaarsentrum 263
rekenaarskerm 263
rekenaarskyf 263
rekenaarspeletjie
263 Rekenaar
739 Geselskapspel
rekenaartaal
263 Rekenaar
569 Taal
rekenaartaalkunde 570
rekenaartegnologie 263
rekenaarverwerker 263
rekenaarvirus 263
rekenaarvlokkie 263
rekenaarwetenskap
263 Rekenaar
515 Wetenskap
rekenariseer 263
rekenboek
122 Bereken
703 Boekhou
rekene
122 Bereken
137 Bewerking
rekenfout
122 Bereken
703 Boekhou
rekening
125 Tel
700 Bank
703 Boekhou
708 Betaal
711 Skuld
rekening hou 508
rekeningafdeling 707
rekeningboek
567 Boek
703 Boekhou
rekeninghouer
700 Bank
708 Betaal
rekeningkoevert
563 Skryf
564 Skryfbehoeftes
rekeningkunde
515 Wetenskap
701 Handel
703 Boekhou
rekeningkundige 515
rekeningsaldo 703
rekeningstaat
700 Bank
703 Boekhou
708 Betaal
711 Skuld
rekenkunde
122 Bereken
132 Wiskunde
515 Wetenskap
rekenkunde-onderwys 559
rekenkundig
122 Bereken
132 Wiskunde
137 Bewerking
703 Boekhou
rekenkundige 132
rekenlat 122
rekenliniaal 122
rekenmasjien
122 Bereken
125 Tel
263 Rekenaar
rekenmeester
132 Wiskunde
700 Bank
703 Boekhou
rekenmeestersfirma 703
rekenmeesterskap 703
rekenmeestersvak 515
rekenonderwys 559
rekenoutomaat 263
rekenpligtig 703
rekenraam
122 Bereken
560 Skoolgaan
rekensentrum 263
rekenskap
703 Boekhou
811 Gewete
833 Verontskuldig
rekenskap gee 833
rekenwese 703
rekker
678 Wapen
741 Kinderspel
rekking 62
reklame
551 Meedeel
701 Handel
reklameafdeling 707
reklameagentskap 551
reklamebeampte 707
reklamebedryf 701
reklamebord 551
reklameflits
264 Uitsaai
551 Meedeel
reklamefoefie 551
reklamemaatskappy 701
reklamemaker 551
reklameman 551
reklamemiddel 551
reklameplaat 551
reklamepraktisyn 707
reklameskrywer 551
reklametekenaar
551 Meedeel
707 Handelsaak
reklametelevisie 264
reklamevrou 551
reklik
462 Halfvloeibaar
596 Inskiklik
reknylon 311
rekognisie 706
rekognisiegeld 706
rekommandabel 638
rekommandasie
638 Aanmoedig
826 Goedkeur

rekommandeer
584 Kies
638 Aanmoedig
rekonie 706
rekoniegeld 706
rekonsiliasie
668 Vrede
776 Liefde
rekonsilieer
668 Vrede
703 Boekhou
776 Liefde
rekonstitueer 111
rekonstrueer
97 Bou
517 Vind
rekonstruksie 97
rekonstruktief 97
rekonvensie 806
rekord
263 Rekenaar
539 Kommunikeer
727 Wedstryd
rekordhouer 727
rekreasie
662 Rus
724 Vermaak
rekreasiegebied 724
rekreasiepark 724
rekreasiesport 724
rekreasieterrein 724
rekreëer 724
rekruteer 679
rekruut
27 Begin
679 Mobiliseer
rekstok 730
rektaal
401 Spysvertering
402 Afskeiding
rektifikasie 622
rektifiseer
428 Drankbereiding
622 Goed
rektor
560 Skoolgaan
591 Gesaghebber
rektum
401 Spysvertering
402 Afskeiding
rekverband 415
rekweefsel 311
rekwestreer 604
rekwireer 673
rekwisiet 752
rekwisietemeester 752
rekwisisie 604
rel 667
relaas
45 Geskiedenis
539 Kommunikeer
552 Vertel
relasie 6
relatief
6 Betreklik
112 Deel
519 Twyfel
538 Dwaling
relatiewe waarde 126
relativeer 6
relativisme 514
relatiwiteit
6 Betreklik
519 Twyfel
relatiwiteitsbeginsel 255
relatiwiteitsteorie 255
relê 262
relegasie 192
relegeer
192 Laat gaan
827 Afkeur
relêstasie 262
relêstelsel 262
relevansie
541 Betekenis
620 Belangrik
631 Nodig
relevant
541 Betekenis
620 Belangrik
631 Nodig
releveer 508
reliëf
273 Geografie
436 Hoog
620 Belangrik
758 Kuns
763 Beeldhoukuns
reliëfbeeldhoukuns 763
reliëfdruk 566
reliëfkaart 273
reliëfletter 566
reliëfreën 292
reliëfwerk 763
reliek
50 Verlede
510 Herinner
853 Kerk
religie 840
religieus
840 Godsdiens
845 Godsvrug
religiositeit 840
relik
50 Verlede
510 Herinner
relikwie
50 Verlede
510 Herinner
853 Kerk
reling 94(12)
relletjie
548 Praat
667 Stryd
771 Gramskap
813 Swak gedrag
rem
146 Bewegingloosheid
193 Ophou
217 Motorry
226 Stadig
232 Fiets
233 Motorvoertuig
234 Spoorweg
666 Verhinder
rema 577
remas 233
remband 233
remblok 233
remblok(kie) 232
remedie 415
remedieer
414 Geneeskunde
622 Goed
remhandvatsel 232
remhefboom 232
remhoogte 277
remise 708
remissie
710 Kosteloos
712 Belasting
783 Vergifnis
remitteer
693 Gee
783 Vergifnis
remkabel 232
remkussing 233
remlig
233 Motorvoertuig
487 Ligbron
remmend 666
remming
146 Bewegingloosheid
666 Verhinder
remonstrasie 532
remonstreer 532
remonteperd 231
rempedaal 233
rempyp 233
remsilinder 233
remskoen
146 Bewegingloosheid
233 Motorvoertuig
666 Verhinder
remskoenpolitiek 590
remskyf 233
remsool 233
remsuier 233
remtrommel 233
remunerasie
686 Aanwins
708 Betaal
remvloeistofreservoir 233
remvoering 233
remwa 234
ren 727
renaissance 749
renaissancestyl 764
renaissansisties 749
renale arterie 402
renale vena 402
renbaan 726
rendabel 686
rendabiliteit 686
rendeer 686
rendement 686
rendementkoers 686
renderend 686
rendez-vous
168 Saamkom
665 Byeenkom
rendier 366
renegaat
585 Verwerp
843 Ongeloof
renfiets
232 Fiets
735 Fietsry
renjaer
217 Motorry
737 Motorsport
renmotor
233 Motorvoertuig
630 Werktuig
737 Motorsport
renmotorsport 726
renons
775 Weersin
827 Afkeur
renonseer 740
renoster 366
renosterbos 337
renosterhoring 308
renostervoël 365
renovasie
97 Bou
622 Goed
renoveer
97 Bou
622 Goed
renperd 735
rens 472
renserig 472
rensport 726
renstel 233
rentabiliteit 686
rente
686 Aanwins
696 Ontvang
700 Bank
rentebetaling 708
rentebewys 686
rentebrief 686
rentedraend
686 Aanwins
696 Ontvang
rentegewend 696

rentekoers
686 Aanwins
699 Leen
700 Bank
rentekoersmarge 686
rentekoersspeling 686
rentelas
700 Bank
711 Skuld
renteloos
686 Aanwins
687 Verlies
rentelose geld 700
rentelose verband 699
rentenier 689
rente-opbrengs
686 Aanwins
696 Ontvang
700 Bank
renteskuld
700 Bank
711 Skuld
renteverdienste 686
rentevoet
686 Aanwins
700 Bank
rentevry
686 Aanwins
710 Kosteloos
rentewins 700
rentmeester
591 Gesaghebber
703 Boekhou
renvooi
565 Skryfkuns
753 Musiek
reologie 255
reometer 262
reorganiseer 237
reostaat 262
rep
225 Vinnig
548 Praat
550 Noem
reparasie 622
reparasiekoste 691
reparasiewerk 622
repareer 622
repatriasie
188 Aankom
788 Beskaafd
repatrieer
188 Aankom
788 Beskaafd
repel 353
reperkussie
16 Gevolg
623 Sleg
repertoire
752 Toneelkuns
754 Komposisie
repertoiregeselskap 752
repertorium 567
repertorium (boek) 567
repeteer
657 Herhaal
752 Toneelkuns
repeteergeweer 676
repetisie
657 Herhaal
752 Toneelkuns
repetisiewerk
657 Herhaal
752 Toneelkuns
repliek
556 Antwoord
809 Regsgeding
repliek lewer 556
replika
14 Navolging
758 Kuns
760 Skilderkuns
replikasie 809
repliseer 556
reportage 539
representant 591
representasie
144 Vervang
591 Gesaghebber
808 Regswese
representatief 590
representeer
591 Gesaghebber
808 Regswese
repressie
588 Gesag hê
715 Gevoelloos
reproduksie
107 Meer
237 Voortbring
239 Voortplant
268 Fotografie
565 Skryfkuns
566 Drukkuns
657 Herhaal
760 Skilderkuns
reproduksievermoë 239
reproduseer
107 Meer
237 Voortbring
239 Voortplant
268 Fotografie
566 Drukkuns
657 Herhaal
760 Skilderkuns
reproduseerbaar 760
reprograaf 566
reprografie 566
reprografies 566
reptiel
357 Dier
364 Reptiel
republiek
590 Bestuur
795 Staat
republikanisme 795
republikein 795
republikeins
590 Bestuur
795 Staat
repudiasie
529 Ontken
609 Jou woord verbreek
repudieer
529 Ontken
609 Jou woord verbreek
reputasie
799 Beroemd
830 Eerbiedig
requiem
754 Komposisie
848 Erediens
rêrig
528 Bevestig
537 Waarheid
res
116 Te veel
133 Getal
137 Bewerking
reseda 332
resenseer
527 Oordeel
750 Letterkunde
825 Oordeel
resensent
527 Oordeel
750 Letterkunde
825 Oordeel
resensie
527 Oordeel
750 Letterkunde
825 Oordeel
resensie-eksemplaar
527 Oordeel
567 Boek
resent
49 Hede
50 Verlede
53 Nuut
resep
418 Maaltyd
419 Voedselbereiding
640 Voorbereid
resepsie
418 Maaltyd
750 Letterkunde
790 Sosiaal
resepsieteorie 750
resepteboek
418 Maaltyd
419 Voedselbereiding
567 Boek
resepteer
414 Geneeskunde
419 Voedselbereiding
reservaat
90 Gemeenskap
255 Natuurkunde
273 Geografie
reservasie 530
reserveer
206 Ingaan
530 Voorbehou
584 Kies
692 Spaar
reservis 673
reservistemag 672
reservoir 288
reserwe
530 Voorbehou
629 Gebruik
672 Weermag
692 Spaar
726 Sport
727 Wedstryd
728(1) Rugby
reserweband 233
reserwebank
700 Bank
709 Betaalmiddel
reserwebate 688
reserwefonds 692
reserwekapitaal 692
reserwemag 672
reserweprys
704 Koop
708 Betaal
reserwerekening 703
reserwesaldo 703
reserwespanlid 726
reserwespeler 727
reserwevalskerm 733
reserwevoorraad 631
reserwewiel 233
reses
23 Onderbreking
28 Einde
560 Skoolgaan
590 Bestuur
646 Nie handel nie
648 Onderbreek
662 Rus
resessie
683 Misluk
687 Verlies
701 Handel
resessief 317
resgetal
133 Getal
137 Bewerking
resideer
64 Aanwesig
561 Studeer
residensie
64 Aanwesig
89 Blyplek
591 Gesaghebber

residensieel
89 Blyplek
559 Opvoeding
resident
590 Bestuur
591 Gesaghebber
residentskap 591
residiveer
413 Siekte
803 Oortree
residivis
413 Siekte
803 Oortree
residu 116
resies 727
resiesfiets 232
resiprook 663
resiproseer 663
resistensie 666
resistent 666
resistor 262
resitasie 548
resiteer 548
reslap 311
resolusie
582 Wilskrag
586 Beslis
resoluut
582 Wilskrag
586 Beslis
637 Doelgerigtheid
647 Voortgaan
767 Moed
resonansie
266 Akoestiek
476 Geluid
572 Uitspraak
resonansieruimte
266 Akoestiek
572 Uitspraak
resonator 266
resoneer
266 Akoestiek
476 Geluid
572 Uitspraak
resorbeer 175
resorberend 175
resorpsie 175
respek
776 Liefde
799 Beroemd
812 Goeie gedrag
826 Goedkeur
830 Eerbiedig
respek hê 830
respektabel 830
respekteer
776 Liefde
830 Eerbiedig
respekterend 830
respektief
6 Betreklik
32 Enkeling
120 Onderskeid
respektiewelik
9 Verskillend
32 Enkeling
120 Onderskeid
respekvol
812 Goeie gedrag
830 Eerbiedig
respirasie 404
respirator
404 Asemhaling
417 Hospitaal
respiratories 404
respireer 404
respondeer
526 Weerlê
556 Antwoord
respondent
556 Antwoord
809 Regsgeding
respons
16 Gevolg
256 Skeikunde
378 Senuwee
556 Antwoord
responsie
378 Senuwee
556 Antwoord
responsief 714
respyt
662 Rus
708 Betaal
ressort
61 Plek
590 Bestuur
ressorteer 33
restant 116
restantverkoping 705
restaurant
91 Gebou
406 Eet
429 Eetplek
724 Vermaak
restaurantkos
420 Voedsel
426 Kos
restaurateur 429
resterend 116
restitueer
693 Gee
708 Betaal
restitusie
686 Aanwins
693 Gee
708 Betaal
restourant
91 Gebou
406 Eet
429 Eetplek
707 Handelsaak
724 Vermaak
restourantkos
420 Voedsel
426 Kos
restourasie
97 Bou
622 Goed
restourateur 429
restoureer
53 Nuut
97 Bou
622 Goed
restriksie
108 Minder
530 Voorbehou
restriktief
108 Minder
530 Voorbehou
resultaat
16 Gevolg
28 Einde
137 Bewerking
637 Doelgerigtheid
650 Voltooi
681 Resultaat
682 Slaag
resulteer 16
resulterend 16
resumé 539
resumeer
111 Geheel
539 Kommunikeer
resusaap 366
resusfaktor 400
resussitasie 251
resussiteer 251
retensie 698
retensiegeld
698 Behou
708 Betaal
retensiereg 698
retentiwiteit 261
retina 387
retineer 708
retirade
94 Gebou
234 Spoorweg
746 Toilet
retireer
151 Agtertoe
190 Vertrek
685 Verloor
retirering 685
retoer
151 Agtertoe
188 Aankom
retoerkaartjie 220
retoerreis
151 Agtertoe
188 Aankom
retoerrit
151 Agtertoe
220 Treinry
retoervaart 188
retoervlug 188
retoesjeer
651 Toesien
760 Skilderkuns
retoriek
558 Redevoering
750 Letterkunde
retories
542 Betekenisloos
555 Vra
558 Redevoering
retoriese vraag
555 Vra
576 Sinsbou
retorika
542 Betekenisloos
548 Praat
558 Redevoering
retorikus 558
retort
84 Houer
256 Skeikunde
retortstander 256
retribusie
693 Gee
708 Betaal
784 Wraaksug
835 Bestraf
retrograde
9 Verskillend
151 Agtertoe
retrograde gedig 751
retrogradewoordeboek 567
retrogressief 151
retrospektief
15 Oorsaak
527 Oordeel
reuk
378 Senuwee
473 Ruik
497 Reuk
reukaltaar 854
reukbol 389
reukbrein 389
reukbulbus 389
reukklier 497
reukloos
473 Ruik
497 Reuk
reukloosheid
473 Ruik
497 Reuk
reukorgaan
389 Neus
497 Reuk
reuksentrum 389
reuksenuwee
378 Senuwee
389 Neus
reuksin 497
reuksintuig 497

reuksout 415
reukverdrywer 475
reukverdrywing 473
reukvermoë 497
reukvlies 389
reukwater
474 Welriekend
746 Toilet
reukweerder 475
reukweermiddel
473 Reuk
475 Onwelriekend
reukwerk 474
reun
357 Dier
366 Soogdier
reunhond 366
reünie 665
reunperd 366
reus 432
reusagtig
92 Gebou
432 Groot
743 Mooi
reusagtigheid 432
reuse stokinsek 361
reusegestalte 432
reusekrag 625
reusel 421
reusesukses 682
reusetaak 654
reusewerk 654
reutel 484
revaluasie 527
revalueer
131 Munt
527 Oordeel
reveille 680
revideer 565
reviseer 566
reviseur 565
revisie
565 Skryfkuns
566 Drukkuns
revokasie 529
revokeer 529
revoseer 529
revue
568 Perswese
680 Militêre aksie
752 Toneelkuns
755 Uitvoering
rewolusie
20 Wanorde
82 Rondom
121 Verwarring
140 Verandering
270 Hemelliggaam
667 Stryd
rewolusionêr
36 Onreëlmatig
53 Nuut
121 Verwarring
140 Verandering
667 Stryd
rewolusionêre 667
rewolwer
252 Doodmaak
676 Vuurwapen
rewolwerkoeël 676
rewolwerpatroon 676
rewolwerskoot 677
rib
94(4) Dak
235 Skeepvaart
380 Gebeente
394 Bors
421 Vleis
426 Kos
ribbebeen 380
ribbekas 394
ribbel 449
ribbeling 82
ribbetjie 421
ribbewerk
94(4) Dak
235 Skeepvaart
ribbok 366
ribkoord 311
ribkwal 363
ribosoom 377
ribskild 364
ribstuk
94(4) Dak
235 Skeepvaart
ribtjop 421
Richterskaal 274
rickettsia 317
rickettsiabakterie 317
rickettsiose 413
ridder
667 Stryd
767 Moed
797 Adelstand
812 Goeie gedrag
ridderkruis 797
ridderlik
767 Moed
797 Adelstand
812 Goeie gedrag
ridderlint 797
ridderorde 797
ridderroman 750
ridderseël 546
ridderskap 797
ridderslag 797
ridderspel 739
ridderspoor 334
ridderstand 797
ridderverhaal
552 Vertel
750 Letterkunde
riel 742
riem
172 Vasmaak
182 Slaan
235 Skeepvaart
310 Vlegwerk
314 Leer
315 Papier
442 Lyn
riemleer 314
riempie 314
riempiesmat 95(10)
riempiesmatstoel 95(4)
riempiestoel 95(4)
riemspring
741 Kinderspel
835 Bestraf
riemtelegram 538
riesling 427
rieslingdruif 426
riet
94(4) Dak
318 Plant
339 Riet
rietagtig 339
rietblits 427
rietbok 366
rietbos 318
rietdak 94(4)
rietdakhuis 91
rieterig 339
rietfluit 756
rietgras 318
rietmat
95(10) Mat
310 Vlegwerk
rietmeubels 95(1)
rietmuis 366
rietplafon 94(4)
rietrot 366
rietskraal 435
rietspiritus 427
rietstoel 95(4)
rietsuiker
426 Kos
471 Lekker
rietvlei 285
rif
275 Myn
277 Berg
riffel 449
riffelferweel 311
riffeling 449
riffelkarton 315
riffelmerk 274
riffelplaat 100
riffelrig 449
riffelsink 297
riffelskaaf
316 Hout
630 Werktuig
riffelyster 297
rifgang 275
rifrug 366
rifrughond 366
rifsteen 304
rifwurm 363
rig
147 Rigting
194 Vervoer
223 Stuur
443 Reglynig
590 Bestuur
644 Handelwyse
677 Skiet
righoek
99 Messel
443 Reglynig
righout 443
rigiditeit
455 Hard
595 Streng
rigied
455 Hard
595 Streng
rigkrag 261
riglyn
35 Reëlmatig
101 Gereedskap
443 Reglynig
590 Bestuur
640 Voorbereid
677 Skiet
riglynbesluit 590
rigmeganisme 223
rigor mortis 250
rigoreus
586 Beslis
595 Streng
811 Gewete
rigoris 811
rigprys
126 Skat
708 Betaal
rigsnoer
35 Reëlmatig
99 Messel
443 Reglynig
640 Voorbereid
644 Handelwyse
801 Wet
rigstelsel 223
rigstok 443
rigter 677
rigting
147 Rigting
223 Stuur
514 Wysbegeerte
515 Wetenskap
749 Kuns
rigting hou 147
rigting verloor 148
rigtingbaken 147
rigtingbepalend 147

rigtinggewend 147
rigtinghoudend 147
rigtingloos
147 Rigting
148 Van koers af
583 Willoosheid
rigtingroer 223
rigtingroerpedaal 236
rigtingsroer 236
rigtingvas 147
rigtingvastheid 147
rigtingverandering
147 Rigting
586 Beslis
rigtingwyser
147 Rigting
233 Motorvoertuig
riksja 230
ril
164 Reëlmatig
378 Senuwee
466 Koud
713 Gevoel
768 Vrees
775 Weersin
riller
552 Vertel
750 Letterkunde
752 Rolprentkuns
768 Vrees
rillerig
378 Senuwee
466 Koud
713 Gevoel
744 Lelik
768 Vrees
rilling
164 Reëlmatig
378 Senuwee
466 Koud
768 Vrees
rimpel
180 Ongelyk
381 Vel
384 Kop
449 Ongelykheid
rimpeling
180 Ongelyk
449 Ongelykheid
rimpelloos
381 Vel
448 Gelyk
rimpelpapier 315
rimpelrig
180 Ongelyk
381 Vel
449 Ongelykheid
rinensefalon 389
rinforzando 753
ring
82 Rondom
331 Boom
368 Diereteelt
369 Veeteelt
446 Rond
665 Byeenkom
745 Versier
852 Geestelike
ringbaan 234
ringbaard 386
ringbesluit 852
ringbindwerk 566
ringduif 365
ringeiland 281
ringel
368 Diereteelt
369 Veeteelt
ringeleer 160
ringeloor 779
ringgeut 94(4)
ringgooi 739
ringkanaal 286
ringkommissie 852
ringkop
52 Ouderdom
54 Oud
591 Gesaghebber
ringkraakbeen 380
ringmuur 671
ringsitting 852
ringspier 379
ringsressort 61
ringsteek 739
ringtennis 739
ringvinger 397
ringvormig
438 Vorm
446 Rond
ringwurm 413
rinkel
476 Geluid
478 Welluidend
rinkelend 478
rinkelgeluid 476
rinkeling 478
rinkhals 364
rinkhalsduif 365
rinkhalsslang 364
rinkink
722 Snaaks
813 Swak gedrag
rinkinkery
479 Disharmonies
722 Snaaks
813 Swak gedrag
rinnewasie
98 Afbreek
623 Sleg
rinneweer 98
rinneweerder
98 Afbreek
623 Sleg
rinnewering 623
rinologie 389
rioleer
97 Bou
286 Rivier
627 Skoon
riolering
94(1) Konstruksie
97 Bou
286 Rivier
rioleringsaanleg 628
rioleringspyp 628
rioleringstelsel
94(1) Konstruksie
288 Waterstelsel
628 Vuil
riool 94(1)
rioolgas 461
rioolgat 286
rioolplaas 628
rioolpyp
94(1) Konstruksie
286 Rivier
288 Waterstelsel
rioolslik 462
rioolsloot 286
rioolslyk
462 Halfvloeibaar
628 Vuil
rioolstelsel 288
rioolvuil 628
rioolwaterpyp 286
rips 311
risiko 656
risikokapitaal 688
risikoversekering 655
riskant 656
riskeer
656 Gevaarlik
767 Moed
risoom 319
risotto 426
rissie
351 Groente
419 Voedselbereiding
rissiepeper 419
rissiepit 771
rit
187 Reis
216 Ry
ritardando 753
rite
794 Sosiaal
848 Erediens
ritenuto 753
ritme
35 Reëlmatig
751 Digkuns
753 Musiek
ritmeester 219
ritmiek
35 Reëlmatig
751 Digkuns
753 Musiek
ritmies
35 Reëlmatig
749 Kuns
751 Digkuns
753 Musiek
rits
21 Volgorde
104 Baie
145 Beweging
172 Vasmaak
225 Vinnig
316 Hout
722 Snaaks
813 Swak gedrag
ritsbeitel 316
ritsel 476
ritselgeluid 476
ritseling 476
ritsig 239
ritsigheid 239
ritsyster 316
rittel
164 Reëlmatig
466 Koud
768 Vrees
ritteldans 742
ritteltits
164 Reëlmatig
466 Koud
768 Vrees
rituaal 848
ritueel
657 Herhaal
794 Sosiaal
848 Erediens
rivier
274 Geologie
286 Rivier
rivierbekken
285 Meer
286 Rivier
rivierdam 288
rivierdelta
61 Plek
286 Rivier
rivierduin 286
riviereiland 281
riviergrens 63
rivierhawe 235
rivierkloof 278
rivierkom 285
rivierkreef 362
rivierkrokodil 364
rivierloop 286
riviermonding 286
rivieroewer 286
rivierpaling 363
rivierplaas 346
rivierslyk 462
riviertog 221
riviervaart 221
riviervallei 286

riviervissery 372
riviervoël 365
rivierwater
286 Rivier
460 Vloeistof
rivisionisme 795
röntgenapparaat
262 Elektrisiteit
267 Optika
röntgenfoto 262
röntgenstraal
262 Elektrisiteit
267 Optika
rob
363 Waterdier
366 Soogdier
robbedoe 376
robot
257 Meganika
503 Onverstandig
630 Werktuig
robotika 257
robus 411
robuus
411 Gesond
625 Sterk
robvel 314
robyn 298
rock 753
rockkonsert 755
rococo
749 Kuns
764 Boukuns
rodeo 219
rododendron 334
roede
123 Meet
182 Slaan
403 Voortplanting
546 Kunsmatige teken
835 Bestraf
roef 178
roei
94(9) Venster
215 Swem
221 Vaar
270 Hemelliggaam
443 Reglynig
roeiboot
221 Vaar
235 Skeepvaart
roeidol 235
roeier
221 Vaar
235 Skeepvaart
roeiertjie 362
roeimik 235
roeipen 372
roeiplank
214 Dryf
215 Swem
roeipoot 362
roeiriem
221 Vaar
235 Skeepvaart
roeispaan
221 Vaar
235 Skeepvaart
372 Vissery
roeistok 235
roeiwedstryd 727
roekeloos
509 Onoplettend
618 Kragtig
641 Onvoorbereid
767 Moed
roekoek 483
roem
620 Belangrik
799 Beroemd
826 Goedkeur
830 Eerbiedig
842 Geloof
roemer 84
roemgierig 785
roemloos 800
roemryk
614 Bekwaam
799 Beroemd
826 Goedkeur
roemsug 785
roemvol
614 Bekwaam
799 Beroemd
roemwaardig 826
roep
191 Laat kom
482 Menslike geluid
483 Voëlgeluid
484 Diergeluid
539 Kommunikeer
548 Praat
550 Noem
554 Aanspreek
790 Sosiaal
roepende 548
roepery 482
roeping
580 Graag
773 Begeerte
roepja 369
roepnaam
550 Noem
574 Woordkategorie
roepsek 369
roepstem 811
roer
145 Beweging
164 Reëlmatig
174 Meng
223 Stuur
235 Skeepvaart
236 Lugvaart
495 Tassin
676 Vuurwapen
713 Gevoel
roerbaar 174
roerbraai
418 Maaltyd
419 Voedselbereiding
roereier 426
roerend
145 Beweging
688 Besit
713 Gevoel
714 Gevoelig
roerende bate 688
roerende eiendom 688
roerig 20
roering 145
roerlepel
95(7) Messegoed
174 Meng
roerloos
146 Bewegingloosheid
583 Willoosheid
roerloosheid 146
roerpen 235
roerspaan 174
roertou 235
roes
184 Afbreek
238 Vernietig
297 Metaal
301 Metaalverwerking
324 Plantlewe
327 Tallusplant
407 Drink
413 Siekte
458 Breekbaar
623 Sleg
628 Vuil
roesagtig
297 Metaal
623 Sleg
roesbruin 492
roes(e)moes
20 Wanorde
165 Onreëlmatig
476 Geluid
479 Disharmonies
548 Praat
roeskleur 492
roesklip 274
roesplek 628
roesrooi 492
roessuipery 407
roesswam 327
roes(t)erig
297 Metaal
623 Sleg
roesvlek 297
roesvry 297
roeswerend 297
roet
469 Verwarmingstoestel
628 Vuil
roetagtig 469
roete
147 Rigting
149 Pad
187 Reis
roetebord
149 Pad
217 Motorry
roeteer 147
roetekaart
147 Rigting
187 Reis
roeterig 469
roetewys(t)er
149 Pad
217 Motorry
roetine
647 Voortgaan
657 Herhaal
roetinebesoek 790
roetineer
647 Voortgaan
653 Maklik
657 Herhaal
roetkleur 492
roetlug 475
roetswart 492
roetvlek 628
roetwolk 628
rof
289 Klimaat
449 Ongelyk
618 Kragtig
652 Versuim
779 Boosaardig
792 Asosiaal
813 Swak gedrag
roffel
316 Hout
476 Geluid
480 Dowwe klank
630 Werktuig
756 Musiek
roffelskaaf
316 Hout
630 Werktuig
rofie 413
rofkas 99
rofstoei 731
rofweg 130
rofwerkpapier 315
rog
352 Graan
363 Waterdier
rogbrood 424
roggel
404 Asemhaling
482 Menslike geluid
484 Diergeluid
548 Praat
roggelend 482

roggras 338
rogmeel 186
rojaal
104 Baie
432 Groot
693 Gee
rojalisties 797
rojaliteit
104 Baie
432 Groot
693 Gee
rojeer
563 Skryf
665 Byeenkom
rojering 563
rok 745
rokeer 739
roker
419 Voedselbereiding
423 Slagter
430 Rook
rokerig
461 Gas
467 Aansteek
471 Lekker
472 Sleg
475 Onwelriekend
492 Kleur
544 Onduidelik
rokerigheid 544
rokery 430
rokjagter 239
rokmateriaal 311
rokmou 745
rokplooi 180
rol
21 Volgorde
82 Rondom
102 Hoeveelheid
145 Beweging
152 Verby
158 Opstyg
159 Neerdaal
163 Draai
165 Onreëlmatig
216 Ry
287 Vloei
305 Erdewerk
315 Papier
347 Landbou
430 Rook
450 Volume
480 Dowwe klank
483 Voëlgeluid
566 Drukkuns
567 Boek
644 Handelwyse
752 Toneelspel
809 Regsgeding
rolbaan 194
rolbal 728
rolbalbaan 728
rolbed 95(5)
rolbesem 627
rolbesetting 752
rolblaar 324
rolblinding 94(15)
rolbrug 149
roleg 355
rolfilm 268
rolgordyn 95(12)
rolkoek 426
rolkraag 745
rolkraagtrui 745
rollaag 99
rollade 421
rollaer 257
rollend 163
rollende 152
roller
152 Verby
163 Draai
233 Motorvoertuig
448 Gelyk
564 Skryfbehoeftes
rollermeul 186
rolletjie
163 Draai
424 Brood
rolluik 94(15)
rolmops 426
rolpens 421
rolpers 566
rolplaat 301
rolprent 752
rolprentakteur 752
rolprentateljee 268
rolprentbedryf 752
rolprentdrama 752
rolprentfilm 268
rolprentganger 752
rolprentgeselskap 752
rolprentkamera 268
rolprentkuns
268 Fotografie
752 Rolprentkuns
752 Toneelkuns
rolprentopname 268
rolprentprojektor 268
rolprentregie 752
rolprentregisseur 752
rolprentstel 268
rolprentster 752
rolprentstudio 268
rolprentteater 752
rolprentvertoning 752
rolprentvervaardiger 752
rolprentwese 752
rolpuntpen 564
rolroer
223 Stuur
236 Lugvaart
rolskaats 736
rolskaatsbaan 736
rolskaatser 736
rolspel 644
rolsteen 298
rolstoel
95(4) Sitmeubel
230 Rytuig
rolstok 425
rolstuk 421
roltabak 430
roltandeg 355
roltoe 361
roltong 426
roltrap
94(12) Trap
211 Opgaan
roltwak 430
rolvarkie 366
rolvas 752
rolverdeling
752 Rolprentkuns
752 Toneelkuns
rolwaentjie 95(8)
rolystervarkie 366
Romaanse kuns 749
Romaanse taal 569
roman
363 Waterdier
552 Vertel
567 Boek
750 Letterkunde
roman clef 750
romanesk
714 Gevoelig
750 Letterkunde
Romanis 570
romaniseer
569 Taal
787 Gemeenskap
Romanistiek 570
romankuns
749 Kuns
750 Letterkunde
romanliteratuur 750
romanse
751 Digkuns
776 Liefde
romansier
565 Skryfkuns
750 Letterkunde
romanskrywer
565 Skryfkuns
750 Letterkunde
romanteks 750
romantiek
749 Kuns
776 Liefde
romantiekerig 538
romanties
714 Gevoelig
749 Kuns
776 Liefde
romantikus
749 Kuns
776 Liefde
romantiseer 776
romantisis 749
romantisisme 749
rombies 139
romboëder 139
romboëdries 139
romboïdaal 139
romboïde 139
romboïed 379
rombus 139
romein
565 Skryfkuns
566 Drukkuns
romeins
133 Getal
565 Skryfkuns
566 Drukkuns
Romeinse god 855
Romeinse gordyn 95(12)
Romeinse kuns 749
romeinse letter
565 Skryfkuns
566 Drukkuns
Romeinse reg
515 Wetenskap
808 Regswese
romeinse skrif 565
romeinse teken
565 Skryfkuns
566 Drukkuns
Romeins-Hollandse reg 808
romerig
371 Suiwel
471 Lekker
rommel
20 Wanorde
174 Meng
184 Afbreek
476 Geluid
480 Dowwe klank
623 Sleg
rommelary
20 Wanorde
174 Meng
184 Afbreek
623 Sleg
rommelhoop
20 Wanorde
184 Afbreek
rommelig
20 Wanorde
184 Afbreek
623 Sleg
rommeling
293 Onweer
480 Dowwe klank
rommelkuns 758
rommelrig
20 Wanorde

184 Afbreek
623 Sleg
rommelstrooier
20 Wanorde
628 Vuil
rommelterrein 184
rommelverkoping 705
rommelwerf
20 Wanorde
184 Afbreek
rommelwinkel 707
romp
235 Skeepvaart
392 Romp
745 Kleding
rompsegment 235
rompslomp
5 Ondergeskik
20 Wanorde
590 Bestuur
654 Moeilik
rond
61 Plek
133 Getal
147 Rigting
163 Draai
434 Breed
446 Rond
450 Volume
478 Welluidend
572 Uitspraak
rondawel
89 Blyplek
91 Gebou
rondbasuin
539 Kommunikeer
552 Vertel
rondbeveel 588
rondbeweeg
145 Beweging
213 Rondgaan
rondbewegend 213
rondboog 94(7)
rondborstig
537 Waarheid
814 Eerlik
rondbring
170 Saambring
213 Rondgaan
ronddans
165 Onreëlmatig
199 Spring
742 Dans
ronddool 213
ronddra 213
ronddraai
163 Draai
186 Maal
226 Stadig
ronddrentel 213
ronddryf
213 Rondgaan
214 Dryf
ronddwaal
213 Rondgaan
229 Stadig
646 Nie handel nie
ronde
82 Rondom
213 Rondgaan
ronde getal 133
ronde hakie
565 Skryfkuns
571 Skrif
ronde letter
565 Skryfkuns
566 Drukkuns
ronde yster 301
rondedans 742
rondeel 751
rondeklits 344
rondekophamer 316
rondelied 757
rondepuntkoeël 676
rondewurm
361 Insek
413 Siekte
rondfiets 218
rondflenter 213
rondgaan
82 Rondom
204 Aandoen
213 Rondgaan
552 Vertel
790 Sosiaal
rondgaande 213
rondgaande hof 808
rondgang
82 Rondom
204 Aandoen
213 Rondgaan
rondgee 693
rondgooi
227 Werp
628 Vuil
rondhang
64 Aanwesig
213 Rondgaan
229 Stadig
646 Nie handel nie
rondhangery 646
rondhardloop 213
rondheid 446
rondhol
213 Rondgaan
228 Vinnig
rondhout
235 Skeepvaart
316 Hout
ronding
446 Rond
572 Uitspraak
rondjaag 213
rondjakker 213
rondkom
115 Genoeg
204 Aandoen
213 Rondgaan
689 Ryk
rondkopskroef 316
rondkruip 145
rondkuier 213
rondlê
213 Rondgaan
646 Nie handel nie
rondlei 147
rondleuter
646 Nie handel nie
790 Sosiaal
rondloop
145 Beweging
197 Te voet
204 Aandoen
213 Rondgaan
552 Vertel
646 Nie handel nie
rondloper
646 Nie handel nie
690 Arm
rondlopery 213
rondluier
213 Rondgaan
229 Stadig
rondluister 516
rondmaal
163 Draai
165 Onreëlmatig
186 Maal
rondo 754
rondom
61 Plek
82 Rondom
160 Omring
rondomtalie
82 Rondom
741 Kinderspel
rondpeuter 165
rondreis 187
rondreisend 187
rondreisende handelaar 705
rondrits
145 Beweging
213 Rondgaan
rondrol
163 Draai
165 Onreëlmatig
213 Rondgaan
rondruk 145
rondry 213
rondsaai 227
rondsel 257
rondsirkel 213
rondsit 213
rondskaaf
316 Hout
630 Werktuig
rondskarrel
213 Rondgaan
637 Doelgerigtheid
645 Handel
rondskrif 565
rondskrywe
551 Meedeel
565 Skryfkuns
rondskuif
145 Beweging
213 Rondgaan
rondsleep 145
rondslenter
213 Rondgaan
646 Nie handel nie
rondslinger
148 Van koers af
163 Draai
165 Onreëlmatig
rondsluip
145 Beweging
213 Rondgaan
rondsmyt 227
rondsoek 516
rondspring
145 Beweging
165 Onreëlmatig
199 Spring
213 Rondgaan
524 Onlogies redeneer
rondstaan
145 Beweging
146 Bewegingloosheid
646 Nie handel nie
rondstap 213
rondstappery 213
rondstoot
145 Beweging
213 Rondgaan
rondstrooi
227 Werp
628 Vuil
rondstuur
192 Laat gaan
213 Rondgaan
rondsukkel 229
rondswaai 145
rondswem 215
rondswerf
187 Reis
213 Rondgaan
rondswerm
213 Rondgaan
222 Vlieg
rondtas
165 Onreëlmatig
495 Tassin
518 Glo
587 Aarsel
rondte
82 Rondom
213 Rondgaan

676 Vuurwapen
727 Wedstryd
rondtoer 187
rondtol 163
rondtrap 165
rondtrek
145 Beweging
187 Reis
213 Rondgaan
rondtrekkend 213
ronduit
539 Kommunikeer
543 Duidelik
814 Eerlik
rondvaar 213
rondvaart 221
rondval
213 Rondgaan
516 Soek
rondvallery 516
rondvarend 213
rondvertel
551 Meedeel
552 Vertel
rondvis 555
rondvlieg
213 Rondgaan
222 Vlieg
rondvlug 222
rondvra
516 Soek
555 Vra
rondvraag
516 Soek
539 Kommunikeer
555 Vra
rondvraging 555
rondweg
539 Kommunikeer
543 Duidelik
814 Eerlik
rondwoel
165 Onreëlmatig
213 Rondgaan
rong 230
ronk
480 Dowwe klank
484 Diergeluid
ronkedoor 366
roof
171 Verwyder
413 Siekte
695 Steel
779 Boosaardig
803 Oortree
822 Skuldig
roofagtig 695
roofarend 365
roofbende 695
roofboerdery 347
roofbou 347
roofbuideldier 366
roofdier
357 Dier
366 Soogdier
roofdruk 566
roofgierig 695
roofkyker 264
roofluisteraar 264
roofmeeu 365
roofmoord 252
roofmyt 361
roofpolitiek 795
roofskip
235 Skeepvaart
695 Steel
roofsug 695
roofsugtig 695
rooftog 695
roofvis 363
roofvlieg 361
roofvoël 365
roofwants 361
rooi
382 Haar
386 Gesig
492 Kleur
rooi roman 363
rooi taal 569
rooi-aas
363 Waterdier
372 Vissery
rooialge 341
rooibaardman 363
rooibekkie 365
rooibekvink 365
rooiblaar 331
rooibloedliggaampie 400
rooibloedsel 400
rooiblom 344
rooiblombloekom 331
rooibok 366
rooibolus 490
rooibont 492
rooiborsduifie 365
rooiborsfiskaal 365
rooiborsie 365
rooibos 331
rooibostee 427
rooibruin 492
rooidag 37
rooidagga 430
rooidisa 337
rooidopluis 361
rooi-els 331
rooiessehout
316 Hout
331 Boom
rooigras 338
rooihaarjie 337
rooiharder 363
rooiheid 492
rooihond 413
rooihout
316 Hout
331 Boom
rooi-ivoor 331
rooi-ivoorhout 316
rooijakkals 366
rooikappie 337
rooikat 366
rooikoper 297
rooikrans
331 Boom
332 Struik
rooikransboom 331
rooikransbos
331 Boom
332 Struik
rooikwas 337
rooiluis 361
rooilyn
82 Rondom
99 Messel
rooimier 361
rooiminie 490
rooimuur 342
rooimyt 361
rooioranje 492
rooipeer 331
rooipeper
419 Voedselbereiding
426 Kos
rooipers 492
rooipop 337
rooipypie 322
rooirabas 332
rooiribbok 366
rooirissie 419
rooiskimmel 366
rooispinnekop 361
rooisteenbras 363
rooistompie 337
rooistompneus 363
rooitee 427
rooitou 332
rooitrewwa 337
rooivos 366
rooiwarm 465
rooiwater 413
rooiwortel 343
rooiwyn 427
rooiwynglas 95(7)
rook
419 Voedselbereiding
423 Slagter
430 Rook
461 Gas
467 Aansteek
469 Verwarmingstoestel
rookbom 676
rookdig
178 Toegaan
453 Dig
rookgas 461
rookgat 277
rookglas 309
rookgoed 430
rookgordyn 670
rookkamer
94(3) Vertrek
430 Rook
rookkolom 467
rookloos 467
rooklose kruit 676
rooklug 475
rookmasjien 423
rookmis 467
rookreuk 475
rookskerm
469 Verwarmingstoestel
540 Geheim hou
670 Verdedig
rooksmaak 472
rooksuil 467
rookvanger 469
rookverbod 430
rookvry 467
rookwalm 467
rookwolk
291 Wolk
467 Aansteek
room
371 Suiwel
419 Voedselbereiding
426 Kos
492 Kleur
622 Goed
746 Toilet
roomafskeier 371
roomagtig 371
roombeker 95(7)
roombotter 371
roomkaas
371 Suiwel
426 Kos
roomkan 371
roomkleur 492
roomkoek 426
roomkoeler 371
Roomse godsdiens
840 Godsdiens
854 Godsdienste
Rooms-Katoliek
840 Godsdiens
854 Godsdienste
Rooms-Katolisisme
840 Godsdiens
854 Godsdienste
roomsop 426
roomsous 426
roomtertjie 426
roomwit 492
roomys 426
roos
332 Struik
413 Siekte

roosblaar 321
roosboom 332
roosbottel 323
rooshout 331
rooskewer 361
rooskleurig
492 Kleur
633 Nuttig
roosknop 322
rooskwarts 298
roosmaryn
332 Struik
340 Krui
419 Voedselbereiding
474 Welriekend
roosolie
474 Welriekend
746 Toilet
rooster
21 Volgorde
94(1) Konstruksie
95(8) Toerusting
178 Toegaan
232 Fiets
233 Motorvoertuig
419 Voedselbereiding
465 Warm
469 Verwarmingstoestel
640 Voorbereid
658 Beroep
roosterbrood
424 Brood
426 Kos
roosterkoek 426
roosterkuiken 426
roosteroond 95(8)
roosterpan 95(7)
roosterplaat 95(8)
roosters 234
roostervleis 421
roostervormig 438
roostervurk 95(7)
roostuin 346
roosvenster 94(9)
roosvormig 446
rooswater 474
root 353
Roquefort 426
ros 366
rosaki 323
rosé
427 Drank
492 Kleur
rosegeur 474
rosekrans
745 Versier
847 Gebed
roset 745
rosig 492
roskam
182 Slaan
369 Veeteelt
667 Stryd
669 Aanval
827 Afkeur
835 Bestraf
rostrum
94(15) Toebehore
362 Skaaldier
rosyntjie
323 Vrug
350 Vrugte
426 Kos
rosyntjiebos 337
rosyntjiebrood
424 Brood
426 Kos
rot 366
rotasie 163
rotasie-as 257
rotasieboor 630
rotasiediepdruk 566
rotasiedruk 566
rotasiepers 566
rotasiepomp 288
rotasisme 572
roteer 163
roting 353
rotogravure
566 Drukkuns
761 Graveerkuns
rotonde 91
rotor
262 Elektrisiteit
630 Werktuig
rotoras 630
rotorblad 236
rotorlem 236
rots
274 Geologie
277 Berg
298 Steen
816 Getrou
rotsagtig
277 Berg
280 Woestyn
282 Kus
rotsbank
272 Aarde
277 Berg
283 See
298 Steen
rotsblok 298
rotsboor 630
rotsbreker 303
rotsduif 365
rotseiland 281
rotsformasie 274
rotsklim 211
rotskloof 278
rotskruin 277
rotslaag 274
rotslys 277
rotspunt
277 Berg
439 Punt
rotsskeur
277 Berg
278 Vallei
rotsskildering 760
rotsskildery 760
rotsspleet 277
rotssteen 298
rotsstorting 277
rotsstrand 283
rotstekening 759
rotstertmaaier 361
rotstuin 346
rotsvas
143 Bestendig
811 Gewete
812 Goeie gedrag
rotswand 277
rotswoestyn 280
rottang
182 Slaan
353 Vlasteelt
835 Bestraf
rottangagtig 353
rottangmandjie 84
rottangmeubels 95(1)
rottangstoel 95(4)
rottenes 628
rottingsput 628
rotval 373
rou
253 Begrafnis
304 Steen
413 Siekte
419 Voedselbereiding
449 Ongelyk
615 Onbekwaam
641 Onvoorbereid
717 Lyding
719 Hartseer
roubandsiekte 413
roubedryf 253
roubeklaer 253
roubeklag
253 Begrafnis
719 Hartseer
roubrief 253
roudag 253
roudiens 253
roudig 751
roudraer 253
rouge 746
rouheid 641
roukaart 253
roukamer 253
rouklaag
253 Begrafnis
723 Ernstig
rouklag 253
roukleed 253
rouklere 745
roukoop 704
roukrans 253
roulette 739
roulint 253
roupapier 315
rouriem 314
rousteen
100 Boumateriaal
304 Steen
routyd 253
rouvel 314
roux 419
rower
695 Steel
779 Boosaardig
803 Oortree
822 Skuldig
rowerbende 695
rowernes 695
rowery 695
ru
254 Stof
449 Ongelyk
618 Kragtig
652 Versuim
779 Boosaardig
789 Onbeskaafd
792 Asosiaal
813 Swak gedrag
rubato 753
rubber 307
rubberbal 741
rubberboom 331
rubberhamer
181 Stoot teen
630 Werktuig
rubberlym 172
rubbermat 95(10)
rubeitel 630
rubidium 297
rubriek
30 Ondergeskik
565 Skryfkuns
568 Perswese
rubriekskrywer
565 Skryfkuns
568 Perswese
750 Letterkunde
rubriseer 33
rubrisering 33
ruderaal 324
rudimentêr
112 Deel
433 Klein
277 Berg
rug
76 Bo
86 Agter
95(4) Sitmeubel

149 Pad
277 Berg
396 Rug
566 Drukkuns
567 Boek
rugbaar 539
rugby
728(1) Rugby
728 Balsport
rugbybal
726 Sport
741 Kinderspel
rugbybroekie 728(1)
rugbyklub 724
rugbykommentator 727
rugbyspan 663
rugbyspeler
726 Sport
728(1) Rugby
rugbystadion 726
rugbystewels 728(1)
rugbytoer 728(1)
rugbytoernooi 728(1)
rugbytrui 728(1)
rugbyveld
726 Sport
728(1) Rugby
rugbywedstryd 728(1)
rugdop 362
ruggelings
69 Naby
151 Agtertoe
201 Agteruit
ruggespraak
539 Kommunikeer
554 Aanspreek
557 Diskussie
ruggraat 396
ruggraatkoors 413
ruggraatloos
583 Willoosheid
623 Sleg
626 Swak
813 Swak gedrag
rughaal 215
rughandhou 728(4)
rughou 728(4)
rugkant 86
rugklopper 828
rugkloppery 828
rugkrapper 828
rugleuning
95(4) Sitmeubel
233 Motorvoertuig
rugmurg
378 Senuwee
396 Rug
rugmurgkanaal 396
rugmurgontsteking 413
rugpant 745
rugpyn
412 Siek
413 Siekte
717 Lyding
rugsak
84 Houer
211 Opgaan
rugsenuwee 396
rugskild
362 Skaaldier
364 Reptiel
rugslag
215 Swem
732 Watersport
rugspier
379 Spier
396 Rug
rugsteun
75 Onder
263 Rekenaar
638 Aanmoedig
663 Meedoen
rugsteuning
638 Aanmoedig
663 Meedoen
rugstring
396 Rug
421 Vleis
rugstuk 421
rugsy 86
rugteken
563 Skryf
700 Bank
rugtekening 700
rugtitel
566 Drukkuns
567 Boek
rugveer
365 Voël
382 Haar
rugvin 363
rugwaarts
86 Agter
151 Agtertoe
rugwerwel 396
ruheid
449 Ongelyk
618 Kragtig
652 Versuim
779 Boosaardig
789 Onbeskaafd
792 Asosiaal
ruig
382 Haar
449 Ongelyk
453 Dig
ruigte
318 Plant
346 Landbougrond
ruik
389 Neus
473 Ruik
497 Reuk
ruikbaar 473
ruiker 348
ruikvermoë 497
ruil
144 Vervang
701 Handel
ruilbaar 144
ruilboek 567
ruilboekery
567 Boek
707 Handelsaak
ruilboekerydiens 567
ruilboekhandel 701
ruileksemplaar 567
ruilhandel 701
ruilhandelaar 705
ruiling
144 Vervang
701 Handel
ruilmiddel
701 Handel
709 Betaalmiddel
ruiltransaksie 701
ruilverdrag
607 Beloof
701 Handel
ruilvoet
701 Handel
709 Betaalmiddel
ruilwaarde
701 Handel
709 Betaalmiddel
ruim
62 Grensloos
94 Gebou
104 Baie
107 Meer
110 Niks
151 Agtertoe
270 Hemelliggaam
434 Breed
502 Verstand
504 Geestelike gesondheid
693 Gee
ruimdenkend 502
ruimer
316 Hout
630 Werktuig
ruimgeestigheid 502
ruimhartig
693 Gee
776 Liefde
778 Goedaardig
ruimheid
62 Grensloos
107 Meer
434 Breed
502 Verstand
ruimskoots
104 Baie
115 Genoeg
ruimte
61 Plek
62 Grensloos
81 Binne
139 Meetkunde
168 Saamkom
269 Heelal
270 Hemelliggaam
434 Breed
445 Oppervlak
450 Volume
ruimte-inhoud 102
ruimtekapsule
222 Vlieg
236 Lugvaart
ruimtelaboratorium
236 Lugvaart
271 Kosmografie
ruimtelik
61 Plek
269 Heelal
431 Afmeting
450 Volume
ruimtemaat
102 Hoeveelheid
139 Meetkunde
431 Afmeting
ruimtenavorsing 271
ruimteoorlog 667
ruimtepak 271
ruimtereis
222 Vlieg
236 Lugvaart
ruimtereisiger 271
ruimteskip
222 Vlieg
236 Lugvaart
271 Kosmografie
ruimtestasie 236
ruimtevaarder 222
ruimtevaart
222 Vlieg
236 Lugvaart
271 Kosmografie
ruimteverhoudinge 61
ruimtevlug
222 Vlieg
236 Lugvaart
271 Kosmografie
ruimtevrees
413 Siekte
505 Verstandstoornis
768 Vrees
ruïnasie
687 Verlies
690 Arm
ruïne
98 Afbreek
238 Vernietig
ruïneer
98 Afbreek
687 Verlies
690 Arm

ruis
290 Wind
476 Geluid
480 Dowwe klank
ruisend 476
ruising
266 Akoestiek
290 Wind
476 Geluid
480 Dowwe klank
ruit
94(9) Venster
139 Meetkunde
233 Motorvoertuig
447 Hoekig
488 Deurskynend
ruite(ns) 740
ruite(ns)aas 740
ruite(ns)boer 740
ruite(ns)heer 740
ruite(ns)vrou 740
ruiter
216 Ry
219 Perdry
673 Manskap
739 Geselskapspel
ruiteraanval 669
ruiterbal 728
ruiterbalk 94(4)
ruitergeveg 667
ruiterkuns 219
ruiterlik 814
ruitersalf 415
ruiterseël 546
ruitery 672
ruitglas
94(9) Venster
309 Glas
ruitkoevert
563 Skryf
564 Skryfbehoeftes
ruitpatroon
139 Meetkunde
745 Versier
ruitslinger 233
ruitveër 233
ruitveërarm 233
ruitveërblad 233
ruitveërrubber 233
ruitveërskakelaar 233
ruitvormig
438 Vorm
447 Hoekig
ruk
37 Tyd
145 Beweging
165 Onreëlmatig
181 Stoot teen
183 Gryp
ruk-en-pluk 742
ruk-en-rol 742
rukkerig
145 Beweging
165 Onreëlmatig
rukkery 165
rukkie
37 Tyd
41 Kortstondig
rukking
145 Beweging
165 Onreëlmatig
rukoper 301
rukos 420
rukwind 290
rum 427
rumatiek 413
rumatiekkoors 413
rumaties 413
rumatiese koors 413
rumba 742
rummy 740
rumoer
121 Verwarring
165 Onreëlmatig
476 Geluid
479 Disharmonies
548 Praat
813 Swak gedrag
rumoerig
20 Wanorde
165 Onreëlmatig
476 Geluid
479 Disharmonies
813 Swak gedrag
rumoerigheid
479 Disharmonies
548 Praat
813 Swak gedrag
rumoermaker
476 Geluid
813 Swak gedrag
runderpes 413
rune
546 Kunsmatige teken
565 Skryfkuns
rune-alfabet 565
rune-inskripsie 565
rune-skrif 565
runies 565
runnik
484 Diergeluid
722 Snaaks
ru-olie
299 Brandstof
460 Vloeistof
rus
23 Onderbreking
74 Op
146 Bewegingloosheid
250 Dood
257 Meganika
410 Slaap
477 Stilte
611 Lui
646 Nie handel nie
648 Onderbreek
662 Rus
716 Genot
720 Tevrede
753 Musiek
755 Uitvoering
rusbank 95(4)
rusdag
37 Tyd
662 Rus
rushoekspiraal 139
rushuis 662
rusie
667 Stryd
771 Gramskap
rusie kry 667
rusie maak 667
rusiemaker 667
rusiesoeker 667
ruskamer
94 Gebou
234 Spoorweg
429 Eetplek
662 Rus
ruskamp 662
ruskans
646 Nie handel nie
662 Rus
ruskoste 187
ruskuur 414
rusoes 347
rusoord 662
ruspe(r) 361
rusperiode 662
rusplaas
253 Begrafnis
662 Rus
rusplek
61 Plek
253 Begrafnis
662 Rus
ruspoos
646 Nie handel nie
648 Onderbreek
ruspouse
648 Onderbreek
662 Rus
ruspunt 74
russofilie 787
russofobie 787
russomanie 787
ru-staal 301
rusteken 753
rusteloos
165 Onreëlmatig
645 Handel
661 Vermoei
713 Gevoel
714 Gevoelig
721 Ontevrede
rustend
324 Plantlewe
646 Nie handel nie
660 Ontslaan
662 Rus
rustende vulkaan 277
rustiek 272
rustig
10 Harmonie
146 Bewegingloosheid
477 Stilte
582 Wilskrag
619 Kalm
646 Nie handel nie
651 Toesien
662 Rus
668 Vrede
715 Gevoelloos
720 Tevrede
767 Moed
rustigheid
10 Harmonie
477 Stilte
582 Wilskrag
611 Lui
619 Kalm
646 Nie handel nie
651 Toesien
668 Vrede
715 Gevoelloos
716 Genot
720 Tevrede
rustyd
23 Onderbreking
54 Oud
646 Nie handel nie
648 Onderbreek
662 Rus
727 Wedstryd
rusversteurder
667 Stryd
779 Boosaardig
rusverstoring 667
rutenium 297
rutiel 296
ruveld
346 Landbougrond
728(8) Gholf
ruvoedsel 420
ruvoer
368 Diereteelt
369 Veeteelt
ruweg 130
ru-yster 297
ry
21 Volgorde
167 Wegbeweeg
216 Ry
217 Motorry
223 Stuur
rybaan 149
rybaar 216

rybewys
217 Motorry
601 Toestem
rybriek 233
rydier 219
ryding
145 Beweging
230 Rytuig
ryer
216 Ry
219 Perdry
726 Sport
ryg
172 Vasmaak
745 Versier
rygedrag 216
rygeld 187
rygenot 217
rygerief 217
rygplooi 180
rygsteek 172
ryk
61 Plek
104 Baie
426 Kos
496 Smaak
590 Bestuur
688 Besit
689 Ryk
743 Mooi
rykaard
688 Besit
689 Ryk
rykdom
688 Besit
689 Ryk
ryke
688 Besit
689 Ryk
ryklik 104
ryklik bedeeld 688
rykoste
187 Reis
708 Betaal
ryksadel 797
ryksargief
567 Boek
590 Bestuur
rykseenheid 590
ryksgebied 590
ryksgesag 588
rykskanselier 591
ryksmuseum 749
rykswapen 546
rylaan
90 Gemeenskap
149 Pad
ryloon 194
ryloop 216
ryloper 216
rym
10 Harmonie
572 Uitspraak
751 Digkuns
rymdigter 751
rymelaar
565 Skryfkuns
751 Digkuns
rymend
572 Uitspraak
751 Digkuns
rymklank
572 Uitspraak
751 Digkuns
rymkuns 751
rymloos
572 Uitspraak
751 Digkuns
rympie 751
rympiesmaker
565 Skryfkuns
751 Digkuns
rymwoord
572 Uitspraak
751 Digkuns
rymwoordeboek 567
Ryn riesling 427
ryp
53 Jonk
292 Neerslag
323 Vrug
350 Vrugte
466 Koud
633 Nuttig
640 Voorbereid
ryp word 140
ryperd 219
rypheid
324 Plantlewe
502 Verstand
582 Wilskrag
633 Nuttig
rypingsjare 377
ryplank 221
ryplik 622
rypmis 292
rypnewel 292
rypvry 292
rypwording
432 Groot
682 Slaag
rypwordingsjare 53
rys
74 Op
158 Opstyg
351 Groente
419 Voedselbereiding
425 Bakker
426 Kos
rysbou 351
rysbrensie 426
rysig 432
ryskalander 361
ryskluitjie 426
ryskool
217 Motorry
219 Perdry
559 Opvoeding
ryskorrel 351
rysland 351
rysmier
155 Deurboor
238 Vernietig
361 Insek
623 Sleg
ryspapier 315
ryspoeding 426
rystafel 418
rystebry 426
rysterbord 355
rystoel 417
rysveld 346
rysweep
182 Slaan
219 Perdry
231 Tuig
rytuig
145 Beweging
230 Rytuig
rytuigonderdele 230
ryvaardigheid
216 Ry
217 Motorry
ryvernuf 217
ryvlak 149
ryvoorrang 217
ryweg 149
rywiel 232

S

sa 636
saad
15 Oorsaak
27 Begin
53 Jonk
240 Afkoms
243 Kind
323 Vrug
329 Varing
345 Plantkwekery
370 Voëlteelt
403 Voortplanting
saad skiet
239 Voortplant
403 Voortplanting
saadakker 346
saadbedding 346
saadblom 323
saadbuis 403
saaddiertjie 403
saaddoos
322 Blom
323 Vrug
saaddop 323
saaddosie 323
saaddraend 323
saaddraer 323
saadeter 365
saadgroente 351
saadhuis 323
saadhuisie
322 Blom
323 Vrug
saadkern
322 Blom
323 Vrug
403 Voortplanting
saadkiem 323
saadknop 323
saadkorrel 323
saadkwekery 347
saadleier 403
saadlob 323
saadloos 323
saadlossing 239
saadlys 323
saadmantel 323
saadmielie 352
saadomhulsel 322
saadplant 318
saadplanter 355
saadpluim
322 Blom
323 Vrug
saadpluis 323
saadsel 403
saadskiet
239 Voortplant
323 Vrug
saadstorting 403
saadteelt 345
saaduitstorting 239
saadvlies 323
saadvloeiing 239
saadwinning 345
saadwol 323
saag
97 Bou
101 Gereedskap
185 Sny
316 Hout
423 Slagter
630 Werktuig
saagbank
316 Hout
630 Werktuig
saagblad 630
saagblok 316
saagbok
316 Hout
630 Werktuig
saagkuil 316
saaglem 185
saagmeel 316
saagmeul 316
saagmeul(e) 186

saagsel
185 Sny
316 Hout
saagsetter
316 Hout
630 Werktuig
saagtand 630
saagvis 363
saagvormig 438
saagwerk 316
saai
15 Oorsaak
145 Beweging
227 Werp
311 Weefsel
323 Vrug
347 Landbou
352 Graan
725 Verveling
saaibaar 347
saaiboer 347
saaiboerdery 347
saaidam 288
saaier 355
saaigrond 346
saaiheid 725
saaikoring 352
saailand
346 Landbougrond
352 Graan
saailing
318 Plant
345 Plantkwekery
saaimasjien 355
saaiplaas 346
saaiplant 318
saaisaad 323
saaisak 355
saaisel 345
saaityd
38 Tydgebruik
289 Klimaat
345 Plantkwekery
saak
1 Bestaan
4 Selfstandig
32 Enkeling
557 Diskussie
590 Bestuur
645 Werk
658 Beroep
701 Handel
707 Handelsaak
809 Regsgeding
saakgelastigde
588 Gesag hê
591 Gesaghebber
808 Regswese
852 Geestelike
saakkundig
535 Weet
614 Bekwaam
saakkundige 535
saaklik
1 Bestaan
513 Gedagte
537 Waarheid
543 Duidelik
553 Behandel
631 Nodig
750 Letterkunde
saaklike styl 750
saaknaam 550
saakregister 567
saakwaarnemer 808
saal
91 Gebou
94 Dele van 'n gebou
168 Saamkom
219 Perdry
231 Tuig
232 Fiets
417 Hospitaal
560 Skoolgaan
saaldak 94(4)
saalmaker 314
saalpak 674
saalperd 219
saalpyp 232
saalrug 231
saalsak 231
saalsuster
416 Medikus
417 Hospitaal
saalvas 219
saam
26 Saam
48 Gelyktydig
168 Saamkom
170 Saambring
663 Meedoen
saambid 847
saambind
111 Geheel
172 Vasmaak
saambinding 172
saamblaf
484 Diergeluid
583 Willoosheid
saambly
26 Saam
64 Aanwesig
168 Saamkom
saambondel
26 Saam
168 Saamkom
170 Saambring
saambring
26 Saam
168 Saamkom
170 Saambring
172 Vasmaak
191 Laat kom
665 Byeenkom
saambundel 170
saamdoen
26 Saam
663 Meedoen
saamdra 170
saamdraf 26
saamdring
26 Saam
168 Saamkom
saamdrink 407
saamdrom
26 Saam
168 Saamkom
665 Byeenkom
saamdruk
181 Stoot teen
183 Gryp
453 Dig
saamdryf 214
saamflans
111 Geheel
172 Vasmaak
saamflansing 172
saamgaan
8 Dieselfde
10 Harmonie
26 Saam
147 Rigting
168 Saamkom
663 Meedoen
665 Byeenkom
saamgebind
6 Betreklik
172 Vasmaak
saamgeflans 172
saamgepers 453
saamgesnoer
6 Betreklik
172 Vasmaak
saamgestel(d)
114 Saamgesteld
544 Onduidelik
575 Woordvorming
saamgevat 553
saamgevoeg
6 Betreklik
170 Saambring
172 Vasmaak
saamgooi
172 Vasmaak
174 Meng
saamgroei
172 Vasmaak
174 Meng
saamhang 6
saamhardloop 26
saamheg 172
saamhok
64 Aanwesig
170 Saambring
saamhoort 33
saamhorig
10 Harmonie
33 Samehorig
665 Byeenkom
787 Gemeenskap
saamhou 168
saamkleef 168
saamkliek
33 Samehorig
168 Saamkom
665 Byeenkom
saamknoei 26
saamknoop 172
saamkoek
33 Samehorig
168 Saamkom
462 Halfvloeibaar
665 Byeenkom
saamkom
64 Aanwesig
166 Nader beweeg
168 Saamkom
665 Byeenkom
saamkoppel
6 Betreklik
172 Vasmaak
saamleef
33 Samehorig
64 Aanwesig
174 Meng
663 Meedoen
saamlees
6 Betreklik
533 Verstaan
562 Lees
saamloop
6 Betreklik
26 Saam
48 Gelyktydig
147 Rigting
168 Saamkom
286 Rivier
saamlym 172
saammaak 708
saammeng 174
saamneem
14 Navolging
26 Saam
202 Voor
694 Neem
saampak
168 Saamkom
170 Saambring
saampers
170 Saambring
181 Stoot teen
453 Dig
saampersing 181
saampraat
539 Kommunikeer
548 Praat
554 Aanspreek

557 Diskussie
583 Willoosheid
saamraap 170
saamreis
26 Saam
187 Reis
saamroep
170 Saambring
665 Byeekom
saamrol 174
saamry
26 Saam
147 Rigting
saamsing 757
saamsleep
26 Saam
170 Saambring
saamsmee 172
saamsmelt
168 Saamkom
172 Vasmaak
174 Meng
302 Smid
665 Byeenkom
saamsnoer
172 Vasmaak
665 Byeenkom
saamspan
663 Meedoen
665 Byeenkom
666 Verhinder
saamspeel
663 Meedoen
726 Sport
755 Uitvoering
saamstaan 663
saamstel
111 Geheel
114 Saamgesteld
170 Saambring
172 Vasmaak
237 Voortbring
263 Rekenaar
438 Vorm
563 Skryf
567 Boek
575 Woordvorming
750 Letterkunde
saamstem
8 Dieselfde
10 Harmonie
531 Saamstem
605 Aanvaar
saamstroom
168 Saamkom
287 Vloei
saamstuur
26 Saam
192 Laat gaan
saamswering 666
saamtel
102 Hoeveelheid
125 Tel
137 Bewerking
saamtrek
168 Saamkom
170 Saambring
379 Spier
433 Klein
453 Dig
665 Byeenkom
680 Militêre aksie
saamval
48 Gelyktydig
82 Rondom
168 Saamkom
saamvat
111 Geheel
539 Kommunikeer
saamvleg 310
saamvlieg 26
saamvloei
168 Saamkom
286 Rivier
saamvoeg
111 Geheel
114 Saamgesteld
170 Saambring
172 Vasmaak
174 Meng
saamvoer
14 Navolging
202 Voor
saamvou 180
saamwees
64 Aanwesig
665 Byeenkom
790 Sosiaal
saamwerk 663
saamwerkend 663
saamwoon 174
saans 37
saat
241 Familie
322 Blom
323 Vrug
Sabbat 854
sabbatsjaar 854
sabbatsreis 187
sabbatsverlof 560
sabbatsviering 854
sabel
311 Weefsel
678 Wapen
731 Gevegsport
sabelband 678
sabelbeen 397
sabeldier 366
sabelhou 678
sabelriem 678
sabeltand 367
sabeltandtier 367
sabotasie
98 Afbreek
238 Vernietig
588 Gesag hê
654 Moeilik
779 Boosaardig
803 Oortree
saboteer
98 Afbreek
238 Vernietig
588 Gesag hê
654 Moeilik
683 Misluk
779 Boosaardig
803 Oortree
saboteur
98 Afbreek
238 Vernietig
588 Gesag hê
779 Boosaardig
803 Oortree
sachet 84
sadis 779
sadisme 779
saf
456 Sag
583 Willoosheid
safenasesenuwee 378
saffiaan 314
saffier 298
saffierblou 492
saffraan
331 Boom
419 Voedselbereiding
490 Kleur
492 Kleure
saffraanboom 331
saffraanbossie 332
saffraangeel 492
saffraanhout 331
saffraanhoutboom 331
saffraankleur 492
saffraanpeer 323
safterig
456 Sag
583 Willoosheid
sag
456 Sag
476 Geluid
490 Kleur
548 Praat
596 Inskiklik
619 Kalm
653 Maklik
714 Gevoelig
715 Gevoelloos
716 Genot
772 Sagmoedig
saga
552 Vertel
750 Letterkunde
sagaardig
772 Sagmoedig
776 Liefde
sagaardigheid
772 Sagmoedig
776 Liefde
778 Goedaardig
sage
552 Vertel
750 Letterkunde
sageliteratuur 750
saggarien 471
saggeaard
714 Gevoelig
715 Gevoelloos
772 Sagmoedig
776 Liefde
778 Goedaardig
saggerig
456 Sag
619 Kalm
saggies
476 Geluid
480 Dowwe klank
778 Goedaardig
saggitaal
438 Vorm
440 Skerp
sagittale naat 385
sagittale sinus 378
sagittale streek 572
sagkens
456 Sag
772 Sagmoedig
sagmaak
314 Leer
456 Sag
684 Oorwin
sagmoedig
668 Vrede
714 Gevoelig
772 Sagmoedig
776 Liefde
778 Goedaardig
sagmoedige Neelsie 772
sagmoedigheid
714 Gevoelig
772 Sagmoedig
776 Liefde
778 Goedaardig
sago 426
sagopoeding 426
sagrynleer 314
sagsinnig
714 Gevoelig
715 Gevoelloos
772 Sagmoedig
778 Goedaardig
sagte koraal 363
sagte pedaal 756
sagte verhemelte
390 Mond
572 Uitspraak
sagtebal 728

sagteband 566
sagtebandbuiteblad 566
sagtebanduitgawe
566 Drukkuns
567 Boek
sagtedopmossel 363
sagtevrot 413
sagtevrug 323
sagtheid
456 Sag
596 Inskiklik
619 Kalm
714 Gevoelig
772 Sagmoedig
778 Goedaardig
sajet 312
sak
84 Houer
102 Hoeveelheid
103 Min
108 Minder
123 Meet
159 Neerdaal
168 Saamkom
212 Afgaan
259 Aërografie
371 Suiwel
561 Studeer
683 Misluk
745 Kleding
sakaboela 365
sakalmanak 127
sakboekie 567
sakbybel 842
sakdoek 409
sake 427
sakebelange 701
sakebestuur 590
sakebrief
563 Skryf
701 Handel
sakebuurt 787
sakedeel 787
sakefinansiering 693
sakekamer
665 Byeenkom
701 Handel
sakekennis
535 Weet
701 Handel
sakeklimaat
686 Aanwins
701 Handel
sakekompleks 707
sakeleier
658 Beroep
701 Handel
sakelewe 701
sakelys
557 Diskussie
590 Bestuur
665 Byeenkom
sakeman
658 Beroep
701 Handel
sakeonderneming
168 Saamkom
665 Byeenkom
sakeperseel 707
sakeregte 701
sakereis
187 Reis
701 Handel
sakestraler 236
saketas 564
sakevennoot 701
sakevrou
658 Beroep
701 Handel
sakewêreld 701
sakewese 701
sakformaat
431 Afmeting
433 Klein
438 Vorm
566 Drukkuns
567 Boek
sakgeld
131 Munt
708 Betaal
709 Betaalmiddel
sakhorlosie 128
saki 427
sakkarien 471
sakkarimeter 256
sakkarimetrie 256
sakke onder die oë 413
sakkerig
413 Siekte
438 Vorm
456 Sag
sakkeroller 695
sakkerollery 695
sakkiekoffie 427
sakking 159
sakloop 739
sakmes
185 Sny
678 Wapen
sakoorlosie 128
sakpunt 561
sakraal 849
sakrale been 380
sakrale senuwee 378
sakrament 850
sakramenteel 850
sakrekenaar
122 Bereken
263 Rekenaar
sakresies 739
sakristie 853
sakrum 380
saksbeuel 756
sakshoring 756
saksiesblou 492
sakslaan 739
saksofoon 756
sakspinnekop 361
saktyd 568
sakuitgawe 567
sakvol 102
sakwoordeboek 567
sakwurm 361
sal
17 Noodsaak
580 Graag
salaam
790 Sosiaal
854 Godsdiens
salamander
363 Waterdier
364 Reptiel
salammoniak 256
salarieer
708 Betaal
834 Beloon
salariëring 708
salaris
686 Aanwins
696 Ontvang
708 Betaal
709 Betaalmiddel
834 Beloon
salarisaanpassing 686
salariskerf 686
salarisman 686
salarisskaal 686
salaristrekker
686 Aanwins
696 Ontvang
salarisverhoging 686
saldeer 703
saldo
688 Besit
700 Bank
703 Boekhou
salep 415
salf
415 Geneesmiddel
462 Halfvloeibaar
849 Prediking
salfolie 415
salfpot 84
salie
331 Boom
415 Geneesmiddel
419 Voedselbereiding
saliehout
316 Hout
331 Boom
salig
471 Lekker
716 Genot
718 Bly
839 Hiernamaals
842 Geloof
salige 839
saliger 250
saligheid
716 Genot
718 Bly
839 Hiernamaals
842 Geloof
saligmakend
812 Goeie gedrag
839 Hiernamaals
Saligmaker 837
saligmaking
812 Goeie gedrag
845 Godsvrug
saligspreking
842 Geloof
849 Prediking
salina 280
saline 275
salinies
300 Sout
471 Lekker
saliniteit 300
salinometer
256 Skeikunde
300 Sout
salisielsuur
256 Skeikunde
415 Geneesmiddel
419 Voedselbereiding
salisilaat
256 Skeikunde
300 Sout
salm
363 Waterdier
422 Seekos
salmander
363 Waterdier
364 Reptiel
salmiak 256
salmkleur 492
salmmousse 426
salon
94(3) Vertrek
234 Spoorweg
382 Haar
746 Toilet
salonmusiek 753
salot 351
salpeter
256 Skeikunde
300 Sout
415 Geneesmiddel
salpeteragtig 471
salpetersuur 256
salto 730
salueer 672
salutasie 799
saluut
680 Militêre aksie
790 Sosiaal

salvo 677
salwe 849
salwend
415 Geneesmiddel
548 Praat
716 Genot
845 Godsvrug
Samaritaan 778
samba 742
sambal 426
sambok 182
sambreel 161
sambreelboom 331
sambreelversekering 655
samedromming
168 Saamkom
453 Dig
665 Byeenkom
samedrukking
181 Stoot teen
453 Dig
sameflansing
172 Vasmaak
652 Versuim
samegestel(d)
114 Saamgesteld
575 Woordvorming
samehang
6 Betreklik
663 Meedoen
samehangend
6 Betreklik
8 Dieselfde
19 Orde
21 Volgorde
111 Geheel
samehangende betoog 513
samehorig
10 Harmonie
19 Orde
33 Samehorig
170 Saambring
663 Meedoen
665 Byeenkom
787 Gemeenskap
samehorigheidsgevoel 33
sameklank
476 Geluid
753 Musiek
samekoms
64 Aanwesig
168 Saamkom
590 Bestuur
665 Byeenkom
samekoppeling
172 Vasmaak
575 Woordvorming
samelewing
33 Samehorig
90 Gemeenskap
787 Samelewing
samelewingsdinamika 787
sameloop
6 Betreklik
18 Toeval
48 Gelyktydig
286 Rivier
samepersing
181 Stoot teen
453 Dig
sameraapsel
168 Saamkom
174 Meng
sameroeper 665
sameroeping 665
sameskoling 807
sameskraapsel 174
samesmelting
168 Saamkom
172 Vasmaak
174 Meng
459 Vaste stof
665 Byeenkom
samespanning 663
samespel 727
samespraak
548 Praat
752 Toneelkuns
samespreking
539 Kommunikeer
557 Diskussie
590 Bestuur
samestel 114
samestellende afleiding 575
samesteller
237 Voortbring
568 Perswese
samestelling
114 Saamgesteld
170 Saambring
573 Woordeskat
575 Woordvorming
590 Bestuur
samesweerder 663
sameswering
663 Meedoen
666 Verhinder
807 Onwettig
samesyn
168 Saamkom
665 Byeenkom
790 Sosiaal
sametrekking
239 Voortplant
433 Klein
453 Dig
572 Uitspraak
575 Woordvorming
samevallend 48
samevattendheid 553
samevatting 111
samevoeging 172
samewerkend 663
samewerker 592
samewerking
10 Harmonie
663 Meedoen
samewerkingsverband 663
samoerai 673
samoeraiswaard 678
samoesa 426
samowar
84 Houer
95(7) Breekgoed
sampan 235
sampioen
327 Tallusplant
426 Kos
sampioensoep 426
sanatorium 417
sanctorum 854
sanctum 854
sand
100 Boumateriaal
280 Woestyn
283 See
298 Steen
303 Steengroef
sandaal 745
sandbank
272 Aarde
283 See
sandbloue 363
sandduin
277 Berg
280 Woestyn
283 See
sandelboom 331
sanderig
280 Woestyn
298 Steen
sandfilter 153
sandgebied 280
sandgrond 298
sandhaai 363
sandharpuis 337
sandhi 572
sandhoos 290
sandhou 728(8)
sandkleur 492
sandklip 298
sandkoek 426
sandkruiper 363
sandkuil
275 Myn
728(8) Gholf
sandlopertjie
128 Chronometer
419 Voedselbereiding
sandmannetjie 410
sandolien 331
sandolienhoutboom 331
sandolyf 331
sandolyfboom 331
sandpad 149
sandsak 84
sandsif 153
sandslang 364
sandsteen 298
sandstorm 293
sandstreek
273 Geografie
280 Woestyn
sandsuiker 471
sandtampan 361
sandtrapper 798
sandveld 280
sandvlakte
273 Geografie
280 Woestyn
sandvlieg 361
sandvlooi 361
sandwoestyn 280
sandyster 728(8)
saneer 622
sanel 311
sang
482 Menslike geluid
483 Voëlgeluid
757 Sang
sangaand 757
sangakademie 757
sanger
755 Uitvoering
757 Sang
sangerig
478 Welluidend
755 Uitvoering
757 Sang
sangfees
755 Uitvoering
757 Sang
793 Fees
sangfroid
582 Wilskrag
767 Moed
sanggeselskap 757
sanggod 855
sanggroep 755
sangkonsert 757
sangkuns
749 Kuns
757 Sang
sangkunstenaar 757
sangkursus
561 Studeer
757 Sang
sangleier 852
sangles 757
sangmeester 757
sangnommer
755 Uitvoering
757 Sang
sangnoot 753
sangoefening 757
sangopleiding 757
sangpartituur 753
sangryk 757

sangskool
559 Opvoeding
757 Sang
sangstem 757
sangstuk 757
sanguinies
400 Bloed
714 Gevoelig
771 Gramskap
sanguitvoering 757
sangvoël 365
sangwedstryd 757
sangwysie 757
sanik
721 Ontevrede
725 Verveling
sanitasie 627
sanitêr 627
sanksie
528 Bevestig
579 Gedwonge
590 Bestuur
599 Gesag
601 Toestem
687 Verlies
806 Wettig
826 Goedkeur
sanksies toepas 687
sanksioneer
590 Bestuur
599 Gesag
601 Toestem
687 Verlies
806 Wettig
sanktifiseer 839
sanna 676
santekraam
109 Alles
174 Meng
sap 460
saploos
323 Vrug
464 Droog
sapperig 460
sappeur
673 Manskap
677 Skiet
sappig
460 Vloeistof
471 Lekker
sapree 331
saprofaag 317
saprofiet 318
sapryk 460
sarabande 742
sardiensblik 84
sardientjie
363 Waterdier
422 Seekos
sardis 298
sardonies 831
sardoniks 298
sardyn
363 Waterdier
422 Seekos
sardynkruid 328
sarkasme
777 Haat
831 Bespot
sarkasties
777 Haat
831 Bespot
sarkofaag 253
sarkoom 413
sarong 745
sarsaparilla 415
sarsie 677
sartorius 379
sartoriusspier 379
sassafras 331
sat
104 Baie
407 Drink
661 Vermoei
827 Afkeur
satan
813 Swak gedrag
838 Gees
satanies
623 Sleg
779 Boosaardig
813 Swak gedrag
838 Gees
satanis 838
satanisme 838
satanisties 779
satansaanbidder 838
satansaanbidding 838
satansbos 344
satanskind
722 Snaaks
813 Swak gedrag
satanswerk 813
satelliet
26 Saam
236 Lugvaart
270 Hemelliggaam
271 Kosmografie
satellietkampus 559
satellietsender 264
satellietstaat 590
satelliettelevisie 264
satellietuitsending 264
satemtaal 569
sater 813
Saterdag 37
saterspel 752
satheid 661
satineer 315
satinet 311
satire
750 Letterkunde
751 Digkuns
831 Bespot
satiriase 413
satiries
750 Letterkunde
751 Digkuns
831 Bespot
satirikus
750 Letterkunde
831 Bespot
satiriseer
750 Letterkunde
831 Bespot
satirisering 750
satiromaan 413
satiromanie 413
satisfaksie
716 Genot
718 Bly
720 Tevrede
satraap 591
saturasie 256
satureer 256
saturnalieë 793
Saturnus 270
satyn 311
satynagtig
311 Weefsel
381 Vel
448 Gelyk
745 Versier
satynglans 485
satynhout 316
sauerkraut 426
sauna 746
sauvignon blanc 427
savanne
273 Geografie
280 Woestyn
289 Klimaat
savant 515
savante 515
savojekool 351
savooikool 351
sawwerig
456 Sag
583 Willoosheid
saxbeuel 756
saxhoring 756
saxofoon 756
scala 753
scampi 362
scenario
51 Toekoms
512 Verbeelding
752 Toneelkuns
scène
44 Gebeure
667 Stryd
752 Toneelkuns
scenografie
745 Versier
752 Toneelkuns
760 Skilderkuns
scheeliet 297
scherzando 753
scherzetto 753
scherzino 753
scherzo
753 Musiek
754 Komposie
scherzoso 753
schwa 572
scriba synodi 852
s-draai
149 Pad
444 Krom
se 688
sê
482 Menslike geluid
525 Bewys
527 Oordeel
528 Bevestig
539 Kommunikeer
541 Betekenis
548 Praat
552 Vertel
599 Gesag
693 Gee
seance
838 Gees
844 Bygeloof
sebra 366
sebrahaai 363
sebraoorgang 149
sebrastrepe 149
sedan 233
sedanmotor 630
sedatief
415 Geneesmiddel
494 Gevoelloosheid
sede 794
sedebederf
779 Boosaardig
820 Oneerbaar
sedebederwend 820
sedeer 693
sedekunde 514
sedeleer
514 Wysbegeerte
811 Gewete
sedeles
811 Gewete
827 Afkeur
sedelik
811 Gewete
812 Goeie gedrag
819 Eerbaar
sedelike verval 779
sedelikheid
811 Gewete
812 Goeie gedrag
819 Eerbaar
sedeloos
593 Vryheid

623 Sleg
779 Boosaardig
813 Swak gedrag
820 Oneerbaar
sedemeester
811 Gewete
827 Afkeur
sedent
693 Gee
808 Regswese
sedentêr 146
sedeprediker 827
sedepreek
811 Gewete
827 Afkeur
seder 331
sederhout 316
sedert 27
sedertdien 27
sederwattel 331
sedes 811
sedespreuk 811
sedig
596 Inskiklik
713 Gevoel
715 Gevoelloos
723 Ernstig
812 Goeie gedrag
819 Eerbaar
sediment 298
sedimentêr 298
sedimentgesteente 298
sedimentologie 515
sêding
548 Praat
569 Taal
573 Woordeskat
sedisie 598
sedisieus
598 Ongehoorsaam
817 Ontrou
seduksie
239 Voortplant
820 Oneerbaar
see
104 Baie
274 Geologie
282 Kus
283 See
285 Meer
287 Vloei
see-aanval 669
seeanemoon 363
seearm 283
seeatlas 273
seebaber 363
seebamboes
327 Tallusplant
341 Waterplant
seebedding 283
seebeer
288 Waterstelsel
366 Soogdier
seeberg 283
seebewoner 357
seebodem 283
seeboontjie 341
seebreker 288
seebrief 221
seebries 290
seecanyon 283
seedrifsel 283
seeduiker 365
seeduiwel
363 Waterdier
422 Seekos
see-engel 363
see-engte 283
seegaande 221
seegat 283
seegeveg 667
seegewas 341
seegod 855
seegras 341
seegroen 492
seegrot 277
seehandel 221
seehengelaar 372
seehond
363 Waterdier
366 Soogdier
seehoof 288
seekaart 273
seekadet 673
seekanaal 283
seekant
61 Plek
282 Kus
seekastaiing 363
seekat
363 Waterdier
422 Seekos
426 Kos
seekoei 366
seekoeibul 366
seekoeigat 285
seekoeikoei 366
seekomkommer 363
seekos
422 Seekos
426 Kos
seekos-kasserol 426
seekoskelkie 426
seekospotjie 422
seekosrestourant 429
seekrap 362
seekreef 362
seekus 282
seekwal 290
seël
178 Toegaan
196 Poswese
528 Bevestig
546 Kunsmatige teken
563 Skryf
564 Skryfbehoeftes
590 Bestuur
601 Toestem
seëlbelasting 712
seëlbewaarder 591
seëlgelde 712
seëlmerk 196
seëlreg 712
seëlring 745
seëlversamelaar 563
seëlversameling
170 Saambring
563 Skryf
seeleeu
363 Waterdier
366 Soogdier
seeliede 235
seelug
289 Klimaat
461 Gas
seelui 235
seeluis 362
seemag 672
seeman
235 Skeepvaart
673 Manskap
seemansgraf 253
seemanskap 235
seemanskis 84
seemansknoop 172
seemanskuns 221
seemanstaal 569
seemeeu 365
seemoondheid
221 Vaar
590 Bestuur
seemsleer
314 Leer
627 Skoon
seemyl 123
seën
372 Vissery
622 Goed
682 Slaag
778 Goedaardig
826 Goedkeur
827 Afkeur
834 Beloon
845 Godsvrug
847 Gebed
849 Prediking
seënbede
778 Goedaardig
847 Gebed
seëngroet 848
seenimf 844
seëning
682 Slaag
826 Goedkeur
seënwens 778
seeoffisier
591 Gesaghebber
673 Manskap
seeolifant
363 Waterdier
366 Soogdier
see-oorlog 667
see-otter 366
seep
474 Welriekend
627 Skoon
746 Toilet
seepagtig 462
seepaling 363
seepbak 746
seepbel
41 Kortstondig
627 Skoon
seeperd 366
seeperdjie 363
seepglad
152 Verby
448 Gelyk
seephouer 746
seepkis 84
seepkiskar 230
seepkisredenaar 558
seeplant 341
seepmiddel 627
seepok 362
seeppoeier 627
seeppot 627
seëpraal 684
seëpralend 684
seepskuim
462 Halfvloeibaar
627 Skoon
746 Toilet
seepsoda 256
seepsop 627
seepsteen 298
seepvlokkies 627
seer
104 Baie
412 Siek
413 Siekte
717 Lyding
719 Hartseer
seeramp 221
seereg 808
seereis
187 Reis
221 Vaar
seergemaak 719
seerkry
412 Siek
717 Lyding
seermaak
623 Sleg
713 Gevoel
779 Boosaardig

seeroë 413
seeroof 695
seeroogblom
334 Blomplant
342 Gifplant
seeroogbossie 332
seeroos 363
seerower 695
seerowerskip 695
seerplek
413 Siekte
717 Lyding
seerrug 413
seesand 298
seesiek 413
seeskade 221
seeskool 221
seeskuim
287 Vloei
462 Halfvloeibaar
seeslag 667
seeslak 363
seeslang 364
seesog 221
seesoldaat 673
seesout 426
seespieël
273 Geografie
283 See
seespons 363
seester 363
seestraat 283
seestrand 282
seestroom 283
seetaktiek 672
seetemperatuur 289
seetog 221
seeton 235
seevaarder 235
seevaardy 221
seevaart 221
seevaartkunde 221
seevaartmaatskappy 221
seevark 363
seeverkeer 221
seeversekering 221
seevervoer 221
seevesting 671
seëvier
622 Goed
682 Slaag
684 Oorwin
seëvierend
682 Slaag
684 Oorwin
seevis 363
seevissery 372
seevlak
273 Geografie
282 Kus
283 See
seevlakdruk 294
seevliegtuig 236
seevloer 283
seevoël 365
seewaardig 221
seewaardigheid 221
seewaarts
147 Rigting
221 Vaar
seewater
283 See
460 Vloeistof
seeweg 283
seewering 288
seewese 221
seewier 341
seewind 290
seewurm 363
sefalopode 357
sefier 290
sege
622 Goed
682 Slaag
684 Oorwin
segekroon 684
segepraal 684
segepralend 684
segevier 684
segevuur 684
seggenskap
588 Gesag hê
590 Bestuur
599 Gesag
616 Magtig
seggingskrag
548 Praat
558 Redevoering
segment
5 Ondergeskik
112 Deel
139 Meetkunde
185 Sny
segmentaal
112 Deel
139 Meetkunde
segmentasie
112 Deel
139 Meetkunde
segmenteer 112
segmentpermutasie 572
segmentvormig
112 Deel
139 Meetkunde
sêgoed
548 Praat
573 Woordeskat
segregasie
171 Verwyder
590 Bestuur
787 Gemeenskap
795 Staat
segregeer 787
segrynsleer 314
segspersoon 548
segswyse
548 Praat
569 Taal
seidissel 344
seifduin 280
seil
145 Beweging
157 Onderdeur
161 Bedek
197 Te voet
210 Onderdeurgaan
221 Vaar
222 Vlieg
235 Skeepvaart
311 Weefsel
732 Watersport
seilbaar 221
seilboot
221 Vaar
235 Skeepvaart
seildoek
235 Skeepvaart
311 Weefsel
seilgimnastiek 730
seiljag
221 Vaar
235 Skeepvaart
732 Watersport
seiljagklub 221
seiljagregatta 732
seiljagsport
221 Vaar
726 Sport
seiljagvaarder 732
seiljagvaart 732
seilplank
221 Vaar
235 Skeepvaart
732 Watersport
seilplankry 732
seilplankryer
221 Vaar
732 Watersport
seilplankvaarder 221
seilski
221 Vaar
235 Skeepvaart
seilskiër 221
seilskip 235
seilsport
221 Vaar
732 Watersport
seilvaardig 221
seilvaartuig 235
seilvis 363
seilwedstryd 732
sein
264 Uitsaai
545 Natuurlike teken
546 Kunsmatige teken
seinbord 546
seiner 265
seinfakkel 546
seinfout 546
seingewer 546
seinhuisie 234
seinkode 546
seinlamp 487
seinlantern
487 Ligbron
546 Kunsmatige teken
seinlig
487 Ligbron
546 Kunsmatige teken
seinontvanger 265
seinpaal 234
seinpos
234 Spoorweg
546 Kunsmatige teken
seinregister 546
seinskool 559
seinsleutel 265
seinspieël 546
seinstasie 546
seintoestel
234 Spoorweg
264 Uitsaai
265 Telekommunikasie
546 Kunsmatige teken
seinwagter 234
seis
185 Sny
355 Landbougereedskap
seismies 274
seismograaf 274
seismogram 274
seismologie 274
seismoloog 274
seismometer 274
seisoen
37 Tyd
59 Geleë
270 Hemelliggaam
289 Klimaat
seisoenaal
37 Tyd
289 Klimaat
seisoenarbeider 658
seisoenkaartjie
234 Spoorweg
727 Wedstryd
seisoensverandering
37 Tyd
289 Klimaat
seisoenswisseling
37 Tyd
289 Klimaat
sejy 192
sekans 139
sêkans
548 Praat
557 Diskussie

sekel
185 Sny
355 Landbougereedskap
sekelduin 280
sekelmaan 270
sekelnek 444
sekelstert
396 Rug
444 Krom
sekelvormig
438 Vorm
444 Krom
seker
518 Glo
519 Twyfel
528 Bevestig
535 Weet
537 Waarheid
651 Toesien
655 Veilig
769 Vertroue
842 Geloof
sekerheid
143 Bestendig
528 Bevestig
535 Weet
537 Waarheid
586 Beslis
607 Beloof
651 Toesien
655 Veilig
769 Vertroue
842 Geloof
sekerheidsdiens 655
sekerheidshalwe
528 Bevestig
655 Veilig
sekerheidsklep 630
sekerheidstroepe 672
sekering
233 Motorvoertuig
262 Elektrisiteit
sekerlik
528 Bevestig
543 Duidelik
sekondant
558 Redevoering
590 Bestuur
663 Meedoen
667 Stryd
sekonde
37 Tyd
41 Kortstondig
123 Meet
127 Tydbepaling
sekondeer
192 Laat gaan
590 Bestuur
663 Meedoen
665 Byeenkom
sekondêr
30 Ondergeskik
490 Kleur
559 Opvoeding
621 Onbelangrik
sekondêre geheue 263
sekondêre klem 572
sekondêre kleur 490
sekondêre skool 559
sekondering 590
sekondewys(t)er 128
sekresie 409
sekretaresse
590 Bestuur
592 Ondergeskikte
658 Beroep
663 Meedoen
665 Byeenkom
sekretariaat 658
sekretaris
590 Bestuur
592 Ondergeskikte
658 Beroep
663 Meedoen
665 Byeenkom
sekretarisvoël 365
seks
239 Voortplant
374 Mens
776 Liefde
seksbehep
239 Voortplant
820 Oneerbaar
seksbeheptheid 820
seksboetiek 707
seksbom
776 Liefde
820 Oneerbaar
sekse 374
seksfilm 752
seksie
5 Ondergeskik
112 Deel
414 Geneeskunde
665 Byeenkom
seksisme 792
sekslewe 776
seksloos
744 Lelik
774 Onverskillig
seksmaniak
776 Liefde
813 Swak gedrag
sekstant
235 Skeepvaart
271 Kosmografie
sekstet
751 Digkuns
754 Komposisie
755 Uitvoering
757 Sang
seksualiteit
374 Mens
776 Liefde
seksueel
239 Voortplant
374 Mens
776 Liefde
sekswinkel 707
sektariër 843
sektaries
841 Leer
854 Godsdiens
sektarisme
841 Leer
843 Ongeloof
sekte 841
sektor
61 Plek
112 Deel
139 Meetkunde
787 Gemeenskap
sekularisasie 795
sekulariseer 852
sekulêr 840
sekulêre musiek 753
sekunde
590 Bestuur
591 Gesaghebber
753 Musiek
sekundus
590 Bestuur
665 Byeenkom
sekunduslid 665
sekuriteit
607 Beloof
655 Veilig
670 Verdedig
699 Leen
sekuriteitsbeheer 222
sekuur
129 Bepaald
508 Aandag
612 Noukeurig
sekuurheid 612
sekwens 753
sekwestrasie
171 Verwyder
687 Verlies
694 Neem
711 Skuld
sekwestrasiebevel 711
sekwestreer
171 Verwyder
687 Verlies
694 Neem
711 Skuld
sel
93 Gebou
254 Stof
262 Elektrisiteit
317 Fisiologie
377 Liggaam
594 Onvryheid
835 Bestraf
sel van hoogdruk 289
sel van laagdruk 289
seladon 492
selakant
363 Waterdier
367 Oerdier
selbiologie 515
selde 56
seldeksel 233
seldeling
317 Fisiologie
324 Plantlewe
seldery 351
selderykool 351
seldsaam
36 Onreëlmatig
56 Selde
103 Min
selebreer 793
selebriteit 799
seleen 256
selei 426
selek 622
seleksie
170 Saambring
516 Soek
584 Kies
selekteer
516 Soek
584 Kies
selektief
170 Saambring
584 Kies
selenium 256
self
8 Dieselfde
32 Enkeling
selfaanbidding 847
selfaansitter 233
selfagting 830
selfanalise 516
selfbediening 705
selfbedieningsrestourant 429
selfbedieningswinkel 707
selfbedrog
512 Verbeelding
538 Dwaling
selfbedwang 582
selfbegogeling 512
selfbehaaglik 785
selfbehaaglikheid 720
selfbehae
720 Tevrede
785 Hoogmoedig
selfbeheers 10
selfbeheersing
10 Harmonie
582 Wilskrag
715 Gevoelloos
selfbehoud
249 Lewe
651 Toesien

670 Verdedig
selfbeoordeling 516
selfbeperking 582
selfbesef 830
selfbeskikkend 593
selfbeskikking
578 Vrywillig
593 Vryheid
795 Staat
selfbeskikkingsreg 593
selfbesmetting 413
selfbestuiwing 239
selfbestuur
590 Bestuur
593 Vryheid
selfbevlekking
628 Vuil
776 Liefde
selfbevuiling 628
selfbewegend 145
selfbewus
508 Aandag
785 Hoogmoedig
786 Nederig
822 Skuldig
selfbewussyn 508
selfbinder 355
selfde
8 Dieselfde
105 Gelyk
selfdienwinkel 707
selfdissipline
582 Wilskrag
811 Gewete
selfgemaak 237
selfgenoegsaam
651 Toesien
720 Tevrede
785 Hoogmoedig
selfgenoegsaamheid
720 Tevrede
785 Hoogmoedig
selfgesentreerd 813
selfhelpwinkel 707
selfinkeer 823
selfkant
311 Weefsel
313 Weef
selfkastyding 823
selfkennis 535
selfkritiek
823 Berou
827 Afkeur
832 Beskuldig
selflaaiende geweer 676
selflaaiende pistool 676
selflaaier 676
selfliefde 776
selfmisleiding 512
selfmoord 252
selfmoord pleeg 252
selfmoordenaar
252 Doodmaak
667 Stryd
selfonderhoudend
593 Vryheid
651 Toesien
selfonderrig 559
selfondersoek 516
selfontbranding 467
selfoorskatting 785
selfoorwinning 582
selfopleiding 559
selfopofferend 778
selfopoffering 778
selfportret 760
selfregerend
590 Bestuur
593 Vryheid
795 Staat
selfregerende gebied 590
selfregerende staat 590
selfregering
590 Bestuur
593 Vryheid
795 Staat
selfrespek
812 Goeie gedrag
830 Eerbiedig
selfrigtend 147
selfs
11 Disharmonie
48 Gelyktydig
641 Onvoorbereid
selfsluitend 178
selfstandig
4 Selfstandig
254 Stof
593 Vryheid
selfstandige naamwoord 574
selfstandigheid
4 Selfstandig
254 Stof
593 Vryheid
664 Terugstaan
selfstryd 587
selfstudie 561
selfsug
698 Behou
779 Boosaardig
selfsugtig
686 Aanwins
698 Behou
779 Boosaardig
813 Swak gedrag
selfsugtigheid
698 Behou
779 Boosaardig
813 Swak gedrag
selftevrede 785
selftevredenheid 785
selfveragting 823
selfverblinding 538
selfverdediging 670
selfverheffing 785
selfverloëning
786 Nederig
823 Berou
selfvernedering
786 Nederig
831 Bespot
selfversaking 823
selfverseker(d)
10 Harmonie
767 Moed
selfversekerdheid
10 Harmonie
518 Glo
767 Moed
769 Vertroue
785 Hoogmoedig
selfversekering
10 Harmonie
767 Moed
769 Vertroue
selfvertroue
518 Glo
582 Wilskrag
767 Moed
769 Vertroue
785 Hoogmoedig
selfverwesenliking
682 Slaag
720 Tevrede
selfverwyt
823 Berou
827 Afkeur
832 Beskuldig
selfvoldaan
720 Tevrede
785 Hoogmoedig
selfvoldoening
720 Tevrede
785 Hoogmoedig
selfwaarde 785
selfwaarneming 508
selfwerksaam 645
seliakbloedvat 399
selibaat 248
selibatêr 248
selkern
254 Stof
317 Fisiologie
377 Liggaam
selleer 317
sellofaan
307 Plastiek
315 Papier
sellofaanpapier 315
sellulêr 317
selluloïde 307
sellulose
315 Papier
317 Fisiologie
selmembraan 377
selonsroos 332
selontwikkeling 317
seloom
317 Fisiologie
403 Voortplanting
seloot 845
selstelsel 594
selstraf 835
selverdeling 317
selvoeg 317
selwand
317 Fisiologie
377 Liggaam
selweefsel
317 Fisiologie
377 Liggaam
semafoor
234 Spoorweg
546 Kunsmatige teken
semantiek
541 Betekenis
570 Taalwetenskap
577 Betekenis
semanties
541 Betekenis
570 Taalwetenskap
577 Betekenis
semantiese veld 577
semantiese waarde
541 Betekenisvolheid
577 Betekenis
semantikus 570
semasiologie
570 Taalwetenskap
577 Betekenis
semasiologies
570 Taalwetenskap
577 Betekenis
semel 725
semelbroek 583
semelbrood 424
semelknoper 725
semelkop 503
semelmeel 425
semelrig 186
semels
186 Maal
352 Graan
425 Bakker
sement
99 Messel
100 Boumateriaal
172 Vasmaak
391 Tand
462 Halfvloeibaar
sementbak 101
sementbeitel 101
sementbord 101
sementdakteël 304
sementdam 288
sementeer 172
sementering 172

sementfabriek 304
sementmengblad 101
sementmenger 101
sementpad 149
sementsteen 304
sementteël
94(4) Dak
304 Steen
sementum 391
sementvloer 94(10)
semester
37 Tyd
127 Tydbepaling
560 Skoolgaan
semifinaal 727
sémillon 427
seminaal 633
seminaar
539 Kommunikeer
557 Diskussie
561 Studeer
590 Bestuur
665 Byeenkom
seminaarkamer 560
seminaarklas 561
seminaarlesing 558
seminaarpunt 561
seminaarwerk 560
seminarie 559
seminaris 560
seminarium 559
semiologie
545 Natuurlike teken
546 Kunsmatige teken
570 Taalwetenskap
577 Betekenis
semiologies
546 Kunsmatige teken
577 Betekenis
semiotiek
545 Natuurlike teken
546 Kunsmatige teken
570 Taalwetenskap
577 Betekenis
semioties
546 Kunsmatige teken
570 Taalwetenskap
577 Betekenis
semipermanent 41
semisoet wyn 427
semities 854
senaat
560 Skoolgaan
590 Bestuur
senaatslid
590 Bestuur
591 Gesaghebber
senator
590 Bestuur
591 Gesaghebber
send
192 Laat gaan
539 Kommunikeer
sendeling 849
sendelingdokter 416
sender
264 Uitsaai
265 Telekommunikasie
sending
638 Aanmoedig
645 Handel
849 Prediking
sendingaksie 849
sendingarbeid 849
sendinggenootskap 849
sendingpos 849
sendingstasie 849
sendingwerk
638 Aanmoedig
849 Prediking
sendingwerker 849
sendingwetenskap 842
sendingwetenskaplike 842
seneblare 415
seng 467
seniel 54
seniliteit 54
sening 379
seninggaring 314
seningrig
379 Spier
421 Vleis
435 Smal
seningrigheid 435
senior
52 Ouderdom
54 Oud
242 Ouer
588 Gesag hê
senioriteit
52 Ouderdom
588 Gesag hê
senit
76 Bo
269 Heelal
senitaal 76
senna 415
Senosoïese era 274
senotaaf 253
sens
185 Sny
355 Landbougereedskap
sensasie
493 Gevoeligheid
521 Verras wees
713 Gevoel
714 Gevoelig
sensasieberig 568
sensasiepers 568
sensasiestuk 752
sensasioneel 521
sensitief
493 Gevoeligheid
713 Gevoel
714 Gevoelig
778 Goedaardig
sensitivisme 749
sensitiwiteit
493 Gevoeligheid
714 Gevoelig
sensor
123 Meet
549 Stilbly
585 Verwerp
827 Afkeur
sensoreer 549
sensories 493
sensualis
514 Wysbegeerte
820 Oneerbaar
sensualisme
514 Wysbegeerte
820 Oneerbaar
sensualiteit
743 Mooi
776 Liefde
820 Oneerbaar
sensueel
743 Mooi
776 Liefde
820 Oneerbaar
sensuele genot 716
sensureer
532 Betwis
585 Verwerp
827 Afkeur
835 Bestraf
846 Godloos
sensurering 827
sensus 787
sensuur
532 Betwis
568 Perswese
585 Verwerp
827 Afkeur
835 Bestraf
852 Geestelike
sentenaar 124
sentensie 513
sentensieus 506
senter
728(1) Rugby
728(5) Netbal
senterboor 630
senterderde 728(5)
senterderdelyn 728(5)
senterhaak 139
sentersirkel 728(5)
sentesimaal
112 Deel
133 Getal
sentigram 123
sentiment
713 Gevoel
714 Gevoelig
747 Verfyndheid
sentimentalis 714
sentimentaliteit 714
sentimenteel 714
sentimeter 123
sentour
270 Hemelliggaam
855 God
sentraal
29 Middel
61 Plek
83 In die middel
139 Meetkunde
620 Belangrik
sentrale
262 Elektrisiteit
265 Telekommunikasie
sentrale bank 700
sentrale verhitting 469
sentralisasie
170 Saambring
590 Bestuur
795 Staat
sentraliseer
29 Middel
170 Saambring
590 Bestuur
sentreer
29 Middel
83 In die middel
139 Meetkunde
sentries
29 Middel
83 In die middel
sentrifugaal
83 Middel
167 Wegbeweeg
169 Skei
257 Meganika
sentrifugaalpomp 288
sentriool
317 Fisiologie
377 Liggaam
sentripetaal
29 Middel
83 In die middel
139 Meetkunde
166 Nader beweeg
257 Meganika
sentrosoom 317
sentrum
29 Middel
61 Plek
83 In die middel
168 Saamkom
590 Bestuur
620 Belangrik
707 Handelsaak
senuaandoening 413
senuaanval 413
senuagtig
413 Siekte

714 Gevoelig
768 Vrees
senuagtigheid
413 Siekte
714 Gevoelig
senudoofheid
413 Siekte
498 Gehoor
senudraad 378
senu-instorting 505
senukwaal 413
senulyer 714
senuoorlog
667 Stryd
768 Vrees
senuprikkeling 378
senupyn
412 Siek
413 Siekte
senurefleks 378
senusiekte 413
senuskok 413
senuspanning
378 Senuwee
413 Siekte
714 Gevoelig
717 Lyding
senuswakte 413
senutergend
714 Gevoelig
768 Vrees
senutrekking 378
senuwee 378
senuweeaandoening 413
senuweeaanval 413
senuweeagtig
378 Senuwee
413 Siekte
714 Gevoelig
768 Vrees
senuweeagtigheid
378 Senuwee
413 Siekte
714 Gevoelig
senuweearts 416
senuweebundel 378
senuweefsel
377 Liggaam
378 Senuwee
senuweegif 415
senuweeknoop 378
senuweekwaal 413
senuweelyer
413 Siekte
714 Gevoelig
senuwee-orrel 714
senuweepyn 413
senuweerefleks 378
senuwees 714
senuweesiekte 413
senuweeskok 413
senuweespanning
413 Siekte
714 Gevoelig
senuweestelsel 378
senuweeswakte 413
senuweetergend
714 Gevoelig
768 Vrees
senuweetoestand
378 Senuwee
413 Siekte
senuweetoeval 413
senuweetrekkinge 413
senuweeweefsel 378
seoliet 297
separasie 171
separatis 590
separatisme
590 Bestuur
664 Terugstaan
separatisties
590 Bestuur
664 Terugstaan
separeer 171
seperatis 664
seperig 462
sepia
490 Kleur
759 Tekenkuns
sepsis 413
septennaal 37
septennaat
37 Tyd
590 Bestuur
septet
754 Komposisie
755 Uitvoering
757 Sang
septiem 753
septies 413
septiese tenk 628
septisemie 413
septum 389
septum pellucidum 378
seraf 838
seramiek 305
seratien
308 Been
381 Vel
serebellum
378 Senuwee
385 Skedel
serebraal
385 Skedel
502 Verstand
505 Verstandstoornis
715 Gevoelloos
serebro-spinaal 385
serebrum
378 Senuwee
385 Skedel
sereen
485 Lig
619 Kalm
713 Gevoel
715 Gevoelloos
seremonie
791 Sosiaal
793 Fees
848 Erediens
seremonieel 791
seremoniële uniform 674
seremoniemeester 793
seremonieus 793
serenade
754 Komposisie
755 Uitvoering
757 Sang
sereniteit
485 Lig
619 Kalm
668 Vrede
713 Gevoel
715 Gevoelloos
serfyn 756
serge 311
serie 21
seriemotor 257
serieskakelaar 262
seriestoot 738
seriestroombaan 262
seriestroomkring 262
serieus 723
sering 331
seringboom 331
serk 253
seroet
84 Houer
430 Rook
serografie 760
serp 745
serpentine 315
serpentyn 298
serpentynsteen 298
serruria 337
sersant
591 Gesaghebber
673 Manskap
802 Gehoorsaam
sersant-majoor
591 Gesaghebber
673 Manskap
sersantskap
591 Gesaghebber
673 Manskap
sersje 311
sertifikaat
525 Bewys
539 Kommunikeer
546 Kunsmatige teken
561 Studeer
601 Toestem
616 Magtig
826 Goedkeur
sertifiseer
505 Verstandstoornis
525 Bewys
528 Bevestig
539 Kommunikeer
546 Kunsmatige teken
607 Beloof
826 Goedkeur
sertifiseerbaar 505
sertifisering 826
serum 415
serveer 418
servet
95(9) Linne
418 Maaltyd
servies
95(7) Breekgoed
95(7) Messegoed
servikaal 396
servikale pleksus 378
servikale werwel 396
servituut
688 Besit
806 Wettig
ses 728(3)
sesamesaad 323
sesbania 332
sesdelig 112
sesessie 590
seshoek 447
seshoekig 447
sesium 297
sesjarig
37 Tyd
55 Dikwels
seskamp 726
seskant
139 Meetkunde
447 Hoekig
450 Volume
seskantig
447 Hoekig
450 Volume
seskiefhaai 363
sesmaandeliks
55 Dikwels
127 Tydbepaling
sespuntig 447
sessie
37 Tyd
590 Bestuur
645 Handel
665 Byeenkom
693 Gee
809 Regsgeding
sessiel 324
sessilindermasjien 630
sessionaris
693 Gee
696 Ontvang

sessnaarkitaar 756
sesstemmig 755
sestiendenoot 753
sestienderus 753
sestienmeterhou 728(6)
sestienmeterlyn 728(6)
sestiger
52 Ouderdom
54 Oud
750 Letterkunde
sestigponder 676
sesuur
37 Tyd
751 Digkuns
sesvlak
139 Meetkunde
447 Hoekig
450 Volume
sesvlakkig
139 Meetkunde
450 Volume
sesvoudig 102
set
97 Bou
301 Metaal
306 Diamant
414 Geneeskunde
566 Drukkuns
728(8) Gholf
763 Beeldhoukuns
818 Bedrieg
setel
1 Bestaan
64 Aanwesig
74 Op
590 Bestuur
795 Staat
setfout 566
setgietmasjien 566
sethaak 566
sethou 728(8)
seties 742
setlaar
66 Plasing
788 Beskaafd
setlaarsdorp 90
setlyn 566
setmasjien 566
setperk 728(8)
setpil 415
setsel
566 Drukkuns
574 Woordkategorie
setselgroep 576
setselstuk 576
setspieël 566
setstok 728(8)
setter
373 Jag
566 Drukkuns
568 Perswese
728(8) Gholf
settery 566
setting
566 Drukkuns
754 Komposisie
setwerk
566 Drukkuns
728(8) Gholf
setyster 728(8)
seun
53 Jonk
243 Kind
374 Mens
375 Man
Seun 837
seunsagtig 375
seunsboek 567
seunskamer 94(3)
seunskind
53 Jonk
243 Kind
seunskool 559
seunskoor 757
seunsnaam 550
seunspan 726
seur 725
sewedaags 127
sewehoek
139 Meetkunde
447 Hoekig
sewehoekig 447
sewejaarliks 127
sewejaartjie
322 Blom
334 Blomplant
sewejarig 127
sewekamp 726
sewekantig
447 Hoekig
450 Volume
sewesnarig 756
sewestoernooi 728(1)
sewe-uur 37
sewevlak 139
sewevlakkig 450
sexy 743
sfeer
82 Rondom
139 Meetkunde
270 Hemelliggaam
446 Rond
450 Volume
514 Wysbegeerte
515 Wetenskap
713 Gevoel
787 Gemeenskap
sfenoïdale been 385
sferies
446 Rond
450 Volume
sferoïdaal
139 Meetkunde
446 Rond
450 Volume
sferoïde
139 Meetkunde
446 Rond
450 Volume
sferometer 267
sfinks
549 Stilbly
715 Gevoelloos
763 Beeldhoukuns
792 Asosiaal
sfinkter 402
sforzando 753
shiraz 427
siaan
415 Geneesmiddel
461 Gas
Siamees 366
sianidering 275
sianied
252 Doodmaak
256 Skeikunde
415 Geneesmiddel
sianiet 760
sianose 413
sibariet 820
sibarities 820
sibbe 240
sibernetika 263
sibillyns 855
sic
528 Bevestig
538 Dwaling
sidder
164 Reëlmatig
466 Koud
768 Vrees
sidderaal 363
sidderend
164 Reëlmatig
466 Koud
siddering
164 Reëlmatig
768 Vrees
sideraal 269
sideriese tyd 269
sideriet 297
sie
628 Vuil
827 Afkeur
sieal 768
sied 293
siedend
293 Onweer
465 Warm
713 Gevoel
771 Gramskap
siedend warm 465
siejy 192
siek
412 Siek
413 Siekte
623 Sleg
626 Swak
717 Lyding
827 Afkeur
siek wees 623
siek word 413
siekbed
412 Siek
413 Siekte
sieke 412
siekebesoek 780
siekeboeg
94 Gebou
235 Skeepvaart
417 Hospitaal
siekefonds 780
siekekamer 417
siekerig
412 Siek
413 Siekte
siekerigheid 412
siekesorg 414
sieketrooster 780
siekeversorging 414
sieklik
412 Siek
413 Siekte
623 Sleg
717 Lyding
sieklike drang 505
sieklikheid 412
siekparade 680
siekte
412 Siek
413 Siekte
623 Sleg
626 Swak
717 Lyding
719 Hartseer
siektebeeld 413
siektekiem 413
siekteproses
412 Siek
413 Siekte
siektesimptoom 413
siekteteken 413
siektetoestand 412
siekteverlof
413 Siekte
648 Onderbreek
662 Rus
siekteverloop
412 Siek
413 Siekte
siekteverskynsel 412
siel
32 Enkeling
249 Lewe
374 Mens
582 Wilskrag
676 Vuurwapen

713 Gevoel
714 Gevoelig
811 Gewete
sieldodend
35 Reëlmatig
725 Verveling
sieleadel 778
sieleheil 718
sieleherder 849
sieleleed 717
sielelyding 717
sielenood 717
sielerus
720 Tevrede
839 Hiernamaals
sielesmart
717 Lyding
719 Hartseer
sielesorg 812
sielestryd 587
sieletal
64 Aanwesig
133 Getal
sielewroeging
717 Lyding
719 Hartseer
822 Skuldig
823 Berou
sielig
623 Sleg
766 Wanhoop
sielkunde
514 Wysbegeerte
515 Wetenskap
sielkundig
514 Wysbegeerte
714 Gevoelig
sielkundige
416 Medikus
514 Wysbegeerte
515 Wetenskap
sielloos
581 Teësinnig
583 Willoosheid
715 Gevoelloos
sielpynigend 717
sielsangs 768
sielsbegeerte 773
sielsbly 718
sielsgraag 580
sielsiek
413 Siekte
505 Verstandstoornis
sielsieke 413
sielsieke-inrigting 417
sielsiekte
413 Siekte
505 Verstandstoornis
sielskwelling 721
sielsleed 717
sielsnood 717
sielsrus 720
sielstoestand 3
sielstryd 587
sielsverdriet 717
sielsverheffend 812
siel(s)verheffing 812
sielsverhuising 844
sielsverlange 773
sielsvervoering 512
sielsvriend 776
sielswroegend
717 Lyding
719 Hartseer
sielswroeging
717 Lyding
719 Hartseer
823 Berou
sieltergend
623 Sleg
714 Gevoelig
sielvol 714
siembamba 757
sien
499 Sien
508 Aandag
517 Vind
533 Verstaan
554 Aanspreek
562 Lees
713 Gevoel
sienbaar 500
siende 499
siende blind 536
sienderoë 499
siener 551
siëniet 298
siening 527
sienlik 500
sienswyse
527 Oordeel
825 Beoordeling
sienvermoë 499
siepoog 413
siepsop-en-braaiboud 835
sier
433 Klein
745 Versier
sieraad 745
sierboom
318 Plant
331 Boom
sierduif 365
sier-ertjie 334
siergewas 318
siergoedjies 745
sierie 365
sierkuns
745 Versier
749 Kuns
sierkunstenaar
745 Versier
749 Kuns
sierlaag 94(13)
sierletter
565 Skryfkuns
566 Drukkuns
sierlik 743
sierlikheid 743
sierplant 318
sierpleister 94(13)
siërra 277
sierrooster 233
siersel 745
sierskrif 565
siersmedery 302
siersteen
100 Boumateriaal
298 Steen
304 Steenbakkery
siersteenmuur 94(6)
sierstruik 332
siertjie 323
sierui 351
siervaas 84
sierwa 793
sies
628 Vuil
827 Afkeur
siësta
410 Slaap
646 Nie handel nie
662 Rus
sif
153 Deur
630 Werktuig
sifdeur 94(8)
sifdoek 153
sifdruk 760
siffie 363
sifilis 413
sifilities 413
sifilologie 414
sifiloloog 416
sifmasjien 153
sifon
84 Houer
153 Deur
277 Berg
288 Waterstelsel
sifonies 153
sifsel 153
sifter 153
siftery 153
sifting 153
sig 499
sigaar 430
sigaaras 430
sigaardamp 430
sigaarkissie 430
sigaarroker 430
sigaarrook 430
sigarello 430
sigaret 430
sigaretaansteker
430 Rook
467 Aansteek
sigaretas 430
sigaretroker 430
sigaretrook 430
sigaretstompie 430
sigbaar
162 Ontbloot
500 Sigbaarheid
sigbaar maak
177 Oopgaan
485 Lig
500 Sigbaarheid
sigbaarheid
162 Ontbloot
500 Sigbaarheid
543 Duidelik
sigblad 263
sigbladprogram 263
sigeuner
798 Lae stand
844 Bygeloof
sigkant 499
sigmoïedkolon 401
sigomatiese been 385
sigomorf 12
sigoot 317
sigorei
351 Groente
427 Drank
sigsag
164 Reëlmatig
444 Krom
sigsaglyn 444
sigself 8
sigwaarde
126 Skat
620 Belangrik
sigwissel 708
sikadee
330 Naaksadige
342 Gifplant
sikkatief 490
sikkepit 103
siklaam 334
siklamen 334
siklies
37 Tyd
55 Dikwels
83 Middel
139 Meetkunde
657 Herhaal
751 Digkuns
sikliese vers 751
sikloïed
139 Meetkunde
444 Krom
siklometer
123 Meet
233 Motorvoertuig
siklonies 290
sikloon
290 Wind

293 Onweer
sikloop 855
siklopies 432
siklorama
752 Toneelkuns
760 Skilderkuns
siklotron 262
siklus
37 Tyd
55 Dikwels
83 Middel
139 Meetkunde
657 Herhaal
750 Letterkunde
751 Digkuns
sikofant
539 Kommunikeer
828 Vlei
sileks 298
silfiede 838
silhoeët
486 Duisternis
759 Tekenkuns
silhoeëtskiet 677
siliêr 382
silika
256 Skeikunde
298 Steen
silikaat
256 Skeikunde
297 Metaal
298 Steen
silikon
256 Skeikunde
298 Steen
silinder
94(15) Toebehore
139 Meetkunde
233 Motorvoertuig
450 Volume
469 Verwarmingstoestel
630 Werktuig
silinderkop 233
silinderkopdeksel 233
silindervormig 446
silindries
446 Rond
450 Volume
silisium
256 Skeikunde
298 Steen
sillabe 572
sillabebou 572
sillabeskrif 565
sillabies
565 Skryfkuns
572 Uitspraak
sillabifikasie 572
sillabifiseer 572
sillabus
561 Studeer
640 Voorbereid
sillogisme 522
sillogisties 522
silo
352 Graan
354 Plaas
silt 426
siltig 471
Siluurtydperk 274
silwer
95(7) Messegoed
297 Metaal
492 Kleur
silweraar 275
silweragtig 297
silwerbeslag 302
silwerblou 492
silwerboom 331
silwerbruilof
248 Huwelik
793 Fees
silwerdoek 752
silwerdruk 566
silwerdwergmispel 331
silwereik 331
silwerfoelie 301
silwergeld 709
silwergras 338
silwergrys 492
silwerjakkals 366
silwerklas 222
silwerkleur 492
silwerkollekte 848
silwerlegering 301
silwermot 361
silwermunt 131
silwermyn 275
silwernitraat 300
silwerpapier 315
silwerplettery 302
silwerpopulier 331
silwerservies 95(7)
silwerskoon 627
silwersmedery 302
silwersmeekuns 302
silwersmid 302
silwersmidswinkel 302
silwerstaaf 301
silwerstuk 131
silwervis
363 Waterdier
422 Seekos
silwervos 366
silwerwerk 302
silwerwit 492
sima 274
simbaal 756
simbiose 317
simboliek 547
simbolies
546 Kunsmatige teken
547 Simboliek
577 Betekenis
simboliese kleur 490
simbolis 749
simboliseer
545 Natuurlike teken
547 Simboliek
simbolisme 749
simbool
545 Natuurlike teken
546 Kunsmatige teken
547 Simboliek
565 Skryfkuns
simfonie
754 Komposisie
755 Uitvoering
simfonieer 754
simfoniekonsert 755
simfonie-orkes 755
simmetrie
8 Dieselfde
10 Harmonie
35 Reëlmatig
simmetries
8 Dieselfde
10 Harmonie
35 Reëlmatig
simpatie
596 Inskiklik
714 Gevoelig
776 Liefde
778 Goedaardig
simpatie hê 714
simpatie toon 778
simpatiek
596 Inskiklik
714 Gevoelig
776 Liefde
778 Goedaardig
simpatiek wees 778
simpaties 378
simpatiese senuwee 378
simpatiseer
714 Gevoelig
778 Goedaardig
simpel
503 Onverstandig
505 Verstandstoornis
524 Onlogies redeneer
623 Sleg
722 Snaaks
simpleks
573 Woordeskat
575 Woordvorming
simplekse woord
573 Woordeskat
575 Woordvorming
simplifikasie 653
simplifiseer 653
simplisiteit 543
simplisties
524 Onlogies redeneer
534 Wanbegrip
653 Maklik
simposium
539 Kommunikeer
553 Behandel
557 Diskussie
590 Bestuur
665 Byeenkom
simptomaties
412 Siek
500 Sigbaarheid
simptoom
412 Siek
454 Natuurlike teken
simulant 14
simulasie
14 Navolging
657 Herhaal
simuleer
14 Navolging
657 Herhaal
simultaan 48
simultaantolk
539 Kommunikeer
543 Duidelik
simultaantolkwerk 543
simultaniteit 48
sin
493 Gevoeligheid
502 Verstand
513 Gedagte
527 Oordeel
539 Kommunikeer
541 Betekenisvolheid
546 Kunsmatige teken
548 Praat
565 Skryfkuns
576 Sinsbou
577 Betekenis
580 Graag
584 Kies
713 Gevoel
773 Begeerte
sinagoge
91 Gebou
853 Kerk
854 Godsdiens
sinaps 378
sinchronies
48 Gelyktydig
570 Taalwetenskap
sinchroniese taalkunde 570
sinchroniese woordeboek 567
sinchronisasie 48
sinchroniseer 48
sinchronisme 48
sinchronisties 48
sinchroon
48 Gelyktydig
570 Taalwetenskap
sinchroton 262
sindelik
622 Goed

627 Skoon
sindelikheid 627
sindikaat
665 Byeenkom
701 Handel
sindroom 413
sinds 27
sindsdien 27
sine qua non 530
sinekdogee 750
sinekure
653 Maklik
658 Beroep
sinekuur
653 Maklik
658 Beroep
sinerese 572
sinergeties 317
sinergie 317
sinergisme 317
sinestesie 493
sinesteties 493
sing
478 Welluidend
482 Menslike geluid
483 Voëlgeluid
757 Sang
singbaar 478
singel
90 Gemeenskap
149 Pad
singend 482
singer 757
singery 482
singularis
574 Woordkategorie
575 Woordvorming
singulariseer 575
sinies
715 Gevoelloos
770 Wantroue
779 Boosaardig
831 Bespot
843 Ongeloof
sinikus
715 Gevoelloos
779 Boosaardig
831 Bespot
sinisme
715 Gevoelloos
770 Wantroue
779 Boosaardig
831 Bespot
843 Ongeloof
sinister
623 Sleg
667 Stryd
714 Gevoelig
768 Vrees
779 Boosaardig
sinjaal
234 Spoorweg
546 Kunsmatige teken
sinjaleer
539 Kommunikeer
546 Kunsmatige teken
sinjatuur
563 Skryf
565 Skryfkuns
566 Drukkuns
sinjeur 722
sink
100 Boumateriaal
159 Neerdaal
212 Afgaan
221 Vaar
256 Skeikunde
297 Metaal
301 Metaalverwerking
446 Rond
sinkallooi 297
sinkdak 94(4)
sinkdal
278 Vallei
437 Laag
sinker 372
sinkgat
274 Geologie
277 Berg
sinkgravure 761
sinkings 413
sinkingskoors 413
sinkkarbonaat 256
sinklien 277
sinklinaal
274 Geologie
446 Rond
sinkline 274
sinklood
123 Meet
372 Vissery
sinkografie 761
sinkopasie 755
sinkopee
572 Uitspraak
755 Uitvoering
sinkopeer 572
sinkplaat
100 Boumateriaal
301 Metaal
sinkplaatpad 149
sinkput 277
sinkreties
576 Sinsbou
841 Leer
sinkretisme
576 Sinsbou
841 Leer
sinksalf 415
sinksilikaat 297
sinkspaat
256 Skeikunde
296 Nie-metaal
sinledig 542
sinledigheid 542
sinlik
493 Gevoeligheid
813 Swak gedrag
820 Oneerbaar
sinlike genot 716
sinlike lewe 249
sinlikheid
493 Gevoeligheid
716 Genot
773 Begeerte
820 Oneerbaar
sinloos
503 Onverstandig
542 Betekenisloos
sinloosheid
503 Onverstandig
542 Betekenisloos
621 Onbelangrik
sinnaber 296
sinnebeeld 547
sinnebeeldig
547 Simboliek
577 Betekenis
sinnelik
493 Gevoeligheid
813 Swak gedrag
820 Oneerbaar
sinnelikheid
716 Genot
773 Begeerte
820 Oneerbaar
sinneloos
11 Disharmonie
505 Verstandstoornis
sinnigheid 773
sinodaal 852
sinode
590 Bestuur
852 Geestelike
sinoniem
573 Woordeskat
577 Betekenis
sinoniemwoordeboek 567
sinonimie
573 Woordeskat
577 Betekenis
750 Letterkunde
sinonimiek
570 Taalwetenskap
573 Woordeskat
577 Betekenis
sinonimies
573 Woordeskat
577 Betekenis
sinopsis
111 Geheel
539 Kommunikeer
sinopties 108
sinryk 541
sinrykheid 541
sinsaanvang 576
sinsadjunk 574
sinsaksent 572
sinsanafoor 576
sinsbedrieëry 494
sinsbedrog
493 Gevoeligheid
494 Gevoelloosheid
499 Sien
sinsbetekenis 577
sinsbou 576
sinsbywoord 574
sinsdeel 576
sinsemantiek 577
sinsfragment 576
sinsfunksie 576
sin(s)genot
493 Gevoeligheid
716 Genot
sinsgrammatika 570
sinsklem 572
sinsleer
570 Taalwetenskap
576 Sinsbou
sinsnede 576
sinsontleding 576
sinspeel
539 Kommunikeer
541 Betekenis
544 Onduidelik
sinspeling
539 Kommunikeer
541 Betekenis
544 Onduidelik
603 Voorstel
750 Letterkunde
sinspreuk
546 Kunsmatige teken
573 Woordeskat
sinspreukig
546 Kunsmatige teken
548 Praat
sinstipe 576
sinsverband 576
sinsverbystering
493 Gevoeligheid
494 Gevoelloosheid
715 Gevoelloos
sinsverrukking 714
sinsvervoering 714
sinswending
539 Kommunikeer
576 Sinsbou
sintagma 576
sintagmaties 577
sintagmatiese betekenis 577
sintagmatiese betrekking 577
sintaksis
570 Taalwetenskap
576 Sinsbou
sintakties
570 Taalwetenskap
576 Sinsbou

sintaktiese betekenis 577
sintaktiese struktuur 576
sintaktiese waarde 577
sintaktikus 570
sintel
299 Brandstof
469 Verwarmingstoestel
sintelbaan 726
Sint Elmsvuur 293
Sint Vitusdans 413
sinter
297 Metaal
301 Metaalverwerking
304 Steen
sintese 111
sinteties
111 Geheel
254 Stof
256 Skeikunde
sintetiese stof 307
sintetiese waarheid 577
sintetiseerder 756
sintuig
378 Senuwee
493 Gevoeligheid
sintuiglik 493
sintuiglike waarneming 493
sintuiglikheid 493
sinus
139 Meetkunde
385 Skedel
389 Neus
sinusholte 385
sinusitis 413
sinvol
513 Gedagte
527 Oordeel
541 Betekenis
Sionis 854
Sionisme 854
sipier 594
sipres
330 Naaksadige
331 Boom
sirene
235 Skeepvaart
266 Akoestiek
481 Skerp klank
855 God
Siriese god 855
sirkel
82 Rondom
139 Meetkunde
213 Rondgaan
222 Vlieg
444 Krom
446 Rond
565 Skryfkuns
sirkelboog
444 Krom
446 Rond
sirkelgang 213
sirkelomtrek
82 Rondom
139 Meetkunde
sirkelredenasie 524
sirkelredenering 524
sirkelrond 446
sirkelsaag
316 Hout
630 Werktuig
sirkelvlug 222
sirkelvorm
82 Rondom
139 Meetkunde
438 Vorm
446 Rond
sirkonium
256 Skeikunde
297 Metaal
sirkoon
256 Skeikunde
298 Steen
sirkulasie
145 Beweging
405 Bloed
568 Perswese
629 Gebruik
sirkulasiebank 700
sirkulasiebestuurder 568
sirkuleer
145 Beweging
213 Rondgaan
405 Bloed
539 Kommunikeer
sirkulêre
539 Kommunikeer
551 Meedeel
sirkumfleks 571
sirkumposisie 574
sirkus 724
sirokko 290
sirrose 413
sis
311 Weefsel
481 Skerp klank
484 Diergeluid
sisal
312 Spin
331 Boom
sisalboom 331
siseleer
745 Versier
762 Inlegwerk
sissie 375
sist 413
sisteem
19 Orde
35 Reëlmatig
515 Wetenskap
640 Voorbereid
644 Handelwyse
653 Maklik
sistematiek
19 Orde
35 Reëlmatig
515 Wetenskap
612 Noukeurig
640 Voorbereid
sistematies
8 Dieselfde
19 Orde
35 Reëlmatig
515 Wetenskap
612 Noukeurig
640 Voorbereid
653 Maklik
sistematiseer
19 Orde
35 Reëlmatig
515 Wetenskap
640 Voorbereid
sistitis 413
sistole
399 Bloedsomloop
405 Bloed
sistolies 405
sistoliese druk
399 Bloedsomloop
405 Bloed
sistool 405
sit
1 Bestaan
5 Ondergeskik
61 Plek
64 Aanwesig
66 Plasing
74 Op
168 Saamkom
590 Bestuur
594 Onvryheid
665 Byeenkom
sitaat
525 Bewys
539 Kommunikeer
567 Boek
sitadel
91 Gebou
92 Belangrike gebou
671 Verdedig
sitasie 809
sitbetoger
648 Onderbreek
666 Verhinder
siteer
525 Bewys
562 Lees
809 Regsgeding
siter 756
sitiologie
406 Eet
515 Wetenskap
sitkamer 94(3)
sitkamerbank 95(4)
sitkamerstoel 95(4)
sitkom 264
sitkussing 95(4)
sitogenese 254
sitogenetika 515
sitologie
254 Stof
377 Liggaam
sitoplasma
254 Stof
377 Liggaam
sito-sito 225
sitplek
61 Plek
74 Op
95(4) Sitmeubel
233 Motorvoertuig
sitplekgordel 233
sitroen 323
sitroengeel 492
sitroensuur 472
sitroenverbena 332
sitrus 323
sitrusboerdery 347
sitrusvrug
323 Vrug
350 Vrugte
sitslaap 410
sitslaapkamer 94(3)
sitslapie 410
sitstaker
648 Onderbreek
666 Verhinder
sitstaking
648 Onderbreek
666 Verhinder
sittend
74 Op
590 Bestuur
sitting
557 Diskussie
590 Bestuur
645 Handel
665 Byeenkom
809 Regsgeding
sittingsduur 645
sittingstyd 645
situasie
5 Ondergeskik
61 Plek
64 Aanwesig
situeer
37 Tyd
64 Aanwesig
66 Plasing
situering 66
sitvlak 392
sivetkat 366
siviel 590
siviele amptenaar 590
siviele ingenieur 288
siviele ingenieurswese 515

siviliseer 788
sjabloneer 35
sjabloon
35 Reëlmatig
564 Skryfbehoeftes
759 Tekenkuns
sjabloondruk 759
sjaggel 705
sjagger 705
sjah 591
sjamaan
844 Bygeloof
852 Geestelike
sjamanisme
844 Bygeloof
854 Godsdiens
sjampanje 427
sjampanjeglas
84 Houer
95(7) Breekgoed
sjampanjekleur 492
sjampanjeontbyt 418
sjampoe
627 Skoon
746 Toilet
sjantoeng 311
sjarmant
743 Mooi
791 Sosiaal
sjarme
743 Mooi
791 Sosiaal
sjarmeer 743
sjef 419
sjeg
591 Gesaghebber
854 Godsdiens
sjeik
591 Gesaghebber
854 Godsdiens
sjeikdom 590
sjelei 426
sjerrie 427
sjerrieglas
84 Houer
95(7) Breekgoed
sjibbolet 796
sjiek
53 Nuut
743 Mooi
sjimpansee 366
Sjintoeïsme 854
sjoebroekie 745
sjofar 756
sjokolade
426 Kos
427 Drank
sjokoladebruin 492
sjokoladedrankie 427
sjokoladelekker 426
sjokoladepoeding 426
sjor
170 Saambring
172 Vasmaak
skaad
635 Skadelik
666 Verhinder
683 Misluk
779 Boosaardig
skaaf
101 Gereedskap
154 Vryf
179 Glad
316 Hout
438 Vorm
448 Gelyk
559 Opvoeding
623 Sleg
630 Werktuig
skaafbank 630
skaafbeitel 630
skaafkrul
185 Sny
316 Hout
skaafmasjien
179 Glad
316 Hout
skaafsel
154 Vryf
184 Afbreek
185 Sny
316 Hout
skaafwerk
179 Glad
316 Hout
skaafwond 412
skaafyster 630
skaai 695
skaak
594 Onvryheid
684 Oorwin
695 Steel
739 Geselskapspel
skaakbord 739
skaakklub 724
skaakmat 739
skaakspel 739
skaakspeler 739
skaal
10 Harmonie
35 Reëlmatig
123 Meet
124 Weeg
134 Getalstelsel
259 Aërografie
273 Geografie
skaaldier
357 Dier
362 Skaaldier
skaalmodel 35
skaalplank 316
skaalverdeling 123
skaam
715 Gevoelloos
768 Vrees
772 Sagmoedig
786 Nederig
822 Skuldig
skaambeen
395 Buik
396 Rug
skaamberg
395 Buik
396 Rug
skaamblom
332 Struik
334 Blomplant
skaamborsie 745
skaamdele 403
skaamhare
382 Haar
395 Buik
skaamheid
768 Vrees
772 Sagmoedig
786 Nederig
skaamheuwel
395 Buik
396 Rug
skaamkwaad 771
skaamte
715 Gevoelloos
719 Hartseer
768 Vrees
786 Nederig
820 Oneerbaar
822 Skuldig
skaamteloos
593 Vryheid
785 Hoogmoedig
792 Asosiaal
820 Oneerbaar
skaap
366 Soogdier
503 Onverstandig
skaap- en wolkunde 356
skaapboer
347 Landbou
369 Veeteelt
skaapboerdery
347 Landbou
369 Veeteelt
skaapbossie 337
skaapboud 421
skaapherder 369
skaaphond 366
skaapkamp 369
skaapkop 503
skaapkraal
354 Plaas
369 Veeteelt
skaapnek 393
skaapooi 357
skaapplaas
354 Plaas
369 Veeteelt
skaapram 357
skaapribbetjie 421
skaapskêr 369
skaapstal 369
skaapsteker 364
skaapsuring 351
skaaptelery 368
skaaptrop 369
skaapveiling 369
skaapvel 314
skaapvelbaadjie 745
skaapvleis 421
skaapwagter
369 Veeteelt
655 Veilig
skaapwagtersny 424
skaapwagterstaf 369
skaapwagtertjie 365
skaapwolkies 291
skaar
168 Saamkom
185 Sny
355 Landbougereedskap
skaars
56 Selde
103 Min
108 Minder
697 Verloor
skaarsheid 631
skaarste
56 Selde
103 Min
631 Nodig
690 Arm
skaats 736
skaatsbaan 736
skaatsplank 736
skaatssport 736
skaatstoerusting 736
skabel 95(4)
skabrak 231
skabreus 813
skade
238 Vernietig
267 Optika
486 Duisternis
623 Sleg
635 Skadelik
666 Verhinder
683 Misluk
687 Verlies
697 Verloor
719 Hartseer
skade ly
635 Skadelik
687 Verlies
697 Verloor
skadelik
238 Vernietig

635 Skadelik
656 Gevaarlik
skadelikheid 635
skadeloos 636
skadeloosstelling 636
skademaat 808
skadevergoeding 708
skadevordering 708
skadu
2 Nie-bestaan
14 Navolging
267 Optika
486 Duisternis
skaduagtig 486
skadubeeld
14 Navolging
486 Duisternis
512 Verbeelding
838 Gees
skaduboom 331
skadugebied 486
skadugewend 331
skadukabinet 590
skaduplant 318
skaduryk
331 Boom
486 Duisternis
skadusone 486
skadusy
486 Duisternis
623 Sleg
skaduwee
14 Navolging
267 Optika
486 Duisternis
skaduweeagtig 486
skaflik 622
skaflikheid 622
skaftyd
418 Maaltyd
662 Rus
skafuur
418 Maaltyd
662 Rus
skag
94 Gebou
183 Gryp
275 Myn
288 Waterstelsel
313 Weef
365 Voël
381 Vel
382 Haar
skagtoerusting 275
skagtoring 275
skagveer 382
skakeer
13 Verskeidenheid
490 Kleur
skakel
6 Betreklik
21 Volgorde
172 Vasmaak
262 Elektrisiteit
265 Telekommunikasie
663 Meedoen
665 Byeenkom
728(1) Rugby
728(6) Hokkie
skakelaar 262
skakelbeampte 663
skakelbord
262 Elektrisiteit
265 Telekommunikasie
skakelhefboom 257
skakelhuis
89 Blyplek
91 Gebou
skakeling
21 Volgorde
172 Vasmaak
663 Meedoen
skakelkomitee 663
skakelrat 257
skakelskyf 265
skakelsleutel 262
skakeltoon 265
skakelwerk 663
skaker 695
skakering
13 Verskeidenheid
490 Kleur
541 Betekenis
skaking 695
skald 751
skalie 298
skalmei 756
skalpeer 185
skamel
103 Min
117 Te min
230 Rytuig
234 Spoorweg
690 Arm
skamelband 230
skamelbout 230
skamelheid
103 Min
117 Te min
skamelkar 230
skamelplaat 230
skameltrok 234
skamerig 786
skamper 831
skamperheid 831
skamppaal
149 Pad
369 Veeteelt
skandaal
779 Boosaardig
822 Skuldig
skandaleus
779 Boosaardig
813 Swak gedrag
820 Oneerbaar
skandalig
104 Baie
623 Sleg
779 Boosaardig
813 Swak gedrag
820 Oneerbaar
skandaligheid
623 Sleg
779 Boosaardig
813 Swak gedrag
820 Oneerbaar
skandaliseer
779 Boosaardig
813 Swak gedrag
820 Oneerbaar
skanddaad
779 Boosaardig
813 Swak gedrag
820 Oneerbaar
822 Skuldig
skande
623 Sleg
813 Swak gedrag
820 Oneerbaar
822 Skuldig
skande maak 820
skandeer 751
skandelik
623 Sleg
628 Vuil
813 Swak gedrag
820 Oneerbaar
827 Afkeur
skandering 751
skandmerk
546 Kunsmatige teken
820 Oneerbaar
831 Bespot
skandpaal 835
skandteken 546
skandvlek 831
skans
63 Begrens
160 Omring
670 Verdedig
671 Verdedigingsmiddel
skanspale 63
skapoliet 296
skapula 380
skarabee
361 Insek
745 Versier
skare
104 Baie
168 Saamkom
665 Byeenkom
727 Wedstryd
skarlaken 492
skarlakenkoors 413
skarlakenrooi 492
skarminkel
435 Smal
779 Boosaardig
813 Swak gedrag
skarnier
94(8) Deur
94(9) Venster
163 Draai
skarniergewrig 380
skarrel
190 Vertrek
225 Vinnig
645 Handel
654 Moeilik
skarrelaar
225 Vinnig
365 Voël
654 Moeilik
skat
122 Bereken
126 Skat
513 Gedagte
518 Glo
527 Oordeel
620 Belangrik
688 Besit
689 Ryk
776 Liefde
skatbaar 126
skater
481 Skerp klank
722 Snaaks
skaterlag
481 Skerp klank
722 Snaaks
skatgrawer 686
skatkamer
94 Gebou
168 Saamkom
688 Besit
skatkelder 688
skatkis
688 Besit
701 Handel
skatkisbiljet
701 Handel
709 Betaalmiddel
skatkisorder
701 Handel
708 Betaal
skatkisrekening 701
skatkiswissel
525 Bewys
709 Betaalmiddel
skatlam 776
skatlik 743
skatlikheid 743
skatologies
409 Afskeiding
628 Vuil
skatpligtig 712
skatryk 689

skattebol 776
skattejag 739
skattig 743
skattigheid 743
skatting
122 Bereken
126 Skat
516 Soek
712 Belasting
skattingshof
712 Belasting
808 Regswese
skavot 835
skawery 179
skede
185 Sny
321 Blaar
323 Vrug
403 Voortplanting
skedel
380 Gebeente
384 Kop
385 Skedel
skedelbeen 385
skedelbreuk 413
skedelholte 385
skedelleer 385
skedelloos 361
skedelnaat 385
skedelpunt
385 Skedel
439 Punt
skederok 745
skederomp 745
skedetabberd 745
skedule 640
skeef
73 Skuins
79 Dwars
444 Krom
538 Dwaling
623 Sleg
skeef buig
73 Skuins
444 Krom
skeef kyk 73
skeef lê 73
skeef loop
73 Skuins
444 Krom
623 Sleg
683 Misluk
skeef sit 73
skeef trek
73 Skuins
444 Krom
skeefblom 332
skeefgebuig 444
skeefgetrek 444
skeefgroeiend 444
skeeflopend 444
skeefte 73
skeel
412 Siek
499 Sien
623 Sleg
631 Nodig
skeel kyk 499
skeelheid
413 Siekte
499 Sien
skeelhoofpyn
412 Siek
413 Siekte
skeelogig 387
skeeloog
413 Siekte
499 Sien
skeen 397
skeenbeen
380 Gebeente
397 Ledemaat
skeenskerm 728(7)
skeepgaan 221
skeepsagent 221
skeepsanker 235
skeepsbemanning
223 Stuur
235 Skeepvaart
skeepsbewys 221
skeepsdokter
235 Skeepvaart
416 Medikus
skeepseienaar 221
skeepsein 235
skeepshelling 221
skeepsjoernaal 221
skeepsjonge 235
skeepskaptein
221 Vaar
235 Skeepvaart
591 Gesaghebber
skeepskis
84 Houer
187 Reis
skeepskoffer
84 Houer
187 Reis
skeepskompas
235 Skeepvaart
261 Magnetisme
skeepslading 235
skeepsmaat 221
skeepsramp 221
skeepsreg
221 Vaar
808 Regswese
skeepsrol 221
skeepsruim 235
skeepstaal 569
skeepstouwerk 235
skeepsvlag
235 Skeepvaart
546 Kunsmatige teken
skeepsvolk 235
skeepswerf 221
skeepswrak 221
skeepvaart 221
skeepvaartkanaal 147
skeepvaartkunde 221
skeepvaartmaatskappy 221
skeepvaartroete 147
skeepvrag 221
skeer
152 Verby
156 Bo-oor
222 Vlieg
225 Vinnig
312 Spin
369 Veeteelt
746 Toilet
skeerapparaat
355 Landbougereedskap
746 Toilet
skeerbakkie 746
skeerder 313
skeergeld
369 Veeteelt
708 Betaal
skeergoed 746
skeerhok 369
skeerkraal 369
skeerkwas 746
skeermes 746
skeerroom 746
skeerseep 746
skeersel 369
skeerskêr 355
skeerskuur 369
skeerstal 369
skeertuig 235
skeertyd 369
skeervlug 222
skeet
409 Afskeiding
413 Siekte
skei
112 Deel
167 Wegbeweeg
169 Skei
173 Losmaak
184 Afbreek
190 Vertrek
230 Rytuig
248 Huwelik
skeibaar
112 Deel
171 Verwyder
173 Losmaak
574 Woordkategorie
skeibaarheid 171
skeibrief 248
skeiding
28 Einde
63 Begrens
68 Ver
112 Deel
167 Wegbeweeg
169 Skei
171 Verwyder
173 Losmaak
190 Vertrek
248 Huwelik
skeidslyn
63 Begrens
442 Lyn
skeidsmuur
63 Begrens
94(6) Muur
666 Verhinder
skeidsregter
727 Wedstryd
728(1) Rugby
728(2) Sokker
728(3) Krieket
728(4) Tennis
skeidsregterlik 727
skeier 169
skeikunde 256
skeikundige 256
skeil 401
skei-nat 256
skel
182 Slaan
481 Skerp klank
485 Lig
490 Kleur
548 Praat
667 Stryd
669 Aanval
771 Gramskap
820 Oneerbaar
829 Beledig
835 Bestraf
skel(d)naam
550 Noem
771 Gramskap
829 Beledig
skel(d)woord
771 Gramskap
820 Oneerbaar
831 Bespot
skelet
361 Insek
380 Gebeente
skelheid
481 Skerp klank
485 Lig
skelklinkend 481
skellakskuim 462
skellery
667 Stryd
829 Beledig
831 Bespot
skelluidend 481
skelm
502 Verstand
540 Geheim hou

695 Steel
779 Boosaardig
813 Swak gedrag
815 Oneerlik
818 Bedrieg
skelmagtig 815
skelmagtigheid 813
skelmpies
540 Geheim hou
815 Oneerlik
skelmspul 818
skelmstreek
813 Swak gedrag
818 Bedrieg
822 Skuldig
skelmstuk
818 Bedrieg
820 Oneerbaar
822 Skuldig
skelstem 481
skeltaal
667 Stryd
771 Gramskap
777 Haat
829 Beledig
831 Bespot
skelvis
363 Waterdier
422 Seekos
426 Kos
skelwoord 777
skema
553 Behandel
640 Voorbereid
644 Handelwyse
759 Tekenkuns
skematiseer 553
skemer
485 Lig
486 Duisternis
508 Aandag
544 Onduidelik
skemeraand
37 Tyd
127 Tydbepaling
skemeragtig 485
skemerdag 127
skemerdonker 486
skemerig
485 Lig
486 Duisternis
skemering 486
skemerkelkie 418
skemerkleur 492
skemerlamp
95(2) Lamp
487 Ligbron
skemerlig 486
skemeronthaal
418 Maaltyd
793 Fees
skemerpartytjie 793
skemerte
37 Tyd
485 Lig
486 Duisternis
skemertoestand 509
skemertyd
37 Tyd
127 Tydbepaling
skemeruur
127 Tydbepaling
486 Duisternis
skend
623 Sleg
635 Skadelik
744 Lelik
779 Boosaardig
803 Oortree
829 Beledig
skender
623 Sleg
803 Oortree
skendery
623 Sleg
744 Lelik
803 Oortree
skendig 813
skending
623 Sleg
744 Lelik
779 Boosaardig
803 Oortree
skenk
631 Nodig
693 Gee
skenkel
397 Ledemaat
421 Vleis
skenker
414 Geneeskunde
693 Gee
skenking 693
skep
0 Ontstaan
102 Hoeveelheid
175 Insit
176 Uithaal
237 Voortbring
438 Vorm
649 Begin
693 Gee
749 Kuns
skepbak 84
skepbord 84
skepdoel 728(1)
skepel 123
skepelmandjie
84 Houer
123 Meet
skepemmer 84
skephou 728(4)
skeplepel 95(7)
skepnet 372
skeppend
0 Ontstaan
237 Voortbring
749 Kuns
skepper
0 Ontstaan
237 Voortbring
749 Kuns
Skepper 837
Skepperheer 837
skeppie 103
skepping
0 Ontstaan
27 Begin
237 Voortbring
438 Vorm
649 Begin met
693 Gee
749 Kuns
842 Geloof
skeppingsdag
0 Ontstaan
842 Geloof
skeppingsdrang
237 Voortbring
749 Kuns
skeppingskrag 0
skeppingsteorie 514
skeppingsverhaal
552 Vertel
750 Letterkunde
842 Geloof
skeppingsvermoë
0 Ontstaan
237 Voortbring
749 Kuns
skeprat 186
skepsel
0 Ontstaan
4 Selfstandig
32 Enkeling
237 Voortbring
374 Mens
813 Swak gedrag
skepsis
519 Twyfel
770 Wantroue
843 Ongeloof
skepskop 728(1)
skepties
514 Wysbegeerte
519 Twyfel
770 Wantroue
831 Bespot
843 Ongeloof
skeptikus
519 Twyfel
770 Wantroue
843 Ongeloof
skeptisis 843
skeptisisme
514 Wysbegeerte
519 Twyfel
587 Aarsel
770 Wantroue
843 Ongeloof
skêr 185
skêrbeweging 728(1)
skerf
5 Ondergeskik
112 Deel
184 Afbreek
309 Glas
skerfbom 676
skerfglas 309
skerfgranaat 676
skerfvas 655
skering
311 Weefsel
313 Weef
skeringdraad 313
skerm
93 Gebou
95(12) Venster
160 Omring
233 Motorvoertuig
322 Blom
655 Veilig
670 Verdedig
671 Verdedigingsmiddel
678 Wapen
731 Gevegsport
752 Toneelspel
skermbaadjie 731
skermblom 318
skermdegen
678 Wapen
731 Gevegsport
skermhandskoen 731
skermkuns 731
skermkunswapens 731
skermles 731
skermmasker 731
skermmeester
678 Wapen
731 Gevegsport
skermpet 728(3)
skermplaat 178
skermsport 731
skermswaard 678
skermutseling 667
skermveër 233
skermwisser 233
skerp
129 Bepaald
137 Bewerking
185 Sny
439 Punt
440 Skerp
466 Koud
472 Sleg
481 Skerp klank
502 Verstand
543 Duidelik

572 Uitspraak
595 Streng
667 Stryd
717 Lyding
777 Haat
831 Bespot
skerpby 728(3)
skerperig 440
skerpgemaak 440
skerpgepunt 439
skerpheid
440 Skerp
502 Verstand
559 Opvoeding
777 Haat
skerphoek
139 Meetkunde
447 Hoekig
skerphoekig
139 Meetkunde
440 Skerp
447 Hoekig
skerpioen 361
skerpioenbyt 361
skerpioenspinnekop 361
skerpkant 185
skerpkantig 440
skerpmaak 440
skerpomlyn
63 Begrens
82 Rondom
skerppuntpasser 759
skerppunttang 630
skerpregter 835
skerpsiende 499
skerpsinnig 502
skerpsinnigheid
502 Verstand
533 Verstaan
skerpskutter 677
skerpsnydend
185 Sny
440 Skerp
skerpte
439 Punt
440 Skerp
485 Lig
502 Verstand
543 Duidelik
777 Haat
skêrpunt 439
skêrsprong 730
skerts
722 Snaaks
831 Bespot
skertsend 722
skertsenderwys(e) 722
skertser 722
skertsery
722 Snaaks
831 Bespot
skets
539 Kommunikeer
546 Kunsmatige teken
548 Praat
551 Meedeel
552 Vertel
553 Behandel
640 Voorbereid
750 Letterkunde
752 Toneelkuns
758 Kuns
759 Tekenkuns
sketsboek 759
sketsmatig
640 Voorbereid
759 Tekenkuns
sketsplan
97 Bou
640 Voorbereid
sketter
481 Skerp klank
785 Hoogmoedig
sketterstem 481
skeur
169 Skei
173 Losmaak
177 Oopgaan
184 Afbreek
238 Vernietig
277 Berg
278 Vallei
413 Siekte
skeurbuik 413
skeurdal 277
skeuring
169 Skei
173 Losmaak
666 Verhinder
667 Stryd
841 Leer
skeurkalender 127
skeurkiestand 391
skeurploeg 355
skeurtandhaai 363
skeurvallei
277 Berg
278 Vallei
skeurwond 412
skeut
103 Min
320 Stam
skeutjie 103
skewe beeld 815
skewebek trek 831
ski
732 Watersport
736 Skaats
skiboot 235
skibril 736
skielik
41 Kortstondig
225 Vinnig
521 Verras wees
641 Onvoorbereid
skiër 736
skiereiland
273 Geografie
281 Eiland
skiervlakte 273
skiet
145 Beweging
225 Vinnig
227 Werp
252 Doodmaak
373 Jag
659 Aanstel
667 Stryd
677 Skiet
731 Gevegsport
skiet gee
596 Inskiklik
772 Sagmoedig
skietbaan
677 Skiet
680 Militêre aksie
skietding 676
skieter 677
skietgat 671
skietgebed 847
skietgeveg 731
skietgoed
523 Logies redeneer
676 Vuurwapen
skietklub 724
skietkommando 672
skietkuns
726 Sport
731 Gevegsport
skietlamp
373 Jag
677 Skiet
skietlig
373 Jag
677 Skiet
skietlood
123 Meet
443 Reglynig
skietlustig 677
skietmielie 351
skietoefening
677 Skiet
680 Militêre aksie
skietoorlog 667
skietparade 680
skietplaas 373
skietpoort 671
skietskool 680
skietspoel 313
skietstilstand 668
skietstoel 236
skietterrein 677
skietvaardig 677
skietwerk 677
skietwond 412
skif
419 Voedselbereiding
426 Kos
skifting 19
skigtig
768 Vrees
786 Nederig
skigtigheid 768
skik
19 Orde
35 Reëlmatig
66 Plasing
590 Bestuur
605 Aanvaar
663 Meedoen
668 Vrede
skik na 597
skikking
531 Saamstem
605 Aanvaar
663 Meedoen
668 Vrede
skiklik 596
skiktyd
37 Tyd
38 Tydgebruik
645 Handel
653 Maklik
skil
161 Bedek
162 Ontbloot
323 Vrug
419 Voedselbereiding
skild
274 Geologie
381 Vel
546 Kunsmatige teken
727 Wedstryd
skildbeen 393
skilddak 94(4)
skilder
237 Voortbring
490 Kleur
546 Kunsmatige teken
548 Praat
552 Vertel
553 Behandel
592 Ondergeskikte
745 Versier
749 Kuns
758 Beeldende kunste
760 Skilderkuns
skilderagtig
743 Mooi
760 Skilderkuns
skilderagtigheid 743
skilderakademie 760
skilderbees 366
skilderbont 492
skilderdoek 760
skilderesel 760
skildering 760

skilderkuns
749 Kuns
758 Beeldende kunste
760 Skilderkuns
skilderkwas 760
skildermes 760
skildermodel 760
skilderos 366
skilderpenseel 760
skildersgereedskap 760
skilderskool 760
skilderspalet 760
skilderstuk 760
skildertegniek 760
skilderverf 760
skilderwerk 760
skildery
546 Kunsmatige teken
547 Simboliek
745 Versier
758 Kuns
760 Skilderkuns
skilderymuseum 760
skildgebied 274
skildhelm 546
skildhoof 546
skildhouer 546
skildklier
393 Skouer
402 Afskeiding
skildklierontsteking 413
skildknaap
592 Ondergeskikte
673 Manskap
skildluis 361
skildstuk 546
skildvaring 329
skildvoet 546
skildvormig
438 Vorm
546 Kunsmatige teken
skildwag
673 Manskap
680 Militêre aksie
skilfer
112 Deel
184 Afbreek
381 Vel
skilferagtig
112 Deel
184 Afbreek
skilferig
112 Deel
184 Afbreek
381 Vel
skilferkors 426
skilfers 413
skilfersteen 298
skiloper 736
skilpad 364
skilpadbessie 323
skilpadbosluis 361
skilpaddop 364
skilpaddraffie
226 Stadig
229 Stadig beweeg
skilpadhals 745
skilpadhalstrui 745
skilpadjie 361
skilpadkewer 361
skilpadkos 336
skilpadvere 2
skim
2 Nie-bestaan
486 Duisternis
538 Dwaling
838 Gees
844 Bygeloof
skimagtig
486 Duisternis
838 Gees
844 Bygeloof
skimkabinet 590
skimmel
326 Oerplant
327 Tallusplant
366 Soogdier
382 Haar
413 Siekte
492 Kleur
623 Sleg
628 Vuil
786 Nederig
skimmelagtig
326 Oerplant
623 Sleg
628 Vuil
skimmelbrood 424
skimmelig
412 Siek
623 Sleg
628 Vuil
skimmeljan 361
skimmelperd 366
skimmelplant
318 Plant
327 Tallusplant
skimmelsiekte 413
skimmelvergiftiging 413
skimmeryk 838
skimp
539 Kommunikeer
548 Praat
603 Voorstel
829 Beledig
831 Bespot
skimpdig 751
skimpenderwys
771 Gramskap
777 Haat
829 Beledig
831 Bespot
skimper
777 Haat
829 Beledig
831 Bespot
skimplag 722
skimpnaam
550 Noem
829 Beledig
831 Bespot
skimpskeut
777 Haat
829 Beledig
831 Bespot
skimpskoot
777 Haat
829 Beledig
831 Bespot
skimpskrif
568 Perswese
829 Beledig
831 Bespot
skimptaal
569 Taal
829 Beledig
831 Bespot
skimpwoord
829 Beledig
831 Bespot
skimskrywer 563
skinder
539 Kommunikeer
669 Aanval
779 Boosaardig
829 Beledig
skinderaar 829
skinderbek
539 Kommunikeer
669 Aanval
829 Beledig
skinderpraatjies
539 Kommunikeer
552 Vertel
669 Aanval
829 Beledig
skinderstorie
539 Kommunikeer
552 Vertel
669 Aanval
829 Beledig
skindertong
539 Kommunikeer
829 Beledig
skinderveldtog 669
skink
95 Venster
287 Vloei
427 Drank
skinkbeker 84
skinkbord 95(7)
skinkel
397 Ledemaat
421 Vleis
skinker 429
skinkkan 84
skip
94 Gebou
221 Vaar
235 Skeepvaart
853 Kerk
skipak 736
skipbreuk
221 Vaar
683 Misluk
skipbreuk ly
221 Vaar
683 Misluk
skipbreukeling 221
skipper
235 Skeepvaart
591 Gesaghebber
skippertjie 366
skis 298
skisma
666 Verhinder
841 Leer
skisofreen
413 Siekte
505 Verstandstoornis
skisofrenie
413 Siekte
505 Verstandstoornis
skisofrenies
413 Siekte
505 Verstandstoornis
770 Wantroue
skistewel 736
skitoernooi 736
skitter
485 Lig
622 Goed
682 Slaag
743 Mooi
skitterblink 485
skitterend
485 Lig
622 Goed
716 Genot
743 Mooi
skitterglans 485
skittering 485
skitterkleur 490
skitterlig 485
skitterwit 627
sklera 387
sklerose 413
skleroskoop 455
skob 381
skobbejak
779 Boosaardig
813 Swak gedrag
skoen 745
skoenborsel 627
skoener 235
skoenerbrik 235

skoenlak 627
skoenlap 627
skoenlapper 361
skoenleer 314
skoenpoeier 746
skoenpoetser 627
skoenpolitoer 627
skoensool
337 Veldplant
745 Kleding
skoensool 745
skoenveter 745
skoenwaks 627
skoep 95(8)
skoert
167 Wegbeweeg
190 Vertrek
205 Weggaan
skof
37 Tyd
187 Reis
393 Skouer
421 Vleis
610 Ywerig
645 Handel
658 Beroep
skofbaas
275 Myn
591 Gesaghebber
658 Beroep
skoffel
347 Landbou
355 Landbougereedskap
742 Dans
skoffeleg 355
skoffelpik 355
skoffelploeg 355
skofstelsel 658
skofwerk 645
skok
181 Stoot teen
262 Elektrisiteit
412 Siek
413 Siekte
521 Verras wees
683 Misluk
713 Gevoel
717 Lyding
719 Hartseer
768 Vrees
skokbehandeling 414
skokbestand 181
skokbreker
233 Motorvoertuig
234 Spoorweg
630 Werktuig
skokdemper
233 Motorvoertuig
234 Spoorweg
skokgolf
181 Stoot teen
262 Elektrisiteit
713 Gevoel
skokiaan 427
skokkend
521 Verras wees
623 Sleg
714 Gevoelig
717 Lyding
719 Hartseer
768 Vrees
779 Boosaardig
820 Oneerbaar
skokterapie 414
skoktroepe 672
skokvas 181
skol
283 See
363 Waterdier
466 Koud
skolastiek 514
skolasties
514 Wysbegeerte
560 Skoolgaan
skolastikus 514
skolier
53 Jonk
560 Skoolgaan
561 Studeer
skolieretaal 569
skolierpatrollie
149 Pad
560 Skoolgaan
skoling 559
skoliose 413
skollie 813
skollietaal 569
skommel
164 Reëlmatig
427 Drank
740 Kaartspel
741 Kinderspel
skommelend 164
skommeling 164
skommelsif 630
skommelstoel 95(4)
skone
376 Vrou
743 Mooi
skone kunste 749
skool
91 Gebou
104 Baie
168 Saamkom
357 Dier
514 Wysbegeerte
559 Opvoeding
560 Skoolgaan
749 Kuns
skoolaktiwiteit 560
skoolatlas 273
skoolbaadjie 560
skoolbank 560
skoolbasaar
707 Handelsaak
793 Fees
skoolbesoek 560
skoolbestuur 560
skoolbiblioteek 567
skoolblad
560 Skoolgaan
568 Perswese
skoolboek 560
skoolbroek 560
skoolbus 233
skoolbywoning 560
skooldag 560
skooldebat 560
skooldokter 416
skooleindsertifikaat 561
skooleksamen 561
skoolfonds
560 Skoolgaan
708 Betaal
skoolgaan 560
skoolgebou
91 Gebou
92 Groot gebou
560 Skoolgaan
skoolgeld
560 Skoolgaan
708 Betaal
skoolgrond 560
skoolhandboek 560
skoolhemp 560
skoolhigiëne 411
skoolhoof
560 Skoolgaan
591 Gesaghebber
658 Beroep
skoolhou 559
skoolinspekteur
560 Skoolgaan
658 Beroep
skooljaar
127 Tydbepaling
560 Skoolgaan
skooljeug
243 Kind
560 Skoolgaan
skooljuffrou 560
skoolkadet 560
skoolkermis 793
skoolkind
53 Jonk
560 Skoolgaan
skoolkoerant 568
skoolkomitee
560 Skoolgaan
590 Bestuur
skoolkursus 561
skoolkwartaal 560
skoolleerling 560
skoollessenaar 560
skoolmeester 560
skoolmeesteragtig 785
skoolmeisie
243 Kind
560 Skoolgaan
skoolmeubel 560
skoolonderrig 559
skoolonderwys 559
skoolopleiding 559
skoolopvoeding 559
skoolplig 560
skoolpligtig 560
skoolpouse 560
skoolraad
560 Skoolgaan
590 Bestuur
skoolrapport
551 Meedeel
561 Studeer
skoolrok 560
skools
538 Dwaling
615 Onbekwaam
skoolsaal 560
skoolsiek
413 Siekte
560 Skoolgaan
skoolsit
560 Skoolgaan
835 Bestraf
skoolsleng 569
skoolspan 726
skoolsport 560
skoolstudie 561
skooltaal 569
skooltas 564
skooltrui 560
skooltyd 560
skooluniform 560
skoolvak
515 Wetenskap
559 Opvoeding
skoolvakansie
560 Skoolgaan
648 Onderbreek
662 Rus
skoolverlater 560
skoolverslag 561
skoolwapen 560
skoolwerk
560 Skoolgaan
561 Studeer
skoon
53 Nuut
111 Geheel
622 Goed
627 Skoon
743 Mooi
skoondogter 243
skoonfamilie 241
skoongeskrop 627
skoongespuit 627

skoongevee 627
skoongewas 627
skoonheid
376 Vrou
622 Goed
627 Skoon
743 Mooi
skoonheidsalon 746
skoonheidseep 627
skoonheidsgevoel
713 Gevoel
743 Mooi
skoonheidsin 743
skoonheidskompetisie 743
skoonheidskoningin 743
skoonheidsmiddel 746
skoonheidsrubriek 568
skoonhou 627
skoonkind 243
skoonklinkend 478
skoonlek 154
skoonma 242
skoonmaak
347 Landbou
627 Skoon
skoonmaakgerei 627
skoonmaakmiddel 627
skoonmaakproses 627
skoonmaker 627
skoonmakery 627
skoonmoeder 242
skoonouers 242
skoonpa 242
skoonseun 243
skoonskip maak
650 Voltooi
682 Slaag
684 Oorwin
skoonskraap 627
skoonskrif
563 Skryf
565 Skryfkuns
skoonskrop 627
skoonskryfkuns 565
skoonskuur 627
skoonskynend 743
skoonspoel 627
skoonspuit 627
skoonsuster 245
skoonvader 242
skoonvang 728(1)
skoonvee 627
skoonveld
65 Afwesig
728(8) Gholf
skoonvryf 627
skoonwas 627
skoor soek
667 Stryd
722 Snaaks
skoorsoeker
667 Stryd
722 Snaaks
skoorsoekerig 667
skoorsoekery 667
skoorsteen
94(11) Kaggel
234 Spoorweg
235 Skeepvaart
469 Verwarmingstoestel
skoorsteenmantel 94(11)
skoorvoetend
581 Teësinnig
587 Aarsel
664 Terugstaan
skoot
61 Plek
81 Binne
395 Buik
677 Skiet
skootafstand 677
skoothondjie 366
skoothoogte 677
skootlyn 677
skootrigting 677
skootsbereik 677
skootsveld 677
skop
95(8) Toerusting
181 Stoot teen
182 Slaan
355 Landbougereedskap
616 Magtig
627 Skoon
667 Stryd
669 Aanval
728(1) Rugby
728(2) Sokker
skopfiets 232
skopgraaf
101 Gereedskap
355 Landbougereedskap
630 Werktuig
skoppelmaai 741
skoppens 740
skoppensaas 740
skoppensboer 740
skoppensheer 740
skoppensvrou 740
skoppery
181 Stoot teen
182 Slaan
728(1) Rugby
skoppie
95(8) Toerusting
627 Skoon
skopslaan 181
skopwerk 728(1)
skopwiel 305
skor
480 Dowwe klank
548 Praat
skorheid
480 Dowwe klank
548 Praat
skorkruid 337
skorriemorrie
779 Boosaardig
813 Swak gedrag
820 Oneerbaar
skors
316 Hout
382 Haar
385 Skedel
646 Nie handel nie
648 Onderbreek
660 Ontslaan
665 Byeenkom
skorsenier 351
skorsie 351
skorsing
646 Nie handel nie
648 Onderbreek
660 Ontslaan
665 Byeenkom
skort
2 Nie-bestaan
65 Afwesig
117 Te min
161 Bedek
631 Nodig
623 Sleg
skorting
2 Nie-bestaan
623 Sleg
skot
63 Begrens
178 Toegaan
235 Skeepvaart
677 Skiet
skotig 73
skotnael 172
skots
20 Wanorde
277 Berg
283 See
skotsbont 311
Skotse brood 426
Skotse doedelsak 756
Skotse romp 745
skotskar 230
skotskrif 568
skotsman 363
skottel
84 Houer
95(7) Breekgoed
419 Voedselbereiding
skottelanker 235
skotteldoek 95(9)
skotteleg 355
skottelgoed
95(7) Breekgoed
418 Maaltyd
627 Skoon
skottelgoedwasmasjien 95(8)
skottelgoedwasmiddel 627
skottelgoedwaspoeier 627
skottelploeg 355
skotteltelevisie 264
skotvers 369
skotwerk 97
skou 499
skouburg
752 Toneelspel
755 Uitvoering
skouer
82 Rondom
149 Pad
277 Berg
393 Skouer
skouerbeen 393
skouerblad
380 Gebeente
393 Skouer
skouerbreedte 434
skouergordel 393
skouerhoog 436
skouerhoogte 436
skouerlatei 94(6)
skouermantel 745
skouerophalend 774
skouerophaling
545 Natuurlike teken
774 Onverskillig
skouerruiker 348
skouersak 84
skouerspier 379
skouerveer 382
skouperd 219
skouspel
44 Gebeure
622 Goed
743 Mooi
752 Toneelkuns
skout 673
skoutadmiraal
591 Gesaghebber
673 Manskap
skout-by-nag
591 Gesaghebber
673 Manskap
skraag
75 Onder
663 Meedoen
skraagbalk 94(4)
skraaghout
94(4) Dak
99 Messel
316 Hout
skraal
103 Min
435 Smal
466 Koud
623 Sleg
690 Arm

skraalhans 692
skraalheid 435
skraalte
103 Min
435 Smal
690 Arm
skraap
154 Vryf
203 Agterna
448 Gelyk
545 Natuurlike teken
627 Skoon
686 Aanwins
skraapsel
154 Vryf
184 Afbreek
skraapsug 692
skraapsugtig
686 Aanwins
692 Spaar
773 Begeerte
skragie 94(15)
skram
154 Vryf
413 Siekte
skrams 181
skramskoot 677
skrander
502 Verstand
614 Bekwaam
skranderheid 502
skrap
154 Vryf
238 Vernietig
563 Skryf
566 Drukkuns
572 Uitspraak
665 Byeenkom
skraper 154
skrapie 413
skrapnel 676
skrapping
563 Skryf
566 Drukkuns
572 Uitspraak
665 Byeenkom
skraps
103 Min
433 Klein
690 Arm
skrapteken 566
skrede 197
skree
390 Mond
481 Skerp klank
482 Menslike geluid
483 Voëlgeluid
484 Diergeluid
548 Praat
723 Ernstig
771 Gramskap
skreebalie 723
skreef 177
skreelelik 744
skreëry
482 Menslike geluid
723 Ernstig
skreeu
481 Skerp klank
482 Menslike geluid
483 Voëlgeluid
484 Diergeluid
548 Praat
723 Ernstig
771 Gramskap
skreeu teen 11
skreeubalie 723
skreeuend
479 Disharmonies
481 Skerp klank
482 Menslike geluid
485 Lig
490 Kleur
skreeulelik 744
skreeusnaaks 722
skreiend
623 Sleg
779 Boosaardig
813 Swak gedrag
820 Oneerbaar
skriba
563 Skryf
565 Skryfkuns
852 Geestelike
skriba-kassier 852
skribent 563
skrif
546 Kunsmatige teken
548 Praat
563 Skryf
565 Skryfkuns
567 Boek
571 Skrif
Skrif 842
skrifbeeld 565
skrifgeleerd
502 Verstand
815 Oneerlik
skrifgeleerde 852
skrifkenner
565 Skryfkuns
842 Geloof
skrifkunde 565
skrifkundige 565
skrifsimbool 565
skrifstelsel 565
skrifteken
546 Kunsmatige teken
565 Skryfkuns
571 Skrif
skriftelik
546 Kunsmatige teken
563 Skryf
565 Skryfkuns
571 Skrif
skriftuur
567 Boek
842 Geloof
skriftuurlik 842
skriftuurplaas 842
skrifuitlêer 565
skrifuitleg 842
skrifvervalser 565
skrik 768
skrikaanjaend
714 Gevoelig
768 Vrees
skrikaanjaendheid 768
skrikaanjaer 768
skrikaanjaging 768
skrikbarend
714 Gevoelig
768 Vrees
skrikbeeld
768 Vrees
838 Gees
skrikbewind
590 Bestuur
768 Vrees
skrikkeljaar 127
skrikkelmaand 127
skrikkerig
626 Swak
714 Gevoelig
768 Vrees
770 Wantroue
skrikkerigheid
714 Gevoelig
768 Vrees
skrikmaak 768
skrikwekkend
654 Moeilik
714 Gevoelig
744 Lelik
779 Boosaardig
skrikwekkendheid 714
skril
11 Disharmonie
481 Skerp klank
490 Kleur
572 Uitspraak
skripsie
553 Behandel
558 Redevoering
561 Studeer
567 Boek
skrobbeer
667 Stryd
669 Aanval
827 Afkeur
835 Bestraf
skrobbering
827 Afkeur
835 Bestraf
skroef
100 Boumateriaal
172 Vasmaak
183 Gryp
235 Skeepvaart
236 Lugvaart
316 Hout
skroefas
163 Draai
235 Skeepvaart
skroefblad 236
skroefbout 172
skroefdeksel 161
skroefdop
84 Houer
161 Bedek
skroefdraad 172
skroefdraaier
172 Vasmaak
630 Werktuig
skroefklem 183
skroeflas 172
skroefmoer 172
skroefpers 257
skroefpomp 288
skroefprop 161
skroefratkas 235
skroefsleutel 630
skroefsnyer 630
skroeftap
172 Vasmaak
316 Hout
skroefverband 415
skroefvliegtuig 236
skroei
419 Voedselbereiding
464 Droog
467 Aansteek
485 Lig
skroeiend 465
skroeiend warm 465
skroewedraaier
101 Gereedskap
172 Vasmaak
316 Hout
630 Werktuig
skrofulose 413
skromelik
104 Baie
623 Sleg
813 Swak gedrag
skrompel 180
skroom
768 Vrees
786 Nederig
skroomlik
623 Sleg
813 Swak gedrag
skroomvallig
768 Vrees
786 Nederig
skroot 301

skrop
154 Vryf
355 Landbougereedskap
627 Skoon
skropborsel 627
skropsaag
316 Hout
630 Werktuig
skropskaaf
316 Hout
630 Werktuig
skropwerk 627
skrotum 403
skrum 728(1)
skrumskakel 728(1)
skrupel 124
skrupule 768
skry 197
skryf
539 Kommunikeer
546 Kunsmatige teken
563 Skryf
564 Skryfbehoeftes
565 Skryfkuns
568 Perswese
750 Letterkunde
skryfbehoeftes
560 Skoolgaan
564 Skryfbehoeftes
565 Skryfkuns
skryfblok
563 Skryf
564 Skryfbehoeftes
565 Skryfkuns
skryfblokformaat 123
skryfboek
560 Skoolgaan
564 Skryfbehoeftes
565 Skryfkuns
567 Boek
skryfburo
95(6) Tafel
564 Skryfbehoeftes
skryffout
563 Skryf
565 Skryfkuns
569 Taal
skryfgereedskap 564
skryfgoed 564
skryfkramp 413
skryfkuns
563 Skryf
565 Skryfkuns
749 Kuns
skryflessenaar 564
skryfletter 571
skryflus 565
skryfmanier 565
skryfpapier
315 Papier
563 Skryf
564 Skryfbehoeftes
skryfpen 564
skryfskool
565 Skryfkuns
750 Letterkunde
skryfster
565 Skryfkuns
749 Kuns
750 Letterkunde
skryfstyl
565 Skryfkuns
569 Taal
750 Letterkunde
skryftaal
565 Skryfkuns
569 Taal
skryftafel
95(6) Tafel
564 Skryfbehoeftes
skryfteken 565
skryftrant 565
skryfwerk
563 Skryf
565 Skryfkuns
750 Letterkunde
skryfwyse
563 Skryf
565 Skryfkuns
skrylings
71 Regop
181 Stoot teen
skryn
84 Houer
95(3) Kas
717 Lyding
853 Kerk
skrynend
717 Lyding
719 Hartseer
skrynwerk
97 Bou
316 Hout
skrynwerker
97 Bou
316 Hout
592 Ondergeskikte
630 Werktuig
skrynwerkersaag
185 Sny
630 Werktuig
skrynwerkersgereedskap
101 Gereedskap
630 Werktuig
skrywe
563 Skryf
564 Skryfbehoeftes
565 Skryfkuns
567 Boek
750 Letterkunde
skrywer
237 Voortbring
539 Kommunikeer
563 Skryf
565 Skryfkuns
749 Kuns
750 Letterkunde
skrywerskool 565
skrywertjie 361
skrywery
539 Kommunikeer
548 Praat
563 Skryf
565 Skryfkuns
sku
715 Gevoelloos
768 Vrees
786 Nederig
skub
363 Waterdier
364 Reptiel
381 Vel
skuba 215
skubaduik
215 Swem
732 Watersport
skubaduiker 732
skubagtig 381
skubvlerkig 365
skubvleuelig 363
skubvormige naat 385
skud
164 Reëlmatig
165 Onreëlmatig
181 Stoot teen
skudblaar
321 Blaar
322 Blom
skudblad 322
skudding
274 Geologie
413 Siekte
skudsif 630
skudtafel 95(6)
skugter
715 Gevoelloos
768 Vrees
786 Nederig
skugterheid
715 Gevoelloos
786 Nederig
skuheid
715 Gevoelloos
768 Vrees
786 Nederig
skuif
67 Verplasing
94(8) Deur
94(9) Venster
145 Beweging
152 Verby
181 Stoot teen
190 Vertrek
430 Rook
739 Geselskapspel
skuifblad 95(6)
skuifblinding 94(15)
skuifblokslot 676
skuifdak
94(4) Dak
233 Motorvoertuig
skuifdeur 94(8)
skuifel
164 Reëlmatig
197 Te voet
198 Strompel
229 Stadig
742 Dans
skuifelend
164 Reëlmatig
197 Te voet
198 Strompel
skuifelgang 198
skuifeling 164
skuifgordyn 95(12)
skuifie
94(8) Deur
268 Fotografie
430 Rook
skuifkap 94(4)
skuifklep 161
skuifknoop 172
skuiflaai 95(3)
skuifleer 211
skuifliniaal
122 Bereken
123 Meet
skuifluik 94(9)
skuifpasser
122 Bereken
139 Meetkunde
skuifpotlood 564
skuifraam 94(9)
skuifraamvenster 94(9)
skuifsleutel 172
skuifslot
94(8) Deur
676 Vuurwapen
skuifspeld
172 Vasmaak
564 Skryfbehoeftes
skuifstuk 676
skuiftafel 95(6)
skuiftrompet 756
skuifvenster
94(9) Venster
234 Spoorweg
skuifvisier 676
skuil
64 Aanwesig
65 Afwesig
501 Onsigbaarheid
655 Veilig
789 Onbeskaafd
skuiling
93 Gebou

655 Veilig
skuilkelder 655
skuilnaam
550 Noem
750 Letterkunde
skuilplaas 655
skuilplek 655
skuim
287 Vloei
409 Afskeiding
427 Drank
461 Gas
462 Halfvloeibaar
623 Sleg
628 Vuil
813 Swak gedrag
skuimbek
409 Afskeiding
771 Gramskap
skuimbesie 361
skuimblusser 468
skuimpie 426
skuimrubber 307
skuimspaan
95(8) Toerusting
419 Voedselbereiding
skuimtertjie 426
skuimwyn 427
skuins
73 Skuins
79 Dwars
444 Krom
565 Skryfkuns
skuinsaansluiting 149
skuinshoek 447
skuinshoekig 447
skuinslopend
73 Skuins
79 Dwars
skuinsoor 79
skuinsstreep 565
skuinssy
73 Skuins
139 Meetkunde
skuinste
73 Skuins
159 Neerdaal
skuinstehoek 73
skuit
84 Houer
235 Skeepvaart
skuiwe
67 Verplasing
152 Verby
190 Vertrek
739 Geselskapspel
skuiwergat 94(6)
skuld
15 Oorsaak
687 Verlies
697 Verloor
708 Betaal
711 Skuld
809 Regsgeding
822 Skuldig
823 Berou
827 Afkeur
832 Beskuldig
skuldaanskrywing 711
skuldaansuiwering 711
skuldaanvaarding 832
skuldadvies 711
skuldaflossing
708 Betaal
711 Skuld
skuldbekentenis
528 Bevestig
711 Skuld
809 Regsgeding
822 Skuldig
823 Berou
skuldbelydenis
528 Bevestig
822 Skuldig
823 Berou
832 Beskuldig
850 Sakrament
skuldbesef 823
skuldbeslag 808
skuldbewys
708 Betaal
711 Skuld
skuldbrief
708 Betaal
711 Skuld
skulddelging
708 Betaal
711 Skuld
skulddraend 822
skuldeiser 711
skuld(e)las
711 Skuld
822 Skuldig
skuldeloos 821
skuldenaar
711 Skuld
808 Regswese
822 Skuldig
skulderkenning
528 Bevestig
711 Skuld
808 Regswese
809 Regsgeding
823 Berou
skuldhebbend 822
skuldig
711 Skuld
803 Oortree
822 Skuldig
832 Beskuldig
835 Bestraf
skuldigbevinding
809 Regsgeding
832 Beskuldig
skuldige
803 Oortree
809 Regsgeding
822 Skuldig
832 Beskuldig
skuldige gewete 822
skuldkennisgewing 711
skuldlas 687
skuldmededeling 711
skuldontkenning 833
skuldvergelyking
711 Skuld
809 Regsgeding
skuldvergewing 850
skuldvernuwing
711 Skuld
809 Regsgeding
skuldvordering
708 Betaal
711 Skuld
skulp
185 Sny
381 Vel
446 Rond
745 Versier
skulpdier 363
skulpkunde 358
skulptuur 763
skulpvormig 438
skulpwerk 745
skunnig
690 Arm
820 Oneerbaar
skunnigheid 820
skurf
413 Siekte
449 Ongelyk
623 Sleg
628 Vuil
813 Swak gedrag
820 Oneerbaar
skurfheid
449 Ongelyk
628 Vuil
820 Oneerbaar
skurfte
413 Siekte
449 Ongelyk
628 Vuil
skurk
623 Sleg
667 Stryd
779 Boosaardig
813 Swak gedrag
815 Oneerlik
skurkagtig 813
skurkery
813 Swak gedrag
822 Skuldig
skurkestreek 813
skurwejantjie 364
skurwepadda 363
skurwerig
449 Ongelyk
628 Vuil
skut
369 Veeteelt
373 Jag
655 Veilig
677 Skiet
731 Gevegsport
skutblad 567
skutheilige 655
skutkleur 492
skutkraal 369
skutmerk 369
skutsengel
655 Veilig
838 Gees
skutsluis 288
skutter
673 Manskap
677 Skiet
skutting 82
skutvee 369
skutverkoping
369 Veeteelt
705 Verkoop
skuur
91 Gebou
93 Armoedige gebou
152 Verby
154 Vryf
170 Saambring
175 Insit
179 Glad
316 Hout
354 Plaas
448 Gelyk
627 Skoon
skuurder
179 Glad
316 Hout
630 Werktuig
skuurdery 179
skuurmasjien
179 Glad
316 Hout
630 Werktuig
skuurpaal 369
skuurpapier
154 Vryf
179 Glad
315 Papier
316 Hout
627 Skoon
skuurwerk 179
sku(w)erig
768 Vrees
786 Nederig
skwameuse naat 385
skyf
82 Rondom
233 Motorvoertuig

263 Rekenaar
265 Telekommunikasie
323 Vrug
430 Rook
446 Rond
677 Skiet
729 Atletiek
skyfaandrywer 263
skyfblom 322
skyfgeheue 263
skyfie
268 Fotografie
323 Vrug
skyfieprojektor
268 Fotografie
560 Skoolgaan
skyfrem 233
skyfskiet
677 Skiet
731 Gevegsport
skyfskietgeweer 676
skyfskietpistool 676
skyftelefoon 265
skyfvormig
438 Vorm
446 Rond
skyfwerp
726 Sport
729 Atletiek
skyfwerper 729
skyfwiel 163
skyn
2 Nie-bestaan
485 Lig
487 Ligbron
538 Dwaling
818 Bedrieg
skynaanval 669
skynbaar
2 Nie-bestaan
538 Dwaling
skynbaarheid 537
skynbas 316
skynbeeld
2 Nie-bestaan
267 Optika
512 Verbeelding
skynbeweging 145
skynchristen 843
skyndeug
813 Swak gedrag
818 Bedrieg
skyndood 250
skynend 267
skyngeleerde 538
skyngeloof 843
skyngeluk 718
skyngeveg 667
skyngoed 2
skynheilig
815 Oneerlik
818 Bedrieg
845 Godsvrug
846 Godloos
skynheilige 846
skynheiligheid
818 Bedrieg
845 Godsvrug
846 Godloos
skynhofsaak 809
skynhuwelik 248
skynsedig 820
skynsel 485
skynskoon 628
skynskoonheid 628
skynvrede 668
skynvriend 777
skynvrome 845
skynvroom
820 Oneerbaar
845 Godsvrug
skynvroomheid
818 Bedrieg
845 Godsvrug
skynvrug 323
skynweerstand 262
skynwerklikheid 2
skynwerper
267 Optika
487 Ligbron
slaaf
583 Willoosheid
589 Dien
592 Ondergeskikte
594 Onvryheid
597 Gehoorsaam
654 Moeilik
slaafs
583 Willoosheid
592 Ondergeskikte
600 Sonder gesag
slaafsheid 589
slaag
561 Studeer
637 Doelgerigtheid
681 Resultaat
682 Slaag
slaagpunt 561
slaags 667
slaai 426
slaaibak 84
slaaibord 95(7)
slaailepel 95(7)
slaaisous
426 Kos
471 Lekker
slaaivurk 95(7)
slaan
6 Betreklik
172 Vasmaak
181 Stoot teen
182 Slaan
302 Smid
316 Hout
352 Graan
667 Stryd
669 Aanval
717 Lyding
728(3) Krieket
728(4) Tennis
728(8) Gholf
731 Gevegsport
755 Uitvoering
756 Musiek
835 Bestraf
slaanafstand 68
slaanding 182
slaanhou 181
slaanmerk 182
slaansak 731
slaap
250 Dood
384 Kop
385 Skedel
386 Gesig
410 Slaap
494 Gevoelloosheid
509 Onoplettend
662 Rus
715 Gevoelloos
slaapbank
96 Slaapplek
234 Spoorweg
410 Slaap
slaapbroek
410 Slaap
745 Kleding
slaapdrank 415
slaapdronk 410
slaapgas 790
slaapgoed 410
slaapkamer 94(3)
slaapkamertafel 95(6)
slaapklere
410 Slaap
745 Kleding
slaapkop
410 Slaap
509 Onoplettend
slaapkous
410 Slaap
509 Onoplettend
slaapliedjie
410 Slaap
757 Sang
slaaploos 410
slaaploosheid 413
slaapmiddel
410 Slaap
415 Geneesmiddel
slaappak 745
slaappil
410 Slaap
415 Geneesmiddel
slaapplek 410
slaappop 741
slaapsak
96 Slaapplek
410 Slaap
slaapsiekte 413
slaapsug 413
slaaptyd
38 Tydgebruik
127 Tydbepaling
410 Slaap
662 Rus
slaaptydstorie
410 Slaap
552 Vertel
750 Letterkunde
slaapwa 234
slaapwandelaar 410
slaapwandeling 410
slaapwekkend 725
slaapwerend 410
slae
182 Slaan
835 Bestraf
slag
164 Reëlmatig
181 Stoot teen
182 Slaan
185 Sny
215 Swem
221 Vaar
252 Doodmaak
421 Vleis
423 Slagter
481 Skerp klank
667 Stryd
677 Skiet
682 Slaag
683 Misluk
719 Hartseer
slagaar 399
slagaarbloed 400
slagaargeswel 413
slagaarverkalking 413
slagaarverwyding 413
slagbank 423
slagbees
369 Veeteelt
423 Slagter
slagbyl 423
slagdemper 233
slagdier 369
slagdoppie 676
slaggat 149
slaggereed
640 Voorbereid
667 Stryd
slaggoed
369 Veeteelt
423 Slagter
slaghamer 316
slaghoedjie 676
slaghorlosie 128

slaghuis
423 Slagter
707 Handelsaak
slaginstrument 756
slagkruit 676
slaglengte
257 Meganika
432 Groot
slaglinie
667 Stryd
680 Militêre aksie
slagloon 423
slagmes 423
slagoffer
669 Aanval
694 Neem
717 Lyding
779 Boosaardig
slagoorlosie 128
slagorde
672 Weermag
680 Militêre aksie
slagorkes 755
slagos 369
slagpale 423
slagpen 676
slagplaas 423
slagreën 292
slagroom 371
slagskaap
369 Veeteelt
423 Slagter
slagskaduwee 486
slagskip 235
slagspreuk
539 Kommunikeer
573 Woordeskat
slagtand 391
slagter
423 Slagter
707 Handelsaak
slagtersaag 423
slagtersblok 423
slagterskaal 423
slagterskneg 423
slagtersmes
95(7) Messegoed
423 Slagter
678 Wapen
slagtery
423 Slagter
707 Handelsaak
slagting
252 Doodmaak
423 Slagter
667 Stryd
slagtyd 423
slagvaardig
640 Voorbereid
667 Stryd
slagvaardigheid 667
slagvee
369 Veeteelt
423 Slagter
slagveer
128 Chronometer
676 Vuurwapen
slagveld 667
slagwerk
128 Chronometer
756 Musiek
slagyster
355 Landbougereedskap
373 Jag
slak
298 Steen
301 Metaal
361 Insek
363 Waterdier
413 Siekte
469 Verwarmingstoestel
slakdop 361
slakhuis 361
slakkegang 226
slakkehuis
361 Insek
388 Oor
slakkemeel 345
slakkewol 301
slaksement 172
slaksteen
298 Steen
304 Steenbakkery
slalom 736
slampamper
213 Rondgaan
757 Sang
813 Swak gedrag
slampamperliedjie 757
slanery 667
slang 364
slangbesweerder 364
slangbossie
332 Struik
337 Veldplant
slangbyt
364 Reptiel
413 Siekte
slangbytmiddel 415
slangbytverband 415
slange vang 771
slanghalsvoël 365
slangkop
334 Blomplant
364 Reptiel
slangkos 327
slangkunde 358
slangmens 435
slangster 363
slangvanger 365
slangvel 364
slangverband 415
slangvreter 365
slangwoordeboek 567
slangwortel 343
slank
432 Groot
435 Smal
slankheid 435
slap
456 Sag
583 Willoosheid
623 Sleg
626 Swak
813 Swak gedrag
slap hakskeentjies 426
slapbanduitgawe 567
slapeloos 410
slapeloosheid 410
slapende vulkaan 277
slapenstyd
38 Tydgebruik
127 Tydbepaling
410 Slaap
slaper 410
slaperig 410
slaperigheid 611
slapheid
456 Sag
583 Willoosheid
596 Inskiklik
652 Versuim
slapie
410 Slaap
662 Rus
slaplemmes 419
slapperig
456 Sag
583 Willoosheid
slapskyf 263
slapskyfaandrywer 263
slapte
583 Willoosheid
596 Inskiklik
626 Swak
646 Nie handel nie
687 Verlies
Slaviese taal 569
slavin
589 Dien
592 Ondergeskikte
654 Moeilik
slawearbeid
592 Ondergeskikte
654 Moeilik
slawediens 592
slawedrywer 591
slawehandel
588 Gesag hê
701 Handel
slawerny
588 Gesag hê
589 Dien
592 Ondergeskikte
597 Gehoorsaam
654 Moeilik
slee 230
sleep
25 Volg
145 Beweging
152 Verby
216 Ry
217 Motorry
sleepboot 235
sleepdiens 217
sleepdraer 248
sleephelling
221 Vaar
235 Skeepvaart
sleepkabel 217
sleepkar 233
sleepnet 372
sleepsel
364 Reptiel
545 Natuurlike teken
663 Meedoen
sleepspoor 545
sleeptou 217
sleepvak 515
sleepvoet
197 Te voet
198 Strompel
229 Stadig
sleepvoetend
229 Stadig
581 Teësinnig
sleepwa 233
sleg
11 Disharmonie
412 Siek
472 Smaakloos
475 Onwelriekend
496 Smaak
583 Willoosheid
611 Lui
613 Onnoukeurig
615 Onbekwaam
617 Magteloos
619 Kalm
621 Onbelangrik
623 Sleg
634 Nutteloos
635 Skadelik
644 Handelwyse
652 Versuim
656 Gevaarlik
683 Misluk
714 Gevoelig
717 Lyding
744 Lelik
779 Boosaardig
813 Swak gedrag
820 Oneerbaar
827 Afkeur
sleggeaard
779 Boosaardig
789 Onbeskaafd

813 Swak gedrag
sleggehumeurd 771
sleggemanierd
792 Asosiaal
813 Swak gedrag
sleggerig
623 Sleg
624 Gemiddeld
813 Swak gedrag
sleggesind 784
sleghalter
652 Versuim
813 Swak gedrag
slegheid
611 Lui
613 Onnoukeurig
slegmaak
827 Afkeur
829 Beledig
slegruikend 628
slegs 108
slegsê
669 Aanval
827 Afkeur
829 Beledig
slegsêery
669 Aanval
829 Beledig
slegste 623
slegter 623
slegter word 623
slegterig
623 Sleg
813 Swak gedrag
slegtheid
583 Willoosheid
615 Onbekwaam
623 Sleg
656 Gevaarlik
779 Boosaardig
813 Swak gedrag
820 Oneerbaar
slegtigheid
583 Willoosheid
611 Lui
613 Onnoukeurig
623 Sleg
652 Versuim
813 Swak gedrag
slengtaal 569
slenguitdrukkings 569
slengwoorde 569
slengwoordeboek 567
slenk 274
slenkdal
274 Geologie
277 Berg
slenter
145 Beweging
197 Te voet
213 Rondgaan
229 Stadig
818 Bedrieg
slenteraar
213 Rondgaan
229 Stadig
slenterbroek 745
slenterdiamant 298
slenterdrag 745
slentergang
229 Stadig
725 Verveling
slenterklere 745
slenterskoen 745
slenterslag 818
slenterstap 229
slepend
22 Kontinu
40 Langdurig
226 Stadig
581 Teësinnig
647 Voortgaan
slepende rym 751
sleperig 226
slet
239 Voortplant
820 Oneerbaar
sleur
152 Verby
226 Stadig
sleurmens 583
sleurtaalwoordeboek 567
sleurwerk
226 Stadig
581 Teësinnig
645 Handel
654 Moeilik
sleutel
15 Oorsaak
94(8) Deur
172 Vasmaak
178 Toegaan
263 Rekenaar
620 Belangrik
630 Werktuig
753 Musiek
sleutelargument 558
sleutelbedryf
658 Beroep
701 Handel
sleutelbeen
380 Gebeente
393 Skouer
394 Bors
sleutelbegrip 620
sleutelblom 334
sleutelbord
178 Toegaan
263 Rekenaar
564 Skryfbehoeftes
756 Musiek
sleutelbos 178
sleutelgat 178
sleutelgatmossel 363
sleutelgebied 61
sleutelgeld 706
sleutelindustrie 658
sleutelman
590 Bestuur
620 Belangrik
sleutelnywerheid 658
sleutelposisie 620
sleutelring 178
sleutelrol 620
sleutelroman 750
sleutelsaag
316 Hout
630 Werktuig
sleutelsin 576
sleutelskild 178
sleutelslot 94(8)
sleutelteken 753
sleutelwoord 620
slib
274 Geologie
628 Vuil
slier
152 Verby
164 Reëlmatig
583 Willoosheid
sliert
382 Haar
435 Smal
sliertig 628
slik
274 Geologie
279 Moeras
462 Halfvloeibaar
628 Vuil
slikdam 288
slikgrond
274 Geologie
279 Moeras
slikkerig 462
slim
502 Verstand
614 Bekwaam
622 Goed
815 Oneerlik
slimheid
502 Verstand
533 Verstaan
slimjan 502
slimjannie 363
slimkop 502
slimmerd 502
slimmigheid 502
slimpraatjies 502
slinger
128 Chronometer
148 Van koers af
163 Draai
164 Reëlmatig
165 Onreëlmatig
227 Werp
257 Meganika
415 Geneesmiddel
444 Krom
678 Wapen
745 Versier
slingeraap 366
slingeraar
227 Werp
678 Wapen
slingeras
257 Meganika
630 Werktuig
slingerbeton 100
slingerbeweging 164
slingerblomme 348
slingerboor 630
slingerlyn 444
slingerlys 94(13)
slingerpad 149
slingerplant 333
slingerslag 164
slingerstingel 320
slingertelefoon 265
slingervel
227 Werp
678 Wapen
slingerverband 415
slingerwydte 257
slink
108 Minder
433 Klein
slinks
502 Verstand
815 Oneerlik
818 Bedrieg
slip 152
slippedraer 253
slipstort 159
slobber 407
slodder
613 Onnoukeurig
628 Vuil
slodderig
613 Onnoukeurig
628 Vuil
slodderkous
613 Onnoukeurig
628 Vuil
sloep
221 Vaar
235 Skeepvaart
277 Berg
283 See
286 Rivier
sloepdek 235
sloer
172 Vasmaak
193 Ophou
226 Stadig
587 Aarsel
648 Onderbreek

652 Versuim
sloerderig 581
sloerdery
226 Stadig
648 Onderbreek
sloerie
239 Voortplant
628 Vuil
820 Oneerbaar
sloerkous
226 Stadig
648 Onderbreek
sloerstaak
648 Onderbreek
666 Verhinder
sloerstaker 648
sloerstaking
648 Onderbreek
666 Verhinder
slof
197 Te voet
198 Strompel
229 Stadig
628 Vuil
652 Versuim
slofferig 229
slofgeluid 480
slons 628
slonserig 628
slonsig 628
slonsigheid
613 Onnoukeurig
628 Vuil
slonskous
613 Onnoukeurig
623 Sleg
628 Vuil
slonsstoel 95(4)
sloof
645 Handel
654 Moeilik
661 Vermoei
sloofwerk 654
sloop
95(9) Linne
96 Slaapplek
98 Afbreek
173 Losmaak
238 Vernietig
661 Vermoei
sloophamer 98
sloopwerk 98
sloot
286 Rivier
288 Waterstelsel
346 Landbougrond
slootwater
286 Rivier
460 Vloeistof
lop 628
lopemmer
84 Houer
628 Vuil
slopend 661
sloper 98
sloping
97 Bou
98 Afbreek
173 Losmaak
238 Vernietig
slopwater 628
slordig
509 Onoplettend
613 Onnoukeurig
628 Vuil
652 Versuim
slordig skryf 563
slordige werk 652
slordigheid
509 Onoplettend
613 Onnoukeurig
623 Sleg
628 Vuil
652 Versuim
slot
16 Gevolg
28 Einde
94(8) Deur
178 Toegaan
558 Redevoering
563 Skryf
565 Skryfkuns
650 Voltooi
671 Verdedig
676 Vuurwapen
728(1) Rugby
slotakkoord 754
slotargument 558
slotartikel 567
slotbalans 703
slotbedryf 752
slotbewaarder 671
slotgebed
847 Gebed
848 Erediens
slotgedagte 558
slotgedeelte 28
slotgesang 848
slothaak 178
slothoofstuk 567
slotkram 178
slotletter 571
slotmakery 178
slotparagraaf
565 Skryfkuns
567 Boek
slotpassasie 567
slotplaat 178
slotrede
539 Kommunikeer
558 Redevoering
slotrym 751
slotsang 848
slotsom
111 Geheel
522 Redeneer
527 Oordeel
slotvers 751
slotvoog 671
slotvoorspeler 728(1)
slotwoord 558
slu
502 Verstand
813 Swak gedrag
815 Oneerlik
818 Bedrieg
sluier
161 Bedek
480 Dowwe klank
540 Geheim hou
sluiering 480
sluierwolk 291
sluikhandel 701
sluikhandelaar 701
sluikkroeg 429
sluimer
410 Slaap
544 Onduidelik
sluimerig 410
sluimering 410
sluip
145 Beweging
197 Te voet
501 Onsigbaarheid
sluipdief 695
sluipmoord 252
sluipmoordenaar 252
sluippatrollie 680
sluipskut 677
sluipskutter 677
sluipslaper
410 Slaap
807 Onwettig
sluis
285 Meer
288 Waterstelsel
sluisdeur
221 Vaar
288 Waterstelsel
sluishek 288
sluiswagter 288
sluit
28 Einde
161 Bedek
178 Toegaan
650 Voltooi
703 Boekhou
sluitboom 178
sluiter 268
sluitersnelheid 268
sluiting
0 Ontstaan
28 Einde
178 Toegaan
238 Vernietig
sluitingsdatum
28 Einde
127 Tydbepaling
sluitingstyd 28
sluitingsuur 178
sluitkas
94(15) Toebehore
95(3) Kas
655 Veilig
sluitknoppie 233
sluitmoer 172
sluitrede
522 Redeneer
558 Redevoering
sluitring
172 Vasmaak
178 Toegaan
sluitspier 379
sluitspiersenuwee 378
sluitspoor 234
sluitsteen 94(6)
sluitstuk
161 Bedek
676 Vuurwapen
sluk
102 Hoeveelheid
390 Mond
406 Eet
407 Drink
518 Glo
772 Sagmoedig
slukderm
390 Mond
401 Spysvertering
slukgat 277
slum 90
slumbuurt 90
slungel
432 Groot
435 Smal
slungelagtig
432 Groot
435 Smal
slurp
389 Neus
407 Drink
slyk
279 Moeras
462 Halfvloeibaar
628 Vuil
slykagtig 628
slykerig
279 Moeras
462 Halfvloeibaar
628 Vuil
slym
409 Afskeiding
462 Halfvloeibaar
slymafskeiding 409
slymagtig 409
slymberoerte 413
slymdiertjie 359

slymerig
409 Afskeiding
462 Halfvloeibaar
slymerigheid 462
slymhoes 413
slymklier 402
slymstok 334
slymswam 327
slymuintjie 334
slymvis 363
slymvlies
381 Vel
389 Neus
390 Mond
slyp
154 Vryf
306 Diamant
309 Glas
438 Vorm
440 Skerp
448 Gelyk
slypbank 440
slyper 301
slypery
309 Glas
440 Skerp
slypmasjien 301
slypmeul
301 Metaal
306 Diamant
440 Skerp
630 Werktuig
slypplank 440
slyppoeier 440
slypsel 440
slypsteen
440 Skerp
630 Werktuig
slypvlak 306
slypwiel 440
slyt
38 Tydgebruik
108 Minder
154 Vryf
184 Afbreek
626 Swak
slytasie
108 Minder
623 Sleg
626 Swak
slytend 108
slyting
108 Minder
623 Sleg
626 Swak
smaad
669 Aanval
784 Wraaksug
829 Beledig
831 Bespot
smaak
378 Senuwee
406 Eet
470 Smaaksintuig
471 Lekker
496 Smaak
657 Herhaal
713 Gevoel
747 Verfyndheid
smaakknoppie 496
smaaklik
470 Smaaksintuig
471 Lekker
496 Smaak
716 Genot
smaakloos
470 Smaaksintuig
472 Sleg
496 Smaak
744 Lelik
748 Onverfynd
smaakorgaan 390
smaakpapil 390
smaakpupil 496
smaaksensasie 470
smaaksenuwee 496
smaaksintuig
470 Smaaksintuig
496 Smaak
smaakvermoë 470
smaakvol
716 Genot
743 Mooi
747 Verfyndheid
smaal
829 Beledig
831 Bespot
smadelik
784 Wraaksug
829 Beledig
smag
406 Eet
407 Drink
520 Verwag
584 Kies
773 Begeerte
smagtend 773
smagting 773
smak
406 Eet
480 Dowwe klank
482 Menslike geluid
smal 435
smaldeel 61
smalend
829 Beledig
831 Bespot
smalheid 435
smallerig 435
smalletjies
103 Min
690 Arm
smalspoor 234
smalt 490
smalte 435
smarag 298
smaraggroen 492
smart
717 Lyding
719 Hartseer
766 Wanhoop
smart lenig 716
smartlik
717 Lyding
719 Hartseer
766 Wanhoop
smartlikheid 719
smartloos 717
smartvol 717
smartvraat
714 Gevoelig
717 Lyding
721 Ontevrede
smedery 302
smedig
302 Smid
456 Sag
smee 302
smee(d)baar 302
smee(d)hamer 302
smee(d)staal
297 Metaal
301 Metaalverwerking
smee(d)werk 302
smee(d)yster
297 Metaal
301 Metaalverwerking
smeek
520 Verwag
555 Vra
604 Versoek
smeekgebed
604 Versoek
847 Gebed
smeekskrif 604
smeer
154 Vryf
172 Vasmaak
233 Motorvoertuig
415 Geneesmiddel
419 Voedselbereiding
424 Brood
426 Kos
462 Halfvloeibaar
628 Vuil
smeerapparaat 462
smeerboel 628
smeergoed
415 Geneesmiddel
462 Halfvloeibaar
smeerkaas 371
smeerkalk 462
smeerkanis 820
smeerklier
381 Vel
402 Afskeiding
smeerlap
813 Swak gedrag
820 Oneerbaar
smeermiddel
415 Geneesmiddel
462 Halfvloeibaar
smeerolie 462
smeerperskes 426
smeerpoets 628
smeerpot 628
smeerpraatjies 829
smeersel
154 Vryf
415 Geneesmiddel
462 Halfvloeibaar
smeerveldtog 829
smeestaal 301
smeetang 302
smeeyster 301
smekeling 604
smekend 604
smekery 604
smeking 604
smelt
168 Saamkom
256 Skeikunde
260 Warmteleer
301 Metaal
460 Vloeistof
smeltbaar
260 Warmteleer
460 Vloeistof
smeltbak 301
smeltdraad 262
smeltend 460
smeltende sneeu 292
smeltery 301
smeltglas 309
smelthitte 465
smelting
256 Skeikunde
260 Warmteleer
301 Metaal
460 Vloeistof
smeltkroes
256 Skeikunde
301 Metaal
309 Glas
smeltmiddel 460
smeltoond
301 Metaal
309 Glas
smeltpan 301
smeltpunt
256 Skeikunde
260 Warmteleer
465 Warm
smeltstaal 301
smelttemperatuur 465
smeltwaterrug 283
smerig
623 Sleg

628 Vuil
744 Lelik
813 Swak gedrag
820 Oneerbaar
smet
413 Siekte
628 Vuil
831 Bespot
846 Godloos
smetstof 413
smet(te)loos
627 Skoon
812 Goeie gedrag
819 Eerbaar
845 Godsvrug
smetterig
412 Siek
628 Vuil
smetterigheid
413 Siekte
628 Vuil
smeul 467
smeulend
467 Aansteek
656 Gevaarlik
smeulstoof
94(11) Kaggel
95(8) Toerusting
465 Warm
smeulvuur 467
smid 302
smiddae
37 Tyd
127 Tydbepaling
smiddags 37
smidshaard 302
smidshamer
181 Stoot teen
302 Smid
smidsjonge 302
smidskneg 302
smidsoond 302
smidstang 302
smidstoerusting 302
smidsvuur 302
smidsware 302
smidswerk 302
smidswinkel 302
smit 302
smoel
386 Gesig
390 Mond
smoelneuker
94(14) Buitekant
178 Toegaan
smoelslaner
94(14) Buitekant
178 Toegaan
smokkel
191 Laat kom
194 Vervoer
701 Handel
803 Oortree
smokkelaar
191 Laat kom
701 Handel
803 Oortree
smokkelhandel
701 Handel
803 Oortree
smoor
404 Asemhaling
419 Voedselbereiding
465 Warm
467 Aansteek
468 Blus
549 Stilbly
602 Verbied
683 Misluk
smoordronk 407
smoorklep 233
smoorkwaad 771
smoorsnoek 426
smoorstoof 419
smoorverlief 776
smoorvis 422
smoorvleis 421
smôrens
57 Vroeg
127 Tydbepaling
smous
701 Handel
705 Verkoop
smousery 701
smousgoed
701 Handel
707 Handelsaak
smousprys 704
smouswinkel 707
smout
426 Kos
566 Drukkuns
smoutdrukkery 566
smoutwerk 566
smuk 745
smukspieëltjie 233
smuktas 187
smuktassie 84
smukwerk 745
smul 406
smulpaap 406
smulparty 793
smyt 227
snaaks
7 Betrekkingloos
34 Vreemd
36 Onreëlmatig
534 Wanbegrip
722 Snaaks
777 Haat
snaaks wees 722
snaakserig
34 Vreemd
36 Onreëlmatig
722 Snaaks
snaaksigheid
34 Vreemd
36 Onreëlmatig
722 Snaaks
792 Asosiaal
snaar
375 Man
756 Musiek
snaarinstrument 756
snaartrom 756
snags 127
snak 404
snak na 773
snap 533
snaphaan 676
snapperkabeljou 363
snaps 427
snarespel 755
snars 103
snater
390 Mond
483 Voëlgeluid
484 Diergeluid
548 Praat
snaterbek 548
snawel
365 Voël
389 Neus
390 Mond
snede 185
snedig 777
snedigheid
777 Haat
792 Asosiaal
snee 185
sneesdoekie 746
sneespapier 315
sneeu
289 Klimaat
292 Neerslag
466 Koud
sneeubaan 736
sneeublind 499
sneeubril 499
sneeugrens 292
sneeujag 292
sneeuklokkie 334
sneeukorrel 292
sneeureën 289
sneeustorm
292 Neerslag
293 Onweer
sneeustorting 292
sneeuval 292
sneeuvlok 292
sneeuwit 492
snekrat 128
snel
225 Vinnig
228 Vinnig beweeg
641 Onvoorbereid
snelboot 235
snelbouler 728(3)
sneldig 751
snelgang 233
snelgeweer 676
snelheid
224 Snelheid
225 Vinnig
257 Meganika
268 Fotografie
snelheidsbeheer 217
snelheidsbeperking 225
snelheidsgrens 225
snelheidsmeter
224 Snelheid
233 Motorvoertuig
snelheidsmeting 224
snelheidsperk
217 Motorry
225 Vinnig
snelheidsteken
149 Pad
217 Motorry
snelheidstoets
122 Bereken
225 Vinnig
snelkoker 419
sneller
225 Vinnig
676 Vuurwapen
snellerbeuel 676
snellerslot 676
snelrat
233 Motorvoertuig
630 Werktuig
snelskrif 565
snelskrywer 565
sneltrein 234
snelvoetig 225
snelvurend 676
snelvuur 677
snelvuurpistool 676
snelweg 149
snelwerkend 225
snerpend
466 Koud
481 Skerp klank
snert
524 Onlogies redeneer
621 Onbelangrik
623 Sleg
snertboek 567
snertlektuur 567
snertpraatjies
542 Betekenisloos
548 Praat
snesie 746
sneuwel
250 Dood
685 Verloor

snik
404 Asemhaling
482 Menslike geluid
723 Ernstig
snikheet 465
snikkend 723
snikkery 482
sniksanger 757
snip
365 Voël
777 Haat
829 Beledig
sniphond 366
snipper
5 Ondergeskik
184 Afbreek
185 Sny
snipperig
777 Haat
829 Beledig
snipperigheid 777
snippermandjie 84
snit
5 Ondergeskik
171 Verwyder
185 Sny
414 Geneeskunde
snob 785
snobis 785
snobisme 785
snobisties 785
snoei
108 Minder
185 Sny
347 Landbou
snoeier 349
snoeiery
347 Landbou
349 Bosbou
snoeikuns 349
snoeimes 355
snoeisaag 185
snoeisel
5 Ondergeskik
318 Plant
snoeiskêr 355
snoeityd
289 Klimaat
347 Landbou
snoeiwerk 349
snoek
363 Waterdier
422 Seekos
snoekboot 372
snoeker 738
snoekerbal 738
snoekerstok 738
snoekertafel 738
snoekmootjie 422
snoekmousse 426
snoekpaling 363
snoekpatee 426
snoekseisoen 372
snoekskuit 235
snoekvangs 372
snoep
406 Eet
686 Aanwins
698 Behou
snoeperd 406
snoeperig 406
snoepery
406 Eet
426 Kos
snoepgereg 426
snoepgoed
420 Voedsel
426 Kos
snoepie 707
snoepwinkel 707
snoer
172 Vasmaak
178 Toegaan
262 Elektrisiteit
745 Versier
snoesig 465
snoet
386 Gesig
389 Neus
390 Mond
snoetwalvis 363
snol
376 Vrou
820 Oneerbaar
snoodheid
779 Boosaardig
822 Skuldig
snor
382 Haar
386 Gesig
480 Dowwe klank
484 Diergeluid
snorbaard 386
snork
482 Menslike geluid
484 Diergeluid
snorkel
215 Swem
235 Skeepvaart
372 Vissery
732 Watersport
snorkelduik
215 Swem
732 Watersport
snorkelduiker 732
snorkelinlaat 235
snorkelpyp 215
snorkeluitlaat 235
snorkend 482
snorksteun 484
snot 409
snotkop
53 Jonk
503 Onverstandig
snotneus
53 Jonk
243 Kind
413 Siekte
snotter
413 Siekte
723 Ernstig
snotterbel 318
snotwortel 335
snou
548 Praat
771 Gramskap
snouerig
548 Praat
771 Gramskap
snuf 473
snuffel
473 Ruik
497 Reuk
516 Soek
637 Doelgerigtheid
snuffelary 516
snuffie
53 Jonk
473 Reuk
snuif
389 Neus
404 Asemhaling
430 Rook
473 Ruik
482 Menslike geluid
484 Diergeluid
497 Reuk
snuifdoos 430
snuifie 430
snuiflaggie 722
snuifstampblok 186
snuiftabak 430
snuistery 745
snuit
389 Neus
409 Afskeiding
413 Siekte
468 Blus
486 Duisternis
snuiter
53 Jonk
243 Kind
snuitkewer 361
snuitmot 361
snuiwery 482
sny
5 Ondergeskik
79 Dwars
171 Verwyder
184 Afbreek
185 Sny
228 Vinnig
306 Diamant
315 Papier
347 Landbou
352 Graan
382 Haar
412 Siek
414 Geneeskunde
424 Brood
440 Skerp
566 Drukkuns
678 Wapen
740 Kaartspel
746 Toilet
761 Graveerkuns
snybank
314 Leer
316 Hout
snyblom 322
snyblomme 348
snydend
79 Dwars
185 Sny
440 Skerp
466 Koud
481 Skerp klank
777 Haat
831 Bespot
snyding
79 Dwars
185 Sny
snydokter 416
snydorsmasjien 355
snyerswinkel 707
snykamer 417
snymasjien
355 Landbougereedskap
566 Drukkuns
snypunt
79 Dwars
139 Meetkunde
439 Punt
442 Lyn
snysel
185 Sny
426 Kos
snysirkel 139
snytafel 417
snytand 391
snyvlak
79 Dwars
139 Meetkunde
snywond
412 Siek
413 Siekte
717 Lyding
snywurm
324 Plantlewe
361 Insek
so
6 Betreklik
102 Hoeveelheid
104 Baie
118 Vergelyking
530 Voorbehou
644 Handelwyse
753 Musiek

so pas
37 Tyd
46 Vroeër
50 Verlede
so te sê 126
sober
10 Harmonie
103 Min
508 Aandag
586 Beslis
socius 560
soda 300
sodanig
102 Hoeveelheid
644 Handelwyse
sodat
16 Gevolg
637 Doelgerigtheid
sodawater 427
sodiak 270
sodoende 644
sodomie
776 Liefde
820 Oneerbaar
sodomiet
776 Liefde
820 Oneerbaar
sodomsappel 323
sodra
47 Later
51 Toekoms
soebat 604
soef 480
so-effe 50
soek
15 Oorsaak
516 Soek
637 Doelgerigtheid
687 Verlies
soeke
516 Soek
773 Begeerte
soeker
268 Fotografie
516 Soek
soeklig
233 Motorvoertuig
485 Lig
487 Ligbron
508 Aandag
soektog 516
soel
386 Gesig
465 Warm
soelte 465
soen
776 Liefde
790 Sosiaal
soenaltaar 853
soenbloed 842
soendood
837 God
842 Geloof
soenerig 776
soenery 776
soengroet 790
soenoffer 842
soep 426
soepee 418
soepeer 418
soepel
456 Sag
596 Inskiklik
soepelheid
435 Smal
456 Sag
596 Inskiklik
soeperig
460 Vloeistof
548 Praat
soes
410 Slaap
509 Onoplettend
soeserein 590
soesereiniteit
588 Gesag hê
590 Bestuur
soeserig
410 Slaap
509 Onoplettend
soesie 426
soet
471 Lekker
474 Welriekend
478 Welluidend
596 Inskiklik
597 Gehoorsaam
716 Genot
772 Sagmoedig
soetamaling 335
soetdoring 331
soetdoringboom 331
soeterig 471
soetgoed 426
soetgras 338
soetheid 471
soethout
332 Struik
426 Kos
soethoutbossie 332
soetigheid
426 Kos
470 Smaak
471 Lekker
soetjies 477
soetklinkend 478
soetkoekie 426
soetlemoen
323 Vrug
426 Kos
soetlief 776
soetmelk
371 Suiwel
427 Drank
soetmelkkaas
371 Suiwel
426 Kos
soetolie
415 Geneesmiddel
426 Kos
soetriet 339
soetrissie 351
soetsappig 828
soetsappigheid 828
soetskeel 499
soetsuur
471 Lekker
472 Sleg
soetsuurdeegbrood 424
soetveld 369
soetvleis 421
soetvloeiend 478
soetvloeiendheid 478
soetwater 460
soetwaterplant 318
soetwyn 427
so-ewe 50
soewenier
510 Herinner
693 Gee
soewerein
588 Gesag hê
590 Bestuur
593 Vryheid
soewereine gesag 588
soewereine mag 588
soewereiniteit
588 Gesag hê
590 Bestuur
593 Vryheid
795 Staat
sofa 95(4)
soffiet 94(12)
soffietbeplakking 94(12)
sofis
514 Wysbegeerte
522 Redeneer
538 Dwaling
sofisme
522 Redeneer
538 Dwaling
sofistery
522 Redeneer
538 Dwaling
sofisties
514 Wysbegeerte
522 Redeneer
538 Dwaling
sog
221 Vaar
357 Dier
366 Soogdier
sogenaamd
538 Dwaling
550 Noem
soggens 37
sogwater 221
soheen 147
soheentoe 147
soirée
752 Toneelkuns
793 Fees
sojaboontjie
351 Groente
426 Kos
sojuis 50
sok
262 Elektrisiteit
487 Ligbron
630 Werktuig
sokker
728(2) Sokker
728 Balsport
sokkerbal
726 Sport
728(2) Sokker
741 Kinderspel
sokkerspan 663
sokkerspeler
726 Sport
728(2) Sokker
sokkerstadion 726
sokkerstewel 728(2)
sokkertoernooi 728(2)
sokkertoerusting 728(2)
sokkertrui 728(2)
sokkerveld
726 Sport
728(2) Sokker
sokkerwedstryd 728(2)
sokkie
745 Versier
793 Fees
sokkiejol
742 Dans
793 Fees
Sokraties 522
soksleutel
172 Vasmaak
630 Werktuig
sol 164
solangs 147
solank
17 Noodsaak
48 Gelyktydig
soldaat
334 Blomplant
667 Stryd
673 Manskap
soldaatuniform 674
soldatelewe 673
soldeer
172 Vasmaak
301 Metaal
302 Smid
soldeerbout
301 Metaal

302 Smid
630 Werktuig
soldeerlamp
172 Vasmaak
301 Metaal
soldeersel
301 Metaal
302 Smid
soldeerwerk
301 Metaal
302 Smid
soldeeryster 301
solder 94(3)
soldering
94(3) Vertrek
301 Metaal
solderkamer 94(3)
solderleer 94(12)
solderluik 94(8)
soldertrap
94(12) Trap
211 Opgaan
soldervloer 94(10)
solderwoning 89
soldy
686 Aanwins
708 Betaal
solemniseer 849
solenoïde
233 Motorvoertuig
262 Elektrisiteit
solesisme
538 Dwaling
569 Taal
solfametode 753
solfamusiek 753
solfanotasie 753
solfège 757
solfeggio 757
solidariteit
10 Harmonie
33 Samehorig
531 Saamstem
663 Meedoen
solidêr
10 Harmonie
33 Samehorig
531 Saamstem
663 Meedoen
soliditeit
432 Groot
452 Swaar
625 Sterk
solidus 571
solied
432 Groot
452 Swaar
455 Hard
457 Onbreekbaar
622 Goed
625 Sterk
769 Vertroue
812 Goeie gedrag
solipsisme 514
solipsisties 514
solis
755 Uitvoering
757 Sang
solitêr 740
solius 379
sollisitant
604 Versoek
659 Aanstel
sollisitasie 604
sollisiteer 604
solmisasie
753 Musiek
757 Sang
solo
754 Komposisie
757 Sang
solodans 742
solonoïed 233
soloparty 754
solosang 757
solosleutel 753
solovlug 222
solvabiliteit 688
solvensie 688
solvent 708
solventskap 688
som
102 Hoeveelheid
137 Bewerking
688 Besit
703 Boekhou
708 Betaal
somaties 377
somatologie 377
somber
291 Wolk
293 Onweer
486 Duisternis
490 Kleur
717 Lyding
719 Hartseer
723 Ernstig
somer
37 Tyd
127 Tydbepaling
270 Hemelliggaam
289 Klimaat
someraand 127
somerblom 322
somerdag 127
somerdrag 745
somerfees 793
somergewas 318
somergloed 465
somergoed 311
somerheide 337
somerhuisie 91
somerig 289
somerklimaat 465
somerkoelte 466
somerkonsert 755
somerkursus 561
somerlaken 96
somerlug 289
somermaand 127
somermôre 127
someroggend 127
someropruiming 705
somerpaleis 92
somerplant 318
somerreën 292
somerreënval 292
somerreënvalgebied
88 Posisie
273 Geografie
292 Neerslag
somerreënvalstreek 273
somers
127 Tydbepaling
465 Warm
somerseisoen 37
somerskool
559 Opvoeding
561 Studeer
somerslaap
357 Dier
410 Slaap
somerson 270
somersonstilstand 270
somersport 726
somerstof 311
somertemperatuur 465
somertuin 346
somertyd
37 Tyd
127 Tydbepaling
someruitverkoping 705
somervakansie
648 Onderbreek
662 Rus
somerveld 346
somerverblyf 89
somervoer 368
somervrug 323
somerweer 289
sommasie 809
sommer 18
sommerso
583 Willoosheid
615 Onbekwaam
623 Sleg
641 Onvoorbereid
sommetjie 103
sommige
102 Hoeveelheid
133 Getal
somnambulis 410
somnambulisme
410 Slaap
413 Siekte
somnambuul
410 Slaap
413 Siekte
854 Godsdiens
soms
56 Selde
537 Waarheid
somtotaal 137
somtyds
56 Selde
537 Waarheid
son
270 Hemelliggaam
485 Lig
sonaal
273 Geografie
274 Geologie
sonaanbidder 854
sonaanbidding 854
sonar 266
sonarboei 266
sonarstelsel 266
sonate 754
sonatine 754
sonbaai 465
sonbaan 270
sonbad 465
sonbesie 361
sonblinding 95(12)
sonbrand
413 Siekte
465 Warm
sonbrandmiddel 415
sonbrandolie 415
sonbrandsalf 415
sonbril 499
sondaar
822 Skuldig
824 Onboetvaardig
846 Godloos
Sondag 37
Sondagblad 568
Sondagete 418
Sondag(s)klere 745
Sondagkoerant 568
Sondagmaal 418
Sondagpak 745
Sondagsgesig 723
Sondagsheiliging 845
Sondagskind
682 Slaag
844 Bygeloof
Sondagskool
559 Opvoeding
848 Erediens
849 Prediking
Sondagskoolboek 567
Sondagskoolkind 560
Sondagskoolklas 849
Sondagskoolleerling 560
Sondagskoolonderrig 559

sondagsweer 289
sondak 233
sonde
416 Medikus
623 Sleg
779 Boosaardig
813 Swak gedrag
820 Oneerbaar
822 Skuldig
846 Godloos
sondebesef 823
sondebok
822 Skuldig
832 Beskuldig
sondelas
822 Skuldig
846 Godloos
sondeloos
821 Onskuldig
845 Godsvrug
sondeloosheid 821
sonder
2 Nie-bestaan
65 Afwesig
110 Niks
664 Terugstaan
sonderling
7 Betrekkingloos
9 Verskillend
34 Vreemd
36 Onreëlmatig
sondeskuld
822 Skuldig
846 Godloos
sondesmet 846
sondeval 822
sondig
598 Ongehoorsaam
623 Sleg
779 Boosaardig
813 Swak gedrag
820 Oneerbaar
822 Skuldig
827 Afkeur
846 Godloos
sondige mens 846
sondigheid
779 Boosaardig
846 Godloos
sondou 337
sondvloed
287 Vloei
842 Geloof
sone
61 Plek
63 Begrens
590 Bestuur
soneer
61 Plek
63 Begrens
273 Geografie
soneklips 270
sonfilter 311
sonfilterstof 311
songebruin 381
songedroog 464
songloed
465 Warm
485 Lig
songod 855
sonies 266
sonkern 270
sonkewer 361
sonkiel(tjie) 322
sonkyker 271
sonlig 485
sonloos 486
sonlyn 269
sonneblom 334
sonneblomsaad 323
sonnestelsel 270
sonnet 751
sonnettekrans 751
sonnewyser 128
sonnig
465 Warm
718 Bly
sonnigheid 718
sonometer 266
sononder
127 Tydbepaling
270 Hemelliggaam
sonoor 478
sonop
127 Tydbepaling
270 Hemelliggaam
sonorant 572
sonoriteit
478 Welluidend
572 Uitspraak
sonpeiling 221
sonplant 318
sonpriester 851
sonrok 745
sonshoogte 270
sonsirkel
127 Tydbepaling
270 Hemelliggaam
sonskerm
233 Motorvoertuig
415 Geneesmiddel
465 Warm
sonskyn
289 Klimaat
465 Warm
sonskynmeter 294
sonskynweer 289
sonsondergang
127 Tydbepaling
270 Hemelliggaam
sonsopgang 270
sonspieël 267
sonspyker 270
sonstand 270
sonsteek 413
sonstelsel 270
sonstilstand 270
sonstraal
270 Hemelliggaam
485 Lig
sonterapie 414
sonuitbarsting 270
sonuitstraling 485
sonvlek
270 Hemelliggaam
381 Vel
soöfiet
318 Plant
357 Dier
soog 406
soogdier
357 Dier
366 Soogdier
soögeografie 273
soögrafie 358
soogvrou 406
sooi 346
sooibrand 413
sool
383 Nael
397 Ledemaat
745 Kleding
soölatrie 854
soolganger 357
soolleer 314
soölogie
358 Dierkunde
515 Wetenskap
soölogies 358
soöloog
358 Dierkunde
515 Wetenskap
soom
63 Begrens
82 Rondom
soömorfisme 749
soöspoor
254 Stof
403 Voortplanting
soöterapie 414
soötomie 414
soomsteek 172
soontoe
147 Rigting
787 Gemeenskap
soort
3 Bestaanswyse
19 Orde
31 Soort
33 Samehorig
317 Fisiologie
357 Dier
soortelik 31
soortgelyk
8 Dieselfde
33 Samehorig
105 Gelyk
soortgelykheid 105
soortgenoot
8 Dieselfde
31 Soort
soortlik 31
soortlike gewig 124
soortlike massa 124
soortlike warmte 465
soortnaam
550 Noem
574 Woordkategorie
soortnaamwoord 574
soos
8 Dieselfde
10 Harmonie
sop
426 Kos
460 Vloeistof
sopbord
84 Houer
95(7) Breekgoed
sopie
102 Hoeveelheid
407 Drink
427 Drank
sopkombuis 429
soplepel 95(7)
sopnat 463
soporatief
410 Slaap
415 Geneesmiddel
sopperig
460 Vloeistof
713 Gevoel
soppot
84 Houer
95(7) Pot
sopraan
548 Praat
572 Uitspraak
757 Sang
sopraanstem
482 Menslike geluid
548 Praat
sopvleis 421
sorbet
426 Kos
427 Drank
sordino 756
sorg
612 Noukeurig
651 Toesien
654 Moeilik
663 Meedoen
693 Gee
717 Lyding
780 Hulp
sorgbarend 717
sorgbehoewend
651 Toesien
690 Arm

780 Hulp
sorgbehoewendheid 690
sorgdraend 612
sorge 717
sorgeloos
509 Onoplettend
583 Willoosheid
613 Onnoukeurig
615 Onbekwaam
715 Gevoelloos
718 Bly
sorghum
352 Graan
426 Kos
sorglik
690 Arm
717 Lyding
sorgloos
583 Willoosheid
613 Onnoukeurig
615 Onbekwaam
715 Gevoelloos
sorgsaam
580 Graag
612 Noukeurig
651 Toesien
714 Gevoelig
776 Liefde
sorgsaamheid
508 Aandag
612 Noukeurig
651 Toesien
776 Liefde
sorgvry 613
sorgvuldig
508 Aandag
612 Noukeurig
651 Toesien
sorgwekkend
656 Gevaarlik
717 Lyding
sorteer
19 Orde
21 Volgorde
33 Samehorig
584 Kies
sortering 33
sosatie
421 Vleis
426 Kos
soseer 104
sosiaal
724 Vermaak
787 Gemeenskap
788 Beskaafd
790 Sosiale betrekking
791 Sosiaal
sosiaal-demokraat 795
sosiaal-demokrasie 795
sosiaal-demokraties
590 Bestuur
795 Staat
sosiale diens 780
sosiale dinamika 787
sosiale filosofie 514
sosiale klas 796
sosiale kontak 790
sosiale omgang 790
sosiale orde 787
sosiale psigologie 514
sosiale sielkunde 514
sosiale stratifikasie 796
sosiale stratum 796
sosiale struktuur 796
sosiale verandering 787
sosiale verkeer 790
sosiale werk 780
sosiale werker 780
sosiale wetenskap
515 Wetenskap
787 Gemeenskap
sosiale wetenskaplike 515
sosialis
590 Bestuur
795 Staat
sosialiseer
174 Meng
790 Sosiaal
795 Staat
sosialisering
787 Gemeenskap
790 Sosiaal
sosialisme
590 Bestuur
701 Handel
787 Gemeenskap
795 Staat
sosialisties
590 Bestuur
795 Staat
sosialistiese ekonomie 701
sosialistiese stelsel 701
sosiodrama 752
sosio-ekonomies 590
sosiolek 569
sosiolinguistiek 570
sosiologie
515 Wetenskap
787 Gemeenskap
sosiologies 787
sosioloog
515 Wetenskap
787 Gemeenskap
so-so 624
sostenutopedaal 756
sosys 421
sot 503
soteriologie 842
sotheid 503
sotlik 503
sotlikheid 503
sotskap 503
sottepraatjies 548
sotternie 752
sotterny
503 Onverstandig
722 Snaaks
sottigheid 722
sotto voce 753
souerig 768
soufflé 426
soufflébak 419
souffleer 752
souffleur 752
souffleuse 752
soul 753
sourdine 756
sous
292 Neerslag
419 Voedselbereiding
426 Kos
460 Vloeistof
471 Lekker
sousbeker 95(7)
sousboontjies 426
sousie 426
souskluitjies 426
souskom 95(7)
souslepel 95(7)
souspot 84
souspotjie 95(7)
soustannie 452
sout
256 Skeikunde
300 Sout
419 Voedselbereiding
421 Vleis
426 Kos
470 Smaak
471 Lekker
sout van asynsuur 300
sout van salpetersuur 300
soutafsetting 300
soutagtig
300 Sout
471 Lekker
soutane 852
soutarm 300
soutbos 332
soutbron
284 Bron
300 Sout
sout-en-peperkleur 492
souterig
300 Sout
471 Lekker
soutgees
300 Sout
472 Sleg
soutgehalte
256 Skeikunde
300 Sout
471 Lekker
soutgehaltemeter 256
southappie 426
soutigheid
426 Kos
470 Smaak
471 Lekker
soutkom 84
soutkorrel 471
soutkors 300
soutkuip 300
soutlek 369
soutloos
472 Sleg
725 Verveling
soutloosheid 472
soutlose botter 371
soutmeer 300
soutmyn
275 Myn
300 Sout
soutoplossing
256 Skeikunde
300 Sout
soutpan
275 Myn
280 Woestyn
285 Meer
300 Sout
471 Lekker
soutpot
84 Houer
95(7) Breekgoed
soutraap
275 Myn
300 Sout
soutraffinadery 471
soutribbetjie 421
soutstrooier 95(7)
soutsuur
256 Skeikunde
472 Sleg
soutsuurgas
256 Skeikunde
461 Gas
souttert 426
souttong 421
soutvaatjie 84
soutverpakking 471
soutvis 422
soutvleis 421
soutwaterbron 284
soutwatermeer 285
soutwaterspons 360
soutwinning 471
soveel 102
soveel te meer 107
soveelste 21
sover 63
sowaar
1 Bestaan
15 Oorsaak
537 Waarheid
sowat
126 Skat

130 Onbepaald
sowel 118
sowjet 590
sowjetrepubliek 590
sowjetsisteem 590
spa
215 Swem
284 Bron
662 Rus
spaaider 230
spaan
95(8) Toerusting
221 Vaar
235 Skeepvaart
419 Voedselbereiding
728(4) Tennis
spaander
112 Deel
185 Sny
197 Te voet
228 Vinnig
316 Hout
spaanderbord 316
Spaans 569
spaansbok 739
Spaanse boustyl 94(1)
Spaanse kitaar 756
spaansriet 339
spaansvlieg
361 Insek
415 Geneesmiddel
spaar
596 Inskiklik
655 Veilig
686 Aanwins
688 Besit
692 Spaar
698 Behou
699 Leen
700 Bank
833 Verontskuldig
spaarbank
692 Spaar
709 Betaalmiddel
spaarbankboekie 692
spaarboekie
692 Spaar
700 Bank
spaarboog 94(7)
spaarbus(sie)
688 Besit
692 Spaar
spaarder 692
spaarfonds 692
spaargeld 692
spaarheffing 712
spaarkas 692
spaarklub 692
spaarkoers
686 Aanwins
700 Bank
spaarplan 692
spaarpot 692
spaarprogram 686
spaarrekening
692 Spaar
700 Bank
spaarrente
686 Aanwins
700 Bank
spaarsaam
103 Min
692 Spaar
spaarsaldo 703
spaarsamig 692
spaarsin 692
spaartenk 233
spaarvark(ie)
688 Besit
692 Spaar
spaarvereniging 692
spaat
295 Delfstof
296 Nie-metaal
spaghetti 426
spaider 230
spalk
172 Vasmaak
177 Oopgaan
415 Geneesmiddel
spalking 415
span
37 Tyd
62 Grensloos
172 Vasmaak
185 Sny
231 Tuig
663 Meedoen
677 Skiet
726 Sport
727 Wedstryd
spanbaas 591
spanbalk 94(4)
spandabel
104 Baie
704 Koop
spandabelrig 704
spandabelrigheid
104 Baie
691 Spandeer
spandeer
691 Spandeer
704 Koop
spandeergeld 131
spandoek 546
spandraad 63
spangees 663
spanketting 301
spankrag
456 Sag
625 Sterk
spanleier 591
spanlid
112 Deel
726 Sport
spanmaat
112 Deel
663 Meedoen
726 Sport
spannend 654
spanning
149 Pad
262 Elektrisiteit
378 Senuwee
413 Siekte
453 Dig
618 Kragtig
625 Sterk
667 Stryd
713 Gevoel
714 Gevoelig
717 Lyding
768 Vrees
spanningsmeter 123
spanningspyn 717
spanningsverlies 262
spanningsverskil 262
spannommer 727
spanooi 369
spanpaal
172 Vasmaak
231 Tuig
spanpoging 663
spanriem 231
spansaag
316 Hout
630 Werktuig
spanspek
323 Vrug
426 Kos
spanspeler 726
spanstaaf 234
spanstoei 667
spant 94(4)
spantou 371
spanveer 630
spanverband 663
spanwedloop 727
spanwerk 663
spanwydte 149
spar
94(1) Konstruksie
331 Boom
Spartaans
595 Streng
690 Arm
spartel
165 Onreëlmatig
654 Moeilik
spasie
61 Plek
81 Binne
571 Skrif
spasiebalk 564
spasieer
83 Middel
566 Drukkuns
spasma
165 Onreëlmatig
413 Siekte
spasmodies 165
spasties 412
spastikus 413
spastisiteit
378 Senuwee
413 Siekte
spat
169 Skei
190 Vertrek
287 Vloei
413 Siekte
463 Nat
spataar 413
spatbord 230
spatel
416 Medikus
760 Skilderkuns
spatsel
287 Vloei
628 Vuil
spawater 427
speaker
590 Bestuur
591 Gesaghebber
speakerstoel 591
speek
230 Rytuig
232 Fiets
233 Motorvoertuig
speekbeen
380 Gebeente
397 Ledemaat
435 Smal
spe(e)khout 331
speeksel
401 Spysvertering
409 Afskeiding
speekselafskeiding 409
speekselagtig 409
speekselklier 402
speekselkliere 401
speekskaaf
316 Hout
630 Werktuig
speekwiel
163 Draai
233 Motorvoertuig
speel
645 Handel
724 Vermaak
726 Sport
739 Geselskapspel
740 Kaartspel
741 Kinderspel
752 Toneelkuns
755 Uitvoering
756 Musiek
speelbaar
728 Balsport
752 Toneelkuns

speelbal
583 Willoosheid
728 Balsport
741 Kinderspel
speelding 741
speeldoos
741 Kinderspel
756 Musiek
speeldrama 752
speelgoed 741
speelgrond
560 Skoolgaan
726 Sport
speelhok 741
speelkaart 740
speelkamer 94(3)
speelkant 728(1)
speelkind 239
speelkop 264
speelmaat 726
speelpark 724
speelplek
61 Plek
726 Sport
speelpop 592
speelraam 741
speelruimte
61 Plek
726 Sport
speels
165 Onreëlmatig
239 Voortplant
249 Lewe
726 Sport
776 Liefde
speelsgewyse 726
speel-speel
653 Maklik
726 Sport
speeltafel 740
speelterrein
560 Skoolgaan
724 Vermaak
726 Sport
speeltoneel 752
speeltuig 741
speeltyd
38 Tydgebruik
560 Skoolgaan
727 Wedstryd
speelveld 726
speelwyse 726
speen
394 Bors
406 Eet
speenkalf
357 Dier
369 Veeteelt
speenvark 366
speer 678
speerpunt
155 Deurboor
439 Punt
678 Wapen
speg 365
spek
421 Vleis
426 Kos
spek en eier 426
spekboom 331
spekskiet 818
spekskieter 818
speksteen
298 Steen
304 Steenbakkery
spektakel
44 Gebeure
722 Snaaks
744 Lelik
spektakelstuk 752
spektraal 267
spektrale kleur 490
spektrofisika 515
spektrograaf
266 Akoestiek
267 Optika
spektrografie 267
spektrografies
266 Akoestiek
267 Optika
spektrogram
266 Akoestiek
267 Optika
spektrometrie 267
spektroskoop 267
spektroskopie 267
spektroskopies 267
spektrum
35 Reëlmatig
266 Akoestiek
267 Optika
spekulant 701
spekulasie
520 Verwag
530 Voorbehou
701 Handel
spekulateur 701
spekulatief
514 Wysbegeerte
520 Verwag
530 Voorbehou
701 Handel
spekuleer
513 Gedagte
514 Wysbegeerte
520 Verwag
530 Voorbehou
701 Handel
spekvark 366
spekvet 421
spekvreter 365
spel
726 Sport
727 Wedstryd
728(4) Tennis
739 Geselskapspel
752 Toneelkuns
755 Uitvoering
spelbederwer 666
spelboekie 563
spelbreker 666
speld
155 Deurboor
172 Vasmaak
564 Skryfbehoeftes
745 Versier
speldekussing 337
speld(e)prik 155
speldewurm 361
spele 727
speleologie 277
speleoloog 277
speler
726 Sport
752 Toneelspel
727 Wedstryd
speletjie
726 Sport
739 Geselskapspel
spelfout
563 Skryf
569 Taal
spelleiding 752
spelleier 752
spellesing 752
spelling
563 Skryf
570 Taalwetenskap
spellys 563
spelmetode 563
spelonk 277
spelonkagtig
277 Berg
486 Duisternis
spelonkbewoner 277
spelreël 570
spelreëls
563 Skryf
726 Sport
spelt 352
spelwyse 563
spening 371
spens 94(3)
spenskas 95(3)
sper
177 Oopgaan
178 Toegaan
sperboom 178
sperdatum
28 Einde
127 Tydbepaling
sperdraad 301
sperfort 671
sperketting 178
sperm
254 Stof
403 Voortplanting
spermaceti 385
spermacetti-walvis 363
spermatofiet 318
spermatosoön
254 Stof
403 Voortplanting
spermsel 403
spermwalvis 363
sperrat 257
sperstreep
149 Pad
217 Motorry
spertyd 38
spervuur 677
sperwel 365
sperwer 365
spesery
419 Voedselbereiding
426 Kos
471 Lekker
speseryerig 471
spesiaal
32 Enkeling
36 Onreëlmatig
104 Baie
620 Belangrik
622 Goed
spesialis
32 Enkeling
416 Medikus
417 Hospitaal
535 Weet
spesialiseer
32 Enkeling
414 Geneeskunde
515 Wetenskap
561 Studeer
spesie
3 Bestaanswyse
19 Orde
33 Samehorig
301 Metaal
317 Fisiologie
318 Plant
357 Dier
566 Drukkuns
spesifiek
32 Enkeling
129 Bepaald
550 Noem
spesifikasie
129 Bepaald
431 Afmeting
550 Noem
spesifiseer
32 Enkeling
129 Bepaald
517 Vind
550 Noem

553 Behandel
586 Beslis
spesifisiteit 32
spesmaas
513 Gedagte
518 Glo
speuls 239
speur
508 Aandag
516 Soek
speurder
508 Aandag
516 Soek
802 Gehoorsaam
speurdiens 802
speurhond
366 Soogdier
508 Aandag
speurroman 750
speursin 516
speurtak 802
speurtog 516
speurverhaal
552 Vertel
750 Letterkunde
speurwerk 516
spiccato 755
spie 172
spieël
95(11) Versiering
267 Optika
309 Glas
445 Oppervlak
spieëlbeeld
8 Dieselfde
14 Navolging
267 Optika
538 Dwaling
spieëleier 426
spieëlglad 448
spieëlglas 309
spieëling
267 Optika
485 Lig
spieëlkas 95(3)
spieëlplant 332
spieëlruit 94(9)
spieëlskrif 565
spieëltafel 95(6)
spieëlteleskoop
267 Optika
271 Kosmografie
spieëlvlak 445
spier 379
spieraanhegting 379
spierdistrofie 379
spierhaai 363
spiering 363
spierkrag 625
spierkramp 379
spierprobleme 413
spierpyn
379 Spier
412 Siek
717 Lyding
spiersametrekking 379
spiersiekte 413
spiersoorte 379
spierstelsel 379
spierstyfheid
379 Spier
413 Siekte
spierverslapping 379
spierverstywing
379 Spier
413 Siekte
spiervesel 379
spierweefsel
377 Liggaam
379 Spier
spierweefselpigment 379
spierwit 492
spies
678 Wapen
729 Atletiek
spiesdraer 678
spiesgeweer 372
spiesgooi 729
spiesgooier
678 Wapen
729 Atletiek
spieshengel 372
spieshengelaar 372
spies-knorder 363
spiespunt
439 Punt
678 Wapen
spiesvormig
438 Vorm
439 Punt
spikkel
433 Klein
490 Kleur
492 Kleure
546 Kunsmatige teken
628 Vuil
spikkelgrys 492
spikkelspoor 545
spiksplinternuut 53
spil
29 Middel
83 In die middel
163 Draai
211 Opgaan
312 Spin
620 Belangrik
spilbene 435
spilpen 234
spilteleskoop
267 Optika
271 Kosmografie
spin
312 Spin
361 Insek
480 Dowwe klank
484 Diergeluid
spinaal 380
spinagtige 357
spinagtige dier 357
spinasie 351
spinasiebeet 351
spindraad 312
spinet 756
spinfabriek 312
spinhout 331
spinmasjien 312
spinmyt 361
spinnaker 235
spinnekop 361
spinnekopbyt 361
spinnekopjagter 361
spinner 312
spinnerak 361
spinnery 312
spinneweb 361
spinnewiel 312
spinsel 312
spinster 312
spinstof 312
spinstok 312
spinthout
320 Stam
331 Boom
spinwiel 312
spinwol 312
spioen
508 Aandag
516 Soek
540 Geheim hou
802 Gehoorsaam
spioenasie
508 Aandag
516 Soek
spioeneer
508 Aandag
516 Soek
spiraal
163 Draai
444 Krom
spiraalboor
155 Deurboor
316 Hout
630 Werktuig
spiraaldraai
149 Pad
163 Draai
spiraallas 163
spiraallyn 444
spiraalplaat 95(8)
spiraalsgewyse 163
spiraalveer 128
spirakel 361
spirant 572
spirillekoors 413
spiritisme 844
spiritualieë 427
spiritualis 836
spiritualisme 514
spiritualiteit 836
spiritueel
836 Bonatuurlik
842 Geloof
spiritus
299 Brandstof
427 Drank
460 Vloeistof
spiritusdrinker 407
spirometer 404
spit
95(8) Toerusting
346 Landbougrond
347 Landbou
413 Siekte
spits
85 Voor
202 Voor beweeg
277 Berg
388 Oor
439 Punt
spitsbelasting 712
spitsberaad
539 Kommunikeer
557 Diskussie
590 Bestuur
spitsboog 94(7)
spitsboogstyl 764
spitsboor 316
spitsdak 94(4)
spitsheid 439
spitshoek 139
spitslopend 439
spitsneus 389
spitstyd 127
spitsuur 127
spitsverkeer
216 Ry
217 Motorry
spitsvondig
502 Verstand
548 Praat
spitvurk 355
spleet
177 Oopgaan
184 Afbreek
spleetbreuk 413
spleetoog 387
spleetvlerk 236
splint
184 Afbreek
316 Hout
splinter
5 Ondergeskik
184 Afbreek
splinterbreuk 413
splintergroep 795
splinterig 184
splinternuut 53

splinterparty 795
splintervry 457
split
112 Deel
184 Afbreek
splitpen 172
splits
112 Deel
172 Vasmaak
184 Afbreek
185 Sny
splitsbaar 112
splitsing
112 Deel
169 Skei
184 Afbreek
splitsingskonstruksie 576
splitsring 178
splitsvrug 323
splyt
169 Skei
184 Afbreek
splytbaar 184
splyting
169 Skei
184 Afbreek
185 Sny
splytpen 172
splytswam 327
spoed
224 Snelheid
225 Vinnig
228 Vinnig beweeg
618 Kragtig
641 Onvoorbereid
spoedbeheer
224 Snelheid
233 Motorvoertuig
spoedbeheerklep 233
spoedbestelling 196
spoedeisend 225
spoedig
41 Kortstondig
51 Toekoms
225 Vinnig
641 Onvoorbereid
spoedlokval 802
spoedmeter
123 Meet
224 Snelheid
233 Motorvoertuig
spoedmeting 224
spoedperk 802
spoedpos 196
spoedskaats 736
spoedskaatser 736
spoedtelegram 265
spoedvergadering
590 Bestuur
665 Byeenkom
spoeg
401 Spysvertering
409 Afskeiding
spoegbak 95(11)
spoegbakkie 409
spoegsel 409
spoegslang 364
spoel
82 Rondom
163 Draai
214 Dryf
264 Uitsaai
283 See
287 Vloei
313 Weef
627 Skoon
spoelbad 746
spoelbak
84 Houer
627 Skoon
spoelbrug 149
spoeldelwery 275
spoeldiamant 298
spoelgoud 297
spoelgrond 287
spoelgruis 275
spoeling 287
spoelklip 298
spoelkom 84
spoelkombuis 94(3)
spoellatrine 94(3)
spoelretirade 94(3)
spoelriolering 94(1)
spoelsel 460
spoelwater 460
spoelwurm
361 Insek
413 Siekte
spoenskop 382
spog 785
spoggerig
743 Mooi
785 Hoogmoedig
spogter 785
spogtery 785
spokerig
768 Vrees
836 Bonatuurlik
844 Bygeloof
spokery
667 Stryd
844 Bygeloof
spoliasie 808
spoliasiebevel 808
sponde 95(5)
spondee 751
spondeïes 751
spongine 360
spongoseel 360
sponning 316
sponningskaaf
316 Hout
630 Werktuig
spons
360 Spons
363 Waterdier
627 Skoon
746 Toilet
sponsagtig
360 Spons
454 Ondig
sponsdier 360
sponsholte 360
sponskoek 426
sponsmatras 96
sponsrubber 307
sponssteen 298
spontaan
578 Vrywillig
641 Onvoorbereid
718 Bly
spontaneïteit
578 Vrywillig
641 Onvoorbereid
718 Bly
spook
36 Onreëlmatigheid
165 Onreëlmatig
213 Rondgaan
435 Smal
538 Dwaling
654 Moeilik
667 Stryd
744 Lelik
768 Vrees
838 Gees
844 Bygeloof
spookagtig
768 Vrees
836 Bonatuurlik
838 Gees
844 Bygeloof
spookasem 426
spookgestalte 844
spookhuis
91 Gebou
844 Bygeloof
spookkrap 362
spookmot 361
spooksel
512 Verbeelding
844 Bygeloof
spookstem 90
spookstorie
552 Vertel
750 Letterkunde
844 Bygeloof
spoor
2 Nie-bestaan
149 Pad
219 Perdry
231 Tuig
233 Motorvoertuig
234 Spoorweg
323 Vrug
329 Varing
397 Ledemaat
545 Natuurlike teken
546 Kunsmatige teken
spooranker 234
spoorbaan 234
spoorboommeganisme 234
spoorbreedte
233 Motorvoertuig
234 Spoorweg
spoorbrug
149 Pad
234 Spoorweg
spoordraend 323
spoorelement 345
spoorhou 203
spoorkaartjie 234
spoorkoste
234 Spoorweg
708 Betaal
spoorlas 234
spoorlêer 234
spoorloos
545 Natuurlike teken
687 Verlies
spoorloos verdwyn 205
spoorlyn 234
spooroorgang
149 Pad
217 Motorry
234 Spoorweg
spooroorgangklok 234
spooroorgangteken 234
spoorplant 327
spoorpos 196
spoorslag 15
spoorsny
203 Agterna
516 Soek
spoorstaaf 234
spoorstaaflas 234
spoorstaafrib 234
spoortelling 294
spoorverbinding 234
spoorvervoer
194 Vervoer
220 Treinry
spoorvrag
194 Vervoer
234 Spoorweg
452 Swaar
spoorvrug 323
spoorwa 234
spoorwagter 234
spoorweg
220 Treinry
234 Spoorweg
spoorwegaansluiting 234
spoorwegbrug
149 Pad
234 Spoorweg
spoorwegdiens 234

spoorweggids
220 Treinry
234 Spoorweg
spoorweghalte 234
spoorwegkaart 234
spoorwegkaartjie 234
spoorwegknoop 234
spoorwegmaatskappy 234
spoorwegnet 234
spoorwegnetwerk 234
spoorwegoorgang 217
spoorwegpersoneel 234
spoorwegpolisie 802
spoorwegstaaf 234
spoorwegstaking 666
spoorwegstasie 234
spoorwegstelsel 220
spoorwegtarief
234 Spoorweg
708 Betaal
spoorwegvervoer
194 Vervoer
220 Treinry
spoorwegwissel 234
spoorwydte
233 Motorvoertuig
234 Spoorweg
sporadies
56 Selde
169 Skei
sporangium 323
spore maak 205
sporedosie 323
sporehopie 329
sporeplant 318
sporing 233
sporofiet 318
sporofil 317
sporofoor 323
sporrie 337
sport
95(4) Sitmeubel
211 Opgaan
726 Sport
724 Vermaak
sportadministrasie 726
sportadministrateur 726
sportartikel 568
sportbaadjie 745
sportbeoefenaar 726
sportberig 568
sportbeurs 560
sportblad 568
sportentoesias 726
sportfees
727 Wedstryd
793 Fees
sportfiets 232
sportflits 568
sportgebied 726
sportgeweer 676
sportgronde 726
sportief
726 Sport
791 Sosiaal
sportjoernaal 264
sportkamp 726
sportklere
726 Sport
745 Kleding
sportkleure 726
sportkliniek 726
sportklub
665 Byeenkom
724 Vermaak
sportkommentaar 568
sportkommentator
264 Uitsaai
727 Wedstryd
sportkompleks 91
sportkringe 726
sportkyker 727
sportman
724 Vermaak
726 Sport
sportmangees 726
sportmanskap 726
sportmens 724
sportmotor 630
sportnuus 568
sportoorsig 568
sportprogram 264
sportpromotor 726
sportredaksie 568
sportredakteur 568
sportrubriek 568
sportseisoen 726
sportskoen 745
sportsoort 726
sportstadion 726
sportstigting
590 Bestuur
726 Sport
sportterrein
724 Vermaak
726 Sport
sporttoerusting 726
sporttydskrif 568
sportuitslag 727
sportveld 445
sportvereniging
665 Byeenkom
726 Sport
sportvertoning 727
sportvis 363
sportvrou
724 Vermaak
726 Sport
sportwêreld 726
sportwinkel 707
sporus 329
spot
722 Snaaks
786 Nederig
827 Afkeur
831 Bespot
spotdig 751
spotgoedkoop
708 Betaal
710 Kosteloos
spotlag
722 Snaaks
831 Bespot
spotlus
722 Snaaks
831 Bespot
spotlustig 831
spotnaam
550 Noem
722 Snaaks
831 Bespot
spotprent
568 Perswese
722 Snaaks
759 Tekenkuns
831 Bespot
spotprenttekenaar 759
spotprys
704 Koop
710 Kosteloos
spotrede
558 Redevoering
831 Bespot
spotsiek 831
spotskrif
568 Perswese
750 Letterkunde
spotsug
722 Snaaks
831 Bespot
spottenderwys
722 Snaaks
831 Bespot
spotter
669 Aanval
722 Snaaks
831 Bespot
spotterig
722 Snaaks
831 Bespot
spotterny
722 Snaaks
831 Bespot
spotvoël
722 Snaaks
831 Bespot
spraak 548
spraakgebrek
413 Siekte
548 Praat
spraakhandeling 548
spraakkanaal
390 Mond
572 Uitspraak
spraakklank
548 Praat
572 Uitspraak
spraakkuns
548 Praat
570 Taalwetenskap
spraakleer 570
spraakmakend 569
spraakorgaan
390 Mond
572 Uitspraak
spraaksaam 548
spraaksisteem 572
spraakverbod 549
spraakverlies 549
spraakverwarring 548
spraakwending 569
sprakeloos
521 Verras wees
549 Stilbly
sprakeloosheid
521 Verras wees
548 Praat
549 Stilbly
sprank 103
sprankel 791
sprankie
103 Min
467 Aansteek
spreek
539 Kommunikeer
548 Praat
554 Aanspreek
557 Diskussie
558 Redevoering
spreekbeurt 557
spreekfout 548
spreekkamer 416
spreekkoor 752
spreekles 561
spreekstamel 548
spreektaal 569
spreektrant 548
spreektyd 64
spreekure
64 Aanwesig
658 Beroep
spreekuur
658 Beroep
790 Sosiaal
spreekwoord 573
spreekwoordeboek 567
spreekwoordelik
569 Taal
573 Woordeskat
spreekwyse 569
spreeu 365
sprei
62 Grensloos
95(9) Linne
96 Slaapplek
173 Losmaak
spreikraag 745
spreilig
485 Lig

487 Ligbron
752 Toneelspel
sprekend
543 Duidelik
548 Praat
620 Belangrik
spreker
539 Kommunikeer
548 Praat
551 Meedeel
554 Aanspreek
558 Redevoering
sprekerspodium 558
spreuk
539 Kommunikeer
573 Woordeskat
spriet
235 Skeepvaart
318 Plant
361 Insek
385 Skedel
442 Lyn
sprietui 351
spring
145 Beweging
165 Onreëlmatig
199 Spring
225 Vinnig
283 See
728(1) Rugby
729 Atletiek
730 Gimnastiek
835 Bestraf
springaar 284
springbok 366
springbron 284
springer
199 Spring
363 Waterdier
springerig 199
springfontein
284 Bron
288 Waterstelsel
springgety 283
springhaas 366
springhoogte 199
springkuns 199
springlading 676
springlewendig 249
springmat 730
springmatras 96
springmielie
352 Graan
426 Kos
springmuis 366
springoefening 730
springpaal 729
springplank 730
springriem
231 Tuig
741 Kinderspel
springski 732
spring-spring 199
spring-spring beweeg 199
springstert 361
springstof
256 Skeikunde
676 Vuurwapen
springstok 729
springteuel 231
springtou 741
springveer
95(5) Bed
178 Toegaan
springveermatras 96
sprinkaan 361
sprinkaanboom 331
sprinkaanplaag 324
sprinkaanswerm 361
sprinkaanvoël 365
sprinkel 463
sprinkelaar 463
sprinkelbesproeiing 463
sproei
413 Siekte
461 Gas
463 Nat
sproeimiddel
345 Plantkwekery
463 Nat
746 Toilet
sproeireën 292
sproeiverf 490
sproet
381 Vel
386 Gesig
413 Siekte
sprokie
552 Vertel
750 Letterkunde
sprokiesagtig 743
sprokiesdigter 751
sprokieswêreld 743
sprong
199 Spring
730 Gimnastiek
spronggewrig 380
sprongsgewyse 199
spru 413
spruit
16 Gevolg
240 Afkoms
243 Kind
286 Rivier
320 Stam
324 Plantlewe
spruitjies 351
spruitkool 351
spu 409
spuit
287 Vloei
288 Waterstelsel
355 Landbougereedskap
463 Nat
627 Skoon
spuitaandrywing 236
spuitapparaat 355
spuitbron 277
spuitfles
355 Landbougereedskap
463 Nat
746 Toilet
spuitfontein 284
spuitgat
283 See
363 Waterdier
spuitkan 355
spuitmiddel
345 Plantkwekery
415 Geneesmiddel
spuitslang 463
spuitstelsel 288
spuitstof
415 Geneesmiddel
460 Vloeistof
spuitverf 490
spuitwater 427
spul
44 Gebeure
104 Baie
623 Sleg
665 Byeenkom
spulletjie
44 Gebeure
103 Min
621 Onbelangrik
spurrie 337
sputter 476
sputum 409
spuug 409
spuwing 409
spy 172
spyker
97 Bou
155 Deurboor
172 Vasmaak
302 Smid
316 Hout
spykerbeentjies 435
spykerbene 435
spykerbord 739
spykerklou 316
spykerskoen 729
spykerskrif 565
spykertafel 739
spys
420 Voedsel
426 Kos
spys en drank 418
spysenier 419
spyseniering 419
spysig 406
spyskaart 418
spysvertering
401 Spysverteringskanaal
408 Spysvertering
spysverteringskanaal 401
spyt
717 Lyding
823 Berou
spytig
721 Ontevrede
823 Berou
staaf
94(1) Konstruksie
301 Metaal
442 Lyn
522 Redeneer
525 Bewys
528 Bevestig
staafgoud 297
staafkoper 301
staaflood 301
staafmagneet 261
staafstaal 301
staafyster 301
staak
28 Einde
646 Nie handel nie
648 Onderbreek
650 Voltooi
666 Verhinder
staal
297 Metaal
582 Wilskrag
625 Sterk
640 Voorbereid
staalaanleg 658
staalbedryf 301
staalblou 492
staalboor 155
staaldraad
172 Vasmaak
301 Metaal
staalfabriek 301
staalgietery 301
staalgordel 233
staalgravure 761
staalgrys 492
staalhard 455
staalhouer 84
staalindustrie 301
staalkaart 301
staalkabel 301
staalklem 183
staalkleur 492
staalkonstruksie 94(1)
staalmof 301
staalproduk 301
staalskroef 172
staalslak 301
staalsnaar 756
staalspyker 155
staaltenk 428
staaltjie
552 Vertel
750 Letterkunde

staaltrens 372
staaltrommel 84
staalverharding 301
staalwerk 301
staalwerker 301
staalwol 627
staan
4 Selfstandig
64 Aanwesig
71 Regop
128 Chronometer
145 Beweging
146 Bewegingloosheid
staanalmanak 127
staandak 94(4)
staande
51 Toekoms
71 Regop
285 Meer
staander
71 Regop
95(2) Lamp
staangeld
234 Spoorweg
369 Veeteelt
708 Betaal
staanhorlosie 128
staanklavier 756
staanklok 95(11)
staanlamp
95(2) Lamp
487 Ligbron
staanleer 211
staanlig 487
staanmaak 71
staanplek
61 Plek
662 Rus
staar
413 Siekte
499 Sien
staat
5 Ondergeskik
551 Meedeel
588 Gesag hê
590 Bestuur
703 Boekhou
787 Gemeenskap
795 Staat
808 Regswese
staat van oorlog 667
staathuishoudkunde 590
staatkunde
515 Wetenskap
590 Bestuur
staatkundig
590 Bestuur
795 Staat
staatmaak
518 Glo
769 Vertroue
staatmaker
663 Meedoen
769 Vertroue
staatsaanklaer 809
staatsadministrasie
590 Bestuur
658 Beroep
795 Staat
staatsadvokaat
808 Regswese
809 Regsgeding
staatsamp 590
staatsamptenaar
590 Bestuur
592 Ondergeskikte
795 Staat
staatsargief
567 Boek
590 Bestuur
staatsbank
700 Bank
709 Betaalmiddel
staatsbegrafnis 253
staatsbeleid 590
staatsbesteding 691
staatsbestel 590
staatsblad
568 Perswese
590 Bestuur
staatsburger 787
staatsburgerskap 787
staatsdepartement
590 Bestuur
795 Staat
staatsdienaar 592
staatsdiens
590 Bestuur
658 Beroep
795 Staat
staatsdienskommissie 590
staatsdienspos 590
staatsdokter 416
staatsdrukker 566
staatsdrukkery 566
staatseffekte 699
staatseiendom 688
staatsekretaris 591
staatseksamen 561
staatsektor
590 Bestuur
658 Beroep
staatsfilosofie 514
staatsfinansies 701
staatsgeheim 540
staatsgeld 701
staatsgeneesheer 416
staatsgesag
588 Gesag hê
590 Bestuur
795 Staat
staatsgetuie 809
staatsgevangene 594
staatsgodsdiens 840
staatsgreep
588 Gesag hê
667 Stryd
staatsgrens 63
staatshoof 591
staatshospitaal 417
staatshuishouding 590
staatsie 253
staatsiekoets 230
staatsinkomste
686 Aanwins
712 Belasting
staatsinmenging 590
staatsinrigting
590 Bestuur
795 Staat
staatsinstelling 658
staatskas 590
staatskerk
840 Godsdiens
852 Geestelike
staatskoerant
567 Boek
568 Perswese
590 Bestuur
staatskommissie 590
staatskool 559
staatskouburg 752
staatskuld 711
staatsleer
515 Wetenskap
590 Bestuur
795 Staat
staatsleier 591
staatslening 699
staatsliede 591
staatslotery 18
staatslui 591
staatsman 591
staatsmasjinerie 795
staatsmonopolie 701
staatspapier 590
staatspresident 591
staatsraad 590
staatsreg
515 Wetenskap
590 Bestuur
808 Regswese
staatsrekening 701
staatstruktuur 795
staatstuk 590
staatsubsidie 708
staatsuitgawe 691
staatsveearts 416
staatsvorm
590 Bestuur
795 Staat
staatsvyand 777
staatswerksaamheid 590
staatswet 801
staatswetenskap
515 Wetenskap
795 Staat
staatswoning
91 Gebou
92 Deftige gebou
stabiel
8 Dieselfde
10 Harmonie
143 Bestendig
616 Magtig
625 Sterk
stabielheid 625
stabilisasie 143
stabiliseerder 235
stabiliteit
35 Reëlmatig
143 Bestendig
582 Wilskrag
616 Magtig
619 Kalm
625 Sterk
715 Gevoelloos
staccato 481
staccatostem 481
stad
61 Plek
89 Blyplek
90 Gemeenskap
590 Bestuur
787 Samelewing
stadhouer 591
stadhuis 590
stadig
226 Stadig
581 Teësinnig
611 Lui
644 Handelwyse
stadigaan
226 Stadig
508 Aandag
stadion
91 Gebou
726 Sport
stadium 37
stadnaam 550
stadreiniging 627
stadsaal
91 Gebou
590 Bestuur
665 Byeenkom
stadsbeeld 90
stadsbelasting 712
stadsbeplanner
61 Plek
90 Gemeenskap
590 Bestuur
stadsbeplanning
61 Plek
90 Gemeenskap
stadsbestuur 590
stadsbevolking 90

stad(s)bewoner
64 Aanwesig
90 Gemeenskap
stadsbiblioteek 567
stadsfiets 232
stadsgebied
61 Plek
90 Gemeenskap
stadsgebou 91
stadsgesondheidsdiens 414
stadsgeweste 61
stadsgewoel 165
stadsingenieur 590
stadsjapie
64 Aanwesig
90 Gemeenskap
stadskerk 853
stadskern 90
stadsklerk
590 Bestuur
591 Gesaghebber
stadskouburg 91
stadslewe 249
stadsmens
64 Aanwesig
90 Gemeenskap
stadsmuur 90
stadsorkes 755
stadsowerheid 590
stadsraad
590 Bestuur
795 Staat
stadstaat 590
stadstesourier 590
stadsuitlêer 590
stadsuitleg 61
stadsverkeer
165 Onreëlmatig
216 Ry
stadsvernuwing 90
stadswapen 546
stadswinkel 707
stadswyk 90
stadwaarts 147
staf
197 Te voet
316 Hout
546 Kunsmatige teken
stafdraer 590
Staffordshire terriër 366
stafoffisier
588 Gesag hê
591 Gesaghebber
673 Manskap
stafrym 751
stafsersant
591 Gesaghebber
673 Manskap
stafverpleegster
416 Medikus
417 Hospitaal
stag 235
stagnasie
146 Beweginglooshei d
646 Nie handel nie
648 Onderbreek
stagneer
146 Beweginglooshei d
646 Nie handel nie
648 Onderbreek
stagseil 235
staker
648 Onderbreek
666 Verhinder
staketsel
178 Toegaan
671 Verdedig
staking
28 Einde
646 Nie handel nie
648 Onderbreek
654 Moeilik
666 Verhinder
667 Stryd
stakingbreker 666
stakker 654
stal
354 Plaas
368 Diereteelt
369 Veeteelt
707 Handelsaak
stalagmiet 277
stalagtiet 277
staljonge
368 Diereteelt
369 Veeteelt
stalkneg
368 Diereteelt
369 Veeteelt
592 Ondergeskikte
stalles 752
stalletjie 707
stalmeester
368 Diereteelt
369 Veeteelt
stalvee 369
stalvurk
355 Landbougereedskap
369 Veeteelt
stam
33 Samehorig
240 Afkoms
320 Stam
331 Boom
575 Woordvorming
787 Gemeenskap
stamboek
240 Afkoms
369 Veeteelt
stamboekvee 369
stamboom
240 Afkoms
369 Veeteelt
stamboontjie 351
stameenheid 787
stamel 548
stameling 548
stamgenoot 787
stamgeveg 667
stamgrond 787
stamhoof 591
stamhouer
240 Afkoms
244 Familie
stamina 625
stamkaptein 591
stamklinker 572
stamland 787
stamlid 787
stammoeder
54 Oud
240 Afkoms
stammorfeem
573 Woordeskat
575 Woordvorming
stamouers 240
stamp
165 Onreëlmatig
181 Stoot teen
182 Slaan
186 Maal
413 Siekte
667 Stryd
stampblok 181
stamper
101 Gereedskap
181 Stoot teen
186 Maal
233 Motorvoertuig
234 Spoorweg
322 Blom
stamperblom 322
stamperig 165
stamperskoen 233
stampery 181
stamphou 181
stampkar 233
stampmeul(e) 186
stampmielie 352
stampmotor
233 Motorvoertuig
737 Motorsport
stampmotorwedren
233 Motorvoertuig
737 Motorsport
stamppot 186
stampvol 109
stamregister 240
stamstelsel 787
stamvader
54 Oud
240 Afkoms
stamverband
240 Afkoms
787 Gemeenskap
stamverwant 240
stamvokaal 572
stamvrug 323
stamwoord 575
stand
5 Ondergeskik
19 Orde
64 Aanwesig
70 Houding
588 Gesag hê
787 Gemeenskap
796 Stand
standaard
35 Reëlmatig
118 Vergelyking
122 Bereken
123 Meet
546 Kunsmatige teken
642 Beproef
680 Militêre aksie
standaardisasie
35 Reëlmatig
122 Bereken
standaardloon
686 Aanwins
708 Betaal
standaardmaat
35 Reëlmatig
122 Bereken
123 Meet
431 Afmeting
standaardomskrywing 122
standaardtaal 569
standaarduitgawe 567
standaarduitspraak 572
standaardvariant 569
standaardvariëteit 569
standaardwerk 567
standaardwoordeboek 567
standbeeld
546 Kunsmatige teken
763 Beeldhoukuns
stander
71 Regop
95(2) Lamp
standerd 559
standhou
8 Dieselfde
141 Behoud
647 Voortgaan
767 Moed
standhoudend
8 Dieselfde
19 Orde
141 Behoud
647 Voortgaan
standhouding
8 Dieselfde
141 Behoud
647 Voortgaan
standjie 667
standplaas
61 Plek

64 Aanwesig
88 Posisie
89 Blyplek
658 Beroep
standpunt
513 Gedagte
522 Redeneer
527 Oordeel
558 Redevoering
644 Handelwyse
825 Beoordeling
standpuntinname
513 Gedagte
527 Oordeel
558 Redevoering
standpuntstelling 558
standpuntverdediging 558
standvastig
12 Eenvormig
19 Orde
143 Bestendig
518 Glo
582 Wilskrag
586 Beslis
625 Sterk
637 Doelgerigtheid
647 Voortgaan
811 Gewete
812 Goeie gedrag
819 Eerbaar
standvastigheid
143 Bestendig
518 Glo
582 Wilskrag
586 Beslis
647 Voortgaan
811 Gewete
812 Goeie gedrag
819 Eerbaar
standverskil 796
standvooroordeel 796
stanery 145
stang
219 Perdry
231 Tuig
301 Metaal
staning 369
stank
475 Onwelriekend
628 Vuil
stansa 751
stap
197 Te voet
219 Perdry
229 Stadig
586 Beslis
645 Handel
stap vir stap
22 Kontinu
226 Stadig
508 Aandag
640 Voorbereid
stapel
102 Hoeveelheid
123 Meet
168 Saamkom
170 Saambring
277 Berg
stapelaar 170
stapelbed 96
stapelgek 505
stapelgoedere 254
stapelia 336
stapelkos 420
stapelmark 707
stapelmeubel 95(1)
stapelstoel 95(4)
stapelvoedsel 420
stapelvorm 575
stapelwolk 291
stapkierie 197
stapklere 745
staporde 21
stappas 197
stappe doen 599
stapper
197 Te voet
228 Vinnig
stappie
197 Te voet
229 Stadig
stapplooi 745
staproete 149
staptog 197
stapvoets 226
star
141 Behoud
455 Hard
499 Sien
595 Streng
777 Haat
792 Asosiaal
starskyf 263
starsug 413
stasie
88 Posisie
91 Gebou
234 Spoorweg
658 Beroep
stasiebeampte
234 Spoorweg
590 Bestuur
stasiegebou
91 Gebou
234 Spoorweg
stasiekafee 707
stasielokaal 234
stasiemeester
234 Spoorweg
590 Bestuur
stasieperron 234
stasieplatform 234
stasiesaal 234
stasiesirkel 294
stasievoorman
234 Spoorweg
591 Gesaghebber
stasiewa
233 Motorvoertuig
630 Werktuig
stasioneer 64
stasionêr 146
stasionêre front 289
stat 90
statebond 590
statefamilie 590
statief
268 Fotografie
574 Woordkategorie
staties
146 Beweginglooheid
257 Meganika
statiese front 289
statig 743
statigheid 743
statika
256 Skeikunde
257 Meganika
statistiek
122 Bereken
132 Wiskunde
137 Bewerking
515 Wetenskap
statisties
133 Getal
137 Bewerking
statistiese taalkunde 570
statistikus
132 Wiskunde
137 Bewerking
515 Wetenskap
stator 262
status
5 Ondergeskik
588 Gesag hê
620 Belangrik
796 Stand
799 Beroemd
830 Eerbiedig
status quo 141
statusbewus 796
statusbewustheid 796
statussimbool 796
statussoeker 798
statute
590 Bestuur
801 Wet
statutêr
590 Bestuur
801 Wet
806 Wettig
statutêre bepaling 801
statuur
588 Gesag hê
620 Belangrik
796 Stand
799 Beroemd
statuut 801
stawel
168 Saamkom
170 Saambring
stawing
525 Bewys
528 Bevestig
stearien 462
steatiet 298
steatopigie 413
stedehouer 591
stedelik
61 Plek
90 Gemeenskap
stedelike bevolking 90
stedelike gebied
61 Plek
787 Samelewing
stedelike politiek 795
stedeling
64 Aanwesig
90 Gemeenskap
787 Samelewing
steeds
42 Altyd
647 Voortgaan
steeg 149
steek
155 Deurboor
172 Vasmaak
175 Insit
185 Sny
361 Insek
413 Siekte
678 Wapen
717 Lyding
745 Versier
761 Graveerkuns
777 Haat
827 Afkeur
steekassegaai 678
steekbaard 366
steekbeitel
301 Metaal
762 Inlegwerk
steekbossie 332
steekdraad 63
steekgras 338
steekhaar 382
steekhou 141
steekhoudend
141 Behoud
523 Logies redeneer
steekkontak 262
steekpil 415
steekplek 413
steekproef 642
steekprop 262
steekpyn
412 Siek

413 Siekte
717 Lyding
steeks
581 Teësinnig
582 Wilskrag
steeksaag
301 Metaal
316 Hout
630 Werktuig
steeksleutel 695
steekswaard 678
steekvlam 301
steekvlieg 361
steekwapen 678
steekwond
412 Siek
717 Lyding
steel
171 Verwyder
183 Gryp
185 Sny
320 Stam
430 Rook
694 Neem
695 Steel
steelblaartjie 321
steelgroente 351
steelkant 728(1)
steellose anker 235
steelpunt 185
steels 540
steelsgewys 540
steelsug 695
steen
100 Boumateriaal
298 Steen
304 Steenbakkery
413 Siekte
427 Drank
459 Vaste stof
steenagtig 298
steenbakkery 304
steenbeitel 303
steenbok 366
Steenbokskeerkring
269 Heelal
273 Geografie
steenboksuring 344
steenbras
363 Waterdier
422 Seekos
steendruif
323 Vrug
426 Kos
steendruk 761
steendrukkuns 761
steeneik 331
steengoed 305
steengravure 761
steengroef
275 Myn
303 Steengroef
steengroefvoorman 303
steengroefwerker 303
steengruis 303
steenhouersbeitel 303
steenhouershamer 303
steenklei 304
steenkleurig 492
steenkonstruksie 94(1)
steenkool
298 Steen
299 Brandstof
469 Verwarmingstoestel
steenkoolbedryf 275
steenkoolbrander
94(15) Toebehore
465 Warm
steenkooldamp 461
steenkoolgas 461
steenkoolmyn 275
steenkoolontginning 275
steenkoolrook 461
steenkoolteer 462
steenkoraal 363
steenkunde 298
steenmakery 304
steenmesselaar 99
steenmuur
63 Begrens
94(6) Muur
steenoond 304
steenpad 149
steenpuin 303
steenpuisie 413
steentjie 363
Steentydperk
45 Geskiedenis
274 Geologie
steenveld 304
steenvorm 100
steenvrug
323 Vrug
350 Vrugte
steenworp 123
steg
149 Pad
209 Oorgaan
steggie
318 Plant
345 Plantkwekery
stegosourus 367
steier
71 Regop
97 Bou
101 Gereedskap
201 Agtertoe
235 Skeepvaart
370 Voëlteelt
steierbalk 97
steierbok 101
steiering 101
steierpaal 97
steierplank 97
steierstruktuur 101
steierwerk
97 Bou
101 Gereedskap
steil
71 Regop
73 Skuins
382 Haar
443 Reglynig
steilte
73 Skuins
277 Berg
436 Hoog
443 Reglynig
stekel
321 Blaar
381 Vel
382 Haar
439 Punt
stekelbaars 363
stekelhuidig 381
stekelig
439 Punt
440 Skerp
777 Haat
stekelklits 344
stekelkreef 362
stekelrig
439 Punt
440 Skerp
777 Haat
stekelvarkie 366
stekelvin 363
steker 262
stel
10 Harmonie
21 Volgorde
66 Plasing
102 Hoeveelheid
168 Saamkom
170 Saambring
528 Bevestig
539 Kommunikeer
548 Praat
551 Meedeel
576 Sinsbou
727 Wedstryd
728(4) Tennis
stel teenoor
9 Verskillend
119 Teenstelling
stelarm 257
steler 695
stelery
623 Sleg
695 Steel
stelionaat 695
stelknop 264
stelkunde
132 Wiskunde
138 Algebra
stelkundige 132
stellasie
101 Gereedskap
370 Voëlteelt
stellende trap 574
stellêr 270
stellêre kristal 292
stellig
518 Glo
528 Bevestig
537 Waarheid
stelligheid
537 Waarheid
543 Duidelik
586 Beslis
stelling
64 Aanwesig
138 Algebra
139 Meetkunde
513 Gedagte
516 Soek
518 Glo
522 Redeneer
528 Bevestig
539 Kommunikeer
548 Praat
558 Redevoering
576 Sinsbou
667 Stryd
670 Verdedig
672 Weermag
stelmoer 257
stelnet 372
steloefening 561
stelp
146 Beweginglooshied
414 Geneeskunde
stelreël
35 Reëlmatig
644 Handelwyse
801 Wet
stelsel
35 Reëlmatig
168 Saamkom
438 Vorm
514 Wysbegeerte
640 Voorbereid
644 Handelwyse
stelselloos
7 Betrekkingloos
11 Disharmonie
641 Onvoorbereid
stelselmatig
8 Dieselfde
19 Orde
640 Voorbereid
stelselontleder 263
stelsin 576
stelsinstruktuur 576
stelskop 728(1)

stelskroef
183 Gryp
257 Meganika
316 Hout
stelt
397 Ledemaat
741 Kinderspel
steltloper
365 Voël
741 Kinderspel
steltvoël 365
stelvisier 676
stelwerk 561
stem
390 Mond
482 Menslike geluid
527 Oordeel
548 Praat
584 Kies
590 Bestuur
713 Gevoel
756 Musiek
757 Sang
stemband 390
stembiljet 590
stembrief
584 Kies
590 Bestuur
stembuiging 548
stemburo 590
stembus 590
stemdag
590 Bestuur
795 Staat
stemdistrik 590
stemgeregtig
584 Kies
590 Bestuur
stemgeregtigde
584 Kies
592 Ondergeskikte
stemgetal 584
stemhebbend 572
stemhebbendheid 572
stemhokkie 584
stemhoring 756
stemkwaliteit 572
stemlip 390
stemlokaal
584 Kies
590 Bestuur
stemloos 572
stemme verdeel 584
stemmery 584
stemmetal
133 Getal
590 Bestuur
stemmig
619 Kalm
713 Gevoel
715 Gevoelloos
723 Ernstig
786 Nederig
793 Fees
stemmigheid
619 Kalm
713 Gevoel
715 Gevoelloos
723 Ernstig
stemming
584 Kies
590 Bestuur
713 Gevoel
714 Gevoelig
795 Staat
stemmingsgedig 751
stemmingsvers 751
stemomvang
548 Praat
757 Sang
stemopnemer
584 Kies
590 Bestuur
stemorgaan 390
stempel
3 Bestaanswyse
15 Oorsaak
196 Poswese
322 Blom
537 Waarheid
545 Natuurlike teken
546 Kunsmatige teken
564 Skryfbehoeftes
566 Drukkuns
616 Magtig
826 Goedkeur
stempelafdruk 196
stempelmerk 196
stempeltoestel 564
stempen 756
stemplig 590
stemreg
584 Kies
590 Bestuur
stemregister
548 Praat
590 Bestuur
stemskroef 756
stemspleet
390 Mond
393 Skouer
stemstang 756
stemteller 584
stemtipe 572
stemtotaal
584 Kies
590 Bestuur
stemvurk 756
stemvurkklavier 756
stemwisseling 482
stemyster 756
stene lê 99
steng 442
stenig 252
steniging 252
stenograaf 565
stenografie 565
stenogram 567
stenograveer 563
stenotelegrafie 265
stensilmasjien 566
stentorstem 482
steppe
273 Geografie
280 Woestyn
289 Klimaat
steppebewoner 64
ster
270 Hemelliggaam
447 Hoekig
485 Lig
546 Kunsmatige teken
752 Toneelspel
sterband 231
stereochemie 256
stereofoniek 266
stereografie 759
stereometrie 139
stereoskoop 267
stereoskopie 267
stereotiep
143 Bestendig
566 Drukkuns
stereotiepdruk 566
stereotiepplaat 566
stereotipe 143
stereotipeer
141 Behoud
143 Bestendig
566 Drukkuns
stereotipie 566
sterf
238 Vernietig
250 Dood
412 Siek
623 Sleg
sterfbed 250
sterfberig
250 Dood
568 Perswese
sterfgeval 250
sterfhuis 250
sterflik 250
sterfling 250
sterfreg 808
sterfte
28 Einde
250 Dood
sterftefonds
250 Dood
655 Veilig
sterftesyfer
102 Hoeveelheid
250 Dood
sterfuur 250
steriel
239 Voortplant
417 Hospitaal
627 Skoon
sterilisasie
239 Voortplant
414 Geneeskunde
627 Skoon
sterilisator 417
steriliseer
239 Voortplant
414 Geneeskunde
417 Hospitaal
627 Skoon
steriliteit
239 Voortplant
627 Skoon
sterk
104 Baie
411 Gesond
457 Onbreekbaar
471 Lekker
472 Sleg
582 Wilskrag
614 Bekwaam
616 Magtig
618 Kragtig
622 Goed
625 Sterk
663 Meedoen
767 Moed
sterking 663
sterklits 344
sterkristal 292
sterkstroom
262 Elektrisiteit
287 Vloei
sterkte
457 Onbreekbaar
582 Wilskrag
616 Magtig
622 Goed
625 Sterk
767 Moed
842 Geloof
sterlig 485
sterlingsilwer 297
sternokleidomastoïed 379
sternomastoïed 379
sternum 380
sterre sien 412
sterrebaan 270
sterredag 269
sterrehemel 270
sterrejaar 269
sterrekenner 271
sterrekonstellasie 270
sterrekunde 271
sterrekundige 271
sterrekyker 271
sterremaand 269
sterremeter 271

sterrereën 270
sterrestelsel 270
sterretjie
337 Veldplant
365 Voël
571 Skrif
sterrewag 271
sterrewiggelaar 844
stert
16 Gevolg
25 Volg
28 Einde
236 Lugvaart
270 Hemelliggaam
355 Landbougereedskap
362 Skaaldier
363 Waterdier
396 Rug
stertjie
16 Gevolg
203 Agterna
stertkwas
382 Haar
396 Rug
stertlig 233
stertmontering 236
stertpen 365
stertpenveer 365
stertriem 231
stertveer
365 Voël
382 Haar
stertvin 363
stertvlegsel 382
stertvoet 362
stertwerwel 396
stervormig
438 Vorm
446 Rond
447 Hoekig
sterwe
28 Einde
250 Dood
sterweling 250
sterwend
623 Sleg
717 Lyding
sterwensangs 768
sterwensnood 250
sterwensuur
28 Einde
250 Dood
412 Siek
stet 566
stetoskoop 416
stetson 745
steun
16 Gevolg
74 Op
75 Onder
94(1) Konstruksie
482 Menslike geluid
484 Diergeluid
638 Aanmoedig
645 Handel
651 Toesien
663 Meedoen
693 Gee
721 Ontevrede
769 Vertroue
778 Goedaardig
780 Hulp
steunarm 94(1)
steunbalk
75 Onder
94(1) Konstruksie
94(4) Dak
steunbeeld 94(13)
steunbeer 94(6)
steunblad 321
steunboog 94(6)
steunfonds 655
steunmuur 94(6)
steunpilaar
663 Meedoen
769 Vertroue
steunpunt
75 Onder
257 Meganika
522 Redeneer
steuntrekker 663
steuntroepe 672
steur
23 Onderbreek
422 Seekos
508 Aandag
666 Verhinder
719 Hartseer
771 Gramskap
steurgarnaal
362 Skaaldier
422 Seekos
426 Kos
steuring 264
steurnis
20 Wanorde
544 Onduidelik
666 Verhinder
steursender 264
steurspraak 265
stewel
674 Uitrusting
745 Kleding
stewig
104 Baie
432 Groot
455 Hard
457 Onbreekbaar
616 Magtig
622 Goed
625 Sterk
stibniet 296
stiebeuel
219 Perdry
231 Tuig
388 Oor
stiebeuelklep 231
stief 777
stiefbroer 244
stiefdogter 243
stiefkind 243
stiefmoeder 242
stiefmoederlik
698 Behou
777 Haat
stiefoom 246
stiefouers 242
stiefseun 243
stiefsuster 245
stieftante 246
stiefvader 242
stiegriem
219 Perdry
231 Tuig
stier 366
stiergeveg 731
stif 564
stiffie
564 Skryfbehoeftes
746 Toilet
759 Tekenkuns
stig
0 Ontstaan
15 Oorsaak
27 Begin
237 Voortbring
649 Begin met
stiggie 318
stigma
413 Siekte
546 Kunsmatige teken
623 Sleg
820 Oneerbaar
831 Bespot
stigmatisasie 623
stigmatiseer
623 Sleg
820 Oneerbaar
stigtelik
713 Gevoel
812 Goeie gedrag
845 Godsvrug
stigter
237 Voortbring
649 Begin
stigterslid 649
stigting
170 Saambring
237 Voortbring
590 Bestuur
649 Begin
788 Beskaafd
812 Goeie gedrag
845 Godsvrug
stik
404 Asemhaling
412 Siek
745 Versier
stikdonker 486
stikgas 461
stikkery 404
stiksienig 509
stiksteek 172
stikstof 296
stiksuinig 698
stikvol 109
stil
146 Beweginglooshed
477 Stilte
549 Stilbly
619 Kalm
646 Nie handel nie
713 Gevoel
715 Gevoelloos
772 Sagmoedig
786 Nederig
stilb
123 Meet
267 Optika
stilbly
477 Stilte
540 Geheim hou
549 Stilbly
stileer
743 Mooi
750 Letterkunde
759 Tekenkuns
stilet 678
stiletto 678
stilfoto 268
stilheid
477 Stilte
772 Sagmoedig
stilhou
146 Beweginglooshed
217 Motorry
540 Geheim hou
549 Stilbly
646 Nie handel nie
stilhouteken 217
stilhou-verbode-teken 217
stilis
743 Mooi
750 Letterkunde
stilistiek
565 Skryfkuns
750 Letterkunde
stilisties
565 Skryfkuns
750 Letterkunde
stilistiese waarde 577
stillê
146 Beweginglooshed
646 Nie handel nie
stille 772
stilleesmetode 562
stillerig
477 Stilte

619 Kalm
713 Gevoel
772 Sagmoedig
stilletjies
477 Stilte
501 Onsigbaarheid
540 Geheim hou
stillewe 760
stilleweskilderkuns 760
stilligheid
477 Stilte
501 Onsigbaarheid
540 Geheim hou
662 Rus
stilmaak 549
stilografie 759
stilsit
146 Beweginloosheid
646 Nie handel nie
stilstaan
146 Beweginloosheid
508 Aandag
646 Nie handel nie
stilstaan by 553
stilstaande 146
stilstand
146 Beweginloosheid
257 Meganika
646 Nie handel nie
648 Onderbreek
662 Rus
stilswye
477 Stilte
549 Stilbly
stilswyende verband 699
stilswy(g)end
509 Onoplettend
549 Stilbly
578 Vrywillig
stilte
146 Beweginloosheid
477 Stilte
540 Geheim hou
549 Stilbly
646 Nie handel nie
668 Vrede
stiltegordel 273
stilwatervlak 287
stilweg
477 Stilte
540 Geheim hou
stimulant
415 Geneesmiddel
494 Gevoelloosheid
638 Aanmoedig
stimulasie
414 Geneeskunde
638 Aanmoedig
stimuleer
15 Oorsaak
638 Aanmoedig
stimulerend
36 Onreëlmatig
638 Aanmoedig
stimulering 638
stimulus
15 Oorsaak
638 Aanmoedig
stingel
320 Stam
323 Vrug
stingelblaar 321
stingelgroente 351
stingelknoop
172 Vasmaak
320 Stam
stingellit 320
stink
475 Onwelriekend
623 Sleg
628 Vuil
stinkafrikaner 334
stinkbesie 361
stinkblaar
332 Struik
342 Gifplant
344 Onkruid
stinkblom 332
stinkbom 676
stinkboom 331
stinkboontjie 331
stinkbos 332
stinkend
623 Sleg
628 Vuil
stinkerd
475 Onwelriekend
813 Swak gedrag
stinkerig 475
stinkgogga 361
stinkgras 338
stinkhout
316 Hout
331 Boom
stinkkalk 298
stinkkewer 361
stinkolie 332
stinkolieblaar 332
stinkolieboom 332
stinksprinkaan 361
stinkvlieg 361
stip
57 Vroeg
129 Bepaald
439 Punt
499 Sien
546 Kunsmatige teken
612 Noukeurig
stip kyk 499
stipendium
560 Skoolgaan
834 Beloon
stippel
439 Punt
546 Kunsmatige teken
628 Vuil
759 Tekenkuns
stippeldrukker
263 Rekenaar
564 Skryfbehoeftes
stippelgravure 761
stippellyn 442
stipper 263
stippie
439 Punt
546 Kunsmatige teken
stiptelik 57
stiptheid
57 Vroeg
612 Noukeurig
stipulasie
17 Noodsaak
129 Bepaald
530 Voorbehou
550 Noem
586 Beslis
stipuleer
17 Noodsaak
129 Bepaald
517 Vind
530 Voorbehou
550 Noem
586 Beslis
stoei
667 Stryd
731 Gevegsport
stoeier
625 Sterk
731 Gevegsport
stoeigeveg
667 Stryd
731 Gevegsport
stoeikuns 731
stoeipromotor 726
stoel
75 Onder
95(4) Sitmeubel
318 Plant
319 Wortel
320 Stam
590 Bestuur
stoelbekleedsel 95(4)
stoelgang 409
stoelkleedjie 95(4)
stoelleuning 95(4)
stoelmat 95(4)
stoelrug 95(4)
stoep 94(3)
stoepkamer 94(3)
stoepsitter 611
stoeptrap
94(12) Trap
211 Opgaan
stoer
432 Groot
595 Streng
625 Sterk
stoer van gees 625
stoerheid
595 Streng
625 Sterk
stoet
21 Volgorde
168 Saamkom
253 Begrafnis
369 Veeteelt
793 Fees
stoetbul
239 Voortplant
369 Veeteelt
stoetery 369
stoethings 369
stoetram
239 Voortplant
369 Veeteelt
stoets
441 Stomp
777 Haat
stoetskaap 239
stoetvee 369
stof
254 Stof
298 Steen
311 Weefsel
458 Breekbaar
513 Gedagte
627 Skoon
628 Vuil
stofaanbidding 843
stofbesem 627
stofbril 499
stofdeeltjie 298
stofdig 453
stofdigtheid 453
stofdoek 627
stoffasie
3 Bestaanswyse
311 Weefsel
811 Gewete
stoffeer
95 Venster
745 Versier
stoffeloos 836
stoffer
95(8) Toerusting
627 Skoon
stofferig 628
stoffering 95(1)
stofgoud 297
stofhoop 628
stofjas 745
stoflap 627
stofleer 255
stoflik
254 Stof

688 Besit
stoflike oorskot 250
stoflikheid 254
stofnaam 574
stofnat 463
stofnes 628
stofomslag
566 Drukkuns
567 Boek
stofreën 292
stofstert 270
stofstreep
442 Lyn
628 Vuil
stofsuier
95(8) Toerusting
627 Skoon
stofsuig 627
stoftrappertjie 433
stofwisseling 408
stofwolk 291
stogasties 537
Stoïsisme 514
stoïsisme
647 Voortgaan
715 Gevoelloos
Stoïsyn 514
stoïsyn
647 Voortgaan
715 Gevoelloos
Stoïsyns 514
stoïsyns
647 Voortgaan
715 Gevoelloos
stok
197 Te voet
316 Hout
320 Stam
548 Praat
726 Sport
stokblind 499
stokbrood 424
stokdoof 498
stoker
234 Spoorweg
428 Drankbereiding
430 Rook
467 Aansteek
stokery 428
stokflou 661
stokinsek 361
stokkerig
318 Plant
792 Asosiaal
stokkielekker 426
stokkiesdraai
189 Wegbly
560 Skoolgaan
stokkiesdraaier 560
stokkinet 311
stokletter 566
stokoud 54
stokperdjie 724
stok(siel)alleen 789
stokstil 146
stokstyf 455
stokvel 692
stokvis
363 Waterdier
422 Seekos
stol
400 Bloed
459 Vaste stof
462 Halfvloeibaar
stolling
400 Bloed
459 Vaste stof
stollingsgesteente
274 Geologie
298 Steen
stollingwerend 460
stolp
84 Houer
161 Bedek
stolpplooi 745
stolrots 274
stom
477 Stilte
503 Onverstandig
549 Stilbly
stoma 317
stomgeslaan
521 Verras wees
549 Stilbly
stomheid
548 Praat
549 Stilbly
stomme 549
stommel 165
stommeling
503 Onverstandig
548 Praat
717 Lyding
stommerik
503 Onverstandig
615 Onbekwaam
stommigheid 503
stommiteit 503
stomp
320 Stam
331 Boom
441 Stomp
503 Onverstandig
715 Gevoelloos
stompheid 441
stomphoek 139
stompie
320 Stam
430 Rook
433 Klein
stompneus
363 Waterdier
389 Neus
422 Seekos
stompneuskabeljou 363
stompneuswalvis 363
stompoor 369
stompsinnig 503
stompsinnige 503
stompsinnigheid 503
stompstert 433
stomverbaas 521
stonde 37
stonk
726 Sport
728(3) Krieket
stonkstreep 728(3)
stonthol 756
stontol 756
stoof
95(8) Toerusting
419 Voedselbereiding
465 Warm
469 Verwarmingstoestel
stoofappel 426
stoofpatat 426
stoofplaat 469
stoofvleis 426
stook
428 Drankbereiding
465 Warm
467 Aansteek
713 Gevoel
stookgas 419
stookgereedskap 469
stookketel 428
stookolie 419
stookplek 469
stookwyn 427
stoom
220 Treinry
221 Vaar
419 Voedselbereiding
461 Gas
627 Skoon
stoomboot 235
stoomdig
178 Toegaan
453 Dig
stoomdigtheid 453
stoomenergie 256
stoomfluit 234
stoomhamer 630
stoomketel 234
stoomkoker 84
stoomlokomotief
234 Spoorweg
630 Werktuig
stoommasjien 630
stoommeter
123 Meet
234 Spoorweg
stoommeul 186
stoompan 84
stoompers 566
stoompot
84 Houer
419 Voedselbereiding
stoomskip 235
stoomstrykyster
179 Glad
627 Skoon
stoomtoestel 630
stoomtrein 234
stoomturbine
235 Skeepvaart
630 Werktuig
stoomwals 183
stoomwerktuig 630
stoor
23 Onderbreek
170 Saambring
175 Insit
354 Plaas
707 Handelsaak
stoornis
20 Wanorde
544 Onduidelik
666 Verhinder
stoot
145 Beweging
181 Stoot teen
182 Slaan
183 Gryp
187 Reis
667 Stryd
726 Sport
728(1) Rugby
739 Geselskapspel
stootband 234
stootblok 234
stootjie 181
stootkrag
181 Stoot teen
625 Sterk
stootkussing 234
stootring 741
stootskraper 630
stootstoel 417
stootwa 230
stootwaentjie 230
stop
28 Einde
146 Beweginloosheid
175 Insit
178 Toegaan
217 Motorry
430 Rook
602 Verbied
646 Nie handel nie
648 Onderbreek
650 Voltooi
666 Verhinder
stopfles 84
stophorlosie
128 Chronometer

729 Atletiek
stopkontak 262
stopkraan
94(15) Toebehore
178 Toegaan
288 Waterstelsel
stoplap 751
stoplig
146 Beweginglooshеid
233 Motorvoertuig
487 Ligbron
stopmes 101
stoppel 382
stoppelbaard 386
stoppelig
352 Graan
381 Vel
stoppelland 352
stoppelrig
352 Graan
381 Vel
386 Gesig
stopplek 146
stopsein 146
stopsel
178 Toegaan
391 Tand
414 Geneeskunde
430 Rook
stopsetting 648
stopsit
23 Onderbreek
28 Einde
146 Beweginglooshеid
602 Verbied
648 Onderbreek
666 Verhinder
stopstraat
146 Beweginglooshеid
217 Motorry
stopstreep
146 Beweginglooshеid
442 Lyn
stopteken
146 Beweginglooshеid
149 Pad
217 Motorry
stopwoord 574
storie
45 Geskiedenis
552 Vertel
750 Letterkunde
818 Bedrieg
829 Beledig
833 Verontskuldig
storieboek
562 Lees
565 Skryfkuns
567 Boek
750 Letterkunde
storieverteller 552
storing 264
storm
228 Vinnig
287 Vloei
290 Wind
293 Onweer
667 Stryd
669 Aanval
713 Gevoel
stormaanval 667
stormagtig
289 Klimaat
290 Wind
293 Onweer
714 Gevoelig
stormagtigheid 293
stormbui
292 Neerslag
293 Onweer
stormdek 235
stormenderhand
669 Aanval
767 Moed
stormgeweld 293
stormja 667
stormjaer
426 Kos
673 Manskap
stormklok 293
stormloop 667
stormram 678
stormsee 283
stormseil 235
stormskade 635
stormswael 365
stormtroepe 672
stormvloed 287
stormvoël 365
stormweer
289 Klimaat
293 Onweer
stormwind
290 Wind
293 Onweer
stort
94(3) Vertrek
287 Vloei
292 Neerslag
627 Skoon
628 Vuil
693 Gee
708 Betaal
746 Toilet
stortbad
94(15) Toebehore
627 Skoon
746 Toilet
stortbui 292
stortgeut 94(4)
storting
159 Neerdaal
693 Gee
708 Betaal
stortingsterrein 628
stortkamer 94(3)
stortreën 292
stortsee 283
stortteël 304
stortvloed
287 Vloei
548 Praat
stortwa 233
stoter 231
stoterig 165
stotter
482 Menslike geluid
548 Praat
stotteraar 548
stotterend
482 Menslike geluid
548 Praat
stottering 548
stout
20 Wanorde
598 Ongehoorsaam
722 Snaaks
813 Swak gedrag
stouterd 598
stoutheid 813
stoutigheid
598 Ongehoorsaam
722 Snaaks
813 Swak gedrag
822 Skuldig
stoutmoedig 767
stoutmoedigheid 767
stowe
419 Voedselbereiding
426 Kos
stowevleis 426
stowwerig 628
straal
139 Meetkunde
267 Optika
287 Vloei
442 Lyn
465 Warm
485 Lig
718 Bly
straalbreking 267
straalbuiging 267
straalbundel
267 Optika
485 Lig
straaldiertjie 359
straaldiertjies 357
straalhoek
139 Meetkunde
267 Optika
straaljagter 236
straalkaggel 465
straallaag 233
straallaagband 233
straalmotor 630
straalpunt 485
straalturbine 630
straalvliegtuig 236
straalvormig 442
straat
90 Gemeenskap
97 Bou
149 Pad
283 See
straatarm 690
straatbelasting 712
straatbordjie 149
straatgeveg
667 Stryd
779 Boosaardig
straathandelaar 705
straatkant 61
straatlawaai 479
straatliedjie 757
straatloper
611 Lui
813 Swak gedrag
straatman 239
straatmark 707
straatmusikant 755
straatnaam 550
straatnet 149
straatnetwerk 149
straatnommer 133
straatpraatjies 829
straatprediker 849
straatrand 149
straatreiniging 627
straatrumoer 479
straatslyper 813
straattaal
569 Taal
820 Oneerbaar
straatveër 627
straatverkoper 705
straatvrou
239 Voortplant
820 Oneerbaar
straatvuil 628
straatvullis 628
straatwerk 849
straatwerker 849
straatwysie 757
strabisme
413 Siekte
499 Sien
straf
104 Baie
182 Slaan
595 Streng
597 Gehoorsaam
654 Moeilik
808 Regswese
809 Regsgeding
835 Bestraf
strafbaar
602 Verbied
803 Wette oortree

807 Onwettig
822 Skuldig
835 Bestraf
strafbepaling 835
strafdoel 728(1)
strafdrie 728(1)
strafdril 680
strafekspedisie 680
straffeloos 835
strafgeding 809
strafgooi 727
strafhoek 728(2)
strafhof 808
strafhou
727 Wedstryd
728(8) Gholf
strafinrigting
594 Onvryheid
835 Bestraf
strafkolonie
594 Onvryheid
835 Bestraf
strafloos 835
strafmaatreël 835
strafmerk 728(6)
strafoefening 835
strafparade 680
strafprosesreg 808
strafpunt 727
strafreg
515 Wetenskap
808 Regswese
strafregister 809
strafregtelik 808
strafregter 808
strafsaak 809
strafsitting 809
strafskop
727 Wedstryd
728(1) Rugby
728(2) Sokker
strafskopgebied 728(2)
strafskopmerk 728(2)
strafslag 728(6)
strafvervolging
808 Regswese
835 Bestraf
strafvoltrekking 835
strafwaardig 835
strafwerk 835
strafwet 801
strafwetboek 801
strafwetgewing 801
strak
143 Bestendig
443 Reglynig
455 Hard
499 Sien
792 Asosiaal
strakheid 792
straks
51 Toekoms
519 Twyfel
stralegloed 485
stralekrans 485
stralemeter 417
stralend
485 Lig
718 Bly
straler 236
stralerjakker 689
stralerturbine 236
straling
256 Skeikunde
260 Warmteleer
267 Optika
485 Lig
stralingsdruk 260
stralingsenergie
256 Skeikunde
260 Warmteleer
stralingsewewig
260 Warmteleer
267 Optika
stralingshitte 465
stralingsmeter 123
stralingsterapie 414
stralingswarmte
256 Skeikunde
465 Warm
stram
71 Regop
146 Bewegingloosheid
455 Hard
792 Asosiaal
stramheid
71 Regop
146 Bewegingloosheid
455 Hard
792 Asosiaal
stramien 750
strammerig
146 Bewegingloosheid
455 Hard
strand
61 Plek
221 Vaar
282 Kus
283 See
683 Misluk
strandbal 741
stranddief 695
stranddorp 90
strandgebied 273
strandgrot 282
strandhanddoek 627
strandhoof 282
strandhuis 91
stranding 221
strandjut 366
strandjutter 695
strandjutwolf 366
strandlopertjie 365
strandluis 363
strandmeer
282 Kus
283 See
285 Meer
strandmuur 282
strandreg 808
strandroof 695
strandroos 334
strandstoel 95(4)
strandtennis 728
strandtjor 233
strandvlooi
361 Insek
363 Waterdier
strandvy 426
strandwolf 366
strateeg
640 Voorbereid
667 Stryd
strategie
640 Voorbereid
667 Stryd
672 Weermag
stratifikasie
19 Orde
272 Aarde
796 Stand
stratifiseer 19
stratigrafie
272 Aarde
274 Geologie
515 Wetenskap
stratigrafies 274
stratocumulus 291
stratografie 667
stratosfeer
269 Heelal
289 Klimaat
stratum
272 Aarde
787 Gemeenskap
796 Stand
stratum lucidum 381
stratus 291
streef
584 Kies
637 Doelgerigtheid
streek
61 Plek
64 Aanwesig
88 Posisie
90 Gemeenskap
502 Verstand
565 Skryfkuns
644 Handelwyse
722 Snaaks
818 Bedrieg
streekatlas 567
streekbestuurder
658 Beroep
700 Bank
streekdiens
568 Perswese
590 Bestuur
streekdiensteraad 590
streekdorp 90
streekhof 808
streekhoof 591
streekhoofbestuurder 700
streeknaam 550
streekontwikkeling 61
streekraad 590
streeksbestuur 590
streeksinode 852
streekskoerant 568
streekskorrespondent 568
streekspan 726
streekspraak 569
streeksregering
590 Bestuur
795 Staat
streektaal 569
streekuitspraak 572
streekvariant 569
streekvariëteit 569
streel
154 Vryf
478 Welluidend
495 Tassin
716 Genot
776 Liefde
streelnaam 550
streep
182 Slaan
442 Lyn
505 Verstandstoornis
545 Natuurlike teken
546 Kunsmatige teken
565 Skryfkuns
835 Bestraf
streepbal 728(3)
streepkoppie 365
streeppenstuna 363
streepsuiker 835
strek
1 Bestaan
62 Grensloos
432 Groot
574 Woordkategorie
strekking
541 Betekenisvolheid
577 Betekenis
637 Doelgerigtheid
strekkingsvers 751
streklaag 94(6)
strekoefening 730
strekspier 379
strelend
154 Vryf
476 Geluid
478 Welluidend
490 Kleur

716 Genot
streling 154
strelitzia
332 Struik
334 Blomplant
strem
371 Suiwel
588 Gesag hê
602 Verbied
648 Onderbreek
666 Verhinder
stremmelk 371
stremming
146 Beweginglooshied
459 Vaste stof
666 Verhinder
stremsel 371
streng
595 Streng
618 Kragtig
strengel
170 Saambring
310 Vlegwerk
strengheid
595 Streng
612 Noukeurig
streperig 442
strepie 363
streptokok 413
streptokokkus 326
streptomisien 415
stres
378 Senuwee
413 Siekte
strewe
584 Kies
610 Ywerig
637 Doelgerigtheid
strewer 637
strewing 637
stribbel 666
striem
182 Slaan
717 Lyding
829 Beledig
832 Beskuldig
835 Bestraf
striemend 835
strignien 252
strik
172 Vasmaak
373 Jag
595 Streng
745 Versier
818 Bedrieg
strikdas 745
strikknoop 172
strikrede 558
striktuur 413
strikvraag 818
string
21 Volgorde
172 Vasmaak
203 Agterna
442 Lyn
745 Versier
stringel 172
stroboskoop 267
stroef
441 Stomp
654 Moeilik
777 Haat
792 Asosiaal
stroefheid
777 Haat
792 Asosiaal
strofe 751
strokie
525 Bewys
568 Perswese
708 Betaal
759 Tekenkuns
strokiesprent
567 Boek
568 Perswese
strokiesprentboek 567
strokiesprentverhaal 552
strokiesverhaal
568 Perswese
759 Tekenkuns
stromend
287 Vloei
460 Vloeistof
stroming
287 Vloei
460 Vloeistof
514 Wysbegeerte
strompel
197 Te voet
198 Strompel
229 Stadig
strompelaar 198
strompelend
198 Strompel
229 Stadig
strompelig 198
strompeling 198
strompstert 396
stronk
318 Plant
320 Stam
stronkboorder 324
stronsium 297
strooi
173 Losmaak
227 Werp
352 Graan
628 Vuil
strooibiljet
539 Kommunikeer
567 Boek
strooiblommetjie 334
strooihalm 352
strooijonker 248
strooikleur 492
strooimatras 96
strooimeisie 248
strooimeisieruiker 348
strooipoeier 746
strooipop 592
strooisel
227 Werp
248 Huwelik
352 Graan
strooisuiker
426 Kos
471 Lekker
strook
10 Harmonie
61 Plek
82 Rondom
112 Deel
442 Lyn
strookfondament 94(1)
strookproef 566
stroom
145 Beweging
168 Saamkom
214 Dryf
262 Elektrisiteit
286 Rivier
287 Vloei
460 Vloeistof
463 Nat
stroomaf 147
stroombaan 262
stroombed 286
stroombedding 286
stroombelyn 233
stroombelyning 233
stroombreker 262
stroomdraad 262
stroomgebied
262 Elektrisiteit
286 Rivier
stroomkring 262
stroomlewering 262
stroomlyn 233
stroommeter 262
stroom-op
147 Rigting
667 Stryd
stroomop 667
stroomspanning 262
stroomverbruik 262
stroomverdeler 262
stroomverdeling 262
stroomversnelling 286
stroomwisselaar 262
stroop
171 Verwyder
352 Graan
373 Jag
426 Kos
462 Halfvloeibaar
471 Lekker
695 Steel
728(4) Tennis
stroopbende 695
stroopmasjien 352
strooparty 695
strooppot
84 Houer
728(4) Tennis
stroopsoet
471 Lekker
597 Gehoorsaam
stroopstel 728(4)
stroopsug 695
strooptog 695
stroopwafel 426
strop
172 Vasmaak
231 Tuig
835 Bestraf
stroper
352 Graan
355 Landbougereedskap
695 Steel
stroperig
462 Halfvloeibaar
471 Lekker
828 Vlei
stroping
171 Verwyder
695 Steel
strot
390 Mond
393 Skouer
398 Asemhaling
strotklep 398
strottehoof
390 Mond
393 Skouer
398 Asemhaling
struif 426
struik
318 Plant
332 Struik
struikagtig
318 Plant
332 Struik
struikbedding 346
struikblom 322
struikel
159 Neerdaal
198 Strompel
538 Dwaling
548 Praat
813 Swak gedrag
822 Skuldig
struikelblok 666
struiketuin 346
struikgewas
318 Plant
332 Struik
struikheining 63

struikroos 332
struikrower 695
struktureel
19 Orde
438 Vorm
764 Boukuns
struktureer
19 Orde
438 Vorm
764 Boukuns
struktuur
19 Orde
438 Vorm
764 Boukuns
struktuurformule 256
struktuurgeologie 515
struktuurloosheid 7
struktuurwysiging 438
struma 413
struweling 667
stry
9 Verskillend
522 Redeneer
532 Betwis
666 Verhinder
667 Stryd
777 Haat
stryd
9 Verskillend
587 Aarsel
654 Moeilik
666 Verhinder
667 Stryd
777 Haat
strydbaar 667
strydbaarheid 667
strydbyl 678
strydend
11 Disharmonie
667 Stryd
stryder
654 Moeilik
667 Stryd
strydgenoot
663 Meedoen
667 Stryd
strydig
9 Verskillend
11 Disharmonie
strydigheid 11
strydkreet
573 Woordeskat
667 Stryd
672 Weermag
strydlied 757
strydlus 667
strydlustig
667 Stryd
777 Haat
779 Boosaardig
strydmag 672
strydmakker
663 Meedoen
667 Stryd
strydmiddel 667
strydmiddels 675
strydperk 667
strydpunt 516
strydros 366
strydvaardig 667
strydvoering 667
strydvraag
516 Soek
557 Diskussie
strydwa 678
stryer
522 Redeneer
532 Betwis
666 Verhinder
667 Stryd
stryerig
522 Redeneer
532 Betwis
667 Stryd
stryery
11 Disharmonie
522 Redeneer
532 Betwis
539 Kommunikeer
557 Diskussie
666 Verhinder
667 Stryd
777 Haat
stryk
154 Vryf
179 Glad
197 Te voet
314 Leer
448 Gelyk
627 Skoon
755 Uitvoering
756 Musiek
strykbord 627
stryker
755 Uitvoering
756 Musiek
strykgoed 627
strykinstrument 756
strykkamer 94(3)
strykkonsert 755
strykkwartet 755
strykkwintet 755
stryklaag 94(6)
stryklaken 627
strykloop 197
strykorkes 755
strykplank 627
strykriem
185 Sny
440 Skerp
stryks
69 Naby
130 Onbepaald
strykstok 756
stryktafel 627
strykvrou 627
strykwerk
179 Glad
627 Skoon
strykyster
179 Glad
627 Skoon
stu
145 Beweging
181 Stoot teen
stucco 100
stuc(co)werk 99
studam 288
studeer 561
studeerkamer
94(3) Vertrek
658 Beroep
studeerkamerlig 487
studeerkamerstoel 95(4)
studeerlamp 95(2)
studeertafel
95(6) Tafel
564 Skryfbehoeftes
studeertafellamp 95(2)
studeertyd 560
studeerwerk 561
student
53 Jonk
535 Weet
560 Skoolgaan
561 Studeer
studentebeweging 665
studenteblad 568
studentedekaan 560
studentejare 561
studentejool 793
studentekoerant 568
studentelied 757
studenteraad 560
studentesleng 569
studentetaal 569
studentevereniging 665
studentikoos 560
studie
502 Verstand
516 Soek
560 Skoolgaan
561 Studeer
754 Komposisie
760 Skilderkuns
studieleier 560
studiereis
187 Reis
561 Studeer
studietoekenning 560
studietyd
38 Tydgebruik
561 Studeer
studieus
561 Studeer
610 Ywerig
studieveld 559
studieverlof
560 Skoolgaan
561 Studeer
648 Onderbreek
662 Rus
studiewerk 561
studio
264 Uitsaai
268 Fotografie
749 Kuns
stug
455 Hard
777 Haat
792 Asosiaal
stuif
158 Opstyg
222 Vlieg
225 Vinnig
228 Vinnig beweeg
292 Neerslag
stuifaarde
298 Steen
346 Landbougrond
stuifbrand 324
stuifgrond 298
stuifmeel
322 Blom
403 Voortplanting
stuifmeeltelling 294
stuifreën
289 Klimaat
292 Neerslag
stuifsand
298 Steen
346 Landbougrond
stuipagtig 521
stuipe 413
stuiptrek 413
stuiptrekking
250 Dood
413 Siekte
stuit
146 Bewegingloosheid
193 Ophou
588 Gesag hê
602 Verbied
666 Verhinder
775 Weersin
stuitbeen 396
stuitig
524 Onlogies redeneer
722 Snaaks
813 Swak gedrag
stuitigheid
722 Snaaks
813 Swak gedrag
stuitjie
380 Gebeente
396 Rug

stuitjiebeen
380 Gebeente
396 Rug
stuitjiesenuwee 378
stuitlik
524 Onlogies redeneer
722 Snaaks
813 Swak gedrag
stuiwer 131
stuiwing
225 Vinnig
292 Neerslag
stuk
1 Bestaan
5 Ondergeskik
102 Hoeveelheid
112 Deel
184 Afbreek
567 Boek
752 Toneelkuns
776 Liefde
stukadoor 99
stukgewys(e) 112
stukkend
54 Oud
184 Afbreek
623 Sleg
628 Vuil
634 Nutteloos
stukkie
5 Ondergeskik
102 Hoeveelheid
112 Deel
776 Liefde
stukkie vir stukkie 112
stukkiesvleis 421
stukrag
145 Beweging
258 Hidroulika
625 Sterk
637 Doelgerigtheid
stuk-stuk 112
stukvat 84
stukwerk
645 Handel
658 Beroep
stukwerker 658
stulp
386 Gesig
390 Mond
439 Punt
stumper(d)
503 Onverstandig
615 Onbekwaam
stupiditeit
503 Onverstandig
524 Onlogies redeneer
538 Dwaling
stut
75 Onder
94(1) Konstruksie
625 Sterk
651 Toesien
663 Meedoen
728(1) Rugby
stutbalk 94(1)
stutmuur 94(6)
stutpaal 94(1)
stutwerk 75
stuur
67 Verplasing
145 Beweging
147 Rigting
192 Laat gaan
194 Vervoer
205 Weggaan
216 Ry
217 Motorry
223 Stuur
232 Fiets
233 Motorvoertuig
235 Skeepvaart
236 Lugvaart
631 Nodig
693 Gee
stuurarm 236
stuurboord
87 Kant
235 Skeepvaart
stuurboordduikvin 235
stuurder 192
stuurhefboom 223
stuurinrigting
235 Skeepvaart
236 Lugvaart
stuurkajuit
234 Spoorweg
236 Lugvaart
stuurkolom 233
stuurloos
223 Stuur
583 Willoosheid
stuurlui 235
stuurman 235
stuurmanskap 223
stuuroutomaat 223
stuurpen 365
stuurrat 235
stuurs
623 Sleg
713 Gevoel
777 Haat
stuursheid 777
stuurstang
223 Stuur
232 Fiets
236 Lugvaart
stuurstelsel
223 Stuur
233 Motorvoertuig
stuurstoel 235
stuurstok
223 Stuur
235 Skeepvaart
236 Lugvaart
stuurtraag
217 Motorry
223 Stuur
stuurvas
217 Motorry
223 Stuur
stuurvernuf 223
stuurwerkie 192
stuurwiel
223 Stuur
233 Motorvoertuig
235 Skeepvaart
stuwadoor
221 Vaar
235 Skeepvaart
stuwasie 235
stuwing
145 Beweging
713 Gevoel
styf
71 Regop
146 Beweginloosheid
455 Hard
565 Skryfkuns
627 Skoon
750 Letterkunde
785 Hoogmoedig
792 Asosiaal
styfheid
71 Regop
146 Beweginloosheid
455 Hard
785 Hoogmoedig
styfhoofdig
582 Wilskrag
598 Ongehoorsaam
667 Stryd
styfkoppig
582 Wilskrag
598 Ongehoorsaam
styfmiddel 627
styfte
146 Beweginloosheid
785 Hoogmoedig
styg
107 Meer
145 Beweging
147 Rigting
158 Opstyg
211 Opgaan
222 Vlieg
259 Aërografie
682 Slaag
stygbaan 222
styg-ellips
158 Opstyg
677 Skiet
stygende aorta 399
stygende kolon 401
stygende mark 702
styging
107 Meer
158 Opstyg
211 Opgaan
259 Aërografie
682 Slaag
stygsentiment 702
stygsnelheid
158 Opstyg
222 Vlieg
259 Aërografie
stygspekulant 702
styl
94(1) Konstruksie
322 Blom
323 Vrug
548 Praat
569 Taal
644 Handelwyse
749 Kuns
750 Letterkunde
stylaard
569 Taal
750 Letterkunde
stylfiguur
577 Betekenis
750 Letterkunde
stylfout 569
stylgroep 750
stylleer
565 Skryfkuns
569 Taal
750 Letterkunde
stylloos 748
styloefening 750
stylvol 747
stylvorm
569 Taal
750 Letterkunde
stylwaarde 577
stysel
420 Voedsel
462 Halfvloeibaar
627 Skoon
styselglans 462
styselgom 462
styselmeel 419
styselryk 420
stywe 154
stywerigheid 455
stywigheid 455
stywing 663
sub 568
sub judice 808
sub rosa
540 Geheim hou

808 Regswese
subafdeling 30
subarktiese klimaat 289
subartikel
568 Perswese
801 Wet
subdivisie
3 Bestaanswyse
30 Ondergeskik
subekonomies 690
subhoof 565
subiet
49 Hede
51 Toekoms
subjek
32 Enkeling
576 Sinsbou
subjektief
32 Enkeling
514 Wysbegeerte
583 Willoosheid
subjektivisme 514
subjektiwiteit 32
subjunktief 574
subkategorie
30 Ondergeskik
31 Soort
subkomitee 665
subkontinent 276
subkontrakteur 97
subkultuur 535
subkutaan 381
subliem
622 Goed
743 Mooi
sublimaat 461
sublimasie
256 Skeikunde
292 Neerslag
461 Gas
622 Goed
743 Mooi
sublimeer
461 Gas
826 Goedkeur
sublimering
292 Neerslag
461 Gas
826 Goedkeur
sublimiteit
622 Goed
743 Mooi
submissie
684 Oorwin
685 Verloor
subnormaal 34
subopskrif 565
subordinasie
589 Dien
597 Gehoorsaam
subordineer 588
subordinerend 30
subpoena 809
subpolêre streek 289
subprogram 263
subredakteur 568
subroetine 263
subsidie
693 Gee
708 Betaal
780 Hulp
subsidieer
693 Gee
708 Betaal
780 Hulp
subsidiêr 144
subsidiëring 693
subskrif
565 Skryfkuns
566 Drukkuns
subskripsie 665
subskripsieaandeel 702
subsonies 266
substanderd 559
substans 4
substansie
4 Selfstandig
254 Stof
substansieel
4 Selfstandig
420 Voedsel
substantief
4 Selfstandig
254 Stof
574 Woordkategorie
576 Sinsbou
substantiefstuk 576
substantiefvorming 575
substantiveer
574 Woordkategorie
575 Woordvorming
substantivering
574 Woordkategorie
575 Woordvorming
substantiwies 574
substitusie 144
substituut 144
substraat
5 Ondergeskik
75 Onder
77 Onderkant
subsumeer 522
subsumpsie 522
subtiel
502 Verstand
621 Onbelangrik
subtiliteit
502 Verstand
621 Onbelangrik
subtipe 31
subtitel
565 Skryfkuns
567 Boek
subtropies 289
subtropiese klimaat
289 Klimaat
465 Warm
subversief 238
suède 314
suf
503 Onverstandig
509 Onoplettend
661 Vermoei
715 Gevoelloos
717 Lyding
suffer 296
suffer(d)
503 Onverstandig
509 Onoplettend
615 Onbekwaam
suffigaal 575
suffiks 575
suffragaan 852
sufheid 505
sug
404 Asemhaling
413 Siekte
460 Vloeistof
462 Halfvloeibaar
476 Geluid
482 Menslike geluid
721 Ontevrede
773 Begeerte
sug na rykdom 686
suggat 286
suggereer
512 Verbeelding
513 Gedagte
518 Glo
603 Voorstel
638 Aanmoedig
suggestie
512 Verbeelding
518 Glo
548 Praat
576 Sinsbou
603 Voorstel
638 Aanmoedig
suggestief
512 Verbeelding
820 Oneerbaar
suggestiwiteit
512 Verbeelding
820 Oneerbaar
sugpyp
286 Rivier
288 Waterstelsel
sugriolering 286
sugsloot 286
sugvoor 286
suid
88 Posisie
147 Rigting
suide 88
suidekant 88
suidelik
88 Posisie
147 Rigting
suidelike halfrond 272
suidelike harder 363
suidelike hemelhalfrond 269
suidelike hemisfeer 272
suiderbreedte 273
suiderhemel 269
Suiderkeerkring 273
suiderkim 269
Suiderlig 485
suiderling 64
suidewind 290
suidhoek 88
suidissel 344
suidkus 282
suidoos
88 Posisie
147 Rigting
290 Wind
suidooste 88
suidooster 290
suidoostewind 290
suidpool
261 Magnetisme
269 Heelal
Suidpool 273
suidpoolekspedisie 187
Suidpoolgebied 276
Suidpoolsee 283
suidpoolsirkel 273
suidpunt 88
suidsuidoos
88 Posisie
147 Rigting
suidsuidooste 88
suidsuidwes 88
suidsuidweste 88
suidwes 88
suidwester 290
suier
233 Motorvoertuig
320 Stam
390 Mond
630 Werktuig
suierpen
233 Motorvoertuig
257 Meganika
630 Werktuig
suierring
233 Motorvoertuig
257 Meganika
630 Werktuig
suierslag
233 Motorvoertuig
257 Meganika
630 Werktuig
suierstang
233 Motorvoertuig

257 Meganika
630 Werktuig
suig
166 Nader beweeg
175 Insit
290 Wind
390 Mond
406 Eet
407 Drink
suigbottel 84
suigeling
53 Jonk
243 Kind
406 Eet
suiggat 469
suiging 166
suigklep
288 Waterstelsel
399 Bloedsomloop
suigkrag 166
suigleer 314
suiglekker 426
suigpapier 315
suigpomp 288
suigpyp 288
suigsnawel 390
suigstokkie 426
suigtablet 415
suigvis 363
suigwortel 319
suiker
226 Stadig
419 Voedselbereiding
420 Voedsel
426 Kos
471 Lekker
suikeragtig
426 Kos
471 Lekker
suikerappel
323 Vrug
426 Kos
suikerbeet 426
suikerbekkie 365
suikerbos 337
suikerbrood
424 Brood
426 Kos
suikerfabriek 471
suikergehalte 471
suikerig 471
suikerklontjie
426 Kos
471 Lekker
597 Gehoorsaam
suikerkorrel 471
suikerlepel 95(7)
suikermeul
186 Maal
471 Lekker
suikerplantasie 471
suikerpot
84 Houer
95(7) Breekgoed
suikerraffinadery 471
suikerriet 471
suikerrietplantasie 471
suikersiekte 413
suikersoet 471
suikerstrooier 95(7)
suikerstroop
462 Halfvloeibaar
471 Lekker
suikertertjie 426
suikerwater 427
suil
94(5) Pilaar
450 Volume
546 Kunsmatige teken
suilegalery 94(5)
suilegang 94(5)
suilekolonnade 94(5)
suilvoet 94(5)
suinig
686 Aanwins
692 Spaar
698 Behou
773 Begeerte
779 Boosaardig
suinigheid
692 Spaar
698 Behou
773 Begeerte
779 Boosaardig
suip
407 Drink
427 Drank
suipbak 84
suiping 369
suiplap
407 Drink
813 Swak gedrag
suipplek 407
suis
290 Wind
476 Geluid
suisend 476
suisgeluid 476
suising
266 Akoestiek
476 Geluid
suite
94 Gebou
754 Komposisie
suiwel
371 Suiwel
420 Voedsel
426 Kos
suiwelproduk 371
suiwelproduksie 371
suiwelprodukte 420
suiwer
53 Nuut
238 Vernietig
290 Wind
301 Metaal
414 Geneeskunde
430 Rook
537 Waarheid
569 Taal
570 Taalwetenskap
612 Noukeurig
622 Goed
627 Skoon
819 Eerbaar
suiwerheid
569 Taal
622 Goed
819 Eerbaar
suiwering 627
suiweringsproses 627
sukkel
198 Strompel
226 Stadig
229 Stadig beweeg
412 Siek
652 Versuim
654 Moeilik
683 Misluk
717 Lyding
sukkelaar
583 Willoosheid
615 Onbekwaam
621 Onbelangrik
652 Versuim
654 Moeilik
683 Misluk
717 Lyding
sukkeldraf 228
sukkelend
198 Strompel
229 Stadig
615 Onbekwaam
619 Kalm
623 Sleg
652 Versuim
654 Moeilik
683 Misluk
sukkelgang 228
sukkelrig
229 Stadig
615 Onbekwaam
652 Versuim
sukkelry
615 Onbekwaam
652 Versuim
683 Misluk
sukkelstappie 198
sukkel-sukkel
196 Strompel
654 Moeilik
sukkelveld 728(8)
sukkubus 838
sukkulent
318 Plant
324 Plantlewe
336 Vetplant
sukses
622 Goed
650 Voltooi
682 Slaag
688 Besit
sukses behaal
637 Doelgerigtheid
682 Slaag
suksesbehep 610
suksesboek 567
suksessie
25 Volg
696 Ontvang
suksessiebelasting 712
suksessief 25
suksessie-oorlog 667
suksessiereg
806 Wettig
808 Regswese
suksessieregte 696
sukses(toneel)stuk 752
suksesverhaal 682
suksesvol 682
sul
503 Onverstandig
615 Onbekwaam
sulfaat
256 Skeikunde
300 Sout
sulfer 256
sulfide
256 Skeikunde
296 Nie-metaal
sulfiet
256 Skeikunde
300 Sout
sulfonamied
256 Skeikunde
300 Sout
sult
421 Vleis
426 Kos
sultan 591
sultana
426 Kos
427 Drank
sultanaat 591
sultane 591
summa cum laude 561
summier
49 Hede
51 Toekoms
108 Minder
summiere vonnis 809
sunder 676
sundgat 676
superbelasting 712
superego 32
superette 707
superfiets 232

superfiks 411
superfosfaat 345
superieur 622
superintendent
417 Hospitaal
508 Aandag
590 Bestuur
superintendent-generaal 590
superior vena cava 399
superioriteit 622
superlatief
574 Woordkategorie
622 Goed
supermark 707
supermoondheid 590
supernova 270
superordinaat
573 Woordeskat
577 Betekenis
superponeer 74
superskrif
565 Skryfkuns
566 Drukkuns
supersonies
222 Vlieg
225 Vinnig
266 Akoestiek
superstisie 844
superstisieus 844
superstruktuur 76
supervisie
516 Soek
590 Bestuur
supplement
107 Meer
567 Boek
568 Perswese
supplementeer 107
supplementêr
107 Meer
139 Meetkunde
567 Boek
568 Perswese
supposisie 518
suppressie
588 Gesag hê
602 Verbied
779 Boosaardig
supprimeer 171
supra-nasionaal 787
surale senuwee 378
surigheid
470 Smaak
472 Sleg
suring
344 Onkruid
419 Voedselbereiding
surplus
116 Te veel
632 Onnodig
686 Aanwins
surplusbotter 371
surplussaldo
688 Besit
703 Boekhou
surrealis 749
surrealisme
7 Betrekkingloos
749 Kuns
surrealisties
7 Betrekkingloos
749 Kuns
surrogaat 144
surrogaatmoeder 242
sus
245 Familie
410 Slaap
619 Kalm
715 Gevoelloos
716 Genot
suspendeer
28 Einde
76 Bo
suspensie
256 Skeikunde
462 Halfvloeibaar
suspisie
518 Glo
519 Twyfel
587 Aarsel
770 Wantroue
832 Beskuldig
suspisieus
519 Twyfel
623 Sleg
770 Wantroue
832 Beskuldig
suster
245 Familie
376 Vrou
416 Medikus
417 Hospitaal
852 Geestelike
sustergemeente 840
susterkerk
840 Godsdiens
852 Geestelike
susterliefde 776
susterlik 245
sustermaatskappy 658
susterskap 241
susterskind 247
susterskip 235
susterskool 559
susterstad 90
sustersvereniging 665
sustertaal 569
suur
256 Skeikunde
408 Spysvertering
463 Nat
471 Lekker
472 Smaakloos
623 Sleg
654 Moeilik
777 Haat
suurdeeg
15 Oorsaak
425 Bakker
426 Kos
suurdesem 425
suurgas 461
suurgesig 777
suurgras 338
suurkanol 322
suurklontjie 426
suurknol
337 Veldplant
777 Haat
suurkool 426
suurlemoen
323 Vrug
350 Vrugte
426 Kos
suurmelk
371 Suiwel
427 Drank
suurpap 426
suurpol 338
suurpruim
426 Kos
777 Haat
suurroom 371
suursoet 472
suurstof
256 Skeikunde
461 Gas
suurstofarmoede 413
suurstofgebrek
117 Te min
413 Siekte
suurstofgehalte 461
suurstofinhoud 461
suurstofwater 460
suurtjies 426
suurvas
256 Skeikunde
472 Sleg
suurveld
346 Landbougrond
369 Veeteelt
suurvy
323 Vrug
426 Kos
suutjies 477
s-vormig
438 Vorm
444 Krom
swaai
140 Verandering
145 Beweging
148 Van koers af
163 Draai
164 Reëlmatig
165 Onreëlmatig
198 Strompel
396 Rug
730 Gimnastiek
741 Kinderspel
swaaibrug 149
swaaihaak 316
swaairaam 94(9)
swaaislag 164
swaan 365
swaap 503
swaar
432 Groot
434 Breed
452 Swaar
616 Magtig
618 Kragtig
654 Moeilik
717 Lyding
swaard
185 Sny
678 Wapen
731 Gevegsport
swaardgeveg
667 Stryd
731 Gevegsport
swaardlelie 334
swaardlem 185
swaardslag 182
swaardvaring 329
swaardvegter
667 Stryd
678 Wapen
731 Gevegsport
swaardvis 363
swaardvormig
438 Vorm
440 Skerp
swaargebou 432
swaargeskut 676
swaargewig 731
swaargewigbokser 731
swaargewigstoeier 731
swaarhoofdig
717 Lyding
719 Hartseer
swaarkry
654 Moeilik
690 Arm
717 Lyding
swaarlywig
434 Breed
452 Swaar
swaarmoedig
714 Gevoelig
717 Lyding
719 Hartseer
723 Ernstig
swaarnywerheid 658
swaarte
432 Groot
452 Swaar

swaartekrag
257 Meganika
452 Swaar
swaartekragveld 257
swaartelyn 257
swaartepunt
139 Meetkunde
257 Meganika
swaartillend 719
swaartillendheid 719
swaarwater
256 Skeikunde
460 Vloeistof
swaarwaterstof 256
swaarweer
289 Klimaat
293 Onweer
swaarwigtig 620
swael
256 Skeikunde
296 Nie-metaal
365 Voël
407 Drink
467 Aansteek
swaelagtig 296
swaelkwik 296
swaelstert 316
swaelstertvoeg 316
swaeltjie 365
swaer 244
swaerskap 244
swagtel
161 Bedek
163 Draai
415 Geneesmiddel
swak
30 Ondergeskik
103 Min
412 Siek
458 Breekbaar
526 Weerlê
574 Woordkategorie
583 Willoosheid
596 Inskiklik
615 Onbekwaam
617 Magteloos
621 Onbelangrik
623 Sleg
626 Swak
635 Skadelik
683 Misluk
687 Verlies
813 Swak gedrag
827 Afkeur
swakheid
412 Siek
458 Breekbaar
526 Weerlê
596 Inskiklik
613 Onnoukeurig
615 Onbekwaam
626 Swak
813 Swak gedrag
swakkeling
583 Willoosheid
626 Swak
swakkerig
412 Siek
583 Willoosheid
626 Swak
swakkies
412 Siek
583 Willoosheid
615 Onbekwaam
626 Swak
swakplek 714
swaksiende 499
swaksinnig
503 Onverstandig
505 Verstandstoornis
swaksinnige 503
swakstroom 262
swakte 626
swakweg 615
swalk 187
swalp 287
swam
318 Plant
324 Plantlewe
327 Tallusplant
381 Vel
413 Siekte
548 Praat
swamdoder 252
swamsiekte
324 Plantlewe
413 Siekte
swamspoor 327
swanedons 365
swanesang 754
swanger 239
swangerskap 239
swarigheid
654 Moeilik
656 Gevaarlik
666 Verhinder
667 Stryd
717 Lyding
827 Afkeur
swart
116 Te veel
486 Duisternis
489 Ondeurskynend
492 Kleur
628 Vuil
829 Beledig
swart bewussyn 795
swart hawerwortel 351
swart klawer 756
swart mag 795
swart mark 701
swart mier 361
Swart Piet 838
swart skaap 683
swart(aal)bessie
323 Vrug
350 Vrugte
swartaasvoël 365
swartbont 492
swartbord 560
swartbordkryt 560
swartbrand 324
swartdruk 566
swart-en-witfilm 268
swart-en-witfoto 268
swart-en-witfotografie 268
swart-en-witrolprent 752
swartgallig
717 Lyding
719 Hartseer
766 Wanhoop
swartgalligheid
719 Hartseer
766 Wanhoop
swartgrys 492
swartharig 382
swartheid 492
swarthout 316
swartkopskaap 366
swartkruit 676
swartkuns
761 Graveerkuns
844 Bygeloof
836 Bonatuurlik
swartmossel 363
swartmuggie 361
swartroes 324
swartsel
469 Verwarmingstoestel
490 Kleur
swartsmeer 829
swartsnuitkewer 361
swartspan 852
swartstorm
343 Genesende plant
415 Geneesmiddel
swartstroop 471
swartwater 413
swartwaterkoors 413
swartwattel 331
swartwitpens 366
swastika 546
swawel
256 Skeikunde
296 Nie-metaal
365 Voël
407 Drink
467 Aansteek
swawelagtig 296
swawelbron 284
swawelkwik 296
swawelsuursout
256 Skeikunde
300 Sout
swaweltjie 365
sweedsleer 314
sweef
75 Onder
199 Spring
222 Vlieg
258 Hidroulika
365 Voël
512 Verbeelding
733 Lugsport
sweefakrobaat 730
sweefarties 730
sweefrek 730
sweefsprong 199
sweefstok 730
sweefstokarties 730
sweeftuig
199 Spring
236 Lugvaart
733 Lugsport
sweefvlieg 222
sweefvliegtuig 236
sweefvlug 222
sweem
2 Nie-bestaan
10 Harmonie
103 Min
sweempie 103
sweep
182 Slaan
219 Perdry
230 Rytuig
231 Tuig
368 Diereteelt
369 Veeteelt
590 Bestuur
591 Gesaghebber
sweepkoker 230
sweepslag
182 Slaan
481 Skerp klank
667 Stryd
sweepstok
182 Slaan
230 Rytuig
sweer
413 Siekte
518 Glo
528 Bevestig
607 Beloof
717 Lyding
816 Getrou
sweerlik 537
sweet
402 Afskeidingsorgaan
409 Afskeiding
463 Nat
645 Handel
654 Moeilik
sweetdruppel 409
sweetgat 402

sweetklier
381 Vel
402 Afskeiding
sweetmiddel 415
sweetpêrel 409
sweetporie 402
sweetreuk 475
sweetuitslag 413
sweis 301
sweisapparaat
301 Metaal
630 Werktuig
sweiser 301
sweiswerk 301
swel
323 Vrug
413 Siekte
434 Breed
swelg
116 Te veel
406 Eet
407 Drink
swelgparty 793
swelling
235 Skeepvaart
323 Vrug
413 Siekte
434 Breed
swelpedaal 756
swelsel 413
swem
145 Beweging
215 Swem
732 Watersport
swembad
215 Swem
732 Watersport
swembadfilter 153
swembadlig 487
swemblaas 398
swemdrag 745
swemduik 732
swemduiker 215
swemgala 727
swemgat 215
swemgordel 215
swemklere 745
swemles 215
swemmer
215 Swem
732 Watersport
swemoefening 215
swempak 215
swempet 215
swemplank 215
swemplek 215
swempoot
215 Swem
397 Ledemaat
swemskool 215
swemsport 215
swemstrand 283
swemvlies 397
swemvoete 215
swemwedstryd 727
swendel
701 Handel
818 Bedrieg
swendelaar
815 Oneerlik
818 Bedrieg
swendelary
623 Sleg
818 Bedrieg
swenk
140 Verandering
148 Van koers af
163 Draai
165 Onreëlmatig
680 Militêre aksie
swenking 165
swenklopie 728(1)
swerf
65 Afwesig
187 Reis
213 Rondgaan
swerfling
65 Afwesig
213 Rondgaan
swerfnier 413
swerfsteen 298
swerftog 213
swerk
269 Heelal
291 Wolk
swerm
104 Baie
165 Onreëlmatig
168 Saamkom
213 Rondgaan
222 Vlieg
357 Dier
365 Voël
swernoot
813 Swak gedrag
818 Bedrieg
swerweling
65 Afwesig
213 Rondgaan
swerwend 213
swerwer 213
sweserik 402
sweterig
409 Afskeiding
463 Nat
475 Onwelriekend
swets
548 Praat
820 Oneerbaar
swetstaal 820
swetswoord 820
swetterjoel 104
swewende rib
380 Gebeente
394 Bors
swewer 199
swiep 444
swier
163 Draai
743 Mooi
swierbol 785
swierig
743 Mooi
785 Hoogmoedig
swierigheid
743 Mooi
785 Hoogmoedig
swiertrompet 333
swig
30 Ondergeskik
685 Verloor
swik
159 Neerdaal
178 Toegaan
swikboor 155
swikgat 84
swikprop 178
swingel
163 Draai
230 Rytuig
288 Waterstelsel
316 Hout
swingelhout 230
swoeg
404 Asemhaling
610 Ywerig
645 Handel
654 Moeilik
swoeger 654
swoegery 610
swoegwerk 610
swoel
294 Weerkunde
465 Warm
swoelheid 289
swoelte 289
swot 561
swye
477 Stilte
549 Stilbly
swyg
477 Stilte
539 Kommunikeer
540 Geheim hou
549 Stilbly
swygend 549
swyger 549
swygsaam
548 Praat
549 Stilbly
713 Gevoel
786 Nederig
swygsaamheid
477 Stilte
540 Geheim hou
549 Stilbly
swym 413
swymel
164 Reëlmatig
407 Drink
412 Siek
swyn 366
swynhond
779 Boosaardig
820 Oneerbaar
sy
1 Bestaan
87 Kant
129 Bepaald
139 Meetkunde
311 Weefsel
376 Vrou
392 Romp
395 Buik
445 Oppervlak
sy aan sy 87
syaansig 759
syaanval 669
sybalie 808
sybeuk 853
syblom 14
syblomme 348
sybok 366
sydelings
6 Betreklik
79 Dwars
87 Kant
540 Geheim hou
sydeur 94(8)
syfer
122 Bereken
125 Tel
133 Getal
287 Vloei
460 Vloeistof
463 Nat
546 Kunsmatige teken
565 Skryfkuns
571 Skrif
728(8) Gholf
syferdig 153
syferend 460
syferfontein 284
syfergetal 133
syfering
125 Tel
460 Vloeistof
syfernaam 573
syfers 122
syfersimbool 565
syferspel 728(8)
syferteken
565 Skryfkuns
571 Skrif
syfertenk 628
syfertoets 564

syferwater
287 Vloei
460 Vloeistof
syferwatersloot 286
syg
153 Deur
460 Vloeistof
sygaring 312
sygdoek 153
sygebou 91
syindustrie 311
sykant
87 Kant
445 Oppervlak
sykous 745
sykultuur 311
syleuning
94(12) Trap
149 Pad
sylinie 240
sylyn
234 Spoorweg
363 Waterdier
symoreen 277
syn
1 Bestaan
5 Ondergeskik
syne 129
synersyds 6
syns 712
synsbaar 712
synsgelyke 8
sypaadjie 149
sypad 149
sypaneel 233
sypel 287
syrivier 286
syruspe 361
sysak 745
sysie 365
syskerm 233
syskermdruk 760
syskip 853
syslag
215 Swem
732 Watersport
syspan 232
syspieël 233
sysprong 199
sysselbos 332
systap 728(1)
systof 311
sytafel 95(6)
sytak
234 Spoorweg
286 Rivier
320 Stam
331 Boom
syvenster 233
syvlak 445
sywaarts
87 Kant
148 Van koers af
sywurm 361

T

ta
242 Ouer
375 Man
taai
421 Vleis
455 Hard
462 Halfvloeibaar
582 Wilskrag
625 Sterk
725 Verveling
taaibekkig 598
taaibos 332
taaierig 462
taaiheid
455 Hard
457 Onbreekbaar
582 Wilskrag
625 Sterk
taaiigheid 462
taaipit 426
taaipitperske 426
taak
610 Ywerig
645 Handel
taakmag
672 Weermag
802 Gehoorsaam
taakstelling 645
taal
548 Praat
569 Taal
750 Letterkunde
taalatlas 567
taalbederf 569
taalbegrip 569
taalbeheersing
548 Praat
569 Taal
taalbeskrywing 570
taalbevordering 569
taalbeweging 569
taalburo 570
taaldaad 548
taaldiens 570
taaleie 569
taalfamilie 569
taalfilosofie
514 Wysbegeerte
570 Taalwetenskap
taalfilosoof 515
taalfout
538 Dwaling
569 Taal
taalgebied 569
taalgebruik
548 Praat
569 Taal
750 Letterkunde
taalgeleerde 569
taalgeografie
569 Taal
570 Taalwetenskap
taalgeskiedenis 570
taalgevoel
569 Taal
713 Gevoel
taalgrens
63 Begrens
569 Taal
taalgroep 569
taalhandeling
548 Praat
576 Sinsbou
577 Betekenis
taalhervormer 569
taalindoena 569
taalkenner 569
taalkennis 569
taalklas
561 Studeer
570 Taalwetenskap
taalkontak 569
taalkunde
515 Wetenskap
570 Taalwetenskap
taalkundig
546 Kunsmatige teken
570 Taalwetenskap
taalkundige
515 Wetenskap
569 Taal
570 Taalwetenskap
taalkursus 561
taalkwessie 569
taallaboratorium
94 Gebou
569 Taal
570 Taalwetenskap
taalles 561
taalnavorsing 570
taaloefening
561 Studeer
569 Taal
570 Taalwetenskap
taalonderrig
559 Opvoeding
570 Taalwetenskap
taalonderwys
559 Opvoeding
570 Taalwetenskap
taalontwikkeling 569
taalpolitiek 569
taalpraktikum 561
taalpurisme 569
taalredakteur 568
taalredigering 570
taalreël
569 Taal
570 Taalwetenskap
taalregister 569
taalskat 569
taalsosiologie 569
taalstryd
569 Taal
667 Stryd
taalstryder
569 Taal
654 Moeilik
taalstudie 570
taalstyl 569
taalsuiweraar 569
taalsuiwerheid 569
taalsuiwering 569
taalteken
546 Kunsmatige teken
565 Skryfkuns
taalvariant 569
taalvariëteit 569
taalvermenging 569
taalvermoë 569
taalverskynsel 569
taalversorging
566 Drukkuns
570 Taalwetenskap
taalversorgingsdiens 570
taalverwantskap 569
taalvorm 569
taalwet
569 Taal
570 Taalwetenskap
taalwetenskap
515 Wetenskap
570 Taalwetenskap
taalwetenskaplike
515 Wetenskap
569 Taal
570 Taalwetenskap
taamlik
107 Meer
624 Gemiddeld
taan 108
taankleurig 492
T-aansluiting 149
tabak 430
tabakblaar 321
tabakboer
347 Landbou
430 Rook
tabakbos 332
tabakfabriek 430
tabakhandelaar 707
tabakland
346 Landbougrond
430 Rook
tabakoes 430
tabakpapier
315 Papier
430 Rook
tabakpers 430
tabakplanter 430
tabakpot 430

tabakpruimpie 430
tabakrol 430
tabakrook 430
tabaksaad 430
tabaksak(kie) 430
tabaksap 430
tabakteelt 430
tabakwater 430
tabakwinkel 707
tabberd 745
tabberdgoed 311
tabberdstof 311
tabel
551 Meedeel
568 Perswese
tabellaries 567
tabelleer
19 Orde
550 Noem
tabelvorm 568
tabernakel
853 Kerk
854 Godsdiens
tableau vivant 752
tablet 415
tablo
752 Toneelkuns
760 Skilderkuns
taboe 602
taboe woord 820
taboeret 95(4)
taboes 182
tabula rasa 523
tabulatuur 753
tabuleer
19 Orde
550 Noem
tabuleersleutel 564
tabuleertoets 564
tachisme 760
taf 311
tafel
95(6) Tafel
137 Bewerking
418 Maaltyd
850 Sakrament
tafelbediende 589
tafelbediening 418
tafelberg 277
tafelblad 95(6)
tafelborsel 627
tafeldoek
95(9) Linne
418 Maaltyd
tafeldruiwe 426
tafelformaat 438
tafelgebed 847
tafelgenoot
406 Eet
418 Maaltyd
tafelgereedskap 418
tafelgerei 418
tafelgesprek 553
tafelkleed 95(9)
tafellaken 95(9)
tafellamp 487
tafelland
274 Geologie
277 Berg
tafellig 487
tafellinne 418
tafelloper 95(9)
tafelmaat 406
tafelmat 418
tafelmatjie 465
tafelnommer 133
tafelpoot 95(6)
tafelrangskikking 418
tafelrede
539 Kommunikeer
558 Redevoering
tafelronde
539 Kommunikeer
553 Behandel
665 Byeenkom
tafelskoppie 627
tafelsout
256 Skeikunde
300 Sout
419 Voedselbereiding
471 Lekker
tafeltennis
728(4) Tennis
728 Balsport
tafeltennisballetjie 728(4)
tafeltennisblad 728(4)
tafeltennisnet 728(4)
tafeltennisraket
726 Sport
728(4) Tennis
tafeltennisspaan 728(4)
tafelversiering 418
tafelvrugte
323 Vrug
426 Kos
tafelwyn 427
tafereel
44 Gebeure
752 Toneelkuns
760 Skilderkuns
tafsy 311
tageometer 123
tagometer
123 Meet
224 Snelheid
233 Motorvoertuig
tagtiger
54 Oud
750 Letterkunde
tagtigjarig 54
tagtigvoudig 55
taille 392
tak
30 Ondergeskik
240 Afkoms
286 Rivier
318 Plant
320 Stam
331 Boom
384 Kop
658 Beroep
665 Byeenkom
700 Bank
707 Handelsaak
takaanleg 665
takbestuurder
590 Bestuur
658 Beroep
700 Bank
takbok 366
takbokooi 366
takbokram 366
takel
158 Opstyg
182 Slaan
183 Gryp
211 Opgaan
235 Skeepvaart
310 Vlegwerk
667 Stryd
669 Aanval
takelaar 158
takelblok 158
takeling 158
takelwerk
158 Opstyg
211 Opgaan
235 Skeepvaart
takhaar 792
takkantoor
658 Beroep
665 Byeenkom
700 Bank
taklyn 234
takonderneming 665
takrivier 286
taks
55 Dikwels
126 Skat
693 Gee
712 Belasting
taksasie 126
taksateur 126
takseer
126 Skat
527 Oordeel
taksering
126 Skat
527 Oordeel
taksidermie 368
taksidermis 368
taksonomie 19
taksonomies 19
takt 714
taktiek
629 Gebruik
640 Voorbereid
644 Handelwyse
672 Weermag
taktiel 495
takties
640 Voorbereid
644 Handelwyse
taktloos
715 Gevoelloos
790 Sosiaal
791 Asosiaal
taktvol
714 Gevoelig
790 Sosiaal
takwinkel 665
tal 102
talekenner 569
talent
124 Weeg
502 Verstand
614 Bekwaam
749 Kuns
talentloos
503 Onverstandig
615 Onbekwaam
talentryk 614
talentvol
502 Verstand
614 Bekwaam
talentvolheid 614
talig
546 Kunsmatige teken
569 Taal
570 Taalwetenskap
talisman 844
talje 392
talk
298 Steen
746 Toilet
talkklier
381 Vel
402 Afskeiding
talkpoeier 746
talksteen 298
talkum 746
talle 104
tallium 297
talloos
104 Baie
125 Tel
talm
39 Tydverlies
193 Ophou
226 Stadig
581 Teësinnig
587 Aarsel
talmer
226 Stadig
581 Teësinnig
587 Aarsel
talmerig
226 Stadig

581 Teësinnig
587 Aarsel
talmery
193 Ophou
226 Stadig
581 Teësinnig
587 Aarsel
Talmoed 854
talmoedis 854
talryk
13 Verskeidenheid
104 Baie
talrykheid 104
talsterkte 102
talus 277
tam
597 Gehoorsaam
611 Lui
661 Vermoei
tamaai 432
tamarinde
331 Boom
415 Geneesmiddel
tamarisk 331
tamaryn 343
tamatie
351 Groente
426 Kos
tamatiebredie 426
tamatiepruim
323 Vrug
350 Vrugte
426 Kos
tamatierooi 492
tamatiesap 427
tamatieslaai 426
tamatiesop 426
tamatiesous 426
tamatievleis 426
tamboekiegras
337 Veldplant
338 Gras
tamboer
94(5) Pilaar
182 Slaan
450 Volume
756 Musiek
tamboermajoor 673
tamboerslaner 756
tamboeryn 756
tambotie 331
tambotiehout 316
tambryn 363
tameletjie 426
tamheid
611 Lui
661 Vermoei
tampan 361
tampon 178
tamponeer 414
tand
185 Sny
390 Mond
391 Tand
439 Punt
tandarts 416
tandbederf
391 Tand
413 Siekte
tandbeen
308 Been
385 Skedel
391 Tand
tandbeitel 185
tandboog 390
tande 572
tande kners
391 Tand
482 Menslike geluid
tande kry 391
tande wissel 391
tandeborsel 746
tandeflos 746
tandeloos 391
tandem 232
tandemaker 416
tandemalje 391
tandemfiets 232
tandemskotteleg 355
tandepasta 746
tandestel 391
tandestoker 439
tandestokkie
439 Punt
746 Toilet
tandglasuur 391
tandheelkunde
391 Tand
414 Geneeskunde
515 Wetenskap
tandheelkundig 414
tandheelkundige
416 Medikus
515 Wetenskap
tandholte 391
tanding
155 Deurboor
439 Punt
tandivoor 391
tandkas 390
tandkroon 391
tandmurg 391
tandpyn
412 Siek
413 Siekte
717 Lyding
tandrat
128 Chronometer
163 Draai
232 Fiets
233 Motorvoertuig
257 Meganika
tandsenuopening 391
tandsenuwee 391
tandsetter 316
tandsteek 413
tandsteen
391 Tand
413 Siekte
tandtegnikus 416
tandvleis 391
tandwalvis 363
tandweefsel 391
tandwiel
128 Chronometer
163 Draai
232 Fiets
257 Meganika
tandwortel 391
taner 314
tang
101 Gereedskap
172 Vasmaak
183 Gryp
813 Swak gedrag
tangens 139
tangensieel 139
tangent 756
tangmorfeem 575
tango 742
tangsleutel 172
tangverlossing 414
tanig 492
tannie
246 Familie
376 Vrou
tannien 314
tans 49
tantaal 297
tantaliet 297
tantaliseer
722 Snaaks
773 Begeerte
tantalusbeker 84
tante
246 Familie
376 Vrou
tantième 686
tap
84 Houer
176 Uithaal
178 Toegaan
287 Vloei
288 Waterstelsel
tapbeitel 630
tapboor 155
tapgat 84
taphuis 429
tapioka 426
tapiokapoeding 426
tapir 366
tapisserie
313 Weef
745 Versier
758 Beeldende kuns
tapkamer 429
tappery 429
taps 450
tapsaag
185 Sny
316 Hout
630 Werktuig
tap(s)bout 172
tapskroef
100 Boumateriaal
172 Vasmaak
taptoe 680
tapvoeg 316
tapyt
95(10) Mat
745 Versier
tapytband 95(10)
tapytborsel 627
tapytklopper 627
tarantella 742
tarbot 363
tarentaal 365
tarentula 361
tarief
126 Skat
704 Koop
705 Verkoop
708 Betaal
tarieweoorlog
126 Skat
667 Stryd
tarlatan 311
tarra
124 Weeg
452 Swaar
tarsus
361 Insek
380 Gebeente
397 Ledemaat
tart
717 Lyding
779 Boosaardig
831 Bespot
tartan 311
tartanbaan 729
tartend 779
tarting
779 Boosaardig
831 Bespot
tas
84 Houer
187 Reis
495 Tassin
564 Skryfbehoeftes
tasal 421
tasaterwater 427
tasbaar
254 Stof
495 Tassin
543 Duidelik
tasbaarheid
254 Stof

543 Duidelik
tasbare bate 688
tasdief 695
tasdraad 495
tasgewaarwording 495
tashaar 495
tasindruk 495
tasorgaan 495
tassin(tuig) 495
tastelik 495
tastend 495
taster 762
tasterpootspinnekop 361
tasting 495
tater
482 Menslike geluid
813 Swak gedrag
tatgai
335 Bolplant
365 Voël
tatoeëer
381 Vel
546 Kunsmatige teken
tatoeëermerk 546
tatoeëring
381 Vel
546 Kunsmatige teken
tatta 190
taverne 429
taxi 233
T-beenskyf 421
te
74 Op
88 Posisie
116 Te veel
144 Vervang
te alle tye 42
te berde bring
550 Noem
557 Diskussie
603 Voorstel
te boek stel 563
te bowe kom 622
te buite gaan 618
te goeder trou
814 Eerlik
816 Getrou
te gronde gaan
238 Vernietig
687 Verlies
te hore kom 517
te kenne gee
541 Betekenis
548 Praat
550 Noem
te kere gaan
618 Kragtig
667 Stryd
813 Swak gedrag
te lyf gaan 667
te na kom
786 Nederig
829 Beledig
te siene kry 517
te sterwe kom 250
te veel 632
te ver gaan 618
te voet 197
te voorskyn kom
176 Uithaal
188 Aankom
te water laat 221
te wete kom 517
te woord staan 554
teater
91 Gebou
168 Saamkom
417 Hospitaal
724 Vermaak
752 Toneelspel
teaterganger 752
teaterinstrumente 417
teaterkuns 749
teatersuster
416 Medikus
417 Hospitaal
teatertafel 417
teatertrollie 417
teatraal
744 Lelik
752 Toneelkuns
technikon 559
technikonstudent 560
teddie 741
teddiebeer 741
tee 427
teë
406 Eet
407 Drink
775 Weersin
827 Afkeur
teëbeeld 9
teeblare 427
teeblik 84
teebossie 332
teef
357 Dier
366 Soogdier
teefhond 366
teëgaan
9 Verskillend
588 Gesag hê
602 Verbied
666 Verhinder
teegas 790
teëgesteld 9
teëgif 415
teegoed 95(7)
teëhanger
8 Dieselfde
11 Disharmonie
teëhou
75 Onder
146 Beweginglooseid
193 Ophou
602 Verbied
666 Verhinder
teëhouer 426
teekamer
429 Eetplek
707 Handelsaak
teekan 84
teëkanting 666
teëkap
529 Ontken
548 Praat
teekas 84
teeketel 84
teekis 84
teekleedjie 95(9)
teëkom
166 Nader beweeg
204 Aandoen
517 Vind
teekoppie
84 Houer
95(7) Breekgoed
teel
237 Voortbring
239 Voortplant
345 Plantkwekery
347 Landbou
368 Diereteelt
369 Veeteelt
370 Voëlteelt
403 Voortplanting
teël
94(4) Dak
97 Bou
100 Boumateriaal
304 Steen
teëlaar 97
teelaarde
15 Oorsaak
27 Begin
346 Landbougrond
teelbal 403
teeldier
368 Diereteelt
369 Veeteelt
teeldrif 239
teelepel 95(7)
teelfabriek 304
teelhings 369
teelklier 403
teellaag 331
teëllêer 97
teelood 297
teelooi 369
teëloop 683
teelram 369
teelsak 403
teelt
345 Plantkwekery
369 Veeteelt
teeltoom 368
teeltyd 239
teelvee 369
teëlwerk 97
teem
548 Praat
725 Verveling
teemirt 331
teemus(sie)
95(8) Toerusting
465 Warm
teen
61 Plek
69 Naby
118 Vergelyking
126 Skat
127 Tydbepaling
144 Vervang
147 Rigting
181 Stoot teen
183 Gryp
teen die wet 807
teenaan
69 Naby
87 Kant
181 Stoot teen
teenaanbod
603 Voorstel
693 Gee
teenaanval 669
teenagent 508
teenargument
525 Bewys
526 Weerlê
532 Betwis
teenbeeld 9
teenberig 539
teenbesoek 790
teenbetoog 526
teenbevel 599
teenbewys 525
teenblad
546 Kunsmatige teken
567 Boek
teendeel 9
teendraads
313 Weef
666 Verhinder
teendruk 183
teeneis
599 Gesag
604 Versoek
806 Wettig
teeneiser 599
teengaan
9 Verskillend
532 Betwis
588 Gesag hê
602 Verbied

666 Verhinder
teengesteld 9
teengewig 124
teengif 415
teenhanger
8 Dieselfde
11 Disharmonie
teenhou
602 Verbied
666 Verhinder
teenkant 87
teenkanting
9 Verskillend
548 Praat
585 Verwerp
666 Verhinder
667 Stryd
teenliggaampie 415
teenmaatreël 599
teenmiddel 666
teenmoer 172
teennatuurlik 36
teenoffensief 669
teenoor
6 Betreklik
61 Plek
85 Voor
118 Vergelyking
119 Teenstelling
teenoorgeleë 85
teenoorgesteld
9 Verskillend
119 Teenstelling
573 Woordeskat
577 Betekenis
teenoorgestelde
573 Woordeskat
577 Betekenis
teenoorgesteldheid
9 Verskillend
11 Disharmonie
573 Woordeskat
577 Betekenis
teenoorstaande 85
teenparty
666 Verhinder
727 Wedstryd
777 Haat
808 Regswese
teenpleit 809
teenpoging 666
teenpraat
532 Betwis
598 Ongehoorsaam
666 Verhinder
teenpraterig 667
teenpratery 666
teenprestasie 834
teenredenasie 526
teensaldo 700
teensin
581 Teësinnig
775 Weersin
827 Afkeur
teensinnig
581 Teësinnig
775 Weersin
827 Afkeur
teensit
585 Verwerp
666 Verhinder
teenslag
683 Misluk
719 Hartseer
teenspier 379
teenspioenasie 508
teenspoed
238 Vernietig
635 Skadelik
683 Misluk
687 Verlies
717 Lyding
719 Hartseer
teenspoedig
635 Skadelik
683 Misluk
717 Lyding
719 Hartseer
teenspraak
9 Verskillend
529 Ontken
532 Betwis
667 Stryd
teenspreek
9 Verskillend
529 Ontken
532 Betwis
666 Verhinder
667 Stryd
teenstaan
9 Verskillend
532 Betwis
585 Verwerp
588 Gesag hê
666 Verhinder
670 Verdedig
827 Afkeur
teenstand
532 Betwis
585 Verwerp
588 Gesag hê
666 Verhinder
670 Verdedig
827 Afkeur
779 Boosaardig
teenstander
532 Betwis
666 Verhinder
670 Verdedig
727 Wedstryd
777 Haat
teenstellend 119
teenstelling
11 Disharmonie
118 Vergelyking
119 Teenstelling
576 Sinsbou
577 Betekenis
750 Letterkunde
teenstem
532 Betwis
584 Kies
666 Verhinder
teenstoot 183
teenstribbel
532 Betwis
582 Wilskrag
666 Verhinder
teenstribbeling
598 Ongehoorsaam
666 Verhinder
teenstrokie 546
teenstroom 147
teenstroomtendensie 147
teenstrydig
7 Betrekkingloos
9 Verskillend
11 Disharmonie
106 Ongelyk
119 Teenstelling
524 Onlogies redeneer
750 Letterkunde
teenstuk 234
teensuur 256
teen(s)woordig
49 Hede
574 Woordkategorie
teensy 87
teenteken 565
teenvoeter 9
teenvoorstel
532 Betwis
603 Voorstel
604 Versoek
teenwerk
9 Verskillend
20 Wanorde
585 Verwerp
588 Gesag hê
666 Verhinder
teenwerking 666
teenwerp
530 Voorbehou
532 Betwis
556 Antwoord
666 Verhinder
teenwerping
532 Betwis
556 Antwoord
666 Verhinder
teenwig
234 Spoorweg
452 Swaar
666 Verhinder
teenwind 290
teenwoord 556
teenwoordig
49 Hede
64 Aanwesig
teenwoordige tyd 574
teenwoordigheid 64
teenwoordigheidsregister
560 Skoolgaan
665 Byeenkom
teëparty
666 Verhinder
727 Wedstryd
777 Haat
808 Regswese
teepartytjie 418
teeplantasie 346
teeplanter 347
teepot
84 Houer
95(7) Breekgoed
teepouse
23 Onderbreking
648 Onderbreek
662 Rus
teëpraat
598 Ongehoorsaam
666 Verhinder
667 Stryd
teëpraterig
598 Ongehoorsaam
666 Verhinder
667 Stryd
teëpratery
598 Ongehoorsaam
666 Verhinder
667 Stryd
teer
149 Pad
249 Lewe
433 Klein
462 Halfvloeibaar
626 Swak
713 Gevoel
714 Gevoelig
772 Sagmoedig
776 Liefde
teeragtig 462
teergevoelig
654 Moeilik
714 Gevoelig
teergevoeligheid 714
teerhartig 776
teerhartigheid 776
teerheid
626 Swak
713 Gevoel
714 Gevoelig
teerkleur 492
teerkwas 462
teerling 18
teerolie 462
teerpaal 316
teerpad 149

teerpot
84 Houer
462 Halfvloeibaar
teerputs
84 Houer
628 Vuil
652 Versuim
teerseil
161 Bedek
235 Skeepvaart
teerstraat 149
teertou
621 Onbelangrik
628 Vuil
652 Versuim
813 Swak gedrag
teervat 462
teervernis 462
teësang 757
teeservies 95(7)
teesiffie
95(7) Breekgoed
153 Deur
teësin
581 Teësinnig
775 Weersin
827 Afkeur
teësinnig
226 Stadig
581 Teësinnig
775 Weersin
827 Afkeur
teësinnigheid
581 Teësinnig
775 Weersin
827 Afkeur
teësit
666 Verhinder
670 Verdedig
teëslag
683 Misluk
719 Hartseer
teëspoed
683 Misluk
719 Hartseer
teëspoedig
683 Misluk
719 Hartseer
teëspraak
9 Verskillend
529 Ontken
532 Betwis
667 Stryd
teëspreek
529 Ontken
666 Verhinder
667 Stryd
teësprekerig 667
teëstaan
666 Verhinder
670 Verdedig
827 Afkeur
teëstand
532 Betwis
666 Verhinder
670 Verdedig
teëstander 532
teestel 95(7)
teëstelling
11 Disharmonie
118 Vergelyking
teëstribbel
548 Praat
582 Wilskrag
666 Verhinder
teëstribbeling
598 Ongehoorsaam
666 Verhinder
teetafel
95(6) Tafel
418 Maaltyd
teetrollie 95(6)
teetyd
37 Tyd
38 Tydgebruik
418 Maaltyd
648 Onderbreek
662 Rus
teëval
683 Misluk
766 Wanhoop
teëvaller
683 Misluk
766 Wanhoop
teëvoorstel
603 Voorstel
604 Versoek
teewaentjie
95(8) Toerusting
427 Drank
teewater
407 Drink
460 Vloeistof
teëwerk
20 Wanorde
588 Gesag hê
teëwerking 666
teëwerp
530 Voorbehou
548 Praat
556 Antwoord
666 Verhinder
teëwerping
532 Betwis
548 Praat
556 Antwoord
666 Verhinder
teëwig 666
tef 338
tefgras 338
tegeldemaking 705
tegelyk
48 Gelyktydig
107 Meer
tegelykertyd 48
tegemoet
166 Nader beweeg
204 Aandoen
tegemoetgaan 166
tegemoetkom
166 Nader beweeg
204 Aandoen
596 Inskiklik
663 Meedoen
693 Gee
778 Goedaardig
tegemoetkomend
596 Inskiklik
663 Meedoen
776 Liefde
778 Goedaardig
tegemoetkoming
204 Aandoen
596 Inskiklik
778 Goedaardig
tegniek
614 Bekwaam
644 Handelwyse
749 Kuns
tegnies
97 Bou
644 Handelwyse
tegniese kollege 559
tegniese skool 559
tegnikus
257 Meganika
262 Elektrisiteit
644 Handelwyse
645 Handel
tegnokraat 644
tegnokrasie 644
tegnokraties 644
tegnologie 644
tegnologies 644
tegnologiese era 45
tegnologiese tydperk 45
tegnoloog 644
tegnopark 658
tegoed 703
tehuis
89 Blyplek
780 Hulp
teiken
637 Doelgerigtheid
677 Skiet
teikenskiet
677 Skiet
731 Gevegsport
teïs
514 Wysbegeerte
842 Geloof
teïsme 842
teister
623 Sleg
717 Lyding
779 Boosaardig
teistering
623 Sleg
717 Lyding
779 Boosaardig
teïsties 514
teken
3 Bestaanswyse
137 Bewerking
139 Meetkunde
541 Betekenis
545 Natuurlike teken
546 Kunsmatige teken
547 Simboliek
551 Meedeel
565 Skryfkuns
571 Skrif
640 Voorbereid
758 Kuns
759 Tekenkuns
836 Bonatuurlik
844 Bygeloof
tekenaap
564 Skryfbehoeftes
759 Tekenkuns
tekenaar
97 Bou
237 Voortbring
640 Voorbereid
759 Tekenkuns
tekenagtig
743 Mooi
759 Tekenkuns
tekenbank 759
tekenbehoeftes 759
tekenboek 759
tekenbord 759
tekendoos 759
tekendriehoek
139 Meetkunde
759 Tekenkuns
tekene 759
tekenend
3 Bestaanswyse
31 Soort
541 Betekenis
tekenfilm 752
tekengereedskap 759
tekenhaak
139 Meetkunde
759 Tekenkuns
tekening
546 Kunsmatige teken
640 Voorbereid
758 Kuns
759 Tekenkuns
tekenink 759
tekeninstrument 759
tekenkamer
560 Skoolgaan

759 Tekenkuns
tekenkryt 759
tekenkuns
749 Kuns
758 Beeldende kunste
759 Tekenkuns
tekenlei 759
tekenles 759
tekenmeester 759
tekenmetode 759
tekenpapier
315 Papier
759 Tekenkuns
tekenpen
564 Skryfbehoeftes
759 Tekenkuns
tekenplan 640
tekenplank 759
tekenpotlood 564
tekenprent
752 Rolprentkuns
759 Tekenkuns
tekensaal
560 Skoolgaan
759 Tekenkuns
tekenskool 759
tekenskrif
565 Skryfkuns
759 Tekenkuns
tekenstif 759
tekentafel 759
tekenverhaal 552
tekenvoorbeeld 759
tekenwerk 759
tekkie
728(4) Tennis
745 Kleding
tekort
117 Te min
687 Verlies
690 Arm
697 Verloor
703 Boekhou
711 Skuld
tekortdoening 818
tekortkoming
613 Onnoukeurig
623 Sleg
626 Swak
631 Nodig
813 Swak gedrag
tekortskiet 615
teks
548 Praat
565 Skryfkuns
567 Boek
568 Perswese
750 Letterkunde
842 Geloof
849 Prediking
teksboek 567
teksbou 565
teksgedeelte 849
teksgrammatika 570
tekskopie 566
tekslinguistiek 570
teksskrywer 752
teksstruktuur 565
tekstiel 311
tekstielbedryf
311 Weefsel
658 Beroep
tekstielfabriek
311 Weefsel
658 Beroep
tekstielgoedere 311
tekstielnywerheid
311 Weefsel
658 Beroep
tekstielstof 311
tekstielware 311
tekstueel
565 Skryfkuns
577 Betekenis
tekstuele betekenis 577
tekstuur
311 Weefsel
316 Hout
445 Oppervlak
448 Gelyk
449 Ongelyk
teksuitgawe 567
teksuitleg 543
teksuitlegging 543
teksuitlêer 543
teksverbetering 543
teksvers
842 Geloof
849 Prediking
teksverwerking
543 Duidelik
565 Skryfkuns
tekswoord 849
tektonies 274
tel
102 Hoeveelheid
122 Bereken
125 Tel
133 Getal
137 Bewerking
telamon
94(13) Versiering
94(5) Pilaar
telapparaat 125
telbaar
102 Hoeveelheid
122 Bereken
125 Tel
telbaarheid 102
telbossie 332
telbuis 256
telefoneer 265
telefonie 265
telefonis 265
telefoon 265
telefoonantwoordmasjien 265
telefoondiens 265
telefoongids
265 Telekommunikasie
567 Boek
telefoonhokkie 265
telefoonhuurder 265
telefoonlyn 265
telefoonnommer
133 Getal
265 Telekommunikasie
telefoonoproep 265
telefoonsentrale 265
telefoonverbinding 265
telefoto
265 Telekommunikasie
268 Fotografie
telefotografie
265 Telekommunikasie
268 Fotografie
telefotolens 268
telegraaf 265
telegraafdiens 265
telegraafkabel 265
telegraafkantoor 265
telegraafklerk 265
telegraaflyn 265
telegraafpaal 265
telegraafwese 265
telegrafeer
196 Poswese
265 Telekommunikasie
telegrafie 265
telegrafis
196 Poswese
265 Telekommunikasie
telegram
196 Poswese
265 Telekommunikasie
551 Meedeel
telegramadres 265
telegrambesteller
196 Poswese
265 Telekommunikasie
telegramvorm 265
telekinese 67
telekommunikasie
265 Telekommunikasie
539 Kommunikeer
teleks
265 Telekommunikasie
551 Meedeel
teleksapparaat 265
teleksmasjien 265
telemeter 123
telemetries 123
teleologie 633
teleologies 633
telepaat 513
telepatie 513
teler
368 Diereteelt
369 Veeteelt
telery 369
teleskoop
235 Skeepvaart
267 Optika
271 Kosmografie
teleskopeer
267 Optika
271 Kosmografie
teleskopies
267 Optika
271 Kosmografie
teleterminaal 263
teleurgestel(d)
521 Verras wees
683 Misluk
717 Lyding
719 Hartseer
766 Wanhoop
teleurgesteldheid 717
teleurstel
521 Verras wees
766 Wanhoop
teleurstellend
521 Verras wees
683 Misluk
766 Wanhoop
teleurstelling
521 Verras wees
683 Misluk
717 Lyding
719 Hartseer
766 Wanhoop
televisie
264 Uitsaai
724 Vermaak
televisieadvertensie
264 Uitsaai
551 Meedeel
televisieantenne 264
televisieateljee
94 Gebou
264 Uitsaai
268 Fotografie
televisiebeeld 264
televisiediens 264
televisieflits 264
televisiegids 568
televisiejoernalis 565
televisiekamera
264 Uitsaai
268 Fotografie
televisiekanaal 264
televisiekyker 264
televisiemontage 264
televisienetwerk 264
televisienuus
264 Uitsaai

539 Kommunikeer
televisieonderhoud 539
televisieopname
264 Uitsaai
268 Fotografie
televisieprogram
264 Uitsaai
752 Rolprentkuns
televisiereeks 264
televisieregie 752
televisieregisseur
264 Uitsaai
752 Toneelspel
televisiereklame 264
televisierolprent
264 Uitsaai
752 Rolprentkuns
televisiestasie
91 Gebou
264 Uitsaai
televisietoring 264
televisie-uitsending 264
televisieverslaggewer 264
telg
240 Afkoms
243 Kind
318 Plant
teling
239 Voortplant
345 Plantkwekery
telkaart 727
telkemale
22 Kontinu
55 Dikwels
647 Voortgaan
657 Herhaal
telkens
22 Kontinu
55 Dikwels
647 Voortgaan
657 Herhaal
teller
125 Tel
133 Getal
700 Bank
709 Betaalmiddel
727 Wedstryd
telling
125 Tel
727 Wedstryd
tellinghouer 727
telluries 272
tellurometer 123
telmasjien 125
telraam
122 Bereken
125 Tel
560 Skoolgaan
telson 362
telwoord 574
tem
368 Diereteelt
369 Veeteelt
588 Gesag hê
715 Gevoelloos
tema
513 Gedagte
561 Studeer
577 Betekenis
750 Letterkunde
754 Komposisie
tematies
513 Gedagte
557 Diskussie
577 Betekenis
tematiese struktuur
577 Betekenis
750 Letterkunde
tematologie 750
tembaar
368 Diereteelt
582 Wilskrag
temerig
548 Praat
725 Verveling
temmer 368
tempeer 677
tempel
91 Gebou
853 Kerk
854 Godsdiens
tempeldienaar 852
temper
301 Metaal
302 Smid
490 Kleur
588 Gesag hê
619 Kalm
715 Gevoelloos
tempera
490 Kleur
760 Skilderkuns
temperament
618 Kragtig
714 Gevoelig
temperamenteel
142 Veranderlik
618 Kragtig
714 Gevoelig
temperamentvol
618 Kragtig
714 Gevoelig
temperatuur
260 Warmteleer
289 Klimaat
294 Weerkunde
465 Warm
temperatuurdaling 465
temperatuurgraad 260
temperatuurmeter 233
temperatuurmeting 465
temperatuurreëling 465
temperatuurskaal 260
temperatuurskommeling
289 Klimaat
465 Warm
temperatuurstyging 465
temperatuurverhoging 465
temperatuurverskil
289 Klimaat
465 Warm
temperatuurwisseling 465
tempering 619
tempermes
301 Metaal
302 Smid
temperoond
301 Metaal
302 Smid
temperstaal 301
tempie 426
tempo
224 Snelheid
225 Vinnig
742 Dans
753 Musiek
temporeel 41
temporisasie 226
temporiseer
23 Onderbreking
58 Laat
226 Stadig
648 Onderbreek
temporêr 41
temptasie 638
tempteer
638 Aanmoedig
717 Lyding
722 Snaaks
767 Moed
831 Bespot
ten bate van 688
ten behoewe van
633 Nuttig
805 Onregverdig
807 Onwettig
ten dele 112
ten doel hê 637
ten doel stel 637
ten einde 637
ten enemale 111
ten laaste 650
ten laste lê 832
ten laste van 708
ten minste 108
ten nouste 129
ten onder gaan 238
ten onregte 538
ten seerste 104
ten slotte
28 Einde
108 Minder
650 Voltooi
ten spyte van
579 Gedwonge
666 Verhinder
ten toon stel 162
ten volle
109 Alles
111 Geheel
tendeer
147 Rigting
637 Doelgerigtheid
tendens 637
tendensie 580
tendensieus 637
tender
234 Spoorweg
580 Graag
tengerig
435 Smal
626 Swak
tengerigheid 626
tenietdoen 238
tenietdoening 238
tenietgaan
238 Vernietig
250 Dood
tenk
84 Houer
94(15) Toebehore
233 Motorvoertuig
428 Drankbereiding
tenkboot
235 Skeepvaart
462 Halfvloeibaar
tenklandingskip 235
tenkskip
235 Skeepvaart
462 Halfvloeibaar
tenkvliegtuig 236
tenkvragmotor 233
tenkwa
233 Motorvoertuig
234 Spoorweg
462 Halfvloeibaar
tenlastelegging
827 Afkeur
832 Beskuldig
tennis
728(4) Tennis
728 Balsport
tennisbaan 728(4)
tennisbal
726 Sport
728(4) Tennis
741 Kinderspel
tenniset
728(4) Tennis
728 Balsport
tenniskampioenskappe 728(4)
tennisklub 724
tennisnet 728(4)
tennisraket
726 Sport
728(4) Tennis

tennisskoen
728(4) Tennis
745 Kleding
tennisspeler
726 Sport
728(4) Tennis
tennisstadion 726
tennistoernooi 728(4)
tennistoerusting 728(4)
tenniswedstryd 728(4)
tenoor
548 Praat
572 Uitspraak
757 Sang
tenoorparty 754
tenoorsanger 757
tenoorstem
482 Menslike geluid
548 Praat
tenoortrom 756
tensie
378 Senuwee
413 Siekte
713 Gevoel
tensy 530
tent
89 Blyplek
93 Gebou
230 Rytuig
tentakel
369 Veeteelt
385 Skedel
tentamen 561
tentatief 41
tentbewoner 64
tentdak
93 Gebou
94(4) Dak
tentdoek 93
tentdorp 89
tentkamp 89
tentkar 230
tentoonsteller 539
tentoonstelling
162 Ontbloot
539 Kommunikeer
tentoonstellingsterrein 90
tentwa 230
tenue 674
tenuitvoerbrenging
600 Sonder gesag
650 Voltooi
tenuitvoerlegging
600 Sonder gesag
650 Voltooi
teodisee
514 Wysbegeerte
842 Geloof
teodoliet
101 Gereedskap
294 Weerkunde
teofanie 842
teogonie 855
teokrasie 852
teokraties 852
teologie
514 Wysbegeerte
515 Wetenskap
559 Opvoeding
840 Godsdiens
842 Geloof
teologies
514 Wysbegeerte
842 Geloof
teologiese skool 559
teologiese studie 842
teologiseer 842
teoloog
515 Wetenskap
842 Geloof
teomansie 844
teorema 139
teoreties 515
teoretiese taalkunde 570
teoretikus 513
teoretiseer
513 Gedagte
515 Wetenskap
522 Redeneer
teorie
513 Gedagte
515 Wetenskap
522 Redeneer
teosofie 514
teosofies 514
teosoof 514
tepel 394
ter
88 Posisie
637 Doelgerigtheid
ter afsluiting 28
ter beskikking stel 693
ter elfder ure 58
ter harte neem 651
ter oorweging gee 638
ter sake
6 Betreklik
49 Hede
620 Belangrik
631 Nodig
ter see gaan 221
ter sprake 508
ter sprake bring
550 Noem
553 Behandel
557 Diskussie
603 Voorstel
ter tafel lê 557
ter wille 776
ter wille van 144
teraardebestelling
253 Begrafnis
850 Sakrament
terapeut 416
terapeuties 414
terapie 414
terdeë 622
têre
722 Snaaks
779 Boosaardig
831 Bespot
tereg
804 Regverdig
806 Wettig
teregbring
19 Orde
147 Rigting
645 Handel
650 Voltooi
812 Goeie gedrag
teregewysing 539
tereghelp
539 Kommunikeer
827 Afkeur
tereghelping
539 Kommunikeer
827 Afkeur
teregkom
19 Orde
147 Rigting
637 Doelgerigtheid
teregstaan 809
teregstel
252 Doodmaak
835 Bestraf
teregstelling
252 Doodmaak
835 Bestraf
teregwys
147 Rigting
539 Kommunikeer
667 Stryd
827 Afkeur
835 Bestraf
teregwysing 827
terg
722 Snaaks
779 Boosaardig
831 Bespot
tergend
493 Gevoeligheid
666 Verhinder
722 Snaaks
779 Boosaardig
tergerig
722 Snaaks
779 Boosaardig
831 Bespot
tergery
722 Snaaks
779 Boosaardig
831 Bespot
terggees
722 Snaaks
771 Gramskap
831 Bespot
terglus 831
terglustig
722 Snaaks
771 Gramskap
831 Bespot
terglustigheid
722 Snaaks
831 Bespot
tergsiek
771 Gramskap
831 Bespot
terhandstelling 693
terilene 311
tering 413
teringagtig 413
teringlyer 413
teringpasiënt 413
terloops
5 Ondergeskiktheid
18 Toeval
30 Ondergeskik
225 Vinnig
521 Verras wees
621 Onbelangrik
terloopsheid
5 Ondergeskiktheid
18 Toeval
621 Onbelangrik
term
138 Algebra
522 Redeneer
573 Woordeskat
801 Wet
termaal
282 Kus
284 Bron
465 Warm
termies
123 Meet
465 Warm
termiet 361
terminaal
28 Einde
262 Elektrisiteit
263 Rekenaar
412 Siek
413 Siekte
terminaal siek 412
terminaalbrongiool 398
terminale filament 378
termineer
28 Einde
648 Onderbreek
650 Voltooi
terminering 648
terminologie
569 Taal
573 Woordeskat
terminologies
569 Taal
573 Woordeskat

terminologiewoordeboek 567
terminus
28 Einde
233 Motorvoertuig
234 Spoorweg
termionies
257 Meganika
262 Elektrisiteit
termodinamies 257
termodinamika 257
termogeen 465
termogenese 465
termogeneties 465
termograaf 465
termometer
260 Warmteleer
294 Weerkunde
465 Warm
termometergraad 465
termometerskaal 465
termoplasties 307
termosfeer
269 Heelal
289 Klimaat
termosfles 84
termoskoop 465
termostaat
123 Meet
465 Warm
469 Verwarmingstoestel
termyn
37 Tyd
645 Handel
703 Boekhou
termynbetaling 708
termyngoedere 701
termynhandel 701
termynhuur 706
termynmark 701
termynpolis 655
termynwissel 708
terneerdruk
639 Ontmoedig
719 Hartseer
terneergedruk
717 Lyding
719 Hartseer
766 Wanhoop
terneergedruktheid
717 Lyding
719 Hartseer
766 Wanhoop
768 Vrees
terneergeslae 719
terneergeslaenheid 719
ternouernood 103
terpentyn 460
terpentynolie 460
terra
61 Plek
272 Aarde
terra firma
61 Plek
272 Aarde
terra-cotta
304 Steen
305 Erdewerk
492 Kleur
terra-cottabeeld 305
terra-cottakleur 492
terra-cottateël
100 Boumateriaal
304 Steen
terrarium 368
terras
94(14) Buitekant
277 Berg
346 Landbougrond
terrasbou 346
terrasland
277 Berg
346 Landbougrond
terrasser 347
terrasvormig
277 Berg
347 Landbou
445 Oppervlak
terrazzo 100
terrein
61 Plek
64 Aanwesig
346 Landbougrond
514 Wysbegeerte
515 Wetenskap
terreinplan
97 Bou
640 Voorbereid
759 Tekenkuns
terreinwater 460
terreur
598 Ongehoorsaam
667 Stryd
768 Vrees
terriër 366
territoriaal 61
territorium 61
terroris
588 Gesag hê
598 Ongehoorsaam
667 Stryd
768 Vrees
795 Staat
terrorisasie
667 Stryd
768 Vrees
terroriseer
588 Gesag hê
667 Stryd
768 Vrees
terrorisme
588 Gesag hê
598 Ongehoorsaam
667 Stryd
768 Vrees
terrorismestryd
667 Stryd
768 Vrees
terroristies 598
tersaaklik
6 Betreklik
49 Hede
537 Waarheid
620 Belangrik
631 Nodig
tersaaklikheid
6 Betreklik
620 Belangrik
631 Nodig
terselfdertyd 48
terset
754 Komposisie
755 Uitvoering
tersiêre onderwys 559
Tersiêre tydperk 274
tersine 751
tersluiks
501 Onsigbaarheid
540 Geheim hou
820 Oneerbaar
terstond
49 Hede
51 Toekoms
225 Vinnig
tersy(de)
87 Kant
752 Toneelkuns
tersyde stel 621
tersydestelling 621
tert
239 Voortplant
426 Kos
tertbak 84
terts 753
tertvulsel 426
terug
50 Verlede
151 Agtertoe
163 Draai
terugantwoord 556
terugbaklei 670
terugbesorg 191
terugbesorging 191
terugbetaal
693 Gee
708 Betaal
784 Wraaksug
834 Beloon
terugbetaling
693 Gee
708 Betaal
terugbeweeg
151 Agtertoe
201 Agteruit
terugblik
499 Sien
510 Herinner
513 Gedagte
terugbring
191 Laat kom
693 Gee
terugbuig 73
terugdateer 127
terugdeins
151 Agtertoe
587 Aarsel
670 Verdedig
768 Vrees
terugdink 510
terugdraai
151 Agtertoe
163 Draai
terugdring 151
terugdruk 201
terugdryf 670
terugdwing 151
terugeis 604
terugflits
510 Herinner
556 Antwoord
teruggaan
151 Agtertoe beweeg
188 Aankom
201 Agtertoe
teruggang 683
teruggangsverbod 801
teruggawe
191 Laat kom
693 Gee
708 Betaal
teruggee
191 Laat kom
693 Gee
teruggetrokke
619 Kalm
713 Gevoel
715 Gevoelloos
786 Nederig
teruggetrokkenheid
619 Kalm
713 Gevoel
715 Gevoelloos
786 Nederig
teruggryp 694
terughaal 694
terughou
193 Ophou
540 Geheim hou
549 Stilbly
646 Nie handel nie
666 Verhinder
698 Behou
terughoudend
666 Verhinder
713 Gevoel
770 Wantroue

777 Haat
786 Nederig
terughouding
193 Ophou
666 Verhinder
698 Behou
terugja 670
terugkaats
182 Slaan
227 Werp
267 Optika
485 Lig
terugkaatsing
267 Optika
485 Lig
terugkap
667 Stryd
784 Wraaksug
827 Afkeur
terugkeer 188
terugkerend
22 Kontinu
647 Voortgaan
terugkom 188
terugkoms 188
terugkoopreg 806
terugkrabbel
583 Willoosheid
586 Beslis
587 Aarsel
609 Jou woord verbreek
terugkrimp 433
terugkry 191
terugkyk 499
teruglees 562
teruglei 191
terugloop 201
terugname 694
terugneem
201 Agtertoe
529 Ontken
609 Jou woord verbreek
686 Aanwins
693 Gee
694 Neem
terugplaas
66 Plasing
191 Laat kom
terugreis
187 Reis
188 Aankom
terugrit 216
terugroei 221
terugroep
191 Laat kom
510 Herinner
terugry
201 Agtertoe
216 Ry
terugsak 623
terugsein 556
terugsetting
16 Gevolg
683 Misluk
687 Verlies
terugsit
16 Gevolg
66 Plasing
683 Misluk
terugskakel 556
terugskiet 677
terugskrik 768
terugskryf
556 Antwoord
563 Skryf
terugskuif 151
terugslaan
182 Slaan
667 Stryd
670 Verdedig
784 Wraaksug
terugslag
16 Gevolg
521 Verras wees
635 Skadelik
683 Misluk
685 Verloor
687 Verlies
719 Hartseer
terugsnoei 347
terugspring 199
terugstaan
664 Terugstaan
685 Verloor
terugstoot
67 Verplasing
151 Agtertoe
181 Stoot teen
201 Agteruit
217 Motorry
670 Verdedig
terugstotend 181
terugstroom 151
terugstuit
151 Agtertoe
199 Spring
768 Vrees
terugstuur
191 Laat kom
201 Agtertoe
693 Gee
terugswaai 163
terugtog
188 Aankom
201 Agtertoe
685 Verloor
terugtraprem 232
terugtrede
609 Jou woord verbreek
664 Terugstaan
terugtree
151 Agtertoe
197 Te voet
609 Jou woord verbreek
664 Terugstaan
685 Verloor
terugtrek
188 Aankom
201 Agtertoe
529 Ontken
609 Jou woord verbreek
664 Terugstaan
terugtrekking 529
terugvaar
201 Agtertoe
221 Vaar
terugvaart 188
terugval
412 Siek
655 Veilig
683 Misluk
685 Verloor
terugveg 670
terugverlang
510 Herinner
773 Begeerte
terugvertaal 543
terugverwys 606
terugvind 517
terugvloei
151 Agtertoe
287 Vloei
terugvoer
191 Laat kom
510 Herinner
terugvorder
171 Verwyder
604 Versoek
711 Skuld
terugvordering
604 Versoek
694 Neem
711 Skuld
terugvoudak 233
terugvoukap 233
terugvra 604
terugwaarts 147
terugwen 686
terugwerkend
15 Oorsaak
572 Uitspraak
terugwerp 227
terugwinning
629 Gebruik
686 Aanwins
terugwip 199
terugwyk
201 Agtertoe
685 Verloor
terugwys 606
terwyl 48
tes 84
tesaam
48 Gelyktydig
168 Saamkom
170 Saambring
tesal 421
tesalletjie 421
tesame
48 Gelyktydig
168 Saamkom
170 Saambring
tese
518 Glo
561 Studeer
tesis 558
tesourie 688
tesourier
665 Byeenkom
688 Besit
701 Handel
tesouriere 688
tesourier-generaal 688
tesourus 567
tessie 84
tessitura 757
tessituur 757
testament 693
testamentêr 693
testamentêre eksekuteur 693
testasie 693
testateur 693
testatrise 693
testeer 693
testikel 403
testimonium
525 Bewys
546 Kunsmatige teken
tetanie 413
tetanies
381 Vel
413 Siekte
tetanus 413
tête-à-tête
554 Aanspreek
557 Diskussie
tetralogie
750 Letterkunde
752 Toneelkuns
tetrarg 591
tetrargie 590
teuel
219 Perdry
231 Tuig
teuelloos 820
teug
404 Asemhaling
407 Drink
tevergeefs 683
tevore
46 Vroeër
50 Verlede
tevrede
651 Toesien
668 Vrede
713 Gevoel

714 Gevoelig
716 Genot
718 Bly
720 Tevrede
773 Begeerte
826 Goedkeur
tevrede stel
715 Gevoelloos
716 Genot
720 Tevrede
tevrede wees 826
tevredenheid
651 Toesien
713 Gevoel
714 Gevoelig
716 Genot
718 Bly
720 Tevrede
773 Begeerte
tevredenheid smaak 720
tevredestelling 720
teweegbring
0 Ontstaan
15 Oorsaak
645 Handel
650 Voltooi
tewens
48 Gelyktydig
108 Minder
T-hemp 745
tiara 745
tibia
361 Insek
380 Gebeente
397 Ledemaat
tibiale senuwee 378
tiemie
340 Krui
419 Voedselbereiding
426 Kos
Tien Gebooie 842
tiendelig 112
tienderjarig 52
tienderjarige 53
tiendubbeld 102
tiener
52 Ouderdom
53 Jonk
243 Kind
tienjarig 53
tienkamp 726
tienmanrugby 728(1)
tienmeterlyn 728(1)
tienponder 363
tienpotig
112 Deel
361 Insek
tienpuntletter 566
tiensentmuntstuk 709
tiensentstuk 709
tiensnarig 756
tienuur 418
tienvoudig 107
tiep
3 Bestaanswyse
374 Mens
565 Skryfkuns
tier
290 Wind
324 Plantlewe
366 Soogdier
476 Geluid
524 Onlogies redeneer
548 Praat
771 Gramskap
tierboskat 366
tierelier 483
tierend 618
tierhaai 363
tierkat 779
tierlantyntjie 745
tiermelk 427
tiermot 361
tieroog 298
tiervoël 365
tierwyfie 779
tifeus 413
tifoïde 413
tifoon
290 Wind
293 Onweer
tifus 413
tifuskoors 413
tiggelsteen 100
tik
128 Chronometer
181 Stoot teen
476 Geluid
563 Skryf
564 Skryfbehoeftes
tikfout 563
tikgeluid 476
tikkamer 94
tikker 565
tikkie
103 Min
181 Stoot teen
tiklint 564
tikmasjien 564
tikpapier 564
tikseltjie 103
tikskrif
563 Skryf
565 Skryfkuns
tikslag 181
tikster 565
tik-tak
128 Chronometer
476 Geluid
tik-tak-tol 741
tikwerk
563 Skryf
565 Skryfkuns
tilde
565 Skryfkuns
571 Skrif
timiditeit
619 Kalm
768 Vrees
timmer
97 Bou
182 Slaan
316 Hout
timmerasie
20 Wanorde
91 Gebou
93 Armoedige gebou
94(1) Konstruksie
timmerbok 316
timmerhout
100 Boumateriaal
316 Hout
timmerman
97 Bou
316 Hout
592 Ondergeskikte
timmerwerf 316
timmerwerker 316
timpaan
94(7) Boog
388 Oor
566 Drukkuns
timpano 756
timpanum 388
timus(klier) 402
tin 297
tinagtig 297
tinfoelie
297 Metaal
301 Metaalverwerking
tingel 481
tingelingeling 481
tingeltangel 429
tingerig
435 Smal
626 Swak
tingerigheid 626
tingieter 301
tinglasuur 305
tinkel 481
tinktinkie
365 Voël
435 Smal
tinktuur
415 Geneesmiddel
546 Kunsmatige teken
tinmyn 275
tint 490
Tinta Barocca 427
Tinta das Baroccas 427
tintel
713 Gevoel
718 Bly
tintelend
471 Lekker
485 Lig
713 Gevoel
714 Gevoelig
718 Bly
tinteling
713 Gevoel
714 Gevoelig
tinteloog 387
tinteltonnetjie 397
tinwerk 301
tip
439 Punt
495 Tassin
tipbakvragmotor 630
tipe
3 Bestaanswyse
8 Dieselfde
19 Orde
31 Soort
374 Mens
565 Skryfkuns
tipeer
3 Bestaanswyse
8 Dieselfde
31 Soort
tiperend
3 Bestaanswyse
8 Dieselfde
31 Soort
tipering
3 Bestaanswyse
8 Dieselfde
31 Soort
tipies
3 Bestaanswyse
8 Dieselfde
31 Soort
tipiste 565
tipograaf
566 Drukkuns
568 Perswese
tipografeer
566 Drukkuns
568 Perswese
tipografie
566 Drukkuns
568 Perswese
tipologie
3 Bestaanswyse
8 Dieselfde
tippie 439
tiptol 365
tipuana 331
tirade
542 Betekenisloos
548 Praat
558 Redevoering
771 Gramskap
tiran
591 Gesaghebber

595 Streng
779 Boosaardig
tirannie
591 Gesaghebber
595 Streng
779 Boosaardig
tiranniek
595 Streng
779 Boosaardig
tiroïed 402
tiroïedklier 402
titaan 297
titan 432
titane-arbeid 654
titanies 432
titanium 297
titel
550 Noem
561 Studeer
565 Skryfkuns
567 Boek
568 Perswese
titelakte 688
titelblad
566 Drukkuns
567 Boek
titelbladsy 567
titelplaat 567
titelrol 752
titrasie 256
titreer 256
titrering 256
titseltjie 103
tittel 571
titularis 658
titulatuur 550
tituleer 550
titulêr 550
tjaila
648 Onderbreek
662 Rus
tjailatyd 648
tjakkie-tjakkie 741
tjalie 161
tjank
482 Menslike geluid
484 Diergeluid
723 Ernstig
tjankbalie
714 Gevoelig
723 Ernstig
tjankend 723
tjankerig 723
tjankery 723
tjap 546
tjek
700 Bank
708 Betaal
709 Betaalmiddel
tjekboek
688 Besit
700 Bank
708 Betaal
tjekrekening 700
tjekrente 700
tjellis
755 Uitvoering
756 Musiek
tjello 756
tjêr-tjêr 365
tjienkerientjee 322
tjiesastok 467
tjilp
483 Voëlgeluid
484 Diergeluid
tjirp 484
tjoekie
594 Onvryheid
741 Kinderspel
tjoepstil 477
tjokka 363
tjokker
52 Ouderdom
53 Jonk
243 Kind
433 Klein
tjokkerbekaasvoël 365
tjokkertjie 53
tjokvol 109
tjommel
721 Ontevrede
782 Ondankbaar
tjop
421 Vleis
426 Kos
tjoppelsee 283
tjor 233
tjor-tjor 363
tjou-tjou
20 Wanorde
174 Meng
426 Kos
tjou-tjoukonfyt 426
tob
513 Gedagte
612 Noukeurig
651 Toesien
tobber
612 Noukeurig
654 Moeilik
tobberig
612 Noukeurig
719 Hartseer
toccata 754
toe
25 Volg
37 Tyd
45 Geskiedenis
46 Vroeër
153 Deur
178 Toegaan
453 Dig
503 Onverstandig
623 Sleg
toebedeel 693
toebehoorsel
112 Deel
629 Gebruik
toebehoort 688
toebehore(ns)
112 Deel
629 Gebruik
toeberei
419 Voedselbereiding
640 Voorbereid
toebereiding
419 Voedselbereiding
640 Voorbereid
toebereidsels 640
toebeskik 693
toebetrou 769
toebid 847
toebind 178
toebou
97 Bou
161 Bedek
toebring 693
toebroodjie 424
toebroodjiesmeer 426
toebuig 178
toebyt 771
toedam
168 Saamkom
285 Meer
288 Waterstelsel
667 Stryd
toedeel 693
toedek
161 Bedek
178 Toegaan
toedekking 161
toedeling 693
toedien
182 Slaan
415 Geneesmiddel
693 Gee
toedig
178 Toegaan
832 Beskuldig
toedoen
15 Oorsaak
633 Nuttig
644 Handelwyse
663 Meedoen
toedraai
161 Bedek
163 Draai
178 Toegaan
toedrag 44
toedrag van sake 44
toedrink 407
toedruk
178 Toegaan
181 Stoot teen
toe-eien
604 Versoek
686 Aanwins
toeërig
178 Toegaan
293 Onweer
503 Onverstandig
toef
188 Aankom
226 Stadig
toefluister 548
toegaan 178
toegang 206
toegang belet 178
toegangsbewys
206 Ingaan
525 Bewys
toegangsdeur 206
toegangsgeld 708
toegangskaartjie
206 Ingaan
525 Bewys
toegangsleutel 178
toegangsprys 708
toegangstonnel 149
toegangsweg 149
toeganklik
177 Oopgaan
206 Ingaan
543 Duidelik
790 Sosiaal
toeganklikheid
206 Ingaan
543 Duidelik
790 Sosiaal
toegedaan
527 Oordeel
776 Liefde
toegedam 285
toegedraai 178
toegee
30 Ondergeskik
217 Motorry
528 Bevestig
531 Saamstem
596 Inskiklik
605 Aanvaar
685 Verloor
778 Goedaardig
toegeeflik
596 Inskiklik
714 Gevoelig
778 Goedaardig
toegeeteken
217 Motorry
546 Kunsmatige teken
toegegooi 178
toegegroei
178 Toegaan
453 Dig
toegeknoop 178

toegelaat 601
toegemaak 178
toegeneë
663 Meedoen
713 Gevoel
776 Liefde
778 Goedaardig
791 Sosiaal
toegeneentheid
663 Meedoen
713 Gevoel
776 Liefde
778 Goedaardig
791 Sosiaal
toegepak 178
toegepas 256
toegepaste chemie 256
toegepaste skeikunde 256
toegepaste taalkunde 570
toegepaste wetenskap 515
toegerus
614 Bekwaam
640 Voorbereid
toegesluit 178
toegespe 178
toegetrek 178
toegevoeg 107
toegewend 596
toegewing
528 Bevestig
531 Saamstem
548 Praat
596 Inskiklik
605 Aanvaar
toegewy(d)
610 Ywerig
612 Noukeurig
622 Goed
651 Toesien
769 Vertroue
811 Gewete
toegif
531 Saamstem
693 Gee
755 Uitvoering
toegifnommer 755
toegooi
161 Bedek
178 Toegaan
654 Moeilik
toegrendel 178
toegroei
161 Bedek
178 Toegaan
324 Plantlewe
344 Onkruid
toehoor 498
toehoorder
64 Aanwesig
498 Gehoor
554 Aanspreek
toehou 161
toejuig
799 Beroemd
826 Goedkeur
toejuiging
722 Snaaks
727 Wedstryd
799 Beroemd
826 Goedkeur
toeka 50
toeka se dae 46
toekamp 63
toeken
584 Kies
693 Gee
834 Beloon
toekenning
560 Skoolgaan
693 Gee
834 Beloon
toeklap 178
toeknip 178
toekomend
51 Toekoms
574 Woordkategorie
toekomende tyd 574
toekoms
22 Kontinu
51 Toekoms
249 Lewe
toekomsbeeld 51
toekomsblik 51
toekomsdroom 51
toekomsgerig 51
toekomskunde 51
toekomsmusiek 51
toekomsperspektief 51
toekomsplan 51
toekomstig 51
toekomstige
25 Volg
47 Later
toekomsverwagting
520 Verwag
765 Hoop
toekomsvisie 51
toekos
418 Maaltyd
426 Kos
toekyk 499
toekyker 64
toelaag 708
toelaat
206 Ingaan
596 Inskiklik
601 Toestem
653 Maklik
toelaatbaar
601 Toestem
653 Maklik
toelaatbaarheid 653
toelae
693 Gee
708 Betaal
709 Betaalmiddel
780 Hulp
toelag 722
toelating
601 Toestem
653 Maklik
toelatingseksamen 561
toelê
508 Aandag
561 Studeer
654 Moeilik
657 Herhaal
toelig
543 Duidelik
553 Behandel
toeligter 553
toeligting
543 Duidelik
553 Behandel
toeloop
168 Saamkom
286 Rivier
toemaak
161 Bedek
178 Toegaan
toemeet 693
toemessel
97 Bou
99 Messel
toemond 549
toenaam 550
toenadering
668 Vrede
776 Liefde
toename
107 Meer
226 Stadig
432 Groot
682 Slaag
toendra
280 Woestyn
289 Klimaat
toeneem
62 Grensloos
107 Meer
432 Groot
625 Sterk
682 Slaag
toenemend
107 Meer
226 Stadig
432 Groot
toenmaals 46
toenmalig
46 Vroeër
50 Verlede
toentertyd
45 Geskiedenis
46 Vroeër
50 Verlede
toe-oë 387
toe-oog
387 Oog
653 Maklik
toepak
160 Omring
168 Saamkom
175 Insit
toepas
6 Betreklik
629 Gebruik
642 Beproef
645 Handel
toepasbaar
629 Gebruik
637 Doelgerigtheid
toepasbaarheid
629 Gebruik
633 Nuttig
toepaslik
629 Gebruik
631 Nodig
633 Nuttig
637 Doelgerigtheid
802 Gehoorsaam
toepaslikheid
631 Nodig
633 Nuttig
637 Doelgerigtheid
toepassing
6 Betreklik
629 Gebruik
645 Handel
toeplak
172 Vasmaak
178 Toegaan
toepleister 99
toeprop 178
toer
187 Reis
197 Te voet
216 Ry
257 Meganika
toeraak 178
toerbus 233
toereik
115 Genoeg
693 Gee
toereikend
115 Genoeg
622 Goed
720 Tevrede
toereken 832
toerekenbaar 832
toerekeningsvatbaar
822 Skuldig
832 Beskuldig
toeretal
133 Getal
257 Meganika
toereteller
233 Motorvoertuig
257 Meganika

toeretelling 133
toerfiets 232
toergids 147
toergroep 187
toeris
187 Reis
662 Rus
toerisme 187
toeristebedryf 187
toeristebrosjure 187
toeristeklas 222
toeristeverkeer 187
toerleier
147 Rigting
187 Reis
toermalyn 298
toernooi 727
toeroep 548
toerol 161
toeroperateur 187
toerrekord 727
toerspan 726
toerus
631 Nodig
640 Voorbereid
674 Uitrusting
toerusting
629 Gebruik
630 Werktuig
631 Nodig
674 Uitrusting
728(1) Rugby
728(7) Bofbal
toeryg 178
toerygskoen 745
toesak
159 Neerdaal
168 Saamkom
toesegging 607
toesend
194 Vervoer
693 Gee
toesending 693
toesien
499 Sien
508 Aandag
590 Bestuur
651 Toesien
toesiende 508
toesig
508 Aandag
588 Gesag hê
590 Bestuur
599 Gesag
651 Toesien
toesing 757
toesit
109 Alles
818 Bedrieg
toeskietlik
596 Inskiklik
778 Goedaardig
toeskouer
64 Aanwesig
499 Sien
508 Aandag
727 Wedstryd
toeskroef 178
toeskroei 419
toeskryf
3 Bestaanswyse
16 Gevolg
toeskrywing 548
toeskuif 178
toeslaan
178 Toegaan
388 Oor
667 Stryd
toeslag
107 Meer
116 Te veel
704 Koop
toeslagprys 704
toesluit
178 Toegaan
594 Onvryheid
toesmeer
161 Bedek
172 Vasmaak
178 Toegaan
419 Voedselbereiding
540 Geheim hou
toesnou
548 Praat
777 Haat
toespeling
541 Betekenis
603 Voorstel
750 Letterkunde
827 Afkeur
toespits
508 Aandag
618 Kragtig
toespraak
539 Kommunikeer
558 Redevoering
toespraak hou 558
toespreek
554 Aanspreek
558 Redevoering
toespyker 178
toespys 418
toestaan
160 Omring
601 Toestem
631 Nodig
693 Gee
826 Goedkeur
toestand 5
toestel
629 Gebruik
630 Werktuig
toestem
601 Toestem
605 Aanvaar
toestemming
548 Praat
590 Bestuur
601 Toestem
605 Aanvaar
616 Magtig
826 Goedkeur
toestop
109 Alles
161 Bedek
178 Toegaan
toestrik 178
toestroming
104 Baie
168 Saamkom
toestroom
104 Baie
168 Saamkom
toeswaai 545
toet
217 Motorry
233 Motorvoertuig
476 Geluid
toetakel
182 Slaan
183 Gryp
623 Sleg
669 Aanval
toetas 599
toeter
217 Motorry
233 Motorvoertuig
476 Geluid
toetrap 818
toetrede 663
toetreding
531 Saamstem
663 Meedoen
toetredingsgeld
665 Byeenkom
708 Betaal
toetree
531 Saamstem
663 Meedoen
665 Byeenkom
toetrek
161 Bedek
178 Toegaan
293 Onweer
818 Bedrieg
toetrok 234
toets
516 Soek
525 Bewys
560 Skoolgaan
561 Studeer
564 Skryfbehoeftes
642 Beproef
727 Wedstryd
756 Musiek
toetsaanleg
516 Soek
658 Beroep
toetsbord
564 Skryfbehoeftes
756 Musiek
toetsing
515 Wetenskap
516 Soek
560 Skoolgaan
561 Studeer
642 Beproef
toetsingsreg 801
toetslas 97
toetslopie 642
toetsmemorandum 561
toetsnaald 301
toetspunt 561
toetsreeks 727
toetssaak 809
toetsspan 726
toetssteen
301 Metaal
516 Soek
toetstyd 560
toetsvlug 222
toetsvraag 561
toetsvraestel 561
toeval
18 Toeval
161 Bedek
178 Toegaan
413 Siekte
579 Gedwonge
771 Gramskap
toevallig
5 Ondergeskiktheid
18 Toeval
30 Ondergeskik
521 Verras wees
583 Willoosheid
toevalligerwys 18
toevalligheid
5 Ondergeskik
18 Toeval
579 Gedwonge
toeverlaat
655 Veilig
663 Meedoen
toevertrou
655 Veilig
693 Gee
769 Vertroue
toevloed
104 Baie
168 Saamkom
287 Vloei
toevloei
116 Te veel
168 Saamkom
175 Insit
287 Vloei
toevloeiing
168 Saamkom
287 Vloei

toevlug
655 Veilig
663 Meedoen
toevlugsoord
655 Veilig
780 Hulp
toevoeg
5 Ondergeskik
172 Vasmaak
toevoeging
5 Ondergeskik
107 Meer
toevoerkanaal 147
toevoerkraan 288
toevoerpyp 94(1)
toevou 180
toewaai 161
toewerk
178 Toegaan
414 Geneeskunde
toewy 612
toewyding
610 Ywerig
612 Noukeurig
622 Goed
651 Toesien
693 Gee
776 Liefde
811 Gewete
toewys
584 Kies
693 Gee
toewys aan 693
toewysing 693
toewysingsrekening 700
toe-ys 292
toffie 426
tog
15 Oorsaak
187 Reis
666 Verhinder
toga 852
togdeur 94(8)
toggat 290
toggenoot
26 Saam
187 Reis
togsnelheid 257
togtig 290
togwa 230
toiing
112 Deel
311 Weefsel
toiingrig
112 Deel
184 Afbreek
652 Versuim
690 Arm
toiings 184
toiinkie
112 Deel
311 Weefsel
toiinkies 184
toilet
94(15) Toebehore
94(3) Vertrek
745 Versier
746 Toilet
toiletartikel 746
toiletbenodighede 746
toiletemmer 84
toiletkamer 94(3)
toiletpapier
315 Papier
746 Toilet
toiletpapierhouer 94(15)
toiletseep
474 Welriekend
627 Skoon
746 Toilet
toiletspieël 95(11)
toiletstel 95(11)
toilettafel
95(6) Tafel
746 Toilet
toiletware
474 Welriekend
746 Toilet
toi-toi 742
tokkel
495 Tassin
756 Musiek
tokkelaar 756
tokkeling 495
tokkelinstrument 756
tokkelok 560
tokomana 426
toksien
252 Doodmaak
415 Geneesmiddel
toksies
252 Doodmaak
413 Siekte
toksikoloog 416
toktokkie
361 Insek
741 Kinderspel
tol
163 Draai
312 Spin
708 Betaal
712 Belasting
741 Kinderspel
tolbeampte 712
tolbelasting 712
tolbossie 415
toldroër 95(8)
toleransie
596 Inskiklik
625 Sterk
715 Gevoelloos
toleransiegrens 625
tolerant
596 Inskiklik
715 Gevoelloos
778 Goedaardig
tolereer
596 Inskiklik
715 Gevoelloos
tolgeld
708 Betaal
712 Belasting
tolgooi 741
tolhek 712
tolhuis 712
tolk
539 Kommunikeer
543 Duidelik
570 Taalwetenskap
tolkdiens 543
tolkwerk 543
tollenaar 712
tolletjie 312
tolletjiesbos 337
tollie 369
tolmuur 712
tolpad 149
tolparkering 217
tolpligtig 712
tolskulp 363
tolunie 665
tolvlug 222
tolvormig
438 Vorm
439 Punt
tolvry 712
tombe 253
tombola 18
tomeloos 820
tommie 673
tomograaf 417
tomografie 262
ton
123 Meet
124 Weeg
tonaal
753 Musiek
760 Skilderkuns
tonaliteit 753
tonboei 235
tondo 760
toneel
44 Gebeure
61 Plek
752 Toneelkuns
760 Skilderkuns
toneelaanwysing 752
toneelagtig 818
toneeldekor 752
toneeldigter 751
toneelfees 793
toneelganger 752
toneelgeselskap
665 Byeenkom
752 Toneelspel
toneelgroep 752
toneelkoors 768
toneelkostuum 752
toneelkritiek 752
toneelkritikus 752
toneelkuns
749 Kuns
752 Toneelkuns
toneelliteratuur 752
toneelmeester 752
toneelmusiek 753
toneelopvoering 752
toneelregie 752
toneelregisseur 752
toneelresensie 752
toneelskilder 760
toneelskool 559
toneelskrywer 565
toneelsolder 94
toneelspeel 752
toneelspel 752
toneelspeler 752
toneelstuk 752
toneelvereniging 665
toneelwese 752
toneelwêreld 752
tong
178 Toegaan
363 Waterdier
390 Mond
401 Spysvertering
421 Vleis
572 Uitspraak
tongaring 312
tongblaar 342
tongewelf 94(4)
tongpunt
390 Mond
439 Punt
572 Uitspraak
tongsoen 776
tongspatel 416
tongspier
379 Spier
390 Mond
tongspierverslapping 379
tongstand 572
tongval
548 Praat
569 Taal
tongvis
363 Waterdier
422 Seekos
tongwerk 548
tonies
415 Geneesmiddel
572 Uitspraak
753 Musiek
toniese kramptonsilitis 413
toniese middel 415

tonika 753
tonikum 415
tonnel
147 Rigting
149 Pad
210 Onderdeurgaan
351 Groente
tonnemaat 235
tonsil 390
tonsilitis 413
tonsuur 382
tontel 467
tontelblaar 467
tontelblaarbossie 337
tonteldoek 467
tonteldoos
95(3) Kas
467 Aansteek
tontrapper 198
tonyn 363
tooi 745
tooisel 745
toom
219 Perdry
231 Tuig
toomloos
598 Ongehoorsaam
618 Kragtig
toon
2 Nie-bestaan
162 Ontbloot
266 Akoestiek
397 Ledemaat
476 Geluid
490 Kleur
539 Kommunikeer
548 Praat
550 Noem
572 Uitspraak
644 Handelwyse
714 Gevoelig
753 Musiek
755 Uitvoering
toonaangewend 620
toonaard 753
toonafstand 753
toonbank 707
toonbankassistent 705
toonbankklerk
658 Beroep
705 Verkoop
toonbeeld 35
toonbeen
380 Gebeente
397 Ledemaat
toonbrode 854
toondemper 756
toonder 708
toondertjek 709
toondigter 754
toongeslag 753
toonheffing 753
toonhoogte 266
toonkamer 707
toonkleur 755
toonknobbel 413
toonladder 753
toonleer 753
toonloos
548 Praat
572 Uitspraak
715 Gevoelloos
toonmeter 753
toonnael 383
toonomvang 753
toonopvolging 753
toonset 754
toonsetter 754
toonsetting 754
toonskaal 753
toonsoort 753
toonspier 379
toonsterkte
266 Akoestiek
753 Musiek
toontjies 336
toontrap 753
toonval 753
toonvas
755 Uitvoering
757 Sang
toonvastheid 757
toonwaarde
704 Koop
753 Musiek
toonwysiging 572
toor 844
toorboek 844
toordery 844
toordokter 416
toordrank 844
toorfluit 844
toorformule 844
toorgoed 844
toorheks 844
toorhoutjie 844
toorkruid 343
toorkuns 844
toormiddel 844
toorn
618 Kragtig
771 Gramskap
775 Weersin
777 Haat
toornaar 844
toornig 777
toornigheid 771
toorspreuk 844
toorstokkie 844
toorts 487
toorwoord 844
top
74 Op
76 Bo
185 Sny
277 Berg
331 Boom
439 Punt
607 Beloof
622 Goed
topaas 298
topbestuur 700
topfiguur
622 Goed
799 Beroemd
topgebruik 629
topgewel 94(4)
topiek 577
topiekloosheid 577
topkerf 686
topklas 622
toplig 487
topograaf 273
topografie 273
topografiese kaart 273
topologie 273
topologies 273
toponiem
546 Kunsmatige teken
550 Noem
574 Woordkategorie
toponimie 550
topposisie 658
topprestasie 645
toppresteerder
622 Goed
682 Slaag
topprys 126
toppunt
28 Einde
436 Hoog
439 Punt
622 Goed
tops 605
topsalaris 686
topseil 235
topsnelheid 225
topstruktuur 76
topswaar 452
tor
361 Insek
366 Soogdier
813 Swak gedrag
torakale werwel 396
toraks
361 Insek
362 Skaaldier
394 Bors
torakschirurgie
414 Geneeskunde
515 Wetenskap
toring
94(5) Pilaar
436 Hoog
655 Veilig
671 Verdedig
toringgebou
91 Gebou
92 Groot gebou
toringhoog 436
toringhyskraan 221
toringklok 128
toringspits 94(5)
toringtop 94(5)
toringwagter 655
torium 297
tornado
290 Wind
293 Onweer
tornyn
363 Waterdier
366 Soogdier
torpedeer
677 Skiet
683 Misluk
torpedis 677
torpedo
235 Skeepvaart
676 Vuurwapen
torpedoboot 235
torpedojaer 235
torpedokamer 235
torpedolanseerbuis 676
torring
173 Losmaak
638 Aanmoedig
666 Verhinder
725 Verveling
tors
75 Onder
717 Lyding
torsie 257
torsieveer 257
torso
392 Romp
763 Beeldhoukuns
tortel 365
tortelduif 365
tossel 745
tot
28 Einde
63 Begrens
69 Naby
102 Hoeveelheid
166 Nader beweeg
tot dusver 50
tot en met 104
tot niet gaan
238 Vernietig
687 Verlies
tot niet maak
238 Vernietig
687 Verlies
tot oormaat van ramp 683
tot orde roep
827 Afkeur
835 Bestraf
tot slot 28

tot stand bring
15 Oorsaak
237 Voortbring
682 Slaag
693 Gee
tot stand kom
0 Ontstaan
237 Voortbring
682 Slaag
tot stilstand kom
146 Bewegingloosheid
257 Meganika
tot teenaan 69
tot voor 166
tot wederom 790
tot weersiens 790
totaal
109 Alles
111 Geheel
133 Getal
703 Boekhou
totaalbedrag
137 Bewerking
703 Boekhou
totaalbeeld 547
totaaleffek 713
totaalindruk 713
totale opbrengs 699
totalisator 18
totalitarisme
590 Bestuur
795 Staat
totaliteit 111
totalitêr
111 Geheel
590 Bestuur
795 Staat
totalitêre regering 590
totdat 28
totem 854
totemdier 854
totemisme 854
totempaal 854
totsiens
190 Vertrek
790 Sosiaal
totstandbrenging 237
totstandkoming
0 Ontstaan
237 Voortbring
tou
21 Volgorde
145 Beweging
172 Vasmaak
310 Vlegwerk
313 Weef
435 Smal
touleer 211
toulei 231
touleier 230
toupet 382
tour de force 651
touspring
182 Slaan
741 Kinderspel
toustaan 21
toutologie
569 Taal
577 Betekenis
toutologies
8 Dieselfde
576 Sinsbou
577 Betekenis
toutrek 667
toutrekkery 667
touvesel 310
touwerk 235
touwys
368 Diereteelt
535 Weet
towenaar
836 Bonatuurlik
844 Bygeloof
tower 844
toweragtig 36
towerformule 844
towerformulier 573
towerklank 478
towerkruid 844
towerkuns 844
towermiddel 415
towerslag 844
towerspel 844
towerspreuk
573 Woordeskat
844 Bygeloof
towerstaf 844
towerwêreld
547 Simboliek
743 Mooi
844 Bygeloof
towerwoord 844
towery 844
T-pyp
147 Rigting
288 Waterstelsel
traag
193 Ophou
226 Stadig
503 Onverstandig
581 Teësinnig
611 Lui
traagheid
226 Stadig
257 Meganika
581 Teësinnig
611 Lui
646 Nie handel nie
traak 6
traak-(my)-nieagtig
507 Ongeïnteresseerd
613 Onnoukeurig
652 Versuim
664 Terugstaan
715 Gevoelloos
774 Onverskillig
traan
402 Afskeiding
413 Siekte
462 Halfvloeibaar
723 Ernstig
traanagtig 462
traanbom 676
traanbuis 387
traangasbom 676
traanklier
387 Oog
402 Afskeiding
traanoog 413
traansak 387
trachea 398
trachodon 367
tradisie
35 Reëlmatig
143 Bestendig
510 Herinner
657 Herhaal
tradisievas
35 Reëlmatig
143 Bestendig
657 Herhaal
tradisioneel
35 Reëlmatig
657 Herhaal
traerig
226 Stadig
581 Teësinnig
trag
642 Beproef
654 Moeilik
tragea 398
trageaal 398
tragedie
44 Gebeure
719 Hartseer
752 Toneelkuns
tragedieskrywer
565 Skryfkuns
750 Letterkunde
trageïtis 413
tragerig
226 Stadig
581 Teësinnig
tragiek 719
tragies
719 Hartseer
752 Toneelkuns
tragikomedie
44 Gebeure
752 Toneelkuns
tragitis 413
tragoom 413
traksie 414
traksiemotor 234
traktaat
567 Boek
607 Beloof
traktaatjie 567
trakteer
693 Gee
790 Sosiaal
tralie 178
traliebalk 94(12)
traliedeur 94(8)
tralieheining 178
traliehek 178
traliestruktuur 94(12)
tralievenster 94(9)
traliewerk
94(12) Balkon/trap
178 Toegaan
trampolien 730
trane stort
719 Hartseer
723 Ernstig
tranedal
719 Hartseer
723 Ernstig
tranerig
714 Gevoelig
719 Hartseer
723 Ernstig
tranerigheid
714 Gevoelig
719 Hartseer
tranevloed 723
trankiel 619
trankiliteit 619
trans
94(5) Pilaar
269 Heelal
transaksie
607 Beloof
686 Aanwins
700 Bank
701 Handel
transatlanties 87
transeermes 185
transeerstel 185
transendentaal 836
transep 853
transformasie
140 Verandering
438 Vorm
transformator 262
transformeer
53 Nuut
140 Verandering
transfusie 414
transistor
262 Elektrisiteit
264 Uitsaai
transistorradio 264
transitief 574
transitiwiteit 574
transito
187 Reis
195 Deurgaan

transitopassasier
187 Reis
195 Deurgaan
transitoskuur 221
transitovisum 187
transkontinentaal 87
transkribeer
563 Skryf
565 Skryfkuns
transkrip 565
transkripsie
563 Skryf
565 Skryfkuns
754 Komposisie
transliterasie
543 Duidelik
570 Taalwetenskap
translitereer 570
transmigrasie
67 Verplasing
187 Reis
844 Bygeloof
transmissie
264 Uitsaai
630 Werktuig
transmissielyn
262 Elektrisiteit
264 Uitsaai
transmissierekening 700
transmitteer 264
transmutasie
140 Verandering
256 Skeikunde
transmutasieselstof 317
transparant
488 Deurskynend
564 Skryfbehoeftes
transparante 560
transparantheid 488
transpirasie
292 Neerslag
324 Plantlewe
409 Afskeiding
transpireer
324 Plantlewe
409 Afskeiding
transplantasie 414
transponeer
140 Verandering
754 Komposisie
transport
194 Vervoer
693 Gee
transport ry 194
transportakte
546 Kunsmatige teken
693 Gee
transportasie 194
transportdiens 194
transporteer
194 Vervoer
216 Ry
transportfiets 232
transportkoste 708
transportmiddel 145
transportpad 149
transportryer 194
transportskip 235
transporttrein 234
transportvliegtuig 236
transportwa 230
transposisie
140 Verandering
754 Komposisie
transseksueel 374
transsubstansiasie 850
transversaal
79 Dwars
139 Meetkunde
transverse kolon 401
transvestiet 374
transvestisme 374
trant
644 Handelwyse
750 Letterkunde
trap
30 Ondergeskik
94(12) Trap
164 Reëlmatig
167 Wegbeweeg
181 Stoot teen
197 Te voet
211 Opgaan
218 Fietsry
228 Vinnig
347 Landbou
352 Graan
trapaansitter 257
trapas 232
trapbalie
84 Houer
350 Vrugte
trapbouer 97
trapbrug 730
trapees 730
trapesium 139
trapesius 379
trapesoïed 139
trapfiets 232
trapgewel 94(4)
traphelling 94(12)
traphoogte 94(12)
traphuis 94(12)
trapkar 232
trapleer 211
trapleuning 94(12)
traplig 487
traploper 95(10)
trapmasjien
352 Graan
355 Landbougereedskap
trapmeul 186
trapmuur
94(12) Trap
94(6) Muur
trapoorgang 94(12)
trappe van vergelyking 574
trappehuis 94(3)
trappel 197
trapper
232 Fiets
756 Musiek
trappie
94(12) Trap
197 Te voet
211 Opgaan
trappiramide 253
trapportaal 94(3)
traprem
146 Beweginloosheid
232 Fiets
233 Motorvoertuig
234 Spoorweg
257 Meganika
trapsel
20 Wanorde
102 Hoeveelheid
trapsgewys(e)
21 Volgorde
30 Ondergeskik
226 Stadig
trapskakelaar 262
trapstel 211
trapsuutjies
226 Stadig
364 Reptiel
traptyd 352
trapvloer 352
tras 100
traseer
97 Bou
99 Messel
657 Herhaal
759 Tekenkuns
traseerder
97 Bou
99 Messel
traseerwerk 94(13)
trasering
97 Bou
99 Messel
309 Glas
trassie
357 Dier
374 Mens
traumabehandeling 414
traumaversekering 655
travertyn 298
travertynterras 277
travestie 831
trawal
654 Moeilik
683 Misluk
trawant
645 Handel
663 Meedoen
tred 197
tredmeul(e) 186
tree
94(12) Trap
181 Stoot teen
197 Te voet
treeplank
233 Motorvoertuig
234 Spoorweg
tref
44 Gebeure
166 Nader beweeg
181 Stoot teen
713 Gevoel
trefafstand
68 Ver
677 Skiet
trefbaar 675
tref-en-trapongeluk 683
treffend
129 Bepaald
506 Belangstel
713 Gevoel
714 Gevoelig
treffer
181 Stoot teen
677 Skiet
757 Sang
trefferboek 750
trefferliedjie 757
trefferroman 750
treffersparade 757
trefkrag
16 Gevolg
638 Aanmoedig
677 Skiet
714 Gevoelig
trefpunt
439 Punt
637 Doelgerigtheid
trefseker
612 Noukeurig
614 Bekwaam
625 Sterk
677 Skiet
682 Slaag
trefwoord 567
trefwydte
16 Gevolg
677 Skiet
801 Wet
tregter
147 Rigting
286 Rivier
tregtermond
147 Rigting
286 Rivier
tregtermonding 286
tregtervormig 446
treil
145 Beweging
372 Vissery

treiler 235
treilnet 372
trein
21 Volgorde
220 Treinry
234 Spoorweg
treinbestuurder 223
treinbrug
156 Bo-oor
209 Oorgaan
treinkaartjie
187 Reis
220 Treinry
treinkondukteur 234
treinloods
220 Treinry
223 Stuur
treinonderdele 234
treinongeluk
220 Treinry
683 Misluk
719 Hartseer
treinpassasier 220
treinpersoneel 234
treinramp
220 Treinry
683 Misluk
treinreis 187
treinrit
187 Reis
220 Treinry
treinrooster 220
treinry 220
treinsiek 413
treinspoor 234
treinstel 234
treintye 220
treinverkeer 220
treinvervoer 220
treiter
717 Lyding
722 Snaaks
779 Boosaardig
831 Bespot
treiteraar
722 Snaaks
779 Boosaardig
831 Bespot
treiterend
666 Verhinder
771 Gramskap
treitering
779 Boosaardig
831 Bespot
trek
3 Bestaanswyse
67 Verplasing
68 Ver
122 Bereken
139 Meetkunde
145 Beweging
167 Wegbeweeg
187 Reis
190 Vertrek
222 Vlieg
290 Wind
372 Vissery
386 Gesig
419 Voedselbereiding
430 Rook
686 Aanwins
688 Besit
trekarbeider 658
trekbees
366 Soogdier
369 Veeteelt
trekboer 369
trekboot 235
trekdier 357
trekduiker 365
trekgat 469
trekgoed 357
trekgroep 67
trekker
67 Verplasing
233 Motorvoertuig
355 Landbougereedskap
630 Werktuig
676 Vuurwapen
696 Ontvang
700 Bank
708 Betaal
trekkerig 290
trekkerslewe 67
trekking
18 Toeval
145 Beweging
700 Bank
trekkings
378 Senuwee
413 Siekte
trekkingsrekening 700
trekklavier 756
trekkrag
145 Beweging
625 Sterk
treknet 372
trekpad
149 Pad
369 Veeteelt
trekperd 366
trekpleister
415 Geneesmiddel
773 Begeerte
776 Liefde
treksaag
185 Sny
630 Werktuig
treksel
102 Hoeveelheid
419 Voedselbereiding
427 Drank
trekskaal 124
trekskaap 369
trekskuit 235
trekspanning
257 Meganika
453 Dig
treksprinkaan 361
trekstang
231 Tuig
234 Spoorweg
trekvastheid
257 Meganika
453 Dig
trekvee 369
trekvenster 94(9)
trekvoël 365
trekvolk 67
trem 234
trema
565 Skryfkuns
571 Skrif
trembestuurder 234
trembus 230
tremdiens 234
tremgeld 234
tremhalte 234
tremhuisie 234
tremkondukteur 234
tremlyn 220
tremolo 753
tremspoor 220
tremspore 728(4)
tremverkeer 220
trens
219 Perdry
231 Tuig
372 Vissery
trenstoom 231
trepaneer 414
treur
719 Hartseer
723 Ernstig
treurend 717
treurig
458 Breekbaar
583 Willoosheid
623 Sleg
626 Swak
652 Versuim
683 Misluk
690 Arm
717 Lyding
719 Hartseer
treurigheid
458 Breekbaar
626 Swak
690 Arm
717 Lyding
719 Hartseer
treurlied 757
treurmare 539
treurnis 719
treursang 757
treurspel
44 Gebeure
752 Toneelkuns
treurtoneel 752
treurwilg 331
treusel
226 Stadig
621 Onbelangrik
trewwa 322
triade 102
triangel 756
triargie
102 Hoeveelheid
663 Meedoen
Triastydperk 274
triatlon 726
tribulasie
44 Gebeure
768 Vrees
tribunaal
808 Regswese
809 Regsgeding
tribune 94
tribuut
126 Skat
712 Belasting
triceratops 367
triest
293 Onweer
717 Lyding
719 Hartseer
triestig
293 Onweer
717 Lyding
719 Hartseer
triestigheid
293 Onweer
717 Lyding
719 Hartseer
triets(er)ig
293 Onweer
433 Klein
626 Swak
719 Hartseer
trietsigheid
293 Onweer
433 Klein
626 Swak
719 Hartseer
triforium
94 Gebou
853 Kerk
triglief 94(13)
trigonometrie 139
trigonometries 139
triktrak 739
trikuspedale klep 399
tril
164 Reëlmatig
225 Vinnig
757 Sang

trilgras 338
trilhaar 389
trillend
164 Reëlmatig
165 Onreëlmatig
trillerig 164
trilling
164 Reëlmatig
165 Onreëlmatig
266 Akoestiek
274 Geologie
trillingsduur
266 Akoestiek
274 Geologie
trillingsfrekwensie
266 Akoestiek
274 Geologie
trillingsgetal
133 Getal
266 Akoestiek
274 Geologie
trillingswydte
266 Akoestiek
274 Geologie
trilogie
567 Boek
752 Toneelkuns
trilpopulier 331
trilsif 153
trim 730
trimester 127
trimeter 751
trimoefening 730
trimpark 730
Triniteit 837
trio
102 Hoeveelheid
754 Komposisie
755 Uitvoering
757 Sang
triolet 751
triomf
622 Goed
682 Slaag
684 Oorwin
triomfantelik
682 Slaag
684 Oorwin
triomfboog
546 Kunsmatige teken
684 Oorwin
triomfeer
622 Goed
682 Slaag
684 Oorwin
triomflied 757
triomfpoort 546
triomfsuil 546
triomftog
187 Reis
684 Oorwin
793 Fees
tripanosomiase 413
tripanosoom 413
tripleksglas 309
triplikaat 565
trippel
164 Reëlmatig
197 Te voet
219 Perdry
trippelend 197
trippelgang 219
trippelmaat
431 Afmeting
751 Digkuns
trippens 131
tripsine 401
triptiek 760
triseps 379
tritium 256
trits 102
triumvir 591
triumviraat
590 Bestuur
591 Gesaghebber
triviaal
542 Betekenisloos
621 Onbelangrik
trivialiteit
542 Betekenisloos
621 Onbelangrik
troebadoer 757
troebel
489 Ondeurskynend
544 Onduidelik
628 Vuil
troebele 667
troebelheid
489 Ondeurskynend
628 Vuil
troebelrig
462 Halfvloeibaar
489 Ondeurskynend
628 Vuil
troef
684 Oorwin
740 Kaartspel
troefkaart 740
troep
168 Saamkom
591 Gesaghebber
592 Ondergeskikte
672 Weermag
673 Manskap
752 Toneelspel
troepemag 672
troepeskip 235
troepevervoer 194
troepsgewys 102
troetel
495 Tassin
776 Liefde
troeteldier 357
troetelnaam
550 Noem
776 Liefde
troetelvoël 365
troetelwoord 776
trofee
546 Kunsmatige teken
684 Oorwin
727 Wedstryd
834 Beloon
troffel
99 Messel
101 Gereedskap
630 Werktuig
trog
84 Houer
278 Vallei
283 See
287 Vloei
294 Weerkunde
trogee 751
trogeïes 751
troglodiet 64
troika
230 Rytuig
590 Bestuur
trok
194 Vervoer
234 Spoorweg
trollie
230 Rytuig
234 Spoorweg
417 Hospitaal
707 Handelsaak
trolliebus 230
trom 756
tromboon 756
tromboonspeler 756
tromgeroffel 480
trommel
84 Houer
187 Reis
trommeldik 406
trommelrem 233
trommelvlies 388
trompet 756
trompetblaser 756
trompetboom 331
trompetspeler
755 Uitvoering
756 Musiek
trompetter 484
tromspeler
755 Uitvoering
756 Musiek
tronie 386
tronk
594 Onvryheid
835 Bestraf
tronkbewaarder
594 Onvryheid
655 Veilig
tronklewe 594
tronksel
594 Onvryheid
835 Bestraf
tronkstraf 835
tronkvoël
594 Onvryheid
835 Bestraf
troonafstand 660
troonbestyging 588
troop 750
troos
638 Aanmoedig
663 Meedoen
715 Gevoelloos
716 Genot
720 Tevrede
778 Goedaardig
troosteloos
623 Sleg
719 Hartseer
766 Wanhoop
768 Vrees
troostend 716
trooster 716
troosvol 716
trooswoord 716
trooswoorde 638
trop
104 Baie
168 Saamkom
357 Dier
369 Veeteelt
trope 289
tropies 289
tropiese geneeskunde 414
tropiese klimaat
289 Klimaat
465 Warm
tropiese reën 292
tropiese reënwoud 289
tropiese savanne 289
tropiese siekte 413
tropiese storm 292
tropiese vrug
323 Vrug
350 Vrugte
tropinstink 357
tropisme 324
troponimie 570
troposfeer
269 Heelal
289 Klimaat
tros 168
tros druiwe 426
troshuis(e) 91
trots
743 Mooi
785 Hoogmoedig
trotseer 767

trou
248 Huwelik
608 Jou woord hou
622 Goed
811 Gewete
814 Eerlik
816 Getrou
troubreuk
248 Huwelik
817 Ontrou
troue
248 Huwelik
850 Sakrament
troueloos
623 Sleg
770 Wantroue
817 Ontrou
820 Oneerbaar
troueloosheid
623 Sleg
817 Ontrou
trougeskenk 248
trouklere 745
troukoek 248
troumotor 248
troupand 365
trouring 745
tru stoot 217
trui 745
trulig 233
trurat
233 Motorvoertuig
630 Werktuig
truspieël 233
trust 692
trustakte 692
trustee 692
trustfonds 692
trustgeld 692
trustok 728(6)
trustokhou 728(6)
truvorming 575
Tswana 569
tuba 756
tuberkulose 413
tudorstyl 764
tufsteen 304
tug
182 Slaan
597 Gehoorsaam
835 Bestraf
852 Geestelike
tugtig
182 Slaan
835 Bestraf
tugtiging 835
tuig
145 Beweging
211 Opgaan
235 Skeepvaart
tuimel
77 Onder
212 Afgaan
730 Gimnastiek
tuimelaar 178
tuimeldroër 627
tuimeling 159
tuimeloefening 730
tuin 346
tuinbank 95(4)
tuinblom 322
tuinboek 567
tuinboom 331
tuinboukunde 356
tuinfees 793
tuingereedskap 630
tuingraaf 630
tuinhek
94(14) Buitekant
178 Toegaan
tuinhuis 91
tuinier 645
tuinkneg 592
tuinkriek 361
tuinmuur 94(6)
tuinpaadjie 94(14)
tuinpartytjie 418
tuinrubriek 568
tuinslak 361
tuinslang 288
tuinspinnekop 361
tuinsprinkaan 361
tuinstoel 95(4)
tuinstruik 332
tuintrekker 233
tuinvullis 628
tuinvurk 630
tuinwerker
592 Ondergeskikte
645 Handel
tuis
64 Aanwesig
89 Blyplek
tuisbedryf 707
tuisbof 728(7)
tuisgaan 64
tuisgebakte brood 424
tuisgemaakte koeldrank 427
tuishoort 33
tuisland 90
tuismaak 89
tuisnywerheid 658
tuisopvoeding 559
tuiste
61 Plek
89 Blyplek
tuisvaart 188
tuisvermaak 724
tuisvlug 188
tuiswerk 561
tuit
84 Houer
386 Gesig
tuitvormig 438
tulband 745
tulbandskulp 363
tulle 311
tulp 342
tumor 413
tuna
363 Waterdier
422 Seekos
tungolie 331
tungsten 297
tuniek
674 Uitrusting
745 Kleding
turbine
235 Skeepvaart
236 Lugvaart
262 Elektrisiteit
630 Werktuig
turbineblad 236
turbinekompressoras 236
turbinemotor 630
turbinerotor
257 Meganika
262 Elektrisiteit
turbo-aangejaagde enjin 233
turbo-aanjaer 234
turbulensie 165
turbulent 165
turkoois 298
turksvy
323 Vrug
336 Vetplant
350 Vrugte
tussen
61 Plek
81 Binne
tussenbei 56
tussenbeide kom 668
tussendeur
48 Gelyktydig
56 Selde
tussending 81
tussenganger 668
tussengasheer 324
tussenhandel 701
tussenhandelaar 701
tussenin
48 Gelyktydig
81 Binne
tussenkleur 490
tussenkoms
590 Bestuur
663 Meedoen
668 Vrede
tussenmenslik 374
tussenmuur 94(6)
tussenoudit 703
tussenpersoon
668 Vrede
701 Handel
tussenplafon 94(4)
tussenpoos 662
tussenregering 590
tussenribsenuwee 378
tussensaldo
688 Besit
703 Boekhou
tussenseisoen 289
tussensin 576
tussenskot
94(6) Muur
389 Neus
tussensoort 31
tussenspel
752 Toneelkuns
754 Komposisie
tussenstadium 37
tussentoon 753
tussentyd 37
tussentyds
41 Kortstondig
590 Bestuur
tussentydse regering 590
tussenverdieping 94(1)
tussenverkiesing
590 Bestuur
795 Staat
tussenvorm 438
tussenweg 149
tussenwerpsel 576
tussorsy 311
tutoriaal 561
tutta la forza 753
tutte le corde 753
tutti 753
tuur 499
TV 264
twaalfdaags 102
twaalfhoek 139
twaalfpuntletter 566
twaalfsnaarkitaar 756
twaalftonige toonleer 753
twaalfuur 418
twaalfvingerderm 401
twak
430 Rook
524 Onlogies redeneer
548 Praat
twak praat 538
twakkerig 621
twakpraatjies 524
twakpratery 548
twakrook 430
twaksak(kie) 430
tweeakter 752
tweebenig 397
tweed 311
tweede 137
tweedehands
6 Betreklik
54 Oud
tweedehandse waarde 620
tweede-in-bevel 590
tweedejaar 560

tweedejaarstudent 560
tweedejaarsvak 515
tweedens 133
tweederangs 624
tweederangse hotel 429
tweedespanspeler 726
tweedetaalonderrig 570
tweedeursedan 233
tweedimensioneel
139 Meetkunde
431 Afmeting
tweedrag
667 Stryd
771 Gramskap
tweedrag saai 667
tweedubbel(d) 114
tweeduimspyp 147
twee-en-twintigmeterlyn 728(1)
tweegatjakkals 818
tweegesprek
539 Kommunikeer
548 Praat
554 Aanspreek
tweegeveg 667
tweehout 728(8)
tweejaarliks 37
tweejarig
52 Ouderdom
53 Jonk
tweekamerparlement 795
tweekamerstelsel 590
tweekamerwoonstel 91
tweekamp 726
tweeklank 572
tweekleurdruk 566
tweekleurig 490
tweelaaghout 316
tweelettergrepig 571
tweeling 243
tweelingbroer 244
tweelingooi 369
tweelingsuster 245
tweelobbig 323
tweeloop(geweer) 676
tweeluik 760
tweemaandeliks 37
tweemanskap
590 Bestuur
776 Liefde
tweemanskool 559
tweemaster 235
tweemotorig 222
tweepartystaat 795
tweepersoon(s)fiets 232
tweepuntig 439
tweërlei 13
tweesaadlobbig
318 Plant
331 Boom
332 Struik
333 Rankplant
tweesang 757
tweeslagenjin 257
tweeslagmaat 753
tweeslagmasjien 257
tweeslagtig
114 Saamgesteld
357 Dier
tweeslagtige plant 318
tweesnarig 756
tweesnydend
185 Sny
440 Skerp
tweespalt
667 Stryd
777 Haat
tweespraak
554 Aanspreek
752 Toneelkuns
tweesprong 149
tweestemmig 757
tweestertjakkals 818
tweestreepnoot 753
tweestryd
121 Verwarring
587 Aarsel
tweestrydig
11 Disharmonie
519 Twyfel
587 Aarsel
tweestuk 215
tweesydig 87
tweetal 133
tweetalig
548 Praat
569 Taal
tweetalige woordeboek 567
tweetaligheid 569
tweetaligheidseksamen 561
tweetandskaap 369
twee-twee
102 Hoeveelheid
133 Getal
twee-twee-tyd 753
tweeuur 37
tweeverdiepinggebou
91 Gebou
92 Groot gebou
tweevoetige 751
tweevoorploeg 355
tweevoud 133
tweevoudig 133
tweewielig 232
tweeyster 728(8)
twintiger 52
twintigjarig 53
twintigtal 133
twis
9 Verskillend
11 Disharmonie
522 Redeneer
539 Kommunikeer
557 Diskussie
667 Stryd
777 Haat
779 Boosaardig
twisappel 667
twisgeding 808
twisgeskryf 557
twisgesprek
133 Getal
522 Redeneer
539 Kommunikeer
557 Diskussie
twisgierig
667 Stryd
777 Haat
twispunt
516 Soek
667 Stryd
twissaak 667
twissiek 667
twissoeker
667 Stryd
779 Boosaardig
twissoekerig
667 Stryd
777 Haat
twissoekery 777
twister 667
twisvraag
555 Vra
557 Diskussie
twyfel
121 Verwarring
518 Glo
519 Twyfel
587 Aarsel
770 Wantroue
843 Ongeloof
twyfelaar
519 Twyfel
583 Willoosheid
587 Aarsel
843 Ongeloof
twyfelagtig
11 Disharmonie
518 Glo
519 Twyfel
538 Dwaling
544 Onduidelik
623 Sleg
770 Wantroue
813 Swak gedrag
820 Oneerbaar
843 Ongeloof
twyfelend
11 Disharmonie
519 Twyfel
587 Aarsel
770 Wantroue
twyfeling 519
twyfelmoedig
519 Twyfel
583 Willoosheid
587 Aarsel
714 Gevoelig
770 Wantroue
twyg 320
twyn 312
twynwiel 312
tyd
37 Tyd
45 Geskiedenis
123 Meet
127 Tydbepaling
574 Woordkategorie
tydaanwysing 127
tydbepaling 127
tydbesparing 38
tydbestuur 38
tydbom 676
tyddeel 89
tyddeelverblyf 89
tydeenhede 37
tydelik
37 Tyd
41 Kortstondig
254 Stof
658 Beroep
tydelike gebou 91
tydeloos 42
tydens
37 Tyd
48 Gelyktydig
127 Tydbepaling
tydgebonde 45
tydgebrek 38
tydgebruik 38
tydgenoot
48 Gelyktydig
374 Mens
tydgenootlik 48
tydgleuf 37
tydhouer 127
tydig
37 Tyd
38 Tydgebruik
57 Vroeg
tydigheid 57
tyding
539 Kommunikeer
551 Meedeel
tydinterval 37
tydjie
37 Tyd
41 Kortstondig
tydkaart 127
tydkorting
38 Tydgebruik
662 Rus
tydkring
37 Tyd
127 Tydbepaling
270 Hemelliggaam
tydloosheid 42
tydmaat 753

tydmeting 127
tydmors 634
tydopname
268 Fotografie
727 Wedstryd
tydopnemer 127
tydperk
37 Tyd
127 Tydbepaling
274 Geologie
tydpunt 37
tydreëling
38 Tydgebruik
127 Tydbepaling
tydrekening
45 Geskiedenis
127 Tydbepaling
tydrekenkundig 21
tydren
727 Wedstryd
737 Motorsport
tydrenjaer 737
tydrowend 40
tydruimte 37
tydsaam
37 Tyd
226 Stadig
581 Teësinnig
tydsbeperking 38
tydsbestek 37
tydsduur
22 Kontinu
37 Tyd
40 Langdurig
tydsein 235
tyd(s)gees 657
tydsgenoeg 226
tydsgewrig 37
tyd(s)grens 58
tydsiklus 37
tydskrif
539 Kommunikeer
562 Lees
568 Perswese
tydskrifartikel
539 Kommunikeer
551 Meedeel
565 Skryfkuns
568 Perswese
tydskrifjoernaal 568
tydskrifjoernalis
565 Skryfkuns
568 Perswese
tydskrifredakteur
566 Drukkuns
568 Perswese
tydskrifrubriek 568
tydskrifuitgewer
566 Drukkuns
568 Perswese
tydskrifverhaal 568
tydskrifwese 568
tyd(s)limiet 58
tydsorde 21
tydspan 37
tydstip
37 Tyd
41 Kortstondig
tyd(s)verloop 37
tydsvolgorde 21
tydtafel
45 Geskiedenis
127 Tydbepaling
tydvak
37 Tyd
127 Tydbepaling
tydverbruik 38
tydverdryf
38 Tydgebruik
662 Rus
724 Vermaak
tydverkwisting
39 Tydverlies
193 Ophou
648 Onderbreek
tydverlies 39
tydverloop 37
tydvermorsing
38 Tydgebruik
39 Tydverlies
648 Onderbreek
tydverspillend 226
tydverspilling 39
tydverwering 37
tydvorm 574
tyk 311
tyrannosourus 367
T-yster 301

U

u
1 Bestaan
129 Bepaald
U-boot 235
udometer 294
u-draai 444
uhuru 593
ui
351 Groente
426 Kos
ui(e)agtig 426
uielof 321
uier 394
uieslaai 426
uil
365 Voël
503 Onverstandig
uilmot 361
uilskuiken 503
uilspieël
722 Snaaks
831 Bespot
uiltjie 322
uintjie
335 Bolplant
426 Kos
uintjieskweek 344
uit
28 Einde
37 Tyd
45 Geskiedenis
65 Afwesig
80 Buite
159 Neerdaal
176 Uithaal
189 Wegbly
207 Uitgaan
482 Menslike geluid
539 Kommunikeer
548 Praat
693 Gee
uitasem 404
uitaseming 404
uitbagger 288
uitbak 425
uitban 67
uitbars
44 Gebeure
184 Afbreek
713 Gevoel
uitbarsting
44 Gebeure
184 Afbreek
270 Hemelliggaam
713 Gevoel
771 Gramskap
uitbasuin
539 Kommunikeer
551 Meedeel
uitbeeld
547 Simboliek
750 Letterkunde
752 Toneelkuns
758 Kuns
uitbeelding
750 Letterkunde
758 Kuns
uitbeitel
758 Kuns
763 Beeldhoukuns
uitbestee 691
uitbetaal 708
uitbetaling
691 Spandeer
708 Betaal
uitbeweeg 145
uitblaas
176 Uithaal
404 Asemhaling
468 Blus
uitblaker
162 Ontbloot
539 Kommunikeer
uitblink 622
uitblinker
622 Goed
682 Slaag
uitbly
44 Gebeure
65 Afwesig
189 Wegbly
uitboender
80 Buite
176 Uithaal
192 Laat gaan
uitboer
683 Misluk
687 Verlies
uitboor 446
uitborrel 80
uitbou 97
uitboul
684 Oorwin
728(3) Krieket
uitbousel 97
uitbraai 419
uitbraak 413
uitbraaksel 409
uitbranding 468
uitbreek
44 Gebeure
173 Losmaak
184 Afbreek
593 Vryheid
uitbrei
62 Grensloos
140 Verandering
432 Groot
682 Slaag
uitbreiding
62 Grensloos
107 Meer
682 Slaag
uitbring
176 Uithaal
539 Kommunikeer
548 Praat
uitbroei
370 Voëlteelt
513 Gedagte
uitbuit
686 Aanwins
694 Neem
779 Boosaardig
uitbuiter 694
uitbuitery 779
uitbuiting
694 Neem
779 Boosaardig
uitbulder 548
uitbult 446
uitbundig
104 Baie
716 Genot
718 Bly
793 Fees
uitdaag
191 Laat kom
667 Stryd

669 Aanval
726 Sport
uitdaagbeker 727
uitdagend
667 Stryd
767 Moed
uitdager
191 Laat kom
669 Aanval
uitdaging
191 Laat kom
667 Stryd
669 Aanval
uitdeel
169 Skei
693 Gee
740 Kaartspel
uitdelg
238 Vernietig
252 Doodmaak
684 Oorwin
708 Betaal
uitdelger
238 Vernietig
252 Doodmaak
684 Oorwin
708 Betaal
uitdelging
238 Vernietig
252 Doodmaak
684 Oorwin
708 Betaal
711 Skuld
uitdien 594
uitdienstreding 660
uitdiep
50 Verlede
437 Laag
uitdink
237 Voortbring
513 Gedagte
517 Vind
uitdinksel 513
uitdoof
252 Doodmaak
468 Blus
486 Duisternis
uitdop 426
uitdor 464
uitdos 745
uitdra
176 Uithaal
539 Kommunikeer
uitdraai
16 Gevolg
148 Van koers af
163 Draai
173 Losmaak
217 Motorry
uitdraaipad 149
uitdroging 464
uitdroog 464
uitdruk
446 Rond
539 Kommunikeer
548 Praat
564 Skryfbehoeftes
uitdrukking
386 Gesig
539 Kommunikeer
548 Praat
573 Woordeskat
713 Gevoel
uitdrukking gee 548
uitdrukkingloos 713
uitdrukkingsvermoë 548
uitdrukkingsvol 713
uitdrukkingswyse
548 Praat
573 Woordeskat
uitdrukkingwoordeboek 567
uitdruklik
528 Bevestig
537 Waarheid
582 Wilskrag
595 Streng
uitdrup 287
uitdryf
182 Slaan
192 Laat gaan
uitdrywing
192 Laat gaan
838 Gees
uitdun
347 Landbou
727 Wedstryd
746 Toilet
uitdunloop 727
uitdunwedren 727
uitdunwedstryd 727
uitdy
432 Groot
682 Slaag
uiteen 169
uiteenbars
169 Skei
184 Afbreek
uiteendryf
169 Skei
173 Losmaak
uiteengaan
167 Wegbeweeg
169 Skei
uiteengroei 167
uiteenjaag 173
uiteenloop
9 Verskillend
169 Skei
197 Te voet
uiteenlopend
9 Verskillend
11 Disharmonie
13 Verskeidenheid
uiteensetting
539 Kommunikeer
543 Duidelik
551 Meedeel
553 Behandel
uiteensit
539 Kommunikeer
543 Duidelik
553 Behandel
uiteenspat
169 Skei
184 Afbreek
uiteenval
169 Skei
184 Afbreek
uiteenvlieg
169 Skei
184 Afbreek
uiteet 429
uiteinde
16 Gevolg
28 Einde
250 Dood
637 Doelgerigtheid
646 Nie handel nie
650 Voltooi
681 Resultaat
uiteindelik
28 Einde
47 Later
650 Voltooi
uitentreure 40
uiter
482 Menslike geluid
539 Kommunikeer
548 Praat
693 Gee
uiteraard 3
uiterlik
2 Nie-bestaan
80 Buite
386 Gesig
438 Vorm
uitermate 104
uiters
104 Baie
107 Meer
uiterste
63 Begrens
250 Dood
uitfaseer 660
uitfasering 660
uitflap 548
uitgaan
28 Einde
65 Afwesig
80 Buite
176 Uithaal
190 Vertrek
207 Uitgaan
468 Blus
uitgaande 190
uitgang
28 Einde
176 Uithaal
177 Oopgaan
207 Uitgaan
575 Woordvorming
uitgangspunt
27 Begin
513 Gedagte
522 Redeneer
558 Redevoering
644 Handelwyse
uitgawe
539 Kommunikeer
566 Drukkuns
567 Boek
568 Perswese
691 Spandeer
697 Verloor
708 Betaal
uitgawerekening 703
uitgawestaat 703
uitgebrei(d)
62 Grensloos
434 Breed
553 Behandel
uitgedien(d)
54 Oud
626 Swak
634 Nutteloos
uitgedoof 468
uitgedor 464
uitgedroog 464
uitgee
465 Warm
566 Drukkuns
567 Boek
691 Spandeer
704 Koop
728(3) Krieket
uitgeëet
406 Eet
721 Ontevrede
uitgegee 567
uitgegroei
54 Oud
432 Groot
uitgehaal 176
uitgehonger(d)
406 Eet
435 Smal
580 Graag
uitgeknip
8 Dieselfde
614 Bekwaam
633 Nuttig
uitgekuier 725
uitgelaat 176
uitgelate
716 Genot
718 Bly
793 Fees

uitgeleer
502 Verstand
535 Weet
815 Oneerlik
uitgelese
620 Belangrik
622 Goed
799 Beroemd
uitgemaak
184 Afbreek
586 Beslis
uitgenome
36 Onreëlmatig
530 Voorbehou
uitgeput
110 Niks
626 Swak
661 Vermoei
uitgereikte aandeel 702
uitgerek
40 Langdurig
725 Verveling
uitgerus 662
uitgeskuif 176
uitgeslaap
502 Verstand
662 Rus
uitgeslape
502 Verstand
818 Bedrieg
uitgeslote
34 Vreemd
36 Onreëlmatig
uitgesluit 34
uitgesoek
614 Bekwaam
620 Belangrik
622 Goed
uitgesogte
614 Bekwaam
622 Goed
uitgesonder(d)
34 Vreemd
36 Onreëlmatig
uitgespaar 249
uitgespoel 627
uitgestorwe 250
uitgestrek
62 Grensloos
72 Plat
434 Breed
uitgestrektheid
62 Grensloos
72 Plat
uitgeteer 435
uitgetredene 660
uitgevreet
432 Groot
625 Sterk
721 Ontevrede
uitgeweke
34 Vreemd
67 Verplasing
192 Laat gaan
uitgewekene
67 Verplasing
192 Laat gaan
uitgewer
566 Drukkuns
567 Boek
568 Perswese
uitgewerk
184 Afbreek
612 Noukeurig
634 Nutteloos
650 Voltooi
uitgewersbedryf
566 Drukkuns
567 Boek
uitgewersfirma 566
uitgewersmaatskappy
566 Drukkuns
567 Boek
uitgewery
566 Drukkuns
567 Boek
568 Perswese
uitgeworpe 227
uitgeworpene
34 Vreemd
192 Laat gaan
uitgiftebank 700
uitglip 159
uitgly 159
uitgooi
80 Buite
110 Niks
176 Uithaal
192 Laat gaan
227 Werp
827 Afkeur
uitgrawe
97 Bou
176 Uithaal
275 Myn
uitgrawing
97 Bou
176 Uithaal
uitgrawingswerk 97
uitgroef 97
uitgroei
432 Groot
622 Goed
uitgroeisel 413
uitguts 97
uithaak
171 Verwyder
176 Uithaal
728(1) Rugby
uithaal
80 Buite
162 Ontbloot
171 Verwyder
176 Uithaal
275 Myn
612 Noukeurig
654 Moeilik
771 Gramskap
uithaler
614 Bekwaam
682 Slaag
uithalerspeler 726
uitham 282
uithamer 182
uithang
64 Aanwesig
74 Op
785 Hoogmoedig
uithangbord 2
uithardloop
207 Uitgaan
228 Vinnig
728(3) Krieket
uitheems
7 Betrekkingloos
34 Vreemd
36 Onreëlmatig
80 Buite
337 Veldplant
787 Gemeenskap
uitheemse plant 337
uitheemsheid 787
uithelp 663
uithoek 68
uithol
176 Uithaal
207 Uitgaan
228 Vinnig
446 Rond
uithonger 406
uithoor
498 Gehoor
516 Soek
555 Vra
uithou
62 Grensloos
584 Kies
647 Voortgaan
767 Moed
uithou(dings)vermoë
625 Sterk
647 Voortgaan
767 Moed
uithuil 723
uithuisig 65
uiting
539 Kommunikeer
548 Praat
693 Gee
uiting van woede 771
uitja(ag)
192 Laat gaan
225 Vinnig
uitjou
726 Sport
827 Afkeur
831 Bespot
uitjouery
727 Wedstryd
831 Bespot
uitkaard 312
uitkaf
171 Verwyder
176 Uithaal
uitkalwe
184 Afbreek
282 Kus
uitkalwing
184 Afbreek
282 Kus
uitkam 312
uitkamp
89 Blyplek
726 Sport
uitkap
97 Bou
176 Uithaal
185 Sny
716 Genot
742 Dans
793 Fees
uitkeep 97
uitkeer
286 Rivier
666 Verhinder
708 Betaal
uitkeerbonus 686
uitkeergang
354 Plaas
369 Veeteelt
uitkeerkraal
354 Plaas
369 Veeteelt
uitkeerpolis 655
uitkeerskaap 369
uitkeervee 369
uitkeerwater 286
uitken
120 Onderskeid
535 Weet
550 Noem
584 Kies
uitkenningsmerk 546
uitkenningsteken 546
uitkerf 185
uitkering 708
uitkeringspolis 655
uitkies 584
uitklaar
191 Laat kom
192 Laat gaan
673 Manskap
679 Mobiliseer
uitklaring
191 Laat kom
192 Laat gaan
679 Mobiliseer

uitklim
80 Buite
158 Opstyg
207 Uitgaan
211 Opgaan
220 Treinry
uitklok 658
uitklop
179 Glad
182 Slaan
233 Motorvoertuig
446 Rond
684 Oorwin
731 Gevegsport
uitklophou
684 Oorwin
731 Gevegsport
uitklopkompetisie 727
uitknikker
176 Uithaal
182 Slaan
728(3) Krieket
uitknip 185
uitknipsel 568
uitkoggel
722 Snaaks
831 Bespot
uitkom
16 Gevolg
28 Einde
115 Genoeg
176 Uithaal
207 Uitgaan
324 Plantlewe
365 Voël
500 Sigbaarheid
567 Boek
uitkoms
16 Gevolg
655 Veilig
681 Resultaat
uitkoms bied 655
uitkomste 655
uitkook
419 Voedselbereiding
465 Warm
627 Skoon
uitkoop
593 Vryheid
704 Koop
uitkraai 548
uitkraam 548
uitkrap
154 Vryf
176 Uithaal
238 Vernietig
517 Vind
uitkristalliseer 438
uitkruip 207
uitkry
176 Uithaal
517 Vind
708 Betaal
728(3) Krieket
uitkryt
827 Afkeur
835 Bestraf
uitkwint 182
uitkyk
499 Sien
508 Aandag
655 Veilig
uitkykgaatjie 94(8)
uitkykplatform 499
uitkykpos 499
uitkykpunt 499
uitkyktoring
235 Skeepvaart
499 Sien
655 Veilig
uitlaai 162
uitlaat
80 Buite
97 Bou
162 Ontbloot
176 Uithaal
192 Laat gaan
233 Motorvoertuig
409 Afskeiding
511 Vergeet
539 Kommunikeer
563 Skryf
593 Vryheid
uitlaatbaar 176
uitlaatgas 461
uitlaatgasafvoer 233
uitlaatgat 176
uitlaatklep
176 Uithaal
233 Motorvoertuig
630 Werktuig
uitlaatkraan 630
uitlaatpoort 176
uitlaatpyp
176 Uithaal
233 Motorvoertuig
236 Lugvaart
630 Werktuig
uitlaatsluis 288
uitlaatspruitstuk 233
uitlaatspuitstuk 236
uitlaatstelsel
233 Motorvoertuig
236 Lugvaart
630 Werktuig
uitlaatstert 233
uitlaatteken 571
uitlag
722 Snaaks
831 Bespot
uitlander 34
uitlands 34
uitlap
162 Ontbloot
539 Kommunikeer
548 Praat
550 Noem
uitlating 539
uitlatingsteken 571
uitlê
66 Plasing
237 Voortbring
253 Begrafnis
543 Duidelik
553 Behandel
566 Drukkuns
640 Voorbereid
uitleef
249 Lewe
691 Spandeer
uitleen 699
uitleenbiblioteek 567
uitleenkoers
699 Leen
700 Bank
uitlêer 543
uitleg
66 Plasing
543 Duidelik
553 Behandel
568 Perswese
640 Voorbereid
uitlegkunde 842
uitlei 26
uitlek
176 Uithaal
287 Vloei
406 Eet
460 Vloeistof
539 Kommunikeer
uitlewer
594 Onvryheid
693 Gee
uitlewering
594 Onvryheid
684 Oorwin
693 Gee
uitleweringsverdrag 607
uitlig
14 Navolging
176 Uithaal
543 Duidelik
684 Oorwin
uitlok
15 Oorsaak
207 Uitgaan
773 Begeerte
uitlokkend 743
uitloog 627
uitlooi 835
uitloop
16 Gevolg
28 Einde
37 Tyd
147 Rigting
176 Uithaal
207 Uitgaan
286 Rivier
318 Plant
460 Vloeistof
uitloopsel 324
uitloot 18
uitloper
277 Berg
324 Plantlewe
uitloting 18
uitlowing 607
uitlug
177 Oopgaan
290 Wind
uitlui
28 Einde
253 Begrafnis
648 Onderbreek
uitmaak
1 Bestaan
122 Bereken
527 Oordeel
533 Verstaan
541 Betekenis
543 Duidelik
586 Beslis
uit-mandjie 84
uitmeet
122 Bereken
123 Meet
uitmekaar
169 Skei
173 Losmaak
184 Afbreek
uitmekaarbars 169
uitmekaarbreek 173
uitmekaargaan 169
uitmekaarhaal 173
uitmekaarmaak 173
uitmekaarspat
169 Skei
173 Losmaak
uitmekaartorring 173
uitmelk
371 Suiwel
690 Arm
uitmergel
661 Vermoei
690 Arm
694 Neem
uitmergelend 661
uitmeting 123
uitmond 286
uitmoor 252
uitmunt 622
uitmuntendheid 622
uitneem
26 Saam
176 Uithaal
694 Neem
699 Leen
776 Liefde

790 Sosiaal
uitneembiblioteek 567
uitnemend 622
uitnodiging
191 Laat kom
790 Sosiaal
uitnooi
191 Laat kom
419 Voedselbereiding
604 Versoek
790 Sosiaal
uitoefen 645
uitoorlê
684 Oorwin
815 Oneerlik
818 Bedrieg
uitpak
162 Ontbloot
176 Uithaal
551 Meedeel
552 Vertel
771 Gramskap
uitpers
181 Stoot teen
464 Droog
uitpeul
207 Uitgaan
446 Rond
uitpeuloë 387
uitpieker 517
uitpik
176 Uithaal
584 Kies
uitplak 745
uitplant
67 Verplasing
347 Landbou
uitpluis
173 Losmaak
312 Spin
313 Weef
516 Soek
uitpluk
173 Losmaak
176 Uithaal
183 Gryp
uitpof 446
uitpomp
110 Niks
288 Waterstelsel
uitpraat 548
uitproes 722
uitpuil
207 Uitgaan
446 Rond
uitput
110 Niks
661 Vermoei
uitputtend 661
uitputting
110 Niks
661 Vermoei
uitputtingsoorlog 667
uitraak
110 Niks
176 Uithaal
238 Vernietig
uitrafel
173 Losmaak
184 Afbreek
516 Soek
517 Vind
uitred
593 Vryheid
663 Meedoen
uitredding
593 Vryheid
663 Meedoen
uitreik
169 Skei
566 Drukkuns
693 Gee
uitreiking
601 Toestem
693 Gee
uitreis 187
uitrek
40 Langdurig
432 Groot
434 Breed
uitreken
122 Bereken
125 Tel
uitrig
645 Handel
654 Moeilik
uitroei 238
uitroep
539 Kommunikeer
548 Praat
574 Woordkategorie
576 Sinsbou
uitroepteken
565 Skryfkuns
571 Skrif
uitrol
176 Uithaal
179 Glad
419 Voedselbereiding
448 Gelyk
uitrook 430
uitruil 144
uitruk
183 Gryp
669 Aanval
uitrus
631 Nodig
662 Rus
674 Uitrusting
uitruster 707
uitrusting
631 Nodig
674 Uitrusting
745 Kleding
uitry
149 Pad
216 Ry
347 Landbou
uitrys
419 Voedselbereiding
425 Bakker
uitsaag 97
uitsaai
162 Ontbloot
173 Losmaak
264 Uitsaai
539 Kommunikeer
551 Meedeel
uitsaaidiens 264
uitsaaiing 413
uitsaaikorporasie 264
uitsaaisentrum 264
uitsaaitoestel 264
uitsak
86 Agter
159 Neerdaal
437 Laag
683 Misluk
uitsend
162 Ontbloot
176 Uithaal
264 Uitsaai
uitsending 264
uitset
248 Huwelik
263 Rekenaar
uitsetting
67 Verplasing
176 Uithaal
260 Warmteleer
432 Groot
uitsettingsbevel 176
uitsettingskoëffisiënt 260
uitsettingsopening 234
uitsiek 414
uitsien
2 Nie-bestaan
499 Sien
uitsien na
520 Verwag
584 Kies
773 Begeerte
uitsig
499 Sien
520 Verwag
uitsigpad 149
uitsigpunt 499
uitsing 757
uitsinnig
503 Onverstandig
505 Verstandstoornis
uitsit
67 Verplasing
176 Uithaal
432 Groot
434 Breed
594 Onvryheid
664 Terugstaan
uitskakel
173 Losmaak
262 Elektrisiteit
666 Verhinder
uitskakeling
171 Verwyder
238 Vernietig
666 Verhinder
uitskater 722
uitskei
28 Einde
409 Afskeiding
419 Voedselbereiding
646 Nie handel nie
648 Onderbreek
650 Voltooi
uitskeiding
402 Afskeidingsorgaan
409 Afskeiding
uitskeidingsorgaan 402
uitskeityd
648 Onderbreek
662 Rus
727 Wedstryd
uitskeitydtelling 727
uitskel
182 Slaan
548 Praat
669 Aanval
827 Afkeur
829 Beledig
835 Bestraf
uitskellery
829 Beledig
831 Bespot
uitskelwoord 820
uitskep 176
uitskiet
171 Verwyder
199 Spring
225 Vinnig
227 Werp
373 Jag
677 Skiet
uitskietstoel 236
uitskop
176 Uithaal
192 Laat gaan
660 Ontslaan
728(1) Rugby
uitskopplooi 745
uitskopskakelaar 262
uitskot
112 Deel
623 Sleg
uitskotwinkel 707
uitskryf
563 Skryf

565 Skryfkuns
uitskud 690
uitskuif
152 Verby
173 Losmaak
176 Uithaal
uitskuifbaar 176
uitskuifblad 95(6)
uitskuiftafel 95(6)
uitskuiwing 176
uitskulp 185
uitslaan
62 Grensloos
97 Bou
177 Oopgaan
179 Glad
182 Slaan
206 Ingaan
352 Graan
413 Siekte
468 Blus
521 Verras wees
627 Skoon
728(4) Tennis
731 Gevegsport
uitslaap
65 Afwesig
410 Slaap
uitslag
16 Gevolg
185 Sny
413 Siekte
423 Slagter
561 Studeer
650 Voltooi
681 Resultaat
727 Wedstryd
uitsleep 80
uitsloof
654 Moeilik
661 Vermoei
uitsluit
34 Vreemd
171 Verwyder
178 Toegaan
530 Voorbehou
585 Verwerp
602 Verbied
665 Byeenkom
666 Verhinder
uitsluitend 34
uitsluitenderwys 33
uitsluiting
34 Vreemd
171 Verwyder
530 Voorbehou
602 Verbied
665 Byeenkom
666 Verhinder
uitsluitlik 34
uitsluitsel
543 Duidelik
556 Antwoord
586 Beslis
uitslyt 626
uitsmokkel 194
uitsmyt 227
uitsmyter
424 Brood
429 Eetplek
655 Veilig
uitsnoei 185
uitsnuffel 517
uitsny
171 Verwyder
176 Uithaal
185 Sny
761 Graveerkuns
uitsoek
516 Soek
584 Kies
uitsoekerig 584
uitsoekery 584
uitsonder
34 Vreemd
36 Onreëlmatig
530 Voorbehou
584 Kies
uitsondering
36 Onreëlmatig
530 Voorbehou
uitsonderingsbepaling 599
uitsonderingsgeval 36
uitsonderingsmaatreël 599
uitsonderlik
36 Onreëlmatig
56 Selde
622 Goed
uitsorteer
19 Orde
584 Kies
uitspaar
629 Gebruik
692 Spaar
uitspan
62 Grensloos
231 Tuig
662 Rus
uitspanplek
231 Tuig
662 Rus
724 Vermaak
uitspansel
61 Plek
269 Heelal
uitspattig
104 Baie
820 Oneerbaar
uitspattigheid
104 Baie
820 Oneerbaar
uitspeel
727 Wedstryd
740 Kaartspel
uitspin 552
uitspoel
214 Dryf
283 See
446 Rond
627 Skoon
uitspoelsel 283
uitspook
654 Moeilik
667 Stryd
726 Sport
uitspraak
527 Oordeel
539 Kommunikeer
548 Praat
551 Meedeel
572 Uitspraak
586 Beslis
590 Bestuur
809 Regsgeding
825 Oordeel
uitspraakleër 572
uitspraakvariasie 572
uitspraakwoordeboek
567 Boek
572 Uitspraak
uitspreek
539 Kommunikeer
548 Praat
572 Uitspraak
809 Regsgeding
uitspring
199 Spring
207 Uitgaan
654 Moeilik
uitspruit 324
uitspruitsel
16 Gevolg
324 Plantlewe
uitstaan
80 Buite
432 Groot
uitstaande
80 Buite
711 Skuld
743 Mooi
uitstal
162 Ontbloot
539 Kommunikeer
705 Verkoop
785 Hoogmoedig
uitstalkas
95(3) Kas
707 Handelsaak
uitstalling
162 Ontbloot
539 Kommunikeer
705 Verkoop
707 Handelsaak
uitstalvenster 707
uitstap
176 Uithaal
207 Uitgaan
uitstappie
187 Reis
197 Te voet
uitstapuniform 674
uitstedig 65
uitsteek
76 Bo
80 Buite
176 Uithaal
432 Groot
500 Sigbaarheid
uitstekend
76 Bo
614 Bekwaam
620 Belangrik
622 Goed
682 Slaag
716 Genot
743 Mooi
uitstel
23 Onderbreking
40 Langdurig
58 Laat
193 Ophou
581 Teësinnig
648 Onderbreek
711 Skuld
uitstellerig 581
uitsterf 28
uitstippel
551 Meedeel
553 Behandel
640 Voorbereid
759 Tekenkuns
uitstoel
324 Plantlewe
434 Breed
uitstof
622 Goed
627 Skoon
684 Oorwin
uitstoom
220 Treinry
221 Vaar
627 Skoon
uitstoot
67 Verplasing
176 Uithaal
192 Laat gaan
386 Gesig
uitstort
176 Uithaal
287 Vloei
551 Meedeel
847 Gebed
uitstorting
176 Uithaal
847 Gebed

uitstraal
260 Warmteleer
465 Warm
485 Lig
uitstraat 149
uitstralend 485
uitstraling
260 Warmteleer
485 Lig
uitstralingsgebied 270
uitstralingspunt
267 Optika
485 Lig
uitstralingswarmte
267 Optika
485 Lig
uitstrek
62 Grensloos
72 Plat
432 Groot
uitstroming
67 Verplasing
207 Uitgaan
287 Vloei
460 Vloeistof
uitstrooi
176 Uithaal
227 Werp
539 Kommunikeer
uitstrooisel 829
uitstroom
207 Uitgaan
287 Vloei
460 Vloeistof
uitstryk
448 Gelyk
517 Vind
uitstrykvoor 346
uitstulp 446
uitstulping 446
uitstuur
176 Uithaal
192 Laat gaan
uitstyg
158 Opstyg
207 Uitgaan
622 Goed
uitstyging 622
uitsuig
110 Niks
627 Skoon
690 Arm
694 Neem
uitswaai
148 Van koers af
163 Draai
uitsweer 413
uitsweet
409 Afskeiding
413 Siekte
uitswenk 148
uitswerm
222 Vlieg
365 Voël
uitsyfer
122 Bereken
287 Vloei
460 Vloeistof
uitsyfering 460
uitsypel 287
uittand
185 Sny
391 Tand
439 Punt
uittandkind 53
uittandmond 390
uittap
176 Uithaal
288 Waterstelsel
uittart
722 Snaaks
831 Bespot
uittarting
722 Snaaks
779 Boosaardig
831 Bespot
uitteer
413 Siekte
435 Smal
623 Sleg
uittel
125 Tel
731 Gevegsport
uittering
413 Siekte
435 Smal
uittoets 642
uittog
176 Uithaal
205 Weggaan
207 Uitgaan
842 Geloof
uittrap
182 Slaan
468 Blus
827 Afkeur
835 Bestraf
uittrede
660 Ontslaan
665 Byeenkom
uittree
660 Ontslaan
665 Byeenkom
680 Militêre aksie
uittrek
112 Deel
176 Uithaal
745 Versier
uittreksel
112 Deel
539 Kommunikeer
uittroon
80 Buite
436 Hoog
622 Goed
uitvaagsel 813
uitvaar
190 Vertrek
221 Vaar
548 Praat
667 Stryd
771 Gramskap
uitvaardig
539 Kommunikeer
801 Wet
uitvaardiging
539 Kommunikeer
801 Wet
uitvaart
28 Einde
190 Vertrek
221 Vaar
uitval
16 Gevolg
159 Neerdaal
648 Onderbreek
658 Beroep
667 Stryd
669 Aanval
680 Militêre aksie
683 Misluk
771 Gramskap
uitvalshoek 267
uitvalspoort 671
uitvaltyd 662
uitvalwerke 286
uitvang
584 Kies
728(3) Krieket
818 Bedrieg
uitvars 419
uitvee
154 Vryf
563 Skryf
627 Skoon
uitveër
560 Skoolgaan
564 Skryfbehoeftes
uitveg 667
uitveil 705
uitvent 705
uitverkiesing 842
uitverkiesingsleer 842
uitverkoop 705
uitverkoping 705
uitverkoping(s)prys 704
uitverkore
584 Kies
842 Geloof
uitverkorene
584 Kies
842 Geloof
uitvind
237 Voortbring
517 Vind
uitvinder
237 Voortbring
517 Vind
uitvinding
237 Voortbring
517 Vind
uitvindsel
237 Voortbring
517 Vind
uitvis
517 Vind
555 Vra
uitvlak 437
uitvlieg
80 Buite
222 Vlieg
365 Voël
uitvloei
287 Vloei
460 Vloeistof
uitvloeiing
176 Uithaal
460 Vloeistof
uitvloeisel
16 Gevolg
28 Einde
650 Voltooi
681 Resultaat
uitvloek
771 Gramskap
829 Beledig
uitvloekery 829
uitvlug
662 Rus
833 Verontskuldig
uitvluggie
662 Rus
716 Genot
uitvoer
81 Binne
161 Bedek
192 Laat gaan
263 Rekenaar
600 Sonder gesag
645 Werk
650 Voltooi
654 Moeilik
701 Handel
850 Sakrament
uitvoerartikel 192
uitvoerbaarheid
637 Doelgerigtheid
653 Maklik
uitvoerbedryf 701
uitvoerder
192 Laat gaan
645 Handel
650 Voltooi
654 Moeilik
uitvoerdruiwe 426
uitvoerend
599 Gesag

795 Staat
uitvoerende kunste 515
uitvoerende mag 795
uitvoerhandel 701
uitvoerhawe 235
uitvoerig 553
uitvoering
600 Sonder gesag
645 Handel
650 Voltooi
724 Vermaak
755 Uitvoering
uitvoermark 701
uitvoeroorskot 192
uitvoerreg 192
uitvoerrekening 703
uitvoerverbod 192
uitvors 517
uitvorser 517
uitvou
179 Glad
180 Ongelyk
uitvra
191 Laat kom
516 Soek
555 Vra
790 Sosiaal
uitvraerig 516
uitvreet
184 Afbreek
827 Afkeur
835 Bestraf
uitwaai 468
uitwaarts
80 Buite
167 Wegbeweeg
176 Uithaal
207 Uitgaan
uitwan
347 Landbou
352 Graan
uitwas
171 Verwyder
627 Skoon
uitwasem
409 Afskeiding
461 Gas
uitweek 171
uitweg
149 Pad
655 Veilig
uitwei
548 Praat
553 Behandel
558 Redevoering
uitweiding
553 Behandel
558 Redevoering
uitwendig
2 Nie-bestaan
80 Buite
445 Oppervlak
uitwendige oor 388
uitwendige skelet 361
uitwerk
16 Gevolg
122 Bereken
144 Vervang
513 Gedagte
640 Voorbereid
645 Handel
650 Voltooi
uitwerking
16 Gevolg
28 Einde
638 Aanmoedig
650 Voltooi
681 Resultaat
uitwerp
192 Laat gaan
227 Werp
uitwerpeling 192
uitwerping 192
uitwerpsel 409
uitwikkel 176
uitwinning
176 Uithaal
192 Laat gaan
uitwip
199 Spring
207 Uitgaan
uitwis
154 Vryf
171 Verwyder
238 Vernietig
252 Doodmaak
uitwissel
142 Veranderlik
144 Vervang
701 Handel
uitwisselbaar
142 Veranderlik
144 Vervang
701 Handel
uitwisseling
142 Veranderlik
144 Vervang
uitwissing
28 Einde
238 Vernietig
uitwoed
290 Wind
292 Neerslag
293 Onweer
468 Blus
619 Kalm
uitwring 464
uitwyk
67 Verplasing
148 Van koers af
190 Vertrek
207 Uitgaan
uitwyking
67 Verplasing
192 Laat gaan
207 Uitgaan
uitwys
120 Onderskeid
162 Ontbloot
525 Bewys
539 Kommunikeer
550 Noem
584 Kies
586 Beslis
ukelele 756
ulkus 413
ulna
380 Gebeente
397 Ledemaat
ulnare senuwee 378
ulnêre fleksor 379
ultimatum 669
ultimo
50 Verlede
127 Tydbepaling
ultralangafstand 729
ultramaryn 492
ultramodern 53
ultrasonies 266
ultraviolet 267
umlaut
565 Skryfkuns
571 Skrif
572 Uitspraak
unaniem
10 Harmonie
668 Vrede
unanimiteit 531
undulasie 164
unduleer 164
uniaal
170 Saambring
663 Meedoen
unie
663 Meedoen
665 Byeenkom
unieer
170 Saambring
663 Meedoen
uniek
36 Onreëlmatig
119 Teenstelling
622 Goed
uniekheid 622
unifikasie
170 Saambring
663 Meedoen
unifiseer
170 Saambring
663 Meedoen
uniform
8 Dieselfde
10 Harmonie
12 Eenvormig
560 Skoolgaan
674 Uitrusting
745 Kleding
uniformiteit
8 Dieselfde
10 Harmonie
12 Eenvormig
105 Gelyk
uniformtak 802
unikum 36
unisoon 753
universalisme 514
universaliteit 31
universeel 31
universiteit
559 Opvoeding
560 Skoolgaan
universiteitsargief 590
universiteitsbiblioteek 567
universiteitsblad 568
universiteitsdorp 90
universiteitsgebou
91 Gebou
92 Groot gebou
560 Skoolgaan
universiteitskampus 559
universiteitskollege 559
universiteitsonderrig 559
universiteitspos 560
universiteitsraad
560 Skoolgaan
590 Bestuur
universiteitstad 90
universiteitsvak
515 Wetenskap
559 Opvoeding
universiteitswese 658
universitêr 559
universum 269
unsiaal
565 Skryfkuns
566 Drukkuns
unsiaalletter
565 Skryfkuns
566 Drukkuns
unster 124
uraan 297
uranium 297
Uranus 270
ureter 402
ureum 256
urgensie
17 Noodsaak
225 Vinnig
631 Nodig
urgent
17 Noodsaak
225 Vinnig
631 Nodig
urinaal
94(15) Toebehore
94(3) Vertrek
urine 409

urineer 409
urinoir 94(15)
urn
84 Houer
253 Begrafnis
urologie
414 Geneeskunde
515 Wetenskap
urologies 414
uroloog 416
urticaria 413
usueel 35
usufructus 688
usurpasie 694
usurpeer 694
usurpeerder 694
uterus 403
utilisme 514
utilisties 514
utilitarisme 514
utilitaristies 514
utiliteit 633
utilitêr 633
utopie 512
utopies
512 Verbeelding
654 Moeilik
uur
37 Tyd
123 Meet
127 Tydbepaling
uurglas 128
uurglasdolfyn 363
uurliks 37
uurwerk 128
uurwys(t)er 128
uvula 390
uvulêr 390
U-yster 301

V
vaag
130 Onbepaald
538 Dwaling
544 Onduidelik
621 Onbelangrik
vaagheid
130 Onbepaald
538 Dwaling
544 Onduidelik
vaak
410 Slaap
661 Vermoei
vaakheid 410
vaaksiekte 413
vaal
386 Gesig
485 Lig
491 Kleurloosheid
492 Kleur
507 Ongeïnteresseerd
vaalbos 332
vaalbrak 332
vaalbruin 492
vaalgrys 491
vaalhaai 363
vaalhaarjakkals 366
vaalhare 382
vaalhartbees 366
vaalheid
491 Kleurloosheid
492 Kleur
vaaljakkals 366
vaaljapie 427
vaalkorhaan 365
vaalmol 366
vaalribbok 366
vaalstreep 149
vaalswart 492
vaalte 492
vaalverskrik 768
vaalwit 492
vaam 123
vaan
290 Wind
546 Kunsmatige teken
vaandel
546 Kunsmatige teken
680 Militêre aksie
vaandeldraer 680
vaandeleed 607
vaandelparade 680
vaandelwyding 680
vaandrig 673
vaar
5 Ondergeskik
145 Beweging
221 Vaar
242 Ouer
vaarbaar 286
vaarder 221
vaardiepte
221 Vaar
437 Laag
vaardig
614 Bekwaam
622 Goed
vaardigheid
614 Bekwaam
622 Goed
640 Voorbereid
vaardigheidsbewys 525
vaargeul
147 Rigting
286 Rivier
vaarlandspopulier 331
vaarlandsriet 339
vaarlandswilg 331
vaarplan 221
vaart
145 Beweging
147 Rigting
187 Reis
221 Vaar
224 Snelheid
225 Vinnig
vaartboggel 149
vaartuig
145 Beweging
235 Skeepvaart
vaartyd 38
vaarwater
147 Rigting
286 Rivier
vaarwel
28 Einde
190 Vertrek
790 Sosiaal
vaas
84 Houer
348 Blomkwekery
vaat 84
vaataandoening 413
vaatbundel 320
vaatjie
84 Houer
434 Breed
vaatvlies 387
vabond
722 Snaaks
779 Boosaardig
815 Oneerlik
831 Bespot
vadem 123
vademekum
515 Wetenskap
567 Boek
Vader 837
vader
15 Oorsaak
237 Voortbring
240 Afkoms
242 Ouer
849 Prediking
Vaderhuis 839
vaderland 787
vaderlander 787
vaderlands
81 Binne
787 Gemeenskap
vaderlandsliefde 787
vaderlandsliewend 787
vaderlandspopulier 331
vaderlandsriet 339
vaderlandsrooihout 331
vaderlandswilg 331
vaderliefde 776
vaderlik 242
vadermoord 252
vaderplig 811
vaderseën 826
vaderskap
241 Familie
242 Ouer
vadertrots 776
vadoek 627
vadsig
581 Teësinnig
611 Lui
vadsigheid 611
vaevuur 839
vag 381
vagebond
722 Snaaks
815 Oneerlik
vagina 403
vaginitis 413
vak
95(3) Kas
515 Wetenskap
559 Opvoeding
645 Handel
658 Beroep
vakansie
23 Onderbreking
560 Skoolgaan
646 Nie handel nie
648 Onderbreek
662 Rus
vakansie-adres 550
vakansiebonus 686
vakansieganger 662
vakansiehuis 662
vakansiekursus 561
vakansie-oord 662
vakansieplaas 662
vakansieplek 662
vakansiereis 187
vakansiestemming 713
vakansietyd
38 Tydgebruik
646 Nie handel nie
648 Onderbreek
662 Rus
vakansieverlof 648
vakant
65 Afwesig
110 Niks
659 Aanstel
vakante betrekking 659
vakante pos 659
vakarbeider
592 Ondergeskikte
645 Handel
vakature 659
vakbiblioteek 567
vakblad 568
vakboek
515 Wetenskap
567 Boek
vakbond
658 Beroep
665 Byeenkom
vakbondwese 658
vakdissipline 515
vakeksamen 561
vakerig 410
vakgebied 515

vakgeleerde 560
vakhoof 591
vakkennis
515 Wetenskap
535 Weet
vakkie 95(3)
vakkundig
515 Wetenskap
535 Weet
614 Bekwaam
vakkundige
515 Wetenskap
614 Bekwaam
vakkundige werk 567
vakkursus 559
vakleerling
97 Bou
560 Skoolgaan
vakleerlingskap 560
vakliteratuur
515 Wetenskap
567 Boek
vakman
97 Bou
592 Ondergeskikte
645 Handel
658 Beroep
vakmanskap
237 Voortbring
658 Beroep
vakmetodiek 559
vakonderrig 559
vakonderwys 559
vakonderwyser 560
vakorganisasie 658
vakrigting
515 Wetenskap
559 Opvoeding
vaksinasie 414
vaksine 415
vaksineer 414
vakstudie 561
vaktaal 569
vaktaalburo 570
vakterm 573
vakterminologie
569 Taal
573 Woordeskat
vakterminologiediens 570
vaktydskrif 568
vakunie 658
vakuool 377
vakuum 110
vakuumfles 256
vakuumpomp 256
vakvereniging
559 Opvoeding
665 Byeenkom
vakwoord 573
vakwoordeboek 567
val
1 Bestaan
18 Toeval
20 Wanorde
33 Samehorig
73 Skuins
77 Onder
108 Minder
145 Beweging
159 Neerdaal
212 Afgaan
250 Dood
373 Jag
485 Lig
683 Misluk
685 Verloor
731 Gevegsport
813 Swak gedrag
822 Skuldig
valboom 149
valbrug 149
valbyl
38 Tydgebruik
835 Bestraf
valbylmosie 604
valbylpot 728(4)
valdeur
94(8) Deur
161 Bedek
288 Waterstelsel
valensie
256 Skeikunde
576 Sinsbou
valensieteorie 256
valerig
412 Siek
491 Kleurloosheid
492 Kleur
valgordyn 95(12)
valhalla 855
valhelm
232 Fiets
726 Sport
valhortjies 94(9)
valhou 728(4)
validiteit 801
valies
84 Houer
187 Reis
valk
365 Voël
728(3) Krieket
valkeblik 499
valkejag 373
valklep 178
valknip 178
valkoog
298 Steen
387 Oog
499 Sien
vallei
273 Geografie
274 Geologie
277 Berg
278 Vallei
437 Laag
vallende siekte 413
valletjie 95(9)
vallig 487
valluik
94(9) Venster
161 Bedek
valmes 835
valreeptrap 235
vals
2 Nie-bestaan
479 Disharmonies
538 Dwaling
613 Onnoukeurig
623 Sleg
744 Lelik
757 Sang
813 Swak gedrag
815 Oneerlik
817 Ontrou
818 Bedrieg
845 Godsvrug
valsaard
538 Dwaling
815 Oneerlik
818 Bedrieg
valsboog 94(7)
valse trots 785
valse verklaring 818
valskerm
199 Spring
236 Lugvaart
733 Lugsport
valskermbataljon 672
valskermskool 680
valskermsoldaat 673
valskermspring
199 Spring
222 Vlieg
733 Lugsport
valskermspringer
199 Spring
733 Lugsport
valskermsweef 733
valskermswewer 733
valskermtou 733
valskermtroepe 672
valsklipmossel 363
valslik
2 Nie-bestaan
538 Dwaling
623 Sleg
805 Onregverdig
815 Oneerlik
818 Bedrieg
valsmunter 818
valstrik
373 Jag
802 Gehoorsaam
valuta
620 Belangrik
702 Beurs
709 Betaalmiddel
valutabeheer 709
valutarekening 700
valutatoonbank 222
valwind 290
vampier 366
van
15 Oorsaak
27 Begin
550 Noem
574 Woordkategorie
688 Besit
van agter af 86
van buite af 80
van buite leer 561
van dag tot dag 55
van diens wees 589
van edel inbors 769
van heinde en ver(re) 68
van huis uit 240
van kant maak 252
van korte duur 41
van mekaar skei 171
van nut 629
van oordeel wees 825
van ouds
50 Verlede
54 Oud
van oudsher 50
van owerheidsweë 588
van tyd tot tyd 55
van wal steek 221
vanaand
49 Hede
127 Tydbepaling
vanadium 297
vanaf 27
vandaal 238
vandaan 787
vandaar 15
vandag
49 Hede
127 Tydbepaling
vandalisme 238
vandalisties 238
vandat 27
vandeesmaand
49 Hede
127 Tydbepaling
vandeesweek
49 Hede
127 Tydbepaling
vandisie 705
vandisierys 426
vaneen 169
vaneffe 50
vang
183 Gryp
594 Onvryheid
728(3) Krieket
818 Bedrieg

832 Beskuldig
vangarm 397
vangdam 288
vanger 728(7)
vanggat 373
vanghok 373
vangoes 347
vangriem 235
vangs 372
vangskoot 183
vangslag
183 Gryp
372 Vissery
vangstok 369
vangtou 235
vangwa
233 Motorvoertuig
802 Gehoorsaam
vangwoord
566 Drukkuns
567 Boek
vanielje 419
vanielje-ekstrak 419
vanielje-essens 419
vanjaar 127
vanmekaar
167 Wegbeweeg
183 Gryp
184 Afbreek
vanmelewe
45 Geskiedenis
50 Verlede
vanmiddag
49 Hede
127 Tydbepaling
vanmôre
49 Hede
127 Tydbepaling
vannag 49
vanoggend
49 Hede
127 Tydbepaling
vanpas 59
vans(e)lewe 50
vanself 578
vanself spreek
537 Waarheid
543 Duidelik
vanselfsprekend
537 Waarheid
543 Duidelik
vanselfsprekendheid 543
vanslewe 46
vantevore
46 Vroeër
50 Verlede
vanuit
27 Begin
80 Buite
vanwaar
15 Oorsaak
787 Gemeenskap
vanweë 15
vanwykshout
316 Hout
331 Boom
vaporisasie 461
vaporisator 461
vaporiseer 461
varia 13
variabel 142
variabiliteit 142
variant 569
variante uitspraak 572
variasie
9 Verskillend
11 Disharmonie
13 Verskeidenheid
140 Verandering
148 Van koers af
754 Komposisie
variasietaalkunde
569 Taal
570 Taalwetenskap
varieer
9 Verskillend
13 Verskeidenheid
140 Verandering
142 Veranderlik
148 Van koers af
572 Uitspraak
variété
752 Toneelkuns
757 Sang
variëteit
31 Soort
118 Vergelyking
142 Veranderlik
569 Taal
varing
318 Plant
329 Varing
varingblaar 329
vark
366 Soogdier
623 Sleg
628 Vuil
779 Boosaardig
792 Asosiaal
813 Swak gedrag
820 Oneerbaar
varkagtig
628 Vuil
820 Oneerbaar
varkbeer
357 Dier
366 Soogdier
varkbek 363
varkblom
322 Blom
334 Blomplant
varkboer 369
varkboerdery 369
varkenskos 426
varkensoor
322 Blom
334 Blomplant
varkerig
628 Vuil
792 Asosiaal
813 Swak gedrag
820 Oneerbaar
varkhok
354 Plaas
369 Veeteelt
628 Vuil
varkie 363
varkkarmenaadjie
421 Vleis
426 Kos
varkkos 426
varkkotelet 421
varkleer 314
varklik 813
varkoor
322 Blom
334 Blomplant
varkribbetjie 421
varkslaai 335
varksog
357 Dier
366 Soogdier
varkspek 421
varkstert
342 Gifplant
396 Rug
varktjop 421
varktrog 84
varkvet 421
varkvis 363
varkvleis 421
varkwors 421
vars
49 Hede
53 Nuut
290 Wind
420 Voedsel
424 Brood
471 Lekker
627 Skoon
662 Rus
varsgebak
424 Brood
425 Bakker
varsheid 471
varswaterhengelaar 372
varswaterkrap 362
varswaterkreef 362
varswatermeer 285
varswatervarkstert 342
varswatervis 363
vas
8 Dieselfde
42 Altyd
55 Dikwels
143 Bestendig
146 Beweginloosheid
183 Gryp
406 Eet
459 Vaste stof
565 Skryfkuns
573 Woordeskat
582 Wilskrag
594 Onvryheid
622 Goed
625 Sterk
688 Besit
vas belê 669
vas skryf 563
vasal 589
vasanker 221
vasberade
518 Glo
582 Wilskrag
586 Beslis
625 Sterk
637 Doelgerigtheid
647 Voortgaan
767 Moed
819 Eerbaar
vasbeslote
582 Wilskrag
586 Beslis
625 Sterk
637 Doelgerigtheid
647 Voortgaan
767 Moed
819 Eerbaar
vasbind
170 Saambring
172 Vasmaak
vasbout 172
vasbrand
467 Aansteek
683 Misluk
vasbyt
582 Wilskrag
647 Voortgaan
vasbyter
582 Wilskrag
618 Kragtig
682 Slaag
vasdraai
163 Draai
172 Vasmaak
683 Misluk
vasdruk
172 Vasmaak
181 Stoot teen
183 Gryp
vasel 311
vasgebind 172
vasgegom 172
vasgehaak 172
vasgeheg 172

vasgekeer
183 Gryp
594 Onvryheid
vasgekeerde 183
vasgeketting 172
vasgelym 172
vasgeplak 172
vasgeryg 172
vasgeskroef
172 Vasmaak
183 Gryp
vasgespe 172
vasgespyker 172
vasgesteek 172
vasgestel(d) 129
vasgewerk 172
vasgoed 688
vasgom 462
vasgord 172
vasgryp
183 Gryp
694 Neem
vashaak
172 Vasmaak
183 Gryp
vasheg 172
vashou
183 Gryp
698 Behou
vashouplek 183
vaskap 97
vaskeer
160 Omring
183 Gryp
666 Verhinder
832 Beskuldig
vasketting 172
vasklamp
172 Vasmaak
183 Gryp
vaskleef
168 Saamkom
172 Vasmaak
462 Halfvloeibaar
vasklem
183 Gryp
453 Dig
698 Behou
vasklink 172
vasklop
172 Vasmaak
181 Stoot teen
vasklou 183
vasknoop 172
vasknyp
172 Vasmaak
183 Gryp
vaskop 728(1)
vaskopflank 728(1)
vaskopstut 728(1)
vaskopvoorryman 728(1)
vaskram 172
vaskry 183
vaskulêr
399 Bloedsomloop
405 Bloed
vaslê
172 Vasmaak
563 Skryf
695 Steel
vaslegging
516 Soek
561 Studeer
563 Skryf
vaslieg 818
vasloop 228
vaslym
172 Vasmaak
462 Halfvloeibaar
vasmaak
170 Saambring
172 Vasmaak
vasmaakooi 369
vasmeer
188 Aankom
221 Vaar
235 Skeepvaart
vasmeerplek
221 Vaar
235 Skeepvaart
vasmessel
97 Bou
99 Messel
vasnaai 172
vasomotories 399
vaspen
172 Vasmaak
181 Stoot teen
183 Gryp
517 Vind
543 Duidelik
586 Beslis
617 Magteloos
vasplak
172 Vasmaak
462 Halfvloeibaar
vaspleister 172
vaspraat
522 Redeneer
524 Onlogies redeneer
558 Redevoering
vasraak 172
vasredeneer 522
vasroes 301
vasry 181
vasryg 172
vassit
168 Saamkom
172 Vasmaak
667 Stryd
683 Misluk
699 Leen
vasskop
181 Stoot teen
455 Hard
666 Verhinder
vasskroef 172
vasslaan
146 Beweginloosheid
172 Vasmaak
182 Slaan
184 Afbreek
vassoldeer 172
vasspeld 172
vasspyker
97 Bou
172 Vasmaak
vasstaan
143 Bestendig
537 Waarheid
582 Wilskrag
586 Beslis
vasstaande 537
vasstamp
172 Vasmaak
181 Stoot teen
vassteek
146 Beweginloosheid
587 Aarsel
vasstel
122 Bereken
123 Meet
129 Bepaald
517 Vind
543 Duidelik
586 Beslis
vasstelling
123 Meet
129 Bepaald
517 Vind
543 Duidelik
586 Beslis
vasstrik 172
vaste stof
254 Stof
459 Vaste stof
vasteland
273 Geografie
276 Vasteland
vastelandshang
273 Geografie
283 See
vastelandsklimaat 289
vastelandsplat
273 Geografie
283 See
vastepuntveranderlike 263
vastetoestandfisika 515
vastheid
129 Bepaald
143 Bestendig
146 Beweginloosheid
453 Dig
455 Hard
528 Bevestig
537 Waarheid
582 Wilskrag
625 Sterk
vastigheid
143 Bestendig
146 Beweginloosheid
453 Dig
528 Bevestig
537 Waarheid
582 Wilskrag
842 Geloof
vastrap
455 Hard
666 Verhinder
742 Dans
827 Afkeur
835 Bestraf
vastrapplek
61 Plek
669 Aanval
vastrek
172 Vasmaak
183 Gryp
818 Bedrieg
vastus intermedius 379
vastus lateralis 379
vastus medialis 379
vasval
181 Stoot teen
683 Misluk
vasvang
63 Begrens
160 Omring
vasvat
183 Gryp
728(1) Rugby
827 Afkeur
835 Bestraf
vasvleg 310
vasvra 516
vasweef 172
vaswerk 172
vaswoel
165 Onreëlmatig
172 Vasmaak
vasys 466
vat
84 Houer
171 Verwyder
183 Gryp
399 Bloedsomloop
533 Verstaan
584 Kies
694 Neem
695 Steel
vatbaar 413
vatlappie 465
vatplek 183
vee
357 Dier
366 Soogdier

369 Veeteelt
627 Skoon
veearts 416
veeartsenykunde 414
veeartsenykundig 414
veebedryf 701
veeboer 369
veeboerdery 369
veedief 695
veediefstal 695
vee(g)
154 Vryf
182 Slaan
veehandel
369 Veeteelt
701 Handel
veeherder 369
veeinspekteur 369
veekoek 369
veekraal 369
veekudde 369
veekunde 515
veel
55 Dikwels
104 Baie
veelal 55
veelbeduidend 541
veelbelowend
502 Verstand
633 Nuttig
veelbetekenend 541
veelbewoë 44
veeleer 580
veeleisend
598 Ongehoorsaam
604 Versoek
654 Moeilik
veelgelese
535 Weet
562 Lees
veelgelief(d) 778
veelgeprese
799 Beroemd
826 Goedkeur
veelgodedom 854
veelgodery 854
veelheid 104
veelhoek
139 Meetkunde
447 Hoekig
veelhoekig
139 Meetkunde
447 Hoekig
veelhoewig
366 Soogdier
397 Ledemaat
veelhoofdig
384 Kop
590 Bestuur
veelkant
447 Hoekig
450 Volume
veelkantig
447 Hoekig
450 Volume
veelkeusevraag 561
veelkoppig 590
veelmannery 820
veelmeer 580
veelomvattend 553
veelpotige 357
veelpotige dier 357
veelprater 548
veels te min 103
veels te veel 104
veelseggend
541 Betekenis
620 Belangrik
622 Goed
veelskrywer 750
veelsoortig
11 Disharmonie
13 Verskeidenheid
veelsoortigheid 11
veelstemmig 757
veelsydig
502 Verstand
614 Bekwaam
veelterm 138
veelvermoënd
688 Besit
689 Ryk
veelvlak
139 Meetkunde
447 Hoekig
450 Volume
veelvlakkig
114 Saamgesteld
139 Meetkunde
450 Volume
veelvoorkomend
31 Soort
647 Voortgaan
veelvoud
133 Getal
137 Bewerking
veelvoudig
13 Verskeidenheid
104 Baie
133 Getal
137 Bewerking
veelvraat
357 Dier
406 Eet
veelvuldig
13 Verskeidenheid
55 Dikwels
104 Baie
veelvuldigekeusevraag 561
veelweter 535
veelwywery 820
veemark
369 Veeteelt
701 Handel
veenmos 328
veeoorgang 149
veeplaas
346 Landbougrond
354 Plaas
369 Veeteelt
veepos
346 Landbougrond
369 Veeteelt
veër
564 Skryfbehoeftes
627 Skoon
veer
178 Toegaan
365 Voël
382 Haar
456 Sag
630 Werktuig
veeragtig 382
veeranker 235
veerbalans 257
veerboot 235
veerbout 172
veerdiens 221
veergewig
433 Klein
731 Gevegsport
veergewigbokser 731
veergewigstoeier 731
veerklem 183
veerkrag
456 Sag
625 Sterk
veerlig 451
veerman 221
veeroof 695
veerpasser 759
veerpyltjie 739
veerpyltjiebord 739
veerskaal 124
veerskag 365
veerslot 178
veerstelsel 630
veerster 363
veerwa 230
veerwolk 291
veesiekte 413
veeskou 369
veestapel 369
veeteelt 369
veeteler 369
veetentoonstelling 369
veetrok
233 Motorvoertuig
234 Spoorweg
veetrop 369
veevandisie 701
veeveiling
369 Veeteelt
705 Verkoop
veevoer
338 Gras
369 Veeteelt
veewa 234
veewagter
369 Veeteelt
655 Veilig
veg
666 Verhinder
667 Stryd
731 Gevegsport
vegetaal 318
vegetariër 406
vegetaries 406
vegetarisme 406
vegetasie 318
vegetatief 318
vegeteer
1 Bestaan
249 Vegeteer
324 Plantlewe
725 Verveling
veggeneraal 673
vegkuns 726
veglus 667
veglustig
667 Stryd
777 Haat
vegparty 667
vegtend 667
vegter
236 Lugvaart
625 Sterk
667 Stryd
673 Manskap
731 Gevegsport
vegtervlieënier 673
vegtery 667
vegvliegtuig 236
vegvlieënier
236 Lugvaart
673 Manskap
vegvlieër 673
veil 705
veilig
636 Onskadelik
655 Veilig
veiligheid 655
veiligheidsagent 802
veiligheidsdiens 655
veiligheidsdraad 262
veiligheidsein 546
veiligheidsglas
94(8) Deur
94(9) Venster
233 Motorvoertuig
309 Glas
veiligheidsgordel 233
veiligheidsgrens 63
veiligheidshalwe 655
veiligheidsheining 63
veiligheidsknip
178 Toegaan
676 Vuurwapen

veiligheidslamp
275 Myn
487 Ligbron
veiligheidslig 487
veiligheidslot 178
veiligheidsmaatreël 599
veiligheidsmeganisme 655
veiligheidsoord 64
veiligheidspeld
155 Deurboor
745 Versier
veiligheidspolisie
655 Veilig
802 Gehoorsaam
veiligheidspolisieman 802
veiligheidspolisievrou 802
veiligheidsraad 590
veiligheidsreling 94(12)
veiling
369 Veeteelt
705 Verkoop
veilingwyn 427
veins
815 Oneerlik
818 Bedrieg
veinsaard 818
veinser 818
veinsery
623 Sleg
815 Oneerlik
818 Bedrieg
845 Godsvrug
vektoralgebra 138
vel
161 Bedek
185 Sny
252 Doodmaak
314 Leer
315 Papier
349 Bosbou
381 Vel
495 Tassin
velariseer 572
velarium 94(4)
veld
61 Plek
262 Elektrisiteit
445 Oppervlak
515 Wetenskap
667 Stryd
726 Sport
veldartillerie
672 Weermag
676 Vuurwapen
veldatleet 729
veldbed
96 Slaapplek
674 Uitrusting
veldblom 337
veldblomstruik 337
veldbrand
465 Warm
467 Aansteek
veldfiets 232
veldfles
84 Houer
674 Uitrusting
veldgeskut
675 Bewapening
676 Vuurwapen
veldgewas 318
veldheer 673
veldheerstaf 673
veldhospitaal 417
veldkennis 535
veldkornet 673
veldkos 426
veldkriek 361
veldloop 729
veldmaarskalk 673
veldmaarskalkstaf 673
veldmuis 366
veldnommer 729
veldoefening 680
veldplant
318 Plant
337 Veldplant
veldplasing 728(3)
veldpou 365
veldpredikant
673 Manskap
852 Geestelike
veldseer 413
veldslaai 351
veldslag 667
veldspaat 298
veldsterkte
261 Magnetisme
262 Elektrisiteit
veldstoel 95(4)
veldstruik 337
veldtenue 674
veldtog
644 Handelwyse
667 Stryd
veldtroepe 672
velduiker 215
velduitrusting 674
velduniform 674
veldvaring 329
veldwagter 802
veldwedloop 729
veldwerk
516 Soek
728(3) Krieket
veldwerker
516 Soek
728(3) Krieket
728(7) Bofbal
velêr
390 Mond
572 Uitspraak
velerlei
13 Verskeidenheid
104 Baie
velkaros
95(9) Linne
96 Slaapplek
velkleur 381
velklier 381
velkombers
95(9) Linne
96 Slaapplek
velling
163 Draai
232 Fiets
233 Motorvoertuig
vellingflens 233
veloer 311
veloorplanting 413
veloppervlak 381
velroom 746
velsiekte 413
velskoenblaar 320
velsorg 746
velspier 381
velum
390 Mond
572 Uitspraak
velversorging 746
velyn 315
vendetta
667 Stryd
777 Haat
779 Boosaardig
784 Wraaksug
vendu-afslaer 705
venduregte 712
vendusie 705
vendusie hou 705
vene 399
venereologie 414
venereoloog 416
veneries 413
venerologie 414
venerologies 414
Venesiaanse deur 94(8)
Venesiaanse venster 94(9)
Venesiese glas 309
veneus 399
vennoot
663 Meedoen
665 Byeenkom
701 Handel
vennootskap
168 Saamkom
663 Meedoen
665 Byeenkom
venster
94(9) Venster
177 Oopgaan
233 Motorvoertuig
vensterbank 94(9)
vensterbankhoogte 94(9)
vensterbanklys 94(9)
vensterbeskot 94(9)
vensterblinding 95(12)
vensterglas 309
vensterhaak 94(9)
vensterhoog 436
vensterhoogte 436
vensterknip
94(9) Venster
178 Toegaan
vensterkoevert
563 Skryf
564 Skryfbehoeftes
vensterkosyn 94(9)
vensterlap 627
vensterlood 94(9)
vensterluik 94(9)
vensterlys 94(9)
vensterpos 94(9)
vensterraam 94(9)
vensterruit 94(9)
vensterskarnier 94(9)
venstertralie 94(9)
vensteruitstalling 707
vent
53 Jonk
375 Man
592 Ondergeskikte
705 Verkoop
venter
701 Handel
705 Verkoop
ventilasie 290
ventilasieskag 275
ventilasietonnel 275
ventilasiewaaier 234
ventilator 290
ventileer 290
ventilering 290
ventraal 395
ventrikel
385 Skedel
399 Bloedsomloop
Venus 270
venusberg
395 Buik
396 Rug
venusheuwel
395 Buik
396 Rug
venusmossel 363
venyn
777 Haat
779 Boosaardig
813 Swak gedrag
venynig
777 Haat
779 Boosaardig
813 Swak gedrag
ver
68 Ver
241 Familie
ver heen 58
ver weg 68
veraangenaam 716

veraanskoulik 743
verabsolutering 537
verademing 720
veraf 68
verafgeleë 68
verafgoding
776 Liefde
826 Goedkeur
830 Eerbiedig
855 God
verafgo(o)d
776 Liefde
830 Eerbiedig
855 God
verafrikaans 569
verafsku
775 Weersin
777 Haat
verag
775 Weersin
831 Bespot
veragtelik
623 Sleg
744 Lelik
813 Swak gedrag
827 Afkeur
831 Bespot
veragtelikheid 744
veragter
623 Sleg
770 Wantroue
veragting
827 Afkeur
831 Bespot
veral 620
veralgemeen
31 Soort
522 Redeneer
veralgemening
31 Soort
137 Bewerking
522 Redeneer
veranda 94(4)
verander
9 Verskillend
13 Verskeidenheid
140 Verandering
142 Veranderlik
438 Vorm
644 Handelwyse
veranderbaar
140 Verandering
142 Veranderlik
veranderd 140
veranderend 140
verandering
9 Verskillend
140 Verandering
148 Van koers af
163 Draai
438 Vorm
veranderlik
140 Verandering
142 Veranderlik
583 Willoosheid
587 Aarsel
623 Sleg
714 Gevoelig
770 Wantroue
veranderlike
125 Tel
137 Bewerking
138 Algebra
142 Veranderlik
veranker
143 Bestendig
221 Vaar
verantwoord
525 Bewys
533 Verstaan
811 Gewete
833 Verontskuldig
verantwoordelik
588 Gesag hê
599 Gesag
620 Belangrik
651 Toesien
663 Meedoen
769 Vertroue
811 Gewete
822 Skuldig
verantwoordelikheid
588 Gesag hê
599 Gesag
651 Toesien
663 Meedoen
769 Vertroue
811 Gewete
822 Skuldig
verantwoordelikheidsin
769 Vertroue
811 Gewete
verantwoording 833
verarm(d) 690
verarming 690
veras
253 Begrafnis
465 Warm
467 Aansteek
verassing
253 Begrafnis
465 Warm
467 Aansteek
verassureer
655 Veilig
692 Spaar
verbaal
548 Praat
574 Woordkategorie
576 Sinsbou
verbaas
121 Verwarring
521 Verras wees
verbaasdheid 521
verbale hendiadis 576
verbaliseer
574 Woordkategorie
575 Woordvorming
verban
67 Verplasing
192 Laat gaan
585 Verwerp
666 Verhinder
835 Bestraf
verban word 835
verband
6 Betreklik
99 Messel
135 Verhouding
172 Vasmaak
415 Geneesmiddel
607 Beloof
699 Leen
711 Skuld
verband hou 6
verbandaflossing 711
verbandakte 699
verbandbank
699 Leen
700 Bank
verbandbelegging 692
verbandbrief 699
verbanddokument 699
verbandhoudend 172
verbandhouer
699 Leen
711 Skuld
verbandkoers 699
verbandkoste 699
verbandlening
699 Leen
711 Skuld
verbandlinne 415
verbandnemer
699 Leen
700 Bank
711 Skuld
verbandobligasie 699
verbandpapier 315
verbandrente 699
verbandsaldo 703
verbandskuldeiser 711
verbandtermyn 699
verbandverhouding 6
verbanning
67 Verplasing
192 Laat gaan
666 Verhinder
827 Afkeur
835 Bestraf
verbanningsdekreet 599
verbasend
7 Betrekkingloos
521 Verras wees
verbasing
7 Betrekkingloos
121 Verwarring
521 Verras wees
verbasingwekkend 521
verbaster
140 Verandering
174 Meng
239 Voortplant
368 Diereteelt
369 Veeteelt
623 Sleg
verbastering
140 Verandering
324 Plantlewe
368 Diereteelt
623 Sleg
verbeel
512 Verbeelding
547 Simboliek
verbeeld
547 Simboliek
758 Kuns
verbeelding
2 Nie-bestaan
36 Onreëlmatig
505 Verstandstoornis
512 Verbeelding
547 Simboliek
785 Hoogmoedig
verbeeldingryk 512
verbeeldingsiekte
413 Siekte
505 Verstandstoornis
verbeeldingskrag 512
verbeeldingsvermoë 512
verbelentheid 36
verbena
322 Blom
332 Struik
verberg
161 Bedek
540 Geheim hou
549 Stilbly
verbete
582 Wilskrag
586 Beslis
618 Kragtig
647 Voortgaan
767 Moed
verbetenheid 618
verbeter
140 Verandering
411 Gesond
559 Opvoeding
561 Studeer
566 Drukkuns
622 Goed
682 Slaag
verbeterde uitgawe 566
verbetering
140 Verandering

561 Studeer
622 Goed
682 Slaag
verbeter(ing)skool
559 Opvoeding
594 Onvryheid
835 Bestraf
verbeur
687 Verlies
697 Verloor
verbeurd verklaar
687 Verlies
694 Neem
verbeurdverklaring 694
verbeuring 687
verbeusel
39 Tydverlies
623 Sleg
687 Verlies
691 Spandeer
verbid
604 Versoek
847 Gebed
verbied
192 Laat gaan
532 Betwis
585 Verwerp
602 Verbied
666 Verhinder
verbind
6 Betreklik
21 Volgorde
168 Saamkom
170 Saambring
172 Vasmaak
256 Skeikunde
265 Telekommunikasie
414 Geneeskunde
579 Gedwonge
607 Beloof
verbindbaarheid 576
verbindend
170 Saambring
172 Vasmaak
607 Beloof
811 Gewete
verbinding
21 Volgorde
170 Saambring
172 Vasmaak
220 Treinry
256 Skeikunde
264 Uitsaai
265 Telekommunikasie
663 Meedoen
verbindingsdraad 262
verbindingskanaal
147 Rigting
264 Uitsaai
265 Telekommunikasie
verbindingskas 234
verbindingsklank 575
verbindingslyn 265
verbindingsmof 262
verbindingsmorfeem 575
verbindingsoffisier 673
verbindingspad 149
verbindingsteken 571
verbindingstroepe 672
verbindingsweg
149 Pad
220 Treinry
verbindingswoord 574
verbintenis
6 Betreklik
172 Vasmaak
579 Gedwonge
607 Beloof
663 Meedoen
811 Gewete
verbintenisreg 808
verbitter(d)
717 Lyding
771 Gramskap
777 Haat
verbittering
717 Lyding
771 Gramskap
777 Haat
verbleek
490 Kleur
491 Kleurloosheid
626 Swak
768 Vrees
verbleik
490 Kleur
491 Kleurloosheid
verblind
413 Siekte
499 Sien
538 Dwaling
544 Onduidelik
818 Bedrieg
verblindend
485 Lig
538 Dwaling
verblinding
499 Sien
538 Dwaling
verbloem
161 Bedek
540 Geheim hou
818 Bedrieg
833 Verontskuldig
verbluf
521 Verras wees
768 Vrees
verbluffend
521 Verras wees
768 Vrees
verbluftheid
521 Verras wees
548 Praat
verbly
713 Gevoel
716 Genot
718 Bly
720 Tevrede
verblydend
716 Genot
718 Bly
verblyf
64 Aanwesig
89 Blyplek
verblyfkoste 708
verblyfpermit 187
verblyfplaas 89
verblyfplek
61 Plek
64 Aanwesig
89 Blyplek
verblyftyd 64
verbod
192 Laat gaan
217 Motorry
530 Voorbehou
548 Praat
585 Verwerp
602 Verbied
666 Verhinder
801 Wet
verbode
585 Verwerp
598 Ongehoorsaam
602 Verbied
807 Onwettig
verbodsbepaling
602 Verbied
607 Beloof
verbodteken
149 Pad
217 Motorry
verboë 575
verboë vorm
574 Woordkategorie
575 Woordvorming
verboemel
623 Sleg
687 Verlies
691 Spandeer
verbolge
714 Gevoelig
771 Gramskap
verbond
579 Gedwonge
607 Beloof
663 Meedoen
verbonde
6 Betreklik
170 Saambring
172 Vasmaak
607 Beloof
811 Gewete
verbondenheid
6 Betreklik
170 Saambring
verbondsark 854
verbondseed 607
Verbondsgod 837
verborge
501 Onsigbaarheid
540 Geheim hou
544 Onduidelik
verborgene 540
verborgenheid
36 Onreëlmatig
501 Onsigbaarheid
540 Geheim hou
544 Onduidelik
836 Bonatuurlik
verbou
97 Bou
140 Verandering
237 Voortbring
345 Plantkwekery
347 Landbou
351 Groente
352 Graan
verbouereer
521 Verras wees
768 Vrees
verbouereerd
521 Verras wees
768 Vrees
verbouing
97 Bou
345 Plantkwekery
347 Landbou
verbrand
238 Vernietig
413 Siekte
465 Warm
467 Aansteek
verbrande 813
verbranding
467 Aansteek
468 Blus
verbrandingsgas 461
verbrandingshitte 465
verbrandingskamer
233 Motorvoertuig
236 Lugvaart
verbrandingsproses 467
verbrandingsruimte 630
verbrandingswarmte 465
verbrands
521 Verras wees
771 Gramskap
verbras
687 Verlies
691 Spandeer
verbreding
107 Meer
140 Verandering
434 Breed
verbreed
107 Meer

140 Verandering
434 Breed
verbreek
23 Onderbreking
97 Bou
184 Afbreek
648 Onderbreek
803 Oortree
verbrei 31
verbreid 31
verbreidheid 31
verbreiding
31 Soort
107 Meer
verbreking
97 Bou
184 Afbreek
609 Jou woord verbreek
648 Onderbreek
verbroddel 629
verbroeder
776 Liefde
790 Sosiaal
verbrokkel
112 Deel
169 Skei
184 Afbreek
verbrokkeling
112 Deel
169 Skei
184 Afbreek
verbrou
20 Wanorde
538 Dwaling
623 Sleg
629 Gebruik
652 Versuim
822 Skuldig
verbrui 598
verbruik 629
verbruiker
629 Gebruik
701 Handel
704 Koop
verbruikersbesteding 691
verbruikersgoedere 629
verbruikerskoöperasie 707
verbruikersonvriendelik 629
verbruikersraad 701
verbruikersvertroue 701
verbruikersvriendelik 629
verbruiksbelasting 712
verbruiksbesteding 691
verbruiksgoedere
629 Gebruik
688 Besit
verbruiningsbak 84
verbruiningskottel 84
verbrysel
184 Afbreek
238 Vernietig
458 Breekbaar
verbuig
180 Ongelyk
444 Krom
574 Woordkategorie
verbuiging
444 Krom
574 Woordkategorie
575 Woordvorming
verbuigingsmorfeem 575
verbuigingsuffiks 575
verbuigingsuitgang 575
verbum 574
verby
28 Einde
50 Verlede
68 Ver
85 Voor
86 Agter
87 Kant
152 Verby
208 Verbygaan
verbybeweeg
152 Verby
208 Verbygaan
verbygaan
28 Einde
37 Tyd
152 Verby
208 Verbygaan
650 Voltooi
verbygaande
37 Tyd
208 Verbygaan
verbygang 152
verbyganger 208
verbyglip 208
verbyhardloop 208
verbyhol 208
verbyjaag 208
verbykom
208 Verbygaan
835 Bestraf
verbylaat 152
verbyloop
152 Verby
208 Verbygaan
verbymars 680
verbyneem 208
verbypad 149
verbypraat 539
verbyry
208 Verbygaan
217 Motorry
verbyskiet 208
verbyskuif 152
verbysnel
37 Tyd
208 Verbygaan
verbystap 208
verbysteek
200 Vorentoe
208 Verbygaan
217 Motorry
verbyster(d)
521 Verras wees
713 Gevoel
768 Vrees
verbysterend
521 Verras wees
714 Gevoelig
744 Lelik
768 Vrees
verbystering
521 Verras wees
548 Praat
713 Gevoel
768 Vrees
verbystuur 208
verbyvaar 208
verbyvaart 208
verbyvlieg 208
verbyvlug 208
verchristelik 842
verchroom 161
verdaag
23 Onderbreking
28 Einde
648 Onderbreek
650 Voltooi
665 Byeenkom
verdag 770
verdag maak
770 Wantroue
831 Bespot
verdaging
23 Onderbreking
28 Einde
590 Bestuur
648 Onderbreek
665 Byeenkom
verdagmakend
770 Wantroue
829 Beledig
verdagmakery 770
verdagmaking
770 Wantroue
829 Beledig
verdagte
770 Wantroue
803 Oortree
verdagtheid 770
verdamp
260 Warmteleer
461 Gas
verdamping
260 Warmteleer
292 Neerslag
461 Gas
verdampingshitte 260
verdampingsoppervlakte
260
verdampingspunt 260
verdampingstemperatuur
260
verdedig
528 Bevestig
543 Duidelik
655 Veilig
663 Meedoen
667 Stryd
670 Verdedig
671 Verdedigingsmiddel
727 Wedstryd
728(1) Rugby
728(2) Sokker
808 Regswese
809 Regsgeding
833 Verontskuldig
verdedigbaar
655 Veilig
670 Verdedig
808 Regswese
833 Verontskuldig
verdedigend
655 Veilig
667 Stryd
670 Verdedig
727 Wedstryd
728 Balsport
808 Regswese
833 Verontskuldig
verdediger
655 Veilig
667 Stryd
670 Verdedig
727 Wedstryd
728(5) Netbal
833 Verontskuldig
verdediging
528 Bevestig
543 Duidelik
556 Antwoord
558 Redevoering
655 Veilig
663 Meedoen
667 Stryd
670 Verdedig
727 Wedstryd
808 Regswese
809 Regsgeding
833 Verontskuldig
verdedigingslinie 670
verdedigingsmag
671 Verdedigingsmiddel
672 Weermag
verdedigingsmiddel
670 Verdedig
671 Verdedigingsmiddel
verdedigingsnetwerk 670
verdedigingspos 670
verdedigingstelling 670
verdedigingswapen 675
verdedigingswet 801

verdeel
19 Orde
30 Ondergeskik
102 Hoeveelheid
103 Min
112 Deel
122 Bereken
169 Skei
173 Losmaak
185 Sny
286 Rivier
693 Gee
verdeelbaar
112 Deel
122 Bereken
verdeeld
532 Betwis
667 Stryd
777 Haat
verdeeldheid 667
verdeelpasser 759
verdeler
233 Motorvoertuig
630 Werktuig
verdelg
238 Vernietig
252 Doodmaak
verdelger
238 Vernietig
252 Doodmaak
684 Oorwin
verdelging
238 Vernietig
252 Doodmaak
684 Oorwin
verdeling
112 Deel
122 Bereken
169 Skei
173 Losmaak
693 Gee
verdelingsrekening 700
verdenking
518 Glo
519 Twyfel
770 Wantroue
832 Beskuldig
verder
22 Kontinu
47 Later
51 Toekoms
68 Ver
208 Verbygaan
647 Voortgaan
verderaan 68
verderf
666 Verhinder
683 Misluk
813 Swak gedrag
820 Oneerbaar
839 Hiernamaals
846 Godloos
verderfenis 839
verderflik
238 Vernietig
623 Sleg
635 Skadelik
683 Misluk
813 Swak gedrag
839 Hiernamaals
verderflikheid 238
verderop 68
verdien
686 Aanwins
708 Betaal
834 Beloon
verdiend 834
verdienste
614 Bekwaam
622 Goed
633 Nuttig
686 Aanwins
696 Ontvang
709 Betaalmiddel
verdienstelik
622 Goed
633 Nuttig
verdiep
107 Meer
437 Laag
516 Soek
541 Betekenis
verdieping
94(1) Konstruksie
436 Hoog
516 Soek
535 Weet
561 Studeer
verdiepinghuis 91
verdiepskaaf 316
verdierlik 357
verdierliking
813 Swak gedrag
820 Oneerbaar
verdiets 569
verdig
178 Toegaan
453 Dig
517 Vind
538 Dwaling
818 Bedrieg
verdigsel
36 Onreëlmatig
517 Vind
538 Dwaling
552 Vertel
818 Bedrieg
verdigting 453
verdigtingspunt 453
verdik
419 Voedselbereiding
434 Breed
459 Vaste stof
462 Halfvloeibaar
verdikking
413 Siekte
434 Breed
459 Vaste stof
verdink
518 Glo
519 Twyfel
770 Wantroue
verdoem
527 Oordeel
669 Aanval
779 Boosaardig
827 Afkeur
839 Hiernamaals
verdoemenis 839
verdoemenswaardig 623
verdoeming
527 Oordeel
779 Boosaardig
839 Hiernamaals
verdoemlik 623
verdoesel
540 Geheim hou
818 Bedrieg
verdof
217 Motorry
486 Duisternis
489 Ondeurskynend
715 Gevoelloos
verdoffing
489 Ondeurskynend
715 Gevoelloos
verdofskakelaar
233 Motorvoertuig
262 Elektrisiteit
verdonker
486 Duisternis
489 Ondeurskynend
490 Kleur
verdonkering
486 Duisternis
489 Ondeurskynend
verdoof
414 Geneeskunde
476 Geluid
498 Gehoor
715 Gevoelloos
verdoold 148
verdoop 550
verdor
464 Droog
623 Sleg
verdorwe
623 Sleg
813 Swak gedrag
820 Oneerbaar
verdorwenheid
623 Sleg
779 Boosaardig
813 Swak gedrag
820 Oneerbaar
verdowend 415
verdowingsmiddel 415
verdowwing
489 Ondeurskynend
715 Gevoelloos
verdra
596 Inskiklik
601 Toestem
715 Gevoelloos
717 Lyding
verdraaglik 715
verdraagsaam
596 Inskiklik
668 Vrede
715 Gevoelloos
778 Goedaardig
verdraagsaamheid
596 Inskiklik
715 Gevoelloos
778 Goedaardig
verdraai(d)
163 Draai
444 Krom
544 Onduidelik
805 Onregverdig
818 Bedrieg
verdraaidheid
163 Draai
805 Onregverdig
818 Bedrieg
verdraaiing
163 Draai
575 Woordvorming
750 Letterkunde
805 Onregverdig
815 Oneerlik
818 Bedrieg
verdraend 677
verdrag
605 Aanvaar
607 Beloof
663 Meedoen
verdragstaat 607
verdriedubbel 107
verdriet
717 Lyding
719 Hartseer
verdrietig
717 Lyding
719 Hartseer
verdrietlik
717 Lyding
719 Hartseer
771 Gramskap
verdring
67 Verplasing
144 Vervang
171 Verwyder
344 Onkruid
779 Boosaardig

verdringing
67 Verplasing
171 Verwyder
779 Boosaardig
verdrink
250 Dood
252 Doodmaak
407 Drink
verdrinking 250
verdroë
250 Dood
464 Droog
verdroging 464
verdronge
67 Verplasing
171 Verwyder
verdroog
250 Dood
464 Droog
623 Sleg
verdroom
39 Tydverlies
646 Nie handel nie
verdruk
592 Ondergeskikte
779 Boosaardig
verdrukkend 779
verdrukking 779
verdrukte 779
verdryf
39 Tydverlies
144 Vervang
192 Laat gaan
511 Vergeet
verdrywing 192
verdubbel
104 Baie
107 Meer
432 Groot
572 Uitspraak
verdubbeling
107 Meer
432 Groot
verduidelik
19 Orde
539 Kommunikeer
543 Duidelik
548 Praat
553 Behandel
verduideliking
543 Duidelik
548 Praat
553 Behandel
556 Antwoord
verduister
270 Hemelliggaam
486 Duisternis
505 Verstandstoornis
538 Dwaling
540 Geheim hou
544 Onduidelik
695 Steel
verduisteraar 695
verduistering
270 Hemelliggaam
486 Duisternis
538 Dwaling
540 Geheim hou
695 Steel
verduiwels
104 Baie
813 Swak gedrag
846 Godloos
verdun
256 Skeikunde
419 Voedselbereiding
435 Smal
454 Ondig
460 Vloeistof
verdunner 490
verdunning
435 Smal
460 Vloeistof
verdun(nings)middel 460
verduur
713 Gevoel
715 Gevoelloos
717 Lyding
verduursaam 471
verdwaal(d)
7 Betrekkingloos
11 Disharmonie
148 Van koers af
213 Rondgaan
544 Onduidelik
768 Vrees
verdwaas
121 Verwarring
505 Verstandstoornis
521 Verras wees
verdwaasdheid
121 Verwarring
505 Verstandstoornis
521 Verras wees
verdwerg 433
verdwyn
67 Verplasing
167 Wegbeweeg
190 Vertrek
205 Weggaan
238 Vernietig
501 Onsigbaarheid
verdwyngat 277
verebed 95(5)
veredel
350 Vrugte
559 Opvoeding
622 Goed
812 Goeie gedrag
veredeling
559 Opvoeding
622 Goed
788 Beskaafd
vereelt
413 Siekte
455 Hard
vereenduidig 543
vereenselwig
8 Dieselfde
531 Saamstem
605 Aanvaar
vereenvoudig
113 Enkelvoudig
133 Getal
137 Bewerking
653 Maklik
vereenvoudiging
113 Enkelvoudig
137 Bewerking
653 Maklik
vereer
693 Gee
826 Goedkeur
830 Eerbiedig
834 Beloon
837 God
vereers 27
vereffen
708 Betaal
711 Skuld
vereffenbaar 708
vereffening
708 Betaal
711 Skuld
vereis
17 Noodsaak
520 Verwag
530 Voorbehou
579 Gedwonge
631 Nodig
vereiste
17 Noodsaak
530 Voorbehou
579 Gedwonge
631 Nodig
verekombers 95(5)
verekskuseer 833
verematras 96
verend 456
vereng
435 Smal
824 Onboetvaardig
verengels 569
verenging
435 Smal
824 Onboetvaardig
verenig
6 Betreklik
8 Dieselfde
10 Harmonie
168 Saamkom
170 Saambring
172 Vasmaak
174 Meng
663 Meedoen
verenigbaar
10 Harmonie
168 Saamkom
vereniging
6 Betreklik
10 Harmonie
168 Saamkom
170 Saambring
172 Vasmaak
605 Aanvaar
663 Meedoen
665 Byeenkom
verenigingslewe 665
vererend 830
vererg(d) 771
verergdheid
719 Hartseer
771 Gramskap
vererger 623
verering
510 Herinner
693 Gee
776 Liefde
826 Goedkeur
830 Eerbiedig
verestoffer 627
verewa 230
verewig
42 Altyd
836 Bonatuurlik
verf
100 Boumateriaal
161 Bedek
490 Kleur
745 Versier
759 Tekenkuns
760 Skilderkuns
verfbak 490
verfblik 490
verfilm
268 Fotografie
752 Toneelkuns
verfilming 268
verfkontrakteur 490
verfkwas
490 Kleur
630 Werktuig
verflens 324
verflenter
184 Afbreek
628 Vuil
verflou
108 Minder
485 Lig
626 Swak
verfmerk 490
verfoei
775 Weersin
777 Haat
verfoeilik
744 Lelik
820 Oneerbaar

827 Afkeur
831 Bespot
verfoes
20 Wanorde
538 Dwaling
544 Onduidelik
623 Sleg
verfomfaai
20 Wanorde
180 Ongelyk
538 Dwaling
628 Vuil
744 Lelik
verfpoeier 490
verfpot 84
verfraai
743 Mooi
745 Versier
verfraaiing
743 Mooi
745 Versier
verfris
53 Nuut
406 Eet
407 Drink
466 Koud
622 Goed
verfrissend
53 Nuut
406 Eet
407 Drink
466 Koud
verfrissing
53 Jonk
406 Eet
407 Drink
466 Koud
622 Goed
627 Skoon
verfroller 490
verfrommel 180
verfstof 490
verfvlek 628
verfware 490
verfwerk
94(13) Versiering
97 Bou
490 Kleur
627 Skoon
745 Versier
verfwinkel 707
verfyn(d)
140 Verandering
458 Breekbaar
559 Opvoeding
582 Wilskrag
622 Goed
788 Beskaafd
791 Sosiaal
812 Goeie gedrag
verfyndheid
559 Opvoeding
622 Goed
627 Skoon
747 Verfyndheid
788 Beskaafd
791 Sosiaal
verfyning
140 Verandering
559 Opvoeding
622 Goed
627 Skoon
747 Verfyndheid
788 Beskaafd
verg 520
vergaan
28 Einde
50 Verlede
235 Skeepvaart
238 Vernietig
250 Dood
501 Onsigbaarheid
623 Sleg
vergaap 521
vergaar 170
vergaarbak 84
vergader
168 Saamkom
170 Saambring
557 Diskussie
590 Bestuur
665 Byeenkom
vergadering
168 Saamkom
539 Kommunikeer
557 Diskussie
590 Bestuur
665 Byeenkom
vergaderingsprosedure 590
vergaderkamer 665
vergaderlokaal 168
vergaderplek
168 Saamkom
665 Byeenkom
vergadersaal
91 Gebou
168 Saamkom
665 Byeenkom
vergal
623 Sleg
717 Lyding
725 Verveling
vergange 50
verganklik
28 Einde
41 Kortstondig
252 Doodmaak
verganklikheid
28 Einde
41 Kortstondig
vergas
252 Doodmaak
461 Gas
790 Sosiaal
vergasser
233 Motorvoertuig
630 Werktuig
vergassing 252
vergeef
783 Vergifnis
833 Verontskuldig
vergeeflik 783
vergeeflikheid 783
vergeefs 634
vergeefsheid 634
vergeestelik
502 Verstand
836 Bonatuurlik
vergeet
116 Te veel
192 Laat gaan
511 Vergeet
646 Nie handel nie
664 Terugstaan
vergeetagtig
509 Onoplettend
511 Vergeet
646 Nie handel nie
652 Versuim
vergeetagtigheid
192 Laat gaan
509 Onoplettend
646 Nie handel nie
652 Versuim
vergeetal 511
vergeet-my-nietjie 322
vergeld(e)
784 Wraaksug
834 Beloon
vergelding
784 Wraaksug
835 Bestraf
vergeldingsdaad 835
vergeldingsmaatreël 784
vergeldingsoptrede 835
vergeleke by 118
vergeleke met 118
vergelyk
8 Dieselfde
118 Vergelyking
137 Bewerking
531 Saamstem
607 Beloof
668 Vrede
vergelykbaar
118 Vergelyking
137 Bewerking
vergelykbaarheid
118 Vergelyking
137 Bewerking
vergelykend
118 Vergelyking
137 Bewerking
750 Letterkunde
vergelykende politiek 795
vergelykende taalkunde 570
vergelykende trap 574
vergelykenderwys
118 Vergelyking
137 Bewerking
vergelyking
118 Vergelyking
137 Bewerking
573 Woordeskat
750 Letterkunde
vergemaklik
653 Maklik
716 Genot
vergenoeg(d)
716 Genot
718 Bly
720 Tevrede
vergesel 26
vergesig 51
vergesog 36
vergestalt 254
vergestalting 254
vergete 511
vergetelheid 511
vergewe
104 Baie
252 Doodmaak
413 Siekte
778 Goedaardig
783 Vergifnis
833 Verontskuldig
vergewensgesind
596 Inskiklik
668 Vrede
778 Goedaardig
783 Vergifnis
vergewensgesindheid
778 Goedaardig
783 Vergifnis
833 Verontskuldig
vergewing
783 Vergifnis
823 Berou
vergewis
528 Bevestig
537 Waarheid
vergiet
95(7) Pot
287 Vloei
vergiettes
95(7) Pot
419 Voedselbereiding
vergif 415
vergifnis
783 Vergifnis
823 Berou
833 Verontskuldig
vergifnis skenk 833
vergiftig
252 Doodmaak
413 Siekte

829 Beledig
vergiftiging 413
vergis
527 Oordeel
538 Dwaling
vergissing
527 Oordeel
528 Bevestig
537 Waarheid
538 Dwaling
613 Onnoukeurig
667 Stryd
verglaas
305 Erdewerk
309 Glas
499 Sien
verglaasoond
305 Erdewerk
309 Glas
verglans
315 Papier
419 Voedselbereiding
627 Skoon
vergoddelik
836 Bonatuurlik
855 God
vergoddeliking
836 Bonatuurlik
855 God
vergoding 855
vergoed
708 Betaal
834 Beloon
vergoeding
686 Aanwins
708 Betaal
709 Betaalmiddel
834 Beloon
vergoeilik 833
vergoeiliking 833
vergooi 691
vergote
39 Tydverlies
691 Spandeer
vergroot
107 Meer
432 Groot
448 Gelyk
538 Dwaling
vergrootglas
267 Optika
432 Groot
vergrotende 448
vergrotende trap 574
vergroter 432
vergroting
268 Fotografie
432 Groot
538 Dwaling
750 Letterkunde
vergrotingstoestel 268
vergruis
184 Afbreek
413 Siekte
458 Breekbaar
vergryp
183 Gryp
779 Boosaardig
803 Oortree
822 Skuldig
vergrys 382
verguis
829 Beledig
831 Bespot
verguld
95 Venster
161 Bedek
297 Metaal
302 Smid
verguldsel 302
vergun
601 Toestem
653 Maklik
vergunning
601 Toestem
605 Aanvaar
616 Magtig
806 Wettig
826 Goedkeur
verhaal
45 Geskiedenis
539 Kommunikeer
552 Vertel
568 Perswese
711 Skuld
750 Letterkunde
verhaalbaar 833
verhaalbundel 750
verhaalredakteur 568
verhaalstruktuur 750
verhaaltrant 750
verhaar 382
verhaas
57 Vroeg
225 Vinnig
verhalend
552 Vertel
750 Letterkunde
verhalende styl 750
verhalenderwys 552
verhaler
552 Vertel
711 Skuld
750 Letterkunde
verhandel
701 Handel
705 Verkoop
verhandelaar 705
verhandelbaar 705
verhandelbare papier 708
verhandelbare skuldbrief 708
verhandeling
553 Behandel
558 Redevoering
561 Studeer
567 Boek
701 Handel
705 Verkoop
verhang 76
verhard
297 Metaal
455 Hard
582 Wilskrag
625 Sterk
715 Gevoelloos
824 Onboetvaardig
verhardheid 824
verharding
455 Hard
715 Gevoelloos
824 Onboetvaardig
verharing 382
verhaspel
20 Wanorde
615 Onbekwaam
623 Sleg
652 Versuim
verheerlik
799 Beroemd
826 Goedkeur
830 Eerbiedig
verhef
137 Bewerking
158 Opstyg
622 Goed
625 Sterk
785 Hoogmoedig
812 Goeie gedrag
826 Goedkeur
verheffend
622 Goed
747 Verfyndheid
812 Goeie gedrag
826 Goedkeur
verheffing
137 Bewerking
158 Opstyg
622 Goed
682 Slaag
785 Hoogmoedig
812 Goeie gedrag
826 Goedkeur
verheimlik 540
verhelder
419 Voedselbereiding
485 Lig
488 Deurskynend
500 Sigbaarheid
543 Duidelik
verhemelte
385 Skedel
390 Mond
verheug
713 Gevoel
718 Bly
verhewe
176 Uithaal
436 Hoog
622 Goed
750 Letterkunde
778 Goedaardig
812 Goeie gedrag
verhewe literatuur 567
verhewe styl 750
verhewen(d)heid
436 Hoog
622 Goed
778 Goedaardig
812 Goeie gedrag
verhewig
618 Kragtig
623 Sleg
verhinder
193 Ophou
585 Verwerp
588 Gesag hê
602 Verbied
646 Nie handel nie
666 Verhinder
verhindering
193 Ophou
602 Verbied
666 Verhinder
verhipotekeer 711
verhit
260 Warmteleer
465 Warm
verhitting
260 Warmteleer
465 Warm
469 Verwarmingstoestel
verhoed
585 Verwerp
602 Verbied
666 Verhinder
verhoging
107 Meer
140 Verandering
436 Hoog
659 Aanstel
796 Stand
verhogingsteken 753
verhole 540
verhonger 406
verhoog
94 Gebou
107 Meer
140 Verandering
436 Hoog
558 Redevoering
572 Uitspraak
752 Toneelspel
796 Stand

verhoogde noot 753
verhooggordyn 752
verhoogkuns
752 Toneelkuns
755 Uitvoering
verhoogkunstenaar
724 Vermaak
752 Toneelspel
755 Uitvoering
verhooglig 752
verhoogstuk
752 Toneelkuns
755 Uitvoering
verhoogvrees 768
verhoogwerk 752
verhoor 809
verhoorafwagtende 594
verhoorsaak 809
verhouding
6 Betreklik
135 Verhouding
431 Afmeting
776 Liefde
790 Sosiaal
verhoudingsvyfhoek 139
verhout 316
verhovaardig 785
verhuis
67 Verplasing
167 Wegbeweeg
190 Vertrek
verhuising
67 Verplasing
167 Wegbeweeg
190 Vertrek
verhuiswa 67
verhul
539 Kommunikeer
540 Geheim hou
verhuring 706
verhuur 706
verhuurder 706
verifieer
516 Soek
525 Bewys
verifikasie
516 Soek
525 Bewys
vering 456
veringstelsel 233
verinnerlik
714 Gevoelig
723 Ernstig
verinnig 714
verisme 749
veristies 749
verjaag 192
verjaar
50 Verlede
127 Tydbepaling
793 Fees
verjaardagete 418
verjaardaggeskenk 693
verjaardagkaartjie 564
verjaardagkalender 127
verjaardagmaal 418
verjaardagpartytjie
418 Maaltyd
793 Fees
verjaardagpresent 693
verjaar(s)dag 793
verjaging 192
verjong 53
verjonging 53
verjongingskuur
53 Jonk
414 Geneeskunde
verkalk
298 Steen
413 Siekte
623 Sleg
verkalking
298 Steen
413 Siekte
623 Sleg
verkas
67 Verplasing
167 Wegbeweeg
190 Vertrek
205 Weggaan
verkeer
64 Aanwesig
165 Onreëlmatig
216 Ry
790 Sosiaal
verkeerd
130 Onbepaald
538 Dwaling
569 Taal
613 Onnoukeurig
623 Sleg
820 Oneerbaar
verkeerdelik
538 Dwaling
623 Sleg
verkeerdheid
9 Verskillend
538 Dwaling
623 Sleg
820 Oneerbaar
verkeerdmerk 546
verkeersaar 149
verkeersagent
149 Pad
217 Motorry
802 Gehoorsaam
verkeersbeampte
217 Motorry
802 Gehoorsaam
verkeersbeheer 217
verkeersbelemmering 217
verkeerseiland 149
verkeersein 546
verkeersgedrag 216
verkeersknoop
149 Pad
165 Onreëlmatig
217 Motorry
verkeerskode 217
verkeerskonstabel 217
verkeerslig
149 Pad
217 Motorry
487 Ligbron
verkeerslyn 149
verkeersmiddel
149 Pad
217 Motorry
verkeersnet 149
verkeersongeluk
217 Motorry
719 Hartseer
verkeersoortreding 217
verkeersopeenhoping 217
verkeersoutomaat 149
verkeerspolisie
217 Motorry
802 Gehoorsaam
verkeersreg 808
verkeersregulasies 217
verkeersreëling
149 Pad
217 Motorry
verkeersreëls 217
verkeerstregter 217
verkeersweg 149
verkeerswese 217
verkeerswet 801
verkeerswisselaar 149
verken
516 Soek
680 Militêre aksie
verkenner
516 Soek
680 Militêre aksie
verkenningsdiens 516
verkenningskorps 680
verkenningstog
516 Soek
680 Militêre aksie
verkenningsvliegtuig 236
verkenningsvlug 222
verketter
827 Afkeur
852 Geestelike
verkettering 827
verkies
584 Kies
616 Magtig
645 Handel
659 Aanstel
665 Byeenkom
verkiesbaar 584
verkiesing
584 Kies
590 Bestuur
645 Handel
665 Byeenkom
795 Staat
verkiesingsagent 795
verkiesingsdag 795
verkiesingsleuse 795
verkiesingsmanifes 795
verkiesingspetisie 604
verkiesingstermyn 590
verkiesingstryd 584
verkieslik 584
verkil 419
verklaar
528 Bevestig
539 Kommunikeer
543 Duidelik
553 Behandel
728(3) Krieket
verklaer
539 Kommunikeer
832 Beskuldig
verklap
162 Ontbloot
539 Kommunikeer
548 Praat
550 Noem
verklarend 567
verklarende aantekening 565
verklarende woordeboek 567
verklarende woordelys 567
verklaring
525 Bewys
528 Bevestig
539 Kommunikeer
543 Duidelik
551 Meedeel
553 Behandel
556 Antwoord
565 Skryfkuns
586 Beslis
verkleding 540
verklee 540
verkleef 776
verkleefdheid 776
verklein
103 Min
433 Klein
831 Bespot
verkleineer
621 Onbelangrik
669 Aanval
786 Nederig
827 Afkeur
829 Beledig
831 Bespot
verkleinerend
621 Onbelangrik
829 Beledig
831 Bespot

verkleinering
621 Onbelangrik
669 Aanval
786 Nederig
828 Vlei
831 Bespot
verkleinglas 433
verkleining
433 Klein
575 Woordvorming
verkleiningsuffiks 575
verkleiningsuitgang 575
verkleiningsvorm 575
verkleinwoord 575
verkleur
490 Kleur
491 Kleurloosheid
verkleuring 491
verkleurmannetjie
364 Reptiel
818 Bedrieg
verklik
162 Ontbloot
539 Kommunikeer
548 Praat
550 Noem
verklikker
539 Kommunikeer
802 Gehoorsaam
verkluim
250 Dood
466 Koud
verkneg
588 Gesag hê
589 Dien
592 Ondergeskikte
verknegting 592
verkneukel
718 Bly
722 Snaaks
verkneuter
718 Bly
722 Snaaks
verknies
713 Gevoel
719 Hartseer
768 Vrees
verknoei
20 Wanorde
39 Tydverlies
623 Sleg
629 Gebruik
652 Versuim
verknoeiing
623 Sleg
629 Gebruik
verknog
33 Samehorig
776 Liefde
verknogtheid
33 Samehorig
776 Liefde
verknorsing
654 Moeilik
717 Lyding
verkoel
419 Voedselbereiding
466 Koud
715 Gevoelloos
verkoeler
233 Motorvoertuig
234 Spoorweg
verkoelerdop 233
verkoelerpyp 233
verkoeling
233 Motorvoertuig
466 Koud
verkoelingsapparaat 466
verkoling
252 Doodmaak
467 Aansteek
verkommer 717
verkondig
539 Kommunikeer
551 Meedeel
verkondiger
539 Kommunikeer
852 Geestelike
verkondiging
539 Kommunikeer
849 Prediking
verkonkel 652
verkool
252 Doodmaak
256 Skeikunde
467 Aansteek
verkoop
701 Handel
705 Verkoop
707 Handelsaak
verkoopakte 607
verkoopbaar 705
verkoopdame 707
verkoopkontrak 607
verkoopkraampie 707
verkoopprys
126 Skat
691 Spandeer
704 Koop
705 Verkoop
verkoopsagent 705
verkoopsartikel 707
verkoop(s)belasting 712
verkoopsbestuurder 705
verkoopsklerk 705
verkoopsman 705
verkoopsom 126
verkoopspersoon 705
verkooptafel 707
verkooptegniek 705
verkooptransaksie 701
verkoopwaarde
126 Skat
686 Aanwins
704 Koop
verkoopware 707
verkope
701 Handel
702 Beurs
705 Verkoop
verkoper
701 Handel
705 Verkoop
verkopersmark 701
verkoping 705
verkort
41 Kortstondig
140 Verandering
433 Klein
verkorte balansstaat 700
verkorting
41 Kortstondig
140 Verandering
433 Klein
verkortingsteken
571 Skrif
753 Musiek
verkose 584
verkoue 413
verkouemiddel 415
verkrag
623 Sleg
803 Oortree
820 Oneerbaar
verkragter
623 Sleg
803 Oortree
verkragting
239 Voortplant
623 Sleg
803 Oortree
verkramp
503 Onverstandig
795 Staat
824 Onboetvaardig
verkrampte
795 Staat
824 Onboetvaardig
verkramptheid 503
verkreë 686
verkreukel 180
verkrimp
54 Oud
433 Klein
verkrom 180
verkromming 444
verkrop 717
verkropping 717
verkrummel
184 Afbreek
419 Voedselbereiding
458 Breekbaar
verkry
637 Doelgerigtheid
686 Aanwins
verkry(g)baar
686 Aanwins
696 Ontvang
verkry(g)er 686
verkryging 686
verkul 818
verkulling 818
verkwalik 721
verkwansel
39 Tydverlies
687 Verlies
691 Spandeer
701 Handel
705 Verkoop
verkwanseling
623 Sleg
691 Spandeer
701 Handel
705 Verkoop
verkwik
251 Lewe gee
406 Eet
716 Genot
verkwikking
251 Lewe gee
406 Eet
716 Genot
verkwiklik 716
verkwis
39 Tydverlies
623 Sleg
629 Gebruik
687 Verlies
691 Spandeer
verkwistend
39 Tydverlies
623 Sleg
691 Spandeer
verkwister 691
verkwisting
623 Sleg
691 Spandeer
verkwyn
54 Oud
433 Klein
verkyk 499
verkyker 267
verlaag
103 Min
108 Minder
140 Verandering
437 Laag
572 Uitspraak
621 Onbelangrik
796 Stand
verlaas 28
verlaat
28 Einde
65 Afwesig
167 Wegbeweeg
176 Uithaal

190 Vertrek
207 Uitgaan
verlaging
108 Minder
140 Verandering
437 Laag
621 Onbelangrik
796 Stand
831 Bespot
verlam
413 Siekte
626 Swak
768 Vrees
verlammend 626
verlamming
238 Vernietig
413 Siekte
611 Lui
626 Swak
verlang
520 Verwag
580 Graag
584 Kies
599 Gesag
604 Versoek
773 Begeerte
verlange
580 Graag
584 Kies
717 Lyding
773 Begeerte
verlangend
580 Graag
599 Gesag
773 Begeerte
verlangs 241
verlangsaam
193 Ophou
226 Stadig
verlate
65 Afwesig
68 Ver
623 Sleg
664 Terugstaan
779 Boosaardig
789 Onbeskaafd
verlatenheid
68 Ver
664 Terugstaan
verlating 664
verlê
66 Plasing
67 Verplasing
687 Verlies
verleë
717 Lyding
768 Vrees
822 Skuldig
verlede
45 Geskiedenis
50 Verlede
249 Lewe
verlede tyd 574
verledetydsuitgang 575
verleen 693
verleentheid
654 Moeilik
717 Lyding
822 Skuldig
verleer
511 Vergeet
657 Herhaal
verlegging 67
verlei
638 Aanmoedig
773 Begeerte
776 Liefde
818 Bedrieg
820 Oneerbaar
verleidelik
743 Mooi
773 Begeerte
776 Liefde
verleidend
638 Aanmoedig
773 Begeerte
776 Liefde
820 Oneerbaar
verleiding
638 Aanmoedig
773 Begeerte
776 Liefde
818 Bedrieg
820 Oneerbaar
verleidster
239 Voortplant
638 Aanmoedig
820 Oneerbaar
verleier
239 Voortplant
638 Aanmoedig
verlekker 716
verlekkerd 773
verleng
40 Langdurig
140 Verandering
432 Groot
verlenging
140 Verandering
432 Groot
verlening 693
verlep
324 Plantlewe
626 Swak
744 Lelik
verleptheid
324 Plantlewe
661 Vermoei
verlewendig
249 Lewe
251 Lewe gee
722 Snaaks
verlief 776
verliefdheid 776
verlies
238 Vernietig
635 Skadelik
683 Misluk
685 Verloor
687 Verlies
693 Gee
697 Verloor
703 Boekhou
719 Hartseer
verliespos 703
verlig
108 Minder
451 Gewigloos
485 Lig
490 Kleur
559 Opvoeding
593 Vryheid
663 Meedoen
716 Genot
788 Beskaafd
795 Staat
verligtheid 593
verligting
485 Lig
663 Meedoen
716 Genot
verloën
532 Betwis
817 Ontrou
846 Godloos
verlof
560 Skoolgaan
601 Toestem
616 Magtig
648 Onderbreek
662 Rus
826 Goedkeur
verlof gee 616
verlofbrief
601 Toestem
616 Magtig
verlofperiode 662
verloftyd 38
verlok
638 Aanmoedig
773 Begeerte
776 Liefde
verlokkend
638 Aanmoedig
743 Mooi
773 Begeerte
verlokking
638 Aanmoedig
773 Begeerte
776 Liefde
813 Swak gedrag
verloklik
743 Mooi
773 Begeerte
verlood
161 Bedek
297 Metaal
verloof
248 Huwelik
607 Beloof
776 Liefde
verloofde
248 Huwelik
776 Liefde
verloofring 745
verlooftyd 607
verloop
16 Gevolg
21 Volgorde
29 Middel
37 Tyd
45 Geskiedenis
50 Verlede
287 Vloei
644 Handelwyse
727 Wedstryd
813 Swak gedrag
verloopte 623
verloor
683 Misluk
685 Verslaan word
687 Verlies
697 Verloor
verloorder
683 Misluk
685 Verloor
687 Verlies
694 Neem
verloorkant 685
verloorslag 683
verloorspan
685 Verloor
727 Wedstryd
verloot 18
verlope 623
verlore
39 Tydverlies
68 Ver
148 Van koers af
238 Vernietig
632 Onnodig
634 Nutteloos
687 Verlies
697 Verloor
766 Wanhoop
813 Swak gedrag
verlorene
766 Wanhoop
813 Swak gedrag
verlorenheid
632 Onnodig
634 Nutteloos
813 Swak gedrag
verlos
239 Voortplant
593 Vryheid
655 Veilig
663 Meedoen
verloskunde 414

verloskundig
239 Voortplant
414 Geneeskunde
verloskundige
239 Voortplant
416 Medikus
Verlosser 837
verlossing
239 Voortplant
414 Geneeskunde
593 Vryheid
663 Meedoen
837 God
842 Geloof
verlossingsplan 842
verlossingswerk
837 God
842 Geloof
verloting 18
verlowing
248 Huwelik
607 Beloof
776 Liefde
verlowingsfees 793
verlowingspartytjie 793
verlug
290 Wind
566 Drukkuns
verlugting
290 Wind
566 Drukkuns
verluier
39 Tydverlies
611 Lui
646 Nie handel nie
662 Rus
verlustig
716 Genot
718 Bly
vermaagskap 241
vermaak
716 Genot
718 Bly
724 Vermaak
vermaakkunstenaar 724
vermaaklik
716 Genot
722 Snaaks
724 Vermaak
vermaaklikheidsplek 724
vermaaklikheidster 724
vermaan
539 Kommunikeer
638 Aanmoedig
639 Ontmoedig
827 Afkeur
835 Bestraf
vermaard 799
vermaer 435
vermaering 435
vermaeringskuur 414
vermaeringsmiddel 435
vermag
599 Gesag
625 Sterk
644 Handelwyse
vermaker
722 Snaaks
724 Vermaak
vermakerig
722 Snaaks
831 Bespot
vermaking 693
vermanend 827
vermaning
638 Aanmoedig
811 Gewete
827 Afkeur
vermeende
512 Verbeelding
822 Skuldig
vermeerbossie 332
vermeerder
102 Hoeveelheid
104 Baie
107 Meer
137 Bewerking
239 Voortplant
432 Groot
622 Goed
vermeerdering
107 Meer
137 Bewerking
140 Verandering
432 Groot
vermeermiddel 415
vermeersel 409
vermeester
582 Wilskrag
684 Oorwin
vermeld
539 Kommunikeer
548 Praat
550 Noem
552 Vertel
vermeldenswaardig 620
vermelding
539 Kommunikeer
548 Praat
vermeng
172 Vasmaak
174 Meng
324 Plantlewe
368 Diereteelt
369 Veeteelt
419 Voedselbereiding
vermenging
174 Meng
324 Plantlewe
368 Diereteelt
vermenigvuldig
102 Hoeveelheid
104 Baie
107 Meer
137 Bewerking
239 Voortplant
vermenigvuldiging
104 Baie
107 Meer
137 Bewerking
vermenigvuldigsom 137
vermenigvuldigteken
137 Bewerking
571 Skrif
vermenslik 374
vermetel
767 Moed
785 Hoogmoedig
813 Swak gedrag
vermetelheid 767
vermicelli 426
vermiljoen
490 Kleur
492 Kleure
verminder
102 Hoeveelheid
103 Min
108 Minder
137 Bewerking
626 Swak
692 Spaar
vermindering
108 Minder
140 Verandering
433 Klein
623 Sleg
692 Spaar
vermink 413
verminking 413
vermis
516 Soek
631 Nodig
687 Verlies
vermiste 516
vermits 15
vermoë
513 Gedagte
614 Bekwaam
616 Magtig
622 Goed
688 Besit
vermoed
126 Skat
513 Gedagte
518 Glo
537 Waarheid
770 Wantroue
vermoede
513 Gedagte
518 Glo
vermoedelik
2 Nie-bestaan
518 Glo
537 Waarheid
vermoei 661
vermoeienis 661
vermoënd
616 Magtig
688 Besit
689 Ryk
vermoëndheid
688 Besit
689 Ryk
vermoet 427
vermolm
238 Vernietig
316 Hout
vermom
540 Geheim hou
815 Oneerlik
vermoor
238 Vernietig
252 Doodmaak
vermors
39 Tydverlies
623 Sleg
687 Verlies
691 Spandeer
vermorsel
184 Afbreek
238 Vernietig
252 Doodmaak
458 Breekbaar
vermorsing
116 Te veel
623 Sleg
691 Spandeer
vermuf 54
vermurwe
456 Sag
713 Gevoel
778 Goedaardig
vermy
171 Verwyder
189 Wegbly
190 Vertrek
646 Nie handel nie
790 Sosiaal
vermy(d)baar
171 Verwyder
189 Wegbly
190 Vertrek
646 Nie handel nie
790 Sosiaal
vermyding
171 Verwyder
189 Wegbly
190 Vertrek
646 Nie handel nie
vernaam
620 Belangrik
799 Beroemd
830 Eerbiedig
vernaam(lik) 620
vernaamheid
588 Gesag hê
620 Belangrik
796 Stand

799 Beroemd
vernaamste 17
vernag
64 Aanwesig
410 Slaap
vernalisasie 324
verneder
669 Aanval
719 Hartseer
786 Nederig
827 Afkeur
829 Beledig
831 Bespot
verneder(d) 786
vernederend
786 Nederig
829 Beledig
831 Bespot
vernedering
685 Verloor
786 Nederig
831 Bespot
verneem
498 Gehoor
516 Soek
535 Weet
539 Kommunikeer
verneembaar
476 Geluid
498 Gehoor
verneuk
538 Dwaling
815 Oneerlik
818 Bedrieg
verneukbeentjie 397
verneuker 815
verneukery
623 Sleg
818 Bedrieg
verneukspul
623 Sleg
818 Bedrieg
verniel
184 Afbreek
238 Vernietig
623 Sleg
vernielagtig
184 Afbreek
238 Vernietig
623 Sleg
vernielal
184 Afbreek
238 Vernietig
623 Sleg
vernielbaar
184 Afbreek
238 Vernietig
vernielend
635 Skadelik
656 Gevaarlik
vernieler
184 Afbreek
238 Vernietig
623 Sleg
vernieling
184 Afbreek
238 Vernietig
623 Sleg
635 Skadelik
vernielsiek
184 Afbreek
238 Vernietig
623 Sleg
vernielsug
184 Afbreek
238 Vernietig
623 Sleg
verniet
632 Onnodig
633 Nuttig
634 Nutteloos
710 Kosteloos
vernietig
184 Afbreek
238 Vernietig
vernietigend
238 Vernietig
623 Sleg
635 Skadelik
656 Gevaarlik
719 Hartseer
vernietiger
238 Vernietig
623 Sleg
vernietiging
173 Losmaak
238 Vernietig
623 Sleg
635 Skadelik
vernieu
53 Nuut
144 Vervang
vernieubaar
53 Nuut
144 Vervang
vernieude
53 Nuut
144 Vervang
vernikkel
161 Bedek
302 Smid
vernis
2 Nie-bestaan
100 Boumateriaal
161 Bedek
462 Halfvloeibaar
490 Kleur
vernissage 749
vernisser 490
vernoem 550
vernoeming 550
vernou
140 Verandering
435 Smal
vernouing
140 Verandering
177 Oopgaan
435 Smal
vernubaar
53 Nuut
144 Vervang
vernude
53 Nuut
144 Vervang
vernuf
237 Voortbring
502 Verstand
614 Bekwaam
vernufspel 726
vernuftig
502 Verstand
614 Bekwaam
vernuwe
53 Nuut
140 Verandering
144 Vervang
vernuwer 53
vernuwing
53 Nuut
140 Verandering
144 Vervang
veronal 415
veronderstel
513 Gedagte
518 Glo
522 Redeneer
veronderstelling
513 Gedagte
518 Glo
522 Redeneer
verongeluk
250 Dood
652 Versuim
683 Misluk
805 Onregverdig
veronika
322 Blom
332 Struik
veron(t)agsaam
509 Onoplettend
598 Ongehoorsaam
646 Nie handel nie
652 Versuim
verontheilig 846
veron(t)reg
779 Boosaardig
805 Onregverdig
verontregting 805
verontrief 666
verontrus
713 Gevoel
768 Vrees
verontrustend
714 Gevoelig
768 Vrees
verontrusting
713 Gevoel
714 Gevoelig
768 Vrees
verontskuldig 833
verontskuldigend 833
verontskuldiging 833
verontwaardig 771
veroordeel
527 Oordeel
532 Betwis
585 Verwerp
809 Regsgeding
822 Skuldig
825 Beoordeling
827 Afkeur
832 Beskuldig
835 Bestraf
veroordeelde
527 Oordeel
809 Regsgeding
822 Skuldig
835 Bestraf
veroordelend 825
veroordeling
527 Oordeel
532 Betwis
809 Regsgeding
822 Skuldig
827 Afkeur
832 Beskuldig
veroorloof
601 Toestem
653 Maklik
veroorlowing 601
veroorsaak
0 Ontstaan
15 Oorsaak
237 Voortbring
693 Gee
veroorsaking
15 Oorsaak
693 Gee
verootmoedig 786
verootmoediging 786
verorber 406
verorden
530 Voorbehou
599 Gesag
801 Wet
850 Sakrament
verordening
17 Noodsaak
530 Voorbehou
599 Gesag
657 Herhaal
801 Wet
849 Prediking
verordineer
599 Gesag
801 Wet

verouder
54 Oud
428 Drankbereiding
verouderd 634
veroudering
54 Oud
350 Vrugte
428 Drankbereiding
verower
684 Oorwin
686 Aanwins
776 Liefde
veroweraar
684 Oorwin
694 Neem
776 Liefde
verowering
622 Goed
667 Stryd
684 Oorwin
694 Neem
776 Liefde
veroweringstog
667 Stryd
684 Oorwin
verpag 706
verpagter 700
verpagting 699
verpak
161 Bedek
175 Insit
178 Toegaan
194 Vervoer
verpakking
161 Bedek
175 Insit
178 Toegaan
verpand
607 Beloof
694 Neem
699 Leen
verpersoonlik
32 Enkeling
254 Stof
547 Simboliek
verpersoonliking
547 Simboliek
750 Letterkunde
verpes
344 Onkruid
666 Verhinder
714 Gevoelig
722 Snaaks
verpestend
714 Gevoelig
722 Snaaks
827 Afkeur
verpester 771
verpesting
344 Onkruid
628 Vuil
714 Gevoelig
722 Snaaks
775 Weersin
813 Swak gedrag
827 Afkeur
verpiep 776
verplaas
66 Plasing
67 Verplasing
140 Verandering
144 Vervang
145 Beweging
181 Stoot teen
verplaasbaar
67 Verplasing
181 Stoot teen
verplaas(te)
67 Verplasing
181 Stoot teen
verplant
67 Verplasing
324 Plantlewe
347 Landbou
verplanting
67 Verplasing
324 Plantlewe
verplasing
66 Plasing
67 Verplasing
167 Wegbeweeg
verpleeg
414 Geneeskunde
417 Hospitaal
verpleegde 412
verpleeginrigting 417
verpleegkunde 414
verpleegster
416 Medikus
417 Hospitaal
780 Hulp
verpleegsterstehuis 89
verpleegstersuniform 417
verpleegsuster
416 Medikus
417 Hospitaal
verpleër
416 Medikus
417 Hospitaal
780 Hulp
verpleërsuniform 417
verpleging
414 Geneeskunde
780 Hulp
verpletter
184 Afbreek
238 Vernietig
250 Dood
252 Doodmaak
521 Verras wees
766 Wanhoop
verpletterend
184 Afbreek
238 Vernietig
250 Dood
521 Verras wees
766 Wanhoop
verplig
17 Noodsaak
579 Gedwonge
599 Gesag
607 Beloof
811 Gewete
verpligtend
17 Noodsaak
579 Gedwonge
599 Gesag
verpligting
17 Noodsaak
579 Gedwonge
607 Beloof
645 Handel
711 Skuld
811 Gewete
verpolitiek 590
verpolitiseer(d) 590
verpolitisering 795
verpoos
648 Onderbreek
662 Rus
verposing
23 Onderbreking
37 Tyd
646 Nie handel nie
648 Onderbreek
662 Rus
verpot
433 Klein
444 Krom
verpotheid 433
verpraat
39 Tydverlies
539 Kommunikeer
548 Praat
verpulp
186 Maal
316 Hout
419 Voedselbereiding
verpulper 419
verraad
817 Ontrou
818 Bedrieg
verraai
162 Ontbloot
815 Oneerlik
817 Ontrou
verraaier 817
verraderlik
521 Verras wees
770 Wantroue
815 Oneerlik
817 Ontrou
818 Bedrieg
verraderlikheid
521 Verras wees
623 Sleg
815 Oneerlik
817 Ontrou
verras 521
verrassend 521
verrassing
521 Verras wees
693 Gee
verrassingsaanval 669
verredelik 502
verregaande
104 Baie
820 Oneerbaar
verregaandheid 820
verreikend 620
verreikendheid 620
verrek 413
verreken
122 Bereken
125 Tel
708 Betaal
711 Skuld
verrekening
708 Betaal
711 Skuld
verrekeningsbank 700
verrese
158 Opstyg
249 Lewe
837 God
verreweg
107 Meer
112 Deel
verrig
644 Handelwyse
645 Handel
650 Voltooi
verrigting
645 Handel
650 Voltooi
665 Byeenkom
verrigtinge
44 Gebeure
665 Byeenkom
verrimpel(d)
54 Oud
180 Ongelyk
386 Gesig
449 Ongelykheid
464 Droog
verrimpeldheid
54 Oud
449 Ongelyk
verrinnewasie
238 Vernietig
623 Sleg
verrinneweer
238 Vernietig
623 Sleg
verroer 145
verroes
238 Vernietig
301 Metaal

511 Vergeet
623 Sleg
657 Herhaal
verroesting
238 Vernietig
301 Metaal
511 Vergeet
623 Sleg
verrot
238 Vernietig
323 Vrug
623 Sleg
626 Swak
820 Oneerbaar
verrotting
623 Sleg
820 Oneerbaar
verruil
144 Vervang
701 Handel
verruiling 705
verruim
107 Meer
502 Verstand
verruiming
107 Meer
434 Breed
502 Verstand
verruk
713 Gevoel
743 Mooi
verrukking
713 Gevoel
714 Gevoelig
716 Genot
718 Bly
743 Mooi
verruklik
713 Gevoel
714 Gevoelig
743 Mooi
verryk
502 Verstand
688 Besit
689 Ryk
verrykend 688
verryking
502 Verstand
689 Ryk
verrys
27 Begin
158 Opstyg
237 Voortbring
249 Lewe
verrysenis
158 Opstyg
837 God
vers
357 Dier
751 Digkuns
757 Sang
842 Geloof
849 Prediking
versaak
413 Siekte
585 Verwerp
817 Ontrou
versadig
256 Skeikunde
406 Eet
773 Begeerte
versadiging
256 Skeikunde
406 Eet
773 Begeerte
versadigingspunt 256
versag
108 Minder
456 Sag
619 Kalm
versagtend 808
versagting
808 Regswese
809 Regsgeding
versak
67 Verplasing
159 Neerdaal
274 Geologie
versaking
413 Siekte
585 Verwerp
817 Ontrou
versakking
67 Verplasing
159 Neerdaal
274 Geologie
versalbum 750
versamel
168 Saamkom
170 Saambring
versamelaar 170
versamelbundel 567
versamelde werk(e) 565
versamelgebied 168
versameling
19 Orde
21 Volgorde
137 Bewerking
168 Saamkom
170 Saambring
174 Meng
584 Kies
versamelingsfunksie 137
versamelingsleer
132 Wiskunde
137 Bewerking
versamelingsteorie 137
versamelnaam 574
versamelnesspinnekop 361
versamelplek
168 Saamkom
170 Saambring
versamelpunt 168
versamelwerk 567
versap 419
versapper 419
versbou 751
versbundel
567 Boek
751 Digkuns
versdrama 752
verseboek
567 Boek
751 Digkuns
verseël
178 Toegaan
546 Kunsmatige teken
601 Toestem
verseg
532 Betwis
585 Verwerp
606 Weier
verseil 188
verseker
525 Bewys
528 Bevestig
537 Waarheid
607 Beloof
651 Toesien
655 Veilig
692 Spaar
versekeraar 655
versekerde 655
versekering
528 Bevestig
607 Beloof
655 Veilig
692 Spaar
versekeringsagent 655
versekeringsmaatskappy 655
versekeringspolis 655
versekeringswese 655
versend
192 Laat gaan
194 Vervoer
versendbaar 194
versender 194
versending
192 Laat gaan
194 Vervoer
693 Gee
versendingskoste
194 Vervoer
708 Betaal
verseng 465
versenging 465
verset
532 Betwis
585 Verwerp
588 Gesag hê
598 Ongehoorsaam
666 Verhinder
667 Stryd
670 Verdedig
versetbeweging
588 Gesag hê
598 Ongehoorsaam
665 Byeenkom
667 Stryd
versetleier
588 Gesag hê
598 Ongehoorsaam
667 Stryd
versetpleging
598 Ongehoorsaam
667 Stryd
versetstryder
598 Ongehoorsaam
667 Stryd
versetvegter 667
versien
622 Goed
627 Skoon
745 Versier
versiende
387 Oog
499 Sien
versiendheid
387 Oog
499 Sien
versiening
622 Goed
627 Skoon
versier
95 Venster
418 Maaltyd
743 Mooi
745 Versier
versierder
743 Mooi
745 Versier
versierend 745
versiering
94(13) Versiering
743 Mooi
745 Versier
versierkuns 745
versierkunstenaar 745
versiermotief 745
versierpapier 745
versiersel
426 Kos
745 Versier
versiersuiker 426
versiesmaker 751
versifikasie 751
versifiseer 751
versigtig
508 Aandag
612 Noukeurig
619 Kalm
651 Toesien
768 Vrees
770 Wantroue
versigtigheid
508 Aandag

612 Noukeurig
619 Kalm
651 Toesien
versigtigheidshalwe
508 Aandag
612 Noukeurig
versilwer
95 Venster
161 Bedek
297 Metaal
302 Smid
versilwering
161 Bedek
302 Smid
versin
517 Vind
538 Dwaling
818 Bedrieg
versinbaar 818
versink
159 Neerdaal
302 Smid
410 Slaap
446 Rond
623 Sleg
versinkboor 316
versinking
159 Neerdaal
302 Smid
410 Slaap
versinlik 547
versinliking 547
versinnebeeld 547
versinsel
512 Verbeelding
517 Vind
538 Dwaling
552 Vertel
818 Bedrieg
versit
66 Plasing
67 Verplasing
74 Op
145 Beweging
598 Ongehoorsaam
667 Stryd
verskaal 473
verskaf
548 Praat
631 Nodig
693 Gee
verskaffer 693
verskaffing
631 Nodig
693 Gee
verskalf
357 Dier
366 Soogdier
verskaling 473
verskans
625 Sterk
655 Veilig
670 Verdedig
671 Verdedigingsmiddel
verskansing
63 Begrens
540 Geheim hou
655 Veilig
670 Verdedig
671 Verdedigingsmiddel
verskeep 194
verskeidenheid
9 Verskillend
13 Verskeidenheid
170 Saambring
174 Meng
584 Kies
verskeidenheidskonsert 752
verskeie
13 Verskeidenheid
102 Hoeveelheid
104 Baie
verskene
237 Voortbring
567 Boek
verskeping
194 Vervoer
235 Skeepvaart
verskepingskoste 708
verskerp 622
verskeur
184 Afbreek
238 Vernietig
667 Stryd
717 Lyding
verskeurdheid 717
verskeurend 238
verskeuring
184 Afbreek
238 Vernietig
verskiet
51 Toekoms
68 Ver
270 Hemelliggaam
491 Kleurloosheid
499 Sien
verskil
9 Verskillend
11 Disharmonie
106 Ongelyk
118 Vergelyking
135 Verhouding
137 Bewerking
666 Verhinder
667 Stryd
verskilgetal 137
verskillend
9 Verskillend
11 Disharmonie
13 Verskeidenheid
102 Hoeveelheid
106 Ongelyk
118 Vergelyking
135 Verhouding
verskilpunt
516 Soek
667 Stryd
verskilsyfer 137
verskimmel 786
verskoning
543 Duidelik
821 Onskuldig
833 Verontskuldig
verskoning aanteken 833
verskoning maak 833
verskoon
596 Inskiklik
821 Onskuldig
833 Verontskuldig
verskop 726
verskoppeling 831
verskote 491
verskraling 623
verskreeu 481
verskrik 768
verskrikking
121 Verwarring
714 Gevoelig
744 Lelik
768 Vrees
775 Weersin
verskriklik
104 Baie
623 Sleg
714 Gevoelig
744 Lelik
768 Vrees
775 Weersin
827 Afkeur
verskriklikheid 768
verskriktheid 768
verskroei
464 Droog
465 Warm
verskrompel
180 Ongelyk
464 Droog
verskryf 563
verskrywing 539
verskuif
58 Laat
66 Plasing
67 Verplasing
verskuifbaar 67
verskuil
68 Ver
161 Bedek
verskuiwing
66 Plasing
67 Verplasing
verskuldig
699 Leen
711 Skuld
781 Dankbaar
verskuldigde bedrag 708
verskuldiging 711
verskuns 751
verskyn
176 Uithaal
188 Aankom
204 Aandoen
207 Uitgaan
500 Sigbaarheid
517 Vind
567 Boek
809 Regsgeding
verskyning
36 Onreëlmatig
188 Aankom
566 Drukkuns
809 Regsgeding
verskyningsdag 566
verskyningsdatum 566
verskyningsvorm
36 Onreëlmatig
500 Sigbaarheid
verskynsel
36 Onreëlmatig
44 Gebeure
verslaaf
494 Gevoelloosheid
588 Gesag hê
589 Dien
657 Herhaal
verslaafdheid 657
verslaan
461 Gas
473 Reuk
588 Gesag hê
622 Goed
682 Slaag
684 Oorwin
verslaande 473
verslaap
39 Tydverlies
410 Slaap
verslae
717 Lyding
766 Wanhoop
768 Vrees
verslaen(t)heid
717 Lyding
766 Wanhoop
768 Vrees
verslag
539 Kommunikeer
551 Meedeel
558 Redevoering
561 Studeer
565 Skryfkuns
567 Boek
verslaggewer
539 Kommunikeer
568 Perswese
verslaggewing
539 Kommunikeer
568 Perswese

verslagskrywer 563
verslane 685
verslank 406
verslankingskuur 413
verslankingsmiddel 435
verslap
108 Minder
379 Spier
596 Inskiklik
623 Sleg
626 Swak
verslapping
108 Minder
623 Sleg
626 Swak
683 Misluk
verslawend
415 Geneesmiddel
494 Gevoelloosheid
657 Herhaal
verslawing
494 Gevoelloosheid
588 Gesag hê
657 Herhaal
versleer 751
versleg
412 Siek
623 Sleg
813 Swak gedrag
820 Oneerbaar
verslegting
412 Siek
623 Sleg
683 Misluk
813 Swak gedrag
verslete
54 Oud
154 Vryf
626 Swak
verslind
406 Eet
562 Lees
verslons
623 Sleg
628 Vuil
652 Versuim
verslonsdheid
623 Sleg
628 Vuil
652 Versuim
verslonsing 623
versluier
161 Bedek
291 Wolk
540 Geheim hou
544 Onduidelik
versluk 406
verslyt
39 Tydverlies
184 Afbreek
versmaad
827 Afkeur
831 Bespot
versmaai 827
versmaat 751
versmadend 785
versmader
827 Afkeur
831 Bespot
versmading
827 Afkeur
831 Bespot
versmag
250 Dood
773 Begeerte
versmagting
250 Dood
773 Begeerte
versmelt
168 Saamkom
174 Meng
versmelting
174 Meng
575 Woordvorming
versmoor
250 Dood
252 Doodmaak
404 Asemhaling
versmoring
250 Dood
252 Doodmaak
413 Siekte
versnapering 426
versnel
217 Motorry
224 Snelheid
225 Vinnig
228 Vinnig beweeg
257 Meganika
618 Kragtig
versneller
233 Motorvoertuig
257 Meganika
versnellerpedaal 233
versnelling
217 Motorry
225 Vinnig
233 Motorvoertuig
287 Vloei
versnellingsbak 257
versnellingskaal 257
versnellingsrat
233 Motorvoertuig
257 Meganika
versnipper
39 Tydverlies
112 Deel
184 Afbreek
185 Sny
versnippering 185
versnitwyn 427
versny
172 Vasmaak
174 Meng
350 Vrugte
428 Drankbereiding
versnyding
174 Meng
428 Drankbereiding
verso
86 Agter
315 Papier
versobering 543
versoek
548 Praat
555 Vra
576 Sinsbou
584 Kies
604 Versoek
638 Aanmoedig
versoeker 638
versoeking
604 Versoek
638 Aanmoedig
versoeknommer
264 Uitsaai
604 Versoek
755 Uitvoering
versoekprogram
264 Uitsaai
604 Versoek
versoekskrif 604
versoen 668
versoenbaar
105 Gelyk
668 Vrede
versoenend 668
versoening
668 Vrede
842 Geloof
versoeningsbloed 842
versoeningsdood 842
versoeningsgesind 668
versoeningsoffer 842
versoeningswerk
668 Vrede
849 Prediking
versoet 471
versoeting
471 Lekker
716 Genot
versoetingsmiddel 471
versomber
486 Duisternis
723 Ernstig
versondig
666 Verhinder
722 Snaaks
771 Gramskap
versonke 159
versonkenheid 159
versorg
19 Orde
414 Geneeskunde
566 Drukkuns
570 Taalwetenskap
627 Skoon
645 Handel
651 Toesien
693 Gee
743 Mooi
versorgdheid
627 Skoon
743 Mooi
versorgend 663
versorger 651
versorging
589 Dien
645 Handel
651 Toesien
663 Meedoen
693 Gee
743 Mooi
746 Toilet
780 Hulp
versorgingsentrum 780
versorgingsoord
89 Blyplek
780 Hulp
versosy 86
versot
773 Begeerte
776 Liefde
verspaander
182 Slaan
316 Hout
verspaandering 316
verspeel
39 Tydverlies
646 Nie handel nie
691 Spandeer
versper
178 Toegaan
666 Verhinder
versperder
149 Pad
178 Toegaan
217 Motorry
versperring
178 Toegaan
666 Verhinder
670 Verdedig
671 Verdedigingsmiddel
versperringsdraad
178 Toegaan
670 Verdedig
verspied
499 Sien
508 Aandag
680 Militêre aksie
verspieder
508 Aandag
680 Militêre aksie
verspil
39 Tydverlies
629 Gebruik
687 Verlies
691 Spandeer

verspilling
629 Gebruik
691 Spandeer
versplinter
112 Deel
184 Afbreek
verspoel
287 Vloei
293 Onweer
verspoeling
287 Vloei
293 Onweer
verspoor
148 Van koers af
194 Vervoer
234 Spoorweg
verspot
503 Onverstandig
524 Onlogies redeneer
722 Snaaks
813 Swak gedrag
831 Bespot
verspotheid
722 Snaaks
813 Swak gedrag
verspottigheid
524 Onlogies redeneer
716 Genot
722 Snaaks
verspreek 539
versprei
169 Skei
173 Losmaak
239 Voortplant
434 Breed
539 Kommunikeer
551 Meedeel
566 Drukkuns
693 Gee
verspreiding
169 Skei
173 Losmaak
413 Siekte
539 Kommunikeer
693 Gee
verspreking
539 Kommunikeer
575 Woordvorming
verspring
199 Spring
444 Krom
727 Wedstryd
729 Atletiek
verspringer 729
versreël 751
versritme 751
verssiklus 751
verssoort 751
verstaan
533 Verstaan
535 Weet
541 Betekenis
verstaanbaar
476 Geluid
543 Duidelik
548 Praat
verstaanbaarheid
543 Duidelik
548 Praat
verstand
10 Harmonie
502 Verstand
513 Gedagte
533 Verstaan
535 Weet
verstandelik
502 Verstand
561 Studeer
verstandelikheid 502
verstandeloos 503
verstandhouding
668 Vrede
790 Sosiaal
verstandig
10 Harmonie
502 Verstand
504 Geestelike gesondheid
508 Aandag
513 Gedagte
533 Verstaan
535 Weet
622 Goed
verstandigheid
10 Harmonie
502 Verstand
504 Geestelike gesondheid
622 Goed
verstandskies 391
verstandsmens 513
verstandsouderdom 502
verstand(s)tand 391
verstandsverbystering 505
verstar
146 Beweginloosheid
503 Onverstandig
verstardheid 503
verstarring 146
verstedelik
64 Aanwesig
90 Gemeenskap
verstedeliking
64 Aanwesig
90 Gemeenskap
versteek
67 Verplasing
161 Bedek
540 Geheim hou
versteen
298 Steen
304 Steenbakkery
455 Hard
459 Vaste stof
verstegniek 751
verstek 316
verstekhaak
185 Sny
316 Hout
verstekhoek 316
versteklas 316
versteksaag 316
verstekskaaf 316
verstekvoeg 316
verstekvonnis 809
verstekwerk 316
verstel 67
verstelbaar 67
verstelboor 155
versteld
521 Verras wees
768 Vrees
versteldheid
521 Verras wees
768 Vrees
versteller 67
verstelling 67
verstelskroef 316
verstening
274 Geologie
298 Steen
304 Steenbakkery
459 Vaste stof
versterf
687 Verlies
696 Ontvang
versterfreg 696
versterk
75 Onder
525 Bewys
528 Bevestig
572 Uitspraak
625 Sterk
670 Verdedig
671 Verdedigingsmiddel
versterkend
411 Gesond
765 Hoop
767 Moed
versterker
262 Elektrisiteit
264 Uitsaai
266 Akoestiek
268 Fotografie
versterking
528 Bevestig
625 Sterk
670 Verdedig
767 Moed
versterkingsmiddel 670
versterkwater 427
versterwe
687 Verlies
696 Ontvang
versterwing 696
versteur
23 Onderbreek
505 Verstandstoornis
666 Verhinder
719 Hartseer
771 Gramskap
versteurde 505
versteurdheid
505 Verstandstoornis
719 Hartseer
771 Gramskap
versteurend 666
versteuring
666 Verhinder
719 Hartseer
771 Gramskap
verstewig
455 Hard
625 Sterk
657 Herhaal
verstewiging
455 Hard
625 Sterk
657 Herhaal
verstik
250 Dood
252 Doodmaak
404 Asemhaling
verstikkend
250 Dood
252 Doodmaak
404 Asemhaling
verstikking
250 Dood
252 Doodmaak
404 Asemhaling
verstil 477
verstok
141 Behoud
503 Onverstandig
715 Gevoelloos
824 Onboetvaardig
verstoking 467
verstoktheid
503 Onverstandig
715 Gevoelloos
verstom
521 Verras wees
549 Stilbly
verstommend 521
verstomming 521
verstomp
441 Stomp
505 Verstandstoornis
661 Vermoei
715 Gevoelloos
verstook 467
verstoot
585 Verwerp
666 Verhinder
779 Boosaardig
790 Sosiaal
831 Bespot
verstop 178
verstopping 178

verstote
67 Verplasing
831 Bespot
verstoteling
67 Verplasing
789 Onbeskaafd
831 Bespot
verstoting
67 Verplasing
666 Verhinder
779 Boosaardig
831 Bespot
verstrak 723
verstrakking 723
verstrek
548 Praat
551 Meedeel
693 Gee
verstreke
37 Tyd
50 Verlede
verstrekking 693
verstrengel 20
verstrik
183 Gryp
818 Bedrieg
verstrooi(d)
167 Wegbeweeg
169 Skei
173 Losmaak
509 Onoplettend
513 Gedagte
verstrooidheid 509
verstrooiing
20 Wanorde
167 Wegbeweeg
169 Skei
173 Losmaak
509 Onoplettend
842 Geloof
verstrooiingslektuur
562 Lees
567 Boek
verstryk
28 Einde
37 Tyd
50 Verlede
650 Voltooi
verstuif
167 Wegbeweeg
173 Losmaak
verstuit 413
verstuiwing 167
verstyf
54 Oud
413 Siekte
455 Hard
459 Vaste stof
verstywing
54 Oud
413 Siekte
455 Hard
459 Vaste stof
versuf
441 Stomp
505 Verstandstoornis
509 Onoplettend
661 Vermoei
versugting 773
versuiker
419 Voedselbereiding
471 Lekker
538 Dwaling
828 Vlei
versuikerde vrugte 426
versuikering
419 Voedselbereiding
471 Lekker
538 Dwaling
828 Vlei
versuim
65 Afwesig
509 Onoplettend
511 Vergeet
613 Onnoukeurig
646 Nie handel nie
648 Onderbreek
652 Versuim
813 Swak gedrag
822 Skuldig
versuip
250 Dood
252 Doodmaak
407 Drink
versukkel(d) 661
versukkeldheid
654 Moeilik
661 Vermoei
versuring
717 Lyding
771 Gramskap
versus 9
versuur
472 Sleg
717 Lyding
771 Gramskap
versvoet 751
verswaer
241 Familie
248 Huwelik
verswak
413 Siekte
623 Sleg
626 Swak
verswakkend
626 Swak
635 Skadelik
verswakking
412 Siek
413 Siekte
623 Sleg
626 Swak
verswakte
54 Oud
626 Swak
verswaktheid
413 Siekte
623 Sleg
626 Swak
verswarend 808
verswaring
623 Sleg
809 Regsgeding
versweë
540 Geheim hou
549 Stilbly
versweer 413
verswelg
175 Insit
238 Vernietig
287 Vloei
406 Eet
verswering 413
verswik 413
verswikking 413
verswyg
539 Kommunikeer
540 Geheim hou
549 Stilbly
verswyging
540 Geheim hou
549 Stilbly
versyfer 122
versyfering
122 Bereken
125 Tel
vertaal
125 Tel
264 Uitsaai
543 Duidelik
570 Taalwetenskap
vertaalbank 264
vertaalburo 543
vertaaldiens 570
vertaalkunde 570
vertaalprogram 263
vertaalteorie 570
vertaalwerk 543
vertaalwetenskap 570
vertak
30 Ondergeskik
114 Saamgesteld
320 Stam
324 Plantlewe
665 Byeenkom
vertakkas 234
vertakking
30 Ondergeskik
324 Plantlewe
665 Byeenkom
vertalende woordeboek 567
vertaler
543 Duidelik
570 Taalwetenskap
vertaling
543 Duidelik
570 Taalwetenskap
vertanding 185
verte
68 Ver
499 Sien
vertebratum 357
verteder
713 Gevoel
714 Gevoelig
vertedering
713 Gevoel
714 Gevoelig
verteenwoordig
8 Dieselfde
144 Vervang
590 Bestuur
808 Regswese
verteenwoordigend
8 Dieselfde
144 Vervang
590 Bestuur
verteenwoordiger
144 Vervang
590 Bestuur
591 Gesaghebber
663 Meedoen
705 Verkoop
verteenwoordiging
144 Vervang
590 Bestuur
808 Regswese
verteer
238 Vernietig
401 Spysverteringskanaal
406 Eet
408 Spysvertering
467 Aansteek
verteerbaar 408
vertel
539 Kommunikeer
548 Praat
551 Meedeel
552 Vertel
vertellend
552 Vertel
750 Letterkunde
verteller
548 Praat
552 Vertel
vertelling
552 Vertel
750 Letterkunde
vertelstyl 750
verteltrant 750
verterend 238
vertering 408
vertikaal 71
vertikaliteit 71
vertoef
64 Aanwesig

188 Aankom
204 Aandoen
648 Onderbreek
vertolk
543 Duidelik
752 Toneelkuns
vertolker
543 Duidelik
548 Praat
752 Toneelspel
vertolking
543 Duidelik
752 Toneelkuns
vertonerig 785
vertoning
162 Ontbloot
500 Sigbaarheid
752 Rolprentkuns
752 Toneelkuns
vertoog 604
vertoon
44 Gebeure
162 Ontbloot
268 Fotografie
500 Sigbaarheid
539 Kommunikeer
705 Verkoop
743 Mooi
745 Versier
752 Toneelkuns
785 Hoogmoedig
vertooneenheid 263
vertoonkamer 94
vertoonkas
95(3) Kas
707 Handelsaak
vertoonstuk
95(1) Ameublement
743 Mooi
vertoonsug 785
vertoorn
722 Snaaks
771 Gramskap
vertraag
23 Onderbreking
58 Laat
193 Ophou
226 Stadig
257 Meganika
503 Onverstandig
611 Lui
646 Nie handel nie
648 Onderbreek
666 Verhinder
vertraagdheid
503 Onverstandig
505 Verstandstoornis
vertragend 193
vertraging
23 Onderbreking
193 Ophou
220 Treinry
226 Stadig
503 Onverstandig
505 Verstandstoornis
648 Onderbreek
666 Verhinder
vertragingsaksie 666
vertragingskennisgewingbord 234
vertragingstaktiek 666
vertrap
181 Stoot teen
238 Vernietig
779 Boosaardig
803 Oortree
vertrapping
181 Stoot teen
238 Vernietig
602 Verbied
779 Boosaardig
vertreding 602
vertredingaanslag 181
vertree
181 Stoot teen
238 Vernietig
803 Oortree
vertrek
28 Einde
67 Verplasing
94(3) Kamer
167 Wegbeweeg
168 Saamkom
190 Vertrek
205 Weggaan
222 Vlieg
378 Senuwee
386 Gesig
660 Ontslaan
vertrekdatum 190
vertrekpunt
27 Begin
190 Vertrek
522 Redeneer
644 Handelwyse
vertreksaal
190 Vertrek
222 Vlieg
vertrektyd
38 Tydgebruik
190 Vertrek
vertrektye 234
vertreursel
39 Tydverlies
687 Verlies
vertroebel
20 Wanorde
489 Ondeurskynend
829 Beledig
vertroebeling
20 Wanorde
489 Ondeurskynend
667 Stryd
777 Haat
829 Beledig
vertroos
715 Gevoelloos
716 Genot
720 Tevrede
778 Goedaardig
vertroostend 716
vertrooster 716
vertroosting
638 Aanmoedig
716 Genot
720 Tevrede
vertrou
518 Glo
584 Kies
769 Vertroue
vertroubaar
769 Vertroue
811 Gewete
816 Getrou
vertroud
535 Weet
769 Vertroue
vertroude
776 Liefde
816 Getrou
vertroue
518 Glo
520 Verwag
625 Sterk
769 Vertroue
842 Geloof
vertroueling
769 Vertroue
776 Liefde
816 Getrou
vertrouend 769
vertrouensaak 540
vertrouensfiguur 769
vertrouensgebrek 770
vertrouenskwessie 540
vertrouenspersoon 816
vertrouensposisie 769
vertrouensverhouding 776
vertrouenswaardig
518 Glo
769 Vertroue
816 Getrou
vertroulik
540 Geheim hou
816 Getrou
vertroulikheid
540 Geheim hou
769 Vertroue
776 Liefde
vertwyfel
519 Twyfel
766 Wanhoop
vertwyfeld
11 Disharmonie
121 Verwarring
519 Twyfel
587 Aarsel
766 Wanhoop
770 Wantroue
843 Ongeloof
vertwyfeling
11 Disharmonie
519 Twyfel
587 Aarsel
766 Wanhoop
vervaag
489 Ondeurskynend
511 Vergeet
544 Onduidelik
vervaard 768
vervaardheid 768
vervaardiger 237
vervaardiging 237
vervaardigingsbedryf
658 Beroep
701 Handel
vervaardigingsektor 701
vervaarlikheid 768
vervaging
489 Ondeurskynend
511 Vergeet
544 Onduidelik
verval
28 Einde
37 Tyd
50 Verlede
623 Sleg
626 Swak
650 Voltooi
683 Misluk
687 Verlies
690 Arm
779 Boosaardig
843 Ongeloof
vervaldatum
708 Betaal
711 Skuld
vervalle
28 Einde
435 Smal
623 Sleg
626 Swak
690 Arm
779 Boosaardig
813 Swak gedrag
vervals
538 Dwaling
818 Bedrieg
vervalser
14 Navolging
538 Dwaling
695 Steel
818 Bedrieg
vervalsing
14 Navolging
538 Dwaling
695 Steel

818 Bedrieg
vervalste tjek 700
vervaltyd
28 Einde
711 Skuld
vervang 144
vervanging 144
vervangingsmiddel 144
vervas
130 Onbepaald
528 Bevestig
537 Waarheid
vervat
83 Middel
183 Gryp
verveel
35 Reëlmatig
646 Nie handel nie
725 Verveling
verveeld
507 Ongeïnteresseerd
646 Nie handel nie
725 Verveling
verveer 365
vervel
381 Vel
413 Siekte
vervelend
35 Reëlmatig
507 Ongeïnteresseerd
646 Nie handel nie
725 Verveling
vervelig
35 Reëlmatig
507 Ongeïnteresseerd
646 Nie handel nie
725 Verveling
vervelling
364 Reptiel
381 Vel
413 Siekte
verversing
407 Drink
426 Kos
verversingsdiens
429 Eetplek
707 Handelsaak
verversingskamer 94(3)
verversingslokaal 94(3)
verversingswa
429 Eetplek
707 Handelsaak
vervet 434
verviervoudig 107
vervies 771
vervlak
541 Betekenis
623 Sleg
vervlakking 623
vervlaks 813
vervleg
20 Wanorde
174 Meng
vervlegting 174
vervlieg 461
vervloë
41 Kortstondig
46 Vroeër
vervloei
174 Meng
287 Vloei
460 Vloeistof
vervloeiing
174 Meng
287 Vloei
460 Vloeistof
vervloek
771 Gramskap
777 Haat
779 Boosaardig
813 Swak gedrag
827 Afkeur
vervloeking
779 Boosaardig
820 Oneerbaar
829 Beledig
vervloeks
813 Swak gedrag
820 Oneerbaar
vervloekte 846
vervlugtig 460
vervoeg 574
vervoeging
574 Woordkategorie
575 Woordvorming
vervoer
67 Verplasing
194 Vervoer
216 Ry
512 Verbeelding
714 Gevoelig
vervoeradministrasie 194
vervoerbaar 194
vervoerbelasting 712
vervoerdiens 194
vervoerekonomie 515
vervoerekonoom 701
vervoering
714 Gevoelig
716 Genot
vervoerkontrakteur 194
vervoerkoste
194 Vervoer
691 Spandeer
708 Betaal
vervoermiddel
145 Beweging
194 Vervoer
vervoeronderneming 194
vervoerroete 149
vervoertarief
194 Vervoer
708 Betaal
vervoerwese 194
vervolg
22 Kontinu
25 Volg
47 Later
647 Voortgaan
717 Lyding
779 Boosaardig
809 Regsgeding
vervolgbaar 809
vervolgbundels 567
vervolgdeel
25 Volg
647 Voortgaan
vervolgend 779
vervolgens
22 Kontinuïteit
25 Volg
47 Later
vervolger
779 Boosaardig
802 Gehoorsaam
vervolging
25 Volg
594 Onvryheid
779 Boosaardig
808 Regswese
809 Regsgeding
vervolgingsgees 779
vervolgingswaan(sin) 505
vervolgklas 647
vervolgreeks 21
vervolgsiek 779
vervolgstuk 25
vervolgsug 779
vervolgsugtig 779
vervolgverhaal
552 Vertel
568 Perswese
750 Letterkunde
vervolledig
111 Geheel
650 Voltooi
vervolmaak
111 Geheel
622 Goed
vervorm
140 Verandering
438 Vorm
vervormbaar 456
vervreem
171 Verwyder
694 Neem
705 Verkoop
715 Gevoelloos
775 Weersin
vervreembaar
693 Gee
705 Verkoop
vervreembare eiendom 688
vervreemd 779
vervreemding
171 Verwyder
705 Verkoop
715 Gevoelloos
775 Weersin
vervroeg 57
vervrolik 716
vervrouliking 376
vervroulikingsuffiks 575
vervuil
318 Plant
344 Onkruid
628 Vuil
vervuiling
318 Plant
628 Vuil
vervul
109 Alles
645 Handel
650 Voltooi
658 Beroep
773 Begeerte
vervulling
608 Jou woord hou
650 Voltooi
773 Begeerte
vervyf 728(1)
vervyfskop 728(1)
verwaai(d)
20 Wanorde
174 Meng
290 Wind
verwaand
512 Verbeelding
767 Moed
785 Hoogmoedig
verwaandheid
512 Verbeelding
767 Moed
785 Hoogmoedig
verwaarloos
93 Gebou
613 Onnoukeurig
628 Vuil
646 Nie handel nie
652 Versuim
verwaarlosing
509 Onoplettend
613 Onnoukeurig
623 Sleg
628 Vuil
646 Nie handel nie
652 Versuim
verwag
24 Voorafgaan
40 Langdurig
239 Voortplant
513 Gedagte
518 Glo
520 Verwag
584 Kies
765 Hoop
773 Begeerte
verwagtend 239

verwagting
239 Voortplant
513 Gedagte
520 Verwag
765 Hoop
773 Begeerte
verwant
6 Betreklik
8 Dieselfde
10 Harmonie
241 Familie
verwantskap
6 Betreklik
8 Dieselfde
10 Harmonie
241 Familie
256 Skeikunde
verwantskapsband 241
verwantskapsbetrekking 241
verwantskapsverhouding 241
verwar
20 Wanorde
121 Verwarring
505 Verstandstoornis
519 Twyfel
532 Betwis
534 Wanbegrip
538 Dwaling
verward
7 Betrekkingloos
11 Disharmonie
20 Wanorde
121 Verwarring
519 Twyfel
521 Verras wees
532 Betwis
538 Dwaling
768 Vrees
verward maak 20
verward raak 538
verwardheid
7 Betrekkingloos
11 Disharmonie
121 Verwarring
519 Twyfel
532 Betwis
538 Dwaling
544 Onduidelik
587 Aarsel
768 Vrees
verwarm
260 Warmteleer
419 Voedselbereiding
465 Warm
verwarmend 716
verwarmer
465 Warm
469 Verwarmingstoestel
verwarmingstelsel 469
verwarmingstoestel
465 Warm
469 Verwarmingstoestel
verwarrend
11 Disharmonie
20 Wanorde
121 Verwarring
130 Onbepaald
521 Verras wees
538 Dwaling
544 Onduidelik
654 Moeilik
verwarring
11 Disharmonie
20 Wanorde
121 Verwarring
519 Twyfel
521 Verras wees
532 Betwis
538 Dwaling
544 Onduidelik
587 Aarsel
verwatenheid 785
verwater
623 Sleg
750 Letterkunde
verwatering 623
verwe
490 Kleur
760 Skilderkuns
verwed 687
verweef
6 Betreklik
172 Vasmaak
174 Meng
313 Weef
verweefdheid 6
verweer
28 Einde
37 Tyd
184 Afbreek
238 Vernietig
543 Duidelik
670 Verdedig
809 Regsgeding
833 Verontskuldig
verweerbaar 670
verweerder 833
verweerskrif
568 Perswese
833 Verontskuldig
verwees
243 Kind
623 Sleg
789 Onbeskaafd
verwek
15 Oorsaak
237 Voortbring
239 Voortplant
251 Lewe gee
verwekking
15 Oorsaak
239 Voortplant
verwelf 94(4)
verwelk
324 Plantlewe
744 Lelik
verwelkom
790 Sosiaal
826 Goedkeur
verwelkoming
790 Sosiaal
826 Goedkeur
verwelkomingsete 418
verwelkomingspartytjie 418
verwens
779 Boosaardig
827 Afkeur
verwensing
779 Boosaardig
820 Oneerbaar
827 Afkeur
verwer
490 Kleur
592 Ondergeskikte
verwêreldliking
623 Sleg
841 Leer
843 Ongeloof
846 Godloos
verwerf 686
verwering
28 Einde
37 Tyd
238 Vernietig
623 Sleg
verwerk
140 Verandering
174 Meng
237 Voortbring
263 Rekenaar
561 Studeer
629 Gebruik
754 Komposisie
verwerker
237 Voortbring
263 Rekenaar
754 Komposisie
verwerking
174 Meng
237 Voortbring
629 Gebruik
754 Komposisie
verwerklik 650
verwerkliking 650
verwerkte vleis 421
verwerp
192 Laat gaan
527 Oordeel
532 Betwis
585 Verwerp
606 Weier
666 Verhinder
779 Boosaardig
827 Afkeur
verwerping
171 Verwyder
192 Laat gaan
527 Oordeel
532 Betwis
585 Verwerp
606 Weier
666 Verhinder
827 Afkeur
831 Bespot
verwerplik
585 Verwerp
779 Boosaardig
827 Afkeur
831 Bespot
verwerplikheid
538 Dwaling
623 Sleg
779 Boosaardig
827 Afkeur
831 Bespot
verwerwing 686
verwery 490
verwese
623 Sleg
768 Vrees
789 Onbeskaafd
verwesenlik
0 Ontstaan
650 Voltooi
verwesenliking
650 Voltooi
682 Slaag
verwestering 787
verwesters 787
verwikkel
6 Betreklik
20 Wanorde
174 Meng
verwikkeld
6 Betreklik
20 Wanorde
174 Meng
verwikkeldheid 6
verwikkeling
44 Gebeure
654 Moeilik
750 Letterkunde
verwilder
192 Laat gaan
618 Kragtig
652 Versuim
820 Oneerbaar
verwildering
192 Laat gaan
618 Kragtig
820 Oneerbaar
verwissel
144 Vervang
701 Handel

verwisseling
144 Vervang
217 Motorry
verwittig 551
verwittiging 551
verwoed
618 Kragtig
656 Gevaarlik
779 Boosaardig
verwoedheid
618 Kragtig
771 Gramskap
779 Boosaardig
verwoes
184 Afbreek
238 Vernietig
779 Boosaardig
verwoestend
184 Afbreek
238 Vernietig
779 Boosaardig
verwoester
238 Vernietig
623 Sleg
779 Boosaardig
verwoesting
238 Vernietig
635 Skadelik
695 Steel
779 Boosaardig
verwond
413 Siekte
717 Lyding
verwonder(d) 521
verwonderend 521
verwondering 521
verwonding 413
verwoord 548
verwoording 548
verword
140 Verandering
623 Sleg
813 Swak gedrag
820 Oneerbaar
verwording
140 Verandering
623 Sleg
683 Misluk
779 Boosaardig
820 Oneerbaar
verworpe
192 Laat gaan
606 Weier
779 Boosaardig
789 Onbeskaafd
827 Afkeur
831 Bespot
verworpeling
779 Boosaardig
789 Onbeskaafd
822 Skuldig
827 Afkeur
831 Bespot
verworpene
192 Laat gaan
779 Boosaardig
789 Onbeskaafd
827 Afkeur
verworpenheid
192 Laat gaan
606 Weier
779 Boosaardig
789 Onbeskaafd
verworwe 686
verworwenheid 535
verwring
163 Draai
378 Senuwee
444 Krom
818 Bedrieg
verwringing
163 Draai
378 Senuwee
413 Siekte
444 Krom
815 Oneerlik
verwronge
444 Krom
538 Dwaling
623 Sleg
744 Lelik
verwrongenheid
36 Onreëlmatig
444 Krom
623 Sleg
verwulf 94(4)
verwurg 252
verwurging 252
verwyd 434
verwyder
68 Ver
167 Wegbeweeg
171 Verwyder
192 Laat gaan
205 Weggaan
verwydering
68 Ver
167 Wegbeweeg
171 Verwyder
192 Laat gaan
775 Weersin
verwyding 434
verwyl
64 Aanwesig
204 Aandoen
648 Onderbreek
verwylend 226
verwys
541 Betekenis
545 Natuurlike teken
550 Noem
verwysing
539 Kommunikeer
541 Betekenisvolheid
567 Boek
577 Betekenis
verwyt
823 Berou
827 Afkeur
832 Beskuldig
verydel
683 Misluk
779 Boosaardig
verys
459 Vaste stof
466 Koud
vesel
185 Sny
311 Weefsel
316 Hout
377 Liggaam
379 Spier
382 Haar
veselagtig
315 Papier
379 Spier
veselbord 316
veselige 319
veselontsteking 413
veselperske
323 Vrug
350 Vrugte
426 Kos
veselplant 318
veselwortel 319
vesper 853
vesperklok 853
vestibule 94(3)
vestibulum 388
vestig
64 Aanwesig
97 Bou
129 Bepaald
143 Bestendig
147 Rigting
657 Herhaal
vestiging
64 Aanwesig
237 Voortbring
657 Herhaal
vesting
91 Gebou
92 Groot gebou
655 Veilig
671 Verdedig
vestinggeskut 675
vestinggrag 286
vestingmuur
94(6) Muur
671 Verdedig
vestingwal 94(6)
vestingwerk 671
vet
420 Voedsel
421 Vleis
434 Breed
452 Swaar
462 Halfvloeibaar
565 Skryfkuns
566 Drukkuns
688 Besit
689 Ryk
vetderm 402
vetdruk
565 Skryfkuns
566 Drukkuns
vete
667 Stryd
777 Haat
779 Boosaardig
784 Wraaksug
veter 745
veteraan
52 Ouderdom
54 Oud
673 Manskap
veteraanmotor 233
veterbossie 332
veterinêr 414
veterskoen 745
vetkers 487
vetklier
381 Vel
402 Afskeiding
vetkoek 426
vetkol 628
vetkruid 336
vetkryt 564
vetlaag 377
veto
532 Betwis
584 Kies
585 Verwerp
602 Verbied
vetoreg 602
vetostem 584
vetpan 84
vetpapier 315
vetplant
318 Plant
336 Vetplant
vetsak 434
vetstertskaap 366
vetsug 434
vetsugtig 434
vetsuur
408 Spysvertering
462 Halfvloeibaar
vetterig
421 Vleis
434 Breed
462 Halfvloeibaar
628 Vuil
vetterigheid
462 Halfvloeibaar
628 Vuil

vettie
434 Breed
452 Swaar
vettigheid
104 Baie
434 Breed
462 Halfvloeibaar
vetvlek 628
vetvry 420
vetweefsel
377 Liggaam
379 Spier
381 Vel
V-geut 94(4)
V-hals 745
via 156
viaduk 149
vibrasie 164
vibrato 753
vibreer 164
videoband 264
videoinsetsel 264
videokamera
264 Uitsaai
268 Fotografie
videokasset
264 Uitsaai
268 Fotografie
videomasjien 264
videomateriaal 264
video-opname 268
videoterminaal 263
vier
728(3) Krieket
793 Fees
vierdaags 40
vierde dimensie 431
vierdelig
112 Deel
134 Getalstelsel
vierdemagsvergelyking 137
vierdeursedan 233
vierdubbeld 107
vier-en-sewentig 422
vierhoek
139 Meetkunde
447 Hoekig
vierhoekig
139 Meetkunde
447 Hoekig
vierjarig 52
vierkamp 726
vierkant
137 Bewerking
139 Meetkunde
vierkante meter 123
vierkante voet 123
vierkantig
139 Meetkunde
447 Hoekig
450 Volume
vierkantsvergelyking 137
vierkantswortel 137
vierkleur 546
vierling 243
viermasseilskip 235
viermaster 235
vierpotig 397
viersilindermasjien 630
vierslagmaat 753
vierstoot 738
viertallig
133 Getal
134 Getalstelsel
viertallige stelsel 134
vier-vier-tyd 753
viervlakkig
139 Meetkunde
450 Volume
viervors 591
viervoud 133
viervoudig 133
vieryster 728(8)
vies
628 Vuil
719 Hartseer
771 Gramskap
vieslik
475 Onwelriekend
628 Vuil
813 Swak gedrag
vieslikheid 628
vigoroso 753
vigs 413
villa
89 Blyplek
92 Gebou
vilt 311
vin
235 Skeepvaart
363 Waterdier
397 Ledemaat
vind
166 Nader beweeg
517 Vind
vindingryk
502 Verstand
517 Vind
vindingrykheid 502
vinger 397
vingerafdruk 545
vingerbeentjie 397
vingerbreed 434
vingerete 418
vingergreep 183
vingerleklekker 471
vingerlit 397
vingermerk 545
vingernael 383
vingeronthaal 418
vingerpol 337
vingersenuwee 378
vingerspier 379
vingerspraak 545
vingertaal 545
vingerwys 545
vinielbekleding 233
vinielbekleedsel 233
vink 365
vinkel
351 Groente
419 Voedselbereiding
vinnig
41 Kortstondig
104 Baie
225 Vinnig
618 Kragtig
641 Onvoorbereid
644 Handelwyse
771 Gramskap
vinnigheid
225 Vinnig
771 Gramskap
vinwalvis 363
viola 756
violet 492
violiste
755 Uitvoering
756 Musiek
viool 756
vioolkam 756
vioolkonsert 755
vioolonderdeel 756
vioolsnaar 756
vioolsonate 754
vioolspel 755
vioolstuk 754
viooltjie 334
vir eers 27
virginaal 756
Virginiese klimop 333
virginiese tabak 430
viriel 625
virologie
414 Geneeskunde
515 Wetenskap
virologies 414
viroloog
416 Medikus
515 Wetenskap
virtuoos
749 Kuns
755 Uitvoering
virtuositeit 749
virus
263 Rekenaar
413 Siekte
virusprogram 263
vis
357 Dier
363 Waterdier
420 Voedsel
422 Seekos
426 Kos
555 Vra
vis trek 372
visaas 372
visakkedis 367
visbeentjie 363
visbobotie 426
visboot 372
visbord 84
viseadmiraal
591 Gesaghebber
673 Manskap
visehoof
560 Skoolgaan
658 Beroep
visekanselier
560 Skoolgaan
591 Gesaghebber
visepresident 665
viseprinsipaal 560
viserektor
560 Skoolgaan
591 Gesaghebber
visevoorsitter 665
visfabriek 372
visfuik 372
visgereedskap 372
visgereg 422
vishaak 372
vishandel 372
vishoek
372 Vissery
439 Punt
visie
51 Toekoms
527 Oordeel
visier 676
visierlyn 677
visindustrie 372
viskatrol 372
vis-kebab 426
viskoekie 426
viskose 311
viskuit 422
vislood 372
vislyn 372
vismark 423
vismes
95(7) Messegoed
372 Vissery
423 Slagter
visnet 372
visnetkous 745
vispastei
422 Seekos
426 Kos
vispatee 426
visplaas 372
visryk 372
visseisoen 372
visser 372
visserman
372 Vissery
423 Slagter
vissermansgereedskap 372

vissersdorp 90
vissershawe 235
visserskuit 235
visserstaal 569
vissery 372
visskottel 84
vissmeer 426
vissop 426
visstok 372
visstokkatrol 372
vistafel 418
visteelt 372
visterman 423
visualiseer 512
visueel
264 Uitsaai
499 Sien
visuele woordeboek 567
visum
187 Reis
601 Toestem
visvang 410
visvangs
372 Vissery
423 Slagter
visvoorgereg 426
visvurk 95(7)
visvywer 372
viswater 372
viswinkel
372 Vissery
423 Slagter
viswyfagtig 667
viswywerig 667
vit 829
vitaal
17 Noodsaak
249 Lewe
610 Ywerig
713 Gevoel
vitaliteit
249 Lewe
610 Ywerig
718 Bly
vitamienryk 420
vitellusmembraan 365
vitter 532
vitterig 827
vittery 532
Vlaams 569
vla-appel 323
vlag
365 Voël
382 Haar
546 Kunsmatige teken
vlagontwerp 546
vlagpaal 546
vlagsein 546
vlagtou
235 Skeepvaart
546 Kunsmatige teken
vlak
19 Orde
72 Plat
76 Bo
179 Glad
431 Afmeting
437 Laag
445 Oppervlak
448 Gelyk
588 Gesag hê
vlak asemhaal 404
vlakby
69 Naby
728(3) Krieket
vlakdruk 566
vlakdrukmetode 566
vlakheid 437
vlakkig 445
vlakte
72 Plat
273 Geografie
274 Geologie
437 Laag
445 Oppervlak
vlaktemaat 431
vlakvark 366
vlakvetbraai 419
vlakwortel 331
vlam
419 Voedselbereiding
467 Aansteek
485 Lig
713 Gevoel
vlamkleur 492
vlammesee 467
vlas
312 Spin
353 Vlasteelt
vlasagtig 353
vlasblond 382
vlasdraad 312
vlaskam 353
vlasteelt 353
vleeslik
254 Stof
820 Oneerbaar
vleg 310
vleggras 310
vlegkoord 310
vlegriem 310
vlegsel 382
vlegter 310
vlegtou 310
vlegwerk 310
vlei
285 Meer
828 Vlei
vleiblommetjie 341
vleiend
716 Genot
828 Vlei
vleier 828
vleiery 828
vleigeelroos 337
vleilelie 341
vleiriet 339
vleis
323 Vrug
420 Voedsel
421 Vleis
426 Kos
vleisaftreksel
419 Voedselbereiding
471 Lekker
vleisapree 331
vleisbees
366 Soogdier
369 Veeteelt
vleisbraai 418
vleisbraaiplek 467
vleisdieet 406
vleisdier 369
vleisdis
421 Vleis
426 Kos
vleisekstrak
419 Voedselbereiding
426 Kos
vleisetend
357 Dier
366 Soogdier
406 Eet
vleiseter
366 Soogdier
406 Eet
vleisgereg
421 Vleis
426 Kos
vleishak 423
vleishamer 181
vleishandel 423
vleisipres 331
vleiskaart 421
vleiskleur 492
vleismark
423 Slagter
701 Handel
707 Handelsaak
vleismes
95(7) Messegoed
185 Sny
419 Voedselbereiding
678 Wapen
vleismeul(e)
186 Maal
423 Slagter
vleisrooster 419
vleissaag 185
vleisskaap 369
vleisskottel 95(7)
vleissmeer 426
vleissnit
421 Vleis
423 Slagter
vleissous 471
vleistafel 418
vleistoonbank 423
vleisvark 423
vleitaal 828
vlek
381 Vel
386 Gesig
545 Natuurlike teken
628 Vuil
vlek(ke)loos
627 Skoon
821 Onskuldig
vlekvry 627
vlekwerend 627
vlerk
236 Lugvaart
361 Insek
365 Voël
397 Ledemaat
421 Vleis
vlerkpenveer
365 Voël
382 Haar
vlerkpunt 236
vlerkslag 222
vlerksleep
239 Voortplant
776 Liefde
vlerkstruktuur 236
vlerksweef 733
vlerksweeftuig 733
vlerkswewer 733
vlerkvorm 236
vlermuis 366
vlermuistampan 361
vleuel
672 Weermag
728(1) Rugby
756 Musiek
vleuelklavier 756
vlieënier
216 Ry
223 Stuur
236 Lugvaart
673 Manskap
vlieëpapier 315
vlieg
37 Tyd
222 Vlieg
228 Vinnig
361 Insek
365 Voël
733 Lugsport
vlieginstrumente 236
vliegklub 724
vliegkuns 222
vliegramp 222
vliegreis 222
vliegskool 680
vliegsport
222 Vlieg

733 Lugsport
vliegtog 187
vliegtuig
222 Vlieg
236 Lugvaart
733 Lugsport
vliegtuigbemanning
223 Stuur
236 Lugvaart
vliegtuigkaartjie 187
vliegtuigloods 223
vliegtuigonderdele 236
vliegtuigongeluk 222
vliegtuigramp 222
vliegtuigrit
187 Reis
216 Ry
vliegtuigry 216
vliegtyd 222
vlieguur 222
vliegvertoning 222
vliegwiel 630
vlies
377 Liggaam
381 Vel
vlieswolk 291
vlietend 41
vlinder 361
vlinderslag 732
vloed
287 Vloei
460 Vloeistof
vloedgolf 287
vloedskade 635
vloedwater
287 Vloei
460 Vloeistof
vloei
145 Beweging
214 Dryf
286 Rivier
287 Vloei
405 Bloed
460 Vloeistof
478 Welluidend
vloei uit 16
vloeibaar 460
vloeibaarheid 460
vloeibare gas
299 Brandstof
460 Vloeistof
vloeibare stof 254
vloeiend
460 Vloeistof
653 Maklik
vloeiing 460
vloeipapier 315
vloeisteen 277
vloeistof 460
vloeiwyse 460
vloek
548 Praat
771 Gramskap
777 Haat
820 Oneerbaar
829 Beledig
846 Godloos
vloektaal
813 Swak gedrag
820 Oneerbaar
846 Godloos
vloekwoord
574 Woordkategorie
777 Haat
820 Oneerbaar
846 Godloos
vloer 94(10)
vloerafwerking 94(10)
vloerbedekking 94(10)
vloerbeitel 101
vloerbesem 627
vloerbestuurder 705
vloerborsel 627
vloerdweil 627
vloergimnas 730
vloerhoogte 94(10)
vloerlap 627
vloermat 94(10)
vloeroefening 730
vloerplank 94(10)
vloerpolitoer 627
vloersteen 100
vloerteël
94(10) Vloer
100 Boumateriaal
304 Steen
vloerwaks 627
vlokkie 263
vlooi 361
vloot
221 Vaar
672 Weermag
vloothoofkwartier 672
vlot
214 Dryf
225 Vinnig
235 Skeepvaart
653 Maklik
vlothout 316
vlottend 214
vlug
41 Kortstondig
67 Verplasing
167 Wegbeweeg
190 Vertrek
222 Vlieg
228 Vinnig
236 Lugvaart
614 Bekwaam
vlugbal 728
vlugbemanning 236
vlugdek 236
vlugheid
225 Vinnig
614 Bekwaam
vlughoogte 222
vlughou 728(4)
vlugingenieur
223 Stuur
236 Lugvaart
vlugkelner 236
vlugroete 222
vlugsersant
591 Gesaghebber
673 Manskap
vlugskrif 568
vlugsnelheid 222
vlugsout 415
vlugteling
67 Verplasing
228 Vinnig
vlugtelingkamp 67
vlugtend 190
vlugtig
41 Kortstondig
225 Vinnig
461 Gas
vlugtige soutstof 300
vlugtigheid
41 Kortstondig
461 Gas
vlugvoetig 228
vlugvoetigheid 225
vly 154
vlymskerp 440
vlyt 610
vlytig 610
vod
184 Afbreek
621 Onbelangrik
voddemark 707
vodderig
184 Afbreek
628 Vuil
voed
406 Eet
420 Voedsel
631 Nodig
voedend
411 Gesond
420 Voedsel
voeder 406
voeding 406
voedingsbodem 15
voedingskanaal 401
voedingsleer 406
voedingsmiddel 408
voedingsproses 406
voedingstof 406
voedingswaarde 406
voedsaam
408 Spysvertering
411 Gesond
420 Voedsel
voedsel
408 Spysvertering
420 Voedsel
voedselbedryf
658 Beroep
701 Handel
voedselbereiding 419
voedsel-en-wynfees 793
voedselfees 793
voedselhandel 701
voedselinname
401 Spysvertering
406 Eet
voedselopname 401
voedselprosesseerder 95(8)
voedselskaarste 117
voedselsoorte 420
voedselvergiftiging 413
voedselverwerker 174
voedsterplant 318
voeg
99 Messel
170 Saambring
172 Vasmaak
316 Hout
819 Eerbaar
voeglik
59 Geleë
633 Nuttig
819 Eerbaar
voegsaag
185 Sny
316 Hout
voegsaam
59 Geleë
633 Nuttig
819 Eerbaar
voegtroffel 101
voegwerk
99 Messel
316 Hout
voegwoord 574
voegwoordelik 574
voel
493 Gevoeligheid
495 Tassin
518 Glo
527 Oordeel
533 Verstaan
713 Gevoel
825 Beoordeling
voël
357 Dier
365 Voël
402 Afskeiding
voëlagtig 365
voelbaar
493 Gevoeligheid
495 Tassin
543 Duidelik
voelbaarheid
493 Gevoeligheid
495 Tassin
543 Duidelik
voelbare temperatuur 465

voëlbek
365 Voël
390 Mond
voëlent 344
voeler
361 Insek
495 Tassin
voelery 495
voëlhok 370
voëlhokkie 89
voelhoring
361 Insek
385 Skedel
voeling 663
voëlkenner 358
voëlklou
365 Voël
383 Nael
voëlkou
89 Blyplek
370 Voëlteelt
voëlkunde 358
voëlkundig 358
voëlkundige 358
voëllym
344 Onkruid
373 Jag
462 Halfvloeibaar
voëlmis 409
voëlnaam
546 Kunsmatige teken
550 Noem
voëlnek 393
voëlnes
89 Blyplek
370 Voëlteelt
voëlnesvaring 329
voëlrek 373
voëlsaad 370
voelspriet 361
voëlteelt 370
voëlteler 370
voëltelery
368 Diereteelt
370 Voëlteelt
voëltjie 728(8)
voëlverskrikker
355 Landbougereedskap
744 Lelik
voëlvlug
222 Vlieg
225 Vinnig
voel-voel 495
voëlvry 835
voëlvryverklaring 835
voëlwip 373
voer
147 Rigting
161 Bedek
368 Diereteelt
369 Veeteelt
406 Eet
voerbak 368
voergang 368
voergat 368
voergewas 369
voering
161 Bedek
745 Kleding
voerkamp 368
voerkuil 368
voerman
194 Vervoer
230 Rytuig
voerrak 368
voersak 368
voersilo 368
voersis 311
voert 192
voertaal
560 Skoolgaan
569 Taal
voertaalkwessie 560
voertoring 368
voertregter 368
voertrog 368
voertsek 192
voertuig
145 Beweging
230 Rytuig
voertuigbrug 149
voertuigmyn 676
voet
75 Onder
123 Meet
277 Berg
397 Ledemaat
620 Belangrik
voetbal 728(1)
voetbalspeler 728(1)
voetbandjie 232
voetbankie 95(4)
voetblok 594
voetboei 594
voetboog 397
voetbreed 434
voetbreedte 434
voetbrug
156 Bo-oor
209 Oorgaan
234 Spoorweg
voetenent 410
voeter 181
voetfout
728(3) Krieket
728(4) Tennis
voetfoutregter 728(4)
voetganger
197 Te voet
357 Dier
361 Insek
voetgangerbrug
149 Pad
156 Bo-oor
voetgangerinsek 357
voetgangeroorgang
149 Pad
217 Motorry
voetgangersprinkaan 357
voethaak 232
voetheuwelgletser 277
voetjie vir voetjie 226
voetjig 413
voetkolonne 672
voetkrapper 746
voetkussing 95(4)
voetlig
485 Lig
487 Ligbron
752 Toneelspel
voetlys 94(15)
voetmaat 123
voetmat 95(10)
voetnoot
543 Duidelik
565 Skryfkuns
567 Boek
voetnootparagraaf 567
voetpad
94(14) Buitekant
149 Pad
voetplaat 234
voetplank 230
voetpoeier 746
voetpolisie 802
voetpunt 269
voetrem
146 Beweginglooheid
233 Motorvoertuig
voetrug 397
voetskraper 746
voetslaan
197 Te voet
229 Stadig
726 Sport
voetslaanpad 149
voetslaner 197
voetsoldaat 673
voetsool 397
voetspier 379
voetspoor
397 Ledemaat
545 Natuurlike teken
voetstap
197 Te voet
480 Dowwe klank
482 Menslike geluid
545 Natuurlike teken
voetstoof 469
voetstoots 130
voetstuk
77 Onder
94(15) Toebehore
voetveeg 95(10)
voetvolk 672
voetwortel
380 Gebeente
397 Ledemaat
voetwreef 397
vog
460 Vloeistof
463 Nat
vogdig 464
voggehalte 463
voginhoud 463
voglaag 94(1)
vogloos 464
vogroom 746
vogtig 463
vogtigheid
289 Klimaat
463 Nat
vogvry 464
vogwerend 464
voile 311
vokaal
571 Skrif
572 Uitspraak
757 Sang
vokaalbreking 572
vokaalkaart 572
vokaalletter 571
vokaalontronding 572
vokaalreduksie 572
vokaalronding 572
vokaalsametrekking 572
vokaalsisteem 572
vokaalverhoging 572
vokaalverlaging 572
vokaalwisseling 572
vokalies 572
vokalis 757
vokalisme
572 Uitspraak
757 Sang
vokasie 580
vokatief
574 Woordkategorie
576 Sinsbou
vol
109 Alles
111 Geheel
161 Bedek
239 Voortplant
406 Eet
446 Rond
volbal 728(3)
volbek 432
volbekskaap 432
volbloed 618
volbloedig 400
volbrag 650
volbrenging 650
volbring 650
voldaan
720 Tevrede

773 Begeerte
voldaanheid 720
voldoen
708 Betaal
720 Tevrede
voldoende
115 Genoeg
620 Belangrik
622 Goed
720 Tevrede
voldoening
708 Betaal
720 Tevrede
773 Begeerte
voldonge 143
voldonge feit 44
voldrae
432 Groot
650 Voltooi
voldraenheid
432 Groot
650 Voltooi
voleinder 650
voleindig
28 Einde
648 Onderbreek
650 Voltooi
voleindiging
648 Onderbreek
650 Voltooi
volfiliaal 701
volg
14 Navolging
16 Gevolg
21 Volgorde
25 Volg
47 Later
147 Rigting
203 Agterna
600 Sonder gesag
volgehoue
582 Wilskrag
647 Voortgaan
volgeling
14 Navolging
25 Volg
203 Agterna
600 Sonder gesag
605 Aanvaar
663 Meedoen
842 Geloof
volgende
21 Volgorde
47 Later
volgenderwys(e) 644
volgens
6 Betreklik
14 Navolging
47 Later
588 Gesag hê
volger
14 Navolging
25 Volg
volging
14 Navolging
25 Volg
203 Agterna
volgnommer 21
volgorde
21 Volgorde
576 Sinsbou
volgordeverandering 576
volgordewysiging 576
volgreeks 21
volgroei 432
volgroeid 432
volgroeidheid 432
volgsaam
14 Navolging
597 Gehoorsaam
600 Sonder gesag
volgsaamheid
589 Dien
597 Gehoorsaam
600 Sonder gesag
volgstuk 25
volhard
141 Behoud
143 Bestendig
582 Wilskrag
657 Herhaal
816 Getrou
volhardend
143 Bestendig
582 Wilskrag
586 Beslis
610 Ywerig
637 Doelgerigtheid
647 Voortgaan
767 Moed
816 Getrou
824 Onboetvaardig
volharding
143 Bestendig
582 Wilskrag
610 Ywerig
647 Voortgaan
816 Getrou
volhardingsvermoë
582 Wilskrag
647 Voortgaan
volheid
109 Alles
432 Groot
volhou
22 Kontinu
533 Verstaan
582 Wilskrag
647 Voortgaan
657 Herhaal
volhoudend 610
volhouding
582 Wilskrag
647 Voortgaan
volk
33 Samehorig
104 Baie
787 Gemeenskap
798 Lae stand
volkekunde
515 Wetenskap
787 Gemeenskap
volkekundig 787
volkekundige
515 Wetenskap
787 Gemeenskap
volkere 787
volkereg
515 Wetenskap
808 Regswese
volkeregtelik 808
volkleur 490
volkome
28 Einde
109 Alles
111 Geheel
614 Bekwaam
622 Goed
volkomenheid 622
volkoringbrood 424
volkrykheid 104
volks 787
volksaard 3
volksang 757
volksbestuur 590
volksbeweging 665
volksboek 567
volksbygeloof 844
volksdans 742
volksdemokrasie 590
volksdigter 751
volkseie 3
volksetimologie
573 Woordeskat
575 Woordvorming
volksgebruik(e) 657
volksgeloof 518
volksgemeenskap 787
volksgeneeskunde 414
volksgenoot 787
volksgesondheid 411
volksgroep 787
volkshof 808
volkshumor 722
volkskarakter 3
volkskunde 787
volkskundig 787
volkskundige 787
volkskuns 749
volksleër 672
volksleier 590
volkslied 757
volksman
795 Staat
798 Lae stand
volksmusiek 753
volksnaam 550
volksopstand 667
volksplanting 788
volksraad 590
volksraadsetel 590
volksraadskomitee 590
volksraadslid
590 Bestuur
795 Staat
volksraadsverkiesing 590
volksregering 590
volksrepubliek 590
volkstaal 569
volkstelling 787
volkstemming
584 Kies
795 Staat
volksterm 573
volkstradisie 657
volksuitdrukking 573
volksvader 590
volksverhuising 67
volksvertelling
552 Vertel
750 Letterkunde
volksvreemd
34 Vreemd
787 Gemeenskap
volksvrou 798
volkswelsyn 780
volkswil 584
volkswoord 573
volkswysie 757
volledig
109 Alles
111 Geheel
129 Bepaald
volledigheidshalwe
111 Geheel
553 Behandel
volleerd
535 Weet
614 Bekwaam
volmaak
109 Alles
111 Geheel
614 Bekwaam
622 Goed
volmaaktheid
111 Geheel
622 Goed
volmaan 270
volmag
588 Gesag hê
599 Gesag
616 Magtig
volmag hê 616
volmaggewer
588 Gesag hê
616 Magtig
volmaghebber
588 Gesag hê
616 Magtig

volmagtig
588 Gesag hê
616 Magtig
volmelk
371 Suiwel
426 Kos
volmondig 814
volop
104 Baie
115 Genoeg
116 Te veel
volpomp 109
volprese 826
volrond 446
volroommelk
371 Suiwel
426 Kos
volryp 323
volsin
565 Skryfkuns
576 Sinsbou
volslae
104 Baie
109 Alles
111 Geheel
volstaan 115
volstop 109
volstort 708
volstrek
111 Geheel
537 Waarheid
volstruis 365
volstruisboer
369 Veeteelt
370 Voëlteelt
volstruisboerdery
369 Veeteelt
370 Voëlteelt
volstruiskamp 370
volstruisleer 314
volstruismaag 408
volstruisplaas
346 Landbougrond
354 Plaas
369 Veeteelt
volstruispolitiek 590
volstruisskop 731
volt 123
voltallig
111 Geheel
129 Bepaald
voltammeter 262
voltampère 123
voltampèremeter 262
volte 109
volteken 708
voltmeter 262
voltooi
28 Einde
111 Geheel
576 Sinsbou
648 Onderbreek
650 Voltooi
682 Slaag
645 Handel
voltooid verlede tyd 574
voltooiing
648 Onderbreek
650 Voltooi
voltreffer
181 Stoot teen
677 Skiet
voltrek 650
voltrekker 650
voltrekking 650
voltrokke 650
voltyds 658
voluit 111
volume
102 Hoeveelheid
123 Meet
266 Akoestiek
450 Volume
539 Kommunikeer
565 Skryfkuns
567 Boek
volume-eenheid 450
volumeknop 264
volumemeting 123
volumetries 450
volumeus 450
volumeverandering 450
volumineus 434
voluut 94(5)
volvet 462
volvloermat 95(10)
volvloertapyt 95(10)
volvoer 650
volvoering 650
volvorm 438
volvormig 438
volwaardig 620
volwasse
432 Groot
504 Geestelike gesondheid
582 Wilskrag
volwassene
374 Mens
432 Groot
volwassene-onderwys 559
volwassenheid
377 Liggaam
432 Groot
504 Geestelike gesondheid
582 Wilskrag
volywerig
610 Ywerig
713 Gevoel
vomeer
409 Afskeiding
413 Siekte
vomeermiddel 415
vomeersel 409
vomering 409
vomitief 415
vondeling 780
vonds
517 Vind
686 Aanwins
vonk
262 Elektrisiteit
467 Aansteek
485 Lig
vonkbaan 262
vonkdraad 262
vonkel
467 Aansteek
485 Lig
vonkeling 467
vonkelnuut 53
vonkelwyn 427
vonkinduktor 262
vonkontlading 262
vonkontsteking
233 Motorvoertuig
257 Meganika
vonkprop
233 Motorvoertuig
257 Meganika
630 Werktuig
vonkpropaansluiter 233
vonkpropdraad 630
vonkpropgaping 233
vonkproppakstuk 233
vonkpropwasser 233
vonkvanger 257
vonkverdeler
233 Motorvoertuig
257 Meganika
630 Werktuig
vonnis
527 Oordeel
808 Regswese
809 Regsgeding
835 Bestraf
vonnisoplegging 835
vonnisskuldeiser 711
vonnisskuldenaar 711
vont 853
voog
242 Ouer
591 Gesaghebber
655 Veilig
voogdes
242 Ouer
591 Gesaghebber
voogdy 242
voogdykind 780
voogdyskap 242
voor
24 Voorafgaan
37 Tyd
46 Vroeër
50 Verlede
61 Plek
85 Voor
107 Meer
127 Tydbepaling
144 Vervang
202 Voor beweeg
225 Vinnig
286 Rivier
346 Landbougrond
446 Rond
449 Ongelyk
voor die hand liggend
543 Duidelik
653 Maklik
vooraan
24 Voorafgaan
85 Voor
vooraand
27 Begin
50 Verlede
vooraansig
85 Voor
94(2) Aansig
233 Motorvoertuig
759 Tekenkuns
vooraanstaande
620 Belangrik
799 Beroemd
830 Eerbiedig
vooraf
24 Voorafgaan
46 Vroeër
202 Voor
voorafbetaling 708
voorafgaan
24 Voorafgaan
46 Vroeër
202 Voor
voorafgaande
24 Voorafgaan
46 Vroeër
voorafopname
264 Uitsaai
268 Fotografie
voorafvervaardig 237
voorafvervaardiging 237
voorarm 397
voorarmhou 728(4)
voorarmspier 379
voorarres 594
vooras
163 Draai
630 Werktuig
voorasnog 41
voorbaan 728(4)
voorband
232 Fiets
233 Motorvoertuig
voorbanker 591
voorbarig
57 Vroeg
60 Ongeleë
785 Hoogmoedig

voorbarigheid
57 Vroeg
785 Hoogmoedig
voorbedag
508 Aandag
578 Vrywillig
582 Wilskrag
586 Beslis
637 Doelgerigtheid
voorbedagte rade 582
voorbedagtheid
508 Aandag
578 Vrywillig
637 Doelgerigtheid
voorbede 847
voorbeeld
3 Bestaanswyse
14 Navolging
35 Reëlmatig
543 Duidelik
622 Goed
voorbeeldeloos 118
voorbeeldig
14 Navolging
35 Reëlmatig
622 Goed
811 Gewete
816 Getrou
voorbeeldigheid
14 Navolging
35 Reëlmatig
622 Goed
811 Gewete
816 Getrou
voorbeen 397
voorbehoeding 239
voorbehou
530 Voorbehou
606 Weier
voorbehoud
17 Noodsaak
36 Onreëlmatig
530 Voorbehou
606 Weier
voorbehoud maak 530
voorbehoudsbepaling 17
voorbepaling 576
voorberei
237 Voortbring
347 Landbou
418 Maaltyd
640 Voorbereid
voorbereidheid 640
voorbereiding 640
voorbereidingskamer 239
voorbereidingskool 559
voorbereidsels 640
voorberig 567
voorbeskik
17 Noodsaak
579 Gedwonge
842 Geloof
voorbeskikking 842
voorbestem
17 Noodsaak
579 Gedwonge
842 Geloof
voorbestemming
579 Gedwonge
842 Geloof
voorbid 847
voorbidder 847
voorbidding
833 Verontskuldig
847 Gebed
voorblad 568
voorbladartikel 568
voorbladnuus 568
voorbode 545
voorbok
366 Soogdier
588 Gesag hê
591 Gesaghebber
voorbrand
465 Warm
467 Aansteek
voorchristelik 842
voordag 37
voordans 742
voordanser 742
voordat
37 Tyd
46 Vroeër
85 Voor
voordateer
51 Toekoms
127 Tydbepaling
voordatering
51 Toekoms
127 Tydbepaling
voordeel
622 Goed
629 Gebruik
633 Nuttig
686 Aanwins
693 Gee
voordek 235
voordelig
411 Gesond
622 Goed
633 Nuttig
686 Aanwins
693 Gee
voordeligheid
622 Goed
629 Gebruik
686 Aanwins
693 Gee
voordeur
94(8) Deur
147 Rigting
voordeursleutel 178
voordien 418
voordoen
2 Nie-bestaan
14 Navolging
44 Gebeure
818 Bedrieg
voordra
548 Praat
553 Behandel
558 Redevoering
752 Toneelkuns
voordraer
548 Praat
751 Digkuns
voordrag
539 Kommunikeer
548 Praat
751 Digkuns
752 Toneelkuns
voordragkuns
558 Redevoering
752 Toneelkuns
voordragkunstenaar
548 Praat
751 Digkuns
752 Toneelspel
voordruk 566
vooregtelik 248
vooreksemplaar 567
voorgaan
14 Navolging
24 Voorafgaan
46 Vroeër
57 Vroeg
200 Vorentoe
202 Voor
250 Dood
847 Gebed
voorgaande
24 Voorafgaan
27 Begin
46 Vroeër
voorgalery 853
voorganger
14 Navolging
588 Gesag hê
659 Aanstel
847 Gebed
voorgebergte 277
voorgeboortelik 239
voorgee
726 Sport
727 Wedstryd
785 Hoogmoed
815 Oneerlik
818 Bedrieg
833 Verontskuldig
voorgeespeler 728(8)
voorgeewedren 727
voorgeewedstryd 727
voorgemeld 551
voorgenoemde 24
voorgenome 640
voorgereg
418 Maaltyd
426 Kos
voorgeskiedenis 45
voorgeskrewe
415 Geneesmiddel
579 Gedwonge
599 Gesag
voorgeslag 240
voorgevoel
518 Glo
713 Gevoel
voorgewend 818
voorgif 727
voorgraads
559 Opvoeding
561 Studeer
voorgrond
752 Toneelkuns
760 Skilderkuns
voorhaak 693
voorhaker 233
voorhal 94(3)
voorhamer
101 Gereedskap
181 Stoot teen
302 Smid
630 Werktuig
voorhande
64 Aanwesig
629 Gebruik
voorhand(hou) 728(4)
voorhangsel 853
voorheen 50
voorheuwel 277
voorhistories 54
voorhoede
202 Voor
667 Stryd
672 Weermag
680 Militêre aksie
voorhof 94(3)
voorhoof 386
voorhou 85
voorhuid 403
voorhuis 94(3)
voorhuweliks 248
voorin
81 Binne
85 Voor
vooringenome
524 Onlogies redeneer
805 Onregverdig
vooringenomenheid
524 Onlogies redeneer
584 Kies
792 Asosiaal
805 Onregverdig
voorjaar
37 Tyd
289 Klimaat

voorkaak
385 Skedel
390 Mond
voorkamer
94(3) Vertrek
399 Bloedsomloop
voorkamervog 387
voorkant 85
voorkasteel 235
voorkeer
148 Van koers af
288 Waterstelsel
666 Verhinder
voorkennis 535
voorkeur
584 Kies
806 Wettig
voorkeuraandeel
688 Besit
702 Beurs
voorkeurtarief
126 Skat
712 Belasting
voorkiestand 391
voorkind 243
voorkom
2 Nie-bestaan
24 Voorafgaan
44 Gebeure
200 Vorentoe
517 Vind
602 Verbied
666 Verhinder
809 Regsgeding
voorkomend
655 Veilig
666 Verhinder
voorkoming
602 Verbied
666 Verhinder
voorkoms 2
voorkomssyfer 413
voorkoopreg
704 Koop
806 Wettig
voorkop
384 Kop
385 Skedel
386 Gesig
voorkry
726 Sport
827 Afkeur
835 Bestraf
voorlaaier 676
voorlaas 50
voorlaaste 28
voorland
579 Gedwonge
637 Doelgerigtheid
voorlangs
85 Voor
147 Rigting
voorlê
373 Jag
508 Aandag
539 Kommunikeer
550 Noem
553 Behandel
557 Diskussie
667 Stryd
693 Gee
voorlees
548 Praat
558 Redevoering
562 Lees
voorlegging
539 Kommunikeer
558 Redevoering
567 Boek
603 Voorstel
604 Versoek
693 Gee
voorlengte 432
voorleser 562
voorlesing
539 Kommunikeer
558 Redevoering
562 Lees
752 Toneelkuns
voorletter 550
voorlig
232 Fiets
539 Kommunikeer
543 Duidelik
559 Opvoeding
638 Aanmoedig
voorligting
539 Kommunikeer
543 Duidelik
559 Opvoeding
560 Skoolgaan
638 Aanmoedig
voorligtingsdiens 560
voorligtingsielkunde 514
voorlik
57 Vroeg
60 Ongeleë
432 Groot
voorloop
14 Navolging
24 Voorafgaan
128 Chronometer
147 Rigting
197 Te voet
202 Voor
voorloper
14 Navolging
24 Voorafgaan
202 Voor
588 Gesag hê
voorlopig
24 Voorafgaan
27 Begin
41 Kortstondig
voorlyf
377 Liggaam
392 Romp
voormaag
365 Voël
401 Spysvertering
voormaals 46
voormalig 50
voorman
97 Bou
588 Gesag hê
591 Gesaghebber
658 Beroep
voormas 235
voormiddag
37 Tyd
127 Tydbepaling
voormoeder 240
voornaam
550 Noem
574 Woordkategorie
voornaamwoord 574
voornaamwoordelik 574
voornag 127
voornagslaap 410
voorneem
586 Beslis
637 Doelgerigtheid
640 Voorbereid
voorneme
586 Beslis
640 Voorbereid
voorondersoek 516
voorontwerp 640
vooroor
73 Skuins
85 Voor
159 Neerdaal
vooroorbuk 73
vooroordeel
518 Glo
524 Onlogies redeneer
584 Kies
667 Stryd
792 Asosiaal
805 Onregverdig
827 Afkeur
vooroorlede 250
vooroorsalto 730
voorop
24 Voorafgaan
27 Begin
74 Op
85 Voor
202 Voor beweeg
522 Redeneer
620 Belangrik
vooropgaan 202
vooropgeset
518 Glo
584 Kies
vooropgestel(d) 584
vooropgesteldheid 584
vooropstel
518 Glo
531 Saamstem
vooros
231 Tuig
366 Soogdier
voorouer 240
voorpant 745
voorperd 588
voorplein 445
voorpoot 397
voorportaal
94(3) Vertrek
853 Kerk
voorpos 680
voorpraat
14 Navolging
548 Praat
voorprent 752
voorproef 642
voorpublikasie 566
voorpunt 85
voorraad
420 Voedsel
629 Gebruik
631 Nodig
707 Handelsaak
voorraadkamer 707
voorraadskuur 91
voorraad(s)opname 707
voorraadstoor 707
voorraadtenk 84
voorradeboek 703
voorradedepot 170
voorradeskuur 170
voorradig
420 Voedsel
631 Nodig
voorrang
584 Kies
796 Stand
voorrede 567
voorreg
801 Wet
804 Regverdig
806 Wettig
voorreken
122 Bereken
125 Tel
voorrem 232
voorrib 421
voorruit 233
voorryer
24 Voorafgaan
680 Militêre aksie
voorryman 728(1)
voorsaat 240
voorsanger 757
voorsê
14 Navolging

548 Praat
551 Meedeel
588 Gesag hê
752 Toneelkuns
voorseil 235
voorseleksie 584
voorsetsel 574
voorsetselgroep 576
voorsê-vraag 555
voorsien
520 Verwag
631 Nodig
651 Toesien
693 Gee
701 Handel
voorsienbaar 551
Voorsienigheid 837
voorsiening
651 Toesien
693 Gee
voorsing 757
voorsinger
757 Sang
852 Geestelike
voorsit
406 Eet
419 Voedselbereiding
665 Byeenkom
voorsitter
202 Voor
588 Gesag hê
590 Bestuur
658 Beroep
665 Byeenkom
voorsitterskap
588 Gesag hê
665 Byeenkom
voorsittersrede 558
voorsitterstoel 665
voorskiet 699
voorskieter 700
voorskok 274
voorskools 53
voorskoot 745
voorskootrok 745
voorskot
693 Gee
699 Leen
708 Betaal
711 Skuld
voorskotbank 700
voorskotbedrag 699
voorskotbetaling 699
voorskotgeld 699
voorskrif
17 Noodsaak
35 Reëlmatig
599 Gesag
640 Voorbereid
644 Handelwyse
801 Wet
voorskrifmedisyne 415
voorskriftelik 35
voorskryf
414 Geneeskunde
415 Geneesmiddel
599 Gesag
voorslag
182 Slaan
231 Tuig
610 Ywerig
754 Komposisie
voorslagriempie 182
voorsmaak
406 Eet
642 Beproef
voorsny
24 Voorafgaan
185 Sny
418 Maaltyd
voorsnyer
95(7) Messegoed
185 Sny
voorsnyete 418
voorsnymes 185
voorsnystel
95(7) Messegoed
185 Sny
voorsomer 289
voorsorg
651 Toesien
780 Hulp
voorsorg tref 651
voorsorgfonds 780
voorsorgmaatreël 651
voorspan 85
voorspeel 755
voorspel
27 Begin
44 Gebeure
551 Meedeel
727 Wedstryd
728(1) Rugby
752 Toneelkuns
754 Komposisie
voorspeler
726 Sport
728(1) Rugby
728(2) Sokker
voorspelerbeweging 728(1)
voorspelerspel 728(1)
voorspelerstormloop 728(1)
voorspelling
51 Toekoms
548 Praat
551 Meedeel
842 Geloof
voorspieël 765
voorspieëling 765
voorspinmasjien 312
voorspits 85
voorspoed
622 Goed
682 Slaag
688 Besit
716 Genot
voorspooksel 551
voorspraak
590 Bestuur
663 Meedoen
668 Vrede
833 Verontskuldig
voorspring 684
voorsprong
85 Voor
727 Wedstryd
voorstad
61 Plek
89 Blyplek
90 Gemeenskap
voorstadium 37
voorstanderklier 402
voorstang 231
voorste
24 Voorafgaan
85 Voor
588 Gesag hê
620 Belangrik
voorstedelik
61 Plek
90 Gemeenskap
voorsteek
85 Voor
155 Deurboor
200 Vorentoe
voorstel
230 Rytuig
512 Verbeelding
557 Diskussie
584 Kies
590 Bestuur
603 Voorstel
604 Versoek
638 Aanmoedig
665 Byeenkom
752 Toneelkuns
758 Kuns
790 Sosiaal
voorsteller
590 Bestuur
604 Versoek
voorstelling
512 Verbeelding
513 Gedagte
547 Simboliek
553 Behandel
758 Kuns
voorstewe 235
voorstoep 94(3)
voorstoot 150
voorstraat 149
voorstryder 667
voorstudie
561 Studeer
640 Voorbereid
voort
150 Vorentoe
190 Vertrek
200 Vorder
voortaan 51
voortand 391
voortbestaan
22 Kontinu
141 Behoud
249 Lewe
647 Voortgaan
voortbeur
22 Kontinu
654 Moeilik
voortbeweeg
22 Kontinu
145 Beweging
150 Vorentoe
197 Te voet
200 Vorder
voortbeweging
150 Vorentoe
647 Voortgaan
voortborduur 548
voortbrenging
15 Oorsaak
237 Voortbring
324 Plantlewe
voortbrengs 237
voortbrengsel
170 Saambring
237 Voortbring
voortbring
0 Ontstaan
237 Voortbring
239 Voortplant
324 Plantlewe
438 Vorm
693 Gee
749 Kuns
voortbringsel
170 Saambring
237 Voortbring
voortdrentel 22
voortdryf
192 Laat gaan
221 Vaar
638 Aanmoedig
647 Voortgaan
voortdu
145 Beweging
181 Stoot teen
voortdurend
8 Dieselfde
22 Kontinu
37 Tyd
40 Langdurig
141 Behoud
647 Voortgaan
voortdurendheid 42
voortduring
22 Kontinu

37 Tyd
40 Langdurig
141 Behoud
647 Voortgaan
voortduur
22 Kontinu
37 Tyd
40 Langdurig
141 Behoud
647 Voortgaan
voorteken 545
voortgaan
22 Kontinu
29 Middel
37 Tyd
40 Langdurig
141 Behoud
150 Vorentoe
197 Te voet
200 Vorder
644 Handelwyse
647 Voortgaan
657 Herhaal
682 Slaag
voortgang
21 Volgorde
22 Kontinu
29 Middel
140 Verandering
224 Snelheid
622 Goed
647 Voortgaan
682 Slaag
voorthelp 647
voortjie 346
voortkanker
413 Siekte
623 Sleg
647 Voortgaan
voortkom
237 Voortbring
239 Voortplant
240 Afkoms
voortleef
22 Kontinu
249 Lewe
647 Voortgaan
voortou 24
voortplant
239 Voortplant
357 Dier
voortplanting
239 Voortplant
317 Fisiologie
403 Voortplanting
voortplantingsorgaan 403
voortploeter 652
voortredeneer 522
voortreflik
471 Lekker
614 Bekwaam
622 Goed
743 Mooi
812 Goeie gedrag
voortreflikheid
471 Lekker
614 Bekwaam
622 Goed
743 Mooi
812 Goeie gedrag
voortrek
85 Voor
584 Kies
682 Slaag
805 Onregverdig
voortrekker 202
voortrekkery
584 Kies
792 Asosiaal
805 Onregverdig
voortruk
150 Vorentoe
669 Aanval
voortry
200 Vorentoe
647 Voortgaan
voorts
22 Kontinuïteit
47 Later
51 Toekoms
voortsê 539
voortsetting
22 Kontinu
647 Voortgaan
voortsit
22 Kontinu
647 Voortgaan
voortskiet 225
voortskry
22 Kontinu
647 Voortgaan
voortskryding 647
voortsleep
22 Kontinu
40 Langdurig
150 Vorentoe
226 Stadig
647 Voortgaan
voortslenter 213
voortsnel
225 Vinnig
228 Vinnig beweeg
voortspoed 228
voortspruit
16 Gevolg
240 Afkoms
voortspruitend 16
voortstap
22 Kontinu
197 Te voet
200 Vorentoe
647 Voortgaan
voortstoom
220 Treinry
221 Vaar
voortstryding
22 Kontinu
226 Stadig
647 Voortgaan
voortstu
145 Beweging
150 Vorentoe
voortsukkel
198 Strompel
226 Stadig
647 Voortgaan
654 Moeilik
voortteel 239
voortuin 346
voortvaar
200 Vorentoe
221 Vaar
voortvarend
713 Gevoel
714 Gevoelig
785 Hoogmoedig
voortvarendheid
714 Gevoelig
785 Hoogmoedig
voortvlieg 200
voortvloei 16
voortvloeiend 16
voortvloeisel
16 Gevolg
650 Voltooi
681 Resultaat
voortvlugtend 190
voortvlugtig
225 Vinnig
228 Vinnig beweeg
679 Mobiliseer
voortvlugtige 679
voortwerk 647
voortwoed 290
voortwoeker
22 Kontinu
647 Voortgaan
voortyd
45 Geskiedenis
46 Vroeër
50 Verlede
voortydig
46 Vroeër
57 Vroeg
239 Voortplant
voortyl
150 Vorentoe
225 Vinnig
vooruit
24 Voorafgaan
46 Vroeër
150 Vorentoe
200 Vorder
vooruitbepaal
122 Bereken
129 Bepaald
586 Beslis
vooruitbepaling 129
vooruitbespreek 706
vooruitbetaal 708
vooruitbetaalbaar 708
vooruitbetaling 708
vooruitbeur
622 Goed
682 Slaag
vooruitbeweeg 150
vooruitboer
347 Landbou
682 Slaag
vooruitbring 200
vooruitdink
513 Gedagte
640 Voorbereid
vooruitdryf 200
vooruitgaan
24 Voorafgaan
150 Vorentoe
200 Vorder
202 Voor
411 Gesond
682 Slaag
688 Besit
vooruitgaande 688
vooruitgang
200 Vorder
682 Slaag
688 Besit
vooruitgedateerde tjek 700
vooruitgeskowe
51 Toekoms
67 Verplasing
vooruithardloop 200
vooruithelp
559 Opvoeding
663 Meedoen
682 Slaag
vooruitjaag 200
vooruitkom
24 Voorafgaan
200 Vorder
622 Goed
682 Slaag
vooruitloop
24 Voorafgaan
46 Vroeër
vooruitneem 200
vooruitreken 122
vooruitry
150 Vorentoe
200 Vorder
vooruitsien
499 Sien
508 Aandag
551 Meedeel
773 Begeerte
vooruitsiendheid 508
vooruitsig
520 Verwag
653 Maklik

765 Hoop
vooruitstap 200
vooruitstreef
622 Goed
682 Slaag
vooruitstrewend
51 Toekoms
610 Ywerig
vooruitstrewendheid
610 Ywerig
682 Slaag
vooruitstuur 200
vooruitvaar 200
vooruitvlieg 200
vooruitwerkend 572
voorvader
240 Afkoms
242 Ouer
voorvaderlik
240 Afkoms
242 Ouer
voorval 44
voorvegter
667 Stryd
767 Moed
voorvereiste
17 Noodsaak
530 Voorbehou
579 Gedwonge
voorverhoog 752
voorverkope 705
voorverlede 50
voor(ver)onderstelling
513 Gedagte
518 Glo
577 Betekenis
voorvertoning 752
voorvinger 397
voorvoegsel 575
voorwaar
528 Bevestig
537 Waarheid
voorwaarde
17 Noodsaak
530 Voorbehou
599 Gesag
voorwaardelik 530
voorwaarts
147 Rigting
150 Vorentoe
voorwend 818
voorwendsel
2 Nie-bestaan
818 Bedrieg
833 Verontskuldig
voorwêreld
45 Geskiedenis
50 Verlede
274 Geologie
voorwêreldlik(s)
50 Verlede
274 Geologie
voorwerk
94(2) Aansig
128 Chronometer
645 Handel
671 Verdedig
voorwerkklip 94(13)
voorwerp
1 Bestaan
32 Enkeling
237 Voortbring
513 Gedagte
576 Sinsbou
voorwerplik 1
voorwete 535
voorwiel 230
voorwielnaaf 230
voorwinter 289
voorwoord
567 Boek
649 Begin
voos
54 Oud
184 Afbreek
464 Droog
623 Sleg
634 Nutteloos
vorder
29 Middel
200 Vorentoe
604 Versoek
659 Aanstel
682 Slaag
711 Skuld
vordering
21 Volgorde
29 Middel
200 Vorentoe
644 Handelwyse
682 Slaag
711 Skuld
vorderingsverslag
551 Meedeel
567 Boek
vorentoe
47 Later
147 Rigting
150 Vorentoe
200 Vorder
502 Verstand
682 Slaag
vorige
24 Voorafgaan
46 Vroeër
50 Verlede
vorm
0 Ontstaan
1 Bestaan
2 Nie-bestaan
237 Voortbring
438 Vorm
525 Bewys
559 Opvoeding
575 Woordvorming
588 Gesag hê
638 Aanmoedig
vormbaar
53 Jonk
438 Vorm
456 Sag
vormend
0 Ontstaan
237 Voortbring
438 Vorm
559 Opvoeding
vormgewing
237 Voortbring
438 Vorm
vorming
237 Voortbring
438 Vorm
559 Opvoeding
vormkoekie 426
vormleer 753
vormlik 438
vormloos
438 Vorm
744 Lelik
vormstryktroffel 101
vormverandering
140 Verandering
438 Vorm
vormverskil 438
vormwisseling 438
vors
94(4) Dak
499 Sien
591 Gesaghebber
797 Adelstand
vorstedom 590
vorstehuis 591
vorstelik
591 Gesaghebber
799 Beroemd
vort 205
vos 366
voshare 382
votum 848
vou
180 Ongelyk
449 Ongelykheid
voubaar 180
voubed
95(5) Bed
96 Slaapplek
voublad 568
voudeur 94(8)
voulêer 564
voustoel 95(4)
voutafel 95(6)
vra
191 Laat kom
516 Soek
520 Verwag
555 Vra
604 Versoek
631 Nodig
790 Sosiaal
vraag
516 Soek
548 Praat
555 Vra
561 Studeer
576 Sinsbou
604 Versoek
705 Verkoop
vraag en aanbod 705
vraagbaak
555 Vra
556 Antwoord
567 Boek
vraaggesprek 555
vraagpunt 555
vraagsin
555 Vra
576 Sinsbou
vraagsinstruktuur 576
vraagsteller 555
vraagstelling 555
vraagstuk
137 Bewerking
513 Gedagte
516 Soek
555 Vra
vraagteken
565 Skryfkuns
571 Skrif
vraaguiting 555
vraagwoordkonstruksie 576
vraat 406
vraatsig
406 Eet
686 Aanwins
vraatsug
406 Eet
773 Begeerte
vraatsugtig
406 Eet
686 Aanwins
773 Begeerte
vraeboek
555 Vra
567 Boek
vraelys 555
vraend
555 Vra
574 Woordkategorie
vraende betekenis 577
vraenderwys 555
vraer 555
vraerubriek
516 Soek
555 Vra
568 Perswese
vraestel
555 Vra
561 Studeer

vraesteller
555 Vra
560 Skoolgaan
vraetyd
38 Tydgebruik
555 Vra
665 Byeenkom
vrag
75 Onder
170 Saambring
194 Vervoer
221 Vaar
452 Swaar
vragboot 235
vragbrief 525
vraggeld 194
vraghantering 452
vraghystoestel 235
vragkaai 221
vragloods 91
vragmanifes 194
vragmotor
233 Motorvoertuig
630 Werktuig
vragmotorbestuurder
216 Ry
223 Stuur
vragmotorverkeer 217
vragruim
235 Skeepvaart
236 Lugvaart
vragruimopening 235
vragskip 235
vragtarief 194
vragtrein 234
vragvaarder 235
vragvliegtuig 236
vragwa
233 Motorvoertuig
234 Spoorweg
630 Werktuig
vrank 472
vrank smaak 470
vrat 381
vratagtig 381
vrede
619 Kalm
668 Vrede
715 Gevoelloos
716 Genot
vredeliewend
668 Vrede
778 Goedaardig
vredemaker 668
vrede-offer 668
vrederegter
528 Bevestig
808 Regswese
vredesaanbod 668
vredesband 668
vredesberaad 590
vredesbeweging
665 Byeenkom
668 Vrede
vredesbreuk 667
vredesinisiatief 668
vredeskonferensie
665 Byeenkom
668 Vrede
vredeskongres
665 Byeenkom
668 Vrede
vredeslied 757
vredesluiting 668
vredesmag 668
vredesmanifes 668
vredesoekend
668 Vrede
778 Goedaardig
vredesonderhandeling 668
vredesooreenkoms 668
vredespyp 430
vredesteken 668
vredesteurder 667
vredestigter 668
vredestraktaat 607
vredestyd 668
vredesverdrag
607 Beloof
668 Vrede
vredesvlag 668
vredesvoorstel 668
vredeswerk 668
vredevol
619 Kalm
668 Vrede
715 Gevoelloos
778 Goedaardig
vredevors 591
Vredevors 837
vredig
146 Beweginloosheid
582 Wilskrag
619 Kalm
668 Vrede
715 Gevoelloos
720 Tevrede
vreedsaam
146 Beweginloosheid
619 Kalm
668 Vrede
715 Gevoelloos
772 Sagmoedig
vreemd
7 Betrekkingloos
34 Vreemd
36 Onreëlmatig
68 Ver
536 Onkunde
540 Geheim hou
787 Gemeenskap
789 Onbeskaafd
800 Onbekend
vreemdeling
34 Vreemd
80 Buite
787 Gemeenskap
vreemdelingehaat 792
vreemde(linge)legioen 672
vreemdelingskap
80 Buite
787 Gemeenskap
vreemdelingstatus 787
vreemdetaalonderrig 570
vreemdheid
7 Betrekkingloos
34 Vreemd
36 Onreëlmatig
vreemdsoortig
7 Betrekkingloos
36 Onreëlmatig
vreemdsoortigheid
7 Betrekkingloos
34 Vreemd
36 Onreëlmatig
vreemdtalig 569
vrees
413 Siekte
505 Verstandstoornis
583 Willoosheid
612 Noukeurig
651 Toesien
714 Gevoelig
768 Vrees
830 Eerbiedig
vrees en bewing 768
vreesaanjaend
656 Gevaarlik
714 Gevoelig
744 Lelik
768 Vrees
779 Boosaardig
vreesaanjaging 768
vreesagtig
768 Vrees
830 Eerbiedig
vreesbevange 768
vreeslik
104 Baie
623 Sleg
714 Gevoelig
744 Lelik
768 Vrees
827 Afkeur
vreesloos
625 Sterk
767 Moed
vreesloosheid
625 Sterk
767 Moed
vreesuiting 768
vreeswekkend
616 Magtig
714 Gevoelig
768 Vrees
vreet
390 Mond
406 Eet
612 Noukeurig
vreetkaart 740
vreetsak 406
vrek
104 Baie
238 Vernietig
250 Dood
468 Blus
623 Sleg
692 Spaar
vrekkerig 692
vrekmaak 252
vreksel 813
vreksuinig 692
vrekte 250
vresend 830
vreterig 406
vreugde
714 Gevoelig
716 Genot
718 Bly
720 Tevrede
vreugdebederwer 779
vreugdefees 793
vreugdekreet 478
vreugdelied
478 Welluidend
757 Sang
vreugdeloos
719 Hartseer
723 Ernstig
vreugdesang
478 Welluidend
757 Sang
vreugdevol
714 Gevoelig
716 Genot
718 Bly
793 Fees
vreugdevuur 793
vriend
776 Liefde
790 Sosiaal
vriendekring
776 Liefde
790 Sosiaal
vriendelik
622 Goed
668 Vrede
713 Gevoel
714 Gevoelig
718 Bly
743 Mooi
776 Liefde
778 Goedaardig
790 Sosiale betrekking
791 Sosiaal
819 Eerbaar

vriendelikheid
622 Goed
714 Gevoelig
718 Bly
743 Mooi
776 Liefde
778 Goedaardig
790 Sosiale betrekking
791 Sosiaal
812 Goeie gedrag
819 Eerbaar
vriendeloos 779
vriendin
776 Liefde
790 Sosiaal
vriendskap
668 Vrede
776 Liefde
790 Sosiale betrekking
791 Sosiaal
vriendskaplik
776 Liefde
790 Sosiaal
vriendskaplike brief 563
vriendskaplikheid
668 Vrede
776 Liefde
790 Sosiaal
vriendskapsband 776
vriendskapsbetoon 776
vriendskapsbetrekking 776
vriendskapsbetuiging 776
vriendskapskring 776
vriendskapsverhouding 776
vries
459 Vaste stof
466 Koud
vriesbak 466
vrieshok 466
vrieskas
95(8) Toerusting
459 Vaste stof
466 Koud
vriesmasjien 459
vriesmiddel 459
vriespunt
260 Warmteleer
466 Koud
vriesreën 292
vriesweer 292
vroedvrou 239
vroeëpampoen
351 Groente
426 Kos
vroeër
45 Geskiedenis
46 Vroeër
50 Verlede
vroeërjare 45
vroeg
27 Begin
46 Vroeër
50 Verlede
57 Vroeg
127 Tydbepaling
vroeggebore 239
vroegherfs
37 Tyd
289 Klimaat
vroeglente 37
vroegmiddag
37 Tyd
57 Vroeg
vroegmôre 57
vroegoggend 57
vroegopstaner 410
vroegryp 535
vroegsomer 37
vroegtydig
46 Vroeër
57 Vroeg
vroeg-vroeg
27 Begin
57 Vroeg
vroegwinter 37
vroetel
165 Onreëlmatig
516 Soek
vroetelkous 165
vrolik
407 Drink
490 Kleur
716 Genot
718 Bly
793 Fees
vroom
622 Goed
818 Bedrieg
845 Godsvrug
vroomheid
818 Bedrieg
845 Godsvrug
vrot
472 Smaakloos
475 Onwelriekend
583 Willoosheid
611 Lui
623 Sleg
626 Swak
628 Vuil
813 Swak gedrag
vroteier 741
vrotheid 623
vrotpootjie 413
vrotsig
583 Willoosheid
611 Lui
623 Sleg
683 Misluk
813 Swak gedrag
vrotsigheid
583 Willoosheid
611 Lui
623 Sleg
813 Swak gedrag
vrotterd
611 Lui
626 Swak
vrotterig 624
vrou
242 Ouer
248 Huwelik
374 Mens
376 Vrou
740 Kaartspel
vrouearts 416
vrouebeul 779
vrouebeweging 795
vrouedrag 745
vrouegek 776
vrouehaarvaring 329
vrouehater 777
vrouekapsel 382
vroueklere 745
vrouenaam 550
vrouesaal 417
vrouesel 594
vrouesiekte 413
vroueslaner 779
vrouespan 726
vrouestem 482
vrouetaal 569
vrouevereniging 665
vroulik
374 Mens
376 Vrou
574 Woordkategorie
vroulikheid
374 Mens
376 Vrou
vrug
16 Gevolg
237 Voortbring
323 Vrug
350 Vrugte
403 Voortplanting
681 Resultaat
686 Aanwins
vrug van die wingerdstok
427
vrugafdrywing 239
vrugbaar
239 Voortplant
323 Vrug
324 Plantlewe
346 Landbougrond
682 Slaag
686 Aanwins
vrugbaarheid
239 Voortplant
324 Plantlewe
682 Slaag
vrugbeginsel
322 Blom
403 Voortplanting
vrugbekleedsel 322
vrugblaar 321
vrugbol 323
vrugbrengend
323 Vrug
686 Aanwins
vrugdraend
323 Vrug
686 Aanwins
vruggebruik
688 Besit
696 Ontvang
vruggebruiker 688
vruggroente 351
vrugkiem
323 Vrug
403 Voortplanting
vrugknop 323
vrugpluis 323
vrugreg
696 Ontvang
806 Wettig
vrugte
323 Vrug
420 Voedsel
426 Kos
vrugte afwerp 633
vrugteboerdery
347 Landbou
350 Vrugte
vrugteboom
331 Boom
350 Vrugte
vrugteboord 350
vrugtebordjie 84
vrugtedieet 406
vrugte-essens 419
vrugtehandel 350
vrugtejaar 350
vrugtejogurt 426
vrugtekoek 426
vrugtekunde 324
vrugtekweker 350
vrugtekwekery 350
vrugtelekker 426
vrugteloos 634
vrugtemark 350
vrugtemes 95(7)
vrugtemot 361
vrugteoes
347 Landbou
350 Vrugte
vrugtepit 323
vrugteplaas
350 Vrugte
354 Plaas
vrugtesap
427 Drank
460 Vloeistof
vrugteslaai 426
vrug(te)soort 323
vrugtesout 415

vrugtestalletjie 707
vrugtesteekmot 361
vrugtesteeltjie 323
vrugtesuigmot 361
vrugteteelt 350
vrugtetyd 350
vrugteverbouing 350
vrugtevlieg 361
vrugtewinkel 350
vrugwater 239
vry
102 Hoeveelheid
110 Niks
173 Losmaak
239 Voortplant
248 Huwelik
578 Vrywillig
593 Vryheid
662 Rus
710 Kosteloos
776 Liefde
vrybrief
601 Toestem
616 Magtig
776 Liefde
vrybuiter
695 Steel
779 Boosaardig
vryburger 592
Vrydag 37
vrydenkend 593
vrydenker 843
vrydenkery 843
vrydraai
163 Draai
217 Motorry
222 Vlieg
233 Motorvoertuig
vrydraende trap 94(12)
vryduiker 215
vry(e)lik 593
vryemarkstelsel 701
vryer
239 Voortplant
776 Liefde
vryetydsbesteding 724
vryf
152 Verby
154 Vryf
179 Glad
184 Afbreek
458 Breekbaar
627 Skoon
vrygee
566 Drukkuns
601 Toestem
vrygelaat 593
vrygeleide 680
vrygemaak 593
vrygesel 248
vrygespreek 593
vrygestel 593
vrygewes 593
vrygewig
691 Spandeer
693 Gee
778 Goedaardig
vrygewigheid
691 Spandeer
693 Gee
778 Goedaardig
vryhandel 701
vryhandtekening 759
vryhawe 235
vryheid
578 Vrywillig
593 Vryheid
767 Moed
vryheidsin 593
vryheidsliefde 593
vryheidsoorlog 667
vryheidstrewe 593
vryheidsug 593
vryhoogte 436
vryhou
593 Vryheid
601 Toestem
vrykamer 94(3)
vrykom 593
vrykoop
593 Vryheid
712 Belasting
vrykorps 672
vrykry 601
vrylaat
65 Afwesig
110 Niks
593 Vryheid
vrylating 593
vryloop 679
vrymaak
173 Losmaak
593 Vryheid
655 Veilig
vrymag
588 Gesag hê
593 Vryheid
vrymagtig
590 Bestuur
616 Magtig
vrymaking
173 Losmaak
593 Vryheid
vrymarkekonomie 701
vrymesselary 843
vrymoedig
593 Vryheid
767 Moed
vrymoedigheid
593 Vryheid
767 Moed
vrypleit
604 Versoek
809 Regsgeding
vryplek 776
vrypostig 792
vrypostigheid 792
vrysinnig
593 Vryheid
795 Staat
vrysinnigheid
593 Vryheid
795 Staat
vrysit 593
vryskeld
593 Vryheid
809 Regsgeding
vryskut 658
vryskutfotograaf 568
vryskutjoernalis 568
vryskutwerk 658
vryskutwerker 658
vryslaan 728(6)
vryslaapkamer 94(3)
vryslag
215 Swem
732 Watersport
vryspraak
593 Vryheid
809 Regsgeding
821 Onskuldig
833 Verontskuldig
vryspreek
593 Vryheid
809 Regsgeding
821 Onskuldig
833 Verontskuldig
vryspreking
593 Vryheid
809 Regsgeding
821 Onskuldig
vryspring
190 Vertrek
593 Vryheid
vrystaan
578 Vrywillig
601 Toestem
vrystad 90
vrystel
173 Losmaak
566 Drukkuns
593 Vryheid
679 Mobiliseer
833 Verontskuldig
vrystelling
551 Meedeel
593 Vryheid
599 Gesag
631 Nodig
679 Mobiliseer
vry-uit 539
vryval
222 Vlieg
733 Lugsport
vryverklaar
593 Vryheid
809 Regsgeding
821 Onskuldig
vrywaring 593
vrywel 130
vrywillig 578
vrywilliger
578 Vrywillig
673 Manskap
679 Mobiliseer
V-teken 684
vuig 813
vuil
475 Onwelriekend
489 Ondeurskynend
544 Onduidelik
548 Praat
623 Sleg
628 Vuil
813 Swak gedrag
820 Oneerbaar
Vuilbaard 838
vuilbaard 366
vuilbek
539 Kommunikeer
548 Praat
820 Oneerbaar
vuilgoed
344 Onkruid
623 Sleg
628 Vuil
813 Swak gedrag
820 Oneerbaar
vuilgoedbak
84 Houer
627 Skoon
vuilgoeddrom
627 Skoon
628 Vuil
vuilgoedemmer
84 Houer
627 Skoon
628 Vuil
vuilgoedhoop 628
vuilgoedkar 628
vuilgoedsak
627 Skoon
628 Vuil
vuilgoedverwydering 627
vuilgoedverwyderingsdiens 627
vuilgoedvragmotor 628
vuilgoedwa 628
vuilheid
489 Ondeurskynend
628 Vuil
813 Swak gedrag
vuilis
628 Vuil
813 Swak gedrag
vuilmaak 409

vuilprater 820
vuilsiekte 413
vuilskrywer 820
vuilskrywery 820
vuilwater 628
vuilwaterbak 84
vuilwateremmer 84
vuilwaterpyp 147
vuilwit
491 Kleurloosheid
492 Kleur
vuis 397
vuisdik 434
vuisgeveg
667 Stryd
731 Gevegsport
vuishou
181 Stoot teen
182 Slaan
667 Stryd
vuisreël 35
vuisslaan 667
vuisslag
181 Stoot teen
182 Slaan
667 Stryd
vuisslanery 667
vuisvegter 667
vuisvoos
413 Siekte
731 Gevegsport
vul
104 Baie
109 Alles
239 Voortplant
357 Dier
366 Soogdier
vulgariteit
623 Sleg
744 Lelik
813 Swak gedrag
vulgêr
623 Sleg
744 Lelik
813 Swak gedrag
vulkaan
274 Geologie
277 Berg
vulkanies
277 Berg
771 Gramskap
vulkaniese as 277
vulkaniet 298
vulkaniseer 301
vulkanisme 277
vulkanologie 277
vullend 426
vulletjie 357
vulling
391 Tand
414 Geneeskunde
vullis
628 Vuil
813 Swak gedrag
vulpen 564
vulpotlood 564
vulsel 426
vulstasie
233 Motorvoertuig
299 Brandstof
vultyd 239
vulva 403
vunsig 463
vunsigheid 463
vurig
580 Graag
610 Ywerig
618 Kragtig
713 Gevoel
714 Gevoelig
773 Begeerte
vurk
95(7) Messegoed
149 Pad
183 Gryp
232 Fiets
355 Landbougereedskap
419 Voedselbereiding
630 Werktuig
vurkhyser
158 Opstyg
630 Werktuig
vurkstang 231
vurktand 355
vuur
465 Warm
467 Aansteek
487 Ligbron
677 Skiet
713 Gevoel
714 Gevoelig
vuuraanbidding 854
vuurdood
250 Dood
835 Bestraf
vuurdoop
561 Studeer
642 Beproef
vuurgloed
465 Warm
467 Aansteek
vuur(h)erd
94(15) Toebehore
469 Verwarmingstoestel
vuurhoutjie 467
vuurhoutjiedosie
84 Houer
467 Aansteek
vuurkleur 492
vuurklip
298 Steen
467 Aansteek
vuurkolom 467
vuurlig
485 Lig
487 Ligbron
vuurmaak 467
vuurmaakgoed 299
vuurmaakhout 299
vuurmaakplek 467
vuurmaker 467
vuuroond 469
vuur-op-die-dak
332 Struik
333 Rankplant
vuurpeloton
680 Militêre aksie
835 Bestraf
vuurproef
561 Studeer
642 Beproef
vuurpyl
227 Werp
236 Lugvaart
334 Blomplant
676 Vuurwapen
793 Fees
vuurpyllanseerbasis 222
vuurpyllanseerder 676
vuurpyllansering
222 Vlieg
227 Werp
vuurreën 793
vuurroer 676
vuurrooi 492
vuurskerm
95(11) Versiering
469 Verwarmingstoestel
vuurskynsel 465
vuurslaan
467 Aansteek
468 Blus
vuurslag 467
vuurspu(w)end 277
vuurspuwende berg
274 Geologie
277 Berg
vuursteen
298 Steen
467 Aansteek
vuursteenslotgeweer 676
vuurtang 95(8)
vuurtoring
235 Skeepvaart
487 Ligbron
655 Veilig
vuurtoringlig 487
vuurvas
304 Steen
468 Blus
vuurvastheid
304 Steen
468 Blus
vuurvlieg 361
vuurvonk 465
vuurvreter
618 Kragtig
779 Boosaardig
vuurwapen
675 Bewapening
676 Vuurwapen
vuurwapenonderdele 676
vuurwapensak 676
vuurwarm
465 Warm
771 Gramskap
vuurwerk
676 Vuurwapen
677 Skiet
793 Fees
vuuryster 469
vy
323 Vrug
426 Kos
vyand
666 Verhinder
667 Stryd
777 Haat
vyandelik
667 Stryd
777 Haat
vyandelikheid
667 Stryd
777 Haat
vyandig
623 Sleg
656 Gevaarlik
667 Stryd
771 Gramskap
777 Haat
779 Boosaardig
827 Afkeur
vyandiggesind
623 Sleg
656 Gevaarlik
667 Stryd
771 Gramskap
777 Haat
779 Boosaardig
vyandiggesinde
666 Verhinder
777 Haat
vyandigheid
667 Stryd
668 Vrede
777 Haat
vyandskap
777 Haat
779 Boosaardig
vyeblaar 321
vyeboom 331
vyfdagwerk(s)week 645
vyfde dimensie 431
vyfdekolonner 673
vyfdelig 112
vyfduims 615
vyfgang 219

vyfgangmaaltyd 418
vyfgangperd 219
vyfhoek
139 Meetkunde
447 Hoekig
vyfhoekig 447
vyfjaarplan 640
vyfkamp 726
vyfkant 139
vyfkantig
139 Meetkunde
447 Hoekig
450 Volume
vyfmeterlyn 728(1)
vyfpondhamer 181
vyfpuntig 447
vyfrandnoot 709
vyfstemmig 755
vyfsterhotel 429
vyfstoot 738
vyftallig 133
vyftallige stelsel 134
vyftienmeterlyn 728(1)
vyftigrandnoot 709
vyftigsentmuntstuk 709
vyftigsentstuk 709
vyfvingerkruid 332
vyfvlak 139
vyfvlakkig
139 Meetkunde
450 Volume
vyfvoetig 114
vyfyster 728(8)
vygie
334 Blomplant
336 Vetplant
vyl
154 Vryf
316 Hout
448 Gelyk
630 Werktuig
vylsel
154 Vryf
184 Afbreek
vyselstamper
84 Houer
186 Maal
vywer
285 Meer
372 Vissery

W

wa
230 Rytuig
234 Spoorweg
waad
197 Te voet
215 Swem
waadbaar 215
waadvoël 365
waag
642 Beproef
656 Gevaarlik
767 Moed
waaghals
642 Beproef
767 Moed
waaghalsig
618 Kragtig
642 Beproef
767 Moed
waagkapitaal 688
waagmoed 767
waagmoedig 767
waagsaam 767
waagspel
642 Beproef
726 Sport
767 Moed
waagstuk
642 Beproef
656 Gevaarlik
767 Moed
waagtoertjie 767
waai
145 Beweging
164 Reëlmatig
165 Onreëlmatig
167 Wegbeweeg
205 Weggaan
290 Wind
397 Ledemaat
545 Natuurlike teken
790 Sosiaal
waaiboom 331
waaier
233 Motorvoertuig
236 Lugvaart
290 Wind
466 Koud
waaierband 233
waaierblaar 413
waaierblaarvirus 413
waaierblad 236
waaieroond 469
waaierstert
365 Voël
396 Rug
waaierstertduif 365
waaierstertmeerkat 366
waaierverwarmer 469
waaiervormig
438 Vorm
446 Rond
waaierwurm 363
waaigras 338
waaisand
282 Kus
283 See
waak
410 Slaap
508 Aandag
651 Toesien
655 Veilig
waak oor 651
waakeenheid 417
waakkamer 417
waaksaam
508 Aandag
612 Noukeurig
640 Voorbereid
655 Veilig
waaksaamheid
508 Aandag
612 Noukeurig
655 Veilig
waan
413 Siekte
505 Verstandstoornis
512 Verbeelding
538 Dwaling
waandenkbeeld
538 Dwaling
838 Gees
waangeloof 842
waansin
505 Verstandstoornis
524 Onlogies redeneer
waansinnig 505
waansinnige 505
waanwysheid 785
waar
48 Gelyktydig
61 Plek
537 Waarheid
waar maak 537
waar wees 537
waaragter 86
waaragtig
537 Waarheid
820 Oneerbaar
waarbo 76
waarborg
528 Bevestig
607 Beloof
655 Veilig
769 Vertroue
waarborgfonds 688
waarborggeld 688
waarborgkapitaal 688
waarborgstempel 546
waarborgteken 546
waarbuite 80
waardasie
126 Skat
620 Belangrik
waarde
126 Skat
541 Betekenis
620 Belangrik
622 Goed
629 Gebruik
633 Nuttig
686 Aanwins
704 Koop
waardebepaling
126 Skat
620 Belangrik
waardebestel 620
waardeer
126 Skat
527 Oordeel
620 Belangrik
830 Eerbiedig
waardeerder 126
waardeloos
54 Oud
542 Betekenisloos
621 Onbelangrik
623 Sleg
634 Nutteloos
waardering
126 Skat
781 Dankbaar
826 Goedkeur
830 Eerbiedig
waarderingshof 808
waardeur 153
waardevermeerdering
620 Belangrik
686 Aanwins
waardevermindering
620 Belangrik
621 Onbelangrik
635 Skadelik
687 Verlies
waardevol
541 Betekenis
620 Belangrik
622 Goed
waardevolheid 622
waardig
582 Wilskrag
622 Goed
785 Hoogmoedig
812 Goeie gedrag
830 Eerbiedig
waardigheid
582 Wilskrag
622 Goed
799 Beroemd
812 Goeie gedrag
830 Eerbiedig
waardigheidsbekleër 658
waarheen 147
waarheid
537 Waarheid
842 Geloof
waarheidsin 814
waarheidsliefde 814
waarheid(s)liewend 814
waarheidsoeker 814
waarlangs
147 Rigting
152 Verby
waarlik 537

waarmaak
525 Bewys
528 Bevestig
waarmee 629
waarmerk
525 Bewys
546 Kunsmatige teken
waarmerking 546
waarna
25 Volg
147 Rigting
waarnaas 87
waarnatoe 147
waarneem
144 Vervang
493 Gevoeligheid
499 Sien
500 Sigbaarheid
508 Aandag
645 Handel
658 Beroep
waarneembaar
493 Gevoeligheid
500 Sigbaarheid
waarneembaarheid
493 Gevoeligheid
500 Sigbaarheid
waarnemend
144 Vervang
658 Beroep
waarnemer
144 Vervang
499 Sien
508 Aandag
waarneming
144 Vervang
493 Gevoeligheid
499 Sien
508 Aandag
535 Weet
waarnemingspos 499
waarnemingsvermoë
493 Gevoeligheid
499 Sien
508 Aandag
waarom
15 Oorsaak
163 Draai
waaromtrent 61
waaronder
75 Onder
77 Onderkant
83 Middel
waaroor
15 Oorsaak
74 Op
76 Bo
waarop 74
waarsê
551 Meedeel
844 Bygeloof
waarsêer
551 Meedeel
844 Bygeloof
waarsêery
551 Meedeel
844 Bygeloof
waarsku
182 Slaan
508 Aandag
539 Kommunikeer
638 Aanmoedig
656 Gevaarlik
827 Afkeur
waarskuwer 539
waarskuwing
539 Kommunikeer
579 Gedwonge
638 Aanmoedig
656 Gevaarlik
827 Afkeur
waarskuwingsisteem 656
waarskuwingsteken
217 Motorry
546 Kunsmatige teken
waarskynlik
2 Nie-bestaan
537 Waarheid
waarskynlikheid
520 Verwag
537 Waarheid
653 Maklik
waarskynlikheidsrekening
122
waarso 61
waarteen
87 Kant
181 Stoot teen
waartoe
16 Gevolg
637 Doelgerigtheid
waaruit 16
waarvan
15 Oorsaak
167 Wegbeweeg
waarvandaan
88 Posisie
147 Rigting
787 Gemeenskap
waarvolgens
15 Oorsaak
19 Orde
waarvoor
15 Oorsaak
16 Gevolg
wa-as
163 Draai
230 Rytuig
234 Spoorweg
waas
161 Bedek
291 Wolk
323 Vrug
544 Onduidelik
waatlemoen
323 Vrug
426 Kos
waatlemoenkleur 492
waband
230 Rytuig
446 Rond
waboom 337
wabuik
230 Rytuig
234 Spoorweg
wadi 286
wadrywer 230
waenhuis
94(3) Vertrek
231 Tuig
354 Plaas
waentjie 230
wafel 426
wafelbakker 425
wafelpan
84 Houer
95(7) Pot
wafelyster 95(7)
waffers 622
wag
40 Langdurig
508 Aandag
592 Ondergeskikte
646 Nie handel nie
670 Verdedig
673 Manskap
680 Militêre aksie
802 Gehoorsaam
waggel
164 Reëlmatig
197 Te voet
198 Strompel
waggelgang
164 Reëlmatig
198 Strompel
waghond 366
waghou 680
waghuis
91 Gebou
234 Spoorweg
680 Militêre aksie
wagkamer
94 Gebou
234 Spoorweg
416 Medikus
655 Veilig
wagkoop 704
waglys 21
wagmeester 673
wag-'n-bietjie 331
wag-'n-bietjieboom 331
wagoffisier 673
wagparade 680
wagpos
670 Verdedig
680 Militêre aksie
wagstaan 680
wagstanery 655
wagter
369 Veeteelt
655 Veilig
680 Militêre aksie
wagtery 646
wagtoring
655 Veilig
671 Verdedig
680 Militêre aksie
wagtou 21
wagvuur 467
wagwoord
546 Kunsmatige teken
680 Militêre aksie
wakap 230
wakis
84 Houer
230 Rytuig
wakker
249 Lewe
410 Slaap
508 Aandag
610 Ywerig
640 Voorbereid
767 Moed
wakkerheid
508 Aandag
610 Ywerig
655 Veilig
wakkerte 610
waks 627
wal
286 Rivier
288 Waterstelsel
671 Verdedig
walaer 655
waldhoring 756
walg 775
walgend 623
walging
714 Gevoelig
744 Lelik
775 Weersin
walglik
475 Onwelriekend
623 Sleg
628 Vuil
714 Gevoelig
744 Lelik
775 Weersin
walglikheid
628 Vuil
744 Lelik
775 Weersin
walgooi
285 Meer

666 Verhinder
wallabie 366
walm
461 Gas
467 Aansteek
walrus
363 Waterdier
366 Soogdier
wals
183 Gryp
297 Metaal
301 Metaalverwerking
302 Smid
630 Werktuig
742 Dans
754 Komposisie
walsmasjien
183 Gryp
301 Metaal
630 Werktuig
walsstaal 301
walvis
363 Waterdier
366 Soogdier
walvisboot 372
walvishaai 363
walvisjagter 372
walvisskip 235
walvisstasie 235
walvistraan 462
walvisvaarder 235
walvisvangs 372
wamaker 230
wamakery 230
wan
347 Landbou
352 Graan
wanadministrasie 590
wanadministreer 590
wanbalans 11
wanbedryf
803 Oortree
822 Skuldig
wanbegrip
534 Wanbegrip
538 Dwaling
wanbeheer
590 Bestuur
623 Sleg
wanbestuur
590 Bestuur
623 Sleg
wanbetaler
708 Betaal
711 Skuld
wanbetaling 708
wand
81 Binne
277 Berg
wandaad
779 Boosaardig
803 Oortree
822 Skuldig
wandel
197 Te voet
229 Stadig
644 Handelwyse
810 Gedrag
wandelaar 197
wandelend 197
wandelende nier 413
wandelende tak 361
wandelgang 94
wandelhal 94
wandeling 197
wandelpad 149
wandelpier 149
wandelstok 197
wandeltog 197
wanderlust 187
wandkaart
273 Geografie
560 Skoolgaan
wandluis 361
wandskildery
94(13) Versiering
760 Skilderkuns
wandtapyt
95(10) Mat
745 Versier
wandteks 94(13)
wandversiering 745
wang 386
wangbeen
380 Gebeente
385 Skedel
wangebruik 629
wangedra 779
wangedrag
779 Boosaardig
813 Swak gedrag
822 Skuldig
wangeloof 842
wangeskapenheid 438
wangespoor(d)
230 Rytuig
232 Fiets
233 Motorvoertuig
wangevorm(d) 438
wangunstig 779
wanhoop
719 Hartseer
766 Wanhoop
768 Vrees
wanhoopsdaad 766
wanhoopskreet 766
wanhopig
719 Hartseer
766 Wanhoop
wanhopigheid
719 Hartseer
766 Wanhoop
768 Vrees
wanhout 316
waninterpretasie
543 Duidelik
544 Onduidelik
waninterpreteer 543
wankant 316
wankel
164 Reëlmatig
587 Aarsel
wankelend
164 Reëlmatig
519 Twyfel
wankelmoedig
519 Twyfel
583 Willoosheid
587 Aarsel
626 Swak
714 Gevoelig
583 Willoosheid
wankelrig
142 Veranderlik
164 Reëlmatig
583 Willoosheid
587 Aarsel
626 Swak
714 Gevoelig
wanklank
11 Disharmonie
479 Disharmonies
755 Uitvoering
wanluidend 479
wanneer 37
wanopvatting
538 Dwaling
613 Onnoukeurig
wanorde
20 Wanorde
121 Verwarring
598 Ongehoorsaam
628 Vuil
wanordelik
20 Wanorde
121 Verwarring
628 Vuil
wanpraktyk
779 Boosaardig
803 Oortree
813 Swak gedrag
wanprestasie 813
wanskape
11 Disharmonie
744 Lelik
wanskapig 438
wansmaak
470 Smaak
748 Onverfynd
wanstaltig
438 Vorm
744 Lelik
want
15 Oorsaak
235 Skeepvaart
wantoestand 623
wantrou
519 Twyfel
770 Wantroue
wantroue
518 Glo
519 Twyfel
587 Aarsel
770 Wantroue
843 Ongeloof
wantrouig
518 Glo
519 Twyfel
770 Wantroue
843 Ongeloof
wants 357
wanverhouding 438
wanvertolk 544
wanvertolking 544
wanvoeglik 813
wanvoorstelling
538 Dwaling
815 Oneerlik
wanvormigheid 438
wanvorming 438
wapad 149
wapen
233 Motorvoertuig
546 Kunsmatige teken
675 Bewapening
wapenarsenaal 675
wapenbord
95(11) Versiering
546 Kunsmatige teken
745 Versier
wapenbroer
663 Meedoen
667 Stryd
wapendeskundige 675
wapendraer 673
wapenentoesias 675
wapengeweld 667
wapenhandel 701
wapeningstaal 100
wapenkamer 675
wapenkluis 675
wapenkreet 672
wapenkunde
546 Kunsmatige teken
675 Bewapening
wapenkundig 546
wapenkundige 675
wapenmagasyn
672 Weermag
675 Bewapening
wapenoefening 680
wapenopslagplek 675
wapenrusting
674 Uitrusting
675 Bewapening
wapenseël 546

wapenskild
546 Kunsmatige teken
745 Versier
wapenskou 680
wapensmid 675
wapenspreuk
546 Kunsmatige teken
573 Woordeskat
wapenstilstand 668
wapentuig 675
wapenvervaardiging 675
wapper
164 Reëlmatig
165 Onreëlmatig
warboel
20 Wanorde
121 Verwarring
165 Onreëlmatig
538 Dwaling
wardenke 524
ware
237 Voortbring
629 Gebruik
ware godsdiens
840 Godsdiens
854 Godsdienste
warehuis 707
warempel 537
warkop
503 Onverstandig
538 Dwaling
warkruid 344
warm
289 Klimaat
418 Maaltyd
465 Warm
467 Aansteek
490 Kleur
714 Gevoelig
776 Liefde
790 Sosiale betrekking
791 Sosiaal
warmas 361
warmbad 284
warmbeitel 101
warmbloedig
400 Bloed
714 Gevoelig
warmbloedigheid 714
warmbrakkie 424
warmerig 465
warmhandskoen 465
warmhartig 776
warmpan
96 Slaapplek
410 Slaap
465 Warm
warmpies 465
warmsak
410 Slaap
465 Warm
warmskinkbord 469
warmte
260 Warmteleer
465 Warm
713 Gevoel
714 Gevoelig
743 Mooi
776 Liefde
790 Sosiale betrekking
791 Sosiaal
warmte-eenhede 123
warmte-eenheid 260
warmte-energie
256 Skeikunde
465 Warm
warmtegeleier 260
warmtegraad
260 Warmteleer
465 Warm
warmteleer
260 Warmteleer
465 Warm
warmtemeter
260 Warmteleer
465 Warm
warmtestraal 465
warmtestraling
256 Skeikunde
260 Warmteleer
465 Warm
warmwater 465
warmwaterbottel
95(8) Toerusting
96 Slaapplek
410 Slaap
465 Warm
warmwaterbron 284
warmwaterfles
95(8) Toerusting
465 Warm
warmwaterketel 469
warmwaterkraan
94(15) Toebehore
288 Waterstelsel
warmwatersak
96 Slaapplek
410 Slaap
465 Warm
warmwatersilinder
94(15) Toebehore
469 Verwarmingstoestel
warmwaterstelsel 469
warmwatertenk 94(15)
warmwatertoestel 469
warrel 165
warreling 165
warrelkewer 361
warrelwind 290
wars 775
warsheid 827
wartaal
524 Onlogies redeneer
548 Praat
569 Taal
was
306 Diamant
462 Halfvloeibaar
487 Ligbron
627 Skoon
746 Toilet
wasafdruk 546
wasbaar 95
wasbak 627
wasbalie
95(8) Toerusting
627 Skoon
wasbeeld
546 Kunsmatige teken
763 Beeldhoukuns
wasbeer 366
wasbeker
84 Houer
627 Skoon
746 Toilet
wasbessie 332
wasblom 322
wasboom 331
wasdom 432
waseg 622
wasem 461
wasgeld 708
wasgoed 627
wasgoeddraad
94(14) Buitekant
627 Skoon
wasgoedlap 627
wasgoedmandjie
84 Houer
627 Skoon
wasgoedmiddel 627
wasgoedpennetjie 627
wasgoedpoeier 627
wasgoedsak 84
wasig
161 Bedek
291 Wolk
489 Ondeurskynend
544 Onduidelik
wasigheid
291 Wolk
489 Ondeurskynend
544 Onduidelik
wasinrigting 627
waskamer 94(3)
waskers 487
waskleur 492
waskom
84 Houer
94(15) Toebehore
95(8) Toerusting
627 Skoon
746 Toilet
waskryt 759
waslap
627 Skoon
746 Toilet
wasmandjie
84 Houer
627 Skoon
wasmasjien
95(8) Toerusting
627 Skoon
wasmodel 546
wasoutomaat 627
waspalm 331
wasplank
95(8) Toerusting
627 Skoon
wasplant 333
waspoeier 627
waspop 715
wasser 172
wassery 627
wasskilderkuns 760
wasskottel
84 Houer
627 Skoon
wassoda
256 Skeikunde
300 Sout
627 Skoon
wasstel
84 Houer
95(8) Toerusting
746 Toilet
wastafel
95(6) Tafel
627 Skoon
746 Toilet
waster 172
wasvel 564
wasvrou 627
wat 555
watent 230
water
239 Voortplant
292 Neerslag
409 Afskeiding
413 Siekte
427 Drank
460 Vloeistof
463 Nat
wateraar 284
waterbad 419
waterbak 84
waterbed 96
waterbehandeling 414
waterbeker 95(7)
waterbevolking 357
waterblaas 413
waterblasie 381
waterblommetjie
318 Plant
341 Waterplant
waterblommetjiebredie 426

waterboei 221
waterbok 366
waterboom 331
waterboor
155 Deurboor
630 Werktuig
waterbottel 232
waterboukunde 288
waterboukundige 288
waterbron 284
waterdamp 461
waterdier 363
waterdig
153 Deur
178 Toegaan
453 Dig
waterdigtheid 453
waterdruk 258
waterdruppel 287
watereier 426
watererf 61
waterfauna 357
waterfilter 153
waterfiskaal
288 Waterstelsel
590 Bestuur
808 Regswese
watergang
286 Rivier
287 Vloei
watergas 461
watergat 286
watergees 844
watergeweer 741
waterglas
84 Houer
95(7) Breekgoed
watergod 855
watergraf 253
watergrag 286
waterhalfrond 273
waterhiasint 341
waterhof 808
waterhondjie 361
waterhoof 413
waterhoos 290
waterhumor 387
waterig 460
waterjuffer 361
waterkanaal
286 Rivier
288 Waterstelsel
waterkant 286
waterkartel 382
waterkering 288
waterkers
419 Voedselbereiding
426 Kos
487 Ligbron
waterketel
84 Houer
96 Slaapplek
waterkleur 492
waterkraan
94(15) Toebehore
178 Toegaan
288 Waterstelsel
waterkraffie
84 Houer
96 Slaapplek
waterkrag 257
waterkringloop 292
waterkruik
84 Houer
96 Slaapplek
waterkultuur 345
waterlei
288 Waterstelsel
347 Landbou
463 Nat
waterleiding
288 Waterstelsel
347 Landbou
waterlelie 341
waterloop
147 Rigting
274 Geologie
286 Rivier
287 Vloei
waterloos 464
waterloosheid 464
waterloot 320
waterloper 361
waterlyn
221 Vaar
235 Skeepvaart
watermassa 124
watermerk 315
watermeul(e)
186 Maal
288 Waterstelsel
waternat 463
waternimf 855
waternood
117 Te min
464 Droog
wateropaal 298
wateroplosbaar 256
wateroppervlakte 445
waterorrel 756
waterpapawer 341
waterpas
72 Plat
101 Gereedskap
123 Meet
443 Reglynig
445 Oppervlak
waterpeil 286
waterpers 258
waterpistool 741
waterplant 318
waterplasing
221 Vaar
258 Hidroulika
waterpokkies 413
waterpolo 732
waterpolospeler 732
waterpomp
233 Motorvoertuig
288 Waterstelsel
355 Landbougereedskap
waterput 284
waterpyp
288 Waterstelsel
630 Werktuig
waterpypleiding 288
waterrat 186
waterreg 806
waterregter 808
waterrot
215 Swem
366 Soogdier
waterryk 463
watersak 230
waterskaarste
117 Te min
464 Droog
waterskeiding 286
waterskerpioen 361
waterski 732
waterskilpad 364
waterskuim 462
waterslak 363
waterslang
147 Rigting
288 Waterstelsel
364 Reptiel
watersloot 288
watersluis 285
waterspieël 445
waterspoor 221
watersport 726
waterstand
286 Rivier
445 Oppervlak
waterstof
256 Skeikunde
296 Nie-metaal
461 Gas
waterstofbom 676
waterstofchloried 256
waterstroom 287
watersug 413
watersugtig 413
watertafel
274 Geologie
460 Vloeistof
watertand
406 Eet
773 Begeerte
watertenk
84 Houer
94(15) Toebehore
234 Spoorweg
watertoevoer 288
watertoilet 94(15)
watertrap 215
watertuit 290
wateruintjie
318 Plant
341 Waterplant
344 Onkruid
waterval
274 Geologie
277 Berg
286 Rivier
waterverf
490 Kleur
760 Skilderkuns
waterverfskildery 760
waterverkoeling 233
watervlak
123 Meet
286 Rivier
445 Oppervlak
watervliegtuig 236
watervloed 287
watervoël 365
watervoor
286 Rivier
288 Waterstelsel
watervoorsiening 288
watervorme 292
watervrees
505 Verstandstoornis
768 Vrees
waterweg
147 Rigting
149 Pad
286 Rivier
waterwerker 288
waterwerktuigkunde 258
waterwerktuigkundige 258
waterwese 460
waterwyser
460 Vloeistof
844 Bygeloof
watt 123
watte 311
wattelboom 331
watter 555
watwonders 622
wavrag
104 Baie
194 Vervoer
452 Swaar
wawiel
163 Draai
230 Rytuig
446 Rond
wawieloor 388
wawyd 434
wawyd oop 177
wê 831
web 361
webspinnekop 361
wed 18

weddenskap 18
wedder 18
wederdiens 778
wederdoper 850
wedereis 604
wedergeboorte
140 Verandering
237 Voortbring
823 Berou
842 Geloof
wedergebore
140 Verandering
823 Berou
842 Geloof
wederhelf
242 Ouer
248 Huwelik
wederhelfte
112 Deel
242 Ouer
wederkerend
22 Kontinu
574 Woordkategorie
647 Voortgaan
wederkerig
6 Betreklik
574 Woordkategorie
wederkerigheid 6
wederkoms 837
wederliefde 776
wederom
55 Dikwels
190 Vertrek
790 Sosiaal
wederopstanding 249
wederregtelik
803 Oortree
805 Onregverdig
807 Onwettig
wederregtelikheid 805
wederreis 187
wederstrewig
582 Wilskrag
666 Verhinder
667 Stryd
we(d)erstrewigheid
582 Wilskrag
666 Verhinder
wederstrewigrebels 598
wedersyds
6 Betreklik
663 Meedoen
wedersydse testament 693
wedervaar 44
wedervaring 44
wedervergelding 784
wedervraag 555
wederwaardighede 683
wedgeld 18
wedloop 727
wedren 727
wedrenbyeenkoms 735
wedstryd 727
wedstrydbal 728
weduvrou 242
weduwee 242
weduweeskap 242
wedvaart 221
wedvlug
222 Vlieg
733 Lugsport
wedywer 667
wedyweraar 666
wedywerend 667
wedywering 667
wee 683
weë 413
weedom 717
weef
172 Vasmaak
311 Weefsel
313 Weef
weefapparaat 313
weefdraad 313
weefgetou 313
weefindustrie 313
weefkuns 313
weefraam 313
weefsel
254 Stof
311 Weefsel
313 Weef
377 Liggaam
weefskool 313
weefstoel 313
weefstof
311 Weefsel
313 Weef
weeftoestel 313
weeftou 313
weeg
124 Weeg
452 Swaar
weegbaar 124
weegbaarheid 124
weegbalans 124
weegbrug 124
weeghaak 124
weegskaal 124
weegsleep 183
weegstoel 124
week
127 Tydbepaling
419 Voedselbereiding
456 Sag
463 Nat
583 Willoosheid
627 Skoon
714 Gevoelig
weekblad 568
weekdier
357 Dier
363 Waterdier
weekgeld 709
weekhartig
583 Willoosheid
714 Gevoelig
weekheid
714 Gevoelig
768 Vrees
weekkaartjie 220
weeklaag
721 Ontevrede
723 Ernstig
weeklag 721
weekliks
22 Kontinu
37 Tyd
55 Dikwels
127 Tydbepaling
weekloner 658
weekloon 686
weekmark 702
weekoud 127
weekstaat 703
weelde
116 Te veel
689 Ryk
743 Mooi
weelde-artikel
689 Ryk
743 Mooi
weeldebelasting 712
weeldemotor 233
weelderig
92 Gebou
689 Ryk
743 Mooi
weelderig toegerus 92
weelderigheid
689 Ryk
743 Mooi
weeluis 361
weemoed
714 Gevoelig
717 Lyding
719 Hartseer
ween 723
weens 15
Weense worsie 421
weer
55 Dikwels
289 Klimaat
293 Onweer
657 Herhaal
670 Verdedig
weer en weer
55 Dikwels
164 Reëlmatig
657 Herhaal
weerbaar
670 Verdedig
767 Moed
weerballon 294
weerbarstig
582 Wilskrag
598 Ongehoorsaam
667 Stryd
weerberig
294 Weerkunde
568 Perswese
weerbestand 153
weerburo 294
weerdiens 294
weerga 8
weergalm 476
weergaloos 622
weergawe
237 Voortbring
543 Duidelik
weergee
543 Duidelik
749 Kuns
758 Beeldende kunste
weergesteldheid
289 Klimaat
293 Onweer
weerglans 485
weerglas
259 Aërografie
294 Weerkunde
weerhaak
183 Gryp
372 Vissery
439 Punt
weerhaan 290
weerhou
193 Ophou
602 Verbied
646 Nie handel nie
weerhouding
193 Ophou
602 Verbied
weerkaart 294
weerkaats
151 Agtertoe
227 Werp
267 Optika
476 Geluid
485 Lig
weerkaatser
151 Agtertoe
232 Fiets
267 Optika
476 Geluid
weerkaatsing
151 Agtertoe
267 Optika
476 Geluid
485 Lig
weerklank
151 Agtertoe
476 Geluid
weerklink
151 Agtertoe
476 Geluid
weerkunde 294
weerkundesatelliet 294

weerkundig 294
weerkundige 294
weerlê
9 Verskillend
526 Weerlê
weerlegbaar 526
weerlegbaarheid 526
weerlegging
526 Weerlê
556 Antwoord
weerlesing 294
weerlig
293 Onweer
485 Lig
weerligafleier 293
weerloos
626 Swak
768 Vrees
weermag
670 Verdedig
672 Weermag
weermagbasis 672
weermagkamp 672
weermagkapelaan
849 Prediking
852 Geestelike
weermagplig 679
weermagsadministrasie 672
weermagsdiens 672
weermagshospitaal 417
weermagskwekeling 673
weermagtaal 820
weerman 673
weermiddel 671
weeromstuit 151
weeroorsig 568
weerplig 679
weerpligtig 679
weerprofeet 294
weerradar 236
weersatelliet 294
weersin
714 Gevoelig
744 Lelik
775 Weersin
777 Haat
827 Afkeur
weersin wek 775
weersinwekkend
623 Sleg
628 Vuil
714 Gevoelig
744 Lelik
775 Weersin
weerskante 87
weerskyn(sel) 485
weerslag
16 Gevolg
151 Agtertoe
weersomstandigheid 289
weerspannig
598 Ongehoorsaam
667 Stryd
weerspieël
485 Lig
543 Duidelik
weerspreek
526 Weerlê
532 Betwis
666 Verhinder
weersprekend 11
weerspreking 666
weerstaan
585 Verwerp
588 Gesag hê
666 Verhinder
670 Verdedig
weerstand
257 Meganika
262 Elektrisiteit
585 Verwerp
588 Gesag hê
625 Sterk
666 Verhinder
670 Verdedig
weerstand bied
585 Verwerp
588 Gesag hê
weerstandbiedend
257 Meganika
262 Elektrisiteit
weerstandsklos
257 Meganika
262 Elektrisiteit
weerstandslyn
257 Meganika
262 Elektrisiteit
weerstandspoel
257 Meganika
262 Elektrisiteit
weerstandstoets
257 Meganika
262 Elektrisiteit
weerstandsvermoë
257 Meganika
262 Elektrisiteit
455 Hard
625 Sterk
weerstandsversterker
257 Meganika
262 Elektrisiteit
weerstasie 294
weerstreef 670
weerstrewig
582 Wilskrag
598 Ongehoorsaam
666 Verhinder
667 Stryd
weerstrewing
666 Verhinder
670 Verdedig
weer(s)verandering 289
weer(s)verwagting 294
weersy 87
weersyds 6
weervoorspeller 294
weervoorspelling 294
weerwolf
366 Soogdier
844 Bygeloof
weerwoord 556
weerwraak 784
wees
1 Bestaan
61 Plek
243 Kind
weesboom 355
weeshuis 780
weeshuismoeder 242
weeshuisvader 242
weeskind
243 Kind
780 Hulp
weeskindertjies 334
weet
531 Saamstem
533 Verstaan
535 Weet
weetal 785
weetgierig
506 Belangstel
561 Studeer
weetlus
506 Belangstel
561 Studeer
weetlustig
506 Belangstel
561 Studeer
weg
65 Afwesig
68 Ver
90 Gemeenskap
147 Rigting
149 Pad
167 Wegbeweeg
189 Wegbly
190 Vertrek
208 Verbygaan
644 Handelwyse
687 Verlies
wegbêre
175 Insit
686 Aanwins
692 Spaar
wegbeweeg
67 Verplasing
145 Beweging
167 Wegbeweeg
wegbeweging 167
wegblaas 290
wegbly
65 Afwesig
189 Wegbly
wegblyaksie 189
wegblyery 189
wegbreek
173 Losmaak
190 Vertrek
728(1) Rugby
wegbreekbal 728(3)
wegbreker 728(3)
wegbring
26 Saam
67 Verplasing
171 Verwyder
216 Ry
wegdoen 693
wegdra
192 Laat gaan
695 Steel
wegdraai
140 Verandering
167 Wegbeweeg
wegdraf 205
wegdros
205 Weggaan
679 Mobiliseer
wegdruk 181
wegdryf
167 Wegbeweeg
192 Laat gaan
214 Dryf
wegduik 205
wegdwaal 213
wegdwing 151
weggaan
65 Afwesig
67 Verplasing
167 Wegbeweeg
190 Vertrek
205 Weggaan
501 Onsigbaarheid
weggee 693
weggesteek 621
wegglip 190
weggooi
171 Verwyder
192 Laat gaan
227 Werp
585 Verwerp
weggryp 694
weghaal
171 Verwyder
694 Neem
weghardloop
167 Wegbeweeg
190 Vertrek
197 Te voet
205 Weggaan
228 Vinnig
weghelp 205
weghol
167 Wegbeweeg
190 Vertrek
197 Te voet
228 Vinnig
wegholinflasie 701
wegholoorwinning 684

weghou 205
weging 124
wegja
192 Laat gaan
660 Ontslaan
wegjaag 205
wegkalwer 184
wegkant 728(3)
wegkeer
148 Van koers af
666 Verhinder
wegkom
173 Losmaak
190 Vertrek
593 Vryheid
wegkruip
190 Vertrek
197 Te voet
205 Weggaan
540 Geheim hou
655 Veilig
wegkruipertjie 741
wegkry 171
wegkwyn
413 Siekte
435 Smal
719 Hartseer
weglaat
171 Verwyder
562 Lees
563 Skryf
weglating
563 Skryf
750 Letterkunde
weglatingsteken 571
weglê
66 Plasing
175 Insit
406 Eet
692 Spaar
weglei 148
weglêsnor
382 Haar
386 Gesig
weglok 638
wegloop
67 Verplasing
167 Wegbeweeg
190 Vertrek
205 Weggaan
287 Vloei
679 Mobiliseer
wegmaak
238 Vernietig
691 Spandeer
wegmoffel 540
wegneem
26 Saam
67 Verplasing
167 Wegbeweeg
171 Verwyder
205 Weggaan
694 Neem
695 Steel
wegneemete
418 Maaltyd
426 Kos
wegneemkos 426
wegneemrestourant 429
wegneemvoedsel 418
wegpen 728(3)
wegraak
67 Verplasing
148 Van koers af
190 Vertrek
205 Weggaan
238 Vernietig
wegraap
694 Neem
695 Steel
wegredeneer 522
wegreis 190
wegrokkel 638
wegrol 152
wegruiming 19
wegruk 145
wegry
190 Vertrek
205 Weggaan
216 Ry
wegsak 159
wegsien 790
wegsit
66 Plasing
175 Insit
406 Eet
692 Spaar
wegskarrel 190
wegskeer 746
wegskeur
169 Skei
184 Afbreek
wegskeuring 184
wegskiet
227 Werp
677 Skiet
wegskram 189
wegskuif
67 Verplasing
145 Beweging
wegslaan
182 Slaan
407 Drink
wegsleep
145 Beweging
152 Verby
216 Ry
217 Motorry
wegsluip 197
wegslyt 184
wegsmyt 227
wegsny 185
wegspoel
214 Dryf
283 See
wegspring
27 Begin
199 Spring
228 Vinnig
649 Begin met
727 Wedstryd
729 Atletiek
wegspringblokke 729
wegsteek
67 Verplasing
161 Bedek
501 Onsigbaarheid
540 Geheim hou
549 Stilbly
wegsterf
412 Siek
477 Stilte
wegsterwing
413 Siekte
477 Stilte
wegstoom 221
wegstoot
67 Verplasing
145 Beweging
151 Agtertoe
666 Verhinder
wegstop 540
wegstuur
67 Verplasing
171 Verwyder
190 Vertrek
192 Laat gaan
194 Vervoer
205 Weggaan
660 Ontslaan
wegswaai 145
wegswem
167 Wegbeweeg
215 Swem
wegtoor 844
wegtrek
67 Verplasing
145 Beweging
167 Wegbeweeg
171 Verwyder
190 Vertrek
wegvaag
154 Vryf
171 Verwyder
238 Vernietig
wegvaar
190 Vertrek
205 Weggaan
221 Vaar
wegval
27 Begin
159 Neerdaal
250 Dood
406 Eet
649 Begin met
wegvat 695
wegvattertjie 426
wegvee 171
wegvlieg
190 Vertrek
222 Vlieg
wegvlug 228
wegvoer 192
wegvoering 192
wegwaai 290
wegwees 189
wegwend 167
wegwerk 171
wegwerp
171 Verwyder
585 Verwerp
wegwerping
171 Verwyder
585 Verwerp
wegwyk
167 Wegbeweeg
190 Vertrek
wegwys
527 Oordeel
585 Verwerp
wegwyser
147 Rigting
546 Kunsmatige teken
567 Boek
wegwysing 585
wei
346 Landbougrond
347 Landbou
369 Veeteelt
371 Suiwel
400 Bloed
406 Eet
weide 346
weiding
346 Landbougrond
347 Landbou
368 Diereteelt
369 Veeteelt
weidingkunde 515
weidingkundige 515
weids 743
weidsheid 743
weier
532 Betwis
585 Verwerp
606 Weier
677 Skiet
weiering
532 Betwis
585 Verwerp
606 Weier
827 Afkeur
weifel
581 Teësinnig
587 Aarsel
weifelaar
583 Willoosheid
587 Aarsel

weifelagtig
583 Willoosheid
714 Gevoelig
weifelend
11 Disharmonie
581 Teësinnig
583 Willoosheid
587 Aarsel
770 Wantroue
weifeling
11 Disharmonie
581 Teësinnig
587 Aarsel
770 Wantroue
weifelmoedig
583 Willoosheid
587 Aarsel
weikaas 371
weiland 346
weinig
56 Selde
103 Min
117 Te min
weinigheid 103
weireg 806
weisser reisling 427
weiveld
346 Landbougrond
369 Veeteelt
weivliesvet 379
wek
15 Oorsaak
128 Chronometer
410 Slaap
wekelank 40
wekker 128
wekkerradio 264
wekroep 638
wekstem
548 Praat
638 Aanmoedig
wel
9 Verskillend
528 Bevestig
537 Waarheid
622 Goed
713 Gevoel
welaf
688 Besit
689 Ryk
welbegrepe 533
welbehaaglik
584 Kies
716 Genot
826 Goedkeur
welbehaaglikheid
584 Kies
716 Genot
718 Bly
welbehae
584 Kies
716 Genot
826 Goedkeur
welbekend
539 Kommunikeer
799 Beroemd
welbespraak 548
weldaad 778
weldadig
633 Nuttig
716 Genot
778 Goedaardig
weldadigheid 633
weldenkend 508
weldeurdag 508
weldoen 778
weldoener 778
weldra 51
weleens 56
weleer 50
weleerwaarde 799
welf 97
welgeluksalig 718
welgemanierd 812
welgemoed 718
welgeskape
438 Vorm
743 Mooi
welgeskapenheid
438 Vorm
743 Mooi
welgesteld
688 Besit
689 Ryk
welgestelde 689
welgevallig
716 Genot
743 Mooi
welgevoed 406
welgevorm(d)
438 Vorm
743 Mooi
welhaas 51
welig
324 Plantlewe
382 Haar
weligheid 324
weliswaar 531
welk 324
welkom
59 Geleë
716 Genot
790 Sosiaal
welkomsgroet 790
welkomslied
757 Sang
790 Sosiaal
welkomsrede 790
welkomswoord 790
wellewend
791 Sosiaal
812 Goeie gedrag
wellewendheid 791
wellig 543
welluidend
478 Welluidend
755 Uitvoering
welluidendheid 478
wellus
716 Genot
820 Oneerbaar
wellusteling 820
wellustig
239 Voortplant
716 Genot
820 Oneerbaar
wellustigheid
716 Genot
820 Oneerbaar
welmenend 778
welmenendheid 778
weloorwoë
508 Aandag
513 Gedagte
637 Doelgerigtheid
weloorwoën(d)heid 513
welopgevoed
743 Mooi
788 Beskaafd
791 Sosiaal
812 Goeie gedrag
welpie
357 Dier
366 Soogdier
welriekend 474
welsalig 718
welsand 274
welslae
622 Goed
650 Voltooi
682 Slaag
688 Besit
welslae behaal 682
welsprekend 548
welsprekendheid
548 Praat
558 Redevoering
welstand
411 Gesond
622 Goed
682 Slaag
716 Genot
718 Bly
welsyn
411 Gesond
682 Slaag
688 Besit
718 Bly
778 Goedaardig
780 Hulp
welsynsbeampte 780
welsynsorganisasie 780
welsynstaat 780
welsynstoelae 780
welsynswerk 780
welsynswerker 780
weltergewig 731
weltergewigbokser 731
weltergewigstoeier 731
weltevrede 720
Weltschmerz
717 Lyding
719 Hartseer
766 Wanhoop
welvaart
622 Goed
682 Slaag
688 Besit
689 Ryk
welvaartspolitiek 590
welvarend
682 Slaag
688 Besit
689 Ryk
welvarendheid
682 Slaag
688 Besit
689 Ryk
welverdiend 834
welvoeglik
791 Sosiaal
812 Goeie gedrag
819 Eerbaar
welvoeglikheidshalwe
791 Sosiaal
819 Eerbaar
welwater 460
welwe 97
welwetende 637
welwillend
580 Graag
596 Inskiklik
622 Goed
663 Meedoen
714 Gevoelig
772 Sagmoedig
776 Liefde
778 Goedaardig
791 Sosiaal
welwillendheid
596 Inskiklik
622 Goed
663 Meedoen
714 Gevoelig
778 Goedaardig
791 Sosiaal
welwillendheidsbesoek 790
welwitchia 330
wemel
104 Baie
165 Onreëlmatig
wemeling
104 Baie
165 Onreëlmatig
wen
163 Draai

622 Goed
657 Herhaal
682 Slaag
684 Oorwin
686 Aanwins
wenakker 346
wenas
158 Opstyg
235 Skeepvaart
257 Meganika
630 Werktuig
wend
167 Wegbeweeg
604 Versoek
wendam 288
wendbaar 148
wending
140 Verandering
147 Rigting
148 Van koers af
167 Wegbeweeg
553 Behandel
573 Woordeskat
750 Letterkunde
752 Toneelkuns
wendingspunt 140
wendrie 728(1)
wenend 723
wenhou 728(4)
wenk
539 Kommunikeer
545 Natuurlike teken
548 Praat
603 Voorstel
638 Aanmoedig
wenkbrou
382 Haar
386 Gesig
387 Oog
wenkend 545
wenner
654 Moeilik
682 Slaag
684 Oorwin
wenpaal
726 Sport
729 Atletiek
wens
520 Verwag
548 Praat
584 Kies
604 Versoek
765 Hoop
773 Begeerte
778 Goedaardig
wensdenkery 512
wensdroom 410
wensery
584 Kies
773 Begeerte
wenslik
584 Kies
622 Goed
773 Begeerte
wenslikheid
584 Kies
622 Goed
773 Begeerte
wenspan 727
wenstreep
442 Lyn
726 Sport
729 Atletiek
wentel
163 Draai
186 Maal
270 Hemelliggaam
wentelas
163 Draai
270 Hemelliggaam
wentelbaan
163 Draai
270 Hemelliggaam
wenteling 163
wentelkrediet 699
wentellening 699
wentelsnelheid
163 Draai
270 Hemelliggaam
wentelspoed
163 Draai
270 Hemelliggaam
wenteltrap
94(12) Trap
211 Opgaan
wentelvlug 270
werd 620
werda 680
werdakomitee 680
wêreld
61 Plek
269 Heelal
272 Aarde
276 Vasteland
374 Mens
787 Gemeenskap
wêreldatlas 567
wêreldbeeld 513
wêreldbekend 799
wêreldberoemd 799
wêreldbeskouing
249 Lewe
513 Gedagte
811 Gewete
wêreldbewoner 64
wêreldbrand 667
wêreldburger
374 Mens
787 Gemeenskap
wêreldburgerskap 787
wêrelddeel 276
wêrelddhof 808
wêreldekonomie 701
wêreldgerig 839
wêreldgodsdiens 840
wêreldhandel 701
wêreldkampioen 622
wêreldkundig
535 Weet
539 Kommunikeer
wêreldlik 813
wêreldling
374 Mens
813 Swak gedrag
wêreldmag 590
wêreldmoondheid 590
wêreldnuus 539
wêreldomvattend 62
wêreldoorlog 667
wêreldreisiger 187
wêreldrekord 727
wêreldryk 590
wêrelds
254 Stof
813 Swak gedrag
wêreldsbeloop 45
wêreld(s)gesind 813
wêreldsgoed 688
wêreldsheid 813
wêreldsmart
717 Lyding
719 Hartseer
766 Wanhoop
wêreldstad 90
wêreldstreek 276
wêreldtaal 569
wêreldversaking 789
wêreldvrede 668
wêreldvreemd 789
wêreldwyd 62
wêreldwys
535 Weet
614 Bekwaam
werend 670
werf
170 Saambring
234 Spoorweg
354 Plaas
663 Meedoen
665 Byeenkom
679 Mobiliseer
werfagent
658 Beroep
679 Mobiliseer
werfburo 658
werfoffisier 679
werfstelsel 679
wering 671
werk
16 Gevolg
237 Voortbring
565 Skryfkuns
567 Boek
610 Ywerig
645 Handel
658 Beroep
750 Letterkunde
werkbaar 645
werkbeurt 645
werkdadig 610
werkdruk 654
werkdrukte 654
werkeksemplaar 567
werkend
610 Ywerig
645 Handel
werker
361 Insek
592 Ondergeskikte
610 Ywerig
630 Werktuig
645 Handel
658 Beroep
werkerby 361
werkershuis 354
werkersklas 798
werkesel 654
werkgees 844
werkgeleentheid 645
werkgemeenskap
560 Skoolgaan
665 Byeenkom
werkgewer
588 Gesag hê
590 Bestuur
591 Gesaghebber
599 Gesag
610 Ywerig
645 Handel
658 Beroep
werkhipotese 518
werkhuis 594
werkie
645 Handel
653 Maklik
658 Beroep
werking
16 Gevolg
257 Meganika
630 Werktuig
645 Handel
werkkaart 658
werkkamer
94(3) Vertrek
560 Skoolgaan
werkkrag
610 Ywerig
625 Sterk
werkkring
645 Handel
658 Beroep
werklik
1 Bestaan
537 Waarheid
werklike temperatuur 289
werklikheid
1 Bestaan
537 Waarheid

werkloos
611 Lui
646 Nie handel nie
werklose 646
werklus 610
werklustig 610
werknemer
589 Dien
592 Ondergeskikte
610 Ywerig
645 Handel
658 Beroep
werknemersorganisasie 658
werknemersvereniging 658
werkperiode 645
werkpermit 187
werkplaas 658
werkplaasinrigting 658
werkplek
61 Plek
658 Beroep
787 Gemeenskap
werkprestasie 645
werkrooster 658
werksaam
610 Ywerig
637 Doelgerigtheid
645 Handel
werksadres 550
werksbestek 610
werk(s)dag
645 Handel
658 Beroep
werksekerheid 658
werksekuriteit 658
werksessie 645
werksgeleentheid 645
werksituasie 658
werkskema 640
werksku
581 Teësinnig
611 Lui
646 Nie handel nie
werkslewe 658
werk(s)man
610 Ywerig
645 Handel
658 Beroep
werksoeker 659
werksomstandighede 658
werkspan 663
werkstasie 658
werkstempo 645
werkstoestand 658
werkstuk
137 Bewerking
561 Studeer
werksuur 645
werk(s)vermoë
610 Ywerig
645 Handel
werksvrou
627 Skoon
645 Handel
658 Beroep
werk(s)week
645 Handel
658 Beroep
werk(s)winkel
233 Motorvoertuig
658 Beroep
werk(s)wyse
640 Voorbereid
644 Handelwyse
werktafel 95(6)
werktekening 35
werktuig
257 Meganika
629 Gebruik
630 Werktuig
werktuigkunde
257 Meganika
630 Werktuig
werktuigkundig
257 Meganika
630 Werktuig
werktuigkundige
257 Meganika
630 Werktuig
werktuiglik 509
werktyd
38 Tydgebruik
645 Handel
werkverrigter 645
werkverskaffing
645 Handel
659 Aanstel
werkvraer 659
werkwillige 610
werkwoord 574
werkwoorddeeltjie 574
werkwoordelik
574 Woordkategorie
576 Sinsbou
werkwoordgroep 576
werkwoordkonstruksie 576
werkwoordpartikel 574
werkwoordstuk 576
werkwoordvorming 575
werp
227 Werp
729 Atletiek
werpgoed 227
werplood 123
werplyn 235
werpnet 372
werppyl 678
werpsel
239 Voortplant
366 Soogdier
werpskyf 729
werpspies 678
werptuig 678
werskaf
165 Onreëlmatig
610 Ywerig
645 Handel
werskaffery
165 Onreëlmatig
610 Ywerig
645 Handel
654 Moeilik
werwel
163 Draai
178 Toegaan
380 Gebeente
396 Rug
werwelbeen
380 Gebeente
396 Rug
werwelkolom
380 Gebeente
396 Rug
werwelstorm 293
werwelwind
290 Wind
293 Onweer
werwer
658 Beroep
679 Mobiliseer
werwing
658 Beroep
663 Meedoen
679 Mobiliseer
werwingsburo 658
wese
1 Bestaan
4 Selfstandig
32 Enkeling
81 Binne
374 Mens
713 Gevoel
714 Gevoelig
wesel 366
weselbont 382
wesenlik
1 Bestaan
17 Noodsaak
631 Nodig
wesenlike 631
wesenlikheid
1 Bestaan
254 Stof
537 Waarheid
631 Nodig
wesenloos
2 Nie-bestaan
661 Vermoei
766 Wanhoop
768 Vrees
wesenstrek
81 Binne
240 Afkoms
wesentjie 243
wesen(t)lik
1 Bestaan
537 Waarheid
620 Belangrik
wesie 243
weskus 282
wesp 361
weste 88
westelik
88 Posisie
147 Rigting
westergrens 63
westerhemel 269
westerkim
88 Posisie
269 Heelal
westerlengte 273
westerling 64
Westers 88
westers 276
Westerse kultuur 787
westerson 270
westewind 290
Westminsterstelsel
590 Bestuur
795 Staat
wet
17 Noodsaak
35 Reëlmatig
530 Voorbehou
590 Bestuur
599 Gesag
657 Herhaal
801 Wet
842 Geloof
wetboek
567 Boek
801 Wet
wete
513 Gedagte
535 Weet
wetende
582 Wilskrag
586 Beslis
637 Doelgerigtheid
wetenskap
515 Wetenskap
535 Weet
wetenskaplik
515 Wetenskap
535 Weet
640 Voorbereid
642 Beproef
wetenskaplike
502 Verstand
513 Gedagte
514 Wysbegeerte
515 Wetenskap
516 Soek
535 Weet
565 Skryfkuns

wetenskaplike geskrif
567 Boek
750 Letterkunde
wetenskaplike navorsing 515
wetenskaplike werk
515 Wetenskap
565 Skryfkuns
567 Boek
750 Letterkunde
wetenskaplikheid
515 Wetenskap
535 Weet
wetenskapsbeoefening 515
wetenskapsfiksie 750
wetenskapsfilosofie 514
wetenskapsleer 514
wetenswaardig
506 Belangstel
517 Vind
wetenswaardigheid 506
wetgeleerde 808
wetgewend
795 Staat
801 Wet
wetgewende gesag
795 Staat
801 Wet
wetgewer 801
wetgewing 801
wetlik 801
wetlike bevel 801
wetlike reg 804
wetlike voorreg 804
wetlikheid
801 Wet
806 Wettig
wetmaker 801
wetmatig 806
wetmatigheid 806
wetsartikel 801
wetsbepaling
599 Gesag
801 Wet
wetsgehoorsaam 802
wetsgehoorsaamheid
801 Wet
802 Gehoorsaam
wetsgehoorsaming
801 Wet
802 Gehoorsaam
wet(s)geleerd 808
wetsinterpretasie 801
wetskending 803
wetsontwerp
590 Bestuur
801 Wet
wetsoortreder 803
wetsoortreding
801 Wet
803 Oortree
wetstaal 569
wetsteen 440
wetstoepasser 802
wetstoepassing 802
wetsverbreking 803
wetsvoorskrif 801
wetsvoorstel 801
wetswysiging 801
wetteloos
20 Wanorde
36 Onreëlmatig
121 Verwarring
598 Ongehoorsaam
807 Onwettig
wetties
802 Gehoorsaam
842 Geloof
wettig
801 Wet
806 Wettig
wettigheid 806
wettiging 806
wettiglik 806
wewenaar
242 Ouer
344 Onkruid
375 Man
wewenaarskap 242
wewer 313
wewersfabriek 313
wewersgilde 313
wewersklos 313
wewerspoel 313
wewertjie 365
wewery 313
whisky 427
whiskyglas 95(7)
wie 130
wiebel
142 Veranderlik
165 Onreëlmatig
583 Willoosheid
587 Aarsel
626 Swak
wiebelrig
142 Veranderlik
164 Reëlmatig
165 Onreëlmatig
587 Aarsel
626 Swak
wied 346
wieg
27 Begin
96 Slaapplek
164 Reëlmatig
410 Slaap
wiegdood 250
wiegedruk 566
wiegel
164 Reëlmatig
165 Onreëlmatig
wiegelied 757
wiegeling
164 Reëlmatig
165 Onreëlmatig
wiek
186 Maal
344 Onkruid
wiel
82 Rondom
163 Draai
223 Stuur
230 Rytuig
232 Fiets
233 Motorvoertuig
236 Lugvaart
446 Rond
wielas 230
wielband
232 Fiets
233 Motorvoertuig
wieldop 233
wielflap 233
wiel(i)ewaai 163
wiel(i)ewalie 741
wieling 287
wielnaaf
163 Draai
230 Rytuig
wielskoffel 355
wielspeek
230 Rytuig
232 Fiets
wielvelling 230
wielvormig 446
wiener schnitzel 426
wier 327
wierook 474
wierookgeur 474
wierookwolk 291
wies(i)ewasie
103 Min
621 Onbelangrik
wig
211 Opgaan
439 Punt
wiggel
551 Meedeel
844 Bygeloof
wiggelaar
551 Meedeel
844 Bygeloof
wiggelroede
460 Vloeistof
844 Bygeloof
wigskrif 565
wigvormig
438 Vorm
439 Punt
wik
124 Weeg
513 Gedagte
wik en weeg
513 Gedagte
519 Twyfel
527 Oordeel
wikkel
142 Veranderlik
161 Bedek
164 Reëlmatig
165 Onreëlmatig
197 Te voet
wikkeldanser 742
wikkeling 161
wikkelrig
142 Veranderlik
165 Onreëlmatig
wikkelry 165
wiks
182 Slaan
835 Bestraf
wil
578 Vrywillig
580 Graag
582 Wilskrag
584 Kies
637 Doelgerigtheid
693 Gee
713 Gevoel
773 Begeerte
wild
165 Onreëlmatig
345 Plantkwekery
357 Dier
366 Soogdier
373 Jag
509 Onoplettend
618 Kragtig
641 Onvoorbereid
789 Onbeskaafd
792 Asosiaal
820 Oneerbaar
wildbewaarder 655
wildboer
347 Landbou
369 Veeteelt
wildboerdery 369
wildbraad
421 Vleis
426 Kos
wilddief 373
wilde-als
343 Genesende plant
415 Geneesmiddel
wildeamandel 331
wildeamandelboom 331
wildebees 366
wildebesembos 332
wilde-eend 365
wilde-ertjie 344
wildegans 365
wildegranaat 332
wildehond 366
wildemagriet 340
wildemalva
337 Veldplant

343 Genesende plant
wildenaeltjie 333
wildeperd 363
wildeperske 331
wildepruim 331
wildernis 346
wildesering 331
wildeseringboom 331
wildevark 366
wildewingerd 333
wildewragtig
618 Kragtig
652 Versuim
wildheid
618 Kragtig
641 Onvoorbereid
789 Onbeskaafd
wildplaas 369
wildreservaat 368
wildsbok 366
wildsboud 421
wildskut 373
wildsoort 366
wildstroper 373
wild(s)vleis 421
wildtrop 369
wildtuin
255 Natuurkunde
368 Diereteelt
wildvreemd
7 Betrekkingloos
34 Vreemd
540 Geheim hou
800 Onbekend
wildwagter 655
wilg 331
wilgerboom 331
wilgerhout 316
willekeur
578 Vrywillig
583 Willoosheid
584 Kies
593 Vryheid
willekeurig
379 Spier
508 Aandag
509 Onoplettend
578 Vrywillig
583 Willoosheid
584 Kies
593 Vryheid
714 Gevoelig
willekeurigheid
509 Onoplettend
578 Vrywillig
583 Willoosheid
584 Kies
593 Vryheid
willens en wetens 578
willie 365
willig
580 Graag
596 Inskiklik
597 Gehoorsaam
willoos 583
wilsbeskikking
584 Kies
593 Vryheid
wilsdaad 584
wilsinspanning 584
wilskrag
582 Wilskrag
625 Sterk
wilskragtig
625 Sterk
637 Doelgerigtheid
647 Voortgaan
767 Moed
wilsuiting 584
wilswakte 583
wimpel
235 Skeepvaart
546 Kunsmatige teken
wimper
386 Gesig
387 Oog
win
275 Myn
352 Graan
wind
290 Wind
404 Asemhaling
409 Afskeiding
461 Gas
482 Menslike geluid
wind af 290
wind op 290
windas
158 Opstyg
235 Skeepvaart
257 Meganika
630 Werktuig
windbarsie
99 Messel
184 Afbreek
windbestuiwing 239
windblom 322
windbui 290
windbuis 756
windbuks
676 Vuurwapen
785 Hoogmoedig
winddroog 464
winddroogtabak 430
windeier
683 Misluk
785 Hoogmoedig
winderig
290 Wind
408 Spysvertering
409 Afskeiding
winderigheid
290 Wind
408 Spysvertering
winderosie 290
windgenerator 262
windgeweer 676
windgordel 290
windhandel 701
windharp 756
windhond 366
winding 163
windjekker 745
windkant 88
windkas 756
windklep
630 Werktuig
756 Musiek
windkous
147 Rigting
222 Vlieg
290 Wind
windlaaier 262
windlawaai 785
windmaker
689 Ryk
785 Hoogmoedig
windmakerbos 332
windmakerig
689 Ryk
785 Hoogmoedig
windmakerigheid
689 Ryk
785 Hoogmoedig
windmeter 294
windmeul(e) 186
windpistool 676
windrigting
147 Rigting
290 Wind
294 Weerkunde
windroos
261 Magnetisme
322 Blom
windsak 785
windsel
161 Bedek
163 Draai
415 Geneesmiddel
windskade 290
windskeef 444
windskerm
233 Motorvoertuig
290 Wind
318 Plant
windsnelheid
290 Wind
294 Weerkunde
windsterkte 290
windstil 290
windstilte 290
windstreek
88 Posisie
290 Wind
windstroom 290
windswael 365
winduit
159 Neerdaal
404 Asemhaling
windvaan
147 Rigting
290 Wind
windveer 94(4)
windvlaag 290
windweerstand 290
windwyser
147 Rigting
290 Wind
wingerd 350
wingerdblaar 351
wingerdbou 350
wingerdkunde 515
wingerdkundige 515
wingerdluis
324 Plantlewe
413 Siekte
wingerdplaas 346
wingerdplant 333
wingerdsiekte
324 Plantlewe
413 Siekte
wingerdslak 361
wingerdstok 350
wingerdtrekker 355
wink
545 Natuurlike teken
546 Kunsmatige teken
winkbrou
382 Haar
386 Gesig
387 Oog
winkel
91 Gebou
658 Beroep
707 Handelsaak
winkelassistent
658 Beroep
705 Verkoop
707 Handelsaak
winkelbaas 705
winkelbestuurder 705
winkelbrood 424
winkelbuurt 90
winkeldief 695
winkelgalery 707
winkelgebou 91
winkelgroep 707
winkelhaak
101 Gereedskap
139 Meetkunde
316 Hout
443 Reglynig
winkelhal 707
winkelier
705 Verkoop
707 Handelsaak
winkelklant 707

winkelklerk
658 Beroep
705 Verkoop
707 Handelsaak
winkelkompleks
91 Gebou
707 Handelsaak
winkelmandjie 84
winkelmeisie 705
winkelmerk 546
winkelnuut 53
winkelpop 707
winkelprys
126 Skat
704 Koop
winkelrekening 708
winkelsentrum 707
winkelstoor 707
winkelstraat 149
winkeltak 707
winkeltoonbank 707
winkeltrollie 707
winkeluitstalling 707
winkelvenster 94(9)
winkelwaentjie 707
winning
275 Myn
686 Aanwins
wins
629 Gebruik
633 Nuttig
684 Oorwin
686 Aanwins
696 Ontvang
701 Handel
winsaandeel
686 Aanwins
700 Bank
winsbejag
686 Aanwins
773 Begeerte
winsdrempel 686
wins-en-verliesrekening 703
winsgewend
686 Aanwins
696 Ontvang
winsgewendheid 686
winsgrens 686
winsjagter 686
winskopie 704
winslewerend 686
winsmakery 686
winsmarge 686
winsmotief 686
winsneming 686
winsobligasie 692
winsoogmerk 686
winssaldo 686
winsskeppend 686
winssoekend 686
winssoeker 686
winsspeling 686
winssug 686
winssyfer 686
winsuitkering 686
winsverdeling 686
winsvermoë 686
winter
37 Tyd
127 Tydbepaling
270 Hemelliggaam
289 Klimaat
winteragtig
289 Klimaat
466 Koud
winterblom 322
winterblomkool 351
winterdag 127
winterdrag 745
wintergewas 318
wintergoed 311
winterheide 337
winterklimaat 465
winterkoring 352
winterkoue 466
winterkursus 561
winterkwartier 89
winterlaken 96
winterlug 289
winterplant 318
winterreën 292
winterreëngebied
88 Posisie
292 Neerslag
winterreënval 292
winterreënvalgebied
88 Posisie
273 Geografie
292 Neerslag
winterreënvalstreek 273
winterrus 357
winterryp 466
winters 466
winterseisoen 37
winter(s)hande 413
winter(s)jas 745
winterskool
559 Opvoeding
561 Studeer
winterslaap 357
winterson 270
wintersonstilstand 270
winter(s)ore 413
wintersport 726
winterstof 311
winter(s)tone 413
winter(s)vingers 413
winter(s)voete 413
wintertemperatuur 465
wintertuin 346
wintertyd
37 Tyd
289 Klimaat
winteruitverkoping 705
wintervakansie
648 Onderbreek
662 Rus
winterveld 346
wintervoer 368
wintervrug 323
winterweer 289
wip
158 Opstyg
165 Onreëlmatig
199 Spring
225 Vinnig
355 Landbougereedskap
373 Jag
730 Gimnastiek
wipbrug 149
wipkar
230 Rytuig
233 Motorvoertuig
wipmat 730
wipneus 389
wippend 199
wipperig
159 Neerdaal
164 Reëlmatig
199 Spring
714 Gevoelig
771 Gramskap
wippery 199
wipplank 741
wipstert
365 Voël
396 Rug
714 Gevoelig
771 Gramskap
wipstertmier 361
wipstoel 95(4)
wip-wip 199
wirwar 20
wis
154 Vryf
535 Weet
627 Skoon
wiskunde
132 Wiskunde
515 Wetenskap
wiskundeklas 561
wiskundekursus 561
wiskundeles 561
wiskundelesing 561
wiskundeonderrig 559
wiskundeonderwys 559
wiskundesom 137
wiskundig 132
wiskundige
132 Wiskunde
515 Wetenskap
wiskundige linguistiek 570
wiskundige reël 137
wiskundige wet 137
wiskundige wetenskap 515
wispelturig
11 Disharmonie
142 Veranderlik
583 Willoosheid
714 Gevoelig
770 Wantroue
wissel
11 Disharmonie
13 Verskeidenheid
37 Tyd
131 Munt
142 Veranderlik
144 Vervang
234 Spoorweg
525 Bewys
701 Handel
708 Betaal
709 Betaalmiddel
wisselaar
149 Pad
701 Handel
wisselbaar
144 Vervang
701 Handel
wisselbank
700 Bank
709 Betaalmiddel
wisselbeker 727
wisselborg 708
wisselbou 345
wisselbrief
563 Skryf
708 Betaal
wisseldiskonto 708
wisseldraad 234
wisselend
11 Disharmonie
140 Verandering
142 Veranderlik
583 Willoosheid
wisselenjin 234
wisselhandel 701
wisseling
11 Disharmonie
140 Verandering
142 Veranderlik
144 Vervang
wisselkantoor 701
wisselkleur 490
wisselkoers
701 Handel
709 Betaalmiddel
wisselmakelaar 701
wisselmotor 234
wisselpad 149
wisselplaat 234
wisselpunt 263
wisselpuntgetal 263
wisselpuntveranderlike 263
wisselpuntvoorstelling 263
wisselrym 751
wisselsinjaal 234

wisselsinjaalhefboom 234
wisselskakelaar 234
wisselslag 215
wisselslot 234
wisselspelling 563
wisselspoor 234
wisselstand 234
wisselstroom 262
wisselstroomdinamo 262
wisselstroomgenerator 262
wisseltand 391
wisseltrofee 727
wisselvallig
13 Verskeidenheid
142 Veranderlik
wisselvalligheid
13 Verskeidenheid
142 Veranderlik
wisselwagter 234
wisselweiding 368
wisselwerking 645
wisser 564
wissewassie 621
wistaria 333
wit
382 Haar
386 Gesig
387 Oog
412 Siek
490 Kleur
491 Kleurloosheid
492 Kleure
566 Drukkuns
627 Skoon
witaarbossie
332 Struik
844 Bygeloof
witagtig 426
witbiskop 363
witblits 427
witbloedliggaampie 400
witbloedsel 400
witblond 492
witboek 590
witbont 492
witboom 331
witboordjie 645
witboordjiewerker
645 Handel
658 Beroep
witborskraai 365
witbossie 332
witbrood 424
witbroodjie 776
witdoodshaai 363
witdoring 331
witdoringboom 331
witdulsies 415
witels 331
witgatboom 331
witgatspreeu 365
witgoud 297
withaai 363
withaak 332
witharig 382
witheid 492
without
316 Hout
331 Boom
witkalk
100 Boumateriaal
490 Kleur
witkool 351
witkruisarend 365
witkryt 564
witkwas 490
witleuen 818
witlood 490
witloof 351
witluis 361
witmelkhout 331
witmelkhoutboom 331
witmetaal 297
witmossel 363
witpeper 419
witroes 324
witrugaasvoël 365
witrys 426
witseerkeel 413
witsel 490
witskrif 590
witsous 426
witsteenbras 363
witstinkhout
316 Hout
331 Boom
witstompneus 363
witsuiker 426
wittebroodsreis 248
witterig
491 Kleurloosheid
492 Kleur
witvlag 668
witwarm
465 Warm
467 Aansteek
witwortel
351 Groente
426 Kos
witwyn 427
witwynglas 95(7)
wodka 427
woed
290 Wind
476 Geluid
618 Kragtig
woede
618 Kragtig
713 Gevoel
714 Gevoelig
771 Gramskap
777 Haat
779 Boosaardig
woedend
618 Kragtig
656 Gevaarlik
713 Gevoel
771 Gramskap
777 Haat
woeker
686 Aanwins
699 Leen
701 Handel
woekeraar
645 Handel
686 Aanwins
700 Bank
701 Handel
woekerdier 357
woekergeld 699
woekerhandel
699 Leen
701 Handel
woekerhandelaar
700 Bank
701 Handel
woekerplant 318
woekerpot
18 Toeval
699 Leen
woekerrente 686
woekersug 699
woekerwet 801
woekerwins 686
woekerwins neem 686
woel
154 Vryf
165 Onreëlmatig
woelerig
154 Vryf
165 Onreëlmatig
woelery 154
woelgees
165 Onreëlmatig
667 Stryd
woelhout
172 Vasmaak
316 Hout
woelig
165 Onreëlmatig
598 Ongehoorsaam
woeling
165 Onreëlmatig
598 Ongehoorsaam
woeljuk
172 Vasmaak
301 Metaal
woelketting 172
woelpen 172
woelsiek
165 Onreëlmatig
667 Stryd
woelsug
154 Vryf
165 Onreëlmatig
woelsugtig 165
woelwater
165 Onreëlmatig
243 Kind
woema
582 Wilskrag
610 Ywerig
645 Handel
Woensdag 37
woeps 480
woerts 225
woer-woer
158 Opstyg
741 Kinderspel
756 Musiek
woes
165 Onreëlmatig
509 Onoplettend
618 Kragtig
623 Sleg
779 Boosaardig
789 Onbeskaafd
792 Asosiaal
woestaard
184 Afbreek
238 Vernietig
618 Kragtig
771 Gramskap
779 Boosaardig
792 Asosiaal
woesteling
618 Kragtig
771 Gramskap
779 Boosaardig
792 Asosiaal
woesteny
280 Woestyn
346 Landbougrond
652 Versuim
woestheid
165 Onreëlmatig
346 Landbougrond
618 Kragtig
771 Gramskap
779 Boosaardig
789 Onbeskaafd
792 Asosiaal
woestyn 280
woestynagtig 280
woestynbewoner
64 Aanwesig
280 Woestyn
woestyngebied 280
woestynsebkha 280
woestynspinnekop 361
woestynweg 149
woestynwind 290
wok 419
wol
311 Weefsel
312 Spin

369 Veeteelt
382 Haar
wolaap 366
wolbaal 369
wolbossie 332
woldraend
318 Plant
357 Dier
wolf 366
wolfabriek 312
wolfhok 89
wolfhond 366
wolfkuil 373
wolfneusgewel 94(4)
wolfram 297
wolfshonger
406 Eet
413 Siekte
wolfsklou 329
wolfskruid 332
wolfspinnekop 361
wolgare 312
wolgoed 311
wolgradeerder 369
wolhaar 382
wolhaarpraatjies
539 Kommunikeer
552 Vertel
829 Beledig
wolhaarstorie 539
wolhaspel 312
wolk
104 Baie
291 Wolk
wolkam 312
wolkbank 291
wolkbedekking
291 Wolk
294 Weerkunde
wolkbreuk 292
wolkekrabber
91 Gebou
92 Hoë gebou
wolkerig
291 Wolk
489 Ondeurskynend
wolkkolom 291
wolklaag 291
wolkloos 291
wolkombers
95(5) Bed
96 Slaapplek
wolkweker 369
wollerig
311 Weefsel
382 Haar
449 Ongelyk
456 Sag
544 Onduidelik
wollerigheid 544
wolmot 361
wolmuis 366
wolplaas 369
wolskaap 369
wolspinnery 312
wolstof 311
woltoon 64
wolvet 462
wolvin 366
wolweboontjie
252 Doodmaak
342 Gifplant
wolwedoring 332
wolwe-ent 94(4)
wolwe-entdak 94(4)
wolwegif 342
wolwekruid 332
wond
412 Siek
413 Siekte
677 Skiet
717 Lyding
779 Boosaardig
831 Bespot
wonder
36 Onreëlmatig
516 Soek
519 Twyfel
521 Verras wees
622 Goed
836 Bonatuurlik
wonderbaarlik
36 Onreëlmatig
521 Verras wees
540 Geheim hou
836 Bonatuurlik
wonderboom 331
wonderdaad
36 Onreëlmatig
836 Bonatuurlik
wondergom 172
wondergroot 432
wonderkind
243 Kind
622 Goed
wonderkrag 625
wonderkuur 414
wonderlamp
487 Ligbron
844 Bygeloof
wonderland
36 Onreëlmatig
844 Bygeloof
wonderlik
7 Betrekkingloos
36 Onreëlmatig
521 Verras wees
540 Geheim hou
622 Goed
826 Goedkeur
836 Bonatuurlik
wonderlikheid
36 Onreëlmatig
622 Goed
836 Bonatuurlik
wondermens 622
wondermiddel 415
wondermooi 743
wonderolie 415
wonderpeper 419
wonderskoon 743
wonderspreuk 573
wonderteken
546 Kunsmatige teken
836 Bonatuurlik
wonderverhaal 552
wonderwerk
36 Onreëlmatig
521 Verras wees
622 Goed
836 Bonatuurlik
wondplek 717
wondpoeier 415
wondroos 413
wondverband 415
woning
64 Aanwesig
89 Blyplek
91 Gebou
woningbou 97
woningnood 64
woningskaarste 64
woningtekort 64
woningvraagstuk 64
woon 64
woon- en werkplek 787
woonagtig 64
woonbaar 64
woonboot 235
woonbuurt
89 Blyplek
90 Gemeenskap
787 Samelewing
woonerf 89
woongebied 64
woonhuis 91
woonkamer 94(3)
woonplek
61 Plek
64 Aanwesig
787 Gemeenskap
woonstel
89 Blyplek
91 Gebou
woonstelblok
91 Gebou
92 Groot gebou
woonstelgebou
91 Gebou
92 Groot gebou
woonstelhuur 706
woonstelkompleks
91 Gebou
92 Groot gebou
woonvertrek 94(3)
woonwa
91 Gebou
93 Armoedige gebou
230 Rytuig
woonwapark 91
woord
546 Kunsmatige teken
558 Redevoering
565 Skryfkuns
573 Woordeskat
575 Woordvorming
607 Beloof
Woord 842
Woord van God 842
woord vooraf 649
woordafleiding 575
woordaksent 572
woordarm 548
woordarmoede 548
woordbeeld 575
woordbetekenis
573 Woordeskat
577 Betekenis
woordbou 575
woordbreker
609 Jou woord verbreek
818 Bedrieg
woordbreuk 609
woordbuiging 575
woorde 563
woorde hê 667
woorde kry 667
woorde wissel
554 Aanspreek
667 Stryd
woordeboek
543 Duidelik
567 Boek
woordeboekartikel 567
woordeboekinskrywing 567
woordeboekmaker 567
woordeloosheid 549
woordelys
565 Skryfkuns
567 Boek
woordeskat
569 Taal
573 Woordeskat
woordeskatkundige 570
woordespel 541
woordestroom 548
woordestryd
522 Redeneer
539 Kommunikeer
667 Stryd
woordetwis
539 Kommunikeer
557 Diskussie
667 Stryd
woordevloed 548
woordewisseling
539 Kommunikeer

557 Diskussie
667 Stryd
woordgrammatika 570
woordherhaling 750
woordhou 608
woordinhoud
573 Woordeskat
577 Betekenis
woordkategorie 574
woordklas 574
woordklem 572
woordkuns 749
woordkunstenaar
565 Skryfkuns
749 Kuns
750 Letterkunde
woordkunstenares 750
woordontlening
569 Taal
573 Woordeskat
woordorde 576
woordreduksie 575
woordryk
548 Praat
553 Behandel
woordsemantiek
570 Taalwetenskap
577 Betekenis
woordskikking 576
woordspel
739 Geselskapspel
750 Letterkunde
woordspeletjie 739
woordspeling
541 Betekenis
750 Letterkunde
woordteken 565
woorduitlating 576
woordvas
510 Herinner
752 Toneelkuns
woordveld 577
woordverhouding
573 Woordeskat
577 Betekenis
woordverklaring
543 Duidelik
577 Betekenis
Woordverkondiging 849
woordverwerker
263 Rekenaar
564 Skryfbehoeftes
woordverwerking
263 Rekenaar
565 Skryfkuns
woordverwerkingsprogram 263
woordvoerder
144 Vervang
551 Meedeel
558 Redevoering
woordvoorraad 573
woordvorm
573 Woordeskat
575 Woordvorming
woordvorming
573 Woordeskat
575 Woordvorming
woordvormingsleer 575
woordvormingsproses 575
woordvormingsreël 575
word
27 Begin
140 Verandering
wordend 237
wordende 142
wording
0 Ontstaan
27 Begin
237 Voortbring
wordingsgeskiedenis 45
wordingsleer 514
worp
227 Werp
239 Voortplant
wors 421
worsboom 331
worsbroodjie
424 Brood
426 Kos
worsderm 423
worsfabriek 423
worsmasjien 423
worsmeul 186
worsmeul(e) 423
worstel
667 Stryd
731 Gevegsport
worsteling
667 Stryd
683 Misluk
731 Gevegsport
worstelstryd
667 Stryd
683 Misluk
worsvleis 421
wortel
15 Oorsaak
16 Gevolg
27 Begin
77 Onder
137 Bewerking
319 Wortel
324 Plantlewe
331 Boom
351 Groente
426 Kos
575 Woordvorming
625 Sterk
649 Begin met
wortelagtig 319
wortelboom 343
worteldraad 319
wortelgetal 137
wortelgewas 319
wortelgroente
319 Wortel
351 Groente
wortelgrootheid 137
wortelhaar
319 Wortel
331 Boom
wortelhaarstreek 331
wortelmagwyser 137
wortelmorfeem 575
wortelparasiet 344
wortelsaad 351
wortelskede 382
wortelskiet
324 Plantlewe
625 Sterk
wortelstelsel 319
wortelstok 319
wortelteken 137
worteltrekking 137
wortelvesel 319
wortelvoorwaarde 137
wortelvorm 137
wortelvrot 324
wortelwoord 575
woud
316 Hout
318 Plant
349 Bosbou
woudgebergte 277
woudreus
318 Plant
331 Boom
366 Soogdier
wraak
777 Haat
779 Boosaardig
784 Wraaksug
835 Bestraf
wraakengel 838
wraakgedagtes 779
wraakgevoelens 784
wraakgierig
777 Haat
784 Wraaksug
wraaklus
777 Haat
784 Wraaksug
wraakmaatreël 784
wraakneming
779 Boosaardig
784 Wraaksug
835 Bestraf
wraaksug
777 Haat
784 Wraaksug
wrak
116 Te veel
221 Vaar
412 Siek
413 Siekte
wrakhout 316
wrakrower 695
wrang
472 Sleg
717 Lyding
831 Bespot
wreed
623 Sleg
656 Gevaarlik
715 Gevoelloos
777 Haat
779 Boosaardig
813 Swak gedrag
wreedaard
779 Boosaardig
813 Swak gedrag
wreedaardig
623 Sleg
656 Gevaarlik
715 Gevoelloos
779 Boosaardig
813 Swak gedrag
wreek 784
wrewel
771 Gramskap
775 Weersin
777 Haat
784 Wraaksug
wrewelig
721 Ontevrede
777 Haat
784 Wraaksug
wreweligheid
721 Ontevrede
771 Gramskap
775 Weersin
777 Haat
wriemel
104 Baie
165 Onreëlmatig
495 Tassin
wrik
164 Reëlmatig
221 Vaar
626 Swak
wring
163 Draai
183 Gryp
wringend
163 Draai
183 Gryp
wringing 163
wringkrag
163 Draai
257 Meganika
625 Sterk
wringmasjien 459
wrintie 537
wroeg 823
wroegend
717 Lyding
719 Hartseer

wroeging
717 Lyding
719 Hartseer
823 Berou
827 Afkeur
wroet
154 Vryf
165 Onreëlmatig
347 Landbou
wrok
775 Weersin
777 Haat
784 Wraaksug
wrokkig
667 Stryd
777 Haat
784 Wraaksug
wrokkigheid
777 Haat
784 Wraaksug
wrong
310 Vlegwerk
546 Kunsmatige teken
wrongel 371
wrywing
154 Vryf
257 Meganika
667 Stryd
wrywingskrag
163 Draai
257 Meganika
wuf
583 Willoosheid
820 Oneerbaar
wuif
164 Reëlmatig
165 Onreëlmatig
546 Kunsmatige teken
790 Sosiaal
wuiwend
165 Onreëlmatig
790 Sosiaal
wuiwing
165 Onreëlmatig
790 Sosiaal
wulk 363
wulps
239 Voortplant
820 Oneerbaar
wurg
252 Doodmaak
404 Asemhaling
654 Moeilik
683 Misluk
wurgknoop 172
wurgkoord 172
wurgpatat 426
wurgpeer 426
wurm
165 Onreëlmatig
361 Insek
wurmkoors 413
wurmkruie 415
wurmmiddel 415
wurmparasiet 361
wy
645 Handel
849 Prediking
850 Sakrament
wyd
62 Grensloos
68 Ver
434 Breed
wyd boul 728(3)
wyd en syd 68
wydberoemd 799
wyders 112
wydheid 434
wyding
849 Prediking
850 Sakrament
wydingsdiens
848 Erediens
850 Sakrament
wydingsgebed 848
wydingsplegtigheid 850
wydloper 728(3)
wydlopig 553
wydsbeen 71
wydte
62 Grensloos
68 Ver
434 Breed
wyduitgestrek 62
wydvermaard 799
wydversprei(d)
31 Soort
62 Grensloos
wydverspreidheid 31
wydvertak 62
wydvoorkomend 31
wyehoeklens 268
wyfie 357
wyk
61 Plek
64 Aanwesig
90 Gemeenskap
148 Van koers af
167 Wegbeweeg
190 Vertrek
685 Verloor
852 Geestelike
wykskerk 840
wyksleraar 849
wyksverpleegster 416
wyl(e) 37
wyle 250
wyn 427
wynaksyns 191
wynasyn 472
wynbedryf 701
wynbelasting 712
wynbereiding 428
wynboer
347 Landbou
350 Vrugte
wynboetiek 428
wynbottel 84
wynbou 350
wyndrinker 407
wyndruif 426
wyndruifkultivar 427
wynfees 793
wynfles 84
wyngeur 427
wynglas
84 Houer
95(7) Breekgoed
wynhandel 701
wynhandelaar
428 Drankbereiding
701 Handel
wynjaar 350
wynkan 84
wynkelder
94(3) Vertrek
350 Vrugte
428 Drankbereiding
wynkelkie
84 Houer
95(7) Breekgoed
wynkenner 350
wynkleur 492
wynkleurig 492
wynkoper 428
wynkraffie
84 Houer
95(7) Breekgoed
wynkuip 428
wynkultivar 427
wynkunde
350 Vrugte
515 Wetenskap
wynkundige 515
wynlandgoed 346
wynmaker
350 Vrugte
428 Drankbereiding
wynmakery 428
wynmos 427
wynoes 350
wynplaas
346 Landbougrond
354 Plaas
wynpomp 428
wynproekelder 350
wynproewer
350 Vrugte
428 Drankbereiding
wynproewerstoets 350
wynruit
343 Genesende plant
415 Geneesmiddel
wynsmaak 427
wynsous 426
wynsteen
300 Sout
428 Drankbereiding
472 Sleg
wynsteensuur 300
wynstok 350
wyntenk
84 Houer
428 Drankbereiding
wynvat
84 Houer
428 Drankbereiding
wynveiling 705
wynvlieg
407 Drink
427 Drank
wynwinkel 428
wys
147 Rigting
162 Ontbloot
177 Oopgaan
502 Verstand
525 Bewys
535 Weet
539 Kommunikeer
541 Betekenis
543 Duidelik
545 Natuurlike teken
550 Noem
614 Bekwaam
644 Handelwyse
792 Asosiaal
wysbegeerte
514 Wysbegeerte
515 Wetenskap
wyse
3 Bestaanswyse
502 Verstand
514 Wysbegeerte
535 Weet
644 Handelwyse
wyser 124
wysgeer 514
wysgerig 514
wysheid
502 Verstand
533 Verstaan
535 Weet
543 Duidelik
614 Bekwaam
wyshoof 785
wysie
754 Komposisie
757 Sang
wysig
140 Verandering
572 Uitspraak
wysiging 140
wysigingswetsontwerp 801
wyslik 502
wysmaak
638 Aanmoedig
818 Bedrieg
wysneus 785
wysneusig 785
wysneusigheid 785
wys(t)er
123 Meet
128 Chronometer
wys(t)erplaat 128

wysvinger 397
wyt 832
wywepraatjie 829

X
xantien
409 Afskeiding
490 Kleur
xantippe 779
x-bene 397
xenofiel 787
xenofilie 787
xenofobie
787 Gemeenskap
792 Asosiaal
xenogamie 239
xenograaf 565
xenografie 565
xenografies 565
xenoliet 298
xenolities 298
xenomaniak 787
xenomanie 787
xenon 296
xerofiet 318
xerograaf 566
xerografie 566
xerox 566
xeroxkopie 566
xeroxmetode 566
Xhosa 569
xilofoon 756
xilografie 566
xilografies 566
xilol
256 Skeikunde
298 Steen
xilolatrie 854
xiloliet 298
xilologie 316
xilo-metallofoon 756
xiloteek 316
x-koördinaat 139
x-straal
262 Elektrisiteit
267 Optika
x-straalapparaat
262 Elektrisiteit
267 Optika
x-straaleenheid 417
x-straalfoto 262

Y
Y-aansluiting 149
Yaleslot 94(8)
ydel
634 Nutteloos
785 Hoogmoedig
ydele hoop 765
ydelheid 785
ydelheidstas(sie) 187
ydeltuit 785
yk 122
ykgereedskap 122
ykgewig 122
yking 122
ykmaat 122
ykmeester 122
y-koördinaat 139
ykwese 122
yl
197 Te voet
225 Vinnig
524 Onlogies redeneer
yl wolkies 291
ylhoofdigheid 413
ylings 225
yorker 728(3)
ys
292 Neerslag
459 Vaste stof
466 Koud
ysbeer 366
ysberg 466
ysbreker 235
ysere wil 582
ysglas 309
yshokkieskaats 736
ysig
466 Koud
777 Haat
ysigheid
466 Koud
777 Haat
785 Hoogmoedig
ysingwekkend
714 Gevoelig
768 Vrees
yskas
95(8) Toerusting
466 Koud
yskaswater 427
yskelder 94(3)
yskis 466
yskoud
466 Koud
777 Haat
yskristal
292 Neerslag
466 Koud
yskristalkolom 292
yslik
432 Groot
618 Kragtig
744 Lelik
775 Weersin
yslikheid
432 Groot
775 Weersin
ysmasjien 466
ysnaald 466
ysreën
292 Neerslag
466 Koud
ysskaats 736
ysskaatsbaan 736
ysskaatser 736
ysskeur 277
ysskots 466
yster
179 Glad
297 Metaal
594 Onvryheid
627 Skoon
ysterbalk
186 Maal
301 Metaalverwerking
ysterbed 96
ysterbeslag 84
ysterboor 630
ysterbrood 301
ysterdraad
100 Boumateriaal
301 Metaal
ystererts 297
ysterfoelie 301
ystergietery 301
ysterhard 455
ysterhoudend 275
ysterhout 316
ysterkabel 301
ysterkatel 96
ysterkis 84
ysterkleurig 492
ysterklip 298
ysterlegering 301
ysterlong
404 Asemhaling
417 Hospitaal
ystermeteoriet 270
ystermyn 275
ysterokside 301
ysterpaal 301
ysterpit 331
ysterplaat 301
ysterplaatskiet 677
ysterproduk 301
ysterryk 275
ystersaag
101 Gereedskap
185 Sny
316 Hout
630 Werktuig
ysterskaaf 101
ysterskroef 100
ysterslak 301
ystersmedery 302
ystersmeltery 301
ystersterk
457 Onbreekbaar
625 Sterk
ystersulfaat
256 Skeikunde
300 Sout
ystertydperk 45
Ystertydperk 274
ystervark 366
ystervitrioel
256 Skeikunde
300 Sout
ystervreter
673 Manskap
779 Boosaardig
ystervyl 630
ysterware 301
ysterwarewinkel 707
ysterwerk 301
Ystydperk 274
ysveld 466
ysvlakte 466
ywer
610 Ywerig
773 Begeerte
713 Gevoel
yweraar
610 Ywerig
713 Gevoel
ywerig
610 Ywerig
645 Handel
713 Gevoel
767 Moed
773 Begeerte
ywerigheid
610 Ywerig
773 Begeerte

Z
Zambesihaai 363
zeppelin 236
zero 133
zeugma 750
zigoom 380
Zimbabwiese rankplant 333
zinfandel 427
zirkonium 256
zirkoon 296
zits
155 Deurboor
228 Vinnig
677 Skiet
Zoeloe 569
zoem
222 Vlieg
228 Vinnig
476 Geluid
484 Diergeluid
zoemend 225
zoemgeluid 476
zoemlens
267 Optika
268 Fotografie
zoempie 365
zona 413
zoster 413

Gebru

Nommer van die tesourusartikel volgens die klassifikasieplan

Sleutelbegrip wat behandel word

Inligting tussen hakies dui 'n wisselvorm aan

Woordsoortaanduiding

Sleutelterm van 'n subparagraaf

Betekenis- of gebruiksleiding verskyn tussen hakies, bv. dat die woord *bok* verwys na 'n soort wa

Tesourusartikel

Gebruiksetikette verskyn tussen hakies en word kursief gedruk. Hierdie etikette dui aan dat 'n woord se gebruik beperk is, bv. tot die gestelstaal

'n Kommapunt skei fyner begripsonderskeidings binne 'n tesourusparagraaf

194. Vervoer

ww. vervoer, transporteer, transport ry, karwei, versend, afsend, toesend, stuur, afstuur, wegstuur, bevrag, verskeep, oorskeep verspoor, trok, krui(e), pak, verpak, afpak behouer, laai, abba, afsit, belaai, oorbelaai belas, oorbelas, oorbring, oorsit, gaan, gooi inneem, omry, rig, aanvoer, smokkel, in smokkel, uitsmokkel

s.nw. ***vervoer,*** versending, karweiwerk, kar weiding, transport, transportasie, tran sportdiens, massatransport, massavervoe padvervoer, verskeping, padmotordiens spoorwegvervoer, spoorvervoer, spoorvrag lynvaart, goedereverkeer, troepevervoe stukgoedtoesending
vervoerwese, vervoerdiens, vervoer, han delsdiens, vervoeradministrasie, handels roete, handelsweg, heen-en-weerdiens goederekantoor, goedereloods, goederesta sie, pakhuis, doeanepakhuis, laaihawe, laa kraal, laaiplatform, laaiplek, laaisteier
vervoermiddel, goederevervoer, goederew bok (wa), caisson, karet, kolewa, karavaa koekepan, laaibok, laaikraan, laaimasjien

195. Deurgaan

ww. deurgaan 153, deurvoer, deurvervoe oorgaan, oorstap, oorsteek

s.nw. deurgang, oorgang, deurvoerhande transito, transitopassasier, deurvoerre deurverkeer

196. Poswese

s.nw. ***poswese,*** posdiens, posterye, posuni posverkeer, posverbinding, posversendin ***pos,*** landpos, lugpos, spoorpos, briefpo pakketpos, spoedpos, aangetekende po binnepos, binnelandse pos, buitelandse po posstuk, brief, geregistreerde brief, pakke pakkie, poskaart, posorder, posstempe stempel, posmerk, stempelmerk, stempe afdruk, seëlmerk, tjap (*geselst.*), seël, po seël, lugposseël, lugposplakker, poskode ***poskantoor,*** hoofposkantoor, posspaa bank, posbus, briewebus, possak, postari poste restante, privaatsak, spoedbestellin posbestelling; posmeester, posbeampt posbode, posman, briewebesteller, bod posdraer, koerier, renkoerier, ylbode, te grambesteller, telegrafis; poswa, postrei posboot, posduif

Raadpleeg die Inl